ORDONNANCES DES ROYS DE FRANCE

DE LA TROISIEME RACE,

RECUEILLIES PAR ORDRE CHRONOLOGIQUE.

QUATRIEME VOLUME,

CONTENANT DIFFERENTS SUPPLEMENTS POUR LE REGNE DU Roy Jean, & les Ordonnances de Charles V. données pendant les années 1364. 1365. & 1366.

Par M.r SECOUSSE Ancien Avocat au Parlement, & Associé à l'Academie Royale des Inscriptions & Belles Lettres.

A PARIS,
DE L'IMPRIMERIE ROYALE.

M. DCCXXXIV.

PREFACE.

LA Preface de ce Volume sera beaucoup plus courte que celle du precedent, par deux raisons.

1.° La moitié du quatrieme Volume des Ordonnances, ne contient que des supplémens pour le Regne du Roy Jean; & comme cette moitié estoit déja imprimée, lorsqu'on a imprimé la Preface du troisieme Volume, j'ai tiré de cette moitié, tout ce qui regardoit les matieres que j'ai traitées dans cette Preface, afin de réünir sous un seul point de vûë, tout ce qui concernoit le Regne du Roy Jean.

2.° La seconde moitié du quatrieme Volume des Ordonnances, contient celles qui ont esté données pendant les trois premieres années du Regne de Charles V. La France estoit alors en paix, & ce sage Prince n'estoit occupé qu'à reparer les desordres qu'avoient causés dans le Royaume, une guerre estrangere longue & malheureuse, & des divisions intestines encore plus funestes.

La seule charge extraordinaire de l'Estat, estoit la rançon du Roy Jean, stipulée par le Traité de Bretigny; mais les imposts extraordinaires qu'on levoit pour l'acquitter, avoient esté reglez par [a] l'Ordonnance de ce Prince du 5. de Decembre 1360. Ainsi Charles V. dans les premieres années de son Regne, ne fut point obligé de convoquer d'assemblées d'Estats, pour demander des Subsides, ni d'avoir recours à de frequentes mutations dans les Monnoyes; remede quelquefois necessaire, mais toûjours fâcheux. Ainsi les Articles des Estats, soit generaux, soit particuliers, & des mutations des Monnoyes, qui ont rempli presque toute la Preface du troisieme Volume des Ordonnances, ne fourniront presque rien pour celle-cy.

[a] *Voy. le 3. Vol. des Ordonn. p. 436.*

Avant que de lire les Articles suivants, il sera bon de revoir ceux qui portent les mêmes titres, dans les Prefaces des Volumes precedents. On y trouvera establis les principes de la matiere, qu'il auroit esté inutile de repeter dans les Volumes suivants.

§. I.

Ordonnances.

J'ay dit dans la [b] Preface du troisieme Volume, que les anciens Registres en forme, de la Cour des Aydes de Paris, estoient perdus. Monsieur Boulin Conseiller de la Cour des Aydes, qui, comme je l'ai remarqué un peu plus haut, au même endroit, travaille à l'Histoire de sa Compagnie, les avoit cherchez inutilement dans les Greffes, pendant long-temps: mais enfin il a eu le bonheur de les trouver.

[b] *p. XIII.*

Il a eu la bonté de me communiquer à ce sujet, un Memoire instructif & curieux, qu'il m'a permis d'inserer icy.

Les anciens Registres de la Cour des Aydes, ont esté retrouvez. Le premier commence au 11. de Mars 1383. Les suivants vont sans interruption jusqu'au 7. de Novembre 1416. où il se trouve une lacune considerable, occasionnée, sans doute, par les differentes factions qui diviserent le Royaume, & par la translation de la Cour des Aydes en la Ville de Poitiers, puisque depuis le mois de Novembre 1416. jusqu'au restablissement de ladite Cour en la Ville de Paris, qui se fit le premier de Decembre 1436. il ne se trouve qu'un seul Registre fait à Poitiers, qui commence au 5. d'Aoust 1428. & qui finit le 21. Juin 1434. mais depuis le premier de Decembre 1436. jusqu'à present, il n'en manque aucun, & ils se trouvent tous en bon ordre; à l'exception toutefois de trois années & neuf mois, qui sont encore en deficit *depuis le 19. de Decembre 1453. jusqu'au 16. de Septembre 1457.*

Ces premiers Registres sont intitulez : Registres des Plaidoiries en la Chambre de la Justice des Aydes, *& contiennent les institutions des anciens Generaux, & autres Officiers de ladite Chambre de ce temps-là, & les Arrests rendus sur les Plaidoiries, & sur les rapports en la Chambre du Conseil, & au surplus ils ne contiennent aucunes Ordonnances.*

§. II.

Admortissements & Francs-Fiefs.

En 1322. il fut fait une Ordonnance qui portoit que toutes les personnes non-nobles, qui avoient acquis depuis trente ans, sans la permission du Roy, des Fiefs & des Arriere-Fiefs nobles, & des Alleux; & les personnes Ecclesiastiques, qui avoient acquis des biens depuis quarante ans, seroient obligées de mettre ces acquisitions hors de leurs mains, sous peine de confiscation, avec deffense de faire dans la suite de semblables acquisitions. En consequence de cette Ordonnance, on envoya plusieurs Commissaires dans la Seneschaussée de Beaucaire, pour faire saisir & confisquer au profit du Roy, ces sortes d'acquisitions. Il y en eut quelques-unes de saisies, & les acquereurs de quelques autres payerent des finances, pour pouvoir les conserver : mais ces Commissaires ne tirerent pas au sujet de ces nouvelles acquisitions, *les finances infinies* qu'ils auroient pû en tirer ; & ceux dont les acquisitions avoient esté saisies, continuerent depuis d'en percevoir les fruits & les revenus. Le Duc de Berry & d'Auvergne & Comte de Poictiers, Fils & Lieutenant du Roy Jean dans le Languedoc, donna des Lettres pour continuer à executer l'Ordonnance de 1322. & l'on fit en consequence, quelques poursuites qui furent interrompuës, lorsqu'il sortit du Languedoc : mais le Mareschal Daudeneham Lieutenant dans ce pays, envoya des Commissaires dans cette Seneschaussée, avec ordre de s'informer de ces nouvelles acquisitions, soit par témoins ou par titres, & d'obliger même à cet effet, les Notaires de donner des Copies des Actes qui seroient dans leurs Protocolles & dans ceux de leurs predecesseurs, contenant ces sortes d'acquisitions ; & après cette information faite, de faire saisir toutes ces nouvelles acquisitions, d'en faire percevoir les revenus, de faire deffenses à ceux qui les possedoient, de les recevoir, & même de les vendre, de les donner à cens, ou moyennant quelque redevance annuelle ; & enfin de faire rendre compte à ceux qui avoient perçû les revenus de ces nouvelles acquisitions, au prejudice de la saisie qui en avoit esté faite au nom du Roy. Le Mareschal donna cependant pouvoir à ces Commissaires, de composer avec ceux qui avoient fait ces nouvelles acquisitions, ou qui avoient perçû les fruits de celles qui avoient esté saisies, & de leur permettre, moyennant une finance qu'ils payeroient, de les garder, sans qu'ils pussent estre contraints à s'en dessaisir dans la suite.

Ce détail se trouve dans des [a] Lettres du Mareschal Daudeneham, Lieutenant du Roy dans le Languedoc, du 15. d'Aoust 1363.

a. Voy. cy-dessous, p. 235.

L'on pourra consulter sur les Admortissements & les Francs-Fiefs, la Table des matieres, à ces mots. L'on y trouvera plusieurs points importants qui y sont expliquez avec l'estenduë necessaire, ensorte que l'on n'a pas crû devoir en faire mention icy.

§. III.

Domaine de la Couronne.

La premiere partie de cet Article, laquelle regarde le Regne du Roy Jean, auroit dû estre inserée dans la Preface du troisieme Volume des Ordonnances; mais lorsqu'on l'imprimoit, le manuscrit se trouva égaré. On l'a recouvré depuis, & on a crû devoir le faire imprimer icy.

Sous le Regne du Roy Jean.

Les principes qui avoient esté suivis sous les Predecesseurs du Roy Jean, touchant le Domaine, furent confirmez sous son Regne, par plusieurs Ordonnances, dans lesquelles on trouve même de nouveaux Reglements pour en rendre l'alienation moins frequente. [a] Par l'Article 41. de l'Ordonnance du mois de Mars 1356. le Dauphin Charles qui gouvernoit alors le Royaume, pendant la captivité du Roy son Pere, promit de ne point aliener le Domaine de la Couronne, & d'empescher, autant qu'il le pourroit, qu'il ne fût aliené.

a Voy. le 3. Vol. des Ordonn. p. 140.

Il promit aussi de donner ses ordres pour y faire reünir les Domaines *propres*, & tout ce qui avoit ou devoit avoir *nature & condition* de Domaine, & qui en avoit esté *osté, aliené, separé, mis hors, ou eschangé,* de quelque maniere que cela fût arrivé, depuis le Regne de Philippe-le-Bel; à l'exception cependant des donations faites aux Eglises, sans préjudice d'autruy, & de ce qui avoit esté donné aux Princes du Sang pour partages ou pour Douaires, ou pour recompense des *héritages* qu'ils avoient eschangez avec le Roy, à condition cependant que l'eschange eust esté fait réellement & sans fraude. Le Dauphin excepta aussi les dons qui avoient esté faits à ceux qui les avoient meritez par les services qu'ils avoient rendus à l'Estat.

[b] Par l'Article 45. de cette Ordonnance, il est deffendu au Chancelier, de sceller aucunes Lettres portant alienation du Domaine de la Couronne, quelque Ordre ou Mandement qu'il pût recevoir, avant que d'avoir fait le rapport dans le grand Conseil du Roy, de la valeur de la chose donnée. Cet article porte nullité de tout ce qui sera fait au préjudice de ces deffenses.

b Voy. le 3. Vol. des Ordonn. p. 141.

L'Article 41. de l'Ordonnance du mois de Mars 1356. fut confirmé par une Ordonnance particuliere du 14. d'Avril 1357. [c] qui contient presque les mêmes termes, & par [d] l'Article 10. de l'Ordonnance du 14. de May 1358. Par cet Article, le Dauphin revoqua par avance, toutes les alienations du Domaine qu'il pourroit faire dans la suite, & il deffendit aux Gens des Comptes, aux Tresoriers, aux Baillis, aux Receveurs & aux autres Officiers, d'obeïr en aucune maniere, aux Lettres & aux Mandements qui contiendroient des alienations du Domaine.

c Ibid. p. 162.

d Ibid. p. 225.

Le Roy Jean, le 30. de Decembre [e] 1360. peu de temps après son retour d'Angleterre, revoqua toutes les alienations qui avoient esté faites depuis le Regne de Philippe-le-Bel, *du Domaine Royal & propre héritage du Royaume & de la Couronne de France,* & de ce qui avoit ou devoit avoir *nature ou condition de Domaine Royal;* & il ne mit d'exceptions à cette revocation, que par rapport à ce qui avoit esté donné à l'Eglise, & à ses quatre Fils, pour *tenir leurs Estats;* c'est-à-dire, pour soustenir les dépenses de leurs maisons. Cette Ordonnance fut enregistrée au Parlement, à la Chambre des Comptes & au Tresor.

e Ibid. p. 442.

a iij

Nos Rois qui ont presque tous esté genereux & magnifiques, [a] avoient de la peine à refuser ceux qui leur demandoient des Dons de choses domaniales. C'est pourquoy les Gens de la Chambre des Comptes de Paris, pour empescher, autant qu'il estoit en eux, que les Rois ne fussent importunez à ce sujet, taschoient de cacher au public, la connoissance des Domaines du Roy; & dans un Reglement qu'ils firent en 1359. *pour les petits Clercs de la Chambre,* il est deffendu à ceux-cy de *reveler* aux Estrangers qui ne seront pas du Corps de la Chambre, les Domaines & les revenus du Royaume, & les debets. [b]

Par l'Article 11. de l'Ordonnance du 14. de May 1358. [c] il est ordonné que les matieres qui regarderont le Domaine du Royaume, seront examinées dans le Grand Conseil du Roy; & l'Article 1. [d] d'une Ordonnance du mois de Decembre 1363. porte, que les *Causes* (les procez) où il s'agira de la *proprieté du Patrimoine du Roy,* ne pourront estre jugées que par le Parlement de Paris. Par le Patrimoine du Roy, il faut entendre le Domaine; car dans l'Article 19. [e] de cette Ordonnance, il est dit, que l'on n'observera point les Reglements faits par cette Ordonnance, dans les procez où il s'agira du Patrimoine ou du Domaine du Roy, & qui seront *poursuivis* par son Procureur seul.

a Voy. le 3.e Vol. des Ordonn. p. 442.

b Ibid. p. 393. Art. 6.

c Ibid. p. 226.

d Ibid. p. 651.

e Ibid. p. 655.

Sous le Regne de Charles V.

Charles V. suivant l'exemple de ses Predecesseurs, & principalement du Roy son Pere, faisoit executer l'Ordonnance de ce Prince, pour la réünion des Domaines qui avoient esté alienez depuis Philippe-le-Bel.

Les Officiers de la Chambre des Comptes, prétendirent que le Roy Jean, en se servant de ces termes, *depuis le Regne de Philippe-le-Bel,* avoit eu intention que l'on réünît à la Couronne, tous les Domaines alienez pendant le Regne de ce Prince; & en consequence, ils firent saisir ceux qu'il avoit donnez à Guillaume de Nogaret, & à Guillaume du [f] Plessis: mais Charles V. par ses [g] Lettres du 24. de Novembre 1364. declara que ces termes, *depuis le Regne de Philippe-le-Bel,* signifioient seulement depuis la mort de ce Prince. On peut voir à ce sujet, la Table des Matieres, au mot, *Nogaret;* & en general sur les Domaines, *ibid,* au mot, *Domaines,* par les mêmes raisons qui ont esté marquées cy-dessus à la fin de l'Article des *Admortissements & Francs-Fiefs.*

f de Plaisiano.

g Voy. cy-dessous, p. 504.

Charles V. ordonna aussi la réünion des Domaines du Dauphiné, qui avoient esté alienez par luy & ses Predecesseurs. On peut consulter la Table des Matieres, aux mots, *Dauphiné* & *Domaine.*

§. IV.

Des Estats generaux & particuliers.

J'ay déja remarqué au commencement de cette Preface, que dans les premieres années du Regne de Charles V. il ne se tint point d'assemblées des Estats generaux, parce que les imposts necessaires pour payer la rançon du Roy Jean, avoient esté reglez sous le Regne de ce Prince, par [h] l'Ordonnance du 5. de Decembre 1360. J'ay dit dans la [i] Preface du troisieme Volume, qu'il n'estoit point certain que cette Ordonnance eust esté faite en consequence d'une assemblée d'Estats, & j'ay marqué les raisons qui pouvoient en faire douter.

Cependant il se tint sous le Roy Jean, en 1361. & en 1362. deux [k] assemblées des Estats des Comtez d'Artois, de Boulonnois & de S.t Pol, dans lesquelles fut

h Voy. le 3.e Vol. des Ordonn. p. 436.

i p. XCI. n.o LXXXIX.

k Voy. la Preface du 3.e Vol. des Ordonn. p. XCVII. n.o XCVI.

accordé un Subside pour la rançon du Roy. Le Subside accordé dans les Estats de 1362. ne devoit estre levé que pendant un an, après l'expiration duquel il n'en fut point levé pendant l'année 1364. mais en 1365. ces Estats s'estant rassemblez, accorderent un Subside semblable à celuy qu'ils avoient accordé en 1362. & qui ne devoit estre levé que pendant un an. [a] L'Ordonnance qui fut faite en consequence de cette assemblée d'Estats, est du 27. d'Aoust 1365.

Elle porte que *les Gens d'Eglise, nobles & autres des bonnes Villes & du plat Pays des Comtez & Pays d'Artois, de Boulonnois, de S.t Pol, & de leurs ressorts, & des Eglises, Villes & lieux enclavez en ycelles*, se sont assemblez, &c.

Cette Ordonnance est adressée aux Baillis d'Amiens, de Vermandois & de Senlis.

Elle est d'autant plus importante, que celles qui avoient esté faites en consequence des Estats de 1361. & 1362. ne se sont pas conservées. [b]

L'année suivante 1366. les Estats de ces Provinces se rassemblerent, & accorderent encore pour un an, un Subside pour la rançon du Roy.

[c] L'Ordonnance faite en consequence de ces Estats, est du 19. de Novembre 1366. Elle est presqu'entierement semblable à celle du 27. d'Aoust 1365.

(a) J'ajoûteray icy dans une Note, un petit supplément à ce que j'ay dit dans la Preface du troisieme Volume, sur les Estats de la Picardie, tenus en 1357.

a *Voy. cy-dessous, p. 589.*

b *Voy. Pref. du 3. Vol. des Ordon. p. XCVII. note (a).*

c *Voy. cy-dessous, p. 690.*

§. V.

Monnoyes.

J'ay donné à la fin de la Preface du troisieme Volume, une Table *contenant année par année, les prix du Marc d'Or & d'Argent, en œuvre & en billon, le nom des Especes, leur loy, leur poids & leur valeur*, tirée des Mandements sur les Mon-

NOTE.

(a) J'ay dit dans la [a] Preface du troisieme Volume, que le jour de Pasques Fleuries de l'année 1357. il se tint à Senlis une assemblée des Estats de la Picardie & du Beauvoisis ; mais que l'on ignoroit ce qui s'y estoit passé, parce que la Chronique de Saint Denys, qui est le seul monument qui faisoit mention de ces Estats, ne le disoit point.

J'ay trouvé depuis dans le Tresor des Chartres, quelques monuments dont on peut inferer que ces Estats de la Picardie, tenus en 1357. accorderent un Subside: ce sont trois [b] Lettres des Prevost, Jurez, Eschevins, &c. de Tournay, en date du 22. de Novembre 1358. on lit dans ces trois *(a)* Lettres: *Pour contribuer de Gens d'armes, à l'aide du Subside deliberé & accordé par les trois Estats du Païs de Picardie, à l'induction & requeste de haut & noble Prince, M.r le Comte de S.t Pol, Lieutenant de no très-chier & redoubté Seigneur le Regent le Royaume de France, &c. pour la tuicion & deffense dudit Païs, & [c] resisté contre les ennemis du Roy nostre Seigneur.*

Il n'y a point de preuve precise, que les Estats de la Picardie, dont il est parlé dans ces trois Lettres, soient ceux qui suivant les Chroniques de Saint Denys, se tinrent à Senlis, à la fin de l'année 1357. le jour de Pasques Fleuries : mais on peut le presumer ; à moins qu'on ne veuille dire, qu'entre la fin de l'année 1357. & le mois de Novembre 1358. il se tint une nouvelle assemblée d'Estats de la Picardie.

Ces trois Lettres prouvent, 1.° qu'avant le 22. Novembre 1358. les Estats de Picardie avoient accordé un Subside.

2.° Que s'il s'agit dans ces Lettres, des Estats tenus à Senlis, le Regent qui, suivant les [d] Chron. de S.t Den. vint à Senlis pour se trouver à ces Estats, & qui de là alla à Compiegne, ne fut point present pendant toute l'assemblée ; mais que le Comte de S.t Pol y assista, comme son Lieutenant.

3.° Que la Ville de Tournay envoya des Deputez à cette assemblée des Estats de la Picardie.

a *P. LXXII. n.° LIX.*

b *Tres. des Chart. Reg. 96. Pieces 2.e 3.e & 4.e*

c *Resister.*

d *Pref. du 3.e Vol. des Ord. p. LXXII. n.° LIX.*

NOTE.

(a) Je dois remarquer que de ces trois Lettres à peu près semblables, qui sont aux n.° 2. 3. & 4. il n'y a que celles qui sont au n.° 3. où la date de 1358. soit bien clairement écrite : Dans les deux autres il y a *LVI.* & un *t* : mais comme ces Lettres sont à peu près semblables, il n'y a pas lieu de douter qu'elles ne soient toutes trois de 1358.

noyes, qui ſont dans ce Volume. Depuis l'impreſſion, j'ay engagé une perſonne très intelligente dans le fait des Monnoyes, à verifier cette Table avec exactitude, & elle y a trouvé quelques erreurs dans les calculs.

Mon premier deſſein eſtoit de corriger icy ces erreurs, & de mettre une Table de la valeur des Monnoyes, ſuivant les Mandements donnez pendant les trois premieres années du Regne de Charles V. & imprimez dans ce Volume; mais depuis, j'ay pris un parti qui m'a paru plus utile: C'eſt de donner dans le cinquieme Volume, une Table generale de la valeur des Monnoyes, qui ſera tirée non ſeulement des Mandements qui ſeront imprimez dans les cinq premiers Volumes, mais encore de pluſieurs autres qui ne ſont pas encore imprimez, & qui entreront dans le Supplément que j'eſpere donner dans la ſuite, pour les deux premiers Volumes.

J'en ay déja recouvré pluſieurs, & la perſonne dont je viens de parler, m'a promis de m'en communiquer quelques autres.

Ainſi l'on aura dans le cinquieme Volume, une Table generale de la valeur des Monnoyes, depuis le commencement de la troiſieme Race, juſques vers le milieu du Regne de Charles V. beaucoup plus ample & plus exacte que celle que le Blanc a donnée dans ſon Traité ſur les Monnoyes: car, comme la même perſonne a eu la bonté de me promettre qu'elle reverroit cette Table, avant qu'elle fût imprimée, je puis eſperer qu'il ne s'y gliſſera point d'erreurs.

Dans les Volumes qui ſuivront le cinquieme, je donneray une Table ſemblable, qui ſera dreſſée ſur les Mandements qui ſeront dans chacun de ces Volumes.

ORDONNANCES
DES ROIS DE FRANCE
DE LA TROISIE'ME RACE.

*SUPPLE'MENT POUR LE REGNE DE JEAN PREMIER, ET SELON D'AUTRES, JEAN SECOND.

* *Voy. le 3.e Vol. des Ordonn. p. 673.*

(a) MCCCL.

(a) Le Roy Jean monta sur le Trosne le 22. d'Aoust 1350. Cette année commença le 22. d'Aoust, & finit le 16. d'Avril.

(a) Privileges accordez au Couvent de la Fontaine Nostre-Dame en Valois.

JEAN I.er & selon quelques-uns Jean II. au Prieuré de la Fontaine de la Bienheureuse Marie, l'An 1350. au mois de Septembre.

JOHANNES Dei gratia Francorum Rex. Notum facimus universis presentibus & futuris, Nos [a] *tria paria Litterarum inclite recordacionis carissimi Domini & Genitoris nostri, sigillo in cera viridi & filo serico sigillatarum, quarum tenores tales sunt.*

Philippe VI. dit de Valois, à Vincennes, en Decembre 1329. A Villers-Cote-Rez, en Octobre 1331. A Vincennes, le 19. de Janvier 1338.

PHILIPPES par la grace de Dieu Roys de France. Sçavoir faisons à touz presens & à venir, que Nous avons octroyé de grace especial, à noz amez Chappellains le Prieur & les Freres de la Fontaine-Nostre-Dame en Valois, pour eulx & pour leurs successeurs, que leur Sergent que il ont à present, & qui pour le temps sera, les puisse faire payer de toutes leurs rentes, revenus & debtes qui leur sont & seront deuz; & que lidiz Sergens, ceuz qui seront tenuz ausdiz Prieur & Convent, puisse contraindre à leur faire faire payement de tout ce qui dû leur sera, tout en celle maniere que nostre Prevost & nostre [b] Grenetier de Crespi & noz autres Officiaus & Sergens le [c] peussent faire : Et voulons que quant à ces choses soit obéi audit Sergent : Et ou cas que aucune cognoissance de Cause y cherroit, Nous voulons & ordonnons que elle appartiengne au Prevost de Crespi, qui pour le temps sera, & que sur ce il aille avant sommierement & de plain, & tout aussi comme pour nostre propre debte. Et à perpetuele fermeté de ces choses, Nous avons fait

a Vidisse.
b Voy. le 3.e Vol. des Ordonnances p. 181.
c *pourroient.*

NOTES.

(a) Tresor des Chartres, Registre 80. Piece 84.

JEAN I.er & selon d'autres, Jean II. au Prieuré de la Fontaine de la Bien-heureuse Marie, l'an 1350. au mois de Novembre.

mettre Nostre Seel en ces Lettres. *Donné au Bois de Vincennes, l'An de grace mil trois cenz vingt & nuef, ou mois de Decembre.*

Item. PHILIPPES par la grace de Dieu Roys de France. Sçavoir faisons à touz presens & à venir, que Nous desirans que noz amez Chappellains les Religieux, Prieur & Freres de la Fontaine-Nostre-Dame en Valois de l'Ordre de Chartreuse, fondez par nostre tres cher Seigneur & *(b)* Pere que Diex absoille, estans en nostre especial garde Royal, avec touz leurs biens & Genz, puissent vivre & faire le service Nostre-Seigneur paisiblement, leur avons octroyé & octroyons de grace especial, pour Nous & pour noz Successeurs Rois de France, pour le salut de l'Ame de nostre devantdit Seigneur & Pere & de la nostre, que toutes leurs choses, heritages, rentes, possessions & autres biens quiex que il soient, tant acquis comme à [a] acquerre, par quelque tiltre *(c)* leu que ce soit, [b] toutefoiz que desdictes choses ou d'aucunes d'icelles, il seront molestez ou [c] approchiez en jugement ou hors jugement, par quelconque personne que ce soit, noz Bailliz, Prevost & Justiciers * sur la Jurisdiction desquelz seront leurs biens desquelz sera [d] contens, ou [e] par lesquelz lesdiz Prieur & Freres seront molestez ou [f] traiz en cause, noz Advocas, aussi [g] Procureurs & Conseilliers desdictes Baillies, Prevostez & lieux, deffendent & maintiennent jusques à la fin en Jugement & hors Jugement, comme noz propres choses, en nostre nom & à noz propres cous & despens, [h] aucun de par lesdiz Prieur & Freres, assistent à nostredict Procureur, pour li [i] enfourmer, se il plaist ausdiz Religieux, & il voient que bon soit. Et mandons au Bailli de Valois & à nostre Procureur de Valois, & à touz noz autres Justiciers & Procureurs de nostre Royaume, que touteffoiz & quantefoiz qu'il leur apparoistra aucuns cous, frais & despens estre faiz par lesdiz Freres ou leur Procureur ou aucun de noz Procureurs pour les choses dessus dictes, que il ou li uns d'euls certifient lesdiz fraiz, cous & despens, à noz Receveurs ou Tresoriers presens & à venir, des lieux où les choses seront assises, pour lesquelles les cous, frais & despens dessus diz seront fais : aus quiex Receveurs & Tresoriers & à chascun d'euls, Nous donnons en mandement que tantost sanz nul delai, & sanz attendre autre mandement de Nous, il payent les frais, despens & couz dessusdiz, aus diz Religieux ou à leur commandement : Et aussi donnons en mandement à noz amez & feaulz Genz de noz Comptes à Paris, que il allouënt ès Comptes & rabatent des receptes desdiz Receveurs & Tresoriers, & de chascun d'eulz, tout ce que delivré & payé auront pour cause des fraiz, despens & couz dessus diz : Et toutes les choses dessus dictes & chascune d'icelles, Nous voulons & commandons estre tenuës, gardées & acomplies par noz devant diz Successeurs Rois de France. Et mandons & commandons à touz noz Bailliz, Prevoz & autres Justiciers, Procureurs & Conseilliers presens & à venir, que lesdiz Religieux & tous leurs biens mainctiennent, gardent & deffendent si comme dessus est dit, touteffoiz que mestier sera, & que requis en seront de par lesdiz Religieux, sans en attendre autre mandement de Nous ne de nosdiz Successeurs. Et à perpetuele fermeté & memoire desdictes choses, Nous avons fait mettre nostre Scel en ces Lettres. *Donné à Villiers-coste-Rez, l'An de grace mil troiz cenz & trente, ou mois d'Octobre.*

a *acquerir.*
b *toutes les fois.*
c *citez, adjournez.*
* *sous.*
d *contention, procez.*
e *à l'occasion desquelles.*
f *assignez.*
g *nos.*
h *& que.*
i *pour leur donner les éclaircissements necessaires.*

Item. PHILIPPUS *Dei gratia Francorum Rex, universis presentes Litteras inspecturis, salutem. Deus Dei Filius & homo cum in nostre carnis substanciam mundo apparuit, ut nos mundaret ab iniquitatibus nostris, humiliavit semetipsum, factus obediens usque ad mortem: qua propter nos qui non digna factis recepimus, quoniam dampnati*

NOTES.

(b) Pere.] Charles Comte de Valois, Frere du Roy Philippe le Bel. *Hist. Geneal. de la Maison de France, Tome 1. p. 99.*

(c) Leu] Ce mot signifie quelquefois *Lieu ;* & peut-estre y a-t il icy quelques mots d'obmis, & qu'il faut lire, *par quelque titre, & en quelque leu [lieu] que ce soit.*

per culpam Eve prime parentis nostre eramus, nisi fuisset summa clemencia Salvatoris, debemus altissimo reddere vota nostra; videlicet pauperibus membris Christi, de bonis nobis ab eo collatis, principaliter erogando, ut qui nos creavit, redemit & pascit, nos ad Regna Celestia vocare dignetur per opera caritatis; quoniam qui seminat in [a] *benedicionibus, de benedicionibus & metet. Nos etiam non solum bona nostra habemus Christi pauperibus erogare, sed eos munificencie & deffensionis nostre brachio tueri volumus & muniri, & illos gaudere volumus speciali prerogativa favoris, qui de bonis paternis & propriis ad divini cultus augmentum, cotidie sustentantur. Hinc est quod Nos dilectos Nobis in Christo, Priorem & Fratres Fontis-Beate-Marie in Valesio, Ordinis Cartusiensis, in & de bonis paternis & propriis ad laudem Omnipotentis dotatos, in nostra salva & speciali Gardia recepimus per presentes, una cum rebus, domibus, bonis,* [b] *rippariis & eorum familiis universis, ubicunque existant in Regno nostro, & ad suorum jurium conservacionem duntaxat: Mandantes Baillivo Valesie moderno & qui pro tempore fuerit, ceterisque Justiciariis & Officialibus nostris & eorum cuilibet, ut dictos Religiosos in personis, rebus, bonis, rippariis & familiis quibuscunque tueantur & deffendant ab omnibus injuriis, violenciis, gravaminibus, oppressionibus & novitatibus indebitis, vi armorum & potentia laïcorum: insuper faciant proclamari sub certa pena Nobis & eisdem Fratribus applicanda, ne deinceps aliqui contra dictos Fratres, eorum Gentes & bona quecumque, aliquid facere seu attemptare presumant, quod sit in dicte Gardie nostre vituperium & contemptum, ipsorumque scandalum, prejudicium seu gravamen, debita eorum & legata per testes, Litteras seu alia documenta legitima cognita vel probata, eisdem persolvi, & de rebus & possessionibus suis ipsos uti & gaudere pacifice, & Nobis & ipsis ab omnibus* [c] *attemptatibus in premissis, emendas condignas prestari faciant & procurent, & eorum quilibet prout ad quemlibet eorum pertinuerit, rejectis favoribus, timore, amore vel odio, sine* [d] *strepitu & figura Judicii, celeriter & de plano: Et si forsam* [e] *aliquid contra dictos Fratres seu Procuratorem eorum vel Gentes, in & super bonis, rebus, debitis & possessionibus suis, in casu novitatis vel aliter,* [f] *debite se opponere voluerit, debato seu rebus contenciosis ad manum nostram positis, & per ipsam facta recredencia, si & ubi facienda fuerit, volumus & mandamus dicto Baillivo Valesii moderno & qui pro tempore fuerit, tenore presencium, si opus fuerit, committentes eisdem & eorum cuilibet, quatinus vocatis Partibus, faciant in hac parte adeo celeris & mature Justicie complementum summarie & de plano ac sine strepitu & figura Judicii, ut prefertur, quod in eorum* [g] *deffectum, ipsi Religiosi bona ad eorum sustentacionem collata eisdem, per rixas & litigia consumere, & ad Nos seu successores nostros querelosi redire de cetero non cogantur. In hiis autem volumus & mandamus Baillivo moderno & successoribus suis, ac eorum cuilibet, ab omnibus subditis nostris deinceps pareri efficaciter & intendi: Et ad premissa diligencius exequenda, volumus quod iidem* [h] *Baillivi Valesii unam bonam personam vel plures, ad petitionem ipsorum Religiosorum & quas nominandas duxerint, ad eorum sumptus deputent cum potestate substituendi, quotiensciunque fuerint super hoc requisiti: nostre tamen intencionis non exstat quod persone prefate seu substituti ab eis, de hiis que Cause cognitionem exigunt, se aliqualiter intromittant. Quod ut firmum & stabile perpetuo perseveret, nostrum presentibus Sigillum fecimus apponi in testimonium premissorum.* Datum apud Vincennas, decima nona die Januarii, Anno Domini millesimo trecentesimo octavo.

Nos autem omnes Litteras suprascriptas & quamlibet earundem, omniaque & singula in eis contenta, rata & grata habentes, ea volumus, laudamus, approbamus & tenore presencium auctoritate Regia, de nostre plenitudine potestatis & speciali gratia, confirmamus. Mandantes omnibus & singulis Justiciariis, Procuratoribus & aliis Officialibus nostris quibuscunque presentibus & futuris, ac cuilibet eorundem, quatinus dictos Religiosos & successores eorum, universis & singulis contentis in Litteris supradictis, gaudere & uti pacifice sine contradictione aut difficultate quibuslibet, perpetuo faciant & permittant, predictaque, prout ad quemlibet eorum pertinuerit, exequantur, compleant & observent, seu exequi faciant & compleri, amotis impedimentis quibuscunque. Que ut firma atque stabilia perpetuo remaneant, nostrum quo ante Regni nostri

JEAN I.er & selon d'autres, Jean II. au Prieuré de la Fontaine de la Bienheureuse Marie, l'an 1350. au mois de Septembre.

[a] benedictionibus.

[b] Rivieres. *Voy. du Cange au mot* Riparia.

[c] attentantibus.

[d] Voy. un peu plus bas, & le 3.e Vol. des Ordonnances, p. 521. Note *(c)*

[e] aliquis.

[f] Je ne sçais ce que ce mot signifie là.

[g] par leur faute.

[h] celuy qui l'est, ou ceux qui le seront dans la suite.

susceptum regimen, utebamur, sigillum presentibus apponi fecimus in testimonium premissorum : nostro in aliis & alio in omnibus Jure salvo. Datum in Prioratu predicto Fontis-Beate-Marie, Anno Domini millesimo trecentesimo quinquagesimo, mense Septembris.

Per Dominum Regem, presentibus Domino de Revello, Domino Roberto de Lorriaco & Magistro Roberto Galli. P. BLANCHET.

Collatio fit per me. P. BLANCHET.

JEAN I.er & selon d'autres, Jean II. à Paris, l'an 1350, au mois d'Octobre.

(a) Privilege accordé au Chasteau & Chastellenie de Chasteau-Neuf.

JOHANNES Dei gratia Francorum Rex. Notum facimus universis tam presentibus quam futuris, Nos infrascriptas vidisse Litteras, formam que sequitur, continentes.

Philippe le Hardi, à Paris, en Janvier 1279.

[a] *PHILIPPUS Dei gratia Francorum & Navarre Rex. Notum facimus universis tam presentibus quam futuris, Nos clare memorie Domini Genitoris nostri, vidisse Litteras, tenorem qui sequitur, continentes.*

Philippe le Bel, à Paris, en Mars 1308.

Philippe le Long, à Paris, en Aoust 1318.

[b] *PHILIPPUS Dei gratia Francorum Rex. Notum facimus universis tam presentibus quam futuris, quod cum Manfredus de Castro-novo Domicellus coram Nobis asseruerit Castrum & Castellaniam (b) de Castro-novo cum suis pertinentiis omnibus, à Nobis immediate movere & de nostro Feodo immediato teneri, quodque ipse & Predecessores sui ita privilegiati erant & fuerant, quod ea extra manum nostram perpetuo non debebamus ponere [c] ne debemus, prout hec & alia contineri dicebat in Litteris inde confectis, quarum tenor sequitur in hec verba.*

a Philippe le Long.

b Philippe le Bel.

c nec.

d Philippe le Hardi.

[d] *PHILIPPUS Dei gratia Francorum Rex : Notum facimus universis tam presentibus quam futuris, quod cum Gentes dilecti Consanguinei nostri Regis Anglie & Ducis Acquitanie fidelis nostri, Garinum de Castro-novo Militem procurassent coram Nobis adjornari, nitentes revocare in dubium quod dictus Garinus ita previlegiatus esset, quod Ville, Castra, Feuda, Retrofeuda, homines, res & possessiones ipsius, extra manum nostram poni non deberent. Tandem quia Nobis legitime constitit ipsum ita previlegiatum esse, quod ipse, Ville, Castra, Feuda, Retrofeuda, homines, res & possessiones ipsius, extra manum nostram poni non debebant, communicato bonorum consilio, ipsum Garinum, heredes & successores suos cum predictis, ad manum nostram & heredum ac successorum nostrorum Francie Regum retinuimus : dicto Regi Anglie & ejus Gentibus perpetuum super hoc [e] silenciam imponendo. Quod ut ratum & stabile permaneat in futurum, presentibus Litteris nostrum fecimus apponi sigillum.* Actum Parisius, Anno Domini millesimo ducentesimo septuagesimo-nono, mense Januarii.

e silentium.

f Philippe le Bel.

[f] *NOS retentionem predictam & omnia & singula in prescriptis Litteris contenta, rata habentes & firma, eadem laudamus, volumus, approbamus, teneri & servari perpetuo precipimus, ac tenore presencium ex certa scientia confirmamus : salvo in aliis jure nostro & in omnibus alieno. Quod ut firmum permaneat in futurum, presentibus Litteris nostrum fecimus apponi sigillum.* Actum Parisius, mense Martii, Anno Domini millesimo trecentesimo octavo.

g Philippe le Long.

[g] *NOS autem premissa omnia & singula in predictis Litteris contenta, rata habentes & grata, ea volumus, laudamus, approbamus & tenore presencium auttoritate nostra Regia,*

NOTES.

(a) Tresor des Chartres, Registre 80. Piece 75.

(b) *De Castro-novo.*] Il n'y a rien dans cette Piece, qui puisse déterminer quel est ce Chasteau-neuf.

confirmamus : salvo in aliis jure nostro & quolibet in omnibus alieno. Quod ut firmum & stabile permaneat in futurum, presentibus Litteris nostrum fecimus apponi sigillum. Actum Parisius, Anno Domini millesimo trecentesimo decimo-octavo, mense Augusti.

NOs autem retentionem predictam & alia in suprascriptis contenta Litteris, rata habentes & grata, ea volumus, laudamus, approbamus, & auctoritate Regia de speciali gratia confirmamus : nostro in aliis & alieno in omnibus jure salvo. Quod ut firmum & stabile perpetuo perseveret, nostrum sigillum quo utebamur ante susceptum regimen Regni nostri, fecimus presentibus hiis apponi. Datum & actum Parisius, Anno Domini millesimo trecentesimo quinquagesimo, mense Octobris.

Per Dominum Regem, ad relationem Consilii. Y. SYMON. *Collatio fit cum Originali per me,* Y. SYMON.

JEAN I.er & selon d'autres, Jean II. à Paris, en l'Hostel de Neelle, l'an 1350. le 7. de Novembre.

(a) Lettres qui ordonnent que les personnes suspectes d'avoir commis des meffaits en cas civils, dans la Ville d'Aire & sa Banlieuë, ne seront point condamnez à l'amende lorsqu'elles seront absentes & non appellées; mais qu'à l'avenir elles seront duëment adjournées.

*JOHANNES Dei gratia Francorum Rex : Notum facimus universis tam presentibus quam futuris, Nos * Litteras carissimi Domini & Genitoris nostri, sigillo in cera viridi & filo serico sigillatas, formam que sequitur, continentes.*

Philippe de Valois, à Meaux, au mois de Novembre 1348.

* Vidisse.

PHILIPPE par la grace de Dieu Roy de France : Sçavoir faisons à tous presens & à venir, que comme le Maire, les Eschevins & toute la Commune de la Ville d'Ayre, Nous ayent fait supplier que comme par lont-tems & ancien usaige tenu & gardé d'ancienneté en ladicte Ville, lesdits Maire & Eschevins, & leurs Predecesseurs qui pour le temps ont esté, aient accoutumé de [a] jugier amendes civiles (b) au conjurement de nos Chastellains de ladicte Ville, qui pour le temps ont été, contre toutes manieres de personnes en leur absence, & sans icelles appeller : Lesquelles personnes ont esté ou estoient [b] souspectionés d'avoir meffait ou mépris, en cas civil, en la Ville d'Aire & en la Banlieuë d'icelles, toutesfois que les cas y sont avenus ou temps passé; Et de ce lesdictes amendes Nous appartiennent, & ont esté levées, exploitiées & tournées à notre profit, & seront en cas semblables; Pourquoi se lesdits Maire & Eschevins estoient contraints de faire lesdits Jugemens en la maniere que il ont accoutumé & usé d'ancienneté, il ont grant [c] doubte que il n'en fussent repris, contraints ou molestés, ou temps à venir, si comme lesdits Maire & Eschevins Nous ont fait monstrer, requerans, que sur ce leur soit par Nous pourveu de convenable remede : Nous adecertes oye ladite Requeste, pour oster toute doubte, & pour plus justement & clairement proceder avant à jugier lesdictes amendes; mesmement comme tels Jugemens fais contre Parties absentes sans icelles appeller & oir, ne seroint pas convenablement donnés, ne ne se doient faire par voie de raison, & doie tel usage estre du tout cassé & adnullé, & pour [d] eschiver les inconveniens & dommages qui a cause lesdits Jugemens fais contre Partie absentes non appellées & non oyés [e] par ledit usaige, se pourroient ensuir au grief & prejudice desdits supplians & de leurs successeurs, par ce que il conviendroit que il soustenissent à leurs cousts, [f] telles

a *condamner à l'amende.*

b *soupçonnées.*

c *crainte.*

d *éviter.*

e *suivant.*

f *ces.*

NOTES.

(a) Tresor des Chartres, Registre 80. Piece 97.

(b) *Au conjurement.*] C'est-à-dire, conjointement avec les Chastellains appellez à cet effet. Voy. le Gloss. du Droit François de Lauriere, au mot, *Conjure.*

JEAN I.er & selon d'autres, Jean II. à Paris, en l'Hostel de Neelle, l'an 1350. le 7. de Novembre.

comdapnations & Jugemens ou cas que Parties non appellées se vouldroient [a] douloir d'icelles, par appel ou autrement, voulans ledit usage changier, muer & amender pour bien de Justice, avons voulu & octroyé, voulons & octroïons de grace especial & de nôtre auttorité Royal, par la teneur de ces Lettres, ausdis Maire & Eschevins, pour euls & leurs Successeurs ou temps à venir, que nonobstant leur antien usage dessusdit, lequel Nous cassons, irritons & adnullons, il puissent appeller ou faire appeller les personnes souspectionées de leur Juridiction [b] au lieu ou les meffais en cas civils à eulx imposez, auront esté faits en icelle, pour comparoir deuement en leurs personnes, se les cas le requierent, pardevant lesdis Maire & Eschevins pour [c] amender, ou eulx sauver au conjurement du Chastellain de ladicte Ville, qui [d] ores est & qui pour le tems à venir sera, & avecque ce voulons, que par nos Officiers & Justiciers, [e] personnes souspectionées en cas civil, soient adjournées à jour competent pardevant lesdits Maire & Eschevins, toutefois que mestier sera, & que requis en seront de par eulx, [f] o intimation, que viengnent ou non, lesdis Maire & Eschevins ou leurs Successeurs, porront aller avant au Jugement & condampnation desdictes amendes, audit conjurement, ou au sauvement d'icelles, [g] les Parties appellées deuement comparissans & oyes en leurs bonnes raisons & deffenses: Et que ce soit ferme chose & estable à tous-jours, Nous avons fait mettre nostre Seel à ces Lettres: sauf en autres choses nôtre droit, & le droit d'autruy en toutes. *Donné à Meaulx, l'An de grace mil trois cens quarante & huit, au mois de Novembre.*

a *plaindre.*
b *en cas que.*
c *pour estre condamnez à l'amende, ou estre absous.*
d *à present.*
e *les.*
f *avec.*
g *en cas que les Parties comparoissent.*

NOs autem dictas Literas & contenta in eisdem, rata & grata habentes ea volumus, laudamus, approbamus, & tenore presentium auctoritate Regia, de nostre plenitudine potestatis, ex certâ scientiâ & speciali gratiâ, confirmamus. Quod ut firmum & stabile permaneat in futurum, nostrum quo ante Regni nostri susceptum regimen, utebamur, presentibus Literis apponi fecimus sigillum in testimonium premissorum: nostro in aliis, & alio in omnibus jure salvo. Datum Parisius, in Hospicio nostro de [h] Nigella, sexta die Novembris, Anno Domini millesimo trecentesimo quinquagesimo.

h *Neelle.*

Per Consilium in quo eratis Vos.
P. BLANCHET.

JEAN I.er & selon d'autres, Jean II. à Paris, le 19. de Novembre 1350.

(a) Lettres qui ordonnent la suspension, pour un temps, du payement des Rentes accordées par Philippe de Valois, & par le Roy Jean.

JOHANNES Dei gratia Francorum Rex. Dilectis & fidelibus Gentibus Camere Compotorum & Thesaurariis nostris, salutem & dilectionem. Vobis & vestrum cuilibet certis de causis mandamus, quatinus omnes & singulos [i] redditus annuos tam hereditarios quam ad vitam, & tam per carissimum [k] & Genitorem nostrum dum viveret, quam per Nos datos quomodolibet & donatos, teneatis & ab omnibus Receptoribus nostris teneri faciatis in suspenso, usque ad instantem mediam Quadragesimam; confirmationibus, seu concessionibus aut mandatis ad hoc contrariis per Nos factis seu faciendis, non obstantibus quibuscunque. Datum Parisius, 19.a die Novembris, Anno Domini millesimo trecentesimo quinquagesimo.

i rentes.
k Dominum.

Sub sigillo nostro quo ante Regni nostri susceptum regimen, utebamur. Sic signatum. Per Dominum Regem, in Consilio suo. P. BLANCHET.

NOTES.

(a) Memorial C. de la Chambre des Comptes de Paris, fol. 90. *verso.*
Avant ces Lettres, il y a:

24. die Novembris 1350. attulit Ingeranus de Provocellis Thesaurarius Domini Regis, quasdam Litteras Regias in Camera Compotorum ad Burellum, formam que sequitur, continentes.

JEAN I.er & selon d'autres, Jean II. à Chanteloup, l'an 1350. le 24. de Novembre.

(a) Sauvegarde pour le Chapitre de S.t Vulfran d'Abbeville.

JOHANNES Dei gratia Francorum Rex. Notum facimus universis tam presentibus quam futuris, quod Nos dilectos nostros Decanum & Capitulum Ecclesie Sancti (b) Wlfrani Abbatisville, speciali benivolentia persequentes, & cupientes quod ab adversitate protecti, Regi Regum in pace valeant famulari, ipsos & successores eorum ac personas omnes & singulas dicte Ecclesie presentes & futuras, una cum universis familia & bonis, domibus & possessionibus suis ac dicte Ecclesie, in nostra & successorum nostrorum Regum suscipimus & recipimus (c) Gardia & protectione speciali, ad suorum Jurium conservationem duntaxat: Mandantes, & si opus fuerit, committentes Baillivio Ambianensi presenti & qui pro tempore fuerit, aut ejus Locum-tenenti, quatenus dictos Decanum & Capitulum ac personas dicte Ecclesie, manuteneat & deffendat in suis justis possessionibus, libertatibus, franchisiis, usibus & saisinis in quibus eos & eorum quemlibet esse, & suos predecessores fuisse pacifice ab antiquo, repererit, eosque deffendat seu deffendi faciat ab omnibus injuriis, violentiis, oppressionibus, vi armorum, potentia laïcorum & novitatibus indebitis quibuscunque: quas si factas invenerit in prejudicium dictorum Decani & Capituli, ac personarum ipsarum vel alicujus eorum, & Gardie nostre predicte, eas reducat seu reduci faciat indilate ad pristinum & debitum statum, & propter hoc Nobis & ipsis emendam prestari condignam: dictamque Gardiam nostram intimari, denuntiari & publicari faciat personis, & in locis de quibus fuerit requisitus, & ubi viderit opportunum: inhibendo nichilominus seu inhiberi faciendo sub certis penis Nobis [a] applicantis, ne quis eisdem Decano & Capitulo, aut personis seu familie predictis injurietur seu forefaciat quovismodo, in corporibus vel in bonis, & in contrarium attemptantes vel facientes puniat taliter, quod cedat aliis in exemplum, & de personis de quibus [b] assecuramentum habere voluerint, faciat eis legitimum prestari, Patrie consuetudine observata, quociens fuerit opportunum: & si in casu novitatis super possessionibus inter eos aut eorum aliquem & quoscunque alios, oriatur debatum, [c] ipse ad manum nostram tanquam superiorem, posito, & facta recredentia de rebus contentiosis, si & ubi fuerit facienda, faciat prout ad eum pertinuerit, ulterius Justitie complementum, seu faciat Partes adjornari coram suis ordinariis Judicibus, prout justum fuerit processuras. Et pro premissis diligencius exequendis, unum vel plures Servientes nostros, si requisitus fuerit, deputet sumptibus requirencium: qui tamen de Cause cognitione se nullatenus intromittant: Super quibus & ea tangentibus sic deputatis pareri volumus efficaciter & intendi. Que ut firma permaneant in futurum, presentibus Litteris nostrum jussimus apponi sigillum: nostro & alieno in omnibus Jure salvo. Actum apud Cantilupum, Anno Domini millesimo trecentesimo quinquagesimo, die vicesima-quarta mensis Novembris.

Per Regem. P. BLANCHET.

a applicandis.

b Voy. le 3.e Vol. des Ordonnances, p. 264. Note (b)

c ipso.

NOTES.

(a) Tresor des Chartres, Registre 80. Piece 680.

(b) *Wlfrani.*] *S.t Vulfran* Evêque de Sens, Tutelaire d'Abbeville; où le peuple dit S.t *Suffraint*, & quelques-uns S.t *Offran.* Vocab. Hagiologique de l'Abbé Chastelain, à la teste du Dictionn. Etymol. de Menage.

(c) *Gardia.*] J'ay marqué dans le 3.e Vol. p. 263. Note (a) les raisons qui m'ont determiné à donner place dans ce Recüeil, aux Lettres de Sauve-garde.

JEAN I.er & selon d'autres, Jean II. à Paris, en Novembre 1350. Louis X. dit le Hutin, à Vincennes, le 18. de Decembre 1315.

(a) Lettres de Sauvegarde pour les Habitans de Monstreüil-sur-Mer.

JOHANNES Dei gratia Francorum Rex. Notum facimus universis tam presentibus quam futuris, Nos infrascriptas vidisse Litteras, formam que sequitur, continentes.

LUDOVICUS Dei gratia Francorum & Navare Rex, Baillivo Ambianensi, salutem. Attendentes & nostre meditationis examine revolventes commendabilis devocionis & fidei puritatem, qua Communitas & singulares persone Ville nostre de [a] *Monsterolio-supra-Mare, omnimodam prevaricationis abhorrentes semitam, Regni nostri, tanquam probati humilitate legales subdicti, sitire noscuntur honorem, dictam Villam, & universas ejusdem* [b] *singulares personas cum omnibus familiis, rebus & bonis suis, in nostra* [c] *garda, custodia & protectione speciali, tenore presencium duximus assumendum: Quare mandamus vobis, quatinus in dicta Villa & in aliis Baillivie vestre locis de quibus expedire videritis & fueritis requisiti, premissa manifestari curantes, faciatis ex parte nostra publice proclamari, ne aliquis tam Nobilis quam non-Nobilis cujuscunque status, condicionis & preeminencie fuerit, sub pena incursus indignacionis nostre perpetue, & omnia alia* [d] *quam possumus infligere, dicte Ville personis, familiis, rebus & bonis inferre presumat per se vel per alium, violenciam, molestiam quomodolibet vel jacturam: & quod dicti Major & Scabini Villam nostram predictam sollicitudinis sue studio, fecerunt & faciunt strictius custodiri, nec Gentes armorum in eam intrare, nullasque inibi facere congregationes permittunt, id de nostro speciali mandato procedit, licet ab aliquibus contrarium asseratur, & ipsis Majori & Scabinis* [e] *imponi dicatur; super quibus eisdem Majori & Scabinis, garandiam presencium tenore portamus & (b) adnovamus eosdem.* Datum apud Vincennas, vicesima die Decembris, Anno Domini millesimo trecentesimo quinto decimo.

Nos autem omnia & singula in dictis Litteris contenta, rata habentes & grata, ea volumus, laudamus, approbamus, & de nostra gratia speciali tenore presentium confirmamus: salvo in aliis jure nostro & in omnibus quolibet alieno: Quod ut firmum & stabile perpetuo perseveret, sigillum nostrum quo ante susceptum regimen Regni nostri, utebamur, presentibus Litteris duximus apponendum. Datum Parisius, Anno Domini millesimo trecentesimo quinquagesimo, mense Novembris.

Alias sic signata. Per Dominum Regem in suis Requestis, presente Domino Ja. [f] *Rouss... Jussy. Et rescripta sub nova data, propter* [g] *mutationem Regis, de precepto vestro.* CHAPELLE.

Collatio facta est cum originali, per me CHAPELLE.

a Monstreüil-sur-Mer en Picardie.

b &.

c Gardia.

d pena.

e sont accusez.

f Il y a une marque d'abreviation à ce mot.

g Voy. la Preface du 3.e Vol. des Ordonn. §. *Ordonnances.*

NOTES.

(a) Tresor des Chartres, Registre 80. Piece 661.

(b) Adnovamus.] Ce mot peut signifier, *Nous renouvellons.*

JEAN I.er & selon d'autres, Jean II. à Chanteloup, en Novembre 1350.

(a) Lettres qui permettent aux Prevosts des Marchands & aux Eschevins de Paris, de lever une certaine somme sur les Bourgeois de cette Ville, qui auront une hanse ou societé avec des Marchands Forains.

*JOHANNES Dei gratia Francorum Rex : Notum facimus universis presentibus & futuris, quod cum juxta privilegia per Predecessores nostros Reges Francie, Preposito Mercatorum, Scabinis, Burgensibus (b) hansatis, & aliis Habitatoribus Ville nostre Parisiensis, super Consuetudinibus & usagiis eorum, ex magna antiquitate * concessis, opporteat omnes Foraneos cujuscumque patrie vel status existant, [a] nummatas vel mercaturas per [b] riparias in Villa Parisiensi adducentes, & per archam [c] grandis-pontis Parisiensis transeuntes, societatem franciscam per Prepositum Mercatorum seu per alterum Scabinorum dicte Ville, cum aliquo Burgensi hansato Ville hujusmodi, recipere & habere, antequam nummate seu mercature sue intrent incitas [d] vel districtus mercature [e] ripparie dicte Ville Parisiensis : Qui Burgensis hansatus habens societatem hujusmodi, debet habere medietatem commodi seu lucri mercature dicti foranei sibi sic associati, seu mercature societatis ejusdem. Si autem non caperent dicti foranei societatem franciscam, ut dictum est, nummate seu mercature ipsorum essent in illo casu forefacte & acquisite, medietas videlicet, Nobis, & alia medietas mercature, virtute privilegiorum dudum, ut supra dictum est, concessorum & nunc [f] in Villa predicta Parisiensis, tam racione plurium & diversorum redditnum per ipsam Villam personis quampluribus donatorum, quam plurium elemosinarum [g] nunnullis mercatoribus dicte Ville vel in ea manentibus & facultatibus diminutis, donatarum, sit taliter onerata, quod facta seu onera hujusmodi, Villa ipsa non potuit jam diu est, nec posset de cetero ex suis redditibus sustinere, cum ob deffectum solutionis seu [h] complementis premissorum, (c) remisserint à pluribus annis citra, in [i] tos & tantis arreragiis, quod quasi impossibile est Ville hujusmodi, arreragia solvere supradicta : Immo ipsam opportere quasi neccessario, dimittere prefatas elemosinas consuetas, prout Nobis exposuerunt predicti Prepositus, Scabinique & Bourgenses, supplicantes humiliter & cum magna instancia, deliberatione super hoc prehabita diligenti inter ipsos, ut dicebant, quod ad sucurrendum Ville hujusmodi, concedere dignaremur quod de & supra commodo ad Burgenses hansatos predictos dicte Ville, ratione mercaturarum & societatis predictarum, virtute dictorum privilegiorum, ut dictum est, pertinente, & quod [k] ac eos poterit in futurum pertinere, Villa ipsa pro predictis & aliis oneribus ipsius supportandis, super quemlibet Bourgensem Ville ejusdem hanssatum & [l] associetatum, ut dictum est, vigenti solidos parisienses in casu quo societas mercature ascenderet ad summam centum librarum parisiensium & ultra; & si minus ascenderet, usque ad summam vigenti libras parisienses, si ad tantum ascenderet, decem solidos parisienses possint in perpetuum exigere, levareque licite & habere, potissime cum de voluntate & assensu spontaneis hansatorum predictorum Burgensium, ista procedant, ut dicunt. Nos attentis supradictis, dicte supplicationi favorabiliter annuentes, Preposito, Scabinis & Burgensibus supradictis, suisque successoribus perpetuo concessimus in casu predicto,*

* concessa.

[a] denrées. *Voy. le Glossaire de du Cange, au mot* Nummata.

[b] la Riviere. *Voy. Ibid. au mot* Riparia.

[c] le Pont au Change.

[d] les bornes.

[e] marchandise de l'eauë. *Voy. Note (b)*

[f] in *est inutile.*

[g] nonnullis.

[h] accomplissement, payement.

[i] tot.

[k] ad.

[l] associatum.

NOTES.

(a) Tresor des Chartres, Registre 80. Piece 218.

(b) *Hansatis.*] Voy. sur la *Hanse* & sur la Jurisdiction de la Marchandise de l'*Eauë* à *Paris*, la Dissertation [de M.r le Roy] sur l'origine de la Ville de Paris, laquelle est à la teste de l'Histoire de cette Ville, par les PP. Felibien & Lobineau. Voy. p. LXII. & suiv. Voy. aussi les Lettres de l'année 1170. dans le 2. vol. des Ordonn. p. 433.

(c) *Remisserint.*] Ce mot qui est mal écrit & douteux, ne fait aucun sens. On entend cependant bien celuy de la phrase qui signifie, que *la Ville est en arriere de plusieurs années d'arrerages des aumônes qu'elle fait.*

JEAN I.er & selon d'autres, Jean II. à Chanteloup, en Novembre 1350.

[a] *tenore presencium, auctoritate Regia concedimus ex certa scientia & gratia speciali, quod de & supra commodo pertinente & qui potest & debet, poteritque & debebit in futurum, ad quemlibet Burgensem hansatum societatem foraneorum habentem, ut dictum est, ratione societatis hujusmodi, spectare & pertinere, dicta Villa seu dicti Prepositus & Scabini pro eadem habeant & percipiant, exigereque licite valeant & levare vigenti solidos parisienses, in casu quo societas ascenderet ad summam centum librarum parisiensium; & si minus ascenderet, usque videlicet ad vigenti libras, decem solidos parisienses, ut est dictum: Ita tamen quod summe hujusmodi* [b] *sit levate in commodum & utilitatem Ville hujusmodi & (d) Parlamenti seu Parlatoris Burgensium ipsius, per supplicantes predictos & successores eorum, integre convertantur: Non-obstante privilegio predicto per quod dicti Burgensis hansati debent habere commodum supradictum. Quod ut firmum & stabile permaneat in futurum, presentibus Literis nostrum magnum fecimus apponi sigillum: nostro in aliis & alio in omnibus jure salvo.* Datum apud Cantilupum, Anno Domini millesimo trecentesimo quinquagesimo, mense Novembris. *Per Regem, presentibus Domino Episcopo Laudunensi & Magistro R. Galli.* P. BLANCHET.

a &.
b sint.

NOTES.

(d) Parlamenti seu Parlatoris.] Le Parloir aux Bourgeois, sur lequel Voy. la Dissertation citée cy-dessus, dans la Note *(b)* p. LXXVIII. & suiv.

JEAN I.er & selon d'autres, Jean II. à Paris, en Novembre 1350.

(a) Lettres qui augmentent les Droits que l'on paye au Peseur de Nismes.

JOHANNES Dei gratia Francorum Rex: Ad illos sub Regalis magnificencie clipeo protegendos & in suis juribus conservandos, Regalis Celsitudo se reddere consuevit propiciam & benignam in eorum desideriis favorabiliter adimplendis, quos sinceritas dilectionis & continuata servicia [c] *recommandavit: Notumque* [d] *ita facimus quod cum dilecti & fideles Burgenses nostri Nemausenses Consules & Habitantes, Senescallie Bellicadri, qui ad specialis honoris Corone Francie* [e], *se & sua ab antiquo exponere non cessarunt neque cessant, cupiant, ut ex eorum* [f] *porrecta supplicatione Nobis* [g] *innotuit, quod* [h] *pro quolibet quintallo farine ponderate in Civitate* [i] *Nem. solitum* [k] *est per ponderatorem* [l] *exigere (b) pictam, idem ponderator recipere possit & exigere amodo denarium unum loco dicte picte, ab illis quorum ponderabit farinam; cum propter mortalitatem adeo fuerit deventum, quod non reperitur aliquis qui* [m] *villit esse ponderator farine, recipiendo omnia emolumenta pro ponderacione farine ad pondus adveniencia; & quod nullus contra usum antiquitus observatum, sit ausus bladum suum ad molendinum deferre, absque ponderacione; similiter nec farinam deferre ad domum de molendino, absque ponderacione, prout fuit & est antiquitus observatum: Nos cupientes ipsis Nos reddere graciosos, volentes eosdem supplicantes in eorum proposito confovere, ut ceteri ad honorabilia Regia servicia ardencius incitentur, ea* [n] *propre de nostra speciali gracia, auctoritate Regia & ex plenitudine potestatis Regie, eisdem Consulibus & Habitatoribus predicta per eos supplicata & requisita, per presentes &* [o] *perpetuum duximus concedenda: Dum tamen major pars ipsorum ad hoc consenciat. Mandantes Senescallo Bellicadri vel ejus Locum-tenenti qui nunc est & qui pro tempore fuerit, ceterisque Justiciariis & Officiariis nostris & eorum cuilibet, quatenus contra nostram presentem gratiam de cetero aliquid non permittant à quoquam attemptari seu innovari quovismodo, sed potius uti eos faciant & gaudere dicta nostra gratia* [p] *& pacifice &*

c *Fort.* recommendant.
d Notum itaque.
e *Il manque-là un mot, comme* deffensionem, *ou un autre.*
f porrecta.
g innotuit.
h cum.
i Nemausi *ou* Nemausensi.
k sit.
l exigi.
m velit.
n eapropter.
o in.
p & *est inutile.*

NOTES.

(a) Tresor des Chartres, Registre 80. Piece 534.

(b) Pictam.] Pougeoise, Pitte ou Poictevine; espece de Monnoye qui valoit la 4.e partie d'un Denier. Voy. le Blanc, Traité des Monnoyes, Preface, p. XX. & XXI.

quiete : Et quod hoc sit firmum & stabile in futurum, presentibus Litteris nostrum quo ante susceptum Regni nostri regimen, utebamur, fecimus apponi sigillum : salvo tamen in aliis jure nostro & in omnibus quolibet alieno. Datum Parisius, Anno Domini millesimo trecentesimo quinquagesimo, mense Novembris.

Per Regem, ad relationem Consilii in quo vos eratis.

[a] FRANC.

a *App.* Franciscus, *ou* Franco. *Voy. p. 13.*

(a) Lettres de Sauve-garde pour le Couvent des Chartreux de Paris.

JEAN I.er & selon d'autres, Jean II. à Paris, en Novembre 1350.

JOHANNES Dei gratia Francorum Rex. Notum facimus universis tam presentibus quam futuris, Nos inclite recordationis Carissimi Domini progenitoris nostri vidisse Literas, formam que sequitur, continentes.

Philippe de Valois, à la Grange de Derval, en May 1343.

PHILIPPE par la grace de Dieu Roys de France: Savoir faisons à tous presens & à venir, que Nous desirans de tout notre cuer, les personnes de Religion qui sont ordenés à servir Nostre Seigneur Jesus-Christ en notre Royaume, especialment ceulz de l'Ordre de Chartreuse, auquel ordre Nous avons especial devotion, estre maintenus & gardés avec tous leurs biens & leurs familiers, en [b] pais & en transquilité, pourquoy il puissent miex & plus devotement vaquer & entendre au Service de Dieu auquel il sont donné : A la supplication de nos bien amez le Prieur & Convent de *(b)* Valvert près de Paris, dudit Ordre de Chartreuse, qui sont de tout temps en la Sauve-garde Royal, yceulz d'abondant avons prins & prenons; mis & mettons de grace especial & de notre certaine science, avec tous leurs biens quiex qu'il soient, & auquel [c] soient assis en nostre Royaume, que il ont à present & qu'il acquerront loyalment ou temps à venir, tous leurs familiers & serviteurs, Religieux & Seculiers, en & soulz notre protection & Sauve-garde especial & de nos successeurs Roys de France, pour y estre & demourer perpetuelment; & leur avons commis, donné & deputé, commettons, donnons & deputons de notredite grace, notre Prevost de Paris present & à venir ou son Lieutenant, Juges en toutes leurs Causes meues & à mouvoir contre quelconques personnes, en demandant & en deffendant : [d] Par ainsi toutes-voies que pour ce il ne puissent aucun faire [e] convenir pardevant ledit Prevost ou son Lieutenant, de plus long-tain de Paris, que quatorze lieuëz : Et aussi voulons & commettons ledit Prevost ou son Lieutenant, estre leur Gardien especial, pour yceulz Religieux, leur Eglise en chief & en membrez, leurs familliers, leurs Gens, possessions, granges, terres, prés, bois, vignes, Justices, [f] sanz, rente & revenuez quelqu'elles soient, & à [g] leus appartenantes en quelque maniere que ce soit, maintenir & garder par luy ou par autres, en leurs justes possessions, franchises, libertés, drois, coustumes, usages, privileges & saisines, & pour eulz deffendre de par Nous, de toutes injures, violences, griefs, oppressions, inquietations, molestacions, de force d'armes, de puissance de Lays, & de toutes nouvelletés indeues quelles qu'elles soient : Et s'il y a debat en cas de nouvelletés entre les Parties, sur les choses contentieuses, de mettre ycellui [h] debat en notre main comme souveraine, & [i] à faire par icelle notre main, récreance là & si comme il appartiendra : Et pour faire paier ausdis Religieux ou à leur certain commandement, leurs cens,

b *paix.*

c *lieu.*

d *pourvû cependant.*

e Mot difficile à lire & douteux : il semble qu'il y ait *connovir.*

f *cens.*

g *eux.*

h *chose contestée.*

i *à* est inutile.

NOTES.

(a) Tresor des Chartres, Registre 80. Piece 217.

Ces Lettres de Sauve-garde sont les plus estenduës & les plus claires que je connoisse, & elles peuvent servir à expliquer les autres.

(b) Valvert.] Ce sont les Chartreux de Paris, dont le Couvent est situé dans la ruë d'Enfer. Voy. l'Hist. de Paris, par les PP. Felibien & Lobineau, t. 1. l. 8. num. 14. 15. p. 368.

JEAN I.er & selon d'autres, Jean II. à Paris, en Novembre 1350.

rentes, disines & revenuez, & toutes leurs debtes bonnes & loyaulz, recognues ou prouvées par lettres, tesmoins, instrumens ou autres loyaulz ensaignemens, que il [a] li [b] apparera estre deues ausdis Religieux, [c] de quelconques personnes nos subgez demourans à Paris & environ jusques à quatorze lieuex, en contraignant à ce yceulz debteurs, par la prise, vendue & exploitation de leurs biens & detencion de leurs corps, se obligés y estoient : Et se aucuns de leurs debteurs se vouloient opposer au contraire, nostre main souffisamment garnie là & si comme il appartendra deuement, pour faire adjourner pardevant soy ou son Lieutenant en nostre Chastelet de Paris, lesdis opposans & toutes autres personnes tant en demandant comme en deffendant, [d] aler avant pardevant luy, tant sur lesdictes oppositions, debas ou questions, comme sur lesdictes debtes, si comme il sera à faire de raison, pour [e] en faire sur les choses dessusdictes, les Parties oyes, bon & brief accomplissement de Justice : Et voulons que notredicte grace especial, il face publier par tous les lieux où il verra qu'il appartiengne, à la requeste desdis Religieux ou de leurs Gens; Et en signe de notredicte Sauve-garde especial, face mettre nos *(c)* Pennonceaux Royaulx ès maisons, granges, possessions & autres biens desdis supplians, là où mestier en sera, afin que nulz ne se puist excuser de ignorance; Et intime & deffende de par Nous, à toutes les personnes dont il sera requis de par lesdis Religieux, que à eulz, à leur famile, à leurs Gens, à leur Eglise en chief & en membres, à leurs terres, cenz, rentes, revenues ne autres biens quelquonques presens & à venir, il ne meffacent ou facent meffaire en aucune maniere, sur certaine painne à appliquer à Nous : Et pour faire & accomplir plus diligemment de point en point, les choses dessusdictes & chascune d'icelles, Nous mandons & commettons audit Prevost de Paris present & à venir ou à son Lieutenant, que il, touteffois que mestier en sera, députe ausdis Religieux, un ou deux personnes convenables, à leurs despens; lesquiex & chascun d'eulz, Nous voulons de notre grace dessusdicte, que il aient, [f] quant à faire & executer les choses dessusdictes & chascune d'icelles, tout povoir d'Office de Sergent : Toutes-voies Nous ne voulons pas qu'il s'entremettent en aucune maniere de chose qui requiere cognoissance de Cause : Et Nous donnons en mandement à tous nos Justiciers & Subgés, que audit Prevost de Paris present & à venir ou à son Lieutenant, & ausdis Sergans ou Sergant deputés de par lui, que aus choses dessusdictes & à celles qui en dependent, obeissent & entendent diligamment. Et pour que ce soit ferme & estable à toujours, Nous avons fait mettre notre Seel à ces Lettres. *Donné à la Grange de Derval, l'An de grace mil trois cens quarante & trois, ou mois de May.*

NOS vero facta dicti Progenitoris nostri, in hac parte insequi volentes, tam propter devocionem quam ipse habebat tempore quo vivebat, ad [g] *Ordinationem Cartusiensem predictum, quam Nos etiam habemus ad eundem Ordinationem, omnia & singula in dictis Literis contenta, rata habentes & grata, ea volumus, laudamus, approbamus, ac tenore presencium de nostra gratia speciali & ex certa scientia confirmamus. Quod ut firmum & stabile perpetuo perseveret, nostrum sigillum quo ante susceptum Regni nostri regimen, utebamur, presentibus Literis duximus apponendum : salvo in aliis jure nostro & in omnibus quolibet alieno.* Datum Parisius, Anno Domini millesimo trecentesimo quinquagesimo, mense Novembris.

Per Dominum Regem.

[h] MATH.

a luy.
b apparoistra.
c par.
d pour proceder.
e en est inutile.
f pour faire.
g Ordre.
h App. Mathieu.

NOTES.

(c) *Pennonceaux*] ou *Pannonceaux*; ce sont les armes du Roy. Voy. le Gloss. du Droit Franç. par Lauriere. Voy. *Pannonceaux*.

JEAN I.er & felon d'autres, Jean II, à Paris, en Novembre 1350.

(a) Lettres de Sauve-garde pour l'Ordre de Jerufalem.

JOHANNES Dei gratia Francorum Rex. Notum facimus univerfis tam prefentibus quam futuris, Nos vidiffe quafdam Literas inclite & felicis recordacionis precariffimi Domini & progenitoris noftri, formam que fequitur, continentes.

PHILIPPES par la grace de Dieu Roys de France &c. [a]

a Voy. le 3.e Vol. des Ordonn. p. 556.

NOs autem omnia & fingula in ipfis Literis contenta, rata, grata & firma habentes, ea volumus, laudamus, approbamus auctoritate noftra Regia, ex plenitudine noftre poteftatis & gratia fpeciali confirmamus per prefentes: Et quod hoc fit firmum & ftabile in futurum, noftrum quo ante fufceptum Regni regimen, utebamur, fecimus apponi figillum: falvo in aliis jure noftro & in omnibus quolibet alieno. Datum Parifius, Anno Domini millefimo trecentefimo quinquagefimo, menfe Novembris.

Per Dominum Regem, ad relationem veftram. FRANCO. *Collatio facta eft per me cum Originali.* FRANCO.

NOTES.

(a) Trefor des Chartres, Regiftre 80. Piece fept vingt & neuf.

Ces Lettres font auffi dans le Regiftre du Parlement, coté 2. Vol. des Ordonn. de Henry II. cotté Q. p. 41. *recto*, & dans le Livre vert vieil fecond du Chaftelet de Paris, *fol.* 114. *verfo*. Elles font auffi imprimées dans le Recüeil des Privileges de l'Ordre de S.t Jean de Jerufalem, Paris. 1700. *fol.* p. 18.

Pour l'execution de cette Sauve-garde, le Roy Jean & Charles fon Fils, lorfqu'il eftoit Regent, firent expedier des Lettres que l'on a crû devoir faire imprimer icy.

CHARLES REGENT, à Paris, le 2. de Decembre 1358.

(a) KAROLUS Regis Francie Primogenitus Regnum regens, Duc Normanie, Dalphinus Viennie: Dilectis dicto Guillelmo Rateau & Guillelmo de la Jonchiere Servientibus Regiis, falutem. Litteras Cariffimi Domini genitoris noftri vidimus, formam que fequitur, continentes.

JOHANNES Dei gratia Francorum Rex: dilectis Guillelmo Rateau & Guillelmo dicto de la Jonchiere Servientibus noftris, falutem, Litteras inclite & felicis recordationis precariffimi Domini & Progenitoris noftri, noveritis Nos vidiffe, formam que fequitur, continentes.

JEAN I.er & felon d'autres, Jean II. à Paris, le 1.er de Mars 1350.

PHILIPPE par la grace de Dieu Roy de France, &c. [b]

b Voy. le 3.e Vol. des Ordonn. p. 556.

Nos autem volentes dictas Litteras & omnia & fingula in eis contenta, habere roboris firmitatem, mandamus & committimus vobis & veftrum cuilibet, quatenus omnia & fingula in fupra dictis Litteris contenta, quociens cumque cafus evenerit & opus fuerit, vofque requifiti fueritis ex parte dictorum Religioforum vel eorum Procuratorum, aut alicujus ipforum prefentes Litteras deferentium, de puncto in punctum executioni debite demandetis, & de hiis que feceritis in premiffis, dictos Judices certifficare nullatenus obmittatis: Mandantes omnibus Jufticiariis & fubditis noftris vel eorum Loca-tenentibus, ut vobis & veftrum cuilibet in premiffis faciendis & excequendis, pareant diligenter & intendant, parerique faciant & intendi, dentque & preftent auxilium, confilium, favorem & juvamen: In cujus rei teftimonium, noftrum quo ante Regni noftri fufceptum regimen, utebamur, prefentibus Litteris fecimus apponi Sigillum. Datum Parifius, die prima Martii, Anno Domini millefimo trecentefimo quinquagefimo.

Mandantes vobis committendo & veftrum cuilibet, quatenus contenta in Litteris fuprafcriptis, quociens opus fuerit & fuper hoc fueritis requifiti ex parte Religioforum predictorum [c] *au Procuratorum eorumdem, feu ipforum alterius prefentes Litteras deferencium, excequamini diligenter, & de hiis que feceritis in premiffis, dictos Judices certificetis condecenter: Mandantes*

c aut.

NOTES.

(a) Livre rouge vieil du Chaftelet de Paris, *fol.* 17. *recto.*

eciam omnibus Justiciariis & subditis dicti Domini nostri & nostris, & eorum Loca-tenentibus, ut vobis & vestrum cuilibet in excequendis & faciendis predictis, intendant diligenter & pareant, ac intendi & pareri faciant, prestentque consilium, auxilium & favorem : In cujus rei testimonium, nostrum presentibus Litteris fecimus apponi Sigillum. Datum Parisius, die secunda Decembris, Anno Domini millesimo trecentesimo quinquagesimo-octavo.

Collacion faite à l'Original scellé à double queuë & de cire jaune. Ainsi signé en la marge de dessus. *Per Dominum Regentem, ad relacionem Consilii. R. Potin. Alias Sigillata;* & en la marge de dessoulz. *Collacio facta est de Litteris hic insertis*, le Vendredi 21.e jour de Fevrier, l'An mil trois cent cinquante & neuf.

JEAN Ier & selon d'autres, Jean II. à Paris, en Novembre 1350.

Philippe IV. dit de Valois, à Paris, en Decembre 1339.

a &.

(a) Sauve-garde pour l'Ordre de St Jean de Jerusalem.

JOHANNES *Dei gratia Francorum Rex: Notum facimus universis tam presentibus quam futuris, Nos vidisse quasdam Litteras inclite* [a] *felicis recordationis percarissimi Domini & Progenitoris nostri, formam que sequitur, continentes.*

PHELIPPES par la grace de Dieu Roy de France : A tous nos Seneschaux, Baillis, Receveurs & autres Justiciers de notre Royaume, ou à leurs Lieutenans qui ces presentes Lettres verront, Salut. Sçavoir faisons que Nous pour la consideracion & la bonne affection que Nous avons toujours euë & avons encore à la Terre Saincte, & à la Religion & aux Religieux de l'Ordre de St Jehan de Jeherusalem, & pour les bons & agreables services que lesdits Religieux & Ordre Nous ont fait & esperons qu'ilz Nous facent ou temps à venir, voulons & avons octroyé à l'Ordre & aux Religieux dessusdits, de certaine science & de grace especial, que les Sauve-gardes, graces, libertez & privileges à eulx ou à leurdit Ordre, & à leurs hommes & subjects, par Nous ou par nos Predecesseurs octroyez, leur soient perpetuellement gardées & tenuës de point en point selon leurs formes & teneurs, & ainsi qu'ilz en ont usé. Si vous mandons & à chacun de vous, si comme à luy appartiendra, que vous les Sauve-gardes, graces, libertez & privileges dessusdits, selon les teneurs desquels il vous apperra, faites tenir & garder, si comme dit est: Et si riens trouvez estre fait au contraire, faictes le au premier estat & deu ramener tantost & sans delay, & sans autre Mandement attendre; nonobstant toutes Lettres surreptices & *(b)* teu de ces presentes, impetrées ou à impetrer de Nous ou de notre *(c)* au contraire: Et afin que ce soit chose ferme & stable à toujours, Nous avons fait mettre nostre Scel à ces presentes Lettres : sauf nostre droit en autres choses & l'autruy en toutes. *Donné à Paris, l'An de grace mil trois cens trente-neuf, au mois de Decembre.*

NOs autem omnia & singula in ipsis Litteris contenta, rata, grata & firma habentes, ea volumus, laudamus, approbamus auctoritate nostra Regia ex plenitudine potestatis, &

NOTES.

(a) Registre du Parlement coté, Registre unique du Roy Charles Huitieme, H. *fol.* 28. *verso.*

Ces Lettres sont imprimées dans le Recüeil des Privileges de l'Ordre de St Jean de Jerusalem, Paris. 1700. *in fol.* p. 34. A la page precedente de ce Recüeil, on trouve des Lettres de Philippe de Valois de Decembre 1338. Elles sont presque entierement semblables à celles qui sont *vidimées* dans celles-cy, & confirmées aussi par le Roy Jean, en Novembre 1350. ensorte qu'il y a apparence que ce sont les mêmes, & qu'il y a faute à la date: Au reste ces Lettres y sont defigurées par un très grand nombre de fautes.

(b) Teu de ces presentes.] Cela signifieroit-il, *dans lesquelles il ne sera point fait mention de ces presentes !*

Dans le Recüeil des Privileges de l'Ordre, p. 35. il y a : *toutes Lettres subreptices & tant de ces presentes impetrées ou à impetrer de Nous ou de nostre* Cour, *au contraire.*

(c) Il y a dans cet endroit la figure d'une grande Lettre, qui ressemble à une *H*, & qui pourroit signifier *Hôtel.* Voy. Note *(b)*.

gracia speciali confirmamus per presentes. Mandantes insuper dictis Senescallis, Baillivis, Receptoribus ceterisque Justiciariis Regni nostri, vel eorum Loca-tenentibus ad quos presentes Littere pervenerint, & eorum cuilibet prout ad eum pertinuerit, quatenus omnia contenta in dictis Litteris compleant, ferventer teneant & diligenter exequantur: Et quod hoc sit firmum & stabile in futurum, presentibus Litteris nostrum quo ante susceptum Regni regimen, utebamur, fecimus apponi sigillum: salvo in aliis jure nostro & in omnibus quolibet alieno. Datum Parisius, Anno Domini millesimo trecentesimo quinquagesimo, mense Novembris.

JEAN I.er & selon d'autres, Jean II. à Paris, en Decembre 1350.

(a) Lettres portant Establissement de Consuls & de Conseillers, dans la Ville de Pui-Salicon.

JOHANNES Dei gratia Francorum Rex: Universis tam presentibus quam futuris notum facimus, quod cum inclite recordationis Dominus Genitor noster hominibus & habitatoribus Ville de (b) Podio-Salicone, [a] *Vicarie Biterrensis, Consules & Consulatum in dicto loco habendi, ac (c) Bauderagium & pasturagium territorii de* [b] *Prollano,* [c] *medientibus sexcentis libris turonensibus, eidem certis terminis super hoc statutis, per dictos habitatores exsolvendis, sub certis formis, de sua speciali gratia concessisset, ut in ipsius Domini Genitoris nostri Literis in filis sericis & cera viridi sigillatis, plenius continetur; essentque dicti homines & habitatores & fuissent per* [d] *biennum vel circa, in possessione & saisina dictorum Consulatus & Bauderagii & pasturagii, & propter hoc de dicta summa sexcentarum librarum turonensium, trecentas libras turonenses dicto Domino Genitori nostro, in ejus Thesauro Parisius persolvissent, & postmodum dictorum Consulum Consulatus & territorii concessio per judicium seu arrestum Gencium Consilii dicti Domini Genitoris nostri, ex certis causis revocata & totaliter adnullata fuisset, supplicassentque dicto Domino Genitori nostro, homines & habitatores predicti, ex medientibus dictis trecentis libris turonensibus quas in dicto Thesauro* [e] *exsolverent, & ducentis libris quas adhuc se daturos offerebant, obmissis totaliter Bauderagio & pasturagio ac territorio predictis, Consules & Consulatum eis reddere & restituere, seu de novo concedere dignaretur: Et dictus Dominus Genitor noster per suas Literas mandasset Senescallo Carcassone ut, vocato Procuratore Regio dicte Senescallie, se informaret diligenter, habita consideracione ad numerum focorum & ad facultates habitatorum dicte Ville, & ad summas pro Consulatibus in dicta Senescallia concedendis, dari consuetas, &* [f] *dicta summa per dictos homines & habitatores oblata, pro dicto Consulatu obtinendo, erat sufficiens & dicto Domino Genitori nostro utilis; & informacionem quam super hoc faceret, dilectis & fidelibus Gentibus suis Compotorum remitteret; factaque dicta informacione per dictum Senescallum aut ejus Locum-tenentem per ipsum ad hoc depputatum, & dictis Gentibus remissa, eaque per dictas Gentes recepta, & dicto Domino Genitori nostro de medio* [g] *sublato, per dilectas & fideles Gentes Compotorum nostrorum Parisius visa & diligenter examinata, quia per dictam informacionem repertum extitit dictam summam pro dicto Consulatu concedendo, fore sufficientem, & dictam concessionem*

a Viguerie.
b Ce lieu m'est inconnu.
c medianribus.
d biennium.
e exsolverunt.
f si.
g mort.

NOTES.

(a) Tresor des Chartres, Registre 80. Piece neuf vingt & onze.

(b) Podio-Salicone.] Pui-Salicon. Viguerie dans le bas Languedoc, du Diocese de Beziers & du Parlement de Toulouse. Dictionn. Universel de la France, au mot *Pui-Salicon.*

(c) Bauderagium.] Ce mot n'est pas dans du Cange, & les Sçavans Benedictins qui en preparent une nouvelle Edition, m'ont dit qu'ils ne l'avoient pas encore trouvé dans aucun Monument. Mais dans cette Edition, il y aura *Baudum*, qu'ils croyent estre la même chose que *Bannum* & *Baugium; Baugum* & *Bauguum*, qu'ils croyent signifier *district. Bauderagium* signifie peut-estre Jurisdiction: peut-estre aussi faut-il lire *Banderagium?*

JEAN I.er & selon d'autres, Jean II. à Paris, en Decembre 1350.

Nobis utilem, predicte Gentes ipsam receperunt pro Nobis & admiserunt. Idcirco dictis hominibus & habitatoribus dicte Ville de Podio-Salicone, qui nunc sunt & futuris temporibus [a] *fuerunt, Corpus, Universitatem & Consulatum, domum, archam seu archas, & sigillum communes, & alia jura & insignia Consulatus, ac Consiliarios concessimus & concedimus per presentes,* [b] *medientibus dictis trecentis libris turonensibus dicto Domino Genitori nostro, & dictis ducentis libris turonensibus Nobis in Thesauro nostro Parisius persolutis: Volentes & concedentes eisdem, ut in dicto loco tres Consules & sexdecim Consiliarios habeant & habere possint, & unum* [c] *Nuncium pro Consiliariis suis congregandis, & aliis negociis dicte Universitatis faciendis & peragendis:* [d] *Cui quidem Consules dictum Consulatum & omnes & singulas Causas, negocia & bona dicte Universitatis, agere, ducere, tractare, regere & gubernare, & quecunque alia facere valeant, que ad Consules & Consulatum tam de jure scripto quo regitur terra illa, quam ex stillo, usu & consuetudine Vicarie Biterrensis, pertinent & pertinere possunt: Et quod dicti Consules quolibet Anno in Festo Beati Andree Apostoli mutentur, & novi Consules & Consiliarii eligantur & instituantur, prout est in partibus illis fieri consuetum. Que eis de nostra certa scientia, speciali gratia & auctoritate Regia, tenore presencium duximus concedenda: salvo in aliis jure nostro & in omnibus alieno. Quod ut firmum & stabile perpetuo perseveret, sigillum Castelleti nostri Parisiensis, in absentia magni nostri, presentibus Literis duximus apponendum.* Datum Parisius, Anno Domini millesimo trecentesimo quinquagesimo, mense Decembris.

Per Consilium in quo erat Dominus Laudunensis [e] *presentibus Gentibus Camere Compotorum.* *Lecta.* FULCO. [f] TAMULL.

a erunt.
b mediantibus.
c Huissier ou Sergent.
d Qui.
e Episcopus.
f *Il y a une marque d'abreviation sur les deux LL.*

JEAN I.er & selon d'autres, Jean II. à Villeneuve près d'Avignon, en Decembre 1350.

(a) Privileges de la Ville de Grenade.

SOMMAIRES.

ANCIENS PRIVILEGES.

(1) Le Roy ne pourra lever de Taille ni de Queste dans la Ville, ni y demander le droit de Giste, ni obliger les Habitans à luy faire des prests; si ce n'est lorsqu'il exigera toutes ces choses des autres Villes.

(2) Les Habitans pourront aliener tous leurs biens, meubles & immeubles. Ils ne pourront cependant aliener les fiefs qu'ils possedent, en faveur de l'Eglise, des Religieux & des Chevaliers, au prejudice des Seigneurs dont ils relevent.

(3) Les Habitans pourront marier leurs Enfans librement, & engager leurs Fils dans l'Estat Ecclesiastique.

(4) Les Juges Royaux ne pourront point faire arrester prisonnier un Habitant, ou saisir ses biens, s'il donne caution de se presenter en Jugement; si ce n'est qu'il eust commis un meurtre ou quelque autre crime qui emportast confiscation de corps & de biens au profit du Roy, ou qu'il eust forfait contre le Roy & ses Officiers.

(5) Les Juges Royaux, si ce n'est dans les cas qui regardent le Roy, ne pourront citer un Habitant hors du territoire de la Ville, pour des faits qui se seront passez dans la Ville ou dans son territoire.

(6) Ceux qui entreront de jour dans les Jardins, les Vignes & les Prez des autres, sans leur permission, depuis que la deffense de le faire aura esté publiée, payeront une amende aux Consuls: S'ils n'ont pas de quoy la payer, ils seront punis autrement par le Bailly & les Consuls. Les Maistres des bestes qui seront entrez dans ces lieux, payeront aussi une amende, & repareront le dommage qu'elles ont fait, lequel sera estimé par le Bailly & les Consuls. Ceux-cy employeront les amendes pour l'utilité publique, & à la reparation des Ponts & des Chemins. Les Estrangers qui auront ignoré les deffenses, ne payeront pas l'amende, mais ils seront punis autrement par les Consuls & le Bailly.

(7) Celuy qui entrera de nuit dans les Jardins, Vignes & Prez des autres, sans leur permission, depuis que la deffense de le faire aura esté publié, payera une amende au Roy & à l'Abbé de Grand-Selve, & sera condamné aux dommages & interests par le Bailly & les Consuls.

(8) Ceux qui auront de faux poids & de fausses mesures, seront condamnez à l'amende.

(9) Les Bouchers qui ne vendront pas de bonne viande, seront condamnez à l'amende: la viande sera donnée aux pauvres, & on rendra l'Argent à ceux qui l'avoient achetée.

Les Bouchers doivent gagner un denier par sol, sur ce qu'ils vendent.

(10) Gain

JEAN I.er & selon d'autres, Jean II. à Villeneuve près d'Avignon, en Decembre 1350.

(10) Gain que doivent faire les Boulangers sur le pain qu'ils vendent.

(11) Les denrées qui seront apportées dans la Ville pour y estre venduës, ne pourront l'estre à des gens qui les achepteront pour les revendre, qu'elles n'ayent esté apportées d'abord sur la Place; pourvû que l'ordre de le faire ait esté publié.

Le prix des [Perdrix,] des Lievres & des Lapins sera fixé.

(12) Les denrées que l'on apportera dans la Ville, ne payeront point de droits.

(13) Les Habitans de la Ville ne payeront aucuns droits pour ce qu'ils y vendront, & pour ce qu'ils y achepteront pour leur usage.

(14) Les Consuls presteront serment de fidelité au Roy & à l'Abbé de Grand-Selve. Ils jureront aussi de ne prendre d'autres presents que ceux qui sont permis par les Loix, & de ne recevoir aucun service de personne, par rapport à leurs Charges. La Communauté de la Ville jurera aussi au Roy & à l'Abbé de Grand-Selve, de leur donner bon & fidelle conseil.

(15) Les Actes faits par des Notaires publics, ou par leurs Seneschaux, auront la même force que les Actes publics.

Les Testaments faits en presence de temoins dignes de foy, seront valables, quoyque toutes les formalitez des loix n'y ayent pas esté observées: pourvû cependant que les Enfans ne soient pas privez de leur legitime par ces Testaments.

(16) Si une personne meurt sans laisser d'heritiers & sans avoir fait de testament, le Bailly fera la description de ses biens, & les Consuls les garderont pendant un an & un jour; après lequel temps, s'il ne s'est pas presenté d'heritier, ils les remettront au Roy & à l'Abbé de Grand-Selve.

(17) Si celuy qui ayant esté assigné, s'est reconnu debiteur en Justice, ne paye pas quinze jours après, il est condamné à l'amende. S'il nie qu'il soit debiteur, celuy qui perdra son procès, de luy ou de sa Partie adverse, y sera aussi condamné.

(18) Si un mari qui a eu une dot de sa femme, à laquelle il a fait une donation à cause de mariage, sans que par rapport à cette dot & à cette donation, il y ait eu de convention particuliere, si ce mari survit sa femme, sans avoir d'enfans d'elle, il joüira pendant sa vie de la dot de sa femme, aux heritiers de laquelle elle reviendra après la mort du mari. Si la femme survit son mari qui a laissé des enfans d'elle, elle reprendra sa dot, & joüira de la donation qui luy a esté faite, & après sa mort, cette donation passera à ses enfans ou à ceux à qui son mari l'aura laissée par testament.

(19) Celuy qui tire l'épée contre un autre sans le blesser, est condamné à l'amende: s'il le blesse, l'amende sera plus forte, suivant la nature de la blessûre: & il payera des dommages & interests au blessé. S'il le tue, il sera puni à la volonté du Roy & de l'Abbé de Grand-Selve, & ses biens seront confisquez à leur profit.

(20) Lorsque les biens d'un homme sont confisquez, on paye d'abord ses debtes, & le reste appartient au Roy & à l'Abbé de Grand-Selve.

(21) Les Criminels seront jugez par les Consuls, la Sentence desquels sera executée par le Bailly.

(22) Lorsqu'un homme aura esté surpris dans un adultere volontaire, par les Officiers du Roy ou de l'Abbé de Grand-Selve, en presence de deux Consuls, ou de deux personnes dignes de foy, pourvû qu'il ait esté surpris nud avec une femme nuë, ou ayant les chausses bas, s'ils sont habillez l'un & l'autre, il aura le choix de courir nud dans la Ville, ainsi qu'il se pratique dans les autres Villes du Roy, ou de payer une amende de cent sols.

(23) Celuy qui s'est obligé pour un homme insolvable, payera pour luy.

(24) Ceux qui viendront demeurer dans cette Ville, seront libres, comme les autres Habitans, pourvû que cela ne prejudicie point au droit d'un tiers.

Chaque maison ou terrain payera tous les ans un Cens au Roy & à l'Abbé de Grand-Selve, à proportion de son estenduë.

(25) Le Four appartiendra au Roy & à l'Abbé de Grand-Selve: On leur donnera de vingt pains, un, pour le droit de Fournage. Si un pain est [gâté,] le Fournier sera condamné par les Consuls, à dedommager celuy à qui il appartient.

(26) Marché dans cette Ville.

(27) Droits qui s'y payent au Roy & à l'Abbé de Grand-Selve. Les Habitans ne payent rien de tout ce qu'ils acheptent dans la Ville pour leur usage.

(28) Ceux qui sortiront de la Ville sans payer ces droits, seront condamnez à l'amende.

(29) Celuy qui en frappera un autre dans le marché, sera jugé par le Bailly & les Consuls.

(30) Lorsqu'un Juge en ordonnant ou en confirmant une saisie faite sur un debiteur, ordonne qu'il payera dans quinzaine; si le debiteur ne paye pas dans ce terme, le creancier gardera encore quinze jours les choses saisies; après lesquels, il les vendra publiquement & sans fraude, avec la permission de la Cour; & si le prix excede ce qui luy est dû, il rendra l'excedent au debiteur.

(31) Le Bailly fera serment en presence des Consuls, de bien remplir ses devoirs, & de ne point recevoir de presents & de service, par rapport à sa Charge.

(32) Droit sur le Fer.

(33) On créera huit Consuls tous les ans le jour de la Feste de S.t Martin, & les anciens Consuls nommeront seize personnes, entre

JEAN I.er & selon d'autres, Jean II. à Villeneuve près d'Avignon, en Decembre 1350.

lesquelles la Cour en choisira huit, si elle les trouve dignes de cette place. S'il n'y a point de Consuls de créez ce jour-là, les anciens Consuls resteront en place, jusqu'à ce que le Roy & l'Abbé de Grand-Selve en ayent nommé d'autres.

(34) Les Consuls auront l'inspection sur les chemins publics, la connoissance de quelques causes crimineles; l'institution des Messagers, [Huissiers] & Jurisdiction sur eux.

(35) Les Consuls pourront faire faire & entretenir un ou plusieurs ponts sur la Garonne & sur la Save; & quand ces ponts seront rompus, ils pourront donner passage par leur Ville.

(36) Il y aura dans les moulins de quoy peser le bled que l'on y apportera: On pesera aussi la farine que l'on rendra, & on prendra le seizieme pour la mouture.

(37) Le Bailly & les Consuls puniront ceux qui jetteront des choses puantes & des immondices dans les ruës.

(38) Chaque Habitant jettera de l'eau devant sa maison, depuis le premier de May, jusqu'au 14. Septembre; & s'il y manque, il sera puni par les Consuls.

(39) Foire à Grenade. Droits qui s'y percevront. On n'en payera point pour ce qui sera acheptè ou vendu par les Habitans.

(40) Les Habitans pourront vendre & achepter du Sel, suivant l'usage establi dans les autres Bastides.

(41) Les Habitans seront obligez de suivre le Roy à la guerre, ainsi que cela se pratique dans les autres Villes du Roy.

Nouveaux Privileges accordez par le Roy Jean.

(42) Les anciens Consuls nommeront à la fin de leur Consulat, douze personnes de la Ville, entre lesquelles le Juge de Verdun en choisira six pour estre Consuls.

(43) Les Consuls pourront faire contribuer pour les dépenses communes, tous les Habitans, les Notaires, les Sergents & tous les Officiers du Roy, à proportion de leurs biens, à l'exception de ceux qui ont des gages. Voy. la Note (hh).

(44) Les Consuls pourront faire tout ce qui sera necessaire pour rendre bonne Justice dans les affaires criminelles, & dans celles qui sont de leur competence; & tous les Juges & Officiers seront obligez d'obéir aux ordres qu'ils donneront à cet effet.

(45) Les Habitans ne pourront estre citez ni adjournez hors de leur Ville, si ce n'est dans les lieux où ils auront passé des Contracts, lesquels il faudra communiquer au Bailly de Grenade, avant que de pouvoir faire executer l'adjournement.

JOHANNES Dei gratia Francorum Rex: Universis tam presentibus quam futuris, Salutem. Cum Regie Majestatis clementia suos fideles subdictos libertatibus & franchisiis habeat merito [a] insigure, & precipue illos qui semper vero corde pro ipsa [b] hac honore & jure suis, corpus & bona liberaliter exponere non [c] verentur, laboresque [d] angustias per inimicos Regni [e] patuntur, cum ex parte dilectorum fidelium nostrorum Consulum, Burgencium & Habitatorum Ville nostre de (b) Granata, significando fuerit [f] demonstrando, quod dudum ex parte carissimi Domini & Predecessoris nostri Regis Philippi Pulcri recordationis inclite, in nova [g] constitutione ipsius Ville de Granata, certe Consuetudines & Libertates concesse fuissent, & per ipsum Dominum Regem postmodum cum Literis suis confirmate, ejusque Sigillo in cera viridi & filo serici sigillatis, quodque tempore capcionis & depredationis ipsius Villle per inimicos nostros novissime [h] factis, Litere super hoc, ut premittitur, sigillate, invente per dictos inimicos, cera & [i] cerico ab eodem amotis, disigillate fuerunt, & in viam prostracte & projecte: Supplicantes ut premissis attentis, eisdem de remedio gratioso providere dignaremur; videlicet, quod non-obstante quod eisdem Literis Sigillum fuerit ablatum, secundum tenorem earumdem qui inferius est inscriptus, [k] rescribentur & in formam publicam redigantur, deinceps perpetuo valiture: Quarum Literarum & Consuetudinum [l] sequitur in hec verba.

[a] insignire.
[b] ac.
[c] verentur.
[d] &.
[e] patiuntur.
[f] demonstratum.
[g] lorsque cette Ville a esté fondée.
[h] factæ ou factarum.
[i] serico.
[k] rescribantur.
[l] tenor.

PHILIPPUS Dei gratia Francorum Rex: Universis presentes Literas inspecturis, Salutem. Notum facimus quod Nos quoddam instrumentum Sigillo Eustachii de Bello-

NOTES.

(a) Tresor des Chartres, Registre 80. pour les Années 1350. 1351. Piece 307.

(b) Granata.] Grenade, Ville située sur la Garonne, à trois lieuës au-dessous de Toulouse, Justice Royale, dans le bas Armagnac, Parlement de Toulouse, Election de Riviere-Verdun. Dictionn. Univers. de la France, au mot Grenade. Voy. cy-dessous, Note (ee).

a Marthesio Militis, Senescalli nostri Tholose & Albiensis, sigillatum, vidimus in hec verba.

JEAN I.er & selon d'autres, Jean II. à Villeneuve près d'Avignon, en Decembre 1350.

Noverint univesi quod nos Eustachius de Bello-Marthesio Miles, Senescallus Tholose & Albiensis, pro excellentissimo Principe Domino nostro Francorum Rege, & nomine ejusdem Domini Regis, damus & concedimus Habitatoribus & in posterum [b] *habitatoris nove Bastide de* [c] *Gravanata, Diocesis Tholose, & pertinentiarum ejus ac districtus, Libertates & Consuetudines infrascriptas.*

(1) Videlicet quod per Dominum nostrum Francorum Regem vel successores suos, non fiat in dicta Villa tallia, (c) albergada, (d) questa, nec recipiet ibi Dominus noster Rex mutuum, nisi [d] *gratis sibi mutuare* [e] *voluerunt Habitatores, nisi generaliter in aliis Villis Domini nostri Regis, ea faceret.*

(2) Item. *Quod Habitatores dicte Ville & districtus & in posterum habitaturi, possint vendere, dare, allienare omnia bona sua mobilia & immobilia, cui voluerint; excepto quod immobilia non possint allienare Ecclesie, Religiosis personis, Militibus; nisi salvo jure Dominorum a quibus res in Feodum tenebuntur.*

(3) Item. *Quod Habitatores dicte Ville possint filias suas libere & ubi voluerint maritare, & filios suos ad Clericatus ordinem facere promoveri.*

(4) Item. *Quod Dominus noster Rex vel Bajulus ejus non* [f] *capiet aliquem habitantem dicte Ville, vel vim* [g] *inferent vel saisiant bona sua; dum tamen vellit & fidejubeat (e) stare item; nisi pro murtro vel morte hominis, vel plaga mortifera, vel alio crimine, quo corpus suum vel bona sua Domino nostro Regi debeant esse incursa, vel nisi pro forefactis in Dominum nostrum Regem vel in Gentes suas.*

(5) Item. *Quod ad questionem seu clamorem alterius, non mandabitur nec citabitur aliquis habitator dicte Ville, per Gentes dicti Domini nostri Regis; nisi pro facto proprio Domini nostri Regis seu querella, extra* [h] *honorem dicte Ville, super hiis que facta fuerunt in dicta Villa & honore & pertinenciis dicte Ville.*

(6) Item. *Quod si aliquis homo vel femina de die intraverit ortos, vineas aut* [i] *pratas alterius, sine mandato vel voluntate illius cujus fuerint, postquam de mandato Domini nostri Regis & Abbatis (f) Grandis-Silve, quolibet Anno deffensum fuerit, solvat duodecim denarios Tholosanos, Consulibus dicte Ville: (g) Si habet unde aliter solvat, ad arbitrium Bajuli & Consulum, pugniatur: Et quelibet bestia grossa que ibi inventa fuerit,* [k] *duodecim tres denarios Tholosanos Consulibus supradictis; pro porco & sue, si* [l] *intraverint, unum denarium turonensem; & pro ove, capra seu irco vel quolibet alio pecore,* [m] *solva Dominus bestie, unum obolum turonensem; si* [n] *ancer vel alius avis consimiliter fuerit* [o], *unum obolum turonensem: Et nichilominus Dominus cujus fuerit bestia vel avis, dampnum tenebitur emendare ad cognicionem Bajuli & Consulum dicte Ville. Deveria vero que pro hujusmodi emendis, Consules habuerunt, mittent in utilitatem dicte Ville; ut pote in reparationem* [p] *pontum, itinerum & viarum. Alienigene autem transeuntes, qui dictum deffensum ignoraverint, penas non subeant ante dictas; sed aliter ad cognicionem dictorum Consulum & Bajuli, pugniantur.*

(7) Item. *Quicumque de nocte intraverit* [q] *vineis, ortos aut prata alterius, sine mandato aut voluntate illius cujus fuerint, & cum panerio vel saco vel (h) capucio, aut cum*

a *ou* Marchesio.
b habitaturis.
c Granata.
d volontairement.
e voluerint.
f capiant.
g inferant.
h territoire.
i prata.
k solvat.
l Mot douteux : il a falu deviner.
m solvat.
n anser.
o intrata.
p pontium.
q vineas.

NOTES.

(c) Albergada.] Le droit de giste, le droit de venir loger dans un lieu. Voy. Du Cange, au mot *Herberga*.

(d) Questa.] *Tributum quod exigitur, quæritur . . . . . . Taille qu'on appelle* Queste, *in Consuetud. Burbonensi, Art. 33.* Voy. le Gloss. de Du Cange, au mot *Quæsta*.

(e) Stare item; nisi.] Il faut corriger, *Stare Juri; nisi*, &c. Outre que le sens le demande, c'est que cet Article est entierement conforme à l'Art. 4. des Privileges des Habitans de Ville-Franche en Perigord, où on lit ainsi. Voy. le 3.e Vol. des Ordonn. p. 204. IV.

(f) Grandis-Silve.] *Grand-Selve*, Abbaye de Bernardins dans le Diocese de Toulouse. Voy. *Gall. Christi.* 1.ere Edit. t. 4. p. 506. col. 2.e

(g) Si habet unde aliter solvat.] Je crois qu'il faut lire, *si non habet unde aliter solvat. Aliter* même paroist inutile.

(h) Capucio.] Capuchon que tout le

JEAN I.er & selon d'autres, Jean II. à Villeneuve près d'Avignon, en Decembre 1350.

alio (i) explecto, fructus extraxerit, Domino nostro Regi & Abbati predicto in vigenti solidos Tholosanos sit incursus, postquam de mandato Domini nostri Regis & dicti [a] *Abbati similiter fuerit quolibet Anno deffensum: Et si tantum modo manibus & sine alio explecto, extraxerit, (k) pro Justicia in duobus solidis Tholosanis Domino nostro Regi & dicti Abbati sit incursus, & dampnum insuper emendabit, ad cognicionem Bajuli & Consulum dicte Ville.*

(8) Item. *Quicumque in dicta Villa tenuerit falsum pondus, falsam mensuram,* [b] *canam vel aliam* [c] *falsam, Domino nostro Regi & dicto Abbati in sexaginta solidos Tholosanos pugniatur.*

(9) Item. *Carnifices qui carnes vendiderint in dicta Villa, bonas carnes & sanas vendant: Que si bone & sane non fuerint, carnes pauperibus per Bajulum & Consules erogentur, & illis qui emerint, precium* [d] *refondatur: Et lucrantur carnifices in uno quoque solido, unum denarium Monete currentis. Et quicumque Carnifex in mandatum* [e] *excesserit, in duobus solidis & uno denario Tholosano, Domino sit incursus.*

a Abbatis.

b Cane. *Voy. le 3.e Vol. des Ordonn. p. 157. Note (m)*

c mensuram.

d resundatur.

e aura contrevenu à ces Reglements.

(10) Item. *Quilibet Pistor seu Pistorissa, vel quicumque alius panem faciens ad vendendum in Villa predicta, lucretur in uno quoque sextario frumenti, quatuor denarios turonenses & furfur tantum modo; & hoc secundum magis & minus: Et si amplius lucratus fuerit, totus panis capiatur, & pauperibus tribuatur per Bajulum & Consules dicti loci.*

(11) Item. *Omnes res comestibiles ex quo ad dictam Villam fuerint apportate ad vendendum, non vendantur revenditoribus, donec prius ad plateam fuerint deportate; dum tamen hoc prius ex parte Domini nostri Regis & dicti Abbatis, deffensum fuerit & clamatum: Et* [f] *alii* [g] *vero vendi possint impune: Et hoc deffensum duret à Festo Beati Johannis-Baptiste, usque ad Festum Sancti Michaelis: Et qui contravenerit, in quatuor denarios Tholosanos condempnetur:* [h] *Perdere vero, Lepus & Cuniculus vendantur ad precium quod in foro ex parte dicti Domini nostri Regis & dicti Abbatis, fuerit proclamatum.*

f aliter.

g & ou vero *sont inutiles.*

h *Peut-estre faut-il corriger* Perdix!

(12) Item. *Quicumque res comestibiles ad dictam Villam apportaverit, volatilia,* [i] *silvestram bestiam, poma, pira & consimilia, non det leudam in dicta Villa.*

i silvestrem.

(13) Item. *Nullus habitans in dicta Villa, det leudam in ipsa Villa & ejus pertinentiis, de re quam vendat vel emat in Villa predicta seu pertinentiis ejusdem, ad usus proprios die fori,* [k] *alio* [l], *in foro vel extra.*

k nec.

l die.

(14) *(l) Sane Consules dicte Ville, jurabunt se deffendere fideliter & servare corpus Domini nostri Regis & membra & dicti Abbatis, & etiam jura sua; & quod Officium Consulatus quamdiù erunt in Officio, fideliter excequentur, nec* [m] *minus nec servicium ratione Officii, ab aliquo capient per se vel per alium; nisi id quod de jure est concessum cuilibet in Officio existenti. Communitas si quidem dicte Ville, in presentia Consulum jurabit Domino nostro* [n] *Rege & dicto Abbati vel (m) mandato eorum, bonum Consilium & fidele, pro posse suo, dum requisita fuerit, dare; salvo etiam in omnibus jure Domini nostri Regis.*

m munus. *Voy. le 3.e Vol. des Ordonn. p. 388. Note (c)*

n Regi.

(15) Item. *Instrumenta facta à publicis Notariis vel à (n) Senescallis suis creatis vel creandis, illam firmitatem habeant quam habent publica instrumenta. (o) Facta ab*

NOTES.

monde anciennement portoit sur la teste. Voy. Du Cange au mot, *Caputium.* Un Capuchon estoit très commode, pour emporter des fruits que l'on voloit.

(i) Explecto] Ce mot signifie ordinairement *Revenus.* Voy. Du Cange au mot *Expletum.* Il signifie icy, toute chose propre à emporter des fruits.

(k) Pro Justicia.] Il payera une amende à la Justice, & des dommages & interests à la Partie. Voy. le 3.e Vol. des Ordonnances, p. 206. Note (*n*).

(l) Sane.] Je conjecture qu'il faut lire *Item,* au lieu de *Sane,* & que c'est icy le commencement d'un nouvel Article. En effet ce qui suit n'a aucun rapport avec ce qui precede.

(m) Mandato eorum.] Cela peut signifier, à une personne deputée par eux, ou peut-estre à leur Juge. Voy. le 3.e Vol. des Ordonn. p. 116. Note (*k*).

(n) Senescallis.] Je n'ay pû rien decouvrir sur les Seneschaux des Notaires.

(o) Facta.] Il faut certainement avant

Habitatoribus dicte Ville in presentia testium fide dignorum, valeant, licet non fuerint facta secundum solempnitatem legum; dum tamen liberi non fraudentur legitima portione.

JEAN I.er & selon d'autres, Jean II. à Villeneuve près d'Avignon, en Decembre 1350.

(16) Item. *Si quis decesserit sine herede legitimo, & non testamentum fecerit, Consules dicte Ville de mandato dicti Domini nostri Regis & dicti Abbatis, bona ejus per annum & diem custodient; descriptis tamen per Bajulum Domini nostri Regis & Abbatis predicti, bonis dicti hominis; & si interim non venerit heres qui hereditare debeat, Domino nostro Regi & dicto Abbati redeant bona ad* [a] *eamdem voluntatem faciendam.*

(17) Item. *Omne debitum* [b] *cognitum, si clamor* [c] *factus fuerit, nisi infra quindecim dies persolvatur, debitor solvat Domino nostro Regi & dicto Abbati vel eorum mandato, duos solidos turonenses pro clamore: Si vero negetur debitum, qui victus fuerit, in duobus solidis turonensibus pro Justicia puniatur.*

(18) Item. *Si quis* [d] *aliquem ducat in uxorem, & cum ea mille solidos acceperit pro dote, & ipse det uxori sue propter nuptias, quingenta solidos, & hoc secundum magis & minus; nisi aliud pactum intervenerit inter ipsos, & si maritus supravixerit, nec de uxore infantem habeat, tota vita sua tenebit totam dotem, & post mortem suam, parentes uxoris vel heredes* [e] *dotam illam recuperabunt; nisi in perpetuum & inrevocabiliter dederit marito: Sed si infantem habeat ipsa mulier & supravixerit marito, ipsa recuperabit dotem suam & donationem propter nuptias: Qua mortua, infantes quos à marito habuit, donationem propter nuptias rehabebunt, vel ille quem maritus in testamento suo duxerit ordinandum.*

(19) Item. *Si quis gladium extraxerit contra aliquem, licet non percuciat, Domino nostro Regi & dicto Abbati, in vigenti solidos Tholosanos condempnetur; si vero percusserit ita quod sanguis exeat, in triginta solidos turonenses* [f] *pugniantur & emendet vulnerato; & si mutilatio membri intervenerit, in sexaginta solidos turonenses, vel amplius, si Domino nostro Francorum Regi & dicto Abbati placuerit, condempnetur, & nichilominus satis fiat vulnerato. Si autem percussus per ictum moriatur, qui ictum fecerit ad voluntatem Domini nostri Regis & dicti Abbatis vel eorum mandato pugniatur, & bona sua omnia ad manum Domini nostri Regis & dicti Abbatis, capiantur.*

(20) Item. *Si bona alicujus Habitatoris dicte Ville devenerint in comissium, de bonis predictis, si sufficiant, ejus creditoribus satisfiat, & Domino nostro Regi & dicto Abbati residium* [g] *applicatur.*

(21) Item. *Latrones & homicide & alii criminosi per Consules dicte Ville judicentur, & eorum Sentencias Bajulus excequatur.*

(22) Item. *Si aliquis in adulterio* (p) *scienter commisso, deprehensus fuerit, currat per Villam, ut in aliis Villis Domini nostri Regis, est fieri consuetum, aut solvat Domino nostro Regi* [h] *aut Abbati predicto vel eorum mandato, centum solidos Tholosanos: Et quod voluerit,* [i] *obcionem habeat eligendi. Ita tamen quod capiatur nudus cum nuda, vel vestitus cum vestita,* [k] *brachiis seu femoralibus depositis, per aliquem de Curia Domini nostri Regis & dicti Abbatis, presentibus cum eo duobus Consulibus vel aliis duobus probis hominibus dicte Ville, vel aliis duobus vel pluribus undecunque sint, fide digni; & aliter non.*

(23) Item. *Si quis pro alio fidejusserit, si principalis debitor solvendo non fuerit, idem qui fidejusserit satisfaciat, si bona habeat unde solvat.*

(24) Item. *Quicunque in dicta Villa venire voluerit, seu habitare &* [l] *mensionem facere, sit liber sicut alii Habitatores; si sine* [m] *prejudicium alterius fieri possit. Preterea in domo qualibet seu* (q) *Ayrali dicte Ville, longa de 15.* [n] *stadiis &* [o] *ampla de quinque, debet habere Dominus Rex & Abbas predictus, annuatim in Festo omnium*

a eorum.

b reconnuë, avouée.

c si on a fait la demande en Justice.

d aliquam.

e dotem.

f puniatur.

g applicetur.

h &.

i optionem.

k braies, hauts de chausse.

l mansionem.

m prejudicio.

n Je n'ai pû rien decouvrir sur cette mesure.

o large.

NOTES.

ce mot, mettre *Testamenta*. On ne pourra en douter, si l'on consulte le 3.e Vol. des Ordonn. p. 204. Art. 7. lequel est entierement conforme à la fin de celuy-cy. Je soupçonne méme que cet Art. 15. en devroit faire deux, que le Copiste a confondu.

(p) *Scienter commisso.*] Il pouvoit arriver qu'il crût estre couché avec sa femme.

(q) *Ayraly.*] *Ayrale, area seu locus ædificio aptus,* dans Du Cange, au mot *Area*, & il cite un passage à peu près semblable à celuy-cy.

Sanctorum, quinque denarios Tholosanos censuales; & hoc secundum magis & minus.

JEAN I.er & selon d'autres, Jean II. à Villeneuve près d'Avignon, en Decembre 1350.

(25) Item. *Furni dicte Ville* [a] *emunt Domini nostri Regis & dicti Abbatis, & quicumque ibi panem decoqui fecerit, vicesimum panem Domino nostro Regi, & dicto Abbati pro furnagio dare teneatur: Et si culpa furnerii, panis (r) desevabatur, quod emendet panem ad cognitionem Consulum dicte Ville.*

(26) Item. *Mercatum fiet die mercurii in dicta Villa, qualibet septimana.*

(27) Item. *De quolibet* [b] *bovo vendito ab extraneo in* [c] *fore, habebit Dominus noster Rex & dictus Abbas, unum denarium turonensem.*

Item. *De asino, unum denarium turonensem.*

Item. *De porco, unum denarium turonensem.*

Item. *De pelle vulpis, de una saumata ollarum; de una* [d] *froza & de quatuor libris cere, unum obolum turonensem, de quolibet predictorum: Infra vero dictas quatuor libras cere, nisi dolose vel in fraudem dicte leude factum fuerit,* [e] *exsolvatur: A quatuor vero libris cere supra, usque ad duodecim libras, unus denarius turonensis exsolvatur. Si vero ultra dictas 12. libras fuerit pondus* [f] *cera, pro qualibet libra,* [g] *unum obolum turonensem persolvatur.*

Item. *De medietate porci recentis vel salsi que vendita fuerit in foro propinquiori ante (s) nativitatem, semel in Anno,* [h] *unum denarium turonensem.*

Item. *Homines predicte Ville sunt liberi à dictis leudis, de hiis que ad proprios usus emerint, in Villa vel in foro.*

Item. *Quicumque extraneus in die fori, (t) tentorum tenuerit quarumcumque mercium, dabit pro leuda unum denarium turonensem.*

Item. *Una saumata salis* [i] *des unam palmatam salis & unum denarium turonensem.*

Item. *Quicumque extraneus voluerit* [k] *extranere à dicta Villa, bladum,* [l] *unum vel sal, dabit pro leuda pro qualibet saumata, unum denarium turonensem: Et hoc secundum magis &* [m] *minis; & pro onere unius hominis de sale, unum obolum turonensem.*

Item. *De uno onere ciphorum vitreorum, unum denarium turonensem ab extraneo.*

Item. *De uno onere scutellarum & (u) grasalarum, unum denarium turonensem.*

(28) Item. *Si quis leudam debens in Villa,* [n] *exiverit, & leudam non solverit, solvat duos solidos Tolosanos, & obolum pro emenda.*

(29) Item. *Qui in foro aliquem percusserit, ad cognitionem Bajuli & Consulum, & pro qualitate delicti puniatur.*

(30) Item. *Si Bajulus pignoret* [o] *aliquem, post* [p] *quindenam dies assignatos debitori ad solvendum, ille cujus erit debitum, per alios 15. dies pignora custodiat; quibus elapsis, vendat, si voluerit, pignora palam & publice, & bona fide cum licentia Curie: Et si pretium pignoris venditi excedat debitum suum, residuum* [q] *habitum à dicto pignore, teneatur reddere debitori.*

(31) Item. *Bajulus dicte Ville jurabit in presentia Consulum, quod suum Officium fideliter faciet &* [r] *minus vel servitium pro suo Officio sive ratione sui Officii, non capiet, & unicuique jus suum, pro posse suo,* [s] *qutenus ad eum pertinet, reddet, & usus bonos & consuetudines Ville scriptas & approbatas, salvo jure Domini nostri Regis & Abbatis predicti, custodiet & deffendet.*

[a] erunt.
[b] bove.
[c] foro.
[d] Je n'ai pû découvrir la signification de ce mot.
[e] *Il faut apparemment là*, nihil.
[f] ceræ.
[g] unus obolus turonensis.
[h] unus denarius turonensis, *& de même plus bas.*
[i] det.
[k] extrahere.
[l] vinum.
[m] minus.
[n] exierit.
[o] ordonne ou confirme une saisie.
[p] quindecim.
[q] qu'il aura eu.
[r] munus. *Voy. plus haut, Note marginale (m)*
[s] quatenus.

NOTES.

(r) *Desevabatur.*] Je n'ay pû trouver la signification de ce mot, & je ne vois pas d'apparence qu'il vienne de *Sevum, Suif.*

(s) *Nativitatem.*] Est-ce Noël, ou la Nativité de la Vierge? Cecy a sans doute rapport à quelque usage particulier de cette Ville, qui m'est inconnu.

(t) *Tentorum.*] Je crois qu'il faut lire, *Tentorium.* C'est apparemment la Tente sous laquelle chaque Marchand étaloit sa marchandise.

(u) *Grasalarum.*] M. Du Cange, au mot *Grabellus*, qui selon luy, est la même chose que *Grasalla*, dit qu'il signifie une mesure de Froment. Cependant il rapporte un passage où ce mot est joint avec plusieurs autres, qui tous signifient des choses propres au service de la table ou à la cuisine: & il y a grande apparence que la chose nommée *Grasala* estoit destinée au même usage.

(32) Item. *Saumata (x) ferii de Fons, apportata, det pro leuda unum denarium Tolosanum.*

(33) Item. *In Villa predicta, octo Consules creabuntur annuatim in Festo Beati Martini: Et si tunc instituti vel creati non fuerint, duret potestas Consulum qui immediate extiterint, donec alii per Dominum nostrum Regem & dictum Abbatem, vel eorum* [a] *Mandatum, ibidem fuerint instituti; ita tamen quod nomina Consulum instituendorum, in duplo reddentur Curie in scriptis per Consules veteres, & quod Curia possit eligere magis idoneos, si sufficientes sint, usque ad numerum in Consulatu consuetum.*

(34) Item. *Consules qui pro tempore fuerint, potestatem habeant vias publicas & mala passagia reparandi, & habeant cognitionem Causarum criminalium que in dicta Villa & ejus pertinentiis contingerint, que tangunt* [b] *mutulationem & sanguinem vel etiam* [c] *iminuebunt: Habeant dicti Consules etiam institutionem & destitutionem* [d] *Messegariorum, & cognitionem & pugnicionem eorumdem.*

(35) Item. *Quod dicti Consules & Universitas dicte Ville possint construere* [e] *edificare libere pontem unum vel plures, supra Guaronam & supra (y) Savam, quando voluerint, & (z) condrictos tenere, per quem & quos, liber sit transitus omnium transeuntium: Et si pontem seu pontes frangi seu dirui contigerit, quod dicti Consules & Universitas dicte Ville, possint ibi tenere passagium libere omnibus transeuntibus per Villam predictam.*

(36) Item. *Quod in molendinis dicte Ville teneant pensum; & bladum tradatur & recipiatur ad pensum, & farina reddatur ad pensum: Et recipiatur tantum sextadecima pars bladi, pro moldura.*

(37) *Si quis vero in dicta Villa jactaverit fetentia vel aliqua nociva, per Bajulum & Consules puniatur.*

(38) Item. *(aa) Pro quibus, quatenus cujusque hospitium se extendit, teneatur (bb) unidam tenere carreriam, à principio* [f] *Madii usque ad exaltationem* [g] *Sancte Crucis: Et si fecerit, ad cognitionem Consulum puniatur.*

(39) Item. [h] *Nudine sint in dicta Villa terminis assignatis; scilicet, Dominica ante Festum Pentecostes, & in Octavis omnium Sanctorum: Et quilibet mercator extraneus habens* [i] *trossellum vel plures troussellos in dictis nundinis, pro introïtu & exitu & (cc) taulagio & pro leuda, det quatuor denarios Tolosanos; & de onere hominis quicquid apportet, unum denarium Tolosanum: Et de rebus emptis* [k] *& venditis Habitatoribus dicte Ville, nihil dabitur ab emptore pro leuda.*

(40) Item. *Quod homines dicte Ville possint emere & vendere sal, prout in aliis Bastidis est fieri consuetum.*

(41) Item. *Habebit ibi Dominus noster Rex exercitum* [l] *& cavalgatam, ut in aliis suis Villis.*

Acta fuerunt hec apud [m] *Bellum-videre prope (dd) Insulam Albegesii, undecima die introitus mensis Madii, regnante Serenissimo Principe Domino Philippo Francorum Rege,*

JEAN I.er & selon d'autres, Jean II. à Villeneuve près d'Avignon, en Decembre 1350.

a Voy. cy-dessus, Note (m)

b mutilationem.

c Ce mot est corrompu, & je n'ai pû le restituer.

d des Huissiers. *Ils sont quelquefois nommez* Nuncii.

e &.

f mois de May.

g 14. de Septembre.

h Nundine.

i un trousseau, un balot de marchandises. *Voy. du Cange, au mot* Trossa.

k *Adde* ab Habitatoribus.

l ses Sujets seront obligez de le suivre à la guerre.

m *App.* Beauvoir.

NOTES.

(x) *Ferii de Fons.*] On pourroit lire aussi *Ferri;* & il y a apparence qu'il s'agit-là de Fer apporté d'un lieu nommé *Fons.* Il y en a un de ce nom dans le Quercy. Voy. le Dictionn. Univers. de la France, au mot *Fons.*

(y) *Savam.*] La Save, riviere qui prend sa source dans les Pyrenées, & qui se jette dans la Garonne près de Grenade. *Dictionn. Univers. de la France* à ce mot.

(z) *Conrictos tenere.*] Les tenir en bon estat. Du Cange au mot *Condrictus* qui se trouve dans *Condirigere*, a rassemblé plusieurs passages, dont il resulte que *Condrictus* signifie quelquefois ce qui est en bon estat.

(aa) *Pro quibus.*] Je crois que cela signifie, pour entretenir les ruës nettes, pour emporter les ordures, on jettera de l'eau dans les ruës.

(bb) *Unidam.*] Ce mot est douteux, & se pourroit lire de plus d'une façon. Car il y a six jambages sans points.

(cc) *Taulagio.*] Ce mot qui n'est pas dans Du Cange, peut venir de *Tholl*, qui signifie l'impost nommé *Tonlieu*. Voy. Du Cange au mot *Telon.*

(dd) *Insulam Albegesii.*] L'Isle d'Albigeois, dans le Diocese d'Alby, près le Tarn. *Dictionn. Univers. de la France* à ce mot.

JEAN I.er & selon d'autres, Jean II. à Villeneuve près d'Avignon, en Decembre 1350.

Hugone Episcopo Tholosano, Anno millesimo ducentesimo nonagesimo-primo, *ab Incarnatione Domini. Horum omnium sunt testes, discreti viri Dominus Hugo de Cumbarato Legum Professor, & Magistri Berauldus Sancii Judex (ee) Rivorum & in partibus Vasconie, & Bertholomeus de Gardia Judex* [a] *Albegesii, & Magistri* [b] *Joannis de Ansola, & Berauldus Joanni, & Berauldus Dominici Notarii, & Dominus Petrus de Sancto Johanne Presbiter, & Simon de Monte-Abito Domicellus, & Magister Johannes Salverii, & Vitalis de Sancto-Mauro, & Durandus Dominici publicus Tholosanus & totius Senescallie Tholosane & Albiensis Notarius; qui de voluntate & mandato dicti Domini Senescalli, predicta scripsit, & in publicam formam redegit, & signavit.*

a Albigeois.
b Joannes.

Et nos Eustachius de Bello-Marchesio Miles, Senescallus predictus, in testimonium & ad majorem firmitatem premissorum, Sigillum nostrum apponi & appendi fecimus huic presenti publico instrumento.

Nos autem predictam Libertatum & Consuetudinum concessionem per dictum Senescallum nostrum nomine nostro factam, [c] *rata & grata habentes, eam & premissa omnia & singula, prout superius sunt expressa, volumus, laudamus & tenore presentium approbamus: Concedentes quod Habitatores & in posterum habitaturi dicte Bastide de Granata, districtus & pertinentiarum ejusdem, gaudeant &* [d] *utentur in perpetuum Libertatibus & Consuetudinibus antedictis: salvo tamen in aliis jure nostro & jure in omnibus alieno. Quod ut ratum & stabile permaneat in futurum, presentibus Litteris nostrum fecimus apponi Sigillum.* Datum apud *(ff)* Castrum Leon, Anno Domini millesimo ducentesimo nonagesimo-primo, mense Augusti.

c ratam & gratam.
d utantur.

NOs autem dictis Consulibus, Burgensibus & Habitatoribus dicte Ville de Granata, concedimus quod ipsi dictis Consuetudinibus & Libertatibus uti, frui & gaudere valeant, sicut ante violationem seu laniacionem dictarum Litterarum, faciebant, & prout usi sunt hactenus huc usque; non-obstante laniacione predicta, ipsisque [e] *auctoritatem nostram Regiam interponimus & decretum: & uberiori dono gratie prossequentes eosdem, ipsis de Granata Consulibus, Burgensibus & Habitatoribus, ultra predicta, in favorem ipsorum concessimus & tenore presencium concedimus infrascripta.*

e Litteris.

(42) Et primo videlicet, quamvis Consules dicte Ville hactenus consueverint nominare sexdecim proceres dicte Ville, in fine eorum Consulatus, ex quibus Judex noster [f] *Verdunensis octo magis idoneos eligebat, & creabat in Officio Consulatus,* [g] *volimus, & dictis Consulibus qui nunc sunt & erunt in futurum, concedimus quod ipsi amodo duodecim proceres dicte Ville nominare habeant, & dictus Judex ex illis sex magis idoneos* [h] *eligere & creare ad dictum Officium Consulatus exercendum.*

f Voy. cy-dessus, Note (b)
g volumus.
h habeat.

(43) Item. *Quod dicti Consules possint (gg) collectisare omnes Notarios, Servientes & alios Officiales nostros, qui in dicta Villa habitant & habitabunt, & alios Habitatores ejusdem Ville, & ipsos ad contribuendum pro possessionibus suis ruralibus, compellere, omnibus communibus Tailliis per dictos Consules, cum locus seu casus fuerit, imponendis; Officialibus nostris (hh) ad vadia, duntaxat exceptis.*

(44) Item. *Quod dicti Consules in causis criminalibus quarum ipsi sunt Judices, & aliis negociis ad dictum Consulatus Officium spectantibus, possint per Litteras suas* [i] *ejus*

i Consulatus.

NOTES.

(ee) Rivorum.] C'est apparemment le Pays nommé *Riviere*, dans lequel Grenade est situé. Voy. *Diction. Univers. de la France* au mot *Riviere*.

(ff) Castrum Leon.] Il y a *Castrum Leon*, ou *Lean*, avec une marque d'abreviation sur l'*L*. Je ne puis deviner quel est ce lieu.

(gg) Collectisare.] Faire une *Collecte* sur les Notaires, les faire contribuer aux dépenses publiques.

(hh) Ad vadia.] Le sens qui se presente d'abord, c'est que les Officiers qui seront aux gages du Roy, ne contribuëront point aux dépenses communes. Cela pourroit aussi signifier que les Officiers Royaux n'y contribuëront point, par rapport à leur gages; & il y a une disposition à peu près semblable, dans le 3.e Vol. des Ordonn. p. 172. v.

sigillo

sigillo sigillatas, Partes & alias personas ad premissa necessarias, citari facere coram ipsis, & ea exequi, prout negotiorum merita postulabunt, pro debita Justitia facienda: Quodque Judices, Vicarii, Bajuli, Servientes & alii Officiales & Justiciarii eorum mandatis & requisitionibus pareant cum effectu.

JEAN I.er & selon d'autres, Jean II. à Villeneuve prè d'Avignon, en Decembre 1351.

(45) Item. *Quod aliquis habitator dicte Ville, extra dictam Villam ad aliquod Judicium seu Curiam, coram aliquo Judice, Commissario* [a] *Justiciario minime citabitur, trahetur, seu aliter convenietur, nisi pro* [b] *contractionibus in illis locis in quibus citari mandabuntur, inhitis, de quibus primitus Bajulo dicte Ville fides fiat summarie: Et aliter dictas Bajulus citationes hujusmodi minime exequatur.*

Mandantes Seneschallo Tholose & Judici Verduni, ceterisque Justiciariis vel eorum Loca-tenentibus, & eorum cuilibet, prout ad eum pertinuerit, quatenus predictos Consules & Habitatores dicte Ville de Granata, dictis Libertatibus uti & gaudere ad plenum & pacifice faciant & permittant, & nil in contrarium presumant [c] *attemptari. Quod ut firmum & stabile perpetuo perseveret, presentibus Litteris nostrum fecimus apponi sigillum.* Datum apud Villam-novam prope Avinionem, Anno Domini millesimo trecentesimo quinquagesimo, mense Decembris, *sub sigillo quo ante susceptum regimen Regni nostri, utebamur.*

Alias sigillata & signata sic. Per Dominum Regem in suis Requestis. [d] SAVIG. *R. Galli; & rescripta de precepto vestro, propter rasuras.* R. POTIN.

Collatio facta est.

a &.
b Contracts.
c attentare.
d *Il y a une marque d'abreviation sur le g.*

JEAN I.er & selon d'autres, Jean II. à la Villeneuve, en Decembre 1350.

(a) Sauvegarde pour l'Abbaye de Front-Froide.

JOHANNES Dei gratia Francorum Rex: Universis presentes Literas inspecturis, Salutem. Notum facimus quod ut persone Ecclesiastice Regni nostri, presertim qui sub Religionis habitu, nocte dieque Domino famulantur, sub nostre [e] *protectione clipeo in transquilitate, pacis quiescant beatitudine, studiosis vigiliis remedia querimus opportuna, quibus persone ipse in suis juribus & libertatibus conserventur,* [f] *& liberius gratum Deo impendere valeant famulatum. Hinc est quod Nos ad supplicationem dilectorum nostrorum Abbatis & Conventus (b) Fontis-Frigidi Cisterciensis Ordinis, asserencium ex certis & verissimilibus conjecturis, à pluribus sibi timere personis, dictos supplicantes Monachos, Conversos &* [g] *donatos suos, Officiales & ministros eorum tam Ecclesiasticos quam seculares, familiares & Gentes cum omnibus & singulis Beneficiis Ecclesiasticis, Castris, Villis, maneriis, domibus, grangiis, juribus, Jurisdiccionibus & Coustumis ad dictos Abbatem & Conventum, racione dicte Abbatie, quomodolibet pertinentibus de presenti, & que imposterum pertinebunt, in nostra protectione & Salva-gardia speciali, tenore presencium suscipimus pro Nobis & Successoribus nostris Francie Regibus, sub eadem Gardia perpetuo permansuros, quatenus in temporalibus immediate Nobis subsunt: Mandantes Senescallo nostro Carcassone & ejus Locum-tenenti qui nunc est & qui pro tempore fuerit, & quibuscunque aliis Officialibus & ministris Regiis presentibus & futuris, & eorum cuilibet, ut eosdem Abbatem & Conventum ac eorum Officiales, ministros ac eorum familias, sub nostris protectione & Salva-gardia supradictis, manuteneant & conservent in suis justis possessionibus, Usibus, Libertatibus, Franchisiis & juribus quibuscunque, in quibus ipsos esse eorumque predecessores fuisse pacifice ab antiquo invenerint, & ab omnibus injuriis, violenciis, oppressionibus, molestationibus, gravaminibus & novitatibus indebitis quibuscunque, deffendant seu deffendi faciant & tueri: Quas si facte fuerint à quocumque, ad pristinum statum reducant aut reduci faciant indilate, si*

e protectionis.
f u.
g Voy. le 3.e Vol. de Ordonn. p. 318. Note *(d)* & p. 556.

NOTES.

(a) Tresor des Chartres, Registre 80. Piece treize vingt & six.

(b) Fontis-Frigidi.] *Font-Froide* dans le Diocese de Narbonne. Voy. *Galliam Christian. primæ Edit. t. 4. p. 432. col. 1.*

JEAN I.er & selon d'autres, Jean II. à la Ville-neuve en Decembre 1350.

super hoc fuerint requisiti; [a] *pennuncellosque nostros in signum dicte Salve-gardie, in bonis & possessionibus predictorum supplicantium, in terra que jure scripto regitur, situatis dumtaxat, apponant seu poni* [b], *&* [c] *assecuramentum legitimum juxta Patrie consuetudinem, sibi prestari faciant, si ex parte dictorum supplicantium fuerint requisiti; dictamque salvam & specialem Gardiam personis & locis ubi expedierit, publicari: Et si forsan contingeret in futurum, quod aliquod debatum orriretur in casu novitatis inter predictos supplicantes ex una parte, & aliquos suos adversarios ex altera, debatum hujusmodi ad manum Regiam tamquam superiorem, ponant seu poni faciant, & locis resaisitis, si & prout fuerit faciendum, Partes contendentes adjornent seu adjornari faciant coram Judicibus competentibus, ad quos cognitio hujusmodi pertinere debebit, processuras in Causa hujusmodi, ut fuerit racionis: Et pro premissis omnibus & singulis diligentius exequendis, (c) Gardiatores speciales unum vel plures de Servientibus nostris, prefatis supplicantibus, suis sumptibus & expensis, deputent, si super hoc fuerint requisiti, & ad omnia etiam alia & singula facienda, que ad specialis Gardiacionis Officium pertinent & pertinere possunt: Cui tamen de hiis que Cause cognicionem exigunt, se nullatenus intromittant. Quod ut firmum & stabile permaneat in futurum, nostrum quo ante susceptum Regni nostri regimen, utebamur, presentibus Literis fecimus apponi sigillum: nostro & alieno in omnibus jure salvo.* Datum & actum apud Villam-novam in capite Pontis Avinionensis, Anno Domini millesimo trecentesimo quinquagesimo, mense Decembris.

Per Dominum Regem, ad relationem vestram. Y. SYMON.

a Voy cy-dessus, p. 2. Note (c)

b faciant.

c Voy. le 3.e Vol. des Ordonn. p. 214. Note (b)

NOTES.

(c) *Gardiatores speciales.*] Pour faire connoistre qu'elles estoient les fonctions de ces Gardiens speciaux, on a jugé à propos de faire imprimer icy la Piece suivante.

JEAN I.er & selon d'autres, Jean II. à Paris, en Decembre 1350.

(a) Nomination de Gardiens particuliers & speciaux pour les Habitans de S.t Riquier.

JOHANNES *Dei gratia Franc. Rex. Si fidelium atque subditorum nostrorum justis postulacionibus favorabiliter assensum prebemus, Regiam excercemus consuetudinem, ipsosque subditos nostros ad nostre fidelitatis obsequia reddimus* [d] *prumpciores. Notum facimus igitur universis tam presentibus quam futuris, quod Nos ad supplicationem* [e] *dilectorum nostrorum Majoris, Scabinorum ac totius Communitatis Burgencium & habitancium Ville nostre Sancti* [f] *Ricardi in Pontivo, immediate justiciabilium & subditorum nostrorum, quos una cum eorum & dicte Communitatis bonis & rebus universis, in & sub nostre protectionis clipeo ac Salva-gardia speciali, ad suorum & dicte Communitatis jurium conservacionem, suscipimus per presentes, eisdem Majori, Scabinis ac burgensibus & habitatoribus totique Communitati prefate, damus & concedimus Gardiatores speciales; videlicet, Johannem de Donno-Medardi, Petrum de Bonberch & Stephanum Harnaz Servientes nostros in Prepositura nostra Sancti Ricardi in numero* [g] *ordinacionis Servientium nostrorum dicte Prepositure nominatos, & eorum quemlibet insolidum* [h] *exhibit. presencium, ad manutenendum &* [i] *conservendum dictos supplicantes in eorum & dicte Communitatis Juribus, bonis, justis possessionibus, usibus, consuetudinibus, franchisiis, libertatibus & saisinis in quibus ipsos esse predecessoresque suos fuisse ab antiquo pacifice, repererint, necnon ad deffendendum ipsos ac eorum Communitatem predictam, ab omnibus injuriis, gravaminibus, violenciis, oppressionibus, molestationibus, vi armorum, potentia laycorum & aliis* [k] *indebite novitatibus quibuscunque, & ad ponendum debata, si qua in casu novitatis oriri contingat inter Partes, resque contenciosas in manu nostra tamquam superiori, & ad faciendum, quotiens casus exigunt, loca resaisiri contensiosa, ac etiam ad* [l] *ordinandum Partes ad certos & competentes dies, coram Judicibus earum ordinariis, tam super principali quam super recredencia, processuras ut fuerit racionis. Damusque & concedimus dictis Gardiatoribus & eorum cuilibet tenore presencium, plenariam potestatem presentem nostram Salvam-gardiam significandi & publicandi omnibus locis & personis de quibus fuerint requisiti, ipsisque personis sub certis penis Nobis applicandis, inhibendi ex parte nostra, ne dictis supplicantibus aut eorum dicteque Ville &*

d promptiores.

e dcorun, *avec une marque d'abbreviation.*

f St. Riquier en Ponthieu.

g Ordonnance des Sergents.

h *App* exhibitores; *c'est-à-dire, porteurs de cette Piece.*

i conservandum.

k indebitis.

l *Ce mot doit signifier là, faire* assigner.

NOTES.

(a) Tresor des Chartres, Registre 80. Piece neuf vingt-neuf.

CARTON

Pour la Note (a) de la page 44. du quatriéme Volume du Recueil des Ordonnances des Rois de France de la troisiéme Race.

A La page 44. du quatriéme Volume du Recueil des Ordonnances, se trouvent des Lettres du Roy Philippe, qui contiennent des Privileges accordez à la Ville d'Aigues-mortes.

Ces Lettres ont esté copiées sur le Registre 80. du Tresor des Chartres, où la date est ainsi transcrite: *Actum Parisius, anno Domini millesimo & septuagesimo nono, mense Augusto; Regni verò nostri anno nono.*

L'année 1079. tombe sous le Regne de Philippe I. & c'est sous le nom de ce Roy, que j'ai fait imprimer les Privileges d'Aigues-mortes.

Comme je n'avois rien remarqué dans le corps de ces Lettres, qui pust me faire soupçonner que la date en estoit fautive, j'avoue qu'il ne me vint pas dans l'esprit de la *vérifier* par le moyen des regles que prescrit l'*Art de la Critique.*

Si j'eusse senti qu'il fust necessaire de faire usage de ces regles par rapport à cette date, elles m'eussent facilement fait connoistre qu'il falloit y adjouster le mot *ducentesimo,* oublié par le Copiste, & lire: *Actum Parisius, anno Domini millesimo* ducentesimo *& septuagesimo nono, mense Augusto; Regni verò nostri anno nono;* & que par consequent, ces Lettres estoient de Philippe III. dit le Hardy, & non de Philippe I.

Trois raisons décisives prouvent la necessité d'adjouster dans cette date, le mot *ducentesimo.*

1.° L'année 1079. ne tombe point sur la neuviéme année de Philippe I. qui monta sur le Throsne en 1059. & l'année 1279. quadre avec la neuviéme année de Philippe le Hardy, qui commença à regner en 1270.

2.° Les Grands Officiers de la Couronne, qui ont signé ces Lettres, suivant l'usage qui s'est observé jusqu'au temps de Philippe le Hardy, n'ont point vescu dans l'onziéme siecle; mais dans le treiziéme, & sous le Regne de Philippe le Hardy.

3.° Philippe I. n'a pû accorder des Privileges à la Ville d'Aigues-mortes, qui a esté fondée par S.t Louis, Pere de Philippe le Hardy.

C'est en lisant[a] le troisiéme Volume de l'Histoire du Languedoc, composée par D. Vaissette Religieux Benedictin de la Congrégation de Saint Maur, que j'ai appris que je m'estois trompé, en attribuant à Philippe I.

[a] *Voy. la Note XXXVI. p. 593.*

des Lettres qui ſont certainement de Philippe le Hardy; & je n'aurois que des remerciemens à faire à cet exact Hiſtorien, ſi, en relevant une faute réelle que j'ai faite, il ne m'avoit pas donné des louanges que je ne mérite pas.

La fauſſe date des Privileges d'Aigues-mortes, auroit pû faire tomber dans des erreurs d'une très-grande conſequence. Cette Ordonnance eſt une des plus curieuſes & des plus utiles de celles qui ſont dans ce Recueil. Elle contient pluſieurs diſpoſitions ſur le Droit public & particulier du Royaume, ſur les matieres Domaniales & féodales, ſur la compétence des Juges, ſur les procedures Judiciaires, Civiles & Criminelles, ſur le Droit municipal des Villes, & ſur pluſieurs autres anciens Uſages. Si cette date n'avoit pas eſté rectifiée, elle auroit pû tromper ceux qui s'appliquent à l'eſtude de ces matieres importantes, puiſqu'elle faiſoit remonter juſqu'au onziéme ſiécle, des Loix, des Couſtumes & des Uſages, qui ne ſont pas d'une antiquité auſſi reculée; ou du moins, dont on n'a pû juſqu'à preſent fixer l'origine d'une maniere préciſe.

Pour prévenir les erreurs dans leſquelles cette fauſſe date auroit pû jetter, j'ai cru qu'il ne ſuffiſoit pas de la rectifier dans les corrections que je place à la fin de chaque Volume, & qui peut-eſtre ſont peu conſultées, ni meſme dans une Preface, qui pourroit n'eſtre pas lûë; & j'ai ſouhaité que l'on fiſt un Carton qui tinſt la place de la premiere Note que j'ai faite ſur ces Lettres, parce que par le changement de la date, elle devient entierement inutile. J'ai annoncé ce Carton à la fin de la Préface du ſixiéme Volume, avec lequel il ſera diſtribué; & je repeterai icy ce que j'y ai dit; c'eſt qu'il eſt très-important de faire attacher ce Carton dans le quatriéme Volume, & d'en faire mention ſur la Note *(a)* de la page 44. afin d'y avoir recours, lorſque l'on voudra faire uſage des Lettres qui contiennent les Privileges d'Aigues-mortes.

Communitatis bonis, vel Jurisdictioni quomodolibet forefacere presumant, & quicquid in ipsorum supplicantium prejudicium factum fuerit, ad statum pristinum & debitum reducendi; & generaliter omnia alia & singula faciendi, que ad specialium Gardiatorum Officium pertinere noscuntur. [a] *Nolimus tamen quod dicti Gardiatores de hiis que Cause cognitionem exigunt, se aliqualiter intromittant : Ab omnibus autem Justiciariis & subditis nostris, dictis Gardiatoribus in premissis pareri volumus & mandamus. Quod ut firmum & stabile permaneat in futurum, presentibus Literis Sigillum Castelleti nostri Parisiensis, in absencia magni, duximus apponendum.* Actum Parisius, Anno Domini millesimo trecentesimo quinquagesimo, mense Decembris.

a Nolumus.

Per Consilium in quo erat Dominus Episcopus Laudunensis. TASSIN.

JEAN I.er & selon d'autres, Jean II. à Montpellier, le 15. de Janvier 1350.

(a) Lettres qui permettent aux Bedeaux de la Faculté de Theologie de l'Université de Montpellier, de porter des Verges d'Argent.

JOHANNES *Dei gratia Francorum Rex : Notum facimus universis presentibus & futuris, quod ad supplicationem dilectorum nostrorum Magistrorum* [b] *Bacaliorum & Scolarium Facultatis Theologie Universitatis Montispessulani, Nos in favorem dicte sciencie ac dictorum Magistrorum, Bacalariorum & Scolarium qui pro dicta scientia acquirenda, & ad erudiendum & fovendum populum in sancta fide Catholica, ad salutem animarum fidelium, & ad laudem & gloriam Beatissime Trinitatis, plures die nocteque sustinuerunt & sustinent vigilias, abstinencias & labores, Magistris, Bacalariis & Scolaribus predictis, ac Bedellis suis* [c] *modernis & futuris* [d], *ut dicti Bedelli de cetero tam in societate dictorum Magistrorum quam alibi, suum Officium excercendo, virgas argenteas vel alias quales voluerint, in manibus suis libere tenere & portare valeant, tenore presencium concedimus, auctoritate Regia & de gratia speciali : Mandantes Senescallo Bellicadri ceterisque Justiciariis nostris & eorum Locatenentibus, ut dictos Bedellos nostra presenti gratia pacifice gaudere faciant, nec ipsos in contrarium impediant seu impediri permittant à quibuscunque quomodolibet, & sic volumus imposterum observari : Et ut premissa perpetue stabilitatis robur obtineant & vigorem, nostrum quo ante Regni nostri susceptum regimen, utebamur, sigillum duximus presentibus apponendum.* Datum apud Montempessulanum, decima-quinta die Januarii, Anno Domini millesimo trecentesimo quinquagesimo.

b Baccalariorum.

c qui le sont presentement.

d concedimus, *qui est plus bas.*

Per Dominum Regem, presente Elemosinario. VERRIERE.

NOTES.

(a) Tresor des Chartres, Registre 80. Piece 759.

Elle avoit déja esté imprimée dans les Vies des Papes d'Avignon, par M. Baluze, t. 2. p. 743. Il l'avoit aussi tirée du Registre des Chartres, mais l'ortographe avoit esté changée.

JEAN I.er & selon d'autres, Jean II. à Montpellier, le 15. de Janvier 1350.

(a) Lettres qui permettent aux Bedeaux de l'Université des Medecins de Montpellier, de porter des Verges d'Argent.

JOHANNES *Dei gratia Francorum Rex : Notum facimus universis presentibus & futuris, quod ad supplicationem dilectorum nostrorum Universitatis Medicorum studii Montispessulani, Nos in favorem scientie Medicine, per quam disposiciones humani corporis cognoscuntur, egritudines curantur & sanitates hominum procurantur, & ad honorem Magistrorum dicti studii, quos per fide dignos & ex fama communi, ad premissa*

NOTES.

(a) Tresor des Chartres, Registre 80. Piece 471.

a concedimus, qui est plus bas.
b qui sont à present.

intelleximus esse promptos ac etiam eruditos, [a] *ut Bedelli sui* [b] *moderni & futuri suum Officium excercendo de cetero, in societate dictorum Magistrorum & alibi, virgas argenteas seu alias quales voluerint, tenere & portare valeant, eisdem tenore presencium concedimus auctoritate Regia & de gratia speciali: Mandantes Senescallo Bellicadri ceterisque Justiciariis nostris aut eorum Locatenentibus, ut Magistros & Bedellos predictos, nostra presenti gratia pacifice gaudere faciant, nec ipsos in contrarium impediant seu permittant à quibuscunque quomodolibet impediri, & sic volumus imposterum observari : Et ut premissa perpetue stabilitatis robur obtineant & vigorem, nostrum quo ante Regni nostri susceptum regimen, utebamur, sigillum duximus presentibus apponendum.* Datum apud Montempessulanum, decima-quinta die Januarii, Anno Domini millesimo trecentesimo quinquagesimo.

Per Dominum Regem, presente Elemosinario. VERRIERE.

JEAN I.er & selon d'autres, Jean II. à la Ville-neuve sur le Rhosne proche Avignon, le 28. de Janvier 1350.

(a) Lettres qui permettent au Comte de Ventadour, d'establir dans sa Terre un ou plusieurs Juges des premieres appellations.

c commodum.
d Voy. Note (b)
e sperantes.
f Limousin.
g Voy. le 3.e Vol. des Ordonn. p. 604. & Note (d)
h immediate.
i immediate.
k devoluantur.
l immediate.
m les Appels interjettez de ces premiers Juges.

JOHANNES Dei gratia Francorum Rex : Notum facimus universis presentibus & futuris, quod consideracione plurium acceptabilium serviciorum carissimo Domino & Genitori nostro dum viveret, ac Nobis in guerris nostris & alibi, ad dicti Domini Genitoris nostri & nostrum, ac reipublice Regni nostri honorem & [c] *comodum, per dilectum & fidelem nostrum Bernardum* [d] *Vice-Comitem de (b) Venthodoro, multipliciter impensorum, de quibus informati & certificati sumus ad plenum,* [e] *sperentes eundem Comitem in obsequiis Nobis diligenter & fideliter impendendis, in futurum servencius insudare, Nos dicto Comiti pro se & suis Successoribus & causam habituris ab ipso imperpetuum, concessimus ac etiam concedimus per presentes, quod dictus Vice-Comes ac sui Successores & causam habituri ab ipso, in terra quam dictus Vice-Comes habet in* [f] *Lemovicinio, unum seu plures Judicem seu Judices* [g] *primarum appellationum, que ab aliis Judicibus, Baillivis & Officialibus suis dicte terre & ejus pertinenciarum, emergentur de cetero in dicta terra, valeat creare, constituere ac etiam deputare : Qui Judices* [h] *immediate dictarum primarum appellacionum nuncupentur & existant : Concedentes quod ad dictos Judicem seu Judices dictarum primarum appellacionum, per dictum Comitem seu dictos suos Successores aut causam habituros ab ipso, creandum, constituendum & deputandum, omnes & singule prime appellaciones tam à gravaminibus, quam etiam interloquutoriis seu diffinitivis Sentenciis, ac quecunque appellaciones quas ab aliis Judicibus, Baillivis & Officialibus suis terre sue, fieri contingerit,* [i] *inmediate* [k] *devolventur, & quod ad dictos Judicem seu Judices primarum appellacionum & non alibi, Partes ab aliis Judicibus, Baillivis seu Officialibus suis dicte terre sue & ejus pertinenciarum, appellantes, appellare* [l] *inmediate coram dictis Judice seu Judicibus dictarum primarum appellacionum & non alibi, ipsas primas appellaciones prosequi teneantur : Quodque dicti Judex seu Judices dictarum primarum appellacionum, soli & insolidum de ipsis primis appellacionibus cognoscant, ac ipsas judicent, terminent & diffiniant, absque contradixione quacunque ; non-obstante quod à dictis primis* [m] *appellacionibus, ad nostros*

NOTES.

(a) Tresor des Chartres, Registre 80. Piece 476.

(b) De Venthodoro.] Il se nommoit Roger Bernard de Levis premier du nom. Hist. Geneal. de la Maison de France, t. 4. p. 16. Peu de temps auparavant, le 2. d'Avril 1350. sa terre de Ventadour avoit esté érigée en Comté par Philippe de Valois. Les Lettres sont imprimées, *ibid.* p. 2. On peut remarquer que dans ces Lettres & dans celles-cy, il est nommé seulement Bernard, & non Roger Bernard, & que dans celles-cy, on luy a toûjours donné le titre de Comte qui luy appartenoit; mais qu'en deux endroits, on s'est avisé de mettre en interligne, le mot *Vice* avant celuy de *Comes*.

Judices retroactis temporibus, extiterit appellatum : Volentes insuper ac etiam concedentes quod si, omissis predictis primarum appellacionum Judicibus, Partes ab aliis Judicibus, Baillivis seu Officialibus dicti Comitis seu ejus successorum & causam habiturum ab ipso, in dicta sua terra seu ejus pertinenciis, ad Nos seu ad nostros Judices appellare contingeret, appellaciones ipse cum Partibus appellantibus, ad dictos Judicem seu Judices dictarum primarum appellacionum remittantur, & ipsas ad dictos Judicem seu Judices dictarum primarum appellacionum, sine alterius expectatione mandati, remitti ordinamus, precipimus & mandamus, super appellacionibus hujusmodi processuras : Inhibendo omnibus & singulis Senescallis, Baillivis, Procuratoribus, Justiciariis, Commissariis & Officiariis nostris quibuscunque modernis & futturis, ne de dictis primis appellacionibus qualitercunque cognoscant ; ac etiam decernentes irritum & [a] *innane ac nullius esse valoris, quicquid futuris temporibus foret in contrarium attemptatum. Que videlicet omnia & singula supra scripta, dicto Comite & suis successoribus & causam habituris ab ipso, irrevocabiliter concessimus ac concedimus, & ea perpetue stabilitatis robur obtinere volumus, ex certa scientia, auctoritate Regia & de gratia speciali : Mandantes omnibus & singulis Justiciariis Regni nostri & eorum Loca-tenentibus modernis & futturis, & eorumcuilibet ut ad eum pertinuerit, quatenus presentem nostram gratiam perpetuo teneri faciant & inviolabiliter observari : Et ut predicta perpetuis temporibus firmitatem obtineant, sigillum nostrum quo ante Regni nostri susceptum regimen, utebamur, presentibus duximus apponendum : salvo tamen in aliis jure nostro & in omnibus quolibet alieno.* Datum apud Villam-novam super Rodanum, prope Avinionem, vicesima-octava die Januarii, Anno Domini millesimo trecentesimo quinquagesimo.

Per Regem. VERRIERE.

JEAN I.er & selon d'autres, Jean II. à la Ville-neuve sur le Rhosne proche Avignon, le 28. de Janvier 1350.

a inane.

JEAN I.er & selon d'autres, Jean II. à la Ville-neuve proche le Pont d'Avignon, le penultieme de Janvier 1350.

(a) Lettres de Sauve-garde pour le lieu nommé Colombiers.

JOHANNES Dei gratia Francorum Rex. Ad hoc omnipotens Dominus Regum & Principum in terris esse statuit dominatum, ut per eorum potentiam, perversi à reprobis cohibeantur motibus, & vim patientes de talium manibus eruantur, ac oportune subventionis auxilio consolentur. Notum itaque facimus universis tam presentibus quam futuris, quod significante carissimo speciali amico nostro (b) Petro Bertrandi Domino de Columbario Viennensis Dyocesis, Sancte Romane Ecclesie Cardinali, quod cum subdicti sui, habitatores & incole Castri ac Ville suorum de Columbario & [b] *Mandamenti ejusdem, sint in confinnis Regni & à Curia nostra longe sepositi, nonnulli de partibus (c) Imperii & de* [c] *viciniis locis, Castro, Ville & Mandamento predictis, de die in diem predictis habitatoribus & incolis, in personis & bonis violencias, molestias & offensas inferre presumunt, Jurisdictionemque dicti Domini de Coulombario, ac quietem & pacem subdictorum suorum inquietant & perturbant, in ipsorum grande prejudicium & gravamen : Nos ipsius Petri* [d] *Cardinali intuitu, dictos Castrum, Villam ac Mandamentum, & ipsorum habitatores & incolas presentes pariter & futturos,* [e] *in bonis suis universis, in nostra & Regum Francie successorum nostrorum speciali Gardia & protectione, suscipimus per presentes & perpetuo retinemus : Senescallo Bellicadri, Judici Majori Nemausi ac Baillivio Vivariensi vel eorum Loca-tenentibus presentibus & futturis, quos & eorum*

b Jurisdiction.

c vicinis.

d Cardinalis.

e cum.

NOTES.

(a) Tresor des Chartes, Registre 80. Piece 742.

(b) Petro Bertrandi.] Voy. sur ce Cardinal, l'Hist. des Cardinaux François par Franç. Duchesne, p. 125. Il y est dit que le Chasteau de *Colombiers* est proche d'Annonay en Vivarais.

(c) Imperii.] C'est-à-dire, le *Dauphiné* & la *Provence.* Voy. la raison pour laquelle on leur donnoit ce nom, dans la Descript. histor. & geograph. de la France, t. 3. pp. 343. 353. Voy. aussi Dupuy, Traité des Droits du Roy. pp. *m.* 342. 344.

JEAN I.er & selon d'autres, Jean II. à la Villeneuveproche le Pont d'Avignon, le penultieme de Janvier 1350.

quemlibet dictis Domino de Columbario & suis subdictis predictis, speciales Gardiatores auctoritate Regia, perpetuo deputamus, & cuilibet ipsorum presentium tenore mandamus precipientes districte, quatenus eos & quemlibet ipsorum in suis justis possessionibus in quibus ipsos esse & predecessores suos ab antiquo fuisse reperierint, ab omnibus injuriis, violenciis, oppressionibus, vi armorum, potentia Laycorum [a] *tueant, & deffendant eosdem, non permittentes* [b] *sibi fieri vel inferri aliquas indebitas novitates, sed illatas faciant revocari & ad statum pristinum & debitum indilate reduci; & super oppositionibus in casibus novitatis, rebus contenciosis ad manum Regiam tanquam superiorem positis, exhibeant tam super recredentia quam super principali, inter Partes summarie & de plano, celeris Justitie complementum, nostramque presentem Gardiam publicent & insinuent, & in signum ejus penuncellos armis nostris depictos, apponant quociens & ubi viderint oportunum, & inhibeant omnibus & singulis de quibus fuerint requisiti, sub certis penis juribus Regis applicandis, ne quovismodo dictis Domino de Columbario, Jurisdictioni sue aut subdictis suis predictis vel eorum alicui, forefaciant in corporibus vel in bonis,* [c] *ceterisque exequantur & faciant que ad specialium Gardiatorum Officium spectare poterunt & debebunt. Quod ut firmum & stabile perpetuo perseveret, presentibus Literis nostrum quo utebamur ante susceptum regimen Regni nostri, fecimus apponi sigillum: salvo in omnibus jure nostro & quolibet alieno.* Datum apud Villam-novam prope Pontem Avinioni, Anno Domini millesimo trecentesimo quinquagesimo, die penultima mensis Januarii.

Per Regem. MATHIEU.

a tueantur.
b eis.
c ceteraque.

JEAN I.er & selon d'autres, Jean II. à Montpellier, en Janvier 1350.

(a) Confirmation des Privileges de Carcassone.

JOHANNES Dei gratia Francorum Rex: Notum facimus universis tam presentibus quam futuris, quod Nos dilectorum nostrorum Consulum & Universitatis Habitatorum Carcassone, consideratis & attentis gestis fidelibus & laudabilibus eorumdem, & affectionem sinceram quam ad honorem & felicem Regni nostri statum habent & habuisse noscuntur, supplicationibus annuentes, continentibus inter alia, quod ipsi habent plura privilegia sibi concessa à recordacionis inclite Progenitoribus & Predecessoribus nostris Regibus Franc. de quibus hactenus usi sunt pacifice & quiete; habent etiam [d] *Edita, Consuetudines & usus laudabiles approbatos & hactenus observatos, per quorum essentiam Respublica felicius & utilius gubernatur, omnia & singula hujusmodi privilegia, Edita, Consuetudines & usus laudabiles predictos, approbatos & hactenus pacifice observatos, auctoritate Regia & de certa scientia laudamus, ratifficamus, approbamus & presentibus Litteris confirmamus, presencium auctoritate mandantes & firmiter injungentes universis & singulis Justiciariis nostris presentibus & futuris, quatenus dictos Consules & Universitatem predictis privilegiis, Litteris & mandatis Regiis, & Editis, Consuetudinibus & usibus laudabilibus hactenus pacifice observatis, uti & gaudere libere & pacifice faciant & permittant, amotis quibuslibet impedimentis contrariis, que Nos etiam tenore presencium amovemus; non-obstantibus quibuscunque Literis in contrarium impetratis vel etiam impetrandis. Quod ut firmum & stabile perpetuo perseveret, nostrum quo ante susceptum Regni nostri regimen, utebamur, fecimus apponi sigillum: salvo in aliis jure nostro & in omnibus* [e] *alieneno.* Actum apud Montempesullanum, Anno Domini millesimo trecentesimo quinquagesimo, [f] secundum usum Francie, mense Januarii.

Per Dominum Regem, ad relationem vestram. MATHIEU.

d Edicta.
e alieno.
f C'est-à-dire, *en commençant l'Année à Pâques.*

NOTES.

(a) Tresor des Chartres, Registre 80. Piece 598.

JEAN I.er & selon d'autres, Jean II. à la Ville-neuve près d'Avignon, en Janvier 1350.

(a) Sauve-garde pour le Chapitre de Ville-neuve près d'Avignon.

*JOHANNES Dei gratia Francorum Rex: Notum facimus universis tam presentibus quam futuris, quod rationi congruum arbitramur [a] sed inter curas & solicitudines quas [b] frequanter habemus in regendis nostris subditis, ad hec precipue nostre mentis aspiret affectus, per que status Ecclesiasticus nostris temporibus sub comisso Nobis regimine, in pacis transquilitate manuteneri valeat & tueri, & Regni nostri Ecclesie, ac persone Ecclesiastice que de die & de nocte Divinis insistant [c] obseqiis, sub nostre protectionis clipeo [d] & suis relevantur pressuris ac per Regalem potentiam à noxiis * deffendentur, ut eo libencius circa Divina vacare valeant, quo liberalius per [e] Ragalem potentiam senserint se adjutos: Hinc est quod ad supplicationem dilectorum nostrorum Decani & Capituli Ecclesie secularis Beate-Marie de Villa-nova prope [f] Avinione, ex fundacione [g] Ragia in speciali & Salva-gardia Regia ab antiquo existencium, ipsos Decanum & Capitulum presentes & [h] futuri cum dicta Ecclesia tam in capite quam in membris, ac eorum Officiales, servitores, familiares & [i] homines de corpore, nec non eorum terras, possessiones & omnia & singula bona sua quecunque cum suis pertinentiis universis infra Regnum nostrum existentibus, in nostra Regia [k] procreatione & Salva-gardia speciali, Nos pro Nobis & Successoribus nostris suscipimus, & eisdem in Gardiatores speciales deputamus Vicarios nostros Bellicadri & Ville-nove presentes & futuros & quemlibet ipsorum; quibus & eorum cuilibet committimus & mandamus quatenus prefatos supplicantes, eorum Officiales, servitores, familiares & homines de corpore deffendant ab omnibus injuriis, violenciis, gravaminibus, oppressionibus, molestiis, vi armorum, potencia Laycorum & aliis novitatibus indebitis quibuscumque, & in suis justis possessionibus, Franchisiis, Libertatibus, Juribus, Usibus & saysinis in quibus ipsos esse & eorum predecessores ab antiquo fuisse reperierint, pacifice manuteneant & conservent, non permitendo in personis ipsorum aut Officialium, [l] famuliarium, servitorum & hominum suorum de corpore, seu in bonis eorum aliquas fieri vel inferri injurias aut indebitas novitates; quas si factas esse vel fuisse in presentis Salve-gardie nostre specialis & ipsorum supplicantium prejudicium, inveneritis, eas ad statum pristinum & debitum reducant sive reduci [m] & Nobis ac Parti emendam condignam propter hoc fieri ac prestari, dictamque Salvam-gardiam nostram ubi opportunum fuerit, publicari, [n] penucellosque nostros seu baculos Regios in signum hujusmodi Salve-gardie nostre specialis, in domibus, terris & possessionibus, & aliis bonis dictorum supplicantium in patria que jure scripto regitur, dumtaxat, scituatis, apponi, prefactisque supplicantibus, eorum Officialibus, servitoribus, familiaribus & hominibus de corpore [o] assecuramentum legitimum juxta Patrie consuetudinem, prestari [p] faciat quocies super hoc fuerint requisiti; contradictores & rebelles ad hoc Juris remediis compellendo, & inhibendo ex parte nostra, omnibus illis de quibus requisiti fuerint, sub certis penis Nobis aplicandis, ne eisdem Decano, Capitulo & Ecclesie aut eorum Officialibus, famuliaribus, servitoribus & hominibus de corpore sive bonis quibuscunque ipsorum infra Regnum nostrum existentibus, quomodolibet foresfaccre presumant: Et si in casu novitatis inter ipsos supplicantes, Officiarios, servitores, famuliares & homines eorum de corpore seu aliquos alios, ratione bonorum suorum quorumcunque infra Regnum nostrum existencium, aliquod oriatur debatum, quod hujusmodi debatum & rem contenciosam in manu nostra tanquam superiore, ponant, & facta recredentia per ipsam manum illi ex dictis Partibus, cui de racione fuerit facienda, per ipsos Gardiatores vel per alium seu alios ad quos pertinuerit, Partes dictum debatum facientes, ac etiam dicte Salve-gardie nostre infractores & contemptores, & qui in contemptum ejusdem predictis Gardiatoribus*

a si.
b frequenter.
c obsequiis.
d à.
* deffendantur.
e Regalem.
f Avinionem.
g Regia.
h futuros.
i Espece de Serfs.
k protectione.
l familiarium.
m faciant.
n penuncellos.
o Voy. le 3.e Vol. des Ordonn. p. 264. Note (b)
p faciant.

NOTES.

(a) Tresor des Chartres, Registre 80. Piece 576.

a cuilibet. *aut eorum* [a] *Gardiatoris Officium excercendo, injuriam fecerint vel offensam, sive qui eis vel ipsorum alteri inhobedientes fuerint, coram ipsis Gardiatoribus aut aliis* b cognitio. *Judicibus nostris ad quod* [b] *conitio pertinuerit & pertinere debebit, adjornent super premissis processuras ut fuerit rationis: Per quos quidem Gardiatores & Judices prout cuiuslibet intererit, volumus Partibus exhiberi Justicie complementum: Et pro premissis diligencius exequendis, unum vel plures Servientes nostros eisdem supplicantibus expensis* c Servientes. *ipsorum, deputent quociens oportunum fuerit, & super hoc fuerint requisiti: Qui* [c] *de dicta recredencia facienda & de aliis que cognicionem Cause exhigunt, se nullatenus intromittant: Et generaliter quod dicti Gardiatores & eorum quilibet omnia & singula faciant que ad Officium Gardiatoris pertinent & pertinere racionabiliter possint. Quod ut firmum & stabile perpetuo perseveret, sigillum nostrum quo ante susceptum Regni nostri regimen, utebamur, presentibus est appensum.* Datum apud Villam-novam prope d Avinionem. [d] Avinione, Anno Domini millesimo trecentesimo quinquagesimo, mense Januarii.

Per Dominum Regem, ad relacionem vestram. MARUEIL. *Scriptor.* MARUEIL.

JEAN I.er & selon d'autres, Jean II. à Montpellier, en Janvier 1350.

(a) Confirmation des Privileges de la Ville de Limoux.

JOHANNES Dei gratia Francorum Rex: Notum facimus universis tam presentibus quam futuris, quod Nos dilectorum nostrorum (b) & Universitatis Habitatorum Ville (c) Limosi, consideratis & attentis gestis fidelibus & laudabilibus eorumdem, & affectione sincera quam ad honorem & felicem Regni nostri statum, habent & habuisse e continentibus. *noscuntur, supplicationibus annuentes,* [e] *continentes inter alia, quod ipsi habent plura* f à. *previlegia sibi concessa* [f] *& recordationis inclite Progenitoribus & Predecessoribus nostris* g Edicta. *Regibus Francie, quibus hactenus usi sunt pacifice & quiete; habent etiam* [g] *Edita,* h *Fort.* observantiam. *Consuetudines & Usus laudabiles approbatas & actenus observatas, per quorum* [h] *absen-* i res. *ciam* [i] *publica felicius & utilius gubernatur, omnia & singula hujusmodi Previlegia, Edita, Consuetudines & Usus laudabiles predictas approbatas & hactenus pacifice observatas, auctoritate Regia & de certa scientia, laudamus, ratifficamus, approbamus & presentibus Litteris confirmamus presencium auctoritate: Mandantes & firmiter injungentes universis & singulis Justiciariis nostris presentibus & futuris, quatenus dictos Consules & Univer-* k predictam. *sitatem* [k] *predictas Previlegiis, Litteris & mandatis Regiis, Ediis, Consuetudinibus & Usibus laudabilibus hactenus pacifice observatis, uti & gaudere libere & pacifice faciant & permittant; amotis quibuslibet impedimentis contrariis, que Nos etiam tenore presencium amovemus: Non-obstantibus quibuscunque Litteris subrepticiis in contrarium impetratis vel etiam impetrandis. Quod ut firmum & stabile perpetuo perseveret, presentibus Litteris nostrum quo ante susceptum Regni nostri regimen, utebamur, fecimus apponi sigillum: salvo in aliis jure nostro & in omnibus alieno.* Actum apud Montempessulanum, k *Voy. cy-dessus p. 30. Note (f) margin.* Anno Domini millesimo trecentesimo quinquagesimo, secundum [k] usum Francie, mense Januarii.

Per Dominum Regem, ad relationem vestram. MATH.

NOTES.

(a) Tresor des Chartres, Registre 80. Piece 453.

(b) Nostrorum.] Je crois qu'il manque-là le mot *Consulum*: car plus bas il y a, *dictos Consules & Universitatem.*

(c) Limosi.] Limoux, Ville située dans le Haut Languedoc, dans le Diocese de Narbonne. *Dictionn. Univers. de la France, à ce mot.*

(a) Sauve-garde

JEAN I.er & selon d'autres, Jean II. à Villeneuve proche le Pont d'Avignon, en Janvier 1350.

(a) Sauvegarde pour les Habitans de Mont-frin.

JOHANNES Dei gratia Francorum Rex : Notum facimus universis tam presentibus quam futuris, quod Nos ad supplicationem Consulum Ville & Castri (b) de Monte-Frino, asserencium ex certis & verissimilibus conjecturis, à pluribus sibi timere personis, ipsos Consules presentes & futuros, una cum familiis, Servientibus & Ministris ac bonis & rebus omnibus Consulatus ejusdem, sub manu, protectione & Salva-gardia nostra speciali, ponimus & suscipimus per presentes. Mandantes Senescallo & Vicario Bellicadri, ceterisque Justiciariis nostris vel eorum Loca-tenentibus presentibus & futturis & eorum cuilibet, ut dictos Consules, familias, Servientes, Ministros, res & bona sua predicta, ab injuriis, violenciis, gravaminibus, oppressionibus, vi armorum, Laycorum potentia ac novitatibus indebitis quibuscunque deffendant, ipsosque in suis justis [a] pocessionibus, Franchesiis, Libertatibus, Juribus, Usibus & saisinis in quibus ipsos esse, suosque predecessores fuisse ab antiquo reperierint, manuteneant & conservent ; non permittentes eisdem aut familiis, Servientibus aut Ministris Consulatus predicti, in bonis, Juribus, Usibus, Franchesiis, Libertatibus, pocessionibus & saisinis ejusdem Consulatus, aliquas fieri vel inferri indebitas novitates : Quas si factas esse vel fuisse reperierint, in ipsorum Consulum, familiarum & rerum suarum ac presentis salve & specialis Gardie prejudicium, ad statum pristinum & debitum reducant, Nobisque & Parti leze emendas condignas, ac ipsis [b] ascecuramentum legitimum juxta Patrie consuetudinem prestari, presentemque Salvam-gardiam publicari in locis, & intimari faciant personis quibus & ubi expedierit & fuerint requisiti ; penuncellosque nostros in signum apparencius specialis hujusmodi Salve-gardie, apponi faciant in bonis & pocessionibus eorundem, in terra que Jure scripto regitur, situatis. Et si inter dictos Consules ex una parte, & quoscunque adversarios suos ex altera, in casu novitatis oriatur debatum, ipsum ad manum nostram tanquam superiorem, ponant, & super hiis [c] & recredentia [d] locisque resaisiendis, si & ubi fuerit faciendum, Partes contendentes coram Judicibus ordinariis ad quos cognicio pertinebit, faciant adjornari, processuras super hoc prout fuerit racionis : Et pro premissis omnibus diligencius excequendis, & ad aliis que ad Officium Gardiatoris spectant & spectare possunt, unum vel plures Servientes nostros eisdem suis sumptibus, si fuerint requisiti, deputent, qui de hiis que Cause cognitionem exhigunt, se nullatenus intromitant. Quod ut firmum & stabile perpetuo perseveret, sigillum nostrum quo ante susceptum Regni nostri regimen, utebamur, hiis presentibus Litteris duximus apponendum : nostro in aliis & alieno in omnibus jure salvo. Acta fuerunt hec apud Villam-novam prope Pontem Avinion. Anno Domini millesimo trecentesimo quinquagesimo, mense Januarii.

Per Dominum Regem, ad relationem vestram.

Y. SYMON.

a possessionibus.

b assecuramentum. *Voy. le 3.e Vol. des Ordonn. p. 264. Note (b)*

c & est inutile.

d facienda.

NOTES.

(*a*) Tresor des Chartres, Registre 80. Piece 477.

(*b*) *De Monte-Frino.*] Le R. P. D. Vaissette [Voy. la Table du 3.e Vol. des Ordonn. à ce mot,] m'a dit que ce lieu se nommoit *Mont-frin*, autrefois Baronie, aujourd'huy Marquisat, situé dans le Diocese d'Uzèz, le long du Rhosne, vers le confluent du Gardon dans ce fleuve.

JEAN I.er & selon d'autres, Jean II. à Montpellier, en Janvier 1350.

(a) Privileges pour la Ville de Montpellier.

JOHANNES Dei gratia Francorum Rex : Regalem celsitudinem decet illos qui [a] fidelitatem constantes, honorisque & utilitatis Regni zelatores, ad obsequia Regia [b] prumpta devocione prestanda, congruis temporibus exibent se paratos, honoribus & previlegiis decorare, ac eorum petitionibus, illis potissime que Regni aut alterius (b) commodum non concernunt, favorabiliter inclinare. Attendentes igitur devocionem sinceram ac vere fidelitatis constanciam, nec non [c] exhibitionem ad obsequia Regie Magestatis promptitudinem, quam in dilectis nostris Consulibus & Universitate Ville nostre Montispessulani, retroactis temporibus jugiter & inviolabiliter novimus [d] ab ex parte, ipsis Consulibus ac toti Universitati Ville hujusmodi, affectantibus & cum magna instancia petentibus sub nostro immediate, successorumque nostrorum Regum Francie regimine gubernari, favorabiliter annuentes, ex nostri deliberacione Consilii, concessimus ac tenore presencium concedimus auctoritate Regia, de nostre plenitudine potestatis & gratia speciali, quod ipsi Consules & tota Universitas dicte Ville & pertinenciarum ipsius, nostri & Francorum Regum immediate perpetuo sint subdicti, ac in & sub nostro successorumque nostrorum Regum Francie predictorum, ac Officialium nostrorum & successorum ipsorum dominio atque regimine perpetuo [e] gubernantur, nec ullis temporibus à [f] demanio Regum & Corone Francie, causis vel racionibus seu tractatibus quibuscunque, valeant separari. Quod ut firmum & stabile perpetuo perseveret, presentes Literas nostri quo ante Regni nostri susceptum regimen, utebamur, sigilli fecimus munimine roborari : nostro in aliis & alio in omnibus jure salvo. Datum in Villa predicta Montispessulani, Anno Domini millesimo trecentesimo quinquagesimo, mensis Januarii.

Per Dominum Regem, in Consilio suo quo eratis.

P. BLANCHET.

[a] circa.
[b] prompta.
[c] exhibitam.
[d] Ces trois mots me paroissent corrompus.
[e] gubernentur.
[f] domanio.

NOTES.

(a) Tresor des Chartres, Registre 80. Piece 764.

(b) Commodum.] Ce mot est difficile à lire. Peut-estre y a-t-il, *incommodum.* Ces deux mots quoyque contraires, peuvent avoir le même sens icy.

JEAN I.er & selon d'autres, Jean II. à Montpellier, en Janvier 1350.

(a) Privileges accordez à l'Université du College des Docteurs & Escoliers en Droit de Montpellier.

JOHANNES Dei gratia Francorum Rex : Notum facimus universis presentibus & futturis, quod Nos ad supplicationem humilem Universitatis, Collegii, Doctorum & Scolarium utriusque Juris Montispessulani, qui in nostra speciali Gardia & protectione existunt, cum veniunt ad Studium & ibidem morantur vel ad suas partes redeunt, & quos ex habundanti, in dicta nostra Gardia & protectione cum famulis & bonis suis propriis [g] suscipimus per presentes, asserencium sibi injurias & violencias nedum in Jurisdictione dicti loci Montispessulani, sed in aliis locis frequenter inferri in prejudicium Gardie nostre, quas prosequi nequeunt ultra Villam Montispessulani, quum à suo studio [h] distrahentur, graviterque [i] vexantur laboribus & expensis, si extra dictam Villam, injurias hujusmodi prosequi opporteret ; protectionem, [k] custodiem ipsorum, [l] cohercionem insuper eorum qui in protectionis & Gardie nostre prejudicium, Universitati, Collegio,

[g] suscipimus.
[h] distraherentur.
[i] vexarentur.
[k] custodiam.
[l] punition.

NOTES.

(a) Tresor des Chartres, Registre 80. Piece 462.

Doctoribus seu Magistris aut Scolaribus inferent injuriam vel violenciam manifestas, sive infra Jurisdictionem & [a] *districtum loci predicti, sive in locis aliis dumtaxat Occitan. Judici nostro parvi sigilli Montispessulani presenti & futuro, tenore presencium committimus de gratia speciali, ut idem Judex super injuriis & violenciis magnifestis, eisdem Doctoribus seu Magistris aut Scolaribus, personis aut propriis famulis eorumdem, seu in dictorum Doctorum, Magistrorum & Scolarium propriis bonis, ad dictos Doctores, Magistros seu Scolares sine fraude, absque aliqua fictione & absque cessionis, transporti vel aliter simulato contractu pertinentibus, illatis vel inferendis, dictam nostram Gardiam infringendo, nec non super* [b] *dampnis & interesse exinde secutis à quibuscunque personis, infra fines & limites dicte Lingue* *, *summarie & de plano cognoscat infra dictam Villam, & faciat Justicie complementum, faciendo Nobis & Parti debite emendari. Cui Judici in hoc* [c] *volimus ab omnibus Justiciariis nostris obediri, privilegiis vel Consuetudinibus in contrarium impetratis vel impetrandis, non-obstantibus quibuscunque: Cumque in dicta Universitate (b) habeant esse & consueverint hactenus plures Bedelli; videlicet, Bedellus generalis & Bedellus Universitatis, nec non etiam Bedellus Collegii, & pro quolibet Doctore actu legente in utroque Jure, predictorum unus Bedellus, qui* [d] *ibidem Banquerii communiter nuncupantur, in obsequiis dictorum Studii Doctorum, continue* [e] *insistentes:*

Nos ad supplicationem predictam, volumus & concedimus eisdem, ut hujusmodi Bedelli seu Banquerii quamdiu in dicto Officio insistent, & mercaturis communibus non vacabunt; nisi forte venditores librorum eidem Studio necessariorum existerent, ad contribuendum exactionibus, tailliis vel subsidiis pro quacumque ratione sive causa faciendis in dicta Villa in futurum, nullatenus compellantur. Ceterum Nos ipsos Universitatem, Collegium, Doctores, Magistros & Scolares in augmentatione Jurium & Libertatum, favere volentes, volumus & concedimus eisdem ut Judex predictus presens & futurus, domos pro ipsis competentes, quociens casus evenerit, eisdem tradi & liberari faciat ad taxacionem condecentem sine fraude; ad quam taxacionem volumus & ordinamus personas in talibus expertas, per dictum Judicem debere vocari, à quibus de fideli taxatione facienda, Juramentum primitus exigatur. Que omnia dictis Universitati, Collegio, Doctoribus, Magistris & Scolaribus concessimus & concedimus de nostris auctoritate Regia & gratia speciali. Quod ut firmum & stabile perpetuo perseveret, nostrum sigillum presentibus Litteris est appensum: salvo in aliis jure nostro & in omnibus quolibet alieno. Datum apud Montempessulanum, Anno Domini millesimo trecentesimo quinquagesimo, mense Januarii.

Per Regem. MELLON.

JEAN I.er & selon d'autres, Jean II. à Montpellier, en Janvier 1350.

a districtum.

b dommages & interests.

* Occitane.

c volumus.

d Bedelli.

e habeant esse.

NOTES.

(b) *Habeant.*] *Habere* signifie quelquefois *debere*. Voy. le Gloss. de Du Cange, à ce mot.

JEAN I.er & selon d'autres, Jean II. à Montpellier, en Janvier 1350.

(a) Lettres qui deffendent d'exercer la Medecine à Montpellier, à moins qu'on ne soit Maistre dans la Faculté de Medecine de cette Ville.

JOHANNES Dei gratia Francorum Rex: Notum facimus universis presentibus pariter & futuris, quod cum Nos quem ille Regum Rex eternus, qui clavem & perfectionem omnis scientie secum habet, gregi Francorum, ut ipsum [f] *poscamius virtutibus*

f *Ce mot est corrompu: Peut-estre faut-il lire* pascamus.

NOTES.

(a) Tresor des Chartres, Registre 80. Piece 770.

Elle a déja esté imprimée dans le second Vol. des Vies des Papes d'Avignon, par M. Baluze, p. 744. On peut remarquer en passant, que M. Baluze qui avoit tiré cette Piece du Registre du Tresor des Chartres, s'estoit cru permis de corriger dans le texte qu'il a fait

Tome IV. E ij

JEAN I.er & selon d'autres, Jean II. à Montpellier, en Janvier 1350.

& doctrinis, preesse voluit pia dignacione, (b) Regali [a] *Mageste fulgere in Regno nostro multorum diversitatem studencium, qui divicias scientiarum amabiles in sinu ejusdem congregent spacio ut in corporibus hominum tanquam in* [b] *orrenum grava salutis inferant* [c] *stabil. Principis diligentia studiis laboremus, tamen in Facultate laudabili Medicine eo libencius in Studio nostro Montispessulani nutrire cupimus filios eruditos, quo frequencius absque peritorum in facultate ipsa ministerio fructuoso* [d] *tabescante vigore scientiarum in corpore* [e] *conger. mortalitatis humane dissolvuntur, & per ministerium ipsius sanitatis integritas solidatur, per quem in eo scientiarum fructus amabiles Regno nostro succeffunt, nec non toti etiam* [f] *Univers.; considerantes impericiam Medicorum qui curationum causas ignorant vitio artis nimio* [g] *accelerante, assumunt sibi exercitium praticandi, per quod non solum nomen & fama predicti Studii denigratur, statusque Magisterii villis efficetur, sed etiam multa mala incumbunt; mortis enim pericula & rerum dispendia inferuntur: Igitur ut illorum audaciam reprimamus, in favorem predicti Studii intendentes, prohibemus imperpetuum omnibus volentibus* [h] *per Medicinam exercitio aliquo praticare, ne quis in Villa Montispessulani & suburbiis, audeat in facultate Medicine excercere aliquod Officium praticandi, nisi Magister fuerit: Quod si forte aliqui presumpserint attemptare, Rectori nostro Montispessulani & Bajulis nostris presentibus & futuris, districte precipimus & mandamus ut ad simplicem requisicionem Cancellarii ipsius Studii seu vices ejus* [i] *gerentibus* [k], *de hoc constiterit legitime, pugniant hujusmodi transgressores; videlicet quod pro qualibet vice quo commiserint, solvant nostre Curie duas marchas argenti:* [l] *Et nisi habuerint, luant in corpore civiliter; ita quod pena unius, aliorum temeritas à similibus arceatur. Quod ut firmum & stabile perpetuo perseveret, presentem paginam sigilli nostri quo ante susceptum regimen Regni, utebamur, munimine fecimus roborari.* Actum & datum in Montepessulano, Anno Domini millesimo trecentesimo quinquagesimo, mense Januarii.

Per Dominum Regem in suis Requestis. R. POTIN. R. GALLI.
Lecta in sede.

a Majestate.
b *Fort.* horreum, grana.
c *Il y a une marque d'abreviation sur l'l.*
d tabescente.
e Il y a une marque d'abreviation sur ce mot.
f *Fort.* Universo.
g Autre endroit obscur.
h *per paroist inutile.*
i gerentis.
k sede.
l S'ils n'ont pas d'Argent.

NOTES.

imprimer, une partie des fautes qui sont dans ce Registre, sans en avertir.

(b) *Regali Mageste.*] Ce qui suit jusqu'à *considerantes imperitiam*, est tellement corrompu, qu'il est impossible de le restituer & de l'entendre. Heureusement ce preambule n'est pas fort necessaire pour l'intelligence du dispositif.

JEAN I.er & selon d'autres, Jean II. à Paris, en Janvier 1350. Philippe VI. dit de Valois, à Paris, en May 1344.

(a) Privileges pour la Ville & les Habitans de Fleurence.

SOMMAIRES.

(1) La Ville de Fleurence sera toûjours du Domaine du Roy, & elle ne pourra estre aliénée qu'au Seigneur de Toulouse.

(2) Elle sera toûjours de la Seneschaussée de Toulouse.

(3) Les Habitans de Fleurence & des Villes nommées plus haut, ne seront obligez d'aller à la guerre, que lorsque les autres Habitans du Duché d'Aquitaine iront; & on ne pourra exercer sur eux le droit de Prise.

(4) Les Officiers du Roy ne troubleront point les Habitans de ces Villes, dans les biens dont ils joüissent, sous pretexte qu'ils n'ont point de titre de proprieté, pourvû qu'eux ou leurs autheurs en ayent joüi pendant trente ans sans trouble; sauf aussi les droits des autres personnes.

(5) Les Ordonnances faites par le [Roy d'Angleterre] Duc d'Aquitaine, sur la closture des murs de ces Villes, seront executées.

(6) Les Jugements rendus par les Officiers du Duc d'Aquitaine, & qui ne seront pas suspendus par un appel, seront executez.

(7) Les Anglois qui auront demeuré vingt ans dans ces Villes, pourront y rester sans y estre inquietez, à moins qu'on ne craignît de leur part quelque trahison ou quelque revolte.

JOHANNES Dei gratia Francorum Rex: Notum facimus universis tam presentibus quam futuris, quod ad supplicationem Consulum & Habitatorum Ville de (b) Florencia, dicencium Litteras infrascriptas in miserabili captione Ville ejusdem olim facta per nostros & Regni nostri innimicos, fuisse casu inoppinato amissas, Nos Literas ipsas extrahi de Registris carissimi Domini & Genitoris nostri fecimus, formam que sequitur, continentes.

JEAN I.er & selon d'autres, Jean II. à Paris, en Janvier 1350.

P HILIPPUS *Dei gratia Francorum Rex: Gerentes in votis subdictos nostros in pacis serenitate servare, libenter eis illa concedimus, pro quibus securiores existant à manibus nocivis presumptorum, & exinde cressere debeat ipsorum affectus, ut nostris beneplacitis fervencius se conforment. Notum itaque facimus tam presentibus quam futuris, Nos vidisse Privilegia & Libertates olim Consulibus & Habitatoribus Ville de Florencia Dyocesis* [a] *Auxitanensis, per carissimum Dominum & Genitorem nostrum* [b] *Locum Regium tunc tenentem in partibus Vasconie, & deinde per dilectum & fidelem nostrum Radulphum Constabularium Francie, tenentem locum nostrum in partibus illis, successive concessas, prout in ipsius Constabularii Litteris continentibus formam Litterarum dicti Domini Genitoris nostri, continebantur, quarum tenor sequitur in hec verba.*

a Auch.
b Charles Comte de Valois. *Voyez plus bas.*

Radulphus Comes [c] *Augi & Guinarum, Constabularius Francie ac Locum-tenens Domini nostri Francie Regis in partibus Lingue Occitane, universis & singulis presentes Litteras inspecturis, Salutem. Notum facimus quod Nos ad supplicationem Consulum & Habitatorum Ville Florencie in Vasconia, asserencium quod (c) Excatius de Bello-Marchesio quondam Senescallus Tholose, nomine Regio in fundacione dicte Ville, certa Privilegia & Libertates concessit dicte Ville & Habitatoribus ejusdem, prout in quibusdam Litteris pro transcripto seu vidimus concessis, sub Sigillo majore Regio Senescallie & Vicarie Tholose, vidimus contineri: In quibus inter cetera, duo Articuli continentur, quorum tenores sunt tales.*

c Comte d'Eu.

(1) Item. *Nos dictus (d) Gerardus retinemus Nobis & nostris Successoribus in futurum, quod dicta Bastida cum omnibus Juribus & pertinenciis suis, semper remaneat indivisa & in Domanio Domini Regis & Successorum ejus in Regno; Ita quod dictam Bastidam nullatenus alienet nec transferat in quamcunque personam; preterquam in* [d] *ipsum vel Dominum Tholose.*

(2) Item. *Retinemus Nobis quod dicta Bastida & pertinentie ejusdem, semper subsint Senescallis Tholose qui fuerint in futurum, nec custodia ipsius Bastide aliis concedatur.* [e] *Quodque etiam inclite recordationis Dominus Karolus Comes Valesii Genitor Domini nostri Franc. Regis tunc Locum-tenens Regius in* [f] *Occitani partibus, attendens quod dicti Consules & Universitas Ville Florencie antedicte, (e) ad obedienciam gratis veniebant, nonnulla Privilegia & Libertates nomine Regio concessit dictis Consulibus & Universitati Ville Florencie sepedicte, prout in Litteris dicti Domini Karoli vidimus contineri: Quarum tenor de verbo ad verbum, sequitur in hunc modum.*

d *Il faudroit avoir vû les Lettres, pour sçavoir à quoy se rapporte* ipsum.
e *Cela se rapporte à* asserentium *qui est plus haut.*
f Occitanie, *ou* Occitanis.

K AROLUS [g] *Regis Francie Filius, Valesii, Carnoti, Alenconii, Andegavieque Comes, Domini nostri Regis Francie & Navarre in* [h] *Occitan. partibus Locum-tenens, universis*

g Philippe le Hardi.
h Occitanie, *ou* Occitanis.

NOTES.

(a) Tresor des Chartres, Registre 80. Piece 629.

Voy. cy-dessous, plusieurs autres Lettres accordées à cette Ville, dans le mois d'Aoust 1351.

(b) Florentia.] Fleurence, Capitale du Comté de Gaure dans le bas Armagnac. Diction. Univers. de la France aux mots, *Fleurence* & *Gaure.*

Fleurence se nommoit *Florence* en 1324. Voy. Rymer, t. 4. p. 89. de la 2.e Edit.

(c) Excatius.] Il faut corriger *Eustachius,* ainsi qu'il se lit dans des Lettres données par luy au mois d'Aoust 1291. Voy. plus haut p. 18. Ainsi Fleurence fut fondée vers cette année.

(d) Gerardus.] Il semble qu'il devroit y avoir *Eustachius,* puisque les Lettres dont ces deux Articles sont extraits, avoient esté donnez par *Eustachius de Bello-Marchesio,* mais ce *Gerardus* est peut estre le même que *Gerardus Casalibonus* Comte de Gaure, dans lequel Comté estoit situé *Fleurence,* & duquel parle *Oihenart* dans sa Notice de la Gascogne, p. 497.

(e) Ad obedientiam.] Fleurence avoit quittée le parti des Anglois, pour se soumettre Roy. Voy. plus bas.

JEAN I.er & selon d'autres, Jean II. à Paris, en Janvier 1350.

ad quos presentes Littere pervenerint, Salutem & presentibus dare fidem. Nostre pacis transquilitas Nos suadet merentibus virtutum premia attribuere, ut de [a] *pruniptis ad opportunitates Regias, efficiantur imposterum prumptiores. Nos igitur attendentes quod dilecti & fideles nostri Consules Ville Florencie, Villarumque & Castrorum* [b] *Regalis-montis, Salvitatis, (f) Suipodii & aliorum locorum Comitatus de* [c] *Gavra in Ducatu Acquitanie, requisicionibus & mandatis nostris circa ipsius Ducatus manus ejusdem Domini nostri Regis (g) appencionem, (h) contumaciis & inobedienciis Ducis* [d] *Acquitanie exigentibus, sicut & Civitates Agenni, Condomii,* [e] *Vasatin. & plura alia loca dicti Ducatus jure predicto ad manum ejusdem Domini Regis posita fuerunt, prompti & obedientes existunt ac existere dinoscuntur: Notum facimus quod Nos vice & nomine dicti Domini nostri Regis & successorum suorum, concedimus eidem Ville Florencie & aliis Villis, Castris & locis dicti Comitatus, & Habitatoribus qui nunc sunt inibi & pro tempore fuerint perpetuo, & etiam specialiter confirmamus Consuetudines scriptas & sigillatas, Franchisias, Libertates, Usus & Privilegia concessas & obtentas, seu concessa & obtenta tam à Domino nostro Rege Francie & suis Officialibus tempore fundacionis dicte Ville Florentie & aliis temporibus, & ceteris locis prenominatis & aliis dicti Comitatus, quam à dicto Duce seu suis Officialibus, prout sunt licita ac per usum vel consuetudinem usque nunc approbata.*

(3) Item. *Quamdiu Anglie Rex aut Gentes sue in rebellione institerint in dicto Ducatu, Domino nostro Regi, durante guerra presenti, ipsi sint quieti, liberi &* [f] *immines ab excercitu & cavalgata imponendis, prout in suis Libertatibus seu Consuetudinibus continetur; nisi ab aliis subjectis dicti Ducatus generaliter peteretur: Nec per Officiales dicti Domini nostri Regis, blada, vina,* [g] *res vel alia victualia sua* [h] *capi volumus; ymo prohibemus; nisi justum pretium exsolvendo.*

(4) Item. *Concedimus eisdem Habitatoribus, quod per Officiales vel Ministros dicti Domini nostri Regis, salvo jure alterius persone, in possessionibus suis, deffectu instrumentorum emptionum vel infeodacionum usque nunc factorum, dum tamen possessionem triginta annorum ipsi habitatores vel antecessores sui pacifice habuerint, non fiat imposterum* [i] *questio sive turba.*

(5) Item. *Ordinaciones & Litteras concessas eisdem Ville Florentie & aliis locis predictis, per Officiales dicti Ducis, supra clausura de muris de palis, & (i) receptione nemorum, juxta Ordinaciones predictas, & modo quo in dictis Litteris continetur, absque alio sumptu dicti Domini nostri Regis, excepta receptione dictorum nemorum, concedimus & etiam confirmamus.*

(6) Item. *Sententias latas per Officiales dicti Ducis, de Causis tangentibus ipsum Ducem, & alias Ordinaciones per appellacionem non suspensas, ratas & firmas in sui robore volumus remanere.*

[a] promptis.
[b] Je n'ai pu découvrir le nom moderne de ce lieu.
[c] Gaure. *Voy. Note (b)*
[d] Le Roy d'Angleterre.
[e] Bazas.
[f] Immunes.
[g] leurs effets.
[h] *Voy. la Table des Volumes precedents, au mot* Prise.
[i] Procez.

NOTES.

(f) *Suipodii.*] Je ne doute point qu'il ne faille corriger *Simpodii*: car Oihenart dans sa Notice de la Gascogne, p. 497. dit que dans le Comté de Gaure, il y a trois Villes, *Florentia, Simpodium & Salvitas.* Il n'a pas marqué les noms modernes. *Salvitas* est apparemment *Salvetat.* On trouve dans le Dictionn. Univers. de la France, le *Salvetat S.t Gilles,* Diocese de Toulouse, où il y a un membre d'une Commanderie de l'Ordre de Malthe nommé *Salvetat de Gaure.* C'est peut estre cet endroit-là.

(g) *Appensionem.*] Ce mot est très-mal écrit: il y a une marque d'abreviation sur les deux premieres syllabes. On pourroit lire aussi *appoitionem*, ce qui feroit *appositionem*: Il paroist qu'il y a quelque mot d'oublié avant *ipsius manus*, ou avant *manus.*

(h) *Contumaciis.*] On peut voir dans le premier Continuateur de Nangis. [Spicileg. du P. Dacheri, 3.e Vol. Edit. *in fol.* p. 83.] quel fut le sujet de la guerre entre les Rois de France & d'Angleterre, & comment le Comte de Valois fit la conqueste de toute la Guyenne, excepté Bourdeaux, Bayone & S.t Sever.

(i) *Receptione nemorum.*] Il est bien difficile de dire au juste ce que signifient ces mots. Peut estre avoit-on accordé aux Habitans la permission de prendre du bois dans les Forests du Roy, pour palissader leur Ville, comme on l'avoit accordé aux Habitans d'Avinionet & de quelques autres lieux, pour rebastir leurs Villes. Voy. le 3.e Vol. des Ordonn. p. 75. IV. & pp. suiv.

(7) Item. *Anglicos habitantes in dictis Villis & locis & eorum quolibet, qui moram ibidem viginti annorum contraxerint, cum omnibus bonis & rebus suis absque impedimento & turba eis vel alteri* [a] *inferendi, sub juramento & obediencia dicti Domini nostri Regis, volumus pro se & suis Successoribus perpetuo remanere ; nisi de eorum rebellione vel fraude verissimiliter timeretur.*

JEAN I.er & selon d'autres, Jean II. à Paris, en Janvier 1350.

Et hec omnia & singula per dictum Dominum nostrum Regem, bona fide promictimus nos facturos & curaturos confirmari, & vice [b] *predicta, concedimus dictis Habitatoribus qui nunc sunt in dictis Castris, Villis & locis & perpetuo erunt, per has patentes Litteras nostras eisdem sub Sigillo nostro concessas in fidem & testimonium premissorum.* Datum & actum *(k)* in Obcessione nostra Reule, decima-septima die Septembris, Anno Domini millesimo trecentesimo vicesimo-quarto.

a inferendo, ou inferenda.

b au nom du Roy.

[c] *ATTENDENTES quod dicta Villa Florencie, Universitas & Habitatores ejusdem, in bona fidelitate & obediencia erga Coronam Francie perseverant & consistunt, & ad serviendum dicto Domino nostro Regi tam in guerris quam aliter, fideliter se exponunt, predicta omnia & singula contenta tam in dictis Articulis superius insertis, quam in dictis Litteris dicti Domini Karoli quondam nomine & vice dicti Domini nostri Regis, ratifficantes, approbantes & confirmantes de gratia speciali, ex certa sciencia, predicta omnia & singula eisdem Ville & Universitati & Habitatoribus concedimus per presentes. Et ut omnia firma & stabilia predicta perpetuo remaneant in futurum, ac in fidem & testimonium premissorum & ad majorem roboris firmitatem, presentes Litteras sigillo nostro cum cera viridi, roborari fecimus, impendenti.* Actum & datum fuit hoc in Castris ante [d] Pamers prope Reulam in Vasconia, die tertia Augusti, Anno Domini millesimo trecentesimo vicesimo-septimo : *Salvo in aliis jure dicti Domini Regis & quolibet alieno.* Datum ut supra.

c Continuation des Lettres du Connestable d'Eu.

d Ce nom est difficile à lire, & douteux.

[e] *NOs autem considerantes devocionis sincere constantiam, & fidelitatem expertam Consulum & Habitatorum dicti loci de Florencia, quam hactenus ad Nos & predecessores nostros Reges Francie, habuisse noscuntur & habent, predictas Libertates & Privilegia eis concessas, & omnia & singula premissa in suprascriptis Litteris contenta, rata habentes & grata, ea volumus, laudamus, approbamus & tenore presencium auctoritate Regia confirmamus. Concedentes specialius & expressius per presentes, Consulibus & Universitati ejusdem loci de Florencia, de gratia speciali pro se & eorum Successoribus, quod dicta Villa & ejus pertinencie in ressorto vel aliter, in toto vel in parte, extra manum & Dominium immediatum nostrum vel Primogeniti nostri ac successorum nostrorum Regum Francie vel Primogenitorum suorum, in perpetuum non ponentur ; sed semper in manibus Regiis vel Primogenitorum suorum immediate, & in ressorto immediato Senescallie Tholose inconcusse tenebuntur &* [f] *perpetue servabuntur. Que ut firma permaneant inviolabiliter in futurum, sigillum nostrum novum presentibus est appensum : salvo in aliis jure nostro & in omnibus alieno.* Actum Parisius, Anno Domini millesimo trecentesimo quadragesimo quarto, mense Mayo.

e Continuation des Lettres de Philippe de Valois.

f perpetuo.

[g] *UT autem Litteris suprascriptis* [h] *velud originalibus, adhibeatur perpetuo plena & indubia fides in futurum, Castelleti nostri Parisiensis presentibus apponi fecimus Sigillum,*

g Continuation des Lettres du Roy Jean.

h velut.

NOTES.

(k) In obcessione nostra Reule.] Il faut corrige *obsessione*, le siege. On peut voir le second Continuateur de Nangis, [Voy. Note *(h)*] sur le siege que le Comte de Valois mit devant *Regula*, nommée dit-il, en François, la *Riolle*. Dans le Rymer, [Voy. Note *(b)*] elle est nommée *la Reule*. Voy. sur le siege de cette Ville. *Ibid.* p. 102. col. 2.e Elle se nomme presentement *la Reole*. Voy. le Dictionn. Univers. de la France, à ce mot.

in absencia nostri magni sigilli. Datum Parisius, Anno Domini millesimo trecentesimo quinquagesimo, mense Januarii.

a Appar. sic.
b Episcopus.
c Appar. sigillari.

Extracta de Registris & [a] sit facta de mandato Consilii, in quo erat Dominus Laudunensis [b].

ADAM.

(l) Precepta [c] sigill. per totum magnum Consilium, die vicesima Augusti, Anno quinquagesimo-primo.

TASSIN.

Facta est collatio cum Registris ubi sic subscribitur. Per Dominum Regem, ad relacionem Gentium Compotorum. MATHIEU.

d Il y a des marques d'abreviations sur ces trois mots.

(m) Composuerunt propter hoc, ad III.[c] libras Turonenses fortis Monete, que ponuntur super dictos Consules, in debitis Tholose super III[c] XXXVIII. H. ROCHA. [d] Sn. al finan. R. DE BALEHAN.

NOTES.

(l) Precepta sigillari.] Ces Lettres avoient esté scellées en Janvier 1350. & le 21. d'Aoust 1351. on ordonne qu'elles seront scellées. Voy. la Preface du 3.[e] Vol. des Ordonn. §. *Ordonnances*, où l'on a proposé quelques moyens pour resoudre ces sortes de difficultez.

(m) Composuerunt.] On voit bien par-là que les Habitans de *Fleurence* donnerent 300. livres pour obtenir ces Lettres; mais le reste est pour moy un énigme que je n'entreprendray point d'expliquer.

JEAN Ier & selon d'autres, Jean II. à Paris, le premier de Fevrier 1350.

(a) Ordonnance qui deffend de voler des Pigeons.

A Tous ceulx qui ces Lettres verront : Guillaume Seigneur de Tignonville, Chevalier, Conseiller Chambellan du Roy nostre Seigneur, & Garde de la Prevosté de Paris, Salut. Sçavoir faisons que l'An de grace mil quatre cens & quatre, le samedi 24.[e] jour de May, à la requeste de honorable homme & saige, Maistre Jehan Caudel Conseiller du Roy nostre Seigneur, feismes extraire des Regitres de la Court du Chastellet de Paris, certaines Lettres données par feu de très noble & [e] excellant memoire le Roy Jehan, [f] cui Dieu pardonne, desquelles la teneur s'ensuit.

e excellente.
f à qui.

JOHANNES Dei gratia Francorum Rex: Preposito Parisiensi aut ejus Locum-tenenti, Salutem. Ex plurimorum affectione constanti & clamosa querimonia percepimus, quod in vestra Prepositura, nonnulli maligno spiritu imbuti, Deum & Justicie virgam in aliquo non verentes, nec advertere, sicut fecit, curantes, quod Columbariorum [g] Columbe sunt bona mobilia & propria, spectantia non ad alios, sed ad illos dumtaxat quorum sunt Columbaria ipsa, quodque in terrarum assidentiis [h] consueverunt & debent assidere, depopulant, [i] destruntur, (b) & consueverunt eadem Columbaria ad dictas Columbas tendendo, & eas capiendo cum retibus & balistis, & aliis [k] ingeniis pluribus & diversis, [l] rabarias & furtum committendo, & dampna non modica inferendo ; ex quibus, nisi super hiis provideremus, dampna & scandala sequi possint graviora. Nos igitur tantis dampnis

g Pigeons.
h peuvent venir s'abattre sur terre, pour y chercher de la nourriture.
i destruunt.
k engins. machines.
l roberias. voleries.

NOTES.

(a) Registre des Requestes de l'Hostel, cotte 1. AAA. fol. 96. *recto.*

(b) Et consueverunt eadem Columbaria, &c.] Cet endroit me paroist corrompu. Voicy cependant le sens que je crois qu'on peut luy donner. *Ceux qui tascheront d'entrer dans les Colombiers, pour prendre les Pigeons.* Car plus bas, il y a ; *Columbas capere vel ad eos tendere*, &c.

occurrere

occurrere volentes, mandamus vobis tenore presencium, si opus fuerit [a] *committando, quatinus per vos vel alium seu* [b] *alias ydoneos à vobis deputandos, de & super premissis vos diligenter & secrete informantes, omnes & singulos per informationem, famamve publicam vel presumptiones vehementes, suspectos ubilibet, extra sacra, capiatis, una cum omnibus bonis suis, de quibus* [c] *invatarium fieri* [d] *legitimum, & captas personas in Castellectum Parisiense aut alios carceres propinquos, de quibus videbitur, adduci sub fida custodia faciatis; & deinde vocatis Procuratore nostro cum ceteris evocandis, inquiratis dilligencius veritatem, qua* [e] *comperta, culpabiles repertos taliter puniatis cum celeris Justicie complemento, quod eorum pena & punicio ceteris transeat ad terrorem. Si vero hujusmodi malefactores deprehendi nequiverint, eis ad jura nostra per* [f] *compectantia intervalla vocatis, procedatur* [g] *& contra ipsos ad bannum, Patrie consuetudine servata, jus nostrum circa suorum confiscationem bonorum, servantes illesum: Et nichilominus dampna passis restitutionem fieri facientes condignam. Et insuper in locis de quibus expedierit,* [h] *prohibetis publice faciatis, ne quis sub eo quod forefacere posset, amodo dictas Columbas capere vel ad eas tendere quomodolibet presumat: Ab omnibus autem subditis nostris, vobis & deputatis vestris in premissis & ea* [i] *tengentibus, quomodolibetque dependentibus ex eisdem, pareri volumus & jubemus.* Datum Parisius, die prima Februarii, Anno Domini millesimo trecentesimo quinquagesimo, sub Sigillo Castelleti nostri Parisiensis, in absentia nostri Sigilli.

JEAN I.er & selon d'autres, Jean II, à Paris, le premier de Fevrier 1350.

a committendo.
b alios.
c inventarium.
d faciatis *qui est plus bas.*
e *Il y a* compta *sans marque d'abreviation.*
f competentia.
g & *est inutile.*
h prohiberi.
i tangentibus.

In Consilium per Laycos. ADAM BUCY.

Et Nous à ce present Extraict, avons fait mettre en tesmoing de ce, le Seel de la Prevosté de Paris. *Ce fut fait l'An & jour de samedi dessusdiz.* Ainsi signé. N. CHOART.

Collation est faite.

JEAN I.er & selon d'autres, Jean II. à Lyon, en Fevrier 1350.

(a) Privileges de la Ville d'Aigues-Mortes.

SOMMAIRES.

(1) Les Habitans seront exempts d'Impots, &c.

(2) Les Habitans ne seront point obligez de servir à la guerre pendant vingt ans; après lesquels, ils ne pourront estre conduits hors des Dioceses de Maguelonne, d'Uzez, de Nismes, d'Arles & d'Avignon, & dans le cas seulement où toutes les autres Villes de la Seneschaussée de Beaucaire, marcheront. Chaque Habitant pourra envoyer un fantassin suffisamment armé, servir à sa place. Chaque maison fournira un homme. Les pauvres, les veuves, les pupilles, les Notaires, les Jurisconsultes & les Physiciens ne seront pas obligez de servir, ni d'envoyer personne à leur place. Cependant lorsque le Roy aura besoin de gens armez sur Mer, les pauvres seront obligez de servir, moyennant une solde qu'on leur donnera. Les Habitans ne pourront estre obligez de payer une somme pour estre exemptez d'aller à l'armée. Ils ne seront tenus de servir que quarante jours chaque année.

(3) Lorsqu'on aura vendu ou échangé des heritages qui relevent du Roy, le Bailly sera obligé de recevoir les Lods & Ventes, *sans pouvoir exercer au nom du Roy, le retrait feodal ou censier, ni le ceder à un autre. Les* Lods & Ventes *seront de la 20.e partie du prix, & seront toûjours payez par l'achepteur. Il n'en sera point dû dans le cas des Donations entre-vifs, des creations d'hypotheques, des partages de choses communes,* des dotes non estimées, *des legs, des acquisitions à titre lucratif & des successions.*

Si le proprietaire d'un heritage n'a pas payé le cens dont il est chargé, l'heritage ne pourra pas estre confisqué; mais on payera le cens double pour les années pendant lesquelles on a cessé de le payer. Les Mineurs ne seront pas sujets à cette peine.

Lorsqu'on impose une servitude sur son heritage, gratuitement & sans recevoir d'argent ou quelque chose d'équivalent, & lorsque differentes personnes imposent reciproquement des servitudes sur leurs heritages, il n'est point dû de Lods & Ventes.

(4) Les Habitans sont exempts de tous Peages & autres droits sur terre & sur mer; soit qu'ils possedent des maisons dans la Ville, ou qu'ils n'en possedent pas; à l'exception

JEAN I.er & selon d'autres, Jean II. à Lyon, en Fevrier 1350.

cependant d'un denier par livre, pour le droit du Port.

(5) Les Habitans pourront eslire tous les ans, des Consuls jusqu'au nombre de quatre, & un Conseil, sans la permission de la Cour des Juges d'Aigues-Mortes. Les Consuls presteront serment de fidelité au Roy. Ils placeront le Guet dans la Ville, lorsque les Juges & eux le trouveront à propos. Ils feront saisir les effets de ceux qui ne viendront point au Guet, & ils leur feront payer une amende, dont la moitié sera employée à payer ceux qui feront le guet à la place des deffaillans, & l'autre moitié à des ouvrages publics. Ils pourront vendre les effets qu'ils auront saisis, & dessus le prix, prendre l'amende, & rendre le reste à ceux sur qui la saisie aura esté faite.

(6) Les Consuls esliront les Banniers*: c'est-à-dire, les Gardes des bleds, des vignes, &c. & les Juges seront obligez de les recevoir en cette qualité, sans pouvoir les refuser. Cependant ce seront les Juges qui auront la connoissance des contraventions qui se feront au ban, qui dans ce cas, condamneront à l'amende, qui puniront même par la privation de leurs Offices, les* Banniers *qui manqueront à leur devoir, & qui leur donneront un salaire fixe, sans que ces* Banniers *puissent avoir une portion dans les amendes ausquelles on condamnera. Les Juges s'en rapporteront aux* dires *ou aux procès-verbaux des* Banniers *au sujet des contraventions qui auront esté faites au ban, & en consequence, ils condamneront à l'amende, laquelle cependant ne pourra pas estre plus forte que celle qui a esté reglée contre les infracteurs des bans.*

Si les Banniers *trouvent en contravention un Habitant ou un homme connu, ils ne saisiront pas ses effets; mais ils le denonceront aux Juges qui luy feront payer l'amende.*

Difference des amendes suivant la nature de la contravention. Elles seront doubles, lorsque le delict aura esté commis la nuit. Independamment de l'amende, on restituera le dommage qui a esté fait. A l'égard des Estrangers qui auront commis des contraventions, les Juges les puniront comme ils jugeront à propos.

(6) Les Consuls pourront avec le Conseil des Conseillers, lever des Impositions sur les Habitans, & sur ceux qui ont des biens dans la Ville, à proportion des facultez & des biens des uns & des autres. Ils pourront saisir les effets de ceux qui ne voudront pas payer, les vendre & prendre sur le prix, la quote-part de l'imposition que doivent ceux à qui ils appartiennent. Les Juges ne pourront pas casser l'estimation que les Consuls auront faite des biens d'un chacun, pour y proportionner l'imposition. Les Consuls pendant l'année de leur Consulat, le Bailli, le Juge, le Notaire & les Officiers de la Justice, feront exempts de ces Impositions.

(7) Les Consuls n'auront point d'autre Jurisdiction dans la Ville. Les Consuls cependant & tous les autres Habitans de la Ville, pourront estre Arbitres dans les affaires Civiles seulement, lorsque les Parties les choisiront.

Dans chaque voyage de Mer qui se fera en partant du Port d'Aigues-Mortes, les Juges donneront à un Habitant du lieu qui fera ce voyage, & qui leur sera presenté par les Consuls, toute Jurisdiction sur tous les François qui seront dans le Vaisseau : le Consul revestu de cette Jurisdiction, rendra à son retour aux Juges, l'émolument des Actes judiciaires qu'il aura faits ; & les Juges avec le Conseil des Consuls, luy donneront une recompense convenable.

(8) Les Consuls auront une maison & une Caisse commune, des clavaires *& des Huissiers, & ils pourront s'assembler quand ils le jugeront à propos.*

(9) Les Consuls & les clavaires rendront, en sortant de charge, leurs comptes à leurs successeurs.

(10) Une personne ne peut pas estre Consul deux ans de suite, pendant les dix années qui suivent son premier Consulat, & passées ces dix années, il doit y avoir deux ans d'intervalle entre ses Consulats.

(11) Le Bailli & le Juge de cette Ville, ne le seront que pendant un an ; le Roy pourra cependant les continuer plus long-temps. Un habitant de la Ville ne pourra y estre Juge. Le Juge y residera.

Le Demandeur & le Deffendeur seront obligez de donner des séuretez sur leurs biens, pour le payement des sommes ausquelles ils pourront estre condamnez, dans les affaires civiles & dans les criminelles, ou de donner une caution. Si cependant la nature du crime demande plus de precaution, le criminel sera mis entre les mains de sa caution, à moins que les preuves ne soient manifestes ou les presomptions violentes, ou que le crime ne merite la mort ou la perte de quelques membres. Si un accusé qui a esté arresté, est absous, il sera renvoyé, & il ne payera que les dépenses qu'il a faites pour sa nourriture dans la prison; sans estre obligé de rien donner à ceux qui la gardent. Les prisons sont faites pour garder les prisonniers, & non pas pour leur causer des incommoditez considerables. On y fournira des vivres aux prisonniers. Les femmes n'y seront point avec les hommes ; & elles seront gardées par des femmes sûres. Lorsqu'on aura dit des injures à une personne, le Juge luy fera donner satisfaction, & il ne pourra faire une enqueste à ce sujet, que lorsque ces injures auront esté dites devant luy seant dans son siege. Si le Juge craint que ces injures ne puissent attirer une querelle, il deffendra sous peine d'une amende, de proceder aux voyes de fait. Ceux qui se plaindront de la Sentence du Juge, pourront appeller au Seneschal & ensuite au Roy.

JEAN I.er & selon d'autres, Jean II. à Lyon, en Fevrier 1350.

(12) On ne fera point d'enqueste contre les Adulteres ; mais ceux qui seront surpris en flagrant delict, ou s'engageront à payer une amende, ou courront nuds sans estre fustigez ; les femmes auront les parties honteuses couvertes.

On traitera de la même maniere, ceux qui se seront trouvez à des heures & dans des lieux suspects, depuis la deffense qui leur en a esté faite par le mari, ou par le Juge à la requisition du mari. Ceux qui retomberont plus d'une fois dans les fautes cy-dessus marquées, seront fustigez ou bannis à temps, ou punis d'une autre maniere : sauf cependant en tout les Privileges accordez aux Corps des Marchands.

(13) Les Juges feront donner satisfaction à ceux qui auront souffert de mauvais traitements, mais sans faire d'enqueste, à moins qu'il n'y ait un os rompu, un membre demis, une grande meurtrissure ou une énorme effusion de sang : mais on ne fera point de procès ou on n'infligera point de peine, s'il y en a eu un, lorsque l'effusion a esté peu considerable, par exemple, lorsqu'elle a esté faite avec les ongles. Lorsqu'une personne a tiré l'épée ou le cousteau contre quelqu'un, ou qu'il l'a attaqué avec des armes, quoyqu'il ne l'ait point blessé, les Juges pourront faire une enqueste s'ils le trouvent necessaire.

(14) On ne fera point d'enqueste contre une personne qui en aura troublé une autre dans sa possession ; mais seulement lorsqu'il luy a enlevé de force ce qu'il possedoit, ou qu'il l'en a chassé, ou qu'il l'a forcé de l'abandonner.

(15) Si quelqu'un s'empare d'un terrain public pour y bastir, on l'obligera de remettre ce terrain dans son ancien estat ; mais sans luy infliger d'autre peine.

(16) Si un homme trouve le moyen de recouvrer une chose qu'il pretend luy appartenir, & qui estoit dans la possession d'un autre qu'il accuse de s'en estre emparé par un crime, & s'il luy fait un procès criminel à ce sujet, le Juge ne pourra pas avant le jugement ordonner d'office, & sans qu'il y ait de demande formée, ordonner que celuy qui a actuellement la chose en sa possession, sera obligé à la restituer à celuy à qui il l'a ostée, à moins que la chose ne soit entre les mains de la Justice : mais dans ce cas-là même, il ne pourra pas ordonner la restitution, si c'est un meuble que l'on pretend avoir esté volé ou enlevé de force par l'accusé, sans qu'il puisse donner de preuves convaincantes ou du moins probables, du titre en vertu duquel il pretend qu'il luy appartient.

Un accusateur ne peut estre entendu comme temoin dans une enqueste qu'il fait faire. Les enquestes doivent estre faites aux dépens de la Justice, & non à ceux de l'accusateur ou de l'accusé. Elles doivent estre communiquées à celuy-cy, & on doit luy fournir tous les moyens de se deffendre.

(17) Un accusé ne doit pas estre condamné à la question, sur la deposition d'un seul temoin, à moins que ce temoin ne soit hors de tout soupçon, & ne soit d'une probité égale ou plus grande que celuy contre lequel il depose. Le Juge se determinera dans ces cas, suivant la qualité des personnes & les circonstances de l'affaire.

Le Bailly ne pourra dans aucun cas, faire donner la question, si le Juge n'a prononcé à l'accusé le jugement par lequel il y a esté condamné. L'accusé pourra avoir son Conseil auprès de luy, lorsqu'on luy prononcera cette Sentence.

(18) Dans les enquestes & les autres causes, tant civiles que criminelles, le Juge donnera un Avocat à ceux qui en demanderont, & ils le payeront.

(19) On ne peut pas faire une enqueste au sujet d'un crime commis il y a dix ans, si le criminel a esté present pendant ces dix ans, ou pendant la plus grande partie. On ne peut pas faire une enqueste au sujet d'une injure faite, après un an passé, ni au sujet d'une contravention faite à une proclamation publique, après un mois ; à moins que celuy à qui cette contravention a fait souffrir du dommage, ne se plaigne.

(20) Lorsqu'on fait une enqueste en vertu d'une denonciation, celuy qui l'a faite, ne peut pas demander que la personne qu'il a denoncée, soit condamnée à une certaine peine.

(21) Une enqueste doit estre terminée dans le terme d'un an, à compter du jour que l'on a commencé à la faire, à moins qu'on n'en interjette appel ; & dans ce cas, on doit faire juger l'appel dans l'espace de six mois. Après un an, à compter du jour que l'on a commencé l'enqueste, si on n'a pas poursuivi l'appel, on ne peut continuer l'enqueste, ni en faire commencer une autre dans la suite.

Les Juges ne pourront dans aucune affaire, faire saisir les effets des Parties, pour la sureté des frais : mais lorsque l'affaire est finie, celuy qui a esté condamné, payera deux sols pour livre de la valeur de la chose qui faisoit l'objet de la contestation, si c'estoit un meuble ou de l'argent ; & si c'est un immeuble, il payera le vingtiesme en argent de sa valeur, suivant l'estimation qui en sera faite. Si celuy qui a perdu son procès, ne peut pas en même temps satisfaire à ce qu'il doit à sa Partie & aux Juges, la Partie sera payée par preference.

Lorsqu'une personne convient qu'elle doit, les Juges fixeront un certain temps, dans lequel elle sera obligée de payer : mais elle ne sera point condamnée à payer le tiers en sus, ni à aucune autre peine. Si elle ne paye pas dans ce terme, elle ne sera condamnée à aucune peine ; mais on l'a fera payer en saisissant ses effets, & en les vendant, ou en l'obligeant de donner des ostages.

Les Juges ne prendront rien pour les Actes

JEAN I.er & selon d'autres, Jean II. à Lyon, en Fevrier 1350.

de tutelle, de curatelle, d'émancipation, d'adoption, ni pour la confection des Testaments, ni pour les Ordonnances qu'ils donneront.

(22) Les habitans ne seront point obligez d'aller plaider dans des lieux situez hors de leur territoire, soit par rapport aux biens qu'ils possédent dans ces lieux, soit par rapport aux Actes qu'ils y ont passez, ou aux crimes qu'ils y ont commis. Mais on peut les obliger d'aller déposer comme témoins hors de leur Ville.

(23) Le Juge ne pourra pas conduire en seureté à Aigues-Mortes, un estranger qui a offensé un habitant de cette Ville, sans le consentement de celuy-cy, à moins que cet estranger ne se soit soumis à la Jurisdiction du Juge d'Aigues-Mortes, dans l'intention de devenir par-là après un an, Habitant & Bourgeois de cette Ville. Lorsque le Roy sera à Aigues-Mortes, il pourra en user comme il jugera à propos, par rapport à cet estranger.

(24) Les estrangers qui seront à Aigues-Mortes, y seront en seureté avec leurs effets, & on ne pourra les arrester sous pretexte de guerre ou de contre-gage, *si ce n'est pour delicts commis par eux. Ils pourront aussi retirer leurs effets de cette Ville, sous le sauf-conduit du Juge.*

(25) Les Habitans pourront transporter en tout temps où ils le jugeront à propos, le bled, le vin & les autres denrées qu'ils retireront de leurs terres.

(26) Les Moulins, les Fours, le Quintal *& la* Corde *appartiendront au Roy, avec les impositions qui en proviendront : les estrangers payeront pour le* Quintal *& pour la* Corde, *ce qui est porté dans les Privileges accordez par le Roy au Corps des Marchands.*

(27) Les Juges auront l'estalon des mesures & des poids. Celuy qui se servira sciemment de fausses mesures & de faux poids, sera condamné à l'amende les deux premieres fois, & pour la troisieme, les Juges le condamneront à telle peine qu'ils jugeront à propos; s'il ne peut payer l'amende, il sera banni à temps. Celuy qui par erreur, se servira de faux poids & de fausses mesures, sera condamné pour les deux premieres fois, à une amende legere, & la troisiéme, il sera puni comme s'il l'avoit sçû. Il est permis de se servir d'une mesure plus grande que l'estalon pour vendre, mais non pour acheter.

(28) La Boucherie & la Poissonnerie appartiennent au Roy.

(29) Les Juges donneront aux Habitans un pasturage commun hors de la Ville, & dans la Ville, une Place & un Marché qui se tiendra le Mardy de chaque semaine. Il y aura aussi tous les ans une Foire. Il y aura seureté entiere pour ceux qui y viendront, & on ne pourra y faire aucun acte judiciaire contre eux; à moins qu'ils n'y ayent commis quelque delict, ou qu'ils n'y ayent contracté quelque engagement.

(30) Les Juges ne pourront pas faire publier de deffense aux Habitans de vendre leurs biens.

On n'imposera pas sur les Habitans aucune Gabelle sur le Sel & sur les autres marchandises.

(31) Les Habitans ne payeront point de peage sur les terres du Roy, de tout ce qu'ils feront venir dans la Ville pour leur usage.

(32) Si un estranger, un Marchand ou quelque autre personne, meurt à Aigues-Mortes, les Juges feront executer son testament, s'il en a fait un. S'il est mort intestat, *les Juges feront déposer ses biens en presence des Consuls, dans le Monastere* Psalmodium *ou dans quelque autre endroit sûr; & si dans deux ans & un jour, il se presente un heritier, on les luy remettra : s'il ne s'en presente point pendant ce temps, le Bailli & les Consuls employeront ses effets en œuvres pies : sauf les Privileges accordez au Corps des Marchands.*

(33) Si la Communauté ou quelques-uns des Habitans, volontairement ou par force, font ou permettent qu'on fasse quelque chose contre leurs immunitez & libertez, la contravention qui y sera faite, ne pourra leur porter aucun prejudice.

JOHANNES Dei gratia Francorum Rex: Notum facimus universis tam presentibus quam futturis, Nos vidisse Literas, formam que sequitur, continentes.

In nomine Sancte & Individue Trinitatis, amen. Philippus Dei gratia Francorum Rex : Notum facimus universis tam presentibus quam futturis, quod Nos [a] *Habitatores*

a Habitatoribus. *G.*

NOTES.

(a) Tresor des Chartres, Registre 80. Piece 465.

Ces Lettres qui sont très importantes & très curieuses en elles-mêmes, reçoivent encore un nouveau prix de leur ancienneté. Car s'il s'est conservé des Privileges accordez à des Villes, & des Coustumes redigées par écrit dans le 11.e siecle, elles sont en très petit nombre.

Quoyque ces Lettres qui sont de Philippe I. n'ayent pas encore esté imprimées; ce qu'elles contiennent l'a déja esté, car M.r Galand a inseré à la fin de son Traité du Franc-Alleu, [Par. 1637. p. 364.] les Privileges accordez par S.t Loüis à la Ville d'Aigues-Mortes en 1246. & ces Privileges sont presque entierement conformes à ceux qui avoient esté octroyez près de 180. ans auparavant par Philippe I. Il est très singulier que les Lettres de Saint Loüis soient redigées, comme si

Ville nostre [a] *Aquarum-Monum, libertates & consuetudines concessimus inferius annotatas.*

(1) *Videlicet, quod omnis habitatores loci illius, sunt liberi & imunes ab omnibus* * *quistis, tailliis,* [b] *toutis,* [c] *mutuo coacto & omni (c) adempte coacto.*

(2) Item. *Quod per viinti annos sunt liberi & imunes ab omni (d) cavalcata per aquam & per terram; & post viginti annos, sunt liberi & imunes imperpetuum ab omni calvacata ultra (b) Magalonensem,* [d] *Uricensem & Nemosensem Dyoceses; sed infra istas faciant cavalcatam: Et etiam in Arelatensem & Avinionensem Dyoceses, circa Rodanum: Et hoc inteligimus cum alia* [e] *terra de Senescallia Bellicadri, communiter.* [f] *exhibit in cavalcatam, & tunc exeant (e) secundum quod de bonis Villis Senescallie exibunt: Nec post aliquis habitator loci illius, compelli personaliter ire in aliquam cavalcatam, si tamen aliquem peditem cum armis competentibus mittere voluerit loco sui: Et de qualbet domo sufficiat unam ire personam; exceptis paupe-ribus; illis scilicet, qui non habent* [g] *valen. ultra vigenti quinque libras turonenses; qui nec ire nec mittere compelentur; & exceptis viduis & pupillis, & exceptis Notariis utentibus Officio, & Jurisperitis &* [h] *Phisicis:* [i] *[Hoc salvo, quod si Nos vel alius nomine nostro,* [k] *indigerimus vel indiguerit per mare hominibus armatis, quod teneantur ire ad stipendia congrua nostre; licet non habeant in bonis viginti quinque libras. Ad dandam autem reddemptionem* [l] *peccuniariam pro cavalcata, nullo tempore compellentur;] & non teneantur in toto anno uno, stare in cavalcata; nisi tantum quadraginta diebus.*

(3) Item. *Si quis emerit vel permutaverit domum vel possessiones in Villa vel territorio dicti loci, que possessiones de Nobis teneantur, Vicarius vel Bajulus loci teneantur (f) laudare precise emptori; ita quod Baulus vel Curia nostra dicti loci, non possit sibi retinere vel alium preferre: Nec recipiat pro* [m] *Laudimio, ultra vicesimam partem precii; scilicet, de viginti solidis, duodecim denarios: Et semper emptor Laudimia solvere teneatur. De* [n] *donacionibus autem, vel* [o] *pignoribus, vel divisionibus rerum communium, (g) vel domus inextimatis, vel legatis in ultima voluntate, vel causa vel*

JEAN I.er & selon d'autres, Jean II. à Lyon, en Fevrier 1350.

a Aquarum-Mortuarum. *G.*

* *ou* questis, *sorte d'Impost. V. Du Cange, au mot* Questa.

b Toutis *pour* Toltis, *sorte d'impost. V. Du Cange, au mot* Tolta.

c emprunt forcé.

d Uzez.

e les autres Villes.

f exibit.

g *Il y a* Valens *dans G.*

h les Medecins.

i Ce qui est entre deux crochets, n'est pas dans *G.*

k indiguerimus.

l payer une somme d'Argent pour ne pas aller à l'armée.

m Lods & Ventes.

n donations entre-vifs.

o creation d'hypotheques.

NOTES.

c'estoient de nouveaux Privileges qui fussent accordez à Aigues-Mortes, & qu'il n'y oit fait aucune mention des Lettres de Philipe I. qui y sont cependant copiées presque mot our mot.

Au reste, quoyque ces Privileges fussent déja connus, la découverte des Lettres de Philippe I. n'en est pas moins importante, parce qu'elles prouvent que dès le 11. siecle, & presque au commencement de la 3 race, on observoit déja certains usages, sur origine desquels les Autheurs modernes ne ont pas toûjours d'accord.

Les Lettres de Philippe I. sont defigurées par un grand nombre de fautes, & il y a plusieurs mots oubliez: le texte donné par M.r Galand m'a esté très utile pour restituer celuy-cy. J'ay mis ces restitutions à la marge, & je les ay marquées par un *G.*

Il y a un petit nombre de dispositions & d'Articles qui ne se trouvent que dans l'une ou dans l'autre des Lettres de Philippe I. & de S.t Loüis. J'ay marqué à la marge les endroits des premieres qui ne sont pas dans les secondes; & j'ay fait imprimer dans les Notes, les Articles des Lettres de S.t Loüis qui ne se trouvent point dans celles de Philippe I. moyennant cela, on auraicy en entier le texte des Lettres de S.t Loüis, & cela me dispensera de les faire imprimer dans le Supplement des deux premiers Volumes des Ordonnances, que je dois donner dans la suite.

(b) *Magalonensem.] Maguelonne.* Le Siege Episcopal a esté transferé à Montpellier en 1536. Voy. la Notice des Gaules de Valois au mot *Magalona.*

(c) *Adempte.]* Je crois qu'il faut lire *adempto*, & qu'il s'agit là du droit de *Prises*, sur lequel Voy. les Tables des Matieres des Volumes precedents. Dans Galand, il y a: *quæstis .... toltis ... & ademptu.*

(d) *Cavalcata.] Chevauchée.* Obligation d'aller servir dans les Armées. Voy. la Table des Matieres du troisieme Vol. des Ordonn. au mot *Armée.*

(e) *Secundum quod de bonnis Villis.]* Les Habitans fourniront un nombre d'hommes proportionné à celuy que fourniront les autres Villes de la Seneschaussée.

(f) *Laudare.]* C'est-à-dire, recevoir les *Lods & Ventes*, & par-là donner au nom du Roy en qualité de Seigneur, le consentement & l'approbation de la vente du Fief ou de l'heritage tenu en Censive, sans exercer le retrait Feodal ou Censier au nom du Roy, ni le ceder à un autre. Voy. Du Cange au mot *Laudare.*

(g) *Vel domus inextimatis.]* Je crois

JEAN I.er & selon d'autres, Jean II. à Lyon, en Fevrier 1350.

titulo lucrativo acquisitis, non accipiatur [a] *Laudimum vel (h) muta, vel etiam de successione hereditaria. Si vero cessatum fuerit in solucione census per trienum vel plus, non incidat res in (i) comissum, sed Annis singulis quibs cessatum fuerit, census duplicetur: Minor autem viginti quinque annis, solvendo censum in quo ipse cessavit, sine duplicatione liberetur: sed & quilibet vicinus vicino suo poterit in domo sua servitutem* [b] *stillicendii vel (k) oneris ferendi vel quamcunque aliam concedere vel imponere, sine Laudimio, Domini & consensu; & idem dicimus de prediis rusticis; nisi pretium interveniret, vel aliud loco pretii. Si tamen servitus pro servitute concederetur, nichil dare pro Laudimio teneatur.*

a Laudimium. G.

b stillicidii. d'égoust.

(4) Item. *Ab omnibus pedagiis dicti loci in terra & in mare, & (l) sextaragia & leuda sint* [c] *imunies perpetuo habitatores dicti loci; ye domos proprias habeant ibi, sive non; excepto denario uno pro libra racione portus, quem Nobis solvere teneantur.*

c immunes. G.

(5) Item. *Liceat Communitati Ville predicte, habere Consules quatuor vel pauciores; & illi habeant Consilium juratum quod elegerint: Et habeant libertatem homines dicti loci, eligendi Consules etiam sine consensu Curie nostre predicte; &* [d] *sint semper* [e] *anniales. Jurent autem publice dicti Consules fidelitatem Nobis, & juramenta servare, & libertates & bonos usus & consuetudines dicti loci, bona fide requirere & deffendere & servare, & sic de eorum Officio mandare vel facere mandari (m) Gathias & Excuguathias & alias custodias, quando videbitur expedire Curie nostre predicte vel ipsis, & inobedientes sua auctoritate (n) pignorare, & habere inde redemptionem usque ad duplum mercedis que daretur guathie vel excurguathie seu custodi conductitio: (o) Et*

d Consules.

e annuales. G.

NOTES.

devoir rapporter icy naïvement, ce qui m'est arrivé part rapport à ce passage. Lorsque je travaillois sur le commencement de cette Piece, je n'avois pas sous la main le Livre de M. Galand: [Voy. Note (a).] ces deux mots m'arresterent, & je ne pouvois les entendre. Je soupçonnois bien qu'ils pouvoient estre corrompus; mais cependant comme ils se lioient assez bien du moins quant aux regimes, avec les precedents, je donnay la torture à mon esprit pour tâcher de deviner ce qu'ils signifioient, & enfin j'imaginay un sens qui n'estoit pas denué de vraysemblance, & je le proposay dans une Note. Mais ayant conferé depuis le texte avec celuy de Galand, j'ay trouvé qu'au lieu de *domus*, il falloit lire *dotibus*, ce qui fait un très bon sens; & j'ay reconnu que ma conjecture n'avoit nullement approché du but. La même chose m'estoit encore arrivée par rapport à un autre passage. Cela m'a fort degousté des conjectures, & cela m'a fait faire des reflexions dont je profiteray, pour la suite de mon ouvrage. Ainsi doresnavant, lorsque je trouveray un endroit que je n'entendray point, soit que cela vienne de ma faute ou de la corruption du texte, je ne hazarderay plus de conjectures, à moins qu'elles ne me paroissent presque certaines; & je me contenteray de marquer simplement que je n'entends point ce passage; afin d'éviter du moins le reproche que l'on fait ordinairement aux Commentateurs, qui est de s'estendre beaucoup sur les choses que tout le monde entend, & de passer sans y toucher, sur celles qui font de la difficulté.

(h) *Muta.*] *Muta* est le droit qui est dû, lorsqu'il se fait un échange. Voy. Du Cange au mot *Muta*. Il semble qu'icy il soit synonime de *Laudimium*.

(i) *Comissum.*] *Commis*, Espece de confiscation. Voy. le Gloss. du Droit Franç. par M. de Lauriere, au mot *Commis*.

(k) *Oneris ferendi.*] La servitude de porter sur son mur un bastiment ou une charge. Voy. L. 6. §. 2. ff. *Si servit. vindic.*

(l) *Sextaragia.*] Droit que l'on paye par chaque sextier de grain. Voy du Cange au mot *Sextariaticum*. Il y a: *Sextaralagio* dans Galand.

(m) *Gathias & Excuguathias.*] Guettes & Eschanguetes. Je crois que ces deux mots sont cy synonymes. Cependant en general il devoit y avoir quelque difference entre eux, à en juger par l'étymologie que Du Cange donne au dernier. Il le fait venir de l'Allemand *Schaire* qui signifie un corps de troupes, & de *Wachte* qui signifie *Sentinelle*; ensorte que *Guet* signifie un sentinelle qui est dans une place, & *Eschauguete*, un Sentinelle qui fait la garde autour d'un corps de troupes. Voy Du Cange aux mots *Scaraguayta* & *Wacta*, & le Dictionn. Etymol. de Menage, au mot *Echauguete*.

(n) *Pignorare, &c.*] Faire saisir leurs effets, & leur faire ensuite payer une amende qui sera double de ce que l'on donnera aux Sentinelles que l'on payera pour faire le guet à leur place.

(o) *Et hic pena Consulum ad opus communis.*] Je crois que cette phrase est corrompuë, & que d'ailleurs il y manque plusieurs mots. On entrevoit cependant ce qu'elle

hec pena Consulum ad opus communis : Et possint dicta pignora vendere vel obligare, prout maluerint, pro pena predicta ; residuo precii reddendo Domino pignorum.

(6) Item. *Consules eligant Bannerios ; scilicet, custodes bladorum, vinearum,* [a] *fructium & possessionum ; & Curia nostra predicta illos constituat quos ipsi nominabunt, & illos habeat pro ydoneis, quicunque sint : (p) Cohercio autem dicti banni & ipsum* [b] *bannim est Curie nostre predicte ; & si Bannerii delinquerent in Officio, pugnirentur, & per Curiam nostram predictam amoverentur ab Officio supradicto. Bannerii autem mercedem habeant à Curia nostra predicta, & in Banno nullam partem accipiant :* [c] *Et de banno vero* [d] *facto credatur bannerio, (q) usque ad quantitatem pro banno determinatam, & non ultra. Bannerius autem habitatorem loci vel alium hominem notum vel ydoneum, pro banno non* [e] *pignoret ; sed Curie nostre predicte denuntiet, & Curia eum* [f] *compellat.* [g] *Banum autem tale sit ; scilicet, de ovibus & capris, una (r) pogesia ; de porco, obolum ; de bestiis* [h] *grossiis, duos denarios ; de homine, duodecim denarios ; &* [i] *homia de die : De nocte autem duplicetur* [k] *banum ; & nichilominus restituatur* [l] *dampnim datum domino, arbitrio duorum proborum virorum de plano :* [m] [*(s) Habet addito in predictis, quod quoad* [n] *extraneos, Curia nostra possit statuere bannum, prout visum fuerit ei.*]

(7) Item. *Consules, quando eis & suo Consilio videbitur expedire, possint in Villa predicta, collectas vel* [o] *cisas facere super se & habitatores Ville, vel habentes possessiones,* [p] *pro modo possessionum & facultatum quas ibi habent ; & inobedientes super hiis possint* [q] *pignorare sua auctoritate, & pignora vendere, & (t) absolucionem compellere, ut supra dictum est de Guathis. (u) Extimacionem autem singulorum, quam Consules per se vel per alios secundum Ordinacionem Consilii sui,* [r] *faciant, Curia nostra predicta per se* [s] *vel alicujus querimoniam, non* [t] *retraret. A colecta & expensis communibus, sint * inmines Consules suo* [u] *anno, & Unicus Bajulus Curie nostre predicte, & Judex, & (x) Notarius & Officiales dicte nostre Curie, &* [x] *Cursores.*

(7) Item. *In dicta Villa vel territorio ipsius, Consules aliam sibi Jurisdictionem non* [y] *adurpent.* [z] *Item volentes autem possint cognoscere ex compromisso, &* [aa] *qualibet alius de dicta Villa, in Causis civilibus tantum. Ad requisicionem Consulum, teneatur Curia nostra predicta, in singulis viagiis* [bb] *maritinis, dare plenam Jurisdictionem* [cc] *unii ex Habitatoribus loci à Consulibus presentato, qui ierit dicto viagio, super omnes de Regno*

JEAN I.er & selon d'autres, Jean II. à Lyon, en Fevrier 1350.

a fructuum. *G.*

b bannum. *G.*

c Et *n'est pas dans* G.

d fracto. *G.*

e ne saisisse point ses effets.

f luy fasse payer l'amende à laquelle il sera condamné.

g l'amende. *Voy. cy-dessus, Note (p).*

h grossis. *G.*

i hæc omnia. *G.*

k bannum. *G.*

l dampnum. *G.*

m Ce-cy n'est pas dans *G.*

* immunes. *G.*

n Voy. cy-dessus, p. 19. Art. VI.

o *C'est la même chose qu'*assisa. *V. Du Cange, à ce mot.*

p à proportion.

q faire saisir leurs effets.

r facient. *G.*

s d'office, ou sur les plaintes de quelques personnes.

t retractet. *G.*

u pendant l'année de leur Consulat.

x les Huissiers.

y usurpent. *G.*

z Inter volentes. *G.*

aa quilibet. *G.*

bb maritimis. *G.*

cc uni. *G.*

NOTES.

veut dire. Ceux qui ne viendront point au Guet, payeront une amende, dont la moitié sera employée à payer celuy que l'on prendra pour faire le guet à leur place, & l'autre moitié à des ouvrages publics. Dans Galand, il y a : *Et hæc pœna sit Consulum.*

(p) Cohercio autem dicti banni, & ipsum bannum, &c.] Cela signifie, la connoissance des contraventions qui se feront au *ban* ou proclamation qui a esté faite de ne point entrer dans les bleds, dans les vignes, &c. Pour le mot *bannum*, il paroist par la suite, qu'il signifie l'amende à laquelle sont condamnez les contrevenans.

(q) Usque ad quantitatem, &c.] Voicy comme je crois qu'on peut entendre cet endroit qui est obscur. On s'en rapportera au *dire* ou au procès verbal des *Banniers*, au sujet des contraventions qui auront esté faites au ban ; & en consequence, on condamnera à l'amende ; laquelle cependant ne pourra pas estre plus forte que celle qui a esté reglée contre les infracteurs des *bans*, quelque dommage que les Banniers disent avoir esté fait.

(r) Pogesia.] *Une Pougevise.* C'est la même chose que la *Picte*. Voy. Du Cange au mot *Pogesia*, & plus haut p. 10. Note *(h)*

(s) Habet.] Je conjecture qu'il faut lire *hoc*. Il n'y avoit apparemment dans l'Original, qu'une *h* avec une marque d'abreviation. Le Copiste aura cru qu'elle signifioit *habet*. Voy. cy-dessous p. 50. Note maginale (*i*).

(t) Absolucionem compellere] *ad solutionem.* G. C'est-à-dire, forcer quelqu'un de payer une Imposition, en vendant ses effets qui ont esté saisis, & en la prenant sur le prix. Voy. cy-dessus l'Art. v. La même chose est exprimée par ces mots, *habere inde redemptionem.*

(u) Extimationem autem singulorum.] Soit que ce mot *singulorum* soit corrompu, soit qu'il en manque quelques-uns, comme *bonorum*, il est certain que cela signifie, l'estimation qui sera faite des biens d'un chacun, afin d'y proportionner l'imposition qui sera levée.

(x) Notarius.] Peut-estre par ce mot, faut-il entendre le Greffier.

JEAN I.er & selon d'autres, Jean II. à Lyon, en Fevrier 1350.

nostro Mercatores, nautas & naviarios & eorum familiam, qui tamen de portu Aquarum-Mortuarum [a] *item arripient: Et quicquid emolumentum inde habuerit,* [b] *ille Consul cui data fuerit Jurisdictio supradicta, reddat Curie nostre predicte. Curia vero nostra predicta, ipsi secundum laborem suum & quantitatem emolumenti, donet eidem in* [c] *redditu cum Consilio Consulum, quod visum fuerit expedire.*

(8) Item. *Liceat Consulibus habere domum* [d] *cournensem, & (y) archam & Clavarios &* [e] *Nuncios; & ibi se congregare & habere* [f] *Collegium, quocienscunque voluerint.*

(9) Item. *Consules Clavarii post finem Officii, reddent suis successoribus tantummodo, racionem.*

(10) Item. *Consules ex quo fuerint ibi uno Anno, non possint esse ibi in sequenti Anno: Et hoc infra decem primos Annos. Post decennium vero, non possint esse Consules illi qui fuerint, nisi interposito duorum Annorum intervallo.*

(11) Item. *In loco predicto, Bajulus pro Nobis dicte Ville, & Judex sint* [g] *annuales,* [h] *[& ultra possint stare quantum Nobis placuerit;] & Judex non de loco, sed aliunde sumatur,* [i] *[& sit* [k] *continuus & ibi faciat residenciam,] & jurent publice servare Nobis fidelitatem & jura nostra* [l] *& tenere Justiciam & libertates, & usus loci servare predicti. Jurisdictionis autem excercicium tale sit: In Causis criminalibus & civilibus, Actor sive accusator & Reus (z) satisdent: Et si in civili Causa satisdare non* [m] *poterunt, teneatur prestare* [n] *juratam cautionem, sub obligacione bonorum suorum; & similiter in criminali; nisi enormitas criminis aliud exigerit, secundum Judicis cognicionem:* [o] *Quo casu fidejussoribus comittatur, nec retineatur persona, nisi manifeste sint probaciones vel violente presumptiones contra Reum; & nisi crimen sit tale quod mortem vel membri abcisionem requirat. Cum autem aliquis personaliter captus, inventus fuerit* [p] *ignoscens, libere* [q] *divittatur, solis expensis victualium* [r] *non persone sue refusis; pro custodia vel custodiis nichil penitus redditurus. Et sit carcer talis qui non sit ad exterminium persone, sed ad custodiam, & capto victus competens tribuatur. Mulieres autem in carcere cum* [s] *marubus non mittantur: Et teneatur Curia nostra dicti loci, providere* [t] *nostra pudicicia atemptetur, tradendo ipsas honestis* [u] *mulieribus custodiendas. Et ne* [x] *passin inquirat Curia nostra dicti loci,* [y] *dicumus quod de verbis injuriosis nulla* [z] *facit (aa) inquisicio, nisi in presentia Curie nostre pro tribunali* [aa] *cedentis, dicta fuerint, sed conquerentibus* [bb] *faciat racionem: Et si tales sint persone que verba injuriosa* [cc] *habuerint,* [dd] *& merito de* [ee] *maniori rixam timendum sit, possit Curia nostra predicta eis sub* [ff] *pena moderata precipere, ne ad* [gg] *nixam vel ad arma procedant: Et si contra facerent, exigatur de pena predicta, quantum Judex dicte nostre Curie decreverit exigendum pro quantitate excessus, (bb) & gravato ad (cc) Senescallum nostrum & ad Nos postea liceat appellare.*

a Iter *G.*
b ille Consul *Maris. G.*
c reditu. *G.* *à son retour.*
d communem. *G.*
e des Huissiers.
f colloquium. *G.*
g annales. *G.*
h Ce-cy n'est pas dans *G.*
i Ce-cy n'est pas dans *G.*
k Ce mot est très mal écrit & douteux.
l Nobis servare, *dans G.*
m potuerint. *G.*
n Ce mot est douteux dans le Reg. mais il y a ainsi dans *G.*
o Si la nature du crime demande plus de precaution.
p innocens. *G.*
q dimittatur. *G.*
r fossus persone sue. *G.*
s maribus. *G.*
t ne ipsarum pudicitia [*corr.* pudicitiæ] aliquatenus attentetur. *G.*
u mulieribus. *G.*
x passim. *G.*
y dicimus. *G.*
z fiat. *G.*
aa sedentis. *G.*
bb faciant. *G.* *mal.*
cc habuerunt. *G.*
dd ut. *G.*
ee majori rixa. *G.*
ff amende.
gg rixam. *G.*

NOTES.

(*y*) *Archam & Clavarios.*] Une *Caisse* pour mettre les deniers communs, & un *Clavaire* chargé d'en garder les clefs. Voy. Du Cange, au mot *Clavarius.*

(*z*) *Satisdent.*] Le Demandeur & le Deffendeur seront obligez de donner sur leurs biens, des sûretez pour le payement des sommes ausquelles ils pourront estre condamnez, ou de donner une caution.

(*aa*) *Inquisitio.*] *Enqueste.* En matiere criminelle, ce qu'on nommoit anciennement *Enqueste*, se nomme presentement *Information.* J'ay observé quelquefois qu'*Inquisitio* signifie aussi un procès, & *inquirere*, faire le procès à quelqu'un.

(*bb*) *Et gravato.*] Dans G. *& gravatus possit appellare ad Senescallum nostrum, vel ad Nos. Gravatus* signifie icy celuy qui a esté condamné par un Jugement.

(*cc*) *Senescallum.*] Il n'est pas facile de decider, si par ce mot, il faut entendre un Seneschal Royal establi dans le Languedoc, où le Comte du Palais qui estoit nommé aussi le Grand Seneschal, & devant lequel estoit porté l'appel des premiers Juges Royaux, avant l'establissement des Seneschaux particuliers des Provinces, & des Baillis, suivant M. Brussel, de l'usage des Fiefs, Tom. 2. L. 2. ch. 35. p. 507. 508. 523. S'il s'agit icy d'un Seneschal Royal dans le Languedoc, ces Officiers seront plus anciens que ne le croit ce sçavant Auteur. Si c'est le grand Seneschal de France qui est icy designé, il faut remarquer que ce mot ne signifiera plus le même Officier, dans les Lettres de S.t Loüis, où il doit certainement s'entendre d'un des

(12) Item.

(12) Item. De [a] Adulterius nulla fiat [b] inquisicio; sed qui in ipsa turpitudine fuerunt depprehensi, vel (dd) concordent cum Curia nostra predicta, vel sine [c] fastigacione, publice currant nudi; [[d] copertis pudibundis mulierum.] Idem dicimus de illis qui post prohibicionem à Marito factam, vel à Curia nostra predicta, ad requisitionem Marii, inventi fuerint soli in loco & hora juxta rationem suspectis. Si vero plus quam semel, in aliquo predictorum deprehensi fuerint, [e] fastigentur, vel per relegacionem temporalem, vel modo alio punientur: [[f] Salvis & retentis super predictis, convencionibus & libertatibus concessis à Nobis Universitati Mercatorum.]

(13) (ee) Item. De injuriis facto commissis, dicta nostra Curia racionem faciat conquerenti; sed nullo modo [g] inquirat; nisi vel ossis [h] fractis, vel membri debilitacio, vel [i] livor magnus, vel [k] sariginis enormis sit secuta [l] officio. Si vero levis effusio fuerit; scilicet cum [m] ungibus facta vel simili modo, dicta nostra Curia non inquirat vel puniat per inquisicionem. De cultello autem vel gladio injuriose extracto contra aliquem, Curia nostra similiter [n] inquirere & punire; vel si aliquis cum aliquibus armis aliquem [o] invaserit, prout Judici [p] ecum videbitur, [q] locus nullus fuerit inde factus.

(14) (ff) Item. De possessione turbata, non inquirat vel puniat per inquisicionem, sed [r] de vel oblativa vel expulsiva vel compulciva inquirat & puniat.

(15) Item. Si quis in publico aliquid injuste fecerit, edificando vel [s] vallatum faciendo, (gg) occuspendo rem, statum pristinum suis expensis restituere (hh) per Officium nostrum Cur. compelli possit; sed alia pena non imponatur.

(16) Item. (ii) [t] In quibus casibus [u] inquisitur de crimine, si ex eo pendeat rei restitutio, non fiat ex Officio, nisi rem penes se haberet Curia nostra predicta: Tunc enim debet [x] tam reddere ex Officio, nisi esset res [y] nobilis vel se movens furata vel [z] si ablata, in qua ille contra [aa] que facta [bb] esset inquisicio, nullam refferret justam vel probabilem questionem, ante inquisicionis terminacionem: [cc] Tunc teneatur ad restitutionem; nisi esset legitime appellatum. In omni autem inquisicione, dicimus quod ille contra quem

JEAN I.er & selon d'autres, Jean II. à Lyon, en Fevrier 1350.

a Adulteriis. G.
b Voy. cy-dessus, p. 48. Note (aa).
c fustigatione. G.
d Cecy n'est pas dans G.
e fustigentur. G.
f Cecy n'est pas dans G.
g Voy. cy-dessus, p. 48. Note (aa).
h fractio. G.
i meurtrissure.
k sanguinis. G.
l effusio. G.
m unguibus. G.
n possit. G.
o invaderet. G.
p æquum. G.
q licet ictus. G.
r de vi ablativa.
s un retranchement.
t in *n'est pas dans G.*
u inquiritur. G.
x eam. G.
y mobilis. G.
z vi. G.
aa quem. G.
bb est. G.
cc & tunc. G.

NOTES.

Seneschaux de Languedoc qui estoient alors instituez. De quelque maniere que l'on prenne ce mot *Senescallus*, il est bon de remarquer que l'appel des Jugements de cet Officier, estoit porté devant le Roy, l'Article y est precis; celuy des Lettres de S.t Loüis n'est pas redigé si clairement, & pourroit faire naistre quelque doute. Voy. la Note (*bb*). *Nota.* Que dans l'Art. 2. il est parlé du Seneschal de Beaucaire.

(*dd*) *Concordent.*] Composent & s'engagent de payer une amende. Voy. la Table des matieres du 3.e Vol. au mot, *Adultere.*

(*ee*) *Item.*] Entre cet Article & le precedent, il y a celuy-cy dans Galand:

De strupro autem facto cum vidua, Curia nostra se non intromittat; nisi esset factum per vim, vel nisi esset factum cum vidua quæ honeste vivere consuevit: quo casu non possit inquiri, nisi ad denuntiationem ipsius vel consanguineorum vel affinium: nec, per inquestam quæ fiet, aliquis amittet vitam aut membrum, sed alio modo punietur. De stupro autem facto cum virgine volente vel nolente, possit fieri inquisitio, & per eam nullus amittet vitam neque membrum; sed alio modo puniatur.

(*ff*) *Item.*] Entre cet Article & le precedent, il y a celuy-cy dans Galand:

Item. *Si quis re sibi commodata vel deposita, seu ad alium usum tradita, aliter utatur quam conveniat, de hoc prædicta nostra Curia non inquirat.*

(*gg*) *Occupendo.*] Il y a dans G. *vel alio modo sibi occupando rem: ad statum.* Je crois qu'il faut ponctuer ainsi.... *occupando: rem ad statum, &c.*

(*hh*) *Per Officium.*] Il y a dans G. *per Officium dictæ Curiæ nostræ compelle possit. Compelle* est une faute d'impression pour *compelli.*

(*ii*) *In quibus casibus.*] Voicy l'espece que je me suis formée sur cet Article qui n'est pas facile à entendre. Un homme trouve le moyen de recouvrer une chose qu'il prétend luy appartenir, & qui estoit dans la possession d'un autre qu'il accuse de s'en estre emparé par un crime, & il luy fait un procès criminel à ce sujet. Il sera decidé par le Jugement à qui la chose appartiendra: mais avant le Jugement, le Juge ne pourra pas d'office [& sans qu'il y ait de demande formée,] ordonner que celuy qui a actuellement la chose en sa possession, sera obligé de la restituer à celuy à qui il l'a ostée; à moins que la chose ne soit entre les mains de la Justice: mais dans ce cas-là même, il ne pourra pas ordonner la restitution, si c'est un meuble que l'on prétende avoir esté volé ou enlevé de force par l'accusé, sans qu'il puisse donner des preuves convaincantes, ou du moins probables, du titre en vertu duquel il prétend qu'il luy appartient.

JEAN I.er & selon d'autres, Jean II. à Lyon, en Fevrier 1350.

crimen commissum dicitur, (kk) voscem testis non habeat : Et debeat audiri inquisicio expensis Curie nostre predicte, & non ejus contra quem vel pro quo inquiretur : Et dentur acta [a] eidem, si petat, & legitima deffensio non [b] negetetur.

(17) Item. *Propter dictum unius testis, non procedatur ad questionem unius persone ; nisi testis ille omni suspiccione careat, & sit paris vel majoris honestatis [c] qua ille contra quem deponit, & Judex ad hoc faciendum, ex qualitate personarum & negocii moveretur : Nec in aliquo casu procedat Bajulus ad questionem, nisi Judex, presente reo, (ll) pronunciationis hujusmodi non negetur, sed ei sine difficultate concedatur.*

(18) Item. *Curia nostra predicta in inquisitionibus, & aliis Causis tam civilibus quam criminalibus, teneatur dare Advocatum non [d] habent, expensis ipsius non habentis, si [e] peccati.*

(19) Item. *Nec post decennium [f] inquirum poterit de crimine publico vel privato, contra illum qui per dictum decennium vel majorem partem, presens fuerit ; nec de [g] injuria post annum, (mm) nec de banno [h] fracto post mensem ; nisi aliquis [i] habet denunciet [k] bannum dampnum passus.*

(20) Item. *Quosciens ad denunciationem alicujus fiet inquisicio, [l] & tunc denunciator (nn) ad aliquam penam agens, non audiatur.*

(21) Item. *Omnis inquisicio ex quo incepta fuerit, infra annum terminetur ; nisi fuerit appellatum : Et tunc infra sex menses appellacio terminetur. Post annum vero, appellacione [m] cessante, non possit in [n] Causa procedi, nec etiam de novo [o] interim suscitari. In Causis autem [p] communibus, dicimus quod Curia nostra predicta à Partibus non requirat pignora [q] vel expensas, ante finem Cause : Causa vero finita, victor in eo quod [r] vinxit, nichil solvat : Victus autem in eo quod victus fuerit, solvat duos solidos pro libra, si [s] que fuerit de pecunia vel mobilibus : [t] De immobilibus, detur de [u] extimacione, viscesima in pecunia numerata. Si tamen [x] Reo Actori & Curie nostre non posset [y] satisfaciet, Actor in satisfactione, Curie preferatur. Si autem aliquis debitor debitum confitetur, precipiatur solvere sine pena tertii vel alia, & si ad diem [z] persixum à Curia nostra predicta, non solverit, nec tunc pena aliqua exigatur ; sed [aa] capris pignoribus & [bb] distractis, vel per [cc] ostagia solvere compelletur : (oo) [Hoc tamen addito in predictis, quod judicio litis à litigantibus reddantur pignora Curie, & secundum formam statuti Regii, retardentur.] Pro tutelis autem vel [dd] curiis dandis, [ee] amancipacionibus vel adoptionibus faciendis, quibuslibet ultimis voluntatibus, vel (pp) decretis interponendis, Curia nostra predicta nichil accipiat, sed gratis & sine difficultate hoc faciat.*

(22) Item. *Nullus [ff] heredit. in Villa & territorio Aquarum-Mortuarum, venire compellatur ad alium locum, [gg] cum litigandi pro rebus quas ibi possidet, vel occasione obligationis ibi contracte, vel criminis ibi commissi. [hh] Testes autem alibi ex juxta causa possint produci.*

(23) Item. *Curia nostra predicta non poterit in dicto loco (qq) guidare aliquem*

a à l'accusé.
b negetur. *G.*
c quam. *G.*
d habenti. *G.*
e petat. *G.*
f inquiri. *G.*
g injure faite.
h Voy. le 3.e Vol. des Ordonn. p. 279. Note (ee)
i hoc *au lieu d'*habet, *dans G.*
k bannum *n'est pas dans G.*
l ex. *G.*
m si on n'a pas poursuivi l'Appel.
n ea. *G.*
o iterum. *G.*
p omnibus. *G.*
q des gages pour la sûreté des frais.
r vicit. *G.*
s quæstio. *G. le procez.*
t Si vero de. *G.*
u du prix que l'immeuble sera estimé.
x Reus. *G.*
y satisfacere. *G.*
z præfixum. *G.*
aa captis. *G.*
bb vendus.
cc Voy. le 3.e Vol. des Ordonn. p. 64. XIX. 66. VI. 117. III.
dd Curis. *G.* Curatelles.
ee emancipationibus. *G.*
ff habitator loci venire compellatur. *G.*
gg causa. *G.*
hh On peut les obliger à aller deposer comme temoins, hors de leur Ville.

NOTES.

(kk) *Voscem testis.*] Il y a *vocem* dans G. Cela signifie que l'accusateur ne pourra estre entendu comme temoin. Galand a mis à la marge de cet endroit, *nemo testis in sua causa.*

(ll) *Pronunciationis.*] Le reste de cet Article est corrompu, & il y manque plusieurs mots. Voicy comment il se lit dans G. *prononciaverit questionem esse faciendam, & sic, reis validum habere consilium suum tempore pronunciationis hujusmodi, non negetur, sed eis sine difficultate concedatur.* Voy. le 3.e Vol. des Ordonn. p. 64. VII.

(mm) *Nec.*] *Nec de furto post biennium, nec de banno, &c.* Dans Galand.

(nn) *Ad aliquam penam agens.*] Cela peut signifier, si le denonciateur demande que celuy qu'il a dénoncé, soit condamné à une certaine amende, &c.

(oo) *Hoc tamen addito.*] Cecy n'est pas dans Galand, & malheureusement il n'y a point d'endroit dans cette Piece, plus corrompu que celuy-cy. Il me paroist inintelligible.

(pp) *Decretis.*] Je crois que par ce mot, il faut entendre, des Ordonnances de Juges, qui se donnent dans le cours de l'instruction d'un procès.

(qq) *Guidare.*] Conduire en sûreté, ensorte que celuy qui est ainsi conduit, ne

extraneum, quando personaliter offenderit habitatorem loci predicti, tempore offense; nisi licencia ipsius offensi, vel eo mortuo, ejus heredis; nisi ille extraneus ibidem Juri pareret infra annum, & post annum [a] *fiet* [b] *habitator. Si tamen Nos ibi essemus, possemus inde facere velle nostrum.*

JEAN I.er & selon d'autres, Jean II. à Lyon, en Fevrier 1350.

(24) Item. *Quicunque extranei venerint ad dictum locum, salvi ibidem cum suis rebus consistant, nec possint occasione guerre supravenientis, vel (rr) contraguagii, vel aliqua causa simili,* [c] *detinent. vel impediri; nisi propter delictum proprie persone: Et possint res suas inde extrahere sanas seu salvas in* [d] *ducatu nostre Curie antedicte.*

(25) Item. *Quilibet habitator loci illius, possit bladum quod habebit de suis terris & (ss) facheriis, per aquam & per terram portare quocunque voluerit omni tempore, nec possit* [e] *& per nostram Curiam interdici: Et idem de vino & aliis victualibus ex labore proprio acquisitis.*

(26) Item. *Molendina, (tt) quintile & corda, & furni erunt omnes nostri cum leudis & omnibus usaticis: Et accipietur ad quintale (uu) & cordam, tantum ab extraneis, quantum continetur in convencionibus & libertatibus concessis à Nobis Universitati Mercatorum.*

(27) Item. *Curia nostra habebit mensuras & pondera publica, ad que alia recognoscantur; & qui inventus fuerit reus scienter utendo* [f], *prima vice possit puniri in quadraginta solidos turonenses; secunda in sexaginta solidos turonenses; tertia* [g] *in misericordia Curie nostre predicte: Et qui solvere non poterit dictas penas, relegetur ad tempus: Ubi vero ignoranter* [h] *qui delinquent, prima vice in quinque solidos; & secunda in decem solidos turonenses; & tertia tanquam sciens puniatur: Qui autem mensuram majorem tenuerit* [i] *& non ad emendum, puniatur si ea utatur vendendo.*

(28) Item. [k] *Bocherie sive macellum &* [l] *picionaria erunt nostra.*

(29) Item. *Dabit Curia nostra (xx) pascua competentia extra Villam & in Villa, plateam & mercatum, & diem mercati singulis septimanis, diem martis; &*

a fieret. *G.*

b Voy. Note (qq).

c detineri. *G.*

d sauf-conduit. *Voy. Du Cange, à ce mot.*

e ei. *G.*

f *Il semble qu'il faudroit adjoûter,* falsis mensuris, & ponderibus.

g fit. *G.*

h quis deliquerit. *G.*

i ad vendendum & non ad emendum, non puniatur. *G.*

k Bocherias *dans G. C'est une faute.*

l piscionaria. *G.*

NOTES.

puisse estre attaqué. Voy. Du Cange au mot *Guida*, qui rapporte deux exemples conformes à celuy-cy. Le Juge d'Aigues-Mortes ne pouvoit prendre sous sa protection, celuy qui avoit offensé un habitant de cette Ville, l'y conduire en sûreté, & le soustraire par-là à la vangeance particuliere de cet habitant, sans le consentement de celuy-cy; à moins que cet estranger ne se fût soûmis à la Jurisdiction du Juge d'Aigues-Mortes, dans l'intention de devenir par-là après un an, Habitant & Bourgeois de cette Ville.

(rr) Contraguagii.] Droit en vertu duquel un Seigneur peut se saisir des effets d'un autre Seigneur ou de ceux de ses sujets, lorsque ce dernier Seigneur a commencé à s'emparer des effets du premier ou de ceux de ses sujets, ou luy a fait quelque tort. Voy. Du Cange au mot *contragagium*, & le Gloss. du Droit Franç. de Lauriere, au mot *Contre-gage,* dans l'Article de *Gage.*

(ss) Facheriis.] Il y a dans Galand, *Sachariis.* M. Du Cange a mis ce mot sans l'expliquer, & il a seulement rapporté le passage tel qu'il est dans Galand: mais il est certain qu'il faut lire *Facheriis*, & les Sçavants Benedictins qui travaillent à la nouvelle Edition du Glossaire, ont bien voulu me communiquer l'Article *Facheria* qu'ils y ont ajoûté. *Facheria* est un heritage donné à ferme, sous la condition que le produit se partagera également entre le proprietaire & le fermier. Ces heritages se nomment *Facherie* à Marseille. Ils prouvent cette explication par des textes precis.

(tt) Quintile & corda.] Il faut corriger *Quintale* qui est dans Galand, & icy même un peu plus bas. *Quintale* est un poids de 100. livres, avec lequel on pese les marchandises qui ont beaucoup de poids. Il y avoit alors un *Peseur* public, à qui on payoit une redevance quand on faisoit peser quelque chose. Voy. Du Cange au mot *Quintale*, & cy-dessus p. 10.

Corda, Impost. Les Editeurs de la nouvelle Edition de Du Cange, m'ont communiqué une addition qu'ils y ont fait au mot *Corda*, dans laquelle ils disent qu'ils croyent que cet Impost se payoit pour les choses que l'on mesuroit, comme le *Quintal* se payoit pour celles que l'on pesoit.

(uu) Et cordam, tantum.] Dans Galand, l'Article finit à ces mots, & le sens demeure suspendu.

(xx) Pascua competentia.] Le Registre des Chartres qui a esté si souvent corrigé par le moyen du texte imprimé par *Galand*, servira du moins une fois à le corriger à son tour. Il y a dans cet Auteur: *Curia nostra prædicta.... tentia extra Villam.*

JEAN I.er & selon d'autres, Jean II. à Lyon, en Fevrier 1350.

nundinas semel in Anno, ad quas venient omnes salvi, nec ibi [a] *conveniantur, nisi in* [b] *mercato delinquerint vel in mercato contraxerint.*

(30) (yy) Item. *Concedimus quod Curia nostra predicta vel aliquis alius loco nostri, non possit facere* [c] *Jurisdictionem vel bannum aliquod, quin habitatores possint omni tempore, res suas libere & absolute* [d] *tenere & vendere sine impedimento nostri vel Curie nostre predicte : Sed neque gabelle salis seu alterius mercimonii, possint ibi fieri contra homines Ville.*

(31) Item. *Aliquis habitor dicti loci, non teneatur dare pedagium in tota terra nostra, de aliquo quod ibi defferret vel defferri faciet ad usum proprium vel * familie sue, vel de hiis que * à sepe dictum locum defferret, ad opus edifficiorum suorum, vel alicujus de Villa predicta.*

(32) Item. *Si* [e] *quid pelegrinus vel mercator vel quicumque alius, ibi decesserit ; si testatus fuerit, Curia nostra faciat testamentum observare : Si vero decesserit intestatus, Curia nostra predicta in presencia Consulum, faciat deponi bona illius (zz) deffunctus, consumantur in aliquo tuto : Et si infra biennum & diem, aliquis heres vel legitimus successor appareat, restituatur eidem : Si vero infra biennum & diem, nullus apparuerit successor vel heres, bona illius in pias causas distribuantur per Bajulum & Consules dicti loci :* [f] [*Salvis & retentis convencionibus & libertatibus concessis Universitatibus Mercatorum.*]

(33) Item. [g] *Quandocunque vel quociensfcumque contingerit, quod Universitas* [h], *gratis* [i] *vel forte * compulsa, aliquid contra libertates vel* [k] *Immunitates sibi concessas vel concedendas, fecerint vel fieri* [l] *promiserint, non possit eis in aliquo prejudicium generari, & nichilominus eis salve remaneant Libertates & Consuetudines dicti loci.*

Hec autem omnia supradicta, volumus & precipimus imposterum inviolabiliter observari, (aaa) Ecclesiasticarum, Baronum, Militum & aliorum fidelium nostrorum : & salvo jure quolibet [m]. *(bbb)* Actum Parisius, Anno Domini millesimo & septuagesimo-nono, mense Augusto; Regni vero nostri Anno nono. *Astantibus in Palacio nostro, quorum nomina supposita sunt & signa.* [n] Dampifero nullo. [o] S. Roberti Ducis Burgundie Camerarii. S. Johannis Buticularii. S. Ymberti Constabularii.

Quasquidem Litteras suprascriptas Libertates & Consuetudines, universaque alia & singula in eis contenta, rata & grata habentes, ea volumus, laudamus, approbamus, & de nostris gratia speciali, actoritate Regia & nostre plenitudine potestatis, tenore presencium confirmamus : salvo in aliis jure nostro, & in omnibus quolibet alieno. Quod ut firmum & stabile perpetuo perseveret, nostrum sigillum quo ante susceptum Regni nostri regimen, utebamur, presentibus Litteris est appensum. Datum *(ccc)* Lucdini, Anno

a convenientur. *G.* On ne pourra faire aucun Acte judiciaire contre eux.

b Je crois qu'il faut entendre le marché où se tient la Foire.

c interdictionem. *G.*

d tenere & *n'est pas dans G.*

* familie. *G.*

* ad supra dictum. *G.*

e quis peregrinus. *G.*

f Le reste de l'Article n'est pas dans *G.*

g Si. *G.*

h vel aliquis de Universitate. *G.*

i volontairement ou par force.

* compulsi. *G.*

k immunitates. *G.*

l permiserint. *G.*

m alieno. *G.*

n Dapifero.

o Signum.

NOTES.

(yy) Item.] Entre cet Article & le precedent, il y a celuy-cy dans Galand. *Item ... noster, & quidquid super Laudimiis, vel multis vel pœnis corporalibus, vel pecuniariis remittendo fecerit, ratum habeatur à Domino in perpetuum, & non possit aliquatenus revocari.*

(zz) Deffunctus, consumantur in aliquo tuto.] Au lieu ces mots, il y a dans Galand: *defuncti in Monasterio Psalmodii consignata, vel in alio loco tuto.* Voy. sur ce *Monasterium Psalmodii*, le 3.e Vol. des Ordonn. p. 499. & Note (*e*).

(aaa) Ecclesiasticarum, Baronum.] Dans Galand, il y a : *Salvis in omnibus juribus & Libertatibus Ecclesiarum & personarum Ecclesiasticarum.*

(bbb) Actum.] Voicy comment la Piece finit dans Galand. *Quod ut perpetuæ stabilitatis robur obtineat, præsentem paginam Sigilli nostri auctoritate & Regii nominis charactere, inferius annotato, fecimus communiri. Actum Parisius, Anno Dominicæ Incarnationis 1246.° mense Maio, Regni vero nostri 20.° astantibus in Palatio nostro quorum nomina supposita sunt & signa ; Dapifero nullo. S. Stephani Buticularii. S. Joannis Camerarii. Constabulario nullo.*

(ccc) Lucdini.] Cela ne peut signifier que *Lion :* Ce qui pourroit cependant en faire douter, c'est qu'il paroist estonnant que le Roy qui estoit près d'Avignon dans le mois de Janvier 1350. à Paris vers la fin de ce mois, à Compiegne le 5. de Fevrier suivant, & à Paris le 4. de Mars 1350. ait esté dans le mois de Fevrier, faire un voyage à Lion, d'où il n'estoit pas fort éloigné dans le mois de Janvier. Voy. la preuve du séjour du Roy

Domini millesimo trecentesimo quinquagesimo; mense Februarii.

Per Dominum Regem.

MELLON.

Facta est collatio cum Originali per me. MELLON.

NOTES.

dans ces differentes Villes, cy-dessus p. 33. & dans le 3.e Vol. des Ordonn. p. 344. 346. & 388. Mais il faut avoüer que ces dates sont sujettes à bien des difficultez semblables à celles que l'on a examinées dans la Preface du troisieme Vol. des Ordonn. 5. *Ordonnances.*

(a) Confirmation de la Chartre de Commune de la Ville d'Abbeville.

JEAN I.er & selon d'autres, Jean II. à Paris, en Fevrier 1350.

SOMMAIRES.

(1) Les Bourgeois d'Abbeville se donneront reciproquement du secours.

(2) Lorsqu'un homme sera jugé coupable d'un vol, tous ses effets seront confisquez par le Vicomte au profit du Comte de Ponthieu, à l'exception des choses que celuy qui les reclamera, prouvera luy avoir esté volées. Le voleur sera jugé d'abord par les Eschevins, & sera mis au Pilori, & livré ensuite au Vicomte.

(3) Les Bourgeois jugeront ceux qui auront fait quelque tort dans la banlieuë de la Ville, aux Marchands qui y viendront.

(4) Lorsqu'il y aura un procès par rapport à un effet mobilier, entre un Bourgeois & un Bourgeois, ou entre un Bourgeois & un estranger, il sera porté devant le Vicomte du Comte de Ponthieu, ou devant le Seigneur de la Vicomté dans laquelle le deffendeur demeurera; à moins qu'il ne fût trouvé dans la Vicomté du Comte; car dans ce cas, son Vicomte sera juge de ce procès, mais il ne pourra pas faire arrester le Bourgeois. Si celuy qui sera condamné par le Vicomte du Comte, ou par celuy d'un Seigneur particulier, n'obéït pas à la Sentence, il sera contraint de le faire par les Eschevins.

(5) S'il s'agit d'un immeuble, le procès sera porté devant le Juge du Seigneur dont il releve, & il sera jugé à Abbeville. Si l'affaire est de nature à estre decidée par un combat, il se fera en presence du Vicomte du Seigneur.

(6) Si un Estranger s'empare des effets d'un Bourgeois, & ne veut pas executer ce qui a esté jugé à ce sujet, on le retiendra prisonnier; & ses effets demeureront saisis, jusqu'à ce qu'il ait executé le Jugement qui a esté rendu.

(7) Celuy qui estant en colere, aura frappé une personne avec la main, payera une amende à la Commune; à moins qu'il ne puisse prouver devant les Eschevins, qu'il a eu raison de le faire.

(8) Lorsqu'un homme en aura blessé un autre, sa maison sera abbatuë par les Eschevins, & il sera chassé de la Ville, où il ne pourra rentrer qu'avec leur permission : mais il ne pourra obtenir cette permission, qu'il ne livre son poing à leur misericorde, *ou qu'il ne le rachepte, en payant neuf livres. S'il n'a pas de maison, il en acheptera une qui vaudra du moins cent sols, afin qu'elle puisse estre abbatuë. Il payera outre cela, ce qu'il en aura cousté au blessé pour se faire guerir; & s'il n'a pas de quoy payer, il livrera son poing à la misericorde des Eschevins.*

(9) Si un Estranger blesse ou un autre Estranger ou un Bourgeois, & qu'il ne veüille pas se soumettre au Jugement des Eschevins, il sera chassé de la Ville, & les Eschevins le puniront.

(10) Lorsqu'un Bourgeois aura dit des injures à un Bourgeois, il sera puni par les Eschevins, lorsque le fait aura esté prouvé par trois ou par deux temoins.

*(11) Celuy qui sera convaincu par temoins d'avoir mal parlé de la Commune dans l'*Audience, *sera condamné à une amende par les Eschevins.*

(12) Celuy qui sciemment a reçû chez luy un ennemi de la Commune, sera aussi declaré ennemi de la Commune; & s'il se soûmet au Jugement de la Commune, sa maison sera abbatuë, aussi-bien que les maisons de ceux qui refuseront d'executer les Jugements des Eschevins.

*(13) Si quelqu'un dans l'*Audience, *parle mal des Eschevins, & qu'il en soit convaincu par le temoignage de trois ou de deux temoins, les Eschevins le condamneront à l'amende.*

(14) Si une personne qui a presenté sa plainte contre une autre, au Juge qui luy a promis Justice, va ensuite injurier sa Partie adverse, les Eschevins luy feront son procès.

(15) Ni le Comte de Ponthieu, ni les autres Seigneurs qui ont des terres relevantes d'eux dans Abbeville, ne pourront rien lever sur leurs sujets, ni exiger d'eux des emprunts

JEAN I.er & felon d'autres, Jean II. à Paris, en Fevrier 1350.

sans gage ; si ce n'est de leur consentement, ou qu'il n'y eust un titre en vertu duquel le tenancier fût obligé de prester à son Seigneur.

(16) Si quelqu'un maltraite de paroles le Comte ou quelque autre, dans la Ville ou dans la Banlieuë, les Eschevins le condamneront à l'amende, aussi-bien que celuy qui par quelque action, aura manqué à ce qu'il doit au Comte.

(17) La Bourgeoisie pourra se prouver par temoins.

(18) Tous les procès qui s'éleveront dans la suite entre des Bourgeois, seront jugez par les Eschevins : & les Jugements qu'ils rendront seront redigez par écrit.

(19) Celuy qui appellera du Jugement des Eschevins, en les accusant de l'avoir rendu par haine, par vengeance, &c. leur payera à chacun neuf livres & une obole d'Or, s'il ne peut prouver ce qu'il avance contre eux.

(20) Si un Bourgeois en tue un autre par hazard ou par inimitié, sa maison sera abbatuë. Si on peut l'arrester, les Bourgeois luy feront son procès. S'il s'est échappé, & qu'après un an, il veüille implorer la miseri*corde des Eschevins, il faut d'abord qu'il ait recours à celle des parents. S'il ne peut pas les trouver, après s'estre livré à la misericorde des Eschevins, il pourra revenir demeurer dans la Ville; & si ses ennemis l'attaquent dans la suite, les Eschevins leur feront leurs procès, comme à des homicides.*

(21) Si un Bourgeois ou un autre, excite contre la Ville, la colere du Comte ou de quelque autre personne puissante, il sera chassé de la Ville par le Jugement des Eschevins. Si cette colere a fait souffrir quelque dommage aux Habitans, sa maison sera abbatuë, & il ne rentrera point dans la Ville, qu'il n'ait reparé le tort qu'il aura occasioné.

(22) Si un homme a possedé publiquement pendant un an & un jour, un heritage qu'il a acquis, & que celuy qui prétend que cet heritage luy appartient, ait sçû ou ait pu sçavoir sa possession, & n'ait point reclamé pendant ce temps, il ne pourra plus le faire dans la suite.

(23) Les Bourgeois ne pourront pas aggreger à leur Commune, les Vavasseurs *ou ceux qui possederont des Fiefs libres, sans le consentement du Comte, ou des autres Seigneurs dont ceux-cy releveront. Si les Bourgeois les ont aggregez, le Comte & les Seigneurs pourront pendant trois ans, les avertir de les renvoyer, & depuis l'avertissement, ces nouveaux Bourgeois auront quarante jours pour se retirer de la Ville avec leurs effets ; & faute de le faire, le Comte & les Seigneurs pourront sevir contre eux, sans que les Bourgeois puissent les deffendre : mais après trois ans, le Comte & les Seigneurs ne pourront plus les revendiquer. Mais ces nouveaux Bourgeois ne pourront en même temps estre membres de la Commune & garder leurs Fiefs, si ce n'est du consentement de leurs Seigneurs ; & s'ils ne l'obtiennent pas, ils seront obligez de les transmettre à d'autres ; sauf le droit des Seigneurs.*

(24) Si un Fief libre tombe à un Bourgeois par succession ou par mariage, il pourra le garder, & rester membre de la Commune ; sauf le droit & le service du Seigneur. Mais si ce Fief luy vient par achapt, par échange, &c. il ne pourra le garder & rester Bourgeois sans le consentement du Seigneur; & s'il ne le transmet à d'autres, le Seigneur pourra mettre ce Fief dans ses mains.

(25) Les Bourgeois ne pourront aggreger à leur Commune, sans le consentement du Comte, les hommes demeurans à Port, *à* Tristre *& dans toute l'estenduë de sa terre ; excepté ceux de* Ruë. *S'ils en ont reçû quelques-uns, sans sçavoir de quel lieu ils estoient, le Comte pourra pendant trois ans, avertir les Bourgeois de les renvoyer; & du jour de cet avertissement, ces nouveaux Bourgeois auront quarante jours pour se retirer de la Ville avec leurs effets : mais après trois ans, le Comte ne pourra plus les revendiquer.*

(26) Lorsqu'un engagement sur une vente, &c. un eschange, &c. aura esté conclu en la presence de trois ou de deux Eschevins, les contestations qui pourront naistre à ce sujet, seront decidées par leur temoignage ; sauf le droit du Comte sur celuy qui sera condamné : Si les Mayeurs & Eschevins ont donné un Acte authentique de l'engagement qui a esté contracté devant eux, on decidera la contestation conformement à cet Acte, sans qu'il soit necessaire que les Eschevins viennent rendre temoignage de ce qui s'est passé devant eux.

(27) Les Bourgeois ne doivent au Comte que trois Aides, chacune de cent livres ; sçavoir quand il fait son fils Chevalier, lorsqu'il marie sa fille, & lorsqu'ayant esté fait prisonnier à la guerre, il doit une rançon.

(28) Concession d'une banlieuë dont les bornes sont designées. On ne pourra élever de fort dans son estenduë.

(29) S'il s'éleve quelque contestation entre le Comte & les Bourgeois, laquelle ne puisse pas estre terminée par ce qui est contenu dans ces Lettres, elle sera decidée par les Chartres de Commune de S.t Quentin, de Corbie & d'Amiens.

(30) Ces presentes Lettres ne pourront porter prejudice aux droits du Comte.

JOHANNES Dei gratia Francorum Rex: Notum facimus universis tam presentibus quam futuris, Nos infrascriptas vidisse Litteras sigillo Johannis quondam Comitis Pontivi, ut prima facie apparebat, sigillatas, formam que sequitur, continentes.

Quoniam ea que Litteris annotantur, melius memorie commendantur, Ego Johannes Comes Pontivi, tam presentibus quam futuris notum facio, quod cum Avus meus Comes Williermus (b) Talenar, propter injurias & molestias à potentibus terre sue, Burgensibus de Abbatis-Villa frequenter [a] illata, eisdem Communiam vendidisset; & super illa vendicione, Burgenses scriptum autenticum non haberent, ad petitionem eorumdem Burgensium, de assensu uxoris mee Beatricis & Fratris mei Guidonis, & Consilio (c) hominum meorum, concessi eis Communiam habendam, & tamquam fidelibus meis, contra omnes homines imperpetuum tenendam, secundum Jura & Consuetudines Communie Ambianis vel Corbeyec vel Sancti Quintini: Salvo jure Sancte Ecclesie, & meo & heredum meorum, & Baronum meorum.

JEAN I.er & selon d'autres, Jean II. à Paris, en Fevrier 1350.

[a] illatas. *P. S.*

(1) [b] Satutum est itaque, & sub religione juramenti confirmatum, quod unusquisque (d) jurato suo fidem, vim, auxilium consiliumque prebebit, & observabit secundum quod Justicia dictaverit.

[b] Statutum. *P. S.*

(2) Constitutum est etiam, quod si quis de furto reus apparuerit, captis omnibus rebus furis à Vicecomite meo vel Ministris meis; exceptis rebus furtivis quas probare poterit esse suas, qui reclamaverit, res alie furis ad opus meum [c] observabuntur. Fur autem primo à Scabinis judicabitur, & penam pillorii sustinebit: Postea Vicecomiti meo vel meis Ministris (e) tradetur.

[c] servabuntur.

(3) Statutum est quod nullus [d] Mercator ad Abbatis-Villam venientes, infra banlivam disturbare presumat. Quod si quis fecerit & emendare noluerit, si ipsum vel res suas comprehendere poterunt idem Burgenses, tam de ipso quam de rebus suis, tamquam de violatore Communie, Justitiam facient.

[d] mercatores. *P. S.*

(4) Si inter juratum & juratum, vel inter juratum & non juratum, de re mobili [e] questio oriatur, ad Vicecomitem meum de eo [f] clamor fiet, vel ad Dominum Vicecomitatus illius in quo manebit qui fuerit [g] impetitus; nisi ipse infra Vicecomitatum meum inventus fuerit; tunc enim [h] tamen de eo quam de rebus suis in meo Vicecomitatu existentibus, Vicecomes meus Justiciam faciet; excepto eo quod personam jurati capere non poterit: Et qui ab eodem Vicecomite meo vel Domino, per sentenciam [i] condampnabitur, si condampnatus judicio non [k] comparuerit, à Scabinis quod judicatum fuerit, exequi compelletur.

[e] procez.

[f] la demande & la poursuite du procès.

[g] celuy contre qui la demande est formée.

[h] tam. *P. S.*

[i] condempnabitur, si condempnatus. *P. S.*

[k] paruerit. *P. S.*

(5) Si vero de re immobili questio oriatur, ad Dominum rei immobilis (f) cujus nomine res possidetur, de eo clamor fiet, & infra Abbatis-Villam Causa tractabitur: Et si res usque ad [l] vadia & duellum processerit, in presentia Vicecomitis illius cujus est Vicecomitatus, Causa illa debet terminari.

[l] gages de bataille. *Voyez Du Cange, au mot Duellum.*

(6) Si vero non juratus res jurati abstulerit, & quod Justicia dictaverit, exequi

NOTES.

(a) Tresor des Chartres, Registre 80. Piece dix-neuf vingt & dix-huict. [398.]

Cette Piece a déja esté donnée par Frere Joseph de *Jesus-Maria* [*Sansom*] Carme Dechaussé, dans le ch. 18. p. 35. de son Histoire des Comtes de Ponthieu & Maïeurs d'Abbeville; & il l'avoit fait copier sur l'Original qui est dans les Archives de l'Hostel de Ville d'Abbeville. Voy. *Ibid.* p. 39. Cette Edition m'a servi à corriger les fautes qui se trouvent dans le Registre des Chartres. Ces corrections seront marquées par ces deux Lettres *P. S.*

(b) Talenar.] *Taleuas* dans le P. *Sansom.* Voy. sur le Comte, dans l'Hist. de ce Pere. p. 28. Il y est nommé *Talvas.* Il n'y est pas dit quand il a vêcu; mais l'on trouve p. 33. que Guy 3.e son Fils, vivoit en 1133. ensorte qu'on peut fixer l'establissement de la Commune d'Abbeville, vers 1100.

(c) Hominum meorum.] Ce sont apparemment ceux qu'il appelle un peu plus bas ses *Barons.*

(d) Jurato.] C'est-à-dire, aux autres Bourgeois. Voy. Du Cange, au mot *Jurare* vers la fin.

(e) Tradetur.] Estoit-ce pour luy faire subir un autre Jugement, ou ce qui me paroist plus vray-semblable, pour luy faire souffrir quelque autre peine corporelle, à laquelle les Eschevins l'auroient condamné, independamment du Pilori. Car il arrivoit souvent autrefois, que les Juges superieurs fissent executer la Sentence des inferieurs. Voy. cy-dessus p. 21. XXI. & le 3.e Vol. des Ordonn. p. 251. & 311. I.

(f) Cujus nomine res possidetur.] C'est-à-dire, apparemment, de qui la terre releve en Fief ou en Censive.

JEAN I.er & selon d'autres, Jean II. à Paris, en Fevrier 1350.

noluerit, si ipsum vel res suas comprehendere poterunt, detinebunt, donec quod Justitia dictaverit, eidem jurato exequetur.

(7) Qui pugno vel palma aliquem cum ira percusserit; nisi se aliqua ratione coram Scabinis deffendere poterit, viginti solidos Communie persolvet.

(8) Item. *Si quis armis aliquem vulneraverit, domus ejus à Scabinis prosternetur, & ipse à Villa* [a] *eicietur, nec Villam intrabit; nisi prius impetrata licentia à Scabinis: De licentia autem eorum, Villam intrare non poterit; nisi pugnum misericordie eorum exposuerit, aut novem libris ab eisdem Scabinis redemerit. Quod si domum non habuerit, antequam Villam intret, domum centum solidorum, quam Communia prosternat, inveniet; & quod in curatione vulneris vulneratus expenderit, eidem à vulnerante in integrum restituetur: Et si pro paupertate solvere non poterit, misericordie Scabinorum pugnum exponet.*

(9) Si autem non juratus juratum vel non juratum vulneraverit, & judicium Scabinorum subire recusaverit, à Villa expelletur, & Judicio Scabinorum delictum punietur.

(10) Qui vero juratum suum turpibus leserit conviciis, per tres testes vel duos convinci poterit, [b] *& si convictum secundum quantitatem & qualitatem convicii, à Scabinis pena statuetur.*

(11) Qui vero inhonestum de Communia dixerit in (g) audiencia, & convicci poterit testibus, Judicio Scabinorum emendabit.

(12) Item. *Qui hostem scienter Communie receperit in sua domo, &* [c] *à participaverit in aliquo, inimicus Communie* [d] *efficienter; & nisi Judicio Communie satisfecerit, tam illius quam (h) alterius jurati qui Judicium Scabinorum subterfugerit, domus prosternetur.*

(13) Qui autem in [e] *audientia contra Scabinos aliquid dixerit,* [f] *& quod* [g] *a* [h] *utilitatem totius Ville pertineat, si postea negaverit, duorum vel trium testimonio poterit* [i] *convicii; & si convictus fuerit, Judicio Scabinorum emendabit.*

(14) Item. *Si quis de alio super aliquo clamorem fecerit, & ei à Judice Justicia fuerit oblata, si postea sine auctoritate Judicis, adversario suo injuriam fecerit, à Scabinis super hoc conventus, ejusque audita responsione, quid super hoc agendum sit, à Scabinis statuetur.*

(15) Preterea statutum est quod ego Johannes Comes Pontivi, nec heredes mei, nec alii Domini terrarum que infra Abbatis-Villam site sunt, aliquam exactionem à Burgensibus exigere poterunt, nec [k] *credent* [l] *michi, neque alicui Dominorum, sine Vadimonio; nisi ex propria voluntate; nisi tale fuerit tenementum, cujus possessor certam summam Domino suo ex debito, credere teneatur.*

(16) Si quis [m] *michi vel alii potenti vel impotenti, infra Villam vel banlivam, in dicto forefecerit, infra Villam se expurgare poterit; quod si facere voluerit vel non potuerit, Judicio Scabinorum emendabit. Si vero in facto* [n] *michi delinquerit, similiter emendabit per Judicium Scabinorum, si exinde convictus fuerit.*

(17) Item. *Statutum est quod si aliquis dixerit se esse juratum, & hoc sit incertum, per testes probare poterit.*

(18) Item. *Si aliqua nova questio & à retro-temporibus non judicata, inter juratos aut intrinsecus (i) aut extrinsecus, orta fuerit, Judicio Scabinorum terminabitur: Et*

a ejicietur. *P. S.*

b & in convictum. *P. S.*

c si. *P. S.*

d efficietur. *P. S.*

e Voy. cy-dessous, Note *(g)*.

f & *n'est pas dans P. S.*

g ad. *P. S.*

h par rapport à des affaires qui regardent l'utilité publique.

i convinci.

k ils ne me prêteront pas.

l mihi. *P. S.*

m mihi. *P. S.*

n mihi. *P. S.*

NOTES.

(g) Audiencia.] Ce peut estre ou le lieu où se rendoit la Justice, ou le lieu où les Bourgeois s'assembloient, tel qu'estoit autrefois à Paris, le *parloir aux Bourgeois.* [Voy. cy-dessus p. 10. Note *(d)*.] A la fin de cette Piece, il y a: *In publica Audientia Cleri, Baronum & Burgensium.*

(h) Alterius jurati, &c.] Cela signifie que de même qu'on abbattra la maison du Bourgeois qui aura reçû chez luy l'ennemi de la Commune, on abbattra aussi celle de tout autre Bourgeois qui ne voudra pas se soûmettre au Jugement des Eschevins.

(i) Aut intrinsecus aut extrinsecus.] Le P. Sansom dans la traduction qu'il a faite de cette Piece [p. 42.] a mis *dedans ou dehors.* Cela est fort litteral, mais cela n'est pas plus clair en françois qu'en latin. Il est bien difficile de dire précisément ce que cela signifie. Peut-estre faut-il entendre par ces mots, *dedans la Ville, & dehors dans la Banlieuë?*

ne quod

ne quod Judicatum oblivioni tradatur, autentice scripture [a] *commandabitur.*

(19) *Sciendum est etiam, quod quicunque Scabinos (k) de falsitate Judicii infamaverit, nisi eos legitime convincere poterit, unicuique novem libras & aureum obolum persolvere tenebitur.*

(20) *Si quis fortuito casu vel precedente inimicicia, Juratum suum occiderit, & super hoc convictus fuerit, domus ejus & omnia ad ipsius mancionem pertinentia, prosternantur. Si vero Burgenses malefactorem poterunt invenire, de eo plenam Justiciam faciant: Si autem manus eorum evaserit, & elapso anni termino, misericordiam Scabinorum petierit, primum misericordiam parentum eum oportebit exigere: Et si* [b] *invenire non poterit, requisita misericordia à Scabinis, libere & pacifice Villam intrare & in ea manere poterit: Et si inimici ejus in eum postea insurrexerint, de eis tamquam de* [c] *interfectione, Scabinii Justiciam facient.*

(21) *Nec pretereundum est quod si quis non juratus vel juratus, iram meam vel alicujus potentis contra Villam promoverit, si inde convictus fuerit vel se purgare non potuerit, ab Abbatis-Villa Judicio Scabinorum expelletur. Si vero homines Abbatis-Ville dampnum propter hoc* [d] *pati fuerint, domus jurati iram promoventis, prosternatur; & Villam non intrabit, donec dampna illata ab eo restituantur.*

(22) Item. *Si quis emerit vel (l) invadiaverit terram vel redditus aliquos, & per annum & diem, vicinis videntibus, tenuerit, si ille qui reclamaverit, sciverit vel scire potuerit, nisi infra diem & annum reclamaverit, de cetero non audietur.*

(23) *Statutum est etiam, quod nullum (m) Vevasorem vel liberam Feodum in terra mea habentem, Burgenses de Abbatis-Villa in suam Communiam recipere poterunt; nisi de assensu meo & Domini sui. Quod si forte receperint, & inde à me usque ad triennium fuerint ammoniti, ab ammonicione facta, infra quadraginta dies cum rebus suis libere & pacifice à Villa recedere poterit; alioquin* [e] *causa de ipso quam de rebus suis, sine tuicione Burgensium, meam faciam voluntatem. Elapso autem trium Annorum spacio, reclamare non potero; sed utrumque & Communiam & Feodum non retinebit; nisi de meo assensu & Domini Feodi: Tamen salvo jure* [f] *Domini, assignabit Feodum cui assignare voluerit.*

JEAN I.er & selon d'autres, Jean II. à Paris, en Fevrier 1350.

a commendabitur. *P. S.*

b *Il faut ajoûter apparemment* eos.

c interfectore. *P. S. Il faudroit* interfectoribus.

d passi. *P. S.*

e tam. *P. S.*

f salvo jure & servicio, *dans l'Art. suivant.*

NOTES.

(k) *De falsitate Judicii.*] *Falsare Judicium*, c'est *en appeller.* On pouvoit le faire de deux manieres, ou par un simple appel, ou en joignant à cet appel, une espece de prise à partie contre le Juge, & en l'accusant d'avoir rendu un mauvais jugement par haine, par vengeance, ou de s'estre laissé corrompre par argent, &c. Le terme d'*infamaverit* ne permet pas de douter qu'il ne s'agisse icy de cette derniere sorte d'appel. Voy. sur ces deux sortes d'appels, les Establissements de S.t Loüis dans le premier Vol. des Ordonn. ch. 6. & 78. pp. 113. & 168. Ces mêmes chapitres dans l'edit. de Joinville de Du Cange pp. 10. & 30. & sa Note sur le ch. 6. p. 162. Voy. aussi son Gloss. au mot *Falsare.*

(l) *Invadiaverit.*] *Invadiare*, dit M. Du Cange au mot *Vadium*, c'est *engager.* Mais icy ce mot se doit prendre dans un sens tout different. Il signifie, *acquerir un heritage d'une personne qui l'engage.*

(m) *Vevasorem vel liberam Feodum.*] Il y a dans le P. S. *Vavasorem vel liberum Feodum*: En general on appelle *Vavasseur*, le proprietaire d'un Arriere-fief; mais je recüeille de ce que j'ay trouvé dans le Gloss. du Droit Franç. au mot *Vavassourie*, & dans le Gloss. de Du Cange, au mot *Vavassoria*, que l'on nommoit aussi *Vavasseurs*, les détempteurs de certains heritages nommez *Vavassouries* qui relevoient d'un Seigneur d'une façon particuliere, à la charge de certains services & de certaines redevances.

Il y avoit de deux sortes de *Vavassouries.* Les unes qui estoient des *tenements vilains*, c'est-à-dire tenus en roture; les autres qui estoient *libres, franches & nobles*, & qui estoient des especes de Fiefs, mais d'un genre inferieur, n'ayant ni Justices ni sujets.

Je crois qu'il faut entendre cet Article de ces deux sortes de *Vavasseurs*: le mot *Vavassor* signifiera celuy qui tient une *Vavassourie* roturiere, & *liberum Feodum*, ce sera une *Vavassourie noble.* Car il n'y a nulle apparence qu'un homme qui eust possedé un Arriere-fief, eust voulu se degrader & renoncer à sa noblesse, pour devenir Bourgeois d'un Comte; ni que dans ces temps-là, on pût posseder un veritable Fief, & estre en même temps Bourgeois d'un Comte: permission que le Comte de Ponthieu se reserve le droit d'accorder à ceux qui posséderont de ces especes de Fiefs, francs & libres. Voy. la fin de l'Article.

JEAN I.er & selon d'autres, Jean II. à Paris, en Fevrier 1350.

(24) Si vero alicui juratorum jure successionis vel per matrimonium, liberum Feodum obvenerit, ipsum Feodum & Communiam, salvo jure & servicio Domini, retinere poterit. Si vero emptioni, [a] *pignore, permutatione vel alio modo, Feodum obvenerit jurato, Feodum & Communiam retinere non poterit; nisi de mea voluntate & Domini Feodi: Quod si retinere voluerit utrumque, Dominus Feodum suum poterit* [b] *detinere; nisi ipse juratus Feodum alicui, salvo jure Domini, donaverit vel alio titulo assignaverit.*

(25) Item. *Homines (n) de Portu & ultra manentes, usque ad terminos mee terre, idem Burgenses de Abbatis-Villa in suam Communiam recipere non poterunt; exceptis hominibus de (o) Rua; nisi hoc fiat de mea voluntate. Similiter neque homines de Tristre & ulterius, in quantum mea terra protenditur. Quod si ignoranter aliquem eorum receperint, infra tres annos idem Burgenses erunt à me conveniendi, & super hoc admonendi, & à mea ammonicione usque ad quadraginta dies, poterit pacifice cum suis rebus à Villa recedere: Sed transacto triennio, non potero reclamare.*

(26) Preterea statutum est, quod si in presencia duorum vel trium Scabinorum, contractus emptionis, venditionis, permutationis, [c] *pignoris, vel alius contractus (p) irritus fuerit, eorum testimonio causa* [d] *disfracionabitur; salvo jure* [e] *meo in eo qui convictus fuerit (q) Hoc idem erit, si carta publica & autentica à Majore & Scabinis tradita, dictis Scabinis non apparentibus, fuerit producta.*

(27) Nec silentio pretereundum est, quod tantum tria auxilia idem Burgenses michi tenentur ex debito solvere; centum videlicet libras Pontivenses Monete, ad filium meum Militem faciendum; centum libras filie mee conjugande; centum libras ad redemptionem meam de captione.

(28) Concessi etiam eisdem Burgensibus Banlivam quietam & liberam habendam; usque ad Arborem de (r) Maltort; usque ad [f] *trenkeram de Monte-Calberti; usque ad trenkeram* [g] *nemorum molendinorum; usque ad quatuor quercus; usque ad antiquam mansionem Roberti Fretel, & usque ad Crucem de Altavenne: Ita quidem quod infra hos terminos, nulla poterit fieri municio.*

(29) Ad hec si forte inter me & dictos Burgenses meos, querela emerserit, que per hoc scriptum nequeat terminari, per Communiam Sancti Quintini vel Corbeie, vel Ambianis terminata fuerit.

(30) Et sciendum quod in unoquoque predictorum Capitulorum, jus meum salvum debet esse & integre conservari.

Ut autem hec omnia firma & illibata permaneant, sub religione jurisjurandi, Ego & Burgenses nos promisimus ad invicem observaturos; & ad majorem confirmationem, scriptum hoc imagine sigilli mei [h] *muniri. Factum est in publica* [i] *audientia Cleri, Baronum & Burgencium, & apud Abbatis-Villam confirmatum, quinto* [k] *Idus Junii, Anno millesimo centesimo octogesimo quarto Dominice Incarnationis. Testes sunt: Hugo Abbas*

a Voy. cy-dessus, p. 45. Art. 3. & Note *(o)* marginale.

b retirer par une espece de retrait.

c Voy. cy-dessus, Note *(a)* marginale.

d sera jugée. *Voy. le Gloss. de Du Cange, au mot* ratio.

e *App.* au sujet de l'amende à laquelle il sera condamné.

f trankeram. *P. S.*

g novorum. *P. S.*

h munini. *P. S. Corr.* munivi.

i Voy. cy-dessus, p. 56. Note *(g)*.

k 9. Juin.

NOTES.

(n) De Portu.] Je trouve dans un Livre intitulé, *Nouveau denombrement du Royaume, &c.* Par. 1720. 4.° p. 43. un lieu près d'Abbeville, nommé *Port-bon.*

(o) Rua. Tristre.] Ruë. Voy. le Dictionn. Univers. de la France, à ce mot.

On trouve dans le même Dictionn. un lieu nommé *Tictre,* situé dans l'Election d'Abbeville. C'est peut estre le même lieu que *Tristre.*

(p) Irritus.] Initus. P. S. Lorsque l'engagement ou le Contract aura esté conclu en la presence des temoins; mais sans estre redigé par écrit.

(q) Hoc idem erit. &c.] Je crois que cela signifie, que si les Mayeurs & Eschevins donnent un Acte public & authentique de l'engagement qui a esté contracté devant eux, on decidera la contestation conformement à cet Acte, sans qu'il soit necessaire que les Eschevins viennent rendre de temoignage de ce qui s'est passé devant eux.

Je crois que le P. *Sansom* s'est trompé dans sa traduction de la fin de cet Article.

(r) Maltort.] Il y a, *Maliort* dans le P. Sansom: mais je crois qu'il faut lire *Maltort.* Cet Arbre estoit apparemment sur les confins de la terre du Seigneur de Mautort, laquelle estoit enclavée dans la Banlieuë d'Abbeville. Voy. le 3.e Vol. des Ordonn. p. 293.

de (s) *Valoliis; Johannes Abbas de (t) Forest-Monasterio; Radulphus de Vima; Renerus de Scardon; Laurentius de Sancta-Maria. Interfuerunt Canonici; Magister Galfridus Abbatis-Ville* [a] *& Ambianensis Ecclesie Canonicus; Hugo Baro; Giroldus de* [b] *Halencort; Galterus Abbatis-Ville Decanus; Galterus de Maneriis; Thomas de Rua & allii Canonici Sancti* [c] *Vulfranni. Milites; Bernardus de Sancto* [d] *Vuaberico;* [e] *Alelinus de Fontanis; Eustachius Vicecomes de Ponte-Sancti-Remigii; Godefridus filius ejus; Girardus de Abbatis-Villa; Galterus* [f] *Senaratus;* [g] *Inguerannus Senescallus Pontivi; Guido frater ejus; Balderuinus de* [h] *Doreat; Guido de Mons; Gontero Patin existente Majore Abbatis-Ville tunc temporis;* [i] *Heberto Lehero ejus Clerico & Abbatis-Ville Notario. Scabini erant, Hugo Choleta; Galterus Deo-donatus; Guido Barbafust; Hugo li Vers; Gonterus Clareboldus & ceteri Conscabini: Tota etiam testis est Abbatis-Villa, quia factum est in conspectu & populi totius* [k] *audientia.* Datum per manum [l] Inguerranni mei Notarii.

[m] *Quasquidem Litteras & omnia & singula in eisdem contenta, prout &* [n] *quem adnotum prefati habitatores & Burgenses dicte Ville Abbatis-Ville eisdem privilegiis, libertatibus & franchisiis hactenus usi sunt pacifice & quiete, rata habentes & grata, ea volumus, laudamus, approbamus, ratifficamus, ac tenore presencium de speciali gratia, auctoritateque nostra Regia confirmamus. Et quod Instrumentum firmum & stabile perpetuo perseveret, Sigillum nostrum quo ante susceptum regimen Regni nostri, utebamur, presentibus duximus apponendum: salvo jure nostro in aliis & omnibus quolibet alieno.* Actum & datum Parisius, Anno Domini millesimo trecentesimo quinquagesimo, mense Februarii.

Per Regem in Requestis suis.
PELLICIER.

Collatio Litterarum superius insertarum, facta est cum Originali per me.
PELLICIER.

(u) *Ste par.* BESCOT.

JEAN I.er & selon d'autres, Jean II. à Paris, en Fevrier 1350.

a & n'est pas dans P. S.
b Halencourt. P. S.
c Voy. cy-dessus, p. 6. Note (b).
d Walerico. P. S.
e Alelmus. P. S.
f Senioratus. P. S.
g Ingrannus. P. S.
h Dorcat. P. S.
i Herberto Lehero. P. S.
k Voy. cy-dessus, p. 56. Note (g).
l Ingeranni. P. S.
m Continuation des Lettres du Roy Jean.
n quemadmodum.

NOTES.

(s) *Valoliis.*] C'est sans doute l'Abbaye de *Valloire*. Dans la *Gall. Christ.* 1.ere Edit. t. 4. p. 907. elle est nommée en latin, *Valloriis*, & il y est dit qu'elle a esté fondée par *Guill. Talvas* Comte de Ponthieu.

Forest-Monasterio.] *Forest-Moustier.* Voy. *Gall. Christ.* 1.ere Edit. t. 4. p. 442.

(u) *Ste par.*] J'ignore ce que cela signifie. On pourroit lire *Sce.* Peut-estre *Scripte*, mais ce n'est pas-là l'abreviation ordinaire de ce mot. Voy. à la fin des Lettres suivantes, il y a: *Par.*

JEAN I.er & selon d'autres, Jean II. à Paris, en Fevrier 1350.

(a) Confirmation des Privileges de la Ville d'Abbeville.

JOHANNES Dei gratia Francorum Rex: Notum facimus universis tam presentibus quam futuris, Nos infrascriptas vidisse Literas, Sigillis Edduardi Regis Anglie, Domini de [o] *Illandi, & Ducis Acquitanensis, & Alienordis uxoris sue, Regine Anglie Domine & Ducisse prenominatorum locorum, Comitisseque Pontivi* [p] *& Monsterolii, ut prima facie apparebat, sigillatas, formam que sequitur, continentes.*

o Irlande.
p Ponthieu & Montreuil-sur-Mer.

EDWARS par la grace de Dieu Roys d'Engleterre, Sire d'Irlandes & Dux de Acquitaines, & Alianor par meesme la grace, Royne d'Angleterre, Dame &

NOTES.

(a) Tresor des Chartres, Registre 80. Piece douze ving cinq. [245.]

JEAN I.er & selon d'autres, Jean II. à Paris, en Fevrier 1350.

Duchesse des devant dis lieux, Contesse de Pontieu & de [a] Monsteruoyl, sa Compaingne : Savoir faisons à tous [b] ka ces Lettres verront, que Nous toutes les Franchises, les Chartres & les Privileges donnés [c] de Nous & de nos Predecesseurs Contes de Pontieu, aus Mayeur & as Eskevins & à la Communauté de notre Ville d'Abeville, voulons, louons & approuvons; lesquelles Franchises, les Chartres & les Privileges avec tous lez usages dont il ont usé & dont il sont en [d] saisine, Nous confermons à [e] aus & à leurs Successeurs perpetuelment, pour Nous & pour nos hoirs Contes de Pontieu, par ces Lettres scellées de nos Seaulz. *Donné en l'An de grace mil deux cenz quatre-vingts & huit, cinq [f] mois de May.*

Quos quidam Literas ac omnia & singula in eisdem contenta, prout & quemadmodum prefati Habitatores & Burgenses dicte Ville Abbatis-Ville, eisdem Privilegiis, Libertatibus & Franchigiis hactenus usi sunt pacifice & quiete, rata habentes & grata, ea volumus, laudamus, approbamus, ratifficamus ac tenore presencium de speciali gratia auctoritateque nostra Regia confirmamus : Et quod istud firmum & stabile perpetuo perseveret, Sigillum nostrum quo ante susceptum regimen Regni nostri, utebamur, presentibus Literis duximus apponendum : salvo jure nostro in aliis & [g] omnibus quolibet alieno. Actum & datum Parisius, Anno Domini millesimo trecentesimo quinquagesimo, mense Februarii.

Per Regem in Requestis suis.
PELLICIER.

Lecta in sede.

Collatio Literarum superius insertarum, facta est cum Originali per me.
PELLICIER.
[h] *Par.*
BESCOT.

[a] Monstereuil.
[b] qui.
[c] par.
[d] possession.
[e] eux.
[f] du.
[g] in.
[h] *Il y a une marque d'abreviation sur l'r. Voy. la page precedente, Note (u).*

JEAN I.er & selon d'autres, Jean II. à Paris, en Mars 1350.

(a) Lettres par lesquelles le Roy declare que les Monnoyes qu'il a fait battre à Dijon, en son nom, & non en qualité de Baillistre & de Tuteur du Duc de Bourgogne, ne pourront prejudicier ni au Duc, ni aux droits de son Duché.

JOHANNES Dei gratia Francorum Rex : ad perpetuæ rei memoriam. Majestatis Regiæ prudentia merito commendatur, dum sic Justitia moderatur, quod in suis actibus & commodis, suorum status & jura servantur illesa subditorum. Sane cum Nos [i] Baillum Ducatus Burgundiæ tenentes ad præsens, in Villa de Divione prædicti Ducatus, non in vel sub nomine dicti Bailli, sed nostro Regio nomine, Monetam cudi faciamus pro nostre libito voluntatis, tenore præsentis nostræ paginæ, decernimus & notum facimus universis tam præsentibus quam futuris, quod non est intentionis nostræ nec volumus quod per hoc Nobis aut successoribus nostris Franciæ Regibus, in dicto Ducatu aut super dicto Duce vel alia quavis persona sui Ducatus, in jure Monetagii seu Monetam cudendi vel aliter quomodolibet, saisina vel novum jus aliud acquiratur, aut quod eidem Duci vel alteri

[i] bail, tutelle. *Voy. le 3.e Vol. des Ordonn. page 428. Note (b).*

NOTES.

(a) Chambre des Comptes de Dijon, Layete des Donat. Liasse 2.e cote XXXIX. & Layete des Monnoyes, Liasse 2.e cote XXXIV.

Cette Piece a esté copiée sur une Copie qui avoit esté faite sur l'Original, par feu M. l'Abbé des Salles, Editeur des Memoires pour servir à l'Histoire de France & de Bourgogne, imprimées à Paris, en 1729. 4.o J'ay des preuves que tout ce qu'il avoit copié dans la Chambre des Comptes de Dijon, estoit très exact.

Voy. cy-dessous d'autres Lettres du 2. de Janvier [ou de Juin] 1354. sur le même sujet.

cuiquam de suo Ducatu, vel juribus ejusdem Ducatus per hoc aliquod prejudicium generetur, seu quod hoc per Nos aut aliquem successorum nostrorum trahi possit ad consequentiam, vel aliam quamvis occasionem monetandi seu Monetam cudendi Regio nomine deinceps in prædicta Villa vel Ducatu, temporibus successivis. Quod ut perpetuo cunctis præbeat firmam fidem, nostrum præsentibus Litteris fecimus apponi Sigillum. Datum Parisius, Anno Domini MCCCL. mense Martii. Ainsi soubscriptes. *Per Regem in Consilio suo, vobis & Domino* [a] *Ludunen. præsentibus. Et sign.* Y. SYMON.

[a] *App.* Laudunensi [Episcopo.]

JEAN I.er & selon d'autres, Jean II. à Paris, en Mars 1350.

(a) Sauvegarde pour l'Ordre de S.t Jean de Jerusalem.

JOHANNES Dei gratia Francorum Rex. Notum facimus universis presentibus pariter & futuris, Nos vidisse Literas inclite recordacionis carissimi Domini Genitoris nostri, formam que sequitur, continentes.

PHILIPPE par la grace de Dieu, &c. [b]

[b] Voy. le 3.e Vol. des Ordonn. p. 556.

NOs autem dictas Literas & omnia ac singula in eisdem contenta, rata & grata habentes, ea volumus, laudamus approbamus, ratificamus, & auctoritate nostra Regia, ex certa scientia, de gratia speciali, tenore presencium confirmamus. Quod ut firmum & stabile perpetuo perseveret, presentes Literas Sigilli nostri munimine fecimus roborari: salvo in aliis jure nostro & in omnibus quolibet alieno. Actum & datum Parisius, Anno Domini millesimo trecentesimo quinquagesimo, mense Martii.

Per Dominum Regem, ad relationem vestram. R. POTIN. *Collatio facta est.*

NOTES.

(a) Tresor des Chartres, Registre 80. Piece onze vingt & seize. [236.]

JEAN I.er & selon d'autres, Jean II. à Paris, en Mars 1350.

(a) Sauvegarde pour l'Ordre de S.t Jean de Jerusalem.

JOHANNES Dei gratia Francorum Rex: Notum facimus universis tam presentibus quam futuris, Nos vidisse quasdam Literas inclite & felicis recordacionis precarissimi Domini & Progenitoris nostri, formam que sequitur, continentes.

PHILIPPE par la grace de Dieu, &c. [c]

[c] Voy. cy-dessus, p. 14.

NOs autem omnia & singula in ipsis Literis contenta, rata, grata & firma habentes, ea volumus, laudamus, approbamus, auctoritate nostra Regia, ex plenitudine potestatis & gratia speciali confirmamus per presentes: Mandantes insuper dictis Senescallis, Baillivis, Receptoribus, ceterisque Justiciariis Regni nostri vel eorum Loca-tenentibus, ad quos presentes Litere pervenerint, & eorum cuilibet prout ad eum pertinuerit, quatinus omnia contenta in dictis Literis, compleant, servent & teneant, & diligenter exequantur. Et quod hoc sit firmum & stabile in futurum, presentibus Literis nostrum fecimus apponi sigillum. Datum Parisius, Anno Domini millesimo trecentesimo quinquagesimo, mense Martii.

Per Dominum Regem, ad relacionem vestram. R. POTIN. *Collatio facta est.*

NOTES.

(a) Tresor des Chartres, Registre 80. Piece douze vingt [240.]

JEAN I.er & selon d'autres, Jean II. à Paris, au Palais, en Mars 1350.

(a) Lettres par lesquelles il est ordonné que Chasteau-Landon, Courtenay, &c. seront de nouveau réünis aux ressorts dont ils avoient esté démembrez.

a Providentia.

b exemptions des premiers degrez de Jurisdictions.

c Chasteau-Landon.

d le Gâtinois.

e assisse, ou assiete de terre.

f ex eis sont inutiles.

g Edit.

JOHANNES Dei gratia Francorum Rex. Postquam ad apicem Regie dignitatis Divina [a] *Provencia Nos provexit, nostre semper extitit & adhuc est intentio voluntatis, & ad hoc precipue nostra desideria diriguntur, quod populum Nobis subditum, in transquilitate pacis & vigore Justicie conservemus, à suisque noxiis relevemus & pressuris. Ad nostram igitur noticiam producto, quod per factum* [b] *exemptionum locorum & Castellaniarum (b) de Sancto-Florentino, de* [c] *Castro-Nantonis, de (c) Courtenayo, de (d) Gressibus in* [d] *Vuastinesio, locorumque & terrarum aliarum in* [e] *assidentia dudum facta clare memorie Domine & Genitrici nostre charissime Regine quondam (e) Johanne, dum viveret, comprehensarum, habitatores & incole locorum & terrarum eorumdem, tunc ad remota ressorta positarum, tot & tanta gravamina & intollerabilia dispendia subierunt, quod nisi super hoc Regia subveniret Providentia, nonnulli* [f] *ex eis ex ipsis habitatoribus & incolis, inde consumptis substanciis & quasi inopia laborantibus, haberent necessario, relictis dictis locis & terris, alibi declinare. Notum igitur facimus universis tam presentibus quam futuris, quod consideratione premissorum, que Nobis etiam dampna non modica intulerint, exemptiones predictas tollimus & abolimus omnino, volentes & per nostrum* [g] *Editum auctoritate nostra Regia decernentes, quod tam in Jurisdictionibus quam Receptis, dicta loca dicteque terre omnes & singule ubicunque sint, ad pristinas Baillivias, Prepositturas & ressorta quibus suberant ante exemptiones illas, reducantur, & ex nunc consistant perpetuo remansura. Quocirca omnibus & singulis Justiciariis nostris aut eorum Loca-tenentibus, modernis & qui pro tempore fuerint, ac eorum cuilibet ut ad eum pertinuerit, tenore presencium mandamus, districtius injungentes, quatenus nostrum hujusmodi Editum inviolabiliter observent & faciant ab omnibus observari. Quod ut firmum & stabile permaneat in futurum, nostrum presentibus Litteris apponi fecimus Sigillum : salvo in aliis jure nostro & quolibet in omnibus alieno.* Datum Parisius in Palacio nostro, Anno Domini millesimo trecentesimo quinquagesimo, mense Marcio.

h l'Evesque eslu.

i de Vendosme.

Per Dominum Regem ad relationem Consilii, in quo erant [h] *Electus Cabilonensis, Dux Athenarum & Comes* [i] *Vindocinensis,*

NOTES.

(a) Tresor des Chartres, Registre 80. Piece 419.

(b) De Sancto-Florentino.] Je n'ay pû rien decouvrir sur ce lieu, qui apparemment se nomme *S.t-Florentin.*

(c) Courtenayo.] Courtenay qui a donné le nom à la Maison de ce nom. Voy. le Dictionn. Univers. de la France, à ce mot.

(d) Gressibus.] C'est apparemment *Grès* Village dans l'Election de Nemours. Voy. le Denombrement de la France, in 4.° premiere partie p. 27.

(e) Johanne.] Jeanne de Bourgogne, premiere Femme de Philippe de Valois. Voy. l'Hist. Geneal. de la M. de Fr. t. 1. p. 103.

JEAN I.er & felon d'autres, Jean II. à Paris, en Mars 1350.
Philippe Augufte, à Poiffy, en 1196.

(a) Confirmation des Privileges accordez à Villeneuve-S.t-Melon.

SOMMAIRES.

(1) Les Habitans payeront chaque année pour leurs maifons, un Cens de cinq fols, & un fextier d'avefne à la mefure de Pontoife.

(2) Les Habitans ne payeront aucuns droits fur ce qu'ils achepteront & ce qu'ils vendront dans la Ville; fi ce n'eft un Denier pour chaque muid de vin.

(3) Reduction des amendes.

(4) Lorfqu'ils fuivront le Roy à l'armée, on ne pourra les éloigner de leur Ville que d'une certaine diftance; enforte qu'ils puiffent y revenir le jour même qu'ils en feront partis.

(5) Ils ne pourront recevoir dans leur Ville en qualité de Bourgeois, aucuns des hommes de corps du Roy, aucuns de fes Hoftes, ni aucuns de fes Bourgeois; fi ce n'eft de fon confentement.

(6) Les Rois ne pourront mettre cette Ville hors de leurs mains.

JOHANNES Dei gratia Franc. Rex: Notum facimus univerfis prefentibus & futuris, Nos quafdam tenuiffe & vidiffe Literas, tenorem qui fequitur, continentes. In nomine Sancte & individue Trinitatis, amen. (1) Philippus Dei gratia Francorum Rex: Noverint univerfi prefentes pariter & futuri, quod hominibus manentibus in [a] Villa-nova-Sancti-Mellonis (b) que noftra eft, & dicte [b] Ecclefie concedimus, ut unufquifque eorum (c) mafuram fuam teneat ad cenfum quinque folidorum, in Fefto Sancti Remigii Nobis annuatim reddendorum, & ad unum fextarium avene ad menfuram Pontizarenfem, fingulis annis Nobis in eodem Fefto reddendum.

(2) Concedimus etiam quod nullus ex eis de re quam vendat vel emat in dicta Villa-nova, ad [c] touleyum [d] ibi, preterquam de unoquoque dolio vini, unum denarium.

(3) [e] Forefactum fexaginta folidorum, erit ad feptem folidos & dimidium; & forefactum feptem folidorum & dimidium, erit ad duodecim denarios.

(4) Homines prefate Ville in exercitum [f] aut equitationem noftram non ibunt, quin eadem die qua iter arripuerint, reverti poffint.

(5) Hec, inquam, concedimus eo modo, quod in predicta Villa-nova non recipietur [g] ad manendum, aliquis de propriis noftris [h] hominibus, nec aliquis de [i] Hofpitibus noftris, nec aliquis de [k] Communiis noftris, nec aliquis de Burgenfibus noftris, nifi de voluntate & affenfu noftro.

(6) Hanc autem Villam neque Nos neque heredes noftri Reges Francorum, extra manum Regiam mitere poterimus.

Quod ut perpetuam obtineat ftabilitatem, Sigilli noftri auctoritate, & Regii nominis karactere inferius annotato, prefentem paginam confirmamus. Actum apud [l] Piffiacum, Anno ab Incarnatione Domini, millefimo centefimo nonagefimo fexto; Regni noftri, Anno decimo feptimo. *Aftantibus in Palacio noftro, quorum nomina fuppofita funt & figna. Dapifero nullo. (d) Guidonis Buticularii. Mathei Camerarii. Droconis Conftabularii. Data vacante Cancellaria.*

Cum autem habitatores de Villa-nova predicta, Nobis expofuerint conquerendo, quod dilectus & fidelis Confanguineus nofter (e) Rex Navarre aut ejus Gentes, afferentes

a Je n'ai pû rien decouvrir fur ce lieu.

b App. Celle de S.t Melon.

c tonlieu. *Impoft.*

d folvat.

e Les amendes.

f armée & chevauchée.

g en qualité de de Bourgeois.

h hommes de corps.

i Hoftes. *Voy. la Table des matieres du 3.e Vol. des Ordonn.*

k Communes.

l Poiffy.

NOTES.

(a) Trefor des Chartres, Regiftre 80. Piece dix-fept vingt & quinze. [355.]

(b) *Que noftra eft.*] Et dont par confequent les Habitans eftoient Bourgeois du Roy.

(c) *Mafuram*] pour *Manfuram* qui vient de *Manfum*, & qui fignifioit une maifon. De *Manfura* vient *Mazure* qui fe prend dans un autre fens. Voy. le Gloff. de Du Cange, au mot *Manfura.*

(d) (S.)] Il y a un figne femblable devant les deux noms fuivans.

(e) *Rex Navarre.*] Charles II. dit le mauvais, Roy de Navarre, Comte d'Evreux. Hift. Geneal. de la M. de Fr. t. 1. p. 284.

JEAN I.er & selon d'autres, Jean II. à Paris, en Mars 1350.

a Pontoise.

b que.

cariſſimum Dominum Genitorem noſtrum, dum viveret, dicto Conſanguineo noſtro aut eis à quibus cauſam habet, Villam & Caſtellaniam de [a] *Pontiſara cum ſuis pertinentiis, certis de cauſis tradidiſſe, dictam Villam-novam ſibi applicare & appropriare nituntur, contra dictarum ſeriem Litterarum, de quibus uſi ſunt habitatores predicti continue & pacifice, ſicut dicunt, ſuplicantes ſibi ſuper his per Nos de opportuno remedio provideri. Viſis igitur cum deliberacione diligenti in noſtro Conſilio, Litteris ſupradictis, ipſas Litteras auctoritate Regia ac de ſpeciali gratia confirmantes, Villam-novam predictam ad manum noſtram Regiam retinemus, & eam in & ſub manu noſtra Regia remanere volumus, juxta dictarum Litterarum continentiam & tenorem ; & quicquid in contrarium factum extitit, revocamus & penitus adnullamus : Baillivo Silvanectenſi ceteris* [b] *Juſticiariis noſtris qui nunc ſunt & qui pro tempore fuerint, mandantes ut dictam Villam-novam in & ſub Regia manu noſtra regant, teneant, cuſtodiant & conſervent, juxta predictarum continentiam Litterarum, nec in contrarium quomodolibet attemptari permittant. Et ut premiſſa perpetue ſtabilitatis robur obtineant, preſentes Litteras Sigilli noſtri fecimus appenſione muniri: ſalvo in aliis jure noſtro & in omnibus quolibet alieno.* Datum Pariſius, Anno Domini milleſimo trecenteſimo quinquageſimo, menſe Martii.

Per Regem, preſentibus (f) Cardinale Sancti Dyoniſii, Epiſcopis Laudunenſi & Cabillonenſi, Comite Armaniaci & pluribus aliis qui Litteras ſuperius tranſcriptas tenuerunt & legerunt. VERRIERE.

Collatio facta eſt cum Originalibus Litteris ſuperius tranſcriptis.

NOTES.

(f) Cardinali S.t Dioniſii.] Le Cardinal de S.t Denys ſe nommoit Gilles Rigaud de Noiſy, Abbé de S.t Denis, nommé Cardinal le 17. de Decembre 1350. Il reçût le Chapeau le 10. d'Avril de l'année ſuivante. Voy. l'Hiſt. des Cardinaux Franç. par Franç. du Cheſne. p. 542.

JEAN I.er & ſelon d'autres, Jean II. à Paris, en Mars 1350. Philippe de Valois, à Moyenneville, [ou Maiennevilſle,] en May 1327.

c *La fameuſe Abbaye du Bec.*

d *faiſant attention aux.*

e *les perſonnes de la famille Royale.*

f *&.*

g *paix.*

h *craignans.*

(a) Confirmation des Privileges de l'Abbaye du Bec.

JOHANNES Dei gratia Francorum Rex : Notum facimus univerſis tam preſentibus quam futuris, Nos Literas inclite recordacionis cariſſimi Domini Genitoris noſtri, vidiſſe, formam que ſequitur, continentes.

PHILIPPE par la grace de Dieu Roys de France : A tous ceulz qui ces preſentes Lettres verront & orront, Salut. Savoir faiſons que Nous conſiderant la bonne affection & devocion que nos predeceſſeurs Roys de France, ont touſjours eu en l'Egliſe de [c] Bechellouyn, laquelle eſt en chief & en membres, en notre Sauve-garde eſpecial, [d] attendant les devotes prieres que les Religieux dudit lieu font aſſiduement pour tous les [e] Royaulz tant pour les treſpaſſés, comme pour les vivans, & la bonne volenté qu'il ont touſjours de faire ſervices aggreables à Nous & aus noſtres, ſi comme pluſieurs fois a apparu, & ſouvent appert par effect, voulans pour ce ladicte Egliſe ſouſtenir, garder, deffendre & maintenir en ſes bonnes Franchiſes, Libertés, Immunités & Privileges, pour ce que icelle Egliſe en chief & en membres, les perſonnes, [f] les biens d'icelle, ſoient & demeurent toujours en [g] pais & en tranſquilité deſſous notre main, à la ſupplication deſdis Religieux, Abbé & Couvent dudit lieu [h] doubtans que en *(b)* l'aſſiete que Nous avons fait faire de nouvel, à notre chier

NOTES.

(a) Treſor des Chartres, Regiſtre 80. Piece treize vingt. [260.]

(b) L'Aſſiete.] C'eſt le delaiſſement de certaines terres, dont le produit égale les arrerages d'une rente dont on eſtoit chargé, ou les intereſts d'une ſomme d'argent que l'on devoit. Voy. le Gloſſ. du Droit Franç. à ce mot.

& feal

& feal Cousin le *(c)* Roy de Navarre, en la Conté de *(d)* Beaumont, Nous voulsissiens baillier ou transporter aucuns desdis membres & appartenances de ladicte Eglise, [a] ou autres persones ou temps à venir, voulons & déclairons par la teneur de ces presentes Lettres, estre de nostre volenté & de nôtre entente, que ladicte Eglise du Bec entierement en chief & en membres, sanz aucunne division ou diminution de quelconques choses que ce soit appartenans à ycelle Eglise, soit & demeure à tousjours-mais perpétuelment, pour Nous pour noz hoirs & Successeurs Roys de France, dessous nostre main Royal & dessous la Couronne de France, sans ce que ladicte Eglise ne aucuns de ses membres, en puisse estre mis hors, estrangiez ou alienez, [b] en aucune assiete estre faite, soit en Haut-Justice ou en basse; non contrestant donacions, assiete, transport ou eschange que Nous ou nos Successeurs porrions faire, èsquiex ladicte Eglise ou aucuns des membres ou appartenances d'icelle, porroient estre compris [c] taisiblement ou expressement: Lesquelles choses, se faites sont ou estoient ou temps à venir, Nous ne voulons porter préjudice à notre presente Ordenance; mais ycelles quant à ce, estre de nul moment & de nul effet, sanz ce que pour ceste grace que Nous faisons, Nous vueillons aucun nouvel droit estre acquis à Nous: Et ces choses voulons Nous & avons octroyés ausdis Religieux, pour Nous, pour nos hoirs & Successeurs Roys de France, de nostre plain povoir, de notre auctorité Royal, de certainne science & pour cause. Et pour ce que ceste chose ait fermeté perdurable, en tesmoignage de verité, Nous avons fait mettre notre Seel à ces presentes Lettres. *Donné à (e) Moienneville, l'An de grace mil troiz cenz trente & sept, ou mois de May.*

JEAN I.er & selon d'autres, Jean II. à Paris, en Mars 1350.

a à.

b *& aucune assiete en estre faite.*

c *tacitement.*

NOs autem omnia & singula in dictis Literis contenta, rata habentes & grata, ea volumus, laudamus, approbamus, ac tenore presencium de gratia speciali confirmamus: mandantes tenore presencium, Baillivis Rothomagensi, [d] Caleti, Gisorcii & Cadomensi, ceterisque Justiciariis nostris qui nunc sunt & qui pro tempore fuerint, aut eorum Locatenentibus, & cuilibet eorumdem prout ad eum pertinuerit, quatinus dictos Religiosos seu Ecclesiam suam predictam in capite nec in membris seu pertinenciis ejusdem, contra tenorem dictarum Literarum suprascriptarum, [e] impediant vel molestent, impediri, molestarive à quoque faciant aut permittant; ad statum pristinum & debitum celeriter reducendo quicquid factum fuerit in prejudicium eorumdem seu etiam attemptatum. Quod ut firmum & stabile permaneat in futurum, nostrum presentibus Literis fecimus apponi Sigillum: salvo in aliis jure nostro & in omnibus quolibet alieno. Datum Parisius, Anno Domini millesimo trecentesimo quinquagesimo, mense Marcii.

d de Caux.

e non.

Per Regem in Requestis suis. JUSSY.

Collatio facta est. [f] *Ste Par.*

f Voy. cy-dessus, p. 59. Note *(u)*.

NOTES.

(c) Le Roy de Navarre.] Philippe III. Roy de Navarre & Comte d'Evreux. Voy. Hist. Geneal. de la Mais. de Fr. t. 1. p. 281. Il estoit Pere de Charles III. sur lequel Voy. cy-dessus p. 63. Note *(e)*.

(d) Beaumont.] Beaumont-le-Roger dans le Comté d'Evreux. Voy. le Dictionn. Univers. de la France, à ce mot.

(e) Moienneville.] On peut aussi lire *Maienneville*. Je n'ay rien trouvé sur ce lieu qui estoit apparemment situé dans la Normandie.

JEAN I.er & selon d'autres, Jean II. à Paris, en Avril 1350.

(a) Sauvegarde pour l'Hostel-Dieu de Paris.

JOHANNES Dei gratia Francorum Rex: Universis presentes Litteras inspecturis, Salutem. Regalem decet excellentiam, curam solicitam adhibere, ut Regni sui subditi, & presertim persone Ecclesiastice & que Religionis habitum assumpserunt, ac de die & de nocte ad Divinum vacant servitium, & Creatori altissimo famulantur, suis temporibus pacis transquillitate gaudeant, & ab oppressionibus & injuriis quibuslibet deffendantur; ut eo libencius & devotius circa Divina vacare valeant, quo habundancius & liberius per Regalem potentiam senserint se adjutas. Hinc est quod Nos ad supplicationem dilectorum nostrorum Magistri, Fratrum & Sororum [a] *Domus-Dei Parisius, ipsos tam in capite quam in membris, domos, grangias, piscaturas, nemora, prata, molendina & possessiones quascunque quas possident in presenti vel amodo possidebunt, familiam suam & gentes, & quaslibet singulares personas ejusdem domus & membrorum suorum, sub nostra successorumque nostrorum Regum Francie protectione & Salva-gardia speciali suscipimus per presentes, in protectione & speciali Gardia nostris predictis perpetuo permansuros: Earum tenore mandantes ac etiam committentes Preposito nostro Parisiensi qui nunc est & qui pro tempore fuerit, vel ejus Locum-tenenti, quem & ex nunc* [b] *Gardiatorem dictorum Religiosorum & Judicem suum in omnibus & singulis Causis suis motis & movendis, tam agendo quam deffendendo, contra quoscunque adversarios suos tam de Prepositura sua quam extra, à quindecim leucis à Civitate & Villa Parisiensi distantibus & computandis, commorantes, Ordinacionibus contrariis non-obstantibus quibuscumque, constituimus & committimus specialem solum & insolidum, ad manutenendum ipsos Religiosos in suis & Ecclesie sue sive domus sue, justis possessionibus, Franchisiis, Libertatibus, Usibus, Juribus, Jurisdictionibus & saisinis presentibus & futuris, ipsosque Religiosos, domum suam sive domos predictas, & quaslibet singulares personas, res, possessiones & bona quecunque eorumdem, ab omnibus injuriis, violenciis, oppressionibus, gravaminibus, molestiis, vi armorum, potentia Laicorum ac inquietationibus & novitatibus indebitis quibuscunque, manuteneat & conservet, nec permittat contra ipsos Religiosos, eorumque familiam, res & bona, aliquas fieri vel inferri indebitas novitates; sed si factas invenerit, ad statum pristinum & debitum reduci, ac Nobis & dictis Religiosis emendam condignam propter hoc prestari faciat indilate;* [c] *assecuramentum à personis de quibus dubitaverint, juxta Patrie consuetudinem, eisdem legitimum dari faciat & prestari: Et hujusmodi specialem Gardiam nostram in ejus Assisiis & locis aliis de quibus expedire viderit, publicari, ne quis posset in contrarium* [d] *innoranciam allegare; ac violatores hujusmodi nostrarum protectionis & specialis Gardie sic, Justitia mediante, puniat, quod cedat aliis in exemplum: Et si super aliquibus rebus contenciosis oriatur debatum in casu novitatis, ad ponendum illud ad manum nostram tamquam superiorem, & ad faciendum per ipsam manum nostram, recredentiam, ubi & prout fuerit facienda; nec non ad faciendum solvi dictis Religiosis redditus suos ac debita sua bona & legalia recognita vel probata, de quibus nulla questio referatur; & ad compellendum debitores ipsorum, ad solucionem hujusmodi debitorum, & adjournandum etiam seu adjournari faciendum omnes illos qui super dictis debitis & debatis, questionem retulerint, ad certos & competentes dies, coram se super hujusmodi questionibus debite processuros: Que debata, tam in casu novitatis quam super dictis debitis, coram ipso Preposito seu Locum-tenenti, agitare & fine debito terminari volumus & mandamus; & ad faciendum omnia alia & singula que circa hoc neccessaria fuerint vel etiam opportuna. Quod ut firmum & stabile permaneat in futurum, presentibus Literis nostrum fecimus apponi Sigillum: salvo in aliis jure*

[a] Hostel-Dieu.

[b] constituimus *qui est plus bas.*

[c] Voy. le 3.e Vol. des Ordonn. p. 264. Note (b).

[d] ignoranciam.

NOTES.

(a) Tresor des Chartres, Registre 80. Piece seize vingt & onze. [331.]

nostro & in omnibus alieno. Datum Parisius, Anno Domini millesimo trecentesimo quinquagesimo, mense Aprilis.

Per Regem, vobis presentibus. Y. SYMON.

(a) M C C C L I.

(a) Cette Année, suivant le Glossaire de Du Cange, commença le 17. d'Avril & finit le 7. d'Avril.

JEAN I.er & selon d'autres, Jean II. à Paris, le dernier Avril 1351.

(a) Reglement pour les gens de Guerre.

JEHAN par la grace de Dieu Roys de France : A tous ceuls qui ces presentes Lettres verront & orront, Salut. Nous considerans la grant chierté de vivres & d'autres biens, qui à present est en nostre Royaume, & que ëu regart à ce, les gaiges acoustumez à donner par noz devanciers & par Nous, sont petis, & que pour reson des choses dessusdictes, les Gens-d'armes & de pié qui Nous viennent & vendront servir [a] an noz guerres, pourroient avoir [b] occhaison de faire *(b)* pooftez en leurs monstre, & de faire monstre pour & de un seul homme d'armes, en plusieurs & divers lieux; combien que selont nature & reson, il ne puissent servir que en un; & qui [c] pix est, pour occasion des choses dessusdictes, se [d] retraient ou pourroient retraire de venir en nostre service, [e] ouquel a si petis gaiges, que il ne pourroient servir & continuer leurdit service : Voulans [f] eschever les inconveniens & occhoisons dessusdite, & que nos Genz-d'armes & de pié loyaument, de cuer & très bonne volenté, Nous puissent servir & servent, & en bon & net estat de conscience, avons par grant & meure deliberacion de Conseil, fait [g] croissance de gaiges pour ceste presente saison, en la fourme & en la maniere qui s'ensuit.

(1) C'est assavoir, que un [h] Banneret aura de gaiges quarante sols Tournois [i] le jour; un Chevalier, vingt sols tournois; un Escuyer armé [k] en costé de ses armes, dix sols Tournois, & un *(c)* Vallet avec lui armé de haubergeon, de bacinet à [l] camail, de gorgerette, de gantellez, & [m] chope par-dessus le haubergeon, cinq sols Tournois.

(2) Et avons ordené & ordenons que toutes les Gens-d'armes soient mis par grosses [n] Routes; c'est assavoir, au moins la Route de vingt-cinq hommes d'armes, de trente, de quarante, de cinquante, de soixante, de soixante-dix, de soixante-quinze, de quatre-vingt, selont ce que les [o] Chevetainnes & les Seigneurs d'icelles Routes [p] seront; & avons ordené & ordenons que noz Conestable, Mareschaus, Maistre des Arbalestriers, Maistres d'Ostel ou autres ausquiex il appartient, *(d)* reçoivent les monstres; & ou cas où il n'y pourront [q] entendre, deputent de par eulz bonnes

a *en.*
b *occasion.*
c *pis.*
d *retirent.*
e *auquel il y a.*
f *eviter.*
g *augmentation.*
h Voy. Du Cange, au mot *Bannereti.*
i *par.*
k *Je n'entends pas ce mot.*
l Voy. Du Cange, au mot *Camelaucum.*
m Je n'ai rien trouvé sur ce mot: Il faut peut-estre corriger *chape.*
n *Compagnies.*
o *Capitaines.*
p *selon la qualité des Capitaines.*
q *vacquer.*

NOTES.

(a) Memorial *C.* de la Chambre des Comptes de Paris, *fol.* 231. *recto.*
Avant cette Ordonnance, il y a ;
Crementum vadiorum Gentium Armorum.
Et à la marge :
Ordenance de la creüe des gages des Gens-d'armes : darrenier jour d'Avril 1351.
Voy. la Table des Matieres du 3.e Vol. des Ordonn. au mot *Gens de guerre.*

(b) Pooftez en leurs Monstres.] Faire passer des *Passevolans* dans leurs reveuës. Voy. le 3.e Vol. des Ordonn. p. 35. Note *(eee).*

(c) Valet... armé de Haubergeon.] Ils sont nommez simplement plus bas, *Haubergeons.* On appelloit *Valet,* de jeunes Gens qui n'estoient pas encore enrollez dans des troupes reglées, mais qui suivoient les armées pour apprendre le mestier de la guerre, & qui portoient le casque, le bouclier & les armes des Gens-d'armes. Voy. Du Cange au mot *Valeti.*

(d) Reçoivent les Monstres.] Je crois que cela signifie, *fassent passer en reveüe ceux*

JEAN Ier & selon d'autres, Jean II. à Paris, le dernier Avril 1351.

a *saveur.* b *viendront.* c *en particulier.* d *en particulier.* e *la marque.* f *signe.* g *qui seront chargez de ce soin.* h *s'il ne vaut.* i *seconde revûe faite par le Capitaine.* k *par le.*

l *Voy. cy-dessus, Note (c).* m *harnois.* n *ils passeront en revûe.* o *leur appartiennent.* p *que.* q *dans un lieu designé.* r *l'amende sera proportionnée à ce qui manquera.* s *dans des Listes ou Rolles en bon ordre.*

t *ne quitteront.* u *au.* x *ceux qui commanderont des corps d'armées en chef. Ce sont peut-estre ceux qui sont nommez Capitaines dans l'Art. 10.* y *tel.* le même. z *ceux qui commanderont des Compagnies.*

personnes & convenables, & si avisées qu'il sachent bien cognoître le deffaut où il sera, & leur feront faire serement de faire & recevoir les monstres loyaument, & sans en faire [a] deport à aucun, & que quant les Gens-d'armes [b] venront à faire monstre, chascune Route la fera [c] par luy, & y sera le Chevetainne de la Route en propre personne, avec sa Gent, & chascun Chevalier, Escuyer & Valet armé, sera sur son cheval-d'armes, & sera chascun appellé par [d] lui devant les ordennez à recevoir la monstre, & là sera escript le nom & le surnom du Chevetainne & de chascun de ses Compaignons dessous lui, & le poil & [e] le merg & *(e)* boutonneure & *(f)* le pris du cheval sur quoi il sera montez; & là meismes, avant que il parte du lieu, sera ledit cheval prisié & marqué en la cuisse d'un fer chaut, à tel [f] saing comme il plaira à ceulz qui en [g] auront afaire, & seront touz les chevauls d'icelle Route marquiez d'un mesme fer & saing, & ne sera nul cheval de hommes-darmes receuz ne escrips, [h] s'il n'est ou pris de trente livres tournois ou plus; ne du Valet armé, s'il n'est du pris de vingt livres tournois ou de plus: Et aussi sera commandé aus Chevetainnes de la Route, qu'il soit prest avec toute sa Gent, de faire [i] la monstre armée toutesfois qu'il en sera requis, & que après ce, au plus briefment qu'il pourra estre fait, la monstre armée se face [k] du Seigneur ou Chevetainne de sa Route, & là soit chascun appellé par nom & par seurnom, & soit bien regardé se il est sus le cheval sur quoi il fût escript, & se il est armé souffisamment ainsi comme il appartient; & seront aussi ceulx qui recevront la monstre, jurer aux Gens-d'armes & [l] Haubergeons, que les Chevauls & [m] harnas en quoi [n] il se monsterront & seront monstrez, sont [o] leurs, ou que il leur sont bailliez par telle maniere qu'il Nous en peuvent & pourront servir entierement & sans faire fraude: Et voulons & ordenons que lesdictes monstres soient reveües souvent armées & desarmées, & au moins deux fois le mois, & [p] si soufdainement leur soit commandé à faire la monstre [q] & en tel lieu, qu'il ne puissent emprumpter chevauls ne harnais estranger: Et là où on trouvera aucun deffaut en la monstre ou en l'armeure, soit levé & rabatu de leurs gaiges, telle amende ou porcion comme ordené y sera selont [r] le deffaut, par celui qui la monstre recevra ou fera faire, se cils sur qui le deffaut apperra, ne monstre juste & loyal excusacion & essoine; laquelle amende ou porcion avec le deffaut, soit renvoïez [s] ordeneement pardevers noz Tresoriers des Guerres, pour rabattre, quant lieux & temps sera, de la paie de celuy qui sera en deffaut.

(3) Voulons encore & ordenons que l'en face jurer ausdictes Gens-d'armes, qu'il ne [t] se partiront de la Compagnie de leur Capitaine, & ne se mettront sous autre, sans volenté ou congié du Connestable, Mareschal ou Maistre des Arbalestriers, ou celui à qui il appartendra à donner congié; & que en celui cas, ceuls qui ainsi se partiront, se feront casser [u] ou livre où leur monstre aura esté escripte: Et aussi voulons & ordenons que les [x] Chiefs des Batailles jurent qu'il tenront leur nombre de Gens-d'armes & de Haubergeons ainsi armez & montez, comme il auront faite leur monstre, à leur povoir, sans fraude, & que si scevent que aucuns de leur Compagnie facent le contraire, il le reveleront au Connestable ou Mareschal ou autre à qui il appartendra, & [y] autel serment feront les [z] Bannerez qui seront dessous les Chiefs des Batailles, & ce mesme serement aussi feront les Chevaliers, Escuyers & Haubergeons qui seront dessous lesdiz Bannerez; & voulons que lesdiz Bannerez sachent par nom & par seurnom, & aïent cognoissance

NOTES.

qui se presenteront pour servir en qualité de Gens-d'armes, à l'effet de les recevoir en cette qualité. Voy. le 3.e Vol. des Ordonn. p. 35. XXIX. 231. XXIV. 232. XXVI. 536. XI. & 686. X.

(e) Boutonneure.] Je n'ay pû rien rien decouvrir sur la signification de ce mot. Dans le Dictionn. des Arts de Corneille, on trouve *Bouton*, qui est une piece de Harnois d'un cheval; mais il ne me paroist pas que cela ait aucun rapport au mot *Boutonneure*.

(f) Le pris du cheval.] Il est dit plus bas [Art. 7.] que quand le cheval pris estoit tué ou hors de service, le Roy en rendoit un autre au Gens-d'armes.

des Gens-d'armes & Haubergeons qui seront en leur Compaignie.

(4) Voulons encore & ordenons que autel monstre & serement se face des Haubergeons comme des Gens-d'armes, & que se aucuns Gens-d'armes viennent par [a] menüe parties, qui n'aïent point de Maistre ne de Chevetaine, Nous voulons & ordenons que par nostre Connestable, Mareschaux, Maistres des Arbalestriers ou autres à qui il appartendra, soit [b] regardé & quis un Chevalier souffisant qui leur soit aggreable, auquel soit baillíée & acomplie une Route de vingt-cinq ou de trente hommes d'armes, & [c] en ceuls de celle Route, soit commandé expressement de par Nous, qu'il obéissent & [d] compaignent ledit Chevalier aux Champs & à la Ville, en la maniere que on doit faire Chevetaine, & que il facent monstre avec ledit Chevalier, armée & desarmée, en la maniere dessusdite, & que ledit Chevalier prengne garde à son pouvoir, que en sadicte Compaignie on ne [e] truit aucun deffaut, & voulons que icelui Chevalier qui tel Compaignie aura, ait [f] Pennoncel à queüe, [g] de ses armes, & prengne samblables gaiges [h] de Bannerez.

(5) Voulons encore & ordenons que cheval qui soit [i] signé en la monstre *(g)* de nostre Seigneur, par la maniere que dit est, ne puit estre achetez ou eschangiez, donnés ou autrement alienez, sans volenté ou congié du Connestable, Mareschal ou autre à qui il appartendra, durant le temps [k] des gaiges, & que nul cheval ne puisse estre signé, s'il n'a esté en monstre.

(6) Voulons encore & ordenons que se aucun homme d'arme ou Haubergeons, se partoit dessous le * Chief de sa Bataille, de la volenté ou congié du Connestable, Mareschal, Maistre des Arbalestriers ou d'autre à qui il appartenist, ou autrement, que le Banneret, Chevalier ou Escuyer, ou autre *(h)* en qui monstre il aroit esté receuz, soit tenuz de le dire ou faire signiffier tantost au Chief de sa Bataille.

(7) Et ordenons encores que se aucun cheval receu en monstre, est [l] assolez ou [m] muert, ou est perdus, que celui de qui il sera, [n] le voit ou face dire & savoir, & sans delai, au Connestable, Mareschal, Maistre des Arbalestiers ou autre à qui il appartendra, [o] par quoi tantost restor li soit fais, & Nous puisse servir, & n'ait pas occasion de prendre nos gaiges sans Nous servir ou [p] avoir povoir de Nous faire service.

(8) Et avons aussi ordené & ordenons par ce mesme conseil & deliberacion, quant [q] aus fais des Gens-d'armes de pié, qui sont ou seront de nostre Royaume, que l'Arbalestier qui aura bonne arbaleste & fort selon sa force, bon [r] baudré, & sera armé de *(i)* plates, de [s] crevelliere, de *(k)* gorgerette, d'espée, de [t] coustel & de *(l)* harnais, de bras de fer & de cuir, aura [u] le jour trois sols tournois de gaiges; un [x] pavesier armé de plates ou de haubergeon, de bacinet à [y] camail, de gorgerette, de harnas, de bras, de gantellez, d'espée, de coustel, de lance, de pavais ou d'autre armeure, de quoi il se pourra ou saura [z] miex aidier, aura par jour deux sols & demi tournois de gaiges: Et voulons que touz les Pietons soient mis par Connestablies & Compaignies de vingt-cinq ou de trente hommes, & que chascun *(m)* Connestable ait & prengne doubles gaiges, & que il facent leurs monstres devant ceuls à qui il appartendra, ou qui à ce seront deputez ou ordennez; & que chascun Connestable ait un [aa] pennoncel à queüe, de tels armes ou enseigne comme il li plaira; & que tous Arbalestriers & Pavesiers chascun armé des armeures qu'il doit avoir, comme dessus est dit, facent leur [bb] monstre

JEAN I.er & selon d'autres, Jean II, à Paris, le dernier Avril 1351.

a *en petites troupes separées.*

b *choisi.*

c *à.*

d *accompagnent.*

e *trouve.*

f *banniere* ou *estendard.*

g *avec ses armes.*

h *que les Bannerets. Voy. p. 68. Note (z) margin.*

i *marqué.*

k *que les Gens-d'armes ont des gages, & qu'ils servent.*

* *Voy. p. 68. Note (z) marginale.*

l *blessé.*

m *meure.*

n *le voise*, c'est-à-dire, *aille le dire.*

o *afin qu'on luy en donne un autre.*

p *estre hors d'état de Nous servir.*

q *pour ce qui regarde.*

r *baudrier.* Voy. Du Cange, au mot *baldrellus.*

s *Je n'ai rien trouvé sur cette sorte d'armes.*

t *cousteau.*

u *par jour.*

x *qui porte un pavois ou bouclier.*

y *Voy. cy-dessus, p. 67. Note (l) marginale.*

z *mieux.*

aa *Voy. cy-dessus, Note (f) marginale.*

bb *la premiere reveüe. Voy.* cy-dessus, Note *(d)*.

NOTES.

(g) De nostre Seigneur.] Il paroist qu'il s'agit-là de cette premiere reveüe dans laquelle on recevoit les Gens-d'armes qui se presentoient; [Voy. cy-dessus Note *(d)*] mais je ne sçais ce que veulent dire ces mots, *nostre Seigneur.*

(h) En qui monstre il aroit esté reçû.] Cela doit signifier, *dans la Compagnie de qui il aura esté reçû & enrollé lors de la monstre.*

(i) Plates.] Armeures composées de lames de fer. Voy. Du Cange au mot *Plata.*

(k) Gorgerette.] Nommée aussi Gorgiere. Voy. Du Cange aux mots *Armatura* & *Cuphia.*

(l) Harnais.] Proprement une Cuirasse. Voy. Du Cange au mot *Harnascha.*

(m) Connestable.] Capitaine d'une Compagnie de Gens de pied, nommée *Connestablie.*

JEAN I.er & selon d'autres, Jean II. à Paris, le dernier Avril 1351.

là où il devront, & soient mis en escript les [a] nons & les seurnons du Connestable & de tous les Compaignons qui souz lui seront, & que chascun [b] par lui viegne devant celui qui recevra la monstre, & que chascun devant lui tende [c] s'arbaleste, & [d] traïe par plusieurs fois; & que cils qui la monstre recevra, regarde & avise bien que ledit Pieton Arbalestrier ou Pavesier, ait toutes les armes, chascun [e] selon lui, telles comme dit est, & que si il y avoit aucun deffaut en leurs armeures, il en soient punis & mis en amende, & icelle soit levée & rabatuë de leurs gaiges, selont leur deffaut, lequel deffaut avec l'amende, soient envoïé aus Clercs des Arbalestriers, par la maniere dessusdicte, & que au moins deux fois le mois, leur monstre soit veüe.

(9) Voulons encore & ordennons que les Mareschaux, les Mestres des Arbalestriers & autres à qui il appartendra, en leurs personnes, especialment [f] au commencement, se bonnement y puevent entendre, voïent & reçoivent les monstres, afin que les Gens-d'armes se pregnent [g] plus prez de faire bonnes & loyauls monstres, & bien à point.

(10) Avons encore ordené & ordenons que tous les Seigneurs & Chevetaines qui auront Route de Gens-d'armes, jurent devant Nous, nos Lieuxtenants, Connestables, Mareschaux ou leurs * Capitaines, ou ceuls que Nous y deputerons, [h] qui Nous serviront bien & loyaument & sans faire [i] pooslez, & qu'il auront continuelment oudit service, le nombre de Gens-d'armes pour qui il prendront gaiges; & ce mesmes serment feront pardevant Nous ou ceuls que Nous y deputerons, nozdiz Officiers; & aussi voulons & estroictement enjoignons à tous, que il gardent, tiengnent & accomplissent de point en point sans enfraindre, nos Ordenances dessusdictes; & qui en aucune maniere trepasseront les poins dessusdits ou aucuns d'iceuls, Nous voulons qu'il soient punis sans espargne par noz Officiers ausquels il appartendra, de tel paine comme reson, coustume & les drois des armes ordennent & requierent, & que par [k] l'essample de la punicion desdiz transgresseurs & maufaiteurs, tous autres se restraignent, tiengnent & gardent de mesprendre. En tesmoing de ce, Nous avons mis nostre Seel en ces presentes Lettres. *Donné à Paris, le derrenier jour d'Avril l'An mil trois cens cinquante-un.*

a *noms.*
b *en particulier.*
c *son arbaleste.*
d *tire.*
e *selon son estat.*
f *à la premiere revüë.* Voy. cy-dessus, Note *(d)*.
g *ayent plus d'attention.*
* *Voy. cy-dessus, Note (x). marginale.*
h *qu'ils.*
i *Voy. cy-dessus, Note (b).*
k *l'exemple.*

JEAN I.er & selon d'autres, Jean II. à Chartres, en Avril 1351.
Philippe IV. dit le Bel, au siege de Lisle, en Septembre 1304.
Loüis X. dit le Hutin, au Mont-Saint Quentin proche Perone, en Septembre 1315.
Philippe V. dit le Long, à Paris, en Fevrier 1317.
Charles IV. dit le Bel, à S.t Christophe en Halate, en May 1323.
Philippe VI. dit de Valois, à Paris, en Novembre 1328.

(a) Privileges de la Ville d'Orchies.

JOHANNES Dei gratia Francorum Rex: Notum facimus universis presentibus pariter & futuris, Nos Literas inclite recordationis carissimi Domini Genitoris nostri, vidisse, formam que sequitur, continentes.

[l] *PHILIPPUS Dei gratia Francorum Rex: Notum facimus universis tam presentibus quam futuris, Nos infrascriptas vidisse Literas, formam que sequitur, continentes.*

[m] *KAROLUS Dei gratia Francorum & Navarre Rex: Notum facimus universis tam presentibus quam futuris, Nos Literas carissimi Domini nostri Fratris Philippi quondam dictorum Regnorum Regis, vidisse, formam que sequitur, continentes.*

[n] *PHILIPPUS Dei gratia Francorum & Navarre Rex: Notum facimus universis*

l Philippe de Valois.
m Charles IV. dit le Bel.
n Philippe V. dit le Long.

NOTES.

(a) Tresor des Chartres, Registre 80. Piece seize vingt & dix. [330.]

Voy. le 2. Vol. des Ordonn. p. 420.

Cette Année ayant commencé le 17. d'Avril, & finit le 7. d'Avril, [Voy. Note *(a)*] Il y eust donc dans cette Année, la fin d'un mois d'Avril, & le commencement d'un autre: mais il n'y a rien dans ces Lettres qui puisse determiner dans lequel de ces deux mois d'Avril, elles ont esté données.

tam presentibus quam futuris, Nos carissimi Domini & Germani nostri Ludovici quondam dictorum Regnorum Regis, quasdam Literas infrascriptas vidisse, formam que sequitur, continentes.

JEAN I.er & selon d'autres, Jean II. à Chartres, en Avril 1351.

a *LUDOVICUS gratia Dei Francorum & Navarre Rex: Notum facimus universis tam presentibus quam futuris, Nos infrascriptas vidisse Literas, formam que sequitur, continentes.*

a Louis X. dit le Hutin.

b *PHILIPPUS Dei gratia Francorum Rex: Notum facimus universis tam presentibus quam futuris, quod Nos volumus ac dilectis nostris populo & Communitati Ville nostre de Orchiis, tenore presencium concedimus quod jura, boni usus boneque Consuetudines eorum, quibus hactenus continue usi sunt, salvi sibi perpetuo remaneant; quodque deinceps eisdem utantur, prout hactenus consueverunt: Salvo in aliis jure nostro & in omnibus alieno. Quod ut firmum permaneat in futurum, presentibus Litteris nostrum fecimus apponi sigillum.* Actum in obsidione Insule, mense Septembris, Anno Domini millesimo trecentesimo *(b)* quarto.

b Philippe IV. dit le Bel.

c *NOS autem carissimi Domini & Genitoris nostri in hac parte* [d] *vertigiis inherentes, predicta omnia & singula in suprascriptis Litteris contenta & plenius expressa, volumus, laudamus, approbamus & tenore presencium confirmamus: Salvo in aliis jure nostro & in omnibus quolibet alieno. Quod ut firmum & stabile permaneat in futurum, presentibus Litteris nostrum fecimus apponi sigillum.* Actum apud Montem Sancti Quintini prope Peronam, Anno Domini millesimo trecentesimo quinto-decimo, mense Septembris.

c. Continuation des Lettres de Louis le Hutin.
d vestigiis.

e *NOS igitur predicta omnia & singula prout superius sunt expressa, rata & grata habentes, ea volumus, laudamus, approbamus, & ex certa scientia, auctoritate nostra Regia, tenore presencium confirmamus: Salvo in aliis jure nostro & in omnibus quolibet alieno. Quod ut firmum & stabile perpetuo perseveret, presentibus Literis nostrum fecimus apponi sigillum.* Actum Parisius, Anno Domini millesimo trecentesimo decimo-septimo, mense Februarii.

e Continuation des Lettres de Philippe le Long.

f *NOS igitur ad instar carissimorum Dominorum Genitoris & Fratrum nostrorum predictorum, omnia & singula in prescriptis Litteris contenta, laudamus, volumus, approbamus, ac tenore presentium confirmamus: nostro in aliis & alieno quolibet jure salvo. Quod ut firmum & stabile permaneat in futurum, presentibus Litteris nostrum fecimus apponi sigillum.* Actum apud Sanctum Christoforum in Halata, mense Maii, Anno Domini millesimo trecentesimo vicesimo-tertio.

f Continuation des Lettres de Charles le Bel.

g *NOS autem premissa omnia & singula prout sunt expressa, laudamus, ratifficamus, approbamus & tenore presencium confirmamus: Salvo in aliis jure nostro, & in omnibus quolibet alieno. Quod ut firmum & stabile permaneat in futurum, presentibus Litteris nostrum fecimus apponi sigillum.* Datum Parisius, Anno Domini millesimo trecentesimo vicesimo-octavo, mense Novembris.

g Continuation des Lettres de Philippe de Valois.

h *NOS autem jura, usus & Consuetudines predictas, & omnia & singula in suprascriptis Litteris contenta, in quantum prenominati de Orchiis ipsis actenus legitime usi sunt, rata habentes & grata, ea volumus, ratifficamus, approbamus & per presentes auctoritate nostra Regia, de speciali gratia confirmamus: Salvo in aliis jure nostro &*

h Continuation des Lettres du Roy Jean.

NOTES.

(b) Quarto.] Ce mot est en abregé, & on pourroit plustost lire *quinto* que *quarto*: mais il faut certainement lire *quarto*: Car ce fut en 1304. que Philippe le Bel assiegea Lille, après avoir gagné la bataille de Mons-en-Puelle.

in omnibus quolibet alieno. Quod ut firmum & stabile perpetuò perseveret, presentes Literas sigilli nostri munimine fecimus roborari. Actum & datum Carnoti, Anno Domini millesimo trecentesimo quinquagesimo, mense Aprilis.

Per Regem ad relationem vestram. R. POTIN.

Collatio facta est. Scriptor.

JEAN I.er & selon d'autres, Jean II. au Château du Vaudreüil, en Avril 1351. Philippe II. dit Auguste, à Lorris, l'an 1186.

(a) Coustumes de Bois-commun en Gastinois.

SOMMAIRES.

(1) Les Habitans de Bois-commun payeront six deniers de Cens pour la maison, & pour chaque arpent de terre qu'ils y possèderont.

(2) Ils ne payeront rien de ce qu'ils achepteront pour leur nourriture; & des denrées de leur crû, qu'ils vendront.

(3) Lorsqu'ils suivront le Roy à l'armée, on ne pourra les éloigner de leur Paroisse, que d'une certaine distance; ensorte que s'ils le veulent, ils puissent y revenir, le jour qu'ils en seront partis.

(4) Ils ne payeront point de peages jusques à Estampes, à Orleans, à Milly en Gastinois & à Melun.

(5) Les Habitans ne pourront perdre [par confiscation] les biens qu'ils possederont dans cette Paroisse; à moins qu'ils n'ayent forfait contre le Roy ou contre ses Hostes.

(6) Ceux qui viendront aux Foires & aux Marchez de Bois-commun, ou qui s'en retourneront, ne pourront estre inquietez ou arrestez prisonniers, que pour des delicts commis le jour même de la foire & du marché. On ne pourra saisir dans ces jours, les effets de la caution qui a esté presentée par celuy avec qui l'on a contracté, si le cautionnement n'a esté donné un jour de foire ou de marché.

(7) Moderation des Amendes, & de ce qu'on paye pour les Requestes presentées au Prevost.

(8) Les Habitans ne pourront estre contraints de sortir de Bois-commun, pour aller plaider ailleurs, dans les affaires qui regardent le Roy.

(9) Les Habitans ne payeront point de taille, &c.

(10) Nul n'a le Ban de vin dans Bois-commun, que le Roy qui peut vendre son vin de cette façon, dans son Cellier.

(11) Le Roy aura credit pendant quinze jours pour les vivres qu'il achetera des Habitans; & celuy à qui il aura donné des gages pour sa sûreté, & en general celuy qui aura des gages de quelque personne que ce soit, pourra, en cas qu'il ne soit pas payé, les vendre huict jours après l'escheance du jour du payement.

(12) Si un homme s'accommode avec une personne qu'il a offensée, avant qu'il y ait eu de plainte en Justice, il ne devra pas l'amende: mais il l'a payera, s'il y a eu une plainte: si en consequence de cette plainte, il n'y a point de condamnation prononcée ni contre l'une ni contre l'autre des Parties, il n'est point dû d'amendes.

(13) On peut dispenser d'un serment que l'on pourroit exiger.

(14) Si lorsque les gages de bataille ont esté donnez du consentement du Prevost, les Parties s'accommodent avant que les ostages ayent esté donnez, elles payeront une amende qui sera plus forte, si les ostages ont esté donnez. Lorsque le combat sera terminé, les ostages du vaincu payeront cent douze sols d'amende.

(15) Les Habitans ne doivent au Roy qu'une corvée pendant l'année, pour mener son vin à Orleans; & ils ne doivent de corvée à nulle autre personne. Il n'y aura que ceux qui ont des chevaux & des charrettes qui fassent des corvées pour le Roy, & il ne les nourrira pas. Les Gens de la Campagne apporteront du bois pour la Cuisine du Roy.

(16) Nul Habitant ne pourra estre retenu prisonnier, s'il peut donner caution de se representer en Justice.

(17) Les Habitans pourront vendre leurs biens, & après avoir payé les lods & ventes, sortir de la Ville, à moins qu'ils n'ayent commis quelque delict.

(18) Celuy qui aura demeuré un an & un jour à Bois-commun, sans que le Roy l'ait revendiqué, sera libre [& Bourgeois.]

(19) On ne doit plaider ensemble que pour rendre aux autres ce qui leur est dû, & pour le recevoir d'eux.

(20) Droits que payeront les Habitans de Bois-commun, lorsqu'ils porteront des marchandises à Orleans, soit du temps de la foire, soit dans d'autres temps.

(21) Le crieur public ni celuy qui fait le guet, n'auront aucuns droits, lors du mariage des Habitans.

(22) Les Laboureurs ne payeront aux Sergents de Bois-commun, qu'une mine de froment, au temps de la moisson.

(23) Si un Chevalier ou un Sergent trouve dans les Bois du Roy, quelques animaux appartenans aux Habitans de Bois-commun,

commun, il ne pourra les conduire que chez le Prevost. Si un animal poursuivi par des taureaux, ou picqué par des mouches, entre dans un Bois du Roy, celuy à qui il appartient, ne payera point d'amende, s'il peut jurer que cela s'est fait malgré celuy qui gardoit l'animal : mais si ce gardien ne l'a pas empesché, pouvant le faire, il y aura lieu à l'amende.

(24) Il n'y aura point aux fours [bannaux] de porteurs de pain en titre, qui puissent exiger de droits.

(25) Les Habitans ne seront point assujettis à faire un guet fixe & reglé.

(26) Droits que payeront les Habitans à Orleans, lorsqu'ils y porteront du sel.

(27) Les Habitans ne peuvent estre condamnez à l'amende par les Prevosts d'Estampes & de Piviers, ni par les autres Juges du Gastinois.

(28) Les Habitans ne payeront point de tonlieu, ni à Ferrieres, *ni à* Chasteau-Landon, *ni à* Puiseaux, *ni à* Nibelle.

(29) Les Habitans prendront hors de la Forest, du bois mort, pour leur usage.

(30) Si un Habitant a oublié de payer le tonlieu pour ce qu'il a achepté ou vendu dans le marché, il pourra le payer huict jours après, sans qu'on puisse l'inquieter à ce sujet; pourvû qu'il jure que c'est par oubli qu'il ne l'a pas payé.

(31) Ceux qui auront des heritages dans la terre de S.t Benoist, ne seront point sousmis à la Justice de l'Abbé de S.t Benoist, si ce n'est lorsqu'ils n'auront pas payé le Cens; & dans ce cas même, on ne pourra les contraindre de sortir de Bois-commun, pour estre jugez à ce sujet.

(32) Si un Habitant qui est accusé, ne peut pas se justifier par temoins, il le fera par son serment.

(33) Les Habitans ne payeront aucuns droits de ce qu'ils achepteront pour leur usage, le Jeudi au marché. [Voy. p. 77. Note (*oo*)]

(34) Quand le Prevost & les Sergents entreront en fonction, ils feront serment d'observer ces coustumes.

JEAN I.er & selon d'autres, Jean II. au Château du Vaudreüil, en Avril 1351.

JOHANNES Dei gratia Francorum Rex: Notum facimus tam presentibus quam futuris, Nos infrascriptas vidisse Litteras, formam que sequitur, continentes.

In nomine Sancte & individue Trinitatis, amen. PHILIPPUS *Dei gratia Francorum Rex. Quoniam & Demonis instinctu & hominis consensu, à perhenni fonte sapiencie miserabiliter decidimus, in hanc idcirco lacrimarum & miserie convallem dejecti, inter ceteros humane nature deffectus, passionem oblivionis incurrimus. Nuperrime itaque & noviter acta vix ad memoriam revocare valemus: verum omnipotentis Dei benignitas que nobis, ut cumque opus est, misericorditer consulit, tandem impericie nostre benignum & admirabile remedium tribuit; ut videlicet* [a] *passiones quas cum aliquibus facimus, Litteris*

a pactiones.

NOTES.

(*a*) Tresor des Chartres, Registre 81. Piece 204.

Il est très vray-semblable que ces Lettres ont esté données à la fin de l'Année 1351. [Voy. cy-dessus p. 67. 1.ere Note (*a*)] car elles sont données au Vaudreüil. Or le 24. de Mars 1351. vers la fin de l'Année, le Roy donna au Vaudreüil des Lettres qui sont dans le 2. Vol. des Ordonn. p. 495. Car je ne doute point qu'il ne faille corriger ou *Val-de-Reüil*, au lieu du *Val-de-Ruere*. Si le Roy estoit au Vaudreüil vers la fin de Mars, il y a grande apparence qu'il y estoit encore au commencement du mois d'Avril suivant, & qu'il y donna les Lettres de confirmation des Coustumes de Bois-commun.

Ces Coustumes sont entierement conformes à celles de Lorris, qui, suivant M. de la Thaumassiere, dans un Livre, intitulé : *Les anciennes & nouvelles Coustumes locales de Berry, & celles de Lorris commentées par M. de la Thaumassiere* p. 390. passent pour les plus anciennes du Royaume.

Les Coustumes de Lorris ont esté accordées à cette Ville par Loüis le Gros; mais la Charte originale ayant esté consummée dans une incendie qui brûla une partie de cette Ville, une nuit que Philippe Auguste y estoit, il leur accorda en 1187. une nouvelle Chartre qui contenoit ces Coustumes. M. de la Thaumassiere l'a fait imprimer. [*Ibid.* p. 394.]

Avant ce renouvellement des Coustumes de Lorris & depuis, elles ont esté accordées, soit par le Roy, ou par des Seigneurs particuliers, à un très grand nombre de Villes. M. de la Thaumassiere a fait imprimer dans ce même Volume, plusieurs Chartres données à cet effet, & M. Galand a aussi fait imprimer à la fin de son Traité du Franc-Alleu, [p. 375.] une Chartre par laquelle Philippe Auguste accorda les Coustumes de Lorris aux Habitans de Dimont, & il a mis à la fin le nom de plusieurs Villes, ausquelles ces Coustumes ont esté aussi concedées.

Les Coustumes de Lorris & de quelques autres lieux qui se sont imprimées dans le Livre de la Thaumassiere, & la Chartre de Dimont donnée par Galand, m'ont servi à corriger quelques fautes qui se trouvent dans la Chartre de Bois-commun.

JEAN I.er & selon d'autres, Jean II. au Chasteau du Vaudreüil, en Avril 1351.

& memorie mandaremus; quatenus quod fragili perire poterat in memoria, vivaci conservaretur Littera. Consuetudines igitur. (b) Boscum à Patre nostro Rege [a] *Francorum Ludovico institutas, & à Nobis concessas & confirmatas, ne mortali successorum oblivione delerentur, scripto commendari fecimus.*

(1) Notum sit universis presentibus & futuris, quod quicunque in [b] *Boscum. Parochia domum habebit, pro domo sua & (c) pro quodam arpento terre, si in eadem parochia habuerit, sex denarios census tantum persolvat: & si illud acquisierit, ad censum domus sue illud teneat.*

(2) Nullus hominum de Parochia Boscum. [c] *tonleium nec aliquam consuetudinem reddat de* [d] *nuttritura sua; nec etiam de* [e] *annona sua, quam de labore suo vel de labore suorum quorumcunque animalium, habuerit, minagium reddat; & de vino suo quod de vineis suis habuerit, foragium nunquam reddat.*

(3) Nullus eorum in expedicionem [f] *nec equitationem eat; nisi eadem die ad domum suam, si voluerit, reveniat.*

(4) Et nullus eorum pedagium usque [g] *Stampas reddat; neque usque* [h] *Aurelian; nec usque* [i] *Miliacum quod est in pago Gastinensi; nec usque* [k] *Miledunum.*

(5) Et quicunque in Parochia Boscum. possessionem suam habuerit, nichil ex ea perdet [l] *pro quocunque forifacto; nisi adversus Nos vel aliquem de* [m] *Hospitibus nostris forifecerit.*

(6) Nullus ad [n] *Ferias, seu ad mercatum Boscum. veniens sive rediens capiatur, nec disturbetur, nisi* [o] *de ipsa forifactum fecerit; Et nullus in die mercati vel ferie Boscum. (d) vadium plegii sui capiat; nisi die consimili* [p] *plegiacio illa facta fuerit.*

(7) Et [q] *forifactum de sexaginta solidis, ad quinque solidos; & forifactum de quinque solidis, ad duodecim denarios veniat: &* [r] *clamor Prepositi ad quatuor denarios.*

(8) Et nullus eorum [s] *ad Boscum. cum Domino* [t] *Rege placitaturus, exeat.*

(9) Nullus nec Nos nec alius, homminibus de Boscum. talliam, nec [u] *oblacionem, nec (e) rogam faciat.*

(10) Et nullus Boscum. Vinum cum (f) edito vendat; excepto Rege qui proprium vinum in celario suo cum edicto vendat.

(11) Boscum. habebimus (g) credicionem in cibis ad nostrum & Regine opus ad dies XV. [x] *complectos persolvendam; (h) & si* [y] *vadium Domini Regis vel alius habuerit, non tenebit ultra octo dies, nisi sponte.*

[a] Louis VI. dit le Gros.

[b] Bosci-communis. *Voy. cy-dessous, la Note (b).*

[c] tonlieu. Impost.

[d] de ce qu'il achepte pour sa nourriture.

[e] grains.

[f] armée & chevauchée.

[g] Estampes.

[h] Aurelianis. *Orleans.*

[i] Milli en Gâtinois.

[k] Meledunum. *Melun.*

[l] par confiscation.

[m] Hostes. *Voy. la Table des matieres du 3.e Vol. des Ordonn. à ce mot.*

[n] Foires. *Voy. Du Cange, au mot* Feriæ.

[o] die *dans les autres Chartres.*

[p] alias plegiatura, *dit G. à la marge.*

[q] amende.

[r] Droit que l'on paye pour une Requête presentée au Prevost.

[s] à.

[t] plaider dans les affaires qui regardent le Roy.

[u] sorte d'impost.

[x] completos.

[y] Voy. la Note *(d).*

NOTES.

(b) Boscum.] Ce nom est toûjours écrit en abregé dans cette Piece. Il y a toûjours une marque d'abreviation sur l'*u*, & icy il y a un *e* sur l'*m* finale; & dans tous les autres endroits où ce nom se trouve dans la suite de la Piece, au lieu de cet *e*, il y a une espece de *2*. Je ne doute point qu'il ne faille lire *Boscus-communis, Bois-commun*, Ville du Gastinois.

(c) Pro quodam arpento terre. . . . Dans Gall. il y a: *pro quocumque arpento.* Cela signifie, qu'on payera six deniers de Cens pour une maison, & pour chaque arpent de terre, soit que l'on possede ces arpents de terre, par succession ou par achapt.

(d) Vadium plegii sui.] Je crois que cela signifie, qu'on ne peut saisir les effets de la caution qu'a donnée celuy avec qui on a contracté.

(e) Rogam.] Roga, *exactio, præstatio sub nomine rogationis,* dit Du Cange à ce mot.

(f) Edito.] Edicto, en faisant publier qu'il va le vendre: cette publication se nommoit *le Ban de vin*, & elle empeschoit que nulle autre personne ne pût vendre de vin, pendant que la vente publiée duroit. Voy. la Table des matieres du 3.e Vol. des Ordonn. au mot *Ban de vin.*

(g) Creditionem.] Droit en vertu duquel un Seigneur pouvoit differer pendant quelque temps, le payement de ce qu'il acheptoit de ses sujets. Les Seigneurs estoient quelquefois obligez de donner des gages. Voy. Du Cange au mot *Credentia.*

(h) Et si vadium . . . vel alius . .] Il y a aussi *alius* dans Gal. Cependant je crois qu'il faut lire *aliud*, ou plustost *alterius;* & voicy comment j'entends cet Article. Si un Habitant a des gages du Roy pour la sûreté de ce qu'il luy a vendu à credit, ou en general, des gages de quelque autre personne, il pourra en cas qu'on ne le paye pas, vendre ces gages huit jours après l'escheance du jour du payement.

JEAN I.er & selon d'autres, Jean II. au Chasteau du Vaudreüil, en Avril 1351.

(12) *Et si alius erga alium inimicitiam incurrerit, (i) absque Castelli vel Burgi infractura, & clamore Preposito non facto, concordaverint, nichil ob hoc Nobis nec Preposito nostro sit emendaturus: Et si clamor inde factus fuerit, licet illis concordare, ex quo (k) distictum persolverint: Et si alius de alio* [a] *clamore fecerit & alter erga alterum (l) nullam fecerit emendacionem, nichil pro hiis Nobis aut Preposito erit emendaturus.*

(13) *Et alius alii, si facere* [b] *sacramentum debuerit, condonare ei liceat.*

(14) *Et si homines de Boscum. (m) vadia Duelli (n) temere dederint, & Preposīti assensu, antequam tribuantur obsides, concordaverint, duos solidos & sex denarios persolvat* [c] *utrique: & si obsides dati fuerint, septem solidos & sex denarios persolvat uterque: Et si (o) de legitimis hominibus Duellum factum fuerit, obsides devicti centum & duodecim solidos (p) persolvant.*

(15) *Eorum nullus corvatam Nobis faciat, nisi semel in anno, ad vinum nostrum adducendum Aurelian. (q) nec alii. Hoc autem facient illi qui equos &* [d] *cadrigas habuerint, & inde submoniti fuerint; nec à Nobis habebunt (r) procurationem* [e] *Villani, aut ligna ad coquinam nostram adducent.*

(16) *Nullus eorum captus teneatur, si plegium veniendi ad jus dare potuerit.*

(17) *Et eorum quilibet res suas, si vendere voluerit, vendat; & (s) redditis vendicionibus suis, à Villa, si recedere voluerit, liber & quictus recedat; nisi in Villa forifactum fecerit.*

(18) *Et quicunque in Parochia Boscum. anno & die manserit, nullo clamore eum sequente neque per Nos sive per Prepositum, (t) rectitudinem prohibuerit, deinceps (u) liber & quittus permaneat.*

(19) *Et nullus cum aliquo placitabit, (x) nisi tamen rectitudinis & recipiende.*

a clamorem *dans les autres Chartres.*

b serment.

c uterque *dans les autres Chartres.*

d quadrigas *dans les autres Chartres.*

e Les Gens de la Campagne.

NOTES.

(i) *Absque Castelli, &c.*] Cela est difficile à entendre. Voicy le sens qui se presente le plus naturellement : *A moins qu'il n'ait attaqué & forcé un Chasteau ou un Bourg appartenant à son ennemi.* Mais il s'agit icy de Bourgeois, qui dans le 12.e siecle, n'avoient ni Bourgs ni Chasteaux. Peut-estre la querelle estoit-elle entre un Noble & un Bourgeois qui estoit entré à main armée dans un Bourg ou un Chasteau appartenant à ce Gentilhomme.

(k) *Distictum.*] Il y a dans Gal. *Districtum*, & c'est ainsi qu'il faut lire. *Districtus* signifie *amende*. Voy. Du Cange, au mot *Distringere*.

(l) *Nullam fecerit emendationem.*] Je crois que cela signifie, *s'il n'y pas eû de condamnation prononcée ni contre l'un ni contre l'autre.*

(m) *Vadia Duelli.*] *Gages de Bataille.* Voy. sur cette matiere, Du Cange aux mots *Campus* & *Duellum*.

(n) *Tenere.*] Il y a de la legereté à demander un combat, & à s'accommoder ensuite.

(o) *De legitimis hominibus.*] Je crois que cela signifie, *ceux qui avoient droit de combattre en champ clos* : car tout le monde n'avoit pas ce Privilege. Voy. Du Cange au mot *Duellum*.

(p) *Persolvant.*] De-là vient le proverbe : *Dans la Coustume de Lorris, le battu paye l'amende.* Voy. Du Cange au mot, *Duellum*, & les Recherches de Pasquier, Liv. 8. Chap. 29.

(q) *Nec alii.*] Il y a *nec alibi* dans la Coustume de Lorris; & c'est ainsi qu'il faut lire : Il y a, *nec aliis* dans Galand ; mais mal.

(r) *Procurationem.*] *Procuratio*, signifie, *le droit de prendre un repas dans un endroit.* La fin de cet Article signifie donc, que le Roy ne nourrira pas ceux qui feront des corvées pour luy : il faut donc lire *habebunt*, & non pas *habuerint* comme dans Galand. Il y a, *habebunt* dans les Chartres semblables données par la Thaumassiere, qui a entendu le mot *Procuratio* dans le sens que je luy donne. Voy. p. 84. & 396.

(s) *Redditis vendicionibus.*] Ayant payé *les Lods & Ventes*. Voy. Du Cange au mot *Venda*, & la Thaumassiere, p. 83.

(t) *Rectitudinem prohibuerit.*] Il y a ainsi dans toutes les Chartres semblables à celle-cy, que je connois; ainsi il n'y a point de faute : mais je ne sçais ce que cela signifie. *Voy. cy-dessous, Note (x).*

(u) *Liber & quittus.*] Il deviendra libre & Bourgeois, quoyqu'auparavant il fût *Hoste* du Roy qui auroit pû le revendiquer. Voy. sur les *Hostes*, la Table des matieres du 3.e Vol. des Ordonn.

(x) *Nisi tamen rectitudinis & exequende.*] Toutes ces Chartres semblables ont *causa*, au lieu de *tamen*, & c'est ainsi qu'il faut lire.

Il y a dans le Registre un mot que l'on

JEAN I.er & selon d'autres, Jean II. au Chasteau du Vaudreüil, en Avril 1351.

(20) [*] *Et quum homines de Boscom. ibunt Aurelian. cum mercatura sua; pro quadriga sua solum nummum persolvent in Urbis egressu; scilicet cum ibunt non causa ferie: & quando* [a] *in causa ferie, (y) in Marcio ierint (z) in egressu Aurelian. quatuor denarios persolvent pro quadriga, & in ingressu duos denarios.*

(21) In nupciis Boscom. [b] *Preco nichil consuetudine habebit; neque* [c] *excubitor.*

(22) Et nullus agricola de Parochia Boscom. qui terram colat cum aratro, plusquam unam minam siliginis, omnibus de Boscom. Servientibus, [d] *consuetudinem prebeat, cum messis erit.*

(23) Et si Miles [e] *aliquid seu Serviens equos vel alia animalia hominum de Boscom. in nemoribus nostris invenerit, non debet illa ducere, nisi ad Prepositum de Boscom. Et si aliquod animal de Parochia Boscom. Forestam nostram, à tauris fugatum vel à muscis coactum, intraverit, sive (aa) Hayam, nichil ideo debebit Preposito emendare, ille cujus animal fuerit, si poterit jurare quod, custode invito, illuc intrasset: Et si* [f] *aliquo custodiente, scienter inventum fuerit, duodecim denarios pro illo dabit: Et si plura fuerint, totidem pro quolibet.*

(24) In furnis Boscom. non erunt (bb) portatores consuetudine:

(25) Et excubie non erunt Boscom. consuetudine.

(26) Et aliquis de Boscom. si duxerit sal vel vinum suum Aurelian. pro quadriga, unum denarium dabit tantum.

(27) Et nullus hominum de Boscom. debet (cc) demandacionem Preposito [g] *Stamparum, nec Preposito* [h] *Piveris (dd) nec in toto Gastinedo.*

(28) Nullus eorum dabit tonleium [i] *Ferrariis; nec (ee) Castro-Nantonis nec (ff) Puteolis ne (gg) Nibelle.*

(29) Et homines de Boscom. nemus mortuum ad usum suum, extra Forestum capiant.

(30) Et quicunque in mercato Boscom. emerit aliquid vel vendiderit, & per oblivionem

a in *n'est pas dans les autres Chartres.*

b. le Crieur public.

c celuy qui fait le guet.

d consuetudine *dans les autres Chartres.*

e aliquis *dans les autres Chartres.*

f Et si aliquo custode sciente, inventum, *dans la Chartre de Lorris.*

g Etampes.

h Piviers *ou* Pethiviers.

i Ferriere en Gâtinois.

NOTES.

n'a pû dechiffrer. Dans les Chartres semblables, il y a *exequende.* Il n'y avoit pas certainement ainsi dans ce Registre : car le mot finissoit par *cende.*

Pour le mot *rectitudo*, Du Cange à ce mot, le definit, *idem quod rectum; jus quod quis in rem aliquam habet;* & il apporte pour exemple, l'Article de la Chartre de Lorris, qui est semblable au nostre. Ainsi donc, suivant M. Du Cange, cet Article signifie, *On ne doit plaider ensemble, que pour rendre aux autres ce qui leur est dû, & pour le recevoir d'eux.* Mais pour rendre à quelqu'un ce qui luy est dû, est-il necessaire de plaider contre luy! Je doute que Du Cange ait bien entendu le sens du mot *rectitudo* dans ce passage; mais je n'en trouve point de meilleur à y substituer. Voy. cy-dessous p. 77. Note *(mm)*.

(y) In Marcio.] Dans Gal. il y a : *in mercatu,* & à la marge, *alias marcio.* Dans la Chartre de Lorris, il y a : *Mercato.*

(z) In egressu. . . . in ingressu.] Il y a ainsi dans la Chartre de Lorris; mais dans Galand, il y a : *in ingressu quatuor denarios. . . . & in egressu duos denarios.*

(aa) Haiam.] Bois entouré de hayes. Voy. Du Cange au mot, *Haga.*

(bb) Portatores.] Des gens qui portoient le pain au four, & qui le rapportoient, & à qui pour cela, il estoit dû un droit. Il y avoit à Bapaumes un droit à peu près semblable que l'on nommoit *Portage.* Voy. Du Cange au mot, *Porta.* Il y a *Portatores* dans la Chartre de Lorris, mais dans une Note que la Thaumassiere a faite sur cet Article, au lieu de *Portatores,* il a mis *Portitores,* & il a donné l'explication de ce mot qui n'a aucun rapport à nostre Article.

(cc) Demandacionem.] Il y a ainsi dans Galand; mais dans la Chartre de Lorris, il y a, *emendacionem.* Je crois que cela signifie, *ne doit pas estre condamné à l'amende.*

(dd) Nec in toto Gastinedo.] Je crois que cela signifie, *ni par les autres Juges du Gastinois.*

(ee) Castro-Nantonis.] Chasteau-Landon. Il a dans la Chartre de Lorris, *Castro-Naritonis,* c'est apparemment une faute d'impression.

(ff) Puteolis.] C'est apparemment, *Puiseaux* dans l'Election de Pithiviers. Voy. le Dictionnaire Universel de la France, à ce mot.

(gg) Nibelle.] On pourroit aussi lire *Inbelle.* Dans Galand, il y a *Reballæ;* mais dans la Chartre de Lorris, il y a *Nibelle.* C'est apparemment *Nibelle* dans l'Election de Montargis. Voy. le Dictionn. Univers. de la Fr. à ce mot.

JEAN I.er & selon d'autres, Jean II. au Chasteau du Vaudreüil, en Avril 1351.

tonleium suum retinuerit, post octo dies illud persolvat (hh) sine aliqua causa; si jurare potuerit quod scienter non retinuisset.

(31) Et nullus hominum Boscom. habencium domum, vel vineam, vel pratum, vel agrum, aut edifficium aliquod (ii) in terra Sancti Benedicti, (kk) justiciabit se pro Abbate Sancti Benedicti vel pro ejus Serviente; nisi pro (ll) garba vel pro censu suo [a] *forefecerit: Et tunc à Boscom. non exibit, (mm) causa rectitudinis tenende.*

(32) Et si aliquis hominum de Boscom. accusatus de aliquo fuerit, & teste comprobari non poterit contra probacionem inpetentis, (nn) per solam manum suum se deculpabit.

(33) Nullus etiam de eadem Parochia, de quocunque vendiderit vel emerit super (oo) septimanam, & de quocunque emerit in die Jovis in mercato, pro usu suo, nullam consuetudinem dabit.

(34) Proinde constituimus ut quociens in Villa movebitur Prepositus unus post alterum, juret se stabiliter servaturum omnes has Consuetudines; & similiter novi quociens movebuntur Servientes.

Quod ut ratum sit deinceps & inconcussum omnino, Sigilli nostri auctoritate muniri, & nominis nostri karactere consignari precepimus. Actum publice *(pp)* Lorr. Anno ab Incarnacione Domini, millesimo centesimo octagesimo-sexto: Regni nostri Anno septimo: *Astantibus in Palacio nostro, quorum subtitulata sunt nomina & signa. Signum Comitis Theobaldi Dapiferi nostri. S. Guidonis Buticularii. S. Mathei Camerarii. S. Radulphi Constabularii. Data vacante* 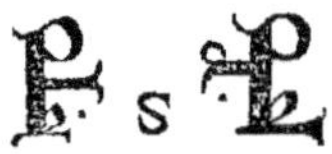 *Cancellaria.*

Quasquidem Litteras ac omnia & singula in eis contenta, prout Habitatores dicte Ville de Boscom. eisdem acthenus pacifice usi sunt, rata habentes & grata, ea volumus, laudamus, approbamus, & de speciali gratia, auctoritateque nostra Regia, tenore presencium confirmamus: mandantes Baillivo nostro Aurelianensi qui nunc est & pro tempore fuerit, ceterisque Justiciariis nostris vel Loca-tenentibus eorumdem, quatinus Habitatores predictos & eorum quemlibet, premissis, ut dictum est, uti & gaudere pacifice faciant & permittant: Et quod istud firmum & stabile perpetuo perseveret, Sigillum nostrum presentibus duximus apponendum: salvo jure nostro in aliis & in omnibus quolibet alieno. Datum in Castro nostro [b] Vallis-Rodolii, mense Aprilis, Anno Domini millesimo trecentesimo quinquagesimo-primo.

In Requestis Hospicii. PELLICIER.

Collatio facta est cum Originalibus per me R. POTIN. *& me* PELLICIER.

[c] *St. Par.* BESCOT.

[a] s'il n'a pas payé le Cens.

[b] le Vaudreüil en Normandie.

[c] Voy. cy-dessus, p. 59. Note *(u)*.

NOTES.

(hh) Sine aliqua causa.] Cela signifie apparemment, sans qu'on puisse l'inquieter à ce sujet.

(ii) In terra Sancti Benedicti.] Apparemment que quelque Abbaye de Benedictins avoit une Seigneurie dans Bois-commun.

(kk) Justiciabit se.] Je crois que cela signifie, *ne sera point soûmis à la Justice.*

(ll) Garba.] Ce mot signifie ordinairement une Gerbe, icy je crois qu'on doit le prendre pour *Garbagium;* c'est-à-dire, pour une redevance payable en Gerbes. Voy. Du Cange au mot *Garba.*

(mm) Causa rectitudinis tenende.] Je crois que cela signifie, *pour estre jugé sur ce qu'il n'a pas payé le Cens.* Voy. cy-dessus p. 76. Note *(x)*.

(nn) Per solam manum suam, &c.] *Il se purgera par son seul serment,* dit la Thaumassiere, sur un Article de la Chartre de Celles en Berry, qui est conforme à celuy-cy.

(oo) Septimanam.] Je n'ay pû trouver l'explication de ce mot, qui est dans toutes les Chartres semblables. Cela ne peut pas signifier *dans le cours de la semaine.*

(pp) Lorr.] Il y a une marque d'abreviation sur ce mot. Il faut apparemment lire *Lorriaci,* à *Lorris en Gastinois.*

JEAN I.er & selon d'autres, Jean II. au Palais Royal, à Paris, en May 1351.

(a) Confirmation des Privileges de la Ville de Doüay.

JOHANNES Dei gratia Francorum Rex: Notum facimus universis presentibus pariter & futuris, Nos quasdam Literas bone memorie carissimi Domini & Genitoris nostri, in cera viridi & filo serico sigillatas, sanas & integras, vidisse, quarum tenor sequitur in hec verba.

Philippe VI. dit de Valois, à S.t Germain en Laye, en Fevrier 1340.

PHILIPPES par la grace de Dieu Roys de France: sçavoir faisons à tous presens & avenir, que Nous considerans le bon *(b)* port, foy & loyalté que Nous avons trouvé en nos amez les Eschevins, Bourgois & habitans de notre Ville de Douay, [a] attendans aussi les bons & aggreables services que il Nous ont fais en nos presentes guerres, & esperons que il Nous facent encore ou tems avenir, Avons de notre plain povoir, auctorité Royal & certaine science, de grace especial confermé & confermons par la teneur de ces presentes, tous leurs privileges, libertés & franchises, avec toutes leurs loys, Us & Coustumes, des quelles il usent & ont usé paisiblement jusques à [b] ores. Et pour ce que ce soit ferme chose & estable à tous-jours, Nous avons fait mettre notre Scel à ces presentes: sauf notre droit en autres choses & l'autrui en toutes [c] & en autres. *Ce fu fait à saint Germain de Laye, l'An de grace mil trois cent & quarante, ou mois de Fevrier.*

a *faisant attention.*

b *à present.*

c *Ces mots sont inutiles.*

Quas quidem Literas Nos ratas & gratas habentes, eas & omnia in eis contenta, laudamus & approbamus, auctoritateque nostra Regia & gratia speciali ratifficamus, & tenore presentium confirmamus. Quod ut firmum & stabile permaneat in futurum, has presentes Literas Sigilli nostri munimine fecimus roborari: nostro in aliis jure salvo & in omnibus quolibet alieno. Actum & datum Parisius, in nostro Regali Palatio, Anno Domini millesimo trecentesimo quinquagesimo-primo, mense Maii.

In Requestis Hospicii. N. LE GROS.

Collatio facta est. HENNIERS.

NOTES.

(a) Tresor des Chartres, Registre 80. Piece 696.

(b) Port.] Bonne conduite. On disoit, il n'y a pas encore long-temps, *comportement* dans ce sens.

JEAN I.er & selon d'autres, Jean II. à Paris, en May 1351.

(a) Lettres qui portent que la Ville de *Monsceugnus* ne sera jamais separée du Domaine du Roy.

JOHANNES Dei gratia Francorum Rex: Notum facimus universis tam presentibus quam futuris, quod cum, sicut ex parte dilectorum nostrorum Consulum & habitatorum loci de (b) Montecugno expositum extitit, retroactis temporibus plura loca que de nostro Demanio existebant, per predecessores nostros Francie Reges, pluribus & diversis personis, tam per importunitatem [d] *potencium quam aliter, data & concessa fuisse dicuntur, & modo simili possent per donum ac cambium, in alienas personas transferri; cupientes translacionem hujusmodi evitare, & sub dicto nostro Demanio perpetuo remanere, supplicaverunt Nobis eisdem super hoc de remedio provideri gracioso. Quocirca considerantes*

d *On peut aussi lire,* petencium.

NOTES.

(a) Tresor des Chartres, Registre 80. Piece 539.

(b) Montecugno.] Comme il n'y a rien dans ces Lettres qui indique où ce lieu est situé, il ne m'a pas esté possible de decouvrir comment il se nomme presentement.

ſincere devocionis dictorum Conſulum & habitatorum affectum, quo noſtris ſemper & dictorum noſtrorum predeceſſorum Francie Regum, bene placitis exhibuerunt ſe paratos, ipſos Conſules & habitatores & locum predictum, Corone Regni noſtri Francie aggregamus, & de noſtro Demanio perpetuo remanſuros, de noſtra ſpeciali gratia, auctoritate Regia & ex certa ſcientia retinemus, decernendo, ex nunc prout ex tunc & ex tunc prout ex nunc, irritum & inane & carere omni robore firmitatis, quicquid factum in contrarium eſſet ſecus. Quod ut firmum & ſtabile permaneat in futurum, noſtrum preſentibus fecimus apponi Sigillum: ſalvo in aliis jure noſtro & in omnibus quolibet alieno. Datum Pariſius, Anno Domini milleſimo trecenteſimo quinquageſimo-primo, menſe Maii.

Per Regem ad relationem Conſilii, in quo Vos eratis, Domini Laudunenſis[a]*; Comites*[b] *Vidocinenſis*[c] *Montis-fortis; Dominus de Revello & Dominus Symon de Buſſiaco.*

CLAVEL.

a Epiſcopus.
b Vendoſme.
c &.

JEAN I.er & ſelon d'autres, Jean II. à Paris, en May 1351.

(a) Confirmation des Privileges de l'Ordre de S.t Jean de Jeruſalem.

JOHANNES Dei gratia Francorum Rex: Notum facimus univerſis tam preſentibus quam futuris, Nos vidiſſe quaſdam Litteras inclite & felicis recordationis precariſſimi Domini & progenitoris noſtri, formam que ſequitur, continentes.

PHILIPPES par la grace de Dieu, &c.[d]

d Voy. cy-deſſus, p. 14.

NOS autem Salvas-gardias, gratias, libertates & privilegia ſupradicta, in quantum de ipſis uſi ſunt, & omnia alia & ſingula in ipſis Litteris contenta, rata, grata & firma habentes, ea volumus, laudamus, approbamus & auctoritate noſtra Regia, de plenitudine poteſtatis Regie ac de ſpeciali gratia, tenore preſencium confirmamus: noſtro in aliis & alieno in omnibus jure ſalvo: Mandantes dictis Seneſcallis, Baillivis, Receptoribus, ceteriſque Juſticiariis Regni noſtri vel eorum Loca-tenentibus, & eorum cuilibet, prout ad eum pertinuerit, quatenus omnia contenta in dictis Litteris, diligenter obſervent & fideliter adimpleant & etiam exequantur, nichil in contrarium quomodolibet attemptantes. Quod ut ratum & ſtabile permaneat in futurum, preſentibus Litteris noſtrum fecimus apponi Sigillum. Datum Pariſius, Anno Domini milleſimo trecenteſimo quinquageſimo-primo, menſe Maii.

Per Dominum Regem ad relacionem veſtram. Ad inſtar alterius ſigillate, & ſic ſignate.[e] BERENG.

Collatio facta eſt cum originali.

Reſcripta juxta correctionem veſtram.

e Il y a une marque d'abreviation ſur ce mot.

NOTES.

(a) Treſor des Chartres, Regiſtre 80. Piece 499.

JEAN I.er & selon d'autres, Jean II. à Paris, en May 1351.

A Paris, le 18. Septembre 1350.

(a) Lettres sur la confiscation des dettes dûës aux Lombards Usuriers.

JOHANNES Dei gratia Francorum Rex: Notum facimus universis tam presentibus quam futuris, Nos infrascriptas vidisse Litteras, formam que sequitur continentes.

A Tous ceulz qui ces presentes Lettres verront & orront: Nicolas Oyn Receveur du Roy Notre Seigneur, [a] ou Baillage de Mascon, salut. Les Lettres du Roy notredit Seigneur avons receüez, contenantes ceste forme.

JOHANNES Dei gratia Francorum Rex: Baillivo & Receptori Matisconensibus aut eorum Loca-tenentibus, salutem. Cum omnia & singula debita Lombardorum usurariorum in Regno Francie existentium, certis de causis, inclite recordacionis carissimo Domino & Genitori nostro fuerint confiscata, & ad eum adjudicata debere pertinere: propter hoc dilecti & fideles Clerici & Consiliarii nostri, Magistri Johannes Hure & Ludovicus Wautruchii Commissarii deputati fuerint in vestra Baillivia, (b) ad componendum nomine dicti Genitoris nostri, cum omnibus & singulis debitoribus eisdem Lombardis usurariis obligatis, quorum quidam cum eisdem Commissariis, in certis pecuniarum summis composuisse dicuntur; & alii, licet in dicta Baillivia proclamatum publice extitisset, quod omnes ad componendum cum eisdem Commissariis, coram eis comparerent, prefati tamen debitores, spreta dicta proclamacione, comparere minime curaverunt, debita hujusmodi recelando, in nostrum grande prejudicium & gravamen, si sit ita. Quocirca vobis & vestrum cuilibet committimus & mandamus, quatenus omnes & singulos debitores, quorum nomina vobis in rotulo [b] tradidisse dicuntur, eorum heredes aut tenentes bona ipsorum, ad reddendum & solvendum tibi Receptori nostro nomine & pro Nobis, dictas pecuniarum summas in dicto rotulo contentas, compellatis aut compelli faciatis: & nichilominus in locis in dicta Baillivia consuetis, proclamari palam & publice, quod omnes & singuli debitores hujusmodi, ad componendum coram vobis infra certum tempus per vos eisdem prefigendum, sub certa pena Nobis applicanda, compareant: & prefatos debitores, si qui appareant, vocato Procuratore nostro, ad composicionem admittatis, juxta tenorem & formam Litterarum dicti Genitoris nostri, dictis Commissariis directarum; dictosque debitores, si quos inobedientes inveneritis, ad comparendum coram vobis, ad reddendum & solvendum tibi Receptori, dictam penam per eos aut eorum aliquem commissam, una cum (c) pura sorte, ut in debitis fiscalibus fieri consuevit, compellatis seu compelli faciatis; Litteras quittationis de hoc, que tu Receptor nostro nomine & pro Nobis, receperis ab eisdem, concedendo sub tuo sigillo sigillatas, quas per nostras alias confirmabimus Litteras, quotiescumque fuerimus requisiti, ne de cetero, per dictos usurarios in futurum valeant molestari: quibus [c] mediantibus prefatos debitores erga dictos Lombardos usurarios, quietos & liberos volumus & inmunes [d]: Et quicquid per te dictum Receptorem, de dictis debitis levatum fuerit, ad

a au.

b Il semble qu'il faudroit tradita fuisse.

c Litteris.

d esse.

NOTES.

(a) Tresor des Chartres, Registre 80. Piece dix-neuf vingt & deux [382.]

On a jugé à propos de faire imprimer icy ces Lettres, quoyqu'elles ne puissent estre regardées comme une Ordonnance, parce que l'on y trouve un detail très circonstancié & très curieux sur les confiscations faites au profit du Roy, de tout ce qui estoit dû aux Lombards usuriers.

(b) *Ad componendum.*] C'est-à-dire, recevoir des debiteurs des Lombards, une certaine somme; moyennant laquelle, ils seront quittes envers leurs creanciers.

(c) *Pura sorte.*] Le Principal, la somme que ces debiteurs ont reçûë réellement des Lombards, independamment des Interests usuraires, pour lesquels ils se sont aussi obligez.

Thesaurum

Thesaurum nostrum Parisius, sub fida custodia remittas. Datum Parisius, sub Sigillo nostro quo utebamur ante susceptum regimen Regni nostri, die decima-octava Septembris, Anno Domini millesimo trecentesimo quinquagesimo. Signée en tel maniere. *P. Thesaur. Franc.* CLAVEL.

JEAN I.er & selon d'autres, Jean II. à Paris, en May 1351.

PAR vertu desquelles Lettres, [a] comparu pardevant nous à Chalon, le mardi devant *(c)* Pasques charneux l'An mil trois cenz cinquante, Monsieur Jehan de Germolles Chevalier, auquel nous demandasmes par son serment & feismes jurer aus saintes Evangiles de Dieu, que il nous diroit en combien il estoit tenus & obligez envers lesdis Lombars usuriers, & en [b] quantes paires de Lettres, & quant lesdictes Lettres furent faites : Lequel nous respondit & dit par son serrement, que il, à [c] cause de feu Guillaume Seigneur de Drace jadis Pere de sa Fame, est obligié envers Corrant Lasinier Lombart usurier, par deux paires de Lettres; la premiere faite de treise cenz florinz, ou mois de May l'An mil trois cenz quarante-sept; & l'autre faite à la Saint Jehan-Baptiste, l'An mil trois cenz cinquante ensuivant, de nuef cens florinz, & sont seellées soulz le Seaux du *(e)* du Roy, du Duc de Bourgoigne & de l'Official de Chalon : Pour lesquiex treize cens florins dessusdis, sont [d] pleiges Monsieur Jehan de Cousant; Monsieur Guillaume de Pise Chevaliers; & Monsieur Guillaume Guillon Prestre : Et depuis en a paié quatre cens florins; reste du contenu esdites Lettres, dix-huit cens florins qu'il doit encores à paier à nuef ans à venir; chascun an deux cens florins. Desquiex sommes lidit feu Guillaume n'eust de [e] pur sort, si comme ledit Monsieur Jehan de Germolles a juré par son serrement, que sept-vingts florins, qui furent prins par ledit feu Guillaume en l'An courant mil trois cens trente-quatre. Si li feismes commandement qu'il paiast à Nous ou [f] nom du Roy notredit Seigneur, lesdictes sept-vingts florins de pur sort : Lesquiex sept-vingts florins ledit Chevalier Nous a baillez & delivrés, & les cognoissons avoir eu & receu selont la teneur de nostre comission, pour & au nom du Roy nostredit Seigneur : Desquiex sept-vingts florins & de toutes les [g] summes contenuës esdictes Lettres obligatoires, Nous quittons & promettons à acquittier par la vertu de nostredicte [h] commissium, ledit Monsieur Jehan de Germoles & les dessus nommès ses pleiges, ou [i] non du Roy nostre Seigneur, comme dessus est dit, envers tous & contre tous, en mectant lesdictes Lettres oligatoires du tout au neant. Si donnons en mandement par la teneur de ces presentes Lettres, à tous les Justiciers & Subgiez du Roy notre Seigneur, que pour lesdictes summes contenues esdictes Lettres obligatoires, il ne facent execution aucune sur ledit Monsieur Jehan de Germoles, sur sesdis pleiges, ne sur leur biens en aucunne maniere; mais les tiengnent paisibles envers tous & contre tous : Et *(f)* les Lettres obligatoires qui pour la cause dessusdicte, leur seroient presentées pour executer ou autrement, retiennent pardevers eulz, sanz faire autre execution aucunne, comme cassées & adnullées du tout, pour ce que dessus est dit : En [k] tesmoig de ce, Nous avons mis nostre propre Seel en ces presentes Lettres, qui furent *faites & données audit Chalon, le mardy devant Pasques charneux dessusdit, l'An de grace mil trois cens cinquante.*

a *comparut.*
b *combien il luy avoit fait de differentes obligations.*
c *Mot douteux.*
d *cautions.*
e. *Voy. cy-dessus, Note (c).*
f *nom.*
g *sommes.*
h *commission.*
i *nom.*
k *tesinoin.*

Nos autem omnia & singula in suprascriptis contenta Litteris, rata habentes & grata, ea volumus, laudamus, ratifficamus, approbamus, & nostra auctoritate Regia, tenore presencium confirmamus. Que ut firmitatis perpetue robur obtineant in futurum, nostrum presentibus Litteris apponi fecimus Sigillum : salvo in aliis jure nostro & quolibet in

NOTES.

(d) Pasques charneux.] C'est-à-dire, Pasques où l'on mange de la chair, pour le distinguer de *Pasques-Fleuries,* qui arrive dans le Caresme.

(e) .] Il y a dans le Registre *Ppe*, & une espece d'*r* sur les deux *Pp*. Je crois que cette abbreviation signifie *Pape ;* quoyque cependant il n'y ait pas *d'r* dans ce mot.

(f) Les Lettres.] Les Lombards ne s'estoient pas desaisis de leurs titres.

omnibus alieno. Datum Parisius, Anno Domini millesimo trecentesimo quinquagesimo-primo, mense Madii.

Per Gentes Compotorum. ADAM.

Dictus Receptor oneratur de dictis Florenis in debitis Matisconii, inceptis ad Ascencionem. [a] *346.* BLANCHET.

a 1346.

Collatio facta est.

JEAN I.er & selon d'autres, Jean II. à Paris, au mois de May l'an 1351.
Philippe IV. dit le Bel, à Paris, le mercredy après la Trinité 1296.
Philippe VI. dit de Valois, à Paris, le 6. de May 1331.
Et à Lyon, en Mars 1335.

(a) Reglements sur le lieu où les Frippiers de la Ville de Paris, doivent vendre leurs Marchandises.

JOHANNES *Dei gratia Francorum Rex: Notum facimus universis tam presentibus quam futuis, Nos Litteras infrascriptas vidisse, formam que sequitur, continentes.*

[b] PHILIPPE par la grace de Dieu Roys de France : Savoir faisons à tous presens & à venir, que Nous avons veues les Lettres ci-dedens escriptes, contenans la forme qui s'ensuit.

b *Philippe de Valois.*

JEHAN *(b)* Deinilon Garde de la Prevosté de Paris, à Richart Osmont, Jacques Bomart, Climent Lemperiere [c] Jean Luilliez Sergans à verge du Roy nostre Seigneur au Chastelet de Paris, & à tous autres Sergans, & à chacun [d] par soy qui ces Lettres verront, Salut. Nous avons reçeu les Lettres de honorable homme & sage, Sire Gillez Haquin jadis Prevost de Paris nostre Predecesseur, contenant la forme qui s'ensuit.

c *&.*

d *en particulier.*

GILLEZ Haquin Garde de la Prevosté de Paris, à Jehan le Bourguignon & Pierre de Navarre Sergans nostre Seigneur le Roy, à verge au Chastellet de Paris, & à chascun d'eulz, Salut. Nous avons veuez les Lettres nostre Seigneur le Roy Philippe le Bel, dont Diex ait l'Ame, contenant ceste forme.

[e] PHILIPPE par la grace de Dieu Roys de France, au Prevost de Paris, Salut. Nous veu un [f] Jugié scellé du Seel de la Prevosté de Paris, en tielz paroles.

e *Philippe le Bel.*

f *un Jugement.*

A tous ceulz qui ces presentes Lettres verront : Guillaume de Hangest Garde de la Prevosté de Paris, Salut. [g] Plaist & descort meu pardevant nous, entre les Espiciers, les *(c)* Chauciers, les Charrons, les Bourrelliers & plusieurs autres bonnes Gens de la Ville de Paris, demourant devant Saincte Katherine & Saint Innocent, & en la [h] Charronnerie, d'une part; & les [i] Ferpiers *(d)* Comporteurs de Ferperie,

g *Procez.*

h *Voy. le 3.e Vol. des Ordonn. p. 98. VI. & l'Errata sur cette page.*

i *Fripiers.*

NOTES.

(a) Tresor des Chartres, Registre 80. Piece 410.

(b) Deinilon.] Il y a très bien écrit dans le Registre, *Deinilon* ou *Deivilon,* & il y a même des especes de points sur les deux *i.* Cependant j'ose assûrer qu'il faut lire *De Milon :* car ces Lettres du Prevost de Paris sont du 8. de Juin 1331. Or il est certain que Jean de Milon estoit Prevost de Paris en 1330. & qu'il l'estoit encore le 14. d'Octobre 1333. Voy. le 2. Vol. des Ordonn. p. 13. & le 3.e p. 59.

D'ailleurs, le Copiste a pû aisement confondre ces deux noms. Car en ostant le point sur le premier *i, Deinilon* & *Demilon* s'écrivent precisement de même.

Il est arrivé plus d'une fois, que les differentes manieres d'écrire & de lire le même nom, ont multiplié celuy qui le portoit, & d'un seul homme en ont fait deux ou trois.

(c) Chauciers.] Ceux qui faisoient les chausses, espece de Bas d'étoffe, comme en portent encore aujourd'huy quelques Religieux.

(d) Comporteurs.] Colporteurs ; aujourd'huy, il n'y a que des femmes qui se meslent de ce mestier, & on les nomme *crieuses de vieux chapeaux.*

d'autre : Sur ce que les Ferpiers dessusdis s'efforcent de faire [a] marchié ès lieux dessusdiz, devans les maisons & [b] ouvroirs des persònnes dessusdictes, en eulz empeschant, domagant & [c] tourblant leurs marchandises, leurs maisòns & leurs ouvroirs, en telle maniere que les personnes dessusdictes, de leurs maisons, de leurs ouvroirs & de leurs marchandises ne püent joir, jaçoit ce que autres-fois du commandement des Maistres de la [d] Court nostre Seigneur-le-Roy, par les Prevos de Paris noz devanciers, Boileaue & Sire Regnaut Barbou & plusieurs autres, eust esté ordonné & establi que lesdis Frepiers devans les maisons & ouvroirs des persònnes devant-dictes, ne puissent arrester ne demourer pour vendre ne pour acheter; ainçoiz fussent tenus d'aller [e] ou Marchié & ès Halles-le-Roy, en certain lieu acoustumé, & [f] qu'il leur estoit establi de [g] lont-temps; c'est assavoir, au bout de la Charronnerie pardevers le Marchié : Et fu deffendu par les Prevos dessusdis & par les autres du commandement dessusdis, sur [h] quanques il se povoient mesfaire de corps & [i] d'avoir & de denrées perdre, que il ne s'arrestassent ne demourassent devant les maisons & ouvroirs dessusdis, & fu crié par les Prevos dessusdis sollenellement, en la maniere dessusdicte : Et non contrestant l'Ordenance & les Commendemens dessusdis, lesdis Ferpiers s'efforcent encores de empeschier & de troubler les persònnes dessusdictes, leurs maisòns & leurs ouvroirs, en faisant marchié commun devant les [k] ouvriors & les maisons dessusdiz, & en disant que faire le puent, non contrestant tout ce que fait en avoit esté par noz devanciers; les persònnes dessusdictes [l] eulz opposans encontre, & disant [m] que non faisoient par la vertu de l'Ordenance & de l'Establissement dessusdis : Et sur ce, les Parties devant-dictes se meissent en droit jour [n] assis ausdictes Parties, à oir droit au mardi devant Pasques-Flories : A laquelle journée lesdictes Parties presentes en Jugement pardevant Nous, & requerans droit, veüe l'Informacion diligamment [o], le commandement & la deffense de noz devanciers, & oy & [p] resèité tout ce que l'une Partie veult dire contre l'autre, avons pronuncié par droit, que lesdis Ferpiers dès ce jour-en-avant, ne puissent ne ne doivent faire demeure devant les maisons & les ouvroirs ausdis Bourgois, pour vendre ne pour acheter, ne leur [q] marchandise empeschier, [r] leurs maisons & leurs ouvroirs, sus paine de perdre les denrées & de tenir leurs corps en prison à la voulenté du Roy : Et avons donné & donnons commandement à touz noz Sergans, que eulz ou l'un d'eulz, à la requeste desdictes personnes ou de l'un d'eulz, toutes-fois qu'il trouveront aucun ou aucune desdis Ferpiers alant ou faisant contre les choses dessusdictes, que il prengnent les corps & les denrées, & les ammainent en prison au Chastellet; & voulons & commandons que il soit crié sollennelment & deffendu, audit lieu & là où il appartendra, sur la painne devant dicte. En tesmoignage de ce, Nous avons mis en ces Lettres, le Seel de ladicte Prevosté de Paris, l'*An de grace mil deux cens quatre-vins & quinze, le mardi dessusdit.*

[s] POURQUOY Nous te mandons que cedit jugié mettes à execution deüe, & les faces tenir & garder fermement. *Donné à Paris, lo mercredy après la Trinité, l'An de grace mil deux cens quatre-vins & seize.*

[t] PAR la vertu desquelles Lettres, Nous vous mandons & commettons & à chascun de vous, que vous ou l'un de vous portant ceste commission, lesdictes Lettres mettez à execution de point-en-point selont leur teneur, & tant en faites que il ni ait par vous deffaut : Et mandons à tous noz subgés & requerons à tous autres, que en ce faisant, à vous & à chascun de vous obeïssent diligamment, & prestent force, conseil & aide, se [u] mestiers vous est. *Donné soulz le Seel de la Prevosté de Paris, l'An de grace mil trois cens, le jeudi après la Saincte [x] Luce.*

[y] *ITEM.* Nous avons receu unes autres Lettres seellées du grant Seel du Roy notre Seigneur, contenant la forme qui s'ensuit.

JEAN I.er & selon d'autres, Jean II. à Paris, au mois de May, l'an 1351.

a *de faire leur commerce & leurs marchez.*
b *boutiques.*
c *troublant.*
d *le Parlement.*
e *au.*
f *qui.*
g *long.*
h *in quantum*, en latin.
i *de leurs biens.*
k *ouvroirs.*
l *les Espiciers, &c.* Voyez plus haut.
m *qu'ils ne devoient pas le faire.*
n *assigné.*
o *faite.*
p *recité.*
q *commerce.*
r *ni.*
s *Continuation des Lettres de Philippe le Bel.*
t *Continuation des Lettres de Gilles Haquin.*
u *besoin.*
x *dans le mois de Decembre.*
y *Continuation des Lettres de Jean de Milon.*

JEAN I.er & selon d'autres, Jean II. à Paris, au mois de May, l'an 1351.

[a] PHILIPPE par la grace de Dieu Roy de France : Au Prevost de Paris ou à son Lieutenant, Salut. Li Espicier, li [b] Feutrier, li Bourrelier, li Cordonnier, li [c] Chaucier & les autres Habitans en la grant [d] ruë de Paris entour Saincte Katherine, puis la [e] Hyaumerie jusques à la Fontaine-Saint-Innocent, & de la viez Monnoye jusques au [f] maistre huis de Sainte Opportune *(e)* derrierre, se sont complaints à Nous, que comme au vivant de nostre très-chier Oncle le Roy Philippe le Bel dont [g] Diex ait l'Ame, il ait esté jugié par le Prevost de Paris qui lors estoit, & confirmé par nostredit Seigneur, & solennelement crié par les quarrefours, que nul Frepier ne Ferpierre de Paris, de linge ou de lange, ne vendissent ne arrestassent devant les maisons ausdis complaignans ; depuis [h] icilz Ferpiers & Ferpieres contre ce que dit est, ont vendu & arresté devant les maisons desdis complaignans, ne [i] souffrir ne s'en wellent, laquelle chose est au grant grief & domage desdis complaignans, & de Nous aussi ; car noz Halles où il [k] dessent faire leurs [l] marchandises, en demeurent [m] vuidez. Nous te mandons que [n] se veu ledit Jugié & la confirmacion, [o] tu truerrez estre ainsi, deffends estroittement ausdis Frepiers & Ferpierez, que plus ne vendent ne arrestent devant lesdictes maisons, mais [p] voisent en nosdictes Halles; & se il font au contraire, contraing les à cesser & à amender, en telle maniere que [q] tu en soiez loez de diligence; non contrestant quelconques Lettres subreptices empettrées ou a empettrer au contraire. *Donné à Paris, six jours en May, l'An de grace mil trois cens trente & un.*

[r] ET pour ce qu'il Nous apparut souffisanment d'un Jugié, dont les Lettres du Roy nostre Seigneur dessus transcriptes, font mencion, qui est cy-dessus incorporé, Nous eussions fait crier sollempnelment par la Ville de Paris, aus lieux accoustumez, par Perrot de Gambez Sergant notre Seigneur-le-Roy, à verge, commis à tels choses faire, une foiz, deux, trois & la quarte d'abundant ; c'est assavoir, le premier cri, le vendredi dix jours en May ; le second, le vendredi dix-sept jours; le tiers cri, le vendredy vingt-quatre jours en May ; le quart cri, le vendredy trente-un jours en May, que nous deffendions & faisions deffenses de par le Roy nostre Seigneur, aus Ferpiers & Ferpierez dont mencion est faite cy-dessus, que plus ne vendissent ne arrestassent devant lesdictes maisons; mais que il alassent vendre leurs denrées ès Halles du Roy notre Seigneur, à ce ordeneez, si comme ledit Sergant le Nous a rapporté & tesmoingnié par son serrement : Et de par les Espiciers & autres nommez èsdictes Lettres du Roy, Nous a esté donné à entendre, que lesdis Ferpiers & Ferpieres, non-obstant lesdis cris, deffenses & choses dessusdictes, vendent & arrestent devant les maisons des personnes dessusdictes, & ne s'en vuellent cesser, en venant de par eulz, contre le Jugié dessus transcript ; par quoy lesdis complaignans ont souffert & encore sueffrent grant domages, si comme il dient; si vous mandons & commettons, & à chascun de vous qui requis en serés, que vous, toutes les personnes Frepiers & Frepieres, que des-ores-mais-en-avant, trouverés [s] vendent, ou arrestant pour vendre leurs denrées de Freperie, devant les maisons des dessusdiz dont mencion est faite èsdites Lettres du Roy nostre Seigneur dessus-transcriptes, vous les corps d'iceulz & leurs biens prenez, & iceulz amenez en prison ou Chastellet de Paris, pour amender au Roy nostre Seigneur, les choses & meffais cy-dessus escrips, & pour respondre au Procureur du Roy à tout ce qu'il leur saura ou vouldra demander sur les choses contenuës èsdictes Lettres du Roy dessus-transcriptes, en acomplissant icelles de point en point selont leur teneur. [t] Tout ce que vous en ferez, Nous rapportés souffisamment. De ce faire vous donnons povoir : mandons à tous noz subgiés, requerans à tous autres, que à vous & à chascun de vous, en

- a *Philippe de Valois.*
- b *Qui faisoient des feutres, especes de chapeaux.*
- c *Voy. plus haut, p. 82. Note (c).*
- d *ruë S.t Denys.*
- e *la ruë de la Heaumerie.*
- f *porte principale.*
- g *Dieu.*
- h *iceux.*
- i *Deporter, cesser.* Froissart se sert souvent de ce mot dans ce sens.
- k *devroient.*
- l *commerce.*
- m *vuides.*
- n *si.*
- o *vous trouverez.*
- p *aillent.*
- q *tu en sois loüé.*
- r *Continuation des Lettres de Jean de Milon.*
- s *vendant.*
- t *Et.*

NOTES.

(e) Derriere.] Cela peut signifier *derriere la ruë S.t Denys,* où est la grande Porte de S.te Opportune.

ce faisant, obeissent diligamment. *Donné à Paris, l'An de grace mil trois cens trente & un, le huitieme jour de Juing.*

a NOus adcertés le Jugié, pronunciation & confirmacion dessusdictes, & toutes & chascune des autres choses ci-dessus escriptes, entant comme elles ont esté bien & justement faites, données & pronunciées, aians aggreables, fermes & estables, yceulz & ycelles voulons, greons, loons, ratiffions, approuvons, & de nostre auctorité Royal confermons: nostre droit & l'autrui sauf sur ce en toutes choses. Et pour que ce soit ferme chose & estable à tousjours, Nous avons fait mettre nostre Seel en ces presentes Lettres. *Donné à Lion sus-le-Rosne, l'An de grace mil trois cens trente-cinq, ou mois de Mars.*

a Continuation des Lettres de Philippe de Valois.

b *NOs autem omnia & singula suprascripta, rata & grata habentes, ea volumus, laudamus & approbamus, & de speciali gratia & auctoritate nostra Regia, tenore presencium confirmamus: salvo in aliis jure nostro & in omnibus quolibet alieno. Quod ut firmum & stabile permaneat in futurum, Sigillum nostrum hiis presentibus fecimus apponi.* Datum Parisius, Anno Domini millesimo trecentesimo quinquagesimo-primo, mense Maii.

In Requestis Hospicii. J. DE VERNONE.

Collatio facta est cum Originali per me.

J. DE VERONNE. HENNIERE. BESCOT.

b Continuation des Lettres du Roy Jean.

JEAN I.er & selon d'autres, Jean II, à S.t Germain en Laye, en May 1351.

(a) Sauvegarde pour la Ville de Roye en Vermandois.

JOHANNES Dei gratia Francorum Rex: Notum facimus universis tam presentibus quam futuris, quod cum inter alias curas & sollicitudines quas frequenter habemus, animus noster precipue c *flagitetur, ut incole Regni nostri sub nostro regimine, transquilitate fruantur & pace; & maxime fideles qui Nobis & Corone Francie, justiciabiles & inmediate subjecti existunt. Nos vero ad supplicationem dilectorum & fidelium Burgensium nostrorum, Majorum, Juratorum & Scabinorum & Habitatorum Ville nostre de Roya in Viromandia, Nobis & Corone Francie ab antiquo inmediate justiciabilium & subditorum, asserencium cum clamore valido, ex verissimilibus conjecturis, à pluribus personis sibi timere, ipsos presentes pariter & futuros, una cum familia, servitoribus, bonis, rebus, possessionibus & juribus universis, pro Nobis & successoribus nostris Regibus Francie, in & sub clipeo, Salva gardia speciali & protectione nostris & Corone predicte, suscepimus & suscipimus communiter & conjunctim duntaxat, de speciali gratia, ex certa scientia & auctoritate Regia per presentes, perpetuum permansuros, & eisdem speciales Gardiatores dedimus & deputavimus; videlicet, Alexandrum Ferquos & Johannem de Haublieres Servientes nostros in dicta Villa, & eorum quemlibet insolidum: Quibus & eorum cuilibet insolidum, mandamus & tenore presentium committimus, quatenus dictos Majorem, Juratos, Scabinos & Habitatores, in eorum justis possessionibus & saisinis, Franchisiis, Libertatibus, Privilegiis, Usibus & Consuetumis in quibus ipsos esse & eorum predecessores fuisse pacifice ab antiquo* d*, manuteneant & conservent, ipsosque tueantur & deffendant ab injuriis, violenciis, oppressionibus, inquietationibus & molestiis quibuscunque; nec permittant eis in personis, familiis, servitoribus, bonis, rebus, possessionibus & juribus aliquibus eorumdem, fieri injurias vel inferri aliquas indebitas novitates; quas si factas fuisse vel esse invenerint, eas ad statum pristinum & debitum celeriter reducant, & Nobis emendam propterinde fieri, & eis* e *assecuramentum legitimum juxta Patrie*

c Il faut corriger afficitur. *Voy. cy-dessous p.* 91. la 3.e ligne des Lettres de Juillet 1351.

d repererint.

e Voy. le 3.e Vol. des Ordonn. p. 264. Note (b).

NOTES.

(a) Tresor des Chartres, Registre 80. Piece 408.

JEAN I.er & selon d'autres, Jean II. à S.t Germain en Laye, en May 1351.

consuetudinem, ab ipsis de quibus illud habere petierint, dari faciant; pennoncellosque nostros in rebus & possessionibus suis, apponant & appendant, si [a] *casus sit talis de se, vel hoc* [b] *requrat; istamque Salvam-gardiam nostram publicent personis & locis, si & quibus eis videbitur expediens; & omnibus de quibus requisiti fuerint per eos* [c] *vel alterum ipsorum, inhibeant sub certis penis Nobis applicandis, ne forsfacere presumant quovismodo: Et si in casu novitatis oriatur debatum inter Partes, debato hujusmodi ad manum nostram tamquam superiorem posito, ne (b) Partes veniant ad arma, tam super recredentia quam super principali opponentes, adjornent ad diem certam & sufficientem coram Judicibus ordinariis, eos de quibus* [d] *certifficando ad dictam diem etiam competenter: Et cetera omnia possint & valeant facere, que ad boni & fidelis Gardiatoris Officium noscuntur pertinere: Mandantes omnibus Justiciariis & subditis nostris, vel eorum Locatenentibus, ut in eis & ea tangentibus, dictis Gardiatoribus efficaciter pareant & intendant: Ita tamen quod de hiis que Cause indaginem requirunt,* [e] *nullatenus intromittant. Et quod hoc sit firmum, validum & stabile in futurum, presentibus Litteris nostrum magnum fecimus apponi Sigillum: salvo in omnibus jure nostro & quolibet alieno.* Actum & datum apud Sanctum Germanum-in-Laya, Anno Domini millesimo trecentesimo quinquagesimo-primo, mense Maii.

Per Regem, ad relationem vestram. FRANC.

a s'ils jugent que cela soit necessaire.
b requirant.
c Juratos, &c.
d Il manque-là quelques mots.
e se.

NOTES.

(b) Partes veniant ad arma.] Soit pour s'emparer de force de la chose litigieuse, soit pour s'opposer à cette violence.

JEAN I.er & selon d'autres, Jean II. à S.t Germain en Laye, en May 1351.

(a) Confirmation des Privileges de Montpellier.

JOHANNES Dei gratia Francorum Rex: Notum facimus universis tam presentibus quam futuris, quod ad supplicationem fidelium nostrorum Consulum & habitatorum Ville nostre Montispessulani, asserencium se habere plures laudabiles consuetudines & statuta, quibus utuntur in dicta Villa, & hactenus usi sunt, requirencium ipsas consuetudines & statuta per Nos eisdem confirmari ac etiam approbari: Nos easdem consuetudines & statuta, in sui roboris firmitate teneri & observari [f]*, ipsas omnes & singulas consuetudines & statuta Ville predicte, quibus hactenus in eadem, ipsi & eorum predecessores usi sunt, ratas, gratas & firmas habentes, eas volumus, laudamus, approbamus, ratifficamus, & auctoritate nostra Regia, de speciali gratia & ex certa scientia tenore presencium confirmamus. Quod ut firmum & stabile perpetuo permaneat in futurum, nostrum presentibus Litteris fecimus apponi Sigillum: salvo in aliis jure nostro & in omnibus quolibet alieno.* Datum apud Sanctum Germanum-in-Laya, Anno Domini millesimo trecentesimo quinquagesimo-primo, mense Maii.

Per Consilium. N. POTIN.

f volentes.

NOTES.

(a) Tresor des Chartres, Registre 80. Piece 425. & Registre 98. Piece 616.

JEAN I.er & selon d'autres, Jean II, à Paris, en Juin 1351.

Philippe Auguste, à Gisors, en Janvier 1209.

Loüis X. dit le Hutin, à Roüen, en Fevrier 1315.

Philippe VI. dit de Valois, au Bois de Vincennes, en Mars 1345.

(a) Confirmation d'un accord fait touchant le Commerce, entre les Bourgeois de Paris, & ceux de Roüen.

JOHANNES Dei gratia Francorum Rex: Notum facimus universis tam presentibus quam futuris, Nos infrascriptas vidisse Literas, formam que sequitur, continentes.

[a] *PHILIPPUS Dei gratia Francorum Rex: Notum facimus universis tam presentibus quam futuris, Nos carissimi Domini & Consanguinei nostri Literas infrascriptas, sanas & integras, vidisse in serico & cera* [b] *uridi sigillatas, tenorem qui sequitur, continentes.*

[c] *LUDOVICUS Dei gratia Francorum & Navarre Rex: Notum facimus universis, Nos infrascriptas vidisse Literas, formam que sequitur, continentes.*

[d] *PHILIPPUS Dei gratia Francorum Rex: Noverint universi presentes pariter & futuri, quod super contentione* [e] *sacramenti de societate mercature, que erat inter Burgenses nostros Parisienses & Burgenses Rothomagenses, pax* [f] *fuit compositi inter eos, assensu utriusque Partis, coram Nobis, apud Gisorcium, in hunc modum.*

Si Mercator Parisiensis voluerit habere societatem Mercature, cum Burgense Rothomagensi; vel Burgensis Rothomagensis cum Burgense Parisiensi, sive [g] *serviens ejus pro ipso, si Mercator voluerit habere sacramentum socii sui, quando convenient, ipse vocabit duos probos homines Mercatores, quales voluerit, ad sacramentum societatis Mercature capiendum; & ille à quo requiretur sacramentum, tenetur facere sacramentum de societate Mercature; scilicet, quod fidelem societatem faciet socio suo de Mercatura illa. Dicti autem Burgenses adinvicem* [h] *creantaverunt, quod quicquid servientes eorum facient de societate Mercature, stabile erit & firmum: non* [i] *tamen ideo remanebit, quin Mercator teneatur ad faciendum sacramentum socio suo, sicut dictum est.* Actum apud Gisorcium, Anno Domini millesimo ducentesimo-nono, mense Januarii.

[k] *NOS autem premissa omnia & singula, rata & grata habentes, ea volumus, laudamus, approbamus & tenore presencium confirmamus: Salvo in aliis jure nostro & quolibet alieno. Quod ut firmum & stabile perseveret, nostrum presentibus Litteris fecimus apponi Sigillum.* Actum Rothomagi, Anno Domini millesimo trecentesimo quinto-decimo, mense Februario: & erant sic signate. *Per Regem, ad relationem Archidiaconi Rothomagensis.* JA. DE VERTUS.

[l] *NOS etiam premissa omnia & singula in infrascriptis Litteris contenta, prout superius sunt expressa, rata & grata habentes, ea volumus, laudamus, approbamus ac tenore presencium, auctoritate Regia & ex certa scientia, confirmamus: Salvo in aliis jure nostro & in omnibus quolibet alieno. Quod ut firmum & stabile perpetuo perseveret, presentibus Litteris nostrum fecimus apponi Sigillum.* Actum apud Nemus-Vincennarum, Anno Domini millesimo trecentesimo quadragesimo-quinto, mense Marcio.

[m] *NOS autem pacem & compositionem predictas, & omnia alia in predictis contenta* [n] *Litteras, rata* [o] *hanbentes & grata, ea volumus, laudamus, approbamus, ratifficamus, & auctoritate Regia, de speciali gratia, & ex certa scientia confirmamus: nostro in aliis*

a Philippe VI. dit de Valois.
b viridi.
c Louis X. dit le Hutin.
d Philippe Auguste.
e serment.
f sit composita; ou bien, il faut ajoûter un autre substantif.
g son Facteur, ou Commis.
h ont promis sous la foy du serment. Voy. Du Cange, à ce mot.
i cela n'empêchera pas.
k Continuation des Lettres de Louis le Hutin.
l Continuation des Lettres de Philippe de Valois.
m Continuation des Lettres du Roy Jean.
n Litteris.
o habentes.

NOTES.

(a) Tresor des Chartres, Registre 81. Piece 4. Voy. le 2.e Vol. des Ordonn. p. 432. 433.

& alieno in omnibus jure salvo. Quod ut firmum & stabile permaneat in futurum, nostrum presentibus Literis fecimus apponi Sigillum. Actum Parisius, mense Junii, Anno Domini millesimo trecentesimo quinquagesimo-primo.

Per Consilium in quo vos eratis. Y. SYMON.

Collatio facta est per me. Y. SYMON.

JEAN I.er & selon d'autres, Jean II. à Paris, en Juin 1350.

(a) Lettres qui deffendent aux estrangers, de faire entrer du Vin dans la Ville de Carcassone sans la permission des Consuls; & aux Habitans de cette Ville, d'y faire entrer d'autre Vin que celuy de leur crû, ou celuy qu'ils auront acheté; à moins qu'ils n'ayent la permission des Consuls.

JOHANNES Dei gratia Francorum Rex: Notum facimus universis tam presentibus quam futuris, quod cum ex parte dilectorum nostrorum Consulum, habitatorum ac Universitatis Ville Carcassone, tempore carissimi Domini & Genitoris nostri, eidem fuisset supplicatum, ut prefatus Genitor noster Edictum perpetuum in dicta Villa Carcassone, facere dignaretur, ne aliquis à dicta Villa extraneus cujusdam status aut condicionis, infra ipsam Villam Carcassone, sive terminalia ejusdem, (b) vinum, vindemiam; neque habitator dicte Ville, nisi de suis propriis vineis aut redditibus, aut vinum emptum ab extraneis dicte Ville, portaret, deferret, reponeret vel [a] *immicteret, sive portari, deferri, reponi vel* [b] *immicti faceret quoquomodo: propter quod dictus Genitor informationem super premissis, de comodo & incomodo quod exinde provenire posset, fieri mandavit per Senescallum Carcassone; que, post obitum dicti Genitoris nostri, sub sigillo dicti Senescalli interclusa, remissa extitit: quam cum matura diligencia videri fecimus, & Nobis contenta in ea reportari: ex cujus serie (c) sine insinuatione, liquide apparuit, Nobis & dictis Consulibus, habitatoribus & Universitati, utile fore quamplurimum, si in dicta Villa Edictum predictum facere dignaremur. Quocirca attendentes gratuita mutua, subsidia, subvenciones, & quamplurima servicia carissimo Domino Genitori nostro & Nobis, racione guerrarum & aliter, per dictos Consules, habitatores & Universitatem, graciose, liberaliter & multipliciter impensa & concessa, ac gravem pestilenciam, que, proch dolor!* [c] *Patriam gentibus denudavit, & popularibus & habitatoribus Villam predictam quasi desolatam* [d] *derelinquit, circa ejus populacionem vigilamus & cura sollicita meditamur; consideracione premissorum, & mediante financia Nobis per eos oblata, eorum supplicationi inclinati, in dicta Villa Carcassone prefatum Edictum facimus, constituimus & etiam ordinamus auctoritate nostra & plenitudine potestatis Regie ac gratia speciali; videlicet, quod nullus à dicta Villa Carcassone extraneus, cujuscunque conditionis aut status, preeminencie * dignitatis existat, infra dictam Villam seu ejus terminalia, vinum* [e] *vindemiam undecunque ea habeant vel habere possint; neque habitator dicte Ville, nisi de suis propriis vineis & redditibus, aut vinum emptum ab extraneis ipsius Ville, amodo in antea sub pena amissionis vini* [f] *& vindemie, partim Nobis & partim dictis Consulibus, absque declaracione alia, applicandi, portet, deferat, immictat aut vendat, vel portari, deferri, immicti vel vendi faciat quoquomodo; nisi de ipsorum Consulum qui nunc sunt vel qui pro tempore fuerint, vel majoris partis ipsorum, expressa licentia & assensu. Quia tamen Edictum hujusmodi posset dictos Consules, habitatores & Universitatem nimium astringere*

[a] immitteret.
[b] immitti.
[c] le païs.
[d] dereliquit.
* vel.
[e] Voy. cy-dessus, Note (b).
[f] Voy. cy-dessus, Note (b).

NOTES.

(a) Tresor des Chartres, Registre 80. Piece 561.

(b) *Vinum, vindemiam.*] Ces deux mots se trouvent encore plus bas sans conjonction; mais dans un troisieme endroit, il y a *vinum & vendemiam.* Je crois que *vindemia* peut signifier icy du *Raisin*.

(c) *Sine insinuatione.*] Ayant égard à ce qui resulte de l'information, & non à ce qui a esté exposé par les Habitans.

&

& [a] artari in futurum, occasione infortuniorum que, Deo permittente, cotidie eveniunt, nisi per eos valeret aliter mittigari, ut prefati Consules presentes pariter & futuri, prefatum Edictum suspendere, removere resumereque & reponere in dicta Villa valeant, quociens eis videbitur faciendum, tenore presencium, de dicta nostra gratia, licentiam impartimur. Dantes tenore presencium in mandatis Senescallo, Vicario & Judici ordinario Carcassone & eorum Loca-tenentibus, & cuilibet eorundem presentibus & futuris, si opus fuerit, committendo, quatenus eosdem Consules, habitatores & Universitatem qui nunc sunt & pro tempore fuerint, Privilegio, Libertate, gratia & concessione nostris predictis uti & gaudere plenarie & pacifice perpetuo faciant & permittant absque impedimento quocunque; Ordinacionibus aut statuis Regiis in contrarium factis seu faciendis, etiamsi de presentibus plenam & expressam ac de verbo ad verbum facerent mencionem, nonobstantibus quibuscunque. Ipsis Senescallo, Vicario & Judici, & eorum Loca-tenentibus, & cuilibet eorundem nichilominus inhibentes, districtius injungendo, ne prefatos Consules, habitatores & Universitatem dicte Ville Carcassone, contra tenorem Edicti, Privilegii, Libertatis & gratie nostrorum predictorum, in aliquo impediant, perturbent seu molestent, aut faciant seu patiantur a quoquam quomodolibet impediri, perturbari vel in aliquo molestari. Quod ut firmum & stabile permaneat perpetuo, & perseveret inviolabiliter in futurum, nostrum presentibus Litteris fecimus apponi Sigillum: Salvo in aliis Jure nostro & in omnibus quolibet alieno. Datum Parisius, Anno Domini millesimo trecentesimo quinquagesimo-primo, mense Junii.

Per Regem, ad relacionem Consilii, in quo vos eratis, Dominus Laudunensis [b], *Comites Armaniaci,* [c] *Vicedocinensis, Montis-fortis, Dominus de Revello & Dominus Sy. de Buciaco.* CLAVEL.

JEAN I.er & selon d'autres, Jean II. à Paris, en Juin 1351.

a arctare.

b Episcopus.

c Vendosme.

JEAN I.er & selon d'autres, Jean II. à S.t Oüin proche S.t Denys en France, en Juin 1351.

(a) Accord fait entre le Roy & le Duc & la Commune de Genes, au sujet des *marques* qui avoient esté mises sur les effets des sujets de cet Estat.

JOHANNES Dei gratia Francorum Rex: Universis presentes Litteras inspecturis, Salutem. Si Regie largitatis gratia petencium desideriis liberalem se reddere consuevit, multo magis id in illis convenit observare, quorum inclita gesta & servicia meritoria [d] *precognovit. Licet igitur dudum nonnulli iniquitatis filii, ex alienis locupletari jacturis avide cupientes, de terris* [e] *Januensi & Saonensi oriundi, multos mercatores & alias gentes Regni nostri, in piraticis galleis vel navibus &* [f] *aliis depredassent, in tantum quod depredaciones & dampna usque ad summam* [g] *centum quindecim milium octies centum octoginta sex librarum, septem solidorum & sex denariorum turonensium in Moneta currente, Anno Domini millesimo trecentesimo tricesimo-septimo, mense Septembris, estimata ascendebant; de quibus & in restitucionem & relevamen subditorum, inclite recordacionis Dominus Genitor noster Philippus Francorum Rex, personis taliter depredatis satisfieri procuravit: Et quia Judices predonum in illis partibus constituti, super hoc sufficienter & pluries requisiti de exhibendum Justicie complementum, negligentes hactenus fuerant & remissi, aliis compatriotis confoventibus, in tantum quod privatum converti in commune vicium videretur; ideo* [h] *marche plures & generales contra Commune & singulares personas partium predictarum, in Parlamento nostro adjudicate extiterunt & concesse, donec depredacionum hujusmodi restitutio plenarie foret facta. Deinde vero ad preces egregiorum viro um tunc Capitaneorum Communis Januensis* [i] *ac etiam Communis Januensis &* [k] *Sarnen. pro marchis hujusmodi sopiendis, per dictum Dominum Genitorem nostrum,*

d Ce mot est fort mal écrit & douteux.

e Genes & Savone.

f al, *dans l'Original.*

g 115886.

h marques. *Voy. le 3.e Volume des Ordonn. p. 24. Note* (*e*).

i Ce mot & les trois suivants sont inutiles.

k Saonensis.

NOTES.

(*a*) Tresor des Chartres, Registre 80. Piece 502. Voy. le 3.e Vol. des Ordonn. p. 238.

JEAN I.er & selon d'autres, Jean II. à S.t Oüin proche S.t Denys en France, en Juin 1351.

de ipsius & dictorum tunc Gubernatorum & in Civitatem Januensem regencium, ac Communis [a] *predicta existentium pro tempore, communi concensu fuisset indicta talis imposicio seu collecta; videlicet, quod de omnibus mercibus, mercaturis & rebus per quoscunque Januenvenses &* [b] *Sarnen. in Regnum reducendis, vel extrahendis à Regno, pro libra, tres denarii solverentur; quousque dictarum depredacionum superius estimata quantitas foret plenarie restituta. Quamquam autem imposicionem seu collectam predictam superius diffinitam, per dictum accordum in Regalibus Litteris contentum, integre levare possemus, sicùt ad Nos & nostram utilitatem non erat dubium pertinere; de qua summa restabant adhuc* [c] *septuaginta quinque mille septingenta triginta novem libre, decem & septem solidi cum sex denariis & obolo, ad colligendum in Moneta superius declarata; tamen Nos Ducis, Nobilium & aliarum bonarum Gencium Januensium, qui nostris Predecessoribus & Nobis, in actibus strenuis bellicis & aliis, tam graciose tamque prompte, fideliter servierunt & servire cotidie non desistunt, gesta meritoria recolentes, & firmiter sperantes eos se semper Nobis exhibere benivolos in predicti Regni nostri & subditorum juribus substinendis, volentes propterea cum ipsis & eorum* [d] *Nunciis liberalius Nos habere, cum discretis & honestis viris Georgio de Nigro utriusque Juris perito, & Nicolao de Gamo civibus Januensibus, Ambassatoribus, Sindicis & Procuratoribus Ducis & Communis Januensis predictorum, ad nostram presenciam destinatis, inter cetera super premissis taliter duximus componendum; videlicet, quod Nos ad plenum certifficati & per Gentes nostras veraciter informati de omnibus & singulis supradictis, Ambassatoribus antedictis, nominibus quibus supra, impositionem seu collectam predictam, sicut extitit ordinata, & illud omne quod ex illa restabat & restat, à die decima-nona Maii ultimo preteriti inantea, exigi & levari, pro pretio & nomine pretii quadraginta milium Florenorum de Florentia, boni auri & justi ponderis, ac etiam Duci & Communi prefatis in personas suorum Ambassatorum predictorum, vendimus, concedimus & donamus, ac etiam omne jus illam colligendi, exigendi, levandi, percipiendi & retinendi, dictamque summam persolvi restantem, atque omne emolumentum ex impositione prefata à dicta die decima-nona, proventum & inantea proventurum; nec non omnia jura, actiones reales, personales, utiles, directas, mixtas seu in rem scriptas, persecutorias & penales, ac cujuscunque generis vel condicionis existant, omnem colligendi & percipiendi facultatem que Nobis, vel cuicumque alteri nostro nomine vel nostris Litteris communito, poterat vel posset competere, vel quomodolibet competebat ratione dicte imposicionis & dicte summe restantis, in Ducem & Commune predictos, in personas dictorum Ambassatorum suorum, concessionem, vendicionem & donacionem hujusmodi, nomine ipsorum Ducis & Communis, recipientium, cedentes totaliter & libere transferentes. Ut autem dicta imposicione seu collecta, juribus, actionibus & aliis supradictis, Dux & Commune, Ambassatores predicti aut ab ipsis deputandi, liberius gaudeant & utantur, Nos omnes & singulas assignaciones super marcha vel impositione predicta, à Nobis vel Domino Genitore nostro aut alio quocunque, factas penitus adnullamus, & nullius volumus existere firmitatis; assignatis, si qui sint, de aliis remediis provisuri. Volumus nichilominus & ordinamus quod omnia quecunque à die decima-nona Maii supradicta, ratione dicte impositionis obvenerunt, dictis Duci & Communi seu eorum Ambassatoribus & Nunciis vel deputandis ab illis, absque mora assignentur integraliter &* [e] *tradant, per quoscunque exacta fuerint vel levata; mandato alio à Nobis vel Curia nostra propter hoc nullatenus expectato: Dantes eisdem Duci & Communi seu Ambassatoribus eorundem ac deputandis ab eis, plenam & liberam potestatem dictam impositionem & summam restantem, ceteraque omnia & singula supradicta; videlicet, de omnibus & singulis mercibus, mercaturis & rebus (b) districtualium dictarum terrarum Janue & Saone, pro introitu seu ingressu in Regno, pro qualibet libra, tres denarios, & totidem pro egressu vel extractu à Regno; una cum juribus & actionibus superius* [f] *desinatis, exigendi, colligendi, levandi &*

[a] predictæ.
[b] Saonenses.
[c] 75739.
[d] Ambassadeurs, *ou* Envoyez.
[e] tradantur.
[f] designatis.

NOTES.

(b) *Districtuatlum.*] De ceux qui demeureront dans le district des Estats de Genes & de Savone. Voy. Du Cange au mot *Districtum* à la fin.

percipiendi in quibuscunque terris & locis Regni nostri & Nobis subjectis, juxta formam accordi superius memorati; Jurisdictionem & Justitiam propter hoc requirendi, quam eis talem & tantam volumus exhiberi, qualem & quantam pro Nobis posset, ratione premissorum, quomodolibet excerceri. Precipimus itaque & mandamus Senescallo & Receptori nostris Bellicadri, ceterisque Justiciariis & Officiariis nostris, eorumque Loca-tenentibus, & nostris subditis universis, quatenus dictis Duci & Communi, seu Ambassatoribus & deputatis predictis seu deputandis, in levando, exigendo & exequendo premissa, sicut Nobis facerent in hac parte, efficaciter pareant & intendant. Et quia juxta & per certum tractatum & accordum, Nos prefatus Rex tenemur Vincentio Lamelino de Janua, in summa triginta quinque milium Florenorum de Florencia boni Auri & justi ponderis, prout in quibusdam aliis Litteris nostris propter hoc à Nobis eidem Vincentio datis, hec & alia lacius continentur, volumus quod de dicta summa quadraginta milium Florenorum de Florentia, Nobis [a] à dictis Ambassatoribus, quibus supra nominibus, nomine precii premissorum, Dux & Commune seu Ambassatores predicti vel ab eis deputandi, prefato Vincentio vel ejus certo [b] mandato dictas Litteras defferenti, dictam summam triginta quinque milium Florenorum de Florencia, nostro nomine solvant, Nos erga eundem Vincentium super hoc acquitando: & quam quidem summam de ipsius Vincentii voluntate, supra dictis quadraginta milibus assignamus; & de quibusquidem Florenis triginta quinque milibus, à dictis Duce & Communi, occasione predicta, de voluntate dicti Vincentii, [c] habitos & receptos, Nos quietos & solutos vocamus; & dictos Ducem & Commune Janue, ac dictos Ambassatores, Sindicos & Procuratores, nomine ipsorum Ducis & Communis, ab eisdem Florenis triginta quinque milibus, propterea omnimode & perpetuo liberamus. Residuum autem dictorum quadraginta milium Florenorum; videlicet quinque milia, Nobis ad Thesaurum nostrum Parisius, prefati Dux & Commune seu Ambassatores, & levatores dicte impositionis & summe restantis, solvere teneantur. In quorum omnium testimonium, & ut omnia & singula firma & stabilia premissa perpetuo [d] maneat in futurum, presentes Litteras in filis [e] cericis & cera viridi, [f] juximus Sigilli nostri appensione muniri: salvo in aliis jure nostro & in aliis alieno. Actum apud Sanctum Audoenum prope-Sanctum-Dyonisium-in-Francia, Anno Domini millesimo trecentesimo quinquagesimo-primo, mense Junii.

Per Regem, presente Inguerranno de Parvo-Cellario Thesaurario. VISTREBET.

JEAN I.er & selon d'autres, Jean II. à S.t Ouin, proche S.t Denys en France, en Juin 1351.

a debita.
b Mandataire, ou Procureur.
c habitis, & receptis.
d maneant.
e sericis.
f jussimus.

JEAN I.er & selon d'autres, Jean II. à Paris, en Juillet 1351.

(a) Sauvegarde Royale pour l'Abbaye de Saint Augustin auprès de Theroüane.

*JOHANNES Dei gratia Francorum Rex: Notum facimus universis tam presentibus quam futuris, quod inter curas & urgentes sollicitudines quibus in regendis subdictis Nobis plebibus, frequenter distrahimur & animus noster afficitur, ad hoc precipue nostre mentis aspirat affectus, per quem status Ecclesiasticus nostris temporibus, sub [g] commisso Nobis regimine in transquillitate manuteneatur & pace, ac ipsius Regni Ecclesie quarum servitores sub devote Religionis observanciam, nocte dieque [h] insistunt obsequiis, sub protectione Regia, à suis [i] relevantur pressuris, & per Regalem potentiam à noxiis * deffendentur; ut [k] & liberius & fervencius circa Divinum cultum vacare valeant, quo habundancius per Nos senserint se adjutos. Sane ex parte Religiosorum virorum Abbatis & Conventus Sancti Augustini juxta Morinum, asserencium ex certis & verisimilibus conjecturis, à nonnullis [l] emulis suis, in personis & bonis sibi timere, Nobis fuerit humiliter supplicatum ut ab injuriis, violenciis, molestiis, gravaminibus & jacturis deffendi valeant & tueri, ac pace & [m] securitata gaudere, Nos ipsos in & sub protectione nostra Regia*

g commisso.
h Divinis.
i releventur.
* deffendantur.
k eo.
l emulis.
m securitate.

NOTES.

(a) Tresor des Chartres, Registre 80. Piece 663.

JEAN I.er & selon d'autres, Jean II. à Paris, en Juillet 1351.

& Gardia speciali suscipere dignaremur. Nos igitur in hac parte ipsorum supplicationi favorabiliter annuentes, prefatos Abbatem & Conventum, eorumque Ecclesiam predictam, tam in Capite quam in membris, & singulas personas ejusdem Ecclesie, una cum domibus, grangiis, possessionibus, bonis omnibus & familiis suis, in & sub nostra & successorum nostrorum Regum Francie, protectione & Salva-gardia speciali, tenore presencium suscipimus, in eisdem, quathenus immediate Nobis subsunt, perpetuo remansuros: Dantes Baillivo Ambianensi, ceterisque Justiciariis nostris, prout ad eum pertinuerit, presentibus & futuris, aut eorum Loca-tenentibus, tenore presencium in mandatis, quatinus prefatos Abbatem & Conventum Ecclesiamque suam predictam, tam in capite quam in membris, domos, grangias, hereditates & possessiones eorum, & singulas personas ipsius Ecclesie, in suis Usibus, Juribus, Franchisiis, Libertatibus & saisinis veris & justis, in quibus ipsi sunt seu eorum predecessores fuerunt ab antiquo [a] *passifice, sub dicta Regia protectione & Gardia speciali nostris, ipsos deffendant, nec permittant eis aliquas indebitas novitates fieri vel inferri; ipsosque Abbatem & Conventum, tam conjunctim quam divisim, & eorum successores ac familiam eorundem, ab omnibus injuriis, violenciis, oppressionibus, vi armorum, laicali potentia, molestiis & gravaminibus quibuscumque, deffendant, faciantque deffendi & quantum ad premissa diligencius exequenda, eis, quociens opus fuerit & ipsi requisierint, Gardiatores speciales ex parte nostra, deputent & concedant eorum sumptibus: Qui tamen de hiis que Cause cognitionem exigunt, vel judicialem requirunt indaginem, se nullatenus intromittant. Quod ut firmum & stabile permaneat in futurum, presentibus Litteris nostrum fecimus apponi Sigillum: nostro & alieno in omnibus jure salvo.* Datum Parisius, Anno Domini millesimo trecentesimo quinquagesimo-primo, mense Julii.

[a] pacifice.

Per Regem, ad relacionem Consilii. CHAPELLE. *Scriptor.*

JEAN I.er & selon d'autres, Jean II. à Paris, en Juillet 1351.

(a) Sauvegarde Royale pour le Prieuré de S.te Catherine du Val des Escoliers.

JOHANNES Dei gratia Francorum Rex: Universis presentes Litteras inspecturis, salutem. Regalem decet excellentiam, curam sollicitam adhibere, ut Regni sui subditi, & presertim persone Ecclesiastice & que Religiosum habitum assumpserunt, ac de die & de nocte, ad Divinum vacant servicium & Creatori altissimo famulantur, suis temporibus pacis transquillitate gaudeant, & ab oppressionibus & injuriis quibuslibet defendantur, ut eo libencius & devocius circa Divina vacare valeant, quo habundancius & liberius per Regalem potentiam senserint se adjutas. Hinc est quod Nos ad supplicationem dilectorum nostrorum Prioris & Fratrum domus seu Prioratus Beate Katherine Parisius, Ordinis Vallis-Scolarium, per gloriosissimum Confessorem sanctum Regem Ludovicum, ad requestam Servientum armorum fundatus, ipsos tam in capite quam in membris, domos, granchias, terras, prata, vineas, piscaturas, nemora, molendina & possessiones quascunque, quas habent & possident in presenti vel amodo possidebunt, familiamque, homines [b] *de corpore & gentes ipsorum, ac quaslibet singulares personas ejusdem domus ac membrorum suorum, in & sub nostra successorumque nostrorum Regum Francie protectione & Salva-gardia speciali suscipimus per presentes, in ipsa protectione & speciali Gardia nostris perpetuo permansuros: earum tenore mandantes ac etiam committentes* [c] *Preposita nostro Parisiensi qui nunc est & qui pro tempore fuerit, vel ejus Locum-tenenti, quem ex nunc Gardiatorem & Judicem dictorum Religiosorum in omnibus & singulis Causis suis motis & movendis, tam agendo quam defendendo, contra quoscunque adversarios suos, tam de Prepositura sua, quam extra à duodecim leucis à Civitate & Villa Parisiensi distantibus*

[b] Espece de serfs.

[c] Preposito.

NOTES.

(a) Tresor des Chartres, Registre 80. Piece 626.

& ex omni parte computandis, commorantes, Ordinacionibus contrariis non obstantibus quibuscunque, constituimus & committimus [a] *specialem solum & insolidum, quatinus ipsos Religiosos in suis & Ecclesie sue sive domus justis possessionibus, franchisiis, libertatibus, usibus, juribus, Jurisdictionibus & saisinis presentibus & futuris, manuteneat & conservet, eosdemque, domum suam sive domos predictas, & quaslibet singulares personas, res, possessiones & bona quecunque eorumdem, ab omnibus injuriis, violenciis, oppressionibus, gravaminibus, molestiis, vi armorum, potentia laycorum ac inquietationibus & novitatibus indebitis quibuscumque, preservet & defendat, nec permittat contra ipsos Religiosos eorumque familiam, res & bona, aliquas fieri vel inferri indebitas novitates; sed si factas invenerit, ad statum pristinum & debitum reduci, ac Nobis & dictis Religiosis emendam condignam propter hoc prestari faciat indilate,* [b] *assecuramentumque ipsis & cuilibet eorumdem, à personis de quibus* [c] *dubitaverint, juxta Patrie Consuetudinem, dari faciat & prestari, (b) curiamque & cognitionem* [d] *hominum,* [e] *hospitumque & subditorum suorum requirat & faciat eis reddi; & hujusmodi specialem Gardiam nostram, in ejus Assisiis & locis aliis de quibus expedire viderit, publicari, ne quis possit in contrarium* [f] *ignorenciam allegare; & violatores hujusmodi nostrarum protectionis & specialis Gardie, sic, Justitia mediante, puniat, quod cedat aliis in exemplum: & si super aliquibus rebus contenciosis oriatur debatum in casu novitatis, inter dictos Religiosos & alios quoscunque, cujuscunque status & condicionis exstiterint, illud ad manum nostram tanquam superiorem, ponat, & per ipsam manum nostram recredentiam faciat seu fieri faciat, ubi & prout fuerit debite facienda; nec non solvi faciat predictis Religiosis redditus suos ac debita sua bona & legalia, recognita vel probata, de quibus* [g] *nulla questio referetur, compellendo debitores ipsorum ad solucionem hujusmodi debitorum, adjornandoque etiam seu adjornari faciendo coram se ad certos & competentes dies, omnes illos qui super dictis debitis & debatis questionem retulerint, super hujusmodi questionibus debite processuros: que debata tam in casu novitatis quam super dictis debitis, coram ipso Preposito seu Locum-tenente, agitari & fine debito terminari volumus & mandamus, ipsos ad hoc & omnia alia & singula que circa hoc necessaria fuerint vel etiam opportuna, perpetuo committentes. Et ut premissa exequi diligencius valeant & compleri, volumus quod ad ea omnia & singula exequenda, unum aut plures Servientum nostrorum, ad sumptus tamen & expensas ipsorum Religiosorum, deputet & committat, quociensciumque fuerit à dictis Religiosis vel eorum Procuratore requisitus: quibus Servientibus inhibemus, ne se de hiis que Cause cognicionem requirunt, quomodolibet intromittant. Mandantes insuper omnibus Justiciariis & subditis nostris, quatenus dicto Preposito nostro Parisiensi, & omnibus ac singulis deputatis ab eo, in exequendis predictis omnibus & singulis, intendant & pareant cum effectu. Quod ut firmum & stabile permaneat in futurum, presentibus Litteris nostrum fecimus apponi Sigillum: Salvo in aliis jure nostro & in omnibus alieno.* Datum Parisius, Anno Domini millesimo trecentesimo quinquagesimo-primo, mense Julii.

Per Regem, ad relacionem vestram renovata ad instar alterius.

P. BLANCHET. *Si placet.*

JEAN I.er & selon d'autres, Jean II. à Paris, en Juillet 1351.

[a] Gardiatorem & Judicem; *qui est plus haut.*

[b] Voy. le 3.e Vol. des Ordonn. p. 264. Note (a)

[c] dont ils croiront avoir quelque chose à craindre.

[d] Espece de serfs.

[e] Hostes. *Voy. la Table du troisiéme Volume des Ordonnances.*

[f] ignoranciam.

[g] sur lesquelles il n'y aura point de contestation.

NOTES.

(b) Curiamque, &c.] Voicy comme je crois qu'on peut entendre cette phrase qui est obscure : *Qu'il s'informe de la Jurisdiction à laquelle sont sousmis les hommes de corps, les Hostes & les autres sujets du Prieuré,* [qui demeurent à plus de 15. lieuës de Paris, Voy. cy-dessus,] *& qu'il leur fasse rendre Justice.* Dans le 3.e Vol. des Ordonn. p. 615. Note (d) j'ay donné un sens different à une phrase à peu près semblable : mais celuy-cy me paroist plus naturel.

JEAN I.er & selon d'autres, Jean II. à Paris, le 7. d'Aoust 1351.

(a) Lettres portant que la Ville de Fleurence ne sera jamais separée du Domaine des Rois, & de la Couronne de France.

JOHANNES Dei gratia Francorum Rex: Notum facimus universis presentibus & futuris, quod cum Regalem deceat Majestatem, illos qui fidelitate constantes, ad Regie celsitudinis obsequia prompta devocione prestanda, jugiter exibent se paratos, graciis & privilegiis decorare, & apud eos graciosos ampliare favores: Nos dilectorum & fidelium nostrorum Consulum & Universitatis habitatorum Ville [a] *Florencie Senescalie Tholose, qui ad grata servicia Predecessoribus nostris, & Nobis hactenus impendenda, parati semper fuerunt, & qui ad honorem Regium sollicitis invigilantes studiis, desideranter affectant sub nostro successorumque nostrorum Regum Francie regimine, immediate futuris temporibus gubernari: supplicationi super hoc Nobis facte, favorabiliter annuentes, ipsis & eorum successoribus, pro Nobis & successoribus nostris, concessimus & tenore presencium concedimus auctoritate Regia, de nostre plenitudine potestatis & gratia speciali, quod ipsi & successores sui, sub nostro & successorum nostrorum Regum Francie, vel Primogeniti nostri successuri in Regno, Senescallorumque & Officialium nostrorum dicte Senescallie, prout hactenus fuerunt, regimine perpetuo gubernentur, sintque & remaneant in perpetuum in manibus & de Domanio Regum & Corone Francie vel Primogeniti ipsius in Regno, ut predicitur, successuri, nec in aliam seu alias personam* [b] *cujuscunque condicionis aut status existant, dicta Villa seu Jurisdictio vel Domanium, quam & quod in ipsa aut pertinenciis suis, habemus vel habere debemus, per Nos vel successores nostros, in toto vel in parte transferi quacumque causa valeant, seu quomodolibet* [c] *trasferantur. Quod ut firmum & stabile permaneat in futurum, nostrum presentibus Literis fecimus apponi Sigillum: nostro in aliis & alieno in omnibus jurie salvo.* Datum Parisius, Anno Domini millesimo trecentesimo quinquagesimo, mense Novembris [d] sigillata septima Augusti, Anno quinquagesimo primo, Sigillo Casteleti Parisiensis, in absencia magni, audita relacione Domini Episcopi Laudunensis (b).

Per Regem in Consilio suo, quo eratis vos & Dominus Episcopus Laudunensis.

P. BLANCHET.

[a] Voy. cy-dessus, p. 37. Note (b).

[b] vel personas. *M. de la Ch. des Comptes.*

[c] transferantur. *M. de la Ch. des Comptes.*

[d] signata. *M. de la Ch. des Comptes.*

NOTES.

(a) Tresor des Chartres, Regiſtre 80. Piece 602.

Ces Lettres sont auſſi dans le Memorial C. de la Chambre des Comptes de Paris, *fol.* 243. *verso.*

(b) Dans le M. de la Ch. des Comptes, après *Laudunensis*, il y a: *sic signata super plicum. Per Regem, &c.* & après P. *Blanchet*, il y a d'une autre main, *Collatio fit per me, de Badoüilier.* Il n'est cependant pas bien sûr que la premiere Lettre de ce mot, soit un *B.*

JEAN I.er & selon d'autres, Jean II. à Paris, le 11. d'Aoust 1351.

(a) Lettres qui ordonnent que les Consuls de la Ville de Fleurence, pourront faire faire les cris publics & les proclamations necessaires, dans les affaires qui seront de leur competence.

JOHANNES Dei gratia Francorum Rex: Notum facimus universis presentibus & futuris, quod Nos attendentes & considerantes innumerabilia gravamina, oppressiones & dampna per inimicos nostros dilectis & fidelibus nostris Consulibus & habitatoribus Ville nostre de [e] *Florencia Senescallie Tholose, in capcione Ville ipsius & alia*

[e] Voy. Piece precedente Note marginale (a).

NOTES.

(a) Tresor des Chartres, Regiſtre 80. Piece 601.

facta multipliciter & illata, veramque fidelitatis constanciam quam in eis, predictis non obstantibus, invenimus & probabiliter speramus futuris temporibus invenire, & propterea volentes, ut tenemur, Privilegia & Libertates ipsorum favorabiliter ampliari, ipsis Consulibus & Universitati habitatorum Ville predicte, pro se & suis successoribus in perpetuum, auctoritate nostra Regia de nostreque plenitudine potestatis & gratia speciali, concessimus & concedimus per presentes, quod in omnibus & singulis Causis Justiciam vel Jurisdictionem Consulatus Ville hujusmodi tangentibus, possint ex parte Consulum, [a] *preconizaciones in dicta Villa & pertinenciis ejus, fieri de cetero, tociens & quociens sibi videbitur expedire. Quod ut firmum & stabile permaneat in futurum, nostrum presentibus Litteris fecimus apponi Sigillum: nostro in aliis & alieno in omnibus jure salvo.* Datum Parisius, Anno Domini millesimo trecentesimo quinquagesimo, mense Novembris. Sigillata Sigillo Castelleti in absentia magni, undecima die Augusti, Anno quinquagesimo primo, audita relacione Domini Episcopi Laudunensis.

Per Regem in Consilio suo, quo eratis vos & Dominus Episcopus Laudunensis.

P. BLANCHET.

JEAN I.er & selon d'autres, Jean II, à Paris, le 11. d'Aoust 1351.

[a] les cris publics, les proclamations.

(a) Privileges pour la Ville de Fleurence.

JEAN I.er & selon d'autres, Jean II, à Paris, le 18. d'Aoust 1351.

JOHANNES Dei gratia Francorum Rex: Universis presentibus & futuris. Dum in mentis revolucione deducimus oppressiones & dampna dilectis & fidelibus nostris Consulibus & Habitatoribus Ville de [b] *Florencia, tam in captione Ville hujusmodi quam aliter per inimicos nostros facta, multipliciter & illata, fidelitatisque vere constantiam quam in ipsis ante & post captionem supradictam omnibusque retroactis temporibus, invenimus, facilius inducimur ad ea que libertatem, immunitatem & comodum Ville hujusmodi, Consulumque & Habitatorum ejus concernunt perpetuo* [c] *langienda: Hinc est quod Nos supplicationibus eorumdem Nobis factis super hoc, annuentes, Consulibus & Habitatoribus ipsis pro se & successoribus suis, imperpetuum auctoritate Regia, de nostre plenitudine potestatis & gratia speciali, concessimus atque concedimus per presentes, quod pro quibuscunque contractibus vel delictis per eos aut eorum aliquem, in dicta Villa vel ejus pertinentiis, celebratis aut perpetratis vel etiam celebrandis seu perpetrandis, alibi quam in Villa hujusmodi vel ejus pertinentiis, nisi in casu superioritatis vel ressorti, vel nisi per Nos aut successores nostros ex certa scientia, (b) non-obstante concessione, coram Nobis vel successoribus nostris seu in Parlamento, de hujusmodi Causis cognosci mandetur, de cetero non trahantur.*

Item. *Quod de vel pro dictis contractibus initis in dicto loco, vel de petitionibus bonorum mobilium, aut actionibus realibus, vel aliis quibuscunque que factum guerrarum non tangunt, Marescalli nostri vel eorum* [d] *Prepositi seu Locum-tenentes eorumdem, de cetero non cognoscant vel cognoscere valeant quoquomodo. Si vero contrarium facere niterentur, mandamus per presentes Bajulo & Consulibus dicte Ville, quatinus ipsis vel eorum Literis aut mandatis super hoc, non pareant nec ea exequantur aut exequi faciant quoquomodo: Concedentes quod* [e] *inobedientia quantum ad hoc ab eis facta,* [f] *reprehensi quoquomodo non valeant vel puniri: Ab omnibus autem processibus, si qui sint post & contra tenorem nostre presentis gratie, incohati vel incepti, cessari statim penitus volumus & desisti, ipsosque decernimus de cetero nullius esse valoris vel momenti. Quod ut firmum & stabile permaneat in futurum, nostrum presentibus Literis fecimus apponi*

[b] Fleurence. *Voy. cy-dessus, p. 37. Note (b).*

[c] largienda.

[d] Ce mot est difficile à lire, & un peu douteux.

[e] de.

[f] reprehendi.

NOTES.

(a) Tresor des Chartres, Registre 80. Piece 630.

(b) Non obstante concessione.] Je crois que cela signifie; à moins que dans les Lettres par lesquelles le Roy évoquera à luy ou à son Parlement, les affaires des Habitans de Fleurence, il n'y ait formellement cette clause; *nonobstant les Privileges des Habitans.*

a Voy. le 3.e Vol. des Ordonn. S. Ordonnance.

Sigillum : nostro in aliis & alieno in omnibus jure salvo. Datum Parisius, [a] Anno Domini millesimo trecentesimo quinquagesimo, mense Novembris. *Sigillata Sigillo Castelleti in absencia magni, decima-octava die Augusti, Anno quinquagesimo-primo, audita relacione Domini Episcopi Laudunensis.*

Alias signata. Per Regem ad relacionem Consilii in quo eratis vos & Dominus Laudunensis. P. BLANCHET. *Et correcta in Cancellaria.* CLAVEL.

JEAN I.er & selon d'autres, Jean II. à Paris, le 18. d'Aoust 1351.

(a) Sauvegarde Royale pour la Ville de Fleurence.

b pacis.

c Voy. cy-dessus, p. 37. Note (b).

d Espece de serfs.

e Especes de maisons. *Voy. Du Cange, au mot* Borda.

f conservent.

JOHANNES Dei gracia Francorum Rex: Inter ceteras sollicitudines quibus animus noster frequenter afficitur, ad hoc precipue nostre mentis affectus aspirat, ut nostri subditi quorum multi occasione guerrarum, illi presertim qui per inimicos nostros & Regni nostri, capti & depredati fuerunt, oppressiones & dampna quamplurima passi sunt multis modis, ab omnibus de cetero violenciis, injuriis & gravaminibus, sub nostre deffencionis munimine protegantur, ut in [b] *passis transquilitate viventes, Nobis imposterum liberius servire valeant, & à suis facilius dampnis & gravaminibus relevari. Notum igitur facimus universis presentibus & futuris, quod Nos preattendentes magnas oppressiones & injurias enormes, innumerabiliaque dampna & gravamina per inimicos nostros in captione Ville nostre de* [c] *Florencia Senescallie Tholose, dilectis & fidelibus nostris Consulibus & Habitatoribus Ville hujusmodi, facta multipliciter & illata, & propter hoc attentius affectantes eos & successores eorum, de cetero ab omnibus violenciis, injuriis & gravaminibus quantum debite fieri poterit, preservari & defendi, ipsos Consules & Habitatores Ville predicte, presentes & futuros, una cum eorum Officialibus & servitoribus, familiaribus, ac etiam hominibus* [d] *de corpore, bonis, rebus, juribus, domibus, maneriis,* [e] *bordillis & possessionibus universis & singulis eorumdem, ad suorum jurium conservacionem & securitatem duntaxat, in nostra salva & speciali Gardia, pro Nobis & successoribus nostris Francie Regibus, ad eorum supplicationem suscepimus ac etiam suscipimus auctoritate Regia, de speciali gratia, per presentes : mandantes Senescallis Tholose & Agenni, qui nunc sunt & qui in futurum erunt, & eorum cuilibet in sua Senescallia, aut eorum Loca-tenentibus, quatenus dictos Consules & Habitatores dicte Ville, eorum Officiales & servitores, familiares, hominesque suos de corpore, cum eorum bonis & rebus, juribus, domibus, maneriis, bordillis & possessionibus universis & singulis, in & sub dictis protectione & salva ac speciali Gardia Regia, manuteneant &* [f] *conservant, vel manuteneri faciant & servari, ipsosque & quemlibet eorumdem, ab omnibus injuriis, violenciis, gravaminibus, inquietationibus, molestiis, vi armorum, potentia Laicorum & aliis oppressionibus & novitatibus indebitis quibuscumque, defendant & deffendi faciant, nec permittant eisdem aut eorum alteri, in personis, rebus, Jurisdictionibus, familiis, juribus, possessionibus, bonis aut aliis quibuslibet ad eos pertinentibus, aliquas violencias, injurias, oppressiones aut dampna vel indebitas novitates à quibuscunque, cujuscunque status aut condicionis existant, in dicte salve & specialis Gardie nostre prejudicium, fieri vel inferri: Quas si factas in prejudicium dicte salve Gardie & ipsorum supplicantium, invenerint, revocent & ad statum pristinum & debitum reducant vel reduci faciant indilate; Nobisque ac predictis in dicta speciali Gardia Regia assumptis, emendam propter hoc condignam fieri & prestari ; pennuncellosque nostros Regios, in signum presentis Salve-gardie in domibus, possessionibus, maneriis, bordillis, locis & rebus suis, in terra que jure-scripto regitur, apponant seu apponi faciant, si super hoc fuerint requisiti ; dictamque salvam & specialem Gardiam nostram, ubi & prout expedierit, publicent seu faciant publicari ; inhibendo seu inhiberi faciendo omnibus & singulis de quibus fuerint*

NOTES.

(a) Tresor des Chartres, Registre 80. Piece 628.

requisiti,

requisiti; sub certis & magnis penis Nobis applicandis, ne prefatis Consulibus & eorum Officialibus ac servitoribus, familiaribus seu hominibus de corpore, in eorum personis aut bonis, Jurisdictionibus, possessionibus & rebus quibuslibet, foresacere presumant quoquomodo; ipsisque & eorum cuilibet [a] assecuramentum legitimum à personis nostris earumdem Senescalliarum subdictis, omnibus & singulis de quibus illud habere voluerint, juxta Patrie consuetudinem, haberi faciant & prestari: Et si super rebus aliquibus inter ipsos Consules aut eorum aliquos & alios, debatum aliquod in casu novitatis oriatur, illud debatum & rem contenciosam ad manum nostram, tanquam superiorem, ponant, & recredenciam per eandem manum, cui & prout de jure facienda fuerit, faciant, & deinde, Partibus auditis, super his & ea tangentibus seu dependentiis ex eisdem, exibeant Partibus celeris & debite Justicie complementum. Ad premissa vero diligencius excequenda, volumus quod dicti Senescalli & eorum quilibet in sua Senescallia, unum vel plures de Servientibus nostris deputent: Nostre autem intencionis non existit, quod de his que Cause cognicionem requirent, dicti Servientes ullatenus se intromittant. Quod ut firmum & stabile permaneat in futurum, Sigillum nostrum Litteris presentibus duximus apponendum: nostro in aliis & alieno in omnibus jure salvo. Datum Parisius, Anno Domini millesimo trecentesimo quinquagesimo, mense Novembris.

JEAN I.er & selon d'autres, Jean II. à Paris, le 18. d'Aoust 1351.

a Voy. le 3.e Vol. des Ordonn. p. 264. Note (b)

Alias sic signata. *Per Regem ad relacionem Consilii sui, in quo eratis Vos & Dominus Episcopus Laudunensis.* P. BLANCHET. *Et correcta in Cancellaria.* TASSIN.

[b] *Sigillata Sigillo Castelleti Parisiensis, in absencia magni, decima-octava die Augusti, Anno quinquagesimo-primo: Audita relacione Domini Episcopi Laudunensis.* FULCO.

b *Voy. la Preface du 3.e Vol. des Ordon.* §. Ordonnances.

JEAN I.er & selon d'autres, Jean II. à S.t Omer, en Aoust 1351.

(a) Sauvegarde Royale pour l'Abbaye de S.t Jean au Mont.

JOHANNES Dei gratia Francorum Rex: Notum facimus universis tam presentibus quam futuris, quod Nos studiosis vigiliis instancius laborantus, querimusque oportuna remedia quibus Ecclesie & alia pia loca, sub nostre protectionis clipeo, in transquillitate pacis quiescant, atque Regni nostri Ecclesie, quarum servitores sub devote Religionis observancia, nocte dieque Divinis insistunt obsequiis, sub protectione Regia à suis [c] relevantur pressuris, & per Regalem potentiam à noxiis defendantur; ut eo liberius & fervencius circa Divinum cultum vacare valeant, quo habundancius per Nos senserint se adjutos. Sane ex parte Religiosorum Abbatis & Conventus Monasterii (b) Sancti Johannis-in-monte juxta [d] Morinum, Ordinis Sancti Benedicti, asserencium ex certis & verissimilibus conjecturis, à nonnullis in personis & bonis, sibi timere, Nobis sint humiliter supplicatum, quatinus, ut ab injuriis, violenciis, molestiis, gravaminibus ac jacturis defendi valeam & tueri, ac pace & securitate gaudere, Nos ipsos in & sub protectione nostra Regia & Gardia speciali, suscipere [e] dignaremus. Nos igitur in hac parte ipsorum supplicationi favorabiliter annuentes, prefatos Abbatem & Conventum, eorumque Ecclesiam predictam, tam in Capite quam in membris, & singulas personas ejusdem Ecclesie, una cum domibus, grangiis, possessionibus, bonis omnibus & famulis suis, in & sub nostra & successorum nostrorum Regum Francie protectione & Salva-gardia speciali tenore presencium suscipimus, in eisdem, quatenus immediate Nobis subsunt, perpetuo remansuros: Dantes Baillivo Ambianensi, ceterisque Justiciariis nostris presentibus & futuris, aut eorum Loca-tenentibus & ipsorum cuilibet prout ad eum pertinuerit, tenore presentium in mandatis, quatinus prefatos Abbatem & Conventum, Ecclesiamque suam predictam, tam in Capite quam in membris, domos, grangias, hereditates & possessiones eorum, & singulas personas ipsius Ecclesie, in suis usibus,

c releventur.

d Therouane, *Ville détruite.*

e dignaremur.

NOTES.

(a) Tresor des Chartres, Registre 80. Piece 654.

(b) *Sancti Johannis.*] Je n'ay rien trouvé sur cette Abbaye dans les deux Editions de la *Gall. Christ.* ni ailleurs.

JEAN I.er & selon d'autres, Jean II. à S.t Omer, en Aoust 1351.

juribus, franchisiis, libertatibus & saisinis, in quibus eos esse & eorum predecessores fuisse ab antiquo pacifice reperierint, sub dicta protectione Regia & Gardia speciali nostris defendant, nec permittant eis aliquas indebitas novitates fieri vel inferri; & si quas factas vel illatas invenerint, ad debitum statum reducant aut reduci faciant, res eorum, de quibus debatum seu contencionem in casu novitatis inter ipsos ex una parte & quoscunque alios ex altera, oriri contigerit, ad nostram, tanquam superiorem, manum apponant, assignando diem seu dies competentem vel competentes Partibus contendentibus, coram locorum Judicibus ordinariis vel eorum Loca-tenentibus, ad quos premissorum cognicio pertinere debebit, quociens casus emerserit, & loca contentiosa ressaisiri faciant, si & prout fuerit faciendum: Ipsosque Abbatem & Conventum, tam conjunctim quam divisim, & eorum successores ac familiam eorundem, ab omnibus injuriis, violenciis, oppressionibus, vi armorum, laicali potentia, novitatibus indebitis, molestiis & gravaminibus quibuscunque deffendant, faciantque deffendi, & quantum ad premissa diligencius exequenda, dictis Religiosis, quociens opus fuerit, & ipsi requisierint, aliquos de Servientibus nostris in Gardiatores speciales ex parte nostra, deputent & concedant, qui omnia & singula faciant que ad Gardiatorem pertinent specialem: de hiis tamen que Cause cognitionem exigunt, se nullatenus intromittendo. Quod ut firmum & stabile permaneat in futurum, presentibus Literis nostrum fecimus apponi Sigillum: nostro & alieno in omnibus jure salvo. Datum apud Sanctum Audomarum, Anno Domini millesimo trecentesimo quinquagesimo primo, mense Augusti.

Per vos. J. HELIAS.

JEAN I.er & selon d'autres, Jean II. à Paris, le 26. de Septembre 1351.

(a) Suspension du payement des dettes du Roy.

LES Genz des Comptes nostre-Seigneur le Roy, à Paris: Au Receveur de Paris, Salut. Nous avons receu les Lettres patentes de nostredit Seigneur, contenant la fourme qui s'ensuit.

JOHANNES Dei gratia Francorum Rex: Dilectis & fidelibus Gentibus nostris Compotorum nostrorum, & Thesaurariis, ac Clerico & Cambiatori Thesauri nostri Parisiensis, & universis & singulis Receptoribus, salutem & dilectionem. Cum nuper Nos trengas concesserimus Regi Anglie per unum annum continue duraturas, Nos urgente necessitate & evidenti utilitate Reipublice Regni nostri, & ut melius & commodius providere possimus necessitatibus nostris & defensioni subditorum nostrorum, cessantibus treugis supradictis, deliberacione in nostri grandi Consilio prehabita diligenti, duximus ordinandum, quod solucio debitorum quorumcunque, in quibus tam ex causa carissimi Domini & Genitoris nostri & aliorum predecessorum nostrorum, seu nostro nomine tenemur aut teneri possimus, tam ex mutuo quam ex donis imperpetuum vel ad vitam seu ad voluntatem, aut pro vadiis guerrarum vel aliter quovismodo, differetur usque ad finem dictarum treugarum; exceptis [a] *Feodis antiquis ad hereditatem, & elemosinis perpetuis ab antiquo fundatis; etiam si terminus solucionis debite sit elapsus vel cadere debeat durantibus treugis supradictis. Mandamus vobis & vestrum cuilibet precipiendo districte, quatinus Ordinacionem nostram predictam inviolabiliter observantes & observari facientes, nichil in contrarium faciatis aut fieri permittatis, vel solvatis aut* [b] *scribatis; vel in solventium compotis allocetis; quinimo super solventes, si qui essent, sic soluta recuperare curetis, non obstantibus Litteris vel mandatis nostris vel Gentium nostrarum contrariis, si qui eas per importunitatem vel aliter forsitan impetrarent: aliquas tamen*

a Fiefs & Aumosnes. *Voyez la Table du 3.e Vol. des Ordonn. à ce mot.*

b Cela se rapporte apparemment au Clerc du Tresor.

NOTES.

(*a*) Memorial C. de la Chambre des Comptes de Paris, *fol.* 106. *verso.* Avant cette Piece, il y a dans le Memorial: *Die 19.a Novembris 1351. scriptum fuit omnibus Receptoribus Regni quod durantibus treugis, nichil solvant.*

personas Nobis in Consiliis & obsequiis continue assistentes, vobis per nostras Litteras declarandas, in hac Ordinacione non intendimus comprehendi. Datum Parisius, vigesima sexta die Septembris, Anno Domini millesimo trecentesimo quinquagesimo primo.

JEAN I.er & selon d'autres, Jean II. à Paris, le 26. Septembre 1351.

LESQUELLES Lettres cy-dessus transcriptes, Nous vous mandons de par ledit Seigneur que sur peine d'encourre [a] s'indignation, vous accomplissiez de point en point & sans enfraindre, & gardez bien tout ce qui est contenu esdites Lettres, par tele maniere qu'il n'y ait aucun deffaut, dont vous feriez griefment punis. Escript à Paris, le 9.e jour de Novembre, l'An 1351.

a *son indignation.*

Item. COMME les imposicions que l'en lieve ou Royaume de France, ayent esté octroyées & accordées par les Habitans dudit Royaume, pour le bien commun & pour la defension dudit Royaume, & ayent esté bailliées & affermées à plusieurs personnes qui les tiennent pour [b] mendre pris que il n'apartient; Considerée la très grant chierté qui est avenuë en touz vivres & en toutes marchandises, savoir vous faisons que le Roy & son grant Conseil ont ordené & commandé pour l'évident prouffit de ladite defension & de tout le bien commun, que vous & tous les autres Receveurs & deputez sur le fait desdites impositions, faciez crier & savoir solemnelment par tous les liex où il sera à faire, que quiconques voudra enchierir chacune desdites imposicions, il y sera receu jusques à quinze jours acomplis après ladite criée, [c] mais que chascun marchié & imposicion ne soient enchieriz [d] du mainz que du tiers denier; c'est à savoir, que deux deniers du pris où lesdiz marchiez sont maintenant, ne seront pas mis à moins de trois deniers, & après chascun enchiere du tiers denier mise sur chascune desdites imposicions, vous recevrez sur ce tous enchierisseurs qui depuis y vouldront mettre une enchiere accoustumée, c'est assavoir du disieme denier, durans les quinze jours dessusdiz. Si vous mandons de par le Roy, que ainsi le faciez estre fait par les [e] mettes de vostre Recepte, en tele maniere qu'il n'y ait aucun deffaut, dont l'en se prenroit à vous & à vos biens; en prenant bonnes caucions de ceuls à qui les marchiez demourront, & en leur faisant avoir bon & loyal compte de tout ce qui en a esté levé pour tout le temps passé.

b *moindre.*

c *pourvû que.*

d *du moins.*

e *bornes, estenduë.*

Item. Pour ce que Nous avons entendu que plusieurs establiz sur le fait des Artillerie du Roy nostre Seigneur, dedens les [f] fins de vostre Recepte, qui prennent gaiges pour ceste cause, ne font leur Office en ceste partie, ne ne rendent ne n'ont rendu ou temps passé ouvrage si convenable, & si grant quantité, au prouffit du Seigneur, comme il deussent, Nous vous mandons & deffendons que aus dessusdiz vous ne payez lesdiz gaiges pour le temps present & avenir, jusques à tant que il vous ait esté souffisament tesmoigné dudit ouvrage, & que il vous ait apparu que il l'ayent baillié à personnes ayans povoir de le recevoir pour nostredit Seigneur, en Nous reservant tout ce que fait & trouvé en aurez. Donné comme dessus.

f *estenduë.*

JEAN I.er & selon d'autres, Jean II. à Paris, en Septembre 1351.

(a) Lettres qui nomment le Seneschal de Toulouse, & les Juges du Lauraguais, Gardes & Conservateurs des Privileges de la Ville de Revel.

Philippe VI. dit de Valois, à Conflent près Paris, en May 1345.

JOHANNES Dei gratia Francorum Rex: Notum facimus universis tam presentibus quam futuris, Nos infrascriptas vidisse Litteras, formam que sequitur, continentes.

NOTES.

(a) Tresor des Chartres, Registre 80. Piece 614.

JEAN I.er & selon d'autres, Jean II. à Paris, en Septembre 1351.

PHILIPPUS Dei gratia Francorum Rex: Notum facimus universis tam presentibus quam futuris, quod Nos, audita supplicatione Consulum & habitancium, Universitatis & Communitatis loci nostre Bastide de (b) Revello, asserencium quod cum Nos ad juris & boni communis tutam & quietam conservacionem, nephandorumque periculorum & malorum effugacionem, que per latrones, homicidas & vispoliatores inibi & circumvicinis locis olim habitantes, fieri & perpetrari solebant, in ipso loco Bastidam nomine de Revello vocatam, fieri, [a] fondari & construi [b] juxerimus & fecerimus, omnibusque dicte Bastide Burgensibus & aliis loci ejusdem habitantibus, certa Privilegia, Immunitates, Franchisias & Libertates ex nostra auctoritate Regia concesserimus & donaverimus, sicut per alias nostras Litteras super hoc confectas, in cera viridi & filis sericeis sigillatas, plenius dicitur apparere: & dictus locus seu Bastida Burgensibus & aliis habitantibus, jam sit tantum populatus & augmentatus, quod bonum eis esset & utile, ut asserunt, habere & à Nobis obtinere Conservatores dictorum Privilegiorum, qui eosdem Burgenses & habitantes in eorum Privilegiis, Immunitatibus, Franchisiis & Libertatibus tenerent & custodirent, & ipsos eisdem uti facerent & gaudere. Unde Nos eorum supplicationi favorabiliter inclinati, eisdem Senescallum Tholose & Judicem Lauraguesii, & eorum quemlibet qui nunc sunt & pro tempore fuerint, tenore presencium dictorum Privilegiorum, Immunitatum, Franchisiarum & Libertatum Custodes [c] Conservatores eligimus, deputamus, committimus & donamus: mandantes eisdem Senescallo & Judici presentibus pariter & futuris, quatenus dictos Burgenses & habitantes & quemlibet eorumdem, suis prefatis Privilegiis, Immunitatibus, Franchisiis & Libertatibus custodiant & deffendant, juxta dictorum Privilegiorum continentiam & tenorem: quequidem Privilegia prefatis Senescallo & Judici, tanquam eorumdem Privilegiorum Conservatoribus & conservatorio nomine, tradi volumus & jubemus: dantes in mandatis per presentes, omnibus Justiciariis, Officialibus & subditis nostris quatenus dictis Senescallo & Judici tam presentibus quam futuris, & eorum cuilibet aut Loca-tenentibus eorumdem, tanquam dictorum Privilegiorum veris Conservatoribus, & ipsius Conservatorie Officium una cum ejus dependentiis, faciendo & exercendo, obediant diligenter & intendant, nec eosdem in predictis impediant, perturbent vel molestent, seu perturbari, molestari faciant vel permittant quoquomodo. Quod eisdem tenore presencium de gratia concedimus speciali. Et ut firmum & stabile permaneat in futurum, nostrum presentibus Literis fecimus apponi sigillum: Salvo in aliis jure nostro & in omnibus quolibet alieno. Datum apud Conflans propè Parisius, Anno Domini millesimo trecentesimo quadragesimo-quinto, mense Maii.

[a] fundari.
[b] jusserimus.
[c] &.

QUASQUIDEM Literas, & omnia & singula in eis contenta, rata habentes & grata, ea volumus, laudamus, approbamus, ratificamus & auctoritate nostra Regia, ex certa scientia, de speciali gratia tenore presentium confirmamus. Dantes tenore presencium in mandatis eisdem Senescallo & Judici presentibus pariter & futuris, quatinus prefata Privilegia, Immunitates, Franchisias & Libertates, juxta tenorem & formam dictorum Privilegiorum, custodiant & observent, eademque faciant custodiri ab omnibus & inviolabiliter observari, ac omnibus Justiciabilibus, Officialibus & subdictis nostris, quatinus

NOTES.

(b) *Revello.*] Revel dans le haut Languedoc, du Diocese de Lavaur, dans le Lauraguais. Il est dit précisement dans les Lettres de Philippe de Valois, qu'il est le fondateur de ce lieu. Cependant dans les Mem. de l'Hist. de Languedoc par Catel, p. 356. & suiv. il est dit que *Revel* a esté basti par l'ordre de Philippe le Bel, & il en rapporte pour preuve l'inscription suivante qui est sur la porte:

Quæ dudum Vauri Bastida vocabar,
Dicta Rebellus ero Regis honore mei.

Mais il y a grande apparence que ces Vers ont esté faits long-temps après la fondation de la Ville, par une personne qui a voulu trouver l'étymologie du nom de cette Ville dans celuy de Philippe le Bel : mais cette étymologie ne peut estre admise : car dans ces anciens monuments, *Revel* est toûjours nommée *Revellum* & non *Rebellum*. Voy. le Dictionn. Univers. de la France, aux mots *Rebel* & *Revel*. L'Auteur a apparemment copié *Catel*.

dictis Senescallo & Judici tam presentibus quam futuris, & eorum cuilibet aut eorum Loca-tenentibus, ut Conservatoribus dictorum Privilegiorum & ex eisdem dependentiis, pareant & intendant, nec eosdem in premissis impediant, [a] *perturbant vel molestent, seu impediri, perturbari* [b] *molestari faciant vel permittant. Quod ut firmum & stabile permaneat in futurum, nostrum presentibus Litteris fecimus apponi sigillum: Salvo in aliis jure nostro & in omnibus quolibet alieno.* Datum Parisius, Anno Domini trecentesimo quinquagesimo-primo, mense Septembris.

Per Regem, ad relacionem Consilii. Collatio facta est. CLAVEL.

a perturbent.
b vel.

JEAN I.er & selon d'autres, Jean II. à Paris, en Septembre 1351.

(a) Lettres qui ordonnent que la Ville de Rueil ressortira doresnavant à la Prevosté d'Espernay.

JOHANNES Dei gratia Francorum Rex: Universis tam presentibus quam futuris, salutem. Literas carissime Domine & Consanguinee nostre Regine Johanne, vidimus, formam que sequitur, continentes.

(b) JEHANNE par la grace de Dieu Royne de France, & de Navarre: à tous ceulz qui ces presentes Lettres verront, Salut. Comme nostre Amé & Feal le Seigneur de Noyers, tiengne de nous en Fié, comme [c] Bail de Jehan de Noyers son fil, la Ville de *(c)* Rueil & les appartenances, qui sont de nostre Chastellenie & ressort de Chastillon-sur-Marne, & lidis sires de Noiers Nous ait supplié, que comme sondit filz ait certainne autre terre mouvant de Nous en nostre Prevosté & ressort d'Esparnay, Nous ladicte Ville de Rueil & les appartenances, voulsissiens mettre en nostredicte Prevosté & ressort d'Esparnay: Savoir faisons que Nous enclinans à sa supplication pour consideration de lui, voulons & Nous plaist, & de grace especial li avons octroié & octroions par la teneur de ces Lettres, entant comme à Nous appartient, que la dicte Ville de Rueil & les appartenances d'icelle, qui souloient estre, comme dit est, de nostre Prevosté & ressort de Chastillon, soient & demeurent dores-en-avant de nostre Prevosté & ressort d'Eparnay: [d] sauf tant que il est nostre entencion & voulons que ycelle Ville de Rueil & les appartenances, quant à Lettres mectre à execution & en autres choses, soient gouvernées & demenées aus Us & Coustumes [e] que elles estoient avant nostre present octroy: donnans en mandement par ces moesmes Lettres, à nostre Bailli de Crecy, [f] à nos Prevos & Sergans de Chastillon qui à present sont & qui pour le temps seront, que nostre dicte grace il gardent & facent garder & enteriner de point en point, chascun en droit soy, selont la teneur de nostredit octroy, sanz y mettre dores-en-avant aucun debat ou empeschement. En tesmoing de laquelle chose, Nous avons fait mettre nostre seel en ces presentes Lettres. *Donné à (d) Becoisel, le vint deuzieme jour de Juillet, l'An de grace mil trois cenz trente & huict.*

c Tuteur.
d Et cependant nôtre intention est.
e par lesquelles elles l'estoient.
f &.

NOS igitur ad supplicationem dilecti & fidelis Symonis de Buciaco Militis & Consiliarii nostri, asserentis dictam Villam de Ruolio cum suis pertinenciis, nunc ad ipsum certo titulo pertinere, predictas Literas & omnia in eis contenta, rata habentes & grata,

NOTES.

(a) Tresor des Chartres, Registre 80. Piece 618.

(b) Jehanne.] Jeanne d'Evreux, troisieme femme de Charles IV. dit le Bel. *Hist. Geneal. de la M. de Fr. t. 1. p. 97.*

(c) Rueil.] Peut-estre prononce-t-on aujourd'huy *Reuil*, & est-ce le lieu de ce nom, situé dans la Champagne & de l'Election d'Epernay, sur lequel Voy. *le Dictionn. Univers. de la Fr.*

(d) Becoisel.] *Becoyseau*, vieux Château Royal, situé à l'entrée de la Forest de Cressy. *Dictionn. Univers. de la Fr. à ce mot.*

JEAN I.er & selon d'autres, Jean II. à Paris, en Septembre 1351.

ea volumus, approbamus, ratifficamus, & tenore presencium de nostra speciali gratia confirmamus: & quia dicta Domina & Consanguinea nostra de dictis Prepossituris solum usufructuaria existit, volumus & eidem Militi & Consiliario nostro pro se suisque heredibus & successoribus, concessimus & per presentes concedimus ex certa scientia & gratia speciali, quod dicta Villa de Ruolio cum omnibus ejus pertinenciis, sint & remaneant imperpetuum de Prepositura & ressorto de Espernayo predictis: Volumus tamen & est intentionis nostre, quod dicta Villa de Ruolio cum pertinenciis ejusdem, quantum ad Literas executioni demandandas & aliter, regatur & deducatur modo & forma & ad Usus & Consuetudines quibus ante presentem & dicte Domine & Consanguinee nostre concessionem, regebatur: Quocirca Baillivo de Cretiaco, Preposito & Servientibus de Castellione, omnibusque Justiciariis nostris qui nunc sunt & qui pro tempore fuerint, damus hiis presentibus in mandatis, quatenus dictum Militem & Consiliarium nostrum, ejus heredes seu successores aut ab eo causam habentes vel habituros, imperpetuum hujusmodi concessione & gratia nostris uti & gaudere faciant & permittant pacifice & quiete, nec contra tenorem earundem, ipsos in aliquo impediant, inquietent seu molestent, nec impediri, inquietari seu molestari quomodolibet patiantur à quoquam: Et si quid forsan in contrarium fieri seu attemptari contigeret, id revocari & ad statum pristinum & debitum reducant aut reduci faciant indilate. Quod ut firmum & stabile permaneat in futurum, presentes Literas Sigilli nostri munimine fecimus roborari: Salvo in aliis jure nostro & in omnibus quolibet alieno. Actum & datum Parisius, Anno Domini millesimo trecentesimo quinquagesimo-primo, mense Septembris.

Per Consilium in quo vos eratis. Collatio facta est. R. POTIN.

JEAN I.er & selon d'autres, Jean II. à S.t Victor près de Paris, le 27. d'Octobre 1351.

(a) Sauvegarde Royale pour le Monastere de S.t Jean d'Angeli.

JOHANNES Dei gratia Francorum Rex: Notum facimus universis tam presentibus quam futuris, quod Nos [a] Sancti Johannis Angeliacensis Ecclesias, Monasteria, & personas Ecclesiasticas in Regno Francie constitutas, sub nostre protectionis & deffensionis clipeo, in quiete & pace manere volentes, ut eo liberius, devocius & [b] prumpcius Divinis vaccent & intendant obsequiis, quoad perversoribus & malivolis, ac eorum molestiis, turbinibus & oppressionibus, senserint se deffensos per Regiam Majestatem, Monasterium ipsum, tam in Capite quam in membris, Abbatem & Conventum ejusdem Sancti Johannis Angeliacensis, pro se & successoribus suis, cum familiaribus eorum, servitoribus, [c] hominibus de corpore, bonis ac rebus quibuscunque, ad conservacionem suorum jurium, sub protectione & Salva-gardia Regis perpetuo remansuros, suscipimus & ponimus per presentes: Mandantes & committentes Xanctonensi, Pictavensi [d] Petragoricensi Senescallis, & eorum Loca-tenentibus qui nunc sunt & qui pro tempore fuerint, & eorum cuilibet insolidum, quatenus dictum Abbatem & Conventum cum bonis suis, Monasteriis, Prioratibus, Ecclesiis, domibus, grangiis, Jurisdictionibus & locis omnibus, ac familiaribus, servitoribus, hominibus suis de corpore, sub protectione & Salva-gardia Regia predictis, manuteneant & conservent in suis possessionibus, Franchisiis, Libertatibus, Juribus, Usibus & saisinis, in quibus noverint ipsos esse & fuisse pacifice ab antiquo; & ab injuriis, violenciis, oppressionibus, vi armorum, laycorum potentia & aliis inquietationibus & novitatibus quibuscunque, protegant & deffendant: Quas si factas esse repererint, ad pristinum statum indilate reducant vel reduci [e] & Nobis ac Parti lese propter hoc emendam fieri condignam; & de personis à quibus dicti Religiosi vel familie, servitores, homines sui de corpore, vel aliquis ipsorum [f] assecuramentum exigere voluerint, eisdem juxta Patrie consuetudinem, legitimum prestari faciant; & in signum hujusmodi Salve-gardie nostre,

a Saint Jean d'Angeli.
b promptius.
c Espece de serfs.
d &.
e faciant.
f Voy. le 3.e Vol. des Ordonn. p. 264. Note (b)

NOTES.

(a) Tresor des Chartres, Registre 81. Piece 10.

penuncellos Regios super Ecclesiis, Prioratibus, grangiis, in terra Juris-scripti sita, aponi, istamque Salvam-gardiam in locis in quibus expedierit, publicari, & personis de quibus requisiti fuerint, intimari faciant, ac inhiberi ex parte nostra, sub certis penis Nobis aplicandis, ne dictis Religiosis aut eorum [a] *famuiliaribus, servitoribus aut hominibus predictis, aliqualiter forefacere presumant; nec non omnia debita bona & legalia, census, redditus & proventus, decimas & alia debita dictorum Religiosorum, faciant eis solvi, debitores suos ad hoc viriliter & debite compellendo: Non-obstantibus Litteris subrepticiis in* [b] *contraruum impetratis seu impetrandis quibuscunque: Et si forsan debatum aliquod super eis oriatur in casu novitatis, ipsum ad manum Regiam, tanquam superiorem, ponant, & Partibus vocatis coram ipsis vel altero ipsorum, factaque recredentia, si & ubi fuerit facienda, exibeant Justicie complementum: Et ad exequendum premissa, unum vel plures Servientes nostros in speciales Gardiatores prefatis Religiosis deputent, quos ipsi Religiosi duxerint nominandos,* [c] *faciendumque* [d] *& excercendum omnia & singula que aid specialis Gardiatoris* [e] *Officuum pertinere noscuntur. Nolumus tamen quod iidem Gardiatores de hiis que Cause cognicionem exigunt, se aliqualiter intromittant. Si vero contingerit alterum ex specialibus Gardiatoribus humanis rebus eximi, aut à dictis Gardiatoris Officiis amoveri seu suspendi, aut dictis Religiosis esse suspectum, seu negligentem in exequendis premissis, quomodolibet aut exosum, ipsum vel ipsos ad dictorum Religiosorum requestam,* [f] *volimus amovendos, & alium seu alios gratos & non suspectos, loco alterius subrogandos, potestatem consimilem habituros. Quod ut firmum stabile perpetuo maneat, presentibus Litteris nostrum fecimus apponi Sigillum.* Datum apud Sanctum Victorem-propè-Parisius, vicesima septima die mensis Octobris, Anno Domini millesimo trecentesimo quinquagesimo-primo.

Per Regem, ad relacionem vestram & Elemosinarii. FRANC.

JEAN I.er & selon d'autres, Jean II. à S.t Victor près de Paris, le 27. d'Octobre 1351.

a familiaribus.
b contrarium.
c ad.
d que *est inutile.*
e Officium.
f volumus.

JEAN I.er & selon d'autres, Jean II. à Paris, en Octobre 1351.

(a) Confirmation des Usages & Coustumes de la Ville de Concorsaut.

JOHANNES Dei gratia Francorum Rex: Ad illos sub Regalis magnificencie clipeo protegendos, & in suis juribus & Privilegiis conservandos, Regalis Celsitudo se reddere consuevit semper propiciam & benignam; & maxime in eorum desideriis favorabiliter adimplendis, quos sinceritas dilectionis & continuata servicia fidelitatis recommendant. Notum [g] *que ita facimus universis tam presentibus quam futuris, quod cum dilecti & fideles nostri Burgenses & Habitatores bone Ville nostre & Castellanie de* (b) *Concorcello super Saudram, in Baillivia Bituricensi, qui ad* [h] *specialis honoris Corone Francie, se & sua ab antiquo exponere fideliter & continue servicia non cessarunt neque cessant, cupiant multum & ardencius affectent, ut ex eorum porrecta Nobis supplicatione innotuit, teneri, regi & conservari perpetuo, ad Usus & Consuetudines quibus usi fuerunt hactenus, & eorum privilegia per Dominos suos condam concessa eisdem, antequam dicta Villa esset per Nos acquisita, approbari, laudari & etiam confirmari: Nos cupientes subdictis nostris, & maxime benemeritis, Nos semper reddere graciosos, favorabiles & benignos, volentes eisdem supplicantibus in eorum proposito, tanquam consono racioni & justo, consovere, ut ceteri ad honorabilia Regia & utilia servicia ardenciori & promptiori animo continue & fideliter incitentur; capropter dictis Burgensibus nostris & habitatoribus dictarum Ville & Castellanie de Concorcello, pro se & Successoribus suis habitatoribus dictarum Ville & Castellanie, perpetuo concessimus & concedimus de nostra speciali gratia, ex certa scientia, auctoritate Regia, & ex plenitudine nostre*

g itaque.
h specialem honorem, *ou plûtôt il manque un mot.*

NOTES.

(a) Tresor des Chartres, Registre 81. Piece 84.

(b) *Concorcello.*] *Concorsaut*, Ville située sur la Saudre dans le Berri, à dix lieues de Bourges, entre Aubigni & Sancerre. Voy. *Dictionn. Univers. de la Fr. à ce mot.*

Regalis magnificentie, ut ipsi & eorum successores habitatores dictarum Ville & Castellanie, teneantur, regantur & conserventur perpetuo per Nos & Successores nostros Reges Francie, ad Usus & Consuetudines laudabiles quibus tenebantur, regebantur & conservabantur, antequam dictas Villam & Castellaniam acquisivissemus: necnon eorum privilegia laudabilia per Dominos suos condam eis legitime concessa, prout eis hactenus pacifice usi sunt & debite, confirmamus per presentes, & ea volumus habere perpetui roboris firmitatem. Et quod hoc sit firmum & stabile in futurum, presentibus Litteris nostrum fecimus apponi Sigillum: salvo tamen in aliis jure nostro & in omnibus quolibet alieno. Actum & datum Parisius, Anno Domini millesimo trecentesimo quinquagesimo-primo, mense Octobris.

Per Regem ad relacionem vestram. FRANCO. *Scriptor.*

JEAN I.er & selon d'autres, Jean II. à S.t Christophe en Halate, le 13. de Novembre, [apparemment] 1351. Voy. la Note (*b*)

(*a*) *Lettres qui ordonnent que l'on rachetera pour le Roy & en son nom, les rentes en grain, à prendre sur les Recettes Royales, qui seront venduës dans la suite par ceux à qui elles appartiennent.*

DE PAR LE ROY.

a Voy. la Table du troisieme Vol. des Ordonnances, aux mots *Fiefs & Aumosnes.*

NOS Gens des Comptes & Tresoriers à Paris; comme tous noz Receptes ou la grant partie d'icelles, soient si chargées de [a] Fiez, Aumosnes & autres rentes de grains, tant à vie comme à heritage, que lesdites charges paiées, peu de demourant y en a, & moult de foiz ne souffisent pas les receptes de grains, à paier les charges qui en grains sont deües, si comme Nous entendons: & Nous aions entendu que aucunes des personnes qui y ont rentes de grains, ou à vie ou à heritage, les vendent aucunes foiz à autres genz, & en demeurent touzjours nosdites Receptes chargiées, Nous qui desirons moult ycelles estre déchargiées desdiz grains, ou de tant comme bonnement l'en les pourroit deschargier, afin que Nous en peussions avoir tant comme [b] mestier seroit pour la despense de nostre Hostel, voulons & vous mandons & commandons estroitement & à chascun de vous, que dores-en-avant toutes foiz que aucunes desdites rentes de grains seront vendues, vous les faites retenir pour Nous & en nostre nom, pour le pris que elles auront esté vendues, en paiant le pris aus vendeurs ou aus achateurs de qui vous les recouvrerez; & de ce, faites tantost faire mandemens telz comme il appartendra à tous les Receveurs, [c] Grenetiers & autres de nostre Royaume, où vous verrez que bon sera, *Donné à saint Christofle en Halate, le 13.e jour de (b) Novembre.* BLANCHET.

b *besoin.*

c *Voy. le troisieme Volume des Ordonn. p. 181.*

NOTES.

(*a*) Memorial C. de la Chambre des Comptes de Paris, *fol.* 106. *recto.*

(*b*) *Novembre.*] Cette Piece n'a point de date d'année, mais il paroist par celles qui la precedent & celles qui la suivent, qui sont toutes de 1351. qu'il faut la rapporter aussi à cette Année.

(*a*) Confirmation

(a) Confirmation de Sauvegarde Royale pour Colombiers.

JEAN I.er & selon d'autres, Jean II. à Paris, en Decembre 1351.

JOHANNES Dei gratia Francorum Rex: Notum facimus universis presentibus & futuris, nostras alias vidisse Litteras in fillo sirico & cera viridi, sub sigillo quo ante susceptum Regni nostri regimen, utebamur, sigillatas, formam que sequitur, continentes.

a *JOHANNES Dei gratia Francorum Rex, &c.*

a Voy. cy-dessus, p. 29.

QUASQUIDEM Litteras & omnia & singula contenta in eisdem, ratas & gratas habentes, laudamus, ratificamus & approbamus, Senescallo Bellicadri ceterisque Justiciariis nostris predictis presentibus & futuris, & eorum cuilibet, committendo, si sit opus, dantes tenore presencium in mandatis, ut omnia & singula predicta in nostris predictis Litteris contenta, quociensçunque neccesse fuerit & super hoc fuerint requisiti, exequantur, ceteraque faciant que ad specialium Gardiatorum Officium spectare poterunt & debebunt. Quod ut firmum & stabile perpetuo perseveret, Litteris presentibus nostrum magnum Sigillum duximus apponendum: Salvo in aliis jure nostro & in omnibus quolibet alieno. Actum & datum Parisius, Anno Domini millesimo trecentesimo quinquagesimo-primo, mense Decembris.

Per Dominum Regem, ad relationem vestram. BOESSEL.

De predictis Litteris hic incorporatis, signatis per Regem. MATH.

Facta est collatio per me. BOESSEL.

NOTES.

(a) Tresor des Chartres, Registre 81. Piece 49.

(a) Privileges accordez à la Ville de Valence en Albigeois.

JEAN I.er & selon d'autres, Jean II. à Paris, en Decembre 1351.

SOMMAIRES.

(1) Le Roy ne pourra mettre la Ville de Valence hors de sa main, que lorsqu'il mettra tout le Comté de Toulouse hors de sa main.

(2) Les Coustumes & Privileges de cette Ville sont confirmées.

(3) Les Habitans ne pourront estre tirez hors du Bailliage de cette Ville, au sujet des Contracts qu'ils y auront passez, lorsqu'ils ne refuseront point de comparoistre devant leur Juge ordinaire.

(4) Ils ne pourront estre arrestez prisonniers en Cause civile, s'ils donnent Caution ou autre sûreté de se representer en Justice, à moins qu'ils ne se fussent soûmis à la contrainte par corps.

(5) On ne pourra saisir leur habit, lorsqu'ils n'en auront qu'un, leurs charruës, leurs bœufs avec lesquels ils labourent, ni les outils avec lesquels ils gagnent leur vie.

(6) Le Bailli ni les autres Officiers de Justice ne seront payez des Actes Judiciaires qu'ils auront faits, que lorsque le Creancier en faveur de qui ils auront esté faits, sera satisfait; à moins qu'il n'en ait esté ordonné autrement par le Juge superieur.

JOHANNES Dei gratia Francorum Rex: Notum facimus universis tam presentibus quam futuris, Nos infrascriptas vidisse Litteras, formam que sequitur, continentes.

Universis presentes Litteras inspecturis: Nos Bertrandus Prior Sancti Martini de Campis juxta Parisius, Domini nostri Regis Francie Consiliarius, & Generalis

NOTES.

(a) Tresor des Chartres, Registre 81. Piece 76.

JEAN I.er & selon d'autres, Jean II. à Paris, en Decembre 1351.

Reformator ac Commissarius super certis in tota Lingua Occitana [a] *per eundem Dominum nostrum Regem deputatus: Notum facimus quod cum Consules & Universitas Ville de* [b] *Valensia in Albigesio, nobis supplicaverint quod* [c] *infrascriptas Libertates, Franchisias seu Privilegia, eis, nomine Regio, concedere vellemus.*

(1) Videlicet, quod Dominus noster Rex & ejus successores Francie Reges, locum predictum de Valensia cum pertinenciis & ressorto, habeant perpetuo sub ejus dicione, manu & Domanio retinere; absque eo quod extra suam manum dictum locum de Valensia, pertinencias & ressortum, dare, transportare seu transferre in alium seu aliam personam quamcunque, de cetero possint in totum vel in parte, titulo donacionis, vendicionis, [d] *permictationis aut alio titulo quocunque, nisi totum Comitatum Tholose ponerent extra manum suam aliqua ratione sive causa.*

(2) Et quod omnibus & singulis Libertatibus, Franchisiis, Consuetudinibus seu Privilegiis per bone memorie Dominum [e] *Heustagium de (b) Bellomarchesio olim Tholose Senescallum, & dicte Ville de Valensia fundatorem, tunc Consulibus & Universitati dicte Ville concessis & datis in dicta fundacione, & per quosdam Reges Francie post modum confirmatis, uti possint & gaudere absque contradictione quacunque.*

(3) Item. *Quod extra Bailliviam de Valensia seu ressortum, per Senescallum Tholose, Judicem Albigesii aut alios Officiales quoscunque, occasione contractuum seu quasi* [f] *inhibi initorum seu factorum, trahi non possint, quamdiu parati fuerint in dicta Baillivia & ressorto, coram suo Ordinario* [g] *respondere & stare juri.*

(4) Item. *Quod non possint capi seu arrestari habitatores dicte Ville & ressorti, pro Causa civili, quamdiu parati fuerint dare sufficientes cauciones seu pignora, de stando Juri; nisi ad predicta essent obligati.*

(5) Item. *Quod unica* [h] *rauba, aratrum, boves aratores ad agriculturam neccessarii & ferramenta cum quibus homines lucrantur victus suos, pro pignore non capiantur ibidem.*

(6) Item. *Quod Bajulli Regii qui pro tempore fuerint in loco predicto, & Servientes aut alii Commissarii quicunque, non faciant sibi exsolvi salaria pro clamoribus, (c) retroclamoribus, adjornamentis, aut pignoracionibus seu garnissionibus, donec principali creditori fuerit de debito principali, pro quo clamor seu retroclamor facti fuerint, plenarie satisfactum; seu per superiores eorum* [i] *fuerint ordinatum de premissis exsolvendis.*

Nosque attendentes dictorum Consulum supplicationes fore Juri consonas & racionabiles, atque bonam voluntatem & fidelitatem quam habent erga Dominum nostrum Regem, & retroactis temporibus habuerunt, cum affectuose desiderant & cupiant sub ejus dicione & Domanio stare & perpetuo remanere; attendentes etiam oblacionem trecentarum librarum turonensium Monete nunc currentis, Domino nostro Regi seu nobis ejus nomine, per ipsos factam, quas trecentas libras turonenses eidem Domino nostro Francie Regi dare & solvere promiserunt, sub protestationibus infrascriptis; videlicet, si omnia suprascripta eis nomine Regio, concedere vellemus, Et cum per eundem Dominum nostrum Regem, & ejus Cameram Compotorum premissa omnia fuerint confirmata; & aliter non, visaque & attenta utilitate Regia in predictis, & eorum bona voluntate inspecta, deliberacione habita cum Judicibus Appellacionum Tholose, & Ordinariis [k] *Verduni & Albigesii, & aliis Consiliariis nostris, eisdem & Universitati predicte nomine Regio concessimus, & tenore presencium concedimus omnia & singula per ipsos nobis supplicata in presentibus Litteris*

[a] negociis.
[b] Valence en Albigeois. *Voyez le Dictionn. Univ. de la Fr. à ce mot.*
[c] infrascriptas.
[d] permutationis.
[e] Eustachium.
[f] contractuum.
[g] Judice.
[h] un habit.
[i] fuerit.
[k] Verdun. *Voy. cy-dessus, p. 24. XLII. & p. 18. Note (b).*

NOTES.

(b) De Bellomarchesio.] Il estoit Seneschal de Toulouse en 1291. Voy. cy-dessus pp. 19. & 24.

(c) Retroclamoribus.] Du Cange au mot *Retroclamum* qui est dans *Clamor*, ne l'explique point, & rapporte seulement ces mots; *absque retroclamo vel requisitione*, tirez d'un Acte de 1351.

Comme *Clamor* se rendoit autrefois en François par *Clain*, *retroclamor* pouvoit aussi s'interpreter en François par *Reclain*. Or le *Reclain* est suivant le Gloss. du Droit François au mot *Errame : la plainte qu'un Creancier fait en jugement, de ce que celuy qui est son debiteur par contracts faits & passez sous le Scel Royal ou authentique, ne luy a pas payé au jour prefix & marqué, la somme qu'il s'estoit obligé par serment de luy payer.* Voy. *Ibid.* au mot, *Reclain.*

contenta & expressata, prefatam oblacionem trecentarum librarum turonensium Monete nunc currentis, sub protestacionibus per eos factis, quas eis salvas esse volumus, acceptando; retenta in omnibus Domini nostri Regis voluntate & assensu. In quorum fidem & testimonium, presentibus Litteris nostrum fecimus apponi Sigillum. Datum & actum *(d)* Naiaci, die vicesima octava mensis Octobris, Anno Domini millesimo trecentesimo quinquagesimo-primo.

NOs autem omnia & singula in dictis Litteris contenta, rata habentes & grata, ea volumus, laudamus, si & quatenus usi sunt, & approbamus, ac per presentes de gratia speciali & auctoritate nostra Regia, confirmamus. Quod ut firmum & stabile perpetuo perseveret, nostrum presentibus Litteris fecimus apponi Sigillum: Salvo in aliis jure nostro & in omnibus quolibet alieno. Datum Parisius, Anno Domini millesimo trecentesimo quinquagesimo-primo, mense Decembris.

Per Regem in Consilio suo, in quo vos eratis. J. ROYER.

Collatio facta est cum Originalibus de verbo ad verbum, per me. J. ROYER.

NOTES.

(d) Naiaci.] *Naiac*, petite Ville dans le Roüergne, sur la Riviere d'*Aveirou*. Voy. le Dictionn. Univers. de la France au mot, *Naiac*.

JEAN I.er & selon d'autres, Jean II. à Paris, en Decembre 1351.

Philippe VI. dit de Valois, à S.t Germain en Laye, en May 1332.

(a) Sauvegarde Royale pour l'Abbaye de S.t Cir.

JOHANNES Dei gratia Francorum Rex: Notum facimus universis tam presentibus quam futuris, Nos vidisse infrascriptas Litteras, formam que sequitur, continentes.

PHILIPPE par la grace de Dieu Roys de France: A touz ceulz qui ces presentes Lettres verront, Salut. Pour ce que Nous desirons & avons grant affection à garder en [a] pais & en transquillité, les Eglices & les lieus Religieux estans en nostre subjection, & soumis en gouvernement temporel, afin que les [b] Menistres desdits lieux & Eglizes, [c] garde sous notre protection & Sauve-garde, de toutes injures & molestacions, puissent plus diligemment entendre au Divin Office auquel il sont [d] estabiz de nostre Createur Jehesu-Crist; savoir faisons à tous presens & à venir, que Nous aians affection especial aus Religieuses, l'Abbesse & le Couvent de *(b)* Saint Cir, ycelles ensemble leurs [e] meisnie, Gens, [f] hommes de corps, biens, maisons, granches, manoirs & tous leurs autres biens quelz qu'il soient, & [g] où qu'il soient, prenons & mettons par ces Lettres, de certaine sience, en notre sauve & especial Garde, à demourer souz ycelle perpetuelment, & par ces presentes, Nous mandons & commettons à nostre Prevost de Paris ou à son Lieutenant presens & à venir, que toutes les debtes bonnes & loiaux qui lui appareront estre deüez souffisamment ausdictes Religieuses, il leur face paier deüement; & que lesdictes Religieuses avecques leurs meisnies, Genz, hommes & biens dessusdis, il garde sous notre sauve & especial Garde, de toutes injures, violencez, grief, oppressions, forces d'armez & puissance de [h] Lais, & de toutes nouvelletez indeüez; & les garde en leurs justes possessions, franchises, libertez, drois, usages & saisines esquelles il les trouvera estre & les predecesseurs avoir esté paisiblement d'ancienneté; & ne lesse aucunes nouvelletez indeües estre faites au prejudice desdictes Religieuses & de ceste presente Garde; mais se

a *paix.*
b *Ministres.*
c *gardez.*
d *establis.*
e *domestiques.*
f *Espece de serfs.*
g *en quelque lieu.*
h *Laïques.*

NOTES.

(a) Tresor des Chartres, Registre 81. Piece 67.

(b) *S.t Cir.*] Cette Abbaye est près de Versailles. Il ne faut pas la confondre avec la Communauté establie dans le même lieu, par Loüis XIV. pour l'éducation d'un certain nombre de jeunes Demoiselles Nobles.

JEAN I.er & selon d'autres, Jean II. à Paris, en Decembre 1351.

aucunnes il treuve estre faictes, il rappelle & mette à estat premier & deu, & face convenablement amender à Nous & auzdictes Religieuses pour ce; & ceste presente Garde fassent publier & signifier ès lieus & aus personnez [a] du mestier [b] & sera, & lesdictes Religieuses le requerront; non contrestans Ordonnances ou Lettres faites & à faire au contraire: laquelle chose Nous avons octroyé ausdictes Religieuses de certainne science & grace especial: Et pour executer plus diligemment les choses dessusdictes & toutes les autres qui à Office de Gardien appartiennent, leur depute en Gardien un ou plusieurs de nos Sergens, [c] quant il en sera requis, à leur despens: [d] Lesques Sergens ne s'entremettent de chose requerans cognoissance de Cause. Et pour [e] ce soit ferme & estable à tousjours, Nous avons fait mettre nostre Scel en ces Lettres. *Donné à Saint Germain-en-Laye, l'An de grace mil trois cenz trente & deux, ou mois de May.*

a *ou.*
b *&*, qui a esté ajoûté en interlignes, me paroist inutile.
c *quand.*
d *lesquels.*
e *que.*

Nos autem omnia in suprascriptis Litteris contenta, rata & grata habentes, ea volumus, approbamus, & de nostra speciali gratia & ex certa scientia, tenore presencium perpetuo confirmamus. Et quod hoc sit firmum & stabile in futurum, presentibus Litteris nostrum fecimus apponi Sigillum: salvo in omnibus jure nostro & quolibet alieno. Datum Parisius in Palatio nostro Regali, Anno Domini millesimo trecentesimo quinquagesimo-primo, mense Decembris.

In Requestis Hospicii. BUCY. *Lecta.* [f] FRANC.

Collatio facta est cum Litteris originalibus per me. FRANC. BUCY.

f *Il y a une marque d'abreviation sur les mots* Franc.

JEAN I.er & selon d'autres, Jean II. en Janvier 1351.

(a) Lettres qui portent que les lieux qui ressortissoient autrefois à la Prevosté d'Aubigny, ressortiront dans la suite à la Ville de Concoursaut, laquelle sera unie à perpetuité au Domaine de la Couronne.

JOHANNES Dei gratia Francorum Rex: Ex tradite Nobis Regie potestatis Officio, illos libenter prosequimur favoribus graciosis, quos ad id juvare noscuntur merita probitatis, ut ipsi se gaudeant virtutibus vacavisse, dum propter hoc, senserint commoditatibus & honoribus se refectos, & alii eorum exemplo ad [g] *invittanda proborum virorum vestigia, fervencius animentur: Notum itaque facimus universis tam presentibus quam futuris, quod cum ex porrecta Nobis supplicatione plurium subditorum nostrorum habitancium & commorancium in Villis Prepositure nostre ressortorum de (b) Aubigniaco, Baillivie Bituricensis, ad nostrum de novo pervenerit auditum, ipsos fuisse quamplurimum gravatos & oppressos temporibus preteritis: & quia per Predecessores nostros Reges Francie, condam Villa de Aubigniaco de cujus ressorto ipsi fore consueverant, ab antiquo data fuerat bone & inclite memorie, carissimo Patruo nostro (c) Ludovico de Francia quondam Comiti Ebroysensi, quamobrem eorum ressortum antiquum eis fuerit substractum & amotum, & opportuerat ipsos ab eo tempore citra, ad locum Bituricensem qui multum remotus est ab eis, coram Preposito dictorum ressortorum de Aubigniaco, cum alibi nullam sedem haberet, ressortire; & quod ipsi multum cupiebant esse de ressorto Ville nostre de* [h] *Concorcello supra Saudram, que immediate est ad presens de nostro proprio domanio & patrimonio, & dictam Villam de Concorcello cum ejus Castellania & ressortis omnibus & pertinenciis, perpetuo aggregari, adjungi & uniri Corone Francie, ne à modo extra*

g imitanda.
h Concoursaut. *Voy. cy-dessus, p. 103. Note (b).*

NOTES.

(a) Tresor des Chartres, Registre 81. Piece sept vingt-neuf [149.]

(b) Aubigniaco.] *Aubigny sur Nerre*, dans le Berry, à onze lieuës de Bourges, & à sept de Sancerre. Voy. *le Dictionn. Univers. de la France*, à ce mot. L'Article est estendu, curieux & paroist estre assez exact.

(c) Ludovico.] Troisieme Fils de Philippe III. dit le Hardi. Voy. l'*Hist. Geneal. de la Maison de France, t. 1. p. 279.*

manum Regiam valeant amoveri quovisimodo. Nos cupientes subditis nostris Nos reddere [a] *graciosis, volentes eisdem supplicantibus quos semper invenimus nostris beneplacitis & mandatis promptos & fideles, in eorum proposito confovere, & eorum* [b] *indempnitatibus, oppressionibus & gravaminibus obviare futuris temporibus, ut ceteri ad honorabilia servicia Regia ardencius incitentur: Eapropter, vocato & comunicato nostro grandi Consilio super hoc, ordinavimus ex bona & matura deliberacione, ut omnes Ville ressortorum dicte Prepositure de Aubigniaco, ac habitatores earumdem, qui ab antiquo consueverunt ressortiri ad dictam Villam de Aubigniaco, ut est dictum, à modo habebunt ressortum suum ad dictam Villam nostram de Concorcello duntaxat, & sine hoc quod ad dictam Villam Bituricensem nec alibi, teneantur de cetero aliqualiter ressortiri: volumusque ut in eadem Villa nostra de Concorcello, sit sedes Baillivi nostri Bituricensis, ac per ipsum Assisie ex parte nostra teneantur, prout in dicta Villa de Aubigniaco* [c] *comdam* [d] *tenebatur, & ad Usus bonos & Consuetudines quibus subditi ressortorum predictorum, tunc ibidem regebantur; & nichilominus, ne in futurum dicti supplicantes seu eorum successores, pro simili casu vel alio, quovisimodo pregravari vel opprimi valeant. Cum hoc, pariter in dicto nostro grandi Consilio, dilectos & fideles nostros Burgenses & habitatores dicte Ville nostre de Concorcello & Castellanie ac pertinenciarum ejusdem, cum eorum Villa, Castellania & pertinenciis predictis, de & sub dommanio ac patrimonio Corone Francie, ex causa & ex certa scientia, de speciali gratia, auctoritate Regia & ex plenitudine potestatis à* [e] *sommo Regum Rege Nobis attribute, retinemus & etiam aggregamus perpetuum remansuros, & eos à modo, sub patrimonio & dommanio dicte Corone, futuris & perpetuis temporibus volumus remanere, & modo quocunque à dommanio & patrimonio Regis & dicte Corone unione nullatenus à modo revocari seu removeri: quod si fieret scienter vel ignoranter, clam vel palam, ex quavis causa, vel pro persona cujuscunque esset conditionis vel eminencie, nullius volumus & decernimus, auctoritate qua supra, pro Nobis & nostris successoribus Regibus Francie, in perpetuum fore efficacie vel momenti. Quod ut firmum & stabile permaneat in futurum presentibus Litteris nostrum fecimus apponi Sigillum: salvo jure nostro in aliis & in omnibus quolibet alieno.* Actum & datum, [f] Anno Domini millesimo trecentesimo quinquagesimo-primo, mense Januarii.

Per Regem, ad relacionem Consilii in quo eratis. FRANCO.

JEAN I.er & selon d'autres, Jean II. au mois de Janvier 1351.

[a] graciosos.

[b] Ce mot est pris icy dans un sens très singulier.

[c] quondam.

[d] tenebantur.

[e] summo.

[f] Le lieu n'est pas marqué.

JEAN I.er & selon d'autres, Jean II. à Paris, en Janvier 1351.

Charles IV. dit le Bel, à Paris le 6. de Mars 1326.

(a) Lettres portant que l'Abbaye de Ferrieres sera demembrée de la Jurisdiction & du ressort de la Reine Clemence auquel elle avoit esté soûmise, à cause des terres assignées à cette Princesse pour sa dot, & qu'elle sera réünie à la Couronne pour n'en plus estre separée.

JOHANNES Dei gratia Francorum Rex: Notum facimus universis tam presentibus quam futuris, Nos infrascriptas vidisse Litteras, formam que sequitur, continentes.

KAROLUS Dei gratia Francie & Navarre Rex: Universis presentes Litteras inspecturis, Salutem. Inter assiduas curas & immensas solicitudines que nostro incumbunt Officio, de salubri statu Monasteriorum & Ecclesiarum, eorum & earum presertim, que de fundacione & dotatione predecessorum nostrorum Regum Francie, & in Salva-gardia & protectione speciali Regia [g] *consistant, à primordio cogitare Nos convenit, ut in eis vigeat quiete devocionis transquillitas, & solite pacis gratia nutriatur, ne in eis gravaminum &*

[g] *consistunt dans la Piece 958.*

NOTES.

(a) Tresor des Chartres, Registre 81. Piece 678. Elle est copiée une seconde fois dans ce Registre, au numero 958.

(b) *Clementie.*] Clemence de Hongrie seconde Femme de Loüis le Hutin. Voy. *Hist. Geneal. de la Maison de France, t. I. p. 92.*

JEAN I.er & selon d'autres, Jean II. à Paris, en Janvier 1351.

oppressionum turbine fluctuante, & animis deservencium ibidem, hiis discussis [a] *& detractis, fidelium tepescat devocio & cultus fidei Christiane lentescat. Cum itaque Monasterium de* [b] *Ferreriis Ordinis sancti Benedicti, Senonensis Diocesis, quod de Corone Francie patrimonio primitiva fundacione consistit, & sub* [c] *aliis ejusdem Corone consuevit ab olim immediate protegi & nutriri, à Gardia & protectione immediata dicte Corone distractum fuerit vel semotum, & carissime sororis nostre Regine (b) Clemencie, ratione sui dotalicii, ditioni subjectum: Notum facimus universis tam presentibus quam futuris, quod ad ipsum Monasterium specialis affectionis devocionem habentes, ipsum, tam in capite, quam in membris, pertinenciisque eorumdem, nec non personas inibi Domino famulantes, ipsorumque familiares, Justiciabiles & subditos, ad proprium Domanium Corone Francie, premissis omnibus & singulis consideratis & attentis, retinentes seu etiam reducentes;* [d] *que etiam à subjectione, Juridictione, protectione, ressorto seu Gardia qualicumque prefate sororis nostre Regine Clemencie, tenore presencium eximentes, & dictas Juridicionem, protectionem, ressortum & Gardiam revocantes* [e] *immediante superioritati, Juridictioni, protectioni & Gardie nostre speciali, ac predicte Corone Francie perpetuo reducimus, consolidamus & etiam retinemus, absque abdiccatione aliqua à Nobis seu successoribus nostris Regibus Francie per Nos vel successores nostros imposterum facienda: Si vero Gardia predicta dicte Regine, pro certa summa, ratione sui dotalicii predicti, fuerit assignata, Nos eidem de ea recompensacionem decentem in locis competentibus, prout rationis fuerit, faciemus eidem Regine: suisque Gentibus ne quamvis deinceps Juridicionem, protectionem, Gardiam vel ressortum in dictos Religiosos, Monasterium, subdictos, familiares, Justiciabiles eorumdem, tam in capite quam in membris, pertinenciasque eorumdem aut bona ipsorum, quomodolibet exerceeant, tenore presencium inhibemus. Quod ut ratum & stabile perpetuo perseveret, nostrum presentibus Litteris fecimus apponi Sigillum.* Datum Parisius, die sexta Maii, Anno Domini millesimo trecentesimo vincesimo-sexto.

QUASQUIDEM Litteras & omnia & singula in eis contenta, rata habentes & grata, ea volumus, laudamus, approbamus, ratifficamus & auctoritate nostra Regia, de speciali gratia, ex certa scientia, tenore presencium confirmamus: salvo in aliis jure nostro & in omnibus quolibet alieno. Quod ut firmum & stabile perpetuo perseveret, nostrum presentibus Litteris fecimus apponi Sigillum. Actum Parisius, Anno Domini millesimo trecentesimo quinquagesimo primo, mense Januarii.

Per Regem ad relacionem Consilii. CLAVEL.

[a] estant distraits par les persecutions qu'ils ont à souffrir.

[b] Ferrieres en Gâtinois.

[c] *Il faut corriger* alis *dans les deux Pieces.*

[d] &.

[e] immediate.

JEAN I.er & selon d'autres, Jean II. à S.t Oüin près S.t Denis en France, en Janvier 1351.

(a) Lettres portant que les Marchands de Venise pourront venir dans le Royaume, y passer, y sejourner, & s'en retourner avec leurs marchandises, sans estre obligez de les porter aux Foires de Champagne & de Brie.

JOHANNES Dei gratia Francorum Rex: Notum facimus universis tam presentibus quam futuris, Nos ad preces & supplicationem dilecti nostri Ducis [f] *Veneciarum, qui super hoc Nobis scripsit multum affectuose, de speciali gratia & ex certa scientia, concessisse Mercatoribus Veneciarum qui Nobis promiserunt multo magis solito, nostrum Regnum amodo frequentare, ut ipsi Mercatores & eorum Nuncii & Factores, per totum Regnum nostrum possint & valeant pacifice & quiete ire, transire, stare & redire, cum mercaturis suis quibuscunque; solvendo tamen consuetumas & redibencias consuetas, absque quod possint compelli à quoquam dictas Mercaturas suas defferre ad nundinas nostras* [g] *Campanie &*

[f] Doge de Venise.

[g] *Voy. la Table des Matieres du second Volume des Ordonn. au mot* Champagne.

NOTES.

(a) Tresor des Chartres, Registre 81. Piece 117.

Brie; nisi esset de eorum spontanea voluntate; Ordinacionibus dictarum nundinarum factis & fiendis in contrarium, non-obstantibus quibuscunque; quibus Ordinacionibus dictos Mercatores & eorum Mercaturas nolumus in aliquo comprehendi: Quam [a] *quidam graciam nostram volumus in suo robore permanere, donec per Nos vel Successores nostros Francorum Reges, fuerit revocata, specialiter & expresse de ipsis Mercatoribus Veneciarum faciendo mencionem: De qua etiam revocatione, si fieret, ante per unum mensem tenebimur certificare eosdem sufficienter, ne propter hoc valeant in aliquo dampnificari in futurum. Volumus etiam ut ipsis in omni casu quo voluerint tractari ut* [b] *Veniti, eorum vel Nunciorum seu Factorum suorum defferencium super hoc Litteras testimoniales, credatur simplici juramento. Et quod hoc sit firmum & stabile in futurum, presentibus Litteris nostrum fecimus apponi Sigillum: salvo tamen in aliis jure nostro & in omnibus quolibet alieno.* Datum apud Sanctum Audoynum-prope-Sanctum-Dionisium-in Francia, Anno Domini millesimo trecentesimo quinquagesimo-primo, mense Januarii.

a quidem.

b Veneti.

Per Regem ad relacionem vestram. FRANCO. *Scriptor.*

JEAN I.er & selon d'autres, Jean II. à Paris, en Fevrier 1351.

(a) Lettres portant que le ressort & les premieres appellations de la Ville de Cauvisson, & des lieux qui dépendent de sa Viguerie, seront unis inseparablement à la Couronne.

JOHANNES Dei gratia Francorum Rex: Notum facimus universis presentibus & futuris, quod venientes ad Nos cum instancia, dilecti nostri Consules Ville (b) Calvicionis & aliarum Villarum & locorum ad Vicariam dicti Calvicionis spectancium, Nobis pro se & Habitatoribus Villarum & locorum predictorum, humiliter supplicaverunt, ut cum in ipsis Villis & locis, primum ressortum & primas [c] *appellaciones habeamus, Predecessoresque nostri habuerint, subsintque & fuerint ab antiquo dicti Consules & Habitatores, esseque & remanere affectent* [d] *immediati* [e] *Jurisdictioni & Dommaniis nostris Regiis in gradu ressorti & primarum appellacionum inseparabiliter, & teneri absque eo quod hujusmodi ressortum & appellaciones per Nos aut Successores nostros, in Dominum Calvicionis modernum & futurum, aut alium seu alios quoscunque, transferri valeant, aut à dictis nostris Regiis Dommaniis, ullis temporibus quomodolibet separari; duccentos Florenos Auri ad Scutum, Nobis dare & solvere propter hoc offerendo. Nos igitur attendentes, & nostre meditationis examine revolventes fidelitatis constanciam ac dileccionis sinceritatem, quibus Consules & Habitatores predicti ad Nos afficiuntur efficaciter,* [f] *à labores & onera quos & que iidem in nostris obsequiis diu benignius pertulerunt, habita super hoc deliberacione matura, ipsorum Consulum supplicationi favorabiliter annuentes, oblacionem predictam* [g] *digne duximus admittere, & ea facere que ipsi stipulantur. Idcirco Nos ressortum & primas appellaciones, quod & quas habemus in predictis Villis & locis, ut premittitur, sub nostro & eorundem Successorum nostrorum ac Corone Francie immediato Dommanio & patrimonio Regio retinemus, & cum eisdem connectimus perpetuo, & in ipsis tenere promittimus, nec per Nos seu quemvis alium vice vel auttoritate nostra fungentem, aut dictos Successores nostros vel eorum aliquos, poterunt ressortum & prime appellaciones hujusmodi, in toto vel in parte aliquatenus, doni, cessionis, scambii, permutacionis, vendicionis, impignorationis, assignacionis, traditionis, aut alio quovis titulo, vel reddendo predictis Consulibus & aliis, dictos duccentos Florenos, unquam temporibus, aliquo jure, modo, ratione sive causa, abinde separari, vel in dictum Dominum Calvi-*

c Voy. cy-dessus, p. 28.

d immediate.

e *Il semble qu'il manque-là le mot* subjecti *ou un autre.*

f &.

g dignum.

NOTES.

(a) Tresor des Chartres, Registre 81. Piece neuf vingt & deux [382.]

(b) Calvicionis.] *Calvisson* ou *Cauvisson*, Ville située dans le petit pays de Voüage, dans le Diocese de Nismes. Elle a donné le nom à une maison fort ancienne. *Dictionn. Univers. de la France au mot*, Calvisson.

JEAN I.er & selon d'autres, Jean II. à Paris, en Fevrier 1351.

cionis aut alium quemcunque transferri. Que omnia & singula Consulibus & Habitatoribus ipsis, sic concessimus, & per presentes concedimus auctoritate nostra Regia, de certa scientia, gratia speciali ac plenitudine nostre Regie potestatis, eaque tenere & servare ac teneri & servari facere perhenniter, inconcusse, & contra non facere vel attemptare, aut fieri vel attemptari facere vel permittere, nec revocare quoquomodo spopondimus; Ordinacionibus & mandatis quibusvis contrariis ac Litteris impetratis aut impetrandis in contrarium, non-obstantibus quibuscunque: Senescallo & Receptori nostris Bellicadri & Nemausi, ceterisque Justiciariis nostris ac eorum Loca-tenentibus & eorum cuilibet, dantes presentibus in mandatis, quatenus premissa omnia & singula, prout superius declarantur, teneant, compleant & [a] observant, ac teneri, compleri & observari irrefragabiliter faciant, & prout ad ipsorum quemlibet pertinuerit, executioni debite demandent, nichil in contrarium attemptando. Pro quibus omnibus & singulis concedendis, & inviolabiliter perpetuo observandis, predicti Consules suo nomine & aliorum, promiserunt pro Nobis solvere Petro Scatisse Receptori nostro Bellicadri & Nemausi, dictos duccentos Florenos Auri ad Scutum, quos idem Receptor Nobis jam reddidit per [b] extractum suum Senescallie Bellicadri, de Anno finito ad Sanctum Johannem, trecentesimo quinquagesimo-primo. Ut autem premissa omnia & singula robur stabilitatis perpetue obtineant in futurum, Sigillum nostrum Litteris presentibus duximus apponendum: nostro tamen in aliis & alieno in omnibus jure salvo. Datum Parisius, Anno Domini millesimo trecentesimo quinquagesimo-primo, mense Februarii.

Per Regem, ad relacionem Consilii in quo eratis. P. BRIARRE. *Scriptor.*

[a] observent.

[b] *Cela signifie apparemment*, son compte.

(a) MCCCLII.

(a) Cette Année, suivant le Glossaire de Du Cange, commença le 8. d'Avril & finit le 23. d'Avril.

JEAN I.er & selon d'autres, Jean II. à Paris, en Juillet 1352.

Philippe VI. dit de Valois, à Paris, en Juin 1328.

(a) Ordonnance qui porte que les Appels des Juges du Duché de Bretagne seront d'abord portées devant les Grands-Jours au Parlement de ce Duché, & que les Appels de ce Parlement seront portées devant celuy de Paris.

JOHANNES Dei gratia Francorum Rex: Dilectis & fidelibus Gentibus Parlamenti nostri Parisiensis, ceterisque Justiciariis nostris aut eorum Loca-tenentibus presentibus & futuris, Salutem. Litteras inclite recordacionis carissimi Domini & Genitoris nostri, in laqueis sericis & cera viridi, vidimus, formam que sequitur, continentes.

PHILIPPUS Dei gratia Francorum Rex: Gentibus nostris Parlamentum tenentibus, ceterisque Justiciariis nostris ad quos presentes Littere pervenerint, Salutem. Cum sicut ex conquestione dilecti & fidelis nostri Ducis Britannie, accepimus, consuetum sit ab antiquo, quod quando aliquem ab audiencia cujusvis Senescallorum suorum Britannie, appellare contingit, appellatio hujusmodi ad dictum Ducem vel ejus Magnos-Dies qui dicuntur in Britannie partibus, Parlamentum ob hoc ab antiquo introductum, (b) [prout assignari & statui consueverunt;] & proinde si à dicto Duce vel dictis Parlamento seu Magnis-

NOTES.

(a) Tresor des Chartres, Registre 81. Piece 690.

Voy. le 2. Vol. des Ordonn. pp. 17. 499. & 502.

(b) Prout, &c.] Les mots enfermez dans des crochets, me paroissent corrompus. Il semble qu'il devroit y avoir *soleat deferri*, ou quelques mots semblables.

Diebus,

Diebus, appellatum fuerit, [a] *appellacio hujusmodi ad Parlamentum nostrum devenerunt & devenire consueverunt; & de hoc fuerunt dicti Ducis Predecessores & ipse in possessione sufficienti vel quasi, etiam sui Ducatus auctoritate & jure; licet aliqui à dictis Senescallis seu eorum aliquibus vel aliquo, interdum appellantes ad nostram Curiam, obmisso Duce predicto* * *ejus Magnis-Diebus qui dicuntur Parlamentum in illis partibus, appellacionum suarum Causas in ipsa Curia nostra decidi satagentes, ad examen dicti Ducis renuerunt redire, &* [b] *renuit, vosque ipsos remittere sibi* [c] *recusatis pluries & recusatis incessanter, cognicionem appellacionum hujusmodi retinentes, de facto ipsos appellantes, appellacionum hujusmodi pretextu, exemptione gaudere facientes, in ipsius Ducis sueque Juridicionis grande prejudicium & jacturam: Quocirca Nos ipsius Ducis jura illesa servare volentes, habita super hoc plenaria deliberacione, etiam in Parlamento nostro, & ex certa scientia, mandamus vobis quatenus tales appellaciones ad nostram Curiam interjectas, ipso Duce seu Magnis-Diebus qui Parlamentum dicuntur in illis partibus, omissis, cum Partibus ad dictum Ducem seu ad Magnos-Dies suos hujusmodi, remittere nullatenus differatis, dictis exemptionibus, recusacionibus & retentionibus non-obstantibus, cum eas sibi prejudicare* [d] *nolumus: Hoc tamen salvo, quod si contingat in eadem Causa secundam appellacionem fieri, ea ad nostram Curiam devolvatur. Que premissa fieri volumus & perpetuo firmiter observari: In cujus rei testimonium, Sigillum nostrum fecimus presentibus hiis apponi.* Datum Parisius, Anno Domini millesimo trecentesimo vicesimo-octavo, mense Junii.

JEAN I.er & selon d'autres, Jean II. à Paris, en Juillet 1352.

[a] appellationes. * & [b] renuunt. [c] recusâstis. [d] nolimus.

NOs vero supradictas Litteras, ac omnia & singula in eis contenta, ratifficamus, laudamus & approbamus, ac de nostra certa scientia & auctoritate Regia, tenore presencium confirmamus: mandantes vobis & vestrum cuilibet ut ad eum pertinuerit, quatenus premissa omnia & singula firmiter observetis, & faciatis ab aliis inviolabiliter observari. Quod ut firmum & stabile perpetuo perseveret, presentibus Litteris nostrum fecimus apponi Sigillum. Datum Parisius, Anno Domini millesimo trecentesimo quinquagesimo-secundo, mense Julii.

Per Regem, ad relacionem Consilii in quo eratis. MATHIEU. *Collatio fit.*

(*a*) Lettres qui ordonnent que les sujets du Couvent de la Fontaine N. D. en Valois, demeurant dans le Bailliage de Senlis, ressortiront devant le Bailli de Senlis.

JEAN I.er & selon d'autres, Jean II. à Conflans, en Juillet 1352.

JOHANNES Dei gratia Francorum Rex: Universis presentes Litteras inspecturis, Salutem. Notum facimus universis presentibus & futuris, Nos vidisse Litteras inclite memorie carissimi Domini & Genitoris nostri, formam que sequitur, continentes.

(*b*) *PHILIPPUS Dei gratia Francorum Rex, &c.*

Cum igitur Comitatus Valesie carissimo & fideli Fratri nostro Duci Aurelianensi, pro parte porcionis sue, sit & fuerit assignatus per dictum Dominum & Genitorem nostrum, nec [e] *doceat subditos nostros coram Baillivo dicti Fratris nostri, litigare, nec eos posset ad hoc compellere, &* [f] *si Religiosi predicti possent graviter dampnificari, nisi super hoc provideatur eisdem de remedio gracioso; idcirco Nos quieti & transquillitati eorum, quantum comode possumus, providere volentes, eis concedimus de gratia speciali, ut Baillivus noster*

[e] decéat. [f] sic.

NOTES.

(*a*) Tresor des Chartres, Registre 81. Piece 359.

(*b*) *Philippus, &c.*] Ces Lettres qui sont du 19. de Janvier 1339. sont imprimées cy-dessus p. 2. Dans le Registre 81. il y a à la fin de ces Lettres: *Anno Domini millesimo tricesimo octavo.* C'est une faute de Copiste qui a oublié *trecentesimo.*

JEAN I.er & selon d'autres, Jean II. à Conflans, en Juillet 1352.

Silvanectensis qui presens est & qui pro tempore fuerit, seu ejus Locum-tenens, (c) quoad subditos sue Baillivie & ejus ressorti, talem & similem potestatem in omnibus habeat, qualem habebat dictus Baillivus Valesie, tempore quo dictus Dominus & Genitor noster dictum Comitatum in manu sua tenebat, prout in prescriptis [a] *Litteris continetur; dicti Fratris nostri in omnibus jure salvo: mandantes & committentes dicto Baillivo Silvanectensi presenti & futuro, vel ejus Locum-tenenti, ut omnia & singula in suprascriptis contenta Litteris, juxta ipsarum continenciam & tenorem, adimpleat & diligenter exequatur, deputans, si super hoc fuerit requisitus, unum vel plures Servientes ydoneos ad premissa omnia & singula diligenter exequenda: qui tamen de hiis que Cause cognicionem exigunt, se nullatenus intromittant. Quod ut firmum & stabile perpetuo perseveret, nostrum presentibus Litteris fecimus apponi Sigillum: nostro & alieno in omnibus jure salvo.* Datum & actum apud Conflancium, Anno Domini millesimo trecentesimo quinquagesimo-secundo, mense Julii.

Per Regem presente Sub-Elemosinario. Y. SYMON. *Collatio facta est.*

a Les Lettres de Philippe de Valois.

NOTES.

(c) Quoad subditos, &c.] Suivant les Lettres de Philippe de Valois, le Bailli du Valois, en qualité de Gardien du Couvent de la Fontaine de N. D. estoit Juge des sujets de ce Couvent, dans quelque lieu qu'ils demeurassent : mais ce Bailli estant devenu un Juge de Seigneur, les sujets de ce Couvent cesserent de ressortir devant luy; ceux qui demeuroient dans le Bailliage de Senlis, furent réünis par ces Lettres du Roy Jean, à la Jurisdiction du Bailli de Senlis; & il y eust apparemment des Lettres semblables pour les autres Bailliages, où ce Couvent avoit des sujets.

JEAN I.er & selon d'autres, Jean II. à Paris, le 14. d'Aoust 1352.

(a) Lettres qui prorogent pendant quatre ans, un Octroy accordé à la Ville de Compiegne par Philippe de Valois.

JOHANNES Dei gratia Francorum Rex: Universis presentes Litteras inspecturis, salutem. Notum facimus quod cùm propter onera non modica que dilecti nostri incole & habitatores Ville Compendii, retroactis temporibus habuerunt necessario sustinere, tam occasione [b] *redditnum ad vitam & aliorum debitorum, quibus dicebantur multipliciter affecti, quam pro reparationibus & sustentacionibus murorum, fossatorum aliorumque fortalicium dicte Ville; nec non & propter alias inevitabiles causas, carissimus Dominus & Genitor noster tunc vivens, per suas Litteras eisdem habitatoribus concessisset certam imposicionem usque ad certum tempus in brevi finiendum, duraturam; videlicet de & super quolibet (b) Lotho vini, singulam* [c] *pictavinam; de & super quolibet tonello à dicta Villa extrahendo, duos solidos; & de qualibet (c) pipa, duodecim denarios Parisienses: in quibus idem Dominus & Genitor noster pro se retinuit (d) quamque quartam partem &* [d] *quodvis aliud commodum certum: Nos ipsius vestigiis libenter inherentes, & supplicationibus habitatorum predictorum supradicta onera asserentium non sedata, favorabiliter annuentes, eisdem de speciali gracia concessimus & tenore presencium concedimus similem impositionem*

b rentes payées par la Ville.

c une Pite. *Voy. cy-dessus, p. 10. Note (b) & p. 47. Note (c).*

d un certain droit fixe.

NOTES.

(a) Memorial C. de la Chambre des Comptes de Paris, *fol.* 116. *verso.*

(b) Lotho.] Du Cange au mot *Lotum*, dit que c'est une mesure de vin & d'autres choses liquides, nommée *Lot & Lots in Foris Beneharn;* mais il ne dit pas qu'elle est la proportion de cette mesure.

(c) Pipa] Une *Pipe*. Elle contient un muid & demi, suivant le Dictionn. de l'Acad. Franç. à ce mot.

(d) Quamque.... quodvis.] Il y a dans l'Original *quq.* avec une marque d'abreviation sur ce mot, & une autre après le dernier *q.* & *quos* avec une marque d'abreviation dessus, & une autre qui coupe l'*s*. M. de Lauriere dans les papiers duquel j'ay trouvé cette Piece copiée, avoit lû *quandoque* dans les deux endroits. On peut voir par rapport à ce petit détail qui paroistra sans doute peu important au plus grand nombre, ce que j'ay dit à ce sujet, au commencement de la Preface du 3.e Vol. des Ordonn.

esse alterius per Litteras prefati Domini & Genitoris nostri, ut preferitur, concesse incipiendam, & abinde usque ad quadriennium continuum duraturam, exigendamque more solito & levandam, ac in exonerationem eorumdem onerum dumtaxat convertendam; in qua pro Nobis similiter quartam partem retinemus, Receptori nostro Silvanectensi, vel ejus Locum-tenenti moderno & qui pro tempore fuerit, solvendam. Ita etiam quod deputati super dicte imposicionis recepta, compotum & rationem de eadem, in presencia ipsius Receptoris vel ejus Locum-tenentis, in fine cujuslibet Anni dicti quadriennii, reddere teneantur. Quocirca Ballivio Silvanectensi & memorato Receptori, ceterisque Justiciariis & Officiariis nostris aut eorum Loca-tenentibus, mandamus quatinus predictos habitatores permittant & faciant nostra presenti gracia, juxta tenorem suum, pacifice gaudere, & eisdem super premissis efficaciter pareri. In cujus rei testimonium, presentibus Litteris nostrum fecimus apponi Sigillum. Datum Parisius, decima-quarta die Augusti, Anno Domini millesimo trecentesimo quinquagesimo-secundo.

Per Consilium, in quo eratis. ADAM.

JEAN I.er & selon d'autres, Jean II. à Poissy, le 15. d'Aoust 1352.

Charles IV. dit le Bel, à Loroux, en Novembre 1352.

(a) Sauvegarde Royale pour le Monastere des Religieuses Benedictines de Montargis.

JOHANNES Dei gratia Francorum Rex: Notum facimus universis presentibus & futuris, Nos Litteras felicis memorie carissimi Domini & Consanguinei nostri Karoli ultimo deffuncti, vidisse, formam que sequitur, continentes.

KAROLUS Dei gratia Franc. & Navarre Rex: Notum facimus universis presentibus & futuris, quod cum Dominus Germanus noster [a] *Philippus quondam dictorum Regnorum Rex, dilectas nostras Priorissam & Conventum Monasterii Sororum Ordinis Beati Dominici, prope (b) Montem-Argi, ac singulares personas ejusdem Monasterii, cum omnibus bonis suis mobilibus & immobilibus, ac familiaribus earumdem, in protectione Regia & speciali Gardia dudum per suas susceperit Litteras; Anno videlicet Domini millesimo trecentesimo vicesimo, mense Martii, dictamque Gardiam sibi successoribus* [b] *suis Francie Regibus, specialiter duxerit reservandam; taliter quod nec ipse nec ejus posteri Reges Francie, dictam à se possent Gardiam, quavis ratione vel causa, imposterum abdicare; prout hoc in dictis Litteris plenius vidimus contineri: Nos predictas Religiosas ob suorum exigenciam meritorum, favore volentes prosequi gracioso, premissa omnia & singula, auctoritate nostra Regia & ex certa sciencia, approbantes & etiam confirmantes, ipsas Religiosas, ut premittitur, in nostra protectione Regia & Gardia speciali suscipimus per presentes, quarum exhibicionem, absque aliis Litteris, sufficere volumus ad premissa: nam predictas Domini Germani nostri prefati Litteras penes Nos* [c] *remittimus cancellatas; dantes Baillivo Aurelianensi moderno & qui pro tempore fuerit, presentibus in mandatis, ut ipse deinceps eisdem Religiosis, si & quociens ipsum super hoc requisierint, specialem Gardiatorem ex parte nostra deputet & assignet, qui in hiis que ad Gardiatoris specialis spectant Officium, dictis Religiosis assistat fideliter, & ea diligencius exequatur: dum tamen de hiis que Cause cognicionem exigunt, se nullatenus intromittat. Quod ut firmum & stabile permaneat in futurum, presentibus Litteris nostrum fecimus apponi Sigillum: Salvo tamen in aliis jure nostro & quolibet in omnibus alieno.* Actum apud *(c)* Oratorium supra Ligerim, Anno Domini millesimo trecentesimo vicesimo-secundo, mense Novembris.

[a] Philippe le Long.

[b] que.

[c] *App.* retinuimus.

NOTES.

(a) Tresor des Chartres, Registre 81. Piece 399.

Montem-Argi.] On ne sçait s'il y a *Argi* ou *Augi*, & dans le titre de la Piece, il y a *Augi*. Il faut cependant lire *Argi*, *Montargis.*

(c) Oratorium supra Ligerim.] C'est l'Abb. de *Loroux*, Diocese d'Angers, à laquelle furent accordées les Lettres qui sont cy-dessous, p. 117.

JEAN I.er & selon d'autres, Jean II. à Paris, le 15. d'Aoust 1352.

Nos autem omnia & singula contenta in Litteris suprascriptis, rata & grata habentes, & tenore presencium, auctoritate Regia, de speciali gratia & ex certa scientia, confirmantes, presatas Religiosas, ut liberius & securius nostro servire valeant Creatori, in nostra protectione Regia & Salva-gardia speciali suscipimus per presentes, quarum exhibicionem, absque aliis Litteris supradictis, sufficere volumus ad premissa: dantes Baillivo Senonensi moderno & qui pro tempore fuerit, presentibus in mandatis, ut ipse deinceps eisdem Religiosis, si & quociens ipsum super hoc requisierint, specialem Gardiatorem ex parte nostra deputet & assignet, qui in hiis que ad Gardiatoris specialis spectant Officium, dictis Religiosis assistat fideliter & ea diligencius exequatur: dum tamen de hiis que Cause cognicionem exigunt, se nullatenus intromittat. Quod ut firmum & stabile permaneat in futurum, presentibus Litteris nostrum fecimus apponi sigillum: Salvo tamen in aliis jure nostro & quolibet in omnibus alieno. Datum Pisciaci, decima-quinta die Augusti, Anno Domini millesimo trecentesimo quinquagesimo-secundo.

Per Regem, presentibus Episcopo Silvanectensi, & Confessore. P. BLANCHET.

JEAN I.er & selon d'autres, Jean II. à l'Abbaye de Royaumont, en Octobre 1352.

(a) Don de toutes les confiscations & espaves, au College des Chanoines qui font le service dans l'Eglise de S.t Oüin, dans laquelle est establi l'Ordre de l'Estoile.

JOHANNES Dei gracia Francorum Rex: Inter ceteras sollicitudines mentis nostre, sepe & sepius vigenti meditatione pensavimus, qualiter ab antiquis temporibus Regni nostri Militia per universum Orbem sic strenuitate & nobilitate floruit, & viguit probitate, [a] quod Antecessores nostri Francorum Reges auxilio prestante Divino, & fidelibus Ministris ejusdem Militie manus suas sinceriter & unanimiter prebentibus adjutrices, in quoscumque (b) rebelles suos manus voluerunt mittere, victoriam reportarunt, & infinitos quos perfidus inimicus humani generis in vera fide Christi dolo sue calliditatis, errasse fecerat, ad vere [b] Catholice fidei puritatem divinitus revocarunt, ac demum tam pacis, quam securitatis transquillitatem taliter [c] perpararunt in Regno; [d] quod successu longorum temporum, nonnulli Ministrorum ipsorum propter armorum insolenciam & deffectum exercicii, vel aliis de causis quas nescimus, istis temporibus, occiosis & vanis operibus plus solito se involverunt, honoris & fame, proth dolor! neglecta pulcritudine, ad utilitatem privatam libencius declinantes. Quamobrem Nos reminiscentes preterita tempora, laudabilesque gestus & unanimes predictorum fidelium, unde tam victoriosa tamque virtuosa & felicia opera processerunt, fideles ipsos presentes & futuros ad unitatem perfectam providimus revocare, ut uniti, unanimes, [e] scicientes honorem & famam, vanis occiositatibus depositis, sicut decet, gloriam Nobilitatis & Milicie ad gratiam laudis antique & nobile consorcium, nostris temporibus revertantur, & renovata laude Milicie, propiciante-que Divina Clemencia, Regno nostro & fidelibus, pacis preparetur transquillitas & laudis preconium undique predicetur. Attendentes igitur quod hec & alia Providencia Divina ministrat, sine qua nichil est validum, nichil Sanctum, in honore gloriosissime Beate Marie Virginis, que Mediatrix Dei & hominum esse meruit, & Spiritu Sancto cooperante, filium peperit Dominum Jesum-Christum qui genus humanum à divinorum consorcio separatum, ad unitatem vere fidei & laudem sui nominis & glorie sempiterne, dignatus est sua misericordia revocare, consorcium seu (c) Societatem Militum Beate Marie Nobilis-Domus

[a] *Il n'y a dans l'Origin. qu'un q. avec une marque d'abreviation.*

[b] *App.* dans les Croisades.

[c] perpetrarunt.

[d] pensavimus, *qui est plus haut.*

[e] sitientes.

NOTES.

(a) Memorial *C.* de la Chambre des Comptes, *fol.* 121. *recto.*

Il y a devant ces Lettres : *Donum factum Nobili Domui Militie Sancti Audoeni, de omnibus forefacturis.*

(b) Rebelles.] *Ennemis.* Car *Rebellare* se dit quelquefois pour *bellare*, faire la guerre, combattre. Voy. Du Cange au mot *Rebellare.*

(c) Societatem Militum.] C'est l'Ordre de l'*Estoile*, sur lequel V. le 2.e vol. des Ordonn. p. 465. V. cy-des. les Let. du 17. de Fev. 1354.

apud Sanctum Odoenum-prope-Sanctum-Dyonisium-in-Francia, & Collegium Canonicorum, Capellanorum & Clericorum pro Divinis Serviciis celebrandis, ibidem duximus statuendum: Sperantes indubie quod intercedente dicta gloriosissima Virgine Maria pro Nobis & nostris fidelibus, ad dictum Jesum-Christum ejus filium, ex oracionibus Canonicorum, Cappellanorum & Clericorum ipsorum, idem Dominus noster Jesus-Christus Militibus dicti consorcii seu Societatis, graciam suam infundet misericorditer, taliter quod ipsi Milites in actibus Milicie [a] *scicientes honorem & famam, sic unanimiter, sic valenter de cetero se habebunt, quod flos Militie que per aliquod tempus ex causis predictis, sub quadam taciturnitate marcescit in Regno nostro, letabitur, & in unitate perfecta ad laudem & gloriam dicti Regni & nostrorum fidelium, reflorebit: Et quia summis desideriis affectamus uti istud opus nobile nobiliter & infaillibiliter compleatur, notum facimus universis presentibus & futuris, quod Nos mera liberalitate nostra, motu proprio & ex certa scientia duximus ordinamusque, concedimus & donamus per presentes, ad opus dicte Domus, omnes* [b] *fore-facturas tam in hereditatibus quam mobilibus, & omnes* [c] *Espavias seu* Espaves [d] *vulgaliter, que in Regno nostro evenient & ad Nos pertinebunt, propter crimina lese-Majestatis, vel alia quacunque de causa, cujuscunque valoris existant, convertendas in dotacionem dicti Collegii Canonicorum, Capellanorum & Clericorum, aliorumque Ministrorum statuendorum ibidem; nec non & in opus, & ad perfectionem operis dicte Domus, distribuendas & ponendas per illos quos ad hec deputabimus, seu deputatos suos, quo usque dictum opus completum & perfectum fuerit, vel aliter ex certa scientia cum deliberacione matura nostri Consilii, super hoc duxerimus Ordinandum: Mandantes dilectis & fidelibus Gentibus Compotorum nostrorum, Thesaurariisque nostris Parisiensibus & omnibus Receptoribus & Justiciariis Regni nostri presentibus & futuris, & eorum cuilibet, ut dictas forefacturas &* Espaves *integraliter tradant & reddant Gubernatori seu Receptori dicte Domus, seu deputatis aut deputandis ab eis vel aliter ad hec, auctoritate nostra, nichil inde alibi tradendo vel* [e] *liberando,* [f] *per quodcunque mandatum nostrum vel alterius cujuscunque, & de quacunque forefactura &* Espave *mobili vel immobili, cujuscunque valoris existat, que dicto Gubernatori seu Receptori vel ab eo deputatis aut deputandis, tradentur & liberabuntur: Tradentes ipsos, ex traditis exinde exoneramus & liberamus per presentes, & pro exoneratis & liberatis haberi volumus & teneri, ac si Thesaurariis nostris Parisiensibus illud traderent & eciam liberarent; Ordinacionibus, prohibicionibus & mandatis contrariis non-obstantibus quibuscunque. Quod ut firmum & stabile permaneat in futurum, nostrum presentibus Litteris fecimus apponi Sigillum impendenti.* Datum in Abbacia Regalis-Montis, Anno Domini millesimo trecentesimo quinquagesimo-secundo, mense Octobris.

JEAN I.er & selon d'autres, Jean II. à l'Abbaye de Royaumont, en Octobre 1352.

[a] scientes.
[b] confiscations.
[c] Voy. le 3.e Vol. des Ordonn.
[d] en François.
[e] payant.
[f] non-obstant tout mandement à ce contraire.

JEAN I.er & selon d'autres, Jean II. à Paris, en Novembre 1352.

Philippe VI. dit de Valois, à l'Abbaye de Loroux, en Juillet 1329.

(a) Confirmation de Lettres de Sauvegarde Royale, & d'exemption d'Imposts, pour l'Abbaye de Loroux en Anjou.

JOHANNES *Dei gratia Francorum Rex: Notum facimus universis tam presentibus quam futuris, Nos* [g] *Litteras inclite recordacionis carissimi Domini & Genitoris nostri, infrascriptas, formam que sequitur, continentes.*

PHILIPPUS *Dei gratia Francorum Rex: Notum facimus universis tam presentibus quam futuris, Nos vidisse quasdam Litteras, formam que sequitur, continentes.*

RICARDUS *Dei gratia Rex Anglie, Dux Normandie* [h] *Aquitanie, Comes Andegavie, Archiepiscopis, Episcopis, Abbatibus, Comitibus, Viccecomitibus, Barronibus,*

[g] vidisse.
[h] &.

NOTES.

(a) Tresor des Chartres, Registre 81. Piece 470.

JEAN I.er & selon d'autres, Jean II, à Paris, en Novembre 1352.

Senescallis, Prepositis, Justiciariis, & omnibus Baillivis & Ministris & fidelibus suis, salutem. Volumus & precipimus quod Fratres Abbacie de (b) Oratorio, & omnes res & homines eorum, sint quitti de Theloneo & (c) pavagio & pontagio & pedagio, & omnia alia consuetudine & seculari exactione, de omnibus rebus quas emerint vel vendiderint, vel deportari fecerint in omni loco potestatis nostre, per terram & per aquam, ad proprios usus suos; & prohibemus ne aliquis vel res vel homines eorum, in aliquo vexet aut disturbet : quia tam ipsos quam que eorum sunt, sicut res proprias & (d) dominicas, in manu nostra, protectione & Salva-gardia retinemus, nec [a] *portare ullatenus possemus, si quis eos vel bona ipsorum, vexaret, turbaret seu quocunque modo minueret, aut libertates à Nobis vel ab Antecessoribus nostris, illis concessas, interdiceret : prohibemus etiam ne de ullo tenemento suo ponantur* [b] *in placitum, nisi coram Nobis aut Capitali Justicia nostra. Teste Willermo de* [c] *Mand. sexta decima die (e) Septembris, apud (f) Gaytigeone.*

a App. souffrir.

b ne soient poursuivis en Justice.

c Il y a une marque d'abreviation sur ce mot.

[d] *NOs autem premissa omnia & singula, prout superius sunt expressa, rata habentes & grata, ea volumus, laudamus, approbamus & tenore presencium, nostra auctoritate Regia, & ex certa scientia, confirmamus : nostro & alieno in omnibus aliis jure salvo. Quod ut firmum & stabile permaneat in futurum, nostrum hiis presentibus Litteris fecimus apponi Sigillum. Actum in Abbacia dicti Monasterii de* [e] *Oratorio in Andegavia.* Anno Domini millesimo trecentesimo vicesimo nono, mense Julio.

d Continuation des Lettres de Philippe de Valois.

e Voy. cy-dessus, Note *(b)*.

[f] *NOs autem dictas Litteras & contenta in eisdem, ratas habentes & gratas, ipsas volumus, laudamus, approbamus & tenore presencium, auctoritate Regia, de speciali gratia confirmamus : Mandantes Senescallo & Receptori Andegavensi & Cenomanensi, ceterisque Justiciariis & Officiariis nostris & Regni nostri, presentibus & futuris, aut eorum Loca-tenentibus & cuilibet eorumdem, quatenus dictos Abbatem & Conventum successoresque suos, universis & singulis sibi per Litteras concessis prescriptas, gaudere & uti pacifice ac perpetuo faciant & permittant, ipsos contra tenorem earum, nullatenus molestantes aut à quoquam molestari permittentes. Quod ut firmum & stabile permaneat in futurum, nostrum presentibus Litteris fecimus apponi Sigillum : nostro in aliis & alio in omnibus jure salvo.* Datum Parisius, Anno Domini millesimo trecentesimo quinquagesimo secundo, mense Novembris.

Per Regem, presente Elemosinario. P. BLANCHET. *Collatio fit.*

f Continuation des Lettres du Roy Jean.

NOTES.

(b) Oratorio.] L'Abbaye de Loroux, dans l'Anjou. Voy. *Gall. Christ. t. 4. 1.re Edit.* p. 702.

(c) Pavagio.] Impost que l'on paye pour le pavement des chemins : on le nomme en françois *Droit de chaussée.* Voy. Du Cange au mot, *Pavagium.*

(d) Dominicas.] Il y a dans le Registre *dncas*, avec une marque d'abreviation. *Dominicus* signifie ce qui nous appartient, ce qui est de nostre domaine. Voy. Du Cange au mot *Dominicum.*

(e) Septembris.] L'Année n'y est pas. Richard I. Roy d'Angleterre, qui a donné ces Lettres, a regné depuis l'an 1189. jusqu'à 1199. Voy. l'Hist. d'Angl. par Toiras, t. 2. pp. *m.* 238. 273.

(f) Gaytigeone.] Ce lieu sur lequel je n'ay rien trouvé, est apparemment situé en Angleterre.

JEAN I.er & selon d'autres, Jean II. à Paris, en Decembre 1352.

(a) Sauvegarde Royale pour l'Abbaye de Berdouës.

JOHANNES Dei gratia Francorum Rex: Notum facimus universis tam presentibus quam futuris, quod Nos agere credimus non indigne, si curam sollicitam adhibemus, ut Regni nostri subditi, & presertim persone Ecclesiastice que circa Divinum vacant servicium, & Omnipotenti altissimo continue, sub commisso Nobis regimine, famulantur, pacis transquillitate gaudeant, ac per Regalem potenciam liberalius [a] *senserint se adjutos. Hinc est quod Nos ad supplicationem Religiosorum Abbatis & Conventus Monasterii (b) Berdonarum Ordinis Cisterciensis, Dyecesis Auxitanensis, ipsos una cum eorum familiis, Officiariis, Servitoribus, rebus, bonis & Jurisdictionibus suis universis, in nostris & Successorum nostrorum Francie Regum, protectione & speciali Salva-gardia, de gratia speciali ad suorum* [b] *juris conservacionem dumtaxat, perpetuo remansuros, suscipimus per presentes, & eisdem deputamus in Gardiatoribus, Alodetum de Lupo-Alto, Petrum Marcelli, Arnaldum Quaxie de Luco-bono, Arnaldum Bertrandi Servientes nostros, quibus & eorum cuilibet, committimus & mandamus, quatenus ipsos Religiosos & eorum familias, servitores seu Officiarios &* [c] *homines de corpore, in suis justis possessionibus, saisinis, usibus, franchisiis, libertatibus, Jurisdictionibus, immunitatibus & juribus in quibus ipsos esse suosque predecessores fuisse* [d] *inveniunt pacifice ab antiquo, manuteneant & conservent, & ab omnibus injuriis, violenciis, gravaminibus, oppressionibus, molestacionibus, inquietacionibus, vi armorum, potencia Laycorum & quibuscunque novitatibus indebitis, tueantur; quas si in prejudicium dicte nostre Salve-gardie & dictorum Religiosorum, factas esse vel fuisse repererint, eas ad statum pristinum & debitum reduci, & Nobis ac dictis Religiosis propter hoc, emendam condignam prestari faciant per illum vel illos ad quos pertinuerit, indilate; dictamque Salvam-gardiam nostram in locis & personis de quibus expediens fuerit, publicari & notificari solempniter: Inhibentes ex parte nostra omnibus illis de quibus fuerint requisiti, sub omni pena quam erga Nos possent incurrere, ne eisdem aut eorum servitoribus, familiis seu Officiariis, hominibus de corpore, bonis & rebus suis quibuscunque, quomodolibet forefacere presumant: Et si in casu novitatis aliquod debatum oriatur inter ipsos Religiosos & alios ratione bonorum suorum quorumcunque, ipsum debatum & rem contenciosam in manu nostra tanquam superiori, ponant, & per ipsam facta recredencia per illum vel illos Judices ad quem vel ad quos pertinebit, illi de dictis Partibus cui de jure fuerit facienda, Partes debatum facientes, & etiam dicte nostre Salve-gardie infractores & contemptores, aut illos qui in ejus prejudicium & contemptum, predictis Gardiatoribus aut eorum alteri Gardiatorum Officium exercendo, injuriam fecerint vel offensam, sive qui eis vel eorum alteri, inobedientes fuerint, coram Judicibus ad quos eorum cognicio pertinere debuerit, adjornando processuros super hoc, ut fuerit racionis; certificando ipsos Judices de adjornamento predicto & aliis que fecerint in premissis, ut super hoc facere valeant Partibus celeris Justicie complementum. Si vero dicti Religiosi aut aliqui de suis servitoribus, Officiariis, aut familiaribus,* [e] *assecuramentum habere voluerint, volumus quod Judices ad quos pertinuerit predictum assecuramentum, eisdem & eorum servitoribus dare faciant bonum & legitimum juxta Patrie consuetudinem, prout racionabiliter fuerit faciendum; & generaliter faciant &* [f] *fecere possint dicti Gardiatores & eorum quilibet, omnia & singula que ad Gardiatoris Officium pertinent & possunt quomodolibet pertinere: Dantes insuper tenore presencium in mandatis Senescallis Tholose, Bigore, Carcassone & Ageni, ac Judicibus (c) Ripparie*

a sentiant.

b jurium.

c Especes de serfs.

d invenerint.

e Voy. le 3.e Vol. des Ordonn. p. 264. Note (b)

f facere.

NOTES.

(a) Tresor des Chartres, Registre 81. Piece 514.

(b) *Berdonarum.*] *Berdoües.* Ce Monastere est ordinairement nommé en latin, *Bardum* ou *Berdona*. Voy. *Gall. Christ. 2.e Edit. t. 1. p. 1020.*

(c) *Ripparie & Verduni.*] C'est apparemment le lieu que l'on nomme aujourd'huy,

& Verduni vel eorum Loca-tenentibus, ceterisque Justiciariis & subdictis nostris qui nunc sunt & pro tempore fuerint, ut eisdem Gardiatoribus & eorum cuilibet, in premissis & ea tangentibus pareant efficaciter & intendant, ac prestent auxilium, consilium & favorem, dum opus fuerit & super hoc fuerint requisiti; quodque dictis Religiosis de aliis Gardiatoribus provideant, in casu in quo prenominati Gardiatores vacare nollent vel non possent ad premissa, seu morirentur; qui talem & consimilem potestatem habeant in premissis & ea tangentibus, qualem per presentes concessimus Gardiatoribus supradictis : Nolumus tamen quod dicti Gardiatores aut aliquis eorumdem, de hiis que Cause cognicionem exigunt, se nullatenus intromittant. Datum Parisius, Anno Domini millesimo trecentesimo quinquagesimo-secundo, mense Decembris.

(d) In Requestis Hospicii. BERT CAMA. *Od. Laya.*

NOTES.

Riviere-Verdun, sur lequel Voy. cy-dessus p. 18. Note (*b*).

(*d*) *In Requestis Hospicii.*] Il y a dans le Memorial *C.* de la Chambre des Comptes de Paris, *fol.* 118. *recto*, des Lettres qui font mention d'un Reglement fait sur les Maistres des Requestes de l'Hostel, qui ne s'est pas conservé : On a cru devoir les faire imprimer dans une Note.

Vadia Magistrorum Requestarum Hospicii serviendo in Parlamento & Consiliis.

JEAN I.er & selon d'autres, Jean II. à Poissy, le 10. de Mars 1351.

JOHANNES Dei gratia Francorum Rex : Universis presentes Litteras inspecturis, salutem. Notum facimus quod Nos consideratis & attentis gratis & acceptis serviciis per dilectos & fideles Clericos, Magistros Stephanum (e) de Par..... Johannem Bescoti, Petrum de Beyo & Petrum de Caritate, Magistros Requestarum Hospicii nostri, Nobis & predecessoribus nostris fideliter & laudabiliter impensis, & que speramus ipsos in futurum impensuros, nonnullisque aliis causis & racionibus quibus personas ipsorum favore volumus prosequi singulari : Attentis eciam gravibus sumptibus & expensis ipsorum, quibus sufficere nequeunt vadia viginti quatuor solidorum Parisiensium per diem (f) ipsorum duobus duntaxat nostrum Hospicium insequendo alternis mensibus, per Ordinacionem nostram deputata, ex certa scientia gracia speciali & auctoritate nostra Regia, per maturam deliberacionem magni Consilii nostri ordinavimus & ordinamus per presentes, quod alii duo ipsorum singuli; videlicet, pro singulis diebus quibus dicta vadia per dictam Ordinacionem lucrari & percipere non debebunt, percipiant & habeant singulos quindecim solidos Parisienses; dum tamen eisdem diebus (g) nostro Parlamento sedente, prout alii Consiliarii nostri dicti Parlamenti; & ipso Parlamento non sedente, in Consiliis & aliis nostris negociis Parisius insistant aut insistere sint parati. Quare damus in mandatis nostris Gentibus Camere Compotorum qui [a] *sont & qui pro tempore erunt, quatenus (h) cedulas super dictis vadiis quindecim solidorum Parisiensium per diem, ut est dictum, signent & eisdem tradant, ac Thesaurariis nostris modernis & futuris, ut summas in eisdem contentas cedulis, dictis Consiliariis & cuilibet eorum solvant sine difficultate quacunque, supradictas cedulas cum* [b] *quittatoriis retinendo, quas reddendo, volumus hoc quod ex hoc solutum fuerit, in eorum compotis per dictas Gentes nostras Camere Compotorum allocari; dicta Ordinacione & aliis Ordinacionibus contrariis factis seu faciendis, ac donis aliis sibi factis nequaquam obstantibus quibuscunque. In cujus rei testimonium, Sigillum nostrum presentibus Litteris duximus apponendum.* Datum apud Pisciacum, decima die Marcii, Anno Domini millesimo trecentesimo-quinquagesimo primo. *Per Regem in Consilio suo, vobis presentibus.* MELLON.

Collacio facta cum Originali.

a sunt.

b les quittances.

NOTES.

(*e*) *De Par.*] *de Paris.* Voy. la Table des noms propres à la fin du 3.e Vol. des Ordonn. p. CLXXXIV. col. seconde au mot, *Paris.* (*M.e Estienne de*)

(*f*) *Ipsorum duobus.*] Il avoit esté ordonné que de ces quatre Maistres des Requestes, deux serviroient pendant un mois, & les deux autres le mois suivant ; & ainsi alternativement : & qu'il n'y auroit que ceux qui serviroient, qui auroient des gages. Il y a apparence que cela avoit esté ainsi ordonné par un Reglement general pour les Maistres des Requestes, lequel ne s'est pas conservé.

(*g*) *Nostro Parlamento sedente.*] Il semble qu'il manque-là quelques mots qui doivent signifier, *qu'ils viennent au Parlement.*

(*h*) *Cedulas.*] Encore aujourd'huy, cet usage s'observe pour M.rs du Parlement, & les quittances qu'ils donnent pour leurs gages, sont passées à la Chambre des Comptes & signées par un Maistre. Elles sont ensuite enregistrées dans un Registre par un Auditeur, qui fait mention des enregistrements au dos des quittances. Mais cela ne s'observe plus par rapport aux gages de M.rs les Maistres des Requestes.

(*a*) Lettres

JEAN I.er & selon d'autres, Jean II. à Paris, le 2. de Janvier 1352.

(a) *Lettres qui portent que la Reine Jeanne percevra la moitié de l'Imposition de laquelle elle a consenti la levée dans ses terres.*

JEHAN par la grace de Dieu Roys de France : A noz amez & feauls Genz de nos Comptes & Tresoriers à Paris, Salut & dileccion. Comme pour soustenir & porter les grans charges, labours & despens qu'il Nous convient faire & soustenir pour cause de noz guerres, nostre très chere & très amée Dame la Royne Jehanne, de sa liberalité & benigne grace, Nous ait octroyé une [a] imposicion de six deniers pour livre, à estre levée en ses terres & Jurisdictions, sur ses hommes justiciables & subgez, jusques à un an continuel, à compter du premier jour que elle y sera levée, souz certaines condicions & manieres : Savoir vous faisons que Nous considerans les grans & innumerables curialitez & bontez que nostredicte Dame Nous a faiz, & la très grant affection d'amour que elle a & toujours a eu à Nous, en [b] prouvant & desirant l'acroissement de noz honneur & estat, & la bonne [c] pays & transquillité de nostre Royaume, avons donné & octroyé ceste foiz, de grace especial & de nostre propre mouvement, à nostredicte Dame, sans ce que elle ne autres de par [d] li, Nous en ait requis ou fait requerre, la moitié de tout l'emolument de ladicte imposicion pour l'an dessusdit, à le penre & recevoir par les mains de noz Receveurs, ou autres deputez de par Nous à lever tout ledit emolument, selon nostre Ordonnance sur ce faitte. Si vous mandons & commandons estroittement & à chascun de vous, que nostredicte Dame & ses Genz vous laissiez joïr & user paisiblement de nostre presente grace, sanz faire en venir encontre. *Donné à Paris, le deuxieme jour de Janvier, l'An de grace mil trois cens cinquante-deux. Signé.* Par le Roy à la relacion du Conseil ouquel vous estiez. P. BRIARRE.

a *Voy. le 3.e Vol. des Ordonn. p. 617.*

b *ne pourroit-on pas corriger, procurant?*

c *paix.*

d *elle.*

NOTES.

(a) Memorial *C.* de la Chambre des Comptes, *fol.* 119. *verso.*

Avant ces Lettres, il y a : *Donum medietatis Imposicionis, factum Regine Johanne in terra sua.*

JEAN I.er & selon d'autres, Jean II. à Paris, le 21. de Janvier 1352.

(a) *Commissio Magistri Guillelmi* d'Orly *recipiendi explectaciones.*

JEHAN par la grace de Dieu Roys de France : A nostre amé & feal Clerc, Maistre Guillaume d'Orly, Salut & dileccion. Comme Nous ayons commis par nos autres Lettres, plusieurs de noz Conseillers Clers & autres bonnes personnes, pour faire tenir & garder les Ordenances faites sur les vivres, journées de Laboureurs, marchandises & plusieurs autres choses, & punir & corrigier les transgresseurs d'icelle, si comme il est plus à plain contenu en noz Lettres de Commission à eulz adrecées : Sur ce Nous vous mandons & commettons que touz les esplois & amendes qui seront deuës, tant du temps passé comme de celui avenir, par les transgresseurs desdictes Ordenances, tant & teles comme elles seront taxées par lesdiz Commissaires, & qui auront esté receuës par quelque personne que ce soit, vous faciez lever & exploicter tantoit & sanz delay, pour tourner & convertir pardevers Nous, si comme il appartendra : & vous mandons & commandons à touz noz Justiciers, Officiers, Sergens & Subgiez que en ce faisant obeïssent à vous & aus deputez de par vous diligemment. *Donné à Paris, le vingt-unieme jour de Janvier, l'An de grace mil trois cens cinquante-deux.* Par le Conseil. ADAM.

NOTES.

(a) Memorial *C.* de la Chambre des Comptes, *fol.* 119. *verso.* 2.e Piece.

Ces Lettres regardent l'execution de celles du 14. de Fevrier 1351. qui sont dans le 2. Vol. des Ordonn. p. 489. où ces Lettres du 21. de Janvier 1352. auroient dû estre imprimées dans une Note.

JEAN I.er & selon d'autres, Jean II. à Senlis, en Fevrier 1352.

(a) Sauvegarde Royale pour le Maire, les Pers, les Jurez & la Communauté de la Ville de Beauvais.

JOHANNES Dei gratia Francorum Rex: Notum facimus universis tam presentibus quam futuris, quod Nos Predecessorum nostrorum sequi vestigia totis affectibus hanelantes, libenter curam diligentem atque solicitam adhibemus, quod Regni nostri subditi pacis transquillitate gaudeant, & ab injuriis, violenciis sub Regni nostri regimine deffendantur, ut tanto plus ad obedientiam sint astricti, quanto per Regalem potenciam favorabilius senserint se adjutos. Hinc est quod Nos ad supplicationem (b) Majoris, Parium, Juratorum & Communitatis Ville & Civitatis Belvaci, à Predecessoribus nostris ab antiquis temporibus fundatorum, & unum corpus habencium, asserencium se ratione dicte Communitatis, Nobis [a] *inmediate subesse, ipsos una cum bonis & familiariis communibus eorumdem, ad suorum jurium conservacionem & dictam Communitatem tangencium, quatenus Nobis subsunt, in nostra tuicione, protectione Regia & speciali Salva-gardia, tenore presencium de gratia suscipimus speciali, & eis in Gardiatorem specialem Baillivum Silvanectensem qui nunc est & qui pro tempore fuerit aut ejus Locum-tenentem, deputamus per presentes: mandantes eidem, si necesse fuerit committentes, quatenus dictos Majorem, Pares, Juratos & Communitatem tueatur & defendat ab omnibus injuriis, violenciis, gravaminibus, oppressionibus, molestiis, vi armorum, potencia Laicorum ac inquietationibus & novitatibus indebitis quibuscunque, & quod nichilominus ipsos manuteneat & conservet in suis justis possessionibus, usibus, juribus, franchisiis, libertatibus & saisinis in quibus ipsos esse & eorum predecessores fuisse invenerint ab antiquo, racione Communitatis predicte: Inhibentes omnibus aliis de quibus fuerit requisitus, sub certis penis Nobis applicandis, ne eisdem Paribus, Juratis & Communitati aut in bonis eorumdem, aliquas faciant injurias aut indebitas novitates; quas si factas esse vel fuisse invenerint, eas omni cessante diffugio, ad statum reducat debitum, & Nobis ac Parti emendam propter hoc condignam prestari faciat, secundum quod casus exiget & Justicia suadebit: Et si dicti Major, Pares, Jurati & Communitas ab aliquo vel aliquibus* [b] *assecuramentum habere voluerit, quod illud eis dare faciat bonum & legitimum, prout racionabiliter fuerit faciendum: Intimantes seu intimari & publicari facientes dictam Salvam-gardiam nostram specialem, in omnibus locis, & omnibus illis de quibus fuerit requisitus, ne se possint de* [c] *ingnorancia excusare: Et etiam in casu novitatis si quod oriatur debatum inter ipsos Majorem, Pares, Juratos & Communitatem, ratione Communitatis ipsorum aut bonorum communium eorumdem, & alios, ipso debato & rebus contenciosis in manu nostra tanquam superiori, positis, & per eandem facta recredencia illi ex dictis Partibus cui de jure fuerit facienda, dictus Baillivus aut ejus Locum-tenens dictis Partibus in causa oppositionis hujusmodi, exibeat bonum & breve Justicie complementum: Et generaliter omnia alia & singula faciat, que* [d] *à boni Gardiatoris Officium pertinent & possunt quomodolibet debite pertinere: Et pro premissis diligencius exequendis, unum vel plures Servientes nostros ydoneos suis sumptibus deputet eisdem, si super hoc fuerit requisitus: Qui tamen de hiis que Cause cognicionem exigunt, se nullatenus intromittant. Que omnia sic fieri volumus & dictis Majori, Paribus, Juratis & Communitati concedimus, si necesse fuerit, de gratia speciali. Et ut hoc ratum & stabile permaneat in futurum, presentibus Litteris nostrum fecimus apponi Sigillum: nostro & alieno in omnibus jure salvo.* Datum [e] Silvaneti, Anno Domini millesimo trecentesimo quinquagesimo-secundo, mense Februarii.

a immediate.

b Voy. le 3.e Vol. des Ordonn. p. 264. Note (b).

c ignorantia.

d ad.

e Silvanecti.

NOTES.

(a) Tresor des Chartres, Registre 81. Piece 750.

(b) *Majoris, &c.* Voy. sur le Maire & les Pers de Beauvais, l'Hist. de Beauvais d'Ant. Loisel, p. 290.

Per Regem, ad relacionem Consilii in quo vos & Dominus Cabilonensis Episcopus ac S. de Bucyaco eratis. J. ROYER.

JEAN I.er & selon d'autres, Jean II. *apud Fontes in Burgo*, en Mars 1352.

(a) Lettres qui portent que l'Hostel-Dieu de la Ville de Roüen, sera toûjours sous la Jurisdiction du Roy, & de l'Aumosnier du Roy.

JOHANNES Dei gratia Francorum Rex: Rationi non dissonum, ymo justum & [a] equm censemus, ut loca Christi pauperum, que ex bonis Regalibus per Regiam munificentiam fundata sunt & dotata, sub potestatis Regie dominio permaneant, nec ullis unquam ab ipso temporibus separentur: Eapropter per presens privilegium notum fieri volumus universis presentibus & futuris, quod Nos pie attendentes Hospitale seu Domum-Dei Sancti Andree in Rothomagensi [b], in Ducatu Normannie, per Predecessores nostros Reges Francorum, & de bonis Regalibus fundatum fuisse pariter & dotatum, propter quod ad ipsum Hospitale seu Domum-Dei affectionem gerimus specialem, statuimus & ordinavimus tenoreque presencium ordinamus, auctoritate Regia, de nostre plenitudine potestatis & gratia speciali, de consensu etiam & ad supplicationem Magistri & Fratrum ejusdem, quod ipsum Hospitale sive Domum-Dei cum Magistro & Fratribus, familiaque & bonis ipsius omnibus & singulis presentibus & futuris, in & sub nostro ac successorum nostrorum Regum Francie, Elemosinariorumque Regiorum presentis & futurorum, Jurisdictione & regimine immediate perpetuo remaneant, nec ab ipso ullis unquam temporibus aliqualiter valeant separari; etiamsi contingeret in futurum Ducatum Normannie aut Villam Rothomagensem, per Nos seu aliquem vel aliquos successorum nostrorum Regum Francie, in aliquem vel aliquos Liberorum aut aliorum de Genere nostro, vel alium seu alios qualescunque, transferri quomodolibet in futurum: nec in dicto Hospitali sive Domo-Dei, seu personis aut bonis ejusdem presentibus aut futuris, Elemosinarius aut aliquis Officialis Ducis seu Ducum Normannie, aut alius Domini dicte Ville, si forsam Ducatum ipsum aut Villam predictam in alienos transferri contingeret, ut prefertur, visitacionem seu aliquam Jurisdictionis aut Dominii speciem [c] excercere; non obstante quod Villa predicta sit in predicto Ducatu Normannie situata; quodque quamdiu Ducatum ipsum tenuimus ante [d] suspectum regimen Regni nostri, Magister Hugo de Neausla noster Elemosinarius tunc temporis, de consensu vel permissione inclite memorie carissimi Domini & Genitoris nostri Regis, pro tunc, & non ipsius Domini Regis Elemosinarius qui tunc erat, fuerit predicte Domus Superior, visitator, aut aliter de regimine Domus ejusdem se intromiserit quoquomodo. Quod ut firmum & stabile permaneat in futurum, nostrum Sigillum presentibus Litteris duximus apponendum: nostro in aliis & alio in omnibus jure salvo. Datum apud [e] Fontes-in-Burgo, Anno Domini millesimo trecentesimo quinquagesimo secundo, mense Marcii.

Per Regem, presente Elemosinario. P. BLANCHET.

a equum.

b Villa.

c poterit.

d susceptum.

e je ne connois point ce lieu-là.

NOTES.

(a) Tresor des Chartres, Registre 81. Piece 699.

(a) MCCCLIII.

(a) Cette Année, suivant Du Cange dans son Glossaire, commença le 24. d'Avril & finit le 12. d'Avril.

Il y eut donc deux mois d'Avril dans cette Année, & rien ne determine dans lequel de ces deux mois, ces Lettres furent données.

JEAN I.er & selon d'autres, Jean II. à Paris, en Avril 1353. Philippe VI. dit de Valois, à Poissy, en Aoust 1336.

(a) Statuts pour les Espingliers de la Ville de Paris.

SOMMAIRES.

(1) Les Epingliers cesseront de travailler à l'heure de Complies, pendant toute l'année.

(2) Les Maistres ne pourront avoir qu'un Apprentif à la fois.

(3) Un Apprentif ne pourra après son apprentissage, se faire recevoir Maistre, qu'il n'ait travaillé un an sous les Maistres, comme Compagnon.

(4) Un Maistre ne peut prendre un Apprentif, qu'en la presence de deux Maistres, qui seront temoins des conventions qui seront faites.

(5) Si un Apprentif s'enfuit de chez son Maistre, ou que celuy-cy le cede à un autre Maistre, moyennant de l'Argent, le premier & le second Maistre ne pourront prendre un autre Apprentif, qu'après le temps auquel ce premier Apprentif auroit eu fini son apprentissage chez son premier Maistre, s'il y fut demeuré. Si un Apprentif s'est enfui de chez son Maistre, le Maistre qui le fera travailler chez lui, avant que de s'estre informé si cet Apprentif a achevé son apprentissage chez son Maistre, sera condamné à l'amende.

(6) Si les Epingliers travaillent après l'heure marquée [dans l'Art. 1.] ils seront condamnez à l'amende.

(7) Les Maistres du Mestier esliront deux ou trois Prud'hommes, qui iront dans les endroits où l'on travaille, examiner si l'on n'y fait rien de contraire aux Reglements ; & ils seront crus à leur serment, sur le rapport qu'ils feront de leur visite.

(8) Celuy qui contreviendra à ces Reglements, sera puni par la Justice du Roy.

(9) Si les Prud'hommes qui sont Gardes, trouvent des ouvrages qui ne soient pas loyaux & marchands, & qu'ils ne puissent avoir sur le champ des Sergents [pour les saisir,] ils les prendront eux-mêmes, & les apporteront aux autres Prud'hommes du mestier ; & si ceux-cy les trouvent aussi non loyaux & marchands, ils les apporteront au Prevost de Paris.

(10) On ne travaillera point les Festes.

(11) Ceux qui contreviendront à ces Reglements payeront l'amende. Le Roy & le Prevost de Paris pourront faire des changements à ces Reglements.

(12) Les Maistres ne prendront point d'Apprentifs qu'ils ne soient en estat de leur montrer parfaitement leur mestier, & ils ne pourront les ceder à d'autres qu'ils n'ayent fait la moitié de leur apprentissage. Si le Maistre meurt avant ce temps-là, l'Apprentif pourra entrer chez un autre Maistre.

(13) Si un Apprentif s'enfuit de chez son Maistre, & qu'il soit un an & un jour sans revenir, il ne pourra plus estre reçû Maistre.

(14) Il n'y aura que ceux du mestier qui puissent tirer le fil [de Leton ou de Fer.]

(15) Les Maistres ne doivent achepter de Fil [de Leton ou de Fer,] qu'à ceux du mestier ; si ce n'est lorsque ceux du mestier n'en ont point à vendre.

(16) Les Maistres ne peuvent prendre les Compagnons qui sont chez les autres Maîtres, & qui leur doivent service ou Argent.

(17) Les Maistres ne peuvent prendre d'Apprentifs, pour moins de six ans, & en recevant quarante sols, ou pour moins de huict ans sans argent. Ils peuvent cependant stipuler une somme d'Argent plus forte.

(18) Ceux qui feront de mauvais ouvrages, seront condamnez à l'amende.

(19) Les Forains qui viendront à Paris, pour travailler de ce mestier, seront examinez avant que de pouvoir le faire.

(20) Ceux qui contreviendront à ces Reglements, seront condamnez à l'amende.

(21) Les Maistres feront jurer les Aprentifs de garder les Reglements du mestier. Les Apprentifs seront soûmis aux Maistres & à la Jurisdiction du Prevost de Paris, tant qu'ils seront dans la Vicomté de Paris.

JEAN I.er & ſelon d'autres, Jean II. à Paris, en Avril 1353.

JOHANNES Dei gratia Francorum Rex: Notum facimus univerſis preſentibus & futuris, quod Nos intente [a] *proſpicitatis acie, geſta Predeceſſorum noſtrorum contemplantes, qui fide preclari, caritate ferventes & devocione ſinceri, ſubditis proficientes verbo pariter & exemplo, eoſdem ſubditos, illos potiſſime quorum ſui artificii miniſterio, Civitates per uberem mercatorum affluenciam & ſuorum decenciam operum, decorantur, multis libertatum privilegiis munierunt, multarumque largicionum liberalitate dotarunt, eorum ſequi veſtigia tanto deſiderabilius excitamur, quanto ſtabilitatem & augmentum Reipublice, nomenque noſtrum cum ſuis merito debere nominibus aſcribi, fervencius affectamus. Sane cum recordacionis inclite Genitor noſter cariſſimus dudum certa Magiſtris & Univerſitati* [b] *Spintarie artificii Pariſienſis, libertates & privilegia duxerit per ſuas Litteras in filis* [c] *cericinis & cera viridi, concedendum, quarum tenor hic inſertus, ſequitur in hec verba.*

a *proſpicacitatis.* Le Copiſte a effacé la ſyllabe *ca* qu'il avoit écrite.

b Eſpinglerie.

c ſericeis.

PHILIPPE par la grace de Dieu Roys de France: Savoir faiſons à touz preſens & à venir, que Nous avons veu unes Lettres ſeellées du Seel de noſtre Chaſtellet de Paris, contenanz la fourme qui s'enſuit.

A touz ceulz qui ces Lettres verront, Jehans Loncle Garde de la Prevoſté de Paris, Salut. Sachent tuit que Nous avons veu unes Lettres ſeellées du Seel du la Prevoſté de Paris, contenant la fourme qui s'enſuit.

A tous ceulz qui ces Lettres verront, Jehans Loncle Garde de la Prevoſté de Paris, Salut. Sachent tuit que à la requeſte de la plus grant partie & du commun aſſentement, & pour garder l'eſtatut & l'Ordonnance & pour le commun prouffit & avancement du meſtier d'Eſpinglerie en la Ville de Paris, avons mis & eſtabli Maiſtres Jurés oudit Meſtier; c'eſt à ſavoir, [d] Eſtigne Petit, Aufroy Pariſis, Adam de Trambay, Pierre Baonois & Guillaume le Mercier, tous Maiſtrez & Jurés dudit Meſtier; & auſſis Gardes & [e] Vallès Jures oudit Meſtier, pour ledit Meſtier viſiter & garder: Leſquez rapporteront à la cognoiſſance deſdiz Maiſtres, toutes les male-façons & meſuſages & toutes les [f] fauces euvres qu'il ſauront & porront ſavoir eſtre faites oudit Meſtier de quelconque perſonne que ce ſoit, ſanz nul en [g] deporter; & leſdiz Maiſtres enquerront du fait, & ce qu'il trouveront eſtre meffait oudit Meſtier, le rapporteront pardevers Nous, pour en faire acompliſſement de Juſtice ſelont raiſon. Et pour ce que leſdiz Meſtres, Gardes & Vallès Jurés ne [h] ſevent mie tous les eſtatus & l'Ordenance de leurdit Meſtier, & pour ce qu'il ne ſe puiſſent eſcuſer de ſavoir & de enquerre les male-façons dudit Meſtier, leur avons baillié la copie de leur [i] Regiſtre & de leur Ordenance, en la maniere qui s'enſuit.

d app. pour *Eſtienne.*

e *ils ſont nommez plus bas* prud'hommes.

f *ouvrages qui ne ſeront pas loiaux & marchands.*

g *favoriſer.*

h *ſcavent.*

i *des Statuts contenus dans les Regiſtres du Chaſtelet.*

(1) Premierement. Les Eſpingliers de Paris [k] ou eſgardé pour le pourſit & pour l'avancement du Meſtier, que chacun doit [l] laiſſier euvre [m] acomplie en toutes ſaiſons de l'an; c'eſt à ſavoir, acomplie *(b)* de Quareſme en Quareſme, & au premier jour de [n] charnage, au ſoir.

(2) Item. Que Maiſtres nulz quel que il ſoit, ne nulle ne puiſſe avoir ne prendre que un aprentiz; & que il ne puiſſe [o] prendre autre ne tenir, tant comme celui [p] li [q] doye journée de ſervice.

(3) Item Quant [r] il aura fait ſon ſervice, li aprentis ne pourra [ſ] encommencier ſon Meſtier, devant qu'il aura ſervi [t] & gaingnie une anée acomplie.

(4) Item. Il ont [u] eſgardé que nul du Meſtier d'Eſpinglerie ne puiſſe prendre aprentis, ſe deux des Maiſtres du Meſtier n'y ſont preſens au prendre, pour les

k *ont eſgardé, ont ſtatué. Voy. l'Art. 4.*

l *ceſſer de travailler.*

m *à Complies, à l'heure de Complies. Voy. l'Art. 6.*

n *app. le* jour de Paſques.

o *en.*

p *qu'il a.*

q *doive.*

r *l'apprentif.*

ſ *ſe faire recevoir Maiſtre.*

t *comme Compagnon, travaillant ſous les Maîtres.*

u *Voy. l'Art. 1.*

NOTES.

(a) Treſor des Chartres, Regiſtre 81. Piece 604.

(b) De Quareſme en Quareſme.] La fin de cet Article eſt obſcure. Peut-eſtre cela ſignifie t-il, que quoyque Complies ſe diſent en Careſme à une autre heure que dans le cours de l'année, cependant les Epingliers doivent auſſi ceſſer de travailler pendant le Careſme, à l'heure de Complies.

JEAN I.er & selon d'autres, Jean II. à Paris, en Avril 1353.

convenances oir: Et se le Maistre le prent sanz la presence de deux Maistres du Mestier, il est encheu en l'amende-le-Roy, de cinq soulz Parisis.

(5) Item. Se l'aprentis [a] se deffuit, ou se son Maistre le [b] vent, que le [c] Maistre qui l'aura prins, ne puisse autre prendre *(c)* devant que l'apprentis ait fait & acompli tout son terme, ne cellui ou celle qui le tendra & qui acheté l'aura. Et se l'aprentiz se deffuit, & nulz du Mestier le mettoit [d] en euvre, [e] s'il n'estoit certains qu'il eust fait tout son service à son Maistre, il seroit encheus en l'amende dessusdicte; [f] & si li seroit ostés.

(6) Item. Que nulz ne nulle du Mestier, ne puisse ouvrer après l'eure [g] dessusdicte, sus la painne de cinq soulz dessusdiz, ce se n'est *(d)* de fourbir ou d'empeser.

(7) Item. Il ont esgardé que ceulz du Mestier esliront deux *(e)* Preudes-hommes du Mestier, ou trois, qui yront par les [h] ouvroirs, & se prendront garde que nulz ne [i] mesprengne; & s'il y trouvoient aucun ou aucune qui eust mesprins ou erré contre cel establissement, que les trois ou les deux en fussent creus par leurs serremens, sans autre preuve traire avant.

(8) Item. Se aucuns ou aucune presens ou à venir, aloit encontre cel establisement, que le Roy *(f)* le justicast à ce qu'il ne puisse aler encontre.

(9) Item. Se les Preudes-hommes qui seront Gardes du Mestier, trouvoient ou Mestier dessusdit, euvre qui ne fust loyal ne souffisant, que se les Preudes-hommes ne povoient trouver Sergent [k] prestement, qu'il puissent prendre l'euvre & apporté veoir auz autres Preudes-hommes du Mestier; & lors s'il la trouvoient mauvaise, il l'apporteroient au Prevost de Paris ou à son *(g)* commandement [l].

(10) Item. Que nuls ne nulle [m] euvre à jour de Feste gardée ou celebrée, qu'il [n] soit encheuz envers le Roy, en l'amende de cinq souls Parisis.

(11) Tous cheulz du Mestier dessusdit vouldrent & accorderent, que quiconques oudit Mestier mesprendra ou temps à venir, ou fera contre aucune des choses dessusdictes, qu'il paiera [o] sep soulz Parisis d'amende, desquels le Roys aura cinq souls, & les [p] Maistres qui garderont le Mestier, pour les Sergenz & pour leur painne, deux soulz; sauf au Roy & au Prevost de Paris, qu'il puissent ajouster, croistre & [q] amenuisier à leur plaisir ès choses dessusdictes.

Item. [r] Tuit cil du Mestier dessusdit, furent tuit presenz & assemblés pardevant Maistre Huë le Seelleur, represantant la personne & l'Office [s] *(h)* Guillaume Thiebout quant à ce, à leur Requeste envoyé pour l'accort du commun dudit Mestier prendre: Lequel accort est tel.

(12) C'est à savoir que nul Maistre du Mestier dessusdit ne Maistresse, ne puisse prendre ne avoir apprentis, se il ne li [t] sceit tout suz le Mestier monstrer de tous poins;

a *s'enfuit.*
b *le cede à un autre Maistre, moyennant de l'Argent.*
c *son ancien Maistre.*
d *le faisoit travailler chez lui.*
e *avant que de sçavoir s'il a achevé son apprentissage.*
f *on luy osteroit cet apprentif.*
g *Voy. l'Art. 1.*
h *les endroits où l'on travaille.*
i *ne contrevienne aux Reglements.*
k *pour la saisir.*
l *ou une personne delegué par luy.*
m *travaille.*
n *ne.*
o *sept.*
p *les Jurez & les Gardes-vallets.*
q *diminuer.*
r *tous.*
s *de.*
t *sçait.*

NOTES.

(c) Devant que, &c.] Devant le temps auquel cet Apprentif auroit fini son apprentissage chez son ancien Maistre, s'il y fût demeuré.

(d) De fourbir, &c.] Je n'ay rien trouvé sur ces mots, dans le Dictionn. de Commerce de Savary, au mot *Epinglerie.*

(e) Preudes-hommes.] Ils sont nommez plus haut, Gardes & Vallez jurez.

(f) Le justicast, &c.] Le fit punir par la Justice, de telle façon qu'il ne contrevinst plus dans la suite aux Reglements.

(g) Commandement.] Je crois que cela signifie *à son Lieutenant:* Car *Mandatum* signifie quelquefois un Juge. Voy. le 3.e Vol. des Ordonn. p. 116. Note (*k*).

(h) Guillaume Thiebout.] Il est certain qu'en 1300. il y avoit un *Guillaume Thibout* Garde de la Prevosté de Paris. [Voy. le 2. Vol. des Ordonn. p. 53.] Il y a grande apparence que c'est celuy dont il est parlé icy. De ce fait je tire quelques éclaircissements sur ce qui est contenu dans cette Piece.

Jean Loncle Garde de la Prevosté de Paris donne en 1323. aux Epingliers, une expedition en forme de leurs Reglements qui estoient dans les Registres du Chastelet de Paris. Il y en avoit deux differents, & faits en differents temps. La date des premiers n'est pas marquée. Ce sont les onze premiers Articles de cette Piece. Vers 1300. Guillaume Thiebout Garde de la Prevosté de Paris, nomma Maistre Hue pour assister à une assemblée des Epingliers, dans laquelle on fit de nouveaux Reglements. Ce sont ceux qui sont compris dans les Articles suivants.

& que il ne puisse [a] vendre leur apprentis, se il n'a fait la moitié de son service, ou pour mort de Maistre ou de Maistresse.

(13) Item. Que se il avient que nul apprentiz s'enfuie hors dudit Mestier an & jour, que il [b] ait perdu du tout le Mestier.

(14) Item. Que nul Maistre ne Maistresse dudit Mestier, ne puisse faire traire *(i)* fil [c] à autres personnes que à ceulx du Mestier.

(15) Item. Que nul Maistre ne Maistresse ne puisse achater [d] fil cler pour faire espingles, si ce n'est à ceuls dudit Mestier, sus painne de l'amende, tant comme il en [e] truche à vendre à ceuls du Mestier.

(16) Item. Que nul Maistres ne Maistresses ne puissent allouer [f] Vallet à li ne à autre, tant comme il doie à son Maistre ou Maistresse, service ne * argent, sus painne de l'amende.

(17) Item. Que nul ne nulle ne puisse prendre apprentis, à meins de six ans, & quarante souls Parisis; & à [g] huit ans sans argent: Et puet bien prendre plus d'argent s'il li plaist & aus Parties.

(18) Item. Que se aucune [h] fausse euvre estoit trouvée oudit mestier, que li Maistre ou la Maistresse sus qui elle sera trouvée, soit en amende de dix soulz au Roy, & de deux soulz aux Maistres du Mestier, pour leur paine; & deux soulz à la Confrarie.

(19) Item. Que se il avenoit que aucuns homme ou femme dehors du païs, venoit en la Ville de Paris, & [i] vaudroit ouvrer au dessusdit Mestier, que il soit [k] sçu & regardé de [l] souffis, se il [m] set ouvrer & se il est souffisanz oudit mestier; car la coustume du Mestier est tel, que il convient que uns apprentis serve oudit mestier, [n] huit ans senz argent.

(20) Item. Que quiconques mesprendra ès choses dessusdictes, ou en aucunes d'icelles, que il paiera l'amende dessusdicte.

(21) Item. Que tous les Maistres & les Maistresses du Mestier, sus painne de ladicte amende, feront jurer sus [o] Sains, à leurs apprentis ou apprentisses, quant il les receveront pour apprendre, que il garderont à touzjours les convenances & ordenances du Mestier; & que en quelconque lieu ou Justice qu'il se transporteront dedens la Viconté de Paris, [p] obeiront aus Maistres du Mestier de Paris: *(k)* Et quant à ce, se [q] justiceront par le Prevost de Paris, & en * obligerent leurs marchandises que il auront entour eulz à Paris: Et ce fu fait & ordonné par ledit commun, par le povoir que il donnerent aux quatre Preudes-hommes Maistres du Mestier.

[r] En tesmoing de laquele chose, Nous Prevost dessusdit, avons mis le Seel de la Prevosté de Paris, en ces presentes Lettres *escriptez à Paris, le quart jour d'Octobre, l'An de grace mil trois cens vint & trois:*

[s] Et Nous en ce present transcript avons mis le Seel de la Prevosté de Paris, *l'An mil trois cens vint & trois, le vendredy seiziesme jour de Decembre.*

[t] Et Nous à la supplication des Maistres dudit Mestier, ou nom d'euls & dudit Mestier, les choses contenuës esdictes Lettres, aians fermes & aggreables, ycelles, entant comme elles sont justement & loyaument faites, loüons, ratiffions & approuvons de certainne science & de grace especial, & de nostre auctorité Royal confermons. Et pour ce que ce soit ferme chose & estable perpetuelment, Nous avons fait mettre nostre Seel en ces presentes Lettres: sauf en toutes choses nostre droit & l'autruy. *Donné à Poissy, l'An de grace mil trois cens trente & six, ou mois d'Aoust.*

Nos prefatorum Magistri & universitatis spintarie artificii, supplicationibus inclinati

JEAN I.er & selon d'autres, Jean II. à Paris, en Avril 1353.

a *Voy. cy-dessus p. 126. Note marginale (b)*

b *il ne pourra plus estre reçû Maistre.*

c *ou de Fer.*

d *Voy. la Note (i)*

e *trouve.*

f *app. Compagnon.*

* *app. de l'Argent qu'il auroit reçû d'avance, pour son salaire.*

g *Voy. l'Art. 19.*

h *ouvrage non loyal & marchand.*

i *voudroit.*

k *examiné.*

l *suffisamment.*

m *sçait.*

n *Voy. l'Art. 17.*

o *sur les choses saintes.*

p *ils.*

q *seront soûmis à la Jurisdiction.*

* *obligeront.*

r *continuation des secondes Lettres de Jean Loncle, Prevost de Paris.*

s *continuation des premieres Lettres de Jean Loncle.*

t *continuat. des Lettres de Philippe de Valois.*

NOTES.

(i) Fil.] Apparemment du Fil de Leton ou de Fer, avec lequel on fait les Epingles. Voy. le Dictionn. de Savary, au mot *Epingle.*

(k) Et quant à ce, &c.] On ne voit pas trop bien si cela doit se rapporter aux Apprentifs ou aux Maistres. Quoyqu'il en soit, ces mots *en obligerent leurs marchandises*, se rapportent aux Maistres; car les Apprentifs n'ont point de marchandises.

a universsas, ou universitatis. *dicta privilegia, libertates & immunitates* [a] *universitas, ceteraque omnia & singula in dictis contenta Litteris suprascriptis, rata tenentes & habentes, ea de gratia speciali, auctoritate Regia & certa scientia, volumus, ratifficamus & approbamus confirmantes: Preposito Parisiensi ceterisque Justiciariis nostris presentibus & successuris, ac eorum Locatenentibus & singulis eorumdem, mandantes quod omnia & singula suprascripta teneant firmiter, impleant & conservent, ea in aliqua sui parte, nequaquam dirimentes infringendo, nec* [b] *infrigi seu* [c] *dirini per alium tolerantes; quinymo facta secus si que nunc sunt vel fieri forsan contigerit in futurum, ad statum debitum protinus reducere studeant & primevum: nostro & alieno in omnibus jure salvo. Quod ut perpetue robur obtineat firmitatis, presens scriptum nostri* * *carateris munimine fecimus communiri.* Datum Parisius, Anno Domini millesimo trecentesimo quinquagesimo-tertio, mense Aprilis.

b infringi. c dirimi. * caracteris.

In Requestis Hospicii. FOUVANZ.

JEAN I.er & selon d'autres, Jean II. à Paris, en May 1353.

(a) Lettres portant que les lieux nommez Ligneil & Ligueialis [ou Ligueillais] & le Chasteau nommé Pieagu, avec toutes leurs dépendances, seront demembrez du ressort du Prevost de Loches, & ressortiront dans la suite devant le Bailly de Tours.

JOHANNES Dei gratia Francorum Rex: Universis tam presentibus quam futuris. Digna memoria Predecessorum nostrorum gesta magnifica recensentes, preclaris eorum vestigiis naturaliter inheremus, & dum eos fuisse meminimus Ecclesiarum fundatores & eximios & strenuissimos defensores, eorum exemplo, sed potius ob reverenciam Regis Regum Jesu-Christi, qui universalis Ecclesie caput esse dinoscitur, & per quem vivimus & regnamus, non solum ad augenda ipsarum Ecclesiarum bona, dotes & beneficia; verum etiam ad removenda incommoda & inconvenientia earumdem Ecclesiarum derogancia profectibus, vehemencius [d] *animarum. Hinc est quod cum predilectus & fidelis noster & carissime Consortis nostre Regine Avunculus, venerabilis Pater (b) Guido de Bolonia, Sancte Romane Ecclesie Cardinalis, nostre Sancti Martini Turonensis Ecclesie, ex concessione nostra, obtinens Decanatum, cujus ad Nos Jus pertinet patronatus, Nobis significaverit quod ipse, racione dicti Decanatus, villam de* [e] *Ligueil & de* [f] *Ligueialais, cum Villagiis & Villis circunstantibus, necnon Castrum de Pieagu, cum territoriis & pertinenciis eorumdem, tenet in Baronia, & omnimodam Jurisdictionem altam, mediam & bassam, habet in locis, territoriis & pertinenciis supradictis, que ad jus & proprietatem spectant Decanatus predicti, & de ligio Feudo nostro movent; quodque loca predicta consueverunt hactenus ressortiri* [g] *inmediate sub Prepositura Regia de* [h] *Loiches, & hujusmodi ressortum per Prepositos dicti loci de Loiches, & Servientes eorum qui fuerunt pro tempore, exerceri: Qui ante tempus & à tempore quod idem Cardinalis dictum obtinuit Decanatum, multa dampna gravia, & frequencia gravamina habitatoribus, incolis & hominibus Castri, Villarum & territorii predictorum, multimode intulerunt; ita ut per* [i] *accessus & discursus quasi assiduos, adjornamenta, vocationes, vexaciones, captionesque & arresta hominum predictorum, bonorum & pignorum eorumdem, quos & que Prepositus & Servientes hujusmodi, quesitis occasionibus, de die in diem faciunt & fecerunt in locis, Villis, Castro, territoriis & pertinenciis supradictis, Cardinalis prefatus, ejus familiares & Officiarii, in suis*

d animamur.
e Voy. le Diction. Univers. de la France, à ce mot.
f Il y a plus bas, *Ligueillais.*
g immediate.
h Loches.
i Lorsque ces Officiers venoient dans ces endroits.

NOTES.

(a) Tresor des Chartres, Registre 81. Piece 955.

(b) *Guido de Bolonia.*] Guy Cardinal de Boulogne, Frere de Jean II. Comte d'Auvergne & de Boulogne, lequel estoit Pere de Jeanne seconde Femme du Roy Jean. Voy. l'Hist. Geneal. de la M. de Fr. t. 1. p. 108. l'Hist. Geneal. de la Maison d'Auvergne par Baluze, l. 1. ch. 26. p. 120. & l'Hist. des Cardin. de France, de du Chesne, l. 2. p. 501.

fuerunt

fuerunt & sunt impediti juribus, & ipsa nostra [a] *multipliciter* [b] *inmunita : Super quibus idem Cardinalis predicta desiderans, suo tempore in melius reformari, Nobis supplicavit ut tam per mutacionem dicti ressorti quam aliter, velimus de opportuno remedio provideri. Nos autem, cum de predictis sufficienter fuerimus informati, & ea invenerimus veritate fulgere, mediante deliberacione matura, quam in Consilio nostro de & super hiis habuimus, Villam de Ligueil & de* [c] *Ligueillais & Castrum de Picagu* [d] *predicta cum Villis, Villagiis & territoriis circumstantibus, ad prefatum pertinentibus Decanatum, Officiarios, Justiciarios, subditos & habitatores locorum omnium predictorum, à Jurisdicione, cohercione, districtu & ressorto Prepositi & Prepositure de Loiches,* [e] *prosus eximimus, segregamus, separamus ex nunc, & imperpetuum penitus amovemus, & hujusmodi Villam de Ligueil & de Ligueillais, Castrum de Picagu, Officiarios, Justiciarios, habitatores & subditos locorum omnium predictorum, quoad ressortum, transferimus & esse volumus perpetuis temporibus, immediate sub Baillivo Turonensi qui est & qui pro tempore fuerit, &* [f] *per ipsum aut locum suum tenentem pro tempore, in assisiis Lochiarum, in casu appellacionis vel ressorti duntaxat, in omnibus casibus tam pendentibus quam futuris, imposterum ressortiri. Hec enim auctoritate Regia, ex certa scientia & de nostre plenitudine potestatis, ordinamus & sancimus valitura perpetuo & servanda : Dantes Baillivio Turonensi, ceterisque Justiciariis nostris vel eorum Loca-tenentibus modernis & futuris, & eorum cuilibet, tenore presencium in mandatis, quatenus predictum Decanum Avunculum nostrum & ejus successores Decanos, Officiarios, Justiciarios, subditos & habitatores supradictos, nostra presenti gratia uti & gaudere de cetero faciant & permittant pacifice, libere & quiete, nullum impedimentum in contrarium apponendo seu fieri permittendo, Usu, Consuetudine, constitutione vel Edito in contrarium facientibus, Ordinacionibus seu mandatis contrariis factis aut faciendis, non-obstantibus quibuscumque. Quod ut firmum & stabile permaneat in futurum, roburque obtineat perpetue firmitatis, presentes Litteras Sigilli nostri fecimus muninine roborari : nostro in aliis & alieno in omnibus jure salvo.* Datum & actum Parisius, Anno Domini millesimo trecentesimo quinquagesimo-tercio, mense Mayo.

Alias sic signata. *Per Regem in Consilio suo, in quo eratis.* SERIS. *Et rescripta de mandato vestro.* J. ROYER.

JEAN I.er & selon d'autres, Jean II. à Paris, en May 1353.

a Jura.
b imminuta.
c Voy. plus haut, Note marg. (*f*)
d predictam ou predictum.
e prorsus eximimus.
f il semble qu'il faudroit *ante*.

JEAN I.er & selon d'autres, Jean II. à Paris, en May 1353. Philippe Auguste, à Pontoise, en 1186.

(*a*) Privileges de la Ville d'Angy.

JOHANNES Dei gratia Francorum Rex : Notum facimus universis presentibus pariter & futuris, quod ad supplicacionem hominum & habitatorum Ville nostre de (*b*) *Angiaco, requirentium per Nos innovari seu confirmari Cartam seu Litteras quas* [g] *ad quodam predecessorum nostrorum Francie Regum, ipsi habitatores, vel eorum predecessores obtinuisse dicuntur ; quarum tenor sequitur in hec verba.*

In nomine Sancte & individue Trinitatis, Amen. Philippus Dei gracia Francorum Rex : Noverint universi presentes pariter & futuri, quoniam homines de Angiaco tam ibi manentes quam post modum [h] *mansuros, in qua Villa Canonici* (*c*) *Sancti Fraimbaudi*

g à quibusdam.
h mansuri.

NOTES.

(*a*) Tresor des Chartres, Registre 96. Piece 92. Elle est vidimée dans des Lettres de Charles V. du mois de Juillet 1364. & qui seront imprimées à leur rang.

(*b*) *Angiaco.*] Dans les Lettres de Charles V. dans lesquelles celles-cy sont vidimées, ce lieu est nommé *Angi.* C'est sans doute *Angy*, qui suivant le Dictionn. Univers. de la France, est dans la Picardie, Diocese de Beauvais, & où il y a une Prevosté Royale ressortissante, partie au Bailliage de Senlis, & partie au Bailliage de Beauvais. Il y a aussi une Mairie Royale ressortissante au Bailliage de Senlis. Ces Lettres sont adressées au Bailli de Senlis.

(*c*) *Sancti Fraimbaudi.*] Ce Saint est nommé ordinairement *Frambaldus* en latin, & *Frambours* ou *Frambourd* en françois. Dans le Maine d'où il estoit, on le nomme *S.t Fraimbaud.* Voy. le Vocabul. Hagiolog. de M.r l'Abbé Chastelain.

JEAN I.er & selon d'autres, Jean II. à Paris, en May 1353.

Patrem nostrum & Nos (d) collegerunt, assensu & voluntate ipsorum Canonicorum, ab omni Tolta & Tallia liberos esse concedimus: Concedimus eciam ut neque in exercitum neque in equitacionem eant, quin eadem die ad domos suas reverti valeant; & quod nec Nos nec Successores nostri Reges Francie, prefatam Villam à manu Regia poterimus alienare. Forifacta sexaginta solidorum quinque solidis emendabuntur, & forisfacta quinque solidorum, duodecim denariis. Que omnia ut imposterum rata & illibata permaneant, presentem paginam Sigilli nostri auctoritate, ac Regii nominis caractere inferius annotato, communiri precipimus. Actum Pontisare, Anno incarnati verbi millesimo centesimo octogesimo-sexto; *Regni nostri anno octavo. Astantibus in Palacio nostro quorum nomina supposita sunt & signa. S. Comitis Theobaldi Dapiferi nostri. S. Guidonis Buticularii. S. Mathei Camerarii. S. Radulphi Constabularii. Data vacante Cancellaria.*

Nos Cartam seu Litteras suprascriptas privillegii, & cetera universa & singula in eis contenta, in quantum ipsi homines & habitatores suique Predecessores eis usi sunt hactenus, volumus, laudamus, aprobamus, & tenore presencium de speciali gratia & auctoritate nostra Regia confirmamus: Mandantes Baillivo Silvanectensi ceterisque Justiciariis nostris presentibus & futuris, vel eorum Loca-tenentibus & eorum cuilibet, quatenus dictos homines & habitatores Litteris suprascriptis, privilegiis & aliis in eis contentis, juxta nostre presentis confirmacionis tenorem, uti perpetuo faciant & quiete, non molestantes aut molestari permittentes eosdem in contrarium quoquomodo: Salvo in aliis jure nostro & in omnibus alieno. Quod ut firmum & stabile perpetuo perseveret, Sigillum nostrum hiis Litteris est appensum. Datum Parisius, Anno Domini millesimo trecentesimo quinquagesimo-tertio, mense Maii.

NOTES.

(d) *Collegerunt.*] C'est-à-dire, nous ont associé dans la Seigneurie d'Angi. Voy. le Gloss. de Du Cange aux mots, *Colligere* & *Pariagium* à la fin du mot *Par*.

JEAN I.er & selon d'autres, Jean II. à Paris, le 15. de Juin 1353.

(a) Lettres portant que toutes les terres appartenantes à l'Abbaye de S.t Denys en France, qui dépendoient du ressort de Melun, en seront démembrées pour estre unis à celuy de Moret.

JOHANNES Dei gratia Francorum Rex: Universis presentes Litteras inspecturis, Salutem. Notum facimus quod ex singulari affectione [a] *ex ingenti devocione quas Ecclesie Sancti Dyonisii in Francia, Patroni nostri, gerimus, predecessorum nostrorum Regum Francie & precipue inclite recordacionis Domini progenitoris nostri, vestigia ac devotas affectiones animo ferventi prosequi cupientes, privilegia ipsorum Religiosorum & Ecclesie,* [b] *colisservari & potius augeri nostris temporibus, quam diminui affectamus: Considerantes quod Ecclesia memorata fundata ac omnino dotata à Regali patrimonio existit, & quod Religiosi predicti & membra prefate Ecclesie cum suis subdictis, in nostra speciali protectione & Gardia cum bonis, possessionibus, familiis & rebus universis, existentes, extra manum Regiam & Coronam Francie, attentis suorum privilegiorum tenoribus, non possunt neque debent aliqualiter poni aut aliter* [c] *admoveri, sed sub Domanio Regio proprio & Sede Regali duntaxat, debent ac tenentur ressortiri, & actenus sunt ressortiti: Verum cum Religiosi predicti tam in capite quam in membris, & specialiter ipsorum Elemosinarius Ecclesie predicte, certas terras & possessiones habeant in Castellania & pertinenciis de Meleduno, in quibus habent omnimodam Justiciam, altam, mediam & bassam, de quibus ad Sedem Meledunensem, tanquam Sedem Regalem, ressortiri, ipsa Sede in Domanio Regio existente, dudum & ab antiquo consueverunt, suorum privilegiorum predictorum formam & tenorem*

a &.

b conservavi.

c amoveri.

NOTES.

(a) Tresor des Chartres, Registre 81. Piece 894.

observando, nuperque carissime Domine nostre Regine [a] *Blanche, Castrum & Castellaniam Meledunensem cum certis aliis locis, sub certo modo tradiderimus & assignaverimus; quare ex nunc illic Religiosi ipsi, Elemosinarius predictus & subditi ipsorum locorum Ecclesie supradicte, minime tenentur ressortiri, & idcirco Nobis humiliter supplicarunt ut eisdem de loco Regali ad ressortizandum de omni eo quod habent in ipsa Castellania Meledunensi & pertinenciis, providere dignaremur : Quocirca Nos consideracione habita ad premissa, favore ampliore privilegia ipsorum Religiosorum in suis tenoribus observari, & eisdem Religiosis ac predicte Ecclesie, gratiam super hoc, auctoritate Regia, impartiri specialem volentes, considerantesque quod ipsa Meledunensis sedes ubi ressortum solebant* [b] *non multum longe distat à Sede nostra Regali* [c] *Merit. sed est ipsa Sedes* [d] *in omni parte propinquior : Nos ipsi Religiosis, Elemosinario & subdictis de locis, terris & possessionibus suis universis, in ipsa Castellania Meledunensi & pertinentiis, situatis, Sedem ipsam Moreti tanquam Sedem Regalem, ad ressortizandum ibidem, ex nunc tenore presencium assignavimus ac etiam assignamus, volentes ipsos cum suis subditis locorum predictorum, in casibus ressorti & superioritatis, inibi tractari modo & forma quibus in Sede Meledunensi predicta, dum in domanio Regio existebat, tractabantur : Mandantes & committentes per presentes, Baillivo Senonensi qui pro nunc est aut qui pro tempore fuerit, aut ejus Locum-tenenti, quatenus omnes Causas & processus pendentes in ipsa Sede Meledunensi, prefatos Religiosos, Elemosinarium vel subditos aut aliquos ipsorum tangentes, coram se resumat* [e] *à dictam Sedem de Moreto, & in ipsis in statu in quo nunc sunt, vocatis evocandis, ibidem procedat prout fuerit racionis : Nichilominus Baillivo, Preposito, Officiariis & Servientibus dicte Domine nostre, & eorum cuilibet expresse inhibentes, ne de cetero, de Causis & processibus ipsos Religiosos, Elemosinarium, ipsorum subditos aut aliquos seu aliquem eorumdem tangentes, se quovismodo intromittant, seu cognoscere aliqualiter presumant ; & insuper omnino* [f] *cessare ob omni Justicie* [g] *exercitu peragendo in locis predictis, in casibus superioritatis & ressorti : Quod* [h] *sic fieri contigeret, id tanquam attemptatum, per vos Baillivium predictum aut vestri Locum-tenentem, reparari & ad statum pristinum illico reponi volumus & mandamus ; & absque alterius expectacione mandati, transgressores seu attemptores puniri, taliter quod ceteris transeat in exemplum; Litteris impetratis* [i] *se impetrandis, Ordinacionibus factis aut in contrarium faciendis, non-obstantibus quibuscunque. In cujus rei testimonium, Sigillum nostrum presentibus Litteris duximus apponendum.* Datum Parisius, decima-quinta die Junii, Anno Domini millesimo trecentesimo quinquagesimo-tertio. *Sexta die Octobris, Anno predicto, sigillata sub Sigillo Castelleti, in absencia magni.*

Sic signata. Per Consilium in quo erant Domini Cancellarius & Symon de Bucy.

FOUVANS.

JEAN I.er & selon d'autres, Jean II. à Paris, le 15. de Juin 1353.

a Voy. le 3.e Vol. des Ordonn. p. 30. Note (ff)
b habere.
c Moreto, *qui est un peu plus bas.*
d Moreti.
e ad.
f *fort.* cessent.
g exercice.
h si.
i seu.

JEAN I.er & selon d'autres, Jean II. à Paris, le 15. de Juin 1353.

(a) Ordonnance qui porte que les Receveurs qui ne rendront pas leurs Comptes dans les temps marquez, perdront leurs Offices, & seront condamnez à une amende de quarante livres.

JOHANNES Dei gracia Francorum Rex : dilectis & fidelibus Gentibus Compotorum nostrorum [k] *Par. Salutem & dilectionem. Advertentes quod spretis Regiis Ordinacionibus dudum factis cum deliberacione Consilii matura, per quas universis Receptoribus ad* [l] *computandum, certi dies Anno quolibet, sub certa pena fuerunt prefixi; iidem Receptores tam ordinarii quam Decimarum Collectores & alii, in penam*

k Parisius.
l rendre les comptes.

NOTES.

(a) Memorial *C.* de la Chambre des Comptes de Paris, *fol.* 125. *recto.*

Avant cette Ordonnance, il y a : *Ordinacio & pena imposita Receptoribus non computantibus.*

JEAN I.er & selon d'autres, Jean II. à Paris, le 15. de Juin 1353.

a Ordinacionum.
b fort. in

ipsarum [a] *incidere non verentes, sed detestabili cupiditate moti, ambitiosis nexibus involuti, & Regie Majestatis offensam dampnabili cecitate postponentes, ut pecuniam nostram penes se diucius detineant, &* [b] *inde lucris Monetarum earundem ad usus proprios, precipue mutacionum temporibus, se immergant, & aliter pro suarum libito voluntatum, accedere & suos compotos reddere differunt & negligunt coram vobis; quodque vos id hactenus sub dissimulacione & sine punicione tollerastis, ex quo nonnulla incommoda preteritis temporibus Nos non est dubium subisse, & nisi super hoc provideretur, subire possemus in futurum majora; mandamus vobis districtius injungentes sub nostre indignacionis incursu, quatenus omnibus & singulis Receptoribus & Collectoribus predictis, sub pena amissionis Officiorum suorum, necnon & quadraginta librarum Parisiensium ad minus, statim exigendarum, & nostris juribus Regiis applicandarum, antedictos dies vel alios à vobis disponendos, ad computandum coram vobis amodo prefigatis. Insuper si ex eisdem Receptoribus sive Collectoribus, aliquem vel aliquos deficere super hiis contigerit negligenter, illum seu illos pena predicta, eciam & majori prout sua demeruerit negligentia, omni favore semoto, taliter puniatis quod ex parte vestra in hiis ulterius nullus reperiatur defectus, quem gereremus molestum: precaventesque quod super hiis gratiam vel remissionem aliquam facere nullatenus presumatis sine nostro speciali & expresso mandato.* Datum Parisius, die decima-quinta Junii, Anno Domini millesimo trecentesimo quinquagesimo-tertio. *Ainsi signé. Per Consilium in Camera Compotorum, ubi eratis.* ADAM.

JEAN I.er & selon d'autres, Jean II. à Fontainebleau, le 3. de Juillet 1353.

(a) Sauvegarde Royale pour les Consuls de la Ville de Clermont dans la Seneschaussée de Carcassone.

c Consulum.
d immediate.

JOHANNES Dei gratia Francorum Rex: Notum facimus universis tam presentibus quam futuris, quod Predecessorum nostrorum sequi vestigia totis affectibus hanelantes, libenter curam diligentem atque solicitam adhibemus, quod Regni nostri subditi pacis transquillitate gaudeant, & ab injuriis & violenciis sub Regni nostri regimine, deffendantur, & tanto plus ad obedienciam sint astricti, quanto per Regalem potenciam favorabilius senserint se adjutos. Hinc est quod Nos ad supplicationem dilectorum nostrorum [c] *Consilium de (b) Claromonte in Senescallia Carcassone, asserencium se ratione dicti Consulatus, Nobis* [d] *immediate subesse, ipsos una cum Consiliariis, (c) Bauderiis & Ministris, ac bonis communibus eorundem presentibus & futuris, ad suorum jurium conservacionem & dictum Consulatum tangencium dumtaxat, in nostra tuicione, protectione Regia, & speciali Salva-gardia tenore presencium, de gratia suscipimus speciali, & eisdem in Gardiatores speciales Senescallum Carcassone & Vicarium (d) Gigniciei & eorum quemlibet qui nunc sunt & qui pro tempore fuerint aut eorum Locatenentes, deputamus per presentes: mandantes eisdem & eorum cuilibet, si necesse fuerit committentes, quatenus dictos Consules, Consiliarios, Bauderios & Ministros tueantur & deffendant ab omnibus injuriis, violenciis, gravaminibus, oppressionibus, molestiis, vi*

NOTES.

(a) Tresor des Chartres, Registre 81. Piece 744.

(b) Claromonte.] Clermont dans le bas Languedoc & le Diocese de Lodeve. Voy. le Dictionn. Univers. de la France, à ce mot.

Le P. D. Vaissette m'a appris qu'elle estoit encore située dans la Viguerie de Gignac. Voy. cy-dessous, Note *(d)*.

(c) Bauderiis ou *Banderiis.*] Je crois que ce mot qui n'est pas dans Du Cange, signifie un Officier subalterne de Justice, comme un Appariteur ou un Huissier, qui fait les *bans* & les proclamations. On trouve dans Du Cange *Bandum* pour *Bannum*: l'on trouve aussi *Bauda* pour *Banda* dans l'Hist. du Dauphiné de M. de Valbonais, t. 1. p. 431. col. 2.

(d) Gigniciei.] Le P. D. Vaissette m'a assuré qu'il falloit lire *Gigniaci*, *Gignac*, dans la Viguerie duquel Clermont est encore situé. Voy. sur *Gignac*, le Dictionn. Univers. de la France, à ce mot.

armorum, potentia Laycorum ac inquietacionibus & novitatibus indebitis quibuscumque, & quod nihilominus ipsos manuteneant & conservent in suis justis possessionibus, usibus, juribus, franchisiis, libertatibus & saisinis in quibus ipsos esse & eorum predecessores fuisse invenerint ab antiquo, ratione Consulatus predicti : inhibentes omnibus illis de quibus fuerint requisiti, sub certis penis Nobis applicandis, ne eisdem Consulibus, Consiliariis, Bauderiis & Ministris aut in bonis eorumdem, aliquas faciant injurias aut indebitas novitates : quas si factas esse vel fuisse invenerint, eas, omni cessante diffugio, ad statum reducant debitum, & Nobis ac Parti emendam propter hoc condignam prestari faciant, secundum quod casus exiget & Justicia suadebit : Et si dicti Consules, Consiliarii, Bauderii & Ministri ab aliquo vel aliquibus [a] *assecuramentum habere voluerint, quod illud eis dare faciant bonum & legitimum, prout racionabiliter fuerit faciendum, intimantes seu intimari & publicari facientes dictam Salvam-gardiam nostram specialem, in omnibus locis & omnibus illis* [b] *de quibus fuerint requisiti, ne se possint de* [c] *ingnorancia excusare, ac in signum hujusmodi nostre Salve-gardie, penuncellos nostros in & super bonis, rebus, juribus & possessionibus dicti Consulatus, in terra tamen que Jure-scripto regitur, situatis, apponant seu apponi faciant : & etiam in casu novitatis si quod oriatur debatum inter ipsos Consules, Consiliarios, Bauderios & Ministros, racione Consulatus ipsorum aut bonorum communium eorumdem, & alios, ipso debato & rebus contenciosis in manu nostra tanquam superiori, positis, & per eamdem facta recredentia illi ex dictis Partibus cui de jure fuerit facienda, dicti Senescallus aut Vicarius seu eorum Loca-tenentes dictis Partibus in casu opposicionis hujusmodi, exhibeant bonum & breve Justicie complementum; & generaliter omnia alia & singula faciant, que ad boni Gardiatoris Officium pertinent, & possunt quomodolibet debite pertinere: & pro premissis diligencius exequendis, unum vel plures Servientes nostros ydoneos suis sumptibus, deputent eisdem, si super hoc fuerint requisiti : qui tamen de hiis que Cause cognicionem exigunt, se nullatenus intromittant : que omnia sic fieri volumus, & dictis Consulibus, Consiliariis, Bauderiis & Ministris concedimus, si necesse fuerit, de gratia speciali. Et ut ratum & stabile permaneat in futurum, presentibus Litteris nostrum fecimus apponi Sigillum: nostro & alieno in omnibus jure-salvo.* Datum apud Fontem-Bliadi, die tertia Julii, Anno Domini millesimo trecentesimo quinquagesimo-tertio.

Per Regem, ad relacionem Consilii in quo vos & Dominus Cabilonensis Episcopus eratis. J. ROYER.

JEAN I.er & selon d'autres, Jean II. à Fontainebleau, le 3. de Juillet 1353.

[a] Voy. le 3.e Vol. des Ordonn. p. 264. Note (*b*)

[b] personis.

[c] ignorentia.

JEAN I.er & selon d'autres, Jean II. à Paris, [Voy. la Note (*c*)] le 14. de Juillet 1353.

(*a*) Lettres qui portent que le Comté de Joigny restera uni à la Champagne & ressortira au Bailliage de Troyes.

JOHANNES Dei gratia Francorum Rex : Notum facimus universis presentibus & futuris, quod licet Nos Villam [d] *Sancti Florentini cum suis pertinenciis, assignaverimus inter alia in dotem carissime Domine & (b) Matri nostre Domine Blanche Regine Francie, nostre tamen intencionis non fuit nec est, Comitatum aut Comitem* [e] *Joigniaci vel subditos suos quoscunque, propter hoc* [f] *subicere dicte Regine vel Jurisdicioni sue quomodolibet in Feodo vel ressorto; quinimo volumus dictos Comitatum, Comitem & subditos fore, sicut fuerunt ab antiquo, de Feodis Campanie, & ressortum eorum ad Sedem Baillivie nostre* [g] *Trecensis solum & insolidum pertinere : universis Justiciariis nostris aut eorum Loca-tenentibus & eorum cuilibet ut ad eum pertinuerit, presencium tenore mandantes, quatenus contra tenorem presencium, nichil fieri vel attemptari permittant; sed facta seu attemptata, si qua fuerint, faciant ad pristinum &*

[d] S.t Florentin.

[e] Joigny.

[f] subjicere.

[g] Voy. le 3.e Vol. des Ordonn. p. 536.

NOTES.

(*a*) Tresor des Chartres, Registre 81. Piece 769.

(*b*) *Matri nostr.*] C'estoit la belle-Mere du Roy Jean, la seconde Femme de son Pere. Voy. le 3.e Vol. des Ordonn. p. 30. Note (*ff*).

debitum statum prima ratione reduci. Quod ut firmum & stabile permaneat in futurum; presentibus Litteris nostrum fecimus apponi Sigillum : nostro & alieno in omnibus jure salvo. Datum in domo *(c) de Galatas*, Anno Domini millesimo trecentesimo quinquagesimo-tertio, die decima-quarta Julii.

Per Regem. MATHIEU.

NOTES.

(c) De Galatas.] Il y a dans le 3.e Vol. des Ordonnances, p. 337. & suiv. trois Ordonnances, à la fin desquelles on lit : *Per Dominum Regentem, in suo Consilio in Camera Compotorum, superius ad Galathas.* C'est apparemment le même endroit; mais on ne sçait plus à la Chambre des Comptes, quel est ce lieu. Voy. *Ibid.* Note margin. *(f)*.

JEAN Ier & selon d'autres, Jean II. à Paris, le 26. de Juillet 1353.

(a) Lettres qui ordonnent aux Seneschaux & aux Baillis, d'obliger les détempteurs des Fiefs & des Arriere-Fiefs, de fournir leurs aveus & dénombrements à la Chambre des Comptes de Paris, & qui enjoignent aux Seneschaux & aux Baillis, d'envoyer un Rolle des Confiscations & des Amendes aux Receveurs Royaux, afin qu'ils en poursuivent le payement.

JOHANNES Dei gratia Francorum Rex : Senescallo Ruthenensi, Salutem. Cum, prout accepimus, ex parte nostra vobis pluries datum fuit in mandatis, ut proclamare faceretis in locis vestre Senescallie consuetis, quod nullus tenens à Nobis Feoda seu Retrofeoda, [a] *Aduoamenta Feodorum seu tenementa, singulas partes & valores eorumdem, vobis traderent pro destinando seu mittendo ipsa Parisius dilectis & fidelibus Gentibus nostrorum Camere Compotorum, pro eisdem ibidem registrandis; & insuper quod teneretis Assisias vestras terminis debitis & ordinatis, sepius quam facere consuevistis; super quibus omnibus fuistis negligentes & remissi, de quibus non immerito Nobis quamplurimum displicet, cum hoc videatur in nostrum dampnum & grande prejudicium redundare. Quocirca vobis iterato precipiendo Mandamus, districtius injungentes quatenus predicta, visis presentibus, faciatis dictis tenentibus* [b] *significando, ut sub pena amissionis Feodorum suorum, dicta Aduoamenta, Feoda & Retrofeoda, seu tenementa sua & partes singulas cum valore eorumdem, vobis quam cito tradere non omittant, que postmodum dictis Gentibus sub sigillo vestro fideliter transmittatis. Preterea vobis damus tenore presencium in mandatis, quatenus omnes Forefacturas,* [c] *composiciones & emendas quas per vos taxari volumus, prout decet, & absque dilacione quacumque, tradatis Receptori nostro Senescallie vestre, ut* [d] *exequatur easdem; de quibus copiam, mittatis bis in Anno, vel citius quam fieri poterit bono modo, dictis Gentibus sub sigillo vestro fideliter interclusam, eo modo quo per dictas Gentes nostras Compotorum vobis datum extitit in mandatis.* Datum Parisius, vigesima-sexta mensis Julii, Anno Domini millesimo trecentesimo quinquagesimo-tertio.

Per Consilium. CHAPELLE.

a Aveus & denombrements.

b significare.

c Voy. la Table du 3.e Vol. des Ordonn. au mot, *Compositions.*

d afin qu'il les fasse payer.

NOTES.

(a) Memorial *C.* de la Chambre des Comptes, *fol.* six vingt neuf, *verso.* 2.e Piece.

Avant ces Lettres, il y a : *Ordinacio Feodorum & Retrofeodorum & Fore-facturarum & composicionem.*

Et à la marge des Lettres, on lit : *Similis missa fuit per omnes Senescallias & Ballivias Regni tunc.*

Il y a dans le même Memorial, *fol.* six vingt & dix, *recto*, un Reglement des Gens de la Chambre des Comptes, pour les Receveurs Royaux, que l'on a cru devoir faire imprimer icy.

(1) (b) LES Genz des Comptes du Roy noſtre Sire à Paris; au Receveur de Roergue, Salut. Comme lonc-temps a, Nous vous euſſions envoyées certaines Inſtructions ſur le fait de voſtre Recepte; entre leſquelles eſtoit faite mention que vous fuſſiez ſi diligens & curieux de lever les deniers deuz au Roy, que vous en feuſſiez payez aus termes accouſtumez.

(2) *Item.* Que deſdiz deniers tout premierement vous feiſſiez faire les retenuës & reparations neceſſaires des manoirs, Chaſteaulx, Halles, Fours & Moulins par la maniere qu'il appartient, & que contenu eſt [a] dictes Inſtructions. — a *ès.*

(3) *Item.* Que les [b] Fiez & Aumoſnes vous [c] paiſſiez tantoſt & ſanz delay, après les termes auxquelx leur rente leur eſt deuë, & avant toutes aſſignations d'autres debtes. — b *Voy. la Tab. du 2. Vol. des Ordonnances, au mot* Aumoſnes. c *payaſſiez.*

(4) *Item.* Que vous euſſiez certains [d] pappiers eſquielx vous eſcriviſſiez ou feiſſiez eſcrire tous les deniers que vous recevriez, tant de voſtre ordinaire comme de extraordinaire, Impoſitions, Subſides, & autres deniers quelconques; c'eſt aſſavoir, quel jour vous les recevriez, de qui, quele ſomme, en quele Monnoye & pour quel pris, & ſemblablement de tous les deniers que vous paieriez, tant pour ordinaire comme extraordinaire, & comme pour toutes aſſignations; c'eſt aſſavoir, à qui, quel jour, quele ſomme, en quele Monnoie & pour quel pris. — d *Regiſtres.*

(5) *Item.* Que vous rendriez au Roy tout le [e] prouffit des Monnoyes que vous recevriez. — e *lorſqu'il y a une augmentation d'Eſpeces.*

(6) *Item.* Que a rendre voz Comptes ordinaires & extraordinaires, vous apporteriez voz diz pappiers & voz dittes Inſtructions; & auſſi que leſdittes Inſtructions vous feriez jurer à eſtre tenuës par voz Lieuxtenans & voz Clers: leſqueles choſes vous furent enchargées & mandées ſoubz le ferement que vous eſtes aſtraint au Roy, & deſqueles choſes vous n'avez rien ou trop [f] pou fait, dont il nous deſplait forment; car ce eſt au grant dommage du Roy, & des bonnes gens qui ſont aſſignez ſur vous, & auſſi contre voſtre ferement. Nous vous mandons derechef & enjoignons eſtroitement ſur le ferement que vous avez au Roy, & ſoubz peine d'eſtre privez de voſtre Office, [g] vous leſdittes choſes avec les autres contenuës eſdites Inſtructions faites, tenez & accompliſſiez de point en point, en tele maniere que vous n'en doiez eſtre pugniz ne repris de negligence; & nous reſcriviez par le porteur de ces Lettres, le jour de la reception d'icelles: En laquelle voſtre [h] reſcription, la teneur de ces preſentes ſoit encorporé. *Eſcrit à Paris, le treizieme jour d'Aouſt, l'An* [i] *trois cens cinquante-trois.* — f *peu.* g *que* h *reponſe.* i *mil.*

NOTES.

(b) Il y a à la teſte de ces Lettres: *Ordinatio & Aviſamentum Receptorum ſuper Receptis ſuis.*
Et à la marge, on lit: *Similis miſſa fuit Receptoribus Regni tunc.*

JEAN I.er & ſelon d'autres, Jean II. à Paris, le 5. d'Aouſt 1353.

(a) *Impoſition eſtablie dans le Comté d'Auvergne.*

JEHAN par la grace de Dieu Roy de France: A noſtre amé & feal Conſeiller Guillaume Balbet Maiſtre de nos Comptes, & au Bailli d'Auvergne ou à ſon Lieutenant & au Gouverneur de la Comté d'Auvergne, Salut. Nous mandons & commettons à vous Guillaume & Bailli ou Lieutenant, que en ladicte Comté d'Auvergne & ès appartenances, vous eſtabliſſiez une Impoſicion à lever juſques à un An, pour aidier à ſouſtenir les [k] frez de nos Guerrez, en la maniere & [l] autele comme elle eſt où ſera ou Païz voiſin, & pour icelle lever & cuillir, eſtabliſſiez par eſpecial une bonne perſonne qui en rendra compte particulier. Et vous Gouverneur d'icelle Conté, ſouffrez ſanz contredit, que leſdiz Guillaume & Bailli ou Lieutenant puiſſent eſtablir ladicte Impoſicion & le Collecteur pour la cuillir & recevoir; ſur leſquelles choſes appartenantes à ce, Nous voulons & commandons que touz [m] li obiſſent & entendent. *Donné à Paris, le cinquieme jour d'Aouſt, l'An de grace mil trois cens cinquante-trois.* Par le Roy. MATH. — k *frais.* l *telle.* m *lui.*

NOTES.

(a) Memorial *C.* de la Chambre des Comptes de Paris, *fol.* ſix vingt neuf, *recto.*

Avant ces Lettres, il y a: *Copia commiſſionis Impoſicionis Alvernie, & Communitatum Alvernie.*

JEAN I.er & felon d'autres, Jean II. à Paris, le 7. d'Aoust 1353. Philippe IV. dit de Valois, à Fontaine-bleau, le 19. de Janvier 1347.

(a) Lettres qui portent qu'on executera un Article des Statuts du mêtier de *Cousterie*, concernant les Apprentifs.

JOHANNES Dei gratia Francorum Rex: Preposito Parisiensi aut ejus Locumtenenti, Salutem. Litteras inclite recordationis carissimi Domini & Genitoris nostri, vidimus, formam que sequitur, continentes.

PHILIPPE par la grace de Dieu Roy de France : Au Prevost de Paris ou à son Lieutenant, Salut. Les (b) Coustiers & Coustieres de la Ville de Paris, Nous ont fait monstrer en complaingnant, que jaçoit ce que entre les autres articles contenus & comprins ou Registre de nostre Chastellet de Paris, fais sur les Status & Ordenances, droiz, libertez & franchises de leur mestier de Cousterie, lesquelz doivent estre tenus & gardez, soit un article [a] contenu que nul de quelque estat ou condicion qu'il soit, ne puet faire ne exercer ledit mestier de Cousterie, se il n'y a esté apprentis deux ans accomplis; neantmoins plusieurs personnes qui n'ont mie esté apprentis oudit mestier, comme dit est, par force & puissance de leurs amis ou autrement, indeuëment s'efforcent ou veulent efforcier de faire & exercer ledit mestier, contre les poins, Status & Ordenances dessusdiz, contenus oudit Registre & fais sur ledit mestier, & ou prejudice & dommage desdiz complaignans, si comme ilz dient, supplians que sur ce leur vueillons pourveoir de remede convenable. Pourquoy Nous vous mandons que ledit article & tous les autres articles & choses contenuës oudit Registre, & chascun d'iceulz, vous tenez & gardez, & faites tenir & garder de point en point, selon ce qu'il est accoustumé & doit estre fait par raison, & tous [b] ceulz que vous trouverez, appellez ceulz qui seront à appeller, avoir esté fait au contraire, mettez le ou faites mettre sanz aucun delay, au premier & deu estat. *Donné à Fontaine-Bliaut, le dix-neufvieme jour de Janvier, l'An de grace mil trois cens quarante-sept.*

Idcirco Nos Litteras Domini Genitoris nostri supra scriptas, obtinere volentes roboris firmitatem, vobis mandamus quatinus ipsas Litteras & contenta in eisdem, executioni debite, sine contradictione quacunque, demandetis. Datum (c) Paciaci, die decima-septima Augusti, Anno Domini millesimo trecentesimo quinquagesimo-tertio.

[a] contenant.

[b] ce.

NOTES.

(a) Livre vert ancien du Chastelet. *fol. 67. recto.* Ces Lettres sont *vidimées* dans celles de Charles V. données en Novembre 1372. & qui seront imprimées à leur rang.

(b) *Coustiers.*] Je crois que ce sont ceux qui faisoient les *Coutes* ou *Couëtes*; c'est-à-dire, des lits de plumes. Voy. Borel, au mot *Coute*.

(c) *Paciaci.*] C'est apparamment Pacy, plus communément nommé *Passy*, situé sur la Riviere d'Eure dans la Normandie, Diocese d'Evreux, à quatre lieuës de Vernon. Voy. la Notice des Gaules de M. de Valois, au mot *Paciacum*, & le Dictionn. Univers; de la France, au mot *Passy*.

(a) Lettres

(a) Lettres portant que la Ville de Bourges & sa Banlieuë, ne seront jamais separées du Domaine du Roy & de la Couronne.

JEAN I.er & selon d'autres, Jean II. à Paris, en Aoust 1353.

JOHANNES Dei gratia Francorum Rex: Notum facimus universis presentibus & futuris, quod Nos debita consideratione pensantes sincere dilectionis affectum, quem Cives, Burgenses, habitatores & incole Civitatis, Ville, Suburbiorum & (b) Sectene Bituricensis, abolim habuisse noscuntur ad honorem & statum felicem Regni & Corone Francie, docente pluries experientia per effectum, Nos propterea Civitatem, Cives, Burgenses, habitatores & incolas predictos, speciali benivolentia prosequentes, ad manus, jus & Domanium immediatum nostrum & successorum nostrorum Regum & Corone Francie, Civitatem, Villam, Suburbia, Sectenam, Cives, Burgenses, incolas & habitatores predictos, prout ab antiquis temporibus fuisse noscuntur, retinemus, promittentes & concedentes eisdem tenore presentium, de gratia speciali, quod ipsos vel Civitatem predictam seu Villam, Suburbia & Sectenam, Nos vel successores nostri Reges, ullis unquam futuris temporibus, extra manum, jus & Domanium Regium non ponemus, nec eos in toto vel in parte, separabimus aut alienabimus vel elongabimus quomodolibet à manu & Domanio predictis. Quod ut firmum & stabile perpetuo perseveret, presentibus Litteris nostrum fecimus apponi Sigillum: nostro in aliis & alieno in omnibus jure salvo. Actum Parisius, Anno Domini millesimo trecentesimo quinquagesimo-tertio, mense Augusti.

Per Regem, ad relationem Consilii, in quo vos eratis. MATH.

NOTES.

(a) Tresor des Chartres, Registre 84. Piece 131.

(b) Sectene.] Il faut corriger *Septene*, la *Septaine*, c'est-à-dire, la Banlieuë, le district de la Jurisdiction de la Ville de Bourges. Voy. la Thaumassiere, dans les anciennes & nouvelles Coustumes du Berri, p. 72. & Du Cange, au mot *Septena*.

(a) Privileges de l'Abbaye de S.t Denys en France.

JEAN I.er & selon d'autres, Jean II. à S.t Denis en France, en Octobre 1353.

Loüis VI. dit le Gros, à Paris, en 1111.

JOHANNES Dei gratia Francorum Rex: Ad perpetuam rei memoriam. Regiæ Munificentiæ clementia solo Deo omnipotenti subdita, nulliusque humanæ creaturæ artata censurâ, debitâ meditatione considerans honores impensos à presidentibus regimini Regni Francorum, Ecclesiis Ecclesiasticisque personis, & largitiones munerum terrenorum, ad victoriam & honorem cedisse anteactis temporibus, Regnantium & Regnorum, & carnis [a] *debitis persolutis, ad præmium celestium supernorum, prout gesta largitorum ipsorum, universorum notitiæ manifesta testantur, dignis studiis excitatur; ut sicut sumus veri successores largitorum ipsorum, ita & pii simus imitatores eorum, & nedum antiquorum jurium & munerum hujusmodi declaratione, præsertim quæ novimus* [b] *non tam piè quam devotè, pro pace, stabilitate & tranquillitate Regni nostri, collata fuisse, sed & novi*

[a] après la mort.

[b] non paroist inutile.

NOTES.

(a) Les Lettres du Roy Jean ont esté tirées, de l'Histoire de l'Abbaye de S.t Denys, par le P. Doublet p. 983.

Les Lettres de Loüis le Gros, qui se trouvent aussi dans la même Histoire p. 841. ont esté copiées dans l'Histoire de cette même Abbaye, par le P. Felibien p. XCI. des Pieces justificatives.

Ces deux Lettres sont aussi dans les Registres du Parlement de Paris, 2.e Vol. des Ordonnances d'Henry II. cotté *Q*. Et l'on s'est servi de ce Registre, pour corriger quelques fautes qui sont dans les Histoires de l'Abbaye de S.t Denys.

Ces Lettres sont aussi dans le Volume des Ordonnances de Charles VIII. cotté *H. fol.* 49. suivant Blanchard 1.er Vol. p. 117.

JEAN I.er & selon d'autres, Jean II. à S.t Denis en France, en Octobre 1353.

editione statuti & remedii, circa conservationem eorum reseratis [a] enigmatibus, operemur. Novit & enim Regalis providentia, quod & Regni subditos cæterosque Christi fideles, hæsitare non credimus beatissimum Francorum Apostolum Martyrem gloriosum Dionysium, ejusque socios Rusticum & Eleutherium, primos in Regno Franciæ Orthodoxæ fidei cultores fuisse, ipsi quoque [b] hujusmodi & subditos, qui ante eorum accessum habitabant in tenebris, illustrarunt salubribus documentis, & ad Electorum semitas ipsos erigendo, sublimiter direxerunt, & adeo dilexerunt eosdem, quod in corde (b) Franciæ, decreverunt suæ carnis debita crudeli Martyrio persolvisse. Ad quorum non immerito laudem & gloriam, claræ memoriæ Domnus Dagobertus Rex Francorum prævalidus, Ecclesiam, Monasterium, Religiosorumque Collegium, qui de Sancto Dionysio nomen sumpserunt, fundasse, ipsosque multis muneribus & honoribus noscitur decorasse; inclitæque recordationis Ludovicus Rex, qui in Anno millesimo centesimo undecimo regnavit, Anno regni sui quarto, attendens quosdam [c] seu prædecessores, ex elargitis sic muneribus & devotorum effusis orationibus, adjutos nedum in temporalibus, sed & in cælestibus Regnis electos, certa eisdem Religiosis Privilegia, Libertates & Franchisias, & suas eis super hoc Litteras concessisse probatur: quas Litteras vidimus sub iis verbis.

In nomine Sanctæ & individuæ Trinitatis, Patris & Filii & Spiritus Sancti: Amen. Ego Ludovicus Dei gratia Francorum Rex: Quoniam Domino Deo disponente, bona quæ temporaliter agimus, & contra adversarium nostrum arma sunt inexpugnabilia, & æternæ hæreditatis indubitanter Nobis acquirunt præmia, ratio consulit, necessitas exigit, ut dum tempus habemus, bonum ad omnes, maxime autem ad domesticos fidei, operari studeamus, ut pauperes spiritu nostræ largitatis munificentiâ, necessitatis obtineant remedium, & nostra fragilitas eorum orationibus adjuta, indistricto examine, judicem sibi misericordem inveniat ac propitium. Universis igitur orthodoxæ Religionis cultoribus, tam posteris quam & instantibus, certum haberi volumus, quoniam antecessores nostri Francorum Reges, qui viam universe carnis ingressi sunt, * quoniam Regis cælestis cui servire regnare est, Ecclesias honorare studuerunt, gloriam terreni Regni cum victoria potiti sunt, & post obitum carnis, æternam requiem adepti sunt, sicut quorumdam eorum gesta testantur, notitiæ fidelium descripta. Inter quos præcipue claruerunt Domnus Dagobertus Rex prævalidus, & Karolus Calvus æquè Rex & Imperator magnificus, atavus quoque noster, piæ memoriæ Rex Robertus, qui Ecclesiam Beati Dionysii sociorumque ejus, ab ipso Dagoberto fundatam, præ ceteris dilexerunt, eamque variis & maximis largitionibus ditaverunt, ipsam quoque liberrimam esse ab omni exactione Regum seu quorumlibet Principum, constituerunt, & hæc præcepto auctoritatis suæ corroboraverunt. Verum violentiâ quorumdam, & invalitudine vel negligentiâ Abbatum & Monachorum ejusdem Ecclesiæ, ipsa præcepta minus observata sunt, & sic [d] constituta devotorum Regum paulatim decidere, & insolitæ consuetudines atque exactiones (c) molescere cæperunt: Quas exactiones cum vellemus in usum ducere quorumdam intuitu, bono zelo domus Dei sibi [e] commississe permotus, vir venerandus Adam Abbas Monasterii Beatorum Martyrum Dionysii, Rustici, & Eleutherii, Nobiscum causam & placitum inde habuit, [f] easque ad opus Ecclesiæ placitando & derationando, extirpavit: nec multo post nostram Regiam Sedem expetiit, humiliter obsecrans quatinus pro remedio animæ genitoris nostri piæ memoriæ Regis [g] Philippi, antecessorumque nostrorum, ac pro incolumitate nostra successorumque nostrorum, nec non pro stabilitate & pace Regni nostri, jura & statuta Ecclesiæ non sinerem annulari vel minorari; sed ea, sicut (d) derationaverat, rata & firma esse concederemus; immo*

[a] éclaircissant toutes les difficultez.

[b] Regnum. *Regist. du P.*

[c] Dans le R. du P. il y a : *suos* au lieu de *seu*.

* ce mot paroist inutile.

[d] les intentions.

[e] commisse.

[f] exactiones.

[g] Philippe I.

NOTES.

(b) *Franciæ.*] Lors du Martyre de S.t Denys, la France ne portoit pas ce nom; mais celuy de *Gaule*.

(c) *Molescere.*] Ce mot se trouve aussi dans le P. Doublet : dans le Registre du Parl. il y a *violescere*. Je crois qu'il faut corriger *inolescere*, qui signifie, commencer à s'introduire.

(d) *Derationaverat.*] Dans le Regist. du P. il y a *de ratione erat*, mais c'est une faute du Copiste qui n'a pas entendu le sens de *derationare*, qui signifie se presenter en Justice, comme on peut le voir un peu plus haut.

quodam nostræ auctoritatis novo præcepto & Sigillo eadem firmaremus. Cujus petitionibus assensum præbuimus, consilio & favore Optimatum nostrorum, quatinus ipsos Beatissimos Martyres Dionysium, Rusticum & Eleutherium, pios adjutores [a] *hic & apud Deum, semper habere mereamur.*

JEAN I.er & selon d'autres, Jean II. à S.t Denis en France, en Octobre 1353.

(1) Decrevimus etiam & statuimus & Regio Edicto præcepimus, ut Abbas & Monachi Sancti Dionysii sociorumque ejus, plenam habeant potestatem de servis & ancillis Ecclesiæ emancipandis, & liberos [b] *faciendi, concilio Capituli sui; non requisito assensu vel consilio nostro, & ita ut neque Nos neque successores nostri, nec quilibet Principum super eos aliquam reclamationem faciat, vel aliquam redemptionem proinde exigat. Illi vero jam liberi facti, nec non & omnes servi B. Dionysii, utrique scilicet exeuntes & remanentes, jus & potestatem habeant contra quoscumque liberos omnem* [c] *legem exequendi, in omnibus finibus Regni nostri: Salvo scilicet in omnibus jure & reverentia Beati Dionysii.*

(2) Decrevimus quoque ut si quoslibet homines liberos vel servos, hospites vel advenas, cujuscumque personæ, sexus vel ordinis, intra Castrum vel Burgum Sancti Dionysii, vel infra terminos ab antecessoribus nostris constitutos, manentes, contigerit esse usurarios, sub jure tantum sint Abbatis & Monachorum ejus, à nullo (e) redimendi seu puniendi, vel [d] *aliquam Justitiam cogendi, nisi ab ipsis.*

(3) Concessimus quoque eidem Ecclesiæ, quod si aliquis fuerit falsæ Monetæ compositor, sive falsi Auri vel Argenti compositor, inventor vel portitor, infra eosdem terminos repertus, in forisfacturam vel redemptionem [e] *ipsam, non quisquam ponat manum præter Abbatem & Justitiam ejus.*

(4) Concessimus etiam ut Judæi qui ad præsens sunt vel [f] *habendi sunt in Burgo seu in Castello Sancti Dionysii, usque ad quinque cum familiis suis, liberi sint ab omni Justitiâ nostrâ, & ab omni exactione nostra; tantum sub jure vel Justitia sint Abbatis.*

(5) Item. *Statuimus ut quicumque sit infra* [g] *Bannileugam Sancti Dionysii, vel infra terminos suprascriptos & secundum privilegia antiquitus instituta, à nullo rapiatur, neque res ejus diripiantur infra ipsos terminos, à nullo, inquam, nec à nostrâ personâ, neque ab aliquo successorum nostrorum; sed si aliquid forisfecerit seu Nobis seu alii personæ, ab Abbate tantum vel à Monachis ejus justificetur.*

(6) Contra Regiam etiam Majestatem nostram si quis injuste aliquid commiserit, [h] *clamorem de illo ad Abbatem faciemus, & Justitiam Nobis fieri alicubi non exigemus; nisi tantum in Curiâ Sancti Dionysii. Et si Causa venerit ad judicium,* [i] *suscipiemus à qualibet persona, non calumniantes personam judicantis.*

Signum Anselli tunc temporis Dapiferi nostri. Signum Gisleberti Buticularii. Signum Hugonis Constabularii. Signum Widonis Camerarii. Actum Parisius, in Palatio publice, Anno Incarnati Verbi, M. CXI. Anno vero [k] consecrationis nostræ IIII. Stephanus Cancellarius relegendo subcrispsit.

Sane delato ad nostram notitiam quod dicti Religiosi privilegiis hujusmodi cum propter Gentium & Officiariorum nostrorum & aliorum ausus & [l] *conamina, qui multotiens in contrarium attemptarunt, tum propter ipsorum Religiosorum aliquando invalitudinem & negligentiam, aliquanto tempore uti* [m] *posposuerunt, malentes dampnum proprium incurrere, quàm Regiam offendere Majestatem, quam timuerunt hactenus lædere ex offensu hujusmodi* [n] *servitorum. Nos qui Superiorem solum Deum Omnipotentem recognoscimus, & ab ipso solo tenere fatemur, & qui ad Beatissimos Martyres* [o] *supradictos specialissimam devotionem gerimus & habemus, ipsos hac devotione ducti, in terris, quantum Nobis est possibile,* [p] *venerari præ cæteris, ut eorum adjutorio quo Nos & prædecessores nostros novimus hactenus suffragatos, ipsorumque Religiosorum devotis emanatis orationibus, apud illum* [q] *recti censurâ Judicii, cælestia pariter & terrena disponit, ad adipiscendam pacem & transquillitatem in Regno nostro, & post carnis obitum, præmium salutare* [r], *motu proprio & ex*

a sur la terre.
b faciendis.
c Voy. le 1.er Vol. des Ordonn. p. 5.
d fort. *aliquâ justitia.*
e fort. *ipsius.*
f qui seront.
g Banlieuë.
h plainte.
i Nous nous soûmettons au Juge.
k Couronnement.
l contamina. *R. du P.*
m postposuerunt.
n Officiers du Roy.
o supradictam. *R. du P.*
p Il manque là un mot, comme *cupientes.*
q qui. *R. du P.*
r Il semble qu'il manque là plusieurs mots.

NOTES.

(e) Redimendi.] Il s'agit-là des Compositions, sur lesquelles Voy. la Table des Matieres du 3.e Vol. des Ordonn.

JEAN I.er & selon d'autres, Jean II. à S.t Denis en France, en Octobre 1353.

nostra mera liberalitate, Litteras suprascriptas & contenta in eis Privilegia, Statuta, Libertates, Jurisdictiones & Franchisias ratas habentes & gratas, ea omnia & singula volumus, laudamus, approbamus, & de nostris speciali gratia, auctoritate Regia & nostræ Regiæ potestatis plenitudine, præsentium serie confirmamus, & de novo concedimus cum singulis contingentibus & dependentibus ex eisdem, volentes & concedentes Monasterio & Religiosis prædictis, ut ipsi per se seu Gentes suas, privilegiis eisdem & eorum quolibet, juxta Litterarum suprascriptarum [a] *continenc. & seriem nostræ presentis largitionis, utantur & gaudeant perpetuo pacificè & quietè; nonobstante quod eis usi non fuerint continue, ut præfertur, & quod Gentes nostræ usum habuerint seu acquisierint contra hujus privilegii seu partis ipsius tenorem; Nos etenim omnem hujusmodi utendi negligentiam & deffectum tam præteritos quam futuros supplentes, altercationesque & ambiguitates quascumque seu processus, cæteraque quæ dici possent seu excogitari quomodolibet in contrarium, amoventes &* [b] *amotas esse volentes, ac usum acquisitum seu habitum per Gentes nostras in contrarium, abolentes de nostris gratia, potestate & auctoritate prædictis. Volumus etiam & ex uberioris gratiæ nostræ dono concedimus quod nulla temporis præscriptio vel saisina Nobis aut nostris successoribus seu Gentibus jus tribuat, seu Monasterio & Religiosis prædictis valeat præjudicium aliquod generare, quin iidem Religiosi, tam in proprietate quam saisina, dictis privilegiis, libertatibus, juribus & Jurisdictionibus uti possint, & gaudere perpetuo,* [c] *ac si nullum usum seu saisinam Gentes nostræ aut successorum nostrorum,* [d] *acquirerent in contrarium, & iidem Religiosi de præmissis & singulis eorumdem usi* [e] *forent pacificè & quietè: firmiter inhibentes dilectis & fidelibus nostris Gentibus nostri Parlamenti, cæterisque Justitiariis nostris præsentibus & futuris, vel eorum Loca-tenentibus & eorum cuilibet, ne dictos Religiosos contra præscriptarum & præsentium Litterarum continentias, impediant, aut impediri seu perturbari permittant. Et ne per viarum discrimina seu pericula, præsens nostrum Privilegium periclitari valeat seu amitti, volumus quod ipsius transcripto sub sigillo autentico, adhibeatur fides plenaria sicut originali, nec præsens Privilegium, exhibito transcripto, pro quacumque causa exhibere teneantur; nisi à Nobis seu successoribus nostris Franciæ Regibus, hujusmodi exhibitio personaliter requiratur. Quæ ut præmissa robur perpetuæ stabilitatis obtineant, Sigillum nostrum iis Litteris est appensum.* Datum & actum apud Sanctum Dionysium in Francia, Anno Incarnati Verbi millesimo trecentesimo quinquagesimo-tertio, Regni vero nostri anno quarto, mense Octobris.

Et Ego (f) Petrus Cancellarius Archiepiscopus Rothomagensis, [f] *præsentes Litteras legi & relegi, & hic manu propria me subscripsi in testimonium veritatis.*

Cette clause: *Et Ego (g) Petrus Cancellarius, &c.* est écrite de la propre main dudit Archevesque & Chancellier. Ainsi signé. *Cancell.*

a continenciam *R. du P.*

b irritas *R. du P.*

c ac similem. *R. du P.*

d acquirent *R. du P.* Il faut *acquisivissent.*

e fuissent.

f predictas. *R. du P.*

NOTES.

(f) Petrus.] Pierre de la Forets. Voy. le 3.e Vol. des Ordonn. p. 212. Note (*c*).

(g) Et Ego, &c.] Je n'ay point encore trouvé cette formule dans aucunes Lettres.

JEAN I.er & selon d'autres, Jean II. à Vincennes, le 7. de Novembre 1353.

(a) Deffense aux Gens d'Armes de sortir du Royaume sans la permission du Roy.

JOHAN. &c. Au Prevost de Paris ou à son Lieutenant, Salut. Comme Nous n'aions [a] pais ne trieves [b] à noz ennemis le Roy d'Angleterre & ses alliez, ne esperons d'avoir quant à present, Nous vous mandons que tantost faciez crier publiquement à Paris, & ès autres Villes & lieux sollennez de ladite Prevosté & du ressort, que chascun se tiengne garni & [c] esparillié pour venir à nostre mandement, & que aucun homme d'armes qui que ce soit, sur peine de corps & d'avoir, n'aille hors de nostre Royaume, pour fait d'armes ou pour faire lointaing voiage, senz nostre licence especial; & se aucun fait le contraire ou s'efforce de faire le contraire, prenez leurs corps, leurs chevaux, harnois & tous leurs biens, meubles & heritages, qui seront trouvez en vostre Jurisdiction & ressort, & les appliquiez à nostre droit & à nostre domaine, leurs corps tenuz en prison senz delivrer ou recroire, se n'est de nostre octroy & grace especial faisant mencion de ces presentes: & de ce faire soiez [d] diligent, que par vous n'y ait deffaut. *Donné au Bois de Vincennes, soubz le seel de nostre Chastelet, absent le grant, le septieme jour de Novembre, l'An mil trois cens cinquante & trois.*

a *paix.*
b *avec.*
c *appareillé; prest.*
d *si.*

NOTES.

(a) Memorial *C.* de la Chambre des Comptes de Paris, *fol. 6.* vingt 16. *verso.*

Devant cette Piece, il y a: *Die 16.a Novembris 1353. fuerunt misse Littere ad Thesaurarium, mittende omnibus Seneschallis & Balliviis Regni; quarum tenor sequitur.*

JEAN I.er & selon d'autres, Jean II. à S.t Omer, en Novembre 1353.

Philippe VI. dit de Valois, au Bois de Vincennes, en Fevrier 1346.

(a) Lettres qui ordonnent que les Bourgeois de Bethune seront jugez par les Maire & Eschevins de cette Ville, excepté dans les cas specifiez dans ces Lettres.

JOHANNES Dei gratia Francorum Rex: Notum facimus universis presentibus & futuris, Nos Litteras inclite memorie carissimi Domini & Genitoris nostri, vidisse, formam que sequitur, continentes.

PHILIPPES par la grace de Dieu Roys de France: Savoir faisons à tous presens & avenir, que Nous à la supplication de nos bien amez Eschevins, Majeur & Communauté de la Ville de Bethune, qui touzjours se sont portez bien & loyaument envers Nous & la Couronne de France, & qui en ceste presente Année & autresfoiz, ont esté moult grandement grevez & dommagez par nos ennemis, pour le fait de noz guerres, si comme Nous avons esté & sommes souffisaument enformez par Gens dignes de foy; & auxquels [e] il convient de jour en jour faire moult grans despens & moult grans missions pour la reparation & pour le reforcement de leur Ville dessusdicte, afin de le garder & deffendre & le pays d'environ, & pour resister à [f] le malice & puissance de noz ennemis, à yceulz avons octroyé & octroyons de grace especial & de nostre auctorité Royal, par la teneur de ces presentes, que il aient la congnoissance & le Jugement, & leur [g] Seigneur de qui il tiegnent ladicte

e *Majeurs, &c.*
f *la.*
g *Le Duc de Bourgogne Comte d'Artois. V. à la fin des Lettres.*

NOTES.

(a) Tresor des Chartres, Registre 81. Piece 946. & Reg. 97. Piece. 611.

JEAN I.er & ſelon d'autres, Jean II. à S.t Omer, en Novembre 1353.

Ville, la correption, punition & *(b)* execution de leurs Bourgois & Bourgoiſes, en touz cas criminelz & civilz; exceptez les cas de Leze-Majeſté, [a] d'Aſſeurement briſié qui ſeront donné en noſtre Court, de noſtre [b] Salve-garde enfrainte, de noſtre priſon briſié, de contrefaire noz ſeaulz ou le [c] cuing de noz Monnoyes, de fauſſeté de Lettres ſeellées de noz Seaulz, [d] *(c)* d'obligations de Champaignes & autres faites ſoubz Seaulz Royaulz, de [e] portement d'armes publique & notable, fait par maniere de guerre, & de noz Officiers batus & vilenez en faiſant leurs Offices. Et s'il avient que [f] ſe aucuns leurs Bourgois ou Bourgoiſe, ſoit prins en quelque lieu ou Juridiction que ce ſoit en noſtre Royaume, Nous voulons qu'il leur ſoit renvoié, chargié [g] de ſon fait, toutesfoiz que il le requerront, pour en avoir la congnoiſſance & Jugement, & leur Seigneur la correption, punicion & execution, ſi comme deſſus eſt dit, s'il n'eſtoit pris pour le cas deſſuſdiz ou aucuns d'iceulz, ou *(d)* en preſent meffait ou en chaude chace; eſquelz cas Nous voulons que [h] cellui de noz Juſticiers ou autres eſquelles Juridicions il ſera pris, dedens quarante jours après ce que ledit malfaiteur aura faitte [i] litiſconteſtation ſur les cas deſſuſdiz à luy impoſez, & que cellui qui le tendra priſonnier, en ſera ſommez & requis ſouffiſamment de par les Eſchevins & Communauté de ladicte Ville de Bethune, audit malfaiteur [k] faite bon & brief accompliſſement de Juſtice; & s'il ne le faiſoit, qu'il ſoit tenuz de leur rendre ſanz contredit aucun, les quarante jours deſſuſdiz paſſez. Si donnons en mandement au Bailli de Lille, & au Gouverneur de noſtre Bailliage d'Amiens, & à tous autres Juſticiers de noſtre Royaume preſens & avenir, ou à leur Lieuxtenans, que il laiſſent uſer & joir les devant-diz Eſchevins & Communauté, de noſtre preſente grace, & contre la teneur d'icelle, ne leur donnent empeſchement aucun. Et pour ce que ce ſoit ferme choſe & eſtable à touz-jours, Nous avons fait mettre noſtre Seel en ces preſentes Lettres : ſauf en autres choſes noſtre droit, & en toutes [l] celli de noſtre très chier Frere le Duc de Bourgoigne, Comte d'Artois, & le droit d'autrui. *Donné au Bois de Vincennes, l'An de grace mil troiz cenz quarante & ſix, au mois de Fevrier.*

[a] *Voy. le 3.e Vol. des Ordonn. p. 264. Note (b)*
[b] *Sauvegarde.*
[c] *coin.*
[d] *de fauſſeté.*
[e] *port.*
[f] *ſe* eſt inutile.
[g] *Voy. le 3.e Vol. des Ordonn. p. 311. Note (e)*
[h] *par.*
[i] *ſe ſera preſenté en Juſtice.*
[k] *ſoit.*
[l] *celuy.*

NOS autem dictas Litteras & contenta in eiſdem, rata & grata habentes, ipſa volumus, laudamus, approbamus & tenore preſencium, de noſtra ſpeciali gratia & auctoritate Regia, confirmamus : noſtro tamen in ceteris & alieno in omnibus jure ſalvo. Quod ut firmum & ſtabile perſeveret in futurum, hiis Litteris preſentibus noſtrum fecimus apponi Sigillum. Datum apud Sanctum-Audomarum, Anno Domini milleſimo trecenteſimo quinquageſimo tertio, menſe Novembris.

Per Conſilium in quo eratis. P. BLANCHET.

NOTES.

(b) Execution.] J'ay déja remarqué plus d'une fois, que les Juges ſuperieurs executoient les Jugements des Juges inferieurs. Voy. cy-deſſus p. 55. Note. *(e).*

(c) D'Obligations de Champaignes.] C'eſt-à-dire, contractées aux Foires de Champagne, leſquelles avoient de grands Privileges. Voy. la Table du ſecond Vol. des Ordonn. au mot *Champagne. (Foires de)*

(d) En preſent meffait, &c.] En flagrant delict, ou lorſque s'eſtant enfui & ayant eſté pourſuivi ſur le champ, il aura eſté pris.

JEAN I.er & selon d'autres, Jean II. à S.t Omer, en Novembre 1353.

Philippe VI. dit de Valois, au Bois de Vincennes, en Fevrier 1346.

(a) Lettres portant que la confiscation n'aura point de lieu au profit du Roy, sur les biens des Bourgeois de la Ville de Bethune, qui feront bannis ou condamnez à mort.

JOHANNES Dei gratia Francorum Rex: Notum facimus universis tam presentibus quam futuris, Nos Litteras carissimi Domini & Genitoris nostri, vidisse, formam que sequitur, continentes.

PHILIPPES par la grace de Dieu Roys de France: Savoir faisons à tous presens & avenir, que Nous à la supplication de noz bien amez Eschevins, Majeur & Prevost & Communauté de la Ville de Bethune, qui touz-jours se sont portés bien & loyaument envers Nous & la Couronne de France, & qui en ceste presente Année & autrefoiz, ont esté moult tres grandement grevez & dommagés par noz anemis, pour le fait de noz guerres, si comme Nous avons esté & somme souffisamment enfourmez par genz dignes de foy; & auxquels [a] il convient de jour en jour faire moult granz despenz & moult grans missions pour la reparacion & le reforcement de leur Ville dessusdicte, afin de la garder & deffendre & le Pays d'environ, & pour resiter à [b] leur malice & puissance de noz anemis, à yceulz avons octroyé & octroyons de grace especial & de notre auctorité Royal, par la teneur de ces presentes, que se par aucune aventure, il [c] avient des-ores-mais que aucuns Bourgois ou Bourgoise, ou filz de Bourgois ou de Bourgoise de ladite Ville de Bethune, soit pour son meffaiz bannis de notre Royaume, ou condempnez à mort par aucun de noz Officiers, en quelque lieu que ce soit, Nous en ce cas, leur quittons tout à plain touz les biens, meubles & non-meubles dudit banni ou Justicié, qui pour cause de confiscation, Nous pourroient ou deveroient appartenir: Et voulons que lesdiz biens, meubles & non-meubles reviegnent & retournent au plus prochain de son lignage, sanz ce que de cy-en-avant, Nous ou noz Gens ou noz successeurs ou leurs Gens, en puissons aucune chose demander pour le temps present ne pour cellui qui est avenir Si donnons en mandement au Bailli de Lille, ou au Gouverneur de nostre Bailliage d'Amiens, & à tous autres Justiciers de nostre Royaume presens & à venir ou à leurs Lieuxtenans, que il laissent user & joir les devant-diz Eschevins & Communauté, de nostre presente grace, & contre la teneur d'icelle, ne leur donnent empeschement aucun. Et pour ce que ce soit chose ferme & estable à touz-jours, Nous avons fait mettre nostre seel en ces presentes Lettres: sauf en autres choses nostre droit & en toutes cellui de nostre tres chier Frere le Duc de Bourgoigne Conte d'Artoys, & le droit d'autrui. *Donné au Bois de Vincennes, l'An de grace mil troiz cenz quarante & six, ou mois de Fevrier.*

[a] *Eschevins, &c.*

[b] *la.*

[c] *avient.*

NOS autem dictas Litteras & contenta in eisdem, rata & grata habentes, ipsa volumus, laudamus, approbamus & tenore presencium, auctoritate Regia, de speciali gratia confirmamus: Nostro in aliis & alieno in omnibus jure salvo.

Quod ut firmum & stabile permaneat in futurum, presentibus Litteris nostrum fecimus apponi Sigillum. Datum apud Sanctum-Audomarum, Anno Domini millesimo trecentesimo quinquagesimo-tertio, mense Novembris.

Per Consilium, in quo vos eratis. J. ROYER.

NOTES.

(a) Tresor des Chartres, Registre 81. Piece 945.

JEAN I.er & selon d'autres, Jean II, à S.t Omer, au mois de Novembre 1353.

Philippe VI. dit de Valois, à Paris, en Mars 1346.

(a) Privileges de la Ville de Bethune.

JOHANNES Dei gratia Francorum Rex: Notum facimus universis presentibus & futuris, Nos Litteras inclite memorie carissimi Domini & Genitoris nostri, vidisse, formam que sequitur, continentes.

PHILIPPES par la grace de Dieu Roys de France: Savoir faisons à touz presens & avenir, que Nous oye la supplication de noz amez les Eschevins, Prevost, Majeur & Communauté de la Ville de Bethune, disanz que comme pour cause des sieges que noz ennemis ont tenu longuement devant ladicte Ville, laquelle est en frontiere, & pour les tres grans & excessis dommages qu'il ont euz & soustenuz pour cause de noz guerres, qui bien se montent à deux cens mille livres & plus, grant partie des Habitanz de ycelle se soient [a] departis & alés demourer dehors de ladicte Ville; Nous aient supplié que à celle fin que ceulz qui s'en sont alés dehors, & autres soient plus enclins & volenterins de revenir demourer en ladicte Ville, parquoy elle peust estre bien peuplée de genz, pour miex [b] contrester à noz anemis, toutefois que li cas si offeroit, leur Privileges & Libertés Nous leur vousissons amplier & accroistre en aucun cas; C'est assavoir, que comme pour Privileges & Libertez à eulz octroyez d'ancienneté par les Seigneurs de ladicte Ville de Bethune, leur appartiengne la Sentence & le Jugement de leurs Bourgois & Bourgoise, *(b)* ou defaut de Bourgois ou Bourgoise, & à leur Seigneur la [c] punicion & correpcion en touz cas; [d] que touteffois que aucuns Bourgois ou Bourgoise ou enfanz de Bourgois ou Bourgoise de ladicte Ville, sera absolz, delivrez, condempnez ou puniz à touz-jours-mais [e] ou à temps certain, par sentence ou [f] ensengnement de Eschevins de ladite Ville de Bethune, pour ou de quelconques cas criminel ou civil à [g] eulz appartenant, que ledit absolz ou condempné ne soit en oultre molestez ne [h] trais à amende civile ou corporele, pris, arrestés ou emprisonnés, [i] approchiez ou poursuis par adjornement ne autrement en quelque maniere que ce soit, par aucuns de nos Juges ou Officiers, contre la teneur de leurdicte Sentence absolutoire ou condempnatoire; & que par la correption, punicion ou condemnacion ou absolucion qu'il aura eüe par la Sentence ou Jugement desdiz Eschevinz, il puisse aler & demourer par tout nostre Royaume paisiblement & franchement, sanz ce que pour ledit cas, il soit en oultre ne contre la teneur de ladicte Sentence, puniz, prins, arrestez, emprisonnez ou poursuiz en aucune maniere: Nous considerant la grant loyauté que Nous avons touz-jours trouvé esdiz supplians, [k] veullianz yceulz supplians favorablement & par especial prérogative, estre traitiez & doués de Privileges & Libertés, afin que ladicte Ville demeure à touzjours bien peuplée de Genz, avons octroyé & octroyons de grace especial, plain povoir & auctorité Royal, par ces presentes, que touteffoiz que aucuns Bourgois ou Bourgoise ou enfant de Bourgois ou Bourgoise, sera absolz, delivrés, condempnez ou puniz à temps ou senz temps, par sentence ou ensengnement desdiz Eschevins, non collusoire, non venal; mais deuement donnée, pour ou de quelconques cas criminel ou civil que ce soit à eulz appartenant, Nous ne voulons que pour ledit cas, il soient ou puissent estre en oultre molestés, pris, arrestés ne emprisonnés en aucune maniere, ne traiz à amende civile ou corporelle, ne poursuiz par adjornement ne autrement par aucun de nos Juges ou Officiers, contre la teneur de ladicte Sentence desdiz Eschevins absolutoire ou condempnatoire, de laquelle il feront foy par les

[a] *retirez.*

[b] *resister.*

[c] *Voy. cy-dessus, p. 142. Note (b).*

[d] *&.*

[e] *par exemple,* banni à temps ou à perpetuité.

[f] *plus bas, il y a :* Sentence ou Jugement.

[g] *de leur competence.*

[h] *condampné.*

[i] *adjourné ou poursuivi.*

[k] *voulans.*

NOTES.

(a) Tresor des Chartres, Registre 81. Piece 947.

(b) Ou defaut.] On pourroit lire *defaut,* & je crois qu'il faut corriger ou *d'enfans,* ainsi qu'on lit deux ou trois lignes plus bas.

Lettres

Lettres desdiz Eschevins, seellées du seel de ladicte Ville; & voulons que [a] parmi ladicte punicion, condempnacion ou absolucion qu'il aura eüe desdiz Eschevins, dont il apparera par leurs Lettres, comme dit est, lesdiz puniz, condempnés & absols puissent aler demourer paisiblement en nostre Royaume, sanz ce que pour ledit cas, il soient en oultre ne contre la teneur de ladicte Sentence, priz, punis, arrestés ou empeschiés en aucune maniere. Si donnons en mandement par ces Lettres au Bailli d'Amiens qui à present est & qui pour le temps avenir sera, & à tous nos autres Justiciers ou à leurs Lieuxtenans, que de nostre presente grace facent & laissent joüir & user paisiblement lesdiz Eschevins, Prevost & Maïeur & Communauté de ladicte Ville de Bethune, & contre la fourme & teneur d'icelle, ne les empeschent ou seuffrent estre empeschiez en aucune maniere: Et que ce soit ferme & estable à tousjours, sanz jamais venir aler contre, Nous avons fait mettre nostre seel à ces presentes Lettres: sauf en autres choses nostre droit & en toutes l'autrui. *Donné à Paris, l'An de grace mil trois cenz quarante & six, ou moys de Mars.*

JEAN I.er & selon d'autres, Jean II. à S.t Omer, au mois de Novembre 1353.

[a] *moyennant.*

NOS autem dictas Litteras & contenta in eisdem, rata & grata habentes, ipsa volumus, laudamus, approbamus & tenore presencium auctoritate Regia, de speciali gratia confirmamus: nostro in ceteris & alio in omnibus jure salvo. Quod ut firmum & stabile perseveret in futurum, hiis Litteris presentibus nostrum fecimus apponi Sigillum. Datum apud Sanctum-Audomarum, Anno Domini millesimo trecentesimo quinquagesimo-tercio, mense Novembris.

Per Consilium in quo eratis. P. BLANCHET.

JEAN I.er & selon d'autres, Jean II. à S.t Omer, en Novembre 1353.

Philippe VI. dit de Valois, au Bois de Vincennes, en Janvier 1346.

(a) Privileges de la Ville de Bethune.

JOHANNES Dei gratia Francorum Rex: Notum facimus universis tam presentibus quam futuris, Nos Litteras carissimi Domini & Genitoris nostri, vidisse, formam que sequitur, continentes.

PHILIPPES par la grace de Dieu Roys de France: Savoir faisons à tous presens & avenir, que comme Nous avons octroyé plusieurs Privileges, Libertés & Franchises à nos amés les Eschevins, Prevost, Maïeur & Communauté de ladicte Ville de Bethune, voulans que yceulz Privileges, Libertez & Franchises leur soient tenuz & gardées sanz enfraindre & venir à l'encontre, leur avons octroyé par ces presentes, de grace especial, puissance & auctorité Royal, que s'il avenoit que contre la teneur desdiz Privileges, Libertez ou Franchises, aucune chose feust faite ou attemptée contre les [b] Bourgois ou Bourgoises, filz de Bourgois ou Bourgoise de ladicte Ville ou aucun d'eulz quelconques, [c] de nos Genz ou Officiers, [d] ou prejudice d'iceulz Bourgois & Bourgoise, Nous voulons & mandons que sitost qu'il feront foy desdits Privileges souffisaument, ou de le clause ou [e] point d'iceulz dont [f] y se voudront aidier, par [g] yceulz Privileges ou par Lettres antiques seellées d'aucuns de nos Seaulz Royauls, que tout ce qui en aura esté fait au contraire, soit remis au premier estat & deu, & au cas que nosdiz Juges ou Officiers soient refusant ou negligeans de remettre lesdites choses en estat, emprés la [h] ostencion desdiz Privileges, Nous voulons que yceulz nos Juges ou Officiers soient tenuz ès dommages & despens que yceulz Bourgois ou Bourgoises ou aucun d'eulx, feront en la poursuite & pour cause de ce. Et avecques ce, voulons & leur octroyons que lesdiz Privileges ou aucuns d'eulx, il ne puissent perdre ou fourfaire envers Nous; se ce n'estoit qu'il en abussassent nottoirement, ou

[b] *Bourgeois.*

[c] *par.*

[d] *au.*

[e] *Article.*

[f] *ils.*

[g] *en monstrant ces Privileges.*

[h] *après que les Privileges auront esté monstrez.*

NOTES.

(a) Tresor des Chartres, Registre 81. Piece 950.

JEAN I.er & felon d'autres, Jean II. à S.t Omer, en Novembre 1353.

que ladicte Ville ou la plus grant partie d'ycelle, feissent conspiracion ou [a] traison envers Nous, & que de ce fussent condempnez par Arrest. Si donnons en mandement à tous les Justiciers de nostre Royaume, qui ores sont & seront pour le temps avenir, que de nostre present octroy & grace il facent & laissent joüir & user paisiblement lesdiz Eschevins, Prevost, Maïeur & Communauté de ladicte Ville de Bethune, en la maniere que dit est; mais se aucunne chose estoit faite au contraire, qu'il le remettent ou facent remettre tantost & sans delay, au premier & deu estat: Et que ce soit ferme chose & estable à touzjours-mais, Nous avons fait mettre nostre seel à ces presentes Lettres: sauf en autres choses [b] notres droit & en toutes l'autrui. *Ce fu fait & donné au Bois de Vicennes, l'An de grace mil trois cenz quarante & six, ou mois de Janvier.*

a *trahison.*

b *nostre.*

NOS autem dictas Litteras & contenta in eisdem, rata & grata habentes, ea volumus, laudamus, approbamus, & tenore presencium auctoritate Regia, de speciali gratia confirmamus: nostro in ceteris & alieno in omnibus jure salvo. Quod ut firmum & stabile permaneat in futurum, presentibus Litteris nostrum fecimus apponi Sigillum. Datum apud Sanctum-Audomarum, Anno Domini millesimo trecentesimo quinquagesimo-tertio, mense Novembris.

Per Consilium in quo vos eratis. J. ROYER.

JEAN I.er & selon d'autres, Jean II. à S.t Omer, en Novembre 1353.

(a) Privileges de la Ville de Bethune.

JOHANNES Dei gratia Francorum Rex: Notum facimus universis presentibus & futuris, Nos Litteras infrascriptas vidisse, formam que sequitur, continentes.

EUDES Dux de Bourgoigne, Contes d'Artoys & de Bourgoigne, Palatins & Sires de Salins, & *(b)* Jehanne Fille de Roy de France, Ducesse & Contesse & Dame desdiz lieux: Savoir faisons à touz presens & avenir, que Nous desirans [c] pais, transquilité & amour touz-jours estre tenue & gardée entre nous & nos subgés, & especiaument noz amés & feaulx Eschevins, Prevost & Maïeur & Habitans de nostre Ville de Bethune, & que toute maniere de descort & de disention qui entre nous & eulz pourroit [d] nestre, soit du tout ostée; & aussi que tous privileges, franchises, libertez, & immunitez quelconques, donnés & octroyés à ladicte Ville de Bethune, de Nous ou de noz devanciers Seigneurs de Bethune, & confermés de Nous, ou donnez & ottroyez de nos tres chiers Seigneurs les Roys de France, lesquels [e] notres devanciers Seigneurs de Bethune ou Nous, avons promis par Lettres, desquelles il apperera, à tenir & garder en quelconques maniere, soient & demeurent à tousjours [f] afermés & estables & en leur vertu; de nostre grace especial & pure liberalité & de certaine science, voulons, octroyons & accordons aux dessus-nommez Eschevins, Prevost, Maïeur & Habitans de Bethune, que dores-en-avant Nous, noz hoirs ou successeurs, ou noz Gens quelz qu'il soient, contre la teneur desdiz privileges ou franchises, ne Nous puissons en aucune maniere *(c)* ensaisiner; mais à toutes saisines qui dores-en-avant par Nous, noz hoirs ou successeurs, ou par noz Gens seront acquises contre la fourme & teneur d'iceulz privileges, renonçons des maintenant, & voulons estre tenues & reputées pour nulles & de nulle valeur; Et ainssi lesdiz Eschevins, Prevost, Maïeur

c *paix.*

d *naistre.*

e *nos.*

f *fermes.*

NOTES.

(a) Tresor des Chartres, Registre 81. Piece 944.

(b) *Jeanne Fille, &c.*] Elle estoit Fille de Philippe dit le Long. Voy. sur elle & sur son mari, l'Hist. Geneal. de la M. de Fr. T. 1. p. 548.

(c) *Ensaisiner.*] C'est-à-dire, faire aucun Acte au prejudice de ces Privileges, qui puisse commencer une possession.

& Habitanz de ladicte Ville de Bethune, ne se pourront ne deveront [a] ensaisiner en aucunne maniere contre Nous ou noz droiz, Noblesches & heritages quelz qu'il soient: sauf & reservé à nous & aux nostres, aux choses dessusdictes nostre Justice, [b] Seignerie, ressort & souveraineté, [c] en autres choses nostre droit & en toutes l'autrui: Et encore voulons que s'il avenoit ou temps avenir, que ès choses dessusdictes eust aucune doubte ou obscurté, qu'il soit esclarchy & interpreté par Nous, noz hoirs ou successeurs Contes d'Artoys. Et Nous Dux dessus nommez, confessons avoir donné & octroyé à *(d)* la Duchesse nostre Espouse dessus dicte, povoir, licence & auctorité de faire ou octroyer & accorder les choses dessusdictes: Et Nous Duchesse dessusdicte du [d] loux consentement & auctorité de nostredit Seigneur & Espoux dessus le Duc nommé, confessons avoir octroyées, consentues & accordées toutes les choses dessusdictes & devisées. En tesmoing desquelles choses, Nous Dux & Duchesse devant diz, avons fait mettre noz seaulz à ces Lettres. *Donné à Compiegne, le vint-septime jour* [e] *d'Octembre, l'An de grace mil trois cens quarante-six.*

JEAN I.er & selon d'autres, Jean II. à S.t Omer, en Novembre 1353.

a *Voy. cy-devant Note (c).*
b *Seigneurie.*
c *&.*
d *loux* est l'article *le*.
e *Octobre.*

NOs autem dictas Litteras & contenta in eisdem, rata & grata habentes, ipsa volumus, laudamus, approbamus, & tenore presencium de nostra speciali gratia & auctoritate Regia confirmamus: nostro & alieno in omnibus jure salvo. Quod ut firmum & stabile perseveret in futurum, hiis Litteris presentibus nostrum facimus apponi Sigillum. Datum apud Sanctum-Audomarum, Anno Domini millesimo trecentesimo quinquagesimo-tertio, mense Novembris.

Per Consilium in quo vos eratis. P. BLANCHET.

NOTES.

(d) La Duchesse, &c.] L'Artois dans lequel estoit située Bethune, luy appartenoit en qualité d'heritiere de Jeanne de Bourgogne sa Mere, Fille d'Othon IV. Comte Palatin de Bourgogne & de Mahaud Comtesse d'Artois, à qui ce Comté avoit esté adjugé au prejudice du fameux Robert d'Artois. *Hist. Geneal. de la Maison de Fr. t. 1. p. 94. Voy. cy-dessus Note (b).*

(a) Lettres portant que les lieux nommez *Brice*, de Sancto Christo, *Liacourt, de Breya*, & *de Flancourt*, ressortiront tous à la Prevosté de Saint Quentin.

JEAN I.er & selon d'autres, Jean II. à Paris, en Janvier 1353.

JOHANNES Dei gratia Francorum Rex: Notum facimus universis tam presentibus quam futuris, quod Nos prout Regiam decet Majestatem, fidelium & subditorum nostrorum incommodis, laboribus [f] *dispendiis anhelamus obviare, illorum potissime quibus ex generis proximitate sumus astricti, & qui incessanter Nobis in regimine Regni nostri assistunt. Sane exposita Nobis querimonia carissimi & fidelis Avunculi & Consiliarii nostri, Johannis de Bolonia (b) Comitis Montis-fortis, continente quod Castra, maneria, Ville & terra quas habet & possidet in Baillivia Viromendensi, ut pote Castrum & Terra de*

f &.

NOTES.

(a) Tresor des Chartres, Registre 98. Piece 34.

Elle avoit déja esté imprimée dans l'Hist. Geneal. de la Maison d'Auvergne, par M. Baluze, t. 2. p. 198.

(b) Comitis Montis-Fortis.] Le Comte de Mont-Fort. Il se nommoit Jean d'Auvergne, dit de Boulogne. Il estoit le second Fils de Robert VII. Comte d'Auvergne & de Boulogne. Il se nomma d'abord le Seigneur de Mont-Gascon, puis, le Comte de Mont-Fort [l'Amauri :] dans la suite, sa niece Jeanne Fille de Guillaume XII. Comte d'Auvergne & de Boulogne son Frere aisné, & Femme du Roy Jean, estant morte sans enfans, il devint Comte d'Auvergne & de Boulogne. Il estoit Frere du Cardinal Guy de Boulogne. Voy. l'Hist. Geneal. de la Maison d'Auvergne par Baluz, t. 1. l. 1. p. 111. 118. & 138. Voy. cy-dessus p. 128. Note (*b*).

JEAN I.er & selon d'autres, Jean II. à Paris, en Janvier 1353.

(c) Brice, de Sancto Christo, de Liacourt, de Breya & de Flancourt & alia que obtinet in dicta Baillivia, ressortiuntur & ressortiri consueverunt in nostris diversis Prepositturis, subditique & justiciabiles dicti nostri Consiliarii in dictis locis, aliqui videlicet in Prepositurâ de Peronâ; alii in Prepositurâ de Roya, & ceteri in Prepositurâ Sancti Quintini in Viromandia, & coram dictarum Prepositurarum Prepositis, consueverunt in casibus nostre Superioratis & ressorti, conveniri, & de diem in dictis & aliis casibus ad Nos pertinentibus, conveniuntur; ex quo dictus noster Avunculus ejusque Officiarii, subditi, loca & terre quamplurimum sunt gravati & continue leduntur importabili mole, super quo dictus Comes per Nos sibi super hoc de remedio provideri humiliter supplicavit: unde Nos volentes super hoc mature procedere, & ut provisio per Nos concedenda, pleniorem & validiorem sortiatur effectum, per dilectos & fideles Episcopum Laudunensem & Symonem de Bussiaco Milites Consiliarios nostros, super commodo & incommodo hujus rei, cum Baillivo Viromandensi, informacionem diligentem fieri fecimus: qui super hoc plenius informati, cum eodem Nobis retulerunt quod in casu in quo Nobis placeret dicto Comiti concedere quod ipse, ipsiusque Officiarii, subditi, terre & Loca predicta ressortirentur in Prepositura Sancti Quintini predicti, in Viromandia, cum dictus locus magis videretur ydoneus & utilis dicto Comiti & Nobis, & locis circumvicinis minus aut nichil nocivus, cum eciam emende nostre in dictis Prepositturis sint equales & equaliter consueverint taxari, nullum aut modicum prejudicium Nobis aut successoribus nostris generaretur. Quocirca Nos, attentis premissis, contemplacioneque carissimi & fidelis Avunculi nostri [a] Cardinalis Boloniensis germani dicti Comitis, qui continue negociis nostris insistit atque vacat, deliberacione super hoc matura prehabita, statuimus, ordinavimus, & tenore presentium, de nostra speciali gracia, certa sciencia, auctoritate Regia, volumus & concedimus predictum Comitem ipsiusque Officiarios, subditos, terram & loca predicta, deinceps & in perpetuum in dicta Prepositura Sancti Quintini in Viromandia, & coram Preposito nostro dicti loci qui nunc est & qui pro tempore fuerit, debere & non alibi, ressortiri, ipsosque Comitem, ejusque Officiarios & subditos predictos, in casibus nostre superioritatis, ressorti & aliis ad Nos pertinentibus, inibi & non alibi, per quoscumque Officiarios nostros conveniri: Mandantes & committentes Preposito nostro dicti loci Sancti Quintini, qui nunc est & qui pro tempore fuerit, quatenus in dictis casibus, [b] dicti Comitis ejusque Officiariis & subditis, bonum & breve exhibeat Justitie complementum: inibentes Prepositis nostris de Perona & de Roya, presentibus & futuris, ne de dictis casibus dictum Comitem, Officiarios & subditos suos concernentibus, se equaliter intromittant: Dantes tenore presentium in mandatis Baillivo Viromandensi aut ejus Locumtenenti presenti & futuro, quatenus ipsos Comitem, Officiarios, subditos, Terras & loca sua predicta, nostris presentibus statuto, Ordinacione & concessione, uti & gaudere faciat & permittat, ipsosque contra tenorem presentium, nullatenus molestet, seu permittat à quocumque molestari: que sic fieri volumus & jubemus, & dicto Comiti concedimus, defensionibus & Ordinacionibus factis & faciendis in contrarium, ac donis aliis, tam per dictum Genitorem nostrum quam per Nos dicto Comiti factis, non obstantibus quibuscumque: salvo in aliis jure nostro & in aliis quolibet alieno. Quod ut stabile & firmum perpetuo perseveret, nostrum Litteris presentibus fecimus apponi Sigillum. Actum & datum Parisius, Anno Domini millesimo trecentesimo quinquagesimo-tertio, mense Januarii.

[a] Voy. cy-dessus Note (b).

[b] dicto Comite: *M. Baluze l'a fait imprimer ainsi.*

NOTES.

(c) Brice.] Ce mot est bien écrit; cependant chez M. Baluze, il y a *Brios*, & on y lit aussi *Liecourt* & *Flaucourt*. Il n'a pas mis les noms modernes de ces lieux; & je n'ay pû les découvrir.

(a) MCCCLIV.

(a) Cette Année, suivant Du Cange dans son Glossaire, a commencé le 13. d'Avril & elle a fini le 4. d'Avril.

JEAN I.er & selon d'autres, Jean II. à la Noble Maison près de S.t Denis en France, en May 1354. Philippe VI. dit de Valois, à [Voy. la Note (b)] en May 1341.

(a) Lettres portant que la Ville de S.t Jean d'Angeli ne sera jamais separée de la Couronne.

JOHANNES Dei gratia Francorum Rex: Notum facimus universis tam presentibus quam futuris, Nos infrascriptas vidisse Litteras inclite recordacionis carissimi Domini Genitoris nostri, formam que sequitur, continentes.

PHILIPPUS Dei gratia Francorum Rex: Regalis providentia digne pensans merita fidelium subditorum, libenter illos prosequitur favoribus gratiosis, ut & ipsi gaudeant se probitatis operibus vacavisse, seque Regiis beneplacitis adhesisse, & alii eorum exemplo similibus se conforment. Notum itaque facimus universis tam presentibus quam futuris, quod Nos attenta virtuosa & commendabili fidelitatis constantia, qua dilecti & veri fideles nostri, Major, Scabini, Jurati & Communitas Ville nostre Sancti Johannis Angeliacensis, [a] *& dictam Villam affectuosis viribus, sub obedientia nostra non ficta, legitime & fideliter servaverunt, volentes dictos Majorem, Scabinos, Juratos & Communitatem ac eorum successores favore prosequi gratioso, & ut ferventius in dicta fidelitatis constantia animentur & crescant, ad dictorum Majoris, Scabinorum, Juratorum & Communitatis supplicationem humilem & devotam, dictos Majores, Scabinos, Juratos & Communitatem, ac eorum successores & posteros, ac dictam Villam & habitatores cum ejus* [b] *Balleuca, pertinentiis, dependentiis, juribus & ressortis, Corone Francie per presentes adjungimus & unimus perpetuo remansuros: Promittentes pro Nobis & successoribus nostris Regibus Francie, predicta nunquam à dicta Corona separare vel* [c] *eicere, nec in aliquem, aliquo donationis, permutationis vel quovis alio titulo, aliqua causa vel occasione, transferre. Quod si aliquo casu fieri imposterum contingeret, quod absit, illud volumus esse nullius valoris, efficacie, roboris seu momenti, & pro infecto haberi volumus & censeri: & hoc eis auctoritate nostra Regia & ex certa scientia, Consilio super hoc habito, & de gratia concedimus speciali. Et ut hoc firmum & stabile permaneat in futurum, presentibus Litteris nostrum fecimus apponi Sigillum: salvo jure nostro in aliis & in omnibus quolibet alieno.* Datum apud (b) Sanctum Cleobaldum, Anno Domini millesimo trecentesimo quadragesimo-primo, mense Maii.

a & est inutile.

b Banlieuë.

c ejicere.

ET cum dicte Littere fuerint sigillate, & per Cameram Compotorum nostrorum Parisius reddite sine financia; ac postmodum exhibite coram Locum-tenente dicti Domini Genitoris nostri & nostro, in Partibus Occitanis quondam deputato, prout hec per subscriptionem & signum Magistri Johannis Justice quondam Presidentis & Magistri dictorum Compotorum, ac signa dilectorum & fidelium Magistrorum Ade Boucherii & Bernardi Franco Clericorum Notariorum nostrorum, in albo & tergo dictarum Litterarum apposita, dilectis & fidelibus Gentibus Secreti Consilii nostri, plenius apparuit evidenter, dicteque Littere postea Sigillo abinde amputato per hostes nostros, quando ceperunt &

NOTES.

(a) Tresor des Chartres, Registre 84. Piece 425.

(b) *Sanctum Cleobaldum.*] Je ne connois point ce lieu ; & même il n'y point de Saint de ce nom dans le Vocabulaire Hagiologique de l'Abbé Chastelain. Peut-estre faut-il corriger *Clodoaldum.*

JEAN I.er & selon d'autres, Jean II. à la Noble Maison près de S.t Denis en France, en May 1354.

occuparunt dictam Villam Sancti Johannis Angeliacensis, fuerunt cancellate & rupte; prout tam per inspectionem dictarum Litterarum, quam testimonium & juramenta Johannis Roilleti & Petri Seignoreti aliter Piet, Burgensium dicte Ville, prefatis Gentibus extitit facta fides, dicti Major, Scabini, Jurati & Communitas dicte Ville Nobis pronis & intentis affectibus humiliter supplicarunt, ut Nos gratiam hujusmodi in suprascriptis contentam Litteris, confirmare, ac eademmet gratiam eisdem de novo concedere dignaremur. Nos autem habita consideratione ad premissa, predicte supplicationi favorabiliter annuentes, omnia & singula in dictis Litteris contenta, prout superius sunt expressa, rata habentes & grata, ac ea volentes, laudantes, approbantes, ratifficantes & confirmantes prefatis Majori, Scabinis, Juratis & Communitati de novo concedimus ex abundanti, tenore presentium illud idem : [a] *predictos Majorem, Scabinos, Juratos & Communitatem, ac eorum successores & posteros, dictamque Villam & habitatores ejusdem, cum ejus Balleuca, pertinentiis, dependentiis, ressortis & juribus universis, Corone Francie perpetuo adjungentes & unientes, auctoritate nostra Regia, ex certa scientia & de gratia speciali. Quod ut firmum & stabile permaneat in futurum, nostrum presentibus Litteris fecimus apponi Sigillum: salvo in aliis jure nostro & in omnibus quolibet alieno.* Datum in Nobili-Domo-propè-Sanctum-Dionysium-in Francia, Anno Domini millesimo trecentesimo-quinquagesimo-quarto, mense Maii.

Per Regem ad relationem Consilii, in quo vos & Domini Belvacensis, Cathalanensis, Laudunensis Episcopi, ac de Revello & P. de Charniaco, eratis. HAYES.

Collatio facta de Litteris Originalibus predictis per me. HAYES.

a &.

JEAN I.er & selon d'autres, Jean II. à Paris, le 10. de Juillet 1354. & le 2. de Juin 1355.

(a) Imposition sur la Foire du Lendit.

JOHANNES Dei gratia Francorum Rex: Universis presentes Litteras inspecturis, Salutem. Cum dilecti Abbas & Conventus Monasterii Sancti Dionysii in Francia, Nobis graciose concesserint impositionem sex denariorum pro libra, de omnibus [b] *nummaris & mercaturis que vendentur in* [c] *nundino* [d] *Lendeti nunc sedentis, & in Villa Sancti Dionysii : Notum facimus quod intentionis nostre non existit, nec volumus quod propter hujusmodi concessionem, aliquam servitutem incurrant, seu aliquod prejudicium eis irrogetur, nec jus aliquod Nobis acquiratur nunc seu etiam in futurum.*

Datum Parisius, die decima Junii, Anno Domini millesimo trecentesimo-quinquagesimo-quarto.

Per Consilium in quo eratis ac Domini Belvacensis, Cathalanensis, & de [e] *Renello.* B. POTIN.

b *denrées.* Voy. le Gloss. de Du Cange au mot, *nummus.*

c nundina.

d Voy. le 3.e Vol. des Ordonn. p. 187. Note (*n*)

e Revello.

NOTES.

(a) Histoire de l'Abbaye de S.t Denys par le P. Doublet p. 988.

A la marge de cette Piece, il y a ces mots: Il y a une autre Chartre toute semblable, ainsi datée : *Datum Parisius, die 2.a Junii, Anno Domini 1355.*

Per Consilium in quo erant Dominus Symon de Bussyaco & Thesaurii. Franciscus.

JEAN I.er & selon d'autres, Jean II. à Paris, le 28. de Juillet 1354.

(a) Lettres qui establissent deux Commissaires pour faire le procès aux Officiers des Monnoyes, aux Changeurs, & en general à tous ceux qui ont contrevenu aux Ordonnances sur les Monnoyes.

JEHAN par la grace de Dieu Roy de France : A noz amez & feaulx Mestre Adam Chanteprime nostre Conseiller, & Michiel de Saint Germain General Maistre de noz Monnoyez, Salut & dilection. Il est venu à nostre cognoissance, & de ce sommes pleinement enfourmez tant par la deposition & confession d'aucun ou de plusieurs mauvais, qui pour cause de leurs demerites & malefaçons par euls faites, & attemptées contre Nous & nostre Royal Majesté, ont esté justiciez & punis, comme par bonnes & vrayes informacions ou enquestes faites par noz Genz, que plusieurs [a] roberies, mauvaistiez, *(b)* fauçonneries & autres malefaçons ont esté & sont faites de jour en jour en plusieurs parties de nostre Royaume, & en aucunes ou plusieurs noz Monnoyes, tant par les Meistres particuliers d'icelle, comme par leurs Lieustenans, Ouvriers ou Monnoyers, les Gardes, Essayeurs & autres Officiers d'icelles; & aussi par plusieurs Changeurs [b] & Marchands frequentans icelles; & aveeques ce, avons entendu que pour cause de ce, plusieurs d'iceulz Maistres particuliers & autres s'en [c] sont fouys & absemptez, parquoy aucunes noz Monnoyes sont demourez en chomage : lesquelles choses ont esté & sont en très grant domage & prejudice de Nous, & en très grant deception de nostre peuple, dont très [d] forment Nous desplaist, & pourroient encore plus estre ou temps à venir, se [e] seur ce n'estoit pourveu de remede brief & convenable : pour ce est-il que Nous confiens du sens, loyaulté & bonne diligence de vous, vous mandons & estroittement enjoingnons & commettons par ces Lettres, que vous en voz propres personnes, vous transportez-là où bon vous semblera par tout nostre Royaume, ès parties où Nous faisons faire Monnoye, & en icelle visitez diligeaumment toutes & chascunes noz Monnoyes, les Maistres particuliers, leurs Lieuxtenans, compaignons & facteurs, les Gardes, Essayeurs, *(c)* Balenciers, *(d)* Fiertonneurs, Ouvriers, Monnoyers & touz autres Officiers de nos dites Monnoyes, & semblablement les Changeurs & Marchands frequentans icelles, & de tous ceulz & chascun d'eulz quelxqu'il soient [f] ne de quelconque condicion, que vous pourrez trouver & savoir avoir esté ou estre trouvez coulpables d'icelle mauvaistiez, ne faisant ou avoir fait tant ou temps passé comme presentement ou à venir, aucune transgression contre noz Ordenances & Royal Majesté, ès choses dessusdites & chascun d'icelles, Nous voulons & vous mandons par ces presentes que vous en faciez ou faites faire punicion en corps & en biens, tant criminelement comme civilement selon la qualité du meffait ou malefaçons que vous [g] purrez trouver & savoir qu'il aront fait, si diligaument & en telle maniere que ce soit exemple à touz : & que le fait & gouvernement de nozdites Monnoyes, puisse & doye estre mis à bon & deu estat : &

a *vols.*

b *Voy. le 3.e Vol. des Ordonn. p. 340. Note (b).*

c *fui & absentez.*

d *fortement.*

e *sur.*

f *ne signifie & là & quelques lignes plus bas.*

g *pourrez.*

NOTES.

(a) Tresor des Chartres, Registre 85. Piece 116.

(b) Fauçonneries.] J'ay certainement vû dans le 3.e Vol. des Ordonn. *Saunier* ou *Fauxsaunier,* dans la signification de *Faux-Monnoyeur;* mais je n'ay pû retrouver l'endroit.

(c) Balanciers.] Ce sont apparemment ceux qui pesoient dans les *Balances d'essais,* sur lesquelles Voy. Boizard dans l'explication alphabetique qui est à la teste de son Traité des Monn. au mot *Balances.*

(d) Fiertonneurs.] Fierton contient en soy les poids du remede de l'ouvrage qui a esté ordonné estre forgé en Monnoye.

Fiertonneurs sont des Officiers preposez pour visiter le matin & de relevée les Officiers de chaque Fournaise. Ces Fiertonneurs portoient des Balances pour recevoir au poids de Fierton, l'ouvrage qui se trouvoit devant les Ouvriers, dit Boizard, *Ibid.* au mot *Fierton.* [Voy. Note precedente.]

JEAN I.er & selon d'autres, Jean II. à Paris, le 28. de Juillet 1354.

ne voulons que aucun quel qu'il soit, en [a] ce faisant puisse de vous appeller, [b] ce ce n'est devant Nous & en nostre presence; & s'aucun en appelloit, Nous desmaintenant tenons icelluy appel pour nul, & avecques ce voulons & ordenons, & par ces presentes Lettres vous mandons & pour certaine cause, que à touz ceulz & à chascun d'eulz qui en aucune maniere pour les causes dessusdites ou autrement, pour le fait des Monnoyes ou Change dessusdiz, auront [c] desservi estre puniz criminellement selon leur cas ou demerites, vous leur puissiez d'iceulx cas criminelx faire civilz, & convertir la peine criminelle en civille, selon ce que bon vous semblera, & iceulz traittier & condempner à amende ou en [d] composition eulx & un chascun pour iceulx meffaiz, à somme ou sommes d'Argent ou autrement, ainsi comme bon vous verrez qu'il appartendra estre fait, en leur donnant vos Lettres de composicions ou amendes que il vous [e] feront; lesquelles & chascunes desmaintenant Nous tenons & avons pour agreables, & icelles confermerons [f] en Las de soye & en cire vert, toutefoiz que Nous en serons requis. De toutes les choses dessusdites & chascune d'icelles faire, vous donnons [g] pooir, auctorité & mandement especial par la teneur de ces presentes: & ou cas que l'un de vous soit empeschié de maladie ou d'autre loyal [h] essoyne, par quoy vous ne pourriez ensemble entendre aux choses dessusdites, Nous voulons & ordenons par ces Lettres, que celuy de vous qui ainsi seroit empeschié, eslise & puisse eslire & subroguer en lieu de luy & pour luy à faire les choses dessusdites & chascun d'icelles, le Seneschal ou Bailli du lieu ou son Lieutenant, auquel Nous donnons par ces Lettres, autel & semblable pooir, comme Nous vous avons donné & donnons cy-dessus à vous deux ensemble. Mandons & commandons expressement à touz noz Justiciers & Subgiez, que à vous & à celuy qui feroit esleu & subroguez comme dessus, en toutes & chascune des choses dessusdites faisant, & aus Commis & deputez de par vous, obéïssent & entendent diligemment, & prestent conseil, confort, ayde & prison, se mestier en avez & requis en sont. *Donné à Paris, le vingt-huitieme jour de Juillet, l'An de grace mil trois cens cinquante-quatre.*

a *puisse appeller de vous en ce faisant.*
b *si.*
c *merité.*
d *Voy. la Table du 3.e Vol. des Ordonn. au mot*, composicions.
e *payeront.*
f *par des Lettres en Las, &c.*
g *pouvoir.*
h *excuse.*

JEAN I.er & selon d'autres, Jean II. à Paris, le 2. Octobre 1354.

(a) Lettres qui portent que les Lettres de grace & de don accordées par les Lieutenants du Roy ou Capitaines, ne seront point executées qu'elles n'ayent esté confirmées par le Roy, & passées à la Chambre des Comptes.

JOHANNES Dei gratia Francorum Rex: Senescallo, Receptori, Magistro Forestarum nostrarum, & Judicibus nostris Senescallie Tholose, & aliis Commissariis per Nos seu Locum-tenentes vel Capitaneos nostros in partibus Occitanis deputatis, & eorum Subdelegatis vel eorum Loca-tenentibus, Salutem. Cum ad nostram pervenerit noticiam quod aliqui Nobiles & innobiles dicte Senescallie & aliunde, à nostris Locum-tenentibus & Capitaneis in Occitanis partibus à Nobis deputatis, Litteras gratie obtinuerint, & eciam de die in diem obtinent, per quas aliquas peccuniarum summas in quibus Nobis certis de causis tenebantur, dicti nostri Locum-tenentes seu Capitanei, nec non penas sive mulctas in quibus erga Nos inciderant, & multa crimina eciam detestabilia & enormia eis remiserint, nec non aliqua dona peccuniarum nostrarum, & alia patrimonium nostrum tangencia, eisdem de gratia speciali dederunt, & adhuc dare non cessant, & quod in ipsis Litteris dicitur contineri, que dicte Littere & gracie exequantur, non-obstante quod per

NOTES.

(a) Memorial C. de la Chambre des Comptes de Paris, *fol.* sept-ving-treize, *verso.*
Avant ces Lettres, il y a: *Mandatum de non exequendo donorum & remissionum per Loca-tenentes fact.*
A la marge des Lettres, on lit: *Littera similis fuit tradita Clerico Receptoris Tholose.*

Cameram

Cameram nostram Compotorum Parisius, minime transiverint, ac si per illam transivissent; quod cedere dicitur in nostrum maximum prejudicium atque dampnum, Mandamus vobis & vestrum cuilibet seu in futurum deputandis, quatenus dictas Litteras & gratias, sub quavis verborum formâ concessas & concedendas, & cujuscunque status seu condicionis existant, minime exequamini, aut exequi quoquomodo permittatis, quousque à Nobis de ipsis obtinuerint confirmacionem, & transiverint per Cameram supradictam; & si forsan secus factum fuerit quovisinodo, ad statum pristinum & debitum, vocato Procuratore nostro generali & ipso audito, celeriter reducatis seu reduci faciatis indilate, Litteris predictis in aliquo non-obstantibus, nec aliis quibuscunque impetratis seu eciam impetrandis, nisi de presentibus expressam de verbo ad verbum faciant mencionem. Datum Parisius, die secunda Octobris, Anno Domini millesimo trecentesimo quinquagesimo-quarto.

Per Consilium in quo erant Domini Episcopus Belvacensis & de Revello.
CHAPELLE.

JEAN I.er & selon d'autres, Jean II. à Paris, le 24. d'Octobre 1354.

(a) Deffense de sortir du Royaume.

ULtima die Decembris millesimo trecentesimo quinquagesimo-quarto, fuerunt misse ad Thesaurarios Littere directe Senescallis Petragoricensi & Caturcensi, Andegavensi & Cenomanensi, Rutenensi, Bellicadri, Xantonensi, Carcassonensi, Pictavensi, Tholose, & Baillivis Matisconensi, Alvernie, Senonensi, Bituricensi, Trecensi & Meldensi, *(b)* Insulensi, Tornacensi, Turonensi, Rothomagensi, Calvimontis, Montanarum-Alvernie, Cadomensi, Silvanectensi, Ambianensi, [a] Caletensi, Vitriaci, Gisorcii, Carnotensi, tenoris qui sequitur.

a *de Caux.*

JOHANNES *Dei gracia Francorum Rex: Preposito Parisiensi aut ejus Locum-tenenti, Salutem. Ad deffensionem Regni nostri neccessariam, expediens providimus ut Regnum ipsum presencia Nobilium & aliorum Bellatorum vigeat, quorum deffensetur clipeis adversus hostiles impulsus. Igitur tibi mandamus & committimus, districtius injungentes sub juramenti vinculo quo Nobis es astrictus, quatenus in locis tue Prepositure insignibus, indilatè facias ex parte nostra prohiberi & sollenniter proclamari, ne quis de dictis Nobilibus sive Bellatoribus & precipue nostris subditis, dictum exire Regnum per terram vel per aquam, eques vel pedes, quomodolibet presumat sine nostra licencia speciali. Si quis autem contrarium facere presumpserit, ejus equos, harnesia, terram & alia bona quecunque, ad manum nostram saisias & realiter explectes, absque* [b] *recredencia facienda sine nostro speciali mandato. Damus siquidem tenore presentium in mandatis nostris omnibus subditis, ceteros amicos nostros requirentes, ut tibi super hiis pareant efficaciter & intendant.* Datum Parisius, die vigesima-quarta Octobris, Anno Domini millesimo trecentesimo quinquagesimo-quarto, sub sigillo Castelleti nostri Parisiensis, in absentia magni,

b sans les rendre.

Per Regem, ad relacionem Consilii. ADAM.

NOTES.

(a) Memorial *C.* de la Chambre des Comptes de Paris, *fol.* sept-vingt-seize, *verso.*

(b) Insulensi, Tornacensi.] Je crois qu'il faut *&* entre ces deux mots : car il n'y avoit alors qu'un Bailli pour Lille & Tournay. Voy. le 3.e Vol. des Ordonn. p. 692. Note *(d)*.

JEAN I.er & selon d'autres, Jean II. à Paris, le 24. de Novembre 1354.

(a) *Ordonnance pour le payement des dettes, dans le cas d'une diminution d'Especes.*

ORDENANCES faiteis par le Grand Conseil du Roy, ou mois de Novembre l'An 1354. sur la maniere des païements de rentes, gaiges, loyers de [a] mesons, fermes muables, & autres contraus, pour cause de ceste presente mutacion faite de feible Monnoye à fort publiée. [*24. (b) jour de Novembre 1354.* [b] *Mrch. d'Arg. noir pour quatre livres.*]

a *maisons.*

b *Le marc.*

(1) Premierement. Toutes debtes deües à cause de loyers de maisons, de rentes à heritage, à vie, à voulenté ou à temps, gaiges à termes ou par jours, & de toutes semblables choses de quelconque nature ou especialté que elles soient, pour les termes & temps escheus *(c)* depuis le 24.e jour de May darrenier passé, que la darreniere feible Monnoye [c] ot cours, jusques au jour de la publicacion de ceste nouvelle [d] forte Monnoye, se païeront à ladite feible Monnoye qui darrenierrement a couru, tant comme elle aura aucun cours; & quant elle n'aurra point de cours, elles se payeront à la nouvelle forte Monnoye, selon la valüe du Marc d'Argent de temps à temps

c *eust.*

d *Voy. Note (b).*

(2) Item. Ce qui sera deu pour lesdites causes pour les termes à venir, se paiera à la Monnoïe qui courra aus termes à venir, & pour le pris qu'elle courra.

(3) Item. Ce qui en est deu pour les temps & termes precedens ledit 24. jour de May darrenier passé, se payera à la nouvelle Monnoye selon la valüe du Marc d'Argent, de l'un temps à l'autre; se ainsi n'estoit que au temps du payement, courust plus foible Monnoïe que il n'avoit fait au terme de la debte: ou quel cas [e] en sera quittes [f] par païant la Monnoïe courante au temps du payement, denier pour denier.

e *on.*

f *en.*

(4) Item. Touz emprums vrais, faiz senz fraude & cautelle, en deniers, se paieront en telle Monnoye comme l'en aura emprunté, se elle a cours au temps du paiement; & * senon, il se paieront en Monnoïe coursable lors, selon la valüe & le pris du Marc d'Or ou d'Argent; c'est assavoir, selon la valüe du Marc d'Or, qui aura reçeu Or, & selon la valuë du Marc d'Argent, qui aura reçeu Argent: & semblablement se paieront retraiz d'heritages, promesses & mariaiges, & deniers receuz en garde ou en depost.

* *sinon.*

(5) Item. Les Fermes muables qui se [g] lievent en deniers chascun jour, autant à une Monnoye comme à autre, si comme sont [h] Paages, Travers, Seauls & Escriptures, Amendes ordinaires & autres revenües semblables, se paieront par portion de temps & de jour; c'est assavoir, pour tant de temps que y sera [i] cheu à feble Monnoïe, feble Monnoïe; & pour le temps escheu ou à escheoir à fort Monnoïe, fort Monnoïe.

g *levent.*

h *peages.*

i *eschu.*

NOTES.

(a) Memorial *C.* de la Chambre des Comptes de Paris, *fol.* sept-vingt-quatorze, *verso.*

Avant cette Piece, il y a: *Ordinacio Monetarum & solucionum, 24. Novembre 1354.*

Voy. sur ces sortes d'Ordonnances, le 3.e Vol. des Ordonn. p. 40. & la Note *(b)* où l'on a tâché d'expliquer les principes sur lesquelles elles sont fondées. Voy. toutes les Notes sur cette Ordonnance; l'on y trouvera l'explication de tout ce qui peut arrester dans la lecture de ces Lettres.

(b) 24.e jour de Novembre.] Ce qui est entre deux crochets, n'est qu'une Note ajoûtée à ces Lettres, par une autre main, & qui apprend que cette Ordonnance est du 24. de Novembre. Le marc d'Argent avoit esté fixé à quatre livres par le Mandement du dernier d'Octobre 1354. Voy. le 2. Vol. des Ordonn. p. 559. Voy. *Ibid.* l'Ordonn. du 14. de Novembre 1354.

(c) Depuis le 24.e jour de May.] Le Mandement par lequel la foible Monnoye fut establie, ne s'est pas conservé; car il ne se trouve pas à son rang, dans le 2.e Vol. des Ordonn. Voy. cependant celuy du 17. de May 1354. *Ibid.* p. 554.

(6) *Item.* Les Fermes muables en deniers, dont le pris croist & decroist communement, selon la valeur & cours à la Monnoïe fort ou feble, se païeront par la maniere qui s'ensuit; c'est assavoir, ce qui en est deu pour termes escheus depuis le 24.e jour de May dessusdit, jusques au jour de la publicacion de la nouvelle forte Monnoïe, se païera à la feble Monnoïe qui darrenierrement a couru, & pour le pris qu'elle a couru, tant comme elle aura aucun cours, & son cours [a] failli, à la nouvelle Monnoïe selon le marc d'Argent: & pour les termes precedens ledit 24.e jour de May, l'en se païera au temps avenir, au pris du marc d'Argent, de l'un temps à l'autre; se ainsi n'estoit que ou temps du païement, y courust plus feble Monnoïe, que il ne faisoit au terme de la debte; ouquel cas en sera quitte denier pour denier: & pour les termes avenir, lesdites fermes qui ont esté prinses depuis le 10.e jour de Fevrier 1353. darrenier passé, se païeront au pris du marc d'Argent du tems de la prinse, se ainsi n'estoit que ou temps du païement, courust plus foible Monnoïe que au temps de la prinse; ouquel cas, en sera quitte denier pour denier: & les semblables fermes prinses avant ledit 10.e jour de Fevrier, se païeront pour les termes avenir, en la Monnoïe courante aux termes avenir, & pour le pris que elle courra.

JEAN I.er & selon d'autres, Jean II. à Paris, le 24. de Novembre 1354.

[a] cessé.

(7) *Item.* Les fermes qui sont choses de diverses natures & ont divers membres, dont les aucuns sont sur choses qui païent autant à une Monnoïe comme à autre, comme Paages, travers & autres comme dessus est dit, & les autres membres [b] sievent communement la valeur & le cours de la Monnoïe forte ou feble, se païeront proporcionnellement selon la qualité & valuë d'iceux membres, par la maniere que cidessus est dit des membres singuliers.

[b] *suivent.*

(8) *Item.* Des ventes de bois de quelque maniere & condicion que elles soient, est ordené par la maniere que il est contenu ès autres Ordenances faites & publiées ou mois de [c] Novembre l'an 1353. sens riens adjouter ne diminuer.

[c] *Voy. le 2.e Vol. des Ordonn. p. 545.*

(9) *Item.* Tous autres contraux faiz ou denrées acreuës ou temps que ladite foible Monnoïe avoit son cours, à païer senz terme ou à terme passé ou avenir, senz faire mencion d'aucune Monnoïe par especial, se païeront à ladicte foible Monnoïe pour le pris que elle a couru, se elle a cours; & se non, à la nouvelle Monnoïe selon la valeur du marc d'argent, comme dessuz

(10) *Item.* Lesdits contraux faiz ou denrées acruës avant le cours de ladite foible Monnoïe, à païer senz terme, & en est encore deu tout ou partie, se païeront à la nouvelle forte Monnoïe qui court ou courra [d] à jour de païement, & pour le pris que elle court ou courra lors; se ainsi n'estoit que la Monnoïe qui court ou courra au temps du paiement, fust plus forte que celle qui couroit au temps du contraut; ouquel cas, on païera la Monnoïe coursable selon le pris du marc d'Argent, comme dessus.

[d] *au.*

(11) *Item.* Se lesdits contraux furent faiz ou les denrées furent acreuës, comme dit est, en baillant toutesvoies terme ou termes de païer la somme d'Argent du contraust, se aucune chose en est deuë pour les termes à venir, le debteur sera tenu de païer pour les termes avenir, la Monnoïe qui courra aus termes, & pour le pris que elle courra; se ainsi n'estoit que au temps du paiement, courust plus forte Monnoïe que au temps du contraust; ouquel cas, l'en païeroit la Monnoïe coursable au pris du marc d'argent, de l'un temps à l'autre; & semblablement pour les termes escheus en temps passé.

(12) *Item.* Pour certaines & justes causes, est ordené que se ès contraux tant de fermes comme de marchiez de boys & autres contraux, sont entrevenuës ou accordées entre les Parties [e] contraïans, certaines ou expresses convenances que le preneur ou achateur doie païer au bailleur ou vendeur, telle Monnoïe & pour tel pris comme il courra aus termes mis ou assignez sur les païemens d'iceulx contraux, lesdites convenances seront tenuës & gardées, quant à ce qui en est & sera deu pour les termes à venir; Se ainsi n'estoit que au temps du païement, courust plus foible Monnoïe que il n'avoit fait au terme que l'en devoit, ou que le contraust fust fait; ouquel cas, l'en sera quitte [f] par païant la Monnoïe courante au temps du païement, denier pour denier; & [g] parmi les manieres & modificacions dessus escriptes, les preneur &

[e] *contractantes.*

[f] *en.*

[g] *moyennant.*

JEAN I.er & selon d'autres, Jean II. à Paris, le 24. de Novembre 1354.

achateur tendront leurs fermes & leurs marchiez, senz ce que il y puissent renuncier. Toutesvoies se en aucuns des cas ou articles dessus escrips, ou ès deppendances d'iceuls, avoit ou naissoit aucun trouble ou doubte, la Declaracion en est reservée pardevers *(d)* les Gens des Comptes à Paris.

NOTES.

(d) Les Gens des Comptes.] Ils donnerent en effet une Declaration sur cette Ordonnance. Elle est dans le même Memorial, *fol.* sept vingt & seize *recto.* On a crû devoir la faire imprimer icy.

A la marge, il y a : *Declaratio Ordinationum superius scriptarum, fol.* septvingt-quatorze.

LES Genz des Comptes nostre Seigneur le Roy à Paris, au Receveur de Chartres ou à son Lieutenant, Salut. Pour ce que ès Ordenances darrenierement faites sur la maniere des paiemens, n'est faite expresse mencion des imposicions, pourquoy moult de debas sont & pourroient sourdre entre les Fermiers d'icelles & les Receveurs du Roy.

(1) Nous avons ordenné & ordennons par maniere de Declaracion, que les Fermiers qui ont prises lesdites impositions à ferme, à payer à certains termes, par telle condicion que il payeront la Monnoye courante aus termes, payeront, & sont & seront tenuz de payer leurdites fermes à la Monnoye courante aux termes, & pour le pris que elles couru ou [a] court, ou courra ausdiz termes des payemens.

a courrent.

(2) Item. Les Fermiers desdites impositions qui n'ont pas promis à payer telle Monnoye comme il courra aus termes, se leurs fermes leur sont demourées, & le temps des enchieres a esté tout passé avant la premiere publicacion de ceste presente forte Monnoye, leurs Fermes leurs demourront, se il n'y avoit eu fraude ou faute ou bail d'icelles Fermes; & seront iceuls Fermiers quittes [b] par payant leurs Fermes aus termes à euls bailliez, en la Monnoye courante aus termes des payemens, selon la valuë du marc d'Argent du temps du payement, au temps de la premiere prise ou offre de ladite Ferme.

b en.

(3) Item. Se les Fermiers qui n'ont pas promis à payer la Monnoye courante aus termes, desquelles la fin du temps des enchieres est escheu depuis la publicacion de la forte Monnoye, se iceuls Fermiers y ont mis [c] pris ou enchieres depuis la publicacion de la forte Monnoye, il [d] seront à payer la Monnoye courante aus termes, & pour le pris que elle y courra; Et [e] ce icelles Fermes n'ont point esté encheries depuis ladite publicacion de ladite forte Monnoye, ordené est que le temps des enchieres d'icelles soit continué jusques à la quinzaine ou au trois sepmaines après ce que leurs Receveurs auront reçeu les Lettres de ceste presente Ordennance, ou plus loing, se bon semble ausdiz Receveurs; & feront tantost savoir & crier que quiconques vouldra icelles Fermes enchierir, il y sera receuz jusques à tel jour, & par ceste condicion que ilz ne seront tenuz pour le temps passé & pour le temps avenir, que au [f] fuer du marc d'Argent de la premiere prise qui fu ou temps de foible Monnoye.

c prix.
d ils payeront.
e si.
f à proportion.

Si vous mandons que desdictes Ordenances & Declarations, vous faites & usez par la maniere dessusdite, en telle maniere que le Roy n'y ait dommage, ne les Fermiers [g] coustages *(e)* pour venir par deçà par vostre deffaut. *Donné à Paris.*

g dépenses.

NOTES.

(e) Pour venir par-deçà à vostre deffaut.] Pour venir à Paris, porter leurs plaintes à la Chambre des Comptes, contre les Receveurs.

JEAN I.er & selon d'autres, Jean II. à Caën, le 5. de Decembre 1354.

(a) Restablissement du Consulat dans la Ville du Port S.te Marie.

JOHANNES Dei gratia Francorum Rex: Notum facimus universis presentibus & futuris, quod cum Nos dilectis nostris Consulibus, Universitati & singularibus habitatoribus Ville (b) Portus-Sancte-Marie & ejus pertinentiarum, districtus & [h] *honoris,*

h Jurisdiction.

NOTES.

(a) Tresor des Chartres, Registre 84. Piece 23.

(b) Portus S.te Marie.] Le R. P. D. Vaissette m'a appris que le *Port-Sainte-Marie* est une petite Ville du Diocese & de la Seneschaussée d'Agen, située à la droite de la Garonne, à trois petites lieuës au-dessous d'Agen.

JEAN I.er & selon d'autres, Jean II. à Caën, le 5. de Decembre 1354.

pluribus eorum excusationibus inducti, rebellionem per eos contra Nos, se inimicis nostris & rebellibus qui fraudulenter locum predictum subintrarunt, adherendo, commissam, ac omnes penas quas propter hoc potuissent erga Nos incurrisse, presertim cum ad nostram, ipsis inimicis à dicto loco per Gentes nostras vi armorum expulsis, redierint obedientiam, de nostra certa scientia, & speciali gratia duxerimus remittendas, ut in nostris inde concessis (c) Litteris meminimus plenius contineri: Nos eandem gratiam augmentare volentes, ut iidem Consules, Universitas & singulares habitatores predicti, quos Regali benivolentia prosequi volumus, eo Nobis efficiantur fideliores, quo remissionis & gratie uberiorem fructum se sentient assecutos, ipsos ad eorum Consulatum, honores & jura Consulatus restituentes, eisdem tenore presentium concedimus de speciali gratia, certa scientia & ex plenitudine Regie potestatis, quod eorum usus, antique & approbate consuetudines, privilegia, franchesie, libertates, pedagia, Salve-gardie, gratie, immunitates & alia quecunque privilegia scripta & non scripta, quocunque modo & pro qualicunque causa sibi concessa, licet per dictam rebellionem ipso facto se privaverint ab eisdem, de quibus hactenus ante dictam rebellionem usi fuerant, sic remaneant & illesa teneantur, sicut erant ante predictam rebellionem, & ipsis Consules, Universitas & habitatores predicti ac eorum successores in & sub nostra obedientia permanentes, utantur & uti possint ubique per totum Regnum nostrum, sicut faciebant ante rebellionem supradictam: Et si quid in eis in contrarium indebite factum à quoquam vel attemptatum quomodolibet fuerit, illud volumus illico reponi ad statum pristinum & debitum ac reduci, & illatas super hoc novitates revocari, quas ex nunc tenore presentium revocamus, ipsosque manuteneri & deffendi in dictis eorum Consulatu, honore & juribus Consulatus, usibus, consuetudinibus, privilegiis, franchisiis, libertatibus, pedagiis, Salvis-gardiis, immunitatibus, juribus & aliis privilegiis quibuscunque predictis, volumus & jubemus, ac si de verbo ad verbum in presentibus Litteris expressa forent, que sibi de novo ad majorem roboris firmitatem, de gratia & plenitudine antedictis, eisdem tenore presentium, si sit opus, confirmamus, & eos precipue tractari precipimus favorabiliter & benigne, rebellione predicta ac donationibus occasione ipsius, quibusvis personis ac de quacunque re factis, non-obstantibus quibuscunque. Quocirca Tholose, Agenni, Petragoricensi, & Caturcensi Senescallis & Receptoribus, ceterisque Justiciariis & Officiariis Regni nostri presentibus & futuris & eorum cuilibet, precipimus & mandamus firmiter presentibus injungentes, quatinus omnia & singula, prout superius sunt expressa, teneant, compleant & exequantur diligenter ac inviolabiliter observent, tenerique, compleri, exequi & observari faciant per totum Regnum nostrum firmiter & procurent. Quod ut firmum & stabile permaneat in futurum, Sigillum Castelleri nostri Parisiensis in absentia nostri magni, presentibus est appensum: nostro in aliis & alieno in omnibus jure salvo. Datum Cadomi, die quinta Decembris, Anno Domini millesimo trecentesimo quinquagesimo-quarto.

Per Regem in suo Consilio quo erant Domini Comes Armaniaci, & Sy. de Bucyaco.

P. CUIRET. BUCY.

NOTES.

(c) Litteris.] Elles sont du même jour, & suivent celles-cy dans le Registre.

JEAN I.er & selon d'autres, Jean II. à Paris, le 2. de Janvier, [ou Juin] 1354.

(a) Lettres concernant la Monnoye que le Roy, *Bail* & Tuteur du Duc de Bourgogne, faisoit fabriquer à Dijon.

JOHANNES Dei gratia Francorum Rex: Universis presentes Litteras inspecturis, Salutem. Notum facimus quod licet Nos apud Divionem Ducatus Burgundiæ cujus [a] *Baillum ad præsens habemus, Monetam nostram propriam cudere inceperimus à tempore quo Ballum prædictum habuimus, & eodem* [b] *Ballo durante cudi facere intendamus, intentionis nostræ non existit* [c] *quo dicto finito dicto Baillo, dictam Monetam in dicto loco cudere amplius faciamus, nec quod per hujusmodi actum cudendi, carissimo filio nostro Philippo Duci Burgundiæ vel ejus successoribus, aliquod præjudicium generetur, aut Nobis vel successoribus nostris Regibus Franciæ, jus novum acquiratur. In cujus rei testimonium, præsentibus Litteris nostrum fecimus apponi Sigillum.* Datum Parisius, secunda die [d] Januarii, Anno Domini millesimo trecentesimo quinquagesimo-quarto. [[e] Ainsi soubscriptes].

Per Regem ad relationem Consilii inquo erant Domini (b) Cardinalis Episcopus [f] *Belvacensis, Comes Roussiaci, & G. de Charneyo, & Sign.* SERIS.

a Voy. le 3.e Vol. des Ordonn. p. 428. Note (b).

b Baillo, *dans la 2.e Copie.*

c quod finito, *2.e Copie.*

d Junii, *dans la 2.e Copie.*

e Ces mots ne sont pas dans la 2.e Copie.

f *Il y a* Belvacensis *dans la 2.e Copie.*

NOTES.

(a) Chambre des Comptes de Dijon, Layette des Donat. Liasse 2. cote XXXIX.

Il y a une seconde Copie de cette Lettre dans la même Chambre, Layette de la Monnoye, Liasse 2. cote XXXVI.

Ces deux Copies m'ont esté communiquées par feu M. l'Abbé des Salles. Voy. sur luy cy-dessus p. 60. & Note (a) & *Ibid.* des Lettres presque semblables à celles-cy.

(b) *Cardinalis Episcopus Belvacensis.*] Dans la *Gall. Christ.* [de la 1.ere Edit.] il n'est point dit que celuy qui estoit Evêque de Beauvais en 1354. fut Cardinal. Ainsi il y a apparence qu'après ce mot *Cardinalis*, il manque le nom de celuy qui estoit revestu de cette dignité. Il est cependant assez extraordinaire que cette même faute se trouve dans ces deux Copies.

JEAN I.er & selon d'autres, Jean II. à Paris, le dernier de Janvier 1354.

(a) *Lettres qui establissent Pierre de Lieuvillier Commissaire pour faire le procès à differentes sortes de malfacteurs répandus dans le Royaume.*

JEHAN par la grace de Dieu Rois de France: A nostre amé & feal Conseiller Pierre de Lieuvillier, Salut & dilection. Nous avons entendu que parmi nostre Royaume sont, vont & conversent plusieurs personnes hommes & fames, banniz & bannies de nostredit Royaume, pour meurtres, larrecins & autres malefaçons que il ont faiz & commis en nostredit Royaume, & que plusieurs personnes hommes & fames, demourans & habitans en nostredit Royaume, sont rongneurs de Monnoie, faiseurs, [g] alloeurs & marchanz de fausse Monnoie, & vont & sont alez ou temps passé, hors de nostredit Royaume porter billon, acheter Monnoie contrefaites aus nostres: [h] ensement que en nostredit Royaume sont habitant & conversent plusieurs meurtriers, larrons, larronesses, espieurs de chemins, efforceurs de fames, bateurs de genz pour argent, (b) ademneurs, trompeurs, (c) faux-semoneurs & autres malfaiteurs qui

g *distributeurs.*

h *ensemblement.*

NOTES.

(a) Tresor des Chartres, Registre 89. Piece six-vingt-un.

Ces Lettres sont vidimées dans d'autres Lettres du Roy Jean, datées du mois d'Aoust 1356. lesquelles confirment un Jugement rendu par ce Commissaire. Voy. cy-dessous les Lettres du 8. de May 1355.

(b) *Ademneurs.*] Je n'ay point trouvé la signification de ce mot. Viendroit-il de *damnum, dommage!*

(c) *Faux-semoneurs.*] Ces mots signifient à la Lettre, *des Gens qui donnent de faux avis.*

ont fait ou temps passé, & font de jour en jour tant & si grant quantité de granz & enormes malefaçons, & ont les dessusdiz malfaiteurs tant & si grant quantité de complices, conforteurs & [a] recepteurs, que le peuple de nostredit Royaume en a esté & est encore de jour en jour grandement domagiez & grevez, & de ce sont venues & viennent encore de jour en jour plusieurs plaintes devers Nous, afin que Nous y pourveons de remedes convenables: Pourquoi Nous qui de tout nostre pouvoir, voulons garder & maintenir les subgez & habitanz de nostre Royaume, en vraye paix & transquillité, par bonne exercition de Justice, & que nostre Royaume soit purgiez de telx manieres de malefaiteurs & de tous autres, confianz de vostre loyauté, discretion & diligence, vous mandons & commettons que des choses & sur les choses dessusdites, des dependences & circunstances d'icelles, vous vous enfourmez diligemment & secrétement, par toutes les voies & manieres que vous verrez qu'il sera à faire, & à tous ceulx homes & fames, que par informacions, par vehementes presumpcions & conjectures, vous verrez, saurez & trouverez estre banis de nostre Royaume & estre [b] suspez & coupables des choses & malefacions dessusdites ou d'aucunes d'icelles, vous prenez ou faites prendre les corps d'iceux par tout où il pourront estre trouvez en nostredit Royaume, hors lieu saint, & les mettez ou faitez mettre, amener ou emprisonner en nostre Chastellet de Paris, & aillours par tout ou bon vous semblera, & touz leurs biens mettez ou faitez mettre en nostre main, & d'iceux faites ou faitez faire inventoire, & les faitez guarder sauvement juques à ce que la verité soit sceuë & que il en soit ordenné & [c] a ce fait, appellé & adjoint avec vous un de noz Conseillers, ou bien de noz Baillis ou Prevosts ou leurs Lieuxtenans ou autres proudommes non souspect, telx ou tel comme bon vous semblera, lesquelx ou * quel que vous appellerez ou adjoindrez aveeques vous, Nous commettons avecques vous quant ad ce par ces presentes Lettres, enquerez & sachez bien & diligenmment, appellez ceulx qui seront à appeller, la verité par toutes les voies & manieres, soit par questions, [d] gehines, & autres que vous verrez & bon vous semblera qu'il sera à faire, & de tous ceulx qui seront trouvez par vous & par vostredit adjoint, coupables des choses dessusdites ou d'aucunes d'icelles, faitez ou faitez faire tantost & senz delay, bon & brief acomplissement de Justice, tel comme le cas le requerra, en guardant nostre droit en la confiscation de leurs biens, en telle maniere qu'il soit example à touz autres, & que Nous vous doions [e] recommander de bonne loyauté & diligence: & pour ce que sur toutes les choses dessusdites & les dependances d'icelles, vous puissiez [f] & plus hardiement aler avant & proceder, Nous vous donnons povoir & auctorité de aler & chevaucher par tout nostredit Royaume, en armes & en tel estat & à si grant compaignie de genz comme bon vous semblera, & que vous [g] comettez & deputez de par Nous, telx & tant de personnes noz Sergenz & autres, comme il vous plaira, [h] assaire des choses & sur les choses dessusdites & les dependences d'icelles, tout ce que bon vous semblera; en tele maniere toutesvoies que ceulx que vous commettrez & deputerez, ne s'entremettent de chose qui requierre cognessance de cause; & de rappeller iceulx toutefois que il vous plaira: Et par la teneur de ces presentes Lettres, Nous mandons & commandons & enjoignons estroitement à touz Baillis, Prevoz, Sergenz, Justiciers & subgez de nostredit Royaume, que à vous, à vostre [i] adroit, aus deputez & commis de par vous, comme dit est, en toutes les choses dessusdites & dependences & circunstances d'icelles, obeissent & entendent diligemment, & vous prestent force, aide, conseil & prisons, toutesfois que il en seront requis de par vous, ou voz deputez & commis, comme dit est. *Donné à Paris, le darrenier jour du mois de Janvier, l'An de grace mil trois cens cinquante-quatre; soubz le seel de nostre Chastelet de Paris, en l'absence du grant.*

JEAN I.er & selon d'autres, Jean II. à Paris, le dernier de Janvier 1354.

a *receleurs.*

b *suspects.*

c *à* est inutile.

* *lequel.*

d *question.*

e *loüer.*

f *&* est inutile.

g *commettiez.*

h *à faire.*

i *Je n'ai point trouvé la signification de ce mot.*

JEAN I.er & selon d'autres, Jean II. à Avignon, en Janvier 1354. Charles IV. dit le Bel, *[apud Jangonam,]* en Aoust 1326. Philippe VI. dit de Valois, à Paris, en Juillet 1328.

(a) Lettres portant que la Ville de Vendres ne sera plus separée de la Couronne.

JOHANNES Dei gratia Francorum Rex: Notum facimus universis tam presentibus quam futuris, Nos Litteras carissimi Domini & Genitoris nostri, vidisse, formam que sequitur, continentes.

PHILIPPUS Dei gratia Francorum Rex: Notum facimus universis tam presentibus quam futuris, Nos infrascriptas carissimi Domini nostri Regis Caroli, vidisse Litteras, formam que sequitur, continentes.

KAROLUS Dei gratia Francorum & Navarre Rex: Notum facimus universis tam presentibus quam futuris, quod cum Consules & homines Ville sive Castri (b) de Venere, qui & eorum predecessores fuerunt, ut asserunt, nostris predecessoribus & Corone Francie solum & insolidum immediate ab antiquo subjecti [a] *& tanto tempore quod in contrarium memoria hominum non existit, nostris auribus suggesserint quod quia dictum Castrum sive locus & homines cum Jurisdictione omnimoda fuerunt tam per carissimos Dominos Philippum Genitorem,* [b] *quam Ludovicum & Philippum Germanos nostros Reges Francie, dilecto Petro (c) de Calumpna quondam bone memorie Sacro-Sancte Romane Ecclesie Cardinali, ex certis causis ad vitam ipsius Cardinalis, assignati & traditi, eique subjecti per decem annos aut circiter, quamvis non de ipsorum voluntate spontanea, sed Regie voluntatis & potestatis imperio, tanquam Regie protectionis gubernatione deserti, multa sustinuerunt dispendia & dampna eis per vicinorum locorum homines & nonnullos alios irrogata; cumque dicto Cardinali defuncto, Nos dictum Castrum sive Villam ejusque Juridictionem & homines, modo & forma quibus dicto Cardinali assignati & traditi fuerant, dilecto & fideli nostro (d) Petro Remigii propter ejus grata servitia Nobis multipliciter impensa, ad vitam ejus per alias nostras sub certa forma Litteras, duxerimus assignandos, prefati Consules & homines, licet dicto Petro Remigii tanquam Nobis obedientes, & ejusdem Petri quam habuit & habet erga Nos fidelitate pensata,* [d] *subici non* [e] *vennant, sed velint & requirant ejus Juridictioni subesse, quamdiu vixerit in humanis, cupientes tamen post vitam dicti Petri, ad Regie gubernationis & dominationis redire letitiam, sibique pro futuro tempore provideri, Nobis humiliter supplicari fecerunt, ut pro Nobis & successoribus nostris, ipsos homines & successores eorum post mortem dicti Petri Remigii, Nobis & Corone Francie solum & insolidum ac immediate subjectos & Regie Juridictionis regimini retinere de nostra speciali gratia, perpetuis futuris temporibus dignaremus. Nos igitur ipsorum devotis supplicationibus inclinati, eosque sinceris affectibus amplectentes, pro Nobis & successoribus nostris, ipsos Consules & homines ac successores eorum, Castrum seu Villam & Juridictionem loci ipsius, prout ab antiquo & ante assignationem seu concessionem dicto Cardinali factam, sub Predecessorum nostrorum*

a à.

b Philippe le Bel.

c Louis X. dit le Hutin, & Philippe V. dit le Long.

d subjici.

e *Ce mot est corrompu. Il faut peut-estre corriger* renuant.

NOTES.

(a) Tresor des Chartres, Registre 84. Piece 60. *bis.*

(b) De Venere.] C'est apparemment *Vendres*, situé dans le Languedoc, à l'embouchûre de l'Aude, environ à deux lieuës de Beziers. Voy. le Dictionn. de *Maty*, & le Dictionn. Univers. de la France, à ce mot.

(c) De Calumpna.] Il faut corriger *Columpna*, c'est le Cardinal Pierre de Colomne, *(Columna)* qui ayant comme tout le reste de sa famille, pris le parti de Philippe le Bel contre Boniface VIII. fut degradé du Cardinalat par ce Pape, & restabli ensuite par Clement V. à la sollicitation de Philippe le Bel. Voy. les Notes de M. Baluze, sur les Historiens des Papes d'Avignon, t. 1. p. 653. & 654. & les autres pages citez dans la Table des Matieres, au mot *Petrus de Columna.*

(d) Petro Remigii.] C'est apparemment *Pierre Remi*, qui le 18. de Novembre 1315. estoit Maistre de l'Hostel du Roy, & Maistre de la Chambre aux Deniers de l'Hostel du Roy. Voy. le 1.er Vol. des Ordonn. p. 609.

Domanio

*Domanio immediate solum & insolidum existebant, sub nostro & successorum nostrorum ac Corone Francie Domanio, Juridictione & gubernatione solitis; post mortem tamen dicti Petri Remigii & non ante, exnunc ut extunc & extunc ut exnunc, de nostra speciali gratia & ex certa sciencia, retinemus perpetuo remansuros: Ita quod post mortem dicti Petri, deinceps in * aliquam, nec ipso Petro vivente, in quemquam alium nunquam per venditionem, donum, excambium aut aliter quomodolibet transferantur: Salvo in aliis jure nostro & in omnibus quolibet alieno. Quod ut ratum & stabile permaneat in futurum, presentibus Litteris nostrum fecimus apponi sigillum.* Actum apud [a] Jangonam, Anno Domini millesimo trecentesimo vicesimo-sexto, mense Augusti.

JEAN I.er & selon d'autres, Jean II. à Avignon, en Janvier 1354.

* aliquem, *où il faut ajouter* personam.

a Je n'ai pû découvrir le nom moderne de ce lieu.

[b] *NOs autem premissa omnia, prout superius scripta sunt & expressa, rata & grata habentes, ea volumus, laudamus, approbamus, & ex certa scientia tenore presentium confirmamus: nostro in aliis & alieno in omnibus salvo. Quod ut firmum & stabile perpetuo perseveret, presentibus Litteris nostrum apponi fecimus Sigillum.* Actum Parisius in Luppara, Anno Domini millesimo trecentesimo vicesimo-octavo, mense Julio. Sic signatum. *Per Dominum Regem ad relationem Magistrorum* M. FERI. & B. DESCRONES. G. JULIOTI. *Collatio facta est.*

b Continuation des Lettres de Philippe de Valois.

NOs autem dictas Litteras & omnia ac singula in eis contenta, rata habentes & grata, ea volumus, laudamus, approbamus, & tenore presentium de speciali gratia, auctoritate Regia & ex certa scientia confirmamus. Quod ut firmum & stabile permaneat in futurum, presentibus Litteris nostrum fecimus apponi Sigillum: nostro in aliis & alieno in omnibus jure salvo. Actum & datum Avinione, Anno Domini millesimo trecentesimo quinquagesimo-quarto, mense Januarii. *In Requestis Hospitii, vobis presente.* J. ROYER. BEYO. *Collatio facta cum Originali per me.* J. ROYER.

JEAN I.er & selon d'autres, Jean II. au Temple-lès-Paris, le 17. de Fevrier 1354.

(a) Lettres qui confirment le Don des Confiscations & des Espaves, *fait aux Chanoines establis dans l'Eglise de la Noble-Maison de S.t Oüyn.*

JEHAN par la grace de Dieu Rois de France: à touz ceulz qui ces Lettres verront, Salut. Comme pour le tres grant desir que Nous avons eu & avons encore à l'acomplissement de l'euvre & fondacion de nostre Noble-Maison de Saint Ouyn-lez-Paris, à ce que ladicte fondacion puisse estre parfaite de nostre temps, selon ce que proposé l'avons, aïons piecą donné & octroyé par noz autres [c] Lettres scellées en las de soye & cire vert, à ladicte Noble-Maison, toutes les forfaitures & [d] Espaves de nostre Royaume à Nous appartenantes, soit pour crime de leze-Majesté ou pour quelconque autre cause, pour être convertiees esdictes euvres & fondacions & non ailleurs, si comme plus à plain est contenu en nozdictes Lettres sur ce faites: Et en perseverant & continuant nostredit propos, aïons ordenné certain nombre de Chapellains & Clercs qui chascun jour celebrent & font continuelment le Service Divin en ladicte Noble-Maison, à certains gaiges par jour, lesquels gaiges avec le luminaire & autres choses qui de necessité appartiennent à la Chapelle d'icelli lieu, pevent monter par an environ huict cent livres Parisis, & ne porroient estre païez des forfaitures qui sont escheües depuis nostredit don, pour ce que Nous en avons fait plusieurs dons ailleurs, qui est en très grant retardement de ladicte fondacion, & du païement desdiz gaiges [e] autres

c *Voy. cy-dessus, p. 116.*

d *Voy. le 3.e Vol. des Ordonn. p. 181. Note* (c).

e *&.*

NOTES.

(a) Memorial *C.* de la Chambre des Comptes, *fol.* sept-vingt dix-huit, *recto.*

Avant ces Lettres, il y a: *Ordinacio forefacturarum & spavarum ad Nobilem-Domum Sancti-Audoëni, pertinencium.*

JEAN I.er & selon d'autres, Jean II. au Temple-lès-Paris, le 17. de Fevrier 1354.

a *auparavant ces Lettres.*

choses pour ce necessaires, comme dit est: Pourquoi Nous volans sur ce porveoir à plain, & que par deffaut de paiement, lesdiz Chapellains & Clercs n'aïent cause de eulx departir de ce lieu, parquoi le Service Divin en soit amendriz ou retardez en aucune maniere, ordenons & decernons de certaine science par ces Lettres, toutes lesdictes forfaitures & Espaves à Nous advenuës depuis que Nous les donnasmes à ladicte Noble-Maison, lesquelles Nous n'avons données ailleurs [a] au-devant de ces Lettres, & qui escherront dores-en-avant en nostre Royaume, à Nous appartenantes en quelzconques manieres que ce soit, estre appliquées à ladicte Noble-Maison pour en paier les gaiges desdiz Chapelains & Clercs, & autres choses necessaires, comme dessus est dit & non autrement; jusques à ce que lesdictes huict cent livres parisis par an soient bien & convenablement assises: Et se il avenoit que depuis nostre presente Ordennance, Nous en feissons aucuns dons par importunité ou autrement, à quelque personne que ce soit, de nostre Linage, noz serviteurs ou autres, sur quelque fourme de parole que ce feust, jasoit ce que en leurs dons feust contenu, *non-obstant le don ou Ordennance que Nous en avons fait pour ladicte Noble-Maison;* si est-ce nostre entente que nonobstant yceulx dons, les Genz de ladicte Noble-Maison à ce ordennez de par Nous, en preignent pour ycelle & puissent prendre de fait la possession, & les y appliquer selon nostre presente Ordennance: Et en cas que sur ce debat naisteroit en nostredit Parlement, pour cause des dons que Nous en aurions fais au contraire de ceste presente ordenance, Nous volons que par noz amez & feaulz Genz qui tendront nostre Parlement, yceulx dons soient reputez & tenuz pour nulz: Car des maintenant & pour lors, Nous les y reputons & tenons par ces presentes, par lesquelles Nous donnons en mandement à noz amez & feaulx Chancellier, Gens de nostredit Parlement, de noz Comptes, & Tresoriers à Paris, & à chascun de eulx si comme à li appartendra, que il & chacun de eulx tiengnent & gardent, & facent tenir & garder nostre presente Ordenance, sanz enfraindre ou attempter aucune chose au contraire. En tesmoing de ce, Nous avons fait mettre à ces Lettres le Scel de nostre Chastellet de Paris, en l'absence du grant. *Donné au Temple-lèz-Paris, le dix-septieme jour de Fevrier, l'An de grace mil trois cens cinquante-quatre. Ainsi signées.* Par le Roy.

YVO. *Caritas.*

JEAN I.er & selon d'autres, Jean II. à Amiens, le 20. de Mars 1354.

(a) Mandement pour augmenter le prix de l'Argent.

JEHAN par la grace de Dieu Roy de France: A noz amez & feaulx les Generaulx-Maistres de noz Monnoyes, Salut & dillection. Nous pour certaines causes vous mandons & estroictement enjoignons à vous & à chascun de vous, que tantost & sans delay ces Lettres veuës, donnez & faciez donner de par Nous, à tous Changeurs & Marchans frequentans noz Monnoyes, de chacun marc d'Argent qu'ils apporteront en icelles, allaié à deux deniers douze grains de loy, dix solz tournois de creüe, oultre le pris que Nous y donnons à present: Et en tout autre marc d'Argent allaié à ung denier neuf grains de loy, douze solz tournois de creüe, oultre le pris de present; c'est assavoir, qu'ils auront de chascun marc d'Argent allaié à deux deniers douze grains, comme dit est, cent six solz tournois, & de tout autre marc d'Argent allaié à ung denier neuf grains, comme dit est, cent quatre solz tournois: Et affin que les Maistres-particuliers qui ont tenu, tiennent & tendront nosdites Monnoyes, & aussi les Changeurs & Marchans frequentans icelles, ou aucuns d'eulx, ne se puissent ou

NOTES.

(a) Registre *C.* de la Cour des Monnoyes de Paris, p. huict-vingt-huict. [168.] *recto.*

Avant ces Lettres il y a:

Jeudy vingt-sixieme jour de Mars, l'An 1354. fut apporté en la Chambre des Monnoyes à Paris, ung Mandement du Roy, sellé du Scel du secret, duquel la teneur est telle.

doibvent excuser de bien servir nosdites Monnoyes, & que par deffault de loy, icelles ou aucunes ne puissent cheoir en chomaige, Nous voullons & vous mandons & à chacun de vous, que tout le [a] cuyvre qui pour cause dite, a esté & sera mis en tout l'ouvraige de ceste presente Monnoye [b] trente-deuxieme que Nous avons fait faire & faisons faire à present, soit prins sur Nous & [c] quis à noz despens, & tout ce [d] que le coustera, soit alloüé es comptes de celluy ou ceulx à qui il appartiendra, sans aucun contredit ne autre mandement avoir par vous, ne par les Gens de noz Comptes à Paris. De toutes lesquelles choses dessusdites & chascune d'icelle faire, à vous & à chascun de vous donnons povoir, auctorité & mandement especial par la teneur de ces presentes. *Donné à Amyens, le vingtieme jour de Mars, l'An de grace mil trois cens cinquante-quatre, soubz le Seel de nostre secret en l'absence de nostre grant. Ainsi signé.*

Par le Roy. [e] MEILLOU.

a Voy. la Preface du 3.e Vol. des Ordonnances, S. *Monnoye.*

b Voy. la Preface du 3.e Vol. des Ordonnances, S. *Monnoye.*

c *acquis.* acheté,

d *ce qu'il.*

e App. *Mellon.*

(a) MCCCLV.

(a) Cette Année, suivant Du Cange dans son Glossaire, commença le 5. d'Avril & finit le 23. d'Avril.

JEAN I.er & selon d'autres, Jean II. à Belle-Motte-lès-Arras, le 8.e de May 1355.

(a) Lettres qui donnent pouvoir à Pierre de Leuvillier nommé Commissaire pour faire le procès à differentes sortes de Malfacteurs répandus dans le Royaume, de leur donner, moyennant Finance, des Lettres de remission de leurs crimes, lesquelles seront confirmées par le Roy.

JEHAN par la grace de Dieu Roys de France: A nostre amé & feal Conseiller Pierre de Lieuvillier, Salut & dilection. Comme par noz autres [f] Lettres, Nous vous ayons deputé & commis à faire & acomplir parmi nostre Royaume, plusieurs grosses & secretes besoignes, tant sur le fait de noz Monnoies, comme sur plusieurs autres choses, & Nous ayons desir & volenté que les subgez & habitanz en nostredit Royaume, soient maintenuz & gouvernez en bonne paix & transquilité, & traittiez par equité & misericorde plus que par rigueur, confians de vostre discretion, loyauté & diligence, vous donnons auctorité & povoir que de touz les cas & male-façons tant crimineulz comme civilz, des circunstances & des dependances, desclarciz, compris & contenuz en vostre Commission, vous, appellé & adjoint avecque vous un de noz Conseillers ou un de noz Bailliz ou Prevoz ou leurs Lieuxtenenz ou autre Preudome non suspect, telz ou tel comme bon vous semblera, [g] lesquelz ou quel vous appellerez & adjoindrez avecques vous, Nous commettons avecque vous quant ad ce par ces presentes Lettres, puissiez traittier, faire & acorder en tant comme à Nous [h] poinra toucher & appartenir, [i] compositions & finances à sommes d'Or ou d'Argent, Billon ou autre telles comme bonnes vous semblera, selon les cas & les qualitez des personnes; sauf le droit d'autruy; & de donner & bailler voz Lettres ouvertes scellées des Seaulx de vous & de celi qui sera vostre adjoint, desdites compositions & finances, pour estre conferméeś par Nous se mestier est: Et tout le Billon desdites compositions & finances, faites porter à nostre plus prochaine Monnoie du lieu où vous serez: & ou cas que vous ferez aucunes compositions ou finances à sommes de deniers d'Or ou d'Argent qui ne sera pas Billon, faitez apporter senz delay, à nostre Tresor à Paris:

f *Voy. cy-dessus, p. 158. les Lettres du dernier de Janvier 1354.*

g *ceux ou celuy que.*

h *pourra.*

i *Voy. la Table des Matieres du 3.e Vol. des Ordonn. à ce mot.*

NOTES.

(a) Tresor des Chartres, Registre 89. Piece six-vingt & un.

Ces Lettres sont *vidimées* dans celles où se trouvent aussi les Lettres du dernier de Janvier 1354. Voy. cy-dessus p. 158. & Note *(a)*.

a *financé.* Et toutes les personnes qui auront composé & [a] finé avecques vous & vostredit adjoint, Nous voulons estre & demourer paisibles en nostredit Royaume, pour les causes & malefices tant crimineles comme civiles, dont il auront composé & finé avecque vous, comme dessus est dit. Si vous [b] portez sur toutes les choses dessusdites, si loyaument & diligemment que Nous vous en [c] doïons avoir pour recommandé: Et Nous mandons & estroitement enjoingnons à touz les Justiciers & subgez de nostredit Royaume, que a vous & à vostredit adjoint obeissent diligemment. *Donné à Bellemotte-lès-Arras, le huitieme jour de May, l'An de grace mil trois cens cinquante-cinq.*

b *comportez.*
c *devions.*

JEAN I.er & selon d'autres, Jean II. à Paris, en Juin 1355.

(*a*) Lettres qui permettent aux Confreres de la Confrairie de S.t Jean l'Evangeliste, fondée dans l'Eglise de Beauvais, d'eslire tous les ans des Procureurs, sans estre obligez de payer de Finance au Roy.

JOHANNES Dei gratia Francorum Rex: Notum facimus universis presentibus & futuris, quod Confratres Confraternie Dei & Beati Johannis Euvangeliste in Ecclesia Belvacensi, Nobis humiliter supplicarunt, quod cum octoginta anni jam sunt elapsi [d] *quod dicta Confraternitas fuit fundata, postmodumque per dilectum & fidelem Consiliarium nostrum Episcopum Belvacensem suosque predecessores, ut dicitur, approbata & etiam confirmata; de quâ Confraternitate quamplurimi Nobiles, Clerici, Burgenses & alii existunt, & de die in diem ab aliis bonis personis ob devotionem quam habent ad eandem, Divini Servitii occasione, tam in Missis quam aliis devotis orationibus & Servitiis, per Confratres predictos ordinati & fundati qualibet* [e] *edomada perpetuo celebrandi, augmentatur, ipsaque Confraternitas redditibus, censibus, obventionibus, juribus & aliis emolumentis quampluribus per eosdem sit dotata, pro quibus utilius & diligentius levandis, habendis & percipiendis, & etiam causis suis motis & movendis dictam Confraternitatem tangentibus, prosequendis, expediret & esset sibi necessarium quod quatuor persone ejusdem Confraternie, qui quolibet Anno per ipsius Communitatem, die qua celebratur dicta Confraternitas, ad regendum, ordinandum, gubernandum & factum hujusmodi Confraternie tam in Missis celebrandis, quam in omnibus & singulis causis, redditibus & aliis suis pertinentiis, faciendum,* [f] *eliguntur, potestatem haberent unum vel plures Procuratores totius Communitatis Confraternie prelibate nomine, creandi, constituendi & ordinandi; quod absque nostri licentia facere nequirent,* [g] *quatinus sibi super hoc nostram gratiam velimus impartiri. Nos igitur super devota fundatione Confraternie predicte, audita relatione quamplurium fide dignorum verifica, ob reverentiam Dei & Beati Johannis Euvangeliste, ad honorem quorum, ut premittitur, est fundata, supplicationi eorumdem annuentes, dictis Confratribus de nostris speciali gratia, auctoritate Regia ac etiam ex plenitudine nostre Regie potestatis, concessimus ac etiam concedimus per presentes, ut quatuor ex eisdem per Communitatem ipsorum Anno quolibet in posterum eligendos, vel electos de presenti, aut tres vel duo ipsorum, perpetuo valeant unum vel plures Procuratores nomine totius Communitatis Confraternie predicte, sub Sigillo vel Sigillis autenticis creare, constituere, & cum potestate substituendi, ordinare, qui in Causis suis tam agendo quam deffendendo, motis & movendis, contra quoscunque suos adversarios, coram quibuscunque Judicibus secularibus Regni nostri, & in omnibus & singulis aliis factum & Communitatem Confraternie predicte quomodolibet tangentibus, extra Parlamentum admittantur, & personas Communitatis ejusdem valeant de cetero representare, & tantum in premissis & quolibet premissorum, facere quod ipsi facerent vel facere possent, si personaliter ibidem interessent; absque eo quod Nobis vel successoribus nostris propter hoc aliqualem teneantur prestare seu solvere financiam, quam ex ampliori gratia, ad finem quod in Missis & aliis devotis Servitiis & orationibus deinceps*

d ex quo.
e hebdomada.
f *eligantur.*
g humiliter supplicaverunt, *qui est au commencement de la Piece.*

NOTES.

(*a*) Tresor des Chartres, Registre 84. Piece 185.

pro Confratribus & ejusdem Confraternie benefactoribus celebrandis, Nos, carissima Consors nostra Regina, Liberi nostri & alii de genere nostro, simus participes & associati, remittimus & quittamus per presentes. Quibus, ut perpetue stabilitatis robur obtineant, nostrum fecimus apponi Sigillum: in aliis nostro & in omnibus quolibet alieno jure salvo. Datum Parisius, Anno Domini millesimo trecentesimo quinquagesimo-quinto, mense Junii.

Per Regem. MELLOU.

JEAN I.er & selon d'autres, Jean II. à Paris, en Aoust 1355.

(a) Sauve-garde Royale pour l'Eglise du S.t Sepulchre à Paris, & pour la Confrairie qui y est establie.

JOHANNES Dei gratia Francorum Rex: Si servorum Dei fideliumque nostrorum votis salubribus & justis postulationibus favorabiliter assensum prebemus, Regiam exercemus consuetudinem, eosque in sue devotionis ac pie intentionis proposito [a] *fervemus perseverantes reddimus & ad nostre fidelitatis obsequia promptiores, ac etiam Nobis hoc profuturum* [b] *fore ad eterne remunerationis premium facilius obtinendum, & ad presentis vite curricula felicius peragenda, nullatenus dubitamus. Notum igitur facimus universis tam presentibus quam futuris, quod dilecti nostri Confratres Ecclesie, Hospitalis & Confratrie Sancti Sepulcri Iherosolimitani, Parisius in magno vico Sancti Dyonisii fundate, ad nostram accedentes celsitudinem, Nobis exposuerunt qualiter carissimus Dominus & Consanguineus noster Rex* [c] *Karolus, & postmodum Dominus & Genitor noster carissimus, ac ipsi Confratres & eorum predecessores divini ardoris face accensi, ob Dei & Domini nostri Jhesu-Xhristi ejusque gloriosissime Genitoris Marie & omnium Sanctorum reverentiam & amorem, & precipue ob honorem Sancti Sepulcri ejusdem Salvatoris nostri, unanimiter & concorditer de bonis sibi à summo Largitore collatis, in dicto loco in nostra alta Justicia, Ecclesiam & Hospitale predictum fundare inceperunt, & in ea dictam Confratriam instituerunt: Que quidem per dictos Dominos Consanguineum & Genitorem nostros & per Nos extitit confirmata: Quas etiam Ecclesiam & Hospitale ipsi Confratres divino auxilio perficere intendunt, & jam ibidem Canonicos ac Capellanos & Vicarios Deo famulantes instituerunt, & ob hoc ipsi qui unum corpus seu Communitatem faciunt in hac parte, Nobis humiliter postularunt pro & nomine dictorum Ecclesie, Hospitalis & Confratrie, ut easdem Ecclesiam, Hospitale & Confratriam de nostra & Predecessorum nostrorum fundatione existentes, & per Nos & ipsos confirmatas, ut prefertur, una cum eorum juribus, rebus & possessionibus universis, quas in Prepositura ac Vicecomitatu Parisiensibus & eorum ressortis nunc tenent & possident, seu futuris temporibus tenebunt & possidebunt, prefatos etiam Canonicos & Capellanos ac Vicarios, sub tuitione nostre immunitatis & Regali deffensione susciperemus. Nos itaque eorum supplicationi faventes, & ut eorum laudabile propositum diligentius & ferventius* [d] *exequatur, Nosque & dicti Predecessores & Successores nostri orationum & benefactorum in dictis Ecclesia & Hospitali jugiter factorum & de cetero faciendorum, participes efficiamur, Ecclesiam, Hospitale & Confratriam prefatas, ac quatuor Magistros ad eorum regimen seu gubernationem nunc deputatos & imposterum deputandos, tempore eorum regiminis seu administrationis durante, una cum dictis Canonicis, Capellanis seu Vicariis ac familiaribus dictorum Ecclesie & Hospitalis, bonaque, res & possessiones quascunque, quas nunc possident & possessuri sunt in dictis Vicecomitatu seu Prepositura & eorum ressorto, in & sub nostra protectione & Salva-gardia speciali suscipimus per presentes, & eisdem Prepositum nostrum Parisiensem qui nunc est & qui pro tempore futuro fuerint, tenore presentium Gardiatores deputamus & constituimus speciales, mandantes & committentes dictis Prepositis qui nunc est & qui pro tempore fuerint,*

a ferventius *dans le Registre 98.*

b *fore* est inutile.

c Charles le Bel.

d ex quantur.

NOTES.

(a) Tresor des Chartres, Registre 84. Piece 329.

Ces Lettres sont aussi *vidimées* dans des Lettres de Charles V. du mois de May 1366. qui sont dans le Registre 98. n. 385. & qui seront imprimées à leur rang.

JEAN I.er & selon d'autres, Jean II. à Paris, en Aoust 1355.

quatinus quatuor Magistros seu Gubernatores qui nunc sunt & qui futuris temporibus fuerint, ac Canonicos & Capellanos dictorum Ecclesie, Hospitalis & Confrarie, in eorum justis possessionibus, juribus, usibus, franchisiis, consuetudinibus, libertatibus & saisinis, in quibus ipsos esse suosque predecessores fuisse ab antiquo pacifice invenerint, manuteneant & conservent, ipsasque Ecclesiam, Hospitale & Confratriam, Canonicosque & Capellanos, ac quatuor Magistros eorum regimine durante, & ipsorum familiares ab omnibus injuriis, violentiis, oppressionibus, molestationibus, inquietationibus, vi armorum, potentia laycorum & aliis novitatibus indebitis quibuscunque, custodiant & deffendant, nec permittant contra dictas Ecclesiam, Hospitale & Confratriam, Magistros, Canonicos, Capellanos seu Vicarios & familiares eorum, aliquas inferri vel fieri injurias aut indebitas novitates; sed eas, si in nostre presentis salve & specialis Gardie & prenominatorum prejudicium, factas fuisse invenerint, revocent & ad statum pristinum & debitum reducant indilate, Nobisque & Ecclesie, Hospitali & Magistris seu Gubernatoribus eorum qui nunc sunt seu pro tempore fuerint, emendam propter hoc condignam prestari faciant, & nostram presentem Salvam-gardiam significari & publicari in locis omnibus in quibus viderint expedire: Inhibendo seu inhiberi faciendo ex parte nostra & sub certis [a] *Nobis applicandis, omnibus personis de quibus fuerint requisiti, ne dictis Ecclesie, Hospitali, Magistris & Gubernatoribus ac Canonicis seu Vicariis & Capellanis predictis aut eorum familiaribus, in corpore sive bonis forefacere presumant: Et si in casu novitatis inter Partes debatum oriatur, illud ac etiam res contentiosas ad manum nostram tanquam superiorem, ponant, locaque ressaisiri de ablatis realiter & de facto, ac recredentiam de rebus contentiosis, si & prout fuerit faciendum, faciant, Partibusque vocatis cum ceteris evocandis, tam super dictis casibus novitatum, quam super injuriis, molestationibus seu gravaminibus, exhibeant celeris Justitie complementum, dictisque Canonicis, Capellanis seu Vicariis ac Magistris, & eorum ac dicte Ecclesie familiaribus* [b] *assecuramentum legitimum juxta Patrie consuetudinem, prestari faciant ab omnibus personis, à quibus hoc habere voluerint. Et pro premissis diligenter exequendis, unum vel plures Servientes nostros eisdem Ecclesie, Hospitali & Confratrie ac Canonicis, Capellanis, Vicariis & Magistris predictis, eorum sumptibus, deputent, si requisierint, qui de his que Cause cognitionem exigunt, se non intromittant. Ab omnibus autem Justiciariis & subditis nostris, dictis Preposito qui nunc est & eis qui pro tempore futuro fuerint, ac eorum deputandis in hac parte, pareri volumus & intendi. Que prefatis Confratribus, attentis premissis, concessimus de gratia speciali. Quod ut firmum & stabile perpetuo perseveret, presentes Litteras Sigilli nostri appensione fecimus muniri: salvo in omnibus jure nostro & quolibet alieno.* Datum & actum Parisius, Anno Domini millesimo trecentesimo quinquagesimo-quinto, mense Augusti. *Per Regem, ad relationem Consilii, in quo vos & Domini Episcopus Cathalanensis & Symon de Bucyaco eratis.*

FRANCISCUS.

[a] *a penis. Registre 98.*

[b] Voy. le 3.e Vol. des Ordonn. p. 264. Note *(b)*

JEAN I.er & selon d'autres, Jean II. à Paris, en Septembre 1355.

(a) Lettres portant que les Habitans de la *Part nouvelle* de la Ville de Montpellier, ne pourront estre reçus Bourgeois de la *Part antique* de cette Ville.

JOHANNES Dei gratia Francorum Rex: Notum facimus universis presentibus & futuris, quod inter curas sollicitas quibus noster afficitur animus, ad utilitatem publicam Regni nostri specialem affectionem habentes, summo movemur desiderio ad subditorum nostrorum tranquillitatem & concordiam conservandam & augendam. Cùm itaque dilecti nostri Consules Ville Montispessulani Nobis fecerint significari, quod licet due Partes dicte Ville que antiquitus superioritati & ressorto tunc pertinebant & adhuc juribus Regiis

NOTES.

(a) Tresor des Chartres, Registre 84. Piece 269. *N.a* qu'il y a deux Pieces de suite cottées 269.

pertinent, fuerint in & de dominio, proprietate & Juridictione duorum Dominorum divisim & distincte; una videlicet Episcopi tunc (b) Magalonensis, que [a] *modo Pars antiqua; altera vero tunc Regis* [b] *Majoricarum, que nova Pars ipsius Ville vocatur, & ad jura Corone nostre pervenerint certis & justis titulis acquisitionis, ipseque due Partes cum earum pertinentiis, juribus, Juridictionibus & dominiis, una cum ressortis & superioritate predictis, Nobis insolidum pertineant pleno jure, fueritque per Nos dictis Consulibus concessum Partem novam predictam deinceps perpetuis temporibus nostro & successorum nostrorum Domanio remanere; &* [c] *ex hiis, utriusque dictarum Partium habitatores & mansionarii nostri imediate justiciabiles & subditi, existant faciantque unum corpus in communitate sub dicto Consulatu, sintque & esse consueverint in dicta Parte nova, Bajulus & alii Officiarii nostri ordinarii, quorum Juridictioni & cohertioni subsunt & subesse consueverunt habitatores ipsius nove Partis; Tamen quia Rector & Judex dicte Partis antique, Conservatores & Judices privilegiorum Regiorum concessorum Burgensibus dicte Partis antique (c) advoator & receptor, habitatores & mansionarios ipsius Partis nove in Burgenses Regios dicte Partis antique, receperant & recipiebant, receptosque ut Burgenses deffendebant, & per mulctarum sive penarum impositiones Nobis applicandarum, eosdem sibi remitti requirebant & procurabant, Juridictionem dicti Bajuli, & aliorum Curialium nostrorum ipsius Partis nove, diversimode impediendo & usurpando, ac ratione privilegiorum predicte Burgesie; quorum occasione jam lites, discordie & debata* [d] *subscitate fuerant & more inter dictos Consules ex una parte, & prefatum Rectorem ex altera, tam in nostra Curia Parlamenti, quam alibi; in qua Curia nostra ultimo preterii Parlamenti, fuit appunctatum quod mandaretur Senescallo Bellicadri, quod se informaret qualiter Juridictiones predicte hucusque gubernate fuerunt, & de inconveniencius, dampnis & prejudiciis que Nobis & Reipublice evenerint, seu* [e] *eveniri possint ex premissis & eorum circonstantiis, & si posset, Partes ad concordiam reduceret; sin autem, informationem ipsam remitteret dicte Curie, ad dies Senescallie Bellicadri futuri proximo Parlamenti, una cum Partibus adjornatis, prout hec in Litteris nostris dicti appunctamenti latius continentur. Dicebant etiam Consules jam dicti, quod ex quo dicta Pars nova ad domanium nostrum pervenerat, dicta (d) Burgesia locum habere non poterat nec debebat, inquantum concernere potest & poterat habitatores nove Partis predicte; ex quibus Consules ipsi supplicaverunt Nobis ut super premissis de salubri & gracioso remedio providere vellemus. Hinc est quod Nos obsequiorum plurimorum memores, à Communitate predicta tam carissimo Domino Genitori nostro quam Nobis hactenus impensorum, laudabili gratia dictos Consules & habitatores dicte Partis nove premiare volentes & favoribus Regiis perpetuo gaudere, supplicationi predicte favorabiliter inclinati, cupientes inter dictos nostros Justiciarios & subditos dicte Ville, tollere omnem materiam discordie, controversie & debati, mediante etiam certa summa pecunie ad summam duorum milium denariorum Auri ad Scutum ascendente, per dictos Consules Nobis* [f] *ablata propter hoc & soluta, ipsis Consulibus & Partis nove habitatoribus & eorum successoribus concessimus, declaramus & concedimus per presentes, auctoritate nostra Regia, ex certa scientia & de gratia speciali, quod habitatores & mansionarii dicte Partis nove presentes & futuri, nullo modo* [g] *ullaque ratione vel causa, amodo recipiantur vel advoentur per dictos Rectorem & Judicem aut alios dicte Burgesie Conservatores aut Judices deputatos seu in futurum deputandos, in Burgenses dicte Partis antique; quinymo habitatores ipsius Partis nove recepti & in Burgenses dicte Partis antique advoati, recipiendi & advoandi, si forsan de facto reciperentur, pro non receptis & non advoatis haberi volumus, censemus & tenore presentium declaramus; ita quod*

JEAN I.er & selon d'autres, Jean II, à Paris, en Septembre 1355.

a Voy. le 3.e Vol. des Ordonn. p. 173. Note (r)

b Majorques.

c depuis les réünions.

d suscitate.

e evenire possent.

f oblata.

g nullaque.

NOTES.

(b) *Magalonensis.*] L'Evêque de Maguelone. Cet Evêché a esté transferé depuis à Montpellier. Voy. cy-dessus p. 45. Note (b).

(c) *Advoator.*] Il me semble qu'il faudroit *Advoatis* & *receptis*, en le rapportant à *Burgensibus*.

(d) *Burgesia locum habere non poterat.*] Les Habitans de cette nouvelle Part estant justiciables immediatement du Roy, n'avoient pas le droit de se soustraire à la Jurisdiction d'un Juge Royal, pour se soûmettre à celle d'un autre Juge Royal.

JEAN I.er & selon d'autres, Jean II. à Paris, en Septembre 1355.

privilegiis, usibus & libertatibus dicte Burgesie, uti & gaudere non valeant quovismodo, nec Juridictio dictorum Bajuli & aliorum Curialium nostrorum dicte Partis nove, quomodolibet impediri, nec etiam alii habitatores & Burgenses dicte Partis antique, pretextu dicte Burgesie seu privilegiorum ejusdem, possint habitatoribus dicte Partis nove, per dictos Conservatores in personis vel bonis facere citari, vexari aut aliter molestari, ac Juridictionem dicti Bajuli & aliorum Curialium dicte Partis nove, quomodolibet impediri. Et si dicti Rector & Judex & alii Conservatores dicte Burgesie, aliqua contra tenorem nostre presentis concessionis, declarationis & gratie, facerent seu attemptarent, ea exnunc ut extunc, tenore presentium revocamus & anullamus; dantes presentibus in mandatis, nichilominus committendo, Senescallo Bellicadri ac Gubernatori nostris Montispessulani, qui nunc sunt & qui pro tempore fuerint, & eorum cuilibet insolidum seu eorum Loca-tenentibus, quatinus dictos Consules & habitatores dicte Partis nove, nostra presenti concessione, declaratione & gratia uti faciant plenarie & gaudere, nec permittant contrarium per aliquem attemptari: quod si fieret, tanquam [a] *nullus efficacie & momenti revocent seu revocari, & ad statum pristinum reducant seu reduci faciant indilate, absque alterius expectatione mandati: in quibus & ea tangentibus, ab omnibus Justiciariis & subditis nostris, eis & cuilibet eorum insolidum, pareri volumus & mandamus, privilegiis, statutis, usu aut consuetudine contrariis, Litterisque in contrarium impetratis vel impetrandis non-obstantibus quibuscunque. Quod ut firmum & stabile inviolabiliter perpetuo perseveret, presentes Litteras fecimus Sigilli nostri appensione muniri: nostro in aliis & alieno in omnibus jure salvo.* Actum & datum Parisius, Anno Domini millesimo trecentesimo quinquagesimo-quinto, mense Septembris.

[a] nullius.

Per Regem ad relationem Consilii, quo vos & Domini Cathalanensis Episcopus & de Revello ac Thesaurarius eratis. J. ROYER.

JEAN I.er & selon d'autres, Jean II. à Paris, le 8. d'Octobre 1355.

(a) Reglement pour la deffense de la Ville de Poictiers, pendant la guerre.

SOMMAIRES.

(1) Pendant le temps de la guerre, il n'y aura que trois portes ouvertes à Poictiers.

(2) Il y aura à chaque porte, dix personnes notables de la Ville, qui examineront ceux qui sortiront & ceux qui entreront.

(3) Ceux qui doivent host & chevauchée, *viendront armez, pour garder la Ville, aussi bien que les Vassaux liges & pleins : & si ils y manquent, on saisira leurs biens qui seront employez à la reparation & à la garde de la Ville, & au payement des Gens d'armes qui serviront en leur place, & leurs Fiefs seront confisquez.*

(4) On renforcera la garde des portes, & des autres endroits par où la Ville peut estre attaquée.

(5) Les Gens d'armes & de pied seront toûjours armez.

(6) Les Hosteliers & Cabaretiers ne pourront prendre en gage les armes & les montures des Gens de guerre qui seront dans la Ville; & s'ils le font, ils perdront la somme pour laquelle ils auront pris ces gages, & ils seront condamnez à l'amende.

(7) Les Riches, les moyens & les menus seront armez selon leur estat. [Voy. *les armes que ces trois sortes de personnes doivent avoir.*]

(8) Les Gens d'Eglise pourront estre armez à leurs dépens, s'ils le veulent; & s'ils ne le veulent pas, ils donneront à leur place, des gens qui seront toûjours armez, & qui feront la garde aux portes de la Ville à leur tour. Si les Gens d'Eglise ne donnent pas de ces gens armez, l'on en prendra, & on le leur fera payer.

(9) Chaque Habitant aura devant sa porte de l'eau dans des vases, & pendant la nuit une chandelle allumée.

(10) Ceux qui ont des heritages & des Benefices dans la Ville de Poictiers & dans les dépendances, seront tenus de s'y rendre, ou d'envoyer en leur place, des gens pour la garde; à faute de quoy, l'on prendra une portion de leur revenu, qui sera employé aux reparations de la Ville, & à l'entretien des Gens d'armes qui serviront à leur place.

(11) Chaque Paroisse de la Chastellenie de Poictiers, sera obligée d'y envoyer un certain nombre de Sergents armez pour la garde de la Ville.

(12) Les Murs & les Tours de la Ville seront reparez & mis en bon estat incessamment.

JOHANNES

JOHANNES Dei gratia Francorum Rex: Notum facimus universis tam presentibus quam futuris, Nos infrascriptas Litteras carissimi & fidelis Consanguinei nostri Comitis Foresii, olim Locum-tenentis inclite recordationis carissimi Domini & Genitoris nostri in partibus Pictavensibus & Xanctonensibus, vidisse, formam que sequitur, continentes.

JEAN I.er & selon d'autres, Jean II. à Paris, le 8. d'Octobre 1355.

GUY Conte de [a] Forois, Lieutenant du Roy Monsieur ès parties de Poitou & de Xaintonge, ès ressorts & lieux voisins, au Seneschal & au Capitaine & au Maire de Poitiers ou à leurs Lieuxtenans, Salut. Comme par la deliberation de nostre Conseil, & pour la garde & deffense de la Ville de Poitiers & du pais environ, Nous aions ordené & par ces presentes ordennons.

a *Forez.*

(1) Que dores-en-avant en ladite Ville de Poitiers, les guerres durans, il ne aura ne tendra-on en ladite Ville, que trois portes ouvertes, pour venir & [b] yssir, & les autres seront tenues closes & fermées, & ne ouvreront point; se n'estoit en cas de tres grant necessité.

b *sortir.*

(2) Item. Que à chacune desdites trois portes, aura par jour la garde [c] dix personnes notables & convenables de ladite Ville, [d] & lesquelles porront avoir la coignoissance de ceuls qui voudront entrer & yssir.

c *de.*

d *&* est inutile.

(3) Item. Que tous ceuls qui doivent & sont tenuz d'avoir & faire la garde des portes de ladite Ville, & autres qui doivent [e] host & chevauchie, vendront & seront tenuz de venir à ladite Ville pour la garder, touz armez; & avecques ce, touz les hommes *(b)* liges & plains seront contrains à ce; & se venir ni veulent, l'en prenra leurs biens & *(c)* les biens à ce obligez, pour tourner en la reparation de ladite Ville & à la garde d'icelle, & au paiement des Gens d'Armes qui en lieu d'euls y seront establiz: & [f] nientmoins cherront les rebelles en la peinne d'encourre & perdre leur [g] Fié envers le Seigneur.

e *qui sont tenus d'aller à l'armée.*

f *neantmoins.*

g *Fief.*

(4) Item. Que les portes & les autres lieux [h] perilleux de ladite Ville, seront par plus grant nombre de genz gardez, que il n'ont esté ou temps passé.

h *exposez aux attaques des ennemis.*

(5) Item. Que toute maniere de genz d'Armes & de pié, seront tout le jour armez, & yront armez parmi la Ville.

(6) Item. Que aucun Hostelier, Tavernier ne autre, ne sera tenu ne si hardi de prenre ne recevoir en gage ne en garde, aucunes armures de ceulx qui seront demouranz en la Ville pour la garder, ne d'autres Gens d'Armes à cheval ou à pié, ne leurs monteures; & se il avient que euls le facent, ilz perdront le pris par lequel il auront pris en gage les armeures, & en oultre encourront en la paine de soixante soulz, à convertir en la reparation de ladite Ville.

(7) Item. Que toutes manieres de gens habitans en la Ville & [i] Suburbez de Poitiers, seront contrains à euls armer chacun selon son estat; c'est assavoir, les riches & les puissans de toutes armeures; les moiens de lance, *(d)* pavois ou Godaudac &

i *Fauxbourgs.*

NOTES.

(a) Tresor des Chartres, Registre 84. Piece 458.

(b) Liges & plains.] Les Vassaux, possesseurs de *Fiefs.* Dans le Gloss. du Droit Franç. on donne deux significations de ce mot Fief *plain* ou *plein.* 1.° Le Fief plein est celuy qui releve immediatement d'un Seigneur, à la difference de l'Arriere-Fief. 2.° Le Fief plein est un Fief considerable, à la difference du menu Fief, [& qui par consequent doit un service plus considerable que celuy-cy.] Voy. le Gloss. aux mots *Fief, & plein Fief.*

(c) Les biens à ce obligez.] Les Fiefs qui leur ont esté donnez à la charge du service militaire.

(d) Pavois ou Godaudac.] Le *Pavois* est un Bouclier, & il semble d'abord que le mot suivant doive aussi signifier un Bouclier d'une espece un peu differente. Il me paroist cependant vray-semblable que *Godaudac* est une arme qui se nommoit aussi *Godendac*, & sur laquelle Du Cange à ce dernier mot, a rapporté un long passage de *Guill. Guyart*, par lequel il paroist que c'estoit un bâton long, au bout duquel il y avoit un fer aigu. *Godendac* signifioit *bon jour*, suivant *Guyart.*

Godendac c'est, bon jour, à dire.
Qui en François le veut décrire.

JEAN I.er & selon d'autres, Jean II. à Paris, le 8. d'Octobre 1355.

de *(e)* cote gambezie; & les menus de Godaudac ou d'espée, si & tellement comme il pourront, [a] selon le regart de leurs voisins.

(8) Item. Que le Clergie & Genz d'Eglise à leurs despens, auront armeures pour leurs corps deffendre, & les porteront, s'ilz veulent; & sinon, il auront gens à leur despens chacun en droit soy, qui de jour & de nuyt les * portera pour la garde de la Ville: & se faire ne le veulent, l'en le sera faire à leurs despens, & avecques ce, seront tenuz de envoyer au [b] gart de nuyt & de jour, à la garde des portes à leur tour, chacun à son jour.

(9) Item. Que chacun habitant de ladite Ville de quelque condition que il soit, aura & tendra à son [c] huys, eaues en vesselz qui tiengnet un [d] costent d'eaue au moins; & aussi auront de nuyt & tendront chandelle ardant devant leur porte, [e] à la paine de soixante souls, à convertir ès reparations dessusdites.

(10) Item. Que toutes manieres de gens de Poitiers, qui ont heritages & Benefices en la Ville de Poitiers & ès appartenances d'icelle, seront tenuz d'y venir demourer ou d'envoyer pour euls [f] suffisans pour la garder; ou se non, l'en prenra de leur temporel, fruis & revenuës selon la [g] faculté des choses qu'il y auront, pour tourner en la reparation de la Ville, & pour les despens des Gens d'Armes qui en lieu d'eux y seront establis.

(11) Item. Que les habitans de chacune Paroiche de la Chastellenie de Poitiers, seront tenuz de envoyer certain nombre de Sergens aus despens des Paroichiens de chacune Paroiche, pour la garde de ladite Ville, & seront armez de cotte, de lance & de Pavoiz.

(12) Item. Que les murs, tours & tournelles de ladite Ville, soient reparez, refaiz & mis en bon estat hastivement pour la deffension de ladite Ville.

Si vous mandons & fermement enjoignons & commettons, & à chascun de vous, si comme à lui appartendra, que vous faciez publier en ladite Ville de Poitiers, & par tous les lieux d'icelle où il est acoustumé de faire telz cris, nostre presente Ordenance & les choses dessusdites, & que nulz ne soit si hardiz de faire ne attempter aucune chose encontre nostredite Ordenance, sur paine de quanque il se pevent messaire envers ledit Seigneur, & faites & acomplissez toutes les choses & chascunes d'icelles de point en point, sanz riens y muer ne changer, toute faveur arriere-mise. De ce faire vous donnons plain povoir, auctorité & mandement especial par ces presentes Lettres: mandons & commettons à touz Justiciers & subjez du Royaume de France, que en faisant les choses dessusdites, vous obeissent diligeaument & entendent. Si gardez que chascun en droit soy, face & acomplisse ces choses, si & par telle maniere qu'il n'en puisse estre repris de negligence. En tesmoing de laquelle chose, Nous avons fait mettre nostre seel en ces presentes. *Donné à Poitiers, le seizieme jour de Juillet, l'An de grace mil trois cens quarante & sept.*

NOS igitur predictas Litteras, omniaque universa & singula in eisdem contenta, rata grata & firma habentes, ea volumus, laudamus, approbamus, ac tenore presentium, nostra auctoritate Regia & de speciali gratia, confirmamus: mandantes tenore presentium Senescallo Pictavensi qui nunc est & qui pro tempore fuerit, vel ejus Locum-tenenti, quatinus predictas Litteras per Nos confirmatas, juxta tenorem earumdem teneat, compleat & observet, ab omnibusque quorum intererit, observari faciat inviolabiliter & servari. Quod ut firmum & stabile permaneat in futurum, nostrum presentibus Litteris fecimus apponi Sigillum: salvo in omnibus jure nostro & quolibet alieno. Datum Parisius, die octava Octobris, Anno Domini millesimo trecentesimo quinquagesimo-quinto.

Per Consilium, ubi erant Domini Comes de Ventadoro. Sy. de Buciaco & plures alii.

P. CUIRET.

* porteront.

a eu égard à la maniere dont leurs voisins sont armez.

b au Corps-de-garde.

c sa porte.

d sorte de mesure.

e sous la peine.

f Gens.

g à proportion.

NOTES.

(e) Cote gambezie.] C'est une espece de Cuirasse faite de laine picquée. Voy. Du Cange au mot, *Gambeso.*

JEAN I.er & selon d'autres, Jean II. à Paris, le 12. de Mars 1355.

(a) Ordonnance faite en consequence de l'Assemblée des trois Estats, tenuë à Paris, au mois de Mars 1355.

SOMMAIRES.

(1) Ceux qui auront cent livres de revenu & au-dessous, soit en heritages, en gages ou en pensions, payeront une Aide de quatre livres: Ceux qui auront quarante livres de revenu, & au-dessous, payeront deux livres: Ceux qui auront dix livres & au-dessous, payeront une livre; & ceux qui auront moins de dix livres, payeront dix sols.

(2) Cette Aide sera payée dans la mesme proportion, par les Veuves, par les Filles qui n'ont ni pere ni mere, par les enfans mariez, & par ceux qui ont du bien en leur particulier, quoyqu'ils ayent encore leur pere & leur mere, soit qu'ils soient en Tutelle, en Curatelle ou en mainburnie. *Les enfans qui sont en* mainburnie, *& qui n'ont point de bien en leur particulier, ne payeront rien, lorsqu'ils n'auront pas quinze ans, & ils payeront dix sols, lorsqu'ils auront cet âge.*

(3) Les Laboureurs & les Ouvriers qui n'ont d'autre bien que leur travail, payeront dix sols d'Aide: s'ils ont du bien d'ailleurs, ils payeront l'Aide à proportion.

(4) Les domestiques qui gagnent cinq livres ou plus, payeront une Aide de dix sols; s'ils gagnent moins, ils ne payeront rien, à moins qu'ils n'ayent du bien d'ailleurs. Les mendians ne payeront rien, non plus que les femmes mariées, parce que leur bien sera compté avec celuy de leurs maris, qui payeront l'Aide pour elles.

Les Nobles ne payeront point d'Aide pour le revenu qu'ils auront au-delà de cinq mille livres, & jusqu'à cette somme, ils payeront quatre livres pour les premiers cent livres de revenu, & deux livres pour les autres cent livres, en sorte que le Noble le plus riche ne payera tout au plus que cent deux livres. Les Non-nobles ne payeront point d'Aide pour les revenus qu'ils auront au-delà de mille livres, & jusqu'à cette somme, ils payeront comme les Nobles, en sorte que le Non-noble le plus riche, ne payera tout au plus que vingt-deux livres.

On payera aussi l'Aide par rapport aux effets mobiliers, & cent livres d'effets mobiliers seront reputez valoir dix livres de revenu.

Cependant les Nobles qui auront cent livres de revenu, & les Non-nobles qui auront quatre cens livres de revenu, ne payeront point l'Aide par rapport à leurs effets mobiliers. Mais lors qu'un Noble aura moins de cent livres de revenu, on estimera ses effets mobiliers jusqu'à la valeur de mille livres seulement, sur le pied de dix livres de revenu pour cent livres d'effets mobiliers, & il payera l'Aide pour ces mille livres d'effets mobiliers seulement: il n'en payera point pour ce qu'il pourra en avoir de plus. De mesme lorsqu'un Non-noble n'aura pas quatre cens livres de revenu, on estimera de la mesme maniere, ses effets mobiliers, jusqu'à la valeur de quatre mille livres seulement, & il payera l'Aide pour ces quatre mille livres seulement.

Si un Noble n'a pas cent livres de revenu; ni mille livres en effets mobiliers, il payera l'Aide comme s'il avoit mille livres d'effets mobiliers, & de la mesme maniere: si un Non-noble n'a pas quatre cens livres de revenu, ni quatre mille livres en effets mobiliers, il payera l'Aide, comme s'il avoit quatre mille livres d'effets mobiliers.

Les Bourgeois qui auront quatre cens livres de revenu, ou d'effets mobiliers [reduits en revenu,] payeront dix livres. Ceux qui auront mille livres de revenu, payeront vingt-deux livres, & ne payeront jamais plus quelque bien qu'ils ayent.

(5) Les Ecclesiastiques payeront l'Aide par rapport aux revenus de leurs Benefices, mais ils n'en payeront point par rapport à leurs effets mobiliers. Les revenus de leurs Benefices seront taxez suivant le taux qui a esté reglé pour les Decimes. Si les Ecclesiastiques ont du revenu de leur patrimoine, ils payeront l'Aide par rapport à ce revenu, comme les autres personnes. Ils ne payeront point d'Aide pour le surplus de leur revenu qui excedera cinq mille livres; & ils payeront jusqu'à cette somme, quatre livres pour les premiers cent livres, & deux livres pour les autres.

(6) Tous les Religieux, Hospitaliers & autres, payeront l'Aide, à l'exception des mendiants: Les simples Religieux cloistrez ne la payeront pas; mais seulement ceux qui sont à la teste des Monasteres, & les Religieux qui ont des revenus, & qui ont des Benefices claustraux.

(7) Toutes personnes d'Eglise, qui payoient le dixieme quand il avoit lieu, payeront l'Aide, aussi bien que tous les Religieux & les Religieuses qui auront dix livres de revenu: s'ils en ont moins, ils ne payeront point d'Aide.

(8) Les Monnoyers ni nulles autres personnes privilegiées, ne seront exemptes de cette Aide.

Elle sera levée par des Deputez des trois Estats qui seront envoyez dans chaque pays; & ce qui en proviendra, sera employé pour les dépenses de la guerre. Le produit de l'Aide qui sera levée dans les pays qui sont sur la frontiere, y demeurera pour estre employé à leur deffense; & s'il ne suffit pas, on y envoyera ce qui restera

JEAN I.er & selon d'autres, Jean II. à Paris, le 12. de Mars 1355.

de l'Aide levée dans les autres pays, après qu'ils auront esté mis en deffense.

Les impositions [establies par les Estats du mois de Decembre precedent, cesseront à la fin du mois de Mars: La Gabelle cessera dès maintenant, & ce qui aura esté payé sur ces impositions, pour le temps posterieur à ces termes, sera restitué ou imputé sur le nouveau subside.

(9) La Monnoye establie par l'Ordonnance du 28. de Decembre 1355, continuëra d'avoir cours; & cette Ordonnance sera observée dans toutes les dispositions ausquelles on n'aura pas derogé par celle-cy.

(10) Les Gens des trois Estats se rassembleront à Paris, 15. jours après Pasques, pour sçavoir le produit de l'Aide: Elle ne sera point levée par les Hauts Justiciers, mais par les Gens des trois Estats.

Il y aura à Paris, six Generaux deputez qui auront la direction generale de tout ce qui regardera l'Aide, & auxquels on s'adressera sur les difficultez qui s'éleveront à ce sujet. Il y aura dans chaque Cité, trois Députez, un de chaque Estat, qui auront chacun un Receveur & un Clerc. Ces Députez nommeront dans chaque Paroisse, des Collecteurs qui iront dans les maisons recevoir la declaration, que les personnes qui y habiteront, leur feront de leur bien, de leur estat & de leurs domestiques. Lorsqu'une declaration paroistra conforme à la verité, ils s'en contenteront; sinon, ils feront adjourner celuy qui l'aura faite, pardevant les Députez de la Cité [dans le district de laquelle il demeurera,] & ces Deputez luy feront faire à ce sujet, tels serments qu'ils jugeront à propos.

Les terres [situées dans le Royaume,] qui dependront de Citez qui sont hors du Royaume, repondront *à la plus prochaine Cité du Royaume.*

Les Collecteurs dans les Villages, y feront faire en presence du Curé, les serments convenables au sujet des declarations.

Si dans les Villes ou dans les Villages, quelqu'un refuse de faire les serments qu'on luy demande, les Collecteurs estimeront son bien sur l'opinion commune & sur la déposition de ses voisins.

Ces presentes Lettres seront expediées sans rien payer.

JEHAN par la grace de Dieu Roys de France: Savoir faisons à touz presens & à venir, que comme à la Saint Andréi dernierement passé, Nous eussions fait assembler en nostre Ville de Paris, les Gens des trois Estats de nostre Royaume de la Langue-de-Oyl, du Païs coustumier & deçà [a] la Riviere de la Dourdoigne; c'est assavoir, Arcevesques, Evesques, Abbez & Chapitres, Nobles de nostre Sanc & autres, Ducs, Contes, Barons, Chevaliers & autres; & aussi des Bourgois & Habitans des Citez, Chasteaux & bonnes Villes de nostredit Royaume, pour avoir avis, conseil & deliberacion sur le fait de noz guerres, & des [b] mises qui necessaires sont à ce; & par la plus grant partie des personnes des trois Estats dessusdiz, eust esté acordée l'imposition de huit deniers pour livre, & la Gabelle du sel: Et pour ce que l'en ne povoit pas bonnement savoir ne estimer se lesdites Aydes pourroient souffire audit fait, ne se elles seroient agreables à nostre Peuple, il devoient [c] rassembler en nostredite Ville de Paris, au premier jour de ce present mois de Mars; si comme ces choses & plusieurs autres sont plus plainement contenuës ès [d] Lettres faites sur ce: Auquel jour de Mars, les personnes des trois Estats dessusdiz ont esté assemblez à Paris, à comparoir pardevant Nous. Et pour ce qu'il leur a apparu que ladite imposition & Gabelle n'estoient pas agreables à touz, & aussi que elles ne suffisoient pas pour le fait dessusdit, acordé a esté entre eux, que pour le fait de noz guerres, une Ayde soit faite par la maniere & sous les modifications qui s'ensuient.

C'est assavoir, que tout homme qui aura vaillant cent livres de revenue & [e] au-desure, soit à vie ou à heritage, en gaiges à cause d'office, en pensions à vie ou à volenté, fera Ayde & Subside pour le fait desdites guerres, de quatre livres; & qui aura

a Voy. la Preface du 3.e Vol. des Ordonnances, §. *Estats.*

b *dépenses.*

c *se.*

d *Voy. le 3.e Vol. des Ordonn. p. 21.*

e Dans les Instructions, il y a *au-dessous. Voy. ibid.* Note *(h).*

NOTES.

(a) Tresor des Chartres, Registre 84. Piece 481.

Dans le 3.e Vol. des Ordonn. p. 24. Note *(c)* il a esté dit que l'Ordonnance faite en consequence des Estats tenus à Paris au mois de Mars, ne s'estoit pas conservée; & l'on a fait imprimer dans cette Note, des Instructions dressées en consequence de cette Ordonnance, & qui y suppleoient en quelque sorte.

Depuis on a recouvré cette Ordonnance que l'on donne icy, & à laquelle se rapportent ces Instructions imprimées dans le 3.e Vol. Elles serviront à l'éclaircir en quelques endroits.

quarante livres de revenue ou au-desure, sera Ayde & Subside de quarante solz ; & qui aura vaillant dix livres de revenue & au-desure, il sera Ayde de vingt sols; & au-dessoubs de dix livres, il sera Ayde de dix solz; c'est assavoir, [a] à prendre les sommes dessusdites à Parisis, en païs de Parisis, & à Tournois en païs de Tournois.

JEAN I.er & selon d'autres, Jean II. à Paris, le 12. de Mars 1355.

(2) *Item.* Que les femmes veuves, ou celles qui sont [b] chief, ayderont en semblable maniere; & aussi enfans mariez, & tous ceulx qui ont autre [c] chose de par eulx, [d] soient en garde, bail, tutele, [e] cure, [f] mainburnie ou administration quiexconques, feront Aide selon la qualité de leurs revenues, par semblable maniere que dessus est dit. Mais toutes-voies les enfans qui sont en mainburnie, & n'ont autre chose de par eulx, se il sont mendre de l'aage de quinze ans, n'en païeront riens; & les enfans qui sont en mainburnie au-dessus de quinze ans, feront Aide de dix solz.

(3) *Item.* Que Laboureurs & Ouvriers gaignans, qui n'ont autre chose que leur labourage, ne paieront que dix solz; & se il ont autre chose [g] du leur, il païeront comme les autres.

(4) *Item.* Que serviteurs, mercenaires ou [h] alloüez qui ne vivent que de leur service, feront Aide de dix solz, se il gaignent cent solz ou plus; & se il ne gaignent cent solz, ou [i] au-dessus, il ne païeront rienz : Et se il sont souffisans, & que il aient autre chose de par eulx, il feront Aide semblablement comme les autres dessusdiz : Et aussi ne païeront riens mendians, & ne païeront riens femmes mariées pour ce que leurs maris [k] aident, & est & sera compté ce qu'elles ont de par elles avec ce que leur mari ont.

Et pour ce que en nostre Royaume, [l] a plusieurs personnes laies qui n'ont pas rentes ou revenues, & ont tout leur vaillant ou une partie en biens meubles, l'en resgardera & estimera leurs biens meubles; c'est assavoir, cent livres pour dix livres de revenue : Et feront Aide les Nobles & les Genz des bonnes Villes, de leur revenues ou de leurs biens-meubles equipolens [m] à ce, par la maniere dessusdite, en acroissant & montant quant aux rentes & revenues des Nobles, jusques à cinq mille livres de revenue; c'est assavoir quarente solz pour chascun cent, oultre les quatre livres pour les premiers cent livres de revenue; & ne sera point estimé ne regardé le vaillant des revenues des Nobles, oultre lesdites cinq mille livres : Et aussi resgardera-l'en le vaillant des rentes ou revenues des Non-Nobles, jusques à mille livres de revenue tant-seulement, & aideront de quarante sols pour chaque cent livre de revenue, oultre les premiers cent livres pour lesquelles il aideront de quatre livres comme dessus est dit : Et ainsi le plus riche des Nobles ne païera que cent & deux livres, & le plus riche des Non-Nobles ne païera pour sa personne, que vingt deux livres : Mais pour ce que aucun ont grant [n] meubles, & n'ont pas si grands revenues, l'en estimera les meubles des Nobles qui n'ont pas cent livres de revenues, jusques à la valeur de mil livres tant-seulement, & non plus; & des Non-Nobles qui n'ont quatre cens livres de revenues, l'en estimera leurs meubles jusques à la valeur de quatre mille livres de meubles; c'est assavoir, cent livres pour dix livres de revenue, & ne resgardera-l'en point le vaillant des meubles oultre ladite somme; ne aussi ne sera point le meuble estimé sur les Nobles qui [o] aront cent livres de revenue, ne sur les Non-Nobles qui aront quatre cens livres de revenue ou plus : Et se il avenoit que aucuns Nobles n'eust vaillant en revenue tant-seulement jusques à cent livres de revenue, ne en meubles purement jusques à mil livres, ou que aucuns Non-Nobles n'eust en revenue quatre cens livres, ne en meubles quatre mille livres, & il eussent partie en revenue & partie en meuble, *(b)* l'en regarderoit & estimeroit sa rente & son meuble jusques à la somme de mil

a *Voy. le 3.e Vol. des Ordonn. page 131. Note (bb).*

b *Voy. la Note (f) sur les Instructions.*

c *qui ont du bien en particulier, quoyqu'ils ayent encore leur pere & leur mere.*

d *soit qu'ils soient.*

e *curatelle.*

f *Voy. les Instructions, Note (g).*

g *s'ils ont du bien d'ailleurs.*

h *espece de domestiques.*

i Il y a, *ou au-dessous,* dans les Instructions, & c'est ainsi qu'il faut lire.

k *payent l'Aide.*

l *il y a.*

m *aux revenus.*

n *grande quantité de meubles.*

o *auront.*

NOTES.

(b) L'en... estimeroit sa rente & son meuble.] Cela n'est pas bien clair, & voicy comme je crois qu'on doit l'entendre. Sans discuter ce que ce Noble peut avoir de revenu ou d'effets mobiliers, il payera l'Aide comme s'il avoit seulement 1000. livres d'effets mobiliers : lesquels 1000. livres sont reputez équivalents à 100. livres de revenu; ainsi il

JEAN I.er & selon d'autres, Jean II. à Paris, le 12. de Mars 1355.

livres aus Nobles, & de quatre mil livres aus Non-Nobles & non plus: Et aussi [a] Bourgois qui par quelque [b] maniere que ce soit, aront mil livres de revenue, paieront pour eulx vingt-deux livres & non plus [c]: Et qui aura quatre cens livres de revenue, paiera dix livres & non plus, soit qu'il ait son vaillant en rentes ou en revenues seulement, ou en meubles seulement, ou en revenue ou en meuble ensamble.

(5) Item. Acordé est par le Clergié & par les personnes d'Eglise de nostredit païs, qu'il feront semblable Aide de leurs revenues selon le vaillant d'icelles; sauf toutes-voies que l'en n'estimera point leurs biens-meubles en quelque maniere que ce soit: Et les revenues de leurs Benefices seront prisées & estimées selon le taux du [d] disieme: Et se il ont rentes ou revenues de patremoine ou autre que d'Eglise, l'en regardera & estimera la juste valeur aussi comme des autres personnes; & resgardera-l'en la valeur de leurs rentes & revenues, *(c)* jusques à cinq mille livres de revenues & non plus; & aideront pour le premier cent de quatre livres, & pour chascun cent après, de quarente solz, jusques à la somme dessusdite.

(6) Item. Que en samblable maniere, Nous aideront toutes manieres de Religieux, Hospitaliers & autres quiexconques; excepté les Mendians; sauf tant que les Religieux cloistrés ne paieront riens; mais seulement paieront les *(d)* Chiefs des Eglises, & ceulx qui aront rentes, revenues, ou qui auront *(e)* Office ou administration.

(7) Item. Que toutes personnes d'Eglise paieront ledit Subside, ne ne s'en pourront franchir ou exempter pour quelconque privilege, [e] ne plus que il feissent de leur [f] disieme, quant les disiemes Nous estoient octroyés. Et aussi Nous aideront par la maniere dessusdite, Religieux & Nonnains qui aront rentes ou revenue jusques à dix livres de revenue; & au-dessous ne paieront riens.

(8) Item. Que nuls soit Monnoiers ou autres, ne sera exempt de l'Aide dessusdite, de quelque estat, auctorité ou privilege que il use; fors seulement ceulx qui sont exceptez ci-dessus:

Et seront levez l'Aide & les Subsides dessusdiz, de par les Deputez des trois Estats en chacun Païs, & converti & alloüé ou fait de la guerre, tant par mer comme par terre. Et quant au païs qui sont en frontiere de noz ennemis, l'Aide qui y sera levée, y demourra pour distribuer ou fait de la guerre dudit païs; sauf tant que se *(f)* l'un païs à afaire, les autres païs li aideront & secourront par nostre Ordenance, [g] & leur païs pourveu premierement.

Et [h] parmi les choses dessusdites, cessera l'Imposition [i] en la fin de ce present mois de Mars; & dès-maintenant cessera la Gabelle [k] du tout pour le temps à venir: Et se aucuns a esté [l] gabellé oultre trois mois, il li sera rendu ou rabattu [m] de ce dernier Subside, de ce qu'il aura paié oultre les trois mois. Et ce qui aura esté gabellé sur les Marchans de sel, leur sera promptement rendu, excepté *(g)* leur despense de trois mois.

(9) Item. Nous avons voulu & voulons que bonne Monnoie [n] queurre par nostre Royaume selon ce qu'il est ordonné par la *(h)* derniere Ordonnance; &

a *les.*
b *Voy. la fin de l'Article.*
c *quelque bien qu'ils ayent.*
d *decime.*
e *non-plus qu'ils faisoient.*
f *decimes.*
g *&* est inutile.
h *moyennant.*
i *accordée par les Estats du mois de Decembre precedent.*
k *entierement.*
l *si on luy a fait payer la gabelle.*
m *sur.*
n *courre.*

NOTES.

payera quatre livres d'Aide. Quant au Non-Noble, il payera l'Aide comme s'il avoit 4000. livres d'effets mobiliers, lesquels 4000. livres sont reputez équivalents à 400. livres de revenu; & ainsi il payera 12. livres d'Aide.

(c) Jusqu'à cinq mille livres.] On pourroit demander, si pour faire cette somme de 5000. livres, on comptoit & le revenu de leurs Benefices & celuy de leur patrimoine.

(d) Chiefs des Eglises.] Ceux qui sont à la teste des Monasteres, Abbez, Prieurs, &c. Voy. les Instruct. Note *(e)* où l'on a donné une signification trop estenduë à ces mots.

(e) Office ou administration.] Benefices claustraux auxquels il y a des revenus joints, & dont des Religieux sont revestus.

(f) L'un pays à afaire.] Si l'Aide levée dans un Pays ne suffit pas pour sa deffense, on y envoyera ce qui restera de l'Aide levée dans les autres Pays, après qu'ils auront esté mis en deffense.

(g) Leur dépense.] Je crois que cela signifie, *ce qu'ils en ont vendu pendant trois mois.*

(h) Derniere Ordonnance.] C'est l'Or-

que les autres Lettres qui furent faites le vingt-huitieme jour de Decembre dernierement passé, demourront en leur force & vertu en toutes autres choses.

(10) *Item.* Ordené est que les Gens des trois Estats retourneront à Paris, à la [a] quinzaine de Pasques, pour savoir la [b] valeur de l'Aide dessusdite, laquelle sera levée au [c] mains de frais & de despens que l'en pourra bonnement; sanz ce toutes-voies que les Hauts-Justiciers la lievent; mais sera levée par les Genz des trois Estats. Et est ordené que à Paris, aura six Generaulx Deputez auxquiex l'en aura recours pour les doubtes qui pourront advenir par les païs, & qui auront le gouvernement & ordenence sur tous les autres Deputez, & seront leurs Souverains, & de tous ceulx qui se mesleront du fait; & que en chascune Cité, aura trois particuliers Deputez; c'est assavoir, un de chascun estat, lesquels auront un Receveur & un Clerc avec eulx, & ordenneront certains Collecteurs par les Paroiches, lesquiex iront par les [d] Hostels, demanderont & interrogueront le [e] vaillant & l'estat des personnes & de leurs [f] mesnies, & prendront ce qui [g] baillé leur sera par les Gens des Hostels; & se il leur semble que il [h] se mettent à raison, il s'en passeront à tant: Et se l'on ne se vouloit [i] mettre à raison, ou que les Deputez en feissent doubte, il adjourneront ceulx de qui il feront doubte, pardevant les trois Deputez de la Cité [k], lesquiex feront jurer selon ce que bon leur semblera, ceulx qui seront adjournez pardevant eulx: Et les terres [l] desquelles les Citez sont hors du Royaume, respondront à la plus prochaine Cité du Royaume. Et pour ce que les petites Gens des Villages, seroient trop grevez de estre adjournez, ou de venir aus bonnes Villes, les Collecteurs ordenez par les Villages, feront jurer les bonnes Gens en la presence du Curé de la [m] Ville: Et se il y en avoit aucuns ès Citez, ès bonnes Villes ou ès Villages, qui ne [n] vausissent jurer, il seroit [o] tauxé ou estimé par les Collecteurs, selon ce qu'il trouveroient de son [p] vaillant par commune renommée ou par l'oppinion de ses voisins. Et toutes-voies l'Argent qui sera reçeu ès païs des frontieres, sera converti & distribué pour le fait de la guerre, tant par mer comme par terre, à la deffense du païs, selon nostre Ordenence. Et aussi les promesses & sermens qui par les autres [q] Lettres furent ordenez, seront enterinez & acomplis de point en point; & de ce faire & pourchacier, seront chargiez les Deputez generaulx selon ce qu'il estoient par les *(i)* autres Lettres scellées sanz riens païer, [r] aussi comme furent les autres Lettres: Lesquelles presentes Lettres, pour ce que ce soit ferme chose & estable à touzjours, Nous avons fait seeller de nostre grant Seél. *Donné à Paris, le douzieme jour de Mars, l'An de grace mil trois cens cinquante-cinq.* Par le Roy à la relation de son Conseil, ouquel vous estiez.

P. BLANCHET. [f] *Multiplicata.*

JEAN I.er & selon d'autres, Jean II. à Paris, le 12. de Mars 1355.

a *quinze jours après Pasques.*
b *le produit.*
c *moins.*
d *maisons.*
e *la declaration des biens & de l'état.*
f *domestiques.*
g *la declaration qu'on leur fera.*
h *que leur declaration soit conforme à la verité; ils s'en contenteront.*
i *si la declaration ne leur paroit pas conforme à la verité.*
k *dans le district de laquelle ils demeureront.*
l *situées dans le Royaume.*
m *du Village.*
n *voulussent.*
o *taxé.*
p *de son bien.*
q *l'Ordonnance du 28. de Decembre 1355.*
r *ainsi.*
f *Voy. le 3.e Vol. des Ordonn. p. 687. Note (a).*

NOTES.

donnance du 28. de Decembre 1355. Voy. le 3.e Vol. des Ordonn. p. 28. Art. 6.

(i) Autres Lettres scellées.] Il semble qu'après ces mots, *Lettres scellées*, il manque ceux-cy: *Et ces presentes Lettres seront scellées.*

(a) Lettres de Sauve-garde Royale pour les Consuls de Capestang.

JEAN I.er & selon d'autres, Jean II. à Paris, au mois de Mars 1355.

JOHANNES Dei gratia Francorum Rex: Notum facimus universis presentibus & futuris, quod Nos zelo sincere devotionis ad hoc afficimur & libenter intendimus, ut fideles & subditi nostri sub defensionis nostre munimine protegantur, & à violentiis & injuriis sub nostre protectionis clipeo, senciant se tueri, & in pace ac transquillitate teneri: Eapropter dilectorum nostrorum Consulum de (b) *Capite-stagno significantium* [t] *se*

t *se est inutile, ou il faut* suum *ou* suos.

NOTES.

(a) Tresor des Chartres, Registre 84. Piece 487.

(b) Capite-stagno.] *Capestang* ou *Capestain*, suivant M. de Valois dans sa Notice des Gaules, au mot *Caput-stagni.*

JEAN I.er & selon d'autres, Jean II. à Paris, au mois de Mars 1355.

[a] *Clavarium, Consiliarios, Supraprepositos,* [b] *Messagerios,* [c] *Banderios, domum sive domos ac deveria & bona quecunque dicti Consulatus & ad eundem pertinentia, nonnullorum oppressionibus affligi & gravari* [d] *: Nos supplicationibus eorumdem annuentes, mediante certa financia per eosdem Consules, dilectis & fidelibus Gentibus Compotorum nostrorum & Thesaurario Parisiensi oblata, & per ipsas Gentes admissa, ipsos Consules & Consulatum in capite & in membris, Clavarium, Officiales, Consiliarios, Clericos, Notarios, Supraprepositos, Messagerios cum universis juribus & deveriis ad ipsum Consulatum pertinentibus, qui sunt & pro tempore fuerunt, sub manu, protectione & speciali Salva-gardia Regia nostris & successorum nostrorum Regum Francie, imperpetuum remansuros, ex certa scientia & de gratia speciali suscepimus & suscipimus per presentes ; Carcassone, Tholose, Bellicadri & Nemausi Senescallis, Vicariis & Judicibus aliis dictarum Senescalliarum, ceterisque Justiciariis nostris qui nunc sunt & pro tempore fuerint, prout ad eorum quemlibet pertinuerit, tenore presencium mandantes ut dictos Consules, Consulatum, domum sive domos, Clavarium, Officiales, Consiliarios, Clericos, Notarios, Supraprepositos, Messagerios ac famulos cum universis juribus & deveriis ad ipsum Consulatum pertinentibus, in suis justis possessionibus, saisinis, libertatibus, usibus & franchisiis manuteneant, & defendant ab omnibus injuriis, violenciis, gravaminibus, oppressionibus, vi armorum & potentia laycorum, & novitatibus indebitis quibuscunque, nec permittant eis aliquas violencias vel injurias fieri vel inferri, seu indebitas novitates ; quas si factas esse invenerint vel illatas, ad statum pristinum indilate reducant, & Nobis ac ipsis faciant emendari condigne, affidagium &* [e] *assecuramentum à personis de quibus habere voluerint, juxta Patrie consuetudinem, eis dari faciant & prestari, & hujusmodi Salvam-gardiam nostram in eorum assisiis & locis aliis de quibus expedire viderint, publicari, ac penuncellos nostros in domo dicti Consulatus & aliis* [f] *jur. ejusdem, in terra que jure scripto regitur, situatis, apponant seu apponi faciant, ne quis possit in contrarium ignoranciam allegare ; ac violatores hujusmodi nostrarum protectionis & specialis Gardie, si qui sint, sic, Justitia mediante, civiliter puniant, quod cedat aliis in exemplum : Unumque aut plures de Servientibus nostris armorum aut aliis, in Gardiatorem eorum specialem seu speciales, suis tamen sumptibus, deputent, quos, nisi per Nos instituti fuerint, per dictos Senescallos seu Vicarios aut Judices institui & poni volumus & jubemus : qui instituti seu deputati de hiis que Cause cognitionem exigunt, se nullatenus intromittant. Quod ut ratum, firmum & stabile perpetuo perseveret, Sigillum nostrum presentibus Literis est appensum : salvo in aliis jure nostro & in omnibus quolibet alieno :* Datum & actum Parisius, Anno Domini millesimo trecentesimo quinquagesimo-quinto, mense Marcii. *Per Regem.* YVO.

a Voy. cy-dessus, pag. 48. Note (*y*).

b Huissiers.

c Voy. cy-dessus, pag. 15. Note (*c*) & 132. Note (*c*).

d Il manque-là quelques mots, ou du moins, cette phrase & la suivante sont peu correctes.

e Voy. le 3.e Vol. des Ordonn. p. 264. Note (*b*).

f *App.* juribus.

(a) MCCCLVI.

(a) Cette Année ayant commencé, suivant le Glossaire de Du Cange, le 24. d'Avril, & ayant fini le 18. d'Avril, ces Lettres sont du second jour de l'Année.

JEAN I.er & selon d'autres, Jean II. à Paris, le 25. d'Avril 1356.

(a) Lettres qui renouvellent les Privileges de l'Université d'Angers, & en particulier l'exemption du droit de Prise.

JOHANNES Dei gratia Francorum Rex: Seneschallo Andegavensi & Cenomanensi, cæterisque Justitiariis nostris aut eorum Loca-tenentibus, Salutem. Mandamus vobis & vestrum cuilibet, prout ad eum [g] *pervenerit, quatenus Magistrum Scholasticum,*

g Il faut corriger pertinuerit.

NOTES.

(a) Recüeil intitulé, Privileges de l'Université d'Angers. . . . tirez du Livre appellé, *le Livre du Recteur, ou du Procureur General.* Angers 1709. 4.° p. 6.

Doctores

Doctores, Licentiatos, Baccalaureos ac omnes & singulos Scholares Studii Andegavensis, in omnibus eorum justis possessionibus, privilegiis, franchisiis, juribus, usibus, saisinis & libertatibus in quibus ipsos esse, suosque prædecessores fuisse pacifice ab antiquo inveneritis, manuteneatis & custodiatis, eosdem & ipsorum singulos ab omnibus novitatibus indebitis defendendo & defendi faciendo: quas si factas esse aut fuisse in præjudicium ipsorum Magistrorum, Doctorum, Licentiatorum aut Baccalaureorum, ac omnium & singulorum Scholarium Studii supradicti, inveneritis, eas illico ad statum pristinum & debitum reducatis aut reduci faciatis, non permittentes eorum [a] *garnisiones bladi, vini, fœni & avenæ, nec eorum equos & domos sive hospitia, quas & quos, seu quæ eos habere noveritis & possidere sine fraude, (b) capi, saisiri, arrestari, (c) signari, nec alias quovis modo per quemcumque impediri omnino; omnia & singula attentata & facta in contrarium, ad statum pristinum & debitum reducatis, aut reduci faciatis indilate; Literis subreptitiis in contrarium impetratis aut impetrandis non-obstantibus quibuscumque.* Datum Parisius, die vigesima-quinta Aprilis, Anno Domini millesimo trecentesimo quinquagesimo-sexto. *In* [b] *Registris Hospitii.* J. ALANUS. G.

JEAN I.er & selon d'autres, Jean II. à Paris, le 25. d'Avril 1356.

a provisions.

b Il faut corriger, In Requestis.

NOTES.

(b) Capi, saisiri.] C'est-à-dire, qu'on ne pourra pas faire de Prises sur les effets appartenants aux Escoliers. Voy. sur ces Prises, les Tables des trois premiers Volumes des Ordonnances au mot *Prises.*

(c) Signari.] Apparemment que l'on imprimoit quelques marques sur les choses que l'on *prenoit* pour le service du Roy, ou pour celuy de ses armées.

JEAN I.er & selon d'autres, Jean II. à Chartres, le penultieme d'Aoust 1356.

(a) Lettres qui ordonnent que les affaires de l'Eglise de Chartres seront portées *sans moyen*, au Parlement de Paris.

JOHANNES Dei gracia Francorum Rex: Notum facimus universis presentibus & futuris, quod cum ressortum & superioritas [c] *temporalitatis dilectorum nostrorum Decani & Capituli Carnotensis Ecclesie, retroactis temporibus (b) in variis locis successive fuerit agitatum, unde predicte Ecclesie & ejus subditis quamplurima dispendia processerunt; ultimo vero ad sedem* [d] *Pissiaci porrectum fuerit, in quo loco deficiente copia* [e] *peritorum; & quia Prepositus noster Parisiensis Baillivus Pissiaci, ad quem regimen dicti ressorti noscitur pertinere, in multis aliis negociis communiter occupatus, modicum vacare potest, vix aut nunquam Cause predicti ressorti in dicta sede perducuntur ad finem; quinymo pro expedicione Causarum suarum, predictos Decanum & Capitulum oportet per (c) impetraciones recurrere ad nostram Curiam Parlamenti: Nos ex devocione quam ad predictam Ecclesiam specialiter habemus, volentes super hoc de remedio providere, attendentes quod in quantum est possibile, talis circulus est vitandus, quodque Ecclesia predicta fuerit ab antiquissimo tempore fundata; videlicet, (d) adhuc vivente Beata Maria Virgine gloriosa: Sic scriptum est in libris antiquis Ecclesie prelibate: Quamquidem Ecclesiam ipsa Virgo gloriosa elegit pro sua Camera speciali, prout fertur fuisse*

c des biens.

d Poissi.

e d'habiles Gens pour leur donner conseil dans leurs affaires.

NOTES.

(a) Tresor des Chartres, Registre 97. Piece 135.

(b) In variis locis.] L'Eglise de Chartres estoit sans doute sous la sauve-garde du Roy, & ne pouvoit par consequent ressortir que devant un Juge Royal; ainsi lorsque le Juge devant lequel elle ressortissoit, cessoit d'estre un Juge Royal, & devenoit un Juge de Seigneur, parce que le lieu dont il estoit Juge, estoit démembré de la Couronne, il falloit annexer l'Eglise de Chartres au ressort d'un autre Juge Royal. Voy. plusieurs exemples de ces changements de ressort, dans la Table des Matieres, au mot, *Juges Royaux.*

(c) Impetraciones.] Requestes presentées au Parlement, en cas de deni de Justice.

(d) Adhuc vivente B. M. V.] Dans un siecle aussi éclairé que le nostre, il est inutile de remarquer que cette tradition est fabuleuse.

JEAN I.er & selon d'autres, Jean II. à Chartres, le penultieme d'Aoust 1356.

per multa miracula revelatum: Superioritas igitur seu ressortum tante Ecclesie, in nostra Camera [a] *Justicie principali meruit merito* [b] *ventilari: dictis Decano & Capitulo auctoritate nostra Regia, de speciali gracia concedimus tenore presencium Litterarum, quod dictum ressortum ac superioritas exnunc sit & remaneat in futurum absque medio, Parisius in nostra Camera Parlamenti, ejusque Cause & dependencie mote seu movende, in dicta nostra Curia perpetuo ventilentur ac eciam decidantur; ipsos Decanum & Capitulum ac eorum superioritatem & ressortum, à Jurisdiccione & cohercicione aliorum Justiciariorum & Officiariorum nostrorum eximentes; decernentes esse exnunc irritum & inane quicquid in contrarium fuerit attemptatum: Nec tamen nostre* [c] *intencionis existit, quod per hoc,* [d] *antique consuetudini ipsius Ecclesie, per quam dicti Decanus & Capitulum asserunt se habere debere in dicta nostra Curia (e) tractatores; nec Privilegiis seu prerogativis inde consequentibus,* [e] *intendamus derogare. Mandantes dilectis & fidelibus Gentibus nostris qui nostrum tenebunt successive Parlamentum, quod dictam nostram graciam inviolabiliter exequantur, & eam observent, & faciant inviolabiliter observari:* [f] *Preposito insuper Parisiensi Baillivo Pissiaci predicto, ut omnes Causas motas & pendentes coram ipso, ressortum & superioritatem hujusmodi tangentes, ad dictum Parlamentum proxime venturum, ad dies Baillivie Carnotensis ipsius Parlamenti, remittant, in eo fine debito* [g] *decedendas. Quod ut firmum & stabile permaneat in futurum, Sigillum Castelleti nostri* [h] *Par. in nostri magni absencia, presentibus Litteris duximus apponendum: salvo in aliis jure nostro, & in omnibus quolibet alieno.* Datum Carnoti, die penultima Augusti, Anno Domini millesimo trecentesimo quinquagesimo-sexto.

a *Voy. cy-dessus, p. 118.* Justitia Capitalis *dans le mesme sens.*
b que leurs affaires y soient agitées & jugées.
c intentionis.
d *Il manque-là un mot, comme* derogetur.
e intendimus.
f &.
g decidendas.
h Parisiensis.

NOTES.

(e) Tractatores.] Je crois que par ce mot, il faut entendre des *Procureurs* ou des *Agens d'affaires.*

JEAN I.er & selon d'autres, Jean II. au Camp devant Breteüil, en Aoust 1356.

(a) Lettres accordées aux Habitans d'Alzonce.

SOMMAIRES.

(1) Les Habitans d'Alzonce, & ceux qui y viendront demeurer dans la suite, seront exempts du subside qui a esté imposé depuis peu sur les habitans.

(2) Les Habitans de cette Ville, & ceux qui y voudront demeurer dans la suite, auront une surseance de trois ans, pour payer leurs debtes; à l'exeption de celles qui auront esté contractées dans les Foires de Champagne & de Brie, des Legs pieux, des debtes Fiscales, & de ce qu'ils devront aux habitans des Villes qui ont aussi esté maltraitées.

(3) Ils seront exempts pendant trois ans, de toutes sortes d'imposts, par rapport aux marchandises qu'ils achepteront & qu'ils vendront.

(4) Ils seront toûjours sous la Sauve-garde du Roy, si les Seigneurs du lieu y consentent, & non autrement.

(5) Les Notaires Royaux de cette Ville, seront exempts pendant trois ans, de payer l'imposition du marc d'Argent.

(6) Les Habitans pourront prendre pour 200. livres de bois, dans les Forests du Roy, pour rebâtir l'Eglise & l'Hôpital de leur Ville, & ne payeront ni le prix du bois, ni les imposts establis sur le bois.

(7) Le contenu de ces Lettres sera observé exactement.

JOHANNES Dei gratia Francorum Rex: Notum facimus universis tam presentibus quam futuris, Nos quasdam Litteras infrascriptas, sigillo dilecti & fidelis Comitis Armaniaci locum nostra tenentis in partibus Occitanis, Consanguinei nostri carissimi, in

NOTES.

(a) Tresor des Chartres, Registre 84. Piece 599.

Voy. dans le 3.e Vol. des Ordonn. p. 73. & suiv. & p. 177. des Lettres à peu près semblables, accordées aux Habitans d'Avionet & de quelques autres Villes, qui estoient dans la même situation qu'*Alzonce.*

cera viridi sigillatas, & concessas Consulibus & Universitati Ville de (b) Alsona, Senescallie Carcassone, vidisse, formam que sequitur, continentes.

JEAN I.er & selon d'autres, Jean II. au Camp devant Breteüil, en Aoust 1356.

JOHANNES *Comes Armaniaci, (c) Fesensis & Ruthenensis, Vicecomes Leomanie & Altivillaris. & Locum-tenens Domini nostri Regis Francie in tota* [a] *Linga Occitana, Senescallo & Thesaurario Carcassone & Biterris, & Magistris Forestarum Regis dicte Senescallie, ceterisque Justiciariis & Officiariis Regis & aliis quibuscunque, presentes Litteras inspecturis, & eorum Loca-tenentibus, Salutem. Notum facimus quod nos more Regalium Corone Francie, summe desiderantes ipsius Corone & Reipublice honorem & commodum, & ut Villa Alsone dicte Senescallie Carcassone, per inimicos dicti Domini nostri Regis, destructa & pro majori parte concremata, melius & facilius pro conservatione Reipublice & subditorum, construatur & reedificetur, & ut confectioni & reparationi & nove constructioni Ecclesie & Hospitalis Beate Marie dicti loci, succurratur, deliberatione magni Consilii prehabita, Consulibus & Universitati dicti loci Alsone, & singularibus ejusdem loci qui nunc sunt & pro tempore erunt, concessimus & concedimus que sequuntur.*

a Lingua.

(1) Primo. *Quod habitatoribus hactenus dicti loci, & nunc habitantibus & habitare volentibus in eodem, subsidium Regium ultimo eis indictum, remittimus perpetuo & quictamus.*

(2) Item. *Quod dicti habitatores & habitare volentes in dicto loco, suis creditoribus debita hinc ad triennium solvere non teneantur, (d) Campanie, Brie, & Legatis piis & debitis Fiscalibus exceptis; & quod presens gratia &* [b] *respectus contra simili modo* [c] *dampnificatos se non extendat, nec eam quoad illos extendi volumus ullo modo.*

b respit.

c Voy. cy-dessus, Note (a).

(3) Item. *Quod dicti habitatores & habitare volentes in dicto loco, possint & valeant ubique in Regno Francie libere mercari, emendo, vendendo, & mercimonias suas portare & portari facere hinc ad triennium, libere & absque quacunque leude pedagii, copagii, barragii, & cujuscunque vectigalis Domino nostro Regi* [d] *debitis & debendis, prestatione quacunque.*

d debiti & dedendi.

(4) Item. *Quod dicti habitatores & eorum singuli, sint perpetuo in Salva-gardia Regis speciali, si hoc de Dominorum dicti loci procedat voluntate, & eo casu & non aliter, suscipimus per presentes.*

(5) Item. *Quod Magister Guillelmus de Ortenchis Notarius Regius, & alii, si qui sint de dictis habitatoribus, Notarii Regii habitatores dicti loci & habitare volentes, per triennium continuum sit & sint à prestatione & solutione* [e] *Marche Argenti indicte nomine Regio & indicende, & etiam à minori quantitate, si indicatur, liberi & immunes.*

e Voy. le 3.e Vol. des Ordonn. p. 117. VI.

(6) Item. *Cum intellexerimus quod Ecclesia Beate Marie dicti loci de Alsona, igne combusta & destructa* [f] *& Campane que ibi erant, liquefacte fuerint, & Hospitale Beate Marie Virginis quod erat in dicto loco ad honorem Dei & Beate Virginis Marie Matris ejus & omnium Sanctorum, constructum & edificatum, in quo erant quatuor-viginti lecti, & recipiebantur omnes pauperes Christi; videlicet transeundo die qualibet, & infirmi, & eisdem infirmis ministrabantur Medici & alia necessaria, ad expensas dicte Ville, quo usque*

f fuerit.

NOTES.

(b) *Alsona.*] C'est apparemment *Alzone*, Ville du bas Languedoc, dans le Diocese de Carcassone. Voy. le Dictionn. Univers. de la France à ce mot.

(c) *Fesensis & Ruthenensis.*] Voy. sur tous ces titres, le 3.e Vol. des Ordonn. p. 101. Note (b). On y trouvera que le Comte d'Armagnac est nommé dans des Lettres redigées en François, Comte de *Rodez*. Comme ce nom en latin est *Ruthenensis*, j'avois crû que c'estoit la Ville de *Rodez*, Capitale du Roüergue. Mais j'ay appris depuis par une Note marginale qui est à la p. 139. du Traité du Franc-Alleu de Galand, que le *Comitatus Ruthenensis*, nommé aussi *Rodensis*, n'est pas *Rodez* dans le *Roüergue*; mais *Razés* ou *Rasés*, nommé aussi en latin *Redensis*, & situé entre Narbonne & Carcassone, & sur lequel on peut consulter la Notice de Valois, au mot *Redæ*.

(d) *Campanie, Brie.*] Voy. sur les Privileges des Foires de Champagne & de Brie, la Table des Matieres du 2.e Vol. des Ordonn. aux mots, *Champagne & Brie. (Foires de)*

JEAN I.er & selon d'autres, Jean II. au Camp devant Breteüil en Aoust 1356.

reconvaluissent, & Religiosi habebant etiam locum in dicto Hospitali, in quo honeste recipiebantur, & mulieres etiam jacentes in puerperio, ibidem cameram etiam habebant, quibus necessaria ministrabantur quousque dies earum purgationis transivissent: quibus consideratis, & quod dicti Consules concesserunt & voluerunt quod dictus Dominus noster Rex & ejus Liberi & successores, sint participes bonorum que fient in dictis Ecclesia & Hospitali, damus & concedimus dictis Consulibus & Universitati dicti loci de Alsona, pro reparatione & reedificatione Ecclesie memorate & Hospitalis predicti, de nemoribus, [a] tranibus & fustibus ac postibus & aliis necessariis pro reedificatione predicta, de nemoribus & forestis Regis Senescallie Carcassone, magis utilibus pro predictis, usque ad summam ducentarum librarum turonensium Monete nunc currentis: Quodque possint dictos fustes, trabes & alia necessaria de dictis lignis, portare usque ad summam predictam, vel ducere seu duci facere per terram vel per aquam, ad dictum locum de Alsona, absque exactione alicujus pedagii seu leude vel barragii, & cujuscunque alterius redibencie ad dictum Dominum nostrum Regem pertinentis; & quod dicti Consules & habitatores Alsone, nunquam teneantur solvere aliquid de dictis ducentis libris.

a trabibus, *ainsi qu'il y a plus bas.*

(7) Item. *Quod si que contra formam & tenorem gratie hujusmodi, & post* [b] *datam presentium, contra eosdem Consules & Notarios & habitatores dicti loci Alsone, facta vel attemptata esse reperiantur, ea ad statum pristinum & debitum reducantur indilate.*

b la date.

Premissa autem omnia & singula dictis Consulibus & habitatoribus & habitare volentibus in dicto loco de Alsona, concessimus & concedimus, prout supra scripta sunt, auctoritate Regia & ex nostra certa scientia & gratia speciali: mandantes vobis Senescallo & Thesaurario Carcassone, & Magistris Portuum & Passagiorum & aliis quibuscunque Juridictionem exercentibus, & vestri Loca-tenentibus, quatinus Consules predictos, Universitatem & habitatores & habitare volentes in dicto loco, gratia & concessione predictis & qualibet earumdem, conjunctim & divisim, uti & gaudere ad plenum libere & pacifice faciatis & permittatis: quod si [c] *faceretis* [d] *per inadvertentiam aut aliter, ea indilate revocetis & ad statum pristinum reducatis. Quod ut firmum & stabile perseveret, nostrum presentibus Litteris fecimus apponi Sigillum: salvo in aliis jure Regio & in omnibus quolibet alieno.* Datum apud *(e)* Anhanum, die nona Februarii, Anno Domini millesimo trecentesimo quinquagesimo-quinto.

c feceritis.
d in contrarium,

NOS autem libertates, immunitates, gratias ac omnia alia & singula in suprascriptis Litteris contenta, prout dictis Consulibus & Universitati dicte Ville de Alsona, ut melius [e] *reformetur, per dictum locum nostrum tenentem sunt concessa, rata habentes & grata, ea volumus & laudamus, ratifficamus, approbamus & auctoritate nostra Regia, tenore presentium, de speciali gratia confirmamus: mandantes Senescallo & Thesaurario nostris Carcassone & Biterris, Magistrisque Forestarum nostrarum, Portuum & Passagiorum Custodibus, ceterisque Justiciariis, Commissariis & Officiariis Regni nostri Juridictionem exercentibus, vel eorum Loca-tenentibus, modernis & qui pro tempore fuerint, ut dictos Consules & Universitatem dicte Ville de Alsona & habitatores ejusdem, omnibus & singulis libertatibus, concessionibus & gratiis in suprascriptis Litteris contentis, juxta earumdem & nostre presentis confirmationis tenores, uti & gaudere libere & pacifice, omni impedimento cessante, faciant & permittant. Quod ut firmum & stabile permaneat & servetur, Sigillum nostrum presentibus Litteris duximus apponendum: nostro in aliis & alieno in omnibus jure salvo.* Datum in [f] Castris ante Bretolium, Anno Domini millesimo trecentesimo quinquagesimo-sexto, mense Augusti.

e pour la restablir.

f Voy. le 3.e Vol. de Ordonn. p. 72. Note *(g)*.

Per Consilium in quo erant Domini Archiepiscopus Senonensis & Simon de Bucyaco. FRANCISCUS. *Collatio facta est cum Litteris Originalibus, per me* FRANCISCUS.

NOTES.

(e) Anhanum.] C'est apparemment *Anan*, Ville de l'Armagnac & du Diocese de Comminges, sur lequel Voy. *le Diction. Univers. de la France.*

CHARLES FILS AISNÉ, & Lieutenant de Jean I.er & selon d'autres, Jean II. à Paris, le 3. de Mars 1356.

(a) Commission pour les trois Esleûs par les Estats generaux, de l'autorité de Charles Fils aisné & Lieutenant du Roy, & départis dans les Dioceses de Clermont & de S.t Flour.

CHARLES aisné Fils du Roy de France & son Lieutenant, Duc de Normandie & Dalphin de Viennois: A noz amez & feaulx Maistre Ebrant de Chalenco Chanoine de Clermont, Gralh de Saint Nettier, Seigneur dudit lieu en partie, & Jacques Tisseir Bourgois de Clermont, demourans à Clermont, esleuz ès Villes & Dyoceses de Clermont & de Saint Flour, de nostre auctorité, par les troiz Estaz du Royaume de France en la Languedoyl, sur le fait l'Aide avisée & ordonnée par lesdiz trois Estaz estre faicte pour cause des presentes guerres, Salut & dilection. Comme à nostre commandement, lesdiz trois Estaz ayent esté assemblez à Paris par plusieurs fois, & derrenierement au cinquieme jour de Fevrier derrenierement passé, & aus jours ensuivans, pour Nous donner conseil & aide sur la delivrance de nostre très cher Seigneur & Pere, & sur la garde, bon gouvernement, tuition & deffence dudit Royaume; & par yceulx [a] ayent esté avisié par grant & meure deliberation, tant sur le conseil comme sur l'aide, en certaine maniere à vous exposée, & plus à plain contenuë en certains rolles & escriptures, lesquelles après la premiere assemblée, ont esté portées par les Pays, [b] leus & approuvez par ceulx des Pays, tant Gens d'Eglise, comme Nobles, Bourgois des bonnes Villes & autres, & rapportées à ceste derreniere assemblée, & derechef veuz, leuz & approuvez, tant par Nous & nostre Conseil, comme par lesdiz trois Estaz estans en laditte derreniere assemblée: Et entre les autres choses, ayent advisié & ordené à faire certaine aide pour un an pour les causes dessusdittes, par & sur certaines conditions & modiffications par Nous à eulx accordées & seellées, à lever ladite aide, en la maniere qui s'ensuit.

(1) C'est assavoir, l'Estat du Clergiée [c] disieme & demy de tous leurs Benefices, rentes & autres revenuës, à vie, à volenté & à heritage ou cas qu'il plaira au Saint Pere; & l'estat des Nobles semblablement disieme & demy de toutes leurs rentes & autres revenuës à vie, à volenté & à heritage, & l'estat des Bourgois des bonnes Villes & plat Pays, de cent Feuz, un homme d'armes de demy Escu de paye le jour, selon la forme, maniere & qualité contenuë en certaine [d] Instruction sur ce faicte par lesdiz trois Estaz, laquelle Nous vous envoyons souz le Seel du Chastelet en l'absence du grant Seel de nostredit Seigneur: Et avec ce, ont ordené & avisié que vous soyez Esleuz ès Villes & Dyocezes de Clermont & de [e] Saint Fleur, & aurez povoir de nostre auctorité, de asseoir, cuillir & recevoir par vous ou par autres que vous deputerez ad ce, ès Villes & Diocezes de Clermont & de Saint Flour, toutes les revenuës dudit aide.

(2) *Item.* Povoir de contraindre & faire contraindre les deffaillans de payer ce qu'il devront pour laditte Ordenance, tant les personnes du Clergié, par les bras de l'Eglise, & prinse, [f] venduë & explectation de leur temporel, se mestiers est; comme les personnes des autres Estaz, par prinse, levée, venduë & explectation de leurs biens, meubles, rentes & heritages & autrement, en la maniere contenuë en laditte Instruction; c'est assavoir, en la maniere qu'il est accoustumé à faire pour les propres debtes du Roy nostre Sire, toutes solempniclez ostées.

(3) *Item.* De faire emprunts & finances par vous ou voz deputtez, se mestier en estoit, pour les [g] faiz dessusdiz ou nom de Nous & des trois Estaz, & obligier par Lettres ou Instrumens publiques envers quelconques personnes, Nous & les trois Estaz dessusdiz, & chascun d'iceulx Estaz, pour telle portion qu'il pourront devoir dudit aide, & [h] tout le fait & revenuë dudit aide, en tout ou en partie, de faire & bailler quittance souz voz Seeaulx ou autres, de ce que vous prendriez ou recevriez, de deleguer ou assigner auxdiz creanciers de qui l'en empruntera [i] ou nom de payement de laditte revenuë dudit aide, en tout ou en

a ait.

b lus.

c payera.

d Elle sera imprimée à la suite de cette Piece.

e S.t Flour.

f vente.

g faits.

h obligier qui est un peu plus haut.

i sur la sûreté.

NOTES.

(a) Dans l'Ordonnance du mois de Mars 1356. [k] Art. 1. il est parlé des Deputez [*Esleûs*] par le Dauphin Charles, par le Conseil des trois Estats, & *establis sur le fait de l'Aide*, & des Instructions qui leur furent donnez à cet effet: Il paroist que ces Deputez devoient avoir la même autorité que ceux qui avoient esté establis dans les Provinces, par l'Art. [l] 2. de l'Ordonnance du 28. de Decembre 1355.

La Commission qui fut envoyée en 1356. par le Dauphin Charles aux Deputez *Esleûs* pour les Dioceses de Clermont & de S.t Flour, & les Instructions qui leur furent données, se sont conservées dans un Registre qui est au Greffe de la Chambre des Comptes de Paris, & qui est intitulé: *Compte du subside du Bailliage d'Auvergne, &c.* [levé en 1356.] On a crû devoir faire imprimer icy, & cette Commission & les Instructions.

k Voy. le 3.e vol. des Ordonn. p. 126.

l V. id. p. 22.

CHARLES Fils aisné, & Lieutenant de Jean I.er & selon d'autres, Jean II. à Paris, le 3. de Mars 1356.

partie, conjointement ou singulierement, & de bailler quittance ou [a] quitt. de ce que vous assignerez ou deleguerez en payement.

(4) *Item.* Povoir de establir Receveurs, un ou plusieurs èsdittes Villes & Diocezes de Clermont & de Saint Flour, tant & telx comme bon vous semblera, en la maniere contenuë en laditte Instruction, de oir & faire oyr les comptes desdiz Receveurs, & de culx contraindre à compter toutesfoiz qu'il vous plaira, & de eulx contraindre à payer le [b] resideu & de [c] eulx faire & donner quittance de ce ce qu'il auront payé, [d] mis & alloüé, à vous ou à autre de vostre commandement.

(5) *Item.* Que vous aurez & non autre, povoir & auctorité de Nous, d'avoir la congnoissance, punition, correction & reformation de touz les Commis & depputez par vous sur ledit fait, ès [e] termes des Villes & Diocezes de Clermont & de Saint Flour, & ès cas touchans leurs Offices; & aussi de tous les Subgez desdites Villes & Diocezes, [f] rebelles & autres forfaisans ou delinquans sur ledit fait, se aucuns en y avoit, & de leur infliger & imposer amendes pecuniaires ordinaires, ou autres telles comme raison [g] dourra : lesquelles amendes seront appliquées au fait des guerres : [h] sauvé toutesvoyes les libertez de l'Eglise, quant aux personnes du Clergié, lesquels seront corrigez par leurs Ordinaires, se sur ce sont requis.

(6) *Item.* Il ont avisé que [i] tous les deniers receuz èsdittes Villes & Diocezes, les Generaulz esleuz à Paris & non autres, pourront ordener & dispenser, pour tourner & convertir ou fait de la guerre, tant en mer comme en terre, & ailleurs ainsi comme bon leur semblera; & en ce cas, à yceulx Generaulx esleuz, vous serez tenuz de obéïr, & [k] vous depputez pour le fait dessusdiz, & non à autres, quelque povoir qu'il ayent : [l] ouquel fait touz les deniers seront miz & convertiz, & non en autres usages : & qui feroit ou vouldroit faire le contraire, seust Nous ou autres de par Nous, vous ne voz depputez ne seront tenuz d'obéïr; mais le pourrez contredire & y resister par toutes manieres, sanz encourre pour ce aucune paine ou offense.

(7) *Item.* Que vous pourrez taxer & ordener sallaires suffisans & raisonnables, pour & à touz vos Commis & depputez sur ledit fait èsdiz Diocezes : & les Generaulx esleuz à Paris, [m] taxeront & ordeneront bons sallaires suffisans & raisonnables.

(8) *Item.* Ont avisé que vous aurez povoir & auctorité de Nous, de mander & faire assembler à Clermont & à Saint Flour ou ailleurs èsdittes Diocezes, ou nom des trois Estaz, generalement & espialement touz ceulx des trois Estaz desdites Diocezes, & aucuns d'eulx, ainsi & toutesfoiz que bon vous semblera, pour le fait dessusdiz & les deppendances : Et Nous desmaintenant l'octroyons & avons octroyé.

Et Nous ont requis lesdiz trois Estaz, que les choses dessusdittes & plusieurs autres tant sur le conseil comme sur l'aide par eux avisiez & ordenez, & plus à plain ailleurs escriptes & scellées, sur les conditions, modifications & formes qui mises y sont, Nous vüeillions avoir aggreables, ratiffier, confermer & auctorisier. Toutes lesquelles chouses eu par Nous bonne & meure deliberation [n] à nostre grant Conseil, avons eu & avons aggreables, & ycelles ratiffions, autorisons & confermons tant comme Nous povons : Et pour ce qu'elles soient mieulx accomplies & executées, Nous sçachans vostre bonne loyauté, [o] senz & diligence, vous commectons, & donnons povoir, auctorité & mandement especial & general, en & sur toutes les choses de Nous desclairées & exprimées, & sur les deppendances d'icelles faire par vous & voz deputez, & ycelles enteriner & accomplir de point en point. Si mandons & commandons à tous les Subgez du Royaume, de quelque estat qu'il soient, & quelconques povoir qu'il ayent, que à vous & aux depputez de par vous èsdittes Citez & Diocezes de Clermont & de Saint Flour, obéïssent & entendent diligemment, & que à vous & aux depputez & commis de par vous, donnent conseil, confort, avis & aide en & sur les choses dessusdittes, toutesfoiz que requis en seront : Et deffendez à tous sur quanques il se pevent meffaire envers mondit Seigneur & Pere & envers Nous, que en riens de fait ou de dit, ne vous empeschent ou voz depputez, en la [p] prosecution de ceste besoigne, laquelle Nous avons tant à cuer comme Nous povons plus : Et se il estoit ainsi que ja n'aviegne, que aucuns scientement & * pertinassement, empeschassent le fait des avis & Ordenances dessusdittes, Nous voulons estre procedé de par Nous contre [q] ceulx le mieulx, le plus diligemment & rigoreusement que on le pourra faire selon raison, sommiairement & de plain, sanz [r] strepite & figure de Jugement. Voulons aussi que [s] voz Sentences & executions ou Ordenances judiciaires ou autres, ne soit ou puist estre en aucune maniere appellé ou reclamé par voye ordinaire; mais par voye de supplication aux Generaulx depputez à Paris : & les choses dessusdittes lesquelles vous avez jurées ou jurrerez à tenir, garder, faire & accomplir bien & loyaulment, Nous promectons en bonne foy tenir & garder sans les enfraindre ou venir encontre : & ou cas que par aucune maniere, Nous ferions ou ferions faire le contraire, Nous voulons que tout [t] ce soit tenu & reputé pour nul & de nulle valuë, & que à ce ne soit en aucune maniere obéy ; nonobstant Lettres baillées ou à bailler au contraire.

[a] App. *quittances.*
[b] *le restant, les debets.*
[c] *de à eux.*
[d] *depensé.*
[e] *dans le district.*
[f] *refusant de payer.*
[g] *donnera, ordonnera.*
[h] *sauf.*
[i] *de.*
[k] *vos.*
[l] *pour lequel fait [de la guerre.]*
[m] Je crois qu'il faut ajoûter *vous.*
[n] *avec.*
[o] *sens.*
[p] *poursuite.*
* *mot formé du latin,* pertinaciter.
[q] *eux.*
[r] *bruit,* strepitus.
[s] *de.*
[t] *tout ce que Nous ferons.*

Donné à Paris, soubz le Scel de Chastellet de Paris, en l'absence du grant Scel de nostredit Seigneur & Pere, le troisieme jour de Mars, l'An de grace mil trois cens cinquante-six. Et estoient signées en marge. Par Monsieur le Duc. TOURNEUR.

CHARLES Fils aisné, & Lieutenant de Jean I.er & selon d'autres, Jean II. à Paris, le 3. de Mars 1356.

Copie des Instructions faites sur ledit Subside.

INSTRUCTIONS faites & ordennées par les trois Estas du Royaume de France de la Languedoyl, assemblez à Paris du commandement de Monsieur le Duc de Normendie, le cinquieme jour de Fevrier & les jours ensuivans, l'An mil trois cens cinquante-six, sur le fait de l'aide avisée & ordenée pour cause de ces presentes guerres, montans à la somme de trente mille payes pour un An; & *(a)* demi escu pour jour ou au-dessouz, tant qu'il puisse souffire au fait de la guerre, selon l'avis & Ordenance des Generaulx Esleuz sur ledit fait, du 4. Mars 1356.

Primo. En la Ville de Paris, aura dix personnes; & à chascun Eveschié, aura trois personnes des trois Estas Esleuz *(b)* tant par les Gens de Paris, comme desdittes Eveschez & Diocezes, auctorisées de Monsieur le Duc, qui auront povoir de executer & faire executer par eulx ou par leurs Commis, les choses, & en la maniere que cy-après s'ensuit.

(2) Item. Toutes manieres de Gens d'Eglise, exemps & non exemps, Hospitalliers & autres quelconques ayans [a] temporalité, payeront pour ce present An, aux termes qui sont ordenez, de toutes leurs rentes & revenuës de Sainte Eglise, un disieme & demy, à payer selon le taux à quoy leurs Benefices sont taxés, au [b] disieme; & de leurs Benefices & revenuës qui ne sont point [c] aux taux, payeront selon la valeur dudit Benefice justement estimé, semblablement disieme & demy.

[a] *des biens.* [b] *décimes.* [c] *qui ne sont pas taxez.*

(3) Item. Lesdittes Gens d'Eglise qui auront rentes ou revenuës à vie, à volenté ou à heritage, payeront semblablement de ce, disieme & demy pour ce present An, aux termes comme dessus.

(4) Item. Que tous Nobles tant [d] du Sang de France, comme autres, qui auront rentes, possessions ou revenuës à vie, à volenté ou à heritage, payeront comme dit est, disieme & demy, aux termes comme dessus.

[d] *Princes du Sang de France.*

(5) Item. Les termes de payemens sont ordenez, quant aux Eglises & Nobles, à payer de deux moys en deux moys, la sixieme partie de laditte aide, commençant l'An le premier jour du moys de Mars: Et le premier payement pour deux moys, [e] le premier jour d'Avril ensuivant, [f] telle Monnoye comme il courra aux jours des payemens.

[e] *se fera.* [f] *en.*

(6) Item. Toutes manieres de Gens de bonnes Villes, de quelque estat ou condition qu'il soient, & Clers non Beneficiers & autres, & du plat Pays; exceptez lesdittes Gens d'Eglise & Nobles, & exceptez ceulx qui vivent d'aumosnes sanz [g] labour, payeront de cent feuz, un homme d'armes, *(c)* qui montera par chascun jour, [h] demy Escu ou la valeur: Et s'il [i] avoit en une Paroisse ou Ville, plus de cent feuz ou moins, laditte Paroisse ou Ville payeront de tant comme il y auroit de feux, du plus plus, du moins moins, selont la quantité: Et esliront ceulx des bonnes Villes ou Paroisses, bonnes Gens, trois, quatre, cinq ou six, ou tant comme bon leur semblera de leursdittes Villes, qui asseront par leurs sermens justement laditte cuillette, par telle maniere que le fort portera le foible, au plus [k] egaument qu'il pourra estre fait; [l] pourveu que s'il y a aucunes grosses Villes qui veullent bailler Gens d'armes selon le nombre des feux & du temps, faire le pourront ou cas qu'il bailleront Gens convenables & suffisans ad ce: & si se payera laditte aide de deux moys en deux moys, comme dit est.

[g] *sans travailler.* [h] *a.* [i] *y.* [k] *egalement.* [l] *& cependant, s'il y a.*

(7) Item. [m] Ou nombre des feux desdittes Villes, seront comptez touz Sergens, Officiers, Chastellains, Consierges, *(d)* Coustre d'Eglise Laiz, & autres personnes quelconques privilegiez & non privilegiez, Monnoyers ou autres tenans feux; [n] sanz leurs privileges en autres cas.

[m] *Dans le nombre.* [n] *sauf.*

(8) Item. Toutes femmes [o] veves [p] & mendre d'aages & autres personnes qui ne tendront

[o] *veuves.* [p] *mineures.*

NOTES.

(a) Demi-Escu par jour.] pour la solde de chaque Gens-d'Armes. Voy. le 3.e Vol. des Ordonn. p. 227. XIV. Voy. cy-dessous l'Art. 6.

(b) Tant par les Gens de Paris, &c.] Je crois que par *les Gens de Paris,* il faut entendre les Eslûs Generaux & Superintendans establis pour avoir l'inspection generale sur le fait de l'Aide, & qui residoient à Paris, comme il paroist par les Art. 21. & 22. de ces Instructions. Ainsi ces Deputez particuliers departis dans les Evêchez, estoient eslûs par les Generaux Superintendans residents à Paris, & par les Deputez que les Evêchez avoient envoyez aux Estats. Voy. sur ces Eslûs generaux & Superintendans, cy-dessous les Art. 21. & 22. & le 3.e Vol. des Ordonn. p. 22. Art. 2. & p. 126. Art. 1.

(c) Qui montera.] Dont la solde montera par jour à un demi-Escu. Voy. cy-dessus Note *(a)*.

(d) Coustre d'Eglise Laiz.] Je n'ay pû trouver l'explication de ce mot. C'est apparemment la même chose que les *Contres-Marregliers Lais,* sur lesquels Voy. le 3.e Vol. des Ordonn. p. 228. XV. & Note *(k)*.

CHARLES FILS AISNÉ, & Lieutenant de Jean I.er & ſelon d'autres, Jean II. à Paris, le 3. de Mars 1356.

point de feu, ayans dix livres de terre & au-deſſuz, feront comptez au nombre des feux.

(9) *Item.* Leſdittes Gens d'Egliſe & Nobles jurront & feront creuz par leurs fermens & loyautez, de la valeur des rentes & revenuës que il ont tant à vie, à volenté, comme à heritage : toutesvoyes ou cas où il aroit en ce aucune fraude ou ſoupçon, il ſeroit corrigé & amendé par les trois Eſleuz, leſquelx en pourront ordener à leurs volentez, ſelon raiſon.

(10) *Item.* Que leſdittes Gens d'Egliſe & Nobles [a] ſe acquitteront de leurs Benefices, rentes, poſſeſſions & revenuës que il ont, ès lieux là où leſdittes revenuës ſont ſituées; excepté les Egliſes & Abbayes qui ont accouſtumé de eulx acquitter [b] en chief, de tous leurs membres, leſquelles ſe acquitteront ès chiefs là où le chief demeure : Et les Gens des bonnes Villes & plat Pays, Officiers & autres, ſe acquitteront ès Villes & plat Pays èſquelles il demeurent, pour tout leur vaillant en quelque lieu qu'il ſoit.

a *payeront l'Aide.*
b *au chef-lieu pour tous les membres.*

(11) *Item.* Sera ordené par les trois Eſleuz, un Receveur ou pluſieurs, ès Villes & Eveſchées qui leur feront baillées à gouverner; leſquelx recevront l'Argent dudit ſubſide en la maniere & [c] ou lieu que leſdiz trois Eſleuz ordeneront & non autrement : Et feront leſdiz Receveurs bonnes perſonnes & ſolvables, pris & eſleuz par le conſeil des trois Eſtaz eſtans èſdittes Villes.

c *au.*

(12) *Item.* Leſdiz Eſleuz ſanz délay, & de l'auctorité de Monſieur le Duc, manderont & feront crier notoirement & publiquement par touz les lieux accouſtumez à faire criz, que toutes manieres de Gens d'Egliſe qui tendront rentes & revenuës à vie, à volenté ou à heritage, qui ne feront point à [d] taux de diſieme, apportent pardevers eulx ou leurs Depputez, dedens huit jours après laditte publication, la valeur que leurſdittes rentes & revenuës pevent valoir par An à juſte prix & loyal : Et feront rabatus les coux & les frais & toutes autres charges quelconques, & feront priſiez tant ſeulement à [e] tant que elles pourroient valoir à ferme, [f] ſanz y mettre la main.

d *taxez pour les décimes.*
e *pour le prix.*
f *ſans les faire valoir par ſes mains.*

(13) *Item.* Semblablement manderont & feront crier que touz Nobles apportent en [g] ſomme par eſcript devers eulx, toutes leurs rentes, poſſeſſions & revenuës que il ont à vie, à volenté & à heritage, tout en la forme & maniere que pardeſſus eſt deviſé.

g *le calcul de leurs revenus reduit en ſomme totale.*

(15) *Item.* Feront crier ſemblablement & mander que tous les Maires, Eſchevins, Prevoſtz & Souverains [h] de Villes [i] de loy, & les Curez des Villes du plat Pays èſquelles il n'a Commun ou College, appellée avec eulx deux bonnes perſonnes deſdittes Villes, qu'il apportent juſtement ſanz fraude, pardevers leſdiz Eſleuz ou leurs depputez, le nombre des feux qui feront èſdittes Villes ou Paroiſſes, deduit ceulx qui ne doivent eſtre comptez, comme dit eſt : Auſquelx Maires, Eſchevins, Prevoſtz & Souverains, Curez & bonnes Gens, leſdiz Eſleuz feront commandement qu'il par leurs fermens, ayent aſſiz en la Ville & Paroiſſe dont il feront, laditte cuillette dedens huit jours après ledit commandement fait, & que ce il ayent fait ſur certaine peine ordenée par leſdiz Depputez, à appliquer au profit de la choſe publique

h *des.*
i *Voy. le 3.e Vol. des Ordonn. p. 411. & Note (c).*

(16) *Item.* Sera commandé & crié que il apportent par eſcript les noms de touz les Nobles, & des poſſeſſions que il ont èſdittes Villes.

(17) *Item.* Prendront leſdiz Eſleuz [k] copie des Benefices qui ſont taxez au diſieme, & le [l] taux, pardevers les [m] Gens des Prelas, & les retendront pardevers eulx, & en feront prendre autant auxdiz Receveurs.

k *la liſte.*
l *la taxe pour laquelle ils ſont employez.*
m *les Officiers.*

(18) *Item.* Leſdiz trois Eſleuz prendront ſemblablement par eſcript, les Benefices qui ne ſont point aux [n] taux, & de ce feront prendre autant auxdiz Receveurs; & ſemblablement des rentes & revenuës à vie, à volenté & à heritage, que leſdittes Gens d'Egliſe & Nobles ont.

n *taxez pour les décimes.*

(19) *Item.* Leſdiz Eſleuz prendront ſemblablement pardevers eulx, le nombre des feux des bonnes Villes & du plat Pays, & en feront autant prendre auxdiz Receveurs.

(20) Leſdiz Eſleuz feront contraindre [o] par auctorité de Monſieur le Duc à eulx donnée, toutes les perſonnes deſſus nommées, par leurs Commis & depputez à ce, comme [p] des propres debtes du Roy & [q] autrement, deüement; c'eſt aſſavoir, les Gens du Clergiée vivans [r] clergiaument en habit & en tonſure, par les Juges ordinaires de l'Egliſe. Et ſera chaſcun Eſtat tenuz à aider leſdiz Eſleuz à faire leſdittes contraintes, & à eulx faire obéir ſelon raiſon, par la maniere que dit eſt.

o *à payer.*
p *pour les.*
q *& par tous autres moyens.*
r *clericalement.*

(21) *Item.* Leſdiz Eſleuz taxeront les ſallaires raiſonnables [ſ] de Receveurs & de autres commis par eulx en leurſdittes Diocezes ſur ledit fait : Et les Eſleuz generaulx à Paris taxeront les ſalaires des particuliers eſleuz èſdittes Diocezes.

ſ *des.*

(22) *Item.* Que ſi ès choſes deſſuſdittes & ès deppendances, avoit aucune doubte ou [t] occurté, leſdiz Eſleuz èſdittes Diocezes pourroient [u] deſclairier & modifier ſelon le fait & neceſſité; eulx aviſiez ſur ce aux Gens deſdiz Eſtaz èſdittes Villes, & aux Generaulx eſleuz à Paris, [x] ſe meſtier eſt.

t *obſcurité.*
u *expliquer.*
x *ſi cela eſt neceſſaire.*

(23) *Item.* Que ceulx des trois Eſtaz, qui à laditte aſſemblée ont eſté ou autres ayans

ayans povoir comme eulx, retournent à Paris au Lundy après Quasimodo : Et tous ceulx de la Languedoyl, qui à laditte assemblée n'ont esté, tant Gens d'Eglise comme Nobles & bonnes Villes, feront mandez par especial [a] & generalement, par cry solempnel, que audit jour soient à Paris, touz avisiez & *(e)* instruiz, tant ceulx qui y ont esté comme autres, chascun en sa Dioceze, de la valeur d'un disieme & demy pour les Benefices, rentes & autres revenuës du Clergié; & de la valeur des rentes & revenuës des Nobles, & aussi du nombre des feux desdittes bonnes Villes & plat Pays, selon la forme de l'Instruction sur ce faite, pour avoir leur avis sur [b] ce que laditte Aide pourra monter en somme, afin de ycelle accroistre ou [c] apeticier, & le fait desdittes guerres ordener en la maniere que lors, par le Conseil des trois Estaz, sera conseillé & avisié que bon sera à faire. *Donné au Louvre-lèz-Paris, le quatrieme jour de Mars, l'An de grace mil trois cens cinquante-six, soubz le Scel du Chastellet de Paris, en l'absence du grant Scel du Roy nostre Sire.* Par Monsieur le Duc. TOURNEUR.

a *en particulier & en general.*

b *ce à quoy.*

c *diminuer.*

NOTES.

(e) Instruiz.] Instruits de ce que le Dixieme & demi peut produire dans les Dioceses, pour lesquels il sont deputez.

CHARLES FILS AISNÉ, & Lieutenant de Jean I.er & selon d'autres, Jean II. à Paris, en Janvier 1357.

(a) Lettres portant exemption du Droit de Prises, pour le Chapitre du Vivier en Brie.

CHARLES ainsné Filz & Lieutenant du Roy de France, Duc de Normandie & Dalphin de Viennois: Savoir faisons à touz presens & à venir, que comme à l'acroissement du Service Divin, Nous avons fondé l'Eglise Collegial de Nostre-Dame du [d] Vivier en Brie, & à cause de ladite fondacion, aïons assigné & delivré au Tresorier, Chantre & Chapistre d'icelle Eglise, certaines rentes en plusieurs & divers lieux : Lesquelz Tresorier, Chantre & Chapitre ne pourroient bonnement vaquer à faire & [e] celebre ledit Service en ladite Eglise, se leursdites rentes leur estoient en aucune maniere empeschées ou arrestées Nous volanz & desiranz ledit Service Devin estre fait & celebré deüement en ladite Eglise, ausdiz Tresorier, Chantre & Chappitre octroïons de certaine science, grace especial & auctorité Royal dont Nous usons à present, pour eulx & leurs successeurs à touzjours-mais, que de leursdites rentes; soient vins, blés, avoines, foins, [f] feurres, poulailles, chevaux, cherretes ou autres choses quelconques, ne aussi en leurs Hostelz ne sur leurs *(b)* Hostelz ou tenanz, ou sus ceulx qui aucune chose leur devront à cause de ladite fondation, on ne praingne aucuns vivres, ou [g] garnisons quelconques pour la garnison ou pourveance des Hostelz de nostre très chier Seigneur & Pere, nostre très chiere Dame la Royne de France, du nostre, de cellui de nostre très chiere & amée [h] Compaigne la Duchesse, ne d'autres quelconques de nostre lignage, pour quelconque besoing ou necessité que ce soit. Si donnons en mandement par ces presentes, à touz les Justiciers & Subgez dudit Royaume ou à leurs Lieuxtenans, & à touz Fourriers, Chevaucheurs & autres quelconques deputez ou à deputer sur le fait des garnisons ou pourveances desdiz Hostelz ou d'aucuns d'iceulz, presenz & à venir, & à chascun d'eulz si comme à lui appartendra, que lesdits Tresorier, Chantre & Chapitre & leurs [i] Hostelz & d'eulz tenans, ou de ceulz qui aucune chose leur devront à cause de ladite fondation, comme dessus est dit, facent & laissent joïr & user paisiblement de nostre presente grace, & contre la teneur d'ycelle, ne facent ou sueffrent faire aucunes prinses de vivres ou autres garnisons quelconques sur les rentes, ou ès Hostelz d'iceulz Tresorier, Chantre & Chapitre, ne de leurs [k] Hostelz ou tenanz d'eulx dessus nommez, [l] orcs ne ou temps

d Voy. la Table du 3.e Vol. des Ordonn. au mot, *Vivier en Brie.*

e *celebrer.*

f *paille & fourrage.*

g *provisions.*

h *Epouse.*

i *Voy. Note (b).*

k *Voy. Note (b)*

l *presentement.*

NOTES.

(a) Tresor des Chartres, Registre 89. Piece neuf vingt & quinze [195.].

(b) Hostels.] Je n'ay plus le Registre d'où cette Piece a esté tirée; mais il y a grande apparence qu'il y a *Hostes*, ainsi qu'il se lit à la fin de la Piece. Voy. sur les *Hôtes*, la Table du 3.e Vol. des Ordonn.

à venir en aucune maniere; mais tout ce qu'il trouveront estre fait au contraire, remettent sanz delay au premier estat & deu : Et ou cas que aucuns se efforceroient de faire ou faire faire le contraire, Nous leur octroïons que eulz ou leurs Gens & leursdiz Hostes & autres pour eulx, puissent leursdites rentes & biens qui seroient prins ou arrestez, dessendre & [a] recouvre de ceulx qui ainsi les prendroient ou arresteroient, sanz encourre pour ce envers nostredit Seigneur, Nous ou autres personnes quelconques, aucunes paines ou amendes, ores ne ou temps à venir. Et pour ce que ce soit ferme chose & estable à touzjours, Nous avons fait mettre le Seel du Chasteller de Paris en ces Lettres, en l'absence du grant Seel de nostredit Seigneur : sauf le droit d'icellui & de Nous en autres choses, & l'autrui en toutes. *Donné à Paris, l'An de grace mil trois cens cinquante & sept, ou mois de Janvier.*

Par Monsieur le Duc. OGIER.

a *recouvrer.*

JEAN COMTE de Poictiers, Fils & Lieutenant dans le Languedoc, de Jean I.er & selon d'autres, Jean II. à Toulouse, le 4. de May 1358.

(a) *Ordonnance pour l'execution des anciennes Ordonnances sur les Monnoyes.*

JEHAN Filz du Roy de France & son Lieutenant en la Languedoc par-deça la Riviere de la Dordoigne, Conte de Poitiers : Au Seneschal de Beaucaire ou à son Lieutenant, Salut. Comme pour le proufit & honneur de Mons., de son Royaume & de tous les [b] Subgis d'icellui, certaines Ordenances eussent esté faites pieça par mondit Seigneur, & samblablement de nouvel, par nostre très cher Seigneur & Frere Mons. le Duc de Normendie & Dauphin de Viennois, [c] o grant & meure deliberacion de leurs Conseils, & eussent esté lesdites Ordenances criées & publiées par tout le Royaume, afin que nul ne les peust ou deust ignorer, & il soit venu à nostre cognoissance & soit notoire que plusieurs Marcheans, Changeours & autres de plusieurs & divers estats, se sont efforcez & encore efforcent de jour en jour, de trespasser lesdites Ordenances en mettant & [d] alloant plusieurs fausses & mauveses Monnoyes, & autres de dehors le Royaume, deffenduës, & aussi ont porté & trait hors dudit Royaume, grans quantités de Billon, par quoy les propres Monnoies de mondit Seigneur ne ont peu, ne pevent avoir eu leur cours, ne estre mises ou allooées selon l'instruction desdites Ordenances, & par vostre negligence ou [e] contempt de Mons. & de son autorité Royal, [f] ou prejudice & fraude de son Royaume & de touz les Subgis d'icelui, laquelle chose Nous desplaist très grandement : Pour ce est-il que Nous qui voulons garder, nourrir & accroistre l'onneur, bien & proufit de Mons., de son Royaume & de ses Subgez, & qui aussi ne voulons teles fraudes, malices & negligences ainssi [g] remanoir impugnies, vous mandons & estroitement enjoignons, que ycelles Ordenances derrechief & d'abondant, vous faciez crier & publier en vostre Seneschaucie par tous les lieux qu'il est acoustumé ce faire, afin qu'il n'y puist entrevenir aucune excusation de ignorance, & ycelles ainssi criées & publiées, faites garder, tenir & interigner de point en point, & mesmement en faisant avoir cours & alloëment aus Monnoyes de Mons. & non à autres selon lesdites Ordenances, en punissant griefment & selon ce qu'il appartient, touz ceulx qui ycelles trespasseront, enfraindront ou en aucune maniere feront au contraire, si & par telle maniere que dorés-en-avant vous n'en puissiez ou doiez estre plus repris de negligence : Et [h] noientmoins vous [i] enfourmez bien & diligemment de ceulz qui ou temps passé & celui à venir, ont enfraint ou enfraindront lesdites Ordenances, & ycelles informacions ainssi faites & complies, avecques les Parties adjournées pardevant Nous ou les Genz de nostre Conseil, en quelque lieu que Nous soïons, Nous renvoïez, afin que Nous

b *Sujets.*
c *avec.*
d *donnant & recevant.*
e *mépris.*
f *au.*
g *demeurer.*
h *neantmoins.*
i *informez.*

NOTES.

(a) L'Original de ces Lettres est à la Bibliotheque du Roy, Liasse intitulée *Monneye.* N.° 44.

en puissions ordener ainssi comme de raison sera : Sachans que ou cas que par vous y aura deffaut, Nous vous en ferons punir sans aucun [a] deport, & tellement que ce sera exemple à touz autres. *Donné à Thoulouse, le quatriesme jour de May, l'An de grace mil trois cens cinquante & huit, soubz le Seel de nostre secret.* a grace.

Par Monf. le Lieutenant, à la relation du Conseil ouquel estoient Mess. le Galois de la Balme, Maistre P. de la Batut, & R. de Lille.

Pour le Roy. SIPIERRE. *(b)*

NOTES.

(b) Sur la bande de Parchemin qui est coupée, & à la fin de laquelle est le Sceau, il y a : *R. de Lille.*

(a) Ordonnance faite en consequence d'une Assemblée d'une partie des Communautez de la Languedoc.

JEAN COMTE de Poictiers, Fils & Lieutenant dans le Languedoc, de Jean I.er & selon d'autres, Jean II. à Toulouse, le 26. de Juillet 1358.

SOMMAIRES.

(1) Le subside accordé ne pourra estre employé qu'à payer la rançon du Roy.

(2) Ce subside sera levé par les Communautez ou leurs Deputez.

(3) Les Communautez pourront contraindre ceux qui ne voudront pas payer ce subside.

(4) Les Officiers du Roy ne se mesleront point de la levée de ce subside, s'ils n'en sont requis.

(5) Si le traité fait pour la rançon du Roy, n'a point de lieu, on cessera de lever le subside, & ce qui en a esté payé, sera restitué.

Les Communautez ne rendront point de compte de ce subside ; à moins que quelqu'un ne se plaigne.

(6) Moyennant ce subside, tous les autres cesseront, & on ne pourra en establir de nouveaux, que lorsque les Communautez le jugeront necessaire.

(7) Les Notaires payeront ce subside à proportion de leurs biens ; mais on ne pourra les contraindre à en payer un autre pour la rançon du Roy, à raison de leurs Offices.

(8) Les Communautez pourront s'assembler, lorsqu'ils le jugeront necessaire, pour prendre des arrangemens pour l'imposition & la levée du subside.

(9) Les coupeurs de Monnoyes seront revoquez, à l'exception de ceux qui sont establis sur les frontieres du Royaume, & aux Ports & Passages.

(10) Tous ceux qui ont coustume de contribuer aux subsides, Officiers ou autres, payeront celuy-cy.

(11) Les Reformateurs & Commissaires generaux seront rappellez.

(12) On n'envoyera point de Commissaires pour la fortification des Villes, & pour la reparation des chemins ; mais les Juges ordinaires y pourvoieront.

(13) Remission generale des peines portées dans les Ordonnances, au sujet des Monnoyes & des Contracts faits au marc d'Argent, ou à une espece de Monnoye ; laquelle remission cependant n'aura point de lieu pour les Faux-Monnoyeurs, & pour ceux qui ont fait sortir du Billon hors du Royaume.

(14) On n'envoyera pour faire payer ce qui est dû au Roy, qu'un Commissaire ou Sergent, auquel on fixera un salaire moderé. On pourra envoyer plusieurs Sergents pour faire payer ceux qui refusent ou qui negligent de le faire.

(15) Les Consuls, Syndics & autres qui pour l'avantage public & sans fraude, ont détruit des maisons, & se sont emparez de places & de materiaux, pour bâtir des fortifications, ne pourront estre recherchez à ce sujet, quand même ces maisons releveroient du Roy en Fief ou en Emphytheose : mais on donnera des dommages & interests raisonnables à ceux qui ont souffert quelque dommage par rapport à ces fortifications.

(16) Le produit de ce subside sera payé par des personnes nommées par les Communautez, à ceux qui auront le pouvoir de remettre le Roy en liberté, & en même temps qu'il y sera réellement remis.

(17) Il sera permis de faire des marchez & des contracts à une certaine espece de Monnoye qui ait cours ; nonobstant les Ordonnances qui le deffendent, & ceux qui y auront contrevenu à cet égard, ne seront point sujets aux peines qui y sont portées.

(18) Les Seneschaux & autres Juges Royaux, feront restituer les salaires excessifs qui ont esté extorquez par les Sergents ou Commissaires envoyez par les Officiers Royaux pour lever les Imposts, ou pour visiter les fortifications & les chemins.

(19) On ne fera plus de Prises de vivres, sans en payer le prix.

JEAN Comte de Poictiers, Fils & Lieutenant dans le Languedoc, de Jean I.er & selon d'autres, Jean II. à Toulouse, le 26. de Juillet 1358.

JOHANNES &c. Universis presentes Litteras inspecturis, Salutem. Notum facimus quod cum de & pro liberatione persone dicti Domini Genitoris nostri, idem Dominus Genitor noster Nobis per suas Litteras mandaverit [a] *pro somma sexcentorum millium Florenorum Auri ad Scutum, veterum, ad instans Festum omnium Sanctorum, Regi Anglie est solvenda pro liberacione persone prefati Domini Genitoris nostri; prout inter ipsum & Regem Anglie extitit concordatum, nosque predictis & aliis in dictis Litteris* [b], *(b) Communitatibus Lingue Occitane expositis, Communitates infrascripte; videlicet,* [c] *Capitulares Tholose pro sua Universitate, & alii Consules & Universitates Villarum & locorum Judicature dicte Senescallie, de dicta summa pro liberacione dicti Domini Genitoris nostri predicti, quinquaginta millia* [d] *Denariorum Auri ad Mutonem; & Consules Montispessulani, Nemausi, Bellicadri & quidam alii* [e] *missi pro Senescallia Bellicadri, septuaginta millia Florenorum Auri ad Mutonem, & Consules Universitatum Senescallie Ruthenensis, sex millia Auri Florenorum ad Mutonem, pro dicta financia & liberacione, ut veri fideles, Nobis graciose obtulerunt,* [f] *ut hinc ad dictum Festum omnium Sanctorum solvere promiserunt; salvis tamen retencionibus, pactis & condicionibus & protestationibus infrascriptis.*

a quod.
b contentis.
c les Capitouls.
d Deniers ou Florins d'Or au Mouton.
e deputez aux Estats.
f &.

(1) Primo videlicet, quod dicta pecuniarum summa, ut prefertur, ex causa predicta oblata, in predictis & non in aliis usibus, quomodolibet convertatur, nec Universitates predicte tradere vel assignare cogantur, nisi pro liberacione effectuali & reali prefati Domini nostri Regis.

(2) Item. *Quod summe predicte per dictas Universitates & per manus earum leventur, seu per deputandos ab eisdem.*

(3) Item. *Quod Universitates predicte auctoritate Regia plenam compulsionem & cohercionem habeant, si necesse fuerit, compellendi & cohercendi illos qui reperti fuerint desides vel rebelles in solutione summe eis imposite pro predictis.*

(4) Item. *Quod Thesaurarius seu alii* [g] *Offic. Regii super hoc se nullatenus intromittere valeant quoquomodo; nisi requisiti.*

g Officiales, *ou* Officiarii.

(5) Item. *Quod in casu quo (c) cessaret, quod absit, redemptio & liberatio antedicte, summa predicta hujusmodi occasione oblata, prefatis Universitatibus, prout ad ipsarum quamlibet pertineret, libere* [h] *remaneret & restitueretur, si forsan facta fuisset aliqualis per eas vel per earum aliquam assignatio seu depositum ubicunque: Hoc tamen expresse* [i] *acto, quod nec ad solvendum nec ad deponendum ultra & extra manum suam, nisi pro dicta liberacione, cogi possint, nec de eis compotum reddere, nisi sint aliqui conquerentes.*

h cesseroit.
i expressement stipulé.

(6) Item. *Quod* [k] *cum oblacione predicta,* [l] *cessant penitus omnia alia subsidia ac etiam mutua tam Universitatum quam singularum personarum, nec non (d) municiones & missiones propter hec (e) Servientium gratis ab eis procederent, vel necessitas eis exponenda & cum eis concordanda, alia nova subsidia seu mutua essent neccessario imponenda.*

k Moyennant ce Subside.
l cessent, *dans les Lettres suivantes.*

NOTES.

(a) Chambre des Comptes de Paris; Registre des Chartres & Lettres de Jean Comte de Poictiers, de l'année 1358. jusqu'à l'an 1360. Vielz, *fol.* 97. *recto.*

Voy. les Lettres suivantes qui sont, à peu de chose près, semblables à celles-cy.

(b) Communitatibus.] Les Estats du Languedoc s'assemblerent encore l'année suivante, & ils accorderent un nouveau subside : l'Ordonnance qui fut faite en consequence, ne s'est pas conservée; mais il est fait mention de ces Estats, dans des Lettres du 2. d'Octobre 1360. qui seront imprimées cy-dessous.

(c) Cessaret.] Si le traité fait pour la rançon du Roy, n'estoit pas executé.

(d) Munitiones, &c.] Je crois qu'il s'agit-là de Sergents mis *en garnison* pour faire payer les Imposts.

Dans les Lettres suivantes, il y a : *missiones quemlibet Servientium.* Il faut, à ce que je crois, corriger *quelibet;* mais *propter hec* fait un meilleur sens.

(e) Servientium gratis ab eis procederent.] Il n'y a dans le Registre que *Servien.* avec une marque d'abbreviation. Cet endroit est corrompu : & je soupçonne qu'il manque-là quelques mots. On voit cependant bien que la fin de cet Article signifie, qu'on n'establira point de nouveaux Imposts que les Estats ne le jugent necessaire. Il faut le corriger par l'Art. 8. des Lettres suivantes. Voy.

(7) Item. *Quod Notarii & Servientes qui cum Villis & Communitatibus contribuere sunt soliti, & in exsolucione dicte summe contribuent pro rebus & possessionibus suis, ratione suorum Officiorum, ad aliam contribucionem pro liberacione predicta, nomine mutui seu alio, minime* [a] *compellantur; nisi gratis & de eorum mera liberalitate procederet quod ipsi seu aliquis ex eis, racione dictorum suorum Officiorum, vellent eidem liberalitati subvenire.*

(8) Item. *Quod liceat dictis Universitatibus seu Communitatibus, se congregare infra-dictum Festum, tociens quociens eis seu earum alteri, pro tractando,* [b] *tailliando, portando & congregando dictas pecunie summas, videbitur expedire.*

(9) Item. *Quod omnes* [c] *Couppatores Monetarum revocentur & amoveantur; nisi in confinibus Regni &* [d] *Portuum* [e] *Passagiorum consuetis.*

(10) Item. *Quod in summis predictis, solvant & contribuant cum aliis personis Villarum & locorum predictorum, omnes hii qui alias & actenus in aliis subsidiis, cum ipsis Universitatibus contribuere* [f] *consueverant; sint Officiales vel alii.*

(11) Item. *Quod mediantibus dictis oblacionibus, cessent Reffornatores & Commissarii generales quicunque.*

(12) Item. *Quod multi nitantur impetrare Commissiones ad visitanda Fortalicia* [g] *locarum, & ad eadem loca muranda, vallanda & fortifficanda, & itinera reparanda, qui nullum fructum faciunt, nisi sibi ipsis in excessivis sportulis exigendis, quod de cetero nullus* [h] *mittatur, sed* [i] *ordinarii qui cum requisiti fuerint, requirentibus providebunt.*

(13) Item. *Quod si que pene commisse sunt per quascunque personas, in transgressionibus Ordinacionum Regiarum super Monetis & (f) contractibus editarum, quod omnes sint remisse; exceptis* [k] *falsonariis & extractoribus Billoni extra Regnum.*

(14) Item. *Quod pro debitis Fiscalibus exigendis, non mittatur per Thesaurarios seu alios quoscunque, nisi unus Commissarius seu unus Serviens, & cum salario moderato, juxta Regias Ordinaciones; nisi contra* [l] *rebelles & in solutiones remissos.*

(15) Item. *Quod Consules, Sindici seu alii quicunque dictarum Universitatum & locorum, qui pro bono publico, sine fraude & odio, pro fortiffcatione & securitate locorum,* [m] *hospicia vel alia edificia vel Feuda dirruerunt (g) predia rustica seu urbana, lapides seu* [n] *sementa pro dictis necessaria acceperunt & desstruxerunt, non possint ex hoc puniri; licet à Domino nostro Rege seu alio quocunque, in Feudum vel Emphiteosim teneantur: Et si ex hoc penam aliquam incurrerint, eis libere & totaliter ipsa pena sit remissa: salvo tamen* [o] *interesse pecuniario rationabiliter moderando & taxando illis qui dampnificati fuerunt de predictis.*

(16) Item. *Quod dicta peccunia* [p] *non fuerit levata seu exacta, apportetur per* [q] *sumilas Communitates cujuslibet Senescallie & Judicature, ad certum locum seu certa loca cujuslibet Senescallie & Judicature, per ipsas Communitates cujuslibet Senescallie, concordatum seu concordata, & ibidem tradatur & deponatur in manibus illius Communitatis seu certarum personarum idonearum ab ipsis Communitatibus eligendarum, per ipsas tenenda & custodienda, donec liberari & solvi debeat pro liberacione persone dicti nostri Regis: Et quod dictarum peccuniarum solucio fiat per certas personas per dictas Universitates in singulis Senescalliis deputatas, personis que potestatem habeant dictum Dominum nostrum Regem* [r] *restituendi & tradendi: (h) & eo tunc cum realiter & cum effectu tradetur.*

(17) Item. *Quod quilibet possit mercari & negotiari &* [s] *contractus inire ad Monetas firmas & stabiles Auri & Argenti Regni Francie, que cursum habebunt, & ad dictas firmas Monetas & stabiles valeant (i) incartare; Ordinacionibus Regiis in contrarium*

JEAN COMTE de Poictiers, Fils & Lieutenant dans le Languedoc, de Jean I.er & selon d'autres, Jean II. à Toulouse, le 26. de Juillet 1358.

a Voy. le 3.e Vol. des Ordonn. p. 172. V.

b repartir ce Subside sur les contribuables.

c Voy. le 3.e Vol. des Ordonn. p. 27. XI. & Note *(f)*.

d *Voy. la Table du 3.e Volume des Ordonn. aux mots* Ports & Passages.

e &.

f consueverunt, *dans les Lettres suivantes.*

g locorum, *dans les Lettres suivantes.*

h La fin de l'Article XV. des Lettres suivantes, est differente.

i les Juges ordinaires.

k Faux-Monnoyeurs.

l ceux qui refusent ou negligent de payer.

m des Maisons.

n cæmenta, *du moilon.*

o dommages & interests.

p *Il faut corriger* cum, au lieu de *non. Voyez l'Article XX. des Lettres suivantes.*

q *App.* singulas. *Il y a* singulares *dans les Lettres suivantes.*

r de remettre le Roy en liberté.

s Voy. plus haut, Note *(f)*.

NOTES.

(f) Contractibus.] Il s'agit-là de la deffense de faire des Contracts au marc d'Argent, ou à une espece de Monnoye, Voy. à ce sujet la Preface du 3.e Vol. des Ordonn. S. *Monnoye.*

(g) Predia acceperunt.] Ont pris des places, soit dans les Villes ou dans les campagnes, pour y élever des fortifications.

(h) Et eo tunc cum.] Et on ne donnera l'Argent, que lorsque le Roy sera réellement mis en liberté.

(i) Incartare.] Je crois que ce mot qui n'est pas dans Du Cange, signifie *faire rediger un Contract par écrit.*

JEAN COMTE de Poictiers, Fils & Lieutenant dans le Languedoc, de Jean I.er & selon d'autres, Jean II. à Toulouse, le 26. de Juillet 1358.

factis vel faciendis, non-obstantibus; & quod sint quitti à transgressione Ordinacionum, & à penis, si quas incurrerint ipsarum occasione.

(18) Item. *Quod cum plures Commissarii & Servientes ad levandas decimas Regias* [a] *Sigill. Montispessulani, & ad visitandos muros & fortalitia locorum, & super reparationibus itinerum, & levanda subsidia, Focagia, Cappagia, hactenus in Senescalliis & Judicaturis predictis, per Officiarios Regios & nostros deputatos, plures & diversas excessivas exactiones* [b] *& salaria immoderata per impressionem & potentiam Officiorum suorum, extorserint, de quibus nondum fuit Justitia ministrata, quod committatur Senescallis, Vicariis & Judicibus cujuslibet Senescallie, Vicarie & Judicature, qui sine strepitu & figura Judicii, appellationibus & recusationibus remotis & non-obstantibus, dampna passis emendam & restitutionem, & ad emendandum Domino nostro Regi fieri faciant; & idem fieri volumus de deputandis in posterum à predictis Officialibus Regiis atque* [c] *dampnis.*

(19) Item. *Quod cum Officiales & Gentes Regii* [d] *quandoque accipiunt à dictis subditis, blada, vina & alia victualia absque solucione dictorum victualium facienda, volumus quod abinde* [e] *quod dicte* [f] *captiones cessent penitus, nisi pretium seu valor dictorum victualium, in capcione eorumdem fieret realiter personis à quibus capientur.*

Nos vero predictas oblaciones Senescalliarum predictarum Tholose, Bellicadri & Ruthen. acceptantes, & eas ratas & gratas habentes, eisdem oblacionibus mediantibus, predictas retenciones, convenciones & pacta ac condiciones superius expressatas, & omnia alia & singula supradicta, predictis Universitatibus & singulis earumdem, auctoritate Regia atque nostra, concedimus, & volumus inviolabiliter observari: Promittentes nostra bona fide, quod dictas convenciones & pacta tenebimus & servabimus, tenerique faciemus, & inviolabiliter observari: Mandantes, committendo Senescallis Tholose, Bellicadri & Ruthen. dictisque Vicariis, Judicibus, Ballivis Regiis quibuscunque Senescalliarum predictarum & eorum cuilibet, vel Loca-tenentibus eorumdem, ut predicta omnia & singula teneant & observent, teneri & observari faciant infra eorum districtus & Jurisdictiones, si & cum fuerint requisiti, nec permittant per aliquem contrarium attemptari: Que omnia singula supradicta sic fieri volumus, & dictis Communitatibus & singulis earumdem, tenore presentium concedimus dicta auctoritate Regia, ex certa scientia & de speciali gratia & ex causa; Litteris sub speciali ac generali forma impetratis in contrarium vel impetrandis, non-obstantibus quibuscunque. In quorum fidem [g] *testimonium, Sigillum &c.* Datum Tholose, vigesima-sexta die Julii Anno Domini millesimo trecentesimo quinquagesimo-octavo. *Per Dominum Locum-tenentem, ad relacionem Consilii in quo vos & Domini mei Comes (k) de Montelus., de Montagniaco, J. de Campellis, J. de Crusiaco, R. de Ultra-aquam, Abbas Narbonensis, R. de Ruppe, R. de Insula,* [h] *Ardus la Faya & plures alii eratis.* BESCOUR.

[a] *App.* Sigilli.
[b] fecerint.
[c] nostris, *dans les Lettres suivantes.*
[d] *Il y a dans le Registre* quq. *avec des marques d'abreviation.*
[e] quod *est inutile.*
[f] les Prises. *Voy. la Table des Vol. precedents des Ordonnances, au mot* Prises.
[g] &.
[h] *Il y a* Druandus *dans les Lettres suivantes.*

NOTES.

(k) De Montelus.] Il faut peut-estre lire *Montecluso* ou *Mont-cluso.* Voy. sur Guillaume Roger II. Comte de Beaufort & Seigneur de *Montclus,* le troisieme Vol. des Ordonn. p. 613. & Note *(b)* Si l'on m'objecte que *Montclus* n'estoit point alors un Comté, je repondrai avec l'Auteur anonyme d'une Dissertation qui est inserée dans l'Hist. du Comté d'Evreux, qu'il arrivoit quelquefois qu'un Seigneur qui avoit un Comté, une Baronie ou une terre titrée, de laquelle il ne portoit pas le nom, prenoit cependant la qualité de Comte & de Baron, & la joignoit avec le nom de la terre non titrée, lequel il portoit; ainsi Guillaume Roger Comte de Beaufort, pouvoit se nommer *Comte de Montclus,* quoyque ce lieu n'eust pas le titre de Comté. Voy. la p. 37. Note 28. de la Dissertation cy-dessus indiquée, laquelle est dans l'Hist. d'Evreux, immediatement devant les preuves.

On peut encore dire que ce Comte de Montclus est Guillaume III. Fils de Guillaume II. que l'on peut supposer avoir porté le titre de *Comte de Montclus* pendant la vie de son Pere. Voy. l'Hist. Geneal. de la M. de Fr. t. 6. p. 317.

Il y a dans les Lettres suivantes, *Comes de Monte-Leduno.*

JEAN COMTE de Poictiers, Fils & Lieutenant dans le Languedoc, de Jean I.er & selon d'autres, Jean II. à Carcassone, le dernier de Juillet 1358.

(a) Ordonnance faite en consequence d'une Assemblée des Communautez de la Seneschaussée de Carcassone & de Beziers.

SOMMAIRES.

(1) Le subside accordé ne pourra estre employé qu'à payer la rançon du Roy.

(2) Ce subside sera levé par les Communautez ou leurs Deputez.

(3) Les Communautez pourront contraindre ceux qui ne voudront pas payer ce subside.

(4) Les Officiers du Roy ne se mesleront point de la levée de ce subside.

(5) Si le traité fait pour la rançon du Roy n'a point de lieu, on cessera de lever ce subside, & ce qui en a esté payé, sera restitué. Les Communautez ne rendront point de compte de ce subside, à moins que quelqu'un ne se plaigne.

(6) Chaque Communauté levera ce subside de la maniere qu'elle jugera le plus convenable.

(7) Si on fait la remise de ce subside, à quelque personne de la Seneschaussée de Carcassone, ou à quelques Communautez & à quelques particuliers des autres Seneschaussées de la Languedoc, semblable remise sera faite aux Communautez & aux particuliers de la Seneschaussée de Carcassone.

(8) Moyennant ce subside, les Communautez n'en payeront point un autre qui avoit esté accordé depuis peu pour le même sujet.

(9) Moyennant ce subside, tous les autres cesseront, & on ne pourra en establir de nouveaux que lorsque les Communautez le jugeront necessaire.

(10) Les Notaires payeront ce subside à proportion de leurs biens; mais on ne pourra les contraindre à en payer un autre pour la rançon du Roy, à raison de leurs Offices.

(11) Les Communautez pourront s'assembler, lorsqu'elles le jugeront necessaire pour prendre des arrangements pour l'imposition & la levée du subside.

(12) Les coupeurs de Monnoyes seront revoquez; à l'exception de ceux qui sont establis sur les frontieres du Royaume.

(13) Tous ceux qui ont coustume de contribuer aux subsides, Officiers ou autres, payeront celuy-cy.

(14) Les Reformateurs & Commissaires generaux seront rappellez.

(15) On n'envoyera point de Commissaires pour la fortification des Villes & pour la reparation des chemins, qu'on ne les demande.

(16) Remission generale des peines portées dans les Ordonnances au sujet des Monnoyes, & des Contracts faits au marc d'Argent, ou à une espece de Monnoye: laquelle remission cependant n'aura point de lieu pour les Faux-Monnoyeurs & pour ceux qui ont fait sortir du Billon hors du Royaume.

(17) On n'envoyera pour faire payer ce qui est dû au Roy, qu'un Commissaire ou Sergent, auquel on fixera un salaire moderé.

On pourra envoyer plusieurs Sergents pour faire payer ceux qui refusent ou qui negligent de le faire.

(18) Les Consuls, Syndics & autres qui pour l'avantage public & sans fraude, ont détruit des maisons, & se sont emparez de places & de materiaux pour bâtir des fortifications, ne pourront estre recherchez à ce sujet, quand même ces maisons releveroient du Roy en fief ou en emphyteose; mais on donnera des dommages & interests raisonnables à ceux qui ont souffert quelque dommage par rapport à ces fortifications.

(19) Ce subside ne pourra tirer à consequence pour la suite.

(20) Le produit de ce subside sera payé par des personnes nommées par les Communautez, à ceux qui auront le pouvoir de remettre le Roy en liberté, & en même-temps qu'il y sera réellement remis.

(21) Il sera permis de faire des Marchez & des Contracts à une certaine espece de Monnoye qui ait cours, nonobstant les Ordonnances qui le deffendent, & ceux qui y auront contrevenu à cet égard, ne seront point sujets aux peines qui y sont portées.

(22) Les Seneschaux & autres Juges Royaux feront restituer les salaires excessifs qui ont esté extorquez par les Sergents ou Commissaires envoyez par les Officiers Royaux pour lever les Imposts, ou pour visiter les fortifications & les chemins.

JOHANNES &c. Notum facimus universis presentibus & futuris, quod nuper in Villa & Civitate Bitterrensi, convocatis coram Nobis Communitatibus Lingue Occitane, specialiter Senescallie Carcassonensis, & venientibus & comparentibus ipsis

NOTES.

(a) Chambre des Comptes de Paris, Registre des Chartres & Lettres de Jean Comte de Poictiers de l'année 1358. jusqu'à l'an 1360. Vielz, *fol.* 10. *recto*.

Voy. les Lettres precedentes. Elles sont

JEAN COMTE de Poitiers, Fils & Lieutenant dans le Languedoc, de Jean I.er & selon d'autres, Jean II. à Carcassone, le dernier de Juillet 1358.

Communitatibus in loco predicto, ipsisque expositis tribulationibus Regni predicti, potissime capcione & detencione alias inaudita inclitissimi Principis Domini Regis Genitoris nostri predicti, perlectisque eisdem Communitatibus, Litteris eisdem (b) ut in pluribus, per eumdem Dominum Genitorem nostrum missis, narrantibus tractatum & concordiam pacis inhitam inter dictum Dominum Genitorem nostrum ex una parte, & Dominum Regem Anglie ex altera, expositaque eisdem summa pecunie Auri, quam pro liberatione persone sue, infra instans Festum omnium Sanctorum, dari & exsolvi opportet, ipse [a] *inquam predicte Communitates, & in speciali Senescallia Carcassonensis & Bitterris, desiderantes & affectantes toto eorum animo & affectione, eumdem Dominum Genitorem nostrum eorum Regem & Dominum liberari: Ideo pro & ex causa liberationis predicte,* [b] *unum Mutonem Auri pro singulo* [c] *Foco antiqui numeri Focorum cujuslibet Civitatis, Ville aut Castri Senescallie Carcassonensis & Bitteris & ejus ressorti, gratis & liberali animo offerunt & obtulerunt sub pactis & condicionibus que sequuntur.*

(1) Primo. *Quod dicta summa pecunie, ut prefertur, ex causa predicta oblata, in predictis & in nullis aliis usibus quomodolibet convertatur; nec Universitates predicte tradere vel assignare cogantur, nisi pro liberacione persone prefati Domini nostri Francie Regis effectuali & reali.*

(2) Item. *Quod summa predicta nunc & per dictas Universitates & per manus eorum levetur & quanto celerius potuerit exhigatur;* [d] *adeoque debite aut terminum omnium Sanctorum pro peremptorio termino ad hoc constitutum, dicta peccunia sit prompta & realiter valeat assignari & solvi.*

(3) Item. *Quod Universitates predicte, auctoritate Regia, si necesse fuerit, pro talliis occasione hujusmodi eis imponendis, plenam compulsionem & coherciouem habeant in personis & bonis illorum qui in solutionibus partis & summe eis debite imposite, reperti fuerint desides & remissi.*

(4) (c) *Ita quod Thesaurarius seu alii Officiales Regis super hoc nichil se intromittere valeant quoquomodo; nisi requisiti.*

(5) Item. *Quod in casu quo cessaret, quod absit,* [e] *redemptio &* [f] *liberatio, antedicta summa predicta hujusmodi occasione oblata, prefatis Universitatibus, prout ad ipsarum quamlibet pertineret, libere remaneret vel restitueretur, si forsan facta fuisset aliqualis per eas, vel per earum aliquam, assignatio vel depositum ubicunque: Hoc tamen expresse acto, quod nec ad solvendum nec ad deponendum ultra & extra manum suam, nisi pro dicta liberacione, cogi possint.*

(6) Item. *Quod quelibet Communitas Senescallie predicte, summam* [g] *sibi pertinentem de Mutone Auri, pro singulo Foco, ut prefertur, oblato, per modum subsidii vel capagii ac aliter distribuere, levare & exhigere valeat, prout utilius fieri poterit, & eis melius videbitur expedire.*

(7) Item. *Quod si casu, tacite vel expresse, facta est vel fieret ex causa quacumque, gratia vel remissio* [h] *alicalis alicui dicte Senescallie, seu aliquibus de aliis Senescalliis Lingue Occitane, seu Universitatibus &* [i] *singularum earumdem, quod similis gratia fiat Senescallie Carcassonensi, & Universitatibus & singularibus eorumdem.*

(8) Item. *Quod dicte Universitates & singulares earumdem, mediante solutione oblacionis prdicte, sint immunes & quicte* [k] *[tam oblacione predicta nunc & de novo facta] de quodam accordo, tractato seu facto cum Domino Cancellario Francie & Domino Galesio de Balma, de summa nonaginta milium Denariorum Auri ad Mutonem, ex causa liberacionis predicte, oblatorum.*

(9) (d) Item. *Quod cum oblatione & donatione predictis, cessent penitus omnia alia*

a *Il y a dans le Registre* inq. *avec des marques d'abreviation.*

b un Florin ou Denier au Mouton d'Or.

c Feux. *Voy. le 3.e Vol. des Ordonn. p. 337. Note (b).*

d *Il semble qu'il faudroit lire,* adeo ut, *& oster* debite.

e Voy. p. 188. Note (c).

f *Il faut lire, comme dans les Lett. precedentes,* liberatio antedicta, summa &c.

g sa quote-part de l'Imposition.

h aliqualis.

i *Je crois qu'il faut* singularibus, *comme il y a un peu plus bas.*

k Les mots enfermez entre deux crochets, paroissent inutiles.

NOTES.

à peu de chose près semblables à celles-cy, & elles peuvent servir à les corriger. On ne repetera point icy les Notes qui ont esté faites sur les Lettres precedentes. On peut les voir.

(b) *Ut in pluribus.*] Cela peut signifier, *envoyées à eux & à plusieurs autres.*

(c) *Ita quod.*] Il y a dans les Lettres precedentes : *Item. Quod.* Et c'est ainsi qu'il devroit avoir dans celles-cy.

(d) *Item.* Voy. sur cet Article, le 6.e des Lettres precedentes, & les Notes.

subsidia;

JEAN COMTE de Poitiers, Fils & Lieutenant dans le Languedoc de Jean I.er & selon d'autres, Jean II. à Carcassone, le dernier de Juillet 1358.

subsidia, eciam & mutua tam Universitatum quam singularum personarum, necnon municiones & missiones [a] *quemlibet Servientium; (e) nisi gratis ab eis procederent, vel neccessitas eis exponenda & cum eis concordanda, alia nova subsidia seu mutua & alia requireret.*

(10) (f) Quod Notarii & Servientes qui cum Villis & Communitatibus contribuere sunt soliti, & in exsolutione dicte pecunie contribuent pro rebus & possessionibus suis, racione suorum Officiorum, ad aliam contribucionem pro liberacione predicta, nomine mutui seu aliter minime compellantur; nisi gratis & de eorum mera liberalitate procederet quod ipsi aut aliquis ex eis racione dictorum suorum Officiorum, vellent eidem liberaliter subvenire.

(11) Item. *Quod liceat dictis Universitatibus seu Communitatibus, se congregare semel & pluries, & tociens quociens eisdem seu eorum alteri, pro tractando, talliando, portando & congregando dictas pecunie summas, prout eis & cuilibet eorumdem, melius & clarius videbitur expedire: Et hoc eis liceat infra instans omnium Sanctorum Festum.*

(12) Item. *Quod omnes Copatores Monetarum ex toto revocentur & amoveantur; nisi in confinibus Regni.*

(13) Item. *Quod in summa predicta, solvant & contribuant cum aliis personis Villarum & locorum predictorum, omnes hii qui alias & actenus in aliis subsidiis, cum ipsis contribuere consueverunt; sive sint Officiales vel alii.*

(14) Item. *Quod, mediante dicta oblacione, cessent Refformatores & Commissarii generales quicunque.*

(15) Item. *Quod cum multi* [b] *nittantur impetrare Commissiones ad visitanda fortalicia locorum, & ad eadem loca muranda, vallanda & fortifficanda, & itinera reparanda; qui nullum fructum faciunt nisi sibi ipsis, in excessivis sportulis exigendis à Communitatibus antedictis,* [c] *quod de cetero* [d] *nullus mittatur nisi requisiti, qui cum ordinati fuerint, requirentibus providebunt.*

(16) Item. *Quod si que pene commisse sunt per quascunque personas, in transgressionibus Ordinacionum Regiarum super Monetis & Contractibus editarum, quod omnes sint remisse; exceptis falsonariis & extractoribus extra Regnum.*

(17) Item. *Quod pro debitis Fiscalibus exigendis, non mittatur per Thesaurarios seu alios quoscunque, nisi unus Commissarius seu unus Serviens, & cum sallario moderato, juxta Regias Ordinaciones; nisi contra rebelles & in solutionem remissos.*

(18) Item. *Quod Consules, Scindici seu alii quicunque dictarum Universitatum & locorum, qui pro bono publico, sine fraude &* [e] *hodio, pro fortiffîcatione & securitate locorum, Hospitia vel alia edifficia vel Feuda dirruerunt, predia rustica seu urbana, lapides seu sementa pro predictis* [f] *acceperant & destruxerant, non possint ex hoc puniri; licet à Domino nostro Rege seu ab alio quocunque, in Feudum vel* [g] *ex Emphiteosim teneantur: Et si ex hoc penam aliquam* [h] *incurrerant, eis libere & totaliter ipsa pena sit remissa: Salvo tamen interresse pecuniario rationabiliter moderando & taxando, illorum qui damnificati fuerunt de predictis.*

(19) Item. *Quod premissa oblatio & cetera* [i] *honera que exhinde Communitates sustinebunt, ad aliquam servitutem, nec etiam ad consequentiam trahi possint.*

(20) [k] Ita. *Quod dicta pecunia cum fuerit levata seu exacta per singulares Communitates cujuslibet Senescallie & Judicature, ad certum locum seu ad certa loca cujuslibet Senescallie & Judicature, per* [l] *ipsos Communitates cujuslibet Senescallie, concordatum seu concordata, ibidem tradatur & deponatur in manibus illius Communitatis, sive certarum personarum idonearum ab ipsis Communitatibus elligendarum, per eas tenenda & custodienda, donec portari & solvi debeat pro liberacione persone Domini nostri Regis: Et quod dictarum pecuniarum exsolutio fiat per certas personas per Universitates in*

a quælibet.

b nitantur.

c La fin de l'Article XII. des Lettres precedentes, est differente.

d nulli mittantur.

e odio, *Art. XV. des Lettres precedentes.*

f acceperunt & destruxerunt, *Art. XV. des Lettres precedentes.*

g ex *est inutile, & n'est pas dans les Lettres precedentes.*

h incurrerint, *dans les Lettres precedentes.*

i onera.

k Il faut corriger, Item.

l ipsas, *dans les Lettres precedentes.*

NOTES.

(e) Nisi gratis ab eis procederent.] A moins que les Communautez n'accordent volontairement de nouveaux Imposts.

(f) Quod.] Il doit avoir là *Item*, comme dans l'Art. 7. des Lettres precedentes.

JEAN COMTE de Poitiers, Fils & Lieutenant dans le Languedoc de Jean I.er & selon d'autres, Jean II. à Carcassone, le dernier de Juillet 1358.

singulis Senescalliis per ipsas Universitates deputatas, personis que potestatem habeant dictum Dominum nostrum Regem restituendi & tradendi, & etiam eo tunc cum realiter & cum effectu tradetur.

(21) Item. *Quod quilibet possit mercari & negotiari & contractus inhire ad Monetas firmas & stabiles Auri & Argenti Regni Francie, que cursum habebunt, & ad dictas firmas Monetas stabiles valeant incartare; Ordinationibus Regiis in contrarium factis vel faciendis, non-obstantibus : Et quod sint* [a] *quitii à transgressionibus Ordinacionum, & à penis, si in quas incurrerunt* [b] *ipsorum occasione.*

(22) Item. *Quod cum plures Commissariis & Servientes ad levandas decimas Regias Sigilli Montispessullani, & ad visitandum muros & metalitia locorum, & super reparationibus itinerum, & levandis subsidiis, Fogagiis, Capagiis acthenus in Senescallia Carcassonensi, per Officiarios Regios & nostros deputandos vel deputatos, plures & diversas excessivas exactiones & sallaria immoderata per* [c] *imposicionem & potentiam eorum Officiorum, extorserint, de quibus nondum fuit Justicia ministrata, quod committatur Senescallo* [d] *seu Vicario cujuslibet Vicarie, qui summarie sine strepitu & figura Judicii, appellationibus & recusationibus remotis & non-obstantibus, dampna passis emendam & restitutionem, & ad emendandum Domino nostro Regi, fieri faciant. Idem fieri volumus de deputandis in posterum, à predictis Officiariis Regis atque nostris.*

Nos vero predictam oblacionem Senescallie Carcassonensis & Bitteris, [e] *accemptantes, & eam ratam & gratam habentes, quas quidem oblatione mediante, predictas pacta & convenciones superius declaratas, predictis Communitatibus, auctoritate Regia & nostra concedimus, promittentes nostra bona fide, quod dictas pacta & conventiones tenebimus & servabimus, tenerique & servari faciemus, summamque peccunie superius oblate, pro deliberatione Domini Genitoris nostri perduci & non alibi converti. Quocirca mandamus Senescallo Carcassonensi ceterisque Justiciariis, ut predicta pacta & conventiones teneant & inviolabiliter* [f] *conservant, & à suis subsiditis & aliis faciant teneri & observari, dictisque Communitatibus, si & cum fuerint requisiti per easdem, consilium & succursum in predictis & dependentibus ex eisdem, quathenus tangit exactionem summe peccunie predicte oblate, faciant prestari, quibuscunque Litteris sub speciali & generali forma impetratis seu impetrandis, non-obstantibus. In quorum fidem & testimonium, Sigillum nostrum proprium presentibus duximus apponendum.* Datum Carcassone, die ultima mensis Julii, Anno Domini millesimo trecentesimo quinquagesimo-octavo.

Per Dominum Locum-tenentem, ad relationem Consilii in quo vos & Domini mei Comes de Monteleduno, Dominus de Montagniaco, Johannes de Champellis, Johannes de Crusiaco, Robertus de Ultra-aquam, Abbas Narbonensis, R. de Ruppe, [g] *Druand. la Faya & plures alii erant.* BESCOUR.

[a] quiti, *dans les Lettres precedentes.*

[b] ipsarum, *dans les Lettres precedentes.*

[c] impressionem, *dans les Lettres precedentes, & c'est ainsi qu'il faut lire.*

[d] Il manque-là plusieurs mots qui se trouvent dans l'Art. XVIII. des Lettres precedentes.

[e] acceptantes.

[f] conservent.

[g] *Il y a* Ar.dus *dans les Lettres precedentes.*

CHARLES REGENT le Royaume, Jean I.er & selon d'autres, Jean II. à Paris, le 2. d'Octobre 1358.

(a) Lettres qui portent que les Forfaitures, les Amendes, les Compositions, les Rachapts & Quints-Deniers seront employez à payer la rançon du Roy.

CHARLES ainsné Fils du Roy de France, Regent le Royaume, Duc de Normandie & Dauphin de Viennois : A nos amez & feauls les Treforiers de Monseigneur & de Nous, à Paris, Salut & dilection. Nous par la deliberation de notre Conseil, avons ordené & ordennons par ces presentes, que toutes les forfaictures, amandes, [h] composicions, rachapts & quins-deniers, qui du jour de la datte de ces presentes, jusques à la Saint Jean-Baptiste prochaine venant, escherront par-tout le Royaume de France, en quelconque lieu & pour quelconque cause, & pour quelque

[h] Voy. la Table du 3.e Vol. des Ordonn. au mot, *Composition.*

NOTES.

(a) Memorial C. de la Chambre des Comptes de Paris, *fol.* 215. *recto.*

que maniere que ce soit, appartenant à Monseigneur & à Nous, soient convertiz en la redemption & delivrance de Monseigneur; non contrestant que Nous [a] paravant les eussiens ordenez estre convertis en accroissement de *(b)* la Noble [b] Meson, & ès reparacions des œuvres du Palais ou ailleurs, comment que ce fust, & rapellons du tout tous ceuls qui sont commis à les recevoir. Si vous mandons, commettons & estroittement enjoignons & à chascun de vous, que tantost & sans delay, vous commettez & deputtez par touttes les parties dudit Roiaume, les Receveurs ordinaires de Monseigneur & de Nous, des lieux, ou autres personnes convenables teles & tant que bon vous semblera, à recevoir les forfaictures, amendes, compositions, rachaps & quins deniers dessusdiz, & tous les deniers qui en [c] istront, faites [d] cuillir & assembler, & à vous apporter le plutost que vous pourez, & les tenez & gardez sauvement & seurement pardevers vous, pour les tourner & convertir en la redemption & delivrance de Monseigneur, dessudites, senz en païer ou distribuer, ne souffrir baillier denier à personnes qui vive, pour quelconque cause & pour quelconque mandement que ce soit, supposé [e] que en icelluy fust contenu mot à mot, la teneur de ces presentes : Non contrestant les Ordenances dessusdites & autres quelconques Mandemens ou deffenses faites ou à faire au contraire : Et Nous donnons en mandement par ces presentes, à tous les Justiciers, Officiers & Subgiez dudit Roïaume, que à vous [f] à voz deputez ès choses dessusdites, obeissent & entendent diligemment. *Donné à Paris, le deuxieme jour d'Octobre l'An de grace mil trois cent cinquante-huit. Et estoient ainsy signées.* Par Monsieur le Regent. DOUHEN.

CHARLES REGENT le Royaume, Jean I.er & selon d'autres, Jean II. à Paris, le 2. d'Octobre 1358.

a *precedemment.*
b *Maison.*
c *sortiront*, proviendront.
d *recüeillir.*
e *même.*
f *&.*

NOTES.

(b) La Noble Meson.] S.t Oüin près Paris, où se tenoient les Assemblées de l'Ordre de l'Estoille. Voy. le 2. Vol. des Ordon. p. 465. & cy-dessus pp. 116. & 161.

CHARLES REGENT le Royaume; Jean I.er & selon d'autres, Jean II. à Paris, le 13. de Novembre 1358.

(a) Lettres qui portent que le profit des Monnoyes sera employé entierement au profit de la guerre.

CHARLES ainsné Fils du Roy de France, Regent le Royaume, Duc de Normandie & Dauphin de Viennois : A nos amez & feauiz Tresoriers à Paris, Salut & dilection. Comme par la deliberacion de notre Conseil, Nous ayons ordené que tout le proffit & emolument des Monnoyes du Royaume de France, soit tourné & converty en fait de la guerre & en la deffense du Roïaume de France, & non ailleurs, & tous dons & assignations quelconques, faits de ou sur ledit proffit & émolument des Monnoyes, à quelconques persones & pour quelconques causes que ce soit, aïons rapellé & mettions du tout au neant par ces presentes, Nous vous mandons, comandons & estroitement enjoignons, que nostredite Ordenance vous enterinez & accomplissez, & par tout les Maistres-particuliers & Gardes desdites Monoies, faites enteriner & accomplir senz enfraindre, & gardez vous & euls, soubz quanques vous vous povez meffaire envers Monseigneur & envers Nous, que vous ne faittes ou attemptez aucune chose au contraire. *Donné à Paris, le treizieme jour de Novembre, l'An de grace mil trois cent cinquante-huit.* Par Monsieur le Regent. Y. BLANCHET.

NOTES.

(a) Memorial *C.* de la Chambre des Comptes de Paris, *fol.* 216. *verso.*

CHARLES REGENT le Royaume, Jean I.er & selon d'autres, Jean II. à Paris, le 10. de Decembre 1358.

(a) Lettres qui portent que la moitié des Forfaitures sera employée à l'entretien de la Maison du Roy.

DE par le Regent le Royaume de France, Duc de Normandie & Dauphin de Viennois: Les Gens des Comptes de Monseigneur & de Nous, à Paris. Comme par nos autres Lettres Pattentes, Nous par la deliberation de nostre Conseil, ayons voulu & ordenné la moitié de toutes les forfaitures qui depuis la date desdites Lettres, venront & escherront audit Royaume, tant de crime de lez-Majesté, comme autrement, soit tournez apliquez & convertis [a] ou vivre & en la despense de Monseigneur, & non ailleurs, & l'autre moitié en certains usages contenuz èsdittes Lettres, Nous vous mandons, comandons & deffendons expressement une fois pour touttes, que ces Lettres veües, seur tout le serement, amour, feauté, obeissance & loyauté que vous avez à la Couronne de France, à Monseigneur & à Nous, & sur quanques vous vous povez mefaire envers Nous, & sur poine d'encourir en nostre indignation, que don ou assignation quelconques que Nous facions d'ores-en-avant, mandemens ou commandemens [b] de bouche, soit par Letttes scellées de nostre signet, & signées de notre main ou autrement, à quelconques personnes que ce soit, supposé [c] que ça fust à notre très chiere Compaigne la Duchesse, à aucuns de nos Freres, de nos Lignage, de nostre Conseil ou à aucuns autres, quelque Office ou Estat qu'ils aient entour Nous, & de quelque condition qu'ils soient, vous ou aucuns de vous ne passez, veriffiez ou enregistrez en ladite Chambre, ou prejudice de notreditte Ordenance; mais nozdittes Lettres Pattentes dont il vous a aparu ou [d] aperra, & le contenu d'icelles, gardez, enterinez & accomplisez de point en point, sans enfraindre en aucune maniere: Quar ainsy le voulons Nous estre fait & non autrement, afin que la despense de nostredit Seigneur n'en puist estre retardée, ne que en icelle n'ayt aucun deffaut pour ceste cause. *Donné à Paris, le dixieme jour de Decembre, l'An mil trois cent cinquante-huit.*

a *au.*

b *soit.*

c *même.*

d *apparoîtra.*

NOTES.

(a) Memorial *C.* de la Chambre des Comptes de Paris, *fol.* 218. *recto.*

(b) CHARLES ainsné Fils du Roy de France & Regent le Royaume, Duc de Normandie & Dalphin de Viennois: à nostre amé & feal Messire Fauveau de Vadencourt, Chevalier & Conseiller de Monseigneur & nostre, Salut & dilection. Pour ce que par deliberation de Monseigneur & nostre, & pour la grant necessité que Nous avons sceu & savons que Monseigneur a de finance, pour le [e] gouvernement de luy, de son estat & des Gens de son Hostel, qui avecques luy sont de present ès parties d'Angleterre, avons ordenné que l'en prendra & levera par avant tous dons ou octroys fais ou à faire, quelconques, vint mille Deniers d'Or au Mouton, sur les biens, meubles & heritages des forfaitures & confiscations, tant ja venuës comme à venir, escheuës ou a escheoir à nostredit Seigneur & Nous, ès Villes de Paris, d'Amiens & ailleurs, en quelconque Ville ou lieu que ce soit oudit Royaume, tant pour crime de Leze-Majesté comme pour autre crime, meffait ou delit quelque il soit; non contrestant quelconques dons, graces, octrois ou remissions, que dores-en-avant Nous, ou autres quelconques, Lieuxtenans ou Capitaines de Monseigneur & nostres oudit Royaume, par importunité des requerans ou autrement, en facions ou ayent esté faiz à quelconque personne & pour quelconque cause que ce soit, [f] non recolans de nostredite Ordenance, & senz faire especialle expresse mencion d'icelle: Nous qui du senz, loyauté & diligence de vostre persone à plain Nous confions, vous mandons & commettons & estroit-

e *la dépense.*

f *ne Nous ressouvenans plus.*

NOTES.

(b) Il y eut encore quelque temps après, des Lettres au sujet des Forfaitures, mais elles ne se sont pas conservées. On peut y suppléer par des Lettres de Commission du 29. de May 1359. qui se trouvent dans le même Memorial de la Chambre, *fol.* 229. *recto*, & que l'on a crû devoir faire imprimer icy.

tement enjoignons & commandons que en la Ville & par tout le Bailliage d'Amiens, vous tranſportez, & que tous les biens, meubles & heritages que pour leſdites cauſes ou aucunes d'icelles, pourrez ſçavoir eſtre ja eſcheus ou avenuz, ou qui dores-en-avant eſcherront ou avenront à noſtredit Seigneur & Nous, arreſtez & mettez en la main de noſtredit Seigneur & noſtre, & yceulz faittes crier & ſubhaſter en vente ſolennement, ſi comme en tel cas eſt accouſtumé à faire, & leſquiex ainſi criez & ſubhaſtez, delivrez ou faites delivrer au plus offrans, en recevant le pris d'iceuls, & tournant au prouffit de Monſeigneur, pour la deſpenſe faire & payer du gouvernement de luy, de ſon eſtat & de ſondit Hoſtel, pour certain temps juſques à ladite ſomme, ou ſe miex vous ſemble, & que plus preſtement en puiſſiez avoir l'Argent ſenz très grand perte ou dommage de Monſeigneur & de Nous, [a] vendez les ou exploitiez par compoſicion ou autrement convenablement, ſi comme vous verrez que ſelon le cas appartendra à faire : Et pour ce que miex, plus diligemment & promptement puiſſiez faire & accomplir noſtredite Ordenance, & que en ce ne ſoyez aucunement empeſchiez, voulons & octroyons que [b] s'aucuns autres Receveurs ou Commiſſaires eſtoient par Nous ou par aucuns deſdits Lieuxtenans & Capitaines de Monſeigneur & noſtres, deputez & ordenez dores-en-avant ſur le fait de Recepte des finances ou compoſitions des choſes deſſuſdittes, non recolans de noſtredite Ordenance, & que par vertu du povoir que ſur ce par Nous ou euls leur ſeroit donné, commis & baillé, il en receuſſent aucune choſe, vous iceuls, & tous aultres quelconques detenteurs des biens & heritages des choſes deſſuſdittes, & qui dores-en-avant aucune choſe en recevroient ou receu & levé auroient, ou qui en aucunes manieres [c] endebtez en ſeroient ou demourroient, puiſſiez contraindre à les vous payer, rendre & reſtituer pour noſtredit Seigneur, juſques à la ſomme deſſuſdite, par prinſe de corps & de biens & autrement, ſe comme il eſt accouſtumé à faire pour les debtes Royaux; & que de ce que vous en recevrez, vous puiſſiez donner, bailler & octroier Lettres de quittance ſous voſtre Scel, ou autre quelconque Scel authentique, à ceulz à qui il appartendra : de ce faire vous donnons plain povoir, auctorité & mandement eſpecial, & promettons par ces preſentes, avoir ferme & agreable, & faire tenir ferme & eſtable tout ce que par vous ou par vos deputez ſera fait, traitté, accordé ou compoſé ſur les choſes deſſuſdittes & chaſcune d'icelles; non contreſtant l'Ordenance faitte par Monſeigneur, de convertir les Forfaitures dudit Royaume, au prouffiſt & augmentation de ſa Noble Maiſon de [d] Saint Oüyn, & autres faictes ou à faire au contraire, quelconques dons, remiſſions, Octrois ou graces que dores-en-avant Nous ou leſdits Lieuxtenans & Capitaines de Monſeigneur ou noſtres, en façions à quelconques perſonnes, pour quelque cauſe que ce ſoit : leſquiex, ſe par inadvertance, ignorance ou [e] non remambrance de noſtredite Ordenance, ou autrement, comment que ce feuſt, eſtoient dores-en-avant par Nous ou par euls faiz, donnez ou octroiez, Nous de certaine ſcience & de l'auctorité Royal dont Nous uſons, rappellons dès maintenant pour lors, & mettons du tout au neant, ne ne voulons contre l'execucion de noſtre preſente Ordenance, avoir aucun effet ou vertu, & ſur ce impoſons ſilence perpetuel à tous à qui il appartendra : & auſſi voulons qu'à la Copie ou *Vidimus* de ces preſentes, ſoubz Scel Royal ou autre authentique, ſoit adjouſtée auſſi planiere ſoy comme à l'original. Si donnons en mandemens à tous les Juſticiers, Subges & juſticiables de Monſeigneur & noſtres, que à vous & à vos deputez ſur ce, ſur quanques il ſe puent meffaire envers noſtredit Seigneur & Nous, obbeïſſent & entendent diligemment, & vous preſtent conſeil, confort & aide, ſe meſtier en avez & vous les en requerez. En teſmoing de ce, Nous avons fait mettre noſtre Scel à ces preſentes. *Donné à Paris, le vingt-neufvieme jour de May, l'An de grace mil trois cens cinquante-neuf. Et eſtoient ainſi ſignées.* Par M.r le Regent, preſens M.re ADAM DE MELEUN, MELLON.

Collacio predictarum Litterarum ut ſuperius ſignatarum, cum originali facta fuit in Camera Compotorum, tertia die Junii milleſimo trecenteſimo quinquageſimo-nono. S. FAREMOUSTIER, *&* me P. AUBER.

[a] *donnez les à ferme.*

[b] *ſi aucuns.*

[c] *en ſeroient debiteurs.*

[d] *Voy. cy-deſſus, pp.* 116. 161. & 195.

[e] *non reſſouvenance.*

CHARLES REGENT le Royaume, Jean I.er & selon d'autres, Jean II. à Paris, en May 1359.

(a) Lettres portant que la Ville de Pontoise ne sera jamais separée du Domaine Royal & de la Couronne de France.

KAROLUS &c. Regalis providentia digne pensans merita fidelium subditorum, libenter illos prosequitur favoribus gratiosis, ut & ipsi gaudeant se probitatis operibus vacavisse, seque Regiis beneplacitis adhesisse, & alii eorum exemplo, similibus se conforment. Notum itaque facimus universis tam presentibus quam futuris, quod Nos attendentes virtuosam & commendabilem fidelitatis constantiam, qua dilecti & veri fideles prefati Domini Genitoris nostri & nostri, Major, Jurati, Communitas & habitatores Ville de Pontizara, dictam Villam affectiosis viribus sub obedientia dicti Domini Primogenitoris nostri & suorum predecessorum Francie Regum, non ficta, legitime & fideliter servaverunt, ac sincere devotionis, constantis fidei, [a] *probitateque, fidelitatis & affectionis ipsorum integritatem, quam ipsos ad dictum Dominum Genitorem nostrum ac ejus Regnum & ad Nos habere percepimus, necnon ad memoriam reducentes quamplurima gratuita & laudabilia obsequia que ipsi in fidelitate & vera obedientia continue* [b] *persistantes temporibus dudum lapsis, eidem Domino Genitori nostro dictisque Predecessoribus & Nobis, guerris hujusmodi durantibus aut aliter, prompte & liberaliter* [c] *impedisse noscuntur, omnia hujusmodi ipsorum merita delectabiliter* [d] *recensantes, dignum reputamus & congruum ut in hiis que ad eorum cedunt prosperitatis augmentum, dictum Dominum Genitorem nostrum & Nos propitios inveniant & benignos, ac in suis opportunitatibus liberales, necnon ipsos quos ex causis predictis, in amoris sinceritate constanter amplectimur, & eorum statum cupimus perpetua & secura transquillitate ac bona pace & vera concordia inter se frui pariter & letari, prenominatos Majorem, Juratos, Communitatem ac omnes & singulos habitatores dicte Ville de Pontisara, necnon generaliter absque exceptione seu retentione aliquali facienda, omnimodam Villam & Castellaniam, eorum supplicatione anelante, Domanio Regio ac dicto Regno & nobili Corone Francie posuimus, adjunximus, inclavavimus & applicavimus, ac ex certa scientia, auctoritate & plenitudine potestatis & liberalitatis Regie, qua fungimur, ponimus, adjungimus, inclavamus & aplicamus de gratia speciali per presentes, absque eo quod nunc vel imposterum, per dictum Dominum Genitorem nostrum ejusque successores Reges Francie, aut ab eis causam habentes vel habituros, & Nos,* [e] *dictas Villa, Castellania ac* [f] *ejus & singuli habitatores de Pontizara, communiter vel divisim, per* [g] *paragium, partagium, scambium, (b) dominium, terrarum* [h] *assietam* [i] *ver* [k] *transpositum,* [l] *factas & faciendas cuicunque persone & cujuscunque conditionis vel status existat; posito quod esset de insigni progenie, sanguine vel origine Regni Francie aut aliter, à dictis Regno, Domanio & Corona possint, debeant aut valeant in superioritate Jurisdictionis & ressorto, vel aliter quovismodo extrahi, separari, exemptari, vel* [m] *dijungi. Dantes tenore presencium in mandatis universis & singulis ad quos tempore presenti vel futuro, pertinere debuerit vel poterit, quatinus predictos habitatores Ville & Castellanie de Pontizara, &* [n] *quelibet ipsorum, hujusmodi gratia uti & gaudere pacifice & absque impedimento quocunque faciant & permittant. Et ut premissa perpetuo roboris obtineant firmitatem, presentes Litteras Sigilli nostri fecimus appensione muniri: salvo in aliis jure dicti Domini Genitoris nostri & nostro, ac in omnibus quolibet alieno.* Actum & datum Parisius, Anno Domini millesimo trecentesimo quinquagesimo-nono, mense Maii. *Per Dominum Regentem.* OGIER.

a probitatisque.
b persistentes.
c impendisse.
d recensentes.
e dicta.
f *Il semble qu'il devroit y avoir* omnes. *Voy. la Note (b).*
g *Voy. sur le* Parage *la Preface du 1.er Vol. des Ordonn. p. XIX. n. III.*
h Voy. cy-dessus, p. 64. Note (b).
i vel.
k Voy. la Note (b).
l factum vel faciendum.
m disjungi.
n quemlibet.

NOTES.

(a) Tresor des Chartres, Registre 90. Piece 309.

(b) Dominium.] Ce mot m'est suspect, mais je n'ay plus le Registre entre les mains pour verifier s'il a esté copié fidellement. Il semble qu'il devroit y avoir *donationem.* Il en est de même du mot *transpositum*, à la place duquel il faut peut-estre lire, *transportum.*

(a) Octroy accordé à la Ville d'Aurillac.

CHARLES REGENT JEAN I.er & selon d'autres, Jean II. à Paris, au mois de Juillet 1360.

KAROLUS Regis Francie Primogenitus, Regnum regens, Dux Normannie & Dalphinus Viennensis, Notum facimus universis tam presentibus quam futuris, Nos infras [a] *nostras scriptas vidisse Litteras, formam que sequitur, continentes.*

KAROLUS Regis Francie Primogenitus, &c. [b]

CUM autem postmodum de dampnis, adversitatibus, misiis, oneribus, gravaminibus & expensis quas & que Consules & Communitas dicti loci de Aureliaco, per nostros inimicos ac occasione guerrarum & [c] *al. multimodis noscuntur habuisse, fide digna relacione fuerimus informati, considerantes quod actenus semper fuerunt & adhuc sunt Culminis Regii devoti zelatores, quodque in dicta Villa, Habitatores ejusdem Consulatu ac libertatibus utuntur Consulatus, & usi fuerunt, ut prefertur, & quod onera super dictis vinis per decennium pro bono communi, & super ipsosmet imposita, existunt, propter* [d] *quod Habitatores minus dampnificantur & gravantur, & quod per alia onera magis dampnificari possent & gravari:* [e] *Atto eciam quod eorum Jurisdictiones, usus, consuetudines & jura cum dictis Religiosis aliqualiter non sunt communes, prout dicunt, prefatis Habitatoribus Nobis humiliter super hoc supplicantibus, presentibus & futuris, ipsorum Consulatus & Communitatis nomine, auctoritate & gracia supradictis, dictum dimidium obolum super quolibet cartone vini pro dicto decennio* [f] *imposito, concessimus & per presentes perpetuis temporibus modo & forma in dictis Litteris expressatis, concedimus exigendum, universis & singulis condicionibus, punctis & declaracionibus in dictis Litteris declaratis & contentis, in omnibus observatis. Quod ut firmum & stabile perpetuis temporibus permaneat, Sigillum nostrum presentibus Litteris duximus apponendum: Regio & alieno in omnibus jure salvo.* Datum & actum Parisius, Anno Domini millesimo trecentesimo sexagesimo, mense Julii.

[a] infra.
[b] Voy. le 3.e Vol. des Ordonn. p. 340.
[c] aliter.
[d] quæ.
[e] attento.
[f] impositum.

NOTES.

(a) Tresor des Chartres, Registre 98. piece 250. Elle est vidimée dans des Lettres du mois de Mars 1364. qui seront imprimées à leur rang.

(a) *Lettres concernant la levée des Impositions & Gabelles octroyées par les Estats du Languedoc tenus en 1359.*

JEAN I.er & selon d'autres, Jean II. à Calais, le 2. d'Octobre 1360.

JEHAN par la grace de Dieu Roy de France: A touz ceulx qui ces Lettres verront, Salut: Comme Nous avons entendu que les Prelaz, les Nobles & les Communes des Parties de la Languedoc, octroierent en l'année darrenierement passée, à nostre très-chier & amé Fils le Comte de Poictiers, lors & à present nostre Lieutenant èsdictes Parties, certaines imposicions & gabelles à lever & cüillir èsdictes Parties, en certaines formes & manieres contenuës à plain oudit octroy, & nostredit Filz eut tenu plusieurs Gens-d'armes & autres oudit païs & èz frontieres, pour la garde & deffense dessusdictes, & pour resister à nos annemis, à noz gaiges, & ait eu

NOTES.

(a) Registre de la Chambre des Comptes de Paris, intitulé: *Registrum Cartarum de tempore Domini Ducis Bituricensis*, nommé communément *Berri, fol. 96. recto.*

Il est bon de remarquer que le Comte de Poictiers fut fait Duc de Berri pendant le cours de l'Année 1360. Voy. l'Hist. Geneal. de la M. de Fr. t. 1. p. 106.

JEAN I.er & selon d'autres, Jean II. à Calais, le 2. d'Octobre 1360.

plusieurs autres charges pour la garde & deffense dudit païs, desquiex plusieurs grantz sommes de deniers sont encoure à payer; lesquelles nostredit Fils ne pourroit aucunement païer, se ce n'estoit des deniers desdictes imposicions & gabelles qui ne sont pas encore levées pour tout le tems que elles furent octroïées: Et aussi aïons entendu que les Prelaz, Nobles & Communes dessusdiz, aïent du consentement de nostredit Filz & Lieutenant, volu & octroïé que ladicte gabelle dure & soit cuillie oudit païs, jusques à Noël qui sera en l'An 1361. Savoir faisons que Nous euë consideration aus choses dessusdictes, & aus grans charges que nostredit Fils & Lieutenant a eu à supporter ou temps passé, si comme Nous savons bien, avons voulu & octroyé, voulons & octroyons de nostre certaine science & auctorité Royal, que tout ce qui est à cüillir de ladicte imposicion, attendu le tems par lequel elle fu octroyée, & aussi de ladicte gabelle jusques audit Noël qui sera en l'An 1361, dessusdit, soit levé & cüilli en la forme & maniere ordennées par nostredit Fils & Lieutenant sur ce. Ordonnons en mandement à nos amez & feaulx le Chancellier de nostredit Filz, & Jehan Sonnain Chevalier, Seneschal de Beaucaire, lesquiex nostredit Filz & Lieutenant a fait & ordonné *(b)* nos Lieutenans & les siens oudit païs, & à tous nos autres Justiciers, Officiers & Sujets à qui il appartiendra, que lesdictes imposicions & gabelle il facent & sueffrent lever & cuillir oudit païs, par les Commis & deputez ou à deputer ad ce, de par nostredit Filz ou desdiz Lieutenanz de Nous & de [a] li audit païs, en la forme & maniere dessusdictes, & les rebelles & désobeïssans, se aucuns en treuvent, contraignent ad ce rigueureusement par toutes les voyes & remedes convenables: Et de ce [b] fere leur donnons povoir & especial autorité & mandement, de nostre science & auctorité dessusdictes. En temoing de ce, Nous avons fait mettre nostre secret Scel à ces Lettres. *Donné à Calais, le secont jour d'Octobre, l'An de grace mil trois cens soixante. Ainsi signé.* Par le Roy. YVO.

a *luy.*

b *faire.*

NOTES.

(b) Nos Lieutenans & les siens.] Jean Comte de Poictiers quittant le Languedoc par l'ordre de son Pere qui le rappella pour le donner en ostage au Roy d'Angleterre, laissa pour les Lieutenans dans le Pays, son Chancelier & Jean Sonnain Seneschal de Beaucaire. Le Regent Charles leur envoya des Lettres de Lieutenance, datées du 27. de Septembre 1360. Elles suivent celles-cy dans le Registre.

JEAN I.er & selon d'autres, Jean II. à S.t Omer, le 6. de Novembre 1360.

(a) Revocation de toutes les assignations données sur les Recettes Royales, ordinaires & extraordinaires.

JEHAN par la grace de Dieu Roys de France: A nos amez & feaulx Gens de nos Comptes à Paris, Salut & dilection. Nous avons ordené par meure deliberation de nôtre Conseil, que nulle assignation pour quelconque cause que ce soit, ne se face sur nos Monnoyes, sur noz Receptes ordinaires ou extraordinaires, ne ailleurs sur nostre Domaine; & se aucune y estoit ja faitte [c] de vous *(b)* à une foiz, [d] de debtes pour causes de guerres ou semblable, par Nous ou nôtre très chier ainsné Filz le Duc de Normandie, Dauphin de Viennois, ou par noz autres enfans, ou autres nos Lieuxtenans, ou par quelconque autre personne de quelque estat ou auctorité [e], que rien n'en soit paié; mais soient touttes teles assignations de nul effect. Si vous mandons que nostre presente Ordenance vous tieignez & gardez, & mandez

c *par.*

d *pour des dettes.*

e *qu'elle soit.*

NOTES.

(a) Memorial *D.* de la Chambre des Comptes de Paris, *fol.* 10. *recto.*

Pour titre de ces Lettres, il y a: *Ordinatio revocationis assignationum.*

(b) A une foiz.] Cela signifie apparemment, *pour recevoir l'assignation dans un seul payement.*

tenir

tenir & garder par-tout où mestier sera; sachanz que se aucune chose estoit faite ou paiée encontre, Nous ne voulons que il tiegne lieu ou soit alloüé aus paieurs en aucune maniere. *Donné à Saint Omer, le sixiesme jour de Novembre, l'An de grace mil trois cent soixante.* Par le Roy en son grant Conseil ouquel vous estiez. J. ROYER.

(a) Instructions faites pour le Sel.

(1) Et Premierement. ES lieux où il y aura establi Grenier de Sel, l'en y [a] establira tout le Sel qui viendra, & sera vendu audit Grenier, par ung homme saige, loyal, dilligent & convenable pour estre Grenetier illec, qui recevra & vendra tout le Sel qui viendra & sera vendu audit Grenier; & ung autre bon, loyal, dilligent & expert, qui saiche escripre, & sera Clerc dudit Grenier, & [b] escripra le Sel en certain [c] papier, qui à present est en la Ville où le Grenier est establi, en la main des Marchans, la quantité du Sel, & le nom de celluy à qui il est : & ainsi sera dores-en-avant de tout le Sel que l'on y amenera pour estre vendu illec, & il escripra le jour que l'en y en amenera, la quantité du Sel, & le nom du Marchant : & en chascun Grenier ou Celier ou Sel sera, aura deux fermois fermans à deux diverses clefs, dont le Grenetier en aura une, & le Marchant à qui le Sel sera, ou son facteur, en aura une autre: & sera icelluy [d] Sel vendu à tour [e] de papier, l'un après l'autre, ainsi comme il sera enregistré, & sans fraulde.

(2) Item. L'en regardera en chascun des lieux où les Greniers sont establiz, quel [f] prix le Sel vauldra & devra valoir à estre achetté des Marchans, tant celluy qui y est, comme celluy que l'en y amenera ; & si ordonnera-l'en tel & si convenable pris que les Marchans se devront tenir pour contens ; & icelluy Sel sera vendu pour ledit Segneur, la quinte partie plus qu'il ne sera achetté; c'est assavoir, la mesure qui sera achettée vingt sols, sera vendue vingt-cinq solz ; & ainsi les autres à l'avenant.

(3) Item. De tout le Sel qui sera vendu audit Grenier, l'en recevra les deniers tous contans, [g] ainsi comme l'en le delivrera : & ne recevra-l'en aucunes Monnoyes, fors celles ausquelles le Roy aura baillé cours : & tous iceulx deniers seront mis en ung coffre ou escrin fermant à trois clefs diverses, desquelles le Grenetier en aura [h], le Clerc, & le Marchant

a *gardera.*

b *écrira en certain papier, le sel qui &c.*

c *Registre.*

d *le sel que l'on amenera.*

e *à tour de Rôle.*

f *le prix que les Marchands devent vendre le sel.*

g *à mesure.*

h *le Grenetier une, le Clerc une, & le Marchand une.*

NOTES.

(a) Dans le 3.e Vol. des Ordonnances, p. 436. Note *(e)* l'on a fait imprimer des *Instructions* faites par le Conseil du Roy, le 18. de Decembre 1360. sur la maniere de lever l'Aide de douze deniers pour livre sur toutes les marchandises, & des Instructions faites sur l'Aide sur la Gabelle, datées du 23. de Decembre 1360. Ces Instructions ont esté tirées du Memorial *D.* de la Chambre des Comptes de Paris.

Ces Instructions sur l'Aide de douze deniers, se trouvent aussi dans un Registre de la Cour des Aides de Paris: mais les Instructions sur l'Aide du Sel, estant differentes de celles qui sont dans le Memorial de la Chambre, on a jugé à propos de les faire imprimer icy: elles sont datées du 24. de Decembre 1360.

Il est absolument necessaire de donner une Notice du Registre dont elles sont tirées, afin de fixer l'autorité qu'il doit avoir.

L'on a déja remarqué dans la Preface du 3.e Vol. des Ordonnances, que les premiers Registres originaux de la Cour des Aides, depuis son establissement jusques vers 1450. ne se trouvent plus dans son Greffe.

La perte des Registres originaux de cette Compagnie, est en quelque sorte reparée par un Manuscrit qui est presentement dans son Greffe, & dont je vais donner une Notice. C'est un petit *in folio* de près de 350. pages écrit assez bien, sur du papier, d'une écriture que l'on juge aisement estre du milieu du 16.e siecle.

Sur une feüille blanche qui est à la teste, il y a : *Ce livre appartient à Jacques Chevalier Esleu de Paris:* & ensuite il y a écrit, apparamment de la main d'Abel de Sainte-Marthe dont on va parler, *né en 1484. mort en 1522.* & au-dessous on lit de la même main: *Abelius Sammarthanus A. F.* [Abelii Filius.] *Scævolæ Nepos, Regius Bibliothecarius.*

A la fin du Registre, il y a une Genealogie de la famille des *Chevaliers;* & à costé de l'Article de Jacques, Abel de Sainte-Marthe a écrit, *Jacques compilateur de ce Livre.* C'est dans cette Genealogie qu'il a trouvé la date de la naissance de Jacques

Ce Manuscrit a passé d'Abel de Sainte-Marthe, à son Fils Abel de Sainte-Marthe, Doyen de la Cour des Aides de Paris, qui l'a remis au Greffe de cette Compagnie; & voicy ce qu'il a fait écrire sur la premiere page.

Registre secret de la Cour des Aides, commençant en l'Année 1360. & finissant en 1502.

Ce Registre appartient à moy, Abel de Sainte-Marthe, Doyen de la Cour des Aides. Je l'ai eu de la Bibliotheque de feu Messire Abel de Sainte-Marthe mon Pere, Conseiller d'Estat & Garde de la Bibliotheque de Fontainebleau. Il contient l'origine de la plupart des droits & des impositions qui ont esté establies en France, les Ordonnances, les Instructions & la maniere de les lever, l'establissement de ses premiers Officiers, & quantité d'autres choses extremement curieuses. Comme il ne se trouve en aucun endroit, la Cour a trouvé bon d'ordonner qu'il fut mis parmi ses Registres, l'original en estant perdu. Cette Copie peut servir d'original, puisqu'elle est écrite il y a plus de deux cens ans.

On trouve sur cette même page, qu'Abel de Sainte-Marthe est devenu Doyen de la Cour des Aides, le 30. d'Avril 1693. Ainsi c'est depuis cette époque, que ce Manuscrit a esté remis au Greffe de cette Compagnie.

Voicy le titre que Jacques Chevalier a mis à ce Manuscrit.

Pour avoir plus facilment congnoissance du fait des Aides, Tailles & Gabelle, de l'estat, gouvernement & Jurisdicion d'iceulx, en ensuivant les instrumens & Ordonnances Royaulx estans en la Chambre desdites Aides à Paris, j'ay redigé par ordre selon ce qu'ay peu

ou son facteur une; & sera la vente d'icelluy Sel escripte par le Clerc dudit Grenier, en un papier, par journée & par parties singulieres, jusques à la fin de la vente de chascun Grenier ou Cellier de Sel: & [a] tantost après la fin de la vente d'icelluy, lesdits Grenetiers & Marchans se assembleront, & [b] getteront combien montera la vente dudit Sel, & compteront leurs deniers, & en bailleront les quatre parties de la vente toute au Marchand, en prenant Lettres de quittance de luy, & de la somme qu'ilz luy auront bailliée; & la quinte partie retiendront devers eulx. [c] Ilz envoyeront tantost après pardevers lesdits Esleuz en la Cité où le Grenier sera, *(b)* ou de quelque Eveschè ledit Grenier sera, en prenant Lettres de quittance desdits Esleuz ou [d] leur Receveur.

a *aussi-tôt.*
b *calculeront, compteront.*
c *& ils envoyeront cette somme aux Eslus.*
d *de.*

(4) Item. L'en vendra Sel audit Grenier en grosses mesures, comme à septiers, mines & minotz, & [e] ne luy vendra-on pas à petites mesures [f] à quoy les petits Regratiers revendeurs ont accoustumé à gaigner leur vie; & ne leur pourra-on vendre de Sel en icelle Ville, s'il n'est pris au Grenier, sur peine du Sel estre forfait, & l'amende à voulenté. Et en tous les lieux & Villes où il y aura Grenier de Sel, il est ordonné que tout le Sel qui y sera vendu, de quelque lieu qu'il vienne, le Roy prandra en la vente d'icelluy Sel, la quinte partie de l'achapt, touteffoys & quanteffoys qu'il sera vendu; c'est assavoir, le vendeur le veult vendre vingt solz, il sera vendu vingt-cinq solz, & y aura le Roy cinq solz d'Aide. Mais pour ce qu'il ne sera pas chose proffitable ne convenable d'avoir ou faire tant de Commissaires en tant de Villes, comme il y a ou Royaume de France où l'en vend Sel, ordonné est que ledit Aide qui est de cinq solz pour la livre du pris du vendeur, de tout le Sel qui sera vendu de toutes & quelzconques Villes & lieux dudit Royaume où il [g] n'aura point de Grenier de Sel, sera vendu & baillé à ferme par les Esleuz des Citez ou par leurs deputez, par membres & par parties diverses, au mieulx & plus prouffitablement que pourra estre fait, si comme il est dit des imposicions de douze deniers pour livre sur les autres denrées; & seront tenuz iceulx Fermiers de eulx bien [h] appleger, & payer pardevers lesdits Esleuz ou Receveurs, le pris de leurs fermes; c'est assavoir, celles des bonnes Villes & grosses de moys en moys, & pour celles du plat pays, de deux moys en deux moys, si comme dit est des imposicions dessusdites: & au Bail desdites fermes aura temps bien long, par lequel les encheres desdites Fermes dureront. *Donné à Paris, le vingt-quatrieme jour de Decembre, mil trois cens soixante.* Ainsi signé. C. LEVRIER.

e *& on ne le vendra pas.*
f *ausquelles.*
g *n'y aura pas.*
h *donner bonnes cautions.*

NOTES.

trouver en ladite Chambre, lesdittes Instructions & Ordonnances par le temps & auxquelles ont esté faictes & ordonnées.

Ce détail estoit absolument necessaire pour faire connoistre que quoyque ce Manuscrit, qui contient un très grand nombre d'Ordonnances & d'autres Monuments importans qui ne se trouvent point ailleurs, ne soit point original, il doit avoir cependant presque autant d'autorité qu'un original, parce qu'il a esté copié il y a plus de 200. ans, sur les Originaux qui estoient alors à la Cour des Aides, par les soins d'une personne connuë, & qui estant Eslû, estoit au fait des matieres, sur lesquelles roulent les Pieces qui s'y trouvent.

D'ailleurs ce Manuscrit tire encore un nouveau prix du merite literaire d'Abel de Sainte-Marthe Bibliothecaire du Roy, auquel il a appartenu.

Dans ce Registre, à la fin des Instructions sur la levée de l'Aide des douze deniers, il y a:

Donné à Paris, soubz le Contre-scel du Roy, le dix-huitieme jour de Decembre, l'An mil trois cens soixante: Et estoit ladite Instruction ainsi signé. Per Regem in suo Consilio: *C. Levrier. Et au doz de l'instruction dessus transcripte, estoit escript l'instruction qui s'ensuit.*

Dans le 3.e Vol. des Ordonn. il y a *M. Levrier,* parce que dans le Memorial de la Chambre, la Lettre qui precede le mot *Levrier,* ressemble beaucoup à une *M.* mais il paroist par ce Registre de la Cour des Aides, qu'il faut corriger *C. Levrier.*

(b) Ou de quelque Eveschè, &c.] Ou dans la Cité Episcopale d'où dépendra ce grenier; supposé qu'il n'y ait point d'Eslûs dans le lieu où il est establi.

JEAN Ier & selon d'autres, Jean II. à Paris, en Janvier 1360.

(a) Confirmation de Lettres de Sauve-garde pour l'Abbaye de Clugny.

JOHANNES Dei gratia Francie Rex, &c.

NOTES.

(a) Tresor des Chartres, Registre 89. Piece 502.

Ces mêmes Lettres avec la même formule de signature à la fin, se trouvent dans le Registre 91. Piece 223. avec la date du mois de Janvier 1361. [Voy. le 3.e Vol. des Ordonn. p. 545.] Il est impossible de deviner si le Roy Jean a donné les mêmes Lettres deux années de suite dans le mois de Janvier, ou s'il y a faute à la date de l'une de ces Lettres, dans le Registre 89. ou dans le 91. Ces Lettres d'ailleurs renferment dans leur context, une difficulté considerable que l'on a examinée dans la Preface du 3.e Vol. des Ordonn, §. *Ordonnances.*

(a) Instruccio Officii Portuum.

C'EST l'instruction & l'usage de l'Office des Pors & passages du Royaume de France.

Premierement. Est la recepte de laines au Port de *(b)* S.t Jehan de Leure & à Aiguemorte, par la maniere qui s'ensuit.

(1) C'est assavoir, la charge de laines & *(c)* Aignel & recouz de Bourgoigne & de *(d)* Peril, chacune charge de 25.[a] pierres au poiz de[b] Trois, païe à S.t Jean de Leure, un florin : la charge de 4. quintaux au poiz de Montpellier, païe à Aiguemortes, se la laine est lavée, trois Escuz; & se elle est[c] à toute *(e)* la sueur, elle ne païe que un Escu & demi.

(2) Item. Bestes lanuës, soit Brebis ou Mouton, païe trois deniers, &[d] l'Aignel trois oboles.

(3) Item. Peaux[e] lanuës de Mouton & de Brebis, trois deniers; & la[f] pel de l'Aignel lanu, trois oboles.

(4) Item. En la Seneschaucie de Beaucaire, le Receveur de Nymes reçoit les trois deniers dessusdiz de bestes vives; & si[g] soloit tout recevoir le Maistre des Pors.

(5) Item. Les toiles qui passent par la Seneschaucie de Carcassone, païent à la Recepte du Maistre des Pors, sept deniers pour livre: & celles qui passent par Aiguemortes, païent au Receveur de Nymes, six deniers pour livre. Celles qui passent de Bourgoigne jusques au Port d'Avignon, païent à Ville-Franche au Seigneur de Beaujeu, sept deniers pour livre; &[h] soloit tout venir à la Recepte du Maistre[i].

(6) Draps blancs entiers faiz à Carcassone, sont dessendus à traire du Royaume.

(7) Toutes[k] taintures à Draps, sont dessenduës à traire; & toutes autres choses qui sont[l] à faire Draps, si comme *(f)* suif ranse, chardons, especialement en la Seneschaucie de Carcassone & de Beaucaire; excepté la Ville de[m] Nerbonne qui en a privilege du Roy, pour une grant finance qu'ils en païerent.

(8) Fer,[n] achier, armeures & grant chevaux sont dessenduz à traire du Royaume; especialment par ces deux Seneschaucies de Carcassone & de Beaucaire.

(9) Les Forfaitures de Billon & la punicion de ceulz qui le trayent hors du Royaume, appartient au Maistre des Pors, & non à autre. Du Billon pris, les Gardes ont le quint pour leur droit, & le Roy les quatre pars.

(10) Les Forfaitures de la[o] Reve ou imposicion de quatre deniers pour livre, la cognoissance[p] appartient audit Maistre, & la punicion, combien que le Bailliz & les Seneschaux la[q] occupent : & les Gardes qui les prennent, en ont le quint; & des quatre pars, le Roy a la moitié, & le fermier de ladite Reve, l'autre moitié; & semblablement de ceulz qui passent toiles ou bestes lanuës, sans payer le Droit du Roy.

a Voy. la Table du 3.e Vol. des Ordonn. au mot, *Pierres, poids.*
b *Troyes.*
c *avec.*
d *l'Agneau.*
e *Peaux couvertes de laines.* Voy. le 3.e Vol. des Ordonnances, p. 254. Note (g)
f *peau.*
g *avoit accoustumé.*
h *avoit accoustumé.*
i *des Ports.*
k *Les drogues necessaires pour la teinture.*
l *necessaires pour la fabrique des draps.*
m *Narbonne.*
n *acier.*
o *Voy. le 3.e Vol. des Ordonn. p. 254. Note (h)*
p *en.*
q *l'usurpent.*

NOTES.

(a) L'on a fait imprimer dans le 3.e Volume des Ordonn. p. 463. dans la Note *(b)* sur des Lettres du 25. de Mars 1360. une Instruction sur les Ports & passages. On en a trouvé depuis une autre dans le Memorial *C.* de la Chambre des Comptes de Paris, *fol. 122. recto*, que l'on a crû devoir faire imprimer icy. Elle n'a point de date, mais il y a au haut de la page, *Anno 1353.*

(b) S.t Jean de Leure.] Voy. sur ce lieu, le 3.e Vol. des Ordonn. p. 254. Note *(b)* J'y ay dit que ce lieu qui se trouve écrit differemment dans differentes Copies des Lettres sur lesquelles j'ay fait cette Note, ne pouvoit estre que *S.t Jean de Lône* sur les frontieres de la Bourgogne & de la Franche-Comté, ou *S.t Jean de Luz* sur les frontieres de l'Espagne, & j'ay crû plus vray-semblable qu'il s'agissoit de ce dernier endroit. Mais ce qui est dit icy des Laines de *Bourgogne* rend la chose plus problematique; car il n'y a guere d'apparence que les Laines de Bourgogne entrassent dans le Royaume ou en sortissent par *S.t Jean de Luz.* Peut-estre trouveray-je dans la suite quelque passage precis qui marquera quel est ce lieu.

L'on trouve aussi dans quelques Ordonn. *le Hable* [*Havre*] *de Leure* ou *de Harfleu*, où les Castillans & les Portugais venoient trafiquer; mais il n'y a pas apparence qu'il s'agisse icy de ce lieu, sur lequel Voy. le 2. Vol. des Ordonn. p. 161. & Note *(f)* & le 3.e p. 573. III.

(c) Aignel & recouz.] Il y a une marque d'abreviation sur *l*, & il faut lire *Aignelins*, Voy. sur ce mot & sur *recourz*, le 3.e Vol. des Ordonn. p. 255. Notes *(n & o)*.

(d) Peril.] Je ne connois point ce lieu, si ç'en est un. Je n'ose pas proposer de lire *Berri*, car la correction me paroist trop hardie.

(e) La sueur.] C'est-à-dire, si la Laine est grasse & *en suin*, si elle n'a pas esté lavée & dégraissée, Voy. le 3.e Vol. des Ordonn. p. 464. Note *(i)*.

(f) Suif ranse.] Je ne sçais si ce mot *ranse* est un abjectif que l'on écrit presentement *rance*, & qui signifie quelque chose qui commence à avoir un mauvais goust, parce qu'il se corrompt, ou si c'est un substantif dont la signification m'est inconnuë. Il ne paroist pas, parce que dit M. Savary de la fabrique des Draps dans son Dictionnaire du Commerce, que l'on y employe aujourd'huy le suif.

JEAN I.er & selon d'autres, Jean II. au Temple-lez-Paris, en Mars 1360.

(a) Exemption de prise *pour les habitans de Monstreüil près de Vincennes.*

JEHAN par la grace de Dieu Roy de France : Savoir faisons à tous presens & à venir, que pour consideration des granz pertes & domages que les Habitans de la Ville & Paroisse de Monstreüil-lez-le-Bois de Vincennes, ont euz & soustenus pour cause de noz guerres, tant par noz ennemis pour le temps, comme par les Genz-d'armes & autres que nostre très-chier Filz le Duc de Normandie & Dalphin de Viennois, avoit en sa Compagnie devant [a] Paris, lorsque feu Estiene Marcel estoit Prevost des Marchans de Paris, [b] que Nous estions en Angleterre, & en plusieurs autres manieres; & pour ce aussi que iceulz Habitans puissent paisiblement labourer leurs terres, leurs vignes, & leurs autres labourages & heritages qui par lont temps sont demourez *(b)* en gast, pour leur vivre avoir & de leur enfent; & pour ce aussi qu'il soient plus [c] constrains de prier pour Nous & pour nos Successeurs; Nous pour Nous & pour nos Successeurs, leur avons octroyé & octroyons par ces presentes Lettres, de grace especial, de notre auctorité Royal & de certaine science, que nul commis ou deputé ou à deputer [d] sur prendre *(c)* garnisons ou autres choses quelzconques, pour Nous ou nostre Hostel, pour les Hosticz de nos Enfenz & de ceulz de nostre Lignaige, ne d'autres de quelzconques estat & condicion ou auctorité qu'il soient, ne prengnent, ne puissent prendre le blez, vins ou autres grains, [e] buez, vachez, volaile, bestez, [f] fains, chevaulz, charretez, harnoiz, [g] fuerrez, forraiges, [h] coustes, coussins, couvertures. draps, napes, & autres garnisons, ou biens quelzconques desdis supplians ou d'aucun d'eulz; mais [i] que yceulz supplians & leurs successeurs & chascun d'euz afranchissons, volons estre & demourer franz & quittes à tousjours-mais de toutes prises, pour quelconque cause, besoin ou necessité qu'elles soient ordenées; soit tant comme lesdis biens, blez, vins ou autres grains, buefz, vaches, volailles, bestez, feins, chevaulz, charretez, harnois, fuerrez, forrages, couvertures, coustes, coussins, draps, napes ou quelconques autres choses ou garnisons, seront en ladite Ville de Monstrüeil, ou ailleurs hors de ladite Ville, quelque part que ce soit, en alant, venant ou retournant, ou autrement en quelques manieres : [k] Par ainsi toutesvoiez que lesdiz habitans mettront ou feront mettre & soustenir dores-en-avant à tousjours à leurs couz & despens, les Fontaines de ladite Ville de Monstrueil, par lesquelles [l] l'iaüe va en nostre Ostel du Bois de Vincennes; & aussi mettront ou feront *(d)* mettre au delivre toutes les yauez & [m] agouz de ladite Ville, jusquez au Rû pavé qui va au Vivier de la Consiergerie dudit Boys pour le gouvernement des bestes du Parc, & de ce se obligeront envers Nous & noz Successeurs, & en bailleront Lettres obligatoires soubz nostre Scel de nostre Chastelet de Paris, pardevers nostre Consierge dudit lieu : Lequel & sez Successeurs Consierges [n] averons povoir de les y contraindre toutes-foiz que deffaut y auroit de par eulz. Si donnons en mandement par ces presentes, à tous les Justiciers & Officiers de nostre Royaume, presens &

a *Voy. le 3.e Vol. des Ordonn. p. 369. & Note (b).*
b *&.*
c *obligez.*
d *pour.*
e *bœufs, vaches.*
f *foins.*
g Ce mot & le suivant, signifient *fourrage.*
h *lit de plumes.* Voy. Borel, au mot *coustes.*
i *que* est inutile.
k *à condition cependant.*
l *l'eau.*
m *égoûts.*
n *auront.*

NOTES.

(a) Tresor des Chartres, Registre 98. Piece 84. Elle est vidimée dans des Lettres de Charles V. du mois de Novembre 1364. La même Piece se trouve aussi vidimée dans des Lettres de ce Prince du mois de Mars 1364. qui sont dans le même Registre, n.o huit-vingt dix sept.

(b) En gast.] Qui n'ont point esté cultivées, parce qu'on y a fait le dégast. Voy. le Gloss. de Du Cange au mot, *Gastum* dans *Vastum.*

(c) Garnisons.] *Provisions.* Voy. sur les Prises, les Tables des Volumes precedents des Ordonnances, à ce mot, & le 3.e Vol. p. 230. Note (*m*).

(d) Mettre au delivre.] Je crois que cela signifie, qu'ils feront rassembler & conduire ces eauës jusqu'au Rû. Ce Rû, ce Vivier, & la *Conciergerie* qu'on nomme presentement la Menagerie, subsistent encore.

à venir, ou à leurs Lieuxtenans, que lesdiz habitans facent & laissent joïr & user paisiblement de nostre presente grace & franchise, en contraignant à ce tous ceulz qui en aucune maniere voudroient faire au contraire : Et deffendons aussi à tous Chevaucheurs & Preneurs dessusdiz, qui à present sont & qui pour le temps à venir seront, que il ne aucun d'eulz ne facent au contraire, sur quanque il se puevent mesfaire envers Nous : Et Nous plaît & volons, & ordenons que se aucun de nozdittes Gens ou Officiers, se veulent efforcer ou se efforcent en aucune maniere ou temps à venir, de faire aucunes [a] prinses de biens estanz en ladite Ville, ou de ceulz que l'en menroit de lieu en autre, comme dit est, que celui ou ceulz sur qui on vodroit faire tellez princez ou aucune d'icelles, n'y soient tenus de obeir; & [b] pour cause & occasion de desobeyssance, il ne aucuns d'eulz puissent [c] suys ne approchiez ne trais en cause, pardevant quelzconques des Gens de nostre Hostel, des Hostieux de nozdiz Enfens ou autres personnes de nostre Lignaige, ne de noz autres Officiers, ne contrains à Nous en faire amende en quelque maniere : Et que ce soit ferme chose & estable à tousjours, Nous avons fait mettre nostre Seel à ces presentes Lettres : sauf en autres choses nostre droit & en toutes l'autruy. *Donné au Temple-lèz-Paris, l'An de grace mil trois cens soixante, ou mois de Mars.*

JEAN I.er & selon d'autres, Jean II. au Temple-lez-Paris, en Mars 1360.

a *prises.*

b *que.*

c *estre poursuivis, ni assignez.*

JEAN I.er & selon d'autres, Jean II. à Paris, en Mars 1360. Louis VII. dit le Jeune, à Bourges, l'An 1171. Philippe Auguste, à Mauzac, l'An 1184. Saint Louis, à Maubuisson en Mars 1247. Pilippe V. dit le Long, au Bois de Vincennes, en Avril 1317.

(a) Lettres qui portent que l'Abbaye de Cusset & les biens qui luy appartiennent, ne seront point démembrez de la Couronne.

JOHANNES Dei gratia Francie Rex : Notum facimus universis presentibus & futuris, Nos vidisse Litteras inclite recordationis carissimi quondam Domini & Consanguinei nostri Domini Philippi Regis Francie & Navarre, formam que sequitur, continentes.

[d] *PHILIPPUS Dei gratia Francie & Navarre Rex : Notum facimus universis tam presentibus quam futuris, Nos infrascriptas vidisse Litteras, tenorem qui sequitur, continentes.*

In nomine Sancte & Individue Trinitatis, Amen. [e] *Philippus Dei gratia Francie Rex : Noverint universi presentes pariter & futuri. Cum universa que Moniales (b) Cuciaci habent, tam in Villa Cuciaci quam alibi, ad petitionem venerabilis Patris nostri Lucii Pape, eoque potissimum intuitu quod eadem* [f] *ad Regale nostrum pertinet, in manum & protectionem nostram suscepimus, ad quam nostre protectionis susceptionem Florencia Abbatissa totusque Conventus, ut affectum nostrum circa rem predictam redderent magis sollicitum, Nobis hec habenda perpetuo* [g] *dederant ; videlicet, medietatem Justitie Cuciaci, & medietatem Justicie totius terre quam habet Abbacia Cuciaci, & medietatem redditum quos constituerunt ex equis, asinis, quadrigis, carris vinum seu merces alias per Cuciacum aut de Cuciaco deferentibus ; excepto (c) carcagio* [h] *annone & salis, (d) & medietatem omnium mercatorum que fient tam in tempore nundinarum, quam in aliis temporibus*

d Philippe le Long.

e Philippe Auguste.

f *App.* Villa.

g dederunt.

h du bled. *Voy. Du Cange, à ce mot.*

NOTES.

(a) Tresor des Chartres, Regiſtre 89. Piece 604.

Il y a beaucoup de fautes dans ces Lettres, que j'ay collationnées sur le Regiſtre, ainsi que toutes celles que je fais imprimer. Mais comme je n'avois plus ce Regiſtre lorsque j'ay travaillé sur cette Piece, je n'ay pû verifier si quelques-unes de ces fautes ne doivent pas estre imputées à celuy qui l'a copiée, & ne me sont pas échappées, lorsque je l'ay collationnée.

(b) Cuciaci.] Cette Abbaye est aussi nommée *Cussetum*, & est dans la Ville de Cusset en Auvergne. Voy. *Gall. Christ. 2.e Edit.* t. 2. p. 384.

(c) Carcagio.] C'est ainsi, sans doute, que se nommoit le droit que l'Abbaye levoit sur les charrois qui portoient des marchandises.

(d) Et medietatem omnium mercatorum.] Cela signifie apparemment seulement, la moitié du droit qui se levoit sur tous les marchez qui se faisoient à Cusset.

JEAN I.er & selon d'autres, Jean II. à Paris, en Mars 1360.

apud Cuciacum; exceptis nundinis de Septembri. Preterea dederunt Nobis ut de singulis domibus terre quam habent extra Cuciacum, habeamus singulis Annis, duos denarios in Festo Sancti Michaelis. Nos autem eis concessimus quod neque Nos neque successores nostri Reges Francie, hanc terram ac hos redditus extra manum Regiam mitteremus, nec alicui alii [a] *conferimus. Quod ut apud posteros perpetuam sortiatur firmitatem, presentem cartam Sigilli nostri auctoritate, & Regii nominis karactere inferius annotato, communimus.* Actum *(e)* Mauziaci, Anno Verbi Incarnatione Domini millesimo centesimo octogesimo-quarto: Regni nostri anno quinto. *Astantibus in Palatio nostro, quorum nomina supposita sunt & signa. S. Comitis Theobaudi Dapiferi nostri. S. Guidonis Buticularii. S. Mathei Camerarii. S. Radulphi Constabularii. Datum per manum Hugonis Cancellarii.*

a conferremus.

ITEM. *Alias Litteras quarum tenor talis est. In nomine Sancte & individue Trinitatis, Amen.* [b] *Ludovicus Dei gratia Francie Rex: Notum facimus quod cum carissimus Frater & fidelis noster Alfonsus Comes Pictavensis, &* [c] *dilecta nostra Abbatissa Cuciaci coram Nobis peteret custodiam Abbacie Cuciaci cum pertinentiis suis in Arvernia sitis, prefata Abbatissa ex adverso dicente quod dicte Abbacie & pertinenciarum suarum custodiam extra manum Regiam ponere non poteramus nec debebamus, & ad hoc* [d] *probendum, quedam privilegia Regia exhibente, Nos inspectis diligenter privilegiis supradictis, habito Consilio, decrevimus prefatam Abbaciam cum omnibus suis pertinentiis, sub nostra nostrorumque successorum Regum protectione & custodia perpetuo remanere. Quod ut perpetue stabilitatis robur obtineat, presentem paginam Sigilli nostri auctoritate, & Regii nominis karactere inferius annotato, fecimus communiri.* Actum apud Abbatiam [e] Beate Marie Regalis juxta Pontizaram, Anno Incarnationis Domini millesimo ducentesimo quadragesimo-septimo, mense Marcio, Regni vero nostri anno vicesimo-secundo. *Astantibus in Palatio nostro quorum nomina supposita sunt & signa. Dapifero nullo. Signum Stephani Buticularii. Signum Johannis Camerarii. Constabulario nullo. Datum vacante Cancellaria.*

b S.t Louis.
c Il y a là quelque chose de corrompu.
d probandum.
e l'Abbaye de Maubuisson.

ITEM. *Alias Litteras sub tenore qui sequitur.*

In nomine Sancte & individue Trinitatis. [f] *Ludovicus opitulante divine Magestatis gratia, Francie Rex. Effectum justa postulantibus & Regie rigor equitatis & ordo exigit racionis; presertim quando petentium voluntatem & pietas adjuvat, & veritas* [g] *commitatur; eapropter dilecte nostre (f) A. Cuciacensis Monasterii Abbatisse, ejusque Conventus petitionibus clementer annuimus, & Cuciacense Monasterium antecessorum nostrorum exempla sequendo, sub Regia protectione, tali ratione & lege quod extra manum nostram mittere vel cuiquam Feudario dare neque Nobis neque heredibus nostris* [h], *suscipientes,* [i] *presentis precepti sanctione communimus, statuentes ut quascunque possessiones* [k] *quecunque bona idem Monasterium impresentiarum possidet aut in futurum concessione Pontificum, largitione successorum nostrorum vel Principum, oblatione fidelium seu aliis justis modis* [l] *prout adipisci, firma eis earumque successoribus & illibata permaneant: In quibus* [m] *hoc propriis duximus exprimenda vocabulis; scilicet, (g) terram de Sancto Marcello;* [n] *terra de Spinazia; terram de Malvaent; terram d'Albesperes; terram de*

f Louis le Jeune.
g comitatur.
h *Il faut suppléer un mot, comme* licebit.
i Cet endroit paroît corrompu.
k &.
l poterunt.
m hec.
n terram.

NOTES.

(e) Mauziaci.] Mauzac, Abbaye dans l'Auvergne, auprès de Riom. Voy. *Gall. Christ. 2.e Edit.* t. 2. p. 351.

(f) A.] Il y a plusieurs Abbesses nommées *Alasia* dans la liste des Abbesses de Cusset qui est dans la *Gall. Christ.* Voy. la Note precedente.

(g) Terram de Sancto Marcello.] Je n'ay pû rien découvrir sur ces lieux. On trouve à la verité dans le Dictionn. Univers. de la France, *Albepierre* en Auvergne, & dans le nouveau dénombrement de la France par Generalitez, partie 1.re p. 119. *Pruns* dans l'Election de *Gannat* en Auvergne, de laquelle Election dépend aussi *Cusset*; mais je ne sçais si ce sont les mêmes lieux qu'*Abesperes* & *Prunhi*.

Spec; terram de la Prunhi; terram de Rori; terram de la Chapella; terram de Remliac, & quecunque terre in Dominio vel in proprietate Cuciaci Monasterii, posite esse dinoscuntur, [a] *videlicet sint, sub protectione nostra suscepimus, precipientes & hujus precepti auctoritate decernentes, ut nulla Ecclesiastica, secularisve persona prefati Monasterii & Abbacie* [b] *dignitate destituere vel infra predictas metas, Turrem vel Castellum edificare valeat, neque aliquis Judex publicus aut quislibet superioris aut inferioris ordinis (h) Reipublice Procurator, ad Causas judicario more audiendas, in Villas seu reliquas possessiones ubicunque ad eundem locum pertinentes, ingredi presumat, neque tributa aut tallias vel Theloneum tollere, aut homines super terram ipsius commanentes,* [c] *distringere, violentas (i) hospitationes seu occasiones ab eis exigere, nostris futurisque temporibus quisque temeritate sua audeat. Quod ut ratum habeatur imposterum, nominis nostri karactere insigniri, & Sigillo nostro muniri precepimus.* Actum publice apud [d] Bituric. Anno ab Incarnatione Domini, millesimo centesimo septuagesimo-primo. *Astantibus in Palacio nostro quorum nomina & signa subscripta sunt. Signum Comitis Theobaldi Dapiferi nostri. Signum Mathei Camerarii. Signum Widonis Buticularii. Signum Radulphi* [e] *Constabuarii. Datum per manum Hugonis.* [monogramme] *Cancellarii & Episcopi Suessionis.*

JEAN I.er & selon d'autres, Jean II. à Paris, en Mars 1360.

a Peut-estre, ubicunque sint, & eas sub.

b Cela est corrompu.

c contraindre à faire quelque chose.

d Bourges.

e Constabularii.

[f] *NOs autem dictorum predecessorum nostrorum vestigiis inherentes, ad* [g] *instatem supplicationem dictarum Religiosarum, premissa omnia & singula, prout in suprascriptis Litteris sunt expressa, rata habentes & grata, eadem volumus, concedimus, laudamus, approbamus & auctoritate nostra Regia, tenore presentium, ex certa scientia confirmamns, ac nostrum in eis prebemus assensum. Que ut stabilia & firma perpetuo perseverent, nostrum presentibus Litteris fecimus apponi Sigillum: salvo in aliis jure nostro & in omnibus quolibet alieno.* Actum apud Boscum Vicenarum, Anno Domini millesimo trecentesimo decimo-septimo, mense Aprilis.

f Continuation des Lettres de Philippe le Long.

g instantem.

[h] *NOs autem Litteras suprascriptas, & omnia & singula premissa in eis contenta, rata habentes & grata, ea volumus, laudamus, approbamus, & tenore presencium, auctoritate Regia ac certa scientia confirmamus, firmiter injungentes universis & singulis Justiciariis nostris presentibus & futuris, quatinus ea omnia & singula teneant & observent, & teneri ac observari firmiter faciant, prout ad quemlibet eorum pertinuerit, nichilque in contrarium attemptent vel attemptari faciant aut permittant; sed attemptata, si qua fuerint, ad pristinum & debitum statum reducant seu reduci faciant indilate, sic quod ob hoc, non sit ad Nos recursus habendus; non-obstantibus quibuscunque Litteris subrepticiis impetratis in contrarium vel etiam impetrandis. Que ut firma stabiliter permaneant inconcusse, presentibus Litteris nostrum fecimus apponi Sigillum: nostro & alieno jure salvo.* Actum Parisius, Anno Domini millesimo trecentesimo sexagesimo, mense Marcio.

Per Regem ad relacionem Consilii in quo eratis. MATHEUS. *Collatio fit.*

h Continuation des Lettres du Roy Jean.

NOTES.

(h) Reipublice Procurator. [Magistrat public, dit Du Cange, au mot, *Procurator*, & il en rapporte un exemple, où, suivant les apparences, il manque le mot *Ordinis*.

(i) Hospitationes seu occasiones.] Hospitationes signifie le droit de *Giste*, qui consistoit à aller demeurer quelque temps dans un lieu, avec tout son équipage. Voy. Du Cange au mot, *Hospitium*. Ce droit se nommoit aussi *procuratio*, & peut-estre faudroit-il lire *procurationes* au lieu d'*occasiones*. Si l'on conserve ce dernier mot, il signifie, *une espece de tribut*. Voy. Du Cange au mot, *occasio*.

JEAN I.er & felon d'autres, Jean II. à Paris, en Octobre 1361.

(a) Confirmation des Privileges accordez aux Tifferands en Draps de la Ville de Commines.

SOMMAIRES.

(1) Les Tifferands pourront faire faire une cloche qui fervira de fignal pour faire commencer les ouvrages, ou pour les faire finir.

(2) Ceux qui feront fonner cette cloche, en contrevenant à la regle qui fera eftablie à ce fujet par le Magiftrat, feront punis de mort; & fi on fonnoit fans ordre cette cloche pour convoquer une affemblée, ceux qui viendront armez à cette affemblée, payeront foixante livres d'amende.

(3) Les Tifferands qui ne fe leveront qu'après que la cloche aura fonné le matin, & qui travailleront devant ou après que la cloche aura fonné, feront condamnez à l'amende.

(4) Si un Tifferand qui n'eft pas reçû Maiftre, leve une Boutique ou un Attelier, il fera condamné à l'amende.

(5) Si un Tifferand n'obéït pas au Juré du meftier qui luy mande de le venir trouver, il fera condamné à l'amende.

(6) Nul ne pourra travailler à Commines dans le meftier de Tifferand, qu'il n'ait fait fon apprentiffage & qu'il n'ait travaillé comme Compagnon, dans une Ville où il y ait Maîtrife eftablie; & il pourra travailler dans Commines, fur le même pied qu'un Tifferand de Commines pourroit travailler dans la Ville d'où vient ce Forain.

(7) Les Tifferands auront un Scel dont on fe fervira pour les affaires qui regarderont le meftier; & ceux en faveur de qui on l'employera, payeront cinq fols.

(8) Nul ne pourra eftre reçû Maiftre dans Commines qu'il n'ait fait fon apprentiffage dans cette Ville.

(9) Les Efchevins & les Drapiers pourront s'ils le veulent, faire mefurer les Draps par des ouvriers Tifferands, à une mefure fixe nommée Perche.

Lorfque les Draps qui n'ont pas efté mefurez, ne font pas de la largeur convenable, le Tifferand fera condamné à l'amende.

(10) Les Ouvriers qui voudront faire des marchez & des entreprifes pour fabriquer des Draps, auront un endroit feparé de la Perche *aux Draps, & ne pourront faire des marchez ailleurs que dans cet endroit.*

(11) Les Jurez du meftier pourront lever une taxe pour les dépenfes communes, fur les machines ou meftiers qui travailleront actuellement.

(12) Les Tifferands qui travailleront dans les lieux de la campagne où il n'y a point de Maiftrife, feront condamnez à l'amende.

(13) Les Apprentifs qui voudront devenir Compagnons, payeront un droit avant que de pouvoir travailler pour leur compte.

(14) Si on prétend qu'il y ait encore d'autres Couftumes dans ce meftier, qui ne foient point comprifes dans ces Lettres, l'execution en fera ordonnée par les Efchevins.

(15) L'on condamnera à l'amende pour les contraventions faites aux Statuts du meftier, dans les Veritez *ou* Affifes *qui fe tiendront trois fois l'année.*

JOHANNES &c. Notum facimus univerfis prefentibus & futuris, Nos vidiffe quafdam Litteras Sigillo ad Caufas Ville noftre Infulenfis, figillatas, formam que fequitur, continentes.

A tous ceulx qui ces prefentes verront ou oiront, [a] Efchevin de la Ville de Lille, Salut. Sachent tuit que Nous le Joefdi feptieme jour du moys d'Octobre, l'An de grace mil trois cens foixante & un, vefmes unes Lettres fcellées en double queüe pendans, donné & octroié aus *(b)* Taffarans de la Ville de Commines, par haut & Noble le Seigneur de Commines, faines & entieres, defquelles la teneur s'enfuit.

[a] *les Efchevins.*

NOTES.

(a) Trefor des Chartres, Regiftre 91. Piece 378.

J'ay confulté fur cette Piece, M. Godefroy Procureur du Roy au Bureau des Finances de Lille, & Garde des Archives de la Chambre des Comptes de cette Ville, très connu dans la Republique des Lettres, par les ouvrages qu'il a fait imprimer fur noftre Hiftoire, en marchant fur les traces de ces fçavants anceftres. J'ay fait ufage des éclairciffements qu'il a bien voulu me donner, dans les Notes qui feront marquées d'un *G.* à la fin.

(b) Taffarans.] Tifferands. Il paroift par la fuite qu'il s'agit dans cette Piece, des Tifferands en Draps.

(1) Nous

JEAN I.er & selon d'autres, Jean II. à Paris, en Octobre 1361.

(1) Nous Hellins Sire de (c) Wasiere, de Commines & de (d) Hendicourt, faisons savoir à touz presens & à venir, que nous avons gréé, octroié & donné, greons, octroïons & donnons aus Tissairans de nostre Ville de Commines, congié & licence de faire une [a] cloque, laquelle sera en la poissance de nous & de noz Eschevins de Commines, pour sonner quatre foiz le jour raisonnablement chascun jour ouvrable, (e) pour aller à l'œuvre & laissier œuvre, toutes manieres de Genz ouvrans par journées.

(2) A quiconque [b] li avanceroit pour celle cloche sonner ou faire sonner (f) deseure nous ou nos Eschevins, ou deseure celui qui de par nous ou de par noz Eschevins y sera mis, ce seroit ou peril de pardre sa vie, & par le jugement (g) des ouvrez de Commines; & se aucun se eust avancié & tant eust fait que celle cloche fust sonnée [c] pour faire assemblée, tout cil qui venroient à ceste assemblée, [d] à tout baston & armeures, chacun seroit à soixante livres parisis [e] de forfait.

(3) Et tout li Tissarrant qui se [f] livreront après ce que la cloche du matin sera sonnée, chacun sera à l'amende de cinq solz de parisis de chacune [g] fié, se li Juré du mestier ne l'en donnassent congié; & tout li Tissarrant qui ouvreront devant la cloche ou après la cloche, chascun sera à l'amende de douze deniers à chascune fié que on le trouveroit.

(4) Et se aucuns Tissairans (h) qui ne seroit frans, (i) se liuvrast à place, (k) ce seroit sur vint soulz de Paris.

(5) Et se li Juré du Mestier mandassent aucuns Tissairans par leur [h] varlet, & il n'y veinst, se seroit [i] sur cinq solz de Paris de chascune fié qu'il n'y seroit venus.

(6) Et aussi avons nous donné & donnons aus dessusdiz Tissairans, la franchise que nuls ne puist [k] ouvrer dudit Mestier en nostredite Ville, se il n'ait appris son Mestier de [l] tiltre en bonne franche (l) Ville de loy, & là où l'en ait tenu franchise dudit Mestier, & que de ce aient apporté ou apportassent bonnes Lettres souffisantes, & que la Lettre [m] temoignace qu'il soit preudome & frans [n] varlez; & ces Lettres apportées, si voulons que il puist ouvrer en nostredite Ville, pour autel [o] fuer que li Tisserant de Commines pourroient ouvrer en la Ville dont il seroit venus, & dont il celle Lettre aroit apportée.

a *cloche.*
b *oseroit.*
c *sans ordre.*
d *avec.*
e *d'amende.*
f App. *levcront.*
g *fois.*
h *le Valet de la Communauté.*
i *cinq sols Parisis d'amende.*
k *comme Compagnon.*
l *fabriquer des étoffes.* Voy. le 3.e Vol. des Ordonn. p. 414. Note (n)
m *temoignast.*
n *Compagnon ou garçon ayant fait apprentissage.*
o *de la même maniere.*

NOTES.

(c) *De Wasiere.*] *Wasieres* est un Village auprès de Doüay, qui est en partie de la Chastellenie de Lille, & en partie *enclavement* du Hainaut.

La Maison de Wasieres qui est originaire de Flandre, tire son nom de ce Village.

La genealogie de cette Maison est très confuse. Les Genealogistes pour se tirer d'embarras, comptent trois generations de suite sous le nom d'Hellin de *Wasieres*, mais sans aucune certitude.

On trouve des mentions de Robert de Wasieres Damoiseau de Commines, en 1298. il estoit Frere du Seigneur d'*Hendicourt.*

Jeanne de Wasieres épousa Colart de la Clite Grand-pere de Philippe de Commines l'Historien.

La Maison de Wasieres est finie, & cette Terre appartient presentement à celle d'*Egmont.* G.

(d) *Hendicourt.*] Cette terre est située dans le Bailliage de Bapaumes en Artois. *G.*

(e) *Pour aller à l'œuvre, &c.*] Cette cloche servira de signal pour faire commencer les ouvrages ou pour les faire finir.

(f) *Deseure.*] Ce mot signifie *dessus*, & icy il veut dire, *au-dessus des ordres que nous avons donnez;* ou bien, *outrepassant les regles que nous establissons.* G.

(g) *Des ouvrez de Commines.*] C'est-à-dire, *des* Egards *ou* Jurez *du mestier qui doivent estre ouvriers.* G.

(h) *Qui ne seroit frans.*] C'est-à-dire, qui n'auroit pas droit de joüir de la franchise du mestier de Tisserand, faute d'y avoir esté reçû après avoir fait apprentissage. Voy. cy-dessous l'Art. 6.

(i) *Se lieuvast à place.*] Je crois que cela signifie, *choisit une place pour y lever sa boutique ou son attelier.* On disoit aussi à peu près dans le même sens, *lever un mestier,* pour dire, *commencer à travailler d'un mestier.* Voy. le 3.e Vol. des Ordonn. pp. 184. I. & 585. XX. M. Godefroi croit que *lieuvast à place,* signifie, establit une machine, un mestier pour travailler. Il paroist par l'Art. 13. qu'un Compagnon pouvoit avoir une place.

(k) *Ce seroit sur vingt soulz de Paris.*] Il seroit condamné à l'amende de vingt sols Parisis.

(l) *Ville de Loy.*] J'ay expliqué ce mot dans le 3.e Vol. des Ordonn. p. 411.

JEAN I.er & selon d'autres, Jean II. à Paris, en Octobre 1361.

(7) Et aussi avons Nous donné & donnons aus dessusdiz Tissarrans, congié & licensé qu'il facent faire un Seel de leur Mestier, duquel ilz pourront sceller Lettres, teles que audit Mestier pourront [a] attouchier & que li franc (m) varlet du Mestier pourront avoir ledit Seel [b] à leur besoing pour trois soulz de Paris.

(8) Et si voulons que de ce jour en avant, jamais nuls Tisserrans puist estre [c] afranchis audit Mestier par nous ne par autrui, se il n'ait appris son Mestier de cest tiltre, ens nostredite Ville de Commines; & ce [d] as us & coustumes dudit Mestier de nostre Ville de Commines.

(9) (n) Et se il fust ainsi que Eschevin & li Drappier [e] de la Ville de Commines, voulissent avoir les draps eswardés à une perce, quant il seront tissut, ce soit à leur volenté, & se on les eswarde, ichil Eswardeur soit Tisserant de le main: Et quelz qu'il ne seroit [f] perciez, s'il est tailliez à lices par le faute du Tisserrant, [g] se paiera le Tisserrant l'amande de la taille:

(10) Et cil qui [h] conventeront les draps à tistre, (o) [i] tenront une place à par eulx, là où l'en conventera les draps à tistre: Et li Tisserrans qui conventeroit ailleurs que à celle place, ce seroit souz l'amende de dix soulz de Paris, à chascune foiz que on le feroit.

(11) (p) Et se le mestier eust aucun coust ou frait que il peussent monstrer, si voulons nous que li Juré dudit mestier soient [k] poissant de cueillir chascune sepmaine, un gros de chascun (q) Hostilge qui tisseroit, jusques adonc que li frait seroient [l] pourpeiiez.

(12) [m] Ce que li Tisseiranz qui tisseroit à (r) Ville campiestre là où on n'ait franchise dudit Mestier, ce seroit sur l'amende de dix soulz de Paris, à chascune [n] fie que on le feroit.

(13) Et li apprentis qui vourra devenir [o] varlés, donra aus Jurez du Mestier cinq Parisis, (s) ainçois qu'il veit à la place pour li livrer, (t) seur cinq de fourfait.

a *appartenir.*
b *Il en coustera trois sols quand on voudra se servir de de ce Seel.*
c *tenu pour franc.* Voy. cy-dessus, Note (h).
d *aux.*
e *qui acheteront des draps du Fabriquant.*
f *perchez, mesurez à la perche.*
g *si.*
h *feront une convention.*
i *tiendront.*
k *ayent le pouvoir & l'autorité.*
l *entierement payez.*
m *Et que.*
n *fois.*
o *Compagnon, ou garçon.*

NOTES.

(m) *Varlet du mestier.*] Il estoit quelquefois nommé *Garde* ou *Sergent du mestier*. Voy. le 3.e Vol. des Ordonn. p. 512. Note (c).

(n) *Et se il fust ainsi.*] Il faut d'abord expliquer les termes de cet Article qui n'est pas aisé à entendre.

Draps eswardez. A Lille, les Jurez nommez par le mestier, pour egarder [*visiter*] les marchandises, afin de voir si elles sont conformes aux Reglements, se nomment *Egards*; & ainsi les marchandises *eswardées*, sont celles qui ont esté visitées par les *Egards*.

Perche, c'est la mesure fixe avec laquelle les *Egards* mesurent les Draps, pour voir s'ils sont de la longueur portée par les Reglements. On nomme aussi à Lille, la *Perche*, le lieu où les *Egards égardent* & visitent les marchandises.

Tisserant de le main. C'est-à-dire, un Tisserand qui travaille luy-même, à la difference de l'Entrepreneur de la Manufacture qui fait travailler les autres.

La Taille, c'est la largeur du Drap.

La Lice, c'est ce qu'on appelle ailleurs la *trame*.

Cela posé, voicy ce que signifie la premiere partie de l'Article.

Les Eschevins & les Drapiers qui acheteront des Draps des Fabriquans, pourront, s'ils le veulent, les faire *égarder* & mesurer par des ouvriers Tisserands, sur une mesure fixe nommé *Perche*.

La seconde partie qui commence à ces mots, *& quelz qu'il ne seroit*, est plus difficile, & signifie, lorsque les Draps qui n'auront pas esté mesurez, ne contiendront pas le nombre de fils que la trame doit avoir, & seront par consequent moins larges qu'ils ne devroient estre, le Tisserand sera condamné à l'amende. *G.*

(o) *Tenront une place.*] Les ouvriers qui voudront faire des marchez & des entreprises pour fabriquer des Draps, auront un endroit separé de la Perche aux Draps, [Voy. Note (n)] & ne pourront faire des marchez ailleurs que dans cet endroit. *G.*

(p) *Et se le mestier* &c.] S'il falloit faire quelque dépense commune pour le mestier.

(q) *Hostilge.*] Un outil, la machine avec laquelle on fabrique, le mestier. Il n'y aura que les mestiers avec lesquels on travaillera actuellement, qui contribueront aux dépenses communes.

(r) *Ville Campiestre.*] Ville ou Village de la Campagne. On a vû *Forteresses Champestres*, dans le 3.e Vol. des Ordonn. p. 145. Note (cccc).

(s) *Ainçois, &c.*] Avant qu'il puisse prendre une place pour lever Boutique. Voy. cy-dessus, la Note (i).

(t) *Sur cinq de fourfait.*] Il faut sup-

(14) Et si voulons que toutes les (u) coustumes & usaiges que on maintenra oudit Mestier, qui en cestuy [a] brief ne sont escriptez, soient faites & ordennées par noz Eschevins de Commines; & [b] se sur teles amendes que noz Eschevins [c] deviseront.

(15) Et si voulons que de toutes les amendes & forfaitures dudit mestier, par nos Eschevins de Commines, en soient faites & oyes trois (x) veritez chascun an. Et toutes les amendes que on y trouvera, soient converties ainsi que on a de coustume.

Et toutes les choses chi dedenz escriptes, nous avons donné & octroyé aus dessusdiz Tissairans, & leur avons promis & promettons à tenir & faire tenir loyaument & perpetuelment à touzjours, sanz enfraindre en nulle maniere, ne par nulle [d] achoison de nous ne de noz hoirs ou successeurs après nous Seigneurs de Commines. Et pour ce que noz Eschevins de Commines ont acordé toutes ces choses cy-dessus escriptes, si leur avons nous promis & promettons à garantir bien & loyaument contre touz ceulx qui aucunes coulpes ou meffait leur en vouldroient ou pourroient demander, par obligation de nous & de tous noz biens presenz & à venir, lesquelz nous avons obligiez & obligons en les mains de touz Seigneurs, Baillis & toutes Justices (y) de cy à plain garand. En tesmoing & en la fermeté de toutes les choses dessusdites, avons nous Hellins Sires dessusdiz, aus dessusdiz Tisseirans de Commines, données ces presentes Lettres Scellées de noz propre Séel dont Nous usons : Faites & données le vingt-neuvieme jour en Septembre, en l'An de grace mil trois cens cinquante & neuf.

En tesmoignage desquelles Lettres nous avoir veües scellées, comme dit est, nous avons mis à cest present transcript, le Seel aus Causes de ladite Ville de Lille. *Donné & fait l'An & le jour dessus premiers diz.*

JEAN I.er & selon d'autres, Jean II. à Paris, en Octobre 1361.

a *dans ces Lettres.*
b *ce.*
c *ordonneront.*
d *occasion.*

NOs vero premissis attentis, dictas Litteras ac omnia & singula in eisdem contenta, rata & grata habentes, ipsa volumus, laudamus & approbamus, ac tenore presentium de gratia speciali confirmamus : Dantes tenore presentium in mandatis superiori Baillivio Insulensi ceterisque Justiciariis Regni nostri aut eorum Loca-tenentibus, presentibus pariter & futuris, quatinus prenominatos Testores nostra presenti gratia uti & gaudere pacifice faciant & permittant, ipsos in contrarium nullatenus [e] *molestentes aut molestari permittentes. Quod ut firmum & stabile perpetuo perseveret, presentibus Litteris nostrum Sigillum duximus apponendum: salvo in aliis jure nostro, & in omnibus quolibet alieno.* Datum Parisius, Anno Domini millesimo trecentesimo sexagesimo-primo, mense Octobris.

Per Regem ad relationem Consilii. FERRICUS.

e molestantes.

NOTES.

pléer le mot de *souls;* sur peine de cinq sols d'amende.

(u) *Coustumes & usaiges que on maintenra.*] Je crois que cela signifie, que si on prétend qu'il y ait encore d'autres Coustumes dans ce mestier, qui ne soient point comprises dans ces Lettres, l'execution en sera ordonnée par les Eschevins.

(x) *Veritez.*] Ce sont des Assises ou plaids qui se tiennent trois fois l'An, où l'on écoute tous ceux qui ont des plaintes à faire. On les nomme ordinairement *Franches Veritez*, & ceux qui y portent des plaintes, sont mis sous la protection de la Justice. *G.*

L'on ne condamnoit à l'amende, pour les contraventions aux Statuts du mestier, que dans ces *Veritez* ou *Assises.*

(y) *De cy à plain garand.*] Je crois que cela signifie, *qui seront garands de cecy.*

JEAN I.er & selon d'autres, Jean II. Au Chasteau du Louvre près de Paris, en Novembre 1361.

(a) Lettres qui ordonnent que les Duchez de Bourgogne & de Normandie, & les Comtez de Champagne & de Brie seront réünis à la Couronne de France.

JOHANNES Dei gratia Francorum Rex: Licet sceptri Regalis imperiosa Majestas in apicem celsitudinis sursum elevata, suorum subditorum Reique publice jugiter invigilet commoditatibus, quia subjectorum commoditate, Principis locupletatur potencia; tamen non ob hoc, minus curiose sue Corone jura tuens Regalia, ad ejusdem exaltationem magnificam gloriosumque decorem aspirans, sue considerationis perspicacissimos oculos debet erigere: Istorum etenim alterum alterius auxilio semper eguit, ut in subditorum [a] prosperitatibus gaudeat se felicem, & in sui Diadematis exaltacione, suum stabiliatur Imperium Sane Nos Divina favente Clementia, super Cathedram Regalis preeminentie sublimati, presidentes gloriose Francorum Corone, quam felicibus Predecessorum nostrorum meritis inclitis, inter ceteras hujus Orbis dominationes & Regias potestates, ipse per quem Reges regnant, gloriosius exaltavit, scientiarum & aliorum bonorum communivit beneficiis, victoriosisque tribuit gloriari triumphis, donec nostris novissimis temporibus, idem Rex Regum & Dominus, post tam prospera, in signum dilectionis comprobande, Nobis subministravit adversa, quia hostium nostrorum impietas, exigentibus hominum peccatis, adversus Nos hostiliter insurrexit, [b] quod post illata per Regni nostri diversa climata, manifesta & non modica dispendia, idem Dominus omnium, Corone nostre gloriam sugillans per eum sic exaltatam, in personam nostram humiliari, & nostram personam hostium nostrorum concludi & captivari manibus voluit & permisit. Tandem, illo procurante qui est auctor pacis & amator, liberati, non modicum nostra Corrona in sui alienacione (b) patrimonii per Nos facta, passa est detrimentum, quod sic fieri, Nobis & Reipublice credidimus expedire, ut quod bellorum calamitas introduxit, hoc presentis pacis lenitate sopiatur. Quapropter ad nostre Corone exaltationem, decorem & magnificentiam, nostre providencie figentes intuitum, idem providere cupientes, Notum facimus per presentes tam presentibus quam futuris, quod cum nuper per mortem carissimi filii nostri Philippi Ducis Burgundie, dictus Ducatus Burgundie cum juribus & pertinenciis universis, Nobis in solidum (c) jure proximitatis, non ratione Corone nostre debitus, ad Nos fuerit devolutus, & in Nos jure successorio tranlatus, ac à Nobis tanquam noster acceptatus, ipsum eundem Ducatum Burgundie ac (d) Comitatum Campanie, nec non (e) Comitatum Tholose ad Nos pleno

a Il y a dans le Memor. prospitatibus, *sans marque d'abreviation.*

b *Il semble qu'il faudroit* & *au lieu de* quod.

NOTES.

(a) Memorial *D.* de la Chambre des Comptes de Paris, *fol.* 40. *verso.*

Ces Lettres ont pour titre : *Unio & conjunctio Ducatuum Burgundie & Normannie, & Comitatuum Campanie & Tholose, ad Coronam Francie.*

(b) *In sui alienacione patrimonii.*] Le Roy Jean fut obligé de ceder plusieurs Provinces au Roy d'Angleterre, par le Traité de Bretigni, conclu en 1360.

(c) *Jure proximitatis.*] On peut voir dans le Factum de M. Husson Avocat au Parlement, pour la Seigneurie de Monbar, une Dissertation sur les raisons qui engagerent le Roy Jean à recueillir le Duché de Bourgogne à titre d'heredité, & non à titre de retour à la Couronne. Voy. p. 46. de l'Edit. de 1677. *fol.* Ce Factum a esté imprimé à la fin des dernieres Editions des Traitez de M. Du Plessis, sur la Coustume de Paris.

(d) *Comitatum Campanie.*] Il y a dans les Registres de l'Academie Royale des Inscriptions & Belles Lettres, pour l'Année 1730. un Memoire qui j'y ay lû sur la réünion de la Champagne à la Couronne, & dans lequel j'ay estabi que Philippe Roy de Navarre & Comte d'Evreux, & Jeanne sa femme Fille de Loüis le Hutin, & qui en cette qualité avoit des droits sur la Champagne, y renoncerent irrevocablement le 14. de Mars 1335. ainsi qu'il paroist par les Lettres de Philippe de Valois datées de ce jour, & qui sont au Tresor des Chartres, Layete 1.re des Mariages, Piece 34.

(e) *Comitatum Tholose.*] Voy. dans le Traité des Droits du Roy, par M. Du Puy, pp. *m.* 856. 857. comment après la mort

JEAN I.er & selon d'autres, Jean II. Au Chasteau du Louvre près de Paris, en Novembre 1361.

jure spectantes, cum ipsorum singulorum juribus & pertinenciis universis, nostre felici Corone Francorum, de nostra certa sciencia & auctoritate Regia donamus, unimus, conjungimus & inseparabiliter solidamus, juribus dicte nostre Corone, dictos Ducatum Burgundie, Comitatus Campanie & Tholose exnunc applicantes, appropriantes, & inter [a] *ea jura numerantes, & sic solidatos inperpetum dicte Corone per presentes volumus, ac decernimus unitos, quoscumque alios successores in eisdem Ducatu & Comitatibus preter futuros Reges Francorum, inperpetuum excludentes. Insuper dicte nostre Corone augentes insignia Ducatum Normannie volumus in modum qui sequitur, nostre Corone sociari; nam cum de presenti dictus Ducatus Normannie, sine cujusquam injuria, dicte nostre Corone uniri nequiret seu consolidari, cum eodem Ducatu carissimus noster Primogenitus. Carolus Dalfinus Viennensis, ex dono Regio per Nos sibi facto, jam (f) pluribus temporibus fuerit & sit investitus, & eidem jus reale quesitum, quem legitimum possidentem, sicut nec alium quemcunque, spoliari non intendimus: ipsum tamen Ducatum Normanie tunc nostre dicte Corone uniendum & consolidandum volumus & disponimus, altero duorum casuum subsequentium eventu; videlicet, quando Nobis presenti vita functis, dictus Primogenitus noster in Regno successor extiterit, ad quod tunc consolidandum jubemus, & ad hoc ipsum, quantum possumus, obligamus, (g) cum insignia Coronacionis suscipiet, prestans tunc juramentum, quod nunquam per ipsum inter tam sic unita & conjuncta, aliqua generabitur divisio seu scisura: pro quibus omnibus & singulis adimplendis totaliter & complendis, dictum carissimum Primogenitum nostrum juramento volumus astringi, & super hoc per ipsum de presenti sollempne prestari corporaliter juramentum; vel si, quod absit, ordine mortalitatis turbato, Nobis adhuc vita fungentibus, dictus noster Primogenitus diem suum clauderet extremum, dictum Ducatum Normanie tunc uniemus, consolidabimus, & unire seu inperpetuum consolidari tunc promitimus, prout in dictis Ducatu Burgundie, ac Comitatibus Campanie & Tholose superius est expressum: Promitentes sub fidelitatis juramento, quo eidem nostre Corone sumus obligati, contra hujusmodi dispositionem & ordinationem predictas, seu contra aliqua premissorum, aliqua via directe, vel exquisito colore per obliquum & indirecte non venire, vel incontrarium attemptare: Que sic fieri & adimpleri jam ad supra Sancta Dei Evangelia manibus sursum elevatis, juravimus solempniter & servari, & ad que perficienda & observanda perpetuo, Nos & futuros successores nostros Reges Francie obligamus & volumus esse astrictos, ac dum insignia Coronacionis recipient, ad predicta juramenta* [b] *renovenda per eosdem modo & forma predictis, ipsos teneri volumus ac decernimus per presentes. Ad quorum omnium plenissimam confirmationem, nostrum presentibus Litteris fecimus apponi Sigillum.* Datum in Castro nostro de Lupera propè Parisius, Anno Domini millesimo trecentesimo sexagesimo-primo, mense Novembris.

Per Regem in suo Consilio. YVO. T. HOCIE.

[a] *Il semble qu'il faudroit* ejus.

[b] renovanda.

NOTES.

d'Alfonse Comte de Thoulouse, Frere de S.t Loüis, & celle de Jeanne sa femme, morts l'un & l'autre en 1270. le Comté de Thoulouse passa à S.t Loüis, en consequence d'un Traité conclu à Paris en Avril 1228.

(f) Pluribus temporibus.] Le Roy Jean donna le Duché de Normandie au Dauphin, la veille de la Conception de N. D. 1355. Voy. Froiss. l. 1. c. 155. p. *m.* 180. & les Chroniq. de S.t Denys, 2. Vol. *fol.* 166. *verso*, col 2.e J'ay marqué dans le Memoire indiqué cy-dessus Note (*d*) ce qui determina le Roy à donner le Duché de Normandie au Dauphin.

(g) Cum insignia Coronacionis suscipie.] M. Husson dans le Factum pour la Baronie de Monbar, 3.e Proposit. p. *m.* 158. [Voy. cy-dessus Note (*c*)] a prétendu que ce fut en vertu de cette clause, que lors du Couronnement de Charles V. on ajoûta au serment que les Rois font dans ces occasions, ces termes : *Superioritates, jura & Nobilitates Coronæ Franciæ custodiam, & illa nec transportabo nec alienabo.* Addition qui ne se trouve point dans les serments faits par les Successeurs de Charles V. Voy. sur le serment fait par ce Roy, le Ceremonial Franç. de Godefroi, t. 1. p. 33.

JEAN I.er & selon d'autres, Jean II. à Paris, le 26. de Fevrier 1361.

(a) Lettres de Commission pour trois Reformateurs generaux, envoyez par le Roy dans le Bailliage de Mâcon, & dans les Seneschaussées de Thoulouze, de Beaucaire & de Carcassone.

JOHANNES Dei gratia Francorum Rex : Dilectis & fidelibus nostris Episcopo Meldensi, (b) Comiti Marchie & Petro Scatisse Thesaurario nostro, Salutem & dilectionem. Sicut in subditorum nostrorum (c) votiva prosperitate letamur uberius, sic & in eorum adversitatibus anxiamur, oppressis compatimur & condolemus afflictis, vias exquirentes & modos juxta datam à Deo Nobis prudenciam, quibus eorum succurratur [a] *indengentiis & dispendiis salubriter obvietur : Et cum in singulis locis* [b] *partibus Regni nostri, commissum Nobis regimen exequi personaliter nequeamus, exemplo docemur & auctoritate compellimur* [c] *determinatis Provinciis destinare personas que quoad ipsas in Regalis virtute potencie, deffectui nostro suppleant absente corpore, nostrasque in exequcione Justicie vices gerant : Et quia clamor validus & informacio querulosa dilectorum nostrorum de nonnullis partibus Regni nostri ; videlicet de Baillivia Matisconensi & Senescalliis Tholose, Bellicadri & Carcassonne* [d] *eorumdem ad nostram audientiam retulerunt, quod nonnulli Nobiles & alii subditi, necnon Senescalli, Baillivi, Judices, Vicarii, Subvicarii, Prepositi, Majores, Forestarum nostrarum & Aquarum Magistri, (d) Gruerii, Thesaurarii & Receptores Ordinarii, ac subvencionum Collectores, & per eos substituti, Servientes & alii Justiciarii, Officiarii & Ministri nostri Senescalliarum & Baillivie predictarum, fidelibus subditis à* [e] *primo tempore quo in Anglia agebamus, antea & postmodo injurias, molestias & gravamina à quibus eos tuheri* [f] *volebant, multipliciter intulerunt, eos exactionibus & extorsionibus indebitis & illicitis,* [g] *custibus & rapinis afficientes innumeris, personarum oppressionibus variis, & gravibus rerum dispendiis affligentes, Ecclesiisque, Ecclesiasticis personis, viduis & orphanis quos fovere debuerant, molestias & violentias inferentes ; oppresserunt divites, pauperes conculcaverunt, & tam populares quam Nobiles variis afficere flagellis* [h] *descenderunt : Igitur volentes videre si premissa veritate resplendeant, ac super eisdem & eorum singulis congruum cupientes remedium adhibere, vos de quorum fidelitate & industria confidimus ad plenum, Reformatores generales in dictis Senescalliis pro Nobis facimus per presentes, vobisque tribus aut duobus vestrum, committimus & mandamus quatenus* [i] *ad dictas Senescallias & Baillivias personaliter transferentes, constitutis per vos ad nostrorum jurium deffensionem & conservacionem, Procuratoribus & deffensoribus ydoneis, uno vel pluribus, probis viris, & in hiis que pro conservandis juribus nostris facienda fuerint, expertis, facta primitus proclamacione generali palam & publice, & super certis penis de quibus videbitur expedire, nequis cum dictis Officiariis aut ministris nostris, super premissis aut aliquo eorumdem, componere, transhigere vel pacisci audeat, nec iidem Officiarii aut ministri, idem cum*

a indigenciis.

b &.

c *Il y a dans l'Origin.* detiatis, *avec deux differentes marques d'abreviation.*

d Ce mot me paroist inutile.

e mot douteux.

f *Il semble qu'il faudroit* debebant.

g cousts, frais.

h Si ce mot n'est pas corrompu, il a icy une signification singuliere.

i vos.

NOTES.

(a) Registre du Mareschal Daudencham. Dans ce Registre qui est à la Bibliotheque du Roy, parmi les Manuscrits de Baluze, n.° 71. sont inscrites les Lettres Royaux que le Roy envoya dans le Languedoc, pendant que le Mareschal Daudeneham y estoit Lieutenant du Roy, & celles qu'il donna luy-même en cette qualité. Ce Registre est dans son genre, à peu prés semblable à ceux qui sont conservez dans le Tresor des Chartres ; à la difference que ceux-cy sont en parchemin, & que celuy-cy est en papier, très mal écrit, que l'écriture en est presque entierement effacée dans plusieurs endroits, & qu'il y a plusieurs mots qui m'ont paru indechiffrables.

(b) Comiti Marchie.] Jean de Bourbon I. du nom, Comte de la Marche, de Vendosme, &c. Voyez l'Histoire Genealogique de la Maison de France, tome premier, page 319.

(c) Votiva prosperitate.] Prosperité pour laquelle on a formé des vœux.

(d) Gruerii.] *Gruyers*, Juges en premiere Instance des matieres des Eaux & Forests. Voy. Du Cange au mot, *Gruarius*.

JEAN I.er & selon d'autres, Jean II. à Paris, le 26. de Fevrier 1361.

[a] ipsis quoquomodo facere presumant: (e) Ipsisque Officiariis [b] Ministris, processibus super premissis faciendis contra eos [c] deponent., ab Officiis suis per vos suspensis vel totaliter amotis, prout videritis expedire: Visis quibuscunque Litteris & antiquis Privilegiis, si que vobis à quoquo contingerit exhiberi, vocatis evocandis, inquiratis de [d] hiis veritatem celeriter de plano; Senescallias & Bailliviam & earum subditos quos videritis reformandos, reformetis; & prout ad Reformatoris Officium pertinet, que declaranda, corrigenda, mutanda, disponenda & aliter quomodolibet ordinanda videritis, tam pro [e] Nobis quam pro personis & subditis supradictis, tam eciam super Reformacione dictarum Senescalliarum & Baillivie, quam regimine Officiariorum & Ministrorum predictorum, ac [f] gestu eorum & aliorum subditorum nostrorum, declaretis, corrigatis, mutetis, disponatis, vel aliter, prout faciendum decreveritis, ordinetis; Compotosque audiatis de receptis, & ipsos Officiarios & Ministros quoscunque, & quocunque nomine censeantur, si vobis expedire videatur, ab hujusmodi suis Officiis amoveatis, & de eisdem, aliis ydoneis provideatis; & contra dictos Nobiles & alios quoscunque (f) predictos nostros in dictis Senescalliis & Baillivia commorantes, aut possessiones & bona in eisdem habentes, Senescallosque, Baillivos, necnon Subvicarios & alios quoscunque Justiciarios & Ministros supradictos, licet ex ipsis Officiis ex quacunque causa amoti fuerint, seu Officiarii nostri forsan esse desierint, & ad quamcunque partem Regni nostri se transtulerint, de gestu ipsorum & eorum cujuslibet, & qualiter in commissis sibi Officiis se gesserint, inquiratis; [g] o quando ipsos à quocunque, vocatis evocandis, inveneritis habuisse de bonis suis, aut aliter qualitercunque in premissis delinquisse, si & prout fuerit racionis, personis à quibus habuerint predicta, restitui faciatis, eosque & eorum singulos [h] proinde & pro aliis premissis, prout demeruerint, taliter, civiliter tamen, puniatis, quod eorum exemplo ceteri merito [i] terrentur & deinceps ad talia non prorumpant: Et nichilominus omnia genera delictorum, licet crimen lese-Majestatis (g) in hujusmodi Senescalliis & Baillivia commissa & committenda, remittatis: Nobilitaciones Laycorum, & legitimaciones Bastardorum cum financiis vel absque financiis, prout decuerit, faciatis & concedatis, necnon cum predictis Officiariis aliisque subditis nostris Senescalliarum & Baillivie predictarum, quos qualitercunque delinquisse repereritis, cum eisdem & eorum singulis, ad tales pecuniarum summas, aut aliter prout expedire noveritis, componatis; imposicionesque & alias subvenciones in dictis Senescalliis & Baillivia concessas, prout vobis videbitur faciendum, revocetis, & aliter inibi majores vel minores, prout decreveritis & videbitur expedire, vobis concedi requiratis, aut quales vobis placuerit, ordinetis & exhigi faciatis, certos Officiarios super hiis, si necesse fuerit, deputando; ceteraque omnia & singula que pro complemento Justicie & omnium premissorum, necessaria fuerint, in toto vel per totum, cessante in omnibus & singulis predictis, [k] quocunque frivole appellacionis diffugio, vocatis evocandis, faciatis & exequamini diligenter, Litteris patentibus vestris propriis sigillis sigillatis, super omnibus que declaranda, reformanda, corrigenda, mutanda, disponenda aut aliter quomodolibet ordinanda duxeritis in premissis tenore presencium [l] continentibus, personis quibus expedire videritis, ad perpetuam rei memoriam, aut aliter prout decreveritis, concedatis; quas in cera viridi aut aliter, prout fuerit opportunum, confirmabimus, dum & quoties super hiis fuerimus requisiti. Super quibus & omnibus aliis & singulis vobis, plenariam, generalem, liberam, auctoritate nostra, concedimus potestatem; vobis nichilominus mandantes, districtius injungendo, quatenus omnes & singulas financias quacunque causa de [m] Recept. ordinariis & extraordinariis, arreragiis earumdem [n] qualitercunque pro [o] emenda & composicionibus super premissis & singulis eorumdem vobiscum [p],

a avec les personnes qui ont des plaintes à faire contre eux.

b &.

c Il y a une marque d'abreviation sur la fin de ce mot.

d Mot douteux.

e ce qui regarde l'interest du Roy.

f leur conduite.

g pour &.

h pour ce delict.

i terreantur.

k Mot très douteux.

l Il y a dans l'Original, continent. avec une marque d'abreviation. Il faut lire contentis.

m Receptis.

n Il n'y a dans l'Origin. que deux qq. avec deux marques d'abreviation.

o Il semble qu'il faudroit emendis.

p factis.

NOTES.

(e) *Ipsisque Officiariis, &c.*] Tout ce passage jusqu'à ces mots, *prout videritis expedire*, paroist corrompu. Cependant en changeant un seul mot & en lisant *pendentibus*, au lieu de *deponent.* le sens est fort bon.

(f) *Predictos.*] Ne pourroit-on pas corriger, *subditos*? ou plustost ajoûter ce mot; car il y a un peu plus haut, *subditis supradictis.*

(g) Il y a un mot que l'on n'a pû déchiffrer: en devinant un peu, l'on peut lire, *commiserint.*

aut super remissione criminum, vel Nobilitatibus ac legitimacionibus, aliisque predictis hujusmodi faciendis, aut aliis quibuscunque que vobis in dictis Senescalliis & Bailliviа, debentur aut deberi poterunt, quoquomodo quascunque, [a] *pro nostris & Hospicii nostri expensis & aliis Nobis necessariis, reservamus Nobis*, [b] *sub salva & secura custodia celeriter transmittatis, nichil earum in alios usus qualitercunque convertendo; nisi duntaxat in hiis que pro nostris negociis & expedicione premissorum, fore videritis necessaria & eciam opportuna. In premissis autem omnibus & singulis ac deppendentibus ex eisdem, vobis ab omnibus pareri & intendi efficaciter volumus & jubemus. In cujus rei testimonium Sigillum nostrum presentibus Litteris duximus apponendum.* Datum Parisius, die vigesima-sexta Februarii, Anno Domini millesimo trecentesimo sexagesimo-primo.

Per Regem. COLLORS.

a quas.

b injungendo quatenus, *qui est plus haut.*

JEAN I.er & selon d'autres, Jean II. à Paris, en Avril 1361.

(a) Lettres qui ordonnent que la Ville de S.t Pierre-le-Moustier ne sera point soumise aux Juges de Jean Duc de Berry & d'Auvergne.

JOHANNES Dei gratia Francorum Rex: Notum facimus universis presentibus & futuris, quod cum Nos [c] *super certis racionibus & causis inducti, carissimo Filio nostro Johanni, Ducatum Biturie & Alvernie pro se & suis heredibus, duxerimus concedendum & donandum; retentis Nobis, & Successoribus nostris Regibus Francie, inter alia, Gardiis Ecclesiarum Cathedralium, cum aliis juribus Nobis competentibus in eisdem, &* [d] *aliarum de Regali fundacione existencium, Regaliisque earum, collacionibus, Beneficiorum Ecclesiasticorum de fundacione Regia existencium, & aliis juribus Regalibus Nobis competentibus, prout in Litteris dicte concessionis per Nos facte continetur: Et pro parte dilectorum nostrorum Abbatis Sancti Martini Eduensis, Prioris de* [e] *Sancti Petri Monasterio, Conventuum dictorum locorum, & Habitatorum ejusdem Ville de Sancti Petri Monasterio, Nobis expositum fuerit, quod licet dicta Villa in domanio & proprietate temporali olim dictorum Priorum & conventus de Sancti Petri Monasterio, membri Ecclesie Sancti Martini predicti, in solidum existeret, absque eo quod in eadem aut super ipsius Ville habitatores aliquod jus possemus reclamare; nisi duntaxat in causa superioritatis & ressorti: Ipsi tamen Abbas & Prior & Conventus tunc existentes, pro se & suis Successoribus,* [f] *Regibus Francie associaverunt & in Regia Salva-gardia, protectione & salvamento posuerunt, quod tali lege per dictum tunc Dominum nostrum pro se & suis successoribus Regibus Francie, susceptum fuit, quod extra manum Regiam mitti nequaquam poterit, sed ad Coronam Regiam imperpetuum* [g] *statuit remanere, prout in Privilegiis & Litteris super hiis confectis, de quorum tenore Nobis extitit facta fides, hoc plenius continetur; sicque juxta dictas associaciones, in manu, Corona, protectione & Salva-gardia predictis, absque medio habeat perpetuo remanere, aut ad pristinum statum reduci; scilicet, in Domanio & proprietate temporali dictorum Priorum & Conventus, absque eo quod in eadem Villa aut super ejusdem Ville habitatores, aliquod jus habeamus reclamare, nisi duntaxat in causa superioritatis & ressorti;* [h] *ne pretextu dicte tradicionis, concessionis, ac donationis de dicto Ducatu Biturie & Alvernie, dicto Filio nostro facte, in futurum controversia seu debatum oriatur super proprietate & domanio ac protectione & Salva-gardia Prioris, Conventus & habitancium predictorum, non-obstantibus supradictis, ipsique*

c Mot douteux.

d Gardiis.

e S.t Pierre-le-Moustier.

f Reges.

g statuerit.

h Nobis expositum fuit, *qui est plus haut.*

NOTES.

(a) Tresor des Chartres, Registre 97. Piece 245. Les Lettres du Roy Jean sont *vidimées* dans des Lettres de Charles V. du mois de Juin 1366. lesquelles seront imprimées à leur rang.

L'Année 1361. ayant commencé, suivant Du Cange dans son Glossaire, le 28. de Mars, & fini le 17. d'Avril, il y a donc eu deux mois d'Avril dans cette année: mais il n'y a rien dans ces Lettres qui marque dans lequel de ces deux mois d'Avril, elles ont esté données.

Prior,

Prior, Conventus & habitatores ob hoc laboribus & expensis fatigentur, Predecessorum nostrorum acta & vestigia teneri & sequi, & retencionem in dicta donacione seu concessione factam, de dicto Ducatu Biturie & Alvernie, suum effectum indubitatum sortiri volentes : Attendentes Litteras super dicta donacione seu concessione dicti Ducatus Biturie & Alvernie, confectas, penes dictum Filium nostrum aut ejus Gentes existere, quia forte eas tradere recusarent, tenore presencium de nostra certa sciencia declaramus per presentes, nostre intencionis semper fuisse & esse ante dictam donacionem & eam faciendo ac eciam post eam jam factam, ut predicti Prior, Conventus & habitatores in nostra & Successorum nostrorum Regum Francie protectione, Salvamento & proprietate, virtute associacionis predicte, sint & remaneant juxta formam Privilegiorum & Litterarum super dicta associacione confectarum, ut est dictum, absque eo quod coram dilecto Filio nostro seu ejus Justiciariis & Officiariis aut eorum altero; virtute seu pretextu dicte donacionis aut concessionis, habeant respondere seu eisdem obedire; dicta donacione seu concessione dicto Filio nostro, ut predictum est, facta de dicto Ducatu Biturie & Alvernie, non-obstantibus; sed ipsos Priorem, Conventum & habitatores cum eorum possessionibus & bonis in dicta Villa & ejus territorio existentibus, à dicti Filii nostri & ejus Justiciariorum & Officiariorum ipsiusque Filii heredum & successorum, si necesse est, [a] *eximimus per presentes, seu declaramus exemptos esse & debere teneri : Inhibentes dicto Filio nostro, ejusque Justiciariis, Officiariis & subditis, successoribusque suis & eorum Officiariis, Justiciariis & subditis, & aliis quibuscunque Justiciariis & subditis dicti Regni modernis & futuris, ne predictos Priorem, Conventum & habitatores aut eorum alterum, contra presencium tenorem impediant, inquietent aut molestent quovismodo; sed facta in contrarium, si que sint, pro non factis ac si nunquam contigissent, reputamus, ad statum pristinum & debitum* [b] *reduc. indilate. Quod ut firmum & stabile perseveret, presentes Litteras Sigilli nostri appensione fecimus roborari : salvo in aliis jure nostro & in omnibus quolibet alieno.* Datum Parisius, Anno Domini millesimo trecentesimo sexagesimo-primo, mense Aprilis.

JEAN I.er & selon d'autres, Jean II. à Paris, en Avril 1361.

a *Il manque-là un mot, comme* Jurisdictione.

b reducentes, *ou* reducendi volentes.

JEAN I.er & selon d'autres, Jean II. à Germigny, en Aoust 1362.

(a) Union au Chasteau de Montagu, *de toutes les forfaitures qui escheront au Roy dans le Bailliage de Troyes.*

JEHAN par la grace de Dieu Roy de France : Savoir faisons à touz presens & à venir, que comme nostre Chastel de *(b)* Montagu-lez-nostre-Cité de Troyes ait esté [c] ça en arrier [d] par le temps de noz guerres, frontiere aus païs de Champaigne, de Brie, de Bourgoigne & de Gastinoys, entre lesquelx il est enclavez, & en tel lieu assis que par [e] li pourroient lesdiz pays estre recouvrez en cas necessaire ; & Nous avons esté avisiez par aucuns de nostre Conseil, & mesmement par noz Baillis de Troyes, plusieurs fois, que aucun ne vouloient ou n'ont voulu ou temps passé prendre la garde & le gouvernement de nostredit Chastel, par le temps de nozdictes guerres; fors aucuns qui avoient entencion de en user autrement que [f] à point, au domage dú païs & de noz Subgiez d'environ, tant pour cause des petiz gaiges qui y estoient, comme pour ce que à nostredit Chastel n'avoit aucune terre ne revenuë appendant : Laquelle chose donnoit & a donné ça en arrier [g] matere à ceulx qui en ont eu la garde, de faire plusieurs extorcions & [h] prinses indeües sur nozdiz Subgiez & païs d'environ, dont moult de plaintes & de clameurs sont venuës à Nous & aux

c *cy-devant.*

d *pendant.*

e *luy.*

f *d'une maniere convenable.*

g *matiere.*

h *prises.* Voy. les Tables des 2. & 3.e Vol. des Ordonn. au mot *Prises.*

NOTES.

(a) Memorial *D.* de la Chambre des Comptes de Paris, *fol.* 56. *recto.*

(b) Montagu.] Je n'ay rien trouvé de certain sur ce lieu. C'est peut-estre *Montgueux*, Village situé dans la Mairie Royale de *Noës*, laquelle est située dedans la Prevosté de Troyes. Voy. l'Estat sommaire du Bailliage de Troyes, qui est à la fin du Commentaire de Pithou sur cette Coustume, p. *m.* 611.

JEAN I.er & selon d'autres, Jean II. à Germigny, en Aoust 1362.

a *si.*

Genz de nostre Conseil, & encores [a] se gueres sourdoient oudit païs, ce que Dieu ne weille, pourroient avenir si grans pertes & domages que elles pourroient estre irreparables. Nous considerans que nostredit Chastel est le propre heritage & demaine de nostre Coronne, non aïans aucune entencion de jamais l'en separer, mais icellui maintenir, soustenir & garder pour Nous & pour noz Successeurs Roys de France, en la faveur & pour la garde, deffense & seurté desdiz païz, avons par deliberacion de nostre Conseil, aüni, consolidé, ajoint & donné, aünons, consolidons & adjoingnons & donnons par Ordenance & dons irrévocables à touzjours perpetuelment, à nostredit Chastel, toutes les terres, heritages, rentes, revenües & autres quelconques possessions, Justices, Seigneuries & biens-meubles qui dès-oresmais Nous avendront ou escharront oudit Baillage de Troyes, à cause de forfaiture; lesquelx seront reçeuz & renduz en compte par nostre Receveur de Troyes, & mis, emploïez & distribuez en la garde, garnison & [b] reffeccion de nostredit Chastel, & non ailleurs, entant comme [c] mestier en sera: Et voulons *(c)* que lesdictes forfaitures qui y appendront dores-en-avant, à ladicte cause soient gardez, maintenus & soustenuz du nostre, comme nostre propre heritage & demaine: Et se il avenoit que Nous d'icelles forfaitures feissions don à quelconques autre personne ou temps à venir. Nous dès maintenant pour lors & dès lors pour maintenant, discernons & desclairons yceulx dons estre nulz & de nulle vertu, & deffendons à touz noz Officiers de quelconque estat, Office ne condicion qu'il soient, que par eulx telx donacions ne passent, ne que en rienz y obeissent en aucune maniere: Donnans en mandement à noz amez & feaulx Genz de noz Comptes à Paris, que ces presentes il enregistrent en nostre Chambre desdiz Comptes, & facent à chascun Baillif & Receveur [d] jurer que il tendront & garderont les choses dessusdictes sanz enfraindre. En tesmoing de laquelle chose & pour ce que elle soit ferme & estable à touzjours, Nous avons fait mettre nostre Seel à ces Lettres. *Donné à (d) Germigny, l'An de grace mil trois cens soixante-deux, ou mois d'Aoust.*

b *reparation.*

c *comme cela sera necessaire.*

d *de Troyes.*

Par le Roy vous present. ROUGEMONT. *(e)*

NOTES.

(c) Que lesdictes Forfaitures, &c.] Voicy comment j'entends cet endroit qui n'est pas bien clair. Les Forfaitures qui écherront dans la suite dans le Bailliage de Troyes, seront *gardées* pour estre employées aux dépenses cy-dessus mentionnées; & ces Forfaitures seront reputées estre de la nature des choses domaniales; quoyque les *obventions réelles* qui proviennent des Domaines Royaux & qui en sont les fruits, comme les Forfaitures, les desherences, &c. ne soient point de leur nature domaniales, & ne puissent estre censées réünies au Domaine, que lorsqu'il y a eu une réünion expresse, telle que celle qui est portée par ces Lettres. On peut voir la preuve de cette derniere proposition, dans le *Factum* de M. Husson pour la terre de Monbar, p. *m.* 99. Voy cy-dessus, p. 212. Note *(c)*.

(d) Germigny.] Il y dans la France, plusieurs lieux nommez Germigny, sur lesquels on peut voir *le Dictionn. Univers. de la France.*

(e) Il y a dans le Memorial d'autres Lettres à la suite de celles-cy, données le même jour & au même lieu, qui unissent le Château de *Montaigu* au Bailliage de Troyes, & on a crû devoir les faire imprimer icy. On y trouve plusieurs particularitez sur les fonctions & sur l'autorité des Chastelains.

JEHAN par la grace de Dieu, Roy de France. Savoir faisons à touz presens & à venir, que comme ça en arrier, soient venuës à Nous & aus Genz de nostre Conseil, plusieurs plaintes & clameurs des grans extorcions & prinses qui par le temps de noz guerres, ont esté faites sur plusieurs de noz Subgiez de nostre Cité de Troyes & du pays d'environ, par plusieurs Chastellains qui lors [e] y ont esté mis & establiz soubz couleur de bien garder nostre Chastel de Montagu-lez-nostredicte Cité; par quoy nozdiz Subgiez qui en cas de necessité povoient & devoient leurs personnes & leurs biens mettre & retraire à sauveté [f] miex en ycelui que ailleurs, & faire [g] guait & garde, ne si sont osez mettre ne [h] retraire, & a pour ce esté ledit Pays & nostredit Chastel en peril de estre perduz & gastez par les ennemis de nostre Royaume, plusieurs foiz, & en sont venus & pourroient encore venir plusieurs dommages à Nous & à nozdiz Subgiez, [i] de par Nous à la seurté de nozdiz Subgiez, n'y estoit pourvû de remede. Pourquoy Nous voulanz sur ce remedier, mesmement afin que nozdiz

e *y*, c'est-à-dire, *dans le païs des environs de Troyes.*

f *mieux.*

g *guet.*

h *retirer.*

i Il manque-là le mot *si.*

Subgiez demouranz plus près de nostedit Chastel que d'autre Forteresse Royal, puissent & doient mettre & retraire leurs personnes & leurs biens à fauveté en nostredit Chastel, [a] avant que en autres Forteresses, en cas de necessité, & y faire guait & garde de nuiz & de jours, toutesfois que les cas y escherront: Avons par déliberacion de nostre Conseil, ledit Chastel ainsy, consolidé & adjoint, aünions, consolidons & adjoingnons à cent livres tournois de gaiges par an, perpetuelment à nostre Bailliage de Troyes, avecques les gaiges ordinaires dudit Bailliage; & nostre Bailli de Troyes qui est à present, & ceulx qui pour le temps avenir seront noz Baillliz dudit lieu, avons fait, faisons & establissons Chastellains, Gardes & Gouverneurs de nostredit Chastel de Montagu, ausdiz gaiges à touzjours-mais, par la teneur de ces presentes, & nozdiz Subgiez voulans eulx & leurs biens mettre & retraire à sauveté en nostredit Chastel, voulons par nozdiz Bailliz estre receuz, gardez & deffenduz de touz dommages & indeuës oppressions, & traictiez amiablement. *(f)* Toutevoïes se il y en avoit aucunes qui de leur pure, franche volenté & mouvement, sanz aucune contrainte ne compulsion faire à yceulx, vouloient faire aucune aide ou secours audit Chastel, & contribuer à la garde, deffense & garnisons d'iceluy, il n'est pas nostre entente qu'il ne le puissent faire, ne que le Bailli & Chastellain en soit ou puisse estre repris de le souffrir ou consentir à faire ou cas dessusdit: ausquelz nozdiz Bailliz Nous avons donné & donnons toute puissance, autorité & mandement especial de contraindre & faire contraindre par eulx & leurs Lieuxtenants, nozdiz Subgiez à faire guait & garde à nostredit Chastel, selon la necessité qu'il y verront estre & seurvenir, de nuit & de jours, si comme il appartendra de necessité & de raison, par tele maniere que ledit Chastel soit deuëment & soigneusement gardé de jours & de nuis, & [b] soustenu si que mal, perte ne dommage, plaintes, clameurs ne autre inconvenient n'en [c] puisse jamais venir à Nous, à nostredicte Cité de Troyes, ne à nozdiz Subgiez. Mandons & commandons à tous nozdiz Subgiez, que à nozdiz Baillis & Chastellains obéïssent sur ce diligemment, & à nostre Receveur dudit lieu present & avenir, que les gaiges dessusdiz leur païent chascun an aus termes & en la maniere accoustumez: lesquiex ainsi païez, Nous voulons & commandons estre allocz ès Comptes dudit Receveur, & rabatuz de sa Recepte sanz contredit, par noz amez & feaulx Genz de noz Comptes à Paris. En tesmoing de laquelle chose, & pour ce que elle soit ferme & estable à touzjours, Nous avons fait mettre nostre Seel à ces Lettres. *Donné à Germigny, l'An de grace mil trois cens soixante-deux, ou mois d'Aoust.*

Par le Roy: Vous present. ROUGEMONT.

JEAN I.er & selon d'autres, Jean II. à Germiguy, en Aoust 1362.

[a] *plustost.*

[b] App. *pourvû de provisions.*

[c] *puissent.*

NOTES.

(f) Toutevoyes &c.] Voicy le sens que je crois que l'on doit donner à cet endroit. Il est dit dans l'autre Piece qui regarde le Chasteau de *Montaigu*, que les Chastelains de ce lieu avoient fait des *prises indûës* sur les habitans du païs, sous le pretexte de fournir ce Château des provisions necessaires: Il est deffendu au Bailli de Troyes de faire ces *prises* & ces *indûës oppressions*, en qualité de Chastelain de *Montagu*; mais il luy est permis de recevoir les provisions qu'on luy apportera de bon gré.

JEAN I.er & selon d'autres, Jean II. à Troyes, le 7. de Septembre 1353. & à Courbevoye au mois de Septembre 1362.

(a) Confirmation des Privileges des Sergents des Foires de Champagne & de Brie.

JOHANNES *Dei gracia Francorum Rex: Notum facimus universis tam presentibus quam futuris, Nos vidisse transcriptum Litterarum nostrarum sub Sigillo nostro Campanie & Brie Nundinarum, formam que sequitur, continentes.*

JOHANNES *Dei gracia Francorum Rex: Cancellario Nundinarum nostrarum Campanie & Brie, at Receptori nostro Campanie, Salutem. Visis Litteris carissimi Domini & Genitoris nostri, quarum tenor sequitur in hec verba.*

PHILIPPE par la grace de Dieu Roy de France: A touz ceulz qui ces presentes Lettres verront, Salut. Comme les Sergens de noz Foëres de Champaigne & de Brie, soient & doient estre toutes leurs vies duranz, exemps, frans & quittes de tous pages, *(b)* jurées, [c] hotz, chevauchées, tailles, imposicions & autres servitudes &

[c] *de la necessité de marcher dans les expeditions militaires.*

NOTES.

(a) Tresor des Chartres, Registre 98. Piece 327. Cette Piece est *vidimée* dans des Lettres du Roy Charles V. du mois de Juillet 1365. lesquelles seront imprimées à leur rang.

(b) Jurées.] Redevance dûë par les Bour-

JEAN I.er & selon d'autres, Jean II. à Troye, le 7. de Septembre 1353. & à Courbevoye au mois de Septembre 1362.

subvencions, par les privileges & franchises octroyés pieça par noz Predecesseurs ausdictes Foires, & de nouvel confermez & reformez par Nous, & en aïent ainsi joi & usé lesdiz Sergens & leurs predecesseurs, par si lont-tems qu'il n'est memoire du contraire: & pour les grans & innumérables charges & [a] mises qu'il Nous a convenu & convient soustenir pour noz presentes guerres, lesdiz Sergens Nous veullent à present servir selon leurs facultez, & faire prest tel comme le Chancellier desdictes Foires leur a ordené, si comme Nous entendons: Savoir faisons que il Nous plaist & voulons & leur octroyons de grace especial par ces presentes, que le service & prest que il Nous ont fait ou feront pour nozdictes guerres, ne leur soit préjudicial ne à leurs franchises & libertez, & qu'elles n'en puissent estre enfraintes ou [b] amenries en quelque maniere que ce soit. Mandons par ces presentes au Receveur de Champaigne ou à son Lieutenant, que fait & délivré à Nous ledit prest par lesdiz Sergens, il leur en face assignacion convenable, en gardant lesdiz privileges. *Donné à Saint Germain-en-Laye, le dix-huitieme jour d'Avril, l'An de grace mil trois cens quarante-six.*

a *dépenses.*
b *amoindries, diminuées.*

VOBIS & vestrum cuilibet prout ad eum pertinuerit, committendo mandamus, quatenus si [c] *dictorum Servientes Nundinarum, constiterit mutuum seu financiam fecisse, prout in Litteris suprascriptis continetur, ipsos Servientes suis libertatibus & privilegiis, secundum dictarum Litterarum tenorem, uti & gaudere faciatis ex integro, taliter quod ob hoc ad Nos non redeant querelosi.* Datum Trecis *(c)* in Diebus, sub Sigillo pro Diebus ipsis ordinato, septima die Septembris, Anno Domini millesimo trecentesimo quinquagesimo-tertio.

c *dictarum.*

VERUM quia Originalia privilegiorum ac Litterarum predictarum, hostium incursibus perierunt, prout [d] *predicta Servientes Nobis lamentabiliter exposuerunt:* [e] *Quatenus ipsis* [f] *visi fuerint pacifice & quiete, possent tamen super ipsis in futurum inquietari, nisi super hoc eisdem* [g] *begniniter sucuratur: Eapropter Nos dictas Litteras & singula in eisdem contenta, rata & grata habentes, ipsa volumus, laudamus & approbamus, ac de gracia speciali confirmamus: Volumusque predictos Servientes & suos successores, universis & singulis privilegiis & immunitatibus predictis uti & gaudere pacifice & quiete, quatenus retroactis temporibus ipsis usi sunt absque impedimento aut perturbacionibus quibuscumque: proviso tamen quod subsidia pro (d) expeditione nostra ordinata, tempore quo durabunt, nullatenus impediantur seu* [h] *perturbantur. Dantes tenore presencium in mandatis Baillivo Trecensi & Meldensi, ceterisque Justiciariis & Officiariis nostris, aut eorum Loca-tenentibus presentibus pariter & futuris, ac cuilibet eorumdem, quatenus prefatos Servientes nostra presenti gracia uti pacifice faciant & gaudere, ipsos contra tenorem ejusdem nullatenus molestando, inquietando aut perturbando: quidquid foret secus attemptatum, ad statum pristinum & debitum reducendo reducive celeriter faciendo. Quod ut firmum &*

d predicti.
e *Il semble qu'il faudroit,* & quanquam.
f usi.
g benigniter.
h perturbentur.

NOTES.

geois *Jurez* d'une Ville. Elle se payoit particulierement en Champagne. Voy. le Gloss. de Du Cange au mot, *Juramentum*, à la fin.

(c) In diebus.] C'est-à-dire, aux *Grands jours de Troyes*. Ces *Grands jours* estoient des Assises, où les Comtes de Champagne jugeoient en dernier ressort, les affaires importantes de leur Comté. Ces *Grands jours* subsisterent encore quelque temps après que la Champagne eust esté réünie à la Couronne. On peut voir sur ces *Grands jours*, Pithou, dans son Hist. des Comtes de Champagne & de Brie, p. *m.* 732. & le Gloss. de Du Cange, dans l'Art. *Dies*, au mot *Dies magni Trecenses*.

Reste à sçavoir, si ces Lettres données aux *Grands jours* de Troyes, furent émanées immediatement du Roy, estant alors à Troyes, & qui les fit seeller du Sceau destiné pour estre apposé aux Jugements rendus par la Cour des *Grands jours*; ou si ces Lettres ne sont qu'un Arrest rendu par cette Cour, & intitulé au nom du Roy, de la même maniere que les Arrests des Cours superieurs sont & ont toûjours esté intitulez; ce qui me paroist plus vray-semblable.

(d) Expeditione.] Il faut entendre par ce mot, l'Aide imposée pour la rançon du Roy. Voy. le 3.e Vol. des Ordonn. p. 504. Note *(b)*.

stabile perpetuo perseveret, Litteras presentes Sigilli nostri munimine duximus roborandas: salvo in aliis jure nostro & in omnibus quolibet alieno. Actum apud *(e)* Tortam-Viam, Anno Domini millesimo trecentesimo sexagesimo-secundo, mense Septembris.

NOTES.

(e) Tortam-viam.] Je crois que c'est *Courbevoye*, à deux lieuës de Paris, par-delà le Pont-de-Neüilly.

JEAN I.er & selon d'autres, Jean II. à Châlon sur Saône, en Octobre 1362.

(a) Confirmation des Lettres d'Hugues de Bourgogne, concernant les Usages du lieu nommé *Eschemone*.

SOMMAIRES.

(1) Le Seigneur de Vergi a dans Eschemone, *haute & basse Justice, le droit de giste & celuy de* parcours.

(2) Il a des redevances ordinaires sur les Maisons de ce lieu: Celles qui ne sont point encore albergées, *le seront par son Prevost, si le proprietaire y consent.*

(3) Tous les Habitans en commun doivent une redevance de dix poules; & dix des Habitans l'acquittent chaque année à tour de rolle.

(4) Le Prevost, lorsqu'il en sera requis par les Habitans, gardera les bois.

(5) Les Habitans ne pourront vendre leurs heritages, sans le consentement de la Commune.

(6) Le Seigneur de Vergi pourra mener les Habitans à une expedition militaire, lorsqu'il aura une guerre personnelle à soustenir.

(7) On ne pourra pas les retenir plus de quinze jours dans le lieu où on les aura conduits pour faire une expedition militaire.

(8) Le Prevost pourra les mener au cri de la Chastellenie, lorsque tous les autres Habitans de cette Chastellenie iront.

(9) Le Prevost jurera, lorsqu'il prendra possession de son Office, d'observer les Articles precedents. Il ne pourra lever sur les Habitans, sans leur consentement, d'autres Imposts, que ceux qui sont cy-dessus marquez, ni les mener à l'armée ni au cri, que dans le cas d'une necessité pressante.

Si le Prevost n'observe pas les Articles precedents, & que le Seigneur de Vergi ne le punisse point quinze jours après qu'il en aura esté requis, le Juge d'Eglise pourra faire le procès au Prevost.

(10) Le Seigneur de Vergi n'a dans Eschemone *que les droits cy-dessus marquez; & en vertu de ces droits, il est obligé de garder & de deffendre ce lieu.*

JOHANNES &c. Notum &c. Nos vidisse Litteras Hugonis quondam Ducis Burgundie predecessoris nostri, formam que sequitur, continentes.

Nos Hugo Dux Burgundie, universis presentes Litteras inspecturis: Notum facimus quod Nos vidimus & diligenter inspeximus Litteras non cancellatas, non abolitas nec in aliqua parte sui viciatas, quarum tenor talis est.

Ego Aalaydis Ducissa Burgundie: Omnibus notum facio, quod ego de voluntate Decani & Capituli[a] *Eduensis, feci inquiri quid juris habet Dominus (b) Vergei in Villa (c) d'Eschemone, & tandem diligenti facta inquisitione per juramenta seniorum & fide-dignorum,*

a Voy. cy-dessous, Note *(e)*.

(1) Inveni ipsum Dominum habere magnam Justiciam & parvam in eadem Villa, si[b] *clamor venerit ad Prepositum suum, & (d) Albergariam semel in anno, que recipi*

b si l'on porte la plainte devant son Prevost.

NOTES.

(a) Tresor des Chartres, Registre 93. Piece 54.

Je n'avois plus ce Registre, lorsque j'ay fait imprimer cette Piece.

(b) Vergei.] Vergi, Illustre Maison de Bourgogne, de laquelle Du Chesne a fait imprimer la Genealogie.

(c) D'Eschemone.] Je trouve dans le Dictionn. Univers. de la France, *Escheronne* dans le Diocese d'Autun. C'est peut-estre le même lieu.

(d) Albergariam.] Le Droit *de giste*, c'est-à-dire, d'aller demeurer quelque-temps dans une Maison; ou la redevance que l'on paye à celuy qui a ce droit, pour en estre exempt. Voy. Du Cange, au mot *Alberga*.

JEAN I.er & selon d'autres, Jean II. à Châlon sur Saône, en Octobre 1362.

debet communiter ab omnibus hominibus totius Ville & (e) percursum in quolibet manso, usque ad tres [a] *quartellos avene ad mensuram currentem apud Belnam,* [b] *si facultas aderit; sin autem minus. Quando vero recipientur Albergaria & avena, eligentur quatuor* [c] *à Communitate Ville, de ipsa Communitate, presente tamen (f) Preposito Vergei, qui jurati dicent quantum poterit unusquisque solvere absque venditione vel* [d] *invadiatione hereditatis sue, tam de Albergaria quam de avena.*

(2) Habet etiam in mansis ejusdem Ville, costumas statutas: mansos vero qui non fuerint (g) Albergati postquam Dominus mansi requisitus voluerit albergare, Prepositus Domini Vergei poterit albergare: salvo jure Domini mansi.

(3) Habet etiam tempore [e] *carni-privii, decem galinas in eadem Villa, sicut ego ipsa abonavi: Que ita recipientur, (h) incipiendo à capite Ville successive usque ad finem, ut ubi dimittitur receptio in anno presenti, incipiatur in sequenti.*

(4) Item. *Prepositus requisitus ab hominibus Ville, custodiet nemora.*

(5) (i) Item. *Quod nec ipsi nec homines poterunt extrahere vel vendere, nisi de consensu Communitatis Ville.*

(6) Item. *Dominus Vergei poterit ducere homines predicte Ville, vel mittere in* [f] *chevauchiam pro suo proprio negotio.*

(7) Item. *Quod cum usque (k) ad chevauchiam venerint, non poterunt ibi ultra quindecim dies detineri.*

(8) Similiter Prepositus poterit eos ducere sequendo [g] *clamorem Castellanie, quando alii communiter ibunt.*

(9) Ille vero qui pro tempore Prepositus erit Vergei antequam [i] *aliquid recipiatur in Villa, tenetur jurare publice in Ecclesia coram hominibus dicte Ville, & etiam (l) Dominus, si presentes fuerint, quod omnia supradicta bona fide pacifice servabit, nec ultra hec exactionem aliquam faciet in Villa (m) in vicis hominibus, nec eos (n) mutabit ad chevauchiam (o) vel* [k] *clamorem occasione lucri vel emende, nisi necessitate eminente.*

[a] ou quartallos. *Voy. Du Cange, au mot* Quartallus.

[b] si le proprietaire de la Maison a le moyen de le payer.

[c] viri.

[d] sans estre obligé de mettre son heritage en gage.

[e] Carême-prenant.

[f] à une expedition militaire. *Voy. la Table du 3.e Vol. des Ordonn. au mot* Armée.

[g] Voy. le 3.e Vol. des Ordonn. p. 251. Note *(l)* & cy-dessous, Note *(o)*.

[h] les autres habitans de cette Châtellenie.

[i] Ce mot me paroist inutile.

[k] Voyez l'Article VIII.

NOTES.

(e) Percursum.] Du Cange au mot *Percursus*, & M. de Lauriere dans le Glossaire du Droit François, au mot *Parcours*, ont expliqué fort au long ce que c'est que le *Parcours*, nommé en latin *Percursus*. Mais il ne paroist pas icy que ce mot *percursus* se doive entendre du *parcours* tel qu'ils l'expliquent, à moins qu'on ne voulût dire que cette redevance en avoine avoit esté imposée par le Seigneur de Vergi sur ceux des Habitans d'*Eschemone* qui estoient ses justiciables, lorsqu'il leur accorda le droit de *parcours* avec le Chapitre d'Autun, qui, comme on peut le conjecturer de ce qui est dit un peu plus haut, estoit Coseigneur de ce lieu. Voy. cy-dessous Note *(l)*. Voy. sur le *parcours*, les Auteurs cy-dessus citez.

(f) Preposito Vergei.] *Eschemone* estoit apparemment un membre de la Prevosté de *Vergi*.

(g) Albergati.] C'est-à-dire, des Maisons au sujet desquelles on n'est point encore convenu d'une redevance annuelle, afin qu'elles soient exemptes du droit de *giste*. Voy. Du Cange, au mot *Albergare*, vers la fin de l'Art. *Alberga*, & cy-dessus Note *(d)*.

(h) Incipiendo.] Voicy comme je crois qu'il faut entendre cecy. Tous les Habitans doivent en commun dix poules tous les ans. Chaque année, il y a dix Habitans qui acquittent cette redevance, & tous les Habitans la payent successivement & à leur tour. Lorsque tous l'ont payée, on recommence le tour.

(i) Item. Quod, &c.] Cet Article me paroist corrompu. Cela peut signifier en suppleant quelques mots, que les Habitans ne peuvent vendre leurs heritages, sans le consentement de la Commune.

(k) Adchevauchiam.] Ce mot semble signifier-là, le lieu où on les a conduits pour faire une expedition militaire, par exemple, pour assieger une place.

(l) Dominus.] Je n'ay plus le Registre, pour verifier si ce mot a esté bien copié, & s'il n'y a pas *Domini*: car je ne doute point qu'il ne faille lire ainsi: & cela appuye ce que j'ay avancé [Note *(e)*] sur les deux Seigneurs d'*Eschemone*.

(m) In vicis hominibus.] Il y a ainsi dans le Registre. Je crois qu'il faut corriger, *invitis hominibus*.

(n) Mutabit.] Il y a ainsi dans le Registre. Peut-estre faut-il lire, *minabit* ou *merabit*, il ne les menera point.

(o) Vel clamorem occasione lucri & emende.] Voicy le sens que je crois que l'on doit donner à ces mots. Lorsqu'il paroissoit des voleurs dans un territoire, ceux qui les voyoient estoient obligez de faire des cris & une *clameur publique*, & aussi-tost le Juge assembloit

[a] *Quando si, quod absit, contra juramentum suum aliquid ultra predicta extorqueret vel injuriam faceret, si per Dominum Vergei super hoc requisitum, infra quindecim dies non emendaretur, Prepositus sine offensa Domini, tam de dampnis quam de capitali, coram suo Ecclesiastico Judice posset convenire, & in ipsum usque ad condignam satisfactionem, Justitia Ecclesiastica exerceri. Hiis exceptis, nichil habet Dominus Vergei in eadem Villa, & propter hoc debet eam bona fide deffensare & custodire.*

JEAN I.er & selon d'autres, Jean II. à Châlon sur Saône, en Octobre 1362.

In cujus rei testimonium, presentes Litteras feci sigillo meo sigillari. Actum est hoc Anno Domini millesimo ducentesimo trigesimo-primo, mense Octobris.

a Ce mot paroist inutile.

NOs autem predictus Hugo Dux Burgundie, hanc inquisitionem ratam, firmam habemus & acceptam, & predictam inquisitionem, quantum ad nos pertinet, confirmamus, prout à predicta Aalayde Matre nostra, invenimus & vidimus per ipsius Litteras confectam. In cujus rei testimonium, sigillum nostrum presentibus Litteris duximus apponendum. Actum Anno Domini millesimo ducentesimo sexagesimo-quinto, mense Martio.

[b] *IGITUR visis & diligenter inspectis Litteris supraescriptis, non cancellatis, non vitiatis, non abolitis, nec in aliqua parte sui corruptis, sed omni vitio & suspicione carentibus, ipsas & omnia & singula contenta in eisdem, rata & grata habemus, eas volumus, laudamus & approbamus, ac quathenus usi sunt de eisdem, de gratia speciali confirmamus: Mandantes tenore presentium universis Justiciariis Regni nostri aut eorum Loca-tenentibus, presentibus pariter & futuris, ac cuilibet eorumdem prout ad eum pertinuerit, quatinus habitantes memoratos nostra presenti gratia uti pacifice faciant & gaudere, ipsos contra tenorem ejusdem, nullatenus molestando, impediendo aut perturbando; sed quicquid in contrarium foret attemptatum, ad statum pristinum & debitum reducant, reducive faciant indilate. Quod ut firmum &c. salvo &c.* Actum Cabiloni, Anno Domini millesimo trecentesimo sexagesimo-secundo, mense Octobris. Sic signata. *Per Regem, ad relationem Consilii.* FERRICUS.

b Continuation des Letres du Roy Jean.

NOTES.

les Justiciables, & il les menoit au *cri* pour suivre ces voleurs. Si on les prenoit, il y avoit un profit à faire pour le Juge : car ils pouvoient estre, suivant les cas, condamnez à de grosses amendes qui appartenoient presque toûjours aux Prevosts qui estoient la plûpart *Prevosts Fermiers*; c'est-à-dire, qui avoient affermé le produit de tous les Actes Judiciaires qui se feroient dans leur Prevosté. Il estoit donc à craindre que ces Prevosts, pour leur profit particulier, ne fatiguassent leurs Justiciables en les faisant marcher *au cri*, dès qu'ils entreverroient quelque esperance de faire une *capture*, & il est ordonné par cet Article, que les Habitans d'*Eschemone* ne pourront estre menez *au cri* que dans le cas d'une pressante necessité.

JEAN I.er & selon d'autres, Jean II. à Paris, le 27. de Decembre 1362.

(a) Lettres qui ordonnent que le Prieuré de Reüilli, dependant de l'Abbaye de S.t Denys en France, sera demembré du ressort du Bailli de Bourges, & annexé à celuy du Bailli de S.t Pierre-le-Moustier.

JOHANNES Dei gratia Francorum Rex: Universis præsentes Litteras inspecturis, Salutem. Notum facimus quod ex singulari affectione & vigenti [c] devotioni quas Ecclesiæ B. Dionysii in Francia Patroni nostri, & ipsius Ecclesiæ Relligiosis gerimus, prædecessorum nostrorum Regum Francorum, & præcipue incliteæ recordationis carissimi Domini Genitoris, vestigia & devotas affectiones animo ferventi prosequi cupientes, privilegium ipsorum Religiosorum & Ecclesiæ nostris temporibus observari, & potius augeri quam

c devotione.

NOTES.

(*a*) Histoire de l'Abbaye de S.t Denys, par le P. Doublet, p. 1001.

JEAN I.er & selon d'autres, Jean II. à Paris, le 27. de Decembre 1362.

diminui affectantes: Considerantes quod dicta Ecclesia fundata & dotata à Regali patrimonio existit, & quod Religiosi prædicti & membra præfatæ Ecclesiæ, cum suis subditis, justiciabilibus, necnon & [a] *hominibus de corpore, cum bonis, possessionibus, familiis, juribus & rebus universis, extra manum Regiam & Coronæ Franciæ, attentis suorum privilegiorum tenoribus, non possunt sive debent aliqualiter poni vel amoveri, sed sub domanio Regio proprio & sede Regali duntaxat debent & tenentur ressortiri, & hactenus sunt ressortiti: cumque Religiosi prædicti & eorum justitiabiles nec non & homines de corpore, de omnibus terris, Feodis, Retrofeodis, hereditagiis & possessionibus, quas ad causam eorum Prioratus de (b) Ruilliaco in Bituricensi, membrum Ecclesiæ antedictæ, coram Baillivo Bituricensi ad suam sedem de Yssoduno ressortirentur & haberent tanquam Regalem & non alibi, ressortiri, nuperque carissimo Nato nostro Joanni Ducatum Bituricensem transtulerimus, & certis de causis donaverimus: Quapropter ibidem dicti Religiosi & eorum subditi & justitiabiles nec non homines de corpore, non habent neque debent de cætero ressortiri, attentis eorum privilegiis antedictis; & ob hoc Nobis humiliter supplicarunt ut eisdem locum & sedem Regalem ad ressortiendum de omnibus terris, possessionibus & juribus suis prædictis, tradere & assignare velimus: Nos vero consideratione habita ad prædicta, privilegia ipsorum Religiosorum favore ampliori in suis tenoribus observari, & eisdem Religiosis ac Ecclesiæ prædictæ jura sua, privilegiaque integra & illæsa observari auctoritate Regia volentes, ipsis Religiosis, subditis, justitiabilibusque suis de locis, terris & possessionibus antedictis, necnon & hominibus suis de corpore, locum de* [b] *Sancti Petri Monasterio tanquam sedem Regiam, ad ressortiendum ibidem coram Baillivo dicti loci, ex nunc & inantea tenore præsentium assignamus ac etiam assignavimus, volentes ipsos cum suis subditis, justitiabilibus necnon & hominibus suis de corpore locorum prædictorum, in casibus superioritatis & ressorti inibi tractari, & etiam ressortiri: Mandamus & committimus per presentes, dicto Baillivo de Sancti Petri Monasterio vel ejus Locum-tenenti, quatenus resumptis penes se quibuscumque causis & processibus coram dicto Baillivo Bituricensi aut ejus Locum-tenente, pridem aut nuper pendentibus, dictos Religiosos, eorum subditos & justitiabiles necnon & homines suos de corpore & suos adversarios quoscumque tangentes, quos sibi tradi volumus & jubemus, ac Partibus coram se vocatis, de dictis Causis cognoscat & de cætero terminet Partibus* [c] *exhibentibus, bonum & breve Justitiæ complementum: Inhibentes etiam per præsentes, dicto Filio nostro & ejus Gentibus & Officiariis prædictis, ne de cætero de Causis aut processibus dictos Religiosos, eorum subditos & justitiabiles, necnon & homines suos de corpore* [d] *tangentes, quos à dicto Filio nostro & ejus Gentibus & Officiariis quibuscumque,* [e] *exemptis volumus penitus remanere, cognoscant aut cognoscere vel se intromittere quoquomodo præsumant; factu in contrarium si quæ sint vel fuerint, tanquam attemptatum, ad statum pristinum & debitum reduci & reparari volumus per Baillivum antedictum aut ejus Locum-tenentem, absque alterius expectatione mandati; Litteris in contrarium impetratis seu etiam impetrandis, nec obstantibus quibuscumque. In cujus rei testimonium, Sigillum Castelleti nostri Parisiensis in absentia magni, duximus apponendum.* Datum Parisius, vigesimaseptima die Decembris, Anno Domini millesimo trecentesimo sexagesimo-secundo. Et est escrit sur le reply. *Per Consilium* [f] *Parisius existens. Ainsi signé.* ROBERTET.

a Espece de serfs.

b S.t Pierre-le-Moustier.

c aux Parties qui comparoistront.

d tangentibus.

e exemptos.

f *Voy. la Preface du 3.e Vol. des Ordonnances*, S. Ordonnances.

NOTES.

(b) *Ruilliaco.] Reüilli.* Voy. le Poüillé de l'Abb. de S.t Denys, à la fin de l'Hist. du P. Felibien, p. 222.

(a) Lettres

CHARLES REGENT. Jean I.er & selon d'autres, Jean II. à Paris, le 26. de Fevrier 1362.

(a) Lettres qui permettent à tous les Aubains qui sont membres du Chapitre de Reims, de disposer de leurs biens, de la maniere dont ils le jugeront à propos.

KAROLUS primogenitus Regis Francie & ejus Locum-tenens, Dux Normanie & Dalphinus Viennensis: Notum facimus universis presentibus & futuris, quod ob reverentiam & honorem Redemptoris nostri & ejus gloriose Matris Virginis Marie, ac celestis Curie, dilectos & fideles nostros Prepositum, Decanum, Cantorem & Capitulum Ecclesie Remensis, favore begnivolo prosequentes, Nos eisdem Preposito, Decano, Cantori & Capitulo Remensi, auctoritate Regia qua fungimur in hac parte, & ex nostris certa scientia & gratia speciali concedimus per presentes, ut omnes & singuli moderni & futuri [a] *Canonica, Capellani, Vicarii seu in dicta Ecclesia quomodocunque Beneficiati, de extra dictum Regnum Francie oriundi, de bonis suis universis mobilibus & immobilibus, acquisitis per ipsos aut acquirendis, vel quomodocunque obvenientibus, ubicunque & in quibuscunque rebus & locis consistant,* [b] *dispomere & ordinare libere pro* [c] *suo libito voluntatis, in testamento seu ultima voluntate, aut alio modo quocunque sibi placuerit; quodque heredes & successores sui aut ab ipsis vel eorum altero causam habentes vel habituri, ad eadem bona succedere* [d] *posint & valeant libere & impune, ac si prefati Canonici, Capellani & alii in dicta Ecclesia Beneficiati, essent de dicto Regno specialiter oriundi, constitutione, Ordinatione, statuto vel lege editis, & consuetudine vel usu generali vel locali dicti Regni, ad hoc contrariis, non-obstantibus quibuscunque: firmiter inhibentes universis & singulis Justiciariis Regni predicti, & quibuscunque Officiariis, Commissariis & Collectoribus presentibus & futuris, vel eorum Loca-tenentibus, & cuilibet eorundem, nequis prefatos Canonicos, Capellanos, Vicarios aut aliter in dicta Ecclesia Remensi Benificiatos, de extra Regnum Francie, ut prefertur, oriundos, heredes aut successores suos seu ab ipsis aut eorum altero causam habentes vel habituros, contra nostram presentem gratiam impetere, perturbare aut molestare quomodolibet presumant; imo ipsos & eorum quemlibet, dicta gratia uti & gaudere faciant & permittant pacifice & quiete. Quod ut firmum & stabile perpetuo perseveret, nostrum hiis presentibus Litteris fecimus apponi Sigillum: Regio in aliis & alieno in omnibus jure salvo.* Datum & actum Parisius, Anno Domini millesimo trecentesimo sexagesimo-secundo, mensis Februarii die vicesima-sexta. Sic signatum. *Per Dominum Ducem.* SERIS.

a Canonici. *V.*
b disponere. *V.* *Il faut suppléer le mot* possint.
c sue. *V.*
d possint. *V.*

NOTES.

(a) Tresor des Chartres, Registre 92. Piece 271. Ces Lettres se trouvent aussi *vidimées* dans des Lettres du mois d'Octobre 1363. qui sont dans le Registre 95. Piece 56. & que l'on a jugé à propos de faire imprimer icy.

Ce *Vidimus* nous a servi à corriger quelques fautes qui se trouvent dans ces Lettres. Ces corrections seront marquées par un *V.*

JEAN I.er & selon d'autres, Jean II. à Reims en Octobre 1363.

JOHANNES, &c. Notum, &c. Nos ad supplicationem Pauli Fezole de Roma Canonici Ecclesie Remensis, vidisse Litteras Primogeniti nostri, Nobis absentibus, nostrum nuper Locum-tenentis, formam que sequitur, continentes.

KAROLUS primogenitus Regis Francie, &c.

Quas siquidem Litteras, omniaque & singula in eisdem contenta & expressa, in quantum tangunt vel tangere possunt dictum supplicantem duntaxat, ratas habentes & gratas, easdem approbamus, volumus, & de nostris auctoritate & plenitudine potestatis nostre, de specialique gratia tenore presentium confirmamus: mandantes Baillivo Viromandensi omnibusque & singulis Justiciariis & Officiariis nostris presentibus & futuris, vel eorum Loca-tenentibus, & cuilibet eorundem ut ad eum pertinuerit, quatinus supplicantem prefatum & causam habituros ab ipso. omnibus & singulis supradictis uti & gaudere pacifice faciant & permittant, nec ipsos in contrarium impediant vel impediri quomodolibet patiantur; quicquid in contrarium factum vel attemptatum repererint, ad statum pristinum & debitum celeriter reducendo. Quod ut stabilitatis perpetue robur obtineat, &c. salvo, &c. Actum Remis, Anno Domini millesimo trecentesimo sexagesimo-tertio, mense Octobris. *Sic signatum. Per Regem, ad relationem Consilii.* G. DE MONTAGU.

Collatio facta est. Visa.

JEAN I.er & selon d'autres, Jean II. à Villeneuve lès-Avignon, en Fevrier 1362.

(a) Confirmation des Privileges des Ouvriers des Monnoyes & des Monetaires du serment de France.

JOHANNES Dei gratia Francorum Rex: Notum facimus universis presentibus & futuris, Nos infrascriptas Litteras recordacionis inclite carissimi Domini & Progenitoris nostri vidisse, quarum Litterarum tenor sequitur in hec verba.

a Voy. le 2.e Vol. des Ordonn. p. 339.

PHILIPPE par la grace de Dieu Roy de France, &c. [a]

Quibus visis, & super hoc audita supplicacione operariorum & Monetariorum de juramento Francie predictorum, ipsas Litteras & omnia & singula contenta in eisdem, rata & grata habentes, laudamus, approbamus, ratifficamus, & de nostra speciali gracia per presentes renovamus, & ex certa sciencia auctoritate Regia confirmamus: Omnibus Senescallis, Baillivis, Prepositis, Officiariis, Justiciariis & subditis Regni nostri presentibus & futuris, & eorum cuilibet, tenore presencium precipiendo mandamus, ut omnia & singula predicta privilegia, libertatesque & franchisias antedictas teneant inviolabiliter & conservent, faciantque ab omnibus observari firmiter & teneri. Quod ut firmum & stabile permaneat in futurum, nostrum Sigillum presentibus Litteris duximus apponendum. Actum & datum apud Villam-novam-propè-Avinionem, Anno Domini millesimo trecentesimo sexagesimo-secundo, mense Februarii. *Per Regem, ad relacionem Consilii.* H. DE HAC. Et aliter sic signata. *Per Regem, ad relationem sui secreti Consilii. Visa. Collatio facta est per Nos.* H. DE HAC. ALANUS.

NOTES.

(a) Registre du Mareschal Daudenehan. *fol.* 59. *recto.* Voy. cy-dessus, p. 214. Note (a)
Avant cette Piece, il y a:
Privilegia per Regiam Majestatem concessa Monetariis Sacramenti Francie, registrata, die 14.a Februarii 1363.
Je crois que ce mot *registrata,* marque seulement le jour auquel ces Lettres ont esté inscrites dans le Registre du Mareschal Daudenehan.

JEAN I.er & selon d'autres, Jean II. à Villeneuve-lès-Avignon, le 16. de Mars 1362.

(a) Lettres qui ordonnent aux Tebellions des Seneschaussées de Beaucaire, de Carcassone & de Toulouse, de representer les Lettres par lesquelles ils ont esté instituez.

JOHANNES Dei gratia Francorum Rex: Dilecto & fideli Clerico & Notario nostro Magistro Petro de Berguayaco, Salutem & dileccionem. Cum nuper per nostras [b] *Litteras mandatum fuerit Senescallo Bellicadri, Carcassone & Tholose, vel eorum Locatenentibus, ut inhiberent voce tube quibuscunque Tabellionibus, ne dicto uterentur in dictis locis Officio, nisi per nostras seu Predecessorum nostrorum Litteras essent rite & legitime instituti; nichilominus tamen nonnulli dicentes se Tabelliones auctoritate Regia instituti,*

b Ces Lettres ne se sont pas conservées.

NOTES.

(a) Registre du Mareschal Daudenehan. *fol.* 1. *recto.* 3.e Piece. Voy. cy-dessus p. 214. Note (a).
Avant ces Lettres, il y a: *Die 19. Julii,* & cette date marque apparemment le jour auquel ces Lettres ont esté inscrites dans le Registre. Voy. cy-dessus, Piece precedente, Note (a).

quod tantum per Litteras Loca-tenentium nostrorum & Predecessorum nostrorum, minus debite instituti fuerunt, uti in dictis Senescalliis dicto Officio non formidant, in villipendium & contemptum inhibicionum & mandatorum nostrorum predictorum, si sit ita, populique decepcionem, si sit ita. Eapropter Nos de vestri legalitate & industria ad predicta confidentes, vobis committendo mandamus, quatenus ad loca propter hoc opportuna dictarum Senescalliarum, vos personaliter transferrentes, inquiratis virtute quarum Litterarum dicti Tabelliones de predictis Tabellionatus Officiis usi fuerunt & utuntur, & quos inveneritis usos fuisse & uti dicto Officio, post & contra (b) nostram predictam, vel aliter indebite, adjornetis ad certam & competentem diem personaliter, coram dilecto & fideli Cancellario nostro, ubi Nos tunc adesse [a] *contingerit, comparituros, & Procuratori nostro de & super predictis, & aliis quod ab eisdem occasione premissorum, petere voluerit, responsuros, & facturos quidquid fuerit racionis ; vel ipsos civiliter puniatis prout Justicia suadebit : Et interim bona dictorum Tabellionum sic occasione predicta adjornatorum, necnon prothocolla, instrumenta & alia quecunque per ipsos sub umbra dicti Officii facta, ad manum nostram sub inventario debito, ponatis : De quibus quidem adjornamentis dictum Cancellarium nostrum certificare competenter curetis, (c) cust. Tabellionum predictorum : Et si aliquos Tabelliones dicto utentes Officio inveneritis qui vobis ostendere nolent quo vigore dicto suo utuntur Officio, ipsos tales rebelles à dicto Officio* [b] *Tabell. suspendatis, donec de ipsorum institucione vos ad plenum & debite informaverint, ut vobis videbitur faciendum. Nostre tamen intencionis non existit, quod casu quo aliquos Tabelliones minus debite in dicto Officio institutos inveneritis, firmiter Ordinaciones nostras tenentes, quod tales minime adjornetis, sed eis ex parte nostra injungatis ut infra certum competentem terminum eis per vos super hoc prefigendum, sub certa pena Nobis applicanda, necnon sub pena privacionis perpetue dicti Officii, ad Nos seu dictum Cancellarium nostrum veniant aut transmittant, docturi de institucione eorumdem, ut ipsa visa per Nos aut dictum Cancellarium nostrum, ordinari valeat quod fuerit faciendum. Omnibus Nobis subditis mandantes ut vobis ac deputandis à vobis ad premissa, pareant efficaciter & intendant, prestentque auxilium, consilium & juvamen, si & cum per vos super hoc fuerint requisiti. In cujus rei testimonium, Sigillum nostrum presentibus Litteris duximus apponendum.* Datum apud Villam-novam-propè-Avinionem, die decima-sexta Marcii, Anno Domini millesimo trecentesimo sexagesimo-secundo. *Per Regem, ad relacionem Consilii.* DOUHEM.

JEAN I.er & selon d'autres, Jean II. à Villeneuve-lès-Avignon, le 16. de Mars 1362.

a contigerit.

b Tabellionatus.

NOTES.

(b) Le Papier est dechiré, & il manque un mot, qui sans doute est *inhibicionem :* On en voit même les deux premieres Lettres.

(c) *Cust.* Il y a apparemment *custibus :* mais la fin du mot ne se voit plus, à cause de la relicure du Registre.

JEAN I.er & selon d'autres, Jean II. à Villeneuve-près-d'Avignon, le 17. de Mars 1362.

(a) Lettres de Sauve-garde Royale pour le Prieuré [*Tharasii*] dans le Diocese de Viviers.

JOHANNES Dei gratia Francorum Rex: Universis presentes Litteras inspecturis, Salutem. Racioni congruum arbitramur si Predecessorum nostrorum vestigiis inherendo, ad hoc nostre mentis aspiret affectus, quod persone Ecclesiastice que de die & de nocte ad Divinum vacant Officium, [a] *pascis tranquillitate gaudeant, & per Regalem potenciam nostris temporibus à violenciis & injuriis deffendantur, ut eo libentius valeant Omnipotenti Altissimo famulari, quo per potenciam Regiam favorabilius se senserint sic adjutas. Hinc est quod supplicacionem dilectorum nostrorum Religiosorum, Prioris & Prioratus* [b] *Tharasii Vivariensis Diocesis, in nostra speciali Gardia ab antiquo existencium, qui ratione Salve-gardie nostre seu Guidagii in quibus sunt & ab antiquo fuerunt, ut est dictum, Nobis & nostris Predecessoribus Francorum Regibus, de quinque libris cere servire anno quolibet consueverunt, ipsos ex habundanti una cum eorum familiaribus, servitoribus ac hominibus* [c] *de corpore, si quos habent, & bonis ac juribus suis universis in Regno nostro existentibus, in nostra protectione & speciali Salva-gardia, de gracia speciali, ad suorum jurium conservacionem dumtaxat, suscipimus per presentes, & eisdem in Gardiatores Petrum la Souha, Johannem la Faux, Johannem Balmoni & Johannem Flosi Servientes nostros, & eorum quemlibet in solidum, de dicta speciali gracia nostra, tenore presencium deputamus eisdem; quibus & eorum cuilibet committimus & mandamus, quatenus ipsos Religiosos, eorum familiares & homines de corpore, ac dicte Ecclesie sue servitores, in suis justis possessionibus, saisinis, usibus, franchisiis, libertatibus, Jurisdictionibus, immunitatibus & juribus in quibus ipsos esse suosque predecessores fuisse invenerint pacifice ab antiquo, manuteneant & conservent, & ab omnibus injuriis, violenciis, gravaminibus, oppressionibus, molestationibus, inquietacionibus, vi armorum, potencia Laïcorum, ac novitatibus indebitis quibuscunque,* [d] *teneantur & deffendant: Quas si in prejudicium dicte* [e] *Salva-gardie nostre & dictorum supplicancium, factas esse vel fuisse repererint, eas ad statum pristinum & debitum reduci, & Nobis ac Parti propter hoc emendam condignam prestari faciant per* [f] *ipsum vel illos Judices ad quos pertinuerit indilate, dictamque Salvam-gardiam nostram in locis & personis ubi expedierit, publicari solempniter, & in signum Salve-gardie nostre, pennoncellos nostros Regios in locis, domibus & maneriis eorumdem supplicantium, in terra que jure scripto regitur, scituatis, apponi faciatis, ne aliqui se possint de ignorancia excusare: Inhibendo ex parte nostra omnibus personis de quibus fuerint requisiti, sub certis penis Nobis applicandis, ne eisdem Religiosis aut eorum servitoribus, familiaribus, hominibus de corpore, sive bonis quibuscunque infra Regnum nostrum existentibus, quomodolibet forefacere presumant, &* [g] *in casu novitatis aliquod debatum oriatur inter ipsos Religiosos & homines de corpore eorumdem, racione bonorum suorum quorumcunque in dicto Regno nostro existencium, quod dictum debatum & rem contenciosam in manu nostra tanquam superiori, ponant, & per ipsam facta recredencia per illum vel illos Judices ad quem vel ad quos pertinebit, illi de dictis Partibus cui de jure fuerit facienda, Partes debatum facientes, & eciam dicte* [h] *Salva-gardie nostre infractores, & illos qui in ejus prejudicium & contemptum predictis Gardiatoribus aut eorum alteri Gardiatoris Officium excercendo, injuriam fecerint vel offensam, sive qui eis vel eorum alteri inobedientes fuerint, coram Judicibus ad quos eorum cognicio pertinere debuerit, adjornando, processuros super hoc ut fuerit racionis; certifficando ipsos Judices de adjornamento predicto & aliis que fecerint in premissis, ut super hoc facere valeant*

[a] pacis.

[b] Je n'ay pu rien découvrir sur ce Prieuré.

[c] Espece de serfs.

[d] tueantur.

[e] Salve-gardie

[f] illum, *comme il y a plus bas.*

[g] si.

[h] Salve-gardie.

NOTES.

(a) Registre du Mareschal Daudeneham. *fol.* 34. *recto.* Voy. cy-dessus p. 214. Note (*a*). Il y a devant ces Lettres: *Die 19.a Octobris.* Voy. cy-dessus p. 226. & les deux Notes (*a*).

Partibus celeris Justicie complementum. Si vero dicti Religiosi aut aliquis de suis servitoribus vel familiaribus seu hominibus de corpore, ab aliquo vel aliquibus [a] *assecuramentum habere voluerint, volumus* [b] *quos ad Judices ad quos pertinuerit predictum assecuramentum, eisdem & eorum singulis dari faciant bonum & legitimum juxta Patrie consuetudinem, prout rationabiliter fuerit faciendum; & generaliter faciant & facere possint dicti Gardiatores & eorum quilibet, in predictis & eorum quolibet, que ad Gardiatoris Officium pertinent & possint quomodolibet pertinere. Omnibus autem Justiciariis & subditis nostris dantes tenore presentium in mandatis, ut prefatis Gardiatoribus & eorum cuilibet, in premissis & ea tangentibus, pareant & intendant, prestentque auxilium & favorem, si opus fuerit & super hoc fuerint requisiti. Nolumus tamen quod iidem Gardiatores seu eorum aliquis, de hiis que Cause cognicionem exigunt, se aliqualiter intromittant. In cujus rei testimonium, presentibus Litteris nostrum apponi fecimus Sigillum.* Datum apud Villam-novam-propè-Avinionem, die decima-septima Marcii, Anno Domini millesimo trecentesimo sexagesimo-secundo.

Per Regem, ad relacionem Consilii. J. GREELLE. *(b)*.

a Voy. le 3.e Vol. des Ordonn. p. 264. Note (*b*).

b quod.

NOTES.

(b) Les Rois ne donnoient pas des Lettres de Sauve-garde seulement aux Monasteres, & aux autres Communautez du Royaume, comme aux Habitans d'une Ville, à des Universitez, &c. ils en accordoient aussi à des particuliers. On en trouve plusieurs dans le Registre du Mareschal Daudencham. Ces Lettres estoient adressées à des Juges Royaux, & ceux qui les avoient impetrées, estoient sous la protection de ces Juges qui punissoient les infracteurs de ces Sauves-gardes. Lorsque ces Juges ne le faisoient pas, on renvoyoit la connoissance de ces affaires à d'autres Juges Royaux, & quelquefois aux Maistres des Requestes. On trouvera la preuve du contenu dans cette Note, dans les trois Pieces suivantes, tirées du Registre du Mareschal Daudencham.

[c] Die undecima Augusti.

c Fol. 4. recto. 1.ere Piece.

JEAN I.er & selon d'autres, Jean II. à Villeneuve-lès-Avignon, le 16. de Janvier 1362.

JOHANNES Dei gratia Francorum Rex: Senescallo Bellicadri ceterisque Justiciariis nostris aut eorum Loca-tenentibus, Salutem. Ad supplicacionem Guillelmi dicti Joye & ejus Uxoris, vobis immediate justiciabilium & subditorum, asserentium ex certis & verisimilibus conjecturis, à pluribus personis sibi timere: Mandamus vobis & vestrum cuilibet prout ad eum pertinuerit, quatenus ipsos una cum familiis, rebus & bonis suis universis in & sub protectione & Salva-gardia nostris, ad suorum jurium conservacionem dumtaxat, ponentes, in suis justis possessionibus, franchisiis, libertatibus, usibus, juribus & saisinis in quibus ipsos esse, suosque predecessores fuisse pacifice ab antiquo inveneritis, manuteneatis & conservetis eosdem, & ab omnibus injuriis, violenciis, gravaminibus, oppressionibus, vi armorum, potencia Laicorum, ac novitatibus indebitis quibuscunque, deffendatis seu deffendi faciatis, & de personis dequibus assecuramentum habere voluerint, juxta Patrie consuetudinem legitimum prestari faciatis, non permittentes contra ipsos eorumque familias, res aut bona, aliquas fieri vel inferri indebitas novitates; quas si factas esse vel fuisse in dicte Salve-gardie nostre & dictorum supplicancium prejudicium, inveneritis, ad statum pristinum & debitum reducatis seu reduci faciatis indilate, & Nobis ac dictis supplicantibus propter hoc emendam condignam prestari faciatis, istamque Salvam-gardiam nostram in locis & personis ubi expedierit, publicari faciatis, & in signum hujusmodi Salve-gardie nostre, penuncellos nostros Regios in locis, domibus & maneriis dictorum supplicancium, in terra que jure scripto regitur, scituatis, apponi faciatis, inhibendo seu inhiberi faciendo ex parte nostra omnibus personis de quibus fueritis requisiti, sub certa pena Nobis applicanda, ne dictis supplicantibus eorumque familiis, rebus, bonis suis quibuscunque, quomodolibet forefacere presumant, & pro premissis diligenter exequendis, unum vel plures Servientes nostros ydoneos suis sumptibus, eisdem deputetis, si super hoc fueritis requisiti; qui tamen de hiis que Cause cognicionem exigunt, se nullatenus intromittant. Datum apud Villam-novam-propè-Avinionem, decima-sexta die Januarii, Anno Domini millesimo trecentesimo sexagesimo-secundo.

DOUHEM.

[a] Die secunda Augusti.

JEAN I.er & selon d'autres, Jean II. à Villeneuve-près-Avignon, le 3. de May 1363.

a Fol. 2. recto. 2.e Piece.

b Mot douteux.

c Il y a une marque d'abreviation sur le q.

JOHANNES Dei gratia Francorum Rex: primo Servienti nostro qui super hoc fuerit requisitus, Salutem. Nos recolentes dilectum & fidelem Clericum & Notarium nostrum Magistrum Petrum de Berguyaco, virtute quarumdam nostrarum Commissionis Litterarum sibi directarum, certis de causis in dicta Commissione contentis, ad partes Montis-Pessulani novissime destinasse; & quia, pro ut asserit idem Clericus noster, [b] *Buevinardus de Dragone aliter de Flore Hostellerius & ejus Uxor habitatores Montis-Pessulani, penes quos dictus Clericus noster erat Hospitatus, ac Ferinus Fabri Balisterius, Guido Thocus Goubaudi, Barberius Bartholomeus* [c] *Suqti, Perotus Falconieri Tabernarius, Stephanus de Curtibus Pasticerius, Andreas Harditi Sabaterius, & plures alii eidem plures injurias, violentas oppressiones & offensas plenius per ipsum loco & tempore declarandas, absque causa racionabili fecerunt & intulerunt, ac quedam bona sua per eorum vim & potenciam rapuerunt, vim publicam super hoc committendo atque crimen, ac Salvam-gardiam nostram in qua dictus Clericus noster existit, temere infringendo, in nostrum quod grave gerimus & merito, vituperium & contemptum, tibi committimus & mandamus quatenus prenominatos & alios quos dictus Clericus noster tibi duxerit nominandos, adjornes ad certam & competentem diem, coram dilectis & fidelibus nostris Gentibus laicis Requestarum Hospicii nostri, ubicunque Nos tunc adesse contingerit, personaliter comparituros, & visuros dictam Salvam-gardiam nostram reintegrari, ac dicto Clerico nostro super premissis & dependentibus ex eisdem, ad finem civilem dumtaxat, & Procuratori nostro ad omnes fines responsuros, & ulterius facturos quod fuerit racionis: De quo quidem adjornamento & aliis que feceritis in premissis, dictas Gentes nostras ad dictam diem certifices competenter. Quibus Gentibus nostris tenore presencium committimus & mandamus, ut super premissis omnibus singulis & dependentibus ex eisdem, exhibeant tam bonum & breve Justicie complementum, quod ceteris taliter delinquentibus transeat in exemplum. Ab omnibus autem justiciariis & subditis nostris in premissis & circa premissa tibi pareri & diligenter intendi volumus & jubemus. Que sic fieri volumus de gracia speciali, ob considerationem premissorum, Litteris subrepticiis in contrarium impetratis vel impetrandis nonobstantibus quibuscunque.* Datum apud Villam-novam-prope-Avinionem, die tertio Maii, Anno Domini millesimo trecentesimo sexagesimo-tertio.

In Requestis Hospicii, per Laicos. J. GREELLE.

(b) Eodem die.

d Voy. le 3.e Vol. des Ordonn. p. 173. XI. & Note *(r)*.

e Uzez.

f Vice-comitatus, *ou* Vice-comitis.

g excessibus.

ARNULPHUS Dominus Daudenant, Marescallus Francie, Locum-tenens Domini nostri Francorum Regis in Partibus Occitanis: Judici Ville-Nove & Curie parvi Sigili Regii Montis-pessulani, necnon & Gubernatori Partis [d] *antique Montis-pessulani, Salutem. Ad nostrum pervenit auditum quod licet dilectus & fidelis Magister Dalmacii Civitatis* [e] *Ucetice, Clericus Regius & Judex* [f] *Vice-Comit. Ucetici, sit & extiterit in & sub protectione & speciali Salva-gardia dicti Domini nostri Regis, que legitime extitit publicata & insinuata, & unicuique suum Officium Judicature exercendo, Justiciam ministret & ministrare consueverit temporibus retroactis, (b) Rsndus Morneus aliter Bayloni, Johannes Vermundus aliter Patarini, Simeon Palmerii & nonnulli civitatis Ucetice, ipsum Clericum & Judicem indebite & injuste verbo & facto injuriarunt, molestiasque & vexaciones ac injurias indebitas eidem atulerunt & prebuerunt, & inferunt de die in diem, de quibus & aliis* [g] *exessibus pluribus per eos commissis, tam favore quam necligentia Officialium Ordinariorum quibus horum punicio & correctio pertinet, nulla fuit Justicia ministrata: & propterea cum talia remanere non debeant impunita, de jure vobis & unicuique vestrum in solidum committimus & mandamus, quatenus, si per informacionem faciendam per vos aut alterum vestrum, seu per vos deputandum, vobis constiterit de predictis, emendam condignam Domino nostro Regi, ac dicto Clerico, si per eum requisiti fueritis, fieri faciatis, ipsosque de hiis & aliis exessibus per eos commissis vobis denunciandis, & de quibus culpabiles inveneritis, puniatis sic & taliter quod Justitie satisfaciat, & ceteris talia presumentibus facere, cedat in exemplum.* Datum Nemausi, sub nostro proprio Sigillo, die decima-sexta mensis Aprilis, Anno Domini millesimo trecentesimo sexagesimo-quarto. *Per Dominum Locum-tenentem in suo Consilio.* DUCHANCEL.

NOTES.

(a) Eodem die.] Il paroist par la Piece precedente, que c'est le 6. de May. *Cette Piece est au fol. 76. recto.*

(b) On trouve souvent dans ce Registre un prenom écrit en abbregé avec un *R.* ensuite un caractere qui a quelque ressemblance à une *s,* & *ndus.* Cela signifie apparemment *Raymundus,* nom assez commun dans le Languedoc.

JEAN I.er & selon d'autres, Jean II. à Villeneuve-lès-Avignon, le 28. Avril 1363.

(a) Lettres qui conservent les Seigneurs dans la possession où ils sont de punir les Officiers des Justices Royales [qui sont leurs sujets,] dans les choses qui ne regardent point les fonctions de leurs Charges, & de punir les Officiers de leurs Justices.

JOHANNES Dei gracia Francorum Rex: Senescallo Bellicadri & Nemausi, aut ejus Locum-tenenti, ceterisque Justiciariis ad quos presentes Littere pervenerint, Salutem. Cum super eo quod per (b) Nobiles Senescallie Bellicadri [a] quod Procurator noster Regius ipsos & eorum Officiales impedire & perturbare nititur, in eorum possessione & saisina in quibus se esse asserunt inquirendi ac cognoscendi de Officiariis Regiis non (c) & eorum propriis aliqualitercunque delinquentibus, ac omnes predictos cum casus occurrit, puniendi & corrigendi, pretextu quarumdam Litterarum quarum tenor talis esse dicitur.

P. [b] Raymundi de Rappistagno Miles, Dominus de Campaniaco, Consiliarius & Magister Requestarum Hospicii Domini nostri Regis, ejusque Senescallus Bellicadri & Nemausi; ac Capitaneus Generalis dicte Senescallie à Majestate Regia specialiter deputatus: Rectori Montispessulani, Baillivis (d) Gaballitani Baillivie Vivariensis & [c] Valen. [d] Vicariis Usetici, ressorti Balneolarum, Bellicadri, ceterisque Justiciariis & Officiariis Regiis dicte Senescallie, ad quos presentes Littere pervenerint, aut eorum Locatenentibus, Salutem. Conquesti sunt nobis Procuratores Regii & plures alii Officiarii & Servientes Regii dicte Senescallie, quo non nulli Prelati & alii Barones dicte nostre Senescallie, de die in diem & à pauco tempore citra, nituntur inquirere contra nonnullos Servientes (e) aut alios Officiarios ipsorum Prelatorum & Baronum, & ipsos corrigere & punire, contra modum solitum & antiquum, virtute quarumdam Litterarum Regiarum per ipsos subrepticie, ut dicitur, obtentarum, non faciendo mencionem in eis quod dictus Dominus noster Rex & ejus Officiarii sunt & fuerunt in possessione & saisina puniendi & corrigendi dictos Servientes Regios, & alios Servientes & Officiales dictorum Prelatorum & Baronum vestre Senescallie, per tantum tempus [e] memoria hominum non existit. Igitur nos attendentes quod si ita sit, predicte Littere essent in maximum prejudicium dicti Domini nostri Regis & ejus [f] patrimonii, suppressa veritate obtente: hinc est quod vobis & vestrum cuilibet ex parte Regia precipimus & mandamus, quatenus omnes & singulos Servientes & Officiarios Regios, & alios dictorum Prelatorum & Baronum quos culpabiles reperietis, debite puniatis & corrigatis juxta modum solitum, & prout hactenus consuevistis, & alios quoscunque qui vos in punicione [g] correccione predictis nisi fuerint & sunt perturbare, non-obstantibus Litteris Regiis, seu aliis subrepticiis, ut dicitur, obtentis quibuscunque:

a *Il semble qu'il manque-là quelques mots, comme* expositum fuerit.

b C'est la même abbreviation dont il est parlé cy-dessus, p. 230. Note (b).

c Valencie.

d Vicario. *Viguier.*

e quod.

f *Il y a* prionii *avec une marque d'abreviation.*

g &.

NOTES.

(a) Registre du Mareschal Daudeneham. *fol.* 3.° *recto.*

L'Ecriture de ces Lettres est presque effacée en plusieurs endroits, & elles sont très difficiles à lire. Voy. cy-dessus p. 214. Note (a).

(b) Il y a un mot entierement effacé entre *per* & *Nobiles:* peut-estre faut-il lire *certos.*

(c) *Non.*] Il y a ensuite un mot presque effacé. On lit assez bien *Offici.* peut-estre y avoit-il *Officiantibus*, ce qui signifieroit, *lorsqu'ils ne sont pas dans l'exercice de leurs Offices.*

(d) *Gaballitani, Ballivie Vivariensis, &c.*] Il faut lire, suivant le R. P. D. Vaissette, *Gaballitani & Ballivie Vivariensis;* ce qui signifie, aux Baillis du Gevaudan, & du Bailliage du Vivarais & de Valence. Il y avoit un Bailli pour le Gevaudan, & un Bailli pour le Vivarais & le Valentinois. Ces Bailliages ressortissoient à la Seneschaussée de Beaucaire & de Nismes. Il y a très peu de Bailliages dans cette Seneschaussée, & leurs Jurisdictions sont précisement de la même nature que celles des *Vigueries* qui y sont en grand nombre.

(e) *Servientes aut alios.*] Il faut ajoûter *Regios & alios Servientes & Officiarios*, comme il y a plus bas.

JEAN I.er & selon d'autres, Jean II. à Villeneuve-lès-Avignon, le 28. Avril 1363.

[a] *inhibeatis prefatis Prelatis & Baronibus quibuscunque, ex parte Regia, sub pena (f) mille marcharum Domino nostro Regi applicanda,* [b] *de dictis Servientibus & aliis Officiariis Regiis atque suis, contra vel preter modum solitum & antiquum, se intromittant; intimantesque eis quod si in contrarium fecerint, contra ipsos & eorum bona procedetis prout juris fuerit.* Datum Nemausi, die septima Marcii, Anno Domini millesimo trecentesimo sexagesimo-secundo.

a &.
b ne.

(g) *PER vos Senescallum Bellicadri ad instanciam dicti Procuratoris nostri, concessarum, penam mille marcharum Argenti continentium; visum est Consilio nostro, ad finem ne pretextu dictarum Litterarum, dicti Prelati & Nobiles in suis debitis juribus, possessione & saisina in quibus se esse asserunt, indebite perturbentur, quod dictis Litteris sic, ut dicitur, impetratis & concessis, ac penis & mulctis in eisdem contentis, non-obstantibus, tam ipsi Prelati quam Nobiles, & eorum Officiarii utantur suis juribus, possessione & saisina,* [c] *si qua habent, prout ante concessionem dictarum Litterarum faciebant seu facere poterant, & proinde ac si dicte minime fuissent concesse vel impetrate* [d] *quarum Litteras quatenus eorum juribus & justis possessionibus & saisinis derogarent, pro non concessis & non datis haberi volumus & mandamus:* [e] *Multas vero & penas in dictis Litteris appositas & contentas, & quidquid ex eisdem subsecutum est, tanquam non positas & indictas haberi volumus & eciam declaramus. Mandantes vobis & vestrum cuilibet districte injungentes, quatenus dictam nostram & dicti nostri Consilii Ordinacionem teneatis, ac de puncto in punctum servetis illese, & execucioni demandetis, juxta ipsius seriem atque formam.* Datum apud Villam-novam-propè-Avinionem, die vigesima-octava Aprilis, Anno Domini millesimo trecentesimo sexagesimo-tertio.

c quam *ou* quas.
d quas.
e Mulctas.

Per Regem, ad relacionem Consilii quo vos Episcopi Nivernensis & Meldensis, Abbas Mire-vallis, Marescallus Francie, Dominus [f] *Raymundus de Conciaco & Magistri Requestarum Hospicii eratis.* DOUHEM.

f C'est la même abbreviation dont il est parlé cy-dessus, p. 230. Note (b).

NOTES.

(*f*) *Mille marcharum.*] Il paroist qu'il y a entre ces deux mots, un Monosyllabe qu'on n'a pû lire; il semble cependant par ce qui est un peu plus bas, qu'il ne manque rien.

(*g*) *Per vos.... concessarum.*] Ceci est la continuation des Lettres du Roy Jean, qui ont esté interrompuës par les Lettres du Seneschal de Beaucaire, & *concessarum* se rapporte à *Litterarum*, qui est dans la ligne qui precede ces Lettres.

JEAN I.er & selon d'autres, Jean II. à Villeneuve-lès-Avinon, le 2. de May 1363.

(a) Lettres qui suspendent de toutes les fonctions de Sergents, ceux qui les exercent sans avoir eu de [Provisions] du Roy.

JOHANNES Dei gracia Francorum Rex: Dilecto & fideli Clerico & Notario, Magistro Petro de Berguyaco, Salutem & dileccionem. Relatu plurium fide dignorum, percepimus quod in Senescalliis Bellicadri, Carcassonne & Tholose, quamplures Servientes existunt, qui Sergentariarum Officiis, absque eo quod Litteras nostras seu Predecessorum nostrorum habeant, usi fuerint & utuntur, populum nostrum multipliciter opprimendo, multaque dampna eidem inferendo in nostri contemptum, & dicti populi nostri lesionem atque dampnum; quod Nobis non immerito displicet, si est ita. Eapropter Nos de vestri legalitate & industria ad plenum confidentes, vobis committendo mandamus quatenus ad loca opportuna dictarum Senescalliarum vos personaliter transferentes, voce tube proclamare faciatis, ut quicumque Servientes qui nomine nostro dicto Sergentariarum

NOTES.

(*a*) Registre du Mareschal Daudeneham, *fol. 2. recto.* Voy. cy-dessus p. 214. Note (*a*)
Avant ces Lettres, il y a:
Die prima mensis Julii Augusti. Voy. cy-dessus, p. 226. les deux Notes (*a*).

Officio

Officio usi fuerunt & utuntur, coram vobis compareant per se vel per alium, docturi & ostensuri Litteras suas, vigore quarum dicto usi fuerunt & utuntur Officio; & quos inveneritis dicto Officio usos fuisse & uti, absque eo quod super hoc Litteras nostras seu Predecessorum nostrorum minime [a] *obtinuerunt, ipsos tales ab eorum Officiis suspendatis, quousque per Nos aliud super hiis fuerit ordinatum: Et si aliquos dictorum Servientum dicto utentium Officie, inveneritis, qui vobis* [b] *hostendere nollent Litteras, vigore quarum dicto usi fuerunt & utuntur Officio, seu qui aliquas falsitates in eorum Officiis commiserint, ipsos tales à dicto eorum Officio suspendatis, donec eis per Nos aliud extiterit, ut predicitur, ordinatum. Ab omnibus autem Justiciariis & subditis nostris, vobis ac deputandis à vobis, ad premissa pareri volumus efficaciter & intendi, prestarique auxilium, consilium & juvamen, si & cum per vos super hoc fuerint requisiti: In cujus rei testimonium, Sigillum nostrum presentibus Litteris duximus apponendum.* Datum apud Villam-novam-propè-Avinionem, die secunda Maii, Anno Domini millesimo trecentesimo sexagesimo tertio. *Par le Roy à vostre relation.* DOUHEM.

a obtinuerint.

b ostendere.

JEAN I.er & selon d'autres, Jean II. à Paris, le 1.er de Juin 1363.

(a) Lettres qui en confirment d'anciennes qui avoient fixé le nombre des Examinateurs du Chastelet de Paris.

JOHANNES Dei gracia Francorum Rex: Universis presentes Litteras inspecturis, Salutem. Notum facimus Nos Litteras carissimi Domini & Genitoris nostri, vidisse, quarum tenor sequitur sub hiis verbis.

PHILIPPE &c. [c]

Dilecti Magistri Gerardus Piedeleu, Petrus de [d] *Nulleriis, Egidius de Plesencia, Petrus de Hoppelines, Johannes Garneriis, Enguerrannus Foulon, Petrus Droardi, Haultinus de Manubevilla, Nicolaus Soutilis, Rolandus de Cornu, Laurentius de Molineto, Hurinus Dalneyo, Johannes Fortis, Gaubertus de Lestre, Johannes Pageti & Thomas d'Ermeville Examinatores moderni, in dicto Castelleto ex parte nostra instituti, prius exposita per eosdem sua conquestione de & super nonnullis gravaminibus sibi retroactis temporibus circa exercicium dicti Officii examinationis, inflictis, & que de die in diem per quamplures plus debito super hoc se ingerentes, infliguntur, dictas Ordinaciones temere excedendo, & ipsas violando, Nobis humiliter supplicarunt ut super hoc sibi remedium per Nos largiatur opportunum. Nos igitur factum dicti Genitoris nostri cupientes imitari, ac roboris habere firmitatem, omnia & singula in predictis Litteris ejusdem Genitoris nostri contenta, prefatis Examinatoribus modernis fieri & teneri, ac in eorum (b) personis extendi volentes & ampliari, ea laudamus & approbamus, ac de gracia speciali, tenore presencium confirmamus: Mandantes insuper Preposito nostro Parisiensi qui nunc est & qui pro tempore fuerit, ceterisque Justiciariis nostris ad quos interest seu interesse poterit, districtius injungendo, quatenus prelibatos supplicantes & alios in dicto Examinatoris Officio eis (c) ama succedentes, nostra & dicti Genitoris nostri gracia uti & gaudere pacifice faciant & quiete, ipsamque de puncto in punctum juxta sui formam & tenorem, teneri & ab omnibus inviolabiliter observari, non permittentes quidquam deinceps in ejus & dictorum supplicancium, aut eis in dicto Officio* [e] *succedentibus, quomodolibet attemptari seu innovari; sed si quod secus factum extiterit vel aliter innovatum, illud ad statum pristinum & debitum reducant, seu reduci faciant indilate. In cujus rei testimonium, Sigillum nostrum*

c Voy. le 2.e Vol. des Ordonn. p. 517.

d *Mot douteux: On pourroit lire aussi* Tuilleriis.

e succedentium.

NOTES.

(a) Tresor des Chartres, Registre 97. Piece 186. Ces Lettres sont *vidimées* dans celles de Charles V. du mois de Janvier 1366. qui seront imprimées cy-dessous à leur rang.

(b) Personis.] Il y a dans le Registre, un *p* dont la queuë est coupée d'un trait, & au-dessus *is*.

(c) Ama.] Il y a une marque d'abbreviation sur ce mot. Je ne sçais ce qu'il signifie. Il semble qu'il devroit y avoir *postea*.

presentibus Litteris duximus apponendum. Datum Parisius, prima die Junii, Anno Domini millesimo trecentesimo sexagesimo-tertio.

JEAN I.er & selon d'autres, Jean II. à Troyes, en Juillet 1363.

(a) Lettres qui portent que les habitans d'*Ungione* [Onjon,] ne seront point separez du Domaine de la Couronne.

JOHANNES &c. Notum facimus universis tam presentibus quam futuris, quod cum clare memorie Henricus olim Comes Trecensis, Palatinus, hominibus suis de (b) Ungione ibidem tunc morantibus & mansuris extunc in futurum, suas Litteras duxerit concedendum in hec verba.

Ego Henricus Trecensis Comes Palatinus : Notum facio presentibus & futuris, me concessisse omnibus hominibus de Ungione tam his qui modo ibi manent, quam his qui deinceps ibidem mansuri sunt, quod eos nulli dabo, nec à manu mea eos alienabo, & propter hoc [a] *michi dederunt triginta libras. Hoc itaque ut pactum perpetuo teneatur, Litteras* [b] *annotatum Sigilli mei impressione firmavi, testibus Ferrico de Vienna, Gilone de Torneello, Milone de Pruvino, Lucore Majore Trecensi & Jacobo* [c] *Punicenelle.* Actum apud [d] Sanctum Medardum, Anno ab Incarnatione Domini millesimo centesimo octogesimo-septimo. [e] Nota WILLELMI.

a mihi.

b Peut-estre annotatas.

c Ce mot est douteux, & très difficile à lire.

d *Je n'ai rien trouvé sur ce lieu.*

e Le signe.

f cum.

ET virtute Litterarum hujusmodi, [f] *homines predicti nunc Nobis immediate justiciabiles & subditi, extunc usque nunc, sub ipsius Comitis, & postmodum sub Corone Francie immediato Dominio remanserint, prout adhuc noscuntur remanere ; & propter hoc non debeant à Corona & Dominio hujusmodi separari, prout Nobis fecerunt exponi, nunc habitatores dicti loci, Nobis humiliter supplicarunt ut Litteras hujusmodi confirmare & auctoritate nostra pariter & decreto roborare dignaremur : Nos igitur eorum in hac parte supplicationi favorabiliter annuentes, Predecessorum nostrorum merito vestigiis adherendo, predictas Litteras cum toto earum tenore & effectu, laudamus, ratificamus, approbamus & de nostris certa scientia, speciali gratia auctoritateque principali, & ex plenitudine nostre Regie potestatis, confirmamus tenore presentium Litterarum : Volentes & concedentes ut homines ipsi Nobis justiciabiles immediate & subditi ibidem morantes & imposterum moraturi, sub hujusmodi Corone Francie immediato Dominio perpetuo remaneant, prout fuerunt & remanserunt temporibus retroactis. Quod ut firmum & stabile perpetuo perseveret, presentes Litteras nostri impressione Sigilli fecimus communiri : nostro in aliis & alieno in omnibus jure salvo.* Datum Trecis, Anno Domini millesimo trecentesimo sexagesimo-tertio, mense Julii. *Per Regem.* MELLOU. *Collatio fit.*

NOTES.

(a) Tresor des Chartres, Registre 91. Piece 483.

(b) Ungione.] Je trouve dans un Estat du Bailliage de Troyes, qui est dans l'Edition des Coustumes de cette Ville, donnée par Pithou, à Troyes 1628. p. 618. la Mairie Royale d'*Onjon*. Il y a grande apparence que c'est le nom moderne du lieu nommé autrefois *Ungio*.

Le Mareschal Daudeneham, Lieutenant dans le Languedoc du Roy Jean I.er & selon d'autres, Jean II. à Carcassone, le 15. d'Aoust 1363.

(a) Lettres qui ordonnent l'execution d'une Ordonnance de l'an 1322. touchant les acquisitions de Fiefs, faites par des Ecclesiastiques & des non-Nobles.

ARNULPHUS Dominus Daudeneham, Marescallus Francie, Locum-tenens Domini nostri Regis in partibus Occitanis: Dilecto Clerico Magistro Hugoni de [a] Selgayriol. Salutem. Cum, prout ad nostrum pervenit auditum, per Predecessores Domini nostri Regis, diu est, Consilii deliberacione prehabita, Ordinaciones facte [b] exititerunt & statuta, quod omnes persone innobiles que adquisivissent in Feudis & Retrofeudis Nobilibus & allodiis, quocumque modo & quocumque titulo, a triginta annis; & persone Ecclesiastice que etiam adquisivissent a quibuscunque personis & ubicunque & quocunque modo, à quadraginta annis citra finitis in anno millesimo trecentesimo vigesimo-secundo: (Quo anno dicte [c] Ordinaciones fuerunt publicate per Regnum Francie,) sine assensu & permissione Regia, dicta eorum adquisita sic facta, ponerent extra eorum manum, sub pena confiscacionis dictorum adquisitorum: Inhibentes per easdem Ordinaciones, de cetero tales acquisiciones esse faciendas: Et expost Regia auctoritate, ad Senescalliam Bellicadri multi Commissarii deputati extiterint pro saisiendo & capiendo ad manum Regiam hujusmodi adquisita, tanquam juri Regio confiscata & acquisita; & pro recipiendo super predictis financias, juxta instructiones super hoc editas ac dictis Commissariis traditas; dictique Commissarii circa eorum commissionem vacantes, hujusmodi acquisita facta à dicto tempore citra, voce Preconis & aliter [d] Litteris ad manum Regiam receperint, & in parte de aliquibus ex certis acquisitis financias receperint, omiserintque, quod sic intelleximus, financias ex dictis acquisitis accipere infinitas; &, quod pejus est, dicte persone Ecclesiastice & innobiles, Regie manus appositione non-obstante, fructus, redditus, proventus & exitus acquisitorum hujusmodi, levaverint & usibus suis propriis applicaverint, & adhuc levare non [e] vererentur; Ordinacionibus Regiis & deffensionibus predictis non-obstantibus, in grande prejudicium juris Regii: quod Nobis displicet, si sit ita: Et licet per Litteras Domini Ducis [f] Bitur, & Auvernie & Comitis Pictavensis, Filii & Locum-tenentis Domini nostri Regis in dictis partibus Occitanis, vobis in hujusmodi financiarum negocio [g] directis, per aliqua temporum intervalla immiscueritis, propter absentiam dicti Domini Ducis, & aliter mandato [h] Litteratorie vobis facto, à predictis [i] dicimini cessasse: Que cessatio, si ulterius prothelaretur, redundaret in maximum prejudicium juris Regii & ipsius exheredationem. Quapropter vobis de cujus legalitate & industria confidimus, auctoritate Regia qua fungimur in hac parte, ex nostra certa scientia committimus & mandamus, quatenus tam virtute Litterarum dicti Domini Ducis & Comitis Pictavensis, vobis

a *Il y a une marque d'abbreviation sur l'l final.*

b exititerint.

c Cette Ordonnance ne s'est point conservée.

d *Ce mot est douteux: On pourroit lire aussi* legitime.

e verentur.

f Bituricensis, *ou* Bituriæ.

g directas.

h Lratorie, *avec une marque d'abbreviation sur les premieres Lettres.*

i Mot douteux.

NOTES.

(a) Registre du Mareschal Daudeneham. *fol.* 5. *verso.* Voy. cy-dessus p. 214. Note (a).

Il y a avant cette Piece: *Die 19. Augusti.* Voy. cy-dessus p. 226. les deux Notes (a).

Il y a dans le Registre du Mareschal Daudeneham, un grand nombre de Lettres données par luy en qualité de Lieutenant du Roy dans le Languedoc: car autrefois les Lieutenans du Roy dans les Provinces, avoient la faculté de donner des Lettres, soit de grace ou de remission, soit dans les affaires de Justice & de Finance; mais avant qu'elles pussent avoir leur execution, il falloit qu'elles eussent esté confirmées par le Roy, & passées par la Chambre des Comptes. Quelques Lieutenans du Roy voulurent faire executer leurs Lettres, quoyque cette formalité n'eust pas esté observée; mais il fut remedié à cet abus par les Lettres Royaux du 2. d'Octobre 1354. [Voy. cy-dessus p. 152.]

On a jugé à propos, à l'exemple de M. de Lauriere, d'inserer dans ce Recueil, les Lettres données par les Lieutenans du Roy, lors même qu'on ne trouve point les Lettres de Confirmation du Roy, parce qu'on peut presumer qu'elles estoient dans les Registres qui ont esté perdus: & d'ailleurs si les Lettres données par les Lieutenans du Roy, ne peuvent estre regardées comme des Loix, lorsqu'il ne paroist pas qu'elles ayent esté munies du Sceau de l'autorité Royale, ce sont au moins des Memoires très utiles.

JEAN I.er & selon d'autres, Jean II. à Carcassone, le 15. d'Aoust 1363.

alias directarum super hujusmodi financiarum negotio, quas & earum effectum in sui roboris firmitatem juxta sui tenorem, permanere volumus & mandamus, quam virtute Litterarum nostrarum presentium, ad loca Senescallie Bellicadri de quibus vobis expediens videbitur, vos personaliter transferentes, de hujusmodi acquisitis factis per dictas personas Ecclesiasticas & innobiles, à dicto tempore citra, ut prefertur, vos, ut melius poteritis, informetis, per testes, Litteras, instrumenta & scripta Notariorum publicorum quacumque auctoritate creatorum: quos Notarios & eorum quemlibet, per vos & deputandos à vobis, compelli volumus per penarum imposicionem & earum (b) declaracionem, ad perquirendas fideliter eorum notulas & prothocolla, & ad vobis exhibendas & realiter tradendas Copias substancialiter omnium hujusmodi acquisitorum, que habent in eorum prothocollis propriis, vel aliis (c) de quibus sunt subrogati, absque mora: & ipsa acquisita sic facta, ut est dictum, ad manum Regiam capiatis & ponatis realiter & de facto, tanquam juri Regio acquisita & confiscata; & fructus & redditus exinde nomine Regio levetis & exhigatis; ac inhibeatis ex parte Regia & inhiberi faciatis dictis personis Ecclesiasticis & innobilibus, & sub certis penis, ne de dictis acquisitis abinde in anthea se (d) explectent quoquomodo; imo ipsa acquisita venalia ad [a] inquantum publicum exponatis, & plus offerenti delibercetis, aut aliter ad censum, [b] servitutem vel annuam pensionem concedatis, prout melius vobis expediens videbitur pro utilitate & commodo Domini Regis; & etiam compellatis illos qui fructus & redditus rerum sic acquisitarum, receperint contra deffensiones Regias, à tempore appositionis [c] manus citra, ad vobis reddendum nomine Regio computum & (e) racionem de eisdem: Compellendo & compelli faciendo dictas personas Ecclesiasticas & innobiles, & alios quoscunque ad premissa obnoxios, viriliter, & prout in debitis Regiis est fieri consuetum; non-obstantibus allegacionibus & [d] cavillacionibus [e] appellationibus factis & faciendis coram vobis; & non-ostantibus quibuscunque Litteris in contrarium impetratis vel impetrandis; quas & quidquid ex eis secutum est & earum virtute sequi posset, annulamus & volumus esse nullius valoris: Et in casu quo dicte persone Ecclesiastice seu innobiles seu aliqui ex eis, tam de eorum acquisitis sic factis, quam de fructibus inde perceptis, ut est dictum, [f] componere voluerint, & financiam super hoc facere & eam solvere, ad illum finem ut futuris temporibus res ipsas sic acquisitas, possint de permissione & consensu Domini nostri Regis, licite habere, tenere & pacifice possidere & quiete, & absque eo quod cogantur res hujusmodi acquisitas ponere extra manum suam, volumus in hoc casu, & mandatum speciale ad hoc vobis damus, [g] ad financiam & compositionem recipiatis juxta instructiones super hoc editas & aliter traditas Commissariis memoratis; & illis qui vobiscum component vel [h] finabunt, vel hujusmodi financias vel partem ipsarum vobis persolvent, aut res hujusmodi acquisitas ement, vel ad [i] sensum vel annuam pensionem, aut in custodia gubernandas & regendas recipient, Litteras vestras sub vestro Sigillo, tam financie & compositionis quam solutionis, & alias ad hoc oportunas concedatis: Quas nos ex-nunc prout ex-tunc ratas & gratas habemus, & ipsas per Litteras Domini nostri Regis confirmari faciemus, cum fuerimus requisiti: Et pecuniam exinde habendam, Receptori Regio illico apporteis vel fideliter transmittatis: Mandantes & precipientes omnibus Justiciariis & subditis Domini nostri Regis, non subditos requirentes, ut vobis & deputatis à vobis in premissis, pareant efficaciter & intendant, prestentque, cum requisiti fuerint, auxilium, consilium & juvamen; imo eisdem expresse inhibentes ne hujusmodi mandata vobis directa & instructiones editas super hujusmodi negocio,

a encan.
b redevance.
c saisie.
d chicanes.
e &.
f Voy. la Table du 3.e Vol. des Ordonnances, au mot Compositions.
g ut.
h financeront.
i censum.

NOTES.

(b) Declarationem.] Ce mot est douteux: s'il n'y a pas de faute, je ne vois pas ce qu'il peut signifier; si ce n'est la signification faite aux Notaires, des peines ausquelles ils seront condamnez, s'ils refusent de representer leurs Protocolles.

(c) De quibus sunt subrogati.] C'est-à-dire, les Protocolles faits par leurs predecesseurs, & qui leur ont esté remis, lorsqu'ils ont esté *subrogez* à leurs Offices. Voy. sur les Protocolles des Notaires, le 1.er Vol. des Ordonn. p. 417. Note (*b*).

(d) Explectent.] Qu'ils n'exploictent pas leurs terres, en les cultivant & en percevant les fruits.

(e) Il y a là un mot que l'on n'a pû dechiffrer. Il y a *Litiar*, avec deux marques d'abbreviation.

interpretari habeant, seu aliter in ipsis exequendis, vos qualitercumque impedire. Datum Carcassone, die decima-quinta Augusti, Anno Domini millesimo trecentesimo sexagesimo-tertio.

(a) Lettres qui ordonnent que les Juifs seront payez de ce qui leur est dû par les Chrestiens, non-obstant toutes Lettres d'Estat.

LE MARESCHAL DAUDENEHAM, Lieutenant dans le Languedoc, du Roy Jean I.er & selon d'autres, Jean II, à Villeneuve-lez-Avignon, le 8. d'Octobre 1363.

ARNULPHUS Dominus Daudenehan, Marescallus Francie & Locum-tenens Domini nostri Francie Regis in partibus Occitanis: Universis presentes Litteras inspecturis, Salutem. Notum facimus quod Nos ad supplicacionem Judeorum & Judearum commorantium seu residentium aut moram trahencium in Senescalliis Tholose, Carcassone & Bellicadri, asserentium se persolvere non posse Domino nostro Regi, [a] *subventiones & redibentias ac alias servitutes quas solvere debent & tenentur, nec aliter vitam suam sustentare, propter multiplices variasque & diversas Litterarum impetraciones, quas nonnulli Christiani eorum debitores, faciunt, & de die in diem obtinere noscuntur, tam à Domino nostro Rege, quam à nobis & aliis auctoritate Regia fungentibus in partibus supradictis, super dilationibus seu* [b] *respectibus suorum debitorum quibus dictis Judeis tenentur & sunt obligati, non solvendorum, & aliarum* [c] *Litterarum status, seu aliter in ipsorum Judeorum grande prejudicium & jacturam, &, ut in pluribus, contra (b) fidem plevitam juramentumque corporale per dictos Christianos prestitum, temere veniendo, ut fertur; eisdem Judeis, premissis attentis & consideratis, concessimus & concedimus de nostra certa scientia, auctoritate Regia qua fungimur in hac parte, & gratia speciali, si sit opus, per presentes, ut ipsi per se aut per procuratorem seu procuratores, Nuncios vel alios quoscumque eorum nomine, debita ipsorum quecumque sibi per Christianos debita, vel que deberi contingerit in futurum, petere possint, exhigereque & levare; & ad hoc Christianos, eorum heredes, aut bona tenentes prout teneri noscuntur seu* [d] *reperirentur aut aliter obligati, compelli facere per Officiarios Regios, prout ad eos pertinuerit seu eorum Officiis incumbet. Mandantes Senescallis dictarum Senescalliarum, Vicariisque, Judicibus, Sigillorum Custodibus, Baillivis, Cancellariis, Bajulis dictarum Senescalliarum, vel eorum Loca-tenentibus qui nunc sunt vel pro tempore fuerint, ceterisque Justiciariis & subditis Regis, quatenus dictos supplicantes hac nostra presenti concessione & gratia uti & gaudere faciant & permittant pacifice & quiete, nichil in contrarium faciendo seu à quocumque fieri permittendo: Quinymo in dictis debitis exhigendis & levandis ac persolvi faciendis, quoscumque quos ad hoc teneri noverint, compellant seu compelli faciant, viis & remediis necessariis ac eciam opportunis; dictis Litteris status seu respectus à dicto Domino nostro Rege sive nobis in contrarium impetratis sub quavis verborum forma, vel impetrandis, non-obstantibus quibuscumque.* Datum Ville-nove-propè-Avinionem, die octava mensis Octobris, Anno Domini millesimo trecentesimo sexagesimo-tertio.

Per Dominum Locum-tenentem. BESTOUR.

[a] Voy. le 3.e Vol. des Ordonn. p. 467.

[b] respits.

[c] Lettres d'Estat.

[d] Fort. reperientur.

NOTES.

(a) Registre du Mareschal Daudeneham, *fol.* 35. *recto.* Voy. cy-dessus p. 235.

Avant ces Lettres, il y a: *Die 19. Octobris.* Voy. cy-dessus p. 226. les deux Notes *(a)*.

(b) *Fidem plevitam.*] Foy jurée. Ce mot *plevita*, vient de *plegius, plege, Caution. Plevire fidem,* c'est donner sa foy pour gage & pour caution de ce que l'on promet. Voy. le Gloss. de Du Cange au mot, *Plegius*, vers la fin aux mots, *Plivium*, *Plivire*, *Plivissare.*

LE MARESCHAL DAUDENEHAM, Lieutenant dans le Languedoc du Roy Jean I.er & selon d'autres, Jean II. à Nismes, le 16. d'Octobre 1363.

(a) Octroy accordé à la Ville d'Anduze.

ARNULPHUS Dominus Daudenehan, Marescallus Francie, Locum-tenens Domini nostri Fran. Regis in Partibus Occitanis: Universis presentes Litteras inspecturis, Salutem. Notum facimus quod nobis expositis omnibus que Habitatores Ville (b) Andusie oportet supportare, tam pro subsidio redemptionis dicti Domini nostri Regis, (c) reparacione Focorum dicti loci de novo facta, (d) financia Comitis Fucci, quam pro subsidiis pro guerra noviter ordinatis, & pro fortificacione & clausura dicte Ville & aliis ipsius neccessitatibus ad humilem eorum supplicacionem eisdem concessimus & concedimus per presentes, de gracia speciali & auctoritate Regia nobis in hac parte commissa, ut ipsi Habitatores possint pro predictis suportandis, indicere & (e) habereque levare (f) soquetum vini; videlicet sextam partem vini vendendi in dicta Villa [a] adminuitum, prout aliàs habuerunt; & sex denarios pro libra de (g) farina Bridoleza, vel alia que in dicta Villa vel extra [b] vendentur; & pro [c] decoccione cujuslibet [d] sextan bladi infra dictam Villam & ejus Bayliviam, duodecim denarios Turonenses; & de quolibet [e] modo vini extraneo quod infra dictam Villam & Bayliviam apportabitur pro vendendo seu revendendo, unum Florenum Auri [f] levand. & percipiend. per deputatos ab ipsis Habitatoribus, usque ad unum annum à data presentium computandum: Dum tamen ad premissa major aut [g] senior pars dicte Ville se consenserit; & quod de receptis per deputatos ab ipsis Habitatoribus, ipsi deputati Senescallo Bellicadri vel ab ipso deputato super hoc, reddere (h) compotum teneantur legitimum, & eciam rationem: Proviso eciam quod totum id quod exinde levabitur, in usus & necessitates dicte Ville & non alibi, sine fraude convertatur. Senescallo Bellicadri & Nemausi dantes serie presentium in mandatis, aut ejus Locum-tenentibus, quatenus dictos habitatores nostra presenti gracia uti & gaudere pacifice faciat & permittat, ipsosque in contrarium nullathenus impediat seu perturbet ipso tempore durante. In cujus rei testimonium, Litteris presentibus nostrum fecimus apponi Sigillum. Datum Nemausi, die decima-sexta Octobris, Anno Domini millesimo trecentesimo sexagesimo-tertio.

Per Dominum Locum-tenentem, ad relacionem Consilii. (i) DOISINS.

a ad minutum.

b vendetur.

c *Apparamment* la cuisson.

d sextarii.

e modio, *un muid.*

f levandos & percipiendos, *ou* levandum & percipiendum.

g sanior.

NOTES.

(a) Registre du Mareschal Daudeneham, *fol.* 34. *recto.* Voy. cy-dessus p. 214. Note (a)

(b) *Andusie.*] *Anduze*, Ville du bas Languedoc dans le Diocese d'Alais. Voy. *le Dictionn. Univers. de la France*, à ce mot.

(c) *Reparatione Focorum.*] Nouvelle repartition de Feux. Voy. le 3.e Vol. des Ordonn. p. 337. & Note (b) & p. 565. & Note (c).

(d) *Financia Comitis Fucci.*] Il s'agit-là sans doute, du Comte de Foix: mais il est impossible de marquer précisement pour quelles raisons on avoit levé une finance pour luy: c'estoit apparemment pour le payement de quelque corps de troupes qu'il commandoit.

(e) Il y a là un mot que l'on n'a pû dechiffrer. Il semble qu'il y ait, *admor* ou *admar* avec une marque d'abbreviation sur l'*r*.

(f) *Soquetum vini.*] Le P. D. Vaissette m'a dit que c'estoit un Impost sur le vin.

(g) *Farina Bridoleza.*] Le P. D. Vaissette croit que cela signifie, de la *Fleur de farine.* Car encore aujourd'huy, on dit dans le Languedoc, *Farine Bourdalese* qu'on prononce *Bourdalezo*, & *du pain Bourdalese*, pour du pain très blanc.

(h) *Compotum, ... & etiam rationem.*] Il y a donc une difference entre ces deux mots que l'on pourroit croire synonymes, & *ratio* marque un *compte* plus exact.

(i) *Doisins.*] On pourroit aussi lire *Voisins*, & après cette signature, il y a deux ou trois Lettres avec des abbreviations, qu'on n'a pû dechiffrer.

(a) Confirmation des Privileges de la Ville d'Origny-Sainte-Benoiste.

JEAN I.er & selon d'autres, Jean II. à Soissons, en Octobre 1363.

JOHANNES &c. Notum &c. Nos inclite recordationis Domini Genitoris nostri Philippi, vidisse Litteras cera viridi & filis [a] *cericis sigillatas, formam que sequitur, continentes.*

Philippe de Valois, au Bois de Vincennes, le Mercredi avant Noel [22. Decembre 1339.]

PHILIPPE &c. Savoir &c. Que comme la Communauté de la Ville de *(b)* Origni-Sainte-Benoite, laquelle a esté [b] arse & detruite nagueres par noz ennemis, fust tenuë à Nous païer chacun à tousjours-mais, quarante livres Parisis de rente, pour certaine cause, Nous considerans les grans [c] damages, & ayans compassion des Habitans dudit lieu & Communauté, & de leur estat, leur avons quitté & quittons pour Nous & noz Successeurs à tousjours-mais, lesdites quarante livres Parisis de rente, par tele condicion & maniere que chascun Feu qui est & dores-en-avant sera en ladite Ville & Communauté, rendra & païera chacun an perpetuelment, à Nous & à nozdiz Successeurs, douze deniers Parisis, à la Feste S.t Remi, [d] ou chief d'Octobre: Et [e] parmi ce, Nous voulons & leur octroyons de grace especial, que leurs libertez & franchises telles comme il les avoient, & dont il avoient usé & usoient ou temps & avant que ladite Ville & Communauté fust arse par nosdiz ennemis, ladite Communauté use & joïsse, puisse user & joïr dores-en-avant paisiblement & sans nul empeschement. Et que ce soit &c. sauf &c. *Donné au Bois de Vincennes, le (c) mercredi avant Noël, l'An de grace mil trois cens trente-neuf.*

a fericis.
b *brûlée.*
c *dommages.*
d *commencement.*
e *moyennant ce.*

Quasquidem Litteras ac omnia & singula in eisdem contenta, rata habentes & grata, ea volumus, laudamus & approbamus, tenoreque presentium confirmamus, de nostris auctoritate Regia & gratia speciali: Mandantes Baillivio Viromandensi, Preposito de [f] *Ribedimonte, ceterisque Justiciariis & Officiariis nostris, presentibus pariter & futuris, vel eorum Loca-tenentibus, ipsorumque cuilibet, quatinus ipsos habitatores in predictis Litteris nominatos aut eorum alterum, contra tenorem dictarum Litterarum & nostre presentis confirmationis, minime molestent, perturbent seu inquietent, aut molestari, perturbari seu inquietari permittant; quinymo ipsos de cetero dictis privilegiis nostraque presenti confirmatione, quatinus hactenus usi sunt, uti & gaudere pacifice faciant & permittant; quicquid secus factum vel attemptatum fuerit, ad statum pristinum & debitum reducendo seu reduci faciendo. Quod ut firmum &c. salvo &c.* Datum Suessioni, Anno Domini millesimo trecentesimo sexagesimo-tertio, mense Octobris. Sic signatum. *Per Regem ad relacionem Consilii.* ALANUS. *G. Visa. Collatio fit cum Originalibus.* ALANUS. G.

f Ribemont.

NOTES.

(a) Tresor des Chartres, Registre 95. Piece 27.

(b) Origni S.te Benoite.] Bourg situé sur le bord de l'Oyse à trois lieuës de S.t Quentin, dans la Picardie, Diocese de Laon. Il y a dans ce Bourg, une Abbaye de Benedictines, qui porte le même nom. *Dictionn. Universel de la France*, à ce mot.

(c) Mercredi avant Noël.] Cette année, Noël arriva le Samedi, & le Mercredi precedent estoit par consequent le 22. Les Sçavants Benedictins qui travaillent à la nouvelle Edition de Du Cange, ont bien voulu me communiquer des Tables qu'ils ont ajoûtées à celles que M.r Du Cange a fait imprimer sous le mot *Annus:* on trouve dans ces nouvelles Tables, par une operation très facile, l'explication des dates de la nature de celle-cy.

LE MARESCHAL DAUDENEHAM, Lieutenant dans le Languedoc, du Roy Jean I.er & selon d'autres, Jean II. à Nismes, le 29. de Janvier 1363.

(a) Lettres qui permettent aux Marchands de faire décharger pendant un an, leurs marchandises à *Lattes*, pour estre de-là transportées à *Montpellier.*

ARNULPHUS Dominus Daudenehan, Marescallus Francie, Locum-tenens Domini nostri Regis in partibus Occitanis : Universis presentes Litteras inspecturis, Salutem. Notum facimus ad nostri presentiam venisse quamplures Mercatores tam [a] *dicta Lingua Occitana, quam aliunde de extra Regnum,* [b] *frequentantes eorum mercaturas ducere & portare apud Montempessulanum per terram; asserendo dictas Mercaturas eorum non posse ad dictam Villam adducere de presenti, propter* [c] *Latrunculos nunc discurrentes Patriam dicte Lingue Occitane, sic quod fere viagia mercaturarum amittuntur & (b) dictorum Mercatorum, & res &* [c] *Mercaturas sunt & deveniunt cariores, quod nedum in dampnum dictorum Mercatorum,* [d] *set eciam tocius Reipublice maximum detrimentum redundare videtur; supplicantes eis super premissis providere de remedio gracioso, ut eisdem concedere dignaremur, quod dictas eorum Mercaturas per aquam vehi & portari facere valeant usque locum (c) Latorum; offerentes se daturos Domino Regi, unum Denarium pro libra de valore seu precio Mercaturarum suarum predictarum, (d) pro jure Clavarie, donec & quousque dicti Latrunculi à Regno presenti sint egressi. Nos igitur cupientes dictos Mercatores totis viribus confovere, eosque & eorum Mercaturas à manibus Latrunculorum hujusmodi custodire & deffensare, eorum supplicacioni favorabiliter tanquam racioni consone, annuentes pro utilitate Reipublice, habito plurimorum peritorum consilio in talibus expertorum, predictis Mercatoribus concessimus auctoritate Regia qua fungimur in hac parte, ut dictas Mercaturas quas per terram portare consueverant super Muletos, pro obviandis periculis dictorum Latronum, possint & valeant per aquam ad dictum locum de Latis portare & exonerare, ac in eodem onerare pro portando apud Montempessulanum; solvendo jura Clavarie que* [e] *solverunt, si in loco* [f] *Aquarum-Mortuarum exonerate extitissent; ordinatione facta, (e) ne quis portum, à portu de Leucata usque gradum de Passone, facere presumat, & aliis Ordinacionibus contrariis non-obstantibus quibuscunque, hinc ad Festum Beati Johannis Baptiste proximum. Quocirca vobis & vestrum cuilibet prout ad eum pertinuerit, precipimus & mandamus quatenus ordinacionem & concessionem dictis Mercatoribus per nos factas occasione premissorum, teneatis & observetis, teneri & observari inviolabiliter faciatis à vobis subditis, durante termino antedicto:*

a de.
b ayant coûtume.
c les Compagnies, *sur lesquelles voy. le 3.e Vol. des Ordonn. p. 435. Note (d).*
d mercature.
e sed.
f solvissent.
g Aigues-Mortes.

NOTES.

(a) Registre du Mareschal Daudeneham. *fol.* 49. *verso.* Voy. cy-dessus p. 235. Note *(a)*

Avant ces Lettres, il y a: *Die ultima mensis Januarii.* Voy. cy-dessus p. 226. les deux Notes *(a)*

(b) Il y a là un mot que l'on n'a pû dechiffrer. Il semble qu'il y ait *amovientur.*

(c) Latorum.] C'est sans doute *Lattes* dans le bas Languedoc, Diocese de Montpellier. Voy. sur *Lattes, le Diction. Univers. de la France.*

(d) Pro jure Clavarie.] C'est sans doute une Imposition sur les marchandises, sur laquelle je n'ay pû rien découvrir. Peut-estre cette Imposition se payoit-elle à la porte de la Ville, à celuy qui estoit chargé de la garde de cette porte, & qui en avoit les clefs.

(e) Ne quis portum à portu, &c.] Portum facere, c'est-à-dire, débarquer dans un endroit d'une coste, dont on fait par consequent un port; du moins par rapport à soy.

Gradus, signifie un port ou tout endroit où l'on peut debarquer. On peut voir le Gloss. de Du Cange, au mot, *Gradus*, où l'on trouvera que dans le Languedoc, on nomme quelques ports, *gra*, *gras* ou *grau. Gradus Narbonensis*, le *Grau de Narbonne, &c.*

Les ports estoient quelquefois aussi nommez *Scalæ*, mot qui a presque la même signification que *Gradus* : & presentement meme, il y a plusieurs ports de la Mediterannée que l'on nomme des *Eschelles.* Voy. le Dictionn. Etymolog. de Menage, au mot, *Eschelles.*

Il avoit esté deffendu de debarquer depuis le port de *Leucale* jusqu'au *Grau* de Passone. Le P. D. Vaissette ne connoist point ce *Grau.*

Que

Que omnia dictis Mercatoribus, premissis attentis, concessimus dicto durante tempore, & per presentes concedimus auctoritate Regia qua in hac parte fungimur, de nostris certa sciencia & gracia speciali. In quorum testimonium, nostrum presentibus Litteris fecimus apponi Sigillum. Datum Nemausi, die vigesima-nona Januarii, Anno Domini millesimo trecentesimo sexagesimo-tertio. *Per Dominum Locum-tenentem.* TOURNEUR.

JEAN I.er & selon d'autres, Jean II, à Paris, au mois de Fevrier 1363.

(a) Lettres qui portent que le nombre des Feux sera diminué dans la Ville de Magalas.

JOHANNES Dei gracia Francorum Rex : Notum facimus universis tam presentibus quam futuris, quod ex parte plurium notabilium personarum Senescalliarum nostrarum Carcassone, Tholose & Bellicadri, alias Nobis fuit expositum, quod licet tam propter guerrarum discrimina que in illis partibus, lapsis temporibus, duraverunt, quam mortalitatum preteritarum plagas pestiferas, Civitates, Ville, loca & Castra earumdem Senescalliarum, quamplurimis habitatoribus & domiciliariis depopulate [a] *fuerint, & eciam multipliciter diminute, ex quo numerus antiquus* [b] *focorum Civitatum, Villarum, locorum & Castrorum predictorum, multis modis fuerit diminutus. Verumptamen Consules & Universitates Civitatum, Villarum, locorum & Castrorum hujusmodi Senescalliarum, ob sincerum dileccionis fervorem quem erga Nos & Regnum nostrum habuisse semper & habere dignoscuntur, subventionibus, subsidiis & juvaminibus levatis propter necessitates guerrarum nostrarum & aliter, secundum numerum antiquum foccorum, Villarum & locorum predictarum, tociens quociens casus accidit, contribuere nullatenus omiserunt : Unde habitatores hujusmodi Villarum & locorum, retroactis temporibus graviter extiterunt dampnificati & oppressi, nec de cetero tanta gravamina supportare valerent quovismodo, sicut fertur. Quamobrem supplicato Nobis humiliter super hujusmodi dampnis & gravaminibus, de remedio condecenti eisdem per Nos celeriter provideri, mandaverimus, matura nostri Consilii deliberacione prehabita, certis Commissariis sub certis formis & instructionibus ex parte nostra sibi traditis, & commiserimus super (b) numero vero foccorum modernorum Civitatum, Villarum, locorum & Castrorum Senescalliarum predictarum, inquiri veritatem : Cumque facta quadam informacione per certum Commissarium ex parte nostra in loco & Villa de (c) Magalacio, super numero foccorum* [c] *modernorum, eademque informacione ac toto processu per dictum Commissarium in hac parte factis; Procuratore nostro tamen non vocato, in Camera Compotorum nostrorum allatis, ac per dilectas & fideles Gentes nostras dictorum Compotorum nostrorum, diligenter visis & inspectis, habitaque super hoc matura Consilii deliberacione cum eisdem, una cum pluribus aliis de Consilio nostro, Nos Sindicis & Universitati dictorum loci & Ville de Magalacio, pio* [d] *compascientes affectu, volentesque ipsos predictis gravaminibus, & oppressionibus indebitis preservari, eisdem Sindicis & Universitati concedimus de gracia speciali, auctoritate nostra Regia & certa sciencia per presentes, quod verus numerus foccorum qui in dictis loco & Villa de Magalacio repertus fuerit, teneatur & inviolabiliter observetur pro tempore presenti ; & de cetero talem numerum foccorum, qualis pro tempore quod tunc fuerit, veraciter reperietur in eisdem loco & Villa, prout nostra & dictorum Sindicorum & Universitatis poterit interesse, perpetuis temporibus volumus & statuimus teneri & eciam observari : Proviso tamen quod prefati Sindici & Universitas de Magalacio, Nobis aut Receptori nostro primitus solverint unum Florenum Auri, pro quolibet foco numeri antiqui foccorum ejusdem loci & Ville, prout Nobis ad hec tenentur pro premissis : Mandantes harum serie Senescallo nostro Carcassone, ceterisque*

a *fuerunt* dans les Lettres pour *Bisan.* Voy. p. suiv. Note (a).

b Voy. le 3.e Vol. des Ordonn. p. 337. Note (b) & p. 565. Note (b).

c Voyez Note (b).

d *compatientes* dans les Lettres pour *Bisan.*

NOTES.

(a) Tresor des Chartres, Registre 96. Piece neuf-vingt-onze.

(b) *Numero vero.*] Le nombre vrai & réel des Feux qui subsistent presentement.

(c) *Magalacio.*] C'est sans doute *Magalas* dans le bas Languedoc, du Diocese de Beziers. Voy. *le Dictionn. Univers.l de la France*, à ce mot.

Senescallis, Justiciariis & Officiariis nostris presentibus & posteris, & eorum Locatenentibus, & eorum cuilibet prout ad eum pertinuerit, quatenus nostras presentes concessionem & statutum firmiter teneant, penitus adimpleant & inviolabiliter observent, [a] *teneri, adimpleri & inviolabiliter observari ab omnibus quorum intererit, perpetuo faciant; absque alterius expectatione mandati, non permittentes aliquid in contrarium fieri, attemptari seu eciam innovari; secus facta, si que sint, ad statum pristinum & debitum celeriter reducendo seu faciendo indilate reduci. Quod ut firmum & stabile permaneat in futurum, Sigillum Castelleti nostri Parisiensis, nostro majore absente, presentibus Litteris duximus apponendum: salvo in aliis jure nostro & in omnibus quolibet alieno.* Actum Parisius, Anno Domini millesimo trecentesimo sexagesimo-tertio, mense Februarii.

Per Consilium Parisius existens [b] *in Camera Compotorum.* P. DE CHASTEL. [c] *Visa.*

a &.

b Voy. la Preface du 3.e Vol. des Ordonnances, S. *Ordonnances.*

c Ce mot n'est pas dans les Lettres pour *Bisan.*

JEAN I.er & selon d'autres, Jean II, à Paris, au mois de Fevrier 1363.

Lettres qui portent que le nombre des Feux sera diminué dans la Ville de *Bisan.*

(a) *JOHANNES Dei gratia &c.*

NOTES.

(a) *Johannes Dei gratia.*] Ces Lettres qui sont dans le Registre 96. immediatement avant les precedentes, leur sont entierement semblables; à l'exception du nom de la Ville, à laquelle elles furent accordées. Cette Ville y est nommée quatre fois *Villa de Bisano Alleriarum*, & une fois *Villa de Bisano*, simplement. C'est sans doute, *Bisan* dans le bas Languedoc, Diocese de Narbonne. Voy. sur *Bisan*, le *Dictionn. Univers. de la France*, à ce mot.

SECOND SUPPLEMENT POUR LE REGNE DU ROY JEAN I. OU SELON D'AUTRES JEAN II.

AVERTISSEMENT.

Les Pieces contenuës dans ce second Supplément, n'ont pû estre imprimées à leur rang, parce que j'en ay recouvrées quelques-unes trop tard; & que par rapport aux autres, je n'ay pas eu assez à temps, des éclaircissements dont j'avois besoin.

Je me suis adressé pour celles qui regardent la Flandre, à M.r Godefroy; [Voy. cy-dessus, p. 208. Note *(a)*]. *Et peu de temps après avoir reçû une Lettre de luy, qui m'instruisoit pleinement sur tous les points sur lesquels je l'avois consulté, j'ay appris sa mort arrivée à Lille, vers la fin de Fevrier de cette année 1732.*

Les Notes dont ce Sçavant homme m'a fourni la matiere, seront designées par un G.

Les Tables Chronologiques des Ordonnances, de la maniere dont elles sont dressées, remedieront au dérangement des Pieces qui n'ont pû estre placées à leur rang; & on y trouvera facilement toutes les Ordonnances de chaque Roy, rangées dans leur ordre Chronologique. Voy. l'Avertissement qui est à la fin du 3.e Vol. des Ordonn. page ij.

JEAN I.er & selon d'autres, Jean II. à Paris, en Octobre 1350.
Philippe V. dit le Long, à Paris, en Decembre 1318.
Charles IV. dit le Bel, à Poissy, en May 1323.
Philippe VI. dit de Valois, à Paris, en Juillet 1328.

(a) Confirmation des Privileges accordez aux Bourgeois de S.t Omer, par le Comte & la Comtesse de Boulogne.

JOHANNES Dei gratia Francorum Rex: Notum facimus universis tam presentibus quam futuris, Nos infra-scriptas vidisse Litteras, formam que sequitur, continentes.

a Philippe de Valois.

[a] *PHILIPPUS Dei gratia Francorum Rex: Notum facimus universis tam presentibus quam futuris, Nos infra-scriptas vidisse Litteras, formam que sequitur, continentes.*

b Charles le Bel.

[b] *KAROLUS Dei gratia Francorum & Navarre Rex: Notum facimus universis tam presentibus quam futuris, Nos infra-scriptas vidisse Litteras, formam que sequitur, continentes.*

c Philippe le Long.

[c] *PHILIPPUS Dei gratia Francorum & Navarre Rex: Notum facimus universis tam presentibus quam futuris, Nos infra-scriptas vidisse Litteras, formam que sequitur, continentes.*

d venient. Registre 96.

SCIANT presentes & futuri, quod Ego Reinaldus Comes Bolonie, & Ego Ida ejus Uxor, Bolonie Comitissa, & heredes nostri, imperpetuum quittos clamavimus à (b) lagano maris, Burgenses Sancti Audomari, & eorum res que in terram nostram de Bolonesio, & in terram nostram de (c) Merc, [d] veniant ad laganum. Marinelli autem qui dictorum Burgensium mercaturas adducent, cujuscunque terre fuerint, tam in pace quam guerra, ipsi & eorum naves, per terram nostram & portus nostros de Bolonesio & de terra nostra de Merc, salvum ingressum habebunt & egressum; tali si quidem modo, quod nulla mercatura que in navi fuerit, sit (d) garantizata; nisi illa que erit de Sancto Audomaro. Quod si eosdem Burgenses super mercaturis vel aliis rebus suis, contigerit à Nobis, quod sue non essent, haberi suspectos, Scabini Sancti Audomari coram se (e) probationem

NOTES.

(a) Tresor des Chartres, Registre 80. Piece 38. & *recto*: & Reg. 96. Piece 102.

(b) *Lagano maris.*] C'est le droit prétendu par quelques Seigneurs, de profiter de tout ce que les flots de la Mer poussent sur les bords situez dans l'estenduë de leur Seigneurie; & par consequent, de tous les débris des Vaisseaux qui ont fait naufrage. Voy. sur ce droit, une longue & sçavante Dissertation, dans le Gloss. de Du Cange, au mot, *Lagan.*

(c) *Merc.*] Cette terre est située entre la riviere de Guines & Gravelinges. C'est un Fief qui releve du Comte de Flandre. Voy. l'Abbregé de l'Hist. de la Ville de Boulogne, par le P. le Quien Dominicain, dans le 2. Vol. du Coustumier de Picardie, imprimé en 1726. p. 7. Il est parlé *du Chastel, Ville & Seigneurie de Merch,* dans le traité de Bretigny, conclu en 1360. entre la France & l'Angleterre. Voy. Rymer, t. 6. p. 179.

Je ne sçais si ce Pays a conservé ce nom: car je ne l'ay point trouvé dans le Dictionn. de Maty, ni dans le Dictionn. Universel de la France, ni dans la liste des lieux regis par la Coustume du Boulonois, qui est p. 187. dans le Coustumier cité cy-dessus.

(d) *Garantizata.*] Il seroit à souhaiter que l'on eust marqué précisement dans ces Lettres, en quoy consistoit cette garantie.

(e) *Probationem accipient, &c.*] Voicy comment je crois qu'on peut entendre cette phrase, qui n'est pas fort claire. Lorsque les Bourgeois de S.t Omer voudront envoyer des marchandises dans les terres du Comte de Boulogne, ils declareront devant les Eschevins de S.t Omer, que ces marchandises sont entierement à eux, & que nul estranger n'y a part; & les Eschevins se feront donner de la verité de ces declarations, des preuves aussi évidentes que celles qu'ils demanderoient pour leurs propres affaires. Ils envoyeront au Comte de Boulogne, ces declarations avec les preuves, & ils assûreront par leur serment inseré dans leurs Lettres, que ces preuves ont esté faites devant eux, avec exactitude.

accipient adeo legitimam, quasi sua essent Catalla; [a] *quod Catalla illa extra* [b] *partem alterius, sunt Burgensium Sancti Audomari: qua suscepta, per Litteras suas super Sacramentum suum, nobis mandabunt quod de Catallis illis probationem susceperunt adeo legitimam,* [c] *scicuti Catalla sua essent; & sic res suas liberas obtinebunt. Ut autem hec nostra concessio rata teneatur & firma, eam tenendam concessimus, & nostrorum* * *oppositionibus Sigillorum, confirmavimus. Testes hujus rei sunt Willelmus de (f) Sielnes;* [d] *Anselimus de* [e] *Longo-Villari;* [f] *Heufridus de Haneclighem; Willelmus de Montaucel; Wido de Bellebrone; Balduinus Juvenis (g) Constabularius de* [g] *Cenrelinghem; Balduinus de Rivera.* Actum Anno Dominice Incarnacionis, 1206. mense Aprili.

JEAN I.er & selon d'autres, Jean II. à Paris, en Octobre 1350.

* appositionibus. Reg. 96.

a Ces deux mots, *quod Catalla*, ne sont point dans le Registre 80.

b sans qu'un autre y ait part. Voyez p. preced. Note (e).

c sicuti. Registre 96.

d ou *Anselmus.*

e Longuo-Villari. Registre 96.

f Honfridus. Registre 96.

g Ermelinghem. Registre 96.

h Continuation des Lettres de Philippe le Long.

i Continuation des Lettres de Charles le Bel.

k Continuation des Lettres de Philippe de Valois.

l Continuation des Lettres du Roy Jean.

m nostro. Registre 96.

[h] *NOs autem omnia & singula suprascripta, rata habentes & grata, ea volumus, laudamus, approbamus, & tenore presentium confirmamus: salvo in omnibus jure nostro & quolibet alieno. Quod ut ratum & stabile perpetuo perseveret, presentibus Litteris nostrum fecimus apponi Sigillum.* Actum Parisius, Anno Domini 1318. mense Decembris.

[i] *NOs autem omnia & singula suprascripta, rata habentes & grata, ea volumus, laudamus, approbamus, & tenore presentium confirmamus: salvo in omnibus jure nostro & quolibet alieno. Quod ut ratum & stabile perpetuo perseveret, presentibus Litteris nostrum fecimus apponi Sigillum.* Actum apud Poissiacum, Anno Domini 1323. mense Maii.

[k] *NOs autem omnia & singula suprascripta, rata habentes & grata, ea volumus, laudamus, approbamus, & tenore presentium confirmamus: salvo in omnibus jure nostro & quolibet alieno. Quod ut ratum & stabile perpetuo perseveret, presentibus Litteris nostrum fecimus apponi Sigillum.* Actum Parisius, Anno Domini 1328. mense Julii.

[l] *NOs autem omnia & singula supradicta, prout superius sunt expressa, rata habentes & grata, ea volumus, laudamus, approbamus, & tenore presentium confirmamus: salvo in omnibus jure* [m] *salvo & quolibet alieno. Quod ut firmum & stabile perpetuo perseveret, Sigillum nostrum, quo ante susceptum regni nostri regimen, utebamur, presentibus est appensum.* Actum Parisius, Anno Domini 1350. mense Octobris.

Per Dominum Regem in Requestis suis. CLAVEL. *Collatio facta est.* CLAVEL. R. GALLI. HENIER. HENIER. *Lecta in sede.*

NOTES.

(f) Sielnes.] Il y a *Sielaes* dans le Registre 96. mais ne faudroit-il pas lire *Fiennes*; qui est une des quatre Chastellenies du Comté de Boulonois, suivant l'article 18. du titre 1. de la Coustume de Boulenois. Voy. le Coustumier cité dans la Note *(c)* p. 49. Ce qui confirme cette conjecture, c'est qu'en 1206. lorsque ces Lettres furent données, il y avoit un Guillaume de *Fiennes*, qui estoit Beau-frere de Renaud Comte de Boulogne. Voy. l'Hist. Geneal. de la Maison de France, t. 6. p. 168.

(g) Constabularius.] Je ne sçais si ce mot se rapporte à *Juvenis*. *Constabularius* signifie quelquefois le Commandant de la garnison d'une place; & c'est sans doute dans ce sens-là, qu'il se doit prendre icy. Voy. Du Cange au mot *Comes Stabuli*, vers la fin.

JEAN I.er & selon d'autres, Jean II. à Paris, en Octobre. 1350.
S.t Loüis, à Compiegne, en Mars 1229.
Philippe IV. dit le Bel, à Paris, en Mars 1302.
Philippe V. dit le Long, à Paris, en Decembre 1318.
Charles IV. dit le Bel, à Poissy, en May 1323.
Philippe VI. dit de Valois, à Paris, en Juillet 1328.

(a) Privileges de la Ville de S.t Omer.

SOMMAIRES.

(1) Le Comte de Flandre protegera les Bourgeois, & establira des Eschevins pour leur rendre la Justice.

(2) Si un debiteur ne paye pas ce qu'il doit au jour marqué, on l'arrestera [prisonnier,] ou on saisira ses biens.

(3) Les Ecclesiastiques de la Ville de S.t Omer, y seront jugez par les Juges d'Eglise, & les Juges Seculiers; si ce n'est dans trois cas.

(4) Les Habitans ne seront obligez de servir à la guerre, que lorsque les ennemis seront entrez dans la Flandre.

(5) Les Habitans ne payent point de droits dans quelques endroits de la Flandre.

(6) Ceux qui commerceront dans la terre de l'Empereur, ne seront pas obligez de payer en Flandre, de droit de Hanse.

(7) Les Habitans ne pourront estre jugez que par les Eschevins, sur les demandes que l'on formera contre eux en Justice; & ils ne pourront estre obligez de se battre en duel, que dans leur Ville.

*(8) Les Habitans ne payeront point de Capitation, ni de droit d'*Avouerie.

(9) Ils joüiront de droit de Commune: ils auront les meilleurs loix qui soient observées dans la Flandre; & ils ne payeront point d'Impost.

(10) Les Gardes de la Ville de S.t Omer, se contenteront de leurs anciens droits; & n'exigeront rien de plus des Habitans.

(11) Ceux qui sont arrivez à Merverled, *peuvent venir à S.t Omer, de quelque endroit qu'ils viennent.*

(12) Les Habitans ont droit de pasture, dans les endroits désignez dans l'Article.

*(13) Les maisons habitées situées dans l'estenduë de la Jurisdiction de l'*Advoué *de S.t Bertin, seront exemptes d'Impositions; moyennant une redevance annuelle.*

(14) Guillaume le Gros aura la Seigneurie des maisons qu'il possede dans l'estenduë de la Jurisdiction de S.t Bertin.

(15) Punition que l'on fera à un Estranger qui aura insulté un Bourgeois de S.t Omer; soit que cet Estranger se presente en Justice; soit qu'il ne s'y presente pas.

(16) Il est deffendu de vanger la mort d'Eustache de Scamfort.

(17) Les Habitans ont cedé au Comte, le droit qu'ils avoient de faire battre Monnoye.

(18) Le Comte a aliené à perpetuité aux Habitans, l'impost nommé Theloneum; *moyennant une redevance annuelle de cent sols.*

(19) Si un Habitant estant en Flandre, neglige pendant un an, de demander à son coheritier le partage d'une succession qui leur est échûë, celuy-cy la gardera en entier dans ce cas; & dans celuy où ce premier coheritier n'estant pas en Flandre au jour de la mort de celuy à qui il succede, neglige de demander partage, pendant un an, depuis son retour.

Si depuis son retour, il demande partage, & que son coheritier prétendant qu'il luy a donné sa portion, il prouve par le temoignage de cinq Eschevins, que cela est faux, ce coheritier luy rendra sa portion.

S'il ne fait pas cette preuve, & que le coheritier prouve par le temoignage de quatre Officiers publics, qu'il luy a donné sa portion, ce coheritier ne pourra plus estre inquieté à ce sujet.

Lorsqu'un Mineur devient heritier, son Pere ou sa Mere, ou son Tuteur ou Curateur, doivent dans l'année de la mort de celuy à qui il succede, demander aux Eschevins les effets de la succession qui appartiennent à l'heritier: si les Eschevins les croyent bons & surs, ils les leur donnent; sinon, ils font garder ces effets, pour estre remis au Mineur, lorsqu'il sera Majeur.

(20) Les biens d'un mari ou d'une femme morts sans enfans, reviendront à leur Peres & Meres, s'ils vivent encore; sinon, aux plus proches parents du mari ou de la femme.

JOHANNES Dei gratia Francorum Rex: Notum facimus universis tam presentibus quam futuris, Nos vidisse Litteras inclite recordationis carissimi Domini & Genitoris nostri, Domini Phillipi quondam Regis Francie, [a] *forman que sequitur, continentes.*

a formam.

[b] *PHILIPPUS Dei gratia Francorum Rex: Notum facimus universis tam presentibus quam futuris, Nos infra-scriptas vidisse Litteras,* [c] *forman que sequitur, continentes.*

b Philippe de Valois.
c formam.

NOTES.

(a) Tresor des Chartres, Registre 80, Piece 40.

JEAN Ier & selon d'autres, Jean II. à Paris, en Octobre 1350.

[a] *KAROLUS Dei gratia Francorum* [b] *Navarre Rex: Notum facimus universis tam presentibus quam futuris, Nos infrascriptas vidisse Litteras,* [c] *forman que sequitur, continentes.*

[d] *PHILIPPUS Dei gratia Francorum & Navarre Rex: Notum facimus universis tam presentibus quam futuris, quod Nos vidimus Litteras infrascriptas, formam que sequitur, continentes. (b).*

IN nomine Sancte & individue Trinitatis: Amen. [e] *Ludovicus Dei gratia Francorum Rex. Noverint universi presentes pariter & futuri, quod Nos Cartam clare memorie* [f] *Ludovici Genitoris nostri, Regis Francorum Illustris, inspeximus in hec verba.*

IN nomine Sancte & individue Trinitatis: Amen. (c) Ludovicus Domini Regis Francorum Primogenitus: Noverint universi presentes pariter & futuri, quod hec est continentia Carte, quam Burgenses nostri de Sancto Audomaro, habent à Philippo quondam Comite Flandrensi.

EGO (d) Philippus [g] *Flandrensum Comes: Peticioni Burgensium Sancti Audomari, satisfacere volens, pro eo maxime quod honestius & fidelius ceteris Flandrensibus, erga Patrem meum & me semper se habuerunt,* [h] *lagas & consuetudines eorum subscriptas, sicut* [i] *Pater meus eis concessit, & sigilli sui impressione confirmavit, ratas &* [k] *inconvulsas jure perpetuo eis habendas, concedo, & tenendas precipio.*

(1) Primum quidem, ut erga unum quemque hominum (e) pacem eis [l] *faciem; eosque sicut homines meos, sine malo ingenio manutencam & deffendam; rectumque (f) Judicium Scabinorum erga unum quemque hominem & erga me ipsum, eis fieri concedam; ipsisque Scabinis libertatem, qualem melius habent Scabini Terre mee, constituam.*

(2) Si quis Burgensis Sancti Audomari, alicui pecuniam suam crediderit, & ille

a Charles le Bel.
b &.
c formam.
d Philippe le Long.
e Saint Louis.
f Voy. la Note (c).
g Flandrensium.
h laga, lex. Glossaire de Du Cange, au mot, *Laga*.
i Voy. les Notes (c & e).
k inconvulsas.
l faciam.

NOTES.

(b) Il manque-là, le commencement des Lettres de Philippe le Bel, du mois de Mars 1302.

(c) Ludovicus.] Loüis Fils aîné de Philippe Auguste, qui luy succeda, & qui fut Loüis VIII. Il confirma les Privileges des Habitans de St Omer, en qualité de Comte d'Artois.

Philippe d'Alsace Comte de Flandre, maria en 1180. sa niece Isabeau, fille de Baudoüin Comte de Hainaut, à Philippe Auguste, & luy donna en dot Arras & les Villes & terres qui ont composé depuis le Comté d'Artois.

Loüis Fils de Philippe Auguste, eust le Comté d'Artois, comme heritier de sa mere. Voy. *Du Puy, Traité des Droits du Roy,* p. *m.* 282. *& la Description Historique & Geograp. de la France ancienne & moderne, T. 2. L. 2. p. 83.*

Le P. Daniel dans la vie de Philippe Auguste, (T. 3.e Edit. de 1729. p. 479.) dit que par un traité fait en 1199. entre Philippe Auguste & le Comte de Flandre, le Comte ceda au Roy les places qui composent aujourd'huy le Comté d'Artois; à l'exception de St Omer, &c. mais cela est contraire à ce qu'il a dit luy-même, (p. 381.) en parlant du mariage de Philippe Auguste avec Isabeau, à qui on donna, dit-il, en dot, ce qui a composé depuis le Comté d'Artois.

De plus, Loüis VIII. par son testament, (*Ibid.* p. 620.) donne à son second Fils, l'Artois & tout ce qu'il possede du chef de sa mere Elizabeth.

(d) Philippus.] C'est apparemment Philippe d'Alsace, dont il est parlé dans la Note precedente. Il estoit Fils de Philippe d'Alsace, Comte de Flandre. Voy. l'Hist. Genealog. de la Maison de Fr. T. 1. p. 721. 722.

(e) Pacem eis faciem, &c.] Cela signifie apparemment, *que je les maintienne en paix, en les deffendant contre tous ceux qui voudront les attaquer.*

(f) Judicium Scabinorum ... constituam.] Que j'establisse des Eschevins pour leur rendre la Justice.

JEAN I.er & selon d'autres, Jean II. à Paris, en Octobre 1350.

cui tradita est, coram (g) legitimis hominibus & in Villa sua hereditariis, sponte (h) concesserit : quod si die constituta, pecuniam illam non persolverit, ipse vel bona ipsius, donec omnia [a] *reddant, retineantur : Si persolvere noluerit, aut negaverit hanc conventionem, & testimonio duorum Scabinorum vel duorum Juratorum, inde convictus fuerit, donec debitum solvat, retineatur.*

(3) (i) Si quis de jure [b] *Christianitus, ab aliquo interpellatus fuerit, de Villa Sancti Audomari, (k) al. pro justitia excequenda non exceat; sed in eadem Villa, coram Episcopo vel ejus Archidiacono vel suo* [c] *Presbytero, quod justum est, Clericorum Scabinorumque Judicio* [d] *exequatur; nec* [e] *respondeant* [f] *alicui; nisi tribus de causis; videlicet, de infractura Ecclesie vel* [g] *atrii; de lesione Clerici; de oppressione & violatione femine. Quod si de aliis causis querimonia facta fuerit, (l) coram Judicibus & Preposito meo, hoc finiatur. Sic enim coram (m) Karolo Comite & Episcopo Johanne, statutum fuit.*

(4) Libertatem vero quam Antecessorum meorum temporibus habuerunt, eis concedo; scilicet, quod nunquam de Villa sua in [h] *expeditionem* [i] *profiscit; excepto, si hostilis exercitus terram Flandrensem invaserit : tunc me & terram meam defendere debebunt.*

(5) Omnes qui (n) childam habent, & ad illam pertinent, & infra (o) cingulam Ville sue manent, [k] *liberos omnes facio; & ad portum* [l] *Graveningis & per totam terram meam (p) Azevverp, liberi* [m] *sint. Apud Bapalmas, Theloneum quale dant Atrabatenses, eis constituto; & apud* [n] *Gadanum, Theloneum quale dant Burgenses de Brugis, ipsi* [o] *dant.*

a reddat.
b *Clerc.* Voyez le Glossaire de Du Cange, au mot, *Christianitas.*
c App. *son Curé.*
d qu'il soit jugé.
e respondeat.
f Peut-estre faudroit-il, *alias.*
g *Place devant une Eglise.* Voy. le Glossaire de Du Cange, au mot, *Atrium.*
h pour aller à la guerre.
i proficiscantur.
k Je les décharge des droits.
l sint.
m Gravelines.
n Je ne doute point que ce ne soit, *Gand.*
o dent.

NOTES.

(g) Legitimis hominibus & in Villa sua hereditariis.] Par le mot *legitimis,* je crois qu'il faut entendre des personnes qui ont un titre & une qualité pour recevoir des declarations & des actes publics. Ce sont sans doute les mêmes qui sont appellez *Jurati* à la fin de l'Article. Voy. le Gloss. de Du Cange, au mot, *legitimus.*

A l'égard d'*hereditariis,* je devine qu'il signifie des personnes dont la famille est anciennement establie dans la Ville.

(h) Concesserit.] Je crois que cela signifie, *si le debiteur reconnoist & avoue la dette.*

(i) Si quis, &c.] Ce commencement de phrase est bien mal rangé; car il me semble qu'il devroit y avoir, *si quis Christianitus de Villa S.ti Audomari, ab aliquo interpellatus fuerit de jure,* c'est-à-dire, appellé en Justice.

(k) Al. . . . . non exceat.] Lis. *Alias. . . non exeat :* Il n'est point obligé de se presenter en Justice, ailleurs que dans la Ville.

(l) Coram Judicibus, &c.] Devant les Juges du Comte joints avec les Juges d'Eglises, ainsi qu'il est dit un peu plus haut.

(m) Karolo Comite.] C'est sans doute, Charles de Dannemarck, Comte de Flandre, qui fut assassiné le 1.er ou le 2. de Mars 1127. Voy. l'Hist. Gen. de la Mais. de Fr. t. 2. p. 720.

(n) Childam.] Il faut corriger *ghildam,* ou *gildam.* Ce mot signifie une société. Voy. le Gloss. de Du Cange, au mot, *Gilda,* dans l'Art. *Gildum.* Il cite un Article d'une Charte de Guillaume Comte de Flandre, de 1127. pour la confirmation des Coustumes de S.t Omer. Guillaume avoit succedé à Charles de Dannemarck, dont j'ay parlé dans la Note precedente. Voy. l'Hist. Geneal. *Ibid.*

Voy. sur le mot *Gildam,* l'Art. 2. de la Piece suivante.

(o) Cingulam.] Il faut corriger *cingulum* qui se trouve dans quelques-unes des Pieces suivantes, qui regardent S.t Omer. Ce mot signifie l'estenduë du district d'un lieu. Voy. le Gloss. de Du Cange, au mot, *cingulum,* à la fin.

(p) Azevverp.] Il faut corriger *Zevverp* qui est dans une des Lettres accordées aux Habitans de S.t Omer, & qui sera imprimée cy-dessous. Ces Lettres sont dans le Registre 80. Piece 36. & dans le 96. Piece onze-vingt-13. Dans ce dernier Registre, il y a, *Zelberp.*

M. Godefroy m'a mandé qu'il avoit vû un titre de 1267. pour S.t Omer, où il y a *Zeuvverp,* que ce mot est Flamand, & qu'il faut le separer en deux pour le traduire. *Werp* veut dire *Jet,* & *Zée* signifie la *mer :* ainsi *Zevverp* veut dire, *jet de mer* ou *accroissement.* Il ajoûte que ce nom d'*accroissement de mer,* donné aux terres qui sont depuis S.t Omer jusqu'à Gravelines, fortifie l'opinion de ceux qui croyent que le *Port Iccius* de Cesar, est la Ville de S.t Omer, & que toutes les terres qui sont presentement depuis cette Ville jusqu'à la mer, ne sont que des *accroissements :* Il finit en disant que M.r Masse, très habile Ingenieur, & qui depuis quelques années travaille par ordre du Roy, à lever la Carte des Pays-bas, depuis la Mer jusqu'à la Meuse, est de ce sentiment.

(6) Quisquis

(6) *Quisquis eorum ad terram Imperatoris, pro [a] negotiatione sua perrexerit, à nemine meorum [b] hansam persolvere cogatur.*

(7) *In omni mercato Flandrensi, si quis [c] clamorem adversus eos suscitaverit, Judicium Scabinorum de omni clamore sive (q) duello, subeant : A duello vero ulterius ubique in terra mea, liberi sunt.*

(8) *Omnes qui infra murum Sancti Audomari habitant & deinceps sunt habitaturi, liberos à Canagio, hoc est à [d] Capitali censu, & de (r) Advocationibus constituo.*

(9) [e] *Communionem autem suam, sicut eam juraverunt, permanere precipio, [f] à nemine dissolvi permitto : & omne rectum, [g] rectamque Justiciam, sicut melius stat in tota Flandria, eis concedo ; & sicut meliores & liberiores Burgenses Flandrie, ab omni consuetudine prava, liberos deinceps eos esse volo. Nullum [h] scot, nullam talliam, nullam pecunie peticionem ab eis exigo.*

(10) *Custodes qui singulis noctibus per annum [i] vigilentes, Castellum Sancti Audomari custodiunt, & preter Feodum suum, & [k] prebendam antiquitus sibi constitutam in avena & in caseis & in pellibus [l] ariest. injuste & violenter ab una quaque domo in eadem Villa ; scilicet, ad (s) Sanctum Audomarum Sanctumque Bertinum, in natali Domini, (t) unum domum, unum denarium aut duos exigere solebant, & pro hiis pauperum [m] vadimonia tollebant, nichil omnino deinceps preter Feodum & prebendam suam, exigere audeant.*

(11) *Quisquis ad (u) Mewerled venerit, undecunque venerit, licentiam habeat veniendi ad Sanctum Audomarum cum rebus suis, in quacunque navi voluerit.*

(12) *(x) Pasturam adjacentem Ville Sancti Audomari, in nemore quod dicitur Lo, & in paludibus, & in pratis & in brueria, & in (y) hougheronice, usibus eorum, excepta (z) terra Lazarorum, concedo, sicut fuit tempore (aa) Roberti Comitis Barbati.*

(13) *Mensiones quoque que sunt (bb) in ministerio Advocati Sancti Bertini ; [n] illos videlicet, qui inhabitantur, ab omni [o] consuetudine liberas esse volo : dabuntque*

JEAN I.er & selon d'autres, Jean II. à Paris, en Octobre 1350.

a son commerce.
b Voy. cy-dessus, p. 9. & Note (b).
c plainte ou demande en Justice.
d Espece de Capitation.
e La Commune.
f &.
g les Loix.
h *Impost.* Voy. le Glossaire de Du Cange, à ce mot.
i vigilantes.
k *redevance.* Voy. le Glossaire de Du Cange, à ce mot.
l Appar. *arietinis.*
m Ils faisoient saisir les effets des pauvres qui ne payoient pas.
n illæ.
o Impost.

NOTES.

(q) *Duello.*] Si sur la plainte en Justice, il y a lieu à ordonner un Duel, il sera ordonné par les Eschevins de S.t Omer. Les Habitans de cette Ville ne seront point obligez de se battre en duel, ailleurs que dans leur Ville.

(r) *Advocationibus.*] C'est le droit que l'on paye à celuy qui par sa qualité d'*Advocatus*, ou *d'Advoué*, est chargé de nous deffendre & de nous proteger. Voy. le Gloss. de Du Cange, au mot, *Advocatio*, à la fin de l'Article *Advocare.*

(s) *Sanctum Audomarum Sanctumque Bertinum.*] C'est la même Ville, à qui on donne ces deux noms, parce que la Ville de S.t Omer a esté bâtie autour du Monastere de S.t Bertin. Voy. *le Dictionn. Univers. de la Fr. au mot*, S.t Bertin ; *& la Chroniq. de S.t Bertin.* p. 450. du 3.e Vol. du Tres. des Anecdot. du P. Martenne.

(t) *Unum domum.*] Il y a apparemment une proposition d'oubliée, & cela signifie, *de chaque maison.*

(u) *Mewerled.*] C'est apparemment un nom de lieu, que je ne connois pas.

L'intelligence de cet Article, dépend apparemment de quelque fait particulier, que j'ignore aussi.

(x) *Pasturam.*] Le droit d'envoyer des animaux paistre dans un endroit. Voy. le Gloss. de Du Cange, au mot, *Pastura.*

(y) *Hougheronice.*] Je n'ay pû trouver la signification de ce mot ; & malheureusement, je n'ay pas eu assez de temps pour demander à M.r Godefroy, [Voy. cy-dessus, p. 243.] des éclaircissements sur cet endroit, & sur quelques autres que je n'ay pû entendre.

(z) *Terra Lazarorum.*] C'est-à-dire, suivant les apparences, des terres qui appartenoient à une maladerie.

(aa) *Roberti Comitis Barbati.*] Je ne trouve dans l'Hist. Genealog. de la Maison de Fr. que deux Roberts Comtes de Flandre ; Robert I. surnommé le Frison, qui mourut en 1093. & Robert II. son Fils, surnommé le Jerosolimitain, qui mourut en 1111. [Voy. t. 2. pp. 718. 719.] mais ni l'un ni l'autre n'a porté le surnom de *Barbu.* On trouve un Baudouin IV. surnommé le *Barbu*, qui mourut en 1036. Voy. *Ibid.* p. 715.

(bb) *In ministerio Advocati, &c.*] *Ministerium*, dit M.r Du Cange, sur ce mot, est un territoire dans lequel un Officier public exerce son ministere ; ainsi, *ministerium Advocati S.ti Bertini*, est le territoire sur lequel l'*Advoué* de S.t Bertin avoit une Jurisdiction. Voy. sur les *Advouez*, cy-dessus, Note (r) & sur S.t Bertin, Note (s).

JEAN I.er & selon d'autres, Jean II. à Paris, en Octobre 1350.

singule, duodecim denarios, in Festo Sancti Michaellis; & de (cc) Brochan, duodecim denarios; & de Bierban, duodecim denarios. Vacue autem nichil dabunt.

(14) (dd) Guillelmo Grosso homini & Burgensi meo, Comitatum omnium mensurarum suas quas in [a] ministerio Sancti Bertini possidet, benigne concessi.

(15) Si quis extraneus aliquem Burgensem Sancti Audomari, agressus fuerit, & ei contumeliam vel injuriam irrogaverit, vel violenter sua abstulerit, & cum hac injuria manus eorum evaserit, postmodum vocatus à Castellano, vel (ee) Uxore ejus, seu ab ejus Dapifero, infra triduum ad satisfactionem venire contempserit aut neglexerit, ipsi communiter (ff) injuriam fratris sui in ipso vindicabunt: In qua vindicta, si domus diruta aut combusta fuerit, aut si quis [b] nutilatus vel occisus fuerit, nullum corporis aut rerum suarum periculum, qui vindictam perpetravit, incurrat, nec offensam meam super hoc pertimescat. Si vero qui injuriam intulit, presentialiter [c] tantus fuerit, secundum leges & consuetudines Ville nostre, presentialiter judicabitur, & secundum quantitatem facti punietur; scilicet, occulum pro occulo, dentem pro dente, caput pro capite reddet.

(16) De morte (gg) Eustachii de Scamfort, quicunque aliquem Burgensem Sancti Audomari, perturbaverit vel molestaverit, reus proditionis & mortis Karoli Comitis habeatur; quoniam pro fidelitate mea factum est quicquid factum est; & sicut juravi & fidem dedi, sic [d] eos erga [e] parentes ejus, reconciliare & pacificare volo.

(17) [f] Monetam quam Burgenses Sancti Audomari habuerant, Comiti liberam [g] reddidunt; eo quod eos benignius tractaret & [h] lagas suas eis liberius ratas teneret; (hh) & insuper ut ceteri Flandrenses eidem sua incrementa celerius redderent.

(18) (ii) Theloneum vero suum ab eodem in perpetuo censu recipient, quotannis centum solidos [i] dendo.

(19) Si quis etiam eorum, mortuo aliquo consanguineo suo, portionem aliquam possessionis illius sibi obvenire credens, & in Comitatu Flandrensi [k] manens, cum eo qui possessionem illam tenebit, vel partiri infra annum neglexerit, vel eum super hoc per Judices & Scabinos minime convenerit, qui per annum integrum sine legitima [l] calumpnia

[a] Voy. la Note (*bb*).

[b] Appar. *mutilatus.*

[c] Ce mot est corrompu. Il doit signifier, *se presente en Justice.*

[d] Les habitans de S.t Omer.

[e] Les parents de Scamfort.

[f] Appar. *le droit de battre Monnoye.*

[g] reddiderunt.

[h] *Laga*: lex. Voy. le Glossaire de Du Cange, au mot, *Laga.*

[i] dando.

[k] estant actuellement.

[l] sans opposition judiciaire.

NOTES.

(cc) Brochan .... Bierban.] Je m'imagine que ce sont les noms de deux Quartiers, situez dans l'estenduë de la Jurisdiction de l'*Advoué* de S.t Bertin.

(dd) Guillelmo Grosso, &c.] Cet Article est corrompu: heureusement il peut se restituer par un Article parallele de la Chartre des Privileges accordez aux Habitans de S.t Omer, en 1127. par Guillaume Comte de Flandre; lequel Article Du Cange a fait imprimer dans son Glossaire, au mot, *Comitatus. Guillelmo Grosso homini meo, Comitatum mansionum suarum, quas in ministerio Sancti Bertini possidet, benevole concessi & dedi.* Du Cange dit que *Comitatus* signifie-là, *Seigneurie.*

(ee) Uxore.] Si cet endroit n'est pas corrompu, cela est bien singulier.

(ff) Injuriam Fratris sui.] Il est certain que cet endroit est corrompu. Il semble qu'on ait oublié quelques mots qui devoient signifier, que cet Estranger qui avoit insulté un Bourgeois, avoit un frere dans la Ville.

(gg) Eustachii de Scamfort.] J'ay dit dans la Note (*m*) p. 248. que le Comte Charles avoit esté assassiné. L'on trouve dans la Chroniq. de Flandre, donnée par Sauvage, ch. 5. p. 8. qu'entre les assassins estoit *Guyon d'Escaufort,* à qui *Meyer,* dit Sauvage dans une Note, donne le surnom de *Stenfort;* que les habitans de S.t Omer se saisirent de celuy-cy, & le firent mourir. Le nom de Stenfort approche beaucoup de celuy de *Scamfort;* & quoyque le prenom soit different, je crois que c'est de ce fait, dont il est parlé dans cet Article. Les habitans de S.t Omer avoient tué *Scamfort,* dont les parents vouloient vanger la mort. Le Comte Philippe vouloit les engager à la pardonner à ceux de S.t Omer; & il declare que ceux qui voudront vanger la mort de *Scamfort,* se rendront coupable de l'assassinat du Comte Charles, parce que *Scamfort* n'a esté tué que pour avoir assassiné ce Prince. Je n'ay point sous la main *Meyer,* pour sçavoir ce qu'il dit de cet évenement. Cet Article apprend sur ce fait, quelques particularitez, dont la Chronique de Flandre n'a pas parlé.

(hh) Et insuper.] Je n'entends point le reste de l'Article; & pour hazarder des conjectures, il faudroit estre sûr que le texte ne fût pas corrompu.

(ii) Theloneum.] Je crois que cela signifie, que le Comte a aliené à perpetuité aux habitans, l'impost nommé *Theloneum;* moyennant une redevance annuelle de cent sols.

JEAN I.er & selon d'autres, Jean II. à Paris, en Octobre

[a] tenuerint, quiete deinceps teneat, & nulli super hoc respondeat. Si autem heres in Comitatu Flandrensi non fuerit, infra annum quo redierit, cum possessore agat modo supradicto: Alioquin, qui tenebit sine ulla inquietatione, teneat. Si etiam herede aliquamdiu peregre commorante, & cum redierit, portionem suam requirente, possidens se cum eo partitum esse dixerit; si ille per quinque Scabinos probare falsum esse poterit, hereditas que eum atingit, ei reddetur: Alioquin possidens per quatuor [b] legitimos viros se ei portionem suam dedisse probabit, & ita quietus erit. Quod si heres infra annos [c] discretionis fuerit, pater vel mater [d] si supervixerit, vel qui cum [e] manutenebit, portionem que illum [f] artinget, Scabinis & aliis legitimis viris infra [g] anum obitus illius (kk) ascendet; & si eis visum fuerit quod ille fideliter servare debeat, ei committatur: Sin autem, judicio & providentia illorum ita disponatur, ne heres dampnum aliquod patiatur: Et cum ad annos discretionis venerit, & opportunum fuerit, hereditate sua integre & sine aliqua diminutione, investiatur.

(20) Item. Si quis alicui filium suum vel filiam matrimonio conjunxerit, & filius ille vel filia sine prole obierint, ad patrem & matrem eorum, si supervixerint; si autem mortui fuerint, ad alios filios eorum vel filios filiorum, [h] reddat hereditas que pertinebat ad filium vel filiam quos aliis matrimonio copulaverant: Et viventibus patre vel matre eorum, hereditas illa cum supradictis personis tantum dividatur: Mortuis autem illis, propinquiores consanguinei illam, prout justum est, sortiantur. [i]

[k] NOS autem predictorum Burgensium nostrorum Sancti Audomari, consuetudines, Cartas & jura volentes illesa conservare, presentem paginam Sigilli nostri auctoritate, & nominis [l] caractere inferius annotato, precepimus confirmari. Actum apud Sanctum Audomarum, Anno Domini 1211. Regni vero carissimi Domini & Genitoris nostri, anno 33. Astantibus in Palatio ejusdem Patris nostri, quorum nomina supposita sunt & signa. Dapifero nullo. [m] Guidonis Buticularii. S. Barthomei Camerarii. S. Droconis Constabularii. Data vacante Cancellaria, per manum Guidonis de [n] Acheis.

[o] NOS autem ejusdem Genitoris nostri vestigiis inherentes, predictorum Burgensium nostrorum consuetudines, Cartas & jura volentes illesa conservare, Sigilli nostri auctoritate, & Regii nominis caractere inferius annotato, presentem paginam confirmamus. Actum apud Compendium, Anno Dominice Incarnationis 1229. mense Martio: Regni vero nostri Anno 4. Astantibus in Palatio nostro, quorum nomina supposita sunt & signa. Dapifero nullo. S. Roberti Buticularii. S. Bertholomei Camerarii. S. Mathei Constabularii. Data vacante Cancellaria.

[p] NOS autem attendentes predictorum Burgensium Sancti Audomari, pure fidei constantiam, quam in ipsis actualiter invenimus temporibus opportunis, & speramus imposterum invenire, ad instar Progenitoris nostri, & maxime Sancti Ludovici Domini & Avi nostri carissimi, quondam Regum Franc. piis vestigiis inherentes, ipsorum Burgensium consuetudines & cartas predictas, & alia jura superius expressata, volentes conservare illesa, omnia & singula supradicta volumus, laudamus & tenore presentium confirmamus: salvo in omnibus jure nostro & jure quolibet alieno. Quod ut firmum & stabile perpetuo perseveret, presentibus Litteris nostrum fecimus apponi Sigillum. Actum Parisius, Anno Domini 1302. mense Martio.

[q] NOS autem Predecessorum nostrorum vestigiis inherentes, & grata fidelitatis attendentes obsequia, que Burgenses Ville Sancti Audomari predicte, temporibus retroactis Nobis & Predecessoribus nostris constanter & fideliter impenderunt, & continue impendere non desistunt, & imposterum impensuros speramus, ipsis Burgensibus quorum pure fidei

a tenuerit.

b Voy. cy-dessus, p. 248. Note (g).

c est mineur, & hors d'estat de gouverner son bien.

d s'ils sont encore vivans.

e son Tuteur ou Curateur.

f attinget.

g annum.

h redeat, ou reddatur.

i La fin & la date des Lettres du Comte Philippe, manquent.

k Continuation des Lettres du Comte Louis.

l le Monogramme.

m Signum.

n ou Atheis.

o Continuation des Lettres de S.t Louis.

p Continuation des Lettres de Philippe le Bel.

q Continuation des Lettres de Philippe le Long.

NOTES.

(kk) Ascendet.] Ce mot, s'il n'est pas corrompu, doit signifier, se presentera devant les Juges.

JEAN I.er & selon d'autres, Jean II. à Paris, en Octobre 1350.

constantiam pluries actualiter invenimus, omnes consuetudines & cartas predictas, & omnia alia jura superius expressata, illesa conservare volentes, omnia & singula supradicta volumus, concedimus & laudamus, ac tenore presentium confirmamus : salvo in omnibus jure nostro & quolibet alieno. Quod ut ratum & stabile permaneat in futurum, presentes Litteras Sigilli nostri fecimus appensione muniri. Actum Parisius, Anno Domini 1318. mense Decembris.

a Continuation des Lettres de Charles le Bel.

[a] *NOs autem Predecessorum nostrorum vestigiis inherentes, & grata fidelitatis attendentes obsequia, que Burgenses Ville Sancti Audomari predicte, temporibus retroactis Nobis & Predecessoribus nostris constanter & fideliter impenderunt, & continue impendere non desistunt, & imposterum impensuros speramus, ipsis Burgensibus quorum pure fidei constantiam pluries actualiter invenimus, omnes consuetudines & cartas predictas, & omnia alia jura superius expressata, illesa conservare volentes, omnia & singula supradicta volumus, concedimus & laudamus, ac tenore presentium confirmamus : salvo in omnibus jure nostro & quolibet alieno. Quod ut firmum & stabile permaneat in futurum, presentes Litteras Sigilli nostri fecimus appensione muniri.* Actum apud Poissiacum, Anno Domini 1323. mense Maii.

b Continuation des Lettres de Philippe de Valois.
c Sancti.

[b] *NOs autem Predecessorum nostrorum vestigiis inherentes, & grata fidelitatis attendentes obsequia, que Burgenses Ville [c] Sancte Audomari predicte, temporibus retroactis, Nobis & Predecessoribus nostris constanter & fideliter impenderunt, & continue impendere non desistunt, & imposterum impensuros speramus, ipsis Burgensibus quorum pure fidei constantiam pluries actualiter invenimus, omnes consuetudines & cartas predictas, & omnia alia jura superius expressata, illesa conservare volentes, omnia & singula supradicta volumus, concedimus & laudamus, ac tenore presentium confirmamus : salvo in omnibus jure nostro & quolibet alieno. Quod ut firmum & stabile permaneat in futurum, presentes Litteras Sigilli nostri fecimus appensione muniri.* Actum Parisius, Anno Domini 1328. mense Julii.

d Continuation des Lettres du Roy Jean.

[d] *NOs autem omnia & singula suprascripta, prout superius sunt expressa, rata habentes & grata, ea laudamus, approbamus, & tenore presentium confirmamus : salvo in omnibus jure nostro & quolibet alieno. Quod ut firmum & stabile permaneat in futurum, presentes Litteras, Sigilli nostri, quo utebamur ante Regni nostri susceptum regimen, fecimus appensione muniri.* Actum Parisius, Anno Domini 1350. mense Octobris.

Per Dominum Regem in Requestis suis. CLAVEL. *Collatio facta est.* R. GALLI. *(II) St. Par.* CLAVEL. *Lecta in sede.*

NOTES.

(II) St Par.] Il y a des marques d'abbreviation sur ces deux mots. Je ne sçais ce qu'ils signifient. Voy. la fin de quelques-unes des Lettres suivantes.

(a) Privileges de la Ville de S.t Omer.

JEAN I.er & selon d'autres, Jean II. à Paris, l'an 1350. au mois d'Octobre.

S.t Loüis, à Compiegne, en Mars 1229.

Philippes IV. dit le Bel, à Paris, en Mars 1302.

Philippes V. dit le Long, à Paris, en Decembre 1318.

Charles IV. dit le Bel, à Poissy, en May 1323.

Philippes VI. dit de Valois, à Paris, en Juillet 1328.

SOMMAIRES.

(1) Les Habitans de S.t Omer & ceux de Bourbourg, auront dans la suite des Privileges differents.

Les premiers ne payeront aucuns droits à Gravelingue, pour les marchandises qu'ils y ameneront; mais qu'ils n'y vendront pas.

(2) Les Habitans de S.t Omer auront les deux tiers dans le commerce qu'ils feront en societé, avec ceux de Bourbourg.

(3) Les Eschevins du Neuf-Bourg de Gravelines, auront une part dans ce commerce, quoy qu'absens, s'ils le sont pour les affaires du Comte.

(4) Les Habitans de S.t Omer ne pourront estre poursuivis en Justice à Gravelines; si ce n'est lorsque le Juge de S.t Omer aura refusé de rendre Justice; ou si ce n'est pour un delict public.

Les Habitans de Gravelines & de Bourbourg, joüiront à S.t Omer, du droit porté par cet Article, de la même maniere que ceux de S.t Omer en joüiront à Gravelines.

JOHANNES Dei gratia Francorum Rex: Notum facimus universis tam presentibus quam futuris, Nos vidisse Litteras carissimi Domini & Genitoris nostri Domini Philippi quondam Regis Francie Illustris, formam que sequitur, continentes.

[a] *PHILIPPUS Dei gratia Francorum Rex: Notum facimus universis tam presentibus quam futuris, Nos infrascriptas vidisse Litteras, formam que sequitur, continentes.*

[b] *KAROLUS Dei gratia Francorum & Navarre Rex: Notum facimus universis tam presentibus quam futuris, Nos infrascriptas vidisse Litteras, formam que sequitur, continentes.*

[c] *PHILIPPUS Dei gratia Francorum & Navarre Rex: Notum facimus universis tam presentibus quam futuris, Nos infrascriptas vidisse Litteras, formam que sequitur, continentes.*

[d] *PHILIPPUS Dei gratia Francorum Rex: Notum facimus universis tam presentibus quam futuris, quod Nos Literas infrascriptas vidimus, formam que sequitur, continentes.*

IN nomine Sancte & individue Trinitatis: Amen. [e] *Ludovicus Dei gratia Francorum Rex: Noverint universi presentes pariter & futuri, quod Nos Cartam clare memorie* [f] *Ludovici Genitoris nostri Regis Francorum Illustris, inspeximus in hec verba.*

In nomine Sancte & Individue Trinitatis: Amen. [g] *Ludovicus Domini Regis Francorum primogenitus: Noverint universi presentes pariter & futuri, quod hec est continencia Carte Philippi Illustris quondam Flandrie & Viromandie Comitis, quam Burgenses nostri de Sancto Audomaro ab eo habent.*

[h] *PHILIPPUS Dei gratia Flandrie Comes: tam presentibus quam futuris. Noverint* [i] *universitas nostra, quod ex precepto meo, homines mei & Scabini & (b) Electi de terra*

a Philippe de Valois.

b Charles le Bel.

c Philippe le Long.

d Philippe le Bel.

e Saint Louis.

f Voy. cy-dessus, p. 247. Note *(c)*.

g Voy. cy-dessus, p. 247. Note *(c)*.

h Voy. cy-dessus, p. 247. Note *(d)*.

i Tous mes subjets.

NOTES.

(a) Tresor des Chartres, Registre 80. Piece 89. & Registre 96. Piece 106.

(b) Electi de terra Burburgensi.] Cette Ville se nomme presentement *Bourbourg*. Elle est du Diocese de S.t Omer. Voy. le *Diction. Univers. de la France*, à ce mot. Il y a dans le Registre 96. *Electi Burgensi*, c'est une faute. Par ce mot *Electi*, on peut entendre des personnes choisies par les Habitans de *Bourbourg*, pour aider les Eschevins dans l'administration des affaires publiques de la Ville. On peut presumer qu'ils avoient les mêmes fonctions qu'eurent dans la suite dans plusieurs Villes de France, les Conseillers de Ville.

JEAN I.er & selon d'autres, Jean II. à Paris, l'an 1350. au mois d'Octobre.

Burburgensi, antiquas (c) consuetudines Burgensium Sancti Audomari, tempore antecessorum meorum (d) Greningis habitas, separatim distinxerunt, ut presens pagina narrat.

(1) Videlicet; quod Burgenses Sancti Audomari, Greningis [a] *ac Tholoneo liberi sint; undecunque veniunt vel quocunque (e) porixerint, vel qualencumque (f) pecuniam adduxerint, vel abduxerint: nisi eam in aliquam domum posuerint, eamque ibi vendiderint: tunc jus constitutum reddant: Si vero non vendiderint, libere & absque tholoneo, quocunque voluerint, terra vel navigio, eam ducant.*

(2) Item. *Si forte Audomarenses & Burburgenses* [b] *ghildam habentes, Graveringis* [c] *super aliquam mercaturam veniunt, communiterque eam emerint, Audomarenses duas partes habeant; Burburgenses tertiam.*

(3) Scabini viro de Novo-burgo Graveningis, qui Justicie mee conservande ibidem curam gerunt, illius mercature (g) participes fiant; etiam absentes, si interim meo negocio impliciti fuerint.

(4) Insuper ita [d] *distinctum est, ne Audomarenses de debito vel pecuniali re, Greveningis alicui respondeant, aut respondere cogantur, donec eorum Judex conquerentibus apud Sanctum Audomarum, Justiciam facere recusaverit; nisi forte excessus criminosus inibi factus, ita manifestus fiat, qui statim ibidem puniri debeat: (h) Sit ne illi de Graningis vel Burburgenses apud Sanctum Audomarum alicui respondeant; nisi eo modo quo Audomarenses Gravenengis responderint. (i).*

a à.

b Voy. cy-dessus, p. 248. Note (n).

c viennent à Gravelines, pour achepter des marchandises.

d il a esté reglé.

[e] *NOs autem predictorum Burgencium nostrorum consuetudines, Cartas & jura volentes illesa conservare, sigilli nostri auctoritate & nostri nominis* [f] *caractere inferius annotato, presentem paginam confirmari precipimus.* Actum apud sanctum Audomarum, Anno Domini millesimo ducentesimo vicesimo; Regni vero carissimi Domini & Genitoris nostri, Anno tricesimo-tertio. *Astantibus in Palacio ejusdem Patris nostri, quorum nomina supposita sunt & signa. Dapifero nullo. S. Guidonis Buticularii. S. Bartholomei Camerarii. S. Droconis Constabularii. Data vacante Cancellaria, per manum Guidonis de Atheiis.*

e Continuation des Lettres de Louis Comte d'Artois.

f Monogramme.

[g] *NOs autem piis ejusdem Genitoris nostri vestigiis inherentes, predictorum Burgensium nostrorum consuetudines, Cartas & jura volentes illesa conservare, Sigilli nostri auctoritate & Regii nominis caractere inferius annotato, presentem paginam confirmamus.* Actum apud Compendium, Anno Dominice Incarnationis millesimo ducentesimo vicesimonono, mense Marcio: Regni vero nostri, Anno quarto. *Astantibus in Palacio nostro,*

g Continuation des Lettres de Saint Loüis.

NOTES.

(c) Consuetudines ... separatim distinxerunt.] Voicy comment je crois qu'il faut entendre cet endroit. Autrefois les habitans de S.t Omer & de Bourbourg, avoient les mêmes droits & les mêmes privileges, lorsqu'ils negocioient à Gravelines: & peut-estre n'y avoit-il qu'une même Chartre de privilege, pour les deux Villes. Dans la suite, le Comte de Flandre jugea à propos d'augmenter les droits des habitans de S.t Omer, au prejudice de ceux de Bourbourg, & de leur donner à chacun en particulier, une Chartre de privilege. C'est icy celle des Habitans de S.t Omer. Voy. l'Article 2. des Lettres suivantes.

(d) Greningis.] Plus bas, il y a *Graveringis, & Greveningis.* Tous ces noms signifient *Gravelines,* dont le nom Flamand est *Grevingen.* G.

(e) Porixerint.] Il y a *provexerint,* dans le Reg. 96. il faut apparemment, *perrexerint.*

(f) Pecuniam.] Ce mot doit signifier icy, des *Marchandises.* Voy. Du Cange, au mot, *Pecunia.*

(g) Participes fiant.] Cela ressemble assez à la Hanse establie à Paris. Voy. cy-dessus p. 9. & Note (*b*).

(h) Sit ne.] Il y a *Sic ne*, dans le Registre 96. & c'est ainsi qu'il faut lire; & cela veut dire, que ceux de Gravelines & de Bourbourg joüiront à S.t Omer, du droit porté dans cet Article, de la même maniere que les habitans de S.t Omer, en joüissent à Gravelines.

(i) Responderint.] La fin ni la date des Lettres du Comte de Flandre, ne sont pas dans les Registres.

quorum nomina supposita sunt & signa. Dapifero nullo. S. Roberti Buticularii. S. Bartholomei Camerarii. S. Matthei Constabularii. Data vacante Cancellaria.

JEAN I.er & selon d'autres, Jean II. à Paris, l'an 1350. au mois d'Octobre.

[a] *NOs autem considerantes dictorum Burgencium Sancti Audomari, pure fidei constanciam, quam in ipsis actualiter experimur temporibus oportunis, & speramus inposterum invenire, ad instar Progenitorum nostrorum piis vestigiis inherentes, ipsorum Burgencium consuetudines & Cartas ac jura alia superius expressa, volentes conservare illesa, omnia & singula suprascripta volumus, laudamus, & tenore presencium confirmamus: salvo in omnibus jure nostro & quolibet alieno. Quod ut firmum & stabile perpetuo perseveret, presentibus Literis nostrum fecimus apponi Sigillum.* Actum Parisius, Anno Domini millesimo trecentesimo secundo, mense Marcio.

a Continuation des Lettres de Philippe le Bel.

[b] *NOs autem considerantes dictorum Burgensium Sancti Audomari, pure fidei constanciam, quam in ipsis actualiter experimur temporibus oportunis, & speramus inposterum invenire, ad instar Progenitorum nostrorum piis vestigiis inherentes, ipsorum Burgensium consuetudines & Cartas predictas, ac alia jura superius expressa, volentes conservare illesa, omnia & singula suprascripta volumus, laudamus, & tenore presencium confirmamus: salvo in omnibus jure nostro & quolibet alieno. Quod ut firmum & stabile perpetuo perseveret, presentibus Literis nostrum fecimus apponi Sigillum.* Actum Parisius, Anno Domini millesimo trecentesimo decimo-octavo, mense Decembri.

b Continuation des Lettres de Philippe le Long.

[c] *NOs autem considerantes dictorum Burgensium Sancti Audomari, pure fidei constanciam, quam in ipsis actualiter experimur temporibus oportunis, & speramus inposterum invenire, ad instar Progenitorum nostrorum piis vestigiis inherentes, ipsorum Burgencium consuetudines & Cartas predictas, ac alia jura superius expressa volentes conservare illesa, omnia & singula suprascripta volumus, laudamus, & tenore presencium confirmamus: salvo in omnibus jure nostro & quolibet alieno. Quod ut firmum & stabile perpetuo perseveret, presentibus Literis nostrum fecimus apponi Sigillum.* Actum apud Poissiacum, Anno Domini millesimo trecentesimo vicesimo-tertio, mense Maii.

c Continuation des Lettres de Charles le Bel.

[d] *NOs autem considerantes dictorum Burgensium Sancti Audomari, pure fidei constanciam, quam in ipsis actualiter experimur temporibus oportunis, & speramus inposterum invenire, ad instar Progenitorum nostrorum piis vestigiis inherentes, ipsorum Burgencium consuetudines & Cartas predictas, ac alia jura superius expressa volentes conservare illesa, omnia & singula supra-scripta volumus, laudamus, & tenore presencium confirmamus: salvo in omnibus jure nostro & quolibet alieno. Quod ut firmum & stabile perpetuo perseveret, presentibus Litteris nostrum fecimus apponi Sigillum.* Actum Parisius, Anno Domini millesimo trecentesimo vicesimo-octavo, mense Julii.

d Continuation des Lettres de Philippe de Valois.

[e] *NOs autem omnia & singula supra-scripta, prout superius sunt expressa, rata habentes & grata, ea volumus, laudamus, approbamus, & tenore presencium confirmamus: salvo in omnibus jure nostro & quolibet alieno. Quod ut firmum & stabile perpetuo perseveret, presentes Litteras, Sigilli nostri quo ante Regni nostri susceptum regimen, utebamur, jussimus appensione communiri.* Actum Parisius, Anno Domini millesimo trecentesimo quinquagesimo, mense Octobris.

e Continuation des Lettres du Roy Jean.

[f] *Per Dominum Regem in Requestis suis.* CLAVEL.

Lecta in sede. Collatio facta est. R. GALLI. [g] S.t *Par.*

f Ce qui suit n'est pas dans le Registre 96.

g Voy. cy-dessus, p. 252. Note (ii).

JEAN I.er & selon d'autres, Jean II. à Paris, en Octobre 1350.
Philippes IV. dit le Bel, à Paris, en Mars 1302.
Philippes V. dit le Long, à Paris, en Decembre 1318.
Charles IV. dit le Bel, à Poissy, en May 1323.
Philippes VI. dit de Valois, à Paris, en Juillet 1328.

(a) Privileges de la Ville de S.t Omer.

JOHANNES Dei gratia Francorum Rex : Notum facimus tam presentibus quam futuris, Nos vidisse Litteras carissimi Domini & Genitoris nostri Domini Philippi quondam Regis Francie, formam que sequitur, continentes.

[a] *PHILIPPUS Dei gracia Francorum Rex : Notum facimus tam presentibus quam futuris, Nos infrascriptas vidisse Litteras, formam que sequitur, continentes.*

[b] *KAROLUS Dei gracia Francorum & Navarre Rex : Notum facimus universis tam presentibus quam futuris, Nos infrascriptas vidisse Litteras, formam que sequitur, continentes.*

[c] *PHILIPPUS Dei gratia Francorum & Navarre Rex : Notum facimus universis tam presentibus quam futuris, Nos infrascriptas vidisse Litteras, formam que sequitur, continentes.*

[d] *PHILIPPUS Dei gratia Francorum Rex : Notum facimus universis tam presentibus quam futuris, Nos infrascriptas vidisse Litteras, formam que sequitur, continentes.*

UNIVERSIS presentes Litteras inspecturis : Nos Otho Comes Atrebatensis & Burgundie Palatinus, ac Dominus de Salinis ; & Malthidis ejus Uxor Comitissa Atrebatensis & Burgundie Palatina, ac Domina de Salinis : Salutem. Noveritis nos Litteras bone memorie carissimi Patris nostri [e] *Comitisse, Roberti quondam Comitis Attrebatensis Illustris, vidisse & inspexisse in hec verba.*

a Philippe de Valois.
b Charles le Bel.
c Philippe le Long.
d Philippe de Valois.
e Pere de la Comtesse.

(b) ROBERTUS Comes Attrebatensis : Noverint universi presentes pariter & futuri, quod hec est continencia Carte quam Burgenses nostri de Sancto Audomaro, habent à clare memorie carissimo Genitore nostro Roberto, quondam Attrebatensi Comite Illustri.

[f] *ROBERTUS Comes Attrebatensis : Dilectis & fidelibus suis Majori & Scabino, totique Communitati de Sancto Audomaro, Salutem & dileccionem. Notum fieri volumus, quod nos damus vobis & Ville nostre de Sancto Audomaro, & concedimus tales immunitates & libertates in nova (c) Ghitalda sita inter domum quondam Petri filii Johannis de Sancta Aldegonde, &* [g] *Scopas Johannis de* [h] *Badurghen, cum celariis subtus sitis, & pratellis contiguis; quales habetis & habere soletis in veteri* [i] *Ghitalda: & volumus quod in nova Ghitalda, cellariis & pratellis,* [k] *positis facere edifficia ad utilitatem Ville* [l] *sue (d) Foreteretia: retenta nobis nichilominus in eisdem nova Ghitalda, cellariis & pratellis, omni Justicia, sicut antea* [m] *habeamus, & sicut in veteri Ghitalda*

f Robert I. Voy. Note *(b)*.
g Eschoppe.
h Bochinghen. Registre 80.
i Ghiltaldâ. Registre 80.
k possitis. Registre 80.
l sive. Registre 80.
m habebamus. Registre 80.

NOTES.

(a) Tresor des Chartres, Registre 96. Piece 97. & Registre 80. Piece 90.

(b) Robertus.] Robert II. Comte d'Artois, Fils de Robert I. Comte d'Artois. Voy. l'Hist. Geneal. de la Maison de France, t. 1. pp. 381. 382. 383.

(c) Ghitalda.] Il y a *Ghistalla* dans le Registre 80. C'est sans doute le même mot que *Ghidhalla*, que Du Cange à ce mot qui est dans l'Article *Hildum,* dit signifier une *Halle;* & il cite pour le prouver, une Chartre qui regarde Saint Omer.

(d) Foreteretia.] Il y a dans le Registre 80. *Fortent.* avec une marque d'abbreviation sur la fin. *Foreteretia*, est peut-estre la même chose que *Forteritia* qui signifioit *Forteresse.* Voy. Du Cange à ce mot. Cette Halle pouvoit bien estre fortifiée : car on voit qu'en 1358. le marché de Meaux estoit une forteresse. Voy. Froissart, L. 1. ch. 184. p. 209. & les Chron. de S. Denys, t. 2. *fol.* 181. *verso*, col. 2.

habemus ;

habemus : salvo eciam nobis in predictis jure nostro & quolibet alieno ; & quod tenentur eidem Ghiltalde nichil [a] *possint acquirere ; nisi de nostra vel heredum nostrorum licenciâ speciali. In cujus rei testimonium, presentes Litteras Sigilli muninine fecimus roborari.* Actum [b] Bapalmis, in crastino Ascensionis Domini, Anno ejusdem 1248. mense Mayo.

[c] *NOs autem hec predicta servare volentes illesa, presentes Litteras Sigilli nostri auctoritate fecimus confirmari.* Datum apud Parisius, Anno Domini [d] 1367. mense Julio.

[e] *NOs autem omnia premissa volumus, laudamus, approbamus ac eciam confirmamus : salvo jure nostro in omnibus ac eciam alieno. In cujus rei testimonium, Sigilla nostra presentibus Litteris duximus apponenda.* Datum apud Sanctum Audomarum, Anno Domini 1302. mense Augusto.

[f] *NOs autem omnia & singula supradicta, prout superius sunt expressa, volumus, laudamus, & tenore presentium confirmamus : salvo in omnibus jure nostro & eciam alieno. Quod ut firmum & stabile perpetuo perseveret, presentibus Litteris nostrum fecimus apponi Sigillum.* Actum Parisius, Anno Domini 1302. mense Marcio.

[g] *NOs autem premissa omnia & singula rata habentes & grata, ea volumus, laudamus, approbamus, & tenore presencium confirmamus : nostro & alieno in omnibus jure salvo. Quod ut ratum & stabile permaneat in futurum, presentibus Litteris nostrum fecimus apponi Sigillum.* Actum Parisius, Anno Domini 1318. mense Decembris.

[h] *NOs autem premissa omnia & singula rata habentes & grata, ea volumus, laudamus, approbamus, & tenore presentium confirmamus : nostro & alieno in omnibus jure salvo. Quod ut ratum & stabile permaneat in futurum, presentibus Litteris nostrum fecimus apponi Sigillum.* Actum apud Poissiacum, Anno Domini 1323. mense Mayo.

[i] *NOs autem premissa omnia & singula rata habentes & grata, ea volumus, laudamus, approbamus, & tenore presentium confirmamus : nostro & alieno in omnibus jure salvo. Quod ut ratum & stabile permaneat in futurum, presentibus Litteris nostrum fecimus apponi Sigillum.* Actum Parisius, Anno Domini 1328. mense Julio.

[k] *NOs autem omnia & singula suprascripta, prout superius sunt expressa, rata habentes & grata, ea volumus, laudamus, approbamus, & tenore presentium confirmamus : salvo in omnibus jure nostro & quolibet alieno. Quod ut firmum & stabile perpetuo perseveret, nostrum, quo ante Regni susceptum regimen, utebamur, presentibus Litteris fecimus apponi Sigillum.* Actum Parisius, Anno Domini 1350. mense Octobris.

[l] *Per Dominum Regem in Requestis suis.* CLAVEL. *Collatio facta est.* CLAVEL. R. GALLI. HENNIER. HENNIER. *Lecta in sede.*

JEAN I.er & selon d'autres, Jean II. à Paris, en Octobre 1350.

a Ce mot, ou celuy de *tenentur*, paroist inutile.

b *Apud Bapalmas.* Registre 80.

c Continuation des Lettres de Robert II. Comte d'Artois.

d Il faut corriger *1267.* qui est dans le Reg. 80.

e Continuation des Lettres de Robert I. Comte d'Artois.

f Continuation des Lettres de Philippe le Bel.

g Continuation des Lettres de Philippe le Long.

h Continuation des Lettres de Charles le Bel.

i Continuation des Lettres de Philippe de Valois.

k Continuation des Lettres du Roy Jean.

l Ce qui suit, n'est pas dans le Registre 96.

JEAN I.er & selon d'autres, Jean II. à Paris, en Octobre 1350.

(a) Privileges de la Ville de S.t Omer.

JOHANNES Dei gratia Francorum Rex: Notum facimus universis tam presentibus quam futuris, Nos infrascriptas vidisse Litteras, formam que sequitur, continentes.

Philippes V. dit le Long, à Paris, en Decembre 1318.

[a] *PHILIPPUS Dei gratia Francorum Rex: Notum facimus universis tam presentibus quam futuris, Nos infrascriptas vidisse Litteras, formam que sequitur, continentes.*

Charles IV. dit le Bel, à Poissy, en May 1322.

[b] *KAROLUS Dei gratia Francorum & Navarre Rex: Notum facimus universis tam presentibus quam futuris, Nos infrascriptas vidisse Litteras, formam que sequitur, continentes.*

Philippes VI. dit de Valois, à Paris, en Juillet 1328.

[c] *PHILIPPUS Dei gracia Francorum & Navarre Rex. Notum facimus universis tam presentibus quam futuris, Nos infrascriptas vidisse Litteras, formam que sequitur, continentes.*

UNIVERSIS presentes Litteras inspecturis: Nos Otho Comes Attrebatensis & Burgundie Palatinus; ac Dominus de Salinis; ac Mathildis ejus Uxor, Comitissa Attrebatensis & Burgundie Palatina, ac Domina de Salinis, Salutem.

Noveritis Nos Litteras bone memorie carissimi Patris nostri [d] Comitisse, Roberti quondam Comitis Attrebatensis illustris, vidisse [e] inspexisse in hec verba.

[f] *ROBERTUS Comes Attrebatensis, universis presentes Litteras inspecturis, Salutem. Noverint universi quod nos attendentes fidelitatem & dilectionem, quas dilecti & fideles nostri Majores & Scabini totaque Communitas Ville nostre Sancti Audomari, hactenus habuerunt & habent ad nos & ad nostros, [g] diligentiam quam semper in negociis nostris, quantum ad ipsos pertinet, posuerunt, pura liberalitate & gratia, damus & concedimus eisdem, ut Burgenses nostri Sancti Audomari, quando [h] voluerunt habere & ducere apud Sanctum Audomarum, vina que galice dicuntur de [i]* Beauvoisis, *possint ea ducere per quodcumque [k] queminum voluerint, sine redevencia aliqua facienda nostro pedagio Balpamarum; à quo pedagio, quantum ad predicta vina, absolumus eosdem ac eciam liberamus & quictamus; nisi forte dicta vina conducerent per districtus pedagii Castellanie Balpamarum; quia sic transeundo per dictum pedagium, redevancias dicti pedagii solverent consuetas. Quod ut ratum, firmum & stabile permaneat in futurum, presentes Litteras Sigilli nostri fecimus impressione muniri.* Datum & actum Parisius, [l] in Vigilia Sanctorum Jacobi & Christophori, Anno Domini 1276. mense Julio.

[m] *NOS autem omnia premissa volumus, laudamus & approbamus ac eciam confirmamus: salvo jure nostro in omnibus & eciam alieno. In cujus rei testimonium, Sigilla nostra presentibus Litteris duximus apponenda.* Datum apud Sanctum Audomarum, Anno Domini 1302. mense Augusti.

[n] *NOS autem omnia & singula suprascripta, rata habentes & grata, ea volumus, laudamus, approbamus & tenore presentium confirmamus: salvo in omnibus jure nostro & quolibet alieno. Quod ut ratum & stabile perpetuo perseveret, presentibus Litteris nostrum fecimus apponi Sigillum.* Actum Parisius, Anno Domini 1318. mense Decembris.

a Philippe de Valois.
b Charles le Bel.
c Philippe le Long.
d Pere de la Comtesse.
e &. Reg. 80.
f Robert II. Voyez cy-dessus, p. 256. Note (*b*).
g &. Reg. 80.
h Voluerint. Reg. 80.
i Biauvoisis. Reg. 80.
k chemin.
l le 24.
m Continuation des Lettres du Comte Othon.
n Continuation des Lettres de Philippe le Long.

NOTES.

(a) Tresor des Chartres, Registre 80. Piece 87. & Registre 96. Piece 100.

a *NOs autem omnia & singula suprascripta, rata habentes & grata, ea volumus, laudamus, approbamus, & tenore presencium confirmamus: salvo in omnibus jure nostro & quolibet alieno. Quod ut ratum & stabile perpetuo perseveret, presentibus Litteris nostrum fecimus apponi Sigillum.* Actum apud Poissiacum, Anno Domini 1323. mense Maii.

b *NOs autem omnia & singula suprascripta, rata habentes & grata, ea volumus, laudamus, approbamus, & tenore presentium confirmamus: salvo in omnibus jure nostro & quolibet alieno. Quod ut ratum & stabile perpetuo perseveret, presentibus Litteris nostrum fecimus apponi Sigillum.* Actum Parisius, Anno Domini 1328. mense Julii.

c *NOs autem omnia & singula supradicta, prout superius sunt expressa, rata habentes & grata, ea volumus, laudamus, approbamus & tenore presencium confirmamus: salvo in omnibus jure nostro & quolibet alieno. Quod ut firmum & stabile perpetuo* d *persevere, Sigillum nostrum, quo ante Regni nostri susceptum regimen, utebamur, presentibus est appensum.* Actum Parisius, Anno Domini 1350. mense Octobris.

e *Per Dominum Regem in Requestis suis.* CLAVEL. *Collatio facta est.* CLAVEL. R. GALLI. HENNIER. HENNIER. *Lecta in sede.*

JEAN I.er & selon d'autres, Jean II. à Paris, en Octobre 1350.

a Continuation des Lettres de Charles le Bel.

b Continuation des Lettres de Philippe de Valois.

c Continuation des Lettres du Roy Jean.

d perseveret. Registre 80.

e Ce qui suit, n'est pas dans le Registre 96.

JEAN I.er & selon d'autres, Jean II. à Paris, en Octobre 1350.

Philippe V. dit le Long, à Paris, au mois de Decembre 1318.

Charles IV. dit le Bel, à Poissy, au mois de May 1323.

Philippe VI. dit de Valois, à Paris, au mois de Juillet 1328.

(a) Privileges de la Ville de S.t Omer.

SOMMAIRES.

(1) Les Habitans de S.t Omer sont francs dans toutes les terres du Comte de Flandre.

(2) Ils ne doivent les droits à Gravelines, pour les marchandises qu'ils y apportent, que lorsqu'ils les y vendent.

(3, 4) Ils ne seront pas obligez d'executer les reglements qui seront faits par les Habitans de Gravelines.

Les Habitans de S.t Omer ne pourront estre arrestez à Gravelines, ni sur les chemins qui conduisent à cette Ville; & leurs biens ne pourront y estre saisis que pour rixe, ou pour une dette connuë: & on ne pourra abbaisser ni retrecir les Ponts qui sont entre S.t Omer & Gravelines.

JOHANNES Dei gratia Francorum Rex: Notum facimus universis tam presentibus quam futuris, Nos infrascriptas vidisse Literas, formam que sequitur, continentes.

f *PHILIPPUS Dei gratia Francorum Rex: Notum facimus universis tam presentibus quam futuris, Nos infrascriptas vidisse Literas, formam que sequitur, continentes.*

g *KAROLUS Dei gratia Francorum & Navarre Rex: Notum facimus universis tam presentibus quam futuris, Nos infrascriptas vidisse Literas, formam que sequitur, continentes.*

h *PHILIPPUS Dei gratia Francorum & Navarre Rex: Notum facimus universis tam presentibus quam futuris, Nos infrascriptas vidisse Literas, formam que sequitur, continentes.*

NOus Robers ainsnez Filz au Conte de Flandres, i Cuens de Nevers, Sires de k Bethune & de *(b)* Thenremonde: Faisons savoir à touz, que nous, Lettres

f Philippe de Valois.

g Charles le Bel.

h Philippe le Long.

i *Comte.*

k *Ville de l'Artois.* Voy. le Dictionnaire Universel de la France, à ce mot.

NOTES.

(a) Tresor des Chartres, Registre 80. Piece 36. & Registre 96. Piece onze-vingt-& treize.

(b) Thenremonde.] Ville & Chasteau, qui, suivant Froissart, qui la nomme *Terremonde*, n'estoit pas fort éloignée d'Oudenarde. Voy. Froiss. L. 2. ch. 42. p. *m.* 70. 71.

JEAN I.er & selon d'autres, Jean II. à Paris, en Octobre 1350.

scellées du Seel de notre très chier Seigneur & Pere, le Conte de Flandres devant dit, avons veues & entendues sainnes & entieres, en cel fourme.

NOus Guy Cuens de Flandres & [a] Marchis de Namur, faisons savoir à touz ceulz qui sont & qui avenir [b] qui ces presentes Lettres verront & orront, que Nous avons veu aucun des previleges que chil de Saint Omer ont de noz [c] anchisseurs, donnez & confirmez; si que il y a aucuns poins en leurs previleges, qui sont un peu oscur, ainsi comme il nous semble: qui sont telz en *(c)* Rommans.

(1) Touz tel qui ont *(d)* leur gilde & à ycelle appartiennent, & dedenz le [d] chingle de leur Ville [e] mainent, frans touz je les fais au port de [f] Gravelinghes; & soient franc tout par tout par ma terre, & de [g] Zewerp.

(2) [h] Derechief que li Bourgois de Saint Omer, à [i] Gravelinghes franz soient de tonlieu de quelconques ou il viengnent, ou en quelconques lieu il [k] voisent, ou quelconques maniere de pecune il [l] amenechent ou emmenechent; se il en aucune maison ne les [m] mesissent, & ilecques le vendissent: [n] à donques le droit statut rendechent: & se il ne vendent, *(e)* franquement & sanz tonlieu en quelconques lieu il voellent, par terre ou par navie, le menechent.

(3) Et pour che que chil de Saint Omer ont esté aucune foiz empeschié & troublé, nous voulons que ches parolles & ches mos de leurs previleges, soient sainement & clerement entendues, si comme nous les entendons; c'hest assavoir: quelconques statut, ban ou commandement que chil de Gravelinghes facent ou aient fait ou puissent faire, que chil de Saint Omer n'en soient tenu de [o] warder, ne *(f)* loié de rien; ne que on ne les puist arrester leurs corps ne leurs biens, pour statut, ban ne commandement que [p] il aient fait; se ne feust pour [q] mellée ou de debte [r] cogneute; ainsi comme il est contenu en leurs previleges: Et se en le feist, nous leur sommes tenuz à delivrer quitte & delivré: Et se chil de Gravelinghes fesissent aucun statut, ban ou commandement, & il semblast à [s] chaus de Saint Omer que il leur feust dommageur, nous leurs sommes tenuz de mectre à nient, tant comme à aus [t] monte. Et doivent li Maieur & li Esquevin d'estre creu par leurs Lettres scellées de leur Seel [u] à Causes, ou par le [x] dit de deux de leurs compaignons, que li statut, ban ou commmandement leur fussent dommageux.

(4) Derechief que tout li [y] avoir alant ou [z] menant par terre ou par eaue, de Saint Omer vers Gravelinghes, & [aa] ka soit trouvés à Gravelinghes; & que touz li avoirs alant ou [bb] menent par terre ou par eaue de Gravelinghes envers Saint Omer, alant ou droit [cc] chemin, sanz nul mal [dd] engien, que on ne puist faire [ee] claim sus ne arrest, ne sur leurs corps ne sur leurs avoirs, pour nul meffait, ne pour debte, ne pour chose nulle; se ne feust pour mellée ou debte cogneute; mais franquement & delivrement puissent aler, mener & ramener leurs corps & leurs biens, [ff] les chemins dessusdiz, & sanz encombrement ou empeschement de chemin: & veul que tout li

a *Marquis.*
b *qui n'est pas dans le Reg. 96.*
c *ancestres.*
d *Voy. la Note (d).*
e menent, *dans le Reg. 96. Voy. la Note (d).*
f *Aujourd'huy,* Graveline.
g *Voy. cy-dessus, p. 248, Note (p).*
h *Voy. cy-dessus, p. 254. Art. 1.*
i *soient francs à Gravelines.*
k *aillent.*
l *amenent ou emmenent.*
m *missent.*
n *car dans ce cas, ils payeront le droit ordinaire.*
o *les garder.*
p *que ceux de Gravelines ayent fait.*
q *meslé: rixe.*
r *cognuë.*
s *à ceux.*
t *en ce qui les regardera.*
u *Seel avec lequel on scelle les Jugements.*
x *temoignage.*
y *effets, marchandises.*
z *que l'on conduit.*
aa *qui seront trouvez.*
bb menant. *Reg. 96.*
cc *dans les grandes routes.*
dd *sans fraude.*
ee *Voy. cy-dessus, p. 106. Note (c).*
ff *dans les.*

NOTES.

(c) Rommans.] On nommoit autrefois *Romans*, l'ancienne langue Françoise qui se forma du latin qui estoit la Langue des *Romains*. Voy. le Dictionn. Etymolog. de Menage, au mot, *Romans*.

(d) Leur gilde, &c.] *Gilde*, signifie une societé, une communauté. Voy. Du Cange, au mot *Gilda* qui est dans le mot *Gildum*. Il rapporte au même endroit, un Article d'une Chartre latine de Guillaume Comte de Flandre, de l'an 1127. sur les Privileges de S.t Omer, dont l'Article que nous expliquons, n'est que la traduction. L'Article latin que voicy, servira de commentaire au François. *Omnes qui gildam illorum habent, & ad illam pertinent, & infra cingulum Villæ suæ manent, liberos omnes à theloneo facio, &c.* Voy. cy-dessus p. 248. Note (*n*).

(e) Franquement .... le menechent.] Si les Bourgeois de S.t Omer ne vendent pas à Gravelines, les marchandises qu'ils y ont fait *amener*, ils pourront les *mener* & les transporter où ils voudront.

(f) Loié de rien.] M. Godefroy croit que ce mot *loié* signifie *lié*, *ligatus*; parce que le patois Flamand prononce toûjours le mot de *lié* avec un *e*; ce qui fait *loié*.

pont qui sont sur la Riviere, entre Saint Omer & Gravelinghes, que en ne les puist [a] abessier ne estrechier, ne mettre autre empeschement ne [d] lessier.

Et quant à ceste declaration dessusdicte, tenir fermement & perpetuelment, nous nous obligons & notre hoir [c] ensement, bien & loyaument tenir, [d] warder, & faire warder les choses dessusdictes & devisiées, sanz nul mal engien, tant comme à nous [e] monte. Et pour chou que ce soit ferme chose & [f] estaule, nous à la requeste des Eschevins de Saint Omer dessusdiz, avons ches presentes Lettres seellées de notre Seel, *faites & données à (g) Wymendale, l'An de l'Incarnation Notre Seigneur Jesu-Crist, mil deux cens quatre-vins & deux, ou mois d'Octobre.*

Et nous Robers ainsnez Filz au Conte de Flandres, Cuens [g] d'Anevers, Sire de Bethune & de Tenremonde devant diz, toutes les choses dessusdictes loons, greons, confermons & approuvons, & les avons [h] encouvenant à tenir fermement pour nous & pour noz hoirs, sans aler encontre: Et en tesmoignage des choses dessusdictes, & pour chou que nous voulons que les choses dessusdictes soient fermes & estaules, avons nous Robers ainsnez Fieux au Conte de Flandres, Cuens d'Anevers, Sire de Bethune & de Tenremonde devant diz, ches presentes Lettres seellées de notre Seel, *en l'An de l'Incarnation Notre Seigneur Jesu-Christ, mil deux chens quatre-vins & deux, el mois de Mars.*

[i] *NOs autem omnia & singula supradicta, prout superius sunt expressa, volumus, laudamus, approbamus, & tenore presencium confirmamus : salvo in omnibus jure nostro & etiam alieno. Quod ut firmum & stabile perpetuo perseveret, presentibus Literis nostrum fecimus apponi Sigillum.* Actum Parisius, Anno Domini millesimo trecentesimo decimo-octavo, mense Decembris.

[k] *NOs autem omnia & singula supradicta, prout superius sunt expressa, volumus, laudamus, approbamus, & tenore presencium confirmamus : salvo in omnibus jure nostro & etiam alieno. Quod ut firmum & stabile perpetuo perseveret, presentibus Litteris nostrum fecimus apponi Sigillum.* Actum apud Poissiacum, Anno Domini millesimo trecentesimo vicesimo-tertio, mense Maii.

[l] *NOs autem omnia & singula supradicta, prout superius sunt expressa, volumus, laudamus, approbamus & tenore presencium confirmamus : salvo in omnibus jure nostro & etiam alieno. Quod ut firmum & stabile perpetuo perseveret, presentibus Litteris nostrum fecimus apponi Sigillum.* Actum Parisius, Anno Domini millesimo trecentesimo vicesimo-octavo, mense Julii.

[m] *NOs autem omnia & singula supradicta, prout superius sunt expressa, rata habentes & grata, ea volumus, laudamus, approbamus, & tenore presencium confirmamus : salvo in omnibus jure nostro & quolibet alieno. Quod ut firmum & stabile perpetuo perseveret, Sigillum nostrum, quo ante susceptum Regni nostri regimen, utebamur, presentibus est appensum.* Actum Parisius, Anno Domini millesimo trecentesimo quinquagesimo, mense Octobris.

[n] *Per Dominum Regem in Requestis suis.* CLAVEL. *Collatio facta est.* CLAVEL. R. GALLI. HENNIER. HENNIER. *Lecta in sede.*

JEAN I.er & selon d'autres, Jean II. à Paris, en Octobre 1350.

a *abbaisser ni estrecir.*

b *ni laisser les empêchements qui ont esté mis.*

c *ensemble.*

d *garder.*

e *en tant ce que cela nous regarde.*

f *stable.*

g de Nevers. *Reg. 96.*

h nous convenons, nous promettons. *Il y a*, encouvent. Reg. 96.

i Continuation des Lettres de Philippe le Long.

k Continuation des Lettres de Charles le Bel.

l Continuation des Lettres de Philippe de Valois.

m Continuation des Lettres du Roy Jean.

n Ce qui suit, n'est pas dans le Reg. 96.

NOTES.

(g) Wymendale.] Il y a *Wynendale*, dans le Regiſtre 96. Vinendale est une terre considerable dans *le Franc de Bruges*, entre cette Ville & Ypres, à la hauteur de Dixmude. Il en est parlé dans *Sanderus, Flandria illustrata*, t. 1. *fol.* 323. Vinendale appartient aujourd'huy à l'Electeur Palatin. Il y a deux petites Villes nommées *Thouront* & *Rousselaer*, & plus de 400. Fiefs qui en relevent. *G.*

JEAN I.er & selon d'autres, Jean II. à Paris, en Octobre 1350. Philippes IV. dit le Bel, à Paris, en Mars 1302. Philippes V. dit le Long, à Paris, en Decembre 1318. Charles IV. dit le Bel, à Poissy, en May 1323. Philippes VI. dit de Valois, à Paris, en Juillet 1328.

(a) Confirmation des Lettres qui permettent aux Maires & aux Eschevins de S.t Omer, d'avoir un Sceau.

JOHANNES Dei gratia Francorum Rex: Notum facimus universis tam presentibus quam futuris, Nos infrascriptas vidisse Litteras, formam que sequitur, continentes.

[a] *PHILIPPUS Dei gratia Francorum Rex: Notum facimus universis tam presentibus quam futuris, Nos infrascriptas vidisse Litteras, formam que sequitur, continentes.*

[b] *KAROLUS Dei gratia Francorum & Navarre Rex: Notum facimus universis tam presentibus quam futuris, Nos infrascriptas vidisse Litteras, formam que sequitur, continentes.*

[c] *PHILIPPUS Dei gratia Francorum & Navarre Rex: Notum facimus universis tam presentibus quam futuris, Nos infrascriptas vidisse Litteras, formam que sequitur, continentes.*

[d] *PHILIPPUS Dei gratia Francorum Rex: Notum facimus universis tam presentibus quam futuris, Nos infrascriptas vidisse Litteras, formam que sequitur, continentes.*

UNIVERSIS presentes Litteras inspecturis: Nos Otho Comes Attrebatensis, & Burgundie Palatinus ac Dominus de Salinis; & Mathildis ejus Uxor, Comitissa Attrebatensis & Burgundie Palatina, ac Domina de Salinis, Salutem. Noveritis nos Litteras bone memorie carissimi Patris nostri [e] Comitisse, Roberti quondam [f] Comes Attrebatensis illustris, vidisse & inspexisse in hec verba.

UNIVERSIS presentes Litteras inspecturis: [g] Robertus Comes Attrebatensis, Salutem. Noveritis quod nos dilectorum & fidelium nostrorum Majorum & Scabinorum Ville nostre de Sancto Audomaro, dampnis & periculis evitandis providere volentes, nec non & [h] fraudibus que ex eorum evenit (b) Cirographis, jam diu est & posset imposterum evenire, eisdem auctoritatem prestitimus & prestamus, ut Sigillum habeant quo [i] utentur & uti valeant ad convenciones omnes coram eis initas, sigillandas: nec non (c) recogniciones & alia explectamenta quecunque que ex eorum Causis seu subdittorum ipsorum vel aliorum quorumcunque, poterunt evenire: concedentes eisdem, ut ipsi ad melioracionem Ville nostre predicte, [k] quod de emolumento Sigilli predicti, unum denarium de una quacunque libra, recipere valeant à volentibus habere recogniciones Scabinorum predictorum; vel minus, si voluerint; quod eorum arbitrio seu ordinacione [l] relinqmus faciendum: ita tamen quod si aliquando sigillaverint, emolumento aliquo de Sigillo [m] predicte minime requisito, eisdem (d) iterato liceat unum denarium pro emolumento Sigilli, de una quacunque libra levare, percipere & habere: promittens eisdem premissa omnia tenere &

a Philippe de Valois.
b Charles le Bel.
c Philippe le Long.
d Philippe le Bel.
e C'est-à-dire, *de Robert, Pere de nous Comtesse d'Artois.*
f *Comitis.* Reg. 80.
g *Robert II.* Voy. cy-dessus, p. 256. Note (b)
h *Fraudi.* Reg. 80.
i *utantur.*
k Ce mot est inutile.
l *relinquimus.* Reg. 80.
m *predicto.* Reg. 80.

NOTES.

(a) Tresor des Chartres, Registre 96. Piece 103. & Registre 80. Piece 41.

(b) *Cirographis.*] On appelloit autrefois de ce nom les Actes, qui, après qu'ils estoient écrits, estoient coupez en deux parties, dont l'une estoit donnée à un des contractans, & la seconde, à l'autre. Voy. le Gloss. de Du Cange, au mot *Chirographum.* Mais cet Autheur remarque que l'on mettoit des Sceaux à ces Actes: ainsi *Cirographum* signifie-t-il peut-estre icy seulement des Actes passez devant des Officiers publics, mais non scellez.

(c) *Recogniciones.*] C'est le droit que l'on payoit pour la *reconnoissance* qui se faisoit en Justice de quelque Acte passé entre des parties. Voy. le Gloss. de Du Cange, au mot *Recognitio.*

(d) *Iterato.*] Ce mot ne presente pas un sens bien clair. Il pourroit signifier qu'ils pourront redemander le droit de Sceau qu'ils auroient negligé de prendre en scellant; ou bien, qu'ils pourront prendre le droit de Sceau, en donnant des secondes expeditions des Actes qu'ils ont scellez *gratis.*

imperpetuum observare; & ad ea tenenda obligamus & volumus quod hec omnia per [a] *non & heredes nostros imperpetuum observentur: In cujus rei testimonium, Sigillum nostrum presentibus Litteris duximus apponendum.* Datum Parisius, Anno Domini 1293. mense Februarii.

JEAN I.er & selon d'autres, Jean II. à Paris, en Octobre 1350.

[b] *NOs autem premissa omnia volumus, laudamus, approbamus & eciam confirmamus: salvo jure nostro in omnibus & eciam alieno. In cujus rei testimonium, Sigilla nostra presentibus Litteris duximus apponenda.* Datum apud Sanctum Audomarum, Anno Domini 1302. mense Augusto.

[c] *NOs autem omnia & singula supradicta, prout superius sunt expressa, volumus, laudamus, approbamus, & tenore presencium confirmamus: salvo in aliis jure nostro & in omnibus alieno. Quod ut firmum & stabile imperpetuum perseveret, presentibus Litteris nostrum fecimus apponi Sigillum.* Actum Parisius, Anno Domini 1302. mense Marcio.

[d] *NOs autem omnia & singula suprascripta, rata habentes & grata, ea volumus, laudamus, approbamus, & tenore presencium confirmamus: salvo in aliis jure nostro & in omnibus alieno. Quod ut ratum & stabile perpetuo perseveret, presentibus Litteris nostrum fecimus apponi Sigillum.* Actum Parisius, Anno Domini 1318. mense Decembris.

[e] *NOs autem omnia & singula suprascripta, rata habentes & grata, ea volumus, laudamus, approbamus, & tenore presencium confirmamus: salvo in omnibus jure nostro & in omnibus alieno. Quod ut ratum & stabile perpetuo perseveret, presentibus Litteris nostrum fecimus apponi Sigillum.* Actum apud Poissiacum, Anno Domini 1323. mense Maii.

[f] *NOs autem omnia & singula suprascripta, rata habentes & grata, ea volumus, laudamus, approbamus & tenore presencium confirmamus: salvo in omnibus jure nostro & quolibet alieno. Quod ut firmum & stabile perpetuo perseveret, presentibus Litteris nostrum fecimus apponi Sigillum.* Actum Parisius, Anno Domini 1328. mense Julii.

[g] *NOs autem omnia & singula supradicta, prout superius sunt expressa, rata habentes & grata ea volumus, laudamus, approbamus, & tenore presentium confirmamus: salvo in omnibus jure nostro & quolibet alieno. Quod ut firmum & stabile perpetuo perseveret, Sigillum nostrum, quo ante susceptum Regni nostri regimen, utebamur, presentibus est appensum.* Actum Parisius, Anno Domini 1350. mense Octobris.

[h] *Per Dominum Regem in Requestis suis.* CLAVEL. *Collatio facta est.* CLAVEL. R. GALLI. HENNIER. HENNIER. *Lecta in sede.*

a *Nos.* Reg. 80.

b Continuation des Lettres d'Othon.

c Continuation des Lettres de Philippe le Bel.

d Continuation des Lettres de Philippe le Long.

e Continuation des Lettres de Charles le Bel.

f Continuation des Lettres de Philippe de Valois.

g Continuation des Lettres du Roy Jean.

h Ce qui suit, n'est pas dans le Registre 96.

JEAN I.er & selon d'autres, Jean II. à Paris, en Octobre 1350.

(a) Privileges de la Ville de S.t Omer.

JOHANNES Dei gratia Francorum Rex: Notum facimus universis tam presentibus quam futuris, Nos infrascriptas vidisse Literas, formam que sequitur, continentes.

[i] *PHILIPPUS Dei gratia Francorum Rex: Notum facimus universis tam presentibus quam futuris, Nos infrascriptas vidisse Literas, formam que sequitur, continentes.*

[k] *KAROLUS Dei gratia Francorum & Navarre Rex: Notum facimus tam presentibus quam futuris, Nos infrascriptas vidisse Literas, formam que sequitur, continentes.*

i Philippe de Valois.

k Charles le Bel.

Philippe IV. dit le Bel, à Paris, en Mars 1302.

Philippe V.

NOTES.

(a) Tresor des Chartres, Registre 80. Piece 91. & Registre 96. Piece 98.

dit le Long, à Paris, au mois de Decembre 1318.
Charles IV. dit le Bel, à Poissy, au mois de May 1323.
Philippe VI. dit de Valois, à Paris, au mois de Juillet 1328.

a Philippe le Long.
b Philippe le Bel.
c Burgenses predictos. Reg. 96.

[a] *PHILIPPUS Dei gratia Francorum & Navarre Rex: Notum facimus universis tam presentibus quam futuris, Nos vidisse Literas infrascriptas, formam que sequitur, continentes.*

[b] *PHILIPPUS Dei gratia Francorum Rex: Notum facimus universis tam presentibus quam futuris, Nos vidisse Literas infrascriptas, formam que sequitur, continentes.*

UNIVERSIS presentes Literas inspecturis: Nos Otho Comes Attrebatensis & Burgondie Palatinus, ac Dominus de Salinis; & Machildis ejus Uxor, Comitissa Attrebatensis & Burgondie Palatina, ac Domina de Salinis, Salutem, Cum intelleximus quod quidam antecessores nostri, Ville nostre sancti Audomari quondam Domini, in primis suis adventibus, eidem Ville nostre & Burgensibus ejusdem, juramentum prestiterint: Nos antecessorum nostrorum vestigiis inherendo, nolentes dicte Ville juribus & consuetudinibus in aliquo derogare, eidem Ville nostre & Burgensibus predictis, juramentum prestitimus in hec verba: Juramus quod Ville nostre predicte Sancti Audomari & Burgensibus ejusdem, simus boni & fideles Domini, & quod dictam Villam [c] predictos ejusdem Ville, servabimus, manutenebimus & deffendemus secundum Cartas predecessorum nostrorum, quas eisdem volumus confirmare. In cujus rei testimonium, presentibus Literis Sigilla nostra duximus apponenda. Datum apud Sanctum Audomarum, Anno Domini millesimo trecentesimo secundo, mense Augusto.

d Continuation des Lettres de Philippe le Bel.

[d] *NOS autem omnia & singula supradicta, prout superius sunt expressa, volumus, laudamus, approbamus, & tenore presencium confirmamus: salvo in omnibus jure nostro & etiam alieno. Quod ut firmum & stabile perpetuo perseveret, presentibus Literis nostrum fecimus apponi Sigillum.* Actum Parisius, Anno Domini millesimo trecentesimo secundo, mense Martio.

e Continuation des Lettres de Philippe le Long.
f sunt expressa. Registre 96.

[e] *NOS autem omnia & singula supradicta, prout superius [f], volumus, laudamus, approbamus, & tenore presencium confirmamus: salvo in omnibus jure nostro & etiam alieno. Quod ut firmum & stabile perpetuo perseveret, presentibus Literis nostrum fecimus apponi Sigillum.* Actum Parisius, Anno Domini millesimo trecentesimo decimo-octavo, mense Decembris.

g Continuation des Lettres de Charles le Bel.

[g] *NOS autem omnia & singula supradicta, prout superius sunt expressa, volumus, laudamus, approbamus, & tenore presencium confirmamus: salvo in omnibus jure nostro & etiam alieno. Quod ut firmum & stabile perpetuo perseveret, presentibus Literis nostrum fecimus apponi Sigillum.* Actum apud Poissiacum, Anno Domini millesimo trecentesimo vicesimo-tertio, mense Mayo.

h Continuation des Lettres de Philippe de Valois.

[h] *NOS autem omnia & singula supradicta, prout superius sunt expressa, volumus, laudamus, approbamus, & tenore presencium confirmamus: salvo in omnibus jure nostro & etiam alieno. Quod ut firmum & stabile perpetuo perseveret, presentibus Literis nostrum fecimus apponi Sigillum.* Actum Parisius, Anno Domini millesimo trecentesimo vicesimo-octavo, mense Julio.

i Continuation des Lettres du Roy Jean.

[i] *NOS autem omnia & singula supradicta, prout superius sunt expressa, rata habentes & grata, ea volumus, laudamus, approbamus, & tenore presencium confirmamus: salvo in omnibus jure nostro & quolibet alieno. Quod ut firmum & stabile perpetuo perseveret, Sigillum nostrum, quo ante susceptum Regni nostri regimen, utebamur, presentibus est appensum.* Actum Parisius, Anno Domini millesimo trecentesimo quinquagesimo, mense Octobris.

k Ce qui suit, n'est pas dans le Registre 96.

[k] *Per Dominum Regem, in Requestis suis.* CLAVEL. R. GALLI. HENNIERE. *Collatio facta est.* CLAVEL. *Lecta in sede.*

(a) Lettres

JEAN I.er & selon d'autres, Jean II. à Chanteloup, en Novembre 1350.

(a) Lettres qui permettent aux Prevost des Marchands & aux Eschevins de Paris, de lever une certaine somme sur les Bourgeois de cette Ville, qui auront une hanse *ou societé avec des Marchands Forains.*

JEHAN par la grace de Dieu Roy de France: Savoir faisons à tous presens & advenir, que comme selonc les previleges par nos predecesseurs Roys de France, donnez au Prevost des Marchans, Eschevins, Bourgois hansez, & autres habitans de nostre Ville de Paris, sur les Coustumes & usages à eulx donnez de grant ancienneté, conviengne & faille à tous forains de quelque estat ou païs qu'ilz soïent, admenans denrées ou marchandises par la riviere, en la Ville de Paris, & passans par l'arche de grant-Pont de Paris, Compaignie Françoise par le Prevost des Marchans, Eschevins de ladicte Ville, ou l'un d'eulz hansé d'ycelle Ville, prandre & avoir, avant que leursdittes denrées ou marchandises entrent ès [a] muetes & destrois de la marchandise de la riviere, de ladicte Ville: ou se ce non que lesdiz Forains ne preissent point de Compagnie Françoise, si comme il est dist, leurs denrées & marchandises feussent en ce cas forfaittes & acquises; c'est assavoir, la moittié à Nous, & l'autre moittié à la marchandise, par la vertu des prévileges jadiz à eulx, si comme il est dit, donnez & ottroïez: & maintenant ladicte Ville de Paris, tant pour raison de plusieurs & diverses revenus par ycelle Ville donnez à plusieurs personnes, & en plusieurs aumosnes, comme de plusieurs Marchans de ladicte Ville & demourans en ycelle, diminuez de leur estat & de leur faculté, soit tellement [b] charchiée desdiz dons & ausmones, que les *(b)* fais & charges de ceste maniere, laditte Ville n'a peu dès grant-temps a, ne ne pourroit dores-en-avant soustenir, ne ycelle estre soustenuë, comme pour le deffault de [c] solucion ou de l'acomplissement des choses

[a] *mettes, bornes.*

[b] *chargée.*

[c] *payement.*

NOTES.

(a) Ces Lettres sont dans un Registre de l'Hostel de Ville de Paris, qui estoit autrefois nommé le *Livre Rouge*, & qui est presentement cotté *A. fol.* 18. *verso.*

Ce Registre contient les Lettres de Privileges accordez à la Ville de Paris. A la suite de chacune des Lettres latines, on trouve les mêmes Lettres en françois, sans que rien marque si ce sont de simples traductions; ou si ce sont des Lettres originales dressées en françois: car il arrivoit quelquefois que l'on expedioit en même temps & sur la même affaire, deux Lettres toutes semblables pour le fonds, & dont l'une estoit en françois, & l'autre en latin. Telles sont celles qui furent accordées aux Juifs en Mars 1360. [Voy. le 3.e Vol. des Ordonn. p. 467. & suiv.]

Je ne crois cependant pas que les Lettres françoises qui sont dans ce Registre *A.* de l'Hostel de Ville, soient des Lettres originales; & il me paroist que ce ne sont que des traductions, qui ne sont pas même toûjours fort exactes. Car toutes les Lettres latines contenuës dans ce Registre, sont en Original dans le dépost de l'Hostel de Ville; & l'on ne trouve dans ce dépost, qu'une seule Lettre qui ait esté expediée en même temps, & en latin & en françois. [Voy. cy-dessous p. 267. Note *(a)*].

Cependant comme on ne peut rien determiner de certain là-dessus, on a crû dans le doute, devoir faire imprimer ces Pieces françoises. Quand on ne les regarderoit que comme des traductions, ce seroit toûjours des monuments precieux, puisqu'elles sont anciennes; car le Registre où elles se trouvent, paroist avoir esté écrit vers la fin du 14.e siecle. D'ailleurs ces Pieces françoises peuvent servir à l'intelligence de quelques endroits des Lettres latines.

Les Lettres latines conformes aux françoises que l'on donne icy, sont imprimées cy-dessus, p. 9. & sont dans le Registre de la Ville, *fol.* 17. *verso.*

Voy. sur les difficultez qui se peuvent trouver dans les Lettres françoises, les Lettres latines cy-dessus p. 9.

(b) Fais.] C'est-à-dire poids. Dans les Lettres latines qui sont dans ce Registre, il y a: *faita seu honera.* Dans les Lettres latines imprimées cy-dessus, il y a: *facta & onera.* Je crois que *faita* est la bonne leçon.

JEAN I.er & selon d'autres, Jean II. à Chanteloup, en Novembre 1350.

dessusdittes, elle est *(c)* demourée de plusieurs ans ès arrerages dessusdiz; maiz convenu ycelle laissier comme par necessité lesdittes aumosnes acoustumées, si comme Nous ont exposé lesditz Prevost, Eschevins & Bourgois, supplians humblement & à grant instance, sur ce euë avant diligent deliberacion entre eulx, si comme ilz disoient, que Nous à secourir à ycelle Ville, deignissions donner que de & sur le prouffit ausditz Bourgois hansez de ladicte Ville, pour raison de la marchandise & de la Compaignie dessusdicte, par vertu desditz previleges, si comme il est dit, à eulx appartenans, & qui ou temps advenir leur pourront appartenir, ladicte Ville, pour supporter les choses dessusdictes & autres charges, sur chascun Bourgois de ladicte Ville hansé & acompaignié, si comme il est dit, vingt solz Parisis, ou cas que la marchandise de la Compaignie monteroit à la somme de cent livres Parisis ou oultre; & se elle se montoit à [a] mains; si comme à vingt livres Parisis, tant seulement dix solz Parisis, puisse perpetuelment exiger, lever & avoir licitement, meesmement que ces choses viennent & procedent de la bonne voulenté & accort desdiz Bourgois hansez, si comme ilz dient: Nous entenduës les choses dessusdictes, annuans favorablement à ladicte supplicacion, avons ottroïé à tousjours perpetuelment audiz Prevost, Eschevins & Bourgois, & à leurs successeurs, ou cas dessusdit, & par la teneur de ces presentes, de auttorité Roïal, donnons de grace especial & certaine science, que de & sur le prouffit appartenant & qui puest & doit, pourra & devra ou temps advenir, appartenir à chascun Bourgois hansé aïant Compaignie Françoise, si comme il est dit, ladicte Ville ou les dessusdiz Prevost & Eschevins, aïent pour elle, participent & puissent exiger & lever vingt sols Parisis, ou cas que la Compaignie monteroit à la somme de cent livres Parisis; & se elle montoit moins, jusques à la somme de vingt livres, dix solz Parisis, si comme il est dit: en telle maniere toutes-voïes que lesdittes sommes ainsy leveez, soïent au prouffit & utilité de laditte Ville & du Parlement ou Parlouoir aus Bourgois d'ycelle Ville, entierement convertis par lesdits supplians & leurs successeurs; nonobstant le previlege dessusdit parquoy lesdiz Bourgois hanssez doivent avoir le prouffit dessusdit. Et pour ce que ce soit ferme & estable à tousjours, Nous avons fait mettre à ces presentes Lettres nostre grant Seel: sauf nostre droit ès autres choses & en tout l'autruy. *Donné à* [b] *Chanteleu, l'An de grace mil trois cens cinquante, ou mois de Novembre.*

[a] *moins.*

[b] *Chanteloup.*

NOTES.

(c) Demourée.] Dans les Lettres latines imprimées cy-dessus p. 9. il y a: *remisserint.* J'ay averti dans la Note *(c)* que ce mot estoit douteux, & qu'il ne faisoit aucun sens. Mais dans les Lettres latines qui sont dans le Registre de la Ville, il y a: *remanserit*; & c'est-là la bonne leçon.

JEAN I.er & selon d'autres, Jean II. à Paris, en Juin 1351. Louis le Gros, à Paris, en 1134. Louis X. dit le Hutin, à Rouen en Fevrier 1315. Philippe VI. dit de Valois, au Bois de Vincennes, en Mars 1345.

(a) *Lettres portant confirmation du droit d'*Arrest *accordé aux Bourgeois de Paris.*

JEHAN par la grace de Dieu Roy de France: Savoir faisons à tous presens & advenir, que Nous avons veu unes Lettres cy-après escriptes, contenant la fourme qui s'ensuit.

[a] PHILIPPE par la grace de Dieu Roy de France: Savoir faisons à tous presens & advenir, Nous avoir veu les Lettres de nostre très chier Seigneur & Cousin, le Roy Loys, saines & entieres, scellées en cire vert & en las de soïe, contenant la fourme qui s'ensuit.

[b] LOYS par la grace de Dieu Roy de France & de Navarre: Savoir faisons à tous presens & advenir, Nous avoir veu unes Lettres contenant ceste fourme.

[c] OU nom de la Saincte & indivisée Trinité: *Amen.* Je Loys par la grace de Dieu Roy de France: Savoir faisons à tous presans & advenir, que Nous avons ottroïé & commandé à tous noz Bourgois de Paris, que se les debteurs à qui ilz auront [d] creu, leur nyent leurs debtes, & ilz puissent prouver que ilz n'aïent païé dedens le terme qui leur sera donné, lesdis Bourgois puissent prandre des biens desdiz debteurs, ou de leurs hommes qui soïent de nostre Justice, en quelconques lieu & par quelque maniere; tant que ilz puissent estre & soïent plainement & entierement satisfaiz de ce qui leur est deub: [e] Et se il avient que lesdiz Bourgoiz prangnent des biens desdiz debteurs, & ilz nyent leur devoir riens, si qu'ilz ne puissent bonnement estre convaincus, lesditz Bourgoiz ne encourront pource point de forfait envers Nous; mais aront les dommages & despens que ilz feront pour cause de ce, & leur admenderont avec la loy (b) *qua vivunt, reddem & emendabunt.* Nous voulons aussy que nostre Prevost de Paris, & tous noz familiers & Officiers de Paris, presens & advenir, soient à tousjours perpetuelment aydans ausdis Bourgois: Laquelle chose Nous voulons estre mise en escript, affin qu'elle ne soit oubliée, ne de noz successeurs ne puist estre bleciée: Et ycelle avons fait seeller de nostre Seel avec nostre nom. *Ce fu fait à Paris publiquement, l'An de l'Incarnation Nostre Seigneur mil cent XXXIV. & du Regne le XXVII. accordé par Loys nostre Fils sublimé en Roy, l'An III.* Presans en nostre Palais, ceulx de qui les noms s'ensuyvent & les saings. Le saing de

a *Philippe de Valois.*

b *Louis le Hutin.*

c *Louis le Gros.*

d *presté.*

e *Il manque là quelque chose qui est dans les Lettres latines.*

NOTES.

(a) Registre de l'Hostel de Ville de Paris, cotté *A. fol.* 4. *verso.* Voy. cy-dessus, p. 265. Note (a).

Les Lettres Latines de Loüis le Gros, & les Lettres de confirmation du Roy Jean, sont en Original, dans les Archives de l'Hôtel de Ville, & sont aussi dans le Registre *A. fol.* 4. *recto.*

Elles sont imprimées dans le 1.er Vol. des Ordonn. p. 6. & dans le 2. p. 437.

(b) *Qua vivunt, reddem & emendabunt.*] Il y a aussi *reddem* dans les Lettres Latines qui sont dans ce Registre; il faut corriger *reddent*, qui est dans le 2. Vol. des Ordonn. Je m'imagine que ces mots ne se trouvent icy en latin, que parce que le traducteur ne les a pas entendus: car cet endroit ne me laisse pas douter que ces Lettres Françoises, & toutes les autres qui sont dans le même Registre, ne soient que des traductions. Cet endroit est à la verité difficile; & voicy comment je crois qu'on peut l'entendre. Les Bourgeois de Paris ne payeront point d'amende au Roy, pour avoir demandé ce qui ne leur estoit pas dû: mais ils payeront une amende & des dommages & interests à celuy à qui ils ont demandé une chose qui ne leur estoit pas dûë; & cette amende & ces dommages & interests seront *liquidez*, suivant la *loy* & la coustume observée dans le lieu du domicile de celuy à qui le Bourgeois de Paris aura fait un mauvais procès. Cette amende pouvoit appartenir à un Seigneur Justicier. Voy. le *1.er Vol. des Ordonn.* p. 6. Note (e).

JEAN I.er & selon d'autres, Jean II. à Paris, en Juing 1351.

Raoul le Panetier : le saing de Hugues le Connestable : le saing de Hugues le Chambrier. Donné par la main de Estienne le Chancellier.

a Continuation des Lettres de Louis le Hutin.

[a] NOUS à l'umble supplicacion de nozdiz devoz Bourgois de Paris, lesquieulz sur toutes choses, Nous reputons noz feaulx, & lesquieulx Nous entendons ennoblir & embellir de plus amples graces & privilleges; & aussy, à nostre povoir, de toute adversité deffandre, aïans toutes les choses contenuës ès Lettres dessus transcriptes, fermes & estables, ycelles voulons, louons, approuvons, & par la teneur de ces presentes, de nostre certaine science & auctorité Roïal, confermons. Et pour ce que ce soit ferme & estable, & ne puist estre mis en oubli, Nous avons fait mettre ad ces Lettres, nostre Seel. *Ce fu fait à Rouan, l'An de l'Incarnation Nostre Seigneur, mil trois cens & quinze, ou mois de Fevrier. Et estoient ainsi signées.* Par le Roy à la relation de l'Archediacre de Rouan. JA. DE VERTUS. Collation faitte par moy avec l'Archediacre de Rouan.

b Continuation des Lettres de Philippe de Valois.

[b] NOUS aussy aïans toutes les choses dessus dictes fermes & estables, ycelles voulons, louons, approuvons, & par la teneur de ces presentes, confermons de nostre certaine science & auctorité Roïal : sauf ès autres choses nostre droit & en tout l'autruy. Et pour ce que ce soit ferme & estable à tousjours, Nous avons fait mettre à ces presentes Lettres, nostre Seel. *Donné au Boys de Vinciennes, l'An de l'Incarnation Nostre Seigneur, mil trois cent quarante cinq, ou mois de Mars.*

c Continuation des Lettres du Roy Jean.

[c] AUSSY & Nous considerans que à ladicte Ville de Paris, tant comme au chief & au plus noble lieu de tout nostre Roïaulme, les Marchans acqueurent plus habondenment & plus frequantenment que ès autres Villes de tout nostre Roïaulmes; & pour ce, Nous reputans de raison & de droit, les habitans de ladicte Ville, entre entre les autres de nostredit Roïaulme, devoir joyr & user de faveur & de prerogative, renouvelans ledit previllege & les choses contenuës en ycellui, ycelles voulons, louons, approuvons de grace especial & par la teneur de ces presentes, de nostre certaine science & auctorité Royal, confermons : declarans que lesdits Bourgois; non pas eulx proprement, maiz appellez noz Sergens, puissent & facent arrester pour les choses dessus dittes, leursdiz debteurs : Sauf ès autres choses nostre droit & en tout l'autruy. Et pour ce que ce soit ferme & estable à tousjours, Nous avons fait mettre ad ces Lettres, nostre Seel. *Donné à Paris, l'An de l'Incarnation Nostre Seigneur, mil trois cens cinquante & un, ou mois de Juing.*

JEAN I.er & selon d'autres, Jean II. à Paris, en Juin 1351.

(a) Lettres qui deffendent de faire dans la Ville de Paris, des *prises* de matelats & de coussins, pour le Roy.

JOHANNES Dei gratia Francorum Rex: Notum facimus universis tam presentibus quam futuris, Nos infrascriptas vidisse Litteras, formam que sequitur, continentes.

NOTES.

(a) Ces Lettres ont déja esté imprimées dans le 2. Vol. des Ordonnances, p. 434. mais par une erreur de Copiste, on a imprimé à la fin des Lettres principales, *ducentesimo*, au lieu de *centesimo;* ensorte qu'on a attribué à S.t Louis, des Lettres qui sont de Louis le Jeune.

Ces Lettres avoient esté prises dans le Tresor des Chartres, Registre 80. Piece 666. & non pas 700. ainsi qu'il y a par erreur, dans le 2. Vol. des Ordonn.

Les Lettres que l'on donne icy, ont esté copiées sur l'Original des Lettres du Roy Jean, qui est conservé dans le dépost des Archives de l'Hostel de Ville de Paris; & les Lettres de Louis le Jeune, ont esté collationnées sur

a *PHILIPPUS Dei gratia Francorum Rex: Notum facimus universis tam presentibus quam futuris, Nos carissimi Domini & Consanguinei Regis Ludovici, Litteras infrascriptas sanas & integras vidisse, in serico & cera viridi sigillatas, tenorem qui sequitur, continentes.*

Louis VII. dit le Jeune, à Paris, en 1165.
Louis X. dit Hutin, à Roüen, en Fevrier 1315.
Philippe VI. dit de Valois, au Bois de Vincennes, en Mars 1345.

b *LUDOVICUS Dei gratia Francorum & Navarre Rex: Notum facimus universis tam presentibus quam futuris, Non infrascriptas vidisse Litteras, tenorem qui sequitur, continentes.*

IN nomine Sancte & individue Trinitatis; Amen. *Ego Ludovicus Dei gracia Francorum Rex: Opus bonum & Regia magnificentia dignum facimus, quociens illicitas exactiones extinguimus, & gravas consuetudines abolemus. Notum itaque facimus universis tam presentibus quam futuris, quod quando veniebamus* [c] *Paris. in domibus quibusdam capiebant ad opus nostrum, Servientes nostri, (b) culcitras &* [d] *pulviaria. Considerantes tandem rem istam pauperibus hominibus nostris dampnosam, nec Nobis multum utilem, amore Dei, & pro Antecessorum nostrorum animabus & nostra, consuetudine ex toto condonavimus: Statuentes in perpetuum, ne quis* [e] *Servientium nostrorum, sive alius homo ad opus nostrum Parisius, culcitras aut* [f] *pluviaria deposcat, nostris aut successorum nostrorum temporibus; sed homines nostri Parisienses ab hac* [g] *consuetudine in quantum ad Nos pertinet, penitus liberi sint & immunes. Quod ut ratum sit & inconcussum, scribi & Sigilli nostri auctoritate communiri precipimus,* [h] *ac dicto* [i] *karactere nostri nominis.* Actum publice Parisius, Anno Verbi Incarnati millesimo centesimo sexagesimo quinto. *Astantibus in Palacio nostro, quorum subscripta sunt nomina & Signa. S. Comitis Theobaldi Dapiferi nostri. S. Radulphi Constabularii. S. Guidonis Buticularii. S. Mathei Camerarii. Data per manum Hugonis Cancellarii.*

a Philippe de Valois.
b Louis le Hutin.
c app. *Parisius.*
d Pulvinaria. *O.*
e Servientum. *O.*
f Pulvinaria. *O.*
g Consuetudinem. *O.*
h addito. *O.*
i Le Monograme est dans les Lettres originales de Louis le Jeune.

k *NOs autem premissa omnia & singula, rata & grata habentes, ea volumus, laudamus, approbamus, & tenore presencium, auctoritate nostra Regia, & ex certa scientia confirmamus: salvo in aliis jure nostro & quolibet alieno. Quod ut perpetue stabilitatis robur obtineat, presentibus Litteris nostrum fecimus apponi Sigillum.* Actum Rothomagi, Anno Domini millesimo trecentesimo decimo-quinto, mense Februario. Erant sic signate. *Per Dominum Regem, ad relationem Archidiaconi Rothomagensis.*

JA. DE VERTUS.

k Continuation des Lettres de Louis le Hutin.

l *NOs eciam premissa omnia & singula in suprascriptis Litteris contenta, prout superius sunt expressa, rata habentes & grata, ea volumus, laudamus, approbamus, ac tenore presencium, auctoritate Regia & ex certa sciencia, confirmamus: salvo in aliis jure nostro & in omnibus quolibet alieno. Quod ut firmum & stabile perpetuo perseveret, presentibus Litteris nostrum fecimus apponi Sigillum.* Datum apud nemus Vincennarum, Anno Domini millesimo trecentesimo quadragesimo-quinto, mense Martio.

l Continuation des Lettres de Philippe de Valois

NOTES.

l'Original même, qui est dans le même dépost, & qui est très bien conservé; à l'exception d'un endroit vers la fin où le parchemin est dechiré.

Les corrections faites par le moyen de cet Original, seront marquées par la Lettre *O*.

Dans les Lettres imprimées dans le 2. Vol. des Ordonnances, il y a encore une faute; mais qui vient de celuy qui a copié le Registre des Chartres.

A la fin des Lettres du mois de Fevrier 1315. il y a, *Ad relationem Archiepiscopi Rothomagensis:* il devroit y avoir, *Archidiaconi Rothomagensis*, comme il y a dans celles que l'on donne presentement, & dans plusieurs autres Lettres de ce même jour, par lesquelles Louis le Hutin confirma differents privileges de la Ville de Paris, & dont quelques-unes sont imprimées dans ce Volume.

(b) Culcitras.] Des *coutes*, ou *coüettes*, ou *lits de plumes*. Voy. Du Cange, au mot *Culcitra*, & Borel, au mot, *Coute*.

a Continuation des Lettres du Roy Jean.

[a] *NOs autem hujusmodi Antecessorum nostrorum laudabile propositum, libertatem & immunitatem approbantes, omnia in prescriptis Litteris contenta, rata habemus & grata, & ea de speciali gratia, auctoritate Regia & ex certa sciencia, confirmamus perpetuo valitura: Prohibentes expresse ne quis ullo tempore in futurum, in contrarium quicquid attemptare presumat. Quod ut firmum & stabile remaneat in futurum, presentibus Litteris nostrum fecimus apponi Sigillum.* Actum Parisius, mense Junii, Anno Domini millesimo trecentesimo quinquagesimo-primo.

Per Consilium in quo vos eratis. Y. SIMON. *Collatio facta est per me.* Y. SIMON.

JEAN I.er & selon d'autres, Jean II. à Paris, en Juin 1351. Louis VII. dit le Jeune, à Paris, l'an 1170. Louis IX. à Sens, en Mars 1269. Louis X. dit Hutin, à Roüen, en Fevrier 1315. Philippe VI. dit de Valois, au Bois de Vincennes, en Mars 1345.

b *Philippe de Valois.*
c *Louis le Hutin.*
d *S.t Louis.*
e *Louis le Jeune.*

(a) Lettres qui confirment les anciennes Coustumes des Bourgeois de Paris, negocians sur la Seine.

JEHAN par la grace de Dieu Roy de France: Savoir faisons à tous presans & advenir, Nous avoir veu unes Lettres contenant ceste fourme.

[b] PHILIPPE par la grace de Dieu Roy de France: Savoir faisons à tous presans & advenir, Nous avoir veu les Lettres de nostre très chier Seigneur & Cousin, seellées en las de soïe & en cire vert, contenant la teneur qui s'ensuit.

[c] LOYS par la grace de Dieu Roy de France & de Navarre: Savoir faisons à tous tant presans comme advenir, Nous avoir veu les Lettres du Benoist Confesseur Saint Loys, jadiz Roy de France, nostre predecesseur, desquelles la teneur est telle.

[d] LOYS par la grace de Dieu Roy de France: Savoir faisons à tous presans & advenir, que Nous avons veu les Lettres de bonne & noble memoire, Loys Roy de France, en ces paroles.

[e] OU nom de la Saintte & indivisée Trinité: *Amen.* Je Loys par la grace de Dieu Roy de France: Savoir faisons à tous presans & advenir, que nos Citoïans de Paris, qui sont Marchans par yauë, sont venus pardevers Nous, en nous priant que Nous leur ottroiissions & confirmissions leurs Coustumes, qu'ilz avoient ou temps de nostre Pere le Roy Loys: Desquieulx Nous embrassans la petition, par faveur debonnaire, à yceulx avons ottroïé benignement leur priere: Et sont leursdittes Coustumes telles de ancienneté.

Il ne loit à homme nul, mener ne ramener à Paris, aucune marchandises par yauë, depuis le pont de Mante jusques aus pons de Paris, se il n'est Marchant de Paris par yauë, ou dedens ne ait aucun Marchant de Paris par yauë, son compaignon en laditte marchandise: Et se aucun fait ou s'efforce de faire au contraire, il perdra tout: duquel tout le Roy ara la moittié pour le forfait; & lesdiz Marchans l'autre: Toutes-voïes loira-il aus Marchans de Roüan, par yauë admener leurs nefs vuides jusques au Village de *(b)* Aupec & non oultre, & les y chargier; & ycelles chargeez, ramener sanz compaignie de Marchant d'yauë de Paris: Et se aucun par aventure, passe oultre sanz Compaignie Françoise, il perdra tout; &, si comme dessus est dit, il sera distribué au Roy & ausdiz Marchans. Enseurquetout, se aucun vallet ou

NOTES.

(a) Registre de l'Hostel de Ville de Paris, cotté *A. fol.* 11. *verso.* Voy. cy-dessus p. 265. Note *(a)*. Les Lettres latines sont dans le même Registre, *fol.* 11. *recto*, & elles sont imprimées dans le 2. Vol. des Ordonn. p. 432.

(b) Aupec.] Presentement le *Pec*, au pied de la montagne sur laquelle est bâti *S.t Germain en Laye.*

familier desdiz Marchans d'yauë, forfait aucune chose, il ne sera excequté par Justice pour nul; se non pour le Seigneur ou service de qui il sera; toutes-voies se il n'est reprins en fait presant. Et pour ce que ce soit ferme & estable à tousjours, Nous avons fait mettre ad ces Lettres, nostre Seel. *Ce fû fait à Paris, l'An de l'Incarnation Nostre Seigneur mil cent soixante & dix :* Presans en nostre Palaiz ceulx de qui les noms s'ensuyvent & les saings. Le saing du Conte Thibaut nostre Panetier : le saing de Mathieu le Chambrier : le saing de Guy le Bouteillier : le saing [a] Raoul le Connestable. Donné par la main de Hugue le Chancelier, Evesque de Soisons.

JEAN I.er & selon d'autres, Jean II. à Paris, en Juin 1351.

[a] *de.*

[b] EN tesmoing de ce, Nous avons fait mettre ad ces Lettres, nostre Seel. *Ce fu fait à Sens, l'An de l'Incarnation Nostre Seigneur, mil deux cent soixante-neuf, ou mois de Mars.*

[b] *Continuation des Lettres de S.t Louis.*

[c] NOus aussy ayant toutes les choses dessusdittes fermes & aggréables, ycelles voulons, loüons, approuvons, & par la teneur de ces presentes comfermons. Et pour ce que ce soit ferme & estable à tousjours, Nous avons fait mettre à ces presentes Lettres, nostre Seel. *Ce fû fait à Roüan, l'An de l'Incarnation Nostre Seigneur, mil trois cent & quinze, ou mois de Fevrier. Et estoient ainsy signeez :* Par le Roy, à la relation de l'Archediacre de Roüan. JA. DE VERTUS.

[c] *Continuation des Lettres de Louis le Hutin.*

[d] NOus aussy voulans toutes les choses contenuës ès Lettres dessus transcriptes, estre fermes & estables, ycelles voulons, loüons, approuvons, & par la teneur de ces presentes, confermons de nostre certaine science & auctorité Roïal : sauf ès autres choses nostre droit & en toutes l'autruy. Et pour ce que ce soit ferme & estable à tousjours, Nous avons fait mettre ad ces Lettres, nostre Seel. *Donné au Bois de Vinciennes, l'An de l'Incarnation Nostre Seigneur, mil trois cens quarante-cinq, ou mois de Mars.*

[d] *Continuation des Lettres de Philippe de Valois.*

[e] AUssy & Nous aians toutes les choses dessusdittes fermes & aggréables, ycelles voulons, loüons, approuvons, ratiffions, & par la teneur de ces presentes, de nostre certaine science & auctorité Roïal, confermons : sauf ès autres choses nostre droit & en tout l'autruy. Et pour ce que ce soit ferme & estable à tousjours, Nous avons fait mettre à ces presentes Lettres, nostre Seel. *Donné à Paris, ou mois de Juing, l'An de l'Incarnation Nostre Seigneur, mil trois cens cinquante & un.*

[e] *Continuation des Lettres du Roy Jean.*

JEAN I.er & selon d'autres, Jean II. à Paris, le 12. de Janvier 1351.

(a) Lettres de Commission données à Bertrand, Prieur de S.t Martin des Champs à Paris, envoyé par le Roy dans le Languedoc, pour y regler toutes les affaires qui regarderoient la Finance.

JOHANNES Dei gratia Francorum Rex : Dilecto & fideli Consiliario nostro, Bertrando Priori Sancti Martini de Campis juxta Parisios, Salutem. Cum in agendis negociis per Dominum quondam Progenitorem nostrum & Nos, vestre discrecioni commissis, fideliter, prudenter & diligenter vos habueritis ; prout per experientiam, & multorum fide dignorum relatum, didicimus & sumus plenarie informati : Eapropter de vestris fidelitate, diligentia & industria plenius confidentes, vobis committimus & mandamus, quatenus ad partes Senescalliarum Tholose, Carcassone, Bellicadri, Ruthenensis, Caturcensis & Bigorre, & alia loca Lingue Occitane, de quibus vobis videbitur opportunum, visis presentibus,

NOTES.

(a) Ces Lettres sont *vidimées* dans celles du mois d'Aoust 1354. qui sont au Tresor des Chartres, Registre 82. Piece 316.

JEAN I.er & selon d'autres, Jean II. à Paris, le 12. de Janvier 1351.

vos personaliter transferentes; ubi ex parte nostra, populo exponatis, qualiter hostes nostri, treugis juramento vallatis non-obstantibus, de die in diem, contra fidem promissam & juramentum proprium, nituntur Regnum nostrum invadere, Castra, Villas & alia loca occupare, & subditis nostris inferre dampnosa dispendia, & multa nephanda committere; nisi eorum perversis conatibus, per Nos & nostros fideles subditos, resistatur & realiter obvietur: Et quia pro deffensione & conservatione Regni nostri, & subditorum nostrorum tranquilitate & pace, ac resistencia predictis hostibus, & eorum fraudulosis machinacionibus [a] *faciendis, in diversis Regni nostri partibus, tam per terram quam per mare, Nos oporteat subire & sustinere multiplicia & innumerabilia onera expensarum, que non possumus, absque juvamine nostri populi, commode supportare: Quocirca subsidium & juvamen à nostris subditis, prout vobis, attentis oneribus &* [b] *missionibus guerrarum predictarum, faciendum videbitur, requiratis & imponatis eisdem* [c]*, quod levari cum minoribus expensis quibus poteritis, faciatis: Et insuper tam à Prelatis & personis Ecclesiasticis, quam à nostris Officiariis, personis & aliis, de quibus vobis videbitur expedire, mutua nostro nomine requiratis; & mutuantibus assignationes utiles faciatis, quas statuendis terminis, observari & adimpleri faciatis.*

a facienda.

b dépenses.

c subsidium.

(1) *Ceterum* [d] *& melius & facilius & cum minori gravamine nostri populi, que vobis commissa sunt & injuncta, exequi valeatis,* [e] *recipiendi financias pro & de Salva-gardiarum nostrarum infractionibus, portationibus armorum,* (b) *invasionibus, jurium nostrorum usurpatione & recelatione; usurpata & recelata ad statum pristinum & debitum reducentes; nec non & de personis & Mercatoribus Regni nostri, qui Burdegalis & in locis aliis obedientie Regis Anglie, morantur & morati fuerunt, si ad nostram obedientiam redire voluerint cum bonis suis, infra competentem terminum per vos statuendum eisdem; & generaliter de omnibus excessibus & criminibus, per quascunque personas commissis & perpetratis, in quantum jus nostrum tangere possunt; proditionis & lese-Majestatis casibus dumtaxat exceptis; cognoscendi, puniendi & remittendi, & pro predictis financiam recipiendi; creandique Notarios; recipiendique financias de rebus per innobiles, à Nobilibus seu personis Ecclesiasticis, à quibuscunque & quomodolibet acquisitis.*

d ut.

e Il manque-là quelques mots, comme *damus facultatem*, ou autres.

(2) Item. *Universitatibus locorum dandi & concedendi privilegia & libertates, ut de manu nostra & Corone Francie futuris temporibus* [f] *extrahantur; nec non Consulatus & Sindicatus; Nundinasque & Mercata; & illa habentibus* [g] *mutuandi ad alios dies; si de eorum processerit voluntate; & alia utilia eis privilegia, absque nostro & alieno prejudicio, concedendi.*

f certainement, il manque-là, *non.*

g mutandi.

(3) Item. *Compellendi realiter & de facto, omnes & singulos Receptores nostros, tam ordinarios quam extraordinarios; Collectores & Sub-Collectores Decimarum; Magistros & Gardiatores Vectigalium & Portuum seu Passagiorum, & Commissarios quoscunque, ad tradendum & reddendum vobis clare & specifice, omnes partes Receptarum* [h] *& missionum suarum;* (c) *& ex causa.*

h leurs dépenses.

(4) Item. *Procurandi & habendi generaliter, modis & viis quibus licite fieri poterit, financias &* [i] *compositiones que pro quibuscunque causis ordinariis & extraordinariis, haberi poterunt; & super hiis & dependentibus ex eisdem, inquirendi contra quascumque personas; de criminibus & excessibus quibuscunque, easque puniendi vel absolvendi, secundum quod Causarum merita exigent & vobis videbitur faciendum; Justitia mediante.*

i Voy. la Table du 3.e Vol. des Ordonnances au mot, *composition.*

(5) Item. *Nostris &* [k] *popouli indempnitatibus providere volentes, & ipsius paupertatibus compatientes, volumus quod super refformatione &* [l] *reparatione Focorum, de quibus multipliciter conqueritur idem populus; & etiam quod in multis locis illarum Partium,*

k populi.

l nouvelle repartition de Feux. Voy. cy-dessus p. 238. Note (c)

NOTES.

(b) *Invasionibus.*] Je crois que par ce mot, il faut entendre des *invasions* faites avec violence & à main armée, de Chasteaux & de terres.

(c) *Et ex causa.*] Ces mots paroissent estre une espece de *formule* employée dans les Comptes. Je ne sçais ce qu'ils peuvent signifier.

propter

propter Censûs, (d) dnationes, portiones & alia onera excessiva; quibus certe possessiones & alie res que à Nobis tenentur, adhenus fuerunt ᵃ onerare, inutiles Nobis fiant & inculte remaneant, provideatis super hoc; vocatis vobiscum Senescallo & Procuratore nostris Senescalliarum, in quibus reparationes & provisiones hujusmodi fuerint faciende, prout vestre discretioni videbitur faciendum. Super quibus omnibus & singulis & eorum circumstanciis & dependentibus ab eisdem, vobis tenore presentium, concedimus plenam & liberam potestatem: Promittentes omnia & singula que per vos super premissis, acta fuerint vel concessa, rata & grata habere, & illa confirmare; si & quando fuerimus requisiti; & exnunc absque aliqua confirmatione, ea valere volumus, & habere perpetuo roboris firmitatem.

JEAN I.er & felon d'autres, Jean II. à Paris, le 12. de Janvier 1351.

a onerate.

(6) Item. Volumus, precipimus & ordinamus, quod omnia subsidia, decime, compositiones, financie, & ᵇ explecta quecumque totius Lingue Occitane, & Partium in quibus estis deputatus, recipiantur per dilectum nostrum Nicolaum Oddonis, Receptorem nostrum in Partibus supradictis, vel per ejus Locum-tenentem, pro distribuendo & tradendo per ipsum, aut alterum de Thesaurariis guerre nostre, seu eorum Loca-tenentibus, Gentibus armorum & peditum, deputatis in dictis Partibus, & etiam deputandis, & aliis nostris negotiis, juxta & secundum arbitrium & ordinationem vestram, & non aliter: Et volumus quod ad tradendum & deliberandum dicto Nicolao vel ejus Locum-tenenti, pecunias supradictas, vos compellatis & possitis compellere, viis & modis quibus vobis videbitur melius expedire, omnes & singulos Receptores, Collectores & Sub-Collectores decimarum, & Custodes portuum & passagiorum, ac Commissarios quoscumque, & conservare & procurare in omnibus & per omnia, in premissis & ea tangentibus, jura nostra; commissionibus alias per Nos vobis factis, in suo robore permanentibus.

b revenus. Voy. Du Cange, au mot, *expletum*.

(7) Item. Revocamus tenore presentium, omnes & singulas assignationes per quoscumque factas usque in diem ᶜ date presentium Litterarum: Inhibentes omnibus & singulis Capitaneis, Senescallis & aliis personis per Nos deputatis vel deputandis in illis Partibus, ne de pecuniis nostris, preter & ultra ordinationem vestram, capere presumant, aut compellere aliquem de nostris Receptoribus ad tradendas eisdem, contra Ordinationem nostram presentem: Non-obstantibus Ordinationibus aut mandatis factis in contrarium vel etiam faciendis: Et damus tenore presentium, in mandatis omnibus Justiciariis & subditis nostris, alios requirentes, ut vobis & deputandis à vobis, in hiis pareant efficaciter & intendant. In quorum fidem & testimonium, Sigillum nostrum presentibus duximus apponendum. Datum Parisius, die duodecima Januarii, Anno Domini millesimo trecentesimo quinquagesimo-primo. *Per Regem in Consilio in quo vos eratis.*

c la date.

NOTES.

(d) Dnationes.] Il y a une marque d'abbreviation sur la premiere syllabe. Je n'ay pû découvrir quel est le mot entier. Je trouve dans Du Cange, *dena*, qui signifie une certaine portion de terre. On pourroit avoir dit *denacio* dans le même sens; & cet Article signifieroit, que les terres qui estoient tenuës du Roy, estoient chargez de cens & d'autres redevances; & que d'ailleurs, il y avoit des *portions* de ces terres dont on ne joüissoit pas: ensorte que celuy qui les tenoit, n'en retirant pas de profit, il estoit obligé de les abandonner.

JEAN I.er & felon d'autres, Jean II. en Janvier 1352.

(a) Privileges accordez à l'Université de Montpellier.

JOHANNES Dei gratia Francorum Rex: Notum facimus universis tam presentibus quam futuris, Nos quasdam Litteras de Registris nostris, extrahi fecisse, formam que sequitur, continentes.

NOTES.

(a) Tresor des Chartres, Registre 82. Piece 583.

JOHANNES Dei gratia Francorum Rex, &c. [a]

a Voy. cy-dessus p. 34.

b la date.

[b] Datum extractus hujusmodi, Anno Domini millesimo trecentesimo quinquagesimo-secundo, mense Januarii. Extractum de Registris Cancellarie. Et erat sic signata. *Per Regem.* MELLOU. J. ROYER. *Collatio facta est cum originali Registro. Per me.* J. ROYER.

JEAN I.er & selon d'autres, Jean II. à Corbeul, le 1.er de Juillet 1353.

(a) Lettres portant que les amendes adjugées par le Parlement, seront employées à faire faire de la Vaissselle d'Argent pour l'Hostel du Roy.

JEHAN par la grace de Dieu Roy de France : A Gauchier de Vannes nostre amé Argentier & General-Maistre de noz Monnoïes, Salut. Nous avons ordené & voulu, voulons & ordenons par ces presentes, que generalment toutes les amendes à Nous adjugiés & dores-en-avant à adjuger par nostre Parlement à Paris, nulle exceptée ou retenuë, te soïent bailliées par noz amez & feaux Genz de noz Comptes à Paris, en rolles signez par deux des Clercs de la Chambre de nozdiz Comptes, & lesdictes amendes [c] par toy tournées & converties ès neccessitez de l'Argenterie par especial, & avant toutes autres choses quelconques, en certaine quantité de Vessele d'Argent de laquelle Nous avons très grant necessité en nostre Hostel. Si te mandons & commettons par ces presentes, que lesdictes amendes tu lieves, executes & exploites par toy ou par tes Députez, en contraignant à ce viguereusement les debteurs d'icelles, leurs hoirs & detenteurs de leurs biens, par prise de corps & venduë de biens, & autrement comme il est acoustumé à faire pour noz propres debtes: Et deffendons expressement aus Genz de nozdiz Comptes & Tresoriers à Paris, sur paine d'encourre nostre indignacion, que eulx ne [d] baillent autre part, ou retiennent devers eulx, lesdictes amendes ou aucunes d'icelles, ne ne sueffrent ycelles estre bailliées, retenuës ou converties autrement ne en autre usage, que dit est, en quelque maniere que ce soit. Mandons à touz noz Justiciers & subgiez, que à toy & à tes députez, en faisant les choses dessusdictes & les dépendances d'icelles, obéissent diligemment. *Donné à* [e] *Corbeul, le premier jour de Juillet, l'An mil trois cent cinquante & trois.*

c *soient.*

d *ne disposent des amendes pour un autre usage.*

e App. *Corbeil.*

NOTES.

(a) Ces Lettres sont *vidimées* dans d'autres Lettres du mois d'Avril 1355. lesquelles sont au Tresor des Chartres, Registre 84. Piece 510. & dont voicy le commencement.

JOHANNES Dei gratia Francorum Rex : Notum facimus universis tam presentibus quam futuris, Nos infrascriptas vidisse Litteras, formam que sequitur, continentes.

A touz ceulx qui verront & orront ces presentes Lettres : Jacques Maubuë [f] Commissaire en ceste partie, de honorable homme & saige, Sire Gauchier de Vannes Argentier dudit Seigneur, & commis à lever & recevoir les amendes de Parlement, Salut. Je ay receu les Lettres dudit Commis & autres, dont les teneurs s'ensuivent.

f *Commis.*

GAUCHER de Vannes Argentier du Roy nostre Seigneur, & commis à lever & recevoir les amendes de Parlement, à Jaquet Maubuë, & Jehan le Chapellier Sergens dudit Seigneur, Salut. Nous avons receu les Lettres dudit Seigneur, contenant ceste fourme.

JOHANNES, &c. Ce sont les Lettres qui sont imprimées dans le texte.

JEAN I.er & selon d'autres, Jean II. à Paris, le 23. d'Octobre 1353.

(a) Lettres de Commission données à des personnes nommées par le Roy, pour faire le procès à tous ceux qui ont malversé dans toutes les Monnoyes du Royaume.

JOHANNES Dei gratia Francorum Rex: Dilectis & fidelibus Simoni de Buciaco, Jacobo La Vache, Militibus; Petro de Semivilla, Presidentibus in Parlamento nostro; Johanni de Maseriis, Johanni de Hangesto, Magistris Compotorum nostrorum; Ingueranno de Parvo-Celario, Bernardo Fremandi Thesaurariis nostris; Petro de Ordeimonte & Johanni Chalemardi, Consiliariis nostris: Salutem & dilectionem. Cum [a] *Gobertus Johannini & quidam alii Monetam nostram Montispessulani regentes, vel eam (b) frequentantes, pro suspicione certarum falsitatum & maleficiorum in dicta Moneta nostra, per eos seu eorum aliquos, in nostri prejudicium & scandalum, subditorumque nostrorum & aliorum alienigenarum dampnum non modicum ac periculum & gravamen, dolose & fraudulenter, ut dicitur, commissarum & dampnabiliter perpetratarum, certis informationibus super hoc precedentibus, capti, & propter hoc carceribus nostris mancipati extiterint, prout fertur: Nos in* [b] *hec, falsitatibus & maleficiis hujusmodi, periculisque* [c] *dampnis dictorum subditorum nostrorum & aliorum quorumcunque Nobis begnivolentium,* [d] *summarie obviare volentes, & inde veritatem sciri, ac Justitiam celerem & debitam, juxta culpabilium demerita, affectantes; vobis de quorum fidelitate & diligentia plenarie confidimus, mandamus & committimus, quantum possumus districtius injungendo, quatenus vos aut septem, sex, quinque, quatuor, vel tres vestrûm, qui in hujusmodi negotio vacare poteritis, resumptis informationibus quas tradi vobis volumus & jubemus, non solum contra dictum* [e] *Robertum; sed etiam contra quoscunque tam Monetam nostram Montispessulani predictam, quam alias Monetas nostras, ubilibet in Regno nostro situatas, ex parte nostra regentes & gubernantes, vel eas frequentantes, & in eisdem Monetis, per informationes jam factas seu etiam de novo deinceps faciendas, seu per famam publicam aut presumptiones vehementes, repertos seu reperiendos delinquentes, omnibus modis & viis juris & Justitie, quibus melius & brevius videritis & poteritis, procedatis in premissis, culpabilibus repertis, eisdem & eorum cuilibet, ipsis primitus in suis rationibus & defensionibus legitimis, in quibus de jure & ratione fuerint admittendi, auditis, exhibeatis summarie & de plano, omni dilatione postposita, celeris Justitie complementum: Malefactores adeo, Justitia mediante, civiliter aut criminaliter, juxta sua demerita puniendo, quod ceteri malefactores terreantur & eis transeat in exemplum. Contra autem absentes, fugitivos, & coram vobis comparere refutantes & recusantes, ad* [f] *evocationes & bannimentum à dicto Regno nostro, & confiscationem bonorum suorum quorumcunque Nobis applicandorum, celeriter procedatis, prout fuerit rationis: Ab omnibus Justiciariis & subditis nostris, vobis ac septem, sex, quinque, quatuor & tribus vestrûm, ac etiam deputandis vestris in premissis & ea tangentibus, pareri volumus efficaciter & jubemus.* Datum Parisius, 23. die Octobris, Anno Domini 1353.

[a] *Il y a plus bas*, Robertus.

[b] *Il n'y a dans le Registre, qu'une* h, *avec une marque d'abbreviation.*

[c] &.

[d] *Il n'y a dans le Reg. que* sumе, *avec une marque d'abbreviation dessus la premiere syllable.*

[e] Voyez cy-dessus, Note *(a)* marginale.

[f] citationes.

NOTES.

(a) Tresor des Chartres, Registre 82. Piece 13.

Cette Piece est *vidimée* dans des Lettres du mois de Decembre 1353.

(b) Frequentantes.] On peut entendre par-là, les Changeurs & les Marchands qui y apportoient du billon, & des matieres d'Or & d'Argent.

JEAN I.er & selon d'autres, Jean II. à Paris, en Janvier. 1353.

(a) Lettres qui permettent au Comte de Perigord, d'establir dans la Ville de Perigueux, un Juge des premieres appellations.

JOHANNES Dei gratia Francorum Rex: Innata Nobis Regia liberalitas, nec-non vera fidelitas & sincera devotio, quam dilectus & fidelis noster Comes Petragoricensis, suique predecessores ad Nos, Regnum & Coronam Francie, tam nostris, quam Predecessorum nostrorum totis exactis hactenus temporibus, inviolabiliter habuerunt, & habet jugiter dictus Comes; prout per experientiam probavimus, & prout indubitanter Nobis constat; nec-non grata & utilia nonnulla servicia, que Nobis in guerris nostris & aliis multismodis, fecerunt & impenderunt, facereque & impendere non desinit dictus Comes, & que eciam ab ipso Nobis impendi speramus in futurum, merito Nos inducunt, ut Nos predicto Comiti reddamus ad gratiam liberales, & eumdem speciali prosequamur prerogativa favoris, qui nedum sibi, sed tote posteritati ipsius, ad perpetuum cedere comodum debeat & honorem. Notum igitur facimus universis presentibus & futuris, quod Nos attentis predictis, supplicationi predicti Comitis Nobis facte super hoc annuentes, eidem Comiti pro se & suis heredibus ac successoribus Comitibus dicti loci Petrag. [a] *primas appellationes; videlicet, cognitionem & examen, decisionemque punitionem & compulsionem totalem primarum appellationem omnium & singularum Causarum & casuum tam civilium quam criminalium, quas* [b] *à Majore & Consulibus Ville & Civitatis Petrag. ac Curia eorundem; & etiam à Curia vocata* del Celarier, *communi inter dictum Comitem & Capitulum Ecclesie Sancti Frontonis Petrag. predicti,* [c] *à data presentium inantea perpetuis temporibus, in Villa & Curiis supradictis & qualibet earundem, sive ad Nos vel ad nostrum Senescalium Petragoricensem, seu ad nostram Curiam Parlamenti, aut alibi ubilibet, tam a diffinitiva sententia quam interlocutoria, sive a gravamine seu condempnatione alia, quomodolibet appelletur seu provocetur,* [d] *contigerit emanari; omnimodamque Jurisdictionem ad dictas appellationes seu ad Nos, earundem ratione, spectantem & pertinentem ac pertinere debentem & valentem, ac quodcunque aliud jus Nobis & successoribus nostris competens & competere valens, seu ad Nos pertinens in eisdem; Superioritate tamen Nobis & nostris retenta; perpetuo predicto Comiti & suis heredibus & successoribus, causamque seu jus ab eodem vel suis in posterum habituris, pro Nobis & successoribus nostris, auctoritate Regia, ex certa scientia & de speciali gratia, deliberatione cum nostro Consilio super hoc prehabita diligenti, de jureque nostro in hoc debite certiorati, concessimus & donavimus ad perpetuitatem, tenoreque presentium concedimus & donamus; & in predictum Comitem pro se & suis, imperpetuum transferimus pleno jure, ad faciendum exinde suas & successorum suorum imperpetuum, omnimodas voluntates: concedendo etiam eidem tenore presentium, auctoritate & gratia quibus supra, plenam & liberam potestatem capiendi, nanciscendi & adipiscendi, per se vel per alium seu alios, ydoneum vel ydoneos, auctoritate sua propria, quandocunque sibi placuerit, nullius auctoritate requisita, plenam possessionem seu quasi, premissorum sibi per Nos donatorum & concessorum; nec-non omnes & singulos quoscunque impedientes aut perturbantes, vel impediri seu perturbari* [e] *attemptentes aut nitentes eumdem Comitem aut suos, in exercitio cognitionis, decisioneque & executione dictarum primarum appellationum, puniendi vel puniri faciendi, quemadmodum faceremus seu facere possemus aut poteramus casu adveniente impedimenti predicti, ante donationem, concessionem & translationem supradict. & cetera facere universa & singula, que pertinent & pertinere possunt & debent, ad tuitionem & conservationem Jurisdictionis & cognitionis, decisionisque & executionis eorundem: Mandantes precipiendo Senescallo Petragoricensi*

a Voy. cy-dessus, p. 28.

b contigerit emanari, *qui est plus bas.*

c la date.

d Voyez cy-dessus, Note (b) marginale.

e attentantes.

NOTES.

(a) Tresor des Chartres, Registre 82. Piece 67.

& Caturcensi presenti & futuro, ceterisque Justiciariis & Officiariis nostris vel eorum Locatenentibus, & cuilibet eorumdem, quatenus omnes & singulas Causas & casus appellationum primarum, a dictis Majore & Consulibus & eorum Curia, ac a dicta Curia communi inter dictum Comitem & dictum Capitulum Sancti Frontonis, que amodo inantea pro futuris emergent vel emanabunt temporibus, tam in civilibus quam in criminalibus, & tam a diffinitiva quam ab interlocutoria, vel alio gravamine per Nos dicto Comiti concessarum & donatarum ad perpetuum, & in ipsum & suos translatarum; si & quotiens ad [a] *eos contigerit appellari, & tociens quociens casus emerserit, ad dictum Comitem vel Judicem suum appellationum, super hoc ordinatum vel ordinandum, ipsis seu eorum altero requisitis vel non requisitis, remittant, & de illis ipsum cognoscere & judicare, & judicata exequi pacifice permittant, juxta concessionem nostram supradictam; & predictas Causas appellationum seu* [b] *eorum aliquas, vel earum cognitionem & examen, penes eos nullatenus retineant vel admittant; non-obstante quod primo fuerit ad ipsos seu eorum aliquem appellatum; nostraque presenti gratia, dictum Comitem & suos, imperpetuum uti & gaudere ad plenum libere* [c] *pacifice faciant & permittant, sine debato & contradictione quibuscunque; donis aut gratiis aliis per Nos seu predecessores nostros, ipsi Comiti factis, non-obstantibus quibuscunque. Que ut firma & stabilia perpetuo permaneant, nostrum presentibus Litteris fecimus apponi Sigillum: Salvo in aliis jure nostro & in omnibus alieno.* Actum & datum Parisius, Anno Domini 1353. mense Januarii.

JEAN I.er & selon d'autres, Jean II. à Paris, en Janvier 1353.

a Senescallum, &c. *Voyez plus haut.*

b earum.

c &.

Per Regem, in Consilio suo quo eratis vos & Dominus Episcopus Cathalanensis.

P. BLANCHET.

JEAN I.er & selon d'autres, Jean II. à Paris, en Fevrier. 1353.

A Paris, le 24. d'Avril 1353.

(a) Lettres confirmatives d'une Ayde accordée par les Habitans de [d]

JOHANNES Dei gratia Francorum Rex: Notum facimus universis tam presentibus quam futuris, Nos infrascriptas vidisse Litteras, formam que sequitur, continentes.

JEHANS [d] d'Erquery Doïen de Noyon Clerc, & Jacques la Vache, Chevalier, Conseillers du Roy nostre Seigneur, & Commissaires députez de par iceluy Seigneur, pour requerir l'imposition ou Bailliage d'Amiens & ès ressors d'icelui anciens & nouveaux: A touz ceulz qui ces presentes Lettres verront: Salut. Nous avons receu les Lettres du Roy nostre Seigneur, contenant cette fourme.

d *Voy. p. 279. Note (c).*

JOHANNES Dei gratia Francorum Rex: Dilectis & fidelibus Consiliariis nostris, Decano Noviomensi, & Jacobo la Vache Militi: Salutem & dilectionem. Cum per inimicorum & emulorum Regni nostri, malitiam preconceptam, agressiones malivolas, [e] *rebelliones iniquas, tempore carissimi Domini & Genitoris nostri, antequam ad Nos dicti Regni regimen deveniret, & eciam postmodum, hiis profecto temporibus, Regnum ipsum & ejus incole multipliciter opprimantur, ledantur & enormiter ac intolerabiliter pregraventur; ad quorum inimicorum & emulorum superbiam conterendam, nec-non subditorum nostrorum pacem & quietem, dicti Domini & Progenitoris nostri vestigiis inherendo, procurandam, & labores, expensas & onera quecunque subire, nullatenus recusamus: Cumque*

e &.

NOTES.

(a) Tresor des Chartres, Registre 82. Piece six-vingt-six.

Les Lettres du 23. d'Avril 1353. qui sont *vidimées* dans cette Piece, se sont aussi dans des Lettres du mois de Mars 1353. en faveur des Habitans d'Abbeville, lesquelles sont imprimées cy-dessous p. 285. & qui sont dans le même Registre, Piece 112.

C'est même sur cette Piece 112. & non sur la Piece six-vingt-six, que ces Lettres du 23. d'Avril 1353. ont esté copiées: mais elles ont esté corrigées sur cette derniere Piece.

JEAN I.er & selon d'autres, Jean II. à Paris, le 28. d'Avril 1353.

ad preces precarissimi Avunculi mei (b) Cardinalis Bolonie, mediatoris in hac parte, Nuncii nostri fuerint in partibus Picardie, pro tractando cum Nunciis Regis Anglie adversarii nostri, de bona pace & concordia, & adhuc debeant convenire & esse insimul in festo Trinitatis proxime instantis, pro eadem causa : & Nos postmodum habuerimus certa nova, per que nullam spem habemus, quod dictus tractatus pacis & concordie, veniat ad effectum ; ymmo sumus informati per fide dignos, quod dictus adversarius noster facit suum apparatum fortiori modo quo potest, ad finem dictum Regnum nostrum & incolas ipsius, multipliciter dampnificandi & gravandi : cujus Adversarii nostri male voluntati & iniquo proposito, totis viribus nostris ordinavimus resistere potenter, cum consilio & auxilio dilectorum & fidelium Prelatorum, Baronum, Nobilium & aliorum subditorum nostrorum, quibus super hoc mandata nostra districte direximus, ut cum equis & armis, ad Nos veniant ad certos locum & diem, sufficienter parati & muniti ; & propter hoc oporteat Nos facere & sustinere sumptus importabiles de die in diem, quos bono modo portare non possemus, nisi fideles & subditi nostri Nobis prestarent subsidium : Vobis & vestrûm cuilibet, de quorum industria, circumspecta probataque fidelitate plene confidimus, mandamus & committimus, quatenus vos ad partes Baillivie nostre Ambianensis & [a] ressorti ejusdem omnium antiquorum & novorum ; eciam si in Parria teneantur, seu exemptione vel alio quocunque privilegio pociantur, personaliter transferentes, Prelatis, Baronibus, & aliis Nobilibus, personis Ecclesiasticis, & habitatoribus nostrarum bonarum Villarum & Castellaniarum, tam immediate nostris subditis, quam aliis Baillivie & ressorti predictorum, ad dies & loca de quibus vobis videbitur expedire, coram vobis convocatis, hujusmodi tam urgentem necessitatem ac evidentem utilitatem, Nos & rem publicam Regni nostri ac ipsorum qualiter [b] tangen. in hac parte seriosius exponatis, ipsos & eorum singulos, ex parte nostra requirentes, ac inducentes viis & modis amicabilibus, quos, attenta negocii qualitate, videritis oportunos, prout in hac parte vobis aperuimus mentem nostram, ut in suo fideli & laudabili proposito, quod semper ad Nos & Regnum nostrum habuerunt, perseverando, subsidium sive imposicionem sex denariorum pro libra, que finiet in brevi, usque ad annum continue computandum, a die concessionis ejusdem, levandi simili modo quo anno proximo preterito precepimus, Nobis velint concedere graciose, & de ipsa benigniter Nos juvare : quod subsidium in generali Congregatione Prelatorum, Baronum & Nobilium dudum facta, minus onerosum seu grave, omnibus consideratis, extitit repertum. Si vero, quod absit, ipsorum aliquem vel aliquos, tam laudabili & necessario nostre intentionis proposito hujusmodi, inveniritis dissentire, impedimentum ponere, vel aliter quomodolibet obviare, ipsum vel ipsos, de quibus vobis videbitur expedire, ad certos & competentes dies, coram Nobis ubicunque fuerimus, super premissis comparituros, personaliter adjornetis : de nominibus vero adjornatorum, responsionibus eorum, & aliis circumstanciis & dierum assignationibus, Nos per vestras Litteras [c] tancito plenius certificare curantes : & nichilominus super oppressionibus, gravaminibus, & quibuscunque juris alieni usurpationibus & extorcionibus, quas indebite per Officiarios nostros aut aliter, summarie & de plano, vocatis evocandis, repereritis factas vel illatas fuisse quibuscunque subditis nostris predictorum Baillivie & ressorti, omissis omnibus appellationibus & frivolis allegationibus, absque morosa dilatione & figura seu strepitu Judicii, aut longuo processu, per viam Reformationis aut aliter, prout vobis visum fuerit expedire, exhibeatis per vos aut alium, seu alios a vobis super hoc deputandos, civiliter tamen, brevis & mature Justicie complementum ; delinquentesque predictos, ad restitutionem faciendam, dampna passa, & emendas civiles & condignas, juxta factorum qualitatem & delinquentium demerita, celeriter & debite condempnantes, & compellentes, omni favore cessante : & si aliqua dubia vel obscura vobis occurrerint in predictis vel

a ressortorum, dans des Lettres à peu près semblables. Voy. cy-dessous, p. 283. vers la fin.

b tangentem, ou tangentes.

c tam cito.

NOTES.

(b) *Cardinalis Bolonie.*] Guy Cardinal de Boulogne, estoit Oncle de Jeanne Comtesse d'Auvergne & de Boulogne, seconde femme du Roy Jean. *Hist. de la Maison d'Auvergne par Justel. L. 2. p. 72. 68. & 69.* [corr. 78. & 79.] *& Duchesne. Hist. des Cardin. Franç. p. 501.*

aliquibus predictorum, illa Nobis referatis viva voce ; aut sub sigillis vestris fideliter interclusa, quantocius transmittatis : in quibus & ea tangentibus, ab omnibus Justiciariis & subditis Regni nostri, vobis & vestrûm cuilibet insolidum, pareri volumus & jubemus ; ac auxilium & consilium prestari, quocienscumque super hoc fuerint a vobis requisiti. Datum Parisius, 24. mensis Aprilis, Anno Domini 1353. post Pascha.

JEAN I.er & selon d'autres, Jean II. à Paris, en Fevrier 1353.

PAR vertu desquelles Lettres dessus transcriptes, Nous feismes appeller aujourdui pardevant Nous, les Maire & Eschevins de la Ville de *(c)* sur la mer, pour oir ce que nous leur [a] vourrion dire & exposer de par le Roy nostredit Seigneur : lesquels ès personnes de Jehan Boulot Maire, & Gieffroy le Jeune Eschevin de ladicte Ville, se comparurent & presenterent pardevant nous : ausquels nous exposasmes & dismes l'entencion du Roy nostre Seigneur, selon l'instruction à nous baillié ; & les requismes ladicte imposition : lesquels Jehan & Geiffroy, pour & ou nom de ladicte Ville, l'ont octroyé & accordé au Roy nostre Seigneur, à courre & lever en ladicte Ville, tout en la forme & maniere que les autres bonnes Villes voisines l'ont accordé, depuis le jour qu'elle [b] fenira en ladicte Ville, jusques à un an ensuivant : sauf & reservé à eulx pour le temps present & avenir, [c] il ne soit ne porté préjudice à eulx ne à leur Ville dessus dicte en aucune maniere. *Donné à Amiens, soubz noz Seaulx, le lundi 10.e jour de Joing, l'an 1353.*

a *voudrions.*

b *finira.*

c *qu'il.*

NOS autem omnia & singula in dictis contenta Litteris, rata habentes & grata, ea volumus, laudamus, ratificamus, approbamus, & auctoritate nostra Regia, de speciali gratia, tenore presentium confirmamus : salvo in aliis jure nostro & in omnibus quolibet alieno. Quod ut firmum & stabile perpetuo perseveret, Sigillum nostrum presentibus Litteris duximus apponendum. Datum Parisius, Anno Domini 1353. mense Februarii. *Per Gentes Compotorum.* CHAPELLE. *Collatio facta est cum Litteris Originalibus, per me.* CHAPELLE.

NOTES.

(c) On n'a pas pû lire le nom de cette Ville. La premiere Lettre est faite très singulierement, & on ne peut distinguer si c'est un *A* ou un *D*. Il y a ensuite une *n*, ou un *u* & un *t*, ensorte que cela peut faire *Ant*, *Aut*, ou *Dut*. D'ailleurs dans le titre de la Piece, il paroist qu'il y a une marque d'abbreviation sur le *t* final. Je n'ay pû découvrir aucun lieu situé en Picardie sur la Mer, dont le nom approchât d'*Ant*, d'*Aut*, ou de *Dut*.

JEAN I.er & selon d'autres, Jean II. à Paris, en Fevrier 1353.

(a) Lettres portant que le Bailliage de Cheusses, ressortira à la Chastellenie de la Rochelle.

JOHANNES Dei gratia Francorum Rex : Notum facimus universis presentibus & futuris, quod intellecto nuper, referentibus fide dignis, quod terra vocata Baillivia de [d] Cheusses, *est adeo propinqua Ville nostre de Rupella, quod usque ad portas dicte Ville, vel de prope se extendit ; & quod antiquitus terra illa fuit de Castellania & ressorto Castri nostri de Rupella predicta ; etiam donec ipsa terra extitit per inclite recordationis carissimum Dominum Genitorem nostrum, tradita & assignata magnifico Principi (b) Regi Navarre novissime deffuncto, Consangineo nostro carissimo, cum Castro &*

d Je n'ai rien trouvé sur ce lieu.

NOTES.

(a) Tresor des Chartres, Registre 82. Piece 100.

(b) Regi Navarre.] Philippe III. Comte d'Evreux & Roy de Navarre, Fils de Louis Comte d'Evreux, Frere de Philippe le Bel. Il mourut le 16. de Septembre 1343. les termes de *novissime defuncto*, pourroient induire en erreur. Ils signifient seulement, *le dernier mort.* Voy. l'Hist. Geneal. de la M. de Fr. t. 1. p. 282.

JEAN I.er & selon d'autres, Jean II. à Paris, en Fevrier 1353.

Castellania de Beneon, in quadam assignatione seu [a] *assieta terre, eidem per dictum Dominum Genitorem nostrum, facta: a tempore cujus assignationis seu assiete,* [b] *citra & occasione ejusdem, terra predicta fuit in & de ressorto dicti Castri de Beneon; nunc-que est ad manum nostram & Domanium Regium devoluta, ac nostro nomine gubernata. Nos consideratione premissorum, attendentes etiam quod Castellania dicti Castri de Rupella, in* [c] *fronteriis nostrorum hostium situati, est valde modica; & quedam pars ejusdem, per dictos hostes quam plurimum dissipata & occupata; & quod terra predicta, nedum ad fortificationem seu defensionem & securitatem dicti castri de Rupella solum; ymmo etiam totius Patrie circonvicine est necessaria & utilis: habito super hoc maturo & diligenti consilio & tractatu, volumus, statuimus, & tenore presentium ordinamus, auctoritate nostra Regia, & ex certa scientia, dictam terram seu Bailliviam, una cum omnibus aliis terris, Jurisdictionibus & locis, eidem terre contiguis & propinquis, que ante assignationem seu assietam predictam, fuerant & erant de dicta Castellania vel ressorto Rupelle, in dicto loco de Rupella & non alibi, de cetero ressortiri, & in eadem Castellania seu ressorto perpetuo remansuram; absque eo quod de dicta Castellania & ressorto, valeant quomodolibet separari. Quod ut firmum & stabile permaneat in futurum, nostrorum presentibus Litteris fecimus apponi Sigillum: salvo in aliis jure nostro & in omnibus quolibet alieno.* Datum Parisius, Anno Domini 1353. mense Februarii. *Per Regem, presente Domino Episcopo Cathalanensi.* YVO.

[a] Voy. cy-dessus, p. 64. Note (b).

[b] dans la suite.

[c] L'Anglois estoit alors Maistre de l'Aquitaine, ou Guyenne.

JEAN I.er & selon d'autres, Jean II. à Paris, en Fevrier 1353.

(a) Lettres portant establissement d'un Consulat dans le Chasteau de *Puy-Salguier*.

SOMMAIRES.

(1) Il y aura trois Consuls à Puy-Salguier. *Ils seront eslus la premiere fois, par tous les Habitans du lieu, ou par 25. ou 14. personnes choisies par eux.*

L'Election des Consuls se fera en presence du Viguier, du Juge, ou de leurs Lieuxtenans.

(2) Les années suivantes, les anciens Consuls assembleront leurs Conseillers pour choisir de nouveaux Consuls. Il sera necessaire que les Consuls ayent du moins les voix de 14. Conseillers. Les nouveaux Consuls seront presentez au plus tard huict jours après l'election, au Viguier ou au Juge, pour prester serment entre les mains de l'un des deux. Si dans les huict jours, le Viguier ou le Juge ne veulent ou ne peuvent pas recevoir les serments des nouveaux Consuls, ceux-cy entreront en fonction.

(3) Les Consuls esliront chaque année, 25. Conseillers, à qui dans les quatre jours qui suivront l'election, ils feront prester serment, en presence du Viguier ou du Juge: si pendant ces quatre jours, ni l'un ni l'autre ne veut ou ne peut pas assister à ce serment, les Consuls le recevront en leur absence.

(4) Les Consuls auront une maison commune où ils s'assembleront pour les affaires communes.

(5) Aussi-tost après leur election, ils esliront deux Clavaires, *conjointement avec leurs Conseillers.*

(6) Tous les Consuls auront des Registres où seront inscrites *les affaires communes.*

(7) Les Consuls auront un Sceau commun, où seront les armes de la Ville; & au-dessus celles du Seigneur.

(8) Ils auront un dépost pour leurs archives.

(9) Ils auront un Messager *ou* Huissier, *qui ne pourra faire aucun acte de Jurisdiction.*

(10) Les Consuls & les Conseillers traiteront de toutes les affaires communes; & pourront s'assembler à cet effet, sans permission, toutes les fois qu'ils le jugeront à propos.

(11) Ils auront toutes les autres marques des Consulats.

(12) Le Roy leur remet la finance qu'ils auroient dû luy payer pour l'establissement du Consulat.

JOHANNES Dei gratia Francorum Rex: Ad ea libencius nostre consideracionis intuitum convertimus, que transquillitatem & pacem nostrorum [d] *precipue subditorum concernunt; eisdemque subditis illa libenter concedimus, perque ipsorum apud Nos* crescere

[d] ce mot paroist inutile, ou du moins mal placé là.

NOTES.

(a) Tresor des Chartres, Registre 92. Piece sept-vingt-treize.

crescere debeat affectus, ut exinde nostris beneplacitis servencius se conforment: Ex parte siquidem dilectorum nostrorum hominum Castri & loci de (b) Podio-Surigario & pertinentiarum suarum, Nobis humiliter extitit supplicatum, ut sibi Consulatum, Corpus, Communiam & Universitatem, pro feliciori & uberiori regimine & statu dicti loci dictorumque supplicantium, perpetuo concedere dignaremur: Nos igitur considerantes premissa, nec non & benivolum assensum quem dilecta & fidelis nostra [a] *Tumburg. Vice-Comitissa, nec non dilectus & fidelis noster Aymericus ejus Primogenitus, Vice-Comes Narbonne, & Domini dicti loci, prebuerunt in hac parte, eorumdem hominum supplicationibus, & precipue contemplacione dicti Vice-Comitis, favorabiliter annuentes:*

JEAN I.er & selon d'autres, Jean II, à Paris, en Fevrier 1353.

a *App.* Tumburgis.

(1) *Notum facimus universis tam presentibus quam futuris, quod eisdem supplicantibus Consulatum, Corpus, Communiam & Universitatem, imperpetuum de speciali gratia & nostra auctoritate Regia, concedimus & conferimus in hunc modum; videlicet, quod ipsi deinceps perpetuis & futuris temporibus, habeant tres Consules; qui primo anno & prima vice, per Universitatem dicti loci, ad hoc specialiter convocatam in communi platea dicti loci, sive per majorem partem ejusdem, seu viginti quinque vel quatuordecim homines super hoc eligendos à dicta Universitate seu majori parte ejusdem, in presentia* [b] *Vicarii seu Judicis dicti loci vel Locum-tenentis alterius ipsorum, vel successorum suorum, eligantur.*

b Viguier.

(2) Item. *Quod* [c] *expost, annis singulis & sequentibus, Consules antiqui possint facere & faciant venire ad eorum presentiam, omnes Consiliarios suos quos habebunt; & quod ibi cum Consiliariis suis, novos Consules eligant pro anno tunc futuro: Et in casu quo dicti Consiliarii omnes nequirent interesse seu inter se concordare, quod dicti Consules antiqui, cum majori parte Consiliariorum suorum; sive* [d] *saltim cum quatuordecim Consiliariis eorumdem, possint novos Consules eligere: Quibus novis electis, habeant eosdem presentare Vicario seu Judici dicti loci, aut Locum-tenenti alterius ipsorum, ad recipiendum juramentum ab eisdem; quodque idem Vicarius sive Judex vel Locum-tenens, statim; seu ad tardius, infra octo dies tunc proximo sequentes, hujusmodi presentacione facta, absque alio intervallo, juramentum dictorum novorum Consulum recipere teneantur; vel si dictus Vicarius seu Judex aut Locum-tenens noluerit seu recusaverit vel distulerit dicta recipere juramenta, aut presentia ipsius Vicarii seu Judicis vel Locum-tenentis,* [e] *habere non posset bono modo, quod dictis octo diebus elapsis, à tempore dicte presentacionis computandis, dicti Consules* [f] *uti possint & gaudere de remedio oportuno.*

c ensuite.

d saltem.

e haberi.

f entreront en fonction.

(3) Item. *Quod dicti Consules habeant & habere possint anno quolibet, viginti quinque Consiliarios, ab eisdem Consulibus, (c) medio juramento, eligendos; à quibus quidem Consiliariis, iidem Consules juramenta recipere in presentia Vicarii vel Judicis dicti loci aut Locum-tenentis alterius eorumdem, tenebuntur infra quatuor dies proximos, à tempore electionis dictorum Consiliariorum, muneraudos; ita tamen quod si dictus Vicarius vel Judex seu Locum-tenens, in receptione ipsius juramenti adesse infra dictos quatuor dies, recusaverit, noluerit sive non potuerit, aut eorumdem vel alterius ipsorum presentia haberi comode nequiverit, predicti Consules per se, dictis quatuor diebus lapsis, à dictis suis Consiliariis, sicut premittitur, electis, dictum possint recipere juramentum libere & impune.*

(4) Item. *Quod possint habere & tenere perpetuo domum communem; in qua se*

NOTES.

(b) *Podio-Surigario.*] C'est un Chasteau nommé presentement *Puy-Salguier*, situé à deux lieuës de Beziers, dont le Moine de Valsernay [dans le Chapitre 27. de son Histoire des Albigeois,] a fait mention en ces termes: *Castrum nomine Podii-Soriguer, in territorio Biterensi.* Voy. Catel, Hist. de Languedoc, L. 2. p. 355.

De Valois dans sa Notice des Gaules, au mot, *Podium Laurentii & de Podiis*, après avoir rapporté le passage du Moine de Valsernay, dit que le veritable nom de ce lieu, est, *Podium-Soricarium, à copia Soricum*: car *Podium* dans la langue Gauloise, signifioit une *Montagne.*

Catel, *Ibid.* L. 4. p. 615. dit que Tymburge Mere d'Aymery VII. Vicomte de Narbonne, (ce sont ceux dont il est parlé un peu plus bas dans ces Lettres,) estoit heritiere de *Puy-Salguié.*

(c) *Medio juramento.*] Cela peut signifier, *au milieu de leur serment*; c'est-à-dire, *en prestant serment.*

JEAN I.er & selon d'autres, Jean II. à Paris, en Fevrier 1353.

congregare possint pro negociis communibus dicti loci, & sue Universitatis predicte.

(5) Item. *Quod dicti Consules pro se & Universitate predicta dicti loci, instituere & habere possint duos* [a] *Clavarios, annis singulis per eosdem Consules & eorum Consiliarios, in principio eorum reginimis, eligendos.*

(6) Item. *Quod possint habere & librum sive libros, pro necessariis & negociis dicti Consulatus dicteque Universitatis, scribendis.*

(7) Item. *Et Sigillum commune, cum* [b] *Signo communi sue Universitatis predicte dicti loci de Podio-Surigario, una cum Signo dicti Domini in superiori parte : Et quod in eodem Sigillo, circunquaque contineatur scriptura sequens :* Hoc est Sigillum Consulum de Podio-Surigario.

(8) Item. *Et quod possint tenere & habere, teneant & habeant Archam sive Archas communes, pro tenendis libris, scripturis & aliis necessariis pro Consulatu predicto.*

(9) Item. *Quod habere possint & habeant unum* [c] *Messegarium seu Mandatorem, qui mandare valeat dictos Consules, Consiliarios & Clavarios ; ac alia facere pertinentia ad dictum Consulatum : Absque tamen exercicio Jurisdictionis,* [d] *pignorationis vel alterius actus Jurisdictionis cujuscunque.*

(10) Item. *Quod sepedicti Consules cum eorum Consiliariis & Clavariis, facta & negocia ejusdem Consulatus & Universitatis, prout ad eorum Officia pertinuerit, possint tractare,* [e] *mediari, finire & exequi, seu cum majori parte Consiliariorum eorumdem ; & se in dicta domo communi congregare quociensçunque eis placuerit, libere & impune & absque licencia aliquali.*

(11) Insuper & quod iidem Consules & Universitas dicti loci de Podio-Surigario, habere possint & habeant omnia alia insignia Consulatus & ad Consulatum spectantia quovismodo.

(12) Nos [f] *enim omnem financiam que Nobis pro premissis competere quomodolibet posset, remisimus & quittavimus, remittimus & quittamus consideratione Vice-Comitis prefati, de gratia speciali : Nolentes, sed expresse* [g] *tenore presentium inhibentes, quod horum occasione aliqua, ullo unquam tempore financia exhigatur. Que ut roboris* [h] *perpetue firmitatem obtineant in futurum, presentibus Litteris fecimus apponi Sigillum Castelleti nostri Parisiensis, in absentia nostri magni Sigilli : salvo in aliis jure nostro & quolibet in omnibus alieno.* Datum Parisius, Anno Domini 1353. mense Februarii. *Per Regem, ad relationem Consilii.* ADAM. *Visa per Gentes Compotorum.*

a Voy. cy-dessus, p. 48. Note (y).

b *Je crois que ce mot signifie icy,* les Armes *ou* Armoiries.

c Une espece d'Huissier.

d saisie.

e *On disoit autrefois en François,* moyenner.

f *Je crois qu'il faut,* etiam.

g etiam.

h perpetui.

JEAN I.er & selon d'autres, Jean II. à Paris, en Mars 1353. A Paris, le 12. de Juin 1352.

(a) Lettres confirmatives d'une Ayde accordée par les Habitans de la Ville d'Abbeville.

JOHANNES Dei gratia Francorum Rex : Notum facimus universis tam presentibus quam futuris, Nos infrascriptas vidisse Litteras, formam que sequitur, continentes.

[i] JEHAN d'Arquery Doien de Noyon, & Jaques la Vache Chevalier, Conseillers du Roy nostre Seigneur, Commissaires deputez de par ycelli Seigneur, sur le fait du Subside par luy requis ès parties de Picardie ou Bailliage d'Amiens, pour le fait des guerres. A touz ceulx qui ces presentes Lettres verront : Salut. [k] Sacent tuit que nous avons reçeu les Lettres du Roy nostredit Seigneur, contenant la fourme qui s'ensuit.

i *nommé* Erqueri *dans les Lettres qui sont cy-dessus, p.* 277.

k *sçachent tous.*

NOTES.

(a) Tresor des Chartres, Registre 82. Piece 118.

Voy. la Preface du 3.e Vol. des Ordonn. p. cxviij. n.° VI. & VII.

JEAN I.er & selon d'autres, Jean II. à Paris, en Mars 1353. A Paris, le 12. de Juin 1352.

JOHANNES Dei gratia Francorum Rex: Dilectis & fidelibus Consiliariis nostris, Decano Noviomensi, & Jacobo la Vache, Militi: Salutem & dilectionem. Cum per inimicorum & emulorum Regni nostri, malitiam preconceptam, aggressiones malivolas, rebelliones iniquas & inceptas, [a] *guerris, tempore inclite recordationis Domini & Genitoris nostri, antequam ad Nos dicti Regni regimen deveniret, & etiam postmodum, hiis prof-fecto temporibus, Regnum ipsum & ejus incole multipliciter opprimantur, ledantur, & enormiter ac intolerabiliter pregraventur: Ad quorum inimicorum (b) suberbiam convertendam; nec-non subditorum nostrorum quietem, Progenitorum nostrorum inherendo vestigiis, procurandam, labores & expensas & onera* [b] *quorumcumque, subire nullatenus recusamus; in quorum supportatione, fidelium subditorum ipsorum omnium, quorum fidelitas in hac parte conspicitur & interesse versatur, auxilio, consilio & favore necessario indigemus. Eapropter, nuper dicti Regni nostri suscepto regimine, convocata & congregata ad mandatum nostrum, certa die coram Nobis Parisius, Prelatorum, Baronum & aliorum Nobilium, personarum Ecclesiasticarum, & bonarum nostrarum Villarum aut ipsarum Procuratorum, multitudine non modica, eis mentis nostre & propositi intentionem apperiri fecimus, factique & negotii necessitatem latius declarari: Et etiam, prehabita diligenti & matura deliberatione in premissis, tractari cum tunc presentibus, tam pro se quam aliis sue conditionis & adherentibus & subditis, certum adjutorium seu subsidium, pro premissis complendis, Nobis faciendum, ab eis requirendo, quod tunc; videlicet, impositionem sex denariorum pro libra,* [c] *pro anno presenti, prefati Prelati, Barones & Nobiles, super suis subditis; ac nostre Ville predicte, adjutorium seu subsidium, tanquam minus onerosum seu grave, premissa considerantes, Nobis graciose concesserunt: cujus subsidii seu impositionis, non solum pecunia & commodum, sed etiam de nostro proprio, summa innumerabilis in facto guerre, & pro nonnullis bonis Villis, Castris, fortalitiis & aliis terris & (c) Juribus nostris, ab inimicis predictis fraudulenter occupatis, recuperandis;* [d] *que potestate divina, super hoc ardentius* [e] *vigilentes, subditorum nostrorum fidelium auxilio, postmodum recuperata nunc tenemus, integraliter conversa* [f] *fuerit & cotidie convertantur: Ceterum divina mediante providentia, vi armorum alia recuperandi, subditos relevandi de dampnis &* [g] *misis, ac inimicos ulterius prosequendi, acie nostra parata, propositum* [h] *habeamus: Sed supervenientibus treugis quibusdam, ex parte dictorum inimicorum, cum maxima instantia, sub pacis colore, petitis & à Nobis concessis, à die Dominica undecima die mensis Septembris transacta novissime inceptis, & usque ad diem Lune duodecimam alterius subsequentis mensis Septembris, ad ortum Solis duraturis, supersedimus &* [i] *cessamus de premissis; licet ipsi inimici, sicut percepimus evidenter, in sua perseverantes malitia, predictis treugis durantibus ac ipsis non-obstantibus, contra eas infideliter attemptando, Nobis, Regno & subditis nostris, multa mala & incomoda diversimode intulerunt, guerras faciendo, Castra, Fortalitia & alia bona prodictorie & furtive subtrahendo & occupando, de die in diem attemptare similia non cessantes; quod grave gerimus, & talia tolerare inconvenientia nequiremus diutius,* [k] *qum per Nos provideri oporteat super hoc, sicut decet; ad finem quod, devictis* [l] *hostibus submissis, ditioni nostre Populus, nostro tempore, pace plena & transquilitate perfecta frui valeat & gaudere: Que absque ejusdem populi consilio & speciali auxilio, desideratum perduci nequirent ad effectum. Quapropter, vobis & vestrûm cuilibet, de quorum industria, circumspecta probataque fidelitate plene confidimus, mandamus & committimus, quatenus vos ad partes Baillivie nostre Ambianensis & ressortorum ejusdem omnium antiquorum & novorum; etiamsi in* [m] *Parria teneantur, seu exemptione vel alio quocumque privilegio potiantur, personaliter* [n] *transferentes, Prelatis, Baronibus & aliis Nobilibus, personis Ecclesiasticis, ac habitatoribus nostrarum bonarum Villarum & Castellaniarum, tam immediate nostris subditis,*

a guerras.

b quiconque: dans les Lettres qui sont cy-dessus, p. 277.

c pour l'Année dans le cours de laquelle se tint cette Assemblée.

d Il n'y a qu'un q. avec une marque d'abbreviation.

e vigilantes.

f fuit, & quotidie convertitur.

g dépenses.

h habebamus.

i cessavimus.

k quum.

l hostibus, submissus ditioni nostre populus.

m en Pairie.

n transferentes.

NOTES.

(b) *Suberbiam convertendam.*] Il faut corriger, *superbiam conterendam*, ainsi qu'il y a dans des Lettres, à peu près semblables: Voy. cy-dessus, p. 277.

(c) *Juribus.*] Je crois qu'il faut entendre par ce mot, *des terres relevantes du Roy.*

JEAN I.er & selon d'autres, Jean II. à Paris, en Mars 1353. A Paris, le 12. de Juin 1352.

quam aliis dicte Baillivie & ressortuum, ad dies & loca de quibus vobis videbitur expedire, coram vobis convocatis, hujusmodi tam urgentem neccessitatem ac evidentem utilitatem, Nos & rempublicam Regni nostri ac ipsorum quemlibet [a] *tangen. in hac parte seriosius exponatis, ipsos & eorum singulos, ex parte nostra, requirentes ac inducentes viis & modis amicabilibus, quos, attenta negotii qualitate, videritis opportunos, prout in hac parte vobis apperuimus mentem nostram, quatenus in suo fideli & laudabili proposito, quod semper ad Nos & Regnum nostrum habuerunt, perseverando, simile subsidium seu impositionem sex denariorum pro libra, simili modo* [b] *levandi, usque ad annum à fine impositionis nunc currentis, continue computandum, exnunc protunc, Nobis velint concedere, & de ipsa benigniter Nos juvare. Si vero, quod absit, ipsorum aliquem vel aliquos, tam* [c] *pro laudabili ac pro neccessario nostre intentionis proposito, inveneritis dissentire, impedimentum facere, aut aliter quomodolibet obviare, ipsum vel ipsos, de quibus vobis videbitur expedire, ad certos & competentes dies, coram Nobis ubicumque fuerimus, super premissis comparituros, personaliter adjornetis; de nominibus adjornatorum, responsionibus eorum, & aliis circumstanciis & dierum assignationibus, Nos per vestras Litteras plenius certificare curantes. Mandantes vobis, insuper committendo, quatenus super oppressionibus & gravaminibus ac quibuscumque juris alieni usurpationibus & extorsionibus, quas indebite per Officiarios nostros aut aliter, summarie & de plano, repereritis factas & illatas fuisse, quibuscunque subditis nostris predicte Baillivie aut ressortorum, omissis omnibus appellationibus & frivolis allegationibus, absque morosa dilatione & figura seu strepitu Judicii aut longuo processu, per viam Reformationis aut aliter, prout vobis visum fuerit expedire, exhibeatis per vos aut alium vel alios super hoc deputandos, celeris Justitie complementum; delinquentesque ipsos ad restitutionem faciendam dampna* [d] *pass. & ad penam & emendas condignas, juxta factorum qualitatem & eorum demerita, celeriter & debite condempnetis: Et si aliqua dubia vel obscura vobis occurrerint in predictis aut aliquibus premissorum, illa Nobis referatis, aut sub vestris Sigillis interclusa, quantocius fideliter transmittatis. Ab omnibus autem Justiciariis & subditis Regni nostri, in premissis & ea tangentibus, vobis & vestrûm cuilibet, pareri volumus & jubemus. In cujus rei testimonium, Litteris presentibus nostrum fecimus apponi Sigillum.* Datum Parisius, die duodecima Junii, Anno Domini millesimo trecentesimo quinquagesimo-secundo.

PAR vertu desquelles Lettres, nous feismes appeller aujourd'ui pardevant nous, le Maire, Jurés & Eschevins de la Ville d'Abbeville en Pontieu, pour oir ce que nous leur [e] vourriemes dire & exposer de par le Roy nostredit Seigneur: Lesquels ès personnes de Fremin Taupin & Pierre Pinchons Eschevins de ladicte Ville, se comparurent & presenterent pardevant nous; ausquels nous exposâmes & deismes l'entencion du Roy nostre Seigneur, selon l'instruction à nous baillié; & leur requeismes ladicte Imposition: Lesquels Fremin & Pierres, pour & ou nom de ladicte Ville, le ont octroié & accordé au Roy nostredit Seigneur, en la fourme & maniere que elle a couru & court ad present en ledicte Ville, à commencier, prendre & lever dès le jour que elle [f] fenira en ledicte Ville, jusques à un an ensuivant tant-seulement: sauf & reservé à eulx & à ladicte Ville, tel proffit comme il y ont eu & pris, & les octroys & graces qui leur ont esté faiz par le Roy [g] Philippe dont Diex ait l'ame, & par le Roy nostre Seigneur & par son Conseil, ou temps qu'il accorderent autrefoiz ladicte imposition; & sanz ce que pour le temps present & advenir, il ne soit [h] préjudice ne à eulx ne à ladicte Ville. *Donné à Amiens soubz noz Seaulx, le 28.e jour de Juing, l'An 1352.*

NOs autem omnia in dictis contenta Litteris, rata habentes & grata, ea volumus, laudamus, ratificamus, approbamus, & auctoritate nostra Regia, de speciali gratia, tenore presentium confirmamus: nostro in aliis & alieno in omnibus jure salvo. Quod [i] *firmum & stabile perpetuo perseveret, Sigillum nostrum presentibus Litteris est appensum.* Datum Parisius, Anno Domini millesimo trecentesimo quinquagesimo-tertio, mense Martii.

a tangentem, ou tangentes.
b levandam.
c *Ce* pro *là & le suivant, sont inutiles, & ne sont pas dans l'autre Copie de ces Lettres. Voy. cy-dessous, p. 285. Note (b) marginale.*
d passis.
e *voudrions.*
f *finira.*
g *C'est apparemment Philippe de Valois.*
h *porté.*
i ut.

Per Gentes Compotorum. CHAPELLE. *Collatio facta est cum Litteris Originalibus, per me.* CHAPELLE.

JEAN I.er & selon d'autres, Jean II. à Paris, en Mars 1353.

(a) Lettres confirmatives d'une Ayde accordée par les Habitans de la Ville d'Abbeville.

JOHANNES Dei gratia Francorum Rex: Notum facimus universis tam presentibus quam futuris, Nos infrascriptas vidisse Litteras, formam que sequitur, continentes.

JEHAN [a] d'Erqueri Doïen de Noyon Clerc, & Jaques la Vache Chevalier Conseiller du Roy nostre Seigneur, Commissaires deputez de par ycelli Seigneur, sur le fait du subside par lui requis ès parties de Picardie ou Bailliage d'Amiens: & ès ressors d'icellui, tant anciens comme nouveaux, pour le fait des guerres. A touz ceuls qui ces presentes Lettres verront, Salut. Sachent tuit que Nous avons reçeu les Lettres du Roy nostredit Seigneur, contenant la forme qui ensuit.

a nommé *Arqueri,* dans les Lettres qui *sont cy-dessus, p.* 282. Voy. Note *(i)* margin.

JOHANNES, &c. [b]

b Voy. cy-dessus, p. 277. Note *(a)*.

PAR vertu desquelles Lettres, nous avons fait convenir pardevant nous à Amiens, & par adjournement, les Maire, Jurez & Eschevins de la Ville de Abbeville, & leur avons leu les Lettres du Roy nostre Seigneur, dessus transcriptes, & exposé & dit l'entencion du Roy nostredit Seigneur, selon le contenu desdictes Lettres; & leur avons requis ledit subside ou imposition pour cause desdictes guerres: Et après plusieurs paroles & traittiez entre Nous & lesdiz Maire & Eschevins, pour lesquels se presenterent Fremin de Tovoyon & Jehan Galot Eschevins de ladicte Ville pour le temps present; c'est assavoir, que de quatre deniers pour livre de l'imposition courant ad present en ladicte Ville, sur toutes denrées quelconques venduës & achetées en ycelle, tant sur les habitans de ladicte Ville, que sur les forains de quelconques condition qu'il soïent, le Roy nostre Seigneur, aura la moitié; & lesdiz Maire & Eschevins l'autre moitié pour leurs neccessitez; à durer jusques à un an, à commencier, prendre & lever & recevoir, lendemain du jour [c] que elle fenira en ladicte Ville, de celle qui [d] queurt en ceste presente année: Et ce accorderent yceulx Eschevins dessus nommez; & nous à eulx ou nom & pour le Roy nostredit Seigneur; sauve & reservé à eulx & à ladicte Ville & pour elle, tel prouffit comme il y ont eu & pris, comme dit est, & les ottroys & graces [e] qu'il leur ont esté faiz par le Roy [f] Philippe de bonne memoire dont Diex ait l'ame, & par le Roy nostre Seigneur, & par son Conseil & ses Commissaires, ou temps que il accorderent autrefoiz ladicte imposition; & que pour ce, pour le temps present & advenir, il ne puist porter prejudice à ladicte Ville ne à eulx, à leurs privileges ne à aucuns des Bourgeois d'icelle: Et de ce leur avons nous accordé de avoir Lettre du Roy nostre Seigneur, se avoir la veullent. *Donné à Amiens, soubz noz Seaulx, le 5.e jour de Juing, l'An de grace 1353.*

c Il devroit y avoir, *que finira en ladite Ville, celle,* &c.

d *coure.*

e *qui.*

f *C'est apparemment Philippe de Valois.*

NOs autem omnia & singula in dictis contenta Litteris, rata habentes & grata, ea volumus, laudamus, ratifficamus, approbamus, & auctoritate nostra Regia, de speciali gratia, tenore presentium confirmamus: nostro in aliis & alieno in omnibus jure salvo. Quod ut firmum & stabile perpetuo perseveret, Sigillum nostrum presentibus Litteris est appensum. Datum Parisius, Anno Domini 1353. mense Martii. *Per Gentes Compotorum.* CHAPELLE. *Collatio facta est cum Litteris Originalibus, per me.* CHAPELLE.

NOTES.

(a) Tresor des Chartres, Registre 82. Piece 112.

Voy. la Preface du 3.e Vol. des Ordonn. pp. cxviij & cxix. n.° VI. & VIII.

JEAN I.er & selon d'autres, Jean II. à Paris, le 6. de May 1354.

(a) Lettres qui portent que le Prieuré de Coincy sera demembré du ressort de la Chastellenie de Ouchie, pour estre annexé à celuy de la Prevosté de Meaux.

JOHANNES Dei gratia Francorum Rex: Cum Ecclesia Cluniacensis, ac omnia & singula membra ipsius, ubicunque consistant in Regno nostro, cum pertinentiis eorumdem, ratione Corone Francie, sint in Salva-gardia Regia speciali & de immediato ressorto Regio, nec de predictis Gardia & immediato ressorto, possint aliqualiter amoveri in toto vel in parte; & hactenus, tempore quo Castrum & Castellania de (b) Ouchiis erant de Domanio Regio, Prioratus sive Ecclesia Sancti Petri de [a] *Coinssiaco, cum suis membris & pertinentiis, qui Prioratus est membrum supradicte Cluniacensis Ecclesie, consueverint ad Castrum predictum de Ouchiis ressortire: Deinde vero,* [b] *Nos dictum Castrum de Ouchiis cum suis juribus & pertinentiis, de manu & domanio Regiis* [c] *amoveremus, ac illud cum dictis suis juribus & pertinentiis, carissimo Fratri nostro Philippo Duci Aurelianensi tradiderimus, seu in eum transtulerimus: Notum facimus universis tam presentibus quam futuris, quod intencionis nostre non est neque fuit, quod per translationem seu traditionem de dicto Castro de Ouchiis cum suis juribus & pertinentiis, dicto Fratri nostro, sicut premittitur, per Nos factam, Gardia vel ressortum dicti Prioratus de Coinssiaco, aut alicujus de membris vel pertinentiis ipsius, eidem Fratri nostro, cum dicto Castro de Ouchiis vel ejus pertinentiis, traderetur; sed indesinenter sub & in nostro & successorum nostrorum Regum Franc. domanio teneantur: Unde cum deinceps, dictus Prioratus aut aliquod de membris vel pertinentiis ipsius, apud dictum Castrum de Ouchiis non debeat ressortire, Nos eumdem Prioratum cum subditis hominibus ac membris & pertinentiis omnibus ipsius, à ressorto de Ouchiis penitus amoventes, volumus & ordinamus esse de cetero, sub & de ressorto Ville & Prepositure nostre Meldensis, modo & forma quibus antea apud Castrum de Ouchiis consueverant ressortire; eidemque loco & Prepositure Meldensi, ad causam ressorti supponimus auctoritate Regia per presentes: Mandantes nostris Baillivo & Preposito Meldensibus, aut eorum Loca-tenentibus, presentibus & futuris, & eorum cuilibet, si opus fuerit, committentes, quatenus Religiosos, Priorem & Conventum dicte Ecclesie de Coinssiaco, ac eorum subditos, tam in capite quam in membris, cum pertinentiis & bonis suis omnibus, faciant apud dictum locum de Meldis, coram dicto Preposito Meldensi, de cetero ressortire, & ipsos vel ipsorum aliquem, per dictum Fratrem nostrum vel ejus Gentes, causa Gardie vel ressorti deinceps in personis vel bonis, vexari vel molestari non permittant; sed in contrarium facta vel attemptata, si que sint, ad statum pristinum & debitum celeriter reducant; non-obstante quod dictum locum de Ouchiis cum suis pertinentiis, dicto Fratri tradiderimus & in eum transtulerimus; & quod tempore traditionis, dictus locus de Coinssiaco apud dictum Castrum de Ouchiis ressortiret; quodque Gardia & ressortum dicti loci de Coinssiaco, (c) appreciata fuerint in traditione*

[a] Coincy. *Voy. Note* (b).

[b] cum.

[c] amoverimus.

NOTES.

(a) Tresor des Chartres, Registre 82. Piece 209.

(b) *Ouchiis.*] Il y a apparence que ce lieu est *Ouchie-le-Chasteau*, où il y a presentement une Prevosté Royale ressortissante au Bailliage de Villers-Coste-Rez. *V. le Dictionn. Universel de la Fr.* au mot *Ouchie-le-Chasteau.*

Ce qui me persuade qu'*Ouchiis* est *Ouchie*, c'est que le Prieuré de *Coinssiaco*, *Coincy* en françois, est dans le Diocese de Soissons, & par consequent ne peut estre éloigné de *Villers-Coste-Rez*. Voy. sur ce Prieuré, le troisiéme Vol. des Ordonn. p. 546. Note (m). *Ouchies* a pû estre donné au Duc d'Orleans qui estoit aussi Comte de Valois, dans lequel Comté, ou auprès duquel, est situé *Ouchie-le-Chasteau*. Voy. sur le Duc d'Orleans, l'*Hist. Geneal. de la M. de Fr. t. 1.* p. 104.

(c) *Appreciata.*] Lorsque les Rois donnoient des terres de leur Domaine, par don, appanage, échange, &c. On faisoit l'estimation de la valeur de ce Domaine, comme cela se fait encore à present.

predicta; non-obstantibus etiam Litteris nostris super dicta traditione confectis, aut aliis in contrarium concessis vel etiam concedendis quibuscunque. Quod ut firmum & stabile perpetuo perseveret, nostrum presentibus Litteris fecimus apponi Sigillum: salvo in aliis jure nostro & in omnibus quolibet alieno. Datum Parisius, die sexta Maii, Anno Domini millesimo trecentesimo quinquagesimo-quarto. *Per Regem, ad relationem Consilii, quo vos Domini Cathalanensis & Laudunensis Episcopi, & alii eratis.* YVO.

JEAN I.er & selon d'autres, Jean II. à Paris, en May 1354.

(a) Lettres portant que le Comté d'Angoulesme sera uni à la Couronne & soûmis aux Juges Royaux, & qu'il ne sera plus aliené.

*JOHANNES Dei gratia Francorum Rex: Ad perpetuam rei memoriam. Regalem excellentiam decet illis in quibus *fidelitas & pure devotionis constantiam, inviolabiliter experitur, se reddere gratiosam, & eorum petitionibus; presertim quas à (b) limine gratie factibilis, debita consideratio non excludit, inclinare benigne. Notum igitur facimus universis presentibus & futuris, quod ad supplicationem dilectorum & fidelium nostrorum Universitatis & habitantium Civitatis & Villarum Comitatus nostri Angolismensis, [a] quibus premissa novimus suffragari, [b] affectan. sub nostro successorumque nostrorum Regum Franc. regimine, perpetuo gubernari; Nos pro Nobis & successoribus nostris, ex nostri deliberatione Consilii, nostra & Regni nostri utilitate pensata, concessimus atque concedimus, auctoritate Regia, de gratia speciali, per presentes, quod ipsi & successores sui, ac predictus Comitatus cum ejus pertinentiis universis & singulis, sub nostro & successorum nostrorum Regum Franc. Senescallorumque & aliorum Justiciariorum nostrorum Regiorum, regimine, immediate, perpetuis temporibus, gubernentur; quodque dictum Comitatum seu ejus dominium & Jurisdictionem, in toto vel in parte, in aliam vel alias personam seu personas qualescumque, cujuscunque conditionis aut status existant, nullis unquam temporibus transferemus. Quod ut firmum & stabile perseveret in futurum, Sigillum nostrum presentibus Litteris duximus apponendum: nostro in aliis & alio in omnibus jure salvo.* Datum Parisius, Anno Domini millesimo trecentesimo quinquagesimo-quarto, mense Maii. *Per Regem, in Consilio suo quo vos eratis.*

P. BLANCHET.

* fidelitatem.

[a] qui sont dans le cas marqué cy-dessus. *Voyez la Note (b).*

[b] affectantis, ou affectantum.

NOTES.

(a) Tresor des Chartres, Registre 82. Piece neuf-vingt-dix-sept.

(b) *A limine.*] Cela signifie; lorsqu'il n'y a point de raison, qui oblige à leur refuser des graces, qui par elles-mêmes, sont de nature à pouvoir estre accordées.

JEAN I.er & selon d'autres, Jean II. à la noble Maison de (S.t Oüyn,) en May 1354.

(a) Lettres portant que les Lettres de Sauve-garde accordées par le Roy, aux Maire, Pairs, Jurez & Commune de la Ville de Beauvais, ne porteront point prejudice à la Jurisdiction que l'Evêque de cette Ville a sur eux.

JOHANNES Dei gratia Francorum Rex: Notum facimus universis tam presentibus quam futuris, dilectum & fidelem Consiliarium nostrum, (b) Episcopum Belvacensem, Nobis pro se & sua Belvacensi Ecclesia, gravem (c) querimoniam detulisse, quod licet ipse,

NOTES.

(a) Tresor des Chartres, Registre 82. Piece neuf-vingt-huit.

(b) *Episcopum Belvacensem.*] Il se nommoit Guillaume Bertrand. Voy. *l'Hist. Geneal. de la M. de Fr. t. 2. p. 271.*

(c) *Querimoniam, &c.*] On peut voir

JEAN I.er & selon d'autres, Jean II. à la noble Maison de (S.t Oüyn,) en May 1354.

sue predicte Ecclesie nomine, habeat omnimodam Justiciam in omnes habitatores & incolas sue Civitatis Belvacensis; [a] *specialiter in Majorem, Pares & Juratos Communie Belvacensis, & in totam predictam Communiam, ac in omnes & singulares personas ejusdem, tam in corpore quam in bonis, in & super quibuscunque obligationibus, conventionibus, contractibus & delictis : super punctis vero & libertatibus dicte Communie, per Regale Privilegium eidem* [b] *concess. & super aliis juribus ipsius Commmunie, ad Nos Jurisdictio pertineat, pro ut per arresta nostre Curie & Litteras Regias inde factas, quas vel que dicti Major, Pares & Jurati non diffitentur, potest plenius apparere ; sitque dictus Episcopus, ejusque predecessores fuerint de premissis; videlicet, quantum ad obligationes, conventiones, contractus & delicta, in possessione & saisina pacificis, a tanto tempore cujus contraria memoria non existit; vel saltem, quod sufficit ad bonam possessionem acquirendam & etiam retinendam: Nichilominus ad supplicationem predictorum Majoris, Parium & Juratorum dicte Communie, falso & subrepticie asserentium, se ratione dicte Communie, Nobis immediate subesse;* [c] *tacitoque quod in omnibus & singulis predictis casibus, sunt dictorum Episcopi & Ecclesie solius & in solidum justiciabiles & subjecti ; ipsos cum bonis &* [d] *famil. communibus eorundem, ad suorum jurium conservationem, ad dictam Communitatem* [e] *tangentia, quatenus Nobis subsunt, in tuitione nostra, protectione Regia & speciali* [f] *Salva-gardia, de gratia suscepimus speciali; eisdem Baillivum Silvanectensem qui nunc est & qui pro tempore fuerit, vel ejus Locum-tenentem, Gardiatorem specialem* [g] *deputan. eidemque mandan. ut dictos Majorem, Pares & Juratos & Communitatem, tueatur & deffendat ab omnibus injuris, violentiis, gravaminibus, oppressionibus, molestiis, vi armorum, potentia Laycorum, ac inquietationibus & novitatibus indebitis quibuscumque; & quod nichilominus ipsos manuteneat & conservet in suis justis possessionibus, usibus, juribus, franchisiis, libertatibus & saisinis, in quibus ipsos esse & eorum predecessores fuisse invenerit ab antiquo, ratione Communitatis predicte : inhibendo omnibus illis de quibus fuerit requisitus, sub certis penis Nobis applicandis, ne eisdem Majore, Paribus, Juratis & Communitati, aut in bonis eorundem, aliquas faceant injurias aut indebitas novitates : quas si factas esse vel fuisse invenerit, eas, omni cessante diffugio, ad statum reducat debitum; & Nobis ac Parti emendam propter hoc condignam prestari faciat, secundum quod casus exiget, & Justitia suadebit : & si dicti Major, Pares, Jurati & Communitas, ab aliquo vel aliquibus* [h] *assecuramentum habere voluerint, quod illud eis dare faciat bonum & legitimum, prout fuerit rationabiliter faciendum : intimando seu intimari & publicari faciendo dictam Salvam-gardiam nostram specialem, in omnibus locis & omnibus illis de quibus fuerit requisitus, ne se possint de ignorantia excusare : & etiam in casu novitatis, si quod oriatur debatum inter ipsos Majorem, Pares, Juratos & Communitatem, ratione Communitatis ipsorum aut bonorum communium eorundem, & alios, ipso debato & rebus contenciosis in manu nostra, tanquam superiori, positis, & per eamdem facta recredentia illi ex dictis Partibus cui jure fuerit facienda, dictus Baillivus aut ejus Locum-tenens, dictis Partibus in causa oppositionis hujusmodi, exhibeat bonum & breve Justitie complementum ; & generaliter omnia alia & singula faciat, que ad boni Gardiatoris officium pertinent & possunt quomodolibet debite pertinere : & pro premissis diligentius exequendis, unum vel plures Servientes nostros ydoneos, ipsorum sumptibus, deputet eisdem ; si super* [i] *fuerit requisitus ; qui tamen de hiis que Cause cognitionem exigunt, se nullatenus intromittant ; prout hec omnia & singula in nostris Litteris eisdem Majori, Paribus, Juratis & Communitati super hoc concessis, in serico & cera viridi sigillatis, plenius contineri dicuntur : que in grave dampnum & enorme*

[a] civitati Belvancensi.

[b] *App.* concessis.

[c] ayant tû ; n'ayant point dit.

[d] *App.* familiaribus.

[e] *Il semble qu'il faudroit*, tangentium.

[f] Voy. cy-dessus, Note *(c)*.

[g] *App.* deputando, & mandando.

[h] Voy. le 3.e Vol. des Ordonn. p. 264. Note *(b)*

[i] hoc.

NOTES.

dans l'Hist. de Beauvais par Loisel, ch. 6. p. 162. & suiv. les contestations presque toûjours subsistantes, qui ont esté entre les Evêques de Beauvais, & les Maire, Pairs & Jurez de cette Ville, au sujet de la Jurisdiction. Lorsque Loisel écrivoit son Histoire qui a esté imprimée en 1617. il y avoit encore à ce sujet, un procès pendant au Parlement. Voy. p. 170. Le même Autheur p. 173. nous apprend que ce fut en 1352. que le Maire & les Pairs de Beauvais, obtinrent du Roy les Lettres de Sauve-garde, dont il est parlé dans ces Lettres de May 1354. dont Loisel fait aussi mention.

prejudicium

prejudicium ipsius Episcopi ac Ecclesie, & Jurisdictionis sue quam in & super predictis casibus, habet in predictos Majorem, Pares, Juratos, Communitatem, & ejus singulares personas, (d) qrentes se per hoc a Jurisdictione & subjectione dicti Episcopi, fraudulenter & dolose eximere, sicut eorum predecessores frequenter conati fuerunt, redundare noscuntur, ut dicit; cum si aliquem conveniant vel ab aliquo conveniantur, dicere poterunt, sicut & jam inceperunt, factum esse vel fuisse dictam Salvam-gardiam infringendo; ut sic ad Nos vel dictum Baillivum, sub dicte Gardie velamine, Causas trahant, quarum cognicio & decisio debet & deberet ad dictum Episcopum pertinere, supplicantem super hoc sibi per Nos de debito remedio provideri. Cum igitur Salva-gardia Jurisdictionem non tollat; nec intencionis nostre sit aut fuerit, gratias tales concedere, per quas alterius jus ledatur; volumus, & tenore presencium declaramus, predictam Salvam-gardiam dicto Episcopo, Ecclesie sue, aut Jurisdictioni quam habet in dictum Majorem, Pares, Juratos, Communiam & singulares personas ejusdem, in & super contractibus, conventionibus, obligationibus & delictis, juxta tenorem predictorum arrestorum de quibus liquebit, quomodolibet non obesse, eamque ad ea per que dictorum Episcopi & Ecclesie Jurisdictio in predictis casibus vel eorum aliquo, impediri posset aut ledi, aliqualiter non extendi: Baillivo Silvanectensi qui nunc est & qui pro tempore fuerit, & ejus Locum-tenenti, ac ceteris Justiciariis & Officiariis nostris, prout ad quemlibet eorum pertinuerit, tenore presentium inhibentes, ne virtute dicte Gardie, aut occasione ejusdem, quisquam eorum Jurisdictionem Episcopi predictam, ad se trahat vel impediat quoquomodo; si eorum quisquam contrarium fecerit, per Nos graviter [a] puniend. Quod ut firmum & stabile permaneat in futurum, presentes Litteras nostri Sigilli fecimus appensione muniri. Datum in [b] Nobili Domo prope Sanctum Dionysium in Francia, Anno Domini millesimo trecentesimo quinquagesimo-quarto, mense Maii. *Per Regem, ad relationem Consilii, quo Dominus Cardinalis Boloniensis, Vos & Domini Laudunensis Episcopus, Prior Acquitanie & Dominus de Hautetot eratis.* J. ROYER.

JEAN I.er & selon d'autres, Jean II. à la noble Maison de (S.t Oüyn,) en May 1354.

a App. puniendus.

b S.t Oüyn.

NOTES.

(d) Qrentes.] Il y a une marque d'abbreviation sur le *q*. Il faut apparemment lire *quærentes*; & ce mot aura la signification que l'on luy donne en françois, *cherchant, taschant*.

JEAN I.er & selon d'autres, Jean II. à Paris, en Juin 1355.

(a) Lettres de Sauvegarde Royale, pour l'Abbaye de *Tournus*.

JOHANNES Dei gratia Francorum Rex: Notum facimus universis tam presentibus quam futuris, quod inter curas & urgentes sollicitudines, quibus in regendis subditis Nobis plebibus, frequenter distrahimur & animus noster afficitur, ad hoc precipue nostre mentis aspiret affectus, per que Status Ecclesiasticus, nostris temporibus, sub commisso Nobis regimine, in transquillitate manu-teneatur & pace; ac ipsius Regni Ecclesie, quarum servitores sub devote Religionis observancia, nocte dieque insistunt [c] obsequiis, sub protectione Regia a suis releventur pressuris, & per Regalem potenciam, a noxiis defendantur; ut eo liberius & fervencius circa Divinum cultum vacare valeant, quo habundancius per Nos senserint se adjutos. Ea propter, ex parte dilectorum nostrorum Abbatis & Conventus Monasterii (b) Trenorchiensis de fondatione Regia existentis, supplicacionibus inclinati, Progenitorum nostrorum qui semper Ecclesias ab injuriis, violenciis & pressuris quibuscunque, consueverunt defendere & tueri, vestigiis inherentes, dictos Abbatem & Conventum ac ejus Monachos & [d] Conversos, una cum grangiis, maneriis, preditis & possessionibus, bonis, rebus ac juribus universis eorum, tam in

c Je crois qu'il manque-là le mot divinis.

d Freres Convers. *Voyez Du Cange, au mot,* Conversus.

NOTES.

(a) Tresor des Chartres, Registre 82. Piece quatorze-vingt-huit.

(b) Trenorchiensis.] Tournus, située entre Châlons sur Saône & Mâcon. Voy. l'Hist. de cette Abbaye, par le P. Chifflet Jesuite.

JEAN I.er & selon d'autres, Jean II. à Paris, en Juin 1354.

capite quam in membris, quathenus Nobis immediate sunt subjecti : nec-non & ipsorum familias, [a] homines de corpore, in nostris protectione & Gardia speciali Regia, & successorum nostrorum Regum Franc. suscipimus per presentes, in eisdem protectione & speciali Gardia perpetuo remansuros : Dantes (c) Andegavensi, Pictavensi, Cenomanensi, Bellicadri Senescallis ; ac Matisconensi, Arvernie, [b] Valavie Baillivis, ceterisque Justiciariis nostris, qui nunc sunt & qui pro tempore fuerint, tenore presencium in mandatis, ut dictos Abbatem & Conventum, ac singulares personas ejusdem, eorum homines de corpore & familias, in suis usibus, juribus, possessionibus, franchisiis, libertatibus & saisinis, sub dictis protectione & speciali Gardia, manuteneant & defendant ; ipsosque Abbatem & Conventum, tam conjunctim quam divisim, eorumque successores, familias & homines de corpore, ab omnibus injuriis, violenciis, gravaminibus & oppressionibus quibuscunque indebitis, vi armorum, potencia Laycorum, ac inquietationibus & novitatibus indebitis quibuscunque defendant & defendi faciant contra omnes : & si que novitates indebite, injurie aut oppressiones sibi facte fuerint vel illate, eas ad statum pristinum & debitum celeriter reducant aut faciant indilate reduci ; & pro premissis [c] diligen exequendis, sibi, si & quando a dictis Abbate & Conventu vel eorum Procur. conjunctim vel divisim, super [d] h. requisiti fuerint, unum vel plures Servientes nostros, ex parte nostra concedant suis sumptibus & expensis ; qui tamen de hiis que Cause cognicionem requirunt, se nullatenus intromittant. Quod ut firmum & stabile perpetuo perseveret, presentibus Litteris nostrum fecimus apponi Sigillum : salvo in aliis jure nostro & in omnibus quolibet alieno. Datum Parisius, Anno Domini millesimo trecentesimo quinquagesimo-quarto, mense Junii. *Per Consilium in quo erant Domini Laudunensis Episcopus, Comites Montis-fortis & de Rouciaco.* CHAPELLE.

a Espece de Serfs.

b Le Velay.

c *App.* diligentius.

d hoc, *ou* hiis.

NOTES.

(c) *Dantes Andegavensi, &c.]* L'Abbaye de Tournus avoit apparemment des biens dans tous les Bailliages, & dans toutes les Seneschaussées qui sont nommées icy.

JEAN I.er & selon d'autres, Jean II. à la noble Maison de S.t Oüyn, le 9. de Juillet 1354.

(a) Lettres portant que le Prieuré d'Auteüil sera demembré du ressort de la Prevosté de Pierre-Fonds, & annexé à celuy de la Prevosté de Senlis.

JOHANNES Dei gratia Francorum Rex : Cum Ecclesia Cluniacensis, ac omnia & singula membra ipsius, ubicunque consistant in Regno nostro, cum pertinentiis eorumdem, ratione Corone Francie, sint in Salva-gardia Regia speciali, & de immediato ressorto Regio ; nec de predictis Gardia & immediato ressorto possint aliqualiter amoveri in toto vel in parte ; & hactenus tempore quo Castrum & Castellania de (b) Petra-fonte erant de Domanio Regio, Prioratus sive Ecclesia Beate Marie de Autholio, cum suis membris & pertinentiis, qui Prioratus est membrum supradicte Cluniacensis Ecclesie, consueverint ad Castrum predictum de Petra-fonte ressortire seu esse de Preposiura dicti Castri : deinde vero, [f] Nos dictum Castrum de Petra-fonte, cum suis juribus & pertinentiis, de manu & domanio Reg. amoverimus, ac illud cum dictis suis juribus & pertinentiis, carissimo Fratri nostro [g] Philippo Duci Aurelianensi, tradiderimus seu in eum transtulerimus ; Notum facimus universis tam presentibus quam futuris, quod intencionis nostre non est neque fuit, quod per translationem seu traditionem de dicto Castro de Petra-fonte, cum suis juribus & pertinentiis, dicto Fratri nostro, sicut premittitur, per

e Auteüil en Valois. *Voyez le 3.e Vol. des Ordonn. p. 546. Note (i)*

f *Il semble qu'il manque-là* cum.

g Voy. cy-dessus, p. 286. Note (b).

NOTES.

(a) Tresor des Chartres, Registre 82. Piece douze-vingt-huit.

(b) *Petra-fonte.]* C'est sans doute *Pierre-Fonds*, Ville située dans le Diocese de Senlis. Voy. *le Dictionn. Univers. de la Fr.* au mot *Pierre-Fonds*.

Nos factam, Gardia vel ressortum dicti Prioratus de Autholio, aut alicujus de membris vel pertinentiis ipsius, eidem Fratri nostro, cum dicto Castro de Petra-fonte vel ejus pertinentiis, traderetur ; sed indesinenter sub & in nostro & successorum nostrorum Regum Franc. domanio, teneantur : Unde cum deinceps dictus Prioratus aut aliquod de membris vel pertinentiis ipsius, apud dictum Castrum de Petra-fonte, non debeat ressortire, Nos eundem Prioratum de Autholio, cum subditis, hominibus ac membris & pertinentiis omnibus ipsius, a ressorto Prepositure de Petra-fonte, penitus amoventes, volumus & ordinamus esse de cetero sub & de ressorto Ville & Prepositure nostre Silvanectensis, modo & forma quibus antea apud Castrum de Petra-fonte consueverunt ressortire ; eidemque loco & Prepositure Silvanectensi, ad causam ressorti supponimus auctoritate Regia per presentes : Mandantes nostris Baillivo & Preposito Silvan. aut eorum Locatenentibus presentibus & futuris, & eorum cuilibet, si opus fuerit, [a] *committen. quatenus Religiosos, Priorem & Monachos dicte Ecclesie de Autholio, ac eorum subditos, tam in capite quam in membris, cum pertinentiis & bonis suis omnibus, faciant apud dictum locum de Silvaneto, coram dicto Preposito Silvanectensi ressortire, donec aliter per Nos fuerit ordinatum ; & ipsos vel ipsorum aliquem, per dictum Fratrem nostrum vel ejus Gentes, causa Gardie vel ressorti, deinceps in personis vel bonis, vexari vel molestari non permittant ; sed in contrarium facta vel attemptata, si que sint, ad statum pristinum & debitum celeriter reducant : non-obstante quod dictum locum de Petra-fonte cum suis pertinentiis, dicto Fratri tradiderimus & in eum transtulerimus ; & quod tempore tradicionis, dictus locus de Autholio, apud dictum Castrum de Petra-fonte, ressortiret ; quodque Gardia & ressortum dicti loci de Autholio* [b] *appreciata fuerint in traditione predicta ; non-obstantibus etiam Litteris nostris super predicta traditione confectis, aut aliis in contrarium concessis vel etiam concedendis quibuscunque. Quod ut firmum & stabile perpetuo perseveret, nostrum presentibus Litteris fecimus apponi Sigillum : salvo in omnibus jure nostro & eciam quolibet alieno.* Datum apud Nobilem Domum Sancti Audoëni, die nona Julii, Anno Domini millesimo trecentesimo quinquagesimo quarto. *Per Regem, ad relationem Consilii, in quo Vos & Dominus de Revello, eratis.* J. ROYER.

JEAN I.er & selon d'autres, Jean II. à la noble Maison de S.t Oüyn, le 9. de Juillet 1354.

a committentes, ou committendo.

b Voy. cy-dessus, p. 286. Note (c).

JEAN I.er & selon d'autres, Jean II. à Paris, en Juillet 1354. Philippes VI. dit de Valois, à Paris, en Fevrier 1346.

(a) Lettres portant que la Ville de Realmont ne sera jamais separée du Domaine du Roy, & du ressort de la Seneschaussée de Toulouse.

JOHANNES *Dei gratia Francorum Rex : Notum facimus universis tam presentibus quam futuris, quod de Registris nostris Cancellarie, de tempore carissimi Domini & Genitoris nostri, extrahi fecimus tenorem Litterarum continentium hanc formam.*

PHILIPPUS *Dei gratia Francorum Rex : Notum facimus universis tam presentibus quam futuris, quod Nos ad humilem supplicationem Consulum & habitatorum Ville & loci (b) Regalis-montis, qui vere & experte fidelitatis & sincere devotionis solida constantia, pura mente & intentis affectibus, Nobis & predecessoribus nostris olim Francie Regibus, hactenus servierunt, & Nobis servire cupiunt incessanter, eisdem Consulibus & habitatoribus dicte Ville, pro se & eorum successoribus, de certa scientia & speciali gratia concessimus ac etiam concedimus per presentes, quod dicta Villa & ejus pertinentie, in ressorto aut aliter, in toto vel in parte, extra manum & domanium immediate nostrum vel Primogeniti nostri, aut successorum nostrorum Regum Francie vel Primogenitorum suorum, de cetero non ponantur : quinymo in nostris* [c] *vel Primogeniti nostri, aut successorum*

c *Il manque-là un substantif ; peut-estre, manibus.*

NOTES.

(a) Tresor des Chartres, Registre 82. Piece quatorze-vingt-quatorze.

A la marge de ces Lettres, il y a : *Pour la Ville & Habitans de Royalmont.* Voy. la Note (b).

(b) *Regalis-montis*] *Realmont.* Voy. le 3.e Vol. des Ordonn. p. 674. Note (f) marg. Voy. cy-dessus, Note (a).

nostrorum Franc. Regum vel Primogenitorum suorum, immediate & in ressorto immediato Senescall. Tholose, inantea tenebuntur & perpetuo servabuntur. Quod ut firmum & stabile permaneat in futurum, Sigillum nostrum novum presentibus Litteris duximus apponendum: Salvo in aliis jure nostro & in omnibus quolibet alieno. Datum Parisius, Anno Domini millesimo trecentesimo quadragesimo-sexto, mense Februarii.

NOS autem in hujusmodi extractus testimonium, presentibus Litteris nostrum fecimus apponi Sigillum. Actum Parisius, Anno Domini millesimo trecentesimo quinquagesimo-quarto, mense Julii. *Extract. de Registris, de mandato Gentium Compotorum.* ADAM. *Collatio est facta cum Registr.* Ubi subscribitur sic. *Per Dominum Regem, ad relationem D. Abbatum Sancti Dyonisii & [a] Majoris-Monasterii.* TOURNEUR. *Sine financia de mandato Reg. per Litteras clausas. Abbas Sancti Dyonisii.* ADAM.

a Marmoustiers près de Tours.

JEAN I.er & selon d'autres, Jean II. à Paris, le 25. d'Aoust

(a) Lettres sur l'Ayde levée dans les terres du Duc d'Orleans.

JOHANNES Dei gratia Francorum Rex: Notum facimus universis tam presentibus quam futuris, quod cum carissimus & fidelis (b) Germanus noster Dux Aurelianensis, Nobis graciose sub certis modo & forma, concesserit impositionem capiendam & levandam in terra sua, usque ad annum dumtaxat: Volumus & etiam decernimus intentionis nostre non esse, quod virtute concessionis predicte, per eundem Germanum nostrum Nobis, ut prefertur, facte, prejudicium aliquod sibi vel subditis ipsius seu eorumdem libertatibus aut privilegiis generetur, seu ad consequentiam [b] protrahantur in futurum. Quod ut firmum & stabile perpetuo perseveret, presentibus Litteris nostrum fecimus apponi Sigillum. Datum Parisius, die vigesima-quinta Augusti, Anno Domini millesimo trecentesimo quinquagesimo-quarto. *Per Regem: ad relationem Consilii, quo vos & Dominus Episcopus Cathalanensis eratis.* YVO.

b protrahatur.

NOTES.

(a) Tresor des Chartres, Registre 82. Piece douze-vingt-dix-huict.

Voy. la Preface du 3.e Vol. des Ordonn. p. CXVIII. n. VI. & p. CXX. n. XII.

(b) *Germanus.*] Philippe de France Duc d'Orleans & de Touraine, & Comte de Valois, Frere du Roy Jean. *Voy. l'Hist. Geneal. de la M. de Fr. t. 1. p. 184.*

JEAN I.er & selon d'autres, Jean II. à Paris, en Aoust 1354.

(a) Confirmation des Privileges & de la *Liberté* accordez aux Habitans de la Ville de *Jonville*.

SOMMAIRES.

(1. 2. 3. 4) Chaque Habitant de Jonville, tenant feu & menage, & ayant des heritages dans la Ville & dans le territoire; chaque Marchand de cette Ville, soit qu'il y ait des heritages ou qu'il n'en ait pas; chaque Manouvrier quoyqu'il n'ait point d'heritages, & chaque veuve qui n'aura pas d'heritages, payera une redevence annuelle au Seigneur.

(5. 6. 7) Les Habitans donneront 120. livres à leur Seigneur, lorsqu'il sera fait Chevalier; lorsqu'il mariera pour la premiere fois ses filles ou ses sœurs; ou lorsque réellement & sans fraude, il acheptera par un seul marché, des terres valans 400. livres ou plus.

(8) Lorsque le Seigneur ira à la guerre, soit qu'elle le regarde personnellement, soit qu'il aille servir ses Souverains, *il fera avertir les habitans, cinq jours avant que de partir; & ils luy fourniront un* char *attelé de trois chevaux, qu'il entretiendra à ses dépens, pendant qu'il sera en campagne; & qu'il leur rendra à son retour, dans l'estat où il sera.*

(9. 10. 11) La Justice haute, moyenne & basse, appartiendra au Seigneur.

Amendes de 60. sols pour differents délicts exprimez dans les Articles.

(12) Les habitans ne peuvent se faire Bourgeois d'un autre Seigneur que le leur; ni en avoüer & reclamer un autre, sans le consen-

rement de leur Seigneur. Ils ne peuvent aussi sans ce consentement, se mettre sous la Garde *& protection d'un autre Seigneur; si ce n'est contre les violences de gens qui ne sont pas sousmis à leur Seigneur: mais dans ce cas, ils doivent exprimer dans les Lettres de* Garde *qu'ils obtiendront de ces Seigneurs estrangers, le nom des gens contre les violences desquels ils demandent protection.*

(13) Tous les biens des habitans qui reclameront un autre Seigneur que le leur, ou qui cesseront de demeurer dans sa Seigneurie, luy appartiendront.

(14) On continuera de payer tous les anciens droits dûs au Seigneur.

(15) Le Moulin, le Four & le Treucs *sont bannaux; & on est obligé d'y aller faire moudre, cuir &* truillier *: à moins qu'on n'y ait trouvé quelque empeschement de la part des meusniers, fourniers &* treullours *; & les habitans seront crus sur ces empeschements, sur leur serment joint au temoignage d'une personne.*

(16) Les habitans doivent faire le guet dans la Ville; & entretenir les murs, clostures & fossez; à l'effet de quoy ils pourront prendre du bois dans ceux du Seigneur.

(17) Lorsque le Seigneur sera en guerre, dix ou douze habitans de la Ville, chacun à son tour, viendront garder le Chasteau.

(18) Lorsqu'un habitant se sera engagé à un duel ou à un combat singulier, il pourra s'en départir, & même le faire cesser, lorsqu'il sera commencé; moyennant une amende qui sera de 60. sols, s'il s'en départ avant qu'il soit armé; qui sera de cent sols, s'il est armé en dedans les lices; & qui sera de 10. livres si le combat est commencé; & que les premiers coups nommez les coups-le-Roy *, soient donnez. Dans tous ces cas, il payera les dépenses faites par rapport à ce combat, par le Seigneur, son Conseil, & son adversaire.*

Celuy qui sera vaincu dans un duel, sera sousmis à la peine que le Seigneur voudra luy imposer.

(19) Tout habitant ayant menage, devra au Seigneur, des corvées dans le temps de la recolte des bleds, des avoines & du foin; à l'exception des habitans qui voudront servir leur Seigneur dans des expeditions militaires, montez sur des chevaux harnachez en guerre, ou en qualité d'Arbalestriers; & encore à l'exception de ceux qui feront des corvées de charrois.

(20) Chaque menage fournira un Vendangeur pour vendanger les vignes du Seigneur de Jonville.

(21. 22) Les habitans qui ont des charruës pour labourer la terre, donneront trois corvées par an, pour chaque charruë. Le Seigneur nourrira ceux qui conduiront ces charruës, dans le temps qu'elles seront employées à son service.

(23) Moyennant ces corvées, le Seigneur n'aura point de droit de prise *de charruë, sur les habitans.*

(24) Les habitans esliront quatre ou six Eschevins, qu'ils presenteront au Seigneur ou à ses Officiers, qui leur feront prester serment. Les Eschevins auront l'inspection sur les vivres, & ils en fixeront le prix.

(25) Les Eschevins pourront imposer & lever sur les habitans, des deniers pour les dépenses communes.

Les habitans pourront chaque année changer ou continuer les Eschevins.

(26) Le Seigneur n'aura point de droit de prise *de denrées, sur les habitans.*

(27. 28) Droit de mousture & de fournage qui se paye au moulin & au four bannaux.

(29) Le Seigneur ne pourra obliger les habitans de porter des Lettres ni de faire des messages; si ce n'est dans un temps de guerre; & en cas, il leur payera leur voyage.

(30) Les habitans qui acheptent des denrées dans la Ville, ont un jour de credit & de repit, pour payer le droit de vente *dû au Seigneur.*

(31) On ne pourra saisir sur un habitant, qu'en vertu d'un titre passé sous le Scel du Seigneur.

Quand il n'y a point de titre pareil, le demandeur peut se pourvoir devant le Seigneur ou son Juge; & si le deffendeur reconnoist qu'il est débiteur, on luy donnera quinze jours pour payer, & on donnera un titre executoire au demandeur: si le deffendeur paye dans ce terme, il ne sera pas condamné à l'amende: mais faute de payement, on saisira sur luy, & on executera: si le deffendeur nie qu'il soit débiteur, & que l'on prouve qu'il le soit, on saisira sur luy, on executera; & il payera trois sols d'amende.

(32) Les habitans ne pourront pas se faire assigner l'un l'autre, dans d'autre Jurisdiction que dans celle de leur Seigneur, à son prejudice; à moins que ce ne fût dans les cas qui sont de la competence des Juges d'Eglise.

(33) Les successions, tant de meubles comme d'immeubles, appartiendront aux plus prochains heritiers, qui pourront prouver leur parenté jusqu'au cinquieme degré, de quelque costé & ligne qu'ils soient, quand même ils ne seroient pas nez dans la Ville; pourvû qu'ils y ayent demeuré un an & jour, en qualité de sujets du Seigneur, & qu'ils s'engagent à y demeurer dans la suite au même titre.

(34) Le Seigneur ni ses Juges, ne pourront faire saisir les biens des habitans, ni les faire arrester prisonniers; si ce n'est par rapport à ce qu'ils doivent au Seigneur; ou pour meurtre, larrecin ou autre crime, ou dans l'instant d'une querelle émûë sur le champ. Dans toute autre cas, on poursuivra les habitans par action.

JEAN I.er & selon d'autres, Jean II. à Paris, en Aoust 1354.

(35) Les personnes estrangeres peuvent venir s'establir dans la Ville, pour y vivre comme les autres habitans, & y apporter leurs biens. Lorsqu'ils voudront cesser d'y demeurer, ils pourront en sortir, en demandant permission au Juge, & ils pourront emporter leurs biens; à l'exception de la cinquieme partie qui restera au Seigneur. S'ils quittent la Ville, sans demander & sans obtenir permission, tous leurs biens appartiendront au Seigneur.

(36) Le Seigneur ni ses Juges ne donneront point d'Ordonnances pour fixer le temps où l'on commencera la recolte ou les vendanges; si ce n'est à la requeste des Eschevins; mais les habitans cueilleront leurs fruits à leur volonté.

(37. 38. 39) Ceux qui auront des charrettes, pourront prendre du bois pour les entretenir dans les bois du Seigneur; & tous les habitans pourront y couper de quoy faire des liens pour lier les gerbes pendant la moisson.

(40) Le Seigneur accorde à la requeste des habitans & pour leur profit, que leurs femmes prennent après le decès de leurs maris, la moitié des meubles & des acquests faits pendant le mariage; nonobstant les usages & les coustumes contraires.

(41) Si des bestes entrent dans des terres couvertes de fruits, & y causent du dommage, celuy à qui elles appartiennent, reparera le dommage, & payera une amende, qui sera plus forte, si le dommage a esté fait la nuit; & moins forte, si la beste qui l'a causé, s'est échappée, & est égarée.

(42. 43) Ceux qui cueilleront les fruits d'autruy, & qui couperont des arbres qui ne leur appartiennent pas, repareront le dommage qu'ils ont fait, & seront condamnez à l'amende, qui sera plus forte, si le dommage a esté fait de nuit.

(44) Les habitans de Jonville qui auront des biens dans les autres terres du Seigneur de ce lieu, ne payeront point par rapport à ces biens, de tailles ni de corvées, &c. mais ils contribueront à proportion de ces biens, aux dépenses communes de Jonville.

JOHANNES Dei gratia Francorum Rex: Notum facimus universis tam presentibus quam futuris, Nos infrascriptas vidisse Litteras, formam que sequitur, continentes.

A Tous ceulx qui verront & orront ces presentes Lettres: Philippe Sire de *(b)* Jonville-sur-Soone & de la Votice: Salut. Sachent tuit que nous, pour nous & pour noz hoirs, & pour noz successeurs à tousjours-maiz perpetuelment, de bon propos, comme bien avisez, & sur ce euë consideracion, resgardans nostre grant prouffit & utilité, & le proffit [a] auximent de nozdiz hoirs & successeurs, avons franchi & *(c)* abonney, franchissons & abonnons de toutes tailles, debites & servitutes quelconques, nostredicte Ville & finage de Jonville [b] les habitans d'icelle, qui au present y sont & qui y seront pour tout le tems à venir, par la maniere qui s'ensuit.

a Ce mot vient d'*aussi*, & signifie, *semblablement*.
b *&*.

(1) Premierement. Que chascuns desdiz habitans qui sont & serons nostre homme proprement, *(d)* sens avoul & sans reclain d'autre Seigneur, qui ont & auront heritages en ladite Ville & finnage, païerait, [c] chascuns feux, à nous & à noz hoirs & successeurs Signeurs, dix solz *(e)* d'Estevenonx, chascun an; c'est assavoir, cinq solz à la Pasque, & les autres cinq solz à la Saint Remy: Et en cas que il y auroit deffaut que chascuns n'auroit payé deans l'octave après ladicte Pasque, & aussy deans l'octave

c C'est-à-dire, *chaque homme ayant feu, ayant un menage.*

NOTES.

(a) Tresor des Chartres, Regiftre 82. Piece 338.

(b) Jonville sur Soône.] L'on trouve dans le Dictionn. Universel de la France, *Joinville* dans la Franche-Comté, Diocese de Besançon, Bailliage de *Vesoul;* & dans le même Dictionn. au mot, *Vesoul,* il est dit que ce dernier lieu est à deux lieuës de la Saône. Il n'y est pas parlé de la *Votice.*

(c) Abonney.] Abonné; c'est-à-dire, converti differents droits casuels, en une redevance fixe.

(d) Sans avoul & sans reclain.] J'entends bien le mot *reclain;* c'est-à-dire, sans qu'aucun Seigneur ait *reclamé* ce Bourgeois de Jonville, en prétendant qu'estant ou son homme de corps & son serf, ou même son Bourgeois, il n'a pû devenir Bourgeois d'un autre Seigneur.

Mais je ne sçais ce que signifie le mot *Avoul:* Il ne peut pas signifier *Aveu:* car ce mot a un sens contraire à celuy qu'*Avoul* doit avoir icy.

(e) D'Estevenonx.] C'est une Monnoye qui a pris son nom d'Estienne Comte de Bourgogne. On disoit quelquefois *Estevenon* au lieu d'*Estienne,* comme on peut le voir dans des Privileges de la Ville d'Aussonne de l'an 1229. imprimées, p. 23. de l'Hist. de cette Ville, par *Jurain.* Cette Monnoye s'appelloit en latin *Stephanienses;* & quelquefois en françois, *Estevenars* ou *Estevenans.* Voy.

après de ladicte Saint Remy, *(f)* lesdiz cinq solz il devrait pour chascun jour [a] dant-qui-en-avant: [b] pour le deffaut, avec lesdiz cinq solz, [c] douze deniers d'amande de ladicte Monnoïe.

(2) Item. Chascuns Marchans suivans & frequentans marchandises, soit [d] qui hauit heritages ou non, païeroit pour feu, dix solz de ladicte Monnoïe, chascun an auzdiz termes: ensamble ladicte amende par la maniere dessusdicte.

(3) Item. Manouvrier [e] suigant journées, qui n'auront heritages, païerait chascuns pour feu, chascun an, cinq solz de ladicte Monnoïe, ausdiz termes; à chascun desdiz termes la moitié: ensamble six deniers d'amende, en la maniere dessusdicte.

(4) Item. Femme veyve qui n'aurait heritage, païerait cinq solz, par [f] samblant maniere.

(5) Item. Se li Sires [g] Chieps de ladicte Ville, après nostre decez, devenoit Chevaliers, lidit habitant, à cause de sa Chevalerie nouvelle, li denroient six-vins livres de ladicte Monnoïe.

(6) Item. Se nous ou nostre hoir Sires & Chieps dudit lieu, mariens l'une de noz filles ou l'une de noz Seurs, pour le premier mariage ou pour les premieres nopces d'une chascune, lidit habitant païeroient six-vins livres de ladicte Monnoye: ne de plus ne les pourriens contraindre.

(7) Item. En cas que nous ou nostre hoir Seigneurs ou Chieps dudit lieu, acheteriens loyaulment & sanz fraude, [h] quatre cenz livres de terre ou plus, à une foiz conjoinctement, lidit habitant nous denroient six-vins livres de ladicte Monnoye: ne de plus ne les porriens contraindre.

(8) Item. Toutes-foiz que nous ou nostre hoir Signours & Chieps de ladicte Ville, averiens guerre pour nostre fait, ou pour noz Signours *(g)* Souverains, Roy, [i] Duc ou Conte ou autres noz Souverains, pourquoy il nous convenist [k] chevauchier ou aler [l] fuers pour cause de ladicte guerre, lidit habitant doïent faire un [m] cher à trois chevaux; & on leur doit faire savoir cinc jours devant le partir: [n] Et deans ycelluy partir, li chevaux & chers sont & seront à noz despens, jusques à la revenuë audit Jonville: les chevaux & cher revenuz, nous les devons & devrons rendre ausdiz habitans, en l'estat qu'il seront.

(9) Item. La Justice & Jurisdicions demoure à nous & à noz hoirs, en la maniere que d'ancien temps [o] ay esté; par ceste maniere, que de main mise, de *(h)* heux brisié, *(i)* de cri & de haha neuctantement faiz, la chose verifiée d'un chascun desdiz cas, l'an nous devroit soixante solz d'amende: faiz de murtre ou de larrecin, est à volontey de nous & de noz hoirs.

(10) Item. *(k)* D'Essehurement brisié [p] à volenté, de [q] saisine brisié, de main

JEAN I.er & selon d'autres, Jean II. à Paris, en Aoust 1354.

a *dans la suite.*
b *Et.*
c *il payera.*
d *qu'il ait.*
e suivant: *travaillant à journées.*
f *semblable.*
g *Chef, le Seigneur.*
h *des terres valant quatre cens livres.*
i *Duc ou Comte de Bourgogne.*
k *se mettre en Campagne.*
l *hors*, foris.
m *char: chariot.*
n *pendant le temps que l'on sera en Campagne, pour cette expedition militaire.*
o *a.*
p *volontairement.*
q *saisie.*

NOTES.

Du Cange au mot, *Stephanienses.* Voy. Jurain dans son Hist. d'Aussonne p. 53. 57. il dit que l'*Estevenan emporte treize de douze, ainsi que le Parisis, quinze de douze*; c'est-à-dire, que l'*Estevenans* est d'un treizieme plus fort que le *tourney* qui est la Monnoye ordinaire.

(f) Lesdiz cinq solz.] La fin de cet Article n'est pas claire. Voicy ce que je crois qu'il signifie. Ceux qui seront en retard de payer ces cinq sols, pour chacun des deux termes, seront obligez de les payer dans la suite; & en outre, douze deniers d'amende pour le retard.

(g) Souverains.] C'est-à-dire, par rapport au Duc & au Comte [de Bourgogne] les Seigneurs de Fief dont il releve.

(h) Heux.] Je n'entends point ce mot. Je trouve bien dans *Borel*, au mot *Houseaux*, & dans *Du Cange*, au mot *osa*, *heuse* qui signifie des especes de botes; mais je ne puis croire qu'il agisse de cela icy.

On trouve aussi dans le Gloss. du Droit Fr. aux mots *Hosches*, & *Ouche*, que *Hosche* signifie un jardin: mais *Hosche* ne ressemble guerre à *Heux*.

(i) De cri & haha.] D'allarme donné mal à-propos pendant la nuit. On estoit obligé d'aller au *cri*. Voy. cy-dessus p. 222. Note *(o)*.

(k) D'Essehurement.] Je crois que ce mot est la même chose qu'*asseurement; assecuramentum*, Voy. l'explication de ces mots, dans le 3.e Vol. des Ordonn. p. 264. Note *(b)* Voy. aussi cy-dessous, l'Art. 12.

JEAN I.er de Jean I.er & selon d'autres, Jean II. à Paris, en Aoust 1354.

mise *(l)* par jour de foire ou de marchié, d'une désobéïssance, feust [a] de nous, de nostre Bailli, de nostre Chastellain, Prevost ou Sergent; pour chascun desdiz cas, sexante solz d'amende ; [b] & d'une chascune personne qui à ce seroit comprise, atainte ou convaincuë par preuves souffisantes, en cas qu'il apperroit le commandement estre emaney de nous, & qu'il apperroit que li commandemens auxi feust justes & raisonnables.

(11) Item. De vendre à fausse mesure, à fausse aune & à faulx poix, pour chascun cas, soixante solz d'amende. Et tuit autre cas de Justice haute, basse & moïenne, demeurent à nous & à noz hoirs, si comme anciennement [c] ay estey.

(12) Item. Lidit habitant ne porront ne ne devront avouher ne reclamer [d] lour ne leurs biens, d'autre Seigneur que de nous ou de noz hoirs, ne ne pourront *(m)* faire bourgoisie; *(n)* ne mettre en Garde, se n'estoit par la volentey de nous, ou de noz hoirs; exceptei encontre autres personnes [e] fors de nostre Justice ou Jurisdicion: Et en cas que il se metterient ainssy en Garde encontre les autres, il feroient tenu de exprimer en leurs Lettres de Garde, les noms de ceulx contre lesquielx il se metterient.

(13) Item. En cas qu'il feroient ou reclameroient autre Signeur, ou [f] gurpiroient nostre Seignourie, en nostre préjudice, par quelque maniere que ce fust, tuit leurs biens, meubles & non meubles qu'il [g] averoient, seroient acquis à nous & à noz hoirs.

(14) Item. Retenons pour nous & pour noz hoirs, toutes noz rentes, [h] censes, [i] bans-vins, *(o)* aminaiges, *(p)* Estaillaiges, [k] ventes, & toutes autres choses deuës à nous en la maniere que dit est, & qui ci-après dit serait.

(15) Item. Lidit habitant ne [l] moorront, cuirront, *(q)* truilleront à autres molins, fours & treuls, que aus nostres; se n'estoit par le deffaut desdiz molins, des Muniers; desdiz fours, des Fourniers; desdiz treuls, des Treullours: Et se autrement le faisoient, cils qui autrement le feroit, païeroit cinq solz d'amende avec le proffit, c'est assavoir la mousture, le fournaige & truillaige; se n'estoit par le deffaut desdiz [m] Admodiours ou Officiers: douquel deffaut chascuns desdiz habitans seroit creuz, [n] en lui excusant par son serement, avec un tesmoing souffisant.

(16) Item. Lidit habitant doïent maintenir leurs murs, leurs [o] clousons, tant reparacion de foussés comme reffection des murs: Et doivent [p] gaitier & eschergaitier ladicte Ville, toutesfoiz que [q] mestier serait: Et nous, pour nous & pour noz hoirs, donnons ausdiz habitans licence, & auctorité de [r] panre boiz en noz bois d'Ourmoy

a *à nous, &c.*
b *laquelle amende sera payée separément par chaque personne, &c.*
c *a esté.*
d *eux.*
e *hors.*
f *deguerpiroient :* quitteroient : *cesseroient de demeurer.*
g *auroient.*
h *cens.*
i *Voy. cy-dessus, p. 74. Note (f).*
k *lods & ventes.*
l *moudront.*
m *Admodiateurs :* Fermiers.
n *lorsqu'il s'excusera.*
o *closture.*
p *faire le guet.* Voy. cy-dessus, p. 46. Note *(m)*.
q *besoin.*
r *prendre.*

NOTES.

(l) Par jour de Foire, &c.] On ne pouvoit arrester prisonnier les jours de foire ou de marché, que dans certains cas. Voy. les Tables des Matieres, aux mots, *Foires & Marchez.*

(m) Faire bourgeoisie.] Se faire recevoir bourgeois, dans un lieu qui n'appartinst pas au Seigneur de Jonville : c'est la même chose que ce qui est dit auparavant, *avouer & reclamer un autre Seigneur.* Voy. cy-dessus, l'Art. 13.

(n) Ne mettre en Garde.] C'est-à-dire, que les Habitans ne pourront se mettre sous la *Garde* & la protection d'un autre Seigneur que le leur; si ce n'est pour se mettre à couvert de la violence de gens qui ne sont pas soûmis à leur Seigneur, lequel par consequent ne pourroit pas les proteger contre eux : & dans ce cas même, &c.

(o) Aminaiges] ou *Eminage.* C'est une redevance sur chaque mesure de grain nommée *Hemina* ou *Emina.* Dans une Chartre de 1183. qui est au Tresor des Chartres, Registre 91. Piece 448. on trouve le mot, *Eminagium :* & dans une Chartre du Roy Jean qui est dans le même Registre, Piece 502. on lit, *de lever aussi aminage de boulangiers faisans ou vendans pain de leur labour.* Voy. Du Cange au mot, *Hemina.*

(p) Estaillages.] Droit dû au Seigneur pour avoir la faculté d'exposer des marchandises en vente. Voy. le Gloss. du Droit Franç. au mot, *Establage.*

(q) Truilleront.] M. Du Cange qui dans son Glossaire latin, aux mots *Trelia & Trolium,* avoit rapporté des passages où se trouvent ces mots, sans les expliquer, dit dans un Appendix à ce Glossaire qui est à la fin de son Glossaire grec, au mot *Trolium,* que ce mot, qu'il interprete par *Treüil* en françois, signifie *Torcular,* [un pressoir.]

& autre

& autre part, pour faire lesdictes clousons; sanz ce qu'il y puissent aler pour aucune autre [a] canteile.

(17) *Item.* Toutes-foiz que nous seriens en guerre, il doit venir des Prudommes de la Ville, qui en serient requis, pour aidier garder nostre Chastel, jusques à dix ou à douze, chascuns à son tour.

(18) *Item.* Se aucun desdiz habitans estient (r) en gaige de bataille, avant qu'il en soient armey, il en peut faire paix & accord & oster de peril, [b] parmi soixante solz d'amende: Et se il en estient armey & deans les licez, avant que [c] coux en fust donnez, il s'en puent departir & oster de peril, parmi cent solz d'amende: Et ou cas que li premier coup en seroient donnei, que l'en dit les *coups le Roy*, encor s'empuent departir & oster de peril, parmi dix livres d'amende: reservez les despens de nous, de nostre Conseil & [d] de Partie; [e] leaulx taxacion precedent: Et se il advenoit que [f] li champs fust parfaiz & fenis, li [g] convaincu seroit en corps & en biens à nostre volentey.

(19) *Item.* Chascuns Feux paiérait (s) la faulcille en messons de blez & d'avoines; & la courvée de forche & de rastel en fenisons; exceptez ceulx qui les doivent anciennement (t) en Priourey; & exceptez [h] auximent les Feulx d'iceulx qui tiennent ou tanront chevaulx ou roucins [i] souffisans, & hernois (u) pour armer & pour leur monter sur lesdiz chevaulx ou roucins; & exceptez derechief les habitans qui tiennent ou tanront chevaux de harnois, à cause de ce qu'il nous paieront les cherroiz [k] cy-après escrips; & exceptez les Arbalestiers: Et en cas que nous ne [l] penriens lesdictes courvées [m], il nous paieront pour chascune courvée, six deniers [n] Estevenoinx.

(20) *Item.* En temps de vendenges, nous denrait chascuns Feux, un vendengeur pour vendenger noz vignes de Jonville.

(21) *Item.* Lidit habitant qui ont ou auront [o] esplois de cheruës, en ladicte Ville, nous denront [p] pour chascun esploit, trois courvées de cherruë l'an, pour aidier à faire nostre (x) bonneret de Jonville; c'est assavoir, (y) au temps de sombrer, en vayng & en tremoix: Et esdictes courvées, le jour qu'elles seront en noz [q] euvres, tant en messons, en fenisons, de sombrer comme d'autre temps, nous [r] leur devons donner à menger & à boire.

(22) *Item.* Lidit habitant qui ont ou auront charoy, nous devront chascuns une voiture pour cherroïer noz blez; une autre pour cherroïer noz avoines; une autre pour cherroïer noz foins dudit bonneret, au saisons.

(23) *Item.* Chascuns hernoiz de chevaux, nous devrait amener une chartée de (z) loingnes, une foiz en l'an, prise en noz bois de Jonville, pour faire nostre

a App. *cause, raison.*

b *moyennant.*

c *coup.*

d *l'autre combatant.*

e *desquels dépens, on fera precedemment une légitime taxation.*

f *le combat fût fini.*

g *convaincu, parce qu'il aura esté vaincu.*

h *aussi.*

i *souffis.* dans le Registre.

k *Voyez l'Article 21.*

l *prendrions.*

m *en nature.*

n *Voy. cy-dessus, p. 294. Note (e).*

o *des charruës pour labourer la terre.*

p *par chaque charruë.*

q *quand ces charruës seront employées à nôtre service.*

r *à ceux qui conduiront ces charruës.*

NOTES.

(r) *En gaige de bataille.*] S'estoient engagez à un duel ou combat singulier, en acceptant ou en presentant le gage de bataille.

(s) *La Faulcille, &c.*] Chaque Habitant tenant menage, viendra travailler à couper les bleds & les avoines, & viendra avec une fourche & un râteau, travailler à faire la recolte des foins.

(t) *En Priourey.*] Cela peut signifier, ceux qui doivent ces corvées au Prieuré qui estoit apparemment à Jonville ou aux environs.

(u) *Pour armer.*] Des chevaux avec les harnois pour les armer en guerre. Car quelquefois les chevaux qui servoient dans les armées, estoient couverts de fer comme les hommes. [Voy. Du Cange, au mot, *Equi vestiti*, dans l'Art. *Equus.*] Les Habitans qui suivoient leur Seigneur dans ses expeditions militaires, montez sur des chevaux ainsi harnachez, estoient exempts des corvées.

(x) *Bonneret.*] Voicy tout ce que je peut dire sur ce mot, dont je n'ay point trouvé d'explication certaine. Il y a dans Du Cange, *Bonnarium, Bonnuarium,* &c. qui signifie une certaine estenduë de terre, renfermée dans de certaines bornes: *faire son bonneret*, c'est peut-estre recüeillir ses grains dans toute l'estenduë de sa terre. On trouve *bonniere* pour une mesure de terre, dans l'Hist. de la *Toison d'Or.* Vol. 2. fol. 206. verso.

(y) *Au temps de sombrer, &c.*] Voy. ce qui sera dit sur ce mot & les deux suivans, cy-dessous sur l'Art. 4. des Lettres de Janvier 1355. accordées aux Habitans de *Braoux.*

(z) *Loingnes ... Loignier.*] Je n'ay point trouvé la signification de ces mots.

JEAN I.er, & selon d'autres, Jean II. à Paris, en Aoust 1354.

loingnier [a] à nouel : Et [b] parmi ce, nous, nostre hoir, noz genz ne poons ne ne devons [c] pranre, ne faire prenre cheval, hernois, ou autre chose desdiz habitans pour quelque [d] besoig que nous en aïons ; ne [e] lour contraindre d'aucune chose ; fors que de ce que dessus est deviscy, à cause desdiz courvées & cherrois.

(24) Item. Voulons & ottroyons que [f] lidit aïent & mettent quatre ou six Prudommes, qui seront Eschevin ; & toutes-foiz qu'il seront esleu, il doivent & devront estre presentey pardevant nous ou noz gens, pour faire le serement en nostre main, de faire bien & loyalment ce qui par lour sera fait & ordeney : Liquel [g] resgarderont leaulment sur les vivres communs, & les amodereront & mettront à juste pris, au proffit commun & selond le *(aa)* comport du païs.

(25) Item. Pourront, devront [h] & auront auctorité lidit Eschevin, de faire *(bb)* trais & geis & provision sur lesdiz habitans, pour faire [i] clousons & fermetez dessusdictes, & autres neccessitez de la Ville : Leaul consideracion touzjours [k] precedent, Et yceulx diz Eschevins pourront lidit habitant oster & remuer, se il leur samble que bon soit, chascun an, le jour de la Nativité Saint Jehan-Baptiste ; ou [l] aus lessier en tel estat.

(26) Item. Nous ne nostre hoir, ne povons ou porrons par quelque neccessité que ce soit, [m] pranre ne faire pranre gelines, poulailles, ne avoir *(cc)* ru de bascon en ladicte Ville, ne pranre aucuns vivres autres communs ; fussent blez, vins, [n] chars grasses ou maigres, mortes ou vives, ne autres denrées quelles que elles fussent ou puissent estre, par quelque nom qu'elles feussent dites ou nommées, sur lesdiz habitans ou aucun d'eux, en quelque lieu que ce fust : se elles n'estient premierement achetées [o] souffisament par nous, & païées ; se n'estoit de la propre volentey desdiz habitans.

(27) Item. Encor avons octroyé & octroyons, qu'il puissent [p] moorre à touztemps à noz molins de Jonville, [q] pour païant pour *(dd)* penaul, une escuelle de mousture, tel bles comme serait li penaulx : Et qui moorrai oultre ledit penaul, li Muniers [r] panrrait pour un chascun penaul, plaine ladicte escuelle : Et serait ycelle escuelle mesurée en maniere, qu'il en haurait vint & quatre, en un penaul : Ainsi serait-ce touzjours de vint & quatre, un : Et devrai estre ladicte escuelle enchainée sur la *(ee)* trammeur, & à ycelle panrrant touzjours lesdiz Muniers, sa mousture ; & non à autre mesure, selond ce que dit est.

(28) Item. Devront lidit habitant pour cause de fournage, [s] en coyant leurs pains au four de vint & quatre pains, un ; *(ff)* & panrront paste, & touzjours de plus, plus, & de moins, moins, à l'avenant : Et encor par [t] samblant maniere païeront aus [u] Fourneres pour cause du portage & dou raportage : Et plus ne leur en povons demander.

(29) Item. Ne povons contraindre aucun desdiz habitans, de porter ou faire porter lettres en aucuns messaiges ; se n'estoit pour fait de guerre evident : Et en cesti

[a] Voy. Note *(z)*.
[b] *moyennant.*
[c] Voy. la Table du 3.e Volume des Ordonnances, au mot, *Prises.*
[d] *besoin.*
[e] *les.*
[f] *les habitans.*
[g] *auront l'inspection.*
[h] *avoir.*
[i] *Voy. cy-dessus, p. 296, Article 16.*
[k] *precedente.*
[l] *eux.*
[m] Voy. la Table du 3.e Volume des Ordonnances, au mot, *Prises.*
[n] *chairs.*
[o] *souffis.* dans le Registre ; c'est-à-dire, *un prix suffisant & raisonnable.*
[p] *moudre.*
[q] *en.*
[r] *prendroit.*
[s] *cuisant.*
[t] *même.*
[u] *Ceux qui sont chargez de faire valoir le four banal.*

NOTES.

Loigne viendroit-il de *lignum* ? & *loingnier à Nouel,* signifieroit-il une provision de bois faite à Noël ?

(aa) Comport.] Cela signifie apparemment, suivant le plus ou le moins d'abondance de vivres dans le Pays.

(bb) Trais & geis.] J'ay déja vû plus d'une fois ces expressions, qui signifient, repartir & lever sur des Habitans, une collecte pour des dépenses communes.

(cc) Ru de bascon] ou de *baston.* Je n'entends point ces mots. Je trouve bien dans Du Cange & dans Menage, aux mots, *baco* & *bacon,* qu'ils signifient de la *chair de cochon salée,* & cela a assez de rapport à ce qui est traité dans cet Article.

(dd) Penaul.] *Penault* ou *Bichet.* C'est dans le Barrois, le poids de cent livres ; & chaque penault contient deux mesures. *Gloss. du Droit Franç.* au mot, *Penault.*

(ee) Trammeur.] C'est apparemment ce qu'on nomme presentement la *tremie* du moulin ; c'est-à-dire, l'auge dans lequel on met le bled qui tombe de-là entre les meules. *Voy. le Dictionn. de l'Acad. Fr.* au mot, *Tremie.*

(ff) Et panrront paste.] C'est-à-dire, que le droit de *fournage* ne se prendra pas sur les pains cuits ; mais sur les pains qui sont encore en paste.

cas, au Messager ou Messagers qui à ce seront envoïez, nous li devons bailler avant toute euvre, pour chascune [a] leuë, en alant son chemin, deus [b] Estevenoins; & pour chascune leuë de son revenir, deux Estevenoinx, pour ses despens, & pour toutes choses.

(30) *Item.* Se aucuns desdiz habitans, vendoit ou achetoit en foire, en marchié, ou (gg) par sepmaine aucunes denrées, (hh) soulvables ventes, nous voulons & octroyons, qu'il n'en puissent estre contraint ne [c] traictiey à amende, par deffaut de païer ladicte vente, d'une nuit & d'un jour après ladicte marchandise venduë ou * achat: Et le terme de la nuit & dou jour passé, se li (ii) Ventiers li demande ladicte vente, il doit bailler gaige ou argent: Et se il ne li baille, & lidiz Ventiers se [d] clame à nostre Justice, [e] il païerait soixante sols d'amende.

(31) *Item.* Ne pourront lidit habitant [f] gaigier l'uns l'autre, (kk) ne aultres lour en ladicte Ville & [g] finaige, (ll) se il n'est obligiez par nostre Seelley: Mais se il lour plait, il feront apeller l'uns l'autre entre lour, & [h] aultres lour pardevant nous ou noz Justiciers: Et en cas que demande seroit faite, se Partie [i] cognoist, l'en li enjoindrai que deans quinzaine, il ait faite [k] satisfaccion, (mm) sanz païer emende; & baillera-on au demandour Lettre exequtoire: Et la quinzaine passée, l'an pourroit [l] gaigier le debtour & exequter sur luy: Et encor cilz (nn) qui nierait, & prouvei est sur li, l'an exequterai & demourrai en l'amende de trois solz.

(32) *Item.* Ne pourront adjourner lidit habitant l'uns l'autre, en aultre [m] Court que en la nostre, en nostre préjudice; se n'est des cas qui pourroient toucher à la court de [n] Christiantey.

(33) *Item.* Toutes successions, tant meubles comme heritages, venrront & escherront par succession, aus prochiens ou prochien qui [o] alinagier se pourroit, jusques au cinquieme [p] grey, de quelque coustey & de quelque ligne que ce soit; ja soit ce qu'il seussent [q] ney de la Ville ou non; [r] masquez il aïent demouré an & jour dessouz nous [ſ] nostre homme, en ladicte Ville, & qu'il y [t] doient demourer en la maniere que s'ensuit, & que nostre autre homme y demourent.

(34) *Item.* Ne poons, ne devons, pourrons ne devrons, nous, nostre hoird, ne noz genz Justiciers, arrester ne faire arrester, saisir ne faire saisir, panre ne faire panre homme ne fame desdiz habitans, ne aultres ne aucuns de leurs biens; se n'est pour murtre, larrecin ou pour autre cas criminel, pour noz propres deniers, ou pour chaude & presente meslée; [u] mas seront appellé par voïe d'action.

(35) *Item.* Voulons que [x] cui il plairait, soit hons ou femme de [y] deffeurs, qu'il puisse venir & apporter ses biens en ladicte Ville; & [z] ainqui demourer par la condition des autres, tant comme il li plairait: Et se il li plait departir, il s'empuent departir par le congié de nostre Justice, & [aa] impourter avec lui ses biens; sanz ce que l'en li puisse mettre aucun empeschement ne destourbier; [bb] parmi ce que nous en aurons ou devrons avoir la cinquieme partie de ses biens: Et se il s'en departoit

JEAN I.er & selon d'autres, Jean II. à Paris, en Aoust 1354.

a lieuë.
b *Voy. cy-dessus, p. 294. Note (e).*
c *trait: condamnez.*
* *acheptée.*
d *plainte.*
e *l'acheteur.*
f *faire faire des saisies les uns sur les autres.*
g *territoire.*
h *Voy. la Note (kk).*
i *se reconnoist debitrice.*
k *payement.*
l *Voy. cy-dessus, Note (f) marginale.*
m *Jurisdiction.*
n *d'Eglise.*
o *qui pourra prouver son lignage & sa parenté.*
p *degré.*
q *nez.*
r *pourvû que.*
ſ *en qualité de nostre homme, de nostre sujet.*
t *qu'ils s'engagent à y demeurer dans la suite.*
u *mais.*
x *celuy à qui.*
y *de dehors, foris.*
z *y.*
aa *emporter.*
bb *moyennant.*

NOTES.

(gg) *Par sepmaine.*] Je ne sçais ce que ce mot signifie-là; à moins qu'il ne veüille dire, *dans le cours de la sepmaine.*

(hh) *Soulvables ventes.*] Je ne sçais s'il ne manque point-là quelques mots; mais il est certain que cela signifie des denrées, pour la vente desquelles il sera dû un droit de vente au Seigneur.

(ii) *Ventiers.*] Celuy qui reçoit les droits de *vente.* Voy. le 3.e Vol. des Ordonn. p. 250. Note (*h*).

(kk) *Ne aultres lour.*] Je crois que cela signifie, que les personnes qui ne sont point de la Ville, ne pourront faire saisir sur les Habitans de la Ville; si ce n'est dans le cas marqué ensuite.

(ll) *Se il n'est obligiez, &c.*] On ne pourra faire de saisie qu'en vertu d'un titre passé sous le Seel du Seigneur: mais, lorsqu'il n'y aura pas de titre de cette sorte, on suivra la procedure marquée dans la suite de l'Article.

(mm) *Sanz payer emende.*] Si le debiteur paye dans la quinzaine qui luy a esté accordée, il ne sera pas condamné à l'amende.

(nn) *Qui nierait, &c.*] Si le deffendeur nie qu'il soit debiteur, & que cependant l'on prouve qu'il le soit, on saisira sur luy, on executera, & il payera trois sols d'amende.

JEAN I.er & selon d'autres, Jean II. à Paris, en Aoust 1354.

sanz congié prenre & obtenir, il perdroit tout ce que l'en trouveroit dou sien, en tout nostre * povoir, & nous seroit acquis.

* *l'estenduë de nos terres.*

(36) Item. Voulons & octroyons que nuls [a] Bans ne Esdis, soit mis par nous ou noz Officiers, en temps de fenisons, de messons ou de vendenges; se n'est à la requeste desdiz Eschevins ou de l'un d'aux; mas [b] coillerat chascuns desdiz habitans, ses biens à sa volenté.

(37) Item. Voulons & octroyons que chascuns desdiz habitans, tenans hernoix de cheruës, de chers ou de charretes, tant de chevaux, de buefs, comme d'aultres, pour maintenir son hernoix, puisse prenre chascun an, deux charées ou [c] charetes de boix en noz bois d'Ourmoy, Foul ou Chaent; c'est assavoir, entre la Nativité Saint Jehan-Baptiste & l'Assumpcion Nostre-Dame, & non en autre temps.

(38) Item. Voulons & octroyons que lidit habitant [d] aient hernoix de cherruës, puissent prenre & [e] coillir hars, [f] rortes & amblaix, en touz noz bois de Jonville, pour maintenir les charuaiges, [g] par tout le mois de Mars, pour chascune année; & non en autre temps; se n'estoit en cas de neccessité: Que se uns *(oo)* amblaix, hars ou rorte rompoit aus champs, en autre temps que endit mois, qu'il le puissent coillier pour faire ladicte hart, rorte ou emblaix, senz [h] enchoison d'emende.

(39) Item. Octroyons ausdis habitans, qu'il puissent cueillier liens pour [i] loïer les blez, avoines & autres biens, en temps de messons, en quelque lieu que il leur plairait, en touz nozdiz bois, & de touz bois; excepté [k] chaane.

(40) Item. Avons ordené & ordenons, pour le proffit desdiz habitans & à lour requeste, que toutes fames mariées aus habitans de ladicte Ville, aïent dès-maintenant & prengnent pour [l] lour & pour lours hoirs, la moitié des meubles & [m] acquas qui seront fait & acquis dezor-en-avant le mariage durant, au decès de lours maris; & yceulx [n] tanront & possideront perpetuelment, tant comme elles ou leur hoir seront residens & demourans en ladicte Ville, dessouz nous ou noz hoirs, si comme li autre nostre homme; nonobstant us ou coustume que par le temps passé, ait esté au contraire.

(41) Item. En cas que *(pp)* Bans seroit mis en temps de garder les biens, *(qq)* se bestes sont trouvées en garde faite, en dommaige d'autrui, de jours, [o] chascune beste païerait trois solz d'amende: Et se elles sont trouvées en garde faite de nuit, en dommaige d'autrui, chascune beste païerait soixante solz d'amende, & rendroit le dommage *(rr)* ou la beste perduë: Et en cas que beste seroit perduë, & elle estoit

a *Ordonnances pour fixer le temps où l'on commencera la recolte ou les vendanges.*
b *cueilleront.*
c *charretées.*
d *ayant.*
e *cueillir.*
f *rortés.*
g *prendre pendant le mois de Mars.*
h *occasion : condamnation.*
i *lier.* Voyez cy-dessus, page 260. Note *(f)*.
k App. *chesne.*
l *elles.*
m *acquests.*
n *tiendront.*
o *celuy à qui appartient cette bête.*

NOTES.

(oo) Amblaix, hars ou rorte.] *Hart* est un lien qui peut se faire avec du chanvre, comme des cordes; ou avec de l'écorce d'arbres, comme les cordes à puits, ou avec du bois pliant.

Rorte. Je crois que ce mot peut venir du latin *retorta*, en françois *riorte*, qui signifie des branches d'arbres pliables, comme celles de l'osier & du saule, avec lesquelles on peut faire des liens. Voy. Du Cange, au mot, *Retorta.*

Il y a apparence qu'*amblaix* est aussi une espece de liens: & si cela est vray, M. Du Cange s'est trompé, lorsqu'il a dit au mot *Amblacium*, qui est sans doute, le nom latin d'*Amblaix*, que c'est un *instrument d'agriculture.*

(pp) Bans, &c.] Ordonnance qui deffend d'entrer dans les terres couvertes de fruits, & de les endommager, & qui establit des Gardes pour y veiller; laquelle Ordonnance se rend ordinairement lorsque les fruits commencent à estre en maturité.

(qq) Se bestes, &c.] Cette phrase est embroüillée, & on auroit dû mettre, *se bestes sont trouvées en garde faite de jours, en dommaige d'autruy, &c.* c'est-à dire, si pendant le jour, les Gardes trouvent une beste qui est entrée dans une terre couverte de fruits, & qui y a fait du dommage.

(rr) Ou la beste perduë.] Je crois que cela signifie, *ou la beste sera confisquée au profit de celuy à qui appartient la terre, par forme de dédommagement.*

Il y a ensuite dans l'Article, *en cas que beste seroit perduë :* ce mot *perduë*, doit, à mon avis, se prendre dans un autre sens, & il signifie-là, *en cas que la beste se soit échappée, & soit égarée.*

trouvée en dommage, elle païeroit quatre deniers pour *(ff)* pergie, & rendroit le dommage.

(42) Item. Qui seroit trouvez [a] coillant en vignes, en blez, avoines, pois, [b] faves, pommes, poires & touz autres fruis & biens, en dommage d'autrui, il païerait cinq solz d'amende, & rendroit le dommage: Et qui y ferait trouvez par nuit, il païerait soixante solz d'amende.

(43) Item. Qui serait trouvez par jour copant [c] parier, pommier, vigne ou autre arbe en dommage d'autrui, il païerait soixante solz d'amende, & rendrait le dommaige: Et cilz qui serait trouvez de nuit, copant lesdiz arbres ou vignes, serait en nostre merci, & païerait telle amende comme il nous plairait.

(44) Item. Avons oultroïé & octroyons ausdiz habitans, que uns chascuns [d] de lour qui tient heritaige [e] dessouz nous, autre part que en ladicte Ville de Jonville, que quelque part ou lieu qu'il les tiennent, puissent tenir & possider touzjours [f] lour & lours hoirs, sanz paier à nous ne à noz successeurs Seigneurs de Jonville, tailles, prises, *(tt)* surprises, courvées, ne autres debites quelconques, pour cause des [g] leus ou lidit heritaige soit assis; [h] mas les tanrront comme lours propres heritages; [i] lour demourans dessous nous en ladicte Ville de Jonville: Reservey ce que pour lesdiz heritages qu'il tiennent au present ausdictes Villes & finages [k] fors de ladicte Ville de Jonville, il païeront *(uu)* de touz trais, de touz geis appartenans à la Comunaulté desdictes Villes, [l] selon leur porcion raisonnable:

Lequel abonnement, liberté, [m] oultroix & franchise dessusdiz, ensamble toutes & singulieres les choses ci-dessus escriptes, sanz nulle autre chose retenir, & senz aucune chouse acroistre, [n] amenrir ne adjouster, tant [o] pardevers noz hoirs & successeurs, comme pardevers lesdiz habitans, lours hoirs & successeurs, nous lidiz Philippes Sires desdiz leus, avons promis & jurey, jurons & promettons ausdiz habitans, à lours hoirs & successeurs qui ad present sont & seront pour tout le temps avenir, tenir, observer, garder & garantir bien & loyaulment pour nous, pour noz hoirs & successeurs, par nostre serement fait, donney, jurey & atouchié de nostre propre main, sur Saintes Euvangiles en lieu de [p] Sacrement, & que contre ledit abonnement, libertey, oultroix & franchise, ne contre les choses cy-dessus escriptes ou aucunes d'ycelles, nous ne irons, aler ferons, consentirons, ne contredirons par nous ne par autre, en [q] recoy ne en appert: Renoncens en c'est fait, pour nous, pour noz hoirs & successeurs, à toutes exceptions, deceptions de fraude & de barat, lesion, circonvencion, à toutes cautelles, engins & cavillations, à touz Drois [r] de Canon & Civil, à touz autres Drois escrips & non escrips, à toutes Coustumes generaulx & locaulx, à touz privileges, graces données ou à donner, de Pape, d'Empereour, de Roy, de Duc, de Conte ou d'autre Seigneur; à toutes autres choses & aides faisans pour les Nobles contre les *(xx)* las ou lours subgis; à toutes allegations, raisons, deffenses & autres choses que contre les choses cy-dessus escriptes ou aucune d'icelles, pourroient estre dites, [s] obiciées & mises avant; & au droit disant, general renonciation non valoir. Et pour ce que les choses ci-dessus dictes, soïent plus fermes & plus estables, & que nous, nostre hoir & successour soïens tenuz & obligei de fermement & estaublement tenir & garder toutes & singulieres les choses dessusdictes, de point en point selond leur teneur; en cas que nous yriens au contraire, & que deffaut y auroit pardevers nous, noz hoirs ou successeurs, nous en avons obligié & obligons,

JEAN I.er & selon d'autres, Jean II, à Paris, en Aoust 1354.

a *cueillant.*
b *feves.*
c *poirier.*
d *d'eux.*
e *dans nos terres.*
f *eux.*
g *lieux.*
h *mais.*
i *eux habitans.*
k *hors.*
l *à proportion de ces biens.*
m *octroy.*
n *amoindrir, diminuer.*
o *de la part.*
p App. *du Saint Sacrement.*
q in recessu, *en secret.*
r *de* est inutile.
s *objectées.*

NOTES.

(ff) Pergie.] Je n'ay pû trouver la signification de ce mot, qui se trouve encore dans l'Art. 5. des Lettres du mois de Janvier 1361. accordées à la Ville d'Aussone, lesquelles seront imprimées cy-dessous.

(tt) Surprises.] C'est apparemment, une espece particuliere de *Prises.* Voy. sur les *Prises*, la Table du 3.e Vol. des Ordonn.

(uu) De touz trais, &c.] Ils contribuëront aux dépenses communes de ladite Ville. *Voy. cy-dessus p. 298. Note (bb).*

(xx) Las.] Du Cange au mot *Lassi*, rapporte un passage de Nithard, qui prouve que *Lassi* signifie des *serfs*. Je ne doute point que *las* n'ait icy la même signification, & elle fait un fort bon sens.

JEAN I.er & felon d'autres, Jean II. à Paris, en Aoust 1354.

submis & submettons en la Court & Jurisdiction de nostre très cher & redoubté Seigneur, nostre Seigneur le Conte de Bourgoigne, touz noz biens meubles & non meubles, presens & futurs, pour pranre, detenir, & exequter par les genz Justiciers, de nostredit Seigneur le Conte de Bourgoigne, [a] quelconques que miex plairait ausdiz habitans, pour le deffaut ou contredit des choses ci-dessus escriptes, ou de l'une d'icelles, [b] se point en y avoit pardevers nous ou noz hoirs & successeurs; jusques à ce que nous, nostre hoird & successour averiens fait au contraire, seroit remis en l'estat [c] pristin, si comme ci-dessus est escript: Et n'est mie nostre entencions que les choses dessusdictes, soïent d'aucune valour ou d'aucun [d] moement, jusques à ce qu'elles seront ratiffiées & confirmées par nostredit Seignour le Conte de Bourgoigne, ou par autres qui à ce ont ou auront puissance. Si supplions audit nostre très cher & redoubté Seigneur, le Conte de Bourgoigne, que les choses dessusdictes, veüille confirmer, ratiffier & aggreer, & mettre son decret: Et ancor supplions au Roy de France nostre très cher & redoubté Seigneur, pourtant comme à li touche pour cause du [e] Bail & gouvernement doudit nostre Signour le Conte de Bourgoigne, que il li plaise faire mettre en ces presentes Lettres, sa confirmacion & decret. En tesmoignage desquelles choses, nous Philippes Sire de Jonville & de la Votice dessusdiz, avons mis nostre Seel, pendent en ces presentes Lettres, en signe de verité, que *furent faites & données en nostre Chastel dudit Jonville, le vingt-septieme jour d'au mois d'Avril, l'An de grace courrant par mil trois cenz cinquante & quatre.*

a *les biens qui plairoient mieux.*

b *s'il y avoit du deffaut de nostre part.*

c *ancien, du Latin* pristinus.

d *moment, du Latin* momentum; c'est-à-dire, *ayent leur execution.*

e *Voy. le 3.e Vol. des Ordonn. p. 428. Note (b) & p. 535. Note (a).*

NOs autem tanquam habentes dictum Ballum, & ad causam dicti Bailli, omnia & singula in dictis contenta Litteris, rata habemus & grata; ita tamen quod per hec jus novum in prejudicium Comitis & Comitatus Burgundie predictorum, dicto Domino de Jonvilla & suis successoribus, nullatenus acquiratur; seu eisdem Comiti & Comitatui, prejudicium aliquod generetur: Eaque volumus, laudamus, ratifficamus, approbamus & (yy) auctoritate nostra Regia, de speciali gratia ac certa scientia, tenore presentium confirmamus: salvo in hiis & aliis jure nostro prefatique Comitis, & quolibet alieno. Quod ut firmum & stabile permaneat in futurum, Sigillum nostrum presentibus Litteris fecimus hiis apponi. Actum Parisius, Anno Domini millesimo trecentesimo quinquagesimo-quarto, mense Augusti. *Per Consilium, presentibus Gentibus Compotorum; lecto Originali Litterarum suprascriptarum coram eis.* CHAPELLE.

NOTES.

(yy) Auctoritate nostra Regia.] Il paroist par cette clause, que le Roy n'a pas donné ces Lettres de confirmation, seulement en qualité de *Bail* du Conte de Bourgogne; mais aussi comme Roy.

JEAN I.er & felon d'autres, Jean II. à Paris, en Aoust 1354.

Philippes VI. dit de Valois, au Moncel-lès-Pont-S.te Maixence, en Mars 1343.

(a) Lettres de Sauvegarde Royale, pour le Couvent du Mont S.t Louis près de Noyon, Ordre de Chartreuse.

JOHANNES Dei gratia Francorum Rex: Notum facimus universis presentibus & futuris, Nos infrascriptas carissimi Domini & Genitoris nostri, vidisse Litteras, formam que sequitur, continentes.

PHILIPPE par la grace de Dieu Roys de France: Savoir faisons à touz presens & avenir, que Nous desirans de tout nostre cuer, les personnes [f] de Religion, qui sont

f *Religieuses.*

NOTES.

(a) Tresor des Chartres, Registre 82. Piece 359.

ordonnées à servir nostre Seigneur Jesus-Crist, en nostre Royaume; especialement ceulx de l'Ordre de Chartreuse, auquel Nous avons especial devocion, estre maintenuz & gardez avec touz leurs biens [a] leurs familiers, en [b] pais & en transquilité, par quoy ils puissent miex & plus devotement vaquer & entendre au service de Dieu, auquel il se sont donnez : A la supplication de noz bien amez le Prieur & Couvent du Mont-Saint Loys de-lez-Noyon, dudit Ordre de Chartreuse, qui sont de touz temps en la Sauve-garde Royal, yceulx d'abondant avons pris & prenons, mis & mettons de grace especial & de nostre certaine science, avec touz leurs biens quelz que ilz soient, & ou cas que ilz soient assis en nostre Royaume, que il ont à present & que il acquerront loyaulment ou temps avenir, touz leurs familiers Religieux & seculiers, en & sus nostre protection & Sauve-garde especial, & de noz successeurs Roys de France, pour estre & demourer perpetuelment ; & leur avons commis, donné & deputé, commettons, donnons & deputons de nostredicte grace, nostre Bailli de Vermendois present & avenir, ou son Lieutenant à Chauny-sur-Oyse, leur Juge en toutes leurs Causes meuës & à mouvoir, contre quelconques personnes, en demandant & en deffendant : [c] parainssy toutevoie, que pour ce, il ne puissent aucun faire convenir pardevant ledit Bailli ou son Lieutenant à Chauny, de plus loins dudit Chauny, que vint lieuëz : & aussy voulons & comettons ledit Bailli ou son Lieutenant à Chauny, estre leur Gardien especial, pour yceulx Religieux, leur Eglise en chief & en membres, leurs familiers, leurs Genz, possessions, [d] granches, terres, prés, bois, vignes, Justices, cens, rentes & revenuës quelles que elles soient, à eulx appartenantes en quelque maniere que ce soit, maintenir & garder par luy ou par autres, en leurs justes possessions, franchises, libertez, drois, coustumes, usages, privileges & [e] saisines, & pour eulx deffendre de par Nous, de toutes injures, violences, griefs, oppressions, inquietacions, molestacions, de force d'armes, de puissance de Lays, & de toutes nouvelletez indeuës quelles que elles soient : & se il y a debat en cas de nouvelleté entre les Parties, sur les causes contentieuses, de mettre ycellui debat en nostre main comme souveraine, & à faire par ycelle nostre main, recreance là & si comme il appartendra : & pour faire paier ausditz Religieux ou à leur certain commandement, leurs cens, rentes, dismes & revenuës, & toutes leurs debtes bonnes & loyaulx, recongneuës [f] ou prouvées par Lettres, tesmoings, instrumens ou autres loyaulx ensaignemens, [g] que il apperra estre deuz ausdiz Religieux, [h] de quelconques personnes noz Subgez demourans à Chauny ou environ jusques à vint [i] lieuez, en contraignant à ce yceulx debteurs, par la prise, venduë, explectacion de leurs biens & detencion de leurs corps; se obligez y estoient : & se aucuns de leurs debteurs se veult opposer au contraire, nostre main suffisamment garnie là & si comme il appartendra deuëment, pour faire adjourner pardevant soy ou son Lieutenant à Chauny, en nostre Siege de Chauny, lesdiz opposans & toutes autres personnes, tant en demandant comme en deffendant, pour aller avant pardevant lui, tant sur lesdictes opposicions, debas ou questions, comme sur lesdictes debtes, si comme il sera à faire de raison, pour en faire sus les choses dessusdictes, les Parties oyes, bon & brief acomplissement de Justice : Et voulons que nostredicte Garde especial, il face publier par tous les liex où il verra qu'il appartiengne, à la requeste desdiz Religieux ou de leurs Genz ; & en signe de nostredicte Sauve-garde especial, face mettre noz Pennonceaux Royaulx, ès maisons, granches, possessions & autres biens desditz Supplians, là ou mestier en sera ; afin que nuls ne s'en puisse excuser de ignorance : & intime & deffende de par Nous, à toutes les personnes dont il sera requis de par lesdiz Religieux, que à eulx, à leur famille, à leurs Gens, à leur Eglise en chief & en membres, à leurs terres, cens, rentes, revenuës, ne autres biens quelconques, ne [k] ou que il soient, presens & avenir, il ne meffacent, ne facent meffaire en aucune maniere, sur certaine paine à appliquer à Nous : & pour faire & acomplir plus diligemment de point en point, les choses dessusdictes & chascune d'icelles, Nous mandons & cometons audit Bailli ou à son Lieutenant à Chauny, que il toutesfois que mestiers en sera, depute de par Nous, ausdiz Religieux, un ou deux

JEAN I.er & selon d'autres, Jean II. à Paris, en Aoust 1354.

a *&*.

b *paix.*

c *pourvû cependant.*

d *granges.*

e *possessions.*

f *par les debiteurs.*

g *lesquelles dettes.*

h *par.*

i *lieuës.*

k *en quelque lieu qu'ils soient situez.*

JEAN I.er & selon d'autres, Jean II. à Paris, en Aoust 1354.

a Peut-estre, *Sergent.*

personnes convenables, à leurs despens, lesquielx & chascun d'eux, Nous voulons de nostre grace especial dessusdicte, que il aient, quant à faire & exercer les choses dessusdictes & chascune d'icelles, tout povoir d'office de Sergent : toutesvoiez Nous ne voulons pas que il s'entremettent en aucune maniere, de chose qui requiere cognoissance de Cause : & Nous donnons en mandement à touz nos Justicables & Subgez, que audit Bailly de Vermendois present & avenir, ou à son Lieutenant à Chauny, & ausditz [a] Sergenz ou Sergenz deputez de par lui, quant aus choses dessusdictes & en celles qui en despendent, obeïssent & entendent diligemment : & pour ce que ce soit ferme chose & estable à touzjours, Nous avons fait mettre nostre Seel en ces Lettres. *Donné au Moncel-lez-Pons-Sainte Maixence, l'An de grace mil trois cens quarante & trois, ou mois de Mars.*

NOs autem Litteras suprascriptas, Salvam-gardiam suprascriptam continentes, & omnia & singula in eis contenta ipsam concernentia, rata habentes & grata, ea volumus, laudamus, ratificamus, approbamus, & auctoritate nostra Regia, de speciali gratia, tenore presentium confirmamus. Verum quia Nos nuper locum de Calniaco, in quo Cause dictorum Religiosorum, coram Baillivo nostro Viromandensi aut ejus Locum-tenenti, ex concessione dicti Genitoris nostri, agitabantur & ventilabantur, ut superius est expressum, in carissimum Germanum nostrum Ducem Aurelianensem transtulimus, & sic Cause dictorum Religiosorum, in dicto loco coram dicto Baillivo, nequirent agitari seu eciam ventilari : propter quod prefati Religiosi Nobis humiliter supplicarunt, quatenus eisdem super hoc providere dignaremur de remedio oportuno : Quapropter cupientes quod dicti Religiosi sub nostro immediato ressorto remaneant, eorum supplicationibus favorabiliter inclinati, prefatis Religiosis locum de Roya Baillivie Viromandensis predicte, coram dicto Baillivo aut ejus Locum-tenente, in dictis suis Causis agitandis & ventilandis, modo & forma quibus in dicto loco de Calniaco, ante translationem hujusmodi, agitabantur & ventilabantur ex dicta prefati Genitoris nostri concessione, constituimus, & etiam ordinamus auctoritate nostra & speciali gratia supradictis : dantes tenore presentium in mandatis ; comittentes, si sit opus, dicto Baillivo aut ejus Locum-tenenti, quatenus dictos Religiosos nostra presenti gratia uti & gaudere faciat & permittat, premissaque omnia & singula exequatur juxta modum & formam predictos. Quod ut firmum & stabile permaneat in futurum, nostrum presentibus fecimus apponi Sigillum. Datum Parisius, Anno Domini millesimo trecentesimo quinquagesimo-quarto, mense Augusti. *Per Consilium in quo vos & Domini* [b] *Belvacensis* [c] *Parisiensis & Symon de Buciaco eratis.* CLAVEL. *Collatio facta est.*

b Episcopi.
c &.

JEAN I.er & selon d'autres, Jean II. à Paris, en Aoust 1354.

(a) Lettres de Sauvegarde Royale pour les Consuls de *Villemur* [dans le Haut Languedoc.]

JOHANNES Dei gratia Francorum Rex : Notum facimus universis tam presentibus quam futuris, quod inter curas & urgentes sollicitudines, quibus in regendis Nobis [d] *plebibus, frequenter distrahimur & animus noster afficitur, ad hoc precipue nostre mentis aspirat affectus, per que status subditorum nostrorum, temporibus nostris, sub commisso Nobis regimine, in transquilitate manuteneantur & pace, ac ipsius Regni subditi, sub protectione Regia, a suis releventur pressuris, & per Regalem potentiam a noxiis defendantur ; ut eo libencius & fervencius Nobis & successoribus nostris, servire, & Nos juvare valeant, quo habundancius per Nos senserint se adjutos. Ea propter, ex parte dilectorum*

d *Il semble qu'il manque-là*, subditis.

NOTES.

(a) Tresor des Chartres, Registre 82. Piece 593.

nostrorum

nostrorum Consulum de (b) Villemur in Senescallia Tholose, Nobis, nomine Consulatus, immediate justiciabilium & subjectorum, supplicationibus inclinati, Progenitorum nostrorum, qui semper ipsos ab injuriis, violenciis & pressuris quibuscunque, consueverunt defendere & tueri, vestigiis inherentes, ac etiam mediante financia ducentorum Denariorum Auri ad Scutum, quos prefati Consules in nostro Parisiensi Thesauro solvere tenentur, ipsos Consules presentes & futuros, & Consulatum ipsorum tam in capite quam in membris, Consiliarios, Officiales, Servitores, Notarios & Ministros suos, ac familiares, & bona communia eorumdem cum Jurisdictionibus, redditibus & rebus, ac juribus suis universis, in nostris protectione & Gardia speciali Regia & successorum nostrorum Regum Franc. suscepimus & suscipimus per presentes, in eisdem speciali Gardia & protectione perpetuo remansuros: dantes Senescallo Tholose, ceterisque Justiciariis nostris presentibus & futuris, vel eorum Loca-tenentibus, & cuilibet eorumdem, ut ad eum pertinuerit, tenore presentium in mandatis, quatenus prefatos Consules & Consulatum, Consiliarios, Advocatos, Notarios, Scindicos, familiares & Ministros, Jurisdictionem & bona communia eorumdem, in suis usibus, juribus, possessionibus, franchisiis, libertatibus & saisinis, sub dictis protectione & Salva-gardia speciali manuteneant & defendant; ipsosque Consules, Consulatum, Consiliarios, Advocatos, Notarios, Scindicos, Officiales, familiares & Ministros eorumdem, ab omnibus injuriis, violenciis, oppressionibus, gravaminibus, vi armorum, potencia Laycorum, ac inquietationibus & novitatibus indebitis quibuscunque, defendant & defendi faciant contra omnes: & si que novitates indebite, injurie aut oppressiones sibi facte vel illate fuerint, eas ad statum pristinum celeriter reducant, aut faciant indilate reduci, & Nobis ac dictis Consulibus, emendam condignam prestari; & hujusmodi Salvam-gardiam nostram, in eorum assisiis & locis aliis de quibus viderint expedire, publicari, ne quis possit in contrarium ignoranciam allegare; & [a] assecuramentum a personis de quibus dubitaverint, prout ad eos pertinuerit, juxta Patrie consuetudinem, eis legitimum dari faciant & prestari; Penuncellosque sive Baculos nostros Regios, in bonis & juribus eorumdem, in terra que Jure-scripto regitur dumtaxat, apponi; & violatores hujusmodi protectionis & Salve-gardie speciaiis, sic, Justicia mediante, civiliter puniri faciant, quod cedat ceteris in exemplum: & pro premissis diligencius exequendis, si & quando a dictis Consulibus, Consiliariis, Officialibus, Scindicis, Servitoribus, Notariis, Ministris & familiaribus suis, aut ipsorum aliquibus, conjunctim vel divisim, super [b] hec requisiti fuerint, unum vel plures Servientes nostros, ex parte nostra concedant, suis sumptibus & expensis: qui tamen de hiis que Cause cognitionem exigunt, se nullatenus intromittant. Quod ut firmum & stabile permaneat in futurum, presentibus Litteris nostrum fecimus apponi Sigillum: nostro in aliis & alieno in omnibus jure salvo. Datum & actum Parisius, Anno Domini millesimo trecentesimo quinquagesimo-quarto, mense Augusti. *Per Regem, ad relacionem Consilii, quo erant Domini Cathalanensis Episcopus, de Revello, G. de Charniaco & [c] Ingerrannus Thesaurarius Francie.*

J. ROYER.

JEAN I.er & selon d'autres, Jean II. à Paris, en Aoust 1354.

a Voy. le 3.e Vol. des Ordonn. p. 264. Note (*b*)

b *Il n'y a qu'une h. avec une marque d'abbreviation.*

c Enguerrand du petit Celier. *Voy. le 2.e Vol. des Ordonnances, pp. 296. & 300.*

NOTES.

(b) Villemur.] *Villemur*, Ville dans le haut Languedoc, située sur le Tarn, dans le Diocese de Montauban, & du Parlement de Toulouse. Voy. *le Dictionn. Univers. de la Fr. au mot*, Villemur.

JEAN I.er & selon d'autres, Jean II. à Paris, en Octobre 1354.

(a) Lettres qui confirment celles du 4. de May 1324. portant concession aux Citoyens & Habitans de Toulouse, d'acquerir des personnes Nobles, des biens fonds, pourvû que ces biens soient sans Justice, & qu'il n'en soit pas dû hommage.

JOHANNES Dei gratia Francorum Rex : Notum facimus universis tam presentibus quam futuris, quod Nos ad supplicacionem dilectorum & fidelium nostrorum Civium & habitatorum Civitatis & Ville nostre Tholose, nuper eisdem habitatoribus & Civibus

NOTES.

(a) Ces Lettres telles qu'elles sont icy imprimées, sont au Tresor des Chartres, Registre 82. Piece 562.

Les Lettres du mois de Juin 1354. qui y sont *vidimées*, ont esté imprimées dans le 2. Vol. des Ordonn. p. 556.

L'exactitude exige absolument que l'on fasse icy le détail de la maniere dont ces Lettres du mois de Juin 1354. y ont esté imprimées.

Il y est dit dans la Note (a) que les Lettres sont au Tresor des Chartres, Registre 82. Piece 232. & Piece 563. [Il faut corriger 562.]

Mais dans la Piece 232. il n'y a que les Lettres du mois de Juin 1354. telles qu'elles sont imprimées dans le 2. Vol. Et dans la Piece 562. il y a des Lettres du mois d'Octobre 1354. confirmatives, de ces Lettres du mois de Juin 1354. lesquelles y sont *vidimées*. Ce sont ces Lettres du mois d'Octobre 1354. que l'on donne presentement.

Dans la Piece 232. les Lettres du mois de Juin 1354. finissent ainsi : *Actum & datum Parisius, Anno Domini millesimo trecentesimo quinquagesimo-quarto, mense Junii. Per Regem, ad relacionem Consilii, in quo Domini Cardinalis Boloniensis, vos Belvacensis, Cathalanensis & Laudunensis, Comes Montisfortis & plures alii eratis.* Potin. *Collatio facta est cum originalibus Litteris hic insertis.* Et dans le *vidimus* inseré dans les Lettres du mois d'Octobre 1354. il y a simplement : *Actum & datum Parisius, anno Domini millesimo trecentesimo quinquagesimo quarto, mense Junii.*

La fin des Lettres du mois d'Octobre 1354. est telle que l'on la donne icy.

Dans le 2. Vol. des Ordonnances, on a mis à la fin des Lettres du mois de Juin 1354. la formule de la fin de ces Lettres, & la formule de la fin des Lettres du mois d'Octobre 1354. & on les a entrelassées ensemble de telle façon, qu'elles ne font plus qu'un tout.

On pourra corriger cette inexactitude par cette Note, où l'on vient de voir la veritable maniere dont finissent les Lettres du mois de Juin 1354. dans la Piece 232.

Il y a dans le Registre 82. Piece 573. des Lettres qui donnent quelques éclaircissements sur la raison pour laquelle le Roy accorda dans l'espace de quatre mois, deux Lettres aux Habitans de Toulouse sur le même sujet; & qui peuvent servir à faire connoistre pourquoy les dernieres Lettres ne furent scellées que trois mois après avoir esté expediées, & pourquoy le Parlement en prit connoissance.

On trouve d'ailleurs dans ces Lettres, quelques détails sur l'expedition des Lettres de Chancellerie ; c'est ce qui a determiné à faire imprimer icy ces Lettres en Note.

Malheureusement il y a plusieurs mots qui sont effacez. Il y en a quelques-uns que l'on a suppléé à l'aide de quelques Lettres que l'on apperçoit encore ; & ceux-là, on les a enfermé entre deux crochets. Il y en a quelques autres qu'il a esté impossible de lire ; & on les a laissez en blanc.

JOHANNES Dei gratia Francorum Rex : Notum facimus universis presentibus & futuris, quod exposito Nobis nuper ex parte Johannis [a] *Congoulii Burgensis & Capitularii nunc Ville Tholose, quod cum ipse nuper tempore estivali ultimo preterito, ad instantiam Capitulariorum tunc Tholose, ad Nos & Curiam nostram, pro impetrandis certis Litteris & aliis gerendis dicte Ville negociis, accedens, quasdam pro eadem Villa, à Nobis obtinuisset Litteras, in cera viridi & filis sericis sigillatas : quas cum dicti Capitularii, quibus dictus Johannes ipsas exhibuit, inspexissent, videntes ipsas in aliquibus factis seu verbis pati deffectus, ipsum Johannem ad Nos vel nostram Curiam, pro supplendis hujusmodi deffectibus, iterum destinassent : Nosque super hujusmodi deffectuum supplemento, nostras Litteras [concessissemus] eisdem, ipseque Johannes Litteras nostras hujusmodi, in Cancellaria seu Audientia nostra sibi liberari [requirens, nostras alias predictas] in cera viridi & filis sericis, ut premittitur, concessas*

[a] *Il y a une marque d'abbreviation sur l'l.*

concessisse meminimus Litteras nostras confirmatorias cujusdam gratie Civibus & habitatoribus presentibus & futuris nostris dicte Ville & Civitatis & eorum successoribus, alias facte per inclite recordacionis carissimum Dominum & Consanguineum nostrum, Karolum Regem Franc. predecessorem nostrum, quarum Litterarum tenor sequitur in hiis verbis.

JEAN I.er, & selon d'autres, Jean II. à Paris, en Octobre 1354.

JOHANNES, &c. [a]

ET licet tam per tenorem suprascriptarum Litterarum, quam aliarum per Nos eciam concessarum, exequcionem dicte gratie & confirmacionis nostre, Senescallo nostro Tholose seu ejus Locum-tenenti mandaverimus; tamen, prout per querelam Capitulariium, Civium & habitatorum Tholose, percepimus, [b] eo quia Procurator noster dicte Senescallie, tam in [c] vim opposicionis & subrepcionis quam aliter, earum nititur exequtionem impedire, proponendo & allegando gratiam dicti Domini Karoli superius insertam, nec ejus confirmatoriam minime fore exequendam, ex eo quod dicte Littere non fuerant per nostram Compotorum Cameram collacionate seu expedite, dictosque Cives & habitatores, per triginta annos & amplius, qui à tempore concessionis dicte gracie, jam [d] valuerunt eidem uti cessasse ac eciam omisisse: Sed, quod plus est, quamplures ex dictis Civibus & habitatoribus, licet dictam gratiam minime ignorarent, dicto medio tempore, plures financias Nobis seu nostris Gentibus, pro acquisitis de quibus sit mencio in dictis Litteris, ut idem Procurator asserit, persolverunt; ex quibus dicit fore & fuisse predicte gratie derogatum; privilegiumque quod ex ea consequi memorati Cives & habitatores poterant, perdidisse; & proinde confirmacionem vestram subsequentem, tanquam de super nullo fundatam & concessam, carere viribus & effectu; maxime [e] cum idem Procurator noster, ut asserit, [f] taceatur in dicta nostra confirmacione, Nos esse & fuisse in possessione & saisina habendi, levandi & exigendi à dictis Civibus, pro dictis acquisitis, financias, dum casus eveniebant; quodque per nostras confirmatorias Litteras, nichil eis de novo concessum extitit seu collatum; ac super predictis, eosdem Cives nostros ac Sindicum dicte Universitatis, in [g] processibus, ut dicitur, [h] involvendo, exequcionem nostrarum Litterarum, dictus Senescallus distulisse & adhuc

a Voy. le 2.e Vol. des Ordonn. p. 556.

b Il devroit y avoir, eo quod; ou simplement, quia.

c en s'opposant à ces Lettres, sous pretexte qu'elles sont subreptices.

d Ce mot, s'il n'est pas corrompu, est icy dans un sens très singulier.

e Il semble qu'il devroit y avoir, ut idem Procurator noster asserit.

f il n'ait pas esté fait mention.

g process. *R.*

h involvend. *R.*

NOTES.

exhibuisset, Gentes nostre, ad reddendas & liberandas Litteras [sic sigillatas,] impetrantibus deputate, memores summe pecunie quam pro ratione Sigilli earumdem alias receperant, & in margine earumdem Litterarum scripserant, viderunt majorem ibi summam scriptam fuisse quam receptam; & à tergo earumdem Litterarum, ubi erat scriptum [[i] visa in Cancellaria] & taxata, erat summa rasa, ut dicitur. Quamobrem in nostra Parlamenti Curia, dictus Johannes fuit tractus in Causam, (& ibi arresto retentus:) unde multos labores & expensas se sustinuisse asserit, supplicans humiliter ut cum de facto hujusmodi fuerit & sit & immunis, quod paratus est juramento firmare; quod & fecit dilectis & fidelibus Gentibus nostris nostrum presens Parlamentum tenentibus labores & expensas quas passurus esset aliter in prosequcione hujusmodi Cause, de gratia sibi super hoc providere dignaremur: Nos igitur hiis attentis, visoque & attento tenore certe informationis super hoc facte, additionem summe majoris predicte & rasuram summe factam in loco predicto, & eciam factum hujusmodi, omnemque penam & emendam criminalem & civilem, quam propter hoc erga Nos potuisset incurrisse, eidem Johanni remisimus, & à dicto arresto ad plenum liberamus, & tenore presentium de speciali gratia, auctoritate nostra Regia, & nostre plenitudine potestatis remittimus & quittamus; nonobstante quod contra ipsum Johannem, super predictis & dependentibus, processus seu inqueste inchoate fuerint in nostra dicti Parlamenti Curia, quos & quas nullius esse volumus efficacie vel valoris: quinymo Procuratori nostro super hoc [silentium imponimus,] & ipsum [k] ad bonam famam suam restituimus per presentes: Mandantes dilectis & fidelibus Gentibus nostris presens Parlamentum tenentibus, ceterisque Justiciariis & Officiariis nostris & eorum cuilibet, vel Loca-tenentibus eorumdem, ut ipsum Johannem dicta nostra presenti gratia uti & gaudere libere sine difficultate faciant & permittant; & facta in contrarium, ad statum pristinum & debitum indilate reducant. Quod ut firmum & stabile perpetuo perseveret, presentibus Litteris sigillum nostri Castelleti [l] Parisiensis, in absentia magni, duximus apponendum: Salvo in aliis jure nostro & in omnibus quolibet alieno. Datum Parisius, die duodecima Januarii, Anno Domini millesimo trecentesimo quinquagesimo-quarto. *Per Regem, presente Domino Symone de Buciaco.* YVO. BUCY.

i Ce mot est presque entierement effacé, & il a fallu deviner.

k Johannem.

l Par. *R.*

JEAN I.er & selon d'autres, Jean II. à Paris, en Octobre 1354.

differre dicitur, in ipsorum Civium grave prejudicium & jacturam: Quocirca Nos volentes gratiam predictam per Nos, de certa scientia & deliberato Consilio, dictis nostris Civibus & habitatoribus presentibus & futuris, concessam, quos pocius in predictis & aliis, tanquam benemeritos, affectamus favore prosequi gratioso, aliqualiter retractari; sed rejectis dictis opposicionibus, & quibuscunque aliis dicti nostri Procuratoris, prefatis nostris Civibus & eorum dictis successoribus, desideratum afferre commodum & effectum, eidem Senescallo nostro districte per presentes precipimus & mandamus, quatenus, predictis oppositionibus, super quibus & aliis dicto Procuratori nostro silentium imponimus, nullatenus obstantibus, predictas nostras Litteras confirmacionis, quas ex uberiori nostra gratia, vim & locum nove concessionis habere volumus & jubemus, exequatur absque difficultate qualibet, & alterius expectacione mandati; censibus, [a] obliis, [b] lauduminiis, vendis, (b) acapitis, (c) retrocapitis & aliis juribus & deveriis Nobis, seu Dominis à quibus dicte res tenebuntur, salvis penitus & retentis: [c] Inhibentes Receptori nostro Tholose, vel ejus Locumtenenti, ac quibuscunque Commissariis deputatis seu deputandis super financiis acquisitorum hujusmodi, quibus & eorum cuilibet, Nos tenore presentium inhibemus, ne dictos nostros Cives & habitatores presentes & futuros, contra formam hujusmodi, [d] & dictarum aliarum Litterarum superius insertarum, inquietent seu perturbent; sed dictis gracia & confirmacione, ipsos uti & gaudere pacifice faciant & permittant; subrepcionibus, opposicionibus, aut aliis quibuscumque subterfugiis propositis vel proponendis, Litterisve in contrarium impetratis vel impetrandis, non-obstantibus quibuscunque. Que premissa, ut stabilitatis perpetue robur obtineant in futurum, has nostras presentes Litteras, sigilli Castelleti nostri Parisiensis, nostro majore absente Sigillo, muniimine fecimus roborari: salvo in aliis jure nostro & in omnibus quolibet alieno. Datum Parisius, Anno Domini millesimo trecentesimo quinquagesimo-quarto, mense Octobris. *Sigillata sub sigillo Castelleti nostri Parisiensis, in absencia magni, ultima die Decembris Anno predicto.* [e] *Alias signata sic. Per Regem.* P. CUIRET. *Et in duplici cauda ac cera alba sigillata; & de precepto Consilii, in quo erant Domini Archiepiscopus Senonensis, Episcopus* [f] *Parisiensis & Jacobus La Vache, certa de causa rescripta & penes Parlamenti Curiam retenta.* DIONYSIUS, CARITAS. *Collatio facta est cum Litteris Originalibus suprascriptis.*

a Voy. le 3.e Vol. des Ordonn. page 205. x. & Note (l).
b lods & ventes.
c Inhiben. *R.*
d Litterarum.
e Al. *R.*
f Par. *R.*

NOTES.

(*b*) *Acapitis.*] Ce Droit est aussi nommé en latin, *relevium*, & en françois, *relief*. Ce sont des droits dûs au Seigneur à chaque mutation du vassal. Voy. Du Cange, au mot *Accapitum*, qui est dans l'Art. *Accaptare*; & le Gloss. du Droit Fr. augmenté par Lauriere, t. 2. p. 295. & suiv. Voy. la Note suivante. *Acapitum* est sans doute la même chose qu'*Acapiagium*, qui se trouve dans le 3.e Vol. des Ordonn. p. 205. & que je n'ay point entendu. Le mot *Aceptamentum*. [Voy. *Ibid.* Note (*k*)] signifie aussi la même chose; ainsi qu'il sera prouvé par des textes precis dans l'addition qui sera faite au mot *Accaptare*, dans la nouvelle édition de Du Cange.

(*c*) *Retro-capitis.*] Du Cange au mot, *Reaccapitum*, qui sans doute est le même que *Retro-capitum*, & qui est à la fin de l'art. *Accaptare*, rapporte un passage de la *Roche-Flavin*, qui prouve que ce droit se paye à chaque mutation de Seigneur. Voy. la Note precedente.

JEAN I.er & selon d'autres, Jean II. à Paris, le 6. de Nov. 1354. & le dern. de Sept. 1352. & le 15. de Fevrier 1353.

(*a*) Lettres en faveur des Marchands forains & des Voituriers de Marée.

JOHANNES Dei gratia Francorum Rex: Dilectis & fidelibus Johanni Bescoti, Rogoni de Recuria, Roberto de Ultra-aquam, Guerardo de [g] *Yuilla, Clericis; Johanni Henniere, Guillelmo de* [h] *Embrevilla, Militibus; Guillelmo Bescoti & Thome*

g ou Yvilla.
h Ambrevilla, *dans la Piece suivante.*

NOTES.

(*a*) Registre du Parlement de Paris, intitulé, *Jugez* C. *en Decembre 1351.* F. *en Juillet 1363.* cotté 13. *folio 263. verso.*

Voy. le 3.e Vol. des Ordonnances pp. 443. 447. des Lettres à peu près semblables à celles-cy.

JEAN I.er & selon d'autres, Jean II. à Paris, le 6. de Novembre 1354. & le dernier de Septembre 1352. & le 15. de Fevrier 1353.

Vanin, Consiliariis nostris, ac Petro dicto Hardi Auditori Causarum in Castelleto nostro Parisiensi: Salutem & dilectionem.

Noveritis Nos nostras vidisse infrascriptas Litteras, quarum tenor sequitur in hec verba.

JOHANNES Dei gratia Francorum Rex: Dilectis & fidelibus Johanni Bescoti & Rogoni de Recuria, Clericis; ac Johanni Henniere & Guillelmo de [a] Ambrevilla Militibus, Consiliariis nostris; ac Petro dicto Hardi Auditori Causarum in Castelleto nostro Parisiensi: Salutem & dilectionem. Foranei Mercatores & Vecturarii Piscium Marinorum & Allecium, frequentantes & adducentes frequenter Pisces marinos & Alletia [b] vendend. in Villa Parisiensi, Nobis graviter conquerendo monstrarunt, quod licet virtute [c] Litterarum inclite recordationis carissimi Domini & Genitoris nostri, ac etiam nostrarum, pro utilitate Reipublice, ordinatum & prohibitum extiterit, ac in dicta Villa Parisiensi & alibi publice proclamatum, ne quisquam pro quibuscunque garnisionibus vel quacunque alia de causa, capere vel arrestare Equos, [d] harnesia, Pisces seu Alecia Mercatorum hujusmodi vel alterius eorundem, eundo ad dictam Villam Parisiensem, vel redeundo abinde ad mare, [e] presument quovismodo; ac per nostras alias Litteras, postmodum mandatum dilectis & fidelibus Gentibus Parlamenti nostri Par. ac ceteris Justiciariis Regni nostri, quod quoscunque in premissis attemptantes, & contra dictas Ordinationem & inhibitionem qualitercunque facientes, civiliter punirent; sicque cederet ceteris in exemplum: prout hec & alia, in dictis Ordinationibus & Litteris plenius contineri dicuntur: Nichilominus quamplures Prelati, Religiosi, Barones, Nobiles & nonnulli alii, sub quarumdam velamine Litterarum nostrarum, eis, ut asserunt, concessarum, post publicationem predictam, ac sub eo pretextu, quod ipsi dicunt se posse arrestare & capere in terris & Jurisdictionibus suis, Pisces & Alecia Mercatorum, totiens quotiens ipsi deferuntur per terras & Jurisdictiones suas predictas, ausu suo temerario & presumptuoso, in prejudicium Reipublice ac contra Ordinationem, inhibitionem & proclamationem predictas, temere veniendo, Equos, harnesia, Pisces & Alecia Mercatorum predictorum, per dictas terras & Jurisdictiones ipsorum Dominorum transeuntium, ad dictam Villam Parisiensem venientium arrestare, ac Pisces & Alecia conquerentium predictorum, pro pretio voluntario ad eorum libitum, etiam suis privilegiis, si que habeant, abutendo, capere non verentur, [f] calctos in quibus dicti Pisces & Alecia afferuntur, diruentes ac lacerantes, & aliter predictos Mercatores & adducentes Pisces & Alecia, multipliciter magis & gravius quam ante dictam publicationem fecerant, molestando, impediendo & dampnificando: Copiam dictarum Litterarum nostrarum, quas se habere dicunt, tradere recusantes; propter quod iidem Mercatores & Vecturarii, seu magna pars eorundem, formidant & obmittunt dictos Pisces & Alecia adducere Parisius, que sunt in Reipublice grave detrimentum, & nostrarum Ordinationis, inhibitionis & proclamationis predictarum, vituperium & contemptum; necnon & dictorum conquerentium ac universorum in dicta Villa Parisiensi habitantium & frequentantium, prejudicium atque dampnum non modicum & gravamen, sicut fertur; quod Nobis non modicum displicet; & non immerito, si sit ita. Quare Nos super premissis celeriter providere, ac dictas Ordinationem, inhibitionem & proclamationes, firmiter & inviolabiliter observare, in favorem & pro bono Reipublice, cupientes, vobis quinque, quatuor & tribus vestrûm, mandamus & committimus, quatenus contenta in dictis nostris Litteris, de quibus liquebit, ac predictas Ordinationem, inhibitionem & proclamationem nostras, teneri firmiter & inviolabiliter observari facientes, ipsas Ordinationem & proclamationem, iterato prefatis personis significari, ac ipsas ad eas tenendas & observandas, tradendamque Copiam de nostris Litteris supradictis, quas sibi fuisse concessas asserunt, ut prefertur, viis & remediis condecentibus, compellere seu compelli facere studeatis, memoratis personis, sub certis magnis penis Nobis applicandis, ex parte nostra firmiter ac districtius inhibentes, ne amodo Equos, harnesia, Pisces & Alecia predictorum vel similium Mercatorum, eundo Parisius vel redeundo ad mare, contra dictas Ordinationem & proclamationem nostras, capiant vel arrestent, seu capi per gentes aut familiares suos seu quosvis alios, faciant vel permittant; quinymo ipsos ad [g] tenend. & inviolabiliter

[a] Embrevilla, *plus haut.*

[b] vendenda.

[c] Ces Lettres ne se sont pas conservées.

[d] les équipages, charrettes, &c.

[e] presumat.

[f] calathos: *des paniers.*

[g] tenendum, ou tenendas.

JEAN I.er & felon d'autres, Jean II. à Paris, le 6. de Novembre 1354. & le dernier de Septembre 1352. & le 15. de Fevrier 1353.

observand. dictas Ordinationem & proclamationem, & ipsis efficaciter & affectualiter parendum, viriliter compellatis, quibuscunque viis & remediis oportunis : Et si pretextu aliquorum privilegiorum, gratiarum aut aliarum Litterarum à Nobis vel predecessoribus nostris obtentarum, hoc facere distulerint, dissimulaverint, recusaverint, vel contra-fecerint, seu aliter se opposuerint, ipsos, ut predicitur, compellatis ad exhibenda privilegia, gratias aut Litteras supradictas, ad tradendum Copiam autentiquam de eisdem ; ipsosque adjornetis ad diem vel dies competentes, coram dilectis & fidelibus Gentibus Parlamentum nostrum Par. tenentibus ; quibus mandamus per presentes, quatenus eisdem privilegiis, gratiis ac Litteris visis, auditisque Partibus, faciant & ordinent quod ipsis pro jure Partium & utilitate Populi & Reipublice, viderint faciendum & ordinandum : Et si que obscura interpretanda & declaranda repereritis in ordinatione predicta, ipsa obscura, cum deliberatione matura, quam citius poteritis, declaretis. Si autem aliquod dampnosum Reipublice in hac parte fuerit ordinatum, & ob hoc corrigendum & [a] reiciendum, id corrigatis & [b] reiciatis, vel, in casu dubii emergentis, vos super hoc informetis diligenter, & informationem quam inde feceritis, predictis Gentibus nostris dicti Parlamenti, sub vestrorum quinque, quatuor aut trium, sigillis inclusam, fideliter remittatis : Quibus Gentibus mandamus, quod premissa declarent & corrigant, prout eis videbitur rationabiliter faciendum : Et quia nonnulli (b) Jurati, super facto dicte Mercature Parisius deputati, aut quidam alii sepe impediunt & perturbant conquerentes predictos, contra dictam Ordinationem, ob deffectum declarationis predicte vel aliter, unde prefati conquerentes dampnificantur multipliciter & gravantur, ut dicunt, vobis insuper quinque, quatuor & tribus vestrûm, committimus & mandamus, quatenus impeditores predictos, quos exinde culpabiles inveneritis, vocatis evocandis, ad cessandum ab impedimento hujusmodi, Nobisque ob hoc prestandam emendam condignam, viriliter & debite compellatis ; dictos Jurates culpabiles à dicto eorum Officio amovenentes ; si & prout excessus qualitas hoc exposcet ; & dictos conquerentes & quemlibet eorumdem, una cum dictis Mercaturis & rebus suis, in dicta Villa Parisiensi, ac illuc eundo & abinde redeundo, ab omnibus injuriis, violentiis, gravaminibus & oppressionibus defendendo & deffendi faciendo : Quod per vos sic fieri volumus, Litteris subreptitiis in contrarium impetratis vel impetrandis, non-obstantibus quibuscunque. Datum Parifius, ultima die Septembris, Anno Domini 1352.

a rejiciendum.
b rejiciatis.

Item. *JOHANNES Dei gratia Francorum Rex : Dilectis & fidelibus Johanni Bescoti, Rogoni de Recuria, Clericis ; Johanni Henniere, Guillelmo de Ambrevilla, Militibus, Consiliariis nostris ; ac Petro dicto Hardi Auditori Causarum in Castelleto nostro Parisiensi, super facto Mercature Piscium marinorum & Alecium, in Villa Parisiensi & alibi Commissariis ex parte nostra, ad requestam Mercatorum & vecturariorum dictam Villam nostram Parisiensem frequentantium, deputatis : Salutem & dilectionem. Cum certi processus, ad requestam Mercatorum & Vecturariorum predictorum seu [c] Procur. eorumdem, sint coram vobis, jam diu est, inchoati, ad quorum expeditionem, pluribus aliis arduis negotiis occupati, vacare non potuistis ; quod est in eorum grave prejudicium atque dampnum, Causarumque eorumdem detrimentum, ut asserunt : Quocirca Nos Causas hujusmodi abreviare cupientes, & ad finem, ut citius Cause Mercatorum & Vecturariorum predictorum, expediantur, Magistros Robertum de Ultra-aquam, Guerardum de Ynilla, Clericos ; Guillelmum Bescoti & Thomam Vanini, Consiliarios nostros, vobiscum in premissis adjungentes ; mandantes & committentes vobis ac dictis adjunctis quatuor, tribus aut vestrûm duobus, quatenus, dictis processibus penes vos resumptis, vos, super eisdem vocatis qui fuerint evocandi, summarie & de plano, & absque longis processibus & figura Judicii, procedatis, ipsosque ad finem debitum terminetis ; ac etiam omnia & contenta in Litteris & Commissionibus super facto hujusmodi, vobis Consiliariis nostris prenominatis, alias directis, compleatis secundum seriem & tenorem earumdem, de quibus liquebit, &*

c Procuratoris, ou Procuratorum.

NOTES.

(b) *Jurati.*] Ce sont les Vendeurs de Marée. Voy. les Lettres suivantes du 6. de Novembre 1354. & la Note (c) marg.

exequamini diligenter. Ab omnibus Justiciariis & subditis nostris, vobis & deputatis à vobis in premissis & ea tangentibus, pareri volumus efficaciter & jubemus. Datum Parisius, die 15. Februarii, Anno Domini 1353.

JEAN I.er & selon d'autres, Jean II. à Paris, le 6. de Novembre 1353. & le dernier de Septembre 1352. & le 15. de Fevrier 1353.

ET ut predicti Mercatores & Vecturarii eo libentius circa factum dicte Mercature, ad utilitatem Reipublice, vacare valeant, quo melius per Nos, à quibuscunque pressuris & inquietationibus, se senserint preservari : Nos ipsis & eorum cuilibet, ideirco vos & dictas Gentes Parlamenti nostri, in quantum dumtaxat tangere potest factum dicte Mercature, Judices constituentes, statuentes & ordinantes, ipsos & eorum Procuratores ac Venditores, ab omni quacunque alia Juridictione ordinaria vel extraordinaria, cohercitione, submissione & subjectione cujuslibet alterius Judicis seu Officiarii nostri vel alterius cujuscunque, de certa scientia, nostrisque auctoritate Regia & gratia speciali, eximimus per presentes, & precipimus ac volumus quoscumque processus pro ipsis seu contra ipsos factos, factum predictum tangentes, vobis vel dictis Gentibus nostris, in statu quo sunt, afferri, sine debito terminandos : Ceteros, quos si quis, contra tenorem presentium & [a] *ipsos Mercatores ac Vecturarios & eorum Procur. facere presumeret, in futurum, exnunc prout extunc, irritos & invalidos decernentes penitus & inanes. Ceterum, quia ipsi Mercatores & Vecturarii, tam in eorum* [b] *expeditione quam aliter, per nonnullos* [c] *Venditores suorum Piscium, & alios in dicto ministerio deputatos Parisius, qui ad hoc fore dicuntur minus apti & ydonei ac insufficientes, super hoc sepius impediuntur, & plurima dampna & gravamina atque molestias indebitas frequenter patiuntur, & multa inconvenientia contra publicam utilitatem, provenire dicuntur; vobis committimus districtius* [d] *injungen. quatenus in & super hiis, tam ipsos tales insufficientes ab eorum Officiis amovendo, quam loco sui, alios aptos substituendo, vos taliter dictis Mercatoribus & Vecturariis, ac utilitati Reipublice provideatis, quod nullum propter vestri deffectum, dampnum ipsis Mercatoribus & Reipublice, de cetero subsequatur : Vobis enim insimul,* [e] *au tribus vel duobus vestrûm, ac vestris super hoc deputatis aut deputandis, ab omnibus Regni nostri subditis, pareri volumus & jubemus efficaciter intendi.* Datum Parisius, sub sigillo nostri Castelleti Parisiensis, in absentia magni, sexta die Novembris, Anno Domini 1354. *Collatio facta est cum Originali.*

a contra.

b Voy. le 3.e Vol. des Ordonn. p. 446. Note (g).

c Voy. cy-dessus, Note *(b)*.

d injungentes, ou injungendo.

e aut.

---

24. de Novembre 1354.

(a) Reglement sur les Appels interjettez des Sentences des Juges qui ne ressortissent point nuëment au Parlement.

CUM jamdudum inter ceteras Ordinationes, Causas appellationum & formas prosequendi easdem, tangentes, fuisset ordinatum, quod cum aliquis ad Curiam nostram appellaret a Judicibus nostris, vel aliis a quibus ad Nos seu nostram Curiam est immediate appellandum, talis appellans infra octo dies a tempore late sentencie, [f] *impune renunciare valeret appellationi sue : que quidem Constitutio & tempore quo facta extitit, observata fuit & est in appellationibus que fiunt & fieri debent immediate ad Nos seu Curiam nostram predictam. Verum quia nonnulli a Judicibus nostris seu aliis, non ad Curiam nostram immediate appellantes, nec ad ipsam sine medio appellare debentes, & qui appellant ad aliquos Judices inferiores Curie nostre; sed superiores quoad ipsos appellantes, voluerunt & nisi fuerunt renunciare posse impune, & forsan aliqui de facto renunciaverant infra dictos octo dies, appellationibus suis, dicentes quod ipsi tanquam*

f *C'est-à-dire,* sans payer l'amende.

NOTES.

(a) Registre du Parlement de Paris, intitulé, *Lettres & Arrests 1354. en Juin 1358.* cotté XV. *fol.* 90. *recto*.

Il y a avant cette Piece : *Ordinatio super appellationibus.*

Comme cette Piece n'est pas en forme, on ne peut decider si c'est une Ordonnance; ou si c'est un Arrest de Reglement du Parlement.

a ils doivent.

b au Jugement definitif.

membra, [a] *habent se capitali Curie nostre conformare; & jam in abusum talem, sub umbra impunitatis predicte, plures prorumpere sattagerunt, quod de quolibet verbo, Judicio seu explecto, appellationes interponunt, ac infra octo dies eisdem renunciant; & statim occasione quesita, iterato appellant & renunciant; & tam frequenter tales vices fraudulosas iterant & renovant, quod ad* [b] *terminum veritatis, nisi provideatur super hoc, non posset attingi contra ipsos; prout Nobis querulosa multorum insinuatio explicavit. Quocirca Nos volentes tante malicie atque confusioni aufferre occasionem & velamen, & verum intellectum dicte Constitutionis apperire, decernimus, interpretamur ac etiam declaramus per presentes, quod dicta Constitucio facta fuit & se extendebat & extendit ad appellationes que habent fieri & fiunt a Judicibus nostris vel aliis, a quibus ad Curiam nostram est sine medio appellandum duntaxat; nec ipsam Constitucionem volumus aliis & aliter appellantibus aliqualiter suffragari; sed sunt & erunt in statu in quo erant ante Constitucionem predictam: usu seu abusu contrario non-obstante.* Vigesima-quarta die Novembris 1354.

JEAN I.er & selon d'autres, Jean II. à Caen, le 4. de Decembre 1354.

(a) Lettres qui portent que l'Abbaye de S.t Estienne de Caen, & les biens qu'elle possede en Normandie, ne seront jamais separez du Domaine du Roy; si ce n'est dans le cas où la Normandie seroit donnée au Fils aîné du Roy,

c exigat.

d volentes.

e conceden. *R.*

f inhiben. *R.*

JOHANNES Dei gratia Francorum Rex: Cum virtutis opus [c] *existat Dei ministros; presertim Religiosos qui se Divinis obsequiis sub Religionis regula, dedicarunt, prosequi favore benigno, Notum facimus universis tam presentibus quam futuris, quod Nos predecessorum nostrorum Regum Franc. recolenda vestigia prosequi* [d]*, ac Religiosis personis in suis oportunitatibus Nos reddere, pro Regis Eterni reverentia, gratiosis, ut ipsi Regio fulti favore, possint assidue prosperari; dilectorum nostrorum Abbatis & Conventus Monasterii Sancti Stephani Cadomensis, supplicationibus annuentes, & eorum quieti & paci providere volentes, dictos Religiosos dicti Monasterii, cum membris eorum universis & singulis, ac eorum hominibus justiciabilibus & subditis, ac pertinentiis eorum universis in Ducatu Normanie consistentibus, sub manu, Dominio, Jurisdicione, superioritate nostris, & Regum Franc. successorum nostrorum, absque medio quolibet, prout extiterunt hactenus, sicut & sunt, imperpetuum reservamus ac eciam retinemus;* [e] *concedentes eisdem Religiosis, tam in capite quam in membris, pro se & dictis hominibus justiciabilibus & subditis suis & pertinentiis predictis, quod extra manum, Dominium, Jurisdicionem, superioritatem & ressortum nostrum, & successorum nostrorum Regum Franc. aliter quam hactenus extiterunt, imperpetuum non ponentur, aut aliquo titulo vel modo alienabuntur; nisi duntaxat in casu quo Ducatus predictus Normanie, transferetur totaliter in Primogenitum nostrum vel successorum nostrorum Regum, qui debent in Regno succedere supradicto. Quocirca universis & singulis Justiciariis & Officiariis nostris presentibus & futuris, presentium tenore mandamus, firmiter* [f] *inhibendo, ne aliqui eorum audeant contra reservationem & retencionem predictas, aut aliter contra tenorem presentium, aliquid facere vel attemptare, aut fieri vel attemptari permittant. Quod ut firmum & stabile perpetuo perseveret, presentibus Litteris nostrum fecimus apponi Sigillum: nostro in aliis, & alieno quolibet jure salvo.* Actum Cadomi, Anno Domini millesimo trecentesimo quinquagesimo-quarto, die quarta mensis Decembris. *Per Regem.* MATH.

NOTES.

(a) Tresor des Chartres, Registre 84. Piece 86.

(a) Lettres

JEAN I.er & selon d'autres, Jean II. à Caen, en Decembre 1354.

(a) Lettres de Sauvegarde Royale, pour l'Abbaye de la Trinité de Caen.

JOHANNES Dei gratia Francorum Rex: Notum facimus universis tam presentibus quam futuris, quod inter curas & urgentes solicitudines, quibus in regendis subditis Nobis plebibus, frequenter distrahimur & animus noster afficitur, ad * *hoc precipue nostre mentis aspirat affectus, per que status Ecclesiasticus, nostris temporibus, sub commisso Nobis regimine, in transquillitate manu-teneatur, & pace; & ipsius Regni Ecclesie, quarum servitores sub devote Religionis observancia, nocte dieque Dei insistunt obsequiis, sub protectione Regia, a suis releventur pressuris & per Regalem potenciam a noxiis defendantur; ut eo liberius & fervencius circa Divinum cultum vacare valeant, quo habundancius per Nos senserint se adjutos: sane ex parte Religiosarum mulierum, dilectarum nostrarum Abbatisse & Conventus Monasterii. Sancte Trinitatis Cadomensis, Baillivie Cadomensis, a nonnullis emulis suis, ne eisdem in personis aut bonis earum, quomodolibet injuriari presumant, sibi verisimiliter timere asserencium, Nobis fuit humiliter supplicatum, ut ab injuriis, violenciis, molestiis, gravaminibus & jacturis, defendi valeant & tueri, ac pace & securitate pleniori gaudere, Nos ipsas in & sub nostra protectione Regia & Gardia speciali, suscipere dignaremur: Nos igitur ipsarum in hac parte supplicationi favorabiliter annuentes, prefatas Abbatissam & Conventum, earumque Monasterium predictum, tam in capite quam in membris, & singulares personas ejusdem Monasterii, una cum domibus, grangiis & possessionibus, bonis, rebus, &* [a] *familiaribus earundem, in & sub nostris successorumque nostrorum Regum Francie, protectione* [b] *Salva & Gardia speciali, quatenus Nobis immediate sunt subjecte; tenore presencium suscipimus, in eisdem protectione & Gardia speciali perpetuo remansuras: dantes Baillivo Cadomensi qui nunc est & qui pro tempore fuerit, vel ejus Locum-tenenti, presentibus in mandatis, quatenus Religiosas prefatas, Monasteriumque suum predictum, tam in capite quam in membris, domos, grangias & possessiones earum, & singulares personas ipsius Monasterii, in suis usibus, juribus, franchisiis, libertatibus & saisinis veris & justis, in quibus ipse sunt, & earum predecessores fuerunt ab antiquo pacifice, sub dicta Regia protectione & Gardia speciali manu-teneat & conservet; nec permittat eis aliquas indebitas novitates inferri; ipsasque Abbatissam & Conventum, tam conjunctim quam divisim, & earum successores ac* [c] *familiares earum, ab omnibus injuriis, violenciis, oppressionibus, vi armorum, laicali potencia, molestiis & gravaminibus quibuscunque, defendat, faciatque defendi, & quantum ad predicta diligencius exequenda, eis, quociens opus fuerit & ipse requisierint, Gardiatorem specialem ex parte nostra deputet & concedat earum sumptibus: qui tamen Gardiator de hiis que cognicionem Cause exigunt, vel judicialem requirunt indaginem, se nullatenus intromittat. Quod ut firmum & stabile permaneat in futurum, presentibus Litteris nostrum fecimus apponi Sigillum: nostro & alieno in omnibus jure salvo.* Datum Cadomi, Anno Domini millesimo trecentesimo quinquagesimo-quarto, mense Decembris. *In Requestis Hospicii.* J. BLANCHET. BESCOT.

* hec.

a famil. *R.*

b & Salva-gardia.

c famil. *R.*

NOTES.

(a) Tresor des Chartres, Registre 84. Piece 39.

JEAN I.er & felon d'autres, Jean II. à *Bernayum*, en Decembre 1354.

(a) Lettres portant que la Ville d'Agen ne sera jamais separé du Domaine Royal & de la Couronne de France.

JOHANNES Dei gratia Francorum Rex: Notum facimus universis tam presentibus quam futuris, quod Nos considerantes & attendentes grata servicia predecessoribus nostris Regibus Franc. & Nobis, preteritis temporibus, per dilectos & fideles nostros Consules & Universitatem Agenensem, facta & impensa; nec-non inviolabilem devocionis, dilectionis & fidelitatis puritatem, quam erga prefatos nostros Predecessores & Nos ac Regnum predictum, semper gesserunt, & quam gerere & habere erga Nos & ipsum Regnum, poterunt in futurum; & ad ipsorum supplicationem, cui, premissis consideratis & attentis, inclinare non immerito debemus & tenemur; eosdem Consules & Universitatem presentes & futuros, ac dictam Villam Agenensem, de nostris auctoritate Regia, certa scientia ac plenitudine Regie potestatis, & de speciali gratia, ad Domanium Regium & Coronam Francie retinemus, aggregamus & ponimus; & ipsis Domanio & Corone, nunc & imperpetuum junctos, positos & annexos decernimus per presentes; absque eo quod per Nos seu successores nostros, aut per quoscunque Locatenentes seu Officiarios Regios presentes & futuros, a dictis Domanio & Corona possint aut debeant futuris temporibus separari. Quod ut firmum & stabile permaneat in futurum, Sigillum Castelleti nostri Parisiensis, nostro majore absente, presentibus Litteris apponi jussimus & appendi: nostro in aliis & alieno in omnibus jure salvo. Datum apud *(b)* Bernayum, Anno Domini millesimo trecentesimo quinquagesimo-quarto, mense Decembris. *Per Regem, Consilio presente.* ROUGEMONT. BUCY.

NOTES.

(a) Tresor des Chartres, Registre 82. Piece 579.

(b) Bernayum.] L'on trouve dans le Dictionn. Univers. de la Fr. *Bernay, Bernaium*, Ville de la Normandie dans le Diocese de Lisieux, située sur la *Carentonne* qui va se jetter dans la *Rille*: mais de Valois dans sa Notice des Gaules, au mot *Risela*, p. 479. col. 2. nomme *Bernay* en latin, *Bernacum*, & non pas *Bernaium*: & Mati dans son Dictionnaire, luy donne le même nom latin que de Valois. Voilà tout ce que j'ay pû découvrir sur ce lieu.

Mais comme il paroist par quelques autres Lettres données dans le même mois de Decembre, & qui seront imprimées cy-dessous, que le Roy a esté à Caen dans ce mois de Decembre, il y a apparence que *Bernayum* est *Bernay* qui n'est pas éloigné de Caen.

JEAN I.er & selon d'autres, Jean II. à *Bernayum*, en Decembre 1354.

(a) Confirmation des Privileges de la Ville d'Agen.

JOHANNES Dei gratia Francorum Rex: Ad [a] *perpetue rei memoriam. Curis sollicitamur assiduis, & continua meditatione urgemur, ut condicionibus personarum, locorum & temporum, circonspecta* [b] *revelatione, pensatis, res nostro regimini subjacentes, privilegia & consuetudines cum expedit concedi & confirmari,* [c] *illius dispositionis moderamine, sub transquillitatis pulcritudine preservemus; & subditi juxta qualitatem locorum, valeant in requie opulenta letari: presertim* [d] *illis qui se & sua de die & nocte, contra inimicos nostros libenter exponunt. Sane cum pro parte dilectorum & fidelium nostrorum Consulum & habitancium Civitatis & Ville nostre Agenensis, Nobis nuper supplicatum*

a perpetuam.
b Ce mot doit signifier-là, reflexion.
c Il semble qu'il faudroit illorum, *qui se rapporteroit à* privilegia.
d illi.

NOTES.

(a) Tresor des Chartres, Registre 82. Piece 581.

fuerit & eciam requisitum, ut Nos eisdem privilegia, libertates, immunitates, usus, & consuetudines scriptas & non scriptas, quibus ipsi & eorum predecessores, preteritis temporibus, usi sunt & fuerunt, approbare & confirmare, ac teneri & conservari firmiter facere per Officiales & subditos nostros, qui nunc sunt & pro tempore futuro fuerint, dignaremur; potissime eum Nos dudum (b) tanquam Dux, Ducatum Acquitanensem in gubernatione & manu nostra habebamus, privilegia, libertates, immunitates, usus & consuetudines supradictas, verbo & per nostras Litteras confirmaverimus, ac tenere & observare, seu facere teneri & observari permisserimus eisdem: Eapropter, Notum facimus universis tam presentibus quam futuris, quod Nos, premissis, ac fidelitate & assidua constancie dilectione ipsorum Consulum & habitatorum, ac singularium ipsius Civitatis & Ville, quas erga Nos & Regnum nostrum hactenus habuerunt & habere tenebuntur in futurum, consideratis & attentis; & eciam dampnis eisdem per inimicos nostros factis & illatis; quodque per longa tempora, de die & de nocte, pro custodia & tuicione dicte Civitatis, habuerunt multa pati; eisdem Consulibus & Universitati ipsius Ville & Civitatis Agenensis, presentibus & futuris, tanquam bene meritis, privilegia, libertates, consuetudines & immunitates scriptas & non scriptas, quibus ipsi & eorum predecessores hactenus usi sunt & fuerunt ab antiquo, & omnia & singula privilegia, omnesque confirmaciones de predictis, per felicis memorie Dominum Progenitorem nostrum, ac per alios predecessores nostros Reges Franc. seu eorum Loca-tenentes, quatenus usi sunt, concessas, de nostris auctoritate Regia, certa scientia & plenitudine Regie potestatis, laudamus, ratificamus, approbamus per presentes, & confirmamus de gratia speciali: dantes tenore presentium in mandatis Senescallo, Judicibus, Castellanis & Bajulis Senescallie Agenensis, ceterisque Justiciariis nostris vel eorum Loca-tenentibus presentibus & futuris, & cuilibet eorum, prout ad eum pertinuerit, quatenus privilegia, libertates, consuetudines ac usus & immunitates predictos, de quibus usi fuerunt Consules & Universitas predicti, ut prefertur, teneant & observent, ac a subditis nostris teneri & observari, nec contra tenorem earumdem, aliquid faciant vel attemptent, seu fieri vel attemptari permittant quovis modo; sed eosdem Consules, habitatores & singulares dicte Civitatis presentes & futuros, nostra presenti gratia gaudere & uti pacifice faciant, juxta nostre presentis confirmacionis seriem & tenorem: Salvo in aliis jure nostro & in omnibus quolibet alieno. Quod ut firmum & stabile permaneat in futurum, Sigillum Castelleti nostri Parisiensis, nostro majore absente, presentibus Litteris jussimus apponi & appendi. Datum apud [a] Bernayum, Anno Domini millesimo trecentesimo quinquagesimo-quarto, mense Decembris. *Per Regem, presente Consilio.* ROUGEMONT. BUCY.

JEAN I.er & selon d'autres, Jean II. à *Bernayum*, en Decembre 1354.

a Voyez la page precedente, Note (b).

NOTES.

(b) Tanquam Dux Ducatum Aquitanensem.) Il est certain que le Roy Jean du vivant de Philippe de Valois son Pere, a porté le titre de Duc d'*Aquitaine* ou de *Guyenne*. Car on trouve dans le Tresor des Chartres, Registre 84. Piece 384. des Lettres du 19. d'Octobre 1345. dont voicy l'intitulé : *Jean ainsné Fils & Lieutenant du Roy de France, Duc de Normandie & de* Guyenne, *Comte de Poictiers, d'Anjou & du Maine.* Mais ce n'est pas icy le lieu de discuter, par quelle raison ce Prince prit le titre de Duc de *Guyenne,* quoyque cette Province appartinst alors au Roy d'Angleterre, & fût encore du moins pour la plus grande partie, entre ses mains.

JEAN I.er & selon d'autres, Jean II. à Paris, en Janvier 1354.

(a) Lettres portant exemption du droit de *Prise*, pour l'Abbaye de S.t Denys, & pour les Bourgeois & Habitans de cette Ville.

JEHAN par la grace de Dieu Roy de France : Savoir faisons à touz presens & advenir, comme de nostre mouvement & en l'onneur & reverence de Monf. Saint Denys Apostre de France, & de ses glorieux Compaignons Martirs, à qui Nous avons très especial devotion, Nous en l'an derrenierrement passé, aions conformé, donné & offert à Dieu & ausdiz glorieux Martirs, certains privilege contenant plusieurs noblecces, franchises & libertez, pour les Religieux de nostre Eglise de Saint Denys ; & lesdiz Religieux, Bourgois & habitans de ladicte Ville de Saint Denys, Nous aient monstré plusieurs griefs & dommages qu'il ont euz & soustenuz piéça, & soustiennent de jour en jour, pour cause de plusieurs [a] prinses faites pour Nous & pour noz predecesseurs, pour nostre très chiere Compaigne la Royne, nos Enfans & autres de nostre Linage, qui se dient avoir prinses en nostre Royaume, par noz Genz, Chevaucheurs, Commissaires & autres ; c'est assavoir, de grains, de vins, de foins, de busches, de lards, de chevaux, de charrettes & de plusieurs autres biens & marchandises : Nous voulans yceulx estre tenuz en [b] pais; especialment lesdiz Religieux qui sont noz Chapellains, en devotion & reverence dudit Monf. Saint Denys & ses Compaignons ; recordans aussi la parfaite amour & bonne obéissance que Nous avons trouvé èsdiz Religieux, Bourgois & habitans, avons ordené & ordenons yceulx Religieux, lesdiz Bourgois & habitans, estre exemps de toutes prinses ; & voulons & leur avons octroyé & octroyons dès maintenant, de nostre grace especial, que toutes prinses cessent dores-en-avant sur touz les biens, denrées & marchandises d'iceulx Religieux, Bourgois & habitans, [c] ou qu'ils soient, pour quelconques besoing, cause ou necessité que ce soit, pour Nous, nostredicte Compaignie, pour noz Enfans, pour ceulx de nostre Linage, ou autres de quelconques estat ou condition qu'ils soient. Si mandons à touz Justiciers & subgez de nostre Royaume, & à leurs Liextenans, que dores-en-avant ne sueffrent, [d] ne laissent prenre ne arrester pour Nous, nostredicte Compaignie, noz Enfans, ceulx de nostre Linage, ne pour quelconques autres, par noz Gens, Officiers, Commissaires ou autres, aucuns des biens, denrées ou marchandises desdiz Religieux, Bourgois & habitans; & à touz noz Officiers, Preneurs, Pourveeurs, Chevaucheurs, Commissaires, & autres de nostre Hostel, de l'Ostel de nostredicte Compaigne, de noz Enfans, & des Hostels de ceulx de nostre Linage, & de tous autres, quels & de quelconque estat que il soient, sur [e] quanques il se pevent meffaire envers Nous ; & sur paine de encourre nostre indignation, deffendons que il ne prengnent ne laissent prenre par eulx ne par leurs deputez, aucuns desdiz biens, denrées ou marchandises ; & que se aucun faisoit ou vouloit faire, ou se efforçoit à l'encontre, Nous deffendons que il n'y soit obey en aucune maniere, quelque commandement ou commission que il en aient ; [f] mais establissons chascun sur qui telles prinses se feront, pour arrester, prenre & mener en prison à Saint Denys ou en la Justice dont il seront plus prèz, touz Officiers, Preneurs, Pourveeurs, Chevaucheurs, Commissaires & autres qui feroient ou s'efforceroient de faire & venir contre ceste presente grace & octroy, de quelque estat ne à quelques personnes qu'il soient ; [g] sanz encourre pour ce en aucune maniere, offense ne amendes quelconques à Nous ne à autres, en nul temps : Et aussi donnons en mandement à nos amez & feaulx Gens de nostre Parlement, presens &

a *prises*. Voy. la Table du troisieme Volume des Ordonnances, à ce mot.

b *paix*.

c *dans quelque lieu qu'ils se trouvent*.

d *&*.

e de *quantum*.

f *donnons le pouvoir & l'autorité*.

g *ceux qui les arresteront, n'encourreront, &c.*

NOTES.

(a) Tresor des Chartres, Registre 82. Piece 694.

avenir, & à touz noz autres Justiciers & subgez & leurs Liextenans, & à chascun d'eulx, que contre la teneur de ceste presente grace, ne sueffrent estre contrains ne molestez lesdiz Religieux, Bourgois & habitans, & les en laissent & facent joüir paisiblement & user sanz faire ne venir encontre; ains en ces choses, leur prestent conseil, confort & ayde; se mestier en ont, & il en sont requis: & en ces cas, voulons que lesdiz Juges ordinaires aient la cognoissance des transgresseurs, & les punissent, si comme il appartiendra, sanz ce que les Maistres de nostre Hostel, de l'Ostel de nostredicte Compaigne, de noz Enfans, ceulx de nostre Linage ne autres, s'en puissent entremettre, ne lesdiz Religieux, Bourgois & habitans traire en Cause, ne en amende devant eulx, ne molester en aucune maniere; & leur en ostons & interdisons toute cognoissance par la teneur de ces presentes. Et pour ce que l'original de ceste presente grace, ne pourroit bonnement estre monstré tant de foiz ne en tant de lieux, comme mestier leur seroit, Nous voulons & donnons en mandement à touz noz Officiers, Preneurs, Pourveeurs, Chevaucheurs, Commissaires & autres, que à la copie ou *vidimus* de ceste presente grace, seellée soubz Seel Royal, il obeissent aussi & en telle maniere, comme à l'original, se exhibé & monstré estoit, sur paine de perdre leurs Offices, & d'encourre nostre indignacion: toutes lesquelles choses & chascune d'icelles, Nous voulons & expressement commandons, de certaine science & de nostre grace especial, estre perpetuelment tenuës & gardées sanz enfraindre; non contrestant quelconques Mandemens ou deffenses, Ordenances faites ou à faire au contraire: les privileges desdiz Religieux, Bourgois & habitans [a] de Nous donnez & octroyez & confirmez, demourans en leur force & vertu. En tesmoing de laquelle chose, Nous avons fait mettre à ces Lettres, le Seel de nostre Chastelet de Paris, en absense du grant. *Ce fu fait à Paris, l'An de grace mil trois cent cinquante & quatre, ou mois de Janvier:* Sauf nostre droit & le droit des personnes dessusdictes en autres choses, & le droit d'autrui en toutes. *Donné comme dessus.* [b] Autreffois ainssi signées, Par le Conseil, ouquel vous & Mess. les Evesques de Beauvez & de Chaalons, & [c] de Revel estiez. R. POTIN. Et par le Conseil ouquel estoient Mess. le Comte de Valentinois & Symon de Bucy, rescripte & seellée en cire vert & las de soye. G. BAUDRY, BUCY. *Duplicata. Et furent les premieres Lettres données à Paris le 9.e jour de Juing, l'An mil trois cent cinquante-quatre, & seellées en cire blanche & double queuë.*

JEAN I.er & selon d'autres, Jean II. à Paris, en Janvier 1354.

a par.

b Voy. la Preface du 3.e Vol. des Ordonnances, §. Ordonnances.

c M.r

JEAN I.er & selon d'autres, Jean II. au Temple près Paris, en Fevrier 1354.

(a) Lettres portant que les causes de l'Abbaye de la *Pieté*, ne pourront estre jugées que le huitieme jour des Assises de la Seneschaussée du Mans.

JOHANNES Dei gratia Francorum Rex: Notum facimus universis presentibus & futuris, quod Nos gratum obsequium Regi Regum per quem regnamus & regimus, credentes impendere, cum ejus Ministri, illi precipue qui se Divinis obsequiis, sub Religionis regula, dedicarunt, per Regalem providenciam a dispendiis relevantur, & a gravaminibus & oppressionibus eruuntur: Cum itaque peticio Abbatis & Conventus Monasterii de (b) Pietate-Dei, Ordinis Cisterciensis, Cenomanensis Diocesis, nuper Nobis

NOTES.

(a) Tresor des Chartres, Registre 82. Piece 639.

(b) *Pietate-Dei, Cenomanensis Diocesis.*] L'on trouve dans la *Gallia Christiana*, t. 4. 1.ere édit. p. 732. col. 2. *Pietas-Dei; alias, Ramerudense Monaster. Ordin. Cisterciensis;* & à la marge, *la Pieté-lès-Rameru:* & il est dit dans le corps de l'article, que cette Abbaye a esté fondée par les Comtes de *Brenne;* & à la Table alphabetique, qu'elle est du Diocese de Troyes. D'ailleurs dans le Poüillé du Diocese du Mans, donné par le P. Labbe, on ne trouve point d'Abbaye nommée *Pietas-Dei:* ainsi il y a tout lieu de croire que

JEAN I.er & selon d'autres, Jean II. au Temple près Paris, en Fevrier 1354.
a &.
b App. litigiis.

exibita, continet, quod cum ipsis Divinis obsequiis insistere & vacare debeant [a] *operibus Caritatis, ipsis tamen impedimenta varia circa hec frequenter occurrunt, per calumpnias aliorum, a quibus sine* [b] *legitiis nequeunt se tueri : pro quibus prosequendis, in Assisis Cenomanensibus, tam agendo quam deffendendo, non sine magnis laboribus & expensis gravibus, oportet Procuratorem vel Yconomum ipsorum, durantibus dictis Assisiis, continue in illis adesse : Nos eorum supplicationi favorabiliter annuentes, ac volentes ipsos a tot laboribus & expensis, pro Regis Eterni reverencia, revelare, concedimus eisdem Religiosis, auctoritate Regia, de speciali gratia ac de plenitudine Regie potestatis, quod exnunc imperpetuum, omnes Cause eorum, tam agendo quam defendendo, mote & movende, in Assisiis Cenomanensibus, ottava die Assisiarum ipsarum, audiantur & procedatur in ipsis, nec ante diem illam, teneantur dicti Religiosi se in dictis Assisis presentare; constitutione vel Ordinacione, usu vel consuetudine Patrie, & stillo dictarum Assisiarum, in contrarium non-obstantibus ; quas & que, quo ad hoc, tollimus, cassamus & viribus vacuamus : firmiter inhibentes Senescallis Cenomanensibus presentibus & futuris, & eorum Locatenentibus, ceterisque Justiciariis nostris & eorum cuilibet, ne quis contra concessionem & gratiam hujusmodi, aliquid facere vel attemptare presumat, aut fieri vel attemptari permittat. Quod ut firmum & stabile perpetuo perseveret, presentibus Litteris Sigillum Castelleti nostri Parisiensis, in absentia magni Sigilli nostri, duximus apponendum: nostro & alieno in aliis jure salvo.* Actum in Templo propè Parisios, Anno Domini millesimo trecentesimo quinquagesimo-quarto, mense Februarii. *Per Regem.*

MATH. DE MENVILLE.

NOTES.

celuy qui a copié ce Registre s'est trompé, & qu'il a écrit, *Cenomanensis*, au lieu de *Trecensis.*

Cependant comme il est parlé plus d'une fois dans la suite de la Piece, des Assisses du Mans, & qu'il n'y a guéres d'apparence que le Copiste dans tous les endroits, ait substitué, *Cenomanensibus* à *Trecensibus*, on peut presumer que l'Abbaye de la *Pieté* avoit des biens dans le Mans, au sujet desquels l'Abbé & les Religieux auront obtenu ces Lettres : c'est peut-estre ce qui aura induit en erreur le Copiste, qui voyant que cette Abbaye estoit du ressort de la Seneschaussée du Mans, aura crû qu'elle estoit aussi du Diocese.

JEAN I.er & selon d'autres, Jean II. au Temple près Paris, le 4. Mars 1354.
Philippes IV. dit le Bel, à Chasteau-neuf, en Fevrier 1298.
c vidisse.

(a) Lettres de Sauvegarde Royale, pour l'Hôpital de la Ville de Lille.

JOHANNES Dei gratia Francorum Rex : Notum facimus universis presentibus & futuris, Nos [c] *quasdam Salve-Gardie Litteras, per carissimum Dominum Philippum Pulchrum, Condam Regem Francie Magistro, Fratribus, Priorisse & Sororibus Hospitalis Insulensis, concessas, sub hiis verbis.*

PHILIPPUS Dei gratia Francorum Rex : Notum facimus universis tam presentibus quam futuris, quod Nos volentes Hospitale Beate Marie de Insula, Tornacensis Diocesis, in quo, sicut accepimus, incessanter excerceri consueverunt opera Caritatis, favore prosequi gratie specialis, ipsum Hospitale cum personis, bonis & rebus ejusdem, in quibuscunque locis infra Regnum nostrum existentibus, sub nostra protectione & deffensione suscipimus ac Gardia speciali. Quod ut firmum & stabile permaneat in futurum, presentibus Litteris nostrum fecimus apponi Sigillum: Actum apud *(b)* Castrum-novum, Anno Domini millesimo ducentesimo nonagesimo-octavo, mense Februarii.

NOTES.

(a) Tresor des Chartres, Registre 82. Piece 690.

(b) Castrum-novum.] Il y a en France, bien des lieux nommez *Chasteau-neuf;* & rien ne marque quel est celuy où ces Lettres ont esté données.

Et quia in dictis Litteris, non fuerunt sibi deputati Gardiatores, Nobis humiliter supplicarunt, ut tam super speciali Gardia, quam de Gardiatoribus sibi providere dignaremur: Nos supplicacioni eorumdem [a] *annuantes, ipsum Hospitale, una cum predictis personis, familiaribus, rebus & bonis suis universis, ad sui juris conservationem, in nostra speciali & Salva-gardia (c) duntaxat, suscipimus per presentes, & eisdem Gubernatorem & (d) Magnum Baillivum Insulensem ac eciam Baillivum, (e) homines ibidem commorantes, in Gardiatores deputamus: quibus & eorum cuilibet, committimus & mandamus, quatenus ipsum Hospitale, ac eciam Magistrum, Fratres, Priorissam & Sorores, familiam, res & bona sua quecunque, defendant ab omnibus injuriis, violenciis, gravaminibus, mollestiis, oppressionibus, vi armorum, potencia laicorum, & aliis novitatibus indebitis quibuscunque; & in suis justis possessionibus, franchisiis, privilegiis, libertatibus, juribus, usibus & saisinis in quibus ipsos esse & ejus predecessores fuisse pacifice invenerint ab antiquo, manuteneant & conservent; non permittendo Hospitali, personis, familiis, rebus & bonis predictis, aliquas fieri vel inferri injurias aut novitates indebitas: quas si factas esse vel fuisse invenerint in prejudicium eorumdem, & nostre Salve-gardie supradicte, ad statum pristinum & debitum reducant seu reduci* [b]*, ac Nobis & Parti emendam condignam propter hoc fieri & prestari, dictamque Salvam-gardiam nostram signifcari & publicquari faciant ubi fuerit opportunum: Inhibendo ex parte nostra, omnibus & singulis de quibus fuerint requisiti, sub certis penis Nobis applicandis, ne dicto Hospitali, ac Magistro, Fratribus, Priorisse & Sororibus ejusdem, & eorumdem servitoribus, rebus & bonis suis quibuscunque, aliquid quomodolibet forefacere presumant: & si aliquis predictorum* [c] *assecuramentum ab aliquo vel aliquibus habere voluerit, volumus quod & illud dari faciant bonum & legitimum, prout racionabiliter & juxta Patrie consuetudinem, fuerit faciendum: & generaliter omnia & singula faciant que ad specialis Gardiatoris Officium pertinent, & possunt quomodolibet pertinere. Quod ut firmum & stabile perpetuo perseveret, presentibus Litteris Sigillum Castelleti nostri* [d] *Parisiensis, in absentia magni, duximus apponendum: in aliis nostro, & in omnibus quolibet alieno jure salvo.* Datum in Templo propè Parisios, die quarta Marcii, Anno Domini millesimo trecentesimo quinquagesimo-quarto. *Per Regem, presente Elemosinario.* MELLOU. DEMEVILLE. *Collatio fit.*

JEAN I.er & selon d'autres, Jean II. au Temple près Paris, le 4. Mars 1354.

a annuentes.

b faciant, qui est plus bas.

c Voy. le 3.e Vol. des Ordonn. p. 264. Note (b).

d Par. R.

NOTES.

(c) *Duntaxat.*] Ce mot paroist deplacé, & il semble qu'il devroit estre après ces mots, *ad sui juris conservationem*, car c'est une formule qui se trouve dans un grand nombre de Lettres de Sauve-garde.

(d) *Magnum Baillivum.*] On le nommoit, *le Souverain Bailli de Lille.* Voy. le 3.e Vol. des Ordonn. p. 3. & ailleurs.

(e) *Homines ibidem commorantes.*] Je ne sçais si le texte est corrompu à cet endroit: mais je n'entends pas ces mots: Peut-estre signifient-ils les *Hommes jugeurs* qui estoient appellez à rendre la Justice avec les Juges. Voyez *le 3.e Vol. des Ordonn. p. 143. LIII. & Note (yyy).*

JEAN I.er & selon d'autres, Jean II. à Paris, en Mars 1354.

(a) Lettres au sujet du Subside accordé par les trois Estats des Bailliages du Cotantin & de S.t Guillaume.

JOHANNES Dei gratia Francorum Rex: Commissa Nobis celitus Regalis [e] *circa regiminis, mentes nostras excitat de nostrorum cogitare subdictorum statu salubri, & circa ea vigilare, que eorum pacem* [f] *nuctriunt & concernunt: & licet ex Regali preeminentia, singulis nostris subditis favorem benivolum pro meritis rependere teneamur:*

e cura.

f nutriunt.

NOTES.

(a) Tresor des Chartres, Registre 82. Piece 651.

JEAN I.er & selon d'autres, Jean II. à Paris, en Mars 1354.

a App. Mauritania.

b Menage.

c Nommez plus bas, pedites.

d Voy. la Note precedente marg.

e convertantur.

tamen ad dilectos & fideles nostros, Prelatos, Ecclesiasticas personas, Barones, Milites, Nobiles, Cives & habitatores Villarum, ac communem plebem Bailliviarum Constanciensis & (b) Sancti Guillelmi de [a] *Mauritan. merito gerimus benivolencie specialis affectum; dum, sicut ab experto cognoscimus, & evidentibus patet indiciis, ipsi unanimes ad Regni nostri presidium, contra nostros & ipsius Regni hostes insurgunt, & exponere volunt liberaliter se & sua, pro nostro & dicti Regni honore, tanquam ejusdem Regni & nostri prosperi status fervidi zelatores. Insuper attendentes quod Prelati, Ecclesiastice persone, Barones, Milites, Nobiles, Cives & habitatores, Plebeique predicti, Nobis noviter concesserunt, ac pro Nobis dilecto & fideli nostro Mauritio de Manumento Militi, promiserunt facere & reddere ad subsidium presentis guerre, pro quibuslibet centum* [b] *Focis, stipendia seu vadia unius hominis armorum & unius* [c] *Archerii, per diem, tribus mensibus in estate proximo instanti; exceptis illis duntaxat de (d) fronteriis dicti Regni, qui per factum dicte guerre, enormiter sunt gravati: hii etenim illud idem promiserunt pro uno homine armorum: Notum igitur facimus universis tam presentibus quam futuris, quod dictam concessionem acceptam admittentes, prefatis Prelatis, Ecclesiasticis personis, Baronibus, Militibus, Nobilibus, Civibus, habitorbius & Plebeys, duximus concedendum & concedimus per presentes, quod totum emolumentum & omnimoda pecunia, quod & quam ex dicta concessione provenire contigerit, ad sustentationem Gentium Armorum &* [d] *Peditum, aliisque dicte guerre necessitatibus, in partibus dictarum Bailliviarum & non alibi,* [e] *convertentur; quodque concessio ipsa, vel quevis alia quam facere voluerint, sive auxilium pro premissis, ad consequentiam non trahatur, Nobisve novum jus aut eis prejudicium aliquod generare valeat in futurum. Ut autem ea omnia stabilitatis perpetue robur obtineant in futurum, presentibus Litteris apponi fecimus Castelleti nostri Parisiensis Sigillum, in absentia magni nostri magni Sigilli.* Datum Parisius, Anno Domini 1354. mense Martii. *Per Consilium, in quo erant Domini Belvacensis, Cenomanensis & Cathalanensis Episcopi.* ADAM. CARITAS.

NOTES.

(b) S.ti Guillelmi de Mauritan.] Je n'ay rien pû découvrir sur ce lieu, qui cependant estoit alors un Bailliage.

(c) De Fronteriis.] Ce sont apparemment ceux qui habitoient le long des costes de la Mer, & qui estoient exposez aux descentes des Anglois.

JEAN I.er & selon d'autres, Jean II. à Tournay, en Avril 1355.

(a) Lettres par lesquelles les Coustumes & les Privileges de Lille, sont attribuez à la Ville de Seclin.

JOHANNES Dei gracia Francorum Rex: Notum facimus universis presentibus & futuris, Nos infrascriptas vidisse Litteras, tenorem qui sequitur, continentes.

EGO Johanna Flandrie & Hanonie Comitissa: Notum facimus universis presentes Litteras inspecturis, me concessisse Burgensibus meis de (b) Siclinio, ut habeant & teneant integre & libere talem legem & talem libertatem, & tales omnino consuetudines, quas habent & tenent Burgenses mei de Insula: Ita videlicet quod Villa Siclinii tractetur ulterius secundum usus & consuetudines secundum quas tractabitur opidum meum de Insula. Ut autem hec mea concessio dictis Burgensibus meis de Siclinio, firmiter observetur, inde me obligo erga eos per presentes Litteras, eodem penitus modo quo erga prenotatos

NOTES.

(a) Tresor des Chartres, Registre 99. Piece 358.

(b) Siclinio.] Seclin, Bourg dans la Flandre Wallone, dans le Diocese de Tournay. *Voy. le Dictionn. Univers. de la France.*

Burgenses

Burgenses meos de Insula, obligata sum. Datum Insule, *(c)* die Veneris proximo post Festum Sancti Dyonisii, Anno Domini 1280.

JEAN I.er & selon d'autres, Jean II. à Tournay, en Avril 1355.

Item. JE Marguerite Dame de Dampierre, fait savoir à tous ceulz qui sont & qui avenir seront, qui ces Lettres verront, que je ay octroyé à mes Bourgeois de Seclin, que il aïent & tiengnent entierement & franchement, telle loy & telle franchise & telles coustumes, que Madame Jehanne Comtesse de Flandres & de Henau, [a] tesmoigne en sa Carte, [b] tout plainement del tout : Et en tesmoignage de ceste chose, je ay donné & ottroyé à mes Bourgeois de Seclin, mes Lettres presentes scellées de mon Seel. *Ce fut fait à Seclin, le Diemence en la Passion que on dist (d)* [c] *Diemence repnus, l'An de l'Incarnation Nostre Seigneur 1224. el mois de Mars.*

a *leur a accordé par sa Chartre,* [ses Lettres].
b C'est-à-dire, *entierement.*
c *Dimanche.*

NOs autem Litteras suprascriptas, ac omnia & singula in eisdem contenta, si & quathenus (e) Rebbardus, Scabini, Burgenses & Communitas dicte Ville de Siclinio, ipsis usi sunt & fuerunt, rata & grata habentes, ea volumus, laudamus, approbamus, ratifficamus, & de gracia speciali nostraque auctoritate Regia, & ex certa sciencia, tenore presencium confirmamus : Baillivo nostro superiori Insulensi, ceterisque Justiciariis Regni nostri qui nunc sunt & pro tempore fuerint, aut eorum Loca-tenentibus, & cuilibet eorumdem, prout ad eum pertinuerit, dantes presencium in mandatis, quatenus dictos Rebbardum, Scabinos, Burgenses & Communitatem dicte Ville, contra tenorem dictorum Privilegiorum, Litterarum & nostre presentis confirmacionis, nullatenus impediant vel perturbent ; sed eisdem uti & gaudere faciant & permittant : salvo in premissis jure nostro & in omnibus quolibet alieno. Quod ut firmum & stabile permaneat in futurum, nostrum presentibus Litteris fecimus apponi Sigillum. Datum & actum apud Tornacum, Anno Domini 1353. mense Aprilis.

NOTES.

(c) Die Veneris .... post Festum S.ti Dionysii.] Ce Vendredi tomba cette année, au 11. d'Octobre; supposé que la Feste de S.t Denys fut alors celebrée le 9. de ce mois. Je me suis servi pour trouver cette date, des Tables que les Sçavants Benedictins qui travaillent à la nouvelle Edit. du Gloss. de Du Cange, y ont ajoûtées au mot *Annus,* à la p. 511. de leur 1.er Vol. & qu'ils ont bien voulu me communiquer.

(d) Diemence repnus.] On peut lire ce mot de bien des differentes manieres : car il y a quatre jambages liez ensemble, sans points; ce qui peut faire *vu,* ou *nu,* ou *un* ou *mi,* ou *im.* M. Godefroy m'a mandé qu'il avoit trouvé ce même mot dans des Lettres qui regardent Seclin ; mais qu'il n'en sçavoit pas la signification. Il conjecture qu'on pourroit lire *repmis ;* ce qui, en coupant ce mot en deux, pourroit signifier *reparatæ misericordiæ.*

A l'égard de ces mots, *le Diemence en la Passion,* il m'a appris qu'autrefois tout le Caresme se nommoit la *Passion.*

(e) Rebbardus.] Voicy mot pour mot l'explication de *Rebbardus,* telle qu'elle m'a esté envoyée par M. Godefroy.

Le mot de *Rewardus* est Wallon. Le *Rewart* est different du Maire qu'on appelle en Flandre, *Mayeur.* Le *Rewart* est le chef du Magistrat dans les fonctions exterieures; telles que la police, la voyerie, les édifices publics, &c.

Le *Mayeur* est le chef dans l'enclos de l'Hôtel de Ville: il intervient aux Jugemens des procès, à l'administration des deniers publics, &c. il est le premier Echevin.

On peut ajoûter à cette remarque de M. Godefroy, que le mot *Regard* qui est la même chose que *Reward,* signifie quelquefois un Gouverneur. Froiss. L. 2. ch. 134. p. *m.* 239. dit que Jean Sporequin estoit *Gouverneur & Regard* des terres que M.de de Bar avoit auprès d'Ypres. Dans le chap. 129. p. *m.* 230. il avoit dit, que Charles VI. establit le Seigneur de Guistelles, grand *Regard* de Flandre.

On trouve dans le même Autheur, *Ibid.* chap. 110. & 111. p. 199. & 200. que Philippe d'Artevelle, qui estoit le chef des Flamands revoltez contre leur Comte, vers le commencement du Regne de Charles VI. prenoit le titre de *Regard* de Flandre.

Le titre de *Regard* n'estoit pas particulier à ce Pays : car Froissart. L. 3. chap. 3. p. *m.* 7. dit que le Comte de Foix avoit fait Pierre Ernaut Chastellain & Capitaine de Lourde, & *Regard* du Pays de Bigorre.

JEAN I.er & selon d'autres, Jean II. à Beaumont près d'Arras, au mois de May 1355.

(a) Lettres qui unissent à perpetuité la Ville de Lille, à la Couronne de France.

JOHANNES Dei gratia [a] *Dei Francorum Rex: Principantium Animi liberales eo libentius* [b] *facient supplicationibus fidelibus subditorum, quo per eas unitatem inter eos perpetuam constantis* [c] *fidelium, intueantur stabilius solidari: Notum itaque facimus universis presentibus & futuris, quod ad supplicationem dilectorum nostrorum Scabinorum, Burgensium & Communitatis Ville, Castri & Castellanie Insulensis, requirentium ut cum ipsi (b) à tempore quo primo dicta Villa & supplicantes supradicti, separati & exempti* [d] *fuerant à regimine & domanio Comitis Flandrensis, & ad Regiam obedientiam & immediatam subjectionem reducti, in pace & transquilitate, sub protexione Regia, vixisse letentur; & eapropter [(c) maluit subiri pro ceteris imposterum Regie Majestatis,] eos ad hoc exacti temporis inducente experiencia, Nos ipsis eidem* [e] *uniere vellemus; Nos Castrum, Villam & Castellaniam Insulen. predictas, cum pertinentiis* [f] *eorondem, Corone Francie, pro Nobis & successoribus nostris, anneximus & unimus; ut Scabini, Burgenses & Communitas predicti & sui successores, per Nos & successores nostros predictos,* [g] *& sub Regia protectione regantur & gubernentur immediate & imperpetuam, de nostris speciali gratia, auctoritate Regia & nostre potestatis plenitudine, per presentes, absque eo quod in alium* [h] *transferuntur, alienentur, vel à dicta Corona seu manibus nostris & dictorum successorum nostrorum, eximantur vel separentur, ratione partagii vel matrimonii contrahendi, aut divisionis seu assignationis* [i] *alterius cujuslibet* [k] *alienie, quacumque ratione vel causa, nullis* [l] *unique temporibus; quin immediate Nobis & Francie Regibus, successoribus nostris subsint: Nolentes per concessionem contrariam, quantumcumque specialis tenoris, si fieri contingeret, imposterum nostre presentis gracie, derogari privilegiis & libertatibus suis, insuper in suo robore* [m] *duraturus. Quod ut firmum & stabile perpetuo perseveret, nostrum presentibus Litteris facimus aponi Sigillum: salvo in aliis jure nostro & in omnibus* [n] *quoq. alieno.* Datum apud [o] Bellemontem propè Attrebatum, Anno Domini millesimo trecentesimo quinquagesimo-quinto, mense Maii. Ainsi souscrit sur le [p] ploy. *Per Regem; & signé du Secretaire.* YVO.

(d) Collationné par moy, Conseiller du Roy, Procureur Sindic de la Ville de Lille.

B. HERRENG.

a Ce mot est inutile.
b *App.* sunt.
c *Peut-estre*, fidelitatis.
d fuerunt.
e unire.
f eorumdem.
g Ce mot est inutile.
h transferantur.
i vel.
k *Peut-estre*, alienationis.
l *App.* unquam.
m duraturis.
n quolibet.
o Beaumont près d'Arras. *Voyez le Diction. Univers. de la France, t. 1. p. 342.*
p pli.

NOTES.

(a) Extrait du Registre, aux titres de la Ville de Lille, cotté des Lettres D. E. F. *reposant ès Archives de ladite Ville, du fol.* 35. *verso.*

La Copie de ces Lettres qui a esté envoyée de Lille, est très mal écrite, & pleine de fautes: J'en ay corrigé quelques-unes; mais il y a plus d'un endroit où ce texte est tellement corrompu, qu'il est impossible de le restituer.

(b) A tempore.] La Ville de Lille fut remise à Philippe le Bel, par un traité fait en 1304. *Voy. Du Puy, Traité des Droits du Roy*, p. 295.

(c) Maluit.] Les mots qui sont entre deux crochets, ne forment point de sens, & il y a même apparence qu'il en manque quelques-uns.

(d) Cette collation a esté faite, lorsque cette Piece a esté envoyée pour la faire imprimer.

(a) Lettres portant que toutes les affaires qui regarderont les biens que l'Abbaye de Moncel a dans le Bailliage de Senlis, seront portées devant le Bailli de Senlis.

JEAN I.er & selon d'autres, Jean II. au Moncel-lès-le-Pont-S.te Maixence, en May 1355.

Philippes VI. dit de Valois, au Moncel, en Mars 1343.

JOHANNES Dei gracia Francorum Rex: Notum facimus universis presentibus & futuris, Nos Litteras carissimi Domini Genitoris nostri, dilectis nostris Religiosis, Abbatisse & Conventui Sororum Minorum Monasterii de Moncello-juxtà-Pontem-Sancte Maxencie, concessas, vidisse sub hiis verbis.

PHILIPPE par la grace de Dieu Roy de France: Savoir faisons à touz presens & avenir, que comme dès la fondacion de nostre Eglise des Religieuses, Abbesse & Convent du Moncel-lèz-Pons-Sainte-Maixence, Nous aïons retenu à Nous la proprieté de toutes les choses, heritages, possessions & revenuës, que Nous avons bailliés ausdictes Religieuses; [a] l'ussruit seulement laissié & reservé à elles: Et octroyé leur aïons par privileges, que toutes les Causes qui seront meuës pour elles ou contre elles, sur lesdiz heritages, possessions & tenenemens, soient traictées pardevant Nous en nostre personne, menées & soustenuës par noz Procureur & Advocat; & depuis leur aïons deputez & baillé à Juge, le Bailli de Senliz: Nous, pour ce que entendu avons, que aucuns se sont efforciez & efforcent de traire & admener la cognoissance desdictes Causes, hors du Siege de Senliz, octroïons ausdictes Religieuses, que toutes les Causes qui les toucheront, tant en demandant comme en deffendant, sur lesdiz heritages, possessions & tenemens, soient oyces & determinées audit Siege de Senliz, & non à autre, se elles ne veulent: Et ou cas que pour le proffit de Nous ou de elles, elles requerront lesdictes Causes estre oïes & terminées autrepart [b] en la Baillie de Senliz, Nous voulons que il leur soit fait; sanz préjudice à elles faire à ce que leurs autres Causes soient oïes & terminées audit Siege de Senliz, comme dessus est dit: Et que ce soit ferme chose & estable à touzjours, Nous avons fait mettre nostre Seel à ces presentes Lettres. *Donné audit lieu du Moncel, l'An de grace mil trois cens quarante & trois, ou mois de Mars.*

a *l'usufruit.*

b *que.*

NOS autem predicta omnia & singula in dictis Litteris contenta, rata habentes atque grata, ea volumus, laudamus, approbamus, & de nostris certa sciencia, speciali gratia & auctoritate Regia confirmamus per presentes: Et quia dictum privilegium non se extendit nisi ad Causas motas & movendas dicte sue fundacionis occasione; & de presenti, habeant alias possessiones, & magis in futurum acquirere & habere possent, Nobis humiliter supplicarunt, quatenus super hoc nostram sibi gratiam velimus [c] impartiri: Nos igitur ob devocionem quam ad ipsam Ecclesiam habemus specialem, tam pro eo quod est de fundacione Regali, quam pro Divinis serviciis ibidem cotidie devote celebratis; & etiam quod in eisdem, temporibus futuris, devocius perseverare valeant, volumus & dictis Religiosis ex ampliori gratia concessimus per presentes, ut omnes Cause tam agendo quam defendendo, mote vel movende, ratione dictarum suarum possessionum, per eas post fundacionem suam predictam, acquisitarum vel acquirendarum in Baillivia Silvanectensi, modo & forma [d] superius expressatis, in dicta sede Silvanectensi audiantur, & fine debito [e] terminantur. [f] Mandantes tenore presentium, ac eciam districtius [g] inhibentes universis Justiciariis nostris vel eorum Loca-tenentibus, & cuilibet eorumdem, quatenus dictas Religiosas nostra presenti gratia uti & gaudere faciant pacifice & quiete; & si quid in contrarium attemptatum invenerint, ad statum pristinum & debitum reducant seu reduci faciant indilate. Quod ut firmum & stabile perpetuo perseveret, presentibus Litteris nostrum fecimus apponi

c impertiri.

d sup. *dans le Registre.*

e terminentur.

f mandan. *R.*

g inhiben. *R.*

(a) Tresor des Chartres, Registre 84. Piece 110.

Sigillum: in aliis nostro, & in omnibus quolibet alieno jure salvo. Datum apud Moncellum-propè-Pontem-Sanctæ-Maxencie, Anno Domini millesimo trecentesimo quinquagesimo-quinto, mense Maii. *Per Regem.* MELLOU. *Collatio fit.*

JEAN I.er & selon d'autres, Jean II. à Paris, en Juin 1355.

(a) Lettres qui accordent le Droit de Ban de Vin aux Habitans de Trie.

JOHANNES Dei gratia Francorum Rex: Notum facimus universis tam presentibus quam futuris, Nos quasdam vidisse patentes Litteras, tenorem qui sequitur, continentes.

NOVERINT universi quod nos Galeotus de Arquerio, Miles, Dominus de Pyoncyo, & [a] Vicarius Tholose Regius, vidimus, tenuimus, & de verbo ad verbum coram nobis perlegi fecimus, quandam Litteram [b] pargameno scriptam, non vitiatam, nec in aliqua sue partis abolitam, à magnifico & potenti viro, Domino Comite Armaniaci, Fesenseguelli & [c] Ruthenen. Vicecomitatuum Leumanie & Altivillaris Vicecomite, Locumque tenente in partibus Occitanis, Domini nostri Regis Francie, ejus sigillo proprio, cera rubea impendenti, cum duplici cauda sigillatam. Tenor cujus de verbo ad verbum sequitur seriatim.

a Viguier.

b pergameno.

c Ruthenensi.

JOHANNES Comes Dei gratia (b) Armaniaci, Fesenseguelli & Ruthenen. & Vicecomes Leumanie & Altivillaris, ac Locum-tenens Domini nostri Francie Regis, in partibus Occitanis: Universis presentes Litteras inspecturis, Salutem. Notum vobis facimus, quod cum nova Bastita Regia de (c) Tria, Judicature [d] Riparie, tam propter sui novitatem, quam etiam propter magnas expensas, quas habitatores ejusdem loci, fecerunt & de die in diem habent facere, in construendo sua edifficia ac Ecclesiam Parochialem & Domum communem in eadem Bastita; & in claudendo, muniendo & fortifficando eandem fossatis, (d) palaciis, [e] portallis, (e) aquasseriis & aliis fortaliciis; cum circa confines inimicorum Domini nostri Regis, existat, ut dicitur, situata; & in solvendo subsidia Domino nostro Regi, propter guerras suas, ipsi habitatores sint depauperati, sic & taliter, quod vix habent unde vivant; nec possint opera predicta per eos incepta perficere, neque eorum debita exsolvere; prout ex parte Consulum dicte Bastite, nobis extitit demonstratum. Idcirco ad instantiam & humilem supplicationem eorumdem Consulum, auctoritate Regia & pro utilitate communi dicte Bastite & Reipublice, de gratia speciali, concedimus Consulibus dicte Bastite, qui nunc sunt & qui pro tempore erunt, ut ipsi valeant inhibere anno quolibet, sub certis penis quibus eis videbitur, Domino nostro Regi applicandis, ne aliquis tabernarius (f) audeat vendere extranea vina in dicta Villa ad tabernam, à Festo omnium Sanctorum usque ad subsequens Festum Pasche Domini; ad hoc ut habitatores dicte Bastite, celerius, sed tamen non carius, possint vendere vina de vineis ipsius Bastite percepta & percipienda, & ad finem ut ipsi habitatores, mediante venditione vinorum suorum, melius possint dictam Bastitam fortifficare, dictaque opera per eos incepta, perficere, eorumque vineas cultivare, & se ipsos in suis aliis necessitatibus

d Riviere. *Voy. la Note (c).*

e Portes. *Voyez Du Cange, au mot* Portale.

NOTES.

(a) Tresor des Chartres, Registre 84. Piece 147.

(b) Voy. sur ces titres du C. d'Armagnac, cy-dessus p. 179. Note (c).

(c) *Tria.*] *Trie* dans le bas-Armagnac, Diocese d'Ausch, Election de Riviere Verdun. *Voy. le Dictionn. Univers. de la Fr. au mot*, Trie.

(d) *Palaciis.*] C'est sans doute, des *palis*, des *pallissades*, des pieux. Voy. Du Cange, au mot, *Palare.*

(e) *Aquasseriis.*] Ce mot n'est pas dans Du Cange. Peut-estre vient-il d'*Aqua*, & signifie-t-il une citerne pour conserver de l'eau!

(f) *Audeat vendere.*] Ce droit se nomme le ban de vin, sur lequel, Voy. la Table du 3.e Vol. des Ordonn. aux mots, *Vin* & *Ban de vin.*

sustentare ; si de communi consensu processerit hominum & habitatorum dicte Ville : Mandantes & etiam districte precipientes Senescallo Tholose, Judici Ripparie, Bajulo de Tria, ceterisque Justiciariis Regiis vel Loca-tenentibus eorumdem, quatinus Consules & habitatores ejusdem loci, dicta nostra presenti gratia uti & gaudere libere & pacifice permittant, nec impediant ipsos, aut faciant vel permittant contra tenorem ejusdem, in hac parte aliquatenus impediri. Si vero aliquis in predictis se opponat, volumus quod [a] *opponen. adjornet idem Bajulus de Tria, seu ejus Locum-tenens, ad certam diem coram nobis, ubi nos esse contingerit in Lingua-Occitana, super predictis & oppositione per ipsos facienda, processuros ut fuerit rationis. In quorum fidem & testimonium, presentibus Litteris fecimus apponi Sigillum.* Datum Valencie, die prima mensis Marcii, Anno Domini millesimo trecentesimo quinquagesimo-tertio. *Per Dominum Locum-tenentem, presente Magistro Remundo.* CAUHAS DE PRATO.

JEAN I.er & selon d'autres, Jean II. à Paris, en Juin 1355.

a opponentes.

In cujus visionis, inspectionis & perlectionis testimonium, nos Vicarius antedictus, huic presenti transcripto, aliter vidimus nuncupato, Sigillum majus dicte nostre Vicarie autenticum, inpendenti cum duplici cauda, fecimus apponi, die penultima mensis Marcii, Anno Domini millesimo trecentesimo quinquagesimo-tertio.

NOs autem gratiam suprascriptam, factam dictis Consulibus de Tria, prout superius continetur, ratam & gratam habentes, eam volumus, laudamus, ratifficamus & approbamus, & auctoritate nostra Regia, & de speciali gratia tenore presentium confirmamus : salvo in aliis jure nostro & in omnibus alieno. Quod ut ratum & stabile permaneat in futurum, presentibus Litteris nostrum fecimus apponi Sigillum. Datum Parisius, Anno Domini millesimo trecentesimo quinquagesimo-quinto, mense Junii. *Per Consilium in quo erant Comes* [b] *Valen. Marescallus Claromontensis, Dominus de Revello & Dominus Gaufridus de Charniaco.* BERENGIER. *Facta est collatio.* BERENGIER.

b Valentinensis,

JEAN I.er & selon d'autres, Jean II. à Paris, en Septembre 1355.

(a) Lettres de Sauvegarde Royale pour l'Abbaye de Nioëil.

JOHANNES Dei gratia Francorum Rex : Notum facimus universis tam presentibus quam futuris, Nos vidisse Litteras inclite recordationis carissimi Domini Genitoris nostri, formam que sequitur, continentes.

Philippes VI. dit de Valois, à Vincennes, en May 1330.

PHILIPPUS Dei gratia Francorum Rex : Notum facimus universis tam presentibus quam futuris, quod licet in regendis subditis Nobis plebibus, nostre Regie [c] *circonspectionis Magestatis* [d] *universaliter curam gerat, ad sacro-sanctas Dei Ecclesias Ecclesiasticasque personas, nostre Regie consideracionis occulos perpensius dirigentes, Predecessorum nostrorum vestigiis inherendo, predictis Ecclesiis & personis de favorabilibus remediis providere ; quibus mediantibus, per nostre Regalis potencie dexteram, a noxiis defendantur, violenciis quibuslibet & pressuris, ac status Ecclesiasticus, sub nostro regimine, in transquilitate manuteneatur & pace ; ut persone prefate tanto fervencius, libencius & diligencius Divinis possint obsequiis intendere & vacare, quanto magis adversus inquietaciones predictas senserint se deffensas, dignum Deo, gratum, acceptabile pariter & salutifferum arbitramur : hac igitur consideratione commoti, Monasterium seu Abbaciam (b) Sancti Vincencii de Nyolio super Alticiam, Ordinis Sancti Augustini, Melleacensis*

c Il faut corriger ou, circonspectio Majestatis, ou, circonspectionis Majestas.

d sur tous les subjets.

NOTES.

(a) Tresor des Chartres, Registre 84. Piece 317.

(b) S.ti Vincencii.] L'Abbaye de *Nioëil sur l'Autize*, près de Fontenay-le-Comte en Poitou. Personne n'ignore que l'Evêché de *Maillezais [Malleacensis,* nommé mal dans ces Lettres, *Melleacensis,]* a esté transferé à la Rochelle en 1648. Voy. sur l'Abbaye de *Nioëil*, la *Gall. Christ.* 2.e édit. t. 2. p. 1395. & sur la translation de l'Evêché de *Maillezais*, à la Rochelle, *ibid.* p. 1368. 1369.

JEAN I.er & selon d'autres, Jean II. à Paris, en Septembre 1355.

Dyocesis, cum omnibus Prioratibus, Ecclesiis, membris & pertinentiis suis; ac Abbatem, Canonicos, familiares, servitores ipsius Monasterii, Membrorum, Ecclesiarum & Prioratuum ejusdem, inibi servientes, pro presenti tempore & futuro, cum omnibus locis suis spiritualibus & temporalibus, juribus, Jurisdicionibus & rebus aliis quibuscunque, spectantibus quomodolibet ad eosdem, in nostra salva ac speciali protectione & Gardia, de speciali gratia succipimus per presentes: dantes Pictavensi & Xanctonensi Senescallis, ceterisque Justiciariis nostris, prout ad ipsos pertinuerit, in mandatis, ut dictos Abbatem & Conventum, Priores Prioratuum ipsius Monasterii, Canonicos & familiares eorumdem, sub nostra salva & speciali protectione & Gardia predictis, in suis justis possessionibus, franchisiis, libertatibus, saisinis, usibus, bonis, proprietatibus, dominiis, Jurisdicionibus, rebus & juribus aliis quibusquunque, manuteneant, protegant, & defendant ab omnibus injuriis, oppressionibus, vi armorum, potencia quorumcunque, & novitatibus aliis quibuscunque: quas si facte fuerint vel illate, ad statum pristinum & debitum revocent & reducant, reducive faciant & effectualiter revocari: & si forsan inter eos & adversarios quoslibet eorundem, super premissis vel aliquo premissorum, debatum oriri contingat, rebus contenciosis ad manum nostram, tanquam superiorem, positis, factaque recredencia per eamdem, si & ubi fuerit facienda, exhibeant super dicto debato, celeris & mature Justicie complementum: & pro premissis melius exequendis, unum vel plures de Servientibus nostris, eisdem Abbati & Conventui, ac Prioribus & Canonicis ac familiaribus suis, in speciales Gardiatores deputent requisiti, sumptibus eorumdem; qui & premissa & alia faciant, impleant, & cum diligentia exequantur, & que ad specialis Gardiatoris possunt & debent Officium pertinere: Nostre tamen intencionis nequaquam existit, quod Gardiatores ipsi de hiis que Cause cognicionem exigunt, se aliquatenus intromittant; sed sit eisdem omnis Cause cognicio penitus interdicta. Quod ut firmum & stabile permaneat in futurum, nostrum presentibus Litteris fecimus apponi Sigillum: nostro & alieno in omnibus jure salvo. Actum apud Vincenas, Anno Domini millesimo trecentesimo-tricesimo, mense Maïo.

QUASQUIDEM Litteras & omnia & singula in eis contenta, rata & grata habentes, ea volumus, laudamus, approbamus, ratifficamus, ac eciam tenore presencium, de nostra gracia speciali & auctoritate Regia, confirmamus: nostro & alieno in omnibus jure salvo. Quod ut firmum & stabile permaneat in futurum, hiis presentibus Litteris nostrum fecimus apponi Sigillum. Datum Parisius, Anno Domini millesimo, trecentesimo, quinquagesimo-quinto, mense Septembris. *In Requestis Hospicii.* J. CLERICI. CORBIGNY. *Collatio facta est cum Litteris Originalibus suprascriptis.*

JEAN I.er & selon d'autres, Jean II. à Paris, le 28. de Decembre 1355.

A Paris, le dernier d'Avril 1351.

A Paris, le 25. de Mars 1351.

A Paris, le 15. de Novembre 1354.

(a) *Lettres portant exemption pour plusieurs années, du Droit de Prises, pour les Bourgeois de Paris.*

[a] J. par la grace de Dieu Roy de France: A tous ceulx qui ces presentes Lettres verront; & especialment au Souverain & autres Maistres de nostre Hostel, & des Hostieulx de nostre très chiere Compaigne la Royne, de nostre très chier & aisné Filz le Duc de Normandie, de noz autres Enfans & des autres de nostre Lignage, du Connestable, des Mareschaulx de France; & à tous les Maistres de noz garnisons, Fourriers, Chevaucheurs & à quelxconques autres noz Officiers, de nostredicte Compaigne, de nostredit Filz le Duc de Normandie, de noz autres Enfans dessusdiz, & des autres de nostre Lignage, Salut. Nous nous recordons avoir ottroyé à noz amez & feaulx le Prevost des Marchans, les Eschevins [b] les autres

[a] Jean.
[b] &.

NOTES.

(a) Registre de l'Hôtel de Ville de Paris, cotté *A. fol. 71. verso.*

Voy. sur ce Registre, cy-dessus, p. 265. Note (a).

Bourgois & habitans de nostre Cité & Ville de Paris, nos autres Lettres contenans la fourme qui s'ensuit.

JEAN I.er & selon d'autres, Jean II. à Paris, le 28. de Decembre 1355.

JEHAN par la grace de Dieu Roy de France : A touz ceulx qui ces presentes Lettres verront ; especialment au Souverain & autres Maistres de nostre Hostel, & des Hostieulx de nostre très chiere Compaigne la Royne, de nostre très chier & aisné Filz le Dalphin de Vienne, de noz autres Enffans, & des autres de nostre Lignage, du Connestable, des Mareschaulx de France ; & à tous les Maistres de noz garnisons, Fourriers, Chevaucheurs, & à quelxconques autres noz Officiers, de nostredicte Compaigne, de nostredit Filz le Dalphin de Vienne, de noz autres Enffans, & des autres de nostre Lignage, Salut. Nous nous recordons avoir ottroyé à noz amez & feaulx le Prevost des Marchans, les Eschevins & autres Bourgoiz & habitans de nostre Cité & Ville de Paris, noz autres Lettres contenans la fourme qui s'ensuyt.

JEHAN par la grace de Dieu Roy de France : A tous ceulx qui ces presentes Lettres verront, Salut. Nous nous recordons avoir ottroyé à noz amez & feaulz le Prevost des Marchans, les Eschevins & autres Bourgoiz & habitans de nostre Cité & Ville de Paris, noz autres Lettres contenans la fourme qui s'ensuit.

JEHAN par la grace de Dieu Roy de France : A tous ceulx qui ces Lettres verront, Salut. Comme noz amez le Prevost des Marchans, les Eschevins, Bourgoiz & habitans de nostre Cité & Ville de Paris, Nous aïent monstré en eulx griefment complaignant, plusieurs griefs & dommages que ilz ont euz & soustenuz, par les [b] prinses qui ont esté faittes de par Nous, nostre très chiere Compaigne la Royne, noz Enfans & autres qui se dient avoir prinses en nostre Royaulme, par noz Gens, Commissaires, Chevaucheurs & autres, de grains, de vins, de foings, de busche, de lars, de chevaulx, de charretes, & de tous leurs autres biens & marchandises, dont il ont esté si grevez & dommagiez, que à paine pevent li aucun maintenir leur estat : Savoir faisons que Nous, non voulans nozdiz Bourgoiz & habitans ainsy estre grevez & dommagiez desorenavant, par prinse ne autrement, avons ordené & voulons desmaintenant, de nostre grace especial, que toutes prinses cessent de la date de ces presentes, jusques à la fin de troix ans entresuyvants, sur tous les biens, denréez & marchandises desdiz Bourgois & habitans, en quelque lieu que ilz soient de nostre Royaume, pour quelconques cause, besoing ou necessité que ce soit, pour Nous, nostre chiere Compaigne la Royne, pour noz Enfans, ou pour autre de quelque estat ou condition que ils soient ; soient de nostre Lignage ou autres. Si donnons en mandement au Prevost de Paris, à tous noz autres Justiciers & Subgiez, que doresen-avant ne seuffrent ne ne laissent prandre ne arrester pour Nous, nostredite Compaigne, noz Enfans, ne pour quelxconques autres, par noz Genz, noz Officiers ou Commissaires, ne par autres quelxconques, aucuns des biens, denrées ou marchandises desdiz Bourgois & habitans, en quelque partie de nostre Roïaulme que il soient ; & aussi deffendons expressement à tous noz Officiers, Preneurs, Pourveeurs, Chevaucheurs, Commissaires & autres, soient de nostre Hostel ou d'autres, que sur [c] quanques ilz se pevent meffaire envers Nous, & sur paine de encourre nostre indignacion, ilz ne prangnent ne ne laissent prandre par eulx ou par leurs deputez, aucuns des biens, denrées ou marchandises desdiz Bourgois ou habitans : & ou cas que aucun s'efforceroit ou se vouldroit efforcier de faire contre ceste presente grace, Nous deffendons que on ne obeysse à eulx en aucune maniere ; quelque povoir, commission ou mandement qu'ils ayent ; mais *(b)* establissons nozdiz Bourgois &

b *prises*. Voy. la Table du troisieme Volume des Ordonnances.

c Ce mot vient de *quantum*.

NOTES.

(b) Establissons .... Sergents.] C'est-à-dire, leur donnons la partie de l'authorité publique dont sont revestus les Sergents, & laquelle leur donne le pouvoir d'arrester certaines personnes prisonnieres.

JEAN I.er & selon d'autres, Jean II. à Paris, le 28. de Decembre 1355.

habitans, leurs Gens & chascun de eulx, noz Sergens pour prandre & mener en prison en nostre Chastellet de Paris, ou ailleurs en la Justice dont ilz seront plus près, tous Officiers, Preneurs, Pourveeurs, Chevaucheurs, Commissaires & autres, qui en aucune maniere s'efforceroient de faire ou venir contre ceste presente grace & ottroy, durant lesdites trois annéez, de quelque estat ou [a] à qui que ilz soient; sanz ce que yceulx Bourgois ne aucun de eulx, en paient aucune admande pour ce, à Nous ne à autres en aucun temps. Et aussi donnons Nous en mandement à nostredit Prevost de Paris, à tous autres Justiciers & subgiez de nostre Royaume, à leurs Lieutenans & à chascun de eulz, que contre la teneur de ceste presente grace, ne sueffrent estre contrains ne molestez nozdiz Bourgoiz & habitans de la Ville de Paris, comment ne en quelque maniere que ce soit; maiz les en facent & laissent jouyr & user paisiblement, sanz faire ne venir encontre, ledit temps durant; ains leur prestent ayde, conseil & confort en celui cas, toutesfois que ilz en auront [b] mestier, & ilz en seront requis: & que à l'ayde desdiz Bourgois & habitans, lesdiz Prevost, Justiciers & Officiers [c] prangnent tous Officiers, Preneurs, Pourveeurs, Chevaucheurs, Commissaires & autres, de quelque estat & à qui que ilz soient, qui yroient ou feroient contre les choses dessusdictes ou aucunes d'ycelles, & les [d] mainnet ou facent mener en prison oudit Chastellet, ou ailleurs en la Justice dont ilz seront plus près, sanz en faire [e] delivrance; se ce n'estoit de nostre especial mandement. Et pour ce que l'original de ceste presente grace, ne pourroit bonnement estre baillié ne monstré à plusieurs, tant de foiz ne en tant de lieux comme mestier seroit, Nous te mandons & donnons en mandement à tous noz Officiers, Preneurs, Pourveeurs, Chevaucheurs, Commissaires & autres, que à la Copie ou *Vidimus* de ceste presente grace, seellée soubz Seel autentique, ilz obéissent [f] aussy & entendent comme à l'original, se present y estoit, sur paine de perdre leurs Offices, & de encourre en nostre indignation. Toutes lesquelles choses Nous voulons, & chascune d'icelles commandons expressement de nostre grace especial, estre tenuës & guardéez sanz enfraindre, durant [g] le temps; non [h] contretant Ordenances faittes ou à faire au contraire: les [i] previlles desdiz Bourgois & habitans [k] de Nous donnez, ou d'autres noz Predecesseurs par Nous confermez, demourans en leur vertu & force, sanz en riens enfraindre ne [l] admanrir par cest presant ottroy. En tesmoing de ce, Nous avons fait mettre à ces presentes Lettres, nostre Seel. *Donné à Paris, le derrenier jour d'Avril, l'An de grace mil trois cens. (c)*

[a] *quelques soient les personnes dont ils sont Officiers.*
[b] *besoin.*
[c] *prennent.*
[d] *mainent: menent.*
[e] *sans les faire sortir de prison.*
[f] Fort. *ainsi.*
[g] *le temps de trois ans.*
[h] *contrestant:* nonobstant.
[i] *privileges.*
[k] *par.*
[l] *amoindrir:* diminuer.

ET après ce Nous a esté exposé de la partie desdits Prevost & Eschevins, Bourgois & habitans de nostredite Ville de Paris, que nostredite grace ne leur est pas bien tenuë & guardée selonc sa teneur; [m] ainsois se sont efforciez & efforcent de jour en jour, plusieurs de noz Gens, de ceulx de nostre Lignage, & d'autres tant *(d)* d'Officiers de France qui se dient avoir prinses, comme de plusieurs grans personnes seculiers & d'Esglise, faire plusieurs prinses de chevaulx, de charretes, de voitures & d'autres choses desdiz Bourgois & habitans; & aussy des biens & choses de leurs *(e)* closiers & fermiers qui demeurent en leurs maisons & manoirs & édifices, pour yceulx & leurs biens guarder; en disant que lesdiz closiers & fermiers & aussy leurs chevaulz, charrettes & voittures, ne sont pas comprinses en nostredite grace, pour ce que expressement & especialement ne sont en ycelle exprimez; combien que mencion y soit faitte de tous leurs biens generalment quieulx que ilz soient; &

[m] *au contraire.*

NOTES.

(c) Après ce mot, il y a l'espace d'un mot ou de deux en blanc, & il y a à la marge d'une main très moderne, 1351. Elles sont en effet de cette date, comme on le voit par les Lettres du 15. de Novembre 1354. qui sont plus bas.

(d) Officiers de France.] Ce sont apparemment ceux que l'on nomme à present, *les Officiers de la Couronne.*

(e) Closiers & Fermiers.] Il semble que ces mots ne signifient icy, qu'*Economes* ou *Concierges.*

avecques

JEAN I.er & selon d'autres, Jean II. à Paris, le 28. de Decembre 1355.

avecques ce, Nous on fait supplier & requerre, que nostreditte grace leur vueillions proroguer à plus lonc terme, & ycelle faire tenir & guarder sanz enfraindre: Pourquoy Nous considerans la parfaitte amour & obéissance que nostredite Ville de Paris, a tousjours euë à noz Predecesseurs & à Nous especialment; & que en perseverant en leur grant & parfaitte loïaulté, Nous les avons trouvé & trouvons propices & liberaulx à Nous subvenir & aydier ou fait de nostre guerre & à la deffence de nostre Roïaulme, si comme tenus y sont; & que entre toutes les autres Villes de nostre Roïaulme, c'est la principal & celle à qui Nous devons avoir & avons plus grant affeccion & plus singuliere, nostreditte grace & ottroiz contenuez en noz Lettres dessus encorporez, avons alonguié & proroguié, allonguons & proroguons par la teneur de ces presentes Lettres, de grace especial, de nostre auctorité Royal & de certaine science, jusques à trois ans avenir & acomplir après les trois ans contenus en nos Lettres dessusdittes: & par ces mêmes Lettres, voulons & desclarons que toutes prinses cessent sur tous les biens, denrées & marchandises desdiz Bourgoiz & habitans, en quelque lieu que ilz soient de nostre Royaulme, pour quelconques cause, besoing ou neccessité que ce soit, pour Nous, nostre très chiere Compaigne la Royne, pour noz Enfans, pour nostre Connestable ou Mareschaulx, ou pour autres de quelque estat ou condition que ilz soient; soient de nostre Linage ou autres, pour cause de noz guerres ou autrement. Voulons & declarons tous leurs closiers & fermiers demourans & habitans sanz fraude, pour eulx & en leurs noms, en leurs manoirs, maisons & édifices, leurs chevaulz, charrettes, voictures & autres biens quieulxconques, tant de eulx comme de leursdiz cloisiers & fermiers, estre comprins en nostreditte grace & ottroy dessusdiz: & deffendons & enjoingnons à tous Chevaucheurs, Preneurs, Commissaires & autres de quelque estat ou condicion que ilz soient, tant des Hostieulx de Nous, de nostre très chiere Compaigne la Royne, de noz Enfans, de tous ceulx de nostre Sanc & Linage, de noz Connestable & Mareschaulx, & de tous autres [a] Officiers de France, que contre noz graces dessusdittes, durant le temps d'ycelles, ne facent ou attemptent en aucune chose, sur paine de encourre nostre indignacion, avec toutes les autres paines contenuës ès Lettres dessusdites. Voulons & desclairons toutes les choses, tous les poins & articles contenus ès Lettres dessus encorporeez, en tant comme il pourroit estre & [b] pour lesdiz Bourgois & habitans, estre tenues & euz pour reputez en ceste presente prorogacion, tout aussy comme se de mot à mot y feussent exprimez; & par especial voulons & ottroïons ausdiz Bourgois & habitans, que ou cas que aucun s'efforceroit ou vouldroit efforcier de faire contre ceste presente grace, que yceulx habitans, leurs closiers, fermiers, & autres ou [c] mesnice, n'y soient tenus de obeir, pour quelconques povoir, commission ou mandement que nosdiz Preneurs de Nous ou de noz Officiers, eussent de ce faire; maiz establissons lesdiz habitans & leurs gens & chascun de eulx, noz Sergens pour prandre & mener en prison en nostre Chastellet de Paris, ou ailleurs à la Justice là où ilz seront plus près, tous ceulx qui s'efforceroient de faire contre la teneur de ceste presente grace; sanz ce que iceulx Bourgois ou habitans, ne aucun de eulx, en païast pour ce, aucune admande à Nous ou à autre, en aucun temps: & aussy voulons & ausdiz Bourgois & habitans otroïons, que pour ce que l'original de ceste presente grace, ne pourroit bonnement estre baillié à plusieurs, ne monstré tant de fois ne en tant de lieux, comme mestier seroit, que à la la copie ou *vidimus* de ceste presente grace, scellée soubz Seel autentique, tous noz Officiers & chascun de eulx, obeissent aussi & autant comme à l'original: [d] avecques, toutes les choses contenuës ès Lettres dessus transcriptes, & toutes les autres ottroïeez par Nous & noz Predecesseurs, ausdiz Prevost, Eschevins, Bourgois & habitans, lesquelles selonc toutes leurs fourmes & teneurs, Nous voulons demourer en leur vertu & en leur vigueur. En temoing de ce, Nous avons fait mettre nostre Seel à ces presentes. *Donné à Paris, le 25.e jour de Mars, l'An de grace mil trois cens cinquante & un, avant Pasques.*

a *Voy. cy-dessus, p. precedente Note (d).*

b Il y a dans les Lettres vidimées après celles-cy, *estre & faire.*

c *domestiques,*

d *avec,* doit signifier-là, *& en outre.*

JEAN I.er & selon d'autres, Jean II. à Paris, le 28. de Decembre 1355.

Et après ce, Nous a esté exposé de la partie desdiz Prevost, Eschevins, Bourgois & habitans de nostredicte Ville de Paris, que nostredicte grace ne leur est pas bien tenuë ne gardée selon sa teneur; ainssoiz se sont efforciez & efforcent de jour en jour, plusieurs de noz Gens, des Gens de ceulx de nostre Lignage, & d'autres, tant des Officiers de France qui se dient avoir prinses, comme de plusieurs grans personnes seculieres & d'Eglise, faire plusieurs prinses de chevaulx, de charrettes, & autres choses desdiz Bourgoiz & habitans, & aussy des biens de leurs closiers & fermiers qui demeurent en leurs manoirs, maisons & edifices, pour yceulx & leurs biens garder; en disant qu'ilz ne sont pas comprins en nostreditte grace, pour ce que expressement & especialment ne sont en ycelles exprimés; combien que mencion expresse y soit faitte de tous leurs biens generalment quieulx que ilz soïent: Et avec ce, Nous ont fait supplier & requerre que nostreditte grace leur vueillons proroguer à plus lonc temps, & ycelle faire tenir & guarder sanz enfraindre. Pourquoy Nous considerans & attendans la parfaitte amour & obeissance que nostreditte Ville de Paris a toujours euë à Nous & à noz Predecesseurs & à Nous especialment, & que en perseverant en leur grant & parfaicte loyaulté, Nous les avons trouvez & trouvons prests & liberaulz à Nous subvenir & aydier ou fait de noz guerres, & à la deffense de nostre Royaulme, si comme tenus y sont; & que entre toutes les autres Villes de nostre Royaulme, c'est la principal, & celle à qui Nous devons avoir & avons plus grant affeccion & plus singuliere, nostreditte grace & ottroy contenuës ên nos Lettres dessus encorporées, avons alongié & prorogué, alonguons & prorogons par la teneur de ces presentes Lettres, de grace especial, de nostre auctorité Royal, & de certaine science, jusques à cinq ans avenir & acomplir après les trois ans contenus en noz Lettres dessusdictes: Et par ces mesmes Lettres, voulons & desclerons que toutes prinses cessent sur tous les biens, denrées & marchandises desdiz Bourgoiz & habitans, en quelque lieu qu'ilz soïent de nostre Royaume, pour quelque cause, besoing ou necessité que ce soit, pour Nous, pour nostre très chiere Compaigne la Royne, pour noz Enffans, pour nostre Connestable ou Mareschaulx, ou pour autres de quelque estat ou condicion qu'ilz soïent, de nostre Lignage ou d'autres, pour cause de noz guerres ou autrement: Voulons & desclarons tous leurs closiers & fermiers demourans & habitans pour eulx & en leurs noms sanz fraude, en leurs manoirs, maisons & edifices, leurs chevaulx, charrettes, & autres biens quelxconques, tant de eulx comme de leursdiz closiers & fermiers, estre comprins en nostreditte grace & ottroy dessusdiz; & deffendons & enjoingnons à tous Chevaucheurs, Preneurs, Commissaires & autres, de quelque estat ou condicion que ilz soïent, tant desdiz Hostelz de Nous, de nostre très chiere Compaigne la Royne, de noz Enffans, de tous ceulx de nostre Sanc & Lignage, de noz Connestable & Mareschaulx, & de toutes autres Offices de France, que contre noz graces dessusdittes, durant le temps d'ycelles, ne facent ou attemptent aucune chose, sur paine de encourre nostre indignacion, avec toutes les autres paines contenuës ès Lettres dessus encorporeez: Voulons & desclarons toutes les choses, toùs les poins & articles contenus ès Lettres dessusdittes, entant comme ilz pourront estre & faire pour lesdiz Bourgoiz & habitans, estre tenus & euz pour [a] repetez en nostre presente prorogacion, tout aussy comme se de mot à mot y feussent comprins: Et par especial voulons & ottroïons ausdiz Bourgois & habitans, ou cas que aucun s'efforceroit ou vouldroit efforcier de faire contre ceste presente grace, que yceulx habitans, leurs closiers, fermiers, ou [b] mesniee, ni soïent tenus d'obeïr, pour quelque povoir, commission ou mandement que nozdiz Preneurs de Nous ou de noz Officiers, eussent de ce faire; mais establissons lesdiz habitans & leurs gens & chascun de eulz, noz Sergens pour prandre & emmener en prison en nostre Chastellet de Paris, ou ailleurs en la Justice là où ilz seront plus près, tous ceulx qui s'efforsseroient de faire contre la teneur de ceste presente grace; sanz ce que yceulx Beurgois & habitans ne aucun de eulx, en paiassent pour ce aucune admande

[a] *repitez* dans les *vidimées* precedentes.

[b] *domestiques*.

à Nous ne à autre, en aucun temps: *(f)* ne convenir, ne adjourner, ne autrement molester pardevant vous Maistres d'Ostieulx dessusdiz, noz autres Gens de nostre Hostel, ou pardevant aucuns des dessus nommez ou leurs Officiers: Et ceulx qui vouldroient faire prise aucune, Nous ottroïons que cellui sur qui ilz prendroient, le puist mener [a] prins à la Justice du lieu pour en faire raison & droitture: Et ou cas que les Preneurs se complaindroient d'aucune injures ou violence faitte à eulx, Nous voulons & ordenons que le Prevost de Paris ou le Juge ordinaire du lieu, en ait la congnoissance, la correction & pugnicion, [b] se elle y affiert: Et en tous cas qu'il advendroit pour tout le temps dessusdit, Nous [c] emptons du tout, les dessusdiz Provost des Marchans, Eschevins, Bourgois & habitans de ladicte Ville de Paris, leurs fermiers, leurs gens, où que ilz soïent, & chascun de eulx, de la Jurisdicion, congnoissance ou pugnicion de vous Maistres desdiz Hostieulx, & de chascun de vous, & de tous autres que de leur [d] Ordinaire: Et [e] deffendrons estroittement à vous & tous autres, que de ce ne vous entremetiez en aucune maniere; & decernons non vallable, tout ce que vous en auriez fait: Et desclerons que les dessusdiz ou aucun de eulx, ne soïent tenuz de obeir ou comparoir à voz adjournemens ou mandemens en ces cas, [f] ne autres que desdiz Ordinaires: Et mandons & comandons par ces presentes à nostre Prevost de Paris, & à tous noz autres Justiciers, requerons tous autres, que ce present nostre ottroy, voulenté & Ordenance, ilz tiengnent & guardent, & facent tenir, garder & accomplir, sanz faire ne attempter aucune chose au contraire: ceste presente nostre Ordenance, Nous voulons estre publiée en nostre Parlement, en nostre Chastellet à Paris, & par tout là où mestier sera, affin qu'elle soit mieulx tenuës & guardée: & deffendons que maintenant ne autreffoiz, nostre Procureur ne puist opposer contre ces presentes, iniquité, surepcion, ne autre deffault quelconques, parquoy ces presentes puissent estre annullées ou empiriéez en aucune maniere; mais soient tenuës fermes en tout; nonobstant quelxconques Ordenance, Mandement, Estatut, Arrest ou autre commandement de bouche fait ou à faire, par Nous ou noz successeurs Roys de France: & nyentmoins avons ordené & ordenons, que se il advenoit que nostre Prevost de Paris ou autres Juges competens desdiz Prevost des Marchans, Bourgois & habitans de Paris, de leurs closiers, fermiers, leurs varles, ou autres de leurs gens, en quelconques lieu que ilz [g] aïent ou auront, feussent ou soient negligens de donner force, aide & conseil à eulx, contre les dessus nommez, leurs gens & autres, quieulx que ilz soient, qui aucune choses pourroient ou vouldroient prandre, de eulx contre leur voulenté, [h] [feussent tenus negligens & en demeure de leur donner ou porter force & ayde, comme dit est,] [i] laquelle Nous commandons par ces presentes, Nous voulons que yceulx Officiers, quieulx que ilz soient, à la requeste des dessusditz ou d'aucun de eulx, puissent estre ou soient [k] convenus pardevant noz amez & feaulx Gens de nostre Parlement, ou nostre Prevost de Paris, pour respondre à yceulx sur tout ce que ilz lui vouldront demander, pour raison de non avoir presté ayde, force & autrement: ausquieulx Nous mandons & commettons que sur ce, facent à yceulx tres sommierement, acomplissement de Justice. Et pour ce que nostre presente grace leur a esté autrefoiz faite par noz autres Lettres qui furent faittes le derrenier jour d'Avril, l'An [l] cinquante & un, & devoit ycelle durer jusques à troiz ans; laquelle grace fû proroguée & allonguée jusques à troiz ans après ensuyvans la date desdictes Lettres; si comme par noz Lettres sur ce faictes, puest clerement apparoir; lesquelles furent données à Paris, le 25.e jour de Mars l'an [m] cinquante & un, avant Pasques: Toutesvoïes en ampliant nostredite grace, pour la très grant affeccion que Nous avons à nostredite Ville, aus Bourgois & habitans d'ycelle, & aussy pour la très bonne amour & affeccion & très grant obeïssance que ilz ont à Nous, & que Nous avons trouvé en eulz & trouvons de jour en jour, avons ycelle grace alongié & prolonguié jusques à cinq ans

JEAN I.er & selon d'autres, Jean II. à Paris, le 28. de Decembre 1355.

a *pris.*

b *s'il y a lieu d'infliger une peine.*

c *exemptons.*

d *Juge ordinaire.*

e *deffendons.*

f *ni aux mandements d'autres Juges que des Juges ordinaires.*

g *en.*

h *Les mots que l'on a mis entre des crochets sont inutiles, parce qu'ils se trouvent plus haut.*

i *laquelle ayde nous commandons qu'on leur donne.*

k *adjournez.*

l *1351.* Voy. cy-dessus, p. 328. Note *(c)*.

m *1351.*

NOTES.

(f) Ne convenir.] Il semble qu'il manque-là quelques mots; comme ceux-cy, *sans qu'on puisse les convenir.*

JEAN I.er & selon d'autres, Jean II. à Paris, le 28. de Decembre 1355.

acompliz, à commancier après les troix ans [a] failiz, donnez & ottroïez à nozdiz Bourgois & habitans, par noz secondes Lettres de grace qu'ilz ont sur ce eu; lesquelles furent donnéez le 25.e jour de Mars dessusdit; & lesquelles commancerent [b] entrer en leur vertu, le premier jour de May, l'An mil trois cens cinquante & quatre; de nostre auctorité & puissance Royal, & de certaine science, pour les causes & autres qui ad ce Nous meuvent & doivent mouvoir. Et aussi voulons, & à nozdiz Bourgois & habitans ottroïons, [c] pour ce que l'original de ceste presente grace, ne pourroit bonnement estre baillié à plusieurs, ne monstré tant de foïz ne en tant de lieux comme [d] mestier seroit, que à la copie ou *vidimus* de ceste presente grace, seellée du seel authentique, tous noz Officiers obéissent aussy & autant comme à l'original, se present y estoit. Toutes lesquelles choses dessus contenuës en ces presentes, avec tous les poins & articles contenus ès Lettres dessus encorporées, & toutes les autres Lettres ottroïeez par noz Predecesseurs ausdiz Prevost, Eschevins, Bourgois & habitans de nostredite Ville, Nous voulons dèsmaintenant, pour tout le temps dessus esclercy, estre tenuës, gardéez & enterinéez & accomplies de point en point, selonc toutes leurs fourmes & teneurs, sur toutes les poines dessus esclaircies. En temoing de ce, Nous avons fait mettre ad ces Lettres, le Seel de nostre Chastelet de Paris, en absence du nostre grant. *Donné à Paris, le 15.e jour de Novembre, l'An de grace mil trois cent cinquante & quatre.*

a *finis.*
b *à avoir effet.*
c *parce que.*
d *besoin.*

ET depuis ce, lesdiz Prevost de Marchans, Bourgois, Eschevins & habitans de nostreditte Ville de Paris, Nous ayent supplié & fait supplier, que lesdiz previleges, franchises, libertez par Nous à eulx & pour eulz faiz & ottroïez, jusques audit temps contenu èsdittes Lettres dessustranscriptes, avec toutes [e] autres choses contenuës en ycelles, faisans mencion pour eulx & ou prouffit d'yceulx Prevost, Eschevins, Bourgois & habitans, Nous voulsissions loüer, gréer, approuver, fortifier & confermer, & ycelle leur ottroïer de nouvelle, à plus grant temps que ottroïé ne leur avons par les Lettres dessus transcriptes : Nous considerans & attendans la vraye amour & très parfaitte obéissance que tousjours ont euë à noz Predecesseurs & à Nous, & encores ont lesdiz Prevost, Eschevins, Bourgois & habitans, & que en perseverant [f] toudiz en leur parfaitte loyaulté, ont tousjours esté & sont enclins à Nous faire ayde & subside ou fait de noz guerres, pour la guarde & deffencion de nostre Royaulme, & [g] tieulx les avons Nous tousjours trouvez & trouvons de plus en plus: Voulons pour ce, & pour plusieurs bonnes & justes causes qui ad ce Nous ont esmeu & doivent esmouvoir, Nous rendre gracieulz à eulx ; especialment pour l'amour & affeccion singuliere que Nous avons & devons avoir à nostreditte Ville, comme à celle qui est la plus principal, le chief & la maistre-Ville de tout nostre Royaulme, toutes les graces, ottroiz & concessions, previleges & libertez, franchises, Ordenances, Desclairations, & autres choses par Nous à eulx & pour eulx faittes & faiz, donnez & ottroïez ; si comme contenu est plus à plain ès Lettres dessustranscriptes, ayans fermes & aggréables, ycelles & chascune d'ycelles voulons, louons, gréons, ratiffions, approuvons & confermons : & en ampliant nostre grace, leur avons de nouvel ottroïé & ottraïons par ces presentes, de nostre auttorité Royal & pleniere puissance, de certaine science & grace plus especial, toutes les choses contenuës & declarées ès Lettres dessustranscriptes, jusques à dix ans à venir & à acomplir, depuis & oultre le temps & terme contenu èsdictes Lettres. [h] Donné le 15e. jour de Novembre, l'An mil CCC. cinquante-quatre. Lequel temps & terme dessusdiz, Nous eslonguons & prolonguons par ces presentes, de nostredicte grace & auttorité Roïal & certaine science, jusques ausdix ans dessusdiz; oultre ledit temps & terme à eulx autresfoiz donné derrenierement, comme dit est ; & voulons pour tous lesdiz ans dessusdiz, oultre l'autredit temps & termes, toutes les graces, ottrois & concession, previlleges, libertez & franchises, Ordenances, Declarations, Mandemans, deffances & autres choses dessusdittes, contenuës èsdittes Lettres, demourer en leur plaine force & vertu, & estre tenuës & gardées, enterinées & acomplies de point en point,

e *les.*
f *totis diebus*, toûjours.
g *tels.*
h *Lettres données le.*

selonc la fourme & teneur desdittes Lettres. En tesmoing de ce, Nous avons fait mettre nostre Seel à ces presentes Lettres. *Donné à Paris, le 28.e jour de Decembre, l'An de grace mil trois cens cinquante & cinq.*

(a) Lettres de Sauve-Garde Royale pour l'Abbaye de Vierzon.

JEAN I.er & selon d'autres, Jean II. à Paris, en Decembre 1355.

JOHANNES Dei gratia Francorum Rex: Notum facimus universis presentibus & futuris, quod ex parte dilectorum nostrorum Abbatis & Conventus Monasterii Sancti Petri de Virzione, datum est Nobis intelligi, quod licet ipsi, Ecclesia sua predicta, membra ejusdem, una cum familia, gentibus, hominibus, bonis & rebus suis quibuscunque, in nostra salva & speciali Gardia sint & fuerint ab antiquo, nichilominus per Comitissam [a] *Juliasensem tunc temporis ejusdem loci de (b) Virzione Dominam, ad finem quod in dicta Gardia nostra non remanerent, in nostra Bituricensi Curia, lis in casu novitatis contra eosdem, jam diù est, fuit mota, in qua sic fuit processum, quod per Arrestum nostre Parlamenti Curie, Religiosi prefati super hoc fuerunt absoluti penitus & deliberati; prout in Litteris super dicto Arresto confectis, dicitur plenius contineri. Super quibus dicta Domina non contenta, licet eorumdem occasione, Religiosi predicti dampna sustinuerint quamplurima, iterato per eandem, in dicta nostra Curia, in casu spoliationis, contra eosdem & Procuratorem nostrum, mota fuit discordia que nondum est diffinita; & quia, hoc pendente, dominium & omne jus quod dicta Domina in predicta Villa de Virzione & territorio ejusdem, habere poterat & solebat quovismodo, per Arrestum dicte Curie, certis de causis, fuerint & adhuc* [b] *sit nostre Regie Majestati* [c] *applicata, (c) jus occasionis* [d] *ejusdam discordie sine litis Nobis pertinet de presenti, Religiosi predicti Nobis humiliter supplicarunt, ut super Salva-Gardia & lite predictis, nostram sibi gratiam velimus impertiri: Nos autem Religiosos & personas Ecclesiasticas in Regno nostro commorantes & existentes, in pace & tranquillitate, ut diligencius & devocius circa Divina servicia continue celebranda, vacare valeant, remanere cupientes & volentes, supplicationi eorundem propter hoc annuentes, volumus & sibi de gratia speciali concedimus, ut ipsi, Ecclesia sua predicta,* [e] *menbra ejusdem, una cum familia, & cum* [f] *hominibus de corpore, rebus & bonis suis quibuscumque, in & sub nostra salva & speciali Gardia successorumque nostrorum, deinceps perpetuo remaneant; eciamsi dicte Ville dominium per Nos vel aliquem successorum nostrorum, foret extra manum nostram positum, & in aliam personam futuris temporibus qualitercunque transportatum; lite predicta non-obstante, quam ex ampliori gratia cessari volumus penitus & jubemus; silencium perpetuum Procuratori nostro predicto super hoc imponentes: Mandantes tenore presentium dilectis & fidelibus Gentibus que tenebunt nostrum proximum futurum Parlamentum Par. quatenus dictos Religiosos, ad procedendum in dicta Causa, de cetero nullatenus compellant; ac eciam Baillivo Bituricensi, ceterisque Justiciariis nostris presentibus & futuris, & eorum Loca-tenentibus, & cuilibet eorumdem ut ad eum pertinuerit, quatenus dictos Religiosos, quos una cum Ecclesia sua predicta, membris ejusdem, familia, & cum hominibus de corpore, rebus & bonis suis universis quibuscunque, in nostra salva & speciali Gardia suscipimus per presentes, in suis justis possessionibus, franchisiis, libertatibus, usibus, privilegiis, juribus & saisinis, in quibus ipsos esse suosque predecessores fuisse pacifice invenerint ab antiquo, manuteneant & conservent; & ab omnibus injuriis, violenciis, gravaminibus, vi armorum, potencia Laicorum, oppressionibus, inquietacionibus & novitatibus indebitis quibuscunque, deffendant eosdem; & quod non permittant contra ipsos, Ecclesiam suam predictam, membra*

[a] Juliers.
[b] sint.
[c] confisquez.
[d] ejusdem.
[e] membra.
[f] Espece de serfs.

NOTES.

(a) Tresor des Chartres, Registre 84. Piece 378.

(b) Virzione.] *Vierzon*, en Berri. Voy. sur cette Abbaye, la *Gall. Christ.* 2.e édit. t. 2. p. 133.

(c) Jus, &c.] Cette phrase jusqu'à *Religiosi*, n'est pas claire. Je crois qu'elle signifie, que l'evenement du procès regarde le Roy, qui en vertu de la confiscation, est aux droits de la Dame de Vierzon.

JEAN I.er & selon d'autres, Jean II. à Paris, en Decembre 1355.

a Voy. le 3.e Vol. des Ordonn. p. 264. Note (b)

ejusdem, eorumque familiam & homines de corpore, res & bona sua quecunque, aliquas fieri vel inferri novitates indebitas, quas si factas esse vel fuisse invenerint, ad statum pristinum & debitum reducant, seu reduci, & Nobis ac dictis supplicantibus, propter hoc emendam condignam prestari faciant; istamque nostram Salvam-Gardiam intimari, significari & publicari in locis & personis ubi expedierit, & de quibus à dictis supplicantibus fuerint requisiti; & à personis de quibus [a] *assecuramentum habere voluerint, sibi legitimum juxta Patrie consuetudinem, prestari faciant indilate: Inhibendo seu inhiberi faciendo omnibus & singulis de quibus à dictis supplicantibus fuerint requisiti, sub certis penis Nobis appliquandis, ne dictis supplicantibus, Ecclesie sue predicte, membris ejusdem, eorumque familie, gentibus, hominibus de corpore, rebus & bonis suis universis quibuscunque, aliqualiter forefacere presumant: Et quantum ad premissa diligencius exequenda, volumus quod deputent eisdem unum vel plures Gardiatores de Servientibus nostris, suis sumptibus, si indigeant & super hoc fuerint requisiti: Qui tamen de hiis que Cause cognicionem exigunt, se nullatenus intromittant. Quod ut firmum & stabile perpetuo perseveret, presentibus Litteris nostrum fecimus apponi Sigillum: in aliis nostro, & in omnibus quolibet alieno jure salvo.* Datum Parisius, Anno Domini 1355. *Per Regem, Domino Cathalanense presente.* MELLON.

JEAN I.er & selon d'autres, Jean II. à Paris, en Janvier 1355.

(a) Lettres de confirmation des Privileges accordez aux Habitans de Braoux.

SOMMAIRES.

(1. 2) Les Habitans de Braoux, seront quites de la taille & de la redevance nommée Gette; *moyennant une redevance annuelle de 60. livres qu'ils payeront à leur Seigneur.*

(3) Les Habitans, excepté les veufs & les veuves, seront exempts des corvées de corps; & les veufs & veuves pourront s'en exempter pour de l'Argent.

(4) Les Habitans fourniront dans trois saisons de l'année, des corvées de charrües, ou l'équivalent en Argent.

(5) Les Habitans pourront aller se marier ailleurs, sans estre tenus de payer aucun Impost à ce sujet. Ils payeront seulement leur part de la redevance de 60. livres, proportionnée aux biens qu'ils auront à Braux.

(6) Les Habitans esliront chaque année, quatre personnes qui repartiront la redevance de 60. livres entre les habitans, à proportion de leurs meubles & de leurs heritages. Les Prestres & les Clercs ne payeront rien par rapport à leurs meubles. Ceux qui ne payeront pas leur quotepart, seront condamnez à l'amende. Tous les habitans payeront solidairement la part de celuy qui par sa pauvreté sera hors d'estat de payer.

(7) Lorsque le Seigneur de Braux fera une expedition militaire, il ne pourra y mener les habitans à leurs dépens, plus loin qu'une journée de ce lieu: & s'il les mene plus loin, il leur donnera une solde; faute de quoy, ils pourront s'en retourner: Il ne pourra pas non plus les tenir en campagne plus d'un jour à leurs dépens. Ceux qui auront 60. ans, seront dispensez de suivre leur Seigneur dans ces expeditions.

(8) Lorsque les Habitans auront besoin d'Argent pour quelque necessité, ils pourront l'imposer & le lever sur eux, ou vendre de leurs bois, en appellant un Officier du Seigneur.

(9) Tous ceux de dehors qui viendront s'establir à Braoux, seront sujets & justiciables du Seigneur, comme les autres habitans, & ils luy payeront trois sols en arrivant.

(10) Amendes moderées d'un tiers.

(11) Les amendes appartiennent au Seigneur. Braux est du ressort de la Chastellenie de la Ferté-sur-Aube.

(12) Toutes les redevances dûës au Seigneur, & qui ne sont pas abrogées par ces Lettres, subsisteront.

(13) Les Seigneurs ne pourront exiger des habitans, plus d'Argent qu'ils ne luy en doivent.

(14) Le Seigneur de Braoux obtiendra aux frais des habitans, des Lettres du Roy, confirmatives des siennes, pour l'execution desquelles il se soûmet à la Justice du Roy.

JOHANNES Dei gratia Francorum Rex: Notum facimus universis presentibus & futuris, Nos infrascriptas vidisse Litteras, formam que sequitur, continentes.

NOTES.

(a) Tresor des Chartres, Registre 84. Piece 422.

JE Jehan Sires de [a] Chasteau-Villain & [b] d'Art; & je Guillaume, Freres dudit Jehan, Seigneurs de (b) Braoux [c] par le temps; faisons savoir à tous ceulx qui verront & orront ces presentes Lettres, que nous de noz propres volontez & de noz bons grez, par le conseil de bonnes Genz sages & de noz amis,

(1) Avons franchi & franchisons pour nous & pour noz hoirs, successeurs, & tous ceux qui auront ou pourront avoir cause de nous ou temps avenir, Seigneurs de Braoux; à [d] touzjours-mèz, touz noz hommes, toutes noz femmes, touz leurs hoirs presens & avenir, naiz & à naistre, demeurans & habitans à Braoux; c'est assavoir, ceux qui y sont & qui dehors y seurvendront, & qui après y seront, leur [e] & leurs hoirs, de la taille que il nous doivent chacun an; laquelle estoit à nostre volonté de [f] haut & de bas; [g] parmi la somme de soixante livres tournois petits, Monnoie coursable, que il rendront & païeront chacun an, à nous ou à noz hoirs, ou à ceulx qui de nous aurons ou pourront avoir cause, lendemain de Feste de Toussaints, par maniere de [h] cense.

(2) *Item.* Nous quittons à tousjours lesdiz habitans de Braoux & leurs hoirs, * vint solz de tournois qu'il nous doivent chascun an, pour une redevance que l'en appelle Gette.

(3) *Item.* Nous voulons que li habitant de Braoux [i] tiengnent feu & lieu, hommes & femmes mariez, soient quittes de la corvée de leurs corps, qu'ilz nous doivent [k] en moissons chacun an, hors [l] veves & à marier, femme veve à marier, (c) pour six deniers [m] l'omme; & pour quatre deniers la femme; se il ne veullent faire la corvée; de laquelle corvée il seront requis deux jours avant ce que il la doivent

(4) *Item.* Li habitant de Braoux, nous païeront des corvées de charrües à trois saisons de l'An; c'est assavoir, (d) en vomhy, en tramois & en sombre; ou ce que lesdites corvées vaudront èsdites saisons: desquelles corvées il seront requis deux jours devant ce qu'il les doient faire.

(5) *Item.* Se [n] hons ou femme de Braoux, se veult marier, ou aller demourer en la terre & Chastellenie de Chasteau-Villain ou [o] autrement; faire le pourra sanz

JEAN I.er & selon d'autres, Jean II. à Paris, en Janvier 1355.

a *Voy. la Note (b).*

b *Voy. la Note (b).*

c *presentement.*

d *perpetuellement.*

e *hoir.*

f *Voyez le 3.e Vol. des Ordonn. p. 228. Note (i).*

g *moyennant.*

h *Cens.* Voyez le 3.e Volume des Ordonn. p. 118. Note (u).

* *de vingt sols tournois.*

i App. *tenans.*

k *au temps de la moisson.*

l *veufs.*

m *l'homme.*

n *homme.*

o *en quelque autre lieu.*

NOTES.

(b) *Braoux.*] C'est sans doute, *Braux-lès-Chasteau-Vilain* en Champagne, dans le Diocese de Langres, de l'Election de Bar-sur-Aube.

Chasteau-Vilain est aussi dans la Champagne & du Diocese de Langres.

Art, nommé aujourd'huy Arc en Barrois, dans la Bourgogne, du Diocese de Langres. En 1703. Chasteau-Vilain & Arc qui luy a esté réüni, ont esté érigez en Duché-Pairie, en faveur de M. le Comte de Toulouse. Voy. *le Dictionn. Univers. de la Fr.* aux mots, *Arc, Braux* & *Chasteau-Vilain.* Il faut corriger ce dernier Article, & y ajoûter l'érection en Duché-Pairie, que l'Autheur a attribué faussement à *Chasteau-Vilain*, petit Village dans le Dauphiné.

(c) *Pour six deniers.*] C'est-à-dire, les veufs & veuves qui ne voudront pas faire la corvée, payeront, &c.

(d) *En vomhy, en tramois & en sombre.*] Il y a une marque d'abbreviation sur l'*h* de ce 1.er mot. Dans la Piece suivante qui est presque semblable à celle-cy, il y a, *vayn:* je n'ay pû découvrir la signification de *vomhi.* Par rapport aux deux autres mots : *Sombrer* est la premiere façon que l'on donne aux terres, soit qu'elles soient plantées en vignes, soit qu'elles soient semées. Voy. l'Inventaire de *Monet*, au mot *sombrer.*

Tramois. L'on trouve dans le Gloss. du Droit Franç. *Tremois*, *Tremes*, *Tramois* & *Tramez*, sont les petits bleds appellez *Mars* ou *Marsès*, en plusieurs Coûtumes. Ils sont nommez *Tremois*, parce qu'ils ne sont que trois mois en terre.

Ainsi la saison du tremois, c'est le mois de Juin dans lequel on recueille les *Mars.* Voy. cy-dessous, les Lettres du mois de Janvier 1355. accordées aux Habitans d'Autreville, Art. 1.er il y a : *vayn, tramois & sombre.*

Dans des Lettres du mois d'Aoust 1239. qui sont imprimées dans le Gloss. du Droit Franç. au mot, *Herpennich*, on lit : *chaque maison me doit un sillour au nain & au cramois*, & plus bas :

Toutes les charruës doivent harier un jour en vain, & un jour au carnois, & un jour au soumart. Voy. cy-dessus, p. 297. Art. 21. & Note (y)

Voy. aussi le Dictionn. Etymolog. de *Menage*, au mot, *Tremès.*

JEAN I.er & selon d'autres, Jean II. à Paris, en Janvier 1355.

(e) aconison; & paiera chacun an, [a] de ce qu'il aura à Braoux, la somme à quoy il sera mis des soissantes livres dessusdites.

(6) Item. Seront esleu chascun an, quatre Preudomes de la Ville de Braoux, par les habitans de ladite Ville : Liquel quatre ensemble [b] à nostre [c] Commandement qui prendra le serment d'eulx, tauxeront, gitteront, departiront entre eulx, lesdites soixante livres sur meubles & heritages, sanz nul [d] emport; excepté les meubles des Prestres & des Clers : Et qui defaudra à paier la somme à quoy il sera mis desdites soixante livres, il paiera deux solz d'amende; ensamble le *(f)* reul à quoy il seroit mis : Et s'il n'estoit si poures qu'il n'eust de quoy paier, li habitant nous paieront *(g)* le deffaut; ensamble deux solz d'amende; & seront li deffaut [e] parti entre eulx, par les quatre Preudomes dessusdiz.

(7) Item. Nous ou noz hoirs, ou cil qui de nous auront cause, pourrons mener les habitans de Braoux, en *(h)* ost ou en chevauchie, une journée loing de Braoux, à leurs despens; & non [f] plus : Et se plus les volons mener loing, nous paierons leurs despens ; ou il s'en pourront retourner sanz [g] aconison d'amende : Ne ne les pourrons tenir plus [h] haut d'un jour, à leurs despens : Et qui aura passé soixante ans, il en sera quittes.

(8) Item. Se lidit habitant ont [i] mestier d'Argent pour leur Eglise, ou pour leurs autres [k] usines maintenir, qui contre leur Seigneur ne soit, il en pourront faire [l] taille entre eux, ou vendre de leur bois : [m] appellé le Command. du Seigneur avec eulx, pour veoir & savoir que li Argens ne soit mis ne convertiz en mauvais usage.

(9) Item. Hons ou femme de [n] forcinz, ne pourra venir demourer en ladite Ville de Braoux, qu'il ne soit [o] des-enqui nostre hons subget & nostre justiciable, aussi comme li autres de Braoux & cils qui y voudra demourer, pour estre nostre hons en la condition des autres, nous paiera en sa venuë, trois solz d'entrée.

(10) Item. Qui encherra en amende de soixante solz, nous voulons qu'il en soit quittes pour quarante solz.

(11) Item. Toutes autres amendes au-dessus & au-dessous de soixante solz, en quoy lidit habitant encherront, seront paiées à nous & à noz hoirs, selon les us & la coustume de la *(i)* Chastellenie-sur-Aulbe, dequel ressort il sont.

(12) Item. Toutes autres choses & redevances qui deües nous sont en la Ville de Braoux & ès appartenances, nous demeurent pour nous & pour noz hoirs, franches & quittes, pour faire nostre volenté.

(13) Item. Nous volons que nous ne nostre hoir, ne nulz autres qui pourroient avoir cause de nous, ne puissiens lier ne obliger lesdis habitans de Braoux, ne leurs hoirs en foire de Champaigne ne de Brie, ne *(k)* deffueurs, en plus grans sommes d'Argent qu'il sont tenu & obligié à nous, se n'est par leur gré & par leur bonne volenté.

(14) Item. Se lidit habitant de Braoux veullent Lettres du Roy de France, nostre très cher Seigneur, de toutes les choses contenuës en ces presentes Lettres, [p] de confirmation,

a *sa part de la redevance de soixante livres, proportionnée aux biens qu'il aura à Braux.*

b *avec.*

c *un de nos Officiers.* Voyez cy-dessus, p. 126. Note *(g)*.

d On disoit plus communément *deport*, qui signifie, *faveur.*

e *reparti.*

f *plus loin.*

g *Voy. la Note (e).*

h *long-temps.*

i *besoin.*

k *autres necessitez.*

l *imposer & lever cet Argent sur eux.*

m *En appellant un Officier du Seigneur.* Voy. cy-dessus, Note *(c)* marginale.

n *de dehors,* foris.

o *dès le moment qu'il y viendra.*

p Ces mots se rapportent à *Lettres du Roy.*

NOTES.

(e) Acconison.] Ce mot est la même chose qu'*occasion;* & *occasio* signifie un Impost. Voy. Du Cange aux mots *Occasio* & *Acheso.*

(f) Reul.] Dans la Piece qui suit celle-cy, il y a le *reu.* Je n'ay point trouvé la signification de ce mot. Je hazarderay une conjecture. *Reul* signifie peut-estre-là, *Rôle* qui vient de *Rollus* pour *Rotulus!* Saumaise prétendoit même que *Rotulus* venoit de *Rutulus.* Voy. Du Cange, au mot, *Rotulus.* Ainsi le *Reul,* ce sont peut-estre les frais de la confection des *Rôles.*

(g) Le deffaut.] La part de la redevance qu'il n'est pas en estat de payer. Ainsi la redevance sera solidaire entre les habitans.

(h) Ost.] Dans une expedition militaire. Voy. la Table du 3.e Vol. des Ordonn. au mot, *Armées.*

(i) Chastellenie-sur-Aulbe.] Il faut suppléer *de la Ferté-sur-Aube.* C'est ainsi qu'il y a dans la Piece qui suit celle-cy.

(k) Deffueurs.] Dehors, ainsi qu'il y a dans la Piece qui suit celle-cy, Art. 8. *Deffueurs* vient de *Feris.* Voy. cet Art. 8. il est plus détaillé que celuy-cy.

confirmation, nous sommes tenu & leur promettons du [a] pourchacier; & il païeront les coustemens: Et promettons pour nous & pour noz hoirs, & pour tous autres qui de nous pourroient avoir cause, que nous tendrons lesdiz habitans de Braoux & leurs hoirs, & toutes leurs bonnes [b] usines & coustumes, sanz faire nulles nouvelletez indeuës; ne encontre la franchise que donné leur avons, nous n'irons ne ferons aler ne venir par nous ne par autre, en [c] repost ne en appert; ançois les tendrons & garderons fermement à tousjours, sanz aucune chose enfraindre ou trespasser. Et quant aus choses dessusdites tenir & garder à tousjours fermement, ausdiz habitans de Braoux, nous soubmettons & avons soubmis nous & noz hoirs, noz biens & les biens de noz hoirs, en la Juridiction & poissance de très haut, Souverain & très poissant Prince, nostre Seigneur le Roy de France, par lequel ou par [d] sa Gent, nous voulons que nous, nostre hoir, ou cil qui de nous pourroient avoir cause, feussent contraint, à la requeste desdiz habitans de Braoux, à tenir & à garder fermement toutes les choses dessusdites: Et à plus grant seurté de tenir les choses dessusdites, fermement à toujours, ausdiz habitans de Braoux, Nous Jehan & Guillaume, Freres dessusdiz, avons mis nos Seaux en ces presentes Lettres, qui furent *faites & données en l'An de grace mil trois cens trente & un, le samedi devant la Feste de la Nativité Saint Jehan-Baptiste, ou mois de Juing.*

JEAN I.er & selon d'autres, Jean II. à Paris, en Janvier 1355.

a *de les obtenir à leurs frais.*
b *usages.*
c *en secret.*
d *ses Officiers.*

QUAS quidem Litteras ac omnia & singula in eisdem contenta, rata habentes & grata, ea volumus, laudamus, ratificamus, approbamus, & de nostris speciali gratia, auctoritate, & nostre Regie potestatis plenitudine, in quantum rite & juste acta sunt, & juxta Patrie Campanie consuetudinem, fieri potuerunt, tenore presentium confirmamus: Ita tamen, quod dicti Domini & habitatores loci de Braoux predicti, & eorum posteri, deveria & servitia in quibus Nobis ratione Comitatus Campanie, tenentur, Nobis & successoribus nostris Campanie Comitibus, perpetuo, sicut ante concessionem presentem faciebant, solvere & facere tenebuntur; concessione & confirmatione non-obstantibus supradictis. Quod ut firmum & stabile perpetuo perseveret, nostrum presentibus Litteris fecimus apponi Sigillum: nostro per omnia & alieno in omnibus jure salvo. Datum Parisius, Anno Domini millesimo trecentesimo quinquagesimo-quinto, mense Januarii. *In Requestis Hospitii.*

ROUGEMONT. BUCY.

JEAN I.er & selon d'autres, Jean II. à Paris, en Janvier 1355.

(a) Lettres de confirmation des privileges accordez aux habitans d'Autreville.

SOMMAIRES.

(1) Les habitans d'Autreville seront quittes de la taille qu'ils payoient à leur Seigneur; moyennant une redevance annuelle de 60. livres qu'ils luy payeront. Ils seront aussi quittes des corvées de corps; moyennant des corvées de chevaux, ou l'équivalent en Argent.

(2) Les habitans éliront chaque année, quatre personnes qui repartiront la redevance de 60. livres entre les habitans, à proportion de leurs meubles & de leurs heritages. Les Prestres & les Clercs ne payeront rien, par rapport à leurs meubles. Ceux qui ne payeront pas leur quotepart, seront condamnez à l'amende. Tous les habitans payeront solidairement la part de celuy qui par sa pauvreté, sera hors d'estat de payer.

(3) Lorsque le Seigneur d'Autreville fera une expedition militaire, il ne pourra y mener les habitans à leurs dépens, plus loin qu'une journée de ce lieu: & s'il les mene plus loin, il leur donnera une solde; faute de quoy, ils pourront s'en retourner. Il ne pourra pas non plus les tenir en campagne, plus d'un jour à leurs dépens. Ceux qui auront soixante ans, seront dispensez de suivre leur Seigneur, dans ces expeditions.

(4) Lorsque les habitans auront besoin d'Argent pour quelque necessité, ils pourront l'imposer, & le lever sur eux; ou vendre de leurs bois, en appellant un Officier du Seigneur.

(5) Tous ceux de dehors qui viendront s'establir à Autreville, seront sujets & justiciables du Seigneur, comme les autres habitans; & ils luy payeront trois sols en arrivant.

(6) Amendes moderées.

JEAN I.er & selon d'autres, Jean II. à Paris, en Janvier 1355.

(7) Taxation de certaines amendes.

Autreville est du ressort de la Ferté-sur-Aube.

(8) Les Seigneurs d'Autreville ne pourront faire obliger pour eux, les habitans de ce lieu, que jusqu'à la concurrence de la redevance annuelle de 60. livres, qui leur est dûë par ces habitans.

(9) Le Seigneur d'Autreville obtiendra aux frais des habitans, des Lettres du Roy, confirmatives des siennes, pour l'execution desquelles, il se soûmet à la Justice du Roy.

JOHANNES Dei gratia Francorum Rex: Notum facimus universis tam presentibus quam futuris, Nos infrascriptas vidisse Litteras, formam que sequitur, continentes.

A Touz ceulx qui ces presentes Lettres verront & orront: Guillaume de [a] Chasteau-Villain, Chevaliers, Sires de *(b)* Courcelles-sur-Augon, Salut.

(1) Sachent tuit que je de ma propre liberté, volenté & de mon bon gré, par conseil de plusieurs sages, & de certaine science, ai franchi & par la teneur de ces presentes Lettres, franchis pour moi, pour mes hoirs ou successeurs, & pour ceux qui de moi ou de mes hoirs, auront ou pourront avoir en ce cause ou temps avenir, Seigneurs d'Autreville, à touzjours-mes, sanz aucun rappel, tous mes hommes & toutes mes femmes, touz leurs hoirs presens & avenir, nez & à naistre, demourans & habitans en ladite Ville *(c)* d'Autreville; c'est assavoir, ceux qui y sont & qui [b] dehors y seurvendront, & qui après y seront, & leurs hoirs, de la taille que il me devoient chascun an; laquelle estoit à ma volenté [c] haut & bas; & de toutes autres redevances quelconques, que je, pour leur Estat de leur corps, avoie & povoie avoir sur eulx; fors que la Justice acoustumée, & les choses qui cy-après [d] nommées & specifiées; [e] parmi le pris & la somme de soixante livres tournois petiz, Monnoie coursable, que il rendront & paieront chascun an, à moi ou à mes hoirs, ou à ceulx qui de moy ou de mes hoirs auront cause, le [f] Dimoinge après le jour de Feste S.t Martin d'iver, en nom de taille & censive ou [g] abonnée: & avec ce leur quitte à [h] auximent, pour touzjours-mais, pour moy, pour mes hoirs & pour ceulx qui de moi ou de mes hoirs auront cause, chascun an, les corvées de bras que il me devoient en moissons; & est assavoir que nonobstant ce, lidit habitant d'Autreville paieront à moi ou à mes hoirs ou successeurs, ou à ceulx qui de moy ou de mes hoirs auront cause, chascun an, les corvées de leurs chevaux, ès trois saisons de l'an; c'est assavoir, en [i] vayn, en tramois & en sombre; ou ce que lesdites corvées vaudront èsdites saisons; desquelles corvées ils seront requis deux jours devant ce que il les doivent faire ou paier.

(2) Item. Seront esleu chacun an, quatre prodome de la Ville d'Autreville, ensemble [k] mon Commandement, qui par leur serement, tauxeront, getteront & departiront entre eulx, lesdites soixante livres sur meubles & heritages, sanz aucun emport; excepté les meubles des Prestres & des Clercs; & qui deffaudra de payer la somme à quoy il sera mis desdites soixante livres, au terme dessusdit, il paiera deux solz d'amende; ensamble le reu à quoy il sera mis: & s'il estoit si pourres, qu'il n'eust de quoy payer, li autres habitant me paieront le deffaut; ensamble les deux solz d'amende: & seroit le deffaut departi entre eulx par lesditz quatre prodomes.

[l] *(3) Item.* Que je ou mi hoir, ou cil qui de moi ou de mes hoirs auront cause, ne pourrons mener les habitans d'Autreville, en ost ou en chevauchie; fors que une journée loing d'Autreville, & non plus: & se plus loing les y vouliens mener, Nous

[a] *Voy. cy-dessus, p. 335. Note (b).*

[b] *de dehors.*

[c] *Voyez le 3.e Vol. des Ordonn. p. 228. Note (i)*

[d] *seront.*

[e] *moyennant.*

[f] *Dimanche.*

[g] *Voyez le 3.e Vol. des Ordonn. p. 228. Note (i)*

[h] *aussi.*

[i] *Voy. cy-dessus, p. 335. Note (d).*

[k] Il faut adjoûter *à.* Voyez surtout, les Articles cy-dessus, p. 336. Article 8. & les Notes.

[l] *Voy. sur cet Article, cy-dessus, p. 336. Art. 7. & les Notes.*

NOTES.

(a) Tresor des Chartres, Registre 84. Piece 423.

Voy. les Lettres precedentes ausquelles celles-cy sont conformes en plusieurs Articles.

(b) Courcelles-sur-Augon.] Ce lieu seroit-il le même que *Courcelles-sur-Auzon*, dans la Bourgogne, Diocese de Langres; sur lequel Voy. *le Dictionn. Univers. de la Fr.* t. 1. p. 939.

(c) Autreville.] Il y a *Autreville* en Champagne, Diocese de Reims, Election de Chaumont, Prevosté de Mousson. Voy. *le Dictionn. Univers. de la Fr.* au mot, *Autreville.*

paierions leurs despens ; ou il s'en pourroient retourner sanz aquison d'amende : & si ne les pourrons pour ce retenir plus avant d'un jour à leurs despens ; & qui aura soixante ans passez, il en sera quittes.

JEAN I.er & selon d'autres, Jean II, à Paris, en Janvier 1355.

[a](4) *Item.* Se ledit habitant d'Autreville, ont [b] mestier d'Argent pour leur Eglise ou pour leurs autres [c] usines, qui contre leur Seigneur ne soit, maintenir, il en pourroient faire taille entre eulx, ou vendre de leur bois ; appellé avec eulx le Commandement de leur Seigneur, pour veoir & savoir que li Argent ne soit mis au convertiz en mauvais usages.

(5) *Item.* Hons ou femme forains, ne pourra venir demourer en ladite Ville d'Autreville, qu'il ne soit dès-en-qui-en-avant, mes hons ou femmes, subget & justicable, ainsi comme li autre d'Autreville ; & cils qui y voudra demourer pour estre de la condition aus autres, me paiera en sa venue, trois solz d'entrée.

(6) *Item.* Qui encherra en amende de soixante solz, je veuil qu'il en soit quittes pour quarante solz : qui fera [d] sanc à autre, par quoy il ait [e] cuir perchié ou [f] ront, je veuil qu'il en soit quitte pour dix solz : & qui fera sanc de nez, que il n'y ait cuir perchié ou ront, je veuil qu'il en soit quitte pour cinq solz.

(7) *Item.* Pour un deffaut deux solz : pour un [g] accort, deux solz : pour un [h] faux clain, deux solz. Et toutes les autres choses dont il n'est faite mention en ces presentes Lettres, seront demenées selon l'us & la coustume de la Ferté-sur-Aube, duquel ressort il sont. Et toutes autres choses & redevances qui deues me sont en ladite Ville d'Autreville & ès appartenances, me demourront pour moy & pour mes hoirs, franches & quittes pour faire ma volenté.

(8) *Item.* Je veuil que je & mi hoir, ou autre qui ait cause de moi & de mes hoirs, ne puisse lier ou oubligier les habitans d'Autreville, leurs hoirs ou d'aucuns [i] d'iaus, ès foires de Champaigne & de Brie, ou dehors, de plus desdites soixante livres èsquelles il sont tenu & obligié à moy ou a mes hoirs, ou à ceulx qui de moi ou de mes hoirs auroient cause ; se ce n'est par leur bon gré & par leur bonne voulenté.

(9) *Item.* Se lidit habitant veulent Lettre de confirmation du Roy de France, de toutes les choses contenuës en ces presentes Lettres, je seray tenuz & le promet à pourchasser ; & il payeront les [k] coustemens : & avec ce, les tendrai & garderai en toutes leurs bonnes coustumes, sanz faire aucunes nouvelletez indeuës : promettans en bonne foy, pour moy & pour mes hoirs ; & pour ceux qui de moy ou de mes hoirs, auront cause, & sur l'obligation de tous mes biens present & avenir, lesquiex ou qu'il soient & pourront estre trouvez, j'ai pour ce soubmiz à la Juridiction & contrainte du Roy nostre Seigneur, de [l] sa Gent, ou duquelconque autre Juridiction que [m] mestier sera, toutes & chascune chose dessusdites, à avoir, tenir & garder, & faire tenir & garder par touz & envers touz que à la conservation des choses dessusdites mestier sera, fermes & estables à tousjours-mez, sanz aucune interruption & sanz venir ou faire venir encontre.

En tesmoing de toutes les choses dessusdites, je Guillaume de Chasteauvillain dessus nommez, ai scellé ces presentes Lettres de mon propre Seel ; & ai requis à ma chiere Compaigne & Espouse, Ysabel de Louppey, que en ratiffiant & agréant les choses dessusdites, elle en ces presentes Lettres mette son propre Séel avec le mien, & de ce faire li ai donné licence & auctorité : Et je Ysabelle dessus nommée, de l'autorité dessusdite, à la requeste & par la volenté de mondit Seigneur & Compaignon, toutes & chascunes choses dessusdites, pour tant comme il me [n] pont ou pourra toucher, veuil, agrée, consens & ratiffie, & promès en bonne foy à non aler ou faire aler encontre ; ainçois les aurai fermes, permanables & estables à tousjours-maiz : & avec ce, en signe de verité, j'ai mis mon propre Seel en ces presentes Lettres, avec le Seel de mondit Seigneur & Compaignon. Et pour ce que ce soit encore plus ferme chose & estable, Nous Guillaume & Ysabel dessusdiz, avons requis & supplié à nostre très cher Seigneur & Frere, Monsieur [o] Jehan Seigneur de Chasteauvillain & d'Art, que il [p] auximent, en ratiffiant tout ce que dessus est dit,

a *Voy. cy-dessus, p. 336. Article 8.*
b *besoin.*
c *usages.*
d *blessûre jusqu'au sang.*
e *la peau.*
f *rompu.*
g *accommodement entre des Parties.*
h *demande en Justice mal fondée. Voy. cy-dessus, p. 106. Note (c).*
i *d'eux.*
k *frais & dépenses.*
l *de ses Officiers.*
m *besoin.*
n *peut.*
o *Voy. cy-dessus, p. 335.*
p *aussi.*

JEAN I.er & selon d'autres, Jean II. à Paris, en Janvier 1355.

veuille mettre son Seel en ces presentes Lettres avec les nostres : Et nous Jehans Sires de Chasteauvillain & d'Art, dessus nommez, à la priere & requeste de nosdiz Frere & Suer sa Compaigne, toutes & singulieres les choses dessusdites expressées, volons, agreons, octroyons, consentons & ratiffions, pour tant comme à nous ou à noz hoirs pourra toucher ou appartenir, & promettons auximent en bonne foy, elles avoir fermes & estables à tousjours-mez. En tesmoing de ce, nous avons mis en ces presentes Lettres, nostre propre Seel avec les Seauz de nozdiz Frere & Suer. *Ce fu fait & donné le jour de* [a] *Feste Saint Marc Euvangeliste, l'An de grace mil trois cens trente & nuef, ou mois d'Avril.*

[a] *Cette Feste est aujourd'huy le 25.*

QUAS quidem Litteras ac omnia & singula in eisdem contenta, rata habentes & grata, ea volumus, laudamus, ratificamus, approbamus, & de nostris speciali gratia, auctoritate & nostre Regie potestatis plenitudine, in quantum rite & juste acta sunt, & juxta Patrie Campanie consuetudinem fieri potuerunt, tenore presentium confirmamus: Ita tamen quod dicti Dominus & habitatores loci de Alteravilla predicti, & eorum posteri, deveria & servitia in quibus Nobis, ratione Comitatus Campanie, tenentur, Nobis & successoribus nostris Campanie Comitibus, perpetuo, sicut ante concessionem presentem faciebant, solvere & facere tenebuntur; concessione & confirmatione non-obstantibus supradictis. Quod ut firmum & stabile perpetuo perseveret, nostrum presentibus Litteris fecimus apponi Sigillum: nostro per omnia & alieno in omnibus jure salvo. Datum Parisius, Anno Domini millesimo trecentesimo quinquagesimo-quinto, mense Januarii. *In Requestis Hospicii.* ROUGEMONT. BUCY.

JEAN I.er & selon d'autres, Jean II. à Paris, en Mars 1355.

(a) Lettres de Sauve-garde Royale, pour le Consulat de la Ville de Grasse.

JOHANNES Dei gratia Francorum Rex : Notum facimus universis presentibus & futuris, quod Nos zelo sincere devocionis ad hoc afficimur & libenter intendimus, ut fideles & subditi nostri, sub defensionis nostre munimine protegantur, & a violenciis & injuriis, nostre protectionis clipeo, sentiant se tueri, & in pace ac transquillitate teneri. Eapropter dilectorum nostrorum Consulum de [b] *Crassa, circa Regni nostri confines situata, significancium se* [c] *Clavarios, Consiliarios,* [d] *Supra-Prepositos, Messagerios,* [e] *Banderios, domum sive domos, ac deveria & bona quecumque dicti Consulatus & ad eumdem pertinentia, nonnullorum oppressionibus affligi & gravari; Nos supplicacionibus eorumdem annuentes, mediante certa financia per eosdem Consules, dilectis & fidelibus Gentibus Compotorum nostrorum & Thesaurariis Par. oblata, & per ipsas Gentes admissa, ipsos Consules & Consulatum, in capite & in membris, Clavarium, Officiales, Consiliarios, Clericos, Notarios,* [f] *Supra-Propositos, Messagerios, cum universis juribus & deveriis ad ipsum Consulatum pertinentibus, qui sunt & pro tempore fuerunt, sub manu, protectione & speciali Salva-gardia Regia nostris & successorum nostrorum Regum Franc. imperpetuum remansuros, ex certa scientia & de gratia speciali, suscepimus & suscipimus per presentes; Carcassone, Tholose, Bellicadri & Nemausi Senescallis, Vicariis & Judicibus aliis dictarum Senescalliarum, ceterisque Justiciariis nostris qui nunc sunt & pro tempore fuerint, prout ad eorum quemlibet pertinuerit, tenore presencium mandantes, ut dictos Consules, Consulatum, domum sive domos, (b) portales, Clariumque detentores, Cla-*

[b] *la Grasse.* Voy. le 3.e Vol. des Ordonnances, p. 674. Note (*h*) marginale.

[c] *Voy. cy-dessus, p. 48. Note (y).*

[d] *Ce mot ne se trouve pas dans Du Cange.* Voy. cy-dessous, Note *(f)* margin.

[e] *Voy. cy-dessus, pp. 15. Note (c) 132. Note (c) 176.*

[f] *Il y a plus haut* supra-Prepositos. *Voy. la Note (d) margin.*

NOTES.

(a) Tresor des Chartres, Registre 84. Piece 402.

(b) Portales.] On trouve dans Du Cange, *portale, porte* ou *portail*, grande porte d'une Ville. *Portalis* estoit apparemment celuy qui estoit chargé de la garde de la porte de la Ville.

*varios, Officiales, Consiliarios, Advocatos, Clericos, Notarios, Supra-Prepositos, Messagerios, Banderios ac famulos, cum universis juribus & deveriis ad ipsum Consulatum pertinentibus, in suis justis possessionibus, saisinis, libertatibus, usibus & franchisiis, manuteneant, & defendant ab omnibus injuriis, violenciis, gravaminibus, oppressionibus, vi armorum & potencia Laycorum, & novitatibus indebitis quibuscunque; nec permittant eis aliquas violencias vel injurias fieri vel inferri, seu indebitas novitates: quas si factas esse invenerint vel illatas, ad statum pristinum indilate reducant, & Nobis ac ipsis faciant emendari condigne: affidagium & * assecuramentum a personis de quibus habere voluerint, juxta Patrie consuetudinem, eis dari faciant & prestari, & hujusmodi Salvam-gardiam nostram, in eorum Assisiis & locis aliis de quibus expedire viderint, publicari; ac penuncellos nostros in domo dicti Consulatus, & aliis juribus ejusdem, in terra que Jure-scripto regitur, situatis, apponant seu apponi faciant, ne quis possit in contrarium ignoranciam allegare; ac violatores hujusmodi nostrarum protectionis & specialis Gardie, si qui sint, sic Justicia mediante, civiliter puniant, quod cedat aliis in exemplum: unumque aut plures de Servientibus nostris armorum, aut aliis, in Gardiatores eorum specialem seu speciales, suis tamen sumptibus, deputent, quos, nisi per Nos instituti fuerint, per dictos Senescallos seu Vicarios aut Judices, institui & poni volumus & jubemus: qui instituti seu deputati, de hiis que Cause cognicionem exigunt, se nullatenus intromittant. Quod ut ratum, firmum & stabile perpetuo perseveret, Sigillum nostrum presentibus Litteris est appensum: Salvo in aliis jure nostro & in omnibus quolibet alieno.* Datum & actum Parisius, Anno Domini millesimo trecentesimo-quinquagesimo quinto, mense Marcii. *Per Regem.* YVO.

JEAN I.er & selon d'autres, Jean II. à Paris, en Mars 1355.

* Voy. le 3.e Vol. des Ordonn. p. 264. Note (b)

JEAN I.er & selon d'autres, Jean II. à Paris, le dernier d'Avril 1356. Philippe Auguste, à Mantes, en 1196.

(a) Privileges de la Ville de *Dizy*.

SOMMAIRES.

(1) Les habitans de Dizy *ne pourront estre conduits [par les Juges,] à une expedition militaire, qu'à condition qu'ils pourront revenir dans leurs maisons, le jour même qu'ils seront partis.*

(2) Ils seront exempts de toutes exactions & de toute la taille; & on ne pourra les obliger de plaider hors de leur Ville.

(3) On suivra dans les Jugements les usages des hommes *de Laon. L'Evêque de Laon n'aura dans* Dizy *de Justice, que par rapport aux choses spirituelles.*

(4) Les Maire & les Eschevins presteront serment de fidelité au Roy & au Chapitre de Dizy. Voy. les Notes (c & f).

(5) Redevance sur chaque maison de Dizy.

(6) On payera de 30. pains, un pour le droit de fournage.

(7) Les habitans ne payeront point de droit de tonlieu, *pour ce qu'ils achepteront dans le marché de la Ville.*

JOHANNES Dei gratia Francorum Rex: Notum facimus universis tam presentibus quam futuris, Nos infrascriptas vidisse Litteras, formam que sequitur, continentes.

IN Nomine Sancte & Individue Trinitatis, Amen.

PHILIPPUS Dei gratia Francorum Rex: Noverint universi presentes pariter & futuri, quod Nos hanc libertatem concedimus hominibus de (b) Disiaco, assensu Abbatis & Capituli de (c) Coissiaco.

NOTES.

(a) Tresor des Chartres, Registre 84. Piece 541.

(b) *Disiaco.*] C'est apparemment *Dizy*, dans le Diocese de Laon. Voy. sur ce lieu, le *Dictionn. Univers. de la Fr.* à ce mot.

(c) *Coissiaco.*] L'on trouve dans *le Dictionn. Univers. de la Fr. Coisy*, dans la Picardie, Diocese d'Amiens, Election de Doulens. Mais comme il paroist par ces Lettres, que *Dizy* estoit du Diocese de Laon, ne pour-

JEAN I.er & selon d'autres, Jean II. à Paris, le dernier d'Avril 1356.

(1) Predicti homines non ibunt in exercitum nec in equitacionem, (d) per Justiciam nostram, quin possint ad domos proprias (e) usque ad noctem reverti.

(2) Ab omnibus exactionibus & ab omni taillia liberi erunt; neque Nos neque Abbas extra dictam Villam compellemus placitare.

(3) In placitis illius Ville, tenebuntur & observabuntur Judicia & usus Laudunensium hominum; excepto quod Laudunensis Episcopus nullam habebit Justiciam in Villa de Disiaco; nisi de [a] *christianitate.*

(4) Major & Scabini de Disiaco, facient Nobis & Abbati & Capitulo de (f) Disiaco, fidelitatem de jure nostro manutenendo.

(5) Quelibet [b] *masura reddet Nobis annuatim, in crastino Festi Sancti Remigii, unum Sextarium frumenti; & unum Sextarium avene, ad mensuram de (g) Nisiaco, & in crastino Omnium-Sanctorum, duodecim denarios Parisienses, & duos Capones.*

(6) De furno, de singulis tricenis panibus, habebimus unum panem.

(7) In foro ejusdem Ville, nullus hominum dicte Ville, dabit [c] *tonlerium de re quam emet.*

Que ut perpetuam obtineant stabilitatem, Sigilli nostri auctoritate, & Regii nominis [d] *Karactere inferius annotato, presentem paginam precepimus confirmari.* Actum Medunte, Anno Incarnati verbi millesimo centesimo-sexto : Regni nostri Anno decimo octavo : *Astantibus in Palacio nostro, quorum nomina supposita sunt & signa. Dapifero nullo. Signum Guydonis Buticularii. Signum Mathei Camerarii. Signum Droconis Constabularii. Data vacante* 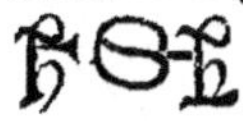 *Cancellaria.*

a les choses spirituelles.

b maison.

c *Ce droit est nommé ordinairement*, Tonleium, Tonlieu.

d C'est le Monogramme.

NOs autem, ad supplicacionem & requestam hominum & habitancium de Disiaco predictorum, predictas Litteras suprascriptas, ac omnia & singula in eisdem contenta, roboris firmitatem habere volentes, eas volumus, laudamus, approbamus, & tenore presencium, nostra auctoritate Regia, ex certa sciencia & de speciali gratia confirmamus : dantes tenore presentium in mandatis Baillivo Viromandensi, ceterisque Justiciariis Regni nostri, presentibus & futuris, aut eorum Loca-tenentibus, & cuilibet eorumdem prout ad eum pertinuerit, quatenus ipsas Litteras & contenta in eisdem, omnia & singula, prout hactenus predicti homines & habitantes usi sunt, & à tempore retroacto uti [e] *fuerunt, sine difficultate qualibet, & absque alterius expectacione mandati, perpetuo compleant & observent, ac ipsos & successores eorum, de cetero uti & gaudere faciant pacifice & permittant; nec aliquid in contrarium facere seu attemptare presumant: & si forsan aliquid in contrarium fieri vel attemptari contingeret, ad statum pristinum & debitum reducant, sive reduci faciant indilate. Quod ut firmum & stabile permaneat in futurum, presentes Litteras Sigilli nostri muninine fecimus roborari: Salvo in omnibus jure nostro & quolibet alieno.* Datum Parisius, Anno Domini millesimo trecentesimo quinquagesimo-sexto, ultima die mensis Aprilis. *In requestis Hospicii.* FRANCISCUS. CORBIGNY. SOYCOURT. *Collatio facta est cum Litteris originalibus per me*, FRANCISCUS.

e *Il semble qu'au lieu de* fuerunt, *il faudroit*, potuerunt.

NOTES.

roit-on pas presumer que *Coissiacum* en estoit aussi; & que cette Abbaye est celle qui est nommée ordinairement *Cuissiacum, Cuissy*, qui est dans ce Diocese. Voy. sur l'Abbaye de *Cuissy* qui est de l'Ordre de Premontré, la *Gall. Christ.* 1.ere édit. t. 4. p. 322. col. 1.

Peut-estre aussi ce Chapitre est-il celuy qui estoit autrefois dans la Ville de Coucy, nommée ordinairement *Codiciacum*, mais quelquefois *Cociacum*. Voy. l'Hist. de *Coucy*, par D. Touss. du Plessis, pp. 1. & 48.

(d) Per Justiciam nostram.] Ces mots peuvent signifier; ou, *dans l'estendüe de nostre Justice*, ou *par l'ordre de nostre Justice;* c'est-à-dire, *de nos Juges.*

(e) Usque ad noctem.] C'est-à-dire, *avant la fin du jour même qu'ils sont partis pour aller à une expedition militaire.*

(f) Disiaco.] Il y a très grande apparence qu'il faut corriger *Coissiaco.*

(g) Nisiaco.] L'on trouve dans le Dictionn. Univers. de la Fr. *Nizy-le-Comte*, dans le Diocese de Laon. C'est apparemment le lieu dont il s'agit icy.

(a) Privileges accordez à l'Abbaye d'Eschaalis.

JEAN I.er & selon d'autres, Jean II. à Paris, en May 1356.
S.t Louis, à Sens, en Janvier 1247.
Philippe IV. dit le Bel, à Paris, en Juin 1304.

Sommaires des Lettres de Philippe le Bel, du mois de Juin 1304.

*(1) Le Roy renonce aux droits d'amortissements qui luy seront dûs au sujet des biens acquis par l'Abbaye d'*Eschaalis; *sauf le droit des autres Seigneurs.*

(2) Les biens meubles de l'Abbaye ne seront point soûmis aux Juges seculiers.

(3) Lorsqu'on saisira leurs immeubles, on ne les détruira pas, & on ne les consumera point par des dépenses superfluës. Si on est obligé [d'y establir garnison,] on ne mettra qu'un Sergent dans chacune de leurs maisons; & il sera obligé de vivre des salaires qui luy seront taxez.

(4) Les sujets de l'Abbaye ne pourront à son prejudice, se mettre sous la protection & avoüerie *du Roy; & ceux qui s'y sont mis depuis peu, seront remis sous la Jurisdiction de l'Abbaye.*

(5) Les Officiers du Roy feront serment d'executer sans difficulté, le contenu des Lettres qu'il leur accordera.

(6) Cette Abbaye ne sera pas obligée de se deffaire de ce qu'elle a acquis dans les Fiefs, Arriere-Fiefs ou Censives, dans lesquels elle a haute & basse Justice, ni de payer de finance au Roy à ce sujet.

(7) On ne fera point de prises *sur les biens de l'Abbaye, ni sur ceux de ses sujets, pour les provisions de l'Hostel du Roy.*

(8) Le Roy nommera des Auditeurs, *pour faire Justice à l'Abbaye, sur les vexations qui luy ont esté faites.*

(9) L'Abbaye ne sera pas punie pour les délicts des Moines particuliers, des Convers ni de ses domestiques; si ce n'est autant qu'elle pourroit en estre tenuë par le droit ou par la Coustume.

(10) L'Abbaye pourra faire arrester, même à main armée, les personnes de son Ordre, & saisir leurs biens mobiliers; & sera conservée dans le droit qu'elle a d'arrester ceux qui commettront des délicts dans le Monastere & dans les lieux qui en dépendent.

JOHANNES Dei gratia Francorum Rex: Notum facimus universis tam presentibus quam futuris, Nos infrascriptas vidisse Litteras sub hiis verbis (b).

Item. [a] *LUDOVICUS Dei gratia Francorum Rex: Baillivo Senonensi, Salutem. Cum felicis recordacionis* [b] *Ludovicus Rex, Proavus noster, Prepositum Senonensem (c) defensorem ac protectorem Ecclesie Beate Marie de (d) Escarleiis, statuerit, prout in Carta ejusdem Proavi nostri, plene vidimus contineri: Nos ejusdem in hac parte vestigiis inherentes, tibi mandamus & precipimus, quatenus predictam Ecclesiam cum suis pertinentiis, sitis in* [c] *posse nostro, in tua Baillivia, jus faciendo, manuteneas & defendas, tam per te ipsum, quam eciam per Prepositos, aliosque Servientes tuos. Hoc autem idem,* [d] *Baillivus & Prepositus* [e] *Senonensibus qui pro tempore fuerint, precipimus & mandamus.* Actum Senonis, Anno Domini millesimo ducentesimo quadragesimo-septimo, mense Januarii.

Item. [f] *PHILIPPUS Dei gracia Francorum Rex: Notum facimus universis tam*

a S.t Loüis.
b Loüis le Jeune.
c dans les Justices relevantes immediatement du Roy.
d Il faut corriger, Baillivis & Prepositis.
e Senon. *dans le Registre.*
f Philippe le Bel.

NOTES.

(a) Tresor des Chartres, Registre 84. Piece 521.

(b) Il y a ensuite des Lettres de Louis le Jeune de 1146. mais comme elles ne contiennent qu'une donation d'heritages, de droit d'usage, &c. on n'a pas crû devoir les faire imprimer. Elles pourront trouver leur place dans des Recüeils de Pieces, lesquels j'espere publier dans la suite.

(c) Defensorem.] A la fin des Lettres de Louis le Jeune de 1146. que l'on n'a pas crû devoir faire imprimer, [Voy. la Note *(b)*] il y a: *Prepositum nostrum Senonensem defensorem illis & protectorem statuimus.*

(d) Escarleiis, Dans les Lettres de 1146. elle est nommée *Escarliis.* C'est une Abbaye qui est nommée *Eschaleium* en latin, & *Eschaalis* en françois, dans la *Gall. Christ.* 1.ere édit. t. 4. p. 357.

JEAN I.er & selon d'autres, Jean II. à Paris, en May 1356.

presentibus quam futuris, quod Nos dilectorum nostrorum Abbatis & Conventus de Escharleiis, Cisterciensis Ordinis, supplicationibus annuentes,

(1) Eisdem ac Ecclesie sue, duximus concedendum, quod ipsi conquesta omnia ab eis, sue nomine Ecclesie, facta à tempore retroacto usque ad tempus concessionis hujusmodi, in Feodis, Retrofeodis & Allodiis nostris aut subditorum nostrorum, (e) in quantum ad Nos spectat, tenere possint perpetuo, absque coactione vendendi, vel extra manum suam ponendi, aut prestandi aliquam Nobis financiam pro eisdem.

(2) Item. *Quod bona eorum mobilia, non capientur aut justiciabuntur in aliquo casu per Justitiam secularem.*

(3) Item. *Quod in casu ubi licite bona ipsorum immobilia capi contingeret, ea consumi vel destrui non liceat aut* [a] *expendi: Quod si fiat, id ante omnia faciemus emendari, & eos indempnes servari: Et quod si ad ipsorum bonorum saisinam vel* [b] *custodiam, Servientes deputari oporteat, unus tantummodo Serviens in Abbatia, & in qualibet domo ipsorum, deputetur; qui de* [c] *stipendiis suis vivere teneantur, prout in nostris continetur* [d] *statutis.*

a consumées en dépenses superflues.
b establissement de garnison.
c du salaire qui luy sera taxé.
d Voy. le 1.er Vol. des Ordonn. page 319. VI. & p. 403. III.

(4) Item. *Quod (f) recogniciones & Advocaciones nove que ab eorum subditis Nobis fiunt, nullatenus admittentur; & factas de novo, faciemus penitus revocari.*

(5) Item. *Quod Baillivi & alii Officiales nostri, teneantur jurare, quod mandata sibi facta & facienda per Litteras nostras, pro Ecclesia illa & personis ejusdem, absque difficultate fideliter exequentur.*

(6) Item. *Quod non impedientur aut inquietabuntur super possessionibus sive redditibus emptis per ipsos in Feodis, Retrofeodis aut Censivis suis, in quibus omnimodam altam & bassam habent Justiciam, quin possessiones & redditus taliter acquisitos, tenere perpetuo valeant, absque coactione vendendi, vel extra manum suam ponendi, aut prestandi aliquam Nobis financiam pro eisdem.*

(7) Item. *Quod tollentur gravamina eis per Gentes nostras illata, ac nostra jam concessa statuta serventur, & ea Baillivi nostri jurare teneantur se firmiter servaturos.*

(8) Item. *Quod ad opus* [e] *Garnisionum nostrarum, bona eorum vel subditorum suorum, eis invitis, nullatenus* [f] *capientur.*

(8) Item. *Quod pro gravaminibus sibi illatis corrigendis, de quibus liquebit, Auditores non suspectos eisdem, cum requisiti fuerimus, concedemus; qui, vice nostra, celeris complementum Justicie super hoc fideliter exhibebunt.*

e provisions pour l'Hostel du Roy.
f *Voy. sur les* Prises, *la Table du 3.e Vol. de Ordonnances.*

(9) Item. *Quod non* [g] *punientur pro delictis Monachorum aut Conversorum seu familiarium suorum; nisi quatenus sunt propter hoc puniendi de* [h] *jure, vel Patrie consuetudine cui subsunt.*

g Abbas & Conventus
h *App.* le Droit Civil, *ou* Ecrit.

(10) Item. *Quod non impedientur capere personas sui Ordinis & earum mobilia, cum armis moderate, vel sine armis; ac delinquentes in dicta Abbacia, seu locis ejusdem, quatenus facere consueverunt.*

Quod ut firmum & stabile permaneat in futurum; salvo in aliis jure nostro & in omnibus quolibet alieno, Litteris presentibus nostrum fecimus apponi Sigillum. Actum Parisius, Anno Domini millesimo trecentesimo-quarto, mense Junio.

NOTES.

(e) In quantum ad Nos spectat.] Le Roy renonce au droit d'*amortissement* qui luy seroit dû, ou en qualité de *souverain Fieffeux*, ou lorsque les biens acquis relevoient immediatement de luy: le tout sans prejudice aux droits d'indemnité dûs aux Seigneurs *mediats*, dont ces biens acquis releveroient. Voy. la Preface de M. *de Lauriere*, qui est à la teste du 1.er Vol. des Ordonn. p. x. n. 65. & suiv. & le Traité du *Droit d'amortissement* de cet Autheur.

(f) Recognitiones & advocationes.] Par rapport à ce dernier mot, il signifie que les sujets de l'Abbaye ne pourront se mettre sous la protection & *advoüerie* du Roy, & se soustraire par-là à la Jurisdiction de l'Abbaye. Voy. cy-dessus p. 249. Notes *(u & bb)*. Je crois que *recognitiones* signifie la même chose qu'*advocationes*. Ce mot *recognitiones* se trouve dans un autre sens, cy-dessus p. 262. Voy. Note *(c)*.

NOS

Nos autem supraſcriptas Litteras & earum ſingulas, omniaque & ſingula contenta in eiſdem, rata habentes & grata, ea volumus, laudamus, ratificamus, approbamus, & de noſtris auctoritate Regia, certa ſciencia & gracia ſpeciali, noſtreque Regie poteſtatis plenitudine, confirmamus per preſentes: Mandantes Baillivo Senonenſi, ceteriſque Juſticiariis noſtris preſentibus & futuris, & eorum cuilibet ut ad ipſum pertinuerit, vel eorum Loca-tenentibus, quatenus dictos Religioſos preſentes & futuros, noſtra preſenti gratia, juxta ſui & dictarum Litterarum ſupra-tranſcriptarum ſeriem & tenorem, & prout hactenus uſi fuerunt de predictis, uti & gaudere, ceſſante omni impedimento, faciant & permittant. Quod ut firmum & ſtabile perpetuo perſeveret, noſtrum preſentibus Litteris fecimus apponi Sigillum: noſtro & alieno in omnibus jure ſalvo. Datum Pariſius, Anno Domini milleſimo trecenteſimo quinquageſimo-ſexto, menſe Maii. *Per Regem in Conſilio.* ROUGEMONT. *Collatio facta eſt cum Originalibus.*

JEAN I.er & ſelon d'autres, Jean II. à Paris, en May 1356.

JEAN I.er & ſelon d'autres, Jean II. à Paris, en Mars 1356.

(a) Lettres portant augmentation de la *quotité* des amendes, auſquelles ſeront condamnez ceux qui commettront des délicts dans le Cloiſtre de l'Egliſe d'Arras.

JOHANNES Dei gratia Francorum Rex: Notum facimus univerſis tam preſentibus quam futuris, quod cum ex parte dilectorum noſtrorum Prepoſiti, Decani & Capituli Eccleſie Attrebatenſis, Nobis, pro bono Juſticie & commodo Reipublice, fuerit ſupplicando monſtratum, quod licet ipſi in Clauſtro dicte Eccleſie, habeant omnimodam, altam, mediam & baſſam Juſticiam temporalem, Curiam & [a] Homines Judicantes; nichilominus ibidem arma portantes, alios percucientes & delinquentes, valde modicum & leviter puniuntur, ex eo quod aſſeritur de aſſuetudine vel conſuetudine, ſi ſic dici debeat, obſervari ibidem, quemcumque inibi alium percucientem vel verberantem, cujuſcunque ſit condicionis, pro duobus ſolidis remanere debere liberum & immunem; & quod pro majori percuſſione ſeu verberacione citra mortem & mutilacionem, ibidem perpetratis, vix poteſt emenda exigi & levari ultra decem libras; licet in Civitate & Villa [b] Attrebatenſibus, inter quas dictum Clauſtrum & Eccleſia ſituantur, ibi portantibus arma, alios percucientibus & delinquentibus, multum pena major & gravior imponatur; & in aliquibus caſibus uſque ad ſexaginta libras; & tamen ſecundum racionem & equitatem, in Clauſtro pena gravior & major infligi & levari deberet; tam pro eo quod Clauſtrum eſt juxta Eccleſiam ſituatum & Eccleſiam circumdat, quam pro eo quod in parte Clauſtri eſt Cimiterium ac terra benedicta; unde contigit quod quia ibidem delinquentes & arma portantes levius puniuntur, quodque, quando poſt delictum ſuum, timent capi, vel quod ab eis percuſſi moriantur, pro immunitate habenda, poſſunt faciliter & in promptu Cimiterium vel Eccleſiam intrare, ipſi in dicto Clauſtro ſepius & audacius arma deferunt & delinquunt, quam facerent ſi tali pena punirentur, ſicut ſit & fieri conſuevit in Civitate & Villa [c] Attrebatenſibus predictis, & pro fiducia levioris pene, & immunitatis Cimiterii & Eccleſie conſequende, frequencius inſidiantur in dicto Clauſtro, illis quos percutere & verberare proponunt: Eapropter ad malitiam talium, & eorum iniquum propoſitum refrenandum, & ne propter modicitatem pene, & facultatem evadendi penam, ad delinquendum in dicto Clauſtro, aliqui facilius ſe inclinent & eciam inducantur; & ut timore gravioris pene, à delinquendo magis valeant coherceri, ac deinceps à talibus [d] reprimentur, dictiſque Cimiterio & Eccleſie honor major & reverencia exhibeantur, & non ita frequenter polluantur, dicti Prepoſitus, Decanus & Capitulum, Nobis ſupplicarunt, quatenus eis de

[a] Voy. le 3.e Vol. des Ordonn. p. 143. LIII. & Note (yyy) Voy. cy-deſſous, Note (b).

[b] Attrebaten. *Reg.*

[c] Attrebaten. *Reg.*

[d] reprimantur.

NOTES.

(a) Treſor des Chartres, Regiſtre 84. Piece 800.

JEAN I.er & selon d'autres, Jean II. à Paris, en Mars 1356.

a avec ces armes.
b Attrebaten. R.
c & est inutile.

gratia speciali concedere benigniter dignaremur, & licenciam impertiri, quod in arma portantes, [a] *inde percucientes & delinquentes in dicto Claustro,* (b) *per Homines qui in sua Curia judicant & judicare consueverunt, possint talem penam & emendam similem judicare, infligere & levare, sicut fit & fieri consuevit in Villa & Civitate* [b] *Attrebatensibus; consuetudine, si qua sit in contrarium, non-obstante: Nos igitur audita dictorum supplicancium requesta, propter Justicie bonum, ac Dei, Ecclesie & Cimiterii loci sacri reverenciam & honorem, attentis premissis, dictam licenciam & graciam petitam, tanquam racioni & equitati consonam, eisdem supplicantibus concessimus & concedimus per presentes, de gratia speciali; consuetudine, si qua fuerit in contrarium, quam pocius abusionem & corruptelam reputamus, & quam tanquam nullam,* [c] *& abolendam decernimus, non-obstante. Quod ut perpetue firmitatis robur obtineat in futurum, presentes Litteras Sigilli Castelleti nostri Paris. in absentia magni Sigilli, fecimus impressione muniri: nostro in aliis & alieno in omnibus jure salvo.* Actum & datum Parisius, Anno Domini millesimo trecentesimo quinquagesimo-sexto, mense Marcii. *Per Consilium in quo erant Domini Episcopus Laudunensis, Prior Acquitanie, Comes Rouciaci, Dominus Petrus de Garenceriis, Dominus Guillelmus de Ambrevilla, & Admiraldus Francie.*

P. CAISNOT.

NOTES.

(b) *Per Homines.*] Ces *Hommes jugeans* rendoient la Justice au nom du Chapitre. Voy. la Note margin. (a).

CHARLES REGENT, Jean I.er & selon d'autres, Jean II. à Paris, le 10. d'Aoust 1358.

d ou *Marcel.*
e *tout ce qu'ils.*
f *fermoirs:* agrasses.

(a) *Abolition accordée à la Ville de Paris.*

CHARLES ainsné Filz de Roy de France, regent le Royaume, Duc de Normandie & Dalphin de Viennois: Sçavoir faisons à tous presens & advenir, que comme à l'instigation, enortement & promotion de feu Estienne [d] Martel n'agueres Prevost des Marchands de la Ville de Paris, & de plusieurs autres ses alliez, adherans, collateraulx & conplices, disans & maintenans en tous leurs faictz, pour le temps qu'ils ont de fait gouverné la bonne Ville de Paris, & li plat Pays d'environ, que [e] tout quanques ils faisoient, estoit à bonne fin & pour la redemption & dellivrance de nostredict Seigneur, & le bien publicque, plusieurs & grande quantité du bon peuple & loyal commun de ladite Ville de Paris, sur l'esperance dessusdicte, sans l'auctorité, volenté ou consentement de nostredict Seigneur ou de Nous, ignorant les grandes trahisons & malefices que les Prevostz & ses complices secretement faisoient, pourpensoient & à faire entendoient contre nostredit Seigneur, Nous & la Majesté Royal, se soient consentus de eslever & prendre à Gouverneur & deffenseur & Capitaine, le Roy de Navarre; de faire alliance avec luy & ses complices, aydans & hadherans, tant par Lettres comme par serremenz; de porter [f] fermellez d'argent

NOTES.

(a) Tresor des Chartres, Registre 86. Piece 240. Comme je n'avois plus ce Registre, lorsque cette Piece a esté imprimée, il peut s'y estre glissé quelques fautes legeres.

Ces Lettres contiennent une abolition accordée aux Habitans de Paris, pour tous les crimes commis dans cette Ville, contre l'authorité Royale dont estoit revestu le Regent, depuis le mois d'Octobre 1356. jusqu'au mois d'Aoust 1358.

Je crois pouvoir me dispenser de donner icy des éclaircissements sur les faits contenus dans ces Lettres, parce que j'ay composé trois Memoires historiques & critiques, très détaillez & très estendus, sur tout ce qui se passa à Paris dans cet intervalle de temps.

J'ay déja lû les deux premiers dans l'Academie des Belles Lettres, dans les mois de Janvier & de May 1732. & ils sont dans les Registres de cette Academie; & j'espere y lire le troisieme, au commencement de l'année 1733.

mipartis d'aimail vermeil & azeur, au-dessoubz [a] avoit escript, *à bonne fin;* & chaperons de drap desdictes couleurs, en signe d'alliance, de vivre & mourir avec ledit Prevost, contre toute personne; d'aller aux assemblées & congregation dudit Prevost; de eux armer contre Nous; de Nous usurper aucuns droictz Royaulx; d'estre rebelles contre nostredict Seigneur; de dire parolles & reproches de nostre personne; de mettre à mort & occire en nostre presence & en nostre chambre, Messire Robert de Clermont & le Mareschal de Champaigne, & M. Regnault Dacy ailleurs en laditte Ville; de prendre & occuper de faict nostre Chastel du Louvre; & aussy de arrester & prendre nostre Artillerye que Nous faisions amener par la Riviere de Seine en certains lieux, & d'icelle oster de la puissance de nos Gens qui l'amenoient, & l'applicquer pardevers eulx; de Nous envoyer à [b] Maulx Lettres contenant plusieurs parolles rudes, laides & mal gratieuses; de estre allez ou estre consentans de l'allée des Gens-d'armes, que [c] fu Pierre Gilles mena à Meaulx contre Nous & nostre très chere Compaigne; de faire par maniere de monopole, une grant Compaignye appellées la Confrerie Nostre-Dame, en laquelle il avoit fait & faisoient plusieurs sermens, convenances & alliances, sans l'auctorité & licence de Nous; de avoir soubz umbre & couleur de Justice, mis ou faict mettre à mort sans cause raisonnable, Jehan Perret & Thomas Foquaut; de prendre, arrester & faire emprisonner & questionner & maltraicter plusieurs de nos Gens & Officiers, leurs Femmes & leurs familliers & [d] mesnies; de prendre plusieurs des biens de nosdictes Gens & Officiers, & iceulx biens applicquer au proffit de la Ville ou à leur singulier proffit; de reffuser & constredire la Monnoye pour le cours que Nous luy avions ordené en l'assemblée de Compiegne, & de faire Monnoye & de contraindre nos Monnoyez à ouvrer & monnoyer, & le proufit de nos Monnoys applicquer à leur profit; de abatre & [e] ardoire, & faire abattre & destruire plusieurs Châteaux, Forteresses & autres Maisons des Nobles; de piller & faire piller leurs biens; & de plusieurs autres crimes & delictz & malefices faits contre la Majesté Royal & autrement, pour ce qu'audit peuple donnoient à entendre que Nous les voullions destruire & faire pillier par nos Gens-d'armes; que abandonné avions ladite Ville avec les autres Citez & plat Pays du Royaume de France, à iceulx Gens-d'armes, & que en riens du monde, n'avions voulenté de entendre à la dellivrance ne redemption de nostredit Seigneur; combien que le contraire des choses dessusdites, fust vrai & appere nottoirement de present: Et pour ce que les dessuditz ou plusieurs d'eulx, ne se pouroient excuser, se par rigueur de droict voullions proceder, que leurs biens & corps ne fussent fortfaictz à nostredit Seigneur & à Nous; ou au moings, que de ce les peussions poursuir & aprochier & traire à grands punitions ou amendes, Nous a-il esté supplié humblement par nos bien amez Gentian Tristan à present Prevost des Marchands, les Eschevins, Bourgeois & habitans de ladite Ville de Paris, que sur ce leur voullions estre piteable & misericorde, ou autrement pourvoir de remede gratieux: Pourquoy Nous, considerans la bonne amour & loyalté que lesdictz Prevost, Bourgeois & habitans de ladicte Ville, ont eu toujours à nostredict Seigneur & à Nous & comme de fait, l'ont bien demontré en la prinse & destruction des traistres, rebelles & ennemis de la Couronne de France, inclinans à leur supplication, à tous ceux de ladite Ville, habitans & ayant leur domicilles ou leur demourance plus continuelle en icelle qu'aillieurs, ou temps desdicts delictz, qui ont esté consentant d'iceulx crimes, delictz & malefices; excepté ceux qui estoient & auroient esté du Conseil secret sur le faict de la grand trahison dudict Prevost & de ses complices; c'est assavoir, de vouloir empescher de faire & pourchassier la dellivrance de nostredict Seigneur; de vouloir occire Monsieur ou Nous, ou mettre & tenir en prison perpetuelle, & de faire le Roy de Navare Roy de France; & ainssy interpretons Nous & declarons par ces presantes, le faict de ladicte grant trahison; avons pardonné, remis & quitté, remettons, quittons & pardonnons de nostre plain pouvoir, certaine science & grace especial, tous lesdict crimes, delictz & malefices, & tous autres quelzconques, comment qu'ilz puissent estre appellez, qui des cas dessudits dependent & peuvent deppendre; excepté

CHARLES Regent, Jean I.er & selon d'autres, Jean II. à Paris, le 10. d'Aoust 1358.

a desquels.

b Meaux.

c feu.

d domestiques.

e brusler.

CHARLES REGENT, Jean I.er & selon d'autres, Jean II. à Paris, le 10. d'Aoust 1358.

le faict de ladicte grande trahison dessus declaré, que on leur pourroit imposer au temps advenir en aucune maniere, avec toute peine, tant criminelle que civille, en laquelle il pourroient pour ce estre encourus envers nostredict Seigneur & Nous, & toutes autres choses en quoy les dessusdits ou aucuns d'eux, auroient ou pourroient avoir mespris ou peché contre nostredit Seigneur & Nous, pour raison des choses dessusdites, & des deppandance d'icelles; & les restituons à ladicte Ville à leur bonne renommée, avec tous leurs bien meubles & immeubles quelzconques, que de nouvel de nostre grace leur donnons, se mestier est: En imposant silence perpetuelles au Procureur de nostre très cher Seigneur & de Nous, & à tous autres Promoteurs, Juges ou Commissaires de nostredict Seigneur ou nostre. Sy donnons en mandement à nos amez & feaux les Gens des Comptes, Tresoriers de nostredict Seigneur & nostres à Paris, au Prevost de Paris & tous autres Justiciers Royaulx ou Commissaires depputtez & à depputter par nostredict Seigneur & Nous, ou à leurs Lieuxtenans, & à chascun d'eux s'y comme à luy appartiendra, que contre la teneur de nostre presante grace, ne les molestent, contraignent, sueffrent estre contrains ou aucuns d'eulx, en corps ne en biens, en aucune maniere; mais se pour ce, aucuns de leurs biens estoient [a] prens, saisis, arrestez ou mis en la main de nostredict Seigneur & nostre, que tantos & sans delay, leur soient mis au delivre; non-contrestant que don ou dons en [b] ayent faictz ou facions à quelques personnes que [c] se soit: Lesquelz oudit cas, Nous rapellons & mettons du tout au neant: Et aussy nonobestant que pour ce aucuns se soient rendus fugitif ou absent de ladite Ville; lesquelz Nous de nostre grace, rappellons, & ne voulons pour ce estre molestez en corps ne biens en aulcune maniere, se coulpables n'estoient de ladite grand trahison dessus esclarcie: Et voullons qu'ilz puissent joüir & user de ceste presente grace: Et pour ce que aucun ou aucuns ne puissent ignorer le contenu d'icelle, voullons qu'elle soit publiés à Paris, & aillieurs par tous les lieux où il plaira au dessusdit Prevost, Eschevins, Bourgeois & habitans de la Ville; & que la coppie ou le *vidimus* de ceste presente grace, soubz Scel Royal ou autentique, vaille autant, & y soit autelle foy adjoustée comme à l'Original. Et que [d] se soit ferme chose & estable à tousjours, Nous avons faict mettre nostre Scel à [e] ses presentes: saouf le droict de nostredict Seigneur & nostre en autres choses, & l'autruy en toutes. *Donné à Paris, le dix jour d'Aoust, l'An de grace mil trois cens cinquante-huict.* Signées par Monsieur le Regent. MELLON. Et seellées de son grand Scel en lacz de soye & en cire verte.

[a] *pris.*
[b] *ayons.*
[c] *ce.*
[d] *ce.*
[e] *ces.*

CHARLES REGENT, Jean I.er & selon d'autres, Jean II. à Paris, le dernier de Novembre 1358.

(a) Lettres qui reglent l'employ qui sera fait des Forfaitures.

CHARLES Ainsné Fils du Roy de France, regent le Royaume, Duc de Normandie & Dauphin de Viennois: A tous ceuls qui ces presentes Lettres verront, Salut: Savoir faisons que comme n'aguaires, après la [f] revocation faitte par Nous des dons que fais avions à pluseurs personnes, d'aucunes forfaitures advenuës à Monseigneur & à Nous, à cause de traisons & rebellions faittes & perpetrées par feu Estienne Marcel jadis Prevost des Marchands de Paris, & pluseurs autres ses complices & adherens, contre Monseigneur, Nous & la Couronne de France; Nous eussions ordené & voulu tous les prouffis & emolumens quelconques desdites forfaitures écheües & à écheoir à Paris & en quelconques autres lieux, tant à cause de crime de leze-Mageste comme autrement, estre levées & reçeus pour paier nos Gens d'armes & non autrement: Nous qui par autre maniere avons pourveu sur ce, avons

[f] *Voy. cy-dessus, pp. 194. 196.*

NOTES.

(a) Memor. *C.* de la Chambre des Comptes de Paris, *fol.* 219. *verso.*

ordené & ordenons de certaine ſcience par ces preſentes, que deſdites forfaitures quelconques eſcheuës & à eſcheoir, qui avant la datte de ces Lettres, ne ſeroient données ne executées, la moittié ſera appliquiée, tournée & convertie en la [a] redempcion & Eſtat de noſtre très chier Seigneur & Pere; & l'autre moittié ſera convertie ès reparacions neceſſaires du Palais Royal, juſques à tant qu'il ſoit mis en bon eſtat & convenable : pourveu que les Chappellains & Clers de la [b] Noble Maiſon de Saint Ouyn, en ſoient paiés de leurs gages, ſi comme Monſeigneur & Nous l'avons voulu & ordenné pour le ſervice Divin. Si donnons en mendement, & nientmoins deffendons & enjoignons eſtroittement à nos amez & feauls les Gens des Comptes & Treſoriers de Monſeigneur & de Nous à Paris, que ſur toute l'amour & feaulté qu'ils ont à Monſeigneur & à Nous & à la Couronne de France, euls ne aucuns d'iceuls, [c] dores-en-avant aucuns dons que par importunité, inadvertance ou autrement, Nous facions d'aucune deſdites forfaitures quelles qu'elles ſoient, depuis la datte de ces preſentes, à perſonnes quelconques; ſoit à noſtre très chiere Compaigne la Ducheſſe, à nos Freres ou autres de noſtre Lignage, de noſtre Conſeil, de noſtre [d] famille, ou de quelconques condicion ou eſtat qu'il ſoient, par nos Lettres à euls octroyées ou à octroyer, ſous quelconque fourme de parolles que elles ſoient ou puiſſent eſtre; ſuppoſé que elles feuſſent ſignées de noſtre main, ſcellées de noſtre Signet, ou autrement en quelconques manieres que ce ſoit ou puiſt eſtre; ne paſſent, veriffient ou enregiſtrent en ladite Chambre, ne y obeiſſent ou facent, ſeuffrent ou laiſſent y eſtre obey en aucune maniere, par quoy noſtre preſente Ordennance & Declaration faite ſur leſdittes forfaitures, puiſſe ou doye en aucune maniere eſtre annullée, empechée ou diminuée; ne ne ſeuffrent ycelles forfaitures eſtre reçeuës par quelconques autres perſonnes que par Eſtienne le Pellier Receveur d'icelles; auquel par nos autres Lettres, il eſt mandé & enjoint que l'Argent qu'il en recevra, il baille & delivre auſdits Treſoriers & non à autres, pour convertir là où dit eſt; & gardent bien chaſcun en droit ſoi, ſi chier comme ils [e] doubtent courroucier Monſeigneur & Nous, de faire le contraire : Et Nous par ces preſentes, deffendons auſſi à noſtre amé & feal Chancelier, que il n'en ſcelle aucunes Lettres au contraire de noſtre preſente Ordenance; ainçois la tiegne fermement ſenz enfraindre : quar ainſi le voulons Nous eſtre fait & non autrement; & pour cauſe. En teſmoing de laquelle choſe, Nous avons fait mettre noſtre Scel à ces preſentes. *Donné à Paris, le darrenier jour de Novembre, l'An de grace mil trois cens cinquante-huict.* Par M.^r le Regent.

OGIER.

CHARLES REGENT, Jean Ier & ſelon d'autres, Jean II. à Paris, le dernier de Novembre 1358.

[a] *Pour la rançon & l'entretien de la Maiſon du Roy.*

[b] *Voyez le 2.e Vol. des Ordonn. p. 465.*

[c] *ne paſſent* &c. qui eſt plus bas.

[d] *Officiers de noſtre Maiſon.*

[e] *craignent.*

CHARLES REGENT, Jean Ier & ſelon d'autres, Jean II. à Paris, en Novembre 1358.

(a) Lettres de Sauve-garde Royale pour les Bouchers de la grande Boucherie de Paris.

KAROLUS Regis Francie Primogenitus, Regnum regens, Dux Normanie & Dalphinus Viennenſis : Notum facimus univerſis tam preſentibus quam futuris, quod inter curas & urgentes ſollicitudines, quibus in regendis ſubditis dicti Regni & noſtris, frequenter diſtrahimur & animus noſter afficitur, ad hoc precipue noſtre mentis (b) aſpirat affectus, hinc eſt quod Nos attenta humili ſupplicacione ex parte Magiſtri, Juratorum & Communitatis Carnificum majoris Carnificerie Pariſ. dicto Domino &

NOTES.

(a) Livre rouge vieil du Chaſtelet de Paris, *fol.* 15. *recto.*

A la teſte de ces Lettres, il y a :

Pour la Communauté des Bouchers de la grant Boucherie de Paris.

(b) Aſpirat affectus hinc, &c.] Il manque certainement-là un membre de phraſe qui réponde à *precipue*, & qui devoit eſtre à peu près ſemblable à ce qui ſe lit dans des Lettres du mois de Juin 1355. imprimées cy-deſſus p. 289. dans leſquelles ſe trouve la même formule.

CHARLES REGENT, Jean I.er & selon d'autres, Jean II. à Paris, en Novembre 1358.

Genitori nostro Nobisque immediate subjectorum, & de fondacione Regia existentium; Nobis facta, ipsos Magistrum, Juratos, Visitatores & alios Officiarios & Ministros, res & omnia bona dicte Communitatis, de gracia speciali & auttoritate Regia qua fungimur adpresens, in Regia & nostra, ac dicti Domini & Genitoris nostri, [a] *Regum Francie successorum, perpetua protectione & Salva-gardia speciali, ponimus & suscipimus per presentes, Prepositum Parisiensem qui nunc est, & ejus successores qui pro tempore fuerint, eisdem Magistro, Juratis, Officiariis & Ministris, bonisque & rebus ad ipsam Communitatem spectantibus, speciales Gardiatores deputantes: Cui Preposito & ejus successoribus in futurum, tenore presentium committimus & mandamus, quatenus idem Prepositus & ejus successores,* [b] *unum vel plures; videlicet Regios Servientes, quos ipsis Magistro, Juratis & aliis Officiariis & Ministris, bonisque & rebus universis ad dictam Communitatem pertinentibus, quos ad hoc ad ipsorum requestam, quociens opus fuerit, deputabunt & committent, ipsos in suis possessionibus, franchisiis, libertatibus, juribus, consuetudinibus, usibus & saisinis, ac carnium visitacionibus, & earum* [c] *deppendentiis, in quibus ipsos esse, suosque predecessores fuisse repererint, manuteneant & conservent, & ipsos ab omnibus injuriis, violenciis, gravaminibus, oppressionibus, vi armorum, Laicorum potencia, inquietacionibus & novitatibus indebitis quibuscunque, protegant & deffendant: Et si aliquid in presentis Salve-gardie Regie & nostre, dictorumque supplicancium prejudicium, factum vel illatum invenerint, id ad statum pristinum & debitum celeriter reducant, & Regie Majestati, Nobisque & supplicantibus memoratis, proinde viriliter faciant emendari: Et presentem Salvam-gardiam publicent & insinuent, ut decebit, cum super hoc fuerint requisiti; inhibendo ex parte Regia & nostra, sub certis penis Regie Celsitudini & Nobis applicandis, omnibus personis quas dicti supplicantes eisdem nominare voluerint, ne eisdem supplicantibus, rebus atque bonis universis Communitatis memorate, aliquid forefacere presumant, & contra ipsos supplicantes in personis sive bonis, aliquatenus attemptent. Si vero super premissis, dictos Magistrum, Juratos, Officiarios & Ministros ac Communitatem concernentibus, vel aliquo premissorum, in casu novitatis oriatur debatum, ipso ad manum Regiam & nostram tanquam superiorem, posito, & per eam facta recredencia, si & ubi fuerit facienda, quoslibet opponentes coram dicto Preposito vel ejus Locum-tenente, prout casus exegerit, ad certos & competentes dies adjornent super opposicione predicta processuros ut fuerit racionis: quem Prepositum coram quo dicta fecerint adjornamenta, super* [d] *hoc certificent competenter. Nos vero super dictis opposicionibus adjornamenta hujusmodi facta, per ipsum Preppositum aut ejus Locum-tenentem admitti volumus & jubemus, & Partibus auditis, hinc inde Justicie bonum & breve fieri complementum; ceteraque omnia & singula faciant & exerceant auctoritate Regia & nostra, Gardiatores predicti, que in premissis & ea tangentibus & deppendentibus ex eisdem, necessaria fuerint vel eciam opportuna. Nolumus tamen quod Servientes predicti, per dictum Prepositum aut ejus successores, ad Gardiatoris officium deputati, de hiis que Cause cognicionem exigunt, se aliquatenus intromittant. Volumus insuper & jubemus, ut ceteri omnes & singuli Justiciarii & subditi Regni & nostri, dicto Parisiensi Prepposito, ejusque successoribus, in premissis & eorum circonstanciis & deppendentibus ex eisdem, cum efficacia pareant & intendant. Quod ut firmum & stabile perpetuo perseveret, has presentes Litteras Sigilli nostri fecimus impressione muniri: salvo in aliis jure Regio & nostro, & in omnibus quolibet alieno.* Datum Parisius, Anno Domini millesimo trecentesimo quinquagesimo-octavo, mense Novembris.

[e] Publ. en Jugement, le samedi 16.e jours de Fevrier, l'An mil trois cens cinquante & huit. Ainsi signées. *Per Dominum Regentem, ad relacionem Consilii.* J. [f] QUAT. *Et collacion faicte par moy.*

[a] &.

[b] *Il semble qu'il manque-là le mot,* per.

[c] deppenden. *Reg.*

[d] h. *Reg.*

[e] *Publiées.*

[f] Il y a une marque d'abbreviation sur le *T.*

CHARLES REGENT, au Chasteau du Louvre près de Paris, le 25. de Janvier 1358. Jean I.er & selon d'autres, Jean II. au Camp devant Breteüil, en Aoust 1356.

(a) Lettres par lesquelles le Roy donne au Comte de Perigord, le ressort & l'hommage de plusieurs lieux qui y sont nommez.

KAROLUS, &c. Notum facimus universis tam presentibus quam futuris, Nos dicti Domini Genitoris nostri, infrascriptas vidisse Litteras, formam que sequitur, continentes.

JOHANNES Dei gratia Francie Rex : Universis presentes Litteras inspecturis, salutem. Ad perpetuam rei memoriam. Dum perfecte sincereque devotionis [a] affactum, & vere fidelitatis constantiam, quos dilectus & fidelis noster Rogerius Bernardi Comes Petragoricensis & sui predecessores, ad Nos, Regnum & Coronam Francie, totis exactis hactenus temporibus habuerunt, grataque & utilia servicia que Regibus predecessoribus nostris & Nobis, in guerris nostris fideliter impenderunt, ac innumerabilia dampna & deperdita, que, sicut est notorium, occasione guerrarum predictarum, sustinuit & incessanter sustinet dictus Comes, in nostre considerationis examine revolvimus; Nos, qui Nos eis propter hoc quamplurimum obnoxios reputamus, nostrum libenter animum (b) cenortimus ad ea que predicti Comitis & successorum suorum perpetuum concernunt commodum & honorem, nostreque eis libenter largitatis Regie [b] dexteram impertimur. Notum igitur facimus universis presentibus & futuris, quod attentis supradictis & aliis quampluribus, que Nos ad hoc rationabiliter induxerunt, Nos volentes predictum Comitem favore & gratia specialibus prosequi, qui in suis & suorum perpetuum cedere commodum debeat & honorem, [c] homagium Archiepiscopi Burdigalensis Nobis debitum pro certis locis, Villis & Castris & eorum pertinentiis universis, quos & quas habet seu habere potest quovismodo, in Diocesibus Petragoricensi & Sarlatensi; item, homagium Episcopi Sarlatensis; item homagium loci (c) Turre-Alba; homagium Abbatis Sancti [d] Amandi; hommagium Abbatis de (d) Castris; homagium Abbatis de (e) Terrasonio; homagium Castrorum de (f) Alto-forti & de (g) Tenone; necnon (h) primum ressortum terre, locorum, Villarum & Castrorum & aliorum locorum & pertinentiarum suarum, dicti Archiepiscopi Burdegalensis; & terre & locorum dicti Episcopi Sarlatensis; dicti loci

a affectum.

b Ce mot est difficile à lire, & il a fallu un peu deviner.

c dedimus, concessimus, &c. *qui sont plus bas.*

d S.t Amand de Coli. *Voy. le 3.e Vol. des Ordonn. p. 318.*

NOTES.

(a) Tresor des Chartres, Registre 90. Piece 7. M. Du Chesne de Montreuz Lieutenant general de Perigueux, a eu la bonté d'envoyer un Memoire très détaillé sur tous les lieux dont il est parlé dans cette Piece; & c'est de ce memoire dont j'ay tiré presque toutes les Notes que j'ay faites sur ces lieux.

(b) Cenortimus.] Il y a une marque d'abbreviation sur la premiere syllabe de ce mot. Il faut apparemment corriger, *convertimus.*

(c) Turre-Alba.] La Tour-blanche, petite Ville située à cinq lieuës de Perigueux, dont la Seigneurie appartient au Comte de S.te Maure. Elle est du ressort de la Seneschaussée d'Angoulesme, quoyqu'enclavée dans celle de Perigueux.

(d) Castris.] Cette Abbaye est nommée *Chastres* dans la *Gall. Christ.* 2.e *édit. t. 2. p. 1504.* M. de Montreuz la nommée *Chatres*, & dit qu'elle est de la Seneschaussée de Perigueux.

(e) Terrasonio.] Dans la *Gall. Christ.* 2.e *édit. t. 2. p. 1532.* cette Abbaye est nommée en latin, *Terracinum*, & en françois, *Terrasson.* M. de Montreuz la nomme *Terrassou*, & marque qu'elle n'est plus de la Seneschaussée de Perigueux.

(f) Alto-forti.] Aujourd'huy *Hautefort*, Chasteau & terre érigée en Marquisat: Elle appartient au Chef de la maison de ce nom, & est située dans la Seneschaussée de Perigueux.

(g) Tenone.] Tenon ne peut estre que le Bourg & terre de Tenon qui appartient depuis long-temps aux Seigneurs d'Hautefort. Il est aussi situé dans la Seneschaussée de Perigueux.

(h) Primum ressortum.] C'est-à-dire, que l'appel interjetté des Sentences de ces lieux, ne sera plus porté nuëment devant un Juge Royal, comme cela se faisoit avant ces Lettres; mais sera porté en premiere instance, devant le Juge du Comte de Perigord. *Voy. cy-dessus, p. 276.*

CHARLES REGENT, au Chasteau du Louvre près de Paris, le 25. de Janvier 1358.

de Turre-Alba & ejus [a] *honoris; terre & locorum Abbatis Sancti Amandi; terre & locorum Abbatis de Castris; terre & locorum dicti Abbatis de Terrasonio; terre & locorum Domini de Alto-forti & de Tenone; terre & Castellanie Domini de (i) Beynaco, Castri & Castellanie de (k) Castro-novo & de (l) Berbigneriis; terre & locorum Archambaudi Domini de (m) Burdelia; ressortum Ville Sancti (n) Asterii & ejus honoris; ressortum Castri & Castellanie de (o) Monte-Agerio; item, ressortum Ville de (p) Brancolonio & ejus honoris; item, ressortum Ville, Castri & Castellanie (q) Montis-Dome: Item, homagium Nobis debitum per Iterium de Sancto Asterio, Militem; & ressortum loci & honoris de (r) Insula; item, & ressortum totius terre Prioris de (s) Sorsaco: Item ressortum totius terre Domini Poncii de Beynaco, Domini de (t) Comarta, Senescallie nostre Petragoricensis & Caturcensis existentis; & juramentum fidelitatis & quodcunque aliud juramentum Nobis debitum per prenominatos & eorum quemlibet, ratione Villarum, Castrorum & aliarum rerum & honorum, que habent & tenent à Nobis in Senescallia Petragoricensi & Caturcensi, cum omnibus & singulis juribus & deveriis dictorum homagiorum & cujuslibet eorum; necnon* [b] *primum ressortum omnium & singulorum locorum, terrarum, Villarum & Castrorum predictorum superius nominatorum; omniumque Vassalorum atque Retrovassalorum; & eorumdem prenominatorum* [c] *cognitionem scilicet & examen; ac totam cognitionem, punitionem, confiscationem emendarum (u) serviánciarum & sententiarum quarumlibet prolatarum compulsionem*

a estenduë de la Jurisdiction.

b Voy. la Note (h).

c le droit de Justice.

NOTES.

(i) *Beynaco.*] Aujourd'huy *Beynac.* C'est un Chasteau situé dans la Seneschaussée & Diocese de Sarlat. Cette terre a le titre de Baronnie.

(k) *Castro-novo.*] Ce lieu paroist estre *Castelnau*, Chasteau & terre appartenante au Duc de la Force. Il est situé dans le ressort de Sarlat, & est voisin ainsi que Beynac, de la riviere de Dordogne.

(l) *Berbigneriis.*] Ce ne peut estre que le Chasteau & terre de *Berbiere*, laquelle est contigüe à celle de *Castelnau.*

(m) *Burdelia.*] Aujourd'huy *Bourdeille*, Chasteau, petite Ville & terre située sur la riviere de Dronne, à trois lieües de Perigueux. La maison qui en porte le nom, la possedée si long-temps qu'on ne sçait si c'est la terre où la famille qui a pris le nom l'un de l'autre. Elle est décorée du titre de Comté & de Baronnie.

(n) *S.ti Asterii.*] C'est une petite Ville à trois lieües de Perigueux, où il y a un Chapitre composé de douze Chanoines, à la teste desquels est un Abbé. Elle est située sur la riviere de Lille.

M. de Montreuz n'a pas marqué le nom moderne de ce lieu. C'est sans doute *S. Astier* dans le Perigord, sur lequel voy. le Dictionn. Univers. de la Fr. au mot *S. Astier.*

On ne trouve rien sur cette Abbaye, dans la *Gall. Christ.*

(o) *Monte-Agerio.*] C'est aujourd'huy *Montegrier.* C'est un Chasteau situé sur la Dronne. Il y a une Chastellenie assez estenduë. L'un & l'autre appartiennent au Seigneur Daydie de Riberac. Cette Chastellenie releve encore aujourd'huy de l'Evêché de Sarlat.

(p) *Brancolonio.*] Il y a grande apparence que ce lieu est *Branthomme*, quoyque ce lieu en latin soit toûjours nommé *Brantolonium*: mais il n'y a aucun lieu dans la Seneschaussée de Perigueux, dont le nom approche plus de *Brancolonium.*

Branthomme est une petite Ville sur la riviere de Dronne. Il y a une Abbaye de Benedictins de la Congregation de S.t Maur. L'Abbé est Seigneur du lieu.

Dans la *Gall. Christ. Ibid.* [Voy. Notes (d. e.)] p. 1490. cette Abbaye est nommée *Brantosmum* & *Brantosma.*

(q) *Montis-Dome.*] Ce lieu se nomme aujourd'huy *Domme.* C'est une petite Ville située sur un rocher près des rives de la Dordogne, Diocese & Seneschaussée de Sarlat.

(r) *Insula.*] *Lisle.* C'est une petite Ville ou Bourgade située à trois lieuës de Perigueux, dont la Seigneurie a appartenu longtemps à la famille appellée de *S.t Astier.*

(s) *Sorsaco.*] *Soursac.* C'est un Bourg où il y a un Prieuré qui dépend de l'Abbaye de Charoux en Poitou, tant pour la nomination que pour l'hommage. *Soursac* est situé à cinq lieuës de Perigueux, sur la riviere de Lisle.

(t) *Comarta.*] Ce lieu ne peut estre que *Commarque.* C'est une terre qui appartient au Seigneur de *Beynac.* Elle est proche de cette premiere, [dit M. de Montreuz; c'est-à-dire apparemment, de *Beynac*,] & du même Diocese & de la même Seneschaussée.

M. de Montreuz marque à la fin du Memoire qu'il a eu la bonté d'envoyer, que la Seneschaussée de Sarlat a esté composée des démembrements qui ont esté faits de celles de Perigueux & de Cahors.

(u) *Serviánciarum.*] Je n'entends point ce mot qui n'est pas dans Du Cange. Je soup-

executionem

CHARLES REGENT, au Chasteau du Louvre près de Paris, le 25. de Janvier 1358.

[a] executionem omnimodam primarum appellationum seu provocationum omnium & singularum Causarum & casuum civilium & criminalium, quos in Villis, locis, terris & personis supradictis, Feodis, Retrofeodis & Curiis eorumdem, Nos & Senescallus noster Petragoricensis & Caturcensis ante [b] datam presentium, [c] habeamus vel habere poteramus quoquomodo; & [d] quas ab eisdem in Villis, locis, terris, personis, Vassalis, incolis [e] confluentibus in Curiis suis & qualibet earumdem, de cetero perpetuis temporibus, sive ad Nos vel ad Dominum Senescallum seu ad nostram dictam Curiam Parlamenti, vel ubilibet alibi, tam ab interlocutoriis quam à Sententiis diffinitivis, seu à gravaminibus aut condempnationibus aliis quibuslibet; (lite contestata vel non, provocetur aut quomodolibet appelletur;) contingerit emanari; omnimodamque Jurisdictionem cum servitio Nobis debito pro temporalitate predicti Episcopi Sarlatensis; & omnimodam aliam [f] nobilitatem ad homagia, ressortum, Feoda, Retrofeoda & appellationes seu provocationes supradictas, seu ad Nos vel ad dictum Senescallum, ratione earumdem spectantes & pertinentes ac pertineri debentes quoquomodo; & quevis alia jura Nobis & successoribus nostris in eis competentia, ad Nos vel successores eosdem pertinentia, seu competere [g] & valentia quomodovis imposterum in predictis & quolibet eorumdem; de quorum valore sumus [h] & ad plenum certiorati; deliberacione penitus cum nostro Consilio super istis [i] & ex nostra certa scientia, memorato Comiti pro se & heredibus & successoribus suis, imperpetuum dedimus, concessimus & in eosdem transtulimus, damusque & concedimus ac in eos transferimus per presentes, auctoritate Regia, de nostre plenitudine potestatis & gratia speciali: Ita quod ipsi de eis & quolibet eorumdem, suam possint, tanquam de suis propriis, omnimodam perpetuo facere voluntatem: Superioritate tamen Nobis & heredibus ac successoribus nostris, in premissis exceptis; superioritatibus superius nominatis predicto Comiti, suis heredibus & causam ab eis habituris, tamen salvis, & quolibet premissorum, * & perpetuis temporibus reservatis & retentis: Concedentes predicto Comiti & ipsius heredibus & successoribus predictis, auctoritate & gratia antedictis, plenariam & liberam potestatem capiendi, nanciscendi & adipiscendi per se vel per alium seu alios quoslibet ydoneos, quandocumque sibi placuerit, auctoritate propia, plenam & liberam possessionem omnium & singulorum premissorum sibi per Nos, ut dictum est, donatorum; necnon omnes & singulos impedientes aut [k] perturbentes quoslibet, seu impedire vel perturbare quomodolibet nitentes dictum Comitem vel Officiarios suos, in cognitione & qualibet decisione, in exercitio premissorum, puniendi vel punire faciendi, quemadmodum hoc facere poteramus, [l] cassibus emergentibus impedimenti predicti, ante datam ipsarum Litterarum; ceteraque universa & singula faciendi que ad conservationem & tuitionem premissorum per Nos eidem Comiti perpetuo donatorum, ut prefertur. & singula eorumdem, civiliter & criminaliter pertinebunt aut pertinere poterunt quoquomodo: Mandantes precipiendo Senescallo Petragoricensi & [m] Catruccensi, ceterisque Justiciariis & Officiariis nostris vel eorum Loca-tenentibus presentibus & futuris, & omnibus eorumdem, quatinus omnes & singulas Causas, & casus ressorti & appellationum primarum predictarum, que & quociens amodo inantea pro futuris temporibus, in vel à personis, Villis, locis & Curiis, Feodis & Retrofeodis supradictis & quolibet eorumdem, civiliter & criminaliter, tam ab interlocutoriis quam à diffinitivis Sententiis seu a gravaminibus, (lite contestata vel non) emergi vel emanari quoquomodo contigerit, ad sepe fatum Comitem atque successores suos, seu ad [n] Judicem suum appellationum ad hec per ipsum Comitem atque successores suos, ordinatum vel ordinandum, requisiti vel non requisiti, sine quavis cognitione remittant, & de illis ipsos vel Judicem suum appellationum, cognoscere [o] sententiarum, Judicare, cognitaque & judicata exequi faciant & permittant pacifice & quiete, juxta nostram concessionem prefatam; predictasque Causas & [p] cassus ressorti, seu eorum aliquos, vel eorum cognitionem aut examen penes eos nullatenus retineant, vel de eis se quomodolibet intromittant; etiamsi ad eos seu eorum aliquos, forsitan appellaretur; memoratumque vero Comitem

a Il semble qu'il manque-là, &c.

b la date.

c habebamus.

d appellationes & provocationes.

e Ce mot m'est suspect.

f honneurs & droits honorifiques.

g & paroist inutile.

h & est inutile.

i habita.

* & paroist inutile.

k perturbantes.

l casibus.

m Caturcensi.

n Voy. cy-dessus, p. 26, & 276.

o Ce mot m'est suspect.

p casus.

NOTES.

çonne qu'il y a quelque faute dans cet endroit; mais je n'ay plus le Registre, pour verifier si ce passage a esté copié fidellement.

CHARLES REGENT, au Chasteau du Louvre près de Paris, le 25. de Janvier 1358.

atque successores suos, homagiis supradictis & juribus eorumdem, aliisque universis & singulis per Nos eisdem concessis, ut prefertur, gaudere & uti sine contradictione vel debato, plenarie ac perpetuo faciant & permittant, absque strepitu & [a] *fugara Judicii quibuscunque; non-obstante quod sint vel fuerint de Regio domanio; & quod forsan personarum, Civitatum, Villarum seu locorum predictorum aliquibus vel eorum singulis, per Nos aut Predecessorum nostrorum aliquos, de speciali gratia concessum sit aut fuerit, quod non possint à manu nostra Regia* [b] *seperari vel alienari seu quomodolibet amoveri: Quam concessionem seu concessiones de nostra certa scientia & ex* [c] *plenitudine Regia, revocamus & adnullamus, in quantum possent predictis concessionibus & donacionibus per Nos factis prefato Comiti & suis heredibus vel successoribus seu causam ab eisdem habentibus, in aliquo contraïre; ac consuetudine, usu, stilo aut observantia nostre Camere Compotorum, per quas asseritur donationes patrimonii nostri non valere, nisi prius facta informatione de valore, & postmodum dicte Camere reportata; & aliis non-obstantibus quibuscunque donis* [d] *que seu gratiis aliis dicti Comiti & suis, per Nos aut Predecessores nostros factis; & Ordinationibus ad premissa contrariis, nequaquam obstantibus: Dantes tenore presentium in mandatis omnibus & singulis debentibus homagia & alia deveria predicta, quatinus ipsa dicto Comiti & suis predictis faciant &* [e] *prestant; ac etiam juramentum fidelitatis, si consueverint: Et (x) respondeant libere & de plano; ipsosque & suos & eorum* [f] *quilibet, quathenus quemlibet ipsorum tangit, & res de quibus debentur, quittantes,* * *exhonerantes perpetuo penitus & absolute; ad hoc & non aliter, ut deinceps ipsi & sui dicto Comiti & suis, dicta homagia faciant & juramenta* [g] *prestant, ac respondeant & satisfaciant sine debato quocunque. Quod ut firmum & stabile permaneat perpetuo in futurum, nostrum presentibus Litteris duximus apponi Sigillum: nostro in aliis & alieno in omnibus jure salvo.* Datum in [h] Essarcitu nostro ante [i] Bretholium, Anno Domini millesimo trecentesimo quinquagesimo-sexto, mense Augusti.

QUAS quidem Litteras supratranscriptas, & omnia & singula in ipsis Litteris contenta, ratas & gratas habentes, eas, in quantum Nos tangere potest vel poterit quomodolibet in futurum, tam Regia qua de presenti fungimur, quam nostra auctoritate, volumus, laudamus, ratifficamus & de speciali gratia, certa scientia & auctoritate predicta, tenore presentium confirmamus: Mandantes Senescallis Tholose, Carcassone, Petragoricensi & Catrucensi, Judicibusque Majoribus & Ordinariis dictarum Senescalliarum, qui nunc sunt & pro tempore fuerint, vel eorum Loca-tenentibus, & ipsorum cuilibet ut ad eum pertinuerit, quatinus prefatum Comitem Patragoricensem, suosque heredes & successores, hommagiis, ressortis & aliis predictis, ipsi Comiti, ut in dicti Domini nostri Litteris superius transcriptis, continetur, donatis, & quolibet ipsorum, uti pacifice & gaudere perpetuo faciant & permittant, sibique ab omnibus quorum intererit, pareri efficaciter & intendi, juxta Litterarum ipsius Domini nostri presentium tenorem, eundem Comitem, suosque heredes & successores aut eorum Gentes, in premissis vel aliquo ipsorum, nullatenus impediendo sive perturbando: Mandantes etiam dilectis & fidelibus Gentibus Camere Compotorum dicti Domini nostri & nostrorum Parisius, quatinus homagia, ressorta & alia predicta, dicto Comiti, ut prefertur, donata, [k] *& domanio Regio & nostris Registris dicte Camere ac Compotorum Senescalliarum predictarum, detrahant perpetuo &* [l] *admoveant seu detrahi &* [m] *amovere faciant, ut ipsius Domini nostri Littere suum plenarium sorciantur effectum; non-obstantibus aliis donis seu graciis per dictum Dominum nostrum suosque Predecessores, sive per Nos dicto Comiti aut suis factis, quod hujusmodi dona seu gratie in presentibus minime declarentur seu exprimantur; necnon quod hujusmodi homagia, ressorta & alia predicta de patrimonio Regio essent & ab antiquo fuerint; Ordinationibusque vel statutis & aliis de quibus sit mentio in Litteris dicti Domini nostri suprascriptis, ceterisque ad hoc contrariis quibuscunque. Quod ut firmum & stabile perpetuo*

a figura.
b separari.
c *Il semble qu'il devroit y avoir,* plenitudine Regiæ potestatis.
d que *est inutile.*
e prestent.
f quemlibet.
* &.
g prestent.
h exercitu.
i Voy. le 3.e Vol. des Ordonn. p. 72. Note (g).
k è.
l amoveant.
m amoveri.

NOTES.

(x) *Respondeant.*] Cela peut signifier, qu'ils executeront les ordres qu'il leur donnera comme Seigneur suzerain.

perseveret, Sigillum nostrum presentibus Litteris duximus apponendum : salvo in aliis jure dicti Domini nostri & nostro & in omnibus alieno. Actum in Castro de Luppera propè Parisios, die 25.ª mensis Januarii, Anno Domini millesimo trecentesimo quinquagesimo-octavo.

Per Dominum Regentem. BLANCHET. *Collatio facta est cum originali Litterarum suprascriptarum, per me.* BLANCHET.

(a) Privileges de l'Abbaye de S.t Gilles.

CHARLES REGENT, Jean I.er & selon d'autres, Jean II. au Louvre près de Paris, en Janvier 1358.

KAROLUS, &c. Notum facimus universis tam presentibus quam futuris, Nos vidisse Litteras inclite recordationis Domini Ludovici quondam Regis Francie, regnantis Anno quo dicebatur ab Incarnatione Domini, 1163. in [a] *filio serico & cera rubea sigillatas, formam que sequitur, continentes.*

Louis VII. dit le Jeune, à Estampes, en 1163.

IN nomine Sancte & individue Trinitatis. Ego Ludovicus Dei gratia Francorum Rex: Regie dignitatis exigit officium [b] *Christiane Religionis Nos ortatur devotio, ut Ecclesiis Dei que in Regno nostro site sunt, jura sua conservemus; & ne Beneficia que ab Antecessoribus nostris ipsis magnifice impensa sunt, queque ipse diebus nostris aliunde rationabiliter possident, successu temporum diripi vel diminui possint, diligenter studeamus precavere. Hac itaque consideratione, notum facimus universis tam presentibus quam futuris, quod vir venerabilis Bertranus nomine, Abbas Sancti* [c] *Egidii, nostram petiit serenitatem Regiam, protectionem, & possessionum suarum confirmationem humiliter deposcens: Nos ergo Predecessorum nostrorum vestigia imitantes, juste petitioni ejus benignum prebuimus assensum, & quicquid Ecclesie Beati Egidii, ab Antecessoribus nostris Regibus Francie collatum est, quicquid etiam presenti die in Villa Sancti Egidii & in territorio ejus & in locis circumjacentibus habet, tenet* [d] *possidet per Clericos, Monachos sive laicos, in terris, pratis, pascuis, paludibus, nemoribus, in aquis & piscationibus, & piscationum redditibus, benigne concessimus; specialiter donantes predicte Ecclesie, Jurisdictionem & districtum, & Justicias, portoria & vectigalia, & tholonea, sicut presenti die habet, tenet & possidet, vel in futurum juste & rationabiliter acquirere* [e] *potuerit; hoc ipsum similiter* [f] *donentes predicte Ecclesie, in omnibus Castris & Villis que* [g] *presenta die juste possidet, vel in futurum, Deo propiciante, acquirere poterit. Decrevimus etiam ut in Regio inperpetuum permaneant Dominio & protectione, & ne aliquo modo ad aliam deinceps transferantur potestatem, Regia prohibuimus & prohibemus auctoritate. Quod ut ratum sit inposterum & inconvulsum, scripto mandari &* [h] *Sigillari nostri appensione communiri precepimus: addicto karactere nominis nostri.* Actum publice apud Stampas, Anno Incarnati verbi 1163. Regni vero nostri 27. *Astantibus in Palatio nostro, quorum supposita sunt nomina & signa. Signum* [i] *Comiti Theobaldi Blesensis, Dapiferi nostri. Signum Mathei Camerarii. Signum Guidonis Buticularii. Constabulario nullo. Data per manum Hugonis Cancellarii & Episcopi Suessionensis.*

a filo.
b &.
c C'est apparemment l'Abbaye de S.t Gilles, en Provence.
d &.
e poterit.
f donantes.
g presente.
h app. *Sigillaris.* Voy. Du Cange au mot, *Sigillum*, vers la fin.
i Comitis.

NOS autem omnia & singula in prescriptis Litteris contenta, rata & grata habentes & firma, ea volumus, laudamus, approbamus, rattifficamus & auctoritate Regia qua fungimur in hac parte, & certa scientia & de speciali gratia, ad supplicationem & requestam dilectorum nostrorum Abbatis & Conventus Ecclesie memorate, prout actenus usi sunt, tenore presentium confirmamus. Quod ut firmum & stabile perpetuo perseveret, nostrum presentibus Litteris fecimus apponi Sigillum : salvo in aliis jure dicti Domini

NOTES.

(a) Tresor des Chartres, Registre 90. Piece 36.

nostri & nostro, & in omnibus quolibet alieno. Datum & actum apud Lupperam propè Parisios, Anno Domini millesimo trecentesimo quinquagesimo-octavo, mense Januarii.

Per Dominum Regentem. Ad relationem sui Consilii. GUARRIGUE. *Collatio facta est cum originali.*

CHARLES REGENT, Au Louvre-lès-Paris, le 7. Fevrier 1358.

(a) *Lettres portant que celles qui ont esté accordées aux Marchands forains & aux Voituriers de Marée, seront observées.*

CHARLES ainſné Filz du Roy de France, regent le Royaume, Duc de Normendie & Delphin de Viennois : A nos amés & feaulz les Presidens tenans le Parlement à Paris, & aux Generaulz Commissaires sur le fait de la marchandise de poissons de mer & harengs en la Ville de Paris & ailleurs, Salut & dilection. Comme par nostredit Seigneur & Pere, & ses predecesseurs Roys de France, & par deliberation de leur Grant-Conseil, pour le bien commun & le utilité de la chose publique, certaines [a] Ordenancez ayent esté faictes sur le fait de ladicte marchandise, dependances & circonstances d'icelle en ladicte Ville de Paris & ailleurs, & tant sur l'office des Vendeurs des dessusdis poissons & harengs, comme autrement; & lesquelles Ordenances, jasoit ce que elles ayent esté debatuez quant à aucuns articles, finablement icelles diligamment examinées, ont esté confermécz par les Gens tenans le Palement de nostredit Seigneur; si comme plus à plain puet apparoir par le Arrest ou Arrès sur ce donnez; lesquelles Ordenances dessusdictes, ont esté criecz & publiées solennement, & icelles jurées à tenir par le commun de ladicte marchandise; & l'on Nous ait donné à entendre, que aucunes personnes ou plusieurs, se soyent efforcié & s'efforcent de jour en jour, de icelles Ordenances ou aucuns articles d'icelles, enfraindre, souz ombre d'aucunes Lettres données de Nous & de nostre Court, non [b] recordans & non certefiez desdictez Ordenances ou d'aucun des articles d'icelles; lesquelles, se elles sont ou estoient enfraintes, ou aucun des articles, seroit & pourroit estre en temps à venir contre nostredit Seigneur, Nous, le bien commun, le utilité du Peuple & de la chose publique ; lesquelz [c] nostredit Seigneur & Nous, voulons tenir & garder, & estre tenus & gardés par tous les subgés & justiciables dudit Royaume, sanz enfraindre : Pourquoi à vous Presidens dessusdis, Nous mandons, & à vous Commissaires sur le fait de ladicte marchandise, [d] pour ce que autrefois avés esté commis de nostredit Seigneur & de Nous, vous ou deux de vous, se mestier est, commettons, que les dessusdictes Ordennances, dependences & circonstances d'icelles, avequez les Lettres & privileges ottroyéez de nostredit Seigneur & de Nous, aux Marchans forains de poissons de mer & harengs, & aux Voituriers frequentans ladicte Ville de Paris, de par vous tenés & gardés, & faciés tenir & garder selon leur fourme & teneur; nonobstant quelconques Lettres données ou empetréez, à donner ou à empetrer de Nous ou de nostre Court, pour quelzconques causes, [e] tilte ou grace, sur quelconque fourme de paroles, ne à quelque personne que ce soit, au contraire : Lesquelles Lettres données & ottroïées à quelque personne ou temps passé, à donner & à ottroïer en temps à venir, Nous ne voulons avoir aucune vertu; mais icellez reputons de nulle valeur & mettons du tout au néant : Et vous enjongnons & deffendons estroitement, que vous ni obeissiés en aucune maniere; & mandons au Procureur de nostredit Seigneur & de Nous, & à Jehan Boutry son Substitut sur le fait de ladicte marchandise, que contre la teneur desdictes Ordenances, Lettres & privileges dessusdictes, il ne les laissent en aucune maniere passer, & icelles debatent

[a] *Voy. cy-dessus, p. 308. & Note (a).*

[b] *ne se ressouvenans pas ou n'étant pas instruits.*

[c] *Ordonnances.*

[d] *sur les choses sur lesquelles vous avez esté commis.*

[e] *titre.*

NOTES.

(a) Registre du Parlement de Paris, intitulé : *Jugez C. en Decembre 1351. F. en Juillet 1363, cotté 13. fol. 264. verso.* Voy. cy-dessus p. 308. & Note (a).

& contrediẽt pardevant vous & lesdictes Gens de Parlement, afin que lesdictes Ordenances soient enteringneez & gardeez sans enfraindre, comme dit est : car se il le faisoyent, il Nous en desplairoit, & les en punirions [a] griement. *Donné au Louvre-lez-Paris, le 7.e jour de Fevrier, l'An de grace 1358.*

a grievement.

CHARLES REGENT, Jean I.er & selon d'autres, Jean II. à Melun-sur-Seine, le 11. Fevrier 1359.

(a) Ordonnance portant que toutes les personnes & toutes les marchandises qui sortiront de Paris, seront visitées ; & que l'on payera quatre deniers pour livre, sur toutes les marchandises que l'on fera sortir de cette Ville.

CHARLES ainsné Filz du Roy de France, regent le Royaume, Duc de Normandie & [b] Daulpin de Viennoiz : A tous qui ces presentes Lettres verront, Salut. Comme autrefois par grant conseil & deliberacion, pour le bien publique, seurté, prouffit & garde de nostre Ville de Paris, en laquelle affluent moult de marchandises & de personnes, & pour les fraudes & [c] baraz [d] eschever; especialment que par le malice d'aucuns, & par leur mauvaise convoitise, noz ennemis ne feussent confortez de vivres, armeures, ne autres denrées quelzconques de nostredicte Ville, nagueres eust esté advisé & [e] ordonné de nostre auttorité, à garder les entrées, portes & [f] bastides de Paris, en maniere que aucun n'en [g] issist, ne portast hors en males, fardeaulx, broüettes, chevaulx, charettes ou charioz, ne autrement, vivres ne autres denrées quelzconques, deffenduës ou non deffenduës, sans bonne & seure visitacion; & que ilz eussent Cedulle [h] signet des personnes commises à ladicte Cedulle bailler, que l'en nommoit *Passeporte*, en telle maniere que au prouffit de nostredicte Ville, seroient pris & levez trois deniers pour livre, de & sur toutes denrées & marchandises achettées & [i] traittées hors de Paris, & aucuns autres subsides & imposicions esclaircies en l'instrucion sur ce faicte ; lesquelles choses furent tenuës & gardées en nostredicte Ville, [k] par aucun pou de temps; & depuis delaissées du tout, dont plusieurs inconveniens s'en sont ensuiz & pourroient plus ensuir, s'il n'y estoit pourveu : Mesmement que de jour en jour, se approuchent noz [l] ennemis de nostredicte Ville; parquoy [m] greigneur besoing est de y pourveoir, & ycelle diligemment garder, Nous par grant deliberacion, pour le bien publique, à la seurté de nostredicte Ville & du païs, & pour obvier aux grans inconveniens & perilz qui en pourroient ensuir [n] ou dommage de nostredicte Ville de Paris, avons ordonné & ordonnons de certaine science & auttorité Royal, que dores-en-avant les personnes & biens [o] yssans de nostredicte Ville de Paris, soyent diligemment visitées par souffisans personnes, que le Capitaine de Paris, [p] au conseil de noz bien amez les Prevost des Marchans & Eschevins d'icelle Ville, y establira; & que [q] aucuns sans notable congnoissance, ne denrées quelzconques, deffenduës ou non deffenduës, [r] malettes, chevaulx, charettes ou charioz, broüettes, fardeaulx, ne autres choses, ne soyent laissées [f], s'ilz n'ont sur ce des personnes ou personne à ce establis, Cedulle souffisant; & que l'en aura ycelles denrées bien & souffisaument visitées, & sçeu ou & à qui l'en les doit porter, & [t] en soit-l'en bien seur : Et pour mieulx savoir la verité, voulons & ordonnons que toutes choses *(b)* enfardellées à Paris, pour porter hors, soyent en Enfardelier veuës &

b Dauphin.
c tromperies.
d éviter.
e Cette Ordonnance ne s'est pas conservée.
f petits Forts.
g sortit.
h signée.
i que l'on tireroit & feroit sortir de Paris.
k pendant quelque peu de temps.
l les Anglois.
m plus grand.
n au.
o sortans.
p avec.
q aucunes personnes.
r petites malles.
f Il manque-là un mot, comme sortir.
t que l'on en soit bien sûr.

NOTES.

(a) Registre de l'Hostel de Ville, coté *A. fol. 209. recto.* Voy. sur ce Registre, cy-dessus p. 265. Note *(a)*.

Dans ce Registre, il y a avant l'Ordonnance :

Ordonnance faisant mencion comment le Roy ordonne que on face visitacion de toutes les personnes & biens qui yssent hors de la Ville de Paris, par les Prevost des Marchands & Eschevins, & qu'ilz ayent sur ce notable congnoissance pour le bien, seureté & prouffit de la Ville de Paris.

(b) Enfardellées ... Enfardelier.] *Enfardellées*, mises en pacquets & en ballots. Voy. *Nicot*, au mot *Enfardeler*. On trouve aussi *Fardeler* dans le même sens, dans Monet; & *Far-*

CHARLES REGENT, Jean I.er & selon d'autres, Jean II. à Melun-sur-Seine, le 11. Fevrier 1359.

a *besoin.*
b *sorties.*
c *pour l'expedition de la Cedule.*
d *besoin.*

visitées par deux au moins, des personnes des six principaulx Maistres des Mestiers de Paris, & par autres, s'il est [a] mestier, à ce depputez comme dessus, tant qu'il souffise; & que les imposicions, subvencions & aides autrefois ordonnées sur lesdictes [b] yssuës par terre & par eauë, soyent dores-en-avant levées au prouffit de nostredicte Ville, sans ce que riens soit prins de quelque personne, [c] de la Cedulle de *Passeporte*; mais sera baillée franchement: Et en lieu des trois deniers pour livre, l'en levera quatre deniers pour livre, *(c)* selon ce que ordonné estoit par avant à trois deniers; excepté armeures, desquelles riens ne sera levé de Gens-d'armes qui pour eulz les auront achettées, sans fraude, pour Nous servir. Pourquoy Nous mandons, commandons, &, se mestier est, commettons au Cappitaine de Paris, & au Prevost des Marchans & Eschevins de nostredicte Ville de Paris, que nostre presente Ordonnance ilz facent tantost & sans delay publier, & tenir lesdictes portes, entrées & issuës, diligemment gardez; & en toutes ces choses depputent personnes souffisans, tant & telles comme bon leur semblera: Et s'il y a [d] mestier d'interpretacion ou declaracion, Nous voulons que ce soit fait par eulx. Mandons & commandons au Prevost de Paris & à tous autres Justiciers, Officiers & subgez de nostredit Seigneur & de Nous, que à eulz & à leurs depputez en ceste partie, obeyssent & entendent diligemment. En tesmoing de ce, Nous avons fait mettre nostre Seel à ces presentes Lettres. *Donné à Melun-sur-Seine, le 11.e jour de Fevrier, l'An de grace mil trois cent cinquante-neuf.*

NOTES.

deleur signifioit un crocheteur, suivant *Borel.*

Enfardelier. Je n'ay rien trouvé sur ce mot. C'estoit sans doute un endroit où l'on portoit les marchandises pour les faire mettre en ballots: tel que peut estre à present la Doüane. Peut-estre cet endroit n'estoit-il pas loin de celuy où estoit le *Poids-du-Roy;* sur lequel voy. le *2. Vol. des Ordonn. p. 137. VIII. & Note (f).*

(c) Selon ce que, &c.] L'on payera quatre deniers, de ce dont on payoit auparavant trois deniers.

CHARLES REGENT, Jean I.er & selon d'autres, Jean II. à Paris, le 28. de May 1360.

e *trahi.*

(a) Lettres qui portent que les affaires des Religieuses de Poissi, seront expediées devant le Prevost de Paris, sans attendre le jour des Assises.

KAROLUS primogenitus Regis Francorum, regens Regnum, Dux Normanie, & Dalphinus Viennensis: Preposito Parisiensi, vel ejus Locum-tenenti, Salutem. Cum per alias Litteras dicti Domini nostri, & juxta quedam privilegia Religiosis mulieribus, Priorisse & Conventui Sororum Pissiacensium, Ordinis Sancti Dominici, a Predecessoribus nostris concessa, vos ad manutenendum eas, gentes & Procuratores earum, in suis possessionibus & juribus; & ab omnibus injuriis & violenciis deffendendum, & ut non permittatis eas [e] trahy in Causam coram alio seculari Judice, quam coram vobis, ad cognoscendum de debato si quod super predictis oriri contingerit, vos duxerimus deputandum: Nos, ne dicte Mulieres aut procuratores earum, quanto ad plures Judices seculares pro suis haberent retrahere negociis, tanto amplioribus [(b) laboribus & sumptibus gravarentur: Quia etiam ipse strictius elegerunt sua clausura morari, tanto minus extra querere necessaria exigere & debita] sua possint: Ut itaque super hiis per Nos provideatur eisdem,

NOTES.

(a) Livre Rouge vieil du Chastelet de Paris, *fol. 13. verso.* Voy. cy-dessous les Lettres du 13. de Mars 1360.

(b) Laboribus, &c.] Tout ce qui est entre des crochets, n'est pas dans ces Lettres, où on lit seulement, *tanto amplioribus & sua possint.* Ces mots qui ont esté passez dans ces Lettres, ont esté restituez par le moyen d'autres Lettres semblables, accordées aux mêmes Religieuses, le 13. de Mars 1360. & qui dans le Registre, suivent celles-cy immediatement. Voy. cy-dessous, les Lettres du 13. de Mars 1360. p. 365.

& ne suorum debitorum urgens desit excecucio, aut celeriter &, ut opus est, diligens executor, vobis committimus & mandamus, quatenus debita bona legalia, census, redditus, ceteraque deveria que dictis Religiosis, singularibusque personis ejusdem Conventus, vocatis evocandis, noveritis deberi, eis aut earum Procuratoribus, faciatis sine morosa dilatione persolvi; debitores ad hoc per capcionem & explectationem bonorum, suorumque corporum detencionem, & aliter, prout eos obligatos esse constiterit, celeriter & debite compellendo: in quibus si opposicionem fieri, aut litigium [a] *fieri contingerit exoriri, procedatis de die in diem, Assisiis seu diebus minime expectatis, secundum vestre Preposition usitatum ordinem assignando; omnibus cavillacionibus, subterfugiis & dilacionibus frivolis, postpositis & rejectis, non obstantibus quibuscumque dilacionibus seu* [b] *respectibus debitorum * Litteris quibuscumque aliis subrepticiis impetratis in contrarium seu eciam impetrandis, & pro premissis* [c] *diligentius excequendis, unum vel plures de Servientibus Regiis, dictis Religiosis, ad earum sumptus, si requisitus fueritis, auctoritate Regia deputetis: qui tamen de hiis que Cause cognicionem exigunt, se nullatenus intromittant. Dantes presentibus in mandatis omnibus Justiciariis & subditis dicti Domini nostri atque nostri, ut vobis deputatisque vestris, in hac parte pareant efficaciter & intendant, parerique faciant & intendi. Quod dictis Religiosis quas pro favore prosequimur, concessimus de gracia speciali, presentibus post biennium minime valituris.* Datum Parisius, die vicesima-octava Maii, Anno Domini millesimo trecentesimo sexagesimo. *Collotion faitte par moy.*

CHARLES REGENT, Jean I.er & selon d'autres, Jean II. à Paris, le 28. de May 1360.

[a] *fieri ou exoriri, sont inutiles.*

[b] Lettres de respit.

* &.

[c] diligen. *R.*

(a) Lettres par lesquelles le Dauphin supprime les offices des Baillis, Mareschaux & Chastellains du Dauphiné.

CHARLES DAUPHIN, du Viennois, à Melun, le 23. de Novembre 1360.

CHARLES aîné Fils du Roy de France, Duc de Normandie & Dauphin de Viennois : A nostre amé & feal Messire Guilleaume de Vergy, Seigneur de Miribel, nostre Lieutenant du Dauphiné de Viennois : Salut & dilection. Comme pour le tems passé, aucun de Nos predecesseurs Dalphins de Viennois, eussent fait ordonner & establir plusieurs Baillifs, *(b)* Mareschaux & Chastelains en ladite terre du Dauphiné, pour garder & gouverner ladite terre, chateaux & forteresses d'icelles, pour cause des guerres qui lors estoient au pays dessusdit; & depuis que ledit Dalphiné vint en nostre main, aucun sont venu pardevers Nous, & ont impetré lesdits Offices de Baillif, Mareschaux & Chastelains : & pour cause de ce, prennent grands gages sur nostredite terre du Dauphiné : & Nous avons trouvé par delibera-

NOTES.

(a) A la fin des Copies de ces Lettres & des suivantes, qui ont esté envoyées de Grenoble, il y a :

Extrait à son expedition originale, estant aux Archives de la Chambre des Comptes de Dauphiné, au requis de Monsieur le Procureur general en ladite Chambre; en execution des ordres de Monseigneur le Chancellier, par Nous Escuyer, Conseiller-Secretaire du Roy, Maison-Couronne de France, Greffier en chef en ladite Chambre. MARJOLET.

Ces Lettres ont esté données par Charles en qualité de Dauphin : mais on a crû devoir donner place dans ce Recueil, à ces Lettres & à celles qu'il a données en cette qualité, parce que, comme dit le Roy Jean dans des Lettres, le Fils aîné du Roy est censé la même personne que le Roy, & tout ce qu'il possede, est censé possedé par le Roy. *Voyez le 3.e Vol. des Ordonn. p. 489.*

(b) Mareschaux.] M. de Valbonais dans son Hist. du Dauphiné, t. 1. p. 49. parle du Mareschal du Dauphiné, ou du Mareschal de l'armée du Dauphiné, qui avoit droit de commander l'avant-garde. Sous le Mareschal, estoit le Bailli qui commandoit les troupes de son Bailliage, & celuy-cy avoit sous luy les Chastelains, qui estoient à la teste de celles de leurs Chastellenies. Mais ce ne peut pas estre de ces Mareschaux dont il est parlé icy. Il paroist qu'ils estoient inferieurs aux Baillis & superieurs aux Chastelains. Froissart fait souvent mention d'Officiers subalternes, nommez *Mareschaux,* & qui faisoient à peu prés les mêmes fonctions que font aujourd'huy *les Mareschaux de Camp.*

CHARLES DAUPHIN, du Viennois, à Melun, le 23. de Novembre 1360.

a *besoin.*
b *presentement.*
c *deffendiez.*
d *sous.*
e *se: si.*
f Il y a: *il les vous baillent*, dans les Lettres suiv.
g *qu'ils se soumettent.*
h *punissez.*
i *où l'on a coûtume.*

tion de nostre Conseil, & memement d'aucun de nos *(c)* amis de char, que à present il n'est [a] mestier de avoir & tenir lesdits Bailly, Mareschaux & Chastelain, pour ce que ce sont Offices qui ne sont necessaires; fors par tems de guerre, & [b] orendroit, le pays est, Dieu mercy, en bonne paix & tranquillité; & pour ce, n'est necessité tenir les Officiers desusdits: laquelle chose est en nostre grand grief, prejudice & dommage, & en grande diminution des proffits & émolumens de nostre terre dessusdite: & pour ce, savoir faisons à tous, que Nous de nostre certaine science, avons revoqué & revoquons par ces presentes, tous Baillif, Mareschaux & Chastelains, qui pour le tems passé auroient esté ordonné & establis en nostredite terre du Dalphiné; & quelconques manieres de Lettres qu'ils ayent sur ce, de Nous ou d'autres, Nous cassons, annulons, & decernons estre de nulle valleûe ou effet. Si vous mandons & commandons & estroitement enjoignons, que vous leur [c] deffendé de par Nous & à chacun d'eux, si comme à luy appartiendra, [d] à grands & grosses peines, qu'ils ne soient doresnavent si hardis de exercer lesdits Offices de Baillif, Mareschaux & Chastelains, en nostre terre desusdite: & [e] ce aucuns d'eux avoient pris ou occupés à cause de son Office ou autrement, aucuns de nos Chasteaux, Villes, Domaines, rentes & revenus d'iceulx, faite leur commandement de par Nous, que sur quant qu'ils se peuvent mefaire envers Nous, il les [f] ou baillent, rendent & delivrent tantot & sans delay: Et si aucuns en estoient contredisans ou rebelles, faite tant que la [g] force en soit notre; & les rebelles [h] punitiés par la maniere que raison sera: Lesquels Chasteaux, Villes, Domaines, rentes & revenus d'iceux, vous prenés & mettés en nostre main, & iceux faites gouverner, lever & exploiter à nostre proffit, par bonnes Gens & loyaux, si comme vous verrés que à faire sera: Et affin que aucuns ne se puissent excuser d'ignorence, faite crier & publier par cry general, ces presentes Lettres par tous les lieux de nostrediz Dauphiné, [i] accoustumé à faire cry. Lesquelles choses desusdittes & chacunes d'icelles, Nous avons ordonné & ordonnons de nostre certain propos & certaine science; nonobstant quelsconques Lettres faites ou à faire à ce contraire. En temoin de laquelle chose, Nous avons fait mettre nostre Seel à ces presentes Lettres. *Donné à Melun, le vingt-troisieme jour de Novembre, l'An de grace mil trois cens soixante. Et estoient ainsy signées.* Par Monseigneur le Dalphin, en son Conseil. G. BARDE.

NOTES.

(c) Amis de char.] *Amis de chair.* On trouve dans un très grand nombre de Lettres de grace & de remission, données sous le regne du Roy Jean, que les *amici carnales* de l'Impetrant ont representez, &c. *Carnalis* se dit proprement des parents; on l'a appliqué ensuite aux amis, lorsqu'ils sont aussi chers que des parents. Voy. Du Cange, au mot, *Carnalis*.

CHARLES DAUPHIN, à Melun, le 23. de Novembre 1360.

(a) *Lettres par lesquelles le Dauphin revoque tous les dons & assignations par luy faits sur le revenu du Dauphiné.*

CHARLES aisné Fils du Roy de France, Duc de Normandie & Dalphin de Viennois: A notre amé & feal Messire Guillaume de Vergy, Sire de Miribel, notre Lieutenant en notre Dalphiné de Viennois: Salut & dilection. Comme pour le temps passé, Nous eusions fait plusieurs dons & assignations à plusieurs personnes, à vie, à temps & à heritage, sur notre terre dudit Dalphiné, sur les rentes, revenus & emolumens d'iceluy; par lesquels dons & assignations, nostreditte terre, les rentes,

NOTES.

(a) Voy. cy-dessus p. precedente, Note *(a)*.

revenus

revenus & emoluments d'icelle, Nous sont grandement [a] appetissiés & de petite valluë: Laquelle chose, si comme Nous avons trouvé par deliberation de notre Conseil, & mesmement d'aucuns de nos amis de [b] char, est en grand diminution de nostredit heritage, & en notre grand grief, dommage & prejudice: Et pour ce, sçavoir faisons à tous, que Nous tant pour ce que dessus est dit, comme pour plusieurs autres causes, de notre certaine science, avons revoqué & revoquons par ces presentes, tous dons & assignations faits sur notreditte terre du Dalphiné, rentes & revenus d'icelle, à quelconque personne que ce soit, Noble ou autre, par quelconque cause, nom & titre que ce soit; & dezmaintenant lesdits dons & assignations, & toutes manieres de Lettres, de quelconque teneur que elles soient, sur ce données, de Nous ou d'autres, Nous cassons, annullons & revoquons, & mettons à neant de tout en tout; & deffendons que dores-en-avant n'y soit obei en aucune maniere. Si voulons, & neantmoins vous mandons & enjoignons estroictement, que si aucuns de nos Chasteaux, Villes, terres, domaines, rentes & revenus, etoient hors de notre main pour les causes dessusdittes, iceux prenés & remettrés à notre main, en ostant & deboutant tous detenteurs ou occupeurs, [c] iceux quelconques, & leurs faites commandement de par Nous, que sur quanque ils se peuvent messaire envers Nous, ils les vous baillent & delivrent franchement, sans aucun [d] emportement, & iceux faites garder & gouverner & exploiter à notre proffit, par bonnes Gens & loyaux, par la maniere que vous verrés qu'il appartiendra; & lesdits detenteurs ou occupeurs contraignés à compter pardevant les Gens de nos Comptes dudit Dalphiné, de ce que depuis la date de ces presentes, ils auront pris & levé des choses dessusdittes ou aucuns d'icelles: Et se aucuns estoient rebelles ou contredisans de vous rendre, bailler & delivrer aucuns de nos Chateaux, Villes, terres & domaines dessusdits, faites tant que [e] la force en soit notre; & les contredisans ou rebelles punissiés par telle maniere que raison requerra, & que il soit exemple à tous autres: Et faites deffenses à tous Receveurs [f] se autres qui sont ou seront ordonnés & establis pour Nous, à recevoir deniers ou autres choses à Nous appartenans audit Dalphiné, que sur quant que ils peuvent messaire envers Nous, ils ne baillent ou delivrent à personnes quelconques, aucune chose; fors à nostre Tresorier dudit Dalphiné ou à son Lieutenant: Et en outre faites publier à cry general ces presentes Lettres, par toutes les bonnes Villes, Chasteaux & lieux accoustumés à faire cry en nostredit Dalphiné, afin que aucuns ne se puissent excuser de ignorance: Lesquelles choses & chacunes d'icelles, Nous avons ordonné & ordonnons de notre certain propos & certaine science, & icelles voulons estre tenuës sans rapel. En temoin de ce, Nous avons fait mettre notre Scel à ces presentes Lettres. *Donné à Melun-sur-Seyne, le vingt-troisieme jour de Novembre, l'An de grace mil trois cent soixante. Et estoient ainsy signées.* Par Monseigneur le Dalphin, en son Conseil. G. BARBE.

CHARLES DAUPHIN, à Melun, le 23. de Novembre 1360.

a *diminuez.*

b *Voy. cy-dessus, p. 360. Note (c).*

c *quels qu'ils soient.*

d Apparemment *sans resistance*, ou bien, *sans deport*; c'est-à-dire, *sans faveur.*

e *qu'ils obéissent.*

f *&.*

JEAN I.er & selon d'autres, Jean II. à Paris, le 11. de Fevrier 1360.

(a) Sauve-garde Royale pour l'Evêque de Meaux.

JOHANNES Dei gratia Francorum Rex &c.

Datum Parisius, die undecima Februarii, Anno Domini millesimo trecentesimo sexagesimo.

Collacion faitte à l'original seellé en double queuë de cire jaune: Ainsi signé en

NOTES.

(a) Livre Rouge vieil du Chastelet de Paris, *fol.* 20. *recto.*

Ces Lettres sont à quelque legere difference près, les mêmes que celles du 10. de Mars 1358. qui ont esté imprimées dans le 3.e Volume des Ordonnances p. 327.

Ces differences sont, qu'il y a seulement dans celles-cy, *Episcopus Meldensis*, sans ajoula marge. *Per Regem ad relacionem Consilii, in quo vos & Comes Vindocinensis eratis.* ROUGEMONT. Le mardi 16.e jour de Fevrier, l'An mil trois cens soixante. Par moy.

NOTES.

ter, comme dans les autres, la qualité de *Conseiller du Roy.*

Dans le dénombrement des personnes attachées à l'Evêque de Meaux, lesquelles le Roy prend dans sa sauve-garde, il y a dans ces Lettres-cy : *Episcopum, ejus Officialem, Sigilliferum, Receptorem, Baillivum, familiares,* &c. Le dénombrement n'est pas si grand dans les autres Lettres. Voy. dans les Lettres du 10. de Mars 1358. p. 328. la Note (f) marg. & corr. suivant ces Lettres-cy : *si & dum facta fuerint.* Voy. aussi les Lettres suivantes qui sont presque semblables.

Voy. aussi cy-dessous, les Lettres du 25. de Novembre 1361.

JEAN I.er & selon d'autres, Jean II. à Paris, le 13. de Fevrier 1360.

(a) Lettres de Sauve-garde Royale, pour l'Abbaye de Faremoustier.

JOHANNES Dei gracia Francorum Rex : Universis presentes Litteras inspecturis, Salutem. Racioni congruum arbitramur, quod ad hoc precipue nostre mentis aspiret affectus, quo persone Ecclesiastice que de die & de nocte Divinis insistunt obsequiis, nostris temporibus, sub nostre protectionis clipeo, in pacis transquillitate manuteneri valeant & tueri. Cum igitur dilecte nostre Abbatissa & Conventus [a] *Faremonasterii, sint ab antiquo in speciali Gardia Regia, racione Corone Francie, &, ut asserunt, sint & fuerint cum earum omnibus Villis & Justiciis, ac hominibus de corpore vel servilis condicionis, de Vice-Comitatu & ressorto Preppositure Parisiensis, racione dicte Corone Francie ; & non de Comitatu Campanie ; quamvis plures earum Ville & homines de corpore, in eodem Comitatu situentur & commorentur : Notum facimus quod Nos ex habundanti & de speciali gracia, dictam Abbatissam & Conventum, & earum Ecclesiam tam in capite quam in membris, ac earum familiares & homines de corpore, ac omnia earum bona, in protectione salva & speciali Gardia nostra suscipimus per presentes ; & eisdem in Gardiatorem specialem, Prepositum Parisiensem, ad cujus sedem dicte Religiose, Villeque & homines de corpore, ac familiares, Officiarii ac subditi earum, in casu ressorti immediate* [b] *subsint, & ressortiri consueverunt, ut prefertur, deputamus per presentes : Cui committimus & mandamus, quatenus prefatas Religiosas, earum familiares & homines de corpore, deffendat ab omnibus injuriis, violenciis, gravaminibus, oppressionibus, molestiis & novitatibus indebitis, & in suis justis possessionibus, libertatibus & juribus manuteneat easdem ; non permittens eas vel earum familiares & homines de corpore, ac omnia earum bona, in nostre Gardie prejudicium, quomodolibet indebite molestari : Inhibendo ex parte nostra, omnibus oppressoribus earundem, ne injurias, violencias, gravamina, oppressiones & novitates indebitas, prenominatis faciant, & ab eisdem penitus desistant : Dantes dicto Preposito Parisiensi, potestatem dandi & concedendi dictis Abbatisse & Conventui, Guiotum Cordelarii, necnon Petrum Theodorici & Johannem Brunelli Servientes nostros, & ipsos ex parte nostra deputandi pro premissis debite excequendis ; & qui rem litigiosam seu contenciosam, si que in casu novitatis, fuerit seu evenerit* [c] *inter ipsas Abbatissam & Conventum, & adversarios suos, racione bonorum suorum quorumcumque, ad manum nostram, tanquam superiorem, ponant ; & qui Gentes carissime Domine nostre Johanne Francie & Navarre Regine, Domineque de Creciaco & de Columbariis ; & carissimi Fratris nostri Ducis Aurelianensis, Comitisque Valesii ; necnon Officiarios & Justiciarios nostros Comitatus Campanie, super oppressionibus que in casu novitatis, coram ipsis Servientibus facte extiterint, & super injuriis & violenciis predictis, adjornent, coram Gentibus*

[a] Faremoustier, auprès de Meaux.

[b] subsunt.

[c] Je crois qu'il manque-là le mot debatum.

NOTES.

(a) Livre Rouge vieil du Chastelet de Paris, *fol.* 20. *verso.*

Voy. dans le 3.e Vol. des Ordonn. p. 327. les Lettres accordées à l'Evêque de Meaux.

nostris in Parlamento Paris. ad certam & competentem diem processuros super hoc, cum dictis Abbatissa & Conventu, ut fuerit racionis; & qui alios adversarios dictarum Abbatisse & Conventus, super opposicionibus que in dicto casu novitatis, coram ipsis Servientibus facte extiterint, necnon & super injuriis & violenciis predictis, adjornent coram dicto Preposito Parisiensi, processuros super hoc cum dictis Abbatissa & Conventu, ut fuerit racionis: De quibus adjornamentis in nostro Parlamento predicto faciendis, si & dum facta fuerint, dictam Curiam nostram predictam certificet dictus Prepositus Parisiensis, ad relacionem predictorum Servientum seu eorum alterius: [a] *Mandantes prefatis Gentibus nostris nostrum tenentibus Parlamentum, & dicto Preposito Parisiensi qui nunc est & pro tempore fuerit, committendo, si sit opus, quatenus super premissis exhibeant Partibus coram ipsis adjornatis, Justicie complementum. Que prefatis Abbatisse & Conventui concedimus de gracia speciali: Dantes omnibus Justiciariis & subditis Regni nostri quibuscumque in mandatis, ut dictis Preposito & Servientibus, ac eorum alteri, quoad premissa & ea tangencia, efficaciter in hac parte pareant & intendant. In cujus rei testimonium, nostrum presentibus Litteris fecimus apponi Sigillum.* Datum Parisius, die 13.ª Februarii, Anno Domini millesimo trecentesimo sexagesimo.

JEAN I.er & selon d'autres, Jean II. à Paris, le 13. de Fevrier 1360.

a Mandan. R.

Collacion faitte à l'original seellé en double queuë de cire jaune: Ainsi signé en la marge. *In Requestis Hospicii.* P. BLANCHET.

JEAN I.er & selon d'autres, Jean II. à Paris, en Fevrier 1360.

(a) Lettres de Sauve-garde Royale, pour le Couvent de S.t Bernard, à Paris.

JOHANNES *Dei gracia Francorum Rex. Celsitudo Regia pia consideracione rite pensans, (b) quod in pace factus est locus Domini, dignum & laudabile recenset, ut cultus ejus sit cum debita veneracione pacificus & quietus; unde justum conspicimus ut Ecclesiam suam Sanctam, personas, loca & bona Ecclesiastica, taliter ab omni malignantium inquietacione & oppressione deffendamus, & ipsos opprimere volentibus occurramus, quod ipsa Ecclesia pacis pulcritudine & quieta transquillitate letetur, ministrique sui in quiete viventes & pace, sponsum ejus Dominum Jesum Christum glorificent, eique sancte & devote serviant; & tanto se ipsos ad id promptiores exhibeant, quanto per potenciam Regie Majestatis adjuti, se noverint* [b] *ulterius felici securitate potiri. Notum igitur facimus universis presentibus pariter & futuris, quod Nos ad* [c] *applicationem dilectorum virorum Religiosorum, Prioris & Scolarium* [d] *Collegii Sancti Bernardi Paris. existencium jam dudum in nostra speciali & Predecessorum nostrorum Gardia, (c) ad causam & racionem Studii & Universitatis Paris. cujus membrum existunt, & quorum à Nobis deputatus Preppositus Parisiensis, causa Privilegiorum dictorum Studii & Universitatis, Judex & executor existit, prout & existunt* [e] *in dicto studio & Universitate Studentes, ipsum Monasterium cum suis pertinentiis universis, tam in capite quam in membris, ipsosque predictos Religiosos presentes & futuros, & omnes familiares & servitores eorum, una cum hominibus de corpore, si quos habent sive serve condicionis, &* [f] *donatis suis, ac domibus, granchiis, juribus, Jurisdictionibus, possessionibus, territoriis, ceterisque bonis & rebus omnibus & singulis in Regno nostro existentibus, tam ad eos quam Ecclesiam suam spectantibus, quocumque nomine censeantur, in nostra & successorum nostrorum Regum Francie, perpetua protectione & Salva-gardia speciali, auctoritate nostra Regia, ex habundanti suscipimus & ponimus per presentes; & de gratia speciali, Prepositum*

b dans la suite.

c supplicationem.

d C'est le Couvent des Bernardins, qui est à Paris, dans la ruë des Bernardins.

e in Salva-gardia.

f Voy. le 3.e Vol. des Ordonn. p. 318. Note (d).

NOTES.

(a) Livre Rouge vieil du Chastelet de Paris, *fol.* 17. *verso*.

(b) Quod in pace, &c.] Cela fait sans doute allusion à quelque passage de l'Ecriture.

(c) Ad causam, &c.] C'est-à-dire, qu'ils sont sous la Sauve-garde Royale, parce qu'ils sont membres de l'Université de Paris, laquelle est sous la Sauve-garde du Roy, avec tous ses supposts.

JEAN I.er & selon d'autres, Jean II. à Paris, en Fevrier 1360.

Parisiensem qui nunc est, & ejus successores Preppositos Parisienses qui pro tempore fuerint, speciales Gardiatores eisdem Religiosis, Monasterio, personis, bonis & rebus predictis eorum, committimus & eciam deputamus: Qui eisdem Priori & Scolaribus, unum vel plures Servientes nostros deputent & committant, tanquam Gardiatores: Qui quidem Gardiatores vel Servientes & eorum quilibet, quociens opus fuerit, eosdem Religiosos, ad ipsorum instanciam, hominesque suos de corpore, familiares & servitores ipsorum omnes & singulos, in suis justis possessionibus, franchisiis, libertatibus, juribus, Jurisdiccionibus, consuetudinibus, usibus & saisinis, in quibus ipsos esse, suosque Predecessores fuisse invenerint, manuteneant & conservent; & ipsos ab omnibus injuriis, violenciis, gravaminibus, oppressionibus, vi armorum, potencia laycorum, inquietacionibus & novitatibus indebitis quibuscunque, protegant & deffendant: Et si aliquas in presentis Salvegardie Regie & dictorum supplicantium prejudicium, factas vel illatas invenerint, eas ad statum pristinum & debitum celeriter reducant, & Nobis, nostrisque successoribus Regibus Francie, dictisque Priori & Scolaribus, proinde faciant viriliter emendari; presentemque Salvam-gardiam publicent & insinuent, ut decebit; & inhibeant ex parte Regia, personis omnibus de quibus ex parte dictorum Religiosorum fuerint requisiti, [a] *seu certis penis seu * multis Nobis & successoribus nostris applicandis, ne quid prefatis Religiosis, aut suis predictis hominibus de corpore, donatis, familiaribus vel servitoribus eorum, vel aliquibus eorumdem, in personis vel bonis aliqualiter forsfacere presumant vel attemptent. Si vero dicti Prior & Scolares, vel aliqui de suis familiaribus, donatis, hominibus de corpore vel servitoribus eorum, aut aliquibus eorumdem Scolarium, ab aliquo vel aliquibus* [b] *assecuramentum habere voluerint, volumus quod hiidem Gardiatores & eorum quilibet, adjornent, si opus fuerit, illos à quibus dictum assecuramentum habere voluerint, ad certos & competentes dies, coram dicto Preposito Parisiensi, daturos dictum assecuramentum bonum & legitimum, juxta Patrie consuetudinem, prout racionabiliter fuerit faciendum: Et insuper omnia debita bona & legalia, recognita vel probata per testes, Litteras, instrumenta aut alia legitima documenta, que dictis Priori & Scolaribus deberi noverint, persolvi faciant: Et in casu opposicionis, manu nostra Regia usque ad summas in Litteris Sigillis Regiis sigillatis, contentas, sufficienter munita, ac eciam, si super premissis vel aliquo premissorum, in casu novitatis oriatur debatum, ipso ad manum nostram, tanquam superiorem, posito, & per eam facta recredencia, si & ubi fuerit facienda; considerato quod dicti Prior & Scolares, absque sui studii pretermissione & gravi impedimento, suas Causas in aliis Jurisdictionibus prosequi non valerent, opponentes ipsos adjornent coram dicto Parisiensi Preposito, vel ejus Locum-tenente qui pro tempore fuerit, ad certos & competentes dies, super opposicionibus hujusmodi & ulterius processuros, ut fuerit racionis: Quem quidem Prepositum vel ejus Locum-tenentem, dicti Servientes vel Gardiatores, de hiis que fecerint, certificent competenter: Nos enim per ipsum Preppositum super dictis opposicionibus, admitti hujusmodi adjornamenta, & Partibus auditis, hinc inde Justicie complementum fieri volumus & jubemus; ceteraque omnia & singula faciant & exerceant dicti Prepositus, & Servientes vel Gardiatores per dictum Prepositum, ut premittitur, deputati, que in premissis & ea tangentibus, fuerint necessaria vel eciam opportuna, & ad specialis Gardiatoris officium pertinere noscuntur: Nolumus tamen quod Servientes predicti ad officium Gardiatoris deputati, ut prefertur, de hiis que Cause cognicionem exigunt, se aliquatenus intromittant. Volumus insuper & eciam mandamus, ut ceteri omnes & singuli Justiciarii, & subditi Regni nostri, dicto Parisiensi Preposito & ejus successoribus, dictisque Servientibus per ipsos ad hoc deputatis, in premissis & eorum* [c] *deppendentiis, cum efficacia pareant & intendant. Quod ut firmum & stabile perpetuo perseveret, nostrum presentibus Litteris fecimus appendi Sigillum: salvo in aliis jure nostro & in omnibus alieno.* Datum Parisius, Anno Domini millesimo trecentesimo sexagesimo, mense Februarii.

Collacion faicte à l'original scellé de cire vert & [d] à soie. Ainsi signé en la marge. [e] *Al. sic signata in Requestis Hospicii.* BUCY. *Per me correcta in Cancellaria & rescripta per hunc modum de precepto vestro.* G. DE MONTAGU. Et fu publié en Jugement, le mardi 6.e jour d'Avril, l'An mil trois cent soixante & un.

a sub.

* mulctis.

b Voy. le 3.e Vol. des Ordonn. p. 264. Note (*b*).

c deppenden. *R.*

d *avec.*

e Voy. la Preface du 3.e Vol. des Ordonnances, §. *Ordonnances.*

JEAN I.er & selon d'autres, Jean II. à Paris, en Fevrier 1360.

a Voy. la Note (a).

(a) Lettres de Sauve-garde Royale, pour la S.te Chapelle de Paris.

JOHANNES *Dei gratia Francorum Rex. Notum*, [a] *&c.*
Datum Parisius, Anno Domini millesimo trecentesimo sexagesimo, mense Februarii.

Collacion faitte à l'Original seellé de cire vert & à soie. Ainsi signé en la marge. *Per Regem, presentibus Confessore & Elemosinario.* P. BLANCHET.

Et furent publiées en Jugement ou Chastellet de Paris, le mercredi vint & huitiesme jour d'Avril, l'An mil trois cens soixante & un.

NOTES.

(a) Livre Rouge vieil du Chastelet de Paris, *fol.* 18. *verso.*

Ces Lettres sont semblables presque mot pour mot, à celles données par Charles Regent, au mois de Mars 1358. & qui sont dans le 3.e Vol. des Ordonnances p. 334. Ainsi l'on n'a pas crû devoir faire imprimer icy en entier celles de 1360. Il suffira de remarquer qu'elles serviront à corriger un endroit de celles de 1358. C'est à la page 334. 6. & 7.e ligne, où il y a : *nec non solum faciat Thesaurario, &c.* il faut lire comme dans les Lettres de 1360. *nec non solvi faciat Thesaurario, &c.* & il faut effacer dans cette page 334. la Note (a) margin.

JEAN I.er & selon d'autres, Jean II. à Paris, le 13. de Mars 1360.

b Voy. cy-dessus, p. 358.

(a) Lettres de Sauve-garde Royale, pour les Religieuses de Poissi.

JOHANNES *Dei gratia Francorum Rex*, [b] *&c.*
Datum Parisius, die tercia decima Marcii, Anno Domini millesimo trecentesimo sexagesimo.

Collacion faite à l'original, ainsi signé. In requestis Hospicii. R. POTIN.

NOTES.

(a) Livre Rouge vieil du Chastelet de Paris, *fol.* 13. *verso.*

Ces Lettres sont precisément les mêmes que celles du 28. de May 1360. qui sont imprimées cy-dessus, & qui sont dans le Registre, immediatement avant celles-cy, qui ont servi à restituer deux lignes qui avoient esté passées dans celles du 28. de May 1360. Voy cy-dessus, p. 358. Note (b).

JEAN I.er & selon d'autres, Jean II. à Paris, en Mars 1360.

(a) Sauve-garde Royale, pour le Couvent des Cordelieres de Saint Marcel lès-Paris.

JOHANNES *Dei gracia Francorum Rex : Notum facimus universis presentibus & futuris, quod Nos qui ex Regalis debito dignitatis, universos & singulos Regni nostri subditos, presertim Religiosas & alias Ecclesiasticas personas, que nostro, die nocteque famulantur Altissimo Creatori, ab omnibus injuriis, oppressionibus & violenciis, tenemur protegere & tueri, dignum & justum censentes, ut dilectas nostras Abbatissam & Conventum Sororum* [c] *Minorissarum Monasterii Beate Clare de Sancto Marcello proppe Parisius, que ibi continue sunt incluse, speciali prosequamur prerogativa favoris ; sicque,*

c Les Cordelieres du Fauxbourg S.t Marcel.

NOTES.

(a). Livre Rouge vieil du Chastelet de Paris, *fol.* 21. *recto.*

JEAN I.er & selon d'autres, Jean II. à Paris, en Mars 1360.

nedum ab injuriis, oppressionibus & violenciis, que eisdem & suis familiaribus in personis inferri possent; sed & à vexacionibus & sumptibus indebitis quos in percepcione reddituum & usu possessionum earundem, possent eciam [a] *forsitam sustinere, per nostri provisionem & specialem graciam* [b] *proserventur; ut occupacionibus aliis cessantibus, & egestate repulsa, Divinis continuare sine intermissione valeant obsequiis, & tanto devocius ad hoc vacent, quanto favorabilius per Majestatem Regiam senserint se protectas: ea propter dictas Abbatissam & Sorores ac Monasterium predictum, una cum omnibus membris suis, domibus, grangiis, piscaturis, pedagiis, nemoribus, pratis, vineis, juribus, usibus & possessionibus quibuscumque, quos possident de presenti vel amodo possidebunt, ac familiaribus suis, singularibusque personis ejusdem Monasterii, & membrorum suorum, ac omnibus suis in quocumque loco Regni nostri existentibus, sub nostra, successorumque nostrorum Regum Francie, protectione & Salva-gardia speciali, suscipimus per presentes, in & sub protectione & Salva-gardia speciali nostra perpetuo* [c] *permansuras:* [d] *Mandando ac eciam committendo Preposito nostro Parisiensi qui nunc est & qui pro tempore fuerit, vel ejus Locum-tenenti, quem ex nunc Gardiatorem dictarum Religiosarum, & Judicem suum in omnibus Causis suisque singulis motis & movendis, tam agendo quam deffendendo, contra quoscumque adversarios suos, Ordinacionibus & Litteris contrariis impetratis seu impetrandis, nonobstantibus quibuscumque, constituimus & committimus specialem solum, & in solidum, quatenus dictas Religiosas in suis & Ecclesie sue justis possessionibus, franchisiis, libertatibus, juribus, usibus, Jurisdictionibus & saisinis presentibus & futuris, manuteneat & conservet, ipsasque Religiosas, & Monasterium suum predictas, familiaresque suos, & singulares personas predicti Monasterii, necnon res, possessiones & bona quecumque earum, ab omnibus injuriis, violenciis, oppressionibus, gravaminibus, molestiis, vi armorum, potencia laycorum, inquietacionibus & novitatibus indebitis quibuscumque, tueatur & deffendat; nec permittat contra ipsas Religiosas, earumque familiam, res & bona, aliquas fieri vel inferri indebitas novitates; sed si factas invenerit, ad statum pristinum & debitum reduci, ac Nobis & dictis Religiosis emendam condignam propter hoc prestari faciat indilate; & de personis de quibus* [e] *assecuramentum habere voluerint, juxta Patrie consuetudinem, eisdem bonum & legitimum dari faciat & prestari; & hujusmodi Salvam-gardiam nostram specialem, ne quis possit ex hoc ignoranciam allegare, in Assisiis suis, & locis aliis ubi & prout expedierit, publicari faciat; inhibendo ex parte nostra Regia, omnibus & singulis personis de quibus ex parte dictarum Religiosarum, requisitus fuerit, sub certis & magnis penis, Nobis, si contrafecerint, applicandis, ne dictis Religiosis vel earum familiaribus, seu quibusvis personis dicti Monasterii sui, aliqualiter foresfacere presumant; ac violatores hujusmodi nostrarum protectionis & Salve-gardie, si qui sint vel fuerint, mediante Justicia, pugniat taliter quod cedat aliis in exemplum: & si super aliquibus rebus contenciosis oriatur debatum in casu novitatis, inter ipsas Religiosas & alios quoscumque cujuscumque condicionis aut status extiterint, illud ad manum nostram, tanquam superiorem, ponat vel poni faciat; & per ipsam manum faciat seu fieri faciat recredenciam, ubi & prout fuerit faciendum; necnon persolvi faciat dictis Religiosis, redditus suos & debita sua bona & legalia omnia & singula, recognita vel probata,* [f] *de quibus nulla questio referetur; compellendo vel compelli faciendo debitores ipsarum, ad solucionem hujusmodi debitorum debite faciendam: & si ad hoc aliquis se opponat, manu nostra, quoad debita de quibus per Litteras Regias apparebit, sufficienter munita, adjornet vel adjornari faciat opponentes, omnesque illos & illas qui super dictis debitis questionem intulerint, ad certos & competentes dies coram ipso Preposito, super hujusmodi questionibus debite processuros: que* [g] *debita tam in casu novitatis quam super dictis debitis, coram ipso Preposito vel ejus Locum-tenente, agitari & fine debito terminari volumus, & mandamus; ipsum atque successores suos, & quemlibet eorundem, ad predicta & omnia que circa hec necessaria fuerint vel eciam opportuna, perpetuo* [h] *committentes: & ut premissa exequi diligencius valeant & compleri, volumus quod ad ea omnia, & singula alia que circa hec necessaria fuerint vel eciam opportuna, diligencius excequenda, unum aut plures Servientes Regios & nostros ydoneos,* [i] *suis*

[a] forsitan.

[b] preserventur.

[c] permansur. R.

[d] Mandan... committen. R.

[e] Voy. le 3.e Vol. des Ordonn. p. 264. Note (b).

[f] sur lesquelles on ne formera point de contestation.

[g] Il faudroit peut-estre lire, debata.

[h] committen. Reg.

[i] aux despens du Couvent.

ſumptibus, deputet & committat, ſi ſuper hoc fuerit requiſitus : qui tamen de hiis que Cauſe cognicionem exigunt, ſe nullatenus intromittant. Quod ut firmum & ſtabile perpetuo perſeveret, Litteris preſentibus noſtrum fecimus apponi Sigillum : Salvo im omnibus jure noſtro & in omnibus alieno. Datum Pariſius, Anno Domini milleſimo trecenteſimo ſexageſimo, menſe Marcii.

Collacion faite à l'original ſcellé de cire vert, & en las de ſoye. Ainſi ſigné en la marge. *Per Regem, preſentibns Confeſſore & Elemoſinario.* P. BLANCHET. *Contentor.*

Ces Lettres furent [a] pupliées en jugement, preſent le Lieutenant, le mercredi dernier jour de Mars, l'An mil trois cens ſoixante & un. a *publiées.*

JEAN I.er & ſelon d'autres, Jean II. à Paris, le 12. de May 1361.

(a) Sauve-garde Royale, pour l'Abbaye de Livry en Lannoy.

JEHAN par la grace de Dieu Roy de France: Savoir faiſons à tous preſens & avenir, que comme Religieux hommes, l'Abbé & Convent de Noſtre-Dame de *(b)* Livry en Lannoy, de l'Ordre de Saint Auguſtin, de la Prevoſté de Paris, eſtant d'ancienneté en noſtre ſauve & eſpecial Garde, & de nos predeceſſeurs Roys de France; & pour ce qu'il ont juſte cauſe de eulz [b] doubter, ſi comme il dient, de [c] pluſeurs perſonnes Nobles & autres, qu'il ne leur meffacent en corps ne en biens, & donnent oppreſſions, griefs, dommages & moleſtations non deuës, comme il ſoient perſonnes deputées à vacquier continuelment au Divin Service faire & celebrer, ſelon le veu & deu de leur Religion, Nous euſſent & aïent humblement ſupplié, que ſur ce leur voulſiſſions de remede convenable pourveoir, par quoy il ne feuſſent empeſchiez à ſervir en l'Office Divin, Noſtre Seigneur J. C. Nous adcertes qui de tout noſtre cuer deſirons le Divin Office eſtre acreu en noſtre temps, & non diminué, & qui en ce voulons, ſi comme il appartient, enſuirre les bonnes traces de nos predeceſſeurs Roys de France, & garder & deffendre, en tant comme en Nous eſt, les Egliſes & les perſonnes d'icelles, de forces & de oppreſſions non deuës, la devantdicte Eſgliſe de Livry, l'Abbé & Couvent, avecques tous leurs membres, & les ſingulares perſonnes d'iceulz, toute leur famille, enſemble tous leurs biens, poſſeſſions, terres, Juſtices, Juriſdictions, [d] Fiels, uſages, couſtumes, franchiſes d'icelle [e] dudit Abbé & Convent, conjointement & diviſéement, & de tous les membres d'icelle, quelz qu'il ſoient, & où qu'il ſoient en noſtredit Royaume, avons prins & mis, prenons & mettons par ces preſentes, en noſtre Sauve-garde & eſpecial protection, & ſoubz ycelle voulons les deſſuſdiz Religieux, leur famille, avecques tous leurs biens, comme dit eſt, eſtre gardez dores-en-avant & deffenduz à touſjours-maiz; & pour & ſur ce, leur avons deputé & deputons par ces preſentes, de grace eſpecial, d'auttorité Royal & de certaine ſcience, le Prevoſt de Paris qui ores eſt, & qui pour le temps ſera, à Gardien eſpecial: Auquel Prevoſt Nous donnons povoir & auttorité, & commettons par ces Lettres, de garder & maintenir en & ſoubz leſdictes Gardes & proteccions, ladicte Eſgliſe, l'Abbé & Convent, leurs membres & toutes les perſonnes d'icelles ſingulieres, tous leurs biens, gens & famille preſens & avenir, & eulz maintenir & garder en toutes leurs Juſtices, poſſeſſions & ſaiſines, droiz, franchiſes, libertez & uſages; de deffendre yceulz & leurs biens, de toutes injures, violences, griefs, oppreſſions, de force d'armes, de puiſſance de laiz, de toutes nouvelletez non deuez; de ramener & mettre à eſtat deu, tout ce que il trouvera fait non deuëment contre eulz & leurs biens, ou préjudice des deſſuſdictes eſpeciaulz Sauves-gardes & proteccions; de [f] corrigir & punir les malfaiſans, & de faire amender à Nous &

b *craindre.*
c *pluſieurs.*
d *Fiefs.*
e *Egliſe.*
f *corriger.*

NOTES.

(a) Livre Rouge vieil du Chaſtelet de Paris, *fol. 22. recto.*

(b) Livry en Lannoy.] C'eſt ſans doute, *Livry en Launoy*, dans l'Iſle de France, & du Dioceſe de Paris, ſur lequel Voy. *le Dictionn. Univerſ. de la France.*

JEAN I.er & selon d'autres, Jean II. à Paris, le 12. de May. 1361.

auxdiz Religieux convenablement; de faire requerre & demander la Court & congnoissance de leurs hommes, Bourgeois & [a] Hostes ou Justiciables; & en cas de debat de nouvelleté, de prendre les choses contencieuses en nostre main comme Souveraine; de faire restablir les lieux realment & de fait, & par ycelle main, faire recreance là où il cherra à faire; de faire assigner jour pardevant lui aux Parties pour aller avant, si comme raison sera; & de faire payer à yceulz Religieux, leurs debtes bonnes, loiaulz, congneuës, ou prouvées souffisament par Lettres, tesmoings, instrumens ou autres loiaulz ensengnemens; & sur les choses dessusdictes & dependences d'icelles, faire entre les Parties bon & brief droit; de faire & donner à yceulz Religieux & à leurs gens & familiers, & à chascun d'eulx, bon & loyal [b] asseurement, selon la coustume du pays, des personnes dont il ou aucun d'eulz, le requerront; & enseurquetout de faire tout quancques à office de Gardian especial, appartient à faire, & peut & doit appartenir: Et oultre en ampliant nostredicte grace, faisons savoir à tous, qu'il est de nostre entencion, & ainsi l'avons Nous ottroïé & ottroïons auxdiz Religieux, que ledit Prevost par vertu de ces presentes Lettres, ait povoir & Jurisdiccion, & à ce le commettons pour la cause des choses dessusdictes [c] des deppendences d'icelles, sur tous les subgez de sadicte Prevosté & du ressort d'icelles; & avec ce, oultre le terme & la distance d'icelles, jusques vint lieuës en tous costés, à compter de la Ville de Paris jusques vint lieuës [d] desdictes vint lieuës, & au-dessoubz dudit nombre: Toutes lesquelles choses dessusdictes & chascune d'icelles, Nous avons ottroïé & ottroïons de grace especial, de certaine science, & pour cause, comme dessus est dit, auxdiz Religieux par la teneur de ces presentes; Et voulons & Nous plaist que ledit Prevost puist deputer & depute auxdiz Religieux, à leurs despens, toutesfoiz que requis en sera, un ou plusieurs de noz Sergens, pour plus diligemment faire les choses dessusdictes, enteriner & acomplir: Mais Nous leur deffendons par ces presentes, qu'ilz ne s'entremettent de chose qui requiere congnoissance de Cause. Donnons en mandement à tous les Justiciers & subgez de nostredit Royaume, que audit Prevost & aux deputez ad ce de par lui, entendent & obéïssent diligemment: Et pour ce que ceste chose soit nottoire, Nous avons fait mettre nostre Seel à ces presentes Lettres. *Ce fu fait & donné à Paris, l'An de grace mil trois cens soixante & un, le 12.e jour de May.*

Collacion faicte à l'original scellé de cire jaune, en double queuë. Ainsi signé. Par le Roy, à la relacion du Conseil ouquel estoient Mess. l'Evesque de Beauvaiz, l'Abbé de [e] Cligny, le Chantre de Paris, & Gilles de Semcourt Chevalier. FERRICUS.

Et furent [f] pupliées en Jugement, le 29.e jour de May, l'An 1361.

a *Voy. la Table des Matieres du 3.e Vol. des Ordonnances, au mot* Hostes.

b *Voy. le 3.e Vol. des Ordonn. p. 264. Note (b).*

c *&.*

d Ces mots, *desdites vint lieuës,* paroissent inutiles.

e *Clugny.*

f *publiées.*

JEAN I.er & selon d'autres, Jean II. à Paris, en Octobre 1361.

(a) Confirmation de la Chartre de Bourgeoisie, accordée aux habitans de la Ville de Busency.

SOMMAIRES.

(1) Les habitans de Buzancy auront les libertez & franchises de la Ville de Beaumont en Argonne. Ils esliront tous les ans un Mayeur, des Eschevins, des Jurez & un Doyen. Le Mayeur & les Eschevins auront la connoissance des cas civils & criminels.

(2) Lorsque les Maires & Eschevins ne se croiront pas assez habiles pour juger par eux-mêmes, ils iront consulter sur le Jugement qu'ils ont à rendre, dans la Ville de Beaumont, ou dans quelque autre Ville qui se gouverne par la Coustume de Beaumont, qu'ils suivront dans leurs Jugements.

(3) Les Bourgeois payeront chaque année deux redevances; moyennant lesquelles ils ne payeront plus le droit de Masnage.

(4. 5) Les habitans payeront le drtio de terrage.

(6) Droit que les habitans payeront sur le foin.

(7) Les Bourgeois payeront chaque année deux redevances pour le salaire de celuy qui gardera la forteresse de leur Seigneur.

(8) Ils doivent fournir des charrois dans de certains cas à leur Seigneur.

(9) Les habitans payeront chaque année dix-huict deniers parisis; ou travailleront pendant une semaine pour leur Seigneur, à sa volonté.

Tous

JEAN I.er & selon d'autres, Jean II. à Paris, en Octobre 1361.

Tous ceux qui demeureront dans la Ville, payeront les mêmes rentes & redevances que les Bourgeois.

(10) La Ville de Buzancy fournira des charrois pour le four & le moulin [bannal.]

(11) Les habitans de Buzancy sont bannables *au four & au moulin de ce lieu.*

(12) Les habitans seront obligez de fournir deux jours dans l'année, des charrois à leur Seigneur qui sera tenu de payer la journée d'un de ces charrois.

(13) On ne changera rien aux poids ni aux mesures.

(14) Les habitans doivent accompagner les Seigneurs dans les expeditions militaires.

(15) Les habitans auront soin d'entretenir le chemin.

(16) Les rentes & redevances seront levées par le Mayeur & les Eschevins, sans frais.

JOHANNES Dei gratia Francie Rex: Notum facimus universis tam presentibus quam futuris, quod Nos Litteras sigillo dilecti & fidelis nostri Henrici (b) Grandi-prati, Domini de (c) Busenciaco, Militis, ut prima facie apparebat, sigillatas, sanas & integras vidimus, formam que sequitur, continentes.

A TOUZ ceulx qui ores sont & qui pour le temps avenir seront, & qui verront & orront ces presenres Lettres: Henris de Grandpré Chevaliers, Sire de Busency, Salut. Comme li Bourgois & habitant de nostre Ville de Busancy, *(d)* [a] fuissent chartrés & privilegiés de lonc temps [b] de predecesseurs Contes & Contesses de Grandpré; par laquelle Chartre, il estoient de *(e)* mesmariage; & tuit cil qui mouroient sanz avoir hoirs de leurs corps, estoient de [c] mortemain de meubles; & si devoient plusieurs servitutes, & [d] griés amendes, lesquelles ne nous portoient moult grant prousit; [e] jasoit ce que ausdiz habitans fuissent moult grevables, & leur redondoit en moult grant dommage: Et par ces choses & servitutes, li plusieurs des habitans d'icelle Ville, se departoient de jour en jour d'icelle, & alloient demourer autre parts, & laissoient li aucun decheoir & ruiner leurs maisons & édifices; & li aucun [f] laissoient à labourer leurs terres, & à faire [g] norrin de bestes & de chevaulx, pour les grans servitutes que il devoient pour icelles bestes, & pour les amendes que il leur convenoit paier, quant il ne paioient leursdites rentes: Et d'autre part, li forain laissoient à venir faire residence en nostre Ville, pour les causes dessusdites & pour plusieurs autres; & ensi nostredite Ville de Busency, decheoit & [h] amenrissoit de jour en jour, & aussi noz rentes & revenuës: Et pour les grosses amendes & plusieurs autres causes qui estoient en nostredite Ville, la gent du pais & le marchant estrange laissoient à venir [i] as foires & marchiez de nostredite Ville: Lesquelz choses estoient à la destruction de nostredicte Ville, & à nostre très grant dommage. Et pour ce Nous ayens consideré & regardé, comment & par quelle maniere, Nous puissiens à nostre plus grant prousit & honneur, & aus [k] menres [l] damages desdiz habitans & demouranz en nostredite Ville de Busency, mettre remede & [m] atrempement en ces choses, par quoy

a *fussent.*
b *des.*
c *Voyez le 3.e Vol. des Ordonn. p. 181. Note (c)*
d *grieves, fortes.*
e *quoique.*
f *cessoient de.*
g *nourritures.*
h *amoindrissoit: diminuoit.*
i *aux.*
k *moindres.*
l *domages.*
m *moderation.*

NOTES.

(a) Tresor des Chartres, Registre 91. Piece 6.e

(b) Grandi-prati.] Grand-pré, Ville dans la Champagne, Diocese de Reims, Intendance de Châlons, Election de S.te Manehoud. C'est un des sept anciens Comtez-Pairies de Champagne. Elle appartient à un Seigneur de la Maison de Joyeuse. *Dictionn. Univers. de la Fr.* à ce mot.

(c) Busenciaco.] C'est apparemment *Buzancy* dans la Champagne, Diocese de Reims, Intendance de Châlons, Election de S.te Manehoud. *Ibid.* à ce mot.

(d) Fuissent chartrés & privilegiés.] C'est-à-dire, eussent des Chartres contenant des Privileges.

(e) Mesmariage.] C'est la même chose que *for-mariage*, suivant le Gloss. de Du Cange, au mot *Foris-maritagium*, où il dit que c'est le droit que les *serfs* payoient à leur Seigneur, pour obtenir la permission de se marier à des gens libres, ou à des serfs appartenants à d'autres Seigneurs. Dans le 3.e Vol. des Ordonn. p. 181. Note *(c)* j'ay mal restraint en suivant le Glossaire du Droit Franç. le *For-mariage* à l'amende que payoit le *serf*, lorsque sans la permission de son Seigneur, il s'estoit marié à une personne libre ou serve d'une autre personne.

JEAN I.er & selon d'autres, Jean II. à Paris, en Octobre 1361.

nostredite Ville n'allast à declin; mais se refeist & peuplaist, & les terres & heritages du [a] ban & finage d'icelle, se labourassent & fuissent labourées & cultivées & [b] amendés, de laquelle chose faire, lidit habitant n'avoient cure ne desir, pour les causes dessusdites: Et par grant deliberation & conseil eus sur ce par plusieurs foiz, [c] a plusieurs de nos Seigneurs & amis & de autres saiges, ait esté regardé que ceste chose se feroit, [d] par mettre au neant lesdites mortemain & mesmariage; par restraindre & amenrir plusieurs autres servitutes & amendes qui estoient contenues en ladite Chartre, qui à Nous estoient de petite value, & dont li habitant estoient grieffement oppressé & domagé; & que il seroit à Nous plus grant prouffit de rendre à Nous aucunes redevances, pour raison des heritaiges, [e] que il ne devoient mie par ladite Chartre, en lieu des servitutes & amendes dessusdites: Saichent tuit que Nous desirans de tout nostre cuer, l'acroissement & amendement de nostredite Ville, & des demourans & habitans en ycelle, presens & à venir, avons par grant affection & par bon meur conseil & avis, donné & octroié, donnons & octroions des-cy-en-avant en perpetuité, aux habitans & demourans ores & en temps avenir, en nostredite Ville de Busency, les libertez & franchises, qui en ceste presente Chartre sont escriptes, & les jurons & promettons à tenir pour nous, nos hoirs, noz successeurs & tous ceulx qui en temps advenir seront Signeurs de nostre Ville de Busency, & à garantir ycelles ausdiz habitans & demourans, envers touz & contre touz qui à [f] jour & à droit [g] voiront venir.

(1) Premiers. Nous mettons nostredite Ville de Busency, & tous les habitans & demourans en ycelle, presens & futurs, aus drois, loys, us, coustumes, franchises & libertez de ladite [h] Ville de Beaumont en Argonne; & feront li Bourgois & habitans d'icelle Ville de Busency, dès maintenant & chascun an en temps avenir, Majeur, Eschevins, Jurés & Doyen, au jour de Penthecouste, en la Ville de Busency, selon les us, coustumes & manieres que en les fait en ladite Ville de Beaumont: Liquels Maires & Eschevins auront la Court, cognoissance, Juridiction, [i] prinses, *(f)* arres & Jugemens de touz cas quelconques, criminelz & civilz, qui escherront & advenront en ladite Ville de Busency, en ban & finage d'icelle, [k] jusques à la mort, selon l'us, loys & coustumes de ladite Ville de Beaumont.

(2) Item. Lidis Maires & Eschevins jugeront de tous cas criminels & civils, se il en sont [l] sages; & se de eulx mesmes n'en sont saiges, il iront [m] querre le Jugement en ladite Ville de Beaumont, ou autre part où il leur plaira, ès Villes qui [n] reglient & gouvernent selon lesdis drois, us, lois & coustumes de Beaumont ou Royaume de France: Et du tout en tout, jugeront selon lesdiz drois, us, lois & coustumes de Beaumont.

(3) Item. Chascun Bourgois de ladite Ville de Busency, ban & finage d'icelle, rendra & paiera à nous & à ceulx qui seront Seigneurs de Busency, chascun an au jour de Noel, douze deniers Parisis & deux poulles; & au jour de Feste Saint Jehan-Baptiste, douze deniers Parisis: Tout ce pour cause de Bourgesie: Et [o] parmi ce, lidit Bourgois, & Bourgoises ne paieront ne [p] denront aucuns *(g)* masnages.

(4) Item. Lidit Bourgois & Bourgeses paieront *(h)* terrage, de treze gerbes

a *son territoire.*
b *mises en meilleur estat.*
c *avec.*
d *en anéantissant & abrogeant.*
e *de charger les habitans de nouvelles redevances, à la place de ces servitudes.*
f *en Justice.*
g *voudront.*
h *Il n'a pas encore esté parlé de cette Ville.*
i *saisies.*
k *Je ne sçais si on doit entendre cela inclusivement ou exclusivement.*
l *s'ils sont assez habiles.*
m *C'est-à-dire, consulter sur le Jugement qu'ils ont à rendre.*
n *se.*
o *moyennant cela.*
p *donneront.*

NOTES.

(f) Arres.] Je crois qu'on peut entendre par ce mot, les cautions données de se representer en Justice, ou de faire quelque autre chose. Voy. le Gloss. du Droit Franç. au mot *Arremens & Erremens.*

(g) Masnages.] Il paroist par le Gloss. de Du Cange, au mot *Managium*, que le *Masnage* est une redevance qui se leve sur les terres. Suivant l'étymologie de ce mot, il doit signifier singulierement une redevance qui se leve sur les maisons: car *Managium* signifie proprement une maison. En effet cette signification de *Masnage* ou de *Masonage* qui est la même chose, se trouve bien clairement marquée dans une Piece qui est au Thresor des Chartres, Registre 89. n. 736. On y lit: *Et ladite maison soit chargié envers nous comme Seigneurs de ladite Ville, de nuef* Masonages, *chacun an; lesquels* Masonages *valent un tonneau de vin, treize sextiers & demy d'aveine, de neuf souaces, &c.*

(h) Terrage.] Droit qui se leve par le Seigneur, sur les terres qui sont en valeur. Il se nomme aussi *Champart.* Voy. le Gloss. de Du Cange, au mot *Terragium*, & le Gloss. du Droit Franç. au mot *Terrage.*

une, de toutes les terres arrables & labourales que on *(i)* ahennera en ban & finage de Busency: [a] Es se vignes y estoient, il en paieroient au [b] fuer.

(5) Item. Se aucuns ou aucune [c] ahennent [d] chanve ou lin, [e] ès meiz *(k)* courtis ou masures entour la Ville, il n'en paieront point de terrage; & se il y hennent blés, il paieront terrage du blef.

(6) Item. Chascuns Bourgois & Bourgoises paiera chascun an au jour de Feste Saint Remy, ou [f] chief d'Octobre, pour chascune *(l)* fauchiée de prey feans [g] où ban & finage de Busency, quatre deniers Parisis.

(7) Item. Chascun Bourgois & Bourgoises paiera chascun an, au jour de ladite Saint Remy en Octobre, trois deniers Parisis; & au jour de Pasques, trois deniers Parisis, pour une garde qui gardera la Forteresce le Seigneur de Busency.

(8) Item. Lidit Bourgois & Bourgoises de Busency, *(m)* doient le charroy à la Forteresce de Busency, & aus Maisons le Seigneur à Busency; *(n)* ensi comme il vont au bois & aus champs, le charroy des autres Villes de la Prevosté de Busency.

(9) Item. Chascun Bourgois & Bourgoise paiera chacun an en Quaresme, au jour que on les [h] semonra, dixwit deniers Parisis, à la *(o)* Fermeté de Busency; ou une sepmaine d'ouvrage, lequel que li Sires vouldra prenre: Et tous autres demourans en ladite Ville, paieront teles rentes & redevances comme lidit Bourgois; nonobstant franchises quelconques que il [i] pussent avoir.

(10) Item. Ladite Ville de Busency [k] chairroiera le four & le moulin de Busency.

(11) Item. Lidit Bourgois & [l] Boursoises [m] bannables au four & moulin de Busency; & se il vont [n] molre à autre moulin, il rendront la mouture au Munier; se li blefs *(p)* n'a geu nuit & jour au moulin: Et doient cuire audit four, & [o] cili qui cuiroit à autre four, rendroit le fournage, se li [p] fourniers ne li avoit *(q)* defailli de son lieu: Et li fourniers doit avoir de celui qui aura plain le four, un pain: Et se *(r)* soces cuisent, lidiz fourniers doit avoir deux pains: Et se li pains que on li feroit, ne li feoit, il penroit deux pains de soces lesquels que il voulroit, & les soces rauroient les pains que on avoit faiz pour ledit Fournier.

(12) Item. Lidit Bourgois & habitant de Busency, *(s)* paieront chascun an au

JEAN I.er & selon d'autres, Jean II. à Paris, en Octobre 1361.

a *&.*
b *à proportion.*
c *Voy. la Note (i).*
d *chanvre.*
e *dans mes.*
f *au commencement.*
g *au.*
h *semonera, avertira.*
i *puissent.*
k *fournira des charrois, pour le four & le moulin bannal.*
l *Bourgeoises.*
m *sont.*
n *moudre.*
o *celuy.*
p *celuy qui a soin du four bannal.*

NOTES.

(i) Ahennera.] Que l'on laboure ra. Ce mot vient de *ahan*, qui signifie, *labeur*, *travail.* Voy. le Gloss. du Droit Franç. au mot, *Ahans.* Il y a *ahennent,* dans l'Art. suivant.

(k) Courtis.] Ce mot qui vient de *Cortis* ou *Curtis*, signifie une petite maison située à la Campagne, avec les terres qui en dépendent. Voy. le Gloss. de Du Cange, au mot *Cortis.* Suivant Borel, *Courtil* signifie seulement un Jardin.

(l) Fauchiée de prey.] C'est-à-dire, ce qu'un faucheur peut faucher de prez dans une journée. Voy. le Gloss. de Du Cange, aux mots, *Falcata prati. Feans;* c'est-à-dire, qui sera *fenée* ou *fanée.*

(m) Doient le charroy.] Doivent fournir des charrois dans de certains cas, à leur Seigneur.

(n) Ensi, &c.] Je n'entends point le reste de l'Article, qui pourroit bien estre corrompu. Si on lisoit: *ensi que vont au bois & aus champs*, les *charrois, &c.* cela feroit un assez bon sens, & cela pourroit signifier, que les charrois que les habitans de Buzancy seront obligez de fournir, seront tels que le sont ordinairement ceux des habitans des autres Villes, lorsqu'ils vont aux bois ou aux champs. Voy. cy-dessous l'Art. 12.

(o) Fermeté.] On appelloit ainsi autrefois les forteresses. De *Fermeté*, on a fait dans la suite *Ferté.* Voy. le Gloss. de Du Cange, au mot, *Firmitas.*

(p) N'a geu.] Si le bled n'a esté *gisant* dans le moulin, pendant un jour & une nuit, sans qu'on l'ait fait moudre.

(q) Defailli de son lieu.] Avoit manqué de cuire son pain à son rang.

(r) Soces.] Je n'ay jamais pû découvrir ce que signifioit ce mot *soces*, d'où dépend l'intelligence du reste de l'Article. Je trouve bien dans le Gloss. de Du Cange, au mot *Socina*, un Art. de la vieille Coustume d'Amiens, dans lequel il est parlé de four & de *socines*: mais Du Cange dit que ce dernier mot signifie *Boutique*; cela ne paroist pas bien clairement par l'Article cité: Mais quelque soit la signification de ce mot, il ne paroist pas que ce soit la méme chose que *soces.*

(s) Payeront.] Je crois que cela signifie, que les habitans seront obligez de fournir deux jours dans l'année, des charrois au Seigneur qui sera tenu de payer la journée d'un de ces charrois.

JEAN I.er & selon d'autres, Jean II. à Paris, en Octobre 1361.

Seigneur, deux charrois par deux jours l'an; [a] ensi comme il vont au bois & aus champs: Et en païera lidiz Sires l'un desdiz charrois, en un jour en quel temps que il li plaira, en un jour de hyver.

(13) Item. Toutes les mesures & pois quelsconques de ladite Ville de Busancy, seront tels comme il sont à present; & seront dreciés [b] & justifiés par lesdiz Majeur & Eschevins de Busency.

(14) Item. Lidiz Bourgois & Bourgoises devront [c] os & chevauchiées au Seigneur, aus us & coustumes que [d] cyl de Beaumont les doient.

(15) Item. Lidit Bourgois & Bourgoises de Busency, [e] songneront chemin raisonnable & convenable; & demouront en tel estat comme il sont, & comme on en a usé d'ancienneté.

(16) Item. Seront lesdites rentes levées par les Majeur & Eschevin de Busency, selon ce que on en use aus us, drois & coustumes de Beaumont. Et ou cas que lidiz Bourgois & Bourgoises, ne païeront leursdites rentes & redevances aus termes qui dessus sont diz, il devront teles amendes comme ausdiz us, loys, drois & coûtumes de Beaumont, puent & doient appartenir. Et lidiz Maire & Eschevins n'auront nuls [f] despens en levant lesdites rentes, ne nuls droiz pour cause desdiz dépens: Ne pourront [g] ne auront riens ou tiers des amendes, pour cause de [h] Fermeté & de Warnison: Et en tous cas & causes, lidit Bourgoiz, Bourgoises [i] habitant de Busancy, li Maires, Eschevins, Jurez & Doyen d'icelle Ville, useront, se gouverneront des-y-cy-en-avant pepetuelment, selon les drois, lois, us, coustumes, franchises & libertez de ladite Ville de Beaumont. Et [k] parmi les redevances, rentes & choses dessusdites, contenues en ceste presente Chartre, ladite Ville de Busency, li bans, finages, [l] terruirs & appartenances d'icelles, li Bourgois, Bourgoises, demourans & habitans en icelle Ville, & qui encores y demouront & habiteront, sont, seront, demeurent & demouront à touzjours perpetuelment, frans, quitte, exemps & deschargé de toutes autres redevances, amendes, forfaitures, charge, debites & servitutes quelconques; èsquelles il estoient, povoient & devoient estre tenues à nous & aus Seigneurs de Busency, tant par Chartre comme autrement: parmi ce que nous les avons mis & mettons aus drois, lois, us, coustumes, franchises & libertez de ladite Ville de Beaumont. Et pour ce que nous voulons que nostredit Bourgois & Bourgoise de nostredite Ville de Busency, & cil qui en temps avenir y seront demourans, [m] demeursent en pays & en transquilité, par quoy Nous ne cil qui en temps avenir seront Seigneur de Busency, ne les puissiens, [n] ne puissent molester, oppresser ne lever de eulx aucunes autres rentes, redevances, charges, debites & servitures, que celles qui ci-dessus sont declairiés, Nous pour nous & ceulx qui en temps advenir seront Seigneurs de Busency, promettons par nostre foy & serement, & jurons bonnement & loyaument à tenir & garder fermement sanz corrompre, & sanz aler ne faire aler contre ceste presente Chartre & toutes les choses en ycelles contenues. Et en obligons tous noz biens & les biens de noz hoirs & de noz successeurs Seigneurs de Busency, meubles & non-meubles, presens & advenir, [o] ou que il soient, & nous en sousmettons quant ad ce, à la Juridiction du Roy nostre Seigneur & de sa Gent, par lesquels Nous voulons à ce estre contrains: En [p] renoçant à toutes exceptions de mal, de fraude, de lesion, de corrupcion & de decevance, & à toutes autres choses quelconques, tant de droit comme de fait, que on pouroit proposer contre ces presentes; au droit disant, general renonciation non valoir. Et supplions & requerons humblement à très excelent Prince nostre très cher & redoubté Seigneur nostre Seigneur le Roy de France, que il veulle & li plaise à confermer ceste presente Chartre, & de ce baillier ses Lettres ausdiz habitans. Et en [q] tesmomoignage de verité & à perpetuelle memoire, Nous avons baillé ausdiz habitanz, ces presentes Lettres seelées de nostre propre Séel, [r] desquels nous avons usé, *qui furent faites & données lundi vj.e jours en Avril, l'An de grace Nostre-Seigneur mil trois cens cinquante-sept.*

a *Voy. cy-dessus, p. 371. Note (n).*
b *comparées aux Estalons.*
c *suivront leur Seigneur à l'armée.* Voy. la Table du 3.e Vol. des Ordonnances, au mot, *Armée.*
d *ceux.*
e *auront soin d'entretenir le chemin.*
f *salaires.*
g Il semble qu'il manque-là le mot, *prendre.*
h *Forteresse & garnison.* Voy. cy-dessus, Note *(o)*.
i *&.*
k *moyennant.*
l *terroir.*
m *demeurent en paix.*
n *&.*
o *dans quelque lieu qu'ils soient.*
p *renonçant.*
q *tesmoignage.*
r *duquel.*

QUAS quidem Litteras, ratas & gratas habentes, easque ac omnia in eisdem contenta, laudamus, approbamus, ratificamus ac etiam ex nostris certa scientia, auctoritateque Regia & gratia speciali, ad requestam dictorum Militis Nobis super hoc supplicantis, ac Burgensium & habitatorum, confirmamus per presentes : Mandantes omnibus Justiciariis & subditis nostris, quatinus dictos Burgenses & habitantes, contra nostre presentis gratie & [a] confirmationes tenorem, [b] perturbent aut molestent quoquomodo ; ymo ipsos nostris gratia & confirmatione predictis, ac omnibus & singulis in Litteris suprascriptis, contentis, uti & gaudere pacifice faciant & permittant. Quod ut firmum & stabile perpetuo permaneat in futurum, nostrum Sigillum presentibus Litteris duximus apponendum : salvo in aliis jure nostro & in omnibus quolibet alieno. Datum Parisius, Anno Domini millesimo trecentesimo sexagesimo-primo, mense Octobris.

Per Regem ad relationem Consilii. N. DE VERRES. *Collatio facta est per me cum originali.* N. DE VERRES.

[a] confirmationis.
[b] non.

JEAN I.er & selon d'autres, Jean II. à Beaune, en Janvier 1361.

(a) Confirmation des Privileges accordez aux Habitans de Chaigne.

SOMMAIRES.

(1) Le Seigneur de Chagny donne la liberté à tous ses hommes [serfs] *& à toutes ses femmes* [serves,] *demeurans dans les bornes désignées dans l'Article; à l'exception de ses hommes & femmes qui demeureront hors de ces bornes; & des hommes & femmes appartenants à ses Vassaux & à ses Censitaires; quoyque ces hommes & femmes demeurassent dans les bornes de la* liberté, *[ou* franchise. *] Ces hommes & femmes devenus libres, ne pourront estre arrestez prisonniers, s'ils peuvent donner caution, lorsqu'il s'agira d'un interest pecuniaire, & si ce n'est dans les cas où ils auront pû meriter une peine corporelle.*

(2) Chaque Bourgeois de Chagny payera 20. sols tous les ans au Seigneur. Ils doivent aussi tous les ans, une corvée racheptable de 12. deniers : mais il faut que le Seigneur leur fasse tous les ans, la demande de cette corvée.

Si quelque habitant n'est pas en estat de payer cette redevance annuelle de 20. sols, on fera une estimation de ses facultez, en presence de deux honnestes gens demeurans dans la ruë où il demeure, & on le déchargera d'une partie de cette redevance.

Ceux qui voudront estre admis dans la liberté *ou Bourgeoisie, payeront 20. sols d'entrage : on diminuëra ce droit en faveur de ceux qui ne seront pas en estat de le payer.*

(3) Le Seigneur a tous les ans sept jours de ban de Vin; *& il doit faire publier ce ban, la veille de l'Assomption. Les années où il differera plus long-temps de faire faire cette publication, il ne pourra joüir de ce droit.*

(4) Lorsque le Seigneur acheptera quelque chose, on luy fera credit pendant 40. jours; passez lesquels, s'il n'a pas payé, on ne sera pas obligé, jusqu'à ce qu'il l'ait fait, à luy faire credit sur autre chose.

Si quelqu'un cache sa marchandise, de peur d'estre obligé de la donner à credit au Seigneur, il sera condamné à l'amende. Si les Officiers du Seigneur, nient qu'on leur ait fait credit, celuy qui prétend l'avoir fait, le prouvera par témoins : & de même, les Officiers pourront prouver par témoins, qu'ils ont payé ce qu'ils ont pris à credit.

(5) Les habitans doivent suivre à leurs dépens, dans l'estenduë de la Chastellenie seulement, le Prevost de leur Seigneur, dans les expeditions militaires entreprises seulement pour les interests de leur Seigneur, ou pour la deffense du Duché de Bourgogne. Ceux qui auront quelque excuse legitime, qui les empeschera d'aller à ces expeditions militaires, donneront à leur place, un homme capable de porter les armes; faute de quoy, ils seront condamnez à l'amende.

(6) Le Seigneur pourra demander une Ayde à ses habitans, dans quatre cas; lorsqu'il voudra faire un voyage à Jerusalem; lorsqu'il sera prisonnier de guerre; lorsqu'il voudra acquerir une terre pour augmenter celle de Chagny; & pour marier sa fille. Si les habitans ne veulent pas payer ces Aydes, le Seigneur ne peut les y forcer.

(7) Amendes que l'on payera à Chaigny, selon la nature des affaires.

(8) Si le Seigneur de Chagny donne atteinte aux Privileges qu'il a accordez à ses habitans, & qu'il refuse d'avoir égard aux representations qui luy seront faites à ce sujet; l'Evêque de Châlons-sur-Saône, pourra mettre l'Interdit sur toutes ces terres; à l'exception de Chaigny; & sa Sentence pourra estre confirmée par l'Archevêque de Lyon; & l'Interdit ne sera point levé, qu'il n'ait donné satisfaction aux habitans.

(9) Si les habitans se plaignent que le Seigneur a donné atteinte à leurs Privileges,

JEAN I.er & selon d'autres, Jean II. à Beaune, en Janvier 1361.

[& que celuy-cy soit en disposition de leur rendre Justice,] les habitans auront en ostage des personnes qu'ils garderont jusqu'à ce qu'on leur ait donné satisfaction.

(10) Outre l'amende que payera celuy qui n'aura pas marché à une expedition militaire, ou qui n'aura pas envoyé quelqu'un à sa place, il payera encore la solde que le Prevost donnera à celuy qu'il prendra pour remplir la place du deffaillant.

JOHANNES Dei gratia Francorum Rex: Notum facimus universis tam presentibus quam futuris, Nos duas infrascriptas vidisse Litteras sub hiis verbis. Tenor autem prime, talis est.

In nomine Sancte & individue Trinitatis: Amen. Anno Verbi Incarnati millesimo ducentesimo vicesimo-quarto, regnante [a] *Ludovico Dei gratia Illustri Rege Francie: Alayde Ducissa Burgundie existente:*

(1) Ego Odo Dominus Montisacuti, & Ego Elisabeth uxor ipsius Odonis: Notum facimus & certificamus presentibus & futuris, quod nos homines nostros & mulieres de (b) Chaigne, de consensu & petitione ipsorum, manumisimus; omnibus juribus, usibus & bonis consuetudinibus que prius fuerunt in ipsa Villa de Chaigne, integre conservatis; Ipsos [b] *eciem hujusmodi libertatibus perpetuo condonnantes, quod nos vel alius assensu,* [c] *confidentia, auctoritate vel nomine nostro,* [d] *scriptos terminos vel alibi,* [e] *quemdem hominum vel mulierum hujusmodi (c) libertatis, non* [f] *capimus, * ne capi faciemus; nisi tale quid commiserit vel taliter deliquerit, super quo non possit fidejussorem dare, (d) nec pro pecunia possit vel debeat relevari: Videlicet,* [g] *Cruce de* [h] *Corpaus versus Chaigne, usque ad forestam de Maitres; & ab ipsa foresta de Maitres, usque ad boscum des Spinais, & usque a* [i] *Rumine; & à Rumine, usque ad dictam Crucem de Corpaus circiter & Spence; (e) coprehansos omnes qui sub protectione vel dominio, infra dictos terminos moram, mensionem seu (f) estagium suum habent vel habebunt in futurum, tam* [k] *adventicios & advenas, quam alios suprascriptos & subter scribendos, libertatibus perpetuo mancipantes, res, jura & possessiones ipsorum, ubicunque fuerint, pro posse nostro, conservaturi & deffensuri contra omnes; (g) exceptis hominibus nostris quos habemus*

[a] Louis VIII.
[b] etiam.
[c] consentement tacite.
[d] *Il semble qu'il manque-là*, infra.
[e] quemdam, *i. e.* nullum.
[f] capiemus
* nec.
[g] à. *Lett. du D. de B.*
[h] Carpeaux. *Ibid.*
[i] Remigne. *Ibid.*
[k] ceux qui viendront s'y establir dans la suite.

NOTES.

(a) Tresor des Chartres, Registre 91. Piece 77.

Cette Piece qui renferme plusieurs Lettres, est pleine de fautes: mais heureusement, les Lettres principales, qui sont celles du Seigneur de Chagny, du mois de Septembre 1224. sont repetées presque mot pour mot, dans les Lettres de confirmation du Duc de Bourgogne, du mois de Septembre 1262. ensorte que ces deux Lettres servent à se corriger mutuellement.

(b) Chaigne.] C'est apparemment *Chagny* dans la Bourgogne, du Diocese de Châlons, & du Grenier à sel de Beaune. Voy. *le Dictionn. Univers. de la Fr.* au mot *Chagny.* Il y est dit qu'il y a dans ce lieu, un Prieuré de l'Ordre de S.t Ruff; & l'on trouvera dans la seconde des deux Lettres sur Chagny, qui seront imprimées à la suite de celles-cy, un Prieur de Chagny, & un Prieur de S.t Ruff.

(c) Libertatis.] C'est-à-dire, les personnes demeurantes dans l'enceinte de la franchise, qui sera specifiée dans la suite.

(d) Nec pro pecunia, &c. Il y a dans les Lettres du Duc de Bourgogne: *nec pecunia possit vel debeat liberari.* Et voicy comment j'entends cet Article: *à moins que l'affaire pour laquelle il sera arresté, ne soit de telle nature, qu'il puisse n'en estre pas quitte pour de l'Argent, & qu'il puisse estre condamné à une peine corporelle.*

(e) Coprehansos.] Il faut lire *comprehensos*, comme dans les Lettres du Duc de Bourgogne; & cela signifie, *que toutes les personnes* comprises *& qui demeurent dans l'enceinte des bornes cy-dessus marquées, sont mises en liberté.*

(f) Estagium.] Ce mot signifie une maison en general; & en particulier, une maison où un sujet est en quelque sorte obligé de demeurer, sans pouvoir la quitter; si ce n'est avec la permission de son Seigneur. Voy. Du Cange, au mot *Stagium.*

(g) Exceptis, &c.] Ce mot ne se rapporte pas à ceux-cy *contra omnes* qui precedent immediatement; mais à ceux-cy, *comprehensos omnes, &c.* & voicy le sens de cet endroit: on donne la liberté à tous les habitans de Chagny; à l'exception de trois sortes de personnes. Les premieres, sont les hommes [*serfs*] appartenans au Seigneur de Chagny; mais demeurant hors des bornes fixées pour la franchise. Les secondes sont des hommes [*serfs*] appartenans à ceux qui possedent des Arriere-fiefs relevant du Fief de Chagny. *Casamentum*

JEAN I.er & selon d'autres, Jean II. à Beaune, en Janvier 1361.

& habebimus extra dictam Villam de Chaigne & dictos terminos; & [a] exceptis illis qui de Feodis vel casamentis nostris [b] moventur; & exceptis hominibus Vavassorum, quos in eadem Villa habent dicti Vavassores, in presenti estagium in ipsa Villa habentes. Et si aliquem hominem vel mulierem hujus libertatis, infra dictos terminos vel alibi, captum fuisse contingerit, ipsos tenemus & debemus bona fide repetere, & pro posse nostro liberare vel liberari facere.

(2) Et sciendum est quod nos, de singulis focis singulorum hujus libertatis, infra dictos terminos morantium vel habitantium, habebimus vinginti solidos in vigilia vel in die Sancti Bartholomei, annuatim persolvendos; & unam (h) corveiam duodecim denariorum, mense Junii [c] persolvend. quam tamen debemus (i) repeti facere annuatim & habere. Et si aliquis vel aliqua paupertatis vel penurie causa, non sufficeret rationabiliter viginti solidos solvere, Prepositus noster vel Serviens, duobus probis hominibus vici ipsius in quo idem pauper moraretur, adhibitis, [d] sub estimatione legitima [e] minus accipiet: (k) Consideratione hujusmodi adhibenda in receptione viginti solidorum, [f] quo à singulis [g] adventicorum pro intragio debemus habere.

(3) Et [h] ceptem dies de [i] banno vini, quod debemus accipere, & (l) edituí jubere in vigilia Assumptionis Beate Marie: Et si differremus accipere, illud non possemus anno illo recipere.

(4) Et quadraginta dies de (m) craantia: Et si post nobis factam craantiam, quadraginta diebus expletis, creditoribus factum non fuerit pagamentum, debent nobis [k] permonstrare, & debemus eis [l] graantagium suum facere: Alioquin, non tenerentur nobis craantiam facere; nisi facto graantagio suo. Et si aliquis nobis vel [m] mandato nostro [n] absconderet res suas, quas aliis venales incontinenti tradere vellet, per testes legitimos

a exceptis. Lettre du D. de B.

b movent. Lettres du D. de B.

c App. persolvendam.

d après une estimation de ses facultez.

e exigera de ce pauvre, une redevance moins forte que vingt sols.

f quos. Lettres du D. de B.

g ceux qui viendront s'establir à Chagny. Voy. p. 374. Note (k). margin.

h septem. Lettres du D. de B.

i Voy. sur le ban de vin, cy-dessus, page 74. Note (f).

k faire des representations au Seigneur.

l Voy. la Note (m).

m Officiers du Seigneur. Voy. le 3.e Vol. des Ordonn. page 116. Note (k).

n absconderet. afin de n'estre pas obligé de les donner à credit au Seigneur.

NOTES.

est icy la même chose que *Feodum*, quoyqu'il eust d'abord une signification differente; comme on peut le voir dans l'*Usage des Fiefs, de M.r Brussel*, t. 2. l. 3. ch. 8. p. 827. Les troisiemes personnes exceptées, sont les hommes [serfs] demeurans à la verité dans l'enceinte des bornes de la franchise; mais appartenans à des roturiers relevans du Seigneur de Chagny: car le mot *Vavasseurs* s'entend aussi des roturiers. Voy. le 3.e Vol. des Ordonn. p. 491. Note (f).

Le Seigneur de Chagny ne pouvoit pas donner la liberté à des *serfs* qui ne luy appartenoient pas immediatement; mais seulement mediatement, parce qu'il auroit fait tort à ses Vassaux & à ses Censitaires à qui ces serfs appartenoient.

(h) *Corveiam duodecim denariorum, &c.*] C'est-à-dire, une corvée estimée 12. deniers, lesquels chaque habitant pourra payer, au lieu de faire la corvée.

(i) *Repeti facere.*] Je crois que cela signifie, que le Seigneur sera obligé tous les ans, de sommer les habitans de faire cette corvée, ou de payer 12. deniers.

(k) *Consideratione hujusmodi adhibenda.*] C'est-à-dire, que si ceux qui viendront s'establir dans la *liberté* ou la Bourgeoisie de Chagny, ne sont pas en estat de payer 20 sols, que l'on paye ordinairement pour le droit d'*Entrage* dans la Bourgeoisie, ils payeront moins.

(l) *Edituí.*] Il y a aussi *Edicui* dans les Lettres du Duc de Bourgogne. Je crois que c'est une faute pour *Edicto*: *Edictum* signifie la *proclamation*, par laquelle le Seigneur fait deffense de vendre du Vin. Voy. Du Cange, au mot, *Edictum*.

(m) *Craantia.*] Il faut d'abord expliquer ce mot, & celuy de *graantagium* qui est plus bas.

Craantia est la même chose que *creantia*, & l'un & l'autre vient de *creantare*, qui signifie, *s'engager à quelque chose*. Voy. Du Cange, au mot *Creantare*; & dans la nouvelle édition qui se fait, il y aura des exemples de *Craantare* pour *Creantare*.

Craantia est dans cet Article, la même chose que *Credentia*, mot sur lequel, voy. le 3.e Vol. des Ordonn. p. 116. & Note (g) & qui signifie, le *credit* que l'on fait à un Seigneur qui achete quelque chose, en consequence de l'engagement qu'il prend, & de la promesse qu'il fait de payer le prix dans un certain temps.

Graantare, mot qui sera ajoûté à la nouvelle édition de Du Cange, est la même chose que *Creantare*; mais *Graantagium* dans cet Article, doit signifier, le droit qu'a celuy à qui on a fait une promesse, d'en demander l'execution.

Cela posé, cet Article signifie, que l'on sera pendant 40. jours, *credit* au Seigneur qui achetera quelque chose; mais que si, ce terme passé, il ne paye point, on ne sera point obligé jusqu'à ce qu'il ait payé, de luy faire credit sur autre chose.

JEAN I.er & selon d'autres, Jean II. à Beaune, en Janvier 1361.

convictus, septem solidos daret pro emanda: Et si Prepositus vel Serviens noster factam nobis craantiam negaret, creditor cum duobus (n) legitimi testimonii juratis, contra ipsum probaret: similiter Prepositus & Serviens noster pagamintum factum creditoribus, probaret (o) sine bello & duello.

(5) Item. *Debent nobis in propriis expensis suis, exercitum & [a] Chevachiam; tantum modo in negociis nostris, & in defensione Ducatus Burgundie; non in aliorum negociis & auxiliis; nisi de consensu & voluntate sua: Et infra Castellaniam de Chaigne, Prepositum nostrum ejusdem Ville, tenentur [b] in auxilium sequi cum expedierit; extra vero, non tenentur; nisi de voluntate sua. Et si aliquis, egritudine vel alia evidenti necessitate, cum exercitu & Chevachia nostra, ut dictum est, cum Preposito nostro non posset ire, pro se [c] receptabilem & competentem debet mittere: Alioquin daret septem solidos pro emenda.*

(6) *Possumus [d] eciem in dicta Villa (p) super quatuor questum facere; de itinere Jerosolumitano [e] peragando; de captione nostri corporis, quod absit, Domino protegente; de terra acquirenda (q) ad Baroniam pertinente; & de filia maritanda; super quibus nobis debent auxilium: Quod si noluerint, ipsos non possumus cogere nec debemus.*

(7) *Nos vero supradictas libertates & omnia supradicta, Sacrosanctis Evangeliis tactis, juravimus & promisimus inviolabiliter observare & nunquam contravenire: Volumus [f] eciem, [g] precepimus & concedimus dicte Ville & hominibus suis, (r) jure perpetuo cedere hec omnia supradicta ab heredibus vel successoribus nostris, quibus dictam Villam devolvi contingerit, interpositione juramenti, firmiter & irrefragabiliter perpetuo conservari: salvo tamen quod [h] emandas nostras consuetas recipiemus; videlicet, pro [i] clamore, septem solidos quos persolvet proclamans, si in probando clamore suo defecerit; vel ille de quo clamor factus fuerit, si jus proclamantis convictus fuerit denegasse: Pro ictu, septem solidos: Pro [k] sanguine, sexaginta quinque solidos: De rapto & furto, in nostra (s) mileratione & judicio erit.*

(8) *Si vero à supradictis, nos, heredes vel successores nostri, [l] relisierimus in aliquo, [m] petitionem hominum dicte Ville de Chaigne, vel certi muncii ipsorum, vel venerabilis Patris Cabilonensis Episcopi, tenemur eis & debemus satisfacere & restituere infra quadraginta dies. Alioquin, dicto Episcopo Cabilonensi concedimus, ut nos, totam terram nostram; excepto Chaigne, [n] supponet Interdicto, & sententiam ab ipso latam, venerabilis Pater Lugdunensis Archiepiscopus habeat potestatem confirmandi: (t) Nutra usque ad satisfactionem debitam, relaxanda.*

(9) *Hec [o] eciem omnia suprascripta manutenere, defendere & integra servare, pro posse nostro, spontanei juraverunt Dominus Radulphus & Bertrannus de Marne; Renaudus de Cresteil; Girardus & Hugo de Pratis, Fratres; Guido Beaufilz de Chaigne & Assericus de Sessie, Milites: Guillelmus de Rule: Bertrannus de Chaigne*

a *Voy. la Table du 3.e Vol. des Ordonn. au mot,* Armée. *Voy. cy-dessous, l'Art. 10.*

b aller à l'armée.

c capable de porter les armes.

d etiam.

e peragendo. *Lett. du D. de B.*

f etiam.

g precipimus.

h emendas.

i Voy. cy-dessus, p. 106. Note (c).

k blessure suivie d'infusion de sang.

l resilierimus.

m ad. *Lett. du D. de B.*

n supponat.

o etiam.

NOTES.

(n) *Legitimi testimonii.*] Des personnes dont le temoignage doit estre reçû, & à qui on fera prester serment. Voy. cy-dessus, p. 248. Note (g).

(o) *Sine bello & duello.*] On s'en rapportera à son temoignage, sans qu'il soit obligé de faire preuve par un combat.

(p) *Super quatuor questum facere.*] Demander une Ayde, dans quatre cas. Voy. Du Cange, aux mots *Questa* & *Auxilium*.

(q) *Ad Baroniam pertinente.*] Je crois que cela signifie, une terre qui puisse estre de nature à estre réünie à la terre principale de Chagny, & qui puisse servir à l'augmenter.

(r) *Jure perpetuo cedere.*] Je crois que cela signifie, que les habitans de Chagny auront à perpetuité le droit de faire jurer aux Seigneurs futurs de ce lieu, l'observation de ces Privileges.

(s) *Mileratione.*] Il faut corriger *miseratione;* comme dans les Lettres du Duc de Bourgogne. Cela signifie que le Juge pourra condamner le coupable à telle peine qu'il jugera à propos. On peut voir des expressions à peu près semblables, dans le 3.e Vol. des Ordonn. p. 596. II. & p. 648. VIII. J'ay vû aussi quelque part le mot *misericordia*, employé dans le même sens, dans lequel *miseratione* est employé icy: mais je n'ay pû retrouver l'endroit.

(t) *Nutra.*] Corrigez *neutra*, qui est dans les Lettres du Duc de Bourgogne. Cela signifie, que l'Interdit mis par l'Evêque de Châlons & par l'Archevêque de Lyon, ne sera pas levé, que le Seigneur n'ait donné satisfaction aux habitans.

& Guillelmus

& Guillelmus frater ipsius; de Free de Cabilone; Arnerius de Aubin; Hugonet Mercier; Bernardus tunc Prepositus Montis-acuti, & Guillelmus frater ejus. Ita quod si nos, heredes vel successores nostri, à suprascriptis resilíremus, ad requisitionem hominum de Chaigne vel certi mandati ipsorum, (u) debent tam diu, ubi dicti homines decreverint; dum tamen in tuto loco sit, tenere hostagia, donec eis plenarie fuerit satisfactum.

JEAN I.er & selon d'autres, Jean II. à Beaune, en Janvier 1361.

(10) Et notandum [a] *quod si aliquis de exercitu vel chevachia nostra seu Prepositi nostri,* [b] *remanserit vel pro se non miserit, solutis, sicut dictum est, septem solidis pro emanda, nichilominus mercedem seu stipendia tenebitur resarcire, que Prepositus noster cum consilio duorum* [c] *broborum hominum ipsius Ville, dabit alicui, qui competenter vicem ipsius, quamdiu exercitus duraverit, adimplebit.*

In cujus rei testimonium & majorem firmitatem, presentem Cartam, sepe dictis hominibus de Chaigne, Sigillis venerabilium Patrum in Christo, (x) R. Dei gratia Lugdunensis Archiepiscopi, & Duranni Dei permissione Cabilonensis Episcopi, & nostris, tradidimus roboratam. Actum apud Chaigne, die Jovis ante Festum Beati Michaelis, mense Septembris. [d]

Alterius vero tenor secunde Littere, sequitur in hec verba.

[e] *NOs Robertus Dux Burgundie: Notum facimus universis pesentes Litteras inspecturis & audituris, tam presentibus quam futuris, quod cum Anno Verbi Incarnati, millesimo ducentesimo vicesimo-quarto, regnante Ludovico Dei gratia Illustri Rege Francorum; Alayde Ducissa Burgundie existente.*

(1) Odo Dominus Montis-acuti & Helisabeth uxor ipsius Odonis, homines suos & mulieres de Chaigne, de consensu & petitione ipsorum, manumiserint; omnibus juribus, usibus & bonis consuetudinibus, que prius fuerunt in illa Villa de Chaigne, integre conservatis: Ipsos [f] *eciem hujusmodi libertatibus perpetuo condonantes: Ipsi vel alter, assensu, confidentia, auctoritate vel nomine suo, infra subscriptos* [g] *vel alibi, quemquam hominum vel mulierum* [h] *hujusmo. libertatis, non capient; nisi tale quid commiserit, vel taliter deliquerit super quo non possit fidejussorem dare, nec pecunia possit vel debeat liberari; videlicet, à Cruce de* [i] *Carpeaux versus Chaigne, usque ad forestam de Maistres; & ab ipsa foresta de Maistres, usque ad boscum des Spinais, & usque ad* [k] *Remigne; & à Remigne, usque ad dictam Crucem de Carpeaux, circiter & Spence; comprehensos omnes qui sub protectione vel dominio suo, infra dictos terminos moram, mansionem seu estagium suum habent vel habebunt in futurum, tam adventicios & advenas quam alios supradictos & subscribendos, libertatibus perpetuo* [l] *mancipentes, res, jura & possessiones ipsorum, ubicunque fuerint, pro posse suo conservaturi, & deffensuri contra omnes; exeptis hominibus suis quos habent & habebunt extra dictam Villam de Chaigne, & dictos terminos; & exeptis illis qui de Feodis & Casamentis suis movent; & exeptis hominibus Vavassorum, quos in eadem Villa habent dicti Vavassores in presenti estagium suum in ipsa Villa habentes: Et si aliquem hominem vel mulierem hujusmodi libertatis, infra dictos terminos vel alibi, captum fuisse contingerit, ipsos teneantur & debeant bona fide* [m] *repete, & pro posse suo, liberare vel facere liberari.*

(2) Et sciendum est, quod ipsi de singulis focis singulorum hujusmodi libertatis, infra dictos terminos morancium vel habitantium, habebunt viginti solidos, in vigilia vel in die Sancti Bartolomei annuatim persolvendos; & unam Corveiam duodecim denariorum mense Junii persolvendam; quam tamen debent repeti facere annuatim & habere. Et si aliquis vel aliqua paupertatis vel penurie causa, non sufficeret rationabiliter viginti solidos solvere, Prepositus suus vel Serviens, duobus probis hominibus vici ipsius in quo idem pauper moraretur, adhibitis, super estimatione legitima minus accipiet: Consideratione hujusmodi adhibenda in receptione viginti solidorum, quos in singulis adventicorum pro intragio debent habere.

a Voy. cy-dessus, l'Art. 5.

b n'ait point esté à une expedition militaire.

c proborum.

d 1324. Voy. le commencement des Lettres.

e Voy. cy-dessus, p. 374. Note (a).

f etiam.

g terminos. *Pr. Lett.*

h hujusmodi. *Pr. Lett.*

i Corpaus. *Pr. Lett.*

k Rumine. *Pr. Lett.*

l mancipantes. *Pr. Lett.*

m repetere. *Pr. Lett.*

NOTES.

(u) *Debent, &c.*] Cela ne doit s'entendre, ce me semble, que dans le cas où le Seigneur sera en disposition de leur rendre Justice.

(x) *R.*] *Raynaldus*, Fils de Guy II. Comte de Forez & de Lyon. *Voy. Gall. Christ.* 2. *Edit. t.* 4. *pp.* 133. 137.

JEAN I.er & selon d'autres, Jean II. à Beaune, en Janvier 1361.

(3) Et septem dies de banno vini, quos debent accipere & edituì jubere in vigilia Assumptionis Beate Marie: Et si deficerent accipere, illud non possent illo anno repetere.

(4) Et quadraginta dies de craantia: & si post factam sibi craantiam, negaret, creditor cum duobus legitimi testimonii juratis, contra ipsum probaret: Similiter Prepositus & Serviens suus, pagamentum factum creditoribus probaret sine bello & duello.

(5) Preterea, debent sibi in propriis expensis suis, exercitum & chavachiam tantummodo in negotiis, & in defensione Ducatus Burgundie; non in aliorum negotiis & auxiliis; nisi de consensu & voluntate sua: Et infra Castellaniam de Chaigne, Prepositum suum ejusdem Ville, tenentur in auxilium sequi, cum expedierit: Extra vero, non tenentur; nisi de voluntate sua. Et si aliquis egritudine vel alia evidenti necessitate, cum exercitu & chevachia sua, vel, ut dictum est, cum Prepositо suo, non posset ire, pro se receptabilem & competentem debet mittere; alioquin daret septem solidos pro [a] *emanda.*

(6) Possunt [b] *eciem in dicta Villa, super quatuor questum facere; videlicet, de itinere Jerusalem peragendo; de captione sui corporis; quod absit, Domino protegente; de terra acquirenda ad Baroniam pertinente, & de Filia maritanda: Super quibus* * *debet sibi auxilium: Quod si noluerint, ipsos non possunt cogere nec debent.*

(7) [c] *Ipsos, & supradictas libertates & omnia alia supradicta, Sacro-sanctis Euvangeliis tactis, juraverunt & promiserunt inviolabiliter observare, & nunquam contravenire: Volentes* [d] *eciem, precipientes & concedentes dicte Ville de Chaigne & hominibus ipsius, jure perpetuo cedere, hec omnia supradicta, ab heredibus vel successoribus suis, quibus dictam Villam devolvi contingerit, interpositione juramenti, firmiter & irrefragabiliter perpetuo conservari: Salvo tamen quod* [e] *emandas suas consuetas recipient; videlicet, pro clamore, septem solidos quos persolvet* [f] *proclamens, qui in probando clamore suo defecerit; vel ille de quo clamor factus fuerit, si jus proclamantis convictus fuerit denegasse: Pro ictu, septem solidos: Pro sanguine, sexaginta quinque solidos; de rapto & furto in sua miseraticne & judicio erit.*

(8) Si vero à supradictis, ipsi, heredes vel successores sui, resilirent in aliquo, ad petitionem hominum dicte Ville de Chaigne, vel certi nuncii ipsorum, vel Venerabilis in Christo Patris, Cabilonensis Episcopi, tenentur eis & debent satisfacere & restituere infra quadraginta dies; alioquin, dicto Episcopo Cabilonensi concedunt, ut ipsos & totam terram suam, [g] *excepto Chaigne,* [h] *supponeret Interdicto; &* [i] *santantiam ab ipso latam, Venerabilis in Christo Pater, Lugdunensis Archiepiscopus habeat potestatem confirmandi: Neutra usque ad satisfactionem debitam relaxanda.*

Item. *Cum dictus Odo Montis-acuti Dominus, Anno Domini millesimo ducentesimo quadragesimo, mense* [k] *Mercio, concordaverit & pacificaverit cum omnibus hominibus suis de Chaigne, quos (y) arrestaverit; & absolverit ipsos nomine suo & suorum, ab omnibus pravis usibus & pravis consuetudinibus; & franchisiam quam eisdem hominibus dederat, confirmaverit; secundum quod continetur in Litteris super dicta franchisa confectis: Salvis omnibus juribus dicti Odonis & Justitiis, secundum quod in predictis Litteris continetur: Voluerit preterea dictus Odo & preceperit, quod omnes illi vel ille, quos vel quas processu temporis, dictam Villam de Chaigne tenere contingerit,* [l] *prestant super Sancta Dei Euvangelia corporaliter, Sacramentum, quod ipsi dictam* [m] *franchiam tenebunt firmiter, observabunt irrefragabiliter, & pro posse suo, protegent fideliter & deffendent: Voluerit etiam & preceperit dictus Odo, quod quicunque processu temporis, Prepositus fuerit in Villa de Chaigne, similiter prestet super Sancta Dei Euvangelia, Sacramentum, quod ipse pro possibilitate sua, dictam franchiam servabit fideliter & tenebit, & dictam franchisiam cum omnibus supradictis, promiserit dictus Odo nomine suorum, Sacramento super Sancta Dei Euvangelia corporaliter* [n] *prestitit, tenere in perpetuum, observare inviolabiliter,* [o] *nullatenus per se aut per alium, contraire: Et propter dictam* [p] *corcordiam & confirmationem franchisie, & adjunctionem quam fecit eidem*

[a] emenda. *Pr. Lett.*
[b] etiam.
* debent, *ou* debetur.
[c] Ce mot & le suivant, sont inutiles.
[d] etiam.
[e] emendas.
[f] proclamans. *Pr. Lett.*
[g] excepto. *Pr. Lett.*
[h] supponat.
[i] sententiam. *Pr. Lett.*
[k] Martio.
[l] prestent.
[m] *pour* franchisiam.
[n] prestito.
[o] &.
[p] concordiam.

NOTES.

(y) *Arrestaverit.*] Ne faudroit-il pas, *arrestaverat;* c'est-à-dire, qu'il avoit fait arrester prisonniers, au prejudice de leurs *libertez.*

franchisie, sicut premissum est, recepit dictus Odo ab omnibus (z) ipsius franchis, sepcies centum libras divionenses, prout in Litteris super franchisia & confirmatione ejusdem confectis, sigillis Venerabilium Patrum in Xhristo, (aa) R. Dei gratia Lugdunensis Archiepiscopi, & Guillelmi conservatione divina, Cabilonensis Ecclesie Ministri humilis; & dictorum Odonis & Elisabeth, sigillatis, predicta plenius continentur.

JEAN I.er & selon d'autres, Jean II. à Beaune, en Janvier 1361.

Nos prefatus Robertus Dux Burgundie, de [a] *cujus movet Feodus & est predicta Villa de Chaigne cum suis pertinentiis, omnes predictas Litteras & tenorem eorumdem, ac* [b] *etiem omnia singula supradicta, pro nobis & heredibus nostris, omnibus & singulis hominibus supradictis & suis* [c] *imperpetuum, laudamus, volumus, concedimus,* [d] *aprobabamus, ratificamus, confirmamus, ac* [e] *etiem in hiis omnibus & singulis, penitus consentimus, auctoritatem nostram interponendo & etiam (bb) innovando:* [f] *Promittas nichilominus pro nobis & nostris presentibus & futuris, per stipulationem* [g] *sollempnam, bona fide predicta omnia & singula, tenere perpetuo, adimplere & inviolabiliter penitus observare, & non contra venire per nos vel per alium seu alios, nec contra* [h] *veneuti seu contra venire volenti aut volentibus, modo aliquo consentire; nos & heredes nostros,* [i] *quo ad hec, specialiter obligando: Et pro (cc) laude nostra & aliis supradictis, confitemur nos à predictis hominibus Ville de Chaigne, recepisse & habuisse sexcies centum & quinquaginta libras turonenses, in peccunia legitime numerata, de quibus non tenemus plenarie & in solidum pro pagatis penitus & contentis: Exceptionibus non numerate peccunie & non recepte, & spei future numerationis & habicionis; & omnibus aliis exceptionibus tam juris quam facti, ad hoc pertinentibus, tanquam si essent in presentibus Litteris expresse & specialiter nominate, que nobis vel nostris super predictis possent competere vel prodesse, & dicte Ville & hominibus de Chaigne vel suis in aliquo nocere, seu que contra presentium Litterarum* [k] *possent* [l] *obici seu dici, abrenuntiances pro* [m] *nostris & nostris presentibus & futuris, ex certa scientia* [n] *positus in hoc facto, &* [o] *in sui jurisdicenti generalem renonciationem non valere. In quorum omnium predictorum robur, & testimonium perpetue veritatis, nos predictus Robertus Dux Burgundie, Sigillum nostrum proprium presentibus Litteris duximus apponendum.* Actum & datum Anno Domini millesimo ducentesimo sexagesimo-secundo, mense Septembris.

a quo.
b etiam.
c heredibus.
d approbamus.
e etiam.
f promittens.
g solemnem.
h venienti.
i quod.
k tenorem.
l objici.
m nobis.
n *Ce mot est douteux. On pourroit lire,* penitus.
o Cet endroit est corrompu.

[p] *QUAS quidem Litteras omniaque & singula in eisdem contenta, rata & grata habentes, volumus, laudamus, approbamus & roboramus; ac etiam de nostris auctoritate Regia, nostreque plenitudine potestatis & gratia speciali, inquantum habitantes prefati usi debite super premissis fuerunt & utuntur, ex* [q] *quanto in dicto confirmamus; ac etiam ab omnibus subditis & Justiciariis nostris modernis & futuris, precipimus & mandamus inviolabiliter in* [r] *nominibus observari. Que ut robur stabilitatis seu firmitatis* [s] *obtineent in futurum, nostris presentibus Litteris fecimus aponi Sigillum:* [t] *nostris in aliis &*

p Continuation des Lettres du Roy Jean.
q Ce mot & le suivant sont corrompus.
r omnibus.
s obtineant.
t nostro.

NOTES.

(z) *Ipsius franchis.*] Apparemment *franchisie.* Il semble qu'il devroit y avoir, *ab omnibus ipsius franchisie habitatoribus,* ou quelque chose de semblable.

(aa) *R.*] Il est dit au commencement de cette seconde Piece, que l'Acte auquel *R.* Archevêque de Lyon avoit signé, estoit de l'an 1240. En consultant la suite des Archevêques de Lyon, dans la *Gall. Christ.* [t. 4. p. 141.] on ne trouve vers ce temps là, que *Radulfus* dont le nom commence par un *R.* mais *Radulfus* qui fut élû en 1235. mourut l'année suivante, selon Alberic; & l'on a plusieurs preuves qu'*Aimericus* son successeur, estoit Archevêque en 1236. & les années suivantes: de sorte qu'on ne peut revoquer ce fait en doute. Il faut qu'il y ait faute de copiste, ou dans la date de ces Lettres, ou dans la premiere Lettre du nom de cet Archevêque; & il est très aisé que le copiste ait lû dans l'original, ou ait écrit dans le Registre, un *R.* pour un *A.*

(bb) *Innovando.*] Je crois que cela signifie, que non seulement le Duc de Bourgogne donne son consentement aux Privileges accordez aux habitans par le Seigneur de Chaigne; mais qu'il leur donne luy-même ces Privileges.

(cc) *Laude.*] Pour le consentement que nous avons donné. De ce mot *laus,* vient celuy de *lods & ventes.* Voy. cy-dessus, p. 45. Note (f).

a omnibus.

alieno in [a] *nominibus jure salvo.* Datum apud Belnam, Anno Domini millesimo trecentesimo sexagesimo-primo, mense Januarii.

Sic signata. In Requestis Hospicii. AUBERY. J. DE BESANÇON.

JEAN I.er & selon d'autres, Jean II. à Beaune, en Janvier 1361.

(a) Confirmation des Privileges accordez aux habitans de la Ville de Chagny.

SOMMAIRES.

(1) Les habitans de Chagny ont droit de choisir & de presenter les Vigniers *& les Messiers au Prevost de Chagny, qui doit les recevoir sans contredit.*

(2. 3) Les habitans doivent cuire au four de Chagny.

(4) Ils ont droit de faire paistre leurs bestiaux dans les vains pasturages.

(5) Les habitans peuvent enlever de la terre pour leur usage, dans les lieux vains; *pourvû que ce ne soit point dans les chemins ou dans les pasturages.*

(6) Les mesures doivent estre estalonnées à celle du Seigneur; & celle-cy doit estre faite par le Seigneur, de concert avec les habitans appellez: & ils ne peuvent estre condamnez à l'amende, s'ils trouvent mauvaise la mesure faite par leur Seigneur.

(7) Les habitans ne sont point obligez de suivre dans les expeditions militaires, leurs Seigneurs, au-delà de la Saône; si ce n'est pour le service du Duc de Bourgogne.

(8) Si un homme assigné demande & obtient du temps pour consulter sur une demande qui luy est faite en Justice, & qu'après le temps qui luy a esté accordé, il comparoisse devant le Juge, & reconnoisse que cette demande est juste, il ne doit pas estre condamné à l'amende: mais d'ailleurs on ne doit luy donner de temps pour deliberer, qu'un mois après que la demande a esté formée.

JOHANNES Dei gratia Francorum Rex: Notum facimus universis presentibus & futuris, Nos infrascriptas Litteras vidisse, formam que sequitur continentes.

NOs Robers Dux de Bourgogne: faisons savoir à tous ceulz qui verront & & orront ces presentes Lettres.

b Appar. *les Bourgeois.*
c *dissent.*

(1) Que comme li [b] Prodommes & li habitans de la Ville & de la Chastellenie de *(b)* Chaigni, [c] deissient & affermassent que il doivent & povent mettre chacun an, les Vigniers & les Missiers, pour garder les vignes & les blefz de la Chastellenie de Chaigni, & les doivent presenter au Prevost de Chaigni, lesdiz Prodommes; & lidiz Prevosts les doit recevoir sanz contredit, pour garder les biens auxdiz Prodommes, & la [d] raison au [e] Soignour de Chaigni: & doivent faire lesdiz Vigniers & Messiers, serement en la main dudit Prevost, que il garderont [f] pour leur povoir, les biens auzdis Prodommes & la raison au Soignour de Chaigni, en bonne foy, bien & loyaument.

d *les droits.* Voy. Du Cange, au mot, *ratio.*
e *Seigneur.*
f *selon.*
g *affirmassent.*

(2) Item. Deissent & [g] affermessent lesdiz Prodommes, que il puevent & doivent cuire ès fours de Chaigni, vint pain *(c)* par hum paim; & vint & quatre pains par un paim; dix paim pour la moitié de un paim; & des vint & quatre *(d)* en dessendence, à celui four.

(3) Item. Deissent & affermassent lesdiz Prodommes, qui li hommes & li habitans

NOTES.

(a) Tresor des Chartres, Registre 91. Piece 80.

(b) Chaigni.] Il y a dans le Registre *Chaign.* avec une marque d'abbreviation sur les deux dernieres Lettres. C'est apparemment Chagny. Voy. cy-dessus, p. 374. Note *(b)*.

(c) Par hum paim.] *Hum* signifie *un* une *m.* pour une *n*, comme dans *paim*, pour *pain.* Au lieu de *par*, il faudroit *pour.* Il paroist extraordinaire que l'on donne autant pour cuire vingt pains, comme pour en cuire vingt-quatre.

(d) En dessendence.] Ce mot est très mal écrit & douteux. Il peut signifier, *à proportion en descendant;* c'est-à-dire, si on donne un pain pour vingt-quatre pains, on donnera une moitié de pain, pour douze pains, un quart de pain pour six pains, &c.

de la Maison-Dieu de Chaigni, doivent cuire au four de ladite Maison-Dieu, des chiex *(e)* revillon envers ladite Maison-Dieu, sanz ce que lidiz [a] Sires doie faire chaufer ledit four à ses despans & à ses coux & à ses [b] missions; & prendre le fornaige aussi comme [c] lum le prent & paie au grant four de Chaigni; & se lidiz Sires de Chaigni ne lour veult faire chaufer, auxi comme il est dessusdit, il ne prant riens, & si puevent cuire lidiz Prodommes.

(4) Item. Deissent & affermassent lesdiz Prodommes, que il [d] davent havoir le *(f)* vaim pasturaige par toute la Chastellenie de Chaigni, tant comme [e] elle s'estant en bois & en [f] plains; sanz contredit.

(5) (g) Item. Deissent & affermassent lesdiz Preudommes, que il puevent & doivent prendre ès montaignes & ès *vains* lieux de la Chastellenie de Chaigni, sanz chemins & pasquier, de la terre pour faire leur aissement; autruy domaige rendent, sanz païer amende au Seigneur de ladite Ville de Chaigni.

(6) Item. Deissent & affermessent lidis Preudommes, que il peuvent & doivent tenir & avoir boisseaut & mesure de vinz & de [g] oile, qui [h] davent estre *(h)* escandilliez à la mesure du Soignour; laquele doit estre faite par ledit Soignour, ensambles lesdiz Preudommes [i] appallez; sanz ce que se lesdiz Preudommes les maintenient malvaises, que li Sires en puest lever l'amende: & sauf le droit du Soignour, tel comme il est acostumez.

(7) Item. Deissent & affermessent lidiz Preudommes, que il ne sont tenuz de *(i)* sigre les hers Monsieur Philippe de Montagu, oultre la Saone [k] delà; se ce n'est pour la proppe [l] besoigne de Nous devant dit Robert Duc de Bourgogne & de noz successeurs.

(8) Item. Deissent & affermassent lidiz Preudommes, que se aucuns [m] d'aulx & des habitans en la Ville & en la Chastellenie de Chaigni, est adjornez pardevant li Prevost, contre aucune personne qui face demande audit adjourné, & lidiz adjournez demandoit *(k)* appansement à la demande, & à celle journée qui li est donnée de respondre comme appansez, il cognoisse la demande qui li est faite, que il ne doit point d'amende: [n] sans ce qu'il ne doit pas avoir appansement, se li moys n'est passez de la demande qui li est faite.

Et aïent requis & prié lidiz Preudommes & li habitanz en ladite Ville & en la Chastellenie de Chaigni, à Nous dessusdiz Robers Duc de Bourgoigne, que Nous

a *Seigneur.*
b *depens.*
c *l'on.*
d *doivent.*
e *s'estend.*
f *plaines.*
g *huile.*
h *doivent.*
i *appellez.*
k *par-delà.*
l *le service.*
m *d'eux.*
n *mais d'ailleurs, &c.*

NOTES.

(e) Revillon.] Je n'entends point ce mot, qui d'ailleurs est très difficile à lire; & en general cet Article n'est pas bien clair.

(f) Vaim pasturaige.] C'est-à-dire, le droit de faire paistre les bestiaux dans les terres en valeur, lorsque la recolte est faite; & dans les terres en friche. Voy. le Gloss. du Droit Fr. au mot, *Vain pasturage.*

(g) Item, &c.] Pour entendre cet Article, il faut d'abord expliquer quelques termes.

Vains lieux : Ce sont des terres en friche, & où il n'y a ni semence ni fruit. Voy. le Gloss. du Droit Fr. au mot, *vain.*

Pasquier : C'est-à-dire, des *pasturages* qui sont nommez *Paschiers* dans l'Article 425. de la Coustume de la Marche. Voy. Du Cange, au mot, *Pasquerium.*

Voicy presentement le sens de l'Article.

Les habitans peuvent enlever de la terre pour leur usage, dans les lieux *vains ;* pourvû que ce ne soit pas dans les chemins ou dans les pasturages; & qu'ils reparent le dommage qu'ils pourroient faire à quelques personnes, en enlevant ces terres.

(h) Escandilliez.] C'est-à-dire, comparées à l'*estalon* des mesures. Cela se nomme ordinairement *Eschantilloner,* & quelquefois *escandilloner;* d'où l'on a fait *escandiller.* Voy. Du Cange, au mot, *Eschantillare.*

(i) Sigre les hers Monsieur Philippe de Montagu.] C'est-à-dire, suivre dans les expeditions militaires, *les heritiers de Philippe de Montagu,* qui apparemment avoit esté Seigneur de Chagny.

(k) Appansement.] C'est-à-dire, du temps pour consulter sur la demande qui luy est faite. Voy. le Gloss. du Droit Fr. au mot, *Appensement.*

Voicy le sens de l'Article.

Si un homme assigné, demande & obtient du temps pour consulter sur une demande qui luy est faite en Justice; & qu'après le temps qui luy a esté accordé, il comparoisse devant le Juge, & reconnoisse que cette demande est juste, il ne doit pas estre condamné à l'amende.

JEAN I.er & selon d'autres, Jean II. à Beaune, en Janvier 1361.

ces chouses dessusdites [a] par Nous & par noz hoirs, ottroyssiens & confermessiens ausdiz Preudommes & aux habitans de la Ville & Chastellenie de Chaigni, & à leurs [b] hers : nous devant dit Robert Duc de Bourgoigne, [c] de cui Fié muet & est la devant dite Ville de Chaigni, toutes ces chouses dessusdites & une chascune, si comme elles sont dessusdites & divisées, à la requeste & ès prieres desdiz Preudommes & des habitans en la Ville & en la Chastellenie de Chaigni, nous loons, confermons, approuvons, ratifions & [d] outrions pour nous & pour nos hoirs, pour tant comme il nous appertient, auxdiz Preudommes & aux habitans en la Ville & en la Chastellenie de Chaigni, & à leurs hoirs, & en toutes ces chouses & une chascune dessusdites, [e] ausi comme elle sont dessus divisées, pour tant comme il nous appartient, pour nous & pour nos hoirs present & avenir, par solempnel promesse & en bonne foy, nous consentons & nostre auctorité y entremettons : Promettans pour nous & pour noz hoirs presens & avenir, par solempnel promesse & en bonne foy, contre les chouses dessusdites non mye venir, en partie ne en tout, par nous ne par autrui, ou temps present ne ou temps avenir, & non mie consentir à aucun encontrevenant ou encontre [f] vüillant venir : Et [g] abrenunettons en ce fait, pour nous & noz hoirs, en bonne foy, à toutes exceptions de [h] barat & de deception en aucune chouse, & de tous [i] rappelez & à toute ayde de [k] droit de Canon & de Lois, & à toutes autres exceptions de droit, de fait & de costume, qui à nous ou à nos hoirs, sur les chouses dessusdites, or-an-droit ni ou temps avenir, porroient aider & profiter, & nuire ausdiz Preudommes & aux habitans en la Ville & Chastellenie de Chaigni, ou à leurs hoirs, ou qui [l] poivent estre [m] obiciez ou dites [n] de aucuns saige homme, encontre la tenour de cestes presentes Lettres, & expressement au droit qui dit, generaulx renunciation ne vault. Ou tesmoingnage de laquelle chouse, nous devant diz Robert Dux de Bourgogne, avons mis nostre propre Seaul en cestes presentes Lettres, en tesmoingnage de perdurauble verité : [o] saul le droit au Seignour de Chaigni. *Ce fut fait & donné en l'An de grace mil deux tens quatrevins & deux, ou moys de Septembre.*

a pour.
b hoirs.
c Du Fief duquel cette Ville tient & releve.
d octroyons.
e ainsi.
f voulant.
g abrenuncions : renonçons.
h tromperie.
i Appar. revocations.
k Droit Canon & Civil.
l peuvent.
m objectées.
n par aucun habile homme.
o sauf.

QUAS quidem Litteras, omniaque & singula in eisdem contenta, rata & grata habentes, ea volumus, laudamus, approbamus & roboramus, ac etiam de nostris auctoritate Regia, nostreque plenitudine potestatis, & gratia speciali, in quantum habitantes prefati usi debite super premissis fuerunt, & [p] *utentur, tenore presentium confirmamus; & ab omnibus subditis, & Justiciariis nostris moderni: & futuris, precipimus & mandamus inviolabiliter in omnibus observari. Quod ut firmum & stabile permaneat in futurum, presentibus Litteris nostrum fecimus apponi Sigillum : Salvo in aliis jure nostro & in omnibus quolibet alieno.* Datum apud Belnam, Anno Domini millesimo trecentesimo-sexagesimo primo, mense Januarii.

In Requestis Hospicii. AUBERY. J. DE BESANÇON.

p utuntur.

JEAN I.er & selon d'autres, Jean II. à Beaune, en Janvier 1361.

(a) Confirmation des Privileges accordez aux habitans de Chagny.

Sommaires des premieres Lettres.

(1) Confirmation des privileges & des libertez des habitans de Chagny.

(2) On ne payera point d'amende pour une simple saisie : si cette saisie est enfrainte, & si elle est suivie d'un procès, on payera les amendes accoustumées. Le Sergent qui fera la saisie, sera payé par la Partie qui l'aura employé.

(3) On ne pourra arrester les Marchands qui viendront au marché franc de Chagny, qui y seront ou qui en reviendront, ni saisir leurs effets; à moins que ce ne soit pour chose faite le jour même du marché.

On ne payera point de droits pour les choses portées au marché, quand elles n'y auront pas esté vendües.

(4) Le nombre des Sergents sera diminué à Chagny, & il n'y en aura que sept. Ils donneront caution.

JEAN I.er & selon d'autres, Jean II. à Beaune, en Janvier 1361.

Sommaires des secondes Lettres.

(1) Les habitans de Chagny ne seront point obligez de donner de l'Argent à leur Seigneur, quelque guerre ou contestation qu'il soit obligé de soustenir.

(2) Les Gens des Seigneurs ne pourront achepter des vivres des habitans, qu'ils n'en donnent le prix courant & ordinaire, & qu'ils ne les payent sur le champ.

(3) Les habitans pourront mettre leurs effets en sûreté dans le Chasteau de Chagny, & les en retirer quand ils le voudront.

(4) Moyennant l'Argent que les habitans de Chagny ont donné à leur Seigneur, il sera obligé de mettre une garnison suffisante dans son Chasteau.

JOHANNES &c. Notum facimus &c. Nos tres infrascriptas Litteras, Sigillis dilecti & fidelis nostri Philippi de Vienna, Militis, Domini de Pymonte & de Chaigneyo; & etiam Huguete de Sancta Cruce, Domine de Sancto Laurentio, ejus Uxoris, sigillatas, vidisse sanas & integras; quarum tenor esse dignoscuntur [a] *tales.*

A tous cheuls qui verront ces presentes Lettres : Nous Philippe de Vianne, Chevaliers, Sires de Pymont & de Chaigny, & Hugete de Sainte Croix, Dame de Saint Laurens, sa femme: c'est assavoir, Nous Hugete dessusdite, [b] dou loux consentement, auctorité & volenté de mondit seigneur & mari, faisons savoir que nous, à la requeste & supplication de nos amez Bourgeois, les habitans de nostre Ville de [c] Chaigny, [d] de la Prevosté & appartenances de nostre Chastellenie de Chaigny.

(1) Avons confermé, loüé & approuvé, confermons, loüons & approuvons [e] par nous & par noz hoirs & successeurs à tousjours-mais, tous les privileges & libertez jadis donnez & données [f] esdiz noz Bourgois & habitans de Chaigny, de la Chastellenie dudit [g] leu & des appartenances; & promettons en bonne foy par nostre serment, par nous & par noz hoirs & successeurs en ladite Ville de Chaigny, & sur l'obligation de nos biens, que nous ne li nostres, ne [h] vendrons encontre lesdiz privileges & libertez; mais yceulx tendrons fermement, & perpetuelment ferons tenir de point en point, sanz yceulx corrumpre ou enfraindre en aucune partie.

(2) Item. Comme lidis nos Bourgois se soient plains de nous, en disant que plusieurs Prevost [i] Officiers qui ont esté par le temps en ladite Ville de [k] Chaigne, se soient efforchiez par la force de leur Office & de nouveaul, de lever desdiz Bourgois, amendes par cause des saisines ou [l] main se mises estoient en leurs biens, & de ce & pour occasion de ce, [m] faiserent moult de fraudes au proffit desdiz Prevosts, qui par le temps ont esté *(b)* fermiers en ladite Ville : Nous, à la requeste & supplication desdiz habitans, & pour [n] eschiver lesdis fraudes, & le dommage de nosdiz Bourgois & habitans de ladite Ville & de ladite Chastellenie d'icelli, ladite coustume & efforcement ostons, & volons estre ostez du tout en tout; & octroions esdis nos Bourgois & habitans de ladite Ville & de la Chastellenie d'icelle, que se il font saisir ou mettre en nostre main, comme en main de [o] Justicer, aucuns bien sur autrui; ou se ladite main ou saisine y est mise dores-en-avant de Office de Juge, ou à requeste de Partie, que pour ce ne par ladite main lever ou saisine oster, il ne paîrent [p] ne soient tenus ne constrains de païer à nous, [q] successeurs ne as Prevosts de Chaigny, qui par le temps seront, aucunes amendes, se n'est par cause de ladite *(c)* main enfrainte ou saisine brisiée : se il advenoit que enfrainte fust ou brisée, ou que par cause de ladite main mise [r] plait soit entamez entre les Parties, & ès cas dessusdis, il paîeront les amendes accoustumées de païer à Chaigney, pour les cas dessusdiz : & se il convenoit que li Sergent qui ladite main ensaisine mettra, aille [s] fuers de la Ville de Chaigny, ès Villes voisines pour ladite main en saisine mettre, cilz à la

a *talis.*
b *du.*
c *Voy. cy-dessus, p. 374. Note (b) & p. 380.*
d *& les habitans.*
e *pour.*
f *auxdits.*
g *lieu.*
h *viendrons:* contreviendrons.
i *&.*
k *Chaigny.*
l *ou mains mises, si elles estoient mises.*
m *faisoient.*
n *éviter.*
o *Justicier:* chargé de rendre la Justice.
p *&.*
q *à nos.*
r *procès.*
s *hors.* foris.

NOTES.

(a) Tresor des Chartres, Registre 91. Piece 65.

(b) Fermiers.] C'est-à-dire, Prevosts-Fermiers, ayant pris à ferme les revenus provenans des Actes Judiciaires.

(c) Main enfrainte.] Que l'on se fût mis en possession de force, des biens saisis par la Justice.

JEAN I.er & selon d'autres, Jean II. à Beaune, en Janvier 1361.

[a] cui requeste, ladite main en saisine sera mise, païera & sera tenus de païer ledit Sergent de son salaire competament.

(3) Item. [b] Pour ce que nos marchiez de ladite Ville de Chaigny, soient plus frans, & un chacun y puisse venir seurement, au profit de nous & de noz Bourgois, nous deffendons à touz, que injures ne oppressions ne soient faites à ceulx ou à celles qui auxdiz marchiez vendront, à leurs corps ne à leurs biens & denrées qu'il apporteront ès marchiez, en alant * en venant esdiz marchiez, ne en demourant en yceaulx, [c] de aucuns de nos subgiez : & defendons à touz nos subgez, que lez marcheans venans ou estans en nostredit marchié de Chaigney, qui [d] yqui est & sera tenus chascun Joesdi, ne prenent ou arrestent, ne leurs biens ou denrées qu'il auront apportées en nostredit Marchié, [e] se il ne font cedit jour pour quoy l'en les doie prenre ou arrester ou saisir leur denrées. Et volons que se li Marcheans qui vendront en nozdis Marchiez, ne vendent oudit Marchié leurs denrées, que ce qu'il [f] auront vendus, il emportent ariere franchement, sans paier [g] ventes : Et de ce qu'il auront vendu, il paieront les ventes accoustumés d'ancienneté.

(4) Item. Pour ce que nosdiz Bourgois & subgiés, sont moult grevez de la grant multitude de Sergens qui sont à Chaigné, & en nostre Chastellenie dudit leu, nous volons & [h] ordennos que li [i] numbres des Sergens, soit restrains à sept Sergans ; & deffendons que il n'y ait de ci-en-avant, à Chaigny ne en la Chastellenie dudit lieu, que sept Sergans de bonne [k] fame, & qui [l] plegent & jurent de bien & loialment faire leur Office ; & de [m] amender à nous & à noz subgez, se il [n] meffont en leur Office, ou font aucuns griés à Partie.

Et ainsi les choses dessusdites & une chascune d'icelles, nous volons, ordennons & commandons à noz Officiers & subgiez, estre tenües & gardées perpetuelment de point en point ; & ycelles promettons en bonne foy par nostre ferment, & sur l'obligation de nos biens, tenir & garder par nous & par nos hoirs & successeurs, perpetuelment sanz venir encontre, & sans corrumpre ou enfraindre en aucune maniere. En tesmoignage desquels choses, nous avons mis nos Seauls en ces presentes Lettres, *faite & données le vendredi après la Feste de Pentecouste, l'An de grace mil trois cens cinquante :* En la presence de Regnault de Brezey Notaires de nostre Court, Religieuse personne, Monseigneur Poms de [o] Flandiries Prieur de Chaigni ; Monf.r Jehan Regiez Chanoines *(d)* de S.t Ru de Valence, demourans ou Prioré de Chaigney ; Hugues de Chilen nostre Escüier & Bailli ; Gautier nostre Bouteillers, & de plusieurs autres tesmoins appellés à ce. *(e)*

[a] *à la requeste de qui.*
[b] *Afin que.*
* *&.*
[c] *par.*
[d] *yqui* pour *y.*
[e] *si les Marchands.*
[f] Il faut necessairement, *n'auront.*
[g] *droits sur les choses venduës.*
[h] *ordonnons.*
[i] *nombre.*
[k] *bonne reputation.*
[l] *donnent caution.*
[m] *payer l'amende.*
[n] *prevariquent.*
[o] *Mot douteux.*

Item. A TOUS ceulx qui verront & orront ces presentes Lettres : Nos Philippe de Vianne, Sires de Pymont & de Chaigni ; & Huguete de Sainte Croix, Dame de Saint Laurens & de Chaigni, sa femme.

NOTES.

(d) De S.t Ru.] C'est-à-dire, de *S.t Ruff*, Abbaye & Chef d'Ordre de Chanoines Reguliers, dans le Diocese de Valence. Voy. *le Dictionn. Univers. de la Fr.* au mot, *S.t Ruff.* Voy. cy-dessus, p. 374. Note *(b)*.

(e) L'on trouve ensuite un Acte de 1355. par lequel Philippe de Vienne & Huguete de S.te Croix sa femme, vendent aux habitans de Chagny, le droit *de ban de Vin* qui leur appartenoit. L'on n'a pas crû devoir faire imprimer cette Piece : & l'on se contentera d'indiquer icy la clause qui marque en quoy consiste ce droit de Ban de Vin.

Bannum & privilegium Banni de vendendo vina ad tabernam, qua ante presentium Litterarum confectionem, perpetuo habemus & debebamus repetere, habere, percipere, ac edicta jubere seu juberi facere annis singulis perpetuo, in dicta Villa de Chaigny, mense Augusti, in vigilia Festi Assumptionis Beate Marie Virginis, & per septem dies tunc continue sequentes & complendos solummodo. Quibus diebus de Banno vini predicto durante, aliquis dictorum habitantium seu alter quicunque civis (cujusvis) *conditionis & status existens, in dicta Villa vel pertinentiis, non poterat nec debebat vinum seu vina vendere, emere, seu vendi vel emi facere ad tabernas ; nisi de voluntate & mandato nostro speciali.*

Voy. sur le ban de Vin cy-dessus, p. 74. Note *(f)*.

(1) Faisons

JEAN I.er & selon d'autres, Jean II, à Beaune, en Janvier 1361.

(1) Faisons savoir à touz, que comme nous eussiens *(f)* affaire aus enfanz de Faqueny, & nous avons requis & prié à noz amez Bourgois de Chaigney & toute la Chastellenie dudit Chaigni, qui leurs [a] plahu de grace especiaul, nous aidier [b] conforter pour garder nostre honneur, nostre profit & le leur, contre lesdiz enfans de Fauquegny; & lidiz nos Bourgois en enclinant à nostre requeste & priere, pour garder nostre honneur, nostre profit & [c] auxir leur honneur & profit & leurs biens [d] chateux, nous aient donnez de grace espetiaul, combien qui n'y soient tenus, [e] mais que pour leurs bonne volenté & grace, deux cens livres, Monnoie à maintenant courant communement, par une fois tant-seulement: Nous volons, [f] outroions, consentons & promettons, que par ceste presente grace & donnation, li privileges, Chartres & franchises desdiz Bourgois & habitans de la Chastellenie de Chaigny, [g] soit en aucune partie ou [h] meniere, [i] quassez, brissiez ne enfrainz; [k] mas soient & demorent lidiz privileges, libertez & franchises, en leurs forces & valeur, comme devant.

Item. Que par ceste presente grace & donation, nous ne li nostres par tout le temps avenir, ne porrions ne devrions en aucune meniere, reclamer [l] sassine ne possession contre lesdiz habitans ou leurs hoirs; ne dire, se nous avions guerre ou affaire contre aucuns, qu'il fussient tenus à nous ou ès nostres, [m] acune chouse donner ou baillier; se il n'estoit de leurs bonne volunté.

(2) *Item. (g)* Que se nos Gens prenoient aucunes danrées ou vivres, de nosdiz Bourgois, que il les [n] prenessent par soffisant pris corrant en la Ville de Chaigny, & [o] paissent incontinent, que lesdites danrées leurs [p] sarront delivrées desdiz Bourgois.

(3) *Item* Avons voluz & volons, que se il plait à nosdiz Bourgois, mettre ou [q] traire en nostre Bourc ou Chastel de Chaigny, aucuns de leurs biens ou chateux, que il les y mettent ou facent mettre à seurté & en garde; & que toutes fois & quantefois qu'il leur [r] plaray, qui les empuissient oster & traire ou faire leur volunté; sans mettre aucuns empeschement de nous ou de noz Genz.

(4) *Item.* [s] Par la grace & donation dessusdite, nous sommes tenus de avoir & mettre à [t] nous propres missions & despans, & tenir à Chaigni, une quantité de Gens-d'armes, selon ce qui nous [u] sembleray bon, pour garder nostre honneur, nostre profit, leur honneur, leur profit, les biens & les corps de nosdiz Bourgois, contre lesdiz enfans de Fauquegny, & tous autres.

Et les choses dessusdites, nous pour nous & pour les nostres, promettons par nostre serment donné sur Saintes Euvangiles de Dieu, & sur l'obligation de noz biens, tenir [x] garder fermement, perpetuelment, sans venir encontre par nous ne par autres, en quelque maniere que ce soit, taisiblement, en secret ne en appert. En tesmoing de laquelle chose, à la requeste de nosdiz Bourgois, nous avons mis noz Seaulx à ces presentes Lettres *faites & données* en la presence de Messire Henri de Vienne, Messire Hugues de la Grange, Messire Corain de Durestaul, Chevaliers, & Otteiny de Maisost, Damoisel: *l'An de l'Incarnation Nostre Seigneur, courant mil trois cens & cinquante, le mardi devant la* [y] *Feste S.t Symon & S.t Jude, Apostres.*

a *qu'il leur plût.*
b *&.*
c *augmenter*: augere.
d *cateux.* Voy. Du Cange, au mot, *Catalla.*
e *mais seulement.*
f *octroyons.*
g *ne.*
h *maniere.*
i *cassez.*
k *mais.*
l *saisine.*
m *à aucune.*
n *prissent.*
o *payassent.*
p *seront.*
q *retirer.*
r *plaira.*
s *Moyennant l'Argent qui a esté donné.*
t *nos.*
u *semblera.*
x *&.*
y en Octobre.

QUAS quidem Litteras, ac omnia & singula in eisdem contenta, rata & grata habentes, ea laudamus, approbamus & corroboramus & ratificamus, ac de nostris auctoritate Regia, nostreque plenitudine potestatis & speciali gratia, in quantum prefati Burgenses & habitantes super premissis usi fuerint debite & utentur, tenore presencium confirmamus; volumusque, precipimus & mandamus ab omnibus subditis, Justiciariis & Officiariis nostris, perpetuo in omnibus & singulis, inviolabiliter observari. Quod ut firmum & stabile permaneat in futurum, nostrum presentibus Litteris Sigillum duximus apponendum: salvo

NOTES.

(f) Affaire aux enfanz de Fauqueny.] Il paroist par l'Article 4. qu'il avoit une *guerre privée* à soûtenir contre eux.

(g) Que, &c.] Le sens de cet Article est, que les gens du Seigneur ne pourront acheter des denrées des Bourgeois, qu'ils n'en donnent le prix courant & ordinaire, & qu'ils ne les payent sur le champ.

a Beaune.

in aliis jure nostro & in omnibus quolibet alieno. Datum & actum apud [a] Belnam, Anno Domini millesimo trecentesimo sexagesimo-primo, mense Januarii. Ainsi signée. *In Requestis Hospicii.* AUBERI. DESENÇON.

JEAN I.er & selon d'autres, Jean II. à Beaune, en Janvier 1361.

(a) Confirmation des Privileges & libertez accordez aux habitans de S.t Jean.

SOMMAIRES.

(1) Les habitans de S.t Jean esliront chaque année quatre Jurez, qui auront la même Jurisdiction dans le Chasteau, que le Maire & les Jurez de la Commune de Dijon, ont dans cette Ville.

(2) Celuy qui succombera dans un procès, payera quatre deniers aux Eschevins.

(3) Amendes qui seront payées, lorsqu'il y aura eu des plaintes en Justice, sur des coups donnez, ou sur des blessûres suivies d'effusion de sang.

(4) On suivra dans le Chasteau de S.t Jean, les coustumes de Dijon.

(5) Il sera libre aux habitans de vendanger, lorsque la Duchesse de Bourgogne aura establi auprès de Dijon, des gens pour garder ses vignes.

(6) Ils pourront prendre dans les bois de la Duchesse, le bois dont ils auront besoin.

(7) Les personnes à qui la Duchesse permettra de demeurer dans le Chasteau, y seront libres.

(8) Si une personne qui ne demeure pas dans le Chasteau, a un procès contre un habitant du Chasteau, il le poursuivra devant les quatre Jurez.

(9) Le Prevost de la Duchesse à S.t Jean, ni ses autres Baillis & Prevosts, n'auront aucune Jurisdiction sur ceux qui demeurent dans le Chasteau, ni sur leurs biens, qu'avec les Eslus.

(10) Ceux qui se refugieront dans le Château, à l'exception des voleurs & des homicides, y seront libres & en sûreté.

(11) Ceux qui auront basti des maisons dans le Chasteau, pourront en disposer; sauf le Cens que chaque maison doit à la Duchesse.

(12) Les habitans seront exempts de toutes sortes d'Imposts: mais ils payeront chaque année, dix sols de chaque perche en largeur, du terrain de leurs maisons.

Ils ne seront pas obligez de suivre leur Seigneur dans les expeditions militaires.

(13) Lorsque des animaux seront trouvez dans des bois, celuy à qui ces animaux appartiendront, payera l'amende, & restituera le dommage qu'ils auront causé.

(14) Les voleurs, les adulteres & les homicides, seront jugez par les Juges de la Duchesse.

JOHANNES &c. Notum facimus universis tam presentibus quam futuris, Nos infrascriptas vidisse Litteras, [b] tenores qui sequitur, continentes.

b tenorem.

EGo Alaïds Ducissa Burgundie: Notum facio presentibus & futuris, quod ego concessi habitatoribus Castri mei (b) Sancti Johannis, talem libertatem.

(1) (c) In primis, ut eligant quatuor homines qui (d) jurent fidelitatem Castri & habitantium in eo; & talem habeant potestatem & Juridictionem in Castro Sancti Johannis & in appendiciis suis, qualem habent apud Divionem, Major [c] Jurati Communie Divionensis: (e) Salva tamen Castri libertate: & illi quatuor (f) Jurati possint mutari per singulos annos, in Festo Sancti Johannis; & alii constitui.

c &.

NOTES.

(a) Tresor des Chartres, Registre 91. Piece 78.

(b) *S.ti Johannis.*] On trouve dans le Dictionn. Univers. de la Fr. plusieurs lieux qui portent le nom de *S.t Jean,* situez dans la Bourgogne. Mais il n'y a rien dans cette Piece, qui puisse marquer quel est celuy dont il s'agit icy.

(c) *In primis, &c.*] Ces Articles se trouvent repetez presque dans les mêmes mots, dans des Lettres d'Hugues Duc de Bourgogne qui suivent celles-cy. Ces Deux Lettres serviront à corriger les fautes de Copiste, qui sont dans l'une & dans l'autre.

(d) *Jurent fidelitatem.*] Qui prestent serment de fidelité pour eux & pour les habitans.

(e) *Salva tamen Castri libertate.*] Je crois que cela signifie, que la Jurisdiction de ces quatre Jurez, ne portera point de prejudice aux privileges & libertez du Chasteau.

(f) *Jurati.*] Ils sont nommez *Eschevins* dans l'Article suivant, & *Eslus,* dans le S.e

(2) (g) *De proclamatione,* [a] *duodecem denarios persolvet super quem* [b] *injuria reperietur: Et illi duodecim denarii erunt quatuor* [c] *Scabinorum.*

(3) *Qui de pugno vel palma percusserit, si inde* [d] *clamor exierit, quinque solidos persolvet: Si clamor non exierit, nichil. Qui* [e] *sanguinem fecerit, si clamor exierit, decem solidos persolvet: Si clamor non exierit, nichil.*

(4) *Alia jura secundum bonam consuetudinem Divionis, conservabuntur. De pedagiis, de* [f] *ventis, & de aliis bonis consuetudinibus, que tenentur in Villa Divionensi, eis libertatem concedo.*

(5) *De vineis suis talem sibi concedo libertatem, quod si* [g] *custodes meos circa Divionem posuero, quando vinee parate erunt ad vindemiandum, libere poterunt vindemiare.*

(6) [h] *De nemoribus vero meis, concedo eis quicquid ad omne opus suum, eis in Castro Sancti Johannis, necesse fuerit, secundum usus & consuetudines,* * *que usque nunc habuerunt.*

(7) [i] *Volo autem ut illi quos in* (h) *attractu Castri mei Sancti Johannis, retinui vel retinuero, liberi sint cum omnibus rebus suis.*

(8) *Si quis autem* [k] *exterior de manentibus in Castro,* [l] *conquestibus fuerit,* [m] *jus recipiat & faciat in Castro coram quatuor* [n] *Electis.*

(9) Item. *Prepositus meus de Sancto Johanne, nullam habebit potestatem vel Juridictionem in hominibus ibidem manentibus, vel in rebus eorum, neque alii Prepositi mei vel Baillivi; nisi per quatuor Electos.*

(10) *Quicunque in Castro refugere voluerit vel potuerit, nisi latro vel homicida fuerit, liber & securus erit in Castro cum omnibus rebus suis.*

(11) *Et quicunque in Castro edificaverit, de edificio suo voluntatem suam facere poterit, salva* [o] *censa mea.*

(12) *Concessi etiam habitatoribus Castri mei Sancti Johannis, ut liberi sint ab omnibus talliis, exactionibus &* (i) *questionibus &* (k) *missionibus; excepto quod quisque de quaque* [p] *partica mensi sui de lato, annuatim decem solidos persolvet: Et ab omnibus* (l) *exercitibus meis immunes erunt.*

(13) Item. *Si animalia vel peccora in* [q] *foresto* [r] *veprehensa fuerint, quodlibet animal sex denarios persolvet; preter oves, quarum queque duos denarios dabit, & dampnum ad* [s] *considerationem quatuor Electorum, illi cui factum fuerit, restituetur.*

(14) *Et sciendum quod Justitiam latronis,* [t] *adulterii, & homicide* [u] *retinui; eorum videlicet, qui in* [x] *Castri Sancti Johannis & Baillivia ejus, probati fuerint vel convicti.*

Ego autem Ducissa Burgundie, hujusmodi constitutiones, libertates & immunitates firmiter & inviolabiliter observandas, sicut in presenti Carta [y] *continetur, juravi. Volo autem ut quicunque successor meus in Ducatu fuerit, hoc idem confirmet & juret.* (m) *Carta ista emendata & confirmata fuit, & Sigillo meo roborata, ad petitionem hominum meorum de Sancto Johanne.* Actum Anno Domini millesimo ducentesimo vigesimo-septimo, mense Julio.

In nomine Domini. Nos Hugo Dux Burgundie: Notum facimus universis presentibus & futuris, [z] *quos nos concessimus habitatoribus Castri mei Sancti Johannis, talem libertatem.*

JEAN I.er & selon d'autres, Jean II. à Beaune, en Janvier 1361.

a duodecim. 2.e *Lett.*
b qui sera condamné.
c Voy. p. precedente, Note (f)
d plainte en Justice. *Voy. la Note* (g).
e blessure suivie d'effusion de sang.
f lods & ventes.
g *App.* pour garder ses vignes.
h Les Articles 6. & 7. des 2.es Lett. sont plus entendus.
* quas.
i Voy. Note marginale (h).
k une personne qui ne demeure pas dans la Ville.
l conquestus.
m Il plaidera,
n les Jurez. *Voy. p. precedente Note* (f).
o Cens annuel. *Voy. le 3.e Vol. des Ordonnances, p. 118. Note* (u)
p pertica mansi. 2.e *Lett.*
q *Il y a une marque d'abbreviation sur l'o final.*
r deprehensa. 2.e *Lett.*
s jugement.
t adulteri.
u *Il y a dans le Reg.* reti ui.
x Castro.
y continentur. *Voy. les Lett. suiv.*
z quod.

NOTES.

(g) *De proclamatione.*] Je crois que ce mot signifie la même chose que *clamor*, une plainte ou demande en Justice. Voy. cy-dessus p. 106. Note (c).

(h) *Attractu.*] *Attractus*, dit Du Cange sur ce mot, c'est le droit qu'a un Seigneur de recevoir sur ses terres, les sujets d'un autre Seigneur, sans que celuy-cy puisse les reclamer. Mais icy *Attractus* signifie le lieu dans lequel on a droit de recevoir ces nouveaux sujets.

(i) *Questionibus.*] Sorte de redevance sur laquelle Voy. Du Cange, au mot, *Questa.*

(k) *Missionibus.*] Ce mot qui signifie ordinairement *dépenses*, doit signifier icy une sorte d'Impost ou de redevance.

(l) *Exercitibus.*] Voy. *la Table du 3.e Vol. des Ordonn. au mot,* Armées, & la fin de l'Art. 13. des 2.es Lettres, il est plus estendu.

(m) *Carta, &c.*] Il y avoit apparemment une Chartre plus ancienne, qui fut changée dans quelques points par celle-cy.

JEAN I.er & selon d'autres, Jean II. à Beaune, en Janvier 1361.

(1) [a] *In primis ut eligant quatuor homines qui jurent fidelitatem Castri & habitantium in eo; & talem habeant potestatem & Juridictionem in Castro Sancti Johannis & appendiciis suis, qualem habent apud Divionem, Major & Jurati Communie Divionensis: Salva tamen Castri libertate: Et illi quatuor Jurati possint mutari per singulos annos, in Festo Sancti Johannis-Baptiste, & alii constitui.*

(2) De proclamatione duodecim denarios persolvet super quem [b] *juria reperietur: Et illi duodecim denarii erunt quatuor Scabinorum.*

(3) Qui de pugno vel palma percusserit, si inde clamor exierit, quinque solidos persolvet: Si clamor non exierit, nichil. Qui sanguinem fecerit, si clamor exierit, decem solidos persolvet: si clamor non exierit, nichil.

(4) Alia jura secundum bonam consuetudinem Divionis, conservabuntur. De pedagiis, de ventis, & de aliis bonis consuetudinibus, que tenentur in Villa Divionensi, eis libertatem concedimus.

(5) De vineis suis talem sibi concedimus libertatem, quod si custodes nostros circa Divionem posuerimus, quando vinee parate erunt ad vindemiandum, libere poterunt vindemiare.

(6) [c] *De nemoribus vero nostris, que tempore confectionis presentium Litterarum, habebamus, in quibus uti consueverant, salvo jure alterius, concedimus eis quicquid ad omne opus suum eis in Castro Sancti Johannis, necesse fuerit.*

(7) [d] *Volumus autem ut illi qui* [e] *retempti sunt in acctractu Castri nostri Sancti Johannis, & illi qui retempti fuerint, liberi sint cum omnibus rebus suis: Ita tamen quod unusquisque qui de cetero* [f] *retemptus fuerit, persolvet quatuor solidos de (n) intragio: De quibus duodecim denarii erunt dictorum Electorum, & tres solidi erunt nostri.*

(8) Si quis autem exterior conquestus fuerit de manentibus in dicto Castro, jus recipiat & faciat coram quatuor Electis, in dicto Castro.

(9) Item. *Prepositus noster de Sancto Johanne, nullam habebit potestatem vel Juridictionem in hominibus ibidem manentibus vel in rebus eorum, neque alii Prepositi nostri vel Baillivi; nisi per quatuor Electos.*

(10) Quicunque in Castra refugere voluerit vel potuerit, nisi latro vel homicida fuerit, liber & securus erit in Castro, cum omnibus rebus suis.

(11) Et quicunque in Castro edificaverit, de edificio suo voluntatem suam facere poterit; salva censa nostra.

(12) Concessimus etiam habitatoribus Castri Sancti Johannis, ut liberi sint ab omnibus talliis, exactionibus, questionibus & missionibus; excepto quod quisque de quaque pertica mansi sui, de lato, annuatim decem solidos persolvet. Et est sciendum quod ipsi habitatores debent venire in nostro exercitu & [g] *chibrachia nostra, quociensecunque & quandocunque à nobis vel mandato nostro fuerint requisiti.*

(13) Item. *Si animalia vel pecora in foresto fuerint deprehensa, quodlibet animal sex denarios persolvet; preter oves quarum queque duos denarios dabit: Et dampnum ad considerationem quatuor Electorum, illi cui factum fuerit, restituetur.*

(14) Et sciendum est quod Justitiam latronis, adulterii & homicide retinuimus nobis; eorum videlicet qui in Castro Sancti Johannis & Baillivia ejus, probati fuerunt vel convicti.

Nos autem Hugo Dux Burgundie supradictus, hujusmodi constitutiones, libertates & immunitates firmiter & inviolabiliter observandas bona fide juravimus, sicut in presenti Carta [h] *continetur: volentes autem ut quicunque successor noster in Ducatu fuerit, hoc idem confirmet & juret. In cujus rei memoriam & testimonium, ad requisitionem dictorum hominum, presenti Carte Sigillum nostrum apposuimus.* Datum Anno ab Incarnatione [i] dicti Domini Jesu Christi, millesimo ducentesimo quinquagesimo-secundo, mense Aprilis.

[a] Voy. la Note *(c)*.

[b] injuria. *Pr. Lett.*

[c] Les Articles 6. & 7. des Pr. Lett. sont moins étendus.

[d] Voy. la Note marg. *(c)*.

[e] retenti.

[f] rententus.

[g] Chevauchée. *La fin de l'Article 13. des premieres Lett. n'est pas si étenduë.*

[h] continentur.

[i] *Ce mot est inutile.*

NOTES.

(n) Intragio.] Droit d'entrée que l'on payoit, lorsqu'on estoit admis dans une Bourgeoisie. Du Cange, au mot, *intragium*, n'a pas expliqué ce qu'il signifioit.

[a] *NOs autem Litteras suprascriptas, omniaque alia & singula in eisdem contenta, rata habentes & grata, ea volumus, laudamus, ratifficamus, approbamus, ac de speciali gratia, nostraque auctoritate Regia, quathenus ipsis* [b] *presatis habitatores predicti Castri nostri Sancti Johannis, usi sunt, tenore presencium confirmamus. Quod ut perpetue firmitatis robur obtineat, nostrum presentibus Litteris fecimus apponi Sigillum: nostro in aliis & alieno in omnibus jure salvo.* Datum & Actum apud [c] Belnam, Anno Domini millesimo trecentesimo sexagesimo-primo, mense Januarii.

Sic signata. *Per Regem, ad relationem Consilii.* J. DONHEM.

a Continuation des Lettres du Roy Jean.

b *Peut-estre,* presati.

c *Beaune.*

JEAN I.er & selon d'autres, Jean II. à Rouvre, en Janvier 1361.

(a) Confirmation des Privileges accordez aux habitans de Rouvre.

Sommaires des *Lettres* du mois de Novembre 1215.

(1) Le Duc de Bourgogne remet la taille aux habitans de Rouvre, & leur donne tout ce qu'il possede en ce lieu, en terres & en rentes; moyennant une redevance annuelle.

(2) Les habitans esliront le Maire & les Sergents.

(3) Les habitans ne pourront estre jugez que par le Maire & les Sergents; & le Maire & les Sergents seront jugez par le Duc & par ses Officiers.

(4) Les amendes qui seront levées à Rouvre, appartiennent au Duc.

Sommaires des *Lettres* du mois de Janvier 1259.

(1) Les habitans ne seront pas sujets aux Prises.

(2) Ceux qui voudront devenir Bourgeois, s'adresseront au Maire & aux Eschevins.

(3) On ne pourra vendre les effets d'un débiteur; mais on pourra les tenir saisis, & l'arrester prisonnier jusqu'à ce qu'il ait payé.

(4) Les habitans esliront le Maire.

(5) [Voy. la Note (u).]

Le bled dû chaque année au Duc, sera apporté dans ces greniers; & tous les habitans seront solidaires les uns pour les autres.

(6) Marché à Rouvre.

(7) Les amendes à laquelle seront condamnez ceux qui voleront des bleds ou des fruits, seront plus fortes quand le vol aura esté fait la nuit. Leur procès leur sera fait par le Maire & les Eschevins; & s'ils ne peuvent s'accorder, par le Duc ou par ses Officiers. Les amendes appartiendront au Duc.

(8) Le Maire & les Eschevins seront jugez par le Duc ou par ses Officiers.

(9) Les habitans sont obligez d'aller moudre aux Moulins de Rouvre.

JOHANNES &c. Notum facimus universis tam presentibus quam futuris, Nos infrascriptas vidisse Litteras, formam que sequitur, continentes.

NOus [d] Hugues Duc de Bourgoigne: Faisons savoir à tous ceulz qui verront & orront ces presentes Lettres, que comme Eudes nostre Pere, qui fu Dux de Bourgoigne, ait donné aus hommes de *(b)* Rouvre, & octroié & quicté toute taille, & lor ait donné & octroyé [e] quanque il avoit à Rouvre, en terres, en près, en rentes; si comme il est contenu en ses Lettres que il bailla à ses devant diz hommes de Rouvre, desqueles la teneur est tele.

Je [f] Eudes Dux de Bourgoigne: Fais savoir à touz ceulz qui sont & qui [g] sont avenir:

(1) Que je ay quité aus hommes de Rouvre, toute taille; & leur ay donné & octroié quanque je ay à Rouvre, en terres, en près, en rentes; *(c)* fors les hoirs

d *Hugues IV.* Voy. l'Hist. Gen. de la Mais. de Fr. t. 1. p. 543.

e *tout ce qu'il avoit*: du mot Latin, *quantum.*

f *Eudes III.* Voy. l'Hist. Gen. de la Mais. de Fr. t. 1. p. 542.

g *seront.*

NOTES.

(a) Tresor des Chartres, Registre 91. Piece 91.

(b) Rouvre.] Cet endroit situé à deux lieües de Dijon, estoit autrefois une maison de campagne des Ducs de Bourgogne. C'est aujourd'huy un très petit lieu. Voy. *le Dictionn. Univers. de la Fr.* au mot *Rouvre.*

(c) Fors les hoirs.] Cela signifie apparemment, *à l'exception de la taille & des rentes que me payoient les enfans de Jean Forrier, &c.*

JEAN I.er & selon d'autres, Jean II. à Rouvre, en Janvier 1361.

Jehan Forrier & Lambert Forrier & leurs hoirs, & Jehan le Doien & ses freres & leurs hoirs, pour mil sextier de blé, moitié fourment & moitié avoine; & pour *(d)* un giste de dix livres & six sextiers d'avoine, à moy ou *(e)* à mon commandement chascun an à payer.

Et est assavoir, que li Maires & deux Sergens seulement dessoulz leur [a] Majour, *(f)* au regart des hommes de Rouvre, seront establi en la Ville devantdite.

Li homme devant dit, *(g)* ne se justiceront mais que par le Majour & [b] pour les deux Sergens devant diz: Et li Maires & li deux Sergens, mais que pour moy ne [c] pour mon commandement ne se justiceront;

(h) Mi forfait de celle Ville, seront levé en la maniere & à la mesure que je ay establi ausdiz hommes, & seront [d] rendu à moy ou à mon commandement.

Et que ceste chose soit estable, je ay confermé ceste Chartre de mon Scel. *Et est fait à la Saint Jehan, en l'An de l'Incarnation Nostre Seigneur, mil deux cens & quinze; entrant Novembre.*

a *Maire.*
b *par.*
c *par.*
d *livré.*

NOus Hugues Dux de Bourgoigne devant dit, ceste Chartre nostre loons & confermons, si comme elle est contenuë dessus; sauf ce [e] qu'après je leur ai quitté le giste devant dit, pour le [f] ban de vin que il ont octroïé à moy & à mes hoirs, à Rouvre; si comme il est contenu en la Chartre que je leur en ay bailliée, dont la teneur est tele.

Nous Hugues Dux de Bourgoigne: Faisons savoir à touz ceulz qui verront ces presentes Lettres, que nous, noz hommes de Rouvre quittons & absolons à tousjours-mais, du giste que il devoient à nous & à noz hoirs, chascun an, [g] pour le ban de vin que il ont octroïé à nous & à nos hoirs, à tenir & avoir en ladite Ville de Rouvre: Et que ceste Chartre soit ferme & estable à tousjours, nous avons confermé ces presentes Lettres, de nostre Scel. *Ce est fait en l'An de Nostre Seigneur, mil deux cent & quarante & sept, ou moys de May.*

e *que dans la suite.*
f *Voy. cy-dessus, p. 74. Note (f).*
g *moyennant.*

(1) APRÉS ce nous leur avons octroié pour le pourfit de la Ville, que nul ne en nostre venuë ne senz nostre venue, [h] ne preigne à Rouvre, [i] geline, ne *(i)* pucin, ne chapon, ne [k] oe, ne porz, ne *(k)* chastron, *(l)* se cil ne veulent vendre cui ces choses seront; ne [l] couste ne cousin, ne [m] charray ne [n] fain, ne [o] estrain; se cil cui il sera, ne le veulent donner ou prester, ou [p] loyer.

(2) [q] En-sur-que-tout, se aucuns se veult mettre en la [r] francise de la Ville, pour [f] quelle chose que il s'y mette, il se mettra par le Majour & par les quatre Eschevins, ou par [t] ceulz qui d'eulz seront en la Ville.

h Voy. sur les *Prises*, la Table du 3.e Vol. des Ordonnances, au mot, *Prises.*
i *poule.*
k *oye.*
l *lit de plume.* Voyez Borel, au mot, *Coute.*
m *charroi.*
n *foin.*
o *fourage*: de *stramen.*
p *loüer.*
q *Sur-tout.*
r *devenir Bourgeois.*
f Appar. *pour quelque raison.*
t *leurs Lieutenans.*

NOTES.

(d) Un giste de dix livres.] C'est-à-dire, le droit d'aller loger & d'estre nourri avec sa suite dans le lieu de Rouvre; lequel droit a esté évalué à dix livres. Voy. Du Cange, au mot *Gistum.*

(e) A mon commandement.] C'est-à-dire, à une personne deputée par moy. Voy. cy-dessus, p. 126. Note *(g)*.

(f) Au regard.] C'est-à-dire, par l'élection. Regard est la même chose que le mot *Esgardum*, qui, suivant du Cange, à ce mot, signifie, *Jugement.*

(g) Ne se justiceront mais que.] C'est-à-dire, les habitans ne seront jugez que par le Maire & les Sergents; & le Maire & les Sergents ne seront jugez que par le Duc ou ses Officiers.

(h) Mi forfait.] Comme ce mot ne peut se prendre icy dans le sens qu'il a ordinairement; c'est-à-dire, pour un délict; peut-estre faut-il le prendre dans un autre sens que l'on luy donne aujourd'huy; c'est-à-dire, pour une somme fixe qui tient lieu de plusieurs sommes incertaines & casuelles. Ainsi le Forfait du Duc, sera cette redevance fixe en bled, qui a esté substituée aux tailles & aux rentes dont il joüissoit autrefois.

(i) Pucin.] Je m'imagine que ce mot est la même chose que *poussin*, un petit poulet.

(k) Chastron. Un *mouton.* On les nommoit aussi *Chastris.* Les Italiens disent, *Castrone.* Voy. Du Cange, aux mots, *Castor* & *Castritius.*

(l) Se cil.] Si celuy à qui ces choses appartiendront, ne les veut vendre.

(3) Après ce, nous leur octroïons que [a] l'an ne puisse vendre de gaige, maison, ne [b] borde, ne prés, ne terre ne autre heritage; mais se aucuns est [c] debtez ou plegiez, li Maires & li quatre Eschevin le doivent contraindre de païer, ou de bailler gaiges, ou [d] prenre ses choses ou son corps, tant que il ait *(m)* vendu ou fait povoir.

(4) Et leur avons octroié que lendemain de Feste Saint Jehan, que il devront faire Majour. que il le facent aus usages que il ont acoustumé.

(5) *(n)* Avecques ce, nous leur avons octroïé les moigneans en leur cense, au fuer des autres du commun; en tele maniere que li uns d'eulz fait au faire Majour & Jurez & Sergens, & *(o)* au getter nostre rente de blé, avecques les Eschevins; laquelle rente de blé, [e] nostre homme de Rouvre, nous doivent jurer à rendre *(p)* dedens les bordes: Et se il y avoit [f] de faute, nous nous [g] tanrions au Majour & aus Jurez, à ceulx qui [h] giteroient le blé, & à tous les autres de la Ville, & à tous leurs biens, & à toutes leurs choses de ce qui en [i] defaudroit.

(6) Et lor avons octroïé le Marchié de Rouvre, aus usages & aus coustumes du Marchié de Nuiz.

(7) Après ce, Nous voulons & leur octroions, que qui sera prins de jours, en [k] forfait de blez ou de fruitages, que il soit en telle [l] amende comme il use; & se il est prins de nuit, il paira soixante-cinq solz. Li forfait & les amendes seront jugié par le Majour & par les quatre Eschevins; & se il y avoit [m] descort, nous ou nostre [n] commandement le feriens, & les amendes seront [o] noz.

(8) [p] Li Maires & li Eschevin, & li Sergent se justiceront par nous ou par nostre commandement.

(9) Et est assavoir, que chascun an, quant li Maires & li quatre Eschevin seront establi, il jureront que il [q] mouront & feront moure ceulz de Rouvre, à noz molins de farine; ne à autres molins il ne pevent moure, fors de Rouvre, par leurs sarremens: Et nous leur octroions que il [r] moillent à noz molins de farine, pour autele [s] moture comme il morroient aus autres moulins de la riviere.

Et que toutes ces choses soient estables & fermes à tousjours-mais, nous avons baillié à noz hommes de Rouvre, ces presentes Lettres, èsquelles nous avons fait mettre nostre Seel, en tesmoignage de verité. *Et fu fait en l'An de l'Incarnation Nostre Seigneur, mil deux cens cinquante & nuef, ou moys de Janvier.*

NOs autem homines nostros & habitatores dicte Ville nostre de Rouvra, quorum supplicationem beningniter accipimus in hac parte, volentes in nostro jocundo adventu ad Ducatum Burgundie, Nobis nuper jure [t] successorio deventum, prosequi favoribus gratiosis, ipsosque in suis justis usibus, privilegiis, libertatibus & franchisiis debite [u] observari, predictas Litteras supra-transcriptas, ac omnia & singula que in eisdem continentur, laudamus, ratifficamus, approbamus, & de nostris auctoritate Regia, certa scientia ac Regie potestatis plenitudine, & de speciali gratia, ac in quantum homines & habitatores predicti ac Major & Scabini dicte Ville, de predictis usi hactenus fuerunt & utuntur, confirmamus tenore presentium Litterarum: nostro & alieno in omnibus jure salvo. Quod ut firmum & stabile perpetuis temporibus perseveret, presentes Litteras Sigilli nostri impres-

JEAN I.er & selon d'autres, Jean II. à Rouvre, en Janvier 1361.

a *l'on.*

b *maison.* Voy. Du Cange, au mot, *Borda.*

c *debiteur ou caution.*

d *saisir ses effets, ou l'arrester prisonnier.*

e *les habitans.*

f *s'ils y manquent.*

g *nous nous en prendrions. Tous les habitans seront solidaires.*

h *Voy. la Note (o).*

i *manqueroit.*

k *volant des bleds & des fruits.*

l *l'amende ordinaire.*

m *s'ils ne peuvent s'accorder.*

n *Voy. cy-dessus, p. 390. Note (e).*

o *nostres.*

p *Voy. cy-dessus, p. 390. Note (g).*

q *moudront & feront moudre.*

r *puissent moudre.*

s *en payant le même droit.*

t Voy. le 3.e Vol. des Ordonn. p. 535. Note (a).

u *Appar.* conservari.

NOTES.

(m) Vendu ou fait povoir.] Jusqu'à ce qu'il ait vendu ses effets., pour avoir de l'Argent, ou que par quelque autre moyen, il se soit mis en estat de payer. Car c'est ainsi que je crois qu'on doit entendre ces mots, *ou fait povoir.*

(n) Avecques ce, &c.] Je n'entends point du tout le commencement de cet Article, jusqu'à ces mots *laquelle chose, &c.* J'aurois pû hazarder quelques conjectures: mais voy. à ce sujet, cy-dessus p. 45. Note *(g)*

(o) Au getter.] Il y a plus bas *giter.* Ce mot signifie, regler la qualité que chacun doit fournir d'une somme ou d'une redevance qui doit se payer par plusieurs personnes; mais par portions inegales.

(p) Dedens les bordes.] C'est-à-dire, doivent les apporter dans nostre maison ou dans nos greniers. Voy. cy-dessus, Note *(b)* marg.

sione jussimus roborari. Datum apud Rouvram, Anno Domini millesimo trecentesimo sexagesimo-primo, mense Januarii. Sic signata. *Per Regem.* MELLON.

JEAN I.er & selon d'autres, Jean II. à Rouvre, en Janvier 1361.

(a) Confirmation de Privileges de la Ville d'Aussonne.

Sommaires des Lettres de 1229.

(1) Chaque maison où il y aura un bœuf, payera un Cens de cinq sols; même les maisons enclavées dans l'enceinte de la Ville, quoyqu'elles ne soient pas habitées.

(2) Fixation du prix du foin dont auront besoin pour leurs chevaux, ceux qui viendront à Aussonne, à la suite du Comte de Bourgogne.

(3) Il n'y aura point de droit de prise *dans les* Courtilages *ou* Jardins potagers. *On ne pourra même y rien prendre à credit; & il n'y aura pas non plus de credit pour le foin dont il est parlé dans l'Article precedent; si ce n'est en donnant des gages. Lorsque le Comte de Bourgogne prendra à credit des denrées chez des gens qui les auront acheptées pour les revendre, il donnera aussi des gages; & si après quarante jours, il ne paye pas ce qu'il a pris, le marchand à qui les gages auront esté donnez, pourra les vendre.*

(4) Si un habitant d'Aussonne est pris & arresté pour la dette du Seigneur, ensorte qu'il soit obligé de la payer, le Seigneur luy restituera ce qu'il aura payé.

(5) Si une beste s'échappe, & qu'elle aille dans des bleds ou dans des prez, celuy à qui elle appartient, doit rendre le dommage qu'elle a fait, & payer la pergie, *qui est differente, selon la nature de la beste. Si cette beste est menée exprès dans ces prez ou dans ces bois, celuy à qui elle appartient, doit rendre le dommage qu'elle a fait; & payer la* pergie *& l'amende qui sera de trois sols, si ce delict est arrivé pendant le jour, & de soixante-cinq sols, si c'est pendant la nuit.*

(6) Celuy qui exprès fera quelque dommage à la closture de la Ville, à celle des courtils & courtilages, *& aux fruits & aux arbres, reparera le dommage, & payera l'amende qui sera de trois sols, s'il a commis ce délict pendant le jour, & de soixante-cinq sols, si c'est pendant la nuit: s'il a fait ce dommage, sans intention de faire du mal, il reparera le dommage; mais il ne payera pas d'amende.*

Les peres & les meres repareront le dommage fait par leurs enfans: On est reputé enfant jusqu'à quatorze ans. Les enfans ne seront pas condamnez à l'amende, telle qu'elle est fixée par ces Lettres; mais les Conseillers de la Ville decideront, suivant l'exigence des cas, de combien elle doit estre.

Ces Conseillers seront eslûs tous les ans, par les habitans de la Ville.

(7) Ces Conseillers rendront les Jugements; & le Prevost levera les amendes auxquelles ils auront condamné. Ils seront au nombre de quatre; & ils seront eslûs tous les ans, à la pluralité des voix. Ceux qui les insulteront, payeront la même amende que s'ils avoient insulté le Prevost.

Le Prevost fera serment de deffendre les droits du Prieur de Vergy.

(8) Si un habitant d'Aussonne veut en faire sortir un estranger qui a interest d'y demeurer pour quelques affaires, cet estranger demandera un sauf-conduit au Prevost & aux Conseillers; & lorsqu'il l'aura obtenu, ceux qui l'insulteront, seront condamnez à l'amende.

(9) Il y aura tous les Lundis marché à Aussonne. On n'y pourra saisir les effets de personne que pour sa propre dette; & non pour celle de son Seigneur.

(10) Si un habitant quitte Aussonne pour aller demeurer ailleurs, parce que le Seigneur ou le Prevost luy a fait quelque tort qu'ils ne veulent pas reparer par l'avis des Conseillers & autres Prud'hommes, cet habitant peut vendre ou donner la maison qu'il avoit à Aussonne, à un autre habitant; & s'il n'en dispose pas ainsi, elle reviendra au Seigneur.

(11) Les estrangers qui sont venus s'establir à Aussonne, & qui y ont fait des acquisitions, pourront [s'ils veulent cesser d'y demeurer,] les vendre ou les donner à quelques habitans de la Ville.

(12) Si ceux qui quittent le séjour d'Aussonne, prennent congé du Seigneur ou du Prevost, on leur donnera une escorte pendant un jour & une nuit.

(13) Le Seigneur a à Aussonne le banc de vin pendant tout le mois d'Aoust.

(14) Les habitans d'Aussonne doivent à leur Seigneur, l'ost & la chevauchée; *ils doivent luy fournir des charrois dans ses expeditions militaires, & même dans d'autres cas. Ils doivent suivre leur Seigneur dans ses expeditions militaires; pourvû cependant qu'ils puissent revenir à Aussonne, le jour même qu'ils en sont partis.*

(15) Certaines personnes & certains heritages designez dans l'article, ne participeront point aux privileges accordez par ces Lettres.

(16) Ceux qui avant la date de ces Lettres, ont déja esté [affranchis &] assujettis au payement d'un Cens, continuëront à le payer, suivant qu'il a esté reglé lors de leur affranchissement.

Sommaires

JEAN I.er & selon d'autres, Jean II. à Rouvre, en Janvier 1361.

Sommaires des Lettres de 1361.

(1) Le Prevost d'Aussonne & les quatre Conseillers nommez aussi autrefois Consuls & nommez presentement Eschevins, doivent y establir tous les ans deux Sergents.

(2) Les habitans esliront tous les ans le jour de la Nativité de S.t Jean-Baptiste, quatre Eschevins, qui auront toute Justice, civile & criminelle, & qui auront droit d'assembler la Commune au son du cornet ou de la cloche, ou par voye de proclamation, pour deliberer sur les affaires communes, & d'imposer & de lever sur les habitans, une taille ou collecte pour les dépenses communes; desquelles sommes ainsi levées, ils rendront compte à la Commune, ou à des personnes nommées par elle à cet effet.

(3) Details de differents droits & amendes que l'on paye pour differents Actes judiciaires.

Les femmes ne payeront que la moitié des amendes que les hommes auroient payé pour pareil delict.

(4) Nulle autre Monnoye que celle que le Seigneur reçoit pour le payement de ses revenus, ne doit avoir cours dans la Ville.

(5) Les Eschevins, pendant qu'ils seront en place, seront exempts de toutes dépenses communes, & de toutes servitudes; à l'exception des revenus & des droits du Seigneur.

(6) Le Seigneur ne peut pas forcer les habitans de le suivre dans ses expeditions militaires; à moins qu'il ne leur donne une solde convenable, ou qu'il ne paye toutes les dépenses qu'ils feront; & dans un aucun cas, il ne peut les conduire hors de la Bourgogne.

(7) Les habitans peuvent faire saisir les effets des autres habitans; & si une Partie saisie reprend avec violence ses effets qui ont esté saisis, il sera condamné à l'amende.

(8) L'Assignat du mariage fait dans le mariage, *aura son effet. Voy. p. 398. Note (hh).*

(9) La premiere fois que le Seigneur viendra à Aussone, il jurera dans l'Eglise de S.te Marie de cette Ville, de conserver les libertez & les privileges de la Ville.

JOHANNES &c. Ad perpetuam rei memoriam: Regalis magnificentia, & si cunctos sue Magestati subditos, favoribus gratiosis honorare decreverit, rite tamen censuit illos copiosioribus gratiis & honoribus ac franchisiis & libertatibus debitis [a] *venustrare quos novit, fuisse & esse, ac fieri sperat Regii culminis *futuros ac fervidos & perpetuos zelatores. Cum itaque Ducatus Burgundie,* [b] *jure successorio clare memorie Philippi nuper Ducis Burgundie Filii nostri carissimi, ad Nos deventus existat, & ad causam ac rationem successionis predicte, Villa, Prepositura, ressortum & pertinentie de* [c] *Auxona, ad Nos noscantur pertinere; & propter hoc Burgenses & habitatores dicte Ville de Auxona, nostri fideles & dilecti, ad Nos tanquam eorum immediate, &, post Deum, superiorem Dominum, accedentes, Nobis suppliciter exposcerint ut eorum Privilegia, libertates & franchisias, de quibus predecessorum nostrorum olim Dominorum dicte Ville, temporibus, gravisi fuerunt atque usi, eisdem gratiose dignaremur confirmatione roborari: Notum facimus universis tam presentibus* [d] *quanturis, quod Nos visis quibusdam Litteris, de Sigillis bone memorie Stephani Burgundie, Johannis Cabilonis quondam (b) Comitum, & etiam Dominorum dicte Ville de Auxona, roboratis: quarum tenor sequitur in hec verba.*

[a] Ce mot, s'il n'est pas corrompu, est bien singulier.

* Ce mot paroist corrompu.

[b] Voy. cy dessus, p. 212. Note (c).

[c] Auxonne, ou Aussonne, *du Diocese de Besançon. Voy. le Dict. Univers. de la Fr. au mot*, Auxonne.

[d] quam futuris.

JE Esthienes Conte de Bourgoingne; & Je *(c)* Jehan [e] Cons de Chalon; & Je

[e] *Comte.*

NOTES.

(a) Tresor des Chartres, Reg. 91. Piece 79.

Ces Lettres *vidimées* dans celles du Roy Jean, ont déja esté imprimées deux fois. 1.° Dans l'Hist. de la Ville & Comté d'Aussonne par *Jurain*, Dijon 1611. 8.° Voy. p. 23. 2.° Dans le recueil des Pieces servant à l'Hist. de Bourgogne, par *Perard*. Voy. p. 412.

Il y a plusieurs fautes, & dans ces deux éditions & dans le Registre du Tresor des Chartres, & ces trois textes peuvent servir à se corriger les uns les autres.

Le stile des Lettres données par *Perard*, est certainement plus ancien que le stile des Lettres données par *Jurain*, & que celuy des Lettres qui sont dans le Registre: d'où l'on pourroit conclurre, que lorsqu'on *vidimoit* d'anciennes Lettres, on ne se picquoit pas de les copier scrupuleusement telles qu'elles estoient dans l'original, & que l'on se donnoit la liberté d'en changer le stile, & de le rajeunir.

(b) Comitum.] C'est-à-dire, d'Estienne Comte de Bourgogne, & de Jean Comte de Châlons.

(c) Jehan, &c.] Jurain p. 18. prétend que Jean qui avoit épousé Mathilde Comtesse de Châlons, & Estienenon qui avoit épousé Agnès Comtesse d'Aussonne, estoient tous deux fils d'Estienne Comte de Bourgogne.

Je ne sçais si l'on doit s'en rapporter à luy; car tout ce qu'il dit à ce sujet, n'est pas bien clair.

Ce fut en 1327. suivant *Jurain*, p. 28. que Hugues Comte de Bourgogne acquit Aussonne par échange.

JEAN I.er & selon d'autres, Jean II à Rouvre, en Janvier 1361.

a *Estienne.*
b *à Auxonne & à ceux.*
c *ces.*
d *cinq sols.*
e *spontanée, & de bon gré.*

Agnès feme le Conte [a] Estienenon: Faisons savoir à tous ceuls qui verront ceste Chartre, que nous avons mis [b] Auxonne, & ceulz qui en la Ville habiteront, autelx coustumes & à tel franchise.

(1) *(d)* Li miex & li buef païeront leur cense de la Saint Michiel: Chascune *(e)* maisnie de la Ville doit donner chascun an, cinq sols à nous & à ceulz qui après nous tendront la Ville: *(f)* Et se mex remaint vuiz de aux les fortereces, aussement païe cinq solz, comme se il y avoit maynie. *(g)* Et quant ceste cense de [c] ceulx [d] cinquain solz sera reçûë, la somme doit estre comptée; & autant comme elle montera, li hommes de la Ville nous doivent donner chascun an, pour acheter viandes: Et ce doit estre levé en cele maniere *(h)* entre lour & ygaloy, que cilz qui plus *(i)* en païera, plus de quinze solz: Et ce nous ont-il donné communement de leur [e] espoyne-grey & senz force faire.

(2) Cilz qui vendront en la Ville avec nous & à *(k)* nostre Court, païeront la nuyt, un denier de foin pour chacun cheval; & se il y est nuit & jour, deux deniers.

(3) *(l)* Li courtilage de la Ville sont sehur en tel maniere, que l'en y peut riens

NOTES.

(d) Li miex & li buef.] Il y a un peu plus bas, *mex.* Je crois que *miex* & *mex* signifient une maison. *Skinner* dans son *Etymologic. Linguæ Anglicanæ*, au mot *meny*, dit que *mais* est un vieux mot françois qui signifie, *maison. Li miex & li bueuf* signifient selon moy, une maison dans laquelle il y aura un bœuf, dont le proprietaire sera assez riche pour avoir un bœuf. Il n'y aura que ces maisons qui payeront la *Cense*, ou du moins, celles dans lesquelles il n'y aura pas de bœuf, ne la payeront pas en entier.

Ce qui m'a determiné à donner ce sens à ces mots, c'est qu'il y a preuve que lorsqu'on imposoit dans la Ville d'Aussonne, un subside par maison ou par feu, on ne comptoit pour une maison ou pour un feu, que celles dans lesquelles il y avoit un certain nombre d'animaux. *Jurain* dans son Histoire d'*Aussonne*, a fait imprimer des Lettres de Philippe Duc de Bourgogne, du 25. de May 1360. dans lesquelles on lit ces mots, p. 41. *Nous faisons lever un subside par feuz ou fuer* [à proportion] *de deux moutons par feu.*

(e) Maisnie,] Ce mot signifie ordinairement le domestique. Mais l'Autheur du Glossaire sur les *Noei Borguignon de Guy Barôzay*, [les Noels & le Glossaire sont attribuez à M.r de la Monnoye.] Cet Autheur, dis je, quel qu'il soit, dit que le mot *meignie* ou *megnie*, signifie toutes les personnes d'une maison, pere, mere, enfans, domestiques, & qu'il vient de *mansionia.* Ainsi *maisnie* est icy la même chose que *miez*, ou *mez*, & signifie un *feu*, un *menage.*

(f) Et se mex remaint vuiz de aux.] Dans *Jurain* & dans *Perard*, il y a, *deans*, au lieu *de aux;* & c'est ainsi qu'il faut lire. *Deans* signifie *dedans.* Voicy maintenant le sens de ce qui suit. Toute maison, a-t-il esté dit plus haut, doit payer cinq sols de Cens: mais si *dedans les fortresses*, c'est-à-dire, dans l'enceinte de la Ville d'Aussonne, qui estoit sans doute fortifiée comme l'estoient presque toutes les Villes de ce temps-là, il y a des maisons qui soient vuides & non habitées, les proprietaires de ces maisons ne laisseront pas de payer le Cens.

(g) Et quant ceste Cense, &c.] J'ay consulté sur la fin de cet Article, des personnes plus habiles que moy, & après l'avoir bien examiné & bien discuté, & l'avoir, pour ainsi dire, retourné de tous les sens, il nous a esté impossible d'imaginer quelle pouvoit estre la nature de la redevance dont il y est parlé.

(h) Entre lour & ygaloy.] Il y a dans *Jurain, entre loux & ygaley;* & dans *Perard, entre lor & igale.* Cela signifie que cette somme doit estre *levée & égalée entre eux.*

(i) En payera plus, &c.] Il y a dans *Jurain : qui plus en payera, n'en payera plus de quinze sols :* & dans *Perard : que cil qui plus en paera, nan paera plus de quinze sols.*

(k) Nostre Court.] Dans *Jurain*, il y a: *à nostre coust :* & dans *Perard :* à nostre *cost.* Voicy comment je crois qu'on doit entendre cet Article. Je suppose que le Comte de Bourgogne avoit droit de Giste à Aussonne; c'est-à-dire, qu'on devoit luy fournir des vivres & d'autres choses necessaires, quand il y venoit: mais que les habitans n'estoient pas obligez de fournir les mêmes choses à ceux de sa suite; quoyque le Seigneur fût obligé de les leur fournir : c'est apparemment pour cette raison, qu'il fixa le prix du foin dont ils auroient besoin pour leurs chevaux.

(l) Li courtilage, &c.] Avant que de donner le sens de cet Article, il faut d'abord expliquer quelques termes.

Courtilage. C'est une espece de jardin potager attaché à une petite maison rustique & située à la Campagne, laquelle se nommoit en latin *Cortis* ou *Courtis;* & en françois, *Courtilz*, [voy. cy-dessous l'Art. 6. & Du Cange, au mot, *Cortis*, à la fin duquel se trouve *Curtilagium.*

prenre de par nous, se par achat non Yceulx donhes choses de foin & de courtilage, sont senz creance; mais que par le gaige rendant, tant que cilz qui le vent, en ait son grantey: Et qui ce brisera, il li coustera soixante solz. A ceulz qui vendent à détail, comme cil qui achatent pour revandre, havons nous quarante jours de creance, en tel maniere que cil qui vendront les [a] derriées, doivent avoir bon gaige en bonne seurté: Et après les quarante jours, cil qui auront les gaiges, les pourront vendre sanz toutes [b] acusons; se il ne sont paié.

(4) Se aucuns de ceulz d'Auxone estoit pris pour la debte cogneue du Seigneur de la Ville, li Sires le doit (m) raimbre de ses deniers ou des cinquain soulz que li homme de la Ville li doivent chascun an.

(5) [c] Se beste est prise en dommage de bley ou de prey, par eschappée, cilz [d] qui la beste sera, doit rendre le domage, & la (n) pergie qui monte quatre deniers, se ce est chevaulx: Se ce est beste (o) armaline, deux deniers: Se est porz, un denier. Se elle y est menée, cilz qui elle est, doit rendre le domage & la pargie, & la [e] loy qui monte; s'il est jours, trois solz; & s'il est nuis, soixante-cinq solz.

(6) Cilz qui fera domage de la [f] closon de la Ville & de la closon des [g] courtilz & des courtilages, & des fruis & des arbres, s'il le fait à [h] auciant, il doit amender le domage, & la loy qui monte trois solz, s'il est jours; & s'il est nuys, soixante-cinq solz: Et s'il n'est fait à escient, cilz qui le fera, amende le domage senz loy: Et se il est [i] enfes, li peres ou la mere amende le domage: Et li temps de l'enfance est

JEAN I.er & selon d'autres, Jean II. à Rouvre, en Janvier 1361.

a *denrées.*

b *sans qu'on puisse s'en plaindre.*

c *Lisez le Sommaire de cet Article.*

d *à qui.*

e *l'amende.*

f *cloison: cloiture.*

g *Voy. cy-dessus, Note (l).*

h *à escient: exprès.*

i *enfans.*

NOTES.

Sehur; c'est-à-dire, *surs*, exempts de prise.

Se par achapt non; c'est-à-dire, sinon par achapt.

Donhes choses. Dans *Jurain*, il y a: *doulx choses*: & dans Perard: *doues choses*: c'est-à-dire, *ces deux choses*.

Creance, credit.

Grantey. En latin *Grantagium;* c'est le payement fait à celuy à qui l'on a pris quelque chose à credit. Voy. cy-dessus p. 375. Note (m).

Cela posé, il s'agit dans cet Article, de deux droits que les Seigneurs avoient presque toujours sur leurs sujets; le droit de *prises*, & le droit de *credit*.

On peut voir sur ces droits, les tables des matieres du 3.e & du 4.e Vol. des Ordonn.

Cet Article porte qu'il n'y aura point de droit de *prise* dans les *courtilages*, ou *jardins potagers*. Il faudra payer aux proprietaires de ces *courtilages*, tout ce que l'on y prendra. Il n'y aura pas même de credit pour ce qu'on prendra dans ces *courtilages*, & pour le foin dont il est parlé dans l'Article precedent: ou plustost, il n'y aura de credit qu'en donnant des gages qui seront rendus par le vendeur, lorsqu'il aura son *grantey;* c'est-à-dire, lorsqu'il sera payé. Celuy qui *ce brisera;* c'est-à-dire, celuy qui voudroit user du droit de *prise* dans ces *courtilages*, ou y prendre à credit sans donner de gages, sera condamné à soixante sols d'amende.

A l'égard de ceux qui vendent des denrées qui ne sont pas de leur crû, & qui les ont achetées pour les revendre, le Comte de Bourgogne pourra les prendre à credit; mais il sera aussi obligé de donner des gages; & si après quarante jours, il ne paye pas, celuy chez qui il a pris à credit, pourra les vendre.

Il y a une difference entre celuy chez qui l'on prend à credit des denrées qui sont de son crû, & celuy chez qui on prend à credit des denrées qu'il a esté obligé d'acheter pour les revendre. Le terme que l'on aura pour payer le premier, n'est pas marqué, & il n'est pas dit que faute de payement, il pourra vendre les gages qu'on luy aura donnez: à l'égard du second, si on ne le paye pas dans le terme de quarante jours, il pourra vendre les gages.

Cette difference est fondée en raison. Le premier dans le jardin duquel on a pris des denrées, n'ayant rien déboursé, peut attendre plus long-temps son payement; mais il est juste que le second qui a acheté des denrées pour les revendre, & qui a déboursé de l'argent pour les payer, en soit payé à son tour dans un terme prefix; & puisse, faute de payement, vendre les gages qu'on luy a donnez.

(m) *Raimbre.*] *Dans Jurain*, il y a: *rambre*: mais dans *Perard*, il y a: *rendre*. Cet Article signifie, que si un habitant d'Aussonne estoit pris & arresté, à cause de la dette de son Seigneur, ensorte qu'il fût obligé de la payer, le Seigneur sera obligé de luy rendre ce qu'il aura payé.

(n) *Pergie.*] Je n'ay pû rien découvrir sur ce mot: il doit signifier une espece d'amende. Du Cange a mis ce mot, a rapporté le passage de ces Lettres, & ne l'a pas expliqué. Voy. cy-dessus, p. 301. Note (ss).

(o) *Armaline.*] Ce mot se trouve aussi dans *Jurain*: mais dans Perard, il y a: *Armelaine;* & je crois que cela signifie des *bestes à laines*, des moutons, &c.

JEAN I.er & selon d'autres, Jean II. à Rouvre, en Janvier 1361.

jusques à quatorze ans: Et *(p)* li lois des enfans, quelque forfait il facent, sera jugié au [a] regart des quatre Preudomes qui doivent estre elleus chascun an, par les Preudomes de la Ville.

(7) Cil quatre preudome qui seront appellé Conseillers, auront tele puissance, que par leur conseil doivent estre fait li jugement; & à leur regart, doit li Prevos lever les loys & les amendes: & il doivent jurer que il a bonne foy à leur esciant jugeront: ne pour Seigneur ne pour Dame, ne par amour, ne par haine, ne [b] lairont à dire le droit & la raison: Et cil quatre doivent estre elleu chascun an, *(q)* au loux du plus de la Ville: Et qui sur aucun de ces quatre mettra main, ne feroit [c] villenie, il devroit [d] autel loi, comme s'il estoit fait à moymes le Prevost. Li Prevoz doit faire serment & feaultey au Priour de Vergey, que il en bonne foy, li gardera & rendra ses droiz.

(8) *(r)* Se aucuns des hommes de Auxonne, veult soy departir qu'il se doubtoit mourer an la Ville pour aucun affaire, il doit queire le conduit au Prevost & ès [e] Conseilz: Et qui seur le conduit [f] à ceulz, li feront outrage, il paieront la loy au regart des Conseillers.

(9) Le Marchiez sera [g] conduz le lundi toute jour, à bien & à foy, vers toutes genz: Et nulz n'y sera [h] gaigiez *(s)* pour la debte son Seignour; mes que par la [i] seve debte congneue; & [k] par celey, lon peut l'en bien gaigier.

(10) Cil qui s'en yront d'Auxonne *(t)* oster autre part; se il s'en vont pour le tort fait que li Sires ou li Prevos leur face; & li Sires ou li Prevoz ne leur veult amender au regart des Consules & des autres Preudomes, il pevent laissier leur heritage [l] cui leur plaira; [m] mais qu'il demouroit à Auxonne, ou vendre; [n] & s'il s'en vont autrement, li heritage [o] remaint au Seigneur.

(11) Li estrainge qui nouvellement seront [p] hebergié à Auxonne, ce que il [q] conquiront, pourroit laissier ou vendre à leur plaisir cellui que il voldront, qui demorra en la Ville.

(12) Se cil qui s'en [r] iront, prenent congié du Seigneur ou du Prevost, il doivent estre conduiz du Seigneur en bonne foy, un jour & une nuit.

(13) Li Sires doit avoir le [s] bant d'Auxonne, tout le mois d'Aoust.

(14) Li hommes d'Auxonne doivent au Seigneur [t] l'ost & la chevauchie, & le charroy en la chevauchie; & fors de la chevauchie, li doivent le charroy; *(u)* en tel maniere que li Sires n'en puest mener si loings de la Ville, que il ne puisse *(x)* reparrier le jour moymes en la Ville.

a *la decision.*
b *ne laisseront*: ne manqueront point à, &c.
c *insulte.*
d *telle amende.*
e *Conseillers.*
f *sauf-conduit donné par eux.*
g C'est-à-dire apparemment, *sera tenu.*
h *on ne pourra saisir ses effets.*
i *la sienne.*
k *pour celle-là.*
l *à qui.*
m *pourvû qu'il.*
n *s'ils ne vendent ou ne donnent pas cet heritage à un habitant d'Auxonne.*
o *remanet*: il reste, il est dévolu au Seigneur.
p *qui seront venus s'y establir.*
q *acquerront.*
r *qui quitteront le sejour d'Aussonne.*
s *le ban de vin.* Voy. cy-dessus, p. 74. Note *(s)*.
t Voy. la Table du 3.e Vol. des Ordonn. au mot, *Armées.*

NOTES.

(p) Li lois des enfans, &c.] C'est-à-dire, l'amende à laquelle les enfans seront condamnez, ne sera point celle qui est fixée par ces Lettres; mais les Conseillers de la Ville decideront, suivant l'exigence des cas, de combien elle doit estre.

(q) Au loux.] Il y a ainsi dans *Jurain*: mais dans *Perard*, il y a, *au los*, c'est-à-dire, par la loüange, par le consentement du plus grand nombre des habitans.

(r) Se aucuns des hommes, &c.] Le commencement de cet Article se lit à peu près de la même maniere dans *Jurain*: mais il est très different dans *Perard*, où il y a: *se aucuns des homes d'Aussonne muet homes de fors qui se dotoit mener en la Ville por aucun affaire, il doit, &c.* Je crois qu'on doit preferer cette leçon, qui presente un sens plus clair. Voicy quel il est à mon avis. Si un habitant d'Aussonne veut faire sortir de la Ville, un estranger qui esperoit pouvoir y demeurer pendant quelque temps pour ses affaires; cet estranger demandera un sauf-conduit, &c.

(s) Pour la debte son Seigneur.] Dans le temps où ces Lettres ont esté données, il y avoit encore beaucoup d'*hommes de corps*, qui estoient des especes de serfs, dont les biens appartenoient en quelque sorte à leur Seigneur: ainsi on pouvoit saisir ces biens pour la dette de ces Seigneurs.

(t) Oster.] *Ester* dans *Jurain* & dans *Perard*; c'est-à-dire, estre, habiter.

(u) En tel maniere.] Je crois que le reste de cet Article ne doit pas s'entendre des charrois, qui doivent estre fournis par les habitans; mais des expeditions militaires dans lesquelles ils doivent suivre leur Seigneur, pourvû cependant qu'ils puissent revenir à Aussonne, le jour même qu'ils en seront partis.

(x) Reparrier.] Ce mot vient de *repatriare* qui signifie, revenir dans son pays. Voy. Du Cange, au mot, *repatriare.*

JEAN I.er & selon d'autres, Jean II. à Rouvre, en Janvier 1361.

(15) (y) De cels convans sont fors li hoirs & li tenement[a] Verllaume[b] Sodenier, & li Mareschaut, (z) & leur hoir: & li tennement & picox.

(16) Pour telz[c] covanx (aa) ne remaint mie que cil qui estoient accensi devant ceste Chartre (bb) au temps la Contesse, ne paient leur cense qui estoit devant ce accordée.

Celz covans & ceste franchise avons nous[d] jurer à garder & à tenir en bonne foy touzjours-mais: Et nous sommes[e] enloyé nous & noz terres, en la main de l'Arcevesque[f], en tele maniere que se nous brisions aucune fois cels convans, & nous amender ne le voulions dedens les quarante jours que l'Arcevesque nous en a[g] monnestat, il nous pourroit escommenier & mettre nostre terre en[h] enterdit; & de ce leur devons nous donner les Lettres l'Arcevesque, pendanz. En tesmoignage de ceste chose, & pour plus estre ferme & estable à tousjours-mais, nous avons pendu noz Seaulz en ceste Chartre. *Et ce fu fait l'Année de l'Incarnation Nostre-Seigneur, * mil deux cens deux vingt & nuef.*

a *Guillaume.*
b *Soydenier,* dans Perard.
c *conventions.*
d *juré,* dans Jurain & dans Perard.
e *inligati.* liez : obligez. Voy. cy-dessus, p. 260. Note (f).
f *de Besançon.*
g *avertit.*
h *interdit.*
* mil deux cent & vingt-neuf, *dans Pérard.*

ET novimus quod fuimus & sumus plenarie informati, multorum super hoc habita relatione fide digna, quod prefati[i] *Burgundie & habitatores dicte Ville nostre, de dictis privilegiis, libertatibus & franchisiis, in prefatis Litteris supra-transcriptis plenius declaratis, & aliis inferius exprimendis, usi fuerunt hactenus & gavisi, patientibus & non contradicentibus predecessoribus nostris eorum Dominis supradictis; videlicet, modo & forma predictis & sequentibus in hunc modum.*

i Burgenses.

(1) Scilicet, quod Prepositus dicte Ville de Auxona, & quatuor homines hactenus Consiliarii vel Consules, Scabini nunc vocati, debent singulis annis duos Servientes constituere in Villa sepedicta.

(2) Item. *Quod quolibet anno, in die Festi Nativitatis Beati Johannis-Baptiste, quatuor Scabini predicti, de consilio &*[k] *assensa*[l] *habitatores dicte Ville, seu*[m] *majores & sanioris partis eorumdem, eligi debent, qui toto anno usque fuerit revolutus, habent & habere debent potestatem omnimodam faciendi Judicia criminalia & civilia universa, ac*[n] *Communiam dicte Ville, ad corneum seu buccinam, proclamationem vel campanam, evocandi quociens eorum fuerit voluntatis; pro commodo tamen Domini & Communitatis dicti loci: Et hujusmodi Communitate sic vocata, & super hujusmodi evocatione, seu super litigiis, debitis communibus, reparationibus, edificationibus, aut aliis necessitatibus pro communi commodo dicte Ville, per dictos electos Scabinos (cc) ordinato, Scabini ipsi possunt & debent pro custibus & expensis inde faciendis, super Communitate predicta & singulis personis ejusdem, taillias vel collectas imponere quociens expedierit, easque levare, & ad usus hujusmodi facere converti; dicte Communitati, vel ex ea super hoc eligendis, exinde compotum reddendo debitum & legalem.*

k *assensu.*
l habitatorum.
m majoris.
n la Commune : *tous les habitans.*

NOTES.

(y) *De cels convans sont fors, &c.*] C'est-à-dire, ceux qui sont nommez ensuite & leurs heritages, ne participeront point aux privileges portez par ces Lettres.

(z) *Et leur hoir, & li tenement & picox.*] Dans *Jurain,* il y a : *& li mareschaux, & li tenement de Pitox ;* & dans *Perard, & li mareschaux, & lor hoir, & lor tenement & piros.*

Si *Picox, Pitox* ou *Piros,* est un nom d'homme, comme je le crois, cela signifie, que les enfans de *Sodenier* & de *Mareschaux,* & les enfans de ces enfans, avec les heritages qu'ils tiennent, & l'heritage de *Pitox,* ne joüiront point du privilege accordé par ces Lettres, & resteront dans leur ancien estat de servitude.

Si *Pitox* n'est pas un nom d'homme, je ne sçais ce qu'il signifie.

(aa) *Ne remaint mie,*] *n'empesche pas.* Cela signifie, ces privileges, & ce cens estabi à la place de la servitude, n'empeschent point que ceux qui avoient déja esté affranchis de cette servitude, & assujettis à un cens, ne le payent suivant qu'il a esté reglé lors de leur affranchissement.

(bb) *Au temps la Contesse.*] *Jurain* p. 14. & 15. croit qu'il s'agit-là de la Comtesse nommée *Gerberge* ou *Gersinde.*

(cc) *Ordinato.*] Il semble qu'il manque-là quelques mots qui devroient signifier, *qu'on deliberera & qu'on prendra une resolution sur ces affaires communes, &c.*

JEAN I.er & selon d'autres, Jean II. à Rouvre, en Janvier 1361.

(3) Item. [a] *Expletum Justicie sic in dicta Villa fieri consuevit; videlicet, quod de* [b] *clamore per illum & ab illo qui invenitur culpabilis, duodecim denarii Nobis, quociens casus advenit, exsolvuntur: (dd) Negatum nichil debet. Percutiens alterum, si inde* [c] *clamor exierit, tres solidi exsolvi consueverunt; effusor sanguinis cum clamore, septem solidos; percussor de pede cum clamore, septem solidos. Et pro deffectu de non comparendo ad diem, (ee) infra quindenam & extra octavam, duo solidi exsolvuntur. Mulieres vero nisi mediam emendam solum delinquendo in premissis, solvunt.*

(4) (ff) Item. *Moneta qualem Dominus dicte Ville pro revenutis suis dicte Ville recipiet & recipit, & non alia,* [d] *cursu debet habere in eadem.*

(5) Item. *Quatuor Scabini predicti, pro toto anno in quo electi fuerunt, de universis tailliis, custibus,* [e] *servitatibus &* [f] *misiis dicte Ville, liberi esse debent; redditibus tamen & jure Domini duntaxat exceptis.*

(6) Item. *Dominus dicte Ville, habitatores ejusdem invitos & nisi eisdem vadia conferat convenientia, vel eorum faciat expensas, in exercitu & equitatione quibuscunque, nec etiam extra Ducatum Burgundie abire,* [g] *agere debet.*

(7) Item. *Quilibet habitatorum dicte Ville, alterum eorumdem (gg) vadiare potest atque debet: Et qui vadia hujusmodi rescusserit, si inde clamor exierit, duos solidos Nobis solvit.*

(8) Item. *(hh) Assignatio matrimonii in matrimonio facta, valere debet & firmiter observari.*

(9) Item. *Dominus dicte Ville, in primo adventu suo ad eamdem, jurare tenetur in Ecclesia Beate Marie ejusdem Ville, privilegia, libertates & franchisias legitimas eorumdem, perpetuo observare, & facere penitus observari.*

Nos igitur de predictis omnibus & singulis plenarie informati, ut prefertur, attendentes nichilominus dilectionem fervidam ac fidei puritatem & prefatam constantiam, quas Burgenses & habitatores predicti, apud Nos & predecessores nostros tam Reges Francie quam Duces Burgundie, Dominos olim dicte Ville, & ad Regnum & Ducatum hujusmodi ac subditorum nostrorum eorumdem, hactenus semper habuerunt & nunc habere cognoscimus, ac habituros credimus in futurum: quia etiam pro financia & nomine financie, [h] *octies centum Florenos Auri de Florancia, boni Auri & legitimi ponderis, habuimus & recepimus* [i] *propter hoc de eisdem, de quibus Florenis, Burgenses & habitatores predictos presentes & futuros, quictamus & quictos & immunes teneri volumus & jubemus; absque eo quod proinde Nobis seu successoribus nostris Dominis dicte Ville, aliqualem aliam finianciam de cetero solvere teneantur, seu ad hoc cogi possint vel valeant qualitercunque in futurum: Sperantes nichilominus & firmissime tenentes, ipsos ad nostram & Regni ac subditorum nostrorum dilectionem & amorem, fortius animari, dum per Nos juxta eorum vota, fuerint graciose prosecuti, dictas Litteras sub-transcriptas, una cum privilegiis, usibus, libertatibus & franchisiis in eisdem & post tenorem eorumdem, in presentibus declaratis; necnon vero universas & singulas alias franchisias, libertates & usagia quecunque, de quibus & in quantum de ipsis hactenus usi fuerunt; licet in dictis Litteris supra-transcriptis & nostris presentibus, minime exprimantur; dum tamen exinde Nobis &*

[a] Les profits des Actes judiciaires.
[b] plainte ou requeste. *Voyez cy-dessus, page 106. Note (c).*
[c] s'il y a une plainte en Justice.
[d] cursum.
[e] servitutibus.
[f] dépenses.
[g] *Ne faudroit-il pas*, cogere?
[h] huit cens.
[i] pour la confirmation de leurs privileges.

NOTES.

(dd) Negatum nichil debet.] Je crois que cela signifie, que celuy qui nie que sa Partie adverse ait eu droit de luy demander ce qu'elle luy demande, ne doit point payer le *droit de plainte;* bien entendu, quoyque l'Article ne le dise pas, qu'il n'y aura pas de preuves contre luy.

(ee) Infra quindenam, &c.] C'est-à-dire, qu'entre le jour où la plainte aura esté faite, & celuy qui sera assigné pour comparoistre, il n'y aura pas moins qu'une huitaine, & pas plus qu'une quinzaine.

(ff) Item, &c.] Il y a ensuite un mot écrit en abregé que l'on n'a pû deviner. Il y a *clis*, avec une marque d'abreviation. Cela pourroit signifier, *censualis.* Voy. le 3.e Vol. des Ordonn. p. 275. Art. 12. & p. 284. Art. 9.

(gg) Vadiare.] C'est-à-dire, peut faire saisir les effets des autres habitans; & si la Partie saisie, reprend avec violence & par voye de recousse, de ses effets qui sont saisis, &c.

(hh) Assignatio matrimonii.] J'entends par ces mots, l'assignat du doüaire constitué par le mari, & fait par le contract de mariage.

successoribus nostris & Dominis dicte Ville, ullum prejudicium aliter quam superius est expressum, valeat generari in futurum, ea laudamus, ratifficamus, approbamus, & de nostris auctoritate Regia, certa scientia ac nostre Regie potestatis plenitudine, & de speciali gratia, confirmamus tenore presentium Litterarum; Nos & successores nostros predictos, ad prestandum juramentum, & faciendum, tenendum, complendum & firmiter observandum omnia & singula predicta, prout superius sunt expressa, specialiter volumus astringi & expresse obligari: Ex uberiori gratia, volentes & expresse precipientes & mandantes universis Justiciariis & Officiariis presentibus & futuris, ut ad quemlibet eorum pertinuerit, quatinus dictos habitatores & Burgenses presentes & futuros, contra tenorem privilegiorum, usagiorum, franchisiarum & libertatum hujusmodi, nullatenus impediant vel molestent; sed eos de eisdem uti & gaudere faciant & permittant, juxta presentium & dictarum Litterarum supra-transcriptarum, seriem & tenorem; absque eo quod Originale dictarum Litterarum [a] supra-transcriptas, de cetero qualitercunque faciant exhiberi; sed presentibus totaliter super omnibus & singulis contentis in eisdem, adhibeant promptam fidem; non-obstante quod super eisdem aut aliquibus eorumdem, per carissimam Consortem nostram (ii) Reginam vel ejus Procuratorem, fuerint alias perturbati. Quod ut perpetue stabilitatis robur obtineat, presentes Litteras Sigilli nostri impressione fecimus communiri: nostro in aliis & alieno in omnibus jure salvo. Actum in Castro nostro de Rouvra, Anno Domini millesimo trecentesimo sexagesimo-primo, mense Januarii. [b]

JEAN I.er & selon d'autres, Jean II. à Rouvre, en Janvier 1361.

a supra-transcriptarum.

b Il n'y a point de Signature.

NOTES.

(ii) *Reginam.*] Jeanne Comtesse d'Auvergne & de Boulogne, seconde femme du Roy Jean, estoit veuve de Philippe Duc de Bourgogne, & mere de Philippe de Rouvre aussi Duc de Bourgogne, par la mort duquel ce Duché vint au Roy. C'estoit apparemment comme veuve du Duc de Bourgogne, qu'elle avoit des droits sur Aussonne. *Voy. l'Hist. geneal. de la M. de Fr. t. 1. p. 549.*

(a) Confirmation des Privileges des habitans de Talent.

JEAN I.er & selon d'autres, Jean II. à Talent, en Janvier 1361.

SOMMAIRES.

(1) Les habitans de Talent esliront chaque année quatre Jurez, qui auront la même Jurisdiction dans le Chasteau, que le Maire & les Jurez de la Commune de Dijon, ont dans cette Ville.

(2) Celuy qui succombera dans un procès, payera quatre deniers aux Eschevins.

(3) Amendes qui seront payées lorsqu'il y aura eu des plaintes en Justice, sur des coups donnez, ou sur des blessûres suivies d'effusion de sang.

(4) On suivra dans le Chasteau de Talent, les coustumes de Dijon.

(5) Les habitans pourront vendanger librement, lorsque le Duc de Bourgogne aura estabi auprès de Dijon, des gens pour garder ses vignes.

(6) Ils pourront prendre dans les bois du Duc, le bois dont ils auront besoin.

(7) Les personnes à qui le Duc permettra de demeurer dans le Chasteau, seront libres.

(8) Si une personne qui ne demeure pas dans le Chasteau, a un procès contre un habitant du Chasteau, il le poursuivra devant les quatre Jurez.

(9) Le Prevost du Duc à Talent, ni ses autres Baillis & Prevosts, n'auront aucune Jurisdiction sur ceux qui demeurent dans le Chateau, ni sur leurs biens.

(10) Ceux qui se refugieront dans le Chateau, à l'exception des voleurs & des homicides, y seront libres & en sureté.

(11) Ceux qui auront bâti des maisons dans le Chasteau, pourront en disposer; sauf la cense que chaque maison doit au Duc.

(12) Les habitans auront l'usage de la Forest de Pasquets; mais ils ne pourront vendre ni donner du bois à personne, hors du Château.

(13) Les habitans seront exempts de toutes sortes d'Imposts: mais ils payeront chaque année, dix sols de chaque perche en largeur, du terrain de leurs maisons.

Ils ne seront pas obligez de suivre leur Seigneur, dans les expeditions militaires.

(14) Le Duc donne à chacun des deux Gardes de Talent, une perche de terre qui ne sera pas sujette à la cense.

(15) Lorsque des animaux seront trouvez dans des forests, celuy à qui ils appartiendront, payera l'amende, & restituera le dommage qu'ils auront causé.

(16) Estendüe du Bailliage de Talent.

(17) Les voleurs, les adulteres & les homicides, seront jugez par les Juges du Duc.

JEAN I.er & selon d'autres, Jean II. à Talent, en Janvier 1361.

JOHANNES &c. Notum facimus universis tam presentibus quam futuris, Nos infrascriptas carissimi (b) Filii nostri clare memorie Philippi, quondam Ducis Burgundie, vidisse Litteras sub hiis verbis.

PHILIPPE Duc de Bourgoigne, Conte d'Artois, & de Bourgoigne Palatins, & Sire de Salins: Faisons savoir à tous presens & avenir, nous avoir veu les Letttres de nostre très cher Seigneur & Aieul, le Duc Eude de Bourgoigne que Dieux absoille, contenant la fourme qui s'ensuit.

NOs Odo Dux Burgundie: Notum facimus universis presentes Litteras inspecturis, quod nos quasdam Litteras sigillatas Sigillo clare ac bone memorie Roberti quondam Ducis Burgundie, carissimi Genitoris nostri, sanas & integras vidimus in hec verba.

NOs Robertus Dux Burgundie: Notum facimus omnibus presentes Litteras inspecturis, quod nos quasdam Litteras sigillatas Sigillo clare memorie Odonis quondam Ducis Burgondie, Avi nostri, sanas & integras vidimus in hec verba.

EGo Odo Dux Burgundie: Notum facio presentibus & futuris, quod concessi habitatoribus Castri mei de (c) Talent, talem libertatem.

(1) (d) In primis, ut eligant quatuor homines qui jurent fidelitatem Castri & habitancium in eo; & talem habeant potestatem & Juridictionem in Castro & in appendenciis suis, qualem habent apud Divionem; Major & Jurati Communie Divionensis; salva tamen Castri libertate: Et illi quatuor Jurati possunt mutari per singulos annos in Festo Sancti Johannis, & alii constitui.

(2) De proclamatione, duodecim denarios [a] *super quem injuria reperietur: Et illi duodecim denarii erunt quatuor Scabinorum.*

a *Le Copiste a oublié* persolvet. *Voy. p.* 398. *Article* 3.

(3) Qui de pugno vel palma percusserit, si inde clamor exierit, quinque solidos persolvet: Si clamor non exierit, nichil; qui sanguinem fecerit, si clamor exierit, decem solidos persolvet: Si clamor non exierit, nichil.

(4) Alia jura secundum bonam consuetudinem Divionensem, conservabuntur. De pedagiis, de ventis & de aliis bonis consuetudinibus que tenentur in Villa Divionensi, eis libertatem concedo.

(5) De vineis suis talem sibi concedo libertatem, quod si custodes nostros circa Dyvionem posuero, quum vinee parate erunt ad vindemiandum, libere poterunt vindemiare.

(6) De omnibus vero nemoribus meis, concedo eis quicquid ad omne opus suum eis in Castro necesse fuerit.

(7) Volo autem ut illi quos [b] *atractu mei Castri de Talent, retinui vel retinuero, liberi sint cum omnibus rebus suis.*

b Voy. cy-dessus, p. 387. Note *(h)*.

(8) Si quis autem exterior de manentibus in Castro conquestus fuerit, jus recipiat & faciat in Castro coram quatuor Electis.

(9) Item. *Prepositus noster de Talent, nullam habebit potestatem vel Juridictionem in omnibus ibidem manentibus, vel in rebus eorum; neque alii Prepositi mei vel Baillivi; nisi per quatuor Electos.*

(10) Quicunque in Castro refugere voluerit vel potuerit, nisi latro vel homicida fuerit, liber & securus erit in Castro cum omnibus rebus suis.

NOTES.

(a) Tresor des Chartres, Registre 91. Piece 49.

(b) Filii nostri.] Le Roy Jean avoit épousé la Mere de ce Duc de Bourgogne. Voy. le 3.e Vol. des Ordonn. p. 428. Note *(b)*.

(c) Talent.] *Talant*, petite Ville, à une demie-lieuë de Dijon. *Dictionn. Univers. de la Fr.* au mot, *Talent*.

(d) In primis.] Ces Privileges sont presque les mêmes que ceux de la Ville de S.t Jean, qui sont cy-dessus p. 386. Il sera bon de les consulter, parce qu'on n'a pas crû devoir repeter icy, les Notes que l'on a faites dessus ces Lettres.

(11) Et

(11) *Et quicunque in Castro edificaverit, de edificio suo voluntatem suam facere poterit: salva censa mea.*

(12) *De nemore de Pasques concedo eis usagium in perpetuum, ad quicquid eis fuerit necessarium: Ita tamen quod nemo poterit vendere vel dare extra Castrum.*

(13) *Concessi etiam habitatoribus Castri de Talent, ut liberi sint ab omnibus tailliis, exactionibus,* [a] *questibus & missionibus; excepto quod quiscunque de quaque pertica mansi sui de lato, annuatim decem solidos persolvet: Et ab omnibus exercitibus immunes erunt.*

(14) *Donavi autem duobus hominibus custodibus portarum de Talant, duas perticas liberas sine censa; unicuique unam in quibus mansiones suas habeant.*

(15) Item. *Si animalia vel peccora in foresto deprehensa fuerint, quodlibet animal sex denarios persolvet; preter oves, quarum queque duos denarios dabit: Et dampnum ad considerationem quatuor Ellectorum, illi cui factum fuerit, restituetur.*

(16) *Incipiet autem Balliva & Justicia de Talent, à via que tendit à Fontanis versus molendinum Capre-mortue, que dicitur via molendinaria.*

(17) *Et est sciendum quod Justitiam latronis, adulteri & homicide retinui michi; eorum videlicet qui in Castro de Talant & Baillivia ejus, probati fuerint vel convicti.*

Ego autem Odo Dux Burgundie, hujusmodi constitutiones, libertates & immunitates firmiter & inviolabiliter observandas, sicut in presenti Carta continentur, juravi. Volo autem [b] *ac quicumque successor meus in Ducatu fuerit, hoc idem confirmet & juret. Carta ista emendata & confirmata fuit, & Sigillo nostro roborata ad petitionem hominum meorum de Talant, Anno gratie millesimo ducentesimo sexto-decimo, mense Novembris.*

JEAN I.er & selon d'autres, Jean II. à Talent, en Janvier 1361.

[a] *Il y a* questionibus *dans les Lettres sur S.t Jean. Voy. p. 387. Art. 12.*

[b] ut, *dans les Lettres sur Saint Jean.*

NOs Odo Dux Burgundie, omnia & singula que in dictis Litteris continentur, pro nobis & nostris heredibus, innovamus & confirmamus. In cujus rei testimonium, Litteris istis Sigillum nostrum apponi fecimus. Actum in Cappella nostra dicti Castri de Talant, Anno Domini millesimo trecentesimo decimo-septimo, mense Maii.

LESQUELLES Lettres & privileges dessusdiz, & toutes les choses contenues en iceulz, ainsi comme dessus sont devisées, nous de certaine science, par ces presentes, loons, innovons, confermons & octroions estre valables & demourer en leur vertu; non contrestant que lesdites Lettres & privileges soient à present, ou fussent pour le temps advenir, par malvaise garde ou trop longue ancienneté, corrumpuës, viciées ou dommagiées en Seel ou en escritures: Lesquelx deffaux nous de nostre plaine puissance & de certaine science, suppleons par ces presentes, lesquelles nous voulons & decernons pour nous & noz successeurs Dux de Bourgoigne, avoir force & vertu de vrai Original desdiz privileges; sanz ce que lesdiz habitans soient jamais tenuz de faire exhibition des autres Lettres dessus transcrittes. Avecuques ce, avons juré & promis, en ensuivant l'entention & ordenance de nozdiz predecesseurs Dux de Bourgoigne, jurons encore & promettons lesdiz privileges & tout le contenu en ces presentes Lettres, tenir, garder ausdiz habitans & leurs successeurs, & faire tenir & garder perpetuelment sanz jamais venir encontre; & les voulons estre jurez & confermez par nosdiz successeurs. Et que ce soit ferme & estable à tousjours, nous avons en tesmoin de ce, fait mettre nostre grant Séel en ces Lettres: sauf nostre droit en autres choses & l'autrui en toutes. *Donné en nostre Chastel de Talant dessus Dijon, le vingt-deuxieme jour d'Avril, l'An de grace mil trois cens soixante.*

NOs autem predictas Litteras super-transcriptas & omnia in eisdem contenta, ratas habentes & gratas, eas & ea volumus, laudamus, ratificamus, approbamus, & de nostris certa scientia, auctoritate Regia & de gratia speciali, quathenus de eis habitatores predicti hactenus usi fuerunt & utuntur, confirmamus tenore presentium Litterarum: nostro in aliis & alieno in omnibus jure salvo. Quod ut firmum & stabile perpetuis temporibus perseveret, presentes Litteras Sigilli nostri fecimus appensione roborari. Datum apud Talentum, Anno Domini millesimo trecentesimo sexagesimo-primo, mense Januarii.

Sic signata. *Per Regem.* MELLOU.

JEAN I.er & selon d'autres, Jean II. à Buxeaul, en Fevrier 1361.

(a) Lettres portant diminution des Tailles pour les habitans de Buxeuil, & l'affranchissement de la Morte-main.

JOHANNES &c. Savoir faisons à tous presens & avenir, Nous avoir esté exposé par les habitans de nostre Ville de *(b)* Buxeaul en Bourgoine, que comme il soient taillable à Nous de [a] haut & de bas & à volenté, deux fois en l'An; c'est assavoir, à la Saint Remi & à la Quaresme-prennant; & Nous doient de leurs labourages, certaines [b] courovées & autres redevances; & il soit ainsi que lesdiz habitans soient [c] amandris de la plus grant partie, pour cause de la pestilence [d] de la mortalité qui a esté ès parties d'ilec: car paravant ycelle mortalité, il estoient en ladite Ville de cinquante à soixante feux, & plus, qui ne sont à present pas plus de dix ou environ. Neantmoins leur à-l'en fait & veult-l'en faire paier aussi grant taille comme il faisoient avant ladite mortalité: Laquelle chose il ne poroient faire ne soustenir; mais les [e] enconveroit fouyr & departir du lieu, & devenir povres & mendians; dont ils Nous ont humblement supplié que sur ces choses, leur veullons faire grace; mesmement que par le fait des guerres, il ont esté pilliés & domagiés par noz ennemis; & telement que [f] pou ou aussi comme [g] nient, leur est demeuré; parquoy aucuns desdis habitans se sont departis du lieu & departent de jour en jour: Et par ce, n'auroient povoir ceulx qui sont demourés, de paier lesdites tailles & autres redevances, se sur ce ne leur estoit pourveu de nostredite grace. Nous, eu regard & consideration aux choses dessusdites, & que ladite Ville est moult decheue, & grant partie des habitations tournées en ruyne par deffaut des manans ou habitans; & aussi afin que ceulx qui dudit lieu se sont absentés pour les grans charges des tailles & autres redevances dessusdites, y puissent retourner pour y demourer & vivre desous Nous, en nostre joyeux advenement en Bourgoigne, avons octroié & octroions auxdiz habitans, pour eulx, leurs hoirs & successeurs habitans en ladite Ville, de certaine science, pleniere puissance & grace especial, par ces presentes, que lesdites deux tailles qui se paient chascun an, au terme de la Saint Remy & de Quaresme-prennant, seront mises à une taille, laquele se paiera dores-en-avant au terme de la Saint Remy tant-seulement; & que lesdiz habitans ne seront tailliés, [h] fors selon leurs facultez qu'il ont ou auront [i] par le temps qu'il seront tailliez; non eu [k] regart aux taillies du temps passé, se *(c)* leurs facultés ne s'y estendoient: Et en outre, en ampliant la nostredite grace, les avons franchis & franchissons à tousjours, & leurs hoirs & successeurs habitans de ladite Ville, de la [l] morte-main que Nous avons sur eulx & sur leur biens, en cas de main-morte d'eritage quant il Nous eschéent; [m] par paiant toute-vois les cens & redevances qu'il Nous doivent [n] cascun an. Si donnons en mandement par ces Lettres, à nostre Chastellain d'Aisy, & à tous les autres Justiciers & Officiers de nostre Duchié de Bourgoigne, presens & avenir, ou à leurs Lieutenans, & à chascun d'eulx, si comme à li appartendra, que nostre presente Ordenance, octroy & grace, enterrinent, tiegnent & acomplissent; & d'iceulx faicent, lessent & [o] sueffrent joir & user paisiblement dores-en-avant & à tousjours, lesdiz habitans, leurs hoirs & successeurs

a *Voyez le 3.e Vol. des Ordonn. p. 228. XV. & Note (i).*
b *corvées.*
c *amoindris:* diminuez.
d *&.*
e *leur convien-droit.*
f *peu.*
g *neant:* rien.
h *si ce n'est.*
i *dans.*
k *égard.*
l *Voyez le 3.e Vol. des Ordonn. p. 181. Note (c)*
m *en payant cependant.*
n *chascun an.*
o *souffrent.*

NOTES.

(a) Tresor des Chartres, Registre 91. Piece 74.

(b) Buxeaul.] L'on trouve dans le *Dictionn. Univers. de la Fr.* deux lieux nommez *Buxeuil,* dans la Bourgogne: l'un situé dans le Diocese de Langres, & l'autre dans celuy d'Autun: Il y a apparence que c'est de ce dernier dont il s'agit icy: car il est dit à la fin de ces Lettres, que *Buxeaul* relevoit d'*Aisy;* & *Aisy* en Bourgogne est du Diocese d'Autun. Voy. le *Dictionn. Univers. de la Fr.* au mot, *Aisy.*

(c) Se leurs facultés, &c.] S'ils n'avoient autant de biens qu'ils en avoient autrefois, lorsqu'ils payoient ces tailles.

habitans d'icelle; & [a] toute la teneur de nostredite Ordenance, grace & octroy, ne les empeschent, molestent ou contraignent; ne [b] saichent empeschier, molester ou contraindre par quelque maniere que ce soit; mais se aucune chose estoit fait au contraire, qu'il le ramainent ou faicent ramener à estat [c] deu, sans aucun delay. Et que ce soit ferme chose & estable à tousjours, Nous avons fait mettre nostre Séel à ces Lettres. *Ce fu fait en ladite Ville de Buxeaul, l'An de grace mil trois cens soixante & un, ou mois de Fevrier. Ainsi signée.* Par le Roy. COLLORS.

a *contre.*
b *facent.*
c *dû.*

JEAN I.er & selon d'autres, Jean II. à Troyes, en Fevrier 1361.

(a) Privileges accordez aux habitans de Chamons, près de Chastillon-sur-Seine.

JOHANNES &c. Notum facimus universis presentibus & futuris, Nos vidisse Litteras Odonis quondam Ducis Burgundie, predecessoris nostri, formam que sequitur, continentes.

IN nomine Sancte & Individue Trinitatis : Amen. Odo Dux Burgundie : Universis presentibus & futuris presentem paginam inspecturis. Rei geste notitiam noverit [d] *universitas nostra, quod donavi & concessi hominibus meis qui manent vel qui manentes erunt in vico meo qui dicitur (b) Chamons, apud Castellionem-super-Secanam, hujusmodi libertatem; quod ditior vel potentior qui mansionem habet vel habebit in vico illo, immunis erit ab omni taillia & exactione, pro viginti solidis Divionensibus, reddendis singulis annis, in Festo Sancti Remigii : Inferiores vero & minus potentes* [e] *dabunt ad* [f] *considerationem quatuor proborum hominum, qui à Communitate manencium in Chamont, eligentur. Illi autem quatuor ordinabunt omnia que ordinanda erunt inter homines manentes apud Chamont, &* [g] *clamores audient, & discordias pacificabunt, & Causas terminabunt :* [h] *Forifacta autem mea & emende, ad usus & consuetudines Castri mei de* [i] *Talent, per manus quatuor Electorum levabuntur. Prepositus noster Castellionis, nichil juris vel potestatis in eis habebit; nisi redditus meos ibi de mandato meo, fortè recipiat : Et hoc fiet ad considerationem quatuor Electorum. Ego autem Odo Dux Burgundie, hanc libertatem me servaturum imperpetuum, bona fide promitto, & garantire teneor. Quod ut ratum habeatur & inconcussum, presentem paginam Litteris presentibus annotatam, Sigilli mei munimine feci roborari.* Actum apud Talant Opidum meum, Anno gratie millesimo ducentesimo tertio-decimo, mense Augusto. *Per manum Ulrici Cappellani mei : existentibus in Curia mea, Domino Gauchero de Castellione Senescalo meo, & Poncio de Frolleis Constabulario meo, & Gervasio Chauchardo* [k] *Camberlano meo.*

d Tous ceux qui demeurent dans les pays qui me sont soumis.

e payeront une redevance.

f au Jugement. *Voy. le Gloss. de Du Cange, au mot,* Considerare.

g ils recevront les plaintes & les requestes.

h Les confiscations.

i Voy. p. 400. Note *(c)*.

k Chambelan.

NOs autem dictas Litteras & omnia & singula in eisdem contenta, rata & grata habentes, ipsa volumus, laudamus & approbamus, ac de gratia speciali, quathenus usi sunt, confirmamus. Quod ut firmum & stabile perpetuo perseveret, Litteris presentibus nostrum fecimus apponi Sigillum : salvo in aliis jure nostro & in omnibus quolibet alieno. Actum Trecis, Anno Domini millesimo trecentesimo sexagesimo-primo, mense Februarii.

Sic signata. *Per Regem, in Requestis, in quibus vos & Gentes Requestarum eratis.* FERRICUS.

NOTES.

(a) Tresor des Chartres, Registre 91. Piece 73.

(b) Chamons.] Il y a encore aujourd'huy une des deux parties de la Ville de Chastillon-sur-Seine, qui se nomme *Chaumont.* Voy. le *Diction. Univers. de la Fr.* au mot, *Chastillon-sur-Seine.*

JEAN I.er & selon d'autres, Jean II. à Paris, en Avril 1361. Philippes V. dit le Long, à Paris, le 12. de May 1320. Charles IV. dit le Bel, à Paris, le 6. de Juin 1323. Philippe VI. dit de Valois, à Paris, le 1.er de Janvier 1331.

(a) Privileges de la Ville de S.t Omer.

JOHANNES Dei gratia Francorum Rex: *Notum facimus universis presentibus & futuris, Nos Litteras carissimi Domini & Progenitoris nostri, vidisse, formam que sequitur, continentes.*

[a] PHILIPPE par la grace de Dieu Roy de France: Savoir faisons à tous ceulx qui ces Lettres verront, Nous avoir veu les Lettres de nostre très chier Seigneur & Cousin, Charle jadiz Roy de France & de Navarre, contenant la fourme qui s'ensuit.

[b] *KAROLUS Dei gracia Francie & Navarre Rex: Universis presentes Litteras inspecturis, Salutem. Notum facimus Nos Litteras inclite memorie Domini Philippi Germani nostri carissimi, vidisse in hec verba.*

[c] PHILIPPES par la grace de Dieu Roys de France & de Navarre: A nostre amé & feal Robert Conte de Flandres, & aux Bourgue-maistres, Avouez *(b)* Circiriers, Eschevins, Conseil & [d] Commus de toutes & chascune les Villes, & *(c)* atons de Flandres, & à touz autres Justiciers & subgez de nostre Royaume, ausquiex ces presentes Lettres [e] verront: Salut. Tant comme Nous avons plus trouvé de obéissance, de service, de loyauté & de constance, en noz amez & feaulx les Eschevins, Bourgeoiz, & le peuple commun de la Ville de Saint Omer, en touz les cas où Nous ou noz Gens avons eu afaire de eux; tant contre ceulx de Flandres, durant la rebellion de eulx envers Nous, comme contre les Alliez du pays de là entour, & en autres cas; & tant comme Nous avons plus eprouvé la grant affection de Nous servir, & les grans oppressions qu'ils [f] ent souffertes & soustenuës en fraiz, paines & despens, pour Nous & pour nostre Royaume; tant Nous tenons Nous plus estre obligiez & astrains à faire toutes les choses qui à leur * pays & leur transquilité, leur garde, leur honneur & leur prouffit, porroient toucher: Et pour ce que Nous, noz Gens & nostre Predecesseur les avons [g] ça-en-arrieres, trouvez [h] appareilliez en touz cas, de Nous de

a *Philippe de Valois.*
b Charles le Bel.
c *Philippe le Long.*
d *Commun.*
e *viendront.*
f *ont.*
* *paix.*
g *cy-devant.*
h *prests.*

NOTES.

(a) Tresor des Chartres, Registre 96. Piece 104.

(b) Circiriers.] Ce mot est très mal écrit & douteux. M.r Godefroy, [Voy. cy-dessus p. 243.] m'a marqué que ce mot estoit certainement corrompu, & qu'il devoit y avoir, *Keur-heers*, ou *Cheurs-heers*, & que ces mots pouvoient avoir trois significations. Voicy le Memoire qu'il a eu la bonté de m'envoyer à ce sujet.

Explication du mot de *Keur-heers* ou *Cheur-heers.*

Ce mot est composé de deux termes latins; sçavoir *Chora* expliqué dans le Glossaire de Du Cange, & *Herus*: ce qui forme *Choræherus* ou *Keur-heer.* Si on l'a écrit autrement, c'est une faute de copiste.

Ce mot *Chora* est en usage en Flandre depuis plus de six cens ans.

Il signifie une Loy, une Ordonnance, une Coustume: *Chora Brugensis*, dont il y a une Copie très ancienne dans la Chambre des Comptes de Lille, est l'ancienne Loy & Coûtume de la Ville de Bruges.

Keuren, terme Flamand, est expliqué par le mot de Statut & Ordonnance, dans la Table Flamande du 2.e Tome des Coustumes & loix du Comté de Flandre, traduites par M.r le Grand, & imprimées à Cambray en 1719. On l'applique aux Officiers de Justice qu'on appelle communement Keur heers, *quasi, Choræ* ou *Curiæ Domini.*

On y donne une 3.e application: c'est *Keurbroeder*, qui signifie frere de Loy; c'est-à-dire, associé, compagnon de loy, par rapport à la bourgeoisie des differentes Villes qui sont liées ensemble & joüissent de certains privileges communs à tous les *Chœurs-freres* ou *co-bourgeois.*

(c) Atons.] Il y a une marque d'abbreviation sur ce mot. On pourroit lire *acons, acous*, ou *atous*: mais je n'entends aucuns de ces mots. Sans la marque d'abbreviation, on pourroit croire que ce mot signifie, *à tous* ceux *de Flandre.*

bonne volenté servir, Nous voulons & commandons à tous, par la teneur de ces presentes Lettres, que il & chascun de eulx, soient tenu & gardé seurement par tout nostre Royaume, soulz nostre protection & garde especial, avecques toutes leurs [a] mainsnies, marchandises, biens & autres choses. Si vous mandons & commandons si estroictement comme plus poons, sur toutes les paines que vous porriez encourre envers Nous, que vous lesdiz Bourgeoiz de Saint Omer & chascun de eulx, leurs meinies, leurs marchandises & leurs biens, tous selon ce qu'il passeront par voz [b] liex & par voz destroiz, traittiez amiablement & faites traittier, en païant les deniers acoûtumez; & les gardez & faites garder de toutes injures, forces & violences non deuës, de toutes manieres de gens & de personnes quelque il soient, & de quelconque estat & condicion; ne ne souffrez que à eulx ne à leurs biens, soit faite injure ne violence, ne en leur Ville ne dehors: Et se aucuns, uns ou plusieurs, qui eust messait [c] ou que ce fust, à eulx, ou à aucun de eulx, ou à leurs biens, se [d] treoit ou fust trouvé en voz terres, ou en la terre d'aucun de vous, que vous en faciez si hatif droit, que [e] il ne doyent par vostre deffaut, [f] retourner à Nous; & leur faites les chemins & les passages de voz terres, [g] depeschier, ouvrir & delivrer, & si seurement tenir & garder, que Nous & il vous en doyons tenir *(d)* a paiez. *Donné à Paris, le 12.e jour de May, l'An de grace 1320.*

JEAN I.er & selon d'autres, Jean II, à Paris, en Avril 1361.

a *famille, & domestiques.*

b *lieux :* pays.

c *dans quelque lieu que ce fust.*

d *retiroit*, ou *trouvoit.*

e *ceux de Saint Omer.*

f *estre obligez de recourir à Nous.*

g *faciliter.*

[h] *NOs autem Litteras predictas confirmamus, & eas volumus in suo robore permanere.* Datum Parisius, 6.a die Junii, Anno Domini 1323.o

h Continuation des Lettres de Charles le Bel.

[i] NOus adecertes toutes les choses contenuës èsdites Lettres & chascune d'icelles, voulons, approuvons, [k] par la teneur de ces presentes, de nostre auctorité Royal confermons. *Donné à Paris, le 1.er jour de Janvier, l'An de grace 1331.*

i *Continuation des Lett. de Philippe de Valois.*

k *&.*

[l] *NOs autem Litteras suprascriptas, & omnia & singula in eisdem contenta, rata habentes & grata, ipsa volumus, laudamus, approbamus, ratifficamus, & de speciali gracia, certa sciencia, nostraque auctoritate Regia, tenore presencium confirmamus. Mandantes, ac sub penis in eisdem prescriptis Litteris, contentis, districte precipientes universis ac singulis Justiciariis, Officiariis & subditis Regni nostri, modernis ac futuris, aut eorum Loca-tenentibus, ac cuilibet eorumdem ut ad eum pertinuerit, quatenus Scabinos, Burgenses ac populum Ville Sancti Audomari predicte, & eorum quemlibet, una cum eorum familia, mercaturis, rebus atque bonis quibuscunque, in & sub predictis Regiis atque nostris protectione ac Salva-gardia speciali, ubique per Regnum nostrum, ab omnibus injuriis, viribus ac violenciis indebitis, adversus omnes deffendant & tueantur, ipsosque tractent ac tractari faciant amicabiliter; solvendo pro suis mercaturis, [m] reddidencias consuetas, modo & forma plenius in Litteris suprascriptis, declaratis: Et si quid contra tenorem earumdem Litterarum ac nostre presentis confirmacionis, in prejudicium Scabinorum, Burgensium & populi predictorum, aut alterius eorumdem, factum vel attemtatum invenerint, id ad statum pristinum ac debitum reducant, aut reduci faciant indilate. Quod ut perpetue firmitatis robur obtineat, nostrum presentibus Litteris fecimus apponi Sigillum: nostro & alieno in omnibus jure salvo.* Datum & actum Parisius, Anno Domini 1361.o mense Aprilis, ante Pascha.

l Continuation des Lett. du Roy Jean.

m reddibentias: les redevances.

NOTES.

(d) A payez.] C'est-à-dire, comme des gens à qui on n'a rien à demander, & qui ont payé ce qu'ils devoient.

JEAN I.er & selon d'autres, Jean II. à Meaux, le 14. d'Aoust 1363.

(a) Lettres concernant l'execution d'un Reglement fait pour les Bouchers de la Montagne de S.te Geneviefve.

JEHAN par la grace de Dieu Roy de France : Au Prevost de Paris & à nostre Procureur General, Salut. Comme pour la complainte qui a esté faitte à nos amez & feaulz Conseillers, les Gens de nostre grant Conseil estant à Paris, pour nostre très chiere fille l'Université de Paris, & par les Colleges des Hostelz de Navarre, de Laon, les Religieux mendiens de l'Eglise de Nostre-Dame du Carme, & aucuns autres [a] singulers, tous demourans & habitans en la ruë Sainte Gennevicsve à Paris, contre les Bouchers de la Boucherie Sainte Genneviefve, nosdiz Conseillers, en la presence des Parties, aïent ordonné certain Ordonnance sur l'estat & gouvernement de ladicte Boucherie; & lesquelles Ordonnances pour le bien & prouffit commun & des habitans & conversans en ladicte Boucherie & lieu, avons voulu & ordonné estre tenuës & gardées dores-en-avant à tousjours-maiz, senz enfraindre, sur les painnes & par la maniere que ordonné a esté par nosdiz Conseillers; & que Jurés feront [b] sur la garde & visitacion des choses contenuës èsdictes Ordonnances, & pour ycelles faire tenir & garder, si comme ces choses & autres vous pourront plus à plain apparoir par nos [c] Lettres sur ce faittes en las de soïe & en cire vert; Nous vous mandons, & par ces presentes commettons, & à chascun de vous, que nosdictes Ordonnances desquelles il vous apparra par nosdictes Lettres, vous faciez tenir & garder senz enfraindre, selon leur fourme & teneur, & contraingniez & faictes contraindre tous ceulz que vous trouverez avoir fait aucune chose contre nosdictes Ordonnances depuiz que faictes furent, & ceuls qui dores-en-avant feront aucune chose contre ycelles, à Nous païer les painnes dont en nosdictes Ordonnances est faicte mencion, en la maniere qu'il est acoustumé à faire de nos proppres debtes; & avecques ce, ordonnez un ou pluseurs Jurés de par Nous, sur la garde & visitacion des choses contenuës en nosdictes Ordonnance, & pour ycelles faire tenir & garder : Et avecquez ce, faictes publier nosdictes Ordonnances tant en ladicte ruë Sainte Genneviefve, comme ailleurs ou vous verrez qu'il sera bon à faire, affin que aucun ne puisse pretendre ou alleguer ignorance d'icelles. *Donné à Meaulz, le quatorzieme jour d'Aoust, l'An de grace mil trois cens soixante & troiz.*

Et sont ainsi signées en la marge. Par le Roy, à la relacion du Conseil. G. BARBE.

Au dos desquelles Lettres est escript ce qui s'ensuit : Publié en jugement ou Chatellet de Paris, le 16.e jour d'Aoust, l'An mil trois cens soixante & troiz.

J. LE BEGUE.

a particuliers.

b establis.

c Voy. cy-dessous, Note (a).

NOTES.

(a) Livre Rouge vieil du Chastelet de Paris, *fol.* 28. *verso.*

Ces Lettres sont dans ce Registre à la suite d'autres Lettres du mois d'Aoust 1363. données sur le même sujet, & qui sont imprimées dans le 3.e Vol. des Ordonnances, p. 639.

Les deux premieres des trois Pieces suivantes, n'ont pû par differents dérangements, estre placées à leur rang. La Table Chronologique des Ordonnances remediera à ce deffaut. Voy. cy-dessus p. 243.

A l'égard de la 3.e Piece, on l'a reservée pour la fin du regne du Roy Jean, parce qu'elle n'a pas de date certaine. Voy. cy-dessous p. 410. Note *(a)*.

(a) Lettres qui portent que le Chasteau de Caylus demeurera toûjours uni à la Couronne.

JEAN I.er & selon d'autres, Jean II. à Paris, en Decembre 1350.

Philippe IV. dit le Bel, à Beziers, en Fevrier 1303.

Philippes VI. dit de Valois, à Paris, en May 1342.

JOHANNES Dei gratia Francorum Rex: Notum facimus universis tam presentibus quam futuris, Nos vidisse quasdam patentes Litteras sanas & integras, Sigillo carissimi Domini & Genitoris nostri, sigillatas, ut prima facie apparebat, tenorem qui sequitur, continentes.

PHILIPPUS Dei gratia Francorum Rex: Notum facimus universis tam presentibus quam futuris, Nos vidisse quasdam patentes Literas sanas & integras, Sigillo carissimi Domini & Patrui nostri Philippi Regis Pulcri, sigillatas, ut prima facie apparebat, tenorem qui sequitur, continentes.

PHILIPPUS Dei gratia Francorum Rex: Notum facimus universis tam presentibus quam futuris, quod Nos ob fidelitatis pure constanciam dilectorum nostrorum hominum & habitatorum (b) Castri Caslucii & pertinentiarum ejusdem, quam semper in eis laudabilem invenimus, volentes eos munificencie nostre beneficio prosequi, sibi pro se suisque successoribus, concedimus & promittimus, quod nec ipsos nec Castrum predictum cum suis pertinentiis, ullis unquam temporibus ponemus extra Regiam manum nostram: salvo jure quolibet alieno. Quod ut firmum permaneat in futurum, presentibus nostrum fecimus apponi Sigillum. Actum Bitterris, mense Februarii, Anno Domini millesimo trecentesimo-tertio.

NOs autem dictas Literas & omnia in eis contenta, rata, grata & firma habentes, ea laudamus, approbamus, confirmamus & ratifficamus auctoritate Regia, & ex plenitudine potestatis. Et quod hoc firmum sit in futurum, presentibus Literis nostrum fecimus apponi Sigillum: salvo in aliis jure nostro & in omnibus quolibet alieno. Datum Parisius, Anno Domini millesimo trecentesimo quadragesimo-secundo, mense Maii.

NOs autem dictas Literas & omnia & singula in eis contenta, rata, grata & firma habentes, ea laudamus, approbamus, ratifficamus & auctoritate Regia, de speciali gratia tenore presencium confirmamus. Quod ut firmum & stabile permaneat in futurum, Sigillum Castelleti nostri Parisiensis, in absencia nostri magni, presentibus Literis fecimus apponi: salvo in aliis jure nostro & in omnibus alieno. Datum Parisius, Anno Domini millesimo trecentesimo quinquagesimo, mense Decembris.

Per Consilium, in quo erat Dominus Laudunensis [a] *presentibus Gentibus Compotorum.* TANVILLE.

[a] Episcopus.

Collatio fit cum Literis Originalibus suprascriptis, per me, TANVILLE.

NOTES.

(a) Tresor des Chartres, Registre 80. Piece neuf vingt & neuf [189.]

(b) Castri Caslucii.] Dans la Notice des Gaules de M. de Valois, on trouve *Caslutium Castrum* nommé en François *Caylus de Bonnette*, du nom d'une petite riviere, sur laquelle il est situé dans le Quercy, & decoré du titre de Comté. Il y a grande apparence que c'est le lieu dont il s'agit dans ces Lettres.

JEAN I.er & selon d'autres, Jean II. à Paris, le 25. de Novembre 1361.

(a) Sauve-garde Royale pour l'Evêque de Meaux.

JOHANNES Dei gracia Francorum Rex : Cum veritatis notitia [a] *ordo racionis expostulat, ut illi sub protectionis Regie clipeo, defendantur à gravaminibus, & relevantur à pressuris, qui fideliter jugibusque curis, Aulam Regiam suis honorabilibus decorant obsequiis, & speciali prerogativa micantes, sedulis studiis archana diserte custodiunt Regie Majestatis : Cum igitur dilectus & fidelis Consiliarius noster, Johannes Episcopus Meldensis, qui in nostris continue insistit negociis, licet ad causam obsequiorum hujusmodi, sit, ac sui predecessores Episcopi Meldenses, racione Corone Francie, fuerint ab antiquo in Salva-gardia Regia speciali, fuerintque predecessores sui predicti, & idem Consiliarius noster sit per consequens, & esse debeat racione predicta, cum omnibus Villis, Justiciis, & hominibus de corpore sive servilis condicionis, ad dictum Episcpoatum spectantibus, de Vice-Comitatu & ressorto Prepositure Parisiensis, & non de Comitatu Campanie & Brie; quamvis plures Villarum hujusmodi, ac homines de corpore sive condicionis predicte, in eodem Comitatu situentur & morentur : Notum facimus quod Nos ex habundanti & de speciali gracia, ne eciam quis valeat de ignorancia excusari, dictum Consiliarium nostrum ac ipsius Officiales, familiares, servitores & homines de corpore sive de condicione predicta existentes, ac omnia ipsius bona, in nostris protectione & Salva-gardia Regia speciali suscipimus & ponimus per presentes ; & eidem Prepositum nostrum Parisiensem qui nunc est & qui pro tempore fuerit, vel ejus Locum-tenentem, in Gardiatorem specialem deputamus, & ei committimus ; & mandamus quatenus prefatum Consiliarium nostrum, ejus Officiales, familiares, servitores & homines de corpore, ab omnibus injuriis, violenciis, gravaminibus, oppressionibus, vi armorum, potencia Laycorum, molestiis & aliis novitatibus indebitis tueatur & deffendat, & in suis justis possessionibus, juribus, usibus, franchisiis, libertatibus & saisinis, manuteneat & conservet ; non permittens eum, ipsius Officiales, servitores, familiares & homines predictos, in dicte Salve-gardie & eorundem prejudicium, quomodolibet indebite molestari : Inhibendo ex parte nostra, omnibus oppressoribus eorumdem, quod ab injuriis, violenciis, gravaminibus, oppressionibus & novitatibus predictis, se totaliter abstineant & desistant ; & nichilominus eidem Consiliario nostro, unum aut duos Servientes ydoneos nostros, pro premissis diligencius excequendis, absque tamen Cause cognicione, ex parte nostra, deputet & valeat deputare : Qui eciam Gentes carissime Domine nostre Regine Johanne, Domine de Creciaco, & de Columbariis, Gentesque carissimi Germani nostri Ducis Aurelianensis Comitisque Valesii, necnon Officiales ac Justiciarios nostros Comittatus Campanie & Brie predicti, super opposicionibus que in casu novitatis, coram ipsis Servientibus aut altero eorundem, facte extiterint, & super injuriis & violenciis predictis, adjornent coram Gentibus nostris in nostro Parlamento Parif. ad certam & competentem diem,* [b] *processuros super hoc cum dicto Consiliario nostro, ut fuerit racionis; & de adjornamentis in dicto Parlamento faciendis, si & dum facta fuerint, nostram Curiam certifficet dictus Prepositus, ad relacionem dictorum Servientum seu alterius eorundem, ad hoc per ipsum Prepositum deputati ; & nichilominus faciant dicti Servientes dicto Consiliario nostro persolvi omnia debita sua legitime recognita vel probata, per testes, Litteras, instrumenta, aut alia legitima documenta ; debitores hujusmodi ad hoc debite compellendo, & prout eos invenerint obligatos ; & in casu opposicionis, manu nostra de debitis in Litteris obligatoriis, Sigillis Regiis sigillatis, contentis, sufficienter munita, opponentes & alios adversarios dicti Consiliarii nostri, super opposicionibus que in dicto casu novitatis, coram ipsis Servientibus facte fuerint, necnon super injuriis & violenciis*

a &.

b processur. Reg.

NOTES.

(a) Livre Rouge vieil du Chastelet de Paris, *fol.* 23. *recto.*

Voy. dans le 3.e Vol. des Ordonn. p. 327. des Lettres à peu près semblables.

predictis,

predictis, adjornent coram dicto Preposito Parisiensi, quociens casus evenerit, processuros super hiis cum dicto Consiliario nostro, ut racio suadebit; & dictum Prepositum competenter certifficent super hiis que fecerint in premissis: Cui Preposito presenti & qui pro tempore fuerit, mandamus, committentes, si sit opus, quatenus super premissis exhibeat Partibus coram eo super eisdem adjornatis, Justicie complementum. Mandamus insuper omnibus Justiciariis & subditis nostris, ut dictis Preposito & Servientibus & eorum cuilibet, quoad premissa & ea tangencia, in hac parte pareant efficaciter & intendant. In cujus rei testimonium, Sigillum nostrum presentibus Litteris duximus apponendum. Datum Parisius, die vicesima-quinta Novembris, Anno Domini millesimo trecentesimo sexagesimo-primo.

JEAN I.er & selon d'autres, Jean II. à Paris, le 25. de Novembre 1361.

Collacion faitte à l'original scellé de cire jaune en double queuë. Ainsi signé. *Per Regem ad relacionem Consilii.* FERRICUS. Et fûrent publiées en Jugement devant le Prevost, le jeudi second jour de Decembre, l'An mil trois cens soixante & un.

(a) Ordonnance concernant le serment que doivent faire les Baillifs & Seneschaux.

SOMMAIRES.

(1) Les Baillis & Seneschaux rendront la Justice sans faveur, avec celerité, & au moins de frais qu'il sera possible: Ils feront rëünir au Domaine les droits du Roy qui en ont esté separez & alienez; & s'ils ne le peuvent faire par eux-mêmes, ils en écriront au Roy, ou à son Grand-Conseil, ou aux Gens des Comptes.

(2) Ils resideront continuellement dans leurs Bailliages & Seneschaussées, sans y avoir de Lieutenant; particulierement dans les temps de guerre: s'ils sont obligez de s'absenter pour leurs affaires particulieres, ils ne le pourront faire que pendant un mois ou cinq semaines dans une année, non pas de suite, mais à diverses reprises; & dans ce cas, ils pourront avoir un seul Lieutenant.

(3) Ils ne s'attribueront point la Jurisdiction appartenante aux Prevosts de leurs Bailliages.

(4) Ils tiendront leurs Assises de deux en deux mois au plûtard, si cela est necessaire, & que le temps le leur permette.

(5) Ils recevront dans leurs Assises, les plaintes qu'on leur fera contre les Prevosts & contre les Sergents; & ils ordonneront à ce sujet, ce qu'ils jugeront estre raisonnable.

(6) Tous les Sergents seront revoquez. Le Bailli ou Seneschal convoquera six Prudhommes de chaque Chastellenie & Prevosté, deux Nobles, deux personnes d'Eglise, & deux Bourgeois; & par leur Conseil, il establira un petit nombre de Sergents, qu'il choisira entre ceux qui l'estoient auparavant: & en cas qu'il ne trouve point parmi eux, un nombre suffisant de personnes convenables, il en establira de nouveaux. Tous les Sergents donneront des cautions; & lorsqu'ils en auront donné, ils ne pourront estre privez de leurs Sergenteries, si ce n'est qu'ils ayent commis quelque meffaict, ou qu'ils ne soient plus en estat de servir; & nul ne pourra faire fonctions de Sergents, si ce n'est ceux qui auront esté ainsi establis. Lorsqu'il y aura un Sergent de mort, le Bailli & les six personnes des trois Estats, en nommeront un à sa place. Les Baillis & Seneschaux & les six personnes des trois Estats, envoyeront à la Chambre des Comptes, le nom & le surnom des Sergents qu'ils auront establis.

(7) Les Baillis & Seneschaux taxeront les amendes à la fin de leurs Assises, & ils en donneront sans délay, la liste aux Receveurs de leurs Bailliages & Seneschaussées.

(8. 9) Ils envoyeront aussi aux Receveurs, tous les deniers qu'ils auront reçûs pour le Roy.

(10) Les Baillis & Seneschaux, les Prevosts, les Clercs, les Conseils, & les domestiques de ces Officiers, garderont le secret sur les forfaitures & autres revenus du Roy, afin d'empescher qu'on ne luy en demande le don.

(11) Les Baillis & Seneschaux envoyeront trois, deux ou une fois au moins, des Rolles des revenus [casuels] *du Roy qu'ils auront reçûs, & des procedures qui auront esté faites à ce sujet.*

(12) Ils ne pourront se marier ni marier leurs enfans à des personnes de leurs Bailliages, ni faire recevoir par leurs prieres, des sujets dans les Monastéres d'hommes & de femmes, pour y faire profession.

(13) Ils auront soin de faire faire les reparations aux bâtiments dépendants du Domaine.

(14) Ils ne recevront leurs gages que par les mains des Receveurs de leurs Bailliages.

(15) Ils ne doivent recevoir de personne ni pension, ni presents, si ce n'est de vivres qui peuvent se consommer en peu de jours. Ils

ne peuvent prendre aucunes fermes dans l'estenduë de leurs Bailliages.

(16) Ils ne pourront sejourner plus d'un jour de suite, dans des maisons appartenantes à des Gens d'Eglise, aux dépens de ces maisons.

(17) Ils protegeront les femmes, les veuves & les orphelins, & ils expedieront leurs affaires, soit dans les Assises ou ailleurs, avant celles de tous les autres.

(18) Ils feront observer les Ordonnances du Roy sur les Monnoyes; & ils feront garder les passages par lesquels on pourroit faire sortir du Billon hors du Royaume, ou y faire entrer des Monnoyes fausses ou contrefaites.

(1) Premierement. IL jureront que il tendront & garderont toutes les Ordenances ci-après declarées; c'est assavoir, que bien & loiaument il feront Justice & droit à touz les subgiez de leurs [a] Baillies & Seneschaussées, aussi au povre comme au riche, sanz nul [b] deporter; & garderont le droit du Roy, & garderont ses secrez; & les Causes abregeront à leurs povoirs, au moins de despens & dommages des subgiez que il pourront: Et là où il sçauront le droit du Roy estrangié & aliené, il y mettront remede à leurs povoirs; & ou cas que il n'y pourront briesment mettre bon remede & adrecement, il le feront sanz delay savoir au Roy ou à son grant Conseil, ou aux Genz des Comptes.

(2) Item. Il demourront, especialment durant les guerres, continuelment en leurs Baillies & Seneschaussées, sanz avoir Lieutenant: Et pour leurs [c] besoignes faire hors de leurs Bailliages, ne pouront vaquer en l'An, fors seulement par l'espace de un moys ou de cinq sepmaines en l'An au plus; non pas à une foiz, maiz par partie: Et en ce cas, auront un seul Lieutenant.

(3) Item. Que lesdiz Bailliz ne leurs Lieutenans, ne attriburont à euls aucune Jurisdicion appartenant au Prevos de leurs Bailliages.

(4) Item. Il tendront leurs Assises de deux mois en deux mois, au plus tart; se il est neccessitez, & le temps le puet [d] souffrir.

(5) Item. Que chacun Bailliz & Seneschaux fera crier & savoir au comencement desdites Assises, se nul se veult douloir ou plaindre de Prevos ou d'aucuns Sergenz, & leur en fera droit & raison, si comme il verra qui doie mieulx estre fait, [e] sommierement & de plain, sanz trop grand delay.

(6) Item. Pour ce que le commum est souvent mengié & grevé en toutes Baillies & Prevostez, de la grand multitude & insuffisance des Sergenz, il seront à present touz ostez; & appellera le Baillif ou Seneschal, six Prudes-hommes des plus convenables de la Chastellerie ou Prevostez, des plus sages & des mieulx renommez; c'est assavoir, deux Nobles, deux d'Eglises, & deux Bourgois; & les feremens pris d'eulx, par la foy de leurs corps, & sur les Saintes Euvangiles, ycelli Baillif par leur conseil, mettra le mendre nombre de Sergenz qu'il pourra en bonne maniere; & en ce nombre mettra les plus convenables Sergens que il poura trouver, qui bien & loiaument se feront portez: Et se l'en n'y trouve pas tant de Sergens souffisans, que il puissent attaindre au nombre neccessaire, ycellui Baillif au conseil des dessusdiz,

a Il y a dans le Mem. *Baill.* avec une marque d'abbreviation. Voy. l'Art. 6.

b *favoriser.*

c *leurs affaires particulieres.*

d *permettre.*

e *Voyez le 3.e Vol. des Ordonn. p. 521. Note (c).*

NOTES.

(a) On trouve dans le Memorial *D.* de la Chambre des Comptes de Paris, *fol. 55. recto*, la formule du serment que doivent prester les Baillis & les Seneschaux. Rien ne marque précisément si cette formule est émanée de l'authorité Royale, ou si elle a esté dressée par les Gens de la Chambre des Comptes, devant qui les Baillis & les Seneschaux devoient prester serment. *Voy. le 1.er Vol. des Ordonn. p. 706. XXII.*

Il y a à la marge de cette Piece : *Ordinationes & Juramenta Baillivorum & Senescallorum;* mais d'un autre costé l'Art. 11. de cette formule, [voy. cy-dessous p. 411. Note *(f)*] peut faire presumer qu'elle a esté redigée par les Gens de la Chambre. On a crû cependant devoir la faire imprimer icy, parce qu'elle est fort importante.

On trouvera dans les Tables des trois premiers Volumes des Ordonnances, l'indication de plusieurs Ordonnances qui ont rapport à ce qui est contenu dans cette formule.

Elle n'est pas datée, mais elle est dans le Memorial, entre une Piece de 1362. & une de 1363.

Elle a pour titre : *C'est ce que les Baillis & Seneschaux du Royaume de France, doivent jurer.*

pourra eslire, & y mectre autres bonnes personnes à estre Sergens, jusques au nombre [a] deu: Et donront tous iceuls Sergens chacun pour soi, *(b)* consideré le petit nombre de genz & la pauvreté d'iceulx, especialment ou plat-pais, bonne [b] seurté de bien & loyaument sergenter & servir; & leur [c] seurté donnée, il n'en pourront estre deboutez hors de leurs sergenteries; se ce n'est par leur meffait ou par leur gré, tant comme il se pourront bien & loiaument porter en leurs services: Ne aucuns autres ne pourront sergenter, ou avoir commission, se il ne sont du nombre d'iceulx Sergens: Desquielx Sergens ainsi establiz & [d] aplegiez, le Baillif, ou le Seneschal & les six Prudes-hommes envoiront les noms & les seurnoms en la Chambre des Comptes, par Lettres pendenz soubz Seaulx, dedenz un mois après ladite élection & Ordenance: Et quant aucuns d'iceulx Sergens mourra, le Baillif en y mettra un autre; appellez aveque luy six Prud-hommes, comme dessus; & en rescripront par leurs Letres ouvertes en ladite Chambre, si comme dit est des autres cy-dessus.

a *dû*: convenable.
b *caution*.
c *caution*.
d *ayant donné caution*.

(7) Item. Tous les Baillis & Seneschaux en la fin de leurs Assises, avant qu'il se partent, tauxeront toutes les *(c)* amandes gagées; & soubs leurs Seaulx, [e] baudront aux [f] Receveurs de leurs Baillies & Seneschaussées, sanz nul delay.

(8) Item. Tous *(d)* quins-deniers, toutes [g] composicions, finances, relix, rachaz & generalment tous les exploiz qu'il auront faiz en leurs Assises, & dehors leurs Assises de tout le temps precedent, il bailleront semblablement ausdiz Receveurs, par la maniere que dit est.

(9) Item. Et se il par [h] aucune cause, ne tenoient leurs Assises, il seront tenuz de envoier, comme dit est, toutes les composicions, finances, quins-deniers, relix, rachaz & autres exploiz, audit Receveur, dedenz quinze jours après.

e *les bailleront*: donneront.
f *afin qu'ils les fassent payer*.
g *Voy. la Table du 3.e Volume des Ordonnances, à ce mot*.
h *quelque*.

(10) Item. Il jureront & feront jurer à leurs Prevoz & Clercs, & à *(e)* ceulx du Conseil & à leurs [i] mesnies, que il tendront secrez les exploiz, forfaicture & autres revenues en leurs Bailliages, ou Seneschaussés, afin que ceuls qui le pourroient savoir, n'aïent cause de les venir demander ou empetrer.

i *domestiques*.

(11) Item. (f) Il envoieront chascun an, trois fois ou deux, une au moins, toutes les parties des *(g)* demandes, composicions, quins-deniers, rachaz, reliez, forfaitures, [k] espaves, [l] morte-mains, & grosses amendes, & toutes les Causes esclarcies desdites choses: Et ce sera en roolles seellez de son Seel, & des Seaulx de deux

k *Voyez le 3.e Vol. des Ordonn. p. 181. Note (c)*.
l *Voy. ibid.*

NOTES.

(b) Consideré, &c.] Voicy comment je crois qu'on peut entendre cette clause, qui n'est pas fort claire. On obligera les Sergents de donner des cautions, contre lesquelles les Parties à qui ils auront fait tort dans leurs fonctions, pourront avoir recours. Comme les Sergents sont pauvres, la precaution de leur faire donner des cautions est necessaire; & comme les Sergents ne sont pas en grand nombre, ils pourront trouver des cautions. Voy. sur les cautions que l'on doit exiger des Sergents, le 3.e Vol. des Ordonn. p. 137. XXX.

(c) Amendes gagées.] Apparemment que lorsqu'un homme estoit condamné à l'amende, on luy faisoit donner caution, pour la sûreté du payement. On trouve très souvent dans ce Memorial *D. gagiavit emendam ad Burellum.*

(d) Quins-deniers.... relix, rachapts.] Ce sont des droits qui se payent au Seigneur, dans de certaines mutations de Fiefs. Car je crois que *relix* est la même chose que *relief*, que cy-dessous Art. 11. est écrit *reliez*. Voy. le Gloss. du Droit Franç. aux mots, *Quints-deniers, rachapt & relief.*

(e) Ceulx du Conseil.] Je crois qu'il faut entendre par ces mots, ceux dont les Baillis & Seneschaux prenoient conseil dans l'administration de la Justice. Le Concierge du Palais qui y rendoit la Justice, & qui depuis a esté nommé Bailli, avoit un Conseil. *Voy. le 3.e Vol. des Ordonn. p. 312.* Ce Conseil estoit peut-estre composé des *Prudes-hommes* dont il est parlé cy-dessous dans l'Art. 11.

(f) Il envoyeront, &c.] Il n'est pas dit à qui. C'est apparemment à la Chambre des Comptes: ce qui pourroit prouver que ce serment a esté dressé par les Gens de la Chambre des Comptes. *Voy. cy-dessus, p. 410. Note (a).*

(g) Demandes.] Je crois que par ce mot, il faut entendre l'amende que payoit celuy qui succomboit sur une demande formée en Justice contre luy. *Voy. le Gloss. du Droit Franç.* au mot *Clain*: car *clain & demande sont la même chose.* Voy. *Ibid.*

[a] Prudes-hommes de ceulx qui auront esté aus choses dessusdites.

(12) *Item.* Que il ne pourront marier eulx ne leurs enfans, aux personnes de leurs Baillies ou Seneschaucies, ne faire Moines ne Nonains ileques à leurs prieres.

(13) *Item.* Que il visiteront toutes les euvres des Chasteaux, fours, moulins, hales & manoirs du [b] Seigneur, qui [c] seront à faire, qui seront bailliées [d] par conseil de ceulx qui se cognoissent en ouvrages; tant par Maistres des Euvres, comme par autres sages en ce: Et bien & loiaument les tesmoigneront quant elles [e] seront, & quant seront faites, se il en sont requis par le Receveur ou autres pour le Roy.

(14) *Item.* Il ne recevront riens pour leurs gaiges ne autrement; fors par la main du Receveur de la Baillie ou Seneschaucié.

(15) *Item.* Il ne prendront dons ne pensions ou [f] robes, eulx ne leurs genz ne leurs Clers, se ce n'estoit par avanture vins & viandes, qui se pevent & doivent user par raison, en peu de jours: Ne ne prendront à ferme, ou autrement, aucunes maisons, granches, cences, terres, prez, vignes, ou autres revenues d'Eglise aucune, ou d'autres personnes, en leurs Bailliées ou Seneschauciés.

(16) *Item.* Que il ne feront en maisons d'Eglise, sejours à une fois, aus dêpens des Esglises, plus d'un jour entier.

(17) *Item.* Que les femmes, veuves & les [g] orfenins, il garderont, se il ont à faire pardevant eulx; soit en Assise ou ailleurs; & leur avanceront leur droit, & les [h] delivreront touz premiers, en la meilleur maniere que il pourront, avant touz autres.

(18) *Item.* Les Ordenances faites & à faire par le Roy, sur le cours de ses Monnoies, & sur la deffense des autres, il tendront en leurs personnes; & feront jurer & leurs [i] masnies que il les tendront; tant au Receveur, Prevoz, Procureurs & Sergenz de leurs Baillages, & les feront souvent publier, & contraindront & feront contraindre touz leurs subgiez à les tenir, selon ce que mandé leur a esté ou sera ou temps à venir; & que il mettront toute diligence de punir les desobeissanz; & aussi de faire garder les passages par lesquieux les mauvais convoiteux portent le [k] Billon hors du Royaume, & en [l] raportant la fausse Monnoie contre-faitte ou deffendue à avoir cours oudit Royaume: Et il en auront pour eulx & leurs Commissaires, tel [m] prouffit comme il est ordenné ès Letres sur ce faites, & envoiées en chascun Baillage; ou [n] que il sera mandé quant lesdites Letres seront renouvelées.

a *Voy. cy-dessus, Art. 6.*
b *Le Roy.*
c *ausquels il y aura des reparations à faire.*
d *pour estre reparées.*
e Il semble qu'il devroit y avoir, *quand elles seront à faire.*
f *Voy. le 3.e Vol. des Ordonnances, p. 86. Note (c).*
g *orphelins.*
h *expedieront leurs affaires.*
i *domestiques.*
k Voy. la Table du 3.e Vol. des Ordonn. au mot, *Monnoyes.*
l *raportent.*
m Voy. la Table du 3.e Vol. des Ordonn. au mot, *Monnoye.*
n *ou comme.*

(a) CHARLES V.

(b) MCCCLXIV.

(a) Charles V. monta sur le Thrône, le 8. d'Avril 1364. jour auquel le Roy Jean son Pere, mourut à Londres.
(b) L'Année 1364. commença le 24. de Mars, & finit le 12. d'Avril.

CHARLES V.
Au Chasteau de Goulet, le 17. d'Avril 1364.

(c) *Ordonnance par laquelle le Roy confirme tous les Officiers, à son avenement à la Couronne.*

CHARLES par la grace de Dieu Roys de France: A noz amez & feaulz les Presidens & autres Genz de nostre Parlement & Enquestes, Genz des Comptes, les Generaulx-Tresoriers sur le fait de (d) la delivrance de Monf. & de la defense

NOTES.

(c) Memorial *D.* de la Chambre des Comptes, *fol.* 60. *verso.*
Ces Lettres sont aussi dans le Registre *A.* du Parlement, *fol.* 55. *verso.*
Elle ont déja esté imprimées dans Joly, addit. au premier Livre, p. XVII.
(d) *La delivrance de Monf.*] Il s'agit-là de l'Aide que l'on levoit pour achever le payement des sommes promises pour la rançon du Roy Jean, par la paix de Bretigny. [*Voy. la Preface du 3.e Vol. des Ordonn. p. XCI. n. LXXXIX.*] Cette Aide avoit esté establie en 1360. pour six ans. Il paroist par differentes Pieces qui regardent cette Aide, & que l'on a crû devoir faire imprimer icy, qu'elle fut prolongée après les six ans qui finissoient en 1366.

(1) JEHAN par la grace de Dieu, Roy de France: A tous ceulz qui ces presentes Lettres verront, Salut. Savoir faisons que Nous confians du sens, loïalté, & bonne diligence de nostre amé Jehan Gencien Bourgoiz de Paris, ycellui avons ordonné, institué & establi, & par ces presentes instituons, ordonnons & establissons en l'Office de la Recepte general de nos Aides pour nostre delivrance, en toute la Ville & Vicomté de Paris, lequel Office vacque ad present, si comme l'en dit, par la mort de Gilles de Fraguenas, n'agaires Recepveur de laditte Recepte; à tenir & exercer ycellui Office par ledit Jehan Gencien, aux gages, proufiz & émolumens acoustumez, tant comme il Nous plaira; & luy donnons plain povoir, auttorité & mandement especial de recevoir tous les deniers de nosdittes Aides, en ladicte Ville & Vicomté, & yceulz faire executer comme nos propres debtes, sur les Fermiers qui nosdictes Aides tiennent & tendront à ferme. Si donnons en mandement par ces presentes, à tous nos Justiciers, Officiers & Subgez, que audit Jehan Gencien, comme à Receveur de nosdictes Aides en ladicte Ville & Vicomté, entendent & obeïssent diligemment en toutes choses, qui audit Office pevent & doivent appartenir; & à nos amez & feaulz Gens de nos Comptes à Paris, que les gages appartenans audit Office, allouënt ès comptes dudit Jehan, en la maniere qu'il appartendra. En temoing de ce, Nous avons fait mettre nostre Seel à ces Lettres. *Donné à Meaulz, le cinquieme jour de Septembre, l'An de grace mil trois cens soixante & trois.*
Collacion faite à l'original, seellé en cire jaune & double queuë. Ainsi signé. Par le Roy à la relacion des Generaulz-Tresoriers sur les Aides du Royaume. *BAIGNEUX.*

NOTES.

(1) Livre Rouge vieil du Chastelet de Paris, *fol.* 39. *verso.*

CHARLES V.

Au Chasteau de Goulet, le 17. d'Avril 1364.

du Royaume, & Tresoriers à Paris, Salut & dilection : Nous vous mandons & à chacun de vous, que voz Offices & chascun d'iceulx, vous exercez & en iceulx vaqués tout aussi & en la fourme & maniere que vous faisiez avant que Nous venissions au

NOTES.

(2) LES Generaulz-Tresoriers sur les Aides du Royaume, pour la delivrance du Roy nostre Sire, à Jehan de Rueil Bourgoiz de Paris, Salut. Pour ce que plusieurs arrerages sont encore deuz du fait desdictes Aides, pour le temps que Gilles de Fraguenaz a exercé l'Office de Receveur sur ledit fait, ès Cité, Diocese, Vicomté & ressort de Paris, Nous confians à plain du sens, diligence & loïalté de vous, vous mandons & commettons, que tous lesdiz arrerages que vous trouverez ès papiers dudit Gilles, lesquelz vous seront baillez & delivrez par les mains [a] Macy de Meun, & deux Notaires du Chastellet, [b] comme de par Nous après le trespas dudit Gilles, pour faire l'inventoire des biens du Roy, & papiers dessusdiz, lesquelz ledit [c] Guillaume avoit pardevers lui, pour cause de ladicte Recepte, vous retenez & exploitiez diligemment, par la fourme & maniere que lesdiz papiers vous ensengneront, en contraingnant à ce par vous & voz commiz en ceste partie, les debteurs desdiz arrerages, en la fourme & maniere qu'il est acoustumé à faire pour les propres debtes du [d] Seigneur, & tous les deniers que vous recevrez sur ce, apportez pardevers Jehan Luissier Recepveur general desdictes Aides, en baillant & delivrant par vos mains, aux Bourgoiz & habitans de ladicte Ville de Paris, telle partie & porcion qu'il leur appartient & pourra appartenir desdiz arrerages, à cause du tiers qu'il ont & prennent par octroy à eulz fait par le Roy nostre Sire, [e] duquel il vous apparra, sur lesdictes Aides : & de tout ce que vous baillerez & delivrerez aux dessusdiz Jean Luissier & Bourgoiz de ladicte Ville, prenez Lettres de quittance, par laquelle rapportant & ces presentes, il sera alloé en vos comptes senz contredit. De ce que dit est, faire, vous donnons plain povoir, auttorité & mandement especial : Mandons & commandons à tous les Justiciers & Subgez de nostredit Seigneur, que à vous & à vos commis en ceste partie, obéïssent & entendent diligemment, & vous prestent aide, conseil & confort, se mestier est, & vous les en requerez. *Donné à Meaulz, le 15.e jour de Septembre, l'An de grace mil trois cens soixante & trois.*

Collacion faite à l'original, ainsi signé en la marge : Par les Generaulz-Tresoriers sur les Aides du Royaume. *J. TABARI.*

(3) JEHAN Gencien Receveur des Aides ordonnées en la Ville, Prevosté, Vicomté, Dioceze & ressort de Paris, pour la delivrance du Roy Jehan nostre S. que Dieux absoille: à Jehan de S.t Ouyn Sergent du Roy nostre S. en son Chastellet de Paris, Salut. Nous vous mandons, & se mestier est, commettons de par le Roy nostre S. & par vertu du povoir à Nous donné sur ce, que tantost & senz délay, vous vous transportez en toutes les Villes & lieux de Nous à vous bailliez en rolles, cedules ou (4) escroës scellées de nostre Scel ou signées de nostre main; & par especial en la Ville de Paris, contraigniez & executez vigueureusement & senz deport ou faveur, toutes les personnes nommées en yceulz roulles, cedules ou escroës, des sommes d'Argent sur chascun [f] d'eulz escriptes, par prinse, [g] venduë & explettation de leurs biens, meubles & heritages, par emprisonnement de leurs corps, par mettre Sergens ès maisons desdites personnes, un ou plusieurs, & de leurs [h] pleges, ou (5) détenteurs d'icelles Aides, & autrement deuëment, si comme il est acoustumé à faire pour les propres debtes d'icellui Seigneur; & d'iceulz biens, faites ou faites faire bon & loïal inventaire; & iceulz vendés & exploitiez jusques à plaine [i] satisfaction desdictes sommes, en leur signifiant deuëment la vente de leursdis biens : & par semblable maniere, contraigniez & executez tous les pleges desdictes personnes : & en cas de opposicion, la main du Roy nostre S. souffisaument garnie des biens des opposans, avant toute œuvre, donnez & assignez aux opposans, certain & competent jour pardevant les Commissaires deputez par le Roy nostre S. sur ledit fait, à [k] Sainte Croix à Paris, pour aler avant sur ladicte opposicion, si comme de raison sera, en les certifiant souffisaument de ce que fait en aurez : de ce faire vous donnons povoir. Mandons de par le Roy nostre S. à tous les Justiciers & Subgez d'icelluy Seigneur, en les priant & requerant de par Nous, que à vous en ce faisant, obéïssent & entendent diligemment, & vous prestent conseil, confort & aide, se mestier en avez, & requis en sont

a *de.*

b Appar. *commis.*

c Il est nommé *Gilles* plus haut, & dans les Lettres qui precedent celles-cy.

d *du Roy.*

e *duquel tiers.*

f *des rôles.*

g *vente.*

h *cautions.*

i *payement.*

k App. *Sainte Croix de la Bretonnerie.*

NOTES.

(2) Livre Rouge vieil du Chastelet de Paris, *fol.* 34. *verso.*

(3) Livre Rouge vieil du Chastelet de Paris, *fol.* 42. *recto.*

(4) *Escroës.*] Rôle : Ce mot vient de *scriptura*, suivant le Dictionn. Etymolog. de Menage, au mot, *Escrouë.*

(5) *Detenteurs d'icelles Aides.*] Je crois que cela signifie, ceux qui ont reçû en qualité de Commis, ou autrement, des deniers provenans de ces Aides.

gouvernement de nostre Roiaume; jusques à tant que par Nous en nostre grant Conseil, en soit plus à plain ordenné. *Donné en nostre Chastel du (e) Goulet, soubz le Seel de nostre secret, duquel Nous usions avant que Nous venissions audit gouvernement, le XVII.e jour d'Avril* [a] *MCCCLXIIII. Ainsi signé.* Par le Roy. GONTIER.

CHARLES V.

Au Chasteau de Goulet, le 17. d'Avril 1364.

Originale missum fuit in [b] *Pallamento, 19.a die Aprilis 364. post Pascha, per Dominum Anssellum Choquart, qui tunc erat in Camera, & ipsemet fecit collationem de eo mecum. JOHANNES: Et debet servari in Pallamento.*

[c] Et estoit escript au doz d'icelles Lettres, ce qui s'ensuit:

Recepta in Camera Compotorum Parisius, veneris 19. die Aprilis, Anno 1364. post Pascha; & ibidem registrata de verbo ad verbum, libro Memorialium (f) fol. 60. & postmodum missa in Parlamento servanda ibi. JOHANNES.

a l'An de grace. R. P.

b Parlamento.

c *Ce qui suit, n'est que dans le Registre du Parlement.*

NOTES.

(e) Goulet.] Il y a *Golet* dans le Registre du Parlement.

C'est apparemment *Goulet* dans la Normandie, dans le Diocese de *Sées.* Voy. *le Dictionn. Univers. de la Fr.* au mot, *Goulet.*

(f) Fol. 60.] Cecy prouve l'ancienneté du Memorial *D.* de la Chambre des Comptes, où ces Lettres se trouvent au fol. 60.

NOTES.

de vous. *Donné soubx nostre Seel, le 24.e jour du moys d'Aoust, l'An mil trois cens soixante & six.*

Collacion faitte.

A tous ceulz qui ces Lettres verront, Jehan Bernier Chevalier, Garde de la Prevosté de Paris, Salut. Savoir faisons que les Lettres parmi lesquelles ces presentes sont annexées, sont scellées du Seel de Jehan Gencien, Receveur des Aides ordonnées en la Ville, Prevosté, Viconté & ressort de Paris, pour la délivrance du Roy Jehan nostre S. que Dieux absoille; & ce, certiffions Nous à tous par la teneur de ces presentes, esquelles Nous en tesmoing de ce, avons mis le Seel de la Prevosté de Paris, l'*An mil trois cens soixante & six, le mardi 27.e jour d'Octobre.*

Collacion faitte le premier jour de Juing, l'An 1367.

(6) LES Gens des Comptes du Roy nostre S. à Paris: à Jehan le Boucher, Salut. Comme Jehan Gencien n'agaires Receveur en la Ville & Viconté de Paris, des Aides pour la délivrance du Roy Jehan, dont Dieux ait l'ame, ait baillié plusieurs (7) debtes qui sont deuës du temps qu'il a esté Receveur desdiz Aides, montans à la somme de 4963. livres 9. sols 5. den. Parisis, lesquelles ont esté ordonnées estre levées & executées, pour tourner & convertir ès ouvrages & autres necessitez de la Ville de Paris, sur ce qu'il lui peut estre deu pour la porcion que icelle Ville prent sur lesdiz Aides, lesquelles debtes Nous vous envoïons encloses en un rolle, soubx nos [d] signes. Si vous mandons & commettons, que lesdictes debtes, tantost & senz délay, vous levez & exploitiez sur les personnes contenuës oudit rolle, leurs [e] pleges ou aïans cause d'eulx, en la maniere qu'il est acoustumé à faire pour les propres debtes dudit Seigneur: & tout ce que vous en leverez, baillez chascune sepmaine, au commandement du Prevost de Paris & du Prevost des Marchans, pour tourner & convertir esdiz ouvrages & necessitez: & se aucuns se oppose à l'execucion que vous ferez sur eulx, ou ferez faire, assignez [f] jour competent pardevant ledit Prevost de Paris, auquel Nous mandons & commettons, que, oyes les Parties, il face acomplissement de Justice: de ce faire vous donnons povoir: Mandons & commandons à tous les Subgez de nostredit Seigneur, que à vous & à vos deputez obeïssent diligemment. *Donné à Paris, le 20.e jour d'Aoust, l'An de grace mil trois cens soixante & dix.*

d *Seings.*

e *cautions.*

f *leur.*

Collacion faicte à l'Original où estoient plaquiez cinq Seaulz ou signes desdictes Gens des Comptes.

NOTES.

(6) Livre Rouge vieil du Chastelet de Paris, *fol. 47. recto.*

(7) *Plusieurs debtes.*] C'est-à-dire, le nom de plusieurs personnes qui estoient en retard de payer les sommes ausquelles elles avoient esté imposées pour l'Aide.

CHARLES V.

Au Chasteau de Goulet, le 17. d'Avril 1364.

Tradita & lecta fuit hec Litera in Cameris Parlamenti & Inquestarum, ac in Requestis Palatii, coram Dominis ibidem existentibus, die 19. Aprilis 1364.

VILLELMUS. DYONISIUS.

NOTES.

(8) INGERGIER Sire d'Amboise, à nostre Chastellain dudit lieu & à touz noz autres Officiers, Salut. Les Genz du grand Conseil du Roy nostre S. nous ont dit moult aprement, que vous ou aucuns de vous, avez mis & mettez empeschement en & sur les impositions, subsides & autres choses ordenées à cueillir & lever de par nostredit Seigneur, en nostre terre, dont il nous desplaist forment, s'il est ainsi. Pourquoy nous qui voulons tousjours estre de bonne & très grant obéïssance envers nostredit Seigneur, ainsi comme faire le devons & tenuz y sommes, vous mandons, commandons & estroictement enjoingnons, que de faire par vous ou par autres, aucun empeschement quelconques en ce que dit est, cessiez du tout: ou autrement, pour tout certain, se par vous aucun grief ou donmage Nous en venoit, nous nous en desdonmagerons sur vous. Si gardez que en ce n'ait aucun deffaut. *Escript à Paris, le 3.e de Fevrier, l'An de grace 1364.*

Collatio presentis copie cum Litteris originalibus, sigillo dicti Domini de Ambesia, sigillatis, ut apparebat, facta fuit in Camera Compotorum, die XI.a Februarii 364. per me Johannem Crete & me Garnerum.

NOTES.

(8) Memorial *D.* de la Chambre des Comptes, *fol.* 74. *verso.*

CHARLES V.

A Pontoise, le 20. d'Avril 1364.

(a) *Lettres qui portent qu'on ne donnera à aucunes personnes, des deniers Royaux, si ce n'est en vertu des Lettres qui seront données dans la suite par le Roy.*

CHARLES par la grace de Dieu Roy de France: A nos amez & feaulx Gens de nos Comptes à Paris, Salut & dilection. Nous avons ordenné par meure deliberation de nostre Conseil, que à personne quelconque, de quelconque estat, puissance ou auctorité que il soit, on ne face paiement de noz deniers, [a] ou que il soient, pour quelconque mandement ou Letres que on ait eu sur ce, du temps passé, de quelque teneur, ne pour quelconque cause que ce soit ou puisse estre, se sur ce on ait noz Lettres données depuis que Nous eusmes le gouvernement de nostre Royaume; excepté toutes-voies [b] Fiez & Aumosnes, desquelles Nous ne voulons que pour ce, le paiement soit retardé. Si voulons & vous mandons & commandons, tant expressement comme plus pouvons, que nostre presente Ordenence vous faciez savoir à noz amez & feaux les Tresoriers-Generaux des [c] Aydes de nostre très chier Seigneur & Pere, dont Dieu ait l'Ame; à noz amez & feaux Tresoriers, & à tous les Receveurs ordinaires de nostre Royaume, & à chascun d'eux, si que nul ne se puisse excuser d'ignorance. *Donné à Pontoise, le vingtiesme jour d'Avril, l'An de grace mil trois cent soixante & quatre, soubs nostre Seel duquel Nous usions avant que Nous venissions au gouvernement de nostre Royaume. Ainsi signé.* Par le Roy. YVO.

a *dans quelque lieu que soient ces deniers.*

b Voy. la Table du 2.e Vol. des Ordonn. au mot, *Aumosnes.*

c *Pour la délivrance du Roy Jean.* Voy. cy-dessus, p. 413. Note (d).

NOTES.

(a) Memorial *D.* de la Chambre des Comptes, *fol.* 60. *verso.*

(a) Lettres

CHARLES V. à Paris, le 23. d'Avril 1364.

(a) Lettres pour augmenter le salaire des Vendeurs de Marée.

CHARLES [a] aisné Fils & Lieutenant du Roy de France, Duc de Normendie & Dalphin de Viennois : A nos bien amez Maistres Jehan Pastomel, Jehan Fourcy, Raoul de Presles & Guillaume de Saint Germain, Conseillers députez des Marchans forains de poissons de mer, en la Ville de Paris : Et à noz amez Gieffroy de Londremer, Pierre Davé, Michel Malledemer & Richart le Brasseur, Commis & Esleus du commun des Marchands & Voituriers desdits poissons, pour les privileges, franchises, libertez & causes d'icelle marchandise, garder & soustenir, Salut. Signifié Nous ont Jehan le Bossu, Guillaume le Fevre, Jehant de Mont-Martre, Vincent le Heurtois, Guillaume Coq, Guillaume Milles, Gautier de Blotevìlle, Pierre l'Apostre, Henry Eschevin & Andrieu Mangier, Vendeurs de ladite marchandise en icelle Ville de Paris, consors en cette partie, que comme le petit salaire que leurs devanciers Vendeurs & eulx, ont prins & preignent sur ladite marchandise, & que les Estalliers de ladite marchandise & Harengiers n'ont payé, [b] ne payent si-tost qu'ils deussent, lesdits Marchands & Voituriers commis, iceulx Marchands & Voituriers ont receu & reçoivent de jour en jour, plusieurs grans frais & dommages, & ne les ont pû lesdits Vendeurs si-tost ne ainsy *(b)* delivrer que besoing fut pour le prouffit d'iceulx, de ladite marchandise, & de la chose publique, tant par ce, comme par plusieurs autres causes qui s'en dependent & [c] enfinent, ladite marchandise est moult [d] amendrie & [e] enchiere en ladite Ville de Paris, & de jour en jour deschiet & [f] ameucist, & sera encore plus ou grant préjudice & dommage du bien & de la chose publique, & ne pourront lesdits signiffians délivrer lesdits Marchands & Voituriers, ne faire leur prouffit, se brief remede n'y est mis, & se leurdit salaire ne leur est acru, si comme ils diront : Pour ce est-il que Nous considerans les choses dessusdites, & [g] vuillans pourvoir au bien commun, vous mandons & commettons, que appellez avecq vous lesdits Marchands & Voituriers, sages & congnoissans en ladite marchandise, vous vous informez bien & deüement de ce, sur les choses dessusdites, circonstances & dépendances d'icelles ; & se par ladite information ou autrement deuëment, vous appert que lesdits signifians ne puissent bonnement lesdits Marchands & Voituriers servir & delivrer de leursdites marchandises & denrées, au prouffit d'eulx ne du commun peuple, pour leur sallaire qu'ils ont dudit vendage, vous à iceulx signifians ordenez & [h] croissez leurdit sallaire, tel & si comme en ce vous verrez qu'il appartiendra, & qu'il puissent servir & délivrer lesdits Marchans & Voituriers au prouffit d'iceulx, de ladite Ville de Paris, & de la chose & bien public; pourveu toutes-voyes que lesdits Marchands & Voituriers le veulent à ce consentir, & que Nous voulons & vous mendons iceluy sallaire estre par vous diminué & [i] amenti, ainsy & toutesfois que vous verez que bon sera à faire pour le prouffit de ladite marchandise, & de la chose & bien plublicq. Mandons & commettons par ces presentes, au Prevost de Paris ou à son Lieutenant, Conservateur, Gardien & Commissaire general de ladite marchandise, que tout ce que par vous sera fait & ordené, il tiengne & face tenir, garder & accomplir de point en point sans enfraindre; nonobstant Ordenances ou Lettres quelconques empetrées & à empetrer subreptissement au contraire. *Donné à Paris, sous nostre Seel duquel Nous usions avant que Nous reinssions au gouvernement de nostre Royaume, le vingt-troisiesme jour d'Avril, l'An de grace 1364.*

[a] *Voy. ce qui est dit sur ce titre, dans la Preface de ce Volume*, §. Ordonnances.

[b] *&.*

[c] *ensuivent.*

[d] *diminuée.*

[e] *encherie.*

[f] peut-estre *amenrit* : amoindroit : diminüe.

[g] *voulans.*

[h] *augmentez.*

[i] *peut-estre*, amenri, *diminüé.*

NOTES.

(a) Traité de la Police, par de la Mare, t. 3. l. 5. titre 36. chap. 2. p. 204. n. 2. Il y a à la marge : *Registre de la Marée, fol.* 235.

Livre blanc du Chastelet, au premier Registre des Métiers, *fol.* 282.

Il y a dans ces Lettres beaucoup de fautes de copiste : on en a corrigé quelques-unes à la marge.

(b) Delivrer.] C'est-à-dire, leur payer ce qui leur est dû, afin qu'ils puissent s'en retourner. On disoit aussi quelquefois les *expedier*. Voy. le 3.e Vol. des Ordonn. p. 446. Note *(g)*.

CHARLES V.
à Paris, le 28. d'Avril 1364.

(a) Lettres par lesquelles le Roy confirme les Officiers du Parlement, qui estoient en place lors du decès du Roy Jean son Pere.

KAROLUS Dei gratia Francorum Rex : Universis presentes Literas inspecturis, Salutem. Inter ceteras nostre sollicitudinis curas, quibus Reipublice saluti, ac nostrorum commoditatibus subditorum inclinamur, occurrit Nobis Regia meditatione precipuum, ut illos semper Reipublice ministros preficiamus, quos operum Justitie laudabilium experimenta diuturna comprobarunt, & discretionis preeminentia morumque grata maturitas commendarunt; presertim ut nostram Parlamenti Curiam, que nostre Majestatis ymaginem representat, à qua, ut à fonte Justitie, nostri regnicole fructus Justitie indesinenter exhauriunt & reportant, copia peritorum nostris temporibus decoremus, per quorum operam, Respublica Justitie valeat clipeo defensari; ut sic dum Reipublice consulitur, [a] *Regalis prosperetur munificentia ad exaltationem omnimodam Regni nostri, & subditorum status in melius convalescat. Notum itaque facimus, quod Nos, attenta probate fidei & in cultu Justitie devotionis assidue constantia, ac laudabilium efficacia meritorum, quas semper invenisse cognovimus in dilectis ac fidelibus* Simone de Buciaco, Jacobo la Vache, *Militibus; Magistris* Petro de Semivilla *&* Petro de Ordeomonte, *Presidentibus; Magistris* Johanne Bescoti, Johanne de Porta, Egidio de Maudestour, Roberto de Ultra-Aquam, Guillelmo de Calvomonte, Johanne Audacis, Philippo de Thienvilla, Nicolao de Bosco, Johanne de Tiercelieu, Girardo d'Aubonnay, Bertrando de Chenaco, Petro de Roya, Arnauldo de Corbeya, Ludovico Yzardi, Johanne de Pontizara, *Clericis; (b) Ac* Guillelmo Morherii, Mattheo de Tilio, Petro de Novavilla, & Thoma de Angervillari, *Militibus; necnon Magistris* Guillermo Bescoti, Ancello Choquardi, Thoma Vanin, Milone de Vicinis, Petro Fouace, Gentiano Tristan, Yvone Dol, Adam Chanteprime *&* Johanne de Villanis, *in dicti Parlamenti Camera; & Magistris* Johanne de Huban, Stephano Belini *Presidentibus; (c)* Odone Grasseti, Egidio Fouasse, Jacobo de Loiryaco, Petro [b] Carrido, Philippo de Molendinis, Martino de Mota, Johanne la Vache, Nicolao de Floricuria, Petro de Cruce, Johanne de Valenceyo, Guillermo de Tornaco, Johanne de Argentilloro, Jacobo Hanin, Petro Roberti, Guillermo de Alveolo, Petro Chapus, Johanne de Paciaco, Guarnerio Gueroust, Petro de Paigny, Petro Hure, Petro Pelissant *&* Johanne Odonis, *Clericis; ac* Roberto Guidonis, *Milite, &* Nicolao Florent, Stephano Gueret, Johanne de Arceiis, Johanne Belot, Auberto de Mainbevilla, Gauchero Villiani, Martino Beauparisiz, Johanne Ravenel, Johanne Rubei de Monteacuto *&* Gervasio Bonis, *in Camera Inquestarum; necnon in Magistris* Stephano Barbe, *Presidente; Yvone Monachi & Thoma Cousturarii, Clericis; ac* Petro de Villanis *Milite,* Thoma Brochardi *&* Stephano Curtivillani *in Officio Requestarum Palatii Regalis Parisius, dudum per inclite recordationis Dominum ac Progenitorem nostrum, dum vivebat, seu per Nos, dum eramus, ipso vivente & absente, Regnum regens vel ipsius Locum-tenens, suis ac nostris Consiliariis institutis & ordinatis; ipsos jam per experientiam cognoscentes, in nostris obsequiis libenter admittimus, & ipsorum circumspectionis consiliis fiducialiter inheremus. Eapropter, consulta deliberatione prehabita, omnes & singulos prenominatos; videlicet ipsorum quemlibet, in officio & ordine in quibus per dictum Dominum & Progenitorem nostrum, seu per Nos, ut premittitur, fuerant & erant antea in dictis Cameris & Requestis ordinati, retinemus, constituimus ac etiam ordina-*

[a] Regal. *R.*

[b] al. *Sarrido.*

NOTES.

(a) Regiſtre *A.* du Parlement, *fol.* 2. Joly avoit fait déja imprimer ces Lettres, dans les additions au 1.er Livre, p. XVII. Il paroiſt qu'il avoit vû ces Lettres dans differents Regiſtres; car il a mis à la marge de son Edition, des eſpeces de *variantes*, que l'on a crû devoir placer dans des Notes. *Voy. les Notes (b & c)*

(b) Ac.] Al. add. & 15. Laicis, quorum quatuor primi sunt Milites in Curia Parlamenti. Voy. la Note *(a).*

(c) Odone Grasseti.] Al. add. & 23. Clericis, & 11. Laicis in Camera Inquestarum.

mus per presentes, ad vadia, jura & pallia, & ad alia omnia & singula ad que per dictum Progenitorem nostrum, seu per Nos auctoritate predicta, ad vitam vel aliter, sub quibusvis modo & forma, retenti fuerant ad officia memorata. Quocirca dilectis ac fidelibus Gentibus Compotorum nostrorum Parisius, damus tenore presentium in mandatis, quatenus dictorum Consiliariorum nostrorum & ipsorum cujuslibet, nomina & (d) cedulas in suis locis & [a] ordine supradictis, visis presentibus, registrari faciant, ut est moris; ac dilectis & fidelibus Thesaurariis nostris Parisius, necnon Commissario seu Commissariis deputatis vel deputandis ad levandum & explectandum emendas dicti nostri Parlamenti, qui nunc sunt & qui pro tempore fuerint, quatenus de vadiis & palliis ad dictorum Consiliariorum officia spectantibus & prestari consuetis, cedulas & Literas quictatorias retinendo, ut consuetum est fieri, à die obitus predicti Progenitoris nostri, inantea satisfaciant: Que sic soluta, in solventis compota allocari, & de sua deduci recepta volumus & jubemus per dictas Gentes Compotorum nostrorum, absque contradictione quacunque. In cujus rei testimonium, Sigillum quo ante susceptum Regni nostri regimen, utebamur, presentibus Literis jussimus apponi. Datum Parisius, die vicesima-octava Aprilis, Anno Domini millesimo trecentesimo sexagesimo-quarto. Sic signatum supra plicam. *Per Regem, vobis presente,* VILLEM. *Et Sigillatum in cera alba sub duplici cauda pergameni.*

Collatio facta est cum Originali. DU TILLET. *(e)*

CHARLES V. à Paris, le 28. d'Avril 1364.

[a] ordin. *R.*

NOTES.

(d) Cedulas.] Cela a sans doute rapport à la maniere dont les gages du Parlement sont payez. Voy. la Table des Matieres de ce Volume, aux mots, *Comptes. (Chambres des)* & *Parlement.* On trouve dans le Memorial *D.* de la Chambre des Comptes, *fol. 90. verso.* une Piece qui regarde les Gages du Parlement, & dans laquelle il est parlé de ces *Cedules.* On a crû devoir la faire imprimer icy.

LE penultieme jour de Mars 366. en la Chambre des Comptes au Burel, presens Mons. le Chancellier de France & Mons. de Nevers, Mess. Jehan de Maisonconte, Chevalier, Jehan de Hangest & Colart Florent Conseillers du Roy nostre S.[r] en son Parlement; Eddoart Tadelin Souverain-Maistre des Monnoïes du Royaume de France, offrist pour Mess. de Parlement, que pour leurs gaiges du temps passé; c'est assavoir, pour trois mois qui [b] feniront au premier jour d'Avril prochain venant, nozdiz Seigneurs de Parlement prendront le plus qu'il pourront, sur ce que doivent Charles Ysbarre & Nicolas Ysbarre & leurs [c] pleiges, pour cause du *(1)* Monneage, & d'une *(2)* faulte par eulz faite en la Monnoïe d'Or de Paris; & des mois avenir, ledit Eddoart s'est fait fors & a promis à payer yceulz gaiges de mois en mois; c'est assavoir, pour le mois d'Avril prochain, le 8.[e] jour du mois de May; & pour le mois de May, le 8.[e] jour du mois de Juing; & ainssi de mois en mois, sur [d] poinne de 500. Francs d'Or, que il veult, se faulte y avoit, estre levez sur ses biens, aussi bien comme se il en estoit à eulz obligiez par Lettre de Chastellet: & est assavoir que ledit Eddouart païera tous lesdiz gaiges de chascun mois, ce qui dû leur en sera, & dont l'en li portera au Tresor du Roy au Palais, les *Cedules* du Tresor ou de la Chambre des Comptes; soit à une foiz ou à plusieurs, si comme l'en li portera lesdictes *Cedules*: & avec ce, pour le mois de Juing & de Decembre, il païera les Manteaulx [e] deus à la Penthecouste & à Noël, aus Chevaliers & aus Clers-non-mariez; avec les gaiges desdiz mois: & par ce, ledit Eddoart recevra tout ce qui est deu au Roy en ses Monnoïes, pour le temps passé: & aussi pour le temps avenir, recevra tout le prouffit & émolument des Monneages & des faultes de pois ou de loy, des Monnoïes qui s'ensuïent; c'est assavoir, Paris, Roën, Tournay, Saint Quentin, Angiers, Tours & Saint Porcein; excepté que les *(3)* Changeurs de Paris prendront le prouffit du Monneage d'Or & d'Argent de Paris, jusques a tant qu'il soïent païez de la faulte que leur ont faite Nicholas & Charles Ysbarre: & aussi sitost comme nozdiz Seigneurs seront païez de leursdiz gages, des mois de Janvier, Fevrier & ce present mois de Mars, il cesseront de prendre ou recevoir aucune chose des forfaiteures des Monnoïes.

[b] finiront.

[c] cautions.

[d] peine.

[e] dûs.

(e) Dans le Registre du Parlement, on lit ce qui suit, avant ces Lettres.

NOTES.

(1) Monneage.] C'est le droit que le Roy prend sur la fabrication des Monnoyes. Voy. Du Cange, au mot, *Monetagium.*

(2) Faulte.] Ils avoient apparemment fabriqué des Monnoyes qui n'estoient pas au titre & au poids qu'elles devoient avoir.

(3) Changeurs de Paris.] Cela peut confirmer ce que j'ay avancé dans le 3.e Vol. des Ordonn. p. 354. Note *(a)* que l'on payoit aux Changeurs, le billon qu'ils apportoient aux Hostels des Monnoyes, avec des Especes fabriquées avec ce billon.

CHARLES V. à Paris, le 28. d'Avril 1364.

NOTES.

LA Court a ordonné & ordonne, que les Lettres patentes originalles de la confirmation du Parlement, faite par le feu Roy Charles V. & dattées du 28.e jour d'Avril l'An 1364. trouvées entre les papiers du Greffe Civil de ladite Court, seront enregistrées ou Registre des anciennes Ordonnances. *Fait en Parlement, le troisieme jour d'Avril, l'An 1545. avant Pasques.*

L'on trouve dans le même Registre du Parlement, *fol.* 40. *recto.* des Lettres données à un Conseiller au Parlement, qui vouloit faire venir à Paris, des provisions pour sa maison; afin de le faire joüir de l'exemption de toutes sortes d'Imposts, par rapport à ces Provisions, conformement au privilege qui avoit esté accordé aux Officiers du Parlement. Il paroist qu'on accordoit de semblables Lettres, à tous les Officiers du Parlement qui estoient dans le même cas. On a crû devoir faire imprimer ces Lettres.

UNIVERSIS Justiciariis, Portuum & passagiorum custodibus, pedagiorumque, [a] *transversorumque, & aliarum coustumarum & redibenciarum quarumcumque Receptoribus, per terram & aquam in Regno nostro constitutis, ad quos presentes Littere pervenerint, vel eorum Locatenentibus, salutem. Cum alias per arrestum in nostro Parlamento hactenus pronunciatum fuerit, Partibus auditis, pluries, & eciam declaratum quod dilecte & fideles* (4) *Gentes nostre, nostrum Parlamentum tenentes, pro bladis, vinis, animalibus, lignis aut aliis* [b] *municionibus suis quibuscumque, que & quas Parisius, per terram sive aquam devehi, deferri seu adduci faciunt in domibus earumdem, pro victu & necessariis earum, & ipsis in servicio nostro existentibus, ad pedagium, theloneum, coustumam, transversum, exaccionem seu redibencias aliquas,* [c] *solvendum minime teneantur; quodque dictorum pedagiorum, theloneorum, coustumarum & transversorum seu redibenciarum Domini seu custodes vel Recepteres, ad saisinam vel possessionem contrariam proponendam de cetero non admitterentur.* (5) *Idcirco ad supplicacionem dilecti & fidelis Jacobi Darcen Militis, & Consiliarii nostri in nostro Parlamento, pro negociis ejusdem Parlamenti, Parisius continue existentis, asserentis quod certa blada, vina, ligna & alias municiones suas Parisius & circa, in domibus suis pro victu &* [d] *garnisionibus suis, devehi seu deferri per aquam sive terram, facere proponit, vobis & vestrum cuilibet, pro ut ad eum pertinuerit, mandamus, districtius injungendo, quatenus blada, avenas & alia grana, vina, ligna, garnisiones & quecumque alia victualia, res & bona dicti Consiliarii nostri* [e] *quas ipse vel latores presencium ejus nomine, & pro ipso facient devehi, deferri seu adduci, per terram vel aquam, ad hospicia sua Parisius vel circa, permittatis vel faciatis transire pacifice & libere, absque impedimento vel contradictione quibuscumque, seu exaccione pedagii, tranversi, coustume, vel redibencie cujuscumque; quodque si vos seu quivis vestrum, premissa facere nolueritis, aut plus debito distuleritis seu recusaveritis, omnibus Justiciariis nostris, vel eorum Loca-tenentibus, ac Servientibus quibuscumque, & eorum cuilibet in solidum, qui per latorem presencium, super hiis fuerit requisitus, tenore presencium committimus & mandamus, quatenus, visis presentibus, res predictas transire faciant, & omnia & singula supra-scripta adimpleant & indilate exequantur, & contradictores & rebelles ad hoc viriliter compellendo, & ipsos adjornando ad certos & competentes dies coram dilectis & fidelibus Gentibus nostris presens Parlamentum nostrum tenentibus & que pro tempore futuro tenebunt; aut coram Gentibus nostris Requestarum Palacii nostri Parisius, Parlamento non sedente, Procuratore nostro pro rebellionibus & inobedienciis eorum, ac dicto Consiliario nostro pro injuriis, dampnis, interesse & expensis suis responsuros, & ulterius processuros ut fuerit racionis; dictas Gentes nostras, de adjornamentis hujusmodi* [f] *certifficantes competenter: quibus Gentibus Parlamenti mandamus, Gentibus quoque Requestarum Palacii, committimus & mandamus, quatenus super premissis & ea tangentibus, faciant, Partibus auditis, breve Justicie complementum.* Datum 28.a Marcii. DIONIS.

(6) *Magistri Egidii de Balneolis, Clerici & Secretarii nostri in servicio nostro, racione dicti sui Officii.*

Magistri Johannis de Colombis, Clerici & Notarii nostri.

M. Poncii de Disy, Clerici & Notarii nostri, racione & ad causam dicti sui Officii [g] *Parcontinue existentis.* M. G. QUEAU.

a droit de travers.

b provisions.

c solvend. *R.*

d provisions.

e qs *avec une marque d'abbreviation, dans le R.*

f certifican. *R.*

g Ce mot est couvert d'encre : on peut lire *Parisius* ou *pariter.*

NOTES.

(4) *Gentes.*] Vis-à-vis cet endroit, on lit ces mots à la marge interieure : *Necnon dilecti ac fideles Clerici & Notarii ac Secretarii nostri* : Ce qui signifie, que les Clercs, Notaires & Secretaires du Roy, joüissent des mêmes exemptions que les Officiers du Parlement.

(5) *Idcirco.*] Vis-à-vis cet endroit, on lit ces mots à la marge exterieure : *Stephani de Grangia Militis, & Consiliarii nostri ac in dicto Parlamento Presidis.* Ce qui signifie, que l'on a donné de semblables Lettres à *Estienne de la Grange.*

(6) *Magistri.*] Ce qui suit signifie sans doute, que l'on a donné de semblables Lettres aux personnes qui sont icy nommées.

CHARLES V. à Paris, en Avril 1364.

(a) Confirmation des Privileges des Marchands & Voituriers de Marée.

CHARLES par la grace de Dieu Roy de France : Savoir faisons à tous presens & à venir, Nous avoir veu les Lettres de nostre très cher Seigneur & Pere, veuës, corrigées & leuës en Parlement ; si comme en la marge estoit escript, contenant la forme qui s'ensuit.

JEHAN par la grace de Dieu Roy de France, &c. [a] . . . . Si mandons au Prevost de Paris, Conservateur, Gardien & Commissaire general desdits Marchans & Voituriers de ladite marchandise, & à tous nos autres Justiciers qui à present sont & qui seront pour le temps avenir, ou à leurs Lieutenans, & à chacun d'eulx, que les Lettres dessus transcriptes, mettent & facent mettre à execution deuë, en laissant & faisant joüir & user paisiblement iceulx Marchands, Voituriers & familliers, & chascun d'eulx, de toutes les choses contenuës en icelles, de point en point selon leur forme. Et que ce soit ferme chose & estable à tousjours, Nous avons fait mettre à ces Lettres, nostre Scel duquel Nous usions avant que Nous eussions le gouvernement de nostre Royaume : sauf en autre chose nostre droit & l'autruy en toutes. *Ce fut fait & donné à Paris, l'An de grace 1364. ou mois d'Avril.*

a *Ces Lettres sont dans le 3.e Vol. des Ordonn. p. 558.*

NOTES.

(a) Traité de la Police de la Mare, t. 3. l. 5. chap. 2. titre 37. p. 224. n. 8. Il y a à la marge : *Registre de la Marée, fol. 163.*

CHARLES V. à Paris, en Avril 1364.

(a) *Privileges accordez aux Marchands Castillans trafiquans dans le Royaume.*

SOMMAIRES.

(1) Tous les Castillans qui viendront commercer dans le Royaume, seront sous la sauvegarde & protection du Roy.

Quelque dispute ou guerre qui survienne entre la France & la Castille, on ne pourra arrester les Castillans, ni saisir leurs biens ; si ce n'est pour délicts par eux commis, ou pour dettes par eux contractées.

Les Castillans ne pourront estre poursuivis pour les délicts ou les dettes de leurs compatriotes, s'ils ne sont en societé avec eux.

Si le Roy ordonne aux Castillans de sortir du Royaume, ils auront un an, à compter du jour que cet ordre leur aura esté signifié, pour emporter leurs effets hors du Royaume.

(2) Les Castillans ne pourront estre mis en prison, qu'ils n'ayent esté amenez devant le Juge ; & on ne les menera point en prison, s'ils donnent caution, à moins qu'ils ne fussent prevenus de quelque délict, ou qu'ils ne se fussent soûmis à la contrainte par corps.

(3) Les contestations qui s'éleveront dans le Royaume entre des Castillans, seront jugées par des Officiers de Marine, ou des Marchands de leur pays, ou par telle autre personne que les Parties choisiront, sans amende ; si ce n'est dans le cas des délicts.

(4) Lorsque les Castillans auront eu quelque querelle, soit avec des François, soit avec des gens de leur pays, soit avec d'autres estrangers estant alors en France, ils seront jugez au Civil seulement, même lorsqu'il y aura eu du sang repandu, par le Juge du lieu où la querelle se sera émeuë : lequel appellera avec luy pour juger, deux Prud'hommes *du lieu, deux Marchands Castillans ; en l'absence desquels il ne laissera pas de proceder, s'ils ne viennent pas juger. L'appel de la Sentence de ce Juge, sera portée à Rouen devant le Doyen de l'Eglise de Rouen, le Bailli & le Vicomte de cette Ville.*

(5) L'on fera un Port à Leure & un à Harfleur, pour l'entretien desquels, les Castillans ne seront point obligez de rien payer. Si le mauvais estat du Port de Leure, oblige quelquefois les Castillans à décharger leurs marchandises dans cette Ville, ils ne seront tenus de payer aucuns droits au Prevost.

(6) L'on entretiendra pendant la nuit du feu, au groing *ou cap de Caux, afin que les*

CHARLES V.
à Paris, en Avril 1364.

Vaisseaux qui viendront aborder sur les costes, puissent connoistre leur route, sans que les Castillans soient tenus de rien payer pour l'entretien de ce feu.

(7) Les chaussées & quais de Harfleur, seront mis en bon estat, afin que les Castillans puissent décharger & charger commodément leurs marchandises; sans que pour cet entretien, ils soient tenus de payer aucuns droits.

Ils pourront décharger & charger leurs marchandises, même les jours de Festes, sans qu'on puisse les condamner à l'amende à ce sujet.

(8) On fournira des Vaisseaux & des bateaux pour alleger les Vaisseaux Castillans qui voudront aborder à Harfleur.

Les marchandises appartenantes aux Marchands Castillans, seront déchargées & mises dans des magasins, à leurs frais; suivant l'estimation qui en sera faite par le Prevost, assisté de deux bons hommes *de la Ville, & de deux Castillans.*

(9) Les marchandises que les Castillans auront données par compte, aux Maistres des petits Vaisseaux qui les transporteront dans des Ports, leur seront rendües: & si ces marchandises sont endommagées ou perdües, ceux qui en auront esté chargez, en payeront l'estimation, suivant l'estat muni de preuves, qu'en donneront les Castillans.

(10) Ceux qui se seront chargez de voiturer des marchandises appartenantes à des Castillans, les dédommageront du dommage qui pourra y avoir esté fait.

(11) Si par la faute de ceux qui, moyennant un certain prix, se sont engagez à conduire des Vaisseaux Castillans dans un port de France, il arrive quelque dommage à ces Vaisseaux, ils en dédommageront les Castillans; bien loin de pouvoir exiger le prix dont ceux-cy estoient convenu avec eux.

(12) Si les Vaisseaux des Castillans perissent, ou se sauvent en partie, ce qui aura esté trouvé de ces Vaisseaux & de leur charge, sera rendu à ceux à qui il appartiendra, pourvû qu'ils le demandent dans l'année pendant laquelle cela aura esté trouvé, & qu'ils donnent un salaire raisonnable à ceux qui auront sauvé leurs effets.

(13) Si un Vaisseau qui est à l'ancre, est obligé de mettre à la voile, sans qu'on ait le temps d'emporter son ancre & ses autres agrès, celuy qui les aura trouvez, les rendra au Maistre du Vaisseau, qui luy donnera un salaire convenable pour sa peine.

(14) Les Maistres des Vaisseaux Castillans, pourront prendre des Escaches *dans tous les ports du Royaume, sans rien payer.*

(15) Les biens des Castillans qui mourront dans le Royaume, appartiendront à leurs heritiers; & les personnes de leur pays qui s'en seront mises en possession, ne pourront estre inquietées à ce sujet.

(16) Les Castillans ne pourront estre condamnez à l'amende pour des injures dites par eux; si elles n'ont esté dites contre Dieu, le Roy, les Princes du Sang, les Officiers du Roy, les Prelats ou les Grands Seigneurs. Les Castillans pourront aussi estre condamnez à l'amende pour crime, ou autre cause notable.

(17) Ceux qui auront frappé ou blessé des Castillans, seront punis, comme pour une sauvegarde enfrainte *: & on fera le procès à ceux qui en auront tué, sans qu'on puisse leur accorder des Lettres de permission ou de pardon; à moins que le cas ne soit* graciable.

(18) Les Castillans ne seront point obligez à faire le guet, ni à faire la garde dans les lieux de leur demeure, ni à rien payer pour la fortification des ces lieux.

(19) Les Officiers de Marine du Royaume, n'auront aucune autorité sur les Castillans; & ne pourront sous aucun pretexte, prendre leurs Vaisseaux ou leurs effets.

(20) Les Castillans pourront establir des Procureurs, pour avoir soin de leurs affaires.

(21) Les Peseurs establis par le Roy, iront peser les marchandises des Castillans dans leurs maisons, sans exiger d'eux aucuns droits: & les poids resteront dans le même estat où ils sont presentement.

(22) Les Castillans pourront choisir des courretiers ou courretieres qu'ils presenteront aux Juges des lieux, qui, s'ils les trouvent capables & nez dans le Royaume, les instituëront *pour exercer cet office, & leur feront prester serment qu'ils ne seront ni marchands, ni cabaretiers, ni hostelliers.*

(23) Les Juges feront payer ce qui sera dû aux Castillans; nonobstant tous les Privileges & Lettres d'Estat, & même par l'emprisonnement des débiteurs, quoyqu'ils ne fussent pas sujets à la contrainte par corps.

(24) Les Castillans pourront payer ce qu'ils acheteront dans le Royaume, avec les mêmes Monnoyes qu'ils ont reçües pour le prix des marchandises qu'ils ont vendües, quoyque ces Monnoyes n'ayent plus de cours.

Ils pourront faire des marchez à sols & à livres, ou à Florins ayant cours dans le Royaume.

(25) Les Castillans pourront emporter hors du Royaume, les Monnoyes qui y auront cours.

(26) Toutes les choses que les Castillans trouveront dans la mer, leur resteront; à moins qu'elles ne soient reclamées par ceux à qui elles appartiendront.

(27) Les Castillans qui auront commis des délicts, en seront seuls punis, sans que les autres personnes de ce pays, puissent estre inquietées à ce sujet en aucune maniere.

(28) Les Castillans qui auront porté quelque dommage aux effets d'autres marchands de leur pays, seront arrestez prisonniers, & leurs effets seront saisis: mais distraction sera faite de ceux qui appartiennent à leurs associez ou à d'autres personnes.

CHARLES V. à Paris, en Avril 1364.

(29) Les Castillans ne seront pas sujets au droit de Prise.

(30) Les Juges feront fournir aux Castillans, des maisons & des magasins, dont le prix, soit que ceux-cy les achetent ou les loüent, sera fixé par des Prud'hommes, *& ne pourra plus estre augmenté.*

(31) Les Castillans seront les maistres de fixer le prix des marchandises qu'ils voudront vendre.

Leurs marchandises ne payeront aucuns droits; & ils ne pourront estre condamnez à l'amende dans des affaires civiles.

(32) Les Castillans ne payeront aucuns droits, pour la premiere vente seulement, des marchandises qu'ils ameneront dans le Royaume: s'ils ne peuvent ou ne veulent les vendre, ils pourront les remporter, sans payer aucuns droits: pourvû cependant qu'ils ne les portent point dans des pays ennemis de la France.

S'ils ont du Sel à vendre, ils pourront le décharger dans les Greniers à Sel, & l'y faire vendre par le Grenetier, de la même maniere que l'on y vend le Sel des Marchands du Royaume.

Ils pourront aussi vendre du vin en détail, en payant les Aides que payent les Marchands de vin du Royaume.

Ils pourront aussi acheter & revendre des marchandises dans la Ville de Harfleur seulement, sans payer d'autres Aides que les anciennes.

Ils pourront aussi faire sortir du Royaume, toutes sortes de marchandises, sans payer aucuns droits; pourvû qu'ils ne les portent point dans des pays ennemis.

(33) Les Castillans pourront mener en prison, les voleurs qu'ils trouveront dans leurs maisons ou magasins, sans cependant les maltraiter.

(34) Les Castillans declarez quittes de toutes les amendes qu'ils pouvoient devoir au Roy jusqu'à ce jour.

(35) Les Castillans ne pourront estre poursuivis au sujet des dettes contractées par leurs garçons; à moins qu'ils ne les ayent autorisez pour les contracter.

(36) On ne pourra lever aucuns Imposts sur les Castillans.

(37) Les Juges du Royaume feront payer aux Castillans qui y seront, les sommes ausquelles ceux-cy seront imposez par l'ordre du Roy de Castille, ou par celuy des Villes de ses Estats.

(38) On punira ceux qui donneront atteinte aux Privileges des Castillans.

(39) Les Castillans seront exempts de tous Imposts.

(40) Ils ne payeront au Prevost de Leure, aucuns droits pour les marchandises qu'ils déchargeront dans sa Jurisdiction, pour estre transportées à Harfleur.

(41) Les Castillans pourront vendre dans leurs maisons, le cuir qu'ils apporteront à Paris.

(42) Le Capitaine de Harfleur sera Juge de toutes les querelles qui s'éleveront entre les Castillans & les François, même quand il y aura eu quelqu'un de tué; & il se fera assister & conseiller par deux bonnes gens de la Ville de Harfleur, & par deux bonnes gens du Royaume de Castille, qui seront choisis par les habitans de la Ville de Harfleur; & l'appel de son Jugement sera porté à Rouen, devant les Conservateurs des privileges des Castillans.

S'il n'y a point de Capitaine à Harfleur, le Roy nommera un autre Juge aux Castillans.

(43) Les Castillans pourront sortir du Royaume en toute sûreté, eux & leurs effets, même en temps de guerre; à moins qu'ils n'eussent contracté quelque dette; & aussi à condition qu'ils ne porteront pas leurs effets chez les ennemis. Les Officiers du Roy leur fourniront même des vivres, pour un prix convenable.

CHARLES &c. Savoir faisons à tous presens & avenir, que comme plusieurs bons & loyaulz Marchans & gens du Royaume de Castelle, aient propos & volanté, si comme il dient, de converser & frequenter nostre Royaume, & de y faire mener & conduire leurs loyaulz marchandises, & especialment ès Villes & Pors de [a] Harefleu & de [b] Leure; & pour ce Nous aïent fait instamment supplier & requerir, que il Nous pleust leur faire grace, & eslargir nostre puissance Royal envers eulz, & leur pourveoir de telle grace & seurté, par quoy il aïent cause de venir en nostredit Royaume, & de faire conduire & mener leursdictes marchandises; & qu'il puissent

a *Harfleur.*
b *Voy. le 2. Vol. des Ordonn. p. 161. Note (f)*

NOTES.

(a) Tresor des Chartres, Registre 98. Piece neuf-vingt-sept [187.]

Ces Lettres sont aussi dans les Registres du Parlement, dans le 2. Vol. des Ordonnances de Louis XI. cotte *(f) fol.* huict-vingt & quatre, *recto* [164.]

Il y a dans le 2.e & dans le 3.e Vol. des Ordonnances, differentes Lettres accordées aux Portugais & aux Castillans commerçans dans le Royaume, dans lesquelles on trouve differentes dispositions conformes à celles qui sont contenuës dans ces Lettres. Il sera bon de les consulter. Voy. la Table des matieres du 2. Vol. au mot, *Castille,* & celle du 3.e Vol. aux mots, *Castille* & *Portugal.*

CHARLES V. à Paris, en Avril 1364.

dores-en-avant demourer & séjourner paisiblement èsdictes Villes de Harefleu & de Leure, & ailleurs en noz Royaume & Seignories, & d'y mener, tenir & garder leursdictes denrées & marchandises, si comme font les autres Marchands noz subgez, demourans èsdictes Villes: Nous qui desirons & volons les subgez & Marchans frequentans nostredit Royaume, gouverner en bonne paix & transquilité, & qu'il aïent plus grant cause d'y venir; & pour la bonne & vraie amour & affeccion, que nostre très chier & très amé Cousin le Roy le Castelle & ses predecesseurs, & aussi que les Marchans & subgez de sondit Royaume, ont touzjours euë & ont à Nous & à nostre Royaume, & esperons qu'il aïent ou temps avenir, voulons que en ceste partie, apperçoivent nostre grace & liberalité Royal, pour contemplacion de nostredit Cousin qui sur ce Nous a très affectueusement escript, & à la supplicacion & requeste desdis Marchans, de grace especial & certaine science & de nostre auctorité Royal, avons [a] octoyé & octroyons par ces presentes, ausdiz Marchans & gens dudit Royaume de Castelle:

(1) Que touz les Marchans, gens, Admiraux & Maistres de nefs & de navire dudit Royaume de Castelle, qui [b] venront, converseront & habiteront ausdiz Pors & Villes de (b) Harefleu & de Leure, & par-tout ailleurs en nosdiz Royaume & Seignories, leurs corps, nefs, navires, biens, muebles & marchandises, que il y amenront ou vouldront amener, soïent & demeurent en nostre Salve-garde & seure proteccion, & que pour guerres quelconques que ait esté faite ou temps passé, ou pourroit estre ou temps avenir, que Diex ne veille, entre Nous & nostredit Cousin le Roy de Castelle, Enfenz, Freres, gens ou amis de Nous [c] ou de noz Hostelz ou autres, Dux, Comtes, Barons, Communautez ou autres quelconques subgez desdis Royaume & Seignorie, de present ou pour le temps avenir, pour [d] prince de hommes, de femmes ou de biens, faites en mer ou en terre, debtes ou [e] pleigeries, pour (c) marques, ou autres quelconques choses données ou octroyées par Nous

a *octroyé*, R. P.
b *viendront*.
c app. *nos Officiers*.
d *prinses*, R. P. *prises*.
e *cautions*.

NOTES.

(b) *Harefleu & de Leure.*] La premiere de ces deux Villes, se nomme presentement *Harfleur*, & la seconde l'*Heure*. Elles sont toutes deux situées dans le Pays de Caux en Normandie, & voisines l'une de l'autre. Voy. le *Dictionn. Univers. de la France*, aux mots, *Harfleur* & l'*Heure*.

Suivant les apparences, il n'y avoit qu'un Prevost pour ces deux Villes, & je crois que c'est par cette raison, que quelquefois il n'est parlé que du Prevost de *Harfleur*, & quelquefois que du Prevost de l'*Heure*. Voy. cy-dessous les Art. 4. & 5.

(c) *Marques.*] Voy. sur les *Marques*, le 2. Vol. des Ordonn. p. 238. Les procedures pour obtenir des *Marques*, se faisoient au Parlement, & il y a dans le Registre de cette Compagnie, cotté *A fol.* 26. *recto* & 40. *verso*, deux Arrests qui apprennent comment on y procedoit dans ces occasions. L'on a crû devoir les faire imprimer icy.

EXCELLENTISSIMO Principi Petro Dei gracia Aragonum, [f] Valencie, Sardinie & [g] Corcisse Regi ac Comiti Barchinonensi, consanguineo nostro carissimo, Johannes eadem gracia Francorum Rex, salutem cum gracie & honoris augmento, prosperos ad vota successus. Dilectus noster Bertrandus Archiepiscopus Salernitanus, de Regno nostro oriundus, Nobis conquerendo monstravit, quod cum ipse nuper fuerit Ambaxator missus ex parte Excellentissimorum Principum; videlicet, Roberti Imperatoris Constantinopolitan. & Marie Imperatricis, ejus Consortis; ac Ludovici Jeherusalem & [h] Cecilie Regis, & Johanne Regine ejus Consortis, consanguineorum nostrorum carissimorum, ad summum Pontificem & ad Nos, super certis eorum negociis que prefatus Archiepiscopus Nobis seriosius exposuit, & dum suum viagium faciendo, esset in mari juxta Portum (1) Montis d'Argentarie; videlicet, die festi Sancti Benedicti ultimo preteriti, Bernardus Ferrerii de Majorica, Franciscus [i] Dominici de Barchinona habitatores Castelli Castri, Patroni; necnon Raymondus Girardi, Comita, & Franciscus Ray Subcomita; ac Anthonius [k] Scriptor cujusdam Galee, in qua erat Vexillum vestrum [l] Regium appositum;

f Valent. R.
g Corse.
h Sicile.
i Dnici avec une marque d'abbreviation. R.
k Ecrivain de Vaisseau.
l Reg. R.

NOTES.

(1) *Montis d'Argentarie.*] C'est sans doute *Argentera* ou *Argentari*, Bourg sur la coste Occidentale de la Sardaigne. *Voy. le Dictionn. de la Martiniere*, au mot, *Argentera*, & celuy de *Maty*, au mot, *Argentari*. Voy. la Note (2).

ou noz

ou noz successeurs, contre nostredit Cousin le Roy de Castelle ou ses successeurs.

CHARLES V. à Paris, en Avril 1364.

NOTES.

qui prenominati morantur in Castello de (2) Calhia, sive Castello Castri in Sardinia, una cum pluribus suis complicibus, ad quandam parvam Galiotam in qua erat dictus Archiepiscopus, ejus familiares & gentes, ac nonnulli alii tam de Regno nostro quam de Regno Cecilie, impetuose irruentes, dictum Archiepiscopum & ejus gentes & familiares, per vim & violenciam omnibus bonis suis que in dicta Galiota habebant; ut pote, pecunia, auro & argento, [a] raubis, libris, [b] reliquiis in argento repositis, jocalibus, ac pluribus aliis bonis mobilibus disraubarunt, usque ad valorem trium millium Florenorum Auri de Florencia, & alios in dicta Galiota existentes, suis vestibus nudos in camisia spoliarunt; nonobstante quod dictus Archiepiscopus eisdem Piratis diceret, & promptam fidem facere offerret per Litteras Imperatoris ac Regis predictorum, quod ipse erat Ambaxator missus, ut prefertur: quas Litteras dicti Pirate videre contempserunt, prout per informacionem per certos Consiliarios nostros, super [c] hec factam ad instanciam dicti Archiepiscopi, constare posse dicebat Archiepiscopus ante-dictus: Quiquidem Pirate dicta bona prefatis Archiepiscopo & ejus gentibus ac familiaribus, reddere & restituere recusarunt, super hoc pluries & debite requisiti: que cedunt in ipsius Archiepiscopi prejudicium atque dampnum non modicum, legacionisque predicte vilipendium & contemptum, propter quod Nobis humiliter supplicavit, ut pro predictis, eidem marcham *contra vestros subditos concedere dignaremur. Cum igitur dictam informacionem in Curia nostra diligenter videri & examinari fecerimus, & ea diligenter examinata, eidem Curie nostre legitime constiterit de predictis, hinc est quod Nos, qui non possumus nec debemus deficere in Justicia exhibenda, vestram Regiam Celsitudinem attente requirimus & rogamus, quatenus dicto Archiepiscopo aut ejus certo mandato, predicta bona, si extant; vel, si non extant, dictam extimacionem una cum dampnis, interesse & expensis factis & faciendis, reddi & restitui, absque morosa dilacione, taliter faciatis, quod dictus Archiepiscopus non habeat materiam ad Nos ulterius recurrendi: alioquin dicto Archiepiscopo providebimus de remedio oportuno, per* marcham *vel aliter ut Nobis justum visum fuerit, quo usque de predictis vel eorum valore, dicto Archiepiscopo fuerit plenarie satisfactum: Vos insuper requirentes, ut quibuscunque personis ad premissa deputatis seu eciam deputandis, quas, premissis pendentibus, in nostra Salva-gardia suscipimus per presentes, cum in terra & districtibus vestris fuerint, salvum & securum guidagium & conductum, eundo, morando & redeundo, prebeatis, & ab omnibus injuriis & violenciis protegi & defendi faciatis.* Datum Parisius, in Parlamento nostro, die decima Augusti, Anno Domini 1355. R. POTIN.

[a] habits. Voy. Du Cange, au mot, Roba.
[b] reliques.
[c] h. R.

SERENISSIMO Principi consanguineo nostro carissimo, Ludovico Dei gracia Jeherusalem & Sicilie Regi illustri, Johannes eadem gracia Francorum Rex: salutem & successus prosperos * *votivorum. Ad nostre Regie Celsitudinis presidium, fidelis noster subditus Guillelmus Pellicerii Mercator Narbone, confugiens, eidem Celsitudini sua devota supplicacione fecit exponi, quod licet ipse Guillelmus Pellicerii tunc in partibus Chipri, apud civitatem Famagoste, existens, Jacobum Sageti de Sancto Felice, ad navigandum pro se & ipsius nomine, conduxisset eumdemque Jacobum Patronum ejusdem lunbi* [d] *vocatus* Sanctus Nicholaus, *constituisset, tradidissetque eidem Jacobo, infra dictum lunbum causa portandi ad Regnum nostrum; videlicet, quasdam quantitates (3) dondi, bagnadelli, piperis, ginginbris & nonnullarum aliarum rerum seu mercium, ac vestimenta sua aliqua; que omnia communi existimacione valebant & valere poterant summam septingentarum unciarum Auri; dictusque lunbus suum iter abinde arripiens, predictis rebus & mercibus & quibusdem aliis oneratus, apud partes Regni nostri prefati, secure venire inchoasset, nichilominus dictus lunbus cum fuit in mari vocato de Sarragossa, in insula vestre dominacionis, una cum predictis rebus & mercibus dicti Guillelmi Pellicerii, per Sergium* [e] *Furencium, & quosdam alios complices suos & sequaces, vestros justiciabiles & subditos, more piratico & hostili fuit captus, & abinde res predicte per eosdem Sergium & alios, rapte & abstracte fuerunt, & eas apud civitatem vestram* [f] *Regii asportarunt, & Capitaneo vestro tunc ejusdem civitatis, realiter tradiderunt; de quibus rebus & mercibus seu eorum valore, dictus Guillelmus Pellicerii sic depredatus, nullam restitucionem habere, nec à vobis seu Predecessoribus vestris, qui super predictis informacionem per certos ad hoc per ipsos deputatos, fieri fecerunt, per quam de predictis lucide eisdem constitit, Justicie complementum huc usque potuit obtinere; licet nedum semel sed pluries, tam ex parte Senescalli nostri Carcassone quam aliter, Celcitudini*

* votivor. R.
[d] vocati.
[e] La 1.re Lettre pourroit estre une S. un T. ou peut-estre un J.
[f] Present. Regio.

NOTES.

(2) *Calhia.*] Je n'ay rien trouvé dans les Dictionnaires Geographiques, sur ce lieu qui est peut-estre *Castel-Aragonese*, sur lequel voy. *la Martiniere* & *Maty*, à ce mot.

(3) *Dondi.*] On pourroit lire *dendi*: Je n'ay pû trouver la signification de ce mot ni du suivant.

CHARLES V. à Paris, en Avril 1364.

(d) au contraire, ou pour quelconque autre chose qui ait esté faite ou tems passé, en mer ou en terre, avec quelconques gens de nos Royaume & Seignorie, ou d'autres quelconques, ou pourront estre ou temps avenir, que eulz ou aucuns d'eulz, ne soient prins, leurs corps ne leurs biens & marchandises, leurs nefs ne navires, pour quelconque cause que avigne ou soit avenuë; se ce n'est pour son propre meffait qui ait esté fait en nozdis Royaume & Seignories, ou pour sa propre [a] pleigerie ou debte qu'il auroit faite: & n'en sera tenus; fors celui qui auroit fait le meffait; & que le fait, obligation, délit ou meffait de l'un, ne lie en rien l'autre, ne les biens de l'autre n'en soient en aucune maniere arrestés, s'il n'estoit trouvé deuëment qu'il eust [b] compaignie ou biens communs avecques autres qui samblablement seroient obligez: ouquel cas, Nous volons que lesdis biens communs demeurent tenus & obligez en la maniere que le cas le requerroit, & soient executez ainsi comme de raison appartendra: Et s'il avenoit, que Diex ne veüille, que aucuns [c] contens fust meuz entre Nous & nostredit Cousin de Castelle, ou les successeurs de Nous & de lui, par quoy les gens & Marchans dudit Royaume de Castelle, deussent départir de nostredit Royaume, par le commandement de Nous ou de nos Successeurs; Nous volons & Nous plaist, que leurs biens & marchandises estans pour lors en nozdiz Royaume & Seignorie, il puissent faire widier & emporter seurement & salvement, dedens un an après ce qu'il leur sera signiffié, sanz ce qu'il soient en leursdis biens & marchandises, grevés ou domagiez, ne qu'il soient par Nous ou nos subgez, arrestés ou empeschez pour ceste cause.

a cautionnement.

b société.

c contention : dispute.

(2) Item. Nous volons, & leur ottroyons en la maniere que dessus est dit, que en touz noz Royaume & Seignories, ne soient mis en prison, hommes qui sont dudit Royaume de Castelle, pour quelconques cause que ce soit, jusques à tant qu'il soit amené devant le Juge ordinaire; & qu'il soit [d] délivrés en baillant [e] pleges convenables de faire & acomplir ce qui lui sera raisonablement demandé: Et ne leur soient arrestés ne empeschés leurs corps, nefs, navires, marchandises ne biens quelconques, en baillant pleges, comme dit est; si ce n'estoit pour cas de crime; ou que aucuns [f] fussent obligez; lesquelz Nous volons qu'il soient contrains selon la teneur de l'obligation.

d *mis en liberté, sans estre mené en prison.*

e *cautions.*

f *ne se fussent soûmis à la contrainte par corps.*

(3) Item. Volons & leur octroyons, que se aucun débat ou discort avenoit entre les Marchans & gens dudit Royaume de Castelle, les uns contre les autres,

NOTES.

vestre & Predecessorum vestrorum, per prefatum Guillelmum Pellicerii, pro obtinenda super premissis Justicia, cum instancia super hoc extiterit requisitum; prout eciam de predictis omnibus & singulis, tam per informaciones in Curiis vestris, & per dictos super hoc specialiter deputatos, factas, quam per plura instrumenta publica, Nobis & Curie nostre constitit evidenter que cedunt in dicti nostri subditi grande prejudicium & jacturam; qui, nisi predicta bona aut eorum valorem recuperet, perpetua laborabit egestate: Quocirca vestram Serenitatem affectuose requirimus & rogamus, quatenus, pro cultu Justicie qui ex fonte vestre Clemencie & Predecessorum vestrorum, consuevit [g] *dirivari, merces & res, ac omnia alia bona predicta, si extent; &, si non extent, dictam extimacionem, una cum dampnis, interesse & expensis per predictum Guillelmum*[h] *occasione premissorum factis & passis, eidem Guillelmo libere & absque mora reddi & restitui faciatis, taliter quod Nobis debeat esse gratum, & in casu simili, vestris subditis in obtinendis à Nobis graciis, reddamur liberales; & quod non oporteat Nos prefato nostro subdito, ex deffectu Justicie super predictis, per* marcham *vel aliter, de oportuno remedio providere; quod, cogente Justicia, ipsi nostro subdito, nisi res & bona predicta aut eorum valorem, una cum dampnis, interesse & expensis predictis, recuperaret, denegare non possemus: presentes insuper personis pro premissis obtinendis, ad vestram Celcitudinem deputandis, quos Nos in nostra speciali Salvagardia, tam eundo, quam ibi stando & exinde redeundo, suscipimus per presentes, vestrum salvum conductum & guidagium, cum easdem per vestros districtus contigerit* [i] *comerari.* Die 10.a Junii. DYONIS.

g derivari.

h Pellicerii.

i *App.* commorari.

(d) Au contraire.] Tout ce que le Roy pourra faire contre le Roy de Castille, ne retombera point sur les sujets de celuy-cy, qui commerceront en France.

d'iceulz débas & discors, deux ou trois hommes [a] Mariniers ou Marchans d'icelli Royaume de Castelle, ou d'autres telz comme ceulz qui auront fait le débat, vouldront eslire, les puissent delivrer & mettre à acort; sanz payer pour ce aucune amende; fors tant-seulement en cas de crime.

(4) *Item.* Nous volons, & leur ottroyons que se aucun debat ou discort avenoit entre les Marchans & gens dudit Royaume de Castelle, ou contre ceulz de Harefleu ou de Leure, ou autres quelconques de noz Royaume & Seignories, ou autres gens quelconques d'autres terres & Seignories, ou cas qu'il y auroit [b] sanc ou playe, par quelque maniere que ce soit, qu'il puissent estre [c] délivrés en cas civil tant-seulement, par le Jugement du [d] Prevost de Harefleu, ou d'autre Juge ordinaire du lieu où le contens & debat sera meu; appellé avecques lui, deux [e] Preudomes de ladicte Ville de Harefleu, ou d'autre où ledit debat aura esté fait; & aussi deux des Marchans dudit Royaume de Castelle, [f] qu'il nommeront, [g] s'il y veulent estre; & se il n'y veulent comparoir, ledit Juge ne leissera pas pour ce, à proceder avant & faire ledit Jugement, en faisant droit aus Parties. Et s'aucune d'icelles Parties, se sentoit grevée du Jugement qui lui auroit esté fait, Nous volons & Nous plaist, que, sanz aucun [h] moyen, elle puisse appeller à Roüen, devant le Doyen de l'Eglize de Roüen, le Bailli & le Viconte de ladicte Ville de Roüen, qui à present sont & pour le temps avenir seront; qui jugeront loyaument selon les cas, leurs Causes d'appel, & feront droit aus Parties, quand le cas y escherra; & seront & demourront perpetuelment leurs Juges en leurs Causes d'appel, & leurs Conservateurs: Et volons que en leursdictes Causes & fait qui seront meuz pardevant eulz, il procedent & facent proceder [i] sommierement & de plain, sanz lonc procès & figure de Jugement, & au moins de grief & dommage desdictes Parties, qu'il pourront; & leur donnons povoir & auctorité, & commettons par ces presentes, qu'il puissent faire convenir & citer pardeuant eulz, toutez personnes qu'il leur apperra deüement, qui aucune chose feroient ou attempteroient, ou feroient faire ou attempter contre la teneur de noz presens privileges, franchises & libertez, & qu'il commandent & facent tenir & acomplir tout ce que èsdiz privileges est contenu, & les facent enteriner, tenir & garder sans les souffrir enfreindre en aucune maniere au contraire.

(5) *Item.* Nous volons & leur ottroyons, ordennens & mandans par ces presentes, à ceulz à qui il appartient, que il soit fait en *(e)* la crique de Leure & devant la Ville de Harefleu, Port & Hable, par quoy le nefs & navires dudit Royaume de Castelle, puissent aler, venir, séjourner & demourer seurement & sauvement, afin que aucun dommage n'en viengne ausdictes nefz, navires, ne aucun peril aus biens & marchandises qui venront & seront amenées & conduites audit Port de Harefleu: Et volons & mandons que toutes-foiz que ledit Hable sera empirés, qu'il soit refait & appareilliez, sans ce que les Marchans & gens dudit Royaume de Castelle, soient tenus de payer aucune chose pour la refection & appareillement d'icelli Port & Hable: Et s'il avenoit que pour l'empirement dudit Port & Hable, lesdis Marchans & gens dudit Royaume de Castelle, n'y peussent descharger leursdiz biens & mar-

CHARLES V.
à Paris, en Avril 1364.

[a] *Officiers de Marine: Marins.*

[b] *du sang répandu.*

[c] *jugez.*

[d] *Voy. cy-dessus, p. 424. Note (b).*

[e] Il y a, *deux bons hommes*, dans l'Art. 8.

[f] *que les Parties nommeront.*

[g] *si ces Marchands y veulent estre.*

[h] *sans s'adresser à aucun Juge intermediaire.* Voy. le 3.e Volume des Ordonn. p. 145. Art. 59. & Note (gggg).

[i] *Voyez le 3.e Vol. des Ordonn. p. 521. Note (c)*

NOTES.

(e) La crique.] On pourroit lire aussi *la cirque:* mais plus bas dans l'Art. 9. il y a certainement *crique.* Dans le Registre du Parlement, il y a: *qu'il soit fait à la Coigne de Leure:* mais on pourroit lire, *corgne* au lieu de *coigne*, & cy-dessous dans l'Art. 9. il y a dans ce Registre, *la crigue*, ou *la crigne.*

Je n'ay trouvé la signification d'aucuns de ces mots: peut-estre sont-ils corrompus. Car dans des Lettres de Philippe de Valois, accordées aux Portugais commerçans en France, Art. 12. [Voy. le 3.e Vol. des Ordonn. p. 576.] on lit dans un Registre, *les marchandises que les Marchands déchargeront dedans le Court de Leure;* mais dans un autre Registre, il y a; *le crot de Leure.* [Voy. *Ibid.* Note *(q)*]. Peut-estre faudroit-il lire icy *crot.* Et comme *crot*, suivant l'*Inventaire de Monet*, à ce mot, signifie une fosse, peut-estre par ce mot, *crot*, faut-il entendre une rade, dans laquelle le Roy veut que l'on construise un Port en forme? Voy. cy-dessous l'Art. 9. & comparez-le avec l'Art. 12. qui est dans la p. 576. du 3.e Vol. des Ordonn.

CHARLES V. à Paris, en Avril 1364.

chandises, & qu'il les menassent en la Ville & Jurisdiccion de Leure, pour les descharger, & que pour ceste cause, le Prevost de Leure leur voulsist aucune chose demander, ou aucune chose faire qui leur peust porter grief ou dommage, Nous volons que iceulz gens & Marchans & chascun d'eulz, qui audit Port de Leure deschargeront, soient franz & quittes pour eulz, leursdiz biens & marchandises, de toutes coustumes, [a] deffaux & amendes, [b] qu'il pourroient au [c] Prevost de Leure pour ceste cause, appartenir.

(6) *Item.* Nous volons & mandons à ceulz à qui il appartient, que l'en face en touz temps de nuit, feu [d] ou *(f)* groing de Caux; afin que les nefs & navires qui venront au Port de Harefleu & ailleurs ou païs, puissent venir seurement, & pour aviser leur chemin & adresse; sans ce que lesdiz Marchans, gens, Amiraux, [e] Maistres & Mariniers dudit Royaume de Castelle, soient tenus d'en payer aucune chose.

(7) *Item.* Nous voulons que les chaucées & quaiz de ladicte Ville de Harefleu, soient mis en tel estat & si convenable point, que lesdiz Marchans & gens dudit Royaume de Castelle, *(g)* puissent charger & descharger leurs denrées & marchandises, de nuis & de jours, sanz païer aucun [f] païage ne autres chose quelconques: Et volons aussi qu'il puissent charger & descharger par nuit & par jour, à jour de Feste & autres, toutes-foiz que il leur [g] pleira, où besoing leur sera, sans païer aucune amende.

(8) *Item.* Nous volons & mandons que les Capitaine, Prevost & autres Officiers de ladicte Ville de Harefleu, qui à present sont & pour le temps avenir seront, ou leurs Lieuxtenans, donnent & soient tenus de donner [h] brainnes, vaisseaulx & bateaulz, pour *(h)* alegier les nefs & navires dudit Royaume de Castelle, & leurs marchandises & biens que il apporteront audit Port de Harefleu, tantost qu'il seront arrivez: Et volons aussi que tous les biens qui venront èsdictes nefs & navires, soient deschargez & mis en les hostelz & celiers desdis Marchans en ladicte Ville de Harefleu, aus [i] couz raisonables desdiz Marchans, au dit & ordennance dudit Prevost de Harefleu, & de deux bons hommes de ladicte Ville, avecques d'eux autres [k] bons hommes dudit Royaume de Castelle.

(9) *Item.* Volons que les Maistres des petiz vaissaulz, qui à present sont & pour le temps avenir seront, reçoivent les marchandises & biens qui de cy-en-avant seront deschargés & se deschargent des nefz & navires dudit Royaume de Castelle, en [l] Saine & dedens la [m] crique de Leure, ou au Hable qui vient de Harefleu, ou ailleurs en nos Royaume & Seignorie; & seront tenus de les recevoir par compte, aus propres despens & missions desdiz Marchans, comme fer, *(i)* avoir de pois, vins ou autres

a *Voyez le 3.e Vol. des Ordonn. p. 574. Note (g).*
b *qui.* R. P.
c *Voy. cy-dessus, p. 424. Note (b).*
d *au.*
e *Maistres des vaisseaux.*
f *peage.* R. P.
g *plaira.* R. P.
h Il y a, *brunions* dans R. P.
i *frais.*
k Il y a, *deux Preudomes*, dans l'Art. 4.
l *la Riviere de Seine.*
m *Voy. cy-dessus, p. 427. Note (e) & le 3.e Vol. des Ordonnances, p. 576. Art. 12.*

NOTES.

(f) Groing de Caux.] Ce *groing* est sans doute, un Cap avancé dans la Mer près le Havre, que l'on nomme presentement, *Cap* ou *Chef de Caux.* Voy. le Dictionn. geograph. de la *Martiniere*, au mot, *Caux.*

(g) Puissent charger.] Il semble qu'il manque-là le mot *commodement*, ou autre semblable. Il y a *bonnement*, qui signifie la même chose, dans un Article pareil, qui est dans le 3.e Vol. des Ordonn. p. 576. Art. 11.

(h) Alegier.] Pour décharger les Vaisseaux des Castillans, d'une partie de leur charge, afin qu'ils entrent plus facilement dans le Port. *Voy. le Dictionn. de l'Acad. Fr.* au mot, *Alleger.*

(i) Avoir de pois.] Dans le 3.e Vol. des Ordonn. p. 151. Art. 11. on trouve, *Marchans d'avoir de poids*, ce que j'ay expliqué dans une Note marginale, *Marchands en détail;* mais par simple conjecture, & sans en avoir d'authorité.

Depuis j'ay trouvé dans le Dictionn. du Commerce de *Savari*, t. 2. au mot *Poids-le-Roy*, & dans le Supplement au même mot, qu'il y a dans les Ordonnances, des marchandises nommées *œuvres de poids;* & que ces marchandises sont ainsi nommées, parce qu'elles doivent estre pesées, moyennant une redevance, au *Poids-le-Roy*, & que sous le nom de marchandises d'*œuvres de poids*, sont comprises toutes les marchandises; à l'exception des *drogueries* & des *épiceries.* Il y a grande apparence que ces marchandises nommées selon *Savari*, *œuvres de poids*, sont les mêmes que celles qui sont appellées *avoir de pois* icy & dans l'endroit du 3.e Vol. des Ordonn. cy-dessus cité. Mais il ne paroist pas que l'explication que *Savari* donne de ces mots, *œuvres de pois*, s'accorde parfaitement avec nostre Article ni avec celuy du 3.e Vol. des Ordonn.

quelconques marchandises, & que il les rendent par compte à ceulz à qui [a] y seront : Et s'aucune chose d'icelles estoit perduë, ou aucun dommage y estoit par defaut d'eulz, Nous volons qu'il soient tenus à le restituer, & desdommager par la maniere que *(k)* soufficaument porront monstrer; & qu'il en soient pugnis par telle maniere, que les autres dores-en-avant y preignent exemple.

(10) Item. Volons & mandons que se les Voituriers & Charretiers ou autres gens quelx qu'il soient, prennent aucunes marchandises & biens desdis Marchans & gens dudit Royaume de Castelle, pour mener & ramener par nostre Royaume, par mer, par eauë & par terre, ou par aucun autre lieu; & il failoient, ou s'il estoit trouvé avoir esté fait aucun dommage, qu'il soient tenus dores-en-avant, de le rendre & restituer par tele maniere que lesdiz Marchans soient payés des dommages que il y averoient euz & soustenus.

(11) Item. Volons & mandons que se aucune personne de noz Royaume & Seignorie, ou autres quelconques, estoit pris & reçeu ès nefs & navires dudit Royaume de Castelle, qui viennent au Port de Harefleu ou de Caen, ou en autre lieu de nozdiz Royaume & Seignorie, pour convoïer lesdictes nefs, Marchans & marchandises, & [b] adrecier leur chemin, pour certain pris fait entre eulz; & promet que les nefs & marchandises il menera & conduira sauvement & seurement; & se par la faute de lui, il [c] avoit aucun dommage èsdictes nefs & marchandises, lesdictes gens & Marchans dudit Royaume de Castelle, ne autres pour eulz, ne seront tenus de lui aucune chose païer; mais sera tenu celui ou ceulz qui le deffaut auront fait, de rendre & restituer les vraiz coulz & domages fais par leur defaut; & à ce contrains par [d] prince & explectation de leurs biens, & detencion de leurs corps.

(12) Item. Volons & leur ottroyons, que se aucune nef ou navires qui soient dudit Royaume de Castelle, chargées de biens & de marchandises quelques que elles soient, & de quelque nation que ce soit, ou wide, en alant ou en venant, aloit & arrivoit audit Port de Harefleu, ou ailleurs en nozdiz Royaume & Seignorie, & que pour [e] tourment que avenist, ou pour quelconques autre avantures, [f] perillassent en mer ou en terre, en aucunes partiez de noz Royaume & Seignorie, ou en la terre & Jurisdiccion d'aucuns Seigneurs ou Dames, ou de personne d'Eglise ou de [g] Religion, ou d'autres quelconques noz subgez; *(l)* ou venissent ou alassent nefz ou navires de quelque Seignorie que ce soit, chargées de biens & marchandises des Marchans & gens dudit Royaume de Castelle, [h] soient perilz les gens & conducteurs ou salves; & leurs biens ou naves se salvassent ou se perissent, ou aucune partie d'iceulz, que tous les biens, marchandises, navires & appareilz de leurs nefs & vaisseaulz, qui par celle maniere eschapassent à [i] l'ancre, ou par autre maniere quelconque se salvassent, qu'il soient rendus & restitués à ceulz à qui il appartendront, & de qui il seront, ou à leurs hoirs ou aïans cause d'eulz; ou cas toutes-voiez qu'il seront requis & demandez dedens un an depuis qu'il aurent esté salves; en païant à ceulz qui les auront trouvés, salvés ou peschés, [k] pris & salaire convenable & raisonable pour leur paine & travail, au [l] dit & creance de deux Preudommes des lieux où lesdictes choses seront trouvées & peschées: Et se le cas dessusdit avenoit, que Diex ne veüille, Nous volons que les Justiciers du lieu ou lieuz où ledit cas seroit avenu, facent commandement & crier publiquement, que touz ceulz qui auroient aucune chose trouvé ou recelé des biens perdus, comme dit est, qu'il le rendent [m] & restitüent tantost & sans delay, & qu'il soient mis en garde & dépost en certains lieux esleuz & [n] ordenner, pour bailler à ceulz à qui il appartendront; & que lesdiz Juges facent [o] lesdiz Marchans ou à ceulz à qui il appartendront, rendre & restituer

CHARLES V.
à Paris, en Avril 1364.

[a] *ils.* R. P.

[b] *leur montrer la route.*

[c] *advenoit.* R. P.

[d] *prise.*

[e] *tourmente.* R. P. *tempeste.*

[f] *se trouvassent en danger de perir.*

[g] *Monasteres.*

[h] *soient qu'ils soient peris ou sauvez.*

[i] *Ce mot est desiteux, & il a fallu un peu deviner.*

[k] *prix.*

[l] *suivant l'estimation.*

[m] *Voy. le 3.e Vol. des Ordonn. page 579. Note (aa).*

[n] *ordonnez.* R. P.

[o] *ausdits.*

NOTES.

(k) soufficaument.] *Suffisamment.* Je crois que cela signifie, que les dommages que les Castillans auront soufferts, seront reparez, suivant l'estat muni de preuves, qu'ils en donneront.

(l) Ou venissent.] Il paroist que dans cet endroit & dans quelques lignes suivantes, il y a quelque chose de corrompu dans le texte; mais le sens s'entend aisément.

CHARLES V. à Paris, en Avril 1364.

entierement desdiz biens & marchandises, qui par la maniere dessusdicte, auront esté trouvez; sanz ce que nozdis Juges ou Officiers, ou autres quelconques Seigneurs noz subgez, en puissent aucune chose demander; ou reclamer à Nous ne à eulz appartenir, par maniere d'espave ou autrement, par quelque maniere que ce soit.

(13) Item. Nous volons que se aucune nef ou navires dudit Royaume de Castelle, demouroit sur l'ancre en la mer ou en aucun Port en noz Royaume & Seignorie, & par fortune de temps ou autre cause, il le convenist [a] appareiller sanz prendre l'ancre & le [b] chable, & demourast là l'ancre ou chable ou batel, ou [c] coquet, ou autre *(m)* appareil, ou se aucun le trouvoit avant que le Maistre de la nef l'envoiast querir, celuy qui le trouvera, sera tenu de le rendre à celui ou ceulz à qui il appartendra, en païant [d] pris & salaire raisonable à celui qui l'aura trouvé, pour son salaire & travail, au dit & ordennance de deux Preudes-hommes des lieux où lesdictes choses seront trouvées.

a *mettre à la voile.*
b *cable.* R. P.
c *petit bateau.* Voy. le Dictionn. des Arts, à ce mot.
d *prix.*

(14) Item. Nous plaist & leur ottroyons, que les *(n)* Maistres Mariniers dudit Royaume de Castelle, [e] soient frans de prandre *(o)* escaches pour leurs nefs & navires, en touz les Pors de nozdiz Royaume & Seignorie, sans païer aucune chose, & sans ce qu'il en soient tenus de païer aucun [f] ancrage par quelque maniere que ce soit: Et se aucun dommage est fait à aucun en ce faisant, par eulz ou aucun d'eulz, Nous volons que satisfaction raisonable en soit faitte.

e *ayent la permission.*
f *encraige* ou *entraige.* R. P.

(15) Item. Nous volons que se aucuns Marchans ou gens dudit Royaume de Castelle, mourroient de leur mort naturelle, ou de mort violente, ou par autre occasion quelconques, en la mer ou en la terre, en noz Royaume & Seignorie, ou autre part, que leurs nefs, navires, marchandises ou autres biens quelz qu'il soient, ne puissent estre arrestez ne pris, & que tous leurs biens, marchandises, nefz & navires, soient rendus & délivrés aus hoirs de [g] qui il seront, ou à ceulz à qui il appartendront & devront appartenir; & que les Marchans, Maistres & Mariniers qui [h] auront aucuns biens ou marchandises, nefs ou navires du trespassé, ne soient pour ce arrestés ne empeschés; ne que Nous, nos gens & Officiers ou autres, y puissent aucune chose reclamer ou demander de droit [i] d'Espave ou autrement, ou cas que l'eritier ou celui qui auroit juste tiltre, [k] en feroit deuëment foy, ou qu'il ne Nous appartenissent comme à Nous forfais, & acquis par le fait & *(p)* coulpe dampnable dudit trespassé.

g *de ceux à qui ils seront.*
h *qui s'en seront mis en possession, pour les rendre aux heritiers.*
i *Voyez le 3.e Vol. des Ordonn. p. 181. Note (c)*
k *prouveroit le droit qu'il a à ses biens.*

(16) Item. Nous leur accordons & ottroyons, que se aucuns Marchans ou gens dudit Royaume de Castelle, disoient aucunes parolles deshonetes de leur bouche, ou faisoient aucune autre chose en noz Royaume & Seignorie, contre aucunes personnes quelques elles soient, il n'en payent aucune amende; se ce n'estoit qu'il eussent dit ou fait aucune chose contre l'oneur de Dieu, Nous ou aucuns de nostre Lignage, de noz Officiers, Prelaz, ou *(q)* riches hommes, ou autres personnes de grant auctorité; ou pour cas de crime, ou pour autre cause notable.

(17) Item. Nous volons que se aucun de noz Royaume & Seignorie, ou de quelque autre lieu qu'il soit, [l] ferist ou navrast en aucune maniere, aucuns des Mar-

l *frappoit ou blessoit.*

NOTES.

(m) Appareil.] On dit presentement *apparaux :* ce sont les *agrez;* c'est-à-dire, toutes les choses qui sont necessaires pour garnir un Vaisseau. Voy. le Dictionn. des Arts, aux mots *Agrez* & *Apparaux.*

(n) Maistres Mariniers.] Ce sont apparemment ceux que l'on nomme presentement, *Maistres de Vaisseau,* ou *Patrons.* Voy. *Ibid. [Note preced.]*. au mot, *Maistre.*

(o) Escaches.] Je n'ay point trouvé la signification de ce mot: signifieroit-il une *Chaloupe* ou un *Esquif* du latin *Scapha.*

(p) Coulpe dampnable.] Crime qui merite une punition, laquelle emporte confiscation des biens.

(q) Riches hommes.] Suivant *Menage* dans son Dictionn. Etymol. *riche* vient du Gaulois ou bas-Breton, *ries* qui signifie *fort, puissant.* Dans ces Historiens Espagnols, les *Riccesi homines,* ou *Ricombres,* sont les [grands] Seigneurs *Feodaux.* Voy. *Menage, ibid.* Je ne doute point qu'il ne faille prendre icy, *riches hommes,* dans ce dernier sens.

chans ou genz qui soient ou fussent de ycellui Royaume de Castelle, celui ou ceulz qui auront fait le meffait, soient punis par les Justiciers de nostre Royaume, à qui la cognoissance en devra appartenir, comme de [a] Sauve-garde enfrainte, selon la qualité du fait : Et s'il avenoit que aucun dudit Royaume de Castelle, fut tué en nostredit Royaume, Nous voulons que celui ou ceulz qui ledit fait auront commis & perpetré, en soient pugnis selon raison, sanz ce que remission ou pardon en soit fait : Et se faitte estoit par aucune avanture, que elle ne soit d'aucune valeur; mais soit fait bon acomplissement de Justice : Ou cas toutes-voiez que le fait ne seroit tel, que la grace y fust bien amploïés.

CHARLES V. à Paris, en Avril 1364.

a *Voyez les Tables des matieres, au mot*, Sauve-garde.

(18) *Item.* Nous leur ottroïons, que aucun Capitaine ne autres personnes, ou Officiers quelconques de la Ville de Harefleu, ou d'autres lieux de nostre Royaume & Seignorie, là où seront les Marchans & gens dudit Royaume de Castelle, ne les puissent contraindre ou faire contraindre à aler faire guect & garde de jours ne de nuis, aus portes, ne sur les murs, en quelque maniere que ce soit; & qu'il ne soient tenus de païer aucuns Aydes, subsides ou [b] coustumes anciennes ordenées ou à ordenner, pour les refections & fortifficacions des Villes, murs, fossés ou chauciés des lieuz & Villes où il seront, & [c] semblament en autres choses quelconques.

b *imposts.*

c *semblablement.* R. P.

(19) *Item.* Nous leur ottroïons, que nostre Admiraut ou son Lieutenant, ne quelconques autres Capitaines ou Officiers ordennez par Nous ou par ledit Admiraut, des nefz, [d] galées, navires ne autres vaisseaulz quelconques en nostre Royaume, n'auront aucun droit ne povoir sur les Marchans, gens, Admiraulz, Maistres & Mariniers, ne sur les nefs & navires, grans ne petites, dudit Royaume de Castelle, ne sur leurs marchandises, pour quelconque (r) navée que l'en face, ne ne prandront ou feront prandre eulz, leurs hoirs, leurs hommes, leurs biens, ne autre chose du leur; & quant à ce, seront exemps de leur Jurisdiccion & Seignorie.

d *galeres.*

(20) *Item.* Nous volons que les Marchans & gens dudit Royaume de Castelle, & chascun d'eux, puisse faire & establir Procureurs un ou plusieurs, en nos Royaume & Seignorie, telz comme il leur pleira, par Lettres seellées soubz Seel autentique, pour toutes les choses faire qui leur plaira, toutes-foiz que mestier sera.

(21) *Item.* Nous leur ottroïons & voulons, que les [e] peseurs ordenez de par Nous, en ladicte Ville de Harefleu & ailleurs en nostre Royaume, aillent peser ès hostelz desdiz Marchans & gens dudit Royaume de Castelle, leurs denrées & marchandises, toutes-foiz que requis en seront, & mestier en sera, sanz payer aucune chose pour ledit pesage; & que les pois demeurent touzjours [f] en un estat, sans croistre ne [g] appeticier.

e *Voy. les endroits de Savari, indiquez cy-dessus p. 428. Note (1).*

f *dans le même estat.*

g *diminuer.*

(22) *Item.* Nous volons que toute-foiz que lesdiz Marchans & gens dudit Royaume de Castelle, touz ensamble, ou un Marchant de [h] chacun hotel, de ceulz qui demourront ou seront residens en ladicte Ville de Harefleu, ou ailleurs en nozdiz Royaume & Seignorie, des plus souffiçans, adviseront & voldront eslire aucun [i] courratier ou courratiers souffiçans, ou changer & oster autres courratiers non souffiçans, qui seroient ordenés, yceulz courratiers par eulz esleuz, il presenteront à nostre Juge dudit lieu; lequel, s'il les trouve souffiçans, & nez de nostre Royaume, deuëment [k] applegiez, il les institura & ordenera oudit Office de courraterie, en leur faisant faire serment, que bien & loyalment il feront & excerceront leurdit Office, ne ne seront Marchans, taverniers, ne hostelliers : Et se par le fait & deffaut desdiz courratiers ou d'aucun d'eulz, aucune perte ou dommage avenoit ausdiz Marchans & gens dudit Royaume de Castelle, ledit Juge estant de par Nous audit lieu, contraindra & fera pugnicion de ceulz qui auront fait le meffait, sur eulz & leurs [l] pleges, par la forme & [m] menniere qu'il appartendra, & selon ce que le cas le requerra, à en faire satisfaction raisonable, à ceulz qui auront euë ladicte perte.

h *de chaque maison où il y aura plusieurs Marchands demeurans.*

i *courretier.*

k *cautionnez.*

l *cautions.*

m *maniere.* R. P.

NOTES.

(r) *Navée.*] *Flote que l'on assemble.* *Navire* qui est la même chose, est souvent dans *Froissart*, dans ce sens.

CHARLES V. à Paris, en Avril 1364.

(23) *Item.* Il nous plaist & voulons, se aucune personnes ou personne de nozdiz Royaume & Seignorie, & de quelconque autre lieu, doivent & sont tenus en aucune chose, aus Marchans & gens dudit Royaume de Castelle, pour marchandises achetées d'eulz, ou pour autre cause quelque elle soit, que noz Baillis, Prevos, Justiciers & autres Officiers de nostre Royaume, qui à present sont & seront pour le temps avenir, ou leurs Lieuxtenans, à qui la cognoissance en devra appartenir, facent briefment, sans [a] lonc procez, païer lesdiz creanciers, de tout ce qu'il leur apperra estre deu, tant par Lettres, [b] obligacion, [c] instrumens, ou autres loyaulz enseignemens; comme par confession de Parties, par tesmoins, & autrement deüement; en contraignant à ce touz leurs debiteurs, ainsi comme il appartendra à faire; mesmement par prinse de corps, & à tenir prison; combien que par Lettres ne autrement, lesdiz debteurs n'y soïent obligez; nonobstant privileges, graces, respiz, & [d] estas qu'il aïent en quelque maniere que ce soit, au contraire: Lesquelz, en tant comme il pourroient empescher ladicte execution, Nous ne volons qu'il aïent aucun effet.

a *long.*
b *Il y a* oblig. *dans le Registre 98. &* obligacions *dans celuy du Parlement.*
c *actes.*
d *Lettres d'Etat.*

(24) *Item.* Se aucune Monnoïe d'Or ou d'Argent, estoit nouvellement faitte & ordenée en nozdiz Royaume & Seignorie, ou que *(s)* autre Monnoye y eust cours pour le temps, Nous volons que se lesdiz Marchans dudit Royaume de Castelle, avoient prinses aucunes Monnoïes d'Or & d'Argent, ayans cours en nostre Royaume, [e] paravant celle qui nouvellement seroit faite, pour la [f] venduë de leursdis biens & marchandises, pour le *(t)* freit de leurs nefs, ou pour autre cause quelconques; ycelle Monnoye il pourrons *(u)* mettre pour le pris que elle vaudra deuëment, en tout ce qu'il acheteront en nozdiz Royaume & Seigneurie: Et aussi pourront vendre & acheter à soulz & à livres, ou à [g] Florins aïanz cours en nostredit Royaume, lequel que [h] mielz leur plaira.

e *devant.*
f *vente.*
g *Voy. la Preface du 3.e Vol. des Ordonn. page cvj. N.o XIII.*
h *mieux.*

(25) *Item.* Nous volons & ottroïons, que lesdiz Marchans & gens dudit Royaume de Castelle, puissent aler hors de nozdiz Royaume & Seignorie, & emporter avecques eulz, pour [i] faire leurs denrées & marchandises, la Monnoie d'Or & d'Argent aïant pour lors cours en nostredit Royaume; & aussi la Monnoie de leur païs.

i Appar. *pour acheter de nouvelles marchandises.*

(26) *Item.* Nous volons que toutes choses que lesdiz Marchans & gens dudit Royaume de Castelle, trouveront en la mer, que aucunes personnes de nozdiz Royaume & Seignorie, ou de quelque autre lieu que ce soit, ne le puisse avoir, ne y reclamer droit, ou empeschement y mettre; fors seulement celui ou ceulz de qui il apperra deuëment, que lesdictes choses seront.

(27) [k] *Item.* Que s'il avenoit que aucun ou aucuns des gens dudit Royaume de Castelle, eussent aucune chose meffait, de nuict ou de jour, en nozdiz Royaume & Seignorie, Nous volons & Nous plaist, que pour quelconque meffait que yceulx facent, aucuns [l] des autres ne soïent pris, molestés ne dommagez; fors celui ou ceulz qui auront perpetré ledit meffait, ou qui en seront consentans ou aidans; & que les marchandises & biens qu'il auront *(x)* ou seront de leurs maistres ou d'autrez personnes quelconques, en leur povoir ou comandement, ou en autre maniere quelconques, ne soïent pris, empeschés ne arrestez pour cause ou occasion du meffait dessusdit; ne leurs [m] compaignons ou *(y)* faiteurs, ne les biens d'eulz qui seront

k *Voyez le 3.e Vol. des Ordonn. p. 577. Art. 15.*
l *des autres Castillans.*
m *associez.*

NOTES.

(s) Autre Monnoye, &c.] C'est-à-dire, ou bien que l'on eust donné cours à des Monnoyes, qui auparavant n'en avoient pas, & que l'on eust decrié celles qui avoient cours auparavant. Voy. cy-dessous Note. *(u)*.

(t) Freit.] *Frais.* R. P. C'est la somme que l'on donne pour le loyer d'un Vaisseau. *Voy. le Dictionn. des Arts*, à ce mot.

(u) Mettre, &c.] C'est-à-dire, la donner en payement, pour le prix qu'elle valoit autrefois, quoyqu'elle n'eust plus de cours. Voy. cy-dessus la Note *(s)*.

(x) Ou seront de leurs maistres.] Ou appartiendront aux Marchands dont ils sont les associez, les garçons ou les facteurs. Voy. un peu plus bas.

(y) Faiteurs.] *Facteurs.* R. P. Il paroist par la fin de l'Art. 33. que ce mot *Facteurs*, ne doit pas s'entendre dans le sens que l'on luy donne aujourd'huy; c'est-à dire, pour une espece de *Commissionnaire*; mais qu'il signifie au contraire, celuy qui employe un *Commissionnaire*.

estans

estans & demourans [a] en un hostel : Et se par avanture, celui ou ceulz qui auroient fait & perpetré ledit meffait, ou les consentans & aidans, aloient en hostel d'autres Marchans, que yceulz Marchans de l'ostel où il seroient entrés ou trouvés, ne soient empeschés ne arrestés en corps ne en biens, pour ledit cas; mais celui ou ceulz qui auront commis ledit meffait, & les aidans & consentens, comme dit est, tant-seulement, facent amende & soient pugnis & corrigés selon ce que le cas le requerra.

CHARLES V. à Paris, en Avril 1364.

a *dans la même maison.*

(28) [b] *Item.* Nous volons & Nous plaist, que se aucuns Marchans & gens dudit Royaume de Castelle, malmetoient, dissipoient & gastoient aucuns biens des marchandises de leurs [c] Maistres ou de leurs compaignons & faiteurs, ou d'autres quelconques, par mariage ou par autre maniere quelque elle soit, que leurs corps & biens soient pris & detenus, & touz les biens qu'il auront, & qui seront trouvez estre de leurs Maistres ou de leurs facteurs & compaignons ou d'autres quelconques, ou à leurs Procureurs, soient rendus, baillez & delivrez; & les corps d'iceulz dissipeurs & gasteurs, demeurent prisonniers, jusques à tant qu'il aïent faite restitution & amendement du meffait qu'il auront fait, selon ce qui sera trouvé & prouvé par Lettres & obligacions, ou par deuës cognoissances; ou autrement, par dit & ordenance des bonnes Gens.

b *Voyez le 3.e Vol. des Ordonn. p. 577. Art. 14.*

c *Voy. cy-dessus, Note (x).*

(29) *Item.* Nous volons & ottroyons ausdiz Marchans & gens dudit Royaume de Castelle, que aucuns Maistres de nostre hostel, de nos [d] garnisons, ou autres quelconques de noz Officiers, ou de l'Ostel de nostre très chere & très amez Compaigne, la Royne, ou de noz très chers & très amez Freres, ou d'autres quelconques de nostre Sanc, de Dux, de Comtes, de Barons, de Seigneurs, Chevaliers, Escuyers, de personnes d'Esglise ou de [e] Religion, ou d'autres quelconques de nozdiz Royaume & Seignorie, ou aucun d'eulz, n'aïent povoir, auctorité ne puissance, par noz Lettres, ne autrement par quelque maniere que ce soit, de [f] prandre desdiz Marchans & gens dudit Royaume de Castelle, vins, blez, [g] chars, cire, ne autres biens & marchandises, ou autres choses quelques elles soient, contre leur volenté, jusques à tant qu'il les aïent acheptées d'eulz par le pris qu'il vauldront, ou que deux courratiers diront qu'il vaudront par leurs fermens, [h] pour la saison : Et voulons que lesdiz Marchans ou autres pour eulz, aïent & detiengnent pardevers eulz & en leur main, leursdiz biens & marchandises, jusques à tant qu'il en soient païés de juste pris : Et se pour ceste chose ou autres quelconques, l'en vouloit faire ausdiz Marchans ou aucuns d'eulz, dommages, injures ou violences, ou autres quelconques injures faire, Nous volons & mandons par ces presentes, aus Bailliz & Capitaines, & autres Officiers quelconques de nozdiz Royaume & Seignorie, [i] soubz quelz Jurisdiccion & puissance il seront, qu'il les gardent & deffendent de toutes injures, oppressions, dommages ou molestes; & s'aucuns leur en estoient faiz, qu'il leur en facent faire Justice, & raisonable amende selon le meffait, & tellement pugnissent les coulpables & malfaitteurs, que ce soit prepetuel exemple aus autres : Et quant à ce, Nous ne volons que aucuns soient exemps desdiz Capitaines & Justiciers.

d *provision.*

e *Monastere.*

f *Voyez sur les Prises, les Tables des Matieres.*

g *chairs.*

h *eu égard.*

i *sous la Jurisdiction desquels seront les Castillans, &c.*

(30) *Item.* Nous volons & ordenons par ces presentes, que le Bailli de Caux, ou le Capitaine ou Prevost de Harefleu, qui sont à present & pour le temps avenir seront, ou leurs Lieuztenans, ou aucun d'eulz, facent bailler & delivrer ausdiz Marchans & gens dudit Royaume de Castelle, qui venront en ladicte Ville de Harefleu, hostelz & celliers, toutes-foiz que [k] mestier en auront, pour eulz & les denrées, marchandises & biens mettre & retraire; [l] par achat de ceulz qui de leurs bonnes volentés les vouldront vendre; ou par loyer, à pris convenable : Lequel pris Nous volons qu'il soit fait par deux Preudes-hommes de ladicte Ville, esleuz par lesdiz Marchans, & par deux autres Marchans dudit Royaume de Castelle, esleuz par les bonnes gens de ladicte Ville de Harefleu : Lesquelles quatre persones esleuz, feront serment pardevant ledit Prevost, que bien & loyaument [m] priseront, selon le temps; sanz ce qu'il puissent croistre le pris qui sera prisé par lesdiz Esleuz, comme dit est.

k *besoin.*

l *soit que ces maisons soient achep-tées ou louées par les Castillans.*

m *fixeront le prix.*

(31) *Item.* Il Nous plaist & volons, que lesdiz Marchans & gens dudit Royaume

CHARLES V. à Paris, en Avril 1364.

de Castelle, puissent (z) ordener & faire ordener quelconques choses qu'il leur plaira, sur leurs marchandises qu'il ameneront & feront conduire au Port doudit Harefleu, ou en autres quelconques lieuz de nozdis Royaume & Seignorie; & soient frans & quittes eulz & leursdictes denrées & marchandises, de toutes les [a] coustumes, amendes, [b] & deffaulz [c] qu'il pourroient appartenir au Prevost de ladicte Ville de Harefleu, ou à autres Juges quelconques; en cas civil tant-seulement.

(32) *Item.* Nous volons que touz les Marchans & gens dudit Royaume de Castelle, qui venront au Port & Ville de Harefleu, où y demourront, ou en quelconques autres lieuz de nozdiz Royaume & Seignorie, soient frans & quittes, eulz & toutes leurs marchandises & biens qu'il y ameneront, pour la premiere vente seulement; tant vins, comme sel & autres denrées quelconques; & toutes leurs nefs & navires par tout nozdiz Royaume & Seignorie, de toutes malestostes & coustumes enciennes & nouvelles, de toutes imposicions, aides, subsides, treizieme du vin & cinquiesme du sel, & autres aides & subsides quelconques, ordenez ou à ordener, tant pour le fait de la [d] redemption de nostre très chier Seigneur & Pere que Diex absoille, comme pour quelque autre cause que ce soit; & des quatre deniers pour livre qui sont levés en ladicte Ville de Harefleu & ailleurs: Et ou cas que lesdiz Marchans & gens dudit Royaume de Castelle, ne pourroient vendre ne eulz [e] delivrer si briefment comme il vouldroient, de leursdictes denrées & marchandises, quant elles feroient venuës audit Port de Harefleu, il les pourront faire descendre & décharger en ladicte Ville de Harefleu, là où bon leur semblera, & les vendre ou faire vendre à leur volenté, sanz ce qu'il en soient tenus de païer aucunes aides, coûtumes, subsides, imposicions, [f] trezime du vin & cinquiesme du sel, ne autres aides quelconques dessusdictes, pour la premiere vente: Et se bon leur sambloit & qu'il voulsissent faire recharger en [g] nez ou vaisseaulz, leursdictes denrées & marchandises, & mettre ou mener hors de ladicte Ville de Harefleu, il les pourront faire mener & arriver quelque part qu'il leur plaira, en nozdis Royaume & Seignorie, ou ailleurs; ou cas qu'il ne les feront mener en aucuns lieux dont les ennemis de Nous & de nostre Royaume, en peussent estre soustenus; [h] par la mer, par la riviere ou par terre; & ne feront tenus d'en payer aucunes des aides dessusdictes, en quelque maniere que ce soit, pour la premiere venduë: Et s'il avenoit qu'il eussent sel qu'il ne peussent vendre à leur volenté, il le pourront faire descharger & mettre en aucuns greniers de Gabelle, en nostre Royaume, tant en ladicte Ville de Harefleu comme ailleurs, & le faire vendre par le Grenetier du lieu, par la forme & maniere que font & ont acoustumé de faire les Marchans de nostredit Royaume: Et aussi se aucuns vins il faisoient descharger en ladicte Ville de Harefleu ou ailleurs, qu'il voulsissent & feissent vendre à détail, il feront tenus de païer de tout ce qu'il vendront & feront vendre à détail, seulement les aides, par la maniere que font les autres Marchans de nostre Royaume. Et en oultre, avons ottroyé ausdis Marchans & gens dudit Royaume de Castelle, que il puissent acheter & revendre en ladicte Ville de Harefleu seulement, toutes-foiz qu'il leur plaira, toutes manieres de marchandises quelconques, sanz païer aucuns aides ou subsides ordenés ou à ordener; fors les enciennes coustumes: Et aussi volons & leur ottroïons, que de quelconques denrées ou marchandises qu'il acheteront en nozdiz Royaume & Seignorie, pour mener oudit Royaume de Castelle ou ailleurs; [i] maiz que ce ne soit en païs de noz ennemis, il soïent frans & quittes de touz les aides & subsidez dessusdiz, sans en rien païer.

(33) *Item.* S'il avenoit que les Marchans & gens dudit Royaume de Castelle, trouvassent en leurs hostelz & celiers, aucunes gens qui voulsissent prandre leurs biens, par maniere de larrecin ou autrement indeuëment contre leur volenté, Nous volons & leur ottroïons, que sans batre ou [k] villener, il les puissent prandre & mener en

a *imposts.*

b *Voy. cy-dessus, p. 428. Note (a) marg.*

c *qui.* R. P.

d *Voy. cy-dessus, p. 413. Note (d).*

e *se deffaire.*

f *treizieme.* R. P.

g *nefs.*

h *il les pourront faire mener par la mer, &c.*

i *pourvû que.*

k *maltraiter.*

NOTES.

(z) *Ordonner.*] C'est-à-dire, en regler le prix. *Voy. le 3.e Vol. des Ordonn. p. 578. Art. 17.*

prison, ou à la Justice du lieu : Et se ceulz qu'il trouveroient malfaisans, se plaignoient à la Justice, d'aucunes causes pour ladicte prise, lesdiz Marchans, ou ceulz qui les prandront, n'en seront eulz ne leurs biens, en aucun dommage ou amende pour ce, en quelque maniere que ce soit.

CHARLES V. à Paris, en Avril 1364.

(34) *Item.* Se lesdiz Marchans & gens dudit Royaume de Castelle, ou aucuns d'eulz, avoient fait ou temps passé, chose pour quoy il feussent tenus à Nous en aucune amende ou amendes, Nous volons qu'il soient & demeurent quittes & paisibles d'icelles amendes, & de tous les [a] deffauz qu'il auroient fais jusques aujourd'uy.

(35) *Item.* Il Nous plaist & volons, que se aucun ou aucuns des [b] Vallés desdiz Marchans & gens dudit Royaume de Castelle, faisoient aucune obligacion de debte ou de [c] pleigerie ou autrement, envers aucuns de noz subgez ou autres, les Maistres d'iceulz Vallés qui ce feroient, ne seront en leurs biens & marchandises, tenus, obligés, empeschés ne arrestés en aucune maniere; se de leursdiz Maistres n'avoient bonne & souffiçante procuration, ou s'il ne se portoit notoirement comme [d] Facteur.

(36) *Item.* Nous volons & mandons à tous Fermiers & Receveurs presens & avenir, de touz les aides, coustumes, subsides, imposicions, treizieme du vin & cinquiesme du sel, & autres aides quelconques ordenés & à ordener en nozdiz Royaume & Seignorie, que sur lesdiz Marchans & gens dudit Royaume de Castelle, ou sur aucun d'eulz, ne prengnent, lievent ou demandent aucune chose contre la teneur de leurs presens privileges; mais selon la teneur d'iceulz, les facent, sueffrent & laissent joïr paisiblement, de leurs franchises & libertés : Et s'aucune chose estoit faite au contraire, Nous volons qu'il leur soit amendé, ainsi comme il appartendra à faire de raison : Et s'aucuns desdiz aides, subsides ou imposicions, Nous tenions en nostre main, Nous mandons à tous nos Vicomtes ou Receveurs, ou autres quelconques à qui il appartendra, que lesdiz Marchans & gens dudit Royaume de Castelle, & chascun d'eulz, facent samblablement tenir franz & quittes, selon ce que dessus est dit.

(37) *Item.* Se lesdiz Marchans & gens dudit Royaume de Castelle, qui seront & demourront en nozdiz Royaume & Seignorie, ou aucun d'eulz, ne voloient païer ce qui sera ordené par le comandement du Roy de Castelle, ou par l'ordenance d'aucune Villes de sa Seignorie, ou soit ordené en nozdiz Royaume & Seignorie, par aucuns qui seroient esleuz par ledit commandement [e], Nous volons & mandons au Bailli de Caux, au Viconte de [f] Monsterviller, au Capitaine & Prevost de ladicte Ville de Harefleu, & à tous autres Justiciers, Officiers & Sergens de nozdiz Royaume & Seignorie, qui pour le temps seront, ou à leurs Lieuztenans, qu'il facent païer aus Marchans, Maistres de nefs, Mariniers & gens dudit Royaume de Castelle, toutes choses qui seront ordenez qu'il païent, comme dit est : Et se païer ne le voloient, qu'il contraignent par prinse de corps, ceulz qui en seront refusanz, jusques à ce qu'il aïent deuëment païé.

(38) *Item.* Se lesdiz Marchans ou gens dudit Royaume de Castelle, ou aucun d'eulz, recevoient, ou leur estoit fait aucun grief ou dommage, en nozdiz Royaume & Seignorie, depuis le jour de la date de ces presentes, contre la teneur de leurs presens privileges; ou s'aucun les enfraignoit, Nous mandons aux [g] Conservateurs dessusdis ou autres Juges quelconques, à qui la cognoissance en devra appartenir, qu'il contraignent les malfaitteurs par prinse de corps & de biens, à faire amende selon le cas, à ceulz à il appartendra.

(39) *Item.* Nous ottroïons & volons, que aucunes nouvelles coustumes ou enciennes imposicions, subsides, redevances, ne autres choses quelconques, ne soient ordenées ne levées d'ores-en-avant, sur les Marchans & gens dudit Royaume de Castelle, ne sur leurs biens & marchandises, nefs & navires : Et s'aucunes en estoient ordenées en quelque maniere, qu'il n'en soient tenus d'en rien païer, fors tant-seulement en la maniere que dessus est dit.

(40) *Item.* Nous volons que pour nulle marchandise ne autres chose quelconques, que les Marchans, Maistres & Mariniers, & gens dudit Royaume de Castelle, dé-

a *Voy. cy-dessus, p. 428. Note (a) margin.*

b *garçons des Marchands.*

c *cautionnement.*

d *Voy. cy-dessus, p. 432. Note (y).*

e *du Roy de Castille.*

f *Voyez le 3.e Vol. des Ordonn. p. 576. Note (n)*

g *Ce sont les Juges de Roüen. Voyez cy-dessous, l'Art. 42.*

CHARLES V. à Paris, en Avril 1364.

chargent en la Jurifdiccion de Leure, pour porter à Harefleu ou autre lieu quelconques, il ne foient tenus de payer aucunes couftumes ou amendes au Prevoft de Leurre, ne à autres perfonnes quelconques.

(41) Item. Nous volons que les Marchans & gens dudit Royaume de Caftelle, qui ameneront ou feront amener [a] cordoüan ou autres marchandifes quelconques, en la Ville de Paris ou en autres quelconques lieuz de nozdiz Royaume & Seignorie, les puiffent vendre, ou *(aa)* changer *(bb)* en leurs hoftelz, fans aucun empefchement, & fanz en paier aucune amende.

(42) Item. Se aucuns debas, defcors ou difcencions, eftoient ou avenoient entre les Marchans & gens dudit Royaume de Caftelle, aveques les gens de ladicte Ville de Harefleu ou de Leure, ou aucun autres quelconques gens de nozdiz Royaume & Seignorie, ou *(cc)* d'autres quelconques lieuz, de quoy il y euft fait [b] fanc, plaie, [c] mehain, ou mort, Nous leur ottroïons & ordenons par ces prefentes, le Capitaine de ladicte Ville de Harefleu, qui à prefent eft & pour le temps avenir fera, & volons qu'il foit leur Juge ordinaire, & lui donnons povoir & auctorité, defdiz defcors, debas & diffenfions cognoiftre & determiner, [d] fommerement & de plain, fans lonc procès ou figure de Jugement, felon les merites des Caufes, & felon les couftumes de la mer, & les droiz de *(dd)* Layron dehors, & les Eftatus de leurs marchandifes, & pour lefdictes Caufes [e] delivrer, fera ledit Juge deux foiz le jour en Jugement, fe [f] meftier eft : Lequel Juge appellera & jugera par le confeil de deuz bons hommes de ladicte Ville de Harefleu, & de deuz bons hommes dudit Royaume de Caftelle, qui feront efleuz par les bonnes gens de ladicte Ville de Harefleu : Et de touz cas quelconques, tant en demandant comme en deffendant, faiz tant en la Jurifdiccion de Leure comme de Harefleu, cognoiftra plainement & fommierement, en faifant aus Parties bon & brief acompliffement de Juftice : Et volons que lefdis Marchans & gens dudit Royaume de Caftelle, ne foient tenus de refpondre pour quelconques cas que ce foit, fait tant en la Jurifdicion de Leure comme de Harefleu, devant quelconque Juge que ce foit ; fors tant-feulement devant ledit Juge, aveques lui lefdiz quatre hommes de fon confeil, les troiz ou les deux d'iceulz ; c'eft affavoir, l'un dudit païs de Harefleu & l'autre de Caftelle : Et fe pardevant ledit Juge, lefdictes Parties ne povoient eftre à acort, & qu'il y euft appel, ledit appel yra tout droit à Roüen, devant lefdiz [g] Confervateurs, le Doyen, le Bailli, le Viconte de Roüen, qui defdictes Caufes d'appel cognoiftront, & feront aus Parties, bon & brief acompliffement de Juftice, par la maniere que deffus eft dit : Et aura puiffance & auctorité ledit Juge, de faire adjourner & convenir pardevant lui, toutes les perfonnes eftans & demourans tant en la Jurifdicion de Leure comme en la Jurifdicion de Harefleu, de qui lefdiz Marchans & gens dudit Royaume de Caftelle, fe plaindront, pour leur faire droit & raifon,

a *Cuir. Voy. la Table du 2.e Vol. des Ordonnances, au mot,* Cordoüen.

b *bleffure fuivie d'effufion de fang.*

c *bleffure qui eftropie.* Voy. Borel, au mot, *Mehaigné.*

d *Voyez le 3.e Vol. des Ordonn. p. 521. Note (c)*

e *expedier : juger.*

f *befoin.*

g *Voy. cy-deffus, p. 427. & p. precedente, Note (g) margin.*

NOTES.

(aa) Changer.] Il y a *charger* dans le Regiftre du Parlement ; mais la leçon du Regiftre du Trefor des Chartres, me paroift la meilleure ; & je crois que *changer* fignifie-là *efchanger.*

(bb) En leurs hoftelz.] En general, les marchandifes que les Marchands forains amenoient à Paris, devoient eftre portées aux Halles, pour y eftre vendües. *Voy. la Table du 3.e Vol. des Ordonn.* au mot, *Halles,*

(cc) D'autres quelconques lieuz.] Il paroift par la fuite de l'Article, qu'il faut le reftraindre aux François qui feront à *Harefleur* ou à *Leure.*

(dd) De Layron.] Il y a une marque d'abbreviation fur l'*n.* Dans le Regiftre du Parlement, il y a, *les Couftumes de la Mer,* & Leurs d'Oleron & *dehors.* Je n'ay plus ce Regiftre, pour voir s'il n'y a pas *Loix* d'Oleron. Il me paroift plus probable de fuivre la leçon du Regiftre du Parlement : car dans la très ancienne Couftume de Bretagne, de 1531. on trouve *des Jugements d'Oleron,* qui font precedez de deux Chapitres qui regardent les Couftumes de la Mer. Voy. *la Biblioth. des Couftumes,* au mot, *la Mer.* Ce font peut-eftre ces *Jugements d'Oleron,* dont il eft parlé icy.

Il y a à la verité dans le Poitou, un lieu nommé *Lairoux*, qui eft du Diocefe de *Luçon*, & de l'Election *des Sables d'Olonne.* Voy. le *Dictionn. Univerf. de la Fr.* à ce mot. Mais je ne trouve point qu'il y ait eû de Couftume particuliere pour ce lieu.

tantost & sanz delay, toutes-foiz que mestier sera, & les gardera ledit Juge, de injures & violences en tous cas: Et s'il avenoit que ladicte Ville de Harefleu, peust estre & demourer seurement sanz y avoir Capitaine, & que le païs fust en paix & transquilité, par quoy il ne fust neceessaire que aucun Capitaine y feust ordené, Nous volons que en lieu dudit Capitaine, lesdiz Marchans & gens dudit Royaume de Castelle, aïent audit lieu, un autre bon & soufficant personne [a] leur Juge, aïant de Nous autel & samblable povoir que auroit ledit Capitaine, lequel en ce cas, sera par Nous ordené toutes-foiz que requis en serons.

CHARLES V. à Paris, en Avril 1364.

[a] qui soit leur Juge.

(43) *Item.* Nous volons & leur ottroïons, que se les Marchans, Admirauls, Maistres de nefs ou navires, mariniers ou autres gens quelconques desdiz Royaume & Seignorie de Castelle, voloient aler hors de nozdiz Royaume & Seignorie, en autres lieuz & païs, il y puissent aler [b] touz temps, heures & saisons qu'il leur plaira, eulz, leurs corps, leurs marchandises, leurs biens & leurs nefs & navires, ne pour guerrez qui en mer & en terre, aïent esté ou temps passé, ou puissent estre ou temps avenir, ne pour volenté qu'il aïent d'aler hors de nozdiz Royaume & Seignorie, il ne pourront estre empeschés; maiz pourront aler seurement & sauvement par mer & par terre, leurs corps, biens, marchandises, nefz & navires: Et se aler s'en voloient, il auront troiz mois de terme d'eulz departir: Et se èsdiz troiz moiz, n'avoit temps ou vent convenable, il pourront atendre tant que Diex leur envoïe vent & temps convenable pour eulz en aler; & cependent seront & demourront touzjours en nostre proteccion & especial Sauve-garde, leurs corps & leursdiz biens, marchandises, nefs & navires ou autres choses quelconques: Et aveques ce, volons & mandons à tous nos Justiciers, Officiers & subgez, à leurs Lieuxtenans & à chascun d'euz, que se lesdiz Marchans & gens dudit Royaume de Castelle, voloient avoir vivres, qu'il leur en facent delivrer & bailler, [c] par païant le juste pris; & qu'il ne les empeschent ou sueffrent estre empeschés ou arretés en aucune maniere; se ce n'estoit qu'il fussent obligez envers aucunes personnes, & [d] qu'il facent serement en [e] levant leursdis biens & marchandises, qu'il ne les feront mener pour conforter ne soustenir aucuns ennemis de Nous & de nostre Royaume: Et se lesdiz Marchans & gens dudit Royaume de Castelle, Nous estoient tenus en aucune chose, ou envers autres, il ne seront tenus de respondre; fors chascun pour sa propre chose & fait, & pour ses propres debtes seulement.

[b] en.

[c] en.

[d] les Castillans.

[e] emportant.

Et aveques toutes les choses dessusdictes & chascune d'icelles, en ampliant nostredicte grace, Nous volons & ottroyons par ces presentes, de grace especial & certaine science, & de nostre auctorité Royal, que lesdiz Marchans & gens dudit Royaume de Castelle, & chascun d'eulz, de touz leurs privileges, libertés & franchises quelconques, à eulz ottroyés par Nous & noz Predecesseurs Roys de France, il puissent joïr & user paisiblement, selon la fourme & teneur d'iceulz, sans ce que eulz ne aucuns d'eulz, puissent estre empeschés, contrains ou molestés au contraire en aucune maniere, & que pour quelconque cause qui en ces presentes soient contenus, yceulz privileges, libertés & franchises, ne soient de mendre valeur; mais soient & demeurent en autel force & vertu, comme se de mot à mot estoient encorporez en ces presentes. Si donnons en mandement à tous les Justiciers, Officiers & subgez de nozdiz Royaume & Seignorie, presens & avenir, ou à leurs Lieuxtenans, & à chascun d'eulz, si comme à lui appartendra, que de noz presens privileges, graces, libertés & franchises, tout en la propre forme & maniere que dessus est contenu, laissent, facent & sueffrent joïr & user paisiblement lesdiz Marchans & gens dudit Royaume de Castelle, & chascun d'eulz; ne contre la teneur d'iceulz, eulz en leurs corps, biens, denrées, marchandises, nefs, galées, navires, ne autres choses quelconques, ne les contraignent, molestent ou empeschent, ou sueffrent estre contrains, molestés ou empeschés: Et s'aucune chose du leur estoit prise, saisiée ou arrestée, ou aucune chose faicte, attemptée ou innovée au contraire, qu'il le facent restituer & mettre sanz aucun defaut, au premier estat & deu. Et que ce soit ferme chose & estable, Nous avons fait mettre nostre Scel à ces presentes: sauf nostre droit en autres choses

& en toutes l'autruy. *Donné à Paris, ou mois d'Avril, l'An de grace 1364. de nostre Regne le premier. Ainsi signé.* Par le Roy. N. DE VEIRES.

(ee) Leuë & corrigée, presens Mess. Guillaume Dormans, Maistres Oudart Levrier, Jehan Darchieres & Olivier le Fevre. N. DE VEIRES.

NOTES.

(ee) Luë, & corrigée, &c.] Ces lectures & cette correction furent faites apparemment par le Chancelier ; & cela confirme les conjectures que j'ay proposées dans la Preface du 3.e Vol. des Ordonn. p. v.

CHARLES V. à Paris, le 1.er de May 1364.

(a) Sauve-garde Royale pour les Religieuses de Poissi.

KAROLUS Dei gratia Francorum Rex : Preppofito nostro Parisiensi, Salutem. Cum Religiosis mulieribus, Sororibus Monasterii Pissiacensis, Ordinis Sancti Dominici, per carissimum dominum & (b) Avunculum nostrum fondatorem ipsarum, graciose concessum extiterit, ne ipse, Procuratores, aut gentes earum ad dictum Monasterium spectantes, coram aliquo Judice seculari trahy possint in Causam ; nisi coram eodem Avunculo nostro, vel successoribus suis Francorum Regibus, seu coram aliquo alio per eos specialiter deputato ; qui bona dictarum Sororum, tam mobilia quam immobilia, gentes & homines auctoritate Regia manuteneat, & deffendat ab injuriis & violenciis quibuscumque ; prout in Litteris prefati Avunculi nostri, hec plenius contineri dicuntur ; Nos ad predicta, secundum tenorem ipsarum Litterarum, fideliter exequenda, vos specialiter [a] *deputando, mandamus & committimus vobis, quatenus dictas Sorores, Procuratores, homines & gentes dicti Monasterii, in justis possessionibus,* [b] *& saisinis suis, manuteneatis auctoritate predicta, & deffendatis ab omnibus injuriis & violenciis quibuscumque ; ipsasque racione possessionum & aliorum bonorum dicti Monasterii, coram aliquo alio Judice seculari quam coram te, trahy non permittatis in Causam ; sed de hiis super quibus debatum oriri contigerit, vocatis evocandis, cognoscatis, & exhibeatis Justiciam, juxta tenorem privilegii predicti de quo liquebit : Vobis si quidem pareri volumus ab omnibus in hac parte.* Datum Parisius, prima die Maii, Anno Domini millesimo trecentesimo sexagesimo-quarto.

a deputan. R.

b juribus.

Collacion faitte à l'Original seellé de cire jaune. Ainsi signée en la marge. *In Requestis Hospicii.* P. CRAMETTE.

NOTES.

(a) Livre Rouge vieil du Chastelet de Paris, *fol.* 16. *verso.* Voy. la Table des Matieres de ce Volume, au mot, *Poissy.*

(b) Avunculum.] C'est Philippe le Bel, duquel estoit Frere le Comte de Valois, bisayeul de Charles V. C'est Philippe le Bel qui a fondé le Monastere de Poissy. Voy. le *Dictionn. Univers. de la Fr.* au mot, *Poissy.*

CHARLES V. à Paris, en May 1364.

(a) Confirmation & ampliation des Privileges des Juifs.

CHARLES &c. Savoir faisons à touz presens & avenir, Nous avoir veu les Lettres de nostre très chier Seigneur & Pere, que Diex absoille, seellées en las de soye & cire vert, contenant la fourme qui s'ensuit.

JEHAN par la grace de Dieu Roy de France. [c]

c *Ces Lettres sont dans le 3.e Vol. des Ordonn. p. 467. & suiv.*

NOTES.

(a) Tresor des Chartres, Registre 96. Piece 312.

LESQUELLES Lettres dessus transcriptes, avec les choses contenuës en ycelles, Nous volons, loons, greons, rateffions, approuvons, & de nostre grace especial, certaine science, plaine puissance & auctorité Royal confermons, & toutes les choses dessus divisées, avons octroyé & octroyons de nouvel, auxdiz Juys & Juyves, se [a] mestier est, en la maniere que cy-dessus sont escriptes : Et avecques ce, pour certaines & justes causes regardans & touchans le prouffit commun de nostre Royaume, euë sur ce grant & meure déliberation de Conseil, avons ottroyé & ottroyons par ces presentes, de nostre auctorité & puissance dessusdiz, à touz Juys & Juives, à leurs enffans, gens & [b] mesnies, qui vouldront retourner & venir demourer & habiter, & qui à present y demourent & habitent en nostredit Royaume, qu'il y puissent venir demourer & habiter par l'espasse & jusques à six ans, oultre les vint ans dessusdiz, contenuz & declarez ès Lettres de nostredit Seigneur cy-dessus transcriptes : Et oultre, en ampliant nostredite grace, pour ce que entre les autres choses cy-dessus escriptes, a un [c] Article faisant mention, que se lesdiz Juys ou Juives prenoient ou recepvoient plus de quatre deniers pour livre, de l'Argent qu'il auroient presté, il n'auront que le pur sort, & rendront tout ce qu'il auront eu oultre le pur sort, & les despens à Parties faiz pour ce : Il Nous plest & voulons, ordenons & declarons que ce soit en ce qui *(b)* apperra par obligation ou par gens dignes de foy. Si donnons en mandement par la teneur de ces presentes, à noz amez & feaulx les Gens tenants nostre Parlement à Paris, à touz Generaulx, Reformateurs & autres, à touz Seneschaux, Bailliz, Recteurs, Viguiers, Prevoz, Maires, Jurez, Eschevins, Commissaires, Justiciers & Officiers de nostre Royaume, ou à leurs Lieuxtenans, presens & avenir, & à chascun de eulx, que touz lesdiz Juys & Juyves, leurs enffans, gens & mainsnie, & chascun de eulx, facent, seuffrent & laissent joïr & user de touz les privilleges, franchises, libertez & immunitez dessus divisées, de chascune des deppendances & circonstances d'icelles, sans les empeschier, molestier ou travaillier ès choses dessusdites ou en aucune d'icelles, en corps ne en biens, ou autrement comment que ce soit au contraire : Maiz, se aucune chose estoit faite au contraire, si le rappellent & facent remettre au premier estat deu, tantost & sans delay, en contraingnant les faisans ou attemptans au contraire, à Nous faire pour ce amende convenable, & si comme il appartendra. Et pour ce que lesdiz Juys & Juyves pourront avoir afaire de ces presentes, en plusieurs liex èsquiex il ne pourroient avoir aisiéement ne ne pourroient bonnement porter ces presentes, Nous voulons & leur ottroyons de grace especial, [d] qu'il adjoustent foy au *vidimus* ou transcript de ces presentes, ou de la clause d'icelle dont il auront à faire, faite soulz Seel Royal, comme il feroient à ces presentes, sans contredit quelconques. Et pour ce que ce soit ferme chose & estable, Nous avons fait mettre à ces Lettres, nostre Seel : sauf en autres choses nostre droit & en toutes l'autrui. *Donné à Paris, l'An de grace 1364. ou moiz de May.*

Et y avoit escript dessoulz la marge. *Per hanc confirmacionem, non fit prejudicium Ordinacioni facte per predictam* [e] *Literam, quod reducit ad jus commune. (c)* CANCELL.ʳ

Par le Roy, presens Noss. le Duc d'Anjou & le Conte d'Estampes. P. MICHIEL.

Collacion est faite avec les Lettres Originaulx par moy. P. MICHIEL.

CHARLES V. à Paris, en May 1364.

a *besoin.*

b *domestiques.*

c *Voyez le 3.ᵉ Vol. des Ordonn. p. 477. Art. 14.*

d *que les Juges cy-dessus nommez.*

e Les Ordonnances du Roy Jean.

NOTES.

(b) Apperra par obligation.] C'est-à-dire, que pour que les Juifs puissent estre condamnez à ne recevoir que l'argent qu'ils ont presté, sans pouvoir demander d'interests, il faudra qu'il soit prouvé par une obligation en bonne forme, ou par des temoins dignes de foy, qu'ils ont exigé plus de quatre deniers pour livre d'interests.

(c) Cancellʳ.] Cela signifie sans doute, *Cancellarius ;* & suivant les apparences, cette Note fut mise par le Chancelier, lorsque ces Lettres luy furent presentées, pour estre *vûës & corrigées.* Voy. *la Preface du 3.ᵉ Vol. des Ordonn. p. v.*

LE MARESCHAL DAUDENEHAM, Lieutenant de Charles V. à Peyriac, le 2. de Juin 1364.

(a) Confirmation des Privileges des Juifs.

ARNULPHUS Dominus Daudenehan, Marescallus Francie, Locum-tenens Domini nostri Regis, in partibus Occitanis: Senescallis Tholose, Carcassone, Bitterris, Bellicadri & Nemausi, Rectorique & Baillivo Montispessulani, Vicariisque & Judicibus dictorum locorum & Narbone; necnon [a] Capitularibus & Consulibus dictorum locorum seu Villarum, ceterisque Justiciariis, Capitularibus & Consulibus in dictis partibus quomodolibet constitutis, vel eorum Loca-tenentibus, Salutem. Judei & Judee in dictis partibus commorantes, nobis exponi fecerunt, quod cum ex mandato, licencia & auctoritate dicti Domini nostri [b] Regis, ipsi morentur & morari eis liceat in Regno Francie, salve & secure, in personis & bonis suis quibuscunque, utendo & se gubernando prout ipsi Judei, seu eorum predecessores Judei in dictis partibus commorantes, uti morari ac tractari consueverunt ab antiquo; ob quod per eumdem Dominum nostrum Regem, suscepti fuerunt una cum dictis bonis, [c] familiis suis, in & sub salva & secura Gardia & protectione ejusdem Domini nostri Regis, & cum privilegiis certis, auctoritate Regis eisdem concessis; prout per ejus Litteras, jamque diu est, presentatas, clare asserunt constare: Nichilominus nonnulli Prelati dictarum Partium, seu eorum (b) Curiales, pretextu seu auctoritate quarumdam Litterarum Apostolicarum quam aliarum, [d] de facto prohibere seu prohiberi facere, via Excommunicationis seu alia, subdictis Domini nostri Regis, ne ignem, aquam, panem, vinum, seu plura alia mobilia ac victualia, sine quibus dicti Judei vivere in dictis Partibus non possent, tradant, vendant, sive aliter cum eisdem Judeis [e] perseverent, ob quod, nisi per nos eisdem provideatur, opportebit eosdem Judeos dictum Regnum Francie desserere, & alibi cum eorum bonis se transferre; & quod pejus est, nonnulli singularum dictarum Villarum seu aliorum locorum dictarum Partium, nituntur sive volunt eosdem Judeos verberare & vulnerare, & interficere, & eorum bona capere, & sibi ipsi apropriare, non [f] verendo Jurisdictionem ac Salvam-gardiam Regiam supra dictam; ob quod [g] redibentie dictorum Judeorum dicto Domino Regi per eosdem solite prestare, totaliter cessarent, & quod dampnum non modicum dicto Domino nostro Regi, sequeretur; nos tunc, prout tenemur ex nostro Locum-tenentis hujusmodi officio, talibus inconveniencciis, oppressionibus & molestationibus, ac nefandis conceptibus & maliciis ac scandalis providere cupientes, & ipsos Judeos seu Judeas, juxta Regium mandatum, tranquillos in dictis Partibus remanere, modo & forma antiquitus consuetis, volentes: Igitur vobis & vestrum cuilibet, prout ad eum pertinuerit, mandamus, quatenus à premissis & aliis quibuscunque indebitis inconveniencciis, oppressionibus, molestationibus, gravaminibus, maliciis & scandalis & novitatibus quibuscunque, preservetis & deffendatis Judeos antedictos, eosdemque & eorum bona omnia in eisdem Paribus, modo & forma consuetis, libere uti & gaudere faciatis & eciam permittatis, & ab omnibus injuriis, violenciis, oppressionibus, vi armorum, potencia laicorum deffendatis seu deffendi faciatis: Et si quos contra eosdem Judeos vel bona sua, atemptare presumentes seu contra facientes [h]; si Clerici existant, per bonorum suorum temporalium quorumcumque [i]; & si layci existant, per eorum personarum, & bonorum suorum quorumcunque capcionem & vendicionem, & aliis viis & modis quibus vobis seu vestrum alteri, videbitur, ad revocandum acta & processa per eosdem seu de eorum mandato, viriliter & rigide compellatis seu compelli faciatis: Injuriatores vero eorumdem Judeorum, quos [k] reperiri poteritis, in persona & bonis taliter

a Capitouls.

b Voy. le 3.e Vol. des Ordonn. p. 467. & suiv.

c &.

d Il manque-là un mot qu'on n'a pû lire.

e Ce mot doit signifier-là, *vivent, commercent*.

f n'ayant aucun égard.

g Voy. le 3.e Vol. des Ordonn. p. 468. & suiv.

h inveneritis.

i captionem, *qui est plus bas*.

k reperire.

NOTES.

(a) Registre du Mareschal Daudeneham: Bibliotheque du Roy, Mss. de Baluze, n.° 71. fol. 86. verso. Voy. cy-dessus, p. 214. Note (a).

Avant cette Piece, il y a dans le Registre: *Die 11. mensis Junii.* Voy. cy-dessus, p. 226. Note (a).

(b) *Curiales.*] Je crois que par ce mot, il faut entendre les Officiers de Cour d'Eglise. Voy. Du Cange, au mot, *Curiales*.

punïatis,

puniatis, corigatis & castigetis viriliter & rigide, prout casus exegerit, quod ceteris transeat in exemplum, & alii metu pene, similia facere aborescant; appellacionibus frivolis, & aliis subterfugiis ac recusacionibus & dilacionibus, Litterisque in contrarium impetratis seu impetrandis, non-obstantibus quibuscunque. Quod sic fieri volumus & jubemus, quia ita per dictum Dominum nostrum Regem [a] *quod vobis mandatum litteratorie noviter extitit & injunctum.* Datum in obsidione ante *(c)* Petriacum, die 2.e Junii, Anno Domini 1364. *Per Dominum Locum-tenentem, presente Domino Johanne de Nova-villa.* TOURNEUR.

a Il manque là quelques mots.

NOTES.

(c) Petriacum.] Il y a deux lieux, tous deux situez dans le Diocese de Narbonne, nommez en latin *Petriacum.* Le premier se nomme *Peyriac de Minervois*, parce qu'il est situé dans ce Pays, sur la petite riviere d'Argen-Double, vers les frontieres du Diocese de Carcassone. L'autre lieu s'appelle *Peyriac de Mer.* Il est situé à deux lieuës de Narbonne, en allant vers le Roussillon, sur le bord de l'estang de *Bages* ou de *Peyriac*, qui communique avec la Mer. Je dois ce détail au R. P. D. *Vaissette. [Voy. la Table des noms des personnes qui est à la fin du 3.e Vol. des Ordonn.]*

Rien ne marque lequel de ces deux lieux, le Mareschal Daudeneham assiegeoit en 1364. Comme cette année, la France n'estoit en guerre avec aucune puissance voisine, il y a apparence que *Peyriac* estoit occupé par quelques Compagnies, sur lesquelles voyez la Table des Matieres du 3.e Vol. des Ordonn. au mot, *Compagnies.*

CHARLES V.
A Paris, le 6. de Juin 1364.

(a) Lettres portant que les Ouvriers & Monnoyers du serment de France, payeront chaque année un quart d'Escu, pour les dépenses communes du Mestier.

CHARLES par la grace de Dieu Roy de France: Aux Generaulx-Maistres de noz Monnoyes, Salut. Complaintz se sont à Nous grefvement, les Prevostz des Ouvriers & Monnoyers de nostre Monnoye de Paris, du [b] serment de France, disans, que jaçoit ce que pieça pour le prouffit dudit mestier, il fust ordonné par les Prevostz & Procureurs desdits Monnoyers, [c] une grante assemblée qui fut faite; savoir, que pour payer les fraiz & mises qu'il convenoit faire, tant pour cause des sallaires des Advocat, Procureurs & Clercs de leur Conseil; & [d] desdis complaignans, pour leurs despens & la peine qu'ilz auroient & ont chascun jour, en la poursuite des [e] besoignes dudit mestier, comme pour pourchasser la confirmation de leurs previlleges, franchisez & libertez donnez & octroiez par noz predecesseurs Roys de France, ausdis supplians, aux *(b)* Recuiteurs & Recuiteresses dudit serement, & pour les autres choses necessaires & convenables pour le gouvernement dudit mestier, chascun Ouvrier & Monnoyer, Recuiteur & Recuiteresse dessusdis, païeront chascun an, un quart d'Escu; lequel seroit apporté à Paris, de chascune Monnoye, à certain jour: Neanmoins aucuns desdis Ouvriers & Monnoyers, Recuiteurs & Recuiteresses, sont contre raison reffusans & [f] delaians de payer chascun ledit quart d'Escu, & ont contredit à le payer puis dix ans ença ou environ; jaçoit ce qu'il ait convenu lesdis supplians faire, & convient chascun jour, plusieurs mises & fraiz pour les besoignes dudit mestier, si comme ilz dient, en Nous supplians leur estre par Nous sur ce, pourveu de gracieux remede & convenable: Pour ce est-il que Nous vous mandons & commettons, que se, appelliez ceulx qui pour ce seront à appeller, il vous appert estre

b *Voy. la Table du 2.e Volume des Ordonn. au mot*, Serment de France.

c dans.

d *des salaires.*

e *affaires.*

f *differans.*

NOTES.

(a) Registre *D.* de la Cour des Monnoyes de Paris, *fol.* huict-vingt-dix-sept, *recto.* [177.]

(b) Recuiteurs.] Ce sont ceux qui faisoient recuire les *lames* & les *quarreaux;* [c'est-à-dire, *la matiere découpée & taillée pour estre fabriquée,*] lorsqu'on fabriquoit les Espèces avec le marteau. Voy. *Boizard,* Traité des Monnoyes dans l'explication alphabetique, aux mots, *Lames, Quarreaux & Recuiteurs.*

CHARLES V.
A Paris, le 6. de Juin 1364.

ainsi, vous contraignez [a] vogoreusement & deuëment, tantost & sans delay, tous lesdis Ouvriers & Monnoyers, Recuiteurs & Recuiteresses, qui n'auront payé ledit quart d'Escu, à le paier pour tout le temps passé, selon ladite ordonnance pieça faite entre eulx, comme dit est, en la mettant à execution quant ad ce, contre tous ceulx qui y sont ou peuvent estre comprins, ou qui sont dudit mestier, & qui se feront aidez & doivent joyr des previlleges, franchises & libertez dessusdiz; lesquelz toutesvoyes sont dudit serment de France: Car ainsi l'avons Nous octroyé & octroïons ausdis supplians, de grace especial; nonobstant Lettres surreptices impetrées ou à impetrer au contraire. Et Nous donnons en mandement à tous noz Justiciers & subjects, que à vous & à voz depputez quant à ce, obéissent & entendent diligemment. *Donné à Paris, le 6.e jour de Juing, l'An de grace 1364. soubz le Seel duquel Nous usions avant que Nous veinssions au gouvernement de nostre Royaume. Ainsi signé.* Par le Roy, à la relation du Conseil. DE MONTAGU.

a vigoureusement.

Par vertu desquelles Letres, les Generaulx-Maistres des Monnoyes donnerent leur commission ausdis Ouvriers & Monnoyers du serment de France, en la maniere qui s'ensuit.

L'executoire des Lettres Royaulx cy-devant escriptes.

LES Generaux-Maistres des Monnoyes, &c. *(c)*.

NOTES.

(c) Dans les Registres de la Cour des Monnoyes, il y a presque toûjours des Lettres des Generaux-Maistres, par lesquelles ils adressent celles du Roy, aux personnes qu'elles regardent.

CHARLES V.
A Paris, le 11. de Juin 1364.

(a) Lettres de Sauve-garde Royale, pour les Doyen & Chapitre de Meaux.

KAROLUS Dei gracia Francorum Rex: Universis presentes Litteras inspecturis, Salutem. Racioni congruum arbitramur, quod ad hoc precipue nostre mentis aspiret affectus, perque persone Ecclesiastice que de die & de nocte (b) nostris insistunt obsequiis,

NOTES.

(a) Livre Rouge vieil du Chastelet de Paris, *fol. 29. recto.*

Il y a dans le Memorial *D.* de la Chambre des Comptes, *fol. 69. verso*, un Article qui donne quelques éclaircissements sur les redevances qui estoient dûës au Roy, à cause des *Gardes* qu'il accordoit: on a crû devoir le faire imprimer icy.

DIE *7.a Augusti 364. Guillelmus Dutan, Serviens Eques Castelleti Par. [b] gagiavit emendam ad Burellum, in presencia Dominorum, pro eo quod Receptor Meldensis temporalitatem Abbatis & Conventus Ecclesie de [c] Latigniaco super Maternam, per [d] ...... Servientem Regium, teneri fecerat & explettari, pro summa 800. Librarum Parisiensium, pro arreragiis Garde Ecclesie sue: ad quam executionem, dictus Guillelmus Commissarius per Gentes Requestarum Palatii, ad requestam Petri de Sancto Paulo Burgense Parisiensi, certum debitum pro dicto Petro, contra dictum Abbatem & Conventum, exequi fecit, capiendo certos equos & aliqua alia bona dictorum Abbatis & [e] que dictus Serviens Meldensis pro debito Regio, in certo loco tradiderat ad custodiendum; & hoc nonobstante, dictus Guillelmus Dutan dictos equos vendi fecit ad utilitatem dicti Petri, executionem Regis impediendo, & ipsum Servientem coram dictis Magistris Requestarum, ad instanciam dicti Petri, ad certam diem adjornari fecit; & die Sabbati ultimo preterita, dicte Gentes dictum Servientem Meldensem condempnaverunt ad restituendum dictos equos pro Rege captos, ut supra, & ad expensas factas in prosequcione predicta: & dicta die fuit injunctum per dictos Dominos Camere, dictis Petro & Guillelmo, ne aliquam exequcionem pro quocunque debito in quo dicti Abbas & Conventus teneantur, eidem Petro [f] quousque fuerit Domino Regi de predictis arreragiis plenarie satisfactum.*

b Voy. cy-dessus, p. 411. Note (c).

c Lagny.

d Il y a dans cet endroit, l'espace d'un mot en blanc.

e Il y a là une espece de *C.* qui peut signifier *Conventus*.

f faciant.

(b) Nostris.] Dans presque toutes les Lettres de Sauve-garde, accordées à des Communautez Ecclesiastiques, il y a: *Divinis insistunt obsequiis.* [Voy. cy-dessus, p. 362. & ailleurs.] Ainsi je crois qu'il faut corriger icy *Divinis*, au lieu de *nostris*.

CHARLES V.
A Paris, le 11. de Juin 1364.

nostris temporibus, sub nostre proteccionis clipeo, in pacis transquillitate manuteneri valeant & tueri : Cum igitur dilecti nostri Decanus & Capitulum Melden. sint ab antiquo in speciali Gardia Regia, racione Corone Francie; sint eciam & fuerint cum eorum omnibus Villis & Justiciis ac hominibus de corpore vel servilis condicionis, de Vice-comitatu & ressorto Preposture Parisiensis, racione dicte Corone Francie; & non de Comittatu Campanie; quamvis plures eorum Ville & homines de corpore, in eodem Comitatu situentur & commorentur : Notum facimus quod Nos ex habundanti & de speciali gracia, dictos Decanum & Capitulum, & eorum Ecclesiam tam in capite quam in membris, ac eorum Officiales, familiares, servitores, & homines de corpore, ac omnia eorum bona, in protectione & Salva-gardia speciali suscipimus per presentes; & eisdem in Gardiatorem specialem, nostrum Prepositum Parisiensem deputamus; cui committimus & mandamus, quatenus prefatos Decanum & Capitulum, eorum Officiales, familiares, servitores & homines de corpore, deffendat ab omnibus injuriis, violenciis, gravaminibus, oppressionibus, molestiis & novitatibus indebitis (c) [*totaliter abstineant & desistant, dantes dicto Preposito Parisiensi,*] *manuteneat eosdem, non permittens eos vel eorum Officiales, familiares, servitores & homines de corpore, in nostre Gardie prejudicium, quomodolibet indebite molestari; inhibendo ex parte nostra, omnibus oppressoribus eorundem, quod à predictis injuriis, violenciis, gravaminibus & novitatibus indebitis totaliter abstineant & desistant : Dantes dicto Preposito Parisiensi tenore presencium, potestatem dandi & concedendi* [a] *dictos Decano & Capitulo, unum* [b] *au duos ydoneos Servientes nostros, & ipsos ex parte nostra deputandi, pro premissis debite exequendis, & qui rem litigiosam seu contenciosam, si que in casu novitatis fuerit seu evenerit, inter ipsos Decanum & Capitulum, & adversarios suos, racione bonorum suorum quorumcumque, ad manum nostram tanquam superiorem, ponant; & qui Gentes carissime Domine nostre Johanne* [c] *& Navarre Regine, Domineque de* [d] *Cerciaco & de Colubariis; & carissimi Avunculi nostri Ducis Aurelianensis* (d) *Ducisque Valesii; necnon & Officiales & Justiciarios nostros Comittatus Campanie, super* [e] *exposicionibus que in casu novitatis, coram ipsis Servientibus facte extiterint, & super injuriis & violenciis predictis, adjornent coram Gentibus nostris in Parlamento Par. ad certam & competentem diem, processuros super hiis, cum dictis Decano & Capitulo, ut fuerit racionis; & qui alios adversarios dictorum Decani & Capituli, super opposicionibus que in dicto casu novitatis, coram ipsis Servientibus facte extiterint, necnon & super injuriis & violenciis predictis, adjornent, coram dicto Preposito processuros cum dictis Decano & Capitulo, ut fuerit racionis : De quibus adjornamentis in nostro Parlamento faciendis, si & dum facta fuerint, nostram Curiam certifficet dictus noster Prepositus Parisiensis, ad relacionem dictorum Servientum seu eorum alterius, ad* [f] *hoc per dictum Prepositum deputati : Mandantes dicto Preposito Parisiensi qui nunc est & qui pro tempore fuerit, committendo, si sit opus, quatenus super premissis, exhibeat Partibus coram eo adjornatis, Justicie complementum. Que prefatis Decano & Capitulo concedimus de gracia speciali : Dantes omnibus Justiciariis & subditis nostris quibuscunque, in mandatis, ut dictis Servientibus & Preposito, & eorum alteri, quoad premissa & ea tangencia, efficaciter in hac parte pareant & intendant. In cujus rei testimonium, Sigillum nostrum quo ante Regni nostri susceptum regimen, utebamur, presentibus Litteris duximus apponendum.* Datum Parisius, die undecima Junii, Anno Domini millesimo trecentesimo sexagesimo-quarto.

Collacion faitte à l'original, le vendredi 14.e jour de Juing, l'An mil trois cens soixante & quatre.

a dictis.

b aut.

c & est inutile.

d Creciaco & Columbariis. *Voy. le 3.e Volume des Ordonn. p. 327.*

e opposicionibus, *comme il y a plus bas.*

f h. *R.*

NOTES.

(c) *Totaliter.*] Les mots qui sont enfermez dans des crochets, sont inutiles-là, & se trouvent plus bas; & il semble qu'il manque aussi quelques mots.

(d) *Ducisque Valesii.*] Il faut corriger *Comitis* : car alors le Valois n'estoit qu'un Comté. Il ne fut érigé en Duché qu'en 1402. Voy. Du Puy, *des Droits* du Roy, p. *m.* 961. Dans le 3.e Vol. des Ordonn. cy-dessus p. 327. il y a, *Comitis.*

CHARLES V.
A Paris, le 14. de Juin 1364.

(a) *Lettres portant que le Chasteau de* Belencombre *releve du Roy; & non du Comté de Longueville.*

CHARLES par la grace de Dieu Roy de France: Savoir faisons à touz presens & avenir, que comme le Chastel de Belencombre avec toutes ses appartenances, soit & appartiengne à nostre amé & feal Chevalier Ector *(b)* de la Heure & à ses hoirs & successeurs, & duquel ses predecesseurs & lui en ont joy & usé paisiblement, & obtenu la possession & saisine par si lont tems qu'il n'est memoire du contraire, & en soïent tenuz faire & en appartiengne à Nous & à nos Successeurs, & non à autre, la feaulté & hommage: Et pour ce que ledit Chastel & ses appartenances, estoient enclavez & compris en la Conté & terre de Longueville, laquelle [a] souloit tenir feu *(c)* Philippe de Navarre ou temps qu'il vivoit, lequel occupa & empescha ycellui Chastel & ses appartenances, audit Chevalier, & fu en la main dudit feu Philippe, disant lesdiz feaulté & honmage à lui appartenir: Et comme Nous aïons nagueres donné ladite terre & Comté de Longueville, à nostre amé féal Chevalier & Chambellent, Bertram [b] de Clasquin, aucuns porroient dire & vouldroient maintenir, que la feaulté & homage dudit Chastel, pourroit ou devroit appartenir audit Bertram, parce que ycellui Chastel est enclavé en ladite terre & Conté de Longueville, comme dit est: Nous voulans pour ce garder & maintenir en ce, le droit & heritage de Nous & de noz successeurs, avons declaré, separé & divisé ledit Chastel & sesdites appartenances, estre mis hors & exempté de ladite terre & Conté de Longueville; & ycellui Chastel avec sesdites appartenances, declarons, separons & exemptons du tout en tout à tousjours-maiz, hors de ladite Conté & terre de Longueville, par la teneur de ces presentes: Et voulons que ledit Chevalier, ses hoirs & successeurs, & ceulx qui de lui auront cause, tiengnent de Nous & de noz Successeurs, ledit Chastel & sesdites appartenances; [c] parmi la feauté & [d] honmage qu'il en feront tenuz faire désormaiz à touzjours, à Nous & à noz Successeurs, & non à autres, ainsi que ycellui Chevalier & ses predecesseurs l'avoient acoustumé faire anciennement, avant [e] l'assiete de la terre & Conté de Longueville, faite audit Philippe de Navarre, & duquel Chastel ycellui Chevalier est entré & Nous à fait de present, lesdiz feauté & honmage, à quoy Nous l'avons receu. Si donnons en mandement par la teneur de ces presentes, à touz noz Justiciers & Officiers presens & avenir, & autres à qui il appartendra, que ledit Chevalier, ses hoirs, successeurs, & ceulx qui de lui auront cause, facent & lessent joir & user paisiblement à tousjours, de nostre presente declaration & Ordenance, & contre la teneur de ces presentes, ne les empeschent, travaillent ou molestent ou temps advenir, ne de present en aucune maniere; non contrestant que Nous aïons donné audit nostre Chambellent, toute la terre & Conté de Longueville, comme dit est: Et pour ce que ce soit chose ferme & estable à touzjours, Nous avons fait mettre à ces presentes Lettres, nostre Scel duquel Nous usions avant que Nous eussions le gouvernement de nostre Royaume. *Donné en nostre Chastel de Roüen, le 14.e jour de Juing, l'An de grace 1364.*

Par le Roy tenant ses Requestes. JULIANUS. *Contentor.* JULIANUS. *Visa.*

a *avoit accoûtumé.*
b *Bertrand du Guesclin.*
c *moyennant.*
d *hommage.*
e *Voy. cy-dessus, p. 64. Note (b).*

NOTES.

(a) Tresor des Chartres, Registre 96. Piece dix-huict-vingt & six. [366.]

(b) De la Heure.] Ne faudroit-il pas corriger *de la Heuze!* Car autant que je puis m'en ressouvenir, il y avoit dans ce temps-là, un Seigneur de ce nom, dont il est fait mention dans Froissart.

(c) Philippe de Navarre.] Il estoit frere de Charles II. dit *le Mauvais*, Roy de Navarre & Comte d'Evreux. Il mourut le 29. d'Aoust 1363. *Voy. l'Hist. Geneal. de la M. de Fr. t. 1. p. 283.*

CHARLES V.
A Paris, le 21. de Juin 1364.

(a) Reduction des Feux dans la Ville d'Aymarques.

KAROLUS &c. Notum facimus universis presentibus & futuris, quod audita supplicacione dillectorum nostrorum habitatorum Ville nostre de (b) Armansanicis, in Vicaria Aquarum-Mortuarum situate, asserentium quod cum dudum clare memorie Dominus Genitor noster, in partibus Lingue Occitane consistens, depresso statui populi dicte Lingue, per mortalitates preteritas, guerras, insuper & quamplures plagas alias, diminuti non modicum & gravati, compatiens, & ex sue presidentie debito prospiciens, ordinaverit [a] *antiqum numerum* [b] *focorum Senescalliarum Tholose, Carcassone &* [c] *Bellicardi, ad cujus regulam habitatores earumdem Senescalliarum, imposiciones & onera alia quibus de causis inibi ordinata levari, usque nunc solvere cogebantur: (Qui si quidem numerus tunc & nunc non modicum attenuatus existit,) ad verum & modernum numerum ipsorum focorum reduci, ut ad verum illum numerum respectu ex tunc in antea habito, subsidia & onera predicta imponenda & levanda ibidem de cetero, solverent ulterius nullatenus* [d] *compelland.* [e] *per hoc tamen ut Universitates seu* [f] *Comitates locorum dictarum Senescalliarum, qui* [g] *reduciones hujusmodi fieri postularent, unum Florenum Auri, (c) prosato respectu habito,* [h] *ac vice dumtaxat, ad dictum antiquum numerum, dicto Domino Genitori nostro, vel Petro Scatisse suo tunc & nunc nostro Thesaurario, suisve deputatis ad hoc, solvere tenerentur: Idemque Dominus Genitor noster, Johannem de Majeur.* [i] *de cujus probitate, ydoneitate & diligentia, fide dignorum relatum receperat, deputaverit & dederit Commissarium ad reducionem focorum hujusmodi faciendam in Vicaria Aquarum-Mortuarum predicta, certis limitatis sibi traditis super hoc* [k] *instucionibus, quarum tenore dictus Dominus Genitor noster, dicitur inter cetera* [l]*, premissa se ratta & grata habiturum agenda in premissis per dictum Commissarium, & ea per suas Litteras confirmare: Dictus Commissarius ipsarum Litterarum & instrucionis vigore, ad locum de Armasanicis predictum personaliter accedens, ad instanciam Universitatis populi dicti loci, qui onera & subsidia supradicta solvere consueverant ab antiquo, pro quingentis viginti focis, scrutinio & indagine cum cura solicita previis, reperiit numerum focorum dicte Ville verum & modernum, non excedere centum & octuaginta focos: Et sic deliberacione super hoc habita, dictarum Litterarum & instrucionis fultus tenoribus, & potestate sibi per eas attributa, reduxit eosdem ad hunc verum numerum ibi de cetero inviolabiliter observandum; prout in quodam transcripto instrumenti publici, tenorem Litterarum & instrucionis predictarum, & premissa alia continentis, Sigillo autentico Rectoris Montis-pessulani sigillato, vidimus contineri: Dictique habitatores quingentos viginti Florenos,* [m] *quorum numero focorum dicte Ville* [n] *antiqus numerus adaptatur, Bernado Francisci Receptori nostro Senescalie* [o] *Bellicardi & Nemausi, ad hoc per dictum nostrum Thesaurarium deputato, solverint: Constitutis eis ad hoc terminis, prout tenor quarumdem Litterarum, tenores recognicionis & quittanciarum dicti Bernardi, de summa predicta, continentium, sigillo predicto sigillatarum, quas insuper vidimus, lacius manifestat: Unde dicti supplicantes Nobis fecerunt humiliter supplicari, ut Nos ad premissorum stabilitatem solidam, ea confirmare dignemur. Nos igitur promissum dicti Domini Genitoris nostri, in hac parte complere, & effectui mancipare volentes, reducionem dicti antiqui numeri, ad dictum verum focorum & modernum numerum sepe* [p] *dictam, & solucionem dicte summe Florenorum, propter hoc factam, & ea universa & singula supradicta,*

a antiquum.
b Voy. la Table du 3.e Vol. des Ordonn. au mot, Feux.
c Bellicadri.
d compellendi.
e sous cette condition cependant.
f Comunitates.
g reductiones.
h hac.
i Il y a une marque d'abbreviation sur la fin de ce nom.
k instructionibus.
l *Il semble qu'il faille*, promisisse.
m suivant l'ancien nombre de Feux. *Voyez la Note* (c).
n antiquus.
o Bellicadri.
p dictum.

NOTES.

(a) Tresor des Chartres, Registre 96. Piece 113.

(b) *Armansanicis.*] *Aymarques*, sur lequel voy. *Catel*, Hist. du Languedoc, l. 2. p. 340. & *le Diction. Univers. de la Fr.* au mot, *Aimarques.*

(c) *Prosato.*] Corrigez *presato.* Cela signifie, que ce Florin d'Or se payera suivant l'ancien nombre des feux; & non suivant la nouvelle reduction.

ratta habentes & grata, ea volumus, laudamus, approbamus, & de nostri speciali gracia & auctoritate Regia, tenore presencium confirmamus; firmiter inhibentes universis Senescalis & aliis Justiciariis nostris, Commissariisque quibuscunque, deputatis & deputandis quacunque potestate fruantur, presentibus & futuris, vel eorum Loca-tenentibus, & eorum cuilibet, ipsos ad respectum seu considerationem dicti antiqui numeri, quod pro [a] *deleto &* [b] *obliquo penitus haberi volumus, quod ad solvenda dicta onera, & subsidia* [c] *levenda & colligenda in predicta Vicaria,* [d] *regulari de cetero vel compelli; &* [e] *volenea (d) cum via focagiis ordinata fuerint, ad dictum verum & modernum numerum respectu habito, colligi & levari. Quod ut firmum & stabile sit & perpetuo perseveret, nostrum Sigillum quo ante Regni nostri susceptum regimen, utebamur, presentibus Litteris duximus apponendum: salvo in aliis jure nostro & in omnibus quolibet alieno.* Datum Parisius, die 21. Junii, Anno Domini 1364.

Per Regem in Requestis suis. YVO. *Visa.* [f] *Vid. content.*

a deletto.
b Ce mot est corrompû : peut-estre faut-il lire, obliterato.
c levanda.
d regler.
e volentes.
f Il y a des marques d'abreviation sur la fin de ces 2. mots.

NOTES.

(d) Cum via.] Il manque peut-estre quelques mots : mais je crois que cela signifie, que l'on a observé toutes les formalitez qui sont necessaires dans les affaires qui regardent les *foüages*.

CHARLES V.
A Compiegne, le 28. de Juin 1364.

(a) Lettres concernant le Subside qui se levoit pour la rançon du Roy.

KAROLUS *Dei gratia Francorum Rex: Dilectis & fidelibus Consiliariis nostris Generalibus Thesaurariis super facto* [g] *subsidiorum pro liberatione carissimi Domini & Genitoris nostri, dum viveret, ordinatorum, deputatis, Salutem & dilectionem. Litteras dicti Domini Genitoris nostri, vidimus sub hiis verbis.*

g Voy. cy-dessus, p. 413. Note (d).

JOANNES *Dei gratia Francorum Rex: &c.* [h]

h Ces Lettres sont dans le troisieme Volume des Ordonn. p. 437. Note (e).

NOS *igitur attente consideratis causis que ad committendum & mandandum vobis, illa que in prescriptis Litteris continentur, prefatum Dominum nostrum induxerunt, quod etiam cum quampluribus aliis, merito Nos ad illud idem inducunt, predictam Commissionem & mandatum per dictum Dominum nostrum, super premissis & ea tangentibus, vobis factas, laudantes & approbantes, ac tenore presentium renovantes, vobis & vestrum duobus committimus & mandamus, quatenus ipsa omnia & singula que per predictum Dominum nostrum, vobis mandata fuerunt & commissa per Litteras suprascriptas, ut in eisdem plenius continetur, de cetero, quotiens casus exigerit, consideratis omnibus que in hiis consideranda videbitis, prout vobis in conscientiis vestris quas supra hoc oneramus, faciendum videbitis, faciatis: quidquid autem per vos seu duos vestrum, de & super hiis & ea tangentibus, factum esse contigerit & mandatum, juxta dictarum seriem Litterarum, per dilectas & fideles Gentes nostras Camere Compotorum, & alios ad quos pertinuerit, ratum haberi volumus & exequi, deducendaque deduci in compotis illorum ad quos pertinuerit, ac si per Nos factum aut concessum foret & mandatum; instructionibus, Ordinationibusque & aliis in predictis Litteris contentis, nonobstantibus quibuscumque: In cujus rei testimonium, Sigillum nostrum, quo ante Regni nostri susceptum regimen, utebamur, presentibus Litteris duximus apponendum.* Datum [i] Compend. 28. die Junii, Anno Domini 1364. Sic signatum. *Per Regem in Requestis.* P. BLANCHET.

i *Compiegne.*

NOTES.

(a) Memorial *D.* de la Chambre des Comptes, *fol. 69. verso.*

CHARLES V.
A Paris, en Juin 1364.

(a) Lettres qui permettent aux habitans de Revel, de chasser dans les Forests voisines de leur Ville.

KAROLUS Dei gratia Francorum Rex: Notum facimus universis tam presentibus quam futuris, Nos transcriptum sive vidimus *quarumdem Litterarum carissimi Germani nostri, Johannis Biturie & Arvernie Ducis, pro tempore Comitis Pictavensis, & Locum-tenentis carissimi Domini Progenitoris nostri, in partibus Occitanis, sub sigillo Vicarie nostre Tholose, confectum, formam que sequitur, continens.*

NOVERINT universi, quod nos Bertrandus de Casnaco Miles, & Vicarius Tholose Domini Francorum Regis, vidimus, tenuimus, ac de verbo ad verbum, perlegi fecimus quasdam Litteras à Serenissimo Principe Domino Johanne Comite Pictavensi, Filio & Locum-tenente Domini nostri Francorum Regis, in Lingua Occitana, emanatas, sigilloque viridi in laqueo sigillatas, formam que sequitur, continentes.

JOHANNES Filius & Locum-tenens Regis Francie, in Lingua Occitana citra rippariam Dordonie, Comes Pictavensis: Notum facimus tam presentibus quam futuris, Nos infrascriptas Litteras, sigillo dilecti nostri Roberti de Cocetelez Armigeri, Magistri-generalis in Regno Francie, Aquarum & Forestarum dicti Domini nostri, ut prima facie apparebat, sigillatas, una cum signo Johannis Sucredi de Carcasona, formam que sequitur, continentem.

ANNO ab Incarnacione Domini 1357. videlicet; die nona Martii, Serenissimo Principe Domino Johanne Dei gratia Francorum Rege, regnante, noverint universi presentes pariter & futuri, quod existentes & personaliter constituti ante presenciam Nobilis & potentis viri, Domini Roberti de Cocetelez Armigeri, Aquarum & Forestarum Regis, in toto Regno Francie generalis Inquisitoris & Magistri; videlicet, Magister Petrus Audice Notarius, & Bernardus Petri Consules; necnon Raymundus Boneti Sindicus, Germanus Hugonis, & Raymundus Caussanelli, (b) singulares Ville de [a] Revello in Judicatura Lauraguesii, Senescallie Tholose, pro se & nomine aliorum Consulum suorum, & eciam pro & nomine Universitatis dicti loci de Revello, & singulorum de eadem, presencium & futurorum, dixerunt, asseruerunt, & dicto Domino Magistro & Inquisitori expresse signifficarunt, quod cum dictus locus sive Villa de Revello, (c) à sexdecim annis citra vel circa, per dispositionem, Ordinationem & concessionem Regias, fundatus & edifficatus extiterit cum magna Consilii deliberatione, & cum magnis & quasi importabilibus sumptibus, laboribus & expensis hominum habitantium in loco predicto, infra quandam magnam altam & latam forestam tunc vocatam de [b] vame in qua plurima pulcra & honorabilia edifficia, domus & habitaciones constructe erant animo & voluntate inibi perpetuo morandi, & moram personalem faciendi, per quos idem locus sive Villa, fuit multipliciter & honorabiliter populata & decorata; & ex eis Dominus noster Rex, tam ratione dicte fundacionis, quam racione infeudacionis dicte foreste seu certe partis ipsius, quam eciam racione (d) marcharum à nonnullis habitantibus

a Voy. cy-dessus, p. 100. Note (b).

b On peut lire, vanre, vaine, vaine ou vanie.

NOTES.

(a) Tresor des Chartres, Registre 96. Piece dix-sept vingt & douze, [352.]

(b) *Singulares.*] Je crois que ce mot signifie, des particuliers, habitans de *Revel*, & n'ayant aucune charge publique.

(c) *A Sexdecim.*] Ainsi Revel a esté bâtie vers 1340. Car ces Lettres sont de 1357. Voy. cy dessus p. 100. & Note (a).

(d) *Marcharum.*] Il n'y a dans le Registre que *Marc.* Par ce mot, j'entends une amende qui estoit fixée à un *marc d'Argent*, de la même maniere que l'on levoit autrefois sur les Notaires, une imposition *marcharum Argenti.* Voy. le 3.e Vol. des Ordonn. p. 107. Art. VI.

CHARLES V.
A Paris, en Juin 1364.

tibus [a] *Burgensibus infra tempus eis prefixum, construere & hedifficare necligentibus, &* [b] *amittentibus, levatarum & exhactarum, quam eciam racione plurimorum & diversorum aliorum emolumentorum, quamplurima & infinita commoda, utilitates & emolumenta fuerit assequtus, & adhuc consequetur de die in diem,* [c] *ascendentia sexentas libras turonenses, renduales singulis annis vel circa, cum dictus locus sit insolidum ac immediate ipsius Domini nostri Regis, &* [d] *circumcta Villis, locis, Castris, terris, & nemoribus pluribus & diversis, nonnullorum Prelatorum, Baronum & Nobilium, diversimode circumdatus: Nichilominus, quia predictus locus de Revello, tam racione generalis & pestiffere mortalitatis, quam racione diversarum, inauditarum & inordinatarum caristiarum & famium, quam eciam racione guerrarum que longissimis temporibus, permittente Altissimo Jesu-Christo, inextimabili* [e] *sumptuose, duraverunt, fuit & est ipsis Burgensibus, gentibus & habitatoribus multipliciter vacuatus, exheredatus & notorie nudatus; & per consequens, tam premissorum occasione & causa, quam racione subsidiorum &* [f] *focagiorum, quam aliarum plurimarum & quasi importabilium subventionum, ac eciam propter cursus & recursus inimicorum, fuit & est diversimode oppressus, depaupertatus & quasi ad penuriam deductus: Propter que dictus locus ejusque territoria & pertinentie, que jam pro majori parte, ad culturam fuerant deducte, causantibus rationibus antedictis, ad heremitatem, gastinam & sterilitatem, & ad nemora &* [g] *bartas sunt reducte, & ipsis Burgensibus & habitatoribus quasi inutilia facta notorie & manifeste: Super quibus erat eis* [h] *miserabiliter providendum, ut dicebant: Et cum tam propter dictas heremitates, gastinas, bartas & nemora, & quia eciam ibi de prope sunt alie Montanee, ac plura & diversa magna & spissa alia nemora, barte, foreste & deserta, tam ipsius Domini nostri Francorum Regis, quam nonnullorum Prelatorum & Baronum, quam aliarum diversarum gentium, ipsum locum de Revello circumdantium, in quibus multitudo Lupporum rappacium, Aprorum, Cervorum,* [i] *Caprollorum & aliarum diversarum ferarum, cohabitant, permanent & nutriuntur, que ipsis habitatoribus de Revello, & aliis locis circumvicinis, magna & inextimabilia dampna afferunt, tam in bladis, vineis, herbis &* [k] *bestiariis, quam aliter, notorie & manifeste: Nam dicte fere & bestie silvestres, ipsos fructus & bestiaria indifferenter depascunt, manducant,* [l] *dissipant totaliter & devorant; quinymo ipsis personis & gentibus diversa dampna inreparabilia inferunt; & cornua, dentes, & ipsorum (e) feretitates contra ipsos erigunt, intantum quod ob ipsarum ferarum timorem,* [m] *ferorem & terrorem, ac multitudinem, una vel due persone, certis anni temporibus, incedere non audent per termina, teritoria, itinera, forestas, nemora & montaneas antedictas; potissime cum ipsi homines & habitatores venandi & capiendi ipsas feras, audaciam non habeant, sine auctoritate, licencia & permissu Magistri Forestarum Regis, seu aliarum gentium Regiam potestatem habentium in hac parte: Propter que idem Dominus noster Rex, est circa hoc multipliciter & diversimode dampnificatus in (f) partionibus, donationibus, redditibus & emolumentis bladorum, vinorum & aliorum fructuum ex cultura prediorum provenientium & procedentium, que, ut dictum est, per dictas feras bestias devastantur & continue consumuntur, eciam antequam ad* [n] *nativitatem sint deventi: Ideo prefati Consules, nominibus antedictis, attendentes, ut dixerunt, quod tantis, talibus, notoriis & magnifestis ac eminentibus dampnis, periculis & prejudiciis, tam Regiis, quam totius Reipublice, favorabiliter est obviandum, instanter supplicarunt dicto Domino Magistro & Inquisitori generali, ut de & super predictis omnibus & singulis, de remedio utili, gracioso & opportuno, eis providere dignaretur, & dictis Consulibus,*

a &.
b omittentibus.
c ascenden. *R.*
d circumcirca.
e sumptu.
f foüages.
g bois. *Voy. Du Cange, au mot,* Barta.
h y pourveoir, par compassion pour eux.
i Chevreuil.
k bestiar. *R.* *bestiaux.*
l dissipant.
m furorem.
n *Il doit sans doute y avoir,* maturitatem.

NOTES.

(e) *Feretitates.*] Je crois qu'il faut entendre par ce mot, tout ce que la nature a donné aux differents animaux pour se deffendre, comme les *deffenses* des sangliers, &c.

(f) *Partionibus.*] Je crois qu'on doit entendre par ce mot, une certaine redevance en grains & en fruits, dûë par celuy à qui on a donné des terres à cette condition; comme par exemple, un *champart*, &c.

Pour le mot, *donationibus*, je ne vois pas bien quel en peut estre le sens; & j'aime mieux le laisser sans explication, que de hazarder des conjectures incertaines.

Universi...

CHARLES V. à Paris, en Juin 1364.

Universitati dicti loci de Revello, & singulis de eadem, presentibus & futuris, auctorisare, concedere, & licenciam perpetuam dare venandi & capiendi dictos Lupos, Apros, Cervos, Capriolos, Vulpes, Lepores, (g) Ciroguillos, & quascumque alias feras, cujuscumque condicionis seu generis existant, infra forestas & nemora eorum propria; & eciam infra nemora Regia antiquitus vocata de [a] *Vanre, & aliter ubique infra districtum, Juridicionem & territorium & pertinentias loci de Revello antedicti, cum canibus & gentibus, & eciam cum (h) ramerio seu ramoriis, infra dictas eorum proprias forestas & nemora solum & duntauxat; & ipsas feras captas secum adportandi, & sibi appropriandi, & de eis suas omnimodas voluntates faciendi, tociens quociens eis placuerit, simul & divisim, de die & de nocte, libere & impune; cum condicione tamen, quod si & quando ipsos seu aliquem ex eis, venari contigerit in dictis Nemoribus Regiis, sint vocati & presentes unus vel duo de Forestariis & custodibus Forestarum Regiarum predictarum, si adesse voluerint; & nisi adesse voluerint, quod dicti Consules & habitatores in dictis forestis, bartis & Nemoribus Regiis, suam venacionem facere & sequi valeant atque possint, cum canibus, per se, & eis liceat per modum quem supra, tam per se quam eorum nuncios, familiares & domesticos quoscumque:* [b] *Acto tamen, quod in casu quo canes exirent forestas seu nemora de quibus superius sit mencio, sequendo venacionem aut aliter, & intrarent alias forestas de Agullia, de Capra-mortua seu alia Nemora Regia hîc non expressata, quod homines & habitatores dicti loci de Revello, in penam seu emendam aliqualem non cadant, nec eis impingi possit; nisi demum ipsi homines & venatores sequerentur dictam venationem, & ipsam sequendo, Forestas & Nemora Regia predicta hîc non expressata, intrarent: Acto eciam quod ipsi homines & habitatores de Revello, presentes & futuri, accedendo seu visitando eorum possessiones vel* [c] *aliter, extra dictas Forestas Regias hîc non expressatas, conjunctim vel divisim, itinerando vel aliter, possint venari atque sequi & capere quecumque animalia* [d] *feras, presentibus vel absentibus & non vocatis Forestariis seu custodibus Forestarum Regiarum predictarum, tociens quociens casus evenerit, & eis placuerit, libere & impune: Et quodque predicta omnia universa & singula, dictus Dominus Magister & Inquisitor generalis, premissis attentis & consideratis, graciose & liberaliter eisdem Consulibus, Universitati & habitatoribus presentibus & futuris, concedere deberet atque posset, absque redibentia seu financia aliquali, ut dixerunt: nichilominus prefati Consules, Sindicus ac singulares superius nominati, pro se & aliis Consulibus ac tota Universitate dicti loci, & singularibus de eadem, presentibus & futuris, ad finem ut idem Dominus, Magister & Inquisitor, magis favorabilis, liberalis & benignus existat ad premissa eisdem concedenda, obtulerunt se daturos & soluturos ipsi Domino nostro Regi, seu ejus Thesaurario Tholose, nomine ejusdem, centum quinquaginta Florenos Auri,* [e] *uno semel tantum exsolvendos per terminos & soluciones qui sequuntur; videlicet, tertiam partem, hinc ad instans festum Ascensionis Domini; & aliam tertiam partem, in subsequenti festo omnium Sanctorum; & reliquam tertiam partem, in subsequenti Festo Purificationis Beate Marie: Et nichilominus pro censu seu* [f] *usatico, decem solidos Turonenses, Bajulo Regio seu Receptori emolumentorum Regiorum de Revello, annis singulis exsolvendos in Revello, in Festo omnium Sanctorum. Preterea obtulerunt se daturos de singulis Apris seu de quolibet animali porchino silvestri per ipsos capiendo, totiens quociens ipsos capere contingerit, totum* [g] *capud cum tribus digitis de collo post auriculas; & de quolibet Cervo sive Bicha, medietatem unius carterii ultimi in qua pes teneat; & de quolibet Capriolo seu Capriola, idem tradendam & liberandam sine fraude, Magistro Forestarum Regiarum Senescallie Tholose, seu ejus gentibus vel Forestariis dictarum Forestarum Regiarum, seu alteri eorumdem, in Revello, nomine & vice dicti Domini nostri Regis: Pro quibus*

a Voy. cy-dessus, p. 447. Note (b) marginale.

b sous la condition cependant.

c al. *Reg.*

d &.

e Ces deux mots paroissent corrompus.

f redevance. *Voyez Du Cange, au mot* Usaticum.

g caput.

NOTES.

(g) *Ciroguillos.*] Ce mot signifie un *Herisson*, & quelquefois un *Connil.* Voy. Du Cange, au mot, *Chirogrillus.*

Le Connil est une espece de Lievre ou de Lapin. *Voy. le Dictionn. de l'Acad. Franç.* & *le Dict. Etymolog. de Menage,* au mot, *Connil.*

(h) *Ramerio.*] Du Cange à ce mot, a rapporté sans l'expliquer, un passage où se trouve le mot *ramerios,* qui semble ne pouvoir estre pris-là dans le sens qu'il doit avoir icy; mais que je n'ay pû découvrir.

CHARLES V. à Paris, en Juin 1364.

omnibus universis & singulis attendendis & complendis, tradendis & exsolvendis, obligaverunt predicti Consules & Sindicus ac [a] singulariter, nominibus quibus supra, bona omnia Universitatis predicte & singulorum de ea, presentia pariter & futura: Et nichilominus predicta omnia & singula promiserunt facere ratifficare, emologare & approbare per alios Consules & Consiliarios, seu majorem partem eorundem, & ad predicta se efficaciter obligare ad voluntatem & jussum dicti Domini Magistri & Inquisitoris, in casu quo predicta eis concedantur, ad que petierunt & instanter supplicaverunt se admitti; & per eumdem Dominum Magistrum & Inquisitorem, predicta omnia & singula, eis nomine & vice Domini nostri Regis, concedi liberaliter & benigne, auctoritate Regis qua fungitur in hac parte, me publico infrascripto Notario Regis, pro & nomine dicti Domini nostri Regis, stipulante & recipiente: Quibus pactis [b] & ibidem predictus Dominus Magister & Inquisitor Generalis, visis, auditis & ad plenum intellectis premissis omnibus universis & singulis, & facta summarie aprisia sive informatione super commodo & incommodo Regiis in hac parte, habitaque super hoc solempni deliberatione & consilio, cum venerabili viro Domino Johanne de Aula, Clerico & Judice Regio Lauraguesii, Bertrando de Blanchaco, Domicello Castelli [c] de Vauro, ac custode Forestarum Regiarum predictarum, Pontio Thomas & Stephano Legaturi custodibus etiam ipsarum Forestarum, Magistro Raymundo Lemosini Notario & custode Forestarum Regiarum de Alta-Nube, olimque Locum-tenentis Magistri-particularis Forestarum Regiarum Tholose; necnon cum nonnullis aliis Officiariis juratis & fidelibus Domini nostri Regis, qui effectualiter in unum concordaverunt, tenuerunt & dixerunt se credere predicta esse expedientia & utilia dicto Domino nostro Regi, ac etiam Reypublice ipsius loci de Revello, & aliorum locorum circumvicinorum, prout dictus Dominus Magister ibidem dixit, dictasque supplicationem & requestam esse consonas rationi, & per consequens dictam oblationem esse ydoneam & sufficientem ac acceptabilem; & attentis & consideratis aliis omnibus & singulis, que animum dicti Domini Magistri, moverunt & movere debuerunt pro utilitate Regis & Reipublice antedicte, sicut dixit: Ideo oblationem predictam per modum quem supra, factam, nomine dicti Domini nostri Regis, admisit, & premissa omnia universa & singula, per ipsos Consules, Sindicum & singulares, nominibus quibus supra, petita, requisita & supplicata, prout superius continentur, eisdem Consulibus & toti Universitati dicti loci de Revello, & singulis de eadem, presentibus & futuris, & eorum cuilibet in solidum, conjunctim vel divisim, & nunciis seu servitoribus eorumdem, per modum per quem supra, nomine dicti Domini nostri Regis, gratiose & liberaliter concessit tenore hujusmodi presentis publici instrumenti, nunc & imperpetuum valituri, & auctoritate Regia sibi in hac parte attributa per Litteras infra insertas; me supra & infrascripto Notario, pro omnibus & singulis illis quorum interest seu interesse potest, solempniter stipulante & recipiente, prout supra: Et nichilominus per tenorem hujus publici instrumenti, precepit, mandavit & injunxit ex parte Regia, & virtute potestatis sibi in hac parte attribute, Magistro-particulari Aquarum & Forestarum Regiarum Senescallie Tholose, vel ejus Locum-tenenti; Necnon Forestariis & custodibus quibuscumque Forestarum Regiarum predictarum, qui nunc sunt & qui pro tempore fuerint, ut predictos Consules, Universitatem & singulares personas, habitatoresque dicti loci de Revello, presentes & futuros, [d] ha presenti concessione uti & gaudere libere faciant & permittant, & ipsos in nullo impediant seu perturbent; omni tamen fraude cessante, juxta ipsius continentiam atque formam: salvo tamen in aliis jure dicti Domini nostri Regis, & etiam quolibet alieno.

Tenor vero potestatis dicti Domini Magistri & Inquisitoris Generalis, de qua supra facta est mentio, talis est.

KAROLUS Primogenitus Regis Francie, Locum suum tenens, Dux Normannie & Dalphinus Viennensis: Universis presentes Litteras inspecturis, Salutem. Notum facimus, quod Nos attentis [e] grativiis serviciis per dilectum nostrum Robertum de Cocerelez, Scutiferum, dicto Domino Genitori nostro, & aliquibus suis Predecessoribus, in guerris tam in Britanea quam in aliis partibus Regni, [f] Domini & fideliter impensis, & que Nobis de die in diem impendere non desinit, [g] etiam per ipsum imposterum expectamus impendi:

[a] singulares.

[b] Le Texte paroît corrompu dans le commencement de cette phrase.

[c] Lavaur.

[d] hac.

[e] *App.* gratis; *ou peut-estre*, gratuitis.

[f] *Ce mot est corrompu: peut-estre faut-il lire* diu!

[g] &c.

CHARLES V. à Paris, en Juin 1364.

consideratis etiam dampnis per ipsum propter hujusmodi guerras, passis, eidem Roberto, Officium [a] *Magistratus & Inquisitoris Aquarum & Forestarum dicti Domini Genitoris nostri & Regni sui, quod nuper tenere solebat dilectus noster* [b] *Encirus Dol, vacans ad presens per ipsius resignacionem pure & libere factam, ad quod quidem Officium tenendum, dictum Robertum ydoneum fore intelliximus, dedimus & concessimus, damusque* [c] *concedimus per presentes, de gratia speciali, tenendum & exercendum quamdiu dicto Domino Genitori nostro & Nobis placuerit, ad vadia, jura & emolumenta consueta, que & prout dictus Encirus & ceteri Magistri &, Inquisitores Aquarum & Forestarum dicti Regni, racione hujusmodi Officii, percipiunt seu percipere consueverunt : Mandantes omnibus Justiciariis & subditis dicti Genitoris nostri & nostris, quatenus dicto Roberto, tanquam Magistro & Inquisitori dictarum Aquarum & Forestarum dicti Genitoris nostri & Regni sui, in hiis que ad dictum spectant Officium, pareant efficaciter & intendant ; necnon dilectis & fidelibus Gentibus Compotorum dicti Genitoris nostri, quatenus dicta vadia & jura, dum prefato Roberto soluta* [d] *fuerunt, in solventis compotis allocent, & de sua recepta, absque difficultate quacunque & alterius expectatione mandati, deducant. In cujus testimonium, Sigillum dicti Domini Genitoris nostri, presentibus Litteris duximus apponendum.* Datum in Castro de Lupera propè Parisios, die 25. Octobris, Anno Domini 1356. *Per Dominum Ducem, presente Domino Petro de* [e] *Ommot.* TOURNEUR.

a Il semble qu'il faudroit Magistri.
b mot très douteux.
c &.
d fuerint.
e mot très douteux.

ACTA fuerunt hec Tholose, in domo habitationis providi viri Magistri Johannis de Sancto-Servino, in presentia & testimonio discretorum virorum, Magistri Johannis de Sancto-Servino, Bacallario in Legibus, predictorum Magistrorum, Bernardi Chapmarii de Rastitanis, habitatoris Carcassone, Mathei de Sulhosa Tholose Notarii Regii, Raymundi Vergeni de Villa-novella, Briceti de Balairenant Servientis [f] *garnis. (1) Carcassone, Jacobi Godoris, Aidi Capitistagni, de* [g] *Tribus-bonis prope Carcassonam, & mei Johannis Sucredi, de Carcassona, publici* [h] *Regi auctoritate & Curie dicti Domini Magistri & Inquisitoris, Notarii, qui requisitus de predictis, hanc Cartam & stipulationem predictam, recepi sub continentia antedicta, scripsique, & meo signo consueto signavi, &* [i] *rei.*

Et ut nemini vertat in dubium quin premissa omnia & singula sint vera, modo & forma quibus superius continentur, & ad majorem omnium premissorum firmitatem, nos Magister & Inquisitor predictus, Sigillum nostrum proprium, huic presenti instrumento apponi fecimus & appendi, in loco de [k] *Vauro, die 19. dicti mensis Marcii, Anno dicto.*

f App. garnisionum.
g Trebez. *Voy. le 3.e Volume des Ordonn. p. 264. Note (c).*
h Regis.
i Peut-estre, relegi.
k Lavaur.

[l] *NOS autem omnia & singula in suprascriptis Litteris contenta, rata & grata habentes, ea volumus, laudamus, approbamus, ac ex nostris certa scientia & speciali gratia, ac plenitudine Regie potestatis nobis attribute, tenore presentium confirmamus : Mandantes Senescallo Tholose, ac Magistris Aquarum & Forestarum, ceterisque Officiariis Regiis qui nunc sunt & qui pro tempore fuerint, & eorum cuilibet prout ad eum pertinuerit, aut eorum Loca-tenentibus, quatenus predictos Consules & habitatores dicti loci de Revello, & successores eorumdem, nostra presenti gratia uti & gaudere pacifice & quiete faciant, juxta seriem & formam predictarum Litterarum ; nec contra tenorem presentis confirmationis, ipsos nullatenus molestent & inquietent, seu inquietari vel molestari permittant : Et si quid in contrarium actum seu attentatum fuerit, ad statum pristinum & debitum revocent indilate ; Regio in aliis & alieno quolibet in omnibus jure salvo. Quod ut firmum & stabile perpetuo perseveret, nostrum presentibus Litteris Sigillum duximus apponendum.* Actum Tholose, Anno Domini 1357. mense Marcii. *Per Dominum Locum-tenentem, in suo Consilio in quo erant Domini Episcopus Nivernensis, Vice-comes Narbone, Galesius de Balma, H. de Montignaco & plures alii.*

J. DE CHASTEILLON.

Transivit sine alia financia ; nisi de 150. Florenis in [m] *Albo contentis,* [n] *quos Florenos*

l Continuation des Lett. du Comte de Poitiers.
m dans la Piece.
n qui Floreni.

NOTES.

(1) Il y a là un mot que l'on n'a pû déchiffrer. Il semble qu'il y ait *tunt* avec une marque d'abbreviation sur la finale.

CHARLES V. à Paris, en Juin 1364.

redduntur Regi, in compoto Tholose Anni finiti 358. & ipsi Consules tenentur in residuo. R. DE LILLE. *Collatio facta cum originali.* DE CASTELLIO.

a Continuation des Lett. du Viguier de Toulouse.

[a] *IN quarum Litterarum visionis & inspectionis testimonium, nos Vicarius Regius Tholose predictus, Sigillum auttenticum dicte Vicarie Tholose, Litteris presentibus impendenti, duximus apponendum.* Actum & datum Tholose, die 5. mensis Novembris, Anno Domini 1359.

b Continuation des Lett. de Charles V.

[b] *NOs autem Litteras dicti Germani nostri suprascriptas, omniaque & singula in eisdem contenta, causis, modo, forma, & sub condicionibus & censu annuo in eisdem declaratis, rata habentes & grata, ea volumus, laudamus, approbamus, ratifficamus, ac de nostris speciali gracia & auctoritate Regia, tenore presencium confirmamus. Senescallo Tholose, ac Magistris & custodibus Aquarum & Forestarum nostrarum, ceterisque Justiciariis & Officiariis nostris modernis & futuris, aut eorum Loca-tenentibus, & cuilibet eorumdem ut ad eum pertinuerit, dantes presentibus in mandatis, quatenus predictos Consules & habitatores dicti loci de Revello, & successores eorumdem, nostris presentibus gracia & confirmacione, juxta formam & tenorem prescriptarum Litterarum, visis earum originalibus; ac presencium, uti & gaudere pacifice & quiete, deinceps perpetuis temporibus, faciant & permittant; omni impedimento cessante penitus & amoto. Quod ut firmum & stabile perpetuo perseveret, nostrum, quo ante Regni nostri regimen susceptum, utebamur, presentibus Litteris fecimus apponi Sigillum: nostro in aliis & alieno in omnibus jure salvo.* Actum & datum Parisius, Anno Domini 1364. mense Junii.

Per Regem ad relationem Consilii. DOUHEM.

Collatio facta est cum transcripto sive vidimus *Litteris hiis presentibus inserto, per me,* DOUHEM. *Visa.*

CHARLES V. à Paris, en Juin 1364. Charles IV. dit le Bel, à Poissi, en Avril 1326. Jean I.er & selon d'autres, Jean II. à S.t Christofle en Halate, en Octobre 1350.

(c) Sauve-garde Royale, & autres Privileges accordez à l'Abbaye de *Prully*.

CAROLUS Dei gratia Francorum Rex: Notum facimus universis tam presentibus quam futuris, Nos infrascriptas recordacionis inclite carissimi Domini Progenitoris nostri, vidisse Litteras in hec verba.

JOHANNES Dei gracia Francorum Rex: Notum facimus universis tam presentibus quam futuris, Nos Litteras inclite recordacionis Regis Karoli quondam consanguinei nostri carissimi, vidisse, formam que sequitur, continentes.

c Charles le Bel.

d Prully, dans le Dioc. de Sens. V. la Gall. Christ. 1.re edit. tome 4. p. 765. col. 1.

e chariot, ou charrette.

[c] *KAROLUS Dei gracia Francorum & Navarre Rex: Notum facimus universis tam presentibus quam futuris, quod cum olim Theobaldus bone memorie, Rex Navarre, Campanie & Brie Comes Palatinus, predecessor noster, universis Prepositis & Baillivis suis, per suas precepisset & mandavisset Litteras, quatenus Abbatem [d] Prulliacensem ac Monachos & Fratres ejusdem Monasterii, Cisterciensis Ordinis, cum universis rebus ad idem Monasterium pertinentibus, in pace & quiete, liberos ab incursu malignancium, manere sollicite facerent, & inhibuisset ne quis equos, boves, asinos eorumdem Pruliacensium, ad (b) arnitus, ad [e] quadrigam, ad (c) traham sive ad hercam, capere presument*

NOTES.

(a) Tresor des Chartres, Registre 96. Piece dix-huit-vingt-deux. [282.]

(b) Arnitus.] Ce mot signifie ordinairement un *harnois*: mais il paroist par la suite de la phrase, qu'il signifie icy un *cheval de selle;* ou peut-estre, un cheval de charrüe pour labourer.

(c) Traham.] Il me paroist que ce mot est icy synonyme de *herca*, herse.

absque speciali sua licencia & mandato; nec aliquis, dictorum Pruliacensium aliquid, (d) sine clamore premisso, capere auderet vel presumeret: Quod si cepisset, tantum de rebus ejus qui res dictorum Pruliacensium cepisset vel detineret, clamore non premisso, a caperent ex precepto dicti Regis; quod predicte res eisdem Pruliacensibus, sine mora, cum dampnis inde habitis, restituerentur, & forefactum eidem Regi penitus emendaretur: Et si quis de Baronibus suis vel aliquis de terris eorumdem, aliquid injurie jam dictis Pruliacensibus vel rebus eorum, inferre presumeret, voluisset idem Rex & precepisset, quod ipsi vel eorum Justiciarii, super emendacione injuriarum vel b forestum, (e) quod totius convenirentur à dictis Baillivis & Prepositis suis, & eisdem Pruliacensibus, res que ablate essent, ac dampna restituerentur, & forefactum emendaretur: Voluisset insuper idem Rex, quod Forestariis nemorum, c Messeris terrarum seu segetum, ceterisque custodibus rerum seu segetum sepedictorum Pruliacensium, quando caperent (f) vadia seu gagia eorum qui d ipsos dampnificassent, e vel aliqua eis illata fuisset violencia, crederetur eisdem sicut Forestariis & Messeriis dicti Regis, & aliis Forestariis, Messeriis & custodibus credebatur & erat credere consuetum; Mandavisset eciam predictis Baillivis & Prepositis, quod ipsi omnia & singula diligenter observarent & observari taliter facerent, quod predicti Pruliacenses sub protectione sua f viveret pacifice & quiete, ne g pro deffectu, eosdem opporteret & ad ipsum habere recursum: Et quod si quis dictorum Baillivorum & Prepositorum, precepti sui predicti transgressores existerent, h tociens quinquaginta solidos pro emendacione sibi darent, quociens ab hujusmodi precepti execucione, à memoratis Pruliacensibus requisiti, deficerent: Et carissimus Dominus i Genitor noster, & Domina Genitrix nostra, inclite recordacionis, tempore quo vivebant, omnia & singula suprascripta, rata & grata habentes, Baillivis, Prepositis ceterisque Justiciariis Regni Francie, per suas dederint Litteras in mandatis, ut ea prefatis k Abbatui & Conventui diligenter observarent & facerent inviolabiliter observari: Carissimusque Dominus & Germanus noster l Ludovicus quondam Rex, postquam terra Campanie ad manum suam devenerat, premissa omnia & singula approbaverit & confirmaverit, ac de speciali gracia & in recompensacionem condignam, adjecerit quod predictos Religiosos, tam in capite quam in membris, una cum omnibus rebus, bonis & familiis suis, sub protectione ac speciali & immediata Gardia Comitatus Campanie & ejus ressorti existentibus, ab eadem Gardia & ressorto non amoveret; eciam si territorium in quo dictum Monasterium consistit, ad alium Dominum transferetur: concessérit insuper eisdem, quod de Causis suis civilibus, coram Baillivo in Assisiis Pruviniensibus, & m nostro coram Preposito; nisi in minimis Causis, respondere tenerentur: Et quod de bonis suis propriis, (g) & pro victu, usu & aliis neccessariis victui, emere libere possint, & per terram & aquam ducere pro eisdem neccessariis suis, absque prestacione pedagii, tholonie, vel consuetudine: quodque ad n tempale eorumdem Religiosorum, per Gentes seu Officiales ipsius Domini Germani nostri, absque o clamore seu Cause cognitione, non poneretur aut assignaretur manus sua; prout hec omnia in Litteris ipsius Domini Germani nostri, inde confectis, plenius continentur:

CHARLES V.
à Paris, en Juin 1364.

a les Juges cy-dessus nommez, prendront, &c.

b forefactorum.

c Messiers.

d Pruliacenses.

e *Il semble qu'il devroit y avoir &.*

f viverent.

g si les Juges ne faisoient pas leur devoir.

h Voy. cy-dessus, Note (e).

i Philippe le Bel & Jeanne de Navarre, sa femme.

k Abbati.

l Louis le Hutin.

m *Je crois qu'il faut* non.

n temporale.

o demande faite en Justice. *Voyez cy-dessus, p. 106. Note (c).*

NOTES.

(d) *Sine clamore premisso.*] Je crois que cette clause signifie, que lorsqu'on vouloit exercer ce droit, il falloit en avertir auparavant, par une proclamation publique; ou demander permission au Juge. Cette phrase signifie donc, que l'on ne pourra jamais exercer le droit de *Prise,* sur les chevaux de *Prully;* & qu'on ne le pourra faire par rapport aux autres choses sujettes à ce droit, sans une proclamation préalable, ou la permission du Juge. Voy. cy-dessous, les Lettres du 12. de Juillet 1364. accordées à la Ville de Lille.

(e) *Quod totius.*] *Quod* paroist inutile; & au lieu de *totius*, il y a plus bas dans le méme sens, *totiens.* Voy. cy-dessous, Note (h) marg.

(f) *Vadia, &c.*] C'est-à-dire, que lorsqu'on resistera à ces Gardes, quand ils saisiront les effets de ceux qui ont fait quelque tort à ce Monastere, on ajoûtera foy au procès-verbal de rebellion qu'ils feront.

On pourroit aussi rapporter le mot *eis*, non aux gardes, mais aux Religieux de Prully; & cela signifieroit alors, que l'on ajoûtera foy aux Gardes qui saisiront les effets de ceux qu'ils auront surpris faisant du tort au Monastere, & exerçant quelque violence à leur prejudice. Le premier sens me paroist le meilleur.

(g) Il y a un mot que l'on n'a pû déchiffrer, il y a : *undius.*

CHARLES V. à Paris, en Juin 1364.

Nosque postmodum omnibus Baillivis, Prepositis, ceterisque Justiciariis Regni nostri, per nostras alias Litteras dederimus in mandatis, quod premissa omnia & singula, juxta predictarum Litterarum tenorem & formam, tam in Campania quam quibuscunque locis aliis Regni nostri Francie, diligenter & firmiter observari facerent; nec contra ea vel eorum aliqua, permitterent aliquid indebite attemptari, fieri vel mutari: [a] *Ea que contra premissa vel premissorum aliqua, indebite attemptata facta vel immutata fuissent, vocatis evocandis, ad debitum statum reduci de plano, & contradictores ad hoc compelli facerent, Justicia mediante.*

a &.

Nos premissa omnia & singula volumus, & tenore presentium approbamus, & ad ipsorum Abbatis & Conventus supplicacionem, quos sub speciali & inmediata Gardia nostra, & Corone Regni nostri Francie, per presentes recipimus & imperpetuum retinemus, eisdem concedimus graciose, quod unum de Servientibus nostris, vel plures, si necesse fuerit, quos duxerint eligendos, possint Gardiatores vocare pro familiis, rebus, bonis & locis suis presentibus & futuris, tam in capite quam in membris, qui auctoritate nostra, Officium [b] *Gardiatorum exerceant, ipsosque in premissis omnibus & singulis, & aliis quibuscunque ad Gardam & ressortum nostros pertinentibus, manuteneant & conservent; deffendantque ab injuriis, violenciis, oppressionibus & novitatibus indebitis quibuscumque: Debata eciam contra ipsos mota, ad manum nostram ponant & teneant; ac ressaisinas de bonis eorum debite faciant; Partesque super his, coram competentibus Judicibus adjornent; omniaque alia & singula ad officium Gardiatorum pertinentia, faciant & compleant: Dum tamen de hiis que Cause* [c] *cogitationem exigunt, se nullatenus intromittant: Faciendique premissa omnia & singula, eisdem Servientibus plenam & liberam tenore presentium, concedimus potestatem: Mandantes eciam dictis Servientibus nostris & eorum cuilibet, quatenus in domibus vel locis dictorum Religiosorum, in quibus sciverint Nos in solidum Justiciam habere seu Cause cognicionem, vel Justiciam Nobis specialiter reservasse, alium seu alios justiciare vel* [d] *expecta Justicie exercere aliquatenus non permittant. Quod ut firmum & stabile permaneat* [e] *& futurum, presentibus Litteris nostrum fecimus apponi Sigillum: Transcripto vero presencium sub Sigillo autentiquo, tanquam originali, (h) ex causa fidem adhiberi volumus & mandamus.* Actum Pissiaci, Anno Domini 1326. mense Aprilis.

b Gardiator. Reg.

c cognitionem.

d explecta.

e in.

f Continuation des Lett. du Roy Jean.

[f] *NOS autem omnia & singula in dictis Litteris contenta, rata habentes & grata, ea volumus, laudamus, approbamus, & tenore presencium, de gracia speciali & ex plenitudine nostre potestatis, confirmamus. Quod ut firmum & stabile permaneat in futurum, nostrum Sigillum quo ante Regni nostri susceptum regimen, utebamur, presentibus Litteris duximus aponendum: salvo in aliis jure nostro, & in omnibus aliis quolibet alieno.* Datum apud Sanctum Christoforum in Halata, Anno Domini 1350. mense Octobris.

g Continuation des Lett. de Charles V.

[g] *QUAS quidem Litteras supra transcriptas, ac omnia & singula que continentur in eisdem, Nos qui predecessorum nostrorum vestigiis merito cupimus inherere, aprobamus, laudamus, ratifficamus, & de speciali gratia, nostreque Regie potestatis plenitudine, confirmamus, ac suum ad plenum in omnibus & per omnia, sortiri effectum volumus & decrevimus tenore presencium Litterarum: Universis Justiciariis, Officiariis & Servientibus Regiis, presentibus & futuris, prout ad quemlibet eorum pertinebit, mandantes quatenus easdem Litteras exequantur diligenter juxta earum seriem & tenorem; si & dum super hoc fuerint requisiti. Quod ut perpetue stabilitatis robur obtineat, presentes Litteras Sigilli quo ante Regni nostri susceptum regimen, utebamur, fecimus appensione*

NOTES.

(h) *Ex causa.*] Ces mots que je crois avoir déja vû dans ce sens, doivent signifier, *& pour cause*; c'est-à-dire, *pour de bonnes & justes raisons.*

muniri : nostro in aliis, & alieno in omnibus jure salvo. Datum Parisius, Anno Domini 1364. mense Junii.

[a] *Per Consilium Parisius existens, in quo vos eratis.* J. MELLON. *Contentor. Collatio fit. Visa.*

a Voy. la Preface du 3.e Vol. des Ordonnances, p. ix.

CHARLES V. à Paris, en Juin 1364.

(a) Lettres de Sauve-garde Royale, pour l'Abbaye de Chelles.

CHARLES &c. Savoir faisons &c. que Nous desirans de tout nostre cuer, les personnes de [b] Religion qui sont ordenées à servir Nostre Seigneur Jesus-Christ en nostre Royaume, estre maintenuës & gardées avec tous leurs biens & familiers, en [c] paiz & en tranquilité, par quoy il puissent mieux & plus devotement vacquier & entendre au service de Dieu, auquel il se sont donnez. A la supplicacion de noz bien-amées Religieuses, l'Abbesse & Convent de Chele *(b)* Sainte Baudour, de fondacion [d], & qui sont de tout temps en la Sauve-garde Royal, ycelles d'abundant, avons prises & prenons, mises & mettons de grace especial, de nostre certaine science, avec tous leurs biens quieux qu'il soient & où qu'ils soient assiz en nostre Royaume, que elles ont à present & que elles acquerront léalment ou temps avenir, tous leurs familiers, serviteurs, *(c)* Religieux & seculiers, en & souz nostre proteccion & Sauve-garde especial, & de noz Successeurs Royaux de France, pour y estre & demourer perpetuelment, & leur avons comis, donné & deputé, comettons, donnons & deputons de nostre grace, nostre Prevost de Paris present & avenir, ou son Lieutenant, leur Juge en toutes leurs Causes meuës & à mouvoir, contre quelconques personnes, en demandant & en deffendant : [e] Par ainsi toute-voïes, que pour ce il ne puissent aucun faire convenir pardevant ledit Prevost ou son Lieutenant, de plus loing de Paris que quatorze lieuës : Et aussi voulons & comettons ledit Prevost ou son Lieutenant, estre leur Gardian especial, pour ycelles Religieuses, leur Eglise en chef & en membres, leurs familiers, leurs genz & possessions, granches, terres, prez, bois, vignes, Justices, cens, rentes & revenuës, quelles que elles soient, & à elles appartenantes en quelles manieres que ce soit, [f] maitenir & garder par lui ou par autres, en leurs Justices, possessions, franchises, libertez, droiz, coustumes, usages, privileges & saisines, & pour elles defendre de par Nous, de toutes injures, violences, griefs, oppressions, inquietacions, molestacions, de force d'armes, de puissance de laiz, & de toutes nouvelletez indeuë quelles qu'elles soient : Et s'il y a debat en cas de nouvelleté, entre les Parties, sur les choses contencieuses, de mettre ycellui debat en nostre main comme souveraine; & à faire par ycelle nostre main, recréance là & si comme il appartendra : Et pour faire païer ausdictes Religieuses ou à leur certain commandement, les cens, rentes, dismes & revenuës & toutes les debtes bonnes & leaulx recognuës, ou prouvées par Lettres, tesmoins, instrumens, ou autres loyaulx enseignemens, que il lui apperra estre deuës ausdictes Religieuses, [g] de quelquels personnes noz subgez demourans à Paris, & environ jusques à quatorze lieuës; en contraignant yceulx debteurs [h] à ce, par la prinse, venduë & explectacion de leurs biens, & detencion de leurs corps, se obligez y estoient : Et se aucuns de leurs debteurs se vouloient opposer au contraire, nostre main souffisament garnie là & si comme il appartendra deuëment, pour faire adjourner pardevant soy ou son Lieutenant à Paris, en nostre Chastelet de Paris, lesdis opposanz & toutes autres personnes, tant en demandant comme en defendant, pour aler avant pardevant lui, tant sur lesdictes opposicions,

b *Religieuses.*

c *paix.*

d Il faut suppléer le mot *Royale,* qui est ensuite.

e *pourvû.*

f *maintenir.*

g *par.*

h *à payer.*

NOTES.

(a) Tresor des Chartres, Registre 96. Piece 112.

(b) *S.te Baudour.*] Elle est ordinairement nommée *S.te Balthilde.* Elle estoit femme du Roy *Clovis II.*

(c) *Religieux.*] Ceux qui demeureront dans le dehors de leur Monastere, pour desservir leur Eglise, ou pour gerer leurs biens.

CHARLES V. à Paris, en Juin 1364.

debaz ou questions, comme sur lesdictes debtes, si comme il sera à faire de raison, pour en faire sur les choses dessuzdictes, les Parties oïes, bon & brief acomplissement de Justice: Et voulons que nostredicte Garde especial, il face publier par tous les lieux où il verra qu'il apparteigne, à la requeste desdictes Religieuses ou de leurs genz; & en signe de nostredicte Sauve-garde especial, face mettre noz Pennunceaux Royaux ès maisons, granches, possessions & autres biens desdictes suppliantes, là où [a] mestier en sera, afin que nul ne se puisse excuser de ignorance: Et intime & deffende de par Nous, à toutes les personnes dont il sera requis de par lesdictes Religieuses, que à eulx, à leur famile, à leurs genz, à leur Eglise en chef & en membres, à leurs terres, cenz, rentes, revenuës, ne autres biens quelconquele, [b] où qu'il soient, presens & avenir, il ne meffacent ou facent meffaire en aucune maniere, sur *(d)* à appliquier à Nous: Et pour faire & acomplir plus diligemment de point en point, les choses dessusdictes & chascune d'ycelles, Nous mandons & comettons audit Prevost de Paris present & avenir, ou à son Lieutenant, que il, toute-foiz que mestier en sera, depute ausdictes Religieuses, une ou deux personnes convenables, à leurs despenz; lesquieux & chascun d'eulx, Nous voulons de nostre grace dessusdicte, que il aïent, quant à faire & executer les choses dessusdictes & chacune d'icelles, tout povoir de Office de Sergent: Toutesfoiz Nous ne voulons qu'il s'entremettent en aucune maniere, de chose qui requiere cognoissance de Cause: Et Nous donnons en mandement à tous noz Justiciers & subgez, que audit Prevost de Paris present & avenir, ou à son Lieutenant, & audit Sergent où Sergens deputez de par lui, quant aus choses dessusdictes & celles qui en dependent, obéissent & entendent diligemment. Et pour que ce soit ferme chose & estable à tousjours, Nous avons fait mettre nostre Seel duquel Nous usions avant que Nous venissions au gouvernement de nostre Royaume, à ces presentes Lettres: sauf en autres choses nostre droit & en toutes l'autrui. *Donné à Paris, l'An 1364. ou mois de Juing.*

Signé. Par le Roy à vostre relacion. G. DE MONTAGU. *Visa.*

a *besoin.*

b *dans quelque lieu qu'ils soient situez.*

NOTES.

(d) Il y a dans l'Original *certam* ou *certain*, avec une marque d'abbreviation dessus. Je crois qu'il doit y avoir *certaine peine.*

CHARLES V. à Paris, en Juin 1364.

(a) Lettres portant que Genrey en Montaigne, Montalye *&* Jule, *ressortiront au Bailliage de Mâcon.*

CHARLES par la grace de Dieu Roys de France: Savoir faisons &c. que comme de la partie de noz biens amez les Religieux, Abbé & Convent de [c] Cligny, Nous ait esté exposé, que jasoit ce que leurs Villes de [d] Genrey en Montaigne, de Montalye & de Jule, soient assises ou Duché de Bourgogne, & aïent les habitans d'icelle, accoustumé à ressortir en Jurisdiction, pardevant le Bailli de Mascon ou son Lieutenant, dès le temps de feu Philippe Duc de Bourgogne, derrenierrement trespassé, de son pere, & avant le trespassement d'iceux: Toutes-voies depuis le trespassement dudit feu Philippe Duc de Bourgogne, & que ledit Duché vinst en la main de nostre très chier Seigneur & Pere que Dieux absoille, aucuns des Justiciers d'icelli Duché, ont contraint ou se sont efforcié de contraindre lesdis habitanz ou aucuns d'eulx, à ressortir & comparoir pardevant eulx: Et pour ce que Nous avons à present baillié & transporté à nostre très chier & très amé Frere, Philippe

c *Cligny.*

d *Je n'ai rien trouvé sur ces trois lieux.*

NOTES.

(a) Tresor des Chartres, Registre 96. Piece sept-vingt & quinze [155.]

Duc

CHARLES V. à Paris, en Juin 1364.

Duc de Bourgogne, ledit Duché, lesdis Religieux se [a] doubtent que ou temps avenir, aucuns des Justiciers d'icelli Duché, ne contraignissent ou feissent contraindre lesdis habitans ou aucuns d'eulx, à ressortir pardevant eulx, par la maniere qu'il s'efforçoient de les contraindre ou temps que ledit Duché estoit annexé à la Couronne de France: Laquelle chose seroit ou grant grief & préjudice de Nous, desdis Religieux & des habitans de leursdictes Villes, si comme il dient, supplianz que sur ce, leur veillienz pourveoir de remede gracieux & convenable : Nous considerans ce que dit est, & que toujours voulons maintenir & garder lesdis Religieux, en leurs bons usages & coustumes, à yceulx Religieux, ou cas dessuzdit, avons ottroïé & ottroïons par ces presentes, de grace especial, certaine science & de nostre auctorité Royal, que les habitans desdictes Villes ne aucuns d'eulx, ne puissent ressortir ne comparoir en Jurisdiction, pardevant quelconque Juge que ce soit, [b] fors pardevant ledit Bailli de Mascon ou son Lieutenant; & tout en la forme & maniere qu'il faisoient & ressortissoient avant le trespassement dudit feu Philippe Duc de Bourgogne, & que ledit Duché feust annexé à la Couronne de France, comme dit est. Si donnons en mandement par la teneur de ces presentez, au Bailli de Mascon, & à tous les autres Justiciers, Officiers & subgez de nostre Royaume, presens & avenir, ou à leurs Lieuxtenans, ou à chascun d'eulx, que lesdis habitanz ne aucuns d'eulx, ne suessrent estre contraint à ressortir & comparoir pardevant quelconque Juge que ce soit; fors par la maniere que dessus est dit; ne contre la teneur de nostre presente grace, ne les suessrent estre molestez ou empeschez, orez ne ou temps avenir, en aucune maniere; mais d'icelle, eulx & chascun d'eulx facent & laissent joïr & user paisiblement seuz aucun contredit ou empeschement. Et que ce soit ferme chose &c. sauf nostre droit &c. *Donné à Paris, en nostre Hostel lèz Saint Pol, l'An 1364. ou moys de Juing.*

Par le Roy en son Conseil. N. DE VEREZ.

[a] *craignent.*

[b] *si ce n'est.*

CHARLES V. à Paris, en Juin 1364.

(a) Lettres de Sauve-garde Royale pour l'Hostel-Dieu de la Ville de Paris.

KAROLUS Dei gratia Francorum Rex : Notum facimus universis tam presentibus quam futuris, Nos Litteras inclite recordacionis carissimi Domini Genitoris nostri, cujus anima in pace requiescat, vidisse, formam que sequitur, continentes.

JOHANNES Dei gracia Francorum, &c. [c]

QUAS quidem Litteras ac omnia & singula in eis contenta, Nos specialem devocionem gerentes ad domum supradictam, rata habentes & grata, ea laudamus, approbamus, ratifficamus, auttoritateque nostra Regia & speciali gracia, tenore presencium confirmamus. Quod ut firmum & stabile perpetuo perseveret, Sigillum, quo ante Regni nostri susceptum regimen, utebamur, presentibus Litteris duximus apponendum : nostro in aliis & alieno in omnibus jure salvo. Actum Parisius, Anno Domini millesimo trecentesimo sexagesimo-quarto, mense Junii.

[c] Ces Lettres sont cy-dessus, p. 66.

NOTES.

(a) Livre Rouge vieil du Chastelet de Paris, *fol.* 30. *verso.*

CHARLES V. à Paris, en Juin 1364.

(a) Lettres de Sauve-garde Royale pour les Religieuses de Longchamp.

KAROLUS Dei gracia Francorum Rex : Notum facimus presentibus pariter & futuris, Nos infrascriptas nostras vidisse Litteras, formam que sequitur, continentes.

CHARLES ainsné Filz de Roy de France, regent le Royaume, &c. [a]

QUAS quidem Litteras, omnia & singula in eisdem contenta, rata habentes & grata, ea volumus, laudamus, approbamus, auctoritateque nostra Regia, certa sciencia & plenitudine nostre Regie potestatis, serie presencium confirmamus : universis Justiciariis & Officiariis, subditisque nostri Regni, presentibus & posteris, ac cuilibet eorum in solidum, [b] *mandantes ut contra tenorem presencium, Abbatissam & Conventum* [c] *memoratam, non impediant aut impediri in capite seu in membris, in personis, familiaribus, sive bonis quibuscumque, quoquomodo* [d] *pacientur ; ymo nostra presenti gracia & concessione, ipsas uti & gaudere pacifice faciant & quiete. Quod ut firmum & stabile permaneat in futurum, Sigillum nostrum, quo ante susceptum Regni nostri regimen, utebamur, Litteris presentibus duximus apponendum : nostro in aliis, & alieno in omnibus jure salvo.* Datum Parisius, Anno Domini millesimo trecentesimo sexagesimo-quarto, mense Junii.

Collacion faicte à l'original scellé en las de soïe & cire vert. Ainsi signé. *Per Regem in Consilio suo.* OGIER. *Visa. Collatio facta est.* Et estoit escript au dos. [e] Publiées en Jugement ou Chastellet de Paris, le lundi 16.e jour de Septembre, l'An mil trois cens soixante & dix.

a *Ces Lettres sont dans le troisieme Volume des Ordonn. p. 363.*

b mandan. *R.*

c memorat. *R.*

d patiantur.

e *Publ.* R.

NOTES.

(a) Livre Rouge vieil du Chastelet de Paris, *fol.* 50. *recto.*

CHARLES V. à Paris, en Juin 1364.

(a) Confirmation des Privileges des Ouvriers de la Monnoye, du serment de l'Empire.

KAROLUS &c. Notum facimus universis presentibus & futuris, Nos Litteras inclite recordacionis precarissimi Domini & Progenitoris nostri, vidisse sub verbis, in modum qui sequitur, annotatis.

JOHANNES Dei gratia Francorum Rex, &c. [f]

QUAS quidem Litteras, omnia & singula in eisdem contenta, rata habentes & grata, ea volumus, laudamus, ratifficamus, approbamus, & de gratia speciali, per presentes renovamus, ac ex certa sciencia, auctoritateque nostra Regia, confirmamus : Dantes earumdem serie presencium, in mandatis omnibus Senescallis, Baillivis, Prepositis, Justiciariis, Officiariis & subditis Regni nostri, eorumque cuilibet, ut omnia & singula predicta privilegia, libertates & franchisias antedictas, teneant & inviolabiliter observent, tenerique faciant, & ab omnibus firmiter observari : transsumpto vero presentium, aliquo Sigillo autentiquo sigillato, ut originalibus, fidem indubiam volumus adhiberi. Quod ut

f Ces Lettres sont dans le second Vol. des Ordonn. p. 417.

NOTES.

(a) Tresor des Chartres, Registre 96. Piece six-vingt-treize. [133.]

Ces Lettres sont aussi dans le Registre du Parlement, intitulé, *3.e Vol. des Ordonn. de François I. coté m.* fol. 107.

perpetui roboris stabilitate firmetur, presentes Litteras nostri Sigilli [a] *munime, quo ante susceptum Regni nostri regimen, utebamur, fecimus roborari.* Actum & datum Parisius, Anno Domini 1364. mense Junii.

[b] *Per Regem.* OGIER. *Collacio facta est cum originali. Visa. Contentor.*

a munimine. R. P.

b Ce qui suit, n'est pas dans le Reg. du P.

CHARLES V. à Paris, en Juin 1364.

(a) Confirmation des Privileges de l'Ordre de S.t Jean de Jerusalem.

KAROLUS *Dei gratia Francorum Rex : Notum facimus universis presentibus pariter & futuris, Nos felicis & inclite recordacionis Domini & Genitoris nostri, Litteras vidisse, forme que sequitur & tenoris.*

JOHANNES *&c.* [c]

QUAS *quidem Litteras, Nos de nostris auctoritate, Regie & plenitudine potestatis, de specialique gracia, confirmamus : Salvo tamen & excepto, quod recredenciam* [d] *par Gardiatores Religiosis memoratis deputtatos vel deputtandos, fieri nolumus ; sed per Judices competentes. Declarantes insuper & interpretantes clausulam in Litteris suprascriptis insertam, qua cavetur ; opponentes adjornari in Parlamento nostro, vel coram Baillivis nostris aut Judicibus nostris ad quos cognitio hujusmodi pertinere debebit ; videlicet ; quod opponentes & injuriatores, si qui fuerint, qui alibi quam in Parlamento nostro, minime litigare tenentur, per dictos Gardiatores in dicto Parlamento adjornabuntur : Alii vero coram nostris Judicibus ad quos debebit cognitio hujusmodi pertinere. Cetera vero in suprascriptis Litteris contenta, in suo robore, juxta sui* [e] *seriem, volumus remanere.*

Que ut perpetua stabilitate firmentur, Litteras presentes Sigilli nostri munimine fecimus roborari : salvo tamen in aliis jure nostro & in omnibus alieno. Actum Parisius, Anno Domini 1364. & mense Junii. Sic signatum. *Per Regem ad relacionem vestram.* DE MONTACU. [f]

c Ces Lettres sont cy-dessus, p. 13.

d per.

e mot douteux.

f *Dans le Regist. des Chartres, il y a ensuite : Visa.* Collatio facta est.

NOTES.

(a) Livre vert vieil, second du Chastelet, p. 114. *verso.*

Ces Lettres sont aussi au Tresor des Chartres, Registre 96. Piece 60.

CHARLES V. à Paris, en Juin 1364.

(a) Lettres de Sauve-garde Royale pour l'Ordre de S.t Jean de Jerusalem.

CAROLUS *Dei gratia Francorum Rex : Notum facimus universis presentibus & futuris, Nos Litteras clare memorie Domini & Progenitoris nostri, vidisse, formam que sequitur, continentes.*

JOHANNES *Dei gracia, &c.* [g]

QUAS *quidem Litteras & omnia in eis contenta, de nostris auctoritate & plenitudine potestatis Regie, de specialique gracia, tenore presentium confirmamus : Mandantes* [h] *inhibentes districte, omnibus & singulis Justiciariis & Officiariis nostris, necnon Regni nostri vel eorum Loca-tenentibus presentibus & futuris, & cuilibet eorumdem ut ad eum*

g Ces Lettres sont cy-dessus, p. 14.

h &.

NOTES.

(a) Registre du Parlement coté, Registre unique du Roy Charles Huitième, *H. fol.* 28. *verso.*

Ces Lettres sont aussi au Tresor des Chartres, Registre 96. Piece sept-vingt-dix-neuf, [159.]

pertinuerit, ne contra suprascriptarum & presentium tenorem, aliquid attemptare presumant; sed [a] *ipsos teneant & observent, observarique faciant & teneri; quicquid in contrarium factum seu attemptatum repererint, ad statum pristinum & debitum celeriter reducendo. Quod ut robur obtineat perpetuum, Litteras presentes Sigilli nostri fecimus appensione muniri: nostro in aliis & alieno in omnibus jure salvo.* Actum Parisius, Anno Domini 1364. mense Junii.

a ipsas.

CHARLES V. à Paris, en Juin 1364.

(a) Confirmation des Privileges accordez aux Marchands de Portugal, qui commerceront dans le Royaume.

KAROLUS *&c. Notum facimus universis tam presentibus quam futuris, Nos vidisse Litteras inclite recordacionis carissimi Domini & Progenitoris nostri, formam que sequitur, continentes.*

JOHANNES *Dei gracia Francorum Rex:* [b]

NOS *autem dictas Litteras, omnes libertates, franchisias superius specificatas, ac omnia singula in eisdem contenta, rata habentes & grata, ea volumus, laudamus, ratifficamus, approbamus & de gracia speciali ac ex certa sciencia, tenore presencium, quathenus* [c] *visi sunt, confirmamus: Dantes in mandatis Baillivio Calleti & Vice-comiti Monasterii-Villaris, aut eorum Loca-tenentibus, & omnibus Justiciariis & subditis nostris, quatenus contra tenorem earumdem, non attemptent nec attemptare permittant quoquomodo; sed eas teneant & custodiant, tenerique faciant, ac inviolabiliter observari. Quod ut firmum & stabile permaneat in futurum, presentibus Litteris nostrum quo ante susceptum regimen Regni nostri, utebamur, fecimus apponi Sigillum: salvo in aliis jure nostro & in omnibus quolibet alieno.* Actum Parisius, Anno Domini 1364. mense Junii.

Per Regem, ad relacionem Consilii. FERRICUS. *Collacio facta est. Vidi le Contentor.*

b Ces Lettres sont dans le troisieme Volume des Ordonn. p. 571.

c usi. *Il faut aussi suppléer*, Mercatores Portugalie.

NOTES.

(a) Tresor des Chartres, Registre 96. Piece 61.

CHARLES V. à Paris, le 3. de Juillet 1364.

(a) Lettres concernant l'Election des Eschevins & Consuls de la Ville de Lille.

KAROLUS *Dei gratia Francorum Rex: Superiori Baillivo Insulensi, aliisque deputatis & deputandis ad creandum in futurum Scabinos Ville Insulensis prefate, Salutem. Litteras nostras pro tempore quo Locum-tenentes carissimi Domini Genitoris nostri, eramus, confectas vidimus in his verbis.*

KAROLUS *Primogenitus Regis Francie, &c.* (b)

NOS *vero juxta tenorem Litterarum nostrarum* [d] *prescriptorum, quas effectum habere volumus, & tenore presentium, si sit opus, confirmamus, vobis & vestrum cuilibet, ad*

d præscriptarum.

NOTES.

(a) Registre aux titres de la Ville de Lille, nommé *Roisin*, reposant dans les Archives de ladite Ville, *fol.* 279.

Collationné par moy, Conseiller du Roy, Procureur Syndic de ladite Ville de Lille. B. HERRENG.

(b) Voy. ces Lettres dans le 3.e Vol. des Ordonnances p. 85.

supplicationem dilectorum nostrorum Scabinorum & Communitatis dicte Ville nostre Insulensis, tenore presentium inhibemus, ne de cetero aliquem vel aliquos de familia vel [a] *robis vestris, seu vestrum alterius, nec ultra usurarium aut usuraria pravitate diffamatum, in Scabinum vel Scabinos Ville predicte Insulensis, seu in Receptorem vel Receptores redditum seu emolumentorum ad Communitatem Ville ejusdem pertinentium, nec etiam in Consulem vel Consules Ville ejusdem, eligatis seu* [b] *eligeri faciatis vel* [c] *constituatis quomodolibet faciatis. Quod si forsan facere presumpseritis contra dictam nostram inhibitionem, hoc nullius esse momenti volumus vel valoris.* Datum Parisiis, die tertia Julii, Anno Domini 1364. sub Sigillo nostro quo ante Regni nostri regimen susceptum, utebamur.

a Voy. le 3.e Vol. des Ordonn. p. 86. Note *(c)*.

b eligi.

c Il faut apparem. constitui.

CHARLES V. à Paris, le 12. de Juillet 1364.

(a) Lettres qui prorogent pour deux ans, l'exemption de Prises *accordée aux Bourgeois de Paris.*

CHARLES par la grace de Dieu Roy de France : A tous ceuls qui ces Lettres verront; & especialment au Souverain & autres Maistres de nostre Hostel, & des Hostelz de nostre très chiere Compaigne la Royne, de nos très chers & amez Freres, & des autres de nostre Lignage, du Connestable & des Mareschaux de France, & à tous les Maistres de noz garnisons, Fourriers, Chevaucheurs, & à quelconcques autres nos Officiers, de nostredicte Compaingne, de nosdiz Freres, & des autres de nostre Lignage, Salut. Comme nostre très cher Seigneur & Pere dont Dieux ait l'Ame, aïant singulere affection au Prevost des Marchans, Eschevins, Bourgoiz & habitans de nostre bonne [d] de Ville de Paris, lesquels il avoit tousjours trouvé prests & appareillez à lui subvenir à toutes ses necessités, & aux autres touchans le bien commun du Royaume, & pour ce & pour autres justes causes & consideracions, desirans [e] eschever les griefs & dommages qu'il avoient euz, & avoient & soustenoient chascun jour, par les Prises qui avoient esté faictes & se faisoient sur eulz, de leurs biens & des biens de leurs Closiers & Fermiers, en ladicte Ville & dehors, par les gens de nostredit Seigneur & Pere, & des autres dessus nommez, & autres qui se disoient avoir Prinses ou Royaume, eust de grace especial ordonné & [f] ottroïé auxdiz Prevost des Marchands, Bourgoiz & habitans de nostredicte bonne Ville, que toutes Prinses cessassent jusques à certain temps, sur tous les biens, denrées & marchandises, desdiz Bourgoiz, de leurs Closiers & Fermiers, qui demeurent en leurs manoirs & maisons pour eulz, en leurs noms, senz fraude, en quelque lieu que il feussent en nostre Royaume, pour quelconcques cause, besoing ou necessité que ce feust, pour nostredit Seigneur & Pere, & pour les autres dessus nommez, & tous autres de quelque estat ou condicion qu'il feussent, de nostre Lignage ou autres; en deffendant à tous ses Officiers, Preneurs, Pourveurs, Chevaucheurs, Commissaires & autres, feussent de son Hostel ou d'autres, que sur painne d'encourre l'indignacion de nostredit Seigneur, & sur quanque il se povoient meffaire envers lui, il ne preissent ne laissassent prendre par eulz ne par leurs deputez, aucuns des biens, denrées ou marchandises desdiz Bourgoiz & habitans, de leursdiz Closiers & Fermiers, leurs chevaux, charretes, voitures, ou autres biens; voulant que ou cas que aucuns s'efforçassent de faire contre sadicte grace, que on ne obeist à eulz en aucune maniere, quelque povoir, auttorité, commission ou mandement que il eussent; & en establissant lesdiz Bourgoiz & habitans, leursdiz Closiers ou Fermiers & leurs gens & chascun d'eulz, nos Sergens pour prendre & mener en prison en nostre Chastellet de Paris, ou ailleurs en la Justice dont il feussent plus prèz, tous Officiers, Preneurs, Pourveurs, Chevaucheurs, Commissaires & autres, qui en aucune maniere s'efforçassent de venir contre ladicte grace & ottroy, durant le temps d'icelles, de quelque

d *de* est inutile.

e *éviter.*

f *Voy. cy-dessus, p. 326.*

NOTES.

(a) Livre Rouge vieil du Chastelet de Paris, *fol.* 31. *verso.*

CHARLES V. à Paris, le 12. de Juillet 1364.

estat, ne à qui il feussent, senz ce que yceulz Bourgoiz & habitans ne aucuns d'eulz, en païast pour ce aucune amende à nostredit Seigneur, ne à autres en aucun temps: Et avecques ce, leur eust ottroïé que, ou cas que les Preneurs se complainsissent d'aucunes injures ou violences faictes à eulz, que le Prevost de Paris ou le Juge ordinaire du lieu, en eust la congnoissance, la correction & punicion, se elle y feust [a] afferant: Et en tous les cas qui advenissent par le temps de ladicte grace, eust exempté du tout les dessusdiz Prevost des Marchans, Eschevins, Bourgoiz & habitans, leurs Closiers & Fermiers & gens ou que il feussent, & chascun d'eulz, de la Jurisdiction, congnoissance, [b] la correction des Maistres desdiz Hostelz, & de chascun d'eulz, & de tous autres que de leurs [c] Ordinaires, en dessendant à eulz & à tous autres, que de ce ne se entremissent en aucune maniere, & en decernant non valable, tout ce qu'il en auroient fait, & declairant que yceulz Prevost des Marchans, Eschevins, Prevosts & habitans, leurs Closiers, Fermiers ou gens, ne feussent tenus de obéïr, ne comparoir à leurs adjournemens ou mandemens, en ce cas ne autres, que desdiz Ordinaires: Et eust nostredit Seigneur & Pere avecques ce, voulu ceste sienne Ordonnance estre supliée en son Parlement, en son Chastellet de Paris, & par tout ailleurs où [d] mestier feust, affin que elle en feust mieulz gardée & deffendu; que [e] lors ne autrefoiz, son Procureur ne autres ne puissent opposer contre ces Lettres sur ce faictes, iniquité, subrepcion ne autre deffaut quelconque, parquoy elles puissent estre anullées ne *(b)* empetrées en aucune maniere; maiz feussent tenuës fermes en tout; nonobstant quelconques Ordonnances, Statut, Arrest ou commandement de bouche, fait ou à faire, par lui ou ses Successeurs au contraire: Et neantmoinz eust ordonné que se le Prevost de Paris ou autres Juges competens desdiz Prevost des Marchans, Eschevins, Bourgoiz & habitans de Paris, de leurs Closiers, Fermiers, vallez & autres gens, en quelque lieu que ilz les eussent, feussent negligens [f] ou en donn. force, aide & conseil contre les dessus nommez, leurs gens ou autres quelz que il feussent, qui aucune chose preissent ou voulsissent prendre [g] du leur contre leur voulunté, que yceulz Justiciers & Officiers quels que il feussent, à la requeste des dessusdiz ou d'aucun d'eulz, peussent estre & feussent [h] convenus pardevant les Gens de son Parlement, ou le *(c)* Prevost de Paris, pour respondre à yceulz, sur tout ce que il leur vouldroient demander pour raison de non leur avoit presté aide, force, conseil & autrement: Auxquelz estoit commis que sur ce, feissent accomplissement de Justice, en donnant en mandement entre les autres choses, au Prevost de Paris, & à tous ses autres Justiciers & subgez, que [i] à l'aide desdiz Bourgoiz, habitans, Closiers & Fermiers, il preissent tous Officiers, Preneurs, Pourveurs, Chevaucheurs, Commissaires & autres, de quelque estat & à qui qu'il feussent, qui alassent ou feissent contre les choses dessusdictes & aucunes d'icelles, & les menassent ou feissent mener en prison oudit Chastellet, ou ailleurs en la Justice dont il seront plus prèz, senz en faire délivrance; se ce ne feust de son especial mandement: Mandant aussi, & voulant auxdiz Officiers, Preneurs, Pourveurs, Chevaucheurs, Commissaires & autres, que à la coppie ou *vidimus* de ladicte grace, seellée soubz Seel autentique, il obéïssent aussi & autant comme à l'original se present y estoit, sur painne de perdre leurs Offices, & de encourre l'indignacion de nostredit Seigneur; non contrestans Ordonnances faictes ou à faire au contraire; les privileges desdiz Bourgoiz & habitans, donnez de nostredit Seigneur, ou de ses predecesseurs & par lui confermés, demourans en leur vertu, senz rienz en enfraindre ou [k] amenrir par sadite grace & ottroy, si comme Nous avons veu toutes ces choses & plusieurs

a *juste.*

b Au lieu de *là*, il faut, *&c.*

c *Juges.*

d *besoin.*

e *lorsque ces Lettres furent accordées, & dans la suite.*

f Il semble qu'il devroit y avoir, *de donner*, comme il y a cy-dessus, page 331.

g *des effets des Bourgeois.*

h *adjournez.*

i *en aydant.*

k *diminuer.*

NOTES.

(b) Empetrées.] Il y a *emperiées*, cy-dessus, p. 331. & peut estre y a-t-il ainsi dans le Registre que je n'avois plus entre les mains lorsque cette Piece a esté imprimée.

(c) Prevost de Paris.] Il semble que dans ces Lettres, & dans celles qui sont cy-dessus, p. 331. il est dit que le Prevost de Paris sera adjourné devant le Prevost de Paris: mais voicy comment il faut entendre cette clause. Le Prevost de Paris sera adjourné devant le Parlement, & les autres Juges devant le Prevost de Paris.

autres, estre plus à plain contenuës ès Lettres de nostredit Seigneur, faictes & ottroïées auxdiz Prevost, Eschevins, Bourgoiz & habitans, pour eulz, pour leursdiz Closiers & Fermiers : Sur ce, savoir faisons que à la supplicacion desdiz Prevost des Marchans, Eschevins, Bourgoiz & habitans, requerans que lesdictes franchises, libertez, & autres graces contenuës èsdictes Lettres de nostredit Seigneur & Pere, & par lui à eulz ottroïez, Nous voulsissions avoir aggréables, & eulz [a] ottroïez de nouvel, & à plus long-temps que dit est : Nous considerans la vraïe amour & parfaitte obéissance que tousjours ont euë à nos Predecesseurs & à Nous, & encores ont lesdiz Prevost, Eschevins, Bourgoiz & habitans, & que en perseverant [b] toudiz en leur parfaitte loïalté, ont esté & sont enclins à Nous faire aides & subsides pour l'accomplissement de la paix, & pour le fait de noz guerres & la deffencion de nostre Royaume, & que telz les avons trouvez & trouvons de jour en jour, voulans pour ce & pour plusieurs autres bonnes causes & justes qui ad ce Nous ont meu & doivent esmouvoir, Nous rendre gracieux à eulz ; especialment pour l'amour & affection singulere que Nous avons à nostredicte Ville, comme à celle qui est la plus principal & la Maistre-Ville de tout nostre Royaume, toutes les graces, ottroiz, concessions, previlleges, libertez, franchises, ordonnances, declaracions & autres choses dessusdictes & contenuës èsdictes Lettres de nostredit Seigneur, sur ce faicte, si comme plus à plain est contenu en ycelles & cy-dessus, aïans fermes & aggréables, ycelles & chascune d'icelles, loons, gréons, ratiffions, approuvons & confermons : Voulans & ordonnans que elles & chascune d'icelles, aïent leur force & vertu en tous leurs poins & chascun d'eulz, tout ainsi que se perpetuelment & nommeement, [c] tenir yceulz poins & chascuns d'eulz, estoient nommez & déclarés en ces Lettres & en nostre nouvel ottroy : Et en ampliant nostre presente grace, pour la consideracion dessusdicte, avons de nouvel ottroïé & ottroïons par ces presentes, de nostre auttorité Roïal & de nostre certaine [d] auxdiz Prevost des Marchans, Eschevins, Bourgoiz, & habitans de Paris, pour eulz & pour leurs Closiers & Fermiers dessusdiz, ou que il soïent, & pour les singuliers d'eulz, toutes les choses contenuës & déclarées ès Lettres de nostredit Seigneur dessusdictes, jusques à deux ans continuez, à compter du jour que le terme pour lequel elles doivent durer & avoir leur effect par la teneur desdictes Lettres de nostredit Seigneur, sera feni & accompli : Lequel temps devoit durer jusques au premier jour de May, qui sera l'An mil trois cens soixante & sept, si comme il Nous [e] ont apparu par lesdictes Lettres à eulz ottroïées par nostredit Seigneur & Pere : [f] Voulons que par yceulz deux ans, oultre l'autre temps & terme dessusdit, lesquelz commenceront le premier jour de May, l'An soixante & sept dessusdictes, toutes les graces, ottroiz & concessions, previleges, libertez & franchises, ordonnances, declaracions, mandemens, deffenses & autres choses dessusdictes, demeurent en leur plainne force & vertu, & soient tenuës & gardées par vous & chascun de vous, enterinées & acomplies de point en point : Et aussi voulons & octroïons auxdiz Prevost des Marchans, Eschevins, Bourgoiz & habitans, pour eulz & les autres dessusdiz, & pour chascun d'eulz, pour ce que l'original de ceste presente grace, ne pourroit bonnement estre devers tous ceulz qui en auroient ou pourroient avoir afaire, [g] ne monstrer en tous les lieux où l'en en pourroit avoir besoing, que à la coppie ou *vidimus* de ces presentes Lettres, scellées de Scel autentique, vous & tous nos autres Officiers, obéissiez aussi & autant comme à l'original, se monstré vous estoit en present. Si vous mandons & à chascun de vous, & à tous nos autres Officiers & à chascun d'eulz, sur les painnes dessusdictes, & sur toutes autres que vous & eulz povez encourir ou deservir envers Nous, que vous ne eulz ne faittes en aucune maniere au contraire. En tesmoing de ce, Nous avons fait mettre nostre Scel à ces presentes Lettres. *Donné à Paris, le douziesme jour de Juillet, l'An de grace mil trois cens soixante & quatre.*

Collacion faitte à l'original des Lettres dessus transcriptes, scellées en cire jaune, qui furent publiées ou Chastellet de Paris, le samedi septiesme jour de Septembre, l'An mil trois cens soixante & quatre. Ainsi signées. Par le Roy. YVO.

CHARLES V. à Paris, le 12. de Juillet 1364.

a *octroyer.*

b *totis diebus* : toûjours.

c *tenir* est inutile.

d *science.*

e *a.*

f *voul.* R.

g *& ne pourroit estre monstré.*

CHARLES V. à Paris, le 12. de Juillet 1364.

(a) Lettres portant que l'on ne pourra faire de Prises *dans la Ville & Chastellenie de Lille, sans appeller la Justice du lieu.*

CHARLES par la grace de Diu, Rois de Franche : Au Souverain Baillif de Lille ou à son Lieutenant, Salut. Oit la suplication de nos bien-amés les Eschevins de notre Ville de Lille, contenans que comme ils aïent la cognoissance & Jugement des biens meubles, corps & cateulx des Bourgeois, Bourgeoises & enfans de Bourgeois de ladite Ville, [a] comme en la Castelenie d'icelle, en tous cas personneuls, chivils & crimineuls, al [b] conjurement de nos Baillif ou Prevost doudit liu, ou de leurs Liutenans; che nonobstant, aucun qui se dient y estre Siergans, Chevaucheurs ou commis d'aucuns nos Offissiers, Connestables ou Mareschaus, ou au commandement d'iceux Offissiers ou d'aucun d'eus, ou autrement, pour leur volenté non raisonnable, [c] prendent & arriestent èsdites Ville & Castelenie, de fait ou autrement indeuëment, souventes fois les chars, charettes, chevaus ou jumens desdits Bourgeois & manans, & mainent ou il leur plaist, outre le gré & vollenté desdits suplians, & de leursdis Bourgeois & habitans, & sans iceux [d] ou rien appieller, en leur très grand préjudisie & dommage, & dont plusieurs inconveniens s'emporroient [e] ensuivir, si comme ils dient : Nous vous mandons & commettons, que vous deffendez de par Nous, à tous nos Officiers, Cheveucheurs, Sergeans & autres, [f] dont de par lesdits supplians serés requis, sur quanques il se puent meffaire enviers Nous, [g] ausquies Nous le deffendons par ches presentes, que il ne soient si hardy de prendre aucuns des chars, chevaux, charettes, jumens ou autres biens quelconques desdits Bourgeois, Bourgeoises & enfans de Bourgeois de ladite Ville de Lille, en ichelle ne en la Castelenie d'icelle, sans appieller la Justice dou liu, & sans avoir & monstrer à ichelle Justiche, bonne & raisonnable commission pour ce faire : Et ou cas que aucun s'efforcheroient de faire le contraire, si l'en punissiés par tel maniere que les autres de semblable condition y prendent exemple. *Donné à Paris, le 12.e jour de Juillet, l'An 1364.*

a *dans toute l'étenduë de la Chastellenie.* Voy. plus bas.

b *Voy. cy-dessus, page 5. Note (b).*

c *prennent & arrestent.* Voyez les Tables des Matieres du 2. & du 3.e Vol. des Ordonnances, au mot *Prises.*

d Peut-estre, *en rien.*

e *ensuivre.*

f *au sujet desquels.*

g *ausquels Officiers.*

NOTES.

(a) Extrait du Registre aux titres de la Ville de Lille, nommé *Roisin,* reposant dans les Archives de l'Hostel de ladite Ville, *fol.* 280. Collationné par moy, Conseiller du Roy, Procureur Syndic de la Ville de Lille.

B. HERRENCQ.

CHARLES V. à Paris, le 19. de Juillet 1364.

(a) Lettres de Sauve-garde Royale pour le Prieuré de Rüel.

KAROLUS Dei gracia Francorum Rex : Universis presentes Litteras inspecturis, Salutem. Notum facimus quod cum Religiosi, Prior & Conventus Prioratus de (b) Rodolio, Meldensis Diocesis, Ordinis Cluniacensis, tam in capite quam in membris, cum omnibus pertinentiis, familiaribus, hominibus & feminis de corpore, una cum rebus & pertinenciis universis ipsorum, sint & hactenus fuerint in & sub manu, protectione & Salva-gardia Regia, causa & racione Corone Francie, & ressorti Prepositure Parisiensis : Nos iterum & exhabundanti, ipsos Religiosos & Prioratum predictum, una cum familiaribus,

NOTES.

(a) Livre Rouge vieil du Chastelet, *fol.* 45. *verso.*

(b) Rodolio.] Ces Lettres ont pour titre dans le Registre, *Garde pour les Religieux de Rüeil.* Ce Prieuré se nomme presentement *Rüel.* Voy. *le Poüillé de Meaux, par le P. Labbe* p. 55.

hominibus

hominibus & feminis de corpore, suis bonis & rebus omnibus, in quibuscumque locis Regni nostri existentibus, in & sub manu, protectione & Salva-gardia nostra speciali, suscipimus & ponimus per presentes; & eisdem deputavimus & deputamus de gracia speciali, tenore presentium, in Gardiatorem, Prepositum Parisiensem qui nunc est & qui temporibus affuturis erit, aut ejus Locum-tenentem; & Gerardum de Teuneria, quem quoad hoc ipsum in Servientem nostrum & Gardiatorem dictorum Religiosorum, facimus, constituimus & ordinamus · Quibus & eorum cuilibet, damus plenam potestatem ac mandatum speciale, manutenendi & conservandi dictos Religiosos & Prioratum, suos homines & feminas de corpore, in suis justis possessionibus, franchisiis, libertatibus & saisinis, in quibus ipsos esse, suosque predecessores fuisse [a] pacifice invenerint ab antiquo; eosdem ab omnibus injuriis, violenciis, gravaminibus, oppressionibus, molestacionibus, vi armorum, potencia Laicorum ac inquietacionibus & novitatibus indebitis quibuscumque, deffendendi, non [b] permittentes eciam contra ipsos, aliquas fieri vel inferri indebitas novitates: Quas si factas esse vel fuisse repererint, in dicte Salve-gardie nostre & ipsorum supplicancium prejudicium, ad statum pristinum & debitum reducendi aut reduci faciendi, Nobisque & Parti, propter hoc emendas condignas prestari: Et si in casu novitatis inter Partes aliquod oriri debatum contingerit, ponendi illud debatum ad manum nostram tamquam superiorem, & per ipsam manum ressaisinam faciendi, Partesque coram dicto Preposito adjornandi, aut per ipsum Prepositum, coram ipsomet adjornandi faciendi, ad certos & competentes dies, super hujusmodi [c] debatis [d] processuras tam super principali quam recredencia [e] quod fuerit racionis; publicandique istam Salvam-gardiam nostram, locis & personis quibus expedierit. Insuper omnibus & singulis de quibus fuerint requisiti, inhibendi sub certis penis Nobis applicandis, ne dictis Religiosis, familiaribus, gentibus, hominibus & feminis de corpore, seu bonis suis forefaciant quoquomodo; facereque prestandi bonum & legitimum [f] assecuramentum juxta Patrie consuetudinem, à quibuscumque personis, quociens idem Prepositus fuerit requisitus per eosdem: Et pro premissis diligencius [g] exequendi, deputandi per ipsum Prepositum, Religiosis eisdem, unum vel plures Servientes nostros, quos, ac eciam prefatum Gerardum, Gardiatorem ipsorum Religiosorum, ut premittitur, deputatum, nolumus se de hiis que Cause cognicionem exigunt, intromittere quovismodo; necnon omnia & singula faciendi, que ad Gardiatoris officium pertinent & incumbunt: Dantes universis Justiciariis & subditis Regni nostri, aut eorum Locatenentibus, & cuilibet eorumdem ut ad eum pertinuerit, tenore presencium in mandatis, ut dictis Gardiatoribus & eorum cuilibet, & deputandis ab ipsis, ut in premissis & ea tangentibus, pareant & intendant, parerique faciant & intendi, prestando eisdem, si sit opus & requisiti fuerint, super [h] hoc auxilium & juvamen. In cujus rei testimonium, Sigillum nostrum presentibus Litteris duximus apponendum. Datum Parisius, die 19. Julii, Anno Domini millesimo trecentesimo sexagesimo-quarto.

Collacion faicte à l'original. *(c)*

CHARLES V. à Paris, le 19. de Juillet 1364.

a sans avoir esté inquietez.

b permittent. *R.*

c debat. *R.*

d processur. *R.*

e Il manque-là quelques mots.

f Voy. le 3.ᵉ Vol. des Ordonn. p. 264. Note *(b)*

g exequendis.

h h. *R.*

NOTES.

(c) Les Rois n'accordoient pas des Lettres de Sauve-garde, seulement aux Communautez, ils en donnoient aussi à des particuliers, dont les affaires, en vertu de ces Lettres, estoient quelquefois *commises* aux Requestes du Palais, ainsi qu'il paroist par l'Arrest suivant, qui est dans le Reg. *A.* du Parlement, *fol. 97. verso*, & qui pourra servir à faire connoistre l'origine des *Committimus.*

KAROLUS Dei gracia Francorum Rex: Dilectis & fidelibus Consiliariis nostris, Gentibus Requestas in Palacio nostro tenentibus, salutem & dileccionem. Ad supplicacionem dilecti & fidelis Clerici & Consiliarii nostri, Magistri Jacobi Sagespée, *in nostra speciali & Salva-gardia existentis, quem eciam una cum [i] familiaribus, servitoribus, Officiariis, uxore & bonis suis universis, in & sub eadem salva & speciali Gardia nostra, ex habundanti suscipimus & ponimus per presentes, asserentes se racione nostri consilii in Camera Inquestarum nostrarum Par. [k] necessario per ipsum prestandi, adeo fore occupatum, quod sine pretermissione ejusdem, ac nostrorum & Reipublice negociorum, Causas suas & querelas coram diversis Judicibus prosequi non valeret, Mandamus vobis committendo, quatenus dictum supplicantem, in suis justis possessionibus, usibus, juribus, franchisiis, libertatibus & saisinis in quibus ipsum esse, suosque predecessores*

i famil. *R.*

k necessar. *R.*

fuisse pacifice ab antiquo inveneritis, manuteneatis & conservetis : & si aliqua impedimenta in eisdem vel ipsius supplicantis bonis quibuscunque, indebite apposita repereritis, eadem, vocatis evocandis, amoveatis aut amoveri faciatis, dictum supplicantem suis possessionibus & saisinis, ac eciam bonis suis quibuscunque, uti & gaudere pacifice faciendo : & in casu opposicionis, [a] *debatis in casu novitatis, ad manum nostram tanquam superiorem, positis, locisque decaptis vel ablatis, ressaisitis,* [b] *opponentes ad certam & competentem diem, coram vobis adjornetis aut adjornari faciatis, super hujusmodi opposicione* [c] *processuros, ut fuerit racionis : & debita omnia bona, legalia, legitime recognita vel probata* [d] *quam per testes, Litteras, instrumenta, aut alia legitima documenta, dicto supplicanti deberi noveritis, à justiciabilibus & subdictis nostris, eidem vel ejusdem certo mandato, cum celeris Justicie complemento, persolvi faciatis indilate, debitores suos ad hoc per capcionem, vendicionem & explectacionem bonorum suorum quorumcunque, corporumque, eorumdem detencionem, si necesse fuerit & ad hoc obligati existant, viriliter & debite compellendo : & in casu opposicionis, manu nostra usque ad quantitatem debitorum in Litteris obligatoriis sigillo Regio sigillatis, contentorum, sufficienter munita, opponentes* [e] *certam & competentem diem, coram vobis assignetis aut assignari faciatis, super hujusmodi opposicione processuros, & ulterius facturos quod fuerit racionis; Causasque quascunque personales dicti supplicantis, contra Partes suas adversas, vocatis evocandis, summarie & de plano audiatis & sine debito terminetis, super premissis omnibus inter Partes, celeris Justicie complementum* [f] *exhibentes ; presentibus Litteris post annum minime valituris.* Datum Parisius in Parlamento nostro, secunda die Junii, Anno Domini millesimo trecentesimo sexagesimo-septimo, & Regni nostri quarto.

a. Ce qui fait le sujet de la contestation.

b oppon. *R.*

c processur. *R.*

d *Il y a dans le Reg. q. avec une marque d'abbreviation.*

e ad.

f exhiben. *R.*

CHARLES V. à Paris, le 24. de Juillet 1364.

(a) Revocation des Domaines alienez depuis le Regne de Philippe le Bel.

LES Gens des Comptes du Roy nostre S. à Paris, au Prevost & Receveur de Paris, ou à leurs Lieuxtenans, Salut. Les Lettres du Roy nostredit Seigneur, sellées en laz de soie & cire vert, avons receuës, contenens la fourme qui s'ensuit.

CHARLES par la grace de Dieu Roy de France : Savoir faisons à tous presens & avenir, que comme par importunité de requerant & autrement, tant du temps de nostres très chiers Seigneurs Aïeul & Pere, dont Dieux [g] les Ames, comme du nostre, ensuivant les [h] terres de nos devanciers Roys de France, qui tousjours ont esté abandonnées à donner & ottroïer liberalment grans Noblesses & Seigneuries, rentes & revenuës, qui estoient du Demaine Roïal & proppre heritage du Royaume & de la Couronne de France, ou qui avoient eû ou devoient avoir aucune nature ou condicion de Demainne Roïal, aïent esté données tant à heritage comme à vie & à volenté, à plusieurs personnes qui ne deussent pas prendre ne recevoir telz dons ne si excessifs, & par raison ne se pevent ne doivent soustenir : Car pour telz dons excessifs, les Hautesses & Noblesses de ladicte Couronne de France, ont esté & sont [i] appeticées en grant partie; & pour ce, nostredit Seigneur & Pere considerant ces choses, veullant accroistre les Noblesses & Seigneuries de ladicte Couronne, & ycelles maintenir en leur premier & ancien estat, par ses [k] Lettres données en Decembre, l'An mil trois cens soixante, en las de soie & cire vert, par grant & meure déliberacion de son Conseil, eust rappellé de sa certaine science, lesdiz dons faiz du propre Demainne, ou qui ont ou doivent avoir nature & condicion de Demainne, ainsi donnez, separez, aliénés & mis hors du Demaine de ladicte Couronne, tant à heri-

g *ait*, dans les autres Reg.

h *traces*, dans les autres Reg.

i *diminuées*.

k *Elles sont dans le 3.e Volume des Ordonn. p. 442.*

NOTES.

(a) Livre Rouge vieil du Chastelet, *fol. 37. recto.*

Ces Lettres sont en original & scellées, au Thresor des Chartres, Layette, *Réünions du Domaine*, n. 2.

Elles sont aussi dans le Registre *A.* du Parlement, *fol. 55. verso;* & dans le Memor. *D.* de la Chambre des Comptes, *fol. 69. recto.*

Voy. la Preface du 1.er Vol. des Ordonn. p. XXXVIII. celle du second, p. IX. & celle qui est à la teste de celuy-cy, §. *Domaine.*

tage comme à vie & à volunté, depuiz le temps du Roy Philippe le Bel ença, si comme plus à plain est contenu ès Lettres de nostredit Seigneur & Pere, sur ce faictes : Nous adecertes, qui de tout nostre cuer avons toujours desiré, & encore désirons l'accroissement, honneur & bon estat dudit Royaume & de la Couronne de France, loans en ceste partie le bon & loüable proppos de nostredit Seigneur, si comme tenus y sommes, & pour ce voulans lesdictes Noblesses & Seigneuries de ladicte Couronne, estre remises & ramenées, gardées & maintenuës en leur premier & ancien estat, lesdiz dons du propre Demainne Roïal, ou qui ont ou doivent avoir nature & condicion de Demainne, ainsi donnez, alienez, separés, mis hors & estrangiez du Demainne de ladicte Couronne, tant à héritage comme à vie & à volunté, depuiz le temps du Roy Philippe le Bel *(b)* ença, par grant & meure déliberacion de nostre Conseil, de nostre auttorité Roïal & certaine science, avons rappellé & rappellons de certaine science, par la teneur de ces presentes; & yceulz dons, à la Couronne de France dont ilz sont yssus, rejoingnons, rapplicons & remettons du tout; excepté les choses qui auroient esté baillées à Dieu & à Sainte Esglise, deuëment, senz préjudice d'autrui, ou à nos très chers Freres, le Duc d'Anjou, le Duc de Berry & d'Auvergne & le Duc de Bourgoingne, pour tenir leurs Estas : Et affin que ceste renonciacion ou Ordonnance soïent parfaitement tenuës, & gardées dores-en-avant senz enfraindre, Nous voulons & commandons que ces Lettres soïent publiées par tout où il appartendra, & enregestrées en la Chambre de nostre Parlement, en la Chambre de nos Comptes, & en nostre Trésor à Paris : Et pour ce que ce soit ferme chose & valable à tousjours, Nous avons fait mettre nostre [a] à ces Lettres presentes, qui *furent faictes & données à Paris, le 24.*[e] *jour de Juillet, l'An de grace mil trois cens soixante & quatre.* Et estoient ainsi signées en la marge. Par le Roy en son Conseil. Yvo.

CHARLES V. à Paris, le 24. de Juillet 1364.

a *Scel*, dans les autres Reg.

(c) P*OURQUOY Nous vous mandons, commandons & enjoingnons estroittement, que lesdictes Lettres cy-dessus transcriptes, vous accomplissiez de point en point, selon leur teneur, en telle maniere que par vous n'y ait deffaut, & que vous n'en doïez estre reprins de négligence : Et pour ce que depuis le temps du Roy Philippe le Bel, plusieurs Demainnes Roïaulz ont esté alienez & transportez en autres personnes qui en joïssent par leurs mains, senz ce que aucune mencion en soit faitte ès Comptes de vous Receveur, enfourmez vous par toutes les voïes que vous pourrez, de telz Demainnes, terres, Villes, Seigneuries & autres héritages quelconcques ; & ycelles mettez en la main du Roy par la maniere dessusdicte.* Donné à Paris, le 29.e jour de Juillet, l'An 1364.

Collacion faicte à l'original.

NOTES.

(b) Ença.] C'est-à-dire, à compter depuis la mort de Philippe le Bel. *Voy. cy-dessous, les Lettres du 24. de Novembre 1364.*

(c) Dans le Registre du Parlement, il y a :
Collatio facta est cum originalibus Litteris suprascriptis, lectis & publicatis in Camera Parlamenti & ad [b] *Tabulam marmoream, tricesima die Julii, Anno 1364* [c] *Willelm.*

Dans le Registre de la Chambre des Comptes, il y a :
Collatio Litterarum supradictarum, cum originali signato ut supra, facta fuit in Camera Compotorum Par. de precepto Dominorum, 29. die Julii, Anno 1364. per me Arnaldum Reymondeti, & me Johanne Crete.

Dans ce même Registre à la marge de ces Lettres, on lit :
Asportata fuit in Camera Compotorum Par. presens Ordinatio Domini Regis, per Dominum Episcopum Carnotensem, Lune 29. die Julii, Anno 1364. presentibus in dicta Camera, Dominis Archiepiscopo Senonensi, dicto Episcopo Carnotensi, Comite Salebruchensi, Cancellario Delphinatus, Domino Roberto de Lorris, Ja de Paciaco, [d] *Os. Fabri, O. Leporarii, H. de Rocha, & me Jo. Acheriis.*
Et tunc ordinatum quod die sequenti deferretur in Pallamento, quod factum fuit & publicatum : & postmodum facta fuerunt mandata Receptoribus Francie.

b Voy. le 3.[e] Vol. des Ordonn. p. 347. Note (e)

c *Il y a une marque d'abbreviation sur l'm.*

d *On pourroit lire,* Ot.

CHARLES V. à Paris, le 27. de Juillet 1364.

(a) Mandement pour une fabrication de nouvelles Monnoyes.

LE 26.e jour de Juillet 1364. fut porté par Edouart (b) Thadelin, en la Chambre des Monnoyes, ung Mandement du Roy nostre S. scellé de son grant Scel, duquel la teneur s'ensuit.

Mandement pour faire Royaulx d'Or & Blancs, pour quinze deniers tournois la Piece.

CHARLES par la grace de Dieu Roy de France : A noz amez & feaulx les Generaulx-Maistres de noz Monnoyes, Salut & dilection. Savoir faisons que pour les causes contenuës en certaines Lettres que Nous envoyons à tous Seneschaulx, Bailliz & autres Justiciers de nostre Royaume, sur le fait & gouvernement de noz Monnoyes, avec plusieurs autres causes qui à ce Nous ont meu, pour le bien & prouffit commun de tout le Peuple de nostre Royaume, par très grant & bonne deliberation de Nous & de nostre conseil, euë avec plusieurs Prelatz, Barons, [a] des Gens des bonnes Villes de nostre Royaume & autres, avons volu & ordoné, & par ces presentes voulons & ordonnons & vous mandons, que tantost & sans delay, vous faciez faire & ouvrer par toutes & chascunes noz Monnoyes, Deniers d'Or fin, qui seront appellez & nommez *Royaulx d'Or,* lesquelz soyent de soixante-trois de poix au marc de Paris, & auront cours pour vingt solz tournois la Piece : Et faites donner aux Changeurs, de chacun marc d'Or fin, soixante-deux d'iceulx Royaulx d'Or : Et avec ce, faites faire & ouvrer *Gros Deniers d'Argent,* qui auront cours pour quinze deniers tournois la Piece, à douze deniers de loy, *Argent-le-Roy,* & [b] *de sept solz de poix* audit marc de Paris, sur le pié de Monnoye vingt-unieme ; en trayant du marc d'Argent, cent cinq solz tournois : Et faites donner aux Changeurs & Marchans, de chacun marc d'Argent allaïé à douze deniers de loy dudit Argent-le-Roy, cent solz tournois : Et aussi faites faire & ouvrer sur ledit pié, Deniers doubles tournois qui auront cours pour deux deniers tournois la Piece, à trois deniers de loy, Argent-le-Roy, & de treize deniers & demy de poix audit marc de Paris : Et faites donner auxdis Changeurs & Marchans qui feront leur loy à trois deniers, comme dit est, quatre livres quinze solz tournois ; & faites donner aux Ouvriers & Monnoyers tel salaire & creuë, se mestier est, pour leur Ouvrage & Monnoïage, comme vous verrez qu'il sera bon à faire. De toutes les choses dessusdites & chascune d'icelles faire & accomplir, vous donnons povoir, auctorité & mandement especial, par ces presentes. *Donné à Paris, le 27. de Juillet, l'An* [c] *1363.* Par le Roy. FRANÇOIS.

a &.

b à quatre-vingt-quatre Pieces au marc. *V. la Preface du 3.e Vol. des Ordonnances, p. cj.*

c *Il faut corriger,* 1364.

NOTES.

(a) Registre *D.* de la Cour des Monnoyes, *fol.* 108. *verso.*

(b) *Thadelin.*] Il paroist par la page 109. *recto* de ce Registre, qu'il estoit General-Maistre des Monnoyes.

CHARLES V. à Paris, en Juillet 1364.

(a) Lettres de Sauve-garde Royale pour le Prieuré de S.t Lazare, à Paris.

CHARLES par la grace de Dieu Roys de France: Savoir faisons à tous presens & avenir, que Nous desirans de tout nostre cuer, les personnes de Religion qui sont ordenez à servir nostre Seigneur Jesus-Crist en nostre Royaume, estre maintenus & gardez avec tous leurs biens [a] & familliers en [b] pais & en transquillité, pourquoy ilz puissent mieux & plus devotement vaquier & entendre au Service de Dieu, auquel ilz se sunt donnés: A la supplicacion de nos bien amez les Religieux, Prieur, Freres & Seurs de [c] S.t Ladre de Paris, qui sunt de touz temps en la Sauve-garde Royal, yceulx d'abondant avons pris & prenons, mis & mettons de grace especial, & de nostre certaine science, avecques tous leurs biens quieux qu'il soient, assis en nostre Royaume, que il ont à present & que il acquerront loïaument ou temps avenir, tous leurs familliers, serviteurs, Religieux & seculiers, en & sous nostre [d] protestacion & Sauve-garde especial, & de nos Successeurs Rois de France, pour y estre & demourer perpetuelement, & leur avons commis, donné & deputé, commettons, donnons & depputons de nostredite grace, nostre Prevost de Paris present & advenir, ou son Lieutenant, leur Juge en toutes leurs Causes meuës & à mouvoir, contre quelconques personnes, en demandant & en deffendant; par ainsi toutes voïes, que pour ce, il ne puissent aucun faire convenir par devant ledit Prevost ou son Lieutenant, de plus loing de Paris, que de 12. lieuës: & aussi voulons & commettons ledit Prevost ou son Lieutenant, estre leur Gardien especial pour yceulz Religieux, leur Eglise en chief & en membres, leurs familliers, leurs gens & possessions, granches, terres, prés, bois, vingnes, Justices, cens, rentes, revenuës quelles que elles soient, & à elles appartetenans en quelque maniere que se soit, maintenir & garder par lui ou par autres, en leurs Justices, possessions, franchises, libertés, drois, coustumes, usaiges, privilleges & saisines; & pour yceuls deffendre de par Nous, de toutes injures, viollences, griefs, oppressions, inquietacions, molestacions, de force d'armes, de puissance de laiz & de toutes nouvelletés indeuës quelles que elles soïent: Et [e] ce il y a débat en cas de nouvelleté, entre les Parties, sur les choses contempcieuses, de mettre ycellui débat en nostre main souveraine, & à faire par ycelle nostre main, recréance là & si comme il appartendra; *(b)* pour faire païer ausdiz Religieux ou à leur certain commandement, leurs cens, rentes, dismes & revenuës, leurs debtes bons & loyaux [f] congnuies ou prouvées par [g] Lettres, tesmoings, instrumens ou autres loyaux ensaingnemens, qu'il lui apperra estre deuës ausdiz Religieux, [h] de quelconques personnes demourans à Paris, & environ jusques à douze lieuës; en contraingnant yceulz debteurs [i] ad ce, par la prinse, venduë & explectacion de leurs biens, & detencion de leurs corps; se obligez y estoient: Et [k] ce aucuns de leurs debteurs se vouloient opposer au contraire, nostre main souffisamment garnie là & si comme il appartendra deuëment, pour faire adjourner pardevant soy ou son Lieutenant, en nostre Châtellet de Paris, lesdis opposans & toutes autres personnes, tant en demandant comme en deffendant, pour [l] aler avant pardevant lui, tant sur lesdictes opposicions, débas ou questions, comme sur lesdictes debtes, si comme il sera à faire de raison, pour en faire sur les choses dessusdictes, les Parties oyes, bon & brief acomplissement de Justice: Et voulons que nostredicte grace especial, il face publier par tous les lieux où il verra qu'il appartiengne, à la requeste desdiz Religieux ou de leurs gens: Et en

a *familles*, R. du C.

b *paix.*

c *S.t Lazare.*

d *protection.* R. du C.

e *se: si.*

f *connuës.* R. du C.

g *Actes.*

h *par.*

i *au payement.*

k *se: si.*

l *proceder.*

NOTES.

(a) Thresor des Chartres, Registre 96. Piece neuf-vingt-trois. [133.]

Ces Lettres sont aussi dans le Livre Rouge vieil du Chastelet, *fol.* 31. *recto.*

(b) Pour faire, &c.] Ces mots dépendent de ceux-cy qui sont plus haut: *leur Gardien especial .... pour faire payer, &c.*

CHARLES V. à Paris, en Juillet 1364.

signe de nostredicte Sauve-garde especial, face mettre nos [a] Pennonciaux ès maisons, granches, possessions & autres biens desdiz supplians, là où [b] mestier en sera, afin que nul ne se puisse excuser de ygnorance; & intime & deffende de par Nous, à toutes les personnes dont il sera requis de par lesdiz Religieux, que à eulz, à leur [c] famille, à leurs gens, à leur Eglise en chief & en membres, à leurs terres, cens, rentes, revenuës & autres [d] quelconques, où que il soient, presens & advenir, ilz ne meffacent ou facent meffaire en aucune maniere, sur certaines peines à appliquier à Nous: Et pour faire & acomplir plus diligemment de point en point, les choses dessusdictes & chascunes d'icelles, Nous mandons & comettons audit Prevost de Paris present & advenir, ou son Lieutenant, que il, toutefois que mestier en sera, depput e & commette ausdiz Religieux, un ou deux personnes convenables, à leurs despens: Lesquieux & chascun d'eulz, Nous voulons de nostre grace dessusdicte, que il aïent, quant à fere & executer les choses dessusdictes & chascunes d'icelles, tout povoir d'Office de Sergent: Toutes-voies Nous ne voulons pas qu'il se entremettent en aucune maniere, de chose qui requiere congnoissance de Cause: Et Nous donnons en mandement à tous nos Justiciers & subgiés, que audit Prevost de Paris present & advenir, ou à son Lieutenant, & audit Sergent [e] Sergens depputés de par lui, quant aux choses dessusdictes & celles qui en despendent, obéissent & entendent diligemment. Et pour ce que se soit ferme chose & estable à touzjours, Nous avons fait mettre à ces Lettres, nostre Scel: sauf en autres choses nostre droit & en toutes l'autrui. *Donné à Paris, l'An de grace 1364. ou mois de Juillet. Ainssi signées.* P. MICHIEL. *(c)*

a *Pennonceaulz Royaulz*, R. du C.

b *besoin.*

c *familiers*, R. du C.

d *biens.*

e *ou*, R. du C.

NOTES.

(c) Après ces mots, *ou mois de Juillet*, il y a dans le Registre du Chastelet:

Collacion faite à l'original des Lettres dessus transcriptes, scellées à las de soye & cire verte, ainsi signées en la marge:

Par le Roy. P. Michiel: & furent publiées ou Chastelet, le mardi vingt jour d'Aoust, l'An mil trois cens soixante-quatre.

CHARLES V. à Paris, en Juillet 1364.

(a) Lettres portant Reglement pour l'Election des Eschevins de Lille.

CHARLES &c. Savoir faisons à touz presens & avenir, Nous avoir veu les Lettres de nostre très chier Seigneur & Pere que Diex absoille, contenant la fourme qui s'ensuit.

JOHANNES Dei graciâ &c. [f]

f Ces Lettres sont dans le 3.e Vol. des Ordonn. p. 3.

ET comme noz bien amez les Eschevins de nostredicte Ville de Lille, ou nom & pour ycelle, Nous aïent supplié que lesdictes Lettres voulsissions confirmer; & avec ce, pour oster tous inconveniens & toute corruption qui porroient entervenir en la creation desdiz Eschevins, adjouster les poins & articles qui s'ensuivent.

(1) Premierement. Que le Commissaire qui de par Nous aura faiz & créez lesdiz Eschevins, ne les puisse faire de cy au tiers an après.

(2) Item. Que le Commissaire jure en Halle pardevant Eschevins, chascun an, au jour que la commission lui sera bailliée & presentée par le Procureur des Eschevins, qu'il ne mettra à son escient, en l'Eschevinage, personne reprochable, usurier, ne autre qui ne soit ydoine & convenable à le exercer: Et avecques, que pour ladicte

NOTES.

(a) Thresor des Chartres, Registre 96. Piece 77.

Ces Lettres sont aussi au *fol. 277. verso* du Registre indiqué cy-dessus, p. 464. Note *(a)*. L'Orthographe y est bien differente de celle qui est dans le Thresor des Chartres; & il paroist par-là, que celuy qui a copié le Registre de Lille, n'a pas suivi celle de l'original, & luy a substitué celle qui estoit conforme à sa prononciation.

creation faire, ledit Commissaire ne prendra ne fera prendre par lui ne par autres, maille, denier, [a] bienfait, ne prouffit aucun en maniere quelconques; & que [b] le conseil qu'il appellera avecques lui, il fera faire ledit serement; & aussi aux Curez qui sont acoustumez de rapporter chascun en droit soy, les personnes qui leur semblent estre ydoines pour estre créez en Eschevins, *(b)* homme & paiseurs, fera faire ledit serement *in verbo Domini;* pour oster les corruptions & collusions abbusives qui pourroient estre en la creation *(c)* de ladicte loy, afin que pourveu y soit de personnes convenables, sages, ydoines & plaines de discrecion.

CHARLES V. à Paris, en Juillet 1364.

a *present.* b *au.*

(3) Item. Avant que ledit Commissaire nomme au jour de Toussaints, les nouviaux Eschevins *(d)* pour faire serement, il fera jurer aux viez Eschevins par leurs seremens, qu'il lui dient, si il scevent que ès nouviaux par lui esleuz pour estre *(e)* Eschevis, personne ou personnes reprochables, qui estre ne le puist ou puissent selon les poins & articles dessus exprimez; parquoy ou lieu d'icellui ou ceulx où il auroit *(f)* variation ou souppeçon, il pourvoie d'autre ou d'autres non reprouchables & convenables à ce, selon les poins & articles dessusdiz.

Pour ce est-il que Nous, les Lettres, poins & articles dessus escriptes & escripts, aïans fermes & aggreables, ycelles & yceulx volons & loons, gréons, ratefiions, accordons, & de grace especial, certaine science, & de nostre auctorité Royal, par ces presentes confirmons. Si donnons en mandement par ces presentes, au Souverain Baillif de Lille, & à tous noz autres Justiciers & Officiers, ou à leurs Lieuxtenans qui ores sont & pour le temps avenir seront, & aux Commissaires députez ou à deputer sur le fait dessusdit, & à chascun d'iceulx si comme à lui appartendra, que les Lettres dessus transcriptes & les poins & articles qui y sont ajoustez, comme dit est, tiengnent, gardent & acomplissent, & facent tenir, garder & acomplir inviolablement & perpetuelment de point en point, selon leur fourme & teneur; & contre la teneur de ces presentes, ne attemptent, ne facent ou seuffrent en aucune maniere attempter: Et se aucune chose estoit faite au contraire, qu'il le ramenent & remettent ou facent ramener & remettre sans delay, au premier estat & deu: Et que ce soit ferme chose & estable à touzjours, Nous avons fait mettre nostre Seel à ces Lettres: sauf en autres choses nostre droit & l'autrui en toutes. *Et fu fait & donné à Paris, l'An de grace 1364. ou moiz de Juillet.*

[c] Par le Roy à la relacion du Conseil. DOUHEN.

Collacion est faicte aux Lettres originales cy-dessus encorporées, par moy.

DOUHEN. *Contentor.*

c *Ce qui suit, n'est pas dans le Registre de Lille.*

NOTES.

(b) Hommes & paiseurs.] Dans la copie venuë de Lille, il y a *Wilhommes.* Je n'entends pas ce mot.

A l'égard de l'autre, peut-estre signifie-t-il *peseurs;* & les Eschevins estoient-ils chargez de la garde des poids, & de la recepte des droits que l'on payoit en quelques endroits, pour faire peser! *Voy. cy-dessus,* p. 408. Note *(i)*

(c) De ladicte Loy.] C'est-à-dire, la création des Eschevins qui estoient les Officiers municipaux des Villes que l'on nommoit *Villes de Loy, sur lesquelles voy. le 3.e Vol. des Ordonn. p. 411. Note (c).*

(d) Pour faire serment.] C'est-à-dire apparemment, *lesquels feront serment après leur élection.*

(e) Eschevis.] Dans la copie de Lille, il y a: *Eschevins, n'a usurier ne personne, &c.*

(f) Variation.] C'est-à-dire apparemment, *sur la suffisance desquels tout le monde ne seroit pas d'accord.*

CHARLES V. à Paris, en Juillet 1364.

(a) Lettres de Sauve-garde Royale, pour le Couvent des Augustins de la Ville de Limoux, en Languedoc.

KAROLUS &c. Racioni congruum arbitramur, si inter curas & solicitudines quas frequenter habemus in regendis nostris subditis, ad hoc precipue nostre mentis aspiret affectus, per que status Ecclesiasticus, nostris temporibus, sub commisso Nobis regimine, in pacis transquilitate manuteneri valeat & tueri; ac Regni nostri Ecclesie & persone Ecclesiastice, & potissime que Religionis habitum assumpserunt, & que de die & de nocte Divinis insistunt obsequiis, sub nostre proteccionis clipeo, à suis [a] relevantur pressuris, & per Regalem potentiam à noxiis deffendantur; ut eo libentius circa Divina vacare valeant, quo liberalius per Regalem potentiam senserint se adjutas. Notum itaque facimus universis tam presentibus quam futuris, quod Nos ad supplicacionem dilectorum nostrorum Religiosorum Prioris & Conventus Fratrum Augustinorum Ville de [b] Limoso, Senescallie Carcassone, in Salva-gardia Regia ab antiquo existentium, ipsos ex habundanti, una cum eorum Ecclesia, domibus, familiaribus & [c] donatis suis, ac bonis ipsorum quibuscumque, & ubicumque bona ipsa fuerint reperta, in nostra nostrorumque successorum Francie Regum, protectione, tuitione & Salva-gardia speciali, auctoritate nostra Regia, ex certa sciencia & de gratia speciali suscipimus & ponimus, pro Nobis & successoribus nostris predictis, per presentes: Mandantes & committentes Senescallo Carcassone, vel ejus Locum-tenenti, qui nunc est & pro tempore fuerit, quatenus prefatos Religiosos, familiares & donatos, & quemlibet eorundem, ab omnibus injuriis, violenciis, gravaminibus, oppressionibus & molestiis, vi armorum, potentia quoruncunque, & aliis inquietacionibus & novitatibus indebitis quibuscumque, tueatur & deffendat, & in suis justis possessionibus, franchisiis, libertatibus, immunitatibus, juribus, usibus & saizinis, in quibus ipsos esse suosque predecessores fuisse pacifice [d] reperiri, manuteneat & conservet, nec permittat contra ipsos aut eorum familiares vel donatos, res & bona, aliquas fieri vel inferri injurias aut indebitas novitates: Quas si factas esse vel fuisse in dicte Salve-gardie nostre, & dictorum supplicantium prejudicium, invenerit, eas ad statum pristinum & debitum reduci, & Nobis ac dictis supplicantibus emendam propter hoc condignam prestari; dictamque Salvam-gardiam nostram in locis & personis ubi & prout [e] expedieri, publicari & intimari; Pennuncellosque & Baculos nostros Regios, in signum hujusmodi Salve-gardie nostre, in bonis & possessionibus dictorum supplicantium, familiariumque & donatorum eorumdem, in terra que Jure scripto regitur, situatis, si & cum super hoc fuerit requisitus, apponi faciat: Inhibendo ex parte nostra, seu inhiberi faciendo personis omnibus de quibus fuerit requisitus, sub omni pena quam erga Nos incurrere possent, ne dictis supplicantibus in personis, familiaribus, donatis, sive bonis suis quibuscumque, aliqualiter forsfacere presumant. Si vero dicti supplicantes aut aliqui de suis familiaribus aut donatis, ab aliquibus [f] assecuramentum habere voluerint, dictum assecuramentum bonum & legitimum, juxta Patrie consuetudinem, faciat prestari eisdem: Et ad premissa, omniaque alia & singula que circa hec fuerint neccessaria eciam vel opportuna, diligentius exequenda, volumus quod prefatus Senescallus vel ejus Locum-tenens, unum aut plures Servientes nostros ydoneos, eisdem supplicantibus, suis sumptibus, in Gardiatores speciales, quotiens opus & super hoc fuerit requisitus, deputet: Quibus & eorum cuilibet, ex nunc prout ex tunc, committimus & mandamus, ut premissa & queeunque alia ad officium Gardiatoris spectantia, faciant & facere valeant & adimplere: Adjournando tamen Partes oponentes seu debatum facientes, si que essent in casu novitatis, aut dicte nostre Gardie infractores & contemptores; locis primitus deablatis, si que sint, realiter & de facto [g] resaizit, coram

[a] relevent*ur*.

[b] Voy. cy-dessus, p. 32. Note (c).

[c] Voy. le 3.e Vol. des Ordonn. p. 318. Note (d) & la Preface des *Acta SS. Benedictin. sæc. VI. part. 2. p. LVI.*

[d] reperer*it*.

[e] expedier*it*.

[f] Voy. le 3.e Vol. des Ordonn. p. 264. Note (b)

[g] resaisitis.

NOTES.

(a) Thresor des Chartres, Registre 96. Piece six-vingt-dix sept. [137.]

Judicibus

Judicibus nostris ad quos cognitio premissorum pertinere debebit, ad certam & competentem diem seu dies, [a] *processuras & ulterius* [b] *facturas super dictis opposicionibus & debatis ac aliis premissis, ut fuerit rationis; ipsos Judices de adjournamento hujusmodi & aliis que fecerint in premissis, etiam certificando competenter. Quibus Judicibus & eorum cuilibet, damus in mandatis ut dictis Partibus, ipsis auditis, exibeant bonum & breve Justicie complementum : In & super quibus omnibus & ea tangentibus & dependentibus ex eisdem, ab omnibus Justiciariis & subditis nostris, dicto Senescallo & ejus Locum-tenenti, necnon Gardiatoribus ab eodem deputatis & deputandis, & eorum cuilibet, pareri volumus & diligenter intendi. Nolumus tamen quod dicti Gardiatores aut alter ipsorum, de his que* [c] *Causam cognicionem exigunt, se aliqualiter intromittant. Quod ut firmum & stabile permaneat in futurum, nostrum quo ante Regni nostri susceptum regimen, utebamur, presentibus Litteris duximus apponendum : nostro & alieno in omnibus jure salvo.* Datum & actum Parisius, Anno Domini 1364. mense Julii.

Per Regem. JULIANUS. *Visa.*

a processur.
b factur. R.
c Causæ.

CHARLES V. à Paris, en Juillet 1364.

(a) *Lettres qui portent que l'Hostel de S.t Paul à Paris, sera inseparablement uni au Domaine du Royaume & de la Couronne de France.*

CHARLES par la grace de Dieu Roy de France : Savoir faisons à touz presens & avenir, que Nous qui avons touzjours desiré & desirons de tout nostre cuer, l'acroissement de l'eritage du Royaume & de la Couronne de France, considerans que nostre Hostel de Paris, appellé l'Ostel de Saint Pol, lequel Nous avons acheté & fait édifier de noz propres deniers, est Hostel [d] solennel & de *(b)* granz esbatemens, & ouquel avons en plusieurs plaisirs, acquis & recouvré, à l'ayde de Dieu, santé de plusieurs granz maladies que Nous avons euës & souffertes en nostre temps; pour lesquelles choses & autres qui à ce Nous ont esmeu, ayens audit Hostel amour, plaisance & singuliere affeccion, avons voulu & ordené de nostre propre mouvement, certaine science, plaine puissance & auctorité Royal, voulons & ordenons par la teneur de ces presentes, que nostre Hostel dessusdit, tout ainssi comme il se comporte, extent en lonc en [e] ley, en toutes ses parties, *(c)* haut & bas, avec touz les jardins, appartenances & appendances d'icelui quelconques, soit & demeure à touzjours perpetuelment, propre Demaine & heritage de nostredit Royaume & de la Couronne de France, pour Nous [f] noz Successeurs Roys de France : Et lequel Hostel, les jardins & toutes leurs appartenances & apendances quelconques, en quelconques estat qu'il soient, & tout ce que Nous y avons [g] acquesté, acreu, acquesterons & accroistrons, Nous adjoignons, adunions & annexons au Demaine du Royaume & de ladicte Couronne, senz ce que jamais à nul jour, il en soient ou puissent estre desjoint, divisé ou separé, pour quelconques dons ou ottroys que Nous en facions ou puissions faire; feust à nostre très chere & amée Compaigne la Royne, à noz Enfens, se aucuns en avions, à noz très chers Freres ou à aucuns d'eulx, ne à autres quelconques de nostre Sanc : Ne aussi nozdiz Successeurs, pour quelconques autre cause, soit pour raison de partages qui se pourroient faire entre noz hoirs ou Successeurs, ou [h] d'assiete de doüaires, faiz ou à faire par Nous ou nozdiz Successeurs, à Roynes ou à autres Fames de quelconques estat ou condicion que elles soient, ne autrement en aucune maniere : Lesquelx dons ou ottroys, partages ou assietes pour

d *magnifique.*
e *large.* Voy. Borel, au mot, *Le.*
f *&.*
g *acquis.*
h *Voy. cy-dessus, p. 64. Note (c).*

NOTES.

(a) Memorial *D.* de la Chambre des Comptes, *fol.* 70. *recto.*

(b) Granz esbatemens.] Je crois qu'il faut entendre par ces mots, les jardins & les promenades qui y estoient.

(c) Haut & bas.] *Entierement.* Voy. les corrections qui sont à la fin du 3.e Vol. des Ordonn. *fol.* CLXXXIX. col. 1. à l'Article de la p. 59.

cause de doüaire ou autrement, se faiz en estoient, comment que ce feust, Nous dèsmaintenant pour lors, les cassons, irritons & adnullons du tout; & decernons par ces mesmes Lettres par nostre decret Royal, estre de nul valuë: Et voulons & desclairons de nostre auctorité & puissance Royal, que dores-en-avant ycelui nostre Hostel ne doye ou puisse estre desjoint en aucune maniere du Demaine de ladicte Couronne de France; & que ycellui après le [a] Palais Royal, soit propre & special Hostel de Nous & de noz Successeurs Roys, du propre Demaine & heritage dudit Royaume & de la Couronne de France, à touzjours perpetuelment. Et pour ce que ce soit ferme chose & estable senz nul rappel, Nous avons fait mettre nostre grant Scel à ces presentes *faites & données en nostredit Hostel Royal de Saint Pol, l'An de grace 1364. ou moys de Juillet. Ainssi signées.* Par le Roy. OGIER.

a *C'est le Palais où l'on rend aujourd'huy la Justice.*

Collatio Litterarum prescriptarum cum originali signato ut supra, facta fuit in Camera Compotorum Parisius, de precepto Dominorum, die 3.a Septembris 364. per me Johannem Crete, & me Garnerum.

A la marge, il y a: *Originale traditum fuit Magistro Petro Gonesse, custodi Cartarum & privilegiorum Regiorum.*

CHARLES V. à Paris, en Juillet 1364.

Philippe IV. dit le Bel, à l'Abbaye Royale de Maubuisson près Pontoise, en Juillet 1312.

Philippe VI. dit de Valois, au Bois de Vincennes, en Juin 1337. & à Poissy, en May 1346.

(a) Lettres par lesquelles le Roy accorde à l'Université d'Angers, les Privileges dont joüissoit celle d'Orleans.

KAROLUS &c. Notum facimus universis presentibus & futuris, Nos extrahi fecisse de Registris inclite recordacionis & bone memorie Regum Franc. predecessorum nostrorum, Litteras infrascriptas, quarum tenores sequuntur in hec verba.

PHILIPPUS Dei gracia Francorum Rex, &c. (b)

Item. *Aliud sumptum de illis Registris.*

[b] *PHILIPPUS Dei gracia Francorum Rex: Notum facimus universis tam presentibus quam futuris, Nos vidisse, legisse ac diligenter inspexisse Litteras Apostolicas infrascriptas, quarum tenor sequitur in hec verba.*

CLEMENS Episcopus, servus, &c. [c]

NOS igitur volentes favoribus, beneficiis ac privilegiis Regiis, ob honorem Dei utilitatemque publicam, prosequi studium ipsum, Doctores & Scolares studentes ibidem, quatenus ad nostram auctoritatem Regiam, premissa pertinere noscuntur, eadem graciose concedimus Doctoribus & Scolaribus in Civitate predicta studentibus, presentibus & futuris, & Regia auctoritate fulcimus: Inhibentes omnibus & singulis Justiciariis, & aliis dicioni nostre subjectis, ne super premissis contrarium attemptent, ne quid ex eis

b Philippe le Bel.

c Cette Bulle est dans le premier Vol. des Ordonn. p. 497. Note (d)

NOTES.

(a) Tresor des Chartres, Registre 98. Piece 566.

(b) Ces Lettres sont dans le 1.er Vol. des Ordonn. p. 501. &c. Le Registre 98. servira à corriger quelques fautes qui sont dans ce texte.

Pag. 501. lig. 4. de l'Ordonn. au lieu de *faventes, Justitiam*, lis. *foventes Justitiam.*

Pag. 502. lig. 7. *instituti*, lis. *institui.*

Ibid. lig. 18. *sæcularum*, lis. *secularium.*

Ibid. Art. 2. lig. 11. *destitui*, lis. *destrui.*

Ibid. lig. 15. *privilegium*, lis. *privilegiis.*

Pag. 503. Art. 8. lig. dern. *libros*, lis. *liberos.*

Pag. 504. lig. 1.ere *quot pro casu*, lis. *qui pro casu.*

A la fin de la Piece, au lieu d'*Abbatiam Beatæ Mariæ, Regalis*, lis. *Abbatiam Regalem Beate Marie.*

Dans le Reg. 98. il y a à la fin de ces Lettres: *Collatio fit ad Registrum.* Gonesse.

Il est necessaire de remarquer que toutes les Lettres & Bulles *vidimées* dans les Lettres de Charles V. ont esté accordées à l'Université d'Orleans.

impediant, nec in eis vel in aliquo premissorum, à quocunque contrarium attemptari vel impedimentum apponi permittant. Ut autem premissa rata stabiliaque perseverent, nostrum presentibus jussimus apponi Sigillum. Actum in Abbacia Regali juxta Pontisaram, Anno Domini 1312. mense Julii.

CHARLES V. à Paris, en Juillet 1364.

Collatio fit ad Registrum. GONESSE.

Item. *Aliud scriptum.*

PHILIPPUS[a] *Dei gracia Francorum Rex : Notum facimus universis tam presentibus quam futuris, Nos vidisse, legisse ac diligenter inspexisse Litteras Apostolicas infrascriptas, quarum tenor sequitur in hec verba.*

a Philippe le Bel.

(c) CLEMENS Episcopus, servus servorum Dei : Ad perpetuam rei memoriam. Dum perspicacitatis occulos, &c. ut supra in Littera Papali precedenti usque huc : *Auctoritate Apostolica statuimus ut de bonis Doctorum & Scolarium...voluntatis arbitrio reservamus. Nulli ergo, &c. Si quis autem, &c.* Datum Lugduni, &c. Ut supra in Littera Papali precedenti.

(d) PREMISSA igitur in Litteris ipsis contenta, quantum ad bona, personas eciam Ecclesiastice Jurisdiccioni subjectas, à quocunque Justiciariorum vel subditorum nostrorum, impediri vel infringi modo quolibet inhibemus. Que vero Jurisdiccionem seu Regiam auctoritatem nostram tangunt[b] *premissa, seu pertinent ad eandem, quantum ad intestatorum bona decedentium Scolarium & Doctorum, graciose concedimus Doctoribus & Scolaribus qui nunc sunt vel erunt pro tempore in Studio supradicto, per manum exercenda Prepositi nostri Aurelianensis, modo & forma (e) in Episcopo Aurelianensi, in Litteris ipsis expressis. Statuentes ne innocentes occasione culpabilium, molestentur in personis vel bonis : Ne quis Doctor vel Scolaris pro debito capiatur, vel in carcere detineatur, qui caucionem ydoneam prestare paratus existat, nisi criminis gravitas id exposcat : Ac tunc in carcere qui cedat ad securam custodiam ; non autem ad penam ; victusque ministretur capto decenter, secundum qualitatem criminis & persone. Semper insuper ubi liquebit de crimine, mitius agatur cum Doctore vel Scolari circa penam injungendam, emendam vel*[c] *multam, quam cum alio ageretur, quamdiu spes de emendacione seu correccione, racionabiliter possit haberi. Doctores insuper & Scolares pro talibus*[d] *detentis, instantes pacienter audiantur, favorabiliter & honeste tractentur ; sic quod quisque percipiat graciam & favorem, quibus, in quantum fieri possit sine offensione Justicie, volumus afficere Doctores & Scolares eosdem. Ut autem premissa rata stabiliaque perseverent, nostrum presentibus jussimus apponi Sigillum.* Actum in Abbacia Regali Beate Marie juxta Pontisaram, Anno Domini 1312, mense Julii.

b *Il semble qu'il faudroit*, in premissis.

c mulctam : *amende.*

d detenti, *dans le premier Vol. des Ordonn.*

Collacio fit ad Registrum. GONESSE.

Item. *Aliud sumptum.*

NOTES.

(c) Clemens.] La Bulle du Pape qui est la même que celle qui a esté indiquée cy-dessus, [p. preced. Note *(c)* marg.] n'est pas recopiée en entier, dans cet endroit du Registre. Elle n'y est que par extrait de la maniere dont elle va estre imprimée icy, excepté qu'après le mot *Scolarium*, est repetée la clause qui regarde les biens des Docteurs & Escoliers decedez, & qui dans le 1.er Vol. des Ordonn. p. 498. Note, col. 1. est vers les trois quarts de cette colomne, jusqu'à ces mots, *voluntatis arbitrio reservamus*, qui sont dans la colomne suivante, vers la fin de la Piece.

(d) Tout ce qui suit, jusqu'à la fin des Lettres de Philippe le Bel, est à peu près semblable à la fin d'autres Lettres de ce Prince de la même date, qui sont dans le 1.er Vol. des Ordonn. p. 497. [Voy. p. 499.] mais comme il y a quelque difference, on a crû devoir le faire imprimer.

(e) In Episcopo Aurelianensi, &c.] Voicy comment je crois qu'il faut entendre cet endroit. Il est dit dans la Bulle, que les biens des Docteurs & Escoliers decedez, seront remis entre les mains de l'Evêque d'Orleans & d'un Docteur : mais le Roy ordonne que ces biens ne seront pas remis à l'Evêque d'Orleans, mais au Prevost de cette Ville.

CHARLES V. à Paris, en Juillet 1364.

[a] PHILIPPE par la grace de Dieu Roy de France : Savoir faisons à tous presens & avenir, que comme sur ce que le Recteur, les Docteurs, Bachelers & Escoliers de l'Université de l'Estude d'Orliens, disoient que quant il avient que il se despartent de ladicte Estude, avant qu'il aïent [b] despendu les garnisons qu'il ont fait sanz [c] propos de marchander; mais pour leur vivre tant-seulement en l'Estude dessusdicte, il leur [d] loit vendre & aliener leursdictes garnisons, ou les [e] remanans d'icelle, & faire leur prouffit par eus ou par leurs deputez, ainsi comme il loit à chascun, franchement ordener & faire sa volenté du sien; les Bourgois & Citoyens de ladicte Ville, disans & affirmans le contraire, feust meue ou [f] appareillié à mouvoir matiere de plait & de descort, combien que par aucuns de noz Conseillers, Nous eust esté monstré que comme pour cause dudit descort, plusieurs mals contre le proufit comun, feussent avenuz; & encorez, se par Nous n'y estoit pourveu, porroient avenir en la Cité & Estude dessusdictes, où les enfans dez Ducs, Comtes & Princes & d'autres Barons, Nobles, Bourgois, Marchans & d'autres condicions, de toutez nations, viennent pour estre entroduis ès sciences des Droiz Civilz & Canons, necessaires & profitables pour le gouvernement de droiture & de raison ; Nous de nostre mouvement, voulsissons oster ledit plait, & de grace especial ottroïer auxdiz Estudians, ce qu'il disent à eulx appartenir de droit commun. Toutes-voiez, combien qu'il semble que de raison commune, Nous povions assez ottroïer ladicte grace, voulsismes Nous en telle maniere [g] aler avant sur ce, qu'il ne tournast en grief préjudice d'autrui; & pour ce, mandasmez à nostre Bailli d'Orliens, que [h] sanz figuere de Jugement, appellez pardevant lui hors Juigement, lesdictez Parties, il les oïst en tout ce qu'il vouldroient proposer, & les raisons d'une part & d'autre, Nous renvoïast, afin que ce veu, Nous peussions plus plainement faire & ordener ce qu'il Nous pleiroit : Lequel Bailli fist pour ce appeller pardevant lui, lesdictes Parties qui sus les choses dessusdictes, li baillerent par escript plusieurs raisons & [i] replicques, Lettres, Mémoriaulx & instrumens, lesquelles il Nous renvoïa encloz soubs son Seel : Et ce fait, Nous avons fait veoir bien & diligamment, tout ce qui fu baillié d'une partie & d'autre : Nous considerans ce qui faisoit à considerer, de nostre auctorité Royal & pour cause, avons ordené & ordenons, que toutes-foiz que aucuns Estudians se voudra despartir de ladicte Estude, avant que ses garnisons soïent [k] gasteez ; ou icelles garnisons faites, auroit cause de non venir à l'Estude, pourquoy il ne peust en demourant illeques, ses garnisons [l] despendre, que en venant par lui ou par son certain [m] mandement, devers nostre Bailli ou Prevost d'Orliens, qui pour le temps seront, ou devers leurs Lieuxtenans, ou pardevant l'un d'eulx, quelque part qu'il le puisse trouver en Jugement ou dehors; & en faisant par lui ou par sondit certain mandement, serment que sanz entencion de marchander & sanz fraude, mais pour le cas qui li est survenus, & sanz esclaircir ledit cas, se il ne lui plaist, il veult vendre ses garnisons; ledit serment fait, il les puet vendre en la maniere que bon lui semblera, sanz appeller autre à faire ledit serement, & sanz autre preuve, licence ou response atendre : Et se aucun faisoit le contraire, les garnisons qui venduës seroient contre la forme de nostre presente Ordenance, seront toutes confisquées & acquis à Nous ; nonobstant us, coustumes, estatus, saisines ou autres choses à ce contraire : Et pour ce que ce soit ferme chose & durable à tousjours, Nous avons fait sceller ces Lettrez de nostre Scel. *Donné au Bois de Vincennes, l'An de grace 1337. ou mois de Juing.* Par le Roy à la relacion de Mess. J. de Prez & G. de Villers. VERRIERE.

Collacio fit ad Registrum. GONESSE.

Item. *Aliud sumptum.*

[n] PHILIPPE &c. Savoir faisons à tous presens & avenir, que comme noz bienamez le Recteur & College des Escoliers & Estudians en l'Estude & Université d'Orliens, Nous aïent humblement supplié, que afin que leur Estude ne soit destourbés ne empeschiée, Nous vuillions ottroïer & faire grace que leurs Bedeaus & Librairez

a *Philippe de Valois.*
b *consommé les provisions.*
c *sans intention de les vendre.*
d *licet* : il leur est permis.
e *restans.*
f *preste.*
g *proceder.*
h *Voy. le 3.e Vol. des Ordonn. p. 521. Note* (c)
i *replic.* avec une marque d'abbreviation. *R.*
k Cela veut dire app. *consommées.*
l *depenser* : *consommer.*
m C'est-à-dire, *par une personne qu'il envoyera à sa place.*
n *Philippe de Valois.*

jurez & ferementés, lesquelx leur sont neccessaires pour eulz & leurdicte Estude gouverner, ne soïent tenus ne contrains à aler au [a] guait que [b] en fait & accoustumé à faire de nuit & de jours, en ladicte Ville d'Orliens : Nous inclinans à leur supplicacion, & afin que lesdiz Escoliers & estudianz, soïent plus fervens à estudier & profiter, pour l'augmentacion & honneur d'icelle, avons voulu, voulons & ottroïons de nostre certaine science, plain povoir, auctorité Royal & grace especial, que lesdiz Bedeaus & six Libraires jurés & serementez, desdiz estudians, qui orez sont ou pour le temps avenir seront, ne soient dores-en-avant contrains par quelque personne que ce soit, à aler audit guait. Si donnons en mandement par ces presentes Lettres, au Bailli & Prevost d'Orliens, & à tous les deputez ou à deputer pour faire ledit guait, & à tous autres Justiciers & à leurs Lieuxtenans, qui ores sont ou pour le temps avenir seront, que lesdiz supplians, leurs Bedeaus & Librairez dessusdiz, facent & laissent joir & user à plain, de nostre presente grace, & contre la teneur d'icelle, ne les molestent ou seuffrent estre contrains ou molestez en corps ne en biens, en aucune maniere. Et que ce soit ferme chose & estable à tousjours, Nous avons fait mettre nostre Scel à ces presentes Lettrez : sauf en autres choses nostre droit & en toutes l'autrui. *Ce fut à Poissy, l'An de grace 1346. ou mois de May.* Par le Roy tenant ses Requestes. *Sine financia.* DONCHERI. S. CHAUVELLI.

Collacio fit ad Registrum. GONESSE.

CHARLES V. à Paris, en Juillet 1364.

[a] *guet.*
[b] *on*

Item. *Aliud sumptum.*

[c] PHILIPPE &c. Savoir faisons à tous presens & avenir, que come Nous & nos predecesseurs Roys de France, avons donné & ottroïé à noz bien-amez le Recteur & College des Escoliers & estudians en l'Estude & Université d'Orliens, plusieurs & certains privileges, [d] de grace & libertez, dezquels noz Bailli & Prevost d'Orliens, qui ont esté pour le temps, en ont esté tousjours Conservateurs : Et pour ce que de nouvel, Nous avons donné la Duchié d'Orliens, à Philippe nostre très chier Filz, & y sont establiz de par lui maintenant, Baillis & Prevos, lesdiz Recteur & College Nous ont humblement supplié, afin que leur Estude ne soit destourbée ne empeschié, que Nous lesdiz Bailli & Prevost qui orez sont & pour le temps avenir seront, leur vüillions ottroïer estre leurs Conservateurs desdiz privileges ; ainsi comme il estoient ou avoient esté paravant de par Nous : Nous inclinans à leur supplicacion, euë consideracion aus choses dessusdictes, avons voulu & ottroïé, voulons & ottroïons de nostre certaine science, plain povoir, auctorité Royal & grace especial, que quiconques sont & seront des-or-en-avant Baillis & Prevos d'Orliens, combien que ilz soient & seront à nostredit Filz & à ses Successeurs Ducs d'Orliens, soient & demeurent dores-en-avant perpetuellement à tousjours, Conservateurs des privileges dessusdiz ; lesquels dès maintenant Nous y establissons [e] instituons perpetuellement, pour Nous & nos Successeurs Roys de France, pour faire & exercer l'office d'icelle Conservation, chascun d'eulz en droit [f] ce, de par Nous & de par nosdiz Successeurs pour le temps avenir, toutefoiz que eulz ou l'un d'eulz en seront requis & que le cas si [g] offerra, selonc la forme & teneur desdiz privileges ; tout ainsin & en la maniere comme il faisoient & ont fait ou temps passé, avant que Nous eussions donné ledit Duchié à nostredit Filz : Et que ce soit ferme chose & estable à tousjours, Nous avons fait mettre à ces presentes Lettrez, nostre Scel : sauf en autres choses nostre droit & en toutes l'autrui. *Ce fu fait à Poissy, l'An de grace 1346. ou mois de May.* Par le Roy tenant ses Requestes. DONCHERI. *Sine financia.*

Collacio fit ad Registrum. GONESSE.

[c] *Philippe de Valois.*
[d] Peut-estre, *graces &* &c.
[e] *&.*
[f] *soy.*
[g] *presentera.*

[h] SANE *quia* [i] *Conditor omnium immensa benignitas,* [k] *preter lapsum* [l] *primi plasmatis, nolens quod humana Creatura, quam sue similitudini conformavit, ruditate vilesceret, reparans quodammodo circa ipsam graciose, quod gustu pomi mortifero, deperditum fuerat, rudem hominem erudiri decrevit scienciarum artiumve dogmatibus diversarum, quibus sub cursu celestium, terrestria valeant gubernari : Quarum tamen non solet haberi*

[h] Continuation des Lettres de Charles V.
[i] *Conditoris.*
[k] post.
[l] du premier homme.

CHARLES V. à Paris, en Juillet 1364.

noticia, nisi per fervens studium spaciosum, cum sint difficiles intellectu. Hinc est quod carissimus Germanus noster, Ludovicus Andegavie (f) primus Dux, ad virtutum opera semper intentus, sapienter attendens ut vacantes Litterarum studiis, valeant successu temporum, sustentari, Nobis instantissime supplicavit consimilia privilegia, libertates, gracias ac franchisias hactenus concessas Aurelianensi Studio & studentibus in eodem, per bone memorie predecessores nostros Francorum Reges, concedi Studio Andegavensi, & deinceps studentibus in eodem. Quare Nos dicti Fratris nostri carissimi, supplicacione attenta, digna consideracione [a] pensentes, quod Regibus cedit ad gloriam & honorem, in suis Regnis habere viros industrios, decoros scienciis & virtutibus eruditos, ut fortes consiliis [b] & facta sua providorum deliberacionibus dirigente pacis Principe feciliciter regnent & imperent in culmine Majestatis; quodque inter regiones alias dicti Regni nostri, Civitas Andegavensis, veluti fons scienciarum irriguus, viros alti consilii solet ab antiquo, propagacione quasi naturali, producere, quos in quampluribus hactenus [c] testimonial. evidenter, per diversa mundi climata, magnifestat; ac propterea gerentes in votis quod studentes ibidem, ab omni adversitate liberi & ab omni perturbacione securi, liberius ac utilius studere valeant inconcussi: Notum facimus universis presentibus & futuris, Nos omnia & singula privilegia seu eis consimilia, libertates, franchisias, immunitates ac gracias suprascriptas in predictis extractis de dictis Registris nostris, quibus in omnibus plenam & indubiam tanquam originalibus, fidem ac veritatem omnimodam adhiberi volumus; & eciam omnes ac singulas alias quascumque libertates, privilegia & franchisias concessas & donatas studio Aurelianensi predicto, ac studentibus in eodem, retroactis temporibus, à predecessoribus nostris Francorum Regibus, de gracia speciali, certa sciencia, auctoritate & plenitudine potestatis Regie, concessisse ac donasse perpetuis temporibus, Studio Andegavensi, Doctoribus, Licenciatis, Bachalariis & studentibus in eodem: Excepto tamen ac proviso, quod duntaxat virtute presencium, Doctores, Licenciati, Bachalarii vel Scolares in prefato Andegavensi Studio studentes, aliunde quam de Provincia Turonensi, coram Senescallo vel Preposito Andegavensi vel eorum Loca-tenentibus, aut ipsorum altero, presentibus & futuris, quos & eorum quemlibet in solidum, in Conservatores dictorum privilegiorum per Nos dicto Andegavensi Studio concessorum, deputamus & ordinamus, minime quemquam convenire, citari facere aut in Causam trahere vel prosequi possint aut valeant quovismodo. Quibus Senescallo & Preposito Andegavensibus predictis, vel eorum Loca-tenentibus, & eorum cuilibet, tenore presencium comitimus & mandamus, quatenus omnia & singula suprascripta, modo & forma quibus supra continentur, exequantur & adimpleant diligenter: Mandantes universis Justiciariis nostris vel eorum Loca-tenentibus, ac Officiariis & subditis nostris quibuscumque, presentibus & futuris, & ipsorum cuilibet prout ad eum pertinuerit, quatenus super premissis & ea tangentibus, eisdem & eorum cuilibet, pareant efficaciter & intendant. Quod ut firmum & stabile perpetuo perseveret, nostrum presentibus Litteris fecimus apponi Sigillum: salvo in aliis jure nostro & in omnibus quolibet alieno. Datum Parisius, Anno Domini 1364. mense Julii.

Sic signatum. *Per Regem in Requestis suis; vobis Dominis Episcopis Nivernensi & Meldensi; necnon Magistris P. de Rony, J. Divitis, Decano Noviomensi, Al. Caprarii, Aymierico de Maignaco, Philippo de Tribus-Montibus, Requestarum Hospicii Magistris, & pluribus aliis presentibus.* H. DE HAC.

a pensantes.

b Ces mots, jusqu'à ceux-cy, *quodque &c.* sont presque tous corrompus.

c testimoniis.

NOTES.

(f) *Primus Dux.*] Le Roy Jean avoit érigé le Comté d'Anjou en Duché, par des Lettres données à Boulogne, en Octobre 1360. en faveur de Louis son second Fils. *Voy. l'Hist. Geneal. de la Maison de France*, t. 3. p. 2.

CHARLES V. à Paris, en Juillet 1364.

(a) Lettres portant que le lieu nommé de *Rouſſemello*, ſera doreſnavant du reſſort de Sens.

KAROLUS &c. Regie Mageſtati conveniens arbitramur, Religioſas perſonas Divinis obſequiis mancipatas, litium ſemotis anfractibus, pacis beneficio communire, & votis earum humilibus benigniter annuere, munificentie ſue manum eiſdem liberalem porrigendo: Notum itaque facimus univerſis tam preſentibus quam futuris, quod cum diutius inter Procuratorem noſtrum Baillivie Senonenſis, & Religioſos, Priorem & Fratres Sancti Johannis Jeheroſolimitani in Francia, ex parte una; & Procuratorem noſtrum Baillivie ſeu Caſtellanie noſtre de (b) Tintignyaco, ex altera, racione reſſorti Ville, terrarum, domorum & pertinenciarum de [a] *Rouſſemello, ad dictos Religioſos* [b] *pertinentum, lis fuit diutius mota: Quas Villam, terras, domos & pertinentias, ad reſſortum Senonenſem, prefati Procurator noſter Senonenſis ac Religioſi aſſerunt pertinere; prefato Procuratori noſtro de Tintignyaco, contrarium aſſerente: Occaſione cujus litis & diſcordie, prenominati Religioſi & habitatores dicte Ville de Rouſſemello, & terrarum, domorum & pertinenciarum predictarum, dictorumque Religioſorum ſubditi, gravia dampna paſſi ſunt & adhuc ſubire in antea veriſſimiliter formidant, ut dicunt, ſupplicantes Nobis quatenus cum* [c] *alias dicto Prepoſito de Tintiniaco & Procuratori noſtro ejuſdem loci, per Nos ſeu Gentes noſtras Senonenſes, inhibitum fuerit ne in dictis Villis ac terris dictorum Religioſorum, aliquod explectum Juſtitie facerent, dictoſque Religioſos ſuper dicto reſſorto, minime moleſtarent, quod adimplere & exequi recuſarunt; eiſdem Religioſis ſuper hiis providere dignaremur de remedio gratioſo: Nos igitur, attendentes quod dicta Villa de Rouſſemello, in duplo vel quaſi vicinior exiſtit Civitati noſtre Senonenſi, quam Ville Tinniyaci antedicte, quodque dicta Civitas noſtra Senonenſis, antiquiſſimum domanium noſtrum exiſtit & Corone noſtre, eſtque locus inſignis in quo valet reperiri copia peritorum; dictaque Villa de Tintinaco, de novo Domanio noſtro applicata & unita* [d]*, & in qua, ut fertur, abſque difficultate, copia conſilii de facili non habetur; dictique Religioſi, qui pro deffenſione Fidei Catholice, jugiter inſiſtunt, Nobis & Predeceſſoribus noſtris continue fidele obſequium* [e] *impedeunt, & de die in diem impendere non ceſſant; ipſique & eorum ſubditi, frequenter varias & grandes Cauſas habent, quas, abſque gravi ſue Religionis detrimento & ſubdictorum ſuorum, non poſſunt abſque auctoritate & ſanioris conſilii deliberatione, deducere, prout Nobis eſt ſuggeſtum; & aliis ex certis cauſis que animum noſtrum ad id inducere potuerunt & debuerunt, dictorum Priorum & Fratrum ſupplicacioni favorabiliter annuentes, prenominatas Villam, domos, terras & pertinencias de Rouſſemello, ad ipſos, ut premittitur, pertinentes, ad reſſortum Senonenſem predictum, immediate pertinere ex nunc & impoſterum, ex certa noſtra ſciencia & auctoritate Regia & de gracia ſpeciali, decernimus per preſentes, & ordinamus, ipſoſque dicto reſſorto perpetuo adjungimus & unimus, in & ſub eodem impoſterum remanſuras, & à dicto reſſorto de Tintiniaco, ſi & quathenus ad illud pertinerent aut* [f] *alias hactenus pertinuiſſent, totaliter de eiſdem ſcientia auctoritate & gratia, omnino & perpetuo* [g] *eximimus: Procuratori noſtro de Tintiniaco antedicto, ſuper hiis, ac Procuratori noſtro generali perpetuum ſilentium imponendo: Inhibentes dicto Prepoſito ac Baillivo & Procuratoribus noſtris de Tintiniaco, ac dicto Procuratori noſtro generali, qui ſunt de preſenti & qui erunt pro tempore, quatenus prefatos Religioſos impoſterum ſuper dicto reſſorto, contra preſentis noſtre gratie tenorem, minime moleſtent vel perturbent, nec de dicto reſſorto ſe quomodolibet intromittant: Mandantes Baillivo Senonenſi, ceteriſque Juſticiariis noſtris preſentibus pariter & futuris, quatenus ipſos preſenti noſtra gratia, dein-*

a Voy. la Note (b).
b pertinentium.
c al. Reg.
d eſt.
e impenderunt.
f al. Reg.
g eximimus.

NOTES.

(a) Treſor des Chartres, Regiſtre 96. Piece 76.

(b) *Tintignyaco.*] Je n'ay rien trouvé ſur ce lieu, ni ſur *Rouſſemello.*

ceps perpetuis temporibus uti faciant & gaudere, ipsos imposterum, à quocunque in contrarium molestari vel aliter quomodolibet impediri nullatenus permittendo. Quod ut firmum & stabile perpetuo perseveret, presentes Litteras Sigilli nostri munimine fecimus roborari: salvo in aliis jure nostro & in omnibus quolibet alieno. Datum & actum Parisius, Anno Domini 1364. mense Julii.

Sic signata. *Per Regem in suis Requestis.* P. DE VERGNY. *Contentor.*

TROIS-MONS. *Visa.*

CHARLES V. à Paris, en Juillet 1364.

Philippes VI. dit de Valois, au Bois de Vincennes, le 1.er d'Aoust 1342.

(a) Lettres portant que l'appel des Jugements rendus par le Maire & les Pers de Rouen, & les causes qui regarderont leur Communauté, seront portez sans moyen devant l'Eschiquier de Rouen.

KAROLUS, &c. Notum facimus universis tam presentibus quam futuris, quod Nos Litteras inclite recordacionis carissimi Domini & Avi nostri Regis Philippi, suo Sigillo in cera viridi & filo cerico, sigillatas, vidimus, formam que sequitur, continentes.

[a] PHILIPPE par la grace de Dieu Roy de France: Savoir faisons à touz presens & advenir, Nous avoir veu la Lettres de nostre très-chier Filz le Duc de Normandie, scellées en las de soïe & cire vert, contenant la fourme qui s'ensuit.

JEHAN ainsné Filz du Roy de France, Duc de Normandie, Comte d'Anjou & du Maine: Savoir faisons à touz presens & advenir, que comme de la partie de noz amez le Maire, lez [b] Peres & la Communauté dez habitans de nostre Cité & Ville de Roüen, Nous ait esté signiffié & fait exposer, que pour occasion de ce que ès Chartres & Privileges à eux ottroïés par noz predecesseurs, sur la Justice & Juridicion que il ont en ladicte Cité & Ville & en la Banlieuë d'icelle, [c] aucune mencion devant lesquielx de noz Juges, viendroit le ressort dez cas appartenans à leur Juridicion & Justice, lez Bailliz de noz predecesseurs & de Nous, lez ont traiz & faiz traire en touz cas de ressors & autres, devant eulx & en leurs assises, & en yceulx cas de ressort & autres, lez ont tenuz & tiennent souvent en longues plaidoiries, & travailliez & demenez par longues [d] dilations & intervalles, dont ladicte Ville a soustenu & sousteint plusieurs grans coux, fraiz & dogmages, si comme il dient: Si Nous ont fait supplier humblement, que sur ce, leur veullons pourveoir de remede convenable, & pour lesdictes plaidoieries abreger, & [e] eschever leurs coux & dogmaiges, veulons declarier & à eulx ottroïer, que la cognoissance de touz lezdiz cas, soit envoïée d'ores-en-avant & appartieingne à nostre [f] Eschiquier & à noz Genz qui le tiendront, sans aucun autre [g] moïen. Nous considerans la grant feauté, loyaulté & obéissance que lezdiz habitans & leurs predecesseurs, ont toûjours eu aux nostres, & mesmement à nostre très-chier Seigneur & Pere & à Nous, & lez aggreables services que il ont fait à nostredit Seigneur & Pere, & la grant affeccion que il ont monstré & monstrent [h] de jour à lui à Nous, & que Nous y esperons au temps advenir: A yceulx Maire, Bourgeois & habitans, pour eulx & pous leurs successeurs, declarons & avons ottroïé & ottroïons par la teneur de cez presentes Lettres, de grace especial & certaine science, que la cognoissance de touz lez cas de ressort, dont ledit Maire a respondu & a coustume de repondre & comparoir jusques à [i] ores, devant nozdiz Bailliz de Roüen ou leurs Lieuxtenans, en toutes Causes

a *Philippe de Valois.*

b *Voyez le 3.e Vol. des Ordonn. p. 495.*

c *n'est faite.*

d *délais.*

e *éviter.*

f *Voyez le 3.e Vol. des Ordonn. p. 329. & Note (d).*

g *Voyez ibid. page 145. Note (gggg).*

h *de jour en jour.*

i *à present.*

NOTES.

(a) Tresor des Chartres, Registre 98. Piece 262.

d'appel,

d'appel, tant de deffault de droit, comme de malvaiz Jugement, pour cause de la Juridicion & Justice appartenante à ladicte Ville, tant seulement, vieingne d'orez-en-avant ordinairement en nostre Eschiquier, sans aucun autre moïen, ainsin & en la maniere que la cognoissance & ressort desdictes Causes d'appel, aloit & avoit acoustumé estre devant nozdiz Bailliz : & avec ce, voulons & leur avons ottroïé & ottroïons semblablement de grace especial & certeinne science, que de toutes les Causes, quelques elles soient, dont lesdiz Maire, Pers & Communauté, seroient ou pourroient estre [a] approchiés dorez-avant vers quelconques personnes que ce soit, tant nostre Procureur come autres, devant nozdiz Bailliz & en noz assises, pour cause dez heritages appartenans à ladicte Communauté, tant en demandant comme en deffendant, lezdiz Maires ou leurs Lieuxtenans, puissent demander [b] remission, toutesfoiz que il leur plaira à estre renvoïés en nostredit Eschiquier, & que nozdiz Bailliz soïent tenuz faire leur ladicte remission, sans aucun empeschement ou contredit. Toute-voyes n'est pas nostre entente, que nostredicte grace s'estande aux personnes singulieres dezdiz habitans de ladicte Ville, en aucuns dez cas dessusdiz, tant de ressort d'appel comme de remission, dont il auroient à faire de Partie à Partie; [c] ainçeis voulons que toutes lez Causes touchans ycelles singulieres personnes, de Partie vers autres, dont il ne convendroit ledit Maire soy faire Partie, pour cause de sadicte Juridicion, soïent & demourent de tel estat & condicion, comme elles estoient avant nostredicte grace & la confeccion de cez presentes Lettres. Si mandons & deffendons à nostre Baillif de Roüen, qui à present est, & à touz ceulx qui seront pour le temps advenir, que le Maire de ladicte Ville, qui est & sera, ne contraignent dores-en-avant à respondre ou comparoir devant eulx, en aucunz dez cas de ressort dessusdiz, soit en demendent ou en deffendent, comme dessus est dit; ainçeis en laissent toute la cognoissance & décision, à noz Genz qui tiendront nos Eschiquiers, & leur facent ladicte remission selon nostre present ottroy & grace, sans aucune chose faire ou attempter au contraire, sur peine d'encourir nostre indignacion & offense; non contrestant quelconques coustumes ou usages contraires. Et que ce soit chose ferme & estable ou temps avenir, Nous avons fait mettre nostre Scel à cez presentes Lettres : sauf en autres choses nostre droit & l'autrui. *Et ce fu fait ou Boys de Vincennes, l'An de grace 1342. le premier jour du mois d'Aoust.*

CHARLES V. à Paris, en Juillet 1364.

[a] *assignées.*

[b] *renvoy.*

[c] *ainçois ;* au contraire.

[d] ET Nous entendans & considerans la bonne volenté & affeccion que lezdiz Maire, Pers & habitans, ont touzjours eu à Nous & à noz Predecesseurs, & que Nous esperons eulx avoir ou temps advenir, & toutes lez autres choses & chascune d'icelles contenuës èsdictes Lettres, [e] ycellons voulons, loüons, ratiffions & approuvons, & de nostre auctorité & puissance Royal, de grace especial & certeinne science, par la teneur de cez presentes Lettres, confermons : Et voulons & mandons ycelles & chascune d'icelles, perpetuelment & fermement estre gardées & acomplies de point en point, sans enfraindre en aucune maniere, dorez-en-avant. Et que ce soit chose ferme & estable ou temps advenir, Nous avons fait mettre nostre Scel en ces Lettres : sauf en autres choses nostre droit & l'autrui. *Ce fu fait ou Boys de Vincennes, l'An de grace 1342. ou moys d'Aoust.*

[d] *Continuation des Lett. de Philippe de Valois.*

[e] *icelles.*

[f] *NOs autem, attentis premissis, ac bona voluntate & affeccione quas predicti Major, Pares & habitatores, ad Nos & Predecessores nostros semper habuerunt, & ipsos habere speramus in futurum, dictas Litteras suprascriptas, ratas & gratas habentes, eas & omnia in eisdem contenta, laudamus, approbamus, ratifficamus, & ex nostra certa scientia, auctoritateque Regia & gracia speciali, confirmamus; ac eciam eisdem Majori, Burgensibus & habitatoribus, pro se & suis successoribus, de novo, si opus fuerit, concedimus per presentes : Mandantes Baillivo, Vice-comiti & Procuratori nostris Rothomagensibus, presentibus & futuris, & cuilibet eorumdem prout ad eum pertinuerit, quatenus predicta omnia & singula, prout supra sunt expressata & declarata, imperpetuum observent sine impedimento seu contradictionibus quibuscunque; non-obstantibus quibuscunque Ordina-*

[f] Continuation des Lettres de Charles V.

cionibus sive deffensionibus contrariis, licet de ipsis de verbo ad verbum facienda [a] *mencio, & que, causa brevitatis, volumus habere pro expressatis; &* [b] *quod dictis privilegiis* [c] *alias non sint usi. Quod ut firmum & stabile perpetuo perseveret, nostrum presentibus Litteris fecimus apponi Sigillum: salvo jure nostro in aliis & omnibus quolibet alieno.* Datum Parisius, Anno Domini 1364. mense Julii. Ainsi signée.

Per Regem. B. FRANÇOIS.

a fuisset.
b non-obstante.
c al. *R.*

CHARLES V. à Paris, en Juillet 1364.

(c) Confirmation des Lettres concernant la Jurisdiction du Maire de Roüen.

KAROLUS &c. Notum facimus universis tam presentibus quam futuris, quod Nos nostras alias Litteras, in cera viridi & filo serico, sigillatas, vidimus, formam que sequitur, continentes.

CHARLES ainsné Filz du Roy de France. [d]

NOs autem, attentis & consideratis premissis, ac laudabilibus & gratuitis serviciis per ipsos Majorem, Cives & illos de Communia predictos, Nobis & dicto Domino Genitori nostro, multipliciter factis & impensis, dictas nostras Litteras suprascriptas, ratas & [e] *grata habentes, eas & omnia in eisdem contenta, laudamus, approbamus, ratifficamus, & ex nostra certa sciencia, auctoritateque Regia & gracia speciali, confirmamus: Ac eciam Majori, Burgensibus & habitatoribus, pro se & suis successoribus, de novo, si opus fuerit, concedimus per presentes: Dantes tenore presencium in mandatis Gentibus que* [f] *Scacarium nostrum Rothomagense, temporibus affuturis, tenebunt, Baillivo, Vice-comiti & Procuratori nostris Rothomagensibus, ceterisque Justiciariis & Officiariis nostris, qui nunc sunt & pro tempore fuerint, vel eorum Loca-tenentibus, & cuilibet eorumdem prout ad eum pertinuerit, quatenus dictos Majorem, Burgenses & habitatores, ac successores eorumdem & eorum quemlibet, nostra presenti gracia & confirmacione uti & gaudere perpetuo faciant & permittant pacifice & quiete; non-obstantibus quibuscunque Ordinacionibus seu deffencionibus contrariis, licet de ipsis de verbo ad verbum facienda* [g] *mencio, & que, causa brevitatis, volumus habere pro expressatis; &* [h] *quod dictis privilegiis* [i] *alias non sint usi; cum ceteris non-obstantibus per que posset nostra presens gracia seu confirmacio tolli vel* [k] *deferri. Quod ut firmum & stabile perpetuo perseveret, nostrum presentibus Litteris fecimus apponi Sigillum: salvo jure nostro in aliis & in omnibus quolibet alieno.* Datum Parisius, Anno Domini 1364. mense Julii. Sic signata. *Per Regem.* FRANÇOIS.

d *Ces Lettres sont dans le 3.e Vol. des Ordonn. p. 329.*
e gratas.
f Voy. le 3.e Vol. des Ordonn. p. 329. & Note (c).
g fuisset.
h non-obstante.
i al. *R.*
k differri.

NOTES.

(a) Thresor des Chartres, Registre 98. Piece 261.

CHARLES V. à Paris, en Juillet 1364.

(a) Confirmation des Privileges de la Ville de S.t Omer.

KAROLUS &c. Notum &c. Nos vidisse Litteras inclite recordacionis carissimi quondam Progenitoris nostri, formam que sequitur, continentes.

JOHANNES Dei gracia Francorum Rex. [a]

a Voy. la Note (a).

NOs autem omnia & singula supradicta, prout superius sunt expressa, rata habentes & grata, ea volumus, laudamus, approbamus, & tenore presencium confirmamus : salvo in omnibus jure nostro & quolibet alieno. Quod ut firmum & stabile perpetuo perseveret, Sigillum nostrum presentibus Litteris duximus apponendum. Actum Parisius, Anno Domini 1364. mense Julii.

Sic signata. *Per Regem in suis Requestis.* P. FERRICUS. *Collatio facta est.*

NOTES.

(a) L'on trouve dans le Registre 96. du Tresor des Chartres, neuf Lettres de Charles V. toutes datées du mois de Juillet 1364. par lesquelles il confirme neuf Lettres du Roy Jean son Pere, par lesquelles ce Prince avoit confirmé les anciens Privileges de la Ville de S.t Omer.

Dans les Lettres de Charles V. sont *vidimées* celles du Roy Jean, & dans celles de ce Prince, sont *vidimées* celles des Rois ses predecesseurs.

Ces Lettres du Roy Jean sont imprimées dans le 2. Volume des Ordonnances, & dans celuy-cy.

Comme les Lettres par lesquelles Charles V. confirme celles de son Pere, sont uniformes, on a crû qu'il estoit inutile de repeter neuf fois la même formule; & on a jugé qu'il suffiroit de marquer icy, dans quel endroit du 2.e & du 4.e Volume des Ordonnances, se trouvent les Lettres du Roy Jean, & le numero du Registre 96. où sont les Lettres de Charles V. qui confirment chacune de ces Lettres.

	Pages.		
2.e Vol. des Ord.	337.	Reg. 96. Pieces...	99.
	388.		101.

	Pages.		
4.e Vol. des Ord.	244.	Reg. 96. Pieces...	102.
	253.		106.
	256.		90.
	259.		133.
	262.		103.
	263.		98.
	404.		104.

CHARLES V. à Paris, au mois de Juillet 1364.

(a) Confirmation des Privileges de la Ville d'Angy.

KAROLUS &c. Notum facimus universis presentibus & futuris, Nos Litteras inclite memorie Domini & Progenitoris nostri, vidisse, formam que sequitur, continentes.

JOHANNES &c. [b]

b Voy. cy-dessus, p. 129.

ET licet Litteris suprascriptis dicti Domini & Genitoris nostri, non appenderet Sigillum; ymo esset separatum ab eisdem, deffectu bone custodie dictarum Litterarum, que, ut dicebatur, reposite fuerant in quodam pariete vel in loco [c] *humido ubi fuerant patrefacte, quodque essent per omnia legibiles ; & eciam ostenderetur* [d] *Sigillum : Nichilominus prius integre vise fuerant in sua forma, cum appendencia Sigilli dicti Domini & Geni-*

c humido.

d Le Sceau qui estoit detaché des Lettres.

NOTES.

(a) Tresor des Chartres, Registre 96. Piece 92.

toris nostri, prout Nobis constitit per quasdam Litteras executorias, supra dictis Litteris à Baillivo Silvanectensi, diu est, obtentas, quarum tenor sequitur in hec verba.

CHARLES V.

à Paris, au mois de Juillet 1364.

BERTRAN des Baux, Seigneur de Biautoul & de Plaisren, Chevalier le Roy nostre Sire, & son Baillif de Senliz : A touz les Justiciers & subgez de ladite Baillie, & à chascun d'iceulx, ausquelx ces Lettres [a] verront, Salut. Nous avons veu les Lettres du Roy nostre Sire, contenant la fourme qui s'ensuit, lesquelles sont scellées en cire vert & en las de soye.

JOHANNES Dei gracia Francorum Rex. [b]

[c] PAR vertu desquelles Lettres du Roy nostre Sire, dessus transcriptes, nous vous mandons & deffendons & à chascun de vous, que lesdiz hommes & habitans de la Ville d'Angy, vous ne contraigniez ou molestez, ou faites contraindre ou molester en corps ou en biens, avenir, [d] en envoyer ès guerres du Roy nostredit Seigneur, presentes & avenir, & yceulx hommes & habitans [e] laissent joïr & user des dessusdiz privileges, en la fourme & maniere que en yceuls est contenu, & que le Roy nostre S. le mande. *Donné à Saint Omer, soulz nostre Scel, le Dymenche, 15.e jour du mois de Novembre, l'An 1355.*

NOBISQUE similiter constitit de originalibus Litteris, in Litteris dicti Genitoris nostri insertis : Quare Nobis dicti habitatores Ville de Angiaco, Nobis humiliter supplicarunt, ut [f] *ipsos confirmare dignaremur. Nos igitur, iis attentis, Litteras suprascriptas, omniaque & singula in eisdem contenta & expressa, rata & grata habentes, de nostris auctoritate & plenitudine potestatis, de specialique gracia, tenore presentium confirmamus. Nolumus tamen quod per* [g] *ipsos,* [h] *subsidia pro redemptione dicti Genitoris nostri, per Regnum nostrum hactenus ordinata,* [i] *impediatur in dicta Villa, aut eciam quomodolibet retardentur. Quocirca omnibus & singulis Justiciariis, Officiariis & subditis nostris, damus serie presentium in mandatis, quatenus dictos habitantes & eorum successores, Litteris suprascriptis, & omnibus in eisdem contentis, uti & gaudere pacifice faciant & permittant, ipsosque vel aliquem eorumdem, contra suprascriptarum Litterarum tenorem, nullatenus inquietent vel molestent : Sed quod in contrarium factum vel attemptatum repererint, ad statum pristinum & debitum reducant, vel reduci faciant indilate. Quod ut perpetui roboris stabilitate firmetur, Litteras presentes Sigilli nostri fecimus appensione muniri : salvo in aliis jure nostro & in omnibus alieno.* Actum Parisius, Anno Domini 1364. mense Julii.

Per Regem, ad relacionem Consilii. G. DE MONTAGU. *Visa. Collacio facta est. Contentor.*

a *viendront.*

b Ce sont les Lett. qui ont déja esté *vidimées* dans celles de Charles V. & qui sont cy-dessus, p. 129.

c *Continuation des Lett. du Bailli de Senlis.*

d *en les envoyant.*

e *laissiez.*

f ipsas.

g ipsas.

h Voy. cy-dessus, p. 413. Note (d).

i impediantur.

CHARLES V. à Paris, le 3.e d'Aoust 1364.

(a) *Lettres de Sauve-garde Royale, pour les Religieux de Livry en Lannoy.*

CHARLES par la grace de Dieu Roy de France : &c. (b)

Ce fu fait & donné à Paris, l'An de grace mil trois cens soixante & quatre, le 3.e jour d'Aoust.

Collacion faitte à l'original. Ainsi signées par vous, DY REGIS. Et estoit escript au dos : Publiées en Jugement ou Chastellet de Paris, le 20.e jour de Septembre, l'An 1377.

NOTES.

(a) Livre Rouge vieil du Chastelet, *fol.* 43. *verso.*

(b) Comme ces Lettres sont presque semblables mot pour mot, à celles qui furent accordées à cette même Abbaye, le 12. de May 1361. & qui sont cy-dessus p. 367. on n'a pas crû devoir les faire reimprimer icy. Il y a cependant une difference entre ces deux Lettres : & celles-cy serviront à corriger un endroit des premieres.

On y lit [p. 368. vers la Note margin. (d)] *Et avec ce, outre le terme & la distance d'icelles, jusques vingt lieuës en tous costez, à compter de la Ville de Paris, jusques vingt lieuës desdictes vingt lieuës, & au-dessoubz dudit nombre.* Voy. la Note (d) marg.

Et dans les Lettres de 1364. il y a : *avecques ce, outre le terme & la distance d'icelle, jusques à douze lieuës en tous costez, à compter de la Ville de Paris, jusques à la fin desdictes douze lieuës, & au-dessoubz dudit nombre.*

CHARLES V. à Paris, en Aoust 1364. Philippes IV. dit de Valois, à Paris, le 23. de Decembre 1349.

(a) Confirmation des Privileges de la Ville de Montpellier.

KAROLUS *&c. Notum facimus universis presentibus & futuris, Nos infrascriptas Litteras vidisse, formam que sequitur, continentes.*

PATEAT *universis, quod nos Jacobus de Marrhania, Domicellus, Condominus de Monte-ferrano, Bajulus ; & Bernaldus Roquette, Licenciatus in Legibus, Judex Curie ordinarie Montis-pessulani, vidimus, tenuimus, & diligenter inspeximus quasdam patentes Litteras in pergameno scriptas, & Sigillo magno Regio impendenti, in filis ciricis, viridis rubeique coloris, impendenti, ut apparebat, sigillatas, non rasas, non viciatas, non cancellatas, nec in aliqua sui parte suspectas ; sed omni vicio & suspicione carentes, quarum tenor talis est.*

PHILIPPUS *Dei gracia Francorum : Rex universis presentes Litteras inspecturis, Salutem. Notum facimus Nos infrascriptas vidisse Litteras, formam que sequitur, continentes.*

PHILIPPUS *Dei gracia Francorum & Navarre Rex, &c.* (b)

a Continuation des Lettres de Philippe de Valois.

a NOS *autem omnia & singula, prout superius sunt expressa, rata habentes & grata, ea volumus, laudamus, ratifficamus, approbamus, & auctoritate nostra Regia, tenore presencium, de speciali gracia confirmamus. Quod ut firmum & stabile permaneat in futurum, Sigillum nostrum presentibus fecimus Litteris apponi : salvo in aliis jure nostro &*

NOTES.

(a) Thresor des Chartres, Registre 98. Piece 284.

(b) Ces Lettres sont dans le 1.er Vol. des Ordonn. p. 644. On lit à la ligne 23. & à la ligne 4. de la page suivante, *generose* : il y a à la place de ce mot, *gratiose*, dans le Registre 98. & je crois que c'est-là la bonne leçon.

CHARLES V. à Paris, en Aoust 1364.

in omnibus quolibet alieno. Datum Parisius, die 23. Decembris, Anno Domini 1349. *Per Dominum Regem ad relacionem* [a] *cecreti Consilii, in quo erant Dominus Laudunensis; & vos, ac Domini de Sancto Dyonisio, (c) de Courbe, de Revello, de Meullento & de Rencond.* CHAPELLE.

Collacio facta est cum Litteris originalibus per me. CHAPELLE.

a secreti.

b Continuation des Lett. des Officiers de Mompellier.

[b] *IN cujus visionis & inspectionis testimonium, nos dicti Bajulus & Judex, sigillum autentiqum dicte nostre Curie, hic duximus appendendum, die decima mensis Julii, Anno Domini 1364.*

c Continuation des Lettres de Charles V.

[c] *QUAS quidem Predecessorum nostrorum Litteras superius insertas, Nos, ad supplicacionem Consulum & habitatorum Ville Montis-pessulani, ratas habentes & gratas, ea volumus, laudamus & approbamus, ac de nostris auctoritate Regia & gracia speciali, confirmamus per presentes; facta tamen dictarum Predecessorum nostrorum Litterarum superius insertarum, vera collacione cum Litteris originalibus earumdem; quas originales Litteras, propter* [d] *itenerum pericula, prefati Consules Nobis ausi non fuerunt apportare. Mandantes Senescallo Bellicadri, ceterisque Justiciariis nostris presentibus & futuris, vel eorum Loca-tenentibus, & cuilibet eorumdem, quatenus dictos Consules & habitatores, facta prius dicta collacione, ut dictum est, contra presencium formam nullatenus inquietent aut molestent, inquietari seu molestari permittant à quocunque. Quod ut firmum & stabile permaneat in futurum, nostrum presentibus Litteris fecimus apponi Sigillum: salvo in aliis jure nostro & in omnibus quolibet alieno.* Datum Parisius, Anno Domini 1364. mense Augusti.

d itinerum.

Sic signata. Per Regem ad relacionem Consilii, in quo vos, Dominus Episcopus Nivernensis, Cancellarius [e] *Dalphinatus, & plures alii eratis.* TABARI.

e Dalphin. R.

NOTES.

(c) *De Courbe.*] Il y a une marque d'abbreviation sur la fin de ce mot. Le 27. de Mars 1347. *M. de Courbie* assista au Conseil, & le 3. de Juin de la même année *M. de Corbie* y estoit. [Voy. le 2. Vol. des Ordonn. pp. 286. & 288.] Il y a grande apparence que c'est la même personne dont il est parlé dans ces Lettres.

CHARLES V. à Paris, en Aoust 1364.

(a) Diminution du nombre de Feux dans les Villes & lieux du Diocese de Mande.

KAROLUS &c. Notum facimus &c. Quod cum ex parte Consulum & habitatorum Civitatis, Villarum & locorum Diocezis Mimatensis, Senescallie Bellicadri, fuisset Domino Progenitori nostro expositum, quod ipsi solverunt & solvere consueverunt, temporibus retroactis, dicto Domino Progenitori nostro & suis [f] *successoribus Regibus Francie, subsidia, juvamina & auxilia pro guerris & aliis oneribus Regiis, juxta antiquum* [g] *Focorum numerum predictorum Civitatis, Villarum & locorum dicte Dyocesis, usque nunc; quamvis in predictis Civitate, locis ac Villis, Foci antiqui qui erant in numero tredecim milium trecentum & septuaginta octo, pro quibus, retroactis temporibus, solvere consueverant, sint adeo, tam propter mortalitatem, quam eciam propter guerras, diminuti, quod dimidia* [h] *portio reperiri non posset; ex quibus erant maxime molestati & gravati; nisi eis super hoc provideretur de remedio opportuno. Quare supplicarunt dicto Domino Progenitori nostro, quod fieret informacio de numero Focorum predictorum Civitatis, locorum & Villarum dicte Diocezis; quodque juxta numerum Focorum qui reperiretur per informacionem, in predictis Civitate, locis ac Villis, deinceps futuris temporibus, dicta*

f *Il semble qu'il faudroit*, antecessoribus.

g Voy. cy-dessus, p. 238. Note (c).

h *Il y a dans le Reg.* po. *avec une espece de circonflexe qui coupe la queuë du* p.

NOTES.

(a) Thresor des Chartres, Registre 96. Piece neuf-vingt. [180.]

CHARLES V. à Paris, en Aoust 1364.

subsidia, juvamina & onera Regia, si & quantum imponerentur, solvere tenerentur. Cumque de mandato dicti Domini Progenitoris nostri, super premissis facta fuit quedam informacio, que in Camera nostra Compotorum Parisius, extitit allata, & per dilectas & fideles Gentes nostras dicte Camere, visa & diligenter examinata, per quam numerus quatuor milium sexcentum & decem Focorum, duntaxat extitit repertus in Civitate, locis ac Villis Dyocesis memorate: Igitur ad ipsorum habitatorum & Consulum humilem supplicacionem, & contemplacione Domini nostri (b) Pape, qui dictum Dominum Progenitorem nostrum & Nos affectuose rogavit, ac habito respectu ad premissa in prefata informacione contenta, habitaque matura deliberacione nostri Consilii super premissis, volumus ac concedimus, ac super hiis tenore presencium, ordinamus de nostra certa scientia & de gracia speciali, quod dicti Consules & habitatores prefatorum Civitatis, locorum, ac Villarum predicte Mimatensis Diocesis, solvant deinceps futuris & successivis temporibus, ac contribuant dictis subsidiis, auxiliis, juvaminibus, & aliis oneribus Regiis, dumtaxat pro numero predictorum quatuor milium sexcentum & decem Focorum, qui veraciter est per dictam informacionem, repertus in predictis Civitate, Villis & locis Diocesis memorate, tociens quociens ipsa subsidia, juvamina & auxilia, ac eciam alia onera Regia imponere contingerit & levare; quodque pro majori numero, vocari seu compelli nullatenus valeant atque possint: Proviso tamen quod prefati Consules & habitatores predictorum Civitatis, Villarum & locorum dicte Dyocesis, Nobis aut Receptori nostro Bellicadri, solvant & solvere teneantur unum Florenum Auri pro Foco, juxta supradictum antiqum numerum Focorum predictorum Civitatis, locorum & Villarum dicte Diocezis, semel duntaxat solvendum, quem dicto Domino Progenitori nostro ac Nobis, ex causis predictis solvere promiserunt. Mandantes, ac eciam tenore presencium inhibentes Gentibus nostris predictis Camere Compotorum Parisius, ac dictis Receptori & Senescallo, & eorum Loca-tenentibus, ac aliis quibuscumque Receptoribus, Thesaurariis ac Commissariis ad hujusmodi subsidia, juvamina, auxilia & alia onera Regia levanda, deputatis seu deputandis, quatenus predictos Consules & habitatores Civitatis, Villarum & locorum, qui nunc sunt & pro tempore futuro fuerint, ad solvendum & contribuendum predictis subsidiis, juvaminibus, auxiliis & aliis oneribus Regiis, compellant seu compelli faciant, ac permittant quoquomodo ultra numerum predictum dictorum quatuor milium sexcentum & decem Focorum, in ipsis Civitate, Villis & locis dicte Diocesis, veraciter repertum; ipsosque & eorum quemlibet, ac eorum successores nostra presenti gratia uti & gaudere faciant perpetuo & permittant; ipsos seu eorum alterum, contra formam & tenorem hujusmodi nostre gratie, nullatenus molestando seu vexando, aut molestari seu vexari à quocumque permittendo; Ordinacionibus Regiis in contrarium factis seu faciendis, non-obstantibus quibuscumque. Quod ut firmum & stabile perpetuo perseveret, nostrum presentibus Litteris fecimus apponi Sigillum: salvo in aliis jure nostro & in omnibus quolibet alieno. Datum Parisius, Anno Domini 1364. mense Augusti.

Per Consilium existens in Camera Compotorum Parisius, in quo vos eratis.

P. Du Chastel.

Sol. ad Sigill. 100. Fr.

NOTES.

(b) Pape.] Urbain V. qui siegeoit alors, & qui se nommoit *Guillaume Grimoardi*, estoit du Diocese de Mende. *Voy. le commencement de la 1.ere Vie de ce Pape, qui est dans le Recueil des Vies des Papes d'Avignon*, par Baluze, t. 1. p. 363.

CHARLES V. à Paris, le 3.e de Septembre 1364.

(a) Mandement pour faire fabriquer de nouvelles Especes.

SAMEDI 7.e jour de Septembre 1364. fût apporté en la Chambre des Monnoyes, ung Mandement du Roy nostre S. duquel la teneur s'ensuit.

Mandement par lequel l'en fera Francs, ou lieu de Royaux d'Or.

CHARLES par la grace de Dieu Roy de France : A noz amez & feaulx les Generaulx-Maistres de noz Monnoyes, Salut. Comme n'agueres Nous vous ayons mandé par noz autres [a] Lettres, que vous feissiez faire & ouvrer par toutes noz Monnoyes, Deniers Royaulx d'Or fin, pour vingt solz tournois la Piece, & de soixante & trois de poix aux marc de Paris ; en donnant aux Changeurs & Marchans, de chascun marc d'Or fin, soixante & deux d'iceulz Royaulx d'Or : Nous pour certaine cause, & par grant déliberation euë avec nostre Conseil, vous mandons & estroictement enjoignons, que plus ne laissez plus ouvrer ne monnoyer sur les coings desdis Royaulx ; mais sans aucun delay, faictes faire & ouvrer par toutes noz Monnoyes, Deniers Francs d'Or fin, qui auront cours pour vingt solz tournois la Piece, & de soixante & trois de poix au marc de Paris, autelz & semblables comme nostre très cher Seigneur & Pere que Dieu absoille, faisoit faire, en ostant seullement son nom & y metttre le nostre : Et faictes donner aux Changeurs & Marchans frequentans nosdites Monnoyes, pour chacun marc d'Or fin, soixante-deux Francs d'Or, & non plus. De ce faire vous donnons povoir, auctorité & mandement par la teneur de ces presentes. *Donné en nostre Hostel-lez-Saint Pol à Paris, le 3.e jour de Septembre, l'An de grace 1364. Et estoient ainsi signées.* Par le Roy, vous present. N. DE VEIRES. (b)

[a] *Voy. cy-dessus, p. 468.*

NOTES.

(a) Registre *D.* de la Cour des Monnoyes de Paris, *fol.* 110. *verso.*

(b) Après ces Lettres, il y a à l'ordinaire, un Mandement des Generaux-Maistres des Monnoyes, qui contient la clause qui suit ;

Et semblables comme le Roy nostredit Seigneur que Dieu absoille, [b] souloit faire, en ostant seulement son nom, & en mettant le [c] mon du Roy nostre Sire ; c'est assavoir, en lieu de *Johannes, Karolus ;* ainsi qu'il est en l'exemplaire desdis Francs, que Nous vous envoyons encloz dedans ces Lettres.

[b] *avoit coûtume.*
[c] *nom.*

CHARLES V. à Paris, en Septembre 1364. Philippe VI. dit de Valois, à Poissi, en Fevrier 1336.

(a) *Lettres de Sauve-garde Royale, pour l'Hôpital de la Ville de Joigny.*

CHARLES &c. Savoir faisons à touz presens & avenir, Nous avoir veu les Lettres de nostre très-chier Seigneur & Ayol, le Roy Philippe dont Diex ait l'ame, contenant la fourme qui s'ensuit.

[d] PHILIPPE par la grace de Dieu Roy de France : A touz ceulx qui ces presentes Lettres verront, Salut. Savoir faisons que comme ès Lettres de l'Ordennance & fondaciõ de l'Ospital que nostre très chiere & amée Seur, feu (b) Jehanne, jadiz Contesse d'Alençon & de Jooingny, & Dame de [e] Margueul, fonda ou temps que

[d] *Philippe de Valois.*
[e] *Voy. la Note (b).*

NOTES.

(a) Thresor des Chartres, Registre 96. Piece seize-vingt-cinq. [336.]

(b) *Jehanne.*] Jeanne Comtesse de Joigny & Dame de Mercœur, fille unique & heritiere de Jean II. Comte de Joigny, Seigneur de Mercœur, & d'Agnés de Brienne, mourut le 2. de Septembre 1336. Elle avoit épousé en Avril 1314. Charles Comte d'Alençon, Frere puisné de Philippe de Valois. *Voy. l'Hist. Geneal. de la M. de Fr.* t. 1. pp. 269. 270.

Margueul est, suivant toutes les apparences, la même chose que *Mercœur.*

elle

elle vivoit, de l'auctorité & licence de nostre très chier & amé Frere, Charle Conte d'Alençon, mary à ce temps d'icelle, en la Ville dudit Jooingny, soit contenuë & inserée entre les autres choses, si comme par l'inspection desdittes Lettres Nous a apparu, une Clause telle de mot à mot.

CHARLES V. à Paris, en Septembre 1364.

ET licet velimus quod quamdiu vixerimus, dictum Hospitale, personeque & loca ipsius, quantum ad temporalitatem, sint proprie & specialiter in & de Gardia nostra speciali; tamen ex causa volumus & ordinamus, statim à tempore extremi exitus vite nostre, ipsum Hospitale, personasque & loca, cum omnibus & singulis pertinentiis ejusdem, ubicunque sint & quecunque, quittas, liberas & exemptas & immunes existere, [a] *ex nunc quam pro illo tempore, quantum ad nos spectat, & ad nostros successores & heredes pertinere poterit in futurum, eximimus & liberamus penitus & omnino, ab omni Jurisdiccione & Justicia nostra temporali, omniumque & singulorum successorum heredum nostrorum, tam Comitum Joingniaci, quam eciam aliorum: volumusque expresse, & ex causa, ex certa sciencia ordinamus, quod bona, personeque, & loca cum pertinenciis ejusdem Hospitalis, omnibus & singulis, existant, quantum ad temporalitatem, in & de Gardia speciali excellentissimi Principis Domini Regis Francie, in capite & in membris.*

[a] *Il semble qu'il manque-là, &c.*

NOUS considerans la bonne entente de nostredite Seur, & voulans son bon propos demener à effect, pour ce que ledit Hospital, les personnes & les liex d'icelli, ne soient deffraudez de la immunité, qui par ladite Ordenance, li fu par nostredite Seur donnée & reservée, ycellui Hospital entierement, en chief, & particulierement en membres, avec les personnes d'icellui Hospital, eximans, quant à temporalité, de toute subjection, obéissance, servitude, garde & souveraineté de Contes & Seigneurs de Joingny & d'autres Seigneurs quelconcques, de toutes leurs Gens & Menistres, fors que de Nous, perpetuelment pour le temps avenir, ycellui Hospital en chief & en membres, avecques les personnes, familles, biens, [b] chatiex, terres, possessions, drois, us, coustumes, franchises & libertez d'icellui, lesquelles il ont à present ou auront ou temps avenir, par quelconcque cause ou tiltre que ce soit, prenons, recepvons & retenons en & soubz nostre especial Sauve-garde & protection, & au devantdit Hospital, & aux personnes d'icellui, ottroyons qu'il aïent & puissent avoir à touzjours-maiz, Gardiens especiaulx de par Nous, un ou plusieurs: Et jasoit ce que ledit Hospital, & la plus grant partie des rentes & possessions d'icellui, soient assis ès termes de Champaigne, toutes-voyes Nous voulons nostre grace estre plus ampliée en faveur dudit Hospital; [c] pour ce que il est assez près de Sens, voulons & ordenons que ycellui Hospital en chief & en membres, & les personnes d'icelluy, pour cause de toute leur temporalité, à touzjours soient subjet & justiciable du Baillif de Sens, qui est & sera pour le temps, & ressortissent pardevant ledit Baillif de Sens, & non ailleurs: Et des-or-en-droit deputons au dessusdit Hospital & aux personnes d'icellui, Gardiens especiaulx, Gieffroy de Bouteaulx, de *(c)* Senant; Jehan Bontés de Jooigny; & Jehan Guerant, demourant à Jooigni, & chascun de eux par soy: Ausquiex & à chascun par soy, Nous donnons povoir & mandement especial, de garder & maintenir ledit Hospital & les personnes de icellui, en leurs justes possessions, droiz & saisines, usages, franchises & libertez, & de deffendre ledit Hospital, la famile d'icellui, en chief & en membres, de toutes injures, molestes, oppressions, de forces d'armes, de puissance de Lays & de toutes nouvelletez indeuës; & ycelles, se faictes leur sont, ramener hastivement & sans delay, au premier estat & deu; & à faire païer audit Hospital & aux personnes d'icellui, leurs loyaux debtes cleres &

[b] *cateux.*

[c] *&.*

NOTES.

(c) Senant.] Ce lieu est en Champagne, du Diocese d'Auxerre, & de l'Election de Joigny, suivant le Dictionn. Univers. de la Fr. au mot *Senan:* mais M. le Bœuf Sous-Chantre de l'Eglise d'Auxerre, m'a assûré que ce lieu est du Diocese de Sens; & il m'a dit que *Senan* est à une lieuë de Joigny, & qu'il est situé sur une riviere appellée *Toulon.*

CHARLES V. à Paris, en Septembre 1364.

congneuës, ou confessées, ou autrement souffisament prouvées, desquelles question nulle ou doubte ne se fera; & à prendre & mettre les choses contentieuses, en cas de nouvelleté, en nostre main comme Souveraine, en adjournant les Parties qui sur tiex choses se opposeront ou mouvront question, à jour competant pardevant ledit Baillif de Sens, ou son Lieutenant, pour proceder si comme de raison sera; & à faire recréance là où il appartendra, par nostre main, de l'une part & de l'autre, des choses contentieuses; & toutes choses faire & de ce qui en despent, qui à Office de Gardiens convient & appartient: Donnans en mandement par la teneur de ces Lettres, à touz les Justiciers & subgés de nostre Royaume, que aux dessusdiz Gardiens, ès choses dessusdites & à celles qui s'en despendent, obéissent & entendent diligemment; & que ladite exemption & Garde, il promulgent & denuncent en touz les liex; & à personnes signifient qui leur sera requis des Gens dudit Hospital: Toutesvoïes Nous ne voulons pas que lesdiz Gardiens s'entremettent de chose qui requiere congnoissance de Cause. En tesmoignage de ce, Nous avons fait mettre nostre Seel en ces presentes Lettres. *Donné à Poissi, l'An de grace 1336. ou mois de Fevrier.*

LESQUELLES Lettres & toutes les choses contenuës en ycelles, Nous loons, approuvons, rateffions, & de certaine science & de grace especial confermons: Et d'abondant, ledit Hospital en chief & en membres, & les personnes d'icellui, avecques leurs Officiers & familiers & biens quelconcques, avons pris & mis, prenons & mettons en nostre sauve & especial Garde & protection; & par ces presentes, leur baillons & commettons à Gardien especial, le Baillif de Sens qui est à present ou qui pour le temps avenir sera; auquel Nous mandons & commettons que ledit Hospital en chief & en membres, les personnes d'icellui, leurs Officiers, familliers & biens devant diz, garde & deffende de toute force, violence, oppression ou molestation indeuë, de puissance de Lays & de toutes autres perturbacions quelconques: Et en cas de peril, en signe de nostre presente Sauve-garde, leur baillent noz Penonceaux à mettre sur leurs maisons, possessions & autres biens: Et pour executer les choses devant dites, leur [a] baillie un ou plusieurs de noz Sergens à Gardians, toutes foiz, que requis en sera, pour executer les choses devantdites: Lesquelx toutes-voïes ne s'entremettent de chose qui requiere congnoissance de Cause: Et pour ce que ce soit ferme chose & estable à touzjours, Nous avons fait mettre nostre Seel à ces presentes Lettres: sauf en autres choses nostre droit & l'autrui en toutes. *Donné à Paris, l'An de grace 1364. ou moiz de Septembre.*

Par le Roy à la relacion du Conseil. FERRICUS. *Visa.* Collation est faite.

[a] *baille.*

CHARLES V. à Paris, en Septembre 1364.

(a) Reglement pour le mestier de *Poulaillerie.*

SOMMAIRES.

(1) Le Mestier de Poulailler à Paris, s'achete du Roy; & celuy qui l'a acheté, peut le revendre le prix qu'il juge à propos.

(2) Les Poulaillers peuvent avoir autant de garçons & d'apprentifs, qu'ils le veulent.

(3) Les Poulaillers peuvent vendre toutes sortes de marchandises, excepté de la cire en œuvre, & du poisson d'eau douce; & ils peuvent estre regratiers.

(4) Les Poulaillers qui ne vendent que de la volaille, ne doivent au Roy que quatre deniers par an: & s'ils ne le payent pas au terme prefix, ils ne peuvent pas estre condamnez à l'amende; mais celuy qui leve cet impost, peut, pourvû qu'il soit accompagné d'un Sergent du Chastelet, prendre des gages dans leurs maisons.

(5) Ceux qui ne sont pas Poulaillers, ne peuvent partager avec les Poulaillers, les denrées de ce mestier, que ceux-cy ont achetées.

(6) La veuve d'un Poulailler, lequel a acheté le mestier, peut continuer ce commerce: mais elle ne le peut pas, si elle se remarie à un homme qui n'est pas Poulailler; à moins que son nouveau mari n'achete ce mestier.

(7) Une fille peut estre Poulaillere.

(8) Ceux qui voudront porter vendre dans

CHARLES V. à Paris, en Septembre 1364.

les ruës, de la volaille & du gibier mort, ne le pourront faire qu'à la Porte de Paris, ou dans la ruë Neuve N. D. tous les jours; & le Samedi seulement, à Champeaux, dans les Halles.

(9. 12) Les Poulaillers ni aucune autre personne, ne doivent pas envoyer prendre les denrées de leur mestier, dans l'espace de deux lieuës autour de Paris, de tous costez, si ce n'est dans les marchez; pendant le temps que le Roy est à Paris, ou au Bois [de Vincennes,] & soit que le Parlement tienne ou ne tienne pas.

(10) Il y aura pour ce mestier, quatre Prud'hommes qui presteront serment au Prevost de Paris, qui les instituëra & les déposera à sa volonté.

(11) Les denrées qui ne sont pas de bonne qualité, doivent estre confisquées.

(13) Les Poulailliers doivent la taille, le guet, & les autres redevances que doivent les autres Bourgeois de Paris.

(14) Les Prud'hommes du mestier sont exempts du guet; aussi-bien que ceux qui ont 60. ans, & ceux dont les femmes sont en couche; mais ils doivent en avertir celuy qui est chargé du détail du guet.

CAROLUS &c. Notum facimus universis tam modernis quam posteris, Nos infrascriptam copiam & extractum Sigillo Prepositure nostre Parisiensis, sigillatam, vidisse, formam que sequitur, continentem.

DONNÉ par copie, soubz le Seel de la Prevosté de Paris, le mercredi xj.[e] jours de Septembre, l'An 1364. par extrait fait du Registre des Mestiers de la Ville de Paris.

(1) Nul ne peust estre [a] Poulaillier à Paris, se il n'achate le mestier du Roy; & le vent cil qui l'achate du Roy, à l'un plus, à l'autre moins; si comme il lui samble que bon est.

(2) Quiconques est Poulaillier à Paris, il puet avoir tant de [b] varlès & d'aprentiz comme il lui plaist.

(3) Quiconques achate le mestier de Poulaillier, il puet vendre toutes denreez; fors cire ouvrée, & poisson d'iauë douce; & toute maniere de regraterie; [c] par païant la [d] coustume que chascune chose doit.

(4) Qui vent poulaille & volatille, sanz autre regraterie ou sanz autres denrées, il ne doit riens de coustume de chose qu'il achate ne vende, fors que quatre deniers que chascun Poulaillier doit au Roy, chascun an, à païer aux [e] huittieves S.[t] Denys: Et se il ne païoit au jour nommé, les quatre deniers, [f] qu'il ne doit point d'amende; mais cil qui cueille la coustume de par le Roy, puet prenre en leur maison, gaige; [g] pourtant qu'il ait un Sergent du Chastellet avec lui.

(5) Se aucun Poulaillier achate aucunes denrées appartenantes à son mestier, & [h] aucun qui n'a pas le mestier de Poulaillier achaté, veult [i] partir à lui, il ne le puet faire ne ne doit; soit Bourgeois ou *(b)* Ostagier de Paris, ou autres.

(6) Femme de Poulaillier puet tenir le mestier de Poulaillerie, après la mort de son mari, aussi franchement comme se [k] si Sire vesquist: Et se elle se marie à homme qui ne soit du mestier, & elle veüille tenir le mestier, il li convient achater le mestier, en la maniere dessus devisée: Et ensemblement li convendroit-il achater le mestier, *(c)* se ses maris estoit du mestier, & il n'eust le mestier achaté: *(d)* car l'omme n'est pas en la Seigneurie de la femme, maiz la femme est en la Seigneurie de l'omme.

(7) [l] Femme qui oncques [m] n'ot Seigneur, puet achater le mestier de Poulaillerie,

a *Rotisseur.*

b *garçons.*

c *en.*

d *le droit: l'impost.*

e *octaves.*

f *il.*

g *pourvû.*

h *quelqu'un.*

i *partager.*

k *son mari.*

l *Une fille qui n'est pas mariée.*

m *n'eust.*

NOTES.

(a) Tresor des Chartres, Registre 99. Piece 339.

(b) Ostagier.] Je crois que ce mot signifie icy, hostelier, quoyque *ostiagius* signifie en latin, un *ostage*. Voy. le Gloss. de Du Cange, au mot, *Hostagius*.

(c) Se ses maris estoit.] Je ne sçais s'il ne faudroit pas lire, *se ses maris n'estoit, &c.* & cela signifieroit, qu'une femme quoyque mariée à un homme qui n'est pas Poulaillier, peut faire ce negoce, pourvû qu'elle achete le mestier; de même qu'une fille peut estre Poulailliere. Voy. l'Art. 7.

(d) Car l'omme, &c.] L'Homme n'estant pas dans la *seignorie* de sa femme, ne peut pas estre revestu des titres qui luy appartiennent à elle personnellement; & ainsi il n'est pas marchand, quoyqu'elle soit marchande: la femme au contraire estant dans la *seignorie* de son mari, elle participe à ses titres, & elle est marchande, quand il est marchand.

CHARLES V. à Paris, en Septembre 1364.

& estre Poulailliere aussi franchement comme un homme, en toutes choses.

(8) Nul ne nulle ne puet ne ne doit *(e)* comporter ne faire comporter volaile ou [a] sauvegine morte, pour vendre; fors que à la porte de Paris, ou en ruë neuve-Nostre-Dame, touz les jours de l'An; & en *(f)* Champeaulz, au samedi tant-seulement: Et ce ont ordené li Preudomme du mestier, [b] pour les sauvegines & les volailles que l'en garde trop, & dequoy on a souspeçon qu'il ne soient mauvaises & porries.

a *gibier.*
b *à cause.*

(9) [c] Nul Poulaillier ne autre, ne puet ne ne doit aler ne envoïer encontre les denrées appartenantes à leur mestier, hors du marchié, à deux lieuës près de Paris, en touz [d] cens; tant comme li Roys soit à Paris ou [e] au Bois, [f] en Parlement, ou hors Parlement.

c *Voy. le sommaire & l'Article 12.*
d *sens: de tous costez.*
e App. *au Bois de Vincennes.*
f *lorsque le Parlement tient, ou lorsqu'il ne tient pas.*

(10) Ou mestier devant dit, a quatre Preudommes, jurez & serementez de par le Roy: Lesquelz le Prevost de Paris met & ôte à sa volenté, [g] liquel jurent sur [h] Sains, que il le mestier garderont bien & loyalment à leur povoir, & que toutes les [i] mesprentures qu'il sauront qui faites y seront, que il au Prevost de Paris ou à son [k] commandement, le feront à savoir au plustost qu'il pourront.

g *Prud'hommes.*
h *choses saintes.*
i *contraventions aux reglements.*
k *à personnes deputées par luy.*

(11) Cil qui portent *(g)* autres denrées que il est ci-dessus devisé, il pert les denrées; & doivent estre données pour Dieu à l'Ostel-Dieu, ou auz povres prisoniers du Chastelet, par la main des Jurez.

(12) Se aucun va encontre les denrées, autrement que il est [l] dessus devisé, tant comme li Roys soit à Paris, il l'amendera au Roy de cinq sols parisis: desquelz cinq sols parisis, li Preudomme juré devant dit, en doivent avoir douze deniers, par la main du Prevost de Paris, pour les [m] coustemens que il mettent à [n] faire les amendes venir.

l *Voy. l'Article 9.*
m *depenses.*
n *faire payer.*

(13) Les Poulaillers de Paris doivent la taille, le guet & les autres redevances, que les autres Bourgeois de Paris doivent au Roy.

(14) Les quatre Preudommes jurez & sermentez, sont quittes de guet, pour la peine & pour le travail qu'il ont du mestier le Roy garder; & cellui qui ont soixante ans d'aage; & cil à qui leurs femmes [o] gisent d'enfant, tant comme elles gisent; maiz ilz sont tenus de le faire savoir à cellui qui le guet [p] garde de par le Roy nostre S.

o *sont en couche.*
p *qui est chargé du detail du guet.*

Fait l'An & le jour dessus: Et nous Estienne de Montargis, Garde du Seel de ladicte Prevosté de Paris, à [q] greigneur confirmacion & seurté, avons mis le seel de ladicte Prevosté, en ceste copie, l'An & le jour dessusdiz. Collation est faite au Registre. J. LE PELLETIER.

q *meilleure.*

QUAS quidem copiam & extractum, ac omnia & singula in eo contenta, rata habentes & grata, ipsa & ea, Nos, ad supplicacionem Custodum & [r] *oparatorum Artificii seu Ministerii supradicti, laudamus, approbamus, ratifficamus, & auctoritate nostra Regia & speciali gratia, tenore presentium confirmamus, si & inquantum eis hactenus usi fuerint & utuntur: Preposito Parisiensi ceterisque Justiciariis, Officiariis & subditis nostris, presentibus & futuris, vel eorum Loca-tenentibus, & ipsorum cuilibet prout ad eum pertinuerit, dantes presentibus in mandatis, quatenus prefatos supplicantes & eorum quemlibet, nostra presenti gratia & confirmatione, uti & gaudere pacifice faciant & permittant; impedimentis & perturbationibus rejectis quibuscumque. Quod ut firmum &c. salvo &c.*

r *Peut-estre,* operatorum.

Actum & datum Parisius, Anno Domini 1364. mense Septembris.

In Requestis Hospitii. J. CHESNEL CHEVRIER.

Collatio facta est cum extractu predicto. J. CHESNEL. *Visa.*

NOTES.

(e) Comporter.] *Colporter,* c'est-à-dire, *porter & crier sa marchandise dans les ruës pour la vendre.*

(f) Champeaux.] On nommoit ainsi l'endroit où sont les Halles. *Voy. le 2. Vol. des Ordonn.* p. 353. XXXIX.

(g) Autres denrées, &c.] Des denrées qui ne sont pas de bonne qualité. Il n'est rien dit dans les Articles precedents, de la bonne ou mauvaise qualité que les marchandises de ce mestier doivent avoir; ce qui pourroit faire croire que tous les Articles du Reglement de ce mestier, n'ont pas esté extraits des Registres du Chastelet.

CHARLES V. à Paris, en Septembre 1364.

(a) Lettres de Sauve-garde Royale, pour le Chapitre de S.t Fourſy de Perone.

SAVOIR faiſons que Nous, à la ſemblance de noz Predeceſſeurs, deſirans noz ſubgez, & meſmement les perſonnes de Sainte Egliſe, demourans en noſtre Royaume, eſtre & demourer en bonne paiz & tranſquillité, afin qu'il puiſſent mieux & plus diligemment faire le ſervice de noſtre S. à la ſupplication de noz amez le Doïan & Chapitre de noſtre Egliſe de S.t Fourcy de Peronne en Vermandois, fondée de noz Predeceſſeurs, de laquelle le droit du Patronage & la collation des [a] Probendes d'icelle, Nous appartient ſeul & pour le tout de plain droit, diſanz & affirmanz qu'il [b] ſe doubtent que [c] aucunes ne leur meffacent, & facent injures & villenies, en perſonnes & en biens, iceulx ſoupplians & chaſcun d'iceulx, & touz leurs biens en quelque lieu qu'il ſoient en noſtre Royaume, & chaſcun d'iceulx, & leurs familiers, Chapellains, Clercs, & autres ſerviteurs de noſtre Egliſe, avec leurs [d] hommes & femmes de corps, & chaſcun d'iceulx, avons prins & reçeu, prenons & recevons par la teneur de ces preſentez, en chef & en membres, en & ſouz noſtre proteccion & Sauvegarde eſpecial, à la conſervation de leur droit tant-ſeulement: Et voulons que par noſtre Bailli de Vermandois, ou par le Prevoſt de Peronne, qui à preſent ſont ou pour le temps avenir ſeront, leur ſoient deputez à Gardians eſpeciaulx, de noz Sergens de leur Baillaige & Prevoſté, des plus convenables & ſouffiſans, tant comme il leur plaira, leſquelx Nous leur avons deputez & deputons dès maintenant pour lors, par ces Lettres; & leur avons donné & donnons plain povoir & mandement eſpecial, de maintenir & garder leſdis Doïan & Chapitre, leurs familiers, Chappellains, Clers & autres ſerviteurs de ladicte Egliſe, & hommes de corps, en toutes leurs Juſtices, poſſeſſions, ſaiſines, libertez, franchiſes, droiz, couſtumes & uſages, èſquelx eulx les trouveront eſtre, & leurs predeceſſeurs avoir eſté paiſibles d'ancienneté; & de les deffendre de toutes injures, violences, oppreſſions, inquietacions, de touz griefs, de force d'armes, de puiſſance de Laiz, & de toutes autres moleſtacions & nouvelletez indeuëz; leſqueles, s'il les trouvent eſtre ou avoir eſté faites en préjudice d'eulx & de noſtredicte Sauve-garde, Nous donnons povoir auſdis Gardians, de les ramener au premier eſtat & deu; & de faire faire à Nous & à Partie, pour ce amende convenable: Et voulons que de toutes les perſonnes deſquelles eulx requerront avoir [e] aſſeurement, leſdis Gardians leur facent donner ledit aſſeurement bon & leal ſelon la couſtume du païz, & qu'il ſignifient & publient, ou l'un d'eulx, noſtre preſente Sauve-garde aus perſonnes dont il ſeront requis de par leſdis Doïan & Chapitre ou leurs gens, & par tous les lieux où il leur ſemblera bon; [f] à deffendre & faire deffendre auſdictes perſonnes, ſur certaines & grans peines à appliquier à Nous, qu'il ne meffacent ou facent meſſaire en aucune maniere, auſdis Doïans & Chapitre, leurs familiers, ſerviteurs ou hommes de corps, ou leurs biens: Et ſe par aventure, aucun debat naiſt entre leſdis Doïan & Chapitre, leurs familiers, ſerviteurs & hommes de corps, ou aucun d'iceulx, & aucuns autres, en cas de nouvelleté, le débat & la choſe contentieuſe miſe en noſtre main comme Souveraine, & par ycelle faicte recréance là où il appartendra à faire par raiſon; & ou cas auſſi que aucuns déſobeiront auſdis Gardians ou l'un d'eulx, ou feront injure ou violence à eulx, ou à l'un d'eulx, leurs familiers, Chapelains, Clers ou autres ſerviteurs & hommes de corps, Nous voulons que leſdis Gardians, & chaſcun d'eulx pour ſoy, aïent pouvoir de adjourner les Parties, les injuriateurs deſobéiſſans & enfraignans noſtredicte Sauve-garde, par quel-

[a] Prebendes.

[b] craignent.

[c] aucuns.

[d] Eſpeces de ſerfs.

[e] Voyez le 3.e Vol. des Ordonn. p. 264. Note (b).

[f] &.

NOTES.

(a) Treſor des Chartres, Regiſtre 96. Piece treize-vingt-ſix. [266.]

CHARLES V. à Paris, en Septembre 1364.

que maniere que ce soit, à jours competens, pardevant les Juges ausquieux la cognoissance en devra appartenir par raison, en certeffiant souffisament lesdis Juges, desdis adjornemens & de tout ce que fait auront sur les choses dessusdictes : Et avec ce, que lesdis Gardians & chascun d'eulx, mettent & asséent en & sur les [a] hebergemens, mannoirs, granches, terres, possessions & autres choses & biens quelconques d'iceulx Doïan & Chapitre, à plus grant seurté, afin que aucuns ne puissent ygnorer nostre Sauve-garde, noz Pennunceaux Réaux, en cas de éminent peril : Et aussi qu'il facent païer lesdis Doïan & Chapitre, de toutes leurs debtes bonnes & leaulx, cogneuës ou prouvées par Lettres, tesmoins, instrumens ou autres leaulx enseignemens, & desquelles il apperra souffisament : Et ou cas que aucun ou aucuns s'opposa au contraire, nostre main garnie avant tout euvre, ou cas où il appartendra à faire de raison, jusques aus sommes desqueles il apperra par Lettres scellées de Seaux Royaulx, de adjourner les opposans à certain jour & competent, pardevant les Juges qui la cognoissance en devront avoir, pour aler avant en la cause de l'opposicion, & en oultre si comme raison sera; & de certeffier ausdis Juges souffisament audit jour, desdis adjornemens, & de tout ce qui sera fait sur ce; par lesquelx Juges, Nous volons & à yceulx mandons par ces presentes Lettres, que sur ce, facent bon & brief accomplissement de Justice ausdictes Parties Toute-voïes Nous ne voulons pas, mais deffendons que les Causes touchant le heritage de ladicte Eglise, ou aucun d'icelle, soient demenées en Jugement senz nostre Procureur, au cas qu'il le voudront avoir à leurs despenz : Et generalment Nous donnons ausdis Gardians & à chascun d'eulx, plain povoir & mandement especial, de faire toutes autres choses touchant nostre presente Garde, qui puent & doivent appartenir à bons & especiaulx Gardians. Toute-vois Nous ne voulons mie qu'il se entremettent en aucune maniere de chose qui requiere cognoissance de Cause. Mandons par ces presentes Lettres, aus Baillis de Vermandois, d'Amiens, de Senlis, & au Prevost de Peronne, & à tous noz autres Justiciers & Officiers presens & avenir, ou à leurs Lieuxtenans, & à chascun d'eulx si comme à lui appartendra, qu'il obéissent & facent obéir & entendre ausdis Gardians & chascun d'eulx, en ce faisant, & leur donnent & prestent conseil, confort & aide, se [b] mestier est, & il en sont requis. Et que ce soit ferme chose à tousjours, Nous avons fait mettre nostre Scel à ces Lettres : sauf en autres choses &c. *Donné à Paris, l'An 1364. ou mois de Septembre.*

Par le Roy, vous present. B FRANCOYS.

[a] *maisons.*

[b] *besoin.*

CHARLES V. à Paris, en Septembre 1364.

(a) Confirmation des Privileges accordez à Villeneuve S.t Melon.

NOTUM facimus universis tam presentibus quam futuris, Nos Litteras inclite recordacionis carissimi Domini & Genitoris nostri, vidisse, formam que sequitur, continentes.

JOHANNES Dei gratia Francorum Rex, &c. [c]

[c] Ces Lettres sont cy-dessus, p. 63.

QUAS quidem Litteras & omnia & singula in eis contenta, ratificamus, approbamus, laudamus, & ex certa scientia, auctoritate Regia & gratia speciali confirmamus; dictam Villam-novam ad manum nostram Regiam retinentes, & eam in & sub manu nostra Regia, cum libertatibus & franchisiis in dictis Litteris contentis, retinere volumus juxta Litterarum predictarum seriem & tenorem; & quidquid in contrarium factum extitit, revocamus penitus & annulamus : Bailliyo Silvanectensi, ceterisque Justiciariis & Officiariis

NOTES.

(a) Tresor des Chartres, Registre 96. Piece treize-vingt-onze. [271.]

nostris qui nunc sunt & pro tempore fuerint, mandantes ut dictam Villam-novam in & sub Regia manu nostra regant, teneant & custodiant ac conservent juxta predictarum continenciam Litterarum; nec in contrarium quomodolibet attemptari permittant. Quod ut firmum &c. salvo &c. Datum Parisius, Anno Domini 1364. mense Septembris.
Per Regem, ad relationem Consilii. N. DE VERES. *Collatio fit.*

CHARLES V. à Paris, en Septembre 1364. Jean I.er & selon d'autres, Jean II. à Paris, en Septembre 1362.

(a) Confirmation des Lettres accordées aux Tisserands de Commines.

K*AROLUS &c. Notum facimus universis tam presentibus quam futuris, Nos Litteras* inclite recordationis carissimi [a] Genitoris nostri, *vidisse, formam que sequitur, continentes.*

a Domini &c.

J*OHANNES Dei gratia* Francorum Rex: Notum facimus universis tam *presentibus quam futuris, quod de Registris Cancellarie nostre, fecimus extrahi Litteras, formam que sequitur, continentes.*

J*OHANNES* Dei gratia Francorum *Rex: &c.* [b]

b Ces Lettres sont cy-dessus, p. 208.

[c] N*Os autem hujusmodi extractu, Sigillum Castelleti Parisiensis, majoris absentia, presentibus Litteris fecimus apponi.* Datum Parisius, Anno Domini 1362. mense Septembris.

c Continuation des Lett. du Roy Jean.

[d] N*Os autem ad supplicacionem dictorum Textorum, Litteras dicti Domini Genitoris nostri, suprascriptas, omniaque & singula in eisdem contenta, rata & grata habentes, ipsa volumus, laudamus & approbamus, ac per presentes, auctoritate nostra & de gratia speciali confirmamus: Dantes tenore presentium in mandatis superiori Baillivo Insule, ceterisque Justiciariis Regni nostri aut eorum Loca-tenentibus, presentibus pariter & futuris, quatenus prenominatos Textores, nostra presenti gratia uti & gaudere pacifice faciant & permittant; ipsos in contrarium nullatenus molestantes aut molestari permittentes. Quod ut firmum & stabile perpetuo perseveret, nostrum presentibus Litteris fecimus apponi Sigillum: nostro in aliis & alieno in omnibus jure salvo.* Datum & actum Parisius, Anno Domini 1364. mense Septembris.
Per Regem, ad relacionem Consilii. J. DOUHENZ. *Collatio fit. Visa.*

d Continuation des Lettres de Charles V.

NOTES.

(a) Tresor des Chartres Registre 96. Piece seize-vingt. [320.]
Le commencement de ces Lettres est presque entierement effacé; mais comme il ne contient que des formules ordinaires, il a esté aisé de suppléer aux mots que l'on ne pouvoit pas lire; & on les a fait imprimer dans le texte, en les distinguant par un caractere different.

CHARLES V. à Paris, en Septembre 1364.

(a) Confirmation des Privileges accordez aux Marchands du Royaume de Castille, qui trafiqueront dans le Royaume.

K*AROLUS &c. Notum facimus universis tam presentibus quam futuris, Nos vidisse alias Litteras nostras, antequam Regni nostri regimen suscepissemus, formam que sequitur, continentes.*

NOTES.

(a) Tresor des Chartres, Registre 96. Piece 316.

CHARLES V. à Paris, en Septembre 1364.

KAROLUS Regis Francie Primogenitus, Dux Normanie & Dalphinus Vienn. &c.

NOs autem suprascriptas Litteras & omnia & singula contenta in eis, rata & grata habentes, ea volumus, laudamus, ratifficamus & approbamus, & de gratia speciali confirmamus: Universis & singulis Justiciariis Regni nostri, aut eorum Loca-tenentibus, dantes in mandatis, quatenus dictos Mercatores, dicta nostra gratia [b] *confirmacione uti & gaudere pacifice faciant & permittant; nichil in contrarium attemptantes. Quod ut firmum & stabile permaneat in futurum, nostrum Sigillum Litteris presentibus est appensum: nostro in aliis & alieno in omnibus jure salvo.* Datum Parisius, Anno Domini 1364. mense Septembris.

Per Regem, ad relationem Consilii existentis in Camera Compotorum, in quo erant Gentes Compotorum, ac Generales Thesaurarii super facto subsidiorum Regni ac plures alii. FERRICUS. *Collatio facta est cum originalibus Litteris suprascriptis per me.* [c] *Visa.*

a Ces Lettres sont dans le 3.e Vol. des Ordonn. p. 166.

b &.

c *Il y a ensuite,* Castelle, *mais le mot est rayé.*

CHARLES V. à Paris, le 4. d'Octobre 1364.

(a) Lettres portant que le Comte d'Estampes, Gardien & Juge des Juifs demeurans dans le Royaume, pourra nommer des commis en sa place; & ceux-cy pourront nommer des Substituts, pour juger les affaires des Juifs.

CHARLES par la grace de Dieu Roy de France: A tous nos Justiciers & Officiers ou à leurs Lieuxtenans, Salut. Il est venu à nostre conoissance, par la complainte de [d] Mancier de Vesou Juif, Procureur general de tous les Juifs & Juifves demourant & comerceant en nostre Royaume, que come Nous avons ja pieça fait, ordené & establi nostre très chier & feal Cousin [e] le Comte d'Estampes, Gardien & Conservateur general desdit Juifs & Juifves, & leur Juge en toutes leurs Causes & quereles, quelles qu'elles soient, meües & à mouvoir, tant principaulx come d'appel, en demandant & en deffendant, que il auront à faire envers les Crestiens, & que iceulx Crestiens de nostredit Royaume, auront à faire à eulx, coment que ce soit; sy come par nos Lettres seellées en [f] lacs de soye cire verte, ou par le *vidimus* d'icelles sous seel autentique, auquel Nous volons foy estre adjoustée, peut plus à plain apparoir; neantmoins aucuns de vous, & plusieurs de [g] Nous subgés, ne voulant oudit fait, [h] obayr à nostredit Cousin ny à ses comis, ou aux substitut ou deputez de ses comis en ce; combien que ledit nostre Cousin ait povoir par lesdittes Lettres, de comettre autre oudit fait en son absence, & ses comis povoir de faire substitut: Laquelle chose est en [i] contempz de nos Lettres, & prejudice desdit nostre Cousin, ses comis & leurs substitut; & aussy en grant grief, préjudice & domaige desdit Juifs & Juifves, & dont il Nous desplaît, s'il est ainsy: Requiere icelluy Manecier, ou nom que dit est, que sur ce leur volons pourvoir de gracieux remede: Pourquoy Nous vous mandons & enjoignons expressement, & à chascun de vous qui requis en serés, que à nostredit Cousin oudit fait, à ses comis & à leurs substitut, en tout ce qui touche le fait desdit Juifs & Juifves, en quelque maniere que ce soit, vous obayssiés & faisses obayr nos subgés quels qu'il soient; & avec ce, [k] leur baillés & prestés conseil, confort & aydes touttes-voyes qu'il en auront [l] mestier, & vous en serés requis: Et si faissés chascun de vous en droit soy, par telle maniere, que nostredit Cousin ne ses comis & substitut, ne aussy lesdit Juifs & Juifves ne aucun d'eux, n'ayent cause de plus retourner plaintifs pardevers Nous: Car il Nous en desplairoit. *Donné à Paris, le 4.e jour d'Octobre, l'An de grace 1364.* Par le Roy. P. MICHIEL.

d Voy. le 3.e Vol. des Ordonn. p. 469. Il y est nommé *Manecier* ainsi que dans la 2.e copie.

e *Voyez le 3.e Vol. des Ordonn. p. 471.*

f *las de soye & cire.* 2.e copie.

g *nos.* 2.e copie.

h *obeir.* 2.e copie.

i *mepris.*

k *aux commis & substituts du Comte d'Estampes.*

l *besoin.*

NOTES.

(a) Il a esté envoyé de Montpellier, deux copies de ces Lettres; la premiere avec cette indication: *Seneschaussée de Nismes en general, Liasse 18. des Actes ramassez. Arm. A. n. 2. fol. 20.* Et la 2.e copie, avec cette indication: *Du n. 16. fol. 20.*

(a) Lettres

CHARLES V. à Paris, le 5. d'Octobre 1364.

(a) Lettres portant revocation de tous les Domaines du Dauphiné, qui avoient esté alienez par les Dauphins Guy, Humbert & Charles aussi Roy de France.

CAROLUS Dei gratia Francorum Rex & Dalphinus Viennensis: Notum facimus universis presentibus & futuris, quod Nos attendentes quamplures donationes & allienationes de & super domanio & proprio hæreditagio dicti Dalphinatus, seu aliis ejusdem Dalphinatus, quæ naturam domanii sentire seu habere dignoscuntur, tam per bonæ memoriæ Guigonem dudum Dalphinum Viennensem, quam per Humbertum ipsius immediate successorem, nostrumque predecessorem in predicto Dalphinatu, necnon per Nos, personis quampluribus, tam per aut propter petentium instantias importunas, quam [a] *alias, & quandoque tot, tantas & tales quæ donatariorum merita quamplurimum excedebant; aliquibus illorum; videlicet, in hæreditatem perpetuam; aliis autem ad vitam, & aliis ad voluntatem, in domanii prædicti Dalphinatus, non modicam diminutionem, nostrique & successorum nostrorum in eodem, exhæredationem non modicam, quam evitare debemus;* [b] *factas minus provide, retroactis temporibus, extitisse; nostra & nostrorum successorum in Dalphinatu prædicto, utilitate pensata, maturaque & diligenti deliberatione cum nostro Consilio, super hoc præhabita, præfatas donationes & allienationes universas & singulas, tam per nostros prædecessores præfatos & quemlibet eorundem, quam per Nos, causis seu coloribus quibuscumque, de & super dicto domanio seu hæreditagio Dalphinatus supradicti, vel aliis quibuscumque Dalphinatus ejusdem, quæ domanii naturam sentire seu habere possunt, quomodolibet factas hactenus personis quibuslibet, perpetuo vel ad vitam aut ad voluntatem, tenore præsentium ex certa scientia revocamus, cassamus & annullamus totaliter; omniaque & singula per dictos prædecessores nostros & Nos ac nostrum quemlibet, data, ut præmittitur, ad nostrum & ipsius Dalphinatus domanium reponimus, & ipsi readjungimus & unimus per presentes; exceptis duntaxat illis quæ Deo & Ecclesiis (b) ipsis capacibus, per dictos prædecessores nostros & Nos, devote concessa extiterunt: Damus igitur tenore præsentium, in mandatis Gubernatori prædicti Dalphinatus, moderno pariter & futuro, quatenus allienata & donata supradicta universa & singula, juxta nostræ præsentis Ordinationis & revocationis seriem & tenorem, ad dictum nostrum domanium realiter & de facto, cum omnibus eorum fructibus, redditibus & pertinenciis, reponant, ac pro Nobis & nomine nostro, de cætero levari & expletari faciant; nonobstantibus quibuscumque Litteris super dictis allienationibus & donis, factis aut in futurum faciendis. Et ut nostra præsens Ordinatio & revocatio, perpetuo & inviolabiliter observetur, præsentium copiam Litterarum, in Camera nostra Computorum & Thesoro nostro* [c] *Parisiensi, volumus & præcipimus retineri, ipsasque, ubicumque expediens fuerit, publicari; quibus Litteris, ut perpetuæ stabilitatis robur obtineant, Sigillum nostrum duximus apponendum.* Datum Parisius, die quinta Octobris, Anno Domini millesimo tercentesimo sexagesimo-quarto. *Per Regem & Dalphinum, in Consilio suo.* P. BLANCHET.

a *Il y a dans le Memorial* D. al. *qui doit signifier ici* aliter.

b *Ce mot se rapporte à* donationes *qui est au commencement de ces Lettres.*

c Par. *Memorial* D.

NOTES.

(a) Ces Lettres ont esté envoyées de Grenoble, avec indication.

Extrait du Registre cotté, *Registrum Litterarum Officiariorum, ab Anno 1365. fol. 3.* estant aux Archives de la Chambre des Comptes de Dauphiné, &c. Voy. cy-dessus p. 359. Note *(a)*. C'est à peu près la même formule.

Ces Lettres sont aussi dans le Memor. *D.* de la Chambre des Comptes de Paris, *fol. 71. verso.*

(b) Ipsis. Dans le Memorial *D.* il y a *ips.* avec une marque d'abbreviation; ce qui doit signifier *ipsarum* qui se rapporte à *donationum.*

CHARLES V. à Paris, le 18. d'Octobre 1364.

(a) *Lettres portant que toutes Lettres de Dons, Assignations, Confirmations, concernant le Domaine du Dauphiné, ou le revenu de ce Domaine, seront vûës & visitées par les Gens des Comptes, pour les passer ou les refuser.*

DE PAR LE ROY & Dalphin de Viennois: Genz de noz Comptes. Comme plusieurs personnes Nous ayent fait par plusieurs foiz, & facent de jour en jour, plusieurs requestes de dons à heritages, à vie, à temps & à une foiz, sur nostre Dalphiné & les revenues d'iceluy, dont les plusieurs emportent de Nous ou de nostre Court, par importunité, Lettres de dons, assignations ou confirmations, qui est en grant prejudice de Nous, & diminucion & amenuisement des rentes & revenues de nostredit Dalphiné; & Nous ayons voulu & ordené que toutes telles Lettres & semblables, soient par vous veues & visitées, pour passer celles qui sont à passer, & refuser celles qui sont à refuser, en la maniere qu'il est ordené à faire des rentes & revenues de nostre Royaume. Nous vous mandons & enjoignons estroitement, que nostredite Ordenance vous mandez à noz Gouverneur, Tresoriers, Baillifz, Chastellains, Juges & Auditeurs de noz Comptes oudit Dalphiné, estre par eulx tenue & maintenue, senz enfraindre en aucune maniere: Et ou cas que eulx ou aucuns d'eulx, feroient aucune chose au contraire, Nous vous deffendons sur la feaulté que vous avez à Nous, que vous n'en passez aucune chose en leurs comptes; mais les faites tantost & senz delay recouvrer sur eulx. *Donné à Paris, le dix-huitieme jour d'Octobre, l'An mil trois cent soixante-quatre.* Signées ainssi. B. FRANÇOYS.

LEs Genz des Comptes, &c. Au Gouverneur du Dalphiné, Salut. Nous avons receu les Lettres du Roy nostredit Seigneur & Dalphin de Viennois, contenant la fourme qui s'ensuit. De par le Roy, *ut supra.* Si vous mandons & commandons de par nostredit Seigneur, sur le serment que vous avez à iceluy, que le contenu desdites Lettres, vous enterinez & accomplissez de point en point, & faites enteriner & accomplir tant comme il vous touche, senz rien faire au contraire; car pour certain, se aucune chose estoit payée contre la teneur desdites Lettres, il ne seroit mie passé ne alloé ou compte de celuy qui l'auroit payé, & seroit recouvré sur celuy [a] par qui fait la chose auroit esté faicte ou payée contre la teneur de ladite Ordenance. *Donné,*

[a] *par le fait de qui.*

LEs Genz des Comptes, &c. [b] Si vous mandons & deffendons sur quant que vous vous pouvez meffaire envers nostredit Seigneur, & sur le serrement que vous avez à yceluy, que le contenu desdites Lettres, vous tenez, gardez & accomplissez de point en point, senz venir aucunement au contraire, pour quelconques mandemens que vous ayez au contraire; car pour certain, si vous faites le contraire, il ne sera point passé en vos comptes; mais sera entierement recouvré sur vous. *Donné, &c.*

[b] A la marge, il y a: *Thesaurariis Dalphinatus.*

LEs Genz des Comptes, &c. Aus Auditeurs des Comptes du Dalphiné, Salut. Nous avons, *ut supra.* Si avons escript & mandé aus Gouverneur & Tresoriers dudit Dalphiné, que le contenu èsdites Lettres, il tiegnent, enterinent & accomplissent de point en point, senz faire le contraire: Et quant à ce que vous touche ou puet toucher, pour l'audicion des comptes des Chastellains, Juges, Baillis, Recouvreurs,

NOTES.

(a) Memorial *D.* de la Chambre des Comptes de Paris, *fol. 72. recto.*

Ces Lettres ont esté prises sur une Copie imprimée, laquelle a esté collationnée & corrigée sur le Memorial.

ou pour quelques autres personnes desquels vous porrez oir & recevoir les comptes. Nous vous mandons & deffendons de par nostredit Seigneur, sur le serrement que vous avez à ycely, que aucune chose vous ne passez ne alloez ès comptes d'iceux, contre la teneur desdites Lettres; car si vous faittes le contraire, il sera recouvré sur vous: Et ceste dicte Ordenance enregistrez pardevers vous, & la certifiez & notifiez à touz ceulz à qui il appartiendra. *Donné,*

CHARLES V. à Paris, le 18. d'Octobre 1364.

LEs Genz des Comptes, &c. Aus Gouverneur & Tresoriers dedit Dalphiné, Salut. Comme le Chastel Descloses qui fut à Mess. Aymar de Beauveoir, soit & doyt appartenir à Monsieur le Dalphin, pour certaine & juste cause, si comme vous savez & devez savoir, Nous vous mandons de par le Roy & ledit Monsieur le Dalphin, & de par Nous, que ledit Chastel vous mettez en la main de nostredit Seigneur; & iceluy faites garder & gouverner, maintenir & recevoir les rentes à iceluy appartenans, comme des autres Chastiaux de nostredit Seigneur, se il est ainssi; non contrestant la composition de huit cens florins, que on a promis pour la delivrance dudit Chastel, si comme nous avons entendu; laquelle n'a mie esté receue ne agreable pour nostredit Seigneur. *Donné,*

LEs Genz des Comptes, &c. A Monsieur Jehan de Bonnent, Conseiller de nostredit Seigneur, Salut. Nous vous avons baillé quatre paires de Lettres, èsquelles les Lettres de nostredit Seigneur sont encorporées; les deux adressantes au Gouverneur, les autres au Tresorier, & les autres aus Auditeurs des Comptes dudit Dalphiné. Si vous mandons que lesdites Lettres vous bailliz à yceulx, & de la reception que yceulx feront, prenez [a] instrument. *Donné, &c.*

[a] *un reçû.*

CHARLES V. à Paris, le 19. d'Octobre 1364.

(a) Ordonnances portant deffense à toutes personnes, d'exercer à Paris, l'art de la Chirurgie, sans avoir esté examinées; & don à la Confrairie de S.t Cosme & de S.t Damien, de la moitié des amendes ausquelles seront condamnez ceux qui contreviendront à cette Ordonnance.

KAROLUS &c. Ex fide dignorum relacione, ad nostrum pervenit auditum, non solum semel, sed pluries & frequenter, quod quamplures extranearum nationum, [b] *Misteriorum & statuum diversorum; alii murtrarii, alii latrones, nonnulli Monetarum falsatores, & aliqui (b) exploratores & holerii, deceptores, arquemiste & usurarii, in Villa & Vice-comitatu nostris Parisiensibus, artis cirurgice practicam & opus, ac si examinati sufficienter in sciencia predicta & jurati fuissent; licet in ea minus provecti & pene inexperti existant, exercere presumunt, & eidem publice se immiscent, Banerias*

[b] Mestier. Ministeriorum. *R.C.*

NOTES.

(a) Tresor des Chartres, Registre 98. Piece 219.

Ces Lettres sont aussi au Livre vert vieux second du Chastelet, *fol.* sept-vingt-dix. [150.] *verso*, *vidimées* dans des Lettres du 9. d'Octobre 1441.

Ces Lettres sont presque entierement semblables à celles du mois d'Avril 1352. qui sont dans le 2.e Vol. des Ordonn. p. 496. Voy. les Notes de M.r de Lauriere, sur ces Lettres.

Blanchard dit que ces Lettres ont esté registrées le Mars 1364. Cependant le Registre, ni les Autheurs qu'il cite, ne parlent point d'enregistrement. Voy. sur ces Lettres, *Recherches de Pasquier*, L. 9. ch. 30.

(b) Exploratores.] Il y a *Exloratores* dans le 2.e Vol. des Ordonn. p. 496. M.r de Lauriere n'a pas expliqué ce mot. Je crois qu'il faut lire *exploratores*, des *espions*. Les Editeurs de la nouvelle Edition du Glossaire de Du Cange, l'ont conjecturé, au mot *Hullæ*, à la fin.

CHARLES V. à Paris, le 19. d'Octobre 1364.

suas fenestris suis apponentes, velut veri Cirurgici & provecti; & plerique contra prohibicionem & statutum nostras, in locis sacris & privilegiatis, parant plusquam semel & visitant wulneratos: Que sic imprudenter attemptare presumunt, alii, ut per eorum operationem & curam ineptam, a patientibus fraudulenter possint extorquere pecunias; alii, ut sue prave conversationis maculas, & operationis perverse nequicias, artis ejusdem pallio, facilius valeant occultare: Ex quibus, contingit frequenter & sepius, quod per talium imperitorum non juratorum malam practicam, ignoranciamque boni regiminis, plures wulnerati non ad mortem, neque ad membrorum amissionem seu mutilationem, alii mortem alii mehaignia diversa & membrorum amissiones; wulnerantes autem, alii [a] *suspendium & alii bannitiones immerito, proth dolor, incurrisse noscuntur; prefatorumque hominum reproborum falsitas atque nequitia, eorumque detestanda opera, incognita & impunita remanent & manserunt: Noscat igitur presentium Universitas & subsequtiva successio futurorum, quod Nos, premissis attentis, hujusmodi periculis obviare volentes, ne in Villa Parisiensi, que proprie locus est fluentissimi fontis sciencie, que etiam scientes parit, & in utero recipiens, ignorantes tandem, sue fontis sapientie germinosis rigatos rivulis, diversarum facultatum reddit scientiis insignitos, talia de cetero perpetrentur, ad bonorum & provectorum honorem, totiusque populi, Ville & Vice-comitatus Parisiensis, securitatem & pacem, ut ab eis perversorum secta radicitus* [b] *extirpentur, edicto presenti statuimus, ut in Villa & Vice-comitatu predictis, nullus Cirurgicus nullave Cirurgica, artem Cirurgie seu opus quodlibet exercere presumat, seu se immiscere eidem publice vel occulte, in quacunque Jurisdiccione seu terra, nisi per Magistros Cirurgicos juratos morantes Parisius, vocatos per dilectos & fideles Magistros Juratos nostros Castelleti nostri Parisius,* [c] *suo tempore, & Prepositum dictorum Cirurgicorum, aut per eorum successores in officio, & per alios Licenciatos in arte predicta, morantes Parisius, prius examinati fuerint diligenter & approbati in ipsa arte; ac ab ipsis vel eorum successoribus in officio, ut est dictum, juxta approbationem aliorum Cirurgicorum, vel majoris partis eorum, ipsorum vocantium vocibus inter alias numeratis, licenciam operandi in arte predicta, meruerint obtinere; ad quos ratione sui officii quod à Nobis obtinent, & ad eorum successores in hujusmodi officio, hujusmodi licencie concessionem, non ad alios, volumus pertinere.* [d] *Qui quidem per eos & eorum successores, modo premisso, examinati & approbati, antequam sui officii administrationem attinguant, juramentum prestare teneantur coram Preposito Parisiensi nostro, de hujusmodi officio fideliter exercendo; quod insuper wulneratum quemcunque non visitabunt seu parabunt in locis sacris vel privilegiatis, nisi solummodo prima vice, & quod statim, facta illa prima visitatione seu paratione, wulnerationem illam Preposito nostro Parisiensi vel ejus Locum-tenenti, seu Auditoribus Castelleti predicti, revelabunt vel eciam intimabunt. Damus itaque Preposito nostro Parisiensi moderno, & aliis qui pro tempore fuerint, presentibus in mandatis, quatenus, sub virtute juramenti quo, administrationis sue ratione, tenentur, hujusmodi nostrum presens statutum faciant, nunc & alias cum expediens fuerit, in Villa & Vice-comitatu predictis, publicari solemniter, & firmiter observari. Banerias quoque omnium Cirurgicorum & Cirurgicarum predictorum non approbatorum & juratorum, ut premittitur, propter publicacionem hujusmodi edicti, domibus eorum appositas, coram domibus eisdem publice comburi; personas etiam eorum capi, & in Castelletum nostrum Parisius adduci, & tam diu teneri, quo usque Nobis fuerit emendatum: Eisdem districte & firmiter inhibendo, ne de cetero in arte predicta practicare presumant, nisi prius per dictos Magistros juratos & Prepositum Cirurgicorum, vel successores suos in dicto officio, ut premissum est, examinati & approbati fuerint, & juramenta prestiterint antedicta. Si quis vero ipsorum, ipsa prestare recusaverit, Nos eidem dicte artis opus & exercicium penitus interdici volumus; & si contra mandatum & prohibicionem nostras, dicte artis pratice se immiscere presumpserint, ipsos per Prepositum nostrum predictum, prout facti qualitas poposcerit & ad ipsum pertinuerit, volumus previa ratione puniri.* [e] *Nos itaque singulari ducti devotione ad gloriosos Christi martires, Cosmam & Damianum, Confraternitatem in honorem dictorum Martirum, Parisius ordinatam, ingressi, medietatem integram emendarum quarumcunque prestandarum per non approbatos* [f] *juratos praticantes in arte predicta* [g] *propter publicacionem hujusmodi statuti, non obtenta*

a *Il y a là,* patiuntur, *dans le 2.e Vol. des Ordonnances.*

b extirpetur, *2.e Vol. des Ordonnances.*

c qui seront en place.

d Ces Chirurgiens ainsi examinez.

e Voy. le 3.e Vol. des Ordonn. p. 420.

f &. *R. C.*

g post. *R. C.*

licentia, ut premittitur, operandi, quociens evenerit, in commodum & utilitatem dicte Confraternitatis & non alibi, [a] *convertandam, ex nunc in perpetuum Preposito Cirurgicorum & Confratribus Confraternitatis ejusdem, presentibus & futuris, ex nostris auctoritate Regia, certa sciencia & speciali gracia, tenore presentium concedimus & donamus: Mandantes dilectis & fidelibus Gentibus Compotorum nostrorum Parisius, ac Preposito & Receptori Parisiensibus, presentibus & futuris, quatenus dictos Prepositum Cirurgicorum & Confratres modernos & futuros, nostro presenti dono & gracia uti faciant & gaudere perpetuo, pacifice & quiete; emendas predictas levando diligenter vel colligi faciendo, prout ad quemlibet ipsorum pertinuerit; & medietatem ipsarum, Preposito dicte Confraternitatis moderno, & qui pro tempore fuerit, liberando,* [b] *convertandam in usum predictum; non-obstantibus inhibicionibus, aut mandatis, seu Litteris contrariis quibuscunque. Quod ut firmum & stabile sit & perpetuo perseveret, nostrum presentibus Litteris fecimus apponi Sigillum: salvo in aliis jure nostro & in omnibus quolibet alieno.* Datum Parisius, die 19. Octobris, Anno Domini 1364.

Sic signata. *Per Regem.* YVO.

a convertendam. R.C.

b convertendam.

CHARLES V. à Paris, en Octobre 1364.

(a) Lettres de Sauve-garde Royale, pour l'Abbaye du Mont-S.t Michel.

KAROLUS &c. Notum facimus universis tam presentibus quam futuris, quod Nos, more Progenitorum nostrorum Regum Francie, personis & locis Ecclesiasticis, ut Divino [c] *cultu valeant continue, devote & secure intendere & vacare, ac in transquilitate pacis & concordie, vivere & persistere volentes, presidiis & remediis oportunis subvenire; dilectos nostros Religiosos, Abbatem & Conventum Monasterii Montis-Sancti Michaelis in periculo Maris, Ordinis Sancti Benedicti,* [d] *Abrencensis Diocesis, tam in capite quam in membris, in speciali Salva-gardia Regia, ab antiquo existentes, ex habundanti, una cum eorum familiaribus & servitoribus dicti Monasterii & membrorum ejusdem, in & sub nostris protectione, tuicione & Salva-gardia speciali, suscipimus per presentes, & eisdem deputamus in Gardiatores, Servientes nostros Regios generales, ac eciam ordinarios Bailliviarum Cadomensis & Constantini: Quibus & eorum cuilibet, committimus & mandamus, quatenus prefatos Religiosos, servitores & familiares suos, aut* [e] *homines de corpore, si quos habent, defendant aut defendi faciant ab omnibus injuriis, violenciis, molestiis, gravaminibus & oppressionibus, vi armorum, potentia Laycorum, inquietacionibus & aliis novitatibus indebitis quibuscumque; & in suis justis possessionibus, franchisiis, libertatibus, immunitatibus, juribus, usibus & saisinis, in quibus ipsos esse & eorum predecessores pacifice fuisse invenerint ab antiquo, manuteneant & conservent; non permittendo in personas ipsorum vel familiarium & servitorum suorum aut hominum de corpore, si quos habent, seu in bonis ipsorum, aliquas fieri vel inferri injurias aut indebitas novitates: Quas si factas esse vel fuisse, in presentis nostre Salve-gardie specialis & ipsorum prejudicium, invenerint, eas ad statum pristinum & debitum reducant sive reduci faciant indilate, & Nobis ac Parti emendam propter hoc condignam, fieri ac prestari, dictamque Salvam-gardiam nostram publicari & intimari ubi fuerit opportunum: Et quia Monasterium, Prioratus & loca alia dictorum Religiosorum, sita sunt in pluribus locis Regni nostri, ubi (b) guerre dicuntur pululare, & timent dicti Religiosi ex verissimilibus conjecturis,* [f] *nec sub umbra seu specie inimicorum dicti Regni nostri aut aliter, nonnulli de subdictis nostris, dampna, injurias ac violencias, in prejudicium & contemptum dicte nostre Salve-gardie, inferant in futurum, in signum ejusdem, pennuncellos nostros Regios, in Prioratibus, locis & domibus eorumdem, apponant seu apponi faciant;*

c cultui.

d Avranches en Normandie.

e Espece de serfs.

f ne

NOTES.

(a) Tresor des Chartres, Registre 96. Piece dix-sept-vingt-cinq. [345.]

(b) Guerre.] Ces guerres ne pouvoient estre que contre les *Compagnies*, sur lesquelles, *Voy. le 3.e Vol. des Ordonn.* p. 435. Note *(d)*.

CHARLES V. à Paris, en Octobre 1364.

nequis pretextu ignorantie, se valeat excusare : Inhibendo ex parte nostra, omnibus illis de quibus fuerint requisiti, sub certis & magnis penis Nobis applicandis, ne eisdem Abbati & Conventui, aut eorum familiaribus, & dicti Monasterii ac membrorum ejusdem, servitoribus, sive bonis quibuscunque ipsorum, infra Regnum nostrum existentibus, quomodolibet forefacere presumant : Et si forsan inter ipsos Abbatem & Conventum, servitores vel familiares suos, aut homines de corpore, & aliquos alios, racione bonorum suorum quorumcunque, in Regno nostro existentium, in casu novitatis, aliquod oriatur debatum, quod dictum debatum & rem contentiosam in manu nostra, tanquam superiori, ponant; & facta per ipsam recredentia, per illum vel illos Judices per quem vel quos debebit fieri, illi in dictis Partibus cui de jure fuerit facienda, Partes hujusmodi debatum facientes, ac eciam dicte nostre Salve-gardie infractores & contemptores, & qui in contemptum ejusdem, predictis Gardiatoribus, aut eorum alteri Gardiatoris officium exercendo, injuriam fecerint vel offensam ; sive qui in eis vel eorum alteri, inobedientes ; si fuerint Notabiles & potentes persone, prout Archiepiscopi, Episcopi aut alii officia vel dignitates obtinentes, Abbates & Priores, Barones, Milites Armigeri magna & nobilia Feuda tenentes, ac eciam Burgenses potentes, Domini Laycales & alii magne potentie viri, coram dilectis & fidelibus Gentibus nostris Parisius tunc nostrum tenentibus Parlamentum ; alias autem personas, coram Judicibus ad quos ipsorum Cause cognicio pertinere debuerit, adjournando, [a] processuras super hoc, Procuratorique nostro, racione infractionis dicte nostre Salve-gardie specialis, & dictis Religiosis [b] responsuras & aliter facturas, ut fuerit racionis. Si vero dicti Abbas & Conventus, vel aliqui de suis familiaribus, aut dicti Monasterii & membrorum ejusdem servitoribus vel hominibus de corpore, ab aliquo vel aliquibus [c] assecuramentum habere voluerint, volumus quod dicti Gardiatores & eorum quilibet, adjornent, si opus fuerit, illos à quibus dictum assecuramentum habere voluerint, ad certos & competentes dies coram Judicibus ad quos pertinuerit, daturos dictum assecuramentum bonum & legitimum juxta Patrie consuetudinem, prout rationabiliter fuerit faciendum : & generaliter faciant & facere possint dicti Gardiatores & eorum quilibet, omnia & singula que ad Gardiatoris officium pertinent & possunt rationabiliter pertinere : omnibus Justiciariis & subditis nostris, dantes tenore presentium in mandatis, ut prefatis Gardiatoribus, in predictis & ea tangentibus, pareant & intendant, prestentque auxilium, consilium & favorem, si opus fuerit, & super hoc fuerint requisiti. Nolumus tamen quod idem Gardiatores seu eorum aliquis, de hiis que Cause cognitionem exigunt, se ullatenus intromittant. Quod ut firmum & stabile in futurum perseveret, Sigillum nostrum presentibus Litteris duximus apponendum : nostro in aliis & alieno in omnibus jure salvo. Datum Parisius, Anno Domini 1364. mense Octobris. J. CHALEMART.

In Requestis Hospitii. Henricus Clerici. Visa. J. CHALEMART.

[a] processur. R.

[b] responsur... factur. R.

[c] Voy. le 3.e Vol. des Ordonn. p. 264. Note (b)

CHARLES V. à Paris, le 2. de Novembre 1364.

(a) Lettres portant que tous les Vaisseaux qui en naviguant, pourront voir la lanterne de la grande Tour d'Aigues-Mortes, seront obligez d'aborder au port de cette Ville, & d'y payer au Roy certains droits establis anciennement.

CAROLUS Dei gratia Francorum Rex : Senescallo Bellicadri & Nemausi, atque Castellano & Vicario nostro [d] Aquarum-Mortuarum, aut eorum Locatenentibus, salutem. Ex gravi querimonia Procuratoris nostri Senescalliæ Bellicadri, percepimus, quod licet, & per certam Ordinationem & statutum ab antiquo, de voluntate, consilio &

[d] Aigues-Mortes.

NOTES.

(a) Ces Lettres ont esté envoyées de Montpellier, avec cette indication : *du n. 16. fol. 44.*

On en a envoyé du même endroit, une 2.e Copie, avec cette indication : *Seneschaussée de Nismes en general. Liasse 18. des Actes ramassez, Arm. A. n. 2. fol. 44.*

CHARLES V. à Paris, le 2. de Novembre 1364.

assensu tam regnicolarum, quam Civitatum maritimarum infra & extra Regnum existentium, factam, caveatur quod omnes & singuli Mercatores, quascumque mercaturas ducentes, & per mare navigantes, ex ipso quod videre possint lanternam in magna Turri Aquarum-Mortuarum, positam, cum mercibus & quibuscumque navigiis, [a] *appliquari debent & tenentur ad portum dicti loci Aquarum-Mortuarum, & ibidem Curiæ Regiæ solvere & prestare, de prætio rerum quæ portabuntur, denarium unum pro libra; nec possint alibi, præterquam ad dictum portum, applicare; & de hoc sit & fuerit in possessione & saisina pacifica, levandi & exigendi dictum denarium pro libra, à quibuscumque per mare navigantibus; sive sint de Regno, sive de extra Regnum, à tanto tempore quod de contrario hominum memoria non existit: Et si aliqui* [b] *reperientur contra facientes & non solventes; sed fraudulenter jus nostrum recelantes, consueverunt corrigi & puniri, & navigia, tamquam* [c] *comissa, capi, cum omnibus mercibus, & juribus Fisci applicari; prout hæc omnia per certum Arrestum super hoc per nostram Parlamenti Curiam, latum, possint clarius apparere; nihilominus nonnulli mercatores de* [d] *Agatha (b) & aliunde à dicta civitate Agathensi, per quoddam stagnum sive locum apud Montem-pessulanum, & apud (c) Latas,* [e] *& converso nituntur res suas & merces ducere & reducere,* [f] *& ad dictum portum applicare, absque datione, præstatione vel solutione alicujus pedagii vel tributi Nobis debiti; quod est in defraudationem juris nostri, dicti portus deteriorationem, & dicti loci Aquarum-Mortuarum, & possessionis prædictæ grande præjudicium atque dampnum; supplicans Nobis sibi super hoc de remedio provideri: quare Nos, præmissis consideratis & attentis, vobis & vestrum cuilibet mandamus, & quia hoc jus nostrum concernit, committimus, quatenus, si, viso prædicto arresto, & alias vobis debite constiterit de prædictis, quoscumque navigantes, seu merces per mare ducentes, ad solvendum Nobis prædictum tributum, prout hactenus fuit consuetum, & ad dictum portum nostrum applicare compellatis, juxta prædicti arresti, de quo vobis liquebit, seriem & tenorem. Si vero aliquos contrarium facientes* [g] *repereretis, ipsos, cum dictis mercibus Nobis applicatis, taliter puniatis, secundum quod ab antiquo extitit usitatum, jus nostrum integraliter observando: taliter super hoc vos habentes, quod de diligentia potius quam negligentia, debeatis* [h] *comendare.* Datum Parisius, die secunda Novembris, Anno Domini 1364. *In* [i] *Requestas Hospitii.* GABARI.

[a] applicare, *2.e Copie.*

[b] reperirentur, *2.e Copie.*

[c] confiscables.

[d] Agde, dans le Languedoc.

[e] & omnino nituntur, *2.e Copie.*

[f] & alibi quam ad dictum portum *2.e Copie.*

[g] reperitis. *2.e Copie.*

[h] comendari, *2.e Copie.*

[i] Requestis, *2.e Copie.*

NOTES.

(b) Et aliunde à dicta Civitate Agathensi.] Je crois que cela signifie, des marchands qui ne sont pas d'Agde; mais qui sortent du Port de cette Ville.

(c) Latas.] *Lates*, dans le bas Languedoc, dans le Diocese de Montpellier. *Voy. le Dictionn. Univers. de la Fr.* à ce mot.

CHARLES V. à Paris, le 20. de Novembre 1364.

(a) Lettres portant que les restes de tous les Comptes, seront employez aux reparations du Palais Royal & de la S.te Chapelle.

CHARLES par la grace de Dieu Roy de France: A nos amez & feaulz les Gens de nos Comptes à Paris, Salut & dilection. Comme en nostre [k] Palais Royal à Paris, & en la Sainte Chapelle d'icelluy, esconviegne [l] plusieurs grans reparations necessaires, tant en charpenterie comme en maçonnerie, couvertures & autrement, qui peuvent & pourront monter à très grans sommes de deniers, pour lesqueles reparations, Nous avons ordené & ordenons par la teneur de ces Lettres, & par deliberacion de nostre Conseil, toutes les [m] restes de tous les comptes ordinaires & extraordinaires, deües de tous le temps passé, dores-en-avant en quelque maniere que ce soit, estre tournez & converties èsdites reparacions, & non autre part; excep-

[k] *C'est celuy que l'on nomme aujourd'huy le Palais, & où se tient le Parlement, & plusieurs autres Jurisdictions.*

[l] *faire.*

[m] *les sommes qui restent dûes par les Comptables qui ont rendu leur compte.*

NOTES.

(a) Memorial *D.* de la Chambre des Comptes, *fol. 74. recto.*

tez les restes deües par les fins des comptes [a] de la delivrance de nostre très cher Signeur : Nous vous mandons & estroitement enjongnons, sur la loyaulté & seremens en quoy vous estez astrains à Nous, que nostredite presente Ordenance, vous registrez pardevers vous, & icelle tenez & gardez sanz enfraindre en aucune maniere; & commettez & deputez de par Nous, une bonne & [b] souffisante personne, pour faire lever & executer toutes lesdites restes, [c] par vous à luy baillé diligement soubz vos sceaux : & les deniers qui en seront levez & receus, baillé & delivré à plain à Jehan Amiot Païeur des [d] Euvres de nostredit Palais, & non à autres, jusques à ce que ledit Palais soit mis en estat convenable, pour quelcunque mandemens, commendemens ou deffenses qui en soient faits au contraire, soit de bouche, par Lettres signez de nostre main, ou autrement; nonobstant quelcunque Lettres de repis ou dilacions par Nous ou nostre Cour, donnez ou à donner sur lesdictes restes ou aucunes d'icelles, à quelcunque personnes que ce soit ou puist estre, & soubz quelque fourme de parole que ce soit : lesquelles Nous ne voulons estre en aucune maniere prejudiciables à nostredite Ordenance : & gardez bien que en ce n'ait aucun deffaut, & que par vostre negligence, ou deffaut de finance, ledit Palais, ne les diverses mansions & habitacions d'iceluy, ne [e] cheent en aucune ruyne : car il Nous desplairoit très grandement. *Donné à Paris, le vingtiesme jour de Novembre, l'An de grace mil trois cens soixante & quatre.* Par le Roy. B. FRANCOIS.

a *Voy. cy-dessus, p. 413. Note (d)*

b *souffis.* R.

c *suivant le rolle qui luy en sera donné par vous.*

d *Bastiments.*

e *tombent.*

CHARLES V. à Paris, le 24. de Novembre 1364.

(a) Lettres portant que la revocation des dons de choses domaniales, faits depuis le temps de Philippe le Bel, ne doit avoir lieu que sur les dons faits depuis la mort de ce Prince.

CAROLUS Dei gratia Francorum Rex : Senescallo Bellicadri & Nemausi, Receptorique nostro Nemausi, vel eorum Loca-tenentibus, salutem. Cum vigore [f] *Litterarum nostrarum, super revocatione quorumcumque donorum, terrarum vel redditum domanii Regni nostri, hæreditarie vel ad vitam seu ad voluntatem, per inclitæ memoriæ Dominos & predecessores nostros Franciæ Reges aut per Nos, à tempore felicis recordationis Regis Philipi Pulchri Francorum ; exceptis donis debitè factis Ecclesiis, & charissimis Fratribus nostris* [g] *confectarum, dilectæ & fideles Gentes Compotorum nostrorum Parisius, vobis per suas Litteras mandasse dicantur, quatenus nostras dictas Litteras, in dictarum Gentium nostrarum Litteris insertas, juxta ipsarum seriem, adimpleretis & executioni demandaretis; quodque vos informaretis super alienatis de domanio nostro, à tempore dicti Regis Philipi Pulchri, & eadem ad manum nostram poneretis, prout in dictis Litteris vobis directis, latius dicitur contineri : quarum Litterarum virtute, vos Castrum de (b) Calvissione, Villam de* [h] *Marcilhanicis & de Mandolio, cum omnibus*

f Voy. cy-dessus, p. 466.

g confectorum.

h Marsillianicis. 2.e *Copie.*

NOTES.

(a) Il y a esté envoyé de Montpellier, deux copies de ces Lettres : la 1.ere avec cette indication : *du n. 16. fol. 32.* & la 2.e avec cette indication : *Seneschaussée de Nismes en general, Liasse 18. des Actes ramassez, Arm. A. n. 2. fol. 32.*

(b) Calvissione.] Du Chesne dans son Histoire des Chanceliers de France, dans l'Article de Guillaume de Nogaret, p. 259. rapporte un Extrait de deux Lettres du mois de Juillet 1304. tirées d'un Registre du Tresor des Chartres, par la premiere desquelles, le Roy luy donne 300. livres de rente, à prendre sur son Thresor, & les assigne, *assidet Villam dictam de* [i] *Maissolanicis* dans le Diocese de Nismes, & quelques autres terres : & par les secondes Lettres, le Roy pour 500. livres de rente qu'il luy avoit données, luy *assigne* pour luy & pour ses heritiers, *Castrum suum de Calvicione, Diocesis Nemausensis,* & quelques autres terres. Du Chesne traduit *Calvicione* par Caunisçon; il faut apparemment lire *Cauvisçon.* Personne n'ignore que la grande affaire du differend entre le Pape Boniface VIII. & Philippe le Bel, roula principalement sur Guillaume de Nogaret, qui arresta ce Pape prisonnier à *Agnania,* le 8. de Septembre 1303. [k] Ceux qui deffendirent la memoire de Boniface VIII. lorsque Nogaret alla se justifier devant le Pape Clement V. luy firent une espece de reproche de ce que lorsqu'il fut revenu en France, après cette expedition, le Roy luy fit de grands presents, & luy donna

i *Du Chesne la nomme un peu plus haut,* Maffalonicis.

k *Hist. du differend de Boniface VIII. & de Philippe le Bel, par M. Du Puy, p. 487.*

ressortibus

ressortibus ac Vicariis dictorum locorum, ad Raymundum de Nogareto Militem [a], *ex dono Guilhelmo de Nogareto Militi, avo dicti Raymundi, per inclitæ memoriæ Regem Philippum Pulchrum, hæreditariè facto, ad manum nostram; gubernatoresque ibidem & receptores ex parte nostra, dicimini posuisse; ac inde fructus, redditus & emolumenta levari & recipi, & in nostris usibus applicari, eadémque per nostram manum, ut dicitur, gubernari, in ipsius Militis prejudicium non modicum & gravamen, ipsumque in præmissis impediendo minus justè, ut asserit: Cumque intentionis nostræ non fuerit aut existat, quod donata aut alienata a dicto domanio Regni nostri, per præfatum Regem Philipum Pulchrum aut suos predecessores; sed dumtaxat* [b] *à tempore ejusdem Regis Philipi Pulchri, revocentur, & ad nostrum domanium applicentur &* [c] *unientur eidem, prout in nostris Litteris expressè cavetur; prædictaque loca & redditus dicti Militis, predicto avo suo per dictum Regem Philipum Pulchrum, hæreditariè collata fuerunt & donata, prout Nobis constitit, & vobis liquebit per Litteras dicti Regis Philipi Pulchri, super hoc confectas, & per Nos confirmatas; cujus quidem doni virtute, dictus Miles & sui predecessores, prædicta loca cùm ressortibus, Vicariis & pertinentiis eorumdem, tenuerint & possederint, & adhuc tenent & possident titulo supradicto, vobis & vestrum cuilibet, districtè præcipiendo mandamus, quatenùs manum nostram & impedimentum super prædictis appositum, amoveatis exinde & levetis, quæ Nos tenore præsentium amovemus, & eadem dicto Militi vel ejus certo mandato, deliberetis & deliberari & tradi atque restitui faciatis, visis præsentibus, indilatè; receptoresque & gubernatores, aut alios Commissarios quoscumque, per vos ex parte nostra, ibidem appositos vel deputatos, penitùs amovendo; & quidquid de dictis Castris, & aliis locis ac pertinentiis & redditibus eorumdem, per eosdem aut per vos levatum, receptum vel collatum, à tempore appositionis nostræ manus, ibidem extiterit, eidem restituendo ad plenum; ipsumque nullathenùs in præmissis aut aliquo eorumdem, deinceps impediatis, perturbetis, vel molestetis, impediri, vel perturbari vel molestari permittatis præmissorum velamine vel prætextu; sed ipsum suosque hæredes & successores, & causam habituros ab eisdem, præmissis uti & gaudere pacificè permittatis; & ipsum super hoc perpetuo teneatis & teneri faciatis pacificos & quietos; quidquid in contrarium factum vel attemptatum reperieritis, ad statum pristinum & debitum reducendo vel indilatè faciendo reduci: quod dicto Militi de gratia concedimus speciali; præfatis Litteris aut aliis quibuscumque mandatis, inhibitionibus vel Ordinationibus in contrarium, nonobstantibus quibuscumque.* Datum Parisius, 24. die Novembris, Anno Domini 1364. *(c)* De Montagu. *(d)*

CHARLES V. à Paris, le 24. de Novembre 1364.

a Il manque-là le mot pertinens, *ou quelque autre semblable.*

b C'est-à-dire, depuis la mort.

c uniantur.

NOTES.

des Chasteaux; & [d] Nogaret dans sa reponse, dit que le Roy pour le recompenser des services qu'il luy avoit rendus, luy avoit donné des terres pour luy & pour sa posterité à perpetuité.

On peut voir par ce détail, quel fut le motif du don que Philippe le Bel fit à Guillaume de Nogaret, de la terre de *Cauvisson*, & de quelques autres.

La Serre dans son [e] Inventaire de l'Hist. de Fr. dit que Philippe le Bel donna à Nogaret la Baronie de Calvisson, pour le recompenser de ce qu'il avoit fait en Italie.

(c) Dans la 2.e Copie, il y a : *Per Regem, ad relationem Consilii.* De Montagu.

(d) Il a esté aussi envoyé de Montpellier, d'autres Lettres du méme jour & an, avec cette indication : *du n. 16. fol. 36. verso.*

d Ibid. p. 518.

e t. 1. p. m. 171.

Elles contiennent par rapport à une autre terre, la même disposition que les precedentes, & elles sont redigées dans les mémes termes, à l'exception de l'endroit où cette terre est nommée: c'est pourquoy on a jugé qu'il estoit inutile de les faire imprimer icy en entier; & on a crû qu'il suffiroit de donner deux endroits où se trouvent le nom de cette terre, & le nom de celuy qui la possedoit.

Quarum Litterarum authoritate, Castrum de Ferrayrolis cum suis pertinentiis, & [f] *dicta alia loca & Parrocchias, ad Guilhelmum de* [g] *Ucetia Militem, ex dono suis predecessoribus, per inclitæ memoriæ Regem Philippum Pulchrum, hereditarie, facto, prædictaque loca & redditus dicti Militis, sibi aut Guilhelmo de (e) Plaisiano Militi, predecessori suo, per dictum Regem Philippum Pulchrum, heriditarie collata fuerint & donata.*

f Il n'y a point d'autres lieux nommez cy-dessus.

g Usez.

NOTES.

(e) De Plaisiano.] C'est *Guillaume du Plessis*, qui se distingua aussi beaucoup dans le different de Boniface VIII. & de Philippe le Bel : & ce fut aussi sans doute, pour les recompenser, que le Roy luy donna les terres dont il est fait mention dans ces Lettres. *Voy. sur Guillaume du Plessis, l'Hist. du different de Boniface VIII. & par Du Puy*, pp. 17. 315. 317.

CHARLES V. à Paris, en Novembre 1364.

(a) Reglement pour les Requestes du Palais.

SOMMAIRES.

(1) Les Gens tenans les Requestes du Palais, viendront tous les jours à leur Siege, à l'heure que les Presidents au Parlement viennent au leur; & ils donneront audience, les jours que les Gens du Parlement jugeront les procès de rapport; & ils jugeront des procès de rapport, les jours que les Gens du Parlement donneront audience.

(2) Aussi-tost qu'ils seront arrivez à leur Siege, ils travailleront aux procès.

(3) Ils jugeront après dîner, les affaires qu'ils n'auront pû juger le matin.

(4) Les Causes dont la plaidoyerie n'aura pû estre finie, resteront dans l'estat où elles sont, jusqu'au premier jour plaidoyable, ou tel autre jour qu'il plaira aux Gens des Requestes; ausquels jours on en achevera la plaidoyrie.

(5) Les Avocats & Procureurs chargez de la Cause d'un demandeur, auront lorsqu'ils se presenteront pour plaider, un Memorial *dans lequel sera contenu l'estat de la Cause; & l'Acte par lequel il paroistra que la Cause doit estre plaidée ce jour-là, en consequence des assignations qui ont esté données.*

Les Avocats plaideront le plus briefvement qu'il leur sera possible, sans employer de fins de non-recevoir, que lorsqu'elles seront très bien fondées; & cela leur est enjoint sur les serments qu'ils ont au Roy, au Parlement & au Siege des Requestes.

(6) Les Avocats & Procureurs seront contraints de donner gratuitement leur conseil aux plaideurs qui sont pauvres; & les Gens des Requestes feront aussi gratuitement tous les Actes judiciaires qui seront à faire dans les procès de ces plaideurs, & les expedieront diligemment.

(7) Les Gens des Requestes ne pourront prendre que dix sols parisis par jour, lorsqu'ils feront à Paris, des Actes judiciaires dans des procès de personnes qui ne seront pas pauvres.

(8) Lorsque les Avocats plaideront, il n'y aura que le President qui puisse parler, & il decidera seul; ou, s'il le juge à propos, par le Conseil des [Conseillers,] si la Cause doit estre appointée ou non.

(9) Lorsque le President nommera des Commissaires dans une affaire où il sera necessaire qu'il y en ait plusieurs, il nommera toûjours un Clerc & un Lay.

(10) Les Enquestes *se feront les jours que l'on ne plaidera pas; ou au moins, aux heures que l'on ne plaidera pas.*

Ceux qui auront fait les Enquestes, ne pourront pas en faire le rapport pour parvenir au Jugement. Si les Parties sçavent quel est leur Rapporteur, & que celuy-cy en soit informé, il remettra le procès au President ou au Greffier.

(11) Lorsque le President voudra s'absenter, ou lorsqu'il sera malade, il remettra le Sceau des Requestes, au plus ancien [Conseiller] Clerc.

(12) Les Sergents des Requestes y viendront à l'heure à laquelle les [Conseillers] viendront, & feront faire silence.

(13) Les Gens des Requestes veilleront à ce que le Greffier ni les Sergents, ne prennent point des salaires excessifs.

(14) Les Gens des Requestes se conformeront, autant qu'ils le pourront, à l'usage & au stile du Parlement.

(15) Les Parties qui auront appellé des Jugements des Gens des Requestes, & qui y renonceront dans la huitaine, payeront une amende de soixante sols.

CHARLES par la grace de Dieu Roy de France: Savoir faisons à tous presens & advenir, que comme nos amez & feaulx Conseilliers, les Gens tenans les Requestes en nostre Palais à Paris, soient si grandement chargez & occupez de plusieurs & diverses Causes touchant nos Gens & Officiers & autres; lesquelles Causes Nous leur avons commises, [a] de jour en jour commettons par nos Lettres, que tant pour la multitude desdites Causes, comme par les fuites, delaiz, cavillacions & appellacions frivoles, que ont [b] quises & faictes & font & quierent chacun jour pardevant eulx,

a *&.* R. P.

b *recherchées.*

NOTES.

(a) Registre qui est au Greffe des Requestes de l'Hostel, cotté Registre 1.er & *AAA. fol.* 91. *verso.*

Ces Lettres ont esté collationnées sur le Registre *A.* du Parlement, *fol.* 207. *verso.*

Ces Lettres se trouvent aussi dans Fontanon, t. 1. p. 25. & dans le 1.er Vol. des Offices de Joly, p. 57. & aux additions, p. 111.

Ces Lettres sont aussi en latin, *in stilo Parlementi, parte 3. tit. 10.*

plusieurs Parties & leurs Procureurs, qui quierent par toutes les voyes & manieres illicites & indirectes qu'ilz pevent, fuites & delaiz pour [a] traveiller [b] nosdites Gens, & [c] coustengier & delayer les [d] droiz de leurs Parties adverses, que nosdites [e] Gens ne pevent proceder comme il vouldroient & qu'il appartendroit, à l'expedicion & délivrance desdites Causes, & du Peuple qui a afaire pardevant eulx: Nous qui du tout nostre cueur desirons & voulons, comme tenus y sommes, obvier & remedier à nostre povoir, aux fuites & delaiz, cavillacions & appellacions frivoles dessusdictes, & les plaiz & Causes deuëment & briefment estre oyes, plaidoiées & demenées, mises à fin & déterminées; par grant & meur advis & deliberacion de nostre Conseil, avons [f] ordonné & establi, faisons, ordonnons & establissons sur le fait & estat du Siege desdits Requestes, & sur la forme, maniere, expedicion & délivrance des Causes & plaidoyeries qui à present sont, & pour le tems avenir seront meuz & pendanz oudit Siege des Requestes, pardevant nosdites Gens, les Ordonnances qui [g] si-après s'ensuivent.

CHARLES V. à Paris, en Novembre 1364.

a *fatiguer.*
b *nos Officiers.*
c *leur causer des coûts & des frais.*
d *Causes & droits.* R. P.
e *Les Gens tenans les Requestes du Palais.*
f *fait, ordonné, &c.* R. P.
g *cy.* R. P.

(1) Premierement. Nous voulons & ordonnons que toutes nosdites Gens tenans lesdites Requestes, viennent chacun jour continuellement & dilligemment audit Siege desdites Requestes, à l'eure que nos amez & feaulx les Presidens de nostre Parlement, viennent & vendront oudit Parlement; & [h] les Causes plaidoïables pendans & qui pendront pardevant eulx, ils oyent & [i] delivrent aux jours que nos amez & feaulx les Gens de nostredit Parlement, [k] seront au Conseil en la Chambre dudit Parlement; & aux jours que l'en plaidoïera oudit Parlement, soient au Conseil, pour conseiller & delivrer & faire les autres choses qu'ilz ont & auront à faire pour cause de leur Office dudit Siege.

h *que les.* R. P.
i *expedient.*
k *pour juger les procez de rapport.*

(2) Item. [l] Puis qu'il seront venuz oudit Siege, que tantost il commancent de oyr & délivrer lesdites Causes; & aux Demandeurs, contre les Deffendeurs non comparens, [m] doignent deffault; & aux Deffendeurs, contre les Demandeurs non comparens, doignent congiez, ou autres [n] exploiz selon l'estat & condicion desdites Causes, comme l'en fait en nostredit Parlement.

l *aussi-tost.*
m *donnent.*
n *actes.*

(3) Item. Que les Causes qui ne pourront estre oyes & delivrées avant disner, oyent & délivrent après disner, tant qu'il pourront bonnement.

(4) Item. Que les Causes plaidoïables qui seront entamées ou encomancées à plaidoïer en un jour plaidoïable, & ne pourront estre parfinies, soient & demeurent [o] en tel estat, jusques à l'autre premier jour plaidoïable, ou tel que nosdites Gens y ordonneront; & lors soient plaidoïées.

o *au même estat.*

(5) Item. Que toutes *(b)* les Parties plaidoïans audit Siege, qui soustiennent & soustendront les Parties du Demandeur, aïent chacun jour plaidoïable, quant il voudront ou devront plaidoïer, promtement en leurs mains le *(c)* Memorial de leur journée & de l'estat de leur Cause, escript, & scellé du Seel par Nous establi audit Siege: Parquoy lesdits Demandeurs puissent faire promptement foy, & qu'il puist apparoir clerement de l'estat du jour [p] de la Cause.

p *& de la Cause.* R. P.

(6) Item. Que tous les Advocas plaidoïans audit Siege, plaident sommierement & de plain, leurs Causes au plus clerement [q] [& briefment qu'il pourront & sauront, en [r] delaissant du tout les fins de recevoir] & de non recevoir, & de avoir [s] & non avoir Cause ou action; se n'est en Cause ou clerement & notoirement il sera à faire. Et ce enjoingnons Nous & commandons expressement ausdits Advocas, & sur leurs sermens & loyaultez qu'ilz ont à Nous, à nostre Court dudit Parlement, & audit Siege desdites Requestes.

q *Ce qui est entre deux crochets, ne se trouve point dans le Regist. des Requêtes de l'Hôtel.*
r *& à cet effet ne se serviront point des fins de non recevoir.*
s *ou.* R. P.

NOTES.

(b) Les Parties, &c.] Je crois qu'il faut entendre-là par ce mot, les Avocats & Procureurs, chargez des Causes d'un Demandeur.

(c) Memorial de leur journée.] Je crois que cela signifie, l'Acte par lequel il paroist que c'est ce jour-là que la Cause dont ils sont chargez, doit estre plaidée, en consequence des assignations qui ont esté données.

CHARLES V.
à Paris, en Novembre 1364.

(7) Item. Nous voulons & commandons estroictement, que tous les Advocas & Procureurs frequentans & qui frequenteront le Siege desdites Requestes, soient [a] au conseil, pour Dieu, des povres & miserables personnes qui y plaident & plaideront; & que ad ce, nosdites Gens contraingnent lesdits Advocaz & Procureurs; & & que à telles & pour telles povres & miserables personnes, nosdites Gens, quant les cas y escherront, facent, pour Dieu, leurs [b] Requestes & Pieces, & les oyent dilligemment; & les [c] délivrent briefment.

(7) Item. Chacun de nosdits Gens, pour les Procez & Enquestes qu'il feront à Paris, pour autres personnes que pour personnes miserables, pourront prendre chacun jour qu'il y vacqueront, dix sols parisis, & non plus.

(8) Item. Quant les Advocas plaideront devant nosdites Gens audit Siegé, qu'il oyent dilligemment l'Advocat qui plaidera, & que nul ne parle; fors luy & le President dudit Siege, qui *(d)* fera les appoinctemens comme bon lui semblera, & il appartendra; & aussi, se mestier est, par le conseil de ses [d] Compagnons.

(9) Item. Que ledit President, [e] à bailler Commissaire à faire les dessusdits Procez [f], baille tousjours & mette ensemble ung Clerc & ung Laye, se bonnement se puist faire; se la Cause toutes-voyes n'est si petite, que par ung seul Commissaire se puist faire.

(10) Item. Que lesdits Commissaires donnez & à donner, facent dilligemment les Enquestes & Procez qui leur seront commis à faire, aux jours que l'en ne plaidera pas audit Siege des Requestes; ou au moins à heure que l'en [g] y plaidera pas: Et se garde bien le President, qu'il ne baille pas à veoir, visiter & rapporter pour juger lesdites Procez & Enquestes, par celui ou ceulx qui les auront faiz : Et aussi ceulx qui auront lesdits Procez & Enquestes à veoir & visiter pour rapporter [h] pour juger, s'il peuvent savoir par quelque maniere, que aucune des *(e)* Parties le sache, que par leurs sermens, ilz le rapportent & le baillent audit President, ou au [i] Clerc desdites Requestes.

(11) Item. Quant le President sera absent de la Ville de Paris, ou s'il advenoit qu'il feust malade, qu'il baille le Scel desdites Requestes, au plus ancien [k] Clerc en l'ordre desdites Requestes.

(12) Item. Que tous nos Sergens desdites Requestes, tous les jours que l'en y plaidera, viengnent bien matin audit Siege, à heure que leurs Maistres y venront, cy-dessus declarés, & facent faire paix & silence, & exercent dilligemment leurdit Office.

(13) Item. Pourvoient nosdites Gens & ordonnent, que le [l] Clerc & les Sergens desdites Requestes, ne excedent en prenant leurs sallaires excessivement, & qu'ilz [m] ne tiengnent les Parties qui auront afaire à plaidier pardevant eulx.

(14) Item. Nous voulons & ordonnons que nosdites Gens, autant comme il pourront, ensuivent, tiengnent & gardent la maniere, coustume & stile de nostredite Court de Parlement.

(15) Item. Que toutes les Parties qui appelleront de nosdites Gens, & renonceront dedens huit jours après l'appellacion faicte, soient & cheent en amende vers Nous, pour chacune appellacion qu'il feront, & renonceront, comme dit est, de soixante sols parisis.

Toutes lesquelles Ordonnances dessusdites & chacune d'icelles, Nous mandons & commandons estroictement à nosdites Gens des Requestes, & à chacun d'eulx, &

a *donnent conseil pour l'amour de Dieu, &c.*
b Au lieu de *Requestes & Pieces*, il y a *Enquestes & Procès* dans R. P.
c *expedient.*
d *des Conseillers.*
e *lorsqu'il nommera des Commissaires.*
f *Procez & Enquestes.* R. P.
g *n'y.* R. P.
h *rapporter à jugier.* R. P.
i *Greffier.*
k *Conseiller-Clerc.*
l *Greffier.*
m *ne grievent.* R. P.

NOTES.

(d) Fera les appoinctemens.] Appunctamenta pronuntiabit, dans le stile du Parlement: c'est-à-dire, qu'il decidera seul, s'il le juge à propos, si la Cause doit estre appointée, ou non.

(e) Parties.] Si les Parties sçavent quel est leur Rapporteur, & que celuy-cy en ait connoissance, il doit remettre le procès au President ou au Greffier.

par leurs fermens & loyautez qu'il ont à Nous, qu'il tiengnent & gardent, & les facent tenir & garder fans enfraindre. Et pour ce que ce foit ferme chofe & ftable, Nous avons fait fceller ces prefentes Lettres de noftre Scel en [a] laps de foye & cire vert. *Donné à Paris, l'An de grace 1364. au mois de Novembre.*

CHARLES V. à Paris, en Novembre 1364.

a *las.* R. P.

Collacion eft faicte. *(f)*

NOTES.

(f) Dans le Regiftre du Parlement, après le mot, *Novembre*, il y a : *Sic fignatum.* Par le Roy.

A la relation du Confeil, auquel Monfieur de Sens, vous, & Meffeigneurs du Parlement & des Enqueftes, eftiez. DIONYS. *Collatio facta fuit in Parlamento, cum Litteris originalibus.* BAYE.

Il y a dans le même Regiftre des Requeftes de l'Hoftel *fol 92. verfo*, un Arreft du Parlement, fur la maniere dont les affaires de la competence du Prevoft de Paris, feront renvoyées aux Requeftes du Palais, en confequence des Lettres du Roy. On a crû devoir la faire imprimer icy.

KAROLUS *Dei gratia Francorum Rex : Univerfis prefentes Litteras infpecturis, Salutem. Notum facimus quod cum occafione certarum explectorum, virtute quarumdam Litterarum noftrarum & aliarum, tam coram dilectis ac fidelibus Confiliariis noftris Gentibus Requeftarum Palatii noftri, quam coram Prepofito noftro Parifienfi, factorum; & inter cetera, de & fuper modo advocandi Caufas ab Audientia dicti Prepofiti, ad fedem & Audientiam Requeftarum predictarum, fuper quo Litteras noftras quandoque, ad inftanciam quarumdam Partium, conceffimus, orta fuiffet aut* [b] *auriri fperaretur difcordie & litis materia inter dictas Gentes Requeftarum, ex una parte ; & dictum Prepofitum aut ejus Locum-tenentem, ex altera ; & fuper hiis dicte Partes in Curia noftra* [c] *conftitue, plura hinc inde, altera contra alteram propofuiffent ; videlicet, quelibet ipfarum, ad fundandum intentionem fuam in hac parte : tandem* [d] *vero, ipfe Partes difpoficioni, determinacioni & declaracioni Curie noftre predicte, fe fubmififfent : Prefata Curia noftra, ad tollendum omne dubium, ac difcordie & litis* [e] *materia, quod & que occafione confimili, deinceps oriri poffet inter dictas Partes, vifis pluribus explectis hujufmodi factis, confideratifque Partium rationibus, & attentis omnibus que dictam noftram Curiam circa hoc movere poterant & debebant, ipfa noftra Curia conftituit, declaravit, declaratque & ordinat tenore prefentium, per arreftum, quod fi de cetero Littere noftre fuerint per aliquem impetrate & obtente fuper advocacione feu remiffione cujufcumque Caufe mote vel* [f] *pendente, aut que moveri fperetur coram dicto Prepofito vel ejus Locum-tenente, aut* [g] *aliter, in dictis Litteris contenta adimplere non teneantur : (g) qua die, dictus Prepofitus aut ejus Locum-tenens, coram eifdem Gentibus dicent & proponent quicquid eifdem videbitur expedire ; & ipfis auditis, dicte Gentes noftre eidem Prepofito vel ejus Locum-tenenti, facient fuper propofitis & auditis, Juftitie complementum. In cujus rei teftimonium, prefentibus Litteris noftrum juffimus apponi figillum.* Datum Parifiis, in Parlamento noftro, die octava Julii, Anno Domini 1368. & regni noftri 5.°

Collacion faicte.

b oriri.

c conftitute.

d mot doûteux.

e materiam.

f pendentis.

g al. R.

NOTES.

(g) Il femble qu'il manque-là quelques lignes : mais je n'ay plus le Regiftre entre les mains, pour vérifier fi la copie de ces Lettres, fur laquelle elles ont efté imprimées, eft conforme à ce Regiftre.

CHARLES V. à Paris, en Novembre 1364.

(a) Augmentation de l'Octroy accordé à la Ville d'Aurillac.

CHARLES &c. Savoir faifons à tous prefens & avenir, Nous avoir reçeu l'umble fupplicacion des Confulz & la Ville d'Aurilhac, ou Bailliaige des Montaignez d'Auvergne, laquelle eft en frontiere du Duchié de Guienne, à quatre lieuës de toutes

NOTES.

(a) Trefor des Chartres, Regiftre 98. Piece 98.

Voicy le titre que celuy qui a copié le Regiftre, a donné à cette Piece, & que nous ne mettrons icy que parce qu'il s'y rencontre un mot fingulier.

Gracia facta Confulibus Ville d'Aurillac, de quadam Pepignia levandâ fuper quolibet Quartono vini.

Je crois que *Pepignia* eft une faute de Copifte pour *Pictavina*, qui eftoit une monnoye nommée *Pite*, *Poictevine* ou *Pongeoife*, qui valoit une demi-maille ; & fur laquelle Voy.

CHARLES V.
à Paris, en Novembre 1364.

pars, comme pour cause des *(b)* guerres & [a] roberries qui ont esté & sont à present ou païs, ilz aïent euz & soustenus très grans & divers domages par les ennemis de nostre Royaume, & encore soustiennent de jour en jour; & chascun jour leur convient faire & soustenir plusieurs mises & despens pour avoir Gens-d'armes, & pour fortifier & [b] apparillier ladicte Ville, & pour plusieurs autres choses neccessaires qui aviennent & leur convient à faire de jour en jour, pour lesquelles choses qu'il ont soustenuëz par très long-temps, ilz sont devenus si povrez & diminués de leur facultez, qu'il ne puevent-mais supporter lesdictes charges, ne n'ont de quoi payer ce qu'il doivent mesmement: Car il n'ont nullez rentez ne biens en commun; & par faute de [c] mise, ladite Ville seroit en grant peril [d] de perdre, se par Nous ne leur estoit sur ce pourveu de remede gracieux & convenable, si comme il dient, & il soit ainsi que autres-foiz; c'est assavoir, [e] l'An 1359. derrenier passé, ou mois d'Avril, Nous ou temps que Nous estions Regent le Royaume, leur eussions donné demie maille tournois à prendre & lever sur chascun quarton de vin, à la mesure de ladicte Ville, lequel se vendroit & [f] despendroit en icelle, jusques à dix ans, que se devoit commencier oudit an, le jour de la Feste Saint Andry Apostre; & depuis ce, [g] la [h] 60. ensuivant, ou moys de Juing, leur aïons ottroïé qu'il puissent lever pour les neccessités de ladite Ville, à tousjours-mais, ladicte demie maille sur chascun quarton de vin à ladicte mesure, selon le contenu de nosdictes premieres Lettres à eulz ottroïeez: Et pour ce que ceste chose ne leur souffist pas, ne ne puet souffrire à supporter les grans neccessitez & chargez devant dictes, & qu'il ont à faire & à supporter à present en ladicte Ville, tant pour cause de nozdictes guerres comme autrement, ne n'ont dequoy païer plusieurs grans debtez qu'il doivent, & esquellez il sont obligiez envers plusieurs créanciers, pour cause des grans [i] missions qu'il ont euëz à faire ou temps passé, si comme il dient, si par Nous ne leur est pourveu sur ce de plus ample grace & remede: Nous euë consideracion aux choses dessusdictes, inclinans favorablement à la supplicacion desdiz Consulz & Commune, à yceulz avons donné & ottroyé, donnons & ottroyons de nostre grace especial, certaine science & auctorité Royal, pour [k] eschiver les dommagez & perilz dessusdiz, qu'il puissent lever & prendre, oultre ladicte demie maille tournois, une autre demie maille tournois, à tousjours-mais, sur chascun carton de vin qui se vendra ou despendra en ladicte Ville, pour faire lesdictes neccessités & païer leursdictes debtez, orez & ou temps avenir, jouxte le contenu de noz autres dictes Lettres sur ce à eulx par Nous ottroyeez; lesquelles & tout le contenu d'icelles, Nous voulons estre & demourer en leur vertu, & ycelles loüons, ratiffions & approuvons de nostredicte grace especial, par ces presentes; pourveu que les [l] aidez ordoneez pour la redemption de nostre très chier Seigneur & Pere dont Diex ait l'Ame, & pour le fait de la guerre presente, n'en soient, orendroit ne ou temps avenir, empescheez en aucune maniere. Si donnons en mandement par ces mesmez Lettres, aux Bailliz de Montaignes d'Auvergne & de S.t Pere-le-Moustier, & à tous noz autres Justiciers & Officiers, ou à leurs Lieuxtenans, presens & avenir, & à chascun de eulz si comme à lui appartendra, que lesdiz Consulz & Commune, facent & laissent joïr & user paisiblement de nostre presente grace, ne contre la teneur d'icelle, ne les traveillent ou empeschent ou sueffrent estre troublez ou empeschez, orez ne ou temps avenir, en corps ou en biens, en aucune maniere. Et pour ce que soit ferme chose & estable à tousjours, Nous avons fait mettre nostre Scel à ces presentes Lettres: sauf nostre droit en autres choses & l'autruy en toutes. *Donné à Paris, l'An de grace 1364. ou mois de Novembre.*

Par le Roy en ses Requestes où vous estiez. J. DE REMIS.

a *ou robeires.*
b *fournir des choses necessaires pour sa deffense.*
c *de certaines dépenses.*
d *d'estre prise, ou ruinée.*
e *Voyez le 3.e Vol. des Ordonn. p. 341.*
f *consumeroit.*
g *l'An.*
h *Voy. cy-dessus, p. 199.*
i *dépenses.*
k *éviter.*
l *Voy. cy-dessus, p. 413. Note (d).*

NOTES.

Du Cange, au mot *Picta*, & les Prologomenes du Traité des Monnoyes de le Blanc, p. xx.

(b) Guerres.] Il n'y avoit alors d'autres guerres en France, que celles que l'on faisoit aux Compagnies, sur lesquelles *Voy. le 3.e Vol. des Ordonn. p. 455.* Note *(d)*.

CHARLES V. à Paris, en Novembre 1364.

(a) *Exemption de* Prise *pour les habitans de Monstreüil près de Vincennes.*

CHARLES &c. Savoir faisons à tous presens & avenir, Nous avoir veu les Lettres de feu nostre très chier Seigneur & Pere, contenant la forme qui s'ensuit.

JEHAN par la grace de Dieu, &c. [a]

a *Ces Lettres sont cy-dessus, p. 204.*

LESQUELLES Lettres & toutes choses contenuës en ycelles, Nous loons, approuvons, & par ces presentes, de certaine science & grace especial, confermons. Si donnons en mandement par ces presentes, au Prevost de Paris, & à tous les autres Justiciers & Officiers de nostre Royaume, ou à leurs Lieuxtenants, presents & avenir, & à chascun d'euz si comme à luy appartendra, que lezdiz habitans & chascun d'euz, facent & laissent joïr & user de nostre presente grace, & contre la teneur d'icelle, ne l'empeschent ou molestent par quelque maniere; mais, se aucune chose estoit fait ou attempté au contraire, si le renvoïent au premier estat & deu. Et pour que ce soit ferme chose & estable à tousjours, Nous avons fait mettre nostre Scel à ces presentes: sauf en autres choses nostre droit & l'autruy en toutes. *Donné à Paris, l'An de grace 1364. ou mois de Novembre.*

Par le Roy à la relacion du Conseil. FERRICUS.

NOTES.

(a) Voy. cy-dessus p. 204. Note (a).

CHARLES V. à Paris, le 16. de Decembre 1364.

(a) Reglement pour l'expedition des affaires pendantes au Parlement.

SOMMAIRES.

(1) Lorsqu'une Cause sera appointée à écrire ou en faits contraires, on mettra dans l'Arrest d'appointement, le nom de l'Avocat qui aura plaidé; & luy ou un autre Avocat en sa place, sera tenu de presenter à la Cour, dans quatre jours au plûtard, des [Escriptures;] *si la Cause est appointée à écrire; & des Articles doubles, lorqu'elle sera appointée en faits contraires.*

(2) Le Memoire de frais presenté par une Partie qui aura gagné son procès avec dépens, pour estre reglé, sera communiqué à la Partie adverse, qui sera tenu dans quatre jours au plûtard, de fournir les contredits aux Articles de ce Memoire, pour les faire diminuer.

(3) Lorsqu'on presentera des Articles discordez, les Greffiers ou Notaires y mettront le jour qu'ils auront esté presentez, afin que huict jours après, ils soient rapportez accordez: & dans les huit jours qui suivront, on en fera trois Copies, & ils seront scellez & clos, & presentez à la Cour, qui nommera des Commissaires [pour faire les Enquestes.]

(4) Lorsque les Causes qui estoient sur les rôlles des Bailliages, Prevostez & Seneschaussées, auront esté expediées, la Cour nommera des Commissaires, qui, lorsque le Parlement sera fini, vaqueront à faire les Enquestes sur les Articles qui auront esté presentez accordez à la Cour.

Les Avocats & les Procureurs seront condamnez à l'amende, lorsque par leur faute, les Articles accordez n'auront pas esté presentez à la Cour, dans le temps prefix.

CHARLES par la grace de Dieu Roy de France: A noz amez & feaulz les Gens qui à present tiennent, & ou temps avenir tendront nostre Parlement à Paris, Salut & dilection. Comme par certaines Ordenances pieça faites par noz

NOTES.

(a) Registre *A.* du Parlement, *fol.* 90. *verso.*

Ce Reglement avoit déja esté imprimé dans Fontanon, t. 1. p. 61. & dans Joly, t. 1. p. 153. & dans les addit. de ce 1.er Tome, p. XVII. Voy. la Preface de ce 4.e Vol. des Ordonn. §. *Ordonnances.*

CHARLES V. à Paris, le 16. de Decembre 1364.

predeceſſeurs Roys de France, par grant & meure deliberation de Conſeil, pour l'abreviation & expedition des Cauſes pendans oudit Parlement, fuſt & ſoit ordené & enjoint à touz les Advocaz plaidans en noſtre Court de Parlement, & ce aïent juré faire, tenir & accomplir par leurs feremens faiz aux Saintes Euvangiles de Dieu corporeelment touchées par euls chaſcun an, au premier jour de noſtre Parlement que touz les articles des Cauſes par euls plaidoïées, èſqueles les Parties feroient apointées en faiz contraires, il euſſent fait & baillaſſent à la Court, dedans trois jours au plus tart, après ce que il auroient eſté appointez en faiz contraires; ſe par noſtredite Court ne leur feuſt ſur ce diſpenſé; & [a] après ce, au pluſtoſt qu'il peuſſent que il accordaſſent leurſdiz articles, pour ce que l'entencion de la Court fu, & ainſi eſt-il expreſſément contenu èſdites Ordenances, que en [b] la fin de chaſcune Baillie Prevoſté & Seneſchaucié, la Court [c] donroit Commiſſions & Commiſſaires ſur leſdiz articles, ſi comme les autres choſes ſont plus à plain contenuës èſdites Ordenances leſqueles ſont au commencement de chaſcun Parlement, leues publiquement oudit Parlement, pardevant vous, & pardevant leſdiz Advocaz & Procureurs d'icelui Parlement: Neantmoins Nous avons entendu que leſdites Ordenances ont eſté & ſont chaſcun jour enfraintes, ne ne ſont tenuës ne gardées, ſi comme [d] meſtier feuſt, dont pluſeurs dommages aus Parties, peril au conſciences deſdiz Advocaz & Procureurs & pluſieurs autres inconveniens s'en ſont enſuiz & enſuient de jour en jour: Car ſouventes-fois eſt avenu & avient, que quant les Cauſes ſont plaidoïées & apointées en faiz contraires, il eſt avant un mois, ou deux, ou plus, que leſdiz Advocaz & Procureurs baillent leurs *(b)* articles deſcordez à la Court; & après, autant de temps ou plus; & communément juſques en la fin du Parlement, avant qu'il puiſſent eſtre accordez: Pour leſquels delaiz, eſt avenu & avient moult de foiz, que a accorder leſdiz articles, a & convient avoir auſſi grans plaidoieries, comme [e] ot ou a à plaidier le principal, tant pour le debat des *(c) intendiz* qui ſont à vous à accorder, & des articles deſquelz les Advocaz qui ont plaidoïé les Cauſes, ſelonc le ſtil de noſtre Court, ſont creuz par leurs feremens; & pour la longueur & trop grant intervalle de temps que leſdiz Advocaz & Procureurs mettent à baillier leurs articles, comme memoire d'omme ſoit labile & [f] eſtourviable, vous ne euls ne pouvez eſtre ſi memoratis des concluſions & faiz des Parties, comme vous feuſſiés & feriés, ſe leſdiz articles vous fuſſent bailliés & accordéz ſelon les Ordenances deſſuſdites; pourquoi il eſt advenu ou temps paſſé, par le deffaut, negligence & omiſſion deſſuſdite, que en la fin de chaſcun Parlement, il a convenu tenir pluſeurs de vous *(d)* à nos gaiges, par l'eſpace d'un mois ou de plus, pour accorder leſdiz articles, & donner commiſſions & Commiſſaires ſur yceuls; *(e)* & depuis en avant juſques au nouveau Parlement, à ſi brief temps, que les Commiſſaires deputez à faire les enqueſtes ſur leſdiz articles, ne les

a *après avoir preſenté ces Articles.*

b *Voy. cy-deſſous, page 514. Note (h).*

c *donneroit.*

d *beſoin.*

e *euſt.*

f *changeante d'objet.*

NOTES.

(b) Articles deſcordez.] Articles ſur leſquelles les Parties n'eſtoient pas d'accord: car, comme il a eſté dit cy-deſſus, lorſque les Articles avoient eſté preſentées par chacune des Parties, il falloit qu'elles les *accordaſſent;* c'eſt-à-dire, qu'elles convinſſent entre elles, de la maniere dont ces Articles ſeroient redigez, afin de mettre le Commiſſaire de la Cour, en eſtat de faire l'Enqueſte ſur ces Articles.

Lorſque les Parties ne s'accordoient par ſur la redaction des Articles, il falloit plaider de nouveau, & les faire rediger par les Juges, ainſi qu'il eſt dit un peu plus bas.

(c) Intendiz.] L'intention des Parties; le fait précis dont il faut faire preuve par l'Enqueſte.

(d) A nos gaiges.] C'eſt-à-dire, donner des gages à des Conſeillers, quoyque le Parlement ne tinſt plus. Dans ce temps-là, les gages eſtoient reglez par jour; & d'ailleurs, comme les Conſeillers du Parlement changeoient ou pouvoient changer, chaque fois que le Roy eſtabliſſoit un nouveau Parlement; les Conſeillers d'un Parlement ceſſoient de l'eſtre dès qu'il eſtoit fini; & par conſequent ne devoient plus avoir de gages.

(e) Et depuis en avant.] Ces Conſeillers à qui on avoit conſervé des gages, quoyque le Parlement ne tinſt plus, employant preſque tout le temps qui s'écouloit entre deux Parlements, à accorder les Articles, les Commiſſaires qu'ils nommoient enſuite pour aller faire ſur les lieux, des Enqueſtes ſur ces Articles, n'avoient pas le temps de les achever, avant

peuvent

pevent parfaire, pourquoy les Causes par tels délais, ne peuvent prendre fin en nostredite Court, dont vous qui tenés & gouvernés nostre Court Souveraine & Justice capital, en avez estés ou temps passé, & estes encore de jour en jour, grandement repris & blasmez, & nostredite Court [a] scandalisée ou [b] mains prisée: Pourquoy Nous de tout nostre cueur & pouvoir, vueillans pourveoir & remedier aus dommages & inconveniens dessusdiz, & les Ordenances dessusdites estre tenuës & gardées en leurs termes, sanz enfraindre, pour l'abreviation des Causes & le proffit de touz noz subgez, & autres qui ont afaire en nostredite Cour pardevant vous, avons voulu & ordené par deliberation de nostre Conseil, voulons & ordenons, & aussi vous mandons & commandons estroictement par ces presentes; & sur les seremens que vous avez à Nous, vous enjoignons que vous faciez commandement exprès de par Nous, à touz les Advocaz plaidoïans, & Procureurs procurans pardevant vous en nostredite Court, ausquelz aussi & à chascun d'eulz, Nous commandons & enjoignons par ces presentes, & soubz leurs seremens qu'il font chascun an le premier jour de Parlement, comme dit est, & en leurs loyaultés & consciences,

CHARLES V. à Paris, le 16. de Decembre 1364.

a C'est-à-dire, *donnant scandale & occasion de luy faire des reproches.*

b *moins.*

(1) [c] Que les Causes qu'il plaideront & [d] demenront, il plaident & les [e] délivrent; & aussi que ès Causes qui seront apointées en fais contraires, ou [f] a bailler en escript par maniere de memoire, il escrisent au plus briefment & substancieusement qu'il pourront, [g] en délaissant du tout les fins de non avoir cause & action, de non recevoir & toutes autres fins déclinatoires & dilatoires; se faire ne leur convient necessairement, selonc l'estat, nature & conditions des Causes qu'il plaidoieront; & baillent à la Court, leursdiz articles [h] doubles, & leurs memoires dedans trois jours, ou au [i] mains dedans le quatriesme jour, à heure de midy, [k] après ce que les Causes seront apointées en faiz contraires, ou bailler par memoires: Lesquels articles ou memoires, sera tenu de faire & bailler devers la Court, l'Advocat qui aura plaidoié la Cause; se il n'y a presentement un autre Advocat qui s'en charge de les bailler; & lors, [l] en l'apointement de la Cause, faites escrire par les Greffiers de nostre Parlement, le nom de l'Advocat qui en demourra chargiez, afin que la chose en soit plus certaine.

c *Voy. l'Article 3. & Note (g).*

d *demenront; ausquelles ils travailleront.*

e *expedient.*

f *à faire des escritures.*

g *Voy. cy-dessus, p. 507. Note (r) margin.*

h Appar. *deux copies.*

i *moins.*

k *depuis que.*

l *dans l'Arrest d'appointement.*

(2) Item. (f) Quant aucuns despans seront baillez de Partie pardevers la Court pour taxer, & la Court les aura bailliez touz signez à Partie adverse, pour diminuer, Nous voulons & ordenons, que la Partie soit tenue de bailler ses diminutions dedans trois jours; ou au moins, dedans le quatriesme jour depuis qu'il auront esté bailliez, dedans heure de midy, comme dessus est dit; & vous deffendons que autre delai ne plus long terme, ne donnez à aucun sur ce; se par bonne & meure deliberation, & pour certaine grant cause & necessaire, attendues les qualités des personnes & grandeurs & merites des Causes, vous ne [m] veez qu'il le [n] convenist faire de necessité: Sanz ce toute-vois, que les Parties de leur commun accort ou autrement, puissent proroguer ne alonger ledit temps.

m *voyez.*

n *convinst.*

(3) (g) Et incontinent que lesdiz articles vous seront bailliez [o] descordez, faites les signer par lesdiz Greffiers, ou par aucuns de nos autres Notaires, [p] se mestier est, & y faites mettre le jour quant il auront esté bailliez descordez: Car de celui jour en huit jours prochains après [q] ensuians, Nous voulons, ordenons & commandons, que lesdiz articles vous soient aportez, ou devers le registre de nostredite Court, touz accordez; & dès-lors en autres huit, soient touz [r] triplez, cloz & scellez, & renduz à la Court pour bailler Commissaires [s] sur iceus.

o *Voy. cy-dessus, p. 512. Note (b).*

p *s'il est besoin, & que les Greffiers ne puissent pas le faire.*

q *ensuivans.*

r App. *copiez trois fois.*

s *pour faire les enquestes.*

NOTES.

que le nouveau Parlement fût establi, ces affaires n'estoient pas en estat d'estre jugées dans le cours de ce Parlement; car ces Commissaires estoient obligez de revenir au Parlement, pour travailler aux affaires courantes, comme on peut l'inferer d'une Ordonnance qui est dans le 2. Vol. p. 224. XVIII.

(f) Quant.] Lorsqu'une Partie qui aura gagné son procès avec dépens, aura presenté son memoire de frais, afin qu'il soit reglé; & que la Cour l'aura communiqué à la Partie adverse, afin qu'elle en *débate* les Articles pour les faire diminuer, &c.

(g) Et incontinent.] Cecy quoyqu'il soit lié avec ce qui precede, par la teneur d'un même Article, n'en est pas cependant la suite; & a rapport à ce qui est contenu dans l'Article premier: ainsi on a crû devoir couper cet Article en deux.

CHARLES V. à Paris, le 16. de Decembre 1364.

(4) *Item.* Nous voulons & ordenons, & vous mandons que *(h)* en la fin de chascun Bailliage, Prevosté & Seneschaucie de nostredit Parlement, vous ordonnez Commissaires sur lesdiz articles, qui ainsi, comme dit est dessus, seront accordez & bailliez à la Court : Parquoi le [a] Parlement [b] finé, lesdiz Commissaires puissent [c] tantost vaquier & entendre à faire les enquestes sur lesdiz articles : [d] Et s'il y avoit deffaut que lesdiz articles ne fussent bailliez & accordez par la maniere & dedans le temps assigné ou prorogué, comme dessus est dit, Nous voulons & commandons, que oultre la peine de parjure, que chascun des Advocaz & Procureurs encourreront incontinent qu'il feront le contraire, ou que deffaut y aura par eulz ès choses dessusdictes; de laquele paine Nous reservons à ordener pardevers Nous, se deffaut y a par l'Advocat qui en sera chargié, que tantost & sans délai & sanz aucun [e] déport, dix livres parisis soient levées sur ses biens; & se deffaut y a par le Procureur, semblablement soient levez sur lui cent sols parisis, sans aucun espargnier, pour tourner & convertir ou païement & acquittement de trente livres parisis, qui sont ordenéz chacun an, pour la Chapelle où l'on chante continuellement la Messe au point du jour, en Salle de nostre Palais à Paris; & lesdites trente livres païées, que le surplus soit tourné & converti en acquittement de ce en quoy Nous povons chascun an, estre tenuz à l'Ostel-Dieu de Paris. Car ainsi le voulons Nous estre fait, pour consideration des choses dessusdites. En tesmoing de laquele chose, Nous avons fait mettre nostre Scel à ces presentes Lettres. *Donné à Paris, le seiziesme jour de Decembre, l'An de grace mil trois cent soixante-quatre. Ainsi signé.* Par le Roy à la relacion du Conseil.

VILLEMER.

Lecte, publicate in Camera & ad [f] *hostium Parlamenti, die decima-septima Decembris, Anno 1364.* VILLEMER.

a *Voy. cy-dessus, p. 512. Note (e).*

b *fini.*

c *aussi-tost.*

d *si on manquoit à presenter ces articles au temps prefix.*

e *faveur.*

f ostium.

NOTES.

(h) En la fin de chascun Bailliage, &c.] C'est-à-dire, lorsqu'on aura expedié les Causes qui estoient sur les rolles des Bailliages, des Prevostez & des Seneschaussées. Je crois que par *Prevostez*, il faut seulement entendre celles qui ressortissent nuëment au Parlement, comme la Prevosté de Paris.

CHARLES V. à Paris, en Decembre 1364. Philippes VI. dit de Valois, à Paris, en Mars 1343. & Juin 1348.

(a) Lettres portant confirmation des privileges des habitans de la Ville de Pons-sur-Yonne, avec la reserve des droits du Chapitre de Sens.

KAROLUS &c. Notum facimus universis tam presentibus quam futuris, Nos Litteras inclite recordacionis Domini Philippi quondam Regis Francie, Avi & predecessoris nostri, Sigillo ipsius sigillatas, recepisse, formam que sequitur, continentes.

[g] *PHILIPPUS Dei gracia Francorum Rex: Notum facimus universis tam presentibus quam futuris, quod cum* [h] *Procurator dilectorum & fidelium nostrorum, Decani & Capituli Senonensis, quasdam Litteras nostras in laqueo serico & cera viridi, Sigillo nostro sigillatas, super quodam Mercato in Villa de* [i] *Pontibus-super-Yonam, noviter instituto, & quibusdam aliis habitatoribus dicte Ville,* [k] *concessio, in Parlamento nostro peteret annullari, tanquam iniquas, & in dictorum Decani & Capituli prejudicium, impetratas, ad hec plures raciones proponendo; Procuratoribus dictorum habitatorum & nostro, plures raciones in contrarium proponentibus: Quarum Litterarum tenor sequitur in hec verba.*

g Philippe de Valois. C'est un Arrest du Parlement.

h Procur. R.

i Pons-sur-Yonne.

k concessas.

NOTES.

(a) Thresor des Chartres, Registre 98. Piece 455.

CHARLES V. à Paris, en Mars 1364.

[a] PHILIPPE par la grace de Dieu Roy de France: Savoir faisons à tous presens & avenir, que Nous avons ottroyé aus habitans de la Ville de Pons-sur-Yonne, de grace especial, que une assemblée que l'en faisoit en ladicte Ville, chacune sepmaine au jour du Juedi, soit convertie & changié en marchié commun à toutes gens, & pour toutes denrées & marchandises vendre & acheter en ladicte Ville; & soit dorez-en-avant marchié commun à toutes gens, & de toutes denrées & marchandises que l'en y vodra aporter, amener, marchander, vendre & acheter; & que ledit marchié soit crié & publié par les lieuz & Villes voisines, & par tout là où [b] mestier sera, à tenir à perpetuité en ladicte Ville, en la maniere que autres marchiez communs sont tenus ou païs & ès lieuz solennez, ès Villes voisines; & seront les [c] coustumes, les amendes & Justice dudit marchié, nostres & à noz successeurs Roys de France; ainsi comme en autres marchiez de noz Villes voisines: Sauve nientmoins une Assemblée que l'en a acoustumé à faire en ladite Ville, chascun Dimenche, laquelle pourra estre tenuë & faicte en la maniere acoustumée, & y porront faire ceulz qui y seront, leurs afaires & besoingnes, si comme l'en a acoustumé: Et pour ce que lesdis habitans se sont monstrez de bonne volenté & affeccion envers Nous & nos Predecesseurs, Nous leur avons ottroyé & ottroyons de grace especial & de certaine science, que eulz & ladicte Ville demourent & soient maintenus à perpetuité en la main & Seigneurie Royal de Nous & de noz Successeurs Roys de France, sanz [d] moïen pourtant, & en la maniere comme il sont à present; & que jamaiz ou temps avenir, n'en seront mis hors, separez ou alienez par quelconques tiltre ou cause que ce soit; nonobstant un traictié d'un [e] achange, n'aguerres fait entre noz Gens pour Nous, d'une part, & noz amés le Doyen & Chapitre de l'Eglise de Sens, d'autre part, lequel traittié & achange, Nous rappellons & mettons au néant, & tout ce qui s'en est ensui: Et [f] parmi ce, lesdis habitans Nous ont donné mille livres tournois, & ycelles promises à païer à certains termes; dequoy il Nous ont donné Lettres obligatoires, lesquelles Nous avons pardevers Nous. Et que ce soit ferme & estable ou temps avenir, Nous avons fait mettre nostre Scel à ces presentes: sauf en autres choses nostre droit & l'autrui en toutes. *Donné à Paris, ou mois de Mars, l'An de grace 1343.*

[g] *TANDEM Curia nostra, Procuratoribus dictarum auditis Partium, & de ipsorum; videlicet [h] preter nostri, Egidii Fouace dictorum habitatorum; & Gaufridi Seguini dictorum Decani & Capituli, [i] Procuratorum, consensu, super dicto debato ordinavit & pronunciavit per arrestum, veritatem rei geste & voluntatem Partium declarando, ac dictas Litteras corrigendo, [k] que in modum qui sequitur, [l] quemadmodum si essent sub eodem modo confecte, remanebunt & perpetuo servabuntur.*

[m] PHILIPPE par la grace de Dieu Roy de France: Savoir faisons à tous presens & avenir, que Nous avons ottroyé & ottroyons de grace especial, aus habitans de la Ville de Pons-sur-Yonne, que une Assemblée que l'en faisoit en ladicte Ville, chascune sepmaine au jour du Jeudi, soit convertie & changée en marché commun à toutes gens, & pour toutes denrées & marchandises, & soit d'ores-en-avant marchié commun en ladicte Ville, pour toutes denrées & marchandises que l'on y vouldra amener, marchander, vendre & acheter; & soit ledit marchié crié & publié par tous les lieux solennez & Villes voisinez, & par-tout là où mestier sera, à tenir en ladicte Ville, en la maniere que autres marchez communs sont tenuz en noz autres lieux & Villes voisinez: Sauve nientmoins une Assemblée que l'en a acoustumé à faire en ladicte Ville, chascune sepmaine au jour du Dimenche, laquelle d'ores-en avant, Nous voulons estre tenuë sans contredit; & y porront faire ceulz qui y seront, leurs afaires & marchandises, sans empeschement aucun: Sauve & reservé toutes-voïes audit marchié & Assamblée, à nos amez & feaulz le Doyen & Chapitre de Senz, tous telz drois de Jurisdiccion & autres quelconques, comme il ont & avoient en ladicte Ville, au temps & avant cest present ottroy; & mesmement telz drois & porcions comme il

[a] *Philippe de Valois.*

[b] *besoin.*

[c] *droits que l'on y levera.*

[d] *Voyez le 3.e Vol. des Ordonn. p. 145. Art. 59. Note (gggg).*

[e] *échange.*

[f] *moyennant ce.*

[g] Continuation de l'Arrest du Parlement.

[h] *Mot très douteux: Cela peut signifier, outre le nostre; c'est-à-dire, nostre Procureur.*

[i] Procur. *R.*

[k] *q. avec une marque d'abbreviation.*

[l] Mot très douteux.

[m] *Philippe de Valois.*

CHARLES V. à Paris, en Decembre 1364.

a *eux & leur posterité.*
b *sortiront, naistront.*
c *revenus.*

avoient en ladicte Assemblée convertie en ycellui marchié; desquiex Nous voulons que il usent & se joïssent en la maniere que il faisoient paravant & que il ont usé & usent d'ancienneté: Et pour ce que lesdiz habitans se sont bien portez & monstrez de bonne voulanté & affection envers Nous & noz predecesseurs Roys de France, Nous avons ottroïé & ottroïons de grace especial & de certaine science, à nos Bourgois & Bourgoises & noz subgez & nos Justiciables, que [a] il & yceulx qui de ceulz [b] ysteront, noz rentez, nostre Justice, ensemble les [c] yssuez, droiz, proufis & emolumens que Nous avons en ladicte Ville, seront & demourront nostrez, & seront maintenuz en nostre main & Seignourie Royal, à perpetuité, sans ce que jamaiz en puissent estre separé, mis hors ou aliené par quelconque voie ou tiltre que ce soit: sauf les droiz des dessusdiz Doyen & Chapitre, en toutes choses, comme dit est; nonobstant un traictié d'un eschange n'aguaires fait entre noz Gens pour Nous, d'une part, & noz amés lesdiz Doyen & Chapitre de Senz, d'autre part: Lequel traictié & eschange, Nous rappellons & mettons au neant, & tout ce qui s'en est ensui: Et parmi ce, lezdiz habitans Nous ont donné mil livres tournois, desquiex Nous sommes [d] satiffié & tenons pour contens, & les en quittons à perpetuité. Et que ce soit ferme & estable à toujours, Nous avons fait mettre nostre Seel à ces presentes: sauf en autres choses nostre droit & l'autruy en toutes. *Donné à Paris, l'An de grace 1348. ou mois de Juing.*

d *satisfaits.*

e Fin de l'Arrest du Parlement.

[e] *QUOD ut firmum & stabile permaneat in futurum, presentibus Litteris nostrum magnum fecimus apponi Sigillum: salvo in aliis jure nostro & in omnibus alieno.* Actum Parisius in Parlamento nostro, die 5.a Junii, Anno Domini 1348.

f Fin des Lettres de Charles V.

[f] *QUAS quidem Litteras & omnia alia ac singula in eis contenta, laudamus, ratifficamus, approbamus, & auctoritate Regia, ex certa scientia tenore presencium confirmamus, & ea ac eorum singula, predictis habitatoribus, si & in quantum usi fuerint, de novo concedimus, si sit opus; & ab omnibus Justiciariis & Officiariis & subditis nostris presentibus & futuris, illa volumus teneri, & absque impedimento quocunque, perpetuo inviolabiliter observari: Salvis dictorum Decani & Capituli Ecclesie Senonensis, ut dictum est, Jurisdiccionibus & aliis juribus quibuscunque. Quod ut firmum &c. salvo &c.* Datum Parisius, Anno Domini 1364. mense Decembris.

Sic signata. *Per Regem ad relationem Consilii.* N. DE VERRES.

CHARLES V. à Paris, en Decembre 1364.

(a) Lettres portant que les lieux nommez *Brice de S. Christo, Liacourt, de Breya* & *de Flancourt*, ressortiront tous à la Prevosté de S.t Quentin.

KAROLUS &c. Notum facimus universis tam presentibus quam futuris, Nos Litteras inclite recordacionis carissimi Domini & Genitoris nostri, Sigillo suo in cera viridi & filo serico, sigillatas, vidisse, formam que sequitur, continentes.

g Ces Lettres sont cy-dessus, p. 147.

JOHANNES Dei gratia &c. [g]

NOs autem Litteras suprascriptas, consideratis in eisdem contentis, ratas habentes & gratas, eas & omnia in eisdem contenta, prout in eisdem exprimuntur, laudamus, approbamus, ratifficamus; & ex nostra certa scientia, auctoritateque Regia & gracia speciali, confirmamus per presentes: mandantes, si neccesse fuerit, committendo, Baillivo Viromandensi, Prepositis nostris Sancti Quintini, de Perona & de Roya, predictis, presentibus &

NOTES.

(a) Thresor des Chartres, Registre 98. Piece 34.

futuris, aut eorum Loca-tenentibus, & cuilibet eorumdem prout ad eum pertinuerit, quatenus predictum Comitem, Officiarios, subditos, terras & loca sua predicta, nostris presenti gratia & confirmatione uti & gaudere faciant & permittant, juxta tenorem Ordinationis seu statuti, in predictis Litteris contentorum; Ordinationibus, revocationibus, mandatis, defensionibus & statutis, per Nos aut Predecessores nostros, in contrarium factis aut faciendis, non-obstantibus quibuscumque. Quod ut firmum & stabile perpetuo perseveret, nostrum presentibus Litteris fecimus apponi Sigillum: salvo in aliis jure nostro & in omnibus quolibet alieno. Datum Parisius, Anno Domini 1364. mense Decembris. Sic signata. FRANÇOIS. *Collacio facta est per me.* DAILLY.

CHARLES V. à Paris, le 18. de Janvier 1364.

(a) Lettres portant que nul ne pourra recevoir les deniers dûs au Roy dans la Dauphiné, que le Thresorier du Dauphiné.

KAROLUS Dei gracia Francorum Rex & Dalphinus Viennensis: Dilectis & fidelibus Gentibus Compotorum, Thesaurariis, Consiliariis, ceterisque Officiariis & Justiciariis nostris Dalphinalibus, vel eorum Loca-tenentibus, Salutem & dilectionem. Ex deliberatione nostri Consilii, ordinavimus & ordinamus, ne quis nostras financias vel pecunias in nostro Dalphinatu Nobis debitas vel debendas, preterquam nostro Dalphinali Thesaurario vel ejus Locum-tenenti, solvere debeat vel presumat, sub soluti aliter amissionis pena: Eapropter vobis & vestrum cuilibet districte precipiendo mandamus, quatenus hujusmodi Ordinacionem nostram, debitis & publicis preconizationibus per loca solita nostri Dalphinatus, notificari faciatis; ampliantes & notificantes omnibus, quod si quis contrarium fecerit, quicquid solverit, in ipsius locum non habebit compotis; sed iterato, ut pro non soluto, recuperabitur ab eodem; Litteris quibuscunque aliis conversis vel concedendis sub quacunque verborum forma, non-obstantibus quibuscunque: Quas, si quo concesse fuerint, tam vobis, nostro Gubernatori, quam aliis hujusmodi nostre Ordinationi contrarie, revocamus & penitus annullamus, volentes easdem nullius esse roboris, efficacie vel momenti: Et ne quis de presenti nostra Ordinacione valeat excusari, & eam ignorare, presentes in Camera Compotorum nostrorum Dalphinalium [a] Compotorum; necnon in nostrarum Judicaturarum Dalphinalium Cartulariis registrari, cum [b] processu notificationum & aliorum inde sequutorum, volumus & jubemus: De cujus executione, vos, noster Thesaurarie, volumus onerari, & de eadem debite respondere. Datum Parisius, die 18. Januarii 1364. Sic signatum. *Per Consilium existens in Camera Compotorum Domini Regis.* (b)

a Ce mot est inutile.
b le procès-verbal.

NOTES.

(a) Memorial *D.* de la Chambre des Comptes, *fol.* 73. *recto.*

(b) A la marge de ces Lettres, est écrit: *Nichil scribatur in isto folio, quia ponenda sunt ibi plurima memorialia tangentia Dalphinatum.*

Un peu après ces Lettres, est écrit dans le même folio: *Memoria quod mandatum & injunctum fuit Thesaurario Dalphinali, per Litteras Dominorum, datas prima Aprilis 364. ante Pascha, ne aliquid de denariis sue recepte, cuicumque persone, virtute quarumcumque Litterarum, sub quacunque verborum forma, confectarum, preterquam Thesaurariis Francie, persolvat, aut permittat solvi, nisi Littere fuerint verificate & expedite per Cameram: Si vero contrarium fecerit quovismodo, quicquid inde solutum fuerit, in suis non allocabitur compotis; ymo recuperabitur super ipsum.*

CHARLES V.
à Paris, le 28. de Janvier 1364.

(a) Lettres de Sauve-garde Royale, pour le Chapitre de S.t Germain l'Auxerrois de Paris.

KAROLUS Dei gracia Francorum Rex: Universis presentes Litteras inspecturis, Salutem. Racioni congruum arbitramur, si inter curas & sollicitudines quas frequenter habemus in regendis nostris subditis, ad hoc precipue nostre mentis aspiret affectus, per que status Ecclesiasticus, nostris temporibus, sub commisso Nobis regimine, in pacis transquillitate, manuteneri valeat & tueri; & Regni nostri Ecclesie, ac persone Ecclesiastice, que de die & de nocte Divinis insistunt obsequiis, sub nostre protectionis clipeo, à suis releventur pressuris, ac per Regalem potenciam, à noxiis deffendantur; ut eo libencius circa Divina vacare valeant, quo liberarius per Regalem potenciam senserint se adjutos: Hinc est quod Nos, ad supplicacionem dilectorum nostrorum, Decani & Capituli, Cappellanorum, Vicariorum, & Clericorum Ecclesie Sancti Germani Antissiodorensis [a] Parisius, supplicantes predictos, ac res, bona & familiares ipsorum, & eorum quemlibet, in nostra speciali Gardia suscepimus & suscipimus per presentes; & eisdem Petrum Augerii & Petrum Brunoti nostri Parlamenti [b] Parisiensis Hostiarios; Egidium Wanvre, Johannem Salverri, Petrum de Noëriis, Johannem Decani, Jacobum de Pissiaco, Theodoricum de Baillolio, Johannem Scoti, Dionisium le Tonnelier, Petrum Graindor, Guillelmum Thome, Stephanum le Lorrain & (b) Johannem Apparitores Servientes nostros in Castelleto nostro [c] Parisiensi, in Gardiatores speciales deputamus & instituimus per presentes: Quibus & eorum cuilibet, tenore presentium committimus & mandamus, quatenus dictos supplicantes, [d] hominesque de corpore, & familiares suos deffendant ab omnibus injuriis, violenciis, gravaminibus, oppressionibus, molestacionibus, vi armorum, potencia laicorum, & aliis novitatibus indebitis quibuscumque, & in suis justis possessionibus, juribus, usibus, franchisiis, Libertatibus, in quibus ipsos esse eorumque Predecessores fuisse pacifice invenerint ab antiquo, manuteneant & conservent; non [e] permittentes in personis ipsorum, hominum de corpore, familiarium, seu in bonis, aliquas fieri vel inferri injurias aut indebitas novitates; quas si factas esse vel fuisse, in presentis nostre Salve-gardie specialis & ipsorum supplicancium prejudicium, inveneritis, ad statum pristinum & debitum reducant seu reduci faciant; & Nobis ac Parti emendam propter hoc condignam, fieri ac prestari; dictamque Salvam-gardiam nostram, in locis & personis ubi & prout opportunum fuerit, publicari & intimari faciant: [f] Inhibentes ex parte nostra, omnibus illis de quibus fuerint requisiti, sub omni pena quam erga Nos incurrere possent, ne eisdem supplicantibus, hominibus de corpore, familiaribus, sive bonis ipsorum quibuscumque, quomodolibet forefacere presumant: Et si in casu novitatis, inter ipsos supplicantes & aliquos alios, racione bonorum suorum quorumcumque, oriatur debatum, quod dictum debatum & rem contentiosam ad manum nostram tanquam superiorem, ponant, & facta per ipsam recredencia, per illum vel illos Judices ad quem vel ad quos fieri debebit, illi ex dictis Partibus, cui de jure fuerit facienda, Partes hujusmodi debatum facientes, ac eciam dicte Salve-gardie nostre infractores & contemptores, & qui in ejus prejudicium & contemptum, dictis Gardiatoribus aut eorum alteri Gardiatoris officium exercendo, injuriam fecerint vel offensam, coram Judicibus nostris ad quos predictorum cognicio pertinere debuerit, adjornent [g] processuros super [h] hec ut fuerit racionis; pennuncellosque nostros Regios, in signum hujusmodi Salve-gardie, super domos, grangias, possessionesque eorumdem, in casu eminentis periculi, apponant: Si vero dicti supplicantes, aut aliqui de suis hominibus de

[a] Par. R.
[b] Parif. R.
[c] Pari. R.
[d] Especes de serfs.
[e] permitten. R.
[f] inhiben. R.
[g] processur. R.
[h] h. R.

NOTES.

(a) Livre Rouge vieil du Chastelet, *fol.* 33. *verso.*

(b) *Johannem Apparitores.*] Il semble qu'il devroit y avoir *Apparitorem*, ou bien un nom propre, après *Johannem.* Mais je n'ay plus le Registre entre les mains, pour verifier cet endroit.

corpore, sive familiaribus dictæ suæ Ecclesiæ, ab aliquo vel aliquibus [a] *assecuramentum habere voluerint, volumus quod dicti Gardiatores, illum vel illos qui illud dare recusaverint, coram Judicibus ordinariis ad quos pertinebit, ad certam & competentem diem adjornent, dictum assecuramentum* [b] *daturos secundum quod Justicia suadebit; & generaliter omnia alia & singula* [c] *faceant & facere valeant dicti Gardiatores & eorum quilibet, que ad Gardiatoris officium pertinent & possunt quomodolibet pertinere. Mandamus omnibus Justiciariis & subditis nostris, ut dictis Gardiatoribus & eorum cuilibet, in premissis & aliis que ad Gardiatoris officium pertinent & possunt quomodolibet pertinere, pareant efficaciter & intendant. Nolumus tamen quod dicti Gardiatores aut alter eorundem, de hiis que Causæ cognicionem exigunt, se aliqualiter intromittant. In cujus rei testimonium, Sigillum nostrum presentibus Litteris duximus apponendum.* Datum Parisius, die vicesima-ottava Januarii, Anno Domini millesimo trecentesimo, sexagesimo-quarto.

Collacion est faitte par moy.

a Voy. le 3.e Vol. des Ordonn. p. 264. Note (b).

b datur. R.

c faciant.

CHARLES V. à Paris, en Janvier 1364.

Loüis X. dit le Hutin, en Fevrier 1315.

(a) Confirmation d'un accord fait sur differents points, entre le Roy & les Seigneurs qui avoient haute Justice dans la Ville de Châlons-sur-Marne.

SOMMAIRES.

(1) Les Aubains & Espaves demeurans dans la Ville de Châlons, Fauxbourg & Jurisdiction de cette Ville, seront libres de toutes servitudes envers le Roy.

(2) Toutes les personnes venant de Villes franches, demeurer dans la Ville & Jurisdiction de Châlons, seront tenuës pour franches par rapport au Roy; de la même maniere qu'elles l'estoient dans les Villes dont elles sont sorties.

(3) Les personnes affranchies par des Eglises dont les biens sont admortis, & où le Roy n'a point de Regale, seront libres & franches par rapport au Roy.

(4) Lorsqu'un Seigneur quel qu'il soit, demandera quelque servitude sur une personne demeurante dans la Ville & Jurisdiction de Châlons, il ne sera pas obligé de s'associer avec le Roy à cet effet.

(5) Les Hauts-Justiciers acquerront les bastards demeurans & nez dans sa Haute-Justice, ou de leurs femmes de corps; sans que le Roy y mette empeschement.

CHARLES &c. Savoir faisons à tous presens & advenir, Nous avoir veu les Lettres contenant la fourme qui s'ensuit.

LOÜIS par la grace de Dieu Roy de France & de Navarre: Nous faisons savoir à touz presens & advenir, que comme noz Genz pour Nous & en nostre non,

(1) Demandassent & voulsissent lever [d] mortemains & [e] formariages sur touz lez hommes & fames wulgairement appellez Aubains & Aubaines, & [f] Espavez demourans & habitans en la Ville, en [g] bans & en Forbours de la Ville de Chaalons, ou que ce soit: Lezquielx Aubains & Aubaines, Nous entendons toutes personnes venans demourer en ladicte Ville & bans dessusdiz, en quelque partie ou soubz Seignorie que ce soit, ès bans & forbans dessusdiz, de quelque partie que elles viengnent de nostre Royaume ou dehors: Et ainsin disions Nous & noz Gens, à Nous appartenir tous *(b)* Espaves qui cognoissance n'avoient, & on ne savoit dont elles sont venuës.

(2) Et demandassent encore noz Genz pour Nous & en non de Nous, morte-

d *Voyez le 3.e Vol. des Ordonn. p. 181. Note (c).*

e *Voy. cy-dessus, p. 369. Note (c).*

f *Voy. cy-dessous, Note (b).*

g *estenduë de la Jurisdiction.*

NOTES.

(a) Thresor des Chartres, Registre 98. Piece 37.

La Piece suivante n'est qu'une 2.e Copie de ces Lettres, à la fin de laquelle, après ces mots, *dessus transcripte*, il y a le mot, *doublée*.

(b) Espaves.] On nomme *Espaves* les personnes nées hors le Royaume, & en lieu si lointain que l'on ne peut avoir connoissance de leur nativité; à la difference des Aubains qui sont nez hors le Royaume, dans un lieu si prochain que l'on peut connoistre leurs noms & leur naissance. *Gloss. du Droit Franç.* au mot, *Espaves*.

CHARLES V. à Paris, en Janvier 1364.

mains & formariage de toutes perſonnes venans de franches Villes, demourer en la Ville en bans & forbours deſſuſdiz.

(3) Deiſſent encor noz Genz, toutes perſonnes qui rachetées ou franchies ſe ſont ou ſe racheteront ou franchiront de Egliſes admorties quelconques, où Nous n'avons point de Regale, que elles eſtoient à Nous acquiſes.

(4) Diſoient encore noz Gens pour Nous, que toutes-foix que aucuns [a] Sires temporiex ſoit d'Egliſe, ou autres, de Chaalons ou d'ailleurs, demandoit morte-main ou formariage ou quelconques autres ſervitude, ſur quelconques perſonnes demourans en la Ville, en bans ou forbours de Chaalons & dez lieux deſſuſdiz, & ledit Seigneur Nous vouloit [b] acompaigner à l'émolument de ſa demande, Nous avions ou recevions ceſte compaignie, [c] & li faire ayde à mener à fin ſa demande.

(5) *Item.* Quand aucuns baſtars venoit demourer en la Juſtice-haute d'aucuns des Seigneurs temporiex de la Ville de Chaalons, & ès lieux deſſuſdiz, [d] come que il fuſt nez de la [e] femme de corps dudit Seigneur, noz Genz y vouloient prendre morte-mains & formariage.

Lez Seigneur de ladicte Ville, bans & forbours, & toutes lez manieres de genz deſſuſdiz, diſans & oppoſans au contraire, & que de toutes cez demandes, Nous n'y avions droit, & en avoient eſté & demouré de touzjours quittez & frans, & ainſin devoient demourer. A la parfin, ſur touz cez debaz, entre noz Genz, lez Seigneurs & les deſſuſdiz, pour tout le temps paſſé, preſent & advenir, certeine compoſicion & certain acort ont eſté fait en la maniere qui s'enſuit.

(1) C'eſt aſſavoir, que toutes perſonnes appellées wulgairement Aubains & Aubaines & Eſpaves, ſi comme deſſus ſont expreſſes, de quelque part venant, tant comme elles demourront en la Ville, ès bans & forbours de Chaalons, ſeront franches & tenuës pour franches de toutes ſervitudes quelconques que elles ſoient, *(c)* [ou fuſſent envers Nous.

(2) *Item.* Toutes perſonnes venans de [f] franches Villes demourer en la Ville, en bans & forbours de Chaalons, de quelconques Villes ou reſſort que elles ſoient,] ſeront franches & tenuës pour franches, tant comme à Nous appartient, en la maniere que il eſtoient ès Villes dont ils ſe partirent; ſans ce que Nous, noz ſucceſſeurs, noz genz ou les genz de noz ſucceſſeurs, preigniens plus ſur eulx, que Nous prenions èſdiz lieux ou Ville dont il ſeront partiz.

(3) *Item.* Que toutes perſonnes qui ſont ou ſeront pour le temps advenir, franches ou rachetées d'Egliſes [g] admorties, où Nous n'avons point de Regale, ſeront franches & tenuës pour franches perſonnes, tant comme à Nous & à noz ſucceſſeurs appartient & pourroit appartenir; ſans rens reclamer ſur eulx ne ſur leurs biens.

(4) *Item.* Il eſt accordé que ſe aucun Seigneur temporel [h] dont que il ſoit, ſoit d'Egliſe, Noble ou autre perſonne quelconques, demandoit morte-main ou formariage ou quelconques autre ſervitude, ſus quelconques perſonnes demourans en la Ville, ès bans & forbours deſſuſdiz, Nous de ci-en-avant, n'y pranrons [i] compagnie, ne n'averons nulle à quelconque perſonne que ce ſoit.

(5) *Item.* Il eſt accordé que de ci-en-avant, chaſcun Sires qui aura Haute-Juſtice, acquerra touz baſtars demourans en ſa Haute-Juſtice, nez en ſa Haute-Juſtice ou de ſa femme de corps, quelque part que il ſoient; & ne leur y mettrons Nous ne noz ſucceſſeurs, empeſchement. Et [k] parmi ceſt accort, Nous avons eu deſdictes perſonnes, quatre mille [l] libres tournois, que il Nous ont baillié en bonne Monnoye bien nombrée: Lezquelx acort & compoſicion, Nous ont eſté raporté par noz Gens, ainſin comme deſſus eſt deviſé, & Nous, eu ſur ce conſeil & deliberacion, lez voulons, loüons, gréons & approuvons pour Nous & pour noz ſucceſſeurs, & de certene ſcience, de noſtre auctorité Royal, lez confermons: ſauf noſtre droit en autres choſes

& en

a *Seigneur ſoit Laïque, ſoit Eccleſiaſtique.*

b *aſſocier.*

c Il ſemble qu'il devroit y avoir : *pour luy faire aide* &c.

d *quoique.*

e *ſerve.*

f *dont les habitans ont eſté affranchis & mis en liberté.*

g *dont les biens ont eſté amortis.*

h *quel qu'il ſoit.*

i *Ce mot n'eſt que dans la ſeconde Copie.*

k *moyennant.*

l *livres.*

NOTES.

(c) Ou fuſſent.] Ce qui eſt entre deux crochets, avoit eſté paſſé dans la premiere copie de ces Lettres, & ne ſe trouve que dans la 2.e

& en toutes choses le droit d'autrui. Et que ce soit ferme & estable perpetuelment, Nous avons fait mettre nostre Scel à ces presentes Lettres, *qui furent faites l'An de grace 1315. ou mois de Fevrier.*

Item. Unes autres Lettres contenant la fourme qui s'ensuit.

CHARLES V. à Paris, en Janvier 1364.

[a] *KAROLUS Dei gracia Francorum & Navarre Rex: Universis presentes Litteras inspecturis, Salutem. Notum facimus quod cum dilectus & fidelis noster Episcopus Cathalanensis, pro se ceterisque Dominis temporalibus Ville Cathalanensis, proponeret, quod cum eis per Baillivum Viromandensem seu Procuratorem nostrum, fuisset impedimentum appositum super Jurisdictione & cognicione Bastardorum & Alienigenarum seu Aubenorum; & fuissent super hoc dati* [b] *articuli, & commissio certa facta; & postea certa* [c] *composicio, inter carissimum Dominum & Germanum nostrum Regem Ludovicum, ex una parte, & Episcopum & alios Dominos temporales Ville Cathalanensis, super premissis facta fuisset, mediantibus quatuor milibus* [d] *libras, quas dictus Dominus Germanus noster exinde habuit, ad finem quod dicti Bastardi & Alienigene, in dicta Villa Cathalanensi, absque prestatione manus-mortue aut fortis-maritagii, liberi remanerent; & quod eciam alie persone libere aliunde venientes, ibidem libere tenerentur, modo & forma quibus in Villis de quibus recedebant, libere tenebantur. Idem Episcopus requirebat (d) quod dicti articuli adnullarentur, & quod commissio non fieret ulterius super ipsis, quodque dictam composicionem teneri faceremus & firmiter observari. Auditis igitur super hiis dicto Episcopo, necnon & Procuratore nostro nichil super hoc in contrarium proponente, per Arrestum nostre Curie dictum fuit, quod amoto impedimento quocunque super premissis apposito, dicta composicio tenebitur & servabitur juxta tenorem ejusdem, & prout in Litteris inde confectis, plenius continetur: Et si aliquid in contrarium factum fuerit, illud in statum debitum reponetur. In cujus rei testimonium, presentibus Litteris nostrum fecimus apponi Sigillum.* Datum Parisius, in Parlamento nostro, 22. die Februarii, Anno Domini millesimo trecentesimo vigesimo- quarto. *(e)*

[a] C'est un Arrest du Parlement.

[b] Voy. cy-dessus, p. 512. Note *(b)*.

[c] Ce sont les Lettres precedentes.

[d] libris.

LESQUELLES Lettres & toutes les choses contenuës en ycelles, en la fourme & maniere que par l'Arrest dessus transcript, sont roborées, ycelles loüons, gréons, ratiffions, approuvons, & de nostre certeinne science, auctorité Royal & de grace especial confermons. Si donnons en mandement au Baillif de Vermandoiz, & à touz les autres Justiciers de nostre Royaume, presens & advenir, ou à leurs Lieuxtenans, & à chascun d'eulz si comme à lui appartiendra, que ledit Evesque & Seigneurs temporelx devantdiz, leurs successeurs & chascun d'eulx, facent & laissent joïr & user paisiblement de toutes les choses dessusdictes & chascune d'icelles, sans les li empêchier ou souffrir estre empeschées en aucune maniere: Et pour ce que ce soit chose ferme & estable à tousjours, Nous avons fait mettre nostre Scel à ces presentes Lettres: sauf en autres choses nostre droit & l'autrui en toutes. *Donné à Paris, l'An de grace 1364. ou moys de Janvier.*

Ainsin signée. Par le Roy à la relacion du Conseil. FERRICUS.

Collacion est faicte aux Lettres originales dessus transcriptes.

NOTES.

(d) Quod dicti articuli, &c.] Je crois que cela signifie, que les procedures faites avant cet accord, ne fussent point poursuivies, & fussent même annullées.

(e) Quarto.] Comme ce mot est écrit en abbregé, il est incertain, s'il y a *quarto* ou *quinto*.

CHARLES V.
à Paris, en Janvier 1364.

(a) Confirmation des Privileges accordez aux habitans de Commines, par le Seigneur de cette Ville.

SOMMAIRES.

(1) Confirmation des anciens Privileges des Bourgeois de Commines.

(2) Les Bourgeois de Commines ne pourront estre jugez que par les Eschevins de cette Ville.

(3) Les Bourgeois de Commines pourront porter des armes pour leur deffense, dans toute l'estenduë de cette terre; à moins que cela n'ait esté expressement deffendu par les Eschevins.

(4) Les Eschevins auront le tiers des amendes qui seront au-dessous de dix livres.

(5) Si les Eschevins de Commines ne se trouvent pas assez habiles pour juger de certains procès, ils iront consulter les Eschevins de Lille, aux dépens des Parties.

(6) Les Eschevins peuvent, sans la participation du Seigneur, recevoir de nouveaux Bourgeois dans la Ville.

(7) Si un Bourgeois vend à un non-Bourgeois, du bien situé dans l'estenduë de la franchise, les Eschevins en doivent avoir estassement.

(8) Si un Bourgeois meurt, & laisse pour heritier un non-Bourgeois, les Eschevins auront estassement *sur les biens qui escheront à celuy-cy par succession.*

(9) Si un non-Bourgeois [i] *meurt dans l'estenduë de la franchise, & qu'il y ait pour heritiers des non-Bourgeois, les Eschevins auront* estassement *sur les meubles ausquels les non-Bourgeois succederont.*

(10) Lorsqu'un Bourgeois donnera un heritage situé dans la franchise, à rente à un non-Bourgeois; ou qu'un non-Bourgeois donnera à rente un heritage de pareil nature; ensorte qu'il faudra faire un rabout, *les Eschevins auront* estassement *de ce* rabout.

(11) Si des Juges sujets du Seigneur de Commines, autres que les Eschevins de cette Ville, entreprennent de juger les Bourgeois de Commines, quoyque ceux-cy ayent décliné leur Jurisdiction; les Eschevins de Commines condamneront ces Juges à une amende de soixante livres, au profit du Seigneur.

KAROLUS &c. Notum facimus Nos infrascriptas Litteras vidisse, formam que sequitur, continentes.

[a] JOu Hellins Sires de Wazieres, de Commines & de Heudicourt, Chevaliers: Fay savoir à tous ceulz qui ces presentes Lettres verront & orront, que jou ayans (b) rouvart & [b] consideration aus boins & aggreables serviches, au boin [c] port & à la loyaulté que jou ay veu & trouvé en mes bien amés mes Eschevins viez & nouviaux, & en touz mes subgez & Communauté de nostre Ville de Commines, que il ont fais à mes predecesseurs, & depuis à mi; desquelz je suis vraïement recordans, & que jou espoire que, à l'ayde de Dieu, il feront encore de jour en jour & de [d] miex en miex, à mi, à mes hoirs & à mes successeurs Seigneurs de Commines.

Jou de me me propre [e] move, & de nostre très affectueuse & bonne volenté, en accroissant & en ampliant les coustumes, usages & franchises que leur ont donné & accordé mi predecesseurs Seigneurs de Commines, [f] de l'An de grace 1276. & depuis, je leur donne, ottroye & confirme tous les bons usages & coustumes, dont & desquelz il ont usé & acoustumé à user en nostredicte Ville de Commines, en toute le tiere & Juridiccion d'icelle, si avant que elle s'estent, & qu'il en ont usé & acoûtumé de faire depuis le temps passé, jusques au jour de la date de ces presentes; ja soit ce que par mos exprès & certains, ne soient mie declairé ou exprimé ès Lettres des privileges à eulz donnez & ottroyez de my ne de mes predecesseurs.

(2) Et encor pour eulz oster & mettre hors de touz travauz, [g] lexacions & summicions de mi, de [h] mes hommes de Fief, de mes [i] Eschevins de dehors, de mes [k] tenans & de tous autres mes subgez, que [l] ychil my homme, my Eschevins

a *Voy. cy-dessus, p. 209. Note (c).*
b *consider.* R.
c *conduite.*
d *mieux.*
e *mouvement.*
f *en.*
g App. *vexations & soumissions.*
h App. *mes Vassaux.*
i *Eschevins des autres Villes qui m'appartiennent.*
k mes *censitaires.*
l *iceux.*

NOTES.

(a) Thresor des Chartres, Registre 98. Piece sept-vingt-cinq. [145.]

(b) *Rouvart.*] Ce mot signifie apparemment, *regard,* que l'on disoit autrefois pour *égard.*

de dehors, my [a] hoste, mes tanans, ne autres quelconques de nostredicte tiere & Juridiccion, ne puissent juger, ne avoir aucune cognoissance *(c)* que enqueste, par informacion ne par jugement, sour mes Bourgois ou Bourgoises, ne sour leurs enfans, ne sour leurs biens meubles & cateulz, pour quelconques cas, [b] fet ou avenuë que mesdis Bourgois ou Bourgoises ou leur enfant, meffachent en madicte terre & Juridiccion de Commines, si avant que jou ay *(d)* asemouré; [c] mes en ayant du tout mes Eschevins de nostredicte Ville de Commines, la cognoissance & le Jugement, à le [d] semonse de my, [e] de men Baillieu ou de sen Lieutenant: Et s'il avenoit que aucuns de mes Bourgois ou Bourgoises de medicte Ville de Commines, fourfaisoient en aucune maniere, dedens me tiere de Commines, & pour celli meffait, il fust arrestés par aucun de mes hommes, Eschevins de dehors, mes tenans ou hostes, avant que li Eschevin de nostredicte Ville, eussent cognut ou [f] jugiet du forfait, delivrer les convenroit: Et que pour quelconques fait que fache ou ait fait uns Bourgois ou Bourgoise, dedens le [g] franquise de Commines [h] par jour, *(e)* pourtret convient que il soit pardevant mes Eschevins de Commines, *(f)* par Bourgois & non par autruy.

CHARLES V. à Paris, en Janvier 1364.

a *Voy. le 3.e Vol. des Ordonn. p. 303. Note (c)*
b *fait.*
c *mais en ayent.*
d *lorsqu'ils seront avertis.*
e *mon Bailli.*
f *jugé.*
g *l'estendüe de la Jurisdiction des Eschevins.*
h App. *pendant le jour.*

(3) Et veüil & accorde que mes Bourgois & leurs enfans, pueent & puissent porter armurez pour leurs corps defendre & [i] warandir, en toute me tiere de Commines; se par [k] ban de mes Eschevins de Commines, n'est defendu.

(4) Et encore leur donne & accorde [l] mesdis Eschevins de Commines, que en toutes [m] fourfectures de dessoubz dix libres, qui [n] esquerront ou porroit esquerir dedens la franquise de Commines, mi dit Eschevin aïent le tierlz: lequel tierlz, jou ou chius qui en men lieu sera, leur doy ou devra [o] faire venir eulz, à leur semonce.

(5) Et s'il [p] avoit que pardevant mes Eschevins de Commines, esqueroient aucuns cas à jugier; & il ne fussent [q] mie sages du Jugement rendre, aller puent & doivent au sens & au conseil de Eschevins de l'Isle, en la Ville de l'Isle; & non ailleurs, as coux & as frais des Parties, ensi que il ont de piecha acoustumié de faire.

(6) Et puent mesdis Eschevins de Commines, faire Bourgois telz, & dès que leur plaira, sanz my ne autre de par my appieller, & en doivent [r] la cognoissance seul & pour le tout.

(7) Et s'il avenist que aucuns Bourgois ou Bourgoise, vendist tiere en la franquise de le Ville, à un [s] forain; ou uns forain à un [t] ferain, ledit Eschevin pour ladicte Ville, en doivent avoir *(g)* estassement.

(8) Et se uns Bourgois alast de vie à trespassement, & il eust hoirs non-Bourgois, lidit Eschevin en aront [u] estassement; [x] si avant que li [y] avours dudit Bourgois, puet [z] esquerir au forain ou au non-Bourgois.

(9) Et s'aucuns non-Bourgois demourans dedens la franquise de le Ville de Commines, alast de vie à trespas, & qu'il eust hoirs non-Bourgois; si avant que on trouvera dedens ledicte Ville de Commines, meubles ou cateulz de ycelui non-Bourgois, lidit Eschevin doivent avoir estassement tant des meubles comme des cateulz.

i *garantir.*
k *Ordonnance.*
l *à mes dits.*
m *amendes.*
n *escherront.*
o *faire payer à eux.*
p *avenoit.*
q *assez habiles pour juger.*
r *avoir.*
s *une personne qui ne seroit pas Bourgeoise.*
t *forain.*
u *Voy. la Note (g).*
x *autant à proportion.*
y *les biens.*
z *escheoir.*

NOTES.

(c) Que.] Il y a un *q* avec une marque d'abbreviation: je crois que c'est une faute, & qu'il faut lire *par.*

(d) Asemouré.] Je ne sçais s'il faut lire ainsi, ou *à semouré;* & je n'ay pû trouver la signification de ce mot. Viendroit-il de *semorari*, demeurer à l'écart. [Voy. Du Cange, à ce mot.] Ensorte que cela pourroit signifier, en supposant quelque alteration dans le texte; *dans les endroits les plus écartez de ma terre.*

(e) Pourtret.] Je crois que ce mot signifie, *trait, tiré;* c'est-à-dire, assigné devant les Eschevins.

(f) Par Bourgeois.] Il semble que cela signifie que l'assignation doit estre donnée par des Bourgeois. Cela pourroit aussi signifier, que le Jugement se fera par les *Pairs* ou Conbourgeois, joints avec les Eschevins. *Voy. le Gloss. Franç.* au mot, *Pairs de la Cour.*

(g) Estassement.] Je n'ay pû trouver la signification de ce mot: mais il paroist par cet article & par les suivans, où il se trouve plus d'une fois, que c'est un droit qui estoit dû aux Eschevins, sur les biens qui changeoient de mains dans de certains cas.

CHARLES V. à Paris, en Janvier 1364.

(10) Et s'aucuns Bourgois donnast heritages à rente à un forain ou non-Bourgois, lequel heritage fust situez en le franquise de ledicte Ville, & il en convenist faire *(h)* rabout de autre heritage; ou [a] sanlablement, les non-Bourgois ou forains donassent à rente, aucun heritage situé en ladicte Ville, comme dit est dessus, de yceulz rabous lidicte Ville ara [b] estassement.

(11) Et pour le bien & [c] pais de mi, de mesdis Eschevins & Bourgois de Commines, & que il soient plus fort & poissant de tenir & [d] warder les choses devantdictes à tousjours, lour ay jou ottroyet & accordé, que si mi [e] homme de Fief de Commines, ou mes Eschevins de dehors, ou mes hostes ou mes tenans, ou autres quelconques, en toute me tiere & Juridiccion de Commines, entrepresissent en eulz aucune cognoissance, ou [f] redesissent aucuns Jugemens pour les corps d'aucuns de mes Bourgois ou Bourgoises, ou sour leurs enfans, ou sour leurs meubles & cateulz, pour aucun fait que mi Bourgois ou Bourgoises ou leur enfant, eussent fait ou fesissent ès terres & ès Jurisdiccions que midit homme, Eschevin de dehors, hostes ou tenans tiennent de mi; & midit Eschevin eussent certiffiet par Lettres ou par message souffisans, que [g] ychil fussent Bourgois ou Bourgoises, ou enfant de Bourgois ou Bourgoise, & que prest & [h] apparellient fussent & soient de [i] faire en loy selons leurs coustumes, & depuis ce, midit homme, Eschevins de dehors, hostes ou tenans, les jugeoient & poursuivoient en amende aucun, midit Eschevin de Commines, poront yceulz hommes, Eschevins, hostes ou tenans, par nom & par surnom, jugier [k] cascun au [l] forfait de soixante livres: liquel forfait [m] esquerront au proffit de mi & de mes hoirs Seigneurs de Commines, par telle condicion que il plaise à men souverain Seigneur le Roy de France.

Et pour ce que les choses chi-dessus dictes & devisées de point en point, soient fermes & estables à tousjours, sauf & reservé à mi & à mes hoirs Seigneurs de Commines, le droit & le franquise que à mi & à mes hoirs appartient, [n] ou faire les Eschevins de nostredicte Ville, [o] castui an à le S.t Pierre en Fevrier, comme acoûtumié l'ay de fere, & que fere le doy par certains poins de Chartre, de ce faisans expresse mention; jou Hellins devantdiz, qui sour toutes les coses chi-dessus dictes & devisées de point en point, & sour cascune selon [p] sent degré, ay eu [q] par mi & par men boin conseil, bonne & meure deliberacion, consideracion & avis, ay loyaulment [r] en convent, comme loyaulz Chevaliers & prodoms, à tenir & à faire tenir à tousjours heritablement, par mi, par mes hoirs & par mes successeurs Seigneurs de Commines: jou y oblege touz mes biens presens & avenir, meubles, cateulz & heritages, & tous les biens & heritages qui de par mi esquerront à mes hoirs ou successeurs Seigneurs de Commines, & les met en abandon de tous Seigneurs & de toutes Justices; & par especial du Roy de France men très redoubté & souverain Seigneur, ou de sen Lieutenant à l'Isle, qui à present est ou qui pour le temps avenir seront, que je prie & requer que ci-tost que jou, ou mi hoir, ou mi successeur yriemes ou feriemes le contraire, ou mesteriesmes empescement sour ou en aucun des poins ci-dessus dis & devisés, que il contraigne par la prise, saisine & arrest de tous les biens & heritages de iceluy ou de yceulz hoirs ou Seigneurs de Commines, qui lesdis empescemens metroient ou feroient, de eulz desister, cesser & deporter, & mettre au neant lesdiz empecement que fet & mis avoient ou fait mettre ès choses devantdictes, au cost & au fret d'icelui ou de ceulz qui ledit empecement y mettroient ou feroient; sans ce que jamais à nul jour, my hoir ou successeurs, soions ou doions estre en riens oy ne receu à dire ou aleghier cose aucune quelconques que soit ou puist estre, au contraire, pour [s] empetrer arriex ou retarder les coses devantdictes, ou préjudice de mes devantdis Eschevins, Bourgois & Communauté: Asquelles cosez dire, alleghier, venir ou faire venir dire & aleghier, jou pour my & en men nom, & ou nom &

a *semblablement.*
b *Voy. cy-dessus, p. 523. Note (g).*
c *paix.*
d *garder.*
e *Voy. cy-dessus, p. 522. Art. 2.*
f *rendissent.*
g *iceux.*
h *appareillez.*
i *de se soûmettre à leurs Juges; c'est-à-dire, aux Eschevins.*
k *chacun.*
l *amende.*
m *escherront: tourneront.*
n *lequel droit consiste à faire les Eschevins.*
o *chascun.*
p *son importance.*
q *par moi.*
r *convenu, promis.*
s *Je crois qu'il faut lire,* empescher.

NOTES.

(h) Rabout.] Je n'ay pû trouver la signification de ce mot, d'où dépend l'intelligence de cet article.

pour mes hoirs & fucceffeurs Seigneurs de Commines, dès maintenant pour ores-mais à tousjours, y ay renunciet lauyaument & en bonne foy, [a] closément, generalment & efpecialment, par la tradicion de ces prefentes Lettres. Si fupplie & requer a mendit fouverain Seigneur le Roy de France, que les chofes devantdictes & devifées, il veüille de point en point loüer, gréer, ratiffier, accorder & appuier par fes Lettres fcellées de fen Scel. Et pour ce que je veel que les chofes devantdictes, foient fermement & loyaument tenuës & [b] wardées à tousjours-mais, jou Hellins deffus nommés, en tefmoinage de verité, ay à ces prefentes Lettres, fait mettre men propre Scel. *Ce fû fait l'An de l'Incarnacion Noftre S. Jejus-Crift 1364. el mois d'Aouft.*

CHARLES V. à Paris, en Janvier 1364.

[a] entierement; en comprenant tout.

[b] gardées.

QUAS quidem Litteras, omniaque & fingula in eifdem contenta, cum Nos aut jus noftrum non tangant, rata & grata habentes, eadem de noftris auctoritate & plenitudine poteftatis, de fpecialique gracia confirmamus: Mandantes omnibus & fingulis Jufticiariis noftris atque Regni noftri, vel eorum Loca-tenentibus, & cuilibet eorumdem, quatenus omnes & fingulos, quos predicta in dictis Litteris contenta tangunt & tangere poffunt, eifdem uti & gaudere pacifice faciant & permittant; abfque impedimento quocumque. Quod fi factum vel appofitum repererint, ad ftatum priftinum & debitum reducant vel reduci faciant indilate. Quod ut robur obtineat perpetuum, Litteras prefentes Sigilli noftri fecimus appenfione muniri: falvo in aliis jure noftro & in omnibus alieno. Actum Parifius, Anno Domini 1364. menfe Januarii.

[c] Si fignata. *Per Regem ad relacionem Confilii.* DE MONTAGU.

[c] fic.

CHARLES V. à Paris, en Janvier 1364.

(a) Confirmation de l'affranchiffement accordé aux habitans de Paroy.

CHARLES &c. Savoir faifons à tous prefens & avenir, Nous avoir veu les Lettrez de noftre très chier & feal Coufin, *(b)* Loeys Conte d'Eftampes, Sire de Lunel, èfquellez font encorporéez certaines autres Lettrez contenant la fourme qui s'enfuit.

LOEYS Contez d'Eftampes, Sire de Lunel: Savoir faifons à tous prefens & avenir, Nous avoir veu certaines Lettrez faines & entieres, contenant les fourmes qui s'enfuivent.

A TOUS ceulz qui verront & orront ces prefentes Lettrez: Jehan Boguier l'ainfné, & Pierre Chantepmot, Gardes du Scel de la Prevofté d'Auceurre, Salut. Sachent tuit, que en la prefence Guillaume Viaul, Clerc, Tabellion commun juré en la Court de ladicte Prevofté, pour ce efpecialment eftablis, en propre perfonne, Noble homme Alixandre de Bafoiches, Efcuyer Signeur de Deux-Villez, & de Vergiers & de Paroy, en la Paroiffe d'Oify ou Diocefe d'Auceurre, difans & affermans foy avoir audit lieu de *(c)* Paroy, & en la Juftice & finage d'icellui, fur toutes manieres de gens de quelconques eftas ou condicions qu'il foient, qui ont & poffident aucuns biens meubles ou heritages, audit lieu, Juftice & finage de Paroy, foient demourans audit lieu ou

NOTES.

(a) Threfor des Chartres, Regiftre 98. Piece 200.

(b) Loeys Conte d'Eftampes.] Louis d'Evreux Comte d'Eftampes, petit-fils de Louis Comte d'Evreux, 3.e fils de Philippe le Hardi.

Il avoit époufé Jeanne de Brienne, fille de Raoul de Brienne Comte d'Eu, Conneftable de France, & Veuve de Gautier VI, Comte de Brienne, Duc d'Athenes. *Voy. l'Hift. Geneal. de la M. de Fr. t. 1. p. 281.*

C'eftoit de la Comteffe d'Eftampes que relevoit le Fief de Paroy. *Voy. cy-deffous.*

(c) Paroy.] C'eft apparemment Paroy dans le Nivernois & du Diocefe d'Auxerre, fur lequel voy. *le Dictionn. Univerf. de la Fr.* au mot, *Paroy.*

CHARLES V. à Paris, en Janvier 1364.

autre part, une servitute que l'en appelle communement & vulgairement [a] *main-morte*; & avec ce, soy avoir audit lieu, sur plusieurs des habitans d'icellui, une autre servitute que l'en appelle *(d) bourgoisie* de cent solz tournois de annuel & perpetuel rente, considerant que de toute raison naturele, toute humaine creature doit demourer plus franche & en estat de franchise, que en estat de servitute aucune, & que raisonnablement chascun doit estre plus enclins à franchise & liberté donner, que à servitute acquerir: Pour ce est-il que ledit Alixandre, en bonne consideracion & avis aus choses dessusdictes, & comme bien pourveus de Conseilliez en ceste partie, si comme il disoit, de son bon gré & de sa bonne volenté, sanz force, contrainte, decepcion ou circonvencion aucune, & sanz ce que à faire & ottroier les choses ci-après esclairciez, il fust induis ou menez par autre induccion ou persuacion indeuë, recongnut en droit, pardevant ledit Juré, soy avoir remis & quitté perpetuelment & à tousjours-mais, & en la presence dudit Juré, remist & quitta du tout en tout, aus dessusdis habitans & non-habitans de Paroy, leurs hoirs, successeurs, toute leur posterité presens & avenir, tant hommes comme femmes, qui adpresent sont & pour le temps avenir perpetuelment & à tousjours-mais seront, pour eulz & pour tous autres habitans & non-habitans dudit lieu, leurz hoirs, successeurs, & toute leur posterité, comme dit est, de quelque estat ou condicion qu'il soient, & quelque part qu'il facent [b] manson pour le temps present, & feront pour le temps avenir: soit audit lieu de Paroy ou autre part, qui ont adpresent & auront ou temps avenir, aucuns biens, meubles ou heritages, rentes ou autres possessions, ou aucuns biens & choses quelconques audit lieu, Justice & finage de Paroy, senz exception ou retenuë aucune, lez servitutes de *main-morte* & de *bourgoisie* dessusdictes, & une chascune d'icelles, & tout le droit & [c] issuë qui d'icelles & d'une chascune d'icelles, se puet ou doit ensuir & dependre: Et qui audit Alixandre, à cause desdictez servitutez, povoit ou devoit competer & appartenir; & desdictez servitutez & d'une chascune d'icelles & de tout le droit & issuë qui d'icelle & d'une chascune d'icelle, se depent ou puet dependre, ledit Alixandre quitta, absolut, délivra, affranchi & du tout descharga perpetuelment & à tousjours-mais, du tout en tout, les dessus habitans & non-habitans, leurz hoirs, successeurs, toute leur posterité presens & avenir, tous leurs biens, tant heritages comme meubles, & tous autres quelconques il soient, presens & avenir; & voult & expressement consenti ledit Alixandre, que de ci-en-avant, perpetuelment & à tousjours-mais, lesdis habitans & non-habitans, leurz hoirs, successeurs, toute leur posterité, tous leurz biens quelconques il soient, presens & avenir, audit lieu de Paroy, finage & territoire d'icellui, ou autre part, soient & demeurent frans, quittez, delivrez, absoluz, affranchi du tout à toujours-mais [d] deschargié des servitutez dessusdictez & d'une chascune d'icelles, & de tout ce qui d'icelle & d'une chascune d'icelles, se puet ensuir ou dependre; & par telle maniere, avec ce que dit est, veult & consenti ledit Alixandre, que dores-en-avant, se aucun dezdis habitans ou non-habitans, leurs hoirs, successeurs, presens & avenir, ayans aucuns biens, quelconques il soient, audit lieu, heritages, meubles ou autres biens, va de vie à trespassement sanz hoirs propre de sen corps, que lez biens d'iceulz, & d'un chascun d'iceulz, perpetuelment & à tousjours-mais, viengnent & eschient au plus prochain hoir & heritier de la [e] char d'icellui; c'est assavoir, lez meubles & acques *(e)* à la suiche, pere ou mere, se pour en y a; & les heritages, aus hoirs & heritiers du costé de ceulz dont il [f] moevent; & se souche, pere ou mere, ni avoit, lezdis meubles & acqués venront & escherront au plus prochain hoir & heritier de la char du trespassé; & les heritages aus

a *Voy. le 3.e Vol. des Ordonn. p. 181. Note (c).*

b *demeure.*

c *revenu.*

d *&.*

e *chair.*

f *meuvent: viennent.*

NOTES.

(d) Bourgeoisie.] Cette servitude est nommée plus d'une fois *taille,* dans la suite de la Piece.

(e) A la suiche, pere ou mere.] Plus bas, il y a: *Se souche, pere ou mere, n'y avoit:* Ainsi *suiche* est là pour *souche;* c'est-à-dire, que les meubles du deffunct retournent à sa souche, à son pere & à sa mere, s'ils vivent encore.

hoirs plus prochains du costé duquel il moevent; sanz ce que ledit Alixandre, ses hoirz, successeurs, ou lez ayans cause de lui, de sez hoirs ou successeurs dores-en-avant, à cause desdictez servitutes & d'une chascune d'icelles, & de tout le droit qui d'icelles se depent ou puet dependre, y puissent jamais aucun droit demander ou reclamer, par quelque maniere que ce soit, que lezdis habitanz, & non-habitans, leurz hoirs, successeurs, & toute leur posterité, tous lez biens, heritagez & meubles, presens & avenir, ne soient & demeurent franchi, quitte, delivré, absolt, & du tout deschargié desdictez servitutez & de tout le droit d'icelles; & que lez successions & escheoitez d'iceulz, ne viengnent & eschient aus personnes dessus esclarchiez, en la maniere que dessus est dit & esclarci; soient les hoirs qui de [a] ceulz devront estre hoirs, demourans audis lieu de Paroy, ou en autre lieu quelconques, soit en franc lieu ou en lieu de servitute: Et ont esté dudit Alixandre, faites, données & ottroyées lezdictes remission, quittance & délivrance, absolucion, franchise & descharge dez servitutez dessusdictez & une chascune d'icelles, & de tout le droit dependant d'icelles, [b] parmi le pris & le somme de douze-vins Florins Frans d'Or du coing du Roy nostre S. audit Alixandre, *(f)* frans, quittez & ja païez desdis habitans & non-habitans qui adpresent sont, & autrez qui en ceste [c] pais faire estoient, & sont tenu de y contribuer & faire [d] payé pour eulz & pour tous lez autres dessusdis, presens & avenir, ou de leur commandement ou nom d'eulz & pour eulz, en bons Florins Frans d'Or, du coing dessusdit; si comme ledit Alixandre disoit pardevant ledit Juré, & s'en tint pour bien contens, païez, & enterinement [e] sattifiez & agréés; en renonçant à l'excepcion de dire lezdis Florins non avoir eus & non reçeus, & à ce qu'il soient encore à païer, à nombrer & à delivrer en tout ou en partie: Desquellez servitutes dessusdictez & d'une chascune d'icelles, & de tout le droit qui d'icelles se depent ou puet dependre, ainsi [f] remis & quittez, comme dit est, de la possession, Signourie, saisine & proprieté d'icelles, & de tout le droit tant en proprieté, Signourie, possession, saisine & [g] dominacion qu'il avoit & pooit avoir & devoit, & qui li competoit & pooit & devoit competer & appartenir en icellez, ou pour cause & occasion d'icellez, en quelque maniere que ce feust ou peust estre, ledit Alexandre pour lui, pour sez hoirs, ses successeurs, pour tous ceulz qui auront cause de lui, de sez hoirs & successeurs, perpetuelment & à tousjours, se devesti & dessaisi en la main dudit Juré; & lezdis habitans & non-habitans, pour eulz & pour tous lez autres dessusdiz & nommés, presens & avenir, de toute liberté, franchise & immunité ainsy donées & ottroyez, comme dit est, voult estre revestis & saisis leurz biens quelconques, perpetuelment & à tousjours-mais, par le bail & tradicion de ces presentes Lettrez: Et promist ledit Alixandre, pour lui, pour sez hoirs, successeurs, & pour tous ceulz qui auront cause de lui, de ses hoirs, successeurs, par sa foy corporelement donnée en la main dudit Juré, qu'il, contre ceste remission, delivrance, absolucion, quittance, liberté & franchise, ne toutes lez autres choses dessusdictes ou aucunes d'icelles, ou qui d'icelles se dependront ou puent dependre, jamais ne voudra aler, ne venir fera, ne consentira par lui ne par autres, par quelconques manieres que ce soit, ne jamais aucun droit de *main-morte* ne de *bourgoisie* audit lieu, finage & Justice de Paroy, sur lez dessusdis, leurz hoirs, successeurs, ne posterité, presens & avenir, leurs biens quelconques il soient, heritages ou meubles, estanz audit lieu & finage, ne demandera, ne reclamera, ne fera demander, ne reclamer par lui ne par autres, sur quelconques personnes ou biens que ce soient; mais lezdis habitans & non-habitans, leurz hoirs, successeurs, posterité & autres dessusdis, presens & avenir, laissera joïr & user paisiblement, dores-en-avant, perpetuelment & à tousjours-mais, des libertez, franchise, absolucion, remission, quittance & descharge dessusdictez, en la fourme & maniere que dessus est dit & devisé, sans venir ou faire venir encontre par lui, sez

CHARLES V. à Paris, en Janvier 1364.

a *ceux-cy.*

b *moyennant.*

c *paix : convention.*

d *payer.*

e *satisfaits.*

f *Il y a une marque d'abbreviation à ce mot.*

g dnacon, *avec deux marques d'abbreviation dans le* R.

NOTES.

(f) Il y a un mot que l'on n'a pû déchiffrer. Il semble qu'il y ait *sious.* Ce mot auroit-il esté écrit pour *solus*, payez!

CHARLES V. à Paris, en Janvier 1364.

successeurs, ne par autres quelconques; & ycelles liberté, franchise, quittance, absolucion & remission, & une chascune d'icelles, & tout ce qui de ellez ou d'une chascune de ellez, se depent ou puet dependre, leur garandira, & deffendera ledit Alixandre, & promist par sadicte foy, garantir & deffendre envers tous & contre tous, en Jugement & hors Jugement, toutes-fois & ci-tost comme il en sera requis par les dessusdis & un chascun d'iceulz, ou par le porteur de ces Lettres, sans autre [a] denunciacion faire; *(g)* soit la chose convaincuë ou non convaincuë, franchement & quittement de touz faiz & de toutez chargez, services, servitutes, obligacions, alienations, rentes, pensions & de toutes autres exaccions, quelconques elles soient; excepté seulement *(h)* le droit du Fié deu, pour la cause des convenances dessusdictes: Et avec ce, promit ledit Alixandre par sadicte foy, rendre & restablir ausdiz habitans & non-habitans, leurs hoirs, successeurs & posterité, presens & avenir, touz dommages & despens [b] qu'il seroient fais ou soustenus, tant pour le defaut de ladicte garandie non portée, comme des autres convenances dessusdictes ou aucunes d'icelles, non tenuëz & acomplies en la maniere dessusdicte: Sur lesquelz il promist croire & voult estre creuz lesdis habitans & non-habitans, leurs hoirs, successeurs, & un chascun d'eulz, ou le porteur de ces Lettres, par son simple serment, sans autre Partie adjouster: Pour laquelle garandie porter, & pour les autres convenances dessusdictes, toutes & une chascune d'icellez, tenir, garder & acomplir en la maniere dessusdicte, sans corrumpre & sans venir ne faire venir encontre, ledit Alixandre en obliga asdis habitans & non-habitans, leurs hoirs, leurs successeurs, & autres dessusdis, presens & avenir, soy, ses hoirs, ses successeurs, & les ayans cause de lui, de ses hoirs & successeurs, tous ses biens, & les biens de ses hoirs & successeurs dessusdis, meubles & non-meubles, presens & avenir, ou qu'il soient veu ou trouvé: Et quant ad ce, se soubmist à la Jurisdiecion & cohercion des Cours du Roy nostre S. & de la Court de ladicte Prevosté, & de toutes autres Cours & d'une chascune d'icelles, qui [c] miex plaira à eslire aus dessusdis habitans & non-habitans, leurs hoirs & successeurs, & autres dessusdis, presens & avenir, ou au porteur de ces Lettrez, ou que il face [d] mansion, pour estre constraint & justicié par la prise, venduë & [e] explectoition de tous sez biens, meublez, & heritages, de ses hoirs, ses successeurs, les ayans cause de lui, de sez hoirs & successeurs, quelz qu'il soient: Et est assavoir, que de ces propres convenances & de la *(i)* date de ces Lettres, sont faitez, & de la volenté dudit Alixandre, plusieurs autres Lettres obligatoires; tant soubz le Seel de ladicte Prevosté, comme soubz le Seel de la Court Espirituelle de Monf. l'Evesque d'Auceurre, & soubz le Sing public dudit Guillaume Veau, Tabellion de Nostre S.t Pere le Pape: Et a voulu & expressement consenti ledit Alixandre, que tant par lesdictes Lettres obligatoires de ladicte Court Espirituelle, comme par ces presentes, & autres faitez soubz le Seel de ladicte Prevosté, & par une chascune d'icelles, il & si hoir, successeur, & ceulz qui de lui auront cause, puissent estre contrains & justicié, tout en un [f] memiez temps ou en divers, selon le contenu d'une chascune desdictes Lettres; sanz ce que l'execucion de l'une, empesche en aucune chose l'execucion de l'autre; & sanz ce que lui, sez hoirs, successeurs, & les ayans cause de lui, de sez hoirs & successeurs, puissent dire ne [g] alguier qu'il ne puissent ou doient estre contrains & justicié

a *mot douteux.*
b *qui.*
c *mieux.*
d *demeure.*
e *exploictation.*
f *mesme.*
g *alleguer.*

NOTES.

(g) Soit la chose convaincuë, &c.] Je crois que cela peut signifier, soit que l'empeschement qui sera mis au droit des habitans, soit certain, ou encore incertain.

(h) Le droit du Fié dû.] Il semble que cela doive signifier, excepté le payement de la somme qui a esté stipulée, pour le prix de l'affranchissement de la servitude. Cette liberté pouvoit estre regardée comme une espece de Fief; car ce mot ne signifie pas tousjours une terre noble, mais quelquefois un simple heritage: *Voy. le Gloss. du Droit Fr.* au mot, *Fief-Ferme.*

(i) Date.] *Data* en latin, signifie quelquefois *donation.* Voy. Du Cange à ce mot. Il pourroit estre pris icy en ce sens. Je crois pourtant que ce mot signifie icy, que l'on fera plusieurs copies de ces Lettres, datées du jour qu'elles ont esté faites.

d'une

d'une meisme Cause, en diversez Cours & par divers Juges : Renunçans en ce fait par ladicte foy, à toutes aidez de droit de Canon, & [a] de Loy ; au *(k)* privilege de la Crois prinse & à prendre ; à toute exepcion de decevance, de fraude & de barat, & de oultre la moitié de juste pris ; à toute lesion & circonvencion, à toutes graces, respis, dilacions, dispensacions, indulgence & privilege de Pape, de Roy, ou d'autre Prelat ou Prince, donnez ou à donner, empetrées ou à empetrer ; à tous establissemens & [b] status viez & nouveax, à toutes coustumez & us de lieus & de païs, contraires à ce ; à tout remede d'appel ; au droit disant, general renonciation non valoir, se l'especial n'est avant mise ; au benefice de restitution [c] enterine ; & generalment à toutes autres choses de droit & de fait, escript & non escript, qui contre lez choses dessusdictes ou aucunes d'icelles, pourroient estre dictez, opposeez ou alleguees, & pour lesquellez les convenancez dessusdictes ou aucune d'icelles, porroient estre aneantiez, [d] impuneez ou estaintez en aucune maniere : Ausquellez, & à toutes autres qui pourroient estre dictez, opposéez ou alleguées, il a renuncié & renunce par ladicte foy. En tesmoing desquellez choses, Nous, à la relacion dudit Tabellion juré, avons scellé ces presentes Lettres, dudit Scel de la Prevosté d'Auceurre, en approuvant [e] l'interlineure faite de ce mot, *grace*, laquelle interlineure a esté faite par erreur de l'Escripvain ; & non mie par vice ou par mauvaistié aucune, si comme il Nous est apparu & appert deuëment. *Donné & fait à Auceurre, le lundi après la Feste de le Purificacion Nostre-Dame, l'An de grace 1363.* G. VIAUDI. *Ita est.*

CHARLES V. à Paris, en Janvier 1364.

a *Droit civil.*
b *loix.*
c *en entier.*
d *impugnées : attaquées.*
e *Mot mis entre deux lignes.*

Item. [f] JEHENNE Comtesse d'Estampez, Duchesse d'Athenez, à tous ceulz qui verront ces presentes Lettrez, Salut. Sachent tuit, que Nous auctorisié de nostre très chier Seigneur & mari, Monf. Loyeis Conte d'Estampez, quant à ce que sensuit, & autres plus grans choses, si comme il puet apparoir par ses Lettrez à Nous ottroïez sur ce, lesquellez Nous avons fait encorporer en ces nostres presentez : desquellez la teneur s'ensuit.

f *Voy. cy-dessus, p. 525. Note (b).*

NOUS Loeys, Contes d'Estampes & de Eu. *(l)*.
Donné à Paris, soux nostre Scel, le 21.e jour de Septembre, l'An 1360.

ET Nous Jehanne dessusdicte, considerans & attendans que toutes personnes doivent tendre & encliner à liberté & à franchise ; & afin que les habitans & les forains qui ont & auront heritages ou [g] moebles, ou Village de Paroy & appartenances d'icellui, soïent tenus à prier pour nostredit Seigneur & Nous, nos predecesseurs & nos successeurs, certaines Lettres, parmi lesquellez ces nostrez presentes sont annexées, èsquellez appert que Alixandre de Basoches, Escuyer & [h] homme de foy à Monf. & de Nous, à cause dudit Village de [i] Parais, avecques autres choses, a remis, cessé, quittié & delaissié perpetuelment auxdis habitans de Paroys, & ès forains qui ont ou auront heritages & meubles audit lieu, la main-morte dudit lieu, avecques cent solz de [k] taille annuelle qu'il avoit sur yceulz, si comme ces choses sont plus à plain contenuës èsdictes Lettrez, & lesquelles Lettres Nous ou nom comme dessus, avons ratiffieez, confirmeez, approuveez, confirmons, ratifions & approuvons par la teneur de ces presentes, en tant comme il puet toucher Monf. & nous, nos successeurs, & tous ceulz qui de nous auront cause ; & en tant comme il puet toucher ladicte quittance & remission de main-morte, & des cent solz de annuel taille dessusdis, & contenus èsdictez Lettrez : [l] Parmi ce que lezdis habitans de Paroy, pour eulx & pour les forains qui ont heritages ou meubles audit lieu, nous ont baillié & paié six-vins frans d'Or, du coing du Roy nostre S. des-

g *meubles.*]
h *vassal.*
i *Paroy.*
k *Voy. cy-dessus, p. 526. Note (d).*
l *moyennant.*

NOTES.

(k) Crois.] Privileges accordez à ceux qui en s'enrollant pour aller combatre contre les Infidelles, du temps des Croisades, recevoient une Croix qu'ils portoient sur leurs habits.

(l) Par ces Lettres, le Comte d'Estampes donne pouvoir à sa femme, de gerer les biens à elle appartenans. On n'a pas crû devoir les faire imprimer.

CHARLES V. à Paris, en Janvier 1364.

quelz nous nous tenons pour bien contenté, & en quittons & clamons quittez lezdis habitans, & tous ceulz à qui quittance en puet ou doit appartenir : Avons promis & promettons tenir & garder, & aider à tenir & garder, & à garentir perpetuelment pour nous, nos fucceffeurs, & tous ceulz qui de nous auront caufe, ladicte liberté & remiffion de main-morte, & des cent folz de taille, en la maniere deffufdicte : fauf & refervé noftre droit de [a] Fié & de fouvraineté ; noftre Haute-Juftice & autres drois que Nous poons & devons avoir audit lieu. En tefmoing de laquelle chofe, Nous avons fait mettre noftre Seel en ces prefentes Lettrez, qui furent *faites & données à noftre Chaftiau de Beauche, l'An de grace 1363. le lundi avant* [b] *ce que l'en chante en Sainte Eglife,* Reminifcere.

a Fief.

b le deuxieme Dimanche de Carême.

[c] ET il foit ainfi que depuis, de la partie des habitans de Paroy, dont mencion eft faicte ès Lettres deffus tranfcriptes, Nous ait efté humblement fupplié, que toutes lez chofes contenuës èfdictez Lettrez & chafcune d'icelles, nous voulfiffions de noftre grace efpecial & certaine fcience, ratiffier, approuver & confirmer. Nous adecertes, Loeys Conte d'Eftampez & Seigneur de Lunel deffufdis, inclinans à leur fupplicacion, en tant comme en nous eft & puet toucher, comme mari & [d] efpeux de ladicte Jehanne Comteffe & Dame defdiz lieux, & Ducheffe d'Athenez noftre très chiere Compaingne, toutes les chofes contenuës èfdictez Lettres deffus tranfcriptes, & chafcune d'icelles, de noftre certaine fcience & grace efpecial, loonz, gréons, ratiffions & approuvons, & de tout en tout confirmons par la teneur de ces prefentes : Et avecques ce, ladicte main-morte dudit Village de Paroy, & cent folz de taille annuelle, aufdis habitans, leurs hoirs, fucceffeurs & pofterité quelconques, à tousjours-mais quittons, remettons & donnons de nouvel par ces prefentes, fe [e] meftiers eft, pour confideracion des chofes contenuës èfdictes Lettres, volens, declairens & decernens que lez deffus nommés & chafcun d'eulz, foient & demeurent d'ores-en-avant à tousjours, en liberté & franchife defdictez main-morte & cent folz de taille, en la maniere contenuë ès Lettrez ci-deffus tranfcriptes : fauf & refervé noftre droit de Fié, de fouvrainneté, Haute-Juftice & autres chofes que nous poons & devons avoir audit lieu, à caufe de noftredicte Compaingne. Si donnons en mandement à tous nos Officiers & Jufticiers, ou à leurz Lieuztenans, & à chafcun d'eulz, que lefdis habitans & chafcun d'iceulz, & autres dont mencion eft faicte èfdictez Lettres, facent & laiffent joïr & ufer paifiblement, orez & ou temps avenir, de noftre prefent grace, & des libertez, franchifes & autres chofes contenuës èfdictez Lettrez ; & contre la teneur d'icelles, ne les moleftent ou empefchent en aucune maniere. Et pour que ce foit ferme chofe & eftable à tousjours, nous avons fait mettre noftre Seel à ces prefentes Lettrez, qui furent *faites & données à Paris, le 3.e jour de Jenvier, l'An de grace 1364.*

c Suite des Lett. du C. d'Eftampes.

d époux.

e befoin eft.

[f] NOUS adecertes, lezdictes Lettrez ci-deffus tranfcriptes, & tout ce qui dedens eft contenu, à la requefte des habitans de Paroy, nommez en ycelles, ayans fermes & agreables, ycelles, en tant que en Nous eft, loons, gréons, ratiffions & approuvons ; & de noftre certaine fcience, grace efpecial & auctorité Royal, confirmons par ces prefentes. Si donnons en mandement à tous nos Jufticiers, Officiers & fubgez, ou à leurs Lieuxtenans, & à chafcun d'eulz fi comme à lui appartendra, que lezdis fupplians & chafcun d'eulz, facent & laiffent joïr & ufer paifiblement de noftre prefente grace, & de tout ce dont lezdictes Lettrez font mencion, & contre la teneur d'ycelles, ne lez moleftent, contraingnent ou empefchent, ne fœuffrent eftre contrains, moleftez ou empefchiez, orez ne ou temps avenir, en aucune maniere : Et pour que ce foit ferme chofe & eftable à tousjours, Nous avons fait mettre noftre Scel à ces Lettrez : fauf en autres chofes noftre droit & l'autruy en toutes *Donné à Paris, l'An de grace 1364. ou mois de Jenvier.*

f Suite des Lettres de Charles V.

Ainfi fignée. Par le Roy à la relacion du Confeil. BLANDIN.

CHARLES V. à Paris, en Janvier 1364.

(a) Lettres de Sauve-garde Royale, pour les Religieux de S.t Maur les-Fossez.

KAROLUS Dei gratia Francorum Rex: Notum facimus universis tam presentibus quam futuris, quod cum, prout ex fide dignorum relatu didicimus, Religiosi, Abbas & Conventus Monasterii (b) Beati Mauri de Fossatis, ab antiquissimis temporibus, tam in capite quam in membris, fuerint in salva & speciali Gardia predecessorum nostrorum Regum Francie, & Litteras super hoc obtinuerunt; & specialiter à carissimo Avo nostro Rege [a] *Philippo; de quibus Nobis per quoddam* vidimus *Castelleti nostri Parisius, extitit facta fides; cujus transcripti originale incursu gencium nostrorum armorum, cum* [b] *Villam nostram Parisiensem obsedimus, periit, prout fertur: Et idcirco Nos nolentes ex predicto casu fortuito, Ecclesie memorate à predecessoribus nostris Regibus Francie fundate, dampnum evenire; ymo graciam à dicto Domino & Avo nostro, eidem Ecclesie concessam, continuare & in suo robore permanere, ad supplicacionem dilectorum nostrorum Abbatis & Conventus Monasterii Beati Mauri de Fossatis, predictorum, quos tam in capite quam in membris, una cum bonis & rebus suis,* [c] *hominibus de corpore & familiaribus suis, in nostra salva & speciali Gardia suscipimus per presentes; & eisdem Prepositum nostrum Parisiensem, qui nunc est, & ejus successores, in Gardiatorem specialem deputamus: Cui quidem Preposito & ejus successoribus predictis, committimus & mandamus, quatinus ipsos Religiosos in suis justis possessionibus, franchisiis, libertatibus, coustumis, juribus, usibus & saisinis, manuteneant, custodiant, conservent & defendant; ipsosque Religiosos, bona sua, & Ecclesie membra, & familiares ejusdem, ab omnibus injuriis, violenciis, gravaminibus, oppressionibus, vi armorum, potencia Laicorum & novitatibus quibuscumque, deffendi* [d] *: Si que autem sint contra dictos Religiosos, aut Ecclesiam suam, membra & familiares ejusdem, ab omnibus injuriis, violenciis, gravaminibus, eas ad statum pristinum reducant seu reduci faciant indilate; Nobisque & dictis Religiosis, propter hoc emendam prestari; ac ubi casus exigerit,* [e] *assecuramentum legitimum juxta Patrie consuetudinem; nec non debitores ipsorum Religiosorum, à Villa Parisiensi ultra quindecim leucas non distantes, qui eis per testes, Litteras, instrumenta, aut alia legitima documenta, tenebuntur, ad satisfaciendum eisdem debite compellant: Et pro premissis diligencius excequendis, dictis Religiosis, unum vel plures, suis sumptibus, Servientes nostros ydoneos deputent; si super* [f] *hoc fuerint requisiti: Qui Servientes, quocienscumque inter dictos Religiosos & alios quoscumque, debatum in casu novitatis, oriri contingerit, ad manum nostram tanquam superiorem, debatum & rem contenciosam ponant; & novitate amota, locisque deablatis primitus & ante omnia ressaisitis, opponentibus assignent certam & competentem diem coram dicto Preposito* [g] *processuris & ulterius facturis, tam super recredencia quam principali, prout fuerit racionis: De quibus quidem adjornamentis & aliis que fecerint, dictum Prepositum certifficent competenter: Nolumus tamen quod dicti Servientes, de hiis que Cause cognicionem exigunt, se aliquathenus intromittant: Et ut presentes in suo robore efficacius permaneant, volumus quod dicti Religiosi, quoad debita, commissionem dicti Prepositi, annis singulis teneantur renovare; alioquin presentibus,* [h] *quamdieu erunt in mora, aliquatenus nequeant se juvare. Quod ut firmum & stabile permaneat in futurum, presentibus Litteris nostrum fecimus apponi Sigillum: salvo in aliis jure nostro & in omnibus quolibet alieno.* Datum Parisius, Anno Domini millesimo trecentesimo sexagesimo-quarto, mense Januarii.

Collacion faicte à l'original des Lettres dessus transcriptes, scellées de cire vert, en las de soie. Ainsi signées. *Per Regem, Confessore presente.* FERRICUS.

a Philippe de Valois.

b Voy. le 3.e Vol. des Ordonn. p. 309. Note (*b*)

c Especes de serfs.

d Il paroist qu'il manque-là quelques mots; & même que le texte est corrompu.

e Voy. le 3.e Vol. des Ordonn. p. 264. Note (*b*)

f h. *R.*

g processur. : factur. *R.*

h quamdiu.

NOTES.

(*a*) Livre Rouge vieil du Chastelet, *fol.* 48. *recto.*

(*b*) *Beati Mauri de Fossatis.*] Cette Abbaye qui estoit située à deux lieuës de Paris, sur les bords de la Marne, est presentement une Collegiale. *Voy. le Dictionn. Univers. de la Fr.* au mot, *S.t Maur hors la Varenne.*

LOUIS Duc d'Anjou, Frere & Lieutenant de Charles V. à Carcassone, le 3. de Fevrier 1364.

(a) *Lettres qui deffendent à tous les Juges du Languedoc, de connoistre des affaires des Juifs, lesquels ont le Comte d'Estampes pour Gardien, & seul Juge.*

LOYS Fils de Roy de France, Frere de Monseigneur le Roy, & son Lieutenant èz parties de la Languedoc, Duc d'Anjou & Comte du Mayne: Au Viguier de Beziers, au [a] Bayle de Montpellier, & à tous les autres Justiciers & Officiers & Reformateurs ou Commissaires de mondit Seigneur & de Nous, èz parties de Languedoc, ou à leurs Lieuxtenant, Salut. Come Nous soïons souffizament enformés, que nostredit Seigneur, pour certaines causes & considerations, entre les autres privileges par ly octroiés à tous les Juys & Juysves estant en Royaume de France, [b] & pardevers soy retenu & reservé toutte la Court & cognoissance desdit Juys & Juysves, en tout cas tant criminels come civils, en touttes leurs Causes, tant principaux come d'appel, & lesdit Juys & Juysves a osté & exempté de toutes autres Juridictions, sans ce que il vuille que aucune autre personne son Officier, Justicier ou Refformateur, en ait, apprehende ou attribue à soy, pour quelque tiltre, cause, couleur ou occasion que ce soit, aucune Court ou cognoissance; [c] forsque seulement nostredit Seigneur & nostre très chier & amé Cousin le Comte d'Estampes, lequel seul & pour le tout, & les Comis & depputés de par luy, & non autre, nostredit Seigneur a donné & depputé Juge & Gardien à tous yceux Juyfs & Juifves estant dudit Royaume, en luy donnant sur ce certain & exprès povoir, sy come èz Lettres de nostredit Seigneur, est plus à plain contenu: Nientemens vous ou aucun de vous, vous estes efforcies, & de jour en jour vous efforcies, de avoir & tenir Cours & cognoissance desdit Juys & Juysves, en leur très grand préjudice & domaige, en venent indehuement contre la teneur de leurs privileges, & en empeschent la Juridiction de leurdit Juge & Gardien à eulx depputés sur ce, sy come ils dient, suppliant par Nous à eulx sur ce estre pourveu de remede convenable: Pourquoy nous ledit Juge & Gardien, & touttes les autres choses ausdit Juys & Juysves, par mondit Seigneur donnés & octroyés, voulant tenir & accomplir, & de point en point estre tenuës & accomplies sans enfraindre, à la supplication desdit Juys, vous mandons & comandons, & à chascun de vous sy come à ly appartiendra; & nientemens par la teneur de ces presentes Lettres, expressement deffendons, sur quanque vous vous povés messaire envers mondit Seigneur & Nous, de la cognoissance de toutz lesdit Juyfs & Juyes estant èz parties de la Languedoc, ne de leurs Causes tant principaulx comme d'appel, ou de leurs corps ne de leurs biens, vous ne vous entremettés en aucune maniere d'ores-en-avant, ne n'en [d] tegnés ne apprehendés à vous aucune Court; mais iceulx laissiés joyr & user de leurs libertés, jouxte & selon la forme & teneur de leurs privileges & Lettres dessusdittes, & de ces presentes dont al vous appert; sans faire ne attempter aucune chose au contraire, ainçois tout ce qui fait ou attempté y seroit, mettés ou faittes remette sans delay, au premier estat deu; & nous de nostre certaine science, dès maintenant le rappellons & mettons du tout au neant par ces presentes; mais de toutes les choses dessusdittes lessiés leurdit Juge & Gardien, ou ses Comis & depputés en icelles Parties, user, come dit est: Car ainsy le volons Nous estre fait, & leur avons octroyé & octroyons de grace specialle, se [e] mestier est, par la teneur de ces presentes; nonobstant quellesconques Lettres subreptices impetrées ou à impetrer, & quellesconques Ordenances faittes ou à faire au contraire. *Donné à Carcassonne, le trois jour de Febvrier, l'An de grace 1364.* Par Monseigneur le Duc, present le Marechal Donehan & Maistre Jean Chalemart. HAUCEPYE.

a *Bailli.*

b *a.*

c *Voy. cy-dessus, p. 496.*

d *tenez.*

e *besoin.*

NOTES.

(a) Ces Lettres ont esté envoyées de Montpellier, avec cette indication: *Seneschaussée de Nismes en general: Armoire A. Liasse 18. des Actes ramassez, n. 3 fol. 4. verso.*

CHARLES V. à Paris, le 14. de Fevrier 1364.

(a) Lettres portant que les rëünions au Domaine seront executées, nonobstant toutes les Lettres Royaux qui n'auront point esté vûës & passées à la Chambre des Comptes.

CHARLES par la grace de Dieu Roy de France : Au Senechal & Tresorier de Beaucaire & de Nismes, ou à leurs Lieutenans, Salut. Comme par nos autres [a] Lettres sellées en las de soye & cire verte, Nous ayons ordonné que tous les dons faits du domaine de nostre Royaume, ou de chose qui [b] serve & ait nature de domaine, depuis le temps du Roy Philipe le Bel ençà, tant à heritage, comme à vie & à volonté, seroient remis & réunis à notre domaine; si comme ce & autres choses, sont plus à plain contenuës en notredite Ordonnance : Et combien que nos [c] & feaux Gens de nos Comptes à Paris, d'icelle Ordonnance vous ayent envoyé la copie, en mandant à vous, que icelle vous teniés, accomplissés & gardés de point en point selon sa teneur, toutes-voyes Nous avons entendu, que de accomplir notredite Ordonnance, vous avés esté & encores estes negligens; & que soubs ombre de aucunes Lettres impetrées de Nous ou de notre Court, non [d] levés en notre Chambre desdites Comptes en la maniere accoutumée, avés [e] delivré certains domaines qui deussent estre reunis à notre domaine, selon notredite Ordonnance : laquelle chose est contre la teneur d'icelle, en nostre grand dommage, s'il est ainsi : Pourquoy Nous vous mandons, & à chacun de vous si comme à lui appartiendra, que notredite Ordonnance, de laquelle il vous est apparu, vous accomplissés, gardés & entretenés bien & diligemment [f] de point, selon sa teneur; nonobstant quelconques Lettres impetrées & à impetrer de Nous ou de notre Cour au contraire, qui n'ayent esté veües & passées en nostredite Chambre : Et si aucune chose vous ou l'un de vous, avés fait au contraire, si le remettés tantôt & sans delay à estat deu, en telle maniere que par vous n'y ait aucun deffaut : Duquel, s'il y estoit, il Nous deplairoit fortement. *Donné le 14. de Febvrier, l'An de grace mil trois cens soixante-quatre.* Par les Gens des Comptes à Paris. *Pro Rege.* DE CHASTEL.

a *Voy. cy-dessus, p. 466.*

b *Il y a sent dans presque toutes les Lettres données sur la revocation des domaines:*

c *amez.*

d *Ne faudroit-il pas lire, lûës, ou vûës, comme il y a plus bas.*

e *avez exempté de la réunion.*

f *de point en point.*

NOTES.

(a) Ces Lettres ont esté envoyées de Montpellier, avec cette Indication : *Du n. 16. fol. 91.*

Il y a quelque apparence que ces Lettres qui ne sont point scellées, ne sont pas émanées de l'authorité Royale, & que ce n'est qu'une Ordonnance de la Chambre des Comptes.

CHARLES V. à l'Hôtel de S.t Paul près Paris, en Fevrier 1364.

(a) Reglement pour les Boulangers de la Ville de Provins.

KAROLUS &c. Notum facimus universis presentibus & futuris, Nos infrascriptas vidisse Litteras, formam que sequitur, continentes.

Philippe de Valois, à Marolles sur Seine, en Mars 1349.

PHILIPPES par la grace de Dieu Roys de France : Savoir faisons à touz presens & advenir, Nous avoir veu lez Lettres contenant la fourme qui s'ensuit.

NOus Thiebaut par la grace de Dieu Roys de Navarre; de Champaingne & de Brie [g] Cuens Palazins : Faisons savoir à tous ceulx qui verront & orrunt cez presentes Lettres, que comme li Boulengier ou li Thalametier de nostre Ville de

g *Conte Palatin.*

NOTES.

(a) Thresor des Chartres, Registre 98. Piece 53.

CHARLES V. à l'Hôtel de S.t Paul près Paris, en Fevrier 1364.

Provins, feussent plaintif à Nous, *(b)* que l'en prenoit trop souvent leurs pains; [a] ne mie pour le mestier amender, ne pour le commun proffit de le Ville; maix pour lez amendes avoir: Parquoy il avenoit qu'il estoient domaigié, & leur convenoit à faire plus [b] petit pain pour recouvrer leur perte; pourquoy il advenoit que touz li [c] commuis de la Ville, en estoit dogmaigiez: Et Nous aïons resgardé, que [d] ce l'en [e] laissoit à prendre le pain, dogmaiges en pourroit venir au commun pueple de le Ville; pour ce que li Talemerier ou Boulengier pourroient lors faire tel pain comme il vouldroient: Nous pour le commun bien & pour le proffit des Genz de ladicte Ville, & des Talemeriers ou dez Boulengiers, ordonnons & avons ordonné, que li Prevoz ne li Maires ne leurs Sergens, ne pranront plus le pain, si comme [f] il souloient; ains y seront establi trois Preudomme de par Nous, ou de par ceulx qui demoureront en nostre lieu; qui Nous jureront que bien & loyalment [g] il garderont le mestier, au prouffit des bonnes Gens de la Ville & des Boulengiers; & que cil troys puissent prandre le pain toutes foiz que il sçauront & verront que il sera [h] mestier, sans faire sçavoir jour certein ne heure que il le veullent prandre; maix quant il vouldront & il verront que mestier en sera: Et jurront que il le pain ne prandront nulle foiz, pour le mestier de Boulengiers ou de Talemeriers, grever, ne pour hayne [i] d'aux ou d'aucuns d'aulx; mez seulement en bonne foy, pour le prouffit & pour le [k] preu commun de la Ville dessusdicte: Et [l] d'endroit, le pain de *(c)* meschief & [m] du pain de fournage, nous ordennons & avons ordenné, que l'en ne le prainne mie; mez nous voulons que il soit venduz en la Ville, en un lieu convenable, [n] tout par lui; & illec le vendront cil qui l'auront: Et [o] cil troy qui seront establi de par nous, si comme il est dit dessus, prandront les seremens de ceulx qui le pain devant dit vendront, toutez-foiz que il voudront & il [p] cuideront bien faire, que il ne font, ne ont fait le pain devant dit, pour nulle *(d)* bordre ou pour nulle [q] malvaistié ne pour nul barat: Et d'endroit, le pain *(e)* qui sera tournez pour deux deniers, nous ordenons & avons ordenné & voulons, que des pains que l'en aura tournez pour deux deniers, que l'en n'en puisse faire nul autre [r] meschief; fors que de donner les [s] tresains; c'est assavoir, treize pour deux soubz: Et se l'en trouvoit que aucuns en feist autre *(f)* meschief, que l'en en paiast bonne amende, & [t] que il perdist le pain: Et voulons que nulz Tavernier de Provins, ne vende pain dorez-en-avant en sa maison; ains [u] l'envioit querre en la Ville, aux *(g)* estaux ou chiez lez Boulengiers, deux ou troiz ensamble, selon ce que il aura genz beuveurs en sa taverne: Et ordennons & avons ordené, que li Boulengiers qui demourront en nostre Ville de Provins, ès ruës foraines, puissent leurs porceaux, se il lez ont, mettre hors deux foiz le jour, pour pisser, & lez facent garder [x] tandis; & tantost remettre lez en leurs [y] tuez; ne ne voulons pas que l'en mette lezdiz Boulengiers en amende, ne *(h)* preigne à achoison, quant il mettront hors leurs porceaux deux foiz li jour, pour pisser; se il n'avenoit que il lez y

a *non point.*
b *du pain qui n'estoit pas de poids.*
c *communs : les habitans.*
d *se : si.*
e *cessoit.*
f *ils avoient accoustumé.*
g *ils feront observer les Reglements du mestier.*
h *besoin.*
i *d'eux.*
k *profit.*
l Appar. *doresnavant.*
m *le.*
n *Je ne vois pas ce que signifient ces trois mots; si ce n'est,* à part, en particulier.
o *les trois personnes.*
p *croiront.*
q *mechanceté ou tromperie.*
r *Voy. cy-dessous, Note (c).*
s *le treizieme.*
t *que le pain fût saisi.*
u *l'envoye.*
x *tant qu'ils seront dans la ruë.*
y *toits à porcs.*

NOTES.

(b) Que l'on prenoit.] Je crois que cela signifie, que l'on faisoit souvent des saisies de leur pain, quoyqu'ils ne fussent point en contravention aux Reglements de leur mêtier, & pour avoir occasion de leur faire payer des amendes.

(c) Meschief.] Je n'ay pû découvrir quel estoit la nature de ce pain.

Ce mot se trouve repeté deux fois dans la suite de ces Lettres; & il paroist y avoir un sens different.

(d) Bordre.] On pourroit lire *Bordie*: mais je n'entends ni l'un ni l'autre de ces mots.

Bordie pourroit signifier maison, du mot latin *Borda.*

On disoit aussi autrefois du *pain de brode.* Voy. le Dictionn. du Commerce par *Savari,* au mot, *Pain.*

Voilà tout ce que je peux dire sur ce mot.

(e) Qui sera tournez.] Je m'imagine que cela signifie, un pain qui eu égard à sa pesanteur, & au degré de bonté de la farine, doit valoir deux deniers.

(f) Meschief.] Ce mot semble signifier là *une contravention aux Reglements.* Voy. cy-dessus la Note *(c).*

(g) Estaux.] Il faut entendre par ce mot, *des Boutiques mobiles.*

(h) Preigne.] Il y a une marque d'abbreviation sur le *g*. Je ne sçais pourquoy.

Je crois que cela signifie, *que l'on ne prenne occasion de les inquieter.*

laissassent trop longuement, en maniere que li voisin s'en plainsissent ou deussent plaindre. Et se il advenoit que aucuns forfeist ès Ordennances dessus nommées, où aucunes d'aux, feust Boulengiers, feust Taverniers ou autres quielx qu'il fust, & amende ou amendes en estoient prises & levées, nous voulons & octroyons, que les amendes soient à ceulx à cui elles estoient devant ce que ceste Ordenance feust faicte: Et voulons que ceste Ordenance dessus faicte, tieingne tant-seulement & vaille, jusques à tant que nous ou noz successeurs l'auront rapellée ou le rappellent. En tesmoing de laquel chose, nous avons fait mettre nostre Scel en cez presentes Lettres, qui furent *données par nous en Chaumont en Bassigny, en l'An de grace 1269. el mois de Avril, le mardi prochain après Pasques.*

CHARLES V. à l'Hôtel de S.t Paul près Paris, en Fevrier 1364.

a LESQUELLES Lettres cy-dessuz transcriptes, & toutes les choses qui y sont contenuës, Nous aïans fermes & aggreables, ycelles voulons, loüons, gréons, ratiffions & approuvons, & de nostre plain povoir, auctorité Royal & grace especial, par la teneur de cez presentes Lettres, confermons. Auxquelles Lettres, pour que ce soit ferme chose & estable à touzjours, Nous avons fait mettre nostre grant Scel: sauf en toutes choses nostre droit & l'autrui. *Ce fû fait & donné à Marroles-sur-Seyne, l'An de grace 1349. ou moys de May.*

a *Suite des Lettres de Philippe de Valois.*

QUAS quidem Litteras supra transcriptas, & omnia & singula in eisdem contenta, rata habentes & grata, ea volumus, laudamus, ratifficamus, approbamus, & de nostris certa scientia, auctoritate Regia ac speciali gracia, tenore presencium confirmamus: Mandantes Baillivo Trecensi & Meldensi, ac Preposito de Pruvino, ceterisque Justiciariis nostris presentibus & futuris, ut dictos Boulengarios & eorum quemlibet, nostra presenti confirmacione pariter & gracia, ac de omnibus & singulis in eisdem contentis, uti & gaudere faciant & permittant; nec à quoquam permittant in contrarium molestari: Quinymo facta in contrarium, ad statum pristinum & debitum, visis presentibus, reducant & reduci faciant indilate. Que ut stabilitatis robur obtineant, presentes Litteras Sigilli nostri impressione fecimus roborari: salvo in aliis jure nostro & in omnibus quolibet alieno. Datum Anno Domini 1364. mense Februarii, in Domo nostra de Sancto Paulo propè b Parisios. Sic signata. *Per Regem ad relacionem Consilii.* ROUGEMONT.

Collacio facta est cum originalibus.

b *Paris.* R.

CHARLES V. à Paris, en Fevrier 1364.

(a) *Confirmation des Statuts de la Confrairie des Drapiers de Paris, & des Reglements de leur mestier.*

CHARLES par la grace de Dieu Roy de France: Savoir faisons à tous presens & avenir, Nous avoir veu les Lectres de nostre très chier Seigneur & Pere que Dieu absoille, cy-dessoubz transcriptes, seellées en laz de soye & cire vert, contenant la fourme qui s'ensuit.

JEHAN par la grace de Dieu Roy de France, &c. c

c *Voyez le 3.e Vol. des Ordonn. p. 581.*

LESQUELLES Lectres dessus transcriptes, & toutes les choses contenuës en ycelles, ayans agreables, icelles loüons, greons, ratiffions & approuvons, & de nostre grace especial, certaine science, & de nostre auctorité & puissance Royal, confermons. Sy donnons en mandement par la teneur de ces presentes, au Prevost de Paris,

NOTES.

(a) L'Indication des Registres où se trouvent ces Lettres est dans le 3.e Vol. des Ordonn. p. 582. Note (a).

Outre ces Registres, ces Lettres se trouvent encore au Thresor des Chartres, Registre 98. Piece huict-vingt. [160.]

CHARLES V. à Paris, en Fevrier 1364.

& à tous noz autres Justiciers, Officiers, Commissaires, Receveurs & subgiez, presens, & avenir, ou à leurs Lieutenans, & à chascun d'eulx si comme à lui appartiendra, que lesdiz Drappiers & Confreres de ladite Confrarie, facent, seuffrent & laissent joïr & user paisiblement à tousjours, de tous les poins & articles dessus escrips & devisez, de chascun d'iceulx & de leurs dependances, sans les y empescher ou souffrir estre troublez ne empeschez en aucune maniere, jamaiz à nul jour au temps avenir. Et pour que ce soit ferme chose & estable à tousjours, Nous avons faict mectre à ces Lectres, nostre Scel : sauf en autres choses nostre droit & en toutes l'autrui. *Donné à Paris, l'An de grace mil trois cens soixante & quatre, ou mois de Fevrier. Ainsi signé.* Par le Roy, present Monsieur le Conte d'Estampes. P. MICHIEL.

Collacion est faicte avecques la Lectre original, par moy. P. MICHIEL. Et au doz d'icelle estoit escript : Publié en Jugement ou Chastellet de Paris, le mardi 22.ᵉ jour d'Avril, après *Quasimodo,* l'An mil trois cens soixante & cinq. J. LE BEGUE. Publié souffisament ès Halles des draps à Paris, par Jehan le Maire, le samedi 11.ᵉ jour de Mars 1367. *Item.* Publié par ledit Jehan, èsdites Halles, le samedi 3.ᵉ jour de May 1371. presens, Robert Petit, Clerc Examinateur, &c. & Estienne le Lorrain Sergent à Verge, &c.

CHARLES V. à Paris, en Mars 1364.

(a) Lettres portant que le Comté de Blois ressortira au Bailliage de Chartres.

KAROLUS &c. Notum facimus universis tam presentibus quam futuris, quod cum à tempore quo Villa & terra Aurelianensis, carissimo Avunculo nostro [a] *Duci Aurelianensi, assignata & tradita extiterit in Ducatu, ressortum & superioritas Comitatus & terre Blesensis, & subditorum ipsius, qui antea per Baillivum Aurelianensem, tanquam per Baillivum Regium, & ad sedem Regiam fuerant gubernate, coram Baillivo Carnotensi & ad Sedem ipsius Regiam, posite & tradite per bone memorie Dominum Regem* [b] *Philippum Dominum nostrum, extiterint ibidem gubernande & exercende; post modumque, quia Prepositus noster de (b) Cepeyo, qui tunc erat, virtute quarumdam Litterarum & Ordinacionum Regiarum, continencium quod quilibet in antiquo suo ressorto ressortiri deberet, nitebatur coram se ad Sedem de* [c] *Falconneria in Villa Aurelianensi, predictum ressortum & superioritatem dicti Comitatus & terre, habere, inclite recordacionis Dominus Progenitor noster, ad requestam dilecti & fidelis Consanguinei nostri Comitis (c) Blesensis, dictas superioritatem & ressortum, ad Sedem Carnotensem coram Baillivo Carnotensi, tanquam ad Sedem Regiam & quamdiu Sedes Regia existeret, remansuras ordinasset; ac postmodum, per dictas Litteras ipsius Domini Genitoris nostri, nostrasque Litteras, hoc idem mandatum fuit & eciam ordinatum : Que quidem superioritas & ressortum, per totum tempus predictum, ad dictam Sedem Carnotensem, coram dicto Baillivo seu ejus Locumtenenti, gubernate & deducte fuerunt & remanserunt, & adhuc remanent & existunt : Verum quia Baillivus noster de Cepeyo, noviter creatus, virtute quarumdam Litterarum*

a Voy. cy-dessus, p. 292. Note (b).

b Philippe de Valois, Pere du Duc d'Orleans.

c Voy. p. suiv. Note (d).

NOTES.

(a) Thresor des Chartres, Registre 98. Piece neuf-vingt-huit. [188.]

(b) Cepeyo.] Cepoy dans la Banlieuë de Montargis. Morin dans son Hist. du Gastinois, liv. 1. ch. 3. p. 86. dit que *Cepoy* qui n'est plus aujourd'huy qu'une simple Prevosté & un petit Village, estoit autrefois un fort grand Bourg & un Bailliage Royal.

Il paroist par la suite, [Voy. p. suiv. Note *(d)*] que le lieu dans Orleans qui estoit de la Jurisdiction de *Cepoy*, appartenoit à l'Abbaye de S.ᵗ Mesmin.

Quant au lieu nommé *Falconneria*, on trouve dans l'Hist. d'Orleans par le *Maire*, p. 237. une Tour de la *Fauconnerie*, où est l'Hostel Episcopal. Je ne sçais si elle est située au lieu nommé en latin *Falconneria*.

(c) Blesensis.] Il se nommoit Jean. Il fut Comte de Blois, depuis 1327. jusqu'en 1380. Voy. *l'Hist. de Blois par Bernier 2.ᵉ partie* p. 320.

in Curia

CHARLES V, à Paris, en Mars 1364.

in Curia Compotorum nostrorum Parisius, ut dicitur, signatarum, nisus fuit & nititur predictas ressortum & superioritatem, coram se in (d) Allodio Sancti Maximini Aurelianensis, facere ressortiri; unde predictus Consanguineus Nobis humiliter supplicavit, ut cum dicte superioritas & ressortum, per totum tempus predictum, ad dictam Sedem Carnotensem, modo predicto, gubernate fuerint; ipsaque Sedes Carnotensis magis congrua & habilis pro dictis superioritate & ressorto, notabiliorque & munita [a] Consilio, ac de eadem (e) Diocezi existat; jamque Consiliarii dicte Sedis, (f) merita Causarum & negociorum dicte superioritatis & ressorti, noverint & deduxerint; Nos ipsas superioritatem & ressortum, ad dictam Sedem Carnotensem, coram Baillivo Carnotensi seu ejus Locum-tenente, remanere faceremus; prefato Baillivo de Cepeyo, silencium super hoc perpetuum imponendo: Nos igitur, attentis premissis, & quod dictus Comitatus [b] & Nobile membrum nostre Corone, & quod est eciam magis decens & congruum, quod per dictam Carnotensem Sedem, que notabilior est quam dicta Sedes de Allodio Sancti Maximinii, debeat gubernari, & ad relevandum eciam dictum Consanguineum nostrum & ejus subditos dictorum Comitatus & terre, à penis, dampnis & laboribus, quos, prout asserit, ipsos incurrere oporteret, [c] ea ad dictam Sedem de [d] Alledio Sancti Maximinii ressortire haberent; de certa nostra sciencia, auctoritate Regia, de plenitudine potestatis & gracia speciali ordinavimus & per presentes ordinamus, & dicto Consanguineo nostro & successoribus suis, concessimus & concedimus, quod predicte superioritas & ressortum dictorum Comitatus & terre ipsius Consanguinei nostri, per dictam Sedem Carnotensem, coram Baillivo Carnotensi, qui nunc est & pro tempore fuerit, seu ejus Locum-tenente, regantur, gubernentur & deducantur, ac regende, gubernande & deducende remaneant in futurum, quamdiu dicta Sedes in nostris & Successorum nostrorum manibus erit, & per manum Regiam contigerit gubernari; prefato Baillivo de Cepeyo, aliisque Baillivis, Justiciariis & Officiariis nostris, silencium super hoc perpetuum imponentes: Mandandoque & eciam tenore presencium, si neccesse fuerit, committendo Baillivo Carnotensi, qui nunc est & pro tempore erit, ac ejus Locumtenente, quatenus dictas superioritatem & ressortum dictorum Comitatus & terre, ac fidelium, Vassallorum & subditorum ejusdem, coram se, ad Sedem predictam, teneat & exerceat, teneri & exerceri faciat & procuret; non permittendo se super hoc molestari à quocunque: Inhibemus eciam tenore presencium, predictis Baillivo & Preposito de Cepeyo, necnon omnibus Justiciariis & Officiariis nostris, ac eorum Loca-tenentibus, ne contra Ordinacionem & concessionem predictas, & alia superius expressa, faciant, attemptent seu innovent, fieri, attemptari seu innovari presumant; sed dictum Consanguineum nostrum & ejus successores, nostra presenti gracia & concessione, uti & gaudere perpetuò faciant & permittant. Quod ut firmum & stabile perpetuo perseveret, nostrum Litteris presentibus fecimus apponi Sigillum: nostro in aliis & alieno in omnibus jure salvo. Datum Parisius, mense Marcii, Anno Domini 1364. Regni nostri primo.

Sic signat. *Per Regem.* N. DE VEIRES.

a d'Advocats.

b est.

c Il faut necessairement *si*, au lieu d'*ea*.

d Allodio.

NOTES.

(d) Allodio S. Maximini.] C'est-à-dire, les terres de l'Abbaye de *S. Mesmin de Micy.* Cette Abbaye est située près d'Orleans. Elle fut fondée l'an 500. à *Micy*, & elle tire son nom de *S. Maximinus*, [*S. Mesmin*] qui en fut le second Abbé. Voy. *Acta SS. Benedictinor. Sæcul.* 1. p. 580. Voy. p. preced. Note *(a)*.

(e) Diocezi.] Blois, avant qu'on y eust érigé un Evesché en 1697. estoit du Diocese de Chartres. Voy. *le Dictionn. Univers. de la Fr.* au mot, *Blois.*

(f) Merita Causarum.] Je crois que cela signifie, que les Avocats du Siege de Chartres, sont fort au fait des affaires du Comté de Blois, parce qu'il y a long-temps qu'elles passent par leurs mains.

CHARLES V.
à Paris, en Mars 1364.

(a) Confirmation d'un Privilege accordé à la Ville de Bethune.

CHARLES &c. Savoir faisons à touz presens & advenir, Nous avoir veu lez Lettres de nostre très chier Seigneur & Pere, èsquelles estoient inserées autres Lettres de nostre très chier Seigneur & Ayeul, le Roy Philippe que Dieux absoille, contenant la fourme qui s'ensuit.

JOHANNES &c. [a]

a Ces Lettres sont cy-dessus, p. 141.

NOUS considerans les granz, bons & aggreables services, que lezdiz Eschevins, Mayeur & Communauté de ladicte Ville de Bethune, ont faiz, & que touzjours se sont portez bien & loyalment envers Nous, noz Predecesseurs & la Coronne de France, & lez grans griefz & domages qu'il ont ja pieça soustenuz pour le fait dez guerres, lez Lettres dessus transcriptes & le contenu en ycelles, loüons, ratiffions, approuvons, & de certeinne science, de nostre auctorité Royal & grace especial, par la teneur de cez presentes confermons; & leur ottroïons de nouvel, se [b] mestier est, que lezdiz Eschevins, Maïeur & Communauté, aïent la cognoissance & le Jugement; & le Seigneur de qui il tiennent ladicte Ville, la correccion & pugnicion & execution de leurs Bourgois & Bourgoises; exceptez lez cas dessusdiz reservez: Et s'il advenoit que aucuns de leurs Bourgois & Bourgoises, soit pris en quelque lieu & Jurisdiccion de nostre Royaume, Nous voulons qu'il leur soit renvoïé [c] chargié de son fait, touttefoiz qu'il le requerra, pour en avoir la cognoissance & Jugement, & leurdit Seigneur, la correccion & punicion, comme dessus est dit; s'il n'estoit pris pour lez cas reservez dessusdiz ou aucun d'iceulx, ou en [d] present meffait ou en chaude chace: èsquelx cas de present meffait & de chaude chace, tant-seulement, Nous voulons que celui de noz Justiciers ou autres èsquielx Jurisdiccion il sera pris, dedens quarante jours après ce que ledit malfaiteur aura fait *litis-contestation* sur lez cas à lui imposez, & que celui qui le tendra prisonnier, en soit sommez & requis souffisament de par lez Eschevins, Maciur & Communalté dessusdiz, face audit malfaiteur, bon & brief acomplissement de Justice: Et se il ne le faisoit, qu'il soit tenu de le leur rendre sans contredit aucun, les quarante jours dessusdiz passez, par la fourme & maniere contenuë ès Lettres dessus transcriptes. Si donnons en mandement aux Bailliz d'Amiens & de Lille, & à touz autres Justiciers de nostre Royaume, presens & advenir, ou à leurs Lieuxtenans, & à chascun d'eulx, que lezdiz Eschevins, Maïeur & Communauté, laissent joir & user paisiblement de nostre presente grace, & que yceulx ou aucun d'eulx, ne travaillent, molestent ou empeschent, ou facent travailler, molester, adjourner, appeller à bannissement, ne autrement en aucune maniere, attempter contre la fourme & teneur dez Privileges dessusdiz: Et s'aucune chose avoient attempté ou attemptoient au contraire, qu'il la ramenent ou facent ramener tantost & sanz delay, au premier estat & deu. Et que ce soit ferme chose & estable à touzjours, Nous avons fait mettre nostre Scel à cez presentes: sauf nostre droit en autres choses & l'autrui en touttes. *Donné à Paris, ou moys de Mars, l'An de grace 1364. & de nostre Regne le premier. Ainsin signée.* Par le Roy. N. DE VERRES. *Visa. (b).*

Collacion est faicte aux Lettres originales.

b besoin.

c Voyez le 3.e Vol. des Ordonn. p. 311. Note (e)

d Voy. cy-dessus, p. 142. Note (d).

NOTES.

(a) Thresor des Chartres, Registre 97. Piece 611.

(b) Il y a ensuite deux lettres que l'on n'a pû dechiffrer.

CHARLES V. à Paris, au mois de Mars 1364. Charles V. à Paris, au mois de Novembre 1364.

(a) Octroy accordé à la Ville d'Aurillac.

KAROLUS Dei gracia Francorum Rex: Notum facimus universis tam presentibus quam futuris, Nos infrascriptas Litteras nostras vidisse, formam que sequitur, continentes.

KAROLUS &c. Regis Francie Primogenitus &c. [a]

a Ces Lettres sont cy-dessus, p. 199.

Item. *ALIAS Litteras subsequentes Litteras eisdem Consulibus & Communitati, nuper concessas, sub hiis verbis.*

CHARLES par la grace de Dieu &c. [b]

b *Ces Lettres sont cy-dessus, p. 509.*

QUAS quidem Litteras nostras superius insertas, & omnia & singula in eis contenta, laudamus, ratifficamus & approbamus, ac eciam de nostris speciali gracia & auctoritate Regia, confirmamus: Volumus eciam, attentis causis & racionibus in primis Litteris superius insertis, & ut predicta fortalicia de cetero melius valeant reparari, & alie dicte [c] *Villes neccessitates levius supportari, eisdem Consulibus & Communie dicte Ville Aureliaci,* [d] *condimus, nostram, si neccesse sit, graciam ampliando, quod ipsi dictum Obolum turonense, sic, ut predicitur, duabus vicibus concessum, sub condicionibus & modis in dictis primis Litteris nostris superius insertis, & aliis suprascriptis super hoc editis, percipiant, levent & exigant deinceps libere & quiete, in reparacionibus, fortifficacionibus, neccessitatibus & aliis oneribus dicte Ville, quibus futuris temporibus, eadem Villa indigebit seu indigere poterit quovismodo, perpetuo convertendum; & hujusmodi gracia & confirmacione nostris, pacifice gaudeant & utantur: Mandantes nichilominus earumdem serie, Baillivo Montanorum Arvernie, ceterisque Justiciariis & Officiariis nostris, aut eorum Loca-tenentibus, presentibus & futuris, & eorum cuilibet prout ad eum pertinuerit, quatenus prefatos Consules & habitatores, predictis confirmacione & presenti gracia nostris, uti & gaudere pacifice faciant & permittant; ipsos in contrarium nullatenus molestando vel perturbando, seu molestari vel perturbari quovismodo permittendo; sed si forsan aliquid in contrarium factum invenerint, ad statum pristinum & debitum reducant, aut reduci faciant indilate. Quod ut firmum & stabile perpetuo perseveret, Sigillum nostrum presentibus Litteris duximus apponendum: salvo in aliis jure nostro & in omnibus quolibet alieno.* Datum Parisius, Anno Domini 1364. Regnique nostri primo, mense Marcii. Sic signata. *Per Regem ad relacionem Consilii.*

c Ville.

d concedimus.

Collacio facta est de Litteris superius insertis. DE REMIS.

NOTES.

(a) Thresor des Chartres, Registre 98. Piece 250.

CHARLES V. à Paris, en Mars 1364.

(a) Lettres de Sauve-garde Royale, pour l'Abbaye de S.t Victor-lès-Paris.

KAROLUS Dei gracia Francorum Rex: Ad perpetuam rei memoriam. Regie Majestatis excellencia, gloriam meretur & honorem, si Religiosi & Ecclesiastici viri, pacis amatores, eterno pacis Auttori dediti, per Regalis potencie subsidium, ab in-

NOTES.

(a) Livre Rouge vieil du Chastelet, *fol.* 38. *recto.*

CHARLES V. à Paris, en Mars 1364.

quietacionibus & molestiis defensi, quietis & pacis amenitate letentur: Notum igitur facimus universis presentibus pariter & futuris, quod Nos, qui, Deo annuente, Regni gubernacula suscepimus, Antecessorum nostrorum vestigiis inherentes, ad Monasterium Sancti Victoris propè Parisius, Ordinis Sancti Augustini, ab eisdem nostris Antecessoribus fundatum & dotatum, & propterea ex tunc & in perpetuum, tam in capite quam in membris, cum omnibus bonis suis, in Regia protectione & Salva-gardia jam existens, nostre devocionis intuitum specialiter dirigentes, ad supplicacionem dilectorum nostrorum Religiosorum virorum, Abbatis & Conventus ejusdem Monasterii Santti Victoris, quos, in hac parte, ad exaudicionis graciam duximus admittendos, ipsos & eorum Monasterium predictum, tam in capite quam in membris, eorumque gentes, familiares & (b) redditos, ac [a] homines & feminas de corpore, si quos vel quas habent, necnon omnes Prioratus, domos, granchias & omnes eorum alias possessiones, cum omnibus rebus suis & bonis, tam Ecclesiasticis quam patrimonialibus universis, ubicumque infra Regnum nostrum existant, per favorem Regie fondacionis predicte; & ut, tam pro Nobis & carissima Consorte nostra Regina, Antecessoribusque & Successoribus nostris, quam pro salute nostri Regni, misericordiam Dei devocius implorent, in suisque orationibus, de hoc fervencius & libencius memoriam faciant, suscepimus, & posuimus, & adhuc ex habundanti, suscipimus & ponimus per presentes, ex nunc imperpetuum, pro Nobis & nostris successoribus Regibus Francorum, in & sub protectione, tuicione nostris, & Salva-gardia speciali, & eisdem deputavimus, de ampliori simili gracia, & per presentes deputamus in specialem & perpetuum Gardiatorem, verumque pro Nobis deffensorem, Prepositum nostrum Parisiensem qui nunc est, & qui pro tempore fuerit, aut ejus Locum-tenentem, per totum Regnum nostrum. Cui quidem Preposito & ejus Locum-tenenti, Mandamus, &, quantum ad [b] hoc committimus per presentes, quatenus dictos Religiosos & dictum eorum Monasterium, tam in capite quam in membris, eorumque gentes, familiares & redditos ac homines & feminas de corpore, in suis justis possessionibus, juribus, usibus, franchisiis, Libertatibus & saisinis, in quibus ipsos suosque predecessores fuisse pacifice ab antiquo invenerit, manuteneat & conservet; ipsosque ab omnibus injuriis, violenciis, gravaminibus, oppressionibus, molestacionibus, vi armorum, potencia laicorum ac inquietacionibus & novitatibus indebitis quibuscumque, preservet, tueatur & deffendat, non permittendo contra ipsos Religiosos, eorumque gentes, familiares, Officiarios, Priores, ac homines & feminas de corpore, possessiones, res & bona, aliquas fieri vel inferri injurias aut indebitas novitates; quas si factas esse vel fuisse, in dicte Salve-gardie dictorumque supplicancium prejudicium, invenerit, ad statum pristinum & debitum reducat aut reduci faciat indilate; Nobisque, propter hoc, emendam condignam prestari; & de personis de quibus [c] assecuramentum exigere voluerint, eisdem legitimum juxta Patrie consuetudinem, dari; ac nostram hujusmodi Salvam-gardiam, personis & locis quibus & ubi expediens fuerit, insinuari & publicari; pennonellosque nostros Regios in & super bonis, Prioratibus, domibus & granchiis, & aliis locis dictorum Religiosorum, in terra que Jure-scripto dumtaxat situatur, & alibi in casu eminentis periculi, apponat vel apponi faciat indilate: Inhibendo seu inhiberi faciendo, ex parte nostra, omnibus personis & singulis de quibus [d] fuerint requisitus, sub certis & magnis penis Nobis aut Successoribus nostris, propter hoc applicandis, ne dictis Religiosis, eorumque Prioribus, Officiariis, gentibus, servitoribus, familiaribus, & hominibus de corpore, in personis sive rebus & bonis aliqualiter fore-facere presumant, (c) Curiamque & Jurisdictionem seu Causarum cognicionem, de suis justiciabilibus quibuscumque, coram & à quibuscumque Dominis vel Judicibus, requirere & restitui faciat cum effectu: Et in casu

a Especes de serfs.

b h. R.

c Voy. le 3.e Vol. des Ordonn. p. 264. Note (b)

d fuerit.

NOTES.

(b) *Redditos.*] On appelloit ainsi des *Freres Lais*, qui se retiroient dans les Monasteres : ils estoient d'un Ordre inferieur à celuy *des Freres Convers*. On les nommoit aussi *Donati*, sur lesquels Voy. le 3.e Vol. des Ordonn. p. 318. Note *(d)* & la Preface de la 2.e partie du 6.e Siecle des *Acta SS. Benedictinor.* p. LVI. Voy. sur les *Redditi*, Du Cange, au mot, *Redditus*.

(c) *Curiamque.*] C'est-à-dire, qu'il évoque par devers luy, toutes les affaires concernans cette Abbaye, qui seront pendantes devant d'autres Juges.

debati seu saisine vel possessionis, aut eciam novitatis, inter dictos Religiosos & eorum adversarios quoscumque, Nobiles & innobiles, debato rebusque contenciosis ad nostram manum, tanquam superiorem, positis, locisque deablatis ressaisitis realiter & de facto, factaque per dictam manum nostram, recredencia, cui de jure fuerit facienda, opponentes & debatum hujusmodi facientes, & eciam dicte Salve-gardie nostre infractores & contemptores, nec non illos qui predicto Preposito seu ejus Locum-tenenti, vel ab eis deputandis in hac parte, hujusmodi Gardiatoris Officium exercendo, injuriam fecerint vel offensam, sive qui eis vel eorum alteri, inobedientes fuerint vel rebelles, coram se adjornari faciat, super dicta opposicione, tam super principali quam recredencia & aliis premissis, ac omnibus emergentibus & deppendenciis ab ipsis, processuros, dictisque Religiosis responsuros, & ulterius facturos, ut fuerit racionis; [a] exhibendo super hoc inter Partes, bonum & breve Justicie complementum; exceptis tamen Paribus Francie, & aliis qui alibi preterquam in Parlamento nostro, minime litigare tenentur: Quos tamen contra prefatos Religiosos, in omnibus casibus supradictis, emergentibusque & dependentibus ab ipsis, modo & forma predictis, in dicto Parlamento processuros ut Jus & Justicia suadebunt, per dictum Gardiatorem vel ab eo deputandum, volumus adjornari: Mandantes committendo dicto Gardiatori, ut pro premissis diligencius excequendis, sepedictis Religiosis, unum vel plures Servientes nostros ydoneos, eciam extra Parisius, ubicumque commorentur, si & quociens requisitus fuerit, deputare non omittat, [b] suis sumptibus & expensis: Qui tamen de hiis que Cause cognicionem exigunt, se nullatenus intromittant, dictum Gardiatorem de hiis que fecerint in premissis, [c] certificantes competenter; ceteraque omnia & singula faciat & exerceat dictus Gardiator, & ab eo deputandi in hac parte, que ad Gardiatoris Officium pertinent & possint quomodolibet pertinere: Et Nos per presentes, damus in mandatis universis Justiciariis & subditis nostris, ut prefato Gardiatori & ab eo deputandis in hac parte, ut preferetur, in premissis & ea tangentibus, pareant efficaciter & intendant, prestentque auxilium, vim, consilium & favorem, si opus sit, quociens super hoc fuerint requisiti. Quod ut perpetuam & inconcussam sorciatur firmitatem, presentes Litteras Sigilli nostri munimine, duximus roborari: salvo in aliis jure nostro & in omnibus alieno. Datum Parisius, Anno Domini millesimo trecentesimo sexagesimo-quarto, mense Marcii; Regni vero nostri Anno primo.

CHARLES V. à Paris, en Mars 1364.

a exhiben. *R.*

b aux despens de l'Abbaye.

c certifican. *R.*

Collacion faitte à l'original scellé de cire vert en las de soie, ainsi signé en la marge: *Per Regem ad relacionem Consilii.* J. DE COLUMBIS. Et estoit escript au dos desdictes Lettres, ce qui s'ensuit: Publiées en Jugement ou Chastellet de Paris, le lundi 26ᵉ. jours de May 1365. *(d).*

NOTES.

(d) Il y a dans le même Registre, *fol.* 38. *verso*, des Lettres qui concernent la Sauvegarde Royale accordée à S.ᵗ Victor. On a crû devoir les faire imprimer icy.

KAROLUS Dei gratia Francorum Rex: Preposito Parisiensi aut ejus Locum-tenenti, Gardiatori, Religiosis, Abbati & Conventui Monasterii Sancti Victoris juxta [d] Parisios, ex parte nostra deputato, salutem. Vobis committimus & mandamus, quatenus omnia debita bona & legalia [e] legitimè recognita, vel probata per testes, Litteras, instrumenta, aut alia legitima documenta, que dictis Religiosis & eorum Prioribus, conjunctim vel divisim, tam in capite quam in membris, à quibuscumque personis, in Vice-comitatu Parisiensi, ac prope Villam Parisiensem, à tredecim leucis dumtaxat, commorantibus, vocatis evocandis, deberi noveritis eisdem aut eorum certo mandato, cum [f] sceleris Justicie complemento, persolvi faciatis; debitores ipsos ad hoc, per capcionem, vendicionem & explectacionem bonorum suorum quoruncumque, corporumque detencionem, si necesse fuerit, & ad hoc specialiter obligati existant, debite compellendo; nonobstantibus quibuscumque Litteris aut graciis à Nobis seu Curiâ nostrâ, super [g] respectu vel dilacione debitorum hujusmodi, concessis aut eciam concedendis; quibus per dictos debitores, fide & juramento intervenientibus, renunciatum extitit, de dictis (e) fide & juramento expressam minime facientibus mencionem: & in casu opposicionis, manu nostrâ usque ad summas in

d Paris. *R.*

e &.

f celeris.

g respit.

NOTES.

(e) Fide & juramento.] Cela signifie, nonobstant les Lettres de respit, dans lesquelles il ne sera pas marqué expressement qu'elles doivent avoir lieu, même dans les cas où les débiteurs auroient renoncé par serment, au benefice de semblables Lettres.

Litteris obligatoriis Sigillis Regiis Sigillatis, contentas, sufficienter munitâ, opponentes ad certam & competentem diem, seu certas [a] *competentes dies, coram vobis adjornari faciatis, super dictâ oppositione processuros, & ulterius facturos quod fuerit racionis,* [b] *exhibentes super hoc inter Partes easdem, ipsis auditis, bonum & breve Justicie complementum: & pro premissis diligencius exequendis, eisdem Religiosis, unum vel plures Servientes nostros ydoneos, si requisiti fueritis, deputetis, qui tamen de hiis que Cause cognicionem exigunt, se nullatenus intromittant. Ab omnibus autem Justiciariis & subditis nostris, vobis & deputandis à vobis in hac parte, pareri volumus & mandamus, presentibus post biennium minime valituris. Quod dictis Religiosis concessimus de graciâ speciali.* Datum Parisius, quindecimâ die Marcii, Anno Domini millesimo trecentesimo sexagesimo-quarto, Regni nostri primo.

Collacion faitte.

a &.
b exhiben. R.

CHARLES V. à Paris, en Novembre & en Mars 1364.

(a) Confirmation & augmentation des Privileges des habitans de Montreüil près le Bois de Vincennes.

CHARLES &c. Savoir faisons à tous presens & avenir, Nous avoir veu noz Lettres, contenant la forme qui s'ensuit.

CHARLES par la grace de Dieu Roy de France: Savoir faisons à tous presens & avenir, Nous avoir veu les Lettres de feu nostre très chier Seigneur & Pere, contenant la forme qui s'ensuit.

JEHAN par la grace de Dieu Roy de France: &c. [c]

c *Ces Lettres sont cy-dessus, p. 204.*

LESQUELLES Lettres & toutes les choses contenuës en ycelles, Nous loons, approuvons, & par ces presentes, de certainne science & grace especial, confirmons. Si donnons en mandement par ces presentes, au Prevost de Paris, & à tous les autres Justiciers de nostre Royaume, ou à leurs Lieuxtenans, presens & avenir, & à chacun d'eulz si comme à lui appartendra, que lesdiz habitans & chascun d'eulz, facent & laissent joïr & user de nostre presente grace, & contre la teneur d'icelle, ne l'empeschent ou molestent par quelque maniere; mais si aucune chose estoit faite ou attempté au contraire, si le renvoïent au premier estat & deu. Et pour que ce soit ferme chose & estable à touzjourz, Nous avons fait mettre nostre Seel à ces presentes: sauf en autres choses nostre droit & l'autruy en toutes. *Donné à Paris, l'An de grace 1364. ou mois de Novembre.*

ET comme de la partie d'iceulz habitans de Monstrueil, Nous ait esté signifié, que nonobstant le contenu ès dessusdictes Lettres, aucuns se sont efforciez & de fait se efforcent, de contraindre lesdiz habitans ou aucuns d'iceulz, à païer & contribuer à la prise des loups, & païer la taille ordonnez à païer par [d] feu, pour cause de la prise d'iceulz loups, en les molestant pour ladicte cause, en plusieurs & diverses manieres, en Nous humblement suppliant, que sur le contenu de ladicte grace & ottroy ausdiz habitans ottroyé, comme dit est, veillons declarer nostre entencion, [e] en leur faire grace se [f] mestier est: Et Nous à leur supplicacion, considerans les charges que yceulz supplians & leurs successeurs ont à soustenir pour cause dudit ottroy, voulons les dessusdictes Lettres & le contenu en ycelles, estre tenuez & gardées: Et en empliant ycelles, pour oster toute matiere de [g] plait, se mestier est, avons ottroyé & par la teneur de ces presentes, ottroyons aus dessusdiz habitans de Monstrueil lèz ledit Boiz de Vincennes, pour & un chascun d'eulz & leurs successeurs, que de toutes prises, tailles &

d *Voyez le 3.e Vol. des Ordonn. p. 337. Note (b) & p. 565. Note (b).*
e *&.*
f *besoin.*
g *contestation.*

NOTES.

(a) Thresor des Chartres, Registre 98. Piece huit-vingt-dix-sept. [177.]

impoſicions, pour cauſe ou occaſion de priſe ou chace de loups, & de toutes les appartenances, appendances & circunſtances de chace ou priſe de loups, yceulz habitans ſoient & demeurent quittes d'ores-en-avant, ſanz ce que en aucune maniere, yceulz habitans ou aucuns d'eulz, pour le temps preſent ou avenir, en puiſſe eſtre pour ce contrainz en corps ou en biens, [a] au plus que il ſeroit, ou porroit eſtre pour occaſion où le fait contenu ès [b] Lettres deſſus tranſcriptes. Si donnons en mandement au Prevoſt de Paris, à tous autres Juſticiers, Officiers & Commiſſaires, tant ſur la prince & chace de loups, comme autres quelconques, dudit [c] Royaume, preſens & avenir, & à leurs Lieuztenans, & à chaſcun d'eulz ſi comme à luy appartendra, que leſdiz habitans & leurs ſucceſſeurs, preſens & avenir, & un chaſcun d'iceulz, de noſtre preſente grace facent & laiſſent joïr & uſer paiſiblement, & contre la teneur d'icelle, ne l'empeſchent ou moleſtent en aucune maniere, ſoit en corps ou en biens; Et que ce ſoit ferme choſe & eſtable à tousjours, Nous avons fait mettre noſtre Scel à ces preſentes Lettres: ſauf noſtre droit en autres choſes & en toutes l'autrui. *Donné à noſtre Hoſtel lèz Saint Pol, à Paris, l'An de grace 1364. ou mois de Mars; & au premier An de noſtre Regne.*

Ainſi ſigné: Par le Roy en ſes Requeſtes. J. CLERICI.

a Peut-eſtre faut-il lire, *non plus.*

b *Celles du Roy Jean.*

c *Il y a dans le Reg. R.*e *avec une marque d'abbreviation.*

CHARLES V. à Paris, en 1364. ſans mois.

(a) Lettres portant que les biens des habitans de Carcaſſone, qui ſeront condamnez à mort, ou à la mutilation de membres, ou à un banniſſement perpetuel, ne ſeront point confiſquez.

NOTUM facimus, quod Nos ad humilem ſupplicationem Conſulum, Univerſitatis Burgi Carcaſſone, attendentes eorum fidelitatem & obedientiam, quam habent & ſemper habuerunt erga Nos & Coronam Francie, attentiſque gratuitis ſerviciis per ipſos Conſules ac Univerſitatem, Nobis & predeceſſoribus noſtris Regibus Francie, diverſimode impenſis, & que de diem [d] *impendere non deſinunt toto poſſe, eiſdem Conſulibus ac Univerſitati & habitatoribus Burgi Carcaſſone preſentibus & futuris, conceſſimus & concedimus per preſentes, de noſtra certa ſcientia & gracia ſpeciali, quod ſi aliquis de habitatoribus dicti loci, preſentes atque futuri, ex quocunque crimine, ad mortem vel mutilacionem membri, ſeu ad exilium perpetuum condemnatus fuerit, quod propter hoc, bona talium nullatenus confiſcentur; ſed quod heredibus, liberiſque ſeu propinquioribus dicti condampnati, ſi extent, bona ipſa libere & integraliter remaneant & revertantur, & niſi extiterit quod idem condampnatus, de bonis ipſis valeat ordinare pro ſuo libito voluntatis; ne ſucceſſores ſui qui non delinquerunt, puniantur, prout Jura-ſcripta quibus* [e] *Patria illa regitur, volunt: Exceptis tamen & retentis bonis illorum qui propter crimen leſe-Majeſtatis, hereſis vel falſe monete, ſeu aliud crimen à jure exceptum, fuerint quomodolibet condampnati Mandantes Seneſcallo Vicarioque & Judici noſtro Carcaſſone, vel eorum Loca-tenentibus & cuilibet ipſorum, in ſolidum committentes, quatenus Conſules & Univerſitatem predictam, & ſingulares ac habitatores ejuſdem, preſentes & futuros, noſtra preſenti gratia uti & gaudere faciant & permittant. Quod ut firmum & ſtabile perpetuo perſeveret in futurum, noſtrum preſentibus Litteris fecimus apponi Sigillum: ſalvo in aliis jure noſtro & in omnibus quolibet alieno.* Datum Pariſius, Anno Domini 1364.

Per Regem in ſuo Conſilio. GONTIER.

d de die in diem.

e Païs.

NOTES.

(a) Threſor des Chartres, Regiſtre 96. Piece quatorze-vingt-dix. [290.]

Comme il n'y a point à la fin de ces Lettres, la date du mois dans lequel elles ont eſté données, on les a placées à la fin de l'année.

(a) MCCCLXV.

(a) Cette année commença le 13. d'Avril, & finit le 4. d'Avril.

CHARLES V. à Paris, le 20. d'Avril 1365.

(a) Mandement pour faire fabriquer de nouvelles Especes.

CHARLES par la grace de Dieu Roy de France: A noz amez & feaulx les Generaulx-Maistres de noz Monnoyes, Salut & dilection. Pour ce que de tout nostre cuer, Nous avons affectueux desir de faire chose qui soit & doïe estre au prouffit & bien commun de Nous & de tout le peuple de nostre Royaume, par lequel où la greigneur partie d'iceluy, Nous a esté humblement supplié, que sur le fait & gouvernement de noz Monnoyes, voëllions pourveoir & ordonner par telle maniere, que les Monnoyes tant d'Or comme d'Argent, faictes hors de nostre Royaume, qui ont cours en iceluy, pour plus grant pris assez qu'elle ne valent, en grant deception & dommaige de Nous & dudit peuple, soient du tout [a] abatuës & mises au marc pour Billon: Savoir vous faisons, que par grant & meure deliberation de nostre Conseil, avec plusieurs autres expers & congnoissans en fait de Monnoye, avons ordonné & ordonnons par ces presentes, de faire faire & ouvrer Deniers d'Or fin, appellez Deniers d'Or aux Fleurs-de-Liz; lesquelz auront cours pour vingt solz tournois la Piece, & seront de soixante & quatre de poix au marc de Paris; & Deniers blancs qui auront cours pour cinq deniers tournois la Piece, à [b] quatre deniers de loy, dit Argent-le-Roy, & de [c] huit solz de poix audit marc de Paris; & aussi petiz Parisis, & petiz Deniers tournois, qui auront cours pour ung denier parisis & pour ung denier tournois la Piece, à deux deniers de loy dudit Argent-le-Roy, & de [d] seize solz de poix, les petiz Parisis; & de [e] vingt solz, les petiz Tournois, de poix audit marc. Si vous mandons & commandons que tantost & sans delay, ces Lettres veuës, vous faciez faire & ouvrer par toutes & chascune noz Monnoyes, lesdis Deniers d'Or, & la Monnoye blanche & noire dessusdite, du poix & loy dessusdis; & ne laissez plus ouvrer ne monnoyer sur les coings de Francs d'Or, & des autres Monnoyes d'Argent que Nous faisons faire à present: Et donnez & faites donner aux Changeurs & Marchans, pour chacun marc d'Or fin qui sera apporté en nosdites Monnoyes, soixante & deux deniers & demy d'Or, des Deniers aux Fleurs-de-Liz dessusdis; & pour chascun marc d'Argent allayé à quatre deniers de loy dudit Argent-le-Roy, cent cinq solz tournois; & pour chascun marc d'Argent allaïé à deux deniers de loy dudit Argent-le-Roy, cent solz tournois: Et faictes donner aux Ouvriers & Monnoyers, tel salaire pour leur ouvraige & monnoïage, se [f] mestier est, [g] après cruë sur ce, comme vous verrez qu'il sera à faire de raison. *Donné en nostre Hostel de Saint Pol-lèz-Paris, le 20.e jour d'Avril, l'An de grace 1365.* Ainsi signé:

Par le Roy. GONTIER. *(b)*.

[a] *decriées.*

[b] *Voy. la Preface du 3.e Vol. des Ordonnances, page CVIII. N.o XVIII.*

[c] *de 96. Pieces au marc.*

[d] *de 192. Pieces au marc.*

[e] *de 240. Pieces au marc.*

[f] *besoin.*

[g] *Il semble qu'il y ait quelque chose de corrompu dans cet endroit.*

NOTES.

(a) Registre *D.* de la Cour des Monnoyes de Paris, *fol. 112. recto.*

Avant ces Lettres, il y a:

Lundi 21.e jour d'Avril 1365. fut apporté en la Chambre des Monnoyes, unes Lettres ouvertes du Roy nostre Sire, ouvertes, scellées de son grant Scel, desquelles la teneur est telle.

Premier Mandement fait pour les deniers d'Or aux Fleurs de Liz, & les Blancs deniers, de 5. deniers tournois la Piece.

(b) Après ce Mandement, on trouve ce qui suit.

Monnoye 24.e

MARdi 22.e jour d'Avril mil trois cens soixante & cinq.

Ce jour, fut faicte assavoir aux Changeurs de Paris, l'Ordonnance de la Monnoye 24.e d'Or d'Or & d'Argent, & les pris du marc d'Argent si comme plus à plain est contenu ès Lettres cy-devant escriptes; & leur fut [a] declaré en la Chambre des Comptes, par Messieurs; c'est assavoir, Monf.[r] de Sens, Monf.[r] Guillaume des Dormans Chancellier de [b] Vienn. Messire Robert de Lorris, Maistre Oudart Levrier, Messire Ligier, Messire Huë de Roche, Maistre Jehan Dacheris, Sire Guillaume de Hametel, & Raoul de Lisles, Treforiers, & les Maistres des Monnoyes; c'est assavoir Jehan le Flament, Nicolas de Chevreuse, Martin de Fourques, & Edouart Tadelin.

a *Mot abbregé & douteux.*
b *du Dauphiné.*

Par vertu desquelles Lettres dessus escriptes, lesdis Generaulx-Maistres des Monnoyes, ordonnerent leurs Lettres clauses, en semblable forme, pour envoyer par les Monnoyes du Royaume, desquelles la teneur s'ensuit.

Executoire sur ce.

DE par les Generaulx-Maistres des Monnoyes, du Roy nostre Sr Gardes & Maistre de la Monnoye de Roüen : Par vertu des Lettres du Roy nostre S.[r] à Nous envoyées, Nous vous mandons, que tantost ces Lettres vûës, vous *(c)* cloüez les boestes d'Or & d'Argent, se aucunes en y a; & ne laissez plus ouvrer ne monnoyer sur les coings des Francs d'Or, & de la Monnoye blanche & noire que l'en fait à present : mais sans aucun delay, faites convenir pardevant vous les Changeurs & Marchans frequentans ladicte Monnoye, & leur dictes & signifiez l'Ordonnance de faire la Monnoye d'Or & d'Argent, en la maniere qui s'ensuit; c'est assavoir, que vous faciez faire & ouvrer Deniers d'Or fin, qui seront appellez Deniers aux Fleurs de Liz, qui auront cours pour vingt solz tournois la Piece, & de soixante-quatre de poix au marc de Paris; desquelz Nous vous envoyons les Patrons avec l'exemplaire.

Item. Que vous faciez faire & ouvrer Blancs Deniers qui auront cours pour cinq deniers tournois la Piece, à quatre deniers de loy Argent-le-Roy, & de huit sols de poix au marc de Paris.

Item. Que vous faciez faire & ouvrer petitz Deniers tournois qui auront cours pour ung denier tournois la Piece, à deux deniers de loy dudit Argent-le-Roy, & de vingt solz de poix au marc de Paris, desquels Blancs Deniers, & petitz tournois, Nous vous envoyons les Patrons avec l'exemplaire encloz dedanz ces Lettres, &c.

NOTES.

(c) *Cloüez les boestes.*] Voy. Boizard, Traité des Monnoyes, pp. 97. & 428.

CHARLES V.
à Paris, le 22. d'Avril 1365.

(a) Mandement pour faire publier la nouvelle Monnoye, dont la fabricaton avoit esté ordonnée.

CHARLES par la grace de Dieu Roy de France: Au Prevost de Paris ou à son Lieutenant, Salut. Nous par très grant deliberation de nostre Conseil, & pour oster les cours aux faulces & [c] estranges Monnoyes qui ont cours en nostre Royaume, ou grant dommaige de Nous & de tout le peuple de nostredit Royaume, ayons ordonné, si comme il vous pourra plus à plain apparoir par noz autres [d] Lettres

c *estrangeres.*
d *Voy. les Lettres precedentes.*

NOTES.

(a) Registre *D.* de la Cour des Monnoyes de Paris, *fol.* 113. *verso.*

Avant ces Lettres, il y a :

Item. *Fut apporté en la Chambre des Generaulx-Maistres des Monnoyes, onze paires de Lettres ouvertes du Roy, seellées de son grant Seel, adressans à plusieurs Seneschaulx, Baillis, desquelles la teneur s'ensuit.*

Mandement pour les Deniers d'Or aux Fleurs de Liz, & Blancs, de quatre deniers parisis la piece.

On a envoyé de Montpellier deux copies de ces mêmes Lettres, adressées au Seneschal de Beaucaire & de Nismes : La 1.ere avec cette Indication, *du n. 16. fol. 125.* & la seconde, avec cette Indication.

Seneschaussée de Nismes en general, Liasse 18. des Actes ramassez, Arm. A. *n. 2. fol. 125.*

Ces Lettres sont semblables à celles qui sont adressées au Prevost de Paris ; à l'exception que dans celles-cy, il est dit que les Deniers d'Or aux Fleurs de Lys, auront cours pour *seize sols parisis;* & que dans les autres, il y a, qu'ils auroient cours pour *vingt sols tournois :* cela revient au même; mais il est extraordinaire que cette difference se trouve dans deux expeditions d'une même Lettre.

lesquelles Nous vous envoirons brefvement, de faire faire & ouvrer Deniers d'Or fin, qui seront appellez Deniers d'Or aux Fleurs-de-Liz, qui auront cours pour seize solz parisis la Piece, & non pour plus; & Blancs Deniers qui auront cours pour quatre deniers parisis la Piece; & petiz Parisis & petiz Tournoiz, qui auront cours pour ung denier parisis & pour ung denier tournois la Piece, & que les Francs d'Or ayent cours pour seize solz, & non pour plus.

Si voulons & vous mandons, que tantost ces Lettres veuës, vous faciez crier & publier solempnement nosdites Monnoyes, ès lieux acoustumez, & que chacun les preigne & mette pour le pris dessusdit, & non pour plus. *Donné à Paris, le 22.e jour d'Avril, l'An de grace 1365.* Ainsi signé: Par le Roy en son Conseil. BLANCHET.

CHARLES V. à Paris, le 26. d'Avril 1365.

(a) Lettres qui fixent les gages des Gardes, Tailleurs & Essayeurs des Monnoyes; & qui portent que les Gardes feront dans la suite dans les Monnoyes d'Or, les fonctions des Contregardes, lesquels seront supprimez.

CHARLES par la grace de Dieu Roy de France: A noz amez & feaulx les Generaulx-Maistres de noz Monnoyes, Salut & dilection. Comme de longtemps passé il ait esté & soit acoustumé, que les Garde, Tailleur & Essayeur de noz Monnoyes, ayent pris sur les Maistres-particuliers & Fermiers d'icelles, leur despense de vivres; & iceulx Fermiers ou aucun d'eulx, se soyent complaincz & doluz par plusieurs fois, de ce que iceulx Officiers vouloient avoir & prenoient de fait, si grant & excessive despense sur eulx, que iceulx Maistres-particuliers ou aucun d'eulx, y ont eu grant donmaige, & moult [a] frayé & despendu du leur, & par ce, a convenu bailler noz Monnoyes à faire, à plus grant pris que de raison, n'estoit pour cause de ladite despense, en laquelle chose, Nous avons eu très grant donmaige, & pourrions avoir, si sur ce n'estoit pourveu de remede convenable: Savoir vous faisons, que par très grant & bonne deliberation de nostre Conseil, & afin que l'Ouvraige de nosdites Monnoyes, soit & doye estre fait à moindre pris, à nostre prouffit, pour cause d'icelle despense, Nous avons ordonné & ordonnons par ces presentes, que doresen-avant, lesdis Gardes, Tailleur & Essayeur, qui à present sont & qui ou temps avenir seront en noz Monnoyes, ne ayent ou preignent aucuns gaiges ou despens sur les Maistres-particuliers d'icelles; mais voullons & Nous plaist de grace especial, que lesdis Gardes ayent sur Nous cent cinquante livres tournois pour leurs gaiges & despens; & dix livres tournois pour [b] Robbe, par An; le Tailleur, cent livres tournois, pour ses despens, & cent solz tournois pour Robes; & qu'il soit payé de *(b)* la taille des fers, par la forme & maniere qu'il estoit paravant: Et voulons aussy que l'Essayeur ait pour ses gaiges & despens, cent livres tournois, & cent solz tournois pour Robbe, par an: Et voulons aussi & ordonnons, que lesdis Gardes, soient tenuz de faire Office de *(c)* Contregarde en noz Monnoyes d'Or, chascun par soy, par mois, ou par autre maniere, si comme bon vous semblera; & que les Contregardes qui y sont à present à noz gaiges, soient du tout ostez & mis hors desdis Offices: Lesquels Nous en

[a] *fait de grands frais.*

[b] *Voyez le 3.e Vol. des Ordonn. p. 86. Note (c).*

NOTES.

(a) Registre *D.* de la Cour des Monnoyes de Paris, *fol.* 114. *verso.*

Avant ces Lettres, il y a:

Mandement sur les sallaires des Officiers des Monnoyes.

Ordonnance des gaiges des Gardes, Essayeur & Tailleur des Monnoyes, Voy. cy-dessus, les Lettres du dernier d'Avril 1365.

(b) La taille des fers.] Le droit dont le payement est icy ordonné, se nomme *Ferrage;* & il a esté establi, à cause que les Tailleurs particuliers sont obligez de fournir les Fers necessaires pour monnoyer les Especes. Voy. *l'explication alphabetique qui est au commencement du Traité des Monnoyes de Boizard*, aux mots, *Ferrage* & *Tailleurs.*

(c) Contre-garde.] Voy. sur ces Officiers, le Traité des Monnoyes de *Boizard*, t. 2. ch. 8. p. 386.

deboutons du tout par ces presentes. Si vous mandons & à chascun de vous, que nostre presente Ordonnance vous faciez tenir & garder dores-en-avant, & à iceulx Gardes, Tailleur & Essayeur, faictes payer les gaiges & despens dessusdis, par les Maistres-particuliers de noz Monnoyes, sur le prouffit qui Nous pourra & devra appartenir, à cause de l'Ouvraige d'icelles: Lesquelz gaiges & despens, Nous voullons estre alloüez ès Comptes de celui ou ceulx à qui il appartiendra, par noz amez & feaulx Gens de noz Comptes à Paris. *Donné à Paris, le 26.e jour d'Avril, l'An de grace 1365.* Ainsi signé. Par le Roy en son Conseil. BLANCHET.

CHARLES V. à Paris, le 26. d'Avril 1365.

(a) *Lettres portant qu'on establira un* [Hostel] *des Monnoyes dans la Ville de Tours.*

CHARLES par la grace de Dieu Roy de France: A noz amez & feaulx les Generaulx-Maistres de noz Monnoyes, Salut & dilection. Nous vous mandons que vous faciez faire & ouvrer en nostre Ville de Tours, Monnoye d'Or & d'Argent, semblablement comme Nous faisons faire en noz autres Monnoyes, affin que ladite Ville & le pays d'environ, se puisse peupler & ranplir de noz bonnes Monnoyes, & que les contrefaictes & [a] estranges qui y ont à present cours, soyent du tout [b] abatuës: Et ou cas qu'il n'y auroit lieu & propre & ordonné à faire l'ouvrage de nos Monnoyes, comme fornaises, fondoire & autres edifices, si faictes faire & edifier à noz despens: Et Nous voulons que tout ce que lesdites fornaises & autres choses, cousteront à edifier & ordonner, soit alloüé ès Comptes de celui ou ceulx à qui il appartiendra, par noz amez & feaulx Gens de noz Comptes à Paris. *Donné à Paris, le* [c] *26.e jour d'Avril, l'An de grace 1365.* Ainsi signé: Par le Roy en son Conseil. BLANCHET.

a *estrangeres.*

b *décriées & hors de cours.*

c On ne distingue pas bien s'il y a 26. ou 27.

NOTES.

(a) Registre *D.* de la Cour des Monnoyes de Paris, *fol.* 115. *verso.*
Avant ces Lettres, il y a:
Mandement pour faire Monnoye à Tours.

CHARLES V. à Paris, le dernier d'Avril 1365.

(a) *Lettres portant qu'il y aura des Contregardes dans les Monnoyes de Paris & de Tournay, nonobstant la disposition des Lettres du 26. d'Avril precedent.*

CHARLES par la grace de Dieu Roy de France: A noz amez & feaulx les Generaulx-Maistres de noz Monnoyes, Salut & dilection. Comme n'agueres, par déliberation de nostre Conseil, Nous ayons ordonné, si comme il vous peust estre apparu par noz [d] Lettres sur ce faictes, que les Gardes, Tailleur & Essayeur de noz Monnoyes, ne soient plus aux despens des Maistres-particuliers d'icelles; & que pour ce, ilz ayent & preignent sur Nous, du prouffit de nosdites Monnoyes, certaines sommes d'Argent par An; & [e] parmy ce, lesdis Gardes soient tenuz de faire office de Contregarde en noz Monnoyes d'Or, en ostant & deboutant les Contregardes qui y sont à present à nos gaiges: Savoir vous faisons, que ce ne fut onques ne n'est nostre intention, que les Contregardes qui sont à present & qui ou temps advenir seront en noz Monnoyes de Paris & de Tournay, soyent comprins en ladite Ordon-

d *Voy. cy-dessus, p. 546.*

e *moyennant.*

NOTES.

(a) Registre *D.* de la Cour des Monnoyes de Paris, *fol.* 116. *recto.*
Avant ces Lettres, il y a:
Mandement par lequel les Contre-gardes des Monnoyes de Paris & Tournay, furent instituez derechef en leurs Offices.

nance; ainçois voulons & Nous plaist de grace especial, tant pour le prouffit & seureté des Marchans frequentans icelles, que lesdis Contregardes soyent & demeurent en leursdis Offices, ainsi qu'ilz estoient paravant nostredite Ordonnance; c'est assavoir, que chascun desdis Contregardes, ont cinquante livres tournois de gaiges par An, prins sur Nous, & qu'ilz soient auz despens des Maistres-particuliers d'icelles. Si vous mandons & à chascun de vous, que vous mettez & instituez derechef lesdis Contregardes & chascun d'eulx, en leursdis Offices, & les faictes payer desdis gaiges & despens, en la maniere & aux termes acoustumez, par les Maistres-particuliers desdites Monnoyes d'Or de Paris & de Tournay : Lesquelz gaiges, Nous voullons estre allouez ès Comtes d'iceulx Maistres-particuliers, sans contredit, par noz amez & feaulx Gens de noz Comptes à Paris; nonobstant quelzconques Ordonnances, mandemens ou deffenses au contraire. *Donné à Paris, le derrenier jour d'Avril, l'An de grace 1365.* Ainsi signées. Par le Roy en son Conseil. P. BLANCHET.

CHARLES V.
à Paris, en Avril 1365.
Philippe Auguste, à Compiegne, en 1189.

(a) Confirmation de la *Commune* accordée à la Ville de S.t Riquier.

KAROLUS &c. Notum facimus universis presentibus & futuris, Nos infrascriptas Litteras vidisse, formam que sequitur, continentes.

IN nomine Sancte & Individue Trinitatis, amen.

PHILIPPUS Dei gracia Francorum Rex: Noverint universi presentes pariter & futuri, quod (b) pacem & Communiam donamus Burgensibus (c) Sancti Rikarii, ad rationabiles usus & consuetudines quibus ipsi antea uti solebant. Concedimus eciam, ut Majorem faciant in Communia sua, quandocunque voluerint vel sibi viderint expedire. Quod ut firmum & ratum perpetuo maneat, salvo jure nostro, & Ecclesiarum & ingenuorum hominum, Sigilli nostri auctoritate, & Regii nominis [a] *caractere inferius annotato, fecimus confirmari.* Actum Compendii, Anno ab Incarnacione Domini 1189. Regni nostri Anno undecimo. *Astantibus in Palacio nostri* (sic) *quorum nomina supposita sunt &* [b] *signe. Signum Comitis Theobaudi Dapiferi nostri. Signum Guidonis Buticularii. Signum Mathei Camerarii. Signum Radulphi Constabularii. Data vacante Cancellaria.*

a Le Monogramme : Il n'est point figuré dans le Registre.

b signa.

NOs igitur, ad supplicacionem Majoris & Scabinorum Ville Sancti Riquarii predicti, suprascriptas Litteras, omniaque & singula in eisdem contenta & expressa, quatenus & modo quo ipsi eisdem usi sunt, de nostris auctoritate & potestate Regia, de specialique gracia, tenore presentium confirmamus : Mandantes Baillivo Ambianensi, ceterisque Justiciariis & Officiariis nostris atque Regni, vel eorum Loca-tenentibus, presentibus & futuris, & cuilibet eorumdem, quatenus Majorem & Scabinos dicte Ville, modernos & eorum successores, vel alios quorum intererit, contra tenorem presentium, nullatenus inquietent vel molestent, inquietarive aut molestari quomodolibet paciantur : Quicquid in contrarium factum vel attemptatum repererint, ad statum pristinum & debitum celeriter reducendo. Quod ut roboris perpetui stabilitate firmetur, Litteras presentes Sigilli nostri fecimus appensione muniri : nostro in aliis & alieno in omnibus jure salvo. Actum Parisius, Anno Domini 1365. & Regni nostri secundo, mense Aprilis.

[c] *Sig. signata. Per Regem ad relationem Consilii.* MONTAGU.

Collacio facta est.

c sic.

NOTES.

(a) Thresor des Chartres, Registre 98. Piece 266.

(b) Pacem.] On appelle *pax* & *paix* en françois, le territoire soûmis à la Jurisdiction des Officiers municipaux des Villes qui ont droit de *Commune*. Voy. Du Cange, au mot *Pax*, vers la fin.

(c) Sancti Rikarii.] S.t Riquier en Picardie, à deux lieuës d'Abbeville. Voy. *le Dictionn. de la Fr.* au mot, *S.t Riquier.*

CHARLES V. à Paris, en Avril 1365. & le 27. de Mars 1364.

(a) Lettres qui confirment les Argentiers & Receveurs des deniers communs de la Ville de S.t Quentin, dans la possession dans laquelle ils sont, de ne pas rendre leurs comptes aux Officiers du Roy.

CHARLES &c. Savoir faisons à tous presens & avenir, Nous à la supplicacion de noz bien amés les Maire, Eschevins, Jurez, Bourgois, habitans & Communauté de la Ville de Saint Quentin, avoir veu les Lettres desquelles la teneur s'ensuit.

A Tous ceulz qui ces presentes Lettres verront & orront: Droüars de Haynaut, Lieuztenant de Monf. le Bailli de Vermendois, & Commissaire du Roy nos. en ceste partie, Salut. Nous avons veu les Lettres du Roy nos. desquelles la teneur s'ensuit.

CHARLES par la grace de Dieu Roy de France: Au Baillif de Vermendois ou à son Lieutenant, Salut. De la partie des Maire, Eschevins, Bourgois, habitans & Communauté de nostre Ville de Saint Quentin en Vermandois, Nous a esté exposé en complaignant, que comme par noz Seigneurs Predecesseurs [a] que Dieux pardoint, il aïent esté & soient fondés en Justice, College & Commune, & aïent toutes les choses, ou la plus grant partie, qui appartiennent à Corps, College & Commune de Ville, & par especial aïent tousjours eu & acoustumé à avoir, & encores aient un Receveur que il nomment *Argentier*, liquel a acoustumé à recevoir les demaines de ladicte Ville, au proufit d'icelle & de tout le Commun, & de recevoir aussi toutes manieres de dons, de imposicions ou autres aides que Nous ou Nosseigneurs Predecesseurs leur avons donnés & ottroïés pour la reparation & fortificacion de ladicte Ville, ou pour supporter les frais & missions d'icelle, ou pour quelconques autres causes que ce soit; lesquelz ont acoustumé de tout temps, que l'Argent qui se leve à la cause dicte, soit reçeu par ledit *Argentier*, lequel *Argentier* en rent, doit & a acoustumé à rendre compte chascun an à certain jour, ausdiz complaignans, aux Mayeurs & Preudommes des *(b)* Ensaignes & au Commun d'icelle Ville; sanz ce que onques nul temps, il aïent appellé ou acoustumé à appeller noz Gens ou Officiers, ne que à ce [b] il aïent esté presens ny ois en aucune maniere; ne que lesdiz complaignans ou leurdit *Argentier*, ou autres de ladicte Ville, aïent acoustumé à *(c)* garder ne rendre compte [c] des Lettres que Nous ou noz Predecesseurs leur avons données ou ottroyées sur lesdittes imposicions ou aides: [d] Parmi lequel compte [e] redant au-dessus només, ledit *Argentier*, ou autres quelconques qui l'Argent appartenant, ou [f] donné comme dit est, à ycelle Ville, rechoivent ou ont reçeu, lesquelz aussi en sont tenu de rendre compte, ont accoustumé à demourer & demeurent

a *ausquels Dieu pardonne.*

b *les Officiers du Roy.*

c *aux Officiers du Roy.*

d *moyennant.*

e *rendant.*

f *don.* R.

NOTES.

(a) Thresor des Chartres, Registre 98. Piece neuf-vingt-treize. [193.]

(b) Ensaignes.] Enseignes. Je crois que par ce mot, il faut entendre les differents Corps ou Communautez qui composoient la Communauté generale de la Ville. Tels pouvoient estre les Corps des mestiers: chaque Corps avoit son *Enseigne.* Froissart parle très souvent de ces Corps de mestier des Villes de Flandres. Les chefs de ces mestiers se nommoient *Dayens* ou *anciens* des mestiers. [*Voy. Froissart, l. 2. ch. 41. p. m. 69.*] Dans ces Lettres ils sont nommez *Mayeux*; c'est-à-dire, *Majeurs*, Majores. Ces Corps de mestier qui alloient quelquefois à la guerre, avoient des *Enseignes*, comme quelques Confrairies ont encore aujourd'huy leurs *Bannieres.*

(c) Garder ne rendre compte des Lettres.] Je ne vois point ce que peut signifier le mot *garder* en cet endroit. Il semble qu'il devroit y avoir *montrer*, qui est plus bas dans un endroit à peu près semblable à celuy-cy. Pour ces mots, *rendre compte des Lettres, &c.* je crois qu'ils signifient, *rendre compte des deniers reçûs en consequence des Lettres, &c.* Voy. plus bas, à l'endroit qui vient d'estre indiqué.

CHARLES V. à Paris, en Avril 1365. & le 27. de Mars 1364.

quittes à tousjours-mais de ce qui leur est passé & accordé en leurs comptes, sanz ce que eulz ou leurs Predecesseurs, en aïent acoustumé ou temps passé, à rendre compte à Nous ny à nos Gens & Officiers en aucune maniere: Et il soit ainsi que ou temps passé, les dessus nommés aïent eu & soustenu, & soustiennent grans mises, frais & despens, tant pour cause des guerres de nostre Royaume, & pour plusieurs subsides & ottrois faiz & ottroez à nostre très chier Seigneur & Pere cui Diex pardoint, & à Nous, comme pour la fortification, garde & emparement de ladicte Ville, laquelle encore, consideré que il sont en frontiere de nostre Royaume, & pour [a] doubte de noz ennemis, il emparent & fortifient chascun jour; à laquelle chose faire, il leur a convenu & convient encore grandement [b] fraïer & despendre; neantmoins ce non-obstant, le Prevost de Saint Quentin, & Maistre Jehan de Chaulieres l'ainsné, ou l'un d'eulz, eulz disans Commissaires en ceste partie, par vertu d'une Lettres de commission obtenuës de Nous, faisans mencion entre les autres choses, que Nous avons entendu que plusieurs grans sommes d'Argent que lesdiz complaignans depuis l'An [c] 44. ont levées & reçuës sur tout ledit Commun, par vertu de plusieurs dons Royaulz fais & ottroyés à eulz, tant pour la fortiffication & autres neccessités de ladicte Ville, comme pour le fait de la guerre, n'ont pas esté [d] mises èsdictes reparacions & besoignes, ne ou proufit commun d'icelle Ville, ne rendu bon compte, parce que lesdiz supplians ont commis [e] à ce faire, personnes *(d)* favorables *(e)* qui n'ont riens paié selon leurs facultez, combien qu'il aïent grandement reçeu sur ledit Commun qui grandement a esté dommagié, si comme il est contenu èsdictes Lectres de commission, & que Nous avons entendu; *(f)* se sont efforcé & efforchent de jour en jour, à contraindre lesdiz complaignans, & autres qui depuis ledit temps de l'An 44. ont eu le gouvernement & reçeu les deniers d'icelle Ville, à monstrer toutes les Lettres Royaulz des dons qui leur ont esté faiz, & à eulz rendre compte des sommes de deniers qui depuis & pendant ledit temps, ont esté levés en ladicte Ville; laquelle chose est contre les libertés, franchises & coustumes desdis complaignans, de ladicte Ville, & de tout le Commun: Mesmement que ledit Commun est present & appellé, ou leurs deputés, à ce aoyr, passer & accorder ou contredire lesdiz comptes, ne il s'en sont point plains, [f] ne fait partie; ne aussi n'appert par ladicte commission, que aucuns en face complainte ou demande en aucune maniere, si comme il dient: Si Nous ont fait supplier, que sur ce, Nous leur veüillons pourveoir de remede convenable. Pourquoy Nous, qui lesdiz complaignans voulons tenir & estre tenus en leurs bonnes coustumes, libertés & franchises, & qui ne voulons pas que contre raison, & en enfraignant ycelles, il soïent molestés ou empeschés indeuëment, vous mandons, &, se [g] mestier est, commettons, que se, appellant à ce nostre Procureur & autres qui seront à appeller, il vous appert sommierement & de plain, des choses dessusdictes, & de leursdictes libertés, franchises & coustumes, vous lesdis complaignans, leur *Argentier* & Officiers, tenés & faictez tenir [h] paisibles de rendre compte à Nous ni à noz Gens ou Officiers, desdictes Lettres & deniers dessusdiz, & à ce faire ne les contraignez, ou faitez ou souffrez estre contrains par lesdis Commissaires ou autres, & [i] entre deux, tenés ladicte commission en suspens, nonobstant lesdictes Lettres de commission, & quelconques autres Lettres surreptices empetrées ou à empetrer au contraire: Car Nous le volons estre ainsi fait, & de nostre grace especial, l'avons

a *crainte.*

b *faire des frais, des dépenses.*

c *1344.*

d *employées.*

e *à faire l'employ de ces deniers.*

f *ne se sont point rendu parties contre ces Receveurs.*

g *besoin.*

h *quittes de l'obligation.*

i *Je crois que ce mot signifie icy la même chose que,* & cependant.

NOTES.

(d) Favorables.] Il n'y a dans le Registre que *favor.* avec une marque d'abbreviation. Par personnes *favorables*, je crois qu'il faut entendre des personnes qui avoient de la *faveur* & du credit dans la Ville.

(e) Qui n'ont riens payé selon leurs facultez.] Ces mots ne me paroissent pas faire un bon sens; & il me semble qu'ils doivent signifier, *que ces Receveurs n'ont pas payé & depensé tout l'argent qu'ils ont reçû, & d'ailleurs n'ont point fourni leur contingent, à proportion de leurs biens, lorsqu'on a levé des deniers pour les dépenses communes.* Ces Lettres sont assez mal redigées en plus d'un endroit.

(f) Se sont efforcé.] Le Prevost de S.t Quentin & Jehan de Chaulieres, qui sont nommez 12. lignes plus haut.

ottroyé & ottroyons par ces presentes, ausdiz complaignans. *Donné à Paris, le 27.e jour de Mars, l'An de grace 1364. & de nostre Regne premier.*

Ainsi signées. E's Requestes de l'Hostel. DAILLY. SOYCOURT.

CHARLES V. à Paris, en Avril 1365. & le 27. de Mars 1364.

[a] ET comme par vertu desdictes Lettres, & pour ycelles venir veoir enteriner & acomplir, Nous aïons fait adjourner & convenir pardevant Nous à Saint Quentin, le Procureur du Roy nos. oudit Bailliage, Grisol de Hies Prevost de Saint Quentin, [b] Mayeur [c], Eschevins, Jurez, Mayeurs & Preudommes d'Ensaigne de ladicte Ville, & ycelles Parties presentes par Andrieu de Gauchi Procureur des empetrans desdictes Lettres, Nous eust esté requis instamment que le contenu en ycelles, luy enterinissions & missions à execucion, en proposant les faiz contenus esdictes Lectres, & en ycelles [d] ramenant à fait, & en offrant à faire foy d'iceulz, furent ycelles Lettres leuës, & exposées aus dessusdiz, & bailliées à Pierre de la Riviere Substitut dudit Procureur du Roy *(g)* au Conseil du Roy nostredit Seigneur, & audit Prevost, & après ce que [e] eulz lesdictes Lettres furent veuës [f] à deliberacion, par eulz fû dit, que au contraire d'icelles Lettres, il ne voloient aucune chose dire ne opposer; car il n'avoient mie vû [g] user que les Gens & Officiers du Roy, aïent esté appellés aux comptes des *Argentiers* de ladicte Ville; & aussi par lesdiz Maire, Eschevins, Jurés, Mayeurs & Preudommes d'Ensaigne, qui bien estoient jusques au nombre de soixante ou environ, faisans & representans le [h] fais de la Communauté en ce cas & en autres, presens lesdiz Substitut & [i] Conseil du Roy, Nous fu deposé par leurs sermens, que on avoit usé & acoustumé de tout temps dont il ont memoire, en ladicte Ville de Saint Quentin, que les *Argentiers* d'icelle Ville, des deniers que il ont receu, & des [k] mise que il ont fait d'iceulz pour ladicte Ville, ont rendu compte chascun an, au veu & au sceu de tous ceulz d'icelles Villes, à huis ouvers, desdictes receptes & mises, au Mayeur, Eschevins, Jurez, Mayeurs & Preudommes d'Ensaigne de ladicte Ville, le mardi avant che que l'on face le Mayeur en ladicte Ville; lequel on a acoûtumé à faire chascun an, le Juedi avant le Saint Jehan-Baptiste, sanz ce que à ce faire, les Gens ou Officiers du Roy nos. aïent esté à ce appelés ne veuës; & desdiz comptes ainsi fais desdis *Argentiers*, ont yceulz *Argentiers* veu demourer quittez, sanz ce que eulz ou leurs predecesseurs en aïent acoustumé ou temps passé, de rendre compte aus Gens ou Officiers du Roy nostredit Seigneur, en aucune maniere: Sachent tout que nous, pour consideracion des choses dessusdictes, & de ce que par les impetrans desdictes Lettres, nous fû faicte foy de leur [l] fundacion en Justice, College & Commune, & de leurs Libertez & franchises dont lesdictes Lettres font mencion, avons lesdiz impetrans, leursdiz *Argentiers* & Officiers, tenu & tenons paisiblez, de rendre compte aus Gens & Officiers du Roy nos. desdictes Lettres, & deniers dont lesdictes Lettres font mencion; & par vertu desdictes Lettres dessus transcriptes, avons commandé ausdiz Substitut & Prevost, que lesdis complaignans, *Argentiers* & Officiers, tiengnent paisibles de rendre à eulz ne à autres, ledit compte, selon le teneur desdictes Lettres: Auquel mandement yceulz Substitut & Prevost ont obey. En tesmoing de ce, nous avons ces Lettres scellées de nostre Sel. *Ce fu fait le mardi après Pasques Flories, 8.e jour d'Avril, l'An 1364.*

[m] LESQUELLES [n] dessus transcriptes, & toutes les choses en ycelles contenuës, considerans que elles sont deuëment faitez par le Lieutenant de nostre Bailli de Vermendois, Nous avons aggreables, & ycelles confirmons de nostre auctorité Royal & de grace especial. Si donnons en mandement au Bailli de Vermandois, & à tous noz Justiciers, & Officiers & Commissaires, ou à leurs Lieuztenans, & à chascun d'eulz si comme à lui appartendra, que lesdiz supplians ou aucuns d'eulz, ne molestent &

a *Suite des Lettres du Lieutenant du Bailli de Vermandois.*

b *les.*

c *Il est nommé* Maire, *un peu plus bas.*

d *offrant de faire la preuve des faits qui y estoient contenus.*

e *par.*

f *avec.*

g *estre d'usage.*

h *fait.*

i *Conseillers de la Prevosté. Voyez la Note (g).*

k *dépenses.*

l *de l'octroy qui leur a esté fait de la Justice, &c.*

m *Suite des Lettres de Charles V.*

n *Lettres.*

NOTES.

(g) Au Conseil du Roy.] C'est-à-dire, à ce que je crois, Substitut du Procureur du Roy, au Siege de la Prevosté Royale de S.t Quentin.

travaillent ou empeschent contre la teneur des Lettres dessus transcriptes & de ces presentes; mais d'icelles & des choses contenuës en ycelles, les facent & laissent joïr & user paisiblement; en rappelant & remettant au premier estat & deu, tout ce que il trouveront estre ou avoir esté fait au contraire. Et que ce soit ferme chose & estable à tousjours, Nous &c. sauf &c. *Ce fu fait & donné à Paris, l'An de grace 1365. & de nostre Regne le 2.e au mois d'Avril.*

Ainsi signé : E's Requestes de l'Ostel. DE MONTAGU.

CHARLES V. à Paris, le 7. de May 1365.

(a) *Mandement qui regle le prix de certaines Especes, & qui porte qu'après un certain temps, certaines Especes n'auront plus de cours.*

CHARLES par la grace de Dieu Roy de France : Au Prevost de Paris ou à son Lieutenant, Salut. Nous avons ordonné, si comme il vous pourra plus à plain apparoir par noz autres [a] Lettres ouvertes, lesquelles Nous vous envoirons bresvement, de faire faire & ouvrer Deniers d'Or fin qui seront appellez, Deniers d'Or aux Fleurs-de-Liz, qui auront cours pour vingt solz tournois la Piece, & non pour plus; & Blancs Deniers qui auront cours pour quatre deniers parisis la Piece; & petiz Parisis, & petiz Deniers Tournois qui auront cours pour ung denier parisis, & pour ung denier tournois la Piece; & que les Francs d'Or aïent cours pour seize solz parisis la Piece, & non pour plus. Si voulons & vous mandons que [b] tantost ces Lettres veües, vous faciez cryer & publier solennement nosdites Monnoyes, ès lieux accoûtumez en vostre [c] Bailliage, & que chascun les preigne & mette pour le pris dessusdit, & non pour plus. Avec ce, faites cryer par plusieurs fois en tous les lieux à ce acoûtumez, si que nul ne se puisse excuser d'ignorance, que nulz ne preigne [d] lesdites Monnoyes; fors seullement & pour le pris qui s'ensuit. C'est assavoir, les Deniers que l'en appelle *(b) Chartins,* pour six deniers parisis la Piece; les Deniers appellez *Vilains,* pour six deniers parisis la Piece; & les Deniers appellez *Compaignons,* pour quatre deniers tournois la Piece; & les petiz Deniers faiz en nostre coing, qui paravant ceste Ordonnance, avoient cours pour ung denier parisis, & pour ung denier tournois la Piece, soit encores pris & mis pour ledit pris; & que nul ne soit si hardi, sur peine de [e] corps & d'avoir, de les prendre ou mettre pour plus grant pris; & oultre ce, que de la veille de la Penthecouste prochaine venant en avant, nul ne soit si hardi sur ladite peine, de les prendre ou recevoir pour aucun pris, ne les mettre; fors au marc pour billon. Toutes-voyes n'est pas nostre entente, que par ce present Mandement, soit donné aucun cours aux dessusdictes ne autres Monnoyes [f] estranges: Nais pour ce que le peuple de nostre Royaume, n'ait deffault de Monnoye d'Argent, Nous souffrons & à present souffrerons jusques au terme dessusdit, que les dessusdites Monnoyes estranges, & lesdis Parisis & Tournois soient prises & mises pour ledit pris, & non pour plus, & jusques à ladite Vigille de Penthecouste, & [g] non avant: Et voulons & vous mandons, que vous deffendez & faictes deffendre generalement & par crys solennelz plusieurs fois, que nulles autres Monnoyes, tant d'Or comme d'Argent, faictes tant en nostre Royaume comme dehors, ne ayent aucun cours; mais soyent portées à noz plus prochaines Monnoyes, au marc pour billon, & que

a *Voy. cy-dessus, p. 544. les Lett. du 20. d'Avril precedent.*

b *aussi-tost.*

c *Erreur de Copiste, pour* Prevôté.

d *Il devroit y avoir :* les Monnoyes suivantes.

e *confiscation de corps & de biens.*

f *estrangeres.*

g *Il devroit y avoir :* & non plus avant.

NOTES.

(a) Registre *D.* de la Cour des Monnoyes de Paris, *fol. 117. recto.*

Avant ces Lettres, il y a :

Le 10.e jour de May 1365. furent apportées en la Chambre des Monnoyes 18. paires de Lettres ouvertes, scellées du grant Seel du Roy nostre Sire, adressans à plusieurs Justiciers du Royaume, pour icelles envoyer : desquelles la teneur s'ensuit.

Mandement pour les Fleur de Liz d'Or, & les Blancs qui ont cours pour cinq deniers tournois la Piece.

(b) *Chartins.]* Voy. sur les *Chartins, Vilains* & *Compaignons,* la table du 3.e Vol. des Ordonn. au mot, *Monnoye.*

nul ne soit si hardi de porter ou faire porter hors de nostre Royaume, billon d'Or ne d'Argent, *(c)* en masses, ne en billes, n'en plates, ne autrement, ne nulles autres Monnoyes; fors tant-seullement noz dessusdites bonnes Monnoyes nouvelles, desquelles Nous avons déja fait faire plusieurs délivrances en nostre Monnoye, & y faisons & ferons ouvrer continuellement de jour en jour. *Donné à Paris, le 7.e jour de May, l'An de grace 1365.*

Et estoient ainsi signées: Par le Roy [a] & son Conseil. P. BLANCHET.

a en.

NOTES.

(c) En masses, ne en billes, n'en plates.] Voicy mot pour mot, l'explication que M.r Regnart Directeur de la Monnoye de Paris, a eu la bonté de me donner de ces trois termes.

L'Or & l'Argent en *masse*, est celuy que l'on appelle *culot*, soit que l'on le laisse refroidir dans le creuset, dans lequel il a esté fondu; soit que l'on le jette dans quelque vase ou recipient creux & profond.

L'Or & l'Argent en *bille* est celuy que l'on jette en lingot dans une espece de machine qui est faite à peu près comme une goutiere: on appelle cette machine, *lingotiere*.

L'Or & l'Argent en *plate*, est celuy que l'on jette quand il est fondu, dans un vase moins creux que celuy où l'on jette les *masses*: on l'appelle *plate*, eu égard à celuy qui est beaucoup plus gros & plus rond.

CHARLES V. à Paris, le 9. de May 1365.

(a) Lettres portant confirmation de la Confrairie des Clercs, Secretaires & Notaires du Roy, & differents Reglements pour ce College.

CAROLUS Dei gratia Francorum Rex: Ad perpetuam rei memoriam. Inter cetera que solicitudinis nostre cura, quotidiana meditatione revoluit, illud occurrit nostre consideratione precipuum, ut venerandus ortodoxe fidei nostre cultus Nobis traditus per os Prophetarum, Appostolorum & quatuor Evangelistarum, nostre Fidei Catholice fidelium testium & scribarum, quorum sonus in orbem exiit universum, nostris temporibus augeatur; subditique nostri in unionis federe, pacis tranquillitate gaudeant & fruantur: Ex hiis quidem potest augeri Culminis nostri felicitas, & subditorum nostrorum status servari pacificus, si Regi Regum grato primitus devotionis obsequio, placeamus, & status Ecclesiasticus in sua regularitate, populusque nostro commissus regimini, sub unionis nexui in sua integritate serventur: Notum igitur facimus universis presentibus pariter & futuris, quod dilecti & fideles Clerici, Secretarii & Notarii nostri, primum querentes Regnum Dei, Nobisque sub fraternitatis & unionis federe, servire sincere devotionis affectu summoque cordis desiderio, peroptantes, Nobis humiliter supplicarunt, ut cum ipsi, ad cultum & laudem Divini Nominis; Sancte videlicet & individue Trinitatis, Beatissimeque & gloriosissime Virginis Marie; necnon quatuor Beatorum Evangelistarum predictorum; Johannis videlicet, Mathei, Luce & Marci, ad opusque & honorem nostrum, ac predecessorum & successorum nostrorum Francie Regum, Cancellariorum & Clericorum, Secretariorum & Notariorum Regiorum, preteritorum, presentium atque futurorum, ad nostreque & suarum remedium animarum, Confraternitatem perpetuam, nostra super hoc interveniente licentia & authoritate, inter se constituerint & inierint, modo & forma inferius annotatis; quatinus nostre placeat Majestati, nostrum prebendo super hoc assensum, Confraternitatem hujusmodi confirmare, & eisdem suplicantibus concedere que circa ipsam & ejus circonstantias & dependentias, fuerint opportuna.

(1) In primis & enim volunt, intendunt & firmiter proponunt se invicem diligere sicut Fratres, statumque & honorem alterutrius, pro viribus, fraterna charitate servare.

NOTES.

(a) Registre de la Chambre des Comptes, intitulé, *Noster, fol. 299. verso.*

Ces Lettres ont déja esté imprimées dans les Meslanges historiques *[de Camusat,] fol. 66. verso.*

Dans le Liv. 2. des Offices de Joly, t. 1. p. 683. & dans le 1.er tom. de l'Hist. de la Chancellerie, p. 23.

CHARLES V. à Paris, le 9. de May 1365.

(2) Item. *Erunt omnes & singuli Secretarii & Notarii Regii, presentes pariter & futuri, Confratres hujus Confraternitatis, que vocabitur & intitulabitur,* Confraternitas Secretariorum & Notariorum Regis, ad quatuor Evangelistas: *Nam sicut ipsorum* [a] *relationi, dictis & testimonio & scripturis, de fide nostra firmiter creditur, ita supplicantibus ipsis, sub eorum signis, de preceptis & actis nostris ac (b) totius Curie nostre, fides indubia adhibetur.*

a Evangelistarum.

(3) Item. *Anno quolibet, fiet una Missa solemnis, in Ecclesia Celestinorum Parisius, qui sunt pro parte, per dictos supplicantes fundati; & quolibet mense percipiunt (c) in Audientia, unam bursam: Et erit dicta Missa in Festo Beati Johannis ante portam Latinam, in mense Maii, & fiet Missa de solemnitate diei; videlicet, de dicto Beato Johane Evangelista; & faciet Sacerdos, si velit, memoriam vel orationes de aliis tribus Evangelistis: In qua quidem Missa, tenebuntur personaliter interesse, sub pena quinque Solidorum Parisiensium, ad opus Confraternitatis aplicandorum, omnes & singuli Secretarii & Notarii Regii, tunc Parisius existentes.*

(4) Item. *Dicta die, prandebunt simul omnes Secretarii & Notarii Parisius existentes, in dicta domo Celestinorum, & preparabunt prandium Procuratores Collegii supplicantium predictorum; & solvetur prandium* [b] *de communi, si ad hoc infra scribende sufficiant facultates; sin autem, solvet suam quilibet portionem.*

b sur les deniers communs.

(5) Item. *Predictis die & loco, eligetur per dictos supplicantes Secretarios & Notarios existentes ibidem, duo ex ipsis Procuratores habentes potestatem substituendi unum vel plures ex ipsis vel alios, qui simul vel ipsorum quilibet, habebunt potestatem Causas & negotia Collegii, procurandi, promovendi & prosequendi; redditus, legata, jura & emendas Confraternitatis, exigendi, recipiendi, & inde faciendi* [c] *missias opportunas: Fientque & constituentur Procuratores predicti, (d) sub signis Secretariorum & Notariorum ibidem presentium, & poterunt (e) substituere apud acta: Et habebunt dicti Procutares & ipsorum quilibet, necnon substituti ab ipsis, eamdem potestatem, ac si omnes de Collegio interessent & constituissent eosdem: Et anno quolibet in dicto Festo, renovabuntur, si dicto Collegio expediens videatur: tunc tamen reddent compotum de receptis & missis, coram dicto Collegio, vel ab eo super hoc deputandis; prestabuntque dicti Procuratores, juramentum in dictis loco & die, de fideliter exercendo Procuratoris & Receptoris officium, & alia solita in talibus juramenta, & habebunt pensionem, prout per dictum Collegium fuerit ordinatum.*

c les depenses necessaires.

(6) Item. *In dicta Eclesia Celestinorum, celebrabuntur qualibet hebdomada, due Misse; una videlicet, die Lune, de Spiritu Sancto, pro Regibus Francorum, Cancellariis, Secretariis & Notariis vivis; & alia, die Veneris, de* requiem *pro Regibus Franc. Cancellariis, Secretariis & Notariis defunctis. Et si Divina preordinante Clementia, contingat redditus Confraternitatis, ex legatis, benefactis vel aliter augeri, celebrabitur in dicta Ecclesia qualibet die, una Missa pro Regibus Francie, Cancellariis, Secretariis & Notariis vivis; videlicet, die Dominica, de Spiritu Sancto; die Lune, de Beato Johane Evangelista; die Martis, de Beato Matheo; die Mercurii, de Beato Luca; die Jovis, de*

NOTES.

(b) *Totius Curie.*] Je crois qu'il faut entendre par ces mots, le Grand Conseil du Roy, y compris la Jurisdiction des Maistres de l'Hostel, le Parlement & la Chambre des Comptes. Car il n'y avoit point alors d'autres Greffiers dans ces Cours, que des Secretaires du Roy. *Voy. une Liste des Secretaires du Roy qui est dans le 3.e Vol. des Ordonn. p. 534.*

(c) *In Audientia, unam bursam.*] On nomme *Audiance de France*, le lieu où se tient le Sceau. Ce nom se trouve dans l'Art. 13. de l'Ordonn. du mois de Fevrier 1320. *Voy. le 1.er Vol. des Ordonn. p. 737.*

On appelle *Bourses*, les émoluments du Sceau qui se distribuent aux Secretaires du Roy.

(d) *Sub signis.*] Je crois que cela peut signifier, que tous les Secretaires du Roy presents, signeront l'Acte d'election des Procureurs.

(e) *Substituere apud acta.*] Je n'entends point cela. Peut-estre cela signifie-t-il que ces Procureurs pourront substituer d'autres personnes en leurs places, au bas de l'Acte par lequel ils auront esté élûs?

CHARLES V. à Paris, le 9. de May 1365.

Beato Marcho; die Veneris, de requiem *pro deffunctis Regibus Francie, Cancellariis, Secretariis atque Notariis; & die Sabati, de Virgine gloriosa.*

(7) Item. *Solvet quilibet Secretarius & Notarius moderni, infra instans Festum Beati Johanis ante portam Latinam, in Mayo, vel in dicto Festo, pro introitu Confraternitatis, & pro dicta Confraternitate, & servicio in dicta Eclesia feliciter inchoandis, quadraginta Solidos Parisienses, Procuratoribus videlicet, Collegii memorati; & quilibet Secretarius & Notarius per Nos deinceps de novo creandus, dimidiam marcam Auri pro introitu: Et solvet quilibet Secretarius & Notarius anno quolibet, decem Solidos Parisienses; omnia videlicet, ad opus Missarum & onera Confraternitatis atque Collegii, si que supervenerint supportanda, donec Confraternitas ipsa sit redditibus & aliis emolumentis augmentata, que sufficiant ad Missarum & onerum ipsius supportationem, absque dictorum decem Solidorum solutione, que in hoc casu cessabit.*

(8) Item. *Ut nullus assumere statum Secretarii vel Notarii, & Regis Francorum* [a] *secreto vel presentie, se offerre presumat, nisi in habitu & statu condecenti, conspectui Regio se presentet; cum contingat in conspectu & Curia, ac* [b] *quandoque in secreto Consilio Regis, Secretarios & Notarios predictos se presentialiter exhibere. Quilibet Secretarius & Notarius de cetero creandus, illico quod erit per Regem retentus in Secretarium vel Notarium, tenebitur decenter & honeste se gerere & vestire; nec poterit aliquis ipsorum,* [c] *radiatas vel partitas vestes, aut manicas tunicarum super manus extensas, que* mousle *vocantur, aut* [d] *poulenam in sotularibus defferre: Alioquin signare vel suo uti officio non poterit; ipso super hoc per Procuratores Collegii vel eorum alterum, requisito, & per dictum Cancellarium, precepto de sumendo decenti & honesto habitu, sibi facto.*

(9) Item. *Quando continget aliquem Regem Francie, Cancellarium suum, Secretariumve aut Notarium ab hac luce Parisius migrare ad Cristum, vel ibidem sua funeralia celebrari, omnes & singuli Secretarii & Notarii Regis, tunc Parisius existentes; Et si alibi ipsorum aliquem migrare contingerit, omnes existentes ibidem, tenebuntur Vigiliis, die ante inhumationem vel funeralia, ac die qua fiet Servicium, in Missa, sub pena quinque Solidorum pro die qualibet solvendorum, cessante impedimento legitimo, presentialiter interesse: Et tenebitur dicere quilibet Secretarius & Notarius ibidem presens, septem Psalmos penitenciales cum* Letania; *vel si sit Sacerdos, Missam, si voluerit celebrare, pro remedio anime deffuncti, & aliorum Francie Regum, Cancellariorum, Secretariorum & Notariorum Regis, deffunctorum: Et significabitur dies Servicii vel funeralium, per amicos defuncti, Procuratoribus Collegii, vel alteri eorundem, qui hoc notificare tenebuntur Secretariis & Notariis ibidem presentibus: Et* [e] *hoc, nisi preconisetur per Villam; quo casu, cessabit intimatio supradicta, quia tunc nullus se posset de ignorantia super hiis excusare.*

(10) Item. *Si aliquem Secretarium vel Notarium, qui vite sue tempore, fuerit bone fame, vite laudabilis & conversationis honeste, contingat, quod absit, propter senium vel infortunium, suo victu egere, in tantum quod pro inopia, compellatur suam egestatem, vel familiarem paupertatem, Procuratoribus Collegii detegere, & Collegii petere* [f] *suffragium, Procuratoribus super hoc requisitis per ipsum, habitoque super hoc Collegii consilio & assensu, quandiu idem Secretarius vel Notarius dictum auxilium exiget, quilibet Secretarius & Notarius tenebitur* [g] *sibi, ad proprii victus & status sustentationem, ac pro conservatione honoris Regii atque totius Collegii,* [h] *sibi vigenti Solidos* [i] *Parisiensium, anno quolibet mutuare: Quos tamen restituere minime tenebitur; sed vires puri & veri doni, dictum mutuum sorcietur; nisi ipsum sic egentem, contingerit ad pinguiorem redire fortunam: Quo casu, dictum mutuum, in totum vel in partem, in quantum facere poterit; deducto videlicet ne egeat, quilibet restituere tenebitur, per dictos Procuratores super hoc requisitus.*

(11) Item. *Si aliquem de dicto Collegio, ab officio, suis demeritis exigentibus, quod absit, privari vel amoveri contingat, ex tunc erit à dicta Confraternitate privatus.*

(12) Item. *Et quia superius pluries sit mentio de dictorum suplicantium Collegio, quod ab antiquo, ut dicitur, à nostris Predecessoribus est statutum, Nobis humiliter*

[a] secreto Consilio, *ainsi qu'il y a un peu plus bas.*

[b] *Il n'y a dans le Reg. que* quq. *avec des marques d'abbreviation.*

[c] étoffes rayées.

[d] Voy. sur les souliers à poulaines, le Dictionn. Etymol. de Menage, au mot *Poulaines.*

[e] *C'est-à-dire,* Les amis seront obligez d'avertir, &c.

[f] aumône pour vivre. *Voyez Du Cange, à ce mot.*

[g] Ce mot est inutile.

[h] illi.

[i] Parisienses, *dans les Editions precedentes.*

CHARLES V. à Paris, le 9. de May 1365.

supplicarunt, quatenus ipsorum Collegium Nobis placeat confirmare & de novo constituere, si sit opus; ut ipsi, si sint numero vigenti, ad minus, per modum Collegii, in dicta Ecclesia Celestinorum, vel alibi ubi eis placuerit, pro suis communibus negotiis & Causis, congregare, de eis disponere, Causasque & negotia sua communia, nomine Collegii, ubilibet prosequi valeant atque possint; & super Causis suis communibus, Gentes Requestarum Pallatii, in Judices & Commissarios deputare ejusdem: Quodque quando occurrent negotia communia vel Cause, pro quibus ipsos opporteat congregari, Procuratores Collegii vel alter ipsorum vel sui substituti, ipsos, sub pena quinque Solidorum Parisiensium, ad opus dicte Confraternitatis aplicandorum, facere valeat evocari, per unum Hostiarium Parlamenti vel Requestarum Palatii, aut Servientem Requestarum Hospicii, seu Servientem Regium, super hoc requisitum: Tenebiturque quilibet, si sit opus, contribuere misiis & expensis, in prosecutione Causarum vel negotiorum communium Collegii, faciendis, juxta Procuratorum predictorum requestam: De quibus quidem receptis & misiis, die & loco predictis, reddere rationem, & reliqua, si que fuerint, tenebuntur.

(13) Item. *Ad solvendum dictas emendas, ac mutuum tradendum, ut premittitur, indigenti, compelletur quilibet supplicantium predictorum, prius tamen per dictos Procuratores aut eorum alterum, requisitus; videlicet, per Cancellarium, per suspensionem a signando vel suum Officium exercendo, seu per Audienciarium bursas suas retinendo, aut* [a] *aliter debite, donec emendam vel mutuum solverit* [b] *supradictum.*

a al. *R.*
b supradict. *R.*

(14) Item. *Et quia, tam ex legatis quam benefactis dicte Confraternitati forsitan erogandis, vel* [c] *aliter, si hoc suppetant facultates, poterit dicta Confraternitas augmentari redditibus, pro Missis & aliis* [d] *omnibus dicte Confraternitatis, supportandis, necnon ad opus dictorum Celestinorum & sui Monasterii supradicti, Nobis humiliter supplicarunt, quatinus Nobis placeat eisdem admortisare ducentas libras turonenses, annui & perpetui redditus, (f) extra Justitiam & Feudum, in Regno nostro, sive titulo emptionis, legati, donationis, aut alio quovis titulo, simul vel per partes, usque ad summam predictam ipsas acquiri dicte Confraternitati contingat; absque etiam financia propter hoc, à dictis supplicantibus vel ipsorum successoribus, quomodolibet exigenda.*

c al. *R.*
d oneribus.

Visis igitur & diligenter attentis, cum Consilii nostri deliberacione matura, requestis, supplicationibus, punctis & articulis suprascriptis, pensatis ipsorum circonstanciis universis, Nos devotum & laudabile propositum dictorum Clericorum, Secretariorum & Notariorum nostrorum, tanquam Deo acceptabile atque gratum, in Domino commendantes ac meritorium reputantes, eorumque suplicationi favorabiliter inclinati, Confraternitatem predictam, dictorumque Clericorum nostrorum Collegium, ut premittitur, confirmantes, & de novo constituentes, si sit opus, modo & forma superius declaratis, omniaque & singula superius inserta, rata & grata habentes, eadem volumus, laudamus, approbamus, & de nostris authoritate & plenitudine Regie potestatis, ex certa scientia de specialique gratia confirmamus, & eadem precipimus & volumus per omnes quorum intererit, perpetuo & inviolabiliter observari. Concedentes eisdem insuper, ut pro omnibus & singulis superius declaratis, facilius & perfectius adimplendis, possint ubicumque in Regno nostro, extra Feudum & Justitiam, si & quando sibi placuerit, ducentas libras [e] *turronensium terre vel redditus, simul vel per partes, titulo emptionis, permutationis, donationis, legati, aut quocumque alio titulo lucrativo vel oneroso, ad opus dicti Collegii dicteve Confraternitatis, seu dicte Celestinorum Eclesie, aut aliorum quorumcumque, acquirere, & de eis disponere, prout eisdem videbitur faciendum, tenendas & habendas ac perpetuo possidendas per ipsos aut alios quoscumque, in quos dictum reditum vel partem ipsius, duxerint modo quolibet transferendum, absque eo quod ipsas vendere, in alium transferre, dimittere vel extra manum suam ponere, per Nos, Successores nostros, aut alios quoscumque, quomodolibet teneantur*

e turonenses, *dans les autres Éditions.*

NOTES.

(f) *Extra Justiciam & Feudum.*] Je crois que cela signifie, que la Confrairie pourra acquerir un fonds rapportant 200. livres de rente, pourvû que ce ne soit point une Justice ou un Fief.

vel possint quavis causa vel occasione compelli; & absque eo quod Nobis aut successoribus nostris Francie Regibus, quamcumque financiam propter hoc, nunc vel alias, vigore cujuscumque Ordinationis facte vel faciende, solvere teneantur: Quam Nos eisdem, devotionis intuitu; eo etiam quia dicta Confraternitas ad opus nostrum & Successorum nostrorum, ut premittitur, est fundata, & ut precum & benefactorum dicte Confraternitatis, Nos & nostri successores Francie Reges, efficiamur participes; obtentuque gratorum & laudabilium serviciorum per ipsos supplicantes & suos predecessores, Nobis ac nostris Predecessoribus impensorum, & que per eos & successores suos, Nobis & Successoribus nostris, impendi speramus in posterum, damus, remittimus & quittamus. Mandantes dilecto & fideli Cancellario nostro presenti, ceterisque nostris futuris, ac successorum nostrorum Francie Regum Cancellariis, & Judicibus ab antiquo dictorum Clericorum, Secretariorum & Notariorum nostrorum, in omnibus dictum Officium tangentibus, quem & quos, Nos eisdem, in specialem & speciales Gardiatores, tenore presentium committimus ac etiam deputamus; quatinus dictam Confraternitatem, modo & forma prelibatis, teneri faciant & inviolabiliter observari per Clericos, Secretarios & Notarios Regios, presentes pariter & futuros, & quemlibet eorumdem: Contradictores & rebelles, modo & forma superius insertis, cum per Procuratores dicti Collegii vel eorum alterum, requisiti fuerint, debite compescendo: Eisdemque Clericis, Secretariis & Notariis nostris, quotiens per ipsos aut Procuratores suos predictos aut eorum alterum, fuerint requisiti, unum vel plures Hostiarios Parlamenti, vel Servientes Regios deputent & committant, qui quoad [a] *hoc, omnia & singula que ad Gardiatoris specialis officium spectare noscuntur, faciendi & exercendi habeant mandatum ac etiam potestatem: Patentes Literas Regias eisdem, quotiens requisierint, concedendo: Dilectisque & fidelibus Consiliariis nostris, Gentibus Parlamentum nostrum presens tenentibus, ac hiis que futura nostra & Successorum nostrorum Parlamenta tenebunt; necnon Gentibus Compotorum nostrorum ac successorum nostrorum Regum Francie; ceterisque Justiciariis & Officiariis* [b] *Regis, atque Regni nostri, presentibus & futuris, vel eorum Loca-tenentibus, & cuilibet ipsorum ut ad eum pertinuerit; & presertim dilectis & fidelibus Gentibus Requestarum Palatii* [c] *Regii* [d] *Parisiensis, presentibus & futuris, quas Nos, modo quo superius est expressum, dictis Clericis, Secretariis & Notariis nostris, in Judices & Commissarios deputamus, quatinus eosdem Clericos, Secretarios & Notarios nostros, presentes & futuros, omnesque illos quorum interest aut interesse poterit in futurum, omnibus & singulis suprascriptis, dependenciisque & circonstanciis ipsorum universis, uti & gaudere pacifice faciant & permittant; absque impedimento quocumque: Quod si appositum reperierint, ad statum pristinum & debitum reducant reducique faciant indilate: Quibus si quidem Gentibus Requestarum, damus potestatem & aucthoritatem omnia & singula faciendi, que circa premissa & singula eorumdem, ad hujusmodi Judices & Commissarios, possint & debent rationabiliter pertinere: Quibus & ab ipsis super hoc deputandis vel committendis, in premissis & ea tangentibus, ab omnibus Justiciariis & subditis nostris, pareri volumus efficaciter & intendi: Que quidem omnia & singula predicta, sepedictis Clericis, Secretariis & Notariis nostris, presentibus & futuris, ac successorum nostrorum Francie Regum, concessimus atque concedimus per presentes; Ordinationibus, mandatis, inhibitionibus, statutis & Edictis; rigoreque quorumcumque juris, stili, usus, consuetudinis, observantieve communis, contrariis non-obstantibus quibuscumque. Et quia, que geruntur in tempore, ne labantur cum tempore, scripti solent memorie commendari, has presentes Literas nostras conscribi, nostrique Sigilli fecimus impressione muniri: salvo in aliis jure nostro & in omnibus alieno.* Actum & datum astante Consilio nostro Parisius, in Domo nostra juxta Eclesiam Sancti Pauli, Anno Domini millesimo trecentesimo sexagesimo-quinto, & Regni nostri secundo; mensis Maii die nona.

CHARLES V. à Paris, le 9. de May 1365.

Per Regem in suis Requestis; presentibus vobis, ac Constanciensi, Lexoviensi, Meldensi & Attrabatensi Espiscopis, Cluniacensique & Sancti Dionisii in Francia, Abbatibus, Comite Bolonie; Domino Conciaci; Magistris Petro de Roniaco Archidiacono Brie in Eclesia Parisiensi; Jacobo Divitis Decano Parisiensi, Johane de Erqueriaco Decano

[a] hic. *R.*

[b] Reg. *R.*

[c] Reg. *R.*

[d] Par. *R.*

Noviomensi, Alphoncio Caprarii, & Aymerico de Maignaco Canonicis [a] *Parisiensibus, ac Dominis Philippo de Tribus-Montibus, Egidio de Soicuria & Guillelmo de Recuria, Militibus, (g) Magistris Requestarum Hospicii.*

[a] Par. R.

Visa. Collors.

Registrata Anno sexagesimo-quinto, mense Octobris. (h).

NOTES.

(g) *Magistris Requestarum.*] Je crois que ce titre ne doit se rapporter qu'aux trois dernieres personnes nommées.

(h) On trouve dans le Registre *D.* de la Chambre des Comptes, *fol.* 75. *verso.* un Memoire où il est fait mention d'une Ordonnance donnée en 1365. pour reduire le nombre des Secretaires du Roy, & qui ne s'est pas conservée.

Ordinatio super restrictione Secretariorum Domini Regis.

MEMORIA quod copia Ordinacionis super numero Secretariorum, facte per Regem Anno 1365. continetur de verbo ad verbum, in (i) Registro Cartarum, incepto à Festo omnium Sanctorum 1362. folio 19. per quam quidem Ordinationem prefatam, apparet quod Dominus Rex retinuit dicto Anno 1365. solum in suos Secretarios, illos qui sequuntur: videlicet, Magistros Petrum Blancheti, Nicolaum de Vaires, Bertrandum Francisci, Gonterium de Bagnieux, Yvonem Darien, Dyonisium de Coloribus, Petrum Michaelis & Joannem Blancheti: & cum predictis, retinuit dictus Dominus Rex in suos Secretarios, extra Ordinationem, Magistrum Martinum de Mellou, Magistrum Thomam le Tourneur & Philippum Ogerii, sub conditionibus; & non-obstantibus in dicta Ordinatione contentis.

NOTES.

(i) L'Ordonnance sur la reduction des Secretaires du Roy, ne se trouve dans aucun Registre de la Chambre des Comptes, ni dans ceux qui sont au Thresor des Chartres; & c'est une nouvelle preuve qu'il manque plusieurs Registres dans ces depôts.

CHARLES V. à Paris, le 11. de May 1365.

(a) *Lettres de Commission à Bertrand Gasch, pour arrester les Faux-monnoyeurs qui sont dans le Bailliage de Mâcon, & le ressort de Lyon.*

CHARLES par la grace de Dieu Roy de France: A tous ceulz qui ces Lettres verront, Salut. Il est venu à nostre cognoissance, que ou Bailliage de Maicon & ou ressort de Lion, a & repairent ou conversent plusieurs genz, qui font & forgent fausses Monnoïes d'Or & d'Argent, & contrefaites aus nostre, & roongnent les nostres; icelles Monnoïes avec plusieurs autres Monnoïes contrefaites & dehors nostre Royaume & deffenduës à courir, mettent & alloënt en nostre Royaume, portent le bon Billon d'Or & d'Argent de nostre Royaume, hors d'icelui, & en rapportent Monnoyes contrefaites & deffenduës, & les alloënt & en [b] marchandent en nostre Royaume; parquoy le cours de noz Monnoïes est empesché: Et avec ce, aucuns qui portent leurs Billon à autre Monnoie que à la plus prochaine du lieu où il [c] sont pris & achaté; lesquelles choses sont en venant contre noz Ordenances du fait de noz Monnoïes, & ou grant grief, domage & préjudice de Nous & de toute la chose publique: Sur lesquelles n'est mie pourveu par noz Justiciers des lieux, pour ce que il ne vient mie

[b] *s'en servent pour achepter des marchandises.*

[c] *l'ont.*

NOTES.

(a) Memorial *D.* de la Chambre des Comptes, *fol.* 74. *verso.*

Avant ces Lettres, il y a:

Commissio Bertandi Gasch, Scutiferi, Commissarii deputati in Bailliagio Matisconensi, & in ressorto Lugdunensi, ad capiendos falsarios & contrafactores Monetarum, & facienda aliqua alia plenius ibi contenta: cujus commissionis copia sub Sigillo Castelleti, retenta fuit in Camerâ, & posita in [d] *ligacione Litterarum hujus temporis.*

[d] ligac. R. liasse.

à leur cognoissance ou autrement, dont [a] forment Nous desplaist, s'il est ainsi. Savoir faisons que Nous voulans pourveoir à ce, confianz à plain de la loyaulté, sens & diligence de Bertran Gasch Escuïer, icellui avons ordenné, commis & depputé, comettons, ordennons & deputons par ces presentes, sur les choses dessusdictes & les deppendances d'icelles, oudit Baillage de Mascon & ou ressort de Lion dessusdiz; & à icelui Bertrand mandons & comettons, que touz ceulz que il trouvera par informacion, commune renommée, vehementes presumpcions ou autrement deuëment, avoir fait ou faire dores-en-avant, & commettre les choses dessusdictes ou aucune d'icelles, il preigne ou face prenre en quelque lieu que trouver les pourra, hors lieu Saint, avec toutes leursdictes Monnoïes, ledit Billon, & leurs biens par inventoire; & iceulx malfaitteurs amaine ou envoïe soubz seure & sauve-garde, avec l'informacion que faite aura sur ce, ou [b] rescripcion pourquoy il les aura pris, pardevers noz plus prochains Justiciers du lieu ou pris les aura, pour recevoir Justice & punicion sur ce, si comme ou cas appartendra; & toutes les deffenduës, fausses & contrefaittes Monnoïes, où le Billon que il trouvera ainsi estre porté hors de nostre Royaume, ou à autre de noz Monnoïes que à la plus prochaine, comme dit est, porte ou envoïe à la plus prochaine Monnoïe du lieu où il l'aura pris & trouvé, comme dit est, pardevers les Maistres & Gardes de ladicte Monnoïe: Duquel Billon & autres Monnoyes d'Or & d'Argent, ainsi par lui trouvées, Nous voulons & mandons que il ait la quarte partie, pour sa diligence, peine & travail, gages & despens, & icelle li donnons par ces presentes, & les autres trois quars demourront en nozdictes Monnoïes, comme à Nous appliquées & confisquées, pour estre converties en nostre prouffit, par les Maistres & Gardes desdictes Monnoïes, lesquels bailleront Lettres de quittance sur ce, audit Bertran, de ce que il recevront de lui, comme dit est: Et avec ce, les autres biens meubles de ceulz que il trouvera coulpables ou souspeçonnez des choses dessusdictes, comme dit est, baille & délivre à noz Receveurs desdiz lieux, pour estre appliquiez à Nous, & convertiz à nostre prouffit, en cas de confiscation; lesquelz Receveurs li seront ainsi tenuz de bailler Lettres de quittance de ce que il recevront de lui, comme dessus est dit: Et ou cas que aucuns desdiz malfaitteurs ainsi trouvez coulpables ou souspeçonnez par ledit Bertran, ne pourroient estre pris, mais se rendroient pour ce [c] fuitifs, Nous voulons & mandons que il soient [d] appellez à noz droiz, par noz Justiciers à qui il appartendra; & se il ne viennent, que l'en procede contre eulz [e] à ban ou autrement deuëment, selon la coustume du païs, nostre droit gardé en la confiscacion de leurs biens. Si donnons en mandement à touz noz Justiciers à qui il appartendra, que desdiz malfacteurs qui par ledit Bertran leur seront ainsi bailliez ou envoïez, il facent punicion & Justice, si comme au cas appartendra, telement que ce soit exemple à touz autres. Toutes-voïes nostre entencion est & voulons, que ledit Bertran soit tenuz de rendre compte en la Chambre de noz Comptes à Paris, de touz les [f] explois que il aura faiz & fera par vertu de ces presentes, lesquelles Nous voulons valoir jusques à la Toussains prochaine venant: Et avec ce, mandons à noz amez & feaulz Gens de noz Comptes à Paris, que ladicte quarte partie qui sera bailliée & delivrée audit Bertran, comme dit est, il alloënt ès comptes desdiz Maistres & Gardes desdictes Monnoïes, en rapportant Lettres de quittance sur ce, dudit Bertran, avec le *vidimus* de ces presentes. Et Nous donnons en mandement à touz noz Justiciers, Officiers & subgiez, que audit Bertran & à ses depputez quant aus choses dessusdictes & les deppendences d'icelles, obéïssent & entendent diligeamment, & li prestent conseil, confort, aide, & prisons se [g] mestier est, & il en sont requis. En tesmoing de ce, Nous avons fait mettre nostre Scel à ces presentes. *Donné à Paris, le 11.e jour de May, l'An de grace 1365. & de nostre Regne le secont.* Et estoient ainsi signées. Par les Lais ou Conseil estant en la Chambre des Comptes, ouquel estoient Messieurs des Comptes & les Generaulx-Maistres des Monnoïes. MONTAGU.

CHARLES V. à Paris, le 11. de May 1365.

a *fortement.*

b *un Memoire contenant les raisons qu'il a eu de les prendre.*

c *fugitifs.*

d *assignez à comparoistre en Justice.*

e *que l'on les bannisse, ou que l'on les condamne à quelque autre peine.*

f *Actes judiciaires.*

g *besoin.*

CHARLES V. à Paris, le 15. de May 1365.

(a) Ordonnance qui fixe le prix des Monnoyes, & qui contient des Reglements sur les Monnoyes, & pour les Orfevres, Orbateurs & Changeurs.

CHARLES par la grace de Dieu Roy de France: Au Senechal de Beaucaire & de Nismes, ou à son Lieutenant, Salut. Sçavoir vous faisons, que come tant par la clameur de nos bons & loyaulx subgiés, le pueple de nostre Royaume ou la [a] greigneur partie d'iceluy, come [b] aucunement, soit plusieurs fois venu à nostre cognoissance, le grant daumaige que Nous & nostredit pueple, avons eu & avons chascun jour, en ce que [c] Non avons soffert, que plusieurs Monoyes d'Or & d'Argent, blanches & noires, tant contrefaittes aux nostres, come autres faittes hors de nostre Royaume, avoient & ont eu cours pour trop plus grant pris qu'il ne valent, & desqueles nostre Royaume & ledit pueple, ont esté & sont raempli par les faulx & mauvais Marchans, qui de nostredit Royaume ont trait & emporté hors, les autres bonnes Monoyes d'Or & d'Argent, que fist faire à son vivant nostre très chier Seigneur & Pere que Dieux absoille, & Nous aussy, & apporté en icelluy Royaume, lesdites fausses & [d] estranges Monoyes, en deception & dammaige de Nous & de nostredit pueple, & pour ce, Nous ait esté par eulx humblement supplié, que sur ce fait & le gouvernement de nosdittes Monoyes, voussissions pourvoir, & ycelles ordoner par telle maniere, qu'elles se puissent tenir en [e] un estat, & que lesdites fausses & estranges Monoyes, n'eussent plus cours en nostredit Royaume, mais fussent du tout [f] abatuës: Nous qui de tout nostre cuer desirons faire tout ce qui touche le proffit & bien comun de Nous & de nostre pueple, euë sur ce très grant & très meure deliberation aveques les Prelaz, Barons & autres de nostre Conseil, & aussi aveques aucuns des gens des bonnes Villes de nostredit Royaume, enclinant à la supplication de nostredit pueple, avons ordené & ordenons par ces presentes, du fait & du gouvernement de nosdittes Monoyes, en la maniere qui s'ensuit.

(1) C'est assavoir, que dores-en-avant depuis la publication de ces presentes, nos bons Deniers d'Or fin, appellés Deniers d'Or aux Fleurs-de-Lys, que Nous faisons faire à present, & avons ordenés à faire par toutes nos Monoyes, ayent cours & soient pris & mis pour [g] sexe sols parisis la Piece, & non pour plus; & les Blancs Deniers d'Argent que Nous faisons aussy faire à present, ayent cours & soient pris & mis pour quatre deniers parisis la Piece, & non pour plus; & les petiz Parisis & les petis Tournois que Nous avons aussy ordonés à faire, aïent cours & soient pris & mis pour un denier parisis, & pour un denier tournois la Piece; & les Frans d'Or fin que nostredit Seigneur & Pere & Nous avons fait faire, aïent cours & soient pris & mis pour seze sols parisis la Piece, & non pour plus; si come nostredit Seigneur l'ordonna: Et toutes autres Monoyes quieulx qu'elles soient, tant d'Or come d'Argent, ne soient prises ou mises en [h] appert ou en couvert, de quelque personne que ce soit, pour aucun pris; fors au marc pour billon, sur peine de perdre touttes ycelles Monoyes que l'en trouvera prenant ou mettant, & des corps à nostre volonté.

a meilleure.
b autrement R. M.
c Nous. R. M.
d estrangeres.
e un estat fixe.
f mises hors de cours.
g seize. R. M.
h publiquement ou en secret.

NOTES.

Cette Ordonnance a esté envoyé de Montpellier avec cette indication:

Seneschaussée de Nismes en general, Arm. A. Liasse 18. des Actes ramassez, n. 3. fol. 5. verso.

Cette Ordonnance adressée au Prevost de Paris, se trouve dans le Registre *D.* de la Cour des Monnoyes, *fol.* 118. *verso*, & ce Registre a servi à corriger les fautes qui estoient dans la Copie envoyée de Montpellier.

Presque tous les Reglements contenus dans cette Ordonnance, se trouvent déja dans plusieurs Ordonnances precedentes, dans les Notes desquelles on trouvera des éclaircissemens que l'on n'a pas crû devoir repeter icy, & sur lesquels il sera bon de consulter la Table du 3.e Vol. des Ordonnances, au mot, *Monnoyes.*

(2) Item-

CHARLES V. à Paris, le 15. de May 1365.

(2) *Item.* Que nuls de quelconque condition ou estat qu'il soit, sur ladite peine, ne porte ou face porter hors de nostre Royaume, Or ne Argent ne Billon, ne autre Monoye; fors celle auxquieulx Nous donnons cours par ceste presente Ordenance.

(3) *Item.* Que nuls Changeurs, [a] Oufevres ou autres quieulx qu'il soient, sur ladicte pene, ne soit tant ausés ne si hardis, de achapter Or ne Argent, à [b] greigneur pris que Nous faisons donner en nos Monnoyes; ne de faire faire joyaulx, saintures ou vaissellles d'Or ou d'Argent, pezant plus d'un marc: se ce ne sont vaisseaus à mettre Reliques, ou Sanctuaires pour Dieu servir.

(4) *Item.* Que nuls Changeurs ou autres, sur ladite paine, ne vende Or ne Argent ne vassaille, à nul Orfevre; mais le porte à la plus prochaine de nos Monoyes, du lieu où il seront.

(5) *Item.* Que nul [c] Orbateur ne autre, ne soit sy hardy, sur ladite paine, de ouvrer ne de faire ouvrer ou mestier d'Orbaterie, Or [d] Argent; fors seulement certaine quantité qui leur sera ordené par les Generaulx-Maistres de nos Monnoyes, ou d'aucun d'eulx, à prendre chascune [e] samene, ou par autre terme convenable.

(6) *Item.* Que nuls Changeurs ne puissent garder plus de quinze jours, le Billon d'Or ou d'Argent qu'il achateront, qu'il ne le pourtent ou facent pourter à la plus prochaine de nos Monoyes, du lieu où il tiendront leur domicile; ou le vendre à Changeurs dont il soient acertainés qui le pourtent à nosdites Monnoyes, sur peine de perdre tot ycelly Billon, & des corps à nostre volonté.

(7) *Item.* Qu'il ne soient tant osés ne se hardis, sur ladite paine, de rachatier ne affiner aucunes matieres de Billon d'Or ne d'Argent, sens le congié ou license de Nous ou des Generaux-Maistres de nos Monnoyes; ne de faire fait de Change en la Ville de Paris ne ailleurs; se il n'a nos Lettres faittes depuis la datte de ces presentes, dedans quinze jours après la publication d'icelles; & qu'il soient avant tesmoignées à ce estre souffisant, par Lettres d'iceulx Maistres, faittes depuis ces presentes Ordenances.

(8) *Item.* Que nuls, quieulx qu'il soient, sur peine de perdre [f] corps & avoir, pour Lettres qu'il aient de nostredit Seigneur ou de Nous, ne soient tant osés ne se hardis, de pourter [g] Tablette en lieu Saint ne dehors, ne de faire fait de Change; fors ès lieux notables & acostumés.

(9) *Item.* Que nuls, sur ladite peine, ne s'entremette de faire fait de courretage de Change; se n'est par Ordenance d'iceulx Generaulx-Maistres.

(10) *Item.* Que nuls Changeurs ne autres, sur ladite peine, ne mettent, vendent ou baillent à quelque persone que ce soit, le Denier d'Or aux Fleurs-de-Lys, dessusdit, ne le Franc d'Or, pour plus haut pris de seze sols parisis la Piece; & que lesdis Changeurs ne vendent, baillent ou mettent nulle Piece d'Or, fors seulement les Francs d'Or & les Fleurs-de-Lys d'Or, dessusdit, & pour le pris de seze sols parisis la Piece, [h] non pour plus; & touttes autres Pieces & Monnoye d'Or, portent pour Billon [i] & à nos plus prochaines Monnoyes d'Or, & non ailleurs.

(11) *Item.* Que nuls, de quelque condition ou estat qu'il soient, sur ladite peine, ne soient sy hardis de faire aucuns [k] contraux ou marchiés à sommes de marcs d'Or ne d'Argent, ne à Pieces d'Or; mais seulement à sols & à livre.

(12) *Item.* Que tous Tabellions & Notaires, jurent sollempnement & sur ladite peine, qu'il ne feront ne passeront Lettres de contraux ou marchiés, [l] qu'il soient fait par quelsconques personnes que ce soit, fors que à sols & à livre simplement; sy ce n'est pour cause de vray prest, de garde ou [m] dépôt sans fraude, ou en traittiés de mariage, & vente ou retrait d'eritaige.

(13) *Item.* Et afin que ceste presente Ordenance soit tenuë & gardée sans enfraindre, si come Nous le desirons de tout nostre cuer, Nous voulons & vous mandons & comettons, que vous ordenés & establissiés de par Nous, en vos Senechaussiés & èz ressors d'icelles, certaines bones & convenables personnes, qui se preignent garde que nuls ne trespasse ne fasse contre ceste presente Ordenance; lesquieux auront pour leur peine & salaire, la quart partie de touttes les Monnoyes & Billon,

a *Orfevres.* R. M.

b *meilleur & plus haut prix.*

c *Bateur d'Or.*

d *ne.* R. M.

e *sepmaine.* R. M.

f *confiscation de corps & de biens.*

g *Voy. la Table du 3.e Vol. des Ordonnances, au mot* Tablette.

h *&.* R. M.

i *&* est inutile, & n'est pas dans le *R. M.*

k *Voy. la Table du 3.e Vol. des Ordonnances, p. cix. col. 1. & la Preface de ce Vol. p. cvj. N.o xiij.*

l *qui.* R.

m *de.* R. M.

soit d'Or ou d'Argent, qu'il pourront trouver & sçavoir [a] prenant ou mettant, fors au marc pour Billon, ou pourtant hors, en esloignant la plus prochaine de nos Monnoyes; & voulons que tout ce qui sera pris par vous ou par les deputés à ce, soit [b] tantost porté à la plus prochaine de nos Monnoyes, & livré au Maistre & Gardes d'icelles, pour estre illec fondu & monnoyé en nostre Monnoye; [c] de laquelle on payera ausdit Comissaires, leur quart à eulx appartenant, come dit est.

a *que l'on mettra dans le commerce.*

b *aussi-tost.*

c *avec laquelle Monnoye nouvellement faite.*

Sy vous mandons & estroittement enjoignons & comandons, que cette presente Ordenance vous faciés tantost crier & publier sollennement, èz lieux notables & accoustumés en vostre Senechaucié & èz ressors d'icelles, si bien & si diligement qu'il ne soit personne qui les puisse ou doie ignorer; & icelles faittes garder sens enfraindre, en faisant pugnition sans faveur & sans deport, de tous ceux que l'en pourra trouver ou sçavoir qui dores-en-avant y feront transgression, si & par telle maniere que ce soit exemple à tous autres; & gardés que en ce, n'ait deffaut aucun: Car sy par vous y a deffaut, Nous vous en pugnirons griefvement. *Donné à Paris, le 15.e jour de May, l'An de grace 1365.* Par le Roy en son Conseil. P. BLANCHET.

CHARLES V. à Paris, le dernier de May. 1365.

(a) Lettres portant que l'on ouvrira les Boëtes qui sont presentement à la Chambre des Monnoyes; sans qu'il soit necessaire que les Maistres-particuliers ou leurs Procureurs, y soient presents.

CHARLES par la grace de Dieu Roy de France: A noz amez & feaulx les Generaulx-Maistres de noz Monnoyes, Salut & dilection. Comme il ait esté & soit de coustume, que tous Maistres-particuliers de noz Monnoyes, & chascun d'eulx, soient tenuz de venir & comparoir pardevant vous, ou certain Procureur pour eulx, pour veoir [d] ouvrir les boestes des Ouvraiges qu'ilz ont faiz, pour accepter les essaiz d'icelles, & pour compter en nostre Chambre des Comptes; & Nous avons entendu que vous avez pardevers vous en la Chambre des Monnoyes, plusieurs Boestes & de plusieurs Monnoyes de grant temps passé, lesquelles sont encore à ouvrir, & Nous en pevent estre deuës grans sommes d'Argent, parce que les aucuns desdits Maistres-particuliers qui ont faiz les ouvraiges desdites Boestes, ont esté rebelles & désobéissans de venir compter, & sont demourans hors de nostre obéissance; les autres allez de vie à trespassement; & par ainsi, lesdites Boestes pourroient toujours demourer à ouvrir, à nostre grant préjudice & dommaige, se remede n'y estoit mis: Pour ce est-il que Nous vous mandons, que appellé avec vous Pierre de Soissons, ou autre expert & cognoissant en ce fait, vous ouvrez toutes les Boestes que vous avez pardevers vous & audit Pierre ou celuy que vous appellerez, Nous donnons povoir & auctorité de veoir ouvrir lesdites Boestes, de accepter les essaiz, & de faire autant, en tout ce qui touche le fait desdites Boestes, comme se lesdis Maistres-particuliers ou leurs Procureurs y estoient: & lesdites Boestes ainsi ouvertes, & les essaiz acceptez, faictes les pris des ouvraiges selon voz consciences, au plus raisonnablement que vous verrez qu'il sera à faire pour Nous & pour lesdis Maistres-particuliers, eü regard aux semblable ouvraiges dont l'en a compté; & audit Pierre ou celuy que vous appellerez, faictes donner telle somme d'Argent comme bon vous semblera, pour son sallaire, peine & travail de vaquer & entendre en ce fait, par aucun Maistre-particulier d'aucune de noz Monnoyes; laquelle somme d'Argent, Nous voullons & mandons estre allouée ès comptes de celui ou ceulx à qui il appartiendra, par noz amez & feaulx Gens de noz Comptes à Paris, sans contredict. *Donné à Paris, le derrenier jour de May, l'An de grace 1365.* Par le Roy [e] & son Conseil. P. BLANCHET.

d *Voy. cy-dessus, p. 545. & Note (c).*

e *en.*

NOTES.

(a) Registre *D.* de la Cour des Monnoyes, *fol. 116. verso.*

Avant ces Lettres, il y a:

Mandement pour ouvrir les Boëstes en l'absence des Maistres.

CHARLES V. à Paris, le dernier de May 1365.

(a) Mandement pour faire travailler dans la Monnoye de Mâcon.

CHARLES par la grace de Dieu Roy de France: A nostre amé Jehan le Fondeur, de Mascon, Salut. Nous confians à plain de vostre sens, loyauté & diligence, vous mandons & commettons, que tantost & sans delay, ces Lettres veuës, vous faciez faire & ouvrer pour Nous & en nostre nom, en nostre Monnoye de Mascon, Monnoye d'Or & d'Argent, autelle & semblable comme Nous faisons faire en noz autres Monnoyes, & selon l'instruction, Ordonnance & Mandement qui a esté fait ou sera aux Gardes de ladite Monnoye & à vous, par noz amez les Generaulx-Maistres de noz Monnoyes: Et Nous voulons & mandons à noz amez & féaulx Gens de noz Comptes à Paris, & ausdis Generaulx-Maistres, que tout ce que lesdis Ouvraiges tant d'Or comme d'Argent, cousteront à faire raisonnablement, ils vous comptent & rabatent de vostre recepte, sans contredict. Si gardez si cher comme vous avez vostre honneur, & [a] doubtez encourre en nostre indignation, que par vous en ce n'ait aucun deffaut. *Donné à Paris, le derrenier jour de May, l'An de grace 1365.* Ainsi signé. Par le Roy en son Conseil. P. BLANCHET.

a *craignez.*

NOTES.

(a) Registre *D.* de la Cour des Monnoyes, *fol.* 116. *recto.*

Avant ces Letres, il y a: *Mandement pour faire ouvrer la Monnoye de Mâcon.*

CHARLES V. à Paris, en May 1365. Charles Duc de Normandie, Lieutenant du Roy, à Monstreüil sur Mer, le 4. de Janvier. 1363.

(a) Lettres qui confirment les Eschevins de Lille, dans le droit de juger les affaires des habitans de cette Ville.

CHARLES &c. Savoir faisons à tous presens & avenir, que Nous avons veu nos autres Lettres, par Nous ottroïées ou temps que Nous estions Lieutenant de feu bonne mémoire, nostre très chier Seigneur & Pere, ou temps qu'il vivoit, à nos bien amez les Eschevins, Bourgois & habitans de nostre Ville de Lille, contenant la fourme qui s'ensuit.

CHARLES ainsnés Filz & Lieutenant du Roy de France, Duc de Normendie & Dalphin de Viennois: Au Souverain Baillif de Lille, & à nostre Procureur dudit Baillage, ou à leurs Lieuxtenans, Salut. A la supplicacion des Eschevins, Bourgois & habitans de la Ville de Lille, contenant que ja soit ce que ladicte Ville soit fondée en toutes choses appartenantes à Corps & à Commune de bonne Ville; & que de si lonc temps qu'il n'est mémoire du contraire, il soient en bonne saisine & possession de avoir la congnoissance, punicion & correccion des fais perpetrés & avenus en ladicte Ville, & (b) Taille d'icelle; & mesmement des Bourgois & fils de Bourgois, de tous cas & accions personelz, civilz, & criminelz par iceulx commis & perpetrés, tant en ladicte Ville comme en la Chastellenie d'icelle, & de en faire droit & loy, selon leurs us & coustumes; & que au cas appartient, au [b] conjurement des Bailli ou Prevost créez & instituez en ladicte Ville, de par Nous, de leurs Lieuxtenans, ou de l'un

b *Voy. cy-dessus, p. 5. Note (b)*

NOTES.

(a) Thresor des Chartres, Registre 98. Piece 246.

(b) *Taille d'icelle.*] Ce mot qui se trouve aussi dans la Coustume de Lille, signifie le territoire de cette Ville. Voy. le Gloss. du Droit Franç. dans le mot *Taille*, t. 2. p. 402.

CHARLES V. à Paris, en May 1365.

d'euls : Au conjurement desquels, lesdiz Eschevins jugent *(c)* au profit Royal, quant le cas y eschiet; lesquelz us, loy & coustumez, leur furent pieça reformées & confirmées de par nostre très chier Seigneur & Ayeul, le Roy Philippe dont Diex ait l'ame, si comme par *(d)* ses Lettres sur ce faites, seellées de cire vert en las de soïe données à Saint Germain-en-Laye, ou mois d'Avril l'An 1340. peut plus plainement apparoir; especialment ès 9.e & 17.e Articles d'iceulx Privileges, que Nous avons fait veoir & diligemment resgarder par le Conseil de Mons. & le nostre : desquelz Articles, & de la pronunciacion ou pronunciations faites sur ce, par ladicte reformacion, la teneur s'ensuit.

Et premierement du 9.e Article ainsi commençant.

Item. Selon les anciens usages & coustumez, libertés & franchisez, quant aucune personne avoit esté [a] traittié en cause, feust en accion réele ou personele, civile ou criminele, pardevant les Eschevins de ladicte Ville de Lille, qui sont Juge du Roy, & qui leur Jugement font au profit du Roy, à la semonce & conjurement de la Justice instituée & créé de par le Roy nos. & la personne ainsi traite en cause, comme dit est, fust condempnée à mort ou à paine de bannissement, à toujours, ou à terme, pour souspeçon ou présumpcion, ou il fust condempnez en amende pécuniaire, ou il eust délivrance par ce que on le trouvoit innocent, & sanz coulpe du fait, que depuis ce que lidit Eschevin avoient congneu & jugié, si comme dit est, des fais advenus & perpetrés dedens leur Jurisdiction, que depuis, aucuns des Officiers du Roy ne autres, ne procedoit contre cellui ne ses biens, en euls appellant par adjournemens [b] aus drois du Roy, ne autrement, pour les cas dont lidit Eschevin avoient congneu; mais [c] remanoit absols & delivrés; & ceuls qui puny estoient par bannissement ou en autre maniere, souffroient la paine à euls commise.

a *tirée : assignée.*

b *en Jugement.*

c *restoit.*

Et le 17.e Article contenant ce qui s'ensuit.

Item. Que selon lesdictes anciennes coustumes & libertés, tous Bourgois ou fil de Bourgois, trait en Causes pour quelconques action personele, civile ou criminele, en ladicte Ville de Lille & en la Chastellenie d'icelle, doivent estre demené, traittié, & renvoïé à l'examen desdiz Eschevins, au conjurement du Baillif ou du Prevost de ladicte Ville; nonobstant qu'il aïent fait le meffait, ou soient [d] obligié ou arresté hors de la Ville de Lille ou dedens, soit par Haus-Justiciers ou par autres.

d *cela regarde les cas civils.*

(e) Et les pronunciacion ou pronunciacions dessusdictes, s'ensuivent en ces paroles.

Et aussi disons Nous & pronunçons, qu'il useront & doivent user selon les coûtumes anciennes, prouvées pardevant Nous, des choses contenuës ès 9.e 10.e 11.e 13.e & 14.e Articles, en la fourme & maniere contenuë en iceuls.

Et la déclaration du 17.e Article, en ceste maniere.

Item. Pronunçons & déclarons sur les choses contenuëz ou 17.e Article, que lidit complaingnant en useront & doivent user, en la fourme contenuë oudit Article; tant comme il peut touchier *(f)* l'office de la Souverainneté : Laquelle Souverainneté ne les doit empeschier en rienz, quant aus choses contenuëz audit Article.

Neantmoins vous, à l'instance & poursuite de nostredit Procureur oudit Bailliage, & aucuns autres Officiers Royaus, ou autrement [e] de voulenté; & aussi aucun Hault-

e C'est à-dire, *de vostre propre mouvement.*

NOTES.

(c) Au profit Royal.] C'est-à-dire, à ce que je crois, que les amendes ausquelles ils condamnent, & les autres profits de Justice, appartiennent au Roy.

(d) Ses Lettres.] Elles ne se font pas conservées; ou du moins, elles ne se trouvent point dans le Recüeil des Ordonnances.

(e) Et les pronunciation.] Voicy ce que cela signifie. Dans les Lettres de Philippe de Valois, on trouvoit d'abord differents articles dans lesquels les habitans de Lille avoient exprimé leurs anciens usages, dans lesquels ils demandoient d'estre confirmez, & le Roy avoit declaré sa volonté sur chacun de ces articles.

Il y a plusieus *Lettres Royaux* redigées de cette façon.

(f) L'Office de la Souverainneté.] Je crois qu'il faut entendre par ces mots, *la charge du souverain Baillif de Lille.*

Justicier en ladicte Chastellerie, se sont efforciez, & veullent efforcier de vouloir congnoistre desdiz Bourgois ou filz de Bourgois, des faiz & deliz perpetrez & avenus par euls, si comme on dit, en ladicte Ville & Chastellerie d'icelle, tant en euls appellant aus drois Royaus, comme autrement, sanz ce que lesdiz Eschevins aïent esté ou soient en aucune faute de en faire droit & loy selon leursdiz us & coustume, toutesfois qu'il en ont esté requis & conjuré par lesdiz Bailli ou Prevost ou leurs Lieuxtenans, créez & instituez, comme dit est: Lesquelles choses ont esté, & sont faites ou très grant grief, préjudice & dommage desdiz supplians, & en eulz [a] despointant & empeschant en leursdiz privileges, libertéz, franchisez, us, loy & coustume; requerans par Nous leur estre pourveu de remede. Pourquoy Nous, qui ne voulons aucunement les supplians dessusdiz, estre despointiez de leursdiz privileges, us, loy, franchisez & libertez dessus exprimés, reformacions & confirmacions autrefoiz de par nostredit Seigneur & Ayeul, faictes sur ce, vous mandons & estroitement enjoingnons, & à chascun de vous si comme à lui appartendra, que lesdiz supplians faciez & laissiés joïr & user paisiblement, des dessusdiz privileges, selon leurs fourmes & teneurs, & selon ce que il ont acoustumé à user d'iceuls, en faisant cesser nostredit Procureur desdiz empeschemens, & rappellant & mettant au premier estat & deu, tout ce qui auroit esté fait [b] o attempté au contraire. Commandans en oultre expressement ausdiz Bailli & Prevost de ladicte Ville, ou à leurs Lieuxtenants, que si & quant lesdiz supplians leur *(g)* requerront avoir droit & loy, il leur facent hastivement courre, entamer & encommencier; & conjurent lesdiz supplians selon leursdiz us & coustumez, toutes-foiz que le cas y escherra. Ce faites par tele maniere qu'il n'en conviengne lesdiz supplianz plus retourner [c] plaintiz pardevers Nous: car il Nous en desplairoit [d] forment. Car ainsi le voulons Nous estre fait, & l'avons ottroié auzdiz supplians, de grace especial; nonobstant quelconques allegacions faites ou à faire au contraire. *Donné à Monstreul-sur-la-Mer, le 4.e jour de Janvier, l'An de grace 1363.*

CHARLES V. à Paris, en May 1365.

a *privez.*

b *&.*

c *plaintifs.*

d *fortement.*

Lesquelles Lettres cy-dessus transcriptes, & tout ce que contenu est en icelles, Nous, à la supplicacion & requeste de nos dessusdiz Eschevins, Bourgois & habitanz, loons, gréons, rateffions, approuvons & confermons, se [e] mestier est, par ces presentes; & mandons & commandons & estroitement enjoignons à nostre Souverain Baillif de Lile, à nostre Procureur dudit Baillage, & à leurs Lieuxtenans, & à chascun d'eulz, presens & avenir, si comme à lui appartendra, que lesdiz supplians facent & laissent joïr & user paisiblement des privileges déclariez & exprimez en nos Lettres cy-dessus transcriptes, selon leurs fourmes & teneurs, & selon ce qu'il en ont acoûtumé à user & usent deuëment: Et en oultre, facent & acomplissent, & facent faire, tenir, garder & acomplir toutes les autres choses & chascune d'icelles, contenuëz en nosdictes Lettres, si & par tele maniere que lesdiz supplians n'aïent cause d'en retourner plaintiz pardevers Nous: Car ainsi pour contemplacion desdiz supplians, & pour considéracion des choses contenuës & déclarées en nosdictes Lettrez, l'avons volu & ordené, & à iceuls supplians ottroïé & ottroïons de grace especial; nonobstans quelconques allégacions frivoles faites ou à faire, & Lettres subreptices empetréez ou à empetrer au contraire. Et que ce soit ferme chose & estable à tousjours, Nous avons fait mettre nostre Seel à ces presentes Lettres: sauf en tout & par tout nostre droit & l'autrui. *Donné à Paris, l'An de grace 1365. ou mois de May.*

Ainsy sign. Par le Roy à la relacion de son Conseil. DYONIS.

e *besoin.*

NOTES.

(g) Requerront avoir droit & loy.] Les Eschevins jugeoient conjointement avec le Bailly: ainsi il falloit qu'ils *conjurassent* le Bailly de se joindre à eux pour juger. Et quelquefois aussi, lorsqu'ils differoient de juger, le Bailly *les conjuroit & semonoit de juger*.

CHARLES V.
à Paris, en May 1365.

(a) Lettres de Sauve-garde Royale pour l'Abbaye de Bourgüeil.

KAROLUS &c. Notum facimus universis tam presentibus quam futuris, quod inter curas urgentes & assiduas solicitudines, quibus in regendis Nobis subditis plebibus, frequenter distrahimur & animus noster afficitur, ad ea precipue nostre mentis aspirat affectus, per que Status Ecclesiasticus nostris temporibus, sub commisso Nobis regimine, in transquillitate manuteneatur & pace, & ipsius Regni Ecclesie, quarum servitores sub devòte Religionis habitu & observancia, nocte dieque Divinis insistunt obsequiis, sub protectione Regia, à suis releventur pressuris, & per Regalem potenciam à noxiis defendantur; ut eo promptius & fervencius circa Divinum cultum vacare valeant, quo amplius per Potencie nostre dexteram, senserint se adjuttas: Eapropter Religiosorum Abbatis & Conventus Monasterii Beati Petri [a] *Burgoliensis, Ordinis Sancti Benedicti, Andegavensis Dyocesis, fundacionis Regie, & ad ipsius fundacionis causam, existencium ab antiquo in Regiis protectione & Salva-gardia speciali, per inquietaciones varias quorumdam malignancium, ut (b) oppressorum, supplicationibus inclinati, ne ipsorum devotio circa Dei laudabilem famulatum* [b] *intenta, per maliciam aliquorum injuriancium, impediatur quomodolibet vel turbetur, Religiosos ipsos, Monasterium suum predictum, Prioratus, domos, grangias eorum, in capite & in membris, & bona omnia, familiam & singulares personas Monasterii & membrorum predictorum, presentes & posteriores, quathenus immediate Nobis subsunt, in nostra successorumque nostrorum Regum Francie, protectione & Salva-gardia speciali, si opus sit, de novo suscipimus per presentes: Mandantes (c) Preposito Parisiensi, Senescallo Andegavensi & Cenomanensi, ac Baillivo Turonensi, ceterisque Justiciariis nostris, aut eorum Loca-tenentibus, qui sunt & erunt pro tempore, sicut ad eorum quemlibet pertinebit, quatenus dictos Religiosos, Monasterium, Prioratus, domos, grangias eorumdem, in capite, & in membris, & eorum* [c] *familiam, in nostris proteccione & Salva-gardia speciali, sicut premittitur, susceptos, in suis justis possessionibus, juribus, Jurisdictionibus, usibus, franchisiis, libertatibus & saisinis, in quibus ipsos, esse, suosque predecessores fuisse pacifice ab antiquo invenerint, sub dictis protectione & Salva-gardia speciali nostris, manuteneant & conservent; & de personis de quibus* [d] *assecuramentum exigere voluerint, eisdem & eorum singulis, juxta Patrie consuetudinem, legitimum faciant prestari; ipsosque, & eos qui sibi successerint in predicto Monasterio, in capite & in membris, cum eorum* [e] *familiis, ab omnibus injuriis, violenciis, molestacionibus, gravaminibus, oppressionibus, vi armorum & potencia Laycorum, defendant, faciantque defendi; nec permittant eisdem fieri vel inferri aliquas indebitas novitates; sed reducant ad statum pristinum & debitum, si quas invenerint esse factas; ac Nobis & Parti propter hoc, emendam condignam faciant prestari: Et si inter eos & aliquos eorum adversarios, debatum super dictis novitatibus, oriri contingat, debato & re contenciosa, ad manum Regiam tanquam superiorem, positis, recredenciam faciant quibus fuerit rationabiliter facienda; & super hujusmodi debato, exibeant inter Partes, celeris Justicie complementum: Necnon nostram presentem salvam & specialem Gardiam predictam, faciant in locis in quibus expedierit, publicari. Inhibendo seu inhiberi faciendo ex parte nostra, omnibus & singulis personis de quibus fueritis requisiti, sub certis penis Nobis applicandis, ne eisdem Religiosis, vel eorum singulis, aut eorumdem* [f] *familiis, in personis,*

a Bourgeüil.

b Mot douteux.

c famil. *R.*

d Voy. le 3.e Vol. des Ordonn. p. 264. Note (*b*)

e famil. *R.*

f famil. *R.*

NOTES.

(*a*) Thresor des Chartres, Registre 98. Piece 247.

Ces Lettres sont aussi dans le Livre Rouge vieil du Chastelet, *fol.* 61. *verso.*

(*b*) Il y a un mot qu'on n'a pû dechifrer. Il semble qu'il y ait *assertoir* pour *asseritur.*

(*c*) *Preposito Parisiensi.*] L'Abbaye de Bourgüeil avoit apparemment du bien dans la Prevosté de Paris, & dans la Jurisdiction des autres Juges qui sont nommez icy.

rebus aut bonis suis, aliqualiter forefacere presumant; & insuper penuncellos nostros Regios, in & super domibus, grangiis, & possessionibus singulorum Religiosorum predictorum, in signum hujusmodi salve & specialis Gardie nostre, in casu neccessitatis vel emergentis periculi, faciant apponi: Et quantum ad premissa diligencius exequenda, deputent vel committant eorum singuli, prout ad eorum quemlibet pertinebit, predictis Religiosis, vel eorum certo mandato, suis sumptibus, ex parte nostra, quociens opus fuerit, & super hoc fuerint requisiti, unum vel plures Servientes nostros ydoneos, in Gardiatores speciales: Qui tamen de hiis que Cause cognicionem exigunt, se nullatenus intromittant. Quod ut firmum & stabile perseveret, nostrum presentibus fecimus apponi Sigillum. Actum Parisius, Anno Domini 1365. Regni nostri secundo, mense Maii.

Sic sig. In Requestis Hospicii. DE CHASTEILLON.

CHARLES V. à Paris, en May 1365.

(a) Confirmation des Lettres de Sauve-garde Royale, accordées à l'Hôpital du S.t Sepulchre de Paris.

KAROLUS Dei gratia Francorum Rex: Notum facimus omnibus tam presentibus quam futuris, Nos infrascriptas Litteras inclite recordacionis carissimi Domini & Genitoris nostri, vidisse, formam que sequitur, continentes.

JOHANNES &c. [a]

NOs autem, qui predecessorum nostrorum vestigia operaque digna, conatibus totis animoque ferventi ac ex nostri cordis intimis, insequi cupimus & patrare, [b] *attendes quod ad pios usus agere Regalis Clemencia benigniter assuerit, & specialiter personis Ecclesiasticis omnium Creatori continue die nocteque servientibus, se reddere graciosam, predictas Litteras dicti Genitoris nostri, ac omnia & singula in eis contenta, & superius luculencius declarata, laudamus, ratifficamus & approbamus, ac ecciam nostra speciali gracia, auctoritateque Regia, confirmamus; dictamque Ecclesiam seu Hospitale, Canonicos quoque, Cappellanos & Vicarios in eadem Ecclesia seu Hospitali beneficiatos, ac quatuor Magistros gubernatores & Confratres dicti loci Sancti Sepulcri, ac familiares ejusdem Ecclesie seu Hospitalis, bonaque, res & possessiones quas nunc possident & possessuri sunt in futurum in Preposistura seu Vice-comitatu Parisiensibus, & eorum ressorto, in & sub nostris protectione & Salva-gardia speciali, prout supra plenius exprimuntur, & de novo, si fuerit necesse, ponimus & ecciam suscipimus per presentes: Mandantes nichilominus Preposito nostro Parisiensi qui nunc est aut qui pro tempore fuerit, quatinus premissa omnia, prout sibi commissa sunt & in dictis Litteris exprimuntur, diligenter adimpleat & eciam execquatur, quociens* [c] *adimplet super hoc fuerit ex parte dictorum supplicantium, requisitus: In quibus omnibus & ea tangentibus, ab omnibus Justiciariis & subditis nostris, dicto Preposito qui nunc est seu pro tempore fuerit, ac ipsius deputandis in hac parte, pareri volumus & intendi: Que prefattis Confratribus, premissis attentis, concessimus ac ecciam concedimus de gratia speciali, per presentes. Quod ut firmum & stabile perpetuo perseveret, Sigillum nostrum presentibus Litteris duximus apponendum: salvo in aliis jure nostro & in omnibus quolibet alieno.* Datum Parisius, Anno Domini 1365. Regnique nostri secundo, mense Maii. *(b)*.

[a] Ces Lettres sont cy-dessus, p. 165.

[b] attendens.

[c] adimplere.

NOTES.

(a) Livre Rouge vieil du Chastelet, *fol.* 119. *verso*.

Ces Lettres sont aussi au Thresor des Chartres, Registre 98. Piece 385.

(b) Dans le Registre des Chartres, il y a ensuite:

Sic sig. per Regem ad relationem Consilii. J. DE REMIS.

CHARLES V. à Paris, en May 1365.

(a) Lettres qui permettent aux Consuls de Montpellier, de pouvoir instituer deux Sergents qui porteront les armes du Consulat de cette Ville.

KAROLUS &c. Notum facimus universis tam presentibus quam futuris, quod cum dilecti nostri Consules Ville nostre Montispessulani, plura & diversa onera habeant supportare, & sperent habere in futurum, tam racione fortalitii & reparacionum Ville predicti & suburbiorum ipsius, quam [a] *aliter, & ob causam predictam, plures & diversas pecuniarum summas recipere & levare: Nos expedicioni execucionis premissorum, providere volentes, eisdem Consulibus, ex nostra certa sciencia, auctoritateque Regia & gracia speciali, concessimus & concedimus per presentes, ut ipsi & eorum successores, habeant & habere possint, perpetuis temporibus, duos Servientes duntaxat, portantes arma Consulatus, quos ipsi Consules auctoritate sua propria, creare, facere, instituere valeant, vel deponere, aut alios loco ipsorum facere, tociens quociens eisdem videbitur expediens, juxta eorum vel majoris partis eorumdem, voluntatem: Qui Servientes habeant & habebunt de cetero, plenariam potestatem executandi, levandi, arrestandi, pignorandi & capiendi omnia bona, res, debita, & jura que debentur & debebuntur eisdem Consulibus seu Domui eorumdem, à quibuscunque personis, racione quarumcunque impositionum seu aliquorum reddituum ipsorum, aut alio quovismodo, absque licencia seu mandato alterius Judicis cujuscunque. Mandantes, si necesse fuerit, committentes omnibus Justiciariis, Officiariis & subditis nostris qui nunc sunt & qui pro tempore fuerint, super* [b] *hoc requisiti, vel eorum Locatenentibus, & cuilibet eorumdem in solidum, quatenus nostra presenti gratia, dictos Consules & eorum successores, uti & gaudere faciant & permittant, absque ulla contradictione. Quod ut firmum & stabile perpetuo perseveret, nostrum presentibus Litteris fecimus apponi Sigillum: salvo in aliis jure nostro & in omnibus quolibet alieno.* Datum & actum Parisius, Anno Domini 1365. Regni nostri secundo, mense Maii.

Sic sig. Per Regem. FRANÇOIS.

[a] al. R.

[b] h. R.

NOTES.

(a) Thresor des Chartres, Registre 98. Piece 549.

CHARLES V. à Paris, en May 1365.

(a) Lettres portant que les Consuls de Montpellier, instituëront, dès qu'ils auront esté élûs, deux Notaires [ou Greffiers] des Enquestes de la Cour du Bailly de Montpellier.

KAROLUS &c. Notum facimus universis tam presentibus quam futuris, quod Nos considerantes extorsiones & abusus Justitie, quos faciunt & facere possunt qualibet die, aliqui [c] *Notarii in officio Notariatus Inquestarum Curie Bajuli Montispessulani, instituti, qui illud officium in* [d] *propria non deserviunt, ymmo illud vendunt &* [e] *tradunt ad firmam, pro uno vel pluribus annis, personis extraneis: Quampropter cupiditatem, multa dampna & infinitas exactiones faciunt & levant ab illis qui expediri volunt in hiis que tangunt dicti Notariatus officium, prout intelleximus, metas racionis excedendo, & contra jus reipublice veniendo; dilectis nostris Consulibus Ville nostre Montispessulani predicti, ex nostra certa sciencia, auctoritateque Regia & gracia speciali concessimus & concedimus per presentes, ut de eorum consilio & consensu, vel majoris & sanioris*

[c] ou Greffiers.

[d] proprio.

[e] l'afferment.

NOTES.

(a) Thresor des Chartres, Registre 98. Piece 393.

partis

partis eorumdem, Bajulus modernus, sine dilacione quacunque, [a] *ut Bajuli futuri dicte Ville, successive, quilibet ipsorum in sua nova creacione seu institucione, teneantur eligere duos Notarios ydoneos & sufficientes, ac bonos & fideles, qui modo debito, officium predictum, perpetuis temporibus, in propria habeant exercere, mediante salario competenti: Dantes tenore presentium in mandatis, si neccesse fuerit, committentes, dicto Bajulo moderno, & aliis qui pro tempore fuerint Bajuli dicte Ville, ceterisque Justiciariis, Officiariis & subditis nostris, presentibus & futuris, & eorum Loca-tenentibus, dum super* [b] *hoc fuerint requisiti, & cuilibet eorumdem in solidum, quatenus ipsos Consules & eorum successores in perpetuum, nostra presenti gratia & concessione, uti & gaudere faciant & permittant, sine difficultate quacunque; privilegio quocunque in contrarium edito vel edendo, non-obstante. Quod ut firmum &c. salvo &c.* Datum Parisius, Anno Domini 1365. Regni nostri secundo, mense Maii. *Sic sig. Per Regem.* B. FRANÇOIS.

a &c.

b h. R.

CHARLES V. à Paris, en May 1365.

(a) Confirmation des Lettres de Sauve-garde Royale pour l'Abbaye de Clugny.

KAROLUS &c. Notum facimus universis tam presentibus quam futuris, Nos inclite recordacionis carissimi Progenitoris nostri, vidisse Litteras, quarum tenor sequitur in hec verba.

JOHANNES &c. [c]

QUAS quidem Litteras, & omnia & singula in eisdem contenta, rata habentes & grata, ea volumus, laudamus, approbamus, ratifficamus, & tenore presentium, de gratia speciali ac plenitudine potestatis, confirmamus: Insuper declarantes nostre intencionis nunquam fuisse nec eciam existere, quod per tradiciones seu concessiones per Nos nuper factas carissimo Fratri nostro, de Ducatu Burgundie, seu eciam quibuscumque aliis faciendis de quibuscunque terris seu Domaniis Regni nostri, quibuscunque personis & cujuscunque condicionis existant, prenominati seu eorum aliqui, in capite sive membris, sive sint inclavati in dicto Ducatu Burgundie, aut alibi in Regno nostro, extra manum nostram & Coronam Francie ponantur quovismodo; sed eos & eorum quemlibet, cum eorum membris, in nostra manu & Corona Francie perpetuo manere volumus, juxta prescriptarum Litterarum, ac nostre presentis confirmacionis & declaracionis tenores: Presertim attento quod, quando dedimus dicto carissimo Fratri nostro, Ducatum Burgundie supradictum, Nos expresse retinuimus Nobis & Corone Francie, ressortum dicti Monasterii Cluniacensis, cum omnibus membris suis supradictis, tam in capite [d] *cum in membris, eo modo quo* [e] *ressortebantur coram Nobis, aut Sedibus nostris Regalibus, tempore mortis carissimi & fidelis Consanguinei nostri, Philippi ultimi Ducis mortui, Ducatus supradicti. Quod ut firmum & stabile perpetuo perseveret, nostrum presentibus Litteris apponi fecimus Sigillum: nostro & alieno in omnibus jure salvo.* Datum Parisius, Anno Domini 1365. mense Maii, Regni nostri anno secundo. *Sic sign. Per Regem in suis Requestis.* J. GREELLE.

c Ces Lettres sont cy-dessus, p. 202. Voyez la Note (a).

d quam.

e ressortiebantur.

NOTES.

(a) Thresor des Chartres, Registre 98. Piece 545.

CHARLES V. à Paris, le 6. de Juin 1365.

(a) Lettres portant que le Chapitre de Tournay sera conservé dans tous ses droits, quoyque le Roy ait mis dans sa main, la Commune de cette Ville.

CHARLES par la grace de Dieu Roy de France : A tous ceux qui ces presentes Lettres verront, Salut. Comme pour certaines causes qui ad ce Nous ont meu, Nous ayons nagueres *(b)* pris & mis la Commune & gouvernement de nostre Ville de Tournay, en nostre main ; & pour ce, nos bien amez Doyen & Capitre de l'Eglise de ladite Ville de Tournay, qui se dyent avoir en ladite Ville & sur les habitans & Citoyens d'icelle, plusieurs franchises, libertez, exemptions, privileges, Jurisdictions & autres droits, par le changement & mutation dudit gouvernement & Justice de nostredite Ville & Commune de Tournay, pouroient estre en cette partie, [a] despointez & [b] amenries de leursdits privileges & droits, ou d'aucuns d'iceux, au préjudice d'eux & de leur Eglise, si comme ils dyent, requerans que sur ce, leur soit par Nous, pourveu de convenable remede : Sçavoir faisons, que nostre intention n'est pas ne ne fut oncques, que pour cause dudit changement ou mutation du gouvernement d'icelle Commune, qui est en nostre main, comme dit est, aucun prejudice, innovation ou empechement soient fais en aucune maniere, auxdits Doyen & Capitre, contre leursdits privileges & autres franchises dessusdites, dont ils ont usé paisiblement au temps passé, & usoient paravant ces choses ; mais voulons que lesdits privileges & autres choses devantdites, soient & demeurent en leur force & vertu, & que d'iceux ils joüissent & usent en la maniere accoustumée, nonobstant ledit changement ou mutation, ne Lettres quelconques subreptices empetrées ou à empetrer au contraire. En temoing de ce, Nous avons fait mettre nostre Seel à ces presentes Lettres. *Donné a Paris, le 6.e jour du mois de Juin, l'An de grace mil trois cens soixante-cinq, & second de nostre Regne.* Par le Roy, en ses Requestes, où vous etiés. J. DE REMY.

[a] *privez en tout ou en partie.*
[b] *amoindris.*

NOTES.

(a) Ces Lettres ont esté envoyées de Tournay, avec cette indication :

Ex perantiquo registro pergameneo, Litterâ K. notato, Capituli Ecclesiæ Cathedralis Tornacensis, in quo inter alia, folio 111. verso habentur sequentia.

Littera Regis super observatione Libertatum Ecclesiæ, mutatione Legis Tornacensis Villæ, nonobstante.

Collationé audit cartulaire & concordé, de mot & autre.

(b) Pris & mis la Commune.] On trouve dans l'Hist. de Tournay, par *Cousin,* [L. 4. ch. 30. p. 157.] qu'en 1365. Oudart Seigneur de Denty vint à Tournay *pour nouveau Gouverneur* de la part du Roy ; & que *bientost après, le jour de la Chandeleur*, il y eust une grande émotion dans la Ville, à cause d'un nouvel impost que l'on y avoit establi.

Il paroist par ces faits & par ces dates, si elles sont exactes, que la privation de la Commune avoit precedé cette émeute, & qu'elle n'en fut pas la punition.

CHARLES V. à Paris, le 13. de Juin 1365.

(a) Lettres portant que les Deniers-à-Dieu qui seront donnez pour tous les marchez que l'on conclurra à Bayeux, seront payez à l'Hostel-Dieu de cette Ville.

KAROLUS &c. Notum facimus &c. Nobis pro parte Prioris, Fratrum & pauperum Domus-Dei Bajocensis, extitisse humiliter supplicatum, quod cum felicis recordacionis Sanctissimus in Christo Pater Summus Pontifex, diu est, per suas Literas

NOTES.

(a) Thresor des Chartres, Registre 98. Piece 313.

Apostolicas, more Curie Romane Bullatas, ex pura elemosina & pro substantacione Christi pauperum dicte Domus, (b) Denarios-Dei omnium Mercaturarum & [a] nummatorum, que de die in diem in dicta Civitate venderentur & venduntur, dicte Domui-Dei percipiendos & habendos ab exigentibus & petentibus eosdem, perpetuo, dum viveret, contulit & donavit intuitu pietatis ; ipsi tamen supplicantes, dictis concessione & dono sibi factis, uti & gaudere non possunt, nisi eandem & consimilem Elemosinam & gratiam, eisdem erogare & concedere dignaremur : Nos igitur dictis supplicantibus, donum gratie nostre impartiri caritative, desiderabiliter affectantes, attentis premissis, & ut in suis devotis orationibus, Nos & nostri Predecessores & Successores, participes effici mereamur, predictis supplicantibus, & pro substantatione Domus predicte, ac Christi pauperum predictorum, omnes & singulos Dei-Denarios predictos oblatos & offerendos, ex empcione & vendicione Mercaturarum predictarum, dedimus & concessimus, damusque & concedimus per presentes, de nostra certa sciencia, auctoritate Regia, & gracia speciali [b] per presentes, per dictos supplicantes perpetuo habendos, levandos & percipiendos, juxta formam & tenorem Litterarum Apostolicarum predictarum, sibi super [c] hoc, prout supra, per dictum Summum Pontificem concessarum, & prout ipsi Dei-Denarii per Priorem & Fratres Domus-Dei Ville de Cadomo, hactenus in eadem consueverunt exigi & levari ; Baillivo nostro dicte Ville de Cadomo, necnon Vice-comiti Baiocensi, vel eorum Loca-tenentibus qui nunc sunt, & qui pro tempore fuerint, & eorum cuilibet tenore presentium [d] mandantes, si opus fuerit, committentes, quatenus prefatos supplicantes, nostra presenti gracia, dono & concessione predictis, deinceps uti faciant & pacifice gaudere, ipsos aut receptores suos super [e] hoc ordinandos, in contrarium nullatenus impediendo vel molestando, seu à quoquam impediri vel molestari permittendo ; ymo ab omnibus quorum interit, dictos Dei-Denarios eisdem supplicantibus persolvi faciant, ac eciam integre [f] respondere : Rebelles si qui fuerint, & eorum quemlibet, ad [g] hoc viriliter compellendo seu compelli faciendo, quociens fuerit oportunum : Ordinacionibus & statutis ad hoc contrariis, non-obstantibus quibuscumque. Quod ut firmum & stabile perpetuo perseveret, Sigillum nostrum presentibus Litteris duximus apponendum : salvo in aliis jure nostro, & in omnibus quolibet alieno. Datum Parisius, die 13. Junii, Anno Domini 1365. & Regni nostri secundo.

Per Regem in suis Requestis. GUEZANT.

CHARLES V. à Paris, le 13. de Juin 1365.

a denrées. Voy. Du Cange, au mot, *Nummata*.

b Ces deux mots qui se trouvent un peu plus haut, sont inutiles.

c h. *R.*

d mandan.... committen. *R.*

e h. *R.*

f mot douteux.

g h. *R.*

NOTES.

(b) Denarios-Dei.] *Deniers-à-Dieu.* C'est une petite Piece de Monnoye que les vendeurs donnent quelquefois aux achepteurs, lorsqu'ils ont conclu leur marché. Voy. Du Cange, au mot *Denarius-Dei.*

CHARLES V. à Paris, le 14. de Juin 1365.

(a) Lettres concernant l'execution des [dernieres] Ordonnances sur les Monnoyes.

DE PAR LE ROY.

BAILLY de Roüen : Nous vous avons n'agueres envoyé noz Lettres [h] ouvertes, faisant mencion de l'Ordonnance & cours de noz Monnoyes ; lesquelles ont esté [i] petitement executées & gardées en vostre Bailliage, dont il Nous desplaist ; & derechef, Nous vous envoyons noz [k] grans Ordonnances faictes sur ledit fait de noz Monnoyes. Si vous mandons & commandons, & estroictement enjoignons sur la foy & serment que vous Nous devez, que diligemment vous faciez cryer & publier nosdites

h *patentes.*

i *mal.*

k *C'est apparemment celle du 15. de May precedent. Voy. page 564.*

NOTES.

(a) Registre *D.* de la Cour des Monnoyes de Paris, *fol.* six-vingt, *verso.*

Avant ces Lettres, il y a :

Item. La teneur desdites Lettres closes est telle.

Ordonnances en vostre Bailliage & ressort, & icelles faictes tenir & garder selon leur contenu, fermement, sans les enfraindre, en telle maniere que Nous nous puissions apparcevoir de vostre bonne diligence : Car Nous voulons que vous sachiez de certain, que Nous avons moult ceste chose à cuer. Si gardez bien que en ce n'ait aucun deffault d'ores-en-avant; ou pour certain, Nous vous en ferons pugnir tellement que ce sera exemple à tous autres. *Donné à Paris, le 14.e jour de Juing l'An 1365.*

BLANCHET.

CHARLES V. à Paris, en Juin 1365.

(a) Lettres portant confirmation des Privileges du Bourg de Carcassone.

KAROLUS &c. Notum facimus universis tam presentibus quam futuris, Nos vidisse Litteras carissimi Fratris nostri, Ducis Andegavensis & Cenomanensis [a], *Locum nostrum tenentis in partibus Occitanis, formam que sequitur, continentes.*

a Comitis.

LUDOVICUS [b] *condam Regis Francorum Filius, Domini nostri Regis Germanus, ejusque Locum-tenens in partibus Occitanis, Dux Andegavensis & Cenomanensis Comes: Notum facimus universis tam presentibus quam futuris, quod Nos, consideratis & attentis gestis fidelibus & laudabilibus dilectorum Consulum & Universitatis & habitatorum* [c] *Burgi Carcassone, & affectione* [d] *scincera eorumdem, quam ad honorem &* [e] *felicem Regni Francie & statum ejusdem habent & habuisse noscuntur, supplicationibus annuentes, continentibus inter cetera, quod ipsi plura habuerunt privilegia eis concessa à recordacionis inclite predecessoribus dicti Domini Germani nostri, Regibus Francie, & Locum-tenentibus eorumdem, quibus acthenus usi sunt pacifice & quiete; habuerunt eciam Edita, consuetudines, usus, franchisias, libertates & observancias scriptas & non scriptas, acthenus observatas per quorum continenciam Respublica ipsius loci, felicius & utilius gubernatur. Cumque prefati Consules timeant in dictis eorum privilegiis, libertatibus, usibus, franchisiis & consuetudinibus, per aliquos indebite perturbari, molestari & diversimode inquietari: Mandamus committendo Senescallis Tholose & Bellicadri,* [f] *Vicariisque & Judicibus Regiis Carcassone & Biterris, & eorum Loca-tenentibus, & cuilibet ipsorum in solidum, quatenus ipsos Consules & Universitatem predictam, in eorum juribus, franchisiis, libertatibus, usibus & consuetudinibus scriptis & non scriptis, de quibus liquebit, legitime conservent, & ab injuriis ac violenciis & oppressionibus indebitis, defendant; quas si factas esse vel dictas repererint, ad statum pristinum & debitum reducant, & emendam condignam dicto Domino nostro Regi, & eis indilate, & sine alia solemnitate, fieri faciant; &* [g] *aliter Partibus exhibeant Justicie complementum: Omnibus subditis ac Justiciariis dicti Domini nostri Regis, mandantes, ut eisdem & eorum cuilibet in solidum, in premissis & ea tangentibus vel dependentibus ex eisdem, pareant & intendant, Arrestis & Ordinacionibus Regiis in contrarium editis, de non trahendo quoquam extra Senescalliam in qua degit, seu suum ordinarium* [h], *non-obstantibus quibuscumque: Nam premissa, dictis Consulibus cornunque Universitati, & singularibus ejusdem, concessimus & concedimus per presentes, de nostra certa scientia, auctoritateque Regia qua fungimur in hac parte, & gracia speciali.* Datum Tholose, die 11. mensis Martii, Anno Domini 1364.

b *C'est-à-dire*, Fils du Roy defunt.

c Voy. le 3.e Vol. des Ordonn. p. 264. 2.e Note *(b)*.

d sincera.

e Il manque-là un substantif.

f Viguiers.

g al. *R.*

h *Il manque-là ces mots*, domicilium habet, *ou autres semblables.*

QUAS *quidem Litteras ac omnia & singula in eisdem contenta, in quantum non sunt juri contraria, volumus, laudamus, approbamus, & de gracia speciali confirmamus:* [i] *Mandantes universis Justiciariis Regni nostri, vel eorum Loca-tenentibus, & eorum cuilibet ut ad eum pertinuerit, quatenus Litteras suprascriptas, juxta sui seriem & tenorem, executioni debite* [k] *demandant, quam sic fieri volumus, dictisque Consulibus & eorum*

i mandan. *R.*

k demandent.

NOTES.

(a) Thresor des Chartres, Registre 98. Piece 551.

Universitati predicte, de gratia speciali concedimus. Quod ut firmum & stabile permaneat in futurum, nostrum Litteris presentibus fecimus apponi Sigillum: salvo in aliis jure nostro & in omnibus quolibet alieno. Datum Parisius, Anno Domini 1365. mense Junii, & Regni nostri secundo. *Sic sig. Per Regem ad relacionem Consilii.* FERRICUS.

CHARLES V. à Paris, en Juin 1365.

(a) Confirmation des Privileges des Monnoyes du serment de France.

KAROLUS &c. Notum facimus universis tam presentibus quam futuris, Nos quosdam carissimi Domini & Progenitoris nostri Litteras, in filo serico & cera viridi sigillatas, vidisse, formam que sequitur, continentes.

JOHANNES &c. [a]

ET Nos Predecessorum nostrorum vestigia insequentes, volentesque dicta privilegia, immunitates & libertates, dictis Monetariis & operariis de Sacramento Francie, per Dominos predecessores nostros Reges Francie prefatos, concessa, &, ut dictum est, confirmata, inviolabiliter & absque impedimento, juxta eorum seriem & tenorem, teneri & observari: damus [b] *hiis in mandatis dilectis & fidelibus nostris Gentibus nostrum presens, & que in futurum tenebunt Parlamentum, Gentibusque nostris Compotorum, necnon Senescallis, Baillivis, Prepositis, aut eorum Loca-tenentibus, ac universis subditis Regni nostri, omnibusque & singulis Commissariis super premissis & ea tangentibus, deputatis & deputandis, ac cuilibet eorumdem prout ad ipsum pertinuerit, quatenus dicta privilegia, libertates & immunitates, secundum formam & tenorem dictorum privilegiorum, teneant & observent, ac teneri faciant & observari, visis presentibus seu eorum Copia sub Sigillo Regio confecta, indilate; faciantque & permittant dictos operarios & Monetarios, dictis privilegiis & libertatibus pacifice uti & gaudere; ad hoc rebelles & inobedientes, viriliter compellendo; factaque in contrarium, si que sint vel fuerint, ad statum reducendo: Que dictis operariis, & Monetariis concessimus auctoritate Regia, de gracia speciali. Quod ut firmum &c.* Datum & actum Parisius, in Domo nostra Sancti Pauli, Anno Domini trecentesimo sexagesimo-quinto & Regni nostri secundo, mense Junii.

Sic signata. Per Regem in Consilio suo. P. BLANCHET.

[a] Ces Lettres sont dans le 2.e Vol. des Ordonn. p. 339.

[b] Ce mot est inutile, ou il en manque un.

NOTES.

(a) Thresor des Chartres, Registre 98. Piece 396.

CHARLES V. à Paris, en Juin 1365.

(a) Lettres qui portent que le nombre des Feux sera diminué dans la Ville de Corneilhan.

KAROLUS &c. Notum facimus &c. Quod cum ex parte plurium & notabilium personarum Senescalliarum nostrarum Carcassone, Tholose & Bellicadri, carissimo inclite recordacionis Domino Genitori nostro, fuisset expositum, quod licet, tam propter guerrarum discrimina, que in illis Partibus, temporibus retroactis, viguerunt, quam mortalitatum preteritarum plagas pestiferas, Civitates, Ville, loca, & Castra earumdem

NOTES.

(a) Thresor des Chartres, Registre 98. Piece 320.

Il fut accordé des Lettres semblables à plusieurs Villes, & ces Lettres seront imprimées dans la suite : mais comme le preambule & la fin de ces Lettres, sont précisement les mesmes, on ne fera imprimer ni l'un ni l'autre dans les Lettres du même genre que l'on donnera dans la suite, & on renvoyera à celles-cy.

CHARLES V.
à Paris, en Juin 1365.

Senescalliarum, quamplurimis habitatoribus & domiciliariis depopulate fuerint, ac eciam de medietate [a] *Foccorum qui antiquitus in eisdem Civitatibus, Villis & locis, esse solebant, & amplius, diminute: Verumtamen Consules & Universitates Civitatum, Villarum, locorum & Castrorum hujusmodi Senescalliarum, ob sincere dileccionis fervorem, quem erga Regnum nostrum & Predecessores nostros, semper habuisse & habere dignoscuntur, subvencionibus, subsidiis, auxiliis & juvaminibus levatis propter neccessitatem guerrarum Regiarum, &* [b] *aliter, secundum dictum antiquum numerum, tociens quociens casus accidit, contribuere nullatenus obmiserunt: Unde habitatores hujusmodi Civitatum, Villarum, locorum & Castrorum, temporibus preteritis, oppressi graviter extiterunt, nec de cetero tanta gravamina supportare valerent, quovismodo, ut dicebant: Quamobrem dicto Domino Genitori nostro, à supradictis personis humiliter supplicato super hujusmodi oppressionibus & gravaminibus, de remedio condecenti eisdem celeriter provideri, idem Dominus Progenitor noster, matura sui Consilii deliberatione prehabita, concessisset & ordinasset inquiri veritatem super vero numero Foccorum modernorum, Civitatum, Villarum, loccorum & Castrorum Senescalliarum predictarum, per certos Commissarios ad* [c] *hoc tunc deputandos, sub certis formis & instrucionibus contentis in ipsius Domini nostri Litteris, super hoc confectis & ordinatis.*

Cumque facta quadam informacione, virtute dictarum Litterarum ac nostrarum, in Villa de (b) *Corneliano Senescallie Carcassone, super numero Foccorum modernorum, in dicta Villa nunc existencium, per dilectum & fidelem nostrum, Johannem de Villanis Militem, Vicarium Bittirensem, Commissarium per dictas Litteras in hac parte deputatum: Eademque informacione seu ejus transumpto, sub Sigillo majori Curie Regie Biterensis, facta & sigillata, vocato & presente Procuratore nostro Generali dicte Senescallie Carcassone, & in Cameram Compotorum nostrorum* [d] *Parisius, apportata, ac per dilectas & fideles Gentes nostras dictorum Compotorum nostrorum, diligenter visa & inspecta, repertum fuerit quod in dicta Villa de Corneliano, sunt de presenti & reperiuntur quatuorviginti-quatuor Foci, secundum traditam instruccionem super* [e] *hoc prelibatam: Nos vero habita super* [f] *hoc matura Consilii deliberacione cum dictis Gentibus nostris, una cum pluribus aliis de Consilio nostro, attentis attendendis, Consulibus & Universitati dicte Ville de Corneliano, pio compacientes affectu, volentesque ipsos à gravaminibus & oppressionibus indebitis preservari, eisdem de gracia speciali, auctoritate nostra Regia & certa sciencia, concedimus per presentes, pro se suisque successoribus & posteris, quod ipsi Consules & Universitas, pro dictis subsidiis & auxiliis ac juvaminibus Regiis, quociens & quando levabuntur occasione guerrarum, vel* [g] *aliter, solvant de presenti pro dicto quatuor-viginti-quatuor Focorum numero sic* (c) *recepto, & eciam de cetero, quamdiu dicti Foci sub illo numero permanebunt. Si vero dictum numerum Focorum, in futurum contingerit augmentari, & super* [h] *hoc fieret semel vel pluries, alia recolacio seu reformacio dictorum Focorum, predicti Consules & Universitas, quando & quociens à Nobis aut Gentibus nostris, petetur subsidium ab eisdem, solvent solum pro numero Focorum qui tunc temporis veraciter reperietur ibidem, absque eo quod ipsi de expensis faciendis pro dicta reformacione facienda, quidquam solvere teneantur: Proviso tamen quod prefati Consules & Universitas, Nobis aut Receptori nostro ad hoc constituto, primitus solverint unum Florenum Auri, pro quolibet Foco numeri antiqui Focorum Ville predicte, quem dicto Domino Genitori nostro, propter hoc solvere promiserunt: Mandantes harum tenore, Senescallo & Receptori nostris Carcassone, ceterisque Senescallis, Justiciariis & Officiariis nostris, presentibus & futuris, & eorum Locatenentibus, ac cuilibet eorumdem prout ad eum pertinuerit, quatenus dictos Consules & Universitatem dicte Ville de Corneliano, nostris gracia & concessione uti & gaudere perpetuo quiete paciantur & faciant, nec permittant quidquam in contrarium fieri,*

[a] Voy. cy-dessus, p. 241. Note (c) marginale.
[b] al. *R.*
[c] h. *R.*
[d] Par. *R.*
[e] h. *R.*
[f] h. *R.*
[g] al. *R.*
[h] h. *R.*

NOTES.

(b) *Corneliano.*] On trouve *Corneilhan* dans une liste des lieux situez dans le Diocese de Beziers, donnée par Catel dans son Hist. de Languedoc, [L. 2. p. 370. 3.e col.

(c) *Recepto.*] Dans plusieurs Lettres de même nature, qui seront imprimées dans la suite, il y a *reperto*; & c'est ainsi qu'il doit y avoir.

attemptari, seu eciam innovari; secus facta seu innovata vel attemptata, si que sint, ad statum pristinum & debitum celeriter reducendo, seu faciendo indilate reduci. Quod ut firmum & stabile &c. salvo &c. Datum Parisius, mense Junii, Anno 1365. Regni nostri secundo.

Per Consilium existens in Camera Compotorum Parisius. P. DU CASTEL.

CHARLES V.
à Paris, en Juin 1365.

(a) Lettres de Sauve-garde Royale, pour l'Abbaye de Fontevrault.

KAROLUS &c. Universis presentes Litteras inspecturis, Salutem. Rationi congruum arbitramur, si inter curas & sollicitudines quas frequenter habemus in regendis nostris subditis, ad hoc precipue nostre mentis aspiret affectus, per que status Ecclesiasticus, nostris temporibus, sub commisso Nobis regimine, in pacis transquilitate manuteneri valeat & tueri, & Regni predicti Ecclesie, Religioseque persone, que de die & de nocte, Divinis insistunt obsequiis, sub nostre protectionis clipeo, à suis releventur pressuris, ac per Regalem potenciam, à noxiis defendantur; ut eo devotius circa Divina vacare valeant, quo liberalius per Regalem potenciam senserint se adjutas: Hinc est quod Nos, clare memorie Regis Philippi Avi nostri, felicibus vestigiis inherentes, dilectas nostras Religiosas Monasterii[a] *Fontis-Ebraudi, & membra dicti Monasterii, speciali prosequentes affectu, attento quod ipse Religiose, pro se & successoribus suis, spontaneè promiserunt facere celebrari & cantari anno quolibet, perpetuis temporibus, unam Missam solennem, quamdiu vitam duxerimus in humanis; &* [b] *pro post decessum nostrum, de* defunctis, *pro nostri ac predecessorum & successorum nostrorum Regum Francie, animarum remedio & salute, ipsas Religiosas, tam in capite quam in membris, una cum eorum gentibus, familiaribus, singularibusque personis dicti Monasterii & membrorum ejusdem,* [c] *hominibus de corpore, & bonis ipsarum omnibus in Regno nostro existentibus, in nostra protectione, tuitione, salva & speciali Gardia suscipimus per presentes; eisdemque Religiosis Gardiatores concedimus universos & singulos Servientes nostros qui nunc sunt & qui pro tempore fuerint: Quibus Servientibus & eorum cuilibet, committimus & mandamus, quatenus predictas Religiosas, gentes, familiares, singularesque personas dicte Ecclesie & membrorum ejusdem, ac homines de corpore, defendant ab omnibus injuriis, violenciis, gravaminibus, oppressionibus, vi armorum, potencia laicorum, & novitatibus indebitis quibuscunque, & in suis justis possessionibus, franchisiis, libertatibus, immunitatibus, juribus, usibus & saisinis, in quibus ipsas esse, & earum predecessores fuisse pacifice, ab antiquo, invenerint, conservent & defendant; non permittentes in personis ipsarum, aut gentium, familiarium, singularumque personarum dicti Monasterii ejusdemque membrorum, hominum de corpore, seu in bonis earum, aliquas fieri vel inferri injurias aut indebitas novitates; quas si factas esse vel fuisse, in nostre salve ac specialis Gardie & ipsarum prejudicium, invenerint, ad statum pristinum reducant seu reduci faciant, & Nobis ac Parti, propter hoc, emendam condignam fieri ac prestari; dictamque Salvam-gardiam nostram publicari faciant, ubi & quociens fuerit oportunum; & in signum hujusmodi nostre Salve-gardie, pennuncellos nostros in suis Ecclesiis, domibus, possessionibus & rebus predictis, in terra que jure scripto regitur; & alibi, in casu eminentis periculi duntaxat, situatis, apponatis seu apponi faciatis:*[d] *Inhibendo ex parte nostra, omnibus illis de quibus fuerint requisiti, sub omni pena quam erga Nos possent incurrere, ne eisdem Religiosis, familiaribus, singularibusque personis dicti Monasterii & membrorum ejusdem, hominibus de corpore; seu bonis quibuscunque earumdem, quomodolibet fore-facere presumant: Et si in casu novitatis, inter ipsas Religiosas, gentes, familiares, singularesque personas dicti Monasterii & membrorum ejusdem, homines de corpore, & aliquas alias, ratione bonorum suorum quorumcunque,*

a Fontevrault.

b Ce mot est inutile.

c Especes de serfs.

d Inhiben. *R.*

NOTES.

(a) Thresor des Chartres, Registre 98. Piece 434.

CHARLES V. à Paris, en Juin 1365.

aliquod oriatur debatum, locis deablatis, si sint in rerum natura; alioquin de valore & estimacione ipsorum, realiter & de facto resaisitis, dictumque debatum & rem contenciosam in manu nostra, tanquam superiori, ponant, Partesque hujusmodi debatum facientes, & eciam dicte nostre Salve-gardie infractores & contemptores, & qui in contemptum ejusdem, predictis Gardiatoribus Gardiatoris Officium exercendo, injuriam fecerint vel offensam, sive qui eis inobedientes fuerint, coram dilectis & fidelibus Gentibus nostris, nostrum presens tenentibus Parlamentum, & [a] proximum futurum & subsequentia Parlamenta tenebunt, [b] Presidentibus quoque, si non sedeat Parlamentum; alioquin coram dilectis & fidelibus Requestarum (b) Hospicii nostri, adjornent ad certam & competentem diem [c] processuros super [d] hoc, prout fuerit racionis. Si vero dicte Religiose, aut aliqui de suis gentibus, familiaribus, singularibusque personis dicti Monasterii & membrorum ejusdem, seu hominibus de corpore, ab aliquo vel aliquibus [e] assecuramentum habere voluerint, volumus quod dicti Gardiatores aut aliter eorumdem, adjornent, si opus fuerit, illos à quibus dictum assecuramentum habere voluerint, coram dictis Gentibus nostris, ad certos & competentes dies, daturos assecuramentum predictum bonum & legitimum, juxta Patrie consuetudinem, prout racionabiliter fuerit faciendum; necnon omnia debita bona, legalia, fructus, exitus, census, redditus & proventus dicti Monasterii, ac membrorum ejusdem, gencium & familiarium earumdem, recognita, vel probata legitime per Litteras, instrumenta, testes, vel alia legitima documenta, que predictis Religiosis, gentibus & familiaribus, deberi noverint, [f] & de quibus nulla referatur querela, eisdem Religiosis vel eorum certo mandato, persolvi faciant indilate; debitores hujusmodi ad hoc, per capcionem, vendicionem & explectacionem bonorum suorum quorumcunque, & eorum corporum detencionem, si ad hoc fuerint obligati, viriliter & debite compellendo; Litteris, graciis vel aliis impetratis vel impetrandis à Nobis seu Curia nostra, per ipsos debitores vel eorum alterum (c) super statu vel respectu de non solvendo ad tempus debita sua, vel [g] procedendi in eorumdem Causis, quibus per eos, fide & juramento intervenientibus, fuerit renunciatum, de fide & juramento predictis, non facientibus mentionem, non-obstantibus. Si vero aliqui debitorum predictorum, ad [h] hoc se opponant, ipsos opponentes adjornent ad instanciam & requestam supradictarum Religiosarum, coram dilectis & fidelibus Gentibus nostris nostrum presens tenentibus Parlamentum, & que proximum futurum & subsequentia Parlamenta tenebunt; Presidentibus quoque, si non sedeat Parlamentum; seu coram Gentibus Requestarum Palacii nostri, presentibus & futuris; sedeat vel non sedeat Parlamentum, ad diem seu dies competentes, in causa hujusmodi processuros ut fuerit racionis; & dictas Gentes certificent competenter de hiis que fecerint in premissis ipsi Gardiatores; & generaliter faciant dicti Servientes & eorum singuli, presentes pariter & futuri, omnia & singula que ad [i] Gardiatoris officium pertinent. Nolumus tamen quod dicti Servientes, de recredencia facienda, & de hiis que Cause cognicionem requirunt, se aliquatenus intromittant. Damus autem tenore presentium, in mandatis predictis Gentibus nostris nostrum presens tenentibus Parlamentum, & que futurum & subsequentia tenebunt Parlamenta, Presidentibus quoque, si non sedeat Parlamentum; & Gentibus Requestarum Palacii nostri, presentibus & futuris; sedeat vel non sedeat Parlamentum, committimus & mandamus, quatenus in dictis Causis agitandis, tam agendo quam defendendo, exhibeant, Partibus auditis, inter ipsas Justitie complementum. Ab omnibus autem Justiciariis & subditis nostris, dictis Servientibus & cuilibet eorumdem, in premissis pareri volumus efficaciter & intendi. Que

a que.

b Presiden. *R.*

c processur. *R.*

d h. *R.*

e Voy. le 3.e Vol. des Ordonn. p. 264. Note (*b*).

f sur lesquelles dettes il n'y aura pas de contestation.

g proceden. *R.*

h h. *R.*

i Gardiator. *R.*

NOTES.

(*b*) *Hospicii nostri.*] Dans la suite de ces Lettres, il y a deux fois *Requestarum Palatii*, & ainsi il y a grande apparence qu'il y a une faute de Copiste dans cet endroit, & qu'il faut lire *Palacii*, au lieu d'*Hospicii*.

(*c*) *Super statu vel respectu.*] Cette phrase est fort embroüillée: voicy comment je l'entends. On fera payer toutes les dettes dûës à l'Abbaye de Fontevrault, nonobstant les Lettres d'*Estat* & de répit que leurs débiteurs pourront obtenir pour suspendre le payement de leurs dettes, & la poursuite de leur procès; si ces débiteurs ont renoncé, sous la foy du serment, au privilege de toutes Lettres d'*Estat* & de répit, & que dans ces Lettres, on n'ait point derogé specialement à cette renonciation faite par serment.

omnia

omnia ex nostra certa sciencia, auctoritateque Regia & gratia speciali, duximus concedenda, & concedimus per presentes. Quod ut firmum &c. salvo &c. Datum Parisius, Anno 1365. & Regni nostri secundo, mense Junii.

Sic sig. Per Regem. FRANÇOIS.

CHARLES V. à Paris, en Juin 1365.

(a) Lettres portant que plusieurs choses qui avoient esté demembrées de la Prevosté de Dourlens, y seront rëünies.

CHARLES &c. Savoir faisons à tous presens & avenir, que comme la Ville de *(b)* Doullens & la Chastellerie d'icelle, qui anciennement estoient & sont du droit demainne de nostre Royaume de France, & laquelle souloit avoir moult grant & noble Siege Royal en Chastellerie, Prevosté, ressort de Prevosté, Assises, Seel pour seeller *(c)* Lettrez de Baillie, *(d)* Auditouers pardevant qui les marchiez & convenancez passoient, surquoy on faisoit lesdictes Lettrez de Baillie, & plusieurs autres droiz & Noblesses appartenans, ressortissans & appendans à ycelle Ville & Chastellerie, [a] eussent esté données ou bailliez & transportez par le don, transport ou ottroy du Roy [b] Loïs jadiz Fil de Philippe le Bel que Diex pardoint, au Comte de Saint Pol qui pour le temps estoit; & pour ce que lesdictes Villes & Chastelleries ainsi données ou transportées, deleissoient nature & condicion de demainne Royal, par vertu dudit transport, eussent plusieurs des drois, des noblesses & des proffis & Seignories qui lors appartenoient & appendeoient ausdictes Villes & Chastellerie, & à la Prevosté & ressort d'icelles, esté ostées, disjointes & separées d'icelles Ville, Chastellerie & Prevosté, & mises, bailliez & transportées en plusieurs autres lieus, Sieges, Auditoires & Prevostez; est assavoir, certaine quantité au Siege & avec la Prevosté de *(e)* Beaucaisne; autre partie & quantité au Siege & Prevosté de [c] Monstrueil-sur-la-Mer; & autres parties & droiz tant en la Prevosté [d] de Saint Riquier, comme en plusieurs autres lieuz, & plusieurs autres Villes, Sieges & Auditoires: Desquelz adjonttions ou transpors, on dit les Mayeurs, Eschevins, Bourgois & habitans desdictes Villes de Beaucaisne, de Monstrueil & de Saint Riquier, & autres, à qui baillées & accordées furent, ou les aucuns d'iceulz, avoir prins & obtenu d'aucuns de noz predecesseurs Roys de France, certainnes Lettres, Chartres ou confirmations; & il soit ainsi que au vivant, & par la bonne Ordennance & déliberation de nostre très chier Seigneur & Pere que Diex absoille, & de son grant Conseil; & aussi par la déliberation de Nous & de nostre Conseil, en ensuïant le bon propos, Ordennance & volenté de nostredit Seigneur & Pere, & pour certainnes causes, Nous aïons retrait, rajoint, rauni, remis & rapliqué lesdictes Ville & Chastellerie de Dourlens, au droit & au demainne de Nous, de nostre Royaume & de la Corone de France, comme Nous avons fait plusieurs autres Villes, Chasteaulz, terres & Chastelleries de nostre Royaume; & par les Gens de noz Comptes à Paris, ou autres de nostre Conseil, ait esté depuis déliberé & ordené, que tout ce qui avoit esté mis & transporté desdictes

[a] *la Ville & Chastellerie.*

[b] *Louis X. dit le Hutin.*

[c] *en Picardie.*

[d] *en Picardie, vers Abbeville.*

NOTES.

(a) Thresor des Chartres, Registre 98. Piece 425.

(b) Doullens.] Nommé presentement *Doulens* ou *Dourlens*, Ville de Picardie sur l'Authie, à six lieuës d'Amiens. Voy. le Dictionn. Univers. de la Fr. au mot, *Doulens*.

(c) Lettrez de Baillie.] *Ce sont les Lettres & obligations executoires, en vertu desquelles on peut faire execution.* Voy. le Gloss. du Droit Franç. par Lauriere, t. 1. p. 119.

(d) Auditouers.] Ils sont nommez cy-dessous *Auditeurs.* On convenoit des Actes pardevant eux : on les écrivoit, on les signoit ou on les scelloit; & puis on les portoit à celuy qui estoit chargé du Seel de la Chastellenie, lequel y imprimoit ce Seel authentique. Voy. le Gloss. du Droit Fr. au mot, *Auditeurs*.

(e) Beaucaisne.] Nommé presentement *Beauquesnes*, Bourg dans la Picardie, du Diocese d'Amiens. Voy. le Dictionn. Univers. de la Fr. à ce mot.

CHARLES V. à Paris, en Juin 1365.

Chaſtellerie de Doullens, Prevoſté & reſſort d'icellez, [a] avec leſdictes Villes & Prevoſtés de Beaugueſne, de Monſtereul, de Saint Riquier & d'ailleurs, feroit & [b] demouroit [c] & ycelles juſques à la fin du temps que leſdictes Prevoſté avoient derrenierement eſté bailleés & acenſeez à ferme; c'eſt aſſavoir, juſques au terme de la Purificacion Noſtre-Dame prochain venant, que leſdictes ferme doivent [d] fallir, ou là environ, afin qu'il ne convenist pas de nouvel remettre à ferme, ne racenſir leſdictes Prevoſtés, ne faire divers comptes d'icelles, ne par tant de partiez ou pour aucunes autres certainnes cauſes qui à ce les ont meuz: Et pour ce que leſdiz Maire, Eſchevins, Bourgois & habitans de noſtredicte Ville de Doullens, ont moult eſté grevés & domagez, & par moult lonc temps, & en leur grant deſplaiſir; & aucy par les tranſport, ſeparacions & alienacions deſſuſdictes, & que de touz leurs cuers, propoz & volentés, il ont touzjours depuiz [e] contendu eſtre remis & retournez pardevers Nous & à noſtre demene, comme pardevers leur droit, naturel & ſouverain Seigneur, & que avec lezdicte Ville & Chaſtellerie qui ſont & ſont corps de la Prevoſté & Siege Royal, lez membres & toutes lez parties qui disjointes ou oſtées en furent, comme dit eſt, puiſſent eſtre & ſoient remis & rajoins & rauniz, en la maniere que eulx eſtoient avant lezdiz tranſpors, ſeparacions & disjoncions, Nous ont très humblement fait ſupplier & requerre, que ſur lez choſes deſſuſdictes, veullions ordener & faire declaration, en telle maniere que leſdictes Ville & Chaſtellerie, Prevoſté, Aſſiſes, reſſort & autres droiz & nobleſces, ſoient & puiſſent eſtre réintegrées rajointes, & remiſes à noſtre droit & demeine tout en la forme, & par pareille voie que eulx eſtoient au jour & à l'eure, ou aux jours & heures que lezdiz tranſpors furent faiz, & que lez membres dezdictes Prevoſté & reſſort, en furent desjoint, pour cauſe du don ou tranſport qui faiz furent dezdictes Villes & Chaſtellerie, comme dit eſt: Nous recordans & aïans en memoire, le bon & vray propoz de noſtredit Seigneur & Pere, & le noſtre, & auxi de tout ſon Conſeil & du noſtre, qui ont touzjours eſté & encor ſont telz, que lezdictes Ville & Chaſtellerie de Dorlans, qui retraittes & remiſes ſont en noſtre demeine, comme dit eſt, avec lez droiz, nobleſſes, Aſſiſes, Prevoſté, reſſort, Lettres de Baillif, [f] Sael, Auditeurs & toutes autres choſes & droiz quelxconques, qui auxdictes Ville, Chaſtellerie, Prevoſté & reſſort, povoient & devoient appartenir en quelque maniere que ce feuſt ou peuſt eſtre, ſoient raſſamblées, remiſes & rauneés enſamble, tout en la maniere que pardevant lezdiz tranſport, disjoncions & tradicions, eſtoient; conſideré, que peu de choſe feroit de faire Prevoſté, Aſſiſes & Siege Royal deſdictes Ville & Chaſtellerie ſeulement, & que plus neceſſaire & convenable choſe eſt de les remettre à un & en tel meſmes eſtat, que lezdictes Ville & Chaſtellerie, Prevoſté & reſſort eſtoient, quant tranſportez & oſtez furent de leur droite nature & eſſence, que de demourer par diverſes parties, & en divers Auditoires & lieux; & auxi conſideré le lieu & place, & comment lezdictes Ville & Chaſtellerie [g] ſont pour Nous bien ſéant, avec la bonne volenté & vraïe obéiſſance, que lezdiz de Dorlens ont touzjours [h] en eu Nous & à nos devanciers, avons ordené, déclarié & accordé, & par cez preſentes ordenons, déclarons & accordons, & de grace eſpecial octroyons auxdiz de Dorlens, que tout ledit Siege Royal en Chaſtellerie, Prevoſté, reſſort de Prevoſté, Aſſiſes, Lettres de Baillie, Auditeurs, Sael de Lettres ſignées, & toutes lez autres nobleſces, droiz & franchiſes qui à noz devanciers Roys de France, & auxdiz de Dorlens, povoient & devoient appartenir pour raiſon dudit Siege Royal, & deſdictes Chaſtellerie, Prevoſté & reſſort, ſoient remis, retraiz & rauniz avec lezdictes Ville & Chaſtellerie, & dèz-maintenant de noſtredicte grace & certaine ſcience & auctorité Royal, lez y [i] rajoinnons, remettons & raſſamblons du tout: ſauf & reſervé que lez fermes dezdictes Prevoſtés de Beauqueſne, de Monſtreul, de Saint Riquier, & autres qui bailliéez eſtoient & ſont, comme dit eſt, juſques à ladicte Purification Noſtre-Dame, & tout ce qui baillié eſtoit [k] avec ycelles, dez appartenances de noſtredicte Ville, Chaſtellerie, Prevoſté & reſſort de Dorlans, ſe tiendront & demourront aux Prevoz & fermiers d'icelles, juſques à la fin de leurſdictes fermes: auquel temps ou [l] pardevant, ſe [m] meſtiers eſt, Nous voulons noſtredicte Prevoſté & reſſort de Dor-

[a] *auxdictes Villes.*
[b] *demeureroit.*
[c] Il faut lire, *unies à ycelles*, ou quelque autre choſe ſemblable.
[d] *finir.*
[e] *fait des efforts.*
[f] *Scel.*
[g] *peuvent Nous eſtre utiles*, [*eſtant ſur les frontieres du Royaume.*]
[h] *eu à.*
[i] *rejoignons.*
[k] *à.*
[l] *devant.*
[m] *beſoin.*

lens, le Sael dez Lettres de Baillie, & tout ce qui à Nous ésdictes Villes, Prevosté & ressort, puet ou pourra appartenir, & qui à nozdiz devanciers appartenoit en ycelles, avant le temps dezdictes tradicions & transpors, estre bailliées & mises à ferme ou fermes à nostre proufit; & aussi reservé, que pour ce que anciennement on souloit en l'assise de Dourlens, & en la Prevosté d'icelle Ville, jugier par *(f)* Frans Hommes, & que pour [a] le long trait que les Causes y prenoient, nostre Bailli d'Amiens a ordené depuis ledit *(g)* retrait, par l'accort desdiz de Dourlens & de plusieurs bonnes gens du païs, que il y soit jugié [b] ordinairement par les Baillis & Prevos qui pour Nous seront ordonnez dores-en-avant, [c] que ycelle Ordennance se tiegne, & que par lesdiz Bailli & Prevost, y soit & puist estre desores-mais jugié ordinairement, en la forme & maniere que par nostredit Bailli a esté ordenné, & que encommencié & fait là, depuis que lesdictes Ville & Chastellerie furent retrais & remis à nostre demainne, sanz préjudice de Nous, & des droiz que Nous avons ès Fiez desdiz Hommes Jugans. Si donnons en mandement à noz amez & féaulz les Gens de noz Comptes à Paris, à nozdiz Bailli d'Amiens, & à nostre Receveur dudit Bailliage, & à tous noz autres Justiciers & Officiers, qui à present sont & qui pour le temps à venir seront, ou à leurs Lieuztenans, & à chascun si comme à lui appartendra, que de nostredicte grace, Ordenance & ottroy, leissent, sueffrent & facent les dessusdis de Dourlens, & tous ceulz desdictes Villes, Chastellerie, Prevosté & ressort, à qui touchier puet ou porra, user & joïr paisiblement; & que desores-mais-en-avant, il baillent ou facent baillier & livrer à ferme, ou autrement, en la maniere que de noz autres Prevostés dudit Bailliage d'Amiens, sera ordené pour nostre proufit, toute ladicte Prevosté de Dourlens, & le ressort d'icelle, le Seel, les Lettres de Baillie, & tous les autres droiz & proufis à Nous appartenans, à ferme, à *(h)* un machié ou plusieurs, & tout en la forme & maniere que pardevant lesdis transpors, estoient baillez & livrez, sanz aucune dificulté, division ou separacion; non contrestant quelcunques Lettres, Chartres ou confirmations, se aucunes en avoient esté données ou baillées aus dessusdiz de Beaucaisne, de Monstrüeil, de Saint Riquier ou autres, au contraire de ce; lesquelles, ou cas dessusdit, Nous rappellons, revocons, & volons estre de nulle valeur & effect, & quelcunques autres Lettres subreptices empetrées ou à empetrer au contraire. Et pour ce que ce soit ferme chose &c. sauf &c. *Donné à Paris, ou mois de Juing, l'An de grace 1365. & de nostre Regne le second.*

Ainsi sign. Par le Roy à la relation du Conseil, ouquel vous estiez. J. DE REMIS.

CHARLES V. à Paris, en Juin 1365.

a *la lenteur des Jugemens.*

b *sans le concours des Hommes Jugeurs. Voyez la Note (f).*

c *reservé*... qui est plus haut.

NOTES.

(f) Frans hommes.] Ce sont *les Hommes Jugeurs*, sur lesquels on peut voir la Table des matieres du 3.e vol. des Ordonn. au mot, *Jugement & Jugeurs*.

Ces *Francs Hommes*, ou *Hommes Jugeurs*, estoient Seigneurs de Fief. *Voy. un peu plus bas.*

(g) Retrait.] *Depuis la réünion de la Prevosté de Dourlens* au Domaine. Voy. un peu plus bas.

(h) Un machié.] Il faut apparemment corriger *marché*. C'est à-dire, que les differents droits seront donnez à ferme à une seule personne ou à plusieurs, par une seule ou par plusieurs adjudications.

CHARLES V. à Paris, en Juin 1365.

(a) *Lettres qui permettent aux Maire & Eschevins de la Ville de Montdidier, de vendre le droit de Four bannal, sur certaines maisons de cette Ville.*

CHARLES &c. Savoir faisons à touz presens & avenir, que de la partie du Maire, Jurez & Eschevins de nostre Ville de Montdidier, Nous a esté exposé, que comme pour la fortifficacion de nostredicte Ville, laquelle il ont fait faire & reparer, ou la plus grant partie d'icelle, depuis l'an 1356. ou environ, dont il se sont moult grandement endebté en plusieurs grosses sommes de deniers, tant envers aucuns [a] soubz aagiez dont il avoient lors les deniers en garde, comme envers plusieurs autres personnes, dont il ne se pevent en nulle maniere acquittier, ne rendre ausdiz soubz-aagiez qui maintenant sont en aage, leurs deniers, dequoy il font de present poursuite contre lesdiz supplians; pour raison de l'aide qu'il paient pour le fait de la [b] guerre, [c] ou les deniers sont convertis, dont il se deussent & peussent acquittier; & aussi pour plusieurs autres frais qu'il leur convient faire & soustenir de jour en jour, & il soit ainsi que ladicte Ville de Montdidier, ait certains fours qui furent de la terre de la Tournelle, que lesdiz supplians ou leurs devanciers, acquirent & acquesterent ou temps passé, [d] à cellui qui pour le temps estoit Seigneur de la Tournelle, [e] parmi certaines rentes de deniers, que il en paient par an, si comme il appert par bonnes Lettres de confirmacion de noz Predecesseurs Roys de France, qui pour le temps estoient: Ausquelz fours, grant quantité des habitans de ladicte Ville, tant en ladicte terre de la Tournelle, comme des autres terres situées en ladicte Ville de Montdidier, sont [f] Banniers, & convient pour raison dudit bannage, que il [g] voisent cuire leur pain à yceulz fours, & non ailleurs, à cause des maisons bannieres où il demeurent, & leur est ledit bannage très dommagable & non prouffitable, pour cause de leur pain qui aus fours dessusdiz, leur est [h] pis apparillié, que ailleurs, & à plus grans coux & frais, que s'il povoient aler cuire là où il leur plairoit: Si Nous ont humblement fait supplier & requerir lesdiz Maire, Jurez & Eschevins, qui touzjours ont esté nos bons vrais [i] loyaux subgiez & bien vueillans de Nous & de nostre Royaume, que pour eulx acquittier desdictes debtes, deuës tant ausdiz soubz-aagiez, & dont il sont [k] poursui de present, comme dit est, comme à plusieurs autres, Nous leur vueillons donner & ottroyer congié & licence de vendre à ceulz qui ont maisons bannieres ausdiz fours, [l] [que il puissent] leurdit bannage [vendre] perpetuelment à chascun en droit soy, & [m] afranquir leursdictes maisons, & ceulx qui y demeurent & demourront pour le temps avenir; & qu'il puissent aler cuire par tout où il leur plaira, sanz ce qu'il puissent faire fours pour leur usage ne autrement, & que sur ce Nous leur vüeillons estandre nostre grace: Nous adecertes, considerées toutes les choses dessusdictes, inclinans à la supplication desdiz Maire, Jurez & Eschevins, à yceulx avons donné & ottroié, & par la teneur de ces presentes Lettres, donnons & ottroyons, de nostre certaine science & grace especial, & de nostre auctorité Royal, congié & licence de vendre leur bannage à ceulz qui ont maisons bannieres ausdiz fours, à chascun en droit soy, & afranquir leursdictes maisons perpetuelment, & ceulz qui y demeurent & demourront, & prendre d'iceulx pour une foiz, tel prouffit comme bon leur semblera, ou [n] par plusieurs, & à yceulx donner leurs Lettres sur ce; lesquelles, toutes-fois que besoing sera, Nous confermerons à ceulz ou à celles qui lesdis bannages acheteront; & porront aler cuire par tout où il leur plaira, sanz ce qu'il puissent faire four pour leur usage ne autrement: Pourveu toutes-voies, que les deniers qui en [o] isteront, soient convertis & tournez en la descharge & acquit de ladicte Ville, jusques à tant qu'elle

a *Mineurs.*
b *Voy. cy-dessus, p. 501. Note (b).*
c *à laquelle ayde.*
d *de.*
e *moyennant.*
f *sont obligez de venir cuir au four bannal.*
g *viennent.*
h *plus mal cuit.*
i *&.*
k *poursuivis.*
l *Les mots qui sont entre deux crochets, semblent inutiles.*
m *affranchir.*
n *par plusieurs fois.*
o *sortiront: proviendront.*

NOTES.

(a) Thresor des Chartres, Registre 98. Piece 321.

puist à plain estre & demourer quitte. Si donnons en mandement par la teneur de ces presentes Lettres au Baillif de Vermendoiz, & à touz les autres Justiciers de nostre Royaume, presens & avenir, ou à leurs Lieuxtenans, & à chascun d'eulz, si comme à lui appartendra, que lesdiz Maire, Jurez & Eschevins, facent, seuffrent & laissent joïr & user paisiblement & plainement de nostre presente grace, sanz leur donner sur ce trouble ne empeschement aucun, & ne seuffrent iceulz estre troublez ne empeschiez en ce, par quelque maniere que ce soit. Et pour ce que ce soit ferme chose & estable à touzjours perpetuelment, Nous avons fait mettre nostre Seel à ces presentes : sauf en autres choses nostre droit & l'autruy en toutes. *Donné à Paris, l'An de grace 1365. ou mois de Juing, & de nostre Regne le second.*

Ainsi signée. Par le Roy en ses Requestes. PAUS.

CHARLES V. au Bois de Vincennes, le 2. de Juillet 1365.

(a) Lettres portant que les Dons faits par le Roy, pour estre payez en Francs, *seront neantmoins payez en Florins de Fleurs de Lis.*

DE PAR LE ROY. Les Genz de nos Comptes, à Paris. Comme depuis que Nous venismes au gouvernement de nostre Royaume, Nous aïons fait & conferme à plusieurs & diverses personnes, plusers dons à heritages, à vie, à temps, à volenté, & à une fois, à nombre & sommes de Frans, lesquelz Florins l'en ne fait monnoyer à present, ne n'auront dores-en-avant cours; maiz les Florins que Nous faisons à present faire, [a] appellez *Fleurs-de-Lis d'Or;* & pour ce, avons ordenné & ordennons par bonne & meure deliberacion de nostre Conseil, que dores-en-avant aucuns païemens ne soient, ne ne seront fais ne passes pour cause desdiz dons; excepté aus Florins de Fleurs-de-Lis seulement, qui à present ont cours pour vingt sols tournois, la Piece, si comme par nostre Ordenance avoient lesdiz Frans; nonconteſtant qu'il soit contenu ès Lettres desdiz dons, [b] *Francs.* Si vous mandons & estroictement enjoingnons, que nostredite Ordenance vous faciez enregistrer pardevers vous, & icelle faites tenir & garder senz enfraindre en aucune maniere, par noz Tresoriers, & par tous ceulx à qu'il appartendra; nonobstant quelconques Lettres ou mandemens que vous en aïez dores-en-avant au contraire : Et gardez bien comme qu'il soit, que en ce n'ait aucun deffaut. *Donné au Bois de Vincennes, le deuxiesme jour de Juillet, l'An de grace mil trois cent soixante & cinq.*

Lesdittes Lettres estoient ainsy signez. Par le Roy. FRANÇOIS.

Et ponuntur in filo Literarum retentarum in Camera Conpotorum, incepto in Julio 1365.

a *Voy. cy-dessus, p. 544.*

b que l'on les païeroit en Francs.

NOTES.

(a) Memorial *D.* de la Chambre des Comptes, *fol. 75. recto.*

A la marge de ces Lettres, il y a : *Ordinatio super cursu Florenorum ad Florem Lilii.*

CHARLES V. au Bois de Vincennes, le 4. de Juillet 1365.

(a) Lettres portant, qu'eu égard aux circonstances presentes, les Monnoyers de la Ville de Lille feront le guet avec les autres habitans.

CHARLES par la grace de Dieu, Roy de France : Au Souverain Bailly de Lille, ou à son Lieutenant, Salut. Nos amez les Eschevins de nostre bonne Ville de Lille, Nous ont fait exposer en compleignant grievement, que comme pour

NOTES.

(a) Extrait du Registre aux titres de la Ville de Lille, cotté des Lettres D. E. F. *reposant ès Archives de ladite Ville, fol.* 225. *verso.*

Collationné, &c, comme cy-dessus, p. 464. Note *(a).*

CHARLES V. au Bois de Vincennes, le 4. de Juillet 1365.

doute que nostredite Ville ne soit [a] eschielée ne [b] par aucuns comme coureurs, [c] compagnons, pillars ou autres mal-veüilleurs de nostre Royaume; & aussy pour [d] doute de la guerre meuë entre le (b) Duc Aubert & ses alliez, d'une part; le Comte de Flandre, les Freres de feu le Sire d'Enghien & leurs alliez, d'autre part; la conviengne garder & [e] guieter de jour & de nuit, par les Bourgeois, manans & habitans de ladite Ville, pour [f] eschever & obvier aux perils & inconveniens qui, en prejudice de nostredite Ville & d'eulx, s'en pourroient ensuir, par faute de mauvaise garde; neantmoins Guillaume de Brabant, Rogier Varin, & plusieurs autres demeurans & habitans en ladite Ville, sous umbre de ce qu'ils se dient Monoïers, ont refusé & refusent d'aller ou faire aller au guet & garde de ladite Ville, quand leur tour eschet, avec les autres bonnes gens, Bourgeois & habitans d'icelle; jaçoit ce que eux, leurs femes, [g] mesnies, [h] avoirs, enfans, [i] se vivent marchands & demeurent en nostredite Ville, y ont en partie leurs possessions, rentes, maisons & heritages, & que ils ne soient ne ne furent [k] longtemps a, residens, servans ne ouvrans en nosdites Monnoies, si comme ils dient, requerans qu'en ce, leurs veullons pourveoir de remede: Pourquoy Nous, consideré les [l] meschefs qui ensuire s'en pourroient, & que les dessusdits Monnoïers ne sont ouvrans ne residens en nosdites Monnoies, & qu'ou cas present, ne se doivent franchir de ce qui regarde au bien & proffit commun, & à la fureté de leur corps & avoirs, & la frontiere & païs où nostredite Ville est assize, vous mandons & commettons par ces presentes, que s'il vous appert des choses dessusdites, sans matiere de long procès, ne [m] figure de Jugement, somierement & de plain, vous contraigniez & faites contraindre lesdits Monnoïers & tous autres de ladite condition, à aller de leurs personnes, ou envoïer souffisament, au guet de jour & de nuit, de nostredite Ville, avec les autres, toutes-fois que on y fera guet, & qu'ils en seront requis desdits suplians, leurs deputez ou commis à ce, pour la garde, tuition & deffense de ladite Ville, en la maniere que font les autres manans & habitans d'icelle: Car ainsy le voulons Nous estre fait, & l'avons ottroïé & ottroïons ausdits suplians, ou cas dessusdit, de grace special; nonobstant quelconques privileges octroïez ausdits Monnoïers, lesquels, quant ad ce, Nous ne voulons pas extendre; sans préjudice toutes-fois d'iceux en autres choses; & Lettres subreptices impetrées ou à empetrer au contraire. *Donné aux Bois de Vincennes, le 4.e jour de Juillet, l'An de grace mil trois cent soixante & cinq, & de nostre Regne le second.* Et [n] scillée sous le Seel dou [o] Chastelain, en l'absence de nostre grant, le 19.e jour dudit mois, l'An dessusdit. Et ainsy souscrit. Par le Roy en ses Requestes, & signé du Secretaire. B. NIESON.

a *escaladée.*
b *Il manque-là un mot, ou il faut oster* ne.
c *Voyez le 3.e Vol. des Ordonn. p. 435. Note (d)*
d *crainte.*
e *y faire guet.*
f *éviter.*
g *domestiques.*
h *biens.*
i *vivent comme Marchands.*
k *il y a longtemps.*
l *inconveniens.*
m *Voy. le 3.e Vol. des Ordonn. p. 521. Note (c)*
n *scellée.* Voy. la Preface du 3.e Vol. des Ordonn. p. v.
o *Chastelet de Paris.*

NOTES.

(b) *Duc Aubert.*] Aubert Duc de Baviere. Il avoit alors l'administration du Comté de Hainaut, parce que Guillaume Duc de Baviere, son Frere aîné, Comte de Hainaut, estoit en demence. Voy. Froissart, L. 1. ch. 117. p. *m.* p. 39. & ch. 237. p. 356.

Voy. aussi l'Hist. de Valenciennes par Doutreman, L. 2. ch. 9. p. 169.

CHARLES V. à Paris, le 4. de Juillet 1365.

(a) Lettres portant que la Ville de Vaucouleurs sera unie inseparablement à la Couronne.

NOTUM facimus universis tam presentibus quam futuris, quod Nos, attento quod in solio presidentem, decet perspicuè suorum acta seu gesta subditorum fidelium, contemplari, ut tandem ipsos qui virtutibus & meritis clarescunt, quique veri subditi, fervidique seu continui remanent amatores, propinquiores seu collaterales habeat, ac juxta suorum benemerita, in exhibendis graciis seu privilegiis favorabilibus, plus solito commen-

NOTES.

(a) Thresor des Chartres, Registre 98. Piece 343.

duros : Quamobrem pensato zeli fervore, quod dilecti ac fideles subditi Burgenses nostri habitantes Ville nostre seu Castri (b) Vallis-Coloris, in fronteriis Regni nostri, erga predecessores nostros Reges Francie & Nos, ac Coronam Francie, retroactis temporibus habuerunt, gratisque serviciis & obediencia que seu quam, eciam ipsis existentibus in [a] *subjecti ne deffuncti Imperatoris* [b] *Henrici, Comitis* [c] *Validimontis, &* [d] *alias Nobis, ac Gentibus seu Officiariis nostris, humiliter impenderunt, eosdem Burgenses nostros, & habitantes dicte Ville seu Castri nostri Vallis-Coloris, specialis prerogativa favoris attolere merito volumus & foveri, eisdem de nostra speciali gracia certaque sciencia concessimus, & eciam concedimus per presentes, ut ipsi qualitercunque, pro quacunque causa sive titulo fuerit, per excambium* [e] *domini, vel* [f] *aliter quovismodo, à Corona Francie, seu à manu nostra vel successorum nostrorum Francie Regum, minime separari seu amoveri valeant in futurum : Sed pocius, ipsos & eorum quemlibet, Nobis, ac dictis Successoribus nostris, subditos cum privilegiis, libertatibus & franchisiis, quibus hactenus usi fuerunt & sunt, sine* [g] *medio retinemus, nostroque domanio adjungimus, & absque segregacione ex* [h] *Burgensibus, Villa seu Castro nostris predictis, imposterum facienda, serie Litterarum presencium applicamus. Quocirca Baillivo nostro* [i] *Calvimontis, ceterisque Justiciariis & Officiariis nostris quibuscunque, presentibus & futuris, aut eorum Locatenentibus, precipiendo mandamus, firmiter injungendo, quatenus prenominatos Burgenses nostros, & habitantes dicte Ville nostre, presenti nostra concessione, retencione sive gracia, uti & gaudere pacifice, deinceps faciant & permittant, ipsosque in contrarium nullatenus* [k] *melestent, seu ab alio vel* [l] *alaiis molestari sive perturbari permittant. Sed si forsan aliquid contra premissa, & in presentis nostre gracie diminucionem, factum extiterit id ad statum pristinum reducant, aut reduci faciant indilate. Quod ut firmum & stabile perpetuo perseveret, presentes Litteras nostri Sigilli fecimus appensione muniri : Salvo in aliis jure nostro & in omnibus quolibet alieno.* Datum apud nemus Vincennarum, Anno Domini 1365. Regnique nostri secundo, mensis Julii die quarta.

Per Regem in Requestis suis, in quibus vos eratis. J. DE REMIS.

CHARLES V. à Paris, le 4. de Juillet 1365.

a *Il faut peut-estre lire* subjectis, *& effacer* ne.

b Voy. la Note (b).

c Voy. la Note (b).

d al. R.

e *Peut-estre,* dominii.

f al. R.

g Voyez le 3.e Vol. des Ordonn. page 145. Note (gggg).

h Burgen. R.

i Chaumont en Bassigny.

k molestent.

l aliis.

NOTES.

(b) *Vallis-Coloris.*] C'est *Vaucouleurs*, Ville de Champagne, mais enclavée dans la Lorraine, du Diocese de Toul, à trois lieuës de cette Ville. Voy. *Valesii Notit. Galliar.* au mot, *Vallis-Coloris;* & le Dictionn. Univers. de la Fr. au mot, *Vaucouleurs.*

Validus-Mons ne me paroist pas pouvoir estre un autre lieu que *Vaudemont*, Ville de Lorraine située à cinq lieuës de Toul, & voisine par consequent de *Vaucouleurs.* Voy. Mary au mot, *Vaudemont.*

Cependant l'Auteur de la Description Historique & Geograph. de la Fr. anc. & mod. part. 2.e l. 2. p. 194. dit que Vaudemont se nomme *Vadani-Mons.*

Je n'ay pû découvrir quel estoit l'Empereur Henry qui estoit Seigneur de Vaudemont. L'Auteur que je viens de citer, dit [*ibid.*] que dans l'onzieme siecle, Vaudemont appartenoit à Gerard d'Alsace Duc de Lorraine, & depuis il a passé à la maison de Lorraine ; sans qu'il paroisse qu'il ait esté possedé par aucun Empereur : sur ce pied-là, ce ne peut estre que les Empereurs Henry I. ou Henry II. qui ayent esté Seigneurs de Vaudemont.

(a) Lettres portant que le nombre des Feux sera diminué dans la Ville de Serignan.

CHARLES V. à Paris, en Juillet 1365.

KAROLUS &c.

CUMQUE facta quadam informacione, virtute dictarum Litterarum ac nostrarum,

NOTES.

(a) Thresor des Chartres, Registre 98. Piece 403. Voy. p. 573. Note *(a)*.

Comme les deux Lettres suivantes, sont entierement semblables à celles-cy, à l'exception du nom de la Ville à laquelle elles ont esté accordées, & du nombre des Feux qui s'y sont trouvez, on a crû ne devoir faire imprimer de ces deux Pieces, que les passages où sont le nom de la Ville, & le nombre des Feux.

in Villa de (b) Serignano Senescallie Carcassone, super numero Focorum modernorum in dicta Villa nunc existencium, &c.

Repertum fuerit quod in dicta Villa de Serignano, sunt de presenti & reperiuntur ducenti quatuor-viginti & quinque Foci, secundum traditam instructionem super hoc prelibatam: Nos &c.

Quod ut firmum &c. salvo &c. Actum Parisius, Anno Domini 1365. & Regni nostri secundo, mense Julii.

Sic signata. Per Consilium existens in Camera Compotorum Par. Locu.

NOTES.

(b) Serignano.] On trouve dans le Dictionn. de la France, *Serignan*, Diocese de Beziers; mais ce nom n'est pas dans la liste des lieux situez dans ce Diocese, donnée par Catel dans son Histoire du Languedoc, l. 2. p. 370.

CHARLES V. à Paris, en Juillet 1365.

(a) Lettres portant que le nombre des Feux sera diminué dans la Ville de Villeneuve-la-Cremade.

KAROLUS &c.

CUMQUE facta quadam informatione, virtute dictarum Litterarum & nostrarum, in Villa de (b) Villa-nova, subtus Bitteris, Senescallie Carcassone, super numero Focorum modernorum in dicta Villa nunc existencium, &c.

Repertum fuerit quod in dicta villa de Villa-nova, sunt de presenti & reperiuntur centum septuaginta duo Foci, secundum traditam instructionem super hoc prelibatam: Nos &c.

NOTES.

(a) Thresor des Chartres, Registre 98. Piece 404.

Voy. la page precedente, Note *(a)*.

(b) Villa-Nova.] Villeneuve, Diocese de Beziers, nommée *Villeneuve-la-Cremade.* Voy. le Dictionn. Univerf. de la Fr. à ce mot. Voy. aussi la liste des lieux situez dans le Diocese de Beziers, donnée par Catel dans son Histoire de Languedoc, L. 2. p. 370. col. 3.[e]

CHARLES V. à Paris, en Juillet 1365.

(a) Lettres portant que le nombre des Feux sera diminué de la Ville de *Portiragnes* [ou *Porcayragnes.*]

KAROLUS &c.

CUMQUE facta quadam informacione, virtute dictarum Litterarum ac nostrarum, in Villa de (b) Portayranicis Senescallie Carcassone, super numero Focorum modernorum in dicta Villa nunc existencium &c.

Repertum fuerit, quod in dicta Villa de Portayranicis, sunt de presenti & reperiuntur septuaginta & unus Foci, secundum traditam instruccionem super hoc prelibatam: Nos &c.

NOTES.

(a) Thresor des Chartres Registre 98. Piece 557.

Voy. la page precedente, Note *(a)*.

(b) Portayranicis.] On trouve dans le Dictionn. Univerf. de la Fr. *Portiragnes* dans le Diocese de Beziers.

C'est apparemment le même lieu que *Porcayragnes*, qui est dans la liste des lieux situez dans le Diocese de Beziers, donnée par Catel dans son Hist. de Languedoc, L. 2. p. 370. col. 3.

(a) Confirmation

CHARLES V. à Paris, en Juillet 1365.

(a) Confirmation des Privileges des Villes de Lille & de Ravesteing en Albigeois.

KAROLUS &c. Notum facimus universis presentibus & futuris, Nos ad supplicationem Consulum de [a] *Insula & de Rappistano Albigens. Senescallie Tholose, infrascriptas Litteras vidisse, formam que sequitur, continentes.*

a Lille & Ravesteing en Albigeois.

UNIVERSIS presentes Litteras inspecturis: Petrus de Fonte, Bachalarius in Legibus, Clericus & Judex Judicature [b] *Albigesii Domini nostri Francorum Regis, Salutem, & presentibus dare fidem. Notum facimus Nos infrascriptas Litteras vidisse, perlegisse, tenuisse, formam que sequitur, continentes.*

b Albiges. R.

JOHANNES Dei gratia Francorum Rex: &c. [c]

c Ces Lettres sont dans le second Volume des Ordonn. p. 475.

DE dictis 1500. libris turonensibus superius contentis, fit mentio in (b) debitis Tholose sup. 349. H. de Rocha. [d] *In cujus visionis & inspectionis ac perlectionis testimonium, Nos Judex predictus, Sigillum dicte Judicature nostre autentiqum, huic presenti transcripto seu* vidimus, *duximus apponendum.* Actum & datum in Capite-Pontis-Albie, in Judicatura Albigesii, die 30. mensis Maii, Anno Domini 1365. *Collacio facta cum originali.* J. DE RIVIS, *Notarius. Facta fuit collacio cum originali, per me Matfredum de Tholosa, Notarium de Insula Albigesii.*

d Continuation des Lett. du Juge de l'Albigeois.

[e] *NOS vero Litteras inclite memorie Domini & Progenitoris nostri, in transcripto vel* vidimus *suprascripto, insertas, quas, propter viarum pericula & depredatorum discursus, ausi non fuerunt dicti supplicantes mittere vel afferre, omniaque & singula in eisdem contenta & expressa, rata & grata habentes, si & quatenus supplicantes prefati, eisdem hactenus usi sunt, juxta Litterarum ejusdem Genitoris nostri seriem, facta primitus fide de originali earumdem, coram Senescallo nostro Tholose, vel Judice nostro Albigesii, & collacione cum presentibus,* [f] *que in ipsarum margine, sub signis duorum Notariorum vel Tabellionum nostrorum,* [g] *inseraturi, de nostris auctoritate & plenitudine potestatis, de specialique gracia confirmamus: Mandantes omnibus & singulis Justiciariis & Officiariis nostris, presentibus & futuris, vel Loca-tenentibus eorumdem, quatenus supplicantes prefatos & quemlibet eorumdem, Litteris superius insertis, modoque superius annotato, uti & gaudere pacifice faciant & permittant, inhibentes eisdem, ne contra suprascriptarum Litterarum atque presentium, ipsos supplicantes impediant vel perturbent, seu aliquod impedimentum apponant, impedirive aut impedimentum apponi paciantur à quoquam: Quod si factum vel appositum repererint, ad statum pristinum & debitum indilate reducant. Quod ut firmum & stabile perseveret, Litteras presentes Sigilli nostri fecimus appensione muniri: salvo in aliis jure nostro & in omnibus alieno.* Actum Parisius, Anno Domini 1365. Regni vero nostri secundo, mense Julii.

Sic signata. Per Regem ad relacionem Consilii. MONTAGU.

e Suite des Lettres de Charles V.

f q. R.

g Ce mot est corrompu.

NOTES.

(a) Thresor des Chartres, Registre 98. Piece 552.

(b) *Debitis.] Debit.* R. Cela signifie, sur les debets des comptes de la Seneschaussée de Toulouse, de l'année 349.

CHARLES V. à Paris, au mois de Juillet 1365.

(a) Confirmation des Privileges des Sergents des Foires de Champagne & de Brie.

KAROLUS &c. Notum facimus universis tam presentibus quam futuris, Nos quasdam carissimi Domini & Genitoris nostri, vidisse Litteras, formam que sequitur, continentes.

a Ces Lettres sont cy-dessus, p. 219.

JOHANNES Dei gracia Francorum Rex: &c. [a]

NOS autem predictas Litteras, & omnia contenta in eis, rata & grata habentes, ea volumus, laudamus, ratifficamus, approbamus, & auctoritate nostra Regia ac de speciali gracia, tenore presencium confirmamus. Mandantes Baillivo Trecensi & Meldensi, ceterisque Justiciariis nostris, aut eorum Loca-tenentibus, presentibus pariter & futuris, quatenus prefatos Servientes, nostra presenti gracia & confirmacione ejusdem, uti & gaudere faciant & permittant, nihil omnino in contrarium attemptantes. Quod ut firmum & stabile permaneat in futurum, Sigillum Castelleti nostri Parisius, in absencia magni Sigilli, presentibus Litteris duximus apponendum: nostro in aliis & alieno in omnibus jure salvo. Datum Parisius, Anno Domini 1365. & Regni nostri 2. Mense Julii. Sic Signata. [b] *Per Consilium Parisius existens.* MARPANT.

b Voy. la Preface du 3.e Vol. des Ordonnances, p. ix.

NOTES.

(a) Thresor des Chartres, Registre 98. Piece 327.

CHARLES V. à Senlis, en Juillet 1365.

(a) Lettres de Sauve-garde Royale, pour l'Abbaye de S.t Vincent de Senlis.

KAROLUS &c. Ad perpetuam rei memoriam. Crescit Regale fastigium, gratiamque mereri credimus & honorem, si predecessorum nostrorum Regum Francie devotorum, piis vestigiis adherendo, Ecclesias & personas Ecclesiasticas, potissime Religiosas que sub devote & debite Religionis observancia, die nocteque Altissimo famulantur laboribus continuis & solicitudinibus indefessis, talibus prosequamur graciis & privilegiis decoremus, quod sub protectionis Regie clipeo, relevari valeant à pressuris, & eo libencius cultui Divino vacare, quo liberalius per potenciam Regiam, senserint se refectas. Eapropter, Notum fieri volumus universis tam presentibus quam futuris, quod cum Ecclesia que de glorioso martire Christi Beato Vincencio vocabulo decoratur, & in civitate nostra Silvanectensi situatur, de fundacione Regia, (b) & per consequens, eciam per privilegia, in salva & speciali protectione & Gardia Regiis, existat, tam in capite quam in membris, Nos ex habundanti, ne quis se possit de ignorancia excusare, necnon ad perpetuam & majorem securitatem dicte Ecclesie & Religiosorum ejusdem, conservacionemque bonorum suorum, Religiosos predictos; videlicet Fratrem Jacobum, venerabilem Abbatem, & Conventum prefate Ecclesie, & eorum successores Abbates, & Conventum ejusdem, necnon Ecclesiam ipsam, tam in capite quam in membris, ejusdemque &

NOTES.

(a) Thresor des Chartres, Registre 98. Piece 412.

(b) *Et per consequens, eciam per privilegia.*] Cela signifie, cette Eglise estant de fondation Royale, est de droit sous la Garde Royale; & d'ailleurs, elle a des Lettres Royales de Sauve-garde.

CHARLES V. à Senlis, en Juillet 1365.

dictorum Religiosorum familiares, servitores, Domesticos & [a] homines de corpore, si quos habent, cum suis bonis & rebus universis, in & subdictis protectione & salva ac speciali Gardia Regiis, ex liberalitate & auctoritate nostris, ac Regie potestatis plenitudine, & de speciali gratia suscipimus & ponimus per presentes; & eisdem Religiosis, Baillivum nostrum Silvanectensem presentem, & qui pro tempore fuerit, vel ejus Locum-tenentem, specialem & perpetuum Gardiatorem deputamus: cui mandamus; &, quia major pars bonorum, redditumn & & possessionum dicte Ecclesie, in Silvanectensi Baillivia & ressortis ejusdem, existunt & eciam situantur, committimus, quatenus dictos Religiosos, eorumque familiares, servitores & homines predictos, ab omnibus injuriis, violenciis, gravaminibus, molestiis, oppressionibus, perturbacionibus, vi armorum, potencia laycorum ac inquietacionibus & aliis novitatibus indebitis quibuscunque, tueatur & deffendat, & in eorum justis possessionibus, juribus, usibus, franchisiis, libertatibus & saisinis, in quibus ipsos esse, suosque predecessores fuisse pacifice ab antiquo invenerit, manuteneat & conservet, non permittens contra ipsos Religiosos, eorumque familiares, servitores & homines predictos, aliquas fieri vel inferri injurias, aut alias indebitas novitates: quas si factas esse vel fuisse, in dicte Salve-gardie nostre & eorundem prejudicium, repererit, ad statum pristinum & debitum reducat, aut reduci, & Nobis ac Parti propter hoc, condigne faciat emendari; dictamque Salvam-gardiam nostram, in locis & personis quibus & prout expedierit, notificari & eciam publicari: Inhibendo ex parte nostra, omnibus personis de quibus fuerit requisitus, sub certis & magnis penis Nobis applicandis, ne dictis Religiosis, eorumque familiaribus, servitoribus & hominibus predictis, aliqualiter forefacere presumant in corporibus sive bonis: & in signum hujusmodi Salve-gardie nostre, penuncellos nostros Regios, in & super domibus, terris, maneriis, atque locis dicte Ecclesie, in casu tamen eminentis periculi, apponat, vel apponi, ac eisdem Religiosis, eorumque familiaribus, servitoribus & hominibus predictis, [b] assecuramentum à personis de quibus illud exigere voluerint, faciat legitimum prestari, juxta Patrie consuetudinem, & prout de racione fuerit faciendum: Et si super premissis, aut aliquo eorundem, in casu novitatis vel [c] aliter, inter dictos Religiosos, racione bonorum suorum, & alios, oriatur opposicio vel debatum, debato ipso & re contenciosa ad manum nostram, tanquam superiorem, [d] apposito, locisque [e] restitutis deablatis, ac facta recredencia, si, prout & ubi fuerit facienda, faciat [f] super hoc, Partibus auditis, in Sede sua Silvanectensi, celeris Justicie complementum: Et generaliter faciat omnia & singula alia, que ad Gardiatoris specialis officium spectant & possunt quomodolibet pertinere: Et pro premissis diligencius exequendis, unum vel plures de Servientibus nostris, dictis Religiosis, eorum sumptibus, deputet, si & dum super hoc fuerit requisitus: Qui tamen de hiis que Cause cognicionem exigunt, se nullatenus intromittant. Nos vero omnibus Justiciariis, subditis & Servientibus nostris, precipimus & mandamus, quatenus dicto Baillivo vel ejus Locum-tenenti, ac ab ipso in hac parte deputandis, in premissis omnibus & singulis, pareant efficaciter & intendant. Volumus nichilominus, & dictis Religiosis concedimus ex gratia ampliori, ut transcripto seu copie presencium, sub Sigillo autentiquo confecte, adhibeatur, propter viarum pericula, sicut originali, plena fides. Que ut perpetue stabilitatis robur obtineant, presentes Litteras Sigilli nostri impressione jussimus communiri: nostro in aliis & alieno in omnibus jure salvo. Datum & actum Silvanecti, Anno Domini 1365. Regni vero nostri Anno secundo, mense Julii.

Sic signata. Per Regem ad relacionem Consilii. J. [g] DE LUZ.

a espece de serfs.

b Voy. le 3.e Vol. des Ordonn. p. 264. Note (b).

c al. *R.*

d apposit. *R.*

e restituatis.

f sup. h. *R.*

g ou *de Liz.*

CHARLES V. à Paris, en Juillet 1365.

(a) Statuts pour le mestier des Tisserands de la Ville de Tournay.

SOMMAIRES.

(1) Nul habitant de Tournay ne pourra estre Tisserand dans cette Ville, qu'il ne soit prudhomme & loyal : *& ceux qui viendront de dehors pour y exercer ce mestier, seront obligez d'apporter des certificats de leur probité, signez par un Magistrat.*

(2) Un usurier ne peut exercer le mestier de Tisserand.

(3) Ceux de dehors qui voudront establir un mestier dans la Ville, payeront soixante sols par. à son profit.

(4) Les Compagnons de ce mestier qui seront de la Ville, ne pourront y travailler, sans avoir payé les redevances accoustumées.

(5) Les Maistres du mestier ne pourront avoir qu'un Apprentif; & le temps de l'apprentissage durera du moins trois ans.

(6) Ceux qui ne seront pas de Tournay, ne pourront y exercer ce mestier, que dans le cas où les habitans de cette Ville pourront exercer le même mestier, dans celles d'où ces estrangers sont originaires.

(7) Les ouvriers ne pourront travailler le matin, que la cloche des Ouvriers ne soit sonnée : ils cesseront lorsque la cloche du dîner sonnera, jusqu'à ce qu'elle ressonne; & le soir, lorsque la cloche de Vêpres sera sonnée.

Les veilles des Festes de N. D. & des Saints & Saintes chomez, *& les Samedis, on ne pourra plus travailler, lorsque la cloche pour le dîner aura sonné.*

CHARLES &c. Savoir faisons à tous presens & avenir, Nous avoir receu la supplicacion des Tesseranz de nostre bonne Ville de Tournay, contenant que pour le bien, profit & honeur d'eulz & de leur mestier de Tisseranderie, il ont, s'il Nous plaist, fait & avisé entre eulx certaines Ordenances, pour estre tenuëz & gardéez entre eulz & leurs successeurs ouvriers dudit mestier en ladicte Ville; c'est assavoir.

(1) Que aucun dudit mestier ne puist ouvrer en ladicte Ville, se il n'est preudomme & loyal, & de celle condicion que il puist ouvrer d'icellui mestier : Et se il est dehors ladicte Ville, & il vient demourer en ycelle pour en ouvrer, que il soit tenu d'apporter Lettres de bonne [a] Ville de Loy, ou de Juge autentique, que il soit tel comme dit est : Et s'aucuns en y a de dehors, qui déja soient demourans ou ouvrans dudit mestier en ladicte Ville, que pareillement il soient tenus de faire tant que il aïent telles Lettres de leur estat & condicion, comme dessus est dit, afin que ledit mestier soit gouverné & exercé par bonnez genz & loyaulz.

(2) Item. Que aucuns usuriers ne puissent ouvrer dudit mestier, en ladicte Ville.

(3) Item. Que aucuns de dehors ne puissent tenir [b] hostille dudit mestier, se il ne paient [c] ançois 60. solz parisis, au proufit de ladicte Ville.

(4) Item. Que aucuns [d] Varlès de ladicte Ville, ne puissent ouvrer dudit mestier en ladicte Ville, jusques à ce que il aïent paié les [e] droitures accoustumées d'icellui mestier.

(5) Item. Que aucuns Maistres ou autres dudit mestier, ne puissent avoir que un apprentiz; & que il ne le praignent à [f] mains de temps que à trois ans, afin que il soit meilleur ouvrier.

(6) Item. Que aucuns dehors ladicte Ville, ne puissent ouvrer dudit mestier en ycelle, se pareillement ceulz de ladicte Ville de Tournay, ne sont receuz à en ouvrer ès lieux, ou ès Villes dont yceulz de dehors seront.

(7) Item. Que aucuns dudit mestier ne puissent ouvrer en ladicte Ville, jusques à ce que la cloche des ouvriers soit sonnée : Et aussi ne puissent ouvrer depuis la cloche du disner, jusques au [g] resson de ladicte cloche; ne ouvrer depuis que la

a *Voy. cy-dessus, p. 411. Note (c).*

b *Une machine ou mestier pour travailler. Voyez cy-dessus, page 210. Note (q).*

c *auparavant.*

d *Compagnons du mestier.*

e *redevances.*

f *moins.*

g *lorsque la cloche resonera.*

NOTES.

(a) Thresor des Chartres, Registre 98. Piece 560. Voy. cy-dessus, p. 208.

cloche du Vespre sera sonnée. Et avec ce, que ès [a] villes des Festes Nostre-Dame, & des Sains & Saintes que l'en a accoustumé à [b] garder d'ouvrages, & aussi aus samediz, aucuns ne puissent ouvrer que jusques à l'eure de (b) resson de ladicte cloche; & tout sur amende de vint solz parisis, à appliquer à ladicte Ville de Tournay; & de deux solz parisis à cellui ou ceulz qui [c] encuseront ceulz qui feront le contraire, afin qu'il soit plus diligent de lez encuser.

CHARLES V. à Paris, en Juillet 1365.

a veilles.
b cesser de travailler.
c denonceront.
d vieilles.

Et sur ce, Nous ont lesdiz Tisserans humblement supplié, que comme les Ordennances & Articles dessusdiz soient ou doivent estre ès [d] viez Chartres & Registres de ladicte Ville, si comme il ont oy dire; & aussi, supposé que il ni soient mie, si est-ce l'évident proufit & honneur dudit mestier de ladicte Ville & de la chose publique, Nous yceulz Articles ou Ordenances veillions ratifier & confirmer: Nous, euë consideracion à ce, voulans tousjours labourer au proufit de noz bonnez Villes & de noz subgiez, toutes lez Ordennances, articlez & choses dessusdictes & cy-dessus exprimééz, ou cas toute-voïez que elles sambleront bonnez, justes, raisonnablez & proufitables pour ledit mestier & pour ladicte Ville, à nostre Gouverneur de Tournay, & à nostre Procureur audit lieu, & que à ce, la plus grant & plus sainne partie desdiz Tisserans, si consentent, ratiffions, aggreons dès-maintenant, [e] leons, voulons, approuvons & de nostre auctorité & puissance Royal, & de grace especial, les confermons, en donnant en mandement à nostre Gouverneur qui est à présent, & ceulz qui pour le temps avenir seront, & à tous nos Justiciers & Officiers, [f] o à leurs Lieustenans presens & avenir, & à chascun d'eulz si comme à lui appartendra, que lesdictes Ordennances & articles, ou cas dessusdit, facent, quant il en seront requis, tenir, garder, enteriner & accomplir, & à ce contraingnent & facent contraindre vigueureusement & deuëment, les desobéissans & rebelles, & tous ceulz qui à ce feront à contraindre. Et que ce soit ferme &c. sauf &c. *Ce fu fait & donné à Senliz, l'An de grace 1365. & de nostre Regne le secont, ou mois de Juillet.*

e loüons.
f &.

Ainsi sing. Par le Roy à la relacion du Conseil. DE MONTAGU.

NOTES.

(b) *Resson.*] Je crois que par ce mot, il faut entendre en cet endroit, le coup de cloche qui sonne à l'heure du dîner, pour la seconde fois de la journée.

CHARLES V. à Paris, le 27. d'Aoust 1365.

(a) *Ordonnance sur la nouvelle Ayde accordée par les trois Estats de l'Artois, du Boulonnois & du Comté de S.t Pol.*

SAVOIR faisons &c. que comme noz bien amez les Genz d'Eglise, Nobles & autres des bonnes Villes & du plat païz des Contés & païs d'Artoiz, de Bolonnois, de S.t Pol, & de leurs ressors, & des Eglises, Villes & lieux enclavés en ycelles, pour le grant désir & affeccion qu'il ont à Nous, & au bien commun de nostre Royaume, Nous aïent ottroïé de commun assentement, pour la [g] délivrance de feu nostre très chier Seigneur & Pere que Dieux absoille, & de (b) ses hostages, tele [h] aide comme [i] derrenierrement ont ottroïé & païé pour ce fait, qui commença l'An de grace 1362. le premier jour d'Aoust, jusques à un an continuelment [k] ensuivant; & se paiera ladicte aide ordenée pour ladicte délivrance, à deux termes; c'est assavoir, la moitié à la Chandeleur prochain venant, & l'autre moitié à la S.t Jehan

g Voy. cy-dessus, p. 413. Note (d).
h Voy. la Preface du 3.e Vol. des Ordonn. page xcvj. N.o xcvj.
i derr. R.
k ens. R.

NOTES.

(a) Thresor des Chartres, Registre 98. Piece 336.

(b) *Ses hostages.*] Lorsqu'après la paix de Bretigny, le Roy Jean sortit de prison & revint en France, il donna des ostages pour la sûreté de la rançon qu'il promit de payer. Voy. dans Rymer, [T. 6. p. 222. col. 2.] l'article du Traité de Bretigny, qui regarde ces ostages.

CHARLES V.
à Paris, le 27. d'Aouſt 1365.

prochain [a] enſuivant : Nous conſiderans la bonne affeccion & volenté de noz bons ſubgiez, & qui ne voulons qu'il ſoient grevés ou chargés oultre meſure, mais les en voulons relever de tout ce que faire povons bonnement, avons ottroïé & acordé à nozdis ſubgiez, & à leur requeſte & ſupplicacion,

(1) Que tout ſubſide, impoſition, treizieme de vin, le quintde ſel, & quelcomques autres ſubvencions, impoſées ou à impoſer pour ladicte délivrance ou autrement, par [b] quelcomques maniere, durant ledit an, ceſſent du tout ès païs & Contés d'Artoys, de Boulonnois, de S.t Pol, & ès lieux deſſuſdiz ; & que en païant leſdictes aides par eulx promiſes, comme dit eſt, touz ſoient quittes, durant ledit an, de toutes autres aides & ſubvencions ordenez ou à ordener pour ladicte délivrance, pour & des biens qu'il ont èſdictes Contés d'Artoys, de Boulonoys, Saint Pol, & ès lieux deſſuſdiz ; & auſſi que tous ceulx deſdictes Contés & lieux deſſuſdiz, qui ès païs où impoſicion, treſieme de vin, le quint de ſel, ont cours & ſont levez, [c] achetoront aucunnes denrées, pour mener èſdiz [d] & Contés d'Artoys, de Boulonnois, de S.t Pol & lieux deſſuſdiz, & pour [e] deſpendre en yceulx, & non aillieurs, ſeront quittes deſdictes impoſitions, treſieme de vin, & quint de ſel, & de toutes entrées & yſſuës qui ſe lievent ſur ceulx qui meinent denrées ès païs où leſdictes aides [f] queurrent ; ou cas toutes-voïes qu'il feront foy par Lettres [g] ſeufiſantes, ſellées des ſeaulx d'aucuns des Gouverneurs ou Baillis du païs, ou d'aucune Ville ou Egliſe notable, qu'il ſeront du païs [h] ; & jureront ſur Sains Evangiles, que leſdictes denrées, il meinent oudit païs, & [i] diviſeront le lieu, & que c'eſt ou ſera pour deſpendre oudit païs, & non ailleurs : Et ſe le contraire eſt trouvé, il perdront les denrées, & en ſeront griefment punis.

(2) Item. Ne ſe feront aucunnes [k] priſes ſur eulx, de leur denrées & marchandiſes, ſoient vins, draps, ou autres choſes pour Nous, pour noſtre très chiere & amée Compaigne, la Roine, ne pour autres Seigneurs quelconques ; mais [l] pourroit aler & venir èſdiz païs, ſanz empeſchement aucun ; [m] ſe n'eſt pour [n] nous pourveances, & [o] pour l'argent païent : Et ſe aucuns fermiers ou leveur des impoſitions ou autres aydes deſſuſdictes, leur y mettent aucun empeſchement contre noſtredicte Ordenance, Nous voulons qu'il ſoient contrains à leur rendre tous frais, dommages, couz, deſpens & miſſions qu'il auroient [p] encourus pour ceſte cauſe : Et quant auſdictes Gens d'Egliſe, Nous leur avons ottroïé & ottroïons, qu'il ne ſoient contrains à contribuer auſdictes aides à Nous preſentement ottroïées, fors que pour les revenuës qu'il ont èſdictes Contés & païs, & qu'il ne puiſſent eſtre contrains à païer ce qui leur en appartendra, fors que [q] par les bras de l'Egliſe, ſe faute ne négligence notable n'eſtoit devers ledit braz de l'Egliſe ; ouquel cas, Nous y pourverrions de remede convenable, au moins de dommage que Nous pourrons pour eulx : Et s'il avenoit que le Saint Pere Nous euſt ottroïé ou ottroïe, diſiemes ou doubles diſiemes, ou qu'il vüeille que leſdictes Gens d'Egliſe Nous facent autre ayde, Nous voulons qu'il leur [r] déduit & rabatu de [ſ] ce qu'il pourroit devoir pour la cauſe deſſuſdicte, & que leſdiz diſiemes ou doubles diſiemes, ou autre ayde que le Saint Pere vouldra qu'il Nous facent, ou de l'aide preſentement ottroïé, ne puiſſent eſtre executés juſques ad ce qu'il leur appere de l'ottroy de noſtredit Saint Pere, par Bulle ou autrement [t] ſouffiſement, & que de ce meſmes, ne puiſſent eſtre contrains ou executez, que par le bras de l'Egliſe : ſauf & reſervé [u] comme deſſus. Et voulons que ces preſentes Lettres ſoient à noſdiz ſubgez ottroïées ſanz coux & ſanz fraiz, & ne ſoient tenuz de païer leſdictes aydes, juſques il aïent [x] ſeellées en ſoïe & en cire vert : Et avecques ce, Nous ottroïons par ces preſentes, touz les autres poins contenus ès [y] Lettres qui leur furent données ſur l'ottroy qu'il firent darrenierement ſur le fait de ladicte délivrance, leſquels Nous voulons en ces preſentes, eſtre tenu pour accordez & exprimez. Si donnons en [z] mendement à noz amez & feauls Conſeilliers les Generauls deputez ſur le fait des aydes & ſubſides ordenez pour ladicte délivrance, aus Baillis d'Amiens, de Vermandois, de Senlis, & à touz autres Juſticiers, Officiers & Commiſſaires députez, ou à députer ſur ledit fait, & à chaſcun par lui, ſi comme à chaſcun puet appartenir, que les Genz d'Egliſe deſſuz, Nobles, Genz de bonnes Villes & plat

a *enſ.* R.
b *quelconque.*
c *acheteront.*
d Il faut ſuppléer, *païs.*
e *conſommer.*
f *courrent : ont lieu.*
g *ſeufiſ.* R.
h *d'Artois, &c.*
i *déſigneront.*
k *Voy. la Table du 3.e Vol. des Ordonn. au mot,* Priſes.
l *pourront.*
m *ſi ce n'eſt.*
n *nos.*
o *en payant le prix.*
p *encour.* R.
q *par l'autorité des Juges d'Egliſe.*
r *ſoit.*
ſ *ce qu'ils pourroient devoir.*
t *ſuffiſamment.*
u *en cas de négligence du Juge d'Egliſe &c.*
x *eſté.*
y *Elles ne ſe ſont pas conſervées. Voy. dans la page precedente, l'endroit cité, Note* (*h*) *marginale.*
z *mandement.*

païz desdictes Contez & lieux dessusdis, & [a] à chascun d'eulx, que de nostredicte grace facent user & joïr paisiblement, & contre ycelle ne les molestent ou empêchent en aucune maniere; mais s'aucune chose estoit faicte au contraire, si le façent [b] tantost & senz delay & mettre au délivre à plain : car ainsi le voulons Nous & l'avons ottroié & ottroïonz aus dessusdis, de grace especial, se [c] mestier est, pour certaines causes qui à ce Nous ont meu; & en ampliant nostredicte grace, voulons que à la copie de ces presentes, faicte soubz Seil Royal, soit adjoustée foy pleniere comme à l'original. Et que ce soit ferme chose &c. *Donné à Paris, le 27.e jour d'Aoust 1365. de nostre Regne le second.*

Par le Roy en son Conseil ouquel vous estiez. P. BLANCHET.

a à est inutile. b *reformer.* c *besoin.*

CHARLES V. à Paris, en Aoust 1365.

(a) Confirmation de la Confrairie des Marchands de vin de Paris.

KAROLUS &c. Notum facimus universis presentibus & futuris, quod cum plures Mercatores & venditores vinorum, aliique Burgenses [d] Parisienses, devocione moti, de bonis sibi à Deo collatis, quandam Missam diebus quibuslibet, in honore gloriose & beatissime Marie Virginis, & unam diebus lune quibuslibet, pro defunctis, in Ecclesia beati Gervasii [e] Parisius, diu est, ordinaverint & continuaverint facere celebrari, & ut factum hujusmodi, ad honorem Celestis Curie salubrius augmentetur, semel quolibet anno certa die; videlicet, die Dominica post festum [f] Concessionis dicte gloriose Virginis, congregari, & simul communicantes, ad invicem ordinare de pluribus que suarum salutem respiciunt animarum; idque anno quolibet, sub nomine & titulo Confratrie, continuarent libenter, si de nostre procederet beneplacito voluntatis : Nos Predecessorum nostrorum vestigiis inherendo, Divinum servicium augmentari nostris temporibus, predictarumque Missarum, & aliorum bonorum que ibi in perpetuum fieri contigerit, participes effici cupientes, dicte supplicacioni Nobis facte super [g] hoc, benigniter annuendo, concessimus & concedimus eisdem, Regia auctoritate, de gracia speciali, quod premissa sub nomine & titulo Confratrie, possint nostra auctoritate Regia, ordinare & constituere, observare, & continuare perpetuo, die & modo prefatis, licite & [h] impugne; statutaque pro ipsius Confratrie conservatione, facere, prout viderint faciendum; dum tamen nulla ibidem in nostri vel Successorum nostrorum dampnum aut prejudicium, machinentur : Dantes hiis presentibus, in mandatis Preposito Parisiensi moderno pariter & futuris, aliisque Officiariis & Gentibus nostris quibuslibet, quatenus dictos supplicantes, & eorum in dicta Confratria successores, nostra predicta gratia, secundum sui tenorem, gaudere & uti perpetuo pacifice faciant & permittant. Quod ut firmum &c. salvo &c. Datum Parisius, in Hospicio nostro Sancti Pauli, Anno Domini 1365. & Regni nostri secundo, mense Augusti.

Sic signata. Per Regem presente Confessore. P. BLANCHET.

d Par. R. e Paris. R. f Conceptionis. g h. R. h impune.

NOTES.

(a) Thresor des Chartres, Registre 98. Piece 694.

CHARLES V. à Paris, en Aoust 1365.

(a) Lettres portant que la terre de Lautrec sera toûjours unie au Domaine du Roy, & ressortira immediatement devant luy.

KAROLUS &c. Notum facimus universis tam presentibus quam futuris, quod Nos attendentes, & ad memoriam reducentes scinceram fidelitatem ac bona &

NOTES.

(a) Thresor des Chartres, Registre 98. Piece 590.

CHARLES V. à Paris, en Aoust 1365.

[a] *diuturna servicia, que Almaricus (b) Vice-comes Lautricensis & Johanna de [b] Nerbona ejus uxor, & eorum predecessores, predecessoribus nostris Regibus Francie, Nobis ac Corone Francie impenderunt, & que in futurum ipsos impendere speramus ; attento eciam quod dicti Conjuges, & eorum predecessores, & terra, ab antiquissimis temporibus, fuerunt in & de [c] ressorto nostro immediato, & domanio, & non alterius cujuscunque, & adhuc sunt de presenti ; vestigia Predecessorum nostrorum insequendo, nolentes nostrum domanium diminui, sed pocius augmentari ; ex uberiori gracia & nostra certa scientia, ac ex plenitudine nostre Regie potestatis, eisdem conjugibus & eorum heredibus, successoribus & ab eis causam habituris, tenore presencium concedimus, ut ipsi & eorum terra, in perpetuum remaneant sub nostro immediato ressorto & domanio, absque eo quod à dicto nostro ressorto, possint quomodolibet evelli ; ymo secundum [d] quod nunc sunt & fuerunt sub nostro ressorto immediato, ac Corone Francie, volumus inperpetuum remanere : Quod quidem sic fieri volumus, tam obtentu premissorum, quam eciam quia dictus Vice-comes ob [e] hoc Nobis quittavit summam ducentarum librarum turonensium, in deduccionem majoris summe, in qua sibi tenebamur, pro vadiis suis & Gentium suarum in guerris nostris & Predecessorum nostrorum defunctorum. Quocirca dilectis & fidelibus Gentibus Compotorum nostrorum [f] Parisius, Senescallis Tholose, Carcassone & Bellicadri, ceterisque Justiciariis & Officiariis Regni nostri, aut eorum Loca-tenentibus, presentibus pariter & futuris, & eorum cuilibet ut ad eum pertinuerit, damus serie presentium in mandatis, quatenus supra nominatos conjuges, eorum terras, heredes & successores, nostra presenti gratia uti pacifice faciant & gaudere, ipsos in contrarium, occasione cujuscunque impetracionis aut [g] aliter, nullatenus molestando aut molestari quomodolibet permittendo : Quicquid secus foret attemptatum, ad statum pristinum & debitum reducendo. Quod ut firmum &c. nostro in aliis &c.* Actum apud Nemus Vincennarum, Anno Domini 1365. & Regni nostri secundo, mense Augusti. *Sic signata. Per Regem in suis Requestis.* FERRICUS.

a Ce mot qui est en abbregé, est douteux.

b *Appar.* Narbona.

c du ressort du Roy [ou de ses Juges.]

d q. *R.*

e h. *R.*

f Par. *R.*

g al. *R.*

NOTES.

(b) Vice-comes Lautricensis.] La Vicomté de *Lautrec* est située dans le Diocese de Castres, dans le haut Languedoc. Voy. *le Dictionn. Univers. de la Fr.* au mot, *Lautrec.*

CHARLES V. à Melun, en Septembre 1365.

(a) Lettres en faveur des Boulangers de la Paroisse de S.t Liome, [S.t Liesne] de Melun.

KAROLUS &c. Notum facimus universis tam presentibus quam futuris, Nos infrascriptas vidisse Litteras, formam que sequitur, continentes.

A TOUS ceulz qui ces presentes Lettres verront. Jehan de Ville, Bailli Madame la *(b)* Royne Blanche Royne de France : Salut. Sur la requeste à Nous faicte par Jehan Dacy, Jehan Harez, Gieffroy Roussiau, Jaquin Galot, Regnost Guillart, Denisot Bouson, Denisot Champion, Guillaume Sansuel, Symon de Boissise, Colin le Lorrain, & Guillaume le Picquart, Boulengiers demourans en la Parroisse *(c)* S.t Liome-lèz-Meleun, contenant que comme les Boulengiers de la Chastellenie de Meleun & des Villes voisines, facent & puissent faire *(d)* grant pain faitiz, & [h] icellui apporter vendre en ladicte Ville, toute-foiz & quantes que il leur plaist, sanz

h *icell.* R.

NOTES.

(a) Thresor des Chartres, Registre 97. Piece 628.

(b) Royne Blanche.] Voy. le 3.e Vol. des Ordonn. p. 30. Note *(ff)* Melun luy appartenoit. Voy. *Ibid.* p. 214. à la fin de la page.

(c) S.t Liome.] C'est sans doute le même Saint que *S.t Liesne,* dont parle Roüillard dans son Histoire de Melun, [p. 582. & suiv.] où il dit que son Eglise est dans les Fauxbourgs de la Ville.

(d) Grand pain faitiz.] Il paroist par la suite de ces Lettres, que le pain ainsi nommé, estoit un gros pain de menage.

congié

congié de Justice, ne aucune amende [a] faire; & samblablement le aïent fait les dessusdiz par long-temps, sanz empeschement, jusques à ce que n'agueres, le Prevost de Meleun a deffendu ausdiz Boulengiers de la Parroisse S.t Lyome, qu'il ne facent grant pain autre, ne d'autre pris que font les Boulengiers demourans en la Ville & dedens les portes de Meleun, qui ne font que pain [b] de pois d'un denier, & de maile; laquelle defense a esté & est en leur grant préjudice & dommage, & du Commun de ladicte Ville; mesmement que les [c] menus menagiers de ladicte Ville, qui ne sont pas [d] aisiés de cuire en leurs hostelz, y prenoient leur [e] esconvenuë de pain, pour chascune septmaine, & leur estoit plus profitable icellui grant pain pour le ménage, que pain d'un denier & de maile, si comme il disoient, requerans que par Nous feust [f] rappellée ladicte defense & mise au neant, & à eulz donner congié & licence de faire grant pain, & le vendre en ladicte Ville de Meleun, si comme font les Boulengiers voisins d'icelle, ou leur pourveoir sur ce de remede convenable, offrans de Nous informer souffissament, que autreffoiz par long-temps & ancien, il ont fait grant pain & vendu en ladicte Ville de Meleun, nous aïons commis & ordené noz bien amés Jehan de [g] Bunviller, à present Garde de la Prevosté de Meleun, & Gillet de Challete nostre Clerc, à savoir & eulz informer, se les dessusdiz Boulengiers demourans en ladicte Parroche, avoient onques fait grant pain, & vendu en la dessusdicte Ville de Meleun, par la maniere dessusdicte, & se ce seroit le profit ou dommage du Commun de ladicte Ville, afin de pourveoir sur ce aus dessusdiz, par raison: Lesquelz de ce se sont informés [h] diligeamment, par plusieurs Bourgeois notables & anciens d'icelle Ville de Meleun, qu'il ont examinés sur les choses dessusdictes; & leurs dépositions mises par escript, & apportées pardevers nous, sachent tuit, que veuë ladicte information, ensamble le rapport de nozdis Commissaires, eu conseil aus Sages, consideré ce qui fait à considerer, & qui mouvoir nous puet par raison, avons rappelé & rappelons ladicte defense, & donné licence ausdiz Jehan Dacy, Jehan Harez, Gieffroy Rousseau, Jaquin Galot, Regnost Guillart, Denisot Bouson, Denisot Champion, Guillaume Sanfuel, Symon de Boissise, Colin le Lorrain & Guillaume le Picquart, Boulengiers dessusdis, qu'il puissent faire & vendre en ladicte Ville de Meleun, grant pain [i] à toute sa fleur; pourveu toutes-voiez que les personnes à cui [k] icellui pain sera vendu, ne le puissent revendre à autres personnes; maiz seulement pourra estre vendu à personnes qui le acheteront pour la necessité du vivre d'eulz, & des gens en leurs hostelz, sanz ce que le Hostelliers ou Taverniers le puissent vendre en leurs hostelz, ne à autres personnes. Si donnons en mandement au Prevost de Meleun ou à son Lieutenant present & avenir; que les dessusdis Boulengiers demourans en la Paroisse S.t Lyome, contre la teneur de ces presentes, ne moleste ou empesche; [l] mas du contenu en icelles, les face joïr & user paisiblement d'ores-en-avant, sanz les empescher en aucune maniere. En tesmoing de ce, nous avons mis à ces Lettres [m] dudit Bailliaige. *Donné à Meleun, le Juedi après Feste Saint Clement, 24.e jour de Novembre, l'An de grace 1356.*

QUAS quidem Litteras superius insertas, ac omnia & singula in eis contenta, que, prout superius exprimuntur, pro bono Reipublice & utilitate Patrie, personarumque in ea degentium, facta sunt, laudamus, ratifficamus & approbamus, & de nostris speciali gracia, certa sciencia & auctoritate Regia confirmamus: Volentes quod superius nominati, de dictis magnis panibus faciendis & apportandis, ac eciam vendendis in dicta Villa nostra de Meleduno, prout hactenus usi fuerunt, ipsi ac eorum successores seu causam habentes, dum tamen Boulengarii existant, & in dicta Parrochia moram trahant, imposterum gaudeant & utantur. Quocirca Baillivo nostro dicti loci de Meleduno, ceterisque Justiciariis & Officiariis nostris, aut eorum Loca-tenentibus, presentibus & futuris, & eorum cuilibet prout ad eum pertinuerit, tenore presentium mandantes, quatenus prenominatos Boulengarios, successoresque suos, presenti nostra gratia seu confirmatione uti & gaudere pacifice faciant & permittant, ipsos in contrarium nullatenus molestando seu perturbando, vel perturbari seu molestari de cetero permittendo: Vel si forsan aliquid in

CHARLES V. à Melun, en Septembre 1365.

a *encourir.*

b *C'est-à-dire, à ce que je crois, de la valeur d'un denier.*

c *les petites gens qui ne sont pas riches.*

d *qui n'ont pas les commoditez necessaires.*

e *provisions.*

f *revoquée.*

g *Il y a huit jambages sans point.*

h *dilig.* R.

i *avec.*

k *icell.*

l *mais.*

m *le Sceau.*

a al. quol. R. *contrarium factum, vel* [a] *aliter quolibet attemptatum fuerit, ad statum pristinum & debitum reducant aut reduci faciant indilate, cum super hoc fuerint requisiti. Quod ut firmum &c. salvo &c.* Datum apud Meledunum, Anno Domini 1365. & Regni nostri secundo, mense Septembris.

In Requestis Hospitii. J. DE REMIS. *Collatio facta de Litteris superius insertis.* BLOND. *Visa.*

CHARLES V. à Paris, en Octobre 1365.

(a) Lettres qui permettent aux Eschevins de Tournay, de vendre une partie des biens des Orphelins & des Mineurs dont ils sont les tuteurs, & d'en employer le prix aux choses necessaires pour la conservation du reste de ces biens.

CHARLES &c. Savoir faisons à touz presens & advenir, Nous avoir receu la supplicacion de noz bien amez le Gouverneur, les Jurez, Eschevins, Bourgoiz & de toute la Communauté de nostre Ville de Tournay, contenant que comme par la Loy & Coustume de nostredicte Ville, lezdiz Eschevins de Tournay aïent la garde & gouvernement dez [b] orphenins & [c] pupilles demourans [d] ès termes de leur Eschevinage; neantmoins pour ce que il eschiet à la foiz ou puet escheoir de jour en jour, que les maisons, héritages & édifices d'aucuns povres orphenins, vont à ruyne & destruccion, ou sont acquises par les rentes non païées ou autrement, parce que lez biens meubles dezdiz povres orphenins & pupilles, ne povoient souffrire à retenir ne réparer leursdictes maisons & édifices, ne à païer lezdictes rentes & arrerages qui en sont deuz, lezdiz orphenins sont en péril & en voïe d'estre desheritez, & de perdre leursditz héritages, qui est chose pitéable, & aussi en la déformité & déchéance de nostredicte Ville & du bien publique d'icelle, en Nous requerant humblement que Nous, eu resgart à [e] sez choses, Nous leur voulsissions sur ce, pourveoir de remede & de grace: Nous inclinans favorablement à la supplicacion dezdiz Gouverneur, Jurez, Eschevins, Bourgois & Communauté de nostredicte Ville de Tournay, à yceulx, pour faveur dezdiz orphenins & pupilles, & pour le bien publique d'icelle nostre Ville, avons ottroïé & ottroïons de nostre grace especial, certeinne science & plainiere puissance, que lezdiz Eschevins qui sont tuteurs & Gardes dezdiz orphenins & pupilles, comme dit est, appellez ad ce, & consentens lez prochains amis charnelz d'iceulx orphenins & pupilles, se aucuns en ont, ou autres bonnes personnes dignes de foy, se lezdiz orphenins & pupilles n'ont aucuns amis charnez, puissent faire crier & vendre les maisons, héritages ou édifices dezdiz pupilles & orphenins, ou partie d'iceulx, pour pourveoir aux réparacions & soustenemens dessusdiz, & pour païer les rentes & charges pour ce deuës, en cas toutevoïes de évident necessité, & qu'il apparra deuëment auxditz Eschevins, que ce soit le plus grant proffit pour lezdiz orphenins & pupilles, & que lezdictes venduës soïent faictes à cry & à *(b)* remont, au plus profitablement que il pourra estre fait; & que lez deniers pour ce receuz, tournent au proffit & acquit d'iceulx orphenins: ouquel cas, Nous voulons & ordenons par cez presentes, de nostre auctorité Royal, que lesdictes venduës tieingnent & vailent à touzjours sans empeschement aucun & sans rappel. Si donnons en mandement par cez mesmes Lettres, à nostre Souverain Bailli de Lille, au Gouverneur de Tournay, à touz noz autres Justiciers ou Officiers commis ou deputez de par Nous, ou à leurs Lieuxtenans, presens & advenir, que lesdiz supplians facent & laissent

b *orphelins.*
c *mineurs.*
d *dans l'estenduë.*
e *ces.*

NOTES.

(a) Tresor des Chartres, Registre 98. Piece 726.

(b) Remont.] Je crois que cela signifie, *en remontant;* c'est-à-dire, *au plus offrant & dernier encherisseur.*

joüir & user paisiblement d'orez-en-avant de nostre presente grace, sans les troubler, ou empeschier en aucune maniere en corps ou en biens, au contraire; mais se aucune chose avoit esté ou estoit faicte à l'encontre, que eulx & chascun d'eulx à qui il appartiendra, & qui sur ce sera requis, le mettent ou facent mettre sans delay & sans autre mandement novel attendre de Nous, au premier estat & à plaine délivrance. Et pour ce que ce soit ferme chose & estable à touzjours, Nous avons fait mettre nostre Scel à ces Lettres : sauf en autres choses nostre droit & l'autrui en toutes. *Donné à Paris, l'An de grace 1365. & le second de nostre Regne, ou moys d'Octobre.*

Ainssin sign. Par le Roy en ses Requestes. SOYCOURT. J. DE REMIS. *Visa.*

CHARLES V. à Paris, en Octobre 1365.

(a) Lettres portant que les Pescheurs de la Ville de Meulan, seront sous la Jurisdiction du Prevost de cette Ville.

CHARLES &c. Savoir faisons à tous presens & advenir, que Nous avons oye l'umble supplicacion des Marchans Pescheurs de nostre Ville de Meullent, contenant comme ou temps que la Commune de ladicte Ville de *(b)* Meullent, fu renduë & mise en la main de nostre feu Cousin [a] Philippe jadiz Comte d'Evreux, ycelui nostre Cousin eust permis par ses Lettres sur ce faictes, si comme par ycelles puet plus plainement apparoir, aux Pescheurs qui pour lors estoient demourans en nostredicte Ville de Meullent, que eux & leur mestier de pescherie, seroient tousjours gardez perpetuellement par lui ou ceulz que il commettroit, en la forme & maniere que il avoient acoustumé à estre au temps de ladicte Commune, & avant que icelle lui fust renduë & mise en sa main : & pour ce les ont tousjours, ceux qui depuis ont esté Prevoz de Meullent, gardez & maintenuz en leurz franchises & libertez, selon la fourme & maniere que promis leur avoit esté par nostredit feu Cousin, & que il avoient accoustumé à estre ou temps de ladicte Commune : & quant aucuns d'iceulx Prevoz lez a sceu ou trouvez mal usans ou excedens de leurdit mestier, en aucune maniere, il lez a pugnis, corrigiez & contrains à amende, selon ce que au cas appartenoit, sanz ce que aucun eust desdiz Pescheurs la [b] connoissance, fors que ledit Prevost : & il est ainsy que pour ce que [c] la terre de Meullent est de nouvel venuë en nostre main, à Nous appartient la Signourie, garde, pugnicion & cognoissance d'iceulx Pescheurs, aucuns des Maistrez & Enquesteurs de noz Eaües & Forez, ou de leurs commis ou depputez, veulent ou pourroient vouloir, & se efforcent ou pourroient efforcer de avoir la cognoissance, correction & pugnicion d'iceulx, qui seroit en leur grant grief, prejudice & domage, & contre les franchises, Libertez & promesses dessusdictes, se par Nous ne leur estoit sur ce pourveu de remede gracieux & convenable, si comme il dient, supplians que sur ce, leur veullions faire & eslargir nostre grace : Pourquoy Nous, qui voulons yceulx nos bons & loyaulx subgez garder & maintenir, estre gardez & maintenus en leurs us & coustumes, & joir paisiblement de leur franchises & libertez, selon ce qu'il ont & avoient acoustumé, avant que ladicte terre de Meullent venist darrenierement en nostre main, avons voulu, ottroïé & donné, voulons, ottroïons & donnons de nostres grace especial, plaine puissance & auctorité Royal, aus Pescheurs de ladite Ville de Meullent, qui à

[a] *Voy. la Note (b).*

[b] *Jurisdiction.*

[c] *Voy. la Note (b).*

NOTES.

(a) Thresor des Chartres, Registre 97. Piece 297.

(b) Meullent.] Cette Ville fut donnée en appanage en 1298. & 1307. par Philippe le Bel, à Louis Comte d'Evreux, son Frere. La Commune de cette Ville, fut cedée, ainsi qu'il paroist par ces Lettres, à Philippe Comte d'Evreux, Fils de Louis, & par un Traité fait le 6. de Mars 1364. entre Charles V. & Charles Roy de Navarre & Comte d'Evreux, Fils de Philippe, Meulan fut vendu au Roy. *Voy. l'Hist. Geneal. de la M. de Fr. t. 3. p. 201. Voy. aussi l'Hist. du Comté d'Evreux*, pp. 23. 29. 104. des preuves, *& le Traité des Droits du Roy*, par Du Puy. p. *m.* 887.

CHARLES V. à Paris, en Octobre 1365.

present sont & qui pour le temps avenir seront, que eulx & leur mestier de pescherie, soient desoremais paisiblement & perpetuelment gardez & maintenus par celui qui est ou sera nostre Prevost en ladicte Ville de Meullent, selon ce qu'il ont & avoient acoustumé à estre, avant que ladicte terre de Meullent venist darrenierement en nostre main, par les Prevost ou Prevoz qui pour lors estoient ou ont esté en ladite Ville de Meullent, & qu'il pourront enseignier par Lettres ou autrement deuëment. Si donnons en mandement au Prevost de Meullent, qui à present est & pour le temps avenir sera, & à tous noz autres Justiciers, Officiers & subgiez qui à present sont & qui pour le temps avenir seront, que lesdiz Pescheurs laissent joir & user perpetuelment & paisiblement de noz presens don, ottroy & grace, en la forme & maniere qu'il avoient acoustumé, avant que ladicte terre venist darrenierement en nostre main, sanz les molester ou contraindre, ou souffrir estre molestez ou contrains par eulx ou par autre, en aucune maniere. Car ainsy le voulons Nous estre fait. Et pour ce que ce soit ferme chose &c. sauf &c. *Donné à Paris, ou mois d'Octobre l'An de grace 1365. & de nostre Regne le second.*

[a] ou *Margnac.*

Ainsy signé Par le Roy en ses Requestes. DE FRESNES. [a] MAIGNAC. *Visa.*

CHARLES V. à Paris, le 16. de Novembre 1365.

(a) *Ordonnance portant que celle du 15. de May precedent sera observée, & qui renouvelle differents Reglements sur les Monnoyes.*

CHARLES par la grace de Dieu Roy de France : Au Prevost de Paris ou à son Lieutenant, Salut. Comme ou mois de May derrenier passé, Nous vous eussions envoïé noz Lettres faictes sur les Ordonnances de noz Monnoyes, desquelles la teneur s'ensuit.

[b] Voy. cy-dessus, p. 560.

CHARLES par la grace de Dieu &c. Et y estoient incorporées mot à mot lesdites Lettres, lesquelles sont devant escriptes, qui ainsi finent. *Donné à Paris, le* [b] *15.e jour de May, l'An de grace 1365.*

[c] *donner.*

[d] App. *faussés.*

ET Nous soyons bien certainement informez, que vous n'avez pas bien executé, acompli ne gardé, ne fait garder lesdictes Ordonnances faictes sur nozdites Monnoyes; mais avez laissé en vostre Prevosté & ressors d'icelluy, prendre, [c] mettre, allouer & avoir cours les Monnoyes defenduës par lesdites Ordonnances; & aussi avez laissé mettre Florins contrefaicts *(b)* à Florins de Florence, pour plus grant pris la moictié qu'ils ne valent; & aussi d'autre Florins contrefaicts & faiz hors de nostre Royaume, pour plus hault pris qu'ilz ne valent, avec autres Monnoyes d'Or & d'Argent [d] faussonnées, & qui ne doivent avoir nul cours, pour plus hault pris qu'elles ne valent; & avec ce, avez laissé changer & faire tenir changes, à plusieurs qui n'en avoient pas

NOTES.

(a) Registre *D.* de la Cour des Monnoyes, *fol.* six-vingt-trois, *verso.*

Avant ces Lettres, il y a :

Le 6.e jour de Decembre, l'An 1365. furent apportées en la Chambre des Monnoyes, 36. grans paires de Lettres ouvertes, (*) seellées du grant Seel du Roy, & 36. closes soubz le Seel du secret, adressans aux Seneschaulx, Bailliz & Justiciers du Royaume, desquelles la teneur s'ensuit.

L'Ordonnance pour faire crier & publier de rechef les Monnoyes.

(b) A.] On pourroit aussi lire, *&:* mais plus bas, il y a : *contrefaites* ausdits *Florins de Florence.*

NOTES.

(*) Je ne sçais par quelle raison, il n'est jamais dit dans les Ordonnances & Lettres sur les Monnoyes, qu'elles ont esté scellées, quoyqu'elles le fussent, ainsi qu'il paroist par ce texte & par plusieurs autres.

CHARLES V. à Paris, le 16. de Novembre 1365.

Lettres de Nous ne desdis Generaulx-Maistres de noz Monnoyes; & si avez laissé porter hors de nostredit Royaume, nostre billon d'Or & d'Argent, & apporter en iceluy, lesdiz Florins contrefaicts & Monnoyes faussonnées d'Or & d'Argent, & paisiblement avoir cours pour plus haut pris qu'elles ne valent, comme dit est; & avec ce, vous avez souffert que l'en ait acheté & prins billon d'Or & d'Argent, pour plus hault pris qu'il ne devroit ne doit valoir selon lesdites Ordonnances; & si avez souffert que les Orfevres aïent fait [a] vaissellement & sainctures d'Or & d'Argent, de trop plus grant pris que en nozdites Ordonnances n'est contenu, & sans ce que nulz en ayent eu licence de Nous ou de nosdits Generaulx-Maistres de noz Monnoyes; & en plusieurs autres cas, n'avez pas gardé ne fait garder en vostre Prevosté & ressort, nosdites Ordonnances, ne n'avez fait pugnicion de nul qui les ait enfrainctes; mais avez laissé & laissez courir lesdites contrefaictes, deffenduës & faussonnées Monnoyes, & faire toutes autres choses contre nosdites Ordonnances, ou très grant grief, préjudice & dommaige de Nous & de nostre peuple, & à nostre très grant desplaisir, dont Nous nous tenons pour tant mal content de vous, comme plus povons, & non sans cause: Pourquoy Nous, une fois pour toutes, vous mandons, enjoignons & commandons, sur la feaulté & serment que vous avez à Nous, & sur peine de encourir nostre indignation à tousjours, & sur [b] quanques vous vous povez meffaire en vers Nous, que tantost que vous aurez veu ces presentes, vous faciez derechief crier & publier en vostre presence, en ladicte Prevosté & ressors, en tous les lieux notables & acoustumez, nosdites Ordonnances, en commandant expressement & le plus estroictement que vous pourrez, de par Nous, que chascun, en droit soy, tiengne, garde & accomplisse de point en point sans enfraindre, icelles Ordonnances, & tout ce qui èsdites Lettres est contenu; & que nul ne soit si hardi, sur les peines contenuës èsdites Lettres, de faire aucune chose contre la teneur d'icelles; *(c)* en especial, qu'ilz ne preignent ne mettent nulz desdiz Florins contrefaicts ausdiz Florins de Florence, ne nulle desdites Monnoyes faussonnées, ne autres quelle qu'elle soit, pour nul pris quelconques il soit, fors tant seulement pour billon; exceptées celles que Nous avons fait & faisons faire, & ausquelles Nous avons donné & donnons cours; C'est assavoir, lesdis Francs d'Or que nostre très cher Seigneur & Pere que Dieu absoille, fist faire & Nous, & lesdis Florins d'Or aux Fleurs de Lys, que Nous avons fait & faisons faire, pour seize sols parisis la Piece, & non pour plus; & lesdis Blancs deniers que Nous avons fait & faisons faire, pour quatre deniers parisis la Piece, & non pour plus; & les petiz Parisis & les petiz Tournois que Nous avons fait & faisons faire, pour ung denier parisis & pour ung denier tournois la Piece, & non pour plus: & avec ce, Nous voulons & vous mandons, que à tous noz Receveurs & autres Officiers, Advocats, Procureurs, Gens de Saincte Eglise, Notables, Changeurs, Bourgeois, Taverniers, Hostelliers, Bouchers, Poissonniers, & autres gens de Mestier, vous faciez faire serment, que nosdites Ordonnances ilz tiendront & garderont, & feront tenir & garder par leurs gens, & qu'ilz ne prendront ne feront prendre ou mettre nulle autre Monnoye quelle quelle soit, pour nul pris que pour billon; fors tant seullement lesdis Francs à Fleurs de Liz d'Or, Blancs deniers, petiz Parisis, petiz Tournoiz & autres petiz Tournois dessusdiz, pour leur pris, comme dit est, & non pour plus: & quant vous aurez fait faire la criée & le serment dessusdis, mettez & establissez bonnes Gardes par toute ladite Prevosté & ressort, lesquelz, s'ilz trouvent nulles personnes quelzconques elles soïent, prenans ou mettans autres Monnoyes que les nostres dessusdites, ou qui portent hors de nostre Royaume, billon d'Or ou d'Argent, les arrestent tantost, & preignent, & facent apporter à noz Monnoyes plus prochaines du lieu où ilz auront fait ledit arrest & prinses, comme forfaictes & confisquées à Nous, & les corps à

[a] *vaisselle.*

[b] *tout ce que:* du Latin, *quantum.*

NOTES.

(c) En especial.] Presque toutes les dispositions suivantes ne sont que renouvellées, & se trouvent dans plusieurs Ordonnances anterieures sur le fait des Monnoyes. *Voy. les Tables des Volumes precedents,* au mot, *Monnoye.*

CHARLES V. à Paris, le 16. de Novembre 1365.

nostre volenté : & voulons que lesdis Gardes aïent pour leur peine & travail, la quarte partie de ce qu'ilz prendront & feront apporter en nosdites Monnoyes : & par ces presentes, voulons que vous leur faciez paier sans autre mandement atendre, par les Maistres & Gardes d'icelles Monnoyes, où seront portées lesdictes forfaictures, en prenant quictance de ceulx qui l'auront fait apporter: Et Nous mandons à noz amez & feaulx Gens de noz Comptes à Paris, que [a] par rapportant quictance, les alloüent ès comptes desdis Maistres, ou de ceulx à qui il appartiendra. Toutesvoies n'est pas nostre entente, que se Pellerins ou autres gens de nostre Royaume, ou [b] estranges allans & venans parmi iceluy Royaume, sont trouvez portans sur eulx quarente pieces d'Or, ou au dessoubz, ou la valuë en autre Monnoye que la nostre, leurs Monnoyes soient pour ce confisquées ne acquises à Nous; mais voulons qu'elles soient coppées & portées à noz plus prochaines Monnoyes du lieu ou trouvez seront, ou au plus prochain change d'ilec, & que l'en leur rende la valuë d'icelles, sans ce que nulle confiscation y soit prinse, & sans ce que lesdiz Gardes ou [c] coppeurs de Monnoyes, y puissent riens prendre; fors deux deniers tournois pour Piece, seulement : Et voulons que vous sachez que nostre entente est, *(d)* comment que ce soit, que lesdites Ordonnances soient tenuës, gardées, executées & acomplies de point en point, & que tous ceulx qui iront à l'encontre, vous les pugnissez ou faciez pugnir par la maniere dessusdite : Et soiez bien certains, que se Nous savons que par vous ne soient acomplies les choses dessusdites, Nous vous ferons contraindre à rendre les dommaiges que par deffault de ce, Nous & nostre peuple pourrions avoir, & vous en pugnirons & ferons pugnir si grefvement, que tout le monde y pourra prendre exemple. Si gardez bien que en ce n'ait nulle deffault. *Donné à Paris, le 16.e jour de Novembre, l'An de grace 1365. & de nostre Regne le second.*

Ainsi signées. Par le Roy [d] & son Conseil. PIERRE BLANCHET.

a en.

b estrangers.

c Voy. le 3.e Vol. des Ordonn. p. 27. Note (f).

d en.

NOTES.

(d) Comment que ce soit.] Je crois que cela signifie, que l'intention du Roy est, que l'on prenne toutes les mesures necessaires pour faire executer ces Ordonnances.

CHARLES V. à Paris, le 16. de Novembre 1365.

(a) Lettres pour faire fabriquer de la petite Monnoye.

CHARLES par la grace de Dieu Roy de France : A noz amez & feaulx les Generaulx-Maistres de noz Monnoyes, Salut & dilection. Comme Nous aions [e] entendu que le billon que les Changeurs & Marchans portent en noz Monnoyes, soit allaïé à la loy de quatre deniers *(b)* à plus haulte loy, & que bonnement on ne peult trouver [f] basse loy, pour allaïer ledit hault billon, pour faire petite Monnoye & à present, il soit grant necessité & deffault en nostre peuple, de petite & menuë Monnoye, tant pour cause des aulmosnes comme autrement : Nous eu regard & compassion de nostredit peuple, par grant deliberation de nostre Conseil, vous mandons & à chascun de vous, que en nosdites Monnoyes, & celles que bon vous

e appris.

f Voy. la Note (b).

NOTES.

(a) Registre *D.* de la Cour des Monnoyes, *fol.* six-vingt-trois, *recto.*

Avant ces Lettres, il y a :

Le 17.e jour de Novembre 1365. fut apporté en la Chambre des Monnoyes, une Lettres ouvertes du Roy nostre Sire, scellées de son grant Scel, desquelles la teneur s'ensuit.

Mandement pour faire Parisis & petitz tournois.

(b) A plus haulte Loy.] Je crois qu'il faudroit, *& à plus haulte loy;* & que cela signifie, que le billon le plus bas que l'on apporte est à quatre deniers de loy, & dans lequel il y a les deux tiers d'alliage, & que l'on n'en apporte point dans lequel il y ait plus d'alliage & tel qu'il feroit necessaire pour faire de la petite Monnoye : Il est ordonné que l'on prendra de ce billon à quatre deniers de loy, ou même plus fort, & qu'en y ajoûtant du cuivre & de l'alliage, on fabriquera de la petite Monnoye. *Voy. la Preface du 3.e Vol. des Ordonn. p. cj. & suiv.*

sembléra, dudit billon allaïé à quatre deniers de loy, vous faciez faire & ouvrer de la petite & menuë Monnoye; c'est assavoir, petiz Parisis, petiz Tournois, du poix & de la loy que Nous faisons faire à present; & iceluy billon faites allaïer à [a] cuivre, en donnant aux Changeurs & Marchans, le pris du marc d'Argent qu'ils ont à present; c'est assavoir, du marc d'Argent allaïé à quatre deniers de loy, cent cinq solz tournois, & du marc d'Argent allaïé à deux deniers de loy, Argent-le-Roy, cent solz tournois: Toutes-voyes n'est mie nostre entente, que continuellement vous faciez faire ne ouvrer de la petite Monnoye; mais seullement certaine somme, & par tant de foiz comme bon vous semblera, pour faire aulmosnes, comme dit est; & Nous voulons que iceluy cuivre soit prins sur Nous, du proffit de nosdittes Monnoyes, & que ce qu'il coustera, soit alloüé ès comptes de celuy ou ceulx à qui il appartiendra, par noz amez & feaulx Gens de nos Comptes, sans contredict. Si gardez que en ce n'ait deffault. *Donné à Paris, le seizieme jour de Novembre, l'An de grace 1365.*

Ainsi signé. Par le Roy [b] & son Conseil. P. BLANCHET.

a *Voy. la Note (b).*

b en.

CHARLES V. à Paris, le 18. de Novembre 1365.

(a) Ordonnance portant que ceux qui interjetteront Appel au Parlement, & qui y renonceront dans la huitaine, payeront une amende de 60. sols

CHARLES par la grace de Dieu Roy de France, au Baillif de Coustances, ou à son Lieutenant, Salut. Comme par la relation de plusieurs personnes dignes de foy, il soit venu à nostre congnoissance, que en vostre Bailliage, tant pardevant vous comme pardevant les autres Bailliz & Juges seculiers demourans oudit Bailliage, desquels les appellations viennent tout droit & sanz [c] moyen, en nostre Court de Parlement, plusieurs Parties & leurs Procureurs qui plaident & demmainent leurs Causes pardevant vous, ou pardevant les autres Bailliz & Juges dessusdiz, se sont moult de foiz ou temps passé, efforciez, & de jour en jour s'efforcent par vois illicites & indirectement, de trouver fuites, dellaiz & [d] cavillations desraisonnables, èz Causes qu'il ont & demmainent; & par especial, en appellant frivollement, & après en renunçeant à leurs apellations dedans huit jours, comme permis & souffert leur a esté ou temps passé, soubz couleur & entention de l'utilité & bien publique; laquelle chose il ont tournée & convertie en tel abus & illusion de Justice, & prejudice des Parties appellans, & aucune fois de chascune des Parties, & en si granz delaimens des Causes, que à penne pevent-elles estre menées à fin, en la vie d'icelles Parties; laquelle chose, comme elle soit contre droit & contre raison, ou grief, dommage & prejudice de noz subges, & contre le bien de Justice, Nous ne voulons plus souffrir ne estre tolerée, sanz competant & convenable remede: Pourquoy Nous, qui de tout nostre cuer desirons Justice estre faite entre nos sugés, & pourveoir à l'abregement des Causes, & obvier aux fuites, delayz, & inconveniens dessuzdiz, selon ce que droit & raison le veult, par grant & meure deliberacion de nostre Conseil, pour l'evident prouffit & utilité publique, avons ordenné & ordennons par ces presentes, de nostre auctorité & puissance Royal, que toutes les Parties qui appelleront de [e] si en avant, de vous ou d'aucun des autres dessuidiz Baillis & Juges seculiers, dont les appellations viennent sans moyen en nostre Parlement, comme dit est,

c *Voy. le 3.e Vol. des Ordonn. page 145. Note (gggg).*

d *subtilitez: chicanes.*

e cy.

NOTES.

(a) Memorial *D.* de la Chambre des Comptes, *fol.* 91. *recto.* Et il y a à la marge: *Quod appellantes à Baillivis & aliis secularibus Judicibus, quorum appellationes directe & sine medio, veniunt ad Curiam Parlamenti, si renonciaverunt infra octo dies, solvent sexagenta solidos par. pro emenda.*

Cette Ordonnance est aussi dans le Registre *A.* du Parlement, *fol.* 90. *recto.*

Ces Lettres avoient esté imprimées dans *Joly, t. 1. addit. au L. 1. p. CLI.*

Voy. aussi le grand Coustumier de Fr. p. 86. & Fontanon t. 1. p. 628.

& renonceront à leur appel dedans huit jours après l'appellation faite, soient Noble ou autres, de quelconques estat ou condicion qu'il soient, pour chascune appellation qui feront & renonceront, [a] que chieent en amende de soixante solz parisis; laquelle amende & peine, Nous voulons, [b] tantost ce fait, estre commise, levée & exigée, par ceulx à qui il appartendra, sur celui ou ceulx qui appelleront, & renonceront, comme dit est dessuz; [c] noz autres Ordenances & Constitucions faites sur les Causes d'appel, demourant en leur vertu, quant aux autres choses. Si vous mandons & estroictement enjoignons, que tantost & sans delay, ces Letres veues, vous faciez nostre presente Ordenance & Constitution, lire & publier èz bonnes Villes [d] ès lieux notables de tout vostre Bailliage, accoustumez à ce faire, & icelle vous ordonnons de ci-en-avant tenir & garder entierement, par touz les subjets d'icelli Bailliage, de quelconque estat ou condition qu'il soient; & tant en faites, que vous ne puissiez ou doïez estre repris d'aucune negligence ou deffaut. *Donné à Paris, le dix-huitiesme jour de Novembre, l'An de grace mil trois cent soixante-cinq.*

Ainsi signé. Par le Roy à la relacion du Conseil. VILLEMER.

a *qu'ils soient condamnez à l'amende.*

b *aussi-tôt que l'appel aura esté interjetté.*

c *Voy. cy-dessus, page 511. l'Ordonnance du 16. de Decembre 1364.*

d *&.*

CHARLES V. à Paris, en Novembre 1365.

(a) Confirmation des Privileges de la Ville de Montpellier.

KAROLUS &c. Notum facimus universis presentibus & futuris, Nos [e] *quoddem transcriptum sanum & integrum, seu Litteras sub sigillo Bajulie Montispessulani, vidisse,* [f] *que sequitur,* [g] *continentes.*

PATEAT universis, quod nos Guillelmus Causici, junior, [h] *Burgensis, Bajulus Regius Montispessulani, vidimus, tenuimus, legimus & diligenter inspeximus quasdam patentes Litteras Regias, felicis recordacionis Domini nostri Johannis quondam Franc. Regis, ejus magno Sigillo cere viridis inpendenti, & filis* [i] *ciricis, rubei viridisque coloris, ut prima facie apparebat, sigillatas : Quarum Litterarum tenor talis est.*

JOHANNES Dei gratia &c. [k]

QUAS quidem Litteras dicti Domini nostri, superius insertas, in quantum predictis consuetudinibus, usibus & statutis, rite & juste prefati supplicantes & eorum successores, hactenus usi sunt, ratas & gratas habentes, eas volumus, laudamus, & de nostris auctoritate Regia & gratia speciali, confirmamus per presentes : Mandantes Senescallo nostro Bellicadri & Nemausi, vel ejus Locum-tenenti, ceterisque Justiciariis & Officiariis Regni nostri, presentibus & futuris, ipsis & cuilibet eorumdem prout ad ipsorum quemlibet pertinet & pertinebit ; [l] *inhibentes ne ipsos supplicantes, contra presentium tenorem, ullathenus perturbent vel inquietent, seu perturbari aut inquietari permittant quoquomodo : Volentes insuper, & dictis supplicantibus ex uberiori gratia concedentes, quod presentibus nostris Litteris, tanquam originali predicto, ubique in judicio & extra, tanta fides adhibeatur, facta prius tamen de eisdem cum predicto originali, per dictum Senescallum vel ejus Locum-tenentem, vera collacione, quanta originali predicto esset adhibenda. Quod ut firmum &c. salvo &c.* Datum Parisius, Anno Domini 1365. mense Novembris.

Sic signata. In Requestis Hospicii. T. HOCIE.

e quoddam.

f formam.

g continent. *R.*

h Burgen. *R.*

i sericis.

k Ces Lettres sont cy-dessus, p. 86.

l inhib. *R.*

NOTES.

(a) Thresor des Chartres, Registre 98. Piece 616.

(a) Lettres

CHARLES V. à Paris, en Novembre 1365.

(a) Lettres de Sauve-garde Royale, pour les Chartreux du Liget.

CHARLES &c. Savoir faisons à tous presens & avenir, que Nous desirans de tout nostre cuer, les personnes [a] de Religion, qui sont ordennez à servir Nostre Seigneur Jesus-Christ, en nostre Royaume; especialment ceulz de l'Ordre de Chartreuze, auquel Nous avons especial devotion, estre maintenus & gardés avec tous leurs biens & familiers, en paix & en transquilité, par quoy il puissent miex & plus devotement, vaquier & entendre au service de Dieu, auquel il se sont donnés: A la supplicacion de noz bien amés le Prieur & Convent du Liget, ou Bailliaige de Touraine, dudit Ordre de Chartreuze, qui sont de tout temps, en nostre Salve-garde, iceulz d'abundant, avons pris & prenons, mis & mettons de grace especial, de nostre certaine science & de nostre auctorité Royal, avec touz leurs biens quielx, & où qu'ilz soient assiz en nostredit Royaume, que ilz ont à present ou qu'ilz acquerront loyalment ou temps avenir, tous leurs familiers & serviteurs, religieux & seculiers, en & soubz nostre protection, tuition & Sauve-garde especial, & de tous noz successeurs Roys de France, pour y estre & demourer perpetuelment: Et leur avons commis, donné & deputé, comettons, donnons & deputons de nostredicte grace, le Bailli de Touraine qui est à present & qui pour le temps avenir sera, ou son Lieutenant & Sous-Bailli, à tous & chacun d'eulz, leurs Juges en toutes leurs Causes meuës & à mouvoir, contre quelconques personnes, en demandant & en deffendant: [b] Par ainsi toutes-voïez, que pour ce ilz ne puissent faire venir ou convenir pardevant ledit Bailli, ou son Lieutenant ou Soubz-Bailli au Siege de Tours, aucunnes personnes de plus loing de ladicte Ville de Tours, que de quatorze lieuëz: Et aussi volons & comettons lesdiz Bailli, son Lieutenant ou Soubz-Bailli, à tous & chascun d'eulz, estre leurs Gardiens especiaulz, pour yceulz Religieux, leur Eglise en chief & en membres, leurs familiers, gens, possessions, granges, terres, prés, bois, vignes, Justices, cens, rentes & revenuës, quelles que elles soient, à eulz [c] appartenans en quelque maniere que ce soit, par euls ou par autres, en leurs justes possessions, franchises, Libertés, drois, coustumes, usages, privileges & saisines, & pour yceulz defendre de par Nous, de toutes injures, violences, griefs, inquietacions, oppressions, molestacions, de force d'armes, de puissance de Lais, & de toutes nouvelletés indeuë quelles que elles soient: Et se il y avoit débat [d] ou cas de nouvelleté, entre les Parties, sur les choses contencieuses, de mettre ycellui debat en nostre main comme Souverainne, & à faire par ycelle main, récréance là & si comme il appartendra; & pour faire païer asdis Religieux ou à leur certain commandement, leurs cens, rentes, dismes & revenuës, & toutes leurs debtes bonnes & loyaulz, recognuës, ou prouvées par Lettres, tesmoins, instrumens, ou autres loyaulz enseignemens, que il leur apparra estre deuz ausdiz Religieux, de quelconques personnes demourentes à Tours ou environ, jusques à quatorze lieuës loing, tant-seulement; & en contraignant à ce yceulz debteurs, par prise, venduë & explectacion de leurs biens, & detencion de leurs corps, se [e] mestiers est, & y sont à ce obligez: Et se aucuns de leurs debteurs se voloient opposer au contraire, nostre main souffiçament garnie de ce qui sera deu soubz Seel Royal, pour faire adjorner pardevant eulz & chascun d'euls, au Siege de Tours, lesdis opposans, & toutes autres personnes en demandant & en defendant, pour aler pardevant eulz, & chascun d'eulz, tant sur lesdictes oppositions, débas ou questions, comme sur lesdictes debtes, si comme il sera à faire de raison; pour faire sur les choses dessusdictes, les Partie oyes, bon & brief acomplissement de Justice: Et en [f] procedent sur ce audit Siege de Tours, où l'en puet trouver grant [g] copie de conseil, par

a *les Religieux ou Religieuses.*

b *pourvû.*

c *apparten. R.*

d *en.*

e *besoin.*

f *procedant.*

g *abondance.*

NOTES.

(a) Thresor des Chartres, Registre 98. Piece 477.

CHARLES V. à Paris, en Novembre 1365.

competentes dilacions de jour en jour, ſanz attente d'Aſſiſe, nonobſtant couſtume de païs à ce contraire : Et volons que ladicte noſtre Garde eſpecial, ilz facent publier par tous les lieus où euls verront qu'il appartendra, à la requeſte deſdiz Religieux, ou de leurs gens : Et en ſigne de noſtredicte Salve-garde eſpecial, facent mettre noz pennunciaulz ès maiſons, granges, poſſeſſions & autres biens deſdis ſupplians, là où meſtier en ſera, afin que nulz ne ſe puiſſe excuſer d'ignorance, & intiment & deffendent de par Nous, à toutes les perſonnes dont ilz ſeront requis de par leſdis Religieux, que à eulz, à leur familiers, à leurs gens, à leur Egliſe en chief & en membres, ilz ne meffacent, ne ou facent meffaire en aucune maniere; ne auſſi à leurs terres, cens, rentes, revenuës, ne autres biens quelconques, [a] ne ou qu'ilz ſoient, preſens & avenir, ſur certainnes & groſſes peines à appliquier à Nous : Et pour faire & acomplir plus diligemment de point en point, les choſes deſſuſdictes & chaſcune d'icelles, Nous mandons & comettons auſdiz Bailli, ſon Lieutenant & Soubz-Bailli, à tous preſens & avenir, & à chaſcun d'eulz, que touteffois que meſtiers en ſera, eulz & chaſcun d'eulz, deputent auſdiz Religieux, une ou deux perſonnes convenables, à leurs deſpens, leſquelz & chaſcun d'eulz, Nous volons de noſtredicte grace deſſuſdicte, qu'il aïent, quant à faire & exercer les choſes deſſuſdictes & chaſcune d'icelles, tout povoir d'office de Sergent. Toutes-voïes Nous ne volons pas qu'ilz s'entremettent en aucune maniere, de choſe qui requiere cognoiſſance [b] : Et ou cas toutesvoiz, que leſdis Religieux auront autre Salve-garde eſpecial, Nous ne volons qu'elle ſoit en rien [c] rappellée; mais volons que elle demeure en ſa force & vertu, & que ilz en puiſſent joïr & uſer comme paravant, nonobſtant ces preſentes : Et Nous donnons en mandement à tous nos Juſticiers & ſubgés, que auſdiz Bailli, ſon Lieutenant & Soubz-Bailli, à tous preſens & avenir, & à chaſcun d'eulz, & auſdis Sergent ou Sergens deputés de par lui, quant aus choſes deſſuſdictes, & à celles qui en dependent, obéïſſent & entendent diligemment; laquelle choſe Nous avons ottroyé aſdis Religieux de grace eſpecial; nonobſtant couſtumes, uſages, ſtiles & les Ordenances que nulz ne doit eſtre trait hors de la Chaſtellerie où il eſt demourant. Et que ce ſoit ferme choſe &c. *Donn. à Paris, ou mois de Novembre, l'An de grace 1365.*

Ainſi ſigné. Par le Roy à la relacion du Conſeil. FERRICUS. *Viſa.*

a *Ce mot eſt inutile.*

b Il faut ajoûter, *de Cauſe*, comme il y a dans toutes les Lettres de ce genre.

c *revoquée.*

CHARLES V. à Paris, le 5. de Decembre 1365.

(a) Lettres portant que le billon d'Or & d'Argent, qui ſera trouvé chez les Changeurs, ſera porté aux [Hoſtels] des Monnoyes; mais ne ſera pas confiſqué.

DE PAR LE ROY.

BAILLY de Senlis : Nous vous envoïons noz Lettres [d] ouvertes, faictes ſur les Ordonnances de noz Monnoyes, & vous mandons que diligemment, tantoſt vous les faciez crier & publier, & icelles tenir & garder dores-en-avant ſans les enfraindre : Et avec ce, vous mandons & enjoignons expreſſement, que par toutes les Villes de voſtre Bailliage & reſſors d'iceluy, vous faciez prendre à ung certain jour nommé, le plus bref que vous pourrez, toute la Monnoye de billon d'Or & d'Argent, qui pourra eſtre trouvée ès changes des Changeurs de toutes icelles Villes; excepté les Monnoyes d'Or & d'Argent, auſquelles Nous donnons cours par noſdites

d *Ce ſont apparemment celles du 16. de Novembre precedent. Voy. p. 596.*

NOTES.

(a) Regiſtre *D.* de la Cour des Monnoyes, *fol.* ſix-vingt-ſix, *recto.*

Avant ces Lettres, il y a :

La teneur des Lettres cloſes ſoubz le Seel de ſecret du Roy, envoyées aux Juſticiers du Royaume, avec les grant Lettres ouvertes cy-devant eſcriptes.

Voy. cy-deſſus, p. 596. Note (a).

Ordonnances, & iceluy billon faictes porter seurement à la plus prochaine de noz Monnoyes du lieu où il sera pris, & en faictes payer ausdis Changeurs, la valeur d'iceluy par les Gardes & Maistre-particulier d'icelle : Car ce n'est mie nostre intencion, quant à present, qu'il soit forfaict & acquis à Nous, pour cause de ceste prinse : Et avant que vous faciez publier nosdites Ordonnances, acomplissez le contenu de ces presentes, & gardez bien que en ce n'ait aucun deffault. *Donné à Paris, le 5.e jour de Decembre. (b).*

NOTES.

(b) L'Année n'y est pas : mais comme les Lettres qui precedent celles-cy dans les Registres, & celles qui les suivent, sont de l'Année 1365. on ne peut douter que celles-cy ne soient de la même Année.

D'ailleurs ces Lettres closes sont celles dont il est parlé cy-dessus, p. 596. Note (a) ainsi qu'il paroist par ce qui se lit devant ces Lettres, dans le Registre des Monnoyes. Voy. la Note (a).

CHARLES V. à Paris, le 2. de Janvier 1365.

(a) *Lettres portant Reglement pour le payement des gages des Huissiers au Parlement.*

CHARLES par la grace de Dieu Roi de France : A tous ceulx qui ces presentes Lettres verront, Salut. Savoir faisons que Nous avons receue l'umble supplication de noz amez Varletz, les Huissiers de nostre Parlement, contenant que jaçoit que lesdiz Huissiers de tout temps, ayent de gaiges, deux solz parisis par chacun jour, & cent solz par an pour [a] robbe, lesdiz Huissiers & leurs predecesseurs Huissiers dudit Parlement, ont receu tout temps paisiblement & sanz empeschement, soit que ils eussent exercé leurs offices audit Parlement, ou esté hors en commission ou [b] empeschez à autres empeschemens, du temps de noz predecesseurs Roys de France ; [c] neantmoins le Recevcur de Paris qui est à present, soubz umbre de ce qu'il dit qu'il a esté ordonné à noz amez & feaulx Genz de noz Comptes à Paris, que lesdiz Huissiers ne seront payez, fors du temps & pour les jours qu'ils auront servi & serviront en nôtredit Parlement, ne les veult payer, fors d'icelui temps que servi auront ; & qui pis est, quant il leur fait aucun payement, les contraint à jurer, en baillant leur quittance, qu'ilz ont servi tout le temps dont il les paye ; laquelle chose est en leur grant grief, prejudice & dommaige ; mesmement comme ilz aient laissé tous autres estats, offices & services, pour Nous servir ; & si ont aucuns ledit office à tiltre d'achapt, pour la faveur desdiz gaiges ; & s'ilz n'estoient payez de leursdiz gaiges, ainsi que accoustumé est de tout temps, & ils avoient aucun empeschement de malladie ou autrement, ils pourroient cheoir en mandicité, si comme ilz dient, supplians par Nous sur ce, leur estre pourveu de nostre grace : Sur quoy Nous inclinans à leur supplication, voullans ensuir les faiz de noz Predecesseurs, avons ordonné & ordonnons par la teneur de ces presentes, de nostre grace especial & auctorité Royal, que iceulx Huissiers soient payez dores-en-avant de leursdiz gaiges, & cent soulz pour robbe, par an, en la maniere que payez ont esté au temps de nosdiz Predecesseurs, sans aucune difficulté ou empeschement, affin que leur estat ils puissent maintenir plus honnorablement à Nous servir ; nonobstant l'Ordonnance faite par nosdis Gens des Comptes, laquelle Nous cassons & anulons, quant à ce. Si donnons en mandement à nosdiz Genz, que iceulx Huissiers, ilz facent & laissent joyr & user paisiblement de nostre presente grace ; & contre la teneur d'icelle, ne leur mettent ou facent mettre empeschement aucun à la [d] solution de leursdiz gaiges & robbes, que payez n'en soient aux termes, par la maniere que payez en ont esté au temps passé

a *Voyez le 3.e Vol. des Ordonn. p. 86. Note (e).*

b *Il y a là un mot entierement effacé.*

c *Mot douteux & presque effacé.*

d *payement.*

NOTES.

(a) Registre intitulé, *Repertoire d'Arrests pour les Huissiers de la Cour du Parlement, Piece 2.e* Monsieur le Procureur General a eu la bonté de me communiquer ce Registre.

de nosdiz Predecesseurs; & au Receveur de Paris qui ores est, & pour le temps advenir sera, [a] paye ausdiz Huissiers & à chacun d'iceulx, lesdiz gaiges de deux solz pour chacun jour & cent solz pour robbe par an, ilz leur payent doresnavant en la maniere que accoustumé a esté au temps passé de nozdiz Predecesseurs, soit que ilz eussent [b] ledit office en Parlement ou non, ou ayent empeschement de malladie ou autre quelconque; & voulons que tout ce que payé leur en sera, [c] par raportant quittance d'eulx, soit alloüé ès comptes dudit Receveur, sans aucune difficulté ou contredit, par nosdiz Gens des Comptes. En tesmoing de ce, Nous avons fait mettre nostre Séel à ces Lettres. *Donné à Paris, le second jour de Janvier, l'An de grace mil trois cens soixante-cinq, & second de nostre Regne.* Et au marge dessus de ladicte Lettre, est escript: Par le Roy en ses Requestes, & signé GESNE.

a *qu'il.*

b Il semble qu'il manque-là le mot, *exercé.*

c *en.*

CHARLES V. à Paris, le 19. de Fevrier 1365.

(a) *Lettres par lesquelles il est enjoint au Prevost de Paris, de faire executer avec plus d'exactitude, les dernieres Ordonnances faites sur les Monnoyes.*

CHARLES par la grace de Dieu Roy de France: Au Prevost de Paris ou à son Lieutenant, Salut. Vous sçavez comment plusieurs fois, Nous vous avons mandé & commandé expressement, par noz Lettres ouvertes, & derrenierement nagueres par noz Lettres [d] closes, soubz nostre Seel de secret, que vous feissiez tenir & garder noz Ordonnances que Nous avons fait faire sur le fait & Ordonnance de noz Monnoyes; & Nous avons entendu par aucuns de nostre Conseil, qui ont esté ès parties de vostre Bailliage & ressors d'iceluy, que vous [e] avez fait ne fait faire aucun [f] exploict; mais laissez avoir cours à toutes Monnoyes, tant d'Or comme d'Argent, si comme l'en les veult mettre, en desobéïssant du tout à Nous & à noz Mandemens, parquoy noz bonnes Monnoyes d'Or & d'Argent, ausquelles Nous avons donné cours, en sont du tout reffusées, & nostre Royaume rempli de faulses & estranges Monnoyes, ou grant préjudice & donmaige de Nous & de tout le peuple de nostre Royaume, dont Nous sommes moult [g] merveilleux, & Nous en tenons pour tant mal contens de vous, comme plus povons: Pourquoy Nous vous mandons encores derechef, enjoignons & commandons tant expressement & estroictement comme Nous povons, sur la foy & l'obéissance que vous Nous devez, & sur quanques vous vous povez meffaire envers Nous, que nosdictes Ordonnances vous faciez tenir & garder par toute vostredite Prevosté & les ressors d'icelle, & que pour quelque cause que ce soit, vous ne laissez prendre ne [h] mectre aucune Monnoye d'Or ne d'Argent, se n'est au marc pour billon; excepté tant-seullement celles ausquelles Nous avons donné & donnons cours par nosdites Ordonnances. Si en faictes tant, que à ceste fois, Nous nous puissions apparcevoir de vostre bonne diligence, ou autrement Nous voulons que vous sachiez de certain, que Nous y pourvoirons de tel remede qu'il ne vous plaira mie, & vous en pugnirons par tele maniere, que ce sera exemple à tous autres. Certiffiez Nous ou nostre grant Conseil, par voz Lettres ouvertes à Seel pendant, du jour de la reception de ces presentes, & de ce que vous entendez à faire de ce que dessus est dit. *Donné à Paris, le 19.e jour de Fevrier, l'An 1365. & de nostre Regne le second.* BLANCHET.

d *Voy. cy-dessus, p. 596.*

e Il faut, *n'avez.*

f *recherches & procedures.*

g App. *emerveillez; étonnez.*

h *donner.*

NOTES.

(a) Registre *D.* de la Cour des Monnoyes, *fol.* six-vingt-huit, *verso.*

Avant ces Lettres, il y a:

Le vendredi 20.e jour de Fevrier 365. furent apportées en la Chambre des Monnoyes au Palais, paires de Lettres ouvertes, scellées du grant Seel du Roy, adressans aux Seneschaulx & Bailliz du Royaume, desquelles la teneur est telle.

Lettres pour faire garder les Ordonnances des Monnoyes.

CHARLES V. à Paris, en Fevrier 1365.

(a) Lettres portant que l'on ne fera point de prises *sur les biens de l'Abbaye de S.t Mor-des-Fossez.*

CHARLES &c. Savoir faisons à touz presens & advenir, que comme plusieurs bonnes personnes, tant de nostre Royaume, comme d'autres lointains païs, vieingnent par devotion continuelment en pelerinage, requerre & [a] aourer le glorieux & Benoit Confesseur Mons. S.t Mor, lequel repose en [b] l'Abbaye de S.t Mor-des-Fossez: Lesquelx, pour le fait dez [c] prinses que l'en y a fait, ont plusieurs [d] deffaultes, & ne puent bonnement ne honestement estre [e] hebergiés en la Ville, pourquoy leur bonne devotion est aucune foiz ou puet estre retardée ou empeschiée; & auxi en demourent & [f] laissent aucunnes foiz ycelles bonnes personnes, à venir audit lieu en pelerinage & autrement; & pour ce, Nous ont requis noz bien amez lez Religieux, [g] Albé & Couvent de ladicte Albaye de Saint Mor-dez-Fossez, que comme pour le fait & occasion des guerres, il aïent esté très grandement dommagez, tant pour le Fort de ladicte Albaye, que il ont fait de nostre commandement; en despenses de Genz-d'arme, Artillerie & autres neccessitez pour la garde & deffence dudit Fort; & auxi que pour ycellui faire, il ont perdu grant partie de leur Dortoir, Cloistre, [h] Moustier, Chapitre & autres édifices d'icelle Albaye, comme en ce que pour le temps que Nous fusmes aux *(b)* Carrieres, à [i] Siege devant nostre bonne Ville de Paris, plusieurs de leurs granches & manoirs furent ars, & lez biens estans en yceulx, prins, gastez & destruiz; Nous sur ce, leur veullions pourveoir de nostre grace; mesmement que ja pieça, Nous avons ordoné & desclarié toutes prinses cesser, tant pour Nous, comme pour nostre très-chiere Compaigne la Royne, noz Freres & Sucurs, & autres quelxconques aïans prinses en nostre Royaume: Pourquoy Nous considerans les choses dessusdictes, & que ladicte Albaye est de fondation Royal, doée & fondée par noz predecesseurs Roys de France, & qui voulons lezdictes Ordennances estre tenuës & gardées, pour certeinnes & justes causes qui ad ce Nous ont meuz; & auxi que audit glorieux Saint, Nous avons parfaite & singuliere affection & devotion, à yceulx Albé & Convent de S.t Mor, avons ottroïé & ottroïons par cez presentes, de grace especial, certeinne science & de nostre auctorité Royal, que en leur Albaye, ne en la Ville & [k] Varenne de S.t Mor, en leurs manoirs & granches, ne allieurs ou il aura aucuns de leurs biens, ne soient prins, levez ou arrestez pour Nous, ne pour quelque autre personne que ce soit, aucuns blez, avenes, foins, [l] feurres, vins, buche, charbon, chevalx, charretes, hernoiz, *(c)* aumailles, pourceaux, bestes à layne, volailles, [m] coustes, [n] coissins, draps, couvertures, tablez, *(d)* fourmes, tresteaux, ne autres choses quelxconques, appartenantes ou neccessaires au gouvernement & neccessitez dez Hostelz de Nous, de nostredicte Compaigne, de nozdiz Freres & Sueurs, & de touz autres aïans prinses en nostredit Royaume. Si donnons en mandement par la teneur de cez presentes, aux Maistres de nostre Hostel, à touz noz Fourriers, Chevaucheurs, Varlez & Aydes de Fourriere, & à touz autres commis & deputez & à deputer sur ce, tant pour Nous, comme pour les autres dessus nommez, presens & advenir, & à chascun d'eulx auxquelx ces presentes seront monstrées, que lezdiz Religieux, leurs genz, & Fermiers, facent, sueffrent & laissent joïr & user paisiblement de nostre presente grace, & contre la

a *prier.* Voy. Borel, au mot, *Aourer.*
b *Elle est située sur la Marne, à 2. lieuës de Paris.*
c *prises.* Voy. les Tables des Matieres, à ce mot.
d *manquent de plusieurs choses.*
e *logez.*
f *cessent.*
g *Abbé.*
h *Eglise.*
i *Voyez le 3.e Vol. des Ordonn. p. 309. Note (b).*
k *Garenne.*
l *fourrage.*
m *lits de plume.* Voy. Borel, au mot, *Coute.*
n *coussins.*

NOTES.

(a) Thresor des Chartres, Registre 98. Piece 727.

(b) Carrieres.] Hameau à une lieuë de Paris, sur les bords de la Seine, entre Conflans & Charenton.

(c) Aumailles.] Borel à ce mot, dit qu'il signifie, *brebis, & même se prend pour d'autre bestail, & même pour biens.*

(d) Fourmes.] Siege, d'où vient le mot de *Formes,* qui signifie les Sieges où les Prêtres sont assis dans les Chœurs des Eglises.

Voy. Du Cange, au mot *Forma* dans la nouvelle Edit. de Paris.

teneur d'icelle, ne lez empeschent ou sueffrent estre empeschiés dores-en-avant en aucune maniere: Et pour ce que yceulx Religieux pourront avoir afaire de ces presentes en plusieurs [a] parties, il Nous plaist & voulons que au *vidimus* ou transcript de cez Lettres, fait soubz le Seel du Chastellet de Paris, foy soit adjoustée, & y soit obéi comme au propre original. Et que ce soit chose ferme & estable à [b] touz, Nous avons fait mettre à cez Lettres, nostre Seel: sauf en autres choses nostre droit & en toutes l'autrui. *Donné à Paris, l'An de grace 1365. & de nostre Regne le second, ou moys de Fevrier.* Ainsin signée. Par le Roy. P. MICHIEL.

a endroits.

b toujours.

CHARLES V. à Paris, en Fevrier 1365.

Philippe VI. dit de Valois, à Amiens, le 10. de Septembre 1347.

Jean I. ou selon d'autres, Jean II. au Bois de Vincennes, le 1.er de Septembre 1350.

Charles Duc de Normandie, à Paris, en Octobre 1356.

(a) Privileges accordez aux habitans de Calais, que le Roy d'Angleterre en fit sortir, lorsqu'il prit cette Ville en 1347.

CHARLES &c. Savoir faisons à touz presens & avenir, Nous à la supplication des Bourgois & habitans pieça de la Ville de [c] Calais, avoir veu noz Lettres seellées en laz de soïe & cire vert, à eulz ottroïées par Nous, pour le temps que Nous

NOTES.

(a) Tresor des Chartres, Registre 97. Piece 563.

Il y a dans le Registre du Parlement, intitulé: *Ordinationes antiquæ, folio 35. recto.* d'autres Lettres de Philippe de Valois, du 8. de Septembre, en faveur de ces anciens habitans de Calais: On a crû qu'il estoit plus à propos de les placer icy dans une Note, que de les reserver pour le Supplément des deux premiers Volumes des Ordonnances, qu'il sera necessaire de donner dans la suite.

Mais comme differents évenements pourroient empescher que ce ne fût moy qui publiasse ce Supplément; il est bon de remarquer icy, qu'il y a à la Bibliotheque du Roy, un MS. cotté 8409. dans lequel il y a une vingtaine d'Ordonnances de Philippe le Bel & de ses successeurs jusqu'à Philippe de Valois, qui doivent entrer dans ce Supplément.

(*) Lettres portant que tous les Offices vacans, ausquels il appartient au Roy de pourvoir, seront donnez par preference aux habitans de Calais.

PHILIPPPE par la grace de Dieu Roys de France: Savoir faisons à touz presens & avenir, que comme Nous considerans le bon & [d] loyalment [e] portement de noz bien amez les bonnes gens, Bourgoys & habitans de la Ville de Calais, qui pour la grant & loyal amour qu'il ont à Nous & à la Couronne de France, se sont tenuz, tant comme il ont [f] peu, contre le Roy d'Engleterre & noz autres anemis qui les ont pris, & leurs biens, meubles & heritages, gastez & destruiz, & boutez hors de leurs Pays, [g] aïons ordené que toutes les forfaitures & biens, meubles & heritages, qui Nous avenront & escheront en nostre Royaume, pour quelque cause que ce soit, soïent mis & tenuz en nostre main, pour baillier & distribuer ausdiz Bourgoys & habitans, pour les vivres & soustenances de euls, de leurs femmes & de leurs enfans: Nous, afin que lesdiz Bourgoys & habitans puissent estre plustost pourveuz de ce qui leur est necessaire pour leur soustenance, avons ordené & ordenons par la teneur de ces Lettres, de grace especial, que touz les Offices quelz qu'il soïent, qui escharront deci-en-avant, appartenans à donner par Nous, par nostre très chier & amé Fils, le Duc de Normendie & de Guyanne, & en la terre de nostre très chier Fils, le Duc d'Orliens, lesquelz Offices lesdiz Bourgoys & habitans voudront accepter & avoir, soïent donnez, bailliez & delivrez ausdiz Bourgoys & habitans qui à ce seront convenables; & non à autres, jusques à ce qu'il seront souffisaument pourveuz: & à ce avons commis & commettons par ces Lettres, noz amez & feauls Conseilliers, l'Evesque de Laon, les Abbez de S.t Denys & de [h] Meremoustier, & chascun d'euls, & avons ordené & ordenons, que quelconques don qui par Nous ou par autre en soit fait, soit nulz & de nulle valeur: & voulons que se aucunes Lettres estoient faites au contraire, il n'y soit en riens obey. Si donnons en mandement ausdiz Evesque & Abbez, & à touz nos Justiciers & Officiers, que nostredicte Ordennance il mettent à execution, & la facent tenir & garder tout à plain. Et pour ce que ce soit chose ferme & estable à touzjours, Nous avons fait mettre nostre Seel à ces Lettres. *Donné à Amiens, le 8.e jour de Septembre, l'An de grace 1347. Par le Roy,* VERRIERE.

c *Voy. cy-dessous, page suiv. Note (b).*

d *loyal.*

e *conduite.*

f *pû.*

g *Ces premieres Lettres ne se sont pas conservées.*

h *Marmoustier, auprès de Tours.*

NOTES.

(*) Voy. sur ces Lettres, le 2. Vol. des Ordonn. p. 331.

estions regent nostre Royaume, en l'absence de feu de bonne mémoire, nostre très chier Seigneur & Pere que Diex absoille, desquelles Lettres la teneur s'ensuit.

CHARLES V. à Paris, en Fevrier 1365.

CHARLES ainsné Filz du Roy de France, regent le Royaume, Duc de Normendie & Dalphin de Viennois : Savoir faisons à touz presens & avenir, Nous avoir veu noz autres Lettres seellées en laz de soie & cire vert, contenant la forme qui s'ensuit.

CHARLES ainsné Filz du Roy de France, Duc de Normendie & Dalphin de Viennois : Savoir faisons à touz presens & avenir, Nous avoir veu les Lettres de nostre très cher Seigneur & Pere, contenant la forme qui s'ensuit.

JOHANNES Dei gratia Francorum Rex : Universis presentes Litteras inspecturis, Salutem. Notum facimus Nos Litteras inclite recordationis carissimi Domini Progenitoris nostri, vidisse, formam que sequitur, continentes.

PHILIPPE par la grace de Dieu Roy de France : A touz ceux qui ces presentes Lettres verront, Salut. Savoir faisons que pour consideration du bien & de la loyauté, de la bonne amour & grant affection que noz amez les Bourgois & habitans de la Ville de *(b)* Calais, ont monstré à Nous & à la Couronne de France, en resistant & contreestant de tout leur pooir, à l'envaissement & male volenté du Roy d'Angleterre & de noz autres ennemis, qui longuement les ont tenuz enclos dedens la Ville, à grant famine & mesaise, & depuis d'ycelle deboutés & chaciés, Nous à leur supplicacion, leur avons octroié & octroions de grace especial, que eulz & chascun d'eulz; leurs fammes, familles & [a] mesnies, de quelque estat ou condicion qu'il soient, puissent demourer & faire residence, repairier & converser en quelque Cité, Bourc, Ville, Chastel ou autre lieu de [b] Royaume, qui leur plaira, & illec faire son mestier, office ou service qu'il saura faire, [c] marchander, ouvrer ce que faire saura, franchement & liberalment, sanz fraude, sanz paier à Nous ne à noz Genz, [d] paage, travers, [e] coustume, finance ou imposicion aucune, pour marchandise que il face, en achetant, vendant, menant, portant & conduisant où que ce soit parmi nostre Royaume, en requerant à touz autres Justiciers de nostredit Royaume, que ainsi les laissent venir, aler, porter, conduire par leurs passages & destrois : Et avec ce, leur avons octroié & octroions de nostredicte grace, que il usent & joissent plainement des privileges, Libertez, franchises ou coustumes de lieux & des pays où il seront repairans, demourans & conversans ou habitans, en paiant les devoirs & coustumes ou autres redevances que lez autres Bourgoiz & habitans dez lieux, paient & paieront pour lezdiz privileges, Libertez, franchises & coustumes ou usages, combien que il y viengnent de nouvel; nonobstant coustume, usage ou privileges ad ce contraires; & [f] parmi ce, soient traittiez, maintenuz & gardez paisiblement, comme lez autres Bourgois & habitans dez lieux, sanz ce que [g] yceulx Bourgois & habitans & leurs successeurs ne à leurs Villes & lieux, soit [h] ou porté préjudice orez ne ou temps advenir. Si donnons en mandement à touz Seneschauls, Bailliz, Prevoz, Vicontes & autres Justiciers, Officiers & subgiez de nostre Royaume, que de nostre presente grace, facent & laissent paisiblement user & franchement joir sanz contredit ou empeschement aucun, yceulx habitans & leurs gens, maisnies, ores & ou temps avenir.

a *domestiques.*
b *nostre.*
c *commerce.*
d *peages.*
e *droits.*
f *moyennant.*
g *à.*
h *fait.*

NOTES.

(b) Calais.] Cette Ville fut prise par Edoüard III. Roy d'Angleterre, dans le mois d'Aoust 1347. après un siege d'un an. *Voy. Froissart, L. 1. ch. 147. p. m. 169.* Ces Lettres prouvent combien il s'est trompé, lorsqu'il a dit que Philippe de Valois se mit peu en peine de soulager la misere des habitans de Calais, que le Roy d'Angleterre fit sortir de cette Ville, sans leur permettre de rien emporter. La plus grande partie alla à S.t Omer, dit Froissart, *ibid.*

CHARLES V.

En tesmoing de laquelle chose, Nous avons fait mettre nostre Scel à cez presentes Lettres. *Donné à Amiens, le 10.e jour de Septembre, l'An de grace 1347.*

à Paris, en Fevrier 1365.

a Suite des Lettres du Roy Jean. [a] *QUIBUS visis Litteris, vobis & vestrum cuilibet prout ad eum pertinuerit, precipiendo mandamus, quatenus dictos Calesienses & eorum quemlibet, predicta gratia uti & gaudere pacifice faciatis & eciam permittatis, nichil omnino in contrarium attemptantes. In quorum testimonium, Sigillum nostrum quo utebamur ante susceptum regimen Regni nostri, presentibus Litteris duximus apponendum.* Datum in nemore Vincennarum, prima die Septembris, Anno Domini 1350.

b Suite des Lett. de Charles Duc de Normandie. [b] NOUS adecertes lez Lettres dessus transcriptes, & toutes lez choses contenuës en ycelles, aïans fermes & aggreables, ycelles voulons, loüons, approuvons, & de certenne science & de grace especial, par la teneur de cez presentes ratiffions. Mandons à touz noz Justiciers & subgiez, & à chascun d'eulx si comme à lui appartendra, que lezdiz Calasiens & chascun d'eulx, laissent & facent joïr & user de ladicte grace paisiblement, sanz aucune chose faire ou attempter au contraire. Et que ce soit ferme & estable à touzjours, Nous avons fait mettre nostre Scel à cez presentes Lettres, *Donné à Paris, l'An de grace 1356. ou moys d'Octobre.*

c Suite des Lett. de Charles Regent. [c] LESQUELLES Lettres & toutes lez choses contenuës en ycelles, considerans, ycelles Lettres & toutes & chascune dez choses contenuës en ycelles, loüons, aggréons, rateffions, & de grace especial, certeinne science, puissance & auctorité Royal, de laquelle Nous usons, par la teneur de cez presentes confermons. Mandons & commandons à touz lez Justiciers dudit Royaume, qui à present sont & qui pour le temps advenir seront, & à leurs Lieutenans, & à chascun d'eulx, & à tous commis & deputez à commettre & à deputer, par maniere de ferme ou autrement, à lever tailles, subsides, impositions, gabelles, travers, coustumes ou autres redevances quelconques, que les dessusdiz Bourgois & habitans de ladicte Ville de Calaiz,

d à est inutile. & [d] à un chascun d'iceulx, facent & laissent joïr & user de ceste presente grace selon sa fourme & teneur, & contre ycelle, ne lez molestent ou empeschent ou aucun d'iceulx, en aucune maniere; maix selon ladicte teneur, les tiengnent quictez & paisibles dez dessusdiz paages, travers, coustumes, finances, imposicions quelxconques, pour toutes leurs marchandises que il ont fait, font & feront du leur propre, sanz aucune fraude : Et se aucune chose a esté pris, saisi, levé ou arresté du leur, ou d'aucun d'iceulx, pour la cause dessusdicte, contre la teneur de la dessusdicte grace, que il leur rendent & mettent à plaine délivrance sanz aucun delay. Et que ce soit ferme chose & estable à touzjours, Nous avons fait mettre nostre Scel à cez presentes. *Donné à Paris, l'An de grace 1358. ou moys de Septembre.*

e Suite des Lett. de Charles V. [e] LEZQUELLES Lettres & toutes lez choses en ycelles contenuës, Nous avons fermes & aggreables, & ycelles ratefions, approuvons, & de nostre plaine puissance & auctorité Royal, & de nostre grace especial, par la teneur de cez presentes lez confermons: Et en ampliant nostredicte grace, ottroïons auxdiz supplians, lezquelx sont demourans en plusieurs & diverses parties de nostre Royaume, & ne pourroient chascun d'eulx, avoir cez presentes, pour lez monstrer, ou en faire foy, quant [f] mestier li

f besoin.

seroit, que au *vidimus* ou transcript de cez presentes, fait soubz Scel Royal, soit adjoustée plaine foy & obey comme à cez presentes. Si donnons en mandement à touz noz Justiciers & Officiers, ou à leurs Lieuxtenans, & à touz noz subgiez, & à chascun d'eulx si comme à lui appartendra, que lezdiz supplians & chascun d'eulx, facent & laissent joïr & user paisiblement de cez presentes, & de toutes lez choses cy-dessus contenuës & exprimées, sanz lez empescher ou molester, ou souffrir estre molesté ou empeschié aucunement, contre la teneur de cez presentes, en rappellant & remettant au premier estat & deu, tout ce que il trouveront estre fait au contraire. Toutes-voïes, Nous ne voulons mie que cez presentes s'estendent quant aux aydes ordenées

ordenées pour la [a] délivrance de feu nostredit Seigneur, & auxi aux aydes ordenées pour la deffence de nostre Royaume. Et que ce soit ferme chose & estable à touzjours, Nous avons fait mettre nostre Seel à cez presentes: sauf en autres choses nostre droit & l'autrui en toutes. *Danné à Paris, l'An de grace 1365. & de nostre Regne le second, ou moys de Fevrier.* Ainssin signée. Par le Roy à la relation du Conseil. DE MONTAGU. *Visa.* Collation est faicte.

a *Voy. cy-dessus, p. 413. Note (d).*

CHARLES V. à Paris, le 5. de Janvier & en Mars 1365.

(a) Lettres portant que les Barbiers de Paris ne seront pas sujets à aller faire le guet.

KAROLUS &c. Notum facimus universis tam presentibus quam futuris, Nos vidisse Litteras infrascriptas, sigillo Prepositure nostre [b] Parisius, sigillatas, ut videbatur, formam que sequitur, continentes.

b Par. *R.*

A TOUZ ceulx qui ces Lettres verrunt, Jehan Bernier, Chevalier le Roy nostre S. Garde de la Prevosté de Paris, Salut. Savoir faisons Nous avons receu les Lettres d'ou Roy nostre S. à Nous presentées de la partie des Barbiers de la Ville de Paris, desquelles la teneur est telle.

CHARLES par la grace de Dieu Roy de France: Au Prevost de Paris ou à son Lieutenant, Salut. Lez Barbiers de nostre bonne Ville de Paris, qui sont jusques au nombre de quarante, Nous ont exposé, que comme depuiz certein temps en ença, [c] les Maistres & Clercs du Guet de nostre Chastellet de Paris, aïent ordené que lezdiz exposans, yroient de troiz sepmaines en troiz sepmaines, touz à un certein jour, faire guect par nuit oudit Chastellet, & ou cas qu'il en seroient refusans, pour chascune nuyt, chascun dezdiz exposans qui seroit defaillant, païeroit six deniers parisis; & encores sont contrains samblablement de jour en jour, à faire ledit guect; & qui pis est, depuiz Pasques en en-çà ou environ, aïent derechief ordené lezdiz Maistres & Clers, que cellui dezdiz exposans, qui sera deffaillant d'aler faire ledit guect audit terme, païera pour chascune nuit, douze deniers parisis, pour amende, & au Sergent qui fera l'execution, s'il est refusant de païer ladicte amende, douze deniers parisis, qui ne [d] souloit païer que six deniers, comme dit est; lesquelles choses sont en leur grant grief, préjudice & dogmage, se par [e] leur ne leur est sur ce pourveu de remede gracieux & convenable; mesmement car il vont veillier & [f] guectier aux portes & sur les murs de la Ville de Paris, en la maniere que font les autres de ladicte Ville; & que il n'est pas trouvé en nostre Chambre des Comptes, ès Registres dez Mestiers de la Ville de Paris, que lezdiz exposans soient tenuz à faire ledit guect en nostredit Chastellet; & auxi que dez dessusdiz quarante exposans, il ne sont pas plus de vingt & six tailables à faire le guect dessusdit; pour ce que les uns sont demourans [g] à Seigneurs, & en [h] terres franches en ladicte Ville de Paris, & les autres sont [i] vielz & anciens: Et avec ce, pour ce que il eschiet bien souvant que lez aucuns d'iceulx exposans, lezquelx presque touz, s'entremectent du fait de [k] sururgie, sont envoïez [l] querre par nuit à grant besoing, en deffault dez [m] Mires & Surgiens de ladicte Ville, dont, se yceulx exposans n'estoient trouvez en leurs maisons, plusieurs grans perilz & inconveniens s'en pourroient ensuir: Pour ce est-il que Nous, eüe consideration aux choses dessusdictes, vous mandons & deffendons, que lezdiz Barbiers vous ne contraigniez, faictes ou souffrez estre contrains en aucune maniere, à faire ledit guet, & païer lez deffaulx & amendes dessusdictes, fors en la

c *Voy. la Table du 3.e Volume des Ordonnances, au mot,* Guet.

d *n'avoit accoûtumé.*

e *Nous.*

f *faire le guet.*

g *dans des Justices appartenantes à des Seigneurs particuliers, à Paris.*

h *Voy. le 2.e Vol. des Ordonn. p. 20. Note (b).*

i *vieux.*

k *chirurgie.*

l *chercher.*

m *Medecins & Chirurgiens.*

NOTES.

(a) Tresor des Chartres, Registre 98. Piece 735.

CHARLES V. à Paris, le 5. de Janvier & en Mars 1365.

fourme & maniere que vous lez trouverez par lez Registres de la Chambre dez Comptes à Paris, & de nostredit Chastellet, ad ce estre tenuz: Car ainsin leur avons Nous ottroïé & ottroïons par cez presentes, de grace especial, de laquelle Nous voulons & mandons que vous les faictes & laissiez joïr & user paisiblement; nonobstant ladicte Ordennance, & quelconques autres ad ce contraires. *Donné à Paris, le 14.e jour de Fevrier, l'An de grace 1364. & le premier de nostre Regne.* Et estoient ainsin signées. Par le Roy en sez Requestes. NICZON.

REQUERANS lezdiz Barbiers, que dez Lettres du Roy nostre S. dessus transcriptes, nous voulsissions enteriner & acomplir, & d'icelles lez faire joüir & user, selon ce que mandé nous estoit par ycelles: Nous pour proceder sur ce meurement, & si comme au cas appartenoit, eussions fait assembler pardevant nous en nostre Conseil, plusieurs sages, en la presence du Procureur du Roy nostre S. pour ce appellé, pour avoir adviz & deliberation sur ce, & en la presence d'iceulx, eussions fait querir ou livre anciennement ordené ou Chastellet de Paris, sur le fait & Ordennance dez Mestiers de la Ville de Paris, pour savoir se en ycellui livre, nous trouvissions aucun Registre ou escripture, comment lezdiz Barbiers fussent tenuz de faire ou païer guet de troiz sepmaines en troiz sepmaines, ou autrement; maix aucune chose ny eussions trouvé; & ce fait, eussions commis & député nostre amé Pierre Drouart Examinateur de par le Roy nostre S. ou Chastelet de Paris, pour aler en la Chambre dez Comptes, [a] dou Roy nostre S. pour veoir ou livre dez Mestiers de Paris, estant en ycelle Chambre, se il y avoit Registre, Ordennance ou autre escripture touchant ce que dit est: Lequel Commissaire nous eust raporté que avecques honorable homme & sage, Maistre Jehan Sardignon Clerc dou Roy nostre S. en ladicte Chambre, il avoit veu & visité à grant diligence, ledit livre, maix il n'avoit point trouvé que lezdiz Barbiers deussent aucun guet oudit Chastellet; & auxi à nous eust certiffié ledit Maistre Jehan par son escripture faicte de sa main, & signée de son non, au doz dezdictes Lettres Royaulx, ce qui s'ensuit.

a du.

IN libro [b] Ministeriorum, existente in Camera Compotorum, non reperitur quod Barbitonsores Ville Par. teneantur facere guettum in Castelleto [c] Parisius, de tribus septimanis in tribus septimanis. Scriptum die 18. Septembris 365. J. SARDIGNON.

b des Mestiers. c Par. R.

APRÉS lesquelles choses ainsin faictes, lezdiz Barbiers nous eussent derechief supplié & requis, que lesdictes Lettres nous voulsissions enteriner & acomplir, & d'icelles [d] le faire joüir & user: Nous, veu lez Lettres Royaulx dessus transcriptes, & le mandement à nous fait par ycelles, consideré que èsdiz livres dez Mestiers, l'en n'a pas trouvé que lezdiz Barbiers soient tenus de faire aucun guet, & que ledit Procureur du Roy n'a voulu dire ne proposer aucune chose, parquoy nous ne doïons acomplir ledit mandement; eu sur lez choses contenuës èsdictes Lettres, grant & meure deliberation de conseil avec lezdiz sages, & veu & consideré tout ce qui faisoit à veoir & considerer, Nous disons que lezdictes Lettres Royaulx seront enterinées & acomplies [e] seleur leur fourme & teneur: Et en enterinant & acomplissant ycelles, mandons & commandons auxdiz Clers du guet, & à touz autres à qui il appartiendra, que lezdiz Barbiers il ne contraignent, ou facent contraindre à faire ou païer ledit guet; maix d'icellui lez tieingnent quittes & paisibles, & dez Lettres Royaulx dessus transcriptes, & de cez presentes, lez laissent, seuffrent & facent joïr & user paisiblement. En tesmoing de ce, nous avons fait mettre à cez Lettres, le seel de la Prevosté de Paris, *le lundi 5.e jour de Janvier, l'An de grace 1365.*

d les. e selon.

QUIBUS quidem Litteris sic visis, & contentis in eis diligenter consideratis; Nos ad supplicationem dictorum Barbitonsorum, ipsas Litteras ac omnia & singula in eis contenta, si & in quantum judicialiter acta fuerunt, volumus & volumus, laudamus, ratifficamus, approbamus, tenoreque presentium, de nostris auctoritate Regia & gratia speciali confirmamus: Mandantes Clericis dicti guecti, qui nunc sunt, aut pro tempore futuro erunt, ceterisque aliis Officiariis vel Justiciariis nostris, seu eorum Loca-tenentibus ad quos pertinuerit, quatenus prefatos Barbitonsores & eorum quemlibet, nostra presenti gratia & confirmatione perpetuo uti & gaudere pacifice faciant & permittant, nec eos in contrarium impediant vel molestent, seu compellant, vel impediri, molestari aut compelli quoquomodo permittant seu paciantur: Quod ut robur obtineat perpetuum, hiis presentibus nostrum duximus apponi Sigillum: salvo in aliis jure nostro & in omnibus alieno. Datum Parisius, Anno Domini 1365. & Regni nostri secundo, mense Marcii.

Sic signata. In Requestis Hospicii. J. DIVITIS. NICZON. *Facta est collacio cum Litteris originalibus.*

CHARLES V. à Paris, en Mars 1365.

(a) *Lettres portant que l'Abbaye de Monstier-en-Der, ressortira au Bailliage de Bar-sur-Aube.*

CHARLES &c. Savoir faisons à touz presens & advenir, Nous avoir veu lez Lettres de nostre très chier Seigneur & Pere dont Dieux ait l'ame, dont la teneur est telle.

JOHANNES Dei gratia &c. [a]

LESQUELLES Lettres cy-dessus transcriptes, & toutes lez choses & singulieres qui y sont [b] continuës, Nous aïans fermes & aggréables, ycelles voulons, loüons, gréons, ratiffions & approuvons, & de noz plain povoir & auctorité Royalx, & grace especial, par la teneur de cez presentes confermons; & selon la teneur d'icelles, voulons lezdiz Religieux, Abbé, & Couvent de Monsterendel, leurs Officiers & Ministres, toute leur terre & leur subgès, estre & demourer perpetuelment ou ressort & souverainneté de ladicte Prevosté de Bar-sur-Aube; & auxi estre & demourer touzjours exemps dezdictes Prevostés de Ronnay, de [c] Warssy & de Chaumont; nonobstant que nostredit Seigneur & Pere & Nous, aïons ordené que toutes terres & possessions retournent à leurs anciens ressors, & quelxconques autres statuz ou Ordennances faiz ou à faire au contraire; & nonobstant auxi que après l'Ordennance sur ce faicte par nostredit Seigneur & Pere, il mandast par sez Lettres, que lezdiz Religieux, leurs familiers & Ministres, leurdicte terre & leurs subgès, ressortissent audit lieu de Bar-sur-Aube, tant-seulement comme lezdictes Prevostés & Chastellenies de Waissy & de Ronnay, seroient hors du demainne Royal, en tant comme il touchoit les terres qu'il souloient avoir ès ressors d'icelles Prevostés, & que la Prevosté & Chastellenie de Wayssy soit depuiz retournée & soit à present en nostre demaine; & auxi y puisse celle de Ronnay retourner ou temps à advenir. Si donnons en mandement & commettons par cez presentes, à noz Bailli de Chaumont, & Prevost de Bar-sur-Aube, qui orez sont & seront ou temps advenir, ou à leurs Lieuxtenans, & à chascun d'eulx, que lezdiz Religieux de Monstier-en-Der, leurs Officiers, Ministres & subgez, & chascun d'iceulx, il facent & laissent joïr & user perpetuelment & paisiblement dez choses contenuës ès Lettres de nostredit Seigneur & Pere, dessus transcriptes, & en cez presentes, & de chascunne d'icelles; & par cez mesmes Lettres, deffendons & enjoignons estroitement à ycellui Bailli, & aux Prevoz de Ronnay, de Chaumont & de Waissy, & à leurs successeurs, ou à leurs Lieuxtenans, & à chascun d'iceulx, que contre la teneur d'icelles Lettres dessus transcriptes, & de cez presentes, il ne molestent ou empeschent, ne par leurs Sergens ou autres, sueffrent molester ou empescher

[a] Ces Lettres sont dans le 3.e Vol. des Ordonnances, p. 461.

[b] *contenuës.*

[c] *Waissy.* Voy. le 3.e Vol. des Ordonnances, p. 461.

NOTES.

(a) Trefor des Chartres, Registre 98. Piece 736.

cher lezdiz Religieux, leursdiz Ministres, Officiers & subgez, ou aucun d'eulx en aucune maniere : Et avec ce, deffendons à yceulx Prevoz de Ronnay, de Chaumont & de Waissy, & à touz leursdiz Sergenz presens & advenir, que ès terres & possessions dezdiz Religieux, ne contre eulx, leursdiz Officiers, Ministres & subgès, il ne
a au. facent dorez-en-avant aucuns exploiz contre ou [a] ou préjudice dez Lettres dessus transcriptes, & de cez presentes. Et que ce soit ferme chose & estable à touzjours, Nous avons fait mettre nostre Séel à cez Lettres : sauf en autres choses nostre droit,
b fut. & l'autrui en toutes. *Ce [b] fuit fait au Boix de Vincennes, l'An de grace mil trois cens soixante & cinq, & de nostre Regne le second, ou moys de Mars.* Ainsin signée. Par le Roy en sez Requestes. MAGNAC. *Visa.* DAILLY. Collacion est faicte avec lez Lettres originaulz encorporées en cez presentes.

(a) MCCCLXVI.

(a) Cette année commença le 5. d'Avril, & finit le 17. d'Avril ; & ainsi il y eust deux mois d'Avril. L'on a placé au commencement de l'année, les Pieces qui sont datées du mois d'Avril 1366. sans indication du jour, lorsqu'il ne s'y est rien trouvé qui puisse marquer si elles ont esté données au commencement ou à la fin de l'année.

CHARLES V. à Paris, le dernier d'Avril 1366.

(a) Lettres qui suspendent les Commissions sur le fait des Monnoyes, establies par celles du 11. de May 1365.

CHARLES par la grace de Dieu Roy de France : Au Prevost de Paris ou à son Lieutenant, Salut. Comme pieça, c'est assavoir or à environ ung an, Nous par grant deliberation de nostre Conseil, eussions fait certainnes Ordonnances sur le fait de noz Monnoyes, au prouffit de Nous & de nostre Peuple, & pour icelles Ordonnances faire tenir & garder, Nous eussions establi *(b)* en plusieurs parties de nostre Royaume, certains Coppeurs de Monnoyes, lesquelz estoient & sont tenuz de venir dedans ung an, rendre compte de leurs exploictz, en nostre Chambre des Comptes; & aucuns desdiz Commissaires & Coppeurs de Monnoyes, ne soient encore venuz compter de leurs exploictz, & Nous ait l'en donner à entendre, que plusieurs d'iceulx ne ont fait ne font encores bien leur devoir d'executer la teneur de leurs Commissions, mais en abusent en plusieurs manieres, si comme l'en dit : Savoir vous faisons que tous lesd. Commissaires & Coppeurs & chascun d'eulx, Nous suspendons & voulons estre suspenduz de leurs Offices, & le povoir à eulx donné par Nous ou par autres sur ce que dit est, rappellons & mettons du tout au néant par ces presentes, jusques à ce qu'ilz aïent rendu compte de leursd. exploictz, & qu'ilz aïent autres Lettres de Nous sur ce. Si vous mandons que ceste presente Ordonnance faciez tenir & garder, & tous iceulx Commissaires & chascun d'eulx, que vous pourrez

NOTES.

(a) Regiftre *D.* de la Cour des Monnoyes, *fol.* six-vingtz-dix, *recto.*

Avant ces Lettres, il y a :

Le 8.e jour de May 366. furent apportées en la Chambre des Monnoyes au Palais, dix paires de Lettres ouvertes seellées du grant Seel du Roy, adressans à aucuns Bailliz & Justiciers du Royaume, desquelles la teneur s'ensuit.

Lettres par lesquelles les Commissaires & Coppeurs de Monnoyes sont rappellez.

(b) En plusieurs parties.] Voy. cy-dessus, p. 558. des Lettres de commission données le 11. de May 1365. à Bertrand Gasch pour arrester les faux Monnoyeurs qui estoient dans le Bailliage de Mâcon & le ressort de Lyon. Elles portent qu'il rendra compte à la Chambre des Comptes.

Ces Lettres du dernier d'Avril 1366. prouvent que l'on envoya aussi des Commissaires sur le fait des Monnoyes, dans les autres Provinces du Royaume.

trouver en vostre Juridicion, adjournez en propres personnes & par [a] main-mise, à certain & compectant jour, pardevant noz amez & feaulx Gens de noz Comptes, pour rendre compte de leursd. exploictz, en prenant & retenant pardevers vous, leursdittes Commissions qu'ilz ont de Nous ou d'autres, sur ledit fait, & jusques à ce qu'il soit autrement [b] prourveu sur le fait desd. Commissaires, pourvoïez & ordonnez de bonnes gens qui se preignent garde diligemment, que nul ne porte billon hors de nostre Royaume, ne preigne ou mette autre Monnoye d'Or & d'Argent, fors celles que Nous avons fait & faisons faire, & ausquelles Nous avons donné cours par nosdittes Ordonnances, ne ne face ou attempte en aucune maniere contre nosdittes Ordonnances; & tant du jour de la reception de ces présentes comme des adjournemens que fait aurez, certifiez deuëment nosdittes Gens des Comptes en leur renvoïant lesdittes Commissions. *Donné à Paris, le derrenier jour d'Avril, l'An 1366. & de nostre Regne le tiers.* Ainsi sign. P. BLANCHET.

a *saisie.*

b *pourvû*

CHARLES V. au Bois de Vincennes, en Avril 1366.

Philippe VI. dit de Valois, à Compiegne, en Octobre 1346.

(a) Lettres qui reglent la maniere dont ceux qui ne seront pas Bourgeois de Caen, pourront faire le commerce dans cette Ville.

CHARLES &c. Sçavoir faisons &c. Nous avoir veu les Lettres & privileges de nostre très chier Seigneur & Ayeul, octroyées ja pieça à noz bien amez Bourgeois & habitans de nostre bonne Ville de Caën, scellées en laz de soïe & en cire vert, contenant la fourme qui s'ensuit.

PHILIPPE par la grace de Dieu Roy de France: Savoir faisons à tous presens & avenir, que à la supplication de noz bien amez les Bourgeois & habitans de la Ville de Caen, laquelle est de si près assise sur les frontieres de la Mer, que elle vient en ladicte Ville deux foiz de jour & de nuit, & est en grant peril d'estre de jour en jour perdüe & gastée par les [c] ennemis de notre Royaume, se remede n'y estoit mis; Nous à yceulx Bourgeois & habitans, considerans la grant paine & diligence que eulx ont mis à resister & de tout leur povoir contrester à la puissance de noz ennemis, & aussi aus grans pertes & dommages que eulz & plusieurs autres bonnes genz du païs, qui leurs biens avoient rétrait & apporté en ladicte Ville, y ont euz & soustenus par nozdiz ennemis, qui *(b)* naguerres y ont esté, par deffaut de closture & de forteresse; avons donné & octroyé, donnons & octroyons par ces Lettres, de grace especial, certaine science, plain povoir & auctorité Royal, pour eulx, leurs successeurs ou aïans cause, congié & licence de clorre & enforcier ladicte Ville, en tout ou en partie, de fossés, de murs & de portes, de rompre pons, chaucies, curer les rivieres & autrement: Et afin que les genz de environ ladicte Ville, se puissent, quant mestier sera, dedens icelle retraire, ainsi & en la maniere que eulx pour la seureté, tuition & & deffense d'icelle, verront ou veoir & sçavoir porront que il sera à faire: Et en [d] accomplissant notredicte grace, octroyé leur avons que aucun Marchand forains ne autres personnes qui ne seront nés de ladicte Ville, ou qui en ycelle n'auront demeuré continuelment par an & par jour, & contribué aus cous, frais & missions d'icelle Ville, n'y puissent dores-en-avant vendre aucunnes marchandises ou denrées, fors que aus lieux accoustumez d'ancienneté, ne revendre en ladicte Ville, aucunnes marchandises ou denrées que eulz y auront achetées, ne aussi y vendre à détail aucunnes marchandises ou denrées quelles que elles soient: Volans aussi & ordennans, que se après l'ostentacion & publication de ces presentes, aucun faisoit le contraire,

c *les Anglois.*

d *rendant plus complette & plus estenduë.*

NOTES.

(a) Thresor des Chartres, Registre 97. Piece 66. Voy. cy-dessus, p. preced. Note *(*)*.

(b) Naguerres y ont esté.] Voy. *Froissart. L. 1. ch. 123. 124. & 125. pp. m. 144. & 145.* sur la prise de Caen vers les Anglois, en 1346. Voy. *ibid.* p. 140. Note marg..

CHARLES V. au Bois de Vincennes, en Avril 1366.

les marchandises quelsconques ou denrées que icellui vendroit ou vendre voudroit; soient forfaites & acquises par moitié à Nous, & aus Bourgeois & habitans dessusdis. Donnons en mandement par ces presentes, & enjoignons estroictement auz Bailliz & Viconmtes de Caen, presens & à venir, ou à leurs Lieuztenants, & à chascun d'eulx, que des choses dessusdictes & chascunne d'icelles, les Bourgeois & habitans dessusdiz, leurs hoirs & successeurs ou aïans cause, dores-en-avant facent, sueffrent & laissent joïr & user paisiblement, cessant tout empeschement. Et pour que ce soit ferme chose & estable à tousjours-mais, Nous avons fait mettre notre Seel à ces presentes: sauf en toutes choses notre droit & l'autruy. *Donné à Compiegne, l'An de grace mil trois cens quarente-six, ou mois d'Octobre.* Ainsi signé. Par le Roy, present Messire Philippe de Troiz-mons. J. MARIE.

DESQUELLES Lettres & privileges, & du contenu d'icelles, lesdiz Bourgeois & habitans dient avoir joy & usé paisiblement, tant du temps dudit notre très chier Seigneur & Ayeul, de notre très chier Seigneur & Pere que Diex absoille, que du nôtre, jusques à ce que empeschement leur a indeuement esté mis, soubz umbre d'aucunnes Lettres subreptices obtenuës de Nous ou de notre Court, par aucuns de laditte Ville, & autres [a] retrais en ycelle pour le temps des guerres, donnans à entendre que de droit commun, il [b] loist à chacun, tant de ladicte Ville comme autres, apporter & faire venir en ladicte Ville, & acheter en ycelle toutes manieres de marchandises, & d'icelles revendre en gros ou à détail à ceulx de ladicte Ville & autres forains, à leur proufit; & aussi que lesdiz privileges n'estoient mie empetrés par la plus grant & plus saine partie desdis Bourgois & habitans: pourquoy etoit mandé & commis à notre Bailli de Caen, ou à son Lieutenant, que toutes manieres de gens qui en ladicte Ville vouldroient vendre, revendre, acheter & [c] marchander denrées & marchandises quelconques, en gros, en détail ou autrement, en ladicte Ville, ès lieuz accoustumez ou ailleurs que à faire sera, leissast, feist & souffrit marchander & vendre, & ne les souffrist estre perturbés ne empechez en leurdict droit commun: Et se aucun se voloit opposer au contraire, que ycellui notre Bailli ou son Lieutenant, leur donnast jour competent pardevant Nous ou notre Conseil; auquel jour il envoïast lesdictes Lettres & privileges, & les Parties ou Procureurs pour elles, fondés de procuracion souffisante, pour voir & oir ce que par Nous ou notredit Conseil, seroit ordonné des choses dessusdictes, les Parties oyées; & toutes-voies, que yceulz impetrans feist & leissast joir de leursdictes marchandises & droit commun, selon ce que dit est dessus, jusques à ce que autre Ordennance fust sur ce faicte, sans innovation desdis privileges: Soubz umbre desquelles Lettres, plusieurs personnes se efforçoient de user du contenu en ycelles, contre la teneur desdis privileges, & par plusieurs foiz en joyrent, marchandoient, achetoient & revendoient ou préjudice desdiz privileges, & des Bourgeois & habitans de ladicte Ville, auzquels pour la plus grant partie, lesdiz privileges devoient appartenir; & pour ce s'opposerent les Jurez de ladicte Ville, qui ont le gouvernement de plusieurs affaires d'icelle, & les gens Esleuz pardevant ledit Bailli, pour yceulz conseillier, & plusieurs autres d'yceulz Bourgois & habitans, disans que il entendoient à soustenir lesdiz privileges, jouxte ce que ottroïez avoient esté par notredit Seigneur & Ayeul: Pourquoy leur fu assigné jour sur le cas de ladicte opposicion, & pour ycelle soustenir & poursuir pardevant Nous ou notredit Conseil, au jeusdi seiziesme jour de ce present moys d'Avril, & intimé à plusieurs gens d'Eglises, Nobles & autres, qui ladicte impétracion voloient soustenir & en avoient usé, que audit jour [d] voussent & comparussent pardevant Nous ou notredit Conseil, pour soustenir ladicte impetracion, & oir ce que ordonné seroit: Lesquelz respondirent que de ce ne se entendoient à faire Partie, maiz *(c)* se attendoient

a *retirez.*

b *il est permis:* licet.

c *faire commerce.*

d *vinssent.*

NOTES.

(c) Se attendoient du tout à ladite Ordonnance.] C'est-à-dire, que sans se rendre Parties, ils s'en tenoient à l'Ordonnance dont ils demandoient l'execution.

du tout à ladicte Ordennance, si comme par Lettres de relation & de rescription de notredit Bailli, sur ce faicte, Nous est plus à plain apparu : Nous adcertes, considerans les choses dessusdictes, & que audit jour, lesdiz opposans ou Procureurs pour eulz, se comparurent souffisamment pardevant Nous ou notredit Conseil, pour soustenir leurditte opposition, & dire les causes d'icelle, se mestier estoit, & que nulz ne comparû, que aucunne chose [a] vosist dire au contraire, contre la teneur desdiz privileges, ne soustenir ladicte impetracion; considerans aussi les bons & aggréables services que yceulz Bourgeoiz & habitans Nous ont fait ou temps passé en plusieurs manieres, & esperons que il facent ou temps avenir, ayans pour ce ferme & aggreable le contenu èsdictes Lettres & privileges, ycelles selon leur forme & teneur, ratifions, loüons, approuvons & confirmons par ces presentes, de nostre grace especial, certaine science & auctorité Royal; Et lesdictes Lettres empetrées au contraire, comme dit est, irritons, annullons & mettons du tout au neant, & ycelles decernons & volons de nul effet. Si donnons en mandement à notredit Bailli ou Vicomte de Caen, & à tous autres Justiciers presens & avenir, à leurs Lieuxtenans, & à chascun d'eulx comme à lui appartendra, que lesdictes Lettres & privileges facent tenir & garder, & contre la teneur d'yceulz, ne seuffrent ou leissent lesdiz Bourgeois & habitans presens & avenir ou aucuns d'eulz, estre empeschiez en aucunne maniere; mais tout ce qu'il trouveront estre ou avoir esté fait ou attempté au contraire, facent remettre tantost & sanz delay, au premier & deu estat; nonobstant quelconques impetracions, [b] subrepcions à ce contraires. Et pour ce que ce soit ferme chose &c. sauf &c. *Donné au Bois de Vincennes, l'An de grace mil trois cens soixante-six, & le tiers de nostre Regne, ou moys d'Avril.* Ainsi signé. Par le Roy, vous presens. GONTIER. Collacion est faicte aus Lettres originales, par moy GONTIER. *Contentor. Visa.*

CHARLES V. au Bois de Vincennes, en Avril 1366.

a *voulut.*

b *&.*

CHARLES V. à Paris, en Avril 1366. Philippes Auguste, à Anet en 1192.

(a) Lettres portant exemption de peage & d'imposts pour les habitans d'Anet.

KAROLUS &c. Notum facimus universis presentibus & futuris, Nos infrascriptas Litteras sanas & integras, vidisse, formam que sequitur, continentes.

IN nomine Sancte & individue Trinitatis : Amen. Philippus Dei gracia Francorum Rex. Noverint universi presentes pariter & futuri, quod Nos concessimus ut homines qui manent & manserint apud (b) Anetum [c] sub Nobis, quieti & liberi sint amodo à pedagio & [d] thelaneo per totam terram nostram in dominio nostro. Quod ut perpetuam obtineat stabilitatem, Sigilli nostri auctoritate & Regii nominis [e] karactere inferius [f] annotate, [g] presentam paginam precepimus confirmari. Actum apud Anetum, Anno Incarnati Verbi 1192. Regni nostri anno 13. *Astantibus in Palatio nostro, quorum nomina supposita sunt & signa. Dapifero nullo. Signum Guidonis Buticularii. Signum Mathei Camerarii. Constabulario nullo.*

NOs autem Litteras suprascriptas, ac omnia & singula in eis plenius contenta, roboris firmitatem habere volentes, ea volumus, laudamus, approbamus, ac de nostra speciali gracia, per presentes confirmamus : mandantes insuper omnibus Justiciariis & subditis nostris, ut Burgenses supradictos, [h] de dicto pedagio & tholoneo, prout actenus temporibus retroactis uti consueverunt, amodo gaudere faciant & permittant, secundum formam

c *soûmis immediatement à la Justice Royale.*

d *teloneo.*

e *le Monogramme.*

f *annotato.*

g *presentem.*

h *de l'exemption de peages.*

NOTES.

(a) Thresor des Chartres, Registre 98. Piece 690.

(b) *Anetum.*] Il y a plusieurs lieux en France qui portent le nom d'Anet, & rien ne marque quel est celuy à qui ces Lettres ont esté accordées.

& tenorem Litterarum suprascriptarum, absque ulla contradictione. Quod ut firmum &c. salvo &c. Datum & actum apud Nemus [a] Viceniarum, Anno Domini 1366. & Regni nostri tertio, mense Aprilis.

a *Vincennarum.*

Sic signata. Per Regem. J. DE VERNONE. *Collacio facta est cum Litteris originalibus hîc infrascriptis, per me. Visa.*

CHARLES V. à Paris, en May 1366.

(a) Lettres de Sauve-garde Royale pour le Chapitre de S.te Croix de Loudun.

KAROLUS &c. Notum facimus universis tam presentibus quam futuris, quod racioni congruum arbitramur, si inter curas & solicitudines quas frequenter habemus in regendis nostris subditis, ad hoc precipue nostre mentis aspiret affectus, per que status Ecclesiasticus nostris temporibus, sub commisso Nobis regimine, in pacis transquillitate manuteneri valeat & tueri, & Regni nostri Ecclesie, Monasteria, ac persone Ecclesiastice, que de die & nocte Divinis insistunt obsequiis, sub nostre protectionis clipeo, a suis releventur pressuris, ac per Regalem potenciam à noxiis defendantur, ut eo libencius circa Divina vacare valeant, quo liberalius per Regalem potenciam, senserint se adjutos. Hinc est quod Nos dilectos nostros Religiosos Ecclesie ac Capituli Sancte Crucis Lodunensis, nostros in temporalibus immediate justiciabiles & subjectos, tam in capite quam in membris, una cum familiaribus, servitoribus, rebus, possessionibus suis quibuscunque, ad eorum Religiosorum humilem supplicacionem, necnon ad ipsorum tuitionem, conservacionem & securitatem, in nostris & successorum nostrorum Franc. Regum tuicione, protectione & Salvagardia speciali, ex auctoritate nostra Regia & gracia speciali, suscipimus & ponimus in perpetuum, per presentes : Et ex habundanti ac ex uberiori gracia nostra, ipsis Religiosis, pro se, eorumque familiaribus, servitoribus, rebus, bonis & possessionibus suis predictis, infra dictum Regnum nostrum existentibus, modernum & futurum, & in Gardiatorem Baillivum Turonensem damus & constituimus specialem : Cui Gardiatori committimus & mandamus, quatenus predictos Religiosos, ac eorum familiares & servitores quoscunque, ab omnibus injuriis, violenciis, gravaminibus, oppressionibus, molestacionibus, vi armorum, potencia laicorum, ac aliis inquietationibus & novitatibus indebitis quibuscunque, defendant, & in suis justis possessionibus, franchisiis, Libertatibus, juribus, usibus & saisinis, in quibus ipsos esse, & eorum predecessores pacifice ab antiquo fuisse & esse invenerit, manuteneat & conservet, nec permittat in eorum aut familiarium, servitorum suorum personas, vel in bonis suis quibuscunque, aliquas fieri seu inferri injurias, gravamina, aut aliquas alias indebitas novitates ; quas si factas esse vel fuisse, in nostre presentis Salve-gardie [b] *speciali, & ipsorum Religiosorum prejudicium, invenerit, eas ad statum pristinum & debitum celeriter reducat, seu reduci, & Nobis ac Parti propter hoc, emendam condignam fieri & prestari faciat ; presentemque Salvam-gardiam nostram, ubi, quando & quibus, pro parte dictorum Religiosorum, super hoc fuerit requisitus, publicet ac faciat publicari, necnon omnibus illis de quibus fuerit requisitus ex parte nostra, ac sub certis magnis* [c] *Nobis applicandis, inhibeat, & faciat inhiberi, ne eisdem Religiosis aut eorum familiaribus, servitoribus, sive bonis suis quibuscunque, infra dictum Regnum nostrum, ut predictum est, existentibus, forefacere presumant : Et si in casibus novitatis, inter predictos Religiosos, & familiares, servitores suos, seu aliquos alios, racione bonorum suorum quorumcunque in dicto Regno nostro existencium, aliquod oriatur debatum, quod dictum debatum, & res contenciosas in manu nostra, tanquam superiori, ponat ; & facta per ipsam manum nostram, recredencia per illum vel illos nostros Judices per quem seu quos fieri debebit, illi ex dictis Partibus, cui de jure & racione fuerit facienda, Partes hujusmodi*

b specialis.

c *Il manque-là le mot* pœnis, *ou quelque autre semblable.*

NOTES.

(a) Thresor des Chartres, Registre 98. Piece 692.

debatum

CHARLES V. à Paris, en May 1366.

debatum vel debata facientes, ac eciam dicte nostre presentis gracie infractores & contemptores, & qui in contemptum ejusdem Salve-gardie nostre, predicto Gardiatori, Gardiatoris officium faciendo & exercendo, injuriam fecerint vel offensam, sive qui eis inobedientes fuerint aut rebelles, coram Judicibus nostris ad quos predictorum cognicio pertinere debuerit, adjornet super hoc processuros & facturos quod fuerit racionis. Si vero predicti Religiosi, aut aliqui suorum familiarium [a] *servitorum, ab aliquo vel aliquibus* [b] *assecuramentum habere voluerint, volumus & precipimus dicto Gardiatori, quod ipse adjornet, si opus fuerit, illum vel illos à quibus dictum assecuramentum habere voluerint, ad certos & competentes dies, coram Judicibus nostris ad quos pertinuerit, assecuramentum bonum & legitimum, juxta Patrie consuetudinem, prestituros, prout fuerit rationabiliter faciendum: Et pro premissis diligencius exequendis, deputet prefatus Gardiator dictis Religiosis, suis sumptibus & expensis, dum & quociens fuerit super hoc requisitus, unum vel plures Servientes nostros, qui loco ipsius Gardiatoris, omnia premissa & singula diligenter & fideliter faciant & exequantur; & generaliter faciat idem Gardiator, & ab eo deputandi, omnia & singula que ad Gardiotoris specialis officium pertinent ac possunt & debent pertinere quoquomodo: Omnibus Justiciariis & subditis nostris, dantes hiis presentibus in mandatis, ut prefato Gardiatori ac ab eo deputandis in predictis & ea tangentibus, pareant efficaciter & intendant, prestentque auxilium, consilium & favorem, dum & quociens opus fuerit, & super hoc extiterint requisiti. Volumus tamen quod Servientes nostri in predictis deputandi, de hiis que Cause cognicionem exigunt, se aliqualiter intromittant. Quod ut firmum &c. nostro & alieno &c.* Datum Parisius, Anno Domini 1366. Regnique nostri 3. mense Maii.

Si signata. Per Regem ad relacionem Consilii. R. DE BEAUFOU. *Visa.*

[a] &.

[b] Voy. le 3.e Vol. des Ordonn. p. 264. Note (b)

CHARLES V. à Paris, en Avril 1366.

(a) Diminution de Feux pour la Ville de Coursan.

KAROLUS &c.

CUMQUE facta quadam informacione virtute dictarum Litterarum, in Villa seu loco de (b) Corciano, Vicarie Narbonensis, Senescallie Carcassone, super numero Focorum modernorum in dicta Villa seu loco, nunc existencium, per dilectum & fidelem nostrum Magistrum Raymundum de Rivis, Licentiatum in Decretis ac Patronum Causarum Fiscalium dicte Senescallie Carcassone, Commissarium per dictas Litteras in hac parte deputatum, vocato &c. repertum fuerit quod in dicta Villa seu loco de Corciano, sunt de presenti & reperiuntur septuaginta & octo Focci, secundum traditam instructionem super hoc prelibatam. Nos &c. Quod ut firmum &c. salvo &c. Actum Parisius, mense Aprilis, Anno Domini 1366. & Regni nostri tercio. *Sic sign. Per Consilium existens in Camera Compotorum Paris.* DE CHASTEL. *Informatio de qua sup. fit mentio, est in dicta Camera, & ponitur cum aliis similibus, prout est ordinatum. Visa.*

NOTES.

(a) Thresor des Chartres, Registre 97. Piece 71.

Cette Piece est copiée en entier dans le Registre; mais on l'a mise icy par extrait, pour les raisons marquées cy-dessus, p. 573. Note *(a)*.

(b) Corciano.] C'est apparemment le lieu nommé *Courssan* dans l'estat des lieux du Diocese de Narbonne donné par Catel dans son Hist. de Languedoc, L. 2. p. 371. col. 2. Ce lieu est nommé *Coursan* dans le Dictionn. Univers. de la Fr.

CHARLES V. à Paris, en Avril 1366.

(a) Diminution de Feux pour la Ville de *Vedeilhan.*

KAROLUS &c. Notum facimus &c. Quod cum ex parte plurium & notabilium personarum Senescalliarum nostrarum Carcassone, Tholose & Bellicadri &c. ut in immediate precedenti, usque, *Cumque facta quadam informacione virtute dictarum Litterarum, in Villa, loco seu Castro de (b) Vidilhano, Vicarie Narbonensis, Senescallie Carcassone, super numero Focorum modernorum in dicta Villa, loco seu Castro, nunc existencium per dilectum & fidelem nostrum Magistrum Raimundum de Rivis, Licentiatum in Decretis, ac Patronum Causarum Fiscalium dicte Senescallie Carcassone, Commissarium in hac parte per dictas Litteras deputatum, vocato & presente in omnibus Procuratore nostro Generali dicte Senescallie, aut ejus legitimo substituto, eademque informacione seu ejus transumpto, sub sigillo ordinario dicte Senescallie Carcassone, facta & sigillata, in Camera Compotorum nostrorum Par. apportata, ac per dilectas & fideles Gentes nostras dictorum Compotorum nostrorum, diligenter visa & inspecta, repertum fuerit quod in dicta Villa, loco seu Castro de Vidilhano, sunt de presenti & reperiuntur viginti duo Focci, secundum traditam instruccionem super hoc prelibatam: Nos vero super hoc habita Consilii deliberatione &c.* ut in precedenti, mutatis nomine & numero. Actum Parisius, mense Aprilis, Anno Domini 1366. & Regni nostri tercio. *Sic sign. Per Consilium existens in Camera Compotorum Par.* DE CHASTEL. *Informacio de qua sup. fit mencio, est in Camera predicta, & ponitur cum aliis similibus, prout est ordinatum. Visa.*

NOTES.

(a) Thresor des Chartres, Registre 97. Piece 72.

Cette Piece qui dans le Registre suit immediatement les Lettres pour Coursan, est imprimée icy telle qu'elle est dans le Registre.

(b) Vidilhano.] C'est sans doute *Vedilhan*, dont le nom se trouve à la même page & à la même colomne de l'estat cité cy-dessus, page precedente, Note *(b)*.

Ce lieu est nommé *Vedilhon* dans le Dict. Univers. de la Fr.

CHARLES V. à Paris, en Avril 1366.

(a) Diminution de Feux pour Cuxac.

KAROLUS &c.

CUMQUE *facta quadam informacione virtute dictarum Litterarum, in Villa, loco seu Castro de (b) Cucciaco, Vicarie Narbonensis, Senescalie Carcassone, super numero foccorum modernorum in dicta Villa, loco seu Castro nunc existencium, per &c. repertum fuerit quod in dicta Villa, loco, seu Castro de Cucciaco, sunt de presenti, & reperiuntur sexaginta tres Focci, secundum traditam instructionem super hoc prelibatam, Nos &c.* Actum Parisius, &c. [a] Anno Domini 1366.

[a] *Comme aux Lett. precedentes.*

NOTES.

(a) Thresor des Chartres, Registre 98. Piece 753. Voy. cy-dessus, p. 573. Note *(a)*.

(b) Cucciaco.] C'est sans doute *Cuxac*, dont le nom se trouve à la même page & la même colomne de l'estat cité cy-dessus, page precedente, Note *(b)*.

Voy. le Diction. Univers. de la Fr. au mot *Cuxac*.

CHARLES V. à Paris, en May 1366.

(a) Diminution de Feux pour Belleveze & autres lieux.

KAROLUS &c. Notum facimus &c. Quod cum ex parte plurium & notabilium personarum &c. ut in [a] secunda hujus mensis, usque ad clausulam, *Cumque facta quadam informacione virtute dictarum Litterarum Regiarum, in loco seu Villa de (b) Bello-videre, Castellanie Montis-Regalis, Senescallie Carcassone, super numero Focorum modernorum in dicto loco seu Villa nunc existencium, per dilectum & fidelem nostrum Bernardum de Solerio Castellanum Castri nostri de [b] Minerba, Commissarium in hac parte deputatum, vocato & presente in omnibus Procuratore nostro Generali dicte Senescallie, aut ejus legitimo substituto, eademque informacione seu ejus transumpto, sub sigillo ordinario Curie Senescalli dicte Senescallie Carcassone, facta & sigillata, in Cameram Compotorum nostrorum Par. apportata, ac per dilectas & fideles Gentes nostras dictorum Compotorum nostrorum, diligenter visa & inspecta, repertum fuerit quod in dicto loco seu Villa de Bello-videre, sunt de presenti & reperiuntur triginta-quatuor Focci, secundum traditam instruccionem super hoc prelibatam: Nos vero habita super hoc matura Consilii deliberatione &c.* ut in predicta secunda, mutatis nominibus & numero. Actum Parisius, mense Maii, Anno Domini 1366. & Regni nostri tercio. *Sic sign. Per Consilium existens in Camera Compotorum Par.* DE CHASTEL. *Informatio de qua sup. fit mentio, est in dicta Camera, & ponitur cum aliis similibus, prout est ordinatum. Visa.*

a *C'est la Piece qui regarde Coursan. Voy. p. 617.*

b Minerve.

CUMQUE *facta quadam informacione, virtute dictarum Litterarum, in loco de Villa (c) Sicca-Landa, Castellanie Montis-Regalis, Senescallie Carcassone, super numero Focorum modernorum in dicta Villa nunc existencium, per dilectum Clericum nostrum Magistrum Arnaudum Nicolai, Commissarium in hac parte deputatum, &c. repertum fuerit quod in dicto loco de Villa Sicca-Landa, sunt de presenti & reperiuntur quadraginta-unus Focci &c.* 79. VILLE-SEQUE-LANDE.

CUMQUE *facta quadam informacione virtute dictarum Litterarum in loco de (d) Sancta* 80. S.te EULALIE.

NOTES.

(a) Thresor des Chartres, Registre 97. Piece 78.

Cette Piece est en abregé dans le Registre, telle qu'on la voit icy. Les formules qui ont esté retranchées dans le Registre, se trouveront cy-dessus, p. 573. Voy. la Note *(a)*.

A l'égard des Pieces suivantes qui se trouvent dans ce même Registre, après celles-cy, & qui sont toutes de la même date que celles-cy, on ne les a pas fait imprimer toutes, telles qu'elles sont dans ce Registre; mais on en a retranché quelques formules semblables à celles qui sont dans celles-cy, & dans toutes les autres du même temps, qui regardent la diminution des feux.

On mettra à la marge de chacune de ces Lettres, le nom du lieu auquel elles ont esté accordées, & le numero du Registre.

Il y a plusieurs lieux compris dans ces Lettres & dans les suivantes qui regardent les Feux, dont on n'a pû trouver les noms modernes, ni dans les Dictionnaires Geographiques, ni dans d'autres livres, & l'on s'est adressé aux RR. PP. D. de Vic & D. Vaissette Religieux Benedictins, qui travaillent à la nouvelle Histoire du Languedoc, qui ont indiqué la plus grande partie de ces noms. L'on mettra un *V* à la fin des Notes dont ils ont eu la bonté de fournir la matiere.

A l'égard du petit nombre de lieux qui ne sont plus connus presentement, on mettra à la marge, leur nom latin, tel qu'il est dans les Pieces.

(b) Bello-videre.] Belveze dans le *Razes*, & le ressort de la Chastellenie de *Mont-real.* V. *Voy. sur le* Razez, *le Dictionn. Univers. de la Fr.* à ce mot.

(c) Sicca-Landa.] C'est apparemment, *Villeseque-lande*, dans le Diocese de Carcassone. *Voy. le Dictionn. Univ. de la Fr.* à ce mot.

(d) Sancta Eulalia.] Il y a plusieurs lieux qui se nomment *S.te Eulalie.* Il y en a un qui est dans le Diocese de Carcassone. C'est apparemment celuy dont il s'agit icy. Voy. *ibid.* au mot, *S.te Eulalie.*

CHARLES V. à Paris, en May 1366.

Eulalia Castellanie Montis-Regalis, Senescallie Carcassone, super numero Foccorum modernorum in dicto loco nunc existencium per dilectum Clericum nostrum Magistrum Arnaudum Nicolai, &c. repertum fuerit quod in dicto loco de Sancta Eulalia, sunt de presenti & reperiuntur quinquaginta-sex Focci, &c.

81. CARLIPA. *CUMQUE facta quadam informacione, virtute dictarum Litterarum, in loco de (e) Carlipaco, Castellanie Montis-Regalis, Senescallie Carcassone, super numero Foccorum modernorum in dicto loco nunc existencium, per dilectum nostrum Bertrandum de Solerio &c. repertum fuerit quod in dicto loco de Carlipaco, sunt de presenti, & reperiuntur triginta-tres Focci &c.*

82. S.t MARTIN LE VIEUX. *CUMQUE facta quadam informacione, virtute dictarum Litterarum, in loco seu Villa de (f) Sancto Martino veteri, Castellanie Montis-Regalis, Senescallie Carcassone, super numero Focorum modernorum in dicto loco seu Villa nunc existencium, per dilectum Clericum nostrum Magistrum, Arnaudum Nicolai &c. repertum fuerit quod in dicto loco seu Villa de Sancto Martino veteri, sunt de presenti & reperiuntur quinquaginta-septem Focci &c.*

83. ALAYRAC. *CUMQUE facta quadam informacione, virtute dictarum Litterarum, in Villa seu loco de (g) Alayraco &c. & per Commissarium predictum &c. repertum fuerit quod in dicta Villa seu loco de Alayraco, sunt de presenti & reperiuntur septuaginta-octo Focci &c.*

84. BOLINCHIS. Voy. Note (a) à la fin. *CUMQUE facta quadam informacione, virtute dictarum Litterarum, in loco de Bolinchis, Castellanie Montis-Regalis, &c. per dictum Comissarium, &c. repertum fuerit quod in dicto loco de Bolinchis, sunt de presenti & reperiuntur triginta-quatuor Focci &c.*

85. RAISSAC. *CUMQUE facta quadam informacione, virtute dictarum Litterarum, in Villa seu loco de (h) Raxiaco, Castellanie Montis-Regalis, per dilectum nostrum Bertrandum de Solerio, &c. repertum fuerit quod in dicta Villa seu loco de Raxiaco, sunt de presenti & reperiuntur viginti-novem Focci &c.*

Reg. 98. P. 366. ALZONE. *(i) CUMQUE facta quadam informacione, virtute dictarum Literarum, in loco de (k) Alzona, Castellanie Montis-Regalis, Senescalie Carcassone, super numero Foccorum modernorum in dicto loco nunc existencium, per dilectum Clericum nostrum Magistrum Arnaudum Nicholai, &c. repertum fuerit quod in dicto loco de Alzona, sunt de presenti & reperiuntur centum septuaginta-unus [b] Foca, &c.*

[b] Foci.

NOTES.

(e) Carlipaco.] *Carlipa*, Diocese de Carcassone. Voy. *ibid.* à ce mot.

(f) S.to Martins veteri.] *S.t Martin le vieux*, Diocese de Carcassone. Voy. *ibid.* au mot, *S.t Martin*, p. 442. au 1.er Article.

(g) Alayraco.] *Alayrac*, Bourg du Diocese de Carcassone. Voy. *ibid.* à ce mot.

(h) Raxiaco.] *Raissac* dans le Diocese de Carcassone. Il y a deux autres lieux du même nom, l'un dans le Diocese de Narbonne; & l'autre dans celuy de Mirepoix. *V.*

Voy. aussi sur *Raissac*, le Dictionn. Univers. de la Fr. à ce mot.

(i) Ces Lettres sont dans le Registre en entier, & non par extrait.

(k) Alzona.] *Alzone*, Diocese de Carcassone, *ibid.* au mot, *Alzone.*

(l) Item. *ALIA consimilis Carta sub eadem forma & tenore, eandem conclusionem & graciam continens, ac ejusdem date; videlicet, pro Sindicis, singularibus & Universitate de Ferrando, Castellanie Montis-Regalis, Senescallie Carcassone, in quo loco reperti sunt viginti-unus Focci. Visa in Camera Compotorum Par. Informatione super hoc per Bertrandum de Solerio facta.* Datum & signatum ut precedens Carta de Alzona. FERRANDO. Voyez cy-dessus, page 619. Note *(a)* à la fin.

Item. *ALIA eadem & consimilis Carta, pro Consulibus, Universitate, & singularibus loci de Calhanello Castellanie & Senescallie predictarum, in quo loco de Calhanello, per dictam informacionem reperti sunt triginta Focci.* Datum & signatum ut supra. CAILHANES, dans le *Razès*. V. Voyez Note *(l)*.

NOTES.

(l) Ce qui suit est imprimé tel qu'il se trouve dans le Registre, à la suite des Lettres precedentes.

CHARLES V. à Paris, en May 1366.

(a) Diminution de Feux pour Mattes & autres lieux.

MATTES. *a* Reg. *R.*

KAROLUS &c. Notum &c. Quod cum ex parte &c. Cumque facta quadam informacione, tam virtute dictarum Litterarum quam aliter, auctoritate [a] *Regia, in Villa de (b) Mata, Vicarie Narbone, Senescallie Carcassone, super vero numero Focorum modernorum, in dicta Villa seu loco de Mata, nunc existencium, per dilectum & fidelem nostrum Magistrum Raymondum de Rivis, Licentiatum in Decretis, Patronum Causarum Fiscalium dicte Senescallie Carcassone, Commissarium in hac parte deputatum, vocato & presente in omnibus Procuratore nostro Generali dicte Senescallie Carcassone, aut ejus legitimo substituto; eademque informacione seu ejus transumpto, sub sigillo ordinario Curie Senescalli ejusdem Senescallie, facta & sigillata, in Cameram Compotorum nostrorum Parisius, apportata, ac per dilectas & fideles Gentes nostras dictorum Compotorum nostrorum, diligenter visa & inspecta, repertum fuerit quod in dicta Villa seu loco de Mata, sunt de presenti & reperiuntur undecim Focci, secundum traditam instruccionem super hoc prelibatam. Nos vero &c. Quod ut firmum &c. salvo &c.* Actum Parisius, mense Maii, Anno Domini 1366. & Regni nostri tercio. *Per Consilium existens in Camera Compotorum Par.* P. DE CHASTEL. *Informatio de qua superius fit mentio, est in dicta Camera, & ponitur cum aliis similibus, prout est ordinatum. Visa.*

KAROLUS &c. Notum facimus &c. Quod cum ex parte plurium &c. ut supra, *pro loco de (c) Ruppe-forti in (d) Corberia, Vicarie Narbone, Senescallie Carcassone, in quo reperiuntur 29. Focci &c.* ut in immediate precedenti. *Signata* ut supra. ROQUEFORT DE CORBIERES.

NOTES.

(a) Cette Piece & les suivantes sont au Thresor des Chartres, Registre 99. sous le même n.° 66.

La premiere & la seconde sont imprimées icy, telles qu'elles sont dans le Registre : A l'égard des autres, qui sont transcriptes dans le Registre, dans la même forme à peu près que la seconde, on en a encore retranché quelques mots dans la plûpart, pour ne conserver que les essentiels ; on trouvera à la marge de chaque Lettres, le nom du lieu auquel elle a esté accordée. *Voy. cy-dessus, p. 519. Note (a).*

(b) Mata.] *Mattes,* Bourgs ou Villages du Diocese de Narbonne. *V.*

(c) Ruppe-forti.] On trouve *Roquefort* dans l'estat du Diocese de Narbonne, donné par Catel. [Voy. p. 617. Note *(b)*] p. 371. col. 3.

(d) Corberia.] *Corbieres*, dans le Diocese de Narbonne près du lac de *Leucate*. Voy. le Dictionn. de la Fr.

JONQUIERES dit DURBAN. *PRo Villa seu loco de (e) Durbano, Vicarie Narbone &c. 44. Focci &c.*

MENDOLETHA. *PRo Villa seu loco de Mendoletha, Vicarie Narbone &c. septem Focci &c.*

S.te VALERIE. *PRo Villa seu loco de Sancta (f) Valeria, Vicarie Narbone, &c. undecim Focci &c.*

CRUSCADES, ou CRUSQUADES. *PRo Villa seu Castro de (g) Cruscadis, Vicarie Narbone, &c. 27. Focci &c.*

MONTPESAT. *PRo Villa seu loco de (h) Monte-pesato, Vicarie Narbone, &c. tredecim Focci &c.*

VILLA-MAJORI. *PRo loco de Villa-Majori, Vicarie Narbone, &c. quinque Focci &c.*

QUILHANET. *PRo loco de (i) Quilhaneto, Vicarie Narbone, &c. decem Focci, &c.*

MONT-SERÉ. V. *PRo loco de Monte-Sereno, Vicarie Narbone, &c. 18. Focci &c.*

SALELLES. *PRo loco de (k) Salella, Vicarie Narbone, &c. 34. Focci &c.*

LES TOURS en Corbiere. V. *PRo loco de Turribus in [a] Corbaria, Vicarie Narbone, &c. 17. Focci &c.*

a Voy. cy-dessus, p. 621. Note (d).

FITOU. *PRo loco de (l) Fitorio, Vicarie Narbone, &c. 38. Focci &c.*

CASTEL-MAURE. EMBRET. *PRo locis de (m) Castro-Maura & de (n) Embret, Vicarie Narbone, &c. 18. Focci &c.*

FULHA. V. *PRo loco de (o) Fulhano, Vicarie Narbone, &c. 8. Focci &c.*

NOTES.

(e) *Durbano.*] *Jonquieres,* dit *Durban,* dans Catel, *ibid.* p. 372. col. 1. *Voy. le Dictionn. Univers. de la Fr.* au mot, *Jonquieres.*

(f) *Sancta Valeria.*] *S.te Valerie V.* C'est peut-estre le même lieu que *S.te Valiere,* que l'on trouve dans Catel, *ibid.* page 371. col. 1.

(g) *Cruscadis.*] *Crosquades,* dans Catel, *ibid.* col. 3. Ce lieu est nommé *Cruscades,* dans le Dictionn. Univers. de la Fr.

(h) *Montepezato.*] *Montpezat,* dans Catel, *ibid.* p. 372. col. 1.

(i) *Quilhaneto.*] *Quilhanet,* ainsi dit par diminutif, pour le distinguer de *Quilhan* dans le Rasez. *V.*

(k) *Salella.*] Salethes dans Catel, *ibid.* p. 371. col. 2. nommé *Salelles,* dans le Dictionn. Univers. de la Fr.

(l) *Fitorio.*] *Fitou* dans le Diocese de Narbonne, *Voy. le Dictionn. Univers. de la Fr.* à ce mot.

(m) *Castro-Maura.*] *Castel-Maure,* dans Catel, *ibid.* p. 371. col. 3.

(n) *Embret.*] Petit Village auprès de *Castel-Maure. V.*

(o) *Fulhano.*] On trouve *Filhan* dans Catel, *ibid.* p. 371. col. 3.

PRo Castro de (p) Villa-Danhano, Vicarie Narbone, &c. 14. Focci &c. VILLEDAIGNE, ou VILLEDAGNE.

PRo loco de (q) Guatpazenchis, Vicarie Narbone, &c. novem Focci &c. GATSPARETS.

PRo loco de (r) Genestoribus, Vicarie Narbone, &c. 65. Focci &c. GENESTAS. V.

PRo Castro de (s) Caneto, Vicarie Narbone, &c. 42. Focci &c. CANET.

PRo loco de (t) Faberſano, Vicarie Narbone, 112. Focci, &c. FABREZAN.

PRo loco de Albaribus Ferrariar, Vicarie Narbone, &c. 48. Focci &c. ALBIERES. V.

PRo Villa de Sancto Petro de Claro, Vicarie Narbone, &c. 17. Focci, &c. SAINT PIERRE DEL CLAR. V.

PRo Castro de (u) Sancto Nazario, Vicarie Narbone, &c. 36. Focci, &c. S.t NAZAIRE.

PRo loco de Cassio Castello, Vicarie Narbone, &c. 30. Focci, &c. CASCASTEL. V.

PRo loco de (x) Palaïano Vicarie ac Seneſcallie Carcaſſone &c. in quo 29. Focci reperti per Magiſtrum Johannem Joude, in utroque Jure Licentiatum, Judicem majorem Seneſcallie Carcaſſone, &c. ut ſupra. *Mandantes Seneſcallo ac Rectori noſtris Carcaſſone, &c.* ut ſupra. *Datum* ut ſupra. PALAIA.

PRo loco de (y) Craſſa, Vicarie & Seneſcallie Carcaſſone, in quo per Joude reperti ſunt 301. Focci &c. LA GRASSE.

PRo loco de (z) Campo-longo, Vicarie [a] Minerbeſii, Seneſcallie Carcaſſone, in quo per Magiſtrum Guillelmum Durandi Clericum & Procuratorem noſtrum Generalem dicte Seneſcallie Carcaſſone, reperti ſunt 24. Focci, &c. Mandantes Seneſcallo & Receptori noſtris Carcaſſone, ac Vicarie Minerbeſii, &c. ut ſupra. CAMPLONG. a Minervois.

NOTES.

(p) Villa-danhano.] Ville-Daigne, dans Catel, *ibid.* p. 371. col. 3. nommé *Villedagne* dans le Dictionn. Univerſ. de la Fr.

(q) Guatpazenchis.] Il faut corriger *Guatparenchis*, *Gaſparets.* V.

Ce lieu qui eſt dans le Diocèſe de S.t Pons, eſt nommé *Gaſparetz* dans le Dictionn. Univerſ. de la Fr.

(r) Geneſtoribus.] Geneſtas, dans Catel, *ibid.* p. 371. col. 2.

(s) Caneto.] Canet, dans Catel, *ibid.* p. 371. col. 3. & dans le Dictionn. Univerſ. de la Fr.

(t) Faberſano.] Fabrezan, dans Catel, *ibid.* p. 371. col. 3. & dans le Dictionn. Univerſ. de la Fr.

(u) Sancto Nazario.] S.t Nazaire, dans Catel, *ibid.* p. 371. col. 2. & dans le Dictionn. Univerſ. de la Fr.

(x) Palaïano.] Palaia, dans l'eſtat du Dioceſe de Carcaſſone, dans Catel, p. 364. col. 3.

Ces Lettres ſont imprimées icy telles qu'elles ſont dans le Regiſtre.

(y) Craſſa.] La Graſſe, dans Catel, *ibid.* & dans le Dictionn. Univerſ. de la Fr.

(z) Campo-longo.] Camplong, dans l'eſtat du Dioceſe de Narbonne par Catel, *ibid.* p. 371. col. 3.

Ces Lettres ſont imprimées telles qu'elles ſont dans le Regiſtre.

SAINT COAT, ou SAINT COUAT.

PRo loco de (aa) Sancto Cucuffato, Vicarie Minerbesii, Senescallie Carcassone, &c. in quo per dictum Guillelmum, &c. sunt reperti 26. Focci, &c.

BOULHONAC.

PRo loco de (bb) Belhonaco, Vicarie Carcassone, &c. in quo per J. Joude, &c. sunt reperti 30. Focci, &c.

SAINT JEAN DE BARROU.

PRo loco de (cc) Sancto Johanne de Berro, Vicarie Narbone, &c. in quo per Magistrum Raymundum de Rivis, ut supra, *reperti sunt 11. Focci, &c. Mandantes Senescallo & Receptori nostris Carcassone, &c.* ut in aliis.

S.t LAURENT.

PRo loco de (dd) Sancto Laurentio, Vicarie Minerbesii, &c. in quo per dictum Magistrum Guillelmum, sunt reperti 34. Focci, &c. Mandantes Senescallo & Receptori nostris Carcassone, ut in aliis.

ARQUES. a Limoux.

PRo loco de Archia Vicarie [a] *Limosi, &c. in quo per Magistrum Servinum Bestonis, Commissarium, &c. sunt reperti 48. Focci, &c. Mandantes Senescallo & Receptori nostris Carcassone, ac Vicarie Limosi, &c.*

MONT-LAUR.

PRo loco de (ee) Monte-lauro, Vicarie ac Senescallie Carcassone, &c. in quo per J. Joude, &c. sunt reperti 62. Focci, &c. Mandantes Senescallo & Receptori, ac Vicario Carcassone, &c.

COMINHAN, ou COMIGNAN.

PRo loco de (ff) Cominhano, Vicarie Minerbesii, Senescallie Carcassone, in quo per Guillelmum Duranti, &c. sunt reperti 18. Focci, &c. Mandantes Senescallo & Receptori nostris Carcassone, ac Vicarie Minerbesii, &c.

MOLHATO.

IN loco de Molheto, Vicarie (gg) Terminesii, Senescallie Carcassone, per dilectum Clericum nostrum Magistrum Symonem Suavis, Judicem nostrum (hh) Fenolhedesii & Terminesii, Commissarium, &c. reperti sunt 9. Focci, &c. Mandantes Senescallo & Receptori nostris Carcassone ac Vicarie Terminesii, &c.

NOTES.

(aa) *Sancto Cucufacto.*] Ce pourroit bien estre *S.t Coat*, que l'on trouve dans Catel, *ibid.* p. 365. col. 2. & qui est nommé *S.t Couat*, dans le Dictionn. Univers. de la Fr. Car suivant le Vocabulaire hagiologne de M. l'Abbé Chastellain, *S.t Cucufat* se nomme *S.t Cogat* dans le Diocese d'Alcth. *Voy. ce Vocabulaire, à la teste du Dictionn. étymol. de Menage, &c.*

(bb) *Belhonaco.*] *Boulhonac*, dans Catel, *ibid.* p. 364. col. 1. & dans le Dictionn. Univers. de la Fr.

(cc) *S. Johanne de Berro.*] On trouve dans Catel, dans l'estat du Diocese de Narbone, *ibid.* p. 371. col. 3. *S. Jean de Beroune*, qui est, suivant les apparences, le même lieu que *S. Jean de Barrou*, qui est dans le Dictionn. Univers. de la Fr. dans le 3.e Vol. p. 365.

(dd) *Sancto Laurentio.*] *S.t Laurens* sur la *Niesle*, autrefois Abbaye celebre. *V.*

(ee) *Monte-lauro.*] *Mont-laur*, dans l'estat du Diocese de Carcassone, par Catel, *ibid.* p. 364. col. 3. & dans le Dictionn. Univers. de la Fr.

(ff) *Cominhano.*] *Cominhan*, dans Catel, *ibid.* p. 365. col. 1. nommé *Comignan* dans le Dictionn. Univers. de la Fr.

(gg) *Terminesii.*] *Termenez*, petit Pays du Diocese de Narbonne vers le Roussillon. Il a pris son nom du Chasteau de *Termes*. *Voy. le Dictionn. Univers. de la Fr.* au mot, *Termenez*.

(hh) *Fenolhedesii.*] *Fenoüilhet*, dans le Diocese de Narbonne. *Voy. le Dictionn. Univers. de la Fr.* au mot, *Fenoüilhet*.

IN loco

IN loco de Terminis, Vicarie Terminesii, &c. per dictum Commissarium reperti sunt viginta-unus Focci, &c. — TERMES. Voyez p. preced. Note (gg).

IN loco de Valle-migeria, Vicarie Terminesii, per ipsum Commissarium sunt reperti 7. Focci, &c. — VALMIGIERE. V.

IN loco de (ii) Alaneto, (kk) Vicarie Terminesii, per dictum Commissarium 13. Focci, &c. — LANET. V.

IN loco de Monte-Jocundo, &c. 12. Focci, &c. — MONTGAILLARD en Termenois.

IN loco de Rivo-Vallis-Danie, &c. 31. Focci, &c. — RIEUX DE VALDAGNE. V.

IN loco de Darna-collta, &c. 10. Focci, &c. — DERNAQUEIL-LETE en Termenois. V.

IN loco de Triniaco, &c. 8. Focci, &c. — TRINIACO.

IN loco de Monte-galardo, &c. 29. Focci, &c. — MONTGAILLARD en Rasez. V.

IN loco de Serviano, &c. 19. Focci, &c. — SERVIAN. Voy. le 3.e Vol. des Ordonn. page 634. Note (c).

IN loco de Salsano, &c. 14. Focci, &c. — SALSA en Termenois. V.

IN loco de Carcassezio, &c. 8. Focci, &c. — CARCASSEZIO.

IN loco de Dompnora, &c. 12. Focci, &c. — DONNOVE en Termenois. V.

IN loco de (ll) Palayraco, &c. 24. Focci, &c. — PALAIRAC en Termenois.

IN loco de Monte-rubeo, &c. 7. Focci, &c. — MONT-ROUCH en Termenois. V.

IN loco de Taurisano, &c. 13. Focci, &c. — TAURISAN, Diocese de Carcassone. V.

IN loco de Motomento, &c. 22. Focci, &c. — MOTHOMET en Termenois. V.

IN loco de (mm) Massaco, &c. 24. Focci, &c. — MASSAC.

IN loco de Padullis, &c. 33. Focci, &c. — PADULLIS.

NOTES.

(ii) *Alaneto.*] *Lanet,* dans le Diocese de Narbonne. *Voy. le Dict. Univers. de la Fr.* V.

(kk) *Vicarie Terminesii . . . per dictum Commissarium.*] Ces mots sont repetez dans toutes les Lettres suivantes.

(ll) *Palayraco.*] *Palayrac* en Termenois. V. Ce lieu est nommé *Paleyrac,* dans Catel, *ibid.* p. 372. col. 1. & dans le Dictionn. Univers. de la Fr.

(mm) *Massaco.*] *Massac,* dans l'estat du Diocese de Narbonne, par Catel, *ibid.* p. 372. col. 1. & dans le Dictionn. Univers. de la Fr.

PADER en Termenois. V. *IN loco de Paderno, &c. 24. Focci, &c.*

AURIAC. *IN loco de (nn) Auriaco, &c. 15. Focci, &c.*

DAVEJA en Termenois. V. *IN loco de Daveiano, &c. 19. Focci, &c.*

FELINES. *IN loco de (oo) Felhinis, &c. 18. Focci, &c.*

DURFORT en Termenois. V. *IN loco de Duro-forti, &c. 14. Focci, &c.*

MAISOUS. *IN loco de (pp) Maysonibus, &c. 8. Focci, &c.*

LA ROQUE DE FA en Termenois. V. *IN loco de Ruppe-de-Fano, &c. 23. Focci, &c.*

NOSTRE-DAME DE FASLE en Termenois. V. *IN loco de Seguiaade-Fausta, &c. 5. Focci, &c.*

NOTES.

(nn) Auriaco.] *Auriac*, dans l'estat du Diocese de Narbonne, par Catel, *ibid.* p. 372. col. 1. & dans le Dictionn. Univers. de la Fr.

(oo) Felhinis.] *Felines*, dans l'estat du Diocese de Narbonne, par Catel, *ibid.* p. 372. col. 1. & dans le Dictionn. Univers. de la Fr. Ce lieu est dans le *Termenois*. V.

(pp) Maysonibus.] Ce peut estre *Maisous*, que l'on trouve dans l'estat du Diocese de Narbonne, par Catel, *ibid.* p. 372. col. 1. *Maisous* en *Termenois*. V.

CHARLES V. à Paris, en May 1366.

(a) Diminution de Feux pour Tesan & autres lieux.

KAROLUS Dei gratia Francorum Rex: Notum facimus universis tam presentibus quam futuris, quod cum ex parte, &c. Qumque facta quadam informacione virtute dictarum & aliarum Litterarum Regiarum, in loco de [a] *Thesano, Vicarie* [b] *Minerbesii, Senescallie Carcassone, super numero Focorum modernorum in dicto loco nunc existencium, per dilectum & fidelem Magistrum, Guillelmum Duranti, Clericum & Procuratorem nostrum Generalem dicte Senescallie, Commissarium in hac parte deputatum, vocato secum & presente in omnibus, alio legitime substituto Procuratore Reg. eademque informacione, &c. repertum fuerit quod* [c] *dicto loco de Thesano, sunt de presenti & reperiuntur 18. Foci, secundum traditam instruccionem super hoc prelibatam. Nos vero &c. Quod ut firmum & stabile permaneat in futurum, nostrum presentibus Litteris fecimus apponi sigillum: salvo in aliis jure nostro, & in omnibus quolibet alieno.* Datum Parisius, mense Maii, Anno Domini 1366. & Regni nostri tercio. *Per Consilium existens in Camera Compotorum Par.* P. DE CASTEL. *Informacio de qua superius fit mencio, est in dicta Camera, & ponitur cum aliis consimilibus, prout est ordinatum.*

a Tesan. *Voy. le 3.e Vol. des Ordonnances, page 634. Note (d).*
b Minervois.
c in.

Reg. 99. Piece 93.

(b) Item. *SEQUITUR alia carta consimilis, pro loco de (c) Possolibus, Vicarie Narbone, Senescallie Carcassone.*

NOTES.

(a) Thresor des Chartres, Registre 99. Piece 92. Voy. cy-dessus, p. 573. & Note *(a)* & la Piece precedente, p. 621. Note *(a)*.

(b) Cette formule, *Item sequitur &c.* est repetée devant toutes les Lettres de Feux suivantes, ainsi que celle de *Karolus, &c.* & le nom du Commissaire & du ressort des lieux. Pour ces Lettres, elles sont imprimées icy telles qu'elles sont dans le Registre.

(c) Possolibus.] nommé dans les Lett[res]

KAROLUS &c. Notum facimus &c. Quod cum ex parte &c. pro loco de Posilibus, ut prefertur, in quo per Magistrum Raymondum de Rivis, Licentiatum in Decretis, Patronum Causarum Fiscalium Senescallie Carcassone, Commissarium deputatum, &c. reperiuntur duntaxat 36. Focci, &c. Datum & signatum prout sup. POUZOLS.

PRo loco seu Villa de (d) Rubea-la-Panosa, &c. 11. Focci, &c. Datum ut supra. Signata ut supra. VILLE-ROUGE LA PANOUZE.

PRo Villa seu loco de (e) Donis, &c. 19. Focci duntaxat, &c. DONAS.

PRo Villa seu Castro de (f) Oviliano, &c. 148. Focci, &c. OUDILHAN.

PRo Villa seu loco de (g) Raxiaco, &c. 15. Focci, &c. RAISSAC.

PRo Villa seu loco de Pomar. &c. in quo per informationem per Magistrum Johannem Joude, factam, reperiuntur de presenti, &c. 32. Foci duntaxat, &c. POMMEROLS, Dioc. d'Agde. V.

PRo Villis & locis de (h) Lucho & Canosio, &c. 26. Focci, &c. LUCET & CANOLS.

(i) PRo Villa seu Castro de (k) Venthenaco, &c. in quo per informationem factam per dictum Magistrum Raymondum, &c. 26. Focci, &c. VENTENAC.

PRo (l) Villa-nova-[a] Corberie, &c. 9. Focci, &c. VILLE-NEUVE-DE CORBIERES. V.

PRo Villa seu loco de (m) Bothenaco superiore & infer. &c. 29. Focci, &c. BOUTENAC.

PRo loco de Novellis, Vicarie [b] Terminesii, Senescallie Carcassone, in quo loco, per informationem factam per Simonem Suavis, reperiuntur, &c. 19. Focci, &c. NOUVELLES dans le Termenois. V.

[a] Voy. cy-dessus, p. 621. Note (d).

[b] Voy. cy-dessus, p. 625. Note (kk).

NOTES.

Posilibus, est apparemment *Pouzols* qui se trouve dans l'estat du Diocese de Narbonne, par Catel, *ibid.* [Voy. p. 617. Note (b)] p. 371. col. 2. Il y a aussi un *Pouzols* dans le Diocese de Beziers. Voy. *ibid.* p. 371. col. 3. & le Dictionn. Univers. de la Fr. au mot, *Pouzols*.

(d) *Rubea la-Panoza.*] *Ville-Rouge-la-Panouze*, ainsi appellée pour la distinguer de Ville-Rouge du Termenois. Ville-Rouge-la-Panouze est du Diocese de Narbonne. *V.*

(e) *Donis.*] *Donas*, Baronie du Diocese & de la Viguerie de Narbonne. *V.*

(f) *Oviliano.*] *Oudilhan*, dans l'estat du Diocese de Narbonne, par Catel, *ibid.* p. 371. col. 2. & dans le Dictionn. Univers. de la France.

(g) *Raxiaco.*] Ce peut estre *Raissac*, qui est dans l'estat du Diocese de Narbonne, *ibid.* p. 371. col. 3. On trouve dans le Dictionn. Univers. de la Fr. *Raissac* dans le Diocese de Carcassone, que Catel nomme *Reissac* dans l'estat de ce Diocese, *ibid.* p. 305. col. 2.

(h) *Lucho & Canosio.*] C'est apparemment *Lucet* & *Canols*, lieux qui se suivent dans l'estat du Diocese de Narbonne, par Catel, *ibid.* p. 371. col. 3.

(i) *Pro Villa.*] Il n'est point dit de quelle Viguerie & Seneschaussée, sont ces lieux, ni quel a esté le Commissaire.

(k) *Venthenaco.*] *Ventenac.* Il y a deux lieux de ce nom. Le 1.er est de la Viguerie & du Diocese de Narbonne, & le second est dans le Cabardès, Diocese de Carcassone. *V.*

(l) *Villa-nova.*] *Villeneuve*, dans Catel, *ibid.* p. 371. col. 3.

(m) *Bothenaco.*] *Boutenac*, dans Catel, *ibid.* & dans le Dictionn. Univers. de la Fr.

BOUISSE. *PRo loco de (n) Buxia, Vicarie Terminesii, in quo loco per informationem factam per Simonem Suavis, reperiuntur, &c. 20. Focci, &c.*

ALBIERES. *PRo Villa seu loco de (o) Alberiis, &c. 13. Focci, &c.*

TUCHAN. *PRo Villa seu loco de (p) Tuxano, &c. 46. Focci, &c.*

VIGNE-VIEILLE. *PRo Villa seu loco de (q) Vinea-veteri, &c. 17. Focci, &c.*

LAIRIERE. *PRo Villa seu loco de (r) Layroria, &c. 17. Focci, &c.*

QUINTILHA. *PRo loco de (s) Quintilhano, &c. 10. Focci, &c.*

NOTES.

(n) Buxia.] Ce peut estre *Bouisse*, qui est dans l'estat du Diocese de Narbonne, par Catel, *ibid.* p. 372. col. 1. & dans le Dictionn. Univers. de la Fr.

(o) Alberiis.] Albieres, dans Catel, *ibid.* & dans le Dictionn. Univers. de la Fr.

(p) Tuxano.] Tuchan, dans Catel, *ibid.* & dans le Dictionn. Univers. de la Fr.

(q) Vinea-veteri.] Vigne-vieille, dans Catel, *ibid.* & dans le Dictionn. Univers. de la Fr.

(r) Layroria.] Lairiere, dans Catel, *ibid.*

(s) Quintilhano.] Quintilha, Diocese de Narbonne & Viguerie de Termenois. *V.*

CHARLES V. à Paris, le 28. de Juin 1366.

(a) Reglement pour les Changeurs de la Ville de Roüen.

CHARLES par la grace de Dieu Roy de France : A tous ceulx qui ces presentes Lettres verront, Salut. Savoir faisons que comme pour le évident & commun prouffit de Nous & des gens demourans & frequentans en nostre Ville de Roüen, & affin de resister & contrester aux fraudes & malices d'aucuns malicieux & faulx Marchans & Changeurs, & autres qui apportent, preignent & mectent en icelle Ville, plusieurs faulces, contrefaictes & deffenduës Monnoyes ; & aussi affin que les Ordonnances que Nous avons faictes & ferons faire dores-en-avant, sur le fait & cours de noz Monnoyes, puissent estre tenuës & gardées, les Changeurs de ladite Ville de Roüen, ou [a] plus grant & plus saine partie d'eulx, le premier jour de ce present mois de Juing, en la presence de nostre amé & féal Edouart Thadelin General-Maistre de noz Monnoyes, ayent fait certainnes Ordonnances touchant le fait de change.

[a] la

(1) C'est assavoir, que entre eulx assembléement, ilz puissent eslire quatre Changeurs souffisans & convenables, qui se preindront garde par les Changes de nostredite Ville de Roüen, que nulz ne puissent prendre, mettre, ne alloüer, ne donner

NOTES.

(a) Registre *D.* de la Cour des Monnoyes, *fol.* six-vingt-dix, *verso.*

Avant ces Lettres, il y a :

Le dernier jour de May, l'An 66.

Jehannot Vassal, pour porter unes Lettres closes à Mons. de Bourgogne, à Mâcon, seellées du Seel du secret, lesquelles faisoient mencion d'envoïer pardevers les Generaulx-Maistres des Monnoyes, certaine somme de Florins qui avoient esté prins à Châlons, sur aucuns Marchans, par sa quittance [b] donnée le 19.e de Juin.

[b] de Vassal.

La teneur des Lettres de l'Ordonnance des Changeurs de Roüen.

cours à aucunes Monnoyes, tant d'Or comme d'Argent, pour quelque pris ne par quelque maniere que ce soit; se ce ne sont celles ausquelles Nous donnons cours par noz Ordonnances: Et se aucun desdits Changeurs estoit trouvé prenant, mettant ou alloüant aucunes Monnoyes defenduës, que lesdits quatre Changeurs, ou trois d'eulx, ou l'un d'iceulx, la puissent prendre, seeller & envoïer à nostre Monnoye, comme confisquée & aquise à Nous; & leur pourront & pourra dessendre le Change par ung an & ung jour, & luy faire amender selon la qualité du messait, au *(b)* tax & constrentes de Gardes de nostre Monnoye de Roüen.

CHARLES V. à Paris, le 28. de Juin 1366.

(2) Item. Aïent ordonné que lesdits quatre Gardes ou l'un d'eulx, puissent aller par les Changes, & [a] garder partout où il leur plaira, tant en coffres & en besaces comme autrement, se ilz trouveront aucunes Monnoyes defenduës, & porter à la Monnoye, celles qu'ilz y trouveront; ou cas toutes-voïes que celuy qui ainsi seroit [b] reрché, seroit suspicionné d'en avoir, & la mettre & donner cours.

(3) Item. Vient ordonné que se aucuns Changeurs de laditte Ville ou d'ailleurs, ou autres gens quelz qu'ilz soient, portent aucunes Monnoyes defenduës d'Or & d'Argent, *(c)* pour changer & tenir son Change, en quelque lieu que ce soit, en ladite Ville ou dehors ou païs d'environ, lesdits Gardes ou l'un d'eulx, la puissent prendre comme aquise & confisquée à Nous, & faire porter en nostre Monnoye; en prenant d'icelles forfaictures, pour leurs peines & sallaire, la quarte partie.

(4) Item. Aïent ordonné que aux jours qui sont acoustumez de fester, il y aura seullement deux Changes ouvers; l'un pour les grans changes, & l'autre pour les petiz: Lesquelz petiz change seront ordonnez pour ce jour à faire ledit fait de Change, en une fenestre de grant Change, laquelle sera baillée par lesdits Gardes, à chascun Changeur par droit ordre: Et seront lesdits Gardes ordonnez pour ung an; & après, esliront iceulx Changeurs autres Gardes chascun an, [c] dores-en-ant; & jureront iceulx Gardes ès mains des Gardes de ladite Monnoye, que bien & loyaument ilz feront, tiendront & acompliront les choses dessusdittes.

Nous toutes les Ordonnances & choses dessusdittes, & chascunes d'icelles, ayans aggréables, icelles loüons, ratiffions, approuvons & confermons par ces présentes: Mandons à noz amez & féaulx les Generaulx-Maistres de noz Monnoyes, aux Bailly & Viconte de Roüen, ou à leurs Lieuxtenans, & aux Gardes de nostre Monnoye de Roüen, & à tous autres à qui il pourra appartenir, que tout le contenu d'icelles, ilz tiengnent, gardent & acomplissent, & facent tenir, garder & acomplir en la maniere que dessus est dit: Et afin que ces choses se puissent mieulx garder, [d] que tous les Changes de laditte Ville de Roüen, ilz facent estre en une place ensemble l'un devant l'autre, par la meilleur Ordonnance qu'il pourra estre fait. En tesmoing de ce, Nous avons fait mettre nostre Seel à ces présentes Lettres. *Donné à Paris, le 28.e jour de Juing, l'An de grace 1366. & le tiers de nostre Regne.* Ainsi [e]. Par le Roy & les Generaulx-Maistres des Monnoyes. P. BLANCHET.

a *regarder.*

b App. *recherché.*

c *dores-en-avant.*

d *Voy. les Lett. suiv.*

e *signé.*

NOTES.

(b) Tax & constrentes.] Je crois que cela signifie, qu'à la poursuite des quatre Changeurs élûs, les Changeurs trouvez en contravention, seront condamnez par le Garde de la Monnoye, à une amende qu'il *taxera*, & qu'il les *contraindra* de payer.

(c) Pour changer.] C'est-à-dire, ayant des Monnoyes deffenduës, non pour les porter aux [Hostels] des Monnoyes; mais pour les vendre à ceux qui viendront pour les achepter, dans le lieu où il tient son Change.

CHARLES V. à Paris, le 28. de Juin 1366.

(a) Lettres qui fixent le lieu où doivent estre placez tous les Changes de Roüen.

CHARLES par la grace de Dieu Roy de France : Au Bailly & Viconte de Roüen, ou à leurs Lieuxtenans, Salut. Pour ce que Nous avons entendu que les Changes de laditte Ville, sont espars en plusieurs lieux en laditte Ville; & par ce, se sont ensuiz & pourroient ensuivre grans inconveniens par les malicieux Changeurs & autres, qui apportent en laditte Ville, [a] prenant & mettant plusieurs faulses Monnoyes contrefaictes & deffenduës; & pour ce, ne pevent estre si bien tenuës & gardées les Ordonnances faictes sur le cours de noz Monnoyes, comme elles seroient, se lesdits Changes estoient [b] l'un de lez l'autre : [c] Nous à la requeste des Changeurs de laditte Ville, ou de la plus grant & saine partie d'iceulx, & pour obvier aux inconveniens dessusdiz, avons ordonné & ordonnons par ces presentes, que les Changes qui sont ordonnez & assiz près de la *(b)* Magdelaine, soient mis à l'opposite; c'est assavoir, devant les autres Changes qui sont en la Poullaillerie; parquoy tous lesdits Changeurs de laditte Ville, soient ensemble. Si vous mandons & à chascun de vous, si comme à lui appartiendra, que ceste presente Ordonnance vous faciez mettre à execution & à effect, sans delay, & icelle tenir & garder, & ne souffrez dores-en-avant en quelque maniere que ce soit, faire fait de change en laditte Ville, par quelles personnes que ce soient, se n'est en laditte place commune, si qu'ilz soient ensemble par la maniere que dessus est dit : Et gardez bien que en ce, n'ait deffault. *Donné à Paris, le 28.e jour de Juing, l'An de grace 1366. & de nostre Regne le tiers.*

Par le Roy & les Generaulx-Maistres des Monnoyes. P. BLANCHET.

a *prennent & mettent.*

b *à costé l'un de l'autre.*

c *Voy. la fin des Lett. preced.*

NOTES.

(a) Registre *D.* de la Cour des Monnoyes, *fol.* six-vingt-onze, *verso.*
Avant ces Lettres, il y a :

Mandement pour ordonner les Changes de Roüen.

(b) La Magdelaine.] Il s'agit-là apparemment, de l'Hôpital ou Prieuré de la Magdeleine, sur lequel *Voy. l'Hist. de Roüen 3.e édit. in 4.o partie 5.e* pp. 25. & 82.

CHARLES V. à Paris, en Juin 1366.

(a) Diminution de Feux pour Arques.

KAROLUS &c.

CUMQUE facta quadam informacione virtute dictarum Litterarum, in loco de (b) Arsia, Senescallie Carcassone & Vicarie Limosi, super numero Focorum modernorum in dicto loco nunc existencium, per dilectum & fidelem nostrum Magistrum Guillelmum Barrerie, Clericum ac Commissarium in dicta Vicaria Limosi & in prefata Senescallia Carcassone, per dictas Litteras in hac parte deputatum, vocato & presente &c. repertum fuerit quod in dicto loco de Arsia, sunt de presenti [d] reperiuntur tres Foci [e] secondum traditum instruccionem super hoc prelibatam. Nos &c. Quod ut firmum & stabile permaneat in futurum, presentibus &c. salvo &c. in omnibus &c. Actum Parisius, mense Junii, Anno Domini 1366. Regnique nostri tercio.

Per Consilium existens in Camera Compotorum. DY. REGIS.

d &.

e secundum traditam.

NOTES.

(a) Thresor des Chartres, Registre 97. Piece 36. Voy. cy-dessus, p. 573. Note *(a)* & p. 619. Note *(a)*.

(b) Arsia.] Arques dans la Viguerie de Limoux. *V.*

CHARLES V. à Paris, en Juin 1366.

(a) Diminution de Feux pour Vellieux & autres lieux.

KAROLUS &c. Notum facimus &c. Quod cum ex parte plurium & notabilium personarum Senescalliarum nostrarum Carcassone, Tholose & Bellicadri, &c. [a] ut in secunda mensis Maii, usque ad clausulam : *Cumque facta quadam informacione virtute dictarum Litterarum, in loco seu Castro de Villinis, Senescallie Carcassone & Vicarie Minerbesii, super numero Focorum modernorum in dicto loco seu Castro nunc existencium, per dilectum & fidelem nostrum, Magistrum Guillelmum Duranti, Clericum & Procuratorem nostrum Senescallie Carcassone & Biterris, dicte Senescallie Carcassone Commissarium, per dictas Litteras in hac parte deputatum, &c.* ut in dicta secunda, *repertum fuerit quod in dicto loco seu Castro de Villinis, sunt de presenti & reperiuntur quatuordecim Foci, secundum traditam instructionem super hoc prelibatam. Nos vero &c.* ut in dicta secunda, mutatis nomine & numero. Datum & actum Parisius, mense Junii, Anno Domini 1366. & Regni nostri tercio. *Sic sig. Per Consilium existens in Camera Compotorum.* DY. REGIS. *Informatio de qua mencio prehabetur, est in Camera Compotorum, & ponitur cum aliis similibus, prout extitit ordinatum. Visa.*

a Voy. cy-dessus, p. 619. Note (a) marg.

VELLIEUX, Diocese de Saint Pons. V.

IN loco de Archis-Vallis-danie, &c. per Magistrum Symonem Suavis, Clericum nostrum ac Judicem [b] *Fenolhodesii & Terminesii, &c. reperiuntur 15. Foci, &c. ut sup.*

Piece 112. ARQUES-VILLEDAGNE. V.

IN loco seu Castro de Rivosicco, Senescallie Carcassone & Vicarie Minerbesii, &c. per Guillelmum Duranti, &c. decem-novem Foci &c.

Piece 113. RIEUSSEC, Diocese de Saint Pons. V.

IN loco de (b) Minerba, Senescallie Carcassone & Vicarie Minerbesii, &c. per Magistrum Guillelmum predictum, &c. quadraginta-quatuor Foci, &c.

Piece 114. MINERVE.

IN loco de Podio-nauterio, Senescallie Carcassone, & Vicarie (c) Cabardesii, &c. per Magistrum Guraudum Rogerii, Clericum ac Procuratorem (d) incursuum [c] *heresim in Senescalliis Carcassone & Bellicadri, dicte Senescallie Carcassone Commissarium, &c. quinquaginta-sex Foci, &c.*

Piece 115. PENAUTIER, Baronie, Diocese de Carcassone. V.

IN loco de (e) Bello-Castro, Senescallie Carcassone, & Vicarie Limosi, &c. per Guillelmum Barrerie Clericum Commissarium dicte Senescallie Carcassone, &c. quatuor-decim Foci, &c.

Piece 123. BEL-CASTEL.

IN loco de (f) Aragone, Senescallie Carcassone & Vicarie Cabardesii, &c. per Guiraudum Rogerii, &c. quinquaginta-tres Foci, &c.

Piece 124. ARAGON.

b Voy. cy-dessus, p. 624. Note (hh).

c heresum.

NOTES.

(a) Thresor des Chartres, Registre 97. Piece 111.

Ces Lettres sont imprimées icy telles qu'elles sont dans le Registre : les suivantes qui sont de même date & semblables, ne seront données que par extrait : on mettra à la marge, le n.° du Registre & le nom des lieux ausquelles elles ont esté accordées. Voy. cy-dessus, p. 619. Note (a).

(b) *Minerba.*] *Minerve*, Chasteau qui a donné son nom au *Minervois. Voy. le Diction. Univers. de la Fr.* au mot *Minerve.*

(c) *Cabardesii.*] *Cabardes*, petit Pays du Diocese de Carcassone, avec ancien titre de Viguerie, unie aujourd'huy à celle de Carcassone. *V.*

(d) *Incursuum.*] C'est-à-dire, des amendes ausquelles les heretiques ont esté condamnez. *Voy. le Gloss. de Du Cange*, au mot, *Incurrimentum. Incursus.* On y lit, *incurrimenta hæresum.*

(e) *Bello-Castro.*] *Bel-Castel*, dans l'estat du Diocese d'Aleth & de Limoux, donné par Catel, *ibid.* [Voy. p. 617. Note (b)] p. 366. col. 1.

(f) *Aragone.*] *Aragon*, dans l'estat du Diocese de Carcassone, par Catel, *ibid.* p. 365. col. 1.

CHARLES V. à Paris, en Juin 1366.

(a) Confirmation des Privileges de la Ville d'Angers.

KAROLUS &c. Notum facimus universis presentibus & futuris, Nos transcriptum seu Litteras infrascriptas vidisse, formam que sequitur, [a] *continentes.* [b] Copie :

a continen. R.
b Voy. vers la fin des Lettres.

(b) KAROLUS Filius Illustris Regis Francie, Andegavie, Cenomanie, Provincie & Haynonensis Comes : Universis presentes Litteras inspecturis vel audituris, Salutem in Domino. Notum facimus omnibus & singulis, quod Nos inspeximus & audivimus Litteras Nobilis viri Gaufridi quondam Andegavie Comitis, Fulconis Venerabilis Jeherosolimitanorum Regis, Filii, in hec verba.

NOTUM sit omnibus tam futuris quam presentibus, quod (c) Gaufridus Andegavie Comes, Fulconis Venerabilis Jeherosolimitanorum Regis Filius, concessit omnibus hominibus Andegavie.

(1) Quod debitores (d) Vinagii sui [c] *uno quoque arpento sue terre, unde ipse Vinagium habere debebat & solebat per singulos annos, proxima die post festum Sancti Michaëlis, pro Vinagiis suis, census ei reddant : Quod si die illa non reddiderint, proxima die sequenti, & censum &* [d] *consuetam Vinagii legem persolvant; ac si nec censum, nec legem reddere voluerint, Comes, de Vinea sive de terra, suam velle faciet ; salvo tamen eorum jure, de quorum feodis, vinea aut terra fuerint.*

c ex.
d la redevance ordinaire de vin.

(2) Concessit preterea idem Comes, quod nunquam faciet aut fieri permittet [e] *Andegavie, (e) bannum, nisi de vino suarum propriarum vinearum.*

e Andeg. R.

(3) Insuper stabilivit quod nemo ab (f) Ingrandis usque Andegaviam, nisi solummodo [f] *Andegavensis, (g) thalamum aut navem vino venali onerare queat, aut (h) portum facere presumat.*

f Andegav. R.

NOTES.

(a) Thresor des Chartres, Registre 97. Piece 610.

(b) *Karolus.*] Charles de France, 7.e fils du Roy Louis VIII. & frere de S. Louis, eut en appanage l'Anjou & le Maine, par les Lettres du mois d'Aoust 1246. & il devint Comte de Provence, en épousant le 31. de Janvier 1245. Beatrice Fille & heritiere de Raymond Beranger II. du nom, Comte de Provence. *Voy. l'Hist. Geneal. de la M. de Fr. t. 1. pp. 393. 396.*

Le titre de Comte de Hainaut, demande plus de discussion.

Marguerite Comtesse de Flandre & de Hainaut, estant attaquée par Jean d'Avesne son fils, donna à Charles Comte d'Anjou, le Comté de Hainaut, à condition qu'il luy donneroit du secours : mais dans la suite, S.t Louis, ayant reconcilié le fils avec la mere, engagea son frere, à rendre le Comté de Hainaut, à Marguerite. *Vid. Chronic. Guill. de Nangiaco, [Spicil. Dacer. t. 3. in fol.] pp.* 37. col. 2. & 38. col. 1. *la Chr. de Flandre donnée par Sauvage,* ch. 25. p. 58. *& les Chr. & Ann. de Flandre,* par *Oudegherst, ch. 115. p. 189.*

Charles d'Anjou fut dans la suite Roy de Naple & de Sicile. Voy. l'Hist. Geneal. de la M. de Fr. *ut supra*, p. 394.

(c) *Gaufridus.*] Voy. sur ce Comte, *Gesta Consulum Andegavensium, [Spicil. d'Acer. t. 3. in fol.] ch. 14. p. 265. col. 2.*

(d) *Vinagii.*] *Vinage,* redevance d'une certaine mesure de vin, dûë à un Seigneur, sur des vignes. Voy. Du Cange, au mot *Vinagium* : il y a un long passage de ces Lettres.

(e) *Bannum.*] Le *ban de vin.* Voy. la Table du 3.e Vol. des Ordonn. aux mots, *Ban de vin.* & *Vin.*

(f) *Ingrandis.*] Ingrande, Ville située en Anjou, sur le bord septentrional de la Loire, sur les confins de la Bretagne. Il y a même une partie de la Ville qui est de cette Province. *Voy. le Dictionn. Univers. de la Fr.* au mot, *Ingrande.*

(g) *Thalamum.*] Ce mot peut estre un diminutif de *Thalamegus,* qui signifie un grand vaisseau, & sur lequel voy. le Thresor de la langue latine de Rob. Estienne, à ce mot.

(h) *Portum facere.*] Cela signifie, entrer dans un Port, & je crois avoir déja trouvé cette expression, dans ce sens.

Quicunque

CHARLES V. à Paris, en Juin 1366.

(4) *Quicunque autem voluerit, vinum* [a] *Andegavie adducat, ibique non cum patella, sed cum (i) laguncnlis, illud vendat; Comitique suam* [b] *Costumam rectam; scilicet, de singulis modiis, quinque denarios reddat.*

(5) *Vinum vero Andegavie emptum, à Mercatoribus quocunque voluerint, ducatur. Proinde ne supradictarum institutionum integritas, cassari aut mutari ullatenus posset, Comes predictus, omnium suorum utilitati fideliter providens, scriptum hoc inde factum, ad stabilem concessionis sue confirmacionem, sigilli sui auctoritate corroboravit: Nec pretereundum est eandem Comitis concessionem, Andegavie factam fuisse (k) in spacio Curie sue prato; Anno videlicet ab Incarnacione Domini, millesimo centesimo tricesimo-quinto,* [c] *pridie Kal. Julii: Innocentio secundo Sancte Romane Sedis Pontifice Summo: Ulgerio* [d] *Andegavensi Presule: Regnantibus Fulcone supradicti Comitis Patre, apud Jeherosolimam:* [e] *Ludovico in Francia: (l) Henrico ejusdem Gauffridi Filio, in Anglia. Sciendum est preterea, huic concessioni interfuisse Barones familiares Comitis; Galganus de Caniliaco:* [f] *Hugoninus de Monte-feron,* [g] *Baïonensis: Adam de Ruppe-forti: Rolandus de Monte-rebelli: Ridellus Lupperellus: Pipinus tunc Prepositus. Thomas Chapellus. De parte vero Burgensium, interfuere Garinus Losdinii: Guido de supra-Pontem: Ullanus de Turonis: Tressandus frater ejus: Gunganmus Bibens-solem: Fulco Filius Auberti: Nicolaus Luscus: Hubertus Fuberti: Bartholomeus Fuberti: Laurencius de Leone: Reginaldus Perduel: Richardus Passciai: Torpinus & multi alii.*

Nos vero Karolus Comes supradictus, quia Littera dicte concessionis, erat quasi illegibilis & in pluribus obfuscata, ipsam dictis omnibus nostris Andegavensibus, volumus ex gracia, in melius reparare, & tenorem habere perpetue firmitatis: Addentes quod nos amodo vel heredes nostri aut successores, bannum vini apud Andegaviam, nullatenus faciemus, aut fieri aliquatenus permittemus; firmiter & perpetuo statuentes, quod si vinum de (m) extra Quintam [i] *Andegavie, apud Andegaviam venerit in* [k] *thalamo, ad (n) terram*

[a] Andeg. *R.*
[b] les droits.
[c] 30. de Juin.
[d] Andegav. *R.*
[e] Louis VI. dit le Gros.
[f] Hugon. *avec une marque d'abbreviation.* R.
[g] Baion. *avec une marque d'abbreviation.* R.
[h] Suite des Lett. de Charles Comte d'Anjou.
[i] Andeg. *R.*
[k] Voy. p. precedente, Note (g)

NOTES.

(i) *Laguncnlis.*] C'est la même chose que *lagena* qui signifie une mesure de vin. Il est permis de vendre du vin à pot, ou en bouteille, mais non pas à plats; c'est à-dire, qu'on ne peut recevoir dans sa maison, des gens à qui on fournit de quoy manger & de quoy boire, comme dans un Cabaret.

Voy. Du Cange, au mot, *Lagena.*

(k) *In spacio curie sue prato.*] Il y a grande apparence que cet endroit est corrompu, & comme dans les Lettres par lesquelles Charles Comte d'Anjou, confirma celles-cy, un peu plus de cent ans après qu'elles eurent esté données, il est marqué que l'original des premieres, estoit déja *inlisible,* la critique a un beau champ pour faire des corrections dans le texte.

Le sens qui se presente le plus naturellement, c'est que cette assemblée se tint ou réellement dans un pré, comme les anciennes assemblées de la nation françoise, se tenoient dans un champ, sous la premiere race; ou dans un lieu que l'on nommoit le *pré,* parce qu'il avoit esté bâti sur un terrain où il y avoit autrefois un pré, ou par quelque autre raison.

Peut-estre aussi faut-il lire dans le texte, *parato,* au lieu de *prato.* On pourroit aussi changer *spacio* en *spacioso.*

(l) *Henrico, &c.*] Henry Roy d'Angleterre maria sa Fille Malthilde, Veuve de l'Empereur Henry V. à Geoffroy Comte d'Anjou, celuy qui a donné ces Lettres. De ce mariage, vint un Fils nommé Henry, qui naquit en 1133. Le Roy Henry son grand Pere, qui avoit déja fait reconnoistre deux fois Malthilde sa Fille, pour son heritiere, & qui luy avoit fait prester serment par tous les Vassaux immediats de la Couronne, fit, immediatement après la naissance de son petit-Fils, renouveller ce serment, dans lequel le jeune Prince fut compris. C'est sans doute en vertu de ce serment, que le Comte Geoffroy donne icy le titre de Roy d'Angleterre, à Henry son Fils: mais il est fort extraordinaire qu'il ne parle point d'Henry I. qui vivoit encore, & qui n'avoit pas abdiqué la Couronne en faveur de son petit-Fils: car ces Lettres sont du 30. de Juin 1135. & Henry I. ne mourut que le 2. de Septembre suivant. Voy. *l'Hist. d'Anglet. par Thoiras, t. 2. l. 2. pp. 95. 102. 103. 104. & 105.*

(m) *Extra Quintam.*] La Banlieuë, nommée aussi en françois, *Quinte,* parce qu'elle s'estendoit jusqu'au 5.e milliaire. Voy. Du Cange, au mot *Quinta,* où il cite l'Article 35. de la Coustume d'Angers, où il est parlé des *Quintes d'Angers.* A Bourges, la banlieuë se nomme la *Septaine.* Voy. Du Cange, au mot *Septena.*

(n) *Terram.*] Ce mot qui est écrit en abregé d'une maniere assez équivoque, est douteux.

CHARLES V. à Paris, en Juin 1366.

minime descendatur, & venale positum in taberna, non cum [a] *patella sed cum laguncul[is], vendatur: Ita quod thalamus semper fluctuet in aqua, minime tangens portum. Si vero vinum venerit in quadriga, vendatur cum laguncilis, non patella, ita quod timones quadrige nullatenus tangant terram, quamdiu ipsum vinum venale fuerit in taberna. Si vero* [b] *in aliquis contra hanc concessionis nostre formam, venire in aliquo presumpserit, volumus & mandamus quod Prepositus noster* [c] *Andegavensis & Cives nostri Andegavenses,* [d] *vindicam exerceant de commissis, prout fuit alias consuetum. In cujus rei testimonium, Nos utilitati dictorum Civium, de gracia providentes, & liberaliter injungentes, presenti scripto sigillum nostrum duximus apponendum.* Actum mense Aprili, Anno Verbi Incarnati, millesimo ducentesimo quinquagesimo-tercio.

[e] Donnée ceste copie soubz le seel don l'en use aux [f] contraux de la Ville d'Angiers & du ressort, & faicte collacion à l'original, le 6.[e] jour de Juing, l'An de grace 1366. Collacion faicte à l'original. [g] A. BIDOIZ.

[h] *ET quia dicti Cives* [i] *Litteras originales* vidisse *seu copie* [k] *suprascriptum, propter viarum pericula, deferre de loco ad locum, ad presens non sunt ausi, Nobis humiliter supplicarunt, quatenus super hiis, eisdem de remedio gracioso providere curemus: Quocirca, eorum supplicacioni favorabiliter inclinati, Nos* vidisse *seu Litteras suprascriptas, rata & grata habentes, ea volumus, laudamus, approbamus, ratifficamus, & quatenus dicti Cives Andegavenses* [l] *contentorum in predictis Litteris seu* vidisse, *usi sunt, de nostri gracia speciali & auctoritate Regia, tenore presencium confirmamus: Proviso tamen quod* vidisse *seu copia in nostris presentibus insertum, concordet cum originalibus in eisdem comprehensis. Mandamus Senescallo* [m] *Andegavensi & Cenomanensi, ceterisque Justiciariis & Officialibus nostris, presentibus & futuris, & ipsorum cuilibet ut ad eum pertinuerit, quatenus dictos Cives Andegavenses, qui nunc sunt & qui pro tempore fuerint, nostris presentibus gracia & confirmacione uti & gaudere pacifice faciant &* [n] *permitten. Quod ut firmum & stabile perpetuo permaneat, nostrum presentibus fecimus apponi Sigillum: salvo in aliis jure nostro & in omnibus alieno.* Datum Parisius, Anno Domini 1366. mense Junii, & Regni nostri tercio.

Sic signata. Per Regem ad relacionem vestram. H. DE HAC. *Visa.*

a Voy. p. precedente, Note (*i*)

b Ce mot est inutile.

c Andeg. *R.*

d vindictam.

e *Donn.* R.

f *contracts.*

g C'est peut-estre une *R.*

h Suite des Lett. de Charles V.

i Les Lettres originales sur lesquelles cette copie a esté faite.

k suprascript. *R.*

l contentor. *R. Il faudroit,* contentis.

m Andegav... Cenoman. *R.*

n permittant.

CHARLES V. à Paris, en Juin 1366.

(a) Confirmation des Privileges accordez à la Ville de Pont-Orson.

SOMMAIRES.

(1) Les habitans ne seront pas obligez d'aller à l'armée, si le Roy n'y est en personne.

(2) Les habitans ne seront pas obligez d'aller plaider hors de leur domicile, si ce n'est pour les seules affaires qui interessent le Roy.

(3) Les habitans ne seront pas obligez d'aller plaider hors de leur Ville, sur les contestations qui s'eleveront au sujet des marchez qu'ils auront faits dans le marché de la Ville; à moins que le Juge de cette Ville ne manque: [ne refuse ou ne differe trop de rendre son Jugement sur ces contestations.]

(4) Exemption d'imposts & de peages pour les habitans.

(5) Lorsqu'il y aura eu une dispute & une baterie entre des Bourgeois, s'il y a eu du sang repandu, & que cela donne lieu à une contestation devant le Prelat, on payera 12. deniers pour la premiere plainte qui sera portée en Justice. Si on soutient qu'il n'y a pas eu de sang repandu, c'est le cas d'un Duel. Si le Juge ordonne que le Duel soit fait, celuy qui sera vaincu, payera 109. sols d'amende. Si [après le Duel] *la dispute se renouvelle, & qu'elle donne lieu à un nouveau procès,* [le coupable] *payera 60. livres d'amende, ou il aura le poing coupé. Les mêmes peines auront lieu, lorsqu'on renouvellera d'anciennes inimitiez.*

(6) S'il arrive une dispute & une baterie un jour de marché, & que l'on donne un gage de bataille pour parvenir à un Duel, [celuy qui aura porté sa plainte en Justice,] *payera 12. deniers* Mansois. *Si la querelle s'accommode devant le Prelat, on ne payera rien pour la demande qui a esté faite du gage de bataille; si la querelle se renouvellant, on demande une seconde fois un gage de bataille, il sera payé 12. deniers; quand bien même la querelle s'accommoderoit ensuite* [sans combat.]

(7) Les habitans n'iront point plaider hors de leur Chasteau dans les affaires qui

regarderont l'Evêque [d'Avranches,] si cela leur peut porter prejudice.

Dans les jours de marché, ils ne seront point obligez de comparoistre en Justice, pour les affaires du Preteur, ou pour les leurs propres, si ces affaires ne sont contre des estrangers.

(8) Si le Preteur fait assigner [d'office] un Bourgeois pour comparoistre en Justice, celuy-cy repondra une seule fois sur cette affaire, sans temoin.

(9) On ne pourra mener en prison un Bourgeois qui offrira une caution : s'il n'en peut pas trouver, il aura dans la prison la liberté de se promener [dans la cour ou preau.] Il sortira en payant ce pourquoy il est arresté.

(10) Le Prelat donnera gratis, aux habitans, les Actes dont ils peuvent avoir besoin.

(11) Si le Prelat mande un Bourgeois, & qu'on ne puisse pas le trouver, il ne sera pas condamné à l'amende, ni sa maison, faute de payement de cette amende, ne sera pas saisie, jusqu'à ce qu'il ait esté trouvé.

(12) [Voy. p. 689. Note (p)].

(13) Si quelqu'un a une action à intenter contre un Bourgeois, soit contre luy personnellement, soit par rapport à sa maison ou à sa famille, & que ce Bourgeois soit en voyage, on ne pourra ni le condamner ni saisir sa maison, jusqu'à ce qu'il soit de retour ; à moins que son absence n'ait duré un an & un jour, [depuis l'action intentée.]

(14) Si un Bourgeois assigné par son creancier, reconnoist qu'il est debiteur, mais qu'il ne peut pas payer, sa maison sera saisie; mais il ne sera obligé d'en sortir, qu'un an & un jour après qu'il aura fait cette reconnoissance en Justice.

(15) Si une Bourgeoise en l'absence de son mari, a une querelle avec quelqu'un, elle n'est pas obligée de soûtenir sur le champ un procès à cette occasion, & il suffira qu'elle donne caution de se representer en Justice, lorsque son mari sera revenu.

(16) Si un Bourgeois a des hostes [ou locataires] dans sa maison, il ne sera pas obligé de les faire assigner en Justice, pour les sujets de plainte qu'il pourra avoir contre eux, jusqu'à ce que ces locataires manquent : [cessent d'habiter dans sa maison.]

(17) Un Bourgeois à qui son locataire devra des loyers, pourra saisir ses effets, sans avoir recours au Préteur.

(18) Si un Bourgeois assis devant le Prelat dans le lieu où se rend la Justice, dit des injures au Préteur ou à quelque autre personne, il payera une amende de 12. deniers.

(19) Si un Bourgeois mandé par le Préteur, refuse de se rendre auprès de luy, il payera 12. deniers, toutes les fois qu'il sera averti de la part du Préteur, de le venir trouver.

(20) Si quelqu'un en bat un autre, devant le Prelat dans le lieu où se rend la Justice, il payera 60. livres, ou on luy coupera le poing.

(21) Si quelqu'un va maltraiter une personne dans sa maison, il sera condamné à la même peine.

(22) Celuy qui s'emparera d'une terre ou d'un effet qui ne luy appartient pas, ou du domaine du Roy, payera une amende de 12. deniers.

(23) Celuy qui s'emparera de l'endroit qui separe ses heritages de celuy de ses voisins, ou d'un chemin, payera 60. sols.

(24) Lorsqu'il sera necessaire d'establir un guet, chaque Bourgeois, payera 4. deniers par an. S'il faut en establir davantage, ils seront entretenus aux dépens du Roy.

(25) Les habitans ne payeront aucuns droits sur les choses qui seront necessaires pour leur vestement, pour leur nourriture & leur boisson.

(26) Si un Bourgeois qui est dans le bain ou à la table, ou à ses necessitez, est mandé par le Préteur, & qu'il n'aille le trouver, que lorsqu'il aura esté dans le bain, le temps qu'il avoit intention d'y demeurer, lorsqu'il aura fini son repas, ou achevé ses necessitez, [il ne payera pas d'amende.]

(27) Chaque Bourgeois payera par an, 12. deniers [de Cens] du terrain qui luy appartient ; & moyennant cette redevance, il pourra vendre & achepter librement toutes sortes de marchandises dans le Chasteau. Il pourra bâtir dans son terrain, plusieurs maisons pour lesquelles il ne payera qu'un seul [Cens] de 12. deniers.

(28) Si un Bourgeois vend le terrain qui luy appartient, à plusieurs Bourgeois, ils payeront chacun [le Cens] annuel de 12. deniers. Mais si dans la suite, ce terrain se trouve n'appartenir plus qu'à un seul Bourgeois, il ne sera plus chargé que de 12. deniers [de Cens.]

(29) Si le Prelat charge un Bourgeois d'aller faire un message, ou de quelque autre commission, le Bourgeois ne sera pas obligé de luy obéir, s'il ne s'agit des affaires du Roy.

(30) Si quelqu'un vient à Vernëuil, & s'y fait recevoir Bourgeois, il conservera les maisons [qu'il possedera dans les autres lieux où il y a des Bourgeois ;] & ceux qui se seront emparé de ces maisons ou de quelques autres effets à luy appartenans, seront obligez de les luy rendre : & si après en avoir reçû l'ordre du Prelat de Vernëuil, ils refusent de le faire, ils seront obligez de venir plaider à Vernëuil, sur cette contestation.

(31) Le Prelat, quand il sçait que celuy qui luy demande un sauf-conduit, est debiteur d'un Bourgeois, ne peut pas le luy accorder sans le consentement de celuy-cy.

(32) Moulin & droits qui s'y perçoivent.

(33) Four & droits qui s'y perçoivent.

(34) Lorsqu'on assigne une maison ou une place à une personne qui se fait recevoir Bourgeois, il doit donner six deniers au Préteur, & un à son Valet. Si dans la suite, il achepte

CHARLES V. à Paris, en Juin 1366.

CHARLES V. à Paris, en Juin 1366.

plusieurs maisons, il ne doit rien au Préteur.

(35) Le Valet du Roy qui publie & qui crie *le vin qui est à vendre, aura un denier pour chaque* cri *de vin, & une obole pour chaque* cri *de biere. Il aura aussi un droit sur chaque cens qu'il recevra.*

(36) Le Valet du Roy a 12. deniers pour chaque saisie qu'il fait, & pour porter les choses necessaires. Si dans les jours de marché, il porte la verge du Préteur [devant luy,] *il aura un denier.*

(37) On ne peut apporter du pain de dehors dans le Chasteau, si ce n'est les jours de marché.

(38) Un Bourgeois qui a une maison dans la Ville, peut ne la point habiter, & aller demeurer dans la maison d'un autre, pourvû qu'il paye le cens de sa maison.

(39) Les reparations des portes, des ponts & de tous les autres [édifices,] *se feront sur le cens dû au Roy,* [*ou bien,* sur ses revenus.]

(40) Les Seigneurs ne seront point obligez de recevoir de caution du Prelat, ni même du Roy.

(41) On n'interdira point à un Bourgeois, la porte du Roy, à Vernëuil.

(42) Peages & droits qui se payent pour la vente des marchandises.

(43) Le Roy donne à chaque Bourgeois, trois acres de terres, [pour bâtir une ou plusieurs maisons] *avec un jardin.*

(44) Si un Bourgeois fait assigner une personne qu'il prétend estre son debiteur : celuy-cy, s'il nie la dette, en sera crû sur son seul serment : mais il fera jurer deux personnes avec luy, si c'est le Prelat qui le fait assigner.

(45) Si un estranger debiteur d'un Bourgeois, estant assigné, assigne & reconnoit qu'il doit, [il ne payera pas d'amende :] *s'il le nie, & que le contraire soit prouvé, il sera condamné à l'amende.*

Un creancier peut appeller en duel, son debiteur qui prétend ne luy rien devoir.

(46) Si un meusnier fait mal moudre du grain, celuy à qui appartient ce grain, peut le faire moudre luy-même ; & le meusnier luy rendra la perte qu'il luy a fait souffrir.

(47) L'engagement de se battre en Duel, doit estre repeté *le 3.e jour devant deux hommes.*

(48) Le sextier de vin promis au Prelat, vaut toûjours quatre deniers.

Coustumes de Vernëuil.

(1) Les Bourgeois de Vernëuil payent douze deniers tournois de cens annuel. Si un Bourgeois a plusieurs places ou maisons, il paye le cens pour chacune d'elles. Si un homme vend une partie la place qui luy a esté concedée en qualité de Bourgeois, en s'en reservant une portion, l'acquereur ne paye qu'une portion du cens proportionné à la portion de la place qu'il a acquise.

(2) Si un homme qui se plaint d'avoir esté maltraité, quoyqu'il n'y ait pas eu de sang repandu, le prouve par des temoins, l'accusé jurera seul qu'il n'est pas coupable de ce que l'on luy impute. [S'il ne veut pas jurer, ou qu'après avoir juré, il soit convaincu d'avoir fait un faux serment,] *il sera condamné à l'amende. Si le plaignant n'a pas de temoins du mauvais traitement qu'il prétend luy avoir esté fait, on ne recevra pas sa plainte.*

Si un homme se plaint de mauvais traitements qui ont esté suivis d'effusion de sang, l'accusé jurera luy & deux autres personnes avec luy, qu'on l'accuse à tort : s'il ne veut pas jurer, il sera condamné à l'amende.

L'accusé pour gage de l'engagement qu'il prend, de se presenter en Justice, donnera ses armes ; c'est-à-dire, *son arc, ses fleches & son épée. S'il n'a pas d'épée, il jurera seul qu'il n'en a pas.*

Celuy qui en a blessé un autre, payera les frais du pensement.

Si un homme se plaint qu'on luy ait fait de mauvais traitements, en sorte qu'il ait repandu du sang ; l'accusé jurera luy & cinq autres personnes avec luy, qu'il est innocent de ce qu'on luy impute. Si [après son serment,] *il est trouvé coupable, il sera condamné à l'amende.*

(3) Si un homme reprend par force à un Sergent, une chose que celuy-cy a saisie par authorité *de Justice, & qu'il ne vienne pas* [sur le champ] *devant le Juge avec le Sergent, il sera condamné à l'amende.*

(4) Les Bourgeois ne seront pas obligez d'aller plaider hors de ce lieu.

(5) Celuy contre qui on a fait une plainte en Justice, ne sera pas mis en prison, s'il peut trouver des cautions. S'il n'en trouve pas, on le confiera à la garde de ses amis. Il sera jugé dans Vernëuil.

(6) Si un meusnier se plaint d'avoir esté maltraité auprès de son moulin, on ne recevra pas sa plainte, s'il n'a pas de temoins, ou s'il n'a pas de blessûre suivie d'effusion de sang. S'il y a des temoins, ou une blessûre de ce genre, l'accusé jurera luy & cinq personnes avec luy, qu'il n'est point coupable de ce qu'on luy impute.

(7) Si le Roy a besoin de chevaux & de charrois, on en prendra à Vernëuil, & on en payera un prix raisonnable, de l'argent du Roy.

(8) Lorsqu'un Bourgeois se plaint d'un homme qui demeure dans Vernëuil, mais qui n'est pas du corps de la Bourgeoisie, si le Seigneur de l'accusé, le trouve sur le territoire de Vernëuil, il le fera comparoistre devant luy dans cette Ville, pour le juger.

(9) Les Bourgeois peuvent faire moudre au moulin du Roy. Droits de mouture.

(10) Chaque Bourgeois peut avoir un four, en payant au Roy certains droits de fournage.

CHARLES V.

à Paris, en Juin 1366.

(11) Chaque Bourgeois peut faire moudre à son tour, son grain au moulin du Roy: [& il n'en peut faire moudre à la fois, qu'une certaine quantité, quand il se presente un autre Bourgeois, pour moudre le sien;] *à l'exception des Boulangers qui ont le droit de faire moudre toute leur farine de suite. Mais un homme qui n'est pas Bourgeois, ne peut pas obliger un Bourgeois de cesser de faire moudre son grain, pour luy ceder la place.*

KAROLUS &c. Notum facimus universis tam presentibus quam futuris, quod cum dudum Henricus quondam Rex Anglorum, Duxque Normannie & Acquitanie, Burgensibus de Ponte-ursonis, certa privilegia, nonnullas Libertates & franchisias continentia, duxerit concedenda, prout in quodam vidimus *sub sigillo Vice-comitatus Pontis-Ursonis, ut prima facie apparebat, confecto,* vidimus *latius contineri: Cujus quidem* vidimus, *tenor sequitur sub hiis verbis.*

A TOUZ ceulx qui cez Lettres verront ou orront, Guy Crestien Bailli de Pontur-son, Salut. Saichent touz, que nous avons receu un Mandement de nostre très redoubté Seigneur, Monsf. le Duc d'Orliens, sur le fait dez franchises, Libertez &

NOTES.

(a) Thresor des Chartres, Registre 97. Piece 555.

Les Privileges de la Ville de Pont-Orson, confirmées par les Lettres de Charles V. sont un des plus anciens monuments de la Jurisprudence françoise, puisqu'ils ont esté accordez originairement par Henry I Roy d'Angleterre & Duc de Normandie, qui regnoit au commencement du 12.e siecle. Elles contiennent d'ailleurs beaucoup plus de dispositions que la plus grande partie des Lettres du même genre, qui ont esté données dans ce siecle & dans le suivant.

Mais malheureusement, elles nous ont esté transmises d'une maniere très defectueuse.

La copie de ces Privileges qui se trouve dans le Registre 97. du Thresor des Chartres, n'a pas esté faite sur l'original, mais sur l'original des Lettres de confirmation de Charles V. dans lesquelles estoit le *vidimus* de ces Lettres originales, copié d'après un autre *vidimus* fait par l'ordre du Bailli de Pont-Orson.

Les fautes se sont multipliées dans ces copies successives; & elles sont presque innombrables dans celle qui est dans le Registre du Thresor des Chartres; il y a des mots défigurez: il y a des mots & même des lignes oubliées; [Voy. les Notes.] D'ailleurs les differents articles ne sont pas distinguez par des *Item*, ou par des Lettres majuscules; en sorte qu'il est quelquefois très difficile de determiner auquel de deux articles qui se suivent, certaines clauses doivent appartenir.

Enfin la copie qui est dans le Registre des Chartres, est d'un caractere mal formé, & écrite d'une ancre qui est devenuë très blanche, & qui est presque effacée dans plusieurs endroits.

A la defectuosité de cette copie, se trouvent jointes les difficultez qui viennent de la matiere.

La plûpart des articles de ces Lettres, sont redigez d'une maniere très generale & très vague; & il est d'autant plus difficile d'en determiner le sens, qu'on ne trouve pas toûjours des dispositions semblables, dans les Lettres du même genre.

J'ay consulté sur ces Lettres, des personnes plus habiles que moy, qui m'ont donné quelques ouvertures fort heureuses; mais qui n'ont pû lever toutes mes difficultez.

Voicy la methode que j'ay crû devoir suivre, en travaillant sur ces Lettres.

Il y a des endroits sur lesquelles je me suis trouvé en estat de proposer des conjectures, qui m'ont paru assez plausibles.

Il y a d'autres endroits sur lesquelles je me suis contenté de marquer dans les *Sommaires*, le sens que je croyois qu'on pouvoit leur donner; en sorte qu'il sera necessaire de lire avec chaque article, le *Sommaire* qui en sera comme la paraphrase & le commentaire: j'ay fait renfermer entre des crochets & distinguer par le caractere, ce que j'ay crû devoir ajoûter pour donner plus de clarté à l'article: mais je ne suis pas moy-même également content de toutes ces interpretations.

Enfin j'ay avoüé franchement sur quelques articles que je ne les entendois pas.

Il ne m'auroit pas esté cependant impossible de hazarder quelques conjectures sur quelques-uns de ces articles; mais j'ay crû qu'il valoit encore mieux les supprimer par les raisons que j'ay marquées cy-dessus, *p. 45. Note (g)*.

Peut-estre trouvera-t-on dans la suite, d'autres Lettres du même temps & du même genre, qui pourront servir à rectifier le texte de celles-cy, & à faciliter l'intelligence des articles qui sont difficiles à entendre.

CHARLES V. à Paris, en Juin 1366.

saisines de la Ville de *(b)* Pontursson, & dez Bourgois demourans en ycelle, contenant que nous veissions diligemment, & regardissions lez Chartres dezdictes Libertez & franchises, & que par nous en feust faite *vidisse,* & envoïé pardevers Monf. le Duc, afin pour lez confirmer & aler avant, jouxte la nature dudit Mandement, selon la nature dezdictes Chartres, franchises, Libertez & saisine, dezquelles la teneur ensuit.

(c) **H.** *Rex Anglorum, Dux Normannorum & Acquitanie, Castellum Pontis-Ursonis restituens Burgensibus illius, eandem omnino Libertatem concessit, quam tenent Burgenses de (d) Vernolio,* [a] *a.* [b] *H. Rege Anglorum Avo ipsius, concessam, & ab ipso confirmatam.*

Consuetudines ergo Vernolenses quasqunque honestas & utiles, Burgensibus de Ponte-Ursonis, tam presentibus quam futuris, Henricus Rex Anglorum concessit : sunt autem hec.

(1) Fecit [c] *eos Burgenses, Rex Henricus, immunes tocius equitacionis, (e) si ipse in eodem negocio esset, & in eodem exercitu.*

(2) Hanc eciam Libertatem, quod nullus eorum pro aliquo, nisi pro ipso Rege, extra Castellum suum placitaret.

(3) Hanc eciam Libertatem, quod de (f) institucione & Marcheyo [d] *quod fiet in Villa sua, non extra placitaverint pro aliquo, donec (g) Prelatus sue Ville deficiat.*

(4) Et eos fecit immunes per totam suam terram, de omnibus [e] *Consuetudinibus,* [f] *primis tribus annis.* Item. *Per totam terram Gilleberti Crispini immunes &* [g] *hoc semper, de* [h] *paagio : Immunes per totam terram (h) Comitis Leocestion. de paagio; & per totam terram R. de Tavenio, similiter.* Item. *Per totam terram Comitis* [i] *Mellentis, similiter.*

(5) De discordia & melleia inter Burgenses, si sanguis [k]*, ante Prelatum cognoscatur, de primo clamore duodecim* [l] *nummos : Et (i) si vegetur sanguis, est ibi duellum.*

a ab.
b Voy. la Note *(c)*.
c illos.
d q. *R.*
e droits : impofts.
f les trois premieres années qui suivront cette concession.
g à perpetuité.
h peages.
i Meullant.
k *Il faut suppléer,* exierit.
l douze deniers. *Voy. Du Cange, au mot,* nummus.

NOTES.

(b) Pont-Urson.] nommé aujourd'huy *Pont-Orson*, dans le Diocese d'Avranches, vers les frontieres de la Bretagne. *Voy. le Dictionn. Univers. de la Fr.* au mot, *Pont-Orson.* Le Duc d'Orleans, Oncle de Charles V. estoit Seigneur de ce lieu. Car dans des Lettres du 29. d'Aoust 1372. qui sont au Thresor des Chartres, Registre 103. Piece huict-vingt-17. on lit :

Richard Coudran, Bailly de Pont-Orson, pour nostre très cher Oncle, le Duc d'Orleans.

(c) H.] *Henricus.* C'est Henry Roy d'Angleterre, Duc de Normandie & d'Aquitaine, qui estoit petit-fils d'un autre Henry Roy d'Angleterre, ne peut estre qu'Henry II. sur lequel voy. cy-dessus, p. 633. Note *(l)*.

Henry II. ne monta pas sur le Trosne, immediatement après la mort de son grand-Pere qui regna depuis 1100. jusqu'en 1135. Estienne Comte de Boulogne, son Cousin, s'en empara, & l'occupa jusqu'à sa mort arrivée en 1154. Henry II. regna depuis cette année jusqu'en 1189. C'est tout ce que l'on peut dire sur le temps auquel furent données ces Lettres qui ne sont pas datées.

Voy. sur les faits rapportez cy-dessus, l'*Hist. d'Anglet. par Thoiras, t. 2. L. 6. 7. pp. 79. 105. 108. 140. & 235.*

(d) Vernolio.] C'est suivant toutes les apparences, *Verneüil* dans le Diocese d'Evreux, sur lequel voy. *Dictionn. Univers. de la Fr.* à ce mot.

(e) Si ipse.] Je crois qu'il faut lire *nisi* au lieu de *si*; & cette clause se trouve dans quelques autres Chartres semblables. *Voy. les Tables des matieres des Volumes des Ordonn.* au mot *Armées.*

(f) Institutione & Marcheyo.] Ces deux mots dans ces Lettres, sont presque toûjours joints ensemble, comme synonimes : on trouve même quelquefois *institutio* seul. Voy. l'Art. 7.

(g) Prelatus.] Ce mot signifie icy un Juge seculier : il est synonime avec *Pretor*, car dans l'Art. 18. on lit *coram Prelatum seu Pretorem :* & dans ces Lettres, ces deux mots sont mis indifferemment l'un pour l'autre. *Voy. Du Cange*, au mot *Prælatus.*

Cet Autheur au mot *Præco*, dit que c'est la même chose que *Prætor*, & qu'il signifie un *Magistrat municipal*, un *Maire.* Il y avoit une Commune à *Verneüil* & à *Pont-Orson.* Voy. un peu après l'Article 48. Voy. aussi le second Article des autres Coustumes de Verneüil, où le Juge est nommé *Præpositus.*

(h) Comitis Leocestion.] C'est apparemment un Comté situé en Angleterre, duquel le nom moderne m'est inconnu. C'est peut-estre le Comte de Leicestre.

(i) Si vegetur sanguis.] Je crois qu'au lieu de *vegetur*, qui est bien écrit avec une grande *V.* il faut lire *negetur.*

Si vero duello cogetur cognoscere delictum, ad Prelatum centum & novem solidos pro delicto. De discordia & melleia, [a] iterum eadem re incipiat, & cognoscat vel cogatur cognoscere, sexaginta libras, (k) vel pugnum; & hoc idem pro veteri inimicia.

(6) Similiter de discordia & melleya que fit in die institutionis & Marcheii, sex (l) [b] Cenomonenenses, si detur [c] vademonium duelli: Ante Prelatum pacificentur, si voluerint, nichil (m) admittentes erga Prelatum de primis vademoniis: Si dupplicentur, duodecim ad Pretorem; si pacificentur.

(7) Nec pro [d] Episcopo, [e] erga Castellum suum placitabunt, donec [f] unius eorum gravetur: Nec in die [g] institutionis, pro [h] Pretore, nisi contra extraneum; nec eciam ibunt coram Pretore, nisi pro extraneo.

(8) Si Pretor aliquem accuset, pro eo tantum semel respondebit sine teste.

(9) Et si Pretor aliquem velit ducere vi, nunquam Burgensem ducet in carcerem, si invenerit plegios. Si autem plegios invenire nequiverit, (n) in carcerem mitatur liberum; & carcere exiet (o) & exierit precio suo.

(10) Et si aliquis Burgensium (p) breve aliquod à Prelato pecierit, illud habebit sine precio, preter terram.

(11) Et si Burgensem Prelatus mandet, si non [i] invenitur, (q) nec ipse nec domus ejus, donec inveniatur, respondebit.

(12) Ne Burgensis in (r) Vass. ex quo [k] hostium clauditur, ibit coram Pretore, nisi contra extraneum.

(13) Si quis accuset aliquem, vel domum vel familiam ejus, si ipse moretur [l] institucione, nec ipse, nec domus ejus [m] respondebit, donec ipse revertatur, nisi moretur per annum & diem.

(14) Si fiat clamor de Burgense pro debito quod ipse agnoscat, si nequeat illud solvere, cum domus ejus tradatur pro debito, ipse non exiet domum suam, usque ad annum & diem elapsum.

(15) Et cum uxor alicujus Burgensis, melleiam cum aliquo fecerit, si vir ejus abfuerit, dabit plegios de stando juri, nec placitabit, donec vir ejus [n] assit.

(16) Et si aliquis Burgensis habeat hospites in domibus suis, quidquid hospes delinquat, non placitabit pro Pretore, (s) donec hospes deficiat.

CHARLES V.
à Paris, en Juin 1366.

a Supp. si.
b Cenomanenses.
c gage de bataille, pour parvenir au duel.
d d'Avranches. Voy. page preced. Note (b).
e extra.
f unus.
g Voy. p. preced. Note (f).
h Voy. p. preced. Note (g).
i On pourroit lire aussi, invenerit.
k Peut-estre, ostium.
l Je crois qu'il faudroit corriger, in itinere.
m Voy. Note (q).
n adsit.

NOTES.

(k) *Vel pugnum.*] Celuy qui ne pourra pas payer 60. livres, aura le poing coupé.

(l) *Cenomanenses.*] Deniers mansois, sur lesquels voy. Du Cange, au *Moneta*, dans l'Article des Monnoyes des Seigneurs.

(m) *Admittentes.*] Je crois qu'il faut corriger *amittentes : il ne perdra rien ;* c'est-à-dire, *il ne sera pas condamné à l'amende.* Il faudra faire la même correction, dans plusieurs des articles suivants.

(n) *In carcerem mitatur liberum.*] Il y a dans le R. *lib.* avec une marque d'abbreviation. C'est-à-dire, que le prisonnier ne sera pas enfermé, & qu'il aura la liberté de se promener dans la cour ou dans le *preau.* Sa prison sera *ad custodiam, non ad pœnam,* ainsi qu'il est dit dans d'autres Lettres. *Voy. la Table des matieres,* au mot, *prison.*

(o) *Et exierit pretio suo.*] Cela peut signifier, qu'il sortira de prison, en payant ce pourquoy il est arresté. Ces mots, *& exierit* paroissent inutils.

(p) *Breve.*] Ce mot a differentes significations, que l'on peut voir dans Du Cange. Il peut signifier icy un Acte judiciaire : mais je ne vois pas quel peut estre le sens de ces mots, *preter terram.* Peut-estre faut-il corriger, *per terram ;* mais le sens n'en seroit gueres plus clair.

(q) *Nec ipse nec domus ejus.. respondebit.*] Je crois que cela signifie, il ne sera pas condamné à l'amende ; & sa maison, faute du payement de cette amende, ne sera pas saisie. Voy. l'Art. 14.

(r) *Vass.*] Ce mot est presque indechiffrable. Il peut y avoir *Vass.* avec des marques d'abbreviation. Mais je ne sçais ce que peut signifier ce mot, d'où dépend le sens de l'article que je n'entends point. Il paroist par un passage que Du Cange a rapporté sans l'expliquer, au mot *Vassis,* qu'il signifie une chose qui fait partie d'un édifice.

(s) *Donec hospes deficiat.*] Il n'est gueres possible de determiner le sens d'une expression aussi generale & aussi vague que celle-là. Peut-estre signifie-t-elle, jusqu'à ce que ces locataires cessent de loger dans la maison ? Ce mot *deficiat* se trouve plus haut, art. 3. mais dans un sens qui ne peut convenir icy.

CHARLES V.

à Paris, en Juin 1366.

(17) Si hospes debet Burgensi aliquid de precio sue domus, ipse vademonia ipsius potest sumere, sine clamore ad Pretorem.

(18) Dum sedet Burgensis in placito coram Prelato, quamcunque turpitudinem [a] *coram* [b] *Prelatum seu Pretorem, seu contra quemlibet, pro ea, ad Pretorem duodecim nummos.*

(19) Si Pretor aliquem mandaverit, & ipse cum [c] *invaniatur, ire noluerit coram eo, quociens mandatus ire noluerit, tociens duodecim nummos* [d] *adamiserat.*

(20) Si aliquis in placito coram Prelato, alium invaserit ex mesleya, sexaginta libras, vel pugnum amittere debet.

(21) Si aliquis alium in domum suam invaserit, eadem inde Justicia fieri debet.

(22) Si aliquis terram alterius, vel rem aliquam occupaverit, vel eciam [e] *proprium Regis, pro occupacione, duodecim nommos.*

(23) Si limitem vel cheminum occupaverit, sexaginta solidos pro occupacione.

(24) Si est locus excubiarum, quisque Burgensis quatuor denarios det per annum. Si est neccessarium habere plures excubias, dentur ex censu Regis.

(25) Quislibet in Castello Vernolii, quodlibet ad se induendum, & quodlibet ad bibendum & ad manducandum, libere sine [f] *Consuetudine danda erunt.*

(26) Si Pretor aliquem mandaverit, dum ipse est in balneo, non ierit coram ipso, donec cum ipse voluerit exire; vel si prope sedeat ad manducandum, non pro Pretore surget, donec post prandium; vel si (t) diminutus fuerit, coram Pretore non ierit, donec diminucionem impleverit.

[g] *(27)* [h] *Reddat quisque pro platea sua vel domo, per annum duodecim nommos; & hoc solum reddendo, vendat & emat omnia libere in Castello; faciat in sua platea, si* [i] *libanverit, plures domos, nec ideo redditus crescet.*

(28) Si ex una platea divisa, plures fiant Burgenses, quisque per annum, duodecim nommos debet: si illa eciam ad unum quemque redeat, illa iterum ad duodecim nommos.

(29) Si Prelatus alicui Burgensi imperet quatenus in nuncium eat, vel in aliquo suorum negociorum, non illud agat pro aliquo, nisi pro Rege ipso.

(30) Si aliquis pergit Vernolium, factus Burgensis, omnes sui (u) census salvi sunt; & si aliquis [k] *ejus domos vel aliud tenuerit, Vernolium veniet placitatum, & omnes domos ei reddat. Quisquis & quecunque debuerit, & reddere per Nuncium Prelati Vernolii, noluerit, veniat inde placitatum Vernolii.*

(31) Si aliquis debet aliquid alicui Burgensi, Prelatus non potest ei dare [l] *conductum, sine concessione ejus cujus est debitum, si Prelatus sciat debitum deberi: Si nesciat, poterit adducere per conductum, donec questionem audiat & non ultra, sine concessione illius.*

(32) (x) De multura, si aliquis moliat sexdecim boessellos, sextumdecimum Regis est. Molendinus tenet in angulis, dimidium boessellum & pastum. Custos Molendini de farina recipit precium suum, quantum semel cum palma levaverit: Molendinarius [m] *vanat triginta boessellos, pro una placenta, & pro uno pane de precio unius nummi. Famulus qui servit & (y) enguernat, per annonam precium suum recipit quantum pugno suspenso*

[a] *Je crois qu'il faut corriger,* contra. *Il manque plusieurs mots dans cet article.*

[b] Voy. cy-dessus, p. 638. Note (g).

[c] invenietur.

[d] *Corr.* amittat. Voyez page precedente, Note (m).

[e] le domaine du Roy.

[f] droits : impôts.

[g] Voy. l'Art. 19.

[h] Voy. cy-dessous, l'Art. 34.

[i] *Fort.* libuerit.

[k] *Ce mot est douteux : Car il semble qu'il y ait* eims *dans le Registre.*

[l] sauf-conduit.

[m] *Il faut peut-estre lire,* vannat, vanne.

NOTES.

(t) Diminutus.] Je n'entends pas ce mot. On trouve dans la nouvelle édition du Gloss. de Du Cange, *Diminutus in naturalitate,* pour dire malade. *Diminutus* seroit-il icy une expression honneste, pour signifier les *necessitez* qui sont les suites des repas !

(u) Census.] J'entends par ce mot, non le *Cens* qui se leve sur une maison; mais au contraire, la maison qui est chargée du Cens: mais j'avouë que je ne suis authorisé par aucun texte, à donner à ce mot, cette signification singuliere.

(x) De multura.] Il y a plusieurs endroits dans cet article & dans le suivant, que je n'entends pas, & plusieurs mots qui ne sont pas dans Du Cange, &c.

(y) Enguernat.] Je crois qu'il faut corriger, *ingranat ; engraine,* met le grain sous la meule. *Voy. la nouvelle édition du Gloss. de Du Cange,* au mot, *ingranare.*

levaverit,

levaverit, & ille qui facit (z) fericium, vanat annonam: Si vult Molendinus tribus vicibus emedatur de multura; in ebdomada tamen, & unaquaque vice, de dimidio boessello.

(33) Quilibet Vernolii facit furnum; & pro eis que furno sunt neccessaria, que invenit, quatuor panes Andegavenses recipit: Et de hoc Rex habet de quatuor [a] fornesiis, quinque panes; & furnus tenet simul cum eis, quinque triginta boessellorum panes.

(34) Quando aliquis recipit plateam vel domum, ut inde fiat Burgensis, dat sex nummos Pretori, & unum ejus famulo: Et si plures [b] inde emat, nichil ad Pretorem.

(35) [c] Famulus Regis qui edicit vinum in vendicionem, de unaquaque edicione, unum nummum; & de [d] cevesia, obolum; de (aa) mezio obolum; de censu quando colligitur. (bb)

(36) Famulus Regis duodecim nummos recipiet, pro vademoniis fundis & ut ferat quod neccessarium fuerit (cc) inde nucheri: si fert virgam Pretoris, unum nummum.

(37) Non licet alicui afferre panem de foris, in Castellum, ad vendendum, nisi in die marcheri.

(38) Si aliquis domum habeat ibi, domum suam, si voluerit, relinquet, [e] ubicunque voluerit, in Castello manebit in domo alterius, & reddat solum [f] redditum sue domus.

(39) Porte Castelli totius, & pontes, & omnes [g] emendaciones, ex censu Regis fiant.

(40) Hanc eciam Libertatem, quod nunquam à Prelato, nec eciam à Rege ipso, (dd) caucionem recipiant.

(41) Nec Burgensi Vernolii, [h] hostium Regis prohibeatur.

(42) De unaquaque quadriga, de passagio, duos denarios, si ducit vinum, vel sal, vel frumentum: totidem de venditu: Et si ferat (ee) seches, de unoquoque milliario, quatuor denarios, sive ibi vendat, sive transeat. De milliario harengorum recensium, similiter. De milliario harengorum salsorum in Anglia, duos denarios. De milliario salsorum in Normannia, quemadmodum de recentibus: si ferat pannos, de unoquoque [i] troussello, quatuor denarios; de venditu equi, duos denarios; de venditu bovis, duos denarios; de venditu vache, unum denarium; de venditu porchi, unum denarium; & bidentis obolum; & capre obolum; & asini, unum denarium; de unaquaque [k] cacra coriorum, duos denarios, tanquam de transitu; & de (ff) tarra tanata, quatuor denarios; de corio recenti, unum denarium; de [l] troussia [m] insaconis; si est mellata, duos denarios de transitu; si non est mellata, de unoquoque, unum denarium de venditu. De [n] tela linea integra, unum denarium; de panno laneo, unum denarium; de [o] dissolucione trousse in marchcio, unum denarium. (gg) De stalagio.

CHARLES V. à Paris, en Juin 1366.

[a] fournées.

[b] dans la suite.

[c] Un Sergent Royal. Voyez article 36.

[d] cervoise; biere.

[e] &.

[f] le cens: sur lequel voy. l'art. 27.

[g] reparations.

[h] *App.* ostium.

[i] ballot. Voy. Du Cange, au mot, *trossa.*

[k] *Je crois qu'il faut corriger, carrica.*

[l] ballot. Voy. cy-dessus, Note (i) marg.

[m] Je n'ay pû trouver la signification de ce mot.

[n] *Appar.* une piece de toile.

[o] pour avoir le droit de deffaire les ballots, & d'estaler.

NOTES.

(z) *Sericium.*] Ce mot est très douteux: on pourroit lire aussi *Fericium.* On trouve dans Du Cange, *Sericum*, *mesure de liquide.* Peut-estre faut-il lire, *Servicium.*

(aa) *Mezio.*] On pourroit lire aussi, *muzio.* Mais je n'ay pû trouver la signification ni de l'un ni de l'autre de ces mots. Peut-estre faut-il corriger, *musto* du vin *moux*, du vin doux qui sort de la cuve.

(bb) *Coligitur.*] Il semble qu'il manque-là un mot qui devoit marquer la quotité du droit qui appartenoit à ce Valet, lorsqu'il recevoit le cens.

(cc) *Inde nucheri.*] Il y a une marque d'abbreviation sur *nu.* Mais je ne doute point qu'il ne faille corriger *in die marcheri*, qui est dans l'article suivant.

(dd) *Cautionem.*] Je soupçonne qu'il s'agit-là du droit de *credit*, que la plûpart des Seigneurs avoient sur leurs sujets; & qui consistoit en ce que les Seigneurs pouvoient prendre chez eux des vivres *à credit*; c'est-à-dire, sans estre obligez de les payer sur le champ; mais seulement après un certain temps marqué. Les Seigneurs estoient quelquefois obligez de donner des gages pour la sûreté du payement. *Voy. cy-dessus, p. 395. Note (l).*

(ee) *Seches.*] C'est un poisson nommé en latin *Sicca*, ou *Sepia*: Voy. Du Cange, au mot *Sicca*, il le nomme en françois, *Seiche.* *Voy. le Dictionn. de Trevoux*, au mot, *Seche.*

(ff) *Tarra tanata.*] Peut-estre faut-il corriger *terra*; & entendre par ces mots, la poudre menüe comme de la terre, à laquelle on reduit l'écorce de chesne, & que l'on nomme *Tan!* Elle sert à la premiere preparation des cuirs. *Voy. le Dictionn. de Trevoux*; au mot, *Tan.* Ce qui peut appuyer cette conjecture, c'est qu'il est parlé de cuir, immediatement après ces mots.

(gg) *De stalagio.*] Je crois qu'après ce mot, il en manque quelques-uns qui marquoient le droit qui se payoit pour avoir celuy d'*étaller* dans le marché, & sur lequel, *Voy. Du Cange*, au mot, *Stallum.*

CHARLES V. à Paris, en Juin 1366.

(43) *Cuique Burgensi dantur à Rege, (hh) tres acre terre, & unus ortus.*

(44) *Si accusat Burgensis erga* [a] *quanlibet, & negabit debitum, (ii) per suam solam manum; preter erga Prelatum, per terciam manum.*

(45) *(kk) Si Burgensis clamitat ad Prelatum, de debito quod debeat extraneus, & cognoscatur, (ll) garetur debitum Burgensi, Pretori duos cum dimidio: Et* [b] *si Burgensis potest advocare illum ad duellum, qui denegat ei suum debitum, ex quinque solidis & uno denario, cum uno* [c] *coste: ad jurandum ponatur unum obolum (mm) supra librum; & ad jurandum duellum, ponantur quatuor nummi.*

(46) *Si Molendinarius aliquod male molere faciat,* [d] *ipse Molendinarium repellens, sine ipso faciat molere; & ipse Molendinarius restaurabit* [e] *& quidquid per malam molitionem ipsius admiserit.*

(47) *(nn)* [f] *Quolibet duellum debet* [g] *repetari tercio die, coram duobus hominibus.*

(48) *Sextarium vini promissum Prelato, semper valet quatuor nummos.*

Hujus Carte testes sunt, B. Canel Pretor Ville; Galterus Frater suus; & Hugo de Capite-Ville; & Henrricus de Scanno; Guillelmus [h] *; Rogus de Sancto-Servino; Droco & Humbertus Filius Guyeniondi, &* [i] *Herveus de Villeta; Gilbertus Escossart, & Arnulphus de Argenciis, & tota Communio Ville.*

[k] HENRRICUS *Rex Anglorum, & Dux Normannorum & Acquittenie, & Comes Andegavensis: Archiepiscopis, Episcopis, Comitibus, Baronibus, Justiciariis, Vice-comitibus, & omnibus Ministris & fidelibus suis Anglie & Normanie, & tocius terre sue, Salutem. Sciatis me dedisse, & presenti carta confirmasse Burgensibus Ponte-ursonis, (oo) quittanciam ubicunque in* [l] *Auvinceyo & in aliis terris meis, per omnia* [m] *dominica mea, de omnibus rebus quas assecurare poterunt suas esse dominicas: Et ideo volo &*

a quemlibet.

b si paroist inutile.

c Je n'entends pas ce mot: peut-estre signifie-t-il, *consts: despens.*

d celuy qui fait moudre.

e & *est inutile.*

f Quodlibet.

g repeti.

h Il y a là un nom, qu'on n'a pû dechiffrer.

i Il y a une marque d'abbrev. sur ce nom.

k Voy. cy-dessus, p. 638. Note (c).

l dans le pays d'Avranches.

m *Ce mot signifie icy,* mes domaines.

NOTES.

(hh) Tres acre terre.] L'Acre est une mesure de terre qui a souvent varié. *Voy. Du Cange,* au mot, *Acra.*

Ces trois acres de terre, données par le Roy à chaque Bourgeois, me paroissent estre la même chose que les *plateæ*, dont il est parlé cy-dessus dans l'Article 27. c'est-à-dire, un terrain destiné à bâtir une ou plusieurs maisons, accompagnées de jardins.

(ii) Per suam solam manum.] Les personnes qui prestoient serment en Justice, ou le prestoient seuls, ou amenoient des personnes qui le prestoient avec elles, & qui estoient appellez *conjuratores* ou *consacramentales,* & ces serments estoient faits, *per solam suam manum,* ou *in manu proximi, & per tertiam,* ou *tertia manu, quarta manu . . . centesima manu,* &c. suivant le nombre des temoins, qui estoit reglé sur l'importance de l'affaire, Voy. *les anc. Coust. du Berry, par la Thaumassiere, ch. 26. p. 32. & Du Cange,* au mot, *Juramentum,* vers le milieu de l'article.

(kk) Si.] Il y a plusieurs choses que je n'entends pas dans cet article, qui me paroist corrompu en plus d'un endroit. *[Voy. la Note suiv.]* J'en suis d'autant plus fâché, qu'on y apperçoit sur les Duels, des traces de quelques formalitez peu connües.

(ll) Garetur.] Je soupçonne qu'il manque-là une ligne ou deux; & qu'au lieu de *garetur* qui est visiblement corrompu, il faut lire *negaretur.* Cela supposé, voicy le sens. Si un debiteur assigné, reconnoist qu'il doit, on luy donnera du temps pour payer, & il ne sera pas condamné à l'amende: s'il *nie* qu'il doive, & que le contraire soit prouvé, il payera deux sols & demi d'amende. Cette disposition se trouve dans plusieurs anciennes Chartres. *Voy. le 3.e Vol. des Ordonn. p. 207. XXVI. & les Tables du 3.e & 4.e Vol.* aux mots, *Dette* ou *Debiteur.*

Peut-estre aussi qu'au lieu de *garetur,* il faut lire *garentizetur:* car l'on trouve dans l'article 2. des Coustumes de Verneüil qui suivent celles cy, *garentizatores,* qui signifie-là des *garants,* des *cautions:* si l'on admet cette correction, l'article pourra signifier, qu'un debiteur qui reconnoist qu'il l'est, pourra obtenir délay pour payer, en donnant caution, & payant une amende.

(mm) Supra librum.] On peut entendre par ce Livre, celuy des Evangiles, sur lequel on pouvoit prester le serment qui se faisoit avant le Duel. *Voy. Du Cange,* aux mots, *Duellum* & *Jurare.*

(nn) Quolibet Duellum.] On peut entendre par ces mots, l'engagement pris de se battre en Duel, qu'il falloit renouveller trois jours après l'avoir contracté.

(oo) Quittanciam . . . . . de omnibus rebus.] Quittance ou exemption de tous droits sur les effets que les habitans pourront prouver leur appartenir. *Voy. les Lettres suivantes du même Roy Henry.*

firmiter precipio, quod predicti Burgenses sint quitti de omnibus Consuetudinibus per totum, in Abrienico, & in aliis terris meis, per omnia dominica mea, de omnibus rebus quas asseurare poterunt suas esse dominicas: quare prohibeo ne ipsi super hoc, vexentur vel disturbentur super (pp) forefacturam meam. Testibus Ricardo Episcopo Abrincensi; Jourdano Caissini; Guillelmo de [a] *Hum; Rogerio de Mervillo, apud Pontem-ursonem.*

CHARLES V. à Paris, en Juin 1366.

HENRICUS Rex Anglorum, Dux Normannorum & Acquitanie, Comes Andegavensis: Archiepiscopo Rothomagensi, & Episcopis, & Baronibus, Justiciariis, Vice-comitibus & Ministris, & omnibus hominibus & fidelibus suis [b] *Normannie & Andegavie, Salutem. Sciatis me concessisse & Carta mea presenti confirmasse Burgensibus meis de Ponte-ursone, illas Libertates & liberas Consuetudines &* [c] *quictancias per omnia dominica mea, quas habent Burgenses mei de* [d] *Vernolio, in teloneo & passagio, & omnibus Consuetudinibus. Quare prohibeo ne quis eos disturbet vel vexare presumat inde super* [e] *forefacturam meam. Testibus Ricardo Archidiacono Pictavensi;* [f] *R. Abbate Montis-Sancti Michaelis; Stephano Capellano* [g] *Regis & Cantore (qq) Moretico; Ric. de* [h] *Hum,* [i] *Constanciensi; Jordans Taxone; apud* [k] *Surgerias.*

Hec sunt stabilimenta & Consuetudines Ville de Vernolio.

(1) Quilibet Burgensis de Vernolio, dat de sua (rr) Burgencia, [l] *tantummodo duodecim Turonenses, ad festum Sancti Remigii. Si autem habeat plures domos vel* [m] *platea, dat pro qualibet, duodecim denarios Turonenses; & si aliquis Burgensis vendit aliquam (ss) partem Burgencie sue, & idem remanet Burgensis de una parte, ille qui illam partem Burgencie emit, non dat censum; nisi pro illa parte.*

(2) Si autem conqueratur aliquis apud Vernolium, de percucione vel verberacione, sine sanguinis effusione, si testes & [n] *garantizatores habeat, (tt) se solo purgat, vel dat XII.* [o] *Justicie, pro emendacione. Si autem non habuerit testes, ei* [p] *non respondebitur. Si autem conqueratur aliquis de percucione cum sanguine, de cute rupta vel vulnere facto, Justicie (uu) demmonerit, se* [q] *tercia manu purgare tenetur: Et si hoc facere noluerit,* [r] *Prepositure pro emendacione, tres solidos Turonenses: Et vadiabit jus illi qui conquestus* [s] *, per sua arma; scilicet per arcum & sagitas suas; per ensem suam, si habuit. Si autem*

[a] Il y a une marque d'abbrev. sur ce mot.

[b] Norma. & Andega. *R.*

[c] Voy. cy-dessus, la Note (oo).

[d] Voy. cy-dessus, p. 638. Note (d).

[e] Voy. cy-dessous, Note (pp).

[f] *Peut-estre,* B.

[g] Reg. *R.*

[h] Il y a une marque d'abbrev. sur ce mot.

[i] Constanc. *R.*

[k] Je ne connois pas ce lieu là.

[l] tnm.° *R.*

[m] plateas. *Voy. cy-dessus, art. 27.*

[n] garentizat. *R.* des garants de ce qu'il avance.

[o] *App.* nummos.

[p] on ne recevra pas sa plainte.

[q] Voy. cy-dessous, Note (rr).

[r] au Juge, au Prelat *ou* Préteur.

[s] fuerit.

NOTES.

(pp) Forefacturam.] Je crois que ce mot signifie, sous le pretexte d'avoir forfait, en ne payant pas les droits dûs au Roy.

(qq) Moretico.] Il y a dans le MS. *Moret*, & *co* au haut du *t*. C'est sans doute la Ville de *Mortain* qui est près d'*Avranches* & de *Pont-Orson*, suivant de Valois dans sa Notice, au mot, *Moritania*, où il dit que *Mortain* se nomme en latin *Moretonium;* ainsi il faudroit lire dans nos Lettres *Moretonio*, au lieu de *Moretico*.

Mais il faut remarquer que *Mortain* a plusieurs noms latins. Car je ne doute point presentement, que le Bailliage *Sancti Guillelmi de Mauritania* dont il est parlé dans des Lettres du mois de Mars 1354. qui sont cy-dessus, p. 320. & duquel j'ay dit, Note *(a)* que je n'avois pû découvrir le nom moderne, ne soit *Mortain* qui est dans le Cotantin, dont il est aussi parlé dans ces Lettres. Cela est d'autant plus certain, que l'on m'a assûré que la principale Eglise de Mortain, porte le nom de S. Guillaume.

Il est aussi fait mention de ces Lettres du mois de Mars 1354. dans la Preface du 3.e Vol. des Ordonn. *p. cxx. n. XI.*

Voy. sur Mortain, le Dictionn. Univers. de la Fr. il y est dit, qu'il se nomme *Moritolium*, en latin.

(rr) Burgencia.] *Burgen.* avec une marque d'abbreviation icy & dans le reste de l'Article. Ce mot signifie la même chose que *Burgesia;* c'est-à-dire, le cens annuel que chaque Bourgeois paye au Seigneur du lieu où est establi la Bourgeoisie. *Voy. le Gloss. de Du Cange de la nouvelle édition*, au mot, *Burgencia*.

(ss) Partem Burgencie sue.] C'est-à-dire, une partie de la place qui luy a esté concedée en qualité de Bourgeois, *Voy. cy-dessus, Art. 28.*

(tt) Se solo purgat.] Je crois que *se solo*, signifie icy la même chose, que *per solam suam manum.* Voy. cy-dessus, p. 642. Note *(ii)* Après ces mots, *se solo purgat*, je crois qu'il faut suppléer ceux-cy qui se lisent dans les autres dispositions de cet Article, *& si hoc facere noluerit .... & si comprobatus fuerit.* Voy. le *sommaire* de cet Article.

(uu) Demmonerit.] Il y a encore plus bas dans le même Article, *demmonta.* Je n'entends ni l'un ni l'autre de ces mots. Peut-estre faut-il lire, *denunciaverit* & *denunciata?*

CHARLES V.
à Paris, en Juin 1366.

ille de quo [a] *questio fit, ensem non habet,* [b] *se solo jurabit, quod ensem non habebat. Si autem plaga facta, ad sanandum aliquid coustaverit, actor vulneris reddet expensas vulneris sanandi, usque ad decem solidos turonenses, ad* [c] *probacionem ejus cui* [d] *nullus illatum fuerit. (xx) Preterea, si aliquis de aliquo conquestus fuerit de plaga facta, que de* [e] *for. vel cute rupta* [f] *demmonta Justicie, se* [g] *sexta manu purgabit; & si comprobatus fuerit, erit in emendacione Prepositi.*

(3) Si Serviens aliquod vadium ceperit per preceptum Justicie, [h] *illi qui vadium captum* [i] *excusserit Servienti, si cum Serviente coram Justicia non venerit, dabit pro emendacione, duodecim denarios turonenses.*

(4) Nunquam autem auditum fuit apud Vernolium, quod Justicia Domini Regis, [k] *Burgensi Vernolii, (yy) quantum deceret extra Vernolium.*

(5) (zz) Nisi aliquis de eo conqueratur, per [l] *plegium recreditur, si habere poterit; vel amicis suis tradetur ad custodiendum in Villa Vernolii. Secundum forefacturam que ei* [m] *impositam fuerit, Justicia jus tenebit Vernolii, nec Justicia extra Vernolium exibit, casu juris super hoc exhibendi.*

(6) Si vero aliquis molendinarius conqueratur quod percussus vel vulneratus fuerit [n] *justa molendinum,* [o] *si* [p] *sanguinem vel testes non habuerit, ei non respondebitur: si autem sanguinem vel testes habuerit, ille de quo questio fit, se sexta manu purgabit.*

(7) Item. *Si Dominus Rex equis indigens vel quadrigis, apud Vernolium capientur, &* [q] *placabuntur de denariis Domini Regis, per precium legale & legitimum.*

(8) Si autem Burgensis conqueratur Justicie de (aaa) homine extraneo; si hic sit de Castello, Dominus [r] *ejus* [s] *cue querela fit, (bbb) si suum quesierit infra metes, diem designabit apud Vernolium; & ibidem jus* [t] *exbebit.*

(9) [u] *Quiquis sit Burgensis de Vernolio, licebit ei molere in molendino* [x] *Regis, si voluerit,* [y] *nfra Vernolium, & dabit de unoquoque sextario bladi, duos boessellos bladi, & unum de farina.*

(10) Quisquis sit Burgensis, potest facere furnum apud Vernolium, si voluerit: salvo jure Domini Regis. Dominus autem Rex habebit de quolibet [z] *furneto, de quolibet panifice, quinque (ccc) pucabinas; & in dimidia furnata, unum denarium.*

(11) Item. *Quilibet Burgensis potest molere in molendino Regis, (ddd) post illum qui molit; nisi sit aliquis Bolengarius qui moleat; & illi Bolengario licebit molere totam farinam suam; & post illum, potest molere Burgensis quecunque voluerit, nec potest expelli de molicione, ab homine* [aa] *extraneo.*

[bb] Donné à Pontursson, par *vidisse*, le huitiesme jour de Mars, l'An mil trois cens soixante & cinc, soubz le seel des obligacions de la Viconté de Pontursson, cy mis à nostre requeste.

[cc] *NOs autem dicto* vidimus, *fidem plenariam adhibentes, volentes, more Predecessorum nostrorum, fideles subditos nostros, in suis justis Libertatibus manu-teneri & foveri,*

a qui est accusé.
b Voy. p. precedente, Note (*tt*).
c on s'en rapportera sur ces faits, à celuiqui a esté blessé.
d vulnus.
e Il y a une marque d'abbreviation sur ce mot, que je n'entends pas.
f Voy. p. preced. Note (*uu*).
g Voy. p. preced. Note (*tt*).
h ille.
i s'il reprend par force.
k Burgen. *R.*
l pleg. *R.*
m imposita.
n juxta.
o Voy. l'article 2. de ces Coustumes.
p une blessure suivie d'effusion de sang.
q pagabuntur.
r *Pour* illius.
s cui.
t exhibebit.
u Quisquis.
x Reg. *R.*
y infra.
z fournée.
aa Voy. Note (*aaa*).
bb *Suite des Lettres du Bailli de Pont-Orson.*
cc Suite des Lettres de Charles V.

NOTES.

(xx) Preterea.] Ce cas me paroist précisément le même, que celuy dont il est parlé plus haut dans le même article.

(yy) Quantum deceret.] Je ne vois pas ce que peuvent signifier icy ces mots: Il semble qu'il devroit y avoir *jus diceret*, ou bien au lieu de *deceret*, on pourroit lire, *duceret*. Mais on entend à peu près le sens de l'article.

(zz) Nisi.] Ce mot est écrit en abregé, de maniere qu'on peut lire, *nisi* ou *nec*. Mais il me semble qu'il devroit y avoir *si*.

(aaa) Homine extraneo.] J'entends par ce mot, une personne qui demeure dans Verneüil; mais qui n'est pas du corps de la Bourgeoisie, & qui est sujet immediat d'un autre Seigneur que le Roy, soit comme censitaire, soit comme homme de corps.

(bbb) Si suum quesierit] Il semble qu'il faudroit ajoûter, *& invenerit.*

(ccc) Pucabinas.] Il faut sans doute corriger *Pictavinas*, des *Pites*, sur lesquelles *Voy. cy-dessus, p. 10. Note (b).*

(ddd) Post illum qui molit.] Pour bien entendre cet article, il semble qu'il faille suppléer une chose qui n'y est pas exprimée: c'est que chaque Bourgeois faisoit moudre son bled à son tour, & qu'on n'en pouvoit faire moudre à la fois qu'une certaine quantité, quand il se presentoit un autre Bourgeois qui vouloit aussi faire moudre le sien.

presata privilegia, ac dictas Libertates & franchisias, prout superius exprimuntur, & in quantum de ipsis, Burgenses & sui predecessores Burgenses dicti loci Ponte-ursonis, rite & juste ac pacifice & quiete usi fuerunt temporibus retroactis, auctoritate nostra Regia, ac nostre Regie potestatis plenitudine, & de speciali gracia, quathenus Nos tangit, laudamus, ratifficamus, approbamus, & eciam confirmamus tenore presencium Litterarum: Universis Justiciariis & Officiariis Regni nostri, presentibus & futuris, vel Loca-tenentibus eorumdem, & ipsorum cuilibet prout ad eum pertinuerit, mandantes quatenus dictos Burgenses & suos successores, in dictis suis privilegiis, Libertatibus & franchisiis, contra tenorem nostre presentis gracie, nullatenus impediant, vel [a] *perturbant, nec à quoquam* [b] *molestare permittant, ullis temporibus affuturis. Quod ut perpetue stabilitatis robur obtineat, presentes Litteras Sigilli nostri munimine, jussimus roborari: nostro in aliis & alieno in omnibus jure salvo.* Actum Parisius, Anno Domini 1366. & tercio Regni nostri, mense Junii. *Sic signata.* [c] *Per Consilium Parisius existens.*

Collacio facta est, &c. MAGNAC. J. DE LUZ. *Visa.*

a perturbent.

b molestari.

c Voy. la Preface du 3.e Vol. des Ordonn. page ix.

CHARLES V. à Paris, en Juin 1366.

(a) Lettres qui portent que la terre de Couhan sera unie à la temporalité de l'Archevêché de Reims, & ressortira sans moyen, au Parlement de Paris.

KAROLUS &c. Digna memoria, Predecessorum nostrorum gesta magnifica recensentes, preclaris eorum vestigiis naturaliter & libenter inheremus; & dum eos fuisse meminimus Ecclesiarum fundatores eximios, & strenuissimos defensores ac privilegiorum Actores Ecclesiarum, nedum eorum exemplo, sed potius ob reverenciam Regis Regum Jesu-Christi, qui universalis Ecclesie caput esse dignoscitur, & per quem vivimus & regnamus, non solum ad augenda ipsarum Ecclesiarum bona, dotes & beneficia, verum eciam ad removenda incommoda & inconveniencia earumdem Ecclesiarum, derogancia profectibus, vehementius animamur. Cum itaque pro parte dilecti & fidelis Consiliarii & [d] *Consanguinei nostri, (b) Johannis Remensis Archiepiscopi, Nobis extiterit expositum, quod ad causam sui Archiepiscopatus predicti, ipse Par Francie existat, & temporalitatem sue Remensis Ecclesie, in Regno nostro existentem, ipse & ejus predecessores Archiepiscopi Remenses, retroactis & talibus temporibus, à predecessoribus nostris Francie Regibus & Nobis, in Parria & sine medio tenuit, & ob* [e] *hoc, in omnibus casibus predictam temporalitatem tangentibus, in Parlamento nostro sine medio ressortiri consuevit, quod in contrarium hominis memoria non habetur; adeo quod, sede Remensis Ecclesie vacante, fructus & emolumenta presate temporalitatis, ad causam & jure Regalie, ad Nos spectare & pertinere noscuntur: Cumque à tempore 40. annorum citra, (c) terra de Couhan in & de ressorro Castri nostri de* [f] *Fimeis existens, olim ad Cenobium* [g] *Majoris-Monasterii, ac Prioratum de (d) Ventelayo membrum predicti Cenobii, pertinens, prelibate Metropolitane Ecclesie, ac temporalitati ipsius antedicte, certarum transactionum & concordiarum virtute, inter ipsius Archiepiscopi predecessores, ac religiosos viros ipsorum Monasterii & Prioratus, dudum factarum, inhereat; quarum transactionis & concordie robore, Religiosi memorati, à visitacionibus & (e) procuracionibus quas idem Archiepiscopus in dicti Monasterii Prioratibus Archiepiscopatus antedicti, habere consueverant,*

d Con. *R.*

e h. *R.*

f Fimes, dans la Champagne.

g Marmoutier, auprès de Tours.

NOTES.

(a) Thresor des Chartres, Registre 97. Piece 254.

(b) *Johannis.*] Jean de Craon, sur lequel, voy. *l'Hist. Geneal. de la Maison de Fr. t. 2. p. 33.*

(c) *Terra de Couhan.*] Il n'est rien dit de ce fait, dans l'Hist. de la Metropole de Reims, par *Marlot.*

(d) *Ventelayo.*] *Ventelay.* Voy. le Poüillé du Diocese de Reims, par le P. Labbe, p. 45.

(e) *Procuracionibus.*] Droits qui sont dûs pour la visite des Eglises. *Voy. Du Cange,* au mot, *Procuratio.*

CHARLES V. à Paris, en Juin 1366.

immunes & exempti hactenus remanserunt & remanere debent perpetuo; formidat Archiepiscopus ipse, ne per Baillivum nostrum Viromandensem, Prepositum de Fimeis, aut quemcunque alium Officiarium nostrum, possit, racione terre de Couhan memorate, in futurum compelli coram ipsis respondere; quod contra Parrie sue jura verteretur, ut dicit, supplicans sibi super hoc provideri; cum, ratione dicte terre de Couhan, ipse, futuris temporibus, posset per dictos Judices aut [a] *alios, compelli coram ipsis respondere, nisi per Nos eidem super hoc provideretur; quod in ejus & Ecclesie sue supradicte, prejudicium & jacturam verteretur, prout dicit: Notum igitur facimus universis presentibus & futuris, quod Nos, qui ad ea quibus Ecclesiastica dignitas in suis* [b] *facultatibus Divino cultui dedicatis aut* [c] *aliter, suscipit incrementum, libentius* [d] *inclinati, premissis supplicationibus, ex quarum effectu, cultus hujusmodi facultates conspicimus ampliandas, dignum censemus annuendum, prefatam terram de Couhan cum ejus appendenciis & dependenciis universis, tam feudis quam retrofeodis, ad ipsum Monasterium spectantibus, temporalitati predicte ipsius Remensis Ecclesie, de nostra gratia speciali, certa scientia, auctoritate Regia ac plenitudine potestatis, aggregavimus, conjunximus & univimus, aggregamusque, conjungimus & unimus, ac unanimes existere, tenerique à Nobis & successoribus nostris Francie Regibus, in Pariam, una fide & homagio uno duntaxat, per ipsum Archiepiscopum, & ejus successores Remenses Archiepiscopos, in futurum volumus & concedimus per presentes: Volentesque & concedentes* [e] *insuper eidem, ut nullum alud juramentum, racione dicte terre de Couhan, preterquam illud quod racione Parrie memorate, ipse & ejus predecessores Remenses Archiepiscopi, facere consueverunt, Nobis aut successoribus nostris, facere, & alibi quam in nostro predicto Parlamento, respondere aut ressortiri aliqualiter teneantur; dum tamen ipsa terra de Couhan, cum appendentiis & dependentiis suis predictis, in Regaliam dum reciderit, veniat amodo & in futurum; aliis serviciis, deveriis & honoribus Nobis, dicte terre racione, debitis, penitus reservatis. Dantes tenore presencium in mandatis dilectis & fidelibus Gentibus nostris Parlamenti nostri, Compotorum nostrorum, Preposito de Fimeis, ceterisque Regni nostri Justiciariis, aut eorum Loca-tenentibus, presentibus & futuris, & cuilibet eorum prout ad eum pertinuerit, quatenus predictum Archiepiscopum & ejus successores Remenses Archiepiscopos, nostra presenti gratia uti & gaudere faciant & permittant pacifice & quiete; nec ipsos contra presencium formam & tenorem, impediant, molestent, aut impediri vel molestari permittant. Quod ut firmum, &c.* Datum Parisius, mense Junii, Anno Domini 1366. & Regni nostri tercio.

Sic signata. Per Regem in suis Requestis. DAILLY. ERKERI. *Visa.*

[a] al. *R.*

[b] biens.

[c] al. *R.*

[d] sumus.

[e] Mot en abregé & douteux.

CHARLES V. à Paris, en Juin 1366. Louis IX. à Maubuisson près Pontoise, en Mars 1247.

(a) Lettres de Sauve-garde Royale pour l'Abbaye de la Chaize-Dieu.

KAROLUS &c. Notum facimus, &c. Nos ad supplicacionem Religiosorum Abbatis & Conventus Case-Dei, vidisse Litteras carissimi Domini & predecessoris nostri, Ludovici quondam Francorum Regis, formam continentes subsequentem.

IN nomine Sancte & individue Trinitatis, Amen. Ludovicus Dei gratia Francorum Rex: Notum facimus quod cum carissimus Frater & fidelis noster, [f] *Alfonsus Comes Pictavensis, à dilecto & fideli nostro Abbate (b) Case-Dei, coram Nobis peteret custodiam Abbatie Case-Dei, cum pertinentiis suis in Alvernia sitis; prefato Abbate ex adverso dicente, quod dicte Abbatie & pertinentiarum suarum, custodiam extra manum*

[f] Voy. cy-dessous, Note (*b*).

NOTES.

(a) Thresor des Chartres, Registre 97. Piece 103.

(b) Case-Dei.] La Chaize-Dieu, Abbaye située en Auvergne, dans le Diocese de Clermont, sur laquelle voy. *la Gall. Christ. 2. Edit. t. 2. p. 327.* Alphonse Frere de S.t Louis, Comte de Poictiers, estoit aussi Comte d'Auvergne; & prétendoit, en vertu de ce titre, avoir la garde de l'Abbaye de la Chaize-Dieu. Voy. *la Descript. Histor. & Geograph. de la Fr. ancienne & moderne, t. 1. l. 2. p. 133.*

Regiam ponere non poteramus nec debebamus, & ad hoc probandum, quoddam privilegium Regium exhibente: Nos, inspecto diligenter privilegio supradicto, habito Consilio, decrevimus prefatam Abbatiam cum omnibus suis pertinentiis, sub nostra nostrorumque successorum Regum, protectione & custodia perpetuo remanere. Quod ut perpetue stabilitatis robur obtineat, presentem paginam Sigilli nostri auctoritate, & Regii nominis [a] *caractere inferius annotato, fecimus communiri.* Actum apud Abbatiam [b] Beate Marie [c] Regalem, juxta Pontisaram, Anno Incarnacionis Domini 1247. mense Martio, Regni vero nostri anno 22. *Astantibus in Palacio nostro, quorum nomina supposita sunt & signa: Dapifero nullo; signum Stephani Buticularii; signum Johannis Camerarii; Conestabulario nullo. Data vacante Cancellaria.*

a Le Monogramme: Il n'est pas figuré dans le Registre.

b Maubuisson.

c Regal. *R.*

Hinc est quod Nos, Predecessorum nostrorum vestigiis inherendo, dictos Religiosos, Abbatem & Conventum dicte Ecclesie Case-Dei, in nostra, & Predecessorum nostrorum salva & speciali Gardia, ab antiquo existencium, una cum eorum familia, rebus, juribus, bonis & membris quibuscunque, & ubicunque in Regno nostro situatis, in & sub protectione & Salva-gardia nostris, & successorum nostrorum Regum Francie, suscipimus & ponimus per presentes; & eisdem (c) Senescallum Bellicadri, Baillivum de Sancti Petri-Monasterio, ceterosque Justiciarios nostros presentes & futuros, in Gardiatores deputamus: Quibus & eorum cuilibet ut ad eum pertinuerit, mandamus quatenus ipsos Religiosos, tam in capite quam in membris, in suis justis possessionibus, franchisiis, Libertatibus, juribus, usibus, Consuetudinibus & saisinis, in quibus ipsos esse, suosque predecessores fuisse pacifice reperierint ab antiquo, manu-teneant, defendant & conservent, eisdemque, de personis de quibus [d] *assecuramentum exigere voluerint, juxta Patrie consuetudinem, legitimum prestari faciant; ipsosque defendant, & faciant defendi ab omnibus injuriis, violenciis, gravaminibus, oppressionibus, inquietacionibus, vi armorum, potencia laicorum, & novitatibus indebitis quibuscunque; non permittentes contra ipsos eorumque familiares, res, possessiones & bona, aliquas fieri vel inferri indebitas novitates: Quas si factas esse vel fuisse, in dicte Salve-gardie nostre & dictorum supplicancium prejudicium, invenerint, ad statum pristinum & debitum reducant, aut reduci faciant, & Nobis ac dictis supplicantibus, emendam propter hoc condignam, prestari, dictamque Salvam-gardiam nostram, ubi, & prout expedierit, publicari & notificari, penuncellosque seu baculos nostros, in signum hujusmodi Salve-gardie nostre, in & super bonis, rebus, juribus & possessionibus dictorum supplicancium, in terra que jure-scripto regitur, situatis, & alibi in casu eminentis periculi, si requisiti fuerint, apponi faciant: Inhibendo seu inhiberi faciendo ex parte nostra, personis de quibus fuerint requisiti, sub certis & magnis penis Nobis & Parti applicandis, ne dictis supplicantibus, in personis, familiaribus, rebus, bonis & juribus suis omnibus, aliqualiter forefacere presumant vel attemptent: Et si in casu novitatis oriatur debatum, debato & re contentiosa, ad manum nostram tanquam Superiorem, positis, locisque deablatis primitus & ante omnia resaisitis, factaque recredencia, si & ubi de jure fuerit facienda, faciant inter Partes celeris Justicie complementum: Et pro premissis diligenter exequendis, unum vel plures Servientes nostros idoneos, eisdem supplicantibus, suis sumptibus, deputent, si & cum super hoc fuerint requisiti: Qui tamen de hiis que Cause cognicionem exigunt, se nullatenus intromittant. Quod ut firmum, &c.* Datum Parisius, Anno Domini 1366. & Regni nostri tercio, mense Junii. *Sic sign. Per Regem ad relacionem Consilii.* FERRICUS. *Collatio facta est cum originalibus Litteris superius insertis.* FERRICUS. *Visa.*

d Voy. le 3.e Vol. des Ordonn. page 264. Note (*b*).

NOTES.

(*c*) *Senescallum.*] Le Roy donne le Seneschal de Beaucaire & le Bailly de S.t Pierre-le-Moustier, pour Gardiens, à l'Abbaye de la Chaize-Dieu, parce que le Bailly de l'Auvergne n'estoit pas alors Juge Royal; car Jean Duc de Berry, Frere de Charles V. estoit aussi Duc d'Auvergne. Voy. l'*Hist. Geneal. de la M. de Fr. t. 1. p. 106.*

CHARLES V. à Paris, le 7. de Fevrier 1365. & en Juin 1366.

(a) Lettres qui portent que les Tisserands de Draperie, venant de Flandre & des environs, pourront travailler de leur mestier, dans la Ville de Tournay, de la même maniere qu'ils le faisoient avant l'impetration des Lettres du mois de Juillet 1365.

CHARLES &c. Savoir faisons à tous presens & avenir, Nous avoir veu les Lettres contenant la forme qui s'ensuit.

A Tous ceulz qui ces presentes Lettres verront ou orront: Jehan de Fontaines Lieuztenant de Monsſ. le Gouverneur de Tournay, Salut. Les Lettrez du Roy nos. à Nous presentez par le Procureur de honnorables hommes & sages, lez Jurez, Eschevins & Communauté de ladicte Ville, avons receuëz, contenant la forme qui s'ensuit.

CHARLES par la grace de Dieu Roy de France, au Gouverneur de Tournay ou à son Lieutenant, Salut. Nos bien amez les Jurez, Eschevins, Bourgois, & toute la Communauté de nostre Ville de Tournay Nous ont fait exposer, que par le general coustume & usaige nottoirement gardez en nostredicte Ville, par tel & si loing temps, qu'il n'est memoire du contraire, toutes manieres de genz tisserans de Flandres & d'autres pays quelconque, [a] pocent venir [b] titre & ouvrer de leur mestier de drapperie, en nostredicte Ville de Tournay, & y doivent estre receu & demourer, se il n'appert nottoirement & deuement par poursuite de Procureur ou aultrement, que il soient banis pour villain cas criminel ou [c] murdrier; par laquelle demourance & habitacion des tisserans de Flandres & forains, le fait de drapperie qui se fait en nostredicte Ville de Tournay, a profité & mieux valu, & de jour en jour pocent profiter & mieulx valoir, pour ce que l'en en y fait plus, & si en a-on meilleur marchié de draps en ladicte Ville, & aussi que lez tisserans dudit pays de Flandres, [d] sevent plus du fait de ladicte drapperie, que ceulz de nostredicte Ville, & pocent ceulz de nostredicte Ville, par leur senz & industrie, aprandre de ceulz de Flandres, & monstrer [e] as autres de nostredicte Ville, qui est communs profis à toute nostredicte Ville & manans en ycelle. Nientmoins lez tisserans de nostredicte Ville de Tournay, ou aucuns d'iceux, pour leur profit particulier, teu la verité des choses dessusdictes, & en venant contre le bien publique, ont [f] nagures empetré de Nous ou de nostre Court, certainnes Lettrez seelleez en las de soye & chyre vert, donneez & faitez soubz couleur de ce qu'il dient, [g] que aucun tisserand de Flandres ou d'autre pays, ne poent ou doit ouvrer du mestier de tisseranderie en nostredicte Ville, se il n'apporte Lettrez d'où lieu dont il vient, souz seel autentique, ou de Juge competent, qu'il soit preudommez & loyaulz: Par vertu desquellez, il se sont efforchiez & vueilent efforchier, que autres tisserans que eulz, qui sunt de nostredicte Ville, ne puissent titre ne faire le faict de ladicte drapperie, en le maniere acoustumée, ja soit ce que en *(b)* justifiant lesdictes Lettres à eulz ottroïez, soit exprimé ledit ottroy avoir esté fait, ou cas que les choses par eulz exprimées, sambleroient estre bonnes & profitables à nostre Gouverneur & Procureur de nostredicte Ville. Toutes-voïes, il a convenu par importunité, & pour [h] eschver plus grant inconvenient, sanz la volenté & consentement du Commun de nostredicte Ville, & contre nostre Coustume, que aïez

[a] *peuvent.*

[b] *tistre: travailler du mestier de tisserand.*

[c] *meurtrier.*

[d] *sçavent.*

[e] *aux.*

[f] *n'agueres.*

[g] *Voy. cy-dessus, p. 588. article 1.*

[h] *escheyer: éviter.*

NOTES.

(a) Thresor des Chartres, Registre 97. Piece 110.

(b) Justifiant.] Ce mot qui m'est nouveau en ce sens, signifie, *qu'à la fin des Lettres, il a esté exprimé, &c.* Voy. cy-dessus, p. 589.

baillié

CHARLES V. à Paris, le 7. de Fevrier 1365. & en Juin 1366.

baillié [a] decré sur ce : Laquelle chose est en grant lesion dudit bien commun de nostredicte Ville & du pays environ, & dommage desdis supplians, si comme il dient; mesmement comme il ne soit pas necessaire ne acoustumé, de bailler ne apporter teles Lettres à nostredicte Ville : Car plusieurs des ouvriers qui se partent de Flandres & des autres pays, ne pocent pas tousjours [b] finer des mises à faire telles Lettres : Et aussi que oudit pays de Flandres, l'en a acoustumé que l'en bannist [c] à le foiz pour une amende civile & pecuniaire, plusieurs ouvriers qui sont preudommez & loyaulz; en Nous requerant humblement que, eue consideracion as choses dessusdictes, Nous leur voulssions pourveoir de remede convenable & gracieux. Nous inclinans à la supplicacion desdis Jurés, Eschevins, Bourgois & Communauté, vous mandons, &, se [d] mestiers est, commettons, que se, appellé nostre Procureur audit lieu, & ceulz qui pour ce feront à appeller, il vous appert estre ainsi, faites & leissez lesdis tisserans du païs de Flandres & d'ailleurs, venir & ouvrer en nostredicte Ville de Tournay, en le maniere qu'il a esté & est acoustumé à faire en nostredicte Ville, ou temps passé, en faisant joïr & user lesdis supplians, des Coustumes & usages anciens, nonobstant lesdictes Lettres empetrées au contraire, par lesdis tisserans de nostredicte Ville, lesquelles ou cas dessusdit, Nous ne volons avoir aucune effet; & en cas d'opposition, Parties oyes sommierement & de plain, sanz long procès, faccez à ycelle bon & brief accomplissement de Justice. Car ainsy le voulons Nous estre fait, & l'avons ottroyé ausdiz Jurés, Eschevins, Bourgois & Communauté, de grace especial, se mestiers est; nonobstant quelconques Lettrez subreptices, empetrées ou à empetrer au contraire. *Donné à Paris, le 7.e jour de Fevrier, l'An de grace 1365. & de nostre Regne le second.* Ainsi sign. Par le Roy à la relacion du Conseil. DE REMIS.

[e] ET comme par vertu desdictez Lettres Royaulz dessus transcriptes, & pour ycelles deuëment enteriner & acomplir selon leur teneur, Nous, par adjournement sur ce fait de nostre commandement, le lundi 20.e jour d'Avril l'An 1366. ad ce appellé Mahiu dou Castel Procureur dou Roy nostredit Seigneur, ayons fait convenir & assembler pardevant Nous en le *(c)* Hale de Tournay, les Jurés, Eschevins, *(d)* Massars & autres Officiers de ladicte Ville, avoec des plus notables Bourgois d'icelle; & aussi, de un cascun mestier & marchandise de ladicte Ville, trois ou deux hommes du moins, qui pour les plus sages & [f] ydones desdis mestiers, sont de par toute la Communauté de ladicte Ville, eslcu pour oïr, entendre & remontrer tout ce que pour le bien commun, proffit & utilité desdis mestiers, l'en veult faire, dire & ordonner en ladicte Ville, de par le Roy nostredit Seigneur, ou de par autres, & tout ce rapporter, conseiller & aviser au commun peuple de leursdis mestiers, & pour leur tout ce que par leur bon conseil & avis [g] mis ensanble, leur appert & samble pour miex fait que [h] leissiet profitable chose estre fait, rapporter & relater pardevers le Roy nostredit Seigneur, ledit Gouverneur, son Lieutenant, & autres à qui il [i] povent & doit appartenir à faire : Et par especial, furent & estoient present le Maire & les treize hommes ordennez en ladicte Hale, pour tout le mestier de le drapperie que on fait en ycelle, & les troiz Esleuz du mestier des tisserans de draps de ladicte Ville, pour ce que principalement lesdictes Lettres avoient regart & povoient touchier à eulz & au mestier de ladicte tisseranderie : En le presence desquelz Jurez,

a *decret.*
b *trouver de quoi fournir à la dépense.*
c Appar. *quelquefois.*
d *besoin.*
e *Suite des Lettres du Lieutenant du Gouverneur.*
f *ydoines.*
g *joint avec la déliberation des gens du mestier.*
h *Ce mot est corrompu.*
i *peut.*

NOTES.

(c) Hale.] La Maison de Ville de Tournay, se nomme la *Halle.* Voy. *l'Histoire de Tournay, par Cousin, L. 4. ch. 30. p. 157. au bas.*

(d) Massars.] M.r Godefroy fils de feu M.r de Godefroy, mort vers le mois de Fevrier 1732. & qui luy a succedé dans la place de Garde des Archives de la Chambre des Comptes de Lille, m'a mandé que les Massars de Tournay, de S.t Amand & de Valenciennes, sont les Thresoriers des deniers de Ville; qu'ils ont quitté ce nom, pour prendre celuy de Thresoriers, depuis que leurs commissions ont esté érigées en titre d'Office, par Edit du mois de Mars 1694. que cependant on appelle toûjours leurs Offices, la *Massarderie;* & leurs comptes sont intitulez : *Comptes de la Massarderie.*

CHARLES V. à Paris, le 7. de Fevrier 1365. & en Juin 1366.

Eschevins, Bourgois notables, & les Esleuz, Mayeur & les treze hommes & grant [a] planté de plusieurs autres desdis mestiers, Nous avons fait lire & exposer haut, & *(e)* atrait de mot à mot, lesdictes Lettres, lesquelles le Procureur de ladicte Ville, requeroit à grant instance, ycelles estre mises à execution : Et ce fait, Nous, pour plus deuëment proceder, feissions commandement & injunction à yceulz adjournez, que sur le contenu desdictes Lettres, se conseillassent & avisassent, [b] se, tant pour eulz qui present estoient, comme pour toute la Communauté des gens de leursdis mestiers, se voroient opposer, dire ou alleguer cause aucune, pourquoy nous ne soyons tenu de interiner & acomplir de point en point, lesdictes Lettres, selon leur forme & teneur : Sur lesquelles choses, yceulz Esleuz, tant pour eulz, comme pour toute la Communauté de leursdiz mestiers, nous requissent que pour parler, & avoir sur ce ensemble, advis & deliberation avec les ouvriers & autres gens de leursdiz mestiers, il eussent jour jusques à lendemain, par coy il nous peussent sur ce respondre ce que bon leur en sanbleroit à faire, lequel chose & à leur requeste, nous leur eussions accordé : Auquel jour de lendemain, lesdiz Esleuz conparans pardevant nous en ladicte Hale, leur aïons demandé, se, sur ce que enjoint leur [c] avians, s'estoient conseillé & avisé de Nous respondre ; lesquelz Esleuz de un chascun [d], excepté les troiz Esleuz du mestier de ladicte tisseranderie, nous respondirent [e] particulierement, & tous ensanble d'une mesme volenté, que par l'avis & deliberation que eulz avec le commun de leurs mestiers, avoient eu ensanble sur le contenu desdictes Lettres, il ne veoient ne ne savoient cause pourquoy il se deussent ou voulsissent en riens opposer, ne mettre empeschement pourquoy lesdictes Lettres ne soient interinéez de point en point ; mais nous requisent à grant instance, que ycelles voulsissions acomplir & enteriner selon leur forme & teneur, en ramenant le fait & mestier des tisserans, dont mention est faicte èsdictes Lettres Royaulz, à l'anchiene coustume & usage, qui telle estoit, si comme ils affirmerent par leurs seremens, comme il est exprimé ès Lettres Royaulz dessus transcriptes ; affirmans & jurans oultre par leursdiz seremens, que la chartre ou privilege empetré au contraire, par les tisserans de Tournay, avoit esté & estoit empetré subrepticement, contre le proufit commun de toute ladicte Ville, & des autres mestiers d'icelle, & contre le bien de la chose publique, contre la volenté & consentement des Officiers, Conseillers, Bourgois & Communauté de la Ville dessusdicte ; requerans que ycelle chartre ou privilege par lesdis tisserans empetré, comme dit est, voulsissions revoquer, irriter & anuller, & le mandement & commission du Roy nos. dessus transcript, acomplir & mettre à effet, comme justement & deuëment impetré : Et ce fait, ayons demandé ausdiz Esleuz du mestier de ladicte tisseranderie, nommés Jaquemart de Chisoing, Jaquemart Bocaut, & Watier Monisson, se eulz, pour eulz & leurdit mestier, se voloient opposer en aucune maniere ; lesquelz nous respondirent que audit mestier, a & sont plusieurs & grant [f] planté de personnes, qui plainement ne leur en avoient mie volu respondre ; & sur ce, lesdis ne pourroient faire response finable ; mais entant que à eulz Esleuz povoit [g] touger, il ne si voloient de riens opposer ; lesquellez responses [h] attenduës, nous en nostre personne, avec nous le Procureur du Roy, le Mayeur & plusieurs autres des treize hommes du mestier des tisserans, nous transportasmes aus maison & domicille de touz les tisserans de ladicte Ville, ou de la plus grant & plus saine partie, qui sont en nombre 300. & 60. ou environ : Ausquel tisserans & à chascun par lui, tant conjointement comme divisement, nous ayons monstré & fait monstrer & exposer lesdictez Lettres, en eulz & cascun pour soy, demandant se aus coses contenuës en ycelles, se vouloient aucunement opposer ; & que, se opposer se voloient, nous assignerions jour auz Partiez opposantes, pardevant nous en ladicte

[a] *multitude.*
[b] *si.*
[c] *avions.*
[d] *mestier.*
[e] *chacun en particulier.*
[f] *quantité.*
[g] *toucher.*
[h] *entenduës.*

NOTES.

(e) Atrait.] Je crois qu'il faut corriger *à trait*. On trouve dans le Thresor de *Nicot*, *tout à traict & à loisir, peu à peu.*

Lire à trait de mot à mot c'est, lire posément, & bien prononcer chaque mot, afin que tout le monde puisse entendre ce qu'on lit.

Halle, & selon le contenu d'icelles [a], Partiez oyes, nous leur feriens bon & brief acomplissement de Justice: Lesquelz tisserans ou les aucuns d'eulz, nous respondirent que bien estoit veritez, que le Roy nostredit Seigneur leur avoit acordé Lettrez seellées de chire vert en las de soye, desquelles mencion est faicte ès Lettres de nostredit Seigneur, dessus transcriptes; mais puisque il lui plaisoit ycelles Lettres à eulz ottroïez, comme dit est, [b] rappeller, il leur plaisoit bien, & ne se voloient en riens opposer au contraire; excepté Jehan de Douchi, Jehan Fiable, Jehan Mustel, Jehan Scordré, [c] Ghi le Flamenlt, Jehan de Haynau, Lotart du Garding, Jehan Rastiel & Adam de le Masure, qui sur ce s'opposerent: Sur laquelle opposicion, nous feïsmes assigner jour à eulz opposans, pardevant nous en ledicte Halle, au jeudi 23.e jour dudit mois, pour proceder sur ce entre les Parties, comme de raison seroit: Auquel jeudi, les dessus nommez opposans, comparans en leurs propres personnes, en ledicte Halle, pardevant nous, nous dirent & affirmerent cascun pour soy, que sur la teneur des Lettres Royaux dessus transcriptes, & sur le fait de ladicte opposicion, s'estoient advisé, parquoy à ladicte opposicion par eux faicte, renunchoient du tout, & n'estoit mie leur entente d'icelle opposicion poursuir en aucune maniere: Et ces choses ainsi faictez, nous demandasmes audit Procureur du Roy nostre S. se au contenu desdictes Lettres, se vouloit opposer ou dire chose qui nous peust mouvoir, parquoy ycelles Lettres ne deussiens interiner & acomplir selon leur forme & teneur: Lequel Procureur du Roy nous respondi, que, consideré les responses des Bourgois & des Esleuz des mestiers de ledicte Ville, & aussi [d] de tisserans d'icelle, avec ce que les opposans qui sur ce s'estoient opposé, se sont deporté de leur opposicion, ainsi & par la maniere que chi-dessus est faicte mencion; pourveu que de l'usage ou Coustume anciennement usé en ledicte Ville, dont lesdictes Lettres font mencion, il nous appaire deuëment ou soit apparu, il ne veoit ou savoit cause aucune, pourquoy il sceust cause d'opposer ne d'enpeschement mettre en l'execution des Lettres du Roy nostre S. dessus transcriptes: Et sur ce, le Procureur des Jurez, Eschevins, Bourgois, & Communauté de ladicte Ville, disant que consideré le procès dessusdit, les requestes & affirmations des Jurés, Eschevins, Bourgois & Communauté, tant des mestiers comme autres; consideré aussi que Monf. le Gouverneur [e] quel lieu nous tenons ad present, par pluseurs foiz a [f] congneu & confessé pardevant nous, & pluseurs dignes de foy, que s'aucun Decret ou Jugement avoit baillié, delivré ou ordené ausdis tisserans, sur leurdit privilege, che avoit esté par le très grant inportunité d'iceulz, contre se [g] conscience & sen plaisir, pour eschever plus grant inconvenient, & contre la volenté & consentement du commun de ladicte Ville, si comme èsdictes Lettres Royaulz dessus transcriptes, est contenu, nous devons acomplir & enteriner le mandement à nous fait par les Lettres; veu que lesdis tisserans qui contre ce s'estoient opposés, avoient expressement renonchié à leur opposicion; lesdiz Procureurs du Roy & de le Ville, requerant à grant instance, que sur les choses dessusdictes, droiz leur fust fais. Savoir faisons à tous presens & avenir, que par nous veuëz, deliberées & considerées les Lettres du Roy nostre S. dessus transcriptes, les responses des Jurés, Eschevins, Bourgois, du Maire & de treize hommes, avec les Esleuz du mestier de ladicte tisseranderie, & aussi des tisserans & ouvriers dudit mestier, avec le [h] déport des oppositions que li dessus nommé tisserant en leurs personnes, avoient fait, & aussi, tant les responses des Esleuz des autres mestiers de ladicte Ville, comme du Procureur du Roy, si comme de tout ce, est plus ad plain chi-dessus faicte mencion, avec ce que de l'usage & Coustume anchiennes, usés en ladicte Ville, & du rapport & déposition dudit Monf. le Gouverneur, quant à l'inportunité du decret dont mencion est faicte èsdictes Lettres Royaulz chi dessus encorporées, desquelles coses & de cascune d'icelles, nous est deuëment apparut, avec tout ce qui sur ce, faisoit à veoir & considerer, avons dit & prononchié, disons & prononchions par nostre Sentence, Jugement, & pour droit, par vertu dou povoir à nous commis par vertu desdictes Lettres Royauz dessus transcriptes, les Lettres, Charte, ou privilege par lesdis tisserans empetrées, dont mencion est faicte

CHARLES V.
à Paris, le 7. de Fevrier 1365. & en Juin 1366.

a *Lettres.*
b *revoquer.*
c App. *Gui.*
d *des.*
e *le lieu duquel.*
f *reconnu.*
g *Mot abbregé & douteux.*
h *desistement.*

CHARLES V. à Paris, le 7. de Fevrier 1365. & en Juin 1366.

[a] par-dessus, & tout ce qui s'en est ensui, estre subreptices & subrepticement empetrées contre le proufit commun de ladicte Ville & du païs environ, & contre la chose publique, & le prononchons & reputons de nul effect & vigueur, en [b] discernant & desclairant par nostredit Jugement, que les tisserans du païs de Flandres & d'ailleurs, poent & porront venir tistre & ouvrer de leur mestier de tisseranderie, en ladicte Ville de Tournay & la banlieuë d'icelle, en la maniere qu'il a esté & est acoustumé de faire en ladicte Ville, du temps passé : disons oultre & prononchons par nostredit Jugement & Sentence, que lesdiz supplians joïront & doivent joïr, user & exploitier des anchiennes Coustumes, drois & usages que il usoient & avoient acoustumé à user avant l'inpetracion de la Chartre inpetrée par lesdiz tisserans, nonobstant ycelle, ne chose qui s'en soit ensui, laquelle nous reputons & revocons de nul effect, selon la teneur des Lettrez & Commission du Roy nos. à nous adrechiecz, & en tant que par vertu d'icelles, faire le poons & devons. En tesmoing de ce, Nous avons ces presentes Lettrez seellées de nostre propre seel, requerans au Procureur du Roy nostre S. que en certefiant les choses dessusdictes estre vraies & faites en sa presence, il y vueille mettre le sien sel avec le nostre : Et je Mahieux du Castel Procureur du Roy nos. ou Souverain Bailliage de Lille & de Tournesis, en cognoissance de verité & certesiant les choses contenuez en ces presentes Lettres, avoir esté faictes en ma presence, bien & deuëment, ay mis mon seel à ces presentes, avec le seel dudit Lieutenant : Et en [c] gregneur confirmation, nous Lieutenant & Procureur du Roy nostre S. dessusdiz, requerons au Souverain Baillif de Lille & des appartenances, ou à son Lieutenant, ou à celui ou ceulz qui sont garde du seel de ladicte Baillie, que en approuvant noz seaulz, & le contenu de ces Lettrez, y voellent mettre le seel de ladicte [d] Baillie, en cognoissance de verité : Et nous Jaques li Sauvages, Lieutenant de Monf. le Souverain Baillif de Lille, de Douay, de Tournesis, & des appartenances, & Garde du Seel Royal de ladicte Baillie, certefions à tous, que pardevant nous & en nostre presence, sont venus & comparut en leurs personnes, honnerables & saiges Jehan de Fontaines Lieutenant de Monf. le Gouverneur de Tournay, & Mahieux du Castel Procureur du Roy nos. audit Souverain Bailliaige, & nous ont affermet par leur serement, que les Lettres de Jugement & Decret dessus escriptes, èsquelles les Lettres du Roy nostredit Seigneur, sont encorporées, sont seellées de leurs propres seaulz, & que en la forme & maniere que en ycelles est contenu & exprimé, le procès, concession & renunciacions, Sentence & Jugement, & toutes les choses dedens exprimées, ont esté faictes, recongneuës & pronunchiées bien & deuëment, & sont passées en force de chose jugiée, sans appel ou reclamation quelconques : Et pour ce, à leurs requestes, en approuvant leurs seaulz pendans à ces presentes Lettrez, & les choses exprimées en icelles, par leur relacion, avons fait mettre à ces Lettrez, le seel de ladicte Baillie, qui *furent faictes & escriptes le derrenier jour du mois d'Avril l'An de grace 1366.*

[e] NOUS adecertez, les Lettres dessus transcriptes, & toutes les choses contenuës en icelles, ayans fermes & aggreables, ycelles volons, loons, greons, ratiffions approuvons, & de grace especial & de nostre auctorité Royal, par ces presente confirmons. Donnans en mandement par ces meismez Lettrez, au Gouverneur, & à tous lez autres Justiciers & Officiers de ladicte Ville de Tournay, & de nostre Royaume, qui orez sont & pour le temps avenir seront, ou à leurs Lieuxtenans, & à chascun d'eux si comme à lui appartendra, que lesdis tisserans du païs de Flandre & d'ailleurs, sueffrent & leissent venir tistre & ouvrer de leur mestier de tisseranderie en ladicte Ville de Tournay & en banlieuë d'icelle, en la maniere qu'il a esté & est acoustumé de faire en ladicte Ville, du temps passé ; & avec ce, facent & laissen lesdis supplians nommés èsdictes Lettres, joïr, user & exploitier des anchiennes Coustumes, droiz, & usages que il usent & avoient acoustumé à user avant l'inpetracion de ladicte Chartre empetrée par lesdiz tisserans, tout par la forme & maniere contenuë ès Lettres dessus transcriptes, nonobstant les Lettres, Chartres ou privilege

a cy-dessus.
b statuant.
c meilleure.
d Bailliage.
e Suite des Lettres de Charles V.

empetrées contre ce, par lesdis tisserans, lesquelles & tout ce qui s'en est ensui, nous, pour consideracion des choses dessusdictes, rappellons, cassons & adnullons, & volons estre de nul effect, & quelconques autres Lettres empetrées de Nous ou de nostre Court au contraire, non faisans pleine & expresse mention de mot à mot, de ces presentes. Et que ce soit ferme chose, &c. sauf, &c. *Ce fû fait & donné à Paris, ou mois de Juing, l'An de grace 1366. & de nostre Regne le tiers.* Ainsi sig. Par le Roy à la relacion du Conseil. DOUHEM. Collacion est faicte aus originales Lettres cidedens encorporées, par moy, DOUHEM. *Visa.*

CHARLES V. à Senlis, en Juin 1366.

(a) Lettres qui portent que les Mayeurs des Eschevins de la Ville de Tournay, pourront juger, chacun dans son district, les Causes qui ne passeront pas soixante sols.

CHARLES &c. Savoir faisons à touz presens & advenir, à Nous par noz bien amez les Jurez, Eschevins & toute la Communauté de nostre bonne Ville de Tournay, ja pieça avoir esté supplié, que comme par la Coustume, loy ou usage de ladicte Ville, d'ancienneté gardée & maintenuë, lezdiz Eschevins eussent usé & accoustumé de cognoistre [a] de leur [b] Halle, par fourme de procès [c] ordené, de certeinnes debtes & obligations peccuniaires; & pour ce que autretel, & auxi grant procès leur convenoit faire, & souffrir en despence & en mises à faire, de & pour une petite Cause montant à la somme de soixante [d] & au desoubz, comme dez plus granz Causes; pour laquelle choses, lez poursüians avoient esté, & encores estoient de jour en jour, si grevez & dommagiez par lez grans salaires dez Advocas & par lez journées & delais qu'il leur convient faire en ladicte Halle dezdiz Eschevins, qui souvente-foiz lez despens de la poursuite, surmontoient, & ont surmonté le principal, & plus; qui estoit contre le proffit commun de nostredicte Ville, & detriement & retardement du droit dez poursüians, si comme disoient lezdiz supplians; & pour ce, Nous eussent fait requerre que en consideracion aux choses dessusdictes, pour plus [e] briement determiner de telles petites Causes, & pour obvier aux delaiz & cautelez dessusdiz, Nous leur voulsissions sur ce pourveoir de remede gracieux, afin que les *(b)* Mayeurs desdiz Eschevins, chascun [f] ès termes de son Eschevinage & en sa personne, sur chaucie & ailleurs en ladicte Ville, peust cognoistre, jugier, & determiner [g] sonmerement & de plain, Parties oyes, par perhemptoire, sanz lonc procès & figure de Jugement, de & sur telles petites Causes montant à la somme de soixante soubz & au-desoubz, & que de la Sentence d'iceulx Mayeur, l'en peust appeller en la maniere que l'en appelloit & povoit appeller dezdiz Eschevins: Et pour ce, Nous qui de nostre cuer, voulons & desirons le bon gouvernement & proffit de nostredicte Ville, & de noz bons subgès, manans & habitans en ycelle, & afin que sur ce, peussions mielx & plus seurement pourveoir auxdiz supplians, eussions mandé & commis par noz autres Lettres, au Gouverneur de ladicte Ville ou à son Lieutenant, que, appellé nostre Procureur & ceulx qui feront à appeller, il se enfourmast bien & diligemment, tant du proffit comme du dogmage que Nous & autres à qui ce puet toucher & resgarder, y povions avoir, en eulx ottroïant leur requeste dessusdicte; & le informacion que faicte auroit sur ce, Nous renvoïast [h] féablement

a *dans.*

b *Voy. cy-dessus, p. 649. Note (c).*

c *de procès en forme.*

d *sols*, ainsi qu'il y a un peu plus bas.

e *briefvement.*

f *dans les bornes.*

g *Voyez le 3.e Vol. des Ordonn. p. 521. Note (o).*

h *fidélement.*

NOTES.

(a) Thresor des Chartres, Registre 97. Piece 235.

(b) Mayeurs ... sur chaucie.] Je n'ay rien trouvé de précis sur ces mots: mais il y a grande apparence que ces Mayeurs estoient les premiers Eschevins qui avoient chacun un département ou un quartier de la Ville, sur lequel ils avoient une inspection particuliere, & que l'on nommoit *Eschevinage.* On peut supposer que le peuple s'assembloit pour recevoir leurs ordres dans des lieux ou des rües élevées que l'on nommoit *chaussées.*

CHARLES V. à Senlis, en Juin 1366.

enclose soubz son seel, afin que ladicte informacion veuë, Nous peussions pourvoir auxdiz supplians, sur le contenu en leurdicte requeste, de telle grace ou remede, comme bon Nous sembleroit & que raison seroit : Laquelle infourmacion, appellez ad ce nostre Procureur, & grande [a] plenté dez Bourgois, manans & habitans de ladicte Ville, tant ceulx qui pour le commun proffit d'icelle, sont esleuz de conseillier toute la [b] Loy & la Communauté de ladicte Ville, & troiz ou quatre personnes de chascun dez mestiers & marchandises de ladicte Ville, & plusieurs personnes d'icelle, anciens, qui avoient esté ès Offices de ladicte Ville, comme autres, tant de ladicte Ville comme de dehors, qui faisoient à appeller, a esté faicte par le Lieutenant dudit Gouverneur, & à Nous renvoïée : Et pour ce que par noz amez & feaulz les Genz de nostre Conseil, lezquielx de nostre commandement, ont veu & diligemment examiné ladicte informacion, laquelle ilz ont trouvé bien & deuëment faicte, Nous a esté [c] relaté que par ycelle infourmation, appert souffisament, que [d] ce Nous ottroïons auxdiz supplians, leurdicte requeste, ce ne seroit aucun préjudice ne dommage à Nous, ne à autre quelconques; maix seroit très grans proffiz à Nous & à toute la Communauté de ladicte Ville, & à la chose publique d'icelle : Pour ce est-il que Nous, cez choses considerées & diligemment [e] attenduës, euë sur ce meure deliberacion aveeques lez Genz de nostredit Conseil, auxdiz supplians avons ottroïé & ottroïons de grace especial & de nostre auctorité Royal, par cez presentes, que lezdiz Mayeurs dez Eschevins de ladicte Ville de Tournay, qui ores sont & pour le temps advenir seront, chascun ès termes de son Eschevinage, & en sa personne singuliere, sur chauciée & aillieurs en ladicte Ville, en lieu deu & honeste, puist cognoistre, jugier & determiner dores-en-avant perpetuelment, sommierement & de plain, Parties oyes, par perhemptoire, sanz long procès & figure de Jugement, de & sur lezdictes petites Causes montant à la somme de soixante solz & au-dessoubz, & que de la Sentence dezdiz Mayeurs, l'en puist appeller en la maniere que l'en appelloit dezdis Eschevins; non-contrestant la Coustume, loy ou usage de ladicte Ville, ad ce contraires; laquelle Coustume, loy ou usage, Nous, quant ad ce, de nostredicte auctorité Royal, cassons, irritons & adnullons du tout. Si donnons en mandement par cez presentes, au Gouverneur de Tournay, & à touz lez Justiciers & Officiers de Nous & de nostre Royaume, presens & advenir, ou à leurs Lieuxtenans, & à chascun d'eulx si comme à lui appartiendra, que lezdiz supplians facent & laissent joïr & user paisiblement & perpetuelment, de nostre presente grace & ottroy, sanz lez empeschier ne souffrir estre empeschiez au contraire, en aucune maniere : Et que ce soit ferme chose & estable à touzjours, Nous avons fait mettre à cez Lettres, nostre Seel : sauf en toutes choses nostre droit & l'autrui. *Ce fuit fait & donné à Senliz, ou moys de Juing, l'An de grace 1366. & de nostre Regne le tiers.* Ainsin signée. Par le Roy à la relacion du Conseil, ouquel estoient Mons. le Conte de Sarrebruch. & Mons. Giles de Soyecourt, J. DOUHEM. *Visa.*

[a] *nombre.*

[b] *Voy. cy-dessus, p. 411. Note (c).*

[c] *rapporté.*

[d] *se. si.*

[e] *attention euë à ces choses.*

CHARLES V. à Senlis, en Juin 1366.

(a) Confirmation des privileges de la Ville d'Orchies.

KAROLUS &c. Notum facimus universis presentibus pariter & futuris, Nos Litteras inclite recordacionis, carissimi Domini Genitoris nostri, vidisse, formam que sequitur, continentes.

Philippe IV. dit le Bel, au Siege de Lille, en Septembre 1304.

Louis X. dit le Hutin, au Mont-S.t Quentin proche Perone, en Septembre 1315.

Philippe V. dit le Long, à Paris, en Fevrier 1317.

Charles IV. dit le Bel, à S.t Christophle en Halate, en May 1323.

Philippe VI. dit de Valois, à Paris, en Novembre 1328.

Jean I. ou selon d'autres, Jean II. à Chartres, en Avril 1351.

JOHANNES Dei gracia Francorum Rex: Notum facimus universis presentibus pariter & futuris, Nos Litteras inclite recordacionis, carissimi Domini Genitoris nostri, vidisse, formam que sequitur, continentes.

a *PHILIPPUS Dei gracia Francorum Rex: Notum facimus universis tam presentibus quam futuris, Nos infrascriptas vidisse Litteras, formam que sequitur, continentes.*

b *KAROLUS Dei gracia Francorum & Navarre Rex. Notum facimus universis tam presentibus quam futuris, Nos Litteras carissimi Domini nostri Fratris, Philippi condam dictorum Regnorum Regis, vidisse, formam que sequitur, continentes.*

c *PHILIPPUS Dei gracia Francorum & Navarre Rex: Notum facimus universis tam presentibus quam futuris, Nos carissimi Domini & Germani nostri, Ludovici condam dictorum Regnorum Regis, quasdam Litteras infrascriptas vidisse, formam que sequitur, continentes.*

d *LUDOVICUS gracia Dei Francorum & Navarre Rex: Notum facimus universis tam presentibus quam futuris, Nos infrascriptas vidisse Litteras, formam que sequitur, continentes.*

e *PHILIPPUS Dei gracia Francorum Rex: Notum facimus universis tam presentibus quam futuris, quod Nos volumus, ac dilectis nostris Populo & Communi Ville nostre de (b) Orchiis, tenore presencium concedimus, quod jura, boni usus, boneque Consuetudines eorum, quibus hactenus continue usi sunt, salvi sibi perpetuo remaneant, quodque deinceps eisdem utantur, prout hactenus consueverunt: salvo in aliis jure nostro & in omnibus alieno. Quod ut firmum remaneat in futurum, presentibus Litteris nostrum fecimus apponi Sigillum.* Actum in obsidione Insule, mense Septembris, Anno Domini 1304.

f *NOS autem carissimi Domini & Genitoris nostri, in hac parte vestigiis inherentes, predicta omnia & singula in suprascriptis Litteris contenta & plenius expressa, volumus, laudamus, approbamus, & tenore presencium confirmamus: salvo in aliis jure nostro, & in omnibus quolibet alieno. Quod ut firmum & stabile permaneat in futurum, presentibus Litteris nostrum fecimus apponi Sigillum.* Actum apud Montem-Sancti Quintini, propè Peronam, Anno Domini 1315. mense Septembris.

g *NOS h ergo predicta omnia & singula, prout superius sunt expressa, rata & grata habentes, ea volumus, laudamus, approbamus, & ex certa sciencia, auctoritate nostra Regia, tenore presencium confirmamus: salvo in aliis jure nostro & in omnibus quolibet*

a Philippe de Valois.

b Charles IV. dit le Bel.

c Philippe V. dit le Long.

d Louis X. dit le Hutin.

e Philippe IV. dit le Bel.

f Suite des Lettres de Louis le Hutin.

g Suite des Lettres de Philippe le Long.

h Il n'y a ici & plus bas, qu'un g. avec une marque d'abbreviation.

NOTES.

(a) Thresor des Chartres, Registre 97. Piece 230.

(b) *Orchiis.*] Dans le mois d'Aoust 1304. peu de temps avant que ces Lettres ayent esté données. Philippe le Bel prit la Ville d'Orchies: *Voy. l'Hist. de Fr. du P. Daniel, Edit. 1729. t. 4. p. 434.*

CHARLES V. à Senlis, en Juin 1366.

alieno. Quod ut firmum & stabile perpetuo perseveret, presentibus Litteris nostrum fecimus apponi Sigillum. Actum Parisius, Anno Domini 1317. mense Februarii.

a Suite des Lettres de Charles le Bel.

a *NOs ergo, ad instar carissimorum Dominorum Genitoris & Fratrum nostrorum predictorum, omnia & singula in prescriptis Litteris contenta, laudamus, volumus, approbamus, ac tenore presencium confirmamus: nostro in aliis & alieno quolibet jure salvo. Quod ut firmum & stabile permaneat in futurum, presentibus Litteris nostrum fecimus apponi Sigillum.* Actum apud Sanctum Christoforum in Halata, mense Maii, Anno Domini 1323.

b Suite des Lettres de Philippe de Valois.

b *NOs autem premissa omnia & singula, prout superius sunt expressa, laudamus, ratifficamus, approbamus & tenore presentium confirmamus: salvo in aliis jure nostro & in omnibus quolibet alieno. Quod ut firmum & stabile permaneat in futurum, presentibus Litteris nostrum fecimus apponi Sigillum.* Datum Parisius, Anno Domini 1328. mense Novembris.

c Suite des Lettres du Roy Jean.

c *NOs autem jura, usus & Consuetudines predictas, & omnia & singula in suprascriptis Litteris contenta, in quantum prenominati de Orchiis, ipsis hactenus legitime usi sunt, rata habentes & grata, ea volumus, ratifficamus, approbamus, & per presentes auctoritate nostra Regia, de speciali gracia confirmamus: salvo in aliis jure nostro & in omnibus quolibet alieno. Quod ut firmum & stabile perpetuo perseveret, presentes Litteras, Sigilli nostri munimine fecimus roborari.* Actum & datum Carnoti, Anno Domini 1351. mense Aprilis.

d Suite des Lettres de Charles V.

d *NOs autem jura, usus, Consuetudines predictas, ac omnia & singula in suprascriptis Litteris contenta, in quantum prenominati de Orchiis, ipsis hactenus legitime usi sunt, ratas habentes & gratas, ea volumus, ratifficamus, approbamus, & per presentes auctoritate nostra Regia, de speciali gracia confirmamus: salvo in aliis jure nostro & in omnibus quolibet alieno. Quod ut firmum, &c.* Actum & datum apud Silvanectum, mense Junii, Anno Domini 1366. Regni vero nostri tercio. *Sic signata. Per Regem ad relacionem Consilii.* DOUHEM. *Collatio facta est cum originalibus Litteris hiis presentibus insertis, per me.* Visa.

CHARLES V. à Senlis, en Juin 1366.

(a) Confirmation des privileges de la Ville d'Orchies.

KAROLUS &c. Notum facimus &c. Nos vidisse Litteras inclite recordacionis, carissimi Domini Genitoris nostri, formam que sequitur, continentes.

e Ces Lettres sont dans le 3.e Vol. des Ordonn. p. 460.

JOHANNES &c. e

NOs autem omnes & singulas Libertates & privilegia suprascripta, in quantum prenominati de Orchies, eisdem hactenus usi sunt, rata & grata habentes, ea volumus, laudamus, approbamus, & de speciali gracia, nostraque auctoritate Regia, tenore presencium confirmamus: nostro in aliis, & alieno in omnibus jure salvo. Quod ut firmum &c. Actum & datum apud Silvanectum, mense Junii, Anno Domini 1366. Regni vero nostri tercio. *Sic sign. Per Regem ad relacionem Consilii.* DOUHEM. *Collatio facta est cum originalibus Litteris hiis presentibus insertis, per me.* DOUHEM. *Visa.*

NOTES.

(a) Thresor des Chartres, Registre 97. Piece 91.

CHARLES V. à Senlis, en Juin 1366.

(a) Lettres qui portent que les maisons des habitans de S.t Amand en Puele, condamnez à mort, que l'on avoit coustume de brûler, pourront estre rachetées pour une somme d'argent.

KAROLUS &c. Notum facimus &c. Quod dilecti nostri Religiosi, Abbas & Conventus Ecclesie sive Monasterii (b) Sancti Amandi in [a] Pupula, Ordinis Sancti Benedicti, Tornacensis Diocesis, Domini temporalis in alta, media & bassa Justitia, Ville Sancti Amandi-in-Pabula, & pertinenciarum ejusdem, de fundacione Regia, racione Corone Francie & ad causam ipsius, tam in capite quam in membris, in nostris protectione & Salva-Gardia speciali existentes; necnon Burgenses & habitantes Ville & pertinenciarum predictarum, immediate justiciabiles & subditi Religiosorum predictorum, in fronteriis Regni nostri parcium illarum, existencium, omnes concorditer & unanimiter in hac parte, Nobis exponi fecerunt, quod quando Burgensis aut habitator Ville Sancti Amandi, & ejus pertinentiarum predictarum, in dictis locis homicidium aut aliud crimen, propter quod, juxta dicti loci Legem & Consuetudinem, ultimo tradi debeat supplicio, committit & perpetrat, domus malefactoris hujusmodi crimen perpetrantis, secundum Legem & Consuetudinem predictas, ignis incendio comburi debet & comburitur; & heredes aut successores sui, vel ab eo causam habentes, in aliis bonis suis omnibus succedunt integraliter; nulla propter hoc qualitercunque confiscacione bonorum suorum subsequente. Verum, cum hujusmodi domorum combustio nulli ferat commodum, sed potius cedat in ipsius Ville deformitatem, Nobis humiliter supplicarunt exponentes memorati, ut super abolicione Legis & Consuetudinis hujusmodi, ad utilitatem dicte Ville, que dampna innumera & irreparabilia in ipsius combustione & devastacione [b] alias multipliciter, lapsis temporibus, per factum guerrarum sustinuit, intendere velimus graciose: Quo circa Nos, premissis attentis & perpensius consideratis, Legem & Consuetudinem predictas, super combustione predicta statutas, que potius eradicari quam servari debent, de nostris auctoritate Regia, certa sciencia & gracia speciali, in casu premisso cassantes, irritantes, amoventes, anullantes, & tenore presencium penitus abolentes, ac volentes de cetero nullius efficacie, roboris vel momenti, ac pro nullis & irritis deinceps haberi penitus & censeri; prefatis supplicantibus, ad eorum supplicacionem, eo casu de nostris auctoritate Regia, certa sciencia & gracia speciali predictis, concessimus & concedimus per presentes, ut heredes aut causam habentes, & successores illorum, qui, temporibus affuturis, crimen perpetrabunt, [c] emendam, quociens casus continget, domos eorumdem, deinceps perpetuis temporibus, redimere, recuperare & habere possint, & valeant, à deputandis super hiis per ipsos supplicantes, [d] ad ipsorum [e] recuperantur utilitatem; videlicet, domum lapideam, pro decem libris; & domum ligneam seu de alia quacumque materia constructam, pro 60. solidis Parisiensibus, in fortificacionem & reparacionem fortaliciorum ipsius Ville Sancti Amandi, ad utilitatem communem supplicancium predictorum, per deputandos predictos, & non alibi, sine fraude convertendos. Mandantes universis Regni nostri Justiciariis & Officiariis, modernis & futuris, aut eorum Locatenentibus, & cuilibet eorumdem, quatenus supplicantes memoratos, nostra presenti concessione uti & gaudere pacifice & perpetuo faciant & permittant, nichil in contrarium attemptantes. Quod ut perpetue firmitatis robur obtineat, nostrum presentibus Litteris fecimus apponi Sigillum, nostro & alieno, &c. Datum & actum apud Silvanectum, mense Junii, Anno Domini 1366. Regni vero nostri tercio.

Sic signata. Per Regem ad relacionem Consilii. DOUHEM. *Visa.*

[a] Pabula, *ainsi qu'on lit plus bas.*

[b] al. *R.*

[c] emenda.

[d] &c.

[e] recuperentur.

NOTES.

(a) Thresor des Chartres, Registre 97. Piece 94.

(b) *S.ti Amandi-in-Pabula.]* *S.t Amand en-Peule*, Ville dans la Flandre Walone, à quatre lieuës de Tournay. *Voy. le Dictionn. Univers. de la Fr.* à ce mot.

CHARLES V. à Senlis, en Juin 1366.

(a) Lettres qui confirment d'autres Lettres qui portent que l'Abbaye de Clervaux & toutes ses dépendances, ressortiront à la Prevosté de Bar-sur-Aube.

KAROLUS Dei gracia Francorum Rex : Ad perpetuam rei memoriam. Inter ceteras curarum fluctuationes, quibus nostra sollicitudo distrahitur, Predecessorum nostrorum facta magnifica, cunctis manifesta fidelibus, ante nostræ consideracionis intuitum, revocamus, quoniam cunctos undique rebelles & inimicos, in brachii sui fortitudine, conterentes, in immensum Regni sui fines & gloriam dilatarunt, quod eis à Majestate Divina concessum fuisse credimus, ob eximiæ devocionis affectum, quem ad Sanctas Dei Ecclesias, Ecclesiarumque Ministros & servos Dei, continuatis temporibus, noscuntur habuisse; & ob beneficia & charitatis opera, quæ servis & Ministris ipsis, devotissime contulerunt. Dudum siquidem, claræ memoriæ Theobaldus, olim Campaniæ Briæque Comes Palatinus, predecessor noster, piæ devocionis affectu excitatus apud Deum, Religiosis Monasterii Clarevallis, Christi & Ecclesiæ servis & Ministris, ob suæ animæ remedium & salutem, quoddam privilegium, per recordationis inclitæ carissimi Domini Progenitoris nostri Litteras, confirmatum, noscitur concessisse : Quarum quidem Litterarum confirmatoriarum, in quibus privilegium ipsum est insertum, tenor sequitur in hæc verba.

a Ces Lettres sont dans le troisieme Volume des Ordonn. p. 542.

JOHANNES &c. [a]

ET cum prefati Religiosi, qui sub potestate Regia remanere, & per ipsam deffendi à gravaminibus & pressuris, etiam & laboribus & expensis relevari cupiunt & affectant, dubitantes ne ipsi per importunitatem vel inadvertantiam aut aliter, & etiam propter potentiam & oppressionem carissimi Fratris nostri, Comitis [b] *de Virtuto, in dictis Litteris suprascriptis, nominati, ac successorum suorum, vel Officiariorum eorumdem, contra tenorem Litterarum & privilegii suprascriptarum, valerent in posterum indebite molestari; Nobis humiliter supplicarunt, ut Litteras supratranscriptas, dictum privilegium continentes, ad majorem securitatem eorumdem & dicti sui Monasterii, confirmare & innovare dignaremur: Notum igitur facimus universis tam presentibus quam futuris, quod Nos, qui, sicut sumus veri successores largitorum ipsorum, ita & volumus pii esse imitatores eorum, debite considerantes, quod quanto Rex Regum Deus omnipotens, ad altiorem populi sui gradum, pia miseratione Nos provexit, quantoque majora de ipsius manu, bona suscepimus, & dona largiflua gratiarum, tanto, ad ea quæ in oculis suæ Majestatis, accepta redduntur, solertius agere debemus & vacare, ut per gratæ recognitionis effectum, & Religionis amorem, pietatis studia & opera caritatis, inveniamus misericordiam & gratiam coram Domino, in tempore oportuno: Præfatas Litteras supratranscriptas, ac privilegium prædictum, omniaque & singula quæ continentur in eisdem, volumus, laudamus, approbamus, ratifficamus, & ex nostris auctoritate Regia, certa scientia, ac Regiæ potestatis plenitudine, & de speciali gracia confirmamus & innovamus tenore presentium Litterarum : Volentes & decernentes dictum Monasterium seu Ecclesiam Clarevallis, dictosque Religiosos presentes & futuros, ac eorum Officiarios, Ministros, terras & subditos, cum Juriditionibus & pertinentiis suis universis, in & sub superioritate Prepositura & ressorti dicti loci de Barro-super-Albam, in solidum & immediate, perpetuo remanere; absque eo quod abinde possint aut debeant per Nos seu successores nostros aut aliquem eorumdem, disjungi, distrahi, amoveri vel quomodolibet separari ullis temporibus affuturis ; non-obstantibus*

b Voy. le 3.e Vol. des Ordonn. p. 543. Note (e).

NOTES.

(a) D. Montaubon. [*Voy. le 3.e Vol. des Ordonn. p. 542. Note (a)*] m'a communiqué une copie de ces Lettres; mais il n'a pû me dire d'où elle a esté tirée.

quibuscunque Litteris à Nobis seu Curia nostra, dicto Fratri nostro, vel suis Gentibus, sub quacumque verborum forma; etiamsi per Cameram Compotorum nostrorum Parisius, transierint & fuerint verificatæ, in contrarium concessis aut etiam concedendis, per quas, presentium & Litterarum supratranscriptarum effectus impediri valeret quomodolibet vel differri; & quas, quoad hoc, revocamus & penitus adnullamus, ac etiam vacuamus viribus & effectu; Ordinationibusque vel mandatis ad hoc contrariis vel adversis. Quocirca Preposito moderno & suis successoribus Prepositis dicti loci de Barro-super-Albam, vel eorum Locatenentibus, committimus & mandamus, quatinus presentes Litteras, juxta earum, & dictarum Litterarum supratranscriptarum, seriem & tenorem, exequantur quotiens fuerit oportunum, nichil de contingentibus omittendo. Quod ut perpetuæ stabilitatis robur obtineat, presentes Litteras nostri impressione Sigilli jussimus roborari: nostro in aliis & alieno in omnibus jure salvo. Datum Silvaneti, Anno Domini 1366. & Regni nostri tercio, mense Junii.

CHARLES V. à Senlis, en Juin 1366.

(a) Confirmation des privileges de la Ville de Nismes.

NOTUM facimus &c. Quod Nos consideratis bona obediencia & fidelitate ferventi, quas erga Dominos predecessores & progenitores nostros Reges Francie, hactenus habuerunt & erga Nos habent dilecti & fideles nostri Consules & Universitas nostre Civitatis Nemausensis & (b) Castri Arenarum, serviciisque gratuitis per eos in nostris necessitatibus, prestitis temporibus retroactis, & que Nobis continue prestare non cessant, ac speramus per eos in futurum prestari; universas & singulas Consuetudines, statuta, Libertates & privilegia, per prefatos Predecessores & Progenitores nostros, vel singulos eorumdem, ipsis Consulibus & Universitati, qualitercunque concessas, ex nostris certa sciencia, gracia speciali, auctoritate Regia, ac plenitudine Regie potestatis, laudamus, approbamus, ratificamus, & tenore presencium confirmamus: Mandantes Senescallo nostro Bellicadri & Nemausi, ceterisque Justiciariis & Officiariis nostris, vel eorum Loca-tenentibus presentibus & futuris, & eorum cuilibet ut ad eum pertinuerit, quatenus prefatos Consules & Universitatem, dictis Consuetudinibus, statutis, Libertatibus & privilegiis, quibus ipsi Consules & Universitas utuntur & hactenus usi fuerunt pacifice, uti & gaudere faciant & permittant sine difficultate quacunque; impedimentum quodlibet contra hoc appositum, amoventes. Quod ut firmum, &c. salvo in aliis, &c. Datum Silvaneti, Anno Domini 1366. mense Junii, & Regni nostri tercio. *Per Regem in suo Consilio.* GONTIER.

NOTES.

(a) Thresor des Chartres, Registre 97. Piece 32.

(b) Castri Arenarum.] On appelle de ce nom un Amphitheatre bâti à Nismes par les Romains, & qui s'est conservé presque en entier, jusqu'à nos jours. C'est un des plus beaux monuments antiques qui soient en France. Voy. *les Antiquitez de Nismes par Deyron*, ch. 17. p. 96. & les autres Histoires de cette Ville.

CHARLES V. au mois de Juin 1366.

Le lieu où ces Lettres ont esté données, n'est pas marqué.

(a) Lettres qui ordonnent que la Ville de S.t Pierre-le-Moustier, ne sera point soûmise aux Juges de Jean Duc de Berry & d'Auvergne.

KAROLUS &c. Notum facimus universis presentibus & futuris, Nos Litteras carissimi Domini Genitoris nostri, vidisse, formam que sequitur, continentes.

JOHANNES Dei gracia Francorum Rex: &c. *

* Ces Lettres sont cy-dessus, p. 216.

NOTES.

(a) Thresor des Chartres, Registre 97. Piece 245.

CHARLES V. au mois de Juin 1366.

QUAS quidem Litteras, & omnia & singula in eis contenta, rata & grata habentes, ea volumus, laudamus, approbamus, ratifficamus, ac tenore presencium, de gracia speciali confirmamus : Dantes in mandatis dilectis & fidelibus Gentibus Parlamenti, Baillivo & Preposito de Sancti-Petri-Monasterio, ceterisque Justiciariis & Officiariis dicti Regni, modernis & futuris, eorum Loca-tenentibus, & eorum cuilibet, ut predictos Priorem & Conventum & habitatores dicte Ville de Sancti-Petri-Monasterio, & eorum quemlibet, de omnibus & singulis in suprascriptis Litteris contentis, uti & gaudere faciant & permittant, juxta prescriptarum Litterarum, ac nostre presentis confirmacionis tenorem : Inhibentes predicto Germano nostro, ejusque Justiciariis, Officiariis & subditis, successoribusque suis, & eorum Officiariis, Justiciariis & subditis, & aliis quibuscumque Justiciariis & subditis dicti Regni, modernis & futuris, ne predictos Priorem & Conventum & habitatores, aut eorum alterum, contra prescriptarum Litterarum & presentis confirmacionis tenorem, impediant, inquietent, aut molestent quovismodo ; sed facta in contrarium, si que sint, que pro non factis ac si nunquam contigissent, reputamus, ad statum pristinum & debitum reducentes indilate. Quod ut firmum, &c. salvo, &c. Datum Anno Domini 1366. Regnique nostri 3. mense Junii. *Sic signatum.* [a] *Per Consilium Parisius existens.* CLERICI. *Collacio facta est.* CHEVRIER. *Visa.*

[a] Voy. la Preface du 3.e Vol. des Ordonnances, p. ix.

CHARLES V. à Paris, en Juillet 1366.

(a) Lettres portant que l'Eglise Collegiale de Leray, & plusieurs autres Eglises du Berry & de l'Auvergne, ressortiront au Bailliage & à la Prevosté de S.t Pierre-le-Moustier.

DATUM per copiam sub Sigillo Preposituire de Leriaco, die prima mensis Junii, Anno Domini millesimo trecentesimo octuagesimo-octavo.

KAROLUS Dei gratia Francorum Rex : Ad perpetuam rei memoriam. Eximie devocionis affectus, quem ad Sanctas Dei Ecclesias & earum Ministros, nostri Predecessores continuatis temporibus, habuisse noscuntur, ipsorumque gesta & exempla laudabilia, perpensius Nos inducunt, ut, sicut exigit Regalis gracie munificentia, Ecclesiarum transquillitati & paci attenciori meditacionis [b] *earum provideamus, & ipsas ad honorem Salvatoris per quem Reges regnant, habeamus quadam prosequi speciali prerogativa favoris, ut in eis sit quieta conversacio Deo grata, & cultus Divinus cum debita veneracione pacificus, & sic in bonis actibus, & Regium morem exerceamus, & superne retribucionis premium acquiramus. Sane Procuratoris nostri Generalis, plurimorumque Abbatum, Priorum, ac Capitulorum & Collegiorum Ecclesiarum Collegiatarum, & aliarum personarum Ecclesiasticarum, infra metas Ducatus Bituricensis & Alvenie, constitutarum, quatenus ipsos & eorum singulos, tam conjunctim quam divisim, tangere poterat, nuper exposita gravis querimonia nostre innotuit Magestati, quod licet ipsi & eorum Monasteria, Prioratus & Ecclesie, tam in capite quam in membris, cum suis hominibus & personis immediate subjectis, ac aliis suis juribus, possessionibus & bonis universis, tam virtute Regalis*

[b] cura. *R. P.*

NOTES.

(a) Ces Lettres sont cotées 54. dans une Liasse de 58. *Lettres Royaux* originales, de la Bibliotheque de M.r Baluze, & qui sont presentement dans celles du Roy.

Voicy comment ces Lettres sont annoncées dans le t. 3. du catalogue de la Bibliotheque de M.r Baluze, p. 76. n. 54.

*Une ancienne copie en parchemin, des Lettres patentes du Roy Charles V. en faveur des Eglises des Duchez de Berry & d'*Armagnac, *Donnée à* Blois, *en l'Hostel de S.t Paul, au mois de Juillet 1366.* On peut juger par cet échantillon, avec quelle exactitude ce Catalogue a esté dressé.

Ces Lettres sont aussi par extrait dans le Registre *A.* du Parlement. [Voy. cy-dessous, p. 664. Note *(e)*] Ce Registre a servi à corriger quelques fautes qui se trouvent dans l'Original que l'on a fait copier.

CHARLES V. à Paris, en Juillet 1366.

fundacionis, quam [a] *pariagii seu associacionis cum nostris predecessoribus Regibus Francie, dudum factis; & eciam per privilegia à Nobis & dictis Predecessoribus nostris, ipsis concessa, super eo quod extra domanium Regium & Coronam Francie, poni non possint aut valeant; sed in eisdem aut sub eisdem perpetuo remaneant; aut aliter à Jurisdictione carissimi Germani nostri Ducis Bituricensis & Arvernie, ac cujuscumque alterius Judicis temporalis, preterquam à nostra, sint & esse debeant perpetuo exempti, & in nostris salva & speciali Gardia, ac de nostro demanio, & sub nostra superioritate immediate semper existere & remanere, & ad Sedem Regiam, & non alibi, teneantur ressortiri: Licet eciam novissime inclite recordacionis carissimus Dominus & Genitor noster, dum viveret, ad instanciam & prosecucionem conquerentium predictorum, certam fecisset* [b] *Ordinacionem super ressorto dictorum Monasteriorum, Prioratuum & aliarum Ecclesiarum exemptarum in dicto Ducatu constitutarum, & ad quem locum in Sede Regia, haberent ressortiri, dono seu concessione per eum, de dicto Ducatu, eidem Germano nostro factis, non-obstantibus: Cujus Ordinacionis execucionem, idem Genitor noster commiserat Baillivo de Sancti-Petri-Monasterio, prodictis ressortis & occasione eorumdem, in dicto loco per dictum Genitorem nostrum, de novo creato & instituto; donec aliter super hoc duceret ordinandum: Nichilominus tamen, cum dictus Baillivus Ordinacionem predictam, ex debito sui Officii, prout eidem mandatum extiterat & commissum, voluisset execucioni demandare, Procurator dicti Germani nostri, Ordinacionem antedictam, & ejus execucionem impediendo, à dicto Baillivo, ne dictam commissionem exequeretur, ad nostram Parlamenti Curiam appellaverat, & adjornamentum in dicta appellacionis Causa, impetraverat, ac illud exequi & intimari fecerat: In dicta tamen appellacionis Causa, pretextu quarumdem* [c] *Litterarum Status, pro dicto Germano nostro tunc impetratarum, procedere distulerat, ac Causam predictam, per (b) plures continuaciones & longas dilaciones deducere, & ipsius expedicionem impedire nisus fuerat; & hoc pendente, dictus Germanus noster & ipsius Officiarii in Partibus predictis, dictos conquerentes vel eorum aliquos, sub dicti Germani nostri Jurisdictione, nisi* [d] *fuerat, & de facto* [e] *nitebatur facere ressortiri, in grande prejudicium dictorum conquerentium, jurisque Regii, & conquerentium predictorum lesionem & retardacionem, ac privilegiorum suorum enervacionem: Propter quod dictus Genitor noster, ad supplicacionem eorumdem conquerentium, per suas patentes Litteras, postmodum voluerat & ordinaverat, dictas Ecclesias, & earum personas eisdem immediate subjectas, per Baillivum predictum in hac parte Commissarium deputatum, appellacione predicta pendente, & ipsa non-obstante, absque tamen ipsius prejudicio, per manum suam tanquam superiorem, tractari & justiciari; ipsas, hoc pendente, à dicti Germani nostri, ac Justiciariorum & Officiariorum ejusdem, Jurisdictione eximendo: Predictis tamen inquietacionibus seu impedimentis obstantibus, dicti conquerentes suis privilegiis, juribus, possessionibus & bonis antedictis,* [f] *rite uti & gaudere, sicut antea consueverant & sibi legitime competebat, nequiverant, impedimento & discordia ac inquietacionibus predictis durantibus, nec adhuc poterant, neque possunt de presenti; & ea occasione, plurimum extiterant, & de die in diem existunt dampnificati, ac gravati & oppressi, in Divini cultus diminucionem non modicam, ac dictorum Monasteriorum & aliarum Ecclesiarum, lesionem & destruccionem, ut dicebant, humiliter postulantes nostre provisionis remedium super hoc impertiri. Cumque animi nostri* [g] *cum assidua meditacione circa hoc versetur, ut nostris temporibus, subditi Regni nostri, & presertim Deo devote famulantes, valeant in transquillitate & pace substantari & foveri, Nos, volentes omnem litis & discordie materiam, premissorum occasione, ut premittitur, subortam, dirimere, & circa hoc, via Justicie, debitam adhibere medelam, quia dictus Germanus noster, libere & absque apposicione vel contradictione quacunque super hoc facienda, voluit & expresse consensit quod de & super hoc, pro nostre libito voluntatis, disponeremus & ordinaremus, eaque omnia & singula, quatenus ipsum tangebant & tangere poterant, nostre disposicioni*

[a] Voy. le 3.e Vol. des Ordonn. p. 102. Note (h).

[b] Voy. la Table des Matieres du 3.e Vol. des Ordonn. au mot *Berri*.

[c] Lettres d'Estat.

[d] fuerant. *R. P.*

[e] nitebantur. *R. P.*

[f] libere. *R. P.*

[g] cura. *R. P.*

NOTES.

(b) *Plures continuaciones.*] C'est-à-dire, que la Cause estant près d'estre jugée, le Procureur du Duc de Berry avoit demandé des délais & des *remises*, & que le jour de l'adjournement qui estoit échû, fut *continué*.

CHARLES V. à Paris, en Juillet 1366.

& ordinacioni remisit, appellacionem per Procuratorem dicti Germani nostri super hoc, ut dictum est, interpositam, sine emenda (c) adnullantes, Causam principalem de dicti Fratris nostri expressa voluntate & assensu, ad nostram presenciam fecimus advocari, & nostre disposicioni reservari : Tandem vero, pro celeriori expedicione premissorum, Litteras, titulos, & privilegia, quas & que seu quos dicti conquerentes & eorum singuli, producere & exhibere voluerunt in hac parte, per dilectas ac fideles Gentes nostri magni Consilii, ac Camere nostri Parlamenti, legi ac videri, & diligenter inspici fecimus, ac super hoc relacionem Nobis fieri, & dictorum Consiliariorum nostrorum deliberacionem & consultacionem super hoc mature prehabitam, refferri.

Notum itaque facimus universis tam presentibus quam futuris, quod Nos, audita fideli relacione de & super premissis, per easdem Gentes nostras Nobis facta, attentis specialiter, ac diligenter visis & intellectis Litteris & Cartis, ac Privilegiis antiquis quibus sub immunitatis tuicione consistit, & sub immediato ressorto & superioritate Regiis specialiter retinetur, ac aliis specialibus prerogativis decoratur Ecclesia Beatissimi Martini Turonensis, gloriosissimi Confessoris, cum suis rebus, Villis & Ecclesiis sive membris, cujus videlicet Ecclesie Collegiate, Nos, jure & ad causam Corone nostre, Abbas sumus & ad

NOTES.

(c) *Adnullantes.*] Voicy les Lettres Royaux, qui furent données à ce sujet, & qui sont dans le Registre du Parlement, coté *A. fol. 79. recto.*

Lettres qui évoquent au Conseil, les contestations meuës entre le Duc de Berry & plusieurs Eglises du Berry & de l'Auvergne, au sujet de l'exemption des Officiers du Duc de Berry, prétenduë par ces Eglises.

a C'est un Arrest du Parlement.

[a] *KAROLUS &c. Universis, &c. Notum facimus, quod visis per Curiam nostram, aliis nostris Litteris, formam continentibus subsequentem.*

KAROLUS Dei gracia Francorum Rex : Universis presentes Litteras inspecturis, salutem. Cum carissimus Germanus noster Dux Biturie & Arvernie, seu ejus Procurator, dudum ad nostram Parlamenti Curiam appellasset, ab Audientia Baillivi nostri de Sancti-Petri-Monasterio, Commissarii nostri, in & super certa Causa seu discordia coram dicto Baillivo mota aut que moveri sperabatur, inter dictum Germanum nostrum, ex parte una ; & Procuratorem nostrum, ac [b] *Burgidolensem,* [c] *Case Dei, Sancti Sulpicii, & nonnullos alios Abbates, Priorem* [d] *Sancti Porciani, Prepositum & Capitulum* [e] *Brivatensem, ac plures alias Religiosas & Ecclesiasticas personas Ducatus predicti, ex parte altera, racione immunitatum & exempcionum quas per privilegia Regia, dicti Religiosi & alie persone Ecclesiastice antedicte, se habere pretendebant à Jurisdictione & ressorto dicti Germani nostri, ac Gentium & Officiariorum ejusdem. Notum facimus, quod ex certis & justis causis ad hoc Nos moventibus, ac de expressa voluntate & assensu dicti Germani nostri, Nos appellacionem seu appellaciones antedictas, absque emenda annullavimus & annullamus per presentes, Causam principalem ac debatum predictum, & quicquid sequtum inde extiterit & sequi potest, ad Nos advocando, & nostre disposicioni & ordinacioni specialiter reservando : & insuper, ut dicta Causa principalis seu discordia vel debatum* [f] *predictum, brevius & celerius valeat per Nos expediri & terminari, de dicti Germani nostri voluntate & assensu, ut premittitur, vive vocis oraculo, comisimus & comittimus per presentes, dilectis ac fidelibus Gentibus nostri magni Consilii, quatenus ipsi, vocatis secum dilectis ac fidelibus Gentibus dictum nostrum Par. Parlamentum tenentibus, seu tot & tantis de Gentibus dicti Parlamenti, quot & prout sibi videbitur expedire, de & super privilegiis ac immunitatibus & exempcionibus antedictis, se diligenter informent, ac videant Cartas, privilegia & Litteras, ac munimenta quas & quos seu que Religiosi & alii supradicti, ad suam intencionem fundandam, producere voluerint ac eciam exhibere, & quicquid de & super premissis & eorum dependentiis, repererint, Nobis fideliter referant, ut super premissis disponere & ordinare valeamus, prout Nobis videbitur racionabiliter faciendum. Quocirca predictis Gentibus nostri Parlamenti, tenore presencium inhibemus, ne de cetero dictas Partes in Causa seu Causis appellationum predictarum, ulterius procedere faciant & compellant. Quod premissorum consideracione, sic fieri volumus & jubemus.* Datum in Domo nostra propè Ecclesiam Sancti Pauli Parisius, quarta die Julii, Anno 66. & Regni nostri tercio. *Per Regem.* VILLEMER.

Ipsa Curia, Litteris nostris suprascriptis, presente ad hoc & consenciente Procuratore nostro predicto, obtemperavit, & obtemperat per presentes. Datum Parisius, in Parlamento nostro, octava die Julii, Anno Domini 1366. & Regni nostri tercio.

b Bourgeuil.

c La Chaize-Dieu.

d S.t Porcien. Voy. cy-dessous, page 665. Note (k).

e Brioude.

f predict. R.

quam Predecessores nostri eximiam, ac pre ceteris, affectionem specialem habuisse noscuntur, & Nos eciam ipsorum devotum propositum & gesta magnifica, ante nostre consideracionis intuitum habentes, quicquid ex munere Regie largitatis, Ecclesie predicte collatum extitit, volentes sibi, & ejus rebus, Villis & Ecclesiis sive membris, fore per immensum: Cujus Ecclesie Collegiate, membrum esse dignoscitur Monasterium quondam, & ad presens Ecclesia Collegiata de (d) Leriaco supra Ligerim, Bituricensis Diocesis, & ex tenore dictorum Privilegiorum, specialiter & nominatim fuisse & esse cum dicta Sancti Martini Ecclesia, exempcionis privilegio & aliis prerogativis insignita, una cum suis juribus, possessionibus & pertinenciis universis, in Regno nostro constitutis; hiisque consideratis & attentis cum aliis omnibus que Nos & Consilium nostrum predictum, in hac parte movere poterant & debebant, pleniori ac consulta deliberacione super hoc prehabita, de nostra certa sciencia & auctoritate Regia, declaramus & declaravimus per presentes, dictam Ecclesiam Collegiatam de Leriaco, ac Prepositum, Cantorem & Capitulum sive Collegium ejusdem loci, tam in capite quam in membris, & tam cunjonctim quam divisim, cum eorum Officiariis & familiaribus, ac justiciabilibus & subditis, Villis, domibus, maneriis, Jurisdictionibus, juribus, possessionibus & hominibus de corpore, ac omnibus eorum bonis ubicumque in Regno nostro existentibus, ad dictos Prepositum, Cantorem & Capitulum sive Collegium de Leriaco, spectantibus, in nostra ac successorum nostrorum salva & speciali Gardia, ac sub nostra superioritate, & de nostro immediato ressorto existere, & in eisdem perpetuo remanere debere; ipsosque à dicto Germano nostro, & ejus Gentibus ac Justiciariis & Officiariis, ac aliis quibuscumque Judicibus temporalibus Regni nostri, cujuscumque condicionis existant, preterquam à nostris, exemptos esse declaramus, & remanere volumus perpetuo per presentes: Statuentes tenore presencium, ac eciam ordinantes, quod dicti Prepositus, Cantor & Capitulum sive Collegium de Leriaco, tam in capite quam in membris, pro se & suis terris ac possessionibus, & aliis predictis, ac Officiariis & subditis ipsorum, coram dicto Baillivo & Preposito nostro dicti loci de Sancti-Petri-Monasterio, [a] *propinquioribus Justiciariis Regiis eorumdem, & ad Sedem ejusdem loci, de cetero ressortiri teneantur, donec de alio ressorto Regio, super hoc duxerimus ordinandum. Quocirca dilectis ac fidelibus Gentibus dicti nostri Parlamenti, Baillivo & Preposito de Sancti-Petri-Monasterio predictis, ceterisque Justiciariis & Officiariis nostris, aut eorum Locatenentibus, qui nunc sunt & qui pro tempore fuerint in futurum, damus serie presencium, in mandatis, quatenus eosdem Prepositum, Cantorem & Capitulum sive Collegium de Leriaco, & eorum successores, Litteris nostris presentibus, & contentis in eisdem, uti faciant & gaudere perpetuo, pacifice & quiete, nec eosdem in contrarium inquietari vel quomodolibet molestari permittant:* [b] *Inhibentes earumdem tenore presentium, dicto Germano nostro, ac ipsius Gentibus & Officiariis, seu causam habentibus vel habituris ab eodem, presentibus & futuris, ne dictos Prepositum, Cantorem, & Capitulum sive Collegium de Leriaco, aut eorum successores, contra tenorem presencium, de cetero inquietent aut molestent quovismodo: Nostras vero presentes Litteras, in Registris Curie nostri Parlamenti predicti, volumus & jubemus, ad futuram imperpetuum memoriam, registrari. Quod ut firmum & stabile perpetuo perseveret, nostrum presentibus Litteris fecimus apponi Sigillum; nostro in aliis & in omnibus quolibet alieno jure salvo.* Datum & actum in Domo nostra propè Ecclesiam Sancti Pauli Parisius, Anno Domini millesimo trecentesimo sexagesimo-sexto, mense Julii, Regni vero nostri anno tercio.

CHARLES V. à Paris, en Juillet 1366.

a qui sont les Juges Royaux les plus prochains de Leray.

b Inhiben. *R.*

(e) NOTUM *itaque facimus universis tam presentibus quam futuris, quod Nos, audita fideli relacione de & super premissis, per easdem Gentes nostras Nobis facta, attentis specialiter, ac visis & intellectis privilegiis & Cartis eisdem Consiliariis nostris exhibitis,*

LA CHAIZE-DIEU. Fol. 79. *rect.*

NOTES.

(d) *Leriaco.]* Voicy ce que l'on trouve sur cette Collegiale, dans le Poüillé du Diocese de Bourges, Par le P. Labbe, p. 5.

Leray ou *Laizay* sur la Riviere de Loire: *Dignitas Prioratus & Prebendæ Capituli de Lereaco ad Ligerim, pertinent ad Decanum & Canonicos Sancti Martini Turonensis.*

(e) Dans ce même temps que l'on donna en faveur de *Leray*, les Lettres qui precedent celles-cy, on en expedia de semblables pour plusieurs autres Eglises du Berry & de l'Auvergne.

per dilectos noſtros Abbatem & Conventum Monaſterii (f) Caſe-Dei in Arvernia, Claromontenſis Dyoceſis, de fundacione Regia exiſtentis, prout dudum ſuper hoc, eidem Genitori noſtro, dum viveret, plenarie extitit facta fides, ſicut in certis ejuſdem Genitoris noſtri Litteris, ejus Sigillo in filis ſericis & cera viridi ſigillatis, ac in certis aliis antiquis privilegiis per ipſos exhibitis, plenius vidimus contineri : Quiquidem Religioſi, tam in capite quam in membris, ſunt & ſemper fuerunt in & ſub predeceſſorum noſtrorum Regum Francie, proteccione & Gardia ſpeciali, ac ſemper in omnibus caſibus reſſorti & ſuperioritatis, coram noſtris Regiis Judicibus, & non alibi, immediatum habuerunt reſſortum; idque dudum; Anno videlicet Domini, milleſimo ducenteſimo quadrageſimo-ſeptimo, ad eorum intencionem, contra Alfonſum quondam Comitem Pictavenſem, in contradictorio Judicio per (g) Regem Francie predeceſſorem noſtrum tunc regnantem, extiterat per Sententiam ſeu Arreſtum declaratum, prout dictorum ſuorum privilegiorum ſeu Cartarum liquide ſeries continebat : hiiſque conſideratis & attentis, &c. Datum & actum in Domo noſtra propè Eccleſiam Sancti Pauli Pariſius, Anno Domini milleſimo treceteſimo ſexageſimo-ſexto, menſe Julii, Regni vero noſtri Anno tercio. *Sic ſignata. Per Regem.* VILLEMER. *Viſa, lecta & correcta per Dominos magni Conſilii & Parlamenti Reg. ad hoc deputatos, 25. die Julii, Anno 66.* VILLEMER.

BRIOUDE. Fol. 80. *verſ.* Item. *PRO Prepoſito & Capitulo Eccleſie Collegiate Brivatenſis, Sancti Flori Dioceſis, repetitis de verbo ad verbum Litteris precedentibus, uſque ibi.*

*NOTUM itaque facimus univerſis tam preſentibus quam futuris, quod Nos, audita fideli relacione de & ſuper premiſſis, per eaſdem Gentes noſtras Nobis facta, attentis ſpecialiter ac viſis & intellectis privilegiis & Cartis eiſdem Conſiliariis noſtris exhibitis, per dilectos noſtros Prepoſitum & Capitulum Eccleſie Collegiate (h) Brivatenſis, * Sancti Flori Dioceſis, de fundacione Regia exiſtentis, qui ſunt & ſemper fuerunt, tam in capite quam in membris, in & ſub predeceſſorum noſtrorum Regum Francie, protectione & Gardia ſpeciali, ac ſemper in omnibus caſibus reſſorti & ſuperioritatis, coram noſtris Regiis Judicibus, & non alibi, immediatum habuerunt reſſortum, prout dictorum ſuorum privilegiorum liquide ſeries continebat : hiiſque conſideratis, &c.*

* S.t Fleur.

NOTES.

Quelques-unes de ces Lettres ſont dans le Regiſtre *A.* du Parlement, *fol. 79. recto,* & ſuiv.

Les premieres ſont celles qui furent accordées à l'Abbaye de la Chaize-Dieu. Elles ſont en entier ; le preambule eſt ſemblable mot pour mot à celuy des Lettres données pour *Leray :* il y a enſuite de la difference dans l'endroit où il eſt parlé de l'Abbaye de la Chaize-Dieu, à laquelle ces Lettres ſont accordées; puis vient le diſpoſitif, qui eſt conforme à celuy des Lettres de *Leray :* à l'exception qu'on a ſubſtitué dans celles-cy, au mot, *Leray*, le mot, *Chaize-Dieu.*

On trouve enſuite dans ce même Regiſtre, les Lettres accordées au Chapitre de Brioude. Comme le preambule eſtoit préciſement le même que celuy des Lettres precedentes, on l'a ſupprimé, & on n'a commencé à tranſcrire ces Lettres, qu'à l'endroit où il eſt parlé du Chapitre de Brioude, & on a continué juſqu'à la fin des Lettres.

On a fait la même choſe dans quelques autres Lettres qui ſuivent dans le Regiſtre.

Mais comme le diſpoſitif de ces Lettres, eſt toûjours le même; à l'exception du nom de l'Egliſe à laquelle elles ſont accordées, l'on n'a pas cru devoir faire imprimer icy tous ces diſpoſitifs, & l'on ſe contentera de faire imprimer l'endroit de ces Lettres où eſt nommée l'Egliſe en faveur de qui elles ont eſté données : à l'égard du préambule qui ſera retranché, on le trouvera mot pour mot, dans les Lettres accordées à *Leray;* & par rapport au diſpoſitif, on aura recours aux mêmes Lettres, dans leſquelles il faudra ſeulement ſubſtituer au mot *Leray*, toutes les fois que l'on le rencontrera, celuy de l'Egliſe à laquelle ces Lettres imprimées par extrait, auront eſté accordées.

On mettra à coſté de chacune de ces Lettres, le nom de l'Egliſe à laquelle elles auront eſté accordées, & le fol. du Regiſtre du Parlement, où elles ſont.

(f) Caſe-Dei.] La Chaize-Dieu, Abbaye très celebre dans l'Auvergne, ſur laquelle voy. *Gall. Chriſt. 2. Edit. t. 2. p. 327.*

(g) Regem Francie.] S.t Louis de qui le Comte de Poitou eſtoit Frere. *Voy. l'Hiſt. Geneal. de la M. de Fr. t. 1. p. 82.*

(h) Brivatenſis.] *Brioude.* Voy. *Gall. Chriſt. 2. Edit. t. 2. p. 467.*

NOTUM

NOTUM itaque facimus universis tam presentibus quam futuris, quod Nos, audita fideli relacione de & super premissis, per easdem Gentes nostras Nobis facta : Attentis specialiter, ac diligenter visis & intellectis Litteris & Cartis ejusdem Genitoris nostri, ac aliis antiquis Cartis & privilegiis, quibus sub immediato ressorto & superioritate Regiis, specialiter retinetur, ac aliis specialibus prerogativis decoratur (i) Trenorchiense Monasterium, cum suis membris & pertinenciis universis, quod est de fundacione Regia, prout per Litteras, Cartas & privilegia [a] antedicta, poterat & potest lacius apparere : cujus Monasterii Trenorchiensis, Prioratus Conventualis (k) Santti Porciani in Arvernia, Claromontensis Diocesis, membrum esse dignoscitur, & ex tenore dictorum privilegiorum, specialiter ac nominatim fuisse & esse cum dicto Monasterio, exempcionis privilegio & aliis prerogativis insignitus, una cum suis juribus, possessionibus & pertinenciis universis, in Regno nostro constitutis : hiisque consideratis, &c.

TOURNUS. Fol. 81. recto.

a antedict. R.

NOTUM itaque facimus universis tam presentibus quam futuris, quod Nos, audita fideli relacione de & super premissis, per easdem Gentes nostras Nobis facta : Attentis specialiter ac visis & intellectis privilegiis & Cartis eisdem Consiliariis nostris exhibitis, per dilectos nostros Abbatem & Conventum Monasterii (l) Sancti Sebastiani Magni-loci, Ordinis Sancti Benedicti, Claromontensis Diocesis, de fundacione Regia existentis, prout tam per Litteras dicti Genitoris nostri, quam per alias Litteras & privilegia antiqua predecessorum nostrorum Regum Francie, poterat apparere. Quiquidem Religiosi, tam in capite quam in membris, sunt & semper fuerunt in & sub predecessorum nostrorum Regum Francie, proteccione & Gardia speciali, ac semper in omnibus casibus ressorti & superioritatis, coram nostris Regiis Judicibus, & non alibi, immediatum habuerunt ressortum, prout dictorum suorum privilegiorum seu Cartarum, liquide series continebat : hiisque consideratis, &c.

MANLIEU. Fol. 81. verso.

NOTUM itaque facimus universis tam presentibus quam futuris, quod Nos, audita fideli relacione de & super premissis, per easdem Gentes nostras Nobis facta, attentis specialiter ac diligenter visis & intellectis Litteris & Cartis ejusdem Genitoris nostri, ac aliis antiquis privilegiis, quibus sub immediato ressorto & superioritate Regiis, specialiter retinetur, & aliis specialibus prerogativis decoratur Cluniacense Monasterium, cum suis membris & pertinenciis universis : Quod eciam Monasterium cum dictis suis membris, extra domanium aut superioritatem [b] Regiam antedictam, poni non potest neque debet, prout per Litteras, Cartas & privilegia antedicta, poterat & potest lacius apparere : Cujus Cluniacensis Monasterii, Prioratus Conventualis de [c] Rivis in Arvernia, Claromontensis Diocesis, membrum esse dignoscitur ; & ex tenore dictorum Privilegiorum, [d] specialiter ac nominatim fuisse & esse cum dicto Monasterio, exempcionis privilegio & aliis prerogativis, sicut dictum Monasterium, insignitum, cum suis juribus, possessionibus & pertinenciis universis, in Regno nostro constitutis : hiisque consideratis, &c.

CLUGNY. Fol. 82. recto.

b Reg. antedict. R.

c Riviere. Voy. le 3.e Volume des Ordonn. p. 547. Note (qq).

d Voy. le 3.e des Ordonn. Ibid.

NOTUM itaque facimus universis tam presentibus quam futuris, quod Nos, audita fideli relacione de & super premissis, per easdem Gentes nostras Nobis facta, attentis

ORILHAC. Fol. 82. verso.

NOTES.

(i) *Trenorchiense Monasterium.*] Tournus, près de Mâcon. *Voy. l'Hist. de cette Abbaye, par le P. Chifflet Jesuite.*

(k) *Sancti Porciani.*] Voy. sur ce Prieuré, les preuves de l'Hist. de l'Abbaye de Tournus, *par le P. Chifflet, p. 512.*
Il ne marque pas le nom moderne.

(l) *Sancti Sebastiani Magni-loci.*] Manlieu. Voy. *Gall. Christ. 2. Edit. t. 2. p. 360.*

specialiter; ac visis & intellectis privilegiis & Cartis eisdem Consiliariis nostris exhibitis, per dilectos nostros Abbatem & Conventum Monasterii (m) Aureliaci, Diocesis Sancti Flori, in Baillivia Montanarum Arvernie situati, qui, tam in capite quam in membris, à tempore fundacionis ejusdem Monasterii, sunt & semper fuerunt in & sub predecessorum nostrorum Regum Francie, protectione & Gardia speciali, ac semper in omnibus casibus superioritatis & ressorti, coram nostris Judicibus Regiis, & non alibi, immediatum habuerunt ressortum, prout tam per Litteras dicti Genitoris nostri, quam per alias Litteras, & privilegia antiqua predecessorum nostrorum Regum Francie, eisdem Religiosis concessa, poterat & potest latius apparere: hiisque consideratis, &c.

ISSOIRE. Fol. 83. *recto.*

NOTUM itaque facimus universis tam presentibus quam futuris, quod Nos, audita fideli relacione de & super premissis, per easdem Gentes nostras Nobis facta, attentis specialiter ac visis & intellectis privilegiis & Cartis eisdem Consiliariis nostris exhibitis, per dilectos nostros Abbatem & Conventum Monasterii Sancti Austremonii (n) Yssiodori, Ordinis Sancti Benedicti, Claromontensis Diocesis, de fundacione Regia existentis, prout, tam per Litteras dicti Genitoris nostri, quam per alias Litteras, & privilegia antiqua predecessorum nostrorum Regum Francie, poterat apparere: Quiquidem Religiosi, tam in capite quam in membris, sunt & semper fuerunt in & sub predecessorum nostrorum Regum Francie, protectione, & Gardia speciali, ac semper in omnibus casibus superioritatis & ressorti, coram nostris Regiis Judicibus, & non alibi, immediatum habuerunt ressortum, prout dictorum suorum privilegiorum seu Cartarum, liquide series continebat: hiisque consideratis, &c.

CUSSET. Fol. 83. *verso.*

NOTUM itaque facimus universis tam presentibus quam futuris, quod Nos, audita fideli relacione de & super premissis, per easdem Gentes nostras Nobis facta, attentis specialiter ac visis & intellectis privilegiis & Cartis eisdem Consiliariis nostris, ex parte Religiosarum, Abbatisse & Conventus Monasterii (o) Cuciaci in Arvernia situati, exhibitis, per quas seu per que clare poterat & potest apparere, quod ab Anno Incarnacionis Domini, millesimo centesimo octogesimo-quarto, citra, per privilegia inclite memorie [a] Philippi quondam Regis Francorum, tunc regnantis, ac plurium aliorum successorum ejusdem, nostrorumque antecessorum Regum Francie, prefate Religiose & eorum Monasterium predictum, tam in Villa [b] Cuciaci quam alibi, & tam in capite quam in membris, cum suis juribus, possessionibus & pertinenciis universis, racione [c] Pariagii & associationis plurium terrarum & possessionum, in dictis suis priviligiis designatorum, cum aliquibus de dictis nostris Predecessoribus factis, ac eciam per Sentenciam seu Arrestum [d] Regium super hoc postmodum, Partibus auditis, interpositum, erant & sunt, ac perpetuo esse debent, & eciam remanere in protectione & Salva-gardia Regia speciali, nec dictas possessiones & terras, potuerunt dicti, Predecessores nostri, neque possumus aut debemus extra domanium Regium transportare seu alienare quovismodo; & absque hoc eciam, quod dicte Religiose alibi quam coram nostris Justiciariis, in quibuscunque casibus, tenerentur ressortire: hiisque consideratis, &c.

a Philippe Auguste.

b Cusset.

c Voy. le 3.e Vol. des Ordonn. p. 102. & Note (h).

d Reg... interposit. *R.*

S.t SULPICE de Bourges. Fol. 84. *recto.*

NOTUM itaque facimus universis tam presentibus quam futuris, quod Nos, audita fideli relacione de & super premissis, per easdem Gentes nostras Nobis facta, attentis

NOTES.

(m) *Aureliaci.*] *Orilhac.* Voy. *Gall. Christ. 2. Edit. t. 2. p. 438.*

(n) *Yssiodori.*] *Issoire.* Voyez *Gall. Christ. 2. Edit. t. 2. p. 357.*

(o) *Cuciaci.*] *Cussetum*, al. *Cuciacum*, Cusset, dans le Diocese de Clermont. *Voy. Gall. Christ. 2. Edit. t. 2. p. 384.*

ſpecialiter ac viſis & intellettis privilegiis & Cartis eiſdem Conſiliariis noſtris exhibitis, per dilectos noſtros Abbatem & Conventum Monaſterii (p) Santti Sulpicii Bituricenſis, de fundacione Regia exiſtentis; prout dudum ſuper hoc, eidem Genitori noſtro, dum viveret, plenarie extitit facta fides, ſicut in certis ejuſdem Genitoris noſtri [a] *Litteris, ejus Sigillo in filis ſericis & cera viridi ſigillatis, per ipſos exhibitis, mencionem de predictis facientibus, plenius vidimus contineri: Quiquidem Religioſi, tam in capite quam in membris, ſunt & ſemper fuerunt in & ſub predeceſſorum noſtrorum Regum Francie, protectione & Gardia ſpeciali, ac ſemper in omnibus caſibus ſuperioritatis & reſſorti, coram noſtris Regiis Judicibus, & non alibi, immediatum habuerunt reſſortum; prout dictorum ſuorum privilegiorum ſeu Cartarum, liquide ſeries continebat: hiiſque conſideratis, &c.* a Voy. le 3.e Vol. des Ordonn. pp. 493. & 557.

MASSAY. Fol. 84. *verſo.*

NOTUM itaque facimus univeſis tam preſentibus quam futuris, quod Nos, audita fideli relacione de & ſuper premiſſis, per eaſdem Gentes noſtras Nobis facta, attentis ſpecialiter ac viſis & intellectis privilegiis & Cartis eiſdem Conſiliariis noſtris exhibitis, per dilectos noſtros Religioſos, Abbatem & Conventum Monaſterii de [b] *Maceyo, Bituricenſis Dioceſis, de fundacione Regia exiſtentis; prout dudum ſuper hoc, eidem Genitori noſtro, dum viveret, plenarie extitit facta fides, ſicut in certis ejuſdem Genitoris noſtri* [c] *Litteris, ejus Sigillo in filis ſericis & cera* [d] *viri, ſigillatis, ac in certis aliis antiquis privilegiis per ipſos exhibitis, plenius vidimus contineri: Quiquidem Religioſi, tam in capite quam in membris, ſunt & ſemper fuerunt in & ſub predeceſſorum noſtrorum Regum Francie, protectione & Gardia ſpeciali, ac ſemper in omnibus caſibus ſuperioritatis & reſſorti, coram noſtris Regiis Judicibus, & non alibi, immediatum habuerunt reſſortum; prout dictorum ſuorum privilegiorum ſeu Cartarum, liquide ſeries continebat: hiiſque conſideratis, &c.*

b Maſſay. Voy. le 3.e Volume des Ordonn. p. 502. Note (b).
c Ibid. p. 501.
d viridi.

MAUZAC. Fol. 85. *recto.*

(q) NOTUM itaque facimus univerſis tam preſentibus quam futuris, quod Nos, audita fideli relacione de & ſuper premiſſis, per eaſdem Gentes noſtras Nobis facta, attentis ſpecialiter ac viſis & intellettis privilegiis & Cartis eiſdem Conſiliariis noſtris, ex parte Religioſorum virorum, Abbatis & Conventus Monaſterii (r) Mauziacenſis in Arvernia ſituati, exhibitis, per quas ſeu per que apparebat, quod ab Anno Incarnacionis Domini, milleſimo centeſimo ſexageſimo-nono, citra, per privilegia inclite memorie [e] *Ludovici quondam Regis Francorum tunc regnantis, ac plurium aliorum noſtrorum anteceſſorum Regum Francie, prefati Religioſi, & eorum Monaſterium predictum, tam in capite quam in membris, cum ſuis juribus, poſſeſſionibus, & pertinentiis univerſis, in dictis ſuis antiquis privilegiis deſignatis & ſpecificatis, ac eciam per Sentenciam ſeu Arreſtum* [f] *Regium ſuper hoc poſtmodum, Partibus auditis, judiciariter interpoſitum, erant & ſunt, ac perpetuo eſſe debent & eciam remanere in protectione & Salva-gardia Regia ſpeciali; nec dictas poſſeſſiones & terras potuerunt dicti Predeceſſores noſtri, neque poſſumus aut debemus ex tenore privilegiorum predictorum, extra domanium Regium tranſportare ſeu mittere, aut cuiquam feodatorio dare; & abſque hoc eciam, quod dicti Religioſi, ab aliis Judicibus quam noſtris, in quibuſcunque caſibus, valeant diſtringi aut quomodolibet* [g] *cohartari: hiiſque conſideratis, &c. (ſ).*

e Louis VII, dit le Jeune.
f Reg... interpoſit. R.
g coarctari.

NOTES.

(p) *Sancti Sulpicii.*] S.t Sulpice. *Voy. Gall. Chriſt. 2. Edit. t. 2. p. 126.*

(q) Ces Lettres ſont auſſi au Threſor des Chartres, Regiſtre 97. Piece 553.

(r) *Mauziacenſis.*] *Mauzac*, dans le Dioceſe de Clermont. *Voy. Gall. Chriſt. 2. Edit. t. 2. p. 351.*

(ſ) Entre ces Lettres & les ſuivantes, *fol. 85. verſo*, ſont placées dans ce Regiſtre, les Lettres pour *Leray* qui ſont cy-deſſus, p. 664.

S.t FLOUR. Fol. 86. *recto.*

NOTUM itaque facimus universis tam presentibus quam futuris, quod Nos, audita fideli relacione de & super premissis, per easdem Gentes nostras Nobis facta, attendentes inter cetera, quod Ecclesia (t) Sancti Flori, infra terminos (u) Ducatus Bituricensis situata, que dudum Prioratus & membrum erat Monasterii Cluniacensis, postmodum per Sedis Appostolice disposicionem, Cathedralis Ecclesia est effecta; & que antea, per privilegia Regia, ab antiquissimis temporibus concessa dicto Monasterio Cluniacensi, & ejus membris, inter que specialiter nominatur & specificatur dicta Sancti Flori Ecclesia, tunc Prioratus, ut dictum est, cum suis pertinentiis universis, sub immediato ressorto & superioritate Regiis, specialiter erat constituta: Facta vero Cathedralis, per generalem consuetudinem & observanciam laudabilem Regni nostri, per quam omnes Ecclesie Cathedrales Regni nostri, in nostra salva & speciali Gardia, & sub nostro immediato ressorto subsistunt, & ab omni alia Jurisdictione temporali quacunque, sunt exempte, eisdem privilegiis, exempcionibus & libertatibus rationabiliter est subnixa: hiisque consideratis, &c.

NOTES.

(t) *Sancti Flori*] *S.t Flour.* Ce Monastere a esté érigé en Evesché par le Pape Jean XXII. & le premier Evêque fut nommé en 1318. *Voy. Gall. Christ. 2. Edit. t. 2. pp. 421. 422.*

(u) *Ducatus Bituricensis.*] Comme S.t Flour est situé dans la haute Auvergne, ces mots ne doivent signifier autre chose, si ce n'est que S.t Flour est dans un pays qui a esté donné au Duc d'Auvergne qui estoit aussi Duc de Berry.

CHARLES V. à Paris, en Juillet 1366.

Philippes III. dit le Hardi, à Paris, en Fevrier 1277.

(a) Privileges accordez aux Marchands Italiens, commerçans dans la Ville de Nismes.

SOMMAIRES.

(1) Les Marchands Italiens commerçans à Nismes, seront sous la sauve-garde Royale, de la même maniere que les Bourgeois de Paris y sont.

(2) Ils ne pourront pas estre assignez hors de Nismes, par rapport aux affaires qui concernent leur commerce, lesquelles seront jugées dans ce lieu par le Juge ordinaire, si ce n'est dans le cas où des Marchands estrangers demeurans à Aigues-mortes, auroient avec eux au sujet du commerce, des contestations, lesquelles seront jugées par le Juge ordinaire de ce lieu.

(3) Les biens que ces Marchands auront dans le Royaume, lorsqu'ils y decederont, passeront à leurs ayans causes; *& le Roy les gardera jusqu'à ce qu'il s'en presente.*

(4) Ces Marchands seront exempts de la garde de la Ville, si ce n'est dans les cas de necessité. Ils seront aussi exempts de taille, de chevauchée, & de toutes autres impositions: ils payeront neantmoins par rapport aux biens qu'ils achepteront, les redevances dont les anciens possesseurs estoient chargez, & ils payeront aussi pour leurs marchandises, les droits que l'on a coustume de payer à Montpellier. [Voy. le détail de ces droits.]

(5) Si quelques-uns de ces Marchands deviennent Bourgeois de Nismes, ils seront tenus à tout ce dont sont tenus les Bourgeois de cette Ville.

(6) Si un de ces Marchands commet dans le Royaume, un crime qui merite la mort, on observera par rapport au supplice qu'on luy fera souffrir, & par rapport à la confiscation de ses biens, les loix du pays où il sera jugé.

Ces Marchands ne pourront estre punis pour les cas de simple fornication, s'ils ne sont convaincus de rapt ou d'adultere.

(7) Si un particulier d'une des Villes nommées dans l'article premier, ou même la Communauté d'une de ces Villes, fait quelque injure au Roy ou à un habitant du Royaume, & ne veut pas faire la reparation convenable, le Roy ne pourra faire arrester ni la personne ni les effets des autres citoyens de ces Villes demeurans à Nismes; à moins qu'il ne soit convaincu ou du moins violemment soupçonné d'avoir eu part à l'injure qui a esté faite; mais il pourra leur ordonner de sortir du Royaume, en leur donnant un an & 40. jours, pour ranger leurs affaires, & recevoir ce qui peut leur estre dû.

(8) Ces Marchands pourront avoir à Nismes un Change, comme ils en ont aux Foires de Champagne; pourvû qu'ils ne commettent point d'usure; & le Roy leur accordera pour les faire payer de ce qui leur sera dû, la même protection qu'il accorderoit en pareil cas, aux Bourgeois de Paris.

(9) Ces Marchands pourront avoir à Nismes, un Capitaine ou un Recteur, ou des Consuls, comme ils en ont aux Foires de Champagne: pourvû cependant qu'ils ne fassent point des brigues & des confederations illicites.

(10) La taxe & le loyer des maisons

CHARLES V. à Paris, en Juillet 1366.

où ces Marchands habiteront, & des places où ils étalleront leurs marchandises, se fera, si les Bourgeois de Nismes y consentent, par deux personnes choisies par ces Marchands, & par deux Bourgeois : s'ils ne peuvent s'accorder, le Juge du lieu tâchera de les faire convenir d'un prix raisonnable ; & s'il ne peut réüssir, il le taxera d'office.

(11) Si ces Marchands sont rebelles à leur Capitaine, & ne veulent pas se conduire dans leur commerce, suivant les loix de leurs pays, le Capitaine pourra les punir suivant les coustumes de leur profession; & ils pourront estre encore punis par le Roy.

(12) On establira à Nismes, des poids & des balances, telles qu'il y a eu à Montpellier ; & il sera pourvû à l'office de peseur, par le conseil de personnes qui seront nommées par ces Marchands.

(13) Ces Marchands ayant consenti pour l'avantage de la Ville de Nismes, que toutes leurs marchandises qui aborderont à Aiguesmortes, ne puissent estre transportées dans aucun endroit, sans passer par Nismes, le Roy s'engage à tenir la main à ce que cela soit executé.

(14) Ceux qui auront acheptè les marchandises de ces Marchands à Nismes ou dans la Seneschaussée de Beaucaire, seront contraints à les payer, s'ils refusent ou different de le faire, de la même maniere que l'on contraint ceux qui ont acheptè des marchandises aux Foires de Champagne.

(15) Les effets de ces Marchands, qui auront esté dans des Vaisseaux qui seront peris sur mer, ne seront point devolus au Roy en tout ni en partie.

KAROLUS &c. Notum facimus universis tam presentibus quam futuris, Nos Litteras bone memorie Philippi quondam Francorum Regis, predecessoris nostri, vidisse, formam que sequitur, continentes.

IN nomine Sancte & individue Trinitatis Amen. Philippus Dei gracia Francorum Rex : Ad Regiam Celsitudinem attinet libenter votis supplicancium annuere; maxime cum id petitur, ex quo tam supplicancium, quam Regni nostri subdictorumque nostrorum comoditas provenire speratur. Presens igitur pagina presentibus indicet, & fideli commemoret testimonio futuris, quod Nos, Fulconis Chacii Civis [a] Placentini, Capitanei Universitatis [b] Tuscariorum & Lombardorum Mercatorum, ad infrascripta tractanda & complenda, à Consulibus Mercatorum [c] Romanorum, [d] Janue [e] Venetiarum, [f] Placentie, [g] Luce, [h] Bononie [i] Pistorie, (b) Aste (c) Albei, Florencie, (d) Cevare & Mediolani, specialiter (e) nichilominus constituti, necnon Sindicorum Communitatum quarumdam ex Civitatibus predictis, habencium per earumdem Litteras, ad eadem speciale Mandatum, Nobis ab eis suo, & Universitatis ac Communitatum ipsarum nomine porrectis, precibus inclinati.

(1) Omnes & singulos in Civitatibus, Communitatibus & Universitate predictis, qui ad Civitatem nostram [k] Nemausum, pro mercaturis & negociacionibus ibidem exercendis, se nunc & imposterum transtulerint, sub eadem nostra protectione & custodia recepimus, sub qua Burgenses nostri [l] Parisienses consistunt, eosque manutenere & deffendere [m] temur eundo & redeundo & morando, pro posse nostrum, & juvare, si ipsi vel res eorum caperentur vel impedirentur alicubi, eodem modo quo Burgenses nostros faceremus.

a Placen. *R.*
b Toscane.
c Roman. *R.*
d Genes.
e Venet. *R.*
f Plaisance.
g Lucques.
h Boulogne.
i Pistor. *R.* Pistoie.
k Nemaus.
l Par. *R.*
m tenemur.

NOTES.

(a) Thresor des Chartres, Registre 97. Piece 615.

(b) *Aste.*] *Ast.* R. *Aste* ou *Asti*, Ville capitale de l'Astesan, petite Province située en Italie, sur les confins du Milanois, & appartenante au Duc de Savoye. *Voy. le Diction. Geogr. de Maty*, au mot, *Aste*, & celuy de la *Martiniere*, au mot, *Asti*.

(c) *Albei.*] *Alba* ou *Albe*, Ville du Monferrat, à 1200. d'Ast. Voy. *Maty*, au mot *Alba*, & la *Martiniere*, au mot *Albe*. Tous deux disent qu'elle se nomme *Alba* en latin, ainsi il faut lire dans le texte, *Albe*, au lieu d'*Albie*.

(d) *Cevare.*] *Cevar.* R. Je n'ay point trouvé ce nom latin : mais il y a dans l'Astesan, [Voy. Note (b)] un lieu nommé *Ceva;* & c'est peut-estre celuy dont il s'agit icy. Voy. la *Martiniere* & *Maty*, sur ce mot; à la verité ce dernier le nomme *Ceba* ou *Cebanum* en latin.

(e) *Nichilominus constituti.*] Cela signifie, que Chacii, Capitaine, general du corps des Marchands Toscans & Lombards, a eu une commission particuliere des Villes nommées dans ces Lettres, pour traiter l'affaire, &c.

CHARLES V. à Paris, en Juillet 1366.

(2) *Nec extra districtum Civitatis Nemausi, ipsi vel aliquis eorum ibi manentes, de suis mercaturis aut negociacionibus respondere aut jure stare compellentur, sed ibidem justiciabuntur per Judicem nostrum ordinarium loci: Et si apud* [a] *Aquas-Mortuas inventi fuerint, & de ipsis Mercatores advene ibi querelam* [b] *deposuerint, respondere coram Judice nostro loci ordinario tenebuntur de negociacionibus & mercaturis suis; quia grave esset extraneis Naves suas & mercimonia relinquere, & prosequi jus suum in remotis. Verumtamen curabimus ne* [c] *hic vel ibi condempnentur injuste.*

(3) *Et eis concedimus quod bona decedencium, sine reclamacione (f) manus mortue, assignentur personis que legitimam à decendentibus causam habeant: Que, si non apparuerint, bona ipsa apud Nos remanebunt, donec appareant legitimam à morientibus causam habentes.*

(4) *Concedimus eciam quod sint immunes & liberi Mercatores dicte Universitatis, venientes vel morantes in districtu Nemausi, causa* [d] *negociacionibus, ab omni custodia Ville, preterquam in casu neccessitatis; omnique tallia,* [e] *exercitu, calvacata, &* [f] *qualicunque exaccione vel costuma; prestando de possessionibus quas ibi acquisierint, reddibencias & servicia que fuerint à veteribus possessoribus prestita; & solvendo thelonea & reddibencias de suis Mercimoniis, que solvere consueverunt apud Montem-pessulanum: Quorum aliqua presentibus duximus exprimenda; videlicet, de qualibet libra (g) cerici, unum danarium turonensem, venditor, & unum denarium, emptor: Et de qualibet* [g] *cargia (h) grane, duos solidos venditor, & duos solidos emptor.*

Item. *De qualibet cargia ferri, plumbi, cupri & stanni, decem denarios venditor, & decem denarios emptor: Et generaliter de omnibus aliis que ad* [h] *pondus venduntur, decem denarios de qualibet cargia, venditor, & decem denarios emptor.*

Item. *De* [i] *pecia* [k] *cendalli, duos denarios; de pecia panni aurei, quatuor denarios; de pecia cameloti, duos denarios; de pecia panni lanei, unum denarium; de pecia bouguerani, unum denarium; de pecia fustane, unum denarium; de pecia de (i) canons, unum denarium; & de pecia tele, unum denarium emptor, & totidem venditor.*

Item. *De qualibet centena coriorum bovum, quinquaginta denarios; de qualibet centena pellium arietum, & de (k) beccunes, octo denarios; de qualibet centena pellium agniculorum, unum denarium; de qualibet duodena* [l] *cordubani, sive rubei sive alterius coloris, quatuor denarios; de qualibet duodena* [m] *bazene, duos denarios; de quolibet (l) garnimento pelliperie facte, duos denarios; & de unoquoque Equo, octo denarios emptor, & totidem, venditor; & de aliis mercimoniis suis que ibi commemorari nequeunt, solvent prout solvitur juxta consuetudinem Ville Montis-pessulani: Et si de superius nominatis, plus solvi debere quam dictum est, juxta eandem consuetudinem, appareret, ad solvendum ulterius secundum usum Montis-pessulani, tenerentur: Et eodem modo solvent omnes predicti Mercatores de suis mercimoniis, per totam Senescalliam nostram*

[a] Aigues-Mortes, dans le Languedoc. *V. le Dict. Univers. de la Fr.* à ce mot.

[b] Mot douteux.

[c] à Nismes & à Aigues-Mortes.

[d] negociationum.

[e] Voy. la Table du 3.e Vol. des Ordonn. au mot, *Armée*.

[f] qual. *R.*

[g] charge.

[h] Voy. cy-dessus, p. 428. 1.

[i] Une piece.

[k] Cendal: étoffe de soye. Voy. *Du Cange*, au mot, *Cendalum*.

[l] du cordouan: du cuir.

[m] Voyez Note cy-dessous (l).

NOTES.

(f) *Manus mortue.*] Il me paroist certain que par ces mots, il faut entendre *le droit d'aubaine*, en vertu duquel, le Roy prend les biens qu'ont dans le Royaume les estrangers qui y meurent.

(g) *Cerici.*] Je crois qu'il faut corriger *Cere*: cependant on trouve souvent dans les anciens Actes, *Cericus* pour *Sericus*, pour signifier ce qui est fait avec de la soye. *Voy. le Gloss. de Du Cange.* [2.e Edit. de Par.] au mot, *Cericus*.

(h) *Grane.*] *Grana* signifie la graine d'une plante; laquelle graine sert à teindre en écarlate. *Voy. le Gloss. de Du Cange*, [2.e Edit. de Par.] au mot, *Grana*.

(i) *Canons.*] Ce mot sur lequel je n'ay rien trouvé de précis, signifie peut-estre l'étoffe avec laquelle on faisoit les *Canons* qui estoient une des pieces de l'ancien habillement des François, & sur lesquelles voy. *le Dictionn. de Trevoux*, à ce mot?

(k) *Beccunes.*] On trouve dans le *Gloss. de Du Cange*, [2.e Edit. de Par.] *Beccuna, bazane*. Cependant dans la suite de cet article, il y a, *Bazene*, qui ne peut signifier autre chose que de la *bazane*. Voy. *Du Cange*, [même Edit.] au mot, *Bazan*.

(l) *Garnimento pelliperie facte.*] *Une garniture de fourures preparées.* Voy. Du Cange, [même Edit.] au mot, *Garnire*.

Pelliparia facta, est apparemment la même chose que *pelliparia parata*, & *non cruda*. Voy. *Du Cange*, au mot, *Pelliparius*, à la fin.

Bellicadri. Januences vero de suis mercimoniis, tholonea & reddibencias solvent secundum quod solvere consueverunt apud Montem-pessulanum, nec ad solvendum alio modo cogentur.

CHARLES V. à Paris, en Juillet 1366.

(5) Sed si aliqui de Universitate aut Communitatibus predictis, Cives [a] Nemausenses fierent, ad ea omnia tenentur, ad que tenentur Cives ejusdem Civitatis.

(6) Si qui autem de Mercatoribus predictis, aut de [b] familiis eorumdem, crimen quod mortis penam exigat, commiserit [c] in posse nostro, quod absit, committentem, ultra legem Patrie in qua judicari debebit, non permittemus in persona vel in rebus, aggravari: Nec pro [d] lubrico carnis, aliquis eorum punietur, nisi fuerit de raptu vel adulterio, accusacione legitima precedente, convictus.

(7) Si injuria vel rapina facta fuerit Nobis aut aliquibus de Regno nostro, per [e] aliquod de Communi alicujus Civitatum predictarum, aut per ipsum Commune, non propter hoc arrestari facimus aliquem de dicta Universitate manentem apud Nemausum, qui super hoc culpabilis, aut multo suspectus non fuerit, vel res ipsius; sed si Commune requisitum, in deffectu fuerit emendandi quod fuerit emendandum, poterimus illos de Civitate (m) malefactori hujusmodi, de Regno nostro exponere; concesso sibi unius anni & quadraginta dierum spacio recedendi, infra quod debita sua recolligant, & valeant sua negocia expedire.

(8) Concedimus preterea, quod omnibus & singulis de dicta Universitate, licitum sit tabulam campsariam, & stationem habere in dicta Civitate Nemausi, sicut habent in nundinis Campanie, usuris cessantibus [f] vino: Debita vero ipsorum bona & legalis, de quibus constiterit, & quicquid habere & recipere juste debebunt in posse nostro, sibi solvi, prout ad Nos pertinuerit, faciemus; & ipsos in hoc, mediante Justicia, juvabimus, sicut nostros Burgenses Par. in casu consimili, faceremus.

(9) Licebit eciam Mercatoribus dicte Universitatis, sibi preficere & habere Capitaneum seu Rectorem, & Consules in dicta Civitate Nemausi & tota Senescallia nostra Bellicadri, sicut habent in nundinis Campanie: Illicitis [g] collogationibus & confederationibus sibi penitus interdictis.

(10) Item. Volumus & concedimus eisdem, dummodo Civium [h] Nemausensium ad hoc accedat consensus, quod ad taxanda precia hospiciorum & stacionum conduccibilium in Civitate [i] Nemausi, deputentur ex parte Mercatorum, duo de se ipsis vel aliis, probi viri, & duo similiter ex parte Civium ejusdem Civitatis: Qui taxatores, si discordes fuerint in taxando, per Judicem nostrum loci ordinarium, ad concordiam reducentur; alioquin stabitur super hoc, arbitrio ipsius ordinarii.

(11) Et si quis terrarum dicte Universitatis, rebellis fuerit Capitaneo & Consulibus qui, ut premissum est, fuerint instituti, aut dirigere cum aliis sue negociationis facta, nolit secundum disposicionem terrigenarum suorum, liceat ipsis Capitaneo & Consulibus, punire secundum legem sue professionis, rebellem à Nobis ulterius puniendum, prout racio suadebit.

(12) Placet Nobis insuper, quod in Civitate Nemausi, fiant & instituantur talia pondera & instrumenta ad ponderandum, qualia Mercatores habere soliti sunt in Montepessulano; & quod, de consilio aliquorum bonorum & fidelium virorum de parte Mercatorum eorumdem, preponantur ponderacionis officio, unus vel plures bone oppinionis viri.

(13) Item. Cum ad augendum bonum statum Civitatis Nemausi, prefati Capitaneus & Sindici consenserint nomine suo & dicte Universitatis ac Communitatum à quibus sunt constituti, quod mercimonia seu averia eorumdem Mercatorum, que applicuerunt aut exonerata fuerunt apud Aquas-Mortuas, alicubi perferri nequeant sive duci, nisi prius transitum faciant per Civitatem Nemausi, ad eorum instanciam concedimus, quod illos ex ipsis qui contrarium facerent, compelli faciemus ad id in [k] quid consenserint, observandum.

(14) Si quis vero in Civitate Nemausi, vel in Senescallia Bellicadri, merces aut res

[a] Nemauf. R.

[b] famil. R.

[c] dans nos Estats.

[d] la simple fornication.

[e] Je crois qu'il faut corriger, aliquem.

[f] Ce mot est visiblement corrompu.

[g] colligationibus.

[h] Nemauf. R.

[i] Nemauf. R.

[k] quod.

NOTES.

(m) *Malefactori.*] Je crois qu'il faut corriger *malefactoris*; & plus bas, *expellere*, au lieu d'*exponere*.

eorum emerit, & in solucione precii deffecerit aut cessaverit, emptorem ad satisfaciendum compelli faciemus, eo modo quo debitores seu emptores qui in nundinis Campanie contrahunt, consueverunt compelli.

(15) Si autem aliquem de dicta Universitate, naufragium in nostris domaniis pati contingat, propter hoc, res eorum [a] *naufraage, in parte vel in toto, nostre non erunt, nec Nobis venient in commissum.*

Que omnia concedimus eisdem, salvo jure in omnibus alieno: Et ut perpetue stabilitatis robur obtineant, presentem paginam Sigilli nostri auctoritate, ac Regii nominis [b] *caractere inferius annotato, fecimus communiri.* Actum Parisius, Anno Domini 1277. mense Februarii: Regni vero nostri anno octavo. *Astantibus in Palacio nostro, quorum nomina supposita sunt & signa. Dappifero nullo. Signum Roberti Camerarii. Signum Johannis Buticularii. Signum Imberti Constabularii. Data vacante. Cancellaria.*

a naufrage.

b le Monogramme.

NOS premissa considerantes, & quod dicta Civitas Nemausi, est principalis Sedes, & una de solennioribus Civitatibus Senescallie Bellicadri, & propinquior portus nostri Aquarum-Mortuarum; & quod Mercatores mercimonias suas, pro utilitate publica, ad dictam Civitatem facilius possunt facere conduci; & quod ad aliam Civitatem vel Villam dictarum Parcium, & de eadem Civitate, ad Partes Francie & alias Partes Regni nostri & cum minori sumptu, & quod in loco fertili & habundanti in bonis & victualibus, ipsa Civitas est situata; quodque subsidia pro redemptione bone memorie quondam Domini Genitoris nostri, ordinata, nec quecunque alia subsidia ibidem ordinata vel ordinanda, propter hujusmodi concessionem, non minuentur, sed pocius augmentabuntur; & quod idem Dominus Philippus quondam Rex Francie, predecessor noster, Libertates & privilegia Mercatoribus predictarum Civitatum & Villarum, pro Regni & publica utilitate, concessit, dictas Litteras suprascriptas & omnia alia & singula in eis contenta, laudamus, ratifficamus, approbamus auctoritate Regia, & certa sciencia confirmamus; illaque omnia & singula, prout sunt superius expressa & declarata, volumus teneri, compleri & inviolabiliter observari. Quare damus tenore presencium, in mandatis Senescallo Bellicadri, qui pro tempore fuerit, aliisque Justiciariis & Officiariis dicte Senescallie, & cuilibet eorumdem, & eorum Loca-tenentibus, eisdem, si neccesse fuerit, committendo, quatenus dictos Mercatores & alios quoscunque dictarum Villarum & locorum in predictis Litteris comprehensorum, dictis privilegiis, franchisiis & Libertatibus uti & gaudere faciant & permittant pacifice & quiete, ipsos, nec ipsorum aliquem, in contrarium nullatenus molestandos: Non permittentes dictas mercaturas alibi conduci nec reponi, nec Mercatores quoscunque morari, vel mercaturas tenere contra Litterarum predictarum seriem & tenorem; [c] *ipsos, secundum earumdem Litterarum tenorem, omnibus viis & modis quibus fieri poterit & debebit, viriliter compellendo: Quia sic fieri volumus, & eisdem concessimus ex causis antedictis & gracia speciali. Quod ut* [d] *& stabile perpetuo perseveret, nostrum Litteris presentibus, fecimus apponi Sigillum: nostro in aliis & alieno in omnibus jure salvo.* Datum Parisius, mense Jullii, Anno Domini 1366. Regni vero nostri tercio.

Sic signata. Per Regem ad relacionem Consilii. N. DE VERRES. *Visa. Collacio fit cum Litteris originalibus.*

c ceux qui contreviendront à ces Lettres.

d firmum.

(a) Lettres

CHARLES V. à Paris, en Juillet 1366.

(a) Lettres qui reglent la mesure que doivent avoir les draps & les toiles fabriquées à Marvejols, & qui ordonnent qu'elles seront visitées & marquées.

KAROLUS &c. Notum facimus &c. Nobis ex parte dilectorum nostrorum hominum & singularium personarum Ville nostre (b) Marologii, fuisse expositum, quod retroactis temporibus, in dicta Villa, per homines & habitatores ipsius, & alios ibidem confluentes, diversi panni lanei facti fuerunt & orditi, absque regula sive mensura longitudinis & latitudinis, & absque custodia, examine & visitacione quacunque; videlicet, utrum possent dici sufficientes aut [a] *ne; propter quod Communitates & Mercatores* [b] *ipsorum, potuerunt & in futurum plus possent faciliter decipi in mercaturis pannorum predictorum: Propter quod exponentes predicti, Nobis humiliter supplicari fecerunt, quatenus, premissis attentis, & pro utilitate Reipublice nostri loci predicti & totius* [c] *Patrie, concedere vellemus, ut ipsi de cetero, pannos & telas quascunque laneos & laneas, in quibus* [d] *mille l. filli infra latitudinem, inserantur, & sexdecim (c) canne duntaxat, pro mensura longitudinis, comprehendantur, facere valeant atque possint & debeant, ut omnis fraus & collusio super predictis, evitentur. Hinc est quod Nos, premissis, ac dampnis & deperditis per eos, occasione guerrarum, pacienter sustentis, attentis, augmentacionem eciam utilitatis Reipublice, pre ceteris, affectantes toto posse, prefatis supplicantibus concessimus & concedimus de gracia speciali, nostraque auctoritate Regia, per presentes, ut deinceps perpetuis temporibus, homines & habitatores loci nostri predicti, & alii ibidem confluentes, moderni & futuri, facere valeant, possint & debeant, telas & pannos laneas & laneos, in quibus mille l. filli infra latitudinem, inserantur, & sexdecim canne pro mensura longitudinis,* [e] *comprehandantur: Et, ut omnis fraus & collusio super predictis, ut predicitur, evitetur, quod Bajulus & Judex nostri Marologii, vel eorum Loca-tenentes, & eorum quilibet, auctoritate nostra, deputet in custodes examinatores, visitatores aut gardiatores dictorum pannorum, duos probos viros, ad hoc expresse, per Sindicos dicte Ville, nominandos & eligendos: qui duo probi viri, prestito primitus in manibus predictorum Bajuli & Judicis, aut eorum Loca-tenentium, vel eorum alterius, juramento, quod circa premissa fideliter se habebunt, pannos sufficientes, numerum dictorum fillorum, & mensuram predictos in se continentes, certo signeto ad hoc, auctoritate nostra predicta, per predictos Officiarios nostros ordinato, signabunt, prout in talibus debet & est fieri consuetum; &* [f] *alios nec aliter pannos aut telas* [g] *laneos, in dicta Villa fieri non permittent; nisi hoc esset pro usu & provisione Hospicii Hominum dicti loci; ita quod venales minime exponerentur: Bajulo & Judici nostris predictis, modernis & futuris, aut eorum Locatenentibus, & cuilibet eorundem, dantes presentibus in mandatis, committendo, quatenus homines & habitatores nostri loci Marologii predicti, & alios in eodem affluentes, modernos & futuros, nostra presenti gratia uti & gaudere, deinceps perpetuis temporibus,*

a non.
b ipsarum.
c le pays.
d 1050.
e comprehendantur.
f al. *R.*
g lan. *R.*

NOTES.

(a) Thresor des Chartres, Registre 97. Piece 109.

On a placé ces Lettres avant les suivantes qui sont de même date, & aussi pour *Marvejols*, parce qu'elles paroissent estre anterieures. Car il y est parlé des Syndics de la Ville, & les suivantes portent qu'à l'avenir, il sera créé dans cette Ville, des Consuls, au lieu de Syndics.

(b) *Marologii.*] L'on trouve dans l'estat du Diocese de Nismes, donné par *Catel,* dans son Histoire du Languedoc, Liv. 2. p. 373. col. 1. *Marvejols;* & dans le *Dictionn. Universf. de la Fr.* il y a deux lieux de ce nom, dans le Diocese de Nismes. Ce qui me fait croire que c'est le *Marologium* dont il s'agit icy, c'est que dans Catel, *ibid.* p. 352. il est parlé d'un lieu situé dans le Diocese de Mende, nommé en latin *Marologium,* & en françois, selon Catel, *Mariejols,* & *Marvejols,* suivant le *Dictionn. Univers. de la Fr.* à ce mot.

(c) *Canne.*] C'est selon *Du Cange* à ce mot, une mesure de drap, & la *Canne* vaut une aulne & demie.

faciant & permittant pacifice & quiete, in contrarium nullatenus attemptando, seu per quemcunque attemptari quomodolibet, permittendo. Quod ut perpetue stabilitatis &c. salvo &c. Datum & actum Parisius, mense Julii, Anno Domini 1366. & Regni nostri tercio. *Sic sign. Per Regem ad relacionem Consilii.* DOUHEM. *Visa.*

CHARLES V. à Paris, en Juillet 1366.

(a) Lettres portant establissement d'un Consulat dans la Ville de Marvejols.

SOMMAIRES.

(1) Les plus notables Bourgeois & habitans pourront choisir trois Consuls qui le seront pendant un an; après lequel, & dans la suite chaque année, le jour de la Toussaints, les trois anciens Consuls & les anciens Conseillers, en éliront trois nouveaux.

(2) Les Consuls & les plus notables habitans auront une hospice ou maison [commune,] *où ils s'assembleront pour les affaires de la Communauté: ils auront aussi un Sceau du Consulat.*

(3) Les nouveaux Consuls presteront serment de se bien acquitter de leurs fonctions.

(4) Les Consuls éliront [chaque année] seize Conseillers, ou moins, s'ils le trouvent convenable; & ces seize Conseillers presteront le même serment, entre leurs mains. Ils viendront donner leurs conseils dans la maison commune, lorsqu'ils seront mandez; & ils ne reveleront point les secrets du Consulat.

(5) Les Consuls auront un Clavaire *qui recevra & gardera les deniers de la Communauté; un Notaire* [*ou* Greffier,] *& un ou deux Messagers* [*ou* Sergents,] *qui porteront des bâtons où seront les armes du Roy & de la Communauté: ils avertiront les habitans de se trouver aux assemblées generales, & les Conseillers de venir au Conseil; & ils saisiront, par l'ordre des Consuls, les effets de ceux qui doivent à la Communauté.*

(6) Les Consuls du consentement des Conseillers, imposeront des tailles ou des emprunts, pour payer des subventions au Roy, & pour subvenir aux dépenses communes.

(7) Les Consuls avec le Conseil des Conseillers, nommeront les inspecteurs des poids & des mesures, de la boucherie, de la poissonnerie, &c.

(8) Les Consuls avec le conseil des Conseillers, pourront faire rendre compte à ceux qui ont manié les deniers publics, & leur donner quittance.

(9) Les Consuls avec le conseil des Conseillers, pourront deffendre les droits & les Coustumes de la Ville, & comparoistre à cet effet, soit en demandant soit en deffendant, devant tout Juge ou Commissaire.

(10) Les Consuls avec leur Conseil, pourront faire de nouvelles acquisitions au nom de la Ville.

(11) Les biens saisis sur ceux qui n'auront point payé les subventions dûës au Roy, & les impositions faites pour les deffenses communes, pourront estre vendus.

L'on pourra donner à ferme à l'encan, mais sans frais, les impositions faites pour payer les subventions au Roy, & pour les deffenses communes.

(12) Les Consuls auront le droit d'envoyer avertir par leurs messagers, les habitans d'aller faire le guet dedans la Ville, ou sur les murs, dans les temps de guerre; & les habitans qui n'obéïront pas, payeront l'amende.

Les habitans ne seront obligez de faire le guet que dans leur Ville.

Les Consuls auront les clefs de la Ville.

(13) Les Consuls avec leurs biens & leurs familles, & les biens du Consulat, sont sous la Sauve-garde Royale.

(14) Les Consuls presenteront tous les ans, aux Baillis ou aux autres Officiers Royaux de la Ville, des Banniers [*ou* Messiers] *qui jureront entre les mains de ces Officiers, de se bien acquitter de leur fonction. Les* Banniers *porteront, lorsqu'ils seront en fonction, des bâtons aux armes du Roy & de la Communauté, & des armes.*

(15) Le Bailli & les autres Officiers Royaux de ce lieu, feront publier à la requeste des Consuls, que les habitans fassent allumer des lampes la nuit, lorsque cela sera necessaire, & nettoyer les ruës, sous peine d'amende.

(16) Les Consuls avec leur Conseil, pourront faire dans les matieres qui sont de leur competence, des reglements utiles à la Ville.

(16) On ne pourra peser du bled & de la farine, que dans le lieu marqué par les Consuls, qui pourront affermer le droit que l'on payera à cet effet.

Les Consuls pourront aussi imposer sur les habitans, des deniers pour payer des subsides au Roy, & pour les autres necessitez communes; & donner à fermes les impositions qu'ils establiront.

(17) Le droit de Consulat ne pourra estre osté aux habitans, ni même suspendu, que lorsqu'ils l'auront merité, ou par l'ordre du Roy.

(18) Lorsque des habitans qui auront

vendu des heritages francs en alleu, *moyennant un cens annuel, vendront ou transporteront ce cens à des Ecclesiastiques ou à d'autres personnes exemptes des impositions ordinaires que l'on paye au Roy, ces censitaires pourront se liberer de ce cens, en payant aux proprietaires, le prix pour lequel il l'aura transporté à ces Ecclesiastiques.*

(19) Ces nouveaux Consuls, avant que d'entrer en fonction, presteront serment de fidelité au Roy, entre les mains du Bailly & Juge de cette Ville.

CHARLES V. à Paris, en Juillet 1366.

KAROLUS &c. Notum facimus universis tam presentibus quam futuris, quod constitute in nostra presentia, nonnulle persone notabiles Ville nostre de [a] *Marologio, Senescallie Bellicadri & Nemausi, pro se & tota Communitate, ac universis dicte Ville & ejus pertinentiis, Nobis significare curarunt, quod licet Communitas & Universitas predicte, Sindicos habeant & habere consueverint ab antiquo, qui Sindici, Communitati & Universitati predictis (b) posse habent & eas defendere, ac Rempublicam regere & gubernare; nichilominus * tuitiori & honorabiliori nomine, tam ipsi quam res ipsa publica utcrentur & gubernarentur, ac vulgus magis efficeretur Nobis obediens, & jura ac (c) honores nostri, & obediencia vera Nobis augmentaretur, si Consulari nomine, (d) Consulatus ipse, Communitas & Universitas essent premunite, & Consulatus dignitate, nomine & officio, certe bone & decentes persone electe & in posterum eligende, inibi uterentur.*

a Voy. cy-dessus, p. 673. Note (b).

* tutiori.

Nos igitur, attendentes & considerantes per eos Nobis exposita & significata, à racionis tramite minime discordare, & quod non solum fidelis populus dicti loci, Nobis immediate subjectus, sed eciam tocius Lingue Occitane, dignitate, nomine ac preeminentia Consulatus prefultus, quibus, pro majori parte, in locis notabilibus, & eciam aliis multis inferioribus in ipsa [b] *Patria, est communitus, sed eciam Respublica melius & utilius reguntur & gubernantur, majorque obediencia majoraque emolumenta Nobis exhibentur & parantur: Quibus & multis aliis que nostrum pulsarunt animum & movent, per Nos attentis, ipsis Sindicis, Communitati & Universitati dicte Ville de Marologio, & pertinentiis ejusdem, ab hac hora & inantea, Consulatum merum & liberum & Consulatus dignitatem,* [c] *nomen & rem, ac omnia & singula ad Consulatus officium & dignitatem pertinentia & pertinere debentia, cum omnibus pertinentiis & pertinere debentibus, perpetuo duximus concedendum & concedimus per presentes, de nostra certa sciencia, auctoritateque Regia & gracia speciali; adeo & pro eo, ut jus & utilitas nostre Reipublice & popularium universorum ejusdem, de bono in melius gubernentur & regantur, ac eciam augmententur, & ut locus tam notabilis & insignis, tali prefulgeat Consulatus dignitate communitus, capitula sequentia omnia & singula, & potestates & preeminentias in eisdem capitulis & eorum singulis contentas, perpetuis temporibus, ipsis & posteritati eorum, per eos eorumque successores exercendas, auctoritate nostra Regia, ex nostra certa sciencia & gracia speciali predictis, concessimus & concedimus per presentes.*

b dans ce pays.

c Il n'y a dans le Registre qu'une n. avec une marque d'abbrev.

(1) Et primo, eis facultatem concedimus instituendi, creandi, nominandi & eligendi tres Consules, qui erunt annales in dicta Villa & loco de Marologio, pro gubernacione ipsius loci, & totius Reipublice utilitatis, & ad honorem nostrum, cujus locus (e) Juridicas: [d] *Qui tres Consules creabuntur & instituentur in domo communi acquirenda per eos in dicta Villa seu loco, per Universitatem dictorum Burgensium & popularium ipsius loci, sufficientiorum & meliorum dicte Ville, prout ipsis videbitur expediens; & ipsa* [e] *congregata,*

d q. R.

e ipsa *Universitate* congregata.

NOTES.

(a) Thresf. des Chart. Reg. 97. P. 146.

Cette Piece est remplie d'abbreviations singulieres, & très difficiles à lire.

(b) *Posse.*] Il y a dans le Registre *poe*, avec une marque d'abbreviation; ce qui fait ordinairement *posse*: ce mot ne convient guéres icy; ou il y en a quelques-uns d'oubliez.

(c) *Honores.*] Je crois que ce mot signifie, la Jurisdiction. On trouve dans le 3.e Vol. des Ordonn. p. 204. v. & 209. XXXVI. *Honor*, pour signifier le territoire d'une Ville, dans lequel elle a Jurisdiction.

(d) *Consulatus ipse.*] Je crois que par ce mot *Consulatus*, il faut entendre ces Syndics, qui sans avoir le nom de Consuls, avoient la même Jurisdiction que les Consuls qui furent establis par ces Lettres.

(e) *Juridicas.*] Ce mot est corrompu; mais cet endroit signifie certainement, que le Roy a la Jurisdiction immediate dans cette Ville: *Nobis immediate subjectus*, est-il dit plus haut!

CHARLES V. à Paris, en Juillet 1366.

[a] *colligere habeant sexdecim homines qui dictos Consules instituere habeant, & nominare ad unum annum, ad gubernandum & regendum Consulatum hujusmodi & Universitatem predictos; vel* [b] *quod dicti Consules & Consiliarii antiqui vel major pars eorum, possint eligere & creare novos Consules, prout in locis notabilibus dicte Senescallie, Consulatum habentibus, est fieri consuetum: tempus vero eorum mutacionis & electionis, erit quolibet anno, in die festivitatis Omnium Sanctorum; & sic perpetuis temporibus, usitabitur in domo communi per eos in dicta Villa acquirenda.*

(2) Item. *Quod ipsi Consules & habitatores dicti loci, habebunt hospitium commune, ubi se congregare habebunt, pro libito voluntatis, pro consulendo, & dictos Consules creando & instituendo, & alia negotia dicte Ville gerendo & ordinando; & sigillum dicti Consulatus.*

(3) Item. *Quod dicti Consules electi per dictos sexdecim homines nominatos per dictam Universitatem, Burgenses & populares dicti loci, vel per dictos Consules & Consiliarios antiquos, vel per majorem partem eorumdem, ut prefertur, jurare habeant in* * *eorum (f) sexdecim hominum presencia,* [c] *bene & legaliter habituros, in dicto hospitio Consulatus, seu in presencia majoris & sanioris partis eorumdem, in domo Consulatus predicti.*

(4) Item. *Quod dicti* [d] *quatuor Consules habebunt perpetuis temporibus, in Consiliarios, sexdecim homines per eos eligendos; vel minus, si habere voluerint, qui jurabunt in manibus dictorum Consulum, se bone & legaliter habituros in eorum Officiis; & qui* [e] *per dictas Villam & Universitatem, consulent & venient ad Consilium in dicta domo communi, tociens quociens intimati fuerint seu vocati, nisi impediti fuerint justo impedimento: Secreta Consulatus tenebunt & servabunt, & nemini revelabunt cui revelare non debeant; & alia facient legitime que eis videbuntur, & eorum Officiis pertinebunt facienda.*

(5) Item. *Quod ipsi Consules habebunt Clavarium qui secreta* [f] *peccunias Universitatis predicte, tenebit, & alias res ipsius custodiet, & eas à debitoribus Universitatis predicte, exiget & recuperabit; necnon unum* [g] *Notarium pro faciendo instrumenta, & scribendo negotia omnia dicti Consulatus; unum Nuncium vel duos, habentes potestatem convocandi habitatores quoscunque, sive* [h] *Consiliatores, & alios ad Consilium eorumdem, pro neccessitate & utilitate dicte Ville, in domo communi; pignorandique debentes dictis Consulibus, nomine dicte Universitatis, ad mandatum Consulum predictorum: Qui Nuncius seu Nuncii, poterunt defferre Baculos cum* [i] *Signis Regiis & Universitatis predicte.*

(6) Item, *Quod dicti Consules habeant potestatem indicendi tailliam seu taillias, & mutua, cum neccesse fuerit, pro subventionibus Regiis, & aliis neccessariis Universitatis predicte, cum consensu eorumdem Consiliariorum, seu majoris partis eorumdem.*

(7) Item. *(g) Quod dicti Consules qui nunc & pro tempore fuerint, habeant* * *instituere, eligere & nominare annuatim, post eorum creationem, cum consilio Consiliariorum suorum, inspectores & regardatores* [k] *marcelli, (h) triperie, piscarie, murorum, (i) fustarum &* [l] *debatorum; ponderatores panis; mensuratores vini* * *bladorum; (k) respectores ponderum & aliarum mensurarum dicti loci; operarios murorum; (l) operarios Ecclesie;* [m] *Capitadenos; (m) Extimatores; (n) Terminatores; (o) Carreyrenos; (p) Levederios; (q) Robiniarios; defensores* [n] *pacuorum;*

a eligere.
b q. R.
* illorum.
c se.
d Il faut corriger, *tres.* Voyez l'art. 1.
e pro dictis Villa & Universitate.
f &.
g Greffier.
h Pour *Consiliarios.*
i les armoiries.
* potestatem.
k macelli.
l Voy. Note (g).
m Voy. la Note (g).
n Voy. la Note (x).
* &.

NOTES.

(f) *Sexdecim hominum.*] Les seize Conseillers dont il sera parlé dans l'article suivant.

(g) *Quod.*] Il y a plusieurs mots dans cet article, sur lesquels je n'ay rien trouvé.

(h) *Triperie.*] C'est apparemment l'endroit où l'on vendoit les *tripes*, du mot *Tripa.* Voy. *Du Cange*, à ce mot.

(i) *Fustarum.*] *Fusta* signifie du *merrein* ou des *poutres.* Voy. *Du Cange*, 2.e *Edit. de Paris*, au mot, *Fusta.*

(k) *Respectores.*] C'est la même qu'*inspectores* & *regardatores.*

(l) *Operarios Ecclesie.*] Cela peut signifier, des ouvriers chargez par les Consuls, de l'entretien des édifices appartenans à l'Eglise.

(m) *Extimatores.*] Ceux qui font les *estimations* & les *prisées* de maisons, de meubles, &c.

(n) *Terminatores.*] Des arpenteurs, qui fixent les bornes des heritages.

(o) *Carreyrenos.*] Gens chargez du soin des ruës. *Voy. le 3.e Vol. des Ordonn. p. 158. Note (f).*

(p) *Levederios.*] Je ne sçais ce que ce mot signifie, à moins qu'il ne vienne de *Levea* ou *Leveia*, *levée*, *imposition.* Voy. *Du Cange*, 2.e *Edit. de Par.* au mot, *Levea.*

(q) *Robiniarios.*] Je n'ay rien trouvé

(r) *alliatores & inspectores mensurarum predictarum: Et cum* (s) *sigt. eorum Signo* [a] *Regio & Universitatis.*

CHARLES V. à Paris, en Juillet 1366.

(8) Item. *Quod dicti Consules cum eorum Consiliariis, potestatem habeant compota audiendi à quibuscunque personis &* (t) *tailliariis preteritis & futuris, qui gubernaverint & rexerint bona & jura Universitatis predicte; ipsosque quittandi, & quittanciam dandi de gestis & administratis per eos.*

(9) Item. *Quod dicti Consules cum eorum Consilio, valeant defendere* (u) *devesia, jura & Libertates,* (x) *pacua & pascua Universitatis predicte, & Consuetudines ejusdem;* (y) *comparendi, agendi, defendendi in quacunque Curia, & coram quocunque Judice & Commissario, cujuscunque dignitatis existat & exerceat; & dictam Universitatem defendere, prout ordo juris & facti qualitas suadebunt.*

(10) Item. *Quod dicti Consules possint & valeant, jura, Libertates, franchisias, usus, saisinas, pacua, devesia, herbagia, Consuetudines, & alia jura acquirere de novo, nomine dicte Universitatis, prout eis & eorum Consilio, neccessarium & expediens videbitur.*

(11) Item. *Quod* (z) *bona capta pro subventionibus* [b] *Regiis, & aliis neccessariis dicte Ville, vendere & alienare possint, & eorum* [c] *impositiones qui pro premissis fient, ad* [d] *incantum publicum, absque prestacione emolumenti incantus.*

(12) Item. *Quod dicti Consules possint & valeant mandare per eorum* [e] *Nuntium vel Nuntios, excubias hominibus dicte Ville, pro custodia & tuitione Ville predicte, & murorum ejusdem, tempore guerre & oportuno; & habitatoribus dicte Ville, pro vigilando super muros, & portalia custodiendo, &* [f] *aliter, pro eundo per Villam, cum eorum armis, vigilando & excubias visitando, easque faciendo pro custodia dicte Ville, pro resistendo inimicis nostris, si locus adveniret, quod Deus advertat. Et* [g] *hoc, sub pena quinque solidorum applicandorum in reparacionibus murorum & clausurarum dicti loci; & quod alibi dicti Consules & habitatores dicti loci, non teneantur facere excubias, preterquam in Villa de Marologio predicta, cum ipsa Villa sit maxime custodie, & inibi sit modica quantitas populi. Claves eciam portabunt, habebunt & tenebunt.*

(13) Item. *Quod ipsi Consules cum eorum familia, rebus & bonis, & Consulatus hujusmodi, cum juribus ejusdem, suscipientur in speciali & Salva-Gardia nostra; & Nos eos suscipimus per presentes.*

(14) Item. *Quod dicti Consules, ut melius & utilius, pro honore Regio & Reipublice, possessiones dicti loci, rustice & urbane, & ejus* [h] *territorium custodiantur, quolibet anno Bajulo dicti loci, vel aliis Officiariis nostris dicti loci, presentare habebunt* [i] *Bannerios in Festo Beati Johannis-Baptiste, qui jurare habebunt in manibus dicti Bajuli vel aliorum Officiariorum nostrorum, quod bene & fideliter se habebunt in Officio* (aa) *Bannerie*

[a] Reg. *R.*

[b] Reg. *R.*

[c] Voy. cy-dessous, art. 16.

[d] encan.

[e] Voy. cy-dessus, art. 5.

[f] al. *R.*

[g] h. *R.*

[h] territor. *R.*

[i] des Messiers. Voy. *Du Cange*, au mot, *Bannum*.

NOTES.

sur ce mot; car je ne sçais si j'oseray dire qu'il m'est venu dans l'esprit, qu'il pourroit signifier, un *Fontainier*, celuy qui a soin des *robinets*.

(r) *Alliatores.*] Il n'y a dans le Reg. qu'*alliator* avec une marque d'abbreviation; ce mot pourroit venir d'*allia*, de l'ail; mais que signifieroit-il?

(s) *Sigt.*] Il y a deux marques d'abbreviation sur ce mot. Il appartient sans doute au verbe *signare*, mais on ne peut dire précisément, comment il faut suppléer ces abbreviations: Car la fin de cet article me paroist corrompu. On peut cependant assûrer que le sens de ces derniers mots, est que tous ces Officiers subalternes choisis par les Consuls, porteront les armes du Roy & celles de la Ville. *Voy. cy-dessus, art. 5.*

(t) *Tailliariis.*] Ce mot qui vient sans doute de *tailliare*, signifie imposer les *tailles*, sur lesquelles voy. cy-dessus, art. 6.

(u) *Devesia.*] Ce sont les endroits deffendus, où on n'a pas droit d'entrer ni de faire entrer des animaux, comme les bois & les garennes. *Voy. le Gloss. du Du Cange, 2.e Edit. de Paris*, au mot, *Devesia*.

(x) *Pacua & pascua.*] Je n'ay pû trouver la difference qu'il y a entre ces mots.

(y) *Comparendi, agendi, defendendi.*] Il semble qu'il faudroit, *comparendo, &c.* c'est-à-dire, de comparoistre devant les Juges, soit comme demandeur, *agendo*, soit comme deffendeur, *defendendo*.

(z) *Bona capta.*] J'entends par ces mots, les biens saisis & vendus sur ceux qui n'ont pas payé les subventions dûës au Roy, & les impositions faites pour les depenses communes.

(aa) *Bannerie.*] Il n'y a dans le Reg. que *banner.* avec une marque d'abbreviation. L'on trouve dans le Gloss. de Du Cange, 2.e Edit. de Paris, sous le nom, *bannum*, p. 987. *banaria, banneria, officium bannerii.*

CHARLES V. à Paris, en Juillet 1366.

predicto : Habebunt eciam dicti Bannerii, Baculos cum [a] *Signis* [b] *Regiis & dicte Ville, & arma portare, suum officium exercendo.*

(15) Item. *Quod Bajulus & alii Officiarii nostri dicti loci, preconizare faciant, ad requestam dictorum Consulum, quod tempore neccessitatis, quaslibet lampades de nocte habeant facere (bb) luminatas, &* [c] *carrerias mundare, sub certa pena dictis Consulibus applicanda : Nec aliter fiat preconizatio in dicto loco, de predictis.*

(16) Item. *Quod dicti Consules, cum eorum Consilio, possint & valeant inter eos, in dicto Consulatu, Consuetudines facere & ordinationes tangentes eos, licitas, honestas & rationabiles, pro utilitate dicte Ville.*

(16) Item. *Quod dicti Consules possint & valeant (cc) vendere pondus farine & bladi, & quod nemo ponderare habeat,* [d] *nisi in domo communi, vel loco assignando per dictos Consules, bladum vel farinam; & hoc, sub certa pena Nobis applicanda : Quodque possint quascunque alias imposiciones inter ipsos facere, imponere & ordinare, pro subvencionibus Regiis persolvendis, & aliis negociis dicte Universitatis faciendis, & eas vendi facere, prout eis melius videbitur, absque nostro prejudicio.*

(17) Item. *Quod licet quandoque per Officiarios nostros, fiant contra Universitatem predictam, plura gravamina indebite & injuste, de gracia speciali eisdem concedimus, quod hujusmodi Consulatus non possit eis interdici, auferri,* [e] *supercedi vel arrestari, vel aliter ad manum nostram poni, nisi eorum exigentibus demeritis, vel de mandato nostro.*

(18) Item. *Cum quandoque singulares persone dicte Ville, (dd) census habent seu possessiones francas in allodium, easdem possessiones dent & dederint ad accapita & ad annuos census, & inde dictos census* [f] *habent transportare in personas Ecclesiasticas vel alias, à quibus Nos, & per* [g] *consequens, dicta Universitas, nullum reportamus commodum, volumus & eisdem concedimus, quod liceat Emphiteotis dictos census* [h] *facientibus, eosdem census, pro precio quo (ee) darent alteri, retinere.*

(19) Item. *Volumus, statuimus & ordinamus, quod Consules ipsi in prima sui creatione, & annis singulis creandi imposterum, antequam eorum Consulatus utantur officio, pro se & Communitate ac Universitate predictis, jurabunt ad Sancta Dei Euvangelia, tactis scripturis, in manibus Bajuli & Judicis Ville nostre de Marologio, predicte, qui pro tempore fuerint, veram obedientiam prestare Nobis & Successoribus ac Officiariis nostris, cum omnibus aliis capitulis fidelitatis juramenti.*

Mandantes Senescallo Judicique Majori Senescallie Bellicadri & Nemausi, predicte, aut eorum Loca-tenentibus, ac Bajulo & Judici prefate Ville nostre de Marologio, ut Communitatem & Universitatem predictas, hac nostra presenti gracia, & omnibus que ad Consulatum per Nos eis concessum, cum (ff) signatis eorum capitulis, & dependentiis eorumdem, vere & libere uti faciant & gaudere, absque condicione aliquali, & alterius expectatione mandati; necnon domum communem & [i] *archam, & alia insignia ad Consulatus Officium pertinentia, dent, tradant & assignent, & alia faciant que* [k] *incombent : Procuratori nostro, ac Patrono Causarum Fiscalium dicte Senescallie, ceterisque Justiciariis & Officiariis dicte Senescallie, ac personis aliis quibuscunque, perpetuum silentium imponentes, quibus & eorum cuilibet, perpetuo imponimus per presentes,*

a Voyez page precedente, Note *(i)* marg.

b Reg. *R.*

c les ruës. Voy. cy-dessus, p. 676. Note *(o)*.

d Ce mot qui est en abbregé, est douteux.

e estre suspendu.

f peuvent.

g Mot très douteux.

h payant.

i la caisse des deniers communs.

k incumbunt.

NOTES.

(bb) Ce mot est difficile à dechiffrer. L'on entrevoit *linatas* avec une marque d'abbreviation. Cela peut faire *luminatas*. L'on a dit *luminositas*, pour signifier, *clarté*. Voy. le Gloss. de Du Cange, 2.e Edit. de Par. à ce mot.

(cc) Vendere pondus.] Affermer le droit de peser. Voy. les Tables du 2. 3. & 4.e Vol. des Ordonn. aux mots, *Peseur* & *Poids*.

(dd) Census.] Ce mot *Census* est pris icy dans un sens singulier, & qui est expliqué par ceux-cy, *possessiones francas in allodium*. Dans le reste de l'article, il est pris dans le sens ordinaire. *Voy. le Sommaire de cet article.*

(ee) Darent.] Pour le prix pour lequel les proprietaires de ces cens annuels, les transporteront à d'autres.

(ff) Signatis.] Il n'y a dans le Registre, *sig.* Je crois que cela signifie, *avec les articles contenus par ces Lettres Royaux, qui sont signées.*

Ordinationibus, inhibitionibus, mandatis, usu, stilo vel Consuetudinibus contrariis, non-obstantibus quibuscunque. Quod ut firmum, &c. salvo, &c. Actum & datum Parisius, Anno Domini 1366. & Regni nostri tercio, mense Julii.

Per Regem, presente P. Scatisse Thezaurario. GONTIER. *Visa.*

CHARLES V. à Paris, au mois de Juillet 1366.

(a) Lettres de Sauve-garde Royale, pour l'Abbaye de Chelles.

CHARLES par la grace de Dieu Roy de France: Savoir faisons à tous presens & avenir, que Nous desirans de tout nostre cueur, les personnes de [a] Religion qui sont ordonnez à servir Nostre S. Jesus-Christ, en nostre Royaume, estre maintenuës & gardées avec tous leurs biens & familiers, en paix & en transquillité; pourquoy ilz puissent mieulx & plus devotement vacquer & entendre au Service de Dieu, auquel ilz se sont donnez: A la supplicacion de nos biens amées Religieuses, l'Abbesse & Couvent de *(b)* Chelles-Sainte-Bapteur, de fondacion [b], & qui sont de tout temps en la Sauve-garde Royal, icelles dabondant, avons prins & prenons, mises & mettons de grace especial & de nostre certaine science, avecques tous leurs biens quelz qu'ilz soient, & où qu'ilz soient assiz en nostre Royaume, que ilz ont à present & que elles acquerront loyaument, ou temps avenir, tous leurs familliers serviteurs Religieux & seculiers, en & soubz nostre protection & Sauve-garde especial, & de noz successeurs Roys de France, pour y estre & demourer perpetuellement; & leur avons commis, donné & depputé, commettons, donnons & depputons de nostred. grace, nostre Prevost de Paris, present & avenir, ou son Lieutenant, leur Juge en toutes leurs Causes meuës & à mouvoir, contre quelzconques personnes, en demandant & en deffendant; [c] par ainsi toutes voyes, que pour ce, elles ne puissent aucun faire [d] convenir pardevant led. Prevost ou son Lieutenant, de plus loign de Paris, que dix & sept lieuës: Et aussi voulons & commettons ledit Prevost ou son Lieutenant, estre leur Gardien especial, pour icelles Religieuses, leur Eglise en chief & en membres, leur [e] famille, leurs gens & possession, granches, terres, prez, boix, vignes, Justices, cens, rentes & revenuës quelles que elles soient, & à elles appartenant en quelles manieres que ce soit, maintenir & garder par lui ou par autres, en leurs justes possessions, franchises, Libertez, droiz, Coustumes, usaiges, privileges & [f] saisines; & pour elles deffendre de par Nous, de toutes injures, violences, griefs, oppressions, inquietacions, molestacions, de force d'armes, de puissance de Laiz, & de toutes nouvelletez indeuës quelles que elles soyent: Et [g] se il y a debat en cas de nouvelleté, entre les Parties, sur les choses contentieuses, de mettre icellui [h] debat en nostre main, comme Souveraine; & à faire par icelle nostre main, recreance là & si comme il appartendra; & pour faire payer ausd. Religieuses, ou à leur certain commandement, leurs cens, rentes, disines & revenuës, & toutes leurs debtes bonnes & loyaulx, recogneües ou prouvées par Lettres, tesmoings, [i] instrumens, ou autres loyaulx enseignemens, [k] qu'il luy apperra estre deuës ausdittes Religieuses, [l] de quelque personne nos subgez, demourans à Paris & environ, jusques à dix & sept lieües; en contraignant iceulx debteurs à ce, par la prinse, venduë & explectation de leurs biens, & detencion de leurs corps, se obligez y estoient: Et se aucuns de leurs debteurs se

a *Religieux & Religieuses.*
b *Royale, qui est plus bas.*
c *pourvû.*
d *comparoistre.*
e *domestiques.*
f *possessions.*
g *si.*
h *la chose qui fait la contestation.*
i *actes.*
k *lesquelles dettes il, &c.*
l *par.*

NOTES.

(a) Livre vert vieil, second du Chastelet de Paris, *fol. 78. recto.*

Ces Lettres sont aussi dans le Livre Rouge vieil du Chastelet, *fol. 29. verso.*

(b) Chelles-Sainte-Bapteur.] Abbaye située à quatre lieuës de Paris, près de la Forest de Bondi, fondée vers 657. par S.te Balthilde, femme de Clovis II. & Mere de Clotaire III. Elle est quelquefois nommée *S.t Baudour,* & icy *S.te Bapteur.* Voy. *Ann. Bened. à Mabillon. T. 1. L. 14. p. 444. n. 44. & le Dictionn. Univers. de la Fr.* au mot, *Chelles.*

CHARLES V. à Paris, au mois de Juillet 1366.

vouloient opposer au contraire, notre main souffisamment garnie, là & si comme il appartendra deuëment, pour faire adjourner pardevant soy ou son Lieutenant, en nostre Chastellet de Paris, lesdits opposans, & toutes autres personnes, tant en demandant comme en deffendant, pour [a] aller avant pardevant lui, tant sur lesdictes opposicions, debatz ou [b] questions, comme sur lesdittes debtes, se comme il sera à faire de raison, pour en faire sur les choses dessusdictes, les Parties oyes, bon & brief acomplissement de Justice: Et voulons que nostredicte Garde especial, il face publier par tous les lieux où il verra qu'il appartiengne, à la requeste desdittes Religieuses ou de leurs gens: Et en signe de nostredicte Sauve-garde especial, face mettre nos penonceaulx Royaulx ès maisons, granches, possessions & autres biens desdittes suppliantes, là où [c] mestier en sera, afin que nul ne se puisse excuser de ignorance: Et intime & deffende de par Nous, à toutes les personnes dont il sera requis de par lesdictes Religieuses, que à eulx, à leur famille, à leurs gens, à leur Eglise en chief & en membres, à leurs terres, cens, rentes, revenuës, ne autres biens quelzconques, ou que ilz soient, presens & avenir, ilz ne messacent ou facent meffaire en aucune maniere, sur certaines peines à appliquer à Nous: Et pour faire & acomplir plus diligemment de point en point, les choses dessusdictes & chacune d'icelles, Nous mandons & commettons audit Prevost de Paris, present & avenir, ou à son Lieutenant, que il, toutes-foiz que mestier en sera, depute ausdictes Religieuses, une ou deux personnes convenables, à leurs despenz; lesquelz & chacun d'eulx, Nous voulons de nostre grace dessusdicte, que ilz aient, quant à faire & executer les choses dessusdictes & chacune d'icelles, tout povoir d'Office de Sergent. Toutes-voyes, Nous ne voulons pas que ilz s'entremettent en aucune maniere, de chose qui requiere cognoissance de Cause: Et donnons en mandement à tous nos Justiciers & subgez, que audit Prevost de Paris, present ou avenir, ou à son Lieutenant, & audit Sergent ou Sergens deputez de par lui, quant aux choses dessusdictes & celles qui en deppendent, obeissent & entendent diligemment. Et pour ce que ce soit ferme chose & estable à toûjours, Nous avons fait mettre nostre Scel à ces presentes Lettres: sauf en autres choses nostre droit & l'autruy en toutes. *Donné à Paris, l'An de grace mil trois cens soixante & six, & de nostre Regne le tiers, ou mois de Juillet.* Ainsi signé. Par le Roy en ses Requestes, vous present. DOUHEM. *Visa.*

[a] *proceder.* [b] *Causes.* [c] *besoin.*

CHARLES V. à Triel, le 5. d'Aoust [1366. Voy. la Note (a)]

(a) Lettres portant que la Chambre des Comptes ne passera point de Lettres d'amortissements sans finances, lesquelles seront employées aux reparations du Palais Royal.

LITTERA Domini Regis de Mandato, directa Dominis Compotorum, cujus copia sequitur, continens quod admortisationes aliquas non transeant nec deliberent, absque financiis, & quod pecunia inde recepta, convertatur ad opus reparationis Palacii Regalis.

Tenor Littere. DE PAR LE ROY. Genz de noz Comptes: Comme autrefois vous avons mandé, que vous * passesez en nostre Chambre des Comptes, aucuns [d] Admortissemenz, sanz en avoir aucune finance, laquelle Nous avons ordenée pour les reparations neccessaires de nostre [e] Palays Royal à Paris, & il soit ainsi que depuis, par inadvertence ou autrement, Nous avons fait aucuns Admortissemens ou autres graces qui doivent finance, èsquelles est contenu expressement, *nonobstant que Nous aions*

* *ne passiez.*
[d] *Voy. la Preface de ce Vol.* §. Admortissemens.
[e] *C'est le Palais où la Justice se rend aujourd'huy.*

NOTES.

(a) Memorial *D.* de la Chambre des Comptes de Paris, *fol.* 83. *verso.*

La date de l'année n'est pas à la fin de ces Lettres; mais elles se trouvent dans le *Memorial,* entre des Pieces de l'année 1366.

orden

ordené la finance pour tourner & convertir ésdictes reparacions ; Nous vous mandons & expressement dessendons, que nulles telles graces vous ne passez par nostre Chambre, sanz en avoir la finance qui y devra appartenir, se par Nous ne avez exprès commandement de [a] boche: Et se aucune en est à passer de present, Nous voulons que vous en facez païer la finance, sanz aucun [b] deport, & gardez que en ce, n ait par vous aucun deffaut. *Donné à Tryel, le 5.e jour d'Aoust.*

a *bouche.*
b *faveur.*

CHARLES V. à Paris, le 18. d'Aoust 1366.

(a) Mandement portant que le prix d'Or apporté dans la Monnoye de Tournay, sera augmenté de 12. sols.

CHARLES par la grace de Dieu Roy de France: A noz amez & féaulx les Generaulx-Maistres de noz Monnoyes, Salut & dilection. Nous avons entendu & sommes souffisamment informez, que pour ce que nostre Monnoye de Tournay, est en frontiere sur les marches des pays de Flandres & de Haynault & d'ailleurs, èsquelz pays, l'en donne plus grant pris en Or, que Nous ne faisons en nostredicte Monnoye, icelle a esté longuement en [c] chomage, & est ou pourroit estre ou temps advenir plus longuement; en laquelle chose Nous aurions très grant dommage, se remede n'y estoit mis. Si vous mandons & commandons, & à chascun de vous, que tantost & sans delay, ces Lettres veuës, affin que les Marchans desd. païs & autres, doïent apporter leur Or en ladite Monnoye, vous faciez donner de chacun marc d'Or fin, qui sera apporté en nostreditte Monnoye de Tournay, douze solz tournois de creuë, outre le pris qu'ilz en ont: par ainsi auront pour chascun marc d'Or fin, 63. livres 2. sols tournois; le Denier d'Or aux Fleurs-de-Liz, compté pour 20. sols tournois. De ce faire, à vous & à chascun de vous, donnons povoir, auctorité & mandement especial par la teneur de ces presentes. *Donné à Paris, le 18.e jour d'Aoust, l'An de grace 1366.* Ainsi signé. P. BLANCHET.

c *l'en n'y a pas fabriqué.*

NOTES.

(a) Registre *D.* de la Cour des Monnoyes, *fol.* six-vingt-douze, *verso.*
Avant ces Lettres, il y a:
Le 27.e jour d'Aoust 1366. fut apporté en la Chambre des Monnoyes au Palais, ung Mandement du Roy nostre S. seellé de son grant Seel, duquel la teneur s'ensuit.
Lettres de 12. sols tournois de creuë, faicte en la Monnoye de Tournay.

CHARLES V. à Melun, le 29. d'Aoust 1366.

(a) Lettres par lesquelles il est donné pouvoir au Comte de Sarrebruche, de donner des Lettres de remission & de pardon, à ceux qui par le passé, ont commis des délicts & crimes, méme de Leze-Majesté : lesquelles Lettres de pardon seront confirmées par le Roy.

CHARLES par la grace de Dieu Roy de France: A tous ceulz qui ces Lettrez verront, Salut. Comme plusieurs Chevaliers, Escuïers & autres nos subgès, & autres, dont les aucuns ont esté banniz hors de nostre Royaume, par leurs excès &

NOTES.

(a) Ces Lettres sont inserées dans des Lettres du mois de Mars 1366. qui sont au Thresor des Chartres, Registre 97. P. 347. Elles sont aussi inserées dans d'autres Lettres de la même date, qui sont *ibid.* P. 362. Dans ces dernieres Lettres du mois de Mars 1366. sont aussi inserées des Lettres de Jean Comte de Sarrebruche Bouteillier de France, qui finissent ainsi : *Nous avons fait mettre en ces Lettres nostre petit Seel, dont Nous usons en absence de nostre Grand. Donné &c.*

CHARLES V. à Melun, le 29. d'Aoust 1366.

demerites, aient fait & commis plusieurs crimes & deliz en nostredit Royaume, comme murtres, roberiez, ravissemens de femmes, [a] arcins, larrecins & autres malefices, en compaignie & autrement, ou temps passé & à present, eulx ou aucun d'eulz, aient bonne voulenté & grant desir de Nous servir & de devenir noz loyaulx vassaux, subgès & amiz, repentans de ce que il ont commiz & messait envers Nous, comme Nous avons entendu: Savoir faisons que Nous voulans faire grace à ceulz qui en repentence & en humilité, le Nous requierent, & confianz à plain du senz & loyauté de nostre chier & feal Cousin, le Conte de Sarrebruche, à ycellui avons donné & donnons par la teneur de ces Lettrez, plain povoir & auctorité de pardonner, quitter & remettre, ou nom de Nous & pour Nous, à ceulz à qui il verra que à pardonner sera, consideré l'estat de leurs personnes, les qualitez de leurs faiz, & les services que il Nous pevent & porroient faire, au proffit du bien commun de nostre Royaume; lesquellez choses Nous remettons à sa discrecion, [b] tous meffaiz dessusdiz & autres quelconques, comment que il soient ou puissent estre dis ou appellez, supposé [c] que il fussent crimes de Lese-Majesté, & toute peine criminelle & civile qu'il pevent ou porroient avoir pour ce encouru envers Nous, de rappeller les banz èsquelz il seroient encourus, de les restituer au païs & à leurs renommez, de leur faire rendre & delivrer tous leurs biens meubles & heritaiges, qui pour leursdiz meffaiz, auroient esté miz à nostre main, arrestez ou saisiz en quelque maniere que il soient, & nonobstant quelconques donz que noz Predecesseurs Roys, ou Nous, en aurons faiz; & de en donner ses Lettrez patentez contenant les pardons & remissions dessusdites, de donner & ottroïer en nostre nom, toutes manieres de sauf-conduis, à ceulz à qui il verra que bon sera; & de faire toutes autres choses touchant lesd. pardonz & remissions, saufs-conduis & les dependences, que Nous-meismez ferions & faire porrions en personne: Et Nous promettons avoir ferme & aggréable, ce que nostredit Cousin aura fait ès choses dessusdictes, & les confirmer par nos Lettrez, quand Nous en serons requis. En tesmoing de ce, Nous avons fait mettre nostre Seel à ces Lettrez. *Donné à Meleun, le 29.e jour d'Aoust, l'An de grace 1366. & de nostre Regne le tiers.*

a *incendies.*

b *pardonner, &c.* qui est plus haut.

c *mesme.*

CHARLES V. à Paris, en Aoust 1366.

(*a*) Lettres qui portent que l'Eglise de Tours sera conservée dans le droit de poursuivre ses affaires dans les Justices seculieres, par un de ses Chanoines, sans qu'il soit necessaire qu'il ait une procuration à cet effet.

NOTUM *facimus universis, &c. Regie Magestati nostre incumbit, Domum Dei nostris temporibus honorare, & personas cultui Divino famulantes, quadam speciali prerogativa munire, ut in pace & transquillitate manere valeant, ac eorum precibus premium Eternum, pro retribucione nostrorum actuum, habere mereamur. Sane, cum prout Nobis, pro parte dilectorum nostrorum Decani & Capituli Ecclesie Turonensis, extitit expositum, ipsi nomine suo & Ecclesie sue, ac menbrorum ejusdem, retroactis temporibus, per unum Concanonicum ipsorum, sine procuratione, se presentare consueverint coram quibuscunque Judicibus nostris, & aliis* [d] *temporalibus, & negocia sua tractare & peragere, ipsisque in possessione & saisina premissorum existentibus, ad instanciam Procuratoris nostri Baillivie Turonensis, coram Baillivo ejusdem loci aut ejus Locum-tenente, ad Judicium evocati, per unum suum Concanonicum, more solito, se presentaverint; nichilominus idem Locum-tenens, pro sue libito voluntatis, nulla causa racionabili motus, & ex abrupto, pronunciavit inter alia, ipsos minus sufficienter fundatos fore, fuit ab eadem pronunciacione, ad Curiam nostram Parlamenti, appellatum, & in eadem appellacionis Causa, quo*

d Juges seculiers.

NOTES.

(*a*) Thresor des Chartres, Registre 97. Piece 8.

CHARLES V. à Paris, en Aoust 1366.

*dieu est, mota fuit & longum tractum habuit, in tantum processum extitit, quod Partes in factis contrariis ceciderunt; hoc adjecto, quod constare debet Procuratori nostro, si dicti Decanus & Capitulum, (b) in predictis nostris Parlamentis, se per unum suum Concanonicum, presentaverint: Verum cum racioni congruum videatur, dictam Ecclesiam ex antiquissima & nobili fundacione; ut pote, domanio. juribus, (c) Imperator. tunc Turon. dum, Divina sibi suffragante clemencia, signum fidei Catholice sumpsit, ac Ministros & suppositos ejusdem Ecclesie Metropolitane, frui honoribus & ab oneribus hujusmodi relevare debere, ut circa Divina libencius & devocius vacare valeant, prout toto cordis effectu, aspirant, sitque processus hujusmodi inchoatus, sumptuosus eisdem, & de suo quamplurimum, in prosecutione ipsius, consumerent, si finem expectarent ejusdem: Et preterea, de predictis possessione & saisina, per tam [a] longon tempus & iteratis vicibus usi fuerunt; que eadem possessio pro titulo est censenda, sicut dicunt, nostram Regalem Clemenciam super hoc implorando. Nos vero, premissis perpencius attentis, dictam Ecclesiam & exponentes predictos, favore volentes prosequi beguivolo, volumus & de nostra speciali gratia & plenitudine Regie nostre potestatis, & certa sciencia concedimus & concessimus per presentes, ut ipsi exponentes, pro se, Ecclesia & universis membris suis, * se ubilibet in Regno nostro, in Foro seculari; videlicet, in Parlamento nostro, in omnibus Causis, querelis & negociis suis, agendo & [b] deffendo, per unum de suis Concanonicis absque [c] procuratorio, se presentare valeant, & se presentent perpetuis temporibus; nec illam presentacionem per quemvis Judicem Commissarium, aut alium quemcunque quavis potestate fungentem, impugnari: Sed eam robur habere volumus firmitatis; pronunciacionem, appellacionem & litem de quibus supra fit mencio, tenore presencium anullantes; ac Procuratori nostro super hoc perpetuum silencium imponentes: Mandantes dilectis & fidelibus Gentibus nostris Parlamenti, ceterisque Justiciariis, Commissariis & Officiariis Regni nostri, aut eorum Locatenentibus, presentibus & futuris, ut dictos exponentes nostra presenti gratia uti pacifice faciant & gaudere; ipsos in contrarium nullatenus molestantes, [d] noc à quoquam molestari permittentes quovismodo. Quod ut firmum & stabile permaneat in futurum, nostrum presentibus Litteris fecimus apponi Sigillum: salvo, &c. alieno, &c.* Datum Parisius, Anno Domini 1366. & Regni nostri tertio, mense Augusti.

[a] longum.

* Ce mot qui est repeté plus bas, est inutile.

[b] deffendendo.

[c] procuratione, *qui est plus haut.*

[d] nec.

NOTES.

(b) *In predictis nostris Parlamentis.]* Anciennement, le Parlement n'existoit pas toûjours, & lorsqu'il y en avoit un de fini, les Roys, après quelque temps d'intervalle, en establissoient un nouveau, & nommoient quelquefois de nouveaux Officiers. Delà, cette clause qui se trouve dans quelques Lettres: *Gentibus nostrum presens Parlamentum tenentibus, & qui futura tenebunt Parlamenta.* Voy. la Table des matieres de ce Vol. au mot, *Parlement.*

(c) *Imperator.]* Il y a une marque d'abbreviation sur ce mot & sur celuy de *Turon.* Cet endroit me paroist corrompu. Je devine que le sens est que l'Eglise de Tours a esté fondée, lorsque cette Ville estoit encore sous l'obéïssance des *Empereurs* Romains, & avant qu'elle soit venue sous celle des François.

CHARLES V. à Mantes, en Aoust 1366.

(a) Lettres qui portent que Grancey qui appartient à l'Abbaye de Molesme, ressortira à la Prevosté de Bar-sur-Aube.

KAROLUS &c. Notum facimus universis tam presentibus quam futuris, Nos Theobaldi quondam Comitis Campanie & Brie, predecessoris nostri, infrascriptas vidisse Litteras, formam que sequitur, continentes.

EGo Theobaldus Campanie & Brie Comes Palatinus: Notum facio omnibus presentes Litteras inspecturis, quod ego concessi & obligavi me & heredes & successores meos, erga

NOTES.

(a) Thresor des Chartres, Registre 97. Piece 130.

CHARLES V.
à Mantes, en Aoust 1366.

Ecclesiam (b) Molismensem, quod Custodiam quam habeo in quibusdam Villis ad eandem Ecclesiam pertinentibus; scilicet, (c) Granceïo, Rumiliaco, Polimaco, Vileux & Sancta Wanburge, neque ego, neque successores mei Comites Campanie, extra manum nostram ponere possimus; sed quicunque erit Comes Campanie, predictarum Villarum Custodiam tenetur in manu sua propria retinere. Quod ut ratum & firmum permaneat, presentem Cartam inde scribi volui, & sigilli mei munimine roborari. Actum publice apud [a] Barrum-super-Secanam, Anno Dominice Incarnacionis 1232. *Quia vero (d) signum meum renovavi, presentes Litteras feci sigilli mei novi minimine roborari.* Actum Anno gracie 1233, mense Aprili.

a *Bur-sur-Seine.*

QUAS quidem Litteras suprascriptas, & omnia & singula in ipsis Litteris contenta, ratas habentes & gratas, eas volumus, laudamus, ratificamus, approbamus, ac de gratia speciali, certa sciencia, auctoritate Regia & plenitudine nostre potestatis, tenore presentium confirmamus: Et quia predictis Litteris, bone quondam memorie carissimus Progenitor noster vel Nos, nonobstantibus, Preposituram, Castrum & Castellaniam de [b] Firmitate-super-Albam, ad quam Preposituram dicta Villa de Granceio, ressortizare consuevit, in Comitem de [c] Virtutibus & Comitissam ejus Consortem, fratrem & sororem nostram carissimam, certis de causis transtulimus; ipseque Frater noster & ejus Gentes, virtute ejusdem translationis, dilectos nostros Abbatem & Conventum Ecclesie Molismensis, Lingonensis Diocesis, & eorum Officiarios & subditos, in dicta Villa de Granceyo existentes, coram ipsis Fratre nostro & ejus Gentibus, ad Sedem dicte Preposituire de Firmitate, nituntur facere ressortiri, & Gardiam ipsorum Religiosorum, Officiariorum & subditorum eorumdem, dicte Ville de Granceyo, ad eos asserunt pertinere, excercentes & facientes de facto, in eadem Villa & super dictis Religiosis, Officiariisque & subditis eorum, ipsius Ville, Jurisdictionem, & [d] expletta ad Gardiam, superioritatem & ressortum spectancia; quamvis in predicta translacione, Gardia, ressortum sive superioritas dicte Ville de Granceyo, necnon predictorum Religiosorum, Officiariorumque & subditorum eorum ipsius Ville, minime possint aut debeant comprehendi; nec eas extra manum nostram poni valeamus, obstantibus Litteris supra transcriptis; volumus, decernimus, & declaramus predictam Villam de Granceyo, necnon dictos Religiosos, Officiariosque & subditos eorumdem dicte Ville de Granceyo, presentes & futuros, in Gardia, superioritate & ressorto nostris, necnon successorum nostrorum Comitum Campanie, perpetuo remansuros, & quod nunquam fuit nec est intencionis dicti Progenitoris nostri vel nostre, ipsos in dicta translacione fuisse vel fore comprehensos; eosdemque à potestate, Gardia, superioritate & ressorto dictorum Fratris & Sororum nostrorum, & eorum successorum, necnon Officiariorum eorumdem, & à dicta Prepositura de Firmitate, eximimus & exemptos perpetuo declaramus: Statuentes & ordinantes, quod in & de ressorto & superioritate Prepositure nostre Barri-super-Albam, ipsi Religiosi, Officiariique & subditi eorumdem, racione dicte Ville de Granceyo, necnon in eadem Villa, perpetuo remaneant: Ad cujus Prepositure Barri-super-Albam, ressortum & superioritatem, eosdem ponimus & transferimus, ac perpetuis temporibus, per presentes volumus remanere: Mandantes & committentes Preposito nostro dicti Barri-super-Albam, & ejus successoribus & Prepositis dicti loci, vel eorum Locatenentibus, & eorum cuilibet, quatenus in predicta Villa de Granceyo, ac supra dictis Religiosis, Officiariisque & subditis ipsorum, racione ejusdem Ville, omnes casus ad superioritatem & ressortum pertinentes, exerceant; faciendo Partibus Justicie complementum,

b La Ferté-sur-Aube.

c Vertus. Voy. le 3.e Volume des Ordonn. p. 543. Note *(e)*.

d les actes judiciaires.

NOTES.

(b) Molismensem.] L'Abbaye de *Molesme* dans le Dioc. de Langres; sur laquelle Voy. *Gall. Christ. 1.re Edit. t. 4. p. 649. col. 1.*

(c) Granceïo.] On trouve dans le Dict. Univers. de la Fr. *Grancey-le-Chastel*, & *Grancey-sur-Onet*, tous deux dans le Diocese de Langres.

Je n'ay rien trouvé sur les autres lieux nommez dans ces Lettres.

(d) Signum.] Je crois que par ce mot, il faut entendre le nouveau sceau dont il est parlé dans la ligne suivante.

prout ad ipsos in casu superioritatis & ressorti, debebit pertinere : Inhibentesque Fratri & Sorori nostris predictis, & eorum successoribus, necnon Gentibus, Prepositis, Servientibus & aliis Officiariis eorumdem, presentibus & futuris, & eorum cuilibet, ne deinceps in dicta Villa de Granceïo, ac super dictis Religiosis, Officiariisque aut subditis eorumdem, racione ipsius Ville, Jurisdictionem aut aliquod explectum Justicie, ad causam superioritatis, Gardie vel ressorti, quovismodo facere seu exercere presumant. Que, attentis Litteris suprascriptis, sic constituimus & ordinamus, ac dictis Religiosis, pro se & suis successoribus, auctoritate, gratia & plenitudine potestatis nostre predictis ; nonobstante quod dicta Prepositura de Firmitate, cum certis aliis terris, dictis Fratri & Sorori nostris, in (e) Patriatu seu appanagio, tradite fuerint seu eciam assignate ; ac inhibitionibus, mandatis aut Ordinationibus contrariis quibuscunque. Quod ut firmum & stabile perpetuo perseveret, &c. salvo, &c. Actum in Villa nostra de [a] Medunta, Anno Domini 1366. Regni vero nostri tertio, mense Augusti.

CHARLES V. à Mantes, en Aoust 1366.

a *Mantes.*

Per Regem presente Confessore. J. BLANCH. *Collacio facta est cum origino Litterarum supra transcriptarum.* J. BLANCH. *Visa.*

NOTES.

(e) *Patriatu.*] Dans des Lettres qui roulent à peu près sur les mêmes choses, que celles dont il est parlé dans ces Lettres, & qui sont dans le 3.e Vol. des Ordonn. p. 542. à la p. 544. il y a, *in pariatu, filiolagio, &c.* Ces deux mots m'ont embarrassé, & l'on peut voir ce que j'en ay dit, *ibid.* Notes (f & g) mais ce passage m'apprend ce qu'ils signifient. *Pariatus,* qui peut-estre est une faute pour *Patriatus, Filiolagium* & *Patriatus* sont synonymes à *appanagium.*

CHARLES V. à Paris, le 18. de Septembre 1366.

(a) Lettres portant que les affaires des personnes de l'Auvergne, qui sont exemptes de la Jurisdiction du Duc d'Auvergne, seront portées devant le Bailly Royal des Montagnes d'Auvergne, au Siege d'Aurillac; ensuite par appel devant le Bailly de S.t Pierre-le-Moustier, & en dernier ressort, au Parlement.

KAROLUS &c. Notum facimus universis presentibus & futuris, Nobis pro parte dilectorum & fidelium nostrorum Episcopi & Capituli [b] *Sancti Flori, Abbatis & Conventus Monasterii* [c] *Aurellyaci, necnon & aliarum Ecclesiarum & locorum Patrie Alvernie,* [d] *& Jurisdictione carissimi fratris nostri, Ducis Bituricensis & Alvernie, virtute & auctoritate Litterarum nostrarum* [e] *Declaracionis super hoc facte, noviter exemptarum, que ab antiquo, in Baillivia Regali* [f] *Montanarum Alvernie, ressortiri solebant, expositum fuisse, quod cum dicti exponentes & eorum subditi, qui tempore quo illa Alvernie Patria, ad nostrum Domanium existebat; videlicet, antequam ad dictum Fratrem nostrum devenisset, coram Baillivo nostro Montanarum Alvernie, qui tunc erat, apud Regalem Sedem Ville Aurellyaci,* [g] *ressortire solebant, ab Audiencia ejusdem Baillivi, ad Baillivum nostrum Alvernie, sine medio; videlicet, ad Sedem de (b) Nonneta, que non distat à dicto loco de Aurellyaco, nisi per decem octo leucas, vel circa,* [h] *quando opus erat & casus emergebat, & deinde ad nostrum Par. Parlamentum appellassent ; & esset eis licitum appellare, dictaque Alvernie Patria, sic existente ad manum dicti Fratris nostri, asserentis dictos exponentes coram suis Judicibus, sine medio, ressortiri debere ; dictis exponentibus contrarium proponentibus, & dicentibus ipsos ad Nos, sine medio, ad Sedes & loca predicta, ressortiri debere, ut prefertur ; lis in Parlamento nostro Paris. inter Fratrem nostrum*

b S.t Flour.

c Aurillac. Voy. cy-dessus, p. 665.

d à.

e Voy. la Table des Matieres, au mot, *Berri.*

f Montagnes d'Auvergne : Haute Auvergne.

g ressortiri.

h qn. avec une marque d'abbrev.

NOTES.

(a) Thresor des Chartres, Registre 97. Piece 273.

(b) *Nonneta.*] *Nonete,* Bourg & Chastellenie Royale dans l'Auvergne, Diocese de Clermont. *Voy. le Dictionn. Univers. de la Fr.* au mot, *Nonete.*

CHARLES V. à Paris, le 18. de Septembre 1366.

predictum, ex una parte, & Procuratorem nostrum & dictos exponentes, ex altera, mota fuerit pro premissis: Qua lite pendente, Nos ipsos exponentes coram Gentibus nostris; videlicet ad Sedem de [a] *Sancti-Petri-Monasterio, coram Baillivo nostro ipsius loci, qui propinquior Judex Regius est & erat dictorum exponentium, in* [b] *Patria Consuetudinaria,* [c] *quodque hujusmodi locus distet à dicto loco de Aurellyaco, bene propè quinquaginta leucas & plus, ordinaverimus ressortire, quousque per Nos aliud super* [d] *hoc ordinatum extitisset. Nos vero, per alias nostras* [e] *Litteras super hoc, à dictis exponentibus noviter obtentas, declarasse dicamur, ipsos exponentes à Jurisdictione & potestate dicti Fratris nostri, exemptos fuisse, ac in & de ressorto nostro & successorum nostrorum Francorum Regum, in perpetuum, sine medio, remanere debere, prout hec & alia in dictis nostris Declaracionis Litteris, dicuntur plenius contineri: Et propter hoc, Nobis* [f] *supplicarunt, ut, hiis attentis, de alio loco & Sede eis* [g] *propinquiore, in casu ressorti, quam sit dicta Sedes de Sancti-Petri-Monasterio; videlicet, in Villa de Aurellyaco, ubi antedictam litem, & dictorum Ducatuum donacionem, ab antiquo ressortiri solebant, ut prefertur, providere curaremus eisdem. Nos igitur, premissis consideratis, eorum supplicationi, tanquam rationi consone, favorabiliter annuentes, Sedem nostram Regalem Baillivie Montanarum Alvernie, in loco de Aurellyaco predicto, in casu ressorti, ubi certum Baillivum ex parte nostra, prout hactenus consuevimus,* [h] *constituemus, facimus & creamus per presentes, de certa scientia & gratia speciali; coram quo Baillivo & ejus successoribus dictarum Alvernie Montanarum, Baillivis, omnes Cause dictorum exponentium, & aliarum personarum à Jurisdictione & potestate dicti Fratris nostri, sic exemptarum, in casu ressorti ventilabuntur & deducentur, modo & forma quibus solebant ab antiquo, ante litem & dictorum Ducatuum creacionem predictas: à cujus Baillivi Audiencia, ad Audienciam Baillivi nostri de Sancti-Petri-Monasterio; videlicet, ad Sedem suam ejusdem loci, & deinde ad nostrum Paris. Parlamentum, licebit Partibus ibid idem litigantibus, tociens quociens opus fuerit & casus exegerit, appellare. Mandantes Baillivo nostro dicti loci de Sancti-Petri-Monasterio, ceterisque Justiciariis & Officiariis Regni nostri, tam nostris quam dicti Fratris nostri, quatenus dictam presentem nostram gratiam, in quantum ipsos & eorum quemlibet, tangit & tangere poterit, in suis* [i] *terminis teneant & observent, observarique faciant & teneri; nil in contrarium faciendo seu fieri permittendo; ymo quicquid in contrarium factum vel attemptatum fuerit, ad statum pristinum & debitum reducant aut reduci faciant indilate; Ordinacionibus, mandatis & prohibicionibus, si que dudum in contrarium facte fuerint, non-obstantibus quibuscumque. Quod ut firmum, &c. nostro in aliis, &c.* Datum Parisius, die 18. Septembris, Anno Domini 1366. Regni autem nostri tercio.

Sic signata: Per Regem in suis Requestis, quibus vos eratis. GREELLE. *Visa.*

[a] S.t Pierre-le-Moustier.

[b] Païs Coustumier.

[c] Mots abbregez & douteux.

[d] h. *R.*

[e] Voy. cy-dessus, p. 660.

[f] supplic. *R.*

[g] propinquior. *R.*

[h] constituimus.

[i] Je crois que cela signifie, *dans leurs districts.*

CHARLES V. à Paris, en Septembre 1366.

(a) Lettres qui portent que le Vicomté de Maulevrier, en Normandie, ressortira sans moyen, au Parlement de Paris.

Philippe VI. dit de Valois, à la Neufville-en-Hez, en Juillet 1334. Jean I. ou selon d'autres, Jean II. à Paris, en Octobre 1355.

KAROLUS *&c. Notum facimus universis tam presentibus quam futuris, Nos infrascriptas vidisse Litteras, formam que sequitur, continentes.*

JOHANNES *Dei gracia Francorum Rex: Notum facimus universis tam presentibus quam futuris, Nos infrascriptas vidisse Litteras, formam que sequitur, continentes.*

PHILIPPE par la grace de Dieu Roy de France: Savoir faisons à tous presens & avenir, que Nous voulons & avons ottroïé de grace especial & de certaine science,

NOTES.

(a) Thresor des Chartres, Registre 97. Piece 272.

à nostre amé & féal le Conte de Savoye, Viconte de *(b)* Maulevrier, que il, pour cause de ladicte Viconté, & tous ses subgiès d'icelle, ressortissent dores-en-avant, sanz nul moyen, en nostre Parlement à Paris, aussy comme les autres de la Duchié de Normendie, qui de Nous tiennent en [a] Fié, sanz moyen, sanz ce qu'il soient tenus à respondre ne estre [b] convenus, en cas de ressort, à [c] l'Eschiquier à Roüen, ne ailleurs, fors audit Parlement; aussi comme les autres qui semblablement, comme ledit Conte, tiennent de Nous en Fié, sanz moyen, en ladicte Duchié: Et que ce soit ferme & estable à tousjours-mais perpetuelment, Nous avons fait mettre nostre Seel en ces Lettres: sauf nostre droit en autres choses, & l'autrui en toutes. *Ce fû fait à la (c) Nuefville-en-Hez, l'An de grace 1334. ou mois de Juillet.*

CHARLES V. à Paris, en Septembre 1366.

a *Fief.*
b *assignez.*
c *Voyez le 3.e Vol. des Ordonn. p. 329. Note (d)*

QUAS siquidem Litteras, & omnia & singula in ipsis contenta, rata habentes & grata, ea volumus, laudamus, ratificamus, approbamus, & ad requestam carissimi & fidelis Consanguinei nostri, Comitis Sabaudie & Vice-comitis Malileporarii, quatenus ipse ejusque predecessores, ad causam dicti Vice-comitatus, hucusque pacifice, contentis in prefatis Litteris, usi sunt, auctoritate nostra Regia, de speciali gracia, tenore presentium confirmamus. Quod ut firmum & stabile [d] permanea in futurum, nostrum presentibus fecimus apponi Sigillum: salvo in aliis jure nostro, & in omnibus quolibet alieno. Datum Parisius, Anno Domini 1355. mense Octobris.

d permaneat.

NOS autem prescriptas Dominorum Avi & Genitoris nostri, Litteras, ac omnia, universa & singula in eisdem contenta, rata & grata habentes, eas & ea volumus, laudamus, ratificamus & approbamus; contemplacioneque carissimi & fidelis Fratris nostri, Comitis Sabaudie & Vice-comitis Malileporarii, quatenus ipse & sui predecessores, ad causam dicti Vice-comitatus, contentis in ipsis Litteris, usi sunt, auctoritate nostra Regia, & de speciali gracia, tenore presencium, confirmamus. Quod ut firmum, &c. salvo, &c. Datum Parisius, Anno Domini 1366. mense Septembris; *Anno vero Regni nostri, tercio.*

Sic signata: In Requestis Hospicii. HUGO. SOYCOURT. *Facta est collacio cum Litteris originalibus hic insertis. Visa.*

NOTES.

(b) Maulevrier.] Il y a en France, plusieurs lieux qui portent ce nom. Celuy dont il s'agit icy, est en Normandie, dans le Diocese de Roüen. *Voy. le Dictionn. Univers. de la Fr.* à ce mot.

(c) Nuefville-en-Hez.] En Picardie, près de Clermont en Beauvoisis. *Voy. le Dictionn. de la Fr.* à ce mot: Au lieu de ces mots, *Diocese de Clermont*, qui se lisent dans cet article du Dictionn. il faut corriger *auprès de Clermont, Diocese de Beauvais.* Voy. sur la *Neufville-en-Hez*, la *Nomenclature* des lieux du Diocese de Beauvais, qui est à la fin du supplément à l'Hist. du Beauvoisis, par *Simon*, p. 46. col. 1.

CHARLES V. à Paris, en Septembre 1366.

(a) Lettres qui portent que la Ville de Dourlens ne sera plus separée du Domaine & de la Couronne de France.

KAROLUS &c. Ad perpetuam rei memoriam. Celestis Altitudo potencie, que super cuncta tenet Imperium, & que Nos, benignissima disponente gracia, stabilivit in Regem, & ad Regni fastigia provexit divinitus, Nos [e] amonet, ut ipsum Regnum & ejus subditos, in pacis transquillitate tenere & fovere, & circa ea que ipsius Regni & nostrorum subditorum, presertim illorum qui ab antiquo, de proprio Corone Francie Dominio consistunt, conservationem, custodiam & tuitionem, ac nostri obedienciam concernunt,

e admonet.

NOTES.

(a) Thresor des Chartres, Registre 97. Piece 140.

CHARLES V.
à Paris, en Septembre 1366.

vacare; distractaque seu alienata à manu Regia, ad statum pristinum reducere intendamus & curemus solicitudinibus indefessis; ut dum se senserint per Regiam solicitudinem & potenciam, in securitate ac pacis & [a] *transquilitate dono remanere & defendi, in nostre Celsitudinis obsequiis &* [b] *obediencie, reddantur libentius promptiores. Igitur, considerantes quod, cum inclite recordacionis Dominus Genitor noster, dum vivebat, certa reformatione ipsius Regni, fervencius intendens, habita super hoc diligenti deliberacione & matura, omnia dona* [c] *transporta distracta, & alienaciones quascunque de Domaniis* [d] *Regiis & Corone Francie, per quoscunque Predecessores suos, à tempore bone memorie quondam Regis Philippi Pulcri, quibusvis personis* [e] *factas, duxerit revocandas; & Domania sic distracta & alienata, ad ipsius Regni & Corone Francie* [f] *Domanium, mandaverit per suas patentes Litteras, de quibus Nobis licuit, redigi & reponi; ipsius Domini nostri Genitoris nostri, vestigiis inherentes, dictas ipsius revocaciones de dictis Domaniis, sic factas, ratas & gratas habentes, habuimus & habemus, illasque laudamus & approbamus, laudavimusque & approbavimus, & per nostras Litteras, duximus confirmandas, easque generaliter in Regno nostro, mandavimus teneri & inviolabiliter observari; volentes ipsa Domania sic alienata, virtute & auctoritate dicte revocacionis, per dictum Dominum Genitorem, facte, & confirmacionis nostre, in manu nostra Regia & successorum nostrorum Regum Francie, perpetuis temporibus remanere. Cum itaque, inclite memorie Rex* [g] *Ludovicus dicti Regis Philippi Pulcri Filius. & successor, Villam nostram de* (c) *Dullendio, ab antiquo de proprio & immediato Domanio nostro & Corone Francie, existente, una cum Castellania ejusdem, Comiti tunc Sancti Pauli, dederit & tradiderit, ac ipsas Villam & Castellaniam, in* [h] *manu ipsius Comitis transportaverit, & hujusmodi doni, tradicionis & transportacionis virtute, Villa & Castellania predicte, necnon dilecti nostri Major, Scabini, Burgenses & habitantes ac Communitas dicte* * *Villa, per aliqua tempora extra proprium & immediatum Domanium, non sine nostris magnis & ipsorum gravaminibus* [i] *incommodis, persliterint; cumque tempore quo dicte Villa & Castellania, in manu dicti Comitis, fuerunt transportate, & ante, erat ibi Sedes & assisie notabiles & Regales, in Preposititura & ressorto, propter quod plures gentes Castellanie &* [k] *Patrie, ac Prepositure & ressorti ejusdem, ad dictam Villam ac Sedem & assisias, pro suis Causis & factis prosequendis, continue affluebant; que, propter hujusmodi donacionem & transportum, à dictis Villa, Sede & assisiis, fuerunt alienate, & oportuit ipsas alibi & in diversis Auditoriis se transferre, in nostri & ipsorum, Majorisque, Scabinorum, Burgensium & habitancium, prejudicium non modicum & gravamen,* [l] *supplicarunt humiliter, per Nos sibi de oportuno remedio provideri: Notum igitur facimus universis tam presentibus quam futuris, quod Nos, attentis premissis, & quod Villa & Castellania de Dullendio, predicte, per dictum Dominum Regem Ludovicum, ut dictum est, alienate, sub dictis ipsius Domini Genitoris revocacione & nostra confirmacione, comprehenduntur; & quod, propter hoc, ut prius, ad nostrum & Corone Francie Domanium,* [m] *redierint & eciam sunt redacte, ac veris amore, obediencia & voluntate perfectis, quos & quas, semper Major, Scabini, Burgenses, habitantes & Communitas earumdem Ville & Castellanie, ad Nos & predecessores nostros Reges &* [n] *Corone Francie, habuerunt; habita super hoc, cum dilectis & fidelibus Gentibus magni nostri Consilii, ac Camere nostre Compotorum Par. primitus deliberatione matura, pensataque utilitate perpetua Regni nostri, predictam Villam & Castellaniam, una cum ipsarum pertinentiis universis, de nostris speciali gracia, certa sciencia, auctoritate & plenitudine nostre Regie potestatis, ad Nos & Successores nostros Reges Francie, perpetuo retinemus ad proprium nostrum, & immediatum Domanium Regium & Coronam Francie, absque aliquo medio, annexamus, aggregamus, adjungimus, applicamus, ponimus &*

a transquilitate dono *m'est suspect; peut-estre faut-il corriger,* bona!

b obedientia.

c transportata &.

d Reg. *R.*

e fact. .. revocand. *R.*

f Voy. les Tables des 3.e & 4.e Vol. des Ordonn. au mot, *Domaine.*

g Louis X. dit le Hutin.

h man. *R.*

* Ville.

i &

k du Païs.

l supplic. *R.*

m Mot douteux.

n Coronam.

NOTES.

(c) *Dullendio.*] Dans le Dictionn. de *Maty, Dourlens* ou *Doulens,* est nommé en latin *Dulendium.* Cependant *Valois* dans la Notice, au mot, *Denincum,* a conjecturé que l'ancien nom de *Dourlens,* estoit *Denincum* ou *Donaugium;* d'où, dit-il, l'on a fait *Dulencum* qu'il donne pour le nom moderne de *Dourlens.*

minus;

minimus; ac Nobis & dictis Successoribus nostris, & ipsis Domanio & Corone, sine aliquo medio, retenta, annexa, aggregata, adjuncta, applicata, posita & unita, nunc & imperpetuum fore, decernimus & decrevimus per presentes; mediantibus eciam quingentis Francis Auri, quos Nobis, propter hoc, liberaliter dederunt, & quos confitemur recepisse in peccunia numeratos: Promittentes bona fide, pro Nobis & successoribus nostris Francie Regibus, predictas Villam nostram & Castellaniam de Dullendio, cum universis pertinentiis, ac Majore, Scabinis, Communitate & habitantibus predictis, presentibus & futuris, in & sub nostro & proprio & immediato Domanio Regio & Corona Francie, perpetuis temporibus tenere, regere, permanere, & tanquam de & sub dictis Domanio & Corona, immediate existentes, conservare, defendere & garantizare erga & contra omnes; absque eo quod Nos aut successores [a] nostre Francie Reges, racione (c) freragii, partagii, appenagii, dotis, divisionis, transactionis, infeudacionis, aut alia quacunque de causa, à dictis Domanio immediato & Corona, futuris temporibus, amovere [b] se separare vel disjungere, ad vitam vel perpetuitatem, quomodolibet valeamus; adnunantes Nobis & successoribus nostris Franc. Regibus, predictas Villam & Castellaniam de Dullendio, earum pertinentias vel appendentias qualescunque, alienandi, transportandi, vel extra immediatam manum Regiam & Coronam Francie, ponendi, ipsasve infeudandi, tenore presentium, facultatem. Quod si de facto contigerit, sic facta, extunc prout exnunc, & exnunc prout extunc, irrita decernimus, & nullius esse volumus firmitatis. Supradicta vero omnia, & ipsorum alia privilegia, Nos & successores nostri Francie Reges, cum Nos [c] primo, ad dictam Villam venire contigerit, promittere tenebuntur fideliter servaturos. Quod ut firmum & stabile perpetuo perseveret, nostrum presentibus Litteris fecimus apponi Sigillum: nostro in aliis & alieno in omnibus jure salvo. Datum Parisius, mense Septembris, Anno Domini 1366. & Regni nostri tertio.

Per Regem. N. DE VEIRES. *Visa.*

CHARLES V. à Paris, en Septembre 1366.

a nostri.

b seu.

c p. avec une marque d'abbréviation.

NOTES.

(c) *Freragii.*] Partage entre Freres. Voy. la Preface du 1.er Vol. des Ordonn. par M.r *de Lauriere*, p. XIX. n. 112.

CHARLES V. à Paris, le 16. de Novembre 1366.

(a) *Lettres portant que nulle Cause ne sera renvoyée du Chastelet de Paris, au Parlement, si ce n'est en vertu de Lettres Patentes, dans lesquelles la raison du renvoy sera exprimée.*

CHARLES par la grace de Dieu Roy de France: Au Prevost de Paris ou à son Lieutenant, Salut. Comme Nous avons entendu n'agaires, que des Causes meües & pendens pardevant vous, tant de ordinaire comme par commissions à vous faictes de par Nous, par Lettres scellées de notre Scel, aucunne-foiz avient que par mandemens à vous faiz par les Huissiers de notre Parlement, ou autres noz Sergens & Officiers, par importunité des requerans, vous faictes renvoy en notredit Parlement: laquelle chose est en la très grant charge, & aussi en empeschement & destourbiez des autres Causes & besoingnes qui y sont: Pour ce, Nous voulans sur ce pourveoir, vous mandons & expressement enjoingnons, que de nulle Cause qui soit ou sera pardevant vous, comme dit est, vous ne faciez plus renvoy à notredit Parlement, se il ne vous apparoît du mandement qui sur ce, se feroit par Lettres scellées de nostre Scel; & encore [d] que en la Lettre, soit exprimée la cause du renvoy: ne autrement ne le faictes dores-en-avant: car ainsi l'avons ordonné & le voulons estre

d Nous ordonnons.

NOTES.

(a) Registre Rouge vieil du Chastelet, *fol.* 37. *recto.*

fait, & pour cause. *Donné à Paris, le feizieme jour de Novembre, l'An de grace mil trois cens foixante & fix, de noftre Regne le tiers.*

Collacion faicte à l'original defdictes Lettres, qui eftoient fellées du grant Sel du Roy notre Seigneur, en cire jaune. Ainfi figné : Par le Roy à la relacion du Confeil.

J. DE COLUMBIS.

Et eftoit efcript au dos defdictes Lettres : Ces Lettres ont efté apportées par Meffire Jehan de Columbes, Audiencier & Chevalier du Roy.

Publiées en Jugement ou Chaftellet, le Mercredy dix-huitieme jour de Novembre, l'An mil trois cens foixante & fix.

CHARLES V. à Paris, le 19. de Novembre 1366.

(a) Ordonnance fur la nouvelle Ayde accordée par les Trois Eftats de l'Artois, du Boulonnois & du Comté de S.t Pol.

CHARLES &c. Savoir faifons à tous prefens & avenir, que comme nos bien amez les Gens d'Eglife, Nobles & autres des bonnes Villes du plat païs des Conteez & païs d'Artois, de Bolonnois, de Saint Pol, de leurs reffors, & des Eglifes, Villes & lieuz enclavez en icelles, pour le grant défir & affection qu'il ont à Nous & au bien commun de noftre Royaume, Nous aïent ottroyé d'un commun affentement, pour la délivrance de feu noftre très chier Seigneur & Pere que Dieux abfoille, & de fes hoftages, tele Aide comme derrenierement Nous ottroïerent, & païerent pour ce fait, pour une année commençant l'An de grace 1365. le 27.e jour d'Aouft; à lever ladicte Aide de nouvel ottroyée, pour un An commençant aujourd'huy : Laquelle Aide fe païera à deux termes; c'eft affavoir, la moitié, à la Fefte Saint Jehan-Baptifte prochain venant, & l'autre moitié à la Touffains [a] enfigant. Nous confiderans la bonne affeccion & volenté de nofdiz bons fubgez, & que ne volons qu'il foient grevez ou chargiez ultre mefure, mais les en volons relever en tant comme faire le povons bonnement, avons ottroyé & accordé à nozdiz fubgès & à leur requefte & fupplication,

a *enfig.* R. *enfuivant.*

(1) Que tout fubfide, inpoficion, trexieme de vin, le quint de fel, & quelcunques autres fubvencions inpofées & à inpofer pour ladicte délivrance, ou autrement, par quelconque maniere, durant ledit an, ceffent & cefferont du tout ès païs & Contez d'Artoiz, de Boulonnois & de Saint Pol, & ès lieuz deffufdiz; & que en païant lefdictes Aides par eulz promifes & ottroyeez, comme dit eft, touz feront quittez durant ledit An commençant aujourdehuy, de toutes autres Aides & fubvencions ordeneez ou à ordener pour ladicte délivrance, pour & des biens qu'il ont èfdictes Conteez d'Artois, de Boulonnois, de Saint Pol, & ès lieux deffufdis; & auffi que tous ceulz defdictes Contez & lieux deffufdiz, qui ès païs où inpofition, treizieme de vin, & le quint du fel ont cours & font levez, acheteront aucunnes denrées pour mener èfdis païs & Contez d'Artoïz, de Boulonnois, de Saint Pol & lieux deffufdis, pour [b] defpendre en iceulz, & non ailleurs, feront quittes defdictes inpoficions, treizieme de vin & quint de fel, & de toutes entrées & iffuës qui fe lievent fur yceulz qui mainnent denreez ou païs où lefdictes Aides ne [c] queurent; ou cas toutes-voïes qu'il feront foy par Lettres fouffifantes, feellées des feaulz d'aucuns des Gouverneurs ou Bailliage d'ou païs, ou d'aucune Ville ou Eglife notable qui feront du païs; & jureront fur fains Euvangiles, que lefdictes denrées ilz mainnent oudit païs : Et [d] deviferont le lieu, & que ce eft ou fera pour defpendre oudit païs

b *depenfer : confommer.*

c *courent.*

d *marqueront.*

NOTES.

(a) Threfor des Chartres, Regiftre 97. Piece 156.

Ces Lettres font entierement femblables à celles du 27. d'Aouft 1365. qui font cy-deffus, p. 589. à l'exception de l'art. 3. qui a efté ajoûté dans celles-cy. *Voy. les Notes fur les Lettres du 27. d'Aouft 1365.*

& nón ailleurs : & se le contraire estoit trouvé, il perdront les denreez, & en seront grandement punis.

CHARLES V. à Paris, le 19. de Novembre 1366.

(2) *Item.* Ne feront aucunnes [a] prinsez sur eulz, de leurs denrées & marchandises ; soient vins, draps ou autres choses pour Nous, pour notre très chere Compaigne la Royne, ne pour autres Seigneurs quelzconques ; mais porront aler & venir ésdis païs sans empeschement aucun, se ce n'est pour nos proveances, par l'Argent paiant : Et se aucuns Fermiers ou leveur des impositions ou autres Aidez dessusdictes, leur y mettent aucun empeschement contre nostredicte Ordennance, Nous volons qu'il soient contrains à leur rendre, & qu'il leur rendent tous frais, dommages, cous, despens, & missions qu'il auront encourus pour ceste cause : Et quant ausdictes Gens d'Eglise, Nous leur avons ottroyé & ottroyons qu'il ne soient contrains à contribuer ausdictes Aides à Nous presentement ottroyeez, fors que pour les revenuez qu'il ont ésdictes Contez & païs ; & qu'il ne puissent estre contrains à paier ce qui leur en apartendra, fors que par le bras de l'Eglise, se faute & negligence notable n'estoit devers ledit bras de l'Eglise ; ouquel cas, Nous y pourveirions de remede convenable, au moins de dommage que Nous porrions pour eulz : Et s'il avenoit que le Saint Pere Nous eust ottroyé ou ottroy disiemmes ou doubles disiemmes, ou qu'il veille que lesdictes Gens d'Eglise Nous facent aucune Aide, Nous volons qu'il leur soit déduit & rabatu de ce qu'il porront devoir pour la cause dessusdite, & que lesdiz disiemmes ou doubles disiemmes, ou aultre Aide que le Saint Pere vouldra qu'il Nous facent, ou l'Aide presentement ottroïée, ne puissent [b] executez, jusques à ce qu'il leur apperre de l'ottroy de nostre Saint Pere, par Bulle ou autrement souffisament ; & que de ce mesmes, ne puissent estre contrains ou executé fors que par le bras de l'Eglise, sauf & reservé comme dessus.

(3) *Item.* Leur avons octroyé & octroyons par ces presentes, que ledit ottroi de ladicte Aide, à Nous fait pour ladicte Année avenir, & aussi les autres ottrois d'icelle Aide, par eulz à Nous fais pour les anneez passées, ne leur portent ou puissent porter pour le temps passé, present ou avenir, aucun préjudice en proprieté ou en [c] saisine contre leurs privileges ou franchises ; mais, ce nonobstant, soient & demeurent [d] le dessusdictes Gens d'Eglise, Nobles, bonnes Villes, ressors & plas païs, en toutes choses aussi frans comme il estoient avant que aucune Aide fust à eulz demandée : Et comme entendu aïons que les Sergens qui pour lever les Aides des années passées, ont fait les executions sur lesdessusdis, se sont excessivement païez de leurs salaires, & qu'il prenoient pour jour, aucune-foiz 40. sols, aucune-foiz 60. sols, & autrefoiz plus, Nous, qui nozdis bons & loyaulz subgiez ne volons estre grevez, fors que le moins que l'en porra, avons ordené & volons que les Sergens qui dores-enavant feront les execucions pour lesdictes Aides, ne puissent prendre pour leur salaire, que 10. sols pour jour seulement ; & se en un jour, il faisoient executer sur plusieurs personnes, Nous volons qu'à leurs feremens, il soient tenus moderer à chacun proportionelment leurdit salaire, tant qu'il n'aïent pour jour, fors que dix sols tant-seulement : Et volons que ces presentes Lettres soient ausdis subgès ottroïées sanz cous & sanz fraiz, & ne soient tenus de païer lesdictes Aides, jusques il les aient seellées en soie & cire vert : Et avec ce, Nous ottroïons par ces presentes, les autres poins contenus ès Lettres qui leur furent données sur l'ottroi [e] qu'ils firent derrenierement sur le fait de ladicte délivrance ; lesquels Nous volons en ces presentes, estre tenus pour recordez & exprimez. Si donnons en mandement à nos amez & feaulz Conseilliers les Generaulz deputez sur le fait des Aides & subsides ordenez pour ladicte délivrance, ou Bailli d'Amiens, de Vermendois, de Senliz, & à tous autres Justiciers, Officiers & Commissaires deputez ou à deputer sur ledit fait, & à chascun par lui si comme à chascun puet appartenir, que les Gens d'Eglise dessusdis, Nobles, Gens de bonnes Villes & plat païs desdictes Contez & lieuz dessusdis, & chascun d'eulz, de nostredicte grace, & de toutes les choses ci-dedens contenuez, facent joïr & user paisiblement, & contre la teneur d'icelle ne les molestent ou empeschent en aucune maniere : Mais se aucune chose estoit faicte ou levée au contraire, le facent tantost &

a *prises.*
b *estre.*
c *possession.*
d *les.*
e *q. R.*

ſans delay, rendre & mettre au délivre à plain: Car ainſi le volons Nous, & l'avons ottroyé & ottroyons aus deſſuſdis, de grace eſpecial, ſe meſtier eſt, & pour certainnes cauſes qui à ce Nous ont meuz: Et en ampliant noſtredicte grace, volons que à la copie de ces preſentes faicte ſoubz Seel Royal, ſoit adjouſtée pleine foy comme à l'original. Et que ce ſoit ferme, &c. ſauf, &c. *Donné au Louvre-lez-Paris, le 19.e jour de Novembre, l'An de grace 1366. & le tiers de noſtre Regne.*

Par le Roy en ſon Conſeil ouquel vous eſtiez. P. BLANCHET.

CHARLES V. au Louvre près Paris, en Novembre 1366.

(a) Lettres portant que le Prieur d'Auvergne, de l'Ordre de S.t Jean de Jeruſalem, reſſortira doreſnavant devant le Bailly de S.t Pierre-le-Mouſtier.

KAROLUS &c. Notum facimus univerſis tam preſentibus quam futuris, quod Nos Litteras inclite recordacionis, Domini Genitoris noſtri, recepimus, formam que ſequitur, continentes.

a Voy. le 3.e Vol. des Ordonn. p. 570.

JOHANNES Dei gracia, &c. [a]

b prædictæ.

c faciendum.

NOs contemplacione Magni Magiſtri Hoſpitalis predicti, ſuper hoc preſencialiter ſupplicantis, & Religionis [b] *predicti favore, Litteras predictas, & omnia & ſingula in eis contenta, prout ſunt & narrantur, laudamus, approbamus, ratifficamus, & auctoritate Regia, certa ſcientia, & gracia ſpeciali, tenore preſencium confirmamus. Mandando, & hiis preſentibus diſtricte prohibendo cariſſimo Germano noſtro Duci Bituricenſi & Alvernie, ac ejus Juſticiariis & Officiariis, & eorum Loca-tenentibus, ac quibuſvis aliis perſonis preſentibus & futuris, ne dictum Priorem qui nunc eſt, & ejus ſucceſſores, aut ipſius Officiarios, familiares & ſervitores, in dicto Prioratu ſuo, vel in locis & domibus ad eum pertinentibus, in terris, Juriſdictionibus, dominiis, locis & aliis rebus ſuis quibuſcunque, impediant, moleſtent vel perturbent, impediri, moleſtari, vel perturbari faciant & permittant, contra dictarum Litterarum, & hujuſmodi noſtre confirmationis ſeriem & tenorem: Et ſi contra premiſſa, vel aliqua premiſſorum, attemptaverint vel attemptari fecerint, illud revocent indilate, vel revocari faciant, & ad ſtatum priſtinum reduci: Eidem Priori & ejus ſucceſſoribus noſtram graciam ampliantes, auctoritate predicta concedimus, volumus & exnunc decernimus, quod propter quodcunque donum, vel quamcunque tranſlacionem aut dimiſſionem per Nos vel dictum Germanum noſtrum vel ſucceſſores noſtros Reges Francie, vel Duces Alvernie, cuicunque perſone & pro quacunque cauſa* [c] *facienda vel faciendas, de cetero, idem Prioratus & loca, domus, terre, Juriſdictiones, dominia, & alia quecunque ad dictum Prioratum pertinentia, non poſſint extra manum noſtram & Coronam Francie poni, aut à Nobis & dicta Corona aliqualiter ſeparari, ſed ſemper & perpetuo remaneant, ſine medio, ſub noſtra & Succeſſorum noſtrorum Juriſdictione & reſſorto, & ab aliis quibuſcumque Juriſdictionibus eximantur. Mandantes eciam dilectis & fidelibus Gentibus noſtri Parlamenti, ceteriſque Juſticiariis & Officiariis noſtris, preſentibus & futuris, & eorum cuilibet, quatenus hujuſmodi noſtram graciam, decretum, voluntatem & Ordinacionem obſervent, & ab aliis faciant perpetuo, integre & inviolabiliter obſervari. Quod ut firmum, &c. ſalvo, &c.* Datum apud Luparam propè Par. menſe Novembris, Anno Domini 1366. & Regni noſtri tercio.

Sic ſignata: Per Regem. N. DE VERRES. *Collacio facta eſt cum Litteris originalibus, per me.* N. DE VERRES. *Viſa.*

NOTES.

(a) Threſor des Chartres, Regiſtre 97. Piece 293.

CHARLES V. à Paris, le 1.er de Decembre 1366.

(a) Lettres de Sauve-garde Royale pour l'Abbaye d'Herivaux.

KAROLUS Dei gracia Francorum Rex: Universis presentes Litteras inspecturis, Salutem. Noveritis quod Nos, more Progenitorum nostrorum quorum [a] vestigia inhereri cupimus, affectantes Religiosas personas Regni nostri, in pacis transquillitate & [b] pace, pro viribus, confovere; ut eo libencius valeant Domino famulari, quo per protectionem Regiam, ab invasionibus, oppressionibus, violenciis & inquietacionibus, noverint se deffensas: Idcirco, ad supplicacionem Religiosorum virorum Abbatis & Conventus Ecclesie Beate Marie (b) Herivallis, Parisiensis Diocesis, eosdem Abbatem & Conventum ac Ecclesiam predictam, una cum omnibus membris, Ecclesiis, Cappellis, domibus, grangiis, maneriis, personis, familiis, bonis, rebus & possessionibus, ac pertinenciis universis, ad ipsos Religiosos & Ecclesiam suam predictam, spectantibus, tam in capite quam in membris, ubicumque in Regno nostro existentibus, quathenus Nobis immediate subsunt, in nostra, & successorum nostrorum Regum Francie, protectione, & Gardia speciali, ex certa scientia suscipimus per presentes: Mandantes nichilominus Preposito Parisiensi, ceterisque Justiciariis nostris, modernis & qui pro tempore fuerint, ac eorum cuilibet ut ad eum pertinuerit, quatenus ipsos Abbatem & Conventum, Concanonicos & Confratres & familiares ipsorum, sub speciali Gardia, manu, protectione nostris hujusmodi, in suis, ac dicte Ecclesie, cum eorum pertinentiis universis, justis possessionibus, franchisiis, Libertatibus, immunitatibus, usibus, juribus & saisinis, in quibus ipsos esse, eorumque predecessores fuisse pacifice ab antiquo noverint, manuteneant & conservent; & eos ab omnibus injuriis, violenciis, oppressionibus, invasionibus, molestacionibus, & inquietacionibus quibuscumque, vique armorum & potencia Laicorum quibuscumque, per exhibicionem presencium, tueantur & deffendant; nec permittant ipsis Religiosis & Ecclesie, ac domibus & grangiis, in personis, familiis sive bonis quibuscunque, aliquas fieri vel inferri indebitas novitates, factas & illatas, si quas invenerint, ad statum pristinum & debitum, summarie & de plano, reducant seu reduci faciant; & Nobis seu Successoribus nostris ac Parti, pro fractione Gardie nostre, si contigerit, emendam condignam prestari [c] faciatis indilate; dictamque Salvam-gardiam nostram in Assisiis & aliis locis publicis, quibus expediens viderint, publicari & notificari solempniter faciant; & inhibeant seu inhiberi faciant omnibus hiis de quibus debite fuerint requisiti, sub omni pena quam erga Nos incurrere possent, ne in personis dictorum Abbatis & Conventus, eorum gentibus & familie, Ecclesie, domibus & granchiis, aut bonis ipsorum quibuscumque, quicquid forefacere presumant; necnon res & bona eorum, de quibus debatum oriri contingerit, in casu novitatis, ad nostram & Successorum nostrorum, tamquam Superiorem, ponant manum; & de rebus contenciosis hujusmodi, recredenciam per dictam manum Regiam, faciant ubi & prout fuerit facienda; & Partes & detemores bonorum suorum, malefactores, molestatores & invasores eorum quoscumque, adjornent, ubi fuerint adjornandi, processuros in & super premissis, contra dictos Religiosos, & Procuratorem Regium, quathenus Nos & Successores nostros tangere poterit in futurum, prout fuerit racionis; & una cum hoc, [d] asseccuramentum dictis Religiosis, suisque familiaribus & gentibus, de quibus verisimilitater sibi timere dixerint, juxta Consuetudinem [e] Patrie, prestari faciant indilate;

[a] vestigiis.

[b] Ce mot est inutile.

[c] faciant.

[d] Voy. le 3.e Vol. des Ordonn. p. 264. Note (b).

[e] du païs.

NOTES.

(a) Livre Rouge vieil du Chastelet de Paris, *fol.* 41. *verso.*

(b) *Herivallis.*] Il y a *Herival* dans le Registre. *Herivallis, Herivaux,* Abbaye de l'Ordre de S.t Augustin, sur laquelle voy. *Gall. Christ.* 1. *Edit. t.* 4. *p.* 511. *col.* 2. où est rapporté l'Acte de fondation pour des Chanoines reguliers. *Herivaux* est à 7. lieuës de Paris, à une lieuë de Lusarche. Cette Abbaye est de la Congregation de *S.te Genevieve.* Voy. le *Dictionn. Univers. de la Fr.* à ce mot.

Le P. Labbe s'est donc trompé, lorsqu'il a dit dans le *Poüillé* du Diocese de Paris, p. 82. qu'*Erivaux* est de l'Ordre de S.t Benoist.

debitaque ipsorum bona & liquida, de quibus nulla referatur questio, levent seu levari faciant; & ad solvendum ea, debitores compellant viriliter & debite; omniaque alia & singula faciant & facere valeant, que ad Gardiatoris Officium noscuntur legitime pertinere: Et pro premissis & quolibet premissorum, diligencius & facilius exequendis, unum vel plures de nostris seu Successorum nostrorum, Servientibus ydoneis, predictis Religiosis, suis sumptibus, si & quociens per eos vel ex parte eorum, requisiti super hoc fuerint, deputent; & Servientes per eos [a] *premitus institutos, aut in hiis deputatos* [b] *mittent, si & dum opus fuerit, & ab ipsis Religiosis fuerint requisiti: Qui tamen Servientes, de hiis que Cause cognicionem exigunt, se nullatenus intromittant. In cujus rei testimonium, nostrum presentibus Litteris fecimus apponi Sigillum.* Datum Parisius, die prima Decembris, Anno Domini millesimo trecentesimo, sexagesimo-sexto, Regni vero nostri tertio.

Collacion faitte à l'original par moy.

a primitus.
b mittant.

CHARLES V. à Paris, le 7. de Decembre 1366.

(a) Reglement sur la vente de sel qui sera faite dans les Greniers à sel.

SOMMAIRES.

(1) Il sera estabi des Greniers à sel dans des lieux convenables sur les rivieres, & dans quelques Villes éloignées des rivieres.

Dans chaque Grenier, il y aura un Grenetier & un Greffier qui sera aussi Controlleur. Ils auront chacun un Registre, sur lequel ils écriront tout le sel qui se trouvera dans les Villes où il y aura des Greniers establis chez les Marchands, les revendeurs & les particuliers; & ils le feront mettre dans le Grenier, en laissant cependant à ceux-cy, leur provision pour quatre ans.

(2) Le Grenetier & le Controlleur écriront sur leurs Registres, la quantité du sel qui sera dans le Grenier, le nom de celuy à qui il appartiendra, & le jour que le sel y aura esté amené.

Il y aura dans chaque Grenier trois serrures fermantes à trois differentes clefs: le Grenetier en aura une, le Controlleur l'autre, & celuy à qui le sel appartiendra, la 3.^e

L'on vendra le sel à tour de rolle, suivant le jour auquel il aura esté apporté au Grenier.

(3) On fixera le prix du muid de sel pour le Marchand; & outre le prix du Marchand, il y aura 24. livres pour le Roy, sur chaque muid de sel, mesure de Paris, qui sera vendu.

(4) Le sel sera vendu en deniers comptans sans credit; & l'argent sera mis dans un coffre fermant à trois clefs, & le Grenetier, le Controlleur, & celuy à qui le sel appartiendra, en auront chacun une.

Le Greffier écrira par jour & par parties singulieres, *le sel qui aura esté vendu; & lorsque le Grenier sera vuide, le Grenetier, le Controlleur & le Marchand, calculeront à quoy monte le prix de la vente: le Marchand sera payé de la portion qui luy appartiendra; & celle qui reviendra au Roy, sera remise au Receveur des Aydes du Diocese où le Grenier sera establi, par les mains du Grenetier, qui ne pourra la garder.*

(5) On vendra du sel dans les Greniers, à grosses mesures, à septiers, minots & demi-minots; & les regratiers le revendront en détail.

Dans les Villes où il y aura Grenier, on ne pourra vendre du sel [à grosses mesures,] si ce n'est au Grenier.

(6) Le sel qui sera voituré par eau, ne pourra estre descendu que dans les Greniers, sous peine de confiscation du sel & des bateaux, de laquelle le dénonciateur aura le quint.

(7) Les regratiers ne pourront avoir en magasin, que six septiers de sel, mesure de Paris.

(8) Les Grenetiers & Greffiers ne pourront faire le commerce de sel, ni estre en societé avec ceux qui le feront, ni recevoir d'eux aucuns presents.

CE sont les Instructions & Ordonnances faites par le Roy en son Conseil, sur le fait & gouvernement de la Gabelle de sel, ordonnée à lever par tout le Royaume, pour le fait de la [c] delivrance du Roy Jehan notre Sire, que Dieu absolve.

(1) Premierement. L'on etablira Grenier de sel, sur toutes les rivieres courant par le Royaume, ès lieux où ils seront plus profitables & necessaires, pour le

c *Voy. cy-dessus, p. 413. Note (d).*

NOTES.

(a) Cette Piece a esté envoyée de Montpellier avec cette indication: *N.° 7. 9.e Continuation du Royaume en general.*

[a] gouvernement des pays où ils feront; & auffi ès bonnes Villes du Royaume qui feront trop loing du [b] Royaume; en telle maniere que le peuple ne * peut avoir deffaut de fel: Et ès lieux où lefdits Greniers feront eftablis, l'on comettra & ordonnera un homme fage, loyal & diligent, pour eftre Grenetier illec; & un autre preudhomme loïal & expert, qui fçache bien écrire, lequel fera [c] Clerc dudit Grenier, & Controlleur dudit Grenetier: Lefquels Grenetier & Clercs efcriront chacun en fon [d] papier, à part, tout le fel qui fera trouvé en la Ville où le Grenier fera eftabli, & èz Villes voifines, foit en main de Marchand ou de revendeur, & le fairont mettre au Grenier: Et s'il avoit èfdites Villes ou en aucunes, Bourgeois ou autres, qui euffent fel en leurs maifons, plus que leur feroit [e] meftier pour leur [f] garnifon de quatre ans, ils mettront ou fairont mettre en Grenier, le furplus.

CHARLES V. à Paris, le 7. de Decembre 1366.

a *la diftribution du fel, dans les païs.*

b Il faut apparemment corriger, *des rivieres.*

* *puiffe.*

c *Greffier*

d *Regiftre.*

e *befoin.*

f *provifions.*

g *l'y.*

(2) *Item.* Lefdits Grenetier & Controlleur efcriront la quantité du fel, & le nom de celui à qui il fera, & le jour qu'il fera reçû & mis en Grenier; & auffi fairont de tout le fel que l'on amenera & defchargera audit Granier, dores-en-avant; & efcriront le jour qu'on [g] lui emmenera, & la quantité du fel qui y fera, & le nom du Marchand qui l'y mettra; & en chacun Grenier ou Sellier où le fel fera trouvé & amené, aura trois ferrures fermant à trois diverfes clefs; dont le Grenetier aura l'une, le Controlleur une, & le Marchant à qui le fel fera, ou fon facteur, un autre: Et fera ledit fel vendu en chacun Grenier, à tour de papier & par ordre, fi comme il fera reçû & enregiftré l'un après l'autre, par lefdits Grenetier & Controlleur, fans fraude, & fans avoir faveur à l'un plus que à l'autre.

(3) *Item.* L'on regardera en chacun des lieux où les Greniers feront eftablis, quel prix le muid du fel, (b) à la mefure du fel, pourra & devra valoir; & le ordonnera-l'on tel pour les Marchands, qu'ils s'en devront tenir contents, felon ce qu'il aura coufté au lieu où les Marchands l'auront pris, & aux frais qu'ils auront faiz de l'amener jufques audit Grenier: Et fera vendu chacun muid à la mefure de Paris, oultre le pris que le Marchand en devra avoir, vingt-quatre francs, pour convertir au fait de ladicte délivrance.

(4) *Item.* De tout le fel qui fera vendu en chacun Grenier, l'on recevra les deniers tous comptants, [h] ainfi comme on le délivrera, fans faire aucunne [i] créance; & tous iceux deniers feront mis en un coffre fermant à trois diverfes clefs, defquels le Grenetier en aura l'une, le Clerc une, & le Marchand ou le facteur, une: Et fera la vente d'icelluy fel, efcritte par le Clerc du Grenier en un papier par journées, & par parties fingulieres, jufques à la fin de la vente de chacun Grenier ou Celier de fel: Et tantoft après la fin de la vente d'icellui, lefdits Grenetier, Controlleur & Marchant, fe affembleront & [k] jetteront combien montera la vente dudit fel, & compteront les deniers de la vente d'icellui, de tant qu'il en auront délivrés, & en bailleront au Marchand, fa portion, en prenant Lettre de quittance de luy, & le droit de la Gabelle retiendront pardevers eux; lequel ils envoyeront ou bailleront au Receveur des Aydes en la Diocefe dont ledit Grenier fera, en prenant Lettre de quittance dudit Receveur: Et ne pourra aucun Grenetier garder les deniers du Roy pardevers luy; mais les portera audit Receveur, fi-toft que un Grenier fera [l] falli & les deniers reçûs, fur peine d'amende volontaire.

h *à mefure qu'on, &c.*

i *crédit.*

k *calculeront en jettant: en fe fervant de jettons.*

l *vuidé.*

(5) *Item.* L'on vendra audit Grenier, le fel en groffes mefures, comme à feftiers, minos & [m] minos; & ne le vendra-l'on pas à petites mefures, à quoy les petits Regretiers-Revendeurs ont accouftumé à gagner leur vie: Et ne pourra-l'on vendre de fel en la Ville où il y aura Grenier, s'il n'eft prins audit Grenier, fur peine du fel eftre [n] forfait, & l'amender à volenté.

m Il faut apparemment corriger, *demi-minots.*

n *confifqué.*

(6) *Item.* Nulle perfonne Marchand ou autre, ne pourra defcendre fon fel de chalains ou bateau, fur aucun lieu de Riviere, fors en Ville où il y aura Grenier, fur

NOTES.

(b) *A la mefure du fel.*] Je n'entends pas cela. Oferois-je propofer de corriger, *à la mefure de Paris,* comme il y a à l'article 7?

peine de perdre tout le sel; & au cas qu'il fairoit le contraire, le sel & la voiture seront acquis à Nous: sur lequel sel ainsi acquis, cellui qui le viendra [a] accuser aux Esfus, ou à leurs comis du Diocese où le sel sera acquis, en aura le quint.

a *denoncer.*

(7) *Item.* Nul Regretier ne pourra ny ne devra, sur peine d'amende, [b] de prendre à une fois, ne tenir en sa maison oultre six [c] cestiers de sel à la mesure de Paris.

b *de* est inutile. c *septiers.*

(8) *Item.* Ledit Grenatier & Clercs ne [d] marchanderont de sel, ne n'auront [e] compagnie, proffit ne gain avec Marchand de sel, ne à personne quelle que soit, ne argent ou sel, ou quelconques autres choses ne prendront à leur profit des Marchands, sous ombre de leur office: Et s'ils font le contraire, ils seront privés de tout Office, & perdront leurs biens.

d *commerceront.* e *société.*

Donné par copie, sous les seaux de nous Greneraux-Tresoriers à Paris, le 7.e jour de Decembre, l'An 1366. Par les Generaux-Tresoriers. BEAUGUEUX.

CHARLES V. à Paris, en Decembre 1366.

(a) Confirmation des privileges accordez à la Ville du Pont-de-l'Arche, par Jean-Sans-Terre Roy d'Angleterre & Duc de Normandie.

KAROLUS &c. Notum facimus universis presentibus pariter & futuris, quod ex parte dilectorum nostrorum Burgensium Ville de (b) Archis, Nobis extitit significatum, quod cum jam dudum predecessores ipsorum significantium, certas Litteras obtinuerint sub hiis verbis.

(c) JOHANNES *Dei gracia Rex Anglie, Dominus Hibernie, Dux Normannie, Aquitannie, & Comes* [f] *Andegavie: Archiepiscopis, Episcopis, Abbatibus, Comitibus, Baronibus, Justiciariis, Vice-comitibus, Baillivis, & omnibus Ministris & fidelibus suis, Salutem. Sciatis Nos dedisse, concessisse, & presenti Carta confirmasse dilectis & fidelibus nostris Burgensibus de Archis, quod ipsi libere, secure & sine impedimento, possint ire & redire per omnes terras nostras, & negociari cum omnibus rebus & (d) meechandisis suis; & quod ipsi & heredes eorum, sint* [g] *quieti de omnibus rebus quas emerint vel vendiderint, vel deportare fecerint per omnia (e) Dominica nostra, de omni* [h] *consuetudine que ad Nos pertinet: Salva libertate Civitatis Londoniorum: Quare volumus & firmiter precipimus, quod predicti Burgenses de Archis, & heredes eorum* [i] *post ipsos, habeant & teneant predictam quietanciam & Libertatem, bene & in pace, libere &*

f Andeg. *R.* g exempts. h imposts. i Mot abbregé & douteux.

NOTES.

(a) Thresor des Chartres, Registre 94. Piece 351.

(b) *Archis,*] C'est sans doute la Ville nommée aujourd'huy le *Pont de l'Arche*, située dans la *Normandie*, Diocese d'*Evreux*. Voy. le Dictionn. Univers. de la Fr. à ce mot.

(c) *Johannes.*] L'année dans laquelle ces Lettres ont esté données, n'est pas marquée, mais ce Roy *Jean* ne peut estre que *Jean-Sans-Terre*: c'est le seul Roy d'Angleterre nommé *Jean*, qui ait possedé la Normandie.

Ces Lettres ont esté données le 21. de Fevrier de la 4.e année de son regne, c'est-à-dire, en 1203.

Les Anglois commençoient leur année à Noël. Voy. *Du Cange*, au mot, *Annus*. Suivant Matthieu Paris, [2.e Edit. de Londr. p. 164.] Richard predecesseur de Jean-Sans-Terre, mourut le 8. des Ides d'Avril [6. d'Avril,] 1199. Par consequent le 21. de Fevrier de la 4.e année du regne de son successeur, estoit le 21. de Fevrier 1203.

(d) *Meechandisis.*] Ce mot est apparemment corrompu. On trouve quelquefois *Mercandisa* & *Mercandisia*, pour signifier *Marchandises*. Voy. *Du Cange* sous le mot, *Mercatum*.

(e) *Dominica.*] Terres du Domaine Royal. Voy. *Du Cange*, au mot *Dominicum*.

quiete,

*quiete & honorifice, ficut predictum eft : Hiis teftibus ; Baldewino Comite (f) Albemarle ; Hugono de Gornaco, Gerardo de (g) Furnivall. Garino filio Garoldi, Regis Camerario ; de * [a] Takervill. ; * Marcell. ; Willelmo de [b] Mortuomari ; Jordano de * Soubevill. ; Willelmo de * Trublevill. ; Petro de Scokes ; Ricardo de Reveriis.* Datum per manum Hugonis de * Well., apud Arches, 21. die Februarii, [c] Anno Regni noftri quarto.

CHARLES V. à Paris, en Decembre 1366.

a Tancarville.
b Mortemer.
c Voy. p. 696. Note (c).

CUMQUE Burgenfes & habitantes dicte Ville, franchifiis & Libertatibus in prefcriptis Litteris contentis, fic fibi conceffis, ante & poftquam Ducatus Normannie, (h) Domanio Regio annexus & applicatus fuit, ufi fuerint & gavifi per centum annos & amplius, pacifice & quiete ; nichilominus, quia Littere predicte in manibus cujufdam Burgenfis dicte Ville, tradite fuerant pro confervandas eafdem, per certum temporis fpacium, inveniri non potuerunt, dicti Burgenfes & habitantes ejufdem Ville, uti & gaudere privilegio Libertateque & franchifiis fuis predictis, fe abftinuerunt : Quod in Reipublice dicte Ville cedit detrimentum, ficut dicunt ; [d] fupplicarunt ut, attentis gratuitis ferviciis per eos Nobis, [e] durantibus guerris, impenfis, & oneribus que libenter continue fupportant pro bono & ftatu Regni noftri, & fecundum beneplacitum noftrum, fupportare funt parati, fibi graciam noftram ad hoc dignemur elargiri : Nos vero, attentis premiffis, dictos fignificantes profequi volentes favore begnivolo, ut Nobis fervencius fervire, oculos & mentes habeant intentos, dictas Litteras, (i) in quantum in Nobis eft, ratas habentes atque gratas, volumus, & eifdem concedimus ex certa noftra fciencia & gracia fpeciali, ut ipfi & quilibet ipforum, Libertatibus & franchifiis in prefcriptis Litteris infertis, de cetero utantur & uti valeant, modo & forma quibus faciebant, antequam dicte Littere fic amiffe fuerant lapfu temporis, ac Ordinacionibus contrariis non-obftantibus. Quocirca Baillivo [f] Caleti, & Vice comiti noftro de Archis, ceterifque Jufticiariis Regni noftri, aut eorum Locatenentibus, prefentibus & futuris, mandamus, quatenus dictos fignificantes noftra prefenti gracia uti pacifice faciant & gaudere, ipfos in contrarium nullatenus moleftantes vel moleftari permittentes quovifmodo. Quod ut firmum, &c. Datum Parifius, menfe Decembris, Anno Domini 1366. & Regni noftri tercio.

Sic fignata : Per Regem in fuis Requeftis. HENRY. ERKERI. *Collacio facta eft cum originali, per me.* HENRY. *Vifa.*

d fuppl. *R.*
e durant. guerr. *R.*
f Caux.

NOTES.

(f) Albemarle.] Il y a dans le Regiftre *Albemarl*, avec une marque d'abbreviation. C'eft *Aumale*, fur lequel voy. l'Indice des noms de lieux, qui fera à la fin de ce Volume.

(g) Furnivall.] Il y a des marques d'abbreviation à la fin de ce nom, & de ceux qui feront precedez d'une *.

(h) Domanio Regio.] Cette réünion fe fit en 1202. par Arreft du Parlement qui declara la Normandie confifquée fur Jean-Sans-Terre, Roy d'Angleterre & Duc de Normandie. Voy. Du Puy, *Traité des Droits du Roy*, p. *m.* 914.

(i) In quantum in nobis eft.] Le Roy ne pouvoit confirmer les exemptions dont ils devoient joüir en Angleterre, fuivant les Lettres du Roy *Jean-Sans-Terre.*

CHARLES V. à Paris, à l'Hôtel de Saint Paul, en Decembre 1366.

(a) Lettres qui confirment à Guy de Comminges, & à la Comteffe de Foix fa Sœur, le droit de premieres appellations fur les terres d'Ambres, de Puy-begon & de S.t Gaufens.

Philippe VI. dit de Valois, au Moncel-lez-Pont-Sainte-Maxence, en Septembre 1346.

CHARLES &c. Savoir faifons à tous prefens & avenir, Nous avoir veu les Lettres de noftre très cher Seigneur & Ayeul, le Roy Philippe dont Dieux ait l'ame, contenant la forme qui s'enfuit.

NOTES.

(a) Threfor des Chartres, Regiftre 97. Piece 304.

CHARLES V. à Paris, à l'Hôtel de Saint Paul, en Decembre 1366.

PHILIPPE par la grace de Dieu Roys de France: Savoir faisons à tous presens & avenir, Nous avoir veu lez Lettres de nostre très chier & amé Filz, le Duc de Normandie & de Guyenne, contenant la forme qui s'ensuit.

JEHAN aisnez Filz & Lieutenant du Roy de France, Duc de Normandie & de Guienne, Conte de Poitou, d'Anjou & du Maine: A tous ceulx qui ces Lettres verront & orront, Salut. Comme nostre très cher Seigneur & Pere, eust donné & ottroyé par ses Lettrez, à nostre amé Messire *(b)* Guy de Commingez, Chevalier, la congnoissance des *(c)* premiers appeaulx & ressort que nostredit Seigneur ou Nous, avions ès Chastiaulx & Villez de *(d)* Ambres, de Puy-begon & de Saint Gauzanz, assiz en la Seneschaucie de Carcassonne, & ès appartenances desdiz lieux: Lezquelles Chasteaulz & Villez sont tenus dudit Chevalier, à cause de sa terre que il a en [a] Aubigois, à avoir, tenir & exercer par ledit Chevalier, tant comme il plairoit à nostredit Seigneur, si comme plus à plain est contenu ès Lettrez de nostredit Seigneur: Et ledit Chevalier, qui longuement a esté en nostre service ès ces presentes guerres, Nous a humblement supplié que ladicte congnoissance desdiz premiers appeaulx & ressort, ainsi comme à nostredit Seigneur & Pere ou Nous, appartenoient èsdiz Chastiaulz & Villez de Ambrez, de Puy-bigon & de Saint Gauzans, & ès appartenances d'iceulz, Nous de grace especial, lui voussissions donner à heritaige pour lui, ses hoirs & ceulz qui de luy auront cause: Savoir faisons à tous presens & avenir, que Nous, eü consideracion aus bons & aggreablez services que ledit Chevalier a fait à nostredit Seigneur & Pere & à Nous, en ces presentes guerres, & ailleurs fait de jour en jour, & esperons qu'il face encorez ou temps avenir, à ycellui Messire Guy, pour lui, ses hoirs, successeurs & ceulz qui de lui auront cause, perpetuelment à tousjours, avons donné & ottroyé, donnons & ottroyons par ces presentes, de l'auctorité & povoir Royaulz à Nous donnez de nostredit Seigneur, de certaine science & grace especial, ladicte congnoissance des premiers appeaulx & ressort, [b] tout le droit qui à nostredit Seigneur ou Nous, pour ce appartenoient èsdiz Chastiaulx & Villes, à tenir, avoir & exercer par ledit Chevalier, sez hoirs & ceulz qui de lui auront cause, perpetuelment à tousjours, & leurs gens: Reservé tant-seulement à nostredit Seigneur, la souveraineté èsdiz Chastiaulz & Villez, tele comme il l'a en l'autre terre que ledit Chevalier a en Aubigois, près dezdiz lieux. Si donnons en mandement par ces Lettrez, de par nostredit Seigneur & Nous, aus Seneschaux de Carcassonne [c] de Roergue & au [d] Vigier d'Alby, ou à leurs Lieuxtenans, & à chascun d'eulz si comme à lui appartendra, que ledit Chevalier, ou son Procureur pour lui & en son nom, & pour ceulz qui de lui auront cause, mettent en saisine & possession de ladicte premiere congnoissance d'appeaulx & ressort, & d'iceulz les facent & laissent user & joïr paisiblement selon nostre presente grace, & tout empeschement qui mis y seroit, comment que ce fust, ostent tantost & sanz delay, veuëz ces presentes, sanz autre mandement attendre. Et pour ce que ce soit ferme chose & estable, Nous avons fait

a *Albigeois.*

b *&* tous les *droits.*

c *&.*

d *Viguier.*

NOTES.

*(b) Guy de Comminge*z.] *Guy de Comminges* estoit le 3.e fils de *Bernard V.* Comte de Comminges. *Eleonor* fille de *Bernard* & sœur de *Guy*, épousa *Gaston II. Comte de Foix & Vicomte de Bearn*, & fut mere de *Gaston III.* surnommé *Phebus*, aussi *Comte de Foix*, & neveu de *Guy*, duquel il sera parlé plus bas. [Voy. p. 699. Note *(d)* marg.] Voy. *Notit. utriusque Vasconiæ, ab Othenarto*, L. 3. ch. 12. p. 522. & ch. 13. pp. 552. & 553.

(c) Premiers appeaulx.] Voy. le 3.e Vol. des Ordonn. p. 604. & Note *(d)* & la Table des matieres de celuy-cy.

(d) Ambres.] Marquisat dans le Languedoc, Diocese de Castres. *Voy. le Diction. Univers. de la Fr.* à ce nom.

S. Cauzans dans le Languedoc, même Diocese, *ibid.* au mot *S. Gauzens.*

Ambres & *S. Gauzens* sont dans la Liste des lieux du Diocese de *Castres*, donnée par *Catel*, dans l'*Hist. de Languedoc*, L. 27. p. 569. col. 2.

Je n'ay rien trouvé sur *Puy-Bigon.*

mettre à ces presentes, le Seel de nostre secret, en absence du grant: sauf en autres choses le droit de nostredit Seigneur, le nostre & l'autrui. *Donné à Agen, l'An de grace 1346. ou mois d'Aoust.*

[a] NOus adecertez, aïans toutez lez choses contenuëz ès Lettrez ci-dessus transcriptes, fermes & aggréables, toutes ycelles choses voulons, loüons, gréons, ratiffions, approuvons, & de nostre auctorité Royal & grace especial, par ces Lettrez confirmons. Si donnons en mandement par ces Lettrez, aux Seneschalz de Carcassonne & de Roergue, & au Vigier d'Alby, presens & avenir, ou à leurs Lieuztenans, & à chascun d'eulz si comme à eulx appartendra, que ledit Chevalier & ceulx qui de lui auront cause, laissent & facent joïr paisiblement de ladicte premiere congnoissance d'appeaulx & ressort, jouxte les Lettrez dessus transcriptes, & tout empeschement qui mis y feroit, ostent & facent oster, veuëz ces presentes, sanz autre mandement attendre. Et pour que ce soit ferme chose & estable à tousjours, Nous avons fait mettre nostre Seel [b] presentes: sauf en autres choses nostre droit & en toutes l'autrui. *Donné au Moncel-lez-Pont-Sainte-Maxence, l'An de grace 1346. ou mois de Septembre.*

[c] ET, si comme de par nostre très cher & féal Cousin, le [d] Conte de Foix, Nous a esté exposé, Guy de Comminges, Chevalier, nommé ès Lettres dessus transcriptes, soit alé de vie à trespassement, & par son trespas, ledit don fait de & sur les choses dessusdictes, audit Chevalier, par nostre très cher Seigneur & Pere, dont Diex ait l'ame, & par nostredit Seigneur & Ayeul confirmé, si comme èsdictes Lettrez est plus à plain contenu, soit venu & escheu à nostre très chiere Cousine, la [e] Mere dudit Conte, lequel pour ce, Nous a supplié que ledit don au proufit de sadicte Mere, voussissions confirmer: Pour ce est-il que Nous, ces choses considerées, & especialment pour contemplacion de nostredit Cousin, les Lettrez dessus transcriptes & toutes les choses contenuës en ycelles, au proffit de la Mere de nostredit Cousin & de ses hoirs & successeurs, ou de ceulz qui [f] de lui auront cause, aïans fermes & aggreables, toutes ycelles choses voulons, loüons, ratiffions, approuvons, & de nostre certaine science, auctorité Royal & grace especial, par ces presentes confirmons: [g] Donnons en mandement au Seneschal de Carcassonne & au Vigier d'Alby, & à tous lez autres Justiciers & Officiers de nostre Royaume, presens & avenir, ou à leurs Lieuxtenans, & à chascun d'eulx si comme à lui appartendra, que nostredicte Cousine & ceulz qui de lui auront cause, laissent & facent joïr & user paisiblement de ladicte premiere congnoissance d'appeaulx & ressort, selon la teneur dez Lettres dessus transcriptes, & de ces presentez, & tout empeschement qui mis y feroit, ostent & facent oster sanz attendre sur ce autre mandement. Et pour ce que ce soit ferme, &c. sauf, &c. *Ce fu fait & donné à Paris, en nostre Hostel-lez-Saint Pol, ou mois de Decembre, l'An de grace 1366. & de nostre Regne le tiers.*

Ainsy sign. Par le Roy en ses Requestes. J. DE COISSI. Collacion est faicte des Lettrez dessus transcriptes, par moy. N. DE [h] ART. *Visa.*

CHARLES V. à Paris, à l'Hôtel de Saint Paul, en Decembre 1366.

a *Suite des Lettres de Philippe de Valois.*

b *à ces.*

c *Suite des Lettres de Charles V.*

d *Voy. cy-dessus, p. 608. Note (b).*

e *Voy. cy-dessus, p. 608. Note (b).*

f *d'elle.*

g *Donn.* R.

h *Il y a une marque d'abbreviation sur le* T.

CHARLES V.
à Paris, au mois de Janvier 1366.

(a) Lettres qui en confirment d'anciennes, qui avoient fixé le nombre des Examinateurs du Chastelet de Paris.

KAROLUS &c. Notum facimus universis presentibus pariter & futuris, Nos Litteras inclite memorie Domini & Genitoris nostri, vidisse, formam que sequitur, continentes.

JOHANNES Dei gracia, &c. [a]

CIRCAQUE dilecti & fideles nostri, Magistri (b) Petrus Droardi, *Johannes* Fortis, *Petrus* Gilleberti, *Johannes de* Tuilleriis, *Erardus* Corbiani, *Nicolaus de* Quercu, *Guillelmus* Porelli, *Johannes de* [b] Rano, *Thomas* Alani, *Robertus* Parvi-clerici, *Oudardus de* [c] Atanalla, *Johannes de* Vaubresayo, *Stephanus* Carpentarii, *Johannes* Truquam, *Jacobus de* Allegiis *& Guillelmus de* Nivernis, *Examinatores moderni in nostro Castelleto Parisius, ex parte nostra instituti, sua supplicacione Nobis exposuerint conquerendo, plura gravamina eisdem, in dicti sui Examinationis Officii exercicio, per nonnullos inferri, posseque inferri imposterum, contra suprascriptas Ordinaciones temere veniendo & infringendo easdem. Nos igitur, factum Predecessorum nostrorum, tanquam bonum & laudabile, imitari volentes, Litteras suprascriptas, omniaque & singula contenta & expressa in eisdem, rata & grata habentes, eadem, de nostris auctoritate & plenitudine potestatis Regie, de specialique gracia, tenore presencium laudamus, approbamus ac eciam confirmamus, & ad dictos supplicantes & sibi in dicto Officio succedentes, extendi volumus atque concedimus per presentes: Mandantes Preposito nostro Parisiensi moderno, ceterisque Justiciariis & Officiariis nostris, vel eorum Loca-tenentibus, & cuilibet eorumdem ut ad ipsos pertinuerit, quatenus supplicantes prenominatos, & quemlibet eorumdem, ac succedentes eisdem, & eorum cuilibet, in Officio Examinationis predicto, omnibus & singulis supradictis, nostraque presenti gratia uti & gaudere pacifice faciant & permittant, & ipsa deinceps teneri faciant & inviolabiliter observari; nil in contrarium attemptando, vel permittendo quomodolibet attemptari, seu ipsa quovismodo infringi: Sed quic-*

[a] Voy. le 2.e Vol. des Ordonn. p. 517. & le 4.e p. 233. Voy. cy-dessous, Note (a)

[b] On pourroit aussi lire, *Barro*, ou *Rarro*.

[c] Il y a une abbreviation sur la 2.e sillabe.

NOTES.

(a) Thresor des Chartres, Registre 97. Piece 186.

Ces Lettres ont déja esté imprimées dans les *Offices de France, de Joly*, t. 2. l. 3. p. 1488. Voy. cy-dessous, Note suivante.

(b) Petrus Droardi.] La plûpart des noms suivans sont differents dans l'Edit. de Joly, où l'on lit:

Petrus Dirard, *Joannes* Fortis, *Petrus* Guibert, *Joannes* de Thuilleriis, *Erardus* Corbium, *Nicolaus* de Quercu, *Guillermus* Porclu, *Joannes* de Barro, *Thomas* Allain, *Robertus* Pamœ, *Clerici*, *Odardus* de Attamulta, *Joannes* de Vambresayr, *Stephanus* Carpentarii, *Joannes* Turquam, *Jacobus* de Alegiis, & *Guillermus* de Munervis, *Examinatores*.

Dans les Lettres qui sont *vidimées* dans celles-cy, & qui ont esté imprimées à leur rang, il y a aussi de la difference pour les noms, entre celles qui ont esté tirées des Registres, & celles que Joly a fait imprimer; mais on n'a pas eu soin de mettre dans une Note, les noms qui se trouvent dans Joly, comme on le fait icy.

Il faut aussi remarquer qu'il s'est glissé une faute considerable de copiste, dans la date des Lettres du Roy Jean, *vidimées* dans celles-cy, & imprimées cy-dessus, p. 233. Car ces Lettres sont du 1. de Juin 1353. & non pas de l'année 1363. sous laquelle on les a imprimées.

D'ailleurs, ces Lettres avoient déja esté imprimées à leur rang, & sous l'année 1353. dans le 2. Vol. des Ordonn. p. 517. où il s'est glissé une autre faute. Car quoyque ces Lettres soient imprimées à leur place, en 1353. cependant dans le texte, il y a: *Anno Domini millesimo trecentesimo quinquagesimo*, & on a oublié le mot *tertio*.

Il est d'une très grande consequence d'écrire ces corrections, & celles qui se trouvent à la fin de chaque Volume, aux pages où elles ont rapport, afin que les fautes qui échappent, & qui sont presque inevitables dans un recueil aussi immense que l'est celuy-cy, n'induisent point en erreur ceux qui s'en serviront, dans une matiere aussi importante qu'est celle des Loix.

quid in contrarium factum vel attemptatum repererint, revocent & adnullent, & ad statum pristinum & debitum reducant vel reduci faciant indilate : Litteris in contrarium impetratis vel impetrandis, non-obstantibus quibuscumque. Quod ut perpetui roboris stabilitate firmetur, Litteras presentes Sigilli nostri fecimus appensione muniri : salvo, &c. Actum Parisius, Anno 66. & Regni nostri 3.° mense Januarii.

Per Regem ad relacionem Consilii. MONTAGU. *Collacio facta est. Visa.*

CHARLES V. à Paris, en Decembre 1366.

(a) Lettres portant que l'hommage & le serment de fidelité dû au Roy pour la Prevosté de Briotis, seront unis inseparablement au Domaine & à la Couronne de France.

KAROLUS &c. Si Comites & Barones ac alie persone Nobiles, in quibus flores honoris & fructus honestatis, in ubertate succrescunt, & qui propria laude [a] *nittentes, prout eorum exigunt merita, congruis honoribus debeant sublimari ; ad illorum exaltacionem notabilem, converti non immerito debet efficacius Regie Celcitudinis consideratio specialis,* [b] *que ab eorum strenua non degenerant probitate ; presertim eorum qui virtutum laudibus, & ceteris meritis in ipsis jugiter affluentibus, ac puritatis prefulgent preconiis, gestorumque nobilitate magnifica, & bonitatis fecunditate redduntur illustres. Notum igitur facimus universis presentibus & futuris, quod, consideratis laudibus meritoriis dilecti & fidelis Consanguinei & Consiliarii nostri,* [c] *Johannis Bolonie & Alvernie Comitis, ac Domini de (b) Briotis, in Viromandia, quem cotidie fornax experientie probat Nobis & Corone Francie, utilem & fidelem, volentes ipsum honorari privilegio gracie specialis, ad quod eciam nostra consideracio attencius Nos hortatur, & ipsum ejusque posteros magis Nobis & successoribus nostris Francie Regibus, ac Corone Francie memorate, jugi memoria astrictos teneri, homagium & fidelitatis juramentum, ad que Nobis idem Consanguineus noster, ad causam Prepositure* [d] *sue Castellanie Sancti Quintini in Viromandia seu Comitatus* [e] *Viromandensis, racione Castri & Castellanie de Briotis, in Viromandia,* [f] *supradicte, cum eorum pertinentiis & appendenciis, tam in Feodis & Retrofeodis quam aliter, tenetur ex concessione vel Ordinatione Regia, aut aliter quovismodo, astrictus Nobis & Successoribus nostris predictis, Domanio & Corone Francie applicavimus, conjunximus, aggregavimus & univimus, applicataque, aggregata, conjuncta, annexa & unita, ex nunc imperpetuum, de gracia speciali, certa scientia, plenitudine potestatis, ac auctoritate Regia, volumus, concedimus & ordinamus per presentes, absque eo quod imposterum, à Nobis seu Successoribus nostris, Domanio & Corona Francie prelibatis, separari, segregari aut disjungi, ad tempus vel aliter, quacunque causa superveniente, debeant aut valeant quoquomodo : Homagium & fidelitatis juramentum supra dicta, à dicto Comitatu nostro, Prepositura & terris nostris Viromandensibus memoratis, eximendo & amovendo penitus ; ipsaque volumus, concedimus & ordinamus tenore presencium, esse exnunc perpetuo separata & exempta, ac perpetue exemptionis vigore roborari, ac si nunquam fuissent de eisdem : Hoc tamen duntaxat retento, quod quamdiu predicta Prepositura Sancti Quintini, de cujus ressorto Castrum, Castellania & terra de Briotis antedicta, tam ex Regia concessione quam aliter, fore* [g] *noscebantur in nostris seu successorum nostrorum Francie Regum, manibus immediate, extabit vel pertinebit Castrum, Castellania atque terra de Briotis supradicta, cum eorum dependenciis & appendenciis universis, tam in Feodis quam Retrofeodis, in & de ressorto memorato Prepositure predicte Sancti Quintini,*

a nitentes.

b qui.

c Voy. cy-dessus, p. 147. Note (b).

d Je crois qu'il faut corriger, *sive*. R.

e Viromand.

f supradict. R.

g noscebuntur.

NOTES.

(a) Thresor des Chartres, Registre 97. Piece 528. Voy. cy-dessus, pp. 147. & 516. des Lettres qui portent que la Terre de *Briotis*, & quelques autres, ressortiront au Bailliage de S.t Quentin.

(b) *Briotis.*] C'est sans doute, le même lieu qui est nommé cy-dessus, p. 148. *Brice* & *Brios*, voy. Note (a).

*remanebunt solummodo. Unde damus tenore presencium in mandatis, dilectis & fidelibus Gentibus Parlamenti nostri, Camere Compotorum nostrorum Par. Baillivo * Viromandensi, Preposito Sancti Quintini, ceterisque Regni nostri Justiciariis, aut eorum Loca-tenentibus, presentibus & futuris, & eorum cuilibet prout ad eum pertinuerit, quatenus prefatum Consanguineum nostrum, ejusque heredes & successores Dominos de Briotis, qui pro tempore fuerint, gracia, concessione & Ordinatione nostris antedictis, uti & gaudere pacifice & quiete faciant & permittant; nec ipsos contra presencium formam & tenorem, impediant, molestent vel perturbent, impedirive seu molestari vel perturbari faciant aut permittant quoquomodo. Quod ut perpetue stabilitatis robur obtineat, Sigillum nostrum Litteris presentibus duximus apponendum: salvo in aliis jure nostro & in omnibus quolibet alieno.* Datum & actum Parisius, mense Decembris, Anno Domini 1366. & Regni nostri tercio.

* Viromand. R.

Sic signata : Per Regem in suis Requestis. BLONDEL. J. DE REMIS. *Visa.*

CHARLES V. à Paris, en Fevrier 1366.

(a) Reglements pour le mestier de Chapelier à Paris.

SOMMAIRES.

(1) Toute personne qui sçaura travailler dans le mêtier de Chapelier, &c. pourra le faire, aprés avoir presté serment.

(2) Les Ouvriers *&* Compagnons *du mestier, qui seront habiles, ne pourront travailler que pour* [ceux qui ont droit d'avoir des ateliers,] *pour y faire travailler des Compagnons; c'est-à-dire, pour les Maistres du mestier, ou pour les femmes qui auront aussi la maistrise,* [ou pour les veuves des Maistres,] *ou pour les fils de Maistres. Cependant ceux qui auront esté maistres du mestier* [*&* fabriquans,] *& qui depuis se seront faits marchands* [& débitans,] *pourront donner leurs laines à des* Compagnons, *qui les prepareront chez eux & non ailleurs. Les Compagnons seront contraints à executer ce qui est porté dans cet article, s'ils refusent de le faire.*

(3) Un Maistre ne peut employer un Compagnon, *qui travaille pour un autre Maistre.*

(4) L'apprentissage durera cinq ans. Chaque Maistre ne pourra avoir qu'un apprentif; & cet apprentif ne pourra travailler que pour son Maistre.

(5) On se servira de laine bien filée.

(6) Un Maistre ne peut engager un Compagnon, pour travailler chez luy, que pour un an, & il ne peut l'engager qu'un mois avant le temps où doit finir l'engagement que ce Compagnon a pris avec un autre Maistre.

(7) Les Maistres qui ne sont pas reçûs à Paris, ne peuvent avoir d'attelier pour y faire travailler, ni les Compagnons travailler, s'ils n'ont presté serment, & s'ils n'ont acheté le mestier, *en payant trois sols, deux sols au Roy, & un sol aux Gardes.*

Les ouvrages qui ne seront pas faits conformement aux Reglemens, seront brûlez; & celuy qui les aura faits, payera l'amende; & si on ne le trouve pas, elle sera payée par ceux chez qui ces ouvrages se trouveront.

(8) On ne pourra travailler dans ce mêtier, les Samedis, les veilles des Festes de N. D. & des Apostres, ni les Dimanches & les jours de Festes, que comme de ville-foire.

Le Prevost de Paris sera brûler les ouvrages qui seront faits en contravention aux Reglemens; & ceux qui les auront faits, payeront une amende de sept sols, dont il y aura cinq sols pour le Roy, & deux sols pour les Gardes.

(9) Les Chapeliers qui font des gans de laine & des bonnets, peuvent employer la laine, le poil & le coton; & ils ne payent aucuns droits sur les marchandises qu'ils vendent.

(10) Les Gantiers de laine ne doivent point de droits pour les marchandises qu'ils achetent; s'ils ne les font peser au Poids-le-Roy: *s'ils les font peser, ils doivent deux deniers par cent, pour le droit de* pesage : *mais ils ne sont pas obligez de faire peser ces marchandises, & ils peuvent les acheter* en tâche & en bloc, *ou s'en rapporter au vendeur sur le poids.*

(11) Les Chapeliers de gans de laine, ne sont pas obligez d'aller vendre leurs marchandises au marché du Roy; & ils peuvent les vendre dans leurs maisons; même les jours de marché.

(12) Un Chapelier de gans de laine & de bonnets, qui prend un estal *ou une place dans le Marché-le-Roy, pour y vendre ses marchandises, doit un droit d'*estalage, *pour cette place, mais il n'est pas obligé d'en prendre une; & il peut porter dans le marché sa marchandise dans un panier, pour la vendre.*

(13) Les Chapeliers de gans de laine, qui ne sont pas de Paris, peuvent y venir vendre leurs marchandises dans le marché ou dehors le marché.

(14) On ne pourra employer que de la laine de bonne qualité, & tonduë dans la saison convenable.

(15) Les Chapeaux de bonnet & de gans de laine, ne pourront estre teints, à moins que ce ne soit de bonne couleur qui ne se puisse déteindre.

(16) Ceux qui contreviendront à ces Reglemens, seront condamnez à l'amende.

(17) Les ouvrages de ce mestier, ne pourront estre visitez & saisis, en cas de contravention aux Reglements, que par les Maistres [Gardes] *qui seront nommez par le Prevost de Paris.*

CHARLES V. à Paris, en Fevrier 1366.

CHARLES par la grace de Dieu Roy de France: Savoir faisons à touz presens & avenir, que comme par les Coustumes, usages, privileges, ou Ordenances anciennement enregistreez en nostre Chastellet de Paris, sur le fait du mestier des Ouvriers en nostre Ville de Paris & [a] Forbours d'icelle, de gans, d'aumuces, *(b)* birettes, de chappiaux & de bonnèz de laine, & de tout autre ouvrage fait à l'esguille, appartenant audit mestier, lesdiz Ouvriers soient tenuz, doïent & aïent acoustumé de faire leurdit mestier, & ouvrer d'icellui en certainne maniere, pour & au profit de Nous, de nostre Royaume & de la chose publique, si comme Nous avons entendu par leur supplicacion, & que il dient estre ou Registre en nostredit Chastellet.

(1) C'est assavoir, que quiconques saura ouvrer ou mestier de faire chappiaux, [b] de bonnès, gans de laine, & les appartenances du mestier, faire le pourra, [c] mais que il ait fait le serement, & que il soit à ce souffisans.

(2) Item. (c) Que nulz du mestier ne puist ouvrer à personne nulle, se [d] il n'est Maistrez du mestier [e] ou souffisans, qui sache ouvrer de *(d)* cisailles & de *(e)* chardons, & fouler sur selle; ou femme du mestier, ou enfans du Maistre, pour tenir Ouvriers: excepté tant que toulz ceulz qui du mestier ont esté & seront Marchans, pourront baillier leur lainne à ouvrer [f] souffisament, pour ouvrer en la maison desdiz Ouvriers, & non ailleurs, pour juste pris raisonnable: & ad ce, porront li Ouvriers estre contrains, se il ne leur plaist.

(3) Item. Que nulz ne puisse ne ne doye *(f)* bailler ne mettre [g] autruy Ouvrier en euvre, c'est-à-dire de la cousture ne de l'apparieillier, sur painne de l'amende.

(4) Item. Que nulz ne puist prendre que un apprentiz à [h] mains de cinq ans, ne en avoir plus d'un: & durant le terme, il ne porra ouvrer que à son Maistre.

(5) Item. Chascun pourra ouvrer de fil de lainne ouvrée au *(g)* touret, mais que le [i] nuce soit bien flouée: & [k] qu'il fera autrement, il païera ladicte amende.

(6) Item. Que nulz ne puisse [l] aloüer Ouvrier, sur painne de l'amende, que pour un an: & si ne porront aloüer l'Ouvrier ou le Vallet, devant un mois devant *(h)* leur terme.

a *Fauxbourgs.*
b *de* est inutile.
c *pourvû.*
d *Voy. la Note (c).*
e *&* feroit un meilleur sens.
f *souffis.* R.
g *un Compagnon qui travaille pour un autre Maistre.*
h *à moins.*
i *Mot douteux.*
k *qui.*
l *engager pour travailler.*

NOTES.

(a) Thresor des Chartres, Registre 97. Piece 1.ere

(b) Birettes.] Sorte de bonnets, sur lequel voy. *Du Cange,* au mot *Birretum.* Cette sorte de bonnet a esté nommée depuis *barete.*

(c) Cet article n'est pas clair, & il est équivoque, & on peut douter si le relatif *il* se rapporte à *personne nulle,* ou à *une du mêtier.*

On trouvera dans les sommaires, une espece de paraphrase de cet article, dans laquelle j'ay expliqué le sens que je crois qu'on peut luy donner, sans assûrer cependant que ce soit le veritable.

Il sera bon de lire aussi les sommaires de quelques autres articles qui ne sont pas plus clairs que celuy-cy, & par rapport ausquels on a suivi la même methode.

(d) Cisailles.] Gros ciseaux dont on peut voir la description dans le Dictionn. du Commerce de *Savary,* à ce mot.

(e) Chardons, & fouler sur selle.] Ces chardons servent à faire un peu sortir le poil des matieres que les Ouvriers employent. Voy. *Savary* au mot *Chapeau,* p. 663.

Je n'ay rien trouvé dans son Dictionn. qui expliquât ce que c'est que *fouler sur selle.*

Selle ne peut estre autre chose qu'une espece de table de bois.

(f) Bailler.] Cela peut signifier, donner de la matiere à un Ouvrier, afin qu'il la prepare, qu'il la mette en œuvre, & qu'il l'appareille.

(g) Touret.] C'est un moulinet ou rouet dont on se sert pour filer. Voy. *Savary,* aux mots, *Touret & Bifford,* espece de corde menuë.

Mais je n'ay pû trouver la signification de ces termes, *nuce* [on pourroit lire *nure*] *flouée.* Ce dernier mot auroit-il quelque rapport avec *flouet,* qui signifie, mince, fin?

(h) Leur terme.] C'est-à-dire, le temps où doit finir l'engagement que ce Compagnon a pris avec un autre Maistre.

CHARLES V. à Paris, en Fevrier 1366.

(7) *Item.* Que nulz Maistres [a] forains, ne [b] Varlez, soit de Paris ne d'ailleurs, ne pourra [c] tenir le mestier ne ouvrer tant que il ait fait le serement, & *(i)* achaté le mestier, 3. soulz; 2. soulz au Roy, [d] 12. deniers aus Maistres qui ad ce seront commis & souffisans: Et se l'en ne trouvoit celui qui la *(k)* fausse euvre aura faite, celui sur qui elle seroit, paieroit ladicte amende, & si seroit l'euvre [e] arse.

(8) *Item.* Que nulz dudit mestier, ne pourra [f] ouvrer au samedi; ès Vegilles Nostre-Dame, ne *(l)* à Feste d'Apostre, ne aux Dymanches, ne à jour de Feste, que comme de *(m)* Ville-foire, & sur painne de l'amende: Et quiconques [g] mesprendra en aucuns de poins & articles, il paiera l'amende dessusdicte. Le Prevost de Paris ou son Lieutenant, doit faire ardoir la [h] fausse euvre, & doit sept souls d'amende, celui qui la fausse [i] auvre aura faicte; cinq souls au Roy, & 2. pour les Gardes du mestier.

(9) *Item.* Quiconques est Chappeliers de gans de laine ou de bonnet, il puet ouvrer de lainne, & de poil & de coton, & ne doit [k] riens de chose qui vende de son mestier.

(10) *Item.* Que nulz Gantiers de lainne, ne doit riens de chose qu'il achate de son mestier, se il n'est pesé au [l] Pois-le-Roy: Et se il est pesé, il doit 2. deniers du cent, du pesage: Ne il n'est [m] de peser, se il ne lui plaist, ains l'achatera en *(n)* tache; ou il *(o)* querra le Vendeur da pois, se il lui plaist.

(11) *Item.* Que Chappelliers de gans de lainne, pevent vendre leurs denréez au jour de marchié, en leurs maisons & sur [n] sepmainne; ne n'est pas tenus d'aler au Marchié-le-Roy, se il ne lui plaist.

(12) *Item.* Chappellier de gans de lainne [o] de bonnet, qui va au Marchié-le-Roy, se il met à *(p)* estal, il doit paier son estalage; & se il ne met à estal, il ne doit riens; ains puet porter franchement en son panier, ses denrrées, par le Marchié.

(13) *Item.* Chappelliers de gans de lainne, dehors Paris, qui vient vendre ses denrées à Paris, a la mesmes [p] franchise de vendre à Paris, [q] ou Marchié ou hors Marchié; ainsi comme ceulz de Paris.

(14) *Item.* Chappelliers de gans de lainne ou de bonnet, ne puet ouvrer de lainne, fors que de *(q)* droite lainne tonduë, ou pelisse de droite saison; c'est assavoir, de la Mi-Aoust jusques à la Toussains: Car se il [r] ouroient d'autre lainne, si comme de *(r)* grans, l'euvre & le fille qui en seroient fais, seroient arsse: Et si seroit cils qui l'auroit fait, en l'amende dessusdicte.

a *qui n'ont pas de maistrise à Paris.*
b *Compagnons.*
c *avoir un attelier pour y faire travailler.*
d *&.*
e *bruslée.*
f *travailler.*
g *fera des contraventions.*
h *Voy. Note (k).*
i *œuvre.*
k *aucuns droits.*
l *Voyez le 2.e Vol. des Ordonn. p. 137. VIII. & Note (f).*
m *obligé.*
n *Je ne vois pas ce que ce mot peut signifier icy.*
o *&.*
p *liberté.*
q *au.*
r *ouvroient.*

NOTES.

(i) Achaté le mestier.] Payer trois sols pour avoir droit de faire travailler, ou de travailler.

(k) Fausse euvre.] Ouvrage fait par ceux qui n'ont pas presté le serment; ou ouvrage qui n'a pas les qualitez requises par les Reglements.

(l) A Feste d'Apostre.] C'est-à-dire, à ce que je crois, *les vigiles des Festes des Apostres.*

(m) Ville-foire.] Je n'entends pas ce mot-là. Cela pourroit signifier, *les jours où il y aura des foires.* Cependant on voit bien les raisons qui peuvent faire permettre de vendre ces jours-là, mais il n'est pas necessaire de travailler. Peut-estre cela signifie-t-il, *Vigile de Foire?*

(n) Tache.] En gros, sans peser. On dit presentement, *en tasche & en bloc.* Voy. *Savary,* au mot, *Tasche.* Il peut venir de *tas,* monceau.

(o) Querra le vendeur da pois.] Le premier mot est douteux. Il y a dans le Registre *qrra,* avec une marque d'abbreviation sur le *q,* cela peut faire, *querra* & signifier, l'acheteur demandera au vendeur, ce que pese la marchandise qu'il achete.

(p) Estal . . estalage.] Estal est la place où un Marchand se met dans une foire ou un marché, pour y vendre sa marchandise. *Estalage* est le droit qu'il paye pour cette place. Voy. *Du Cange,* au mot, *Stallum.*

(q) Droite laine tonduë, ou pelisse de droite saison.] *Droite laine* & *droite saison,* c'est-à-dire, de la laine de bonne qualité qui a esté tonduë dans une saison convenable, laquelle est marquée dans l'article. *Pelisse* est icy un synonyme de laine.

Pelisse a presentement une autre signification, que l'on peut voir dans *Savary,* au mot *Pellissier.*

(r) Grans.] Je n'ay pû trouver la signification de ce mot. Peut-estre faut-il corriger *grasse;* c'est-à-dire, la laine qui n'a pas esté lavée; ensorte qu'elle a conservé la graisse qui estoit dessus, lorsqu'elle a esté tonduë. Voy. *Savary,* au mot, *Laine,* p. 458.

(15)

CHARLES V. à Paris, en Fevrier 1366.

(15). (s) Le lundi jour S.t Michiel, l'An mil trois cens & quinze, ordena & establi le Prevost de Paris, par le conseil de ses bonnez Gens, que nulz ne mette tainture ès chappiaux de bonnet ne de gans de lainne, pour ce qu'il [a] honnissent les bonnes gens; ainçoins demeure la lainne de tele couleur, comme elle vient des bestes; [b] ou se elle n'est tainte de bonne couleur, vive & loyal, qui ne se puisse destaindre: ou autrement, elle seroit arsse.

(16) Quiconques [c] mesprendra aus poins & articles dessusdiz, il païera l'amende dessusdicte.

(17) (t) Nous considerans les choses dessusdictes, [d] veullans lesdictes Coustumes, usages, privileges ou Ordenances, estre tenuës & gardées, si & autant comme il en ont deuëment usé, avons à yceulz supplians ottroïé & ottroïons par ces presentes, de grace especial, certaine science, pleine puissance & auctorité Royal, que il puissent faire ledit mestier & user d'icellui, selon ce, & en la maniere que anciennement il ont fait, & que en leursdiz Registres & privileges est contenu, [e] vellans à eulz, ottroïans de nostredicte grace, que aucuns ne puisse ouvrer dudit mestier, ne des appartenances d'icellui, en nostredicte Ville de Paris ne ès Forbours d'icelle, se il ne sont esprouvez par lesdiz [f] Maistres, & tenus pour souffisans Ouvriers; & que aucuns ne se entremette ou puisse entremettre de visiter ou de faire visitacion sur leurdit mestier ou appartenances d'icellui, fors que les Maistres dessusdiz, selon ce & en maniere qu'il est acoustumé à faire, & que contenu est èsdictes Ordenances: Lesquelx Maistres, Nous voulons estre à ce commis & ordennez par le Prevost de Paris, qui à present est, & qui pour le temps avenir sera; & lesquelx Maistres à ce commis, & qui pour le temps y seront deputez, commis ou ordenez, Nous voullons avoir povoir par leurdicte commissions, de prendre tous ouvrages dudit mestier, que il trouveront estre [g] faulx, & yceulx [h] apporter & faire venir à nostre profit, sanz ce que de ce faire ou pour cause de ce, il ne soïent ou puissent estre empeschiez ou travailliez, en corps ou en biens, autrement que par leursdiz privileges, usages, Coustumes ou Ordenances, puet ou doit estre fait, & que il ont esté ou temps passé, & que en yceuls est contenu: Si donnons en mandement par la teneur de ces presentes, au Prevost de Paris, & à tous les autres Justiciers & Officiers de nostre Royaume, ou à leurs Lieuxtenans presens & avenir, & à chascun d'eulz si comme à lui appartendra, que lesdiz supplians facent & laissent joïr & user paisiblement de nostre presente grace & octroy, & contre la teneur de ces presentes, ne les molestent, travaillent ou empeschent, ou aucuns d'iceulx facent, sueffrent ou laissent estre molestez, travailliez, ou empeschiez, en corps ou en biens en aucunne maniere. Et pour ce que ce soit ferme chose, &c. Nous avons fait mettre nostre Seel à ces presentes: sauf en autres choses nostre droit, &c. *Donné à Paris, ou moys de Fevrier, l'An de grace 1366. & de nostre Regne le tiers.* Par le Roy en ses Requestes. BAILLY.

[a] *trompent.*

[b] *à moins qu'elle ne soit teinte.*

[c] *contreviendra.*

[d] *voulans.*

[e] *Ces trois mots paroissent corrompus.*

[f] App. *les Gardes. Voy. l'art. 8.*

[g] *Voy. p. preced. Note (k).*

[h] *confisquer.*

NOTES.

(s) *Le Lundi.*] Tous les articles precedents, tirez des Registres du Chastelet, avoient esté redigez avant l'année 1315. Cette année, le Prevost de Paris, ajoûta ce nouvel article aux precedents.

(t) *Nous.*] Le Roy confirme par la suite de ces Lettres, les anciens Reglements qui estoient dans ces Registres du Chastelet.

CHARLES V. à Paris, au mois de Fevrier 1366.

(a) Ordonnance qui supprime le Corps & la Communauté de la Ville de Tournay, & qui regle la maniere dont elle sera gouvernée dans la suite.

CHARLES par la grace de Dieu Roy de France: Comme très grans dissensions & descors aïent par [a] lonc temps, esté entre les Bourgois *(b)* moyens & menuz, habitans de nostre Cité & Ville de Tournay, & pour les mettre en bonne [b] paiz & transquillité, aïons envoïé par plusieurs foiz en ladite Ville, plusieurs [c] solennelz Messaigés, Prelas & autres des Genz de nostre Conseil, qui en ladite Ville ont esté longuement, & trouvé plusieurs voyes & manieres par lesquelles il avoient promis & devoient estre & demourer à bonne paiz & accort, d'illec en avant; & ycelles voyes n'aïent voulu tenir; maiz les ont touzjours rompues & enfraintes, & ont esté depuis, plus esmeuz & en plus grans descors & [d] motions l'un contre l'autre, que paravant; dont plusieurs plaintes Nous sont venues, en Nous signifiant & exposant, que se par Nous n'est pourveu sur ce, de brief remede, ladicte Ville pour les descors que chascun jour, lesdiz habitans avoient ensamble, & les grans & perilleuses commotions qui estoient entr'eux, estoit en voie de perdition; & icelle, qui est une des notables Citez de nostre Royaume, en [e] aventure d'estre destruite: Nous consideranz les très granz maulx, dommages & perilz qui s'en povoient ensuivre, voulans à yceulx obvier, & lesdiz Bourgoiz & habitanz estre & demourer en bonne unité, paix & transquillité à touzjours, avons voulu savoir les causes desdites commotions & descors; & sur ce, avons fait assembler nostre grand Conseil par plusieurs foiz, & y avons esté & vaqué en nostre personne, par plusieurs journées; & finablement avons trouvé que nostredite Cité & Ville estoit en voie d'estre perdue & destruite, & que lesdiz Bourgois & habitans ne pourroient avoir accort ne demourer en bonne paix, tant comme il eussent [f] Corps & Commune, & le gouvernement d'icelle Cité & Ville, & se elle n'estoit entierement sanz [g] moïen, en nostre main & soubz nostre gouvernement: Savoir faisons à touz presens & avenir, que Nous, entenduës les choses dessuzdites, & que ladicte Cité a de touz temps esté & est de l'ancian [h] Demaine de Nous, de nos predecesseurs Roys, de la Couronne de France, & que plusieurs autres granz & notables Citez & Villes de nostre Royaume, sont tant-seulement gouvernées par Nous & noz Officiers, qui ont touzjours esté & sont bien, honorablement & seurement, à leurs granz proffiz, tenuës & gouvernées sans avoir aucunes commotions ne descors, voulans sur ce remedier & pourveoir de remede convenable, par grant & meure deliberation de plusieurs saiges de nostre Grant-Conseil, Prelas, Contes & Barons, & autre Clers & Lays, sur ce assemblez pour les choses dessusdites, & autres justes & raisonnables causes, Nous mouvens à ce, avons ordené, [i] dicerné & declaré, ordenons, dicernons & declairons par ces presentes, que lesdiz Bourgois & habitanz de ladite Cité & Ville de Tournay, n'auront de ci-en-avant, Corps ne Commune, ne par eulx ne sera gouvernée, ne n'auront en icelle aucune Seigneurie, cognoissance ne excercition de Justice, ne Jurisdiction, ne en icelle ne pourront avoir, mettre, instituer ne establir Juges ne Officiers quelconques; fors tant-seulement quatre Procureurs & deux Receveurs, dont l'un sera Contrerolleur: Lesquelx quatre Procureurs & deux Receveurs, seront esleuz par le Gouverneur de ladite Ville, qui est à present

a *long.*

b *paix.*

c *Des Commissaires d'un rang distingué.*

d *mouvements: disputes.*

e *danger.*

f *Voy. les Tables des Volumes des Ordonn. au mot,* Commune.

g *Voy. le 3.e Vol. des Ordonn. p. 145. art. 59. Note (gggg).*

h *Domaine.*

i *decerné.*

NOTES.

(a) Registre du Parlement, coté *A. fol. 91. verso.* Voy. *la Table des matieres de ce Volume,* au mot *Tournay.*

A la marge d'une Copie de ces Lettres que j'ay trouvée dans les papiers de M.r de *Lauriere,* il y est écrit, qu'il y a dans le même Registre, *fol.* 140. des Lettres du 6. de Fevrier 1370. qui dérogent à celles-cy.

(b) Moyens & menus.] Le menu peuple, & les Bourgeois qui sont d'un rang un peu élevé au-dessus d'eux.

CHARLES V. à Paris, au mois de Fevrier 1366.

& qui [a] pour le temps sera, ou par son Lieutenant, apelé à ce lesdiz Bourgois & habitanz, & confermez par Nous, se [b] mestier est; & s'entremettront; c'est assavoir, lesdiz Procureurs, de [c] procurer tant-seulement les faiz proffitables & necessaires de ladite Ville, pardevers Nous, noz Genz & Officiers, & aillieurs ou expedient mestier sera; & lesdiz Receveurs recevront les rentes, deniers & autres proffiz appartenans à ladite Ville, & que de ci-en-avant perpetuelment, sera en nostre main & Nous demourra & à noz successeurs Roys de France, sanz moyen, toute la Seignorie, Jurisdiction & congnoissance d'icelle Cité & Ville, & des Bourgois & habitans, quelconques en icelle, de quelque estat & condition qu'il soient, pour quelconques faiz & cas que ce soient, escheus & à eschoir & avenir, sanz ce que iceulx Bourgois ne habitans, en puissent ne doient congnoistre en aucune maniere; & y mettrons, instituons & establirons, Nous & nos successeurs Roys de France, perpetuelment, Gouverneur de par Nous, & Prevost pour le gouvernement d'icelle; & [d] Tabellion, un ou pluseurs, qui recevra ou recevront les Lettres obligatoires & [e] contraux, tant de ladite Ville comme d'autres, & y aura un Scel qui sera fait nouvel, dedans lequel sera pourtrait & empraint une Tour, & [f] environ les Fleurs-de-Liz; duquel seront scellées les Lettres desdiz contraux & obligations, & toutes autres dont mestier sera; & sera establi de par Nous de ci-en-avant, certainne personne [g] feable qui ledit Séel gardera; & aussi seront de par Nous instituez & establiz touz autre Sergens & Officiers, qui en nostre nom & de par Nous, exerceront & feront leurs Offices; & congnoistra ledit Prevost des Causes personnelles & civiles tant-seulement; & des [h] griefs d'icellui Preuost, sanz moïen, l'en appellara au Gouverneur qui pour le temps sera, & du Gouverneur, sanz moïen, en nostre Parlement à Paris. Si donnons en mandement par ces presentes, à noz Gouverneur & Prevost de nostredite Ville, à present commiz & deputez de par Nous, & à chascun d'eulx, [i] de nostre presente Ordenance, Declaration & volenté, facent solennelment publier en nostredite Ville de Tournay, & aillieurs où mestier sera, & icelles facent garder, enteriner & acomplir de point en point, par lesdiz Bourgoiz & habitanz, & autres personnes quelconques noz feaulx & subgiez, sanz les enfraindre ou souffrir estre enfraintes en aucune maniere, de present ne pour le temps avenir: Car ainsi le voulons Nous, & pour les causes dessuzdites; nonobstant quelconques graces & previleges, ou autres Lettres quelconques, par Nous ou noz predecesseurs Roys de France, soubz quelconques formes de paroles, à eux octroyées, & que lesdiz Bourgois & habitans aïent eû par aucun temps, Corps & Commune, & le gouvernement d'icelle Cité & Ville, us ou Coustumes, que aucun pourroient dire ou alleguer contre la teneur de noz presentes Lettres, & le contenu en icelles, contre lesquelles Nous ne voulons qu'il aïent [k] effait en aucune maniere: Toute-voies n'est pas nostre entente, que les autres graces, privileges, Libertés & franchises par Nous & noz predecesseurs Roys de France, auxdiz Bourgoiz & habitanz octroyez, soient pour les choses dessusdictes, en autre cause empeschées; mais voulons qu'il soient & demeurent en leur force & vigueur: Et que ce soit ferme chose & estable à touzjours, Nous avons fait mettre nostre Séel en ces presentes Lettres. *Donné à Paris, ou mois de Fevrier, l'An de grace mil trois cent soixante & six, & de nostre Regne le tiers.* Ainsi signé. Par le Roy en son Grant Conseil. N. DE VEIRES.

Collatio facta est cum originali reddito Johanni Batardi, Clerico Gubernatoris Ville Tornacensis, vigesima-secunda die Junii, Anno millesimo trecentesimo sexagesimo-septimo.

VILLEMER.

[a] *à venir.*
[b] *besoin.*
[c] *poursuivre les affaires.*
[d] *Notaire.*
[e] *contracts.*
[f] *autour.*
[g] *fidele.*
[h] *des Jugements que l'on croira injustes.*
[i] *que.*
[k] *effect.*

CHARLES V. à Paris, le 12. de Mars 1366.

(a) Reglement pour les Boulangers de Paris.

SOMMAIRES.

(1.4.) Les Boulangers tant de Paris que de dehors, apporteront leur pain à la Halle, les jours de marché : ils ne pourront faire que du pain, du même poids, de la même farine, de la même substance & du même prix.

Ils ne pourront faire que de deux sortes de pain, l'un de tel poids qu'il vaille quatre deniers, & l'autre de tel poids qu'il vaille deux deniers.

(2.3) Les Boulangers seront obligez de vendre leur pain en détail, & non en gros à d'autres personnes pour le revendre en détail.

Les Boulangiers ne pourront remporter le pain qu'ils auront apporté à la Halle, ni le vendre plus cher que quatre deniers ou deux, suivant le poids du pain.

(1.2.3.4) Le gain des Boulangers qui contreviendront à ces Reglements, sera confisqué & donné aux pauvres, & ils seront condamnez à l'amende.

On fera la visite du pain.

A TOUZ ceulz qui ces Lettres verront : Jehan Bernier Chevalier-le-Roy nostre Seigneur, Garde de la Prevosté de Paris, Salut. Sçavoir faisons nous avoir receu les Lettres du Roy nostre Seigneur, contenant la fourme qui s'ensuit.

CHARLES par la grace de Dieu Roy de France : Au Prevost de Paris ou à son Lieutenant, Salut. Les [a] Maistres du mestier des Boulengers de Paris, Nous ont fait exposer, que comme autrefoiz, ilz Nous aïent supplié que Nous leur voulsissions octroïer à tenir ou faire tenir par les Boulengiers de Paris, & autres [b] dehors, qui pain vendent en ladite Ville, les poins [c] & leur *(b)* Registre, & les anciennes Ordenances : Laquelle chose ilz ne Nous requierent pas pour leur prouffit, maiz pour ce qu'ilz ont leurs seremens à garder ledit mestier, au prouffit du Commun de ladite Ville : Laquelle chose, s'ainsi n'est par Nous faite, il est & sera [d] ou grant grief, préjudice & dommage de ladite Ville : Mesmement que il ne [e] peut faire leur pain [f] d'autre pris, ne aussi [g] souffisant les uns que les autres; pour ce que ceulz de dehors Paris, les font si grans & si petiz comme il leur plaist, & les vendent à l'un plus, à l'autre moins : Et puet bien estre que selon le pris du blé, le pain qui ne deust valoir que quatre deniers, ils le vendent six; & dont grant [h] decevance & meschief seroit de le souffrir, & seroit contre le bien commun, si comme ils dient : Si Nous ont supplié que sur ce, Nous leur vueillons pourveoir de remede convenable. Pourquoy Nous, considerans les choses dessusdites, voulans pourveoir au prouffit commun de nostre Ville de Paris, vous mandons, &, se [i] mestier est, commettons, que, appellez lesdiz Jurez & autres bonnes & ydoines personnes en ce congnoissans, vous pourveez & ordenez sur ce, si comme vous verrez [k] pour le bien & prouffit commun de nostredite Ville de Paris, pourra & devra estre fait : Car Nous le voulons estre fait, & de grace especial, l'avons ottroyé & ottroyons auxdiz exposans, par ces presentes; non-obstant Ordenances & Lettres subreptices empetrées ou à empetrer au contraire. *Donné à Paris, le 12e jour de Mars, l'An de grace mil trois cens soixante-six, & de nostre Regne le tiers.* P.

a *Jurez* ou *Gardes. Voy. cy-dessous.*
b *de.*
c Peut-estre, *de.*
d *au.*
e *peuvent.*
f Il semble qu'il devroit y avoir, *du mesme prix.*
g *bon.*
h *tromperie & perte.*
i *besoin.*
k *que.*

NOTES.

(a) Livre Vert ancien du Chastelet de Paris, *fol. 12. verso.*

Avant ces Lettres, il y a :

Lettre comment les Boulangiers de dehors, pueent vendre pain à Paris, de quel pris & pois, & par quelle maniere, en faveur des Boulangiers de Paris.

Boulangiers. CV.

Je ne sçais ce que signifie, ce nombre CV.

(b) Registre.] Les Registres du Chastelet, où estoient inscripts les Statuts des Mestiers de la Ville de Paris. *Voy. la Table des matieres du 3.e & du 4.e Vol. des Ordonn.* au mot, *Mestiers.*

CHARLES V.
à Paris, le 12. de Mars 1366.

PAR vertu desquelles Lettres du Roy nostre Seigneur, dessus suscriptes, & pour le mandement à nous fait pour ycelles enterriner & acomplir, nous eussions fait venir & assembler pardevant nous, en la Salle ou Chastellet de Paris, plusieurs saiges & notables personnes, avecques les Maistres & Jurez dudit mestier de Boulengerie, & plusieurs des Boulengiers [a] forains, frequentans & apportans pain en ladite Ville de Paris; c'est assavoir, Sire Jehan Culdoé Prevost des Marchands de la Ville de Paris; Maistre Guillaume de Saint Germain, General-Procureur du Roy nostre Seigneur; Maistre Pierre de Gien, nostre Lieutenant; Sire Jehan Belot de Paris; Maistre Eudes de Senz; Vincent Droüart; Estienne de Marueil, Advocat; Maistre Guillaume Porel, Nicolas Du Chesne, Jehan de Tuillieres, Odart d'Atainville & Jehan de Bar, Examinateurs dudit Chastellet; Geffroy Esté, Jehan Tramblay, Pierre du Palais, Bourgoiz de Paris; Raoul de Biautour, Pierre Triel, Pierre la Postole, Jurez en la Ville de Paris, oudit mestier de Boulengerie; Girart de Breban & Jehan le Conte, *(c)* Bacheliers oudit mestier; Perrin de Saint Aubin, Boulengier de [b] Corbueil, pour lui & les autres Boulengiers de ladite Ville de Corbueil; & Jehan le Boulengier & Jehan de Champeaux, Boulengiers de la Ville de [c] Meleun, pour eux & les autres Boulengiers de ladite Ville; Perrin Binet, Perrin Fournier, Perrin le Fournier, Boulengiers de la Ville de *(d)* Saint Brice, pour eulz & les autres Boulengiers de ladite Ville; Ancel Patrenostre, Jehan Quarré, Boulengiers demourans à [d] Montgison, pour eulz & les autres Boulengiers dudit Montgison; Perrin Piot, Symon le Charpentier, Boulengiers demourans à *(e)* Nostre-Dame des Champs, pour eulz & les autres Boulengiers demourans en ce lieu; Jehan Quarré, Gautier Bellechiere, Boulengiers demourans à *(f)* Saint Marcel, pour eulz & les autres Boulengiers dudit Saint Marcel; pour avoir avis & deliberacion avec yceulz, comment & par quelle voye & maniere, nous peussions pourveoir, faire & ordener, tant sur le fait des Ordenances & anciens [e] Registres fais [f] ja-pieça, sur ledit mestier de Boulengerie, & sur les Boulengiers frequentans & vendans pain en ladite Ville de Paris, comme pour le temps present, [g] pour plus prouffitable & moins dommageable que fait pourroit estre, pour le prouffit commun: En la presence de tous lesquelz dessus nommez, & par le conseil, avis & deliberacion d'iceulz, & d'un mesmes accort & oppinion, pour le plus cler & evident prouffit de tout le commun de la Ville de Paris, dit [h] fu, deliberé & ordonné par nous ce qui ensuit:

(1) C'est assavoir, sanz [i] muer ne diminuer en riens, les Ordenances anciennes sur ce faites, quant à present, les forains Boulengiers apportans & vendans pain en ladite Ville de Paris, pourront faire apporter & vendre en ycelle Ville, ès Halles de Paris, aus jours & ès lieux acoustumez, pain de *(g)* quatre deniers de taille, & non de plus grant [k] pris, qui sera [l] tout d'un pois, d'une farine, d'une valeur & substance. Et se il est ainsi trouvé que lesdiz forains ou aucun d'eulz, aïent en *(h)* bachoe, en sac, en corbeille ou en charrette, autre pain meslé qui ne soit de la valeur de quatre deniers, & [m] tant d'un pois, d'une farine & d'une mesme substance, se ce n'est

a *de dehors Paris.*

b *Corbeil-sur-Seine.*

c *sur la Seine.*

d *Je n'ay rien trouvé sur ce lieu.*

e *Voy. cy-dessus, p. 708. Note (b).*

f *autrefois.*

g *Il semble qu'il manque là quelque chose.*

h *fut.*

i *changer.*

k *prix.*

l *du mesme poids, &c.*

m *tout*, comme il y a plus bas.

NOTES.

(c) Bacheliers audit mestier.] Ce sont les Maistres d'un mestier, qui ne sont pas *Jurez.* Voy. le Dictionn. Etymolog. de Menage, au mot, *Bacheliers*, p. 66. col. 2.e

(d) S.t Brice.] Il y a un Village de ce nom, situé à quatre lieuës de Paris, au Nord, sur le chemin de Beaumont-sur-Oyse & de Beauvais.

C'est apparemment le lieu dont il s'agit icy.

(e) Nostre-Dame des Champs.] Prieuré dans le Fauxbourg & dans la ruë S.t Jacques. *Voy. le 3.e Vol. des Ordonn. p. 303. Note (b).*

(f) Saint Marcel.] C'est le Fauxbourg S.t Marceau, qui autrefois estoit separé & assez éloigné de Paris. Voy. les Antiquitez de Paris, par *Du Breüil, L. 2. p. m. 300.*

(g) Quatre deniers de taille.] Un pain du poids qu'il doit avoir, pour valoir quatre deniers.

(h) Bachoe] ou *Bachot.* C'est apparemment une espece de bacquet, dans lequel, ceux qui vendent du pain, se mettent encore quelquefois aujourd'huy.

CHARLES V. à Paris, le 12. de Mars 1366.

pain du pris de deux deniers, il perdra le pain, & sera donné [a] pour Dieu, par le Maistre dudit mestier, selon l'ancienne Ordenance.

(2) *Item.* Que lesdiz Boulengiers, tout le pain qu'ilz apporteront ou feront apporter en ladite Ville de Paris, pour vendre, seront tenus de vendre & detaillier en leurs personnes, ou par leurs femmes & genz, sanz ce qu'ilz en peussent aucune partie vendre en gros, pour le revendre ne detaillier: Et ne le pourront oster de la Halle, depuis ce que il y aura esté porté & mis pour vendre, ne le vendre à plus chier ne à plus grant pris de quatre deniers, ou au-dessoubz, que [b] affeure aura esté. Et qui sera trouvé faisant le contraire, il perdra le pain, comme dessus est dit.

(3) *Item.* Que nul ne soit si hardiz de revendre ne regrater pain en ladite Ville, sur paine de perdre ledit pain ou la valeur.

(4) Et aussi fu il enjoint & commandé de par nous, que lesdiz Boulengiers forains feissent pain de taille [c] de deux deniers, pour le vendre avecques ledit pain de quatre deniers, selon l'ancienne Ordenance, & que accoustumé avoit esté, sur paine d'amende, [d] telle comme il seroit regardé par nous: Et sur les choses dessusdites, sera faite visitation.

En tesmoing de ce, nous avons fait mettre à ces Lettres, le seel de la Prevosté de Paris. *Ce fu fait en la Sale oudit Chastellet, le mercredi 14.*[e] *jour du mois d'Avril, l'An de grace mil trois cens soixante & six.*

a *aux pauvres.*

b App. qui *afferé, apporté* aura esté.

c *Voy. p. precedente, Note (g)*

d *qui sera fixé par le Prevost de Paris.*

CHARLES V. au Louvre lez-Paris, le 18. de Mars 1366.

(a) Confirmation des Privileges de l'Université de Paris.

CAROLUS Dei gratia Francorum Rex: Universis presentes Litteras inspecturis, Salutem. Gravem querimoniam dilecte Filie nostre Universitatis, Magistrorum & Scholarium Parisiis, recepimus continentem, quod cum à Sancta Sede Apostolica eisdem

NOTES.

(a) Registre *A.* du Parlement de Paris, *fol.* 1. *recto.*

Avant ces Lettres, on trouve ce qui suit:

SUR la Requeste presentée par les Recteurs & Université de ceste Ville de Paris, narrative qu'ils avoient esté advertis, que voulant par aucuns de leurs supposts, recouvrer par extraict des Registres de ladite Court, le privilege octroyé aux Escoliers estudians en ladite Université, l'An trois cens soixante-six, se seroient trouvées quelsques omissions faictes soubs ces mots, *& cetera,* pour avoir plustost faict par celuy qui feit le Registre: parce que cesdites omissions sont de consequence; & que si d'aventure, l'original dudit privilege se perdoit, le recours audit Registre ne seroit pas [e] seur, & en pourroit advenir de l'inconvenient; à ceste cause, supplioient qu'il pleust à ladite Court, ordonner que ce qui estoit ainsi imparfaict audit Registre, par cesdits mots, *& cetera,* fust rempli par collation qui se feroit du Registre à l'original, sur quoy ladite Court auroit ordonné ledit original estre mis pardevers deux des Conseillers d'icelle, qu'elle auroit commis pour icelluy veoir, visiter & collationner avec ledit Registre. Oy le rapport desquels, & tout consideré, ladite Court a ordonné & ordonne ledit original du privilege octroyé ausdits Escholiers, le dix-huictiesme Mars, l'An mil troys cens soixante-six, estre de nouveau enregistré ès Registres d'icelle, pour estre par le Greffe delivré aux Parties, qui le requerront. *Fait en Parlement, le dix-huictiesme jour d'Aoust, l'An mil cinq cens cinquante-deux.* CAMUS.

Privilegium pro Universitate Parisien. cum originali collonatum.

Et après ces Lettres, il y a dans le Registre du Parlement:

Collatio facta est cum originali, Magistro Roberto Pronet Regis Consiliario reddito. CAMUS.

Ces Lettres sont aussi dans le premier Liv. vert vieil du Chast. de Par. *fol.* 3. *rect.* avec ce titre: *Lettre Octroyée par le Roy, à l'Université de Paris, que le Conservateur de leurs Privileges, cognoisse de ce qui leur sera dû à cause de leurs Benefices, & des arrerages: mais que la conclusion du libelle soit personelle, & que ceulx qui leveront peages & exactions d'eulx, soient citez devant ledit Conservateur.*

Ces Lettres sont aussi imprimées dans l'*Hist. de l'Université de Paris,* par *Du Boulay,* T. 4. p. 394. Après ces Lettres, il y a:

Idem privilegium confirmatum est anno 1454. à Ludovico XI. In suo loco referemus.

e *Sûr.*

*indultum existat, ut universi Magistri & [a] Scholare in Dei Ecclesia beneficiati, in Studio Parisiensi actu studentes, in qualibet Facultate licita, insistendo studio, fructus, redditus & proventus omnium Beneficiorum suorum, usque ad septennium, integre possint percipere; quotidianis distributionibus duntaxat exceptis, ac si in Ecclesiis sive locis in quibus illa obtinent, personaliter [b] resideant; necnon tam à dicta Sancta Sede, quam [c] predecessoribus nostris Francorum Regibus & Nobis, remiendo ad dictum Parisiense Studium, in ipso morando, actu studendo, & ab eodem ad propria redeundo, ipsi & eorum principales servitores, ut pote Conservator privilegiorum, (b) Sigillifer Curie, & quatuor Facultatum principales Bedelli, à pedagio & quacumque exactione sint immunes * exempti; & virtute privilegiorum à dicta Sancta Sede, eidem Universitati indultorum, detentores, occupatores, impedientes, fructusque, redditus, exitus, proventus & arreragia dictorum suorum Beneficiorum, juxta formam & tenorem dictorum privilegiorum, solvere recusantes, & quoscunque ab ipsis pedagia & exactiones quascunque recipientes & levantes, coram Conservatore dictorum privilegiorum, citare & ad Judicium evocare, ac ipse Conservator de premissis cognoscere, eosque ad reddendum & solvendum eisdem Magistris & Scholaribus, fructus, redditus, exitus & proventus, ac arreragia sibi debita, ratione suorum dictorum Beneficiorum; necnon ad desistendum & cessandum à detentione, occupatione & impedimento, per ipsos in ipsis fructibus, redditibus, exitibus, proventibus & arreragiis, appositis, & ab ipsis ablata reddendum & restituendum, Censura Ecclesiastica cogi & compelli, à tempore concessionis dictorum privilegiorum, à quo tempore non est memoria hominum, & de eisdem cognoscere (c) consueverint; nihilominus tamen dilecti & fideles Consiliarii nostri Parlamentum nostrum Parisiense tenentes (d) Prepositus Parisiensis, nonnullique Justiciarii [d] Regni nostri, de die in diem, Magistris & Scholaribus ac [e] Conservatoribus dictorum privilegiorum, ex parte nostra, sub certis & diversis penis Nobis applicandis, [f] inhibuerint, & inhibent, ne de dictis redditibus, fructibus, exitibus, proventibus & arreragiis dictorum Beneficiorum, eisdem Magistris & Scholaribus, debitis, ac de receptis per dictos pedagiarios & exactores seu exactiones recipientes & levantes, cognoscat; nec per dictum Conservatorem cognosci (e) procuret, dicentes Causas ipsas fore mere reales, & ad ipsos Consiliarios & Justiciarios [g] Forumque nostrum, de eisdem cognoscere debere, spectare, propter quod, cum instantia & humilitate, Nobis supplicaverunt, quod cum eisdem Magistris & Scholaribus esset grave & sumptuosum, pro qualibet actione seu querela, ratione premissorum, coram prenominatis nostris Consiliariis, & Judicibus, comparere; ipsosque opporteret totaliter suum dimittere studium; maxime, cum plures de dictis debitoribus, detentoribus, occupatoribus, levatoribus & exactoribus, interdum de extra Regnum nostrum fore [h] continget, quatenus de nostra speciali gratia, eisdem Consiliariis nostris, Preposito & Judicibus Regni nostri, inhibere, ne de cetero, tales vel consimiles inhibitiones, dictis Conservatori, Magistris & Scholaribus facerent; sed predictis immunitatibus & Libertatibus ac privilegiis uti & gaudere, ac predictum Conservatorem de premissis cognoscere permitterent; & alias, super premissis de remedio providere dignaremur opportuno. Nos vero, attendentes & considerantes fructus uberes &*

CHARLES V. au Louvre lez-Paris, le 18. de Mars 1366.

a Scholares. *R. C.*

b residerent. *R. C.*

c à

* &.

d Regni, *n'est pas dans R. C.*

e Il y a mieux, Conservatori, *dans l'Hist. de l'Univers.*

f inhibuerunt. *R. C.*

g la Justice Royale.

h contingat. *R. C.*

NOTES.

(*b*) *Sigillifer Curie.*] C'est apparemment le Greffier de la *Cour* du *Conservateur*, sur laquelle voy. l'*Hist. Univers.* t. 4. p. 394.

(*c*) *Consueverint.*] Il y a, *Consueverunt*, R. P. mais il faut *Consuevit* qui se lit dans l'Hist. de l'Université.

(*d*) *Prepositus Parisiensis.*] Il est à remarquer que le Prevost de Paris, est icy nommé entre les Juges Royaux, qui troubloient le *Conservateur des privileges de l'Université*, dans l'exercice de sa Jurisdiction : cependant depuis long-temps, le Prevost de Paris estoit *Conservateur de ces privileges.* Voy. la Table des matieres du 2. Vol. des *Ordonn.* au mot, *Université de Paris*; & je crois qu'on trouvera aussi quelque chose à ce sujet, dans la Table des matieres de celuy-cy.

Tout ce que je puis dire là-dessus, c'est qu'en 1364. & 1366. l'*Université* avoit crû avoir sujet de se plaindre du Prevost de Paris. Voy. l'*Hist. Univers. t. 4. pp. 386. & 394.*

(*e*) *Procuret.*] Il y a ainsi dans les Registres & dans l'Hist. de l'Univers. Cependant je crois qu'il faut corriger, *procurent*, & rapporter ce mot à *Magistris & Scholaribus*, comme *cognoscat* se rapporte à *Conservatori.*

CHARLES V. au Louvre lez-Paris, le 18. de Mars 1366.

palmites preciosos quos Parisiense Studium, pre aliis generalibus Studiis, prerogativa scientiarium singulare, ubique [a] *deffundit, & ne ab eorum studio distrahantur, necnon magnam affectionem quam erga dictam nostram Filiam Universitatem, hactenus habuimus & habemus, dignum & rationabile* [b] *ut eorum supplicationibus, presertim in his que Magistrorum & Scholarium ipsorum, commoditatem respiciunt, favorabiliter annuamus; quamvis de jure nostro Regio, cognitio premissorum ad Nos & Forum nostrum spectet & spectare dignoscatur; tamen, eidem nostre Filie Universitati Parisiensi, de gratia speciali concessimus, & tenore presentium concedimus, quod Conservator dictorum privilegiorum, de premissis cognoscat; dumtamen conclusio* [c] *libellorum seu petitionum, fuerit personalis: Inhibentes eisdem nostris Consiliariis, Preposito Parisiensi, ceterisque Justitiariis Regni nostri, ne de cetero eisdem Conservatori, Magistris & Scholaribus, tales vel consimiles inhibitiones, de & super premissis, faciant seu fieri precipiant & procurent; (f) sed [nostra presenti gratia uti & gaudere, ac dictum Conservatorem de premissis, modo* [d] *prefacto, cognoscere] permittant. In cujus rei testimonium, nostrum presentibus Litteris fecimus apponi Sigillum.* Datum apud Luperam-propè-Parisius, decima-octava die Martii, Anno Domini millesimo trecentesimo sexagesimo-sexto, & Regni nostri tertio. *(g) Sic signatum supra plicam. Per Regem in suo Consilio.* COLLORS. *Et sigillatum cum duplici cauda & cera alba.*

[a] diffundit. *R. C.*

[b] reputamus. *R. C.*

[c] la demande judiciaire, la requeste.

[d] prefato, *dans l'Hist. de l'Université.*

NOTES.

(f) *Sed nostra.*] Ce qui est icy entre deux crochets, n'est pas dans R. C. & immediatement, il y a *seu*, au lieu de *sed.*

(g) *Sic signatum.*] Au lieu de ce qui suit, il y a dans R. C. Ainsi signé : *Per Regem in suo Consilio. De Collors. Collatio fit.*

CHARLES V. au Château du Louvre près Paris, en Mars 1366. Philippe IV. dit le Bel, à Asniers, en 1304.

(a) Lettres de Sauve-garde Royale pour l'Abbaye de Poissy.

NOTUM facimus universis, &c. Nos Litteras inclite recordacionis Philippi dudum Francorum Regis, vidisse, formam que sequitur, continentes.

PHILIPPUS Dei gracia Francorum Rex: Notum facimus universis tam presentibus quam futuris, quod Nos, Religiosis mulieribus Sororibus Domus nostre [e] *Pissiacensis, Ordinis Predicatorum, divine pietatis intuitu, tam per alias Litteras nostras concessimus, quam per presentes concedimus, volumus & ordinamus, quod dicte Sorores vel Procuratores seu gentes earum, non possint trahi in Causam, racione bonorum ad dictum Monasterium spectancium, coram quocunque Judice seculari, nisi coram Nobis, vel coram successoribus nostris Regibus Francie, aut coram aliquo alio à Nobis vel successoribus nostris Regibus Francie, specialiter deputato: Qui dictas Sorores, bona earum, tam mobilia quam immobilia, gentes & homines, manutenere & defendere ab injuriis & violenciis, auctoritate Regia, valeat, & eciam teneatur; & contra omnes eis facere Justicie complementum: Et hoc imperpetuum volumus observari; etiamsi terras & dominia in quibus assignavimus vel assignabimus eis redditus, vel aliquas seu aliqua eorum, donacione, commutacione, vendicione, transactione seu quoquam titulo alio sive modo, ad aliud dominium contingeret devenire: Nam cognicionem omnium Causarum, quacunque occasione ad dictum Monasterium spectancium, necnon & Gardiam Sororum ipsarum, Nobis ac successoribus nostris Regibus Francie, specialiter retinemus; & obligamus Nos & successores nostros Francorum Reges, quod predictas cognicionem Causarum & Gardiam, ad dictas Sorores* [f] *pertinencium, non possimus à Nobis vel Successoribus nostris predictis, aliquatenus abdicare. Quod ut ratum & stabile perseveret, fecimus nostrum presentibus apponi Sigillum.* Actum apud [g] Asnerias, [h] Anno Domini 1304.

[e] Poissy.

[f] Ce mot se rapporte à *Causarum.*

[g] *Asner.* R. *Asnieres sur la Seine, à une lieuë de Paris.*

[h] *le mois n'est pas marqué.*

NOTES.

(a) Thresor des Chartres, Registre 97. Piece 12.

Nos

Nos autem dictas Litteras & contenta in eisdem, [a] *ratas & gratas habentes, ipsas volumus, laudamus, approbamus, & tenore presencium, Regia auctoritate, de speciali gracia & ex certa sciencia confirmamus, eademque declarando ac eciam ampliando, prefatis Religiosis, Priorisse & Conventui predicti Monasterii Pissiacensis, pro se & successoribus earumdem, concessimus atque concedimus per presentes, auctoritate Regia, de gracia speciali, quod omnium & singularum Causarum suarum, motarum & movendarum, agendo & defendendo, contra quascunque personas, racione bonorum ad ipsum Monasterium vel ad* [b] *dictas Priorissam & Conventum ipsius, spectancium, cognicio & decisio ad Nos & successores nostros Reges Franc. seu ad Gentes nostras Parlamenti nostri Par. qui nunc sunt & qui in futurum erunt, vel alios per Nos seu Successores nostros, ad hoc specialiter deputatos vel deputandos, & non ad quosvis alios quacunque auctoritate fungentes, spectet & pertineat in casibus quibuscunque; nec possint coram quibusvis aliis Judicibus secularibus, in Causam vel Causas trahi, seu ad Judicium conveniri quovismodo, seu quacunque de causa: Et insuper concessimus & concedimus eisdem, nostris auctoritate & gratia supradictis, quod per Nos aut successores nostros Reges Francie, seu per Cancellarium vel Magistros Requestarum Hospicii Regii, qui nunc sunt & qui in futurum erunt, quociensquunque super hoc extiterint requisiti, deputent & committant Servientes* [c] *Regii aut alie persone sufficientes, quos & quales ad hoc* [d] *necessarie extiterint, qui eas & servitores ac familiares,* [e] *hominesque de corpore earumdem, ab omnibus injuriis & oppressionibus, vi armorum, potencia Laycorum & aliis molestacionibus, inquietacionibus, & perturbacionibus indebitis, tueantur & defendant* [f] *qui omnia & singula debita bona & legalia, recognita, vel probata per Litteras, testes vel alia legitima documenta, que, vocatis evocandis,* [g] *sibi deberi noverint, solvi faciant eisdem; debitores ad hoc, per bonorum capcionem, vendicionem & explectacionem, corporumque detencionem, si ad hoc specialiter obligati fuerint,* [h] *compellendo: Et in casu opposicionis, manu nostra sufficienter munita, quoad debita de quibus per Litteras Sigillo Regio sigillatas, apparebit, opponentes adjornent coram Judice vel Judicibus, qui ad hoc per Nos fuerint deputati; Justiciam super hoc recepturi. Quod ut firmum, &c. salvo in aliis, &c.* Datum in Castro nostro de Luppara-propè-Parisios, Anno Domini 1366. Regni nostri tercio, mense Martii. *Per Regem, presente Confessore.* P. BLANCHET.

CHARLES V. au Château du Louvre près Paris, en Mars 1366.

a rat. grat. ipsf... *R.*

b dict. *R.*

c Regios, & alias personas.

d Mot abbregé & douteux.

e Espece de serfs.

f &.

g Religiosis.

h compell. *R.*

CHARLES V. à l'Abbaye de S.t Denys en France, en Avril 1366.

(a) Lettres qui portent que l'Abbaye de Clugny & tous ses membres, seront desunis du Bailliage de Mâcon, & annexez à celuy de S.t Jangon.

KAROLUS &c. Celestis altitudo potentie que super cuncta tenet imperium, & que Nos sua benignissima disponente gratia, stabilivit in Regem & ad Regni fastigia provexit divinitus, Nos ammonet ut ipsum Regnum & ejus subditos, in pacis transquilitate tenere & fovere, & circa ea que ipsius Regni & nostrorum subditorum, preserim illorum qui ab antiquo de proprio Corone Francie domanio consistunt, conservacionem, custodiam & tuitionem concernunt, vacare, & sub protectione nostra & ejusdem Corone, absque medio, & sine separacione quacunque, tenere & (b) inviolabiliter [i] *observare. Cum itaque nuper Comitatum Matisconensem, carissimo Germano nostro Johanni Duci Bituricensi & Alvernie, ad ipsius statum, & carissime Sororis nostre Consortis sue, sustentacionem,*

i On pourroit corriger, conservare.

NOTES.

(a) Thresor des Chartes Registre 99. Piece 507.

Ces Lettres ayant esté données au mois d'Avril devant Pâques, sont par consequent de la fin de l'année. Voy. cy-dessus p. 612. Note (*). *Voy. la Table des matieres, au mot, Clugny, & les Lettres suivantes.*

(b) Il n'y a dans le Registre que *inviot*, avec une marque d'abbreviation.

CHARLES V. à l'Abbaye de S.t Denys en France, en Avril 1366.

& ipsorum terrarum & redditruum augmentacionem, per nostras alias certi tenoris Litteras, duxerimus concedendum & donandum, per ipsum Germanum nostrum tenendum, regendum & possidendum, sub certis pactis & condicionibus in ipsis nostris Litteris lacius declaratis, ressortum Ecclesiarum Cathedralium & Abbatie Cluniacensis, que coram Baillivo Matisconensi, ante hujusmodi nostram donacionem, tempore quo idem Bailliviatus in manibus nostris existebat, immediate respondebant, & quorum idem Baillivus ressortum habebat, & que de antiquo domanio Corone sunt & fuerunt; ab eodem Baillivo & ejus Jurisdictione & ressorto, penitus eximendo & eciam amovendo, easdem Ecclesias Cathedrales & Abbatiam, sub nostro & dicte Corone nostre domanio, de cetero retinentes. Notum igitur facimus universis tam presentibus quam futuris, quod Nos considerantes quod Prioratus, [a] Villas, terras, loca & membra ad dictam Abbatiam pertinentia, ab eadem Abbatia que ipsorum principale corpus existit, dividi nec separari possunt nec debent, & quod, cum aliàs dictus Comitatus eidem Germano nostro fuit assignatus, [b] quod dicta Abbatia, Prioratus, Ville, terre, loca, & membra alia omnia ejusdem, fuerunt à dictis Comitatu & Bailliviatu Matisconensibus exempta, & Nobis & Corone domanio reservata, auctoritate Regia & certa sciencia ordinamus, volumus, declaramus & decernimus per presentes, quod ipsa Abbatia, Prioratus, Ville, terre, membra, & omnia loca quecumque ad eandem Abbatiam [c] pertinentia, ab eisdem Comitatu & Bailliviatu Matisconensibus, penitus eximantur, & quod sub nostro & dicte nostre Corone domanio remaneant, quamdiu idem Comitatus in manibus ipsius Germani nostri fuerit, vel aliter extra manum Regiam extiterit, absque eo quod à Nobis & ipsius Corone domanio, possint de cetero aliqualiter separari; & quod ipsa Abbatia, Prioratus, Ville, terre, membra & loca omnia ad eandem pertinencia, & omnes ipsorum subditi coram Baillivo (c) Sancti Gengulphi, quem nuper creavimus, immediate habeant ressortiri, & eciam de cetero respondere, modo & forma quibus coram Baillivo Matisconensi, tempore quo Bailliviatus existebat in nostris manibus, respondebant; non-obstantibus quibuscunque Litteris & graciis, eidem Germano nostro vel quibuscunque aliis, per Nos factis vel imposterum faciendis. Quare damus tenore presentium in mandatis dicto Germano nostro, ac Baillivo Matisconensi, & omnibus aliis Justiciariis & Officiariis ipsius Germani nostri, qui nunc sunt & pro tempore fuerint, & eorum cuilibet, & Loca-tenentibus eorumdem, quatenus Abbatem Cluniacensem qui nunc est & pro tempore fuerit, Priores, subditos, [d] justiciabiles, gentes, familiares, & alios quoscunque Officiarios & Ministros ipsius, & quos hujusmodi presens negocium tangit & tangere poterit in futurum, hujusmodi nostra Declaracione, Ordinacione & voluntate, uti & gaudere permittant pacifice & quiete, ipsos aut eorum aliquem, de cetero in contrarium nullatenus molestando, nec molestari faciendo. Quod ut firmum, &c. salvo, &c. Datum in Abbatia Sancti Dyonisii-in-Francia, Anno Domini 1366. & Regni nostri tertio, mense Aprilis ante Pascha. *Per Regem.* N. DE VEIRES. *Visa.*

[a] Ville, terre.

[b] Ce mot est inutile.

[c] pertinen. *R.*

[d] just. *R.*

NOTES.

(c) Sancti Gengulphi] *S.t Jangon.* Voy. le 3.e Vol. des Ordonn. p. 380. Note (c) & les addit. & correct. sur la p. 381. qui sont à la fin de ce Volume. On y verra que ce Bailliage est très ancien; mais qu'il fut supprimé, lorsque le Dauphin Charles donna au Comte de Poictiers son frere, le Comté de Mâcon, par des Lettres du mois de May 1359. Charles devenu Roy, le restablit.

CHARLES V. à l'Abbaye de S.t Denys en France, en Avril 1366.

(a) Lettres portant que le Prieuré de la Charité-sur-Loire, membre de Clugny, ne ressortira plus au Bailliage de Bourges, mais à celuy de S.t Pierre-le-Moustier.

KAROLUS &c. Celestis, &c. (b). Cum inclite recordacionis Dominus Genitor noster, in reconpensationem Comitatus Pictavensis, quem carissimus Germanus noster Johannes Dux Bituricensis & Alvernie, pro tempore obtinebat, Ducatum predictum Bituricensem eidem Germano nostro tradiderit, & sibi duxerit assignandum, per ipsum Germanum nostrum tenendum & possidendum, sub certis pactis & condicionibus in ipsis nostris Litteris, lacius declaratis; ressortum quarumdem Ecclesiarum, infra metas dicti Ducatus Bituricensis & ipsius ressorti, consistentium, sibi & successoribus suis Regibus, & domanio Corone Francie reservando: Notum igitur facimus universis tam presentibus quam futuris, quod Nos, recolentes quod Abbaciam Cluniacensem, que est de antiquo domanio Corone Francie, cum omnibus, Prioratibus, Decanatibus, terris, Villis, locis & aliis membris quibuscunque, eidem Abbacie subjectis, sub nostro & dicte nostre Corone domanio, per alias nostras Litteras [a] retinimus, & ab omnibus aliis [b] Justiciariis temporalibus duximus [c] eximendam; volentes ipsos coram Justiciarios Regios, sine medio, respondere & eciam ressortiri, declaravimus & eciam decrevimus, & auctoritate Regia, certa sciencia & gracia speciali decernimus, & tenore presencium declaramus Prioratum de (c) Caritate, cum omnibus possessionibus, terris, Villis, locis, & aliis membris quibuscunque sibi subjectis, in dicto Ducatu Bituricensi & ejus ressorto, consistentibus [d] que sunt de principalibus & notabilibus membris ipsius Abbatie, & que ab eadem non possunt nec debent aliqualiter separari, ab eisdem Ducatu & Bailliviatu Bitur. penitus fore excempta, & sub nostro & dicte nostre Corone domanio, perpetuo remanere volentes; & auctoritate Regia, tenore presencium statuentes, quod Prior ejusque Prioratus de Caritate, & alii Priores aliorum Prioratuum sibi subditorum, & membrorum ipsius, & eorum successores, ac alii Ministri, Justiciarii, Officiarii, & subditi eorundem, & eorum cujuslibet, qui nunc sunt & pro tempore fuerint, coram Baillivio Regio [e] Sancti-Petri-Monasterii, de cetero immediate respondeant & habeant ressortiri, modo & forma quibus coram Baillivo Bituricensi, tempore quo existebat in manibus Regiis, respondebant & ressortiri debebant. Quare damus tenore presentium, in mandatis dicto Germano nostro, ac Baillivo Bituricen. & omnibus aliis Justiciariis & Officiariis ipsius Germani nostri, qui nunc sunt & pro tempore fuerint, & eorum cuilibet, & Loca-tenentibus eorumdem, quatenus eundem Priorem de Caritate, & alios Priores subjectos qui pro tempore fuerint, & Justiciarios, gentes & familiares, & alios quoscunque Officiarios & Ministros ipsorum, quos hujusmodi presens negotium tangit & tangere poterit in futurum, hujusmodi nostra Declaracione & Ordinacione & voluntate, uti & gaudere permittant pacifice & quiete, ipsos aut eorum aliquem, de cetero in contrarium nullatenus molestando vel molestari faciendo. Quod ut firmum, &c. salvo, &c. Datum in Abbatia Sancti Dionisii-in-Francia, mense Aprilis, Anno Domini 1366. & *(d)* Regni nostri 4.° *Per Regem.* N. DE VEIRES. *Visa.*

[a] retinuimus.
[b] Justic. *R.*
[c] eximend. *R.*
[d] q. *R.*
[e] S.t Piere-le-Moustier.

NOTES.

(a) Thresor des Chartres, Registre 99. Piece 25.

(b) Celestis.] On n'a pas crû devoir faire imprimer le commencement de ces Lettres, qui est précisément le même que celuy des precedentes, jusqu'à ces mots, *Cum itaque nuper, &c.*

(c) Caritate.] La Charité-sur-Loire. Voy. *la Table des matieres du 3.e Vol. des Ordonn.* à ce mot.

(d) Regni nostri quarto.] Par consequent, ces Lettres furent données à la fin de l'année 1366. qui finit le 17. d'Avril, & après le 8. de ce mois : car ce jour-là, Charles V. qui estoit monté sur le Throsne le 8. d'Avril 1364. entra dans la 4.e année de son regne. Voy. la Table des *Pasques*, qui est devant la Table Chronologique des *Ordonnances.*

CHARLES V.
à Paris, le 13. de Mars 1366.

(a) Instructions données par les Gens des Comptes, à un Commissaire envoyé dans la Normandie, pour visiter certains heritages & tenements appartenans au Roy, qui estoient en mauvais estat.

INSTRUCCION faite par le Conseil du Roy nostre Sire, estant en la Chambre des Comptes, le xiij.e jour de Mars, l'An mil ccc. lxvj. presens l'Evesque de Chartres, le Conte de Salebruche, Guillaume de Dormans, Oudart Levrier, Hüe de Roche, Jehan d'Acheres, Bertran du Clos, Thomas le Tourneur, Guillaume de Hametel & Jehan de Chevreuse, afin de savoir & enquerir verité sur plusieurs faiz & articles, touchans plusieurs heritages estans en Normendie, tenuz du Roy nostre Sire, ou sur lesquelx il a droit de prendre & avoir certaines rentes, *(b)* faisances & redevances : Lesquelx heritages, l'en dit telement estre empiriez & tournez à ruyne, pour le fait & occupacions des guerres & mortalitez, qui ou temps passé ont esté en ycelli pays, que aucuns subgiez demourans & residens illec, tenans aucuns d'iceulx heritages, les veulent du tout delaissier; parce que eulx ne les pourroient tenir pour les causes dessusdictes, & païer les rentes & faisances anciennes & acoustumées; si comme eulx dient. Et semblablement, pour ce que aucuns demourans en ycelli pays, qui tenoient aucuns d'iceulx heritages, sont alez de vie à trespassement, sanz hoirs qui aïent recueilli leur succession; & aucuns autres, qui pour les causes dessusdictes ou aucunes d'icelles, se sont partiz du pays, & ont les heritages que eulx tenoient, laissiez *(c)* guerps & gays; parquoy yceulx heritages pourroient [a] plus convertir & tourner en non-valoir, en dommage à nostredit Seigneur, se pourveu n'y est.

a *de plus en plus.*

(1) Premierement. Est de necessité que l'en ait par declaracion, par escript en un [b] roulle, soubz le seel de chascun Viconte, quelx heritages estans en leurs Vicontez, appartiennent au Roy, qui sont empiriez, ou les rentes & revenuës empeschiées pour les causes dessusdictes.

b *rolle.*

(2) Item. De savoir se le Roy est tresfonsier d'iceulx heritages; ou se il les a par conquest, par [c] venduë, par eschange ou autrement : ou se il a droit de prendre & avoir sur yceulx, rentes, faisances ou redevances, & queles & de quel temps.

c *vente.*

(3) Item. [d] Savoir-mon quelx heritages furent [e] bailliez, & en quel estat eulx estoient au temps du bail d'iceulx; & depuis quel temps eulx furent empiriez.

d *Il faut sçavoir.*

e *donnez à bail.*

(4) Item. Savoir-mon se yceulx heritages ont esté empiriez par les causes dessuzdictes, & comment; ou par la [f] simplesce des tenans; ou par fait d'autri qui en ait osté les édifices, desplanté les arbres, fait carriere ou *(d)* marliere ès terres; & par autre voie ou maniere.

f Appar. *negligence.*

(5) Item. Se aucun [g] contreplege en a esté baillie; ou se aucun est obligié à garantir yceulx, fournir & faire valoir, & comment; & quelx heritages sont à ce obligiez.

g *caution.*

(6) Item. Se aucuns arrerages sont deuz; quelx, & à quele quantité; & se par l'ignorance, simplesce ou negligence d'aucuns Receveurs ou Sergens qui yceulx arrerages deussent cueillir & recevoir, aucune chose en est demourée, non * païé ou temps passé, [h] ou prejudice & domage du Roy.

* *payée.*

h *au.*

(7) Item. Que pour savoir & enquerir la verité des choses dessusdictes, soient faictes Enquestes deües; appellez à ce, les Procureurs & Vicontes des lieux, ou leurs Lieuxtenans; & [i] suffisament, les tenans ou aïans cause d'iceulx heritages.

i *souffis.* R.

(8) Item. Que les lieux, & chascun d'iceulx dont il sera question, soient veuz & visitez [k] à bonne deliberacion; appellez certain nombre de genz anciens, sages & expers en telles & semblables choses, selon ce que l'en les pourra trouver demourer ès Paroisses où les heritages seront assiz, ou ès plus prochaines, ou cas que en ycelles, l'en ne pourroit avoir le nombre

k *avec exactitude.*

NOTES.

(a) Ces Instructions sont dans le Memorial *D.* de la Chambre des Comptes, *fol.* 199. *verso.*

Quoyque cette Instruction ne soit pas une Ordonnance, cependant comme elle très importante pour l'éclaircissement des *matieres domaniales,* on a crû devoir la faire imprimer à la suite des Ordonnances de l'Année 1366. à la fin de laquelle elle a esté dressée.

Elle est intitulée dans ce Memorial :

Pro Possessionibus tornatis in non-valorem.

(b) Faisances.] Les deux mots qui accompagnent celui-cy, dont ils sont synonymes, en font connoistre la signification, que les Auteurs du *Gloss. du Droit Franç.* n'avoient pas connuë entierement. Voyez ce qu'ils en disent, au mot, *Faisances.*

(c) Guerps & gays.] Abandonnez : déguerpis. Voy. le *Gloss. du Droit Franç.* aux mots, *Guerpi,* & *Guerpir.*

Gays. Je crois que ce mot signifie, inculte, en friche; & j'ay quelque souvenir de l'avoir trouvé dans ce sens, mais je ne puis dire où.

(d) Marliere.] Fosses faites pour tirer de la *marle* ou *marne,* avec laquelle on engraisse les terres. Voyez le *Gloss. de Du Cange,* au mot, *Marla.*

soufficant; & qui soient passez sanz (e) saon & sanz souspeçon; & (f) qui n'aïent pas à faire de present, en tele & semblable cause.

CHARLES V. à Paris, le 13. de Mars 1366.

(9) *Item.* Que sur ce, soit fait par le Commissaire, un Procès-verbal ouquel soient contenues & comprises les parties des heritages dont il sera doubte & question, & toutes les autres choses à ce convenables & neccessaires.

(10) *Item.* Savoir-mon se aucunes rentes ou autres choses, ont esté [a] achatées en charge de [b] Fieu, sur les tenemens & heritages de nostredit Seigneur.

(11) *Item.* Quelles choses y ont esté achatées, & sur quelx tenemens, & depuis quel temps

(12) *Item.* Pour ce que il y a plusieurs (g) Fermes-Fieufféës, & plusieurs autres tenemens qui sont nommez en [c] moz generalx, & n'en sont pas les parties contenues ès comptes des Vicontes, dont les revenues se doivent payer par parties particulieres; comme d'aucuns grans heritages, qui furent fieuffez ensemble par un seul homme & par une femme, qui depuis ont esté divisez par parties entre Freres, par mariage & par vente, en plusieurs & diverses parties; & aussi d'aucuns (h) heritages jurez pour la debte du Roy, qui sont en diverses parties, & tenues par diverses personnes; & si est dit èsdiz comptes, *en une seule partie de tele jurée, tant:* Et aucun en vouldroit ou pourroit vouloir delessier aucune partie sanz faire declaracion de quel tenement, ce que il vouldroit delaissier, seroit. Si sera sceu & declarié au mielx que ledit Commissaire pourra, soit par declaration de Lettres prises en ladite Chambre, ou autrement, quelx tenement seroient ceulx que l'en vouldroit delaissier, & dont eulx seroient [d] partiz.

(13) *Item.* Se il y a aucuns heritages qui soient demourez [e] guerps & gays, sanz ce que aucuns heritiers, successeurs ou aïans cause, en tiegnent ou weillent tenir tout ou partie, par rente convenable: Lesquelx heritages soient & aïent esté longuement, ou depuis certain temps, de nul proffit; que yceulx heritages soient bailliez par ledit Commissaire, par [f] solemnitez, ou autrement deuement, par le conseil des Viconte & Procureurs, à certaine rente heredital, à vie, ou à temps; ou cas toute-voies, que à present, eulx ne porroient par raison, estre bailliez proffitablement à heritage.

(14) *Item.* Que ou cas que par raison desdiz heritages, ou d'aucuns d'iceulx, sont & pevent estre deuz au Roy, certains arrerages, & que yceulx heritages, pour cause des guerres & mortalitez, aïent longuement esté en non-valoir, & non pas par la coulpe des tenans; ou que pour ycelles causes, les tenans seroient si povres, ou aucuns d'eulx, & avoient esté longtemps, que eulx ne pourroient avoir yceulx labourez ne cultivez; que ledit Commissaire par le conseil dessuzdit, leur face d'yceulx arrerages, tele [g] relasche comme de raison sera; ou cas toute-voies, que eulx vouldroient tenir yceulx heritages, & païer les rentes anciennes.

(15) *Item.* Se il y a aucuns heritages sur lesquelx Madame la (i) Royne Jehanne, Monsieur le Duc d'Orliens, ou aucuns autres, aïent droit de prendre & avoir aucunes rentes, à vie, à temps ou à heritage, que declaration en soit faite audit Commissaire, par les Vicontes, par chascun en sa Viconté; & que à faire Enqueste de ce, soient appellez les Genz & Officiers d'iceulx, selon ce que l'en pourra [h] recouvrer; & soit sceu quelx arrerages leur en sont deuz, & quelles [i] remissions eulx en vouldroient faire; & selon ce que ilz vouldront relascher d'iceulx arrerages, tant que les tenans en soient contens, si leur soient laissiez yceulx heritages, [k] pour les rentes anciennes: Et ou cas que eulx ne vouldroient sur ce faire relasche suffisant, les heritages soient de nouvel bailliez à autres, par leur conseil & advis; après ce que les premiers tenans auront esté sommez, jouxte ce que en l'article ensuivant est contenu.

(16) *Item.* Pour ce que selon la Coustume du pays, quant aucun veult recouvrer un tenement que aucun ait tenu de lui par certaine rente, à heritage, & de droit le tenant, en est encores possesseur, se de fait il ne s'en est dessaisy, ou se il ne l'a esté coustumierement; & aucuns se soient partiz du pays, qui avoient lesdiz heritages laissiez gayz, comme dit est; & depuis avoient esté bailliez à certaine personne, pour le Roy à son proffit, par ledit Commissaire; & après pourroient revenir, & vouldroient yceulx heritages recouvrer; que, considerées plusieurs choses à considerer, se eulx ont yceulx heritages laissiez par an & par jour, en la maniere dessusdicte, sanz depuis retourner à yceulx; ou [l] se eulx sont appellez par trois foiz,

[a] *achetées.*
[b] *Fief.*
[c] *mots generaux.*
[d] *partagez, divisez.*
[e] *Voy. p. preced. Note (c).*
[f] *en observant les formalitez ordinaires.*
[g] *décharge d'une partie des arrerages.*
[h] *suivant les connoissances que l'on en aura.*
[i] *Voy. cy-dessus, Note (g) marginale.*
[k] *en payant les rentes anciennes.*
[l] *si.*

NOTES.

(e) *Sanz saon.*] Sans reproche. Voy. *Du Cange*, au mot, *Sonnire*, à la fin: On y trouvera l'étymologie de ce mot.

(f) *Qui n'aïent pas à faire.*] C'est-à-dire, qui n'ayent pas possedé ou deterioré quelques-uns des heritages, au sujet desquels on fera des Enquestes, ou qui ne soient pas heritiers ou ayant cause de ceux qui les ont possedez ou deteriorez.

(g) *Fermes-Fieuffées.*] C'est ce que l'on appelle ordinairement *Fief-Ferme*, ou plus exactement, *Fieffe-Ferme*. Voy. le *Gloss. du Droit Franç.* au mot, *Fief-Ferme*, p. 466.

M.r *de Poilly* celebre Avocat au Parlement de Paris, a fait depuis peu, en qualité d'*Inspecteur-General du Domaine*, un très beau *Mémoire* au sujet de la Baronie de *Breonze*, située en Normandie, vers *Falaize*, dans lequel il y a un détail très instructif sur les *Fieffe-Ferme*, qu'il définit des concessions à perpetuité du domaine utile d'une Seigneurie infeodée par un Seigneur, qui se reserve la Seigneurie & les droits qui en dependent.

(h) *Heritages jurez pour la debte du Roy.*] Cela peut signifier, des heritages affectez & hypothequez par des actes accompagnez de serments, au payement des rentes & redevances dûës au Roy.

(i) *Royne Jehanne.*] Veuve de Charles le Bel. Voy. le 3.e *Vol. des Ordonn. p. 677. Note (b).*

Philippe *Duc d'Orliens*, Frere du Roy Jean. *Ibid. p. 109. Note (xx).*

CHARLES V. à Paris, le 13. de Mars 1366.

à jours de Dymenche, heure de Messe, à [a] l'oye de la Parroisse où les heritages sont assiz; & après, eulx ne comparent deüement devant le Commissaire, que yceulx en soient privez & deboutez à touzjours-mes, & que le bail qui en sera fait par ledit Commissaire, à un autre, tiegne & vaille à touzjours-mès, nonobstant Coustumes, usages ou acoustumances à ce contraires.

(17) *Item.* Se aucuns heritages sont venuz au Roy, par aucunes des condicions ou manieres dessusdictes, qui, [b] pour aucune cause, n'aïent pas esté bailliez ne appliquiez à son Domaine, que yceulx heritages, enquiz premierement par ledict Commissaire, comment & pour quelle cause yceulx [c] li sont venuz, quelx ilz sont & de quelle valeur, soient par lui bailliez à rente heredital, à temps ou autrement; si comme, par le conseil dessusdit, il sera à faire par raison.

(18) *Item.* Se aucuns qui aïent haulte, moïenne & basse Justice, ont pendant le temps dessuzdit, & pour ycelles causes ou autrement, prins & appliquié à eulx, aucuns heritages qui pour quelconque cause que ce soit, puissent & doïent appartenir par raison au Roy nostre S. que se il treuve par informacion ou autrement deüement, yceulx heritages au Roy appartenir, que il les mette ou face mettre en la main du Roy, realment & de fait: Et se aucun se oppose au contraire, la chose tenue en main comme Souveraine, jour soit assigné aux opposans, à Paris, pardevant les Genz des Comptes, pour [d] aler avant sur ce, si comme de raison sera; & de la chose [e] arrestée, face [f] recreance à Partie, par caution [g] suffisante, se ladite recreance lui est requise.

(19) *Item.* Se en aucun cas qui touche le fait des heritages dessuzdiz, ou autres, aucun veult montrer aucuns tiltres, que la copie en soit prise, & Enqueste faite sur la possession, & le procès rapporté pardevens lesdites Genz des Comptes.

(20) *Item.* Que se ledit Commissaire fait aucuns baulx à heritage, à vie ou à temps, au proffit du Roy, d'aucuns heritages, qu'il en puisse donner ses Lettres, soubz son seel; lesquelles seront confirmées & approuvées par les Lettres du Roy nostre Sire; toute-foiz retenu & reservé en ce, l'advis desdites Genz des Comptes.

(21) *Item.* Se aucuns [h] explois ou diligences avoient ou estoient par lui faiz ès cas dessusdiz, desquelx il ne voulsist pas [i] determiner, pour aucuns doubtes; mais se rapportast de ce, auxdites Genz des Comptes, il envoyroit les [k] faiz toucheroient, ou par autres certains messages, les faiz principalx, les doubtes & son advis, & du Viconte & Procureur du lieu, soubz son seel; & lesdites Genz lui envoïeroient briefment, la deliberacion que eulx aroient sur ce faite.

(22) *Item.* Se ledit Commissaire fait aucun bail de aucuns heritages, par le conseil desdiz Viconte & Procureur, pour ce que les Vicontes des Vicontez ont [l] greigneur congnoissance des preneurs, & les Sergens, que ledit Commissaire; eulx en prendront le [m] contreplege, telx comme eulx seront à prendre, selon la qualité des baux, & les facultez des personnes.

(23) *Item.* Ou temps passé, en baillant les *(k)* Fermes muables, comme la Ferme de *(l)* Montpinchont, la Prevosté de *(m)* la Ferté-Macien, & autres, ont esté comprises ès baulx d'icelles, certaines parties grosses de c. sols, xl. ou xij. sextiers d'avoine, assignés sur Moulins & autres Demaines que tiennent [n] grosses personnes, desquelx par leur puissance, les Fermiers ont esté [o] mauvaisement païez, ou temps passé: Et pour ce, les Fermes, quant ilz [p] eschient à bailler, ne sont, pour telles parties, gueres plus bailliées: Car ceulx qui les prennent, congnoissent bien ceulx, qui doivent lesdites rentes, & la maniere de leurs païemens, si redonde en domage du Roy, en celle partie: Car c'est en pays Coustumier, ou quel possession ou exempcion acquiert droit, & aussi par autre maniere: Car, soubz [q] umbre que telles parties sont comprises èsdites Fermes, le Roy peut perdre *(n)* Reliefs, xiij. & *(o)* Gardes, qui à cause d'icelles rentes & tenemens, lui porroient venir, & qui ne li sont point venuz, ou qui *(p)* poy ou temps passé, ne ne feront ou temps à venir, pour ce que tout est baillié en general, comme dit est. Si soit faite information par le Commissaire, se ce seroit le proffit du Roy, que ycelles parties fussent divisées & separées desdites Fermes, & rendues à part ou compte, comme Demaine fiessé, & ancien, ou non: Et selon ce que il en trouvera, en advise les Vicontes, & leur commande à faire ce qu'il trouvera plus proffitable pour le Roy.

(24) *Item.* De savoir & enquerir quelx heritages ont esté priz & mis ès fossez donnez, arriere-fossez & autres fortifications des Chastiaux Royaux, & bonnes Villes closes; & de quel valeur eulx estoient pour le temps: Et se yceulx heritages estoient au Roy; ou se le Roy y prenoit rentes, & quelles, & se aucuns contrepleges en avoient esté bailliez, & quelx contrepleges, & par qui. P. TURPAIN.

a *en presence des Paroissiens.*
b *par quelque raison.*
c *luy.*
d *proceder.*
e *saisie.*
f *remise en possession.*
g *souffis.* R.
h *procedures.*
i *decider.*
k *Cet endroit me paroist corrompu.*
l *meilleure.*
m *caution.*
n *personnes puissantes en credit.*
o *mal.*
p *sont.*
q *ombre.*

NOTES.

(k) *Fermes muables.*] Baux ordinaires pour un certain temps; à la difference des *Fiesse-Ferme*, qui estoient à perpetuité. Voy. *cy-dessus, p. 717. Note (g).*

(l) *Montpinchon.*] Dans le Diocese de Lisieux. Voy. le *Dict. Univ. de la Fr.*

(m) *La Ferté-Macien.*] On trouve *ibid.* la *Ferté-Macé*, dans le Diocese de *Sez*. C'est apparemment le même lieu.

(n) *Reliefs, xiij.*] Droits Seigneuriaux. Voy. le *Gloss. du Droit Franç.* à ces mots.

(o) *Gardes.*] Des Mineurs. Voy. *ibid.* au mot, *Garde-Noble-Royale, p. 529.* Voy. *p. suiv. Note (b).*

(p) *Poy.*] Il y a une marque d'abbreviation sur ce mot, que je n'entends pas: mais le sens est clair. Peut-estre faut-il lire, *payez*?

CHARLES V.
à Paris, en 1366.

(a) Reglement fait par la Chambre des Comptes, sur quelques-unes des fonctions des Vicomtes de la Normandie.

INSTRUCTION faite par nous les Gens des Comptes du Roy nostre S. sur plusieurs fais touchant ycellui Seigneur, pour le pays de Normandie; si comme par les articles qui ensuivent, puet plus plainement apparoir.

(1) Premierement. Que les Vicontes de Normandie & chascun d'iceulx, si-tost comme il vendra à sa congnoissance, que aucun [a] soubz-aagé soit venu en la *(b)* Garde dudit Seigneur, ilz se transporteront ès lieux où les heritages d'icellui soubz-aagé, seront assis; & se informeront veritablement & loïalment, quelz heritages ledit soubz-aagé tendra & possidera; en quoy en seront les revenuës, quelles elles seront & de quelle valeur; & aussi quelz édifices en [b] manoirs, Moulins, Fours, Halles, Coulombiers, [c] Estanes & autres édifices quelzconques, que ledit soubz-aagé tendra & possidera, ou temps qu'il vendra en la Garde du Roy nostredit Seigneur.

a *Mineur.*
b *maisons.*
c *Estangs.*

(2) Item. Que après ce fait, le Viconte en la Viconté duquel ycelle Garde sera eschenë, la baillera à ferme en la maniere & par les condicions qui ensuivent. C'est assavoir, que il la face crier & [d] subhaster ès lieux & en la maniere acoustumez à faire cris en sa Viconté, par temps convenable.

d *à l'encan.*

(3) Item. Que il la baille à personne souffisante & convenable, plus offrant & derrenier enchierisseur, puissant de payer & faire les choses qui ensuivent: C'est assavoir, tenir les édifices en [e] estat, payer [f] vivres & doüaires, quant ilz seront deuëment declairiez & adjugiez; & pour païer le pris d'icelle Garde, avecques autres charges deuës & acoustumées.

e *bon estat.*
f App. *des pensions viageres dûës par le Mineur;* ou peut-estre, *la nourriture du Mineur.*

Item. Que il ne baillera à homme Noble, à personne d'Eglise, à Advocat, ne à autre personne quelconques, qui soit si puissant & si [g] fortuné ou païs, que l'en [h] lessast enchierir sur lui ycelle Garde.

g *riche.*
h *que l'on n'osât pas encherir.*

(4) Item. Que ilz se informent veritablement, quelles charges hereditaux sont à prendre de raison & de coustume, sur les revenuës d'icelle Garde, par quelles personnes, à quel tiltre, pour quelles causes, & quelle possession ils en ont euë.

(c) Et aussi sont tenuz d'apporter [i] par declaration & soubz [k] seellé, que les autres charges il aura en ladicte Garde, comme de vivres, doüaires, reparacions, & autres choses se elles y estoient.

i App. *à la Chambre des Comptes.*
k *dans un acte scellé de leurs sceaux.*

(5) Item. Se il ne povoit bonnement bailler ycelle Garde [l], les condicions dessusdictes tenuës & gardées, il en cüeillira & recevra bien & loïalment, les prouffis & esmolumens, [m] en la main dudit Seigneur, le temps de ladicte Garde durant.

l *à ferme.*
m *au nom & au profit.*

(6) Item. Que à leurs *(d)* prouchains comptes après le temps de ladicte Garde escheuë, ilz apporteront devers nous, par escript soubz leur seel, les parties des heritages & revenuës quelles elles sont & de quelle valeur, avecques toutes les autres diligences qu'ilz auront sur ce faicte, afin qu'il en soit ordené comme de raison sera.

(7) Item. Que aucun desdis Vicontes, ne païe point de l'argent du Roy, à quelconque personne, ne ne s'efforce de passer en ses comptes, aucunes sommes d'Argent, en faveur d'autruy, se il n'apporte & rende sur ses comptes, toutes les quittances ad ce necessaires.

(8) Item. (e) Pour ce que les Vicontes ont acoustumé de venir compter tantost après le terme escheu, avant que ilz païent aucunes rentes à héritage, à vie ne autrement; ja soit ce que on leur ait acoustumé à passer tout en leur compte, il est ordené que d'ores-en-avant, ilz rendront à chascun terme, avant toute euvre, les Lettres de recongnoissance des assignez sur leurs Vicontez, du terme precedent ou precedens; & respondront à touz les arrestz qui auroient esté fais sur le compte desdiz termes; & les sommes qu'ilz auroient prises au terme ou termes precedens, dont ilz ne monstreront Lettres de recongnoissance, l'en leur sera rendre, en l'extrait de leur compte; & puis l'en commencera à oïr le compte du terme dont ilz seront venus compter.

NOTES.

(a) Memorial *D.* de la Chambre des Comptes de Paris, *folio* neuf-vingt-dix-sept, *verso*.

Les mêmes raisons qui ont determiné à faire imprimer la Piece precedente, ont engagé à donner aussi celle-cy. [Voy. cy-dessus, p. 716. Note *(a)*.] Elle n'est point datée; mais il y a apparence qu'elle a esté faite vers la fin de l'Année 1366. car elle est transcrite dans le Memorial, immediatement avant la precedente.

(b) Garde.] C'est le droit qu'ont les Seigneurs, de joüir des revenus des Fiefs de leurs Vassaux Mineurs; à la charge d'avoir soin de leur éducation. Voyez le *Gloss. du Droit Franç.* au mot *Garde*, p. 529. *Du Cange*, sous le mot *Custos*, p. 1281. de la 2.e edit. de Paris, au mot, *Custodia Pupillorum*; & les *Institutes Coustum. de Loisel, commentées par de Lauriere, t. 1. l. 1. tit. 4. n.° 1. p. 227.*

(c) Et aussi.] Le reste de l'article est à la marge, & il y a à la fin: *Fuit adjunctum preter ordinem contentum*; c'est-à-dire, à ce que je crois, que cela a esté ajoûté depuis que l'Instruction a esté dressée & mise au net.

(d) Prouchains comptes.] Les premiers comptes qu'ils rendront, après que la Garde sera ouverte.

(e) Pour ce que.] Voicy comment j'entends cet article. Il paroist par les Registres de la Chambre des Comptes, que les Vicontes & les autres Comptables, devoient presenter à un jour marqué, leurs comptes depuis un certain terme. Par exemple, ils presentoient à la Saint Martin, le compte de leur recette & de leur dépense, depuis Pasques. [Voy. le 2.e *Vol. des Ordonn.*

CHARLES V, à Paris, en 1366.

(9) *Item.* Que pour ce que aucuns desdis Vicontes, ont aucune-fois receu de plusieurs personnes, certaines sommes de deniers, à cause de leur recepte, & par importunité ou autrement, refusoient à donner leurs quittances aux personnes qui leur païoient ycellui argent; & ainsi ledit Viconte vivant, ou après son trèspassement, quant il estoit question de l'argent qui avoit esté païé, & cellui qui l'avoit païé, ne le povoit monstrer par quittance, [a] il convenoit que il le repaïast; mesmement, que on ne vouloit recevoir à prouver son païement ou païemens par tesmoings : Et pour ce, est ordené que lesdiz Vicontes donront desoresmais quittances de l'argent qu'ilz recevront, aussi & par tele maniere comme ilz la auront de cellui qu'ilz paieront; afin d'oster les questions, les doubtes & plaidoïeries qui s'en porroient ensuir.

a *& il estoit obligé, &c.*

(10) *Item.* Que chascun desdis Vicontes en sa Viconté, se transportera ès Chasteaux, Forteresses & autres lieux [b] Royaux du Roy nostre S. touteffoiz que [c] mestier sera, & pour [d] eschever les dommages, ruynes & [e] empiremens qui se porroient ensuir desdis lieux Royaulx; appellez avec lui le Capitaine desdiz Chasteaux, ou son Lieutenant, & les Maistres Jurez des [f] Euvres dudit Seigneur, ou Bailliage où sa Viconté est assise, & autres qui feront à appeller, tant & tel nombre comme mestier sera; & verra & visitera, & fera veoir & visiter toutes les reparacions neccessaires à faire èsdis Chasteaux, Forteresses & autres lieux Royaulx, & les parties d'icelles reparacions neccessaires, fera mettre par escript, par la relation desdiz Jurez & autres ad ce appellez, & les prendra pardevers lui par escript, comme dit est, par maniere de rapport fait par lesdiz Jurez, soubz seel Royal; ou au moins, soubz les seaulx desdiz Jurez.

b *appartenans au Roy.*
c *besoin.*
d *éviter.*
e *deterioations.*
f *Bastiments.*

(11) *Item.* Que (f) les tasches neccessaires pour faire lesdictes reparacions, soient en maçonnerie, charpenterie, couverture, [g] matieres, [h] service pour ce faire, & toutes autres choses neccessaires & convenables, il baillera à tasche à rabaiz, ensemble, ou par parties, le mielx & le plus prouffitablement qu'il porra; & les fera crier & subhaster deuëment par temps convenable ès lieux acoustumez à faire cris en sa Viconté : Et les baillera & delivrera sans faveur, aux plus rabaissans, pourveu que yceulx rabaissans soient personnes souffisantes, convenables & solvables pour faire & acomplir entierement toutes lesdictes reparacions, sans aucune faulte.

g *matereaux.*
h *Ouvriers.*

(12) *Item.* Que lesdiz Vicontes païeront bien & loïalment de l'argent de leur recepte, [i] ad ceulx à qui il appartendra, tout ce qui devra estre païé pour lesdictes reparacions.

i *à.*

(13) *Item.* Que de tout ce qu'ils auront païé pour cause desdictes reparacions, ilz prendront quittance soubz seel Royal, de toutes les personnes particulieres à qui ilz auront fait païement pour raison desdictes reparacions, de tele somme d'argent comme ilz auront païe.

(14) *Item.* Que le plustost qu'ilz porront bonnement, après ce que lesdictes reparacions auront esté faictes, ilz requerront [k] diligemment au Bailli du lieu, ou à son Lieutenant, que il visite lesdictes reparacions; & ycelles visitées par ledit Bailli ou Lieutenant, en prendra Lettres de certifficacion dudit Bailli ou Lieutenant, comme ycelles reparacions auront esté faictes deuëment : ce sauf, que ou cas que il y auroit aucune faulte par la [l] coulpe de ceulx à qui lesdictes [m] tasches seroient demourrées, ledit Bailli ou son Lieutenant, les contraindra hastivement à faire ce qui y seroit à faire de raison.

k *dilig.* R.
l *faute.*
m *Voyez Note (f)*

(15) *Item.* Que chascun desdis Vicontes, apportera les [n] parties desdictes tasches, les noms & surnoms des personnes à qui elles auront esté baillées, & les sommes d'argent par lesquelles elles seront demourées aux plus rabaissans, pardevers nous.

n *memoires.*

(16) *Item.* Que chascun desdis Vicontes, apportera sur son (g) prouchain compte, quant il [o] vendra compter, les parties desdictes reparacions, par escript, verifiées deuëment soubz le seel dudit Bailli ou Lieutenant; & chascune partie d'icelles, par tele maniere & si clerement, qu'il puisse & doïe souffire selon raison.

o *viendra.*

(17) *Item.* Que lesdis Vicontes apporteront semblablement, toutes quittances des sommes d'argent, païées pour les ouvrages desdictes reparacions, sans aucune faulte.

(18) *Item.* Que se aucun Viconte cesse par négligence ou autrement, de faire & acomplir bien & deuëment, toutes les choses dessusdictes & chascune d'icelles, & il s'efforce autrement de passer en son compte, aucunes [p] euvres que il die avoir esté faictes èsdiz Chasteaux, Forteresses & autres lieux Royaux, & de prendre pour ce en son compte, aucunes sommes de deniers, ycelles parties lui seront [q] royées, [r] recouvrées sur lui, & pour ce sera mis en bonne amende.

p *ouvrage.*
q *rayées.*
r *on ne luy alloüera passees sommes.*

NOTES.

p. 282. IV.] Lorsqu'ils n'avoient pas payé toutes les personnes qui avoient des deniers à prendre sur leur recette, on ne laissoit pas d'employer ces *parties* dans le chapitre de dépense : Mais l'on faisoit un *arrest*, c'est-à-dire, une mention de ces *parties* qui n'avoient pas esté payées, & qui estoient restées en *debet*.

Il est ordonné par cet article, que lorsqu'un Viconte viendra presenter son compte pour le dernier terme, avant que d'y proceder, il presentera les *Lettres de reconnoissance*; c'est-à-dire, les quittances de ces *parties*, qui estoient restées en *arrest* & en *debet*, dans les comptes precedents, s'il les a payées; & s'il ne les a pas payées, il remettra & rendra les deniers à quoy monteront ces *parties* qui n'auront pas esté payées.

(f) *Les tasches.*] C'est-à-dire, les marchez qui feront à faire pour ces reparations, soit en gros ou en détail : en gros, lorsque quelqu'un entreprendra toute la reparation d'un edifice; en détail, lorsque l'un entreprendra ce qui regarde la maçonnerie; l'autre ce qui regarde la charpenterie, &c.

(g) *Prouchain compte.*] Le premier compte qu'il rendra, depuis que ces reparations auront esté faites.

TROISIEME SUPPLEMENT.

(*) TROISIEME SUPPLEMENT.

(*) Differentes raisons ont empesché que les Pieces suivantes, n'ayent esté placées à leur rang; mais le plus grand nombre & les plus importantes, ont esté tirées des anciens Registres des Arrests & *Jugez* du Parlement de Paris; & je n'ay eu la communication & même la connoissance de ces Registres, que depuis très peu de temps. Voy. l'Avertissement qui est à la fin du 3.e Vol. des *Ordonn.* p. ij.

JEAN I.er ou selon d'autres, Jean II. à Amiens, en Novembre 1355.

(a) Lettres par lesquelles le Roy cede au Comte de Brienne, tous les droits qu'il pouvoit avoir sur ceux qui s'estoient avoüez Bourgeois du Roy, dans le Comté de Brienne, & dans les autres Terres du Comte de Brienne, situées en Champagne.

a *C'est un Arrest du Parlement.*

JOHANNES Dei gracia Francorum Rex: Notum facimus universis tam presentibus quam futuris, quod per dilectum & fidelem Consanguineum & Consiliarium nostrum, *(b)* Galtherum Ducem Athenarum & Comitem Brenne, certis aliis nostris Litteris in filis sericis & cera viridi sigillatis, eidem Consanguineo nostro, per Nos graciose concessis, Curie nostre exhibitis & traditis: Quarum Litterarum tenor sequitur & est talis.

JOHANNES Dei gracia Francorum Rex: Notum facimus universis tam presentibus quam futuris, quod cum in Comitatu Brene, Feodis, Retrofeodis, & (c) Gardiis ipsius Comitatus, & aliis terris quas dilectus & fidelis Consanguineus noster, Galtherus Dux Athenarum & Comes dicti Comitatus, habet in Comitatu Campanie, sint plures homines & femine Burgenses nostri (d) Albani supervenii aliunde, & alii qui (e) se advoaverunt & advoant nostros homines & feminas de Jurata; ac eciam plures homines & femine dicti Consanguinei, suorum Feodorum, Retrofeodorum & Gardiarum, qui eos (f) deadvoaverunt, & se advoaverunt & advoant homines & feminas nostros de dicta Jurata; nitendo se eximere à servitute qua sunt ipsi Consanguineo nostro, & suis Feodatis, Retrofeodatis & Gardiis, ut dicunt, astricti; occasione quorum, certe lites mote sunt in nostra Parlamenti Curia & alibi, inter Procuratorem nostrum & dictos homines & feminas, ex una parte; & dictum nostrum Consanguineum, aliquos ipsius Feodatos, Retrofeodatos & Gardias, ex altera: Et jam, quoad aliquos homines & feminas, in factis contrariis ipse Partes existunt. In dicto eciam Comitatu Brene, Feodisque, Retrofeodis & Gardiis ejusdem, & aliis terris dicti nostri Consanguinei, in dicto Comitatu Campanie, frequentant &

NOTES.

(a) Registre du Parlement, intitulé sur le dos :

Jugez du Parlement : Registre 15. *fol.* 208. *recto.*

(b) Galtherum.] Voy. sur le Duc d'Athenes & sur le Comté de Brienne, le 3.e Vol. des Ordonn. p. 643. Notes *(b.c.)*

(c) Gardiis.] Garde. Voy. la *Table des Matieres*, au mot, *Garde.*

(d) Albani.] *Aubains.* La signification que ce mot doit avoir icy, est très bien expliquée dans des Lettres qui sont cy-dess. p. 519. 1.

(e) Se advoaverunt ... de Juratâ.] C'est-à-dire, s'*avouent* & se reconnoissent *Bourgeois* du Roy, & sujets au droit de Jurée, qui estoit dû par les Bourgeois. Voy. le *Gloss. du Droit Franç.* aux mots, *Bourgeois* & *Jurée*, *Du Cange*, aux mots *Burgenses* & *Jurata*, & principalement, l'*Usage des Fiefs de M. de Brussel*, L. 3. ch. 15.

(f) Deadvoaverunt.] Ont desavoüé le Comte de Brienne leur Seigneur, se sont soustraits de sa Seigneurie. Voy. *Du Cange*, au mot, *deadvocare*, qui est la même que *deadvoare.*

JEAN I.er ou selon d'autres, Jean II. à Amiens, en Novembre 1355.

quandoque morantur quidam se dicentes nostros (g) Majores, ibi Jurisdicionem exercent, & plura faciunt [a] *explecta, quamplurimum dicto nostro Consanguineo, suis Feodatis, Retrofeodatis & Gardiis dampnosa, hominesque & feminas ipsius nostri Consanguinei, & suorum Feodatorum, Retrofeodatorum & Gardiarum, movent & inducunt ad ipsos deadvoandos, & se nostros homines & feminas advoandos de Jurata predicta; pluraque alia faciunt ibidem gravamina & inconveniencia, unde sepius mote sunt & moventur plures lites in dicta nostra Parlamenti Curia & alibi, quamplurimum sumptuose; & per* [b] *hoc possent dicti Comitatus Brene, & aliarum terrarum nostri sepedicti Consanguinei, quas habet in dicto Comitatu Campanie, jura, redditus & emolumenta non modicum diminui vel perire: Propter* [c] *que, dictus Consanguineus noster Nobis humiliter supplicavit, sibi per Nos super premissis, de gracioso remedio provideri. Nos, de jure quod in premissis habemus omnibus, seu habere possumus, ac de commodis & emolumentis que Nobis evenire possunt & competere ex eisdem, plenarie informati, volentesque dicti Consanguinei nostri dampnis & laboribus salubriter obviare, grata servitia per ipsum Nobis & Predecessoribus nostris, in guerris & alibi, impensa fideliter, & que continue impendere non desistit, recolentes, de nostra certa sciêntia, auctoritate Regia & gratia speciali, sepedicto Consanguineo nostro, pro se & suis heredibus vel successoribus quibuscunque, damus & concedimus, ac in ipsum, ejus heredes vel successores predictos, transferimus per presentes, omne jus quod habemus vel habere possimus, aut quoquomodo possemus habere in futurum, in hominibus & feminis & Burgensibus nostris Albanis supervenitis aliunde, & aliis in dicto Comitatu Brene, Feodis, Retrofeodis & Gardiis ipsius, & in aliis terris quas habet dictus noster Consanguineus, in dicto Comitatu Campanie, ad presens morantibus, & in futurum, undecunque originem traxerint vel evenerint, moraturis, ac eciam in hominibus & feminis qui dictum nostrum Consanguineum, ejus Feodatos, Retrofeodatos aut Gardias aliquos deadvoaverint, & se homines aut feminas nostros de dicta Jurata advoaverint; super quibus seu quorum occasione, lis aliqua pendet in dicta nostra Parlamenti Curia aut alibi, vel* [d] *aliter mota sit quoquomodo; absque eo quod Nos aut Successores nostri, amodo possimus in dictis hominibus & feminis, qualitercunque jus aliquod reclamare; jure nostro superioritatis duntaxat excepto: Procuratori nostro Generali, ceterisque Procuratoribus & aliis Officiariis nostris quibuscunque, & eorum cuilibet, super* [e] *hoc perpetuum silencium imponentes. Mandantes dilectis & fidelibus Gentibus nostris que Parlamentum nostrum proximum, seu alia Parlamenta futura tenebunt, Baillivo* [f] *Trecensi, ceterisque Justiciariis nostris aut eorum Loca-tenentibus, qui nunc sunt & futuri sunt, & cuilibet eorumdem ut ad eum pertinuerit, quatenus dictum Consanguineum nostrum, ejusque heredes & successores, nostra presenti gratia seu concessione & translatione, ac ceteris suprascriptis, quatenus Nos aut Successores nostros tangit aut tangere potest, vel poterit in futurum, gaudere & uti pacifice faciant & permittant; nec ipsos Consanguineum nostrum, vel heredes aut successores suos, contra premissa vel eorum aliqua, impediant vel perturbent, aut impediri vel perturbari quoquomodo faciant vel permittant, non-obstantibus quibuscunque processibus super premissis factis, quos, in quantum Nos tangit, nullius volumus existere firmitatis; (h) ac donis & graciis per Nos aut Predecessores nostros, eidem Consanguineo nostro, tam ad vitam ipsius quam in perpetuum hereditagium, aut aliter quovismodo, sibi vel suis factis, quas & que, quoad hoc, pro expressis haberi volumus per presentes, ac si essent nominatim in presentibus specificata & inserta specialiter & expresse; non-obstantibus eciam Ordinationibus seu Constitutionibus quibuscunque, per Nos aut Predecessores nostros, aut alios quoscunque, factis, vigore quarum, aliam qualemcunque oporteat de dictis donis vel graciis facere mentionem. Quod ut firmum & stabile permaneat in futurum, presentibus Litteris nostrum fecimus apponi Sigillum: nostro in aliis & alieno in omnibus jure salvo.* Datum Ambianis, Anno Domini 1355. mense Novembris.

[a] actes judiciaires.

[b] h. R.

[c] q. R.

[d] al. R.

[e] h. R.

[f] de Troyes.

NOTES.

(g) *Majores.*] Je crois que par ce mot, il faut entendre les *Majeurs* ou les *Maires*, nom que l'on donnoit ordinairement aux premiers Officiers *Municipaux* des *Communes* ou *Bourgeoisies*. Voy. *Du Cange*, 2.e Edit. de *Paris*, au mot, *Major*, p. 348.

(h) *Ac donis & graciis.*] Voy. par rapport à cette clause, les Lettres du 3. de Juillet 1357. dans le 3.e Vol. des Ordonn. p. 175.

[a] IPSISQUE Litteris in dicta nostra Curia, Procuratore nostro Generali ad hoc presente, palam & publice lectis & publicatis, ac ipsi Procuratori ostensis & traditis; quia idem Procurator Litteras suprascriptas [b] impunare sive contradicere noluit, ipsa nostra Curia, contenta in hujusmodi Litteris, Consanguineo nostro memorato, teneri & observari voluit & precepit, juxta earumdem Litterarum continenciam & tenorem. Quod ut firmum & stabile permaneat in futurum, has nostras presentes Litteras, Sigilli nostri munimine fecimus roborari : salvo in aliis jure nostro & in omnibus quolibet alieno. *Datum Parisius in Parlamento nostro, Anno Domini 1355. mense Januarii.* Signata sic. Per Cameram. DYONIS. Collacio facta est per me.

a *Suite de l'Arrest du Parlement.*
b *impugnare.*

CHARLES REGENT. Jean I.er ou selon d'autres, Jean II. à Paris, le 27. de Novembre 1357.

(a) Lettres portant que les affaires des Religieux de S.t Jean de Jerusalem, ne seront plus portées à la Prevosté de Chauny, mais au Siege de Roye.

NOTUM facimus quod cum dilecti nostri Religiosi, Prior & Fratres Hospitalis Sancti Johannis Jeherosolimitani, in Prioratu Francie, cum eorum familiaribus, rebus & bonis, in speciali protectione & Salva-gardia Regia existentes, consueverint & debeant & eorum subditi, à dicte eorum Ecclesie fundatione, in dicta Salva-Gardia, sub nostris ressorto & superioritate Regiis, remanere; ad eorumque noticiam devenerit, quod Castrum, Villam & Castellaniam de [c] *Calniaco, in cujus Castellania seu Prepositura, dum in manu Regia existebat, consueverant* [d] *ressortire, carissimo Fratri nostro Duci Aurelianensi, certis causis & modis tradidimus, & Nobis humiliter* [e] *supplicarunt, ut eis & eorum subditis, alium locum Regium, in quo ressortiri habeant modo & forma quibus in dicta Castellania & Prepositura de Calniaco, ressortiri solebant, assignare vellemus : Nos autem, attentis predictis, ipsis Religiosis & eorum subditis, locum & Villam nostram de* [f] *Roya, pro ressorto suo, in omnibus Causis & negociis suis de quibus apud Calniacum ressortire & respondere consueverant, tenore presencium assignamus ; à dicta Castellania & Prepositura de Calniaco, ipsos eximentes : Baillivo Viromandensi ac Preposito nostro de Roya, & eorum cuilibet prout ad eum pertinuerit, mandamus & committimus, ut dictorum Religiosorum ac eorum subditorum, Causas & querelas, in dicto loco de Roya audiant, & Partibus exibeant Justicie complementum, quo usque à Nobis aliud super* [g] *hoc habuerint in mandatis. In cujus rei testimonium, &c.* Datum Parisius, 27. die Novembris [h] 57.

DYONIS.

c Chauny dans la Picardie.
d *ressortiri.*
e *supplic. R.*
f Roye en Picardie.
g *h. R.*
h *1357.*

NOTES.

(a) Registre du Parlement, intitulé sur le dos: *Jugez du Parlement :* Registre 15. *fol.* 471. *recto.*

CHARLES REGENT. Jean I.er ou selon d'autres, Jean II. à Paris, le 18. d'Octobre 1358.

(a) Ordonnance portant que les Presidents du Parlement, avec les Conseillers qui composoient le dernier Parlement, jugeront, jusqu'à ce qu'il y ait un nouveau Parlement assemblé, les procès pendans au Parlement, sans pouvoir juger des affaires qui n'y ont pas encore esté portées, à moins qu'il ne le leur soit ordonné par des Lettres Royaux.

KAROLUS Regis Francie Primogenitus, Regnum regens, Dux Normanie & Dalphinus Vienn. Dilectis & fidelibus precarissimi Domini & Genitoris nostri, ac

NOTES.

(a) Reg. du Parlement, intitulé sur le dos : *Jugés* [a] *C.* en Decembre 1351. [b] *F.* en Juillet 1363. XIII. *fol.* 262. *recto.*

Avant les Lettres suivantes, il y a :

Continuaciones & Ordinaciones coram Presidentibus, de annis 58. 59. & 60. usque ad 13.am Januarii, quâ die incepit Parlamentum illius anni.

Voy. les Lettres suivantes.

a commencez.
b finis.

CHARLES REGENT. Jean I.er ou selon d'autres, Jean II. à Paris, le 18. d'Octobre 1358.

*nostris, (b) Parlamenti Par. Presidentibus, Salutem & dilectionem. (c) Cum inter cuncta Mundi terrena, que in regimine dicti Regni sunt fieri neccessaria, ut pro saulte Anime nostre, ac pro tuitione, securitate, defensione & conservacione hujusmodi Regni, & subditorum ejusdem, ac in ipsum undequaque affluencium, (d) hoc facere tenemur, ac eciam Nobis principaliter incumbit, sic * quod Justicia que nemini delinquenti parcit, sed unicuique, absque acceptatione personarum, reddit & reddere debet quod suum est, fiat & firmiter observetur: Verum, cum dictum Parlamentum quod hactenus hucusque, semper fuit, est & erit, adjutorio Christi omnipotentis interveniente & mediante, lux & splendor Justicie, ac capitalis Justicia tocius dicti Regni, in instanti Festo Beati Martini Hyemalis, ut sepissime & quasi frequenter, incipere, & per certas (e) assignationes solitas, teneri consuevit, tam ob factum & impedimentum presencium guerrarum, nunc quasi undique per predictum Regnum vigencium, quam certis aliis justis & legitimis de causis, in dicto Festo facere incipi & teneri minime de presenti intendamus, quousque super hoc aliud duxerimus ordinandum: Nos dictam Justiciam capitalem, quantum in Nobis est & possumus ac tenemur, toto cordis nostri affectu, teneri, observari ac eciam exerceri affectantes, ne delicta remaneant impunita, vobis, de quorum fidelitate & diligencia plenarie confidimus, habita super hoc primitus matura deliberatione Consilii, tenore presencium committimus & mandamus, quatenus, una cum aliis predicti Genitoris nostri & nostris Consiliariis, tam Clericis quam Laycis, [a] Camerarum dicti Parlamenti, & eciam Inquestarum ejusdem Parlamenti, (f) qui Parisius intererunt, & qui [b] aliter pro expeditione negociorum dictarum Camerarum, in ipsis Cameris interfuerunt, in crastino [c] Octabarum Festi Beati Martini Hyemalis predicti, in dicta Parlamenti Curia Par. personaliter interstitis, id nullatenus omissuri; & ibidem, dicta die ac diebus sequentibus continue, quousque per prefatum Genitorem nostrum sive Nos, aliud super hoc extiterit (g) ordinatum, & id receperitis in mandatis, omnes processus & [d] Inquestas, in dicto Parlamento, temporibus retroactis hucusque, ad judicandum receptos & receptas, ac alias quascunque scripturas, acta & munimenta, (h) in Arresto appunctatas & appunctata, diligenter ac fideliter videatis, studeatis & judicetis, & consultationes vestras atque Judicia pronuncietis, prout vobis visum fuerit rationabiliter expedire; necnon [e] Litteras & (i) accorda quascunque, per predictum Parlamentum [f] alias fieri &*

* Ce mot qui est en abbregé, est douteux.

a La Grand' Chambre. Voy. le 3.e *Vol. des Ordonn.* p. 387.

b al. *R.*

c Octavarum.

d Voy. la *Table des Matieres du 3.e Vol. des Ordonn.* au mot, *Enquestes.*

e des Arrests.

f al. *R.*

NOTES.

(b) *Parlamenti.*] Il y a dans les *Annotationes Guill. Budæi in 24. Pandectarum libros,* sur la Loy *ultima, de Senatoribus,* un très grand & très curieux détail sur le Parlement, qui commence au fol. XL. *recto*, dans l'Edit. de Par. de 1536. in-fol. Il n'en est dit qu'un mot dans cet endroit, & Budé continue au fol. LIII. *recto*, jusqu'au folio LVI. *verso*. Il cite au folio LIIII. *recto*, deux Ordonnances, l'une de 1294. dont il rapporte même plusieurs articles traduits en latin; & une autre Ordonnance de 1306. qu'il dit estre de Philippe le Long, ainsi il y a erreur dans le chiffre, & il faut apparemment corriger 1316. du moins, ce fut cette année que ce Prince monta sur le Throsne.

Il y a apparence que ces deux Ordonnances se sont perdues depuis le temps de *Budé*; car elles ne se trouvent point dans le 1.er Volume des *Ordonnances*.

(c) *Cum &c.*] Voicy le sens du préambule de ces Lettres, qui n'est pas bien clair, & peut-estre corrompu.

De tous les devoirs que le Regent a à remplir dans ce monde, le principal est de bien gouverner le Royaume, & d'y faire rendre la Justice.

(d) *Hoc.*] Je crois qu'il faut corriger *hec.* Peut-estre ce mot est-il écrit avec une *h.* & une marque d'abbreviation, dans le Registre que je n'ay plus, pour le verifier.

(e) *Assignationes.*] Les establissements & les indications des nouveaux Parlements. Voy. cy-dessus, p. 683. Note (*b*).

(f) *Qui Parisius intererunt, & qui aliter, &c.*] Il y a dans le Reg. *al.* avec une marque d'abbreviation, & on pourroit lire, *alias*. Cela n'est pas bien clair; je crois que cela signifie, tous ceux qui ont composé le dernier Parlement, soit qu'ils soient à Paris & ailleurs.

(g) *Ordinatum.*] Il n'y eut point de Parlement, jusqu'au 13. de Janvier 1360. Voy. p. preced. Note (*a*).

(h) *In Arresto appunctatas.*] C'est-à-dire, les Pieces & titres, & les procedures, au sujet desquelles il a esté rendu un Arrest d'*appointement*.

(i) *Accorda.*] Des *accords* & des accommodements entre des Parties, sur des procez commencez. Ces accords se faisoient du consentement du Parlement, qui les confirmoit par un Arrest.

Il y a dans les Registres des *Jugez* du Par-

(k) transiri solitas ac solita, fieri faciatis & eciam transeatis. Intentionis tamen nostre non existit nec volumus, (l) sed vobis districte inhibemus, ne Partes aliquales, de quibuscunque [a] *Causis, coram vobis litigare quomodolibet faciatis seu permittatis, nisi solum de hiis de quibus expresse per nostras Litteras super hoc confectas, & nostro magno sigillatas Sigillo, & non aliter, vobis mandabimus & committemus; quod tamen modicum facere intendimus, & eo casu, causa pia sive favorabili aut neccessaria interveniente. Volumus autem, & per presentes, ex certa* [b] *sciancia, ac auctoritate Regia qua fungimur in hac parte, ordinamus, quod omnia & singula que per vos fient, ordinabuntur aut pronunciabuntur in premissis & eorum dependenciis, valeant, teneant & execucioni demandentur; appellacione seu reclamacione quibuscunque rejectis & penitus non admissis; quemadmodum si per predictum Parlamentum facta, ordinata seu pronunciata extitissent, sive essent. In quibus omnibus & ea tangentibus, ab omnibus Justiciariis & subditis dicti Regni, & nostris, vobis pareri volumus efficaciter & intendi. In cujus rei testimonium, nostrum presentibus Litteris Sigillum duximus apponendum.* Datum Parisius, 18. die Octobris, Anno Domini 1358. *Per Dominum Regentem, presente Domino (m) Cancellario Normanie.*

J. BLANCH.

a de nouveaux Procez.

b scientia.

NOTES.

lement, plusieurs *accords* inserez dans les Arrests qui les ont *homologuez*. Voy. le *3.e Vol. des Ordonn. pp. 198. & 199.* la *Table des mat. de ce 3.e Vol.* au mot, *Parlement*, au bas de la *p. CXXII. col. 1.* & *Du Cange, 2.e Edit. de Par.* au mot, *Accordum.*

(k) Transiri.] Passer, confirmer & homologuer. Le mot *passer* en ce sens, se trouve souvent dans les Lettres Royaux.

(l) Sed vobis.] Il fut derogé à cet article, par l'Ordonnance du 19. de Mars 1359. qui suit celle-cy.

(m) Cancellario Normanie.] Il se nommoit *Jean de Dormans*. Voy. le *3.e Vol. des Ordonn. p. 212. Note (c).*

CHARLES REGENT. Jean I.er ou selon d'autres, Jean II. à Paris, le 19. de Mars 1359.

(a) Ordonnance portant que les Presidents du Parlement, ledit Parlement nonseant, jugeront toutes les affaires qui seront portées devant eux, de quelque estat & condition que soient les personnes qu'elles regarderont; & qu'ils n'auront égard à aucunes Lettres de don, de pardon & de remission, qui auront esté ou seront données par le Regent & par les principaux Officiers du Royaume, s'ils les jugent contraires à la Justice.

CHARLES ainsné Filz du Roy de France, Duc de Normendie, & Dauphin de Vienn. A noz amez & feaulx Conseilliers de nostre très chier Seigneur & Pere, & les nostres, les Presidens par Nous deputez en la Chambre du Parlement à Paris, Salut & dilection. Comme pour le fait & occupacion des presentes guerres, qui lonctemps ont esté & encore sont, lesqueles croissent & multiplient de jour en jour; le Parlement qui touztemps a esté, & est, quant il se tient, la Justice capital & souveraine de tout le Royaume de France, representant, sanz moyen, la personne de mondit Seigneur & la nostre, n'ait pas esté tenuz par certainnes années [c] derrenierement passées, & encore pour la cause dessusdicte, ne puisse-l'en savoir bonnement, *(b)* quant il se pourra tenir, & pour ce, Nous, par noz autres Lettres faites & données à Paris, le 18.e jour d'Octobre, l'An 358. vous eussions commiz, deputez & establiz Presidens oudit Parlement, pour faire & exercer & maintenir [d] en lieu dudit Parlement, & ycelui vaccant, ladicte Justice capital, si comme plus à plain est contenu en nozdictes Lettres: Toute-voiz, Nous avons entendu que de plusieurs faiz & Causes civiles & crimineles, qui depuis sont avenuës & escheuës, & de jour

c *derr.* R.

d *à la place.*

NOTES.

(a) Reg. du Parlement, intitulé sur le dos: *Jugées* * C. *en Decembre 1351.* F. *en Juillet 1363.* XIII. *fol. 296. verso.* Voy. cy-dessus, p. 723. l'*Ordonn. du 18. d'Octobre 1358.* à laquelle celle-cy déroge.

(b) Quant il se pourra tenir.] Il se tint le 13. de Janvier 1360. Voy. cy-dessus, p. 723. Note *(a)*.

* *Voy. p. 723. Note (a).*

CHARLES REGENT. Jean I.er ou selon d'autres, Jean II. à Paris, le 19. de Mars 1359.

en jour aviennent & eschient, *(c)* vous n'avez voulu ne ne voulez cognoistre, sanz en avoir de Nous, mandement & commission par noz Lettres patentes: Et comme depuiz la date de noz Lettres dessusdictes, & n'agaire, Nous, par grande & meure deliberacion de nostre Conseil, pour le bien principalment de Justice, qui est lumiere & conservacion de païs, & pour le proufit évident de la chose & du bien publique, qui est à preferer devant toutes choses terriennes, aïans entre les autres choses, fait certainne *(d)* Ordenance sur le fait & estat dudit Parlement, & sur l'eleccion & nombre des personnes qui seront & continuëront d'ores-en-avant, en icelui Parlement, pour faire & exercer ladite Justice capital; duquel nombre, combien que à present, ledit Parlement nonséant vous soïez nommez & appelez President, vous avez esté & estes nommé *(e)* & esleu pour le grant bien, prudence, science, loyauté & diligence qui sont en vous: Pourquoy, considerées les choses dessusdictes, & mesmement, que selon toute raison, & les droiz qui parlent & traittent de conservacion, seurté & union de Peuples, Royaume & regions, Justice est plus neccessaire, & doit estre plus diligemment & asprement faite, maintenuë & gardée en temps de guerre, que de [a] pais, Nous, qui sommes grandement occupez à veillier & entendre neccessairement & continuelment, au fait desdictes guerres, & au bon gouvernement dudit Royaume, pour la seurté d'icelui, & la bonne & breve [b] délivrance & recouvrance de mondit Seigneur & Pere principalement; confians aussi à plain de voz discrecions, sens, prudences, loyautez & diligences dessusdictes, avons commiz, deputé & enchargié, & par la teneur de ces presentes Lettres, vous commettons, deputons & enchargons pardessus touz, tout le fait, la charge & l'exercice entierement de toute ladicte Justice capital dudit Royaume, sanz aucunnes causes ou personnes quelconques en excepter; & quant à ce, Nous en deschargons nostre conscience & en chargons les vostres. Si vous mandons, commettons & estroitement commandons & enjoignons, sur les loyautez & seremens que vous avez à mondit Seigneur & à Nous, que en touz cas, & en toutes Causes civiles & crimineles, avenuës & à avenir, meuës & à mouvoir, entre, pour & contre quelques personnes que ce soit, de quelque estat & condicion que elles soient, Nobles ou non-Nobles, de nostre sanc, des Hostelz de Nous, de nostre très chiere Compaigne la Duchesse, ou d'autres, vous faciez raison & Justice, sanz faveur, delay, ne déport, & sans acceptation de personnes grandes, moïennes, [c] au petites, selon ce & par la maniere que vous verrez qu'il sera à faire, & que les cas [d] les requerront, tout en la fourme & maniere que vous feriez, pourriez & devriez faire par la Justice ordinaire, Souveraine & capital dudit Parlement, se il seoit: Et oultre, se par aucune aventure, par importunité de requerans, par inadvertence ou autrement, comment que ce soit ou feust, Nous ou noz Lieutenans, Connestables, Mareschaulx, Mestres des Arbalestriers, [e] au Capitaines, avons fait, ont fait ou temps passé, [f] faisons ou facent ou temps avenir, aucunes remissions, graces, dons ou pardons, soit en cas civil ou criminel, qui aïent esté ou soient ottroïées & [g] passées sans cause juste & raisonnable, ou contre bien de Justice, ou au préjudice & dommage de mondit Seigneur, de Nous, ou d'autre personne quelconques, Nous voulons & vous deffendons estroittement, que aus Lettres patentes ou closes qui en sont ou seront faites, & seellées, soit en las de soïe & cire vert, en jaune ou [h] vermeille cire, signées de nostre propre main ou autrement, ne à quelconques mandemens de bouche que Nous vous en facions, vous n'y obbeissiez en aucune maniere; maiz icelles Lettres comme injustes, subreptices,

a *paix.*

b *Le Roy Jean estoit prisonnier en Angleterre.*

c *ou.*

d *le.*

e *ou.*

f *fais.* R.

g *Voy. cy-dessus, p. 725. Note (k).*

h *rouge.*

NOTES.

(c) Vous n'avez voulu.] Les Lettres du 18. d'Octobre portent précisément, qu'ils ne connoistront pas des affaires qui n'avoient pas encore esté portées au Parlement. Voy. page 725. Note *(a)* marginale.

(d) Ordenance.] C'est celle du 27. de Janvier 1359. Elle est dans le 3.e *Vol. des Ordonn. p. 385.*

(e) Et esleu.] A costé de la ligne qui commence par ces mots, il y a en marge ce qui suit: Nota. *Nomen Justicie, tamen tempore discidii inter Ducem Burgondie ex una parte, & Ducem Aurelianensem, ex altera, anno 411.° valde odiosum.*

torsioneres & iniques, cassés & [a] annulées sanz difficulté aucune, & sanz de Nous avoir, ne attendre autre mandement sur ce : Et Nous icelles Lettres oudit cas, comme obtenuës & empetrées par importunité, inadvertence, & contre nostre conscience, les cassons, irritons & anullons par ces presentes; & [b] tant ce que vous avez fait & ferez d'ores-en-avant, ou fait de Justice & ès choses dessusdictes & en leur dependances, Nous voulons, décernons, declairons & ordenons, que il tiegne & vaille, & ait [c] autele force & vertu, & soit miz à execucion, comme s'il avoit esté & feust fait par vous, ledit Parlement séant. Car ainsi le voulons Nous, & l'avons ordené & ordenons pour consideracion des choses dessusdictes, par la déliberacion de nostre Grant-Conseil, de certaine science, & de l'auttorité Royal dont Nous usons. En tesmoing de ce, Nous avons fait seeller ces Lettres de nostre Seel. *Donné à Paris, le [d] 19.e jour de Mars, l'An de grace 1359.*

Publicata ad hostium Camere Parlamenti, die lune, 20. die Aprilis, Anno Domini 1360.

a *annullez.*

b Peut-estre, *tout.*

c *telle.*

d à la fin de l'année.

CHARLES FILS AISNÉ & Lieutenant de Jean I.er & selon d'autres, Jean II. à Paris, en Avril 1363.

(a) Lettres pour la Confrairie des Notaires, par lesquelles il leur est deffendu d'aller au Chastelet les Dimanches, pour y faire les fonctions de leurs Charges.

KAROLUS Regis Franc. Primogenitus & Locum-tenens [e] Dux Norm. & Dalphinus Vienn. Universis presentibus pariterque futuris, Salutem. Inter curas & solicitudines que Nobis, ex Ministerio predicte Regalis dignitatis Locum-tenencie, incumbunt, sollicite cogitare Nos convenit atque decet, & ad id summo opere nostre consideracionis acies [f] versetur, quod carissimo Domino Genitori nostro atque Nobis, fideliter ac fructuose [g] obsequantes, & qui fidelitatis vinculo naturaliter conjuncti eidem Domino nostro & Nobis existunt, & potissime circa Divina vacare volentes, condigne premientur, *& in suis oppotunitatibus, per dictum Dominum nostrum & Nos,* [h] sentient *se adjutos. Sane humilis dilectorum nostrorum Notariorum Castelleti Par. Nobis porrecta supplicacio continebat, cum secundum normam decem preceptorum Legis, à summo omnium Conditore, Prophete Moisy,* in summitate Montis Sinay, *collatam; & postmodum, per Dominum nostrum Jhesum-Christum unicum ejus Filium, post ipsius Incarnacionem, confirmatam & implectam, inter cetera, unusquisque Fidelis catholicus & Creatura humana, inter Festa & solennitates annuales, diem Dominicam solennizare, & ex necessitate salutis, sabatizare; necnon in eadem die, ab omni opere manuali penitus cessare teneatur, seque devote, pio affectu &* corde *contritto, precibus & oracionibus erga Omnipotentem, cui proprium est misereri semper & parcere, humiliter exponendo;* adeo quod *de delictis & negligenciis* [i] *per sex dies hujusmodi diem Dominicam precedentes,* [k] *mediente misericordia Divina, eadem die ipsi veniam obtineant: Quamobrem memorati supplicantes, circa premissa pro viribus vacare adoptantes, ex eorum communi assensu & conformiter unanimes, certam ordinacionem & colloquium adinvicem patrarunt ac eciam egerunt;* dumtamen *dicti Genitoris nostri & nostrum super hoc, prebere vellemus accordum, licenciam & assensum,* super *tenore qui sequitur & informa; videlicet, quod ipsi supplicantes, eorumque successorez dicti Castelleti Par.* [l] *à modo inantea, cessabunt ab* exercitione *eorum Officiorum, & opere* [m] scribture [n] *peragenda, in hujusmodi Castelleto, & sedibus ibidem constructis; necnon in (b) Cenobio seu* Ecclesia, *tabernaque vel locis circumvicinis, die Dominica prelibata, supersedere tenebuntur; & ea ipsi suique successores*

e Regis Franc. 3.e *Vol.*

f versatur.

g obsequentes. 3.e *Vol.*

h *sentiant.*

i commissis.

k *mediante.* 3.e Vol.

l Notarii.

m *scripture.*

n peragendo. 3.e *Vol.*

NOTES.

(a) Thresor des Chartres, Registre 101. Piece 25.

Ces Lettres ont déja esté imprimées dans le 3.e Vol. des Ordonn. p. 636. d'après le *Recueil imprimé des Chartres des Notaires;* mais elles y sont défigurées par un très grand nombre de fautes. [Voy. *ibid.* Note *(a)*]. On en avoit corrigé quelques-unes à la marge. On donne icy ces Lettres plus correctement, & telles qu'elles sont dans le Registre 101. du Thresor des Chartres; cependant il s'y est aussi glissé plusieurs fautes: ces deux Textes serviront à se corriger mutuellement. On a fait imprimer icy en caractere romain, les principaux endroits qui sont corrompus dans le 3.e Vol. des Ordonn.

(b) Cenobio seu Ecclesia, tabernaque.] Il

CHARLES V. à Paris, en Avril 1363.

Notarii, in creacione vel institucione eorumdem, tempore successivo, coram Preposito Par. vel ejus Locum-tenente, aut dicti Castelleti Sigillefero, presentibus vel futuris, promittere, fide & juramento intervenientibus, tenebuntur, & inviolabiliter observare, sub pena vinginti solidorum Par. [a] *tott. vicibus à transgressoribus* exigendorum, *quot casus* exigerit, convertendorum & applicendorum; mediatim, *dicto Domino Genitori & Nobis, per Receptorem Par. presentem vel futurum;* & mediatim, *in usibus Confratrie Beate-Marie dictorum Notariorum in eodem Castelleto, per Predecessores dicti Domini Genitoris nostri & nostros, fundate: In qua Confratria, Missa cotidiana, suis sumptibus, ibidem in Domino celebratur, precibus & suffragiis cujus Misse, predictus Dominus noster, ejusque predecessores Francorum Reges & Nos, participes efficimur & consortes, sicut dicunt. Notum igitur facimus quod Nos,* supplicacioni *eorumdem, premissis consideratis, favore benigno, prompte & liberaliter annuentes, laudabile propositum dictorum supplicantium, in Domino* [b] *commandando, ad memoriam reducentes virtuosam &* [c] *commandabilem fidelitatis constanciam, quam supplicantes prelibati, erga prefatum Dominum Genitorem nostrum, ejusque* predecessores *Francorum Reges, & Nos,* legitime, *absque ulla macula seu opprobrio; necnon* attentis *sincere devocionis, constancie, fidei probitatisque, fidelitatis & affectionis ipsorum integritate, quam ad eumdem Dominum nostrum & Nos, temporibus dudum lapsis, habere percepimus,* eximia, *hujusmodi ipsorum merita delectabiliter recensentes, ac dignum reputantes & congruum, ut in hiis que ad ipsorum cedunt prosperitatis augmentum, dictum Genitorem nostrum & Nos propicios inveniant & benignos, ac in suis* [d] *oportunitatibus liberales, predictam Ordinacionem, necnon omnia & singula superius expressa, tanquam racioni consona, approbantes, dicti Domini Genitoris nostri, & nostrum super hoc prebendo assensum, ea volumus, laudamus, ratifficamus, & ex certa scientia, auctoritate Regia Nobis in hac parte attributa, perpetuo confirmamus de gracia speciali, per presentes. Dantes autem tenore presencium, in mandatis Preposito Par. vel ejus Locum-tenenti, necnon Sigillifero dicti Castelleti, presentibus vel futuris, & cuilibet eorumdem prout* ad eum pertinuerit, *quatinus predictam Ordinacionem, ac omnia & singula in presentibus Litteris contenta, viso tenore earumdem, & que in suo robore volumus perpetuo permanere, receptoque ab eisdem, ut* premittitur, *juramento palam & publice, loco solito & diebus oportunis, in dicto Castelleto publicari; ipsamque per dictos supplicantes & ipsorum* [e] *quilibet; necnon successores eorumdem,* [f] *Notarii dicti Castelleti, tempore successivo, sub penis superius expressatis & injunctis, à delinquentibus* exigendis & levandis, *dum & quociens casus se contulerit, inviolabiliter observari faciant; necnon Receptori predicto, ut penas hujusmodi, occasione premissa, commissas, ab omnibus quorum intererit, & in usibus predictis applicandas,* exigi & levari, *ut ceteris transeat in exemplum, &* [g] converti; *delinquentes ob hoc viriliter* [h] *compellando: Inhibentes insuper, districtius injungendo memorato dicti Castelleti Sigillifero, ne dicta die Dominica, ad locum solitum, pro exercicione dicti sui Officii, ullatenus accedat; Usu, Consuetudinibus, Ordinacionibusque & Mandatis contrariis* nequaquam *obstantibus quibuscunque: Et ut premissa roboris perpetuo obtineant firmitatem, presentes Litteras, Sigilli nostri fecimus appensione muniri, salvo in aliis jure predicti Domini nostri & nostro, & in omnibus quolibet alieno.* Actum Parisius, Anno Domini 1363, mense Aprilis. *Sic signata. Per Dominum Ducem.* FRANÇOIS. *Visa.*

a tott. 3.e Vol.

b commendando.

c commendabilem. 3.e Vol.

d opportunitatibus. 3.e Vol.

e quemlibet.

f Notarios.

g faciant.

h compellendo. 3.e Vol.

i Voyez le 3.e Vol. des Ordonn. p. 602.

NOTES.

paroist par ce passage, que les Notaires estoient dans l'usage d'aller travailler quelquefois dans un Couvent ou Eglise, & dans un Cabaret voisin du Chastelet.

CHARLES DUC de Normandie, Fils & Lieutenant de Jean I.er & selon d'autres, Jean II. à Paris, en Fevrier 1363.

(a) *Establissement d'un Barrage sur la Chaussée de Saint Nicolas, près de Beauvais.*

CHARLES ainsné Filz & [i] Lieutenant du Roy de France, Duc de Normandie & Dalphin de Vienn. Savoir faisons à tous presens & advenir, que par la supplicacion de nostre amé & feal *(b)* l'Evêque de Beauvais, Chancellier de France,

NOTES.

(a) Tresor des Chartres, Reg. 101. Piece 31.

(b) L'Evêque de Beauvais.] Il se nom-

& de

& de nos bien amés les habitans d'icelle Ville, & autres [a] environ, Nous ayons entendu que par la grant habundance des yauës, venans à la [b] chaucie Saint Nicolas, emprès ladicte Ville, par laquelle a grant chemin d'ancienneté, & par ycellui, [c] une grant partie des biens dont ycelle Ville de Bauvais est gouvernée, le [d] terrouer feust si mol, & les terres & chemins si effondrés, que à paines y povoit aucuns passer à pié, cheval ou charetes; dont moult de inconveniens, & perilz de gens, de chevaux & autres choses, sont maintesfois [e] ensuis; & pour ce, ou temps passé, eussent esté octroyé plusieurs [f] Barraiges qui cüiellis ont esté [g] au lieu; de l'emolument desquelz, avec l'aide de plusieurs bonnes personnes, est faicte oudit lieu, une chaucie bonne & bien edifiée, construite & ordenée: Mais pour les habundances desdictes yauës & mollece du bas terroer, là où située est ycelle chauciée, ne se pourroit soustenir ou durer en estat, sens y mettre souvent admendement; & se elle [h] dechoit, y auroit pire & plus perilleux chemin que devant: Nous, des choses dessusdictes suffisament informés, avons donné & octroyé de grace especial & de certaine science, audis supplians, un Barraige pour la sustentacion d'icelle chaucie; c'est assavoir, que oudit lieu de la chaucie, ledit Barraige soit cüeillis, levés & exploittiés sur les passans, par la maniere acoustumée en tel cas, & cy-desoubz declarée, par les personnes qui commises y seront, soit par bail de Ferme, ou autrement, par le Receveur de l'Evesque de Beauvais, Seigneur du lieu, qui pour le temps sera, de & sus chascun chariot [i] wit ou chargé, un Denier parisis; d'une charete wide ou chargée, une Maillie parisis; de chascun cheval, jument, asne, mulet & broëte chargés ou wis, sens selle & *(c)* sens fraude, à bas ou *(d)* pennel, ou chargés sens bas, une [k] Poitevine parisis, à cüeillir & lever une fois par jour seulement, des-ores-mais-en-avant à toûjours, pour tourner, convertir & emplacier en la sustentacion, [l] recevance & admendement d'icelle chaucie, & non ailleurs, par la deliberacion, advis & ordennance du Bailli & Receveur de Beauvais: pourveu que chascun an, auxdis Bailli & Receveur, soit une fois rendu compte de la recepte & [m] mise d'icellui Barrage, par ceulz qui s'en seront entremis: Auxquelz Bailli & Receveur, Nous par ces presentes, donnons & commettons povoir, auttorité & mandement especial *(e)* des choses dessusdictes, & chascune d'icelles & despendences d'icelles, faire. Si donnons en mandement à tous les Justiciers & Officiers de Monf. & de Nous, & du Royaume, presens & advenir, ou à leurs Lieuxtenans, & à chascun d'eulz si comme à lui appartendra, que lesdis supplians facent & laissent joïr & user paisiblement & perpetuelment, de nostre presente grace, selon la teneur de ces presentes; en contraignant [n] ad ce, les rebelles & contredisans, se besoing estoit, par toutes les voïes & manieres qu'il appartendra à faire de raison. Et que ce soit ferme chose & estable à tousjours, Nous avons fait mettre nostre Seel à ces Lettres: sauf en autres choses le droit de Monf. & de Nous, & l'autruy en toutes. *Ce fu fait & donné à Paris, l'An de grace 1363. ou mois de Fevrier.* Ainssi signé. Par Monf. le Duc. OGIER. *Visa.*

CHARLES Duc de Normandie, Fils & Lieutenant de Jean I.er & selon d'autres, Jean II. à Paris, en Fevrier 1363.

a *Mot douteux.*
b *chaussée.*
c *vient.*
d *terrain.*
e *ensuivis: suivis.*
f *Voyez* Du Cange, *au mot*, Barragium.
g *dans ce lieu.*
h *deperit.*
i *vuide.*
k *ou* Pite. *Voy. cy-dessus, p. 10. Note (b).*
l *Ce mot me paroist corrompu.*
m *depense.*
n *à.*

NOTES.

moit *Jean de Dormans.* Voy. l'*Hist. Geneal. de la Mais. de Fr. t. 6. page 332. & t. 2. p. 272.*

(c) Sens fraude.] Ces mots me paroissent suspects, & je les crois corrompus. Oseroit-on proposer de corriger, *sans frain?*

(d) Pennel.] L'on m'a dit qu'il y avoit une espece de bast, que l'on nommoit *panneau* dans quelques Provinces. *Pennel* est peut-estre la mesme chose que *panneau.*

(e) Des choses.... faire.] De faire ces choses.

CHARLES V. à l'Hôtel Saint Paul près Paris, le 21. de May 1365.

(a) Lettres portant que les personnes de la Province de Tours, qui n'ont pas payé les droits d'amortissements & indemnitez, par eux deûs pour les acquisitions qu'ils ont faites depuis quarante ans, les payeront, & que la finance qui en proviendra, sera donnée à la Duchesse d'Anjou.

CHARLES par la grace de Dieu Roy de France: A nostre amé & feal Conseillier, *(b)* l'Abbé de Vendosme, Jehan Crete [a] Doyen de Gascoingne, Guillaume le Roy, Chevalier, & Jehan de Bryon Bailli de Tours, ou à son Lieutenant, Salut & dilection. Il est venu à nostre congnoissance, que en la Duchié de Touraine, & ès ressors & [b] mettes d'icelle, ont esté fais depuis quarante ans en-çà, jusques au jour de la date de ces presentes, plusieurs [c] acquis de personnes [d] coustumieres, en Fiefs Nobles; & aussy en yceulx Fiefs, plusieurs *(c)* Gens d'Eglise Chappelles fondées, plusieurs [e] lays & [f] donnoisons faictes aus Eglises desdiz païs, en augmentant *(d)* ycelles rentes & possessions, dont aucune finance, admortissement ou indempnité [g] Nous esté faiz ne païez à Nous ne à noz predecesseurs Roys de France; & pour ce que Nous avons entendu de certain, que nostre très chiere & amée Suer la *(e)* Duchesse d'Anjou, à Tours où elle est, ne puet pas de present, avoir grant finance du pays de nostre très chier Frere le Duc d'Anjou son Mary, pour ce que tant que il en a [h] peu traire ne avoir, il a prins & envoyé querir pour soy mettre en bon estat, & aler ès parties de Gascoingne, où Nous l'avons envoyé nostre Lieutenant: Nous confians à plain de voz sens, discrecions & diligences, vous mandons & par especial à ce commettons, ou à troys de vous, que vous, par voz commis & deputez ad ce, contraignez & faites contraindre [i] royalment & de fait, toutes les personnes & chascune d'icelles, qui en ladicte Duchié de Tourroine & ès ressors d'icelle, tant en *(f)* Regale comme dehors, ont fait lesdiz acquès, fondées Chappelles, & à qui les dons & lays ont esté fais & donnez en augmentant les rentes & possessions des Eglises, les tenans & possidens d'iceulx, & de ceulx qui cause en ont, tant de gens d'Eglise comme autres, depuis le temps dessusdit jusques aujourdui, en quelque maniere & par quelque tiltre que ce soit, à en faire & païer les finances, amortissemens & indempnitez, à nostreditte Suer, telles comme en tel cas appartient, & tout en la fourme & maniere que Nous ferions & faire pourrions pour Nous proprement: Lesquelles finances, amortissemens & indempnitez ainsi faictez, avecques touz & telz proufiz comme [k] issir en pourra, Nous dès maintenant, donnons & octroyons de grace especial, à nostreditte Suer, pour [l] li aidier à gouverner &

a *Voy. la Note (b).*
b *bornes: districts.*
c *acquisitions.*
d *Non-Nobles.*
e *legs.*
f *donations.*
g *ne.*
h *pû tirer.*
i *reellement.*
k *sortir: venir.*
l *luy.*

NOTES.

(a) Thresor des Chartres, Regiistre 104. Piece 218.

Ces Lettres sont inserées dans d'autres Lettres du mois de Juillet 1371. Voy. les *Prefaces des Vol. des Ordonn.* au §. *Amortissements.*

(b) Abbé de Vendosme.] Il n'y a rien dans la *Gall. Christ. de la 1.ere Edit.* qui puisse faire connoistre comment se nommoit celuy qui estoit Abbé de Vendosme en 1365.

Je n'ay rien trouvé non plus dans la Notice de la Gascogne, de *Oihenart,* sur le Doyenné de Gascogne.

(c) Gens d'Eglises Chappelles fondées.] Je crois qu'il manque-là quelques mots, comme *Gens d'Eglises* ont *Chappelles fondées;* ou plustost, *Gens d'Eglises* ont fait des acquisitions par *Chappelles fondées.*

(d) Ycelles rentes.] C'est-à-dire, *les rentes & possessions d'icelles Eglises,* comme il y a plus bas.

(e) Duchesse d'Anjou.] Marie de Châtillon, dite de *Blois,* Fille puisnée de Charles de Blois, Duc de Bretagne, & de Jeanne de Bretagne, Femme de Loüis de France, Roy de Naples, &c. Duc d'Anjou & de *Touraine,* second Fils du Roy Jean. Voy. l'*Hist. Geneal. de la Mais. de Fr. t. 1. p. 227. 228. & 229.*

(f) Je crois que par ce mot, il faut entendre icy, le Domaine du Roy. Voy. *Du Cange,* au mot, *Regalia.*

soûtenir son estat; en donnans en mandement à noz amez & feaulx les Gens de noz Comptes à Paris, presens & avenir, que touz ceulx qui [a] finé auront de ce, avecques vous, ou voz Commissaires donnez sur ce [b] de vous, desdittes finances, amortissemens & indempnitez, [c] par rapportant une foiz copie de ces presentes, & quictence de nostrediƈte Suer, de paiement & satisfaccion plainne en avoir fait à elle, il les en tiennent & leurs hoirs à touzjours, pour quittes & paisibles; & Nous mesmes dès maintenant, les en quittons & deschargons; & voulons & Nous plaist que à touz-jours-mais, ils tiennent & possident les choses pour lesquelles il auront paié finance à vous pour nostrediƈte Suer, ou à ses gens, sans ce que Nous, noz Successeurs ou noz Gens, les puissions pourforcier ou contraindre de en faire ou paier aucune finances, armortissemens ou indempnitez pour ce, à Nous, ou temps present ne advenir. De ce faire à vous ou à troys de vous, ou aus commis sur ce de par vous, donnons plain povoir, auttorité & mandement especial: Mandons & commandons à touz noz [d] Justiciables, Sergens, Officiers & subgès, que à vous ou à trois de vous, & aus commis sur ce de par vous, comme dit est, obéissent & entendent diligament, & vous prestent conseil, confort & aide sur ce, se [e] mestier en avez, & vous les en requerez, [f] nonobstant quelconques autres dons ou graces que faiƈtes ayons à nostrediƈte Suer, Ordennances, Mandement ou defenses quelconques, à ce contraires. *Donné en nostre Hostel-lez-Saint-Pol près de Paris, le 21.e jour de May, l'An de grace 1365. & de nostre Regne le second.* Et sont ainsi sign. Autreffois seellées & signées par le Roy. FERRICUS. Et aussi, par l'ordenance de Mess. des Comptes. J. DE LUZ.

CHARLES V. à l'Hôtel Saint Paul près Paris, le 21. de May 1365.

a *financé.*
b *par.*
c *en.*
d *Je crois qu'il faut corriger, Justiciers.*
e *besoin.*
f *Voy. cy-dessus, p. 722. Note (h).*

CHARLES V. à Paris, le 12. d'Avril 1366.

Jean I.er & selon d'autres, Jean II. à Paris, le 9. de Mars 1361.

(a) *Lettres portant que les Ouvriers des Monnoyes, ne pourront estre assignez devant les Juges d'Eglise, que dans les cas dont la connoissance appartient à ces Juges.*

CHARLES par la grace de Dieu Roy de France: Au Prevost de Paris, & à tous autres Justiciers ou à leurs Lieuxtenans, Salut. Nous avons veu les Leƈtres de nostre très cher Seigneur & Pere, dont Dieu ait l'Ame, contenant la forme qui s'ensuit.

JEHAN par la grace de Dieu Roy de France: Au Prevost de Paris, & à tous autres Justiciers ou à leurs Lieuxtenans, Salut. Nous avons entendu par la griefve complainƈte de noz Ouvriers & Monnoyers de nostre Monnoye de Paris, disans, tant en leurs noms comme ou nom de noz autres Monnoyers du [g] serment de France, que comme ilz soient moult [h] amenuisiez en nostre Royaume, par la mortalité qui y a esté; & par previleiges de noz Predecesseurs & de Nous, à eulx oƈtroyez, soient exempts de toutes Juridicions quelles que elles soient, si comme par la teneur desdiz previleiges, vous est aparu ou apparra, & ne sont tenuz de respondre, fors devant les Maistres de noz Monnoyes, de quelque cas que ce soit, excepté de trois cas reservez èsdis previleiges; & nonostant ce, & que eulx & leurs [i] mesgnies, soient en nostre Sauve-garde especiale, eulx ouvrans en nosdites Monnoyes, & non ouvrans, plusieurs Juges d'Eglise, Officiaulx, Prelatz, Abbez & Colleges, & autres singulieres personnes, les font de jour en jour, [k] cemondre, citer & adjourner par previleige [l] de Rome, & autrement, pour debtes, & autres cas dont la cognoissance en

g *Voy. les* Tables des Matieres des Volumes des Ordonnances, *au mot*, Monnoye.
h *diminuez.*
i *famille: domestiques.*
k *semondre.*
l *obtenus du Pape.*

NOTES.

(a) Registre *F.* de la Cour des Monnoyes de Paris, *fol. 59. reƈto.*

Avant ces Lettres, il y a:

Lettres que les Prevostz, Ouvriers & Monnoyers du serment de France, ne soient aucunement [m] traiƈtez par devant Juges d'Eglise.

m traits, tirez, assignez.

CHARLES V.
à Paris, le 12. d'Avril 1366.

apartient à Nous & aux Maistres de nosdites Monnoyes, & par telles citations & adjournemens, les traveillent & mectent en [a] excommuniment, contre la teneur de leursdits previleiges, & qui ne regardent en riens les articles reservez à l'Eglise, la Foy de Crestienté & de mariaige, ou grant préjudice & dommaige desdis complaignans, s'il est ainsi: Mesmement par telle vexacions, il leur conviendroit laisser noz Monnoyes dessusdictes, qui pourroit redonder au dommaige de Nous & aussi de nostre peuple: Pourquoy, Nous qui voulons les Libertez & franchises de noz Monnoyers, estre gardez, vous mandons & commectons, & à chascun de vous, que [b] se, veu la teneur de leurs previleiges dessusdits, il vous appert estre ainsi, requerez de par Nous, nostre amé & feal l'Evesque de Paris, & autres Prelatz & Abbez, & singulieres personnes d'Eglise, dessusdictes, que de nosdits Ouvriers & Monnoyers, ilz ne tiennent dores-en-avant Court ne congnoissance, excepté des cas dessusdits reservez à l'Eglise; mais se cessent de eulx travailler, citer & adjourner & faire convenir pardevant eulx, par la maniere dessusdicte, & tout ce que contre la teneur de leursdits previleiges, aura esté fait ou attempté par Sentence d'excommuniement, indeuëment, qu'ilz le rappellent & mectent au neant. Et ou cas qu'ilz en seront deffaillans, les y contraignez par la prinse de leur temporel, duquel vous ne faciez aucune [c] recreance, se le cas ne le requiert; & [d] autrement, par toutes les voyes & manieres qu'il sera affaire de raison, & à rendre à Nous & ausdits complaignans, tous coustz, fraiz & missions raisonnables, èsquelz Nous & eulx pourrions encourir par le retardement de nostre ouvraige & monnoyaige: [e] Cela faictes si & par telle maniere, que lesdits complaignans n'en retournent plus plainctifs pardevers Nous. *Donné à Paris, le 9.e jour de Mars, l'An de grace 1361.*

a *excommunication.*
b *si.*
c *vous ne les remettiez en possession.*
d *les contraigniez autrement.*
e *Mot douteux.*

LESQUELLES [f] dessus transcriptes, & tout le contenu en icelles, Nous voulons demourer en leur vertu, & avoir leur plain effect. Si vous mandons & estroictement enjoignons, & à chascun de vous si comme à luy apartiendra, que icelles Lettres vous enterinez & acomplissez, & mectez à execucion deuë de point en point, selon leur forme & teneur, touteffois que [g] mestier sera, & requis en serez de par nosdits Monnoyers. Car ainsi le voulons Nous estre fait, & leur avons octroyé & octroyons de grace especial, par ces presentes; nonobstant quelzconques Lectres subrepticès impetrées ou à impetrer au contraire. *Donné à Paris, le 12.e jour d'Avril, l'An de grace mille (b) III.c XLIIII. & de nostre Regne le tiers.*

Ainsi signé. Par le Roy à la relacion du Conseil. J. DE REMIS.

f *Lettres.*
g *besoin.*

NOTES.

(b) III.c XLIIII.] Au-dessus de *III.c* il y a d'une autre main, *IIII.* Le chiffre qui est après *XL.* a esté chargé; & au-dessus, il y a d'une autre main, *IIII.*

La date qui est dans le Texte, & les corrections qui y ont esté faites, sont fausses; & il doit y avoir 1366. Car ces Lettres sont de Charles V. puisqu'il appelle le Roy Jean son Pere. Or, Charles V. monta sur le Throsne le 8. d'Avril 1364. La premiere année de son Regne, va jusqu'au 8. d'Avril de la mesme année 1364. c'estoit le dernier jour de l'année, veille du jour de Pâques, qui commença l'année 1365. La deuxieme année de son Regne, va depuis ce 8. d'Avril 1364. jusqu'au 8. d'Avril 1366. c'estoit le 4.e jour de cette année, dans laquelle Pasques arriva le 5. d'Avril. La troisieme année va depuis le 8. d'Avril 1366. jusqu'au second 8. d'Avril de la même année, laquelle finit le 17. d'Avril. Par consequent, ces Lettres données dans la troisieme année de Charles V. le 12. d'Avril, sont du commencement de l'année 1366. car le 12. d'Avril de la fin de cette année, Charles V. estoit entré dans la quatrieme année de son Regne. Voy. les *Tables des Pasques,* lesquelles sont dans chaque Volume, à la teste de la *Table Chronologique des Ordonnances.*

TABLE DES ANNÉES

TABLE DES ANNÉES DE JESUS-CHRIST, DES LETTRES DOMINICALES, DES PASQUES ET DES INDICTIONS;

Tirée du Glossaire de la basse Latinité de M. Du Cange, au mot ANNUS.

ANNÉES.	LETTRES DOMINICALES.	PASQUES.	INDICTIONS.
1364	GF	M. 24.	2.
1365	E	A. 13.	3.
1366	D	A. 5.	4.

*TABLE CHRONOLOGIQUE DES ORDONNANCES CONTENUES DANS CE QUATRIEME VOLUME,

Et de quelques autres qui se trouvent hors de leur rang, dans les precedents.

PHILIPPE I.

LOUIS VII. DIT LE JEUNE.

NOTES.

* Il est très important de lire sur l'usage de cette Table, l'Avertissement qui est à la fin du troisieme Volume, p. ij.

PHILIPPE II. DIT AUGUSTE.

LOUIS VIII.

LOUIS IX. DIT SAINT LOUIS.

PHILIPPE III. DIT LE HARDY.

PHILIPPE IV. DIT LE BEL.

Lettres

CHARLES IV. DIT LE BEL.

PHILIPPE VI. DIT DE VALOIS.

Statuts

*JEAN I.er OU SELON D'AUTRES, JEAN II.

NOTES.

* Toutes les Lettres du Roy Jean, après lesquelles le Tome ne sera pas marqué, sont dans le 4.e Volume.

Privileges

Confirmation

CHARLES DUC DE NORMANDIE, Fils & Lieutenant du Roy Jean.

CHARLES DUC DE NORMANDIE, regent le Royaume.

JEAN I.er ET SELON D'AUTRES JEAN II.

CHARLES V.

CHARLES V.

Mandement

Lettres

ADDITION.

*TABLE DES MATIERES.

Le chiffre Arabe marque la page; & le Romain, l'article de la page.

A

NOTES.

* On n'a point fait de distinction dans cette Table de l'*i* simple à l'*y* Grec.

Predecesseurs,

B

Prelat

Lucet.

France.

G

Lorsqu'un

H

Noms des lieux qui sont de la Chastellenie de Mont-real.

Alayrac.	*Ferrando.*
Alzone.	Mattes.
Bello-videre, Belveze.	*Mons-Regalis*, Mont-Réal.
Bolinchis.	Raissac.
Calhanello.	*Sicca-lauda*, Villesequelaude.
Carlipa.	

N

O

P

cette

qui

S

appellant

au Gouverneur, & de luy, au Parlement. Le Roy confirma les autres privileges de cette Ville. 706. Le droit de Commune fut rendu à Tournay dans la suite. *Ibid.* Note *(a)*.

tous

(*) TABLE

DES NOMS DES PROVINCES, des Duchez, des Comtez, des Bailliages, des Seneschaussées, des Vicomtez, des Prevostez, des Villes & des autres lieux dont il est parlé dans ce Volume.

A

NOTE

(*) On a jugé à propos de ne pas faire de distinction dans cette Table, entre les *i* & les *y*, & les mots où cette derniere Lettre se trouvera, seront rangez comme s'ils estoient écrits par un *i*.

NOTE.

(a) Il y a en France trois sortes de Bailliages : les Bailliages Royaux & superieurs; les Bailliages soûmis à des Senechaussées : il y en a plusieurs de cette sorte dans le Languedoc, & ils sont nommez ailleurs Vicomtez ou Prevostez. 3.° Des Bailliages de Seigneurs. Comme il n'est pas toûjours facile de distinguer de quelle nature sont les Bailliages nommez dans les Ordonnances, on a crû devoir les réünir tous dans cette Liste.

Orleans.

COMTEZ.

Oyſe.

Tholosa.

V

VICOMTEZ.

(*) TABLE

DES NOMS DES PERSONNES dont il est parlé dans ce Volume.

A

NOTE.

(*) On a jugé à propos de ne pas faire de distinction dans cette Table, entre les *i* & les *y*; & les mots où cette derniere Lettre se trouvera, seront rangez comme s'ils estoient écrits par un *i*.

L'on a crû aussi devoir inserer dans cette Table, quelques pronoms ou noms de Bapteme, lorsqu'ils ont paru singuliers, ou lorsque dans la suite ils sont devenus des noms de famille.

B

Beaufilz.

C

D

Deyron.

H

Hum,

I

K

L

M

N

Q

R

S

(*) ADDITIONS

(*) ADDITIONS ET CORRECTIONS
pour le troisieme Volume des Ordonnances.

PAGE 35. Note (*eee*) adjoûtez: On peut aussi expliquer *faire fausse poste* de la maniere suivante, & dire simplement que c'est une tromperie: Dans le *Vergier d'honneur* d'André de la Vigne, *bailler la poste*, c'est *tromper*: Ibid. *Vint une faulce poste*, pour dire *un Courier trompeur*, qui apportoit des nouvelles fausses.

Page 94. Note (*e*) adjoûtez: On dit dans les Provinces au-delà de la Loire, *à bade*, *à la bade*, pour *à l'abandon*, en Latin *temere*: *bade* à peu près dans ce sens pour *tromperie*, qui se dit aussi *baye* dans Ronsard & dans Pasquier.

Page 185. Note (*k*) adjoûtez: Au lieu de *seve*, c'est *seuë*, c'est-à-dire, *sienne*, comme dans le Roman de la Roze: On a aussi écrit *souë*, comme Tome I. des Ordonnances de Loüis VII. p. 16. *la souë* chose: On a écrit aussi au feminin *soë*, dans Ville-hardoüin, & *soie* ailleurs. Ville-hardoüin dit *suen* au masculin: *seve perduë*, c'est *perduë pour luy*.

Page 235. Note (*d*) marginale, adjoûtez: *Medio juramento*, signifie *moyennant le serment*, au même sens que *medians*; dans la basse Latinité, *mediante pecunia*.

Page 256. Note (*p*) adjoûtez: *Garance*, c'est *Rubia tinctorum*, herbes servant à la teinture. [J'ay dit dans cette Note, qu'il y avoit grande apparence, que la Province du Bresil avoit tiré son nom du bois de Bresil, connu long-temps avant la découverte de ce pays. J'ay trouvé dans *Huetiana*, p. 268. des preuves historiques qui rendent certaine ma conjecture. *S.*]

Pages 330. & 331. Note (*c*) adjoûtez: Je crois *embouquié* le même mot qu'*embouchié*. Voy. Ordonn. de Philippe le Bel de 1312. T. 1. p. 513. *Pignolat embouchié*, c'est-à-dire, *alteré avec quelque chose d'estranger*; ou comme il est dit plus bas ibid. *alteré en mêlant le viel avec le nouvel*. Ce mot viendroit-il d'*emboüer*, *embouser*, *luto inquinare*, ou bien d'*imbuere*! Pour *mesalé* c'est simplement *corrompu*: *Pain mesalé* dans le Journal de Paris. Dans le Testament de J. de Meun: *les plus fermes fremir, les plus sains mesaler*: *mesaler, male ire*. [Moyennant cette nouvelle explication, il faut effacer la Note que j'avois faite. *S.*]

Page 347. Note (*d*) adjoûtez: *Occhoison*, n'est point *intention*, (comme on l'a dit dans cette Note,) c'est *cause occasionnelle*, *pretexte*, ou *cause* simplement. On a dit *achoison*, *achaison*, *acheson*, *acoison*, plus souvent qu'*ochoison*. Ce mot vient manifestement d'*occasio*.

Page 373. Note (*f*) adjoûtez: *responnaument* est la vraye ortographe. Ce mot signifie *en cachette*: Dans ce sens, on a dit *en repostailles*, *en repost*.

Page 382. dans la Note (*b*) ligne 6. au lieu de *Louis le Hutin*, corrigez *Louis VIII*.

Page 435. Note (*c*) adjoûtez: *Trehus* c'est le même que *treus*, ainsi écrit plus ordinairement, *treu*, *tribut*, *truage*, d'où vient le mot de *truand*, *vassal*, *vilain*, *roturier*.

Pages 471. & 472. Note (*d*) adjoûtez: *Accroire* a signifié *emprunter* aussi bien que *prester*.

Page 512. Note (*e*) adjoûtez: *Chief* ne signifie point là *commencement*, mais *fin*, comme il est prouvé par les expressions *à chief de piece*, *au chief de sa vie*, &c. C'est dans ce sens de *chef* que le verbe *achever* en vient.

Page 514. Note (*h*) adjoûtez: *assouvis* signifie certainement là *achevés*, *accomplis*: Dans d'anciennes Poësies, *Dame en beauté assouvie*: On a écrit *assoufir* qui est la premiere ortographe & la vraye; d'où il paroist que ce verbe vient de la même origine que *suffire*.

Page 576. Note (*o*) *adjoûtez*: Il faut lire certainement *adoubé*.

Ibid. Note (*r*) adjoûtez: *Lamon* espece de vaisseau: j'ay vû ce mot quelque part, qui a peut-estre la même origine que *lamaneur*, *lamanage*.

NOTES.

(*) Ces Additions & Corrections sur le troisieme Volume des Ordonnances, m'ont esté communiquées par un de mes Confreres, de l'Academie des Belles Lettres. Pour toute reconnoissance, il a exigé de moy, que je ne luy en fisse point honneur, & que je ne misse point icy son nom.

Il m'a aussi communiqué des Additions & des corrections sur le quatrieme Volume: Je les ay inserées parmi les miennes, dont elles seront distinguées par une *F.* finale.

Les remarques de ce sçavant Academicien, sont une nouvelle preuve de la parfaite intelligence qu'il a de nostre ancienne Langue, & sont comme un échantillon des richesses immenses qu'il a ramassées dans ce genre de Litterature, & dont il seroit bien à souhaiter qu'il voulût faire part au Public.

ADDITIONS ET CORRECTIONS
pour le quatrieme Volume des Ordonnances.

PAGE 1. à la seconde ligne de la premiere Note *(a)* au lieu du *22. d'Aoust*, corr. *28. d'Avril.*

Page 2. Note *(c)* adjoûtez. Il faudroit dire plustost que *leu* est l'ancienne ortographe du mot *lieu*. F.

Page 9. Les Lettres qui sont dans cette page, sont imprimées en François à la page 265.

Voyez sur ces Lettres les preuves de la Dissertation préliminaire de M. le Roy [citée dans la Note *(b)*] page 115.

Ibid. Ligne 21. au lieu de *facta*, lisez *faita*. Voy. la Note *(b)* de la page 265. de ce Vol.

Page 9. Note *(c)* au lieu de *remisserint*, il faut lire *remanserit*. Voy. la Note *(c)* de la page 266. de ce Vol.

Page 14. J'ay dit dans la Note *(c)* qu'il y avoit une Lettre qui ressembloit à une H, & qui pouvoit signifier Hostel; mais dans ces mêmes Lettres qui sont vidimées dans des Lettres des mois de Mars 1350. & May 1351. il y a *Court.*

Page 20. Note *(i)* adjoûtez. *Expletum* est-là pour *aide, secours*. Nos François ont dit, *singler à l'exploit du vent*. F.

Page 22. Note *(r)* adjoûtez. Je conjecture que ce mot vient de *Sevum* dans le sens general de *Pinguedo*, & que *panis desevatus*, est le contraire de ce que nous appellons *pain gras cuit. Le Viandier de Taillevent* dit, *haller du pain*, pour *rotir*. F.

Ibid. Note *(u)*. Pour confirmer la conjecture qui se trouve dans cette Note, on peut ajoûter que *Grasala* est un vaisseau d'usage pour la cuisine. Le fameux *Saint Graal* des Romans de la Table ronde, estoit le vaisseau où Joseph d'Arimathie reçut le Sang qui découla du costé de J. C. selon d'autres c'estoit le vaisseau où mangea J. C. chez Simon le Lepreux, & que Joseph d'Arimathie apporta en Angleterre : sans doute que le même servit à ces deux usages. Dans la haute Provence on appelle *graillon*, un petit plat, & dans le Lyonnois *graillon*, le plat où on met la portion des Religieux. On dit *graillons* par synecdoche pour les restes de la mangeaille. Voy. Borel qui dit à *Graal Greal*, qu'aux environs de Toulouse, on dit *Grasal*, vaisseau de *Crais*. C'est la vraye étymologie. *F.*

Page 25. Il y a dans cette page & dans les suivantes, quelques Lettres données dans les mois de Decembre & de Janvier 1350. sans date de jour, qui ne sont pas rangées comme elles devroient l'estre, parce qu'il auroit fallu mettre de suite celles qui ont esté données dans le même lieu: mais ce deffaut a esté corrigé dans la Table Chronologique, où ces Lettres se trouvent rangées dans leur ordre naturel.

Page 41. Après le chiffre *1350.* qui est à costé des Lettres pour Aigues-Mortes, il faut ajoûter à la ligne, *Philippe I. à Paris, en Aoust 1079.*

Page 42. col. 1. au second art. cotté *6.* il faut adjoûter, *bis.*

Page 45. Note *(c)* adjoûtez. On pourroit aussi lire *adempro*. Voy. Du Cange. *Ademprum*, même mot qu'*ademprivum*, en françois *adempre*, exaction violente. Voy. le Gloss. du Droit Franç. de Lauriere. On trouve pourtant *adempta* & *ademptio* aussi, mais *adempta* feminin demanderoit *coacta*. F.

Page 46. Note *(m)* au lieu de *Schaire*, il faut lire *Schaer*, comme dans Du Cange que l'on cite : Il auroit dû écrire *Schar*. Dans le Dictionnaire Allemand de Eryc Weismannus, on lit *Schar Grex*, *Wachter circuitores, lent, turba, cohors, Caterva*. Pour le mot *Wachte, il faut écrire* Wacht, *Vigiliæ, excubiæ, Wachter, Vigil, excubitor.*

Du Cange, Menage, & les autres negligent d'écrire exactement les mots Allemands, Anglois, &c. Nous nous mocquons cependant des Estrangers qui écrivent mal nos mots françois. *F.*

Page 47. Il faut cotter *(6) bis*, le premier Article cotté *(7)*.

Page 115. A la derniere ligne des noms des Rois, au lieu de *1352.* corr. *1322.*

Ibid. Note *(c)* au lieu de, *qui suivent celle-cy*, corr. *qui sont à la p. 117.*

Page 117. A la fin de la Note *(c)* margin. adjoûtez : *p. 181. Note (c).*

Page 133. A la quatrieme ligne avant la fin des premieres Lettres, au lieu de *Fontem-bliadum*, corr. *Fontem-bliadi.*

Page 136. A la quatrieme ligne de la marge, au lieu de *Paris*, corr. *Pacy*, & à la ligne suivante, au lieu de 7. corr. 17.

Page 136. Note *(b)* adjoûtez. *Coute* a esté écrit *couste*, comme *coite*, *coete*, & *couette*. F.

Page 138. Note *(d)* adjoûtez. *Derationare* s'exprimoit dans nostre ancien langage par le mot *desrainer*. F.

Page 145. Ligne 16. de la seconde Piece : *antiques*. Je n'ay plus le Registre pour verifier si ce mot y est : mais il faut certainement lire, *authentiques.*

Page 158. A la derniere ligne des premieres Lettres, au lieu de *Belvacensis*, il y a dans le Registre *Balvacensis*, mais il faut corriger *Belvacensis*, comme on le lit dans la seconde Copie. Voy. Note *(f)* marginale.

Page 158. Note *(h)* Sur le mot *Ademneurs*, adjoûtez. Peut-estre est-ce *Adenereurs, conductores*, le relatif de *Batteurs pour argent, conducti. Adenerer*, vieux mot qui rend le verbe *Adærare* de Du Cange, *stipendio conducere*. On peut lire aussi *Ademptеurs*. F.

Page 170. Note *(e)* adjoûtez. Du Cange cite Guyart qui dit de même, *Cotes Gambesies*, c'est-à-dire, *Gambesées*, de *Gambison* ou *Gamboison*. On a dit aussi *Cote Gamboisiée de cotton piquée*, plustost que de *laine*, car je crois que *Gamboison*, *Gambacium*, *Wambasium*, *Wambais*, *Hambais*, *Hambeis*, viennent de *Bombax, cotton.* F.

Page 177. Il faut adjoûter à la Note *(a)* : Ces Lettres se trouvent aussi au Tresor des Chartres, Registre 84. Piece 673.

Page 183. Note *(d) Coustre* est *Custos*, prononcé *Custor*, comme *Arbos*, *Arbor*. Dans les Eglises de Rheims & de Saint Quentin, le *Coustre* c'est le Conservateur de l'Eglise : Voy. *Menage, Hist. de Sablé*, page 26. On a dit *Custrix* au feminin : il est dans Du Cange. Voyez les Capitul. de Baluze Tome second, page 517. F.

Page 184. En cottant les Articles de la Piece qui y est imprimée, on a oublié le n.° 14. & l'Article qui suit le treizieme, est cotté 15. par erreur.

Page 187. col. 1. à la premiere ligne de l'art. 7. après ces mots, *les Notaires*, adjoûtez, *& les Sergents.*

Ibid. col. 2. art. 6. ligne 13. au lieu de *Faux-monnoyeurs*, lisez, *Faux-sonniers* qui est dans le texte, & qui signifie-là *Faux-monnoyeurs.*

Page 195. Dans le titre de la Piece, au lieu de ces mots, *au proffit*, corr. *aux dépenses.*

Page 202. Voy. sur les Lettres pour l'Abbaye de Clugny d'autres Lettres pour cette Abbaye qui sont à la p. 569. de ce Volume.

Ibid. Note *(a)* Il y a au Tresor des Chartres, Registre 98. des Lettres semblables à celles dont il est parlé dans cette Note, qui sont aussi de 1360.

Page 203. Note *(b)* adjoûtez : Voy. les additions & corrections qui sont à la fin du troisieme Vol. des Ordonnances sur la page 254. *F.*

Page 204. Note *(d)* adjoûtez : *Mettre au delivre* à la lettre, *mettre en liberté*, c'est-à-dire icy, donner la liberté de couler. *F.*

Page 233. Les Lettres qui sont datées du premier de Juin 1363. sont du premier Juin 1353. Voyez page 700. de ce Vol. Note *(b)* Voy. aussi sur ces Lettres le second Volume des Ordonn. page 517.

Page 257. Dans la Note *(e)* margin. au lieu de *Robert I.* lisez *Othon IV.*

Page 258. A la marge à l'Article de Charles IV. dit le Bel, corr. *1323.* au lieu de *1322.*

Page 271. Dans la date des Lettres du mois de Juin 1351. On lit *l'an de l'Incarnation de nostre Seigneur*, au lieu qu'il y a simplement dans les Lettres Latines, *Anno Domini.*

Page 277. Lisez *les Habitans d'Ault.* Ce lieu dont je n'avois pû lire le nom dans le Registre, [Voy. page 279. Note *(c)*] est sans doute le Bourg d'Ault situé dans la Picardie, Diocese d'Amiens, sur lequel Voy. *le Dictionn. Universel de la Fr.* au mot *Bourg d'Ault.*

Page 281. Note *(c)* adjoûtez. *Medio juramento, moyennant*, ainsi que j'ay déja remarqué. Voy. cy-dessus, page ccxlj. col. 1. sur la page 235. F.

Page 289. A la marge des Lettres données à l'Abbaye de Tournus, lisez *1354.* au lieu de *1355.*

Page 294. Note *(d)* adjoûtez. *Avoul* est-là certainement *aveu*, qui en general veut dire *protection. Avoir aveu en quelqu'un*, dit J. de Meun dans son Testament, c'est *trouver de la protection auprès de quelqu'un : homme sans aveu*, c'est *sans protection, qui ne peut se reclamer de personne* ; & ce sens convient avec celuy du mot suivant *Reclain.* F.

Page 295. Note *(h)*. *Heux*, c'est, *huis, porte* : on a prononcé *hus* & *us* : Dans cette ortographe d'heux, l'*i* est changé en *e*, comme dans le mot *neuctamment* qui suit, & est transposé de même après *u.* F.

Page 297. Note *(z)* adjoûtez. Je ne doute point que *loingnes* ne soit *ligna.* F.

Page 300. Article 37. ligne 4. sous ces mots, *Foul* ou *Chaent* : adjoûtez cette Note : Ces mots designent deux sortes de bois : *Foul* est la même chose que *Fou, Fouteau*, ou *Hestre.* Voy. *Borel*, au mot *Fou. Chaent* est apparemment le *Chesne.*

Page 300. Note *(oo)* adjoûtez. Au lieu de *rorte*, on écrit quelquefois *reorte, riorte*, & en Anjou, *rotte* : il vient de *retorta.* F.

Page 301. Note *(xx)* adjoûtez. *Las* en general c'est *pauvre, malheureux*, dans nos anciens Autheurs. F.

Page 308. Note *(b)* adjoûtez. Voy. aussi Lauriere dans l'Ouvrage cité dans la Note, Tome 2. p. 35. au mot *Issuë*, & Casencuve, Franc-Alleu. L. 2. ch. 2. qui explique fort au long ce que c'est qu'*acaptio, acapitum, acaptamentum, intragium, acapte* & *reacapte.* F.

Page 320. Note *(b)*. J'ay dit dans cette Note, & dans la Preface du troisieme Vol. des Ordonn. que je n'avois pû découvrir quel estoit le Bailliage nommé *S. Guillelmus in Mauritania* : c'est certainement Mortain. Voy. la Note *(qq)* de la page 643. de ce Volume.

Page 321. A la date des Lettres, au lieu de 1353. corr. 1355.

Page 321. Note *(d)* adjoûtez. Je ne doute pas que *repnus* ne soit l'abbreviation ou la corruption de *rampos* ou *rampas.* On appelloit Pasques-fleuries, le *jour de rampas* ou *les rampos : rami : Dominica in ramis palmarum.* F.

Page 342. A la fin des Lettres de Philippe Auguste, lisez Anno : *Millesimo centesimo* nonagesimo *sexto.*

Page 367. Voy. sur les Lettres accordées à l'Abbaye de Livry, la premiere Note *(b)* de la p. 485. de ce Volume.

Page 371. Note *(r)* adjoûtez : Il me paroist que *soce* est une espece de pain ou gâteau ; la preuve est qu'au même endroit il est dit, *pain de soces* : Pour *socine*, c'est un four à cuire des *soces*, & par extension, un fourneau même de forge, comme il se voit par le passage rapporté à *socina* de Du Cange. *F.*

Page 387. Note *(h)* adjoûtez : On a dit autrefois *attrait* comme *retrait*, pour lieu de retraite, repaire. *F.*

Ibid. Note *(l)* après le dernier mot de cette Note, *adjoûtez* : & different.

Page 388. après le dernier mot de la Note *(g)* marginale, adjoûtez : *& est differente.*

Lorsque les privileges accordez aux habitans de Rouvre, ont esté imprimez, l'on ne sçavoit pas encore qu'ils avoient déja esté donnez par Perard, dans son Recueil des Pieces servant à l'Histoire de Bourgogne, p. 316. Il y a entre le Texte donné par Perard, & celuy qui est imprimé icy, quelques differences que l'on n'auroit pas manqué d'indiquer dans les Notes, si l'on eust eû connoissance du Texte de Perard, qu'il sera bon de conferer avec celuy de ce Volume.

Page 390. Note *(i)* adjoûtez : *Pucin* est certainement la même chose que *Poussin. Pulcinus, Pullicenus* dans Du Cange. *F.*

Page 391. Note *(o)* adjoûtez : On lit aux pages 298. & 301. de ce quatrieme Volume, *faire trais & geis.* F.

Page 392. col. 1. art. 5. ligne 7. au lieu de *bois*, corrigez *bleds.*

Page 393. Note *(c)* ligne 8. au lieu de *1327.* corrigez *1237.*

Page 394. Note *(h)* adjoûtez : *Lor* en Bourguignon se dit pour *eux.* Voy. le Gloss. sur les *Noci Borguignon de Guy Barozay* (M.r de la Monnoye) au mot *Lor.* F.

Page 395. Note *(n)* adjoûtez : L'interpretation donnée au mot *Pergie*, dans cette Note, est confirmée par des passages rapportez dans le Gloss. du Dr. Fr. aux mots, *Pargie* & *Pergie.*

Page 395. Note *(m)* adjoûtez : On trouve aussi *raimbre* dans les Preuv. des Mem. de Comines du L. 3. p. 334. du T. 4. de l'édit. de 1723. Dans les autres Auteurs, *raiembrer, reambrer* & *rembrer* pour *racheter* de *redimere*, comme si c'estoit *reemere*, ajoûtant le *b* que nos Anciens ajoûtoient ordinairement devant *l* & *r* : *teuble* pour *telle*, *sombreset* pour *sommerset*, *criembreie* pour *cremirois* craindrois, &c. *F.*

Ibid. Note *(o)* adjoûtez : Communement *armaille, aumaille*, troupeau. *F.*

Page 396. Note *(y)* On trouve aussi dans d'autres Auteurs *au loux* pour *au los.* F.

Page 398. Note *(ee)* ligne 2. après ces mots, *où la plainte aura esté faite*, adjoûtez : *ou plustost, où l'assignation aura esté donnée.*

Page 401. Dans le Registre d'où ont esté tirées les Lettres concernant les Privileges de Talent, le Copiste a oublié d'écrire la fin des Lettres de confirmation de ces privileges données par Robert II. Duc de Bourgogne. Cette Confirmation auroit dû estre après les Lettres d'Odo du mois de Novembre 1216. après la ligne 21. Robert II. a esté Duc de Bourgogne depuis 1272. jusqu'en 1305. Hist. Genealog. de la Maif. de Fr. Tom. 1. pp. 543. & 547.

Page 404. Note *(b)* *keure* s'écrit aussi *cuere*, & il signifie *cause, procès, ordonnance, sentence, exploict* : Delà s'est formé le mot *Qoerier* ou *Cuerier*, Eschevin, & *Quoeriers*, qui est peut-estre le mot qu'il faut substituer à *Cireirier*, plustost que *Keur-heer.* Dans Schilter, on trouve *Choremanni.* Voy. Preuv. des Mem. de Comines, du Liv. 2. pp. 284. & 285. du T. 4. de l'edition citée. *F.*

Page 405. Note *(d)* adjoûtez : *a payés* doit estre écrit *apayés : apayer, aquitter, contenter, appaiser* : Tous ces mots signifient la même chose. *F.*

Page 427. Note *(e)* adjoûtez : *Crique* est une petite Baye. *Creek* en Anglois, & *Kreek* Diction. de Marine. Voy. Du Cange, aux mots, *Creca, Crecca* & *Crica.* F.

Page 428. Note (*i*) adjoûtez: *avoir de pois*, est certainement la même chose qu'*œuvre de poids*: Ce sont des marchandises qui s'acquitent par le poids, à la difference de celles qui s'acquitent par tonneaux, pipes, boucauts, poinçons, barils ou autres futailles. Voy. *les Coust. de la Vicomté d'Eau de Roüen*. On trouve à la p. 670. de ce quatrieme Volume, ces mots: *que ad pondus venduntur*. F.

Page 430. Note (*o*) adjoûtez: Au lieu d'*escaches*, il faut lire *estaches*, qui est la même chose qu'*estages*: Ces deux ortographes sont souvent confonduës: *prendre estage, tenir estage, stationem habere*. Le sens de cet article est, qu'il sera permis aux Maistres Mariniers de moüiller & de demeurer dans tous les Ports du Royaume, sans payer aucun droit. *F*.

Page 432. Note (*y*) adjoûtez: Anciennement *Facteur* estoit toûjours pris pour *Auteur, Acteur*. F.

Ibid. Effacez la Note (*y*).

Page 435. Effacez la Note (*d*) marginale.

Page 436. Note (*dd*) adjoûtez: Il s'agit là certainement d'*Oleron*, dont *Cleirac* a fait imprimer en particulier les coustumes. *F*.

Page 443. ligne 25. après le mot *Johanne*, adjoûtez *Francie*, & effacez la Note marginale (*e*) Voy. page 327. de ce Volume.

Page 447. ligne 27. sous le mot *Consulum*, il faut adjoûter en forme de Note: Je crois qu'il faut lire, *Consiliariorum*.

Page 485. ligne 8. des deuxiemes Lettres: Ce mot *impendenti*, repeté, paroist inutile; je ne sçais s'il est dans le Registre que je n'ay plus.

Ibid. Note marginale (*b*) adjoûtez: C'est *Vaure* qu'il faut lire.

Page 491. Note (*b*) adjoûtez: *Ostagier* signifie là *domicilié*. On a dit *hostage, estage*, pour *logis*, de même qu'*estagier*. F.

Page 504. Voy. sur les Terres données par Philippe le Bel à Guillaume de Nogaret, les Arrests notables d'Augeard, Tome 2. p. 699. On y voit p. 600. que les lieux nommez *Marcilhanicis* & *Mandolio*, se nomment presentement *Marciliargues* & *Manduel*.

Page 507. vers la fin de la page, au dernier alinea, ostez (*6*) & à la page suivante, à la premiere ligne, au lieu de (*7*) mettez (*6*).

Page 524. Note (*h*) adjoûtez: Je crois que *rabout* & *rabouz* au pluriel, sont la même chose que *rabon, abon, abonnement*, de même origine qu'*abonner*: *Fief abonné, hommes abonnés*. Voy. *Du Cange*, au mot, *Abonare*. F.

Ibid. Note (*f*) marginale, adjoûtez: Il faut conserver dans le texte le mot *empetrer*, qui anciennement signifioit simplement *faire*: Les Latins se sont servis de même d'*impetrare* pour *patrare*: *empetrer arriex*, est la même chose que *retarder* qui suit, *faire arriere, faire reculer*. F.

Page 528. adjoûtez à la Note (*h*) *Ce droit du fié*, peut aussi signifier le droit que le Seigneur suserain d'*Alixandre de Basoiches* avoit de confirmer l'affranchissement que celuy-cy donnoit aux habitans de Paroy ses sujets; & en effet, la Comtesse d'Etampes dont Basoiches estoit *homme de foy* & vassal, confirma les Lettres d'affranchissement qu'il avoit données. Voyez p. 529.

Page 533. à la marge, à costé des secondes Lettres, au lieu de *Mars*, lisez, *May*.

Ibid. Sur le mot *Thalametier*, on peut remarquer que ce mot est toûjours écrit ailleurs *Talemelier*, comme dans l'Ordonnance de Philippe le Bel de 1305. &c. Il est mal écrit plus bas, p. 534. *Talamerier*. F.

Page 534. Note (*c*) adjoûtez: Au lieu de *pain de meschief*, on pourroit lire en cet endroit, *pain de mesteil*. Voy. *Du Cange*, au mot, *Bladum meditaneum*. F.

Ibid. Note (*d*) adjoûtez: Au lieu de *bordre*, on pourroit lire, *boidie, fraude, tromperie*: les deux *i* ont pû estre changez en *r*. F.

Ibid. Note (*e*) adjoûtez: Dans *Du Cange*, au mot, *panis de truset*, on trouve *pain mestourné*, c'est-à-dire, *trop petit*. F.

Ibid. Note (*g*) adjoûtez: *Estaux* ne sont point des boutiques mobiles appellées *echopes*, c'est l'estalage de ceux qui à la Foire mettent sur *estal* ou à *estal*. Plus bas, p. 704. Note (*p*) on a donné ce sens au mot *estaux*. F.

Ibid. Note (*h*) adjoûtez: La marque d'abbreviation sur le *g* du mot *preigne*, vient de ce que autrefois on écrivoit *preingne, viengne, gaingne, éloingne*, &c. toûjours *n* devant *g*. F.

Page 545. Il n'est point extraordinaire, comme je l'ay dit à la fin de la Note (*a*) que dans les mêmes Lettres envoyées au Prevost de Paris & au Seneschal de Beaucaire, on ait marqué le prix des Deniers d'Or par des sols Parisis dans les premieres, & par des sols Tournois dans les secondes: On a eu raison de mettre cette difference dans les deux expeditions de ces Lettres, parce qu'à Paris, on comptoit par sols Parisis, & dans le Languedoc, par sols Tournois.

Page 558. Voy. sur les Lettres du 11. de May 1365. celles du dernier d'Avril 1366. p. 612.

Page 588. A la marge, ligne 3. au lieu de *Paris*, lisez, *Senlis*.

Page 592. Note (*d*) adjoûtez: *Le pain faitiz* se nommoit aussi *pain de brode*. Voyez *Du Cange*, au mot, *Panis*. F.

Page 609. A la marge, lignes 3. & 4. au lieu de *5. de Janvier*, lisez, *14. de Fevrier 1364*.

Page 616. Les Lettres du mois de May 1366. auroient dû estre placées après celles du mois d'Avril 1366. qui sont à la page suivante.

Page 631. ligne 17. il y a la marque de la Note (*b*) marginale que l'on a oublié d'imprimer, & que voicy: *Voy. cy-dessus, p. 624. Note* (*hh*).

Page 632. Note (*g*) adjoûtez: Une personne sçavante croit qu'au lieu de *thalamum*, il faut lire *chalanium* ou *chalannum*, espece de grand bateau, nommé encore aujourd'huy *chaland*: On trouve dans le Glossaire de Du Cange, le mot *chelandium* dans le même sens.

Page 633. Note (*m*) adjoûtez: Voy. sur la *Quinte d'Angers*, le Diction. Etymol. de *Menage*, au mot, *Quinte*. Ce mot ne peut pas se dire de la Banlieuë des autres Villes, comme l'a crû *Du Cange*. F.

Page 635. col. 1. ligne 3. au lieu de *dans les jours*, lisez, *aux jours*.

Page 636. col. 1. art. cotté 40. premiere ligne, au lieu de *les Seigneurs*, lisez, *les Bourgeois*.

Ibid. art. 45. ligne 2. effacez, *assigne &c*.

Page 657. ligne 6. sur le mot *temperalis*, il faut adjoûter cette Note marginale: *temperales*.

Page 660. Note (*a*) après le premier alinea de la deuxieme col. adjoûtez: M.r de Lauriere a fait imprimer plusieurs Lettres copiées sur ces Originaux de la Bibliotheque de M.r Baluze, sous l'indication du *Tres. des Chart*. parce que lors de l'impression de ces Pieces, on croyoit que ces Originaux y estoient déposez.

Page 668. col. 1. art. 4. derniere ligne, après le mot *Montpellier*, adjoûtez: *& dans la Seneschaussée de Beaucaire*.

Ibid. col. 2. art. 9. ligne 2. après le mot *Nismes*, adjoûtez: *& dans la Seneschaussée de Beaucaire*.

Page 674. col. 2. au deuxieme art. cotté *16*. adjoûtez: (*bis*).

Page 676. Note (*k*) adjoûtez: On a dit en François, *Esgardeurs, Eswardeurs*. F.

Page 678. au deuxieme art. cotté *16*. adjoûtez: (*bis*).

Page 679. Note (*b*) adjoûtez: Dans de vieilles Heures où est la Legende de *S.te Bathilde*, elle est nommée *S.te Bautheux*. F.

Page 683. ligne 5. lisez, *demanio* & *juribus*.

Page 700. Les Lettres du mois de Janvier 1366. auroient dû estre placées après celles du mois de Decembre de la même année, qui sont à la page suivante. Cette faute a esté corrigée dans la Table Chronologique des Ordonnances.

Page 703.

Page 703. Note (*g*) adjoûtez : *Nuce*, pourroit venir de *nemu*, *netus filamen*.

Page 709. ligne 9. sur le mot *Advocat*, adjoutez cette Note : Je n'ay plus le Registre d'où cette Piece a esté tirée, pour verifier s'il y a *Advocat* ou *Advocats* ; mais il y a apparence que cette qualité n'appartient pas seulement à *de Marueil*, après le nom duquel elle se trouve, mais encore à *Belot*, *Senz* & *Drouart*, qui sont nommez devant *Marueil*.

Page 709. Note (*h*) adjoûtez : Au lieu de *bachoe*, il faut lire *bachoë*, même mot que *bachouë*. Nicot met ce mot pour *botte*, *vaisseau de vin* : Dans les Ordonnances de Paris, Titre du Tonlieu & du Halage du pain, il est dit : *Pain qui vient en bachoës*, & plus bas, *en corbeillon*. *Baschonier*, *Baschoër*, dans les Offices de la Maison du Roy, est celuy qui *mene le pain ès baschoës*. Voy. l'Hist. de Charles VI. par *Godefroy*, pp. 711. & 719. Ce mot me paroist le même que *bahu*. F.

Page 718. Note (*b*) adjoûtez : Dans le Gloss. qui est à la fin du second Volume de l'Hist. de Bretagne par *Lobineau*, p. 1795. il est dit, que *faisance* signifie *datte* ou *facture de Lettres*. F.

Ibid. Note (*e*) adjoûtez : *Gays* est peut-estre la même chose que *gayve* : *choses gayves* dans la Coûtume de Normandie : *espaves de mer*, qui appartiennent au premier occupant. *F.*

Page 721. troisieme ligne, au lieu de *que quelques-unes des Pieces suivantes*, lisez, *que les Pieces suivantes*, &c.

Ibid. Adjoûtez à la fin de la Note (*e*) : Voyez aussi les Tables des Matieres des Volumes des Ordonnances, au mot, *Bourgeois*.

Page 729. Note (*d*) adjoûtez : *Pennel* est certainement un *bast*, ainsi appellé par nos anciens : Dans Froissart, *sans selle & sans penneau*, & dans d'autres Auteurs. *F.*

TABLE DES MATIERES.

Page lxxxj. sur le mot *Corde*, Impost, on a oublié en faisant la Table des Matieres, de marquer la page où il est parlé de cet Impost, & il n'a pas esté possible de la retrouver.

ERRATA.

PAGE 5. ligne 3. du titre des Lettres, *condamnez*, lisez, *condamnées*.

Page 9. ligne 23. *complementis*, lisez, *complementi*.

Page 16. art. 6. ligne 8. *entrez*, lisez, *entrées*.

Page 25. dans le titre de la Piece, *Front-Froide*, lisez, *Font-Froide*.

Page 43. art. 16. ligne 8. effacez le mot *ordonner*, qui est repeté.

Ibid. ligne 13. *pretend*, lisez, *pretende*.

Page 48. art. 9. *Consules Clavarii*, lisez, *Consules & Clavarii*.

Page 53. col. 2. art. 12. ligne 3. *s'il se soumet*, lisez, *s'il ne se soumet*.

Page 60. Note marg. (*a*) *Monstereuil*, lisez, *Monstreuil*.

Page 75. Note (*x*) ligne 2. *ces*, lisez, *les*.

Page 86. dans le titre des Lettres, *Mompellier*, lisez, *Montpelier*.

Page 94. à la quatrieme ligne avant la fin de la premiere Piece, *Novembris*, lisez, *Novembri*.

Page 95. Note (*b*) col. 2. ligne premiere, *signifie*, lisez, *signifie*.

Page 96. huitieme ligne avant la fin de la page, *Salve Gardie*, lisez, *Salve-Gardie*.

Page 100. ligne vingtieme, *prefattis*, lisez, *prefatis*.

Page 106. art. 5. ligne premiere, *Qnod*, lisez, *Quod*.

Page 109. ligne 11. *fit*, lisez, *sit*.

Ibid. ligne 15. *valeant. Cum*, lisez, *valeant ; cum*.

Page 112. ligne 2. du titre de la Piece, *portées*, lisez, *portez*.

Page 128. ligne premiere du titre de la Piece, *Ligneil*, lisez, *Ligueil*.

Page 130. troisieme ligne du titre des Lettres, *unis*, lisez, *unies*.

Page 131. Note marginale (*g*) *exerciee*, lisez, *exercitio*.

Page 134. Note (*a*) ligne 5. *compositionem*, lisez, *compositionum*.

Page 147. Note (*b*) col. 2. ligne penultieme, *Baluz*, lisez, *Baluze*.

Page 178. titre des Lettres, *Alzonce*, lisez, *Alzone*.

Page 192. art. 8. ligne 2. *predicle*, lisez, *predicte*.

Page 196. ligne 15. *Lettes*, lisez, *Lettres*.

Page 207. ligne 4. du premier alinea, *confirmamns*, lisez, *confirmamus*.

Page 213. ligne 10. *Primogenitus. Carolus*, lisez, *Primogenitus, Carolus*.

Page 216. ligne 9. des Lettres, *Collacionibus, Beneficiorum*, lisez, *Collacionibus Beneficiorum*.

Page 217. Note marginale (*b*) ligne 2. *reducendi volentes*, lisez, *reducendo*.

Page 226. titre des deuxiemes Lettres, ligne premiere, *Tebellions*, lisez, *Tabellions*.

Page 240. Note (*e*) col. 2. ligne antepenult. *Leucale*, lisez, *Leucate*.

Page 283. Note (*b*) marginale, *quiconque*, lisez, *quecunque*.

Page 288. ligne 27. *faceant*, lisez, *faciant*.

Page 293. col. 2. art. 34. ligne penultieme, *toute*, lisez, *tout*.

Page 295. Note (*h*) ligne 5. *qu'il agisse*, lisez, *qu'il s'agisse*.

Page 310. ligne 25. *amovenentes*, lisez, *amoventes*.

Page 318. ligne 7. *revelare*, lisez, *relevare*.

Page 320. ligne 16. *habitorbuis*, lisez, *habitatoribus*.

Page 354. ligne 6. du premier alinea, *Catrucensi*, lisez, *Caturcensi*.

Page 360. signature de la Piece qui y finit, *Barde*, lisez, *Barbe*.

Ibid. Note (*c*) premiere ligne de la col. 2. *representez*, lisez, *representées*.

Page 367. ligne 17. *pesentes*, lisez, *presentes*.

Page 465. ligne 32. *pertinnerit*, lisez, *pertinuerit*.

Ibid. Note (*c*) ligne 11. *asserentes*, lisez, *asserentis*.

Page 475. Note (*c*) ligne penultieme, *colomne*, lisez, *colonne*.

Page 490. col. premiere des Sommaires, art. 2. ligne 2. *le*, lisez, *le*.

Page 497. Note (*a*) col. premiere, ligne 2. *a... c indication*, lisez, *avec cette indication*.

Page 518. ligne 10. *liberarius*, lisez, *liberalius*.

Page 539. à la marge, il faut effacer ces mots, *Charles V.* &c. qui sont repetez mal à propos.

Page 549. Note (*b*) col. 1. ligne derniere, au lieu de *Mayeux*, lisez, *Mayeurs*.

Page 552. premier mot de la ligne 27. des Lettres, *Nais*, lisez, *Mais*.

Page 553. ligne 11. des Lettres, *nexui*, lisez, *nexu*.

Page 557. premier mot de la derniere ligne, *Eclesia*, lisez, *Ecclesia*.

Page 573. titre des premieres Lettres, *Monnoyes*, lisez, *Monnoyers*.

Page 584. titre des deuxiemes Lettres, *de*, lisez, *dans*.
Page 588. à la marge, ligne 3. *Paris*, lisez, *Senlis*.
Page 624. à la marge, ligne 14. *Molhato*, lisez, *Moltheto*.
Page 632. Note (*c*) ligne 2. *spicil. d'Acer*, lisez, *spicil. Dacer*.
Page 645. col. 1. ligne 3. *dans*, lisez, *aux*.
Page 636. art. 40. *Les Seigneurs*, lisez, *Les Bourgeois*.
Ibid. art. 45. ligne 2. effacez, *assigne &*.
Ibid. col. 2. ligne 22. *pensement*, lisez, *pansement*.
Page 638. Note (*c*) ligne premiere, *C'est Henry*, &c. lisez, *Cet Henry*.
Page 676. Note (*k*) *c'est la même*, lisez, *c'est la même chose*.
Page 680. Note marg. (*) *ne passiez*, lisez, *ne passassiez*.
Page 686. ligne 13. *antedictam*, lisez, *ante dictam*.
Page 698. Note (*b*) ligne penultieme, *Othenarto*, lisez, *Oihenarto*.
Page 699. Note (*c*) marginale, ligne 2. *p. 608*. lisez, *p. 698*.
Page 701. titre des Lettres, premiere ligne, *dû au Roy*, lisez, *dûs au Roy*.
Page 711. ligne 6. *remiendo*, lisez, *remeando*.
Page 716. art. 5. ligne premiere, *baillie*, lisez, *baillié*.
Page 719. art. 4. ligne 4. *que les autres*, lis. *quelles autres*.

*Table des Noms des lieux dont il est parlé dans les Additions & corrections pour le 3.e & 4.e Volumes des Ordonnances, & dans l'*Errata.

---

*Table des Noms des Personnes dont il est parlé dans les Additions & corrections pour le 3.e & 4.e Volumes des Ordonnances, & dans l'*Errata.

www.ingramcontent.com/pod-product-compliance
Lightning Source LLC
LaVergne TN
LVHW020953300926
849160LV00007B/136